上海抗战与世界反法西斯战争系列丛书

淞沪

淞沪抗战史料丛书续编 Ⅳ

第十五辑

八一三纪念册 | 兆芳照相馆 摄

上海市救护委员会报告 | 上海市救护委员会 编

上海科学技术文献出版社
Shanghai Scientific and Technological Literature Press

目　录

八一三纪念册

INDEX

Photo by

AH FONG PHOTOGRAPHER

819 Nanking Road

Shanghai

1

2

3

5

6

9

10

原书此页缺失

原书此页缺失

17

15

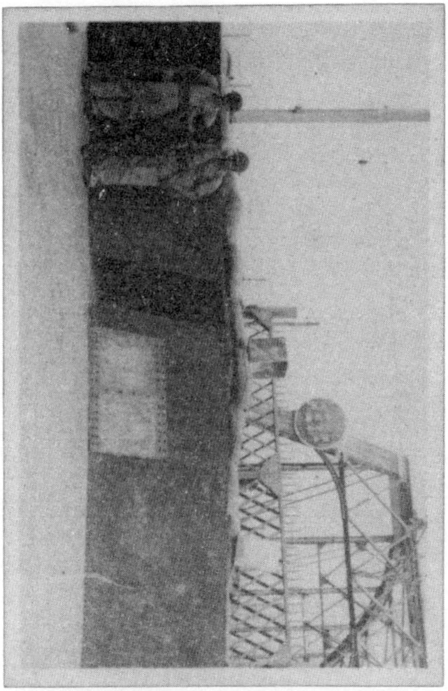

16

18

19

22

23

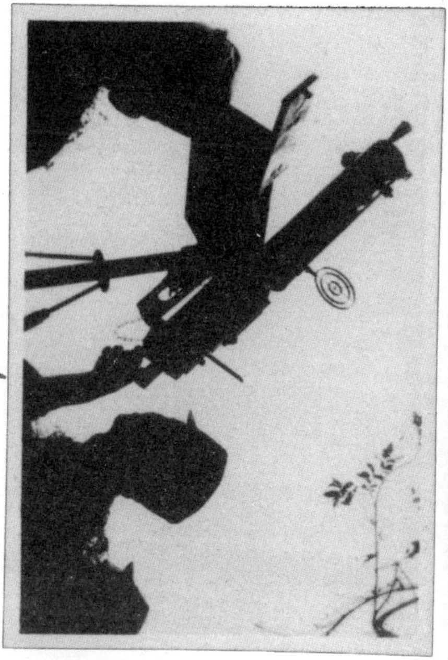

24

25

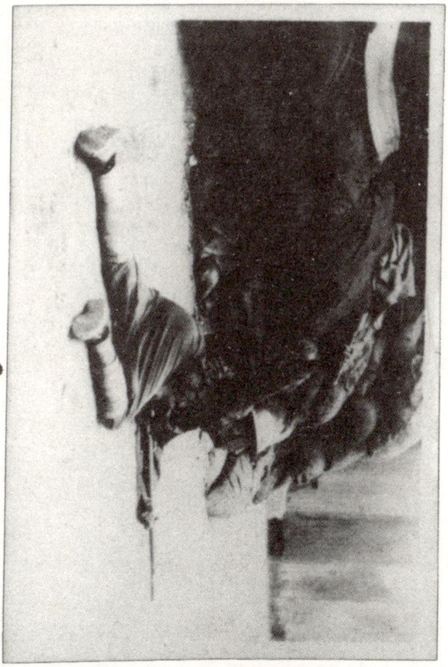

30

31

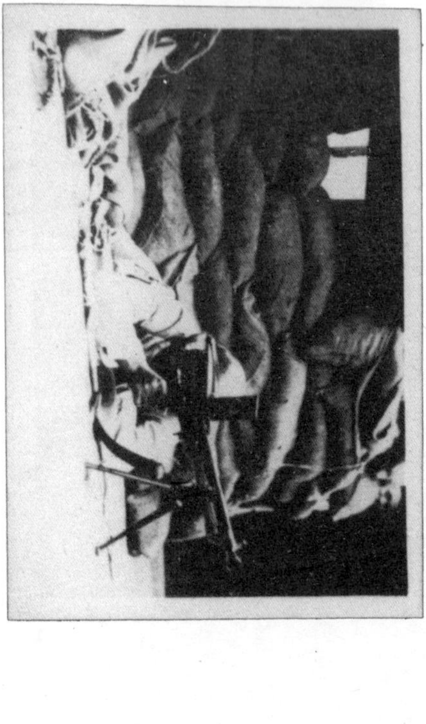

34

35

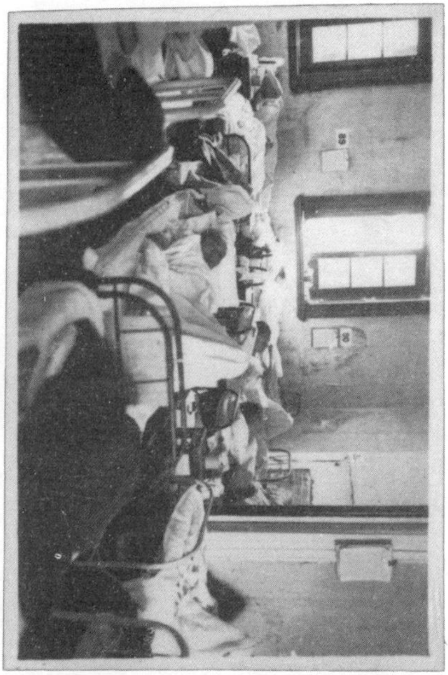

35

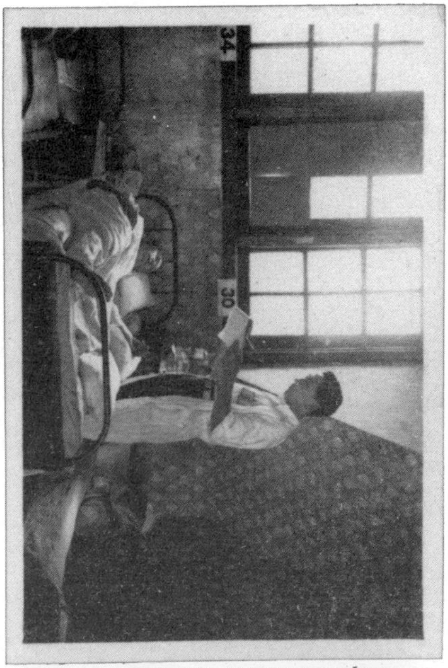

36

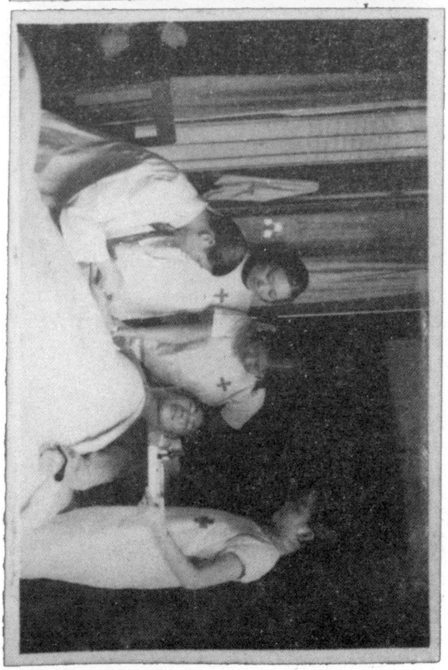

37

39

41

40

44

45

48

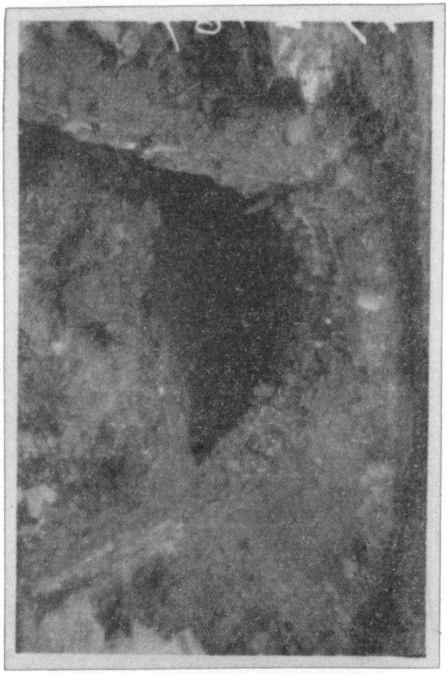

49

47

51

49

52

5-4

5-5

5-6

5-7

5-8

5-9

62

63

64

65

66

67

68

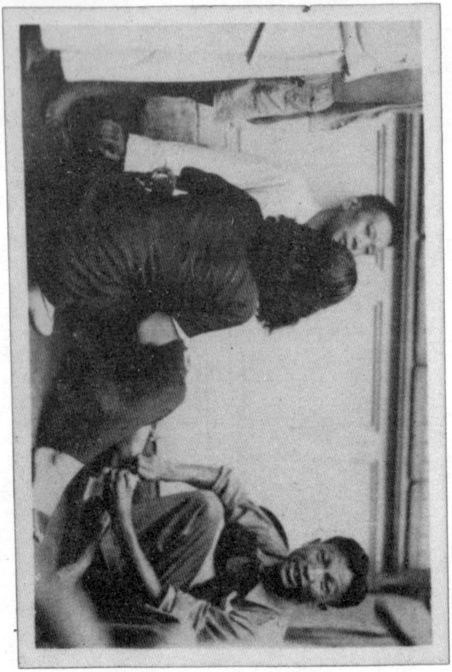

71

72

72

73

74

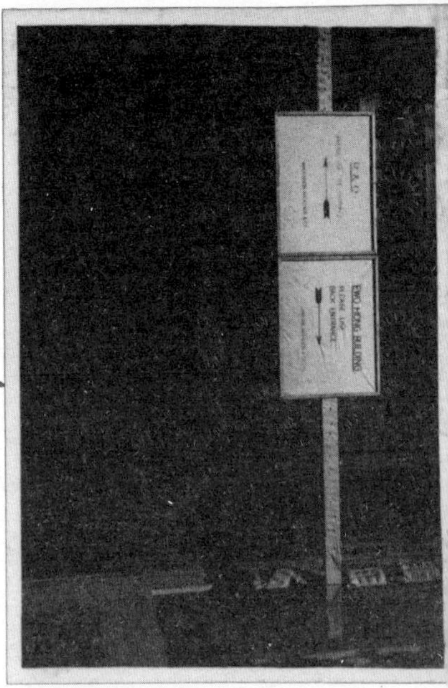

P&O Bank
The Bund

EWO
BLDG

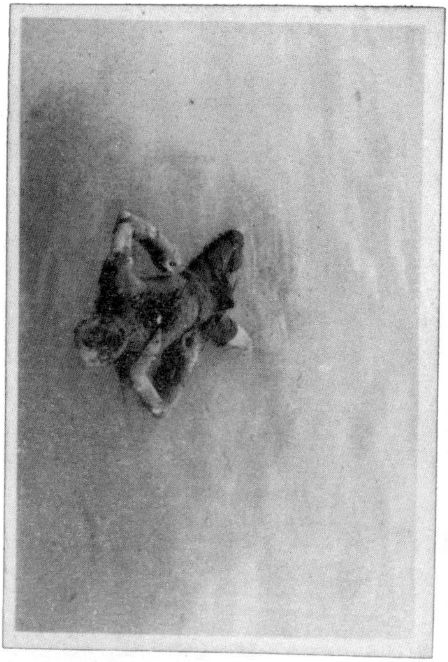

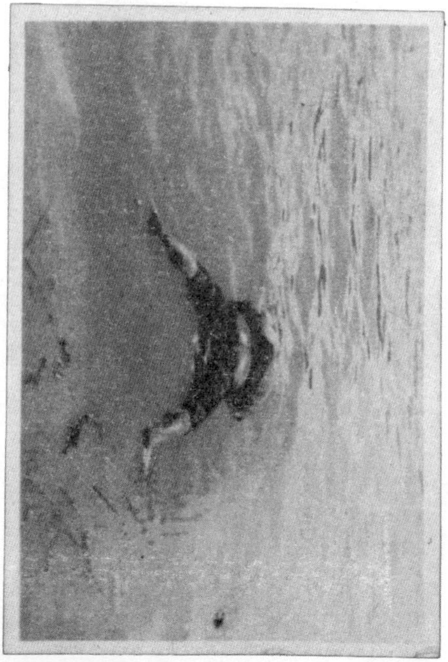

88

89

92

93

94

95

96

97

98

99

八一三紀念冊目錄

兆芳照相館攝

南京路八一九號

上海

上海市统战小组报档

1974年3月

上海市

救護委員會報告

中華民國二十七年

上海市救護委員會報告

目　　次

弁　言

顏　福　慶

上海市救護委員會,成立於八一三之前,其時中日事態日趨嚴重,同人咸感有未雨綢繆之必要,遂聯合紅十字會等十餘團體,組織上海市救護委員會,以應非常事變．八一三戰事爆發後,幸賴事先準備,尙能迅速推進救護工作,使受傷軍民,咸獲救治,計前後救護輸送治療之兵民,凡四萬餘人;嗣以戰局移轉,救護需要之重心亦隨與西移;滬上救護工作乃暫告一段落.際此休息時期,爰將過去工作經過,蒐集報告,以公社會.

溯自抗戰開始,迄國軍西移,歷時凡三閱月;其間由戰事之烈,傷亡之衆,使救護工作無時不在極度緊張狀況中．吾人於此兢兢業業,不圖有功,但期無過;幸賴中外人士之熱忱合作,或輸財物,或盡勞力,使救護工作能逐步進行,而受傷戰士均各得其所,此足告慰於國人者也.

玆篇所蒐,均屬工作概況,非敢矜式,僅臚列三月間之經過事實,供參加工作者之檢閱,及此後救護事業之參攷云爾.

序

救濟傷殘,撫輯流亡,迺紅會之天職.故救護委員會之組織,紅會訂有專條:凡遇戰事發生,殆無不從,而以國際立場,努力救護工作,尤以一二八淞滬之役爲尤著.迨綏遠釁開,海上風雲日緊;上海市地方協會鑒於救護之不容或緩,爰有上海市地方救護事業協進會之發起.嗣奉明令頒布非常區域救護事業辦法大綱;復集合社會團體,醫學領袖,與紅會合組爲上海市救護委員會,以符法令.旣事權統一,斯責有攸歸.正廷忝長紅會,時虞隕越.值此時事方殷,醫務應如何措施,救護應如何推進,責無旁貸;惟身羈海外,不克追隨諸君之後,藉供奔走,良用歉然.今救委會會務結束,集平素工作情形,彙爲一編:言事功,則艱苦卓絕;言纂述,則綱舉目張,可以告國人,可以示來者,無間然也.是編告成,囑爲之序,用綴數言如上.

中華民國紅十字會總會會長王正廷

地方協會序

淞滬戰役,上海市救護委員會,以其全力,卹兵濟衆,救死扶傷.於砲聲機影之下,輾轉曲達所負任務,厥功甚偉,全國翕然. 追維此會之成,敝會亦曾稍竭棉薄. 先是廿五年冬,綏遠剿匪之役,敝會同人,認爲大禍之來,迫於眉睫;凡吾可以預籌應付之事業,胥當先事計畫,未雨綢繆,因即糾集社會領袖醫藥中堅,發起上海市救護事業協進會之組織,從事於徵儲藥物,訓練人才,以待非常之變.迨至八一三事變前一月,始奉明令,改爲今會,成爲獨立之組織,而發揮此偉大之效能. 茲更彙集工作情形,編爲報告,用誌其沿革如此,以明兩會間關係之切. 嗚呼,國難方殷,時艱待濟;上海一隅,茲雖厄於環境,而吾人所負大任,造次顚沛,甯敢或忘? 茲編之成,只宜視爲追往開來之助,未敢遽謂上海救護事業之已告終結也.至主事諸君,艱苦卓絕;同人欽仰有素,謹於編首,申其敬佩,且願進而共勉焉.

中華民國二十七年五月

上海市地方協會

如何辦理傷兵醫院

朱恆璧

在辦理一所傷兵醫院之前,主辦人和服務員,應該先有一種確切的信念:"這種工作不是義務,而是無上的權利". 試看在淪陷的區域內,誰還有看到傷兵的機會?誰還有爲祖國服務的機會?這一天能爲傷兵服務,這一天我們就還能自由呼吸,還能抗戰,所以凡是辦理傷兵醫院的人,都應該珍重他們自己這份權利. 其次是對於傷兵的認識: 我們應該記住傷兵是人,而且大多數是樸質的人,他們不僅不是神和聖人,也沒有受許多文化的修飾,他們有血性,有欲望,所以我們不能希望他無錯,也不能希望他順服如綿羊,祇能就我們力量能及的範圍內,使他與我們合作.

開辦傷兵醫院,似是單純的醫務工作;而實際上却滲雜着許多人事的糾紛,所以在傷兵醫院中經常所遭遇的困難,並不是醫務的,却是人事的. 士兵大半是粗樸的,而猛烈的炮戰和轟炸,常使這些戰士神經受傷,因此傷兵中常有精神反常的;如果處理不愼,不免要發生毆人毀物或其他一切糾紛. 爲了避免糾紛和提高工作效能,在舉辦傷兵醫院時,應該注意幾種原則.

1. 一律 戰抗既是廣汎而持久的戰爭,救護事業也應該作通盤計劃,要使每一個負傷兵士得到治療的機會,不必使少數戰士獲得超過必要的待遇,化費多量金錢及人材,辦一所床位少而特別攷究的醫院,甚至開辦了短短一個時期就無故停閉的,其影響最壞. 一方是糜費人力和財力,使一部分傷兵躺在彈簧床上吃花旗橘子,嚼巧格力糖;一部分傷兵無醫院可送,倒在傷兵分發站的泥地上流血而死. 其壞影響還不僅如此,因為傷兵從前方下來後,不見得老留在一所醫院裏治療和休養,他們是常常要從這一所醫院調到別一所醫院,或從前方醫院調到後方醫院的,如果他們在一所特別收容的醫院中得到過好的待遇,轉院後他們會訴苦發怒,引起種種不愉快的事件."一律"是軍隊生活的特色,他們永遠穿一樣的制服,背一樣的軍包,吃一樣的糧餉,在廣東他們是每月六元的伙食,到江蘇後還是每月六元的伙食,所以如果在一所傷兵醫院中睡了彈簧牀,轉院後他就仍要求彈簧牀;有一個人如此要求,其他的人也會大家來要求彈簧牀. 就像這樣一件事,可以鬧得全院騷動,所以辦理傷兵醫院必須要"一律",不僅應使本院的水準與他院一律,院內傷兵的待遇更要"一律",三百只病床的醫院,如果由人家送了二百九十包香煙,你甯可擱着不發,等再有人送來,或添買十包再分發,儘管他們中間有不抽煙的人,但是你如果分發不均勻,是不免會發出事情來的.

2. 簡單 辦理傷兵醫院,無論在經濟與減少糾紛上說,均應以簡單為原則;祇要使每一個傷兵吃得飽,穿得暖,得到合宜的治療,就已達到辦理的目的;花樣翻新,無非平添糾紛而已. 兵士是單純樸質的人,軍隊生活是單純樸質的生活,所以傷兵醫院之無需乎新奇和翻花樣,是極明顯的事;不單是無需乎複雜,還決不可使它複雜.把一大羣痛楚的,夾着精神反常的兵士放在一起,已經不容易應付,若再加些花樣,事故就更加多. 嘗有一次人家爲了慰勞傷兵,到傷兵醫院的飯廳上去放映電影,表面上這是很好的一件事,結果許多輕傷的因爲擠着看電影打了架,重傷的堅持要求抬到飯廳上去看戲,而傷口破裂,寒熱昇高,弄得滿院騷然. 又一次有一班女學生要慰勞傷兵,到傷兵醫院去唱歌給傷兵聽,一所醫院內有幾十個病房,她們祇能逐間的唱過去,可是某一間病房裏的傷兵聽得起勁起來,不絕要求她們繼續唱下去,她們唱到聲嘶力竭,不能再到別間病房去唱,別間病房的傷兵認爲這是不公平,集起來就要毆打這班慰勞者,結果祇好由醫院裏服務的人出來調解,保護着她們趕快走開,凡此均由不合簡單原則所惹起的糾紛.

3. 愛護 凡是舉辦傷兵醫院的人,決不是把這件事當做自己的職業,或是利用它以達到自己的某種利益,其唯一的目標,就是救護傷兵. 上面已經說過,兵士爲捍衛祖國而流血,他們站在我們的前邊,受轟炸,受殘殺,都是爲了我們;當我們繼續能救護傷兵的時候,就是還能繼續抗戰的時候,所以爲他們而服務,不是義務,而是無上的權利. 對於他們,我們自應盡力愛護. 當外科醫師準備删下一只傷腿時,他應過細想想,是不是還有方法可以保全這一條腿. 爲了抗戰前途,爲了受傷者未來的生活,他應得盡他最大的能力以保全這條腿,除非是萬不得已,才能删掉. 又如傷兵鬧事時,服務員不應用以上對下的態度去訓斥他們,祇應該婉言勸導. 工作人員要使傷兵覺得他是和他們一樣的一種人,不是一個特殊階級,並且還與他們有兄弟姊妹的情誼,能這樣,傷兵自然會信託他,體諒他,即偶有失錯,也不會加以苛責了. 服務員與傷兵間這種親切的關係是很重要的,一方可以減少許多無謂的爭端,一方還可使傷兵與院方合作. 曾有一次,某醫院一位女服務員,因爲嫌惡病房中的氣味,用手帕掩着鼻子走過,遂使病房裏的傷兵大爲動怒,認爲是了不起的侮辱,要從病床上掙扎起來打她,後來由旁人調解,使罰跪該病房內兩小時了事. 這位女士受到的教訓是對的,我們爲傷兵所做的工作是必要的,是爲了敬愛他們,爲了我們的國家,爲了我們自己,這是愉快地做我們的本分,並不是慈善事業或救濟工作,如果把自己看得高貴,嫌惡傷兵們的髒或氣味,根本不配做這種工作.

這上面是攏統地論到的幾種原則,其次便要敘述一個傷兵從進院到出院所經過的手續. 傷兵由救護隊或其他機關送達醫院門前時:

1. 先由登記處派員查點傷兵人數,出具收據,交護送來院之負責人員,

2. 按名填寫姓名,年歲,所屬部隊(師旅團營連排數),階級,受傷日期,受傷地點,受傷種類(如炮片傷,炸彈傷,機槍傷,步槍傷等)及受傷部位等;

3. 按名編列醫院號數,並將該號牌發給各兵佩帶身上;

4. 由護士除下軍裝,換給醫院所備衣褲;同時由衣物保管課派員逐名點收所攜銀錢,衣服什物,並分別發給收據.

5. 由値班醫師及護士檢視各傷兵,就受傷部位及傷勢輕重分送各病房,其需要即時包紮或開刀者,即行包紮或抬至手術室施行手術;

6. 將姓名,醫院號數及病房數填列水牌,懸掛登記處;

7. 傷兵經値班護士照料入病室睡下後,由値班醫師檢查身體傷口,塡錄病歷,

8. 按日施行治療,並使受例行工作(如換藥,測量體温,脈搏,

呼吸,記錄大小便,飲水量,睡眠時間等).

9. 由主任醫師決定應施手術;

10.傷口痊愈者,或醫院人滿,傷勢較輕可送後方療養者,由主任醫師簽字,准其出院或轉院;

11.由各該病室護士將出院名單抄送登記處;

12.由登記處總集全部出院名單送總務處之出院管理員;

13.出院管理另將出院名單抄送衣物保管課,俾整理代爲保管之各物,並分別通知應行出院之傷兵,其不願出院者,婉言勸導,務使出院;

14.出院管理員按照該日出院人數,通知車輛課備車;

15.出院傷兵集合登記處;

16.由衣物保管課逐名發還所存銀錢物件,取回收據;

17.由出院管理員發給院方所備衣服鞋襪(傷兵原有衣服,大都因傷口關係剪破,或不夠温暖);

18.由登記處分發出院證;

19.出院管理員唱名,使其逐一登車;

20.全部登車後再點名一次;

21.登記處將出院人名單交隨車護送人,並由負責護送人出具收據,交登記處保存.

22.住院傷兵如有死亡者,由各該病室護士報告值班醫師;醫師檢查其確已死亡後,簽字;並報告總務處;移屍至太平間;總務處通知衣物保管課及登記處,衣物保管課將死者銀錢衣物點交總務處;登記處記錄死亡日期;總務處通知棺殮機關備棺前來,總務處及棺殮機關會同收殮;總務處將死者遺物點交該管部隊或護送機關.

上述是各傷兵從入院到出院經過的呆板手續,寫下不過以

備參攷. 還有許多更爲重要,值得分別提出來的事情,有如下各點:

1. 膳食　膳食看去雖然是件瑣事,而傷兵醫院中都很易引起事端. 最重要的是應使廚房距離病室遠些,並嚴格的禁止傷兵進入廚房,常有輕傷的士兵歡喜到廚房裏去自己揀取食物,因而和廚役吵起來. 其次是應於米飯之外另備麵食,因爲北方的士兵對於米飯常常不能下咽.經濟情形如許可,應備輭質食物,和液體食物,供給重傷及高熱的人,這種特備飲食要另交有經驗的飲食管理員去管理. 普通傷兵都是各就床頭進食,但輕傷和將癒的傷兵,可以讓他們合桌進食;這樣能多吃幾種菜餚,增進些胃口;不過每桌要指定一個傷兵做桌長,使他負責管理,等待人齊後一同進食. 還有廚房清潔和注意蒼蠅等事,那和普通醫院一樣,這裏不再多說.

2. 銀錢　傷兵的身邊不可以有錢,這事頗難辦到,却極爲重要.因爲身邊有錢,他們就會想要上街遊逛,買東西,這流弊詳下面出院一節內. 此外他們買魚買肉來叫廚子另燒,有時燒得不好,要打廚伕,迫廚伕認賠;有時這個傷兵一時高興吃掉了那個傷兵的自備菜,兩個人打起來;最大的流弊是有了錢他們就賭錢,差不多每一個兵都有些賭博的天才和嗜好,大羣在一起時,他們賭牌九,擲猴,有四個人他們叉麻雀,即使祇有兩人,也可擲骰子賭輸贏.他們隨身都帶些簡便的賭具,你就是搜掉後,他們仍會千方百計去弄些賭具來的,不幸賭錢常是打架的誘因,所以傷兵醫院對於賭錢必須嚴禁,一方是代管銀錢,使他們無錢可賭;一方面可用其他正當娛樂如下棋,聽留聲機,閱讀書報等,以爲代替. 至於傷兵的錢可由院方代管,必要買東西時,由院方代買,在存款中扣掉所用的數目,這事似乎麻煩,但藉此却可避免許多更大的麻煩和事端.

3. 出外　傷兵是絕對不宜讓他們出外的,一方恐怕對於傷口不宜.一方出外很容易滋事,譬如因為出外宿娼而得花柳病,因出外而和外人打架等,都是常見的事,如果要出外買東西,儘可以工人代買,决不可讓他們自己出去.

4. 藥物　藥物當然是醫務的問題,但是却也與事務有關,因為傷兵醫院的規模常較一般醫院為大,每天所費材料極多,尤其是在中國經濟不寬裕的情況中,更加應該盡力撙節,譬如用紗布,應儘量把用過的洗淨再用,並避免浪費;如所用藥品,同一功效的,應該選用價值較廉的,如安眠藥及開胃藥等,都可以將廉價的來代替高價的,其效用一樣,價值却可節省許多.

5. 出院　出院在各傷兵醫院中都被認為極困難的事情,常有不應該出院而堅持要求出院,應該出院却不肯出院的情形.不應出院而要求出院的較少,可以譬解利害關係而止住他;不願出院是常遇的事,他們有許多理由可以用做推諉;例如人家欠了他的錢沒有歸還,或是他欠了人家的錢沒有歸還,或是叫裁縫做的衣服常未送來,或是洗的衣服不曾乾,或是等着發餉,有的則乾脆回你不高興出院.所以出院管理員一職,頗不易做.出院管理員應該時常到病室去,與各傷兵做成很好的朋友,以取得他們的合作,否則在通知他們出院時,不僅得不到他們的同意,有時還會受到毆打.勸解和開導是很重要的,例如因院中人滿而使輕傷者轉院時,可把前方運回傷兵無處可送,無處可施手術,輾轉待斃的種種慘狀說給他們聽,兵士很重義氣,常能收效.最妥當是提早一日通知,可以免掉許多推諉.

上述數點,是傷兵醫院中發生困難的癥結,這幾點若能處理得當,就很少事故可以發生了.凡此都是事務上的細微末節,不過許多大的事情常從小的事情開端,所以雖屬瑣細,也不容忽視,似乎值得舉出來以供參攷.

上面所述各點,卽使極審愼的處理,有時仍不免發生許多困難. 最妥善的辦法,傷兵醫院祗有由政府來統一辦理;人民各自爲政的舉辦傷兵醫院,不能統盤籌劃,不合經濟,不能使標準"一律",最困難的還是管理,尤其是在內地的私人主辦傷兵醫院,管理的困難更甚. 傷兵醫院全部由政府主持,人力財力都支配合理,可以合經濟的原則,管理更爲方便,於是才能獲得較高的效率.

組織

組織經過

溯自一二八後,中央頒佈非常區域救護大綱,俾各省市組織救護委員會有所遵循;本會乃遵照該大綱,由中國紅十字會總會,上海市商會,地方協會,醫師公會,中華醫學會,藥業公會,醫事教育機關,及其他與救護有關之團體,合組成立.由各團體推舉顏福慶,許冠羣,徐乃禮,龐京周,俞松筠等爲委員,內設總務,醫務,救護,運輸,醫院,材料各組課;當聘王揆生,楊懷僧,郭琦元,朱仰高,朱恆璧,徐世綸,吳利國,葉植生,張子道,汪民視等爲各組主任幹事.自八月五日即開始會議工作;關於經費之募集,救護隊之徵集,救護醫院之設立,進行尙稱順利.八一三戰事爆發,工作頓形緊張,各團體亦踴躍參加;但救護工具,實感缺乏,唯有審察戰區之廣狹,戰士之多寡,權衡需要,以定救護之方針.八一五至二十五前,僅可能成立救護隊四隊,救護醫院四處.八二五後,戰區日廣,救護範圍,亦逐漸擴大,救護隊增至十隊;各方自動組織參加之急救隊,亦增至十二隊,救護醫院,亦擴展至二十四處.綜計自二十六年八月十四日至二十七年四月三十日止,計由本市各醫院收治之傷兵傷民,凡一萬九千五百三十九名;由傷兵分發站運送後方各地者,計七千一百二十八名;由前線直接運送後方各地者,計一萬七千七百二十二名;總計救治傷兵傷民,凡四萬四千三百八十九名.另有各項報告及表册,臚列於後.其組織經過,則略如上述.

上海市救護委員會組織系統表

- 會員大會（各團體代表會）
  - 委員會
    - 主任委員 副主任委員
      - 藥品供應委員會
      - 總幹事
        - 醫務組組長 副組長
          - 掩埋課
          - 慰勞課
          - 稽查課
          - 交際課
          - 情報課
          - 運輸課
          - 庶務課
          - 會計課
          - 記錄課
          - 文書課
        - 總務組組長 副組長
          - 救護隊課
          - 材料課
          - 醫院課
          - 事務課
      - 訓練推行委員會

附註: 本會根據中央所頒佈非常區域救護事業辦法大綱之規定,由紅十字會,市商會,地方協會,醫藥團體,醫事教育機關,及與救護事業有關之團體機關,各推代表爲會員,共同組織之,由黨政主管關機,派員參加指導,並受中央救護事業總管理處之指揮及監督.

上海市救護委員會委員名單

正主席	顏福慶	
副主席	許冠羣	徐乃禮
總幹事	王揆生	

委員	顏福慶	許冠羣	徐乃禮	龐京周	陶百川
	黃任之	金潤庠	錢新之	李廷安	翁之龍
	郭琦元	朱恆璧	陸伯鴻	陳良玉	黃伯樵

訓練推行委員會委員

江問漁	蔡洪田	徐乃禮	顧毓琦	范守淵	徐寶彝
龐京周	湯蠡舟	王揆生	汪曼雲	童行白	吳利國
張秉輝	林克聰	羅叔章	張志學	蔡金瑛	王淑貞
陸禮華					

藥物供應委員會委員

許曉初	周邦俊	馬炳勛	徐翔孫	袁鶴松	胡桂庚
高培良	許冠羣	項繩武	朱瑞臣	朱玉泉	何子康
陳小蝶	屠開徵	虞兆興	方液仙	李錦奎	周夢白
曹志功	劉步青	郭　順	戴懋菴	鍾耀章	

上海市救護委員會職員名單

名譽主任委員　虞洽卿

正主任委員　顏福慶

副主任委員　黃炎培　林康侯　許冠羣　俞松筠　翁之龍
　郭琦元

祕書長　王揆生

祕書　陳璵　劉大作

總務組長　楊懷僧（自二十六年八月五日至十月八日）
　　　　　朱恆璧（自二十六年十月九日至二十七年五月三十一日）
副組長　任作君　王春濤　金芝軒
收發課幹事　吳培仁　丁志權
文書課主任　陸祗平
幹事　吳振之　沈軼劉　甘任之　徐杏村　端木馨
　　　馬濟光　沈金濤(記錄)　蔡書祥(記錄)
交際課幹事　吳玉麟　陳文愚
會計課主任　王春濤
幹事　王庭桂
查賬員　龔懋德　烏瑞堂
出納員　鄭燕賓　朱光煒　林國華
庶務課主任　陳天愚　陳奇恩(前任)
幹事　蘇逸塵　劉綠生　周綏和　蔡致源　胡炎甲
　　　何讓　蘇永年
交課課主任　金芝軒　胡會林(前任)
幹事　梁官松　郭漢興　王建中　樂時鳴　胡文鼎
　　　駱亦文　張漢光　胡國城　韋梓　顧志辰
　　　陳珊芝　江杏林　王富蘭　歐啓英　馬啓錩
　　　徐紹宗
編宣課幹事　莊智源
醫務組長　郭琦元（後由吳利國兼代）
副組長　湯蠡舟　葉植生　吳利國
醫院課主任　吳利國（後由艾世光兼代）
幹事　艾世光　許天隨　王增泉　蔣旭東　黃欽文
　　　蔣公毅　關凝一　計肯伯　阮尙丞　陳錫康

	朱席儒	孫本生	朱紫陽	湯品山	朱仰高
	王益智	傅三才	項斯徵	吳德瑛	周泰惠
	張冰莉	徐文陶	許芝嫱	周淑英	張秀棣
	楊素梅				
材料課主任	富文壽	徐世綸(前任)			
幹　　事	方人麟	盛啓英	江晦鳴	程　斌	張訓隱
	張其美				
救護隊課主任	葉植生				
幹　　事	汪民視	張子道	劉士林	劉春波	雷樹德
	張仁浩	李偉業			
情　　報	俞愼初	潘超羣	林樹椿	姚靄斌	
掩　　埋	陳良玉	黃度桂(以上二人係普善山莊指派駐會辦公)			

*本會所屬各救護醫院及特約醫院,遇有傷兵死亡時(連長以上之軍官除外),概由普善山莊備棺峻埋,嗣於九月初旬,同仁輔元堂亦加入担任掩埋工作。

上海市救護委員會個人會員名單

杜月笙	錢新之	林康侯	黃伯樵	王曉籟
潘公展	李廷安	陶百川	陸伯鴻	陳小蝶
方液仙	潘仰堯	汪曼雲	陸禮華	李組紳
顏福慶	蔡洪田	許也夫	張秉輝	朱恆璧
項繩武	汪伯軒	朱仰高	顧南羣	何元明
顧毓琦	王育方	曾廣方	馬炳勛	盧學志
劉步青	張志學	金潤庠	許書紳	劉士林
范守淵	何子康	朱瑞臣	胡桂庚	陳公保

上海市救護委員會各機關團體代表一覽

機關名稱	代表姓名		
上海市商會	許曉初		周邦俊
中國紅十字會上海分會	臧廉遜		蔣茂鑣
中華醫學會	富文壽		黃子方
上海市錢業公會	陸書臣		嚴大有
中華民國藥學會	劉步青		周夢白
私立東南醫學院	郭琦元		湯蠡舟
上海市藥師公會	周夢白	裘少白	曹志功
上海市新藥業公會	徐翔孫		朱玉泉
中國紅十字會總會	龐京周		
上海市衛生局	徐世綸	吳利國	朱潤深
上海女子醫學院	王淑貞	張祖華	沈詩英
上海市婦女會	林克聰		
私立同德醫學院	顧毓琦		
上海市女青年會	張志學		
中法大學藥學專修科	吳樹閣		宋悟生
青年會	應天和		
震旦大學醫學院	徐寶彝		
全國新藥業同業公會聯合會	袁鶴松		屠開徵
上海市醫師公會	俞松筠		葉楨生
全國醫師聯合會	徐乃禮		蔡禹門
上海市防空協會	楊國杜		鄭澤光
國立上海醫學院	朱恆璧	任廷桂	劉崇恩
普善山莊	陳良玉		
中國婦女抗敵後援會	羅叔章		蔡金英
上海市製藥業公會	許　超		何子康
中華職業教育社	江問漁		楊衛玉
上海市地方協會	黃任之		王揆生
國立同濟大學	翁之龍	蔣益生	李宣果

規　程

上海市救護委員會章程

第一條　本章程依據非常區域救護事業辦法大綱之規定訂定之.

第二條　本會以計劃辦理救護事業,並協助其他團體之救護工作,使在平時得以充分訓練準備,臨時得以統一調度,不致紊亂爲宗旨.

第三條　本會之工作如左:

甲　關於救護物品之調查研究與徵集.

乙　關於救護工作人員之徵集與訓練.

丙　關於救護交通地域之研究.

丁　關於救護之實際工作.

第四條　本會之組織,以下列各團體機關參加,並請黨政主管機關派員指導參加.

甲　醫藥業團體.

乙　醫事教育機關.

丙　商會.

丁　中國紅十字會.

戊　其他與救護工作有關係者.

以上各團體得推派代表若干人,加入本會爲會員.

第五條　本會設主任委員一人,副主任委員二人,委員若干人,均由大會推選之;並聘任總幹事一人,秉承正副主任委員辦理會務.

第六條　總幹事下設總務醫務兩組.

總務組掌理聯絡,統計,運輸,材料,文書,會計,庶務等事項.醫務組掌理調查,訓練,醫務,防疫,檢驗,及環境衞生等事項.

第七條　會員大會每三個月舉行一次,討論本會工作大綱,及其他進行事宜;必要時得臨時召集之.

第八條　委員會議每月舉行一次,建議並決議本會一切事務;必要時得臨時召集之.

第九條　會員會費每月五元.

第十條　本會經費,得於必要時臨時募集之.

第十一條　本會受中央救護事業總管理處之指揮及監督.

第十二條　本會得設各項委員會,經本會之決議,聘請各界熱心人士担任之.

第十三條　本章程經會員大會通過,完成法定手續後施行之;其修正手續同.

非常區域救護事業辦法大綱

甲　組織

國防日緊,在非常區域內之各省市,亟應設置救護委員會,負責協助並辦理戰區軍民救護工作,以期事前得充分訓練準備;臨時得以統一調度,不致紊亂重複,漫無計畫.　在中央設置救護事業總管理處,對於各省市救護委員會,負指揮監督之職責,庶可收指臂相使之效.

（一）各省市救護委員會組織辦法如下:

(1) 非常區域內各省市應於省市政府所在地,設置救護委員會,由左列各團體機關組織之.

（子）醫藥業團體及醫事教育機關.

（丑）商會.

（寅）中國紅十字會.

（卯）其他與救護工作有關之團體.

當地黨部及政府衛生主管機關派員指導參加.

(2) 各省市救護委員會設主任委員一人,副主任委員二人,委員若干人,下設總務醫務兩組.

總務組掌理聯絡,統計,運輸,材料,文書,會計,庶務等事項.

醫務組掌理調查,訓練,醫務,防疫,檢驗,及環境衛生等事項.

(3) 各省市救護委員會應附設之救護機關如次:

急救隊　醫院　運輸隊（陸地運輸隊／船舶運輸隊）　掩埋隊

（二）救護事業總管理處設置於首都,由衛生署及中國紅十字會總會聯絡其他救護工作有關之機關團體組織之.設主任一人,副主任二人.下設總務醫務兩股,對於各省市救護委員會負指揮監督之責.其組織另定之.

乙　編制

（一）急救隊　每隊以十二担架計

隊長（醫師）一人,醫師一人,特務員一人,護士長一人,看護六人,担架夫二四——三六人,伙夫二人

（二）醫院　二五〇——三〇〇床位

院長一人,事務員一人,特務員一人,會計一人,文書二人,

醫師五人,藥師一人,護士長一人,護士十人,司藥生二人看護三六人,伕役二四人,傳達三人,伙夫八人,担架夫

（三） 運輸隊

1. 陸地運輸隊 由甲縣至乙縣每日行程六十里

大隊長（兼一中隊長）一人,中隊長（三十六担架）一人.小隊長（十二担架）六人,事務員一人,特務員一人,醫師二人,看護一八人,担架夫二八八人,（其中包括頭目）伙夫六人,工友二人,司書二人,担架七二至九六人.

每担架爲四人伍.

每小隊爲十二付担架組成.

設小隊長一人看護三人.

三小隊成一中隊,設中隊長一人,事務員或特務員一人,伙夫二人,工友一人,司書一人.

兩中隊爲一大隊,設大隊長一人,兼一中隊長.

2. 船舶運輸隊 民船四八隻,每只平均六人至八人.

大隊長一人,中隊長一人,事務員一人,特務員一人,看護長二人,看護一二人,担架夫二四人,伙夫六人,司書二人,傳令二人.

（四） 掩埋隊

隊長一人,特務員一人,指導員一人,工友五〇人,司書一人,伙夫二人.

丙 準備工作

（一） 調查

全縣（市）醫院診所之數量,與所在地平時病牀數量等;全縣（市）正式醫師,藥師,護士,藥劑生,助產士之人數,及其他有救護技能之人數;西藥業及慈善團體之情形.

1. 醫院診所調查表(例)

醫院診所調查表(二十五年一月調查)

名稱	姓名	所在地	病牀數	必要時增加牀數	醫師人數	護士人數	換藥生人數	助產士人數	藥師人數	調劑生人數	平均每日 門診	平均每日 住院	備攷
大德醫院	陳〇	城內大興街二巷	三〇	一〇	二	六	〇	一	〇	一	八八	一八	附設護士學校

2. 衛生人員調查表(例)

衛生人員調查表(二十五年一月調查)

姓名	字	性別	年齡	出身	畢業或離校年月	經驗較多之學術	現任職務	詳細住址	備攷
陳〇		男	三二	大學院	民國十六年七月	外科	大德醫院院長	城內大興巷二號	兼縣立中學校醫

3. 西藥業調查表(例)

西藥業調查表(二十五年一月調查)

藥房名稱	經理姓名	藥師調劑生姓名	經售藥材種類			備攷
大德藥房	王〇	藥師陳〇 調劑生方〇	成藥製售經售	原料經售	器械經售	經理上海大紗布廠出品

4. 慈善團體調查表(例)

慈善團體調查表二十五年一月調查

名稱	所在地	主管者姓名	事業	備考
宛北紅十字會分會	城內天一巷三號	王〇〇	醫療救濟	有基金三十元
宛東紅十字會分會醫院	同	李〇〇	施診并訓練護士	有會員一百七十一人

（二） 編練

1. 衞生人員之編練及分配

全縣(市)之醫師,藥師,護士,藥劑生,助產士等各項衞生人員,容調查完竣後,召集編制,按照其能力,分配於急救隊,醫院,運輸隊,及民衆之訓練等工作;其必須訓練者,並先予訓練.

2. 民衆之編練:

小學教員之救護訓練.

高中以上女生之普通救護訓練.

民衆之急救輸送與担架訓練.

（三） 衞生材料

1. 救護用品之儲備:

每萬人之城市,須有另單所開約價值千元之藥品器械存貯,以備非常時期應用. 貯在處所,即以當地之醫院,藥房,診所等爲限;其人口數目較多或較少者,均以此比例準備(器藥單另附).

2. 衞生器材裝置之征發:

醫療用品………………………藥房.

寢具……………………………傢粧店,木器店,棕棚店,木行.

被服……………………………衣店.

食具……………………………磁器店洋貨店.

炊具……………………………鑊店,柴炭店.

輸送具…………………………車船行.

遇非常時期,對於上開各品,應酌加統制,並於奉命動員時,爲必要征發,用畢竭力設法歸還,或償付原價.

（四） 實施動員

1. 召集已組織之急救隊,醫院,運輸隊,掩埋隊,各就職責分任工作.

2. 應用房屋,除當地公立醫院外,並利用規模較大之各私立醫院及學校,旅社,祠堂,寺廟,公所等較大屋宇.

3. 救護輸送器材,以購用爲原則,不得已時使用儲備品,再不足時,按上述征發規定辦理.

（五）經費

必需之經費,由就地自籌或募集充之.

上海市救護委員會辦事細則草案

第一條　本細則依照上海市救護委員會章程及救護傷兵辦法大綱之規定訂定之.

第二條　本委員會除分別聘任與委派委員若干,組織委員會外;並選聘主任委員一人,副主任委員若干人,掌理全會事務.

第三條　本會設祕書長一人,秉承主任委員之意旨,主持本會一切對內對外事宜.　又設祕書二人,襄助祕書長處理委員會一切事宜.

第四條　本委員會依照章程之規定,設總務,醫務二組;每組設組長一人,副組長若干人.　組以下分別設立若干課,每課設幹事若干人.

第五條　各組之職掌如下:

一. 總務組組長及副組長,主持本會收發,文書,編宣,會計,庶務,車輛,交際等七課,各課辦事細則另訂之.

二. 醫務組組長及副組長,主持傷兵一切救護工作,與直屬各醫院之一切設施,及藥品採辦儲藏分配等事宜. 本組設醫院,材料,救護隊,三課;各課辦事細則另訂之.

第六條 上項細則,經本會主任委員核准後施行.

本會總務組辦事細則

一. 本組依照本會章程之規定訂定之.

二. 本組設組長一人,副組長若干人,主持本組一切事宜.

三. 本組分設收發,文書,編宣,會計,庶務,車輛,交際等課. 各課職務如下:

1. 收發課 處理本會一切收發及承轉文件事宜.
2. 文書課 撰擬文稿及繕寫事宜.
3. 編宣課 辦理本會宣傳工作,剪貼有關係之新聞報紙及編輯報告等事宜.
4. 會計課 辦理本會賬目出納及預算決算事宜.
5. 庶務課 辦理本會採購及分配物品事宜.
6. 車輛課 管理本會一切車輛之支配事宜.
7. 交際課 辦理本會與外界聯絡及調查接洽事宜.

本會醫務組辦事細則

一. 本組依照本會章程之規定訂定之.

二. 本組設組長一人,副組長若干人,主持本組一切事宜.

三. 本組分設醫院,材料,救護隊三課,各課分掌職務如下:

(一) 醫院課 辦理傷兵之診療,及醫院內一切設施事宜.

(二) 材料課 採購藥品及儲藏分配事宜.

(三) 救護隊課 辦理救護傷兵事宜.

藥物供應委員會辦事細則

第一條 本會由上海市救護委員會推選委員組織之.本細則係單獨訂定,凡本委會各職員,應一體遵守之.

第二條 本會設常務委員九人,並互推主席委員一人,共同處理日常事務.

第三條 本會分設總務,文書,調查,勸募,保管等五股;其職掌如后:

一. 總務股 管理會計,庶務及其他不屬于各股範圍內之事項.

二. 文書股 管理函件及擬寫文件等事項.

三. 調查股 管理調查各團體,各地區,各時期需要何種救護藥品等事項.

四. 勸募股 根據調查,管理向各廠商洋行等勸募藥物事項.

五. 保管股 管理勸募所得之藥物,以後隨時供應事項.

第四條 本會常務委員會,每星期舉行.以主席委員爲主席,各常務均應準時出席.於必要時,得由主席委員召開臨時會議.

第五條 本會對外文件,以及各股辦理各項事宜,均須經主席委員及常務委員三人以上簽核,方爲有效.

第六條 凡外來文件,由文書股擬具辦法,送經主席及常委三人以上之核准後辦理之.

第七條 各股工作,應按期于常務委員會議時報告之.

第八條 本會辦公時間,除星期日及例假外,規定每日上午九時至十二時,下午一時至四時.

第九條　職員如遇事故請假時,須經主席委員核准,方得離會.

第十條　本細則經常務委員會通過後施行之.　如須修改,亦須經常會通過.

中國紅十字會救護證章暫行條例

(一)本會爲防止奸人混跡,妨礙軍機,並保持本會信譽起見,特重訂救護證章暫行條例.

(二)凡本會救護人員,須一律塡具志願書,聲明不參預本會宗旨以外一切工作.

(三)凡已塡具志願書之救護人員,經本會派定職務後,分別發給臂章及職員證書一張,內貼本人照片,注明所任職務,以昭鄭重.

(四)凡在特區以內之救護工作人員.不須佩用臂章,其職員證書上均蓋有英法工部局印章,如遇盤詰,應卽交驗,以證明其身分.

(五)凡在華界之救護工作人員,則均須佩用軍政部蓋印之臂章,並交驗職員證書;如無職員證書,或該證書已失效時,僅用臂章者,不生效力.

(六)總會發給之臂章,由總會加蓋關防;分會發給之臂章,由各該分會加蓋圖記;救護委員會發給之臂章,由各該委員會加蓋印章,以資區別,而重責任.

(七)凡在本會服務人員,如無外勤時,應將所領臂章及證書,交會保管,俟因公外出時,再行領用;其他重大任務,當另行塡給護照.

(八)凡本會各救護機關,如辦事處或救護醫院之全體服務人員,爲通過門禁易於識別起見,發給符號一件,標明職別姓名,由各關係機關自行加蓋印章,分發佩用.

（九）本會所用卡車,坐車,在租界以內行駛者,一律不再使用旗幟,僅在車前粘貼編號之車證;該項車證,須由各救護機關負責人填簽登記單,向總會領用;惟在戰地行駛時,得酌量於車上使用小旗.

（十）大旗祗可用於內地辦公處所,或醫院收容所等.

（十一）凡不屬本條例之一切證章,因易與本會一般證章相混,並易發生僞造情事,故自本條例施行之日起,應作無效. 如有個人行動,本會概不負責,並得受中外官廳之處置.

（附則）本條例應譯成英法文字,分咨租界當局,繕呈本國軍部備案;並知照本會所屬機關,及有關係人員,一體切實奉行.

上海市救護委員會徵集救護人員辦法

（一）本會爲準備戰爭發動時救護受傷將士及民衆起見,特徵集各種救護人員.

（二）本會茲亟需下列各種救護人員,年齡須在十八歲至五十歲之間.

（甲）內外科醫師.

（乙）公共衛生人員.

（丙）吃苦耐勞的護士.

（丁）訓練純熟的急救隊員.

（戊）常識經驗充份的事務員.

（三）凡符合第二項之規定,而肯犧牲服務者,可於每日（星期日除外）上午九時至下午五時到本會辦公處（上海新閘路八五六號中國紅十字會總會內,電話34366)登記,填具登記表.

（四）登記時,須隨帶相當證明文件.

（五）戰時服務,概屬義務.不給報酬.

（六）凡已登記者,如當本會召集及派定工作時,須立卽報到參加,不得借故推却.

（七）凡已登記者,有事與本會接洽,須註明本人登記號碼.

（八）凡已登記而因故不能參加工作時,須立卽來會聲明,取銷登記.

（九）凡已登記者,如住址更改,須立卽通知本會.

（十）戰時服務規程,容後另訂之.

（十一）凡有志服務而無救護之經驗及訓練者,可參加本會所辦救護訓練班.

慰勞傷兵辦法

上海市各界抗敵後援會,中國紅十字會總會,茲會同擬訂各傷兵醫院慰勞傷兵辦法如下:（一）慰勞傷兵爲防止流弊起見,應採監督辦法,由上海市慰勞委員會（以下簡稱慰勞會）主辦之.（二）慰勞會得派職員若干人,爲慰勞專員,每人負責一個至兩個醫院.（三）各團體或私人如欲慰勞傷兵,或贈送物品,須預先商得慰勞會同意,排定醫院及日期,準時由慰勞專員率領,同往同返.（四）各團體或私人至傷兵醫院慰問時,須絕對聽從慰勞專員及醫師之指導監督.（五）各團體或私人贈送慰勞物品,如係自辦者,慰勞專員有檢驗之權;必要時,得令贈送人試服之.（六）慰勞人員不得對傷兵高聲談話或演說,並不得探詢作戰情形及隸屬部隊.（七）慰勞時間,規定爲下午二時至四時.（八）重傷病院,或對重傷官員,暫停慰勞.（九）本辦法由上海市各界抗敵後援會呈報黨政機關備案施行.

上海郵務工會代傷兵寫信辦法

一. 本會爲便利傷兵代寫書信及匯寄錢物起見,並應上海郵務工會之請,在本會各救護醫院內派員義務辦理郵信工作.

二. 每日自下午二時起至五時止爲辦公時間.

三. 凡屬於下列之事項,傷兵均可請求辦理.

甲. 代寫信札 乙. 匯寄銀錢 丙. 寄遞衣物 丁. 其他屬於郵務範圍以內之工作.

四. 每醫院由郵務工會派定職員一人至六人,辦理一切上述工作.

五. 所有銀錢衣物等責任,均由郵務工會負責之.

六. 辦公用具及地點,由院供給.

七. 派往各院之工作人員,須由郵務工會備證明卡,以便各醫院有所根據.

八. 凡願照本辦法接受代寫書信工作之醫院,即可函會轉請郵務工會,派員前往工作.

中國紅十字會
上海市救護委員會 仝訂

本會服務人員因公殉難卹金表

類別	數目（單位元）	備註
醫生	六〇〇——一二〇〇	
看護	三〇〇—— 六〇〇	
職員	二〇〇—— 三〇〇	
担架	二〇〇—— 三〇〇	
工友	二〇〇—— 三〇〇	
司機	二〇〇—— 五〇〇	

救護隊人員之收殮費及養傷費,規定如下:

1. 醫生隊長二百元,看護,童子軍,汽車夫一百五十元,担架工人一百元.
2. 隊員受傷,由本會供給醫藥,並隨時加以慰勞.

上海市救護委員會

救護人員應徵登記表

姓名		年齡	
籍貫		性別	
履歷（註明有否救護之訓練或經驗）			
現任職業（註明地點及電話）			
能擔任何種救護工作			
願在何處服務（本埠或外埠前線或後方）			
住址（電話）			
備註			

（請用毛筆或鋼筆在每項內詳細填明）

登記號碼　　　　年　　月　　日

上海市救護委員會工作人員服務志願書

立志願書人　　　　　茲因匪偽入寇國難益亟全國人民莫不同仇敵愾余義屬國民救死扶傷責無旁貸志願加入本會參加救護工作並於非常時期服從本會調遣忠實服務艱苦不辭倘有意外事件發生皆出自願與會無涉謹此簽立志願書存照

中華民國　　　年　　　月　　　日

立志願書人

上海市救護委員會救護工作人員保證書

今保到　　確實熱心為國人品忠實願參加貴會擔任救護工作於非常時期絕對服從調遣忠實服務艱苦不辭倘有不檢行為或發生其他意外等情皆由本人負責謹此簽立保證書存照

被保證者黏照片處

立保證書

店鋪　　蓋章

店主（或經理）　　蓋章簽名

中華民國　　年　　月　　日

保證者履歷單

店號			
開設地點		電話	
店主姓名（或經理）			
性別		年齡	
住址		電話	
備註			

總務組

會計課

上海市救護委員會收支報告表

民國二十六年八月九日至二十七年六月三十日

收入				
撥款收入	$ 344,103	57		
捐款收入	94,141	84		
雜項收入	198	57		
借款	10,000	00		
收入總數			$ 448,443	98
支出				
傷兵醫院經費	$ 11,986	34		
救護醫院經費	166,441	03		
特約醫院給養費	42,083	30		
急救隊經費	1,186	56		
救護隊經費	20,589	68		
傷兵分發站經費	3,686	67		
醫具及藥品	39,267	77		
包紮品	18,178	70		
汽油及機油	28,769	27		
租車費	19,857	61		
捐照費	1,965	30		
修理及配件	11,292	67		
遣送費	25,695	93		
慰勞金	7,333	00		
轉次頁	$ 398,333	83	$ 448,443	98

上海市救護委員會收支報告表

第　二　頁

承上頁	$ 398,333	83	448,443	98
衣着費	5,149	32		
養傷費	310	80		
棺殮費	1,395	28		
撫卹金	3,090	00		
津貼	4,324	50		
雜務工資	2,823	23		
伙食	7,319	19		
文具印刷	2,137	49		
車資	3,223	72		
郵電	177	03		
廣告費	800	10		
雜費	1,532	77		
担架	1,628	26		
油布被	1,609	16		
油燈手電	808	46		
臂章旗幟	185	60		
其他救護用具	1,293	51		
購置	10,459	02		
支出總數			446,601	27
結存				
現金	243	95		
中國銀行往來	1,598	76		
結存總數			$ 1,842	71

上海市救護委員會救護訓練班收支報告表

民國二十六年八月三十日至二十七年三月二十一日

收入				
捐款收入（上海市交易所聯合會）	$ 6,000	00		
雜項收入（出售救護防毒書及利息）	532	85		
支出				
職員津貼			$ 770	00
青年會訓練班津貼			60	00
進修學校訓練班津貼			200	00
大夏中學訓練班津貼			30	00
和安小學校水電津貼			40	00
救護防毒書印刷費			253	00
文具印刷			24	00
徽章			22	00
雜費			24	03
代救護事業協進會還款			2,063	41
餘款繳還上海市地方協會			3,046	41
合計	$ 6,532	85	$ 6,532	85

證明書

上海市救護委員會自民國二十六年八月九日至二十七年六月三十日止期內現金收支帳目暨上海市救護委員會救護訓練班自民國二十六年八月三十日至二十七年三月二十一日止期內現金收支帳目均經本會計師與該會帳册單據分別審核相符除附上述期內各該機關之現金收支表並另具報告書外合爲證明如上

公信會計師事務所

主任會計師　　奚玉書

中華民國二十七年七月二十日

庶務課

本課工作範圍,限於普通之物品備辦及其他普通事務;醫藥用品,另有材料課專司其事. 又各救護醫院所需物品,因各院情形不同,大都歸各院自行備辦;僅統一之物品,或該院不及備置之物,由本會供給. 救護隊各隊之用品,及運輸課之雜用物,皆由本課備置供給. 至銀錢出入,均由會計課負責,僅零星之款,由本課支付,每日向會計課報銷結清. 現將本課之組織及物品收發統計,列表於後.

組織

物品收發統計表

上海市救護委員會物品收發統計表

民國二十六年八月十日至二十七年一月三十一日止　　（雜項用品）

收入				付出					物品名稱	現存數量	備註
募贈	購買	轉來	總數	醫院	救護隊	各組課	轉撥	總數			
2400		5524	7924	430	562	570	3796	5358	1 毛巾	2566條	
	133	704	837	22	697	93		812	2 電筒	25只	
	8	3780	3788	54	3516	196		3766	3 乾電	22打	
	868		868		570	78		648	4 乾電筒燈泡	220粒	
	42		42			24		24	5 電燈泡	18只	
	355	12	367		239			239	6 桅燈	128只	
	20	1	21		15		1	16	7 汽油燈	5只	
1614		53	1667	322	189	1048		1559	8 熱水瓶	108只	
	22	109	131	101		27		128	9 茶壺	3只	
		80	80	28	14	30	4	76	10 鉛桶	4只	
	203	642	845	200	82	85	350	717	11 茶杯	128只	
	520	857	1377	850	432	64	270	1316	12 食具	61只	
	632		632	276	12	233		521	13 肥皂	111塊	
	55		55			55		55	14 臭藥水		
	1255		1255		915	160	180	1255	15 臘燭		
	557		557		30	527		537	16 火柴		

（接下頁）

（續上頁）

收			入	付				出	物品名稱	現存數量	備註
捐贈	購買	轉來	總數	醫院	救護隊	各組課	轉撥	總數			
	3	21	24聽	4	20			24聽	17 火油		
136		1323	1459件	955	400	104		1459件	18 棉大衣		
5953	430	364	6747件	4623	346	502	420	5891件	19 棉襖褲	856件	
1337		15683	17020件	9224	546	1856	5029	16655件	20 棉背心	365件	
		126	126包	13		70		83包	21 內衣褲	43包	
267	474	986	1727條	1265	222	11	226	1724條	22 被頭	3條	
183	20	1134	1337個	1162	107			1269個	23 枕頭	68個	
		462	462條	317		12	123	452條	24 被單	10條	
50		338	388條	162	23	35	168	388條	25 墊褥		
1577	1160	1063	3800雙	2714	60	65	237	3076雙	26 鞋	724雙	
2926	336	404	3666雙	1858		78	20	1956雙	27 襪	1710雙	
1196			1196瓶			6	500	506瓶	28 藥油	690瓶	
4			4只	2			2	4只	29 開刀床		
6			6只	2				2只	30 滅火機	4只	
53	500	1721	2274條	1527	633		100	2260條	31 席子	14條	
8		129	137只	110	6		21	137只	32 帆布床		
1062		5059	6121件	2517	143		1690	4350件	33 雜衣褲	1771件	

上海市救護委員會物品收發統計表

民國二十六年八月十日至二十七年一月三十一日止 (救護及運輸用品)

收入				付出					物品名稱	現現數量	備註
募贈	購買	轉來	總數	醫院	救護隊	各組課	轉撥	總數			
		40	40只		39	1		40只	1 急救箱		
119934		28792	148756只		15267	125297	8000	148564只	2 急救包	192只	
3906	527	200	4633只		1880			1880只	3 口罩	2753只	
8		3758	3766只	359	823	69	1251	2502只	4 乾糧袋	1264只	
261		1652	1913條	1167	658	61		1886條	5 軍毯	27條	
18		185	203件	2	152	25	18	197件	6 雨衣	6件	
30		6	36塊		9	23	4	36塊	7 油布		
	465	119	584副	110	307	130	22	569副	8 擔架	15副	
		271	271件		188			188件	9 擔架衣	83件	
	1761	1795	3556條	543	911	324	1778	3556條	10 臂章		
	34	36	70面	6	29		35	70面	11 大旗		
	143	159	302面	43	86	22	151	302面	12 小旗		
			1輛			1		1輛	13 汽車		
		14	14輛		7	4	2	13輛	14 自由車	1輛	
	1	355	356罄		195	161		356罄	15 汽油		
10		15	25罄			25		25罄	16 機油		

(接下頁)

（接上頁）

收入				付出					物品名稱	現存數量	備註
募贈	購買	轉來	總數	醫院	救護隊	各組課	轉撥	總數			
	24		24			24		24	17 鑽		
	10		10			10		10	18 剪刀		
	44		44			44		44	19 鉛皮箱		
	5		5			5		5	20 雨傘		
	10141		10141				10141	10141	21 竹布符號		
130255	422	1000	131677	6400		112372	11100	129872	22 白布	1805尺	
	4		4			4		4	23 水牌		
	19		19			19		19	24 字紙簍		
	13		13			13		13	25 漏斗		

上海市救護委員會物品收發統計表

民國二十六年八月十日至二十七年一月三十一日止

(文具用品)

收入				付出					物品名稱	現存數量	備註
募贈	購買	轉來	總數	醫院	救護隊	各組課	轉撥	總數			
	311		311	8	24	258		290	1毛筆	21支	
	886		886	24	207	645		876	2.鉛筆	10支	
	109		109		20	84		104	3.鋼筆桿	5支	
	286		286		43	235		278	4.鋼筆尖	8只	
	5		5			2		2	5.粉筆	3打	
	124		124		1	123		124	6.鉛筆刨		
	63		63		4	59		63	7.墨盒		
	31		31			21		21	8.打印水	10瓶	
	28	2	30		1	29		30	9.打印盒		
	48		48		2	44		46	10.漿糊	2瓶	
	9		9			8		8	11.油印油墨	1支	
	121		121	1	2	97		100	12.墨汁	21瓶	
	159	1	160	16	15	122		153	13.墨水	1瓶	
	10		10			10		10	14.吸水板		
	34		34	2		29		31	15.尺	3支	
	7		7			7		7	16.算盤		
	60		60			51		51	17.筆架	9只	
	21		21		2	19		21	18.票扦		
	150		150		10	140		150	19.鋼夾		

(接下頁)

(接上頁)

收入				支出					物品名稱	現存數量	備註
募贈	購買	轉來	總數	醫院	救護隊	各組課	撥轉	總數			
	11		11			3		3	20.銅釘	8盒	
	40		40		2	38		40	21.圖畫釘		
	60		60	1	1	55		57	22.迴形針	3盒	
	15		15			15		15	23.橡皮圈		
	1278		1278	60	230	988		1278	24.別針		
	130		130	12	12	76		100	25.橡皮	30塊	
	3		3			2		2	26.訂書機	1只	
	6		6			6		6	27.打洞機		
	360		360		5	324		329	28.卷宗	31只	
	750		750			650		650	29.牛皮紙	100張	
	1016		1016	11	10	895		916	30.複寫紙	100張	
	500		500	1		399		400	31.臘紙	100張	
	33		33			27		27	32.吸水紙	6張	
	31814		31814	2860	250	23147		26257	33.白報紙	5557張	
	112		112	9		101		110	34.十行簿	2本	
	721		721	12	117	518		647	35.拍紙簿	74本	
	384		384		30	344		374	36.練習簿	10本	

上海市救護委員會物品收發統計表

民國二十七年二月一日至四月三十日止　（雜項用品）

收入				付出				物品名稱	現存數量	備註
前存	購買	轉來	總數	醫院	各組課	轉撥	總數			
2566		600	3166條	329	30	407	766條	1 毛巾	2400條	
25			25只					2 電筒	25只	
22			22節		22		22節	3 乾電		
220			220只					4 電珠	220只	
18			18只		12		12只	5 燈泡	6只	
128			128盞			4	4盞	6 桅燈	124盞	
5			5盞					7 汽油燈	5盞	
108			108只		10	71	81只	8 熱水瓶	27只	
3			3只		1		1只	9 茶壺	2只	
4			4只		1		1只	10 鉛桶	3只	
128			134只					11 茶杯	134只	
61			61付					12 食具	61付	
111			111塊	54	4	53	111塊	13 肥皂		
1805			1805尺	1805			1805尺	14 白布		

上海市救護委員會物品收發統計表

民國二十七年二月一日至四月三十日　　（救護及運輸用品）

收入				付出				物品名稱	現存數量	備註
前存	購買	轉來	總數	醫院	各組課	轉撥	總數			
192			192只			192	192只	1 急救包		
2753			2753只			2753	2753只	2 口罩		
1264			1264只		64	200	264只	3 乾糧袋	1000只	
27		141	168條	49	2	1	52條	4 軍毯	116條	
6	6		12件	1	6	5	12件	5 雨衣		
15			15副					6 担架	15副	
83		63	146件			86	86件	7 担架衣	60件	
1			1輛					8 自由車	1輛	
856		101	957件	95	21	176	292件	9 棉襖褲	665件	
365		115	480件					10 棉背心	480件	
4300			4300件	825			825件	11 內衣褲	3475件	
3		59	62條	62			62條	12 被頭		
68			68個			68	68個	13 枕頭		
10		32	42條	42			42條	14 被單		
724			724雙	409	7	210	626雙	15 鞋	98雙	
1710		50	1760雙	657		419	1076雙	16 襪	684雙	

（接下頁）

民國二十七年二月一日至四月三十日　　(救護及運輸用品)(接上頁)

收入				付出				物品名稱	現學數量	備註
前存	購買	轉來	總數	醫院	各組課	轉撥	總數			
690			690盒			180	180瓶	17 藥油	510瓶	
4			4隻			4	4只	18 滅火機		
14		111	125條					19 蓆子	125條	
1771		908	2679件	1149		35	1184件	20 雜衣褲	1495件	
		8	8聽			8	8聽	21 汽油		

上海市救護委員會物品收發統計表

民國二十七年二月一日至四月三十日　　(文具用品)

收入				付出				物品名稱	現存數量	備註
前存	購買	轉來	總數	醫院	各組課	轉撥	總數			
21	6		27支		18	9	27支	1 毛筆		
10			10支		10		10支	2 鉛筆		
5			5支		2		2支	3 鋼筆	3支	
8	24		32只		32		32只	4 鋼筆尖		
3			3盒		3		3盒	5 粉筆		
10			10瓶		3		3瓶	6 打印水	7瓶	
2			2瓶		2		2瓶	7 漿糊		
1			1瓶		1		1瓶	8 油墨		

(接上頁)

收入 前存	收入 購買	收入 轉來	收入 總數	付出 醫院	付出 各組課	付出 轉來	付出 總數	物品名稱	現存數量	備註
21	1		22瓶		21		21瓶	9墨汁	1瓶	
1		3	4瓶					10墨水	4瓶	
3			3條		2		2條	11尺	1條	
9		6	15只			4	4只	12筆架	11只	
8			8盒		8		8盒	13銅釘		
3	3		6盒		4	2	6盒	14迴形針		
30			30塊		18		12塊	15橡皮	12塊	
1		1	2只					16訂書機	2只	

民國二十七年二月一日至四月三十日 (文具用品)

收入 前存	收入 購買	收入 轉來	收入 總數	付出 醫院	付出 各組課	付出 轉撥	付出 總數	物品名稱	現存數量	備註
31			31只			31	31只	17卷宗		
100			100張		100		100張	18牛皮紙		
100			100張		50		50張	19複寫紙	50張	
100			100張					20臘紙	100張	
6			6張		6		6張	21吸水紙		
5557	500		6507張		6057		6057張	22白報紙		
2			2本		2		2本	23十行簿		
74			74本		74		74本	24拍紙簿		

上海市救護委員會庶務課物品移交清册

物品名稱	數量	附註	物品名稱	數量	附註
襖(新)	395件		毯子	116條	
棉襖(改)	205件		瓷藥罐	10只	
棉背心	480件		草蓆	125條	
棉大衣	8件		担架	15付	
棉袴	65件		行軍鍋	4付	
絨紗衫	7件		鐵鈎	100付	担架用
夾背心	46件		鐵床	1張	
毛巾	200打		舊搪瓷杯	50隻	
	57打		舊搪瓷痰盂	8只	
膠鞋	98雙		竹筷	5把	
草鞋	25雙		酒盅	50只	
鋼盔	5隻		搪瓷小盆	17只	
桅燈	124盞		搪瓷碗	35只	
藥水壺	9只		搪瓷小碗	44只	
鏡框	6只		搪瓷茶杯	85只	
軍號	1只		搪瓷湯盆	5只	
膠手套	3付		乾糧袋	1000只	
小藥壺	3隻		火鉗	2把	
傷兵內衣	60件		菜刀	3柄	
担架衣	20件		鉛皮盆	8隻	
担架衣袴	20套		鏟刀	2柄	
灰軍衣	32件		便壺	43把	
灰運動褲	50條		木架	41根	
小汽油燈	5盞		自由車	1輛	
打汽筒	5隻	自由車用	台鈴	8只	
行軍床	3架		印水	5瓶	
皮帶	2束	軍用	打印盒	9只	
籐担架	8隻		伏油	2瓶	
什具	1箱		鋼印墨水	4瓶	
醫用便桶	3隻		鋼筆	3支	
傷兵遺物	7袋		鋼夾	12隻	
內衣(香港)	3475件		橡皮	12塊	
單衣	210件		硯台	2隻	
什衣	1495件		插千	2隻	
什衣	6袋		釘書機	2隻	
舊衣	1袋		玻璃墨水缸	4隻	

（接上頁）

物品名稱	數量	附註	物品名稱	數量	附註
銅筆架	11隻		算盤	4具	
打孔機	1隻		熱水瓶	9隻	
銅墨盒	11隻		銀箱	1隻	
玻璃筆架	4隻		方桌	1隻	
銖砂	2包		銅茶壺	1把	
水盂	1隻		瓷茶壺	1把	
米突尺	1根		鉛壺	2把	
臘紙	1筒		面盆	2只	
搪瓷小牌	2塊		鉛桶	3只	
圓墨水缸	3隻		玻璃板	4塊	
複寫紙	半盒		印刷盒	5隻	
信箋	1000張		油印機	1隻	
信封	1000只		搪瓷紀牌	4塊	
地圖	5張		藥油	1箱	
吸墨水具	1只		水壺	9隻	軍用
燈泡	6只		滅火藥粉	5罐	
藥皂	20塊		銀鼎	1隻	估值 16元
電珠	220隻		銀鼎	1隻	,, 120元
訓練班證章	122個		畫鏡匡	2具	,,每具16元
大寫字台	17隻		畫	1具	乾隆御筆估值 120元
小寫字台	8隻		畫	2具	,,12.10元,
紅橙	8隻		古瓶	1只	,, 11元
椅子	7隻		油畫	1具	,, 50元
文具櫃	1具		電筒	1隻	

上開各項物品,均於民國二十七年四月三十日移交於中國紅十字會並立清册三份,以備查照。

交 通 課

本課原稱運輸股,成立於八一三之後,主其事者,首為駱亦文君;八月十九日以後,由胡會林君接管;十月十四日後,復歸金芝軒君主持.

本課工作,在國軍未西移前,主要在救護及轉運傷兵;國軍西移後,即從事運輸醫院用品,遣送傷兵及難民. 在十一月間,更有一項特殊工作,即將滬地傷兵,分送內地. 是項工作,頗形困難,因上海陷於四面包圍之後,交通梗阻,後路交通既未疏通,送去之傷兵,遂難安置. 本課為解除此種困難,在先前寧波船隻停駛時,派員於十一月廿七日由台入浙,分兩路進行,一路由台至寧波,一路由台經百官,蕭山而至杭州,並分撥人員駐金華,衢州,從事於後路之疏通. 此項工作,頗屬有效. 在十二月間,滬地傷兵得以逐漸遣送內地. 至一月份,則大抵為結束工作.

本課此後工作,已移交中國紅十字會總會交通股辦理.

茲將六越月來之工作大要,分別紀錄於下:

八月十九日至九月十五日

一、車輛方面

1. 車輛共計八十七輛

計開

租來現已不用者	計二十五輛
租來現在修理者	計四輛
租來仍用者	計十二輛
借來已退還不用者	計一輛
借來現在修理者	計三輛
借來仍用者	計七輛
借來全部損壞者	計一輛
煤業公會在外工作者	計十四輛
煤業公會預備補充者	計六輛
本會自購舊車	計三輛
孔太太捐新車	計四輛
紅十字會購辦新車	計二輛
紅十字會購辦舊車	計四輛
張嘉甫先生送來	計一輛

2. 修理費

共計國幣一千三百五十九元八角五分

（全部損壞之車尚未賠償）

3. 消耗汽油（八月廿四日以前歸醫務組）

八月廿四日至卅一日計六百〇七介侖

九月一日至十五日計四千六百十六介侖

共計五千二百二十三介侖

4. 消耗機油

共計四十三又四分之三介侖（九月九日以前未詳）

二. 工作方面

1. 出勤次數

共計六百十五次

2. 救護傷兵

共計五千三百六十五人

3. 救護傷民

共計廿六人

九月十六至三十日止

一. 車輛方面

1. 車輛　共計九十八輛

計開

租來時換用之車	計二十二輛
自備車	
紅十字會新購新舊各車	計六輛
捐借來舊車	計六輛
前報告所載(連捐借者在內)	計十六輛
派在無錫者	計一輛
派在崑山第一醫院用	計一輛
派紅十字會市分會用	計一輛
派赴南京	計三輛
改裝吊車	計一輛
在修理中	計五輛
不宜於遠道者	計五輛

工作救護者　　計八輛

留爲本埠轉運用者　　計三輛

煤業在外工作連預備車　　計二十輛

2. 修理費（修理及配件）

共計貳千四百十七元九角七分

3. 租車費　共計四千〇四十元

4. 工資　共計五百〇一元

5. 伙食　共計九十四元六角

6. 消耗汽油

共計四千九百六十四介侖

7. 消耗機油

共計九十一介侖半

二. 工作方面

1. 出勤次數

共計四百六十五次

2. 救護傷兵（在外轉運者不計）

共計五千六百十七人

3. 轉運傷兵（至外埠）

共計三千三百九十七人

十月一日至十五日

一. 車輛方面

1. 車輛　共計八十二輛

計開

a. 自備車共三十一輛

紅十字會新購福特　　計二輛

大都會花園捐助輿配爾　計一輛

前期報告加新來　計廿八輛

b.固定在外各醫院分會者共九輛

派赴松江　計一輛

派赴蘇州　計二輛

前期報告中派出　計六輛

暫不能用者　計七輛

撞壞在修理中　計二輛

應修理未修者　計二輛

已歸還者　計三輛

c.特務車共二輛

裝吊車拖車服務者　計一輛

改裝帶担架派外交大樓用者　計一輛

d.暫固定在外第一第二兩隊　計四輛

e.每日派赴救護用　計四輛

f.每日送松江老龍華用　計五輛

g.煤業隊在外工作連預備車　計二十輛

（租用車共八輛．而每日至多用六輛．最少用四輛．每日救護出發之連十五日內，平均每日十輛，內中自備約十分之六）．

2. 修理費（修理及配件）共計貳千四百六十七元四角七分

3. 租車費　共計三千六百九十元

4. 工資　共計四百五拾六元五角

5. 伙食　共計一百三十六元七角五分

6. 消耗汽油　共計五千七百三十二介侖

7. 消耗機油　共計六十五又四分之三介侖

以上連煤業用油在內每日平均一百廿五介侖

本期中時有因車胎損破或漏汽而被傷兵等強迫駛行,致全胎及鋼圈損壞,因之須加配新胎及鋼圈,需費在一百元之上

二、工作方面

1. 出勤次數

共計三百四十五次

2. 救護傷兵

共計六千八百八十九人

3. 轉運傷兵(至松江老龍華等)

共計四千三百十八人

十月十六日至卅一日

一、車輛方面

1. 車輛　共計卅二輛

計開

a.在上海共十五輛

吊車	計一輛
有担架車	計三輛
運貨用	計一輛
救護轉運用	計六輛
在修理中	計四輛

在外埠共十七輛

南京	計八輛
蘇州	計三輛
松江	計一輛
太倉	計一輛

市分會 計一輛

b.損失者

在眞茹 計一輛

在崑山被焚 計一輛

在崑山被軍部借去未還 計一輛

2. 修理費（修理及配件）共計二千三百十一元七角一分

3. 租車費 共計二千二百四十元

4. 工 資 共計六百〇五元〇二分

5. 伙 食 共計一百三十五元九角

6. 消耗汽油

共計五千三百十二介侖

7. 消耗機油

共計一百廿四加侖半

二. 工作方面

1. 出勤次數

共計三百十八次

2. 救護傷兵

共計三千九百廿九人

3. 轉運傷兵（出境）

共計七千二百八十六人

十一月一日至三十日

一. 車輛方面

1. 車輛 共計三十二輛（煤業隊車十二輛不在內）

計開

在本埠者　計十二輛
由胡會林先生帶去者　計十一輛
太倉退京歸野戰隊者　計一輛
損毀者　計五輛（一輛送油去）
軍部拖去未回者　計一輛
租來者　計二輛

2. 修理費

共計三百二十三元〇五分

3. 消耗汽油

共計三千五百五十介侖

4. 消耗機油

共計七十九介侖

二. 工作方面

1. 出勤次數

共計二百九十八次

2. 救護傷兵

共計二千一百二十五人

3. 轉運傷兵

共計五千八百九十九人

十二月一日至卅一日

一. 車輛方面

1. 車輛　共計三十輛

計開

在本埠者　計五輛　號碼49,73,75,81,100
由胡會林先生派去者計十一輛　號碼76,77,78,79,84,85,86,87,92,96,42

在野戰救護隊者　計一輛　號碼90
售出者　計四輛　號碼80,89,91,93
抵還賠償者　計三輛　號碼74,82,83
因公損壞者　計六輛　號碼88,94,95,97,98,99

2. 修理費

共計一百七十六元五角

3. 消耗汽油

共計六百六十二介侖

4. 消耗機油

共計十八又四分之三介侖

二、工作方面

1. 出勤次數

共計九十三次

2. 轉運傷兵

共計三百七十八人

一月一日至十日

一、車輛方面

1. 車輛　共計十七輛

計開

在本埠者　計五輛　號碼爲49,73,75,81,100
在外埠者　計十二輛　號碼爲42,76,77,78,79,84,85,86,87,90,92,96

2. 修理費

共計一百四十二元七角一分

3. 消耗汽油

共計一百七十五介侖

4. 消耗機油

共計八介侖半

二. 工作方面

1. 出勤次數

共計二十三次

2. 轉運貨物

租車殞壞賠償者　　　　共計三輛

17085租車,因第六,八兩急救隊於十一月八日往虹橋及北橋去救護時,忽被軍用車撞壞,該車未能拖回,後以第八二號車賠償.

16536租車於十月廿六日,在眞南路載傷兵回滬,因黑夜不能開燈,誤墮入小河內,未能拖出,後以第八三號車賠償.

54租車,於九月廿九日,在馬陸鎮南翔之間,與廿六軍軍用車相撞,致被撞損,以74號車賠償.

二十六年八月二十四日至卅一日出勤記錄

日期		出勤	出勤結果		耗費燃料		備註	車數
月	日	次數	救護人數	轉運人數	汽油	機油		
8	24	21	210		未詳			17
	25	14	135		未詳			9
	26	23	166	2	127gal			25
	27	21	251		25			14
	28	26	78	2	未詳			20
	29	22	164	3	未詳			20
	30	21	295	19	175			18
	31	19	188		280			16
合計		167	1487	26				139

二十六年九月份出勤記錄

日期	出勤次數	出勤結果		耗費燃料		備註	車數
		救護人數	轉運人數	汽油 介倫	機油 介倫		
9/1	31	251		148		內有傷民8人	17
2	24	226		397			23
3	28	157		305		內有傷民4人	19
4	23	233		237			17
5	28	219		145		內有傷民23人	18
6	27	290		297			18
7	44	208		327			24
8	26	252		384			18
9	29	270		345	6 1/2		26
10	29	319		359	6 3/4		21
11	35	591		342	4 1/2		25
12	38	222		367	4 1/2		30
13	33	156		382	16 1/4		26
14	28	298		381	3		21
15	25	186		200	2 1/4		21
16	42	567	245	436	5 3/4		27
17	30	514	176	485	5 1/2		25
18	30	256	390	427	8		25
19	28	303	209	300	4 3/4		25
20	36	180	137	390	15 1/4		26
21	27	322	191	379	3 1/4		24
22	30	306	410	260	5 3/4		25
23	33	508	227	296	2 1/2		20
24	42	610	231	338	29 1/2		22
25	29	493	281	223	1 3/4		21
26	25	383	136	322	1		22
27	22	294	80	253	2 1/4		20
28	30	287	235	138	1·3/4		21
29	35	256	226	405	1 1/2		25
30	26	338	223	312	3		21
合計	913	9495	3397	9580	135 1/4	內有傷民35人	673

二十六年十月份出勤記錄

日期	出勤次數	出勤結果		耗費燃料		備註	車數
		救護人數	轉運人數	汽油 介倫	機油 介倫		
10/1	28	373	135	261	6 3/4		21
2	21	226	296	476	2 1/4		19
3	22	329	310	255	3 1/2		18
4	26	264	292	420	2 1/2		19
5	23	329	321	780	3 1/2		20
6	20	449*	229	320	3 3/4	*內有傷民2人	18
7	20	473	225	415	4 1/4		14
8	22	359	407	207	4 1/2		17
9	21	497	259	288	4 1/2		19
10	22	588	242	320	5		19
11	29	870	336	342	4		23
12	21	720	318	468	5 1/4		19
13	23	639	239	492	5		19
14	24	339	383	305	5 1/2		18
15	23	434	318	383	6 1/2		19
16	22	394	201	376	3 1/4		17
17	24	197	170	261	6 1/2		15
18	22	282	329	498	8		14
19	20	338	467	281	4 3/4		18
20	23	365	740	520	4 1/4		16
21	18	252	1040	245	10 1/2		14
22	18	345	737	215	5 1/4		15
23	25	367	796	260	9 1/4		18
24	18	152	366	210	5 1/4		13
25	23	243	477	423	21 1/2		15
26	17	863	130	352	4 3/4		14
27	28	——	845	553	4 1/4		22
28	19	65	306	430	8 1/4		13
29	12	12	303	188	10 1/4		18
30	12	27	228	375	17 1/2		9
31	17	27*	151	125	1	*內有傷民1人	10
合計	663	10818	11596	11044	190 1/4		523

二十六年十一月份出勤記錄

日期	出勤次數	出勤結果		耗費燃料		備註	車數
		救護人數	轉運人數	汽油 介倫	機油 介倫		
1	19	391	236	385	3 1/4		14
2	7	137	447	225	7 1/2		12
3	14	274	485	180	18 3/4		15
4	14	482	487	365	6 1/2		15
5	15	381	447*	165	6	*內有傷民2人	14
6	8	245	68	300	5 1/4		11
7	10	99	325	97	3 1/4		8
8	10	28*	50	845	7 3/4		11
9	18	8	704	40	1 1/4	*內有傷民7人	9
10	13		285*	80	1 1/4	同　上 9人	9
11	22		952*	50	1	同　上37人	14
12	14		386*	120	2 3/4	同　上 7人	9
13	16		512	70	2 1/4		9
14	9		29	35	1 1/4		9
15	11		107	30	1/2		8
16	11		107	30	1/2		9
17	9			45	3 1/4		8
18	5		30	50	1		6
19	7		41	35	1/4		5
20	5			10	1		5
21	5			55	1/4		7
22	5		69	25	1/2		4
23	4		59	20			7
24	7		24	35			4
25	6		20	40	1/4		7
26	11		19	35	3/4		6
27	4			56	2 1/4		8
28	8		10	41	1/4		5
29	7			66			6
30	4			20	1/4		
合計	298	2125	5899	3550	79	內有傷民62人	261

二十六年十二月份出勤記錄

日期	出勤次數	出勤結果		耗費燃料		備註	車數
		救護人數	轉運人數	汽油 介倫	機油 介倫		
1	6			25	1/2		5
2	3		4	15	2		5
3				40	1/4		
4							
5	3			15			2
6	4		4	20	1 1/4		3
7	2		17	10	5		5
8	8		29	25	3 1/2		5
9	3		3	5			3
10	3		24	22			2
11	2		19	40			2
12				5			
13	3		40	35	1 1/4		3
14	1			20			2
15	3			20			4
16	7			30			5
17	3			35	1		4
18	3			29			4
19	2			20	1/4		2
20	3		39	24	1/2		3
21	5		53	25	3/4		4
22	2			20	1/4		3
23	3			10	1		2
24	1			20			2
25	2			20	1/2		2
26	3		78	24			4
27	2		8	10	1/4		2
28	5			43			4
29	3		11	30			2
30	3		49	10	1/4		3
31	5			15	1/4		4
計	93		378	662	18 3/4		91

二十七年一月一日起至十日止出勤記錄

日期	出勤次數	出勤結果		耗費燃料		備註	車數
		救護人數	轉運人數	汽油 介倫	機油 介倫		
1	1			15	1 1/2		1
2	1			5			1
3	2			20	1 1/2		2
4	3			5			3
5	4			25			4
6	2			15	1/2		2
7	3			20			3
8	2			30	3 1/2		2
9	2			25			2
10	3			15	1 1/2		3
合計	23			175	8 1/2		23

因公殞命人員

姓名	日期	地點	經過情形
杜連生	九月十三日	眞大橋	在眞北路遇飛機擲彈受傷殞命
沈毛毛	十月六日	老龍華	在龍華港邊時已夜深因下車問路誤墮港內而潮流甚急當時即飄流無蹤至次日屍身浮起
曹惠豐	十月廿五日	崑山	因去拖車在洛陽橋相近有飛機十餘架追車擲彈受傷殞命
翁福根	十月廿五日	仝上	仝上
王元發	十月廿五日	仝上	仝上

因公受傷人員

姓名	日期	地點	受傷種類	受傷部位
鄭志強		陳家橋	步槍	左肩入穿肺部從右腋出
陳杏蓀	十月廿五日	洛陽橋	炸傷	腿部及腰部
徐健來	仝上	仝上	仝上	足部
陳應乾	仝上	仝上	仝上	額部

胡會林先生帶去車輛表　共計12輛

車號	車主或經手人	汽車種類	機器號碼	載車噸位	車上各件						
					車身	車胎	備胎	篷	燈	擡架	墊子
76	紅十字會	OLDSMOBILE	*TOTD476/5047		中國製布篷車	6	1	帆布	全	無	無
77	仝上	仝上	*TOID 490/4298		仝上	6	1	仝上	全	無	無
78	仝上	仝上	*TOTD 488/4300		仝上	6	1	仝上	全	無	無
79	仝上	FORD	BB54F177540								
84	孔太太送	BED FORD	401892		中國製	6		木身	全	無	無
85	紅十字會	FORD	BB.18/F3904747	4000 lbs	仝上	6		帆布			
86	仝上	FORD	BB.18/F3904748	4000 lbs	仝上						
87	孔太太送	OPEL BLITZ	37—1448		仝上						
92	紅十字會	CHEVROLET	1R [illegible]534698	5580 KG	仝上	6		木身客車			
96	仝上	OLDSMOBILE	1443		仝上	6	1	帆布	全		
42	南洋烟公司	G. M. C.	2543408			6				裝有吊車(拖車)	
90	孔太太捐	FEDERAL	241954		仝上	6	1	帆布	全	在野戰救護隊	

售出車輛表　共計四輛

車號	車主或經手人	汽車種類	機器號碼	載重噸位	車上各件						
					車身	車胎	備胎	篷	燈	擡架	墊子
80	紅十字會	FORD	BB54F177538								
89	孔太太送	CHEVROLET	XR89594	4215 KG	中國製	4	1	帆布	全	無	無
91	紅十字會	CHEVROLET	IR6595611	5580 KG	仝上	6		木身			
33	仝上	CHEVROLET	TR137599	5590 KG	仝上	6		木身	全	發	無

抵還賠償車輛　共計三輛

車號	車主或經手人	汽車種類	機器號碼	載重噸位	車上各件						
					車身	車胎	備胎	篷	燈	擔架	墊子
74	紅十字會	STEWART	AFF2822		中國製	4			全	無	無
82	救護委員會	FORD	AA4496068		中國製布篷	6		布篷	全	無	無
83	仝上	DODGE	32828		仝上	6	1		全	無	無

本埠現存車輛表　共計五輛

車號	車主或經手人	汽車種類	機器號碼	載重噸位	車上各件						
					車身	車胎	備胎	篷	燈	擔架	墊子
49	紅十字會	STEWART	WRG16430	2000lbs	中國製布篷	4	1		全	裝	無
73	仝上	仝上	WRG16521		仝上	4		鐵篷	全	裝	無
75	仝上	OLDSMOBILE	XTOTD480/4347		中國製布篷車	6	1	帆布	全	無	無
81	救護委員會	COMMER	78B—662								
100	紅十字會	OPELBLITZ	BR—37—2536	4000lbs	外國製	6	1	帆布	全	無	有

因公損毀車輛表(一)　共計六輛

車號	車主或經手人	汽車種類	機器號碼	載重噸位	車上各件						
					車身	車胎	備胎	篷	燈	擔架	墊子
88	紅十字會	CHEVROLET	XR89594	4215KG	中國製	6		木身			
94	仝上	GMC	122115269	7675	仝上	6	1	帆布		無	無
95	張嘉甫君	STUDFBAKER	1T11130	4000lbs	仝上	6		仝上			
97	紅十字會	OPELBLITZ	37—4070		仝上	6	1	仝上	全	無	無
98	仝上	OLDSMOBILE	TR 3423	21/2tons	仝上						
99	談益民君	PIEACEARROW			仝上						

損毀車輛情形表(二)

車號	損毀日期	損毀地點	損毀情形
88		安亭	被軍部拖去
94	十月三十日	崑山	燒毀
95	十月二十六日	眞南路	被炸不及拖回
97	兵退時	蘇州	被炸不及拖回
98	兵退時	南京	被炸不及拖回
99	兵退時	蘇州	被炸不及拖回

救護隊集中出發前綫

傷兵分發站將重傷士兵分送各救護醫院

傷兵分發站輕傷士兵待車轉送後方

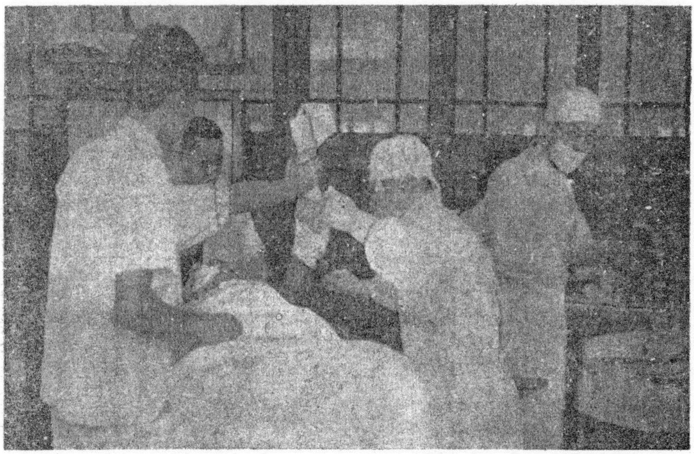

救護醫院施行上肢截除手術

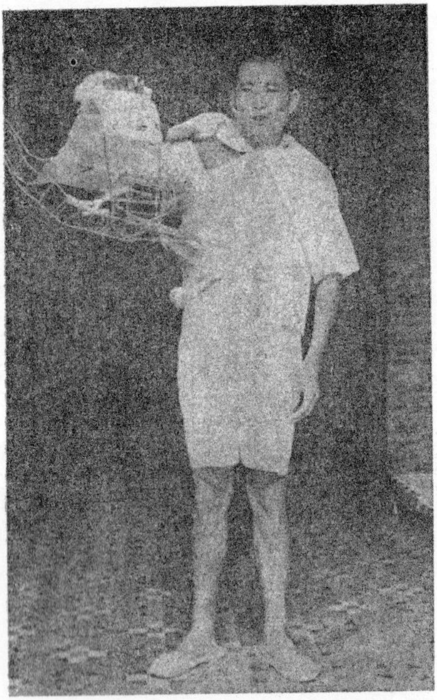

傷兵治療情形之一班

救護醫院病室之一

傷兵娛樂情形

治愈傷兵歸隊

醫務組

醫院課

救護醫院設立之經過

當淞滬情勢日趨緊張,戰事爆發危在旦夕之際,本會即着手進行組織救護醫院,以期迅速應付事變. 迨八一三戰事發生,第一,二,三,四,五,六,七,與第二十等救護醫院,即首告成立,開始收容傷兵 繼行開辦者,有第八,九,十,十一,十二,十三,及十八等救護醫院. 統計自八一三至八月底止,共成立救護醫院十五處. 對前綫傷兵之收容,尙能應付. 九月以後續行設立者,爲第十四,十七,十九,二十三,與二十四等救護醫院.

救護醫院之設立手續,一爲由本會直接創辦,所有經費,由本會完全擔負;二爲與其他機關或團體合作開辦,由本會津貼一部份經費;其中亦有經費完全獨立者.

所有各救護醫院,悉直隸於本會. 關於傷兵之收容與遣送,由本會規定辦法,統一辦理. 因指揮之統一,於救護事業之進行,殊爲便利.(各救護醫院一覽表見附表一).

特約醫院

當戰事初起,所有救護醫院未能完全成立,爲求儘量收容傷兵計,乃與滬上原有醫院洽商,兼收傷兵. 由本會津貼各醫院每名每日藥品伙食費伍角. 合計與本會合作之醫院,凡十六所.

各特約醫院床位共約九百張.對於傷兵之收容,給與本會助力不少.後以各救護醫院次第成立,床位日增,爲求管理便利計,自九月十日起,除少數特約醫院外,一律結束,將所存傷兵轉送各救護醫院療治(特約醫院一覽表見附表二).

其他傷兵醫院

除上述本會所屬救護醫院與特約醫院外,更有其他私人團體,或個人設立之傷兵醫院,其組織與經費完全獨立;但仍與本會合作,關於傷兵之收容與遣送,悉由本會負責辦理(其他傷兵醫院一覽表見附表三).

傷兵分發站

戰事延長,傷兵運滬,日有三百名至九百名之多.而滬市傷兵醫院床位,最多時僅五千餘張,勢不能全體收容;乃自八月二十二日起,就第六救護醫院內設立傷兵分發站一所(可容傷兵兩百名),自前線救下傷兵,視其傷勢輕重分別處理,重者,送入醫院,輕傷者暫住所內,等候火車或船隻,轉送後方.殆至第六救護醫院結束,乃改設於楓林橋前外交部駐滬辦事處大樓(可收容傷兵一千名).內設站長一人,醫師二人,護士十餘名,司理傷兵換藥包紮事宜.另由市商會童子軍團部,派童子軍一隊常駐站內,幫同維持秩序,並管理傷兵登記.傷兵輸送後方,每晚由鐵路當局調集車輛應用,其合作服務之精神,殊堪欽佩.

第六救護醫院附設之傷兵分發站,自八月二十二日起,至九月二十日止,計共收容傷兵二,二六七人.

外交大樓傷兵分發站,自九月二十一日起至十一月八日止,計共收容傷兵一萬七千九百肆拾人(外交大樓分發站傷兵進出人數見附表四).

傷兵之收容

所有傷兵入院,悉經由本會分發,每日由各醫院將床位空額報告本會,由本會轉行通知分發站,遇前綫有傷兵救下,即按各醫院空額送往.

當戰事初起時,所有救至滬地傷兵,悉數送入醫院. 殆至各醫院之床位漸告額滿,乃改變方法,擇傷勢較重者直送醫院,其輕傷者則轉送後方;一方將院中傷口就痊之傷兵,儘量向後方輸送,以便空出床位,收容重傷士兵. (各醫院收容人數表見附表五,六,七,)

藥品材料與服裝之供給

本會設有材料課,專司管理藥品材料. 各醫院如有需要,即開具清單,由該課主任批准發給. 至住院傷兵之服裝,如棉被棉衣大衣衛生衫褲鞋襪襯衫等物,皆由本會事先購置或捐募,以供各院傷兵應用. 其他各物,亦務求供應無缺.

傷兵住院之管理與待遇

各醫院之傷兵,一律禁止出外. 其有需要購置物品者,由院中工役代爲辦理;如欲書寫信件,則由駐院童子軍代辦;並備有收音機書報棋子等物,以供消遣. 各界如有慰勞之舉,必先通知本會,經本會許可,並轉知各醫院後,始准入內.

傷兵之治療

全滬醫院,共收治傷兵一萬七千六百九十二人. 因地處前綫,需繼續收容新來傷兵,故多數不能待至傷口完全痊癒,卽轉送後方醫院療養. 平均每名住滬治療三四・六日. 計經完全治癒或傷口就痊者,共一萬六千餘人.傷重治療無效死亡者,共一千五百八十一人. 死亡率爲百分之八・九. 死亡率所以甚高者,蓋由本會收治之傷兵,多數爲重傷之故;甚至有甫達醫院,卽已死亡者. (各醫院傷兵住院日數及平均住院日表見附表八,九,十.十一,)

傷兵出院之辦理

凡傷口完全治癒傷兵,由本會送傷兵管理委員會,轉送前方歸隊.傷口就痊之傷兵,則由火車或船舶,轉送後方醫院療養. 至十一月九日以後,因戰事西移,所有全癒傷兵,亦一併搭輪轉送後方. 所有送往後方傷兵,先以杭州爲主要地點,待戰事西移,乃改由海道送甯波與溫州等地再轉往後方. 輸送地點,由本會事先派員與當地軍政機關或陸軍醫院洽妥後,始行送往,沿途派員隨行照料,並設分辦事處於送往地點,以便會同辦理照料一切.

附傷兵輸送地點表

送往地點	人數
傷痊歸隊	895

杭州	5,750
松江	264
蘇州	405
嘉興	659
吳興	321
無錫	67
香港	91
甯波	5,607
溫州	291
其他	1,603
殘廢院	158
共計	16,111

死亡傷兵之善後

遇有士兵死亡,由各醫院直接通知普善山莊或同仁輔元堂,備棺埋葬. 連長以上官長死亡者,由紅十字會總會備棺成殮.死亡官兵遺銀,除一部份由傷兵管理委員會保存外,其餘皆繳存本會,由本會造就清册,連同款項,暫交紅十字會總會保管,另行呈報軍政部,聽候處理.

殘廢傷兵之處理

各種殘廢傷兵,除一部份上肢殘廢,傷口痊癒,轉送後方外,其餘下肢殘廢,及其他部份殘廢者,尚有一百五十八人,皆轉送國際殘廢醫院代爲裝配人造臂腿,並授予生活技能,期其獨立營生.

傷兵醫院之結束

戰事西移,傷兵人數日少. 於是依次將傷兵人數最少之醫院,先行結束,將所餘傷兵併入他院.至本年五月三十一日,所有臨時傷兵醫院,皆告結束,至其他私人團體辦理之醫院,舉行結束,亦由本會協同辦理,將傷兵轉送他院.（各醫院結束日期,詳見救護醫院一覽表）

傷亡統計

傷兵受傷種類與受傷部位之分析及死亡傷兵受傷種類詳見附表十二,十三與,十四.

醫院課

醫院編制表

標準	床位100—150	床位151—250	床位251—350
職別	人數	人數	人數
院長	一人	一人	一人
副院長	一人	一人	一人
外科主任	一人	二人	二人
內科主任	一人	一人	一人
醫師	二人	四人	六人
駐院醫師	四人	六人	八人
護士長	一人	二人	二人
護士	十人	十四人	十八人
助理員	十人	十五人	二十人
檢驗員	一人	一人	一人
藥劑師	一人	一人	一人
藥劑生	二人	三人	三人
文牘	一人	一人	一人
書記	二人	三人	三人
會計	一人	一人	一人
出納	一人	一人	一人
庶務主任	一人	一人	一人
庶務員	一人	二人	三人
工役	十五人	二十人	二十五人
童子軍	八人	八人	八人
共計	六十五人	八十八人	一〇八人

醫藥人員資格標準

職別	資格
院長	不限
副院長	國內外醫學院畢業者
外科主任	國內外醫學院畢業者
內科主任	國內外醫學院畢業者
醫師	國內外醫學院畢業者
駐院醫師	國內外醫學院畢業者
護士長	國內外護士學校畢業者
護士	國內外護士學校畢業者
助理員	曾受相當救護訓練者
檢驗員	有化驗經驗二年以上者
藥劑師	國內外藥科學校畢業者，或擔任藥劑師有證明者
藥劑生	曾担任藥劑生者

表一

中國紅十字會
上海市救護委員會　救護醫院一覽表

醫院名稱	院長	協辦機關	床位數	開辦日期	結束日期	開辦日數
第一救護醫院	宋梧生	完全本會主辦	48	26年8月14日	26年12月20日	129
第二救護醫院	前朱潤深 後顏斗岩	上海市衛生局	325	8月15日	11月11日	96
第三救護醫院	前孫達方 後吳雲瑞	法醫研究所及震旦大學	508	8月15日	27年4月15日	244
第四救護醫院	梅卓生	上海市衛生局	339	8月18日	9月29日	43
第五救護醫院	陸霞	中西療養院	249	8月14日	27年5月31日	291
第六救護醫院	顏福慶	中山醫院	222	8月16日	26年9月22日	38
第七救護醫院	呂守白	紅十字會第三醫院	215	8月15日	26年10月17日	64
第八救護醫院	顧梯梅	友聲旅行團	285	8月21日	27年1月24日	157
第九救護醫院	張肯梅		205	8月14日	26年11月23日	92
第十救護醫院	錢龍章		109	8月23日	9月20日	29
第十一救護醫院	湯蠡舟	南京路商界聯合會上海機製國貨工廠聯合會	210	8月22日	9月15日	35
第十二救護醫院	高濟民		130	8月27日	11月28日	94
第十三救護醫院	翁之龍	同濟大學	224	8月26日	27年1月25日	153
第十四救護醫院	楊田淑君	中華婦女互助會	103	9月7日	26年11月18日	73
第十七救護醫院	竺梅先	寧波同鄉會	436	9月20日	27年1月31日	134
第十八救護醫院	傅壯民		129	8月31日	26年12月21日	113
第十九救護醫院	奚玉書	工部局華員總會及上海精武體育會	195	9月11日	27年2月3日	140
第二十救護醫院	楊鍾甫	平民療養院	117	8月16日	26年12月10日	117
第廿一救護醫院	駱亦文	傷兵管理委員會	100	9月1日	11月5日	66
第廿三救護醫院	朱恒璧	完全本會主辦	540	9月16日	27年2月21日	159
第廿四救護醫院	杜煜泉	國民戰時互助會	140	9月2[illegible]日	1月14日	107

表二

中國紅十字會
上海市救護委員會 特約醫院一覽表

醫院名稱	院長	床位數	開辦日期	結束日期	開辦日數
人和醫院	張湘紋	36	26年 8月16日	26年 9月18日	34
大德醫院	楊元吉	35	,, 8月17日	,, 9月13日	28
大華醫院	金燮華	20	,, 8月17日	,, 9月18日	33
太和醫院	李櫂經	71	,, 8月16日	,, 9月18日	34
中德醫院	俞松筠	60	,, 8月28日	,, 9月13日	17
生生醫院	瞿紹衡	38	,, 8月16日	,, 9月18日	34
永川醫院	王振川	61	,, 8月14日	,, 9月22日	40
同德醫院	顧毓琦	48	,, 8月14日	,, 9月18日	36
同德產科醫院	李元善	23	,, 8月16日	,, 9月18日	34
東南醫院	郭琦元	100	,, 9月 1日	,, 9月16日	16
紅十字會第一醫院	樂文照	259	,, 8月15日	27年 3月18日	216
紅十字會第三醫院	呂守白	140	,, 11月13日	,, 4月30日	169
惠旅醫院	施汝雄	54	,, 8月16日	26年 9月18日	34
勞工醫院	范守淵	52	,, 8月16日	,, 9月18日	34
寶隆醫院	柏 德	216	,, 8月15日	27年 4月12日	241
鐵路醫院	曾晨濤	40	,, 8月16日	26年11月14日	91

表三

其他團體或私人主辦醫院一覽表

醫院名稱	院長	主辦團體或私人	床位數	開辦日期	結束日期	開辦日數
紅卍字會第二醫院	周孝高	世界紅卍字會中華東南聯合總監理部	165	26年 8月14日	26年12月27日	136
紅卍字會第三醫院	韓永清	世界紅卍字會中華東南聯合總監理部	100	8月23日	9月 7日	16
紅卍字會第四醫院	王雲浦	世界紅卍字會中華東南聯合總監理部	225	9月25日	27月 2年 8日	137
後方第一醫院	孔宋靄齡	孔宋靄齡	269	8月27日	26年 9月30日	35
後方第二醫院	宋子文	宋子文	390	8月31日	11月13日	75
體仁醫院	宋子文	宋子文	382	8月16日	11月30日	107
佛教救護醫院	宏明法師	中華佛教會同人	242	11月 8日	27年 1月31日	85
慈聯難民醫院	趙志芳	上海慈善團體聯合救災會救濟戰區難民委員會	101	8月27日	26年11月 5日	71
慈聯救護醫院	黃鼎瑚	上海慈善團體聯合救災會救濟戰區難民委員會	236	9月 8日	27年 1月31日	146
國際第一醫院	J,P.Tood 李廷安	中國紅十字會上海國際委員會 宋子文	224	10月21日	26年10月31日	11
國際第二醫院	W.P. Parson 應元岳	中國紅十字會上海國際委員會 宋子文	155	10月26日	10月30日	5
國際第三醫院	W.S. Parson 潘志銓	中國紅十字會上海國際委員會 國民協濟會	124	11月 6日	27年 1月25日	81
國際第四醫院	J.P.Tood 富文壽 周誠滸	中國紅十字會上海國際委員會	189	10月30日	1月22日	85
國際第五醫院	徐翔蓀	中國紅十字會上海國際委員會 上海新藥業同業公會	190	11月 6日	26年12月21日	46

表四 楓林橋外交大樓傷兵分發站逐日傷兵進出院人數表

日　期	進院傷兵人數	出院傷兵人數	留院傷兵人數
26年 9月23日	83	83	0
24	52	52	0
25	98	44	54
26	105	48	111
27	68	0	179
28	180	80	279
29	181	125	335
30	175	97	413
10月 1	259	152	520
2	239	227	532
3	114	236	410
4	317	367	360
5	214	216	358
6	372	272	458
7	327	384	401
8	370	483	288
9	395	323	360
10	221	312	269
11	327	266	330
12	291	333	288
13	223	237	274
14	322	297	299
15	210	359	150
16	345	341	154

（接下頁）

(承上頁)

日　期	進院傷兵人數	出院傷兵人數	留院傷兵人數
10月17日	571名	255名	470名
18	436	430	476
19	637	722	391
20	516	635	272
21	726	568	430
22	1,113	867	676
23	467	1143	0
24	379	379	0
25	880	880	0
26	1,032	792	240
27	271	511	0
28	98	98	0
29	127	103	24
30	80	104	0
31	178	178	0
11月 1日	519	316	203
2	575	593	180
3	695	534	341
4	865	594	612
5	503	872	243
6	621	201	663
7	544	232	975
8	619	135	1,459
9	0	1,459	0
總　計	17,940	17,940	

表五

中國紅十字會
上海市救護委員會 救護醫院收治人數統計表

醫院名稱	新收人數	他院轉入人數	共收人數	備註
第一救護醫院	1,015	98	1 113	外收傷民 .00 名
第二救護醫院	653	33	686	外收傷民 500 名
第三救護醫院	1,067	357	1 424	外收傷民 500 名
第四救護醫院	520	0	520	外收傷民 45 名
第五救護醫院	750	591	1 341	
第六救護醫院	404	0	404	
第七救護醫院	322	49	371	
第八救護醫院	957	35	992	外收傷民 80 名
第九救護醫院	266	39	305	
第十救護醫院	126	0	125	
第十一救護醫院	435	1	435	外收傷民 40 名
第十二救護醫院	327	57	384	
第十三救護醫院	475	112	587	
第十四救護醫院	316	4	320	
第十七救護醫院	741	128	869	外收傷民 54 名
第十八救護醫院	307	74	381	
第十九救護醫院	465	87	552	
第二十救護醫院	123	109	232	
第廿一救護醫院				專辦傷兵歸隊及遣送後方事宜
第廿三救護醫院	862	563	1 425	
第廿四救護醫院	196	67	263	
總計	10 327	2 404	12 731	

表六

中國紅十字會上海市救護委員會特約醫院收治人數統計表

醫院名稱	新收人數	他院轉入人數	共收人數	備註
人和醫院	57	0	57	
大德醫院	41	0	41	
大華醫院	14	0	14	
太和醫院	51	0	51	
中德醫院	258	0	258	
生生醫院	44	0	44	
永川醫院	82	0	82	
同德醫院	75	0	75	
同德產科醫院	28	0	28	
東南醫院	304	0	304	
紅十字會第一醫院	365	154	519	
紅十字會第三醫院	156	12	168	
惠旅醫院	72	0	72	
勞工醫院	78	0	78	
寶隆醫院	154	15	169	
鐵路醫院	33	36	69	
總計	1 812	217	2,029	

表七

其他團體或私人主辦醫院收治人數統計表				
醫院名稱	新收人數	他院轉入人數	共收人數	備註
紅卍字會第二醫院	535	18	553	
紅卍字會第三醫院	104	0	104	
紅卍字會第四醫院	416	152	568	
後方第一醫院	318	0	318	
後方第二醫院	1,180	0	1 180	
體仁傷兵醫院	1,108	29	1.137	
佛教救護醫院	435	0	435	
慈聯難民醫院	63	0	63	
慈聯救護醫院	525	51	576	
國際第一醫院	256	0	256	
國際第二醫院	79	0	79	
國際第三醫院	130	10	140	
國際第四醫院	218	47	265	
國際第五醫院	186	0	186	
總計	5,553	307	5,860	

表八

中國紅十字會上海市救護委員會救護醫院傷兵住院統計表

醫院名稱	傷兵住院日數	平均每日住院人數	備註
第一救護醫院	32,066	249	
第二救護醫院	19,796	205	
第三救護醫院	72,168	296	
第四救護醫院	10,208	237	
第五救護醫院	40,479	139	
第六救護醫院	6,991	184	
第七救護醫院	8,385	131	
第八救護醫院	31,170	199	
第九救護醫院	6,573	71	
第十救護醫院	2,294	79	
第十一救護醫院	6,289	180	
第十二救護醫院	8,853	94	
第十三救護醫院	18 825	123	
第十四救護醫院	5.422	74	
第十七救護醫院	32,524	241	
第十八救護醫院	10,501	93	
第十九救護醫院	15,288	108	
第二十救護院院	5,949	51	
第廿三救護醫院	52,304	329	
第廿四救護醫院	8,660	81	

表九

中國紅十字會上海市救護委員會特約醫院傷兵住院統計表			
醫院名稱	傷兵住院日數	平均每日住院人數	備註
八和醫院	902	27	
大德醫院	874	31	
大華醫院	119	4	
太和醫院	1,645	48	
中德醫院	874	51	
生生醫院	717	21	
永川醫院	1 467	37	
同德醫院	1,274	35	
同德產科醫院	ℓ27	18	
東南醫院	1,021	64	
紅十字會第一醫院	30 562	141	
紅十字會第三醫院	7 366	44	
惠旅醫院	1,196	35	
勞工醫院	1,259	37	
寶隆醫院	16,256	67	
鐵路醫院	2,043	22	

表十

其他團體或私人主辦醫院傷兵住院統計表			
醫院名稱	傷兵住院日數	平均每日住院人數	備註
紅卍字會第二醫院	19,155	141	
紅卍字會第三醫院	1,161	73	
紅卍字會第四醫院	15,204	111	
後方第一醫院	7,246	207	
後方第二醫院	23,970	320	
體仁傷兵醫院	30,957	289	
佛教救護醫院	11,171	131	
慈聯難民醫院	1·832	26	
慈聯救護醫院	19·253	132	
國際第一醫院	1 500	136	
國際第二醫院	215	43	
國際第三醫院	7,711	95	
國際第四醫院	12,477	147	
國際第五醫院	6·093	132	

表十一

全滬傷兵醫院平均每日住院人數表

年	月	住院日數	平均每日住院人數	備註
26	8	45,398	2,522	
,,	9	134,030	4,468	
,,	10	120,330	3,882	
,,	11	139,285	4,643	
,,	12	94,790	3,058	
27	1	44,083	1,422	
,,	2	20,954	748	
,,	3	14,499	468	
,,	4	5,023	167	
,,	5	1,500	48	
總計		620,892	2,134	

表十二 受傷部位與受傷種類分類表

受傷部位 \ 受傷種類	百分率	槍傷	炸傷	其他傷	總計
頭面部	人數	481	1,243	172	1,896
	百分率	25.4	65.6	9.0	100
頸部	人數	84	71	05	160
	百分率	52.5	44.4	3.1	100
胸背部	人數	419	341	61	821
	百分率	51.1	41.5	7.4	100
上肢	人數	3,050	2,006	340	5,396
	百分率	56.5	37.2	6.3	100
腹腰	人數	367	282	47	696
	百分率	52.7	40.5	6.8	100
下肢	人數	2,348	1 994	303	4,645
	百分率	50.6	42.9	6.5	100
複雜	人數	504	974	209	1,687
	百分率	29.9	57.7	12.4	100
總計	人數	7,253	6,911	1 137	15 301
	百分率	47.4	45.2	7.4	100

表十三　　受傷部位分類表

受傷部位	人數	百分率	每一單位面積受傷比例
頭面部	2 130	13.9	2.3
頸部	180	1.2	05
胸背部	922	6.0	0.3
上肢	6,067	39.7	1.9
腹腰	782	5.1	0.4
下肢	5,220	34.1	0.8
總計	15,301	100.0	1.0

附註:傷兵部位與種類之分析包括分發站一部傷兵在內並限於記錄完全者

表十四　　各部受傷死亡人數比較表

受傷部位	受傷人數	因傷致死人數	死亡百分率
頭面	1,858	211	11.4
頸項	177	14	7.9
胸背	1,115	183	16.4
上肢	4,511	148	3.3
腹腰	1,008	354	35.1
下肢	6,033	469	7.8
複雜	2,990	202	6.8
總計	17,692	1,581	8.9

救護課

序言

植生奉命擔任救護課,適在滬局極端緊張之下,倉猝應命,不遑他顧,屈指迄今,已三閱月矣. 雖上承兩會當局苦心擘劃之指導,下賴忠勇救護人員之努力,勉竟事功;然其情勢所使,因陋就簡,組織既疏,實施復難,致使吾前方將士之抱向隅者,所在難免. 此植生在此回憶過去工作之際,鑒其既往,勉其將來,所不能已於感想也.

本課開始組織,爲八一三之前夕,積極奔走,如救護人員之徵求,車輛之募集,均爲當務之急, 當時民衆團體,愛國青年,或自行組織,或個人參加,紛紛請求參加工作. 有相當訓練者,固不乏人,以救護爲名,而別有作用者,間亦有之. 經過相當選擇,煞費周章. 於八一三至二十日間,以最短時日,應環境之急需,先後組織成立救護隊六隊. 按照中央救護大綱,加以縮編,每隊隊員爲五十六人,更擇其幹練者,由本會委任爲各該隊隊長. 各業救護團體,請求參加者,除煤業公會單獨組織救護隊一隊,隊員有百餘人外;餘均經本課審查,編爲急救隊六隊,每隊十六人,以期統一事權,藉取分工合作之效.當時戰事雖起,戰線尚短,故所發出之救護隊員,分佈於江灣,大場,閘北,眞如,浦東一帶,互相策應,頗能應付.至八月念五日後,戰線逐漸擴大至吳淞羅店等處,於是原有人員,咸感不敷.乃繼續組成救護隊四隊,急救隊亦由六隊增至十二隊,先後出發前方,協助工作.直至最後一月,戰線屢異,而我救護人員之增減,屯駐地點之轉移,亦因之屢更.除南市浦東滬西尙駐有多數救護員外,其他如黃渡,瀏河,太倉等地,九十餘公里外,均有我隊員分佈其間.所引爲難能可貴者,不論距離遠近,晝伏夜行,餐風露宿,不畏艱險,奔走於鎗林彈雨之中,不惜任何犧牲,均能密切合作.綜其過去所救傷兵,達叁萬九千餘人,死傷救護人員凡叁十餘名.根據數月工作之實際情形,所認爲困難而不能使救護工作順利進行者,約有下述數端:

一.　救護工具缺乏,不能盡量救護;

二.　租界門禁無定,阻礙工作進行;

三.　敵機亂施轟炸,每至晝伏夜行,不能多方救護;

四.　醫院床位有限,使輸送者無從輸送.

五.　車輛缺乏,徵集維艱,使救護者不能隨時調遣.

六.　各部隊之衞生隊,時感不足,不能與救護隊聯系輸送.

以上數端,均足使我受傷將士多嘗痛苦,增加死亡,此乃本課認爲遺憾者也.幸自八一三戰事爆發,煤業公會組織煤業隊加入工作,幷代徵得車輛拾餘輛之多,厥功甚偉.本會嗣奉命自十一月一日起,歸併紅十字會總會,接收辦理,改稱救護股,照常管理一切救護事宜.各部隊詳細工作報告另列表陳之.

條　　例

各團體所組織之救護隊願歸本會指揮者頗多,惟查其組織,多數無醫師,卽隊員亦鮮有受過訓練者,此項隊伍,不能稱爲救護隊,僅可稱爲急救隊,按本會規定,急救隊每隊僅十六人,計正副隊長各一人,書記一人,庶務一人,隊員十二人,惟應遵守本會條例.

一. 各急救隊應絕對聽命本會.

一. 出發救護之車輛汽油及一切供給均歸自理.

一. 隊員所佩之符號由本會按照規定之人數發給.

一. 各急救隊於未出發之前應先到本會車輛課報到,由車輛課派童子軍押車.

一. 救護車上應有紅十字旗一面由童子軍執掌.

一. 各隊隊員應明瞭本身之職責,不得與童子軍發生爭吵.

一. 本會備有工作報告表,各隊應將每日出外救護情形,傷兵人數,及轉送處所等,詳細塡寫,於翌日送到本會,藉資統計.

一. 各隊車輛除救護外,不許作其他運輸用.

一. 各隊員出外救護,不許攜帶武器及一切危險物.

一. 每輛卡車上之救護員人數,最多不得過六人.

救護隊及急救隊一覽表

中國紅十字會總會
上海市救護委員會

救護課

- 登記股汪民視
- 主任葉植生
- 副主任李偉業 張子道
- 文書股劉春波

救護隊

- 第一隊隊長陳榮章
- 第二隊隊長田倉本
- 第三隊隊長王金魁
- 第四隊隊長俞卓初
- 第五隊隊長劉士林
- 第六隊隊長韓一雷
- 第七隊隊長葉　露
- 第八隊隊長徐　偉
- 第九隊隊長翟紹偉
- 第十隊隊長蔣方九

急救隊

- 第一急救隊隊長張丹卿
- 第二急救隊隊長謝葆生
- 第三急救隊隊長雷樹德
- 第四急救隊隊長蔡香蓀
- 第五急救隊隊長褚一峯
- 第六急救隊隊長何惠鈞
- 第七急救隊隊長汪政卿
- 第八急救隊隊長劉星耀
- 第九急救隊隊長陳培德
- 第十急救隊隊長鄭連坤
- 第十一急救隊隊長蔣傳源
- 第十二急救隊隊長李從善

救護救急隊駐屯地點各隊人數及經濟概況

隊別	駐屯地	隊員人數	經費概況
第一救護隊	崑山	三十八	經常費全部由本會供給
第二救護隊	靑安公路十九號橋大有米廠	三十四人	同上
第四救護隊	愛文義路愛國小學	二十八人	同上
第五救護隊	太倉	四十八人	同上
第六救護隊	浦東	三十九人	同上
第七救護隊	南市	五十四人	給養不歸本會
第八救護隊	南市	五十三人	給養不歸本會，車輛汽油由本會供給
第九救護隊	浦東	七十四人	經常費全部由本會供給
第十救護隊	浦東	七十六人	經常費全部由本會供給
第五急救隊	南陽橋方浜路壽祥里四十號	十八人	給養不歸本會，汽油由本會供給
第六急救隊	沾嶺路高民路八一三救亡協會	三十一人	給養不歸本會，車輛汽油由本會供給
第七急救隊	大世界對面新首安里二九號	十九人	給養不歸本會
第八急救隊	本會	十六人	伙食由本會供給，車輛汽油由本會供給
第九急救隊	華格臬路二三號	四十人	給養不歸本會
第十急救隊	曹家渡五角場保衞團團部	十六人	給養不歸本會，汽油本會酌量供給
第十一急救隊	大華路運輸課商市會童子軍辦事處	四十人	車輛汽油由本會供給該隊卽由押車之童子軍兼任救護事宜
第十二急救隊	福煦路陸家觀音堂	十六人	給養不歸本會

急救救護隊之改組

本會爲改善各救護隊急救隊組織,並便利分配工作起見,經提奉本會幹部會議議決,確定編制,並訂定隊號如次:

第一救護隊(由原第一救護隊第三急救隊合併改編)

第二救護隊(由原第二救護隊第二急救隊合併改編)

第三救護隊(由原第三救護隊第四急救隊合併改編)

第四救護隊(由原第五,六,八急,救隊合併改編)

第五救護隊(由原第五救護隊第七急救隊合併改編)

此外第七(南市)第六,第九,第十,(均浦東)四救護隊,概依原有組織,不適用本規定.

救護隊組織表

隊長一人

副隊處一人至二人

醫師二人至四人

護士八人至十二人

特務二人(書記庶務各一人)

擔架長一人

擔架兵二十四人

伕役四人

車夫六人

上計每隊四十九人至五十六人.

救護隊根據改組後編制經常費用

職別	人數	每月津貼	每月伙食	總共
隊長	一人	二拾元	拾二元	三十二元
副隊長	一人	二拾元	拾二元	三十二元

醫師	二人	二拾元	拾二元	六十四元
護士	十二人	拾五元	拾二元	三百二十四元
特務	書記一 庶務一 二人	拾五元	拾二元	五十四元
擔架長	一人	拾元	拾元	二十元
擔架	二十四人	拾元	拾元	四百八十元
伙夫	四人	六元	拾元	六十四元
車夫	六人	六十元	拾元	二百四十元
辦公費				二十元

共計壹千叁百叁拾元

救護/急救隊工作概況之個別紀述

第一救護隊工作及歸併經過情形

第一救護隊組織成立於八月十三日,由本會委陳榮章爲隊長. 共有隊員六十餘人,分爲三支隊,設綳帶所於大場,羅店,嘉定三處, 開始工作後,各隊員頗能分工合作,至八月廿三日,日軍由石洞口潛渡,佔據羅店時,該隊因執行任務,遭日軍慘殺而死者四人. 隊長被拘,幸卽脫險,餘多身受重創,除蘇克己醫師由救護委員會發給收殮撫卹費五百元,陳秀芳護士由紅會備衣棺收殮外,尙有護士謝惠賢,劉中武等,迄今遺尸未獲,偵悉無由,此實爲該隊工作史上所不可磨滅慘痛之一頁;同時亦爲該隊表現救護精神之一班也. 經此一役后,該隊長重加整飭,爲補充生力起見,自十月份起,與第三急救隊合併辦理,由雷樹德,陳榮章二隊長領導,出發蘇崑,旋陳隊長由本會派爲駐蘇辦事處副主任,於是歸併之第一隊職務,全由雷樹德單獨辦理. 至最後一月底止,該隊駐紮崑山蘇州間,從事救護工作,須臾未嘗疏懈. 三月來該隊綜計救護傷兵一千另十一名. 其經過屯駐工作地點,另立總表,玆姑不贅.

第二救護隊工作經過

第二救護隊成立於八月十三日,當時該隊隊長爲龔繼長.共有隊員五十人.設臨時醫院於真茹東南醫學院.開始工作後,均能各負使命,勉盡任務.八月十八日起,日軍不斷向該地轟炸;該院禮堂,被其炸毀,我救護隊部,因防覺較早,未遭巨殃,唯龔繼長,葛林宗,谷逸民,甘冒危險,力馳救護,致受輕傷.擔架長勇敢前驅,不稍迴避,卒以身殉,當由本會備棺收殮.厥后龔隊長因另有任務,由郭主任委任田倉本繼任隊長.爲適應前線需要起見,率仝全體隊員,改赴羅店,大場,顧家鎮,楊行,南翔等處工作.旋復以戰線轉移,於十月一日一度移駐南翔黃渡之間,工作未幾,日機轟炸不斷,阻止救護進行,不得已集中全部隊員,暫住外交大樓,相機出發.不幸該田隊長卽於斯時爲救護車撞傷腿部;乃由本會改委全仁忠爲該隊隊長,後雖出發前方,迄今仍在前方與野戰救護隊分工合作.總計該隊叁月來救護傷兵凡五千五百五十一名.

其經過工作地點,詳另列總表.

第三救護隊工作經過

第三救護隊成立於八一三,計有隊員十八人,由王金奎任隊長.於十四日開始出發大場,顧家鎮,南翔等處工作.未及兩旬,卽因內部發生糾紛,不能合作,旋於九月十日明令解散.其中一部份工作成績較良者,編入他部.該隊存在時期既甚短,復受糾紛之影響,以致甚少成績可言.駐紮南翔時,曾遭日機轟炸甚烈,結果傷隊員趙汝信一人,惟不甚重,略事醫治卽愈.該隊救護傷兵綜計爲壹千七百四十六人.

第四救護隊工作經過

第四救護隊成立於八月十六日,經本會委任俞卓初爲隊長,擔任本市救護傷兵難民工作．自大世界永安公司及南車站轟炸慘案發生後，該隊之工作，更覺重要．本課督促該隊長努力工作，頗有相當成績．嗣以本市轟炸之慘舉，漸次減少而前方戰事緊急，該隊長乃整飭隊部，出發大場眞茹楊行一帶工作．各隊員均能含辛茹苦，以盡天職．至九月一日，本會爲適應實部需要起見，爰將該隊調回，分組輸送各路傷兵，其初分十餘人爲一組，後以分發較繁應接不暇，乃改四人爲一組．於是杭州，蘇州，嘉興，松江，湖州，木瀆，無錫等處，莫不有該隊員之分佈．其間跋涉奔馳，雖在敵機極端威脅之下，從未稍間，實堪嘉尙．總計三月以來，該隊前後運送傷兵，達二萬餘名．殉難隊員凡十餘員，除經本會收殮撫卹者外，迄尙有數員尸身未獲，住址不明，此本課在檢討該隊員過去工作之際，洵爲耿耿於心，不能或釋者也．該隊救回傷兵凡二百八十五人．

第五救護隊工作概況

第五救護隊成立於八月十二日．隊員初爲七十餘人，嗣因按照本會重新編制，減縮爲五十三人，其中大都爲救護委員會訓練班學員．經本會委任李偉業爲隊長．八一三戰事發生後，即出發大場，閘北，顧家宅一帶，分別從事救護工作．各隊員紀律森嚴，頗足規範．至九月二十日，該李隊長奉調本課幹事，於是隊長一職，改由該隊顧問劉士林接充．於九月三十日，劉新隊長經正式接收後，即整飭所部，繼續執行任務．并分撥隊部，輸送傷兵至杭州，嘉興，蘇州，湖州，等處．當時該段路線敵機偵察轟炸甚烈，該隊員幾歷險境，傷及救護員十餘人，卒能從容趨避敏捷運護以無畏之精神，克富前之危境，卒使呻吟創痛之戰士，多能安全到達此目的地，洵爲該隊過去工作上之一大成績也．當時該隊駐紮地點，在新閘路和安小學．十月二十一日，應前方之需要，全隊出發太倉,迨以戰局變化莫測,該隊駐紮地點,因亦無由決定,綜計該隊前後救回傷兵,計四千零叁十名;運送傷兵,凡八百零七名.

第六救護隊工作概況

第六救護隊於八月十七日成立.由韓一雷任隊長,設總隊部於浦東周浦.開始工作時,隊員僅四十餘人,後增至七十餘人,成立三支隊.其第一支隊,在沿浦春江碼頭,塘橋,三林一帶;第二支隊在南匯,望海樓,小窪港,老港一帶;第三支隊在大團,新開河,萬祥外,三灶,泥城一帶駐紮.當時敵機轟炸極烈,傷兵傷民,多數在綳帶所包紮後,住院留養,不願住院,而每日來院換藥者,亦復不少.

該隊人數雖多,其始頗能分工合作,不意經過兩月後,意見叢生,糾紛迭起,韓隊長以整飭不力之咎,呈准辭職.由副隊長韓尚德,代理隊務.未久即遭局變,而該隊即在無形中解散.探其事實,確有份子複雜,不能推誠合作之嫌.斯時本課適奉命歸併紅會之際,各隊均將重新改編,於是飭令該隊結束,於十月底由韓副隊長將移交各件,彙造清册,分別繳送本課,除印鑑臂章外,餘皆轉送庶務課保存.該隊前後救護傷兵,計五百三十三人,傷民四百十六名.

第七救護隊工作概況

第七救護隊成立於八月念八日.由上海市鐵業公會所組織,經呈報本會核准後,由會委葉露爲隊長.葉氏本爲醫生;該隊組織時,對醫務人才正感缺如,同時該隊長住居南市多年,本課當委任時,深慶得人,蓋既身居南市,則對此苦難同胞,必更抱己飢己溺之心腸,竭盡服務之天職.該隊共有隊員四十八人,分兩支隊,在南市流動救護.當時實際情勢,以救濟難民爲重要,蓋日機頻施轟炸,無辜難民,被轟死傷者頗多,同時原有醫院,大都遷避一空,故該隊除分別視察巡救外,又在該地大佛廠設門診部,專事療治貧苦難民.當時南市民衆,雖相率遷避,然老弱無處可奔者,仍有數萬人,以故就診者頗不乏人.該隊自開始工作以來,尚能勉盡天職,惟以內部時起紛爭,阻礙工作機能,本課檢討過去,此實爲該隊之一大缺點.該隊於十月十五日,因不能推誠合作,經本會明令解散.前後綜計救回傷兵九十九名,傷民二百七十六名.

第八救護隊工作概況

本隊成立於八月二十三日.由國醫戰地救護隊,與上海市中醫藥界救護隊聯合組織.共有隊員五十三人,經呈請本會核准成立,列爲本會第八隊,委徐偉爲隊長.初駐閘北共和路西銘里,後遷至白克路上公小學,後復遷方斜路.在閘北,虹口,江灣,大場,楊行,劉行一帶,救護傷兵.其初出發時間,大都早出晚歸,嗣以日機空襲甚烈,乃晝伏夜行,本隊各隊員,均在醫藥界受有相當教育者,同時該徐隊長領導得力,頗能分工合作,不分畛域,在同一目標下,共盡天職.當時本市流彈慘案迭起,該隊長躬率馳救,不遺餘力,其尤爲難能可貴者,雖在極度紛亂環境之下,而能力持紀律,有條不紊,受傷者既得以減少苦痛,安然得治;施救者因亦能按步就班,以推進工作效率,實爲當時一般傷兵傷民所稱道,而本課所認爲足資表率之隊部也.綜計前後救護傷兵二千二百四十八名,傷民十六名.

第九救護隊工作概況

第九救護隊係由瞿紹偉集合浦東川沙地方青年,及本會訓練班學員,合組而成.於八月二十八日,經本會委任瞿紹偉爲隊長,設隊部於浦東川沙,進行救護工作.當時浦東尚非戰區,而炮彈流射,飛機空襲,一時民衆受傷者甚多,故主要工作爲拯救傷民.至九月底,該處逐漸發生劇烈戰爭,於是傷兵傷民,同爲緊張救護之工作對象. 該處鄉村甚多,且無汽車可通,傷兵運輸,極感困難乃分組數小隊,隊員增至七十餘人,密佈全沙,互相策應. 然仍感交通不便,有事倍功半之苦. 所幸各隊員忍苦耐勞,且大都爲地方青年,頗收駕輕就熟之效. 直至十月底止,該隊奉命改編綜計前後救護傷兵六百七十九名,傷民九十七名.

第十救護隊工作概況

第十救護隊成立於八月二十一日. 隊員五十餘人,由浦東保衛團及救火會人員集合組成. 經本會核准後,編入本會救護隊. 當由本會委任蔣方九醫師爲隊長. 因蔣醫師在浦東各慈善醫院服務有年,深洽輿情,以故開始工作以來,深得各方之輔助. 設總隊部於浦東太古華通堆棧內,下設十支隊,分駐四鄉,互謀策應. 并設三十床位之療傷所於華通棧內,爲重傷臨時急救之用. 其間救回之傷兵,大都經該部包紮後,送往南匯縣立醫院,及三林塘後方傷兵總站療養. 第二支隊隊員郁然章,龔繼綱,因救護傷兵,在其昌棧附近,被日艦機鎗射傷,經送上海仁濟醫院療治,現已痊愈出院. 綜該隊過去工作,尚屬努力. 其工作區域,大多鄉僻之區,辛勤奔走,艱苦不辭;尤能通力合作,各盡所能. 直至十月底,本課奉命歸併紅總會暫令解散,聽候改編. 綜計救回傷兵六百零六名,傷民六百五十名.

第一急救隊工作概況

第一急救隊成立於八月十二日. 由隊長張丹卿率領,隊員十六人. 於八一三戰事發生後,駐紮本市顧家宅寶興紗廠,進行救護事宜. 其初尚能遵循本會救護意旨,實施工作;乃未經一月,該隊長以行爲不檢,經人舉發. 本課爲整飭救護綱紀起見,經詳細偵查,結果發現該隊長確有超越救護範圍之嫌,乃於九月二十五日宣令解散. 其過去工作,前後計四十餘日,救護傷兵凡五百九十三人.

第二急救隊工作概況

第二急救隊由上海市公仁社救亡委員會救護組所組織,經本會核准編列急救隊後,聘謝葆生爲隊長. 於八月十六日開始,分六組出發前方各戰區實施救護工作. 共有隊員六十四人,均多奮發青年,懷志救國者. 當時第三急救隊改組,該隊員蔣相君,王琦璋本爲幹練隊員,經編入本隊後,相得益彰;勇敢前驅,不畏艱苦,成績佳良. 嗣以該隊內外紛爭突起,雖經本會設法疏解,終未解決,結果停止工作,於十月內自行解散. 總計工作凡兩月餘,救護傷兵乙千零九名.

第三急救隊工作概況

第三急救隊由雷樹德集合同志十餘人組織成立,經本會委任雷樹德君爲隊長. 其隊員全爲本市民立女中東亞體專審美女中女生. 於八月十五日開始出發至八字橋大場駐紮,每日分赴各戰地救護. 所救之傷兵,大多經過包紮後,分送後方醫院療治. 該雷隊長身先部屬,率同全體隊員,在最前線實行任務. 當時受傷戰士,掙扎前線,不克得他隊救治者,經該隊奮勇疾趨,均能一一馳救. 厥後戰線轉移,該隊部遷設眞茹眞北路照常出發工作. 旋以本課遵照本會縮編决議案,并經隊長會議議决,該隊與第一救護隊合併辦理,并指定由陳榮章雷樹德爲正副隊長,各遣所屬,相輔而行,繼續工作以來,頗收指臂之效. 未幾陳隊長因另有任務,由雷隊長遞補正缺.迄至十月底止,該隊仍在前方工作. 其過去所救傷兵計壹千四百二十五名.(尙有在前綫實施急救者六百餘人不在其內)

第四急救隊工作概況

第四急救隊成立於八月二十三日,由原組織人蔡香蓀君擔任名譽隊長.談益民君爲副隊長;其實際領導工作,純由該副隊長任之．該君爲一熱心救護工作者，且受有高深教育，其隊員十七人，又屬江灣智識青年，出發戰地工作後，該隊長苦心籌劃，對外力謀聯絡呼應，對內統求一德一心．相共奮勉，始終如一；以故工作頗獲優良成績，從無意外糾紛．此固由各隊員訓練有素，然該隊長應付有方，智勇兼備，實足以資表率也．本課嘉其幹練，適當時本會有派員赴前方督察救護之議案，乃聘該隊長督察前方，旋復赴蘇協助郭琦元先生組織蘇州辦事處．於是第四隊隊長職務，勢難兼顧，經本會決定於十月五日與第二救護隊合併辦理．該隊自成立迄歸併止，凡四十餘日，所救之傷兵，達壹千八百五十七名，成績良可觀也．

第五急救隊工作概況

上海醫業青年服務團，在八一三戰事發生後，聯合同志二十餘人，出發戰地從事救護工作．因力量薄弱，在工作方面，發生種種障礙，後請求參加本會，經本課審核呈准加入後，編爲第五急救隊聘褚一峯爲隊長．於九月十日正式成立．當時設隊部於南陽橋方浜路壽祥里四十號．每晚出發工作地點無定．當時前方戰事逐漸緊張，各隊員均能奮勇工作．後因車輛不斷損壞，不能順利救護傷兵；同時前方戰線，亦發生變化，在此種環境下，乃於十月十五日自動宣告解散．綜核該隊工作時期，計一月餘，救護傷兵二百九十九人．

第六急救隊工作概況

第六急救隊初由一二八救亡協會名義組織，於九月十一日成立，由婁光華爲隊長．工作未幾，內部發生糾紛，自行解散．後由八一三救亡協會改編，加入本會繼續工作．由何惠鈞任隊長，率有隊員十六人，一切給養，均自行籌給，唯汽油車輛藥品，本會略予補助．該隊部設本市牯嶺路高民里，每晚出發各戰區工作．

在第一日開始工作時,司機杜連生即被炸殞命,并傷及隊員涂忠明,經本會分別收殮醫治後,各隊員照常工作.迄十月底,所救之傷兵達乙千四百九十九名.

第七急救隊工作概況

第七急救隊由本市海員公會所組織.於九月十一日,來函聲請登記,編列本會急救隊.隊員計十六人,由汪政卿爲隊長,每晚集合本會,出發前方工作.該隊一切給養,皆自行負擔.後以戰線轉移,於十月十五日,自行解散.綜核該隊工作時期僅一月,救護之傷兵,爲壹千乙百另六名.成績頗佳.該隊之所以有如此成績者.蓋由該隊長英勇耐勞,每日奔馳於炮火之中,對於重傷將士,尤其愛護有加,乃他隊所不及者也.

第八急救隊工作概況

八一三戰事發生後,該隊由駱亦文先生組織擔架隊未成,遂選其優良擔架員計十六人編入本會,列爲第八急救隊.由劉星耀爲隊長,於九月八日開始工作,各隊員勇敢努力,頗負盛譽.唯紀律及智識方面,比較稍差,幸能服從命令,忍苦耐勞,卒獲相當成績.綜計救護傷兵,達乙千七百八十八名.

第九急救隊工作概況

第九急救隊由鎮,丹,金,溧陽五縣旅滬同鄉會,集合救護同志二十餘人,於十月十三日來會請求登記,經核准後,於十月十八日成立,由陳培德爲隊長.出發眞茹,嘉定,眞北路一帶,實施救護工作.爲時旬餘,該段戰線即發生重大變化,同時本課歸併紅會,各隊均將重新改編,於是該隊工作遂告停頓.其一切給養,均由該隊自理.在極短之工作期間,所救護之傷兵達一千四百三十二名.

第十急救隊工作概況

第十急救隊由滬西救火會救火人員,與童子軍聯合組成.經本會審核登記手續,准許參加後,由該救火會鄭連坤先生任隊長,於本月十七日正式成立.計有隊員十六人,多爲年少強壯之青年.斯時滬西戰爭極烈,該隊卽出發該段附近地點.實施救護工作.一切給養費用,純由該鄭隊長負擔.各隊員多數具有救火之訓練與經驗,奔馳救護,極爲勇敢.惟工作未及一月,戰線變動,卽自行解散.計前後救護傷兵二百三十九名,傷民壹百四十二名.

第十一急救隊工作概況

上海市商會童子軍第五十團,自八一三戰事發生後,卽率童軍四十人,熱烈參加本課工作.協助運送傷兵,日夜宣勞,至爲興奮.經過幾度爲敵機轟炸,并鎗傷隊員鄭志強,徐健來,陳香蓀等,幸未致命,經醫療治,旋卽告痊.至十月中,該團部改組一隊加入本會,列爲第十一急救隊,并委將傳源爲隊長.馳赴太倉.眞茹.周家橋一帶,專任救護工作.至十月底止,前後僅十餘日,計救回傷兵達四百十乙人.

第十二急救隊工作概況

第十二急救隊爲上海職業青年戰時服務團所組織.由該隊隊長馮少山先生名義來會登記,經本會核准,列入急救隊,由李從善任隊長.成立未久,戰事西移,缺少實際工作,頗少成績可言.自十一月底,有隊員十餘人自動出發前方,一切給養及其他費用,均由該隊自理,唯該團組織,除救護隊外,內有救護組,曾發生濫用會名,擅行募捐情事,經本課察覺後,呈報本會澈究在案.最後該隊長李從善辭職,由馮少山自行擔任.旋因本課奉命歸併紅會,遂由本課通知解散.

救護急救隊支出給養津貼等總數一覽表

自九月份至十一月底止

隊名	支出給養津貼總數 單位元	備註
第一救護隊	一七〇〇·〇〇	自八一三至十月底止陳隊長經手支出數爲九百元
第二救護隊	二七七八·七八	
第三救護隊	一二六九·九八	
第四救護隊	二二九二·五二	
又傷兵輸送費	一四〇〇·七三	
第五救護隊	三五五五·〇〇	
第六救護隊	二六二九·五六	
第九救護隊	三二三一·二九	
第十救護隊	二〇〇〇·〇〇	
第一急救隊	三八九·一〇	
第二急救隊	二九〇·〇〇	
第三急救隊	八〇·〇〇	
第四急救隊	三二七·四六	

總計救護隊支出計貳萬零八百五十七元八角六分

急救隊支出計壹千另八十六元五角六分

各隊救回傷兵總數一覽表

隊名	救護傷兵總數	備註
第一救護隊	二〇一一	

第二救護隊	五五五一	
第三救護隊	一七四六	
第四救護隊	二八五	
第五救護隊	四〇三〇	
第六救護隊	五三三	
第七救護隊	九九	
第八救護隊	二二四八	
第九救護隊	六七九	
第十救護隊	六〇六	
煤業特組隊	一四〇〇〇	另有成績報告
第一急救隊	五九三	
第二急救隊	一〇〇九	
第三急救隊	一四二五	
第四急救隊	一八五七	
第五急救隊	二九九	
第六急救隊	一四九九	
第七急救隊	一一〇六	
第八急救隊	一七八八	
第九急救隊	一四三二	
第十急救隊	二三九	
第十一急救隊	四一一	
第十二急救隊	——	

總計　救護隊救護傷兵三一七八八名

急救隊救護傷兵一一六五八名

各救護隊救回傷兵人數比較表

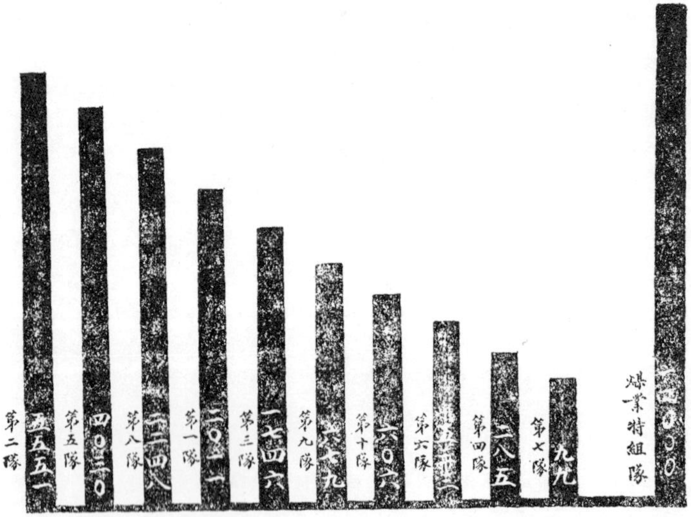

各急救隊救回傷兵人數比較表

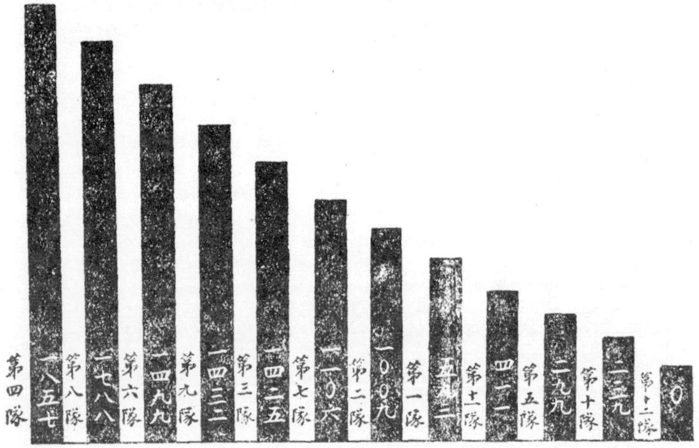

材料課

引言

自會務開始以還,總計自八月十三日至十二月底止,本會直接向各藥房及各藥廠購辦衛生材料費用,僅五萬五千六百六十五元強. 原定預算,所屬各醫院及各救護隊之藥品器械開辦費乃一萬四千元左右,每月應支經常費爲一萬三千七百〇五元,合計與五月之過程中,應總支八萬餘元;然實際情形僅爲原預算百分之七十弱其中原委,可概述如下:

一. 若干救護醫院創辦時,較昂貴之醫療器械,多爲各醫院創辦人自行購置,或蒙各界捐助;

二. 若干救護醫院所有藥械,多屬自給本課所供給者,僅爲補助其不足;

三. 需要較巨量之破傷風血淸,以及其他藥品,一部分或全部承紅十字會總會直接供給;

四. 此外應用多量之急救包及其他藥械,蒙各界熱心捐助.

綜合上述之諸種情形,本課得因撙節多量之經費.

本課工作之初,即根據軍醫署材料處各種救護院及救護隊發給藥械之標準,而縮訂本課發給藥械之單位,是以數月來之工

作,卽以此爲準繩;其所擬訂各種標準如下,

上列報告,各醫院結束後所移交之藥品,在帳單上並無該項名目,因其數量過小,品名過繁,未曾列入,另詳簿記.

凡各藥廠及各藥房捐助之樣品,亦以品名繁細,未予列入.

十二月份收入之藥械,大部分爲各醫院結束後所移交.

十二月份支付之藥械,大部分爲供給安徽及浙東等處之後方醫院.

本課五月來之工作,蒙各界熱忱協助,常能順利進行,標準單位內之藥品,亦勉能維持.目前存貨,尙値一萬元左右之鉅.同人等不願將此項公物棄置無用,是以設法將此項藥械,繼續往內地各救護機關輸送,俾利救護事業之進行,以副各界熱心人士之期望.

一百床位救護醫院每月發給藥品單位

2	lbs.	(1)	Acid boric 硼酸
250-500	tab.	(2)	Aspirin tab. 0.5 阿司匹靈
½	lb.	(3)	Acid, Salicylic 柳酸
½-1	lb.	(4)	„ tannic 鞣酸
2	rolls	(5)	Adhesive plaster 橡皮膏
1	box	(6)	Adrenalin ampoule (1-1000) 1 cc. x 12 腎上腺注射液
2	gal. (tin)	(7)	Alcohol (96%) 酒精
1	oz.	(8)	Argyrol 蛋白銀
3-5	pi	(9)	Bandage cloth 繃帶布
100-300	tab.	(10)	Barbital. tab. (Veronal) (0.3 gm) 巴比通錠
10-20	lbs. (tin)	(11)	Bleaching powder 漂白粉
5	box	(12)	Camphor ampoule (20%) 1 cc. x 12 樟腦注射液
3-5	lbs.	(13)	Chloroform for anaesthesia 氯仿
10	tub.	(14)	Chromic catgut No. 1 貓腸線第一號
20	tub.	(15)	„ „ No. 2 貓腸線第二號
10	tub.	(16)	„ „ No. 3 貓腸線第三號
30-50	lbs.	(17)	Cotton 脫脂棉花
2	boxes	(18)	Digitalin ampoule (gro. 1/100) 1 cc. x 12 毛地黃注射液
3	boxes	(19)	Emetine ampoule (½ gr.) 1 cc. x 12 "Star or Sine" 吐根注射液
3-5	lbs.	(20)	Ether for anaesthesia 醚
30-50	lbs.	(21)	Gauze 脫脂紗布
250	tab.	(22)	Hydrarg perchlorid tab. (Sublimat) (1 gm.) 昇汞片
1	lb.	(23)	Ichthyol 魚石脂
4	oz.	(24)	Iodine 碘
2-4	oz.	(25)	Iodoform 碘仿
2	lb.	(26)	Iodoform gauze 碘仿紗布
10 (pkg)	lbs.	(27)	Mag. sulphate 硫酸鎂
2	oz.	(28)	Mercurochrome 紅色汞
4	box	(29)	Morphine amp. 0.01 1 x cc. 12 嗎啡注射液
100	tab.	(30)	„ tab. 0.01 嗎啡錠
1	box	(31)	Novocain ampoules (10%) 1 cc. x 12諾夘客因注射液10%
3	box	(32)	„ „ (1%) 2 cc. x 12諾夘客因注射液 1%

1	lb.	(33)	Phenol 石炭酸
¼	lb.	(34)	Potass. Permanganate (Kali permanganic) 過錳酸鉀
100–200	tab.	(35)	Salol tab. 0.5 沙羅而錠
1	lb.	(36)	Sod. bicarb. 小蘇打
½–1	lb.	(37)	Sod. chlorid. C.P. 精製食鹽
10	lbs. (tin)	(38)	Vaseline 凡士林
1	lb.	(39)	Zinc oxid 氧化鋅
4	oz.	(40)	Spt. Ammon. Arom. 芳香醑精

五百床位救護醫院每月發給藥品單位

5–10	lbs.	(1)	Acid boric 硼酸
1,000–1,500	tab.	(2)	Aspirin tab. 0.5 阿司匹靈
½	lb.	(3)	Acid, Salicylic 柳酸
1–2	lb.	(4)	,, tannic 鞣酸
10	rolls	(5)	Adhesive plaster 橡皮膏
5	box	(6)	Adrenalin ampoule (1-1000) 1 cc. x 12 腎上腺注射液
2	tin	(7)	Alcohol (96%) 酒精
3	oz.	(8)	Argyrol 蛋白銀
15–30	pi	(9)	Bandage cloth 繃帶布
500	tab.	(10)	Barbital. tab. (Veronal) (0.3 gm) 巴通比錠
50–100	lbs. (tin)	(11)	Bleaching powder 漂白粉
10	box.	(12)	Camphor ampoule (20%) 1 cc. x 12 樟腦注射液
20–30	lbs.	(13)	Chloroform for anaesthesia 氯仿
30	tub.	(14)	Chromic catgut No. 1 第一號貓腸綫
200	tub.	(15)	,, ,, No. 2 第二號貓腸綫
20	tub.	(16)	,, ,, No. 3 第三號貓腸綫
150–200	lbs.	(17)	Cotton 脫脂棉花
5	boxes	(18)	Digitalin ampoule (gr. 1/100) 1 cc. x 12 毛地黃注射液
5–10	boxes	(19)	Emetine ampoule (½ gr.) 1 cc. x 12 吐根注射液
10–20	lbs.	(20)	Ether for anaesthsia 醚
200–300	lbs.	(21)	Gauze 脫脂紗布
500	tab.	(22)	Hydrarg perchlorid tab. (Sublimat) (1 gm.) 昇汞片
1	lb.	(23)	Ichthyol 魚石脂
1–2	lbs.	(24)	Iodine 碘
1	oz.	(25)	Iodoform 碘仿
5	lb.	(26)	Iodoform gauze 碘仿紗布

10	lbs. (pkg)	(27)	Mag. sulphate 硫酸鎂
1	lbs.	(28)	Mercurochrome 紅色汞
10–50	box	(29)	Morphine amp. 0. 01 cc. x 12 嗎啡注射液
1,000–2,000	tab.	(30)	Morphine tab. 0.01 嗎啡錠
5	box	(31)	Novocain ampoules (10%) 1 cc. x 12 諾勿客因注射液10%
5–10	box	(32)	" " (1%) 2 cc. x 12 諾勿客因注射液 1%
1	lb.	(33)	Phenol 石炭酸
1–2	lb.	(34)	Potass. Permanganate (Kali permanganic) 過錳酸鉀
500	tab.	(35)	Salol tab. 0.5 沙羅而錠
3	lb.	(36)	Sod. bicarb. 小蘇打
2	lb.	(37)	Sod. chlorid. C.P. 精製食鹽
4	oz.	(38)	Spt. Ammon. Arom. 芳香鹽精
50	lb.	(39)	Vaseline 凡士林
2	lb.	(40)	Zinc Oxid 氧化鋅
½	lb.	(41)	Acid Bonzoic 安息香酸
500–3000	tab.	(42)	Brown mixt. tab. 複方甘草合劑錠
2–5	lbs.	(43)	Charcoal 血炭
500–1000	tab.	(44)	Codeine phosphate tab. (gr. ½) 燐酸可代因注射液
1	oz.	(45)	Hydrarg oxid flav. 黃降汞
1	lb.	(46)	Potass. Iodide 碘化鉀
1	tin	(47)	Plaster of Paris 石膏粉
500–1000	tab.	(48)	Quinine tab. (2 grs.) 金雞納霜丸
20–30	pkg.	(49)	Silk No. 9 第九號絲線
10–20	pkg.	(50)	Silk No. 12 第十二號絲線
1	lb.	(51)	Sulphur sublim. 昇華硫黃
100–500	pkg.	(52)	Tetanus antitoxin 500 units 五百單位破傷風血清
500	tab.	(53)	Tribrom tab. 三溴片

救護隊每月發給藥品單位

2	lbs.	(1)	Acid boric 硼酸粉
250–500	tab.	(2)	Aspirin tab. 0.5 阿司匹靈
½–1	lb.	(4)	Acid tannic 鞣酸
2	rolls	(5)	Adhesive plaster 橡皮橡
1–2	boxes	(6)	Adrenalin ampoule (1-1000) 1 cc. x 12 腎上腺注射液
2–4	gal.	(7)	Alcohol (96%) 酒精
3–4	pi	(9)	Bandage cloth 繃帶布
100–200	tab.	(10)	Barbital. tab. (Veronal) (0.3 gm) 巴比通錠

10	lbs.	(11)	Bleaching powder 漂白粉
5-10	box	(12)	Camphor ampoule (20%) 1 cc. x 12 樟腦注射液
2-5	lbs.	(13)	Chloroform for anaesthesia 氯仿
20-40	tub.	(14)	Chromic catgut No. 1 貓腸線
30-50	lbs.	(17)	Cotton 脫脂棉花
2	box	(18)	Digitalin ampoule (gr. 1/100) 1 cc. x 12 毛地黃注射液
2-5	lbs.	(20)	Ether for anaesthesia 醚
30-50	lbs.	(21)	Gauze 脫脂紗布
250	tab.	(22)	Hydrarg perchlorid tab. (Sublimat) (1 gm.) 昇汞片
2	lbs.	(26)	Iodoform gauze 碘仿
5 (pkg)	lbs.	(27)	Mag. sulphate 硫酸鎂
4	box	(29)	Morphine amp. 0.01 1 cc. x 12 嗎啡注射液
100-200	tab.	(30)	Morphine tab. 0.01 嗎啡錠
1	box	(31)	Novocain ampoules (10%) 1 cc. x 12 奴弗客因注射液10%
3	box	(32)	„ „ (1%) 2 cc. x 12 奴弗客因注射液 1%
1	lb.	(33)	Phenol 石炭酸
½	lb.	(34)	Potass. Permanganate (Kali permanganic) 過錳酸鉀
100-200	tab.	(35)	Solol tab. 0.5 沙羅而錠
1	lb.	(36)	Sod. bicarb. 小蘇打
100	tab.	(37)	Sod. chlorid. tab. 0.8 精製食鹽
4	oz.	(38)	Spt. Ammon. Arom. 芳香錏精
5-10	lb.	(39)	Vaseline 凡士林
200-500	tab	(48)	Quinine tab. (2 grs.) 金雞納霜丸
3	pkg.	(49)	Silk No. 9 第九號絲線
2	pgk.	(50)	„ No. 12 第十二號絲綫
100-200	pkg.	(52)	Tetanus antitoxim 500 units 五百單位破傷風血清
5	lb.	(54)	Tinc. Indine 碘酒
5	lb.	(55)	Sol. mercurochrome 2% 紅色汞溶液

救護醫院外科器械標準

Quantity	Unit	NAME
12	pcs.	Scalpels 6½" 外科刀
4	„	Scissors 5" straight 外科直剪
4	„	Scissors 5" Curved 外科灣剪
1	pc.	Amputation Knife 截肢刀 32 cm.
8	pcs.	Tissue forceps 1 x 2 teeth 4, 2 x 3 teeth 4 組織鉗 1 x 2 齒. 2 x 2 齒各 4 把

2	doz.	Kelly's clamps curved 5½" 克利氏彎血管鉗
2	„	Halsted hemostatic clamps (straight) 5½" 海而斯錫血管鉗直
4	pcs.	Kocher clamps 可奇氏鉗
4	„	Allis clamps 6" 安民斯氏鉗
1	pc.	Bullet forceps 子彈鉗 9"
3	pcs.	Needle holder 6½" 持針器
20	„	Probe (including ward use) 探針(包括病 之用) 6"
2	„	Groove directors 有溝探針 5"
1	set.	Abdominal retractor, 3 in set 腹部牽開器三件一套
1	„	Kim retractor 靜脈牽器二件一套
10	pcs.	Towel clips 手巾鉗
1	„	Aneurysm needles 動脈針 (2 in set)
2	pcs.	Intestinal clamps 腸鉗 straight
1	pc.	Periosteal elevator, straight 骱起子. 直
1	„	Periosteal elevator, curved 骱起子, 彎
2	pcs.	Chisel, large 15 mm wide 鑿子 15 mm 寬
2	„	Chisel, small 10 mm wide 鑿子 10 mm 寬
1	pc.	Mallet wooden 木質錘子
1	„	Bone file 骨銼
1	„	Bone saw, Butcher 骨鋸, Blade
1	„	Rongeur, large, highly curved 腐骨鉗, 大號
1	„	Rongeur, medium 腐骨鉗, 中號
1	„	Rongeur, small 腐骨鉗, 小號
1	„	Curette, large No. 6 刮匙, 大號
1	„	Curette, medium No. 4 刮匙, 中號
1	„	Curette, small No. 2 刮匙, 小號
1	set.	Trocar (4) 穿刺針 (4 個)
3	„	Kerosene stove 3 or 4 heads 打氣煤油爐 (四夾或三夾)
1	„	Kerosene stove 1 head 一夾打氣油爐
3	pcs.	Instrument forceps 器械長鉗國貨
18	„	Washing basin (including ward use) 洗手盆 (包括病室之用)
24	„	Hand brush 指甲刷
12	„	Enamel tray 6½ x 9½", Chinese made 搪磁盆 (國貨)
24	„	Kidney basin, enamel, Chinese made 腰形盤 (國貨)
24	„	Bowl, dressing enamel, diameter 5" Chinese made 盛水碗(搪磁
24	„	Rubber gloves 手皮橡套 7", 7½"
2	tins	Rubber glue 橡皮膠水
2	pcs.	Anaesthesia masks 麻醉用口罩

2	pcs.	Mouth gag 開口器
1	pc.	Tongue forceps 舌鉗
4	pcs.	Razor 剃刀
4	set,	Lumbar puncture needle, 2 fine 2 medium 腰髓麻醉針及注射器（麻醉針中 2 ○ 2)
6	pcs.	Syringe Luer with adopter 50 cc. 注射器
4	,,	Syringe Luer with adopter 10 cc. 注射器
8	,,	Syringe Luer with adopter 2 cc. 注射器
2	doz.	Venipuncture needle 靜脈針
1	,,	Needle suture round curved large 圓彎縫針大號
2	,,	Needle suture round curved medium 圓彎縫針中號
1	,,	Needle suture round curved intestinal 腸縫針
1	,,	Needle sture triangular curved 彎三角縫針
1	,,	Needle sture triangular straight 直三角縫針
40	pool.	Slik ligature' medium Chinese 中號絲綫
60	,,	Silk ligature, fine Chinese 細絲綫
2	pcs.	Long Forceps 長攝子
12	,,	Bandage scissors Chinese made 中國剪刀（剪綳帶用）
12	,,	Scissors 剪刀 straight, 13 cm.
2	,,	Bandage roller, local made 捲綳帶器
12	,,	Enamel can, big calibre 搪磁罐（泡傢具用）
1	pc.	Stomach tube for lavage 洗胃器
2	each	Rubber catheter, French, 10, 15. 18, 22, 24, 橡皮導尿管每號二條
1	pc.	Metal catheter, No. 7 金屬導尿管
36	pcs.	Thermometer, oral, grad. in Centigrade, sensitive to ½ m. 體溫計，口
12	,,	Thermometer, rectal 體溫計（肛）
2	,,	Tongue depressor, metal 壓舌器
24	,,	Medicine dropper 滴管
1	pc.	Rectal retractor 肛門撑開器
8	set.	Infusion Apparatus with one dozen of needles 500cc. 食鹽注射器連針頭一打
2	pcs.	Eye speculum 眼撑
1	pc.	Otoscope 耳窺器
1	,,	Nasal speculum 開鼻器
120	Tube.	Catgut chromic No. 1 羊腸綫一號
100	,,	,, ,, No. 2 羊腸綫二號
20	,,	,, ,, No. 3 羊腸綫三號
100	pcs.	Wooden Splints, straight various sizes 副木
3	doz.	Hypo Needles No. 1,14, 20. 皮下注射針頭各一打

3	doz.	Dressing forceps smooth 4" 換藥鉗子
20	ft.	Rubber tubing, small for drainage 細橡皮管（排膿）
6	pcs.	Dakin syringe, hard glass with good rubber bulb 德度氏水唧
1	pc.	Fine stone for knife sharpening 細磨刀石
1	"	Sterilizer high pressure for dressing 24" Chinese made 消毒器
1	"	Sterilizer instrument, 20" x 6" x 4" Chinese made 器械消毒器
1	"	Portable operating table, Chinese made 折疊手術台
1	"	Sphygmomanometer 血壓表
2	pcs.	Tape measure 皮尺
600	"	Soap, kupan 肥皂
10	"	Hot water bags 8" x 5" 熱水袋

救護醫院配藥用具

Quantity	Unit	NAMES
1	set.	Balance and weight 100 gm. for dispensing 天秤
1	"	Mortar with pestle 4" diam 乳鉢
20	pcs.	Bottle narrow mouth with cork 500 cc. 小口帶塞瓶
2	"	Bottle brush, large 瓶刷
1	set.	Enamel iron pot (5 gal) with handle 搪磁鉄罐（代柄）
2	pcs.	Steel spatula about 20 for ointment making 金屬藥刀
1	pc.	Grad. conical, enamel 500 cc. 大量杯
1	"	Grad. conical, glass 20 cc. 小量杯
5	pcs.	Flask, boiling 100cc. 燒瓶
1	pc.	Iron stand with ring 鉄架同鉄圈
10	sht.	Filter paper (47 x 54) 濾紙
1	pc.	Kerosene burner (one head) 打氣煤油爐
1	"	Wire gauze with asbestos 鉄沙同石棉
1	"	Funnel glass 6" diam. 大漏斗
1	"	Funnel glass 4" diam. 小漏斗
2	pcs.	Glass rod 1 ft. 玻璃棍
10	"	Bottle, narrow mouth with cork 2000 cc. 小口帶塞瓶
10	"	Ointment jar 2 lbs. 軟膏罐

救護隊器械單位

Quantity		ARTICAL
1	pcs.	Instrument Sterilizer s/s 器械消毒器
2	"	Soap 肥皂
4	"	Hand brushes 指甲刷

2	pcs.	Dressing scissors "curved" 彎頭剪刀
1	„	Dressing scissors "straight" 直頭剪刀
12	„	Artery forceps 血管鉗
1	doz.	Suture needles assorted 縫合針
2	set.	Suture silk assorted 縫合線
2	pcs.	Tissure forceps 織鉗
1	„	Needle holder 持針器
2	„	Rubber tubing 象皮管
1	„	Razor 剃刀
1	„	Bone file 骨銼
1	„	Bone holding forceps 壓骨鉗
1	„	Curette m/s 刮匙
2	„	Dressing forceps 13 cm 普通鉗子
1	doz.	Hypo needles 針頭
2	pcs.	Hypo glass syringes 5 cc. 注射器 5c.c.
2	„	Hypo glass syringes 2 cc. 注射器 2c.c.
1	„	Hypo glass syringes 20 cc. 注射器 20c.c.
2	set.	Bandage roller 捲綳帶機
2	pcs.	Basin 膿盆
2	„	Scalpels round edge 元頭外科刀
1	„	Scalpels sharp point 尖頭外科刀

自八一三至十二月底藥品收入數量

單位	品名	八月	九月	十月	十一月	十二月	總數量
Lbs.	Acid boric pulv	940	—	—	206	4	1,150
Lbs.	Acid Salicylic	32	15	20	1	2	70
pcs.	Adrenalin Amp	4,840	—	5,208	24	29	10,101
Rolls	Adhesive plaster	670	—	—	357	—	1,027
Ozs.	Argyrol	78	—	50	—	—	128
Lbs.	Acid Carbolic Cry.	64	—	50	8	2	124
Pcs.	Aspirin Tab 0,5	81,000	—	—	2,000	500	83,500
Lbs.	Acid Tannic	48	60	15	1	—	124
Gal.	Alcohol	244	83	354	5	5	591
Pcs.	Atropine Sulp.	1,300	—	—	84	14	1,398
Lbs.	Bleaching Pul.	2,600	3,000	—	—	10	5,610
Pcs.	Barbital tab 0.3	25,500	15,000	—	—	60	40,560
Pis.	Bandage cloth	386	—	500	150	—	1,036
Lbs.	Charcoal	120	150	—	1	—	271
Pcs.	Chinin tab	25,000	—	20,000	2,300	—	47,300

單位	品 名	八月	九月	十月	十一月	十二月	總數量
Lbs.	Chloroform for anaesth	370	5	30	4	15	424
Pcs.	Camphor oil amp.	10,400	—	2,004	175	89	12,668
Lbs.	Cotton	4,602	—	1,344	1,682	1,049	8,677
Pcs.	Digitalin Amp.	6,800	—	1,200	2,484	72	10,556
Pcs.	Emetin Amp	16,000	—	—	60	4	16,064
Lbs.	Ether Anaesthesia ...	429	—	114	29	4	576
Lbs.	Gauze	2,410	2,000	2.500	3,122	107	10,139
Ozs.	Hydrarg Oxide Flav ...	160	—	—	—	—	160
Pcs.	Hdrarge Perchlor.	33,615	—	20,000	2,000	1,400	57,015
Pcs.	Heroin Amp.	16,140	—	—	—	197	16,337
Lbs.	H202 (Oxyful)	140	100	24	—	—	264
Lbs.	Ecnthyol	34	70	20	—	—	124
Ozs.	Iodine Cry.	1,984	—	—	32	—	2,016
Ozs.	Iodoform Gazue	1,260	240	800	912	832	4,044
Ozs.	Iodoform Powder	176	160	240	35	—	611
Lbs.	Kali Iod.	928	—	—	—	—	928
Lbs.	Mag. Sulphate	650	—	500	10	4	1,164
Ozs.	Mercurochrome	143	48	290	5	—	486
Pcs.	Morphine Amp. ... 0.01	4,800	—	—	41	—	4,841
Pcs.	Morphine tab. 0.01	—	10,000	—	10,000	—	20,000
Pcs.	Novocain Amp.	19,408	2,400	—	120	179	22,107
Ozs.	Novocain Pul.	32	—	—	5	—	37
Lbs.	Pot. permag.	97	75	—	24	1	197
Lbs.	Plaster of Paris	480	—	600	30	—	1,110
Ozs.	Spt. Amm. Aromatic ..	114	160	—	400	—	674
Lbs.	Sod. Bicarb	102	—	200	—	1	303
Lbs.	Sod. Chlorid C.p.	70	—	50	—	1	121
Pcs.	Salol tab 0,5	9,000	18,000	10,000	—	600	37,600
Pcs.	Strychnin Amp	1,180	—	—	36	38	1,254
Lbs.	Sulphur Sublim	4	—	25	—	1	30
Pcs.	Brown mixt tab.	40,000	90,000	—	200	—	130,200
Lbs.	Vaselin	960	1,875	—	10	40	2,885
Lbs.	Zinc Oxyd	328	—	—	—	3	331
Lbs.	Sod. Carbon	324	—	200	—	—	524
Pcs.	Laxasen	1,000	—	—	—	—	1,000
Pcs.	Claudin	10	—	—	—	—	10
Ozs.	Rivanol	—	10	—	—	—	10
Pcs.	Camponasin	—	—	2,000	124	—	2,124
Bot.	Mercurochrome	150	—	—	195	2	347

單位	品名	八月	九月	十月	十一月	十二月	總數量
Pcs.	Uretropine	—	2,700	—	—	30	2,730
Lbs.	Bismuth Sub.	—	10	—	—	—	10
Lbs.	Tinct Iodine	50	—	—	103	—	153
Pcs.	Emerg. Saving Packet . ..	50	—	—	103	—	153
Tin.	Oline Fluid	100	—	—	8	—	108
Bot.	Anticholera drop.	48,000	3,144	—	500	800	51,724

自八一三至十二月底藥品支付數量

單位	品名	八月	九月	十月	十一月	十二月	總數
Lbs.	Acid Boric pulv	441	140	184	229	55	1,049
Lbs.	Acid Salicylic	14	19	10	10	2	55
Pcs.	Adrenalin Amp.	2,806	1,129	1,284	712	1,512	7,443
Rolls	Adhesive Plaster	227	201	192	224	149	993
Ozs.	Argyrol	19	45	15	13	6	98
Lbs.	Acid Carpolic	21	39	9	21	2	93
Pcs.	Aspirin tab. 0.5	12,500	27,250	14,800	16,000	7,500	78,050
Gal.	Alcohol	89	193	175	145	68	670
Lbs.	Acid Tannic	14.5	24	8.5	9.5	2	58.5
Pcs.	Atropine sulph	300	248	368	346	59	1,321
Lbs.	Bleaching Pulv	940	725	585	560	280	3,090
Pcs.	Barbital tab. 0.3	9,700	9,980	7,800	7,300	2,200	36,980
Pis.	Bandage Cloth	314	252	210	207	53	1,036
Lbs.	Charcoal	1	17	12	5	32	67
Pcs.	Chinin tab.	3,800	17,830	8,300	7,290	5,600	42,820
Lbs.	Chloroform for Anaesthe	97	143	68	41	19	368
Pcs.	Camphor oil amp.	4,066	3,392	3,460	1,120	144	12,182
Lbs.	Cotton	3,218	2,233	1,150	1,001	763	8,465
Pcs.	Digitaline	3,690	1,534	1,288	1,184	1,226	8,922
Pcs.	Emetin amp.	3,002	2,034	1,176	908	2,072	9,192
Lbs.	Ether Anaesthesia	136	188	192	53	3	572
Lbs.	Gauze	2,406	1,469	2,082	2,454	1,345	9,756
Ozs.	Hydrarg Oxide fl.	65	3	2	—	—	70
Pcs.	Hydrarg Perchlor.	14,265	9,785	8,000	7,240	8,250	47,540
Pcs.	Heroin amp.	3,420	1,204	2,678	2,760	2,040	12,102
Lbs.	H202	33	102	89	32	4	260
Lbs.	Ichthyol	30	30	25	21	9	115
Oze.	Iodine Cry.	937	196	199	127	340	1,799
Ozs.	Iodoform Gauze	940	624	720	928	432	3,644

單位	品名	八月	九月	十月	十一月	十三月	總數量
Ozs.	Iodoform Powder	64	184	53	83	18	402
Lbs.	Kali Iod.	32	18	18	24	176	268
Lbs.	Mag Sulphate	270	380	170	195	45	1,060
Ozs.	Mercurochrome	64	128	99	131	53	475
Pcs.	Morphin amp. 0.01	1,886	2,914	—	—	41	4,841
Pcs.	Morphin tab.	—	4,200	5,200	5,400	2,100	16,900
Pcs.	Novocain amp.	6,032	2,236	1,962	1,688	3,104	15,022
Ozs.	Novocain pulv.	15	4	5	6	—	30
Lbs.	Pot. Perma.	34	19	10	24	3	90
Lbs.	Plaster of Paris	80	440	160	240	—	920
Ozs.	Spt. Amm. Aromatic ..	15	146	68	104	36	369
Lbs.	Sod. Bicarbe.	6	73	46	58	2	185
Lbs.	Sod. Chlorid	37	32	17	19	2	107
Pcs.	Salol tab. 0.5	6,700	7,270	5,450	4,700	700	24,820
Pcs.	Strychinin amp.	900	256	24	24	—	1,204
Lbs.	Sulphur sublim	—	4	5	2	—	11
Pcs.	Brown mixt. tab.	4,000	7,000	3,500	13,000	30,000	57,500
Lbs.	Vaselin	334	552	538	480	205	2,109
Lbs.	Zinc ox.	66	53	28	44	4	195
Lbs.	Sod. Carbon.	193	120	—	600	—	373
Pcs.	Laxasen	—	—	—	200	—	200
Pcs.	Claudin	10	4	—	—	—	10
Ozs.	Rivanol	—	4	3	2	1	10
Pcs.	Camphonasin	—	—	—	548	644	1,192
Bot.	Mercurochrome so	144	29	34	52	28	187
Pcs.	Urotropine	—	390	450	100	—	940
Lbs.	Bismuth sub.	—	3.5	2	1	2	8.5
Lbs.	Tinct Iodine	4	15	16	21	6	62
Pcs.	Emerg Saving Packet ..	50,000	12,058	46,800	5,200	32,000	147,058
Tin.	Olive fluid	21	63	16	7	1	108
Bot.	Anticholera drop.	2,021	43,740	3,000	1,550	—	51,111

十二月底餘存藥品數量

Acid Boric Pulv	101	Lbs.
Acid Salicylic	15	„
Adrenalin amp	2,658	Pcs.
Adhesive plaster	34	Roll

Argyrol	30	Ozs.
Acid Carbolic cryst	31	Lbs.
Aspirin tab.	5,450	Pcs.
Alkohol	21	Gal.
Acid Tannic	65.5	Lbs.
Atropine sulph amp.	77	Pcs.
Bleaching pulv	2,520	Lbs.
Barbital tab.	3,480	Pcs.
Bandage cloth		None
Charcoal	204	Lbs.
Chinin tab.	4,408	Pcs.
Choloroform for anacesthe	56	Lbs.
Camphor oil amp.	486	Pcs.
Cotton	212	Lbs.
Digitaline amp.	1,634	Pcs.
Emetin amp.	6,872	Pcs.
Ether for Anaesthesia	4	Lbs.
Gauze	383	Lbs.
Hydrarg Oxide flov.	90	Ozs.
Hydrarg Perchloride Tab.	7,475	Pcs.
Heroin amp.	4,235	Pcs.
H202	4	Lbs.
Ichthyol	9	Lbs.
Iodine cry.	217	Ozs.
Iodoform gauze	4,000	Oxs.
Iodoform powder	209	Ozs.
Kali, Iod.	660	Lbs.
Mag. Sulphate	660	Lbs.
Mercurochrome	11	Ozs.
Morphine amp. 0.01		None
Morphine tabs. 0.01	3,100	Pcs.
Novocain amp.	7,085	Pcs.
Novocain pulv	7	Ozs.
Pot. Permag.	107	Lbs.
Plaster of Paris	190	Lbs.
Sp. Amm. Aromatic	405	Ozs.
Sod. Bicarbolic	118	Lbs.
Sod. Chlorid	14	Lbs.
Salol tab.	12,788	Pcs.
Strychinin amp.	50	Pcs.

Sulphur sublim.	19	Lbs.
Brown mixt tab.	72,700	Pcs.
Vaseline	776	Lbs.
Zinc oxyd	136	Lbs.
Sod. Carbon	251	Lbs.
Laxasen	800	Pcs.
Claudin		None
Rivanol		None
Camphonasin	932	Pcs.
Mercurochrome sol.	160	Bot.
Urotropine	1,790	Pcs.
Bismuth sub.	1.5	Lbs.
Tinct Iodine	91	Lbs.
Emegency Saving Packet	41,207	Pcs.
Oline fluid		None
Anticholera drop	613	Bot.

自八一三至十二月底器械收入數量

單位	品名	八月	九月	十月	十一月	十二月	總數
Pcs.	Amputation knife	6	—	—	—	—	6
Pcs.	Allis clamps	8	—	—	—	—	8
Pcs.	Adoptor	72	—	—	—	—	72
Pcs.	Abdominal retractor	10	4	—	—	—	14
Pcs.	Aneurysm needle L/r	8	2	—	—	—	10
Pcs.	Alcohol lamps M/s	18	—	—	2	—	20
Pcs.	Anaesthesia masks	12	—	—	2	1	15
Pcs.	Artery forceps	473	20	—	33	18	544
Set.	Balance & Weight 100 gm.	11	—	—	1	—	12
Pcs.	Bullet forceps	6	2	—	7	1	16
Pcs.	Bone file	6	—	—	—	1	7
Pcs.	„ saw blade	5	—	—	—	1	6
Pcs.	„ holding forceps	4	—	—	—	1	5
Pcs.	„ cutting	8	—	—	—	—	8
Pcs.	Bottle brushes	22	—	—	—	—	22
Pcs.	Bandage roller	4	—	2	—	—	6
Pcs.	Bot. N/m W/glass stops	100	—	—	—	—	100
Tub.	Curette M/S & S/S	4	—	—	—	—	4
Tub.	Catgut chromic No. 1-2-3	839	756	—	54	151	1,770
Pcs.	Catheters rub. No. 10-18-24	36	—	—	3	—	39

單位	品名	八月	九月	十月	十一月	十二月	總數
Pcs.	Catheters meal	13	—	—	—	—	13
Pcs.	Chisel 16-15-10-MM F/r	24	—	—	—	—	24
Pcs.	Director	104	—	—	2	—	106
Pcs.	Dressing scissor c/s	362	24	—	30	2	418
	Dakin's syringes 30cc.	220	—	—	—	—	220
Pcs.	Dressing forceps w/teeth & none	890	12	—	48	14	965
Pcs.	Dispensary bot. 500 cc. w/cork	120	—	—	—	—	120
Pcs.	Elevator periosteum "Germany"	1	—	—	—	—	1
Pcs.	Enam can w/tubing w/tip	16	—	—	2	—	18
Pcs.	Erkameter	8	—	—	—	—	8
Pcs.	Enam measuring 500-1000cc.	30	—	—	—	—	30
Pcs.	Enam iron pot	1	—	5	44	—	50
Pcs.	„ tray 6½ 9½	60	9	—	79	—	138
Pcs.	Filter paper L/s	110	—	—	—	—	110
Pcs.	Funnel enamelled 6-5-3	12	—	—	6	1	19
Pcs.	Flask 1000cc.	55	—	—	6	—	61
Pcs.	Glass rod	27	—	—	—	—	27
Pcs.	„ measuring 200cc.	50	—	—	—	—	50
Pcs.	Graduate conical 500cc.	6	—	—	5	—	11
Pcs.	Hypo. glass syringe 2-10-50cc.	644	—	—	—	4	648
Pcs.	Hypo, needles No. 1-14-20	520	—	—	19	5	543
Pcs.	Hot water bag	10	—	—	—	—	10
Pcs.	Instruments sterilizer L.	2	10	—	1	—	13
Pcs.	Instruments sterilizer s.	—	50	—	1	1	52
Pcs.	Intruments forceps	15	6	—	—	—	21
Set.	Infusion apparatus 500cc.	182	—	—	1	—	183
Pcs.	Iron stand with ring ..	11	—	—	—	—	11
Pcs.	Kerosene burner	11	—	—	—	—	11
Set.	Kidney basin enamelled	144	—	—	8	3	125
Pcs.	Intestinal clamps	13	2	—	—	—	15
Pcs.	Long forceps	8	—	—	2	—	10
Pcs.	Lumber puncture needles	8	—	—	—	—	8
Pcs.	Mallet wooden	5	—	—	—	—	5
Pcs.	Mouth gag metal	12	—	—	—	1	13
Doz.	Medicine drop.	144	—	—	—	—	144

單位	品 名	八月	九月	十月	十一月	十二月	總數
Pcs.	Mortars & pestles	1	—	—	—	—	1
Pcs.	Needles holder 17-20cm	66	12	1	2	1	80
Pcs.	Ointment jar	109	—	—	—	—	109
Pcs.	Probe	225	—	—	25	11	261
Pcs.	Portable operating table.	1	—	—	—	—	1
Pcs.	Periosteum elevator	1	—	—	—	—	1
Pcs.	Rongeur m/s & s/s	4	—	—	—	—	4
Pcs.	Rubber gloves 7-7½-8 ..	162	144	—	9	—	315
Pcs.	Rectal retractor	6	—	—	—	—	6
Ft.	Rubber tubing No. 9-19	210	—	—	5	—	215
Pcs.	Scale 1-50Tb	1	—	—	—	—	1
Pcs.	Scapels r-s-c- 285	24	—	5	3	—	314
Pcs.	Suture needles assorted	1,052	—	—	—	—	1,052
Pcs.	„ silk „	1,640	—	—	24	—	1,664
Pcs.	Stomach tube w/bulb ...	6	—	—	—	—	6
Pcs.	Sharpening stone	2	—	—	1	—	3
Pcs.	Spatula steel "12"	22	—	—	2	—	24
Pcs.	Soap "Kunpun"	200	2,400	—	—	—	26,00
Pcs.	Tongue forceps	5	1	—	1	—	7
Pcs.	„ depressors ...	46	—	—	3	—	49
Pcs.	Thermometer C.	216	—	24	7	—	247
Pcs.	„ for retractor	72	—	—	—	—	72
Pcs.	Tape measure	10	—	—	—	—	10
Pcs.	Trocar	6	1	—	—	—	7
Pcs.	Towel clip	60	12	—	4	—	76
Pcs.	Venipuncture neeldes ..	24	—	—	—	—	24
Pcs.	„ retractor	1	—	—	—	—	1
Case	Wire gauze w/abostose stone	11	—	—	—	—	11
Case	Wire gauze w/absto sizes	60	12	—	1	—	61
Pcs.	Bed pan	64	—	—	4	—	68
Tin.	Rubber glue	2	—	—	—	—	2
Pcs.	Razor	20	—	—	1	—	21
Pcs.	No. 2 surgical instrument	20	—	—	—	—	20
Pcs.	23 meters Greytex sheeting	—	23m	—	·2pc.	—	23m2pc
Pcs.	Gauze tank	6	—	—	10	—	16
Pcs.	Exchange Med table ...	—	—	—	—	1	1

自八一三至十二月底器械支出數量

單位	品名	八月	九月	十月	十一月	十二月	總數
Pcs.	Amputation knife	3	2	—	—	—	5
Pcs.	Allis clamps	8	—	—	—	—	8
Pcs.	Adoptor	—	6	—	—	—	6
Pcs.	Abdominal retractor ...	8	4	1	—	—	13
Pcs.	Aneurysm needle 1/r ...	6	2	—	—	—	8
Pcs.	Alcohol lamp m/s	—	—	—	—	—	—
Pcs.	Anaesthesia masks	6	2	—	—	—	8
Pcs.	Artery forceps	54	50	38	14	106	262
Set.	Balance & weight 100gm	4	—	2	1	1	7
Pcs.	Bullet forceps	2	3	2	2	4	13
Pcs.	Bone file	2	2	—	—	—	4
Pcs.	„ saw blade	4	1	—	—	—	5
Pcs.	„ holding forceps ..	—	1	—	—	—	1
Pcs.	„ cutting	—	—	—	—	—	none
Pcs.	Bottle brushes	9	2	—	6	—	17
Pcs.	Bandage roller	2	2	—	—	1	5
Pcs.	Bot. n/m w/glass stops	9	—	—	—	—	9
Pcs.	Curette m/s & s/s	4	—	—	—	—	4
Tub.	Catgut chromic No. 1-2-3	467	1,164	120	17	—	1,768
Pcs.	Catheters rub No. 10-18-24	4	8	—	3	—	15
Pcs.	„ metal	—	4	—	—	—	4
Pcs.	Chisel 16-15-10 mm f/r	17	3	—	—	—	20
Pcs.	Director	2	4	—	—	50	56
Pcs.	Dressing scissor c/s ...	11	41	25	13	105	195
Pce.	Dakin's syringes 30cc. ..	17	28	19	—	107	171
Pcs.	Dressing forceps w/teeth & none	94	132	79	36	210	551
Pcs.	Dispensary bot. 500 cc. w/cork	9	—	—	30	—	39
Pcs.	Elevator periosteum "Germany"	—	1	—	—	—	1
Pcs.	Enam. can w/tubing w/tip	3	3	1	1	—	8
Pcs.	Erkameter	—	—	—	—	—	none
Pcs.	Enam measuring 500-1000cc.	15	3	2	4	—	24
Pcs.	„ iron pot	6	—	—	—	—	6
Pcs.	„ tray 6½ 9½	16	28	6	9	—	59
Pcs.	Filter paper 1/s	20	53	10	—	—	83
Pcs.	Funnel enamelled 6-4-3	9	2	2	2	—	15
Pcs.	Flask 1000cc.	21	3	6	1	10	31

單位	品 名	八月	九月	十月	十一月	十二月	總數
Pcs.	Glass rod	3	5	14	—	—	22
Pcs.	„ measuring 20cc. .	14	9	6	1	10	40
Pcs.	Graduate conical 500cc.	6	—	—	—	—	6
Pcs.	Hand brushes	46	6	—	—	—	52
Pcs.	Hyp. glass syringe 2-10-50.	116	105	83	53	151	508
Pcs.	Hyp. needles No. 1-14-20	158	160	97	24	67	506
Pcs.	Hot water bag	—	—	—	—	—	none
Pcs.	Instruments sterilizer L.	—	1	—	—	—	1
Pcs.	„ „ S.	—	5	2	1	12	20
Pcs.	Instruments forceps	6	2	—	—	—	8
Jcs.	Infusion apparatus 500cc.	14	11	8	—	7	40
Pcs.	Iron stand with ring ..	5	—	—	—	—	5
Pcs.	Kerosene burner	8	1	—	—	—	9
Pcs.	Kidney basin enamelled	27	25	11	9	2	74
Pcs.	Intestinal clamps	8	2	2	—	—	12
Pcs.	Long forceps	2	4	—	—	—	6
Pcs.	Lumber puncture needle	4	2	—	—	—	6
Pcs.	Mallet wooden	2	1	—	—	—	3
Pcs.	Mouth gag metal	2	2	—	—	4	8
Doz.	Medicine drop.	—	1	—	—	—	1
Pcs.	Mortars & pestles	1	—	—	—	—	1
Pcs.	Needle holder 17-20 cm	8	5	1	2	5	21
Pcs.	Ointment jar	6	4	14	18	—	42
Pcs.	Probe	64	52	72	30	16	234
Pcs.	Portable operating table	—	—	—	—	—	none
Pcs.	Periosteum elevator	1	—	—	—	—	1
Pcs.	Rongeur m/s & s/s	4	—	—	—	—	4
Pcs.	Rubber gloves 7-7½-8 ..	54	40	20	14	8	136
Pcs.	Rectal retractor	—	—	—	—	1	1
Pcs.	Rubber tubing No. 9-19	74.5	—	12.5	—	—	87
Pcs.	Scale 1-50tb	—	—	—	—	—	none
Pcs.	Scalpels r-s-c	18	14	13	6	104	155
Pcs.	Suture needles assorted	—	238	54	26	120	438
Pcs.	„ silk „	14	159	183	44	460	860
Pcs.	Stomach tube w/bulb ..	—	—	—	—	—	none
Pcs.	Sharpening stone	1	1	—	—	—	2
Pcs.	Spatula steel "12"	13	2	6	1	—	22

單位	品名	八月	九月	十月	十一月	十二月	總數
Pcs.	Tongue forceps	1	2	—	1	—	4
Pcs.	Soap "kunpun"	100	294	20	1 20	—	534
Pcs.	Tongue depressors	25	—	1	—	10	36
Pcs.	Thermometer c.	24	33	38	12	107	214
Pcs.	„ for retractor	12	9	—	—	—	21
Pcs.	Tape measure	—	1	—	—	—	1
Set.	Trocar	3	—	—	—	—	3
Pcs.	Towel clip	25	8	—	—	—	33
Pcs.	Venipuncture needles ..	2	14	—	4	—	20
Pcs.	„ retractor	—	1	—	—	—	1
Pcs.	Wire gauze w/asbestos stone	2	4	—	—	—	6
Set.	Wooden splints various size	10	30	12	—	—	52
Pcs.	Bed pan	8	4	—	—	—	12
Pcs.	Razor	—	1	—	—	—	1
Tin.	Rubber glue	—	—	—	—	—	none
Pcs.	No. 2 surgical instrument	9	7	2	—	—	18
Pcs.	(23 meters) Greytex sheeting	—	—	—	—	—	none
Pcs.	Gauze tank	2	—	—	—	3	5
Pcs.	Exchange medicine table	—	—	—	—	—	none

十二月底現存器械數量

Amputation knife	1 Pcs.
Allis clamps	0 „
Adoptor	66 „
Abdominal retractor	1 „
Aneurym needle 1/r	2 „
Alcohol lamp m/s	20 „
Anaesthesia masks	7 „
Artery forceps	282 „
Balance & weight 100gm	5 Set.
Bullet forceps	3 Pcs.
Bone file	3 „
„ saw blade	1 „
„ holding forceps	4 „
„ cutting	8 „
Bottle brushes	5 „

Bandage roller	1	„
Bot. n/m w/glass stops	91	„
Curette m/s & s/s	0	„
Catgut chromic No. 1-2-3-	2	Tub.
Catheters rub. No. 10-18-24	24	Pcs.
Catheters meal	9	„
Chisel 16-15-10 mm f/r	4	„
Director	50	„
Dressing scissor c/s	223	„
Dakin's syringes 30cc.	49	„
Dressing forceps w/teeth & none	413	„
Dispensary bot. 500cc. w/cirj	81	„
Elevator periosteum "Germany"	0	„
Enam. can w/tubing w/tip	10	„
Erkameter	8	„
Enam. measuring 500-1000cc.	6	„
Enam. iron pot	44	„
Enam. tray 6½, 9½	89	„
Filter paper 1/s	27	„
Funnel enamelled 6-4-3	4	„
Flask 10000cc.	30	„
Glass rod	5	„
Glass measuring 20cc.	10	„
Graduate conical 500cc.	5	„
Hand brushes	92	„
Hypo. glass syringe 2-10-50cc.	140	„
Hot water bag	10	„
Instruments sterilizes L.	12	„
„ „ S.	32	„
Hyp. needless no. 1-14-20	39	„
Instruments forceps	13	„
Infusion apparatus 500cc.	143	Set.
Iron stand with ring	6	Pcs.
Kerosene burner	2	„
Kidney basin enamelled	51	Set.
Intestinal clamps	3	Pcs.
Long forceps	4	„
Lumber puncture needle	2	„

Mallet woodern	2	„
Mouth gag metal	5	„
Medicine droppers	11	Doz.
Mortars & pestles	0	Pcs.
Needle holder 17-20cm.	59	„
Ointment jar	67	„
Probe	27	„
Portable operating table	1	„
Periosteum elevator	0	„
Rongeur M/s & s/s	8	„
Rubber gloves 7-7½	179	Pair
Rectal retractor	5	Pcs.
Rubber tubing No. 9-19	128	Ft.
Scale 1-50	1	Pcs.
Scapels r-s-c	159	„
Suture needles assorted	614	„
Suture silk assorted	804	„
Stomach tube w/bulb	6	„
Sharpening stone	1	„
Spetula steel "12"	2	„
Soap "kunpun"	1,866	„
Tongue forceps	3	„
Tongue depressors	13	„
Thermometer c.	33	„
Thermometer for rectum	51	„
Tape measure	9	„
Trocar	4	„
Towel clip	43	„
Vein puncture needle	4	„
„ retractor	0	„
Wire gauze w/asbestos stone	5	„
Wooden splints various sizes	9	„
Bed pan	56	„
Rubber glue	2	„
Razor	20	„
No. 2 surgical instrument	2	Set.
(23 meters) Greytex sheeting	23m 2	Pcs.
Gauze tank	11	„
Exchange medicine table	1	„

各救護醫院個別報告

中國紅十字會上海市救護委員會第一救護醫院報告

籌備經過

八一三戰事爆發,本院卽奉中國紅十字會上海市救護委員會之命,成立第一救護醫院於膠州路三九七號,本愛國之熱忱,盡救護之棉薄,數月以來,幸免隕越. 今茲奉命結束,爰將創辦經過,院務進行,略述一二,俾各界有所取捨焉.

本院房屋,借諸貧兒教養院,設第一,二病室於大禮堂與圖書館,容床一百只,其右爲手術室,後爲護士室,未及籌備完畢,傷兵已紛至沓來,院務遂難井然有條,幸賴諸同人盡心竭力,夜以繼晝,始克應付.

嗣因大世界慘劇發生,被難同胞日衆,遂另添床位一百五十張於延平路申園體育館,爲第三病室.

至九月中旬,戰事激烈,傷兵甚多,又增設第四,五,六,七,八,九諸病室於貧兒教養院,病床乃增至五百.

迨十月中旬,本院因經濟關係,將申園病室,轉於國際第四醫院;及十二月中旬,復因時局轉變,除繼續遣送輕傷士兵外,其餘重傷六十餘名,概轉入國際第四醫院與第二十三救護醫院,本院遂告結束.

統計本院開辦,歷時四月有餘,共收傷兵一千一百十三名,傷民百餘名,傷愈出院之傷兵,計一千〇十三名,死亡率占全數百分之八,每日住院人數,曾達四百七十名. 夫滄海一粟,固難言有功;然集腋成裘,亦不無小補,此則同人所聊足自慰者也.

手術紀錄

類別	次數	類別	次數
外物取出術	145	動靜脈瘻管紮結術	1
開口引流術	154	剜眼術	3
創口清理及縫合	65	股部盲管截除術	1
創口清理	84	顱骨抬起術	7
齒部手術	40	石膏架	36
手指截除	19	石膏型	53
前臂截除	6	口部整容術	1
臂部截除	6	眼球剜出術	2
股截除	20	從外截開尿道	2
腿截除	5	乳突鑿開術	1
腸縫合	22	探察剖腹術	4
睪丸截除術	2	創口清理及脚指截除	2
尿道縫合	2	動脈紮結	4
碎骨取出	15	鼻縫合	2
包皮截除	3	睪丸截除	1
補皮術	9	創口清理及引流	9
水囊取出術	1	第二次縫合術	9

胸吸引	13	剖術	2
骨折還原	4	探術	1
脚指截除	1	骨部分截除	1
橡皮膏紮胸	3	從疤分離神經	1
針牽引	1	臂截除	1

總計 764次

經濟概況

本院創始之時,得上海市救護委員會津貼開辦費八百元,因成立倉卒,各物均需臨時購備,因是常有不敷之感,幸賴各界熱心人士,慷慨輸捐,始得勉強維持.至九月初旬,又得上海市救護委員會撥來傷兵伙食津貼費(每名每日以二角五分計算醫師護士以一元一桌計算)國幣一千〇九元七角一分正,並規定每隔十日造册領取,同時各界同胞,及友邦人士之捐助現金者,亦復不少,本院事務,遂得順利進行.至十一月初,傷兵伙食津貼又酌量增加(每名每日以五角計算而醫師護士等伙食則停止發給).

本院經費來源,共分二種,一為上海市救護委員會津貼,一為捐款收入.計自開辦起至結束止,計一百三十日,共收上海市救護委員會津貼國幣一萬四千二百七十七元九角九分正,各界捐款國幣一萬二千七百八十六元零一分正,收付相抵,尚餘國幣一千一百八十六元四角一分.

本院於結束時,將所有賬簿,單據,捐款收據存根,及銀行結單,送交立信會計師事務所,請其查核,並蒙給以證明書,正副貳本,證明無誤;正册由本院連同賬簿,單據,銀行結單等,並存餘款項,送交上海市救護委員會核銷,以清手續,副册則留底備查.

經費收支表　自26.8.13—12.13.

收入	金額	支出	金額
上海市救護委員會撥發	14,277.99	伙食	11,897.40
捐款收入	12,786.01	醫藥	3,304.10
特別收入	1,040.35	運輸	757.18
電話費收入	8.80	津貼	5,347.57
		雜費	5,620.49
		結存	1,186.41
合計	28,113.15	合計	28,113.15

職員名單

院長	宋梧生
副院長兼總務主任	陳湘泉
醫務主任	倪葆春
內科主任	宋杏邨
外科主任	柳瑟虎
醫師	夏其昌　陶　清　陳邦輝　董道鑄
	郭備德　郭　迪　李嘉庚　李光璇
護士長	邱孝容
副護士長	何祖楨
牙科醫師	顏遂良
化驗員	芮益辛
藥劑師	顏叔瓊　李　震
交際主任	顏福慶夫人　徐宗俊
總務	方　作　趙少文
膳務管理	吳傳絢　夏雲山

儲藏室	劉岳增　戴衍萬	消毒管理	焦培德
慰勞部	李乾龍　陸　健	工役管理	陳林森
登記	趙志鴻　李廷楨	門警檢查主任	王輔規
軍服管理	馬烈雄	童軍隊長	劉長海
洗滌管理	張素英　陸瑜廷		

中國紅十字會上海市救護委員會第三救護醫院報告

院　史

溯自八一三滬戰爆發,震旦大學醫學院,於八月十四日卽集合畢業同學,在校師生,暨法醫研究所同人等,爲救護傷兵之舉,經中國紅十字會上海市救護委員會定名爲第三救護醫院,假震旦大學爲臨時院址;當由籌備會推選孫逵方醫師任院長,分總務收發醫務三科,設床位二百只,並商由廣慈醫院爲本院第一特約醫院,設床位五十只,醫師除原有駐院醫師外,並由五六年級學生分別擔任. 護士方面,均由方濟各會撒助爵會天主敎修女三十餘人,暨聖心醫院公濟醫院男女護士十餘人,分別擔任;所有辦事人員,均勉盡義務,爲國宣勞,一概不支薪給. 迨至十月一日,孫院長因公離滬,經本院院務會議議決,公推吳雲瑞醫師繼任院長,於十月三日接收視事. 一切組織,悉仍其舊;惟對於原有牀位,深感不敷,除本院增設一百隻外,後商得安當醫院爲本院第二特約醫院,另設床位二十只,共計爲三百七十隻,以期儘量收容. 嗣於十一月上旬,戰事緊張,本市各救護醫院,均告無法收容,救護委員會囑爲設法擴充,當卽於震旦大學中學部闢讓校舍數間,俾得儘量收容. 查十一月九日之統計,在院傷兵共達五百零八人之多,旋至十二月初,各醫院以時局轉變,多數辦理結束,計有第一救護醫院等先後轉來傷兵約三百餘人. 綜計本院辦理閱時八月,先後收容傷民五百餘人,傷兵一千四百餘人;除陸續治愈出院外,尚有一百餘人,正在醫治中,而本院奉命辦理結束,乃於二十七年四月八日起,將傷兵悉數轉出,至四月十五日止,始告完全結束,此係本院經過之大要,謹將醫藥材料,各項設備,統計,經濟等,分別擇要報告如次:

醫藥材料

查本院材料一項,以藥品為最要,綳帶紗布及藥棉次之. 此項材料,於開辦後泰半向救護委員會領取,間有私人及團體捐助,餘由本院自購. 迨結束後,檢點藥品,所餘無幾,其少數賸餘部份,逕送聖心醫院臨時醫院,暨南市難民區臨時醫院備用(清單一份另附).

設備概況

本院醫務設備,大都由震旦大學醫學院借用,計手術臺五隻,消毒箱三隻,另有一部份,由公濟醫院借用,外科整形器械,經本院向土山灣孤兒院製造,換藥室共計設置手術臺六隻,由震旦生理系動物試驗臺合併而成,X光室,由陳湘泉醫師撥借X光設備全付,配藥室由四季公司撥借電器冰箱一隻,其餘用品,由公濟醫院及聖心醫院借給應用,手術及換藥器具等,除一部份向救委會領用外,餘均由本院購置,或由私人捐助,結束後所有殘餘部份,送聖心醫院臨時醫院備用,(清單一份另附)又事務設備,先後向徐匯中學借得棕墊二百餘隻,及震旦宿舍鐵床二百餘隻,外交大樓送來舖板一百隻,所有桌椅,悉由震旦大學撥借應用,被褥大都向救委會領用,私人捐助者亦有之,傷兵日用品,均由各界捐助,迨結束後,除將所借用具分別歸還外,尚餘一部份零星用具,送聖心醫院臨時醫院,暨浦東陸家嘴天主堂醫院備用(清單一份另附).

手術及人數統計

本院自去歲八一四起,至本年四月十五日止,除收容傷民約五百餘人外,實計收治傷兵一千四百二十四人,受傷種類,爲炮彈炸彈及手溜彈受傷者,佔百份之六二,槍彈受傷者,佔百份之三六,刺刀及挫傷者佔百份之二,其中加雜病患破傷風者三人,死二人,佔死亡總數百份之〇・一四,其餘均爲內臟中樞神經系損傷及急性貧血衰弱等症,因之死亡者,佔死亡總數百份之八九・六二,共計死亡一百五十二人,佔總數百份之一〇・一〇,殘廢者,佔總數百份之一一・〇五,按受傷部位種類以表面及肌肉損傷爲最多,計七百二十八人,佔總數百份之五一・一〇,骨骼及關節損傷次之,計五百八十三人,佔總數百份之四〇〇・九〇,內臟損傷計腹部三十二人,佔總數百份之二・二〇,胸部四十一人,佔總數百份之二・九〇,表部神經系損傷,計二十二人,佔總數百份之一・五〇,中樞神經二十人,佔總數百份之一・四・五,官器八人,佔總數百份之〇・五八,動靜脈瘤三人,內科七人,實計施行手術次數達一千六百二十九次,關於骨骼損傷及鉗取彈片之多X光診察爲最要,故本院特佈置臨時X光診察室一間,由專門醫師主持,另一部份送廣慈醫院X光部診察,廣慈傷兵以腹部頭部爲最多,總計X光攝影爲三百七十二次,直接檢察,爲貳百五十二次:

玆將手術次數及種類編製統計表一紙附后:

手術次數統計表

手術種類	次數
血管結紮手術	12次
開腹手術	9次
關節切開手術	30次

關節脫血手術	15次
四肢截除手術	126次
關節截出手術	18次
五官器手術	6次
矯形手術	33次
取碎骨手術	483次
胸腔切開手術	12次
傷口切開及縫合手術	555次
鉗取子彈及異物手術	321次
共　計	1620次

傷兵進院出院及死亡人數表

日　期	進院人數	出院人數	死亡人數	備　註
二十六年八月	376名	14名	14名	
九月	150名	218名	14名	
十月	372名	250名	42名	
十一月	254名	154名	48名	
十二月	54名	198名	16名	
二十七年一月	134名	88名	8名	
二月	66名	78名	6名	
三月	18名	90名	4名	
四月		182名		
共　計	1424名	1272名	152名	

慰勞品報告

本院自八一四成立後,各界人士以及團體均紛紛攜帶物品或現金前來慰勞者,頗爲踴躍,中國紅十字會總會,特派駐院專員一人,凡捐助物品或現金者,均由該員點驗,塡具正式收據,再發交本院檢收,以昭鄭重,此項慰勞品,除塡發正式收據外,另刊報端,謹鳴謝悃,計自二十六年八月十四日起,至九月三十日止,登二十六年十月二十二日申報,自二十六年十月一日起,至十二月三十一日止,登二十七年二月十六日新聞報,自二十七年一月一日起至四月十五日止,登本年四月三十日新聞報,共凡三次,茲姑不贅.

經濟概況

本院自八一四成立後,中國紅十字會上海市救護委員會撥流動金八百元,爲開辦費用,所有在事人員除勤務酌給津貼外,餘均勉盡義務概不支薪給,並規定傷民及特約醫院伙食款,每人每日以五角計算,本院傷兵日以貳角伍分計算,月分三次報領,迨至十一月起至廿七年三月止,由救委會月撥津貼一千元,按救委會規定之薪給表,分別發給醫師及事務人員,略作車馬費用,並將本院傷兵伙食款,亦一律每人日以五角計算,月分二次報領,總計開辦以至結束,時屆八月,共收入四萬七千五百元零二角七分,其中以應領伙食款爲最鉅,達三萬六千七百七十五元五角,慰勞金四千六百七十八元九角三分,雜項收入二百四十五元八角四分,支出部分,共計四萬四千六百二十六元四角八分,尙餘二千八百七十三元七角九分,爲補助震旦修理借用房屋,廣慈醫院X光費用,及津貼方濟各會撤肋爵會姆姆之車馬費,平均每兵每日在院消耗爲五角八分弱.

茲將廿六年八月十四日至廿七年四月十五日止,編製收支統計表一紙,以資備查.

經濟收支報告表

項目	收入	支出	備註
上海市救護委員會撥給開辦費	800.00		
伙食費	36,775.50		

津貼費	5,000.00		
捐款	4,678.93		
什項	245.84		
給養		21,025.98	
津貼		7,238.20	
廣慈		4,314.90	特約分診所
安當		443.25	特約分診所
醫藥		2,380.07	
雜項		3,355.84	
油脂		509.82	
薪炭		2,177.12	
郵電		1,831.16	
器具		796.94	
押金		235.00	
修繕		126.06	
印刷		52.50	
文具		139.64	
撥給震旦大學修理費		2,873.79	
共計	47,500.27	47,500.27	

職員名單

院長: 吳雲瑞 孫逵方(前任)

副院長: 陸潤之 鄺安堃

內外科醫師: 徐寶彝 鄺翠娥 吳義崇 潘咸新 唐士恆
蔡壽康 王耆齡 沈永康 許日東 沈錫元
蔡鴻 黃堅 蕭濟 吳一鶚 萬珏先
馬輿丹 朱仲剛 趙瑾 毛守白 張頤昌

朱維煜　艾仁麟　林毓奇　沈國祚　李經元
陳湘泉　徐新百　吳壽寶　葛　經　羅　忠
徐福燕　任儉行　莊桂生　陳紹周　徐西滿
張志惠　Malral　Gennin　Burgeas　Santelli

護士長：方濟各會大姆姆各一位
　　　　撒肋爵

護士：方濟各會卅四位，撒肋爵會四位
　　　安當醫院二位，廣慈醫院廿八位

藥劑師：　裘雨三　藥劑生：羊鸞桐

化驗師：　劉永純　化驗生．張均翰

見習醫師：三年級　郭景賢　李樹勳　羅振禮　吳大順
　　　吳源泰　孫元明　張蘇生　陳　鏗　朱大林
　　　朱大成　蔡福祥　王瑞文　王爵榮　Zakoren
四年級　賀德新　郭威舟　劉益初　劉貽德
　　　劉敦鍔　吳大福　蕭光甫　薛雙源　徐秉鉢
　　　張德昌　趙翀惠　陳士撤　陳郁文　周　仁
　　　鄧龍泉　蔡振岩　余文奇　余毓芳　Andref
　　　Smonikoff
五年級　許錦全　許邦憲　饒有勳　李少唐
　　　林劍朋　張聖才　陳國光　陳永忠　周禮元
　　　朱人偉　鄧澤中　楊傳榮　余復民　Groochenko
六年級　舒光勳　夏振元　金愛德　聶傳言
　　　張亮惠　陳冠聖　朱祖堯　王聘臣　楊賓銓
　　　袁錫康　周渭良　孫　任　Waley

助理員：涂太太　楊淑敏　田昌菊　朱道輝　董世禍　王碧如
　　孫益卿　陳若賢　孫益中　葉紫雲　梁麗雲　林義斯
　　畢月明　戴世瑛　楊鏡珊　錢鳴煦　李鳴志　郭維坤

賀碧輝　沈德清　毛之英　毛還英　闕樹華　李仲惠
胡岳賢　夏玉珍　楊淑慧　夏文珍　王若翰　薛義純
吳克昌　沈林肯　劉守義　徐錫生　孫步雲　顧天祥
張冲明

事務員：　艾振麟　陳人俊　田淑明　王孝興　陳幼莊　都明英
惲德輝　鄭子華　鄭宗涵　汪曉邨　鄭以欽　林世英
王遐齡　張泰山　陳廷驤　徐祥芳　徐　魚　張　丹
孫富順　陳　毅　李永庚　王文治　陳人驥　曾　熹
陳克敏　勵嘉根　馬靜琳　勵　燕　高佩珍　錢君洪
鄭慧娟　王祖瀏　沈慕悌　厲峙嵐　許偉民　胡慧敏
林北惠　劉毓英　劉雪英　聶傳言　汪景侃　吳業興
奚賢安　李慧芳　黃瑞芬　朱炯培　郭美斯　羅志德
王雋穆　呂毓枝　潘可攀　陳鑫伯　吳　江　陳雁賓
劉素瑛　黃美卿　張馥青　林攀鶯　曹君博　張廷康
鄧　傑　黃桂清　黃桂屏　歐陽依薇　郭　瑛　陳劍倫
葉如華　葉清華　李秀環　錢君環　錢君佩　林其光
陳南山　周敏良　顏慶樟　葉桂華　葉桂清　蔡文義
張希光　王本源　蔣光越　李維揚　李　毅　歐陽麗珍
何　鑫　陳奇書　黃　夔　李紹唐　姚載甯　姚載揚
張亦悌　沈錦明　陳若貞

本院贊助者：（震旦大學負責）

才院長　喬教務長　王仁生修士　彭神父

中國紅十字會上海市救護委員會第五救護醫院報告

自全面抗戰發動以來,中西療養院仝人本共赴國難之精神,決定籌設救護醫院,從事救護傷兵工作,即於蒲石路五三六號中西療養院院址,成立中國紅十字會上海市救護委員會第五救護醫院,於廿六年八月十四日起開始收容傷兵,開辦迄今,共計收容傷兵一三四九人(內有傷民八人),其中直接自前線救護來院者,達七五〇人;由本市其他救護醫院因傷勢嚴重,及院務結束關係,轉送來院就醫者,達五九九人,內因傷勢過重,不幸死亡者,凡九一人,佔全數百分之六有強,傷愈歸隊,及傷勢將愈,轉送後方醫院療養者,共計一二二七人,現尚須診視者計三人,由中西療養院繼續負責治療,本院乃於五月三十一日奉命結束茲將各項報告,及職員名單,開列於後.

手術報告

傷部	人數	傷部	人數	傷部	人數
頭	六七	腹	九八	左腿	三一〇
臉	三一	背	三七	右腿	二三五
口	一六	臀	二七	左脚	四八
眼	九	生殖器	六	右脚	三七
耳	一	左臂	一〇九	全身	七
鼻	二	右臂	九九	內病	四八
頸	七	左手	七五		
肺	五一	右手	四八		

備註：左臂接骨佔八二人　左腿接骨佔二三七人
右臂接骨佔七八人　右腿接骨佔一五九人

經費收支對照表

二十六年八月十四日至二十七年五月三十一日

收入之部	金額	支出之部	金額
上海市救護委員會撥助	$20,851.50	薪工	$10,187.45
各界捐助	13,750.00	伙食	35,247.13
中西療養院撥助	45,984.64	西藥	10,110.31
		水電	4,917.63
		房捐	1,400.00
		電話	1,058.48
		服裝	4,738.87
		消耗	5,242.77
		雜項	7,683.50
合計	$80,586.14	合計	$80,586.14

捐助人姓名及金額

李石曾太太	國幣二百元
無名氏	國幣一百元
盛澤承太太	國幣五十元
俞鴻鈞太太	國幣一千元
何香凝女士	國幣三百元
胡筆江太太	國幣二百元
張羣太太	國幣二百元
丁福記	國幣一百元
謝儀賓先生	國幣一百元
裕記	國幣一萬一千五百元

慰勞情形

各界慰勞物品,切合傷兵之實用者,爲數頗多,當時卽由本院派員會同該慰勞人或慰勞團體代表,分別向各傷兵分發應用,至於詳細情形.另造表册呈報,茲姑不贅.

藥品材料

藥品,材料,及醫療器械等,大都向救護委員會領用,一部份器械,則由中西療養院移用,或由本院另行購置,詳細表册,另行呈報,茲不贅述.

工作人員名單

院長: 陸震

師 陸仲安 林炯東 雷慶 鍾品竹 張福星

謝璧 倪保爾 譚善岐 壽世伯

沙羅門諸夫

護士長: 李潔如

護士: 鄭端璧 金福臨 吳順昌 劉淑容 陸品珍

耿天凌 馮碧華 尤貞瑾 陳靜之 劉美容

葛俠英 魏幼玉 柳文俊 楊韻 何華玉

計德賢 嚴魯綏 官儀貞 林碧貞

助理護士:林翰芬 李羣宋

藥劑師: 李國甯 陳維亮

化驗師: 薛建中

會計: 李蔭松 南子誠

附註: 已經離職人員姓名概未列入

中國紅十字會上海市救護委員會第六救護醫院報告

組織經過

八一三滬戰爆發後,上海中山醫院當局,即將病人遷移至租界醫院內,同時在原址,迅速籌設救護醫院,惟因地點關係,得救護委員會負責人之諒解,暫設牀位二百只,視戰事變化與需要之程度,再行增減. 本院當於八月十六日起,開始收容傷兵,至九月二十二日止,凡三十八日共計收容負傷者四百十九人,內官兵四百零四人,平民十五人. 八月二十二日起,上海市救護委員會為便利輸送負傷者起見,令本院附設傷兵包紮所於門診處,負責收容;並予以適當治療與看護,每夜限收一百五十名,次日須將輕傷重傷,分別輸送,傷重者經診治與包紮後,送入租界內救護委員會指定之救護醫院,傷勢較輕而能行動者,包紮後咸用救護車火車,或由船舶轉往後方醫院,由包紮所轉入租界者,有一千餘人,轉後方者,有二千二百六十七人.九月中旬,戰區內霍亂猖獗,傷兵之送入租界,漸感困難,租界衛生當局,為防止此症之蔓延起見,毅然於十九日起,禁止負傷者輸入租界,救護委員會鑒於問題嚴重,幾經磋商,租界衛生當局,爰即提出補救辦法,在租界區外,設立一霍亂醫院,專事收容界外霍亂病人,醫院經費,則由本市衛生局及兩租界衛生處,共同負責,並指定中山醫院為院址,本院於是奉命結束,即於九月二十二日起,將全院住院及包紮所收容之負傷者,一概轉送至救護委員會指定之醫院,或後方醫院中,本院經費,除中山醫院負責供給醫療上設備及工作人員外,有中國實業銀行全體職員,捐助藥品手術材料費計國幣三千四百九十九元九角八分,救護委員會之伙食津貼,及汽油津貼,共計三千八百三十六元二角八分,此外各界熱心仕女,所捐助之慰勞用品,為數亦不少.

每日住院進院出院及收容所人數計算表

月	日	住院	進院	出院	收容所	住院日	平均住院	治療日
8	16	95	96	1		96	平均每日	平均每人
	17	134	44	5		139	住負傷者	住院治療
	18	167	34	1		168	一百八十	十六日零
	19	175	8	0		175	四人	六八之一日

月	日	住院	進院	出院	收容所	住院日	平均住院	治療日
8	20	188	15	2		190		
	21	197	10	1		198		
	22	198	2	1	16	199		
	23	201	3	0	0	201		
	24	174	0	27	0	201		
	25	176	5	3	0	179		
	26	177	5	4	63	181		
	27	179	6	4	0	183		
	28	178	1	2	0	180		
	29	172	1	7	22	179		
	30	162	21	31	0	193		
	31	165	3	0	201	165		
9	1	171	13	7	185	178		
	2	184	14	1	73	185		
	3	183	1	2	105	185		
	4	189	13	7	150	196		
	5	196	13	6	135	202		
	6	196	1	1	102	197		
	7	195	1	2	31	197		
	8	198	3	0	7	198		
	9	197	2	3	164	200		
	10	197	1	1	106	198		
	11	194	3	6	93	200		
	12	177	4	21	19	198		
	13	162	2	17	21	179		

月	日	住院	進院	出院	收容所	住院日	平均住院	治療日
9	14	164	4	2	63	166		
	15	178	14	0	104	178		
	16	182	5	1	36	183		
	17	196	19	5	232	201		
	18	196	6	6	101	202		
	19	179	10	27	104	206		
	20	194	21	6	134	200		
	21	106	15	103		209		
	22			106		106		
	38	6572	419	419	2267	6991	184	16.68

手術紀錄

手術分類／月份	頭面	眼耳鼻	胸背	開腹	四肢截除	血管結紮	縫合	骨折矯形	引流開口	擴創	彈片鉗取	環截包皮	共計
八月份	2	1	1	2	7	7	1	13	3	25	14	2	78
九月份	6	3	3	25	18	14	2	36	3	30	19	4	163
共計	8	4	4	27	25	21	3	49	6	55	33	6	241

經濟狀況

收入項

收中國實業銀行捐助藥品費國幣三千四百九十九元九角八分

收救護委員會津貼伙食費國幣三千八百三十六元二角八分

共收國幣七千三百三十六元二角六分正

支出項

(一) 薪資

醫生護士職員國幣四千一百五十五元四角正

院役　國幣九百零六元八角正

(二) 辦公費

印刷文具　國幣二百五十一元六角正

電話　國幣二百三十四元六角正

(三) 醫藥材料

手術材料　國幣二千八百四十七元八角九分正

藥品　國幣一千〇〇四元八角三分正

(四) 伙食

傷兵(住院及包紮所)國幣一千六百七十六元二角五分正

職員　國幣六百十二元五角正

院役　國幣七百八十七元五角正

(五) 消耗費

水電　國幣七百元正

運輸汽油　國幣二百六十二元七角八分

煤炭煤油　國幣二百六十元正

(六) 雜項

車力及工人酒資　國幣五十三元六角正

洗衣費　國幣三百四十七元五角一分正

郵電費　國幣五元正

修理及添置　國幣二百四十一元七角正

共支國幣一萬四千三百四十七元九角六分正

收付相抵結欠國幣七千零十一元七角,由上海中山醫院付訖.

工作人員名單

院　長　周誠滸

副院長　王霖生

醫務主任　任廷桂　應元岳

醫　　師　單惠泉　穆瑞芬　楊國亮

駐院醫師　孫慰庭　朱　淼　吳　曜　殷綬和　潘繼盛
俞松文　丁鍾秀　朱益棟　陳振民　何章岑
蓋寶璜　譚仲濤　張沅昌　陳又新

護士長　言潘景芝

護　　士　陳從貞　傅秀階　朱季安　王　蘊　詹月桂
唐　熹　黃景惠　牛韞山　張光華　佘鴻章
杜蕙蘭　張　淳　賀芳根　蔣　芸　過文瑚
廖玉潔　黃振羣　朱竹聲　陳玉如　文良珍
宋　琦　朱定金　過文玉　李錦瑜　劉德蕙
唐貴英　毛經緯　楊牧英　鄭清芝　魏幼玉
陳淑筠　許昌華　朱淑賢　段書蘭　朱慧卿
王淑英　李德儀　張秀雲　王靈君　留皖芹
羅長淳　袁智臣　酈佩恩　俞甘霓

助理員　陳煥均　戚慈林　俞志德　楊炳林　盧自仁
徐國光　顧長瑾　鄒福晉　郭錫榮

辦事員　李星耀（司賬）胡秀三（採辦）王慰曾（棧務）
王巨源（文牘）沈復生（登記）曹漢傑（登記）
李桂生（庶務）應耘耕（助理）黃明秀（助理）
龔仲清（助理）李元德（助理）錢金林（助理）
王惠卿（助理）徐才貴（助理）

技　　佐　章事三（藥劑）范彥士（藥劑）韓君偉（化驗）

中國紅十字會上海市救護委員會第七救護醫院報告

組織經過

本院原係中國紅十字會第三醫院，八一三事變卒起，本院秉承中國紅十字會上海市救護委員會之意旨,籌備改組爲第七救護醫院,覓得四川路一號物品交易所爲本院院址,一切人員,均係前第三醫院調用,故工作方面,頗爲聯絡,又得總會加派醫師來院助理,並有本市熱心同志,自動投効,分任各職,於十月間,因鑒於受傷平民之衆多,遂停止收容傷兵,本院乃告結束,恢復第三醫院,專門治療平民,以應環境之需要.

統計報告

本院自八月十五日開辦日起,至十月十七日結束日止,共收傷兵三百七十一名,總計治愈出院及轉至他院者三百四十九名,傷重死亡者二十二名,死亡遺體均由普善山莊殮埋之.

施行手術統計表

部位與種類	次數
頭面部	21 次
眼耳鼻部	9 次
胸背部	17 次
開腹術	5 次
四肢截除術	7 次
血管結紮術	42 次
縫合術	27 次
矯形骨折術	16 次
開口引流術	56 次
擴創術	65 次
鉗取彈片	106 次
共計	371 次

經濟報告

摘要	數額	摘要	數額
上海市救護委員會	5,899.15	購置	2,405.45
捐款	3,581.75	修繕	545.90
捐助物品變價	1,120.00	藥品	614.70
		伙食	3,957.16
		文具	67.94
		消耗	810.77
		印刷	40.48
		郵電	109.12
		運輸	266.41
		津貼	807.30
		鳴謝廣告	47.70
		雜項	598.24
		房租	55.00
		轉繳紅會第三醫院	274.73
共計	10,600.90		10,600.90

工作人員名單

名譽院長　王一亭　聞蘭亭　龐京周　王培元

院　　長　呂守白

副院長　張箴言

醫務主任　王啓祥　王顯華

主任醫師　龔錫之　高擎宇　陳賢志　張頌卿　周生賚

醫　　師　靳緯曾　耿國祥　史志奮　陸洪元

助理醫師　楊郇保　于寶鋆　吳子煥　董志傑　袁紹榮

護士長 姚蓮寶 王正卿
護　士 楊淑明等四十三名（從略）
藥劑師 章然白
藥劑生 朱元慶
事務主任 李修章
會　計 周根鏞 王念慈
文　書 潘時敏 邵鈺
登　記 傅志聰 許文俊
庶　務 程楨祥 嚴志高 潘國榮 魏有孚 孫富貴
龔良 魏金耀
材　料 朱亦鳴 何賡生

中國紅十字會上海市救護委員會第八救護醫院報告

組織經過

本院由友聲旅行團秉承中國紅十字會上海市救護委員會之意旨,組織成立,定名爲中國紅十字會上海市救護委員會第八救護醫院,於二十六年八月十六日開辦.總計前後收治傷兵傷民共一〇七二人,後以戰事西移,傷兵日少,本院奉命辦理結束,除治愈者逐漸送往後方外,尙有未愈傷兵,悉數轉至他院繼續治療,本院乃於二十七年一月三十一日結束,茲將統計表格,職員名單,刊列於后:

傷兵進院人數表

月份	傷官	傷兵	傷民	合計
8	25	197	21	243
9	17	174	8	199
10	38	434	25	497
11	24	82	26	132
12		1		1
總計	104	888	80	1072

傷兵出院人數表

月份	轉至他院	轉至後方	死亡人數	合計
8	103	39	4	146
9	75	55	8	138
10	31	95	12	138
11	11	75	32	118
12	5	198	49	252
27年.1	125	151	4	280
總計	350	613	109	1072

手術統計表

部位	頭部	眼部	胸部	背部	腹部	左上肢	右上肢	左下肢	右下肢	其他	合計
次數	20	5	25	16	54	97	75	103	98	5	498

經費收支概況表

收入類		
團員捐款	27,024.44	
伙食津貼	14,615.50	
友聲捐款	1,850.47	
雜項收入	106.27	
利息收入	6.58	
支出類		
醫藥用具		5,191.61
普通用具		3,246.15
藥品		2,303.51
傷兵膳食		11 709.15
傷兵衣服		557.06
傷兵理髮		87.75

傷兵郵票		36.10
職工膳食		4,652.33
煤　柴		1,887.64
津　貼		3,236.98
水電,電話		2,080.38
紀念章,出入章		598.00
醫師護士紀念品		683.25
房　金		860.00
布　疋		665.35
木　料		814.08
房屋裝修		912.61
洗　衣		1,015.75
汽　油		487.24
活動影片,照片		551.38
運　輸		144.31
汽車修理		145.60
印刷文具		736.44
廣　告		170.57
雜　用		830.02
合　計	43,603.26	43,603.26

職員名單

院長	顧耕梅	方嘉成	吳士儉	
醫務主任	高恩養	俞達夫		
主任醫師	陳泰謙	劉東興	吳慧珍	劉永年
特約醫師	張福星	鍾品竹	嚴大之	
內科醫師	陳景煦	孫星若		

主治醫師　林正良　王冀恢　何智仁　孫則仁
駐院醫師　倪昌祁　史志奮　咎祖輝　陸頌亞
藥劑師　韓光晟　王才賡　倪滌凡
X光綫　楊士英
護士長　伍哲英等十四人
護士　胡釆娟等四十七人
總管理　劉玉麟
管理　王君恆　俞家棟　范春水　章桂馨　李開雲　劉士勤
稽核　顧慶棠
統計　管一鳴　顧慶祥　陳渭蓀
儲藏　吳浩源
保管　王銀福　談振國　榮葭生　孫金志
運輸　陳思德

附註　一,頭部手術包括口臉在內. 二,眼部手術均係單眼眼球摘出. 三,腹部手術內有腎臟摘出三名,脾臟切除一名,大網膜切除二名,膀胱縫合三名,其餘均爲胃腸手術. 四,左上肢殘廢九名,右上肢殘廢十三名,左下肢殘廢十九名,右下肢殘廢十五名.

中國紅十字會上海市救護委員會第十一救護醫院報告

籌備經過

本院由南京路商界聯合會及上海機製國貨工廠聯合舉辦,院址原設於大華路維也納舞廳,後以特區當局限制傷兵入境,乃告結束,自全面抗戰發動之後,物色富有經驗之醫師,確非易事,經許冠羣先生向中國紅十字會上海市救護委員會數度接洽,非惟醫師由該會指派,而器械藥品,亦由該會供給,至於院址,亦經黃延芳先生設法,始借得陳占熊先生所經營之維也納舞廳,各項進行,尙稱順利.

組織系統

本院組織,係遵照紅十字會救護委員會之章則,並參酌本院實際情形而定.本院另設院務委員會.由委員六十五人組織之,並互推常務委員七人,組織常務委員會,在委員會之下,設院長副院長各一人,下分醫務事務兩大部,各設主任一人,醫務方面,除藥師護士及服務員外,醫師計分五組,每組有主任醫師,事務方面,因工作繁雜,故分科較多,每科有一科主任,至於本院工作人員,連工役在內,完全係義務職,此種熱忱,頗堪告慰.

收治統計

本院於二十六年八月二十二日,開始收容傷兵及傷民,至九月二十八日辦理結束,計閱三十八天,但以環境關係,本院奉命結束,故事實上已於九月二十二日停止收容,茲列表如下:

進院兵民統計表

日期	傷兵	傷民	合計
8月22日	54	16	70
23	63	14	77
24	45	2	47
25	1		1
26	10		10
27	9		9
29	13	2	13
30	11	2	13
31			2
9月 1日	31		31
3	2		2
4	36		36

日　期	傷　兵	傷　民	合　計
5	30	3	33
6	8		8
7	1		1
8	5		5
9	17		17
10	15	1	16
11	24		24
13	12		12
14	18		18
15	6		6
16	1		1
17	18		18
21	6		6
總　計	436	40	476

傷兵出院,可分兩種,一種傷勢減輕,轉送內地醫院療養,一種完全痊愈,分別歸隊.至於傷民,則由家屬或親友領回,以上出院手續,均經通知救護委員會辦理,玆列表如下:

出院及死亡統計表

日　期	出　院		死　亡		合　計
	民	兵	兵	民	
8月23日			1		3
24		1	3	1	3
25	2	6			8
26	1	5			6
27	3	2			5
28	2	1			3
29	1	2			3

日期	出院		死亡		合計
	民	兵	兵	民	
30	1	14		1	16
31	6		1		7
9月 1日	11		1		12
2			1		1
4	39		1		40
5	34	1			35
6			2		2
7	1		1		2
9	48				48
11	16				16
12	6	1	2		9
13	26		1		27
14			2		2
15			1		1
16	17				17
18			1		1
19	25				25
21	1		1		2
22	35		2		37
24	40				50
25	100	4			104
26		1			1
總計	415	38	21	2	476

職員名單

院長	湯蠡舟				
副院長	顧南羣	程守中			
醫務主任	陳价人				
事務主任	程守中				
特約醫師	徐逸民	江上峯	高恩養	王以敬	鍾品竹
	張福星	余建東	胡立德	陳琦	陳邦興
	阮尙丞	邵爾瞻	葉信誠	殷木強	卞鶴千
	吳慧珍	陳醒箴			
駐院醫師	王冀恢	龔繼長	瞿傳玳	羅少一	陳錫康
	洪掄元	楊亘源	李情超	朱永奎	田紹堯
	顧承尼	邵公鼎	尤錫晉	顧守昌	李琼思
	傅文祥	盧志廣	俞達夫	劉東興	陳泰謙
	嚴大之	馮承和	何懋昌	朱煒	
助理醫師	蔡鳳祥	瞿世彬	羅友啓	陳肇釗	蕭清霖
藥劑師	董振舜	葉家尊	陳兆玉		
藥劑生	陳吉成	吳粱鳴			
護士長	焦在眞	于淑仙	薛志芳	薛娜多	
畢業護士	十四人				
護士	二十四人				
服務員	三十七人				
總務科主任	王志聖				
職員	倪大恩	沈長賡	李如璋	朱曙生	王印章
	薛仁漢	吳春泉	周錫福	費子裕	馮詢臣
	胡超	韋鎮興			
人事科主任	顧錫元				
職員	顧嵩喬	丁志堯			

登記科主任	章亦敏				
職員	談慕道	劉履石	袁愼安	柳文輝	張文達
	陳更生	陶忠澄	錢漢榮	姚熊山	陶忠瀛
	汪德蓀				
文書科主任	祖望孚				
職員	張夢周				
會計科主任	樂輔成				
職員	楊賡深	張秉鈞	鄒其祥	殷恭益	陶松濮
	成慶云				
審核科主任	都秉壽				
衞生科主任	水渭臣				
職員	陳學向	傅祿庭			
交通科主任	莊智鶴				
職員	毛澤民				
糾察科主任	蔣觀華				
職員	沈培孫	金楚雄	姚性存		

附註：經費報告從缺

中國紅十字會上海市救護委員會第十二救護醫院報告

籌備經過

八一三滬戰發生,民立療養院院長高濟民先生鑒於救護工作之急切需要,爰經邀集陸大公,夏仲民先生等磋商,僉認此項救護工作實屬刻不容緩,旋乃商請蔡福棠先生趙啓華醫師等共同參加,開始籌備,着手尋覓院址,聘請醫師護士,旋借得慕爾鳴路光夏中學爲院址,醫務方面由高,趙,二醫師負責物色人才,經三日之奔波,諸事均已妥就,推定高濟民先生爲院長,趙啓華先生爲醫務主任,於八月廿五日正式成立.

醫務報告

本院自八月二十五日開辦日起,至十一月二十七日結束止,歷三閱月,共收治住院傷兵民三百九十八人(內官兵三百八十四人,傷民十四人),門診傷民一百三十八號.

住院官兵三百八十四人中計治愈轉送前方歸隊者三十九人,將愈轉送後方休養者二百三十八人,結束時轉送他院者八十五人,傷重死亡者二十二人,關於受傷部位及傷類列表如下:

傷兵受傷部位及傷類統計表

傷類	槍傷	炸傷	複雜	刺刀	其他	總數
頭面	10	18	1			29
頸	8	3				11
胸背	9	8	3			20
上肢	67	20	3			90
腹腰	14	14	4			32
下肢	86	59	5			150
複雜	12	30		2	22	66
不明						
共計	206	152	16	2	22	398

施行手術統計表

種類	八月份	九月份	十月份	十一月份	總數
頭面部手術	1	1	3		5
眼耳鼻喉手術			2	1	3
胸背部手術		3	8	5	16
開腹手術		1			1
四肢截除手術		5	16	4	25
血管結紮手術			1		1
鉗取子彈手術	7	4	3	4	18
縫合手術	3	10	2	1	16
矯形				1	1
其他	4	11	5	12	32
共計	15	35	40	28	118

經濟概況

本院自開辦日起至結束時止,共收入捐款計國幣壹萬八千三百九十八元二角五分,除一切支出外(詳經濟收支報告表),尚餘國幣壹千五百三十四元六角二分,由院長及會計主任點繳總會今將經濟收支列表如下:

經濟收支報告表

摘要	數額		摘要	數額	
收入捐款	18,398	25	醫藥	3,514	14
			購置	1,405	05
			伙食	3,858	51
			印刷	558	25
			津貼	3,016	06
			雜支	3,051	62
			房金	600	00
			賠償	860	00
			結餘	1,534	62
共計	18,398	25	共計	18,398	25

捐助及經募人姓名金額列下

俞靜波先生捐助	國幣一千八百元
經募	二百元
邵文楣先生經募	二千八百四十五元
唐贊之先生經募	一千八百元
高濟民先生經募	一千〇四十三元四角五分
趙啓華先生捐助	五百元

趙啓華先生經募	四百五十八元
江葆初先生經募	一千一百五十五元
趙文欽先生經募	一千〇六十七元六角
李晉卿先生經募	三百元
陸大公先生經募	二百五十元
郭文鉦先生經募	六十四元
蔡鈞徒先生經募	一百〇五元二角
司道平先生經募	五十元
蔡福棠先生經募	四千三百八十元
楊管北先生經募	三百元
王介壽先生捐助	八十元
王介壽先生經募	七百五十八元
陸贊君先生經募	二十四元
葛寶華先生經募	一千元
徐文泂先生等捐助	二百十八元

賠償部分: 本院開辦時曾向清心女子中學所借之鉄床至結束時全部捐送總會另賠償清心中學該項鉄床作價八百元正.

又向忻明記借洋松壹千六百八十尺消耗八百尺計折價賠償六十元正.

醫藥材料: 本院於結束時,所有醫療器械及剩餘藥品全數,由醫務組造單點繳總會.

工作人員名單

院　長 高濟民

醫務主任 趙啓華

特約醫師 孔錫彭　李梅齡　汪寶箴　陳一龍　沈雲扉　沈伯參　嚴大之　唐瑞榮

駐院醫師	陳少華　曾立勝　褚文輝
助理醫師	施良犢　趙　霖　錢萬象　周爲德　周福民
藥劑師	蔣富德　畢承祥
護士長	王梅侶　張英順
護士	翁文英等二十五人
義務護士	孫曼珍等三十八人
總務主任	司道平
庶務主任	葛寶華
管理主任	王介壽
登記主任	周莘耕　陳永勤
糾察兼警衛主任	吳　剛
文書	張已任　王存豪　李文庸
會計	楊芷馨　席時興　江永侯
庶務	孫　濱　甘豫銘　卲全榮　陳周堂
管理	奚軼吾　姜節安　梅正德　蔡山麟　陳志賢
	薛永霞　蔡　俊　莊謙浩　應祖根　席興鎬
	席興錩　康詩吉　袁倫禮
糾察	沈恢豐
警衛	徐炳海等十四人

中國紅十字會上海市救護委員會第十三救護醫院報告

同濟畢業同學周世選等,目擊我衛國健兒浴血抗戰,慨然以救護爲己任,卽於八月中旬,動議創設救護醫院,期盡國民天職,議成,乃分頭籌募經費.於八月廿四日,向吳瑞元慈藏居士,楊叔鼎先生等,募得國幣三萬元,由蔣益生,金問淇,阮尙亟,曾耀仲,沈樹寶諸醫師,協力籌備設計佈置並借定新閘路赫德路培明女子中學爲院址,於八月廿六日開始收容傷兵,除組織董事會外,並推定同濟校長翁之龍爲院長,祕書蔣益生爲副院長,翁院長爲校務及其他公務關係,未能常駐辦公,一切院務,概由副院長蔣益生全權辦理,金問淇醫師爲醫務長,曾耀仲阮尙丞二醫師分任內外科主任,九月上旬因院址發生問題,乃遷至海格路大滬花園,此處前曾充作難民收容所,水電俱無,而房屋園亭,污穢不堪,整理淸除,煞費工夫,房屋又不敷應用,乃搭蓋蘆蓆棚,以濟急需,是時前方戰事方酣,致滬上各醫院,均感無法容納,故蘆蓆棚蓋造甫竣,傷兵傷民接踵而來,一日間達七十餘人之多,常感不敷容納,乃再行搭蓋蘆蓆棚一座,四日內卽告完工,而是時適當本市淪陷之前夕,留居滬西南市之傷兵,全數移入租界,本院亦收容八十餘人,是時亦爲本院收容傷兵之最高額,計達二百五十餘名,以後傷兵次第痊愈,陸續送往後方,本院救護工作,乃暫告段落.

設備及統計

醫務設備:計有X光室一,手術室一,消毒室一,配藥室一,攝影室一,化驗室一,重病室一,普通病室八,牀位曾擴充至二百五十張,前後共計收治傷兵五百八十七人,傷民二十四人,計受鎗傷子者彈貫通者二四七人,盲管五一人,擦傷者九四人,刺刀傷一人,擊傷一人,炸傷者二一七人,受傷部份,上肢最多,共一〇四人,下肢次之,胸部受傷者,計十三人,腹部受傷者五人,其餘傷兵,因前綫戰事緊張,運輸困難,轉輾運送,爲時頗久,致傷口化膿者,居半數以上,死亡傷兵民計五三人,占總數百份之八強,玆附表如下:

收治傷兵傷民總數及死亡統計表

類別	總收	死亡	百分率
傷兵	587	51	08
傷民	24	2	08
合計	611	53	08

施行手術統計表

種　類	八月份	九月份	十月份	十一月份	十二月份	一月份	合　計
頭頸面	4	12	3	2	3	1	25
眼耳鼻喉	4	8	9	5	2		28
胸　背	3	5	8	9			25
開　腹		1	2	2			5
四　肢		1	19	12	31	3	66
血　管	8	6	10	9			33
鉗取子彈	14	25	36	18			93
縫　合	4	8	12	9			33
接　骨					1		1
臀　部					2		2
總　計	37	66	99	66	39	4	311

經濟狀況

本院經費,於創辦時,除收國幣三萬元外,更由各方熱心人士,陸續捐款共計國幣一千四百九十元,惟開支浩繁,入不敷出,乃由吳瑞元先生撥資國幣二千元,作爲收買本院所有一切器械,另將器械,悉捐慈善性質之平民醫院,藉資嘉惠平民,在五個月中,共收存款利息國幣壹百五十七元五角五分,並將所搭蘆棚兩座,折價出售,又得國幣四百二十五元,故綜計收入國幣三萬四千〇七十二元五角五分,支出除每月各項開支,合計國幣三萬零九百九十九元七角五分,(另附細表)購置器具,共計國幣三千〇五十四元三角,合計支項共國幣三萬四千〇五十四元〇五分,收支相抵,尚餘國幣十八元五角正,詳數列下:

份	八月廿六 九月三十	十月份	十一月份	十二月份	廿七年一月	累計
[illegible]工	400.18	1,073.61	1,112.05	821.22	1,191.77	4,598.83
膳費	2,152.19	1,855.54	2,601.09	1,935.64	688.1[illegible]	9,232.61
醫藥費	3,878.59	3,930.18	1,690.77	150.18	694.80	10,344.52
燈炭水費	204.25	256.49	310.61	107.42	337.06	1,215.83
運送力	317.77	388.49	214.24	222.08	132.83	1,275.41
郵電費	28.99	58.77	36.31	58	25.00	149.65
印刷費	53.48	50.60	1.00	5.00	——	110.08
文具費	170.05	41.95	17.85	2.13	2.24	234.22
修繕費	94.08	200.96	66.79	1,859.21	324.50	2,545.54
雜費	476.31	319.30	392.06	76.72	28.67	1,293.06
合計	7,775.89	8,175.89	6,442.77	5,180.18	3,425.0[illegible]	30,999.75

職員名單

院長	翁之龍				
副院長	蔣鎰生				
總務長	周世選				
副總務長	金孚戡				
文書股主任	曹叔英				
文書股股員	嚴信誠	沈協和	蔣叔槃		
會計股主任	任元字				
會計股股員	陳安鎮	徐錚如	周鼎彝		
人事股主任	施志千				
人事股股員	許延衲	周希程	龐　定	曹啓斌	
事務股主任	錢章材				
事務股股員	周　禹	耿震凱	陳延平		
衛生股主任	陳延華				
醫務長	金問淇				
外科主任	阮尙丞	張致果			
內科主任	曾耀仲				
特約醫師	沈樹寶	傅壯民	孫克錦	孫長孺	謝家樹
	駱思謹	戴天放			
駐院醫師	邱振林	薛文泳	張在靑	賈觀菁	郭奮英
	陳延華	梁雄萬	錢章材	金孚戡	周世選
	周賽月	敖毓秀	陳寅谷	朱虎蔚	朱爾梅
	吳振家	唐坤元	裘炳元		
護士長	陳延華				
護士	唐慶鐳	黃景昭	胡素君	汪靜穉	沈慧英
	邱守忠	鄺羣賢	鄺羣愛	沈修韻	嚴　芳

王金寶	包士元	朱瑾貞	陳冰如	宋捷林
經玉茵	謝麗華	蔡稚雪	黃景星	黃景明
張智傑	劉鳳鳴	王師珍	張夢羽	經惠茵
任玉珍	韋瑞貞	錢瑞霖	劇文治	汪曼傑
唐慶泓	吳鳳英	徐蘊倩	陸福成	阮署光
宋文楷	公孫冰如	潘泳薇	孫　銘	孫　傑
王若希	曹玉卿	費文錦	羅景清	錢娟娟
花榮珍	吳梅瓊	耿守眞	潘世堅	楊肇川
蔣怡美	顧雪莉	黃峻峯	蔣久森	吳隆棣
朱培華	高景芝	徐一鵬	周惠芬	戴文志

中國紅十字會上海市救護委員會第十四救護醫院報告

組織與經濟

本院由中華婦女互助會主辦,院址係假福煦路中德醫院內之一部份.經濟情形,其中少數部份,係由各界捐助而來,其餘由院長楊田淑君私人負責籌措.計自開辦至結束,雖爲期僅兩月有半,費用支出總數,亦達壹萬餘元,除由互助會經募壹千七百八十七元五角三分,及醫院經募三千八百〇五元四角外,其餘七千三百十四元三角二分,悉由院長私人籌付,共計支出壹萬二千九百〇七元二角五分,此本院成立及經濟收支大概情形也.

收容人數

本院共設床位一百張,自九月六日籌備就緒後,七日卽開始收容傷兵,至十一月二十日止,計共收容傷兵三百二十八,其中完全治愈者十四人,將愈轉送後方者一百九十三人,轉送本市各醫院者八十四人,傷重不治而死者二十九人.

院務概況

傷兵入院,每於深夜,院中工作人員,均輪班值夜,傷兵自救護車上移下後,即由醫師診療傷勢,作初步治療,一面由登記股將姓名等登記入册,所有銀錢,交會計課保管,其他重要物件,交總務主任保管.

傷兵轉送後方療養者,以能行走爲原則,未能達到步履程度者,均不予轉送.出院時除發給出院證外,院中並給棉衣褲鞋襪日用品及食物等以作慰勞.其原有銀錢衣服等件,亦同時發還.

傷兵如有死亡,即電知普善山莊,派人前來殮理,所有遺存銀錢衣服等,悉數交由總會辦理,連長以上長官,則通知總會來院收殮.

本院以環境關係,不得不奉命結束,最後留院不能步行之傷兵五十八人,已於十一月二十日悉數轉送他院,繼續醫治,留存物件,如絨毯棉被等物,亦均移交總會.

中國紅十字會上海市救護委員會第十七救護醫院報告

組職經過

二十六年九月上旬,淞滬之間抗戰正烈,前敵軍民,創傷甚多.各救護醫院均有人滿之患.傷兵之運抵後方者,呻吟待治,爲狀至慘.同人等受良心之驅使,相與集議,創設救護醫院一所以盡扶傷救危之責,於是一方認募款項,一方籌備院址.既而覓得古拔路蒲石路口七四四號之房屋一所,雖室宇不多,而場地甚廣,且略有竹木,空氣淸新,宜於療養,因商諸屋主業廣公司,承其慨然相假,不收租金.院址既得,經費亦略有把握.乃召集同人會議,推舉院董十八人,院長一人,副院長一人,負責辦理.議定設病榻四百張,就原有樓房,先行布置;另在空地築棚,建立病室五所,辦公室三所,起居室三所.自九月二十日起,開始收容.其時戰事方烈,傷兵擁至,病榻不敷,又添設臨時病房,以圖儘量收容,最多時期,收容達四百五十餘人.至十一月間,滬郊淪胥,交通阻塞,傷兵不能來院.其他醫院,次第結束,而本院則以所收病人,重傷居多,處理匪易,他院之創重未愈者,又歸併本院,故本院一時未能結束,至二十六年終,尚存病人一百餘名,大多斷腿折臂,已成殘廢,會中國紅十字會上海國際委員會,有籌設殘廢醫院之議,苦無適宜之院址,以本院設備尚稱完善,故就本院原址,由該會接辦殘廢醫院,經院董會議决,同屬救護事業,自當接受.並商得屋主同意,於二十七年二月一日起,本院移交國際紅十字會殘廢醫院,所有本院自建蓬屋,及裝修,傢具,醫藥,器械,以至一切賸餘物品,統由該院點收,而本院所有未愈病人九十六名,則由該院繼續負責治療,本院乃告結束.

經濟收支報告

收	入	支	出
捐款	68,168.26	藥械	16,448.16
利息	341.87	膳食	17,627.26
		器具裝修	14,217.94
		薪津	5,863.51
		水電	2,204.91
		服裝	4 365.91
		清潔	2,055.69
		運輸	1,909.84
		什費	2,454.30
		文具印刷	592.53
		現存院董會	770.08
共計	68,510.13		68,510.13

捐款經募人姓名及經募數額

竺梅先先生	30,178.99
陳壽芝先生	4,400.00
金潤庠先生	8,350.00
何紹庭先生	6,020.00
黃延芳先生	200.00
張繼先先生	1,500.00
周晢裔先生	650.00
陳元福先生	4,370.00
王芹蓀先生	1,755.00
陳慶兆先生	3,500.00
鄭筱舟先生	815.00
陳貴生先生	3,205.00
陳冠嶂先生	1,839.00
宋文傑先生	869.47
顧華元先生	190.00
來院捐助	325,80
共計	68,168.26

收容傷兵人數

共計住院醫治者	九百二十三人
治愈出院者	六百三十四人
轉往他院者	一百四十四人
死亡者	一百四十五人

手術報告表

手術名稱	次數	手術名稱	次數
顱骨截除術	1	肝臟修補術	2
眼球摘取術	1	脾臟摘取術	1
眼瞼修補術	4	小腸縫接術	13
高位氣管切開術	2	大腸縫接術	2
下頜正形術	18	膀胱修補術	1
下頜裝置	11	輸尿管修補術	2
假齒裝置	11	睾丸摘取術	3
頸靜脈瘤截除術	2	腎囊修補術	7
脊骨截除術	8	植皮術	3
肺部分修補術	4	植骨術	2
人工氣胸術	1	自血輸血術	2
胸膿抽取術	5	髖關節截斷術	2
胃遊瘻術	1	肩關節截斷術	3
髕骨縫合術	1	足指截斷術	15
指關節截斷術	19	子彈片摘出術	493
上膊截斷術	5	趾關節截斷術	15
小臂截斷術	13	接骨術	271
大腿截斷術	14	死骨摘出術	957
小腿截斷術	2	各種止血術	19
手指截斷術	36	膿瘍切開術	69

職員名單

院　長　竺梅先

副院長　陳壽芝

祕書主任	周曹裔				
祕書處	竺徐錦華	周逸賢	徐旡生	魏元生	竺培元
	洪中道	鄭昌梧	鄭華元	陳祥林	翁熊翔
	湯銘磐	聶光瑤	陳愛雪	陳維堯	
醫務主任	虞心炎				
醫師	陳家馭	湯書年	謝其綱	陳中肯	周吉甫
	林洞省	陳冠嶂	蔡威	戴豐懷	朱保良
	葉樹棠	陳志方	嚴大之	鄭展如	夏芝珊
	楊文蔚	顧守昌	何楙昌	方子勤	沈懿
	朱決向	鍾志和	孫夏民	黃炳基	戴述古
	盛清誠	陳繼堯	顧溥泉	顧遂良	陳達明
	李文冰	鄒嶺文	馬弼德	馮北和	張錫麟
	陳任	趙子謙	王藹頌	張慶鶴	丁達中
	陸崇善				
外籍醫師	馬脫	文達壽	勳福德	伊馬地	皮亞彩
	藍壽				
助理醫師	顧連元	馮承和	蔡仲寰	馬永漢	宋哲明
藥劑師	蕭沛等八人				
護士長	趙性芳	錢淑貞	劉巳立	陸振亞	
護士	陸蓮君等七十八人				
總務主任	金則恆				
總務	柳永昌	康有德	葛嗣駿	張乾銘	張乾恆
	蔡懷卿	張春芳	張玉培	周康銚	康阮
	袁德豐	嚴也華	王子範	蘇三如	楊連水
	嚴劍雄	浦茂清	孫世雄	何信翔	陳居品
會計	張乾齋	張洪祁	王洵芬	嚴祖賡	

中國紅十字會上海市救護委員會第二十救護醫院報告

開辦日期：本院原爲私立平民療養院,自八一三滬戰發生,卽於二十六年八月十五日改組成立第二十救護醫院.

結束日期：嗣以戰事西移,傷兵日少,本院卽於同年十二月十日,奉命辦理結束.

醫療設備：療病室二十餘間,化驗室,重病室,以及內外各科醫療器具,尙稱完備,如最新式愛克司光機,及各種電療機,亦均置備.

經濟狀況：自開始收容傷兵兩閱月內,經濟由上海華商證券交易所及本院院長担任,於十月十二日,曾一度結束之後,本院獨力維持收容傷兵(報銷清單從缺).

慰勞品：機關及個人均有,惟已不可攷.

進院人數：計二百三十二人.

出院人數：送後方者一百六十三人,轉院者六十二人,死亡七人.

職員名單

院長 楊鍾甫

醫務兼內科主任 楊錫棟

外科主任 施誠

醫師 方一鵬 陳煜炎 孫旭生

助醫 楊安甫 徐金甫 王培榮 吳芝甫 顧鏡清

護士長 王慧珍 王琦 楊秀珍

護士 黃愛珍 崔婉仙 嚴寶梅 白薇 周玉琳 周素英 黃琪 歐陽薇 楊雅嫻 李惠寶 施愛珍 閔術德 閔蕙蘭 吳易 郁韻春 陳詠釆

秘書　林孟鳴

總務　王金銘　劉中孚

庶務　謝桐侯　俞引達　朱元鑫

交際　魏恩琦　張保鼎

中國紅十字會上海市救護委員會第二十三救護醫院報告

籌備經過

二十六年九月十二日,中國紅十字會上海市救護委員會幹部會議議決,設立第二十三救護醫院,推朱恆璧醫師爲院長,並指定漢口路一三一號四行大廈爲院址. 當卽邀請張伯鈞,吳興業二醫師爲副院長,任廷桂醫師爲醫務主任,負責籌備. 並卽日掃除房屋,添建廚房,佈置病室,手術室,及消毒室,募集用品,羅致醫務及事務人員. 至十五日,全院各項佈置,差告就緒,十六日開始收容傷兵,此籌備本院之大概情形也.

設備概況

本院規模較宏,設備亦求周全. 院屋有樓房六層. 除底層設置警衞,收發,材料,廚房四處,六層爲職工宿舍外,餘二,三,四,五,四層,全作醫療病室,及辦公室之用. 計設病房二十一間,病床五百四十架,手術檯二架,消毒器全付,愛克司光機一具,化驗室,藥劑室,材料庫各一間,水灶二具,廚房一所,重病房二間,停屍室一間,木匠間一間,理髮室一間,其餘各種辦公室,及醫師護士宿舍十餘間. 應用醫療儀器,一應俱備. 並由中華基督教青年會戰時服務團,在五樓另闢傷兵俱樂部,配備各種書報,雜誌,象棋,戰鬥棋,乒乓球,留聲機,及一切娛樂物品,以供傷兵消遣.

收治人數

本院自去年九月十六日起,至本年二月二十一日止,總共收治負傷官兵一千四百二十五員名．內有一百二十八名因傷勢沉重,不及救治,以致死亡,先後由同仁輔元堂,及普善山莊分別棺殮收埋,一名自行出院外;其餘一千一百五十四名,或經治愈,由各該師直屬長官管領歸隊;或已將愈,經遣送後方休養;最後一百四十二名,則因本院奉命結束,分送第三及第五等救護醫院,繼續調治.

手術紀錄

本院收治負傷官兵,以重傷爲多,故手術次數,亦較繁雜．自開辦日起,至結束日止,共施大小手術九百五十六次．茲將所施手術列表如下:

日期 類別	廿六年九月	十月	十一月	十二月	廿七年一月	二月	共計
頭面部	3	9	2	2	2	1	19
眼耳鼻喉部		3	2	1			6
胸背部	7	20	16	10	4	3	60
開腹術	7	19	7	2	2	2	39
四肢截除術 上	7	5	2				14
四肢截除術 下	8	6	17	2			33
血管結紮術	6	19	16	7	5		53
鉗子取彈術	17	43	26	5	5		96
縫合術	3	2	3	1	2		11
矯形術 折	4	37	28	7	2		78
矯形術 矯		1					1
引流術		11	2				13
其他手術 上肢	20	32	29	5	26	3	115
其他手術 下肢	39	102	148	35	65	29	418
共計	121	309	298	77	113	38	956

經濟報告

本院經費,概由上海市救護委員會單獨撥給;惟地方團體及個人,間有直接捐助本院者,本院亦予收受．茲將本院開辦費及五越月來之經常費用,分類列表於次:

收入項

(一)上海市救護委員會　國幣四萬一千元正

(二)捐款 國幣八百二十九元三角七分
(三)其他 國幣三百二十六元三角六分

支出項

(一)開辦費 國幣一千六百三十七元二角五分
(二)薪工
醫師護士職員薪金 國幣五千四百三十元零六角一分
院役工資 國幣二千一百九十七元五角二分
(三)辦公費
印刷文具 國幣一百三十二元一角
電話 國幣二百十八元五角二分
郵電 國幣三十七元三角八分
(四)醫療藥械
手術儀器 國幣八十八元二角八分
X光材料 國幣一百零二元三角八分
病房用具 國幣一千五百九十七元四角
藥品 國幣三百八十元〇〇八分
(五)伙食費 國幣二萬二千六百十元〇九角九分
(六)消耗
水電 國幣二千七百六十元七角正
煤炭火油 國幣一千一百二十五元五角七分
川資車力 國幣六百六十六元三角二分七分
(七)雜項
被服 國幣八百五十四元一角八分
洗衣 國幣一千零五十一元四角九分
添置及裝修 國幣五百九十七元九角
其他 國幣三百十二元八角

共收國幣四萬二千一百五十五元七角三分

共付國幣四萬一千八百零一元四角七分

收付結餘國幣三百五十四元二角六分正,繳送上海市救護委員會核銷.

慰勞情形

本院收受各界慰勞物品,計分用品食品及現金數項.慰勞品送至本院時,概由本院派員會同上海市慰勞委員會慰問傷兵組駐院專員陪同慰勞人(或慰勞團體代表)赴各病室親自發給.其慰勞日期,慰勞人姓名(或團體名稱),物品名稱及物品數量,另表列陳,茲姑不贅.

職員名單

院長	朱恆璧			
副院長	張鋆	吳興業	王霖生	
醫務主任	任廷桂			
副醫務主任	單惠泉	穆瑞芬		
駐院主任醫師	李鴻儒	邵幼善		
醫師	吳曬	陳又新	朱益棟	林衛光
	盧鴻典	朱焱	方侃	顧愷時
	葉馥蓀	陳振民	劉惠霖	傅藻芹
	余志華	李崧	譚仲濤	周文举
	李杭仙	L.V.Villaflor	徐德音	Bilfinger
	楊景庭	何章岑	俞松文	崔祥瓌
愛克司光醫師	蘇言眞			
化驗師	楊叔雅			
化驗員	王人傑	朱持平		
藥劑師	金鶖			

藥劑生	何介青	張家振		
總護士長	周家儀	喻一壽(前任)		
護士長	楊牧英	廖玉潔	袁智臣	朱季安
	蔣　芸	劉德蕙		
護士	楊誠旭	方昭容	李錦瑜	俞守閑
	朱慧卿	金榮生	李德儀	過文瑚
	李金蘭	丁允蘭	黃韻秋	朱淑貞
	蔣鳳華	郭湘娥	鄒宇清	俞甘霓
	朱竹馨	陳淑筠	俞彼息	李鵑影
	黃品金	高儀珍	顧慧珠	戴彩息
	黃麗若	陳鍾英	陳玉如	宋　琦
	詹月桂	傅秀階	黃振羣	朱定金
	留畹芹			
護生	朱曼珍	陳定珍	王俊英	黃韻芳
	陳明英	徐玉芝		
助理員	王守珍	許智龍	劉海山	盧自仁
	羅幗英	唐雪琴	鄭桂英	王麗明
	王菊珍	毛望愛	唐　茜	唐　蒜
	王林弟	顧文祺	張永祥	高樹仁
	傅民生	戚龍生	張惠英	馬樹芸
	文鳳章	王希理	王　靜	陶坤權
	汪慧娟	鄒雪琴	張秀英	周　禮
	江　豐	王雪琴	高士珍	陳松樵
	張霞明	羅靜娟	湯霞仙	徐佩文
	吳　霞	喻桂珍	馬蘊珠	譚營生
	李阿鳳	任秀英	談秀英	王浩良

	孫惠芳	周潔芳	孔湘桂	洪素珍
	王廣敏			
總務主任	黃欽文			
事務員	陳泮江			
文牘員	張壬			
書記	黃欽元			
計員	李星耀	盛澤斌		
庶務員	顧亭亞	莊彤霞		
訓導員	鄭蘭華	史伊凡		
收發員	黃江聲	盛楚材	李亮	右栻
材料庫管理員	王巨源	侯國昌	朱崇恩	
登記員	王書聖	徐仁靜	楊克勤	俞慶慶
	計蘇華	高志達	鄭成光	
傷兵衣物保管員	嚴希光	嚴希楨	蘇漢鈞	胡可鈴
	朱文清	胡鳳寶		
衛生員	劉繼宗			
總稽查	谷鏡汧			
衛生稽查	朱佐治			
稽查	黃克勤			

中國紅十字會上海市救護委員會第二十四救護醫院報告

組織經過

本院爲國民戰時互助會所主辦,公推陳丕士夫人,劉經芳夫人,唐士煊夫人,李霞卿女士,唐士煊醫師,杜焜泉先生等爲委員會委員.以唐士煊夫人爲主席委員,杜焜泉爲院長,並得中比鐳錠醫院贊助,担任全部醫務工作,俞鴻鈞夫人等借用房屋傢具,並捐助物品用具.前項所收物品器具,估計價值約達五千元以上.本院於民國念六年九月廿九日成立,至念七年一月十四日奉命結束.

經費概況

本院經費,大半由國民戰時互助會籌款撥給,亦有以現款直接捐助本院者.自成立以迄結束,共計支出國幣一萬〇五百八十三元六角七分,收入方面除收到國民戰時互助會撥助國幣九千六百二十六元一角七分外,又得上海市救護委員會伙食津貼九百五十七元五角.尚有一部份開支,爲中比鐳錠醫院補助,約達二千餘元,不在支出之數(詳表從缺).

收治人數

本院自成立至結束,計共收容傷兵二六三人,傷民三人,死亡二九人.因治療神經系,轉送中國紅十字會第一醫院者二人;治療眼疾,轉送廣慈醫院者五人;餘因奉命辦理結束,轉第三救護醫院者六人.至於治療結果,成爲殘廢者六人,轉國際委員會殘廢醫院辦理.其餘均陸續歸隊,或轉往後方.

職員名單

院長	杜焜泉				
祕書	吳桴				
總務主任	陳宗岳				
辦事員	郭達夫	郭志成	黃瑞堂	陳均仁	陳兆昌
	程國揚	夏繼成	吳國芬	徐繼達	吳偉清
	羅耀疆	許昌鴻	陳錫熊	郭成昌	周耀祖
	卓觀澄	陳觀輝	胡文廣	關麗華	關耀華
	馬秀文				
醫務主任	唐士煊				

醫　　師　范理士　黄　堅　蔡壽康　吳一鶚　吳仁伯
　　　　　王頌蕩　陸潤芝　徐驚伯　譚慶蘭　林青萍
護　　士　汪履冰等十八人(從略)

(附)崑山傷兵分發站報告

八一三全面抗戰肇始,上海市救護委員會在崑山設立第一傷兵醫院,對於受傷士兵救護事宜,殊屬便利;嗣以猛烈轟炸,該院一部份致被炸毁;爲顧全傷兵及工作人員安全起見,於十月二十日,奉令遷蘇,繼續工作,並辦理重傷醫院. 乃某戰區司令部,以崑山爲傷兵總集合處所,如該院一旦調蘇,則來崑之傷兵,實受影響,故將該院工作人員,全體扣留,並令繼續工作. 救護委員會當令第一救護隊由嘉定調崑,接辦該院;該隊隊長雷樹德君,率同隊員,縝密觀察之後,認爲該地不宜設立傷兵醫院,乃依照楓林橋外交大樓傷兵分發站辦法辦理,於傷兵到站後,立卽換藥給食;其重傷者,設法用軍政部衛生船舶運往後方醫院,輕傷者,則由軍委會野戰救護處,分送蘇州等地;惟因舟車缺乏,以致運輸困難,故收容之傷兵,未及運走,而前方傷兵,復源源而來,以致本站不能容納,不得已,另覓興學路某住宅兩座,爲臨時收容處所,不幸被日機炸毁,傷兵死亡多名,物質損失,亦甚重大,而形勢日益惡劣,一切工作,均受嚴重威脅,處此困難環境中,祗得將民立女中童軍營帳十二頂,架於青陽港畔,加以僞裝,以避襲擊,而運輸方面,因在河畔,亦覺便利. 該隊全部人員,在此種狀況之下,繼續努力工作,其勇敢毅力,實屬難能可貴. 迨後前方戰士,奉令西移,而敵人蹤跡,亦逐漸迫近,該隊人員,仍鎮靜處理,將輕傷者分別用舟車運蘇,能步行者則步行至蘇,而重傷者搬運至帳內,或河畔遮蔽處,候船運送. 適有某軍副官處運輸船一隊,道經此處,乃派員接洽,請其運走,幾經交涉,始得允許,乃將重傷兵士,轉運至蘇,是時已兵臨城下,所有陸軍醫院人員,亦已事前撤退,本站以形勢促迫,乃向救護委員會請示,於十一月十三日晚,始得撤退命令,遂將輕便藥品用具,整理就緒,因無車輛,故將私人物件,悉數犧牲,但將公物,肩挑背負,匆遽就道,艱苦備嘗,惟有一部份人員,路遇敵機轟炸,以致失散九名,迄今存亡莫卜. 查該隊服務人員僅五十三人,自十月廿六日夜三時半抵崑,至十一月十三日晚離崑,分發之傷兵計達三千二百餘名,其工作之緊張情形,於此可見一斑.

幹部會議紀錄

第一次幹部會議

時間: 廿六年八月五日下午二時

地點: 本會會議室

出席者: 顏福慶 許冠羣 徐乃禮 王揆生 楊懷僧

主席: 顏福慶 紀錄: 王揆生

主席報告向抗敵後援會接洽款項經過情形

決議事項

一. 由總幹事辦理領款手續.

二. 先根據中央規定,購買藥品三萬元,由許冠羣先生負責辦理.

三. 暫定玉佛寺清涼寺兩處爲後方醫院,容納一千病床,必要時再移動.

清涼寺由醫師公會衛生局負責;人才方面,請徐乃禮先生接洽;床位設備方面,由紅十字會負責.

四. 本會經常辦公費,尙付闕如,推請王總幹事及楊總務組主任備函,即日分向各公團募集.

第二次幹部會議

時間: 廿六年八月六日下午一時

地點: 本會會議室

出席者: 顏福慶 朱恆璧 許冠羣 徐乃禮 郭琦元
楊懷僧 王揆生 龐京周 徐世綸

主席: 顏福慶 紀錄: 王揆生

報告事項

一. 主席報告與抗敵後援會祕書長接洽情形.

二. 加聘龐京周俞松筠爲副主任委員.

決議事項

一. 先領經費三萬元,存中國銀行.

二. 所有病床,均暫存清涼寺.

三. 穆藕初先生捐助經費五千元所買之裹傷包,發交前線,由顏福慶龐京周負責接洽.

四. 出發待遇及用品,可參照全國擬定辦法.

五. 上海市救護事業區域,負責無錫嘉興上海三處.

六. 請東南同德兩醫院負責籌備眞如至崑山一帶傷兵醫院.

七. 此後領款手續由主任委員暨兩副主任委員蓋章領取.

第三次幹部會議

時間: 廿六年八月七日

地點: 本會會議室

出席者: 徐乃禮 顏福慶 龐京周 許冠羣 郭琦元
楊懷僧 王揆生

主席: 顏福慶 紀錄: 王揆生

報告事項

一. 報告與抗敵後援會陶祕書長接洽領款經過. 並決定星期日下午四時在市商會開會,公推顏福慶許冠羣兩正副主任委員代表出席.

决議事項

一. 大場組織衞生助產醫院.

二. 嘉定由同德醫學院負責組織救護隊.

三. 關於運輸一層,由抗敵後援會與交通委員會接洽.

四. 旗幟及袖章向紅十字會總會接洽.

五 地方協會捐款,凡屬救護經費,卽請其送交本委員會.

六. 抗敵後援會轉來楊司令來信索取藥品,應於覆信告以本會祇能按照中央規定者辦理,中央非常救護工作規定藥品單與此不符,無法供給,本委員會祇供給傷兵醫院藥品,必要時可供給五千只藥包,函覆抗敵後援會,請轉司令部.

第四次幹部會議

時間: 廿六年八月九日

地點: 本會會議室

出席: 顏福慶 許冠羣 江問漁 湯蠡舟 俞松筠
王揆生 楊懷僧 劉士林 徐世綸

主席: 顏福慶 紀錄: 王揆生

報告事項

一. 訓練經費每月五百元(穆藕初先生已認捐).

報告及决議事項

一. 訓練藥物兩委員會,應隸屬於救護委員會.

二. 推俞松筠醫師與朱仰高醫師接洽師資問題(以一百位師

資爲目標).

三. 委託上海醫師公會護士會負責計劃(湯俞兩醫師負責)

四. 此後所有訓練班辦法,應統一集中,男女分班. 教師車馬費每小時一律兩元.

五. 呈請社會局取締不健全救護組織.

六. 暫定担架五百人,急救隊三百人.

七. 請江問漁先生與保衞團接洽組織担架隊.

八. 已受訓練者,擬定編製辦法,推請江問漁湯蠡舟兩先生擬定辦法,下星期日再舉行檢閱一次.

民衆救護常識訓練,請俞松筠醫師負責.

十. 指定訓練班集中地點,並介紹師資,外界請求者,須担任車馬費.

十一. 加聘委員,以便與抗敵後援會之救護組相符合.

第五次幹部會議

時間: 廿六年八月十日中午十二時

地點: 本會會議室

出席者: 顏福慶　湯蠡舟　吳利國　朱潤深　朱恆璧
郭琦元　江問漁　俞松筠　徐乃禮　徐世綸

主席: 顏福慶　紀錄: 楊懷僧

決議事項

一. 醫務存款,存中國銀行,須由主任一人及副主任中任何二人之蓋章,方可領款.

二. 以五百牀位爲單位之藥品,購備兩套,由醫務組主任簽字認可後交許冠羣先生辦理.

三. 由醫務組負責派員檢收藥品及用具.

四. 租賃法租界天主堂街之堆棧,爲救護醫院之用,每月租金國幣壹百元.

五. 公决加聘翁之龍先生爲本會副主任委員.

第六次幹部會議

時間: 廿六年八月十一日中午十二時

地點: 本會會議室

出席者: 顏福慶　許冠羣　郭琦元　王揆生　楊懷僧
吳利國　徐世綸　徐乃禮　湯蠡舟　俞松筠

主席: 顏福慶　紀錄: 王揆生

決議事項

一. 天主堂街醫院,由吳利國醫師負責交涉

二. 大場眞如救護隊及莘莊綳帶所一切用品,請醫務組計劃,以便購備.

三. 捐款,臂章,用品,經濟問題等,明日與紅十字會龐醫師接洽.

四. 法藏寺跑馬廳地點,由王揆生接洽.

第七次幹部會議

時間: 廿六年八月十二日上午十一時

地點: 本會會議室

出席者: 顏福慶　許冠羣　郭琦元　吳利國　徐乃禮
翁之龍(蔣益生代)　湯蠡舟　龐京周　俞松筠
葉植生　蔣茂鏢　王揆生　楊懷僧　李廷安

決議事項

一. 經費問題請五位主任與抗敵後援會接洽.

二. 汽車四輛每輛預先準備五十加侖汽油.

三. 嘉興後方醫院,請同濟負責(蔣益生先生);並請蔣先生即

速組織.

無錫由顏醫師負責.

崐山由郭醫師負責.

四. 先領出壹萬元,請紅十字會總會保管,以備急用.

第八次幹部會議

時間: 二十六年八月十三日

地點: 本會會議室

出席者: 顏福慶 龐京周 許冠羣 俞松筠 徐乃禮 王揆生 楊懷僧

報告及決議事項 無

第九次幹部會議

時間: 二十六年八月十四日

地點: 本會會議室

出席者: 葉植生 吳利國 俞松筠 徐世綸 湯蠡舟 朱仰高 徐乃禮 王揆生 許冠羣

報告及決議事項 無

第十次幹部會議

時間: 二十六年八月十五日

地點: 本會會議室

出席者: 朱仰高 徐世綸 徐乃禮 俞松筠 葉植生 湯蠡舟 吳利國 王揆生 胡會林 許冠羣

決議事項

一. 救護隊長必需有委員會兩位以上委員負責擔保,並經委員會審查通過.

二. 函救濟委員會,請該會醫藥組注意傷民之收容.

第十一次幹部會議

時間: 二十六年八月十六日

地點: 本會會議室

出席者: 顏福慶 湯蠡舟 俞松筠 王揆生 龐京周 楊懷僧

主席: 顏福慶 紀錄: 王揆生

報告及決議事項

一. 致函主席團,報告工作,並領款四萬伍千元正.

二. 地方協會救護捐款,應即接洽領取.

三. 加印傷兵單.

四. 明日領款壹萬元.

五. 藥品物件皆移至對過.

第十二次幹部會議

時間: 二十六年八月十七日

地點: 本會會議室

出席者: 顏福慶 龐京周 郭琦元 周科長 吳利國 葉植生 俞松筠 朱恆璧

主席: 顏福慶 紀錄: 王揆生

報告及決議事項

一. 關於棺木事由總務組派人與普善山莊接洽,請該堂派幹事陳良玉先生駐本會辦事.

二. 浦東救護事宜,因無法通過,決議送藥品前往,由該軍自理.

三. 中山醫院另覓地址,繼續辦理.現暫停送傷兵前往.

四. 傷兵醫院不便任人參觀及慰勞.

五. 運輸股內部工作,由龐京周先生負責重行整理.

第十三次幹部會議

時間: 二十六年八月十八日下午一時

地點: 本會會議室

出席者: 顏福慶 許冠羣 俞松筠 葉植生 徐世綸 朱仰高 吳利國 湯蠡舟 王揆生 楊懷僧

主席: 顏福慶 紀錄: 王揆生

報告及決議事項

一. 紗布棉花龐京周先生已有接洽,不必另購.

二. 派王揆生先生每日至抗敵後援會定時辦公.

三. 規定聘用本會辦事人員辦法如下:

聘用會所內人員辦法

當此非常時期,本會辦事人員以義務調用爲原則;但因有特殊情形,不得不規定以下辦法:

一. 本無職業在此服務者,每月津貼車馬費二十元.

二. 有職業而原服務機關停止薪給者,每月津貼四十元.

三. 幹部人員有自備汽車供給本會服務者,汽油由會核發,其願盡義務者聽.

四. 慰勞(一)於傷兵不利(二)漢奸甚多,慰勞品難以檢查,故在慰勞辦法未宣布前,勿直接送去.

慰勞傷兵及前線將士物品,應集中本會,以下列物品較切實用:牙刷,毛巾,麵粉,米,牛奶,餅乾,汽車,汽油等.

第十四次幹部會議

時間: 廿六年八月十九日下午一時

地點: 本會會議室

出席者: 顏福慶 許冠羣 俞松筠 龐京周 葉植生
湯蠡舟 郭琦元 陳湘泉 朱仰高 蔣茂鑲
徐世綸 王揆生 楊懷僧 陳神恩 張以藩
阮尙丞

主席: 顏福慶 紀錄: 王揆生

報告及決議事項

一. 慰勞傷兵用品,應集中本會,不能直接送去. 所需物品,得酌量通知各電台及地方協會,必要時並得披露報紙(物品單附下).

(一)用品 被單 襯衣褲 單夾衣褲(不論新舊) 軍毯 樹膠鞋 油布 毛巾 牙刷 煤油

(二)食物 聽頭牛奶或牛奶粉 聽頭水菓 麵粉 米

(三)藥品 紗布 脫脂棉花 繃帶布 橡皮膏 碘片 碘坊 管裝一二三號貓腸綫

二. 本會組織及工作人員,應加調整. 並即擬一調查表,交審查委員會,甄別錄用. 推龐京周郭琦元葉植生王揆生楊懷僧爲委員.

三. 幹部會議時間,改在每晚七時半舉行.

四. 每次記錄,當擇要寄與有關團體及個人.

五. 運輸方面,應有嚴密組織,並推一得力人員爲總隊長. 每一救護車,祇許有車夫童子軍各一人,担架夫二人.

六. 實報實銷之賬册,即由新任會計師主持造册,以杜流弊.

七. 凡本會所屬醫院,皆不得在外募捐.

第十五次幹部會議

時間: 二十六年八月二十日下午七時半

地點: 本會會議室

出席者: 顏福慶　許冠羣　郭琦元　湯蠡舟　龐京周
阮尙丞　吳利國　王揆生　楊懷僧　俞松筠
朱仰高　葉植生

報告及决議事項

一. 通告傷兵醫院,拒絕調查(用總會及救護委員會名義)

二. 通知各救護隊,絕對不許無傷武裝同志在救護車上來往。

三. 租界外救護醫院,亦應派人調查.

四. 第十一救護醫院已成立,在維也納舞廳,病牀二〇〇張.

五. 寧波旅滬同鄉會救護隊,請其駐扎大場餘慶橋一帶.

六. 胡會林君所擬運輸管理辦法,修改後再提出討論.

七. 服務人員一律義務調用,不得有例外.

八. 一四八號汽車事,請許冠羣先生澈查報告.

第十六次幹部會議

時間: 八月二十一日下午七時半

地點: 本會會議室

出席者: 顏福慶　楊懷僧　王揆生　阮尙丞　許冠羣
郭琦元　龐京周　徐世綸　湯蠡舟　葉植生
吳利國

主席: 顏福慶　紀錄: 蔡書祥

報告及决議事項

一. 第十救護醫院,准稱特約醫院,每日每名照特約辦法,補助國幣五角,所有藥品材料物品,概不再給.

二. 通知各特約及救護醫院,傷民病兵,應同傷兵一樣收留救護.

三. 玆定本會救護範圍:京滬路以崑山爲止,滬杭路以松江爲止.

四. 明日電南京軍醫署,請速派員來申辦理治愈傷兵管理歸隊事.

五. 請淞滬警備司令部出一通令至紅十字會,由紅十字會拍照抄送各特約醫院,制止民衆及新聞記者直接慰勞探視傷兵.

六. 對于軍隊,本會以後不再供給藥械.

七. 本會由五委員中,推舉許冠羣顏福慶二先生爲本會會計負責人.

八. 推定任作君先生爲本會總務組副組長.

九. 請郭琦元先生兼代徐乃禮先生本會副主任委員之職.

十. 聘請張仁浩醫師任本會戰區救護工作視察員.

十一.無錫後方醫院,以後歸入中央全國救護管理處範圍管轄.

十二.租用運傷兵之汽車賬,共有二起,一爲六百餘元,一爲七百餘元,公決審定後照付.

第十七次幹部會議

時間: 八月二十二日下午七時半

地點: 本會會議室

出席者: 顏福慶 朱仰高 楊懷僧 徐世綸 葉植生 龐京周 阮尙丞 翁之龍 俞松筠 王揆生

主席: 顏福慶 紀錄: 蔡書祥

報告及决議事項

一. 爲節省開會時間起見,以後瑣屑小事,由各組組內解決,如組內不能解决,再交會內討論.

二. 定期召開全體代表大會,決定本會生存問題.

三. 本會車輛問題,由顏福慶醫師担任免費租借,並登報徵求,及無線電台報告,以資節省.

四. 各特約及救護醫院內死亡傷兵傷民之掩埋工作,由普善山莊辦理.

五. 請施思明富文壽二醫師加入本會材料組,負責藥品材料之徵集.

六. 北火車站一帶救護隊,請葉植生醫師負責恢復,以資救護.

七. 救護隊隊員給養問題通過依照葉植生醫師擬定表格辦理(表格附下)

各隊經常費 經委員會通過委任者
各團體自行組織者不在內

隊長醫師津貼貳拾元 } 另貼伙食拾貳元

職員、隊員 } 津貼拾伍元

担架 工資拾元 } 另貼伙食拾元

伙夫 工資陸元 } 另貼伙食拾元

車夫 工資叁拾元——另貼伙食拾元

以上開支每十日報告一次.

第十八次幹部會議

時間: 八月廿三日下午七時半

地點: 本會會議室

出席者: 顏福慶 許冠羣 龐京周 徐世綸 王揆生 葉植生 郭琦元 楊懷僧 吳利國 湯蠡舟 阮尙丞 任作君 張以蕃 俞松筠

主席: 顏福慶 紀錄: 沈金濤 蔡書祥

報告及決議事項

一. 張仁浩醫師家屬來函辭職,決議通過.

二. 請報館義務登載本會廣告.

三. 本會車輛問題,再由總會撥款一萬五千元,陸續添置.

四. 阮尚丞醫師辭職,決議挽留;並請蔣旭東醫師兼助會內一切事務.

請蘇浙辦事處由長途電話通知軍站,輸運後方傷兵,以減輕本會之負担.

六. 各特約及救護醫院牀位,不敷應用,請各依原則設法辦理.

七. 徐乃禮醫師辭職照,准請郭琦元醫師兼代;在開大會時請求追認.

八. 本會幹部會議出席者,爲正副主任委員顏福慶許冠羣俞松筠郭琦元翁之龍等五位,並另添徐世綸吳利國龐京周等三位.

九. 本會開辦迄今,由總會供給物品,及本會工作狀況,連同報告抗敵後援會(總會物品單附下).

領到中國紅十字會物品單計開如左:

灰氈	一二〇〇條	價值二一二四·〇〇元
傷兵衣褲	一六〇〇套	價值一四四〇·〇〇元
急救包	二〇四〇〇包	價值二〇四〇·〇〇元
傷票	四〇〇〇張	價值三二·〇〇元
病理紙	一五〇〇張	價值三五·〇〇元
担架	一三七只	價值八九〇·〇〇元
小茶壺	三〇把	價值六·〇〇元
小茶杯	二〇只	價值二·〇〇元
草枕頭	三〇個	價值四·五〇元
急救籃	三六只	價值四三二·〇〇元

担架大衣褲	二〇〇套	價值	二三〇・〇〇元
大旗	四三面	價值	二五・八〇元
國旗	八六面	價值	一七・二〇元
袖章	三八二個	價值	二六・七四元
合計		價值	七三〇五・七四元

第十九次幹部會議

時間: 八月二十四日下午七時半

地點: 本會會議室

出席者: 顏福慶 楊懷僧 王揆生 許冠羣 郭琦元

吳利國 俞松筠 任作君 翁之龍 龐京周

主席: 顏福慶 紀錄: 沈金濤 蔡書祥

報告事項

一. 主席報告與抗敵後援會接洽本會車輛問題經過.

二. 總務組報告本會開會迄今(十二天)收支款項.

三. 醫務組報告本會開會迄今(十二天)收支款項.

四. 本會收到總會物品估計.

決議事項

一 各特約及救護醫院,以後領取物件,先由本會核准,交負責人蓋章簽字後,再由總會點發,自明日起實行.

二. 總會所有物件,請開單示明.

三. 通知各特約及救護醫院,死亡兵士之遺物及錢財等,當妥爲保管,並明白報告本會,由本會總務組辦理.

四. 本會車輛問題,再請各方設法辦理,或徵求租借,或購備.

五. 本會救護隊隊員卹費事,應與抗敵後援會商量辦法.

六. 函請中西報各記者,約期招待參觀傷兵醫院.

第二十次幹部會議

時間: 八月二十五日下午七時半

地點: 本會會議室

出席者: 顏福慶 許冠羣 徐世綸 葉植生 王掞生
任作君 俞松筠 吳利國 楊懷僧

主席: 顏福慶 紀錄: 沈金濤 蔡書祥

報告事項

一. 主席報告: (1)本會車輛經陸續添備,暫可敷用;(2)本會經費已向抗敵後援會要求補助;(3)本會救護隊隊員連日被敵軍慘殺情形,應登報發表及通知萬國紅十字會.

二. 葉植生先生報告各特約及救護醫院有人滿之患,現已新添床位一百張.

議决事項

一. 救護隊以後于晚間出發,以免危險,並以大場爲集中地點.

二. 救護隊爲便利工作起見,以後晚間救得傷兵,暫留中山醫院,俟明日再分送各醫院. 中山醫院方面,請顏主任通知.

三. 請各特約及救護醫院,照原有位置,設法擴充.

四. 函救濟委員會,請遣送治愈傷民回籍.

五. 函抗敵後援會,請對于因公殞命之醫生護士及公務人員,規定撫卹辦法(附軍政部規定標準).

軍政部陣亡䘏金表

區別 階級	一次䘏金	遺族每年䘏金	一次䘏金及二十年䘏金總計
上校	一〇〇〇	五〇〇	一一,〇〇〇
中校	九〇〇	四〇〇	八,九〇〇
少校	八〇〇	三六〇	八,〇〇〇
上尉	六〇〇	三二〇	七,〇〇〇
中尉	五〇〇	二四〇	五,三〇〇
少尉	四〇〇	一六〇	三,六〇〇
准尉	三〇〇	一二〇	二,七〇〇
上士	一五〇	八〇	一,七五〇
中士	一三〇	七〇	一,五三〇
下士	一二〇	六〇	一,三二〇

軍政部戰時因公殞命䘏金表

區別 階級	一次䘏金	遺族每年䘏金	一次䘏金及十年䘏金總計
上校	七〇〇	三五〇	四,七〇〇
中校	六〇〇	三〇〇	三,六〇〇
少校	五〇〇	二五〇	三,〇〇〇
上尉	四〇〇	二〇〇	二,四〇〇
中尉	三〇〇	一六〇	一,九〇〇
少尉	二〇〇	一三〇	一,五〇〇
准尉	一五〇	一〇〇	一,一五〇
上士	一二〇	七〇	八二〇
中士	一〇〇	五〇	六〇〇
下士	九〇	四〇	四九〇

第二十一次幹部會議

時間: 八月二十六日下午七時半

地點: 本會會議室

出席者: 顏福慶　王揆生　楊懷僧　湯蠡舟　朱仰高
徐世綸　葉植生　任作君　俞松筠　龐京周

主席: 顏福慶　紀錄: 沈金濤　蔡書祥

報告事項

一. 楊懷僧先生報告各方捐款: (1)穆藕初先生經手捐助六千元,指定撥助救護訓練班;(2)地方協會經手捐助一萬三千六百四十六元七角一分,其中王啓宇先生一千元,指定撥助第一醫院.

二. 龐京周先生報告: 已由總會購進福特車二輛,每輛三千七百零五元,共計七千四百十元;雪佛蘭車四輛,共計一萬二千五百元.

議決事項

一. 通知各救護車,以後如遇軍警檢查,當暫停一二分鐘.

二. 自明日起,每日下午五時,由總會派車赴各特約及救護醫院,將治愈傷兵,於六時前送到第五軍駐滬辦事處.

三. 凡特約醫院之預定床位,當一律接收傷兵,先請朱仰高醫師往各院調查確數.

四. 通知各醫院,凡輕傷傷民,可送往本市經濟委員會第一收容所(大世界內),以一百五十八爲限.

五. 由總務組通知各醫院,中止接受外界以現鈔慰勞傷兵.

六. 請總會派員調查各特約及救護醫院之經濟狀況及收進之物質慰勞品等.

七. 取消大華醫院爲本會特約醫院.

八. 各特約及救護醫院應塡寫傷兵統計表,俾將來有所查攷,該表格式,交中華醫學會代製.

第二十二次幹部會議

時間: 八月二十七日下午七時半

地點: 本會會議室

出席者: 顏福慶 龐京周 楊懷僧 郭琦元 許冠羣
王梓生 徐世綸 吳利國 俞松筠 朱仰高

主席: 顏福慶 紀錄: 沈金濤 蔡書祥

報告事項

一. 朱仰高醫師報告調查各特約及救護醫院確實牀位經過.(1)各醫院收治傷兵現均額滿;(2)特約醫院除紅十字會第一醫院外,其他醫院床位共爲四百五十四只.

議決事項

一. 每次議决應辦事項,由負責人于開會時報告已否照辦.

二. 本會救護醫院,由總會補助,每月一萬三千元之物品;但開辦時補助之物品,不在其內.

三. 第十救護醫院自明日起,停止輸送傷兵.

四. 組織醫藥急救團,以備各院額滿時,臨時治療之用,可先指定醫師護士十人,集中調用(由醫師公會及紅十字會總會担任).

五. 通知醫務組,囑各救護隊即日起寶隆醫院停送傷兵.

六. 函抗敵後援會,詢明洪興協會抗敵後援會是否合法團體.

七. 複議第二十一次各議决案.

第二十三次幹部會議

時間: 八月二十八日下午七時半

地點: 本會會議室

出席者: 顏福慶 龐京周 楊懷僧 朱仰高 許冠羣 郭琦元 任作君 湯蠡舟 吳利國 葉植生 俞松筠 徐世綸

主席: 顏福慶 紀錄: 沈金濤 蔡審祥

報告事項

一. 朱仰高醫師報告: (1)關于遣送治愈傷兵歸隊事,今日各院大事責難;(2)昨允各醫院凡輕傷傷民由本會備車轉送本市經濟委員會第一收容所事,今日忽又中止,而反囑各醫院自辦,以上二事使各醫院失去對于本會之信仰,而發生極嚴重之管理問題,請設法補救.

議决事項

一. 將本會醫務組各負責人名單,抄送各醫院,通知嗣後如有接洽事項,及領取物件,請逕與各關係負責人直接辦理.

二. 總會新購車輛,請胡會林先生全權負責辦理下列三項問題:

(1)新車之管理及支配;

(2)以前車輛如有損壞等情,設法取回修理;

(3)以前車輛糾紛及舊帳事件,即日解决了結.

三. 由總會呈請警備司令部,佈告各醫院在院傷兵,一概不准出外.

四. 各救護隊隊員出發時所發旗號臂章,均須整理.另發符號,加蓋隊長圖章,並編該隊號數,統由葉植生先生負責辦理.

五. 會計師爲各醫院擬定之會計規程,業已審定合用,但因各院之領款情形不一,公决暫緩施行.

六. 通過第二十二次議决案.

第二十四次幹部會議

時間: 八月二十九日下午七時半

地點: 本會會議室

出席者: 顏福慶 郭琦元 楊懷僧 許冠羣 葉植生 任作君 俞松筠 吳利國 徐世綸 王楔生 胡會林 龐京周

主席: 顏福慶 紀錄: 沈金濤 蔡書祥

議决事項

一. 會計規程請交許冠羣先生整理,擇要分送各醫院辦理.

二. 關于集中管理治愈傷兵之軍部人員,于明日上午十時,假本會會議室會議,由龐京周顏福慶郭琦元三位先生接談.

三. 凡紅十字之旗幟臂章,統歸總會管理節制之. 以後工部局如有糾紛,亦由總會辦理. 此後除已發給童子軍外,凡中國紅十字會總會暨上海市救護委員會外勤服務人員,概用職員證書,並貼照片.

四. 常州設一傷兵醫院,由總會函知該處軍醫院,縣政府及商會,其經費由常州商會籌備,藥品可由總會撥給.

五. 江問漁先生來函,為前救護事業協進會介紹來會之陸砥平周綏和劉士林請發給每月津貼七十元(陸三十元周劉各二十元)此款由穆藕初先生代募六千元救護訓練費內支付,議決照辦.

六. 通過第二十三次各議決案.

第二十五次幹部會議

時間: 八月三十日下午七時半

地點: 本會會議室

出席者: 顏福慶 王揆生 楊懷僧 許冠羣 朱恆璧
郭琦元 湯蠡舟 俞松筠 吳利國 朱仰高
葉植生 任作君 胡會林 龐京周

主席: 顏福慶 紀錄: 沈金濤 蔡書祥

報告事項

一 主席報告: 關于集中管理治愈傷兵等事,已定中央研究院為集中地點.

二. 龐京周醫師報告: 中國紅十字會服務人員使用旗幟臂章條例(由總會擬定經審查後公布).

議決事項

一. 會計規程已由許冠羣先生擬就,凡與本會有銀錢關係者,應印照發.

二. 本會服務人員,應斟酌按月發給津貼若干,該款由總會担任,其不願受津貼者聽. 先由總務組開列全體名單職務,呈報總會審核.

三. 中國紅十字會服務人員,應具志願書及保證書.

四. 在外損壞車輛,應即日租用弔車,往各地拖回,由總務組運輸課胡會林先生負責辦理.

五. 本會材料,應設法投保火險,由任作君先生負責接洽.

第二十六次幹部會議

時間, 八月三十一日下午七時半

地點: 本會會議室

出席者: 顏福慶 蔣旭東 葉植生 楊懷僧 王揆生

郭琦元 任作君 龐京周 吳利國 徐世綸

胡會林 俞松筠 朱恆璧 許冠羣

主席: 顏福慶 紀錄: 沈金濤 蔡書祥

報告事項

一. 主席報告中央研究院爲集中治愈傷兵地點,已于今日接洽妥當,于明日下午,可通知各醫院,輸送輕傷傷兵前往,由軍醫署負責輸送.

議決事項

一. 通過第二十五次本會議各議案.

二. 郭琦元先生辭職,挽留.

三. 對于第一醫院之事件,請朱恆璧先生接洽辦理,以後伙食等費照發. 開辦費八百元,作爲流動金.

四 現有少數醫院,發現傷寒病兵,本會決組織一傳染病隔離醫院,地點在牯嶺路淨土庵.由許冠羣先生負責辦理,請李廷安局長主持院務. 開辦物品藥品等,可由總會担任.

五. 電蘇州兵站顧少汲先生,請速派員來滬管理輸送傷兵問題,請徐世綸先生擬稿.

六. 租界外亦應設立一傷兵醫院,庶使後方傷兵不因輸送上之困難有所延誤. 議決原則上先通過,試行辦理;地點擬借聖瑪利亞女校.

第二十七次幹部會議

時間: 九月二日下午七時半

地點: 本會會議室

出席者: 顏福慶 郭琦元 俞松筠 任作君 許冠羣 王揆生 朱恆璧 楊懷僧 吳利國 徐世綸 龐京周

主席: 顏福慶 紀錄: 沈金濤 蔡書祥

報告事項

一. 本會組織傳染病隔離醫院,地址請李局長負責接洽,經常費請衛生局担任.

二. 吳利國先生報告楊田淑君先生現組織傷兵醫院,地址爲中德醫院一部份,可容傷兵百餘人,由丁君達醫師主持院務,院長楊君自任,院內一切自備,請本會承認.

三. 楊懷僧先生報告截至八月底止各項帳目.

四. 徐世綸先生報告十餘日來醫務組之總報告.現因各方確實數目尙未能集中,先作一概略報告.

五. 抗敵後援會來函,允許本會在外募捐,惟必須將捐款確數報告.

議決事項

一. 通過第二十六次各議案.

二. 各院治愈傷兵,仍由本會試行車送中央研究院,請任作君先生負責執行,吳利國先生擬具辦法.

第二十八次幹部會議

時間: 九月三日下午七時半

地點: 本會會議室

出席者: 顏福慶 郭琦元 朱恆璧 楊懷僧 許冠羣
龐京周 任作君 葉植生 俞松筠 王揆生

主席: 顏福慶 紀錄: 沈金濤 蔡書祥

報告事項

一. 任作君先生報告輸送傷兵情形.

議決事項

一. 通過第二十七次各議案.

二. 上海市抗敵後援會來函,介紹青年服務團參加本會救護工作. 其一切供應及車輛,由醬業公會担任,本會僅撥給藥品若干應用,議决通過.

三. 第二十救護醫院,總會或本會似無供給材料之必要,此後由龐京周醫師辦理.

四. 請中華醫學會派員加入本會材料課幫同收支物品及徵集材料事宜.

五. 第三救護醫院,請求月撥津貼,俟醫院課調查後再定.

第二十九次幹部會議

時間: 九月四日下午七時半

地點: 本會會議室

出席者: 顏福慶 吳利國 王揆生 郭琦元 朱恆璧

楊懷僧　俞松筠　龐京周　葉植生　任作君

主席：顏福慶　紀錄：沈金濤　蔡書祥

報告事項

一、主席報告：本會救護隊車送傷兵出入租界困難情形,及每日須領取通行證,始得通行等.

二、任作君先生報告輸送傷兵情形.

三、龐京周醫師報告:

1. 蘇州河內輸送傷兵船隻,已引起敵方注意,深恐發生危險,嗣後輸送難民船隻,難免受其影響.

2. 馮炳南先生建議,擬聯合中外人士,組織一中西合作醫院,治療各國受傷軍民,俾外人認識本會醫療之眞相,及表示紅會寬大爲懷之精神.

3. 抗敵後援會收到捐款二百餘萬元,已悉數交軍事委員會;並將于九月十日停止捐募.以後本會經費將發生影響,若經費斷絕時,應妥議移交或繼續方法,以重救護.

4. 本會救護隊隊員三百餘人,連日在外勞作不息,恐生疾病,擬將已受訓練人員,抽集一百六十人調防,藉資調劑.

5. 軍醫署已在滬地設立麻醉藥品管理處.

6. 總會供給救護委員會車輛統計有福特新車二輛;半新舊卡車四輛,舊卡車二輛,孔太太捐助之坐車四輛,及Bus一輛,共十三輛.

7. 洪興協會請求辦理傷兵醫院,由醫務組醫院課接洽,如能成立,當請黨部派員督察.

8. 現有下列各處地位,可往接洽開辦醫院.

A.大滬花園　B.牛莊路周湘雲先生住宅　C.三馬路四行儲蓄會斜對過五層樓

D.大世界甯商總會　　E.煤業公會

F.證劵交易所　　G.允中女學

四. 楊懷僧先生報告經濟情形.

決議事項

一. 上列龐醫師報告中第八項C條四行斜對過房屋,由顏福慶吳利國二先生明日前往接洽. 十三醫院决遷入大滬花園.

二. 由本會函抗敵後援會主席團,請其每晚七時半,派員出席指導,俾有所遵循.

第三十次幹部會議

時間: 九月六日下午七時半

地點: 本會會議室

出席者: 龐京周　朱恆璧　王揆生　郭琦元　許冠羣　任作君　楊懷僧　湯蠡舟　顏福慶　俞松筠　葉植生　蔣旭東

列席指導者: 劉鴻生

主席: 顏福慶　　紀錄: 沈金濤　蔡書祥

報告事項

龐京周醫師報告劉署長自南京來電慰勞各位.

決議事項

一. 通過第二十九次各議案.

二. 主席提議如何整理各救護及特約醫院案,議决使床位不致減少,以增加工作效率.

三. 關于各院拒收傷民事,決議先在四川路四行儲蓄會斜對過大廈成立一傷兵醫院,即將各院傷兵遷至該處,各特約醫院所空床位,可完全不分性別,收容傷民.

四. 通過(各救護隊隊長會議)各議案. 其中二四兩項,呈請

本會核准者,決定如下:

一. 隊員一律規定制服及符號案,由總會照辦.

二. 輸送傷兵集合站案,仍保持集合站原則.

第三十一次幹部會議

時間: 九月七日下午七時半

地點: 本會會議室

出席者: 顏福慶 朱恆璧 龐京周 王揆生 楊懷僧 朱仰高 湯蠡舟 葉植生 俞松筠 蔣旭東 許冠羣 吳利國 任作君

主席: 顏福慶 紀錄: 沈金濤 蔡書祥

報告事項

一. 朱恆璧先生報告調查救護醫院經過情形

議決事項

一. 通過第三十次會議紀錄

二. 第一救護醫院認床位四百只,第三救護醫院認床位五百只,但總會須維持護士工人之最低生活費. 議決照辦.

三. 明日通告各救護醫院及特約醫院,在可能範圍之內,以後輸送傷兵,由各院自備車輛,車費由總會担任.

四. 本會經費不敷甚巨,應如何維持案,龐京周醫師允由紅十字會總會撥款二萬元.

五. 本會辦事人員,應否發給車資案,議決凡需要者,每人每月不得超過二十元,由總務組斟酌辦理.

第三十二次幹部會議

時間: 九月八日下午七時半

地點：本會會議室

出席者：顏福慶　楊懷僧　王揆生　任作君　許冠羣
郭琦元　葉植生　龐京周　俞松筠　湯蠡舟

主席：顏福慶　紀錄：沈金濤　蔡書祥

報告事項

一．郭琦元先生報告：（1）第四救護醫院有空牀位二百隻，請顏福慶先生與天主堂陸伯鴻先生接洽添辦；（2）第二救護醫院需要毯子及傷兵衣褲，請總會照撥．

二．龐京周先生報告：播音業公會聯合伶界為救護救濟二機關募款，現已與潘公展先生接洽，準備將募得之款，由雙方平均分配．

議決事項

一．通過第三十一次會議紀錄．

二．救護委員會工作報告，請各課將各種材料妥爲保存．

三．請艾世光先生設計辦理攝影紀錄．

四．本會加速進行自備醫院案，四川路四行儲蓄會斜對過大廈，已着手進行，床舖向上海中學，中法藥房，大夏大學等處移借．醫師人選問題，由顏福慶郭琦元正副主任負責辦理．

五．登載募捐廣告，用中國紅十字會總會與上海市救護委員會二機關名義，其捐款由捐款人指定用途，明日請總務組將登報稿子擬定，再交本會議討論．

六　函託中華醫學會醫師公會，請斟酌情形，向醫界徵求外科手術器械（或借用或捐助）．

第三十三次幹部會議

時間：九月九日下午七時半

地點：本會會議室

出席者: 顏福慶 許冠羣 葉植生 江晦鳴 朱恆璧
楊懷僧 郭琦元 任作君 龐京周 蔣旭東

主席: 顏福慶 紀錄: 沈金濤 蔡書祥

報告事項

一. 葉植生先生報告:南翔有設立救護隊之必要,可于十隊中擇一充任.

二. 龐京周先生報告:茲有極司非而路十一號房屋,已商借舉辦傷兵醫院,明日即可遷入,目前暫充綳帶所,以作晚間集合收容之處.

三. 江晦鳴先生報告材料組收支概况,並定每十天詳報一次.茲因創辦伊始,有中央及紅會材料,不易分清,致存數略有不符,現正在整理中.

四. 蔣旭東先生報告:1.據第五救護醫院報告傷兵出院時將毯子等帶去,以致原存不敷應用,請總會補發. 2.天氣漸冷,各院病床應將蓆子更換棉褥. 又傷兵出院時所發單衣褲,亦以天涼不適用,要求更換棉衣服穿着出院.

議决事項

一. 通過第三十二次會議紀錄.

二. 第一救護隊隊長蘇克己醫師,因公殉難,家有老母妻子,本會應如何撫卹案: 議决先預支治喪費二百元.

三. 撫卹殉難救護人員,應如何規定: 議决由總會函請衛生署,對于戰地救護團體因公殉難者,規定撫卹辦法.

四. 本會救護人員,因公殉難者,除呈報政府從優撫卹外,應否開會追悼,議决: 擇期舉行,請王揆生,楊懷僧二位先生主辦.

第三十四次幹部會議

時間: 九月十日下午七時半

地點: 本會會議室

出席者: 顏福慶 楊懷僧 朱恆璧 郭琦元 徐世綸
龐京周 任作君

主席: 顏福慶 紀錄: 沈金濤 蔡書祥

報告事項

一. 楊懷僧先生報告經濟狀況

議决事項

一. 通過第三十三次會議紀錄.

二. 在英法租界內舉行大規模之追悼會,諸多不便,議决暫時緩辦.

三. 各院所報傷兵人數,與本會調查之數,時有不符,議决明日由醫務組再加詳細調查.

四. 本會幹部會議此後决定每星期一,四,舉行兩次. 由正副主任委員總幹事暨各組組長出席會議. 以後各課應辦事件,由各組組長主持,並各課主任負責辦理;如過重要事件,或各組不能解决者,提出幹部會議討論.

第三十五次幹部會議

時間: 九月十六日下午七時半

地點: 本會會議室

出席者: 許冠羣 龐京周 楊懷僧 王揆生 任作君
顏福慶 湯蠡舟 吳利國 俞松筠 郭琦元
朱恆璧

列席者: 林康侯

主席: 顏福慶 紀錄: 沈金濤 蔡書祥

報告事項

萬國紅十字聯盟會,爲滬戰發生,特派Watt wille上校,於二十日左右來華,襄助救護工作.

議决事項

一. 通過第三十四次會議紀錄

二. 定十九日(星期日)下午四時,假座八仙橋青年會,舉行全體代表大會,及委員大會討論此後設施,並報告本會各組工作狀況.

三. 青年會來函,擬調回總務組楊組長,返會服務,議决函覆懇切挽留.

四. 通告各組,收集各項材料,及撙節經費預算.

五. 由會函宣傳委員會童行白先生,請從速籌募棉被,被單,棉襖棉褥,枕頭,毛巾等物品,以應急需.

第三十六次幹部會議

時間: 九月二十日下午七時半

地點: 本會會議室

出席者: 顏福慶　許冠羣　楊懷僧　王揆生　俞松筠
葉植生　任作君　龐京周　吳利國　郭琦元

主席: 顏福慶　紀錄: 沈金濤　蔡書祥

報告事項

一. 許冠羣先生報告與中央代表討論上海救護工作之經過.

二. 主席報告今日已與市政府接洽,明後日可先撥三萬元應用.

三. 龐京周先生報告:今日紅會開理監事會,討論關於協助本會之意見.

議决事項

一. 通過第三十五次會議紀錄.

二. 以後本會收入捐款應直接由本會出具收據.

三. 嗣後救護隊救得傷兵,先送外交大樓,再由本會派醫師分別將輕傷重傷分送各院.

四. 救護隊隊員,應如何編制,以增進工作効能案,由葉植生先生擬具辦法後提會討論.

五. 救護隊隊員,因受租界當局之阻止,不能出入,以後膳宿問題,決購備行軍鍋灶及租借民房,以爲維持.

第三十七次幹部會議

時間: 九月二十三日下午七時半

地點: 本會會議室

出席者: 顏福慶 許冠羣 朱恆璧 楊懷僧 王揆生 葉植生 吳利國 俞松筠 龐京周 郭琦元 任作君

主席: 顏福慶 紀錄: 沈金濤 蔡書祥

報告事項

一. 許冠羣先生報告藥品供應委員會將捐助本會急救包十五六萬包.

議決事項

一. 通過第三十六次會議紀錄.

二. 此後捐戶將捐款送入本會會所以內者,統歸紅十字會收取;惟捐戶指定捐助救護委員會者,則由紅會轉給.

三. 通過救護隊課擬具救護隊急救隊改組辦法(抄錄改組辦法).

四. 函謝已結束各醫院,並附寄結束辦法,由醫務組辦理.

抄錄改組辦法

本會爲改善各救護隊急救隊組織,並便利分配工作起見,經提奉本會幹部會議議決,確定編制,並訂定隊號如次:

第一救護隊(由原第一救護隊,第三急救隊合併改編).

第二救護隊(由原第二救護隊,第二急救隊合併改編).

第三救護隊(由原第三救護隊,第四急救隊合併改編).

第四救護隊(由原第五.六,八,急救隊合併改編).

第五救護隊(由原第五救護隊第七急救隊合併改編).

此外第七(南市)第六,第九,第十,(均浦東)四救護隊,概依現有組織,不適用本規定.

救護隊組織表

隊長一人

副隊長一人至二人

醫師二人至四人

護士八人至十二人

特務二人(書記庶務各一人)

擔架長一人

擔架二十四人

伕役四人

車夫六人

上計每隊四十九人至五十六人

第三十八次幹部會議

時間: 九月二十七日下午七時半

地點: 本會會議室

出席者: 楊懷僧 顏福慶 許冠羣 葉植生 朱恆璧
任作君 俞松筠 朱仰高 吳利國 湯蠡舟
龐京周 王揆生 胡會林

主席: 顏福慶 紀錄: 沈金濤 蔡書祥

報告事項

一. 任作君先生報告:九月二十六日,上海市伶界聯合會梅蘭芳等,會同播音業同業公會,假座富星電台,為本會播音募款經過情形.

二. 楊懷僧先生報告:九月十六日在富星電台,共計募得現款八,九二七·六五元,支票禮劵二,二二三·九元,存摺九九·六四元,中央儲蓄會救國公債商店禮劵銀行股票等一,三三五元,中國實業銀行儲款證三六六元,福建單角三枚,福建雙角八八枚,紀念幣大洋十二元,紀念幣中元六元,紀念幣雙角三元,紀念幣單角一元,紀念幣美幣一角半,及銀器古畫多種.

議决事項

一. 通過第三十七次會議紀錄.

二. 本會募得銀器古畫紀念幣等等變價辦法,推許冠羣任作君俞松筠吳利國四位組織小組委員會,設法辦理,並請專家及銀樓先行估價.

三. 二十一醫院院長蔡鴻辭意堅决,無法挽留,請龔錫之醫師繼任.

四. 救護隊現已由十八隊縮編至五隊其隊長要求幹部委任事,議决醫務組審查後,再用委員會名義聘任.

五. 魏立功君籌備第十五,十六兩救護醫院迄未成立,議决由本會函謝魏立功君熱心籌備,惟滬上已無添設傷兵醫院之必要,可即中止進行,將已經募得之款項物品等,送會轉撥其他醫院應用,並一面登報聲明已無該兩院名義之存在.

六. 本會對於勸募款項物品及調整工作,根據大會議决案應組織特種委員會,以利進行案.

議决由王揆生先生提出人選送會决定.

第三十九次幹部會議

時間: 九月三十日下午七時半

地點: 本會會議室

出席者: 顏福慶 葉植生 許冠羣 郭琦元 吳利國
湯蠡舟 俞松筠 楊懷僧 朱恆璧 任作君
王揆生

主席: 顏福慶 紀錄: 沈金濤 蔡書祥

報告事項

一. 郭琦元先生報告赴京情形.

二. 楊懷僧先生報告: 1.自八月十四日至九月二十四日募得捐款已登報鳴謝,此次播音募得捐款銀器等,俟整理清楚後再登報鳴謝. 2.本人將於十月十八日離滬,屆時由青年會派員來會代理職務.

議決事項

一. 通過第三十八次會議紀錄.

二. 王揆生先生提出關於上次會議交擬設計及籌募兩委員會之人選,今已擬就名單交會審定案(名單抄錄於後).
議決按照名單全體通過;惟籌募委員會應加入朱吟江謝祖儀陸幹臣及婦女會代表.

三. 抗敵後援會組織委員會,亦設有訓練班看護股訓練股,似與委員會之訓練推行委員會職權有重複,議決交本會訓練委員會設法辦理.

四. 救護隊人員之收殮費及養傷費,議決 1.醫生隊長二百元,看護童子軍汽車夫一百五十元,担架工人一百元. 2.隊員受傷由本會供給醫藥,並隨時加以慰勞.

設計委員會名單

劉鴻生 龐京周 江問漁 黃任之 顏福慶 許冠羣
李廷安 潘公展 陶百川 黃子方 郭琦元 何德奎

陸伯鴻

籌募委員會名單

李組紳　錢新之　杜月笙　金潤庠　郭　順　胡桂庚

林康侯　穆藕初　許曉初　陸書臣　陸禮華　羅叔章

蔡金瑛　謝祖儀　陸幹臣　朱吟江　婦女會代表

第四十次幹部會議

時間：十月四日下午七時半

地點：本會會議室

出席者：顏福慶　許冠羣　朱恆璧　郭琦元　任作君

王揆生　楊懷僧　葉植生　俞松筠　吳利國

列席者：王春濤

主席：顏福慶　紀錄：沈金濤　蔡書祥

議決事項

一. 通過第三十九次會議紀錄.

二. 設計及籌募兩委員會已發函聘請,並議決：1.本星期四下午四時,在本會會議室開設計委員會. 2.本星期六下午四時,在本會會議室開籌募委員會.

三. 楊懷僧先生將出國,由青年會推派王春濤先生來會代理職務,議決通過,由本會函聘.

四. 本會議以時局關係,遇必要時,得臨時召開,並請顏郭兩醫師擬定緊急處置辦法,明晚提出討論.

第四十一次幹部會議

時間：十月五日下午七時半

地點：本會會議室

出席者：顏福慶　許冠羣　郭琦元　王揆生　王春濤
朱恆璧　葉植生　任作君　朱仰高　俞松筠

主席：顏福慶　紀錄：沈金濤　蔡書祥

議决事項

一．通過第四十次會議紀錄.

二．通過上海市救護委員會駐蘇辦事處大綱,並推定郭琦元爲主任,陳榮章爲副主任,談益民担任救護事宜,其會計文書由紅會指派（抄錄組織表）.

三．上海市黨部來函要求本會訓練多量男護士案,議决：現在南京已在積極訓練,本會及紅十字會所訓練之人才,尙有未能錄用者,應加以嚴格甄別,先分配各醫院實習,再赴前方服務．由訓練推行委員會主席江問漁先生及王總幹事揆生,負責與黨部方面接洽.

四．揚中,溧陽,金壇,丹陽,鎭江,五縣同鄉聯合會,及文化界救亡協會,要求組織救護隊,應否照准案：議决由葉植生先生斟酌辦理,應以至前方服務及統一指揮爲原則.

抄錄組織表

上海市救護委員會駐蘇辦事處組織

正主任	一人	副主任	一人
文書	一人	情報運輸	二人
雜役	一人	採辦	一人
會計	一人	庶務	二人

附——公務車一輛脚踏車一輛

第四十二次幹部會議

時間：十月七日下午七時半

地點：本會會議室

出席者：顏福慶　王揆生　吳利國　許冠羣　楊懷僧
葉植生

主席：顏福慶　紀錄：蔡書祥

報告事項

一．葉植生先生報告：汽車夫沈阿毛送兵至杭，誤撞殞命，已照議案發給收殮費一百五十元．

議决事項

一．通過第四十一次會議紀錄．

二．前次播音募得銀器，應照中央銀行所估價值變價．

三．郭琦元先生來函要求即日發給汽車一輛，自行車二輛，議决：汽車俟修好後送去，自行車由紅會置辦．

四．郭琦元先生離滬後，醫務組組長一席，請吳利國先生兼代．

五．童子軍急需雨衣大衣軍毯，議决軍毯由本會用經濟辦法置備，雨衣大衣函商劉鴻生先生，慰勞委員會，及林康侯先生，要求撥助．

六．駐蘇辦事處規定每月經費如下：

1．辦公費六百四十六元，開辦雜費（床，椅，檯等）一百元，附自行車六輛．（抄附辦公經費表）

2．崑山後方第一傷兵醫院，每月四千元（根據九月份領款數目）．

3．救護隊先二隊，計二千六百六十六元，每隊附自行車二輛（附救護隊每隊經費表）．

附辦公經費表(一)

正副主任二人	每人津貼車馬費五十元	共一百元
担任救護事宜一人	津貼車馬費四十元	

情報運輸二人		每人津貼車馬費二十元	共四十元
雜役	一人	津貼車馬費十六元	
採辦	一人	津貼車馬費二十元	
庶務	一人	津貼車馬費二十元	

文書會計各一人由紅會指派

伙食	八十元
汽車費用	二百元
房租水電	三十元
辦公費	一百元

以上共計六百四十六元

附救護隊每隊經費表

隊長一人	每月津貼二十元	伙食十二元	共三十二元
副隊長一人	每月津貼二十元	伙食十二元	共三十二元
醫師二人	每月津貼二十元	伙食十二元	共六十四元
護士十二人	每月津貼十五元	伙食十二元	共三百廿四元
特務書記一庶務一二人	每月津貼十五元	伙食十二元	共五十四元
担架長一人	每月津貼十元	伙食十元	共二十元
担架廿四人	每月津貼十元	伙食十元	共四百八十元
伙夫四人	每月津貼六元	伙食十元	共六十四元
車夫六人	每月津貼三十元	伙食十元	共貳百四十元
辦公費	二十元		

共計一千三百三十元

第四十三次幹部會議

時間: 十月十一日下午七時半

地點: 本會會議室

出席者: 許冠羣 顏福慶 俞松筠 王揆生 朱恆璧
王春濤 龐京周 楊懷僧 任作君 吳利國
葉植生

主席: 顏福慶 紀錄: 蔡書祥

報告事項

一. 龐京周先生報告此次入京籌設五千床位傷兵醫院情形.

二. 楊懷僧先生報告: 本會經濟收支數,已於十月八日由公信會計師事務所查過無誤. 自九日起,由王春濤先生接辦,茲將十月一日至八日收支數,列表如下:

	銀行	現金
上月結存	一一,九九九 五六	一六六·〇一
本月收入	三八,一一八·〇〇	八,六一〇·五四
共計	五〇,一一八·〇〇	八,六一〇·五四
本月付出	三六,〇〇九·三七	七·三八一·三一
結存	一四,一〇八·六三	一,二二九·二三

三. 王揆生先生報告: 魏立功醫師擬辦之第十五,十六兩救護醫院,以種種困難,決意停止. 所有捐得各項物品款項,已分別退回各捐戶.

四. 顏福慶先生報告: 擬將第二十一救護醫院移至聖愛娜舞廳,可容傷兵七八十名,中央研究院所空房屋,由第二醫院借用.

議決事項

一. 通過第四十二次會議紀錄.

二. 第十九救護醫院院長奚玉書辦事熱心,頗有成績;自今日起,請求添設床位一百只,並請補助伙食. 議決照准自添設床位之日起,伙食由本會發給.

三. 胡會林先生來函辭職,議决照准;並函謝其已往之努力. 在繼任人選未定前,請照舊維持.

四. 募得銀器應再照銀樓估價及私人需要變價.

五. 改進外交大樓所設傷兵分發站內部工作事,先由任作君先生前往調查內部情形後,作一報告,再予定奪.

六. 租界當局禁止傷民入界,請王揆生先生與慈聯會接洽,用慈聯會名義,向租界當局磋商. 並在慈聯會醫院內,盡量收容.

七. 洪興協會所設後方醫院來函要求本會發給藥品,函覆聲明不能即發之理由.

八. 本會所有單據文件,應請會計師公會代爲保管,以後登報發表;並請紅會會計師,派員前來調查.

九. 楊懷僧胡會林兩位先生,此次頗著勞績,因故辭職,除由紅會正式函謝外,並用私人名義表示. 請王揆生葉植生二先生擬具辦法.

第四十四次幹部會議

時間: 十月十四日下午七時半

地點: 本會會議室

出席者: 顏福慶 許冠羣 吳利國 王揆生 葉植生
湯蠡舟 王春濤 任作君 俞松筠

列席者: 梁官松 金芝軒

主席: 顏福慶 紀錄: 蔡書祥

報告事項

一. 主席報告: 本會車輛運輸,最感困難. 茲特請梁金二君負責主持,並請于每星期一四幹部開會時,至少有一位出席.

二. 王揆生報告: 與抗敵後援會接洽,在收得之救國捐項下,指定救護捐款八千一百三十一元五角七分.

三. 王春濤報告: 本會經濟情形.

四. 任作君報告: 調查外交大樓內部情形經過,現已着手組織小組會議,並聯絡各方辦事人員,以利改進.

議决事項

一. 通過第四十三次會議紀錄.

二. 本會經濟異常竭蹶.

議决: 1.工作限定上海市範圍內;2.各院床位,限定五千隻;3.上海市範圍以外各醫院,駐蘇辦事處,及本會三隊救護隊,請紅會擔任;4.向俞市長説明本會工作之艱鉅,與使命之重要,請領導各界盡力捐助.

三. 關於充實本會宣傳及籌募組織辦法,議决 1.組織宣傳組,由許冠羣先生負責,並每日於播音電台播送本會工作情形;2.請許冠羣俞松筠兩委員負責推動籌募工作. 除原有胡桂庚許曉初林康侯三先生所組織之委員會外,再加聘奚玉書江一平李組紳三先生協同籌畫,必要時每星期至少開會一次,專討論籌募問題.

四. 前救護事業協進會透支中匯銀行二千餘元,應在穆藕初先生捐助訓練班經費六千元內歸還. 事前並應由王總幹事商得江問漁先生之同意.

五. 煤業隊汽車修理費一千〇七十三元,應由本會付給;並向紅會聲明,此後應請紅會負責.

六. 上海郵務工會代傷兵寫信,應予照准(抄付上海郵務工會代傷兵寫信辦法).

第四十五次幹部會議

時間：廿六年十月十八日下午七時半

地點：本會會點室

出席者：顏福慶　吳利國　俞松筠　王春濤　朱恆璧
　　　　王撰生　任作君　葉植生　金芝軒

主席：顏福慶　　紀錄：陸砥平

報告事項

一．王撰生先生報告：新藥業公會捐來藥包念萬隻，現褚民誼先生來函要求撥給十萬隻．

二．王撰生先生報告：紅會來函，對於請查帳據一事，須由廿六團體會同辦理，以昭鄭重．

三．任作君先生報告：調查外交大樓情形，及陳述擬具經濟預算意見．

決議事項

一．各公事車應將車主簽章式樣，蓋交運輸課以憑稽攷核發汽油；並以每車每日不得超過一加侖爲標準．

二．必需之卡車上，須設置司機二人，以免車夫工作疲倦時，發生意外．

三．本會與紅會，須有密切之聯絡；除已由本會推請顏福慶先生代表出席紅會理監事會外，再行函請紅會林康侯先生於本會舉行幹部會議時，出席指導．

四．救護隊現共八隊，除二隊已請紅會接收外，其他三隊之給養等費，必要時亦可向紅會磋商，請一併擔任．

第四十六次幹部會議

時間：二十六年十月二十一日下午七時半

地點: 本會會議室

出席者: 顏福慶 林康侯 王揆生 吳利國 朱仰高
金芝軒 王春濤 朱恆璧 任作君 葉植生

列席者: 姚惡若 駱亦文

主席: 顏福慶 紀錄: 吳振之

報告事項

一. 林康侯報告: 救護隊兩隊,已由紅會接收,其他三隊,亦正在磋商中.

二. 林康侯報告: 陸伯鴻現於天主堂收容傷兵百餘名,函請由本會任爲特約醫院,每月由會撥給醫藥及給養.

三. 駱亦文報告廿一醫院自成立迄今五十日中之工作情形,及運輸車輛之缺乏.

四. 姚惡若報告崐山第一傷兵醫院工作情形,工作人員不敷支配,及待遇過薄等.

五. 任作君報告改善外交大樓情形.

1. 已請火車按時開車,使傷兵送出時,可較完全.

2. 應有夜班值日人員,以便照應傷兵.

議决事項

一. 廿一醫院因公出差,可改雇祥生汽車;既免糜費,復可減少索車之煩.

二. 崐山第一傷兵醫院,所感困難,由紅會酌量協助.

三. 郭琦元辭職,去函慰留.

四. 陸伯鴻之傷兵收容院,因本會經費拮据,且以前之屬於特約性質之醫院,業在陸續結束中,故勢難協助,請由紅會函辭.

五. 聘請黃任之林康侯二先生爲本會副主任委員.

第四十七次幹部會議

時間: 二十六年十月二十五日下午七時半

地點: 本會會議室

出席者: 顏福慶 黃任之 林康侯 龐京周 朱恆璧

湯蠡舟 王揆生 葉楨生 王春濤 金芝軒

俞松筠 吳利國

主席: 顏福慶 紀錄: 王揆生

報告事項

一. 主席報告歡迎黃任之先生爲本會副主任委員,及本會經過大略情形.

二. 主席報告錢新之先生捐款三千元,指定爲外交大樓傷兵分發站之費用.

三. 黃任之先生報告注意救護之經過.

議决事項

一. 本會爲調整工作,重行改組,總務組長王春濤君,專管會計部分;改推朱恆璧醫師爲本會總務組組長.

二. 救護隊由紅會與本會合作辦理,所有管理人員,則由兩會共同委派.

三. 運輸課改爲車輛課.

四. 本會既與紅會合作,所有救護隊醫院及車輛,均歸由兩會共同管理.

五. 推請虞洽卿先生爲本會名譽主任委員.

六. 車輛課應屬於總務組,其權限及工作範圍,應由總幹事及兩組長會商訂定之.

七. 煤業救護隊,每月開支援照兩隊救護隊之例,由紅會負責.

八 .救護隊之編制及管理,應有統一辦法,並訂定條例,由雙方簽字.

第四十八次幹部會議

日期: 十月二十八日下午七時半

地點: 本會會議室

出席者: 顏福慶 林康侯 劉鴻生 李廷安 任矜蘋
王淡生 朱恆璧 任作君 湯蠡舟 葉植生
許冠羣 吳利國 王春濤 俞松筠 金芝軒
陳 瑀

列席者: 談益民 胡會林

主席: 顏福慶 紀錄: 陳 瑀

報告事項

一. 主席報告:昨接俞市長及陳誠來函,囑本會救護隊仍留崑山,不必他遷(復信已發).

二. 林康侯報告:關於蘇州辦事處經費,在十月廿日以前,由救護委員會負責;二十日以後,由紅會負責撥付.

三. 林康侯報告:已於蘇州運屯汽油六千加侖,至現時需用之汽油,由廿九日起,隨時設法供給.

四. 葉植生報告:運輸課司機曹惠峯,外勤翁福根因公殉難,已各付棺殮費一百五十元.

五. 葉植生報告:第四救護隊隊員倪成康,因公赴杭,在嘉善殉難,已付棺殮費一百五十元.

六. 葉植生報告:童子軍團員陳應乾,徐健來已經尋獲.

决議事項

一. 按現在戰事重心業經移動,本會救護事業範圍,逐漸縮小,全國救護事宜,日漸擴大,應請紅會統籌辦理.

二. 凡結束之救護醫院,全部財產,應將所有用具,如係借來之物,歸還原主;捐來之物,應移交本會管理.

三. 比來各傷兵救護醫院之醫師護士,往往不辭而去,對於療護傷兵,影響至大,應由本會函請衛生局,轉呈衛生署,通令各救護醫院,所有醫師護士,未得各該院長同意,不得擅行離職.

四. 各救護醫院待遇不等,因此醫生護士,往往舍低就高,放棄原職,應組織統一醫院編制委員會,擬定技術人員待遇標準,當推總務醫務兩組長爲當然委員外,並推劉吉生,宋梧生,俞松筠爲委員,由吳利國召集.

五. 上海以外如南京松江蘇州各處汽油,歸紅會負責供給;上海區內,由本會負責供給.

六. 南京蘇州上海三站之統屬問題,議決以南翔爲界. 南翔以西歸蘇州統屬,南翔以東歸上海統屬.

七. 南京蘇州上海三站,應備車輛. 議決南京八輛,蘇州十輛,上海四輛.

八. 每一救護隊應備車兩輛.

九. 每一救護隊應有救護員三十人.

十. 擬一播音稿,致送各電台,爲傷兵向各界勸募寒衣棉被鞋襪等件.

十一. 函慰勞委員會,請贈給傷兵棉被鞋襪寒衣等件.

十二. 函紅會,統籌各地整個救護計劃.

十三. 外界車輛至本會服務,無須編號,惟於出發時,屬童子軍帶去本會會旗一面,以資証明;俟工作完畢,則聽該車自便;倘須編號,則服務之車,完全歸本會車輛課管理,該車主不得自由使用.

十四. 俞松筠報告在外交大樓救護員百餘人,在緊急時因無通行證 (Pass),深恐被拒進入租界,擬請向工部局領取通行證,以備急需,議決由顏主任委員接洽.

第四十九次幹部會議

時間: 十一月一日下午七時半

地點: 本會會議室

出席者: 劉鴻生 許冠羣 任作君 葉植生 王揆生
吳利國 朱恆璧 俞松筠 王春濤 金芝軒
陳 瑀

主席: 許冠羣代 紀錄: 吳振之 陳 瑀

報告事項

一. 任作君報告:關於外交大樓工作人員領取通行證事,於日前曾備證明書一紙,請由紅會持赴工部局簽字,但該局以為在緊急時,直接電知政治部,即可通行無阻,無須另備證明文件;惟該項辦法,終非妥善,故擬於日內親赴該局,請其發一書面證明,稍覺便利.

二. 王揆生報告:崐山野戰醫院已移交紅十字會.

三. 許冠羣報告:際此救護工作緊張之時,各界應推動正式傷兵募捐,其募集方法,請商界同業公會,青年會,遊藝播音電台,婦女團體等四團體,擴大募捐.

四. 朱恆璧報告: 現本會需費孔殷,國際醫院現既已與傷兵醫院合併,所有該院之經費,請其撥助本會,至虞洽卿先生停辦之十九醫院,請其繼續辦理,否則請其將該項經費,移助本會.

五. 朱恆璧報告:醫院技術人員待遇標準,已定辦法,另詳.

議決事項

一. 朱恆璧報告救護會與紅十字會有不可分離之關係:倘彼此獨立,則經濟車輛均發生問題,而各界捐款與救護會者,往往送與紅會,以爲紅會即救護會,查世界各國救護事業,均以紅會爲主體,現在中國有救護委員會之組織,而紅會似乎可以卸去責任,此種情形,對於救護事業,反感不便.議決本會應與紅會合併,並以紅會爲主體.當推朱恆璧向紅會接洽,王揆生俞松筠與抗敵後援會接洽.

二. 許冠羣報告:前奚玉書先生允捐之款,後爲辦事人移助辦理成績優良之傷兵醫院,應請俞松筠前往與奚玉書先生接洽.

三. 十八醫院來函請津貼給養,議決十八醫院在能自行擔負前,歸其自理;在不能担負時,則可函本會洽商.

四. 金芝軒報告:六千加侖汽油已運往蘇州,惟赴蘇調查之人,擬請派胡會林前往,至本人則可担任本市車輛課主任,更請由紅會另委一人,以統制全部車輛,是否可行,提請公決,議決請林康侯先生斟酌辦理.

五. 本會自改組後,各課可各發印章一枚,以資信守.

六. 自十月廿一日起,至三十日止,十日內計用汽油一四七加侖,而軍用汽油則用至一八〇加侖,消耗過多,應取締軍用汽油.

七. 本會車輛極感缺乏,擬請由紅會電請美國紅會代募汽車,則美國各車商聞此消息,將互競兜銷,且美國更有一種立皮而脫 (Rebuilt) 車,費省質固,最爲相宜,可予採用.

八. 吳利國報告:香港有救護團,近電宋子文將來滬服務,惟所用車輛及給養,則請由本會負担,議決:電請暫弗來滬.

九. 據第六救護隊員報告,該隊長韓一雷營私舞弊,尅扣公費,經查屬實,應予撤職查辦.

十. 中華青年促進救亡協會,請頒發旗幟制服,議決:去函婉却.

第五十次幹部會議

時間：十一月四日下午七時半

地點：本會會議室

出席者：顏福慶　林康侯　任矜蘋　許冠羣　王揆生

葉植生　朱恆璧　吳利國　俞松筠　金芝軒

王春濤　陳　瑀

列席者：雷樹德

主席：顏福慶　紀錄：吳振之　陳　瑀

報告事項

一．主席報告：昨已募得民食調節委員會捐款五千元，惟杯水車薪，無補於事。現主席團雖許本會自行募捐，然籌募既難，所得亦極有限，而本會開支，月需約十萬元；似此情形，難以維持，擬請重要團體如地方協會，儘量作經濟上之援助，並撥一確定款額，俾資維持。

二．任矜蘋先生代表地方協會，表示願意盡力協助。

三．林康侯先生報告：救護隊已由紅會接收，而救護醫院仍希望救護委員會負責辦理。

四．王揆生報告：五團體組織之傷兵醫院訪問團，已於本（四）日下午二時，在本會會議室舉行代表會議（訪問辦法另詳）。

議决事項

一．紅會在南京辦理之五千傷兵醫院，由衞生署勤務部津貼給養；現本市所有傷兵醫院，給養困難，可否請由紅會援例轉請衞生署勤務部予以津貼，議決請林康侯先生辦理。

二．雷樹德報告：第一救護隊於上（十）月二十八日開赴蘇州，旋往崐山接辦崐山醫院，而該地戒嚴司令部因該地傷兵醫院行將他遷,故強制本隊接辦傷兵醫院,議決:由紅會備函,將該院移交軍部.

三. 主席報告:本會經費支絀,日處恐慌之中,議決請主席面晤宋子文先生,請其設法撥助;並定於本星期六(四日)下午六時,在青年會召集各團體會議,請各分頭勸募.

第五十一次幹部會議

時間: 十一月八日下午七時半

地點: 本會會議室

出席者: 顏福慶 蔣君毅 任矜蘋 朱恆壁 金芝軒 任作君 葉植生 吳利國 林康侯 俞松筠 許冠羣 王揆生 王春濤 陳瑀 劉大作

主席: 顏福慶 紀錄: 陳瑀 劉大作

報告事項

一. 根據第三次會員大會議決案,致函中國紅十字會國際委員會,請補助經費(已去函).

二. 請各團體派一代表,組織籌募委員會,向外募捐.

三. 明日有船出口,可以運出傷兵二五〇人.

四. 在法租界黃浦碼頭,可設水上醫院,能容千人.

議決事項

一. 通過第五十次幹部會議錄.

二. 四明公所函虞洽卿先生轉函本會,謂該處傷兵,難以約束,議決:請傷兵管理處派員勸導.

三. 水上醫院,由林康侯先生向市輪渡管理處商借輪船.

四. 煤業公會救護隊請求津貼,議決:十一月分以前所有帳目,送會計師審查後,再爲核定;十一月分以後.則歸紅十字會撥給.

五. 因時局緊張,外交大樓之車輛,無人負責,議決:由俞松筠,或由俞指定負責人員,簽字蓋章後,始可調用.

第五十二次幹部會議

時間: 十一月十一日下午七時半

地點: 本會會議室

出席者: 顏福慶 朱恆璧 許冠羣 林康侯 任矜蘋
俞松筠 吳利國 王春濤 王揆生 葉植生
陳 瑀

主席: 顏福慶 紀錄: 陳 瑀

一.告事項

王揆生報告:請求中國紅十字會國際委員會補助本會經費函,已經發出.

二. 煤業公會救護隊車輛,請求津貼,帳目在審查中.

三. 第二後方醫院,已經結束,水上醫院,因戰局變更,從緩辦理.

四. 吳利國報告:截至本日止,運出傷兵乙千三百〇二人.

議決事項

一. 通過五十一次議決案.

二. 此次運出多數傷兵,虞洽卿先生供給輪船,幫助甚多,應去函道謝.

三. 第三次會員大會,議决請各團體派一代表共同籌募捐款,定於下星期三下午四時,在青年會聚會.

四. 四明公所分發站,暫不結束.

五. 甯波實業銀行傷兵分發站,仍予維持,暫收輕傷士兵.

六. 佛教傷兵醫院如經濟獨立,並有正式醫生負責,本會可允許協助.

七. 十四醫院及其他各醫院,陸續請求結束,議決:請再維持一星期,能合併者,則合併之.

八. 本會殉難醫師及救護隊員撫恤金,應按照前次通過辦法處理.

第五十三次幹部會議

時間: 十一月十五日下午七時半

地點: 本會會議室

出席者: 顏福慶 林康侯 許冠羣 朱恆璧 葉楨生 吳利國 俞松筠 王揆生 王春濤 任作君 金芝軒 陳瑀

列席者: 宋梧生

主席: 顏福慶 紀錄: 陳瑀 吳振之

報告事項

一. 王揆生報告:道謝虞洽卿先生之函,已經發出.

二. 邀請各團體代表商量募捐事宜,函已發出.

三. 接任矜蘋來電話:說明佛教傷兵醫院現有基金萬元,祇需本會略助藥品而已.

四. 宋梧生報告第一醫院經費困難情形.

議決事項

一. 四明公所現已結束,該所器具及床位,議決由庶務處點收後,酌量撥給甯波實業銀行分發站使用.

二. 前借來之車輛,已有失蹤或損壞者,應如何辦理案:議決由交通課酌量辦理.

三. 第廿一醫院現已結束,所有該院服務人員,調往甯波實業銀行分發站服務.

四. 各醫院之情形不同,經濟狀況亦異,現有三數醫院紛請結束,議決由顏主任委員赴各醫院視察現有床位幾何,再作通盤計畫;倘有必須結束之醫院,應先行報告本會,然後視其情形如何,分別處置.

五. 各醫院經費,前因楊總務組長去職,暫由吳代醫務組長代理,茲以吳君事繁,不能兼顧,應交由朱總務組組長負責辦理.

第五十四次幹部會議

時間: 十一月十九日下午七時半

地點: 本會會議室

出席者: 顏福慶 林康侯 朱恆璧 任作君 金芝軒 王春濤 葉植生(任作君代) 王揆生(陳瑀代) 陳瑀

主席: 顏福慶 紀錄: 陳瑀 吳振之

報告事項

一. 顏福慶報告:於十一月一日起,本會規定津貼之各醫院經費如下:

1.第一醫院	國幣一千二百元
2.第二醫院	國幣一千元
3.第八醫院	國幣五百五十元
4.第二十三醫院	國幣一千六百元

二. 又第一醫院有床位二百三十只,第三醫院三百五十只,第五醫院二百只,第八醫院二百八十只,第十八醫院一百只,第十九醫院二百只,第廿三醫院六百只,紅會第一醫院二百只,第三醫院一百只,寶隆醫院一百只,共計二千三百六十床位.

以上各醫院,最後結束,由本會向紅十字會國際委員會請求津貼,每一床位,每日發伙食費國幣五角,以月計算.

三. 陳瑀報告:昨日召集各團體代表籌募大會時,李組紳先生送來六河溝煤鑛公司駐漢口仝仁捐款一千元,郭順先生送來永安公司及永安紗廠仝人捐款一千元,並申明取銷前次代募無名氏一千元捐款.

四. 又昨日召集籌募代表大會時,各代表提議請向紅十字會國際委員會領救國公債十萬元,充作本會費用,當場由林康侯先生等認銷三萬五千元.

五. 又軍事委員會衛生勤務部來函,大意謂本會將來如有困難,該部可以設法補助,並盼函告收容及救治傷兵情形.

議決事項

一. 甯波實業銀行分發站,請龔錫之醫師前往主持,但龔醫師未接事以前,暫由救護隊維持.

二. 向紅十字會國際委員會領公債十萬元,以資周轉.

三. 各醫院於結束時,除借來之物歸還原主外,其餘所有衛生設備儀器什物等件,應造清單,交本會點收,轉送後方應用.

四. 煤業救護隊所請求之修理車輛各費,因價值不符,單據不齊,無從稽核,可淨發津貼若干,以銷前帳.

五. 近來滬區救護工作較少,車輛應予減少.議決:留重傷車一輛,卡車兩輛.

六. 因時局變更,本會幹部會議,無須限定時日舉行,如有事務,由主任委員或祕書長隨時召集.

第五十五次幹部會議

日期: 十二月六日下午五時

地點: 本會會議室

出席者: 顏福慶 林康侯 劉鴻生 許冠羣 金芝軒
葉植生 任作君 王揆生 王春濤 吳利國
蔣君毅 陳 璃

列席者: 吳玉麟 陳榮章 田萼芳 葉晉榮

主席: 顏福慶 紀錄: 陳 璃

報告事項

一. 顏主席報告輸送傷兵問題:大意謂與租界當局交涉,頗願早日將傷兵設法輸送內地等語.

二. 吳玉麟報告赴甯波接洽運輸傷兵情形,大意謂該地軍政當局,對於此間運輸傷兵過甬,不加拒絕但須有辦法,有節制,並盼派專員前往主持其事,彼等極願協助等語.

三. 林康侯報告:因戰綫變更,煤業救護隊中途與本會失去聯絡,損失運輸車三輛,該隊因生活關係,不得已歸入軍醫署衛生勤務部野戰救護隊等語.

四. 田萼芳報告煤業救護隊退出崐山後,及歸入軍醫署衛生勤務部野戰救護隊經過情形;大意與林康侯報告相同.

五. 陳榮章報告第一第二第五各救護隊及紅會駐蘇辦事處人員,因我軍戰略變更後,彼等出死入生,轉輾流離,經無錫宜興宣城等處,始免於難,所有人員,現住宣城等語.

討論事項

一. 運輸傷兵,以甯波綫較爲妥當,今後仍宜由該處設法輸送.

二. 甯波設五百床位,收容滬地傷兵,如不敷收容,再與華美醫院商量,在該院添設床位.

三. 由朱恆璧率職員數人,赴甯波辦理運輸傷兵及添設床位事宜.

四. 請何東爵士女公子,在香港組織傷兵醫院或委員會,凡關粵籍傷兵,可查明送往該處,請何女士設法接收.

五. 派艾世光赴各醫院,通知負責人員,加意治療傷兵,並維持秩序.

第五十六次幹部會議

時間: 二十七年二月十八日下午七時半

地點: 本會會議室

出席: 任矜蘋　蔣君毅　任作君　金芝軒　朱恆璧
葉植生　艾世光

主席: 任矜蘋

議決事項

一. 救護訓練班經費即行移送地方協會保管俟捐款人同意續辦時由地方協會支配

二. 傷兵遺款與遺物移交紅十字會保存另造名册一份呈報軍事當局

三. 餘剩傷兵約六百名分二個月遣送完畢

四. 請艾世光先生爲醫院課代理主任

五. 材料課歸併入庶務課該課職員除俞德林外其餘遣散庶務課留陳天愚一人餘遣散醫院課留傅三才朱紫陽二人餘遣散祕書處留陳瑀一人餘遣散陳瑀津貼每月爲二十元所有遣散各員仍照成案加發津貼一個月

六. 本會報告書編制目次由各委員攜回詳細審查如有意見可用書面說明並請地方協會及紅十字會會長各作序一篇由任矜蘋蔣君毅兩先生負責轉請另應由本會主任委員自行作序一篇

七. 結束時分發謝函再由委員會決定之

各界捐款徵信錄

捐戶姓名	金額
中國紅十字會上海國際委員會	$ 121,222.00
上海市各界抗敵後援會	113,131.57
中華民國紅十字會總會	79,750.00
上海市政府	30,000.00
上海市地方協會	16,400.63
上海市交易所聯合會	6,000.00
上海新藥業同業公會全國新藥業同業公會聯合會上海製藥上業同業公會	5,000.00
海市民食糧調節委員會	5,000.00
周劍雲轉來文化界職業界婦女界教育界同人	3,778.49
上海保險業同業公會	3,000.00
錢新之	3,000.00
陸伯鴻經募華商電氣公司	2,000.00
劉鴻生經募善長公所	2,000.00
第一救護醫院中院附屬醫院*	2,000.00
棉布業同業公會	2,000.00
張度經募赫金公司金古樸	1,600.00
第十二救護醫院*	1,534.62
第九救護醫院*	1,500.00
玉峯	1,046.04
Mr. Grthur Young	1,000.00
上海市米業同業公會	1,000.00
陳竹庵	1,000.00
上海市救濟委員會轉來中西電台播金捐	1,000.00
上海市錢業公會	1,00 .00
三北公司	1,000.00
虞洽卿	1,000.00
上海市商會經募蛋業公會	1,000.00
帥樹芬	1,000.00
李組紳經募六河溝製鐵廠全體員司工友(細數見後列附表)	1,000.00
中西電台播音捐轉入	700.50

捐戶姓名	金額
家庭工業社捐無敵牌牙粉贈券獎金	$ 670.00
胡筠籟 胡筠庵 胡筠秋 胡筠莊	666.67
揚子舞廳	684.90
北貨業同業公會	500.00
蕭新和號	500.00
汪潛太夫人	500.00
徐貴生	500.00
郭順經募永安百貨公司	500.00
郭順經募永安紡織公司	500.00
蛋業公會	500.00
救護事業協進會	455.75
上海中學	403.34
上海市商會經募典當業同業公會	400.00
新永安華通輪船船東	363.54
國民一份子	300.00
上海太古輪船公司華職員	273.80
大同大學	265.30
敬記	250.00
陳有成 閻希孟 儉省結婚費	250.00
張時雨親友所賜賻金移助	250.00
俞迪先 何惠鈞 涂忠明	200.00
上海市商會經募潮糖業雜貨業同業公會	200.00
朱靜安	200.00
黃大訓堂	200.00
上海市保險業同業公會	200.00
上海木材業同業公會	200.00
鋼條舊鐵業同業公會	200.00
劉誠	200.00
蔣本華老太太	200.00
胡萊記	200.00
永安紡織公司第三廠同人	186.00
上海大新有限公司	150.00

捐戶姓名	金額
上海基督教聯合會轉聖約翰大學禮拜堂非常時期服務捐	$ 150.00
馬良記	150.00
上海基督教聯合會	131.10
中華職業學校全體學生	122.70
蔡承新經募中國銀行同人(細數見後列附表)	120.00
位育小學校全體學生	109.60
李照生錢永富馬東發及四馬路菜場123層全體菜販	108.95
先施公司同人	102.49
大夏中學	101.52
信誼製藥廠	100.00
中法大藥房	100.00
新亞製藥廠	100.00
上海市藥業同業公會	100.00
衞五姑	100.00
金元	100.00
游記	100.00
張蓉珍	100.00
胡博淵	100.00
董梅舫	100.00
趙新民	100.00
于守裕	100.00
江蘇省農民銀行上海分行	100.00
中國旅行社移捐遊覽團一部團費	100.00
上海市醫師公會	100.00
上海市北貨業同業公會	100.00
上海市銀行業同業公會經募惠中銀行	100.00
上海市銀行業公會經募惇敍銀行	100.00
上海市商會	100.00
何德奎經募某女士	100.00
人造絲公會	100.00
諸廣泰	100.00
上國工商誼記橡膠廠員工	100.00
郭元太同人	$ 100.00
俞氏代席金	100.00
揚州國貨公司全體同人吃粥移助	100.00
鄭積記	100.00
無名氏	100.00
遠東舞廳	88.24
京滬公路管理局駐滬辦事處	87.00
麥倫中學全體教職員學生	75.54
中一信託公司	75.00
順餘油廠同人	70.00
持志學院	70.00
唐華滔	66.00
楊樹浦班達蛋廠同人	63.20
統一旅社賬房間經募(細數見後列附表)	62.50
四明銀行南京路支行同人	62.00
葉遇春	60.00
楊宅	60.00
暨南大學教職員	57.00
德士古公司帳務部華員	56.00
聖德小學校全體師生	54.18
王大中	50.00
朱蓉莊	50.00
渣華郵船公司同人	50.00
夏大金	50.00
汪燦文	50.00
陸守記	50.00
應書貴	50.00
廣記	50.00
璋記	50.00
禾記	50.00
池記	50.00
金氏	50.00
陳楚湘	50.00
王家瑞	50.00
曹慶華	50.00
顧少卿	50.00

捐戶姓名	金額	捐戶姓名	金額
尤松林	$ 50.00	張紹林	$ 25.00
Mrs. J. H. Buetespark	50.00	益興印務局	25.00
綢業銀行綢業銀行同人	50.00	華順碼頭同人	22.93
中華基督教青年會全國協會	50.00	業餘抗敵救亡會經募	22.64
潘伯都	50.00	法租界平濟里路一號二號避難房客	21.50
震升裕木行同人	50.00	崇德女校初中一年級學生	21.00
胡永欽	50.00	赫德聖道女學校	21.00
盧翟榮貴	50.00	元和醬園同人	20.50
上海方氏家族聯歡會	50.00	同發成鳳莊	20.00
姚延寧	50.00	吳先生	20.00
五豐莊	50.00	公信會計師事務所	20.00
中華職業教育社同人	46.88	徐采承	20.00
進德女子中小學學生	43.00	中華書局	20.00
同章綢莊同人	40.00	上海市桂圓業同業公會	20.00
正記號同人	40.00	上海國產顏料什貨業同業公會	20.00
鴻章批發所同人	40.00	丁志熊	20.00
孔姚偉文	40.00	周仲穀	20.00
汪槃眞願	35.00	樂羣聚餐會	20.00
寧紹人壽保險公司	32.00	謝寶樹	20.00
中法大學教職員	31.00	志興寶號	20.00
霍士頓同人	30.50	茂盛寶號	20.00
嚴成德	30.00	義豐泰號	20.00
蘇信孚	30.00	義成行	20.00
慶大莊同人	30.00	汪春孝王太太	20.00
P. Frity	30.00	華洋藥房同人	20.00
中華民國全國新藥業同業公會	30.00	江海關流星船	20.00
國立同濟大學	30.00	邵衣雲邵耕莘	20.00
李麗水	30.00	澄衷中小學校	20.00
王德福	30.00	上海市新藥業同業公會	20.00
上海市商會經募三民皮革廠	30.00	巴黎華僑救國會	19.91
福源錢莊同人	29.00	公共汽車公司機務部	18.30
成都路四六〇號美兵營華人	26.65	青華中學小學學生	18.10
上海金城工業社	26.55	錢冲甫	17.00
徐亞男	27.84	墓僑宅	17.0
崇德女子中學校	26.20	恆益興	16.0
無名氏	25.00	蔣治梅經募(細數見後列附表)	16.0
保和堂	25.00	暨南大學中學部教職員	16.00
陳楚藩	25.00		

捐戶姓名	金額	捐戶姓名	金額
劉興泰　韓雙喜	$ 15.10	王蒐衞	$ 10.00
德記	15.00	陳建孚　范金生	10.00
恭壽堂丁	15.00	徐永海	10.00
無名氏	15.00	趙張錦煥	10.00
惠中中學	15.00	汝南氏	10.00
澄衷小學校	14.47	殷更福	10.00
胡開文益記	14.44	魯爲	10.00
翁宋張許林潘郜繆卓胡鄒馬劉	13.00	無名氏	10.00
英商電車公司路線部同人	13.00	同潤莊同人	10.00
僑光中學	13.40	怡大莊同人	10.00
榮茂洋行車間同人	12.60	柴榮昌	10.00
陳勛君	12.00	王小姐	10.00
艾世光	12.00	金華淨渠頭五四號王度	10.00
密勒轉運公司扛力苦工	11.30	王麗芳	10.00
生活書店	10.59	俄人沙赫納塞耳養	10.00
文學社	10.10	張永富	10.00
老慎大號	10.00	黃椿庭	10.00
鴻文書局	10.00	曹鳳藻經募河濱大廈同人	10.00
徐幹卿	10.00	張茂興	10.00
徐慈順	10.00	裘志成城	10.00
汪太太	10.00	郁老太太錢國鈕太太劉伯羣小姐朱祖榮太太周明軒太太	10.00
蘇復記	10.00	和衷中學	10.00
邵曹澄德邵俞氏邵芝芯邵素珍	10.00	上海法學院	10.00
戴玉麟	10.00	謝克肇	10.00
周玉記	10.00	汪裕泰第三分號	10.00
闞羅郭趙譚黃	10.00	生活書店同人	9.31
徐振東	10.00	楊文昭　蘇逸清	9.00
孫瑞璜	10.00	林富德	8.16
康錢莊	10.00	沈任記	8.00
一德堂	10.00	殷壽彭　殷壽璋　殷壽成	8.00
張應禮	10.00	王楚材　王葆仁	8.00
顧毓琦	10.00	梁先生	8.00
陳冠傑夫人	10.00	凡爾登乾洗商店職工	8.50
毛伯庸	10.00	新寰第二小學六年級全體同學	7.90
上海市典當業同業公會	10.00	上海中學	6.42
華商捲烟廠同業公會	10.00	王敬安　俞鏞若	6.00
中華職業教育社	10.00	中一信託公司同人	6.00
靜峯海峯	10.00		

捐戶姓名	金額	捐戶姓名	金額
陳驛基 沈子良 郭鳳慶	$ 6.00	胡鋮英	$ 5.00
倪少庭 陸桂蓀 王炳生	6.00	同章綢莊同人	5.00
李善慶	6.00	朱世英	5.00
靜園路林府	6.00	朱秉璋	5.00
天民米號	5.50	闞祿昌 盧淑燕 翁玉書 許宅	5.00
高彩靈	5.00	蔣黎	5.00
姚志剛	5.00	畢德興號同人	5.00
湯佩佩	5.00	張韶九	5.00
誠昌粵莊	5.00	張曙	5.00
羅揚	5.00	胡雪記	5.00
汪伯琪	5.00	吳裕民	5.00
王長生	5.00	沈翹生	5.00
姚佐頓	5.00	薛家麟	5.00
姚陳豔	5.00	李榮青	5.00
朱尙和	5.00	陳燕停	5.00
劉太太	5.00	龔正棣 沈蓉藕	5.00
張女士	5.00	某君	5.00
董遜	5.00	王顧氏	5.00
鄭績臣	5.00	曹芝軒	5.00
陳鶴生	5.00	趙志麐	5.00
棉紗肩客	5.00	沈培乾	5.00
朱仰高	5.00	陳鐘堅	5.00
范吉生	5.00	吳德蘭	5.00
賀友梅	5.00	鄧褒理	5.00
上海市公共租界納稅華人會	5.00	顧太太	5.00
誠靜怡	5.00	郭永斌	5.00
高伯蘭	5.00	吳德慶	5.00
崔憲詳	5.00	邱某	5.00
俞綬蓀	5.00	上海電力公司楊樹浦廠打樣間	
龔志祥	5.00	及銅匠間員工	4.00
闞澤林	5.00	周福臻	4.00
朱學禮	5.00	鍾志和	4.00
馬禮華	5.00	敦仁堂	4.00
顧榮生	5.00	袁公館	4.00
王文楚	5.00	范永瑞	3.40
汪西三	5.00	蘇民初級職業學校	3.10
孫亦聰	5.00	桃李社	3.20
杜氏	5.00	陳景華	3.00

捐戶姓名	金額	捐戶姓名	金額
中國永安化學工業社同人	$3.00	武劉氏	$2.00
周定九 徐鈺生 謝寅初 陳鶴年	3.00	鄒秉彝	2.00
費紀元	3.00	孔祥齡	2.00
徐正元	3.00	無名氏	2.00
全卓人	3.00	蘇芳桂	2.00
汪祖倫	3.00	三達永記	2.00
張樹春 劉昌林 湯志營	3.00	吳霍氏	2.00
金顯宅	3.00	吳文氏	2.00
徐之鳳	3.00	成玉春	2.00
錢影茂	3.00	沈善瑛	2.00
中德醫院	2.96	汪華	2.00
馬士交	2.50	朱根記木號	2.00
李秀青 李之杭	2.40	陸欽頤	2.00
陳錦榮	2.06	祝太太	2.00
鄧子京	2.20	吳干樵	2.00
韓志德	2.30	張國強	2.00
葛敬玉	2.08	李蔭培	2.00
邱祖衡	2.00	金宋杰	2.00
戴巧生	2.00	王懷德	2.00
吳君 鄒君	2.00	無名氏	2.00
傅唐戴	2.00	吳永全清	2.00
岳誠	2.00	蔡月清	2.00
沈兆其	2.00	陳卓人	2.00
王氏	2.00	潘仰堯	2.00
柳氏	2.00	中國油燈公司	2.00
天華堂同人	2.00	陶公館	2.00
新泰莊	2.00	王紀源	2.00
姚芝壽	2.00	張根生	2.00
張立倫 董清濂	2.00	季贊育	2.00
程太太 謝彩定 謝彩美 謝彩龍	2.00	謝受靈	2.00
任仲賢	2.00	蔣漢傑	2.00
孫德祥	2.00	陳正華	1.93
傅朗夫	2.00	李承鈞 喬太太	1.60
紀心田	2.00	徐惠文	1.25
史振祥	2.00	唐阿三 王媽	1.20
唐志玲	2.00	李媽 周媽 呂媽 孫媽 戴媽 阿二	1.20
康桂森	2.00	吳旭初	1.20
孫先生	2.00	張吳氏	1.10

讀者注意：第254頁後接入256頁　第256頁後接入255頁　第255頁後接入258頁　第258頁後接入257頁　第257頁後接入259頁

第289頁末第二行共計收入國幣一萬三千二百九十四元一角七分誤排一萬三千一百九十四元一角七分特此更正

各戶經募附表

捐戶姓名	金額
李組紳經募六河溝製鐵廠全體員司工友	
程亞青	$ 200.00
張松齡	200.00
洪韻	20.00
李西孟	20.00
朱子江	20.00
譚根	20.00
楊振古	10.00
周敵民	10.00
丁子培	10.00
吳陸緒	10.00
馬靜齋	10.00
孫國全	5.00
白蔭章	5.00
安朝俊	5.00
馬彩俊	5.00
周自定	5.00
郝履仁	4.00
高造元	3.00
龔友眞	2.00
李佩卿	2.00
林位莊	2.00
王明之	2.00
孫文煜	2.00
劉忠文	2.00
鄭達生	2.00
沈禹九	2.00
王德本	2.00
徐聞天	2.00
徐全祥	2.00
鄭子貴	2.00
樂伯遠	2.00
許榮光	2.00
陳玉康	2.00

捐戶姓名	金額
袁洪禮	$ 2.00
俞汝孚	1.00
徐惕安	1.00
王之璧	1.00
趙之英	1.00
易大元	1.00
李紹康	1.00
伊炳麟	1.00
佘大清	1.00
朱鼎銘	1.00
王彩臣	1.00
周業禮	1.00
袁業洙	1.00
陸永龍	1.00
陳長樑	1.00
陸樹仁	1.00
李維新	1.00
朱堅伯	1.00
李自翔	1.00
孫楚琴	1.00
職工學校公積金	370.20
廠警	16.80
蔡承新經募中國銀行同人	
馮仲卿	9.00
蔡承新	5.00
程慕灝	5.00
席頌平	5.00
陸象暹	5.00
經潤石	5.00
宋美揚	5.00
潘久芬	5.00
謝峻岳	2.00
戴國榮	2.00
劉旦孚	2.00

捐戶姓名	金額	捐戶姓名	金額
氶和里九號	$ 1.10	生記	$ 1.00
無名氏	1.03	聶雲之	1.00
唐君	1.00	韓太太	1.00
黃育仁	1.00	費玉龍	1.00
華立銘	1.00	無名氏	1.00
陳瑞發	1.00	魏蓮如	1.00
錢嫣	1.00	王崙源	1.00
應用玉	1.00	陳振庭	1.00
劉氏	1.00	曹興甫	1.00
徐氏 陳氏	1.00	華一亭	1.00
徐氏	1.00	蔡榮根	1.00
羅劍華	1.00	朱啟勳	1.00
胡佩章	1.00	朱叔儀	1.00
陳太太	1.00	李植壽 沈小康	1.00
郭玉海	1.00	葉善定	1.00
陳仲濂公館	1.00	鄭文	1.00
董鎮彬	1.00	夏太太	1.00
李善礎	1.00	李則鑾	1.00
無名氏	1.00	誠惠懋	1.00
唐君	1.00	楊管候	1.00
陳啟娥	1.00	聯和中學全體師生	.78
吳炳章	1.00	李亦成蔡金許徐南百	.70
周連根	1.00	王墓陶	.60
孔汪志	1.00	石源鐘	.50
王學詩	1.00	張雷寶	.50
西先生	1.00	高懷水	.50
T. Elic	1.00	公記	.50
俞時霖	1.00	朱仕欽	.50
王岳林	1.00	王先生	.40
何銀根	1.00	孫以中 鍾安度	.40
姜富根	1.00	顧篤洪	.30
馬友梅	1.00	虞福章	.30
聞人昆 徐堯欽	1.00	朱先駿	.30
謝寅初	1.00	無名氏	.24
陳記	1.00	璩益生	20
沈雲弟	1.00	陳祝	.20
馬敬義	1.00	上海市地方協會戊種統一公債票面	1,000.00
孫裕生	1.00	楊子雅乙種統一公債票	60.00

以上共計國幣430,951.24 (內6,000.00入救護訓練班項下) 統一公債1,600.00

註 凡有*之醫院,並不向本會支取經費,故轉入之數作爲捐款.

捐戶姓名	金額	捐戶姓名	金額
張選青	$ 3.00	于慰霖	$ .50
丁景梅	2.00	陳善富	.50
陳補生	2.00	吳復興	.50
裘德潤	2.00	張洪記	.50
謝萬芳	1.00	馬萬生	.50
張玉麟	1.00	于來擎	.50
張秀琴	1.00	美麗	.50
陳順根	1.00	三圂	.50
孫開銳	1.00	朱君	.30
張宗超	1.00	三十一號	.30
楊金山	1.00	趙阿如	.20
沈炳賢	1.00	郝君	.20
金維賢	1.00	郭炳榮	.20
陳君	1.00	許文俊	.20
丁景龍	1.00	周紹根	.1[illegible]
劉純耕	.50	蔣治梅經募	
張阿才	.50	張茂興	1.00
張阿富	.50	郭連生	1.00
施阿照	.50	李振良	1.00
卓榮生	.50	徐占甲	1.00
陳阿根	.50	徐再興	1.00
王三連	.50	周鳳舞	1.00
鐘春林	.50	汪培賢	1.00
沈阿炳	.50	陳榮壽	1.00
毛阿炳	50	沈臨富	1.00
徐錦孝	.50	朱世德	1.00
張阿發	.50	馬小根	1.00
周松壽	.50	金富明	1.00
張阿炳	.50	周老四	.50
蔣阿四	.50	賀阿三	.50
徐阿大	.50	張焜崙	.50
施順鵝	.50	錢中山	.50
郭在鎬	.50	蔣治梅	2.00

捐戶姓名	金額	捐戶姓名	金額
陶叔之	$ 1.00	陳澄清	$ 1.00
葛冰谷	1.00	朱逸耕	1.00
樊兆瓏	1.00	曹振昭	1.00
洪漢覲	1.00	徐照生	1.00
何梅城	1.00	廉耀鑫	1.00
陶晉丞	1.00	嚴志強	1.00
王序之	1.00	經泰來	1.00
徐寶楹	1.00	程秉耕	1.00
徐樂壽	1.00	洪家秀	1.00
瞿頌嘉	1.00	龎學境	1.00
宋雲舫	1.00	夏憲謂	1.00
張筱衡	1.00	姚杏元	1.00
張永昶	1.00	楊世儀	1.00
汪也六	1.00	李壽康	1.00
余英傑	1.00	田亮耕	1.00
范希郁	1.00	張家頤	1.00
孫愷初	1.00	張茂鈞	1.00
徐煒如	1.00	施錦濤	1.00
顧惠民	1.00	唐天保	1.00
盧振達	1.00	潘振民	1.00
洪政潤	1.00	蔣保善	1.00
蘇如松	1.00	李紹光	1.00
謝學章	1.00	蔣仁良	1.00
謝祥伯	1.00	于闓寶	1.00
陳淵嵐	1.00	湯慶熊	1.00
周冰心	1.00	侯福翔	1.00
白尊五	1.00	江善澄	1.00
李公臨	1.00	陸鴻疇	1.00
邵時武	1.00	楊善同	1.00
吳其蔚	1.00	胡毓芳	1.00
曹勤宇	1.00	董金涵	1.00
鄭學恆	1.00	盛善本	1.00
李述絢	1.00	統一旅社賬房間經募	
陳麟熙	1.00	丁葆華	10.00
倪表東	1.00	陳國祥	5.00
方逸如	1.00	陳老太太	5.00
王曾書	1.00	王雪棠	5.00
陳振聲	1.00	赫瑞臣	3.00

各界捐助物品徵信錄

姓名（團體名稱）	品名	數量
中法藥房	人丹	五千包
祝紹煌	醫療器械	十七件
陳瑞白	紗布，棉花，硼酸	各十磅
	雷勿諾兒	四分之一兩
彭祖燊　王昌年	藥棉	十磅
	絆創膏	二筒
	碘酒	一瓶
	紗布	一磅
	綳帶	三籃
宋少卿	活佛水	四百瓶
中英大藥房	急救包	一萬只
五洲大藥房	急救包	二萬只
海關華員戰時服務團	口罩	九百六十八只
	棉花	三十六磅
	白油	三十七磅
	火酒	二十五磅
上海市地方協會	汽油	一百加倫(交運輸股)
袁先生	大小衣服	十件
卓隆暉	新棉被	五十條
	夾青心	三十七件
德泰行	馬達油	十加倫
陳公館	棉背心	三十件
上海市慰勞委員會	熱水瓶	十七打半
	行軍床	七只
	枕頭	二只
	破蓆子	三條
	被單	十八條
	信封	十扎
	信紙	三十刀
	鉛桶	四十只
	陶器茶壺	六把
	枕頭（連心子）	一百二十四只
	傷兵衣	一千〇十八件
	帆布床	一只
	玻璃杯	二十一打又十只

姓名(團體名稱)	品名	數量
上海市慰勞委員會	線毯	五條
	木塞	一合
	鴨絨墊	二个
	亞林沙而	五十瓶
李涂錦	襯衫	六件
	衞生衫袴	四套
	絨線馬夾	二件
	毛巾布袴	二條
	汗衫袴	一套
陸根翔	大小白布袋	五十五只
聞斌揚	史德華拾燈收音機	一只
	過電變壓器	一只
陳道生 張正良 陳舜文 金明達 俞讓寶 陳阿華	紗布口罩	七〇隻
逸名	線毯	一條
	棉被	一條
唐福生	紗布口罩	二十八只
王李璐璩	新舊棉絮心	十一條
中華書局印刷所	橡皮布	十五捲
朱和尙	絲棉背心	六件
孫鶴年	衣服	五件
吳公館	大小舊衣	百五十件(轉救濟會)
吳公館 徐公館	棉被	四條
同和當	棉被	五條
瑞康當	棉被	五條
顧公館	舊衣	十一件
上海市慰勞委員會轉來 鴻章紡織染廠	紗布	五百疋 轉中國紅十字會總會
	藥棉	二千磅 轉中國紅十字會總會
公信會計師事務所	收入傳票	二本
	支出傳票	五本
	轉帳傳票	二本
容錫康	四燈收音機	一架
成康當	棉被	四條
乾泰當	棉被	四條
吳春香 王桂香	棉被	二條
桑文瀾	白漆木架床	三十三只(轉紅十字會總會)

姓名(團體名稱)	品名	數量
粲文	舊衣	一百四十四件 (轉救濟會)
	舊鞋子	十二雙
	艸墊	三十三只
	棉被	二十二條
	褥子	七條
	枕頭	十二个
	面盆	二十七只
	大小洋磁盆	二十七只
	小口杯	二十六只
丁太太	蘋菓	七十八只
北新書局	單衣袴	一百套
胡自修	面衣(連帽)	一套
張公館	棉背心	十六件
藍瀫記	舊鐵床	一只
鄭太太 鄭學詩	絨內衣褲	三十套
杜王穎如	軍毯	一條
謝銘錦	棉被	十條
宋春濤	英凰牌五燈機	一座
潘太太等五位	棉被	四條
	衣服	二十三件
董先生	舊衣褲	三件
高培良	背心	三十件
姚先生	草墊	一件
李國鈞	急救包	一千只
胡太太 陳全文	餅干	二紙包
王先生	雨衣	一件
吳先生	衣服	八件
潘繼長	襯衫西褲西衫皮帶等	十件
吳公館	急救包	一百只
光裕體育會	痧藥水	一小箱
德盛祥貝先生	棉被	二十條
靜安醫院	小茶壺	十把
	漱口杯	五只
	大小碟	十一只
	小痰盂	八只
	玻璃杯	十九只
	草布拖鞋	九雙
	玻璃便壺	一把
	藥膏罐	十只

姓名（團體名稱）	品名	數量
靜安醫院	磁便盆	六只
	飯碗	七只
	茶杯	四只
	熱水瓶	七只
	痰盂	六只
	小玻璃缸	二只
	枕頭	十四只
	枕套	十四只
	棉被	十條
	褥子	八條
胡文古	棉被絮	二條
傅集霖	單衣	五十件
	枕頭	廿六只
忠記	棉襖褲	四十四件
	雜衣	廿四件
公記寶號	本布	一疋
無名氏	急救包	二百十包
元大油行	棉背心	六件
周毓麟	急救包	二百只
金家佟	棉背心	十件
陸榮寶	急救包	十包
葉鳳英	急救包	五包
金惠民	印度油	五打
孫耀庭	印度油	五打
俞守正	印度油	五打
汪介卿	印度油	五打
元利莊	印度油	三打
高雲翔	印度油	二打
邵彭壽	印度油	一打
呂葆元	印度油	一打
王美春	印度油	半打
汪泰崇	印度油	二打半
盛鶴齡	開刀床	一只
周志安	開刀床	一只
源泰興 陸興泰 陸源泰	開刀床	一只
穆耆坤	衣服	十五件
信誼藥廠	急救包	一萬隻
五洲藥房	急救包	二萬隻
中英藥房	急救包	一萬隻

姓名(團體名稱)	品名	數量
劉念慈	照相簿	二本
	貼像角	四盒
陳聖文等六人	口罩	四十八只
嵇鯤生	棉毯	二百條
	棉背心	二百件
	白米	三包約四担
八一三救亡協會	急救包	一千四百念隻
奚培根等	傷兵襯衫褲	四百十件
趙先生	草鞋	九十六雙
濟華堂藥房	急救包	一萬包
南洋藥房	急救包	五千包
周宅關宅	棉背心	十四件
酈埛立	雨衣	二件
老愼大朱桂山	背心	七件
上海教育界戰時服務團	絲棉背心	九件
	棉背心	二十件
	紗布	三疋
	繃帶	二百六十捲
	棉被	十條
	棉絮	十條
陳夏	衣服	八件
劉俊卿	印度油	二打
陸孝桃	印度油	半打
林長興	印度油	三打
曹瑞元	印度油	二打
汪泰嵩	印度油	二打半
林云海	印度油	一打
林慧玉	印度油	一打
魏梅章	印度油	五打
張仲芳	印度油	二打
鐘聖行	印度油	一打
上海市新藥業仝業公會	急救包	五千包
新亞藥廠	海羅因	五十九盒
徐太太	白繃布	五丈五尺
張耕珊	來蘇而	一磅
	草麻油	三磅
	義克多	三磅
	硼酸	一磅
	查養粉	一磅

姓名(團體名稱)	品名	數量
	瀉鹽	五磅
	蘇打	半磅
	阿士匹	一磅
上海市抗敵後援會	棉被	一百條
	枕頭	三十只
	褥子	五十條
第八急救隊轉來	汽油	一聽
啟明女學	單布衣褲	十二套
	繃帶紗布藥棉花	各一包
唐張氏	棉背心	八件
Mr. Roshalt	皮毯	一條
	馬褲	一條
	雜誌	十九本
姚畬葆	棉被	十條
	水壺	三只
戰時捐品調濟協會	棉毯	一百條
	棉背心	二百件
王耀邦 王湘林	餅干	一大聽
太平洋藥房	急救包	二千只
華成西藥行	止痛油	二十三打
太和藥房	急救包	五千只
沈芹華	急救包	一百只
艾世光	棉被	五條
無名氏	體溫表	二打
周允鈞	棉背心	五十件
劉先生	棉背心	二件
謝公館	急救包	一百只
伏志英 伏老太太 湯太太 范素琴	急救包	八十四只
張，蘇，蔡先生 席太太	急救包	三十三只
蔡太太	急救包	十三只
王友艮 金媽 姜媽 張金氏	急救包	八只
劉秀蓉 陳素琴 常老太太 李媽	急救包	四只
卓先生	急救包	五十八只
范先生	代募急救包	二十二只
慰勞委員會	棉被	五十條
陸潤芳	印度油	二打

姓名（團體名稱）	品名	數量
唐春濤	印度油	二打
孫霞芳	印度油	二打
陳杏娟	印度油	一打
馮瑞珠	印度油	一打
沈仲鑫	印度油	二打
徐耀章	棉衣	十六件
濟華堂	急救包	一萬只
集成藥房	急救包	三千只
大陸藥房	急救包	二千只
大華	急救包	二千只
無名氏由艾世光先生轉來	被絮	二條
	被	二條
	毯	一條
	小褥	一條
上海市慰勞委員會	便壺	二十四只
	草拖鞋	二十雙
	小床墊	一條
	牙刷	一千二百六十七支
慕爾堂張壽珍	背心	二十二件
馬公館	傷兵衣	四件
朱興昌	口罩	十只
王興棠	口罩	五只
大中華	勝利鞋	五十雙
正始中學校	棉背心	四百三十件
	蔴袋	十只
王振甫	急救包	五十只
王晉韓	急救包	一百只
同孚路八〇四號諸先生	饅首	一千二百個
嚴先生	柳安木床	一具
董小姐	生梨	一籃
	蘋果	一籮
周志炎	餅干	二十包
上海市鋼條舊鐵業	急救包	一千只
上海市地方協會轉	麵包	二萬只
	抗敵餅	一萬枚
張公館	棉被	二十條
孫公館	棉被	三條
愛國者	棉馬甲布	二疋
周女士	棉被	三條

姓名（團體名稱）	品名	數量
顏福慶夫人經募非常時期難民救濟委員會上海市分會	絨花毯	四十條
	棉背心	四百件
上海市地方協會	棉馬甲	五百件
華生電器廠	急救包	二千只
上海市慰勞委員會	棉被	三十條
任坤祥	襪子	二打
葉植生 俞卓初	急救包	二千只
宋春濤	急救包	五百只
宋浩，瀛，湛，澄，	急救包	四十只
張媽	急救包	三十只
莊媽	急救包	二十只
潘媽	急救包	十只
汪庶英經募	急救包	二百只
馬佩珍經募寶華火油公司仝人	急救包	六十只
南京協社	十公分色素汞	廿五瓶
潤大車行屠潤才	口罩	念只
楊士珍	毯子	一條
陳先生	另星蔴布	一扎
上海市地方協會轉來	棉被	八十條
李駿孫	急救包	一百只
地方協會轉	棉背心	四百件
無名氏	舊衣服	卅六件
	水壺	一只
	乾糧袋	一只
	帽子	一只
上海市地方協會轉來沈慧珍	七成金戒	一只
上海市地方協會轉來邵貞棠	銀飾物	四件
吳蘊齋	雲南白藥	四十瓶
華福製帽公司	急救包	一百五十只
上海市地方協會轉來	棉襖褲	五百十套
	棉襖	八十件
	棉大衣	一千件
	棉背心	四百件
	汽油	一百五十加倫
	機油	十五聽

姓名（團體名稱）	品名	數量
德大寶號	蓆子	五十條
兵站辦事處轉	抗敵餅	三萬枚
紅十字會總會	棉襖褲	二百套
	傷兵褲	二百四十條
大利麵包公司	麵包	一千只
蔡芝元	雨衣	四件
徐翔孫	急救包	一萬二千只
上海市慰勞委員會	棉背心	三千件
	絨線衫	七百五十七件
	舊衣服	七百四十一件
	舊衣	一包
	棉絮	十五條
	棉被	一百零八條
	枕頭	五只
	軍用毯	十一條
	長形熱膠	二十塊
	台根水	四瓶
	阿特林	卅瓶
	痛必林	二瓶
	甘露消毒藥	一箱
	硼酸粉	一瓶
	消毒水	四瓶
	醋鉀酸片	二瓶
	退熱片	一瓶
	棉布	九疋
	舊布	十一幅
	紗布	七十八磅
	又	十七包
	繃帶	一百十捲
	又	一袋
	綁布帶	二條
	慰勞袋	八百五十六只
	毛巾	三百四十一打〇八條
	手帕	四十條
	牙粉	六瓶
	面盆	三只
	調匙	一百〇五只
	各種肥皂	三百四十五塊

姓名（團體名稱）	品名	數量
上海市慰勞委員會	脚踏車	五輛
	打氣筒	九只
	碘酒	一百廿七瓶
	酒精	七瓶
	止痛水	四瓶
	藥棉	一百十三磅
	又	十五包
	乾糧袋	七只
	金鷄納霜	四瓶
	藥特林	一瓶
	安痛錠	六瓶
	抗痛	十二瓶
	紅藥水	八十六瓶
	橡皮膏	四筒
	又	六十六捲
	凡士林	一聽
	雙氧水	十五瓶
	止血水	九瓶
	萬應止痛散	廿八瓶
	阿司疋林	二瓶
	腸固當	七瓶
	福百龍	一瓶
	小白蘭地	九十六瓶
	清腫膏	一聽
	衞生褲	廿六條
	布鞋	十雙
	絲棉被胎	廿條
	棉花	廿七包
	又	十二斤
	舊鞋	二百廿五雙
	襪子	三百三十一雙
匯泰麵包公司	麵包	二百五十只
王子堅	奴佛卡因	一小筒
	藥棉	十包
宗政叔	棉夾衣	四十六件
地方協會	大小白布	七疋
慰勞委員會	新棉胎	八十二條
汪子良	舊衣	十八件
上海市衣業公會	棉襖褲	卅套

姓名（團體名稱）	品名	數量
大中華橡膠廠	力士鞋	二百雙
王紹成 曹信元 曹慶榮 鄒德鈞 王德槐 韓永存	罐頭食品	九十聽
王甫堂	棉背心	十五件
七十五軍駐滬辦事處	急救包	一萬二千三百七十只
	棉馬夾	八百四十件
	口罩	三千七百四十只
地方協會轉	棉背心	四千件
	白布	大小六疋
	衞生衫	九十件
	跑鞋	九十雙
吳寶泰同仁	麵包	三百六十只
地方協會轉來	棉襖	二十七件
	棉褲	廿八條
無名氏	棉被	十四條
啟明女學轉來	傷兵衣	十三套
	綳帶布	二包
	藥棉紗布	二包
	棉球	二小盒
地方協會轉來	棉被	廿條
	棉絮	廿四條
恒豐提莊	棉被	三十六條
福泰衣莊	襯衫	六十件
泰興公司（第六急救隊轉來）	急救包	一千只
中國婦女慰勞會	棉背心	一千一百件
上海市熱水瓶製造業同業公會	熱水瓶	七百廿只
鍾慈記	麵粉	四袋
上海女青年會	被絮	七條
	棉被	五條
	枕頭	十三只
上海婦女會	綳帶捲	七紮
	紗布塊	一千塊
星星教育用品社	毛巾	十二打
慕爾堂方牧師	白飯	二千四百斤
萬源祥	絨布	二匹
	白花旗布	小半匹
中國婦女慰勞會上海分會	毛地黃注射液	四盒

姓名(團體名稱)	品名	數量
中國婦女慰勞會上海分會	IedoFon A mp	四盒
	咖啡安息香酸注射液	一盒
	嗎啡針	二盒
	阿托品針	五盒
	番木鼈素針	三盒
	阿托品嗎啡針	一盒
	Coadulen	一盒
	福白龍	四盒
	康福那心	六盒
	蒸留水	六盒
	絲線	十一打
	金鷄納霜丸	一千五百粒
	氯仿	二磅
	氯化鈣	二磅
	碘片	二磅
	醇柳酸	三瓶
	紅溴汞液	一百四十五瓶
	樟腦注射液	十二盒
	可勞丁	一盒
	止血藥	十四盒
	碘酒	十一瓶
	硼酸	廿一磅
	高嶺土	廿磅
	石炭酸	八磅
	Saleacetin	十二管
	聽診器	二只
	剪刀	十四把
	子彈拑	六把
	棉花	三百六十七磅
	小卷棉花	廿四卷
	紗布	四疋
	又	四十磅
	小卷繃帶紗布	四十六打半
	繃帶布	二磅
	急救包	二千〇五十只
	鉗子	三把
	橡皮膠	四筒
	氯化一燒基	三管
	Electragoi	二針

姓名（團體名稱）	品名	數量
中國婦女慰勞會上海分會	針頭	六只
	毛地黃酊	二磅
	昇汞片	二磅
	氯仿紗布	四磅
	過錳酸鉀	廿三磅
	澱粉蘇	一磅
	酒石酸鉀	一磅
	醋酸鉀	一磅
葉鼎韻	雜衣	十五件
沈貽德堂	急救包	五百只
嚴熙記	急救包	一千只
朱如山	急救包	五百只
李晉瞻	急救包	三百只
嚴春和	急救包	七百八十只
中國婦女慰勞會黃定慧女士轉來	急救包	一千八百只
	衫	二十套
	襪	四百八十雙
上海市慰勞會轉來棉布業工會德豐祥寶號	白紗布	九百疋
同豐公司	常州白坯布	一百五十疋
義生寶號	白粗布	一百二十疋
德源寶號	白粗布	四十疋
施先生	棉背心	十件
陳先生	棉背心	十件
上海市慰勞委員會轉來	棉背心	一千九百六十五件
楊濬盦	急救包	一千只
吳序新	急救包	一千只
臧守愚	急救包	五千只
李家獻	急救包	五千另五十七只
啟明女學	紗布藥棉棉球	一包
	繃布捲	七十四只
洪彬財	棉被	一條
青年會轉來	棉馬夾	五百九十二件
龐衡平	急救包	五百只
鍾先生	舊雜衣	十件
清性記	急救包	五百只
舒良濟 舒何華媛	舊單衣	六件
	舊棉褲	一條
	新棉襖褲	二套

姓名（團體名稱）	品名	數量
普安公司	青菜	二十七蔴袋
九福公司	急救包	三十只
金椿里婦女識字班	雜衣	六十六件
	軍帽	十二頂
	襪子	七雙
陳公館	棉被	二條
施先生	破舊棉被絮	一條
匯泰公司	麵包	二百五十只
上海婦女徵募委員會	紗布	三十疋
尤女士	大小雜衣	九件
基督教青年協會轉來	白布內衣褲	一百二十六包
	內衣	一百六十件
	內褲	二百十五條
	絲棉背心	五十件
	棉背心	三十件
第五救護醫院轉來	膠底布鞋	五百雙
樊明廉　徐美儂	新棉被	十條
	鞋襪	各十雙
	白布	一百尺
劉松雲	新白布	二十五疋
慰勞委員會轉來	跑鞋	壹百打
	衛生衫	壹百打
	襪子	貳百打
	毛巾	貳百打
上海婦女徵募委員會轉來	棉被套	一百條
	藍色棉被套	一百三十條
	白色被套	一百條
宋公館代貝公館送來	棉被	一百條
婦女運動促進會	棉褲	五十條
	新襯衫褲	一百三十八套
	舊棉絮	七條
	舊棉被	一條
上海婦女徵募委員會	新被套	四十九條
	盒子餅干	五打
	罐頭雜物	二十聽
	箱餅干	五聽
瑞興五金號	新鉛桶	十三隻
嚴仲筠	襯衣	三十九件
李太太	絲棉背心	五件

姓名(團體名稱)	品名	數量
得利洋行張雲璋	鮮牛奶	二聽
屈平	棉絮	三條
高文茂	棉襖	四件
	棉褲	十條
	棉背心	十一件
中國婦女慰勞會	絲棉條子馬甲	二十件
	駝絨背心	六十五件
	絨毯	六十九條
	肥皂	一大盒
	舊衣服	二袋
上海婦女徵募委員會	罐頭食物	五十九聽
衛生清潔服務所	襪子	二十四雙
	火柴	二十四盒
	文具	二十四只
	餅干	二十四包
	毛巾	二十四條
	手套	二十四付
	香烟	一百合
人和織造廠孔祖安	棉馬甲	一百件
安樂紡織廠	絨毯	七十三條
王灝記	棉襖褲	二十套
青年婦女俱樂部	棉背心	三十七件
	襯衫褲	十四套
楊潤德	白姑娘香烟	二十條
共同救護委員會轉來	棉大衣	二百五十件
Eli Lilly Co.	Professional sample Pulmles sodium Amytal	5 bots
	Professional sample Pulmles No. 33 Amytal and Acetyl salicylic acid.	5 bots
高春申	Camphorall 10 x 1cc	3 boxes
	Sod. Chloride 10 x 10cc	2 ,,
	Cal. Iodat 2% 10 x 3cc	2 ,,
	,, ,, 3% ,,	3 ,,
	,, ,, 4% ,,	1 ,,
	,, ,, 5% ,,	1 ,,
	Glucose 2% 5 x 10cc	1 ,,
	,, 10% ,,	1 ,,
	,, 20% ,,	2 ,,
	Mosph. Hcl 1% 10 x 1cc	1 ,,
	Mosphine Hcl 20% 10 x 1cc	2 ,,

姓名(團體名稱)	品名	數量	
高春申	Mosphine HCl 20% 5 x 1ce	2	Boxes
	Apmorph 0005 gr.	2	,,
	Cal. Chloride 1%	3	,,
	Calc, Chloride 31% 5 x 20cc	1	,,
	,, ,, 4% ,,	3	,,
	,, ,, 5% ,,	1	,,
	Anodysin 25% 10 x 1cc	1	,,
	,, 10% 5 x 2cc	2	,,
	Calc, Bromiee 2% 5 x 10cc	1	,,
	,, ,, 2% 5 x 5cc	2	,,
	,, ,, 3% ,,	1	,,
	Trygolen 0.5% ,,	5	,,
	Atropine Sulph	1	,,
	Neocamphor ½% 5 x 5cc	1	,,
	Bidistill Water 5 x 10cc	5	,,
	Caffin Sod Benzoot 25%	2	,,
	Atropin Sulph	1	,,
	Caffin	1	,,
	Ether Pur	2	,,
	Stsychinine	1	,,
	Caffin Benz de soda	1	,,
	Iodial Amp 8's	1	,,
	Yegnon 10 x 2cc	1	,,
	,, 5 x 5cc	1	,,
	Urotesin 40% 5 x 5cc	1	,,
	Ergotin Amp, 1% 10 x 1cc	1	,,
	Emetin Hcl 1% 10 x 1cc	2	,,
	Arrhenomartial	1	,,
	Styehnine Nit 0.1%	1	,,
	Codein phosph	1	,,
	Melgsin 5 x 1cc	1	,,

上海市伶界聯合會播音業同業公會播音勸募救護傷兵捐款物品徵信錄

現款類

奶娘 葛老太太 金宅飾物另登 徐小妹 尤小弟弟 尤老太太
楊鐘毅 周小弟弟 王麟閣崔木軒 楊袁氏魯太太 周潤卿
王鳳霞 蔡阿二 袁國慶 毛其人 胡美芝 周福銓 潘天佑
徐永順 王秀英 楊君 李太太 陳維新 楊伯惠 秦慶雲
胡君 孟梧生 王富華 黃君 于信之 蔡小妹妹 馬驥良
車夫阿三 蘇州娘姨 小大姐 姚蘭緣 浦陽氏太太 李金蓮
朱君 陳達夫 姚寶玉 孫子文 王基卿 程方裕 姚包氏
姚匡德 楊公館阿寶 陳慶餘 阿根 沈公館阿英二寶
飯司務 戴林 老娘姨 李紹嫣小妹妹 獨眼飯司務
李紹庭小弟弟 沙奶媽 瑞新順阿花 李太太 阿妹大姐
張順生 劉玉燕 劉杏娟 阿大 徐小姐 陳山湖 王鏡珊
莊思進 顧彬如父子 余茂良 李雅芬 李太太 陸氏巧貞
陸和德 陸心弟 林子彝 林一全小弟弟 李文華 夏士英
朱沙根 夏天寶 葛眞源 油號 王大嫂 馬阿福 娘姨
蔡致康 曹立訓 沈平柴 羅小妹妹 李林輝 徐小妹妹 朱試才
王小弟弟 蔡小姐 李念慈小弟弟 林媽高媽 陸鼎嵩 趙鴻木
沈報慶 蔣阿娥 徐東榮 沈瑞雲 良安籬諸弟 金秀珍
朱企峯 胥鳳春 張君 章阿弟 馬曼云 趙小妹 宋伯英
趙樂羣 馮從伯 董媽阿寶榮生周媽小香 戴和卿 曹寶善 王阿娜
郭興堂小弟弟 陳壽宣 狄小貞 無名氏 莫角 委杏生
王老太太 諸公館王媽 袁云長 黃翠英 王寶英 麥寶英
錢寶林 沈文英 楊貴云 顧十房 顧秀霞 奚來福 唐太太
毛延公小弟弟 趙君 蔣君 陳王媽 阿三車夫 羅公館
薛愛寶 任家郁 餘新祥 楊曉揚 無名氏 周明廉 葉少屏
陸理儀 楊新甫 俞石麟 倪欽明 許佑榮 張文美 馮良才
薛君 夏宗年 徐寶昌 張寶良 倪寶根 楊大雄 王伞男
李根年等三君 李弟弟 何善明 馬君 方佩新小弟弟
葉人梁 陳惠民 季君 馬太太 大毛頭

以上各一元

永源五金號 姚老太太 張其吉 王瑞珠 董根泉 李阿二
徐世年 楊君 瑞新順阿王 王沈氏 李君 傅新發
王父輝 張敬達 無名氏 汪彭齡 李秋亭 小戲迷小胖子
楊飛琮 周承緒 筍爛庭圓今塊 朱小姐朱老太太 胡成齋
孫公館媽媽阿二 利祥當店 耿懷義 程君傑 [illegible]太太 李乃武

王忠林　許福記鈕子號　賀鴻志　浦雲龍　劉莊氏　胡伯章
沈曹慧英　王富生　范慶增　尤小紡　朱　君　梅玉峯　姚　君
崔月品等小弟弟　李汝賢　楊太太　桑雪寶　裕源長　汾瑞年
貝太太　李源泉李源榮　李秀英　樂　君　李謝氏　張介生
趙公館　周彭年鄭根榮　丁正何榮泰　周　君　王安祥
聊自慰　張恩宏　陳俊英　張太太　夏志新　榮佑良賀賢良
陸湯二君　馬公館　錢銀生　錢銀生　陸錦堂　葉如舟　大昌慎
夏云奇　夏美英　夏景傑　唐謂章郭福生　吳均立劉允明
姚寶和　協記興　何　君　朱公館　謝明芳小妹妹　姜冠南
沈根富　潘　君　汪小妹　楊佐剛　李　君　周　君　陳文銘
曹媽媽　林媽媽　陸　君　錢公館　胡公館　蔣克仁　（吳宅車
夫奶媽）　張廷積　倪小姐　張小弟弟　洪家福小弟弟　陳翁樾
洪梅芬小妹妹　陸小姐　山景佛小妹妹　唐士坤　王公館
馬　君　陳杏生　蔡太太　蔡奶奶　蔣貽安　嚴謂興　陳佩之
吳玲妹妹　陳宏銘　黃軍偉吳珍之　無名氏　陳伯安　朱德芳
黃金福　諸銀寶　王歲初　周鏡佳戴裕林　林克銘　林內春
周太太　阿林奶媽　沈　琦　張邦俊張邦仁　小妹妹小弟弟
吳公館　阿妹阿金　朱氏小弟弟及佣人　周小妹妹　小弟弟　凌明汝
康　健　劉有耕

以上各二元

沈奎記　孫申慶　劉福德　何明秀　李秋榮　陳希堯陳希賢陳希曾三小弟弟
徐太太　傅　君　洪寶義　洪寶興　洪寶紫　無名氏　張海銘　王世星　王世賢
黃紹孔　劉寶琦　姜琛如　林太太曹阿二許桂生袁兆清繆根　李德潤
張小姐阿寶　陳公館　丁公館小弟弟　黃瑤棟　（祝美蓉
小弟弟　祝美文小姐　陳家鎏　吳永堯　金老太太張奶奶
陸媽志照王君　張德戴老太太　羅似蘭小姐　徐石芳
馬玉英馬國貞　朱小弟弟

以上各三元

錢安琪　樂　君　胡麗芝　殷公館　榮寶善榮營寶　吳碩三
李金芳李常榮李榮鑫李素娟　王府弟妹　王秀珍王秀珠　（徐公館
虞媽徐媽）　沈太太　蔡　君　興泰印刷紙號　胡　君　錢　君
夏何亮夏小妹　高智莊　章小弟弟　陳太太張步僑王華濤
金祖良劉有義俞漢良　蘇太太　吳伶伶小弟弟吳仃仃小妹妹
周李德　周琴華　周壽綠　永春昌協記內獎券一元　沈家妹妹　普利藥房仝人
陳　君　施志元　黃元譜

以上各四元

王幼安　甡泰銅錫號　葛老太太秦鳳翔郁紺麟　謝利國　（朱盛興
銅錫號）　沈蔭萱沈念椿　姚柏如　桑堅瘉　顧季英　（錢老太
太八人）　宋老太太　徐文龍　老和興菜館　賀雅英　徐老太太

田　君　成昌永仝人　業勤襪廠　郭程忠　趙老太太　王斌榮
浦賢元　張綠漪　俞金惠珍　樂振祥　張月琴　王崇清　殷斤官
張挹芬　陳　君　陳希林　張太太　鴻運樓菜館　吳　君
康祖德康祖鑅康祖檒康祖昌　吳　君　談紹基　林太璞　王壽庭
汪　君　凌云生　楊關榮　陸　君　張夢英　高老太太　盧纖影
殷云岳　王　君　沙子堅　吳盧珊　葉茂迪小弟弟　張琳琳
孫紀蓀　朱　府　陳太太　王和興拉練廠　丁兆敏　沈義貞
凌高生　嚴公館　趙惠珍妹妹　朱太太　任　君　楊幼卿
葉太太　沈　君　張太太　楊靖國　滙豐綢廠　榮　君　吳永譽堂
姜卓英　謝蕊芬　楊寶封　祝宏蕤　施子瑜　陳老太太　顧太太
周太太（內中國實業儲券三元）　張公館　顧子壽　邵康元　顧子倫
武公館　沈振良　金公館小妹妹　嚴元芳嚴元章　吳公館
丁麗君　羅公館　姚愼之　袁樹德　周咏花　葉樂圃　王志華
黃達川　曹小弟　胡永玉　徐龍弟　馬公館車夫　（徐耀發
徐耀康）　朱煥文　孔慧中小弟弟　陳公館　翁太太　陳公館
龔　氏　李瑞生　永和洋行　駱先生　周甬言　方佩玉　（許同生
泉生小弟弟）　舒董太太　繆公館　王公館　何茂觀　朱　君
林醒民夫人　俞　君　洪祥泰仝人　唐竹坪　愼大仝人
翁公館　徐華生　董慧靜　王壽倩小妹妹　李大城　董慧玲
王壽都小弟弟　季小妹季俊青　翁公館　王壽國小弟弟
施惠芳　張林小弟弟　王壽椿小弟弟　徐太太　張大小姐
董　君　徐友蘭　俞公館　范公館　林小姐　陳壽康　益大號
陳公館　泰來顏料行　鄒師母　高　君　華昌五金號
余太太　金小章　吳公館小弟弟　楊時章　金九林　楊茂森
王公館　郁昌彪　曹榮興糕糰鋪　黃志賢　李明德　陳公館
德康煙店　鴻豐新仝人　俞公館　汪守田　王太太　王太太
徐　君　周　君　葉奶奶　胡老太太　夏公館　褚公館車夫
顧公館　邱炳均　大昌隆畢太太　金泰光　葉太太　毛公館
興泰襪廠　吳公館　陳太太

以上各五元

馬　君　蕭根生　洪寶興寶義寶紫小弟弟　（榮公館大司務及阿金阿秀阿正連
星阿祺）　元亨洋服店徐君　胡公館　冬發大　張　君
周曹二君　無名氏　葉金孫程寶根　鄭公館　協華窰器店仝人
林　君　姚　君　胡其生小寶寶

以上各六元

蔣媽王媽　李開英　田小姐　信如食糧行　張公館
張　君　成昌祥仝人　王慶孫

以上各七元

厲公館小弟弟小妹妹　劉鳳許劉鳳華劉海魁劉霞梅　陳郭銑　（匡發記

鋼作） 周麟峯查玉山 溫德慶溫福慶溫益慶溫瑞華 張公館

以上各八元

胡公館 楊公館 達銘三

以上各九元

唐丁慈道 蔡公館 許 君 老和興菜館仝人 李魏氏 陳 君
王炳如王洪如李耀定 張銀棠 鄭老太太 李魏氏 （日昇盛
煤號） 姚占魁 陳家弟妹 楊 君 蔣 君 王潤堂王 沈公館
張志祥 張佩英 王明達 顧公館 金堯庭 袁福林 黃戰王呂
顏老太太 王 君 趙太太 楊 君 蔣公館 趙志載 弟 弟
徐 君 黃子卿 朱秀金 呂 君 復新鞋莊仝人 （張公館
小弟妹） 胡太太 楊 君 無名氏 蘇施亮 范公館 俞公館
史鳴洲 俞六小姐 張 君 富五弟 俞小姐 桀志康 寶 寶
青雲齊 陳雲程 周小姐 曹 君 顧彧小姐 徐浴蘭 蔡式衡
朱又水 史東君 陳 君 葉永君 趙鳳豐葛君 吳彩臣
唐循善 鄭士英任耀章葉業華邵萬椿周容淑王敏齋 林 君 趙公館
寶昌汽車行 劉 君 俞 君 王 君 原豐昌同人
施公館 張炳生 朱公館 孫公館 姚 君 周一姓 李德生
戴公館 義盛祥絨線號全體仝人 華子玉 王公館 陳一鳴 （寶森報
關行） 邵樂平夫人 馬元興 趙梓圻 水公館 （正昌珠
寶店） 一如照相館 張松濤 朱公館 （惠斯登無線電修理公
司仝人 瑞泰號仝人 徐宗正 義和煤號仝人 魏慶祥
陳公館 顧惠珍 唐醫師 張 君 汪公館 唐太太 （協豐昌
國貨號） 李偉賢 梅 君 王守珍小弟弟 吳陰梅小姐
郭駿小弟 沈 君 吳公館 范太太 洪 君 劉麗麗 吳公館
蘇公館 俞公館 張公館 林大小姐 張友信 林二小姐 李精芳
梅公館 金公館 柯福官 葉公館 章大妹 汪公館 章小妹
楊家弟妹們 陳公館 丁後融 朱公館 大妹妹 劉公館
華女士 蘇 君 吳貞昌 申新一廠俱樂部全體茶房 虞公館
查公館 張丹秋 張公館 一角商店仝人 明星理髮店仝人
賀公館 尤濤豐小弟弟 張老太太 胡 君 顧植民 （常茂寶
號同人） 趙太太 駿源寶號仝人 呂公館 楊公館 李 君
趙公館 沈玉林 姚 君 祝公館 徐公館 胡良餘 陳寶書
張公館

以上各十元

趙 君 鼎仁醫園 錢公館 韓 清 沈幹庭魏祖仙沈顧玉英 （謝老太
太李老太太沈老太太） 孫 君

以上各十一元

無名氏 李潤德藥號 陶 宅 大中國電氣公司仝人 何公館

劉弟弟　張　君　董　君　虞公館　通聚隆諸君

以上各十二元

王功燕　祝公館　徐公館　吳公館　喬雨興營造廠仝人　（成昌祥布店）

以上各十三元

李公館　姚公館　施王姚君

以上各十四元

楊　君　阮弟弟阮妹妹　姚公館　王公館　周福記　陸公館　介順鹹魚行老司務及愼茂沙船號茱房節省中秋酒席費　（程公館小弟弟妹妹）　吳培根　小弟弟　聶公館小妹妹　（薛家小弟弟）　無名氏　柳賢靜　孫公館　愼大仝人　徐公館　陳遠帆　裘　君　李麟書　樂園素菜館

以上各十五元

德昌衣莊　沙　君　王炳健

以上各十六元

朱公館

以上十八元

元亨洋貨號仝人

以上十九元

徐文婧　華興號　黃公館　湯　君　陳　君　俞企芬　李公館　徐允濟　秦小妹　貝小姐　陳公舘老太太少奶奶　梁公館　王公館　貝公館　孫君太太王君太太　周中元　源泰綢莊仝人　王澄夫　方公館　朱　君　胡家小弟妹　孫公館　鄭公館　胡希清　葉公館　吳公館　鍾女士　溫泉沈　諸倆君　孫公館　梅林食品公司)　張四林柴意珠葛師母俞如根　鄭聖琬　葉鳳玉　老和尙　葛珍定　陳健源　章九官　汪　君　董太太　孫公館　邵公館　聚昌祥仝人　陳公館　貝竹溪　楊公館　曹鳳僧　顏　君　沈公館　裘雨亭小弟弟　王公館　洪清文小弟弟　李太太　顧　君　朱公館　嚴老太太

以上各二十元

朱增庭

以上二十一元

恆康米號　古　叟　陳公館　鄧公館

以上各二十二元

林翠圃

以上二十四元

鄭公館　朱　府　余信甫　達豐昌仝人　徐懋昌

以上各二十五元

周　君　江公館

以上各二十六元

義成昌號　沈公館

以上各二十八元

朱公館

以上二十九元

許公館　裕成昌綢莊　錢公館　翁君及太太　無名氏
董王二君　永興錢莊仝人　吳德培大弟弟中官小弟弟　金太太
張　君　鄭公館　王府弟弟　梁新沐　平安居士　吳張周桂朱黃六君

以上各三十元

謙泰新諸君

以上三十一元

龔公館　章公館

以上各三十二元

新亞藥廠仝人　南洋藥廠仝人　高公館

以上各三十五元

馮公館全體僕人　周　君　張公館　鄭公館阿根　馬公館

以上各四十元

翁初白　田　君　李秉鏞記　陳小蝶　范老太太　胡老太太　孫老太太
陳公館　雷公館　德和公記靛號　王　君　吳公館　洪小弟弟
杜房玉仝人　趙復初　周年耕　李克明　吳志大　董月星
張公館　張公館

以上各五十元

管員明

以上五十一元

席公館

以上五十五元

周太太

以上六十元

狄公館

以上六十四元

李衡平等

以上八十元

新閘路成都路口聚慶里四號全體房客

以上八十一元

浦寀元

以上八十三元

榮公館　德和公記　趙鳳書　孫蘭亭

以上各一百元

陳之光

以上二百元

張博泉　(購吳湖帆先生畫一副)

以上三百元

黃清華	一元一角
紀君	十二元二角
徐開華　徐開明　徐開基	二十三元五角二分
孔君	六元五角
張樹興　雲芳　莊慧中	四元七角
無名氏	十三元一角
朱老太太	硬幣六元
	小洋九十八角
劉公館	法幣十二元五角
	硬幣四元
	香港銀幣三十元
大康五金號全人	五元六角
大中華橡膠廠全人	二百零四元七分
沈寶榮	一元五角
張根寶	二元六角六分
林君	硬幣三十六角
楊慧英	硬幣四十五角
石公館	硬幣一元又九十五角
恆茂公受難志士	硬幣五元五角
	法幣四元五角
李紹滉小弟弟	法幣一元
	銅元一百三十枚
任小弟弟	雙角陸十枚
李康年小弟弟	國幣一元
	硬幣一元半
	小洋銀角十六枚
張靜波　張毓波	一元五角
陸老太太	硬幣五元
	小洋單銀角八十枚
黃河清	五元二角
田君	七元五角
日陞盛	國幣三元
	銀雙角十八枚

孫老太太	福建雙角八十八枚又銀單角三枚
殷老太太　立德小弟弟	銀角七十二枚
浙江煙草公司全體職員	二十三元六角
朱仁康　仁葆小弟弟	二元二角
黃君	四元五角
無名氏	硬幣一百角
李開英	硬幣十四角
蔣位官　妙官	一元二分
應公館	外幣大小八枚
	硬幣十二元
	開國紀念幣一元
阿福	一元三角
楊鼎恒	一元七角
馬公館	二元五角
阿芳施媽居士性	一元七角
錢新祥全英	三元二角五分
陳公館	五元又小洋十角
于公館	六元五角
周公館	八元又四十三角
吳公館大小少奶奶	小洋一百二十角
方君	十二元三角
陶賓惠	十三元八角
吳君等	十一元五角
陳公館	十四元五角
談誠記	二十五元五角
華通紗廠	二十五元五角六分
無名氏	二十七元三角
楊華興	四十一元五角
老太太	硬幣五元
	雙銀角十六角單銀角二十九枚
德昌隆寶號	五元二角
淞濱小築	十六元二角
陸立江	二元五角
謝君	小洋一百二十角
利興糖果公司仝人	五元一角
周清乾	五十六角
范君	二元四角
朱君	一元五角
朱公館	雙銀角十四枚

朱公館 單銀角三十五枚
華業典當 五元零一分
許公館 二十九元五角
呂老太太 二十角
曹大弟 曹曼提 三元二角
無名氏 一元二角
俞位台 陳老太太 一元五角
榮華典當 四元二角
王文清 硬幣二元
銀雙角四十五枚外幣二元
汪老太太 二元二角
陳公館 國幣一元十六角四十二分五厘
硬幣四元銅元五十四枚
應炳榮 張君 二元五角
江公館 十元六角
仁義堂 十七元九角
陳公館 十元小洋一百角
車夫阿二 小洋十二角
丁公館 三十七元小洋一角
無名氏 十二元五角五分
久昌五金號 五元四角
沈燮堂 各色大小銀幣七枚又國幣一角
馮公館 十二元七角
趙君 十四元銀角一百二十枚
鴻生洗染商店 二元五角又小洋十八角
張公館 十一元又壹兩銀紙一張
陳長善太太 二角五分小洋一百四十四角
徐瑞宜小弟弟 三元半
雙銀角二枚單銀角三十五枚
熊李二小弟弟 陳小妹妹 八角
武公館奶媽 六角
王勤生 邵培基 邵耀山 張太太 陳太太 琴發 寶發
銀發 順發 金發 巧發 王富郁 奶嬸嬸 莊顧氏
莊小妹妹 陸增耀 陳錦順 陳女士 亭阿媽各五角
唐叔革 阿楊章媽各四角
黃家人 范娘姨 新來媽媽各三角
王姨娘 常媽 王阿巧 李媽媽 王阿妹 大姐 蔡翠玲
各二角
蔡宏德 徐興漢 徐儉德各一角
阿妹阿二 新來小洋六角

存摺類

七歲小弟謝宗安	商業儲蓄銀行存摺二元 現款一元三角
瑞記	中國通商銀行存摺十一元五角一分
鄭昌櫟	存摺二元
陳君	中國國貨銀行存摺六十元
張淑英	存摺十元
徐開華	存摺五元一角三分
莊文紀	存摺十二元
羅老太太	存摺三十六元
詹君	中央儲蓄會證一百五十六元
王爲清	中實有獎儲蓄證十五元
朱理安	國華銀行存摺四元
樂俊夫	中央儲蓄存單十五元
鮑忠鉡	中實銀行儲款證三十元
郘公館榮璧	中實銀行儲蓄證三十元
馬公館	中實銀行儲蓄證二百七十元 現款三十元
龐式祥	存摺三元 中實儲蓄證三元
洪公館	存摺二元 現證二元
蔡公館	存摺二十元 現款五元
邵君	中實銀行儲款三十元
張伯英	有獎儲蓄券六元

支票類

吳性哉	一百元
恕忠堂及愛教堂 內一百元轉送救濟會一百元轉送慰勞會	三百元
吳君	二十元
鄒韻倩	五十元
諸公館	五十元
成德堂朱	二百元
瑞新順五金號	五十元
莫盤山人	五百元
高太太	三十五元
現款	十五元
趙國屏	一百元
萬亨和紙號 現款	二十一元五角 三元五角
龔正瑤	五十元
王君	一百二十元
施令娟	二十元
鄭公館	五十元
卡太太	一百元
顧聯承	一百元

禮券類

無名氏	十二元	趙公館	十元
陸太太	十六元	李君	二十元
		國幣	三元
陳太太	十元	周君	二十四元
龔文道	六元		

公債類

陳公館救國公債	三十元	葛傑臣丙種統一公債	六十元
朱公館救國公債	五十一元	馬子清粵漢鐵路公債票計四元票面十八張每張息票四十九期每期四分每張一元九角六分共計一百零七元二角八分	

股票類

震泰新洋貨號劉武生	民孚銀行股票	一千元

物品類

鄭老太太	顏色本廠布	十丈八尺
	白本廠布	十三丈
姚占魁	銀鐲	一付
	銀鎖片鍊條	各一件
	銀鈴	一隻
劉公館	零碎銀器	十件
	銀手鐲	四付
	銀盾	二隻
石公館	銀玩具	五件
	銀匙	九把
張師母	銀鐲	一付
張樹森	銀鎖鍊	各一件
陳先生	建安牌滅火機	六隻連藥粉
蔣國梅小姐	金別針	一隻
楊伯惠小弟弟	銀手錢袋	一隻
沈德福	銀盾	十二隻
容小弟弟	金福字金八卦	各一個
洪寶儀 洪寶智	乾隆眞筆字中堂	一付
洪寶賢	古銅鼎	一隻
劉鳳飛小弟弟	銀鍊條鎖片	各一件

舒馥生	銀盾	一隻
萬延齡	銀盾	四隻
徐公館	銀器	四兩
張先生	銀元寶	二隻
	銀鎖及練條	各一件
孔先生	銀盾	二隻
馬先生	銀元寶	三隻
沈太太	銀杯	一隻
陳太太	銀盾	一隻
錢先生	絲棉背心	三十件
寶福林	小銀盾大銀盾	各一隻
	銀茶壺	一把
胡希清小姐	銀茶壺	一把
	銀盤銀杯	二套
	銀小杯	一隻
	銀托茶盤	一隻
	銀照相架	一隻
童王先生	銀盾	一隻
沈公館	銀錢袋	一隻
王厚業	金戒	一隻
夏志新	銀鎖	一隻
	銀手鐲	一付
朱杏芳	銀元寶	二隻
朱瑞林小弟弟	銀元寶	一隻
汪小妹	銀練	一條
	銀叉	四把
陸老太太	銀練條	一根
	銀香煙盒	一隻
戴公館	銀小酒杯	一對
	銀球	一個
錢銀生	銀器	四件
姚先生	銀器	六件
黃翠娥女士	銀小手鐲	二付
	銀鎖練	各一件
	銀照片架	二個
	銀聚寶盆	一個
	銀字	二個
	銀小加意	一個
黃先生	襪子	半打
陳公館	棉背心	十件

姜仲華	銀壽字	一	隻
	銀表亮	一	隻
	銀表鍊	一	條
	銀酒杯	一	隻
梁柳泉	銀手鐲	八	付
孫公館	銀茶壺	二	把
	銀飯碗	二	隻
	銀水烟筒	一	隻
	銀針	二	隻
	銀筷	二	雙
	銀紫金冠	一	個
李相甫	金戒子	一	只
	古畫鏡架	二	只
無名氏	銀茶壺	一	把
	銀水煙筒	一	只
	銀手爐	一	個
	銀照相架連脚	二	隻
姜顯公	金打璜表	一	只
吳公館	絲棉背心	一〇一	件
陳興華小弟弟	銀牌	一	塊
	銀鍊條	一	根
陳先生	銀元寶	三	個
張老太太	大銀鼎	一	只
邵師母	銀項圈	一	只
章小弟弟	銀手鐲	一	付
林少奶奶	銀盾	四	隻
餘豐昌記綫號	白米	一	石
朱公館	銀匙	二	把
	銀壓髮	一	只
邱文炳	結婚戒	二	只
陸佩芝	銀盾	二	只
邱正剛	金鈴	二	只
洪公館	棉背心	廿八	件
鄒太太	銀水煙筒	一	只
	銀茶杯	二	只
	銀碟	二	只
	銀錢袋	一	只
章錫彭	吳湖帆畫	一	幀
張八小姐	銀元寶	一	只
	銀錢袋	一	只

高智融	銀碟	三	只
張公館	銀盾	十七	只
王端清	銀元寶	二	只
	銀練	二	條
王文清	銀茶葉瓶	二	個
	銀元寶	二	個
	銀筷	三	只
	銀碗	一	只
	銀鷄心	一	只
	銀鐲	一	付
丁麗珍	背心	十三	件
沈月珍	金鈴	一	只
沈聯發	銀盾	二	只
姚世義	銀盾	四	只
一角商店	牙粉	二百	包
朱先生	銀戒子	一	只
	鎖片練條	各一	件
	銀鐲	一	付
周景文	戴醉士畫	一	幀
平安居	棉背心	廿三	件
胡元祥	銀茶壺	二	把
	銀杯	四	只
	銀碟	二	只
	銀盾銀鼎	各一	只
任家村	銀粉缸	二	只
	銀鐲	一	只
	銀鈕子	七	粒
	小練條	一	根
水公館	銀盾	一	只
唐太太	銀盾	六	只
王先生	銀杯	一	只
陳公館	畫	一	捲
陳福昌小弟弟	銀鎖片練	各一	件
張太太	銀器	三	件
羅公館	銀盾	二	只
胡引小姐	銀鐲	一	付
	金戒	五	只
沈公館	六尺油畫	一	幅
沈燮堂	銀盾	一	只
鄧樂平夫人	銀球	一	只

	小元寶	二只
葉太太	銀鐲	一只
張太太	銀錢袋	一只
毛公館	銀佛	一尊
同昌祥棉布號同人	短褲	七十條
黃慧琳	止痛膏	一罐
林文學林文豪	銀鍊	三條
林文灝	銀鎖	一把
汪小弟弟	金木魚	一只
張嘉興	銀壽星	一個
周慰川	銀杯銀匙	各一只
	銀叉	二只
	銀壓髮	一只
狄公館	銀器	八兩半
唐醫生	銀盾	五只
秦學生	銀盾	二只
	眞銀鼎	一隻
羅似蘭小姐	銀錢袋	一只
	銀筷	八雙
陳長善太太	白毛巾	六打
徐瑞官小弟弟	銀鐲	一付
楊公館	銀鼎	一只
華公館	銀盾	一只
	銀鐲	一付
	項圈	一只
馬公館	被売	八條
沈老太太	銀鍊	三條
徐先生	銀鎖片	二塊
凌朋如女士	銀鐲	二付
金瑞君	百家鎖	二把
	銀鐲	二件
林老太太	銀盾	六只
新蘇貿易公司	銀盾	五只
	銀杯	四只
顧德廣	銀盾	四只
	銀鼎	一只
金宅	銀鎖鍊	各一件
	允字銀圓	一個

以上連出售一部份物品共計收入國幣一萬三千一百九十四元一角七分,所有售餘物品,悉數點交中國紅十字會總會(見物品移交淸册)

附死亡官兵遺留金額清冊

階級	姓名	遺留金額	其他
班長	董得勝	1,873	
列兵	李績譜	18,000	
班長	葉松青	13	
列兵	王彥英	200	
列兵	徐大長	3,57	
	徐亞根	333	
列兵	李　堅	13,100	
一等兵	廖廣岐	10,000	
營附	劉輝明	1,100	
	王清明	2,020	
	譚學美	520	
	潘漢經	2,300	
	黃生成	1,000	
	徐炳崐	216	
	張志超	10,000	
	何鳳鳴	2,400	
	謝榮義	220	
	羅治平	2,000	
	胡東高	15,210	
	周　正	1,040	
	黃協忠	6,000	
	張國幹	2,010	
	李中源	2,000	
	張志良	2,000	
	陳菊生	1,720	
	吳福新	100	
	胡有成	63	
	張植生	9,503	
	蔣洗坤	100	
	謝春保	16,600	
	李守寧	33	
	宋萬和	3,200	
	馬永慶	4,000	手錶壹只
列兵	鄧桂山		掛錶壹只
號兵	李金桂	1,380	
列兵	江木生	200	

階級	姓名	遺留金額	其他
二等兵	鍾　謙	2,300	
馭手	閻起貴	10,010	
列兵	劉忠良	10,536	
班長	張作良	15,150	
列兵	孟雪高	30	
槍手	丁榮臣	200	
槍手	王召思	900	
列兵	姚貴安	1,000	
	楊士元	20,660	
列兵	張　韶	500	
	謝　飛		殖邊鈔壹百四十六元五角什幣壹包
	蕭啓高	19,000	
	熊慶和	3,100	小洋壹角
	劉憲德	5,300	
	陳友盛	1,000	
	王元善	500	
	張金生	11,100	
	王成全	4,000	
	陳佩金	5,000	
	劉振榮	100	
	金志明	5,800	
	趙景元	5,000	
	王守邦		錶壹只
	張小名	5,000	練錶壹只
	張　清	53	
	胡義庭	1,400	
	劉國鈞	20,710	手錶壹只
	熊甫清	800	
	姜　龍	500	
	劉瑞欽	3,000	
	宋興渠	665	
	秦學來	100	
	張清池	100	

階級	姓名	遺留金額	其他
	嚴德輝	220	
	蕭元忠	200	
	羅浚昇	170	
	鍾有聲	1.400	
	王天坤	2.500	
	劉青海	9.000	
	任仙豪	3	
	蘇亞廣	3.000	
	劉　偉	10.950	龍戒壹只
	陳濟明	5.806	
	薛保畢	26.660	
	高　垣		金戒壹只
	張惠民	110	
	李　興	5.033	小洋壹角
	夏海善	250	
	楊啓憲	13	
上等兵	朱經浦		金戒壹只
	王家玉	270	
	侯培田		掛錶壹只
	朱文筆	500	
	趙得才	6.890	
	羅纖非	700	
伙夫	周鑫樂	126	
	林道梁	53	
	羅云青	200	
	劉正才	1.200	
	周錦英	11.000	
	劉世榮	9.603	
	梁東臣	600	
	楊喜生	133	
	吳羅崐	300	
	闞錫明	1.500	
	楊超斌	1.000	
	王振江	5.100	
	陳士武	1.000	
	鄧諸山	1.000	
	李滌貞	600	
	楊景春	2.000	

階級	姓名	遺留金額	其他
	吳中榮	270	
	曹貴坤		手錶壹只
	楊志節	4.000	
	李壽泉	101.500	
	邵修喜	12.000	
	無名氏	2.300	
排長	朱占魁	221.000	存摺一扣計國幣五百六十八元九角四分
號兵	孫華亭	100	
	張方元	1.000	
	高慶昌	1.770	
副班長	嚴振英	1.900	
	徐發起	4.000	
班長	彭壽坤	1.900	
連長	李連生	1.500	
班長	杜金山	6.006	
中士	文秀清	6.800	中央信託局存單壹張
班長	陳萃廷		廣西銀行特種儲蓄副摺壹
二等兵	趙懷玉	3.000	
炊事兵	馬德功	3.300	
班長	陳平江	380	
列兵	張懷先	1.000	銅蠲壹只
二等兵	曹桂南	9.000	
馭手	張中立	7.000	
一等兵	丁　成	120	
一等兵	翟春信	33	
一等兵	周振川	630	
	盧惠清	5.000	
	何培榮	2.000	
	李瑞祺	150	
	李金榮	21.000	

階級	姓名	遺留金額	其他	階級	姓名	遺留金數	其他
	陳振元	60			周榮華	22.000	
排附	李洪勝	8.100			鄭大富	700	
一等兵	何奎玉	170			無名氏	130	
	金文貴	3.050			賀世馨	3.550	
班長	布星明	46.320			李申官	25.000	
	闕達卿	2.930			王成祥	1.200	
上等兵	張中軒	220			孔慰興	12.000	
二等兵	王秀科	520			陳應才	3.100	
	徐世武	200		上等兵	李性量	10.000	
	徐福國	1.000			張根雲	3.710	
二等兵	裘學中	900			陳華根	2.030	
	周明清	500			鄒新福	50	
上等兵	姜亞講	400			黃茂		金戒壹只
	龍正雲	2.000			黃紹道	300	
	劉榮華	9.700			石清文	3.300	
二等兵	徐廣仁	5.200			朱九如	2.000	
上等兵	陳伯元	200			鄒新福	1.700	
二等兵	乙大賓	600			張福	1.000	
班長	劉登雲	11.370			黎明德	400	
一等兵	周官樓	10			薛金海	5.000	
一等兵	吳桂才	1.470			又	5.000	
班長	解青山	5.900			曾子云	8.000	
二等兵	文邦君	300			黃培生	2.050	
下士	劉長生	2.320			夏延發	6.170	
一等兵	張克鵬	9.150			徐開卿	3.100	
一等兵	錢松柏	50.000			黃生福	10.000	
一等兵	賈偉	1.350			包正明	1.870	
二等兵	陳振武	6.620			譚國鈞	3.000	
下士	高廣勝	10.020			陳炳南	3.630	
	宗振孝	4.440			周茂意	1.400	
	梁鳴臯	4.400			袁祖雙	3.000	
	無名氏	9.660			胡銀慶	80	
	卞英開	1.910			方從年	5.000	
	王小張	3.250			鄭炎	55.000	
	吳恕謙	1.000			張際揚	20.000	
	高玉中	26.000			王目安	200	
	徐高鳳	10.700			錢天池	5.260	
	陳志章	23.000			華榴進	8.090	

階級	姓名	遺留金額	其他
	蔣雲	4.800	
	丁在俊	11.270	銅小洋四角
	雷志成	2.000	
	盧榮森	13.000	
	李養元	32.340	
	陳海龍	10.000	
	吳增祥	10.000	
	陳榮光	42.350	
	田鳳昌	8.100	
	范廣才	10.000	
列兵	胡云	1.600	
	方運昌	2.000	
	侯振華	3.000	
	梁凱	2.000	
	唐玉林	3.500	
	無名氏	1.100	
	李華山	9.000	
	李見春	1.000	
	張秉楷	1.650	
	苗根	800	
	曹鈞	10.000	
	李光原	8.000	
	龍彩田	500	
	王學清	10.000	
	無名氏	10.000	
	程子山	5.000	
	齊孟清	3.000	
	傅得勝	5.000	
	周金龍	1.700	
	張子才	800	
	海洪吉	9.000	
	夏篤清	10.000	
	熊豪富	13.600	
	甘清全	1.800	
	黃建忠	950	
	趙吉慶	6.500	
	無名氏	2.000	
	林義正	3.000	
	張光廷	4.000	
	張耀華	300	
	彭得勝	4.060	
	張宏寶	2.970	
	楊樹清	5.020	
	蔣桂祥	200	
	張金山	7,000	
	胡澤生	2.200	
	羅福生	31.000	金戒壹只
	李金明	11 300	銅幣壹元貳角
	李貴鑫	2.000	
	李景很	40	
	無名氏	1.400	
上士	彭飛	6.000	
	胡兆坤	8.000	
一等兵	鄒金海	5.000	
一等兵	李振望	130	
伕子	陸阿福	440	
排長	陳偉才	4.010	
列兵	王紅奎	3.000	
	羅治強	1.000	
	胡少成	1.630	
一等兵	王維恆	1.000	
上等兵	張銘珍	1.000	
上等兵	張繼得	300	
列兵	朱晏深	7.600	
列兵	李道清	3.900	
列兵	王仲田	5.330	
上等兵	李性量	80	
一等兵	唐松青	1.200	
一等兵	李鳳友	2.000	
特務長	李謙	40.000	
一等兵	李明福	5.350	
二等兵	鄧興	9.500	
上等兵	蘇金鎔	9.000	
	安雲山	1.210	

階級	姓名	遺留金額	其他	階級	姓名	遺留金額	其他
	李治洪	2.000			李振友	140	
列兵	李廣德	5.300			譚福林	8.000	
	薛夏蘭	1.700			李春萱	4.450	皖幣伍角
上尉	吳志成	80.000			李桂林	2.200	儲蓄摺壹扣
伙伕	施七	1.200			宋錫友	4.140	皖幣伍角
上尉	莊世輝	35.550			李獄雲	4.000	
民	朱春生	7.010			斯方炳	1.120	皖幣伍角 小洋貳角
一等兵	楊林周	1.000			蕭華堂	2.200	儲蓄證貳扣
	嚴春芳		金戒壹只		高永楨	3.900	
	劉憲德	5.000			施茱	11.790	
	鄧宏彬	1.000			王合溫	1.800	
上等兵	熊名喜	5.000			彭可濟	7.000	
列兵	胡華雲	940			無名氏		手表壹只
	李玉堂	17.320			無名氏		手表壹只 僞鈔壹元
二等兵	許佳鳳	700			寶隆醫院交來	39.800	
二等兵	劉飛耀	1.700			第捌醫院交來	281.820	不通用幣七角
	朱衛福	2.000			第八醫院存款利息	550	
	無名氏	100					
	胡象欽	1.890					
	趙明山	100	皖幣伍角				
	劉超	5.000					

以上合計國幣貳仟叁百拾九圓壹角九分壹厘正(內中華懋業銀行鈔票壹元)

小洋捌角
錶玖只
金戒伍只
銅戒壹只
殖邊幣壹百肆拾陸圓五角
中央信託局存單壹紙(硬印處已破)
儲蓄證肆扣『蕭華堂貳扣 李桂林壹扣 陳莘庭壹扣』
皖幣貳元

雜幣壹包『內小洋壹角 銅元兩枚 外國幣雙角兩枚 古銅錢兩枚 有孔銅元陸枚』
銅鐲壹只
上海銀行蕪湖支行存摺壹扣計國幣伍百陸拾捌元玖角肆分
銅幣壹元小洋貳角
不通用幣壹元柒角

上列各件,已於本年四月二十日送請中華民國紅十字會總會會計股代為保管,並將所屬部隊,階級,姓名,及遺留金額,雜物分別列表呈報軍政部備案.

上海市救護委員會報告勘誤表

面	行	字	誤	正
7	17	3	常	尙
10	表中8	1,6	醫	字應與總字對調
12	11	8	瑞	楷
12	16	2	課	通
12	18	6	光	元
13	14	11	歧	收
48	表中1	1	襖	棉襖
60	7	2	殞	損
72	15	19	殆	迨
73	5	21	殆	迨
100	13	3	處	長
103	5	22	部	際
103	10	13	雖	離
103	17	14	救	隊
103	23	25-26	以無	以大無
103	24	6	富	當
110	10	5	數	救
110	15	13-15	將傳源	蔣傳源
110	22	20	結	給
115	6	1	乃	爲
115	16	14.	樽	撙
147	13	14	胎	貽
151	8	1	師	醫師
162	17	1	綱	網
166	7	14	輿	典
171	24	19	亟	丞
180	表中3	2	臉	瞼
181	11	10	顧	顏
188	7	1	計	會計
201	5	11	神	畚
209	7	17	經	救
210	21	3	經	救
239	22	18-20	虞洽卿	奚玉書
249	左9	1	上	業
249	左10	1	海	上海
253	右30	7-9	4.00	4.05
275	14	7-11	葛眞源　油號	葛眞源油號
276	23	1-9	黃紹孔　劉寶琦　姜琛如	黃紹孔劉寶琦姜深如
277	1	3-7	成昌永　同人	成昌永同人
277	32	4-10	元亨洋服店徐君	元亨洋服店　徐君
278	6	1-9	王炳如王洪如李耀定	王炳如王洪如　李耀定
278	25	1-3	蘇公館	蕭公館
279	25	4-15	張四林柒意珠葛師母兪如根	張四林柒意珠　葛師母兪如根
280	19	1-3	翁初白	翁初白(支票)
281	5	1-3	張博泉	張博泉(支票)
282	28	4-9	四十一元五角	四十一元七角
282	36	4-7	五十六角	六十五角
283	4	1-7	呂老太太捐二十角	未捐
283	22	12-16	又國幣一角	又國幣一元
283	24	3-5	十四元	十四元五角
283	25	7-8	二元	四元
283	31	6-7	六角	小洋六角
283	41			奶媽小洋四角
284	21	1-2	現證	現款

中華民國二十七年七月出版
（非賣品）
編輯者　上海市救護委員會
出版者　上海市救護委員會
上海河南路金隆街廿五號
印刷者　文瑞印書館
電話九六八三四

图书在版编目（CIP）数据

淞沪抗战史料丛书续编．Ⅳ / 余子道主编．—上海：上海科学技术文献出版社，2019
ISBN 978-7-5439-7948-2

Ⅰ．①淞…　Ⅱ．①余…　Ⅲ．①一·二八事变—史料　Ⅳ．①K264.310.6

中国版本图书馆 CIP 数据核字（2019）第 164516 号

策划编辑：张　树
责任编辑：李　莺
封面设计：周　婧

淞沪抗战史料丛书续编．Ⅳ
SONGHU KANGZHAN SHILIAO CONGSHU XUBIAN. Ⅳ
余子道　主编
出版发行：上海科学技术文献出版社
地　　址：上海市长乐路 746 号
邮政编码：200040
经　　销：全国新华书店
印　　刷：常熟市人民印刷有限公司
开　　本：889×1194　1/32
印　　张：169
版　　次：2020 年 1 月第 1 版　2020 年 1 月第 1 次印刷
书　　号：ISBN 978-7-5439-7948-2
定　　价：1700.00 元（全 15 册）
http://www.sstlp.com

上海抗战与世界反法西斯战争系列丛书

淞沪

淞沪抗战史料丛书续编 Ⅳ

第八辑

“一•二八”淞沪抗日周年纪念专刊	中国国民党广州特别市执行委员会　编
暴日铁蹄下之淞沪	抗敌老人　编
碧血代替了唇脂：上海事变中的青年战士日记	严梦　著

上海科学技术文献出版社
Shanghai Scientific and Technological Literature Press

目录

一二八淞滬抗日週年紀念專刊

中國國民黨廣州特別市執行委員會印

總理遺像

總理遺囑

余致力國民革命凡四十年其目的在求中國之自由平等積四十年之經驗深知欲達到此目的必須喚起民衆及聯合世界上以平等待我之民族共同奮鬥

現在革命尚未成功凡我同志務須依照余所著建國方略建國大綱三民主義及第一次全國代表大會宣言繼續努力以求貫徹最近主張開國民會議及廢除不平等條約尤須於最短期間促其實現是所至囑

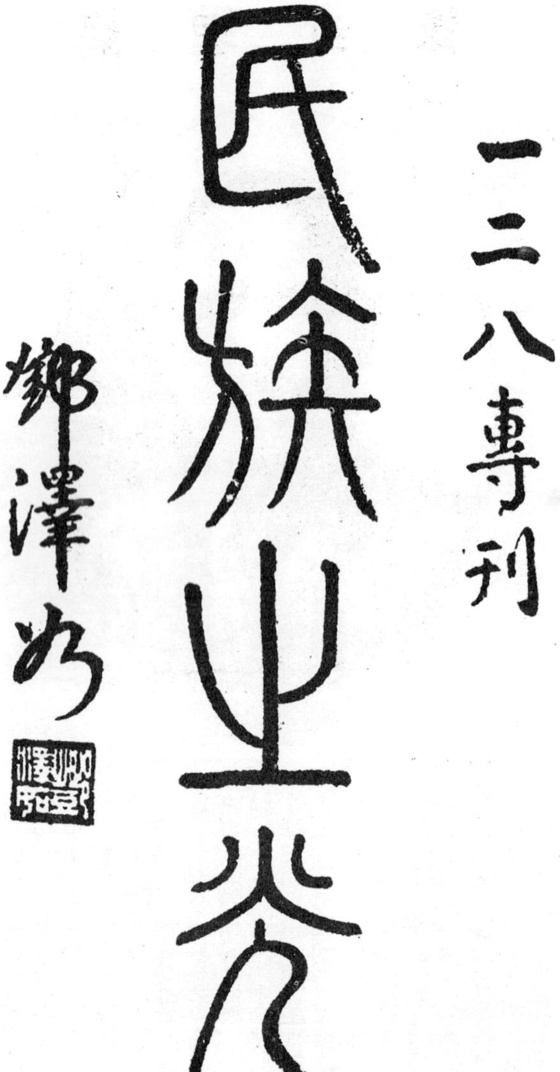
一二八專刊

多難興邦

李宗仁題

眾志成城

林雲陔題

西南執行部一二八週年紀念特刊

我們更應加努力

共赴目前的國難

蔡廷鍇題

永矢弗諼

白崇禧題

西南執行部廣州市黨部一二八專刊紀念

振同木鐸

余漢謀題

余漢謀

血戰守土

振聳視聽

一二八專刊

林翼中

前事不忘後事之師
國仇未雪來者可追

毛維壽題

集曹全碑題

芟夷殘迸

一二八專刊

崔廣秀

强寇日深
國民速起

一二八專刊
劉纪文題

異軍特起

為一二八壽刊題

何華

整彼巧偷　守茲貞拙
縷血所藏　后土常熱

錄曾滌笙語應

西南執行部一二八週年紀念特刊

鄧世增

多難興邦
殷憂啓聖
衆志成城
厲吾摩鈍

黃旭初

抗日英雄

(上)十九路軍軍長蔡廷楷

(上)十九路軍總指揮
蔣光鼐

第五軍第八十八師
師長俞濟時

淞滬警備司令戴戟

第五軍軍長張治中

七十八師師長區壽年

六十一師師長毛維壽

六十師師長沈光漢

七十八師副師長譚啓秀

六十一師副師長張炎

六十師副師長李盛宗

一五六旅長翁照垣

一五五旅長黃固

一二一旅長張勵

一一九旅長劉占雄

一二〇旅長鄧志才

光榮犧牲之將士

為正義犧牲之美航空家
蕭特義士遺像

率領空軍第二中隊
由粵到滬助戰之
丁紀徐

第八十八師工兵第八十
八營上校營長唐循烈士

第六十一師第一二二旅第
五團中校團附王堅民烈士

（上）：我軍之高射砲
（左）：我軍之迫擊砲

（上）：二六一旅於槍林彈雨中涉渡蘊藻濱襲擊日軍

（上）：蔡軍長廷楷親臨吳淞火線指揮砲兵（有×者為蔡氏）

（右）：敗退中之日軍

吳淞最大要塞砲之一口徑十二英吋每五分鐘僅
發一砲同一式樣者約八尊之譜悉為敵機炸毀

吳淞國立醫學院被日軍砲火轟炸之慘狀

廣華東華等醫院之救傷隊
有〇者爲關隊長有×者爲
主幹人莫應游

被日軍炸毀之京滬杭甬鐵路管理局

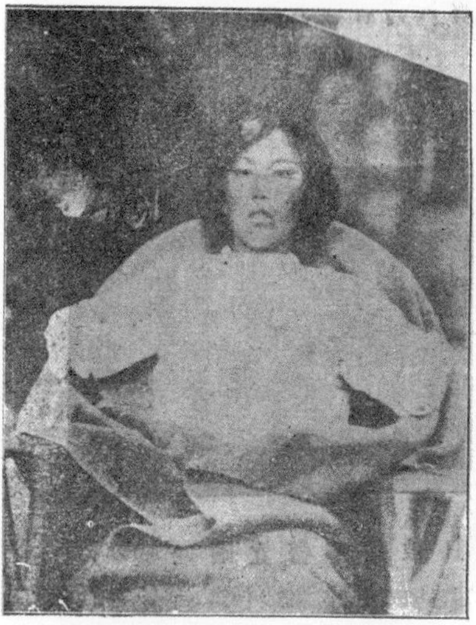

爲慘遭日軍割去雙臂之我國婦人

日軍在閘北放火焚燒我民房
幷荷槍把守不許民衆逃生

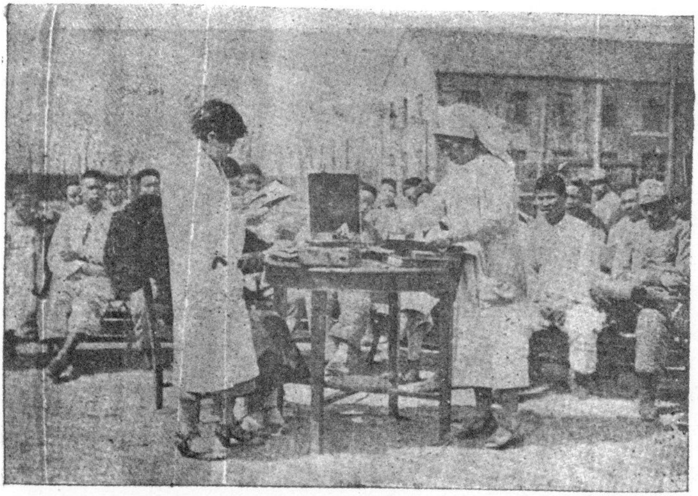

開留聲機以娛傷兵之女看護婦

我軍奪獲之日本司令旗

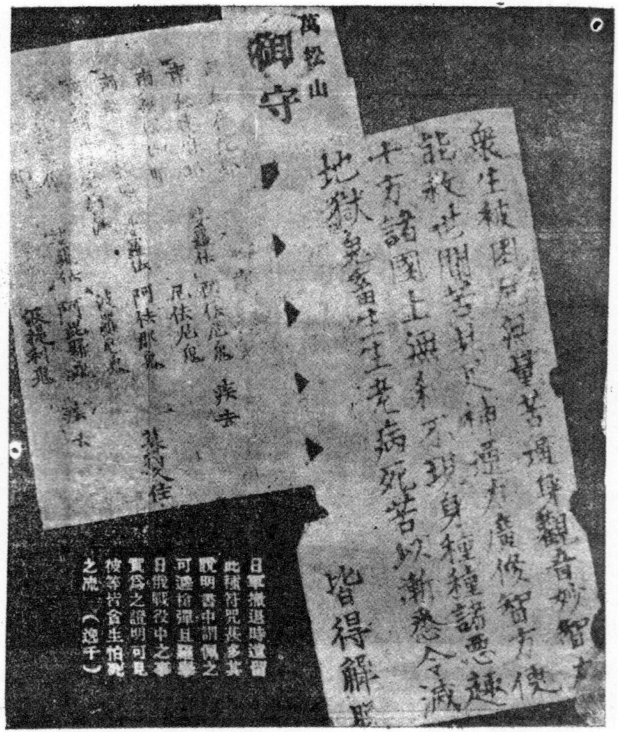

（右）：日軍之護身符
（上）：八十八師二五九旅奪獲敵機之保險傘

「一二八」淞滬抗日週年紀念專刊目錄

題字

圖片

通電

紀念文

「一二八」淞滬抗日週年紀念專刊　目錄　六

編後啓事

本書因時間短促急於付印故所有題字及論著概以收到先後定排編次序諸希　亮察

通　電

十九路軍抗日通電

——一月二十九日——

特急，南京中央黨部，國民政府，各院部會，京滬衛戍司令長官，各級黨部，政府，各軍師旅團長，各報館，全國國民公鑒：暴日佔我東三省，版圖變色，國族垂亡。最近更在上海殺人放火，浪人四出，極世界卑劣兇暴之舉動，無所不至。而砲艦紛來，陸戰隊全數登岸，竟於二十八夜十二時在上海閘北，公然侵我防線，向我挑釁。光鼐等分屬軍人，惟知正當防衛，捍患守土，是其天職；尺地寸草，不能放棄。為救國保種而抵抗，雖犧牲至一人一彈，絕不退縮，以喪失中華民國軍人之人格。此物此志，質天日而昭世界，炎黃祖宗，在天之靈，實式憑之！十九路軍總指揮蔣光鼐，十九路軍軍長蔡廷楷，淞滬警備司令戴戟叩豔。

十九路軍退守待援通電

——三月二日——

中央黨部，國民政府，全國民衆均鑒，我軍抵抗暴日，苦戰月餘，以敵軍械之犀利，運輸之敏捷；賴我民衆援助，士兵忠勇，肉搏奮鬥，傷亡枕籍，猶屢能挫敵鋒。日人猝增援兵兩師，而我以運輸艱難，後援不繼，自二十一日起，我軍日有重大死傷，以致傾全力於正面戰線。而日人以數師之衆，自瀏河方面登陸，我無兵抽調，側面後方，均受危險；不得已於三月一月夜，將全軍撤退至第二防線，從事抵禦，本軍决本彈盡卒盡之旨，不與暴日共戴一天！浴血陳詞，尚祈察鑒。蔣光鼐，蔡廷楷，戴戟，暨全體將士叩冬。

十九路軍暨後援軍泣告國人通電

——三月三日——

洛陽中央黨部，二中全會，國民政府，軍事委員會鈞鑒：各院部，各省市政府，各級黨部，各總指揮，各軍長，各團體，各報館，全國同胞均鑒：暴日縱兵遼瀋，轉寇東南，我十九路軍奉命守土，作緊急之自衛，與之相搏於滬淞者，一月有餘矣。最初與敵之海軍陸戰隊及其先到陸軍，鏖戰二十餘日，殺傷過當，敵不得逞。而其第二批陸軍運到，我駐在蘇浙之中央直轄第五軍兩師，亦加入作戰，相持者復一旬，殲敵者又六七次，彼虜仍不得逞。最後乃以其白川大將率領兩師團來，而我始終在戰場者僅五師，爲數不滿四萬，敵則加倍於我。彼虜一面以講和形式，詭商停戰，欺騙國聯；一面以一師加入正面，一師由瀏河附近登岸，襲我後路，使我腹背受敵。而我運輸困難，濟師不及，不得已乃於東夕奉命將前線陣地放棄，爲戰略之撤退，再圖反攻；此我十九路軍第五軍一月以來與敵苦戰之經過情形也。夫暴日挾其既定整個之計劃亡我，我非全國動員，以極大之決心，作普遍之奮鬥，不能得最終勝利。我十九路軍與第五軍 軍抗敵；本非求一隅之勝負，與彼虜爭一日之短長；乃以此僅存血肉，供救國犧牲，作同胞馬前之導卒耳。自政府遷洛，已決定長期抵抗政策，我全國軍民，正當秉承此旨，一致奮起，雲聲響應，此仆彼繼，以勿滬海偏隅之進退爲念，勿爲敵人分化之詭謀所中；尤望我東北同胞，懍灼膚之痛，急起遺兵，收復失地，使敵備多力分；我十九路軍第五軍當竭此未盡餘勇，與强虜作最後周旋，藉收夾擊之效。土耳其苦戰三年，卒大破臘希十五萬軍，轉敗爲勝；杜蘭斯窪一小部族耳，亦能血戰三年，不稍屈服；況我二萬萬方里之國，四百兆人民之衆，果能全國一德一心，不能殲此跳梁小醜，吾不信也！朝鮮之亡也，猶有陸軍數萬，卒被日人解散以盡；今我國現領之兵，統計不下百餘萬，與其待國亡後供人宰割，何如及此未亡之時，作一光榮之犧牲，牽牛釁鐘，未死猶知觳觫，執豕於牢，其羣亦見驚逐。此次暴日蹂躪上海，大砲炸彈所至，廬舍丘墟，死亡枕籍，子遺黎民，莫不同仇敵愾，不聞怨聲；此等悲壯之劇，可泣可歌！國土猶是也，人民猶是也，苟一旦主權旣失，寄生命於仇敵之手，其慘狀又當何若耶!?故願我全國父老子弟，毋忘閘北江灣；全國軍事領袖，毋忘朝鮮及今日之東三省。暴日向國際公開宣傳，詆我爲非有組織之國家，卽爲我國人不知鴒原急難，聲首而尾不動，可以各個擊破也。倘我全國軍民猶以巢幕游釜爲安，罔識閱牆禦侮之義；忘同室之纓冠，作鄉鄰之閉戶，是終爲見仇者所快，而爲見愛者所屏矣。我十九路軍亦惟有收合餘燼，背城借一，事之不濟，則從魯連於東海，以謝我炎黃祖宗在天之靈，不願爲亡國之民也！敢曰乾事之戰，雖敗猶榮；倘幸卽墨不亡，侵地終反；擐甲哀鳴，淚盡以血，惟我同胞實昭鑒之！總指揮蔣光鼐，十九軍軍長蔡廷楷，司令戴戟，第五軍軍長張治中，曁各師旅團長同叩江午。

翁照垣旅長告全線官兵文

——十九路軍抗日前線指揮官——

忠誠義勇的官兵們，中華民族之生死存亡，已在我們的肩膊上了。大家要確實的負起我們的責任，發揚我們的責任，發揚我們鐵軍的精神，保持我們過去光榮的歷史。日本陸軍在世界是第一强硬的，我們務要把這世界最强硬陸軍來消滅，奪取世界第一之地位，創製新的鐵軍榮譽。機會是難得的，爲國家民族而犧牲，雖死有光榮；大家不要錯過了這個報國的機會。大家盡量發揮素日沉着的精神，不慌不忙把槍描準，務要一彈一敵，至低限度。也要使子彈從敵人耳邊飛過，嚇得他不敢抬頭，子彈用完了，上起刺刀來殺敵；刺刀殺斷了，用鎗桿來擊敵；槍桿擊斷了，揮拳去打敵；兩拳打痛了，還有你們的牙齒可以咬敵，忠誠義勇的官兵們，寧爲槍下鬼，莫作亡國奴，努力奮鬥，堅持到底！民族之再造，就在這一回了；大家殺上去，殺個痛快淋漓！我們的口號：軍民團結一致，反抗日本侵略！誓死爲國家求獨立！誓死爲民族求生存！中華民國萬歲？

八字橋的敵人血跡（三月一日）

——毛師長和時事新報記者的一段話——

敵人的砲火，集中在八字橋我軍的戰壕裏　，從昨天早上就開始轟擊，並且有十餘架飛機向下投重量的炸彈。砲火稍一停，三五百個步兵就衝上前來，我們守兵在戰壕裏，將機關槍瞄準，等待敵人衝在很近的距離時，一陣子掃射，她們就向後退，然後她們的砲兵又開砲，這差不多是她們戰鬥的固定方式。一分一秒的時間，都是這樣在砲火裏過去，一直延長到上午三點多鐘的時候，砲彈飛過來的數量，也增加了。不久在砲聲烟影裏，十二部裝甲汽車衝過來，後邊掩護有千餘名步兵，裝甲車排成一個橫隊，每車的間隔，大約有三十多米達，鐵的輪盤，在她們勇士的屍體上爬過來，用最速的機關槍火來衝鋒；我們守兵，用手炸彈向裝甲車投去，打算炸燬他們的甲車，但離的遠一點，沒有發生效力，使敵人突進了不少。在這個當兒，敵人後方的生力軍，突然又增加四五百名，我們爲保全實力起見，一時下命令退出。敵人以爲我們不支潰敗，她們不加詳察，前隊已衝進我們放棄的陣地裏，那知道預伏的地雷，轟然一聲，在最先頭的三部裝甲汽車都被炸燬，很可憐地栽倒在戰壕裏。她們前面部隊，正在驚惶的一剎那間，我們一聲喊叫。作猛勇的逆襲，於是機關槍聲，手炸彈聲，毅然雜作。敵人見勢不佳，趕快將推進的部隊停止，佔據了一個鐘點；但前頭的部隊，約二三百名，就算替她們的天皇軍閥們犧牲了！我們勇烈的十九路軍的健兒，用朝紅的熱血，換來尺土寸地的代價；但不停一會，而敵人的炮火又演奏了。

殘缺的戰壕，臥着戰士的屍體，殷紅的血跡，在日光裏閃耀。敵人整理了受挫部隊，又添上了幾許的援隊，在砲聲稀薄中，又作第三次的攻擊前進。受過嚴重教訓的敵人，現在裝甲車亦再不敢冒然從事了，彷彿有些躊躇。我們指揮官知道敵人的銳氣已沮，亦得相當的準備時間，所以在他們一前進的時候，我們就故意的向後退。這回似乎形勢很危險，長大的木橋上面，敵人的足跡，都踏上了雨點般的鉛丸，在河的兩岸飄搖着。我們勇士的槍火形成了一個交叉的十字形，槍火的威力，將許多敵人趕到河水裡，在十五分鐘後，我們一鼓作氣的躍進了；刺刀的光芒，途上血光，烟塵蕩着殺氣，我十九路軍的勇士，爭踏敵人的足跡，奪回了原有的陣地；六七百名的敵人，總算犧牲在這個戰役裏！

就這樣兩次的突擊，八字橋上的血，給大中華民國十九路軍的戰史上多添了一頁光榮的記載！

紀念文

淞滬抗日戰爭周歲書感

區芳浦

民國二十有一年，一月二十八日，暴日襲我淞滬，我十九路軍第五軍起而抗戰逾兩月，敵驕將折兵潰者屢。苟中樞因應得當，則必足以大挫敵鋒而振我將士民衆之氣，決最後之勝，當不至遷就畏怯作城下盟，使敵得從容舍我東南而全力侵畧我東北，日削月割，貽大難於今日也。淞滬戰釁之啓也，曲在暴日，我既枉直以徇彼之曲，抑民憤冀弭當前之患，忍辱而負重，任外交者，至此已無復廻旋之餘地。詎暴日恃强而蔑信，假隙以興戎，閘北舉而戰機乃一弛不可遏。嗣是以後，敵廼肆其空機海艦野砲戰車之火力，以威壓我軍壘，破毀我城鎮，屠殺我人民，其渠魁且放言，四時可以克上海，驕橫狂狠，舉國際信義人類道德戰時公法，凡文明國人所尊重者，一一唾棄而不顧，蓋已目無中國久矣。幸我軍將士忠勇奮發，矢衞國之血誠，毅然以五師之衆，抗日寇十餘萬之師，以尋常之兵器，馳驟迎拒於毒彈橫飛之下，戰愈苦而益堅，膽益壯，慷慨從容，，有死無貳。其民衆請纓殺敵與自動効力軍次者踵相接，相與擲頭顱濺碧血於戰地，亦無所顧却。蓋以爲拚一死以爭民族之光榮，愈於坐視祖國淪胥及身牛馬者萬萬。是不可謂非人間之正氣，華夏之雄風也。是役也，實爲我國革命以還，對强權國家予以最嚴重之一擊。足令列强軍國當塗，遠瞻東土而羣相驚愕，少易其白人天驕之錮見。卽夙以東方主人翁自詡之暴日，至此亦當盱衡禹甸，凡思所以奴隸我國族囊括我版圖者，知非易易事也。至若吾國二百年來銷沉之民族精神，經此對外一擊，乃軒然而奮興，沛然而充溢，足爲吾黨民族革命厚殖其儲力，以膺方來之艱難。故雖停戰協定，經調停而簽訂，惟吾國人民復仇雪耻之至情，反因此而日益加厲。吾中華新造之國，會當於民族血戰中重奠其礎石，而三民主義之華實，又須白鉄赤血爲之支柱灌溉，以滋其繁榮。然則古人所謂多難足以興邦者，在吾國則此其時矣。嗚呼，滬戰匝年，榆關新陷，而關東三省猶然在敵人盤踞宰制之下。吾人徒悲無益，空言無補，惟有萃四萬萬國民之全力，以獻效於民族存亡之殊死戰，以復興我國族，而慰我淞滬殉國先烈於九原，如是而已。

去年今日之感想

李揚敬

今日何日，非我國東三省慘被日本強佔而淞滬又遭蹂躪之一國恥日乎？中樞執政要人，以不抵抗而辱國喪權，由錦州，而吉林，而黑龍江，向所稱爲繁榮險要之地者，不旬日而失陷。未幾，淞滬又遭蹂躪，不有十九路軍忠勇之同袍，誓死抵抗以挫其氣，則大河以南，長江一帶，不堪想矣！今日人蠶食之謀又逞，旣陷楡關，復窺熱河，其勢不至於進佔平津，覆亡我國不止。嗚呼！中樞執政要人，尙不急籌所以抵抗之方，以復國土而雪國恥，奚以慰　總理在天之靈，而副薄海人民之望哉！竊嘗就中日所處之現象研之，日人之所以敢侵佔我國土者，恃有飛機炮艦也。然其土地不如我國之廣，人民不如我國之衆，我國果能上下一心，化除私見，誓死抗日，而加之以長期，挑選勁旅，出關殺敵，東北義軍，聞風興奮，前後夾擊，使敵人疲於奔命，以削其鋒而縻其餉；內則鞏固江防，堅以自守，抵制仇貨，窘破財源，如此，則敵人內部經濟，必起恐慌，我國之僑胞，亦必奮起而盡量捐助。我以土廣民衆之國，與之相持，其結果必歸勝算。當此之時，國聯尙有袒日而不爲正義之伸張者，吾不信也。且日與俄，不並立之勢也，日不得志，則俄必乘其後，而日人南滿原有之利權，亦將不保。由斯以譚，能抵抗而興，不抵抗而衰，能抵抗而亡，理有固然，勢有必至，無足疑也。傳云：一日縱敵，數世之患。西諺云：天助者，自助也。願中樞執政要人，及時奮鬥，無失國人之望，以復國土而雪國恥，則　總理艱難締造之基，於以不墜矣！噫！

一二八抗日之戰與中國民族復興運動

區壽年

誰都知道中國是一個次殖民地的國家，又誰都知道中國是各帝國主義者共同瓜分之最後目的物。中國與帝國主義者在任何部分之國策上，都立於兩不相容的地位，故 總理孫中山先生於中國國民革命軍之過程中自始至終卽大聲疾呼昭告於吾人曰：中國欲國民革命之成功，必先打倒帝國主義這很顯然，中國民族之最大仇敵卽爲帝國主義，帝國主義又不打倒，當然，一切無從談起！

中國鴉片戰敗之後，帝國主義在中國卽奠定其基礎。鴉片之戰後，中國和歐美各國訂了種種不利的條約，但各國仍然不敢蔑視這遼東的，「睡獅」。甲午之戰以後，中國積弱無能，纔完全暴露於世界，歐美各國，以前還把中國當做對等國來分頭交涉，對這時候却不把中國當做國家了，他們心國中的中國，不過一塊沃土。所以從前中外交涉，各國的對手還是中國，到這時候，中國已失却對手的地位，而其對手就是他們彼此——競爭國。各國心胸中所籌劃的，不是怎樣和中國交涉，而是怎樣纔能在中國建設比競爭國還大些的政治力，卽怎樣取得領土設立租界地和勢力範國。各國利權競爭，便從此開始了，利權競爭起於三國干涉。一八九五年日本的伊籐博文和中國的李鴻章訂立的馬關條約，中國承認把遼東半島割與日本。而俄德法三國則通牒日本反對割讓，於是日本無法佔領遼東半島。因此，俄德法便各向中國要求報酬，更於是中法間有天津條約之訂立，强迫中國讓與猛烏和烏得兩土司的地方。中俄間有加西尼密約，將東三省之經營鐵路權及開採礦產權完全讓與俄國，而此時德國正相機而動，藉口山東鉅野人民殺死德教士，卽强佔膠州灣，遂訂立中德膠澳租借條約。俄國又見德國要求成功，卽强迫中國租借旅順大連灣，並要求建設鐵路，接到大連灣。於是有一八九八年的中俄會訂條約。英國亦藉此機，更求中國租借威海衞，同年又有中英議租威海衞專條。而法又更來要求租借廣州灣，一八九九年又有中法條約之締結。英國援例，强硬要求租借香港對面的九龍，遂又訂立了中英展拓香港界址專條。同年，意大利駐京公使也效尤提出最後通牒來了。意大利要求租借浙江的三門灣。在此時期，新大陸的美國，距離最遠，鞭長莫及，於是不得不有門戶開放機會均等之通牒，名爲保持中國主權領土行政之完整，實則防止西歐各國之獨得中國利權及日本之單獨吞併，因此美國亦可以援此而得利益均沾之目的，各得所欲，皆大歡喜，而中國殖民地之慘境，遂永不可拔！

自日俄戰爭及歐洲大戰以後，俄德兩國所得於中國之利權，全數爲日本所奪，於是日本在中國之勢力較任何各國均强大三倍，視中國爲其囊中物，由來久矣！

所以自民國成立以來，與日本所發生之糾紛及交涉，不可勝數，其間無一不是顯露日本之强橫無理與中國之喪權辱國！

無疑的，日本帝國主義是中國最大之仇敵！

自九一八東北事變起，日本帝國主義者一意孤行之野心更熾，挾其封豕長蛇之燄，復肆擾於上海，七十八師，適於斯時鞏衛淞滬，守土有責，明知兵器不如人，兵數不如人，戰時之各種動員更不如人，只知以純粹血肉之軀，與帝國主義之最兇惡者日本獸兵拚命，不意經過這一戰，全國民氣激揚，民心奮起，民族之生機於此蓬勃生長，從而全世界輿論也忽然轉變，因此，知中國民族復興運動未嘗無望也。如能一心一德，大家爲了民族的生存，爲了國家的獨立，犧牲到底，抗戰到底，則偉大於一二八之戰役者多多，中華民族復興之運動更有希望，敢草此文，惟祈國人共勉之而已

民國廿二年一月十八日於閩西軍次。

抵抗與屈辱

——「一二八」抗戰之意義及其所顯示的出路——

林直勉

「一二八」淞滬抗日之役，含有兩重重大意義：(一)是表演着日本帝國主義，自甲午以來侵略我國的最高狂潮；(二)是表現着我中華民族百年來匍匐於國際帝國主義壓迫下的新覺悟。但很不幸軍事當局無衞國之勇氣又無應付之方策，卒使淞滬抗日一役不能澈底，致日本帝國主義侵略我國的最高狂潮反白浪滔天地接續洶湧而來，演成了熱河榆關的噩耗！秦皇島的戰雲益濃，平津的震撼日甚！而我中華民族亦不能乘此新覺悟衝出國際帝國主義壓廹的樊中，反在國際與國內重重壓力之下，竟致清醒了的意識與奮與了的熱血，退囘到沉悶的原狀！現在東北義勇軍卒因粮盡械絕而消削了！國人對當局的失望日趨於悲觀了！吾人於此「一二八」抗日週年紀念中，不僅眦裂髮指痛恨敵人的橫暴兇殘！不僅痛哭流涕，憑吊淞滬的頹垣廢壘！尤應復奮我中華民族在「一二八抗戰時對日本帝國主義壓迫的新覺悟而擴大之，以與暴日週旋，以保全我中華民族的生存與獨立

—現在且把「一二八」對日抗戰一役的重要性尋繹出來，作我們應付目前危難的借鑑。

一　「一二八」事變的遠因近因

我們要明瞭「一二八」事變的原因，首先要明瞭「九一八」日軍佔領東北後的情勢，同時又不能不連帶的迴溯三十八年前中日之戰和二十九年前日俄之戰。日本侵畧我國，自其維新以來，便處心積慮分爲四個步驟，着着進行，第一期攫取台灣，第二期吞併朝鮮，第三期佔領東北和蒙古，第四期便欲征服整個中國。甲午之戰，台灣被割，朝鮮淪喪，東北的遼東半島，幾乎隨以俱亡，後因俄法德諸國出而干涉，乃得延至今日。但日俄戰後，訂立樸資茅條約，日本遂以南滿鐵路爲侵畧東北的根據地，積極的日漸增厚其在「南滿」之勢力。後又乘歐洲大戰列強無暇東顧的機會，强迫袁世凱簽訂二十一條款。十數年來，在政治上經濟上都操縱着整個東北；同時在軍事上，文化上……如設置關東軍司令部，遍佈兵警於滿鐵沿線，遍設日本學校報社等，均無一不以併吞東北爲目的。在九一八事變未發生以前，日本實際上已把整個東北半殖民地化了；但意猶未足，乘世界列强經濟恐慌，政治不安，無暇顧及遠東問題，和我國內地政局陧阢的時候，復進一步把東北完全殖民地化，於九一八時藉口保護權益，實行佔領數十年來積極圖謀之東北三省。

日本圖謀侵呑東北之初，原夢想不到如此順利——不費一彈，不折一兵，就可佔領二百七十萬方里的土地，征服二千七百萬的人民(?)驅逐二十餘萬械精糧足的軍隊。因此造成日人自大的妄想，以爲即進而征服整個中國，也是輕而易舉的事。同時以『維持世界和平爲號召，負解決會員國糾紛』之責的國際聯盟，眼看着會員國之一的日本破壞世界和平，撕毀國聯盟約，非戰公約及九國條約，以暴力非法佔取會員國之一的中國之領土，攫奪其主權，屠殺其人民，絕不起而干涉。此種顢頇怯懦的暴露，加强了日本進一步侵畧的決心。於是在平津，在淞滬，在武漢，在廈汕等重鎮，時而挑撥，時而蹂躪。其所以如此者：一是要分散我國人對東北事件的注意和援東救北的力量；一是要把上海事件來脅廹我對東北事件的讓步。所謂五日僧的被毆，固屬託辭；而我對日領事四項要求的無條件接受，也被認爲不滿。(他既決心侵畧)于是淞滬的空前浩刧，終於無可避免了。

簡括言之：「一二八」事變的遠因，是緣於東北被佔領前的情勢；「一二八」事變的近因，是緣於東北失陷後的情勢。前者是基於我國積年的貧弱促成日本「大陸政策」的實施；後者是基於東北軍事當局不抵抗主義的失策，與國際聯盟的顢頇無能。然因一味倚賴國聯致陷國家于今日之危殆者，却又不能不歸咎於我們的軍事當局了。

二 「一二八」抗戰失敗的經過

東北軍事當局的不抵抗，既造成了東北土地的淪喪，我人應如何引爲鑒戒，加緊自衞的準備，振奮抗敵的精神，以免重蹈危亡覆轍。但當日本傾其全國三分一之海陸空軍以襲擊淞滬時，除十九路軍奮起抗戰與第五軍一部隊伍自動加入戰綫外，負有軍事全責之當局，竟不加救援而唯知力謀妥協，致把「一二八」的抗戰光榮，埋沒于喪權辱國的協定之下，造成日後國聯的輕視與日本接二連三的壓迫。嗚呼！事到現在，已成爲無從追悔的痛史了！

「一二八」事件的導火綫，僅僅說是五日本僧人的被毆，無論在何時何地，都不至發生如此惟大的事變。但在我國這種特殊的政治環境之下，却無奇不有。上海市長吳鉄城，當不起鹽澤的恫嚇，竟對其要求之「正式道歉，賠償損失，懲辦兇手，制止反日運動」等四項條件，忍辱接受，重恐或緩．然而這種可恥的屈辱，又終不能稍和緩日本侵略的野心。在「一二八」之晨，日本的砲火卽開始向上海的閘北掃射，和我十九路將士接觸起來了。可是當局得到此項自衞抗戰的消息後，恐怕開罪於日人，惹出更重大的禍亂，乃接二連三的命令制止，同時派憲兵前往與十九路換防．又曲解 總理惕勵國人之言，發爲「三日亡國」的謬論，愈動日本人滅此朝食之野心。（當時日本東京朝日新聞曾加按語曰：「三日亡國之言，發自中華之首長，使帝國一舉而克支那，眞天與人歸之盛也……」因此日軍鹽澤，更無所顧忌，并力進犯，務欲於三小時內佔領閘北，六小時奪取上海，與襲取東北的本莊繁幷美。不料叠次交鋒，都爲我十九路軍所敗，此時我國民氣爲之大振，都希望和日本決一死戰於上海。但是軍事當局，另有用心，始終靜聽不聞，熟視無覩，既不調兵往援，亦不接濟餉械，而自動馳援的如第四軍等，又爲其阻止，不能遄赴前方。卒至三十四日的光榮抗戰，只博得一紙喪權辱國的協定，而淞滬十五萬萬的財產與數萬的軍民生命，却毫無代價地永遠犧牲了。我軍事當局對此曾一動心嗎!?

至於停戰協定之簽訂，言之尤覺疾首痛心。當我十九路軍以孤軍沉着應戰，使日本帝國主義者一反其絕對輕視的心理爲相當的畏懼，同時又因其軍隊傷亡過甚，加以國際輿論之非議，國內敵黨之攻擊，滬上一般輿論之反對，頗使日本軍閥對上海戰事具有悔心。時適在滬英提督克萊爵士出而斡旋，乃于二月廿八日在英艦「坎特」號議定互相撤兵。此時我方抗戰的軍隊，還繼續向前線進展，未爲日軍所挫。但我軍事當局以妥協已定，乃不加考慮，立使隊伍撤退，致予敵進擊之機。敵乘其一勝之威，推翻二月廿八日「坎特」號之議，而要脅我方依照三月二日英提督萊克之「立卽停戰基本條件」四項，另訂停戰協定。天下痛心之事，寧有逾此？查前議以互退爲原則，「停戰基本條件」則以我軍先撤爲前提；前議僅及停戰問題，「基本條件」則幷及政治交涉。兩日之間，變化如此之速，謂非由于當局者之應付失宜，授人以柄，而不可得矣！

茲將二月廿八日成立的「坎特」號會商的諒解和三月二日另提的停戰基本條件分列如下，以資參証。

（1）三月二日南京外交部發表之「坎特」艦上會商的諒解——『查中日代表，因英海軍提督克萊爵士之斡旋，曾在「坎特」軍艦會商，立卽停止敵對之基本條件，當經獲得諒解如下：（一）雙方同時撤退。（二）不得提議永久卸除吳淞或獅子林砲台問題。（三）雙方之撤退，由中日委員會會同中立國視察員監視之。（四）撤退區域，照舊由中國官吏治理，幷由中國警察維持治安。（五）中國軍隊退至眞茹，日本軍隊退至公共租界及越界築路地段，俟雙方上述撤退完竣後，中國軍隊退至南翔，日本軍隊退回艦上。（此最後一點，交由將來續開之會議討論之），又議定，如中日政府贊同此項假定之諒解，則雙方正式外交及軍事代表，當舉行一正式會議以完成此項辦法』。

（2）三月四日，由英海軍提督克萊，轉交我外次郭泰祺之日人對停戰之所謂基本條件——『（一）倘中國保証將其軍隊由上海撤退至若干之距離，（距離由中日當局決定）則日本允停戰若干時，(時期由中日當局議定)在未續有辦法以前，中日軍隊，各守原防，關於停戰細目，由中日軍事當局商定。(二)在停戰期內，中日在上海開圓桌會議，由各關係國代表參加討論，以期對於左段所開中日軍隊撤退方法，連同恢復並維持上海及附近之和平與秩序辦法，以及保障上海公共租界法租界並界內外人生命財產及利益得一協定。(三)撤兵(連便衣隊在內)應由中國軍隊開始撤退，至一指定之距離，候中國軍隊撤退查明屬實後，日本軍隊，即撤至上海及吳淞區域·又一俟平常狀態恢復後，日本軍隊，再由上海及吳淞區域內撤退。(四)倘有一方破壞停戰條件，他方應有行動之自由，又第一段所開議之停戰期滿時，雙方均得自由行動』。

× × × ×

上海為國際市場，與東北情形異，所以上海戰事發生，在日內瓦的國聯代表，也較為着急，似乎很切實的進行調解·因此滬戰發生一月，國聯理事會主席彭古氏，就提出停戰提案，隨於三月成立十九國委員會，進行調解滬事。如我方不屈辱撤退，繼續與日相持，最後的勝利，必屬於我，日軍數量無論多至如何，不能佔領我上海。可是事情已給軍事當局弄糟，日之乘機要挾，自在意中，故在交涉過程中，發生不少糾紛，如撤兵期限，日方始終不肯明確規定，我雖再四遷就，彼則一味倔强，須俟「常態」恢復，才「自動」撤退。所謂「常態恢復」的意義，卽要挾我方停止一切愛國活動等等，卒延至四月七日，由英使藍浦森從中調停，才得日方聲明：『希望於六個月內常態恢復得以撤兵。』我方又再遷就，六個月減爲三個月，「希望」改爲切望，但仍不能取得日方的同意。再經國聯一度會議催促，同時日本因東北黑軍反正，遼西義軍蜂起，急須抽調在滬日軍前往補充作戰，基此諸因，日人乃勉允於五月五日與我簽訂了所謂上海停戰協定。

關於停戰協定屈辱之點，海內外各言論機關，各界團體………多所敘述與批判，內容如何，亦早經公布，不必贅矣。但除公開的協定之外，據說還有兩項不能公開的條件。

一、『中國政府須取締反日事件』（據上海每日新聞夕刊，載日本「田代」參謀談話，謂『關於協定第一條「停止一切及各種戰鬥行爲」一語，包括便衣隊之活動及一切挑撥敵對行爲』。又協定簽字後，以抗日著稱的大華危言兩報即被查抄封禁，及解散一切反日抵貨團體。復証以協定完成後，日貨進口驟增，各日本紗廠紛紛開工，可知此項條件，非無其事）。

二、『中國政府須解散十九路軍』（停戰協定簽字後，十九路軍雖未解散，但却全部調閩，蛛絲馬跡，確有可尋。）

× × ×

嗚呼！三十四日的抗日血戰，就是如此結果！人民財產的損失，將士生命的犧牲，固得不到絲毫代價，這些都不必說，我們最引爲痛惜的，就是：（一）不能乘抗日戰事着着勝利之際，全國民衆抗日情緒最熱烈最緊張的時候，抽調大軍，把來滬日軍全部殲滅，反給予休養待援的便利，致反勝爲敗。(二)急於求和，不惜委曲撤退，予敵人追蹤襲擊的機會，終致被迫簽訂停戰協定，種下後來種種惡因。無怪全國民衆一聞協定簽字，莫不悲憤塡膺，直斥當局之喪權辱國了。

三 「一二八」抗戰的重大意義

讀最近百年來的我國外交史，對外作戰，無一次不敗衂，對外交涉，亦無一次不屈辱。雖然中法諒山之戰，我軍已操勝算，但又誤於滿廷當國者的昏庸怯懦，既不知己復不知彼，只懾於外人聲威，便急於求和，以戰勝國而訂城下之盟，遺恨千古，騰笑萬國。此役有些和淞滬抗戰一役相像。其他如鴉片戰爭，英法聯軍之役，甲午中日之戰，庚子義和團之變，每次都使滿廷君臣倉皇，將士胆落，積威所懾，整個中華民族都匍匐喘息於國際帝國主義者壓力之下，從不敢一言抗外。及民國既成，政權仍操諸軍閥官僚之手，其外交顢頇懦怯，一如昔日，直至濟南中東兩役，又終於摺服於暴日强俄的砲火之下。因此「九一八」事變發生，擁有三十多萬大軍三百餘架飛機的張學良，不抗而退，沛然莫之能禦，寧願將數百萬方里的土地，數十年經營之軍事設備，數千萬之私人財產，拱手讓渡於日本軍閥，但求苟延殘喘於北平覆巢之下。「畏外如虎」，不特東北軍人即寧洛一般軍政要人又何獨異？故當「一二八」戰禍初起，當局卽惶惴戰慄，不由自主地發爲「如對日作戰，三日卽可亡中國之言」，一面電令制止，一面派兵換防，以爲上海一旦淪陷，南京亦不可保，遂倉皇遷都，共避國難，無一敢發爲「對日抗戰」之言。幸而我十九路軍，以守土衞民，責無旁貸，不顧情勢之懸絕，不顧當局之亂命，冒死應戰，忠誠所激，且能一戰再戰，重創敵軍，這不特出乎怯弱的當局意想之外，捷報風傳，人心大震，都以爲此舉，能湔雪百年來外交屈服的恥辱，一時全國人民團體及西南黨政軍當局，除紛紛電請調兵助戰外，籌欵助粮……不遺餘力，此外還有自動組織義勇軍加入前方助戰的。由此可見我中華民族不是自甘暴棄的民族，我中華國民，不是無抵抗的怯懦國民，不過在有淸時，民衆受國際與國內的重重抑制，熱烈的愛國心無由表現，一旦見有能爲民族圖生存爲國家爭人格的對外抗戰，其熱情自然如怒濤般湧現出來。雖後來常誤於當局之失策，終不能衝開一條奮發自强的出路，但最近因淞滬抗日，確使我中華民族的精神，爲世界人士所認識：如擴充此種精神，我以爲總有能改造國內惡劣環境之一日，消滅國內反動勢力之一日。所以這一次的淞滬抗戰，表面雖然失敗了，其內涵的重大意義，却永遠存在。

其次，何以這次得全國民衆擁護援助的對日抗戰，也終于失敗呢？這由于兩種大的阻力，第一種阻力，是國際帝國主義百年來用以束縛我國的不平等條約，因爲有了這不平等條約，列强便可以在我國境內設立租界，日本軍隊此次作戰便是藉着租界的掩護，勝則進攻，敗則退守。我國因有條約的關係，竟無如之何，又因有條約關係，把沿海沿江的國防重地開放，任由外國兵艦隨意進出，任由外國軍隊隨意駐紮，他們隨時都可藉口護僑、威脅我國，如年前的「五三」「五卅」慘案「六二三」慘案，和這次淞滬戰事，都是由此種情勢釀成，而其結果則我無一次不歸于失敗。

第二種阻力，是我國國內的野心軍閥，因要倚靠外力維持地位，每每與帝國主義者勾結，壓制民衆的愛國運動。民國廿一年來的戰亂，一大部分是由此造成。如北洋軍閥之勾結日本，陸莫陳等之勾結英國，使我國的革命勢力，迭遭挫折。此次淞滬抗戰，雖然得全國民衆的擁護，但却爲野心的當局者所嫉惡，一方面不予接濟，以孤其抗戰的力量，一方面和帝國主義者妥協，以圖媚外求榮。在此種情勢之下，其結果又不能不歸于失敗。

上述兩點觀察，我們便可得到兩個結論：第一，我中華民族的對外抵抗力量和愛國心，是偉大的熱烈的，我中華民族的生存，就全繫於這力量和這愛國心了。第二，不平等條約是國際帝國主義者束縛我國的枷鎖，不打開這些枷鎖，中華民族的自由平等運動終難成功。國內的反動勢力常與國外的帝國主義者相勾結，合力以鎭壓國內民衆的革命，不先將國內的反動勢力消滅，中國革命也終難成功。這兩點重大的意義，都由淞滬抗戰一役顯現出來，而指示我們今後的出路。

四　「一二八」以後情勢的惡化與危機

一二八光榮的抗戰，本來可以驚醒日本侵畧中國的迷夢而稍戢其野心，同時也可以喚起了國際的同情而得回相當的榮譽，然而停戰協定簽訂了便完全暴露我國政府的顢頇怯懦與空無所有。上海的炮聲剛停，東北的傀儡組織就突然露出面具，其間相去前後僅五日。及至調查團抵東北，日本已老早把傀儡組織弄成似模似樣，製造種種虛僞証據，藉辭「既成事實」以蒙蔽國聯，同時抽調在滬停戰的日軍兼程運往東北，以增厚其消滅東北義軍的力量，當滬戰正劇時，東北民心大振，紛紛組織義軍抗敵，如馬占山，丁超，李杜，王德林，馮占海，及後又加入蘇炳文等，風起雲湧前仆後繼，使日與僞組織雙方不遑寧處。一年來的東北義軍抗日史績，感動了世界上各弱小民族，震撼着出席日內瓦的國聯代表，這都是由於十九路軍淞滬抗戰一役有以使然。可是滬戰停息，日本既集其全力以圖削滅東北義軍，我國當局，又絕不加援助。當遲疑觀望畏怯無能的國聯討論李頓調查團報告書之際，東北馬李杜等統率的義軍，已爲日本削平過半；十九國委員會討論報告書尋求解決辦法之際，最爲日本所忌的蘇炳文又被擊破了。國聯袒日之意，遂由曖昧而漸次表露，（英外相西門演說，更盡量迎合日本的意旨。）現在東北被日軍消滅之後，日本帝國主義軍隊，又伸張其勢力範圍於熱河。從前吉黑兩省，還在義軍勢力之下，日本軍閥雖然有意圖熱，還不敢積極進行。現在可不同了，一月廿一日日本外相內田在國會開會時的演詞說：

『……中國萬里長城，乃中國與滿蒙之界線，史乘所載，毫無疑義。尤其就滿洲國創立情形觀之，熱河顯應認為新國國境之一部份。抑有進者，外間圖擾該省之陰謀，近來愈增緊逼，張學良直轄軍隊，已有數隊越境，移入熱河。所謂熱河問題，但日滿草約關係，日本應與該國協力，共謀維持「滿洲國」。至於中國，其國內政治之混沌，猶如昔日，排日運動，並無稍減。傳國民黨中央執行委員，於去年十二日，在南京舉行第三屆全會時，曾有某某代表提出積極抗日提案，規定在華北邊境，調動軍隊，援助東北義勇軍，以及對日抵制。嗣後各方報告，均足使吾人相信上述提案，已得國民黨是次會議之通過。中國軍現集中於滿國邊境，有一部份竟已入熱河。日政府對中國此種情形，不能不予嚴重注意，吾人不得不向中國政府及人民，予以警告。促使彼等慎重考慮其行動。……』

這不啻直把熱河認為日保護下之一部，我國人當作何感想呢？至我們議決抗日問題，實為天經地義的自衛舉動，乃彼內田竟公然演說，謂應「予以警告，」其悖謬真不可思議。凡此皆由於我政府向示人以弱種種所惹來的大禍，有唯一抗戰的時機，也太阿倒持授人以柄，又何怪彼日人目中無我，得寸進尺呢？

五.「一二八」抗戰中所示吾人的出路

環顧今日嚴重的局勢，較「一二八」前已不知更甚幾倍，「一二八」時東北大部仍屬我有，現在則熱河也不許我國過問了！「一二八」時的淞滬，還有十九路軍死抗至三十四日之久，而不失寸土尺地，今則天下第一關的匾額已變爲敵人的戰利品而陳列於日本東京了！秦皇島彌漫於戰雲密佈之中，平津岌岌于危難之下！我民衆要問當局有沒有對日抵抗的决心？要問野心獨裁者能否放棄其權位思想？不抵抗而屈辱求和的結果，已一一表現在吾人之前，令人痛哭流涕莫能自已！我們應恢復「一二八」抗戰的精神，恢復援助「一二八」抗戰將士的救國熱情，全國一致起來，作保障中華民族生存獨立的抗戰！

淞滬戰爭是中華民族的良心血性復活

趙錦雯

轟動世界的一二八淞滬戰爭，忽忽又屆一年，這次的戰爭，就其性質而言，雖屬日本帝國主義侵畧中國與中國反抗日本帝國主義侵畧的戰爭之一小段，但就其價値而言，則實爲中華民族最光榮最有意義空前的對外戰爭。固然中國和外國的戰爭不止這一次，但自鴉片戰爭一直至前年九一八的事變，那一次不是貽笑萬邦，那一次不是喪權辱國，想起過去的一切，眞使中國人無顏立於天地之間！上海戰爭的意義，並不在於戰爭的本身成敗，其價値之偉大，實超出于戰爭的本身以外。當亡淸之季，中國和外國戰爭，旣是屢戰屢敗，且戰一次就要失一塊領土，賠一次鉅款，于是中國就由輕外而怕外，由怕外而媚外，遇着外交的問題發生，不管是非曲直，不管大事小事，總是容忍退讓，你退一步，他就進一丈，因此數十年來，中國國際地位，日益降落，中華民族英氣日益消沉，國家有形利益的損失，更不可數計。中國人自己旣瞧不起自己是一個獨立國家，外國人也就當然不以中國爲獨立國家看待。國家的地位，國民的人格，旣已掃地無餘，連民族的自信力也都完全失去了。所以前年九一八的事變，日人竟能不費一彈，不折一卒，以二十八小時攻陷東三省，東北數十萬軍隊，竟望風而逃，美其名曰不抵抗，按其實則完全不敢抵抗，這可算是自有中國以來無以復加的奇恥大辱了。東三省的失敗，東三省的當局，固然罪無可辭，然而東三省的禍因，則非起於一朝一夕，更非慣於某人某派，近百年來之中華國民皆應同負其咎。我國所以召此空前未有的外侮，其根本原因，就是國人良心與血性之喪失。沒有良心，所以一切的內部問題都弄不好；沒有血性，所以被外人侵略藐視屠殺，都不以爲恥辱。只見文官要錢，武官怕死，以此爲國，又安能不召外侮。淞滬戰爭，就是中華民族的良心血性復活，故就其形式而言，此次戰爭雖未得到什麼勝利，就其精神而言，則其價值之偉大，無待我們自己來形容，各國所組織的國聯調查團，在他的報告書裡面對於上海戰爭有如下的批評：「上海事件，自大有影響於滿洲之情勢。日軍能不費力而佔據滿洲之大部份與中國軍隊之毫不抵抗，不特使日本海陸軍界相信中國軍隊戰鬥力之極爲薄弱，且使全中國人民亦大爲沮喪，自十九路軍在上海開始奮勇抵抗，繼以第八十七師與八十八師之助戰，一旦戰情披露舉國狂熱……此足以予中國民氣以一種深切印象。於是全國均覺中國自己非自救不可。中日衝突之事，傳佈全國，各處輿論緊張，抵抗精神增加，以前所抱之悲觀主義忽而變爲同等過甚之樂觀主義。上海消息傳入滿洲，使其仍在抵抗中之散漫軍隊增加勇氣。馬占山交因是而再起抵抗，並激起寰球華人之愛國熱心，義勇軍之抵抗力亦由此增加。日方遣軍遠征，亦無勝利可言。」這一段話，就是代表全世界人對於上海戰事的總批評。但是上海戰事，所以能夠得到如此的光榮，收到如此效果，就是因爲當時參加戰鬥的人員完全爲良心血性所感動，絕無功名富貴的觀念存乎其間，有了這一種的精神，所以能不顧一切，視死如歸，所以能喚起全國民衆敵愾同仇的熱情，古人說：「哀莫大於心死，而身死次之。」人心不死，國終可救，人心一死，國亡隨之，上海之戰，就是我們國家人心未死的大表現。現在國難尚未解除，失地尚未恢復，國家前途，尚難逆料，岳武穆說，「文官不要錢，武官不怕死，則天下太平矣。」不要錢就是有良心，不怕死就是有血性，一二八犧牲的將士，就是爲着頁心血性而死，故國人紀念一二八，就要人人拿出良心血性來，然後國始可救，敵始可抗，仇始可復！

紀念「一二八」週年有感書此

陸匡文

九一八事變後，我國政府對於日本暴行，屢次抗議；世界輿論也對於日本無理，正色警告；均沒得到効果，識者早知日本一味蠻悍，已非口舌所能喩。可慨我中央政府，倘持不抵抗宗旨，一味倚賴國聯，致使河山破碎，敵騎縱橫，言之實不堪回首！

東省為我國的重要寶庫，日本欲據而有之；上海為我國的經濟中心，日本又欲將而破壞之。故九一八事變不久，繼發生一二八事變，無非欲握住我國的死命，把我國變成高麗第二吧了！然而九一八事變，因張學良之不抵抗，日本得以很順意的滿其大欲；到一二八事變，就推車撞壁，景象便有不同了。

張學良統大軍二十萬人，負有東北邊防責任，乃九一八夜，日本僅以三隊之少數日軍，遂侵入瀋陽。以後註東省的日軍，紛紛出動，向各重要城鎮進攻，張學良均命將士着着退讓，不十日，我東三省就全歸日軍之手。聞日軍於發動時，倘有些戒備，以為東北軍斷不致於不抵抗的，不謂結果竟如探囊取物之易，出乎日軍意料之外。因為日軍遂藐視我國軍人，以為我國軍事長官，盡如張學良一般，可以任意威逼中國，使中國人全屈服於其刺刀鐵蹄之下，所以便有一二八的事變發生。

一二八事變的起因，是很微小的。我國人雖被日浪人殺傷數個，然亦當作大事化小一般，以外交方式解決。不料日本外遣艦隊司令鹽澤，竟提出哀的美敦書，要求解散抗日救國會與其他抗日機關；上海市府也忍辱接受其要求，上海日本領事村井並已認我國的答復爲滿意，各方均以爲軒然大波，即告平息。乃日軍飛機，突於一二八午後四時，飛向閘北示威；是晚十一時半，日海軍陸戰隊，更進佔淞滬路天通庵車站，向我國挑釁。日海軍司令鹽澤於出勤時，對外報記者，誇大的說：「四小時內，可將閘北佔領，使閘北中國居民於好夢初醒之時，出睹國旗變換景象。」以爲我國軍隊總如張學良一般，見到外敵，即鼠竄而逃，不堪一擊的。詎我淞滬戍軍第十九路軍的將士，不能如張學良一樣，而奮起抵抗。日軍迭次爲我軍所挫，日軍人才眞正認識我國軍人的勇敢，日本報知新聞曾這樣稱說：『敵兵(指我軍)充滿陣地，士氣旺盛，我不覺望而生畏，魂胆俱裂！』

又英國軍官也評說：『日軍竟未料及華軍戰鬥力之強大如此。經數日之大戰，華軍已表現其抵抗砲火空中擲彈威力之能力。…………此次作戰，日軍完全依賴其優良之軍器取勝；但事實証明，日機擲彈，僅在華軍後方有効，並不影响前線之華軍。故可謂自日軍開始總攻以來，並未有

絲毫進展。』(見三月二十四日路透社所載)

我軍屢戰屢勝，日政府乃撤調大批援軍來滬，總計攻滬的日軍，海陸空各部約在十萬人以上，又易將三次；而我國僅得第十九路軍約二萬人應戰，至戰後二十餘日，始得駐蘇浙的我第五軍第八十七第八十八兩師加入，相持一旬，殲敗敵人又七八次。最後以援絕兵單，敵方加倍於我，分隊擾我軍後路，使我腹背受敵，才不得已因戰畧而撤退。然而我十九路軍與第五軍八十七八十八兩師將士的忠勇奮發，摧毀強敵，民族意識固然覺醒，國際視聽也爲之轉換了。

本來，日本軍閥施於我國的橫暴，已過於公文交涉時期，我中央政府果能於九一八後，盡量徵調內地各軍，固守邊隅，下大決心，準備抵抗，則日本雖強蠻，也畧有所顧忌，不敢睥睨中國無人。乃張良學既不抵抗於東北，蔣中正也不抵抗於上海；日本涉洋遠襲，不踏行軍之險，而我桴鼓相應，竟以後援不繼聞。豈非天下的奇事？可見蔣張兩人的不抵抗，不特令東三省淪爲亡國奴，且使抗日將士的血，付諸虛流，其罪眞不能卸的了。我人讀十九路軍三月二日報告撤退通電，有云：「我以運輸艱難，後援不繼，自二十一日起，我軍日有重大死傷，以致傾全力於正面戰線。而日人一師之衆，自瀏河方面登陸，我無兵抽調，側面後方均受危險，不得已於三月一日夜將全軍撤退至第二防線，從事抵禦。」孰令致此，言之眞堪痛心！又十九路軍于三月三日，在南翔發佈通電，有云；「倘我全國軍民，猶以爲巢幕遊釜爲安囘懷之義，忘同室之纓冠，作鄉隣之閉戶，是終爲見仇者所快，而爲見愛者所屏矣！」誠不禁其慨乎言之了！

「暴日挾其既定整個之計劃亡我，我非全國動員，以極大之快心，作普徧之奮鬥，不能得最終勝利。我十九路軍與第五軍孤軍抗敵，本非求一隅之勝負，與彼虜爭一日之短長，乃欲以此僅存血肉，供救國犧牲，作同胞馬前之導卒耳！……土耳其苦戰三年，卒大破希臘十五萬軍，轉敗爲勝；杜蘭斯窪一小部落耳，亦能血戰三年，不稍屈服；况我以二萬萬方里之國，四百兆人民之衆，果能全國一德一心，不能殲此跳梁小醜，吾不信也。』這是十九路軍與第五軍兩師將士的慷慨陳詞，然而既有不抵抗者橫梗於上，全國卽有義憤塡塞，熱血沸騰的將士，也莫之能致其軀。情勢若此，我國雖欲不亡，安可得呢？

日本藉口中村事件，有九一八之變；藉口日僧事件，又有一二八之變；最近又藉口一個炸彈，侵佔我榆關，並將侵擾我熱河了。日人隨地皆可藉口，卽隨地皆可供其武力蹂躪，時而作，時而息，非盡蠶食我全國不止。我人尙能忍辱苟安的嗎？當此紀念一二八事變的時候，不能不望我國上下的覺醒！緊記着，痛念着，第十九路軍將士的慷慨陳詞！

「一二八」之紀念與認識

陳濟棠

吾中華民族數十年來，備受帝國主義者之壓迫剝削，至九一八日強侵而危機愈亟。此時此際，我中華民族將如何掙脫死亡之危途而踏上生存之路，殆已生死卜於當前，命運繫於一線。凡我族類，孰能不投袂奮起以與帝國主義者作劇烈之搏鬥，以存我民族一線之生命乎！

民族之生命，存於民族之生存能力，而民族之生存能力，乃存於民族之強固的精神，所謂強固，卽是團結也。　總理嘗喻我國民如一盤散沙，夫沙而散，則沙等恒河，亦安所用。以大和民族之團結，對中華民族之散沙，則寡可勝衆，無足異矣。故以中華民族之龐大，與蕞爾之大和民族對抗，而竟爲所屈者，是知非民族有強弱之分，其癥結在乎團結之異而已。

中華民族既等於沙，自然亟須求得膠漆以團結之，而此膠漆，又須爲唯一而整個的膠漆，然後得一致團結之效果。當前最良好之膠漆爲何？則三民主義是矣。三民主義昭示我人以團結救國之途徑，至爲備盡，吾人苟能一致向主義而趨赴，集中其精神於主義所昭示吾人團結救國之途徑，循此途徑以表現民族之強固的精神，以與帝國主義者相周旋，則國族復興，詎無可能。惜乎庸人但知禦侮，而不知禦侮要有禦侮能力，更不知禦侮之能力繫於民族之團結的精神，尤不知團結精神須有膠漆，唯一膠漆厥爲主義，以故九一八之喪鐘一響，但見國人之握拳怒目，呼號救國，而卒未覩救國之成效者，蓋由國人但知救國，而不知救國所由之道。

一二八滬戰爆發，一時忠勇軍隊與愛國民衆，不惜鉅大犧牲。以與船堅礮利之暴寇搏鬥，不可謂非氣壯山河足爲民族生色，同時不啻以民族精神表現於世界，以見我中華民族之未甘屈辱也。當時國際視聽爲之轉變， 詎亡何而十九路軍以失援退却聞， 政府以簽訂協定聞，此何故也？豈忠勇愛國之軍民，僅區區之數，前仆竟無繼乎？非也，此中殆有二因焉，其一，政府未有抗日決心，從而未能集中與支配全國軍民之禦侮力量於一貫，僅視爲淞滬地方事件，防軍應盡守土之責，土不能守，則與言和議而已。其二、吾民族雖因外侮之逼迫而感覺興奮，然而民族精神是否於此一度興奮，卽能充分團結，足供整個的救國犧牲，而獲得最後之勝利，亦非絕無問題，否則日人何至越閘北而長驅，蔑視我民族不稍異昔乎！夫守土抗戰者，而致失援退却，政府不能辭其責，而湔滌國恥，獲最後之勝利，仍須視國民團結精神之最後能力卜之，禦侮雪恥非一朝一夕之功，吾人讀 總理遺著，可窺涯略。不過在今日危機壓緊之時，救國手段，不暇深擇，而謀民族精神之團結則無論如何視爲先着，實亦最終之勝利基之，假使一二八淞滬喋血之際，全國人民臻於充分團結精神之道，有若大和民族焉。而政府又能具有抗日決心，以領導全國軍民立於抗日陣線，則淞戰戰縱未必終勝，亦不至血光之曇花一現而喪權協定瞬息簽訂暴露弱點，以釀成今日榆熱之禍，可斷言也。

政府有無抗日決心，有無領導能力，固於禦侮效果關係甚大，而我民族之未獲充分團結精神，顯而易舉者，莫如漢奸之聚謀出賣東北，黨中不肖人物之操縱政權，反動派之分散本黨之力量，益以主張取銷黨治者，甚囂塵上，盲目之徒，大有其人，三民主義嘗若膠漆，而此等阻力，則若沸水，具有消融膠漆之力焉。有志之士，縱如何努力以固結民族禦侮精神，亦不免事倍而功半，況從本黨同志未能人竭其力，國民亦未能以主義爲依歸，而共進於膠漆團結之道。今日有志之士，瞻企國難前途，所以相顧唏噓而不勝其徬徨者，非無故也。

嗚呼！政府之無抗日決心，與國民之未能團結奮鬥，則經年猶是也。試觀榆關不及一戰而失，熱河未聞有若何抵抗之表示，寖及平津，國將不國，禍深於一二八之前，而勇猛抗戰則不復覩於一二八之後。然則中國之所謂抵抗，所謂禦侮，僅指一二八之事件而已。僅可謂之，曾經抵抗，曾經禦侮而已，其任敵侵入，斷送國族，則猶是也。

一九八固未獲最終之勝利，而今日則欲如一二八之抗戰，亦已不可復覩，每況愈下，亡無日矣。政府固屬有責，要亦國民之羞也。吾人今日紀念一二八，應有若何之感想乎，如其不甘作亡國奴隸。卽應如上文所述，膠漆團結，然後民族之强固精神，得此觸處表現，使敵人未敢輕侮。吾人尤知一二八之勇猛抗戰，尤未能達救國結果，及不及一二八之勇猛者，抗猶不抗矣。吾人綜觀大勢，詳察國情，苟非有十倍於一二八之勇猛，與千倍萬倍是一二八之人數，不能摧折强寇，而安中國，暴日帝國主義者以傾國之力而謀我，吾人安可不以全民族之力抵抗之。如何表現民族精神與力量，自以膠漆團結爲第一先着，而本黨主義與本黨力量，又爲使民族精神團結之膠漆，凡我國民，不可不注意者也。

吾人一面固應有團結精神，以圖最後勝利，已如上述。一面尤應人懷抵抗決心，不斷的以抵抗事實，喚起團結禦侮之精神，歷來各國抵抗禦外侵之時，每足以促進國內之團結，故持不抵抗主義者，實足以渙散國人之團結力，影響匪尠。吾人應知一二八戰端之啓，當時赴義軍民，本無必勝之筭，無非一面開抵抗之端，以保國土，一面藉以喚起民衆，團結禦侮，用意良深，厥功殊偉。然而當日既開抵抗之端，而終於今日之不事抵抗，當日之喚起民衆，而終於今日之喚而不起，則吾人何以對死義之無數軍民，與一切爲戰爭而犧牲者，言念及此，曷勝浩歎！夫抵抗方能圖存，已爲今日必然之情勢，亦爲全國一致之願望。願我政府，同胞，民衆，能一致繼續一二八滬戰之奮鬥精神，遇敵卽抗，榆抗，熱抗，平津抗，無地不抗，無時不抗，以促起民族之團結精神，而寒敵胆，並以肅國際之視聽，而獲得坫壇上之優勢。故如一二八之抗戰者，不必問其最終勝負如何，亦須使其有不斷的表現，然後華北可保，東北可復。嗚呼！國難日亟，時不我待，國人於紀念一二八當中，能勿河漢斯言。

廿二，一，廿三。

從一二八國難所得的教訓

陸幼剛

日本帝國主義者旣佔據我東北之後，復於去年的一二八，在我全國經濟中心的上海，無端襲擊我防軍，恣意屠殺我民衆，盡量炸燬我民居，商店，工廠，及文化機關。我國受禍的慘烈，損失的鉅大，爲自有外患以來所僅見，現在想起來，猶有餘痛。但是，在這一役，日本帝國主義者也受了相當的懲創，而終無所得，誰都知道，這是我忠勇的十九路軍及第五軍孤苦抗戰的結果，是很值得我們紀念的。當這強敵進逼不已，國家危急存亡的時候，回念往事，我們同時得了不少的教訓。

第一，挾着侵略野心的帝國主義者以暴力向我壓迫，我愈畏葸屈服，他愈兇狠猛進，只有拚死抵抗，乃可以自衛。日本帝國主義者敢決心進犯上海，就因爲他進兵東北的時候，我國守土的軍隊，毫無抵抗，他不費吹灰的力量，便把我東北數省完全佔據；以爲：費三數小時的工夫，又可以佔據上海，威脅我首都，我國雖欲不爲城下之盟而不可得。所以在上海用他的慣技借端挑釁之後，特提出我斷不能忍受的苛酷條件，我國當時雖完全屈服，只是愈增長他的志氣，他還是要依預定的計劃進兵襲攻。如果沒有十九路軍的拚死抵抗，大挫他的威風，那就不特上海到現在還

是和東北一樣不能收復，恐怕長江和沿海各重鎮，也要同樣受他蹂躪了，

第二，我有偉大的精神能力，可以戰勝敵人優越的物質能力。日本帝國主義者襲攻上海，雖先後增兵至十萬以上，陸海空軍協同動作，而又悉數使用世界最新式精利的武器；我國十九路軍及第五軍的兵力，合計不及他的半數，既缺乏飛機，又無軍艦協助，且所用的都是舊式劣陋的槍械；而能和他血戰至月餘之久，殺敵之數，倍於己軍的傷亡；到了彈盡援絕，猶能全師而退。這就因爲我軍看見日本帝國主義者之橫蠻絕倫，憤恨達於極點，人人都懷有決死的精神，而日本帝國主義者則勞師遠征，士無鬥志的緣故。總理曾說：「革命在乎精神，不在物質○武器爲物質，能使用此武器者全恃人之精神。兩相比較，精神能力實居其九，物質能力僅居其一。」這些話，的確不錯啊！

第三，我必自助而後人能助我。自東北事變發生，我國卽申訴於國聯，而切望其援助，因爲望之太切，總覺得國聯老老是沒辦法。不知，日本帝國主義的橫蠻兇狠，想制裁他，恐終不免要用到武力；我國有切膚之痛，尙且不肯犧牲，不加抵抗，他人又安能爲我而犧牲？日本帝國主義者佔據我們的領土，旣安然無事，若果不改變門戶開放機會均等的政策，實於各國毫無損害，各國爲避免犧牲，當然只是敷衍便過。到上海事變發生，我國的軍隊，竟抵戰起來，各國便不能不

驚訝了。如果相持日久，恐怕直接影響到他們的工商業，所以國聯理事會一得到我國的申請，便馬上於一月三十日有決定受理；二月十二日我國代表根據盟約第十五條第九款請求召集國聯特別大會解決中日糾紛，雖經日本代表極力反對，也卒照所請通過。那時候，國聯態度的强硬，日內瓦空氣的緊張，爲從來所未見；有些國，且調遣海空軍，爲必要的準備，一面委託上海領事團，爲切實的調停。不幸我抗戰的軍隊，因援絶而撤退，日內瓦空氣始爲之一變。由這看來，我們只可恨自己不爭氣，靠人家是無濟於事的。

第四，不能爲整個的抵抗計畫，終必受敵人各個攻破。當十九路軍及第五軍在上海與日軍血戰的時候，如果中央執政者决心抵抗，定了整個的抗日計畫，一面派大軍出發東北，一面增兵援助上海，使日本帝國主義者顧此失彼，兵分力薄，而我有加倍之衆，不特上海不必撤退，且東北的失地，也可望收復；即使失地未能收復，也可牽制敵方的兵力，使其不能集中以對我，而上海斷可保守；再退一萬步言之，上海我軍原有的防線，總可維持多數十日，國聯特別大會開會後，國際形勢必有急劇的轉變，而日本帝國主義者無所用其虚聲恐嚇，終要知難而稍戢其野心。乃執政者只知遷都避難，甚且發爲「日本三日可以亡中國」的謬說，不特對於東北失地不敢過問，對於上海三十餘日的血戰，亦若袖手作壁上觀，不發一兵一卒以增援。日軍隨戰隨增，我軍則隨戰隨滅；那能夠長久支持呢？假使當時不全師而退，亦只有像東北的義勇軍那樣歸於消滅而已！

日軍為着要威脅我國放棄東北，幷移轉國際的注意，所以悍然進犯上海，上海事變，明明是因東北事變而起，不能分而為二；執政者因為不抵抗，乃不惜簽訂喪權辱國的停戰協定，以急求局部的解決。因此，日本帝國主義者反得盡移其侵略上海的兵力，以摧殘東北的抵抗力量。今且攻佔及於榆關，熱河告急，華北動搖，國家命運的危險，較之去年的一二八尤甚了！我們還是聽那抱着不抵抗主義的當局，一味倚賴國聯去解救呢？還是聽他們放棄領土主權，屈服以求一時的苟安呢？抑或鼓起我們的民族精神，革命精神，共同負起責任去和日本帝國主義者拚一個死活呢？前事不忘，後事之師。總要急下決心，竭全力去幹，大難臨頭，不容再事遲疑了！

滬戰之回顧

黃玉明

滬戰事件不過是無數底中日紛爭事件的一環，本與其他先後發生底中日問題有不可分的關係。雖然事後看來，滬戰已完結了，和約也簽訂了，但中日關係一日未作澈底的解決，則誰能保証上海沒有第二次同樣的戰事發生？誰能相信上海永遠是和平的世界？

上海原是中國經濟文化的中心。日本爲破壞中國上下一致的抗日運動和對東北的積極援助，必需擾亂我國內部主要商埠，以轉移中國人士目光。故在九一八事件之後，日本卽分遣浪人及艦隊在我國沿海口岸任意滋事，天津兩次事變及青島，福州事件發生之後，上海就遭毒手了。而且上海亦爲各國對華貿易的根據地，一向都以英美勢力爲雄厚，日本自刧奪東三省，其所得的天然產物，欲將之輸送長江一帶，必須在上海建立基礎，以謀對長江一帶的貿易能獨力發展，不致如一向之仰英美鼻息。這是去年元月三日日軍奪錦州後，復襲擊上海的主因。

日軍底軍事行動原出於一定的計畫，故不以吳鐵城氏廿八日的答覆而自足，遂於是晚開始軍事行動。在日軍初以爲上海軍隊必不抵抗而上海垂手可得，戰事的爆發和擴大不祇出中外人士之意外，亦出中日政府之意外。然而日軍爲貫澈其侵略政策起見，不得不再調大軍集滬以求一逞，這時日軍行動的作用與初黴有改變，轉爲施行大毀壞政策，對上海中國民衆則任意蹂躪，俾其再無力接濟東北。對上海的外國經營者，則力盡威迫利誘之能事，對于在上海有經濟利益之各國政府以不干涉東北事件爲不妨害其上海經濟活動的條件。而是時我國十九路軍的作戰原是激於一時民族的義憤而非有全國一致的計劃。相反地，政府反視滬戰爲十九路軍與日軍局部的衝突，不予以接濟。就在上海居住的一般民衆，固以抵抗外敵侵略雖犧牲性命財產都所不計，但一些有力的金融資本家，因爲他們始終都是外國資本的附庸，在無損於外人資本的情形下，他們是不願動其財產的絲毫的。滬戰一爆發時，我國中央政府空言抵抗，駐滬附近的大帮海陸空軍和許多坐擁巨資的金融資本家一率袖手旁觀。這時候，許多人經已預知戰爭的結果了。

時適國聯第六十六次理事會開會於日內瓦，在外交的活動範圍內滬戰問題遂成中日爭論之點。各國雖因與上海有密切的經濟關係甚形焦慮，但爲日本外交術所牽制及軍事的威逼，故不敢譴責日本的侵畧行爲及與中國以有力的援助。中國代表見此情形，乃提議引用盟約第十五條，要求國聯特別大會以解決上海事件。到二月十九日，各國既無解决辦法，遂决定於三月三日招集聯盟大會。是時上海軍事無甚變化，各國人士有召集圓桌會議以爲討論之議，於是廿九日的理事會議作了一條召集上海圓桌會議以解决上海問題的决案。

圓桌會議尚未召集，十九路軍竟於三月二日退出上海了，原因很簡單，就是援軍不至和炮火缺乏。因爲十九路軍不是蔣介石的嫡系軍隊，若十九路軍得了勝利，不僅爲南京財政根源的上海，將不復爲蔣氏所有；而十九路軍的威望亦將遠超蔣氏之上，使其失去軍事領袖的地位。而且蔣與日另有買國利日的私約更不能不要防止十九路軍爲之破壞，所以蔣氏對廣東北上援滬的軍隊阻之於湘南。對請纓數次的張發奎軍則停之於贛邊，自己則坐擁重兵以威逼着各方有意援助滬戰的軍隊，眼看十九路軍至死不救。而日軍方面，事初既有公共租界爲其退軍之避箭牌，其後復有大帮由東北調返的飛機軍隊艦隊爲增援。那有不勝的道理呢！

三月三日，國聯特別大會開會，四日大會時即決議中日停戰之議案，日軍方面不久亦下停戰之令，但日方不允退兵事實已佔勝利，故所認停戰決定亦不過具文，及後七日八日大會，各國再議決重中國聯盟約九國公約和凱洛公約所規定之各項。主張組織十九國委員會担負一切實際調停的責任，這樣，國人所抱無限希望的特別大會就閉會了！

在這期間，上海中日停戰撤兵會議，由各有關係國的協助，幾經困難，才於三月四日開第一次會議。在會議進行中，當議及預備會時之三原則內「日軍按照一定程序撤退至一月廿八日原防線」一點，日方卽有意阻撓，會議又生枝節，此後進行着小組會議直至四月十一日共開會十四次，亦無結果，迨十九國委員會四月十六日與十九的兩次會議。通過草案十四條分送中日兩國。我國代表卽表示接收。但日本仍堅持最初主張不承認十九國委員會之議決能合法拘束日本，尤對草案中之國聯授權混合委員會決定日軍可撤日期之一條，作堅決的反對。遂使十九國委員會與日代表對峙，無接近可能。是時駐華英公使藍浦森爲謀滬案續開談判，認爲中日問題之僵局全在於十九國委員會草案第十一條接權上海混合委員會決定日軍當撤退時間一點，遂與雙方代表接洽。結果提出一折衷方案，卽將是條改爲：「一待時間成熟，共同混合委員會須監視日軍撤退，如任何一方有破壞此約時，混合委員會得電告國聯，在日軍一日未撤退至一月二十八日以前的原防，則國聯任務認爲尙未完了」。對於日軍須俟地方情形恢復至「平常狀態」一點，除日本棄權外，全場一致通過十九國委員會提交幷付藍浦森折衷議案。於是停戰會議，遂有急轉直下之勢，根據此類辦法爲原則，其他軍隊辦法及撤退手續再經小組委員會之商議後，中日兩國乃於五月五日晨由雙方代表簽定了所謂「停戰協定」

本來國與國間的爭執，軍事勝利的不一定可得到最後的勝利。祇有外交上的勝利才靠得住，在歷史上，俄土戰爭一回軍事上算是俄國得了大勝，可是在俾斯麥操縱下的柏林會議席上，一切俄國的勝利所得都要交出來。又如日俄戰爭，俄國的軍隊是失敗了，但在日俄協定之中，則所失者祇俄在東三省底不法權利和庫頁島的一半，這樣，我們曉得外交手段在戰後的活動是怎樣的重要。

上海一月的戰事，毀去我國人民財產估計在一萬萬以上。其他由軍事的失敗所影响底精神與物質的損失確不可以數計。這宗巨大的損失，我們是絕不能慷慨地和日本不論「責任問題」。縱使爲外交上的便利，須將上海事件和東北事件分別解決。在於調協的進行中，除了磋商上海戰爭底結束之外，戰事底啓釁底責任的判斷更爲重要。這是絕不能含混了之的。我們再一分析滬約的內容，就可知不特滬戰時中國的損失不能償還，而且還在協定中喪去許多政治上權利。

最初，中國政府對停戰協定取二原則：一是停戰協定祇限軍事範圍不涉政治。二是日軍的撤退應該無條件的及有定期的。以此而作談判的基礎已是退讓到十分地步，因爲這兩原則所宣示的祇求日軍撤退，則其他政治與經濟的問題都可留爲懸案以待將來解決，可是協定的結果，恰得其反地。就是：一，停戰協定範圍不僅軍事還有政治的(第三條)。二、日軍一部分之撤退爲有條件而無定期(第二三四各條)。

協約第四條內有規定：日軍撤退之區域中國祇能派出警察接收。第二條內規定：中國軍隊在協定所及之區域常態未恢復未經決定辦法前，留駐現在區域。而對所謂「常態之恢復，」和「辦法決定」之決定權限，則無明顯之規定。這與辛亥條約同樣地作中國領土內不能駐紮本國軍隊的限制，無疑地對國權底駐軍權的完整有莫大的傷害。第二點，第三條內有規定日軍可暫紮於公共租界虹口區域之毗連地，則日軍駐紮地內的行政權當然喪失，幷啓上海日後同樣戰爭爆發的危機。

顯然的，協約中損害中國國權和不合理的地方是誰都看得出來，而中央政府却甘心將他簽訂，各國公使為此奔走駭汗不辭勞苦，也幷不是沒有原故的。上海為遠東國際都市，與列强帝國主義者利益息息相關若果戰事延長，當然對各國底經濟利益有所不利，各國公使之所以願執調停之勢，蓋求上海秩序從速恢復，便他們經濟統治地位能繼續保存而已。至南京政府之所以不惜委曲求存，用意也很明白，正如敵人所料，若上海的經濟破壞，結果將來南京政府失其存在根據，故為維持南京政權，必需先維持上海的和平。可是上海的和平恢復了，東北的不和平愈甚，停戰協定簽訂後，日本政府先後調駐滬日軍赶赴東北，屠殺我東北義勇軍。不數月間，東北義軍連接慘敗，直到今日，馬占山蘇炳文等部已一蹶不振，這都是淞滬約之賜。再說到長江一帶幾月來的國際貿易，因日本仍可駐兵與淞江灣等地，即日本依舊保持對上海南京的武力威脅。於是上海長江一帶的反日運動被制止，排日教育被取締。數月來江南江北各省，日貨傾銷額有增無已。照最近統計，全國除華南以外，日貨的輸入額比九一八前還多，這又是由滬約種來的惡果。

及今一年又過，眼看榆關失陷，華北垂危，南京政府還是束手無策。在此週年紀念的今日，請問，南京政府將以什麽來致祭上海抗日陣亡將士的亡魂？能夠用什麽去償還一年前上海民衆所失去巨大的財產所喪去無數的生命呵！一九三三年的一二八又到了，追想起一年前的傷痛，眞個欲哭無淚。因爲南京政府仍爲不抵抗街頭的蔣介石所御用，他已捨棄總理之遺敎而自願屈膝於帝國主義者之前，無論對民衆或對黨，蔣都負着莫大的罪戾。

一二八國難紀念感言

劉紀文

從歷史的事實上分明的告訴我們，廿世紀末的帝國主義者已完全泯滅了人道，公理與和平；不斷的在弱小的國家和民族裏排演着殘酷的貪婪的悲慘的狠毒的哀劇，一幕幕的暴露「弱肉强食」底猙獰面目，這數十年來我們老大國度的晦塞變亂殘潰，自然無疑的受了他們特別寵愛的賜予不絕！這其間，挾着六十年大陸政策的東鄰，憑着地理與環境的優越，所施於我國的欺凌壓廹蹂躪也比較任何一國爲尤甚，其在我國所排演的成績眞是洋洋大觀，登峰造極，遠如甲午之戰以至濟南慘案，我們姑且擱開不說，衹就那兩宗國難——九一八與一二八的事變，便使我國民悲憤至於沸點的泣血痛恨。

可是泣血只管由爾在泣血，痛恨儘管任爾在痛恨；而一二八國難的週年紀念終於「曾幾何時間」惠然來臨了，我們試輕輕地咀嚼這一年來的國事和國勢，可不是國內還紛紛弄着韓劉之戰，二劉之戰？白山黑水可不是還在敵人的手段裏？國外可不是國聯已完全喪失其威信？其他可不是依舊否塞晦盲？我們每一想及國家及國家民族滅亡的趨勢，尤其是在楡關九門口失陷的時候，我們眞怨憤到幾乎目眥俱裂。

同胞門！在這一二八國難紀念的當兒，國恥還沒有湔雪，國難又復加重，大家是否哀痛？是否悚懼？假如大家還有的話——血還未冷的話，我希望大家憑藉着這種哀痛，憑藉着這種悚懼勢力的奮發振厲，踏着革命先烈犧牲的血迹，師着　總理百折不撓的精神，勇毅的以精神與物質去援助那彈盡援絕雪地苦戰的東北義勇軍，而且全國一致確實地準備全國總動員，以鐵與血湔雪我們的奇恥；以鐵與血泯滅一切的國難！

同胞們、起來起來，下大決心！下大宏願！

在一二八紀念日寫幾句

十九路軍六十師師長 沈光漢

斑駁鱗傷的淞滬創痕，還縈迴着吾人的腦際時刻未忘，而啓眸那一天的一二八週年紀念日又悠悠忽忽地到了，心坎裏所蘊藏着的悲憤和痛恨，眞有非筆墨所能傾瀉者。可是這悲憤和痛恨寫出來也與事無濟，所以不如不寫。只把一二八抗日戰爭所得到的一種信念簡單的寫幾句，也許足以使物質落後的中國，增進不少禦侮雪恥的勇氣吧。

我所得的信念是什麼？就是：「精神可以戰勝物質。」當時我十九路軍，以不滿三萬的孤軍，和暴日抵抗，（後加入第五軍）論器械，不消說夠不上和暴日相提並論，便是我國軍隊，器械犀利，遠勝十九路軍者，也不知凡幾。然而在相持三十餘日的長時間，暴日三易大將，迭次增援，人數幾達十萬，他的殺人利器，飛機，重砲毒彈，唐克車應有盡有，終無以摧撼我激昂慷慨，誓死衞國之陣綫，如果照科學的判斷，實在是沒有理解的，所以我就意識到這是「精神戰勝物質。」

當一二八戰事之開始，我十九路軍不過懍軍人守土之大義，所以毫不遲疑的去和暴日抵抗，若睦暴軍之强盛，世界馳名，心裡何嘗不明白！誰料後來因爲我國民衆，受暴日的蔑視，侵略，屠殺，已積恨到極點，所以莫不實心實力，幫助我軍的後方接濟，尤其是平日嬌生慣養的女學牛童子軍，都身臨前線來幫忙我軍救護輸送等工作，出入彈雨槍林，若無其事，我軍將士受着這種民氣激盪，誰無血氣？個個都勇氣百倍，那裏還把敵人的飛機，重炮，毒彈，唐克車放在眼中？所以炮彈轟擊得愈密，我軍的精神就愈興奮，這麼一來，把鹽澤「四時解決中國軍隊」的大言，成為大無倫比的牛皮了。大家試想想經過三十餘日連續作戰，日夜沒有休息，要不是得着民氣做興奮劑，便是鐵人也早要生出誘來了，那裏能夠久戰不疲呢？所以淞滬抗日，完全是中華民族精神的表現，不能單說是我軍的戰績，一二八之役，暴日徒然損兵折將，不能像東北之予取予攜便是「精神戰勝物質。」

國人呵！只要繼續着這一二八抗日的偉大精神來抗日到底，物質的落後不算我們當前的大患。

淞滬抗日的意義

十九路軍
六十師副師長　李盛宗

「一二八」淞滬抗日的意義，本來稍爲有點國族觀念，世界眼光，和認識軍人職責的人，都應該很明白了解，用不着我來表彰；況事過境遷，尤無須乎我之不憚詞費來寫這一篇「淞滬抗日的意義」。不過似乎有人說：抗日是用將士去犧牲來博取民族英雄的頭銜。我們試尋繹他的絃外之音便是說；抵抗是好名，不抵抗才是深謀遠識。這種說話，固然是具有特殊血性的人所具的特殊見解，不足以概論普遍的中華民國；但在此外侮緊迫，國難嚴重當中，似乎有把抗日的意義大聲疾呼，喚醒全國民族起來的必要，所以不能不補寫幾句出來，什麼是淞滬抗日的意義？

第一：保全國族，暴日因不費吹毛之力，唾手而得東北數十萬方里之地，便自以爲不可一世，雖兼併中國，亦不啻探囊取物，所以鹽澤竟有「四小時解決中國軍隊」之大言。如果「一二八」我軍不與抵抗，姑勿論淞滬爲中國的門戶，首都的屏藩，淞滬失，則首都亦將不旋踵，恐暴日平時勢力所及，舉長江流域，均非我有：同時暴日在長江流域已得志，將氣勢愈驕，慾望愈奢，非把中華民國做第二的朝鮮，中華民族做第二的高麗民族不肯滿足，所以淞滬抗日的第一個意義，就是保全國族。

第二：維持世界和平，暴日之在亞洲，和歐戰以前德國之在歐洲是一般無二，他們的地位同，國勢同，慾望同，所抱的侵略主義亦無不相同；不消說和他利害衝突的美國和俄國，隨時提心弔膽的防備着他，便是英國和法國，也莫不忌他三分。假如「一二八」不抵抗，而使暴日的野心得逞的話，試問暴日將牛羊父母，倉廩父母之與列強平均分配呢？還是將嫂朕，琴朕之獨享其利呢？我相信暴日冒天下之大不韙，用暴力攫得之贓物，斷乎不肯和列强公開分潤，那末，列強坐視人之洋財獨發，縱不眼熱，而「鄰之厚，我之薄」，各人爲保持均勢及維護其遠東之利益起見，勢不能不演一套羣犬爭骨的把戲，而第二次世界大戰，便將以「一二八」爲導火綫，所以淞抗抗日的第二個意義，就是維持世界和平。

第三：盡軍人之天職，俗諺有云：「養兵千日，用兵一朝」，國家年耗無數的軍餉，來養着許多軍隊，無非是準備着有事的時候，用以禦侮戡亂的；尤其是我國所有的公帑，大多數都消耗於軍餉之一途，當敵人兵臨城下的時候，尙欲避免犧牲，不去抵抗，難道養兵是專供私人御用，留待爭權奪利之用嗎？這簡直是笑話！所以淞滬抗日的第三個意義，就是盡軍人之天職。

以上三個意義，都是很重大的，至若博取民族英雄的頭銜，雖當時我軍抗日根本沒有此思想；但我却希望我全國軍人，甚而全民族人人都存着這個做民族英雄的念頭；那末，大家都由這一念而產生抵抗的決心，中國就不會覆亡，爲甚麼呢？因爲人人想做民族英雄，就人人爭去犧牲，中華民族有四萬萬衆的廣大數量，如果人人爭去犧牲，不要說暴日，便是十倍暴日的强國，也無法消滅這具有犧牲精神的偉大民族，同時古人說：「三代以上惟患好名，三代以下惟患不好名，」那末這博取民族英雄的頭銜，雖屬好名，亦不足爲瑕疵；何況所好者乃民族英雄之名，則雖在三代以上好之，也許不爲患吧，所以除了上面三個意義之外，這也是不可不認識的一個意義。

事實是不幸得很，現在榆關也隨着滿洲而淪於木屐蹂躪之下了，平津危急，熱河告警，我全國的民衆，尤其是軍人，于此暴寇深入堂奧的時候，惟有秉承中央宣告國人『有禮可講則講禮，無禮可講則角力，』激昂奮起，屏除一切自謀的思想，與私人的利害觀念，在團結禦侮的大前題之下，一致向抵抗線上前進，與倭寇爭最後的命運，才有面目生存，管他『民族英雄』也好，「槍下雄鬼』也好，轟烈而死，總勝過伈伈俔俔，做『亡國大夫。』我熱血的軍人呵！起來抵抗吧！繼續「一二八」的精神抵抗吧！

紀念一二八應繼續努力對日經濟絕交

楊聲

一二八的恥辱，我們整整的承受了一年了！

回憶去年一月廿八日，上海日本領事忽發出最強硬的最後通諜，上海市長已經正式屈服，日本外交官憲亦公稱滿意，經時不及五點鐘，上海駐在的日軍突然偸襲上海華界區域，上海駐在的十九路軍自然負責抵抗，日本乃實行不宣而戰的慣技，發動海陸空的巨大軍力，利用大炮機關槍飛機炸彈等之新銳武器攻擊中國軍隊，同時對於一切都市設施及文化事業極力破壞。繁華的街市，人民的房屋，文化的建設，都已變成了一片焦土，而每日幾百幾千的同胞之血肉，也在日帝國主義砲火之下橫飛，幾千萬的失業勞動者蹣跚於街頭，無家可歸的難民扶老携幼地流離道上，在寒風與飢餓中作垂死的呻吟，中國經濟文化之中心的上海，已經變成了血肉模糊的地獄。

當時雖然有忠勇的十九路軍，孤軍奮鬥；有熱烈的各地民衆，敵愾同仇。但因蔣氏刼持下之南京政府，怯懦性成，遷都避難，徒以「共赴國難」爲矇騙國人的口號。究其實，則對於忠勇抗日的十九路軍，不予援助；對於民衆的抗日運動，力予壓折；甚且甘冒天下之大不韙，簽訂喪權辱國的淞滬停戰協定，使暴日得以從容應付東北，使我關外的同胞，仍然是顛沛流離。時至一週年的今日，言念及此，真令我們欲哭無淚。

現在是我們生死存亡的關頭，是我們努力掙扎的時候，在爭民族自由獨立的戰爭，與亡國滅種的慘禍之間，已沒有我們徘徊的餘地！復興呢？覆亡呢？在乎我們的自決！我們相信，只有積極抗日到底，才能在這千鈞一髮的時候，爭取中國民族自由獨立的光榮。要達到這目的，必須全國民衆以壯烈地持久地的決心，實行永遠對日經濟絕交。

我們知道，自從前年七月萬寶山事件發生後，激起國人憤怒，於是厲行抵制日貨運動。迨至九月十八日午後十時半，轟然一响，瀋變開幕，日人實行以武力佔領遼吉以來，對日經濟絕交風潮，遂又繼續增高，是時全國的口號：對于經濟絕交，不販賣日貨，不爲日本工廠作工，不接濟日人粮食，不僱用日人及不傭於日人，不乘日人之輪船火車，不與日人有任何性質的貿易，不入日人在華設立之學校肄業，不使用日鈔及與日人斷絕金融關係等　是以絕對的經濟絕交爲全部施行國家經濟不合作主義。到了去年一月廿八日上海事變，全國各地組織經濟絕交委員會或救國會及仇貨檢查隊之類，工商界自動宣誓不再買賣日貨，并製定懲戒奸商條例，且有鐵血鋤奸團的劇烈手段：因此日貨運華立時頓減。本來，施行國家經濟不合作政策，　以使暴日經濟沒落的一個致命傷；然而，國人的五分鐘熱度，事過情遷，熱血驟冷，除去最短期內一部份抵貨稍有成績而外，其他何嘗見諸全部的經濟絕交呢？仇貨入口依然潮湧，且其趨勢，尚有甚於未抵制之前，此則我們應該引為痛心疾首者！

現在為謀明瞭民廿年九一八，至民廿一年六月止（民廿一年下半年，暫且不論）。中國各地排貨的程度和效果起見，再將日本對華輸出貿易，從地域區分，列表如左：（單位日金千元）

	輸出華北	輸出華中南	輸出香港
九月	四、八一二	六、七四四	四、七五〇
十月	三、九一二	四、五六〇	一、〇八三
十一月	一、七〇二	二、二六六	九三六
十二月	一、九八二	一、七三〇	一、一四四
一月	三、七八一	一、二六八	九七五
二月	四、七二九	三六八	一、〇〇三
三月	八、九三七	一、四五一	一、〇〇五
四月	七、八二八	五、六〇一	一、一九一

五　月	六、八一七	六、七八一	一、二五七
六　月	五、四九二	五、三二九	一、三八七

從上表看來，華北方面，排貨成績最好的時期，以民廿年十一十二兩月，厥後日貨入口逐漸增加，民廿一年三月份竟達到八百九十三萬七千餘日金元最高紀錄。至於華中南方面，排貨毅力，稍較華北持久，直至廿一年四月份稍見增加，其能持久，實因上海戰事所影響。說到香港方面，日本對華南輸出貿易，始終未能恢復舊觀，此點未嘗不是差堪自慰的。

我國對日經濟絕交的情形既是怎麼樣，那麼在日本的出超與入超又是怎麼樣呢？茲將日本自民廿年九月來每月對外貿易出入額列表於下：（單位千圓）

月份	輸出	輸入	出超或入超
昭和六年九月	一〇三、七一六	九九、八二一	出　三、八九四
十月	一〇〇、三八五	八三、八一一	出　一六、五七四
十一月	七九、三一〇	八六、〇三七	入　六、七二七
十二月	八五、一七九	一一八、七六七	入　三三、五八八
昭和七年一月	七三、一八五	一二四、七〇二	入　五一、五一七

二月	八三、四三七	一三五、六五〇	入　五二、二一二
三月	一〇六、二四五	一七六、四〇〇	入　七〇、一五四
四月	九八、〇九九	一五一、七〇五	入　五三、六〇五
五月	一〇六、二六七	一六二、二七七	入　五六、〇〇九
六月	一〇五、三四六	一二二、六八〇	入　一七、三三三
七月	一一四、一六一	七四、一五〇	出　四〇、〇一一

從上表看來，日本對外貿易，受我國抵貨直接影響，每月入超額誠非微細；同時受其貿易入間接超影響，亦很重要。所以我們的抵貨運動，不獨使日本貿易上發生可驚的變化，即其全體經濟組織上，亦難逃致命的打擊。

且將日本國內的現象，分析於下：

(一)金貨流出，國家財富減少。據大藏省調查，昭和七年一月至七月止，金銀輸出額爲七九、三七九千元，較昭和六年三一、一一八千元，約增高一倍餘。又據日本銀行正貨準備調查，昭和六年九月末爲八一八、三三五千元，其後逐月遞減，迨至昭和七年七月底止，僅爲四二九、〇六六千元。結果影響通貨膨漲，金融界發生不穩現象。

(二)製成品缺乏銷路，影響生產界發生恐慌，工人易於失業。據日本全國營業倉庫月末報告貨物存庫額，自昭和六年十月以降，逐月增高，如昭和六年十月個數爲二〇、〇〇一千個，金額爲四一八・二九九千元，而昭和七年四月個數爲三〇、四八四千個，金額爲五五〇、五四六千元，五月個數爲三一、五九〇千個，金額爲五五七、〇一六千元，是則較昭和六年十月末數額，約增加三分之一，可証明日本國內工商界確已進入恐慌嚴重時期。

(三)金貨流出過多，國內通貨澎漲，影響對外匯兌跌價。據正金銀行掛牌，由昭和六年十一月起對美匯兌，逐月低落，如昭和六年十一月，最高爲四九之八三，最低爲四九之八三；而昭和七年六月，最高爲三二之八七・最低爲二六之八七；七月最高爲二七之八七，最低爲二七；厥後竟跌至二十元以下，誠予日本貿易界前途一大打擊。

(四)物價上升。據日本銀行調查，東京批發物價之指數變動，以昭和七年十一月爲最騰貴；東京零售物價之指數變動，以昭和七年一月至三月爲最騰貴。如東京批發物價指數：昭和六年九月爲一四九，六，十二月爲一五一，〇，昭和七年一月爲一五九、五，二月爲一六一、四，三月爲一五八、五，九月爲一六七、四，十月爲一六九、一，十一月爲一七七、九；東京售物價指數：昭和六年九月爲一三三、九，十二月爲一三四、六，昭和七年一月爲一三八、八，二月爲一三

八、六，三月爲一三六、四，這樣看來，他幾個月的物價昂貴，卽是人民消費的厄運。

（五）現金減少。日本自昭和七年八月至十一月底，郵政儲金激劇減少，達於一萬四千四百萬元日金之巨；至十二月僅十日間卽已減低一千六百餘萬；及年底，卽減少至一萬七八千元日金。因儲金減少，以致預定放欵計劃，無法實行，如不動產通融放欵，原擬一萬萬圓日金，僅能借出一千萬；信用組合爲使固定資金流動化之預定放欵三千萬，實際放出，亦僅一千萬圓；而新近請求借貸之北海道災害復興資金與肥料借貸，當在三萬萬日金以上。似此巨額資金，捨添發不兌換紙幣而外，何從應付，聞其自昭和年十二月十三日第二次實行禁止金輸出以來，國內現金逐月減少，迨至昭和七年十二月底，僅有現金四億二千萬員日金。倘現金準備過於薄弱，行見日本對外滙兌，將更低落。

日本經濟的不景氣，旣然是這樣：但他的人民生活又是怎樣呢？

先就農民而論：占全人口百分之五十一的日本農氏，他們收入百分之六十五以至七十，都在白米和蠶繭，三四年來成績都不見佳。昭和五年的豐收成災，昭和六年的欠收恐慌；至於昭和七年，米穀價格低跌，春蠶正值生絲跌落，夏蠶市價僅及昭和四年時的二分之一，這樣的不景氣，農民多債無法濟償，自無餘力以培養土地及增加不足償付元本的出產，那麼，鄉村的衰落，自然是意中事。

次就工人而論：日本城市工人與因工資養活之人口，數在一千六七百萬，因物價高漲，所得利益與消費能力，成爲重大問題。其工人就職率與工資指數如次：

	工作人員率	實收工資率
昭和七年上半年平均	七三、八	八八、〇
昭和七年七月	七四、五	八六、二
昭和七年八月	七四、七	八六、一

從上列簡單數字看來，可知日本工人就職率雖有增加，但實收工資，反見低落，加以物價高漲，生活的困苦，可以想見。那麼，城市的衰落，自然也是意中事。

暴日不自揣其社會的混亂，人心的惶惑，反而攻城掠地，侵畧不已，經濟旣乏來路，市塲又復縮小，軍費之急，有如星火，人民之窮，殆似枯魚，想度其當前的財政難關，因有尋金若狂的黃金夢。如實業界派員往調查台灣山中藏金，組織尋金公司，思撈取海某俄船沉沒時所載的黃底金；對黑龍江的金礦與夫北海道某處的探尋，妙想天開，借補其侵略費用，在在都足以証明暴日是這外强中乾捉襟見肘的未來沒落者。雖然現在他有千尊大炮，萬架飛機，與種種殺人的利器；

但我們果能永遠實行對以經濟封鎖與其斷絕一切金融上及通商上的關係，深信蕞爾小醜終有伏首帖耳屈服之一日

說到這裏，願我國人追懷去年今日上海的火光，血花飛濺的同胞，激發未泯天眞，重整旗鼓，繼續努力對日經濟絕交！最後的勝利仍屬於我們！

「一二八」所得的是什麼？

遠任

去年今日日本帝國主義者爲要製造滿洲傀儡組織，轉移國際視線，在國際帝國主義者侵略中國的策動地的上海，釀成三十年來亞洲未有的大戰。是役的結果，南京政府屈服了，中國的民衆喚起了；國際的觀聽轉變了，日本囊括東亞的野心完全暴露了。

無疑地，「一二八」事件，在國難史中是值得紀念的最光榮的一頁，雖然十九路軍重大犧牲的代價，隨着停戰協定一筆勾銷了。當事變初起，日軍氣勢的磅礴，我軍誓死抵抗的孤奮，民衆共起應援的奮號，國際帝國主義者的駭異，及南京政府保持不抵抗主義而避難洛陽的張徨，一切呈露的事實，到現在一週年了，猶顯然於我們的眼前。在現在來講，「一二八」的結果，算是失敗了，然而整個中日問題，尙未解決，是則最終的失敗與勝利，尙待政府及國人之共同努力。際玆週年之時，我們檢討此可歌可泣令人神往的「一二八」事件，分析其事前及事後的種切，一方面探出「一二八」眞實意義之所在，一方面將此種眞實的意義，作爲今後應付對日問題的對策。

一、日本方面：

事變之前，日本抱必勝的决心，聲言四小時內，可定淞滬；事變以後，復傾全國的精銳，一切新式科學的武器，列耀戰場，然而結果，中國軍隊以窳敗的槍械，把國際誇炫的皇家軍，打得落花流水，五十年來，日本整軍經武，企圖雄霸世界的工具紙老虎，戳穿無餘，使日本在國際聲威，跌落千丈。

「九一八」事變初起之時，日本的宣言，軍事行動祇限東北三省；列強亦以東北爲日本的條約利益範圍，對中日問題的認識，爲日本的宣傳所朦蔽。及「一二八」事起，列強方曉然日本實包藏吞併整個中國的野心，國際輿論及列強行動，才打破往昔沉默，偏袒的態度。

二、在國際方面：

日本陷落東北後，繼續擾亂天津，各帝國主義者始終持旁觀態度，後來日軍進佔錦州，將中國在關外的行政權掃蕩無餘，其時，美國兩致通牒於日本，並打算聯合英國及九國公約各國，共同戢止日本的野心，結果，因英法等國的緘默，日本的行動愈形擴大，態度愈發驕妄。同時國聯對中日問題一味採取延宕政策，讓事態自然演化。及日本侵略上海，震撼了帝國主義者共同侵畧中國的大本營，那時國聯的態度也積極了，駐華的各國公使也奉到本國的令訓，參加調解了，卒在英國公使幾度調解之下，成立上海停戰協定，以國際的力量，使中國屈服於日本的侮辱條件，卽此可見列强對中日問題的動向，完全以主觀的利害爲標鵠，，日本的侵略行動，祇要不侵犯

「一二八」所得的是甚麼？

列強的利益，卽使將中國化爲粉碎，她們是不願意說話的。

三、南京政府

南京政府在「一二八」事變中，在全國軍民狂熱的怒潮中，所表現的還是「不抵抗主義」的一本舊賬，前線既不增援，任令孤軍抗戰，復將首都電報遞到洛陽去「共進國難」。後來前線因無綏退却，更仰承帝國主義者的鼻息，與日本訂城下之盟。

所以在「一二八」事件中，我們可以看出！日本的武力並不足畏，只要中國能決心抵抗；日本的野心，並不限於東北，我國要先爲預備；國際帝國主義者對中日問題的態度，完全以主觀的利害爲依歸，我們不要一味帝國主義者侵畧集團的國聯；南京政度喪失東北三省之外，兵臨城下，仍還繼續主張不抵抗主義，及覲望帝國主義者的顏色，可以說「一二八」事件，呈露的一切，都是亡國的徵兆。

然而光榮的「一二八」，除了上述種種失望事實以外，醫有令我們安慰的沒有？如有，那就是一月餘的抗戰，表現民族意識和生存本能的反映的鬥爭；國際視聽的轉變。——這種巨大的收穫，也就是我們把握着民族鬥爭的勝利的先兆。

紀念民族光榮的『一二八』

子材

（一）

愧煞了「不抵抗」者的容顏，喚醒了民族垂死的靈魂，震撼了扶桑的山岳，轉變了世界人士的輿論：這是去年「一二八」十九路軍的反日民族戰的功績！「夜眼」，「鐵脚」，「神仙肚」！在槍林彈雨之中，刀光劍影之下，肉搏衝鋒，奮不顧身；這也是去年「一二八」十九路軍鏖戰閘北，浴血漚濱的神勇！

然而韶光易老，歲序如流。這椿光榮的，沉痛的，可泣可歌的「一二八」的淞滬事變，到今天又是一週年了。我們在回憶着去年今日閘北緊張的情形；暴日挾其侵襲瀋陽鞭馳東北的餘威，摧殘我莊嚴瓏燦的上海，殘殺我同胞，奸淫我婦女，搗亂我金融的中心，燬壞我文化之所萃鐵騎縱橫，腥羶匝地，暴力所及，閭里爲墟。忖其用意，無疑地是以爲上海是中國城市的北斗，上海是中國城市的玫瑰，上海更是中國城市的摩登青年！暴日因了上海可替中國放射光芒，可替中國發出芬芳，也可代表中國黃金時代的城市。它就存了蛇蝎的毒心，把這光星消滅，這芳卉摧殘，這黃金的青年刺殺，把整個上海蹂躪，致中國以一種致命之傷。所以，不惜傾全國三分之一之兵力，以與我兩萬軍械殘斷的軍隊相周旋。幸而十九路軍本其抗日救亡的精神，保國守土的職志，在民衆熱烈的擁護之下，對暴日作殊死的抗戰。在日本，則給敵人以四易帥而六增兵，寒其心而奪其魄。在中國則給「不抵抗」者以當頭之棒，而示我民族有抬頭的日子之可能。在世界則轉變國際的輿論，爭回不少的國家體面。是則「一二八」之戰，爲我民族鬥爭史中最光榮的一頁，其意義的重大，是值得吾們紀念的。

（二）

自從「九一八」事變以來，我民族受暴日的侵凌者極矣。當局者徒怵于暴日的威勢，唱其不抵抗之高調，瀋陽的砲聲一响，東北的軍事當局便拋棄了東北三百萬方里之地；喘息關內，雌伏平津。滬濱的警耗甫來，南京的軍當局便拋棄了巍峩璀燦的首都；搬家洛陽，避禍濮皋。十九軍雖首當其衝，可是他是革命策源地廣東的產物，是受過三民主義的教育的洗禮，是受過民族主義的思想的陶冶，自然不甘受帝國主義的暴力的壓迫，自然不滿意于不抵抗的當局的怯懦的，偸安的措置。于是奮其神勇，伸展其民族的精神；不畏暴日的砲艦政策的狠毒，不畏暴日的物質的優勝。更不受中國任何當局搖奪，浴血鏖戰，追奔逐北，用能完成其驚天動地的抗日的戰績。然而中國當局旣不抵抗，又恨人抵抗，在此進退維谷情形之下，我們可以忖度得其忐忑不安的神態。蔣氏期期然唱其不抵抗高調，什麼日本三日或十日可以滅亡中國，無非想以這些怯懦屈服的心理，轉而賜之于十九路軍，自己所不抵抗者轉而望期十九路軍。可是十九路軍是民衆的武力，是抗日到底的，十九路軍之神勇的表演，十九路軍的偉大的精神，十九路軍的救國熱忱，在在都足給當局的不抵抗者無限的慚愧與憤恨，于是施行其種種阻撓抗日進行之計，斷絕抗日軍實的接濟，乃爲其最顯著之事實，雖有全國民衆的奔走號呼，要求援滬，亦祇敷衍塞責，口惠而實不至，坐使十九路軍孤軍援絕，功敗垂成，在熱血的民衆，固已憤恨難平，恨之刺骨，而在蔣蔡處境，亦屬無可如何，惟有高咏「長使英雄淚滿襟」之而已。然而十九路軍的閘北一戰，淞滬喋血的驚人功績，已足愧煞當局的不抵抗者的顏容而予以當頭之棒擊了。這是值得吾們紀念者一。

其次，這次十九路軍之抗日，實足打破了中國民衆受強者催眠的成見而喚醒了中華民族的靈魂。從前一般人把對日作戰，視爲極困難而徒勞無益的工作，更有些怵于軍隊戰鬥力的薄弱、兵器軍實的窳敗與欠缺，經濟能力的破產，而泥于「對日宣戰，日本三日或十日所以滅亡中國」的偏見。至乃噤若寒蟬，畏葸退縮。所以「九一八」案發生之後，舉國上下，遑然不知所措，一味遷就退讓，輾轉求救于國聯，把東北全部膏腴之地放棄了猶未足，復把偉大的十九路軍犧牲熱血的代價，在小小的鋼筆尖下－停戰協定的簽字——斷送無餘，寧不可痛！我們知道，現代戰爭中所倚賴以爲勝利的條件的，固然是科學，工業與一國工業化的高度，但是還有比這些死的東西更重要的，即是活的人，即是士氣，歷史上革命軍隊之實現奇蹟，能擊敗人數多十數倍的反革命的軍隊之原因，全賴有此士氣，這次十九路軍之淞滬抗日，非不知寡不能敵衆，强不能勝弱的道理，可是軍隊乃民族命運所寄託，十九路軍要完成民族命運所寄託之使命而戰；中華民族已成痺痿困頓的病症，要注射痿頓的民族以强壯戰之劑而戰。所以淞滬驚心動魄的抗戰，乃是爲喚醒民族的靈魂之戰。我們擧一個例來說：在瀋案之後，滬案以前。國人視線，完全集中於國聯，國人情緒，完全樞紐於國聯。國聯有一個好較好的决議，大家笑逐顏開，若有一個壞的消息，從國聯出來，大家都蹙額愁眉。這是弱國的可憐與可恥的心理，滬戰發生以後，大家的視線與憂樂，都集中在戰地，都爲我們作戰的隊伍所掌握了。而國聯傳來的决議，已經爲很多人所忽視和鄙棄了。所以這次抗戰的意義，至少是國人自信力的訓練的一課。這是値得吾們紀念者二。

再次，上海戰爭的爆發，是日本沉醉於其勝利的結果。他兵不血刃地佔了遼吉，黑省亦只逢到了馬占山孤軍的數日的抵抗，錦州也很容易地被他攻下。天津，靑島，福州等地的挑釁，亦着着勝利，難道上海就不可以來一個耀武揚威嗎？他們以爲夜深襲擊閘北，也不過是像「九一八」之夜的襲擊瀋陽罷了、中國軍隊之認眞的抵抗，是他們所夢想不到的，或者至少也是認爲四個鐘頭可以解決的。傳說當「一二八」軍事行動開始的前夜，芳澤曾上奏天皇，說駐上海的爲中國最能戰的十九路軍，請訓令駐上海的日本軍人注意，但是上海的日本的軍人的回答是：不要緊，我們已調查過，十九路軍是叫化子的軍隊，我們很容易對付的。命運是不幸之至！這些一軍服很整齊，軍器很精良的「皇軍」，竟連戰皆北於叫化子的軍隊之手。這尤爲日本朝野所萬萬估料不到的。當十九路軍喋血抗戰，追奔逐北，給日軍更番易帥，陸續增援之日，即日本國民，咸抱不滿於日本當局，而醞釀不利于政府的思潮的澎湃之時。他們鑒於政府之窮兵黷武，憤憤責難海陸軍之無能，致影響於日本國民經濟的搖動，乃或爲文以攻擊，或思聯合以倒閣，而行刺與暴動之種種消息，時有所聞。怒潮洶湧，社會騷然。我們一讀日人東京時事新報對滬變評論之言曰；「顧自事變後，迄今已屆數旬；我（日本）軍艦之來滬者四十七艘，陸戰隊之參戰者有六千人，（陸軍在外）而戰況仍遲滯不能進展。……倘再繼續戰爭，則生命的危險，日益擴大，經濟的損害，伊于胡底！我國（日本）在滬所投資本，……將悉付東流，其他邦人維營大小各工廠，亦因戰亂而完全停業。商賈之途既絕，失業破產者續出，因此邦人（日本）之自殺者，日有所聞，挺而爲盜者，亦所不免，故爲今之計，應卽平定戰局，並渴望一日早一時，一時早一分，終熄兵亂，以維將死之命脈。」那就可知日本國中對於滬戰的驚懼與不滿于日本政府的神態了。這是值得吾們紀念者三。

復次，人類原具爭鬥的本能而爭鬥，有發於理性的，有起于情感的衝動。情感的鬥爭我們固所不喜，可是理性的鬥爭，我們不可不具。中國人勇于私鬥，而怯于公戰；鼎革以還，經過多次的內戰，完全基于情感，而不根據理性，但其鬥爭却非常厲害。可是對帝國主義之侵凌與壓迫，却不能引起民族絲的毫理性的爭鬥的表現，帝國主義者乃乘我之弱點而節節進迫，强佔我國土，攘奪我國權，魚肉我國民，種種不平等條約的簽訂，種種經濟的，政治的，武力的侵畧，視爲一件很平凡而不是奇特的事情。在外人的眼光，中國民族祗一頹廢柔弱，乏理性的鬥爭的民族，世界上已無人敢斷然地說中國民族不是「老大」的民族，不是世界上至沒有用的民族。中華民族莫不是永遠給人家鄙視，侮辱的民族，瀋案之發生，淞滬的攻擊，都是根據這些事實而來。然幸而也！閘北振臂一呼，全國響應，滬濱血戰，舉世震驚，仇敵于我者，固驚皇駭汗，即同情于我者亦譽滿寰瀛，所以「夜眼」「鐵脚」「神仙肚」的好批評轟傳中外，甚有讚羨十九路軍之榮譽，不下歐戰時之比利時者。茲列舉一二，以証世界一般輿論的轉變：德國軍事專家之言曰：「十九路軍作戰之勇猛，大非昔日華軍的故態。軍士皆深具國家民衆救亡之熱情，且戰畧精巧，在在優勝。」日報之言也曰：「中國軍隊有此奇特之勇敢，能與我軍頑強對抗，不畏砲火的猛烈，實所罕聞。」是則此次上海的抗戰，確能把外人向之歧視中國軍隊的心理，侮蔑中國民族的態度，轉變爲羨慕，崇拜，而留一個中華民族爲不可輕視之印象。那末，十九路軍的抗戰的意義，寧不是至重且大？還是値得吾們紀念者。

總之，上海之戰，可以愧煞了不抵抗者的容顏；喚醒了民族的垂死的靈魂；震撼扶桑的山岳，破碎了敵人的心胆；轉變了世界對中國的惡劣之空氣；是毫無疑義的：他的意義，他的代價，非常之偉大的。倘當時能上下一致，持之以堅決，予之以援助，則中華民族命運的前途，必有光明之一日。然而，事實告訴我們：偉大的十九路軍將士犧牲熱烈的代價與意義，竟在去年的小小的鋼筆尖之下——停戰協定的簽字——斷送無餘了。

(三)

當淞滬事變之初，蔣蔡諸軍浴血抗戰之際，京洛當局，不特無一兵一卒之增援，不特阻自動參戰者的前路，並且與日使往還，密商屈服條件，始則對請纓赴滬者發爲敷衍之言，不曰「中央已有長期抵抗之計劃。」即曰「枕戈待命，仍守原防！」繼則對國人公然表示其媚日的醜態，不曰「十九路軍如不於十日內爲日人消滅，我即不足稱爲軍人。」即曰「應重視友邦善意，政府既心決長期抵抗，不在計較一城一鎭之得失，上海爲經濟重心，總須顧全」。是其甘心屈辱，昭然若揭。故淞滬戰爭之失敗，非軍事之失敗，乃當局者故意爲難之失敗，而滬案協定之失敗，非國家罪有應得之失敗，乃當局者故意媚日之失敗。當局者對內蔽于急待屈辱的隱衷，對外復昧于外交普通之常識，謬然進行其徒自吃虧的停戰協定。須知道，停戰協定，利不在我而在敵人。彼內足以解經濟絕臏之厄，外足以緩國際集矢之攻，小可以洒滬濱敗衂之羞，大可以固遠東進展之勢。而返考我方所得，除政府犧牲主權以代租界內享有特殊利益各國之賠品，與朝野上下極少數之短視者獲得暫時苟安之感覺外，只來一個「喪權辱國」的重大錯誤，所謂「喪權辱國」的謬誤者何？即：1.不隨東北事件全部解決；2.我無駐兵上海的自由；3.淞滬路我無派兵之保護明顯規定；4.我國被日寇襲攻之損失並不提及是也。我們回憶停戰會議，雖曾聲明不涉及政治問題，但實際上無一不掣肘中國的政治的活動，無一不損害中國國權。所以東報慶賀滬戰協定之成功有說：此次停戰協定之完成，其意義即爲永遠除去我國將來之可厭事之一種工具已經成立，此乃大可驚喜者也。」這寥寥數語，殊有耐人玩味的價值啊！

（四）

然而「韶光易老，歲序如流」，滬變已是週年了。所謂停戰協定，當局者自鳴得意地說是費盡幾許心血換得這種條約了。往昔之全國的羣衆所誓死反對的喪權辱國的滬案協定的呼聲，也隨着英勇的十九路軍曇花一現的民族戰而停歇了。所謂「抵抗！」除了一些手無縛鷄與英雄無用武之地的羣衆徒自號呼之外，已成過去之名詞。含辛茹苦的東北義勇軍，也因缺乏接濟，節節敗退了！榆關失陷，熱河吃緊，與及一切的東北同胞，都在暴日的鐵蹄之下輾轉呻吟，哀告無援的時候了，我們處這國本動搖，民族垂危的境地，其何以應付，其何以慰「一二八」先烈殉國的忠魂？

一切都絕望了！我們不必叫口號，不必打通電，不必再向國聯投訴，也不必再向不抵抗的當局請願，因為這些是官樣文章，弱者的表示；我們此刻最緊要祇是鬥爭的勇氣，祇是「一二八」反日民族戰的犧牲精神，要解救目前國家的危機，恢復民族的生存，祇要奮發人類中的有理性的鬥爭本能，才得一點解決的辦法，捨此別無他途。時代是中華民族與大和民族實行正面衝突的嚴重時期，我們不用懷疑，徬徨，祇要國民能自動起來抗日，我們不要忘記十九路軍的去年抗日的戰績！他旣沒有飛機，又缺乏大砲，鐵甲車和一切新式武器，竟能以血肉之軀，與軍械最精良的敵人相搏月餘之久。這種堅苦，英勇，犧牲，的精神，是中華民族革命的反抗運動中光榮的標誌，也是中華民族自己能夠解放自己的符號。假使全國民衆，能自動地抗日，全國二百餘萬的武裝羣衆，都能像去年十九路軍在上海自動的抗日，相信這個局面，不須多大時間，不獨日本國內因財政的困竭，產業的停滯，與失業的恐慌，會爆發革命，卽國際間也要發生劇烈的化變，尤其是美俄因自己的利害關係，必定崛起共制此太平洋上惡魔的死命。這是「橫」的方面証明我們全國民衆能自動的抗日必得到勝利，而不用懷疑，徬徨的。再就民族的歷史方面來說：外力壓迫，確有助于民族發展的作用。因爲這是歷史的公例：只要被壓迫的國家的軍隊有作戰的決心，他們是能戰勝侵略國的軍隊的。土耳其之大敗希臘軍隊，摩洛哥之戰勝法國和西班牙的軍隊，都是這一個歷史公例之具體的體現。這是「縱」的方面証明我們民族能堅決地抗日必得到利勝而不用懷疑，徬徨的。

全國的同胞！世界和平之神，久矣魂歸天國了！中華民族與大和民族正面衝突的嚴重的時期到了！我們要繼續「一二八」抗日的精神，要追求偉大的十九路軍將士的堅苦，英勇，犧牲的前路！非達到民族獨立，民族解放，決不終止。要是這樣，中國才不致滅亡，中華民族才有眞正的出路。法國女文學家喬治珊德 (George Sand) 說：

「努力爭鬥，否則卽是滅亡；拚命血戰，否則歸于烏有！」

這是我們貢獻給全國同胞最後的一句話。

「一二八」事件的始末

劍魂

（一）暴日襲擊上海的主因

上海是國際市場，既不是軍事重要地，又不是中日糾紛的中心點，爲什麼暴日强佔了東北還不够，還要再向着上海來屠殺呢？所謂我們的政府當局，總算是極盡忍辱之能事，什麼最殘酷的條件都接收了，可是暴日給我們的答覆，還是重炮的轟擊和飛機的轟炸，暴日之所以要對上海爭取這一場屠殺的行動，决不是盲動的，决不是無目的的，他自有他的計劃和目的。無論所謂我們政府當局怎樣的要求和平，但是暴日所給與我們的，總是一個和平的反面。然而暴日爲什麼一定要這樣爭取屠殺上海的行動呢？其主要的原因是：

（一）東北雖久爲暴日所佔領；我們的政府當局雖仍持不抵抗主義，執迷不悟；邊防長官張學良雖仍行所無事，終日沉醉于酒色之中，可是我們民衆却紛紛組織義勇軍，高豎抗日的旗幟，轉向暴日血戰。暴日知道長是這樣相持下去，頗爲不利，所以常想和我們的政府當局直接交涉，希望得到一種條約上的保障。可是我們政府當局固然是見敵心驚，然而在我們民衆的嚴密監視之下，到底還不敢立刻就簽訂這種條約。因此暴日不得已再襲擊上海，使我們的政府，在江邊砲艦威脅之下，不得不早日簽訂喪權辱國的條約。

(二)暴日對于東三省，志在久佔，一面極力進行建設滿洲僞國，一面在東南挑起激烈的戰爭，把中日問題擴大起來，轉移中外的視線。同時和遠東有利害關係的各國，實偪處此，爲保全長江的商業，祇得默認牠在東北的自由行動。

(三)東北失陷之後，我們民衆抗日抵貨的結果，弄得暴日的工廠停歇，輪船停班，鈔票停兌，已使牠再受不住這種經濟上的損失和恐慌了。而長江抗日抵貨運動，又以上海爲最激烈。所以暴日要踏平中國的抗日運動，祇有從上海先下手，然後再向沿江沿海的各商埠採取同樣的砲艦行動。

(四)東北被暴日佔據了好久，我們的政府當局，旣不戰，又不和，也不守，祇是以不了了之，唯有民衆以對日經濟絕交的手段來應付。因此我們的中國的工業也可以乘機漸漸的抬頭，這是暴日最痛恨的。牠總想在上海製造一次戰爭，以破壞我國民族資產的生產組織。上海一月二十日暴日浪人焚燒我們的三友實業社的工廠，便是這種計劃的　試。所以戰爭開始，暴日的砲彈和炸彈、就直向我們的工廠和商店拚命的無限度的加以轟擊和投炸。

（二）「一二八」事件的醞釀

暴日對于上海的襲擊，早有固定的針劃，在軍事沒有發動以前，牠是先要造成暴動的事實，這個事實造成之後，暴日就要借題鄭揮，拿這個暴動的事實來挑釁，這個造成的事實就是所謂「日僧事件」，

據日方宣稱，一月十八日，有日僧夫峙啓升，水上秀雄，後藤芳平黑岩，淺次郎藤村，和國吉等五人，行近上海馬玉山路的三友實業社工廠附近，忽遭毆打，當時二人逃脫，一人被毆重傷，按三友實業社，日人因營業上的競爭，素所啣恨，因此即臆斷毆打日僧的是三友工人。廿日晨二時，日浪人四五十人，各帶木棍利刃，分向三友前後門進擊，每路又尾隨三五袖藏引火物的娘子軍謀燒該廠。至二時四十分，三友廠織巾部即告火警。等到救火會赶到，將火撲滅，然已燒毀工房六間，織巾機二十四具，紗數百包，損失約值萬餘兩。當該廠發生火警時，華德路第一號警亭，有華捕田潤生陳德勝值勤，見三友廠火警正要取電話聽筒想報告捕房，行近警亭的日人，即衝入舉斧斫斷陳德勝左手上的兩指，並割斷電話；此時田潤生見勢不妙，直向外奔，而日人追至，終被日人用利刀刺死，此後又有出差巡捕朱伍蘭與第三一五號巡捕經過，也爲日人刺傷。至是日下午一時，日人又糾集僑民千餘人遊行示威，手持木棍，沿北四川路一帶，見中國商店貼

有反日標語，即舉棍擊碎商店門窗上的大玻璃，計有十餘家之多。同時口中還大呼殺盡中國人的口號。

日浪人放火示威的第二日，上海各大報都將日人焚燒三友社的消息，用大號字登出。民國日報的標題是「日浪人藉陸戰隊掩護」字樣，日陸戰隊即派中尉土山廣端持函至該報館，直接提出嚴酷的條件如下：

一、主筆來隊提出公文陳謝。

二、揭載半張大地位的謝罪文。

三、保證嗣後不再發生此種事情。

四、罷免直接責任記者職位。

民國日報除更正外，並沒有答覆。因之二十三日，下午三時日僑千餘人又行集會，多數攻擊民國日報記載失當，要自由行動。結果，二十七日，民國日報竟被公共租界工部局封閉了。

自日浪人放火示威之後，上海市府吳鐵城即向日本駐滬領事署提出抗議。日本領事當時也表示無任遺憾，並允嚴緝兇犯。那知日方同時對于日本僧人在馬玉山路被毆受傷案，也提出書面抗議，要求四項：(一)道歉，(二)懲兇，(三)賠償，(四)解散抗日會。吳市長當時即口頭答覆，謂關于第一二三項均可斟酌辦理，無如抗日會是民衆團體，如無非法行爲，本人照權取締。吳市長卽于當晚赴京請示。

暴日旣決心襲擊上海，「日僧事件」祗不過是牠在軍事沒有發動以前，先要造成暴動的事實。現在這個暴動事實已經造成，所以暴日便不待市府正式答覆，卽由駐滬第一外遣艦隊司令鹽澤少將，機哀的美敦書的形式，致書上海市府如次：

「本職欲望上海市長，容納帝國總領事所提出之抗日會員，加暴行于日本僧人事件之要求，並履行之。萬一與之相反，擁護帝國之權益計，已具有認爲適當手段之決心。」

吳市長赴京請示的結果，所請回來的還是不抵抗主義和委曲求全的政策。同時更看到暴日自提出哀的美敦書之後，遝派軍艦五艘來滬，內有航空母艦一艘，因此吳市長便稟承中央要人面授用的宜，完全接納暴日的要求，並于廿七日將抗日會封閉，以爲一塲風波，從此平息了。

（三）「一二八」事件的爆發

原來暴日以爲上海市府在民情如沸的情況之下，未必肯承認四項要求，大可以爲襲擊上海的藉口。不料市府對四項要求完全接受，使暴日駐滬的軍隊欲作不能。于是又由鹽澤在廿八日下午用蠻橫手段，公然向我方再用進一步的壓迫，謂閘北日僑很多，日軍爲切實保護起見，應請中國防軍立時撤退，讓日軍接防。吳市長接到通牒，不勝駭詫之至，當即電中央請示，那知中央的復電還是和應付九一八事件一樣的，叫上海防軍第十九軍避免衝突，萬事容忍。吳市長隨即將中央的命令通知十九路軍。無奈十九路軍素來是硬性的，上自將領，下至士卒，個個都抱着守土有責，本着最大犧牲的決心，要與暴日周旋。據說該軍在事前早知暴日有襲擊上海的陰謀，曾經在警備司令部，開了一次軍事會議，蔣光鼐，蔡廷楷，戴戟，翁昭坦等出席，決定抵抗的步驟。當時也有人主張暫退眞茹，若日軍再逼過來，我們就在眞茹抵抗，這時大家都拍桌叫起來，說我們的國家存亡，就在此一舉，與其退到眞茹抵抗，不如就在閘北和他拚命！結果一致主張固守閘北，並說我們軍人殉國的時候，我們要死，也應該死在閘北！

即知暴日提出最後的通牒和中央決定不抵抗的時候，吳市長深恐發生戰事，便在廿八日午，召集各軍事領袖，和各商界的代表，在大東旅社開緊急會議。其中有二兩個銀行家哀向蔡廷楷將軍退兵，蔡將軍勃然色變，說要我軍不抗而退，除非我軍血流浦江，完全死盡！說完了，十九路軍的軍官全體退席。

十九路軍軍官退席後，便回營佈置軍事，準備大戰，其時上海學聯會的代表特來謁見蔣蔡兩將軍，詢問十九路軍是否將退出閘北。蔣蔡兩將軍即同聲回答說；

「如十九路軍不抵抗而退，請你們來砍我的頭！」

十九路軍決意抵抗後，租界方面立下緊急戒嚴，頓時戰雲四起，整個的上海，呈露出戰禍的空氣。廿八日晚十一時四十分，日軍先以手機關，手溜彈向我軍衝擊，我車沉默以待，俟近齊出，一陣「殺！殺！殺！」的呼聲迎頭痛擊。

從此戰爭開始了，我們十九路軍，並沒有良好的槍械，祗恃着一片敵愾的熱情，和一身的肉，覺敢和現代式的軍備國家去混戰拚死，這是多麼可歌可泣的一回事呀！

還一次的事變中，我們就可以知道我們的政府是妥協的，是不抵抗的；我們的軍隊是不妥協的，是抵抗；我們的政府是以妥協的方法去苟且偸安，我們的軍隊是以抵抗的方法去捍衞國土。

（四）淞滬戰爭的概況

未啓釁前，我十九軍將士皆存與上海存亡之决心，戰事爆發後，我軍物質上雖不及敵軍，然士兵均以爲國家爭人格，爲民族謀生存而戰，雖死于敵軍猛烈炮火之下，也覺無限光榮。當時第一營有一班長潘得彰，已被彈中首都，立解脚綁自裹，再上前線殺敵；士兵有受傷運回後方醫院醫治的，咸請醫生速爲治愈，俾得復上前方殺敵；在前線第二三兩營，中有十餘士兵手部足部已受傷，有囑其回營敷藥的，但彼均云須每人擊斃日軍十名後始退。士氣之壯，可見一斑。

二月四晚七時，日軍以大炮向我橫濱橋方而進攻；我軍當時決死上前衝鋒肉搏，第一次以敢死隊三十八人衝鋒，計死于敵彈下者凡二十九人，生還的僅一人，于是再以五十八人作第二次衝鋒，以手溜彈向敵陣亂擲，卒將該陣地收復，獲敵大砲七尊，機關槍十九挺，是役日軍死傷殊衆。

二月廿七八兩日，敵用大炮炸彈及坦克車向我蘊藻濱方面衝鋒。我軍默待，及近與之血肉相搏，敵軍輒望風敗北。　十三日上午七時許，敵以烟幕彈掩護三千陸軍偸渡蘊藻濱。我軍見形勢緊張，且此戰爲吳淞的生死關頭，人均存必死之心，竭全力抵御，敵突圍數十次，均不得逞，直戰至下午九時四十分始解決。無一分鐘停息，喊殺之聲，响徹遐邇。是役敵軍三千，僅得百人左右生還，而我軍于是役爲國捨生的亦有三四百人。爲滬變後（與廟行鎮之役）的空前大戰。

二月廿二日晨三時許，敵以六萬大軍攻我廟行鎮。此役我方軍力單薄，衆寡懸殊，惟士兵均決死抵抗。敵軍集中廟行鎮後，卽以坦克車鐵甲車卅餘輛，藉猛烈炮火掩護衝鋒。敵軍志圖一鼓攻下，故來勢殊猛。我軍得步哨飛報，早作準備，俟其來近，卽四出與之短刀接戰，血肉相搏。敵卽用飛機亂投炸彈，機關槍向下掃射，直至十二時後，我軍勢寡，陡遇萬分危險，幸援軍大至，士氣大振，奮勇殺敵，振臂高呼，一以當千；敵驟出不意，死傷枕藉。至五時後，敵斃已達三千餘，後卒望風潰退。是役毀敵坦克車二輛，俘獲鉄甲車一輛，野炮二十餘門，槍械無算。然我忠勇的軍士，犧牲至二千之多了。誠傷心之役也！

暴日自與我十九路軍啓釁後，早已決意將我吳淞炮台毀滅，冀佔我門戶，而封鎖我上海。二月三日上午七時許，日以驅逐艦二艘，向我炮台轟擊，經我方還炮，擊沉一艘，餘一艘亡命奔逃。至十時許，又來日艦四艘，並用飛機廿餘架，上下夾攻，我軍奮勇抵抗，卒將一敵艦擊沉，餘三艦亦受傷逃去。同時敵機一架爲我軍高射炮擊落，墜寶山城南，駕機二日人當場斃命。日見屢攻不得手，至三時後，乃調大批艦隊來滬，並以飛機十餘架，從空中擲炸夾攻，意一鼓而攻下吳淞，故炮火之烈，爲數日來所僅見，幸我戍軍沉着堅毅勇敢應戰，終將日艦及飛機完全擊退。

日軍每藉飛機轟我陣地，惟所投的炸彈，固無損于我軍，只炸毀無辜之民居，誠慘無人道。二月五日，日用九機飛向眞茹，圖炸毀國際無線電台，斷絕世界消息，而從中騙國際的視聽。幸當時我空軍飛機第六七兩隊，由南京到滬，聆此警耗，立飛眞茹；及至接觸，我機每居高臨下，以機關槍掃射，而我陸軍復以高射炮描準夾攻。移時，一日機中炮着火爆炸下墜，兩機受傷飛逃，餘六機見勢不佳亦狠狙遁走。

滬變未發生前，日軍司令鹽澤曾發出荒謬而滑稽的論調，謂四小時內可佔領上海。豈知啓釁至今二月餘，不但不能佔領上海，反遭慘敗，死傷無算。日方以鹽澤不能取勝，遂調派野村接替日軍司令。野村到滬揚言變更戰畧，然結果仍舊　北，于是日增派第九師團全部到滬，以植田中將統率，但仍舊不能取勝；至是三易以白川大將爲司令。

此次日軍侵滬，經了無數至北，斃兵萬計。但日本國內的報紙，不敢登載此項消息，反云勝利。續派到滬的新兵瞞言彼軍在上海勝利，現往接防；詎知到了上海，眞是接防，不過還要接戰送死。一批一批活的去，而一幫一幫死的回。眞是：乘風破浪兮耀武揚威，滿載日屍兮奏笳而歸！

日軍自經我十九路軍痛勦後，遂傾全國海陸空常備軍三分之一，與我十九路角逐。自白川抵滬，改變戰畧，注重側面攻擊，並以大軍向我後方包抄，我軍因衆寡懸殊。經軍事當局詳慮後，決議縮短防線，集中力量。我軍退後，日方全不知之。此種極有組織與秩序的退防，曾驚動世界人士的讚美。

(五)喪權辱國的上海停戰協定

一二八事件發生之後，政府當局既未籌劃怎樣抗日的大計，更未從事怎樣援助十九路軍，反而仍照着從前的不抵抗的主張，再向國際聯盟作搖尾乞憐的請求國聯制止暴日的獸行。于事件發生的次日——二十九日——請求行政院召集大會特別會，二月十九日，行政院決議于三月三日召開大會。待至大會開會時，我軍已經退到第二道防線了，國聯大會開會後，行政院長彭古電知日本，限于三日午前四時，停止戰爭。四日一致決議中日雙方實行停戰，十一日通過停戰辦法三條，于是中日雙方軍事長官，下令停戰。

原來在一二八事變初發生的時候，英美各使曾在一月三十一日，提出休戰三天，調停戰事辦法五項。但因暴日對第五項條件不予承認，調停因之未成。自此日軍每日挫敗，也有一度停戰的建議，及至援軍大集，却有反悔了。至二月二十二八日，英提督克萊又出任週旋，于是中日雙方又曾在英艦康特號上，作數度非正式的會商議定五項基本條件。次日我方表示接受，卒以日方東答覆而罷。三月初旬，日使重光又曾數度託請英使藍浦森提出談判意見，其時國聯調查團正從無京來滬，日人不敢恃強，于是和平空氣，瀰漫一時。終賴友邦的週旋，中日代表會議卒于三月十四日，開首次會議。經過十九日和二十一日兩度會議之後，決定了基本原則三條，爲正式停戰會議的根據。

三月廿四日中日正式停戰會議開第一次會議，依據預備會議的三項原則。爭辯了多天，無奈對于第二項原則(日軍接照一定程序撤退至一月二十八日原防線)暴日尾施刁難。後來又另行組織軍事小組會議，討論軍事問題。最後停戰協定草案五條，附件四條，雖然通過，但是暴日對於第三條撤兵一節，始終不肯承認。協定的草案的大要是；

一、停止敵對行爲，

二、我方駐兵原防綫，

三、日兵撤退日期及駐兵區域，

四、共同委員會之組織，

五、協定簽字日期。

同時軍事小組會議議到日軍暫駐區域，日方一會爭吳淞，爭張華濱，一會又提出閘北江灣引翔港張華濱四處，一會要求又袋角，一會又問到浦東蘇州河南我國駐兵情形，節外生枝，一味的延宕，至於撤兵日期又不願作明確的規定。至四月七日，英使藍浦森從中調停，提出所謂折中辦法三條，經過了多方的商酌，雖然文字上幾經修改，但是始終未能和國聯三月四日十一月決議案和預備會議基本原則相符合。因此停戰會議遂于四月十日無形停頓了。

停戰會議停頓後，我國代表團乃于九日將會議的經過報告，電告政府轉令顏惠慶，提請國聯行政院，立卽召集十九國委員會，請求根據國際約章及決議案嚴促暴日開誠談判，確定撤兵日期，十六早九國委員會開會經過了三天的非公開的會議，于十九日通過草案十四條，後來因爲暴日堅決反對十一條關于混合委員會職權的規定。最後經英使藍溥森的奔走調停，提出折衷辦法，將國聯決議案的權力略事減縮，而解釋範圍更形寬泛。因此暴日方才默認。終于在四月卅日開國聯公開大會，將十九國委員會提交，經藍溥森修改的決議草案，一致通過。于是停戰會議又在五月五日重開。結果辱國喪權的訂戰協定便告成了。

附停戰協定中文本

中日簽訂之停戰協定，其中文本協定如下

第一條：中國及日本當局既經下令停戰，茲雙方協定自中華民國廿一年五月五日起確定停戰，雙方軍隊，除盡其力之所及在上海週圍停止一切及各種戰鬥行爲；關於停戰情形遇有疑問發生時，由與會友邦代表查明之。

第二條：中國軍隊，在協定所涉及區域內之常態恢復未經決定辦法以前，留其駐現在地位；此項地位，在本協定附件第一號內列明之。

第三條：日本軍隊，應撤退至公共租界暨虬口方面之越界築路區，（租界外擴充馬路——日本文）一如中華民國廿一年一月廿八日事變以前之原狀；但鑒於須待容納之日本軍隊人數，有若干部隊，可暫時餉紮於上述區域之毘連地點；（附近地方——日文本）此項地點，在本協定附件第二號內列明之。

第四條：爲証明雙方之撤退起見，設立共同會委員，列入與會友邦代表爲委員；該委員會，並協助佈置撤退之日本軍隊與接管之中國警察間移交事宜，以便日本軍隊撤退時，中國警察，立卽接管，該委員會之組織及其辦事程序，在本協定附件第三號內訂明之。

第五條：本協定自簽子之日起，發生效力。協定用中日英三國文字繕成；如意義上發生疑義時，或中日英三文間發生有不同意義時，應以英文本爲準，中華民國廿一年五月五日訂於上海。中代表簽署。見証人（依據國際聯合大會中華民國廿一年三月四日決議案協助談判之友邦代表）簽署。

附件第一號：

本協定第二條所規定之中國軍隊如下：查照附連上海區郵政地圖（比例尺十五萬分之一），由安亭鎭正南蘇州河北岸之一點起，向北沿安亭鎭東最近小濱之西岸，至望仙橋，由此北過小濱至沙頭東西基羅米突之一點，再由此西北上，至揚子江邊之滸浦口，並包括滸浦口在內。關於此項地位，遇有疑問發生時，經共同委員會之請求，由該會委員之與會友邦表代查明之。

附件第二號：

本協定第三條所規定之地點如下：此項地點，在附黏四地圖，各圖標誌爲ABCD。並稱爲一．二．三．四．各地點。

地點（一）見A圖，雙方訂明：（甲）吳淞鎭不在此地點內。（乙）日方不干涉淞滬鐵路暨該路工廠之運用。

地點（二）見B圖，雙方訂明：萬國體育場⊙北約一英里許之上海公墓，不在日軍暫用地點之內。

地點（三）見C圖，雙方訂明：曹家藥及三友織布廠，不在此地點之內。

地點（四）見D圖，雙方訂明：暫用地點，抱括日人公墓及墓道入口之路在內，關於此項點，遇有疑問發生時，經共同委員會之請求，由該會委員之與會友邦代表查明之。

日本軍隊，向上列地點之撤退，於本協定生效後，一星期內開始，並於開始撤退起，四星期內撤完。

依照第四條所設之共同委員會，對於撤退時，不能移去之殘疾病人，或受傷牲畜，採取必要辦法，以資照料，並辦理其日後之撤退事宜；此項人畜，連同必需之醫藥人員，得遺留原地，由中國當局，給予保護。

附件第三號：

共同委員會，以委員十二人組成之。中日兩政府依據國際聯合會大會三月四日決議案協助談判之與會友邦代表，即英，美，法，義，各駐外交代表，各派文武官代表各一人爲委員。該會委員，依照委員會之決定，得隨時任用認爲必要之助理員。所有關於程序事宜，由委員會斟酌辦理。該委員會之決定，以過半數行之。主席有投票取決權；主席由委員會內與會友邦代表委員中選舉之。委員會依照其決定，以其認爲最善之方法，監視協定第一〇第二。第三各條之履行；並對於履行上述各條之規定，有任何疏懈時，有促使注意之權。

我方代表之聲明

我方代表在會議時之聲明書如下：「我國方面在開會討論第二條時，曾作以下之聲明：「雙方了解本協定內，對於中國軍隊在其領土內之調動，並不含有任何限制」。當時雙方同意此項聲明，前次會議時，業經接受，應無異義。」

關於第三條，我方亦作以下之聲明：「雙方了解，按照協定第三條，日軍之暫駐區域內之市行政權，包括警權在內，仍由中國當局行使之，日軍之暫用該項地點，于上海市政府之工作，不得有任何妨害。」

（六）「一二八」事件我國的損失

一二八事件，我們的損失究竟若干，一時尚沒有詳細的統計。單就上海市府管轄境以內而言，據中央統計處初步的估計有如下的數字：

（一）全市損失可以數字形容者，一，五六○，○四九，八七一元。

（二）全市被侵佔的面積，約四七四方里。受直接損害人民，一八○，八一六戶，八一四，○八四人，佔全市人口之半數。其中死亡者六，○八○人，受傷者二，○○○人，失蹤者一○，四○○人。

（三）財產　被侵佔區內，住戶財產價值八○○，○○○，○○○元，損失十分之七，房屋價值，二四○，○○○，○○○元，損失十分之八、五。全市財產受直接損失之價值，七八八，一七三，四九二元，計住戶財產五八四，一○四，○五四元，房屋二○四，○六九，四三八元。

（四）學校　被侵佔區內，停頓之學校，計大學及專門一○，中學三一，小學一二九，失學之學生三九，七三五人。佔全市學生四分之一，計大學及專門六，二八六人，中學六，二八二人，小學二七，一六七八。輟業之教職員三，一〇七八，佔全市教職員三分之一，計大學及專門一，一六六八，中學七五一八，小學一，一九〇八。被焚炸或駐軍之學校，計大學及專門一〇，中學一七，小學四九，被焚炸之財產，達一，六八二，三九〇元，佔全市學校資產三分之一，計大學及專門一二，二九四，七三六元，中學九五七二一一元，小學四三一，四五三元。本市教育機關因一二八事件而全部停頓，亦受損失尚未計入。

(五)工業　被侵佔區內，有工廠五九七家，佔全市工廠四分之一。其中受損失者，過半數，計六七，九九一，八七四元。全市工廠受直接與間接損失之價值達九七，一五一，二八七元。此數僅就已報告者計算，全數必不如此。全市工人因事變而失業者，十分之八，僅紗棉廠失業人數，已　二五〇，〇〇〇人。其因失業而損失之工資，每月三七五〇〇〇元，如半年後復工，則損失二二，五〇〇，〇〇〇元。

(六)商業　被侵佔區內，有商店一二九一五家，受損失者達十分之七。全市商店受直接與間接損失之價值，爲五九八一三六〇七四元。

(七)金融　全市銀行與錢莊之營業，因事變而減少十分之八五。

(八)交通　被侵佔區內鐵路損失之價值，達一六，八九三，三一七元，計佔全路資產十分之四，計路軌與建築，損失一，九三五，五〇〇元，機車與車輛，損失九八九，〇三〇元，器具與設備，損失一〇，九七四，九一三元，材料損失一，七九四一八元，營業損失，一、二〇二一，，四五六元。橋樑損失，二〇〇，〇〇〇元。全市輪船，堆棧，與轉運公司之營業損失　一〇〇〇〇〇〇〇元。

(九)公用事業　被侵佔區內公用事業之損失，　一，七四二，〇二五元，計水電損失一〇，二一二，〇〇〇元，電氣損失一五〇，〇〇〇元，電話損失二五三，八〇〇元，長途汽車損失一二六，二二五元。被侵佔區內以外，公用事業之營損業失，　六一〇，〇〇〇元，計電氣損失四三〇〇〇元，自來水損失一八〇，〇〇〇元。

(十)治安設備　被侵佔區內公安設備，因事變而損失者，　五四〇，〇〇〇元。

(十一)財政　市府收入因事變而減少十之四有強，實減二三一，二八六元，計田賦減少二一%，契稅減少二四%，房捐減八一%，車捐減少五三%。

又據上海市社會局初步調查報告，損失總數一，四八三，四六一，八五四元，列表于下：

北區(甲)住戶　財產損失　四八六、六七一、一六九、五二

間接損失　七九、二六〇、八八三、三六

五六五、九三二、〇五二、八八

棚戶損失　六〇三、九〇〇、〇〇

五六六、五三五、九五二、八八

(乙)商店　財產損失　一二八、五九三、九〇九、六〇

間接損失　一八、九五四、二五八、〇〇

一四七、五四八、一六八、〇〇

(丙)房屋　直接損失　二〇一、一六六、六六一、〇〇

間接損失　一、九七二、二二二、〇〇

二〇三、一三八、八八三、〇〇

(丁)工廠　直接損失　四五、三二七、九一六、〇〇

間接損失　二二、六六三、九五八、〇〇

六七、九九一、八七四、〇〇

合計　九八五、二一四、八七七、八八

南區(甲)住戶　一七、五六八、一〇二、六〇

(乙)商店	一六一、九二五、一九八、〇〇
(丙)房租	九三〇、五五五、〇〇
(丁)工廠	五、六二四、六五七、五〇
合計	一八六、〇四八、五一三、一〇
特區(甲)商店損失	
公共租界	一九三、三九六、二〇八、四〇
法租界	九五、二六七、四九九、六〇
	二八八、六六三、七〇八、〇〇
(乙)工廠損失	二三、五三四、七五五、七五
合計	三一二、一九八、四六三、七五
總計	一、四八三、四六一、八五四、七三

(七) 我們對于「一二八」事件應有的認識

「一二八」事件的始末已簡畧如上述了。我們對于「一二八」事件，不但應該謹記着這次的事實，同時我們對于這次事件，也應該有以下的認識

第一　暴日侵略中國的野心，不但是要久佔東北三省，並且還要向着整個的中國進攻，「一二八」事件，祇是暴日向整個中國進攻的第一步。

第二　國際聯盟完全是帝國主義者宰割弱小民族的機關，根本不會制裁暴日的獸行的。

第三　眞正的和平，唯有從和平的反面去爭，以妥協的方法去爭和平，是絕對沒有希望的。

第四　「一二八」事件中，我們軍隊的還擊，完全是我們軍隊一種民族意識和生存本能的反映鬥爭。

第五　不抵抗和不肯讓人抵抗者，是無異助長暴日侵我的野心。是妨碍我們民族生存的障碍，我們應起而排除之。

第六　從「一二八」事件中，可以證明出不抵抗主義的破產，假使「九一八」事件發生的時候，邊防長官張學良也和十九路軍一樣的起而抵抗，也許東北三省至今不致失守。

第七　因「一二八」事件而發生的上海停戰協定，更可以證明出政府當局對于抗日，還是沒有下決心，今後我們民族生存的出路，還須要民衆自救。

第八　武力抵抗和對日經濟絕交是我們民族求生存求解放的唯一武器。

第九　我們今後唯有的努力，就是死力收復失地。

「一二八」淞滬抗日週年紀念

中國國民黨廣州[illegible]市執行

中華民國廿二年一月一十

非[illegible]品

暴日鐵蹄下之淞滬

黄中書

暴日鐵蹄下之淞滬

抗敵老人編

氣淵圖書館印行

中華民國二十一年三月出版

初版

一至三〇〇〇冊

平裝一冊實價四角

序

淞滬爲長江鎖鑰東南要鎮一二八事件發生後我十九路軍本守土有責之義誓死抵抗各界愛國同胞亦皆投袂而起有錢者輸財無錢者盡力相持月餘卒以後援不繼衆寡懸殊而退却雖曰戰略上之關係而暫時放棄在事實上則鎖鑰一失門戶洞開已令人有喪權辱國之悲矣嗚呼余欲無言況當兩軍相持之際日人無日不肆其毒焰轟炸也屠殺也搶刼也奸淫也種種暴行殊屬慘無人道我同胞在此鐵蹄之下流離失所無家可歸者曾不知幾許人死於非命者亦不可計數財產之損失更無論矣是誠淞滬同胞之空前浩刼亦國恥史上之最高紀錄是可忍孰不可忍哉六泉抗敵老人搜集滬戰時之

日人對我暴行彙成一冊名曰暴日鐵蹄下之淞滬意在宣傳國恥喚起全國民衆本臥薪嘗膽之旨作報仇雪恥之圖我同胞誰無心肝誰願作亡國奴對於是書當深表同情也余故樂爲之序

民國二十一年三月十一日柏文蔚識於滬寓

暴日鐵蹄下之淞滬目次

暴日鐵蹄下之淞滬　目次

暴日鐵蹄下之淞滬

抗敵老人編

民國二十一年一月二十八日。倭奴在上海開釁以後。更大肆橫暴。焚燒房舍。屠殺人民。奸淫婦女。刼奪財物。無惡不爲。南自閘北。北至吳淞。火線以內。死傷遍地。廬舍爲墟。哀我仝胞。罹此浩刼。而倭奴之慘無人道。世界上任何殘酷民族。無以過之。爰就調查所及。記其犖犖大者。以示悲憤。願我國人。毋忘此奇恥大辱。速圖報仇雪恥之計也。

●炸毀商務印書館

商務印書館總廠。在閘北寶山路。規模宏大。設備周詳。爲東南最健全之文化機關。倭奴仇視我國文化。蓄意摧殘。於一月二十九日清晨四時。於砲聲隆隆之際。更派飛機擲彈。頓時黑烟繚繞。直沖霄漢。而商務印書館之印刷製造總廠。以及總務處。編譯所。東方圖書館等。盡付一炬。三十五年來苦心經營之文化事業。俱成灰燼。損失達二千五百萬以上。慘酷情形。莫可言狀。該館職工。因此感受失業痛苦者。實繁有徒。誠滬戰中之浩刧也。

◉焚燒三友實業社

自倭奴以暴力侵佔東三省以後。國人憤慨。抵制日貨。不遺餘力。足以制日人之死命。而引翔港三友實業社總廠。努力於製造國貨。爲抵制日貨之後盾。且其出品精良。遠非日貨所比。因此倭奴又恨又妬。於是惡計頓生。嗾使浪人縱火。以海軍之掩護。阻止救火隊員。以至延燒甚久。各部損失甚鉅。至二月十三日。倭奴又派軍隊。包圍該社。任意搜查。其摧殘我實業。亦無微不至矣。

●火線歷險記

國人知閘北戰情諗矣。而敵方作戰實狀。恐猶未詳。余於二月六日。由日後方脫險歸來。所見所聞。可資目前剿敵參攷。可作將來交涉張本。并藉告北四川路底一帶民間消息。故於萬忙中倉猝記之如次。

■日僑把住里門　余寓施高塔路文華別墅。一月二十八晚十時。家人等外出散步。情況一如平昔。迨十一時。僕報對面興業坊華警。被日僑解除武裝。奪取門鑰。把住里門。仝時恆豐里總弄亦被鎖。聞訊推窗東望。未見動靜。然心甚異之。乃披衣下樓。潛行馬路偵察。但見日人住宅最多之地。如東照里興業坊等。其里門確有日居留民七八人。以短槍利刃看管。忽而聚首私語。忽而排列作守衞勢。禁止行人前進。

■第一次槍彈聲　余見日僑如此作爲。知禍迫眉睫。急匍匐歸。促家人醒。以備萬一。未幾。第一槍聲。陡起自西北。繼之叢槍注擊。炮聲隆隆。預測天通菴車站附近。日軍開釁矣。斯時日人奔走於斯高塔路。大起活動。悍黨四出。其勢猋忽震蕩。俄頃。日營派兵放哨。梭巡各處。警備槍聲。矢矢。

入耳。

■住宅突出日兵　夜深鎗聲益密。日居留民往來街巷。各忙所忙。時而疾走。時而低語。各里電燈。倏明倏滅。二時東照里興業坊日人住宅。突出武裝日兵五六十名。馳向日司令部而去。二十九日清晨四時。敵飛機開始飛翔天空。度必擲彈助戰。黎明華界黑烟繚繞。高入雲霄。商務二千五百萬產業。中國文化寶庫。從此化爲灰燼矣。悲夫。

■敵方作戰情形　作戰翌晨。舉目所覩。無非猙獰之日兵日僑。日兵衣藏青呢。除普通用具外。腰懸通信旗二。一紅一白。藉此傳遞消息。日僑四分之三。皆充便衣隊。具嚴密之組織。以里爲單位。推出領袖。指揮一切。餘則會議計畫。照料婦孺。便衣隊服灰黑色西裝。左臂纏紅白兼色徽帶。印有某某里居留民方章。攜尖刀剝殼手提機關槍步槍手槍。出沒街道。聲東擊西。遇人攔住去路。嫌疑者拘捕加刑。中西居民。均不得越雷池半步。否則刺刀子彈。相繼而至。東洋女學。駐紮有陸戰隊。滬北炮火。開發自該校者。不在少數。施高塔路底。可通江灣路東體育會路。業有沙袋裝置。日兵負槍守望。

■日旗忽起忽落　二十九日晨。遙見日寓各懸國旗。其勢力範圍下里門。亦高掛日旗。以示慶祝。往來日人。莫不欣欣然喜形於色。曾幾何時。大批日便衣隊。自閘北蜂擁而來。劈拍之聲。愈迫愈近。日人頓現倉皇。悵悵如有所失。相視瞪眙。亟收大小日旗。抱頭竄入戶內。始悉我軍奮勇鏖戰。日軍披靡而遁。鐵甲車三輛。飛機二架。咸爲我軍所奪。

■流彈如有視覺　我軍大勝。日人態度驟變。隔昨之盛氣凌人。今則多和顏悅色。與華人談天。前倨後恭。可卑復可恨也。午後二時。有人謂興業坊六十四號二樓。一日人被流彈射中。血流氣絕。不一刻又傳該宅日人。中彈倒矣。其左右鄰居。僉華人也。不死華人。而殺日人。流彈果有視覺耶。

■漢奸護送敵人　日人聞警。婦孺老弱。匆促宵遁。狼狽不堪。由某行備有汽車二輛。由華役駕駛。護送赴艦。有三女一孩。甫出里門。方欲搭車。忽來傷兵死卒多名。該車急轉頭運輸。駕車漢人。居然十分出力。海上發現漢奸。爲虎作倀。教育不普及之流弊。竟如斯耶。納手捫心。能毋痛哭。

■夜間生活一班　華人欲求出險。往往被阻。頗有不可活不得死。不敢病不能走之苦。日復一日。余困居寓中。倏將旬日矣。此旬日間。昕夕所覩。

無往而非縱火刼殺。煢煢華人。手無斧柯。當此黠悍方張之寇。何異羣羊進咋餒虎。槁葦燎於洪爐。附近華人。弱者畏葸悸懼。咨嗟怨讟。早憂入暮。夕哭達晨。強者眦裂髮指。怒火燃燒。準備家破人亡。殲此朝食。余素抱無論海角與天涯大抵心安卽是家之觀念。數日來除聯絡里人。組織自衛外。一切聽諸自然。入夜不解衣鞋。合家偎抱。蜷宿下樓角隅。夜深寒重。坐臥皆苦。每一轉側。痛入心骨。終宵憤嘆。不能成寐。偶一入睡。動爲飛彈驚醒。電燈於戰後次夜斷線。一片昏黑。益形悽慘。

■敵壘初次受驚　三十一日傍晚。余正徘徊里口。驀見一輛蓬車馳至。其照會係黑牌白字。知其非公司車。號碼隱約可觀。車近。其玻璃貼有日旗。駕車者一華人。索三十金。載余遠離。余以狡日心毒。敗北後殺掠吾民。乃意中事。遂陪母登車。坐未定。日兵趕到。其勢洶洶。拘解余等入虹口公園日司令部。比至道旁。鮮血淋漓。映入眼簾。分明兩軍有劇烈之肉搏。營內械彈。正在遷送。適有日兵二三百防守。見余等如臨大敵。十餘利刃。齊向我母子二人。旋唔一軍官。察其徽幟服裝。當在中尉以上。先受搜索。再行訊問。歷時十餘分。軍官蹺進。旋傳令釋放。余等始獲自由。

■車進敵營拘訊　余等既復自由。驅車疾馳。行至狄思威路。陡遇一日人。蓋車主也。似未見吾儕。呼車去接其友眷上艦。友眷卜居西童公學後。與日司令部遙遙相對。余等因途中皆日兵。趦趄未嘗下車。於是復隨車詣日營。刺刀成半圓形。又向吾人直衝。再作楚囚。拘押營內。傍敲側擊。詳細詢查。此次審問者。易爲年長軍官。不解華語。乃答以不完全之日語。窺彼神色。似認吾人爲奸細。幾遭慘刑。幸賴三寸舌。始得脫險。環睨該營被捕華人。數約百餘。面目蒼灰。無異俎上之肉。諒其飽受幾度酷刑矣。

■大陸村婦慘死　某經理友眷。先日他往。遍尋不獲。時夜色蒼茫。戒備森嚴。中止冒險出境。返旆歸家。翌日早餐畢。寓所附近。鎗聲不絕。蓋日人圍攻大陸新村也。按村係大陸銀行所建築。上年十一月中旬落成。房客寥落若晨星。日方疑該村匿中國便衣隊。架小鋼砲。威脅搜索。終檢得一青年女子。風姿綽約。年方二八。由伊兩足底查出夾帶之鈔幣六百。並函一件。函中意義。局外人不得而知。當場被日兵格殺於該村弄內。現四達里恆豐里以及青莊等處。滿佈鐵絲網。日兵已無蹤跡。傳聞將有華兵來攻。恐起回祿之災。截至六日。尚告無恙。

■一紙救人廿命　開火以後。我人居處。華文報紙，即告絕跡。觸目所見。無非日報。日報揭載。滿紙【粉碎】字樣。明明無線電台吳淞炮台市政府平安如常。彼則大吹大擂。胥曰被日機投彈炸毀如粉碎。實則日軍節節敗北。但我人投入五里霧中。究不知勝負誰屬。焦灼殊甚。二日。兩軍似有停戰趨勢。有人向日友索得通行書一紙。逃出二十人。聞沿途遇敵。仍不免幾多阻撓。受盡困厄也。

■二十六關難過　四日晨。日兵防施高塔路稍鬆。惟時遭日便衣隊任意搜查。五日日僑漸稀。六日午後二時。紅十字會放車狄思威路北四川路口救濟難民。一時扶老攜幼。紛紛登程。余等以人如潮湧。車座有限。抱向隅之憾。然遠離危境之念。無不急如星火。乃繞道四達路。越寶安路。出狄思威路。過嘉興路橋。經斐倫路。因沈家灣路不通行。遂循原路假道楊樹浦。乘七路車。安抵蘇州河南。途遇難關凡二十六處。每次站敵便衣隊四五。間立士卒一二。檢查盤詢。至再至三。余等於禍機四伏中。忍辱負重。茹苦含辛。徐徐圖進。歷四小時。始達平安地。此爲余生命史上不易忘之景象也。

●警長歷險情形

公安局五區三分所警長陳漢卿。於二月二日下午。被日軍拘去。後經工部局之交涉。始得脫險。已形消骨瘦矣。據其語華東社記者云。予服務閘北五區三所。自前月二十八晚。暴日進攻閘北。以職責所在。致被日兵迫令繳械。擄至虹口日海軍司令部。幾被槍殺。九死一生。幸得脫離險境。不意復於本月二日。因公於下午七時餘。經過外白渡橋百老滙路口時。突被日軍便衣隊四人攔阻。任意檢查。以袋內藏有中山日記本一册。致復被拘押於附近商店。時屋內已拘有三人。門外有日兵把守。約至深夜十一時許。復被便衣兵用布帶緊紮兩目。押登運貨汽車。行約廿分鐘。至一地。卽迫登三層樓。樓上已先有我國全胞念餘人。卽令坐於一處。至此不見天日。遂無分晝夜矣。翌晚。有日兵七八名上樓。又將各人雙目朦紮。迫登汽車內。開行約十餘分鐘。至一碼頭。下車入船底。方將紮目之布揭去。卽令搬運白布袋。袋重百餘斤。外多血跡。捫之似爲尸屍。尸袋上且有號碼。工作六七小時後。卽復以布紮雙目。驅上汽車。稍有抵抗。卽予槍殺。或以刀刺死。聞多跳入浦江中求死者。故每於工作完畢後。回至樓上。輒有三五人不見。如此六七日。所恃以裹腹者。則每日僅發給黑色麵包三塊。生鹹魚一方耳。至電燈明後。約四五小時。卽迫令下樓。上汽車。至碼頭。下船工作。往來緊蔽雙目。至今尙未知所登之樓爲何處也。中間曾以鉛筆破紙作書。附以紙幣。上車時擲於途中。俾拾得者代爲馳報家人及長官。至昨晚（十日）工作畢後。汽車忽駛往捕房。全車者共二十九人。下車後。捕房人員。於訊問姓名以後。方得飲熱水一盃。迨天明六時。由捕房中人促上汽車。自楊樹浦駛至南京路口。令各人自由投家。當運屍時。曾留意於其布袋之號碼。計已至二千三百七十餘號。日兵對吾等時施毆擊。或則槍殺。初無絲毫人道之心云云。

◉女郎險遭毒手

二月十四日。有上海電話公司北分行某女接線員。於下午出外。欲往同仁醫院。省視弟疾。行經東西華德路。爲日軍所阻。并施行嚴厲之檢查。勒令依次解去衣裳。比及褻衣。亦令解去。女嚴詞拒絕。誓死不從。日兵獸性大發。頓時猛批其頰。執其髮。强曳之行。然女郎不之怯。竟與之抵抗。以致髮斷衣破。慘不忍覩。是時適有西人夫婦二人。道經其處。目擊慘狀。即趨前代爲解釋。詎日兵竟舉槍相向。不許干涉。二西人雖不得要領。然心殊不忍。乃尾之行。比抵中虹橋附近。遇一某國商團員。告以始末。該團員遂勒令日兵釋放。始得慶更生。女郎旋返公司。報告全事。皆爲髮指。夜深覆後。女郎忽自牀上躍起。大呼去ー去。東洋鬼。誓死報仇去。咆哮呼號不已。雖經同事多般解慰。依然高呼不止。察其情狀。似受激過深。已獲神經病云。

◉蔣俊廉歷險記

▲歷述倭奴殘殺仝胞情形

蔣君俊廉。服務於上海各日報。担任滬西採訪新聞。得有通行證。於二月三日上午十一時。至虹口百老滙路。探訪親友。行抵外虹橋畔。突被日便衣隊攔阻搜查。當在袋內搜出通行證。指爲軍事密探。卽將雙手反縛。押送裏虹橋某馬車行內日兵小隊部。少頃卽轉解至蓬路三元宮日本司令部內。推進門後。立將蔣君雙目矇蔽。經數日人略訊年歲籍貫住址後。將身上所佩訪員公會第一七號證章一枚及銀洋雜物。一概沒收。至當晚七時許。押登運貨汽車。解送黃浦碼頭。仝行者約有十餘人。均摔在鐵砲船上。斯時偷觀被難仝胞。已有百數十人。雙手反縛。蜷伏艙中。均血染全身。奄奄欲斃。臭氣四溢。令人欲嘔。船上派有武裝陸戰隊四名。日夜看守。嚴密監視。並向仝胞任意凶毆。刺刀鐵棍。雙管齊下。至四日。被日兵押上碼頭。斬决或槍斃者。約四五十人。天昏地黑。凄慘萬狀。蔣至此欲哭無淚。欲訴無門。惟不忍受日兵之慘殺。决計投河自盡。至五日午。日兵將其頭上所紮之布解去。提往岸上。蔣自分必死。遂跟上碼頭。以小便爲由。縱身河中。詎覓死不得。仍被日兵撈起。嚴加訊問。簽以四十五號表記。押回船中。是時飢寒疼痛。集於一身。萬分難受。惟有聽之天命。任其擺佈而已。檢視艙中。祗剩八十五人。餘已爲刀下鬼矣。至六日下午。又將此中二十人提去慘殺。至晚七時許。始得工部局預備隊。將被難仝胞六十五人。悉數救出。車送齊物浦路工部局內暫住。經西探長裴白華總巡各立齊。殷勤招待。給以飲食。一面請紅十字會趕速醫治。始得保全身命。至九日下午。蔣君安然返家。但兩手反縛四晝夜。手腕潰爛。渾身青腫。雖得慶再生。而痛苦備嘗矣。

◉汪友湘歷記

▲仝時被捕四人均遭慘殺

汪友湘君。向充京滬鉄路信差。據其語人云。彼於日軍七日侵入張華浜時。聞槍砲聲四起。方擬逃避。不料爲日軍所見。當被捕入糧米棧日軍營部。將兩手綑縛。以待審訊。時先余被縛而拘押該處者。已有四人。一爲周彩桃銅匠店之領班張某。一爲甘家橋之銅匠小桂福。餘二人則不知姓名。惟窺其狀貌。知爲苦力。余等五人被捕後。傳聞將全行槍斃。余等以事已至此。惟有引頸待死。自料必無生望。且身邊所有物件。悉數被搜。目覩砲聲隆隆。子彈横飛。不死於倭奴刀俎之下。必死於槍林彈雨之中。未幾一日兵傳余等出外。咸以爲死期將至。莫不魂飛天外。旋遇一形似軍官者。向余等一一盤問。余乃告以所司爲路局信差。彼初不信。後示以證章。始不之疑。沉思良久。遂命充當軍中信役。砲火之下。往來奔走。幸免一死。迨訊及張某。見其形似工人。而答言旣慌張。又不清晰。卽被一日兵持刺刀將其腹部刺穿。登時血流如注。慘不忍覩。彼日軍反狂笑不已。其殘酷槪可想見。復以其不能速死。對準其頭部一槍。於是畢命。按張年方冠。新婚未幾。現雖被害。而家中尙未知也。輪至小桂福。如法泡製時。余已被命出外爲其執役。故未目覩臨難之情狀。後聞之他人。知彼三人。均已遭毒手。余忍辱求生。而日軍則監視頗嚴。嗣見余服務勤愼。始稍鬆懈。乃乘間逃出。由大場輾轉來滬。脫離虎口。亦云幸矣。

◉蔣三妹被難記

蔣三妹住吳淞徐家宅。係蔣珊珊之妻。珊珊爲吳淞冷作工人。早出晚歸。

習以爲常。三妹年逾花信。薄具姿色。平日治理家務。頗以勤儉稱。夫婦之間。異常恩愛。家道小康。小家庭內。融融如也。二月一日。突有倭奴十餘人入其家。時則風聲鶴唳。隣居已遷徙一空。珊珊亦在滬找尋房屋。準備移徙。家中除三妹外。僅一三齡女孩。倭奴既至。遽行强暴。三妹係一弱女。安能抵抗。只得含垢忍辱。任其輕薄而已。無如倭奴慾焰甚熾。更迭奸淫。致三妹神情頹喪。舉步維艱。事已。倭奴竟挾之而去。其三齡幼孩。號哭不已。匍匐跟隨。倭奴大憤。竟以刺刀刺死。三妹覩此親生骨肉。慘遭戮斃。痛不欲生。而倭奴則呼么喝六。擁三妹入兵車。抵糧米棧營部。日間則供其驅策。或爲洗衣。或爲縫紉。入夜則仍有日軍數人。輪流奸污。如是者越一星期。三妹因不堪凌虐。稍有慍色。致觸其怒。歷受鞭撻。以致體無完膚。二月十日。一少年日兵。欲白晝姦之。三妹力拒。日兵推三妹倒地。旣褫其褲。三妹仍抵抗。日兵大怒。乃舉槍將其左右兩腿。擊穿兩洞。然後推入河浜內。三妹忍痛。沿浜爬至新闢碼頭。遇一舟子救起。送入醫院療治。然傷勢頗重。恐有性命之憂。而其夫珊珊。得此消息至爲悲憤云。

●虹口女孩之慘死

倭奴恃虹口公共租界爲根據地。疊向華界進攻。我軍防禦周至。未能一逞。日軍乃仇殺華人。慘酷備至。而於虹口一帶之女孩爲尤甚。一月三十日始。雙方停戰期內。虹口難民。紛紛出險。日軍則多方留難。捕去不少。遺下女孩。在十歲以上者。多被姦汚處死。十歲以內者。則用薙刀割入陰戶。剖腹而死。其殘酷手段。實爲古今中外所無。據避難者言。北四川路崇福里某姓家。遺下週歲女孩。被日軍捕去。用槍頭刺刀。插入女孩陰戶。舉槍搖曳。血流如注。旋卽斃命。又邢家宅子祥里某姓家十二歲女孩。被日軍圍姦。女孩且哭且罵。日軍大怒。亦以槍頭刺刀。刺入陰戶而死。如是者不勝枚舉。而日軍視女孩爲玩具。以刺刀刺入陰戶。見其流血。以爲賞紅。無不鼓掌大笑。噫。殘暴若此。倭奴之肉。其足食乎。

●日浪人乘機敲詐

▲韓人老狐狸助紂爲虐

據新由虹口楊家浜逃出之本地人金妙根云。狄思威路附近居民。被日人之任意蹂躪。或無故被捕。或橫遭慘殺者。不知凡幾。而日本便衣隊。多係浪人所組織。更乘機大肆敲詐。并有無賴之韓人。混名老狐狸者。助紂爲虐。率領該浪人。由狄思威路。施高塔路。其美路附近之寶安里昌富里等處之居民。强詐金錢。其强詐手段。每隔數家門前。卽置火油一桶。由老狐狸通知每里大房東。須出洋千餘元或數百元。二房東須出洋三五十元。可保無事。否則實行縱火。焚燬房屋。以致該處居民。處於暴力之下。咸慄慄自危。爲圖苟安計。遂忍痛付給云。

◉路人以名刺被拘

虹口匯山路保定路等各路口。日軍對往來行人。均須加以檢查。一經查見信函或字條。雖屬無關緊要。而日軍必將被搜者。拘禁於司令部中。生死莫卜。二月十五日。下午三時許。有一衣服楚楚之男子。在保安路口。被日軍檢查後。所戴黑色銅盆帽中。發現名刺一張。日軍即欲拘捕。該男子張惶圖逃。而日軍竟開槍射擊。連發四彈。男子中彈而仆。未幾。復起身圖逃。不意殘暴之日軍。尾追不休。卒被捕往日司令部而去。

◉蘇州河男屍十三具

江北人張錦堂許爲義郭正有等十餘戶。皆住居檳榔路十間頭地方。以聞北發生戰事。恐遭兵燹之慘。擬在地下掘一地窖。以爲藏身避險之所。當在屋內高談闊論。商議辦法之際。被門外日兵所聞。排闥而入。將屋內所有男子。一併拘去。消息杳然。直至一星期後。始於日華紗廠對面。蘇州河內。發現男尸十三具。皆遍體刀傷。當由張朱氏許王氏等前往辨認。確係彼等之丈夫及親族。莫不號啕大哭云。

●日船上之哭聲

某日下午。有自楊樹浦逃滬來難者。經過匯山碼頭時。目覩一日船上。有華人七十餘名。被日兵將雙手反縛。兩目以白布紮住。或以手槍轟擊。或以刀割耳鼻。受害者大喊救命。號哭之聲。慘不忍聞。日兵將華人刺死後。或推入浦江中。或推入船艙中。其慘無人道之行爲。實爲近世所罕覩云。

●儉德公寓之祕幕

北四川路儉德公寓。爲浪人子女避難之所。我同胞至四川路附近。不論男女。被日人拘捕者。多送至公寓中。男子則綑縛背立。以利刃向其身上刺花。如口操粵音者。則爲其所切齒。於其面上刺廣東二字。然後再加以慘殺。其殺死之方法。各各不同。遇能言者。則先割其舌。數日後再處死。或則斬斷手足。或則割去耳鼻。使必受盡痛苦。其慘酷則不可名狀。婦女則一任浪人之姦淫。稍不如意。亦必淩遲處死。據在該寓逃出之某婦云。余被捕在儉德公寓。已二星期。余之所以不死者。以事事順從浪人之意也。然此二星期中。全胞之被害者。不可勝數。目見一廣東少年。與日人略辯數語。卽被割舌。數日後又割其鼻。少年尙未死。復肘其足。斬其手。然後槍殺之。又有一中年婦人。拒浪人之調笑。被浪人斫斷十指。昏暈數次。多日未死。痛苦難堪。又有一少年女郎。貌甚姣好。一浪人强施暴行。女郎不能堪。奮力抵拒。浪人忿甚。縛女郎手足。褫其衣褲。用鏹水澆入陰處。致潰爛不堪。備嘗痛苦。又有一女子。口操蘇音。幸致楚楚。亦不堪浪人之强暴。自縊而死。諸如此類。不勝枚舉。某婦並自承。能隨機應變。庶免於難云。

●虎口餘生追述

有鄭統一君。供職於北四川路底某食品公司。據其語人云。當一月二十八夕。日軍向天通菴附近進攻時。余適在公司。意欲翌晨逃避。不料翌晨該公司被浪人闖入。將余擄至阿瑞里日本小學校內。入門後。許多如虎如狼之日兵。不問情由。各以拳脚或槍頭刀頭木棍皮帶等亂打。並詢問口供。余以實職對。當時有一日兵。將余之衣服撕破。衣袋中銀錢什物。悉被取去。是日不得飲食。入夜並不得睡覺。如欲睡覺。則日兵立以槍頭亂擊。尚有其他被擄同胞。凡七八十人。內有少女數人。同樣受日兵之慘酷待遇。凡衣學生裝或西裝者。更嚴厲敲打。如搜出有義勇軍及抗日會任務證據。立卽推出校外草地上槍斃。門外殺人之聲。不絕於耳。又見一女同胞。明眸皓齒。正在妙齡。被擄來後。日軍任意侮辱。狀甚狎褻。不可逼視。女欲自經。屢被日軍所阻。依舊强行非禮。又有一女同胞。內急難忍。因手足被縛。不能動彈。遂向監守之日軍。要求暫撤。日軍置之不理。該女同胞不能再忍。於是卽在被綁處大小便。同時另一女同胞。發生同樣情形。以致斗室之中。屎尿狼籍。臭穢異常。被另一日兵所悉。復以槍頭向兩女亂刺。立時血流滿地。昏暈不省人事。後復被槍殺。越數日。一浪人語余曰。汝能酬我百元。我當帶汝返租界。余以無款對。被其向頰上猛批兩下。繼又有一日浪人來巡視。似與余相識。細視之。則係某公司附近之日本居留民。平日屢往購買食品者。余遂詳述被擄情形。懇其設法放出。該日人以余確爲販食商人。遂向日軍保出。始獲脫險云。

●廿二元斷送一命

某日下午五時。有衣服整潔之某君。行經公共租界提籃橋。保定路舟山路口。詎爲日軍五名所攔阻。立即加以搜索。當在身畔搜出大洋二十一元。

一元鈔幣一張。卡片十餘張。日軍遂將洋鈔沒收。某君據理力爭。竟攖日軍之怒。卽開槍轟擊。某君遂被鎗殺。當時附近華人。目覩者衆。均敢怒而不敢言。翌日有人往該處調查。見慘被日寇殺害之屍體。仍橫臥原處。無人收殮。某君身穿藍灰棉袍。衣服整潔。狀似中上級社會中人云。

●日機炸毀永安紗廠

▲死傷工人三十餘名

▲美國駐軍險被波及

日方軍隊。因連日進犯吳淞閘北等處失敗後。乃遣派大隊飛機。四出擲彈。以冀擾亂我軍後方秩序。卽公共租界上亦遭波及。死傷居民。已不下數百人。二月十日晨。日機在麥根路車站一帶。共擲巨量炸彈三十餘枚。毀去民房及鐵軌無數。十一日上午十點三十分。麥根路五十五號永安第三紗廠屋頂上。突又飛來日軍飛機飛行甚低。盤旋約十餘分鐘。即擲下炸彈。適落於搖紗間。轟然一聲。立即爆發。炸燬搖紗機五十二部。炸斃女工四人。男工一人。受傷男女工人三十餘人。該地係美軍駐所。炸彈爆發地點。距美兵不過百步。險遭波及。美總領當即親赴該地視察。決對日當局提出嚴重抗議云。

◉日機轟炸閘北鬧市

二月十日。自晨至晚。無激烈戰事。可謂自日軍開釁以來。最甯靜之一天。

沿寶山路至八字橋以及江灣吳淞。雖間有斷續鎗砲聲。但盡屬日方射擊。我軍以逸待勞。未多還擊。窺日軍用意。不外示威。并欲化鬧市而成瓦礫場所。使我軍失去屏蔽而後已。但戰事雖不劇烈。而飛機擲彈。較諸往日爲猛。且投落處尤屬鬧市。故死傷無辜甚多。計日機自上午由浦東方面。先飛來四架。嗣又來二架。先來者環繞於交通路。沿鐵道及太陽廟一帶。後來兩機。翱翔於大統路與沿蘇州河一帶。其平昔以一彈一投。今則兩彈一投。如麥根路車站。大統路民房。太陽廟。嘉郡會館。中興路菜場等。均被炸毀。死傷人數。不可屈指。損失亦不少云。

●吳淞七大學被燬

▲吾文化機關被日軍蹂躪殆遍

▲數千學生大半失踪

據詳細調查。吳淞方面共有七大學。被燬於日兵砲火之下。學生四千餘人。大半失踪。查無下落。損失最大者爲同濟商船水產中國各大學。全部損失之總數。一時尙難統計。惟此後三數年內。恐不能恢復原狀。我國文化機關。遽被日軍蹂躪如此。誠可謂創深痛巨也。茲錄調查所得如次。

一、同濟大學　共有學生六百二十餘人。電氣間。生理學院。材料試驗室。中學部教授室。及全部宿舍。正在建築之中學教室等。盡被日砲轟毀無餘。學生至白克路同和里該校醫正科報到者。僅有二百餘人。其餘不知下落。校工六十餘人。失踪者亦過半數。此校本係德人創辦。經我國收回。以醫科爲主。大部醫藥儀器等。由德人捐助。現時醫科教務長拘德等。已連電祖國。請德政府向日本提出抗議。保留賠償。

二、商船學校　共有學生三百五十餘人。係國府交通部所辦。課程注重商船駕駛。河海測量。機器修理等。意在造就我國航海之專門人才。今被日兵用大炮全部轟燬。除斷垣焦壁而外。一無所存。學生之失踪者。亦在半數以上。

三、水產學校　與商船學校相接近。共有學生三百餘人。課程係注意捕撈水產。以及水產物之化學。製造等。日本在三數年來。屢屢向我國沿海偸捕海產。迭經政府嚴重交涉。故對於我國之水產學校異常嫉視。在日兵登陸侵入砲台灣之初。卽首先搜捕該校學生。並用大砲轟燬該校全部。目前已一無所存。學生失踪者甚多。

四、中國公學　共有學生二千餘人。全部校舍有十分之六。被日兵炮燬。寄留宿舍之學生。逃出一大半。尚有一小半不知下落。損失總數。不在同濟大學之下。

五、中央大學醫學院　共有學生四十餘人。爲中大醫學之專門研究處。現在該院門窗。已被日兵鎗彈打成蜂窩一般。內部情形。不能查悉。損失當在半數以上。學生在事前離校。幸未遇難。

六、勞動大學農學院　在寶山附近。離吳淞六七里。日機前往擲彈數次。校舍被燬一部分。因離戰區稍遠。損失尚不甚大。

七、勞働大學工學院　在江灣車站旁。正是戰區中心。全校已被燬。學生之失踪者在半數以上。此外尚有一吳淞中學校。在吳淞鎮上。共有學生二百餘人。被日機投彈數次。損失尚小。惟大半學生。不知下落。

◉女同胞之慘劇

▲三元宮好比活地獄

▲褫衣割乳

▲黃包車夫親眼目覩

據黃包車夫王阿發告人云。渠於二月七日。在楊樹浦地方拉黃包車。遇一日人。叫我拉到武昌路三元宮。我不允。彼卽以手鎗向我。我懼。遂允之。詎拉到後。將我押在三元宮內。歷二小時之久。見宮內祗有日人一二十名。

押有我國男女同胞二三百餘人。男子均頭上紮有布帶。雙目朦蔽。兩手反縛。婦女之年老者。亦縛住手足。置在地上。輕年婦女。則被脫去衣服。任意侮辱。有少數日婦。在旁觀看。笑聲四起。我女同胞則羞慚滿面。欲哭無淚。有奮力抗拒者。則大觸日人之怒。被日人割去其乳頭。或用小刀刺其陰戶。鮮血淋漓。目不忍覩。該黃包車夫目覩仝胞罹此慘劇。心有不忍。業已報告納稅華人會。請工部局設法營救矣。

●吳淞各鄉村遭刼

新聞大統路附近。於二月十二日。到有難民一大批。據其語中國社記者云。蘊藻浜日軍初來時。尚無若何殘暴行動。截至七日後。忽態度大變。首當其衝者。爲該處李子村章姓家。章家男女老小。均已他遷。祇留一女傭守門。日軍闖入。卽將女傭戮傷。然後翻箱倒篋。予取予求。八日晨。復有大批日軍。衝入焦木頭莊。殺死小孩五。婦人二。擄去男子三十餘人。不知下落。並放火燒去房屋二十七幢。全日午後。復至吳家墩小牛村等各鄉村。先後搶刼。甚至如年糕鷄蛋鹹肉醃鷄等。亦皆捆載而去。

●持志學院被焚

日兵自開戰後。大肆暴行。除殺戮同胞外。專事破壞我文化。如眞如暨南大學。吳淞同濟大學。中國公學。中央醫學院等校舍。都被炸毁。而江灣路持志學院中學部。則於二月四日。被日軍衝入。用刺刀殘殺門警。茶役女傭等逃避不及。亦被擊死。遂將中學全部焚毀。損失甚鉅。而倭奴猶未甘心。乃於二月十日下午五時許。日兵機關鎗隊。復衝入水電路大學部。先用機關鎗向門警掃射。旋卽縱火焚燒。將新建築之四層樓宿舍。二層樓教室。大禮堂。圖書館。膳廳。標本儀器室。發電機及水塔等。全部焚毀。損失在百萬元左右。該院院長何世楨氏。以日兵一再毀壞我文化機關。殘殺無抵抗民衆。無理凶頑。達於極點。特電請吳鐵城市長。向日方提出嚴重抗議矣。

◉日機轟炸收容所

日軍飛機。於二月五日。轟擊內有難民八千人之水災收容所。擊死婦孺各一。傷四人。而醫院病人。受驚而死者數人。六日該收容所又遭炸彈轟擊。當時所中災民。多因前次被炸而逃出。尚有數百人。大都係患有疾病。及老弱婦孺。此次轟擊後。檢查被害者。有四十八人之多。旋將所中災民。悉移他處。但翌日日機又來轟擊。日人如此行爲。實屬慘無人道。業由中國水災救濟委員會督辦辛博森爵士。將抗議日軍轟擊水災收容所之電文。分送國聯各委員。不知各委員讀此電後。作何感想也。

◉難民因卡片而死

二月十二日晨。中日雙方軍隊。由法神父之提議。救護戰區難民出險。停戰四小時。是日寶山路以東之難民。亦有乘機搬出者。然經過狄思威路。

有一箱一籠。必受日兵之嚴密檢查。周身上下及小袋。亦不能免。最仇視者。爲國民黨黨員。抗日救國會會員。廣東人。義勇軍。以及新聞記者。稍涉嫌疑。卽被拘去。或卽鎗殺。是時有一逃出之難民。被日兵在衣袋內。搜出某通訊社記者卡片一張。竟被扣住。該難民曾經申說。此片非我本人。實係我友。日兵不諳華語。惡其爭辨。立出手鎗。砰然一聲。該難民卽倒地而斃。橫臥於血泊中。亦云慘矣。

●孕婦被姦慘斃

據虹口沈家灣逃出之難民言。其鄰居某姓婦。身懷六甲。大腹槃槃。因艱於步履。不能逃出。被日軍所見。闖入其室。大肆强暴。婦哀免不得。竟致墮胎而死。其狀極慘。婦死後。該日兵卽不顧而去。

◉日軍砲毀丙舍

二月十三日上午七時起。日軍又用重砲向我閘北會文路蘇州會館猛擊。該館房屋。前被飛機擲彈。炸毀極多。所存僅丙房一部份。不料是日日軍復用巨砲轟擊。彈如雨下。結果所有丙房。盡被轟毀。以致棺具紛散。屍體中有斷頭缺臂。破腹裂骨者。觸目皆是。若曹何辜。死後又遭此浩刼。泉下有靈。亦當有時日曷喪之感矣。

◉浪人洗刼商舖

北四川路橫浜橋以北一帶之商舖。自戰事發生後。男女倉皇逃命。不及攜帶一物。大都於臨行時。反扃其門而去。迨二月十二日晨。停戰四小時。居民俱乘機回家。預備搬運貨物。詎各商店大門。十九洞開。貨物均杳如黃鶴。且有許多浪人。横臥櫃面。狂吸雪茄。不准華人入內。違則以刺刀相嚮。致商民等大受損失。欲哭無淚。只得垂頭喪氣。復返租界云。

◉浪人强搶車輛

日寇便衣隊。多數係浪人組織。時時出沒於白渡橋北天潼路北四川路一帶。專以搶刼車輛爲事。凡遇汽車卡車之駛近該處者。卽袖出手槍。迫令司機人下車。不從則置之死地。然後有日人汽車夫。將車駕駛而去。以供前方日軍之用。二數日來。華商汽車之被搶者。已有十數輛。以故行車者皆視該處爲畏途云。

●日軍强搶柴炭

虹口中虹橋立大煤號。自開戰以後。店中夥友。多數回鄉。祗剩五六人管理店事。日前有日軍屢次强買柴炭。如不依從。卽以手槍對付。無可理喩。無法制止。曾經報告虹口捕房及煤業公會。亦無辦法。該號夥友。時被日軍纏擾。別無良策。走避一空。前後排門。盡行關閉。不料二月十三日下午七時許。日軍又率日本小工數十人。駕車前往。小工四人。由後門爬牆而入。從前門而出。將柴炭私行搶去。越日上午十一時。日軍又來車貨。正在搬運之際。由虹口捕房西探。及華捕包探等前去制止。日人不顧。依舊滿載而去云。

◉女學生之慘案

▲一個脫險者所口述

女生黃含英。係廣東番禺籍。在閘北某校肄業。一月三十日上午。偕同學方蕙貞朱淑芬等。行經六三花園。被日軍捕去。方朱二生。由日軍四十餘人。輪姦致死。黃則脫險。據其語人云。方朱兩生。亦廣東籍。以家鄉遠隔。寒假期內。仍留宿校中。戰事既起。欲避免砲火危險。擬逃入租界。是日上午十時許。雙方適在停戰。渠等雇黃包車。隨帶簡易行李。行經江灣路六三花園。適被日軍所見。突來四十餘人。如餓虎一般。將我等三人擁入園內。關閉一室。所帶行李。亦安置室內。門外有二日兵看守。當時無所動靜。見玻璃窗外。三五日兵。結隊窺探。喞喞私語。約一點鐘時。一形似當差者。送午膳至。視之則青叉魚三尾。飯三盂。置席上而去。余等斯時。心頭如轆轤撞。雖有嘉肴。何能下咽。況此粗糲乎。約九點餘。送晚膳至。菜肴一如午膳。余等飢腸轆轆。勉食少許。少頃。一形似軍官者至。年可三十許。目光灼灼。向余等三人注視。操日語向余言。余不解所謂。旋即挽余手。余知其非好意。退避者再。然終無可避免。卒被攜至另一房舍。該軍官向余獰笑。余斯時插翅難飛。雖欲覓死。亦不可得。無何一當差者。即攜余所帶之行李至。攤置席上。該軍官以手指余。其意似命余就寢。余低頭不語。彼即直前擁余。爲余解除衣扣。余甚畏。然無可拒却。任其擺佈。旣寢。該軍官似甚愛余。余斯時已非完璧。而悲憤不可名狀。雖傾西江之水。不足以洗我恥辱。翌日得其同意。於十點時至前次被拘之室。探視方朱兩同學。則有日兵兩名。與之同臥。見余至。日兵卽披衣而去。兩同學則血染被褥。不能動彈。視余若無恙者然。對余下淚。旋方仝學低聲告余曰。自姊去後。卽有二日兵至。强我輩仝寢。經我輩作一度之堅拒。彼以刺刀加余頸。余畏懼忍辱。朱仝學亦如之。與余仝寢者。首先係一强有力之日兵。余受其蹂躪。疼痛難忍。然惟有暗中飲泣。不敢抵抗。過一點鐘後。該兵披衣而去。探視朱仝學。則知其與之仝臥者。已另易他兵矣。余知該兵雖去。尙難倖免。正沉思間。突來二兵。爭入余之被窩。余大懼。然哭亦不敢出聲。自是此往彼來。絡繹不絕。而下部流血過多。已潰爛矣。方仝學言已。不勝羞憤。時朱仝學默不一言。神志昏迷。所受痛苦。一似尤有甚者。於是三人相對欷歔。至晚。余仍由形似軍官者領去。而方朱兩仝學。竟於是夕被辱身死。嗚呼慘哉。迨我軍一度佔據六三花園。余始被救出險。然亦無意人世矣。聞者慰之。黄生現居法界友人處。已將被辱情形。函告家長矣。

●王永高被挖雙目

據一死裏逃生者云。自稱爲王永高。山東滕縣人。年三十八歲。在閘北三陽路搭一茅屋。賣燒餅爲生。來滬已五載有餘。自本埠事變爆發。閘北成爲戰區。貧民均未及躲避。王亦留居。戰事既起。日軍以焚燒民房爲能事。

並以厚利誘我貧民。四出縱火。如不允者。卽遭慘殺。因此而含冤於九京下者。大有人在。王於一月二十九夜。行抵青雲路青雲橋畔。被日軍捕去。初則迫令煑飯。繼則令其放火。王不願。乃爲日兵挖去雙目。當時昏倒地上。無人救護。迨我軍進佔青雲路後。始得救出。仍回三陽路休養。由一老者悉心保護。痛苦稍減。迨至二月八日。該地亦入戰渦。居民一律遷出。王由紅十字會之救護。脫離該處。並由英明照相館攝影。刊入時事新報。以彰倭奴之殘暴云。

◉牆上標語之肇禍

友人林君。住虹口克明路順大里。昨自日本便衣隊總部逃出。述及日便衣隊之殘殺同胞。其事甚詳。二月二日。不知何人。在本弄內牆上。塗有打倒日本字樣。被日便衣隊發覺。認爲有意侮辱。卽將弄內尙未逃出之男女同胞二十八人。用强暴手段。驅至日便衣隊司令部。勒令跪地。任意用鐵棍毒打。被擊者輕則血流遍面。重者骨碎目突。更用雪亮犀利。形如割稻用之鐮刀。由頸項拉割衣服。直至小腹以下。蓋解脫鈕扣遲慢。故用鐮刀宰割也。因之有胸腹割破。腸流血湧。伏地哀號而死者數人。餘者亦復一一槍殺。幸林君及其餘七人。形似亡國順民。得免於難。卽由彼給一白布黑字。上書出火線去四字。得以輾轉逃出云。

●日軍捕擄茶客

楊樹浦路八九號。申新第九廠斜對過三江茶樓。於二月十六日八時四十分。竟有日軍卡車六輛。自東駛來。停在該茶樓門前。跳下武裝日軍十餘人。手執籐條。四日軍在樓下嚴密把守。餘均登樓。將全樓茶客。悉數驅上卡車。稍有抵抗。卽將籐條抽擊。以致身受重傷者。達十餘人。但仍爲日軍迫上卡車。一時秩序大亂。行人奔避。事後據堂倌語人云。是日被捕人數。在六十名以上。多係申新九廠工人。且多每日必至該樓啜茗者。渠因適在後面小便。聞變卽從後門逸出。幸未遭日兵捕去。現在茶樓附近。時聞妻號子啼。甚爲悽慘云。

●日軍强購木桶

某日十時許。楊樹浦龍江路祥泰木桶作。突有日兵十餘人。並卡車一部。停於該號門前。當有兩日兵上前敲門。該號中人。由門隙中窺見日兵衆多。不敢抵抗。立卽啓門。而日兵中有漢奸一名。出而與該號店主接洽。聲言欲購大號木桶八十隻。小木桶一百二十隻。價則核實計算。店主卽以無此巨數爲答。而漢奸卽命日兵强自搬運。店主情急。上前阻止。被日兵用利刃戮傷右肋右臂大腿等處。頓時倒地。血流如注。日兵搬運後。擲下鈔洋八十元。齊登上車。疾馳而去。事後調查。計搬去大木桶七十一隻。小木桶四十八只。該店頗受損失云。

●韓新福家破人亡

中日開火後。日軍以我國便衣隊。混入彼軍防地爲由。在其防線區域內挨戶搜索。以致焚燒刼殺。無惡不爲。居民稍涉嫌疑。即被捕去。據某社記者云。有大批華人。被日兵拘入江灣路靶子場日軍營內。逐日橫遭殺戮。甚爲慘酷。有名韓新福者。年三十七歲。在天通庵狄思威路口。開設小烟紙店。家屬共六人。於開戰之翌日。因發售抗日香烟。悉被拘去。韓妻因拒日軍强暴。當夜卽遭殺死。韓有三子。見母被戕。痛哭不置。大觸日兵之怒。亦遭槍殺。韓則被囚九日。始由工部局交涉釋出。胸口已受有槍傷。據其告人云。每日被拘之同胞。不下四五千人。日兵及浪人。任意屠殺。不論婦孺。死狀甚慘。現能生還者。祗百分之五六云。

◉吳紹泉歷述敵人凶暴行爲

吳紹泉係日人擄去後。復交由工部局釋出之一人。受傷甚重。今尚在醫院診治。據其詳述被捕後之經過如次。　余供職合衆機器廠。該廠在狄思威路其美路口。至二月五日。余欲到廠攜取要件。行至狄思威路歐嘉路口。突被日陸軍步哨。拘至司令部。當有狀甚猙獰之三四輩。形如上級軍官者。厲聲問余。有無手槍炸彈。余答以無。當遭槍柄刺刀。齊下亂擊。從旁者又復拳足交加。以致體無完膚。再用白布蔽余雙目。並將手足反縛。擲置人堆中。（按已有多人綑縛其中）呻吟之聲。不絕於耳。至當晚約七八時許。將余曳上卡車。開行約半小時。似至一碼頭。擲入浦江濱。水浸兩小時。余自問必無生望。旋又有日兵將縛足之餘繩。倒拖起岸。扛上卡車。又開行一小時。下車後。驅上大躉船中。探知已有百餘人在。其中以粵人爲多。

日軍監視甚嚴。如是者歷兩晝夜。不但絕食。而且時加虐待。但雙目被蔽。不辨何地。後又聞倭軍帶數十人出艙。轉瞬卽聞槍聲數發。諒又有同胞被槍斃。而拋擲於浦江中。直至七日。有工部局捕房預備警衛團。得戰區難民救濟會通知。前來援救。得慶生還者六十五人。餘則悉在枉死城矣。余雖脫離虎口。而四肢酸痛甚劇。恐成殘廢云。

◉女郎以羞澀致死

▲不脫袴子

二月十七日上午十時許。虹口蓓開爾路大連灣路口。有一青年中國女子。衣服整潔。貌亦姣好。狀如學生。手持報紙。且行且讀。突有一日軍迎面而來。攔住去路。迫令脫去衣服搜查。女懾於淫威。不敢抵抗。將大衣卸下。解開旗袍。但日兵堅欲其解脫內衣。並須脫下袴子。女羞澀猶豫。日兵立將刺刀挑開其內衣。脫去其褲。女嬌羞萬狀。日兵意欲行强。但女誓死不從。日兵大怒。猛戮數刀。血如泉湧。倒地而斃。遂致赤身露體。横屍路旁。其殘酷令人髮指云。

●難民横遭殺害

東嘉興路有男女難民十餘人。行至寶發里對面。宜昌百貨商店門前。被該處日哨兵一小隊。迎頭截住。施以檢查。其中二人係香港貿華公司職員。當被抄出徽章兩枚。日兵遂疑爲間諜。初則毆打逼招。繼則以其不肯招認遂用刺刀猛戮。立中要害。兩職員卽倒地身死。同行者俱戰慄無人色。日兵毒殺二人後。復拖出五人。施以凶暴手段。中有婦女三名。放聲大哭。亦被日兵用槍壳痛毆。而被拖之五人。旋亦戮斃。頓時血流遍地。慘不忍覩。日兵卽將屍身拖入附近之老虎灶內。餘人在日兵移屍時。得乘閒兔脫云。

◉日便衣隊刼財害命

某日。有一工人模樣之同胞。行經保定路日人照相舘門口。被日人便衣隊阻止檢查。僅搜出現洋十餘元。餘則一無所獲。竟將現洋沒收。該工人婉言向之索取。日便衣隊悍然不顧。工人以血汗所得。全靠此區區者。維持闔家生計。一旦被刼。行將餓死。復尾隨便衣隊。懇其發還。詎日人老羞成怒。竟舉槍將工人擊斃。時有某西人目覩其暴行。頗抱不平云。

●救護員慘遭擊斃

紅會第七隊救護隊劉祁瑞。於二月十五日。率領隊員看護等。赴閘北戰區救護傷兵。突被日軍彈射傷死。茲將當時情形。詳述如下。劉祁瑞福建人。爲同德醫院醫科四年級高材生。該校校長龐京周。參加紅會組織救護隊。分赴各戰區救護傷兵。劉氏參與工作。連日馳赴戰區。救護不遺餘力。是日上午。劉氏以戰事稍停。特率同看護等念餘人。再向閘北戰區。實行救護工作。時閘北築有防禦工作之沙袋。劉見沙袋前面。傷兵甚多。亟應前進救護。遂越過第三第二沙袋而進。至第一沙袋線內。並攜有紅會救護旗幟。以示敵方明瞭有救護人員。不至遽行槍擊。不料甫抵線內。敵方陣線。忽向我開槍。其槍彈尤集中紅會旗幟之下。當時我紅會同人。曾高呼係救護者。詎敵兵竟置而不睬。仍繼續發槍。慘無人道之日兵。更瞄準向劉氏連射十餘槍。遂集中劉氏左臂上。及腹部腿部等處。氏受槍擊後。乃退出陣線。而日兵竟追擊之。於是又續中兩彈。劉氏頓時昏倒。不能行動。經同人等抬之上車。赴寶隆醫院醫治。經醫生施行手術急救。無如傷勢太重。且係中毒彈。卒無法挽救。遂延至十六日下午四時。氣絕身死。劉君遺屍。本擬早日殯葬。各界以其爲國慘死。亟應表揚。決爲盛大之儀式。故定期舉行追悼大會。並葬於虹橋教會暮停。以表紀念。紅會同人。以日兵不顧人道。公然槍殺救護人員。決向國際伸訴。並提出抗議云。

●災民與倭奴何仇耶

上海市第一災民收容所。設在閘北柳營路。專收被水災民。內有災民萬餘人。兒童二千餘人。至二月三日。倭奴竟來飛機。向所內拋擲炸彈。擊斃災民一人。傷者無數。至四日。日機又向慈幼組後面。擲下炸彈。並落一大炸彈。當時斃命者三人。傷者尤多。所中職員等。即逃避於美人所辦之明强中學校。甫經出門。該所前門之蘆棚二座。即被炸毀。各災民哭聲如雷。乃相率奔逃。日機見男女大小逃難者甚多。乃行慘無人道之殘酷手段。飛機十一架。在頭上飛翔。災民逃至何方。機亦飛至何處。屢擲炸彈。並用機關鎗向下掃射。災民死傷無數。而以小孩爲最多。職員幸已出險。而收容所與慈幼組。盡成灰燼矣。

●商團衣服召禍

北四川路大德里某君。以家藏商團衣服一襲。被日兵搜出。拘入司令部。百般敲打。備受虐待。日兵逼其供出藏匿軍器。某君以烏有對。日兵謂既有制服。豈無兵器。不之信。更加以嚴酷之手段。結果則斬去一腿。血流如注。昏暈者再。越數日後。得工部局之救護。得免於難。然已成殘廢矣。

●俱樂部中之怪現象

虹口蓬路日人俱樂部。爲海陸軍下級軍官集合場所。近爲籠絡漢奸計。並收容漢奸在內。日浪人亦雜處其中。日與漢奸規畫擾亂我軍後防之計。日人並欲取悅我富有智計之漢奸。不惜自損其國體。選日僑婦女之有姿色者。供漢奸之取樂。日僑迫於淫威之下。雖恨入骨髓。然亦不敢抵抗。而漢奸之諂媚日軍者。亦率領浪人。強搶華婦。供其取樂。據俱樂部中逃出之華婦云。渠被拘旬餘。被日軍及浪人之蹂躪。痛苦不堪言狀。部中我國青年婦女八九十人。大抵作亡國順民。任其擺佈。一經倔強。立遭殺害。而漢奸更爲虎作倀。對於孱弱婦女。不時恫嚇。甚亦有遭其蹂躪者。二月五日。日浪人捕獲女子三人。丰姿綽約。體態輕盈。獻於軍官。數軍官無不眉飛色舞。以爲得此尤物。豔福無窮。無如三女子中。其一則豔如桃李。懔若冰霜。被捕以後。雖經軍士之威迫。浪人之恐嚇。及我國順從婦女之勸導。終不肯屈。數軍官因愛其姿色。亦不忍加害。屢圖强行非禮。亦終不得逞。某夕。一軍官以紙幣一束。希圖利誘。女低頭不語。該軍官以爲女已入彀。笑逐顏開。命女就寢。女不允亦不拒。解除衣服。席地而臥。軍官更樂不可支。解帶寬衣。擬作入幕之賓。詎女死志已决。乘其不備。力握其勢。軍官痛極。然猶冀女之順從。不遽加害。而女則更進一步。以軍官遺下之刺刀一柄。猛刺其腹。血流如注。該軍官殊强悍。乃忍痛奪女刀。向女亂刺。女遂斃。而軍官亦受巨傷。女既死。日人憤極。將女戮尸萬段。委之垃圾箱中。至順從之兩女。在被捕婦女中。最爲美麗。軍官中爭暱之。馴至醋海興波。發生暗殺。此事日人諱莫如深。故外人鮮有知道。婦又謂渠之得脫。係一浪人所援救。言次。若自鳴其手段之高妙云。

◉鄉村女丈夫

日軍佔淞滬路張華浜車站。其站旁村莊中居民。多已遷徙。有某姓婦。方有小疾。偃臥榻上。其家亦未他遷。日軍旣至。闖入其室。將家中老小七人。全行綑縛。並搜索財物。抵婦室。將縛婦。婦曰勿爾。我有疾。不能起。請恕我。我必畀汝金。日兵殊不解華語。聲勢洶湧。揪婦髮。拖婦下床。婦情急智生。以手環給一形如軍官攜帶手槍之日兵。並以手作勢。令其驅羣衆出。軍官見色起淫。卽揮衆兵出外。欲有所爲。婦含笑迎之。並謂室門未閉。被人窺探。有所未便。言時。以手指門。日軍官亦會意。趨前闔門。時適所帶之手槍。置在婦之榻上。婦乘其闔門時。卽以手槍擊之。砰然一聲。日軍官中要害而死。蓋婦年方壯。本有膂力。亦饒智計。爲鄉婦中之佼佼者。日軍官既斃。家中被縛者。婦一一釋放。事畢。闔家向西北逃避。

◉一個脫險者之口述

據引翔港逃出災民陶少林云。日軍初佔引翔港。尚無特殊舉動。迨二月十五日晚。調新來之日軍駐防。乃藉口該地已爲戰事區域。挨戶搜查。將該處男女老幼全驅禁於跑馬場內。四周均有武衞。防範森嚴。露立中宵。飢寒交迫。且日須檢查二次。凡日軍來檢時。無論男女。均袒胸露肘。一帶一襪之微。亦細加視察。雖搜得紙屑。或因受辱過甚。而稍稍違抗。卽拘出槍斃。第二次檢查。每在夜半苦夢方酣時。對於婦女。則任意蹂躪。更覺難堪。此爲余目覩之慘狀。余於防守稍疏時。乘機逃脫。今跑馬場被捕華人。尚有二三千人。受盡虐待。深望中國當局。關心民瘼。設法營救。使此二三千無辜同胞。早日脫離苦海也。

◉日軍用達姆彈之鐵證

日軍連日轟擊我軍。屢遭失敗。於是狡計百出。賄買漢奸。到處擲彈。利用飛機。隨時轟炸。希圖擾亂後方。結果猶不能制勝。我軍奮勇善戰。日奴望風披靡。死傷積野。於是不顧公法。用達姆彈攻擊我軍。我方已提出嚴重抗議。而日領仍施狡辯。茲悉德國醫藥博士彭姆君。近致函中國紅十字會證明由渠醫治之傷兵。確係達姆彈所致。並提出種種證明。十分確鑿云。

◉强索農家柴米

引翔鄉方面日軍。來者積極調防。異常忙碌。並據目擊者談。日軍近因死亡枕籍。毫無鬥志。且軍食亦不充足。時至鄉間農家。需索柴米。狀極狠狽鄉民如不供給。卽將房屋焚燒。以洩其憤。或捕其婦女。在其軍中司烹飪之職。倘不從命。卽遭殺害云。

◉老司務所遇之暴敵

現在某洋行充任老司務之甬人曾阿發。向住虹口嘉興路。自該處發生戰事後。卽將家眷遷移法租界內。惟衣物一切。均未及攜出。昨日上午九時許。行中飭渠至北四川路郵局。寄一包件後。彼因至前方正在停戰。遂向北進行。欲往家中一視。攜取需用衣服。不料行至武昌路附近。突遇日兵兩名。攔住去路。始則遍身搜查。以袋中藏有銀鈔。卽曳至一小弄中。以槍柄猛擊。復將所穿之衣服剝去。銀鈔亦沒收。惟衣袋中之當票一紙。及郵局回單。仍塞在短衫袋內。曾因被毆受傷。加之單衣寒冷。向北四川路戰慄南行。復遇日兵三四。雖遭搜查。幸未再毆。回至行中。已極困頓。卽車送醫院醫治。

●異想天開之辣手

女生胡寶珩。係某校高材生。家住靶子路集賢里。倭奴開釁後。方偕弟妹逃避。不料爲浪人所獲。捕入施高塔路浪人住宅。先將弟妹殺害。然後對女施暴行。女目覩弟妹之慘死。淚簌簌下。且恨浪人之無禮。更覺怒火中燒。頓時柳眉倒豎。杏眼圓睜。以纖纖玉手。直批浪人頰。時則浪人三四。羣來辱女。或執女手。或拖女足。或握女髮。或褫女衣。女輾轉於羣虎之中。卒以力弱被汚。但女則罵不絕口。誓與浪人不共天日。因此浪人大憤。遂以極殘酷之手段。使女死於非命。某日之夕。浪人剝女衣。反縛其手。分析其足。使直立莩地上。用爆竹塞女陰戶。然後燃放。轟然一聲。爆竹直入女腹。五臟六腑。四分五裂。女則一縷陰魂。赴枉死城中去矣。倭奴手段之惡毒。誠駭聞也。

◉倭奴收買漢奸之惡計

此次倭寇進攻吳淞。因地理不熟。故僱有漢奸多名。在蘊藻浜唐家橋曹家橋紀家橋侯家木橋等處。爲敵軍指導途徑。此等漢奸。均係吳淞殷行江灣楊行等地土著。爲首者給與月薪一百六十元。餘則每天二三元不等。據曾爲漢奸之楊行人某甲云。日人收買漢奸。頗用惡毒計策。先將漢奸家屬。悉數拘去。抵押營部。而後與漢奸訂定僱約。供其驅使。不願意者。立將全家殺斃。受雇而不出力者亦如之。服務最勤者。得賞賜。有功勞者。邀特獎。余（某甲自稱）被捕後。本不願作漢奸。爲顧全闔家生命。一時從權受雇。然及今思之。良心上自難安慰。余妻室子女。雖被拘押。爲良心上之驅使已置全家生命於度外。自今日始。决不再做漢奸之工作矣。某甲言次。其悔悟之態度。頗爲誠懇云。

白衣兵之作用

日軍中有穿白衣者。其作用傳說不一。而認其爲芥末彈砲手。已見之各報。然日軍狡計百出。吾人尤須注意。玆有人揭發白衣兵之作用。其言云。報載日軍此次登岸。內有白衣士兵二百餘人。係備作施放毒瓦斯砲之用。玆據軍事兼化學家稱。服色用白。實於施放毒瓦斯砲無關。其實日軍欲藉此項士兵。冒充救護隊。臂繫紅十字徽幟。以當前鋒。如能衝入我國防線。則將臂章藏去。俾後隊隨之前進。如爲我軍迎頭痛擊。以致倒斃。則彼方大恣其宣傳。以誣我軍不顧人道。卽紅十字救護隊亦遭殺害。此實日軍狡猾之毒計云。用特表而出之。俾各國人士。及我國各界明此眞相。將來不致爲日軍宣傳者所蒙蔽也。

●火燒吳淞鎭

二月五日下午八時許。吳淞鎭發現敵便衣隊三人。身穿華服。形似工人。至中新路。將仁昌米店牌門挖開。用火油在屋中四處澆灌。縱火焚燒。一時烈燄騰空。不可向邇。三人卽乘間逸去。頃刻延燒四隣房屋。鎭中各區救火會聞警後。當卽驅車到場灌救。奈因火勢甚熾。救火員甚少。無法撲滅。直至今晨六時許。火勢始漸漸熄滅。據調查者云。該鎭中新路南至萬順昌園。北至得和典當。淞興路東至金家弄西至華樓菜館。桂枝路東至中新路口。西至南天門點心店。洪源路東至金家弄。西至中新路口。所有市房三百餘幢。全部焚燬。其被火區域。極爲廣大。約佔全鎭五分之一。商業精華。付之一炬。良可嘆也。

●閘北民房損失之約計

倭奴開釁以來。閘北一帶。居民房舍。或爲炮火轟擊。或被敵機炸毀。一片瓦礫。觸目傷心。茲將見聞所及。記之如下。

一、寶山路自商務館起。至資德堂藥店止。大半已成焦土。西寶興路與天通菴路交叉處。路之中央。被日機擲彈。炸成一大地窟。週圍廣可二丈餘深丈許。地下所埋之自來水管炸裂。清水噴瀉而出。故該地窟水溢於外。有如小池。
二、中華新路之福源里順茂里房屋。共約五六十幢。悉遭炸毀。成爲一片瓦礫。迤西之積善里。略受損害。再西之順成里總弄亦炸毀。英商華純毛織廠。亦中砲彈。機器損失未詳。
三、永興路善興坊沿街各店鋪。及鴻吉里三四兩街。與沿街八十一號至八十四號房屋。均被炸毀。
四、天通庵路方面。被火焚及炸毀者。計有德興里裕惠里浙江里五豐里天林里。共約五六百幢。盡成灰燼矣。
五、西寶興路方面。如三省里瑞福里興業里三處。全行炸毀。而安生醫院與天主堂。中彈甚多。房屋雖未坍塌。而已如蜂窩矣。

六、寶源路寶通路以及香山路之光裕里香興里愼餘里等。雖未盡遭回祿。而牆坍壁倒。觸目皆是。其他如虬江路之儒林里等。受害亦非淺鮮。

以上所述。自開戰後至二月十二日止。以後戰局延長。哀我人民。所受損失。正不知伊於胡底也。

◉倭奴殺害華人之用意

開戰以來。倭奴狡計百出。被殺華人。不可計數。據深知內幕者言。倭奴殘殺我中國同胞。大有深意。蓋被殺華人。矮短者居其多數。殺死後。大都易以倭裝。並拍成小照。準備提出交涉。以爲華人殺害日人之證據。自一月二十八日始。至二月二十日止。聞被害無辜仝胞。有二萬餘人之多。日人所攝取之影片。亦四千餘張。因揭其陰謀。以供日後交涉上之參考也。

●乞匄之受愚

倭奴收買我國乞匄。囑其在租界上抛擲炸彈。危害治安。有少數乞匄。已爲其厚利所惑。爲之實行工作。但抛炸不得其法。未生效力。倭奴憾之。蓋乞匄擲抛炸彈時。有日便衣隊。僑裝華人。隨後監視。見有不生效力者。則令其回返日營。加以槍殺。一星期內。乞匄之被殺者。亦十餘人。倭奴之虐待華人。卽此亦可見一班。

●虬江路之一幕慘劇

倭奴犯境以來。我人生命財產。損失不可計數。而同胞之無端被殺者。時有所聞。閘北虬江路鐵軌之西。有男女屍體百餘具。皆爲吾國同胞。全身赤露。拋棄路側。或俯或仰。或跪或伏。令人目不忍覩。據目擊者言。該處大宗屍體。爲倭奴所殺害。移置於此者。當戰事發生後。戰線內之居民莫不倉皇逃避。而日人沿途拘捕。嚴行敲問。今胞中不善措辭。或稍涉可疑者。立遭戕害。該處屍體。卽逃難時所被害之同胞也。

●倭奴沿途殺人

日軍偷渡曹家橋一役。爲我軍擊退後。向鄉村亂竄。沿途遇有鄉民。不問情由。卽以刺刀戮斃。有鄉民余保村者。人極狡滑。見日軍以刺刀向之猛刺時。彼即雙膝跪下。向日兵乞恕。並謂苟赦我者。我可領導君等。暱避我家。免被華軍追殺。日兵頷之。隨余行。既抵其家。余狀極恭順。殺雞爲黍。供給日兵。詎日兵天生殘暴。對余之恭維。非特不加感激。結果仍將余及家人殺害。日兵此舉。蓋恐華軍追至。洩漏風聲。沿途殺人。以滅華人之口也。

●女青年又爲刀下鬼

二月二十九日下午二時許。有一女青年。名麥愛珍者。係廣東人。年可二十。前住崇明路。是時一人前往東武昌路。行至三元宮附近。有日兵七八名。舉槍喝令停止。但麥膽極大。不願受其無禮之檢查。仍直前進行。日兵乃飛奔上前。將其拘住。解開衣服。上下摸索。麥即大聲斥其無禮。即觸日兵之怒。卒被拖去。用麻繩綑縛雙手。令跪地上。日兵乃用小刀。向麥之乳部猛戳二刀。下部一刀。頸項一刀。頓時受傷身死。

●少女遭輪姦傷重

某日老閘捕房送一被強姦之女子。至仁濟醫院療治。據女子自述被姦經過。聞之殊堪髮指。女子云。余王姓。名桂如。年十七歲。住江灣楊家灣一弄。曾受中等教育。父爲商人。服務於上海某公司。因合家膽壯。未曾遷出火線。今晨十時許。突來日兵十餘人。勒索柴米。其時我家僅母女兩人。余母年三十八。方洗衣。見日兵至。不及躲避。將家中存米數斗。悉與日兵。

日兵得米。逡巡不去。突入余之臥室。余方梳理晨裝。一兵直前擁余。余情急呼救。余母聞聲馳至。向日兵婉言。我女年幼。不堪蹂躪。汝輩苟勿諒。請以身代。該兵遂釋余就我母。余惶悸欲遁。無如爲另一日兵所阻。遂亦不免。一兵既去。他兵又至。余竟爲衆矢之的。雖我母見余受盡苦楚。願爲替代。而日軍竟一箭雙鵰。母女俱遭姦汚。今下部受傷甚重。步履艱難。此種痛苦。殊爲難受云。

●敗兵圍奸鄉婦

寶山紀家橋東首。發見日兵圍奸鄉婦事。據目覩者云。該處有沈家郵者。村民以地近吳淞。多以種菜爲生。某日。村婦數人。偕仝男子。在菜畦工作。突有自曹家橋退下之日兵。約三四十人。闖入菜田。將田中男子。或趕走。或槍殺。所餘女子。被其包圍。輪流姦汚。無一免者。有某姓婦。方居破瓜。嫁甫旬日。被姦以後。受傷甚重。其新婚夫。以抵抗日兵奸汚其新婦之故。當被日兵虐殺。事後。其翁姑。以婦命不祥。致家遭不測。日事詬詈。婦既抱喪夫失身之痛。又受翁姑意外之虐待。心中寃抑。無可容忍。亦於某日自尋短見。香消玉殞矣。慘哉。

◉廣東大戲院中之所聞

二月二十日午後二時。有廣東大戲院被捕逃出之李國富丁桂榮二人。至中國新聞社聲稱。彼等於二月十五日被捕。先拘至日本小學日軍司令部拷問。打手指印後。由日兵押送至橫浜橋廣東大戲院內。有紙牌一塊。上書華人拘禁處。華人之被拘在該處者甚多。與我等全室者約百人。時遭日軍痛毆。頭破血流者數十人。地上鮮血淋漓。腥穢之氣。撲人鼻官。令人欲嘔。每日上午九時。每人發冷飯團一個。至下午四時。又發一次。其中觀瞻較好。穿西裝之漂亮少年。雖無抗日證據。亦必加以殺害。我輩所居之隔室。卽爲殺人處所。每日槍擊聲。呼救聲。哭泣聲。必有數起。據先被拘之全胞言。我國上流社會之全胞。在該院慘死者。至少在二三百人左右。又謂我等被捕僅五日。目覩被殺全胞。已有四五十人云。

●虹口公園之午夜槍聲

虹口公園日軍司令部。拘捕華人。約有千數。均中流社會以上人物。兼有苦力若干。係在敵軍前線執役者。以不能盡如日軍意。致遭囚禁。待遇甚苛。每至午夜時。提出百人。由一軍官嚴刑訊問。對答稍涉含糊。罪在不赦。審訊畢。必有四五十人。慘遭槍殺。當其槍殺時。以被殺各人。反縛其手。用大繩索貫串之。牽至草地上。使各跪下。排成一字形。於是日軍亦數十人。負槍直立其前。一聲口號。槍彈齊發。劈拍之聲。震動遠邇。我全胞各應槍聲而倒。或俯或仰。或左或右。參差錯綜。備極悽慘。日人見之。以爲大樂。殺害既畢。强令被拘之我國苦力。將屍體裝入蔴袋。用卡車運至黃浦碼頭。抛棄黃浦江中。此等工作。每夜如此。雖開火之夕。砲聲震耳之際。有時雜以槍聲。正被捕仝胞遭難畢命時也。

●一封信竟爲催命符

吳淞人俞國森。家遭日軍炮毁。妻子不及逃出。均已葬身火窟。俞由紅十字會車之救護。隻身逃至上海租界。入收容所。翌日寫信一封。欲投寄杭友。信中述及倭寇之如何專横。如何殺人放火。如何使吳淞鎭糜爛。寫就後。不卽投寄。插入衣袋內。以家破人亡。神經感受劇烈刺激。未免撩亂。衣袋中信。竟忘却寄遞。一日。偶憶虹口兆豐路有友。遂往探訊。抵崑山路口。被日兵檢查。搜出紙幣數元。悉予沒收。並搜得寫而未寄之信。遂被日兵拘入三元宮。由形如軍官者拷問。該軍官頗解漢文。閱信大怒。以爲俞故意侮辱日本。遂命日兵細縛手足。立予斬決。懸首級於三元宮內。並有罪狀一紙。揭示牆上。以爲華人之侮辱日人者戒。三元宮被捕仝胞甚衆。見者均不寒而慄云。

●一個漢奸之末日

山東人田某。富有膂力。爲楊樹浦碼頭扛夫之首領。倭寇犯境後。敵軍軍火。半由田某包運。獲利甚豐。田并爲日軍代雇苦力多名。供給後方挖掘戰壕。及輸送物品之役。日方所出工資。每名三元。而田則僅給一元。以故開戰以來。田所剋扣之工資。數亦甚鉅。久之。被苦力探得其實。相率拒雇。日軍正在佈置大戰。受此打擊。曷勝驚異。旋有另一漢奸。以此事眞相。告知日軍。日人大忿。以田某詒誤軍機。捕入日營。明數其罪。立予槍決。

◉一個摩登女郎的屍體

▲發現於北四川路橫浜橋畔

女郎王仁美。亦廣東籍。裝束入時。每於夕陽西下時。往來於北四川路一帶。狂蜂浪蝶。尾隨其後。女之生涯。不問而知其爲巫山神女也。滬變後。失踪久之。其家人疑爲遭情侶引誘。願作鴛鴦不羨仙去矣。方登報招尋。突於二十日晨。有紅會隊員某君。在橫浜橋畔。見其屍體。橫臥橋之一隅。審視之。卽摩登女郎王仁美也。王與隊員。有一夕之雅。是以辨認無誤。見其死狀。不禁惄焉傷之。於是拖入救護車。運送租界。爲之棺殮。現擬登報招領。據某君告人云。王女本良家子。粗通文字。父曾入政界。沒後家道中衰。女迫於生計。遂操皮肉生涯。然頗知自愛。與勾闌普通妓女不同。夜度資非十金不辦。平時裝束。豔麗中寓雅觀。故王孫公子。趨之若鶩。此次被害。周身無傷痕。莫名眞相。惟頭髮撩亂。身上衣服。鈕扣歪邪。似係致死後重行穿著者。袴中血跡斑斑。以意度之。必係倭奴輪姦致斃。蓋就近東方劇場中。駐有日兵。想姦斃後移屍於此者。某君言次。爲之悼喪不置。

●江灣千餘家遭刼

二月二十日。日兵攻擊江灣。發炮一千餘響。江灣公安局五區五分所。中彈數枚。頓時起火。所長戴鴻恩。卽率巡官魏桂馥。檢取公文宗卷逃出。日兵之砲彈。落於江灣鎭東市者。不下數十枚。該處一帶商店。遂相繼起火。

烈燄飛騰。四週蔓延。全市紊亂。自是日上午九時起。至翌晨三時止。火勢始熄。東市之商店居戶。約有千餘家。盡成一片焦土。五區五分所。亦完全燒毀。所受損失。殊非淺鮮云。

●日軍焚燒農舍

江灣方面。日軍因屢戰屢北。乃縱火焚燒。希圖搗亂。二十日晨。江灣鎭上。既因着彈延燒。火光燭天。而同時日軍乃分成數小隊。各執火種。專事焚燒農夫田舍。一時大火燎原。不可嚮邇。有一農夫爲日軍數人。用武力驅出。然後縱火焚毀其家。農夫無奈。只得走近日軍戰壕。詎料壕中日兵。卽以槍柄相向。農夫大驚。轉身狂奔。日軍窮追不捨。農夫益驚。跳入一小河中。水高至腰。日兵雖以步槍作勢恫嚇。勒令上岸。同時有數西人。力勸其上岸。而農夫尙不屈服。後因河水寒冷澈骨。支持不住。卒被日兵捉去。生死如何。不能預料也。

●大場鄉民遭難

大場方面。日兵前往擲彈。亦屢見不鮮。茲據目覩者言。二月二十一日。上午八時許。有日飛機十餘架。飛往視察。並在烟霧中擲彈數十枚。民房被毁者。不知凡幾。鄉民被壓入。因而死傷者。亦不在少數。至十時左右。又見大批日機。約有十八九架。又在大場一帶拋入炸彈。五分鐘內擲下五六十枚。市房多被炸毁。內有數架飛行極低。時以機槍向下掃射。紅會救護車在該處者。各救護員均下車四散。藉避殃及。其時平民被炸死者。約四十餘人。目覩一人正在逃避。被機槍擊斃。現在尙陳屍滬太道上。慘不忍覩。至公共建築物之被毀者。如寶華寺龍王廟等。損失甚巨云。

●敗兵隨地奸殺

日軍攻擊江灣。迭遭失敗。沿途遇有老百姓。不論男女老幼。被捉即綁。羣集一處。以機關槍掃射。慘殺甚夥。當進攻孟家宅敗退時。益更慘酷。對於附近之中年婦女。先行輪姦。然後以刀斷其四肢。或割傷各部。聽其在地上輾轉呼號。其慘狀有非筆墨所能形容者。有孟姓婦。產未及旬。被日兵行强。已成癱瘓。日兵臨行。又斷其足指。現由紅會救護。送入寶隆醫院醫治。據醫師云。該婦受創甚重。雖無性命之憂。而已成殘廢。無可救藥。至孟家宅全村男女。均被屠殺。所餘僅孩子三人云。

●女難民被捕上車

婦人顧沈氏。住居匯山捕房東育仁里三十四號。挈女金弟。隨帶衣包。由家走出。擬避他處。行至提藍橋電車站。等候電車。奈乘客擁擠。母女二人因無力擠上。遂退至對面街沿上暫憩。忽有日兵二三人。道經其旁。見金弟二九年華。薄具姿色。卽持强拖上該處所停之汽車上。向楊樹浦方面。疾駛而去。其母一路哭喊。無人救援。亦慘聞也。

●于介福被難經過

有從險地逃歸之手介福。述其被捕及出險經過云。余因經濟困苦。於二月十七日上午八時。往楊樹浦親戚家借貸。路經虹口東嘉興路新橋。來一日兵。向余操日語曰「康」「康」余卽止步。該兵向我遍身檢查。並舉手批頰。余見其來勢洶洶。因卽避去。而該兵卽腦羞成怒。施以毒打。復將余拘送司令部。在部中所遭。尤爲殘酷。先將我目蒙以巾。卸我衣服。縛我雙手。突然吊起。任意毆打。百般凌辱。繼則惡言恫嚇。謂把他槍斃。把他刀殺。把他剖腹。把他肘足。余斯時已置身命於度外。不暇愛惜。只得聽諸自然。俄而以肥皂水使我解渴。以垢物使我充饑。余以舌辨知其物。佯言不渴不飢。日兵又出種種威嚇。痛苦實難忍受。余到此境地。惟求速死而已。直至下午五時。正饑寒交迫之際。忽有人來盤問。余幸略諳日語。一再辨白。始得釋放。然遍體鱗傷。至今疼痛難堪也。

●日軍包圍尼姑庵

引翔鄉某尼庵。爲老尼妙蓮主持。富有庵產。素爲當地土劣所垂涎。以妙蓮善於交際。工於酬應。庵產得以保存。日軍犯境後。時有前線兵士。調回後方休養。此等兵士。飽煖思淫。不時搜索婦女。禁錮營部。隨時取樂。某日。日兵竟包圍尼庵。將老尼妙蓮綑縛。迫索金銀。尼愛財如命。不肯指出藏銀之所。日兵乃將老尼衣服。悉數剝去。一絲不掛。四大皆空。並綑做一團。置入煑飯之釜。欲用强力之火燃燒。衆尼覩狀大驚。羣勸老尼出銀。保全性命。老尼不得已。遂將現洋鈔幣約二千餘元。悉數交出。日兵得錢後。

見有尼姑中之年輕者。撳倒地上。一一姦污。無一倖免。有六根淸淨。不願受污之某尼。以死力抵抗。卒被慘殺。該庵被圍一晝夜。羣尼遭其蹂躪。備受苦楚。日兵臨行。又將妙齡尼姑四人。挾之以去。迄今生死莫卜。此等作爲。號稱文明國者。果如是耶。

●日機炸毀南翔車站

二月二十一日上午十一時許。有日機十七架。飛至南翔。抵南翔車站。時候車難民。叢集站台。日機連投二十餘彈。屹立台上難民。約五六十人。無一倖免。並炸死站長一人。情形至爲慘酷。該站長名徐斌。年二十六歲。上海人。新婚僅三月云。

◉日軍洗刼復旦大學

江灣復旦大學。前被日軍佔據後。卽將前敵司令部設置校內。駐紮於子彬院簡公堂樓上。以及全部宿舍。日軍人數約五百餘人。留校學生之行李。均被搗毀。校工則被其拘留。充當厨役。校內所有價値昂貴之書籍什物等。被其洗刼一空。至附近民房。如李登輝校長之住宅。亦被日機投彈焚毀云。

◉投難民於火窟

日軍在江灣鎭。施放燃燒彈。專燒民房。頓時烟燄瀰漫。紅光燭天。鎭上居民。未及預先搬出者。攜帶箱籠。紛紛避難。日軍則沿途拘捕。綮縛手足。投之於烈火之中。輾轉哀呼。以至葬身火窟者。不勝枚舉。其殘暴行爲。殊堪髮指。願吾同胞。對此慘無人道之暴日。速作殲此朝食之想也。

●賣報人被炸斃

開戰後。報紙銷數激增。報販亦添加無數。賣報者爲招徠主顧起見。口中往往宣傳不利於倭寇之消息。倭奴憾之。於是收買漢奸。乘間擲彈。在西門方浜橋及閘北大統路等。曾發現炸斃報販情事。一般以買報爲生涯者。得此消息。個個驚心。遂不敢高聲炫賣矣。

●翔殷路女屍十一具

▲下體赤露

▲顯係姦殺

據一死裏逃生者云。余於某日行經翔殷路。抵一村落旁。見有屍體纍纍。七横八竪。列於道旁。數之共十一具。皆係青年婦女。斷頭折臂。血肉糢糊厥狀甚慘。惟下體均係赤露。陰處紅腫。以意度之。此類婦女。必住居於該村者。日兵到後。必係先受强暴。然後殺害。觀其下體赤露。實爲姦殺之鐵證。

●又是一個不脫袴的女郎

日軍在虹口勢力範圍內。見有中國女子。以檢查爲名。除解去衣服外。必迫令脫去袴子。因此愛惜生命者。只得唯命是從。任其調戲。間有守身如玉。羞人答答之一般女郎。往往以袴子之故。犧牲性命。在報紙所載。屢見不鮮。二月二十二日。有已經避出之青年女郎。意欲抵虹口周家嘴路。探視親戚。行至北四川路靑雲里口。卽被日兵拘住。令其脫去外衣。摸索久之。復令脫去袴子。女甯死不從。日兵卽拖進里內。卒將袴子脫去。俄聞砰然一聲。女郎遂死於非命矣。

●東方劇場內之一幕怪劇

北四川路橫浜橋北之東方劇場。爲敵軍特務處。中國失意軍人。及下流社會。甘作奸細者。日人多收容之。故該劇場內。實爲漢奸出沒淵藪。開戰以來。日兵死傷無數。在滬日僑。組織便衣隊。在前線作戰。因而畢命者。亦日有所聞。以故在滬日婦。多失其所天。其哀哭之聲。時與隆隆之砲聲。互相應和。可憐亦可笑也。自東京索夫團之消息。傳至滬上。而滬上日婦。亦三五成羣。至東方劇場軍務處。向當局索還夫壻。日軍當局。百般撫慰。而日婦痛哭不已。相率不肯去。當局無奈。乃曰此間男子纍纍。汝輩人盡可夫。何用悲悼。遂引領日婦。使就漢奸中自行選擇。日婦楊花水性。本無貞操可言。各憑己意。紛紛以吾國漢奸爲其夫壻。聞有汪鍾麟者。係前狗肉將軍部下之下級軍官。將軍失敗後。汪閒居海上。無事可爲。以私販鴉片。暫維生計。今則喪心病狂。貪緣浪人。在日軍充當漢奸。日以我國軍隊作戰故伎。供獻日人。日人以其有軍事經驗。亦重視之。汪身材魁梧。儀表不凡中某日婦雀屏之選。日婦一有資產之商人。汪既獲選。於是面團團作富家翁矣。日婦得新忘舊。恩愛逾故夫。汪乃醉心柔鄉。頓忘奸細職務。不吾特務處者已三日。日軍當局。以其辦事不力。立予槍斃。日婦忿日軍之殘暴。日往劇場詬詈。日當局不能耐。出被捕之中國少年多人。復命日婦於囚犯中選所天。日婦乃選中一廣東少年。少年係新自拘捕者。日軍以其有反日嫌疑。擬加以槍殺。但既爲日婦所垂青。只得寬恕其罪戾。以免日婦之纏繞。無如廣東少年。係抗日救國委員。抵制日貨。具有决心。堅持到底。豈肯爲恬不知羞之日婦偶。於是嚴辭拒絕。日軍以少年不知抬舉。遂殺害之。日婦以擇夫事不遂。對於日軍當局。頗有誹語。日軍以此婦已爲華人妻。不少憐恤。亦即加以戕殺。此事友人方慧生君言之鑿鑿。方君寓居虹江橋德康里。亦被捕在東方劇場。係目擊其事者。旣脫險。爲余述東方劇場之一幕怪劇如此。

◉農婦被迫自縊

日軍攻擊江灣時。四鄉婦女。未及逃出者。均遭强暴。事後且加殺戮。以致裸體女屍。觸目皆是。其獸性行爲。殊令人髮指。昨由江灣方面逃出之中年農人。手攜纔二齡之女孩。據云。世居江灣西南之某村。吾妻來歸僅三年。今日日兵突入吾村。恣意姦殺。村中中年婦女。被難者不可計數。將至吾家。吾妻見日兵如狠如虎。自知不免。急以此孩授余。謂將入內稍攜細軟圖逃。囑余先行。余抱此孩。自北窗跳出。而三五日兵已入吾室。余隱身屋後。潛窺究竟。而吾妻之呻吟聲。隱約可聽。余斯時心如刀割。良久。見三五日兵。攜吾家衣包而出。余方冀吾妻出外脫逃。守候久之。不見踪影。乃復由窗口跳進。入室探視。則吾妻已自經死。余不得已。忍心抱孩。由後門逸出。輾轉來滬。家破人亡。留此一塊肉。更增我累。否則吾亦不願偷生矣。聞者爲之憮然。

●敗敵瘋狂殺人

虹口敵軍。昨在閘北胡家木橋一帶。被我軍擊敗後。卽分路竄入楊樹浦方面。及老靶子路各地。至中午十二時許。忽有敗兵十餘名。由老靶子路南向。竄入柏頓路與北河南路之鐵馬路小菜場。手中槍械。已不齊全。形狀亦十分猖狽。旣而走入柏頓路鴻興里。見有兩華人。正從弄內走出。敗兵如瘋狂一般。提鎗向華人亂戮。爲首一人。渾名小木匠。卽於該里七百六十四號門前。被日兵槍刀刺死。其後一人。急向駐防該處之英兵身旁奔避。結果仍被日兵刺死。幷將兩華人之屍體。抬向武昌路方面而起。不知是何用意也。

●女教員自述遇暴經過

滬戰後。日本浪人。趁火打刼。勢無忌憚。而對於强姦華婦。尤如家常便飯。不足爲奇。狄思威路附近之某女校。有某女教員。素稱交際之花。此次被浪人拘捕幽禁。越兩星期之久。述其遇暴經過如次。余（女教員自稱）於滬變後。仍住校中。以禍起倉猝。不及逃避。且經濟困難。雖欲逃避。有行不得也哥哥之慨。是以一任大自然之支配。處在火線以內。毫不畏懼。不料二月二日。有日浪人二名。闖入吾校。此浪人住居吾校附近。平日時來窺探。故雖不知其名字。而面目似曾相識。入校後。見余一人在。纏繞久之。不肯出校。余亦無奈。只得聽之天命。任其自然。既而數日兵至。浪人見之。亦頗畏怯。囑余避匿。余本不願作伈伈俔俔之舉。浪人謂軍人無道德。汝不信。必遭殺害。言次兩浪人卽挾余自後戶出。直入其家。語余云。余兩人係兄弟。無妻室。汝在此勿他出。可免受意外之蹂躪。余不置可否。以事已至此。無能爲力也。入夕。俱嬲余。余不迎亦不拒。光陰如矢。倏忽兩星期。如過神女生涯。然身體甚疲乏。遂思脫離苦海。向其索得通行證。乃出險。然兩滬人前。余以去而復返給之也。

◉火燒毛全泰

東體育會路五十七號。毛全泰木器廠。適在火線以內。戰事起後。工人八百餘人。皆攜眷逃避。僅剩十餘人留守門戶。二月十七日下午。有日兵七人。攜軍器前往該廠查搜。留廠工人。全被監視。並強迫啓戶領導。旋卽退出。次日。又有日兵一小隊。攜帶機關槍。前來作同樣檢查。至二十日下午五時許。該日兵率領大隊步兵馬隊砲隊等。共約五百餘人。其半數開向體育場而去。半數則逗留該廠。裝置大砲軍用電話等。繼用强力威嚇。命留廠工人。供給日用物品。約半小時後。得前方電話。令卽整裝。向體育場而去。未幾。日兵八人。各攜硫磺。及其他引火物進來。命工人等歸廠就寢。同時將引火物向各處分散縱火。一時烈焰冲天。全廠盡毀。工人由火中衝出。爬牆而遁。被日兵所見。開槍追捕。迫令趨入火窟。於是十餘工人。悉遭焚斃。查毛全泰開設四十餘年。在滬上有悠久之歷史。此次被焚 。損失約七八十萬云。

●火線上之一幕慘劇

▲日軍驅難民至前線

二月二十二日上午七時許。江灣跑馬場附近日軍。向我軍進犯。同時將其捕獲之難民。男女六十餘人。個個剝去衣服。赤身裸體。驅之前行。一時號哭之聲。達於遠邇。日軍更在後鞭撻。中有江北女子。金蓮三寸。舉步維艱者。受虐尤甚。迨兩軍接觸。六十餘難民。悉斃於槍彈之下。有未死者。則爲日兵所殺。無一倖免。日軍之殘暴行爲。眞無所不至矣。

●兩個愛國少年的殉難

少年張曰明。與弟曰旦。均肄業於滬上某大學。自倭奴佔我東省後。兩少年奔走國事。不遺餘力。抗日救國。非惟紙上空談。一一見之行事。如節省用費。捐助軍餉。與夫結隊宣傳。喚醒國民等等。均不讓人先。一日。兩少年行抵虹口。受日兵檢查。搜出日記簿一册。册上記載其每日愛國工作。並有打倒暴日。及誓死不買日貨等字樣。日兵得此小册。認爲抗日罪犯。

頓時拳足交加。並拘入日司令部。由日軍官審訊。喝令跪下。兩少年均不屈。屢受酷刑。兩少年雖備嘗痛苦。而從未有屈服之對語。且云汝等行爲。橫暴達於極點。余生雖不能啖汝之肉。死而有知。必當寢汝之皮。日軍官恨甚。喝令槍斃。於是日兵數人。卽擁兩少年至草地。砰然一聲。此愛國之兩少年。遂畢命矣。痛哉。

●午夜的敲門聲

虹口楊樹浦一帶居戶。富者大都逃避出外。其貧者因受經濟壓迫。無力遷移。只得仍在該處。作得過且過之計。無如該處爲日兵出沒淵藪。居民受擾不堪。據由楊樹浦逃出之難民云。數日以來。日兵橫暴。有加無已。附近女子。被其捕去者。不知凡幾。而一至午夜。且挨戶敲門。苟不延入。則必以巨石猛撞。破扉而進。見有婦女。不論老少。不拘妍媸。則必輪流姦汚。暢所欲爲。撞見男子。必先殺斃。婦女之貞節者。亦往往死於非命。故時有慘殺之屍體發現。而哀哭之聲。亦日有所聞也。

●日機轟炸鄉村

日兵連日猛攻我國陣線。被我軍擊敗後。受列强之訕笑。於是忿無可洩。乃專用飛機。向我國各地搗亂。鄉村民房被其炸毀者。隨在皆是。百姓之死於非命者。層見疊出。而彭浦附近之村莊。被炸尤多。鄉民之受害尤甚。二月二十二日。下午三時許。日機十餘架。又飛往該鎮。在北首一里許之張家宅二十八圖等村莊。擲彈數十枚。炸毁民房無數。鄉民死傷數十人。一時附近民衆。均紛紛逃避。而日機見我逃難民衆。飛行極低。除復拋炸彈外。並用機槍掃射。以故民衆之死傷者。充塞道旁。哀聲震野。亦慘事也。

●跑馬廳積屍如丘

有某社之新聞記者。曾往江灣跑馬廳視察。據其報告云。跑馬廳附近。但見屍横道路。血流成渠。慘不忍覩。而婦人幼孩之尸體尤多。婦人身上之衣服。多爲日兵川刀割破。袴子多已脫去。而幼孩則滿身彈痕。血跡斑斑。此外尚有着農民服裝之男子。彈多自背入。屍首堆積如小丘。日軍之暴行。於此可見一斑。

●鄉姑娘拒姦畢命

殷行鄉某村朱姓女。小家碧玉也。二月十五日。日兵十餘人。闖入該村。村中婦女。未及逃避者。均遭污辱。朱女匿柴室中。以爲可以避免。不料日兵搜入柴室。卽舉火焚燒。女駭極。遂從火中奔出。爲日兵所見。卽遭拘捕。日兵四五人。擁女另至一室。持蠻逞强。女奮力抵拒。且以手指抓破一日兵面。日兵忿甚。卽拔刀刺女。爲另一日兵所阻。刺未中。而女則抱與其被污無寧死之決心。於是又抓破另一日兵面。該兵亦忿甚。遂亦以刺刀戮之。血流腸破。女猶未死。日兵惡其貞節。於血泊中竟强污之。女漸漸氣絕。而日兵之慘無人道。眞達於極點矣。

●江灣一瞥

友人某君。曾於二月二十三日晨。隨同西報記者。至江灣一帶視察。目覩日軍屠殺我同胞慘象。歸而與記者詳述所遇。謂江灣民衆。幾於無一倖免。日軍殘暴。可見一班。友人之言曰。二十三日晨。十時三十分。余隨同二西報記者。赴江灣日軍陣地視察。余任汽車司機職。另一華友。則爲余之車副手。車抵江灣時。見附近民房。業被日軍焚燬一空。且有五六處尙在延燒者。烈熖騰空。爲狀至慘。道旁屍體。縱橫排列。均爲我哀哀無告之江灣民衆。男婦老幼。莫不具備。有屍體被劈爲半截者。有頭部分裂。腦漿溢流者。慘狀不忍卒覩。女子服布裙。伏尸道旁。就余所見。已在二百具以上。想見日軍之殘忍。無辜良民。慘遭荼毒。余之心房。爲之震動不已。余於二十二日往江灣時。尙無如此景象。想日軍下此毒手。屠殺民衆。定於前晚慘敗。惱羞成怒所致。日軍江灣前敵司令部。本設在復旦大學。昨日移設於江灣跑馬廳東北角關帝廟之對面。某樓房內。四週設有高射砲。及機關槍。日軍往來巡邏警戒異常嚴密。余等在此門前停車後。二西報記者即入內。探訪消息。及請求戰地護照等。當時余及副手均在汽車內。見日軍往來運輸。異常忙碌。車馬更爲擁擠。而軍士面目。均顯出慌亂態度。想見前線慘敗。確是實情。同時槍彈由鐵路西段吾軍陣線內。紛紛飛來。由車頂擦過。虎虎作聲。余思脫離此危險地界。遂將汽車開後。停在離司令部百碼之遙。半小時後。余副手下車小便。行未數武。忽聞其銳叫。高呼余名。聲淚發顫。已失常度。知已發生意外之事。余乃躍出車門。遙望數十步外。余友已被日兵三五。夾持而去。余情急。奮不顧身。疾行追及。以英語向日軍解釋再三。日軍瞠目不解。且益怒。一兵將余衣領捉住。擬一併捕去。此時實達萬分危險。適另一西記者由內而出。余爲素識。因大聲求援。經彼十分鐘之疏解。日兵不之理。未幾。全來之二西記者。亦聞聲趕來。同爲說情。始允將余等釋放。但只許在車中。不許出外。於是余等復上車。據西報記者實地調查所得。司令部左右之民房。全部焚燒。民衆不及逃避者。殺者殺。槍斃者槍斃。已無一生存。現大部分日軍。仍在鐵道之東。僅一小部分越鐵路。已被我軍包圍。江灣跑馬廳尙在日軍手中。置野戰砲多尊。

余在軍中。遙見有獨輪小車二百餘輛。滿載軍火。奔馳道上。車夫均爲我苦力全胞。衣服背部。畫一白圈。手臂纏一白布。亦有特殊暗號。余即詢以被日軍捕去經過。車夫還詢。你是中國人麽。余唯唯。車夫即熱淚奪眶而出。謂我們做工也是死。不做也是死。簡直是人間地獄。白日僅給一頓麵包。晚間則數十人拘留一室。手臂均以鐵索交互鎖住。以防逃脫。備用時極爲客氣。且派兵保護。但不給一錢。不用時。或人浮於事時。任其高興。即一槍了事。我儕生命。早不保暮云云。余在車中。候至下午一時十分。日軍右翼正向我軍衝鋒。遠望大隊日軍。分抬死傷兵士百數十名。徐徐而來。日軍屢次謊報。對於死傷。尤諱莫如深。今日目覩。可知敵死傷之衆。據一般推測。作戰以來。日軍死亡。至少當在五千人以上也。余於二時二十分返滬。

●一個小學教員的報告

▲日軍冒紅會人員

▲施用毒物

小學教員趙鏡澄。因公赴吳淞路天主堂。見有多數日本人。着白色衣服。上下相連。其左臂有紅十字。且各攜帶武器瓦斯筒等。親眼見者。有五百餘人之衆。正在準備出動中。查其用意。殊爲險惡。蓋欲利用紅十字之護符。衝入我軍陣地。我軍如抵抗。則彼謂我國違犯國際公約。打死紅十字隊。致引起國際抗議。我軍如不抵抗。彼卽爲先鋒。引導大隊。佔我領土。

殺我同胞。其用心至爲陰險。趙君是以繕具情由。報告十九路軍。請其作充分之準備。勿墮日軍惡計。十九路軍以日軍欲維持帝國主義之凶威。達到侵略目的。凡屬一切違反公理不顧道德之言動。無一不爲。頃者日方既不惜拓大戰禍。則其今後採用更卑汚之手段。以圖誣陷我軍。自屬意中之事。業已函致上海市市長。請其提出抗議矣。

●日人利誘漢奸之一幕

向在浦東日紗廠爲工人之江北人某甲。於戰事未發生之前日。在廠中徵募工人。謂現在楊樹浦有日本紗廠。欲招華人任保護紗廠之職。月給薪金二十五元。當時有劉元勳馬文貴米振龍等六七人。應募同去。迨至該廠空室。已有數十華人先在。彼此交談。方知非保護紗廠。係另有作用。翌日。每人發槍一枝。來一日人。教授槍膛裝退子彈之手法。下午則投擲一木球。據云。爲將來擲炸彈之練習。是爲按日之工作。有日兵數人。晝夜監視。不得自由。充飢之物。祇有麵包。越二星期後。待遇忽然改良。飯食菜餚。非常精美。罐頭食品。羅列任取。時有一日本官員。作訓話式之演說。謂爾等努力做事。將來希望無窮。一俟吳淞江灣打下以後。爾等定有好差使可得。當一工頭。月有三百元之希望。將來闢爲日本租界。爾等要當包探。亦可辦到。有時導至一室。室內桌上。銀元鈔票。陳列纍纍。彼指示曰。爾等可以隨便取用。但有要事。你們須努力去做。設或不幸。可以來領撫恤金三千元云云。諸人聞言。惟有目逆。誰敢去取。惟見向日衣服不周之某甲。今已革履西裝。儼然貴客。劉等三人。始於二月二十一日。由日人命其出外工作。臨行之時。分發符號一張。並車資飯金。人各五元。一日人伴送至警戒區外。謂晚間四時。可至海甯路口。自有人來迎接云。劉等既脫虎口。遂不復作還岫想。詎有日人暗中監視。卒被逼回。以其不肯努力。遂加殺害云。

◉暴敵屠殺張家行

江灣復旦大學南首張家行地方。於二月二十二日午後。有日軍闖入。逼令居民將所豢猪隻雞鴨等。悉數烹食。居民迫於淫威之下。惟命是聽。詎烹食後。又令居民供獻婦女。惟村中輕年女子。早已遷避一空。所餘者僅老婦與女孩數人。日兵疑爲藏匿家中。於是挨戶搜查。終無所得。乃將老婦女孩等。先行槍殺。鄉民大駭。莫不倉皇圖逃。詎日兵四面圍住。卒不得脫。所有男子。亦盡被殺死。無一倖免。結果復將房屋二三百間。縱火燒毀。業已盡成焦土矣。

●中華學藝社被焚

北四川路底中華學藝社。爲國內著名學術團體之一。該社社員。大半爲留日歸國　士。自九一八事件發生後。社員對於救國工作。進行甚力。日人恨之刺骨。此次日既犯滬。其海軍第一司令部。係設於該社對面。於一月二十九日日海軍司令部。曾遣海軍及浪人多名。破門入內。搜索搗毀。旋卽貼日本海軍司令部封條於大門而去。迨二月二十二日。我軍進攻北四川路底。日軍大敗。於潰退時。竟將該社焚燒。社中所藏專門圖書甚多。約值二十餘萬元。社員寄存專門圖書約值十萬元。此外所存社員交來付印之著作稿件十種。又該社祕書社會教育專家馬宗榮氏。十數年來所搜集之社會教育專門書籍千餘册。均成灰燼。敵又燬我文化機關。至可痛恨也。

●廣東少女的呼聲

日前有一廣東妙齡女郎。欲抵北四川路淸雲里住宅。攜取衣服。行經二白渡橋北堍。卽有日兵攔住檢查。命其脫去衣褲。女郎一一如命。日兵將女郎衣服。詳細檢視。歷半小時之久。女郎兀立其旁。寒風入骨。戰栗不可耐。向索衣服。日兵不理。復剝去其小衣。摸索又久之。女羞憤欲死。大呼救命。隔岸華人。竚立而觀者。皆無法援救。敢怒而不敢言。少頃。兩日兵竟曳女郎入附近之某洋房內。歷二小時之久。而女郎之號呼聲。時斷時續。尚隱約可聽。結果兩日兵先後出。而女郎則踪跡查然。逆料枉死城中。又添此一少女之魂矣。

●黃包車作戰具

日軍連日在楊樹浦一帶。强搶黃包車。有數百輛之多。悉將車墊拋棄。而每車坐位上。則疊置沙袋。以一兵倚袋而立。另以一人推行。在軍工路終日演習。觀其用意。似藉車上沙袋之掩護。而作衝鋒之用云。

●殷行鎭好比活地獄

自滬戰爭發生後。殷行鎭居民。以爲地處鄉僻。不至波及。是以遷徙者少。詎自二月十日後。該處卽陷於恐怖狀態中。大批日軍。突然闖入該鎭。分頭滋擾。毆人索食。殺刼姦淫。無所不爲。小巷頭宋姓家二女一媳。貌僅中姿。於二十一日午夜。被日兵破扉入室。輪流姦汚。事後。復拘至哨兵船上。恣意姦淫。歷三晝夜之久。二女已被姦斃。媳則受傷甚重。被日兵推入浜內。匍匐逃歸。其他青年婦女。無一幸免。間有因强姦不遂。宛轉悲啼於刺刀之下者。亦不在少數。壯年男子。則被其拘去。强迫至前線工作。稍不如悳。卽遭痛毆。或竟斷送於砲火之下。其慘狀與地獄無異云。

●日機炸毀傷兵醫院

日機數架。於二十三日晨。又至大場。翺翔於鎭之四圍。後見該處臨時傷兵醫院屋頂。高插紅十字旗。乃卽擲下重磅炸彈十餘枚。擲中該院第二進房屋。立被炸毀。死傷兵士。共三十餘人。其違背人道。可謂極矣。

●地窨內活埋婦女

江灣廟行鎭附近。中日兩軍。戰事劇烈。居民之無力遷避者。乃挖掘地穴。以避砲火。有朱姓者。中產之家也。以不忍拋棄家中物件。亦掘穴而居。全家男婦老小。共七人。男子二。童孩三。婦女二。日兵得其穴居所在。不問情由。闖入穴內。立將男子二人拖出。驅至火線。迫任苦力。童孩三人。以刀刺死。遺下婦女二人。正在悲泣之際。卽被四五日兵恃强姦汚。二婦嚶嚶啜泣。悽不忍聞。久之。日兵以二婦尙思反抗。不能暢其所爲。忿然出穴。以泥土壓入穴內。二婦竟遭活埋。慘哉。

●阿瑞里之慘象

▲被拘同胞二百餘

▲絕食餓死

日人在北四川路一帶。逮捕華人。已成司空見慣。聞阿瑞里內。先後被拘商民。約有二百餘人。業經北四川路市民分會。函請工部局設法救濟。終無效果。此等商民被捕後。受日人多方虐待。初則每人每日給以冷飯一團。但給畀時。日人先大聲喝問要否。如答以不要。則頓遭白眼。要則必批頰一下。而後給與。種種被虐。不堪言狀。以是稍有節操之同胞。甯願餓死。不食嗟來之食。日人以我國全胞。既不願食其冷飯。乃遂絕其供給。越一星期後。已相繼餓斃。積尸纍纍。全胞之被捕者。現尚絡繹不絕。日人惡作劇。悉被拘入於死人堆中。仍復絕其飲食。以故被拘者雖不遭殺害。而其死狀之慘。實較被殺爲尤甚云。

●殺害男女教育

二月二十四日傍晚六時許。虹口塘山路之某小學教員二人。爲日兵槍殺。一死一傷。先是男教員某。歸校叩門。日兵五名。卽上前盤詰。某答此校係我所開。我係校長。日兵卽令解衣檢查。乃外衣方解。日兵卽用刺刀。向胸前猛戳數下。立時鮮血淋漓。倒臥於地。當卽氣絕。日軍卽奪門而入。見女教員某。問此校係何人所開。女答係法人所開。意圖藉法人之名義。避免危害。詎日兵謂男女言語。顯然矛盾。相視獰笑。繼令女解除衣服。至裸體時。上下摸索。歷十分鐘之久。一兵突前推女倒地。意欲强姦。女駭極大呼。日兵於惱羞之餘。隨用刺刀。先將乳頭割下。又在肩頭腋下。猛刺數刀。幸經西捕聞聲趕至。日兵始去。女受傷甚重。當卽車送紅會醫院醫治。恐有性命之憂云。

●强姦江北幼女

江北女子陳小毛。年十四歲。住楊樹浦提籃橋附近。寄宿於同鄉人家。向在紗廠作工。戰事既起。其同鄉人全家遷避。女以無處可走。故仍居此。詎二月二十四日午夜。日兵兩人。見屋內尚有火光。當即破門而入。見女兀坐牀沿。日兵即將女掀於牀上。剝去衣服。輪流姦污。直至天明。始相率而去。女被姦後。下部受傷。滿褲血漬。勉强逃至法租界菜市街親戚家。述其被污經過如此。

●毆傷廣東女子

住居北四川路底之廣東女子吳佩英。係大家閨秀。於戰禍初起時。偕母逃出。寓法租界。近聞北四川路日兵已退。由工部局派捕上差。偑英因家中貴重物件。均未攜出。故於某日午後。返家探視。詎未到家門。卽被日兵四五。攔住搜檢。强欲脫除內衣。偑英羞人答答。意頗躊躇。竟觸日人之怒。猛遭痛擊。以致遍體鱗傷。幸有印捕到來排解。未遭毆斃。但已神志昏迷。當由途人沈某。伴至籃球場收容所。旋卽車送回家。

◉沈盈生之虎口經歷

據被捕脫險之沈盈生云。余向在本埠浚浦局挖泥科爲工友。原住吳淞俞江巷鎭。不幸被張華浜大隊日兵。拖去服役。當被捕之第一日。上下身衣服均脫光。綁在屋中柱上。歷兩晝夜。日兵以爲我已被征服。令我充當敵軍嚮導。差幸口才尙足應付。未吃大苦。然有一般青年婦女。多被捕去。使充烹飪及洗衣之役。稍不如意。卽遭凌辱。或以步槍擊斃。或用刀殺死。至日兵獸性暴發。時任意姦淫之。一兵提倡。衆兵從而效尤。故一婦被辱。必至宛轉悲啼而後止。幷有一老年婦人。亦遭被汚。且竟槍殺。所有村中雞鴨猪羊。搜刼一空。房屋之可以居住者。則佔據之。不可住者則焚毀之。衣物可用者取去。不可用者則毀壞之。種種暴行。非筆墨所能形容。余在日人前討作軍事探差。故得脫險出來。然尙有男女同胞不在少數。依然沉淪苦海也。

●慘殺碼頭華工

日軍因連日進攻失敗、憤無可洩。乃將戰區內華人。任意毆打殺戮。又因運輸軍用品之故。對於楊樹浦一帶碼頭華工。尤爲虐待。並據調查公大紗廠內。現被監禁我方工人。約百餘名。中有因愛國而拒絕日軍之使命。致被毆傷者。約二十餘人。此項受傷工人。大都被棄於該廠後面貨棧內。既不予醫治。復絕其飲食。任其輾轉呼號而斃。其殘忍手段。殊非紙墨所可形容。某日。日方商輪摩洋丸。駛進吳淞。停泊於黃浦碼頭。隨輪裝來有槍砲子彈等軍火四百六十餘箱。日方軍事當局。派武裝日海軍陸戰隊一小隊。至公大紗廠。押令被禁一部分華工。前赴黃浦碼頭。搬運軍火。時有百餘工人。不願前往。奮起抵抗。當被日兵將爲首之二人。用麻繩綑綁。以槍柄猛擊其頭部。頓成一穴。血流如注。復拳足交加。立時斃命。附從之五人。

亦被痛擊。有二人腿骨。已經折斷。倒臥地上。其餘工人。攝於淫威。祇得任其驅策。至是日下午三時半。始將摩洋丸輪上軍火。搬運竣事。但此項工人。仍被押解回廠。祇有一王姓小工。託言小便。乘間逸出。繞道渡浦來滬。據其言如此云。

●姊妹花犧牲醋海

楊樹浦公大紗廠附近。有朱姓二女。長曰金英。次曰玉英。正在妙齡時代平時裝飾入時。一朵姊妹花。已醉倒不少癡心男子。滬變後。楊樹浦在日軍勢力範圍之下。日兵無事時。往往挨戶搜索。男子則迫令在軍中服役。女子則多供其洩慾之用。金英玉英。當然在日兵垂涎之下。某日。兩女正在從事梳裝。日兵突然光顧。卽被拘去。幽禁於公大紗廠之內。命其執炊爨之役。斯時兩女爲苟延殘喘計。惟有黽勉服務。以博日兵之歡。詎日兵獸性大發。日夜遭其汚辱。兩女迫於淫威之下。惟有呑聲忍氣。任其所爲耳。越一星期。忽有一形似軍官者。以二女貌旣美麗。性亦温柔。大有獨占花魁之意。不願使一朶姊妹花。爲衆兵所摧折。於是置兩女於優待室。一切勞役亦均豁免。入夕。則二女令侍一軍官。在二女意中。方以爲脫離苦海。卽終身爲該軍官侍巾櫛。必較愈於名花無主。被人任意摧殘者多多也。孰意彩雲易散。好月難圓。衆兵對此姊妹花。時思染指。軍官則號令不行。頓然失其威信。常乘軍官公務倥傯之際。仍將二女輪流姦淫。軍官則對此情況。未免醋海興波。欲將衆兵痛責。而衆兵則羣起反抗。開鎗示威。司令部中。竟致不成體統。時兩女則戰慄萬狀。知軍官之不能庇護。頗露水性楊花之概。於是軍官大憤。出其不意。將兩女鎗殺。砰然一聲。而如花如玉之美人兒。畢竟香消玉殞矣。衆日兵對此。均抱恨軍官之殘酷云。

◉法學院全部被燬

江灣路上海法學院。係名流褚輔成沈鈞儒兩氏經營。業於十九年自建教室。暨學生宿舍。教室可容學生一千八百餘人。而宿舍亦可容一千餘人。是年冬。經教育部批准立案。並於去秋添建大禮堂。全部房屋建築金。總計四十餘萬之鉅。事變發生。該校被燬。玆據確實調查。該校確於本月三日下午四時。被日兵由邊門撬進。施用軋司林先燒教室。延至大禮堂及宿舍。迫至次日下午五時。始行全部焚燬。聞該校當局。除另租房舍。設法開課外。已將經過情形。呈報教部核示。其原呈云。屬院江灣路院址。以地處虹口公園日軍司令部附近。當開戰之始。已聞被燬稍息。初以交通斷絕。無從前往查勘。茲由逃出之校役報告。禮堂教室宿舍。確於二月三四兩日。被日人放火燒毀。全部校產。約計損失洋四十三萬五千餘元。查屬院自創辦以來。迄今六載。本無一隴之土。一椽之瓦。租屋招生。勉力維持。旋經各校董發起募捐。於十八年購買地畝。十九年建築教室宿舍。二十年遂造大禮堂一所。規模初具。不期落成未幾。並爲賊寇所燬。深可痛傷。此後復業匪易。而一千三百餘青年學生。求學失所。國本培養需要。尤見迫切。爲特將屬院所有全部財產被焚經過情形。損失總數。呈請鈞部鑒核。

並懇准予轉呈行政院。令飭外交部。尅日對日提出嚴重交涉。要求賠償。以維學業。而保國權云。

●少婦慘受奇辱

日軍侮辱華婦。慘酷萬狀。早爲中外人士所共悉。茲據廣東大戲院逃出之伙食夫所云。則尤令人髮指。二月二十五日上午十時。日兵由黃浦碼頭。刼來粵籍少婦二人。由一軍官略加詢問。卽交給兵士。禁錮暗室。由各兵輪流姦污。致兩婦宛轉悲啼。聲達室外。事後。復以皮條繫其足脛。一絲不掛。雙雙倒吊於牆上。並燃洋燭。插入兩婦私處。不准少動。如洋燭墮地。卽以刺刀剜其股肉。兩婦遭此酷刑。欲哭無淚。洋燭燃罄。兩婦私處。已成潰爛。而日兵始將兩婦釋下。復閉暗室。依舊輪姦。據其相語云。二婦人之丈夫。係在十九路軍作官長。吾輩待之。當較異於他人云。

●唆使漢奸刦殺

東嘉興路一帶。近日被一般形似小工者。搶刼一空。若輩成羣結夥。當敲門搶刼時。極有組織。毫不紊亂。每十人內。即有日便衣隊一人。爲之指揮。西光里至小菜場一帶之商店。搶刼一空。耀華百貨小商店主余任俠。昨由松江回滬。至下午四時許。偕店夥一人。冒險至東嘉興路探視。正遇漢奸十餘人。將其店門撬開。搬運貨物。余卽上前阻止。立被漢奸等用鐵尺斧頭擊斃。店夥乘紛亂之際。逃至法租界西門路。據云。東嘉興路上屍體縱橫。觸目皆是。大半係商民服裝。至被刧後之商店。十九門戶洞開。雖至微之物。亦必搜去云。

◉縱火活燒鄉民

江灣北鄉南北陶家灣。見科宅。湯朱家橋。東西周老橋。馬橋宅。陸家牆。前武巷宅等處。均被日兵用汽油稻草。縱火焚燒。未逃出之鄉民。悉被綑縛。投棄室內。活活焚死。一時火光熒熒。哀呼痛哭之聲。與烈火聲相應和。其殘暴實過於任何悍匪云。

◉一個中年婦人之自述

婦有自吳淞逃出者。據云。家住吳淞鐵路工場西塊。開設小酒店爲生。夫金姓。名阿林。服務於鐵路工廠。入款尙足度日。兼之酒店營業。亦不冷落。故略有積蓄。此次日兵大隊。在張華浜糧米棧上岸。余料家居不能安全。卽搜取現款一二千元。及金飾多件。欲脫離險地。無如行未數武。卽遇有如虎如狼之日兵。蜂擁而來。攔住去路。任意搜查。卒將所攜現款金飾。搜括一空。余方欲圖逃。而日兵奮勇追捕。卒被拘住。藏於附近之暗室中。歷一星期之久。余雖年已四十四歲。尙被其日夜奸淫。以致下部受傷。寸步難移。今乘日兵防範稍疏。因得脫逃云。

●少婦受驚成瘋

寇滬日兵。姦殺擄掠。慘無人道。中國婦女之被害者。已不可計極。而江灣一帶爲尤甚。近有江灣路居民某姓婦。年約二十餘歲。以戰事猝發。未及逃出。連遭日兵無禮威嚇。致神經錯亂。經戰區難民救濟會。將其營救出險。車送亞爾培坊該會第一醫院醫治。至其病狀。則完全爲受驚過度所致。見人輒掩面狂呼。（東洋人殺人）以致無法詢其姓氏云。

●日機拋擲食物之惡計

日機連日在蘇州南翔等處。擲下麵包棗子等食物。婦孺輩不知日人惡計。紛紛拾取。隨意啖食。卒至疫病叢生。死亡枕籍。今有人揭破其惡毒陰謀。謂日人此舉。係仿效歐戰時德人故智。蓋德人曾以鼠疫猩紅熱傷寒痢疾虎疫等黴菌。加入食物內。投入敵境。以殺害英法人民。今日人無端投下食物。其存心殺害。顯而易見。已有人拾取此等食物。請醫師檢驗後。將呈報當道。揭穿其破壞萬國公法之陰謀云。

●粵女又遭辣手

據日本小學逃出之被拘華人云。余於二月十日被捕。歷一旬餘。始獲脫逃。中間所受虐待。一言難盡。曾目覩其對待粵籍女子。更爲慘酷。粵女之被捕者。必被日兵挨次奸淫。晝夜不息。至氣絕奄奄時。則縛其手足。赤身露體。深宵投於草地之上。使飽受霜露之侵蝕。號寒以至於死。身强者。一時不卽氣絕。又任意蹂躪之。其慘酷之狀。有不可以言語形容者。

◉焚化華人屍體

據大陸報所載。謂閘北江灣等處。於禮拜五日夜。日人在彼焚化所殺中國男女老幼平民。火光燭天。其人均日軍於所謂大舉進攻之後所殺。聞火化之始。卽在日軍禁阻外國新聞家往其陣線之後。惟適有一新聞家乘間得入。歸來報告。日軍方在焚化所殺之人之屍首。日人不許新聞家往觀其陣線。乃在報紙登載其殺戮中國人士之後。被殺之人。或爲槍彈所擊。或爲刺刀所刺。屍身堆積於日軍陣線以內。今火化者。不知多少。但顯然不下數千百具云。

◉哨兵姦斃華婦

住居虹口塘山路陸仁甫君報告。謂虹口一帶日人。暴行無所不至。各里放哨日兵。稱戰區內之平民。悉數爲華軍之便衣隊。是以挨戶搜索。晚間見有燈光。卽破戶而入。搜括一空。遇有男子。立卽槍決。女則受其汚辱後。或殺害。或捕去。一任所爲。陸君曾目覩在匯山碼頭附近。有華婦三人。結伴同行。被日哨兵瞥見。喝令停止。以檢查爲名。遍身摸索。幷令自動褫去小衣。二婦加以拒絕。均遭槍斃。一婦覩狀大驚。只得唯命是從。卽被曳至僻處輪流姦汚。竟至慘斃。

●日艦刦掠粉船

二月二十七日上午十一時。楊樹浦江面。有頭號駁船三隻。滿裝麵粉。計四千餘包。行至大阪碼頭附近。突有日艦搖來日哨船八艘。迫令該駁船停靠艦邊。將所有麵粉。搬卸一空。並將駁船扣留。船主周永貴。游水逃出。正思設法交涉云。

◉新嫁娘洞房流血

楊行東南喬家村。居民五十餘戶。半係小康之家。該村距離紀家橋二里許。當日兵偷渡紀家橋時。村民事前毫不知情。及聞槍聲拍拍。始於夢中驚醒。倉皇逃避。有喬永清者。富逾一村。生有子女各一。子名象先。年方弱冠。正於是日結婚。家中懸燈結彩。倍極張皇。當婚禮甫成。新娘送入洞房。賀客百般調笑。俗稱鬧新房。正在興高彩烈之際。陡聞槍砲聲大作。各人面面相覷。惶恐萬狀。俄而日兵戰敗。分頭亂竄。得漢奸之引導。突入永清家。日兵尋至廚室。見有酒肴。狼吞牛飲。大嚼一番。時衆賓已鳥獸散。喬之家人。亦相率匿避。新娘呆坐房中。乏人保護。且初入夫家。人地生疏。不知逃避。日兵入房。見此豔裝女子。有如餓虎一般。遇羊吞噬。數日兵卽擁住新娘。迫其卸去衣裝。遽行强暴。新娘年僅十七。一如帶雨梨花。嬌嫩欲滴。何堪經此摧折。況暴寇橫行。慘無人道。更迭姦淫。達旦未已。新娘宛轉悲啼。聲達戶外。而日兵毫不顧惜。以致血流滿褥。疼痛難堪。新娘既受重傷。啜泣不已。後至之日兵。仍欲行强。新娘以不堪蹂躪。放聲大哭。致觸日兵之怒。又復以白刃相向。以致流血過多。性命至爲危險。迨家人回視。已氣息奄奄矣。

◉孀婦殉節記

江灣白漾宅。村民多貧苦之家。惟民俗淳厚。男婦多硜硜自守。不相侵犯。誠末俗中所僅見也。倭奴啓釁後。村民不幸。全村被焚。盡成灰燼。以致老弱轉乎溝壑。壯者流離失所。其情可憫。其狀至慘。據仁濟堂收容之難民某甲。爲余述該村孀婦殉節事。悽慘萬狀。耳不忍聞。令人更痛心疾首於萬惡倭奴也。當日兵攻侯家木橋時。村人多已遠避。惟孀婦胡吳氏。以年逾四旬。貌旣不揚。家尤赤貧。料無他變。故誓守門庭。不之遷徙。詎日兵進村。搜索財物。一無所得。心中大憤。一見吳氏。初則敲索金錢。婦無以應。繼乃欲行强暴。婦誓死不從。日兵見其無姿色。本不堅持奸汚。惟以吳氏誓死不從之故。偏思有以辱之。乃將吳氏全身衣服剝去。四日兵按其手足、令一兵强汚之。婦力弱不能支。竟爲所辱。旋經數十日兵之猖狂。而婦之精力已疲。不能動彈。惟死志已決。爬至室隅。檢得一繩索。欲以自經。被日兵所見。以婦之手尙能取物。卽拔刀斷其兩手。鮮血淋漓。遂卽暈絕。旣而復蘇。輾轉哀呼。日兵見之。又復斬其一足。婦乃氣息奄奄。僅存呼吸。日兵卽用汽油噴澆其室。引火燃燒。一時烈焰上升。婦卽葬身火窟。日兵復在白漾宅挨家縱火。全村遂成焦土。甲又云婦于歸胡氏。已二十餘年。青年守寡。孤苦零丁。以迄於今。乃竟慘遭浩刼。誠可痛也。聞者均歔欷不置。

◉日兵烹食人肝

日兵在吳淞一帶。將吾國同胞殺害後。剖腹取出心肝。烹而食之。此事宣傳社會。而聞者將信將疑。無人證實。茲據上海社記者。驅車赴前線視察。途遇難民三名。詢悉爲避難往滬者。一中年婦羅俞氏云。彼家在蘊藻浜南楊家宅。本挖地洞避難。旋因洞內食物已盡。因此冒險逃生。同行者共有三男子。五婦人。途中男子二人已被殺。婦女三人則被捕。至是僅存我們三人云。該記者卽詢以日兵在吳淞烹食人肝。有無其事。該難婦謂此乃事實。渠逃至孫家宅母家避難時。目覩宅中居民名榮生者。被日兵破腹。取出心肝烹食。狀至殘忍。言下歔欷不置。

●日人預埋子彈

據自楊行避難來滬之某甲云。日人於三年前。在紀家橋地方。購一坟地。請月浦人趙杏莊者。勘定風水。葬下靈柩多具。柩中實無死屍。悉係子彈。當時無人覺察。今日軍偷渡紀家橋。所用子彈。卽係發掘三年前所埋藏者。日本風俗。通行火葬。其在中國。竟覓坟地。其別有作用。自可想見。獨惜吾國人民。太無常識。一時均爲其所愚。惟據此一事。可見日人侵滬。蓄心已久。陰謀詭計。殊足聳人聽聞耳。

●日兵槍擊救護車

三月三日晨。上海紅十字會救護隊。前往眞如大場江灣等處。救護傷兵及被難災民。當工作進行中。忽有大隊日兵馳至。開槍向紅十字會隊員射擊。所有救護車內傷兵災民四百餘人。均被屠殺。無一生還。所遺救護車。則散在滬太路中山路交通路一帶。故關於戰區內救傷事務。將改由外國紅會担任云。

◉我軍撤退後之閘北

▲已成一片焦土

三月二日我軍放棄閘北後。倭奴所雇用之江北漢奸。及其便衣隊等。四處縱火。記者於三日淸晨。繞道赴閘北。先在鐵道一帶瞭望。但見紅光四起。觸目皆是。烟火之氣。充塞胸膈。約計着火地點。當在三十處以上。繼以鼓勇前進。轉經共和新路大統路向北進行。祇見虬江路已燒去一半。東西王家宅。已完全成一片焦土。無一木一柱剩留。中興路一帶。延燒尤熾者。有四五次之多。香山路育嬰路宋公園路。幾如炊烟四起。無一完土。居民盡已逃避一空。僅見少數江北人。用紗包之蔴袋。滿裝物件。肩負手攜而過。敵軍在各路之交叉路口。卽站有步哨。比鄰租界之里口。亦有二兵駐守。共和新路鄰近兩路爲車站之處。已有日本旗幟。間有災區同胞。於昨日逃出後。復於今晨前往探視者。在永興路之西南。雖爲敵軍所見。尙無大碍。惟一至永興路相近。卽被扣留。記者其時恐蹈覆轍。卽匿於僻處審視。見扣留者男女站立一處。約十五人左右。被扣後。卽有一形似排長者。前來盤詰。並加以搜查。或仍扣留。或被派領路。放行者祇有三人。記者覩狀。當卽潛囘。在十一時許。適遇由寶山路口逃出之被難同胞。據謂寶山路一帶。完好房屋。日人正於此時澆火油縱火。故記者復轉至租界河南路探視。果見黑氣上沖。勢已燎原矣。被焚各處。因無救火車往救。均蔓延甚廣。久未熄滅。繁華鬧市。竟成焦土。倭奴之肉。其足食乎。

●眞如焚掠殆盡

眞如自日軍大隊開到後。卽有便衣隊十餘人。在曁南大學足球場。召集漢奸流氓三百餘人。分途向近郊各村落出發。當時各村富戶。被刼一空。尤以金利宅及東望巷兩處爲更慘。除財物被刼外。復拘去壯丁數十人。並將觀音堂房屋焚燬。據逃難者云。日軍於進佔眞如後。卽在該處佈置防務。鎭上居民。因被搜獲十九路軍所遺棄之軍服。遽被槍殺者。有四十餘人之多。同時即在麗川浜一帶放火。四鄉村莊。則均已懸掛日旗。便衣隊及漢奸則四出活動。婦女之稍具姿色者。無一倖免。遙望四鄉火勢。不下四十餘處。可謂慘矣。

碧血
代替了唇脂

嚴夢著

◆

楊超塵裝幀

碧血代替了唇脂

■上海事變中的青年戰士日記■

★ ★ ★ ★ ★

光明書局刊行

一月二十八夜

橫斷「國難時代」的一件大事，中日的形勢是走上惡劣的尖端了。正如一個恐怖的惡夢，甚或是較詩人但丁遊地獄所遇見的更可怕。譬喻說：那是一顆輪盤上面的彈子，將許多人的命運都成了孤注的押寶。要轉出怎麼樣的不幸事來，就祇有等待那彈丸忠實的報告！野心家的指頭一轉動，我們的灰色罩袍就穿上了。

戰爭在和平的幕後快要出現了！

是戰爭壓迫和平呢？抑或是和平克服戰爭？我們將在和平中討原始的戰爭嗎？抑或是將從戰爭中奪取最後的和平嗎？這是運命。這是上帝也不能措置的運命。

且看我們自己的力量的答覆！

今晚上，我還是住在閘北的某里內的一個亭子間裏。正和幾位朋友談論著中日問題。一位熟識今天交涉經過的內幕的××君，承他告訴我說：「事情暫時是和緩了，但恐終究免不掉一戰。」他的意思是想教我搬到租界裏去，或者可以得到暫時的安全。然而我以爲這是中國青年的恥辱，我祇得感謝他的好意，說明我不能照他的懸想的意思做去。

六點鐘的「上海厄運」過去了。我們談論着，一直談到十點三刻的光景，我笑着說：「黃浦江畔的『和平女神』底眼淚乾了，她應當微笑啦。」我的兩位朋友爲了時局的關係，於是就比往晚早點離開我。但他們去後不一會又轉回來了，那時我已解衣躺在床上深思，假如二次世界大戰是不可能避免的話，我祝願是獲到了人類共存共榮的平等自由！那總算不負了鐵血的犧牲底眞價值。進步，趕快點進步，踏向光明愉快之途徑……

我的朋友笨重的拍門聲把我驚覺了，我便起床披上衣服，開門給他們走進來。在慘白的燈光下，他們的臉面白得像蠟做成的一般了。我猜測，他們是受到什麼意外的驚嚇。

「不好了，北四川路全是日本兵！」一位朋友說着，他的臉色更加蒼白。他走進來，首先就把門帶上。另一位朋友是呆呆的站着，想說些什麼而終說不出話來，他的呼吸是緊促起來。彷彿就有重大的災害降臨。

我已無暇思索，看見他們的莫名的恐怖，聽了他們的報告之後。我連忙把襪子穿好，預備和他們一起去看個究竟，這當兒我們的衖堂已經走進十三四個日本兵來了。潮湧似的一陣粗魯的聲音刺激我的耳膜，我把眼峯從半開的窗縫探望外面底刹那，他們剛蹲伏在地上，無緣無故便開了一排槍。那時，我眞恨我沒有武器在手。如果有一顆炸彈的話，我便要做第一個殉難的無名英雄了。

憑良心說，我們里內的盡頭是一壁高垣，簡直一個人都沒有，假使要到更深入的華界腹地去，是必要向右手轉一個小曲彎入去的。「日本陸戰隊是膽怯呀，還是子彈多呢？」我委實想不明白，大概是怕中伏也未可料。

開火的時間，從我弄內所見的推測，十二點鐘似乎是他們日兵的總動員。槍，炮，機關槍混合而成的雜亂的聲音，就在日本領事簽訂和平條約的墨漬未乾起，一直繼續到天明。誰曾夢想到上海的街頭，竟給坦克車上的機槍代替了和平的歌聲?!

一月二十九日

第二天的清晨，東方剛才破曉，在日本兵的稀疏的冷槍聲中，我們夾著滿懷悲忿，離開了一夜槍炮聲嚇呆了的家。因爲怕路上危險和麻煩的原故，我主張一點應用的東西都不帶走。臨行的時候，我所眷眷不易忘懷的，就是我許些朋友的照相，終身爲伴的書籍；匆匆之故，竟連寫了三年多而尚未完成的一部長篇小說，以及其他祗牘情深的詩歌散文也未攜帶。

走到弄口，就立刻受到似乎亡了國的痛苦與侮辱了。如猛獸一樣兇惡的敵軍，他們用鋒利的刺刀按在我們的胸膈上，強把我們搜查。我的血氣壓制住我的酸淚，在他們面前示弱是決不允許的。一次，兩次的被同樣的檢搜，在路上一直到出險凡十多趟。待遇一般的難民，提着槍威嚇外，便是盡情戲弄。不順意就開槍；拳足交加已算是文明極了。這原是一等強國的文明，也就是他們的紀律！

過了四川路橋，如像由地獄攀登到天堂一樣。可是我們的感想是更複雜了。我們曾爲東京的大地震流過同情的淚，甚且爲他們的武者小路實篤之死而引起萬分的哀誠。這是天性，這是靈感？爲什麽日本軍閥却定要使我們淪爲亡國賤俘？朝鮮人民所受到的待遇還不會使他痛快?!我們一面慶幸着我們的脫險，一面回味被毆的恥辱；人類的思維果眞這樣的滑稽？曾經十分怨恨戰爭的我，竟然開始商量到入伍的實行階段。

我們走到公共租界以後，費盡九牛二虎之力才找到一間旅社有空餘的一間三元錢一天的房間。我們本來是沒有資格過優美的「布爾喬亞」生活的人。然而一時除了忍痛暫住之外，實在再沒有更妥善的辦法了。但是，我們之所以要活，完全是等待復仇的時間到來。自從走出街頭見到日兵在公共租界種種橫蠻不法的情狀，我油然恐懼到上海是完全變色了。我的朋友在埋怨工部局的措施不公平。在我的見解，却恨自己的不及時醒悟爲較切實。國際的歧視我們，也不自今日始了。

我惴惴的走進旅社之後，買了一份報紙看到昨夜交戰的消息，然後才放下提吊着的心膽。不一霎時，我的心便感到過量的興奮與難受、我責備我自己爲什也逃到租界上來增加青年自棄和偸生的卑劣現狀？我一嚮厭惡上海人的嬉皮笑臉，香港人的麻痺不仁。上海人是無祖國，香港人是忘祖國。我難道也一樣的和這些人抱同一的觀念嗎？租界上如果也發生了事故，成爲世界戰場，那麽我們將逃到別的星球上了嗎？啊！可恥的懦者呀！睜開你的肉眼瞧瞧清楚，血的年頭，誰能逃避這災害飛濺的波浪？爲何不像拜倫的慷慨從戎？爲何染汚了錦繡的山河？經過許些良心的自譴，我才下了最大的決心要復仇去。最後，我想到我過去革命軍人的光華時代，我的靑春，無論如何都要爲祖國的人格斷碎，我的肢體像燈蛾撲滅於火光中。

此刻我的人生觀是改變了：我不再求幽玄的絕對眞理與空幻的正義。我以爲偉大的人生是短促的初夏底彩雲，璀絢的朝霞，新秋的月夜，雨後的長虹。能不戰爭是最好沒有了，但被人咄咄相煎迫，抵抗也未見其不是吧？人生是這麽的奇異有趣，和平或者確要從戰爭中獲得也未可知。

我吃過飯後，便單獨離開那外人勢力保護之下的逆旅去會見一位退伍的少將。請他設法介紹我重新投軍，幷且表示我實在捨棄了殘餘的畸形生活的決志。那位少將的面貌，一望而知他是個幹練的軍人。他不大愛說話，但是他的嚴肅的眉宇都隨時活畫出他的肺肝。他原來是我從前的長官，他見到我很喜歡，他說，十九路軍的高級幹部差不多都是曾經共患難的袍澤，大約引薦我去爲國效死是不生問題的。

歲月的催老，我的長官是沒有從前的豐采了。而我的顚沛生涯，亦牢牢地在額角刻下了生活的鞭痕。彼此談了些寒暄的話，我便央他替我寫好了介紹信。我一壁道謝，一壁和他握手告別。當我含淚握住他那發熱的手心底當口，他的眼眶也潮濕了。朋友，我決不相負你的期許的，我暗暗想。我的心陷入悲哀的最高峯，我確乎畏恐於他的迫人底熱望，紅了的眼睛。

囘旅館的途中，春雨正在降落，當我囘到房間內一見到我的朋友琦，懷着說不出的愉快的把這個消息告訴了他，他也笑出眼淚了。他原在渴望着等待着我囘來。我如醉如狂的用力把手拍在他的肩上，他給我嚇了一驚，呆着問道：「到底什麼一會事？」他急急的問我。及至我對他說，他也是希望到火線上去參加光榮之戰，他也雀躍起來了。他不特很同情，并且也願踐約和我一同往前方去工作。少年人的壯志，正如初出的太陽，晨曦的薰風，這是值得紀念和讚美的喲！我便和我的朋友過了一個風雨聯床之夜。

一月三十日

打算過了明天再去見十九路軍的長官。這是因爲料理一點行裝的關係，而且報上全是我們勝利的消息呢。

另一位朋友谷，他已經囘到家庭去享受他和平的氛圍去了。然而，我知道他是很痛苦的，他和我們一樣的恨無死所，無奈逼於家庭的環境，使他不能夠達到這願望。少年人的不如意事，也是怪可憐的。

我和琦走到一家儲蓄銀行去，一共存儲的款在一百四十元之譜，我們決意如數支了出來放在身邊，以備不時之需。但爲了時局的突然劇變，上海的金融緊張極了。當那位職員正在數鈔票給我們的時候，他說：「幸而你們早點來，老實告訴你們，分行現在祗存三百零八塊錢了。」我們得意的正要囘答他之頃，電筒的鈴聲驟然響了起來，據說那是他們總行行長打來的電話，一文錢也不准支付，以防擠兌。

這於我們是如何重大的一聲霹靂呵?!爲了生活，我們一再和他們委曲商議，結果，因爲我們是同鄉的緣故，他們才答應由私人借下一百塊錢來，存摺給了他做抵押。我們取了錢走出銀行來，商店已一致罷市了。門外都招貼着「暴日犯境，罷市禦侮！」於是，人心惶惶，上海就立即成爲一個恐怖之城。從此，盡給愁雲慘霧籠罩住了。

毛巾，牙刷，內衣，襯褲等等應用東西，我們重新一件件添置，一一都購齊備了，我們便起首計劃我們目前向上的步驟，和澈底改造中國的將來的志願。在炮火連天的晚上，我還沒有到眞茹去見總指揮和軍長。報上又給予了我們許些好消息，我們的熱血是更沸騰了！我忍耐着，匆匆整理收拾我們新買的東西，最後，把一張絨氈也捲好了，一切亦將就緖。我便同我的朋友琦去樓頭買醉，作人生路上最終點的傾杯。在另一意義上，人家說是國難，我却認爲是福音。上海小姐們唇上的臙脂給十九路軍將士的血代替了。她們的高跟皮鞋，也早被日本飛機擲下的炸彈炸掉。至少，物的巨量損失，却獲到了死心的復活！民族前途，亦全賴敵人的炮彈引領我們閃射生命之光。在小酌爲歡之前，我想起了我的愛人秀。我倒爲她的事情有點悃然。大時代下的悲劇，渺小的生命，他的估價不如小小的浮蝣。可是女孩子柔和的心腸，大概是不會願意她的愛人離開她的。而事情却又非意料所及！

我們好容易才找到南京路上的大三元酒家有飯吃。於是我們就進去揀擇了樓上的間小房坐下。我和琦說：「今天是我和秀最後晤面的一天了！」

「現代人是一團傷感與矛盾組合成的東西。這時候，我們還有功夫打算自己的事嗎？」琦正色回答我。

「……………」

在我們談話之間，秀是接到我們的請客條子來到了。一雙「戀愛」的大眼珠，她的眼，會啓示我生命之價値——人生的意義，幸福的源泉，因此我體味到青春就是愛情，時間就是事業。

秀穿了襲湖綠的長旗袍，領口和衣角都鑲綑了白絲邊。她含着個新鮮而又矜持的笑。終於，她突兀的盤問我們有沒有受什損失和驚嚇。又熱情，又驚慌，又關切地。及至我把「一二八」晚的經過簡單的向她述說以後，和平的笑與春風，又回復到她的臉上去了。

琦是個不甚善體温柔的男子，他的自然的舉動，却耆出了他十分懇摯的心情。他紅着臉，笑着；把酒斟滿了杯盞，然後高高地舉起來，抖着手，望望秀，又回轉頭來望望我，莊重地說道：「秀，祝你們一杯歡樂而且永遠相愛的酒！」他俯下頭來思索：「我們是時代的青年，不要作兒女態，他已經和我一同準備到閘北去和敵人拼命去了。」他的話忽然止住，秀的神色也跟着緊張起來，他繼續說：「別離，自古沒有不闇然魂銷的，但是，我希望你會了解我們的意志。」

「謝謝你，琦，我也覺到中國的青年醉夢底可憐，弄得負有五千年文化的祖國如像未開化的蠻族！低劣的生活，破碎的生命，我不知道現在我該說些什麽。但是，去抵抗殺我們的人，是一樁最合理的事是無疑的了。」

於是，我們就愉快地乾了杯中酒。

「盡情的浪漫思想，但請你理解，決不是一般人所說的『浪漫。』我的行爲力求對得起你，」『我愛你』她放低了喉嚨，「所有的無名英雄我也敬愛。——可是我決不負你的心！」

「飲！」

歡快的自私日子是結束了。

一月三十一日

昨晚九時左右到後方辦事處見了主任之後。承他指示我和琦怎樣能夠安全地到眞茹去。我們知道了總指揮部的所在，便約定了兩位後方辦事處的便衣副官一同在今晨拂曉一齊出發。因此我和琦早上起來特別早。我興奮的說：「我們的黑夜是過去了！」算好了賬，房間的電燈還是黃灰色的照耀着，我們生命却已得到黎明，歡快的，就和幾日來相共的棉被，枕頭，一切的一切告別了。

同行除了兩位副官之外，還有幾位上海各大報的外勤記者：一部大汽車把我們一同載上了。然而，其間各有各的抱負，各有各的思想，而一致的熱血，却爲的是救亡保種。不過工作不同罷了。

兩旁高大的樹，在汽車的疾馳中飛去了。將謝的枝葉叢裏，也還有保留一絲靑春的新綠。我冋味着，酒，她的唇：——

『我戰死了你怎麼樣呢？』

『我將委身於社會事業和救亡運動。』

琦，又受到感動，「忸忸揑揑，日本的櫻花不將移植到桃花塢來了嗎？」

淸晰的印象，迴旋着；不一會，談話不久，眞茹已到達了。我望着欣欣生意的田野，在疾風中格外顯出牠們的勁健。牠們繼續生存，牠們抵抗，牠們掙扎。偶然也有三兩隻麻雀在唱頌。

賴副官領我們離開了長途汽車路，折入田塍方面行去。沿火車路上不大見到有兵，我頗覺有點奇怪：「爲什麽後方還這樣空虛？」我肚子裏疑惑，但是不好意思問。口雖受命要發問了，然而舌尖終要囁嚅。我呆呆的四面望望，祇見到鐵路旁邊零星的幾個小兵。

轉東折西，總指揮部是不遠了。哨兵連連喝問口令。賴副官回答了之後，行近了，他們就向咱們立正行禮。我仔細的留心我們的弟兄的精神，個個的身體都像槍一樣的直挺挺。莊嚴，和藹，果敢，微笑，這些健全的士氣，實在是不可多得的。在我未拿上槍桿以前，我由衷的向他們敬佩。我們的談話停止了。就和幾位交淺言深的新聞記者握手道別。「祝你們努力殺敵！」

「祝你們努力攻心！」我們笑着，就跟着賴副官他們向南走去，歧路上，到了一間廟宇之前，各個都笑咪咪的走上各人的路程去了。但這是我生平第一次最快樂的分離！

我們走進地窖，首先被介紹見總指揮，軍長。我恭謹的行了個最敬禮之後，就從衣袋裏掏出少將給他們的信呈給他們看。總指揮接我的信時，眼光如同電炬似的射向我的全身，威武奕奕的神氣，很容易叫膽小的人生畏懼；但是於我和琦，却祇喚起一種敬意而已。

「總指揮讀了信之後，便遞給軍長看。他沉吟了一會，像思索一件什麼重大困難的疑案似的，他的臉，在黑暗的地窖中，陰沉地加上灰暗的縐紋。深深的思慮之後，他開始說：「××少將介紹來見我的是那一位！」他炯炯的眼睛又向着我和琦掃射了。

「報告總指揮，是我。」我連忙立正恭謹的囘答他。

「那末，」他指着琦，「他呢？」

「他是我的朋友，正是一位熱誠的青年，他恨無死所，故此一同來見官長。」

我說着，像一隻松鼠一樣，等待總指揮和×軍長的使琦不要失望的答話。但是他們許久不會說什麼，琦的臉是急紅了。

就在這個時候，他穴中又鑽進了一位副官來。他報告總指揮和×軍長一個重要的消息，他說敵人有一大隊飛機飛來後方擲彈，偵察。這消息，陡然使各人面上的暗沉色調結實起來，同時，軋軋的「鐵鳥」在空際低飛的聲音也可以聽到了。在各個恐怖情緒最緊張的時候，祗有總指揮和×軍長維持他們的鎮靜。總指揮微微地點了點頭，不聲不響的凝視着那剛走進來的副官。

「硼！……」的一聲，顯然是我們高射炮的聲音。琦斜斜地用驚疑的眼光瞥了我一眼。跟着，爆炸的巨響如同火山的爆裂一樣，不停的繼續着，如同虎嘯獅吼似的；無疑的，敵人的飛機在不絕的擲下炸彈來了。總指揮，×軍長和參謀長都閉上了雙眸。我和琦的呼吸都像窒住了的一般。我十分的擔心憂慮，也許在這狂亂的響聲中，我們親愛的弟兄——哨兵——會撕開他們的肢體。然而我並不怯弱起來，我不感傷，我更無暇去想像弟兄們怎樣慘痛的死。因爲不久，我們也就是紛身於敵人殘忍的武器下的犧牲者！

排山倒海似的怒潮底複雜的聲音，漸漸地沉靜下來了。我們勇敢的總指揮，打了個電話之後，立刻同×軍長參謀長一同出去視察去了。臨行的辰光，他教我和琦在地洞內等候。並且命令我說：「目前暫時擔任服務員。」他們去後，我們和賴副官談著二三日來的戰績，覺得非常有趣而且激昂，一直到很疲倦了，不約而同的關上了祝福的眼睛。

今天作戰經過，敵機在無線電台東面給我們擊落二架。

二月一日

今晨一大早就接得各方面的戰報。我方憲兵迫擊砲七，機關槍七和特務營，他們駐守北站一帶防線，昨夜的小接觸要算他們和敵人爭鬥得較為劇烈。敵軍幾次衝鋒，終於都被我們忠勇的弟兄殺退。其他虬江路和天通庵兩方面，亦相持了三四個鐘點的光景，但是都沒有什麼勝負。

我被×軍長派遣到最前線的各個地段去視察。我見到我們的弟兄大腿上受了傷的還在作戰。他們的長官對我很熱情的說，「我帶了一輩子的兵，從來沒有見過這樣勇猛的士氣。」我聽到他的說話，我就閉了我的眼睛，用最高的至誠向爲祖國而受傷的勇敢的弟兄們致敬。我知道，民族的生存幷不依賴滬而不行的「上流人。」國家一旦受辱，平素得到社會上很好地位的人們還是繼續他們的享樂，出而效死的反爲是社會對他們最薄的「弟兄」。

復次，我更進一步聯想到這次戰爭的不平，眞可算是亘古未有的不道德的戰鬥。日本人據着租界來進攻我們，事實上，我們是永遠的死守者！武備的不精良還是屬於物質的痛苦。幸而我們的忠勇弟兄，爲了人格，爲了民族，他們都準備了用一點一滴的熱血來塡補這些缺憾。朋友，我們且別怨我們的祖先，有血性的還來得及自救呢。

我親眼目睹斑斑的血痕之後。這國際的流血還不能使我怎樣的驚懼惶悚，卽足以引成世界大戰，也是無可避免的最後一次了。資本主義的帝國，他們還可以欺騙平民多少時候？但未來的階級大流血，却是人類最慘酷的大難，簡直是眼睛裏的一條尖刺。中國的青年們，我們的槍桿握好了沒有？後者的禍患，仍在不可知的將來的祕幕裏。然而前者是早經爆發了。

在不可收拾的局面中，我帶着忿怒捨棄了過去和善的主張，再委身於沙礫的白骨堆中尋求我良心上之所安。我願學最近代的政治人物墨索里尼。他可以將身體放在戰陣上，而把他的精神才力用到新聞事業上去。這眞值得敬服的。而我祇是敬愛他的信仰魄力；可并不讚頌他的獨裁政治。今代，我們對於救世的新英雄也還可以崇信，但決不是偶像的膜拜。

我辭了特務營營長之後，踏在嫩綠的大地走去，撩人的野草花雜嚴肅的歛住笑容，微風推動着我走向前路；太陽放出她的光明引導我，柔靜的氛圍，我更堅決地軍備完成犧牲的精神。

回到總部來，將調查所得的傷兵名册呈給了×軍長，他告知我，琦已被派去當營部的書記官了。我很恭謹的向他表示我無限的感謝和愉快。

這兩天沒有多大的礮火，所以很閒空。我做完了公事以後，便起首給我的愛作入伍後忠實的報告。

「親愛的秀，爲了不願意過可恥的優悠生活，我和琦走到閘北來了。承×軍長的厚愛，我和琦都找到了工作：琦在營本部當書記官，我却擔任比較重要的職務——被委任中校服務員。從此，我們漂亮的洋裝改作了灰色的制服。生命的燈塔，增加了幾許熱與光。

在天下荒荒的時光，我以爲完全是制度不良所致。不怕各國都有不少賢哲英才，耆老彥碩；而政制與社會風俗，給時代的狂暴侵襲，弄到躺在後面與衝上前去都失了根據。本來爭鬥確實是聰明人最好的磨練。好像我們這次作戰的計劃和地道活動的「僞中」戰壕，完全是壓榨出來的天才底發見。受如此重大刺激和汚辱的中華民族，我們大可不必嗟嘆怨悼，那睡着的巨人，不久當可醒來猛吼了。

我打算每日接續寫我不斷的日記，如果還有和你見面的一天，那本日記便是和你重逢時節的再見禮。我的起居，我的思想，以及渴念你的情緒，都可以忠實地報告你。假如我殉難戰死，那些日記便是我給與你的愛情最後的禮物了。

回憶我倆初戀的情形，確乎是値得紀念的一段較純潔的情史。那時候，你頗同意於我做個耕耘的亞當，而將你自己比擬作織布的夏娃。如今，我們桃源的幻想是破滅了，但又何妨創造更時代更醇化的愛之型模，用我們的相思淚滴去奠下堅固的愛情基礎呢！

合上亞伯拉與哀綠綺思聖神的愛底洗禮，我們的愛情便沒有什麼遺憾。國難到現在，我還是在桃色的笑底擁抱中，我該揑一把鼻涕一把眼淚，如同雪萊的「紫羅蘭贈與佳人之死」；採些花環來點染我們的愛，編成花塚。鮮麗的柔絲縛繫住愛之魂。

槍聲遠離開我，故此得抽閒爲你寫情書：這可以叫做新浪漫主義。狹小的地洞，陰森森的，我却在享受詩的美妙與和諧。生命底旋律非常緊促。我想起了正在血與鐵閃光的前方，我的信應該止住啦。祝你努力！

——志尼。」

二月二日

「秀：——

我昨日給你的信大概收到了吧！你要知道些我們勝利的消息麼！本來自前天起，他們日本領事要求停戰過的。無如他們是個絕不守信義的國家。其實兩日來，他們無日不向我們挑戰。我們×軍長發過命令，無論他們如何卑劣的挑釁，我們始終不要還他一彈。可惜和平的夢終於又給他們破壞了。

他們在福生路口根據了租界的瞭望台，不時用平射砲向我陣地掃射。然而一直接觸了好幾個鐘頭，我軍依然保有原來防線。他們死傷約數十八，連天通庵和狄思威路都算在內。這次鏖戰的起因，完全是他們不守約的結果。他們載着灰色命運的鐵鳥，在北站附近又給我們打落了一隻。

戰區內的民衆，他們比較你們得到消息較早，所以每天的狂歡一回也在你們之前。我的愛，我們的民衆與軍人眞的打成一片了，像一塊鍛鍊過的金鈿。他們替我們煮好了粥送給弟兄們吃，像手足一樣的同胞，在危難與災害之中，才見到破釜沉舟的親愛精神。

我十分虔誠的祝望你，——因爲你曾經說過，在我戰死以後你會努力救國運動。——願你在我未死之前也跑到自己完整的領土上來。你可以允許我的請求嗎？我可以介紹你當傷兵的女護士。現在這裏已經有不少覺悟的小姐負起這些責任了。

她們沒事的時候，替受傷的弟兄們講故事，或者寫家信。我看她們眞快樂呵！

如果你因爲環境上的關係，不能到我們這裏來的話，那請你也不要辜負了我的期望。我願你，是人間無上的愛神，孤另無告的負傷創的弟兄們的慈祥媬母。租界上，也有許些醫院在開首專門接受我們爲民族而犧牲的士兵。秀，你會接受我帶着敬意的希望嗎？

創傷的人，他的靈魂大多是創傷的。在待遇上，僅僅被稱爲人的士兵們，在平時，他們還被人叫做丘八，灰色動物，爲了生，爲了吃飯，他們被軍閥利用了多時，一般的尙不能同情他們的愚昧，誰會寬恕被迫犯罪的直率的弟兄！你是個悲天憫人的柔和的女性，他們在獅的威嚇與的顚簸中，你給他們一點慰藉，一點溫暖。可以嗎？

敵國的大使在國際上公然侮辱我們是無組織的國家。這着，你也嘗很關切的問我的意見。現在我可以具體的告知你，我們不特不是無組織，事實上是嫌小組織太複雜了。請你不要誤會！我對於他們惡意的批評已經默認或者替祖國誇大。幾年來，在意識上，我們無時不在求進步！我們內政的得失，固不必別人的越俎代謀。

我在戰壕內翻讀近代名著「西線無戰事」，大戰後的疲勞，嘆息，誠然是人類真的聲音，內在的靈台純摯的呼喊。但一個國騰爲謀整個的生存，保持他們文化的生命的繼續。由這樣無可奈何而釀成的戰爭，我們覺得如像投石入古潭之中，使死的靜止底水生出美麗的波紋，激起微弱的聲響來冲破永恆的寂寞。一切，都從死裏復活過來。

我們所有的弟兄對於這點都認識了。所以無暇再跟着聰明的士大夫去清談。這是我告訴你的精神上的愉快與勝利，有不單是爭鬥上的物的獲得和破壞！此刻雖然是春光臨到大地，嫩綠柳樹萌茁了新芽。但是啼鳥的淸歌我們沒有這靜聆的幸福了。但是，就在漆黑的夜裏，我們也見到光明：火花不停的閃爍，令我們忘記這是星光還是彈丸。

我深怕我的生命不知在什麼時候毀滅；我願將我希望之光和生之源泉，向你不絕的閃耀，噴湧。直至我的熱力完全消失時才停止。即我的皮囊解體以後，我仍該將我的「愛之氤氳」縈繞你那「戀愛之夢」！

我們的生活眞是活潑潑的；像萬丈懸崖下瀉的瀑布，反映出一片夕陽染上玫瑰的銀光，等待更美麗而瑩明的夜月。你的起居是像三春的黃鸝歌唱似的和平，這使我多麼的羡慕呵?!再會！

謹致

革命的敬禮！

——志尼。」

二月三日

「秀，親愛的秀：

你的信是收到了，我很感謝你的好意。但是你爲什麼思念我而竟夕不睡？而且一直流淚到如今——自從別後，我却又很覺得不安。人總是感情的動物，雖然有許許多多的理由叫我們不能不分離，可是分離在情侶的經驗囘憶中，總是脫不了苦悶的。我可以同你說，我們都找到歸宿和寄托了，這還不夠嗎？我得到你的信後，我眞快樂死了。我忘記在戰地上，謝謝你，給予我這麼的一個悲壯而痛快的愛夢。

承你一再勸勉我，在情場要溫柔，到了戰場却要果敢殺敵。秀，這確是中國現代青年的一句至理名言。你說你每夜都含着眼淚爲我禱告，求上帝帮助我做成新時代的典型英雄。如果我還知道接受愛人最崇高的期望的時候，我當如何奮發不使你失望呵？！

敵軍曾經要求我們作和平談判，但是他們竟要挾我們退出防地二十四英里。爲了血性，爲了天職，我們不論上下級幹部，都一致誓死反對。他們和平的煙幕彈是被光明的火把消滅了。跟着，他們就來了不少的援軍。今天從接觸算起，一直不停的混戰了十多個鐘點。雙方死傷很多，自開戰以來，要算是比較最利厲的一次血戰了。

在戰鬥力上面講，武器和儀容確是敵人比我們來得威風。故此在「一二八」未發火的前夜，大家都以為中國無法不屈服而忍辱締結城下盟約。即我們自己也在猶豫顧慮。就沒有骨氣的官方和易於壓服的民氣看來，也毋怪他們說「四小時」可以佔領上海。東北不是一個鐵證？誰知道十九路軍會突破那例子而反造成驚世的紀錄？！軍人之可貴全在精神、紀律，和一切作戰的經驗！交戰快一星期了，我們還不曾失過一寸領土，也許你也會有些懷疑吧？我當為你解釋明白。

日本的海軍陸戰隊，他們本來就沒有多大的作戰經驗。巷戰更不是他們能夠應付的。所以他們的飛機在閘北隨地亂投炸彈，可憐我們的文化機關——商務印書館——就作了無辜的犧牲。在重炮掩護之下，飛機協同應戰；近世爭鬥的利器他們都用光了，然而他們穿藍衣死神的使者，却仍一無所獲。這純然是膽量的關係！他們正面對壘還勉強可以應戰，但一遇到側面包抄，撥槍輪的手指也要發抖了。

我們×軍長訓話說：「我們沒有顧慮的時候了。大敵當前，除了拼命殺開條血路，再也沒有別的途徑。我們的民族是走到山窮水盡的絕境了，惟有血氣是我們的實力，犧牲是我們的勝利！」×旅長教我們的弟兄尤其沉痛勇邁：他說子彈用完可以用槍柄，刺刀殺敵，武器丟了可以用手打，打到沒有氣力了還得用口咬！此後，我們的弟兄沒有一個不負必死之心爲祖國。假如你有機會到閘北來，你會見到雄糾糾的健兒：他們那忠烈的氣宇，火一樣的熱情，使你油然發生無限景仰和愛慕。

有一個排長受了重創，他緊咬着門牙衝過敵人的戰線去。迎頭一部坦克車攔住去路。他縱身一躍就跳上了車旁。他用左手攀住那車頂的邊沿，俯下頭來用牙齒咬開手溜彈的擅針，砰然一聲，那部坦克連和他自己的身體便一齊迸散了。這種氣吞河嶽的精神，就遠不是敵人的炮聲可以威嚇的了。

從這次戰爭中，我們得到了一個新的教訓。物質是決不能完全屈服精神：武器是死的，人是活的！平日我們的弟兄不會在外國的士兵一般的跳舞狂飲——在誓師之前。但到了臨陣的時候，他們反更熱烈的「樂死」。在這裏，我不能不讚美我們中國向來被人誣爲沒有道德的軍人的偉大！

吳淞砲台的炮聲震天價響，當你也聽到隆隆的聲音底刹那，就是他們新造的巡洋艦給我們擊沉的時候，明天我會報告你更美麗的消息。

——志尼。」

二月四日

「我的秀：

風雪霏霏，滿天全是鬖鬖的雲。我們的身軀正放在冰冷的泥濘的陣地。我寫信給你的時光，人是在最前線的戰壕內。幸而我身上穿着你去年打給我的絨線背心，否則早給一夜刮到天明的尖風冷壞了。情人手中線，征人身上衣，我得到了無上的愉快和慰藉，從你的愛，我感覺到你已經給了我較生命還可珍貴的熱力。在疲勞的旅程上，我當永遠不會忘却你桃花之鞭，慈祥地驅策我走向玫瑰的前程。

戰爭一日劇烈一日，居民所受的災難也一刻一刻的深重起來。傷亡的慘痛，骨肉的離散，屋宇變成灰燼，貧乏，饑饉與疾苦，閘北戰區已成爲地獄。我冥索着，大概是驕奢淫蕩過度的上海，應走到絕滅的命運了。至少，平日渾渾噩噩的麻木，召來今天的巨禍。假使弟兄們的熱血能夠濺醒國魂，摩登小姐聽到敵人槍砲在空際震盪的音波而抹去了唇上的臙脂，脫下她們的高跟皮鞋，變成素樸的好女子。將會因國難嚴重的刺激而抛却她們淺薄的輕浮習氣，從玆離開了她們的桃園走入社會的下層去，那末上海的事變底慘痛，也決不致掩歿民族覺醒的光榮，和反抗強敵的眞價。

在交戰最猛烈的時候，差不多每一條支線都有接觸。但敵人至今仍然沒有探悉我們主力線的所在。然而他們進攻我們的重點，我們却完全明白了。他們原先特別注重天通庵，所以江灣和北站一帶均已紮下重兵。他們的戰術預算襲得北站之後，便沿鐵路向東進展，待到天通庵也奪得了，然後利用兵艦由瀏河方面夾擊。等到會師之日，就是佔領上海之時。他們渴望着凱旋的那天，正同我們期望早日殲滅殘敵一樣。

我被派到第二重點××陣地來幫忙指揮作戰，是昨晚夜深大戰的時候。浸在風雪的泥洞內足足六個多鐘頭了。在黑魆魆的暗影中移動，脚踏着白雪，身披上銀裳，一直作戰到天亮，隆隆的砲聲依舊不會止住。雙方弟兄們殷紅的血濺在噎噎的白雪上面，好像緋紅的春花，美人脣上悽艷的口香。我們如同完全失去了知覺一樣，也不曉得慘白的雪爲什麽會給血染紅?!

大概是四五點鐘的辰光，敵人利用破曉的時候來衝鋒，那時東方還在雲霧淡淡地籠罩之中。他們約莫有二三千人的實力，帶着江南的早春寒同臨我們的陣上。一輪緊急的砲聲由遠處漸漸近了，我們的××團長便和我親自準備督師。弟兄從悲冷的戰壕內跳了起來，大刀手也磨拳擦掌的準備應戰了。

在一百咪達的距離左右，敵人的子彈確像雨一般的飛向我們陣線上來。團長命令大家仍然沉着的躲在戰壕內瞄準。但是一部份的弟兄也放着示威的冷槍。待到他們走進五六十咪達防地之後，一聲「預備，放！」我們的忠勇弟兄便都一齊對敵人掃射了。迫擊砲機關槍一輪一輪的橫掃過去，一刹那間，他們已經傷亡枕藉，遍地都是屍首了，於是他們便退回原防。

約莫過了半小時的光景，他們又整隊來衝了。爬行着，湧到我們的陣上來。忽然霹靂一聲巨響，四面全是濃烈的煙霧：不到一兩分鐘，便全線都給彌漫了。那時伸手不辨五指，而敵人的鎗砲，炸彈和喊殺的混雜聲音，也就跟着更加喧嘈了。××團長以爲是「綠氣砲」，馬上下了一度全線退却令。而敵騎遂亂衝亂擾的追進了我們的防線。

秀，這眞是一件最危險不過的事，在倉猝驚惶之間，我立即騎了一匹馬突出重圍，奮勇的殺開一條血路奔向吳淞去請求救兵。「天助自助」，親愛的秀，我在漆黑一團的混戰中，本來就是有指南針也要迷路，幸而我却平安的到達了吳淞鎮。我跑到×團長之前，給他報告了我們失敗的情形。他一面全神貫注的聽着，一面立刻傳令教他們的隊伍集中。最後，我的話完了，他的部隊已經什麽都預備好了。我領着大隊人馬殺奔囘來解圍。走到將要到我們陣線的附近，煙霧早散去。×團長便下令散開衝突。有如萬馬奔馳，有如移山倒海的聲勢，敵軍早已膽寒。

××團長看見援兵一到，於是也就下令反攻。我們兩團人合攏來大舉包抄，反敗爲勝，殲殺敵兵約一千五六百人。獲軍用品及槍械子彈無算。最值得我們珍貴而引爲無上榮耀的，却是他們皇后親自綉成贈給軍中的隊旗和太陽旗。甲午以來的屈辱，至今才得略略吐了一口氣。因爲這一點點的微勞，我曾經狂喜到一夜不曾睡。

是役總計，我們弟兄的傷亡也在四五百之數。而且有一位營長也陣亡了。×軍長得到××團長的情報和保擧，他就寫了張委令給我，教我代理那位營長的職務。我接到委任以後，我便跟着參謀長同去營部到差視事。我的秀，我是多麽的快樂呵，我的正式戰鬥生涯是開始了。

祝福你！

——志尼。」

二月五日

秀：——

你的信是收到了。收到你的信的剎那，正是我榮膺營長的時候。昨天的一役，我是被認爲最有功的一員：同時又因爲營長D是負了重傷，所以×軍長便命令我代替了他的職務。

你猜我是多麼的歡喜？你告訴我你也不願再在大時代的巨浪裏浮沉。你已經加入了後方傷兵醫院當看護。用你慈和的熱愛去同情以血肉和刀槍相搏擊的勇士們。秀，我也希望我有這麼的一天，愈早遇到愈好。我受了無情的鐵彈的傷創，像一隻羔羊一樣馴伏的躺在你的跟前，得到你柔和溫情的熨貼。

榮。——用我們的血和皮囊。我把全營的弟兄點驗好了，然後向他們訓話：我祇是說我們在嚴重緊張的中日風雲中，不當弟兄可恥。在戰地上，不戰死也就不榮耀。

我覺得中國的青年不是不會使氣，但是大多興奮過就完了。所以國內的文學，戲劇，——甚而革命，也都沒有中心的建設和力量。青年們對於社會上的惡勢力是恨極了，對於外來的壓迫忿恨到了尖端。然而時移景易，他們的熱也就冷了。他們祇有咒罵，誰也不肯擔起較重的責任去奮鬥，改造。我能夠再踏上火線來，這幷不是一時的衝動，却是我自己能否負責任的一次測驗。

今天的戰況我可以開始為你述說了。清晨的砲聲非常之密，在槍聲狂嗥的當兒，我們的鐵甲車隊藉着砲兵的掩護直衝到對方的陣地上去。雙方接觸了約莫五六小時，敵方漸漸有點不支，呈現着零亂的狀態。一鼓作氣，我們又作二度的衝鋒了。是役我們總算是得到些微的優勝，因為進駐過淞滬路的對岸線。聽說同時也毀了他們的一輛坦克車。

夜漸漸地陰沉起來，灰色的薄膜已變成濃暗了。敵人却又利用那時間來攻擊。機槍的聲音不絕於耳。等到漆黑的夜深，他們更大舉來攻。察他們的意思大概是想包圍我們的左翼線，故此那面增重了兵力襲擊。但是我們左翼的主官是個身經百戰的M營長，也從容的應付着。教弟兄們沉着的瞄準，務使子彈不致空發。結果他們一無所得，徒然載回他們的傷兵而已。

吳淞礮台方面，作戰較往晚劇烈，一連駛進四五隻兵艦以重砲壓迫。後來我方亦還砲反攻。半夜他們又增加幾隻巡洋艦來助戰，我方便不得不用計謀應付了。司令官下令弟兄們躲在壕內一動也不動，靜待敵軍上岸，然後迎頭痛擊，果不其然，可憐他們一百多名陸戰隊的藍衫，都染上斑斑的殷血了。在他們是以爲我軍嚇走了，故此上岸來奪取砲台；殊不知道會中伏的。藍色的魔使，已給他們換上了一件命運灰色的外套！

秀，如果要論物質和儀容，則兩軍的懸殊斷斷不可同日而語。在享受方面，我們的上級幹部長官，也還及不來美國的一名水兵。——尤其是派到上海來的金貴銀賤的特殊享樂。在理，一個軍人赴難之前的盡情求快樂，這是本能的一點性的要求。因爲一聲「再會」之後，他們是否能與家人朋友再會，這實在是一個疑問。

可憐我們的弟兄，他們十塊八塊錢的賣身銀價，每月有沒有得發亦是一大問題。就是想說一聲「再會」——在誓師之前，有些祇好向天作一個慘沮的苦笑而已。卽我一營內，從小離家不知故鄉在何處的也不在少數。年年內戰，天南地北的奔馳，就是路過自己的家也不曉得。我眞爲我們的弟兄不平！他們不會有女人伴舞，他們更沒有婦人勸酒。

可是作戰的時候，我們的弟兄可敬的勇邁精神是發見了。一個下士伏在戰壕內炸毀敵人的一輪鐵甲車，五個弟兄抵遏二三百人巷戰的衝鋒，半夜大刀隊的偷營，與及專門割敵人軍用電線的必死的無名英雄。秀，天上人間，誰無父母？這是鐵一般的事實。社會家要改造社會，大都埋頭在已成的法則中去苦索：這猶如在黑暗中找尋路徑，陷阱的危險將何以倖免！

我們對於這次爭鬥的認識，用因果來說，一個偷安苟且的民族，正如散沙一樣，沒有風雨是決不團結的。眞有大志的青年，此時都應該覺醒了。爲政治不修明而灰心？不！決不！爲了不滿意，就得表示我們的熱情，忿怒，那我們的責任也就愈大。對於民族沉淪而振奮圖強，是一種天職：毀譽我們且不管，保種救亡我們可以自己也認爲是愚蠢的麼？固然，血戰經旬，我們精神與物質都受到了無量數的犧牲。然而我細想想，假如當晚上午十九軍一樣的與政府同調的不抵抗，現在，你我都成了城下盟的亡國賤種了。

——志尼。——

二月六日

秀：——

東方才泛魚肚白，殺人的聲音便又繼續響起來了。在不斷的炮聲中，我們得到間牒的報告知道敵人特派遣野村中將代替了禍首鹽澤指揮。大概是因爲屢戰屢敗的原故吧。

愛，請信任我，我是早忘了家，祇記得破碎不全的國。我恭敬的接受你內心爲我默祝的願望，人類終究是要獲得最後的幸福與和平。我當永永不會忘懷你的期許，我當永永爲人類平和友愛的前途努力。如錦的中華民族，地球上永遠保持她的「青天白日滿地紅」底威儀。

我絕不會像不長進的青年一樣，在談玄說理，在批評，在旁觀，在頹廢，在享樂，在墮落；我認淸了我神聖的國民天職，認淸了時代向前的犧牲，認淸了民族興亡的流血；在黑暗的地窖中，我油然地想起了迷信鐵血主義者的卑士麥的勇邁，懷不世英才的拿破崙！最後，我想到歐戰中的「三十六八」。戰爭誠然是聖人不得已而爲之的慘劇，構成戰爭的罪人，將來連遺臭也佔不到歷史的一角地位，除非是有意義的解放被壓迫者，或爲了進化，生存與大衆幸福底革命戰爭。還可在歷史上得到一句「不得已」。

秀，你春花似的微笑，是含着嘉獎和策勵我的情緒。我雖然是一個很平凡的人。但是，匹夫之責我是永永不會捨去的。我們可以超然的去觀察自己，然而我們就不能不絕對的信任自己。我覺得沒有決心的是假勇，所以我才再走入行伍來。任勞任怨已經是我們共同的命運了，擲却這種責任的人，是多卑怯呵！我想到這裏，我深深地感覺到斷頭報國的機會，總算是給我尋求到了。偉大的人物，常常會厭倦他生平刻苦的獲得，甚至加以懷疑。但我，秀，我眞不知怎樣才能夠描畫出我蘊蓄着的一種熱狂的情調！

作戰，是我維持我的熱情的試驗。保持我心頭的溫度，我惟有奮勇的埋身在鐵血與火星中。敵軍用重砲掩護殺奔來了。他們用自動步槍作快動作的沖擊。我站在我忠勇的弟兄前面，指揮着他們應付。轟然的巨響在離開我不及五碼地位炸裂起來，我立刻倒臥在戰壕內，那時我簡直不曉得我自己有沒有受傷。我教弟兄們一致躺臥地上，幸而我們的空軍飛了起來向前追逐敵機，分散了他們炸彈脅迫的力量。於是我們可從容的把敵人趕走了。他們退回原防之後，直至夜深，他們還是不敢來犯。

半夜，我們探知敵軍的前衞正要調防休息，我們×軍長就命令大刀隊分頭去刼營。在現代戰爭中，大刀手眞是一種神祕不可思議的戰士。他們除了手裏提着大刀外，背上還掛佩着一枝短步槍。在黑夜活動中，他們神出鬼沒的偸襲敵人的腹地。每回都得到勝利回來。他們一直爬行到敵人的營內，大喝一聲，他們唯一的目的便是砍腦袋。他們早負了必死之心，雄壯的氣魄眞教敵人膽寒。踏着勝利的血，他們又唱凱歌回來了。

從大刀隊的幾次偸營後，敵兵差不多晚上連睡也不敢睡。可憐的怪獸正如陷落阱中的虎。他無時不恐怖着與死神接吻，夢魂驚醒之間，他們一面捧着頭顱，一面讚嘆着：「支那神祕的兵！」

血與肉軀的犧牲，可以保持領土，可以奪佪人格，我們怎能不戰?!

——志尼。」

二月七日

秀，美麗的使者，秀：——

你來信說：『我們的愛情是血做肥料。所以長出一朶淒豔可愛的玫瑰花來。血的年，血的月，血的日，血的愛，我們當珍重地紀念一月的偉大。想不到二十一年的早春，立刻開放一朶那麼燦爛動人的血花。有價值的正月，比玫瑰月——五月——還要偉大得多了。我們的愛就在這個偉大的月裏面滋長。

『我很感激你，志尼，你將你的生命獻與祖國，幷把你的青春全部贈了我。你在冷酷的戰陣上，藉着火的熱，血的熱，還來燒燃我們的愛情。這眞是今代中國的最摩登的典型人物。我穿着聖潔的白衣爲你祈禱，祝你和你的弟兄們共同勝利！……」

秀，你的熱腸美意，確使我一生也不能忘懷。今晚的月色分外皎潔，好像知道我在火與血衝擊之中，我會得到一個柔美之夜。我莊重地唸着你的詩句，我忘記了我是在慘痛的戰場，你的信寫得太溫柔了。你，我的女神，你是人間慈惠的母親；用了你主一般瑩明的博愛去撫慰許多創傷的遊魂。啊，我當爲你讚美。

秀，我們的弟兄又調防了。調到與敵軍肉搏的最前線去。我的心已得到了光明和寄托，我應當更勇敢的殺敵。在早上，敵人趁着曉霧彌漫之際，各路一起聯合進攻。我們上了戰爭經驗的弟兄，這就好比是家常便飯。在不平靜之中，他們十分安靜的等候敵人走進槍彈有效的地段來，然後開槍射擊。「大家都抱着敵來應戰，退却休息，始終如一的態度。敵人雖然抱了絕大的復仇決心，但仍舊不得一逞。

各路同時發難中，要算天通庵和寶興路爲最劇烈敵人攻擊的第一重點。他們倚着飛機鐵甲車衝鋒，從八時起至下午三時，一直在爭持中。雙方死亡枕藉，但我們是以逸待勞，而且弟兄們又善打包抄，故此死傷總較敵人爲少數。他們戰鬥到將近不支時，敵機會屢屢擲彈威迫。無知天助自助，他們投下的炸彈竟沒有一枚爆炸。我們正在最前線的守衞線內。當他們五六百人進迫過來的時候，我特命後退詐敗待其深入，然後合力殄滅之。他們衝鋒的失敗，大半是操之過急，他們一點也不知道我軍的虛實，便又貿然撞入我們腹地來。那時我看看接近了，立刻下令反攻：手溜彈，迫擊砲，手提機關同時俱發，把他們衝成幾段。

那時與迪安方面我軍也奮勇殺退他們，奪得鐵甲車二輛。機關槍三架，本來大可乘勝追擊的，無如我們是爲自衞而戰，除抵抗壓力外，并沒有侵佔的野心。爲守條約的信義，我們始終還是阨守原來陣地。每戰必勝的士氣，他們的快樂，實在不是一杯香賓酒可比的。

靑雲路一帶在劇戰的刹那頃，許些漢奸在擾亂後方放火。這眞是我們最痛心的一件大恥辱。甲午之戰，北洋艦隊誓師的時候，南洋艦隊居然會宣告中立。時至今日，這種糊塗醉夢的致命傷還是沒有除掉。一部份擁有重兵的新軍閥，他們在袖手旁觀！這樣說來，我們何怪於毫無知識的江北漢奸呢？國家待他們較之大人先生，深刻地劃爲天堂地獄。有教育，而平日又受到國家最高的報酬的大官兒，他們的罪惡較漢奸何如?!

火舌熊熊之中，我們正和敵人斷殺得最厲害。所以警備部的消防隊祗好等到第二天的破曉然後前往灌救。在火星四射滿天紅光的當兒，我幾乎完全滅絕了理性。我想，人生是彩虹，是火花！生命底意義就在一霎時的閃迸光焰和絢爛的紋彩。在過去，我是個唯情哲學的信徒。時至今日，我們的生命早就懸在敵人的槍砲中了。我們的領土是給敵人以武器奪去了。要還我們的生命，索回我們的領土，那有不以血肉可以收效？我的血在奔流，我的心在震蕩，愛，葬身在火光中吧，我的靈魂在這樣的呼喚。

你說，上海的小姐們和公子哥兒仍在西人飯店跳舞作樂，這很使你忿忿於那般行屍走肉的自私底醉夢。可愛的孩子，我也不知道他們爲什麽仍在依戀那殘餘破碎的生活。不要絕望，我們惟有虔誠地祝望，但願中國的青年振作起來，注入時代的新生命的汁液，加上熱，去找他們的出路。在情場，他們可以做個溫柔的天使；但同時必須澈底的覺醒過來，憶及我們巍峨的故國，那末，他們的靈魂或者可以離開溺陷。你說你喜歡做小品文字咒罵他們，我却希望你引導他們捨棄了魔窟，告知他們不要「氣短情長」。

這是我革命的血鐘，一聲聲，敲澈了我自己的心魂。在此，我感謝我的愛人指示了我一條光明的康莊大道。當我飄零到像一葉疲倦了的浮萍的辰光，秀，你是我慈祥的救主。你的厚意勉勵，都給你柔靜的眼波流露出來了。不停的閃射在悲壯的別筵的時候，你又給了我無限的慰藉！我獲得了一滴純潔的醍醐，我慶幸。

——志超。」

二月八日

親愛的秀：

在大難臨頭的今日，最萎靡的人也該負一點責任了。在敵人重砲炸彈壓迫之下，我們雖然尚未動搖士氣，失去寸土，然而建築物的被燬壞，——尤其是文化機關，各大學校，從前很莊嚴宏偉的建築，如今大多失却精華，變成一片焦土了。

日軍變更作戰方略後，以海陸空軍全集中了攻取吳淞，兩夜來的血戰，除了火光和槍砲聲音，依然是很寂寞似的。我軍因爲以少敵衆的原故，差不多一連好幾天都很少調防休息。×軍長的眼，已經紅灼灼地像兩棵火球。弟兄們躺臥在汪潭般的戰壕內，個個都成了落湯雞。

至於我們的食宿，那更不成樣了。每天上午三時吃早飯，直至下午八時才有晚飯吃。這原因，自然是因爲敵人的擲彈所賜。如果燒飯的地方旁邊沒有一架高射砲，那是做夢也吃不成功。睡覺時，泥濘的地是床，薄雲掩住的天是我們的被；但我們同羣的兄弟手足，依舊是奮勇應戰，一點不怨在人間受到低能動物所沒有受到的痛苦！秀，精誠所至，金石爲開；大概一個人有了精神寄托和堅决信仰的時候，他會忘懷一切勇敢地前進。愛，正義之光在領導我們奔馳。而你，更是我希望之神，我卽使孤單的旅行於沙漠之中，我也不會感覺到疲倦的。

細雨濛濛，二月的風還有點尖刺。來復槍掃射的音波在不停的應和風聲，陰森森的影子在死的境界裏活動。日本的所謂「大和魂」愚昧地犧牲於軍閥的野心陰謀策略中。說來是怪可憐的，人類的戰爭到今日尚不能避無謂的野蠻人底衝突掠奪，他們——敵兵——從太平洋的海上，一批一批的運送到中國來，他們在戰爭自然更失却理性了，然而他們的屠殺姦淫的勾當，在人道的眞諦之下，好像活畫了一張自供的畫像，他們自己的罪惡是如何的不可赦啊！

他們瞄準我們弟兄的時候，他們或許不會想到我們的弟兄正在準備和他們肉搏。在今日，軍閥們的近視眼眞可笑。東北問題之是否呑炸彈且不去管他，而日本民族對於人羣的劣根性——他們自己的弟兄多親熱，但我們徒手的難民，他們殺千千萬萬也不覺得這是殘忍的行爲！小器，狹隘的民族，如果再不走新的路徑，大和魂的危殆更還甚於我們中國的前途。這是可以比較肯定的預言。

一連七八小時的衝鋒陷陣，我們早不知道自己的生命是否仍在繼續。我們依着一條小河，據險安放好了兩枝水機關，以等待敵人入甕。敵軍在戰鬥劇烈的當兒，忽然在張華浜蘊藻浜方面增加了二三千兵力，於是就向我們的營壘作不斷的攻襲，幸而晚上八時十五分鐘，我們閘北也到了不少生力軍，戰事的重心便移向屈家橋附近，黑暗的晚上，夜神是不聲不響的站着，轟炸的手溜彈，步槍的火花，一切都在閃滅着，終於，他們因爲作戰的經驗缺乏，祇會正面迎戰，一到我們左右包抄，他們受到側面脅迫的時候，便慌慌張張的退却了。「大和魂」的傷亡，總在一二千以上。

愛，你可記得我和你讀完雷馬克氏的作品之後，我和你去看「西線無戰事」電影的那晚上嗎？我說：『在作者的意思，是因爲他飽嘗戰爭的痛苦與悲哀，深深地知道人類的末日將至，他希冀以心靈的聲音，去喚起人們已失却的靈性。在作者，他恐怖著「大我」將要寂滅。以懇摯的感情來呪罵戰爭的罪惡。那是絕對的「對」！但是可惜資本主義以盟主自居的國家來拍「西線無戰事」影片，那不能不說是帝國主義的「電影宣傳」政策！不信，黄浦江畔還泊着不少反對戰爭的新式戰鬥艦呢。』

當時你很痛恨我們中國民族性的痲木，你說：『「一般人望着街頭的砲車在笑，殊不知隨時都可以鬧較「五卅」更慘痛的國恥！」』如今，你的話已經是預測的應驗的明證了。然而實際上我們的民族却還沒澈底的覺悟過來。民氣的蓬勃是可謂充滿朝氣了，而却始終不能形成民力。「懲前瑟後，溯往思來，我們祇有咀呪」都市的知識階級和資產階級。他們也許天天在說着十分衝動而帶着興奮的話。但他們的行爲却是常常相反的。在美麗的客廳內，高談革命的也有，痛惜國難的也有，而他們還是躲在外人勢力扶持之下的租界內，求眼前一時的苟安。

北伐的成功，——就早年的軍事而言。完全是靠鄉間民衆幫助的力量。現在，戰地的鄉民是更踴躍地爲我們效勞了。幫忙我們掘戰壕，燒飯，給我們以最疲勞的服役，自動的參加運輸工作………凡此種種，都不是說漂亮話的城市人所能做得到的。

久住大都市的人，實在是容易麻痺而至不可自拔。秀，你和我都能跳出那牢籠，這眞是值得欣喜的一會事。接到你的來信，知道你在後方醫院裏很努力工作，我非常安慰。我們弟兄們無事閒談的時候，彼此都豔羡受傷的士兵能夠得到上海小姐溫存的慰藉，在他們的心目中，能得貴族的小姐們一笑已是不容易，何況是殷勤的美人恩惠！

敬致

軍人的最敬禮！

——志尼。」

二月九日

秀，天翼的仙子！多謝你爲我述說一位弟兄受傷的故事：

『志尼，你們的弟兄眞是忠勇得可敬，請你諒解女性對於英雄的渴慕。我要告訴你，他是湖北人。說來是怪可憐的孤另另的孩子。他，驟然望望，原是個很平凡的少年。然而我和他經過兩夜來的談話，我却增加了我對於他的敬仰。到後方醫院服務到如今，我瞧見無數忠勇爲祖國犧牲的傷兵，但却不曾有過今天的感動。志尼，他現在還祇不過十九歲，入伍的歷史却有了五年的長時間了。

起先他是爲了窮，爲了生活的壓迫才投軍的。那時候，他年紀還很幼稚，但已經立下了很大的志願，他在夜深人靜的時份，踏着月色偷偷的離開了父母逃亡。最初到軍隊的當口，他什麼都不懂，祇能夠擔任勤務的馬弁工作。後來他是被正式認爲弟兄了。由三等兵而二等，而一等，他已經是個受足訓練很健全的弟兄了。

他很能夠作戰，而且非常勇敢，他輾轉流浪，過着極顛沛的內戰生活，最近才轉入你們第十九路軍去的。在曹家渡的一役，他衝到敵人的腹心去，首先奪得了日本皇后綉贈日軍的隊旗。當他和弟兄們高唱凱歌的刹那，他還沒有曉得自己是帶了花！（這是你們軍營受傷的術語，現在我也學會了。）於是，他漸漸地覺着痛了，灰色的征衣上慢慢地滲出血水來，他覺着十分的痛楚了。不一忽，他便昏迷地跌在戰壕裏了。由弟兄們的同情的援助，他是被送到我們後方醫院裏來。當他車到的時候，蠟黃的臉和白色的嘴唇，簡直連一點人樣也沒有。

他呻吟着，他微弱地在呼喚他的娘。可憐的孩子他在呻吟着。以一個慣於飄零的人，久經戰陣的朋友，我明白，如果不是熬不住火燒的痛苦，他是決不願在柔弱的女性面前示弱的。後來我知道，他是十分熱切地思念着他的母親。他說：「世界上，祇有母親的愛是最偉大。我母親常常寫信教我回家去一轉，請了幾會假都不蒙上官批准，所以祇好含淚兩地相思。如今，我是沒有希望再見生身的母親了，帶了花，總是光榮的！」

他有時候說着夢話，像一個瘋癲的病患者，大家都不敢走近他。但是我却爲這位英雄一夜不曾睡。醫生給他施了手術之後，他便沉沉入睡了。半夜他才醒來，他要開水，要我寫信，都是我良心上應盡的義務。惟有他要見他的母親，我却無法使他如願啊。

他的眼睛很疲倦，睜開來的時候，紅紅的還含着淚光。他說他絕不怕痛，因爲他一想到他自己光榮的獲得，他便什麼都忘却了。志尼，我祝福，爲了他，我曾流下最純潔的同情之淚，戰爭！「血滿長城之窟」，江南的桃花也燎染得緋紅了。」

秀，我對於你的仁慈眞是感動到不可言宣。我們處於行伍的人，生死是早置度外了。弟兄們的負不怕死之心沉着應敵，曾屢屢博到各國軍事專家和報館主筆的撿揚。力圖生存的民族，雖然在血泊中去拚命，然正義與公理之神舉起的火把，終於照澈了黑暗的地獄。秀，人類的友愛之光，請你用慈祥的力擎起來吧。

在難民倒懸朝夕啼哭的戰地上，永遠是聽到死的音樂。今天戰事較昨日緩和了許多，而一般的輿論，也在讚美日本軍隊戰敗後的立即集合。這是眞的，戰爭猶如人生一樣，勝利和進攻都容易，惟有逆境最難處。「兵敗如山倒，」能夠有紀律的敗退，確乎是令人佩服。不過，靠着租界做護符，退却得好還夾着幾分可恥的。軍人最可敬的是勇敢，精神，道德，基於不平等而攫奪，「黷勝不武」。

愛，請你了解我，這決不是解嘲的話。我認識敵軍，應該給他們一個更忠實的評論。絕對服從本來是軍人沒有相對自由的地方，但是日本軍人眞正可以天經地義的守着那紀律，他們的愛國思想也極其濃厚。他們是徵兵制的帝國，他們的愚衷也眞不可及。無論在社會上獲到很高的地位，他們還是很願意爲他們天皇的微笑而死，正如我們從前的封建思想的一般。他們在壕內休息的時候，大家都忙着寫家信。由這一着，我却聯想到我們不幸的弟兄們，許多都沒有受教育的機會，致成爲一個開眼的盲人。你來書所說的少年還算幸福了，有些當了一二十年的老兵，就連一封信也不會寄轉家去的也有。

我認定，今後救中國除流血禦侮之外，我們應當嚴格的致力於社會教育問題。我以爲政治上了軌道，第一還要着眼社會問題！救濟失業和災荒，決不是戰爭可以收效。陷於百刼不復如我們的今日，歷史上已昭示我們。但戮力奮鬥可以圖強。過渡時期大旋渦中的現代人，如你信中所說的湖北少年士兵，他的遭遇固然悽慘，無如要救未來的兄弟姊妹們，我們就不能不做犧牲者了。萬物同胞，我們不要因爲變態的事物而搖動了我們的信仰。現在是羣魔猖披的時候，還不會走到我們的世界。可是總有一天，黑夜必要過去，咱們的「黎明」跟着來臨。

祝福您，再見！

——志尼。」

二月十日

秀：——

十多日來在死的氛圍中，呼吸着死的空氣，聽着死的音韻。至今，我仍在死的境界裏活着。黑暗中捉摸我自己的靈魂！

我告訴你一個不幸的消息，我們的朋友琦，他是已經給戰神帶走了他的生命了。當他彌留的時候，他很關切的叮嚀我。他說現代人無法逃開魔魅的臂彎，那灰色的命運，在黯淡的前路阻擋着，展張得如同羅網；確實的，世界的爭戰底危機，早已蘊釀成熟了。一觸卽發，主宰者給安排定了，就是主宰者也不能變更。

他教我不要負你，他最痛恨現代人的過分彷彿。他含着滾熱的淚珠，爲我倆的前途作了最後的祝福和禱告。我們的朋友，琦，於是就拋棄了罪惡的人寰。秀，我們相愛的精神，對於人類之生存在宇宙，爲了愛，當有更深澈的認識了吧？

我帶着悲涼萬緒，快快地囘到我的防地來，我紀念着我們的朋友，我的血是燒到沸熱了。復仇去，爲我們的朋友。於是我的精神又重新振刷起來。明白地知道，戰線上，我們是具了人形的猛獸，其實，人與獸根本就無所謂有「靈」「能」的劃分。

在血染的陣壕內，曉風殘月之下，我們忘了征人衣單，忘了人生的快樂。聽得號角狂鳴的當兒，我們便成了一羣猙獰的猛獸。

受過哲學思想洗禮的人，他一定不會認殺人是善的行爲！而再三之所以爭鬥反抗，正恨理性的偏激狹隘所造成人間一切的惡因。單單一個「國」字，夠寃死了無數的英魂俠骨。秀，當你在病院慈祥地撫慰受創者的辰光，前方的血肉却在不停的毀傷之人，無貴無賤的捐棄了青春，自己驅使了自己入毀滅的門框。有力有熱的康健的血肉之軀，必令他們像嫩花之被摧殘而成爲骷髏，這是近世經濟政治學者和科學家研究的結論。

我們自己是朝夕在火光之中奮鬥，也不知道自己的臉孔是憔悴到如何地步！不過放下槍桿的手偶然觸到高突的顴骨和稀疏的楊柳一般的髭鬚時，我憬然覺悟到這些全是時代的產物了。爲了自然的血性衝動，我的刺刀是在敵人的心窩刺進去了。殷紅的血和臟腑，我反滿足了變態的愉快。殺了一個又一個，我跟着我們的弟兄們

「敵愾同仇」的報復去。那時候，我們希冀悠悠的天地也相偕破碎，世界的盡頭早點給人們看個清楚。

我們深信，人類要完全根本覺醒過來，除非是災難可以叫他們害怕：猶如鳥之驚弓與魚之漏網的亡魂失魄。在喋血的十來天的感想，我的心扉被急激的浪濤所衝擣，籬邊得無計自持。在英雄主義的支配下，你讚美我們抵抗的精神，然而我正苦不能解答我內心的疑問，我們的民族爲什麼如此沉淪被辱？

不過我們所得到的覺悟，人類是墮落於虛僞和享受之間而不自省。譬如：人的眼不是爲了動人的色彩，耳朶不是爲了美麗的音樂，鼻官不愛聞芬香的氣息，舌頭不是爲了美味，總而言之，人是太愛舒服了。居住要洋房，行路要汽車，需要的東西太多了，物慾就橫流起來，道德和知識有多少的力量，能使人們水一樣的心情不流動？

幾天來火與血的展開，不特上海人震驚蒙在鼓裏，即憂心亞洲問題的大政客，也正爲中日的交戰而惴惴。究其實，我們當兵的又何嘗不是受日本的幾個大軍閥愚弄？

敵人自從士氣受挫以後，確有點「軍無鬥志」。但是他們呈報東京，聽說頗受了不少斥責，各國輿論又大多譏諷訕笑；故此他們惱羞成怒了，不得已又一鼓作氣的以全力向天通庵等地段猛衝，同時吳淞口岸的兵艦一齊發砲轟擊，在嚴重的生死關頭，我們再也無暇作伸張公理的幻想。爲了河山，爲了民族，爲了生存，爲了人格，我們的弟兄是更見勇毅。我們趁着勇氣，以大無畏的精神去反攻，終於給我們進展至虬江路北四川路上來。

這使我們如何的感動呵！到處都是面孔蒼白的飢餓的災民，有的躲在砲火的戰區內已經多天沒有進過一滴水，奄奄一息的在喘着生命最後的呼吸。扶老攜幼的哭聲載道，奔跑得流離失所，在街頭舉目一望，何處是他們的家？那裏是他們的歸宿？秀，雖然具着無限同情有你們的救護隊正在努力施救，但是一批還沒有給他們暫時寄命之所，而敵軍的砲火又在向我們脅迫了。

今天的戰鬥不算不尋常，就是我們佔據的北四川路中段，從早上到黃昏已三失三得。我的家站在我的眼前，我和夏禹一樣，始終沒有跑進去一次。但是牠——我的故居——像很忠實的羨慕他的主人，幷且驚訝地睜開牠的大眼——大砲穿過的洞穴——懷疑牠的主人變易如此神采弈弈的武人丰度。

空軍應戰完了，彼此都無什損失，漸次陷入休息狀態；我是怎樣的快樂，我寫這封信給你的地方，正是從敵人手裏奪回來的租界。踏着光榮，踏着勝利，我們該無憾了！手溜彈，大刀隊，手提機關槍隊一湧像怒潮似的衝過敵人的第二道防線去，迅雷不及掩耳，他們祇有拋了麵包和槍械立刻總退却。

——志尼。」

二月十一日

「秀，我的熱！

——你的快函我由傳達處的同事轉到了。我很感謝你常常在鞭策我！

「志尼，一個眞正革命者在前行的時候，他除了尋求光明，便永遠沒有機會給他悶頭嘆息！我萬分的盼切你會了解我的心，尤其是對於你將來的期待。

接到你的信，曉得我們的朋友琦是死了。我爲他曾一夜不曾入睡，而且竟淌了不少友誼的淚，來表示我對於他的死的哀誠。但是，在青年的康莊大道上，他已成了一個樂園的指路碑，他建造了成功之塔，所以我又爲他快樂。

我們在後方眞是一點意義也沒有。提心弔膽的注念着你們到底不知是怎樣的一會事了。這眞使我們苦悶，我深怕報紙不一定完全忠實，爲了愛國，他們祇好審愼一點編排他們的消息。你們自己是這幕大悲劇的演員，怎樣變化都在你們的眼前閃動：像夏之黃昏躺臥在綠茵的草地上，靜觀幻雲的構形。

祇有些微安慰，我能夠每天在病院裏探望服侍神聖的傷兵。請千萬不要因爲痛苦和禍害便動搖了你的信念。那正是很淸晰的以事實展開在我們的前面，大義當前，更重大的犧牲也無所婉惜。我的愛，我的心像羔羊似的柔順地等你回來躺下休息，在你們勝利凱旋的時光。一個有作爲的人很容易懷疑他的獲得，易卜生的「大匠」便是很好的明證。你曾說過，以甘地先生的精神爲精神；現在正是努力的青春時代，不完全的世故人情是誘性的魔鬼，你該留心自拔！

愛之深，期之過切。我曉得你很愛我，但是情人是前進的明月，不是黑夜的絆脚石。你是個天眞的小孩子，我怕你受不了刺激，請你諒解我，我是在勗勉你，而不是在向你責備。亂世的青年祇有兩條路可走，負起大責任而爲世紀任勞任怨以造成一番不析的功業彪炳千古，或者是過着頹廢的「醇酒婦人」醉夢的生活。但是，我不是弱不勝衣的「西子」……」

秀，我讀到這裏，我不禁流下眼淚來。是的，惟有卑怯的人才猶豫不決。你的信，像是湖上午夜的寺鐘，悠然澈悟我的靈魂。如果我不能有所建白於將來，眞辜負了你如許聖潔偉大的愛了。我是個頂天立地的人，我决不使你失望！請你忍耐的等候吧，光明照耀的時光，你應當是慈母般的微笑了。

爲了不要忘却你的肺腑之言，我用刺刀的尖端用力在腕上猛刺了一刀。這很使弟兄們驚惶失措，但我立刻告知他們，我以碧血爲誓，誓爲民族犧牲，作不斷的奮鬥。他們都深深地感動，於是，我們又用強有力的手握起我們的武器殺敵去了。

清晨拂曉的時候，敵軍的鐵鳥又開始在空中盤桓擲彈。爲了不平等的賣身契，我們竟不得不忍痛退出原有陣地回到原防來。因爲高射砲下落的地點正是條約內的限制地段。「勝利的悲哀」的名言，本是爲敵人之敗得慘痛可憐而說的。我們可是不特不覺着空虛，而且反會替他聯想到憑藉租界作戰的「勝利的悲哀」而可恥！他們這次戰爭，完全暴露了他們民族性的陰險偏狹心理。對於他們挑釁的僧人是如此的愛護，但施之中國良民的重量炸彈又這麼的殘酷，同是一般的生命，看法却想不到有這樣的懸殊。

在特殊利益之下，我們說認識清楚世界上帝國主義者的聯合戰線了。敵兵在條約掩護之下再加以野砲的掩護，一千多名的陸軍在蘊藻浜方面向南進攻我們，意圖獲得車站作伸入的根據地；無如我們早已有了準備，挾住迫擊砲和機關槍手溜彈伏在壕內以逸待勞。兩旁伏兵都預備好了，正面的弟兄就開始敗退，他們怯怯地在蠢動前進，鋼帽擋住了眼睛，像蝸牛似地漫漫行着，到了我們的標的時，一聲「殺」的怒吼，左右大舉包圍，他們就同猛獸被刺似的，猛跳起來掙扎，這一役，混亂的廝殺，他們手忙脚亂之中，自己踐踏傷亡的也不在少數。

除却軍用品的獲得，我們活捉了他們幾十個俘儕。單單我們一營，也捉到七八名之多。他們的威風早沒有了。像喪家狗垂着頭，哀求我不要殺他們。

「你們是第幾師團的弟兄？」我和平的審問他們。

「第九師團的。」俘儕的一員答我。

「你們都結過婚嗎？」

「結過。」

「沒有。——但是有父母，兄弟 姊妹。」

「早就結婚，而且還有小孩。」

「母親年紀大了，兩鬢和霜一樣白。」

他們許多答案之中，大概都希望我給他們「生還」。「我們不願意作戰的」這句話，是他們的一位少年士兵說的。我體諒人類的「愛」，我沒有把他們殺害，還教弟兄們給了一頓飯他們吃。他們說，我們本來是同一的種族，不管他的心肝是怎樣，然而我們把他們卸除武裝之後，便令一排弟兄押送他們離開我們的陣地。分手之前，他們說很感激我們支那人了。

——志尼。」

二月十二日

今天雙方同意停戰四小時。本來是英美領事得到教會請求，利用停戰的時間來營救難民出境。這個動議早幾天就提出徵求過中日雙方的意見；我們自然是十分贊成的，無奈日本不肯依從，他們始終都不允許這請求的原因，是因爲新到了一大批陸軍，想趁勢反攻。直至幾日來的大敗，他們才允許同意了今日的休戰四小時。

如像長途賽跑的運動員走完終點似的，旬日以來，躺在血泊的泥濘戰壕裏，我們夢想不到有今天的一天緣。士兵和長官的盡責應敵，睡眠不足和過份操勞之故，差不多沒有一位眼睛不紅的！上午八時至十二時的平靜無事，却造成了很多可歌可泣的纏綿故事。

同事當中有家在租界上的，大多離防看骨肉去了。我們有二位兄弟營長，他們都結婚了。哥哥結婚一年多，弟弟新婚才十多天，連「洞房花燭夜」也未享受，他是被愛國熱情和尊嚴的命令驅使他離開了溫柔的情場跑到冷酷殘忍的戰場上去了。這番他們是重逢了，他們祇有弟兄兩個，經過我們友朋的盜視，他們是立下了這樣的遺囑：

如果哥哥戰死，弟弟要負起撫養嫂嫂的責任。如果弟弟戰死，哥哥便負起撫養弟婦的責任。設使兩人都戰死了，我們朋友活着就代負責任。

對於這事，很引起了我的感想：爲了丈夫的殉難而自願犧牲一生的幸福來勗勉丈夫，報丈夫，這是否是現代的青年所應爲的事情？或者竟是一種封建思想的毒汁？這我們不能隨便就下斷語。在英雄主義還在掩映着波光的時候，這些忠貞的事實是難免的。

我的朋友都很歡樂，他們——那弟弟的一對情侶——是多麽的愉快啊！這時候，他們眞是一刻千金！我待他們簽好了字之後，我即刻告別了他們去找我的愛人——秀。一刻千金的寶貴光陰，是青春期最値得珍重的一頁。在我的生命史上，我當永永不能忘却牠。

「喔，志尼！」秀大聲喊起來，一見了我。

我緊緊地擁抱住秀，什麼都說不出來，她笑着流着眼淚，我的熱淚也滾下來了。倘若沒有這流離的命運，我們如何會感覺到聚首的難得？沒有重大的壓迫，我們愛情的滋長也不會這樣快吧？

「琦是爲中國犧牲了！」我首先對秀說。一個勇敢的影子閃上我的眼簾，打動了我的心。

「可敬的琦，可憐的琦！」秀在爲他的死流淚。

「後方病院的工作想來是很忙了？」

「是的。罪過得很，現在血我是不怕了，但我最怕聽弟兄們臨死的讖語。」她揩乾了眼淚，接着說「：可愛的志尼，你們給祖國雪恥！夠了，什麼都不需要了。」

我很多謝而且慚愧，秀又把我拉到酒店去小酌爲歡。她很誠懇地說：「今天我給你慰勞。」

我眞疑心是一個夢。在死的境界裏活着，但我們都覺得十分有生氣。現在是從死城裏逃囘來了，喧嘈的市街，許多人依舊在上面躑躅着。雖然也很熱，但是難民驚惶失色的臉混亂了笑嘻嘻的俏臉孔，使我們仍舊覺着恐怖尙未離開上海，而且是行將又爆發災禍的一種徵象。

我從虛空中捉到秀眞實的影象，我毫不懷疑地認識了人生。惟有不斷地努力，如歌德浮士德中的見解，從磨難中不斷地創造。春花早謝，我倆形骸的愛是就要幻滅的，然而我們的精神，却永永地寄存於宇宙。

秀天眞地笑了起來，她問我戰地上的經驗，我告訴她。在作戰的行爲，除了動機是給稍爲經過知識領導的感情之外，完全是由於血性的衝動。武者小路實篤所描寫的很不錯，假如敵人先放下了武器，那我們斷不忍心殺他。我在昨晚深宵，也會有過在西線無戰事中同情敵人之死的人性表現的機會。當我把他一槍擊倒在地上的時候，他立刻懺悔他們的黷武是錯了。我把他抱到我們的防線內。那時他的呼吸已經很急促了。但心血還是溫暖的流動。他說，他沒有仇恨我們殺他，因爲他正是預備來殺死我們的。他也不怨死得沒有價値，男人在現代死在鐵血也是一件平凡的事。可是他想念他的老母，他的妻兒。他撒手也不能瞑目，他自己是爲國家犧牲了，不知道他們的國家對於他的家人會一樣的像他的盡了負任不。

他死的辰光，我們的弟兄頗有爲他悵惘的。人，人？我想。在矛盾律的圈套內，人類的聰明和才能，依舊找不出一個澈底圓滿的結論。戰爭，永遠是徘徊在公理與强權的墓門，正如現代人的靈慾觀感。

我們飲着碧血似的酒，彼此都有了點飄飄然的情緻。秀的臉紅得像剛熟的石榴花，她懷着愛與死的衝突底情調，她的大眼睛終於潮潤起來。我知道，人類的思維是不容易變易於短短的時間內，但思潮却是跟着血流而激盪。秀的心，她願意我緊緊地摟抱住她，同時又想我成了一個時代的英雄。

「我去了之後你覺着怎樣？」我逗她的心底的眞誠。

「我覺得很安慰，不過思念你是太苦了。」她也忘記了女孩子的羞愧，很自然的說着。

在筵席上，我倆無暇再有閒情逸興去享受了。那不知是「和合酒」還是「離筵」。

時間是匆匆的過去，愛神已展開她的薄翅和輕紗飛去了。戰神舉起他強有力的臂膊，我們四小時的假戒過去了！我神聖的吻了吻秀，我們便在街頭撒手，秀的一聲「珍重」，使我失落了我的心魂。她的影子就在我的眼前消逝了。

帶着芬香的氣息回到血腥的陣上來，溫柔的情緒尚未完全消散。砲聲和火光又重見了。於是我便極力鎮壓住過於飄拂的心。今天我們營中的防地沒有接觸，敵車因爲閘北停戰他就用全力攻吳淞。我們的弟兄守衛得沉着，所以他們一點也不能有所活動。

屢屢進攻，利用了重砲飛機兵艦，結果一無所獲，於是日本的司令官野村又易植田謙吉代替了。我們的弟兄抱着一貫必死的精神，鎮靜地等候他們的變動！

二月十三日

「秀，——

我寫我的日記覺得有點單調和厭倦，現在變換一種方法。或者要比較新穎些了。眞像是一縷煙，如今我又回到戰場上來了。

淸早醒來，太陽像要蘇息我們的疲勞，牠的光散佈了無限的溫暖。「熱」，叫血性的人努力。一見了太陽的面，敵人就開始放着示威的大砲。我們首先就當其衝。

他們一次一次的衝鋒過來，我們倚着一大堆坟山作戰。

我命令一連人沿着小河做先頭部隊由左翼去攻奪，一連人在右面包抄過去，然後再用一連人在中央突出，在敵人的腹地內集合。那位連長都是黃埔軍校的學生，作戰非常勇敢。他們丟下槍桿的時候，常常喜歡談談文學，藝術；其中年紀最輕的那位廖連長，他更愛好音樂。每當晚風斜日月亮升起的時份，他臨流玩着凄涼悲壯的調子，這使我們大家都忘却了置身在火線中了。

這一役，大衆都爭先向前，當我正在用軍用電話報告團長我們勝利的消息底刹那，我的勤務兵忽然走進來報告我廖連長重傷被敵人捉了的消息：眞是一則以喜，一則以悲的遭遇。我們平日感情很好，我聽了我的勤務兵的報告之後，我馬上就帶兵衝過敵壕去，我的手槍一直沒有停過，子彈完了，立刻又是第二排，第三排，……我爲要營救他，一面自己作戰，一面指揮着弟兄衝上前去。

終於，我們是完全佔領了敵壕，廖連長也獲救了。可是他的傷受得太重了。躺在炸彈炸開的地洞內，一動也不能動，我緊緊地握住他的手，命令弟兄們給他水喝。我安慰着他，他微笑着，但那慘沮的笑未完，他的手是漸漸地冷下去了。眼眶內淚水在迴旋；他沉默的不發一言，祇是繼續悲苦的笑！「殺身成仁」，大丈夫能夠爲國殉難自然是無憾了。然而他的笑究竟蘊含了多少悲涼的情緒。

他開始作他的遺囑的講述了，他說：「我沒有什麼缺憾，但是我的愛人對我非常愛護，請營長暫時不要發表我的死耗教伊傷心。我知道，此番我是沒有生的希望了！」這樣，我們的少年廖連長是和我們弟兄永訣了。他的眼睛疲倦地合攏來，再也不願爲罪惡的人寰睜開。

「復仇去！」我們的弟兄一致的聲音，那忿烈的義勇，又形成前進的力量。我方乘他們少少退却的刹那，立刻趕上去追逐，在我們密擂與快射擊之下，敵遂紛紛逃去。我軍繼續用遠砲射擊，後據探報，他們陸戰隊的司令部的房屋一部份給我們擊毀了。

飛雷試用的成績很好，居然炸毀了敵人一架大轟炸機。

在戰勝後稍事休息的時間內，我回到原防去，在我們的火線上，許多鄉下人還給我們來帮忙燒飯工作，我問他們爲什不在昨日離開戰區，他們回答得確乎有氣節；他們說：「死就死，餓就餓，我們逃什麼？」

「是的，我們還是在一塊兒死吧！」我打趣的同他們說。

忽接警報，吳淞戰事緊急，風聲鶴唳，吳淞口的燈塔也給敵人砲毀了，有話明天再和你說吧。再見！

祝您

晚安！

——志尼。」

二月十四日

「秀：

我覺得救中國並不是一件怎樣困難的事情，祇要有權力的人肯稍稍煞了一點利己心就夠了。昨夜警訊頻傳，但是後援一到，我們全線也就得到穩固！

在中國，我們感覺到卑怯得可憐，而且可以說是愚昧的神秘。從前甲午之役，北洋艦隊在拼命抗爭，南洋艦隊却像煞很聰明的宣傳獨立！這種可恥的麻木是過去了。不想如今我們也會讓日本「逐個擊滅！」東北馬占山絕塞孤軍，政府在唱「鎮靜」，民衆在叫喊，觀望，及至上海難發，本來不大可利用軍事上的勞逸懸殊優勢出兵榆關來分薄敵人的兵力。那裏曉得政府却又在袖手吶喊「長期抵抗」了。

我們貴國同胞劣根性眞多，尤其可怕的是有權勢的人的氣焰，他們不特不去幫助努力的人，給治事業向上的朋友以一種保障，反而增加惡環境的壓力去摧殘人家。絲毫的利他心也沒有，陷祖國於政治不修明，時局至於不可收拾；公正的心，永遠敵不過利慾，民族那得不沉淪？國是那有不蜩螗？

雄師壓境許久了，幸而我們還能夠用血肉來保衞我們的河山。綠油油的春天郊野，花樹大多給砲彈摧毀了。偶爾在小河旁發現三數叢野花，殷紅的血染得有如玫瑰的甘露。我呆望着野草花發楞出神，我知道牠們的生機之短促，直類我們無定河邊骨。但是，愛，愛情的酒漿給我醉醒了，我們的生命，一刻一刻的增加着希望之光，我們再也無暇去探索，單是爲了皮囊的死之恐懼去求索生之玄秘。

今晨因爲敵軍想取得東北線的連絡，一大早就以重兵襲取八字橋了。從昨天起，戰事更陷入劇戰狀態了。起先是步槍聲，祇有哨兵冷冷的接觸，後來是聯珠砲響，短刀相接了。雙方全都忘却了是血肉在迸裂流射，因爲感情早經死亡。我們踏着血迹前行，冒了雨一般密的子彈衝去，前仆後繼，幾乎每一顆子彈彼此都凭足一條人命。激戰約二三小時，敵人又不支了。他們退却之際，我們乘勝追擊，奪獲了他們紅白旗幟兩面，帽徽和步槍若干。

他們在東京把我們甲午的「恥辱」（不少的戰利品）公開宣傳展覽，將來我們也可以一眼賠一眼將所有的勝利宣揚出來。「正義」所在，我覺得這才是眞正的勝利啊！晚上得到跑馬場方面防軍告捷，說是搶了敵人好幾門野砲，廿多架機槍，步槍也有六七百支。於是我們的弟兄，就高聲唱着雄壯的戰歌，祝賀着我們的勝利。不說了。

敬祝

康健！

——志尼。」

二月十五日

「親愛的秀！

愛情如像凄豔的玫瑰酒漿：我以爲，現代，女人是主宰的神。愛，你的笑，你的熱，康健的美麗，已把我勉勵到這兒來。但是現在的情愛底背景，已不是香花月色，我是刻骨的思念着你，神馳左右，我竟夕不能夠睡，不知爲了什麽。

一鈎的新月，我們的影子陰沉地移動着，因爲傷亡過多而且太痛疲了，我們得到命令暫時開回眞茹去稍事休養，愛，我們已經沒有了人形。一副支離的骷髏，煞是不容易再支撐，像蟻將似的，我們絕無聲響的走在凹凸不平的鄉下路上；崎嶇的田塍，我們鼓足勇氣在奔馳。約莫一二小時的跑步，我們是到後方來了。

立時散開，各個躺臥在泥穴裏，死一般的睡去了。除却幾位步哨還在夜神撫摩之下掙扎着。

開戰到如今，單我一營的弟兄受傷和陣亡的，已在一百七八十之數。戰爭，威尊命賤；誰無父母，同爲枯骨；一切慘痛殘暴的印象，統統在我眼前幻演出來，像影片上的複寫，過去了的殘覺，也重新映在我的前面。

我在一條彎曲的小河邊沿走着，我不能入睡。我爲一些憔悴的弟兄們祝福！我不敢回憶已往的肉搏的慘象。銀灰色的浪紋閃射着金蛇，靜靜地蕩漾我瘦削的影子。我在求索宇宙的生機，我暫時拋棄了我對於戰爭的擘劃。夜之子，牠爲何會在黑夜活動，一如男子之逞雄在戰場？

忽地使我嚇了一跳，我的肩上突然給一雙手重重地拍了一下，我的幻想頓時完全消失了。

「營長，在這兒想什麽？」賴副官的聲氣。

我驚愕地回過頭來，看看果然是賴副官，我才平靜了我的血流，「沒有想什麼，我在望月亮。」我的聲音也沙沙的。

「坐下來，我告訴你一位女英雄……」他坐在草地上面。

「怎麼一回事？」我也坐下去了。

「你願意聽嗎？可有工夫？」

「願意。」

「唉，眞勇敢！眞値得佩服。那女孩子的姓名忘了。大概是這樣的，她是個思想很新，酷愛自由的女孩子。因爲從前愛過一個美少年。遭了家庭的反對，所以他們的好事就不成啦。她失戀之後，她常常想死，但是都被人家救了，後來對於她的一舉一動都監視得很嚴，使她一點也不能夠自由。不久她就逃出了家到各處去飄泊。

後來咱們十九路軍抗日，她是得到死的機會了。她連忙從蘇州趕來充救護隊，那小姑娘很可愛，不特生長得好看，而且人又和藹；她每天都很辛苦的在前方工作，一點也不會怨恨，故此我們都十分敬愛她。

下午，她同師長要了一桿槍。本來師長不肯給她的，無如她狠不過，她問師長，國家是否單單屬於男子的？後來她拿了手槍，再也不願在救護隊裏，她同弟兄們一同去殺敵去了。呀，營長，你調囘後方也許不曉得，今天的戰爭猛烈得很，從早上到現在，簡直沒有停止過五分鐘的槍聲。」

他咳嗽起來，我有點急了，我連忙追問他：「後來怎麼樣呢？」

「後來，」他接着說：「後來她衝到敵人的陣線上，把敵人的聯隊長殺死了。她自己也受了重傷，我們勸她去就醫，她才答應了不去再衝鋒，但是無情的子彈是洞穿她的胸膛，流血過多，軍醫官說她是絕望了。

她說着夢囈，還是忘不了中國。醫官替她打了一針強心劑，她才慢慢醒來，她同我們微笑着說她自己的遭遇，她說中國的青年都是犧牲者，她奮鬥了一生，她覺得很痛快，她能夠死在鐵血裏，這是她所願意而夢想不到的。

她的熱度由高度而漸漸低降，手心也冰冷起來，我們的女英雄就做了中華民族的靈魂了！」

祝安！

志尼。」

二月十六日

「我的秀：——

你的信寫得這麽纏綿動人，實在太可愛了。

「志尼，你的不可一世的氣概，豪俠的情懷，不信你會蘊着悲涼的調子就終身，這是我早向你說過的。呵，如今你又武裝起來了，你是男性的典型，太陽神，我讚美你。

一室圍爐談笑，覺得你們終朝聽着槍聲，爲民衆受冷，受餓，誠然是太可憐了。人總是人，我很諒解你的苦悶，你思想上靈府的矛盾；你的來信屢屢提起愛情，你沒法把一個弱女子征服使她的影子不再縈繞住你。

在病院工作的時間內，我的心常常是突突的跳躍着；我想受傷的軍官當中有你，或者你竟受了傷而被輸送到另一的病院去。同時我又想念你得太苦，眞願你是受傷運到我們的病院來，讓你好得一個痛快流淚的機會。你每每向我說你是最愛流淚而又怕被人家笑你是「兒女」。傻孩子，哭是感情的天使，英雄豪傑就不見得沒有感情罷！

每天晚上，我在靜穆的街道上步行回家，一條長長的路，冷淸淸的，我獨自一人行着。繁華的夜上海，也好像受了傷創一樣，牠是疲乏的入臥了。死的靜寂，我的履聲果然成了空谷足音；像沙漠上行走的駱駝，頸項上繫了銀鈴，行一步響一響，彷彿自己奏着音樂給自己聽，於是也就忘却了枯索。……」

秀，你像花落春深的啼鳥們淸夜的嬌囀，把我們火熱的生涯調和得也有了點恬靜。我知道，你還在思念，等待我，我是說不出的愉快，當我讀完你的信我是歡喜到了發狂了。

我的思想無論怎樣變遷，但我總動搖不了我的抗暴的熱心。我們接到東北的義勇軍的報告，由情報股轉知我們。唉，神勇的戰士，說來眞足以驚天地而泣鬼神。他們——義勇軍——在冰天雪地當中應戰：兩軍相隔一河，那時河水是結成很堅的冰塊了。我們的弟兄砲彈都用完了，一時後方接濟來不起，卽來復槍的子彈也完全燒光了。

經過一晚上的商量，他們就決定徒手渡河去奪取敵人的子彈；當他們偸渡冰河的時候，大多都給冰塊的尖鋒割裂了皮肉，雪白的一條冰河，竟像是怒放了點點桃花。有一部份弟兄是偸渡成功了，他們就一聲獅吼衝入敵人的帳內，利用大刀來砍敵人。有的赤手空拳的就動手搶槍，砰砰磞磞的幹起來。一陣混戰目的已達，於是便連忙拔脚逃囘來。

但是，天呵！神勇的戰士們走到冰河的一半，冰塊經過一度的踐踏，碎裂得更厲害，他們的腿早割斷了。爲了要使犧牲得到實際的利益，他們緊咬着門牙掙扎到自己的河邊爲止，當他們跑到邊沿底當兒，他們把子彈砲彈放在岸上，他們的魂也便告別了他們的肉軀了。

今天天氣很好，空氣非常清新，我們還是在後方休養。弟兄們有說有笑，我們一點也不寂寞，然而前線是比較的寂靜。

愛，我決心不願再見你了，我想早點毀滅在火光中。因爲，——我要聲明我不是厭世——我覺得現代人實在太過痛苦了。許多的矛盾現象橫在眼前，虛僞，罪惡，智慧反爲成了苦難之淵。但我堅信智慧是引路的明燈，航海的燈塔，我們的一切錯誤是錯誤在不健全的社會組織和不良的制度，而我們却仍然自信是天經地義的人生軌道，在愚昧地誇大自高！能夠爲進化而塡恨海，那麽一粒沙的成份我們當不能不自效的吧？

祝你

努力並且幸福！

——志尼。」

二月十七日

「敬愛的秀：」

人生是這樣的迷離不可捉摸，我再也不願意苦苦作沒有結果的幽玄之求索了。

前方的消息又緊張起來了，我們的弟兄又開回前線去了。現實生活給予我們的苦痛，較牢獄還更甚些；我們實在再沒有依戀漫無保障破碎的社會了。愛情如像蒺藜，即無風雨也不會覺著可愛和珍惜。

我們每次行軍都利用黑夜，因爲敵機的炸彈壓迫實在可怕，假使我們也能有充足的空軍，那我們還可以藉了飛機的掩護更敏捷地運用我們的調防。我們一共分開三路入閘北，轉達目的地的時候，是在十一時左右。

爲了無量數的民房被敵機重炮轟炸而燃燒，我們的弟兄更激起了忿恨。我軍立刻開大炮還擊，彼此交戰頗久，不斷的炮聲，至爲激烈。呵，秀，我想你們也可以聽見吧？當那轟隆的炮聲響時，我們弟兄們的血肉就一起與泥塵迸散！幾經衝鋒的結果，敵軍的第一道防線是給我們的開花彈轟壞了。

敵人的海軍陸戰隊一隊，乘了軍艦所備的小划四五艘，放在一隻小汽油船的背後拖帶，由吳淞江駛進三夾水來襲取砲台，我軍覺察了將他們擊退；當時敵艦聽得鎗聲大作，立即發炮攻我們的炮台，結果自己打沈了他們自己的小划，死了好幾十個人。這真叫做「拔劍而起者死於劍」。

我們一營的弟兄召集齊了，十一點半我率領全體士兵跳出出口線來應敵，啊！天啊，我們這次的殺戮過當，確是恐怖極了。肉搏的短刀相接，差不多來不及向敵人刺去。弟兄們左衝右撞，全都染上了一身血污。血的氣味怪腥得怕人，每逢臨陣前後，我總愛問自己「戰爭是否野蠻人的把戲」？

血與血的交流，肉與肉的飛搏，狂哭似的槍響，人性至情的叫喊，一切的一切，在空間迴旋着；明晃晃的刺刀，閃射出魔鬼的獰笑。愛，我殺完敵人之後，我的氣力也用完了，我不知道我自己到底有沒有受傷，但是殷紅的腥血，給我灰色的軍服佔有了。

我將要殺死最後一個敵兵的時候，我的心很感傷，他是被刺刀刺在胸膛了，不知怎的跌落在我的身旁；本來我沒有殺他的動機的，眼見他是受著重創了，怎忍還加害於一個待救的傷兵呢？無如他一觸扶著我的肩膀，他便又大發獸性了！他切齒咬牙，抖抖地握著他的刺刀要刺向我來了，爲了自己的求生，於是我也舉起我的刺刀和他格鬥；不一忽，我的利刃便刺進他的咽喉了。

秀，我的心怯弱起來，他咬著牙關熬受他的痛楚，他獸一般的紅眼睛怒視住我，口裏喃喃地不知說些什麼，然而將死的人要和死神掙扎，愈是掙扎却愈走近了死神。他的眼睛像黃昏的落日，無力地凝注住我，彷彿要和我說些什麼。態度是較前和靄了。可是死神的翅膀低低地拍著，不一會，慢慢地將他帶走了！

我的愛，我對於生是疲乏了，惟有在死的隊伍中，等待著毀滅。我們的毀滅，或者可以使後來的人類不用沉淪。現代人的骨頭，現代人的劣根性，早已根深蒂固，日日在變遷中的思想，總不能澈底改革社會，而他們正是社會上的柱石——因爲旣成名位，誰也不肯捨棄。

——志尼。」

二月二十日。

「秀：——

十八十九兩日無大戰。十八日爲彼植田司令向我軍提出哀的美敦書又悉爲英美公使出任調停，幷約請中日代表參加討論的一天，雖無結果，但戰事却無形停頓了。十九日我X軍長覆函給他們以簡單的拒絕。一切無理的要求，他們說是爲中日和平友好的表現，無疑的是中日和平友好的罪案。

今晨敵軍又變更了戰略，他們知道我們佈的長蛇陣實在不易攻破，至今尙未明白我們的主力在什麼地方，故此他們立刻集中了主力在江灣，施用中央大突破。由此雙方的爭奪點完全移到廟行江灣上來了。

這兩天我忽然患起病來，我的頭不時作疼；熱度特別高，燒得人也有點糊塗了。我覺得人生最無可如何的是責任，今晚上，我要鎮守廟行一帶地段，我不知怎麼是好，我的心眞急死了。人的神志昏迷的時候多過清醒。營附勸我到醫官處看看，但我吃了兩片藥片之外，我決不願意卸去我的責任。

秀，請你諒解我，我以爲今日之青年正是「恨無死所」的青年。如今我可以告訴你，我們的死是不遠了。我相信我將和琦相見不遠了。我的精神很安泰，我的心很寧靜，我們今晚上要打開一個新的紀錄和新的局面。

敵兵增厚了兵力，預算必要在十二小時內奪得江灣，雖然他們四小時內肅清十九路軍的大言是成爲世界的笑柄，而此番的一場血戰自然是難免的啊！以單薄的兵力和他們對壘，惟有人人負決死之心，或者可以用血來濺退他們！

今夜，呵，偉大的夜，月色大概更淒豔而且瑩明了。我們可惜在壕內沒有酒來給我們一醉。待我們互相道聲珍重。秀，如果今晚上敵人的總攻不是離開事實，那末，我的生命我想可以不再繼續了。我打算率同我一營的健兒，大家努力去衝鋒，誓死保守我們原有的防地。秀，我已自分必死，大概我們人生的夢也將快完了。過去十多天來我之不能死，還是有些取巧的地方。今晚的戰鬥，我已假定我是被第一粒子彈犧牲的人。

假使戀愛之於生命只是短促的寄托，那生命也無所用其寶貴。愛情的堅決與眞摯，也斷斷不在乎形式。秀，我希望你了解我之死。我希望你能接受我最後的一縷純潔的愛！我是由你的一再勗勉而得使重入行伍的夢形諸事實。我慚愧爲什麼只是躲在弟兄們的後面指揮？我熱切地盼望你，更加努力你的救護工作，那末，我是安慰了。

繁星一亮，槍炮的聲音成爲大上海的舞跳曲奏著的狐步舞節奏一樣。急促的聲響，和光亮的流彈的閃射，我的腦痛也忘却了，和弟兄們一齊躲在戰壕內，靜待着他們迫近時，才一網把他打盡。故此由疏漸密的子彈的紅光中，我們還是視若無睹。我們對於橫蠻背信的人忿極了，大衆都願以頭顱去換最後的勝利。

夜漸漸深沉起來，他們進攻的心也就愈見急切了。江灣和廟行的陣線本來是不容易守的，在我們高級幹部討論軍事的期間曾經顧慮到這一層。因爲敵人一用人字火來掃射，那江灣就將不能不失守。敵人的攻擊是漸見劇烈了，步槍不停的掃過我們壕內來。耳朶邊常常有噓的一聲掠過，如同流星的射落。

其他各防線都很平靜，只是冷槍的聲音在酬應，懶懶地和著。

經幾次三番的格鬥，敵人終於又後退了。我們一直衝出他們的防線，盡力在繳他們的器械；勇敢的弟兄們大聲喊著，他們還在向我們掙扎，一霎時他們的援兵又到了，我們拼命的奮鬥中，一粒無情的子彈正擊中了我的額際，血流如注的流到面部和耳根，我是無力支持倒下地上了。我的眼很沉重，我不能思索什麽了，敵人的鐵騎在我的身上來往踐踏，我在敵壕裏面帶著微笑思念秀，我的秀，我的碧血該已代替了你嘴上的唇脂了吧！

——志尼」

三月一日

「秀：——

自受重傷以來，我的日記無形中斷了多時了。現在我的神志已稍清寧，心神已稍安泰，只是還不會完全復原。眞想不到，我受了傷也不能夠得到你的撫慰。據看護說，你是來院慰問了我許多回。第一次你瞧見我昏暈了，你居然在醫生面前狂吻我，痛哭到失聲。愛，夠了，於國家，於個人，我都沒有什麽缺憾了吧？我要寫下去，但我的精神支持不下去。……

——志尼。」

三月二日

一秀：——

愛，想你也意料不及在我已經將近痊愈的當口，忽地病又轉劇的吧？如今，我正在楚疼地呻吟在第七號病房裏。幾個穿着白衣的醫士和看護圍繞住我，那裏料得到，愛，我將被黑衣的死神接去。啊！我的生命大概是無望了。

因爲知道了我們全師不幸退却的消息，頓時使我怒火中燒，髮髭欲裂。我的創口重新迸裂開來，使我痛到已經完全失却知覺。後來經過醫生爲我極力設法施用手術，但血還是不停的滲出來。他雖然很喜歡而且誠懇爲一個除強暴抗壓力而受傷創的人治療。愛，我受的旣是「達姆達姆」彈，射開這麼巨大的一個洞在身體上，我的眼睛受了毒氣至今尙未睜開，我，當是無怨無艾的死去。

「鎮靜」，「不抵抗」，「長期抵抗」的庸懦政府把我們的大好神州變色了。親愛的秀，中國的青年還不切實地起來幹，還在駡，還在怨，還在憤；在地獄似的人間，我們除了做被屠殺的馴羊之外，還有什麽出路？但是，愛，我愛的故國，我爲她，來如流水去如風，我犧牲了我的生命，這是我自己願意的。我們那天的「再會」，恐怕再也不能會了吧？我知道，我的皮囊是再也不能給你作最後的分袂，我倆就此永訣吧！不過，愛，我們的愛情讓牠化爲一縷聖潔的氤氳，永遠繚繞在你和宇宙的周圍便好了。

在當初，我是恨無死所。如今，死的地方給我找着了。我一點也不覺著苦疼，甚且感到快樂。這是眞的，綿邈的啼笑，在血的狂暴時代，我們何堪相對爲故國流淚！我們的山河破碎了，變色了，我們今日所需要的，是「易水寒」的志士，不管他是慷慨悲歌，還是擊劍淌淚。

逃出了情人的臂彎，這是我新的生命的開始，也就是我死去的靈魂之復活。我的熱，我的愛，你是我的光，我生命的瓊瑤；這灰黯的人世底罪惡，我已全然瞧不見了。我已聽到死神低喚的聲音，如像曼美悠揚的音樂。假如這次血戰——上海一二八的戰爭——能夠使沉淪的中國青年澈底地覺悟過來，得到奮鬥的生活，從此洗心革面去努力，那我們的犧牲還有什麼遺憾呢?!

蘊蓄了千言萬語，可是我的精神將不能繼續了。我的手在顫抖著；我不知道我怎樣才可以把我對你純潔的愛，貢獻在你的面前。請信任我，我的血快要流盡了，然而我的心正在展開了燦爛的香花。我的死，對於你，對於社會，對於宇宙，繫着未來的希望！

生命如同霞光一閃，我是葬身在光明的火裏。從茲明冥異路，一切珍重！再會吧！

祝你康樂！

——志尼。——

後記

民國廿一年一月廿八日夜深十二時，日本軍閥之侵略和我大中華民國十九路軍忠勇將士之守土而構成的上海戰爭，當是歐戰後最強烈的一幕悲壯慘酷的戲劇了。牠的意義底嚴重，與及形勢的尖銳，實在叫受過教訓的舞台上的人物恐怖：因爲各國彼此正在焦頭爛額的謀應付經濟恐慌，更不願意任何人在這個時候破壞世界的和平。但是，誰能挽回已撥的機輪？隆隆的礮聲已經震醒了故作昇平的政論家底迷夢了，人類友愛的前途，必然的，在等待這導火線的爆發與影響。

在這次粉墨登場的人物看來，日本人確要算做一意胡鬧的小丑了，因爲他們沒有受到首次公演（一九一四年大戰）的痛苦，他們除了分潤到好處以外，他們不曾流過淚，一點也不會損失過——不論任何方面。所以這回他們就敢於重演一幕人類殘殺的悲劇。在他們以爲是劇情無論如何悲慘，但小丑總是不會流淚的。何況他們的理想中把牠看作喜劇呢？

由淡遠的蛛絲馬迹檢驗起來，甲午以後，堂堂的「大中華魂」迭次蒙盡羞辱；最近由所謂「中村大尉」事件，引出了九一八事件，更從九一八事件釀成上海的血戰。溯其原始，簡單的說，無非是田中義一的密奏「大陸政策」「咒」出來的惡果。世界上親親愛愛的兄弟姊妹們，請別放鬆了萬古不赦的罪人！

作者寫作這本東西，不過想替血戰中的人物留下一點影象而已。旣沒有具體的計劃去非戰，也不會藉著牠作主戰的工具。自己深知不是個著作等身的文豪，自然不敢存什麽「不朽」的非份想頭。無疑的，這本東西不是信史，也不是野史，在體製上，衹是一本卑不足道的小品而已！

「文章報國」，是中國向來一貫的士大夫態度，他們的骨子不消說是「明哲保身」。老實說，幾年來，我無時不恨自己祇會說不會做的缺點。卽如這小册子所謂文學作品，也無非是這種缺點的重演。

同時，在我們流浪青年的生活和意志方面，本身也不無弱點，就像這一本小書的創作過程，也有些許轉折。原來，動筆寫作的時候是在上海，意欲一氣呵成把牠早日完峻。後來人事匆匆，終於不能如願。爲了生活，爲了前程，中間我曾到西湖去過一次。把牠一擱，便擱了快近兩個月。返滬來，正是江南好風景(？)，我便又把牠從皮篋內檢了出來，繼續做下去，那時候，多少也還存了點野心，最好能夠把牠寫成「西線無戰事」似的規模，藉以紀念忠勇弟兄們的犧牲。我常常愛幻覺，對於文學的興致，「成就」，終究也成爲幻覺的一種罷了。

回顧我之所以愛好文學，雖不能說「家學淵源」(我的父親是個工人)，但我的哥哥旣澄却是一個研究文學的人。我一點也沒有成就，這是應該自愧於中的。我的哥哥曾給予我很好的訓練：記得那時候我年紀還輕，我哥哥在商務印書館擔任編輯，他每晚上老是深夜不睡在編校文章，或者是埋頭創作或翻譯；我那時便坐在他的對面亂寫亂塗，直至他對我說：「時候不早了，睡吧！」我才停止。

他每每在寫作完之後，必定爲我說些外國文學家的生活和劬勞。我之所以不能爲日孜孜，除了不安靜的環境和心境外，差不多完全是由於懶散的劣根性，我深自知道，小聰明和女人害了我，二十多個年頭就誤在蹉跎之中。沒有恆心毅力的人，常常推在環境身上。有了什麽過失，只要輕輕一推，環境的力量眞大，於是一身都輕了。在我的「檸檬詩集」裏，旣澄哥曾屢屢爲我反覆言之：少年人的天才是人人有的，少年人天才以外的努力潛修却不是人人可以做到了。說這些話也還在三四年前了，可是至今我還是一無所成，我確乎是眼淚也不會流了。

黃梅時節，無聲的風和雨，最是撩人愁思。一個不得意的荒原游子，夜闌人靜的時候，他的孤獨的靈魂在呼喊。「我們何能與故國永永沉淪？我們何能與故國永永受辱？」我的落寞的心懷也可想見了。

現在我對於宣審，連自己也不好意思大言了。過去的是過去了，未來的做好了，再檢閱吧！

一九三二，五，廿八夜，上海

中華民國二十一年九月一日初版發行

版權所有

碧血代替了唇脂（全一冊）
實價大洋四角（外埠酌加郵費）

著者　嚴夢
發行者　光明書局
印刷者　光明書局

發行所　上海四馬路五百五十號　光明書局
門市部　四馬路五六五號
分局　漢口特三區保華街五號

在火線上——東南線目次

在前方──不朽的一夜

徐遲

他開始告訴我那一夜的經過時，隨手在桌上拿起了白色的皮帶，火柴匣，紙烟罐，剪子，眼藥水，墨水瓶，和一杯茶，又隨手的把滬戰的前方擺設起來。這是揚子江（白皮帶），這是獅子林（火柴匣），寶山（烟罐），楊行（剪子），劉行（眼藥水），羅店（墨水瓶），月浦（一杯茶）。於是他又從衣袋裏掏出幾個鎳幣來，放在桌子的一邊，說，這是大場。

「這一帶戰區裏（手指了指桌子上的雜物），有許多是軍事上的秘密，我答應過守口如瓶，所以不怕掃你的興，我不能不隱去許多我知道的事實，不告訴你了。

「現在這一帶戰區（手又指了指桌上的雜物），已經沒有新聞記者能趨前視察的了。所以現在這一帶戰區裏的情形，差不多沒有人知道；我能夠去一次，完全是我的幸運。經過了兩個要人的連環保證，經過我自己的指天誓日，他們爲了某種關係，不能不讓我去。這「某種關係」，是前方因需要防禦工程中最要緊的蔴袋。從公司裏捐了十萬隻，而公司的棧房，是在戰區中，所以我能夠去了。本來也只是到了公司的棧房就不能再深入的，因爲到了那兒已經是夜深，他們爲了我的生命的安全，才叫我跟着他們一起跑。於是我在夜的前方遊歷了五個小時。

「把十萬隻蔴袋分裝了十輛運貨汽車，這些汽車的外表是破舊不堪的，有的地方甚至是故意弄得牠骯髒非凡，看看眞以爲是些一九二七的老爺車，其實牠們都配着一九三七的最新的機件。

「每一輛車四個士兵，我坐在第一輛，汽車夫的旁邊。在我的旁邊，立着的，是一個姓×的團附。×團附保證我一路上生命的安全，我也自信還有一些膽量，便奮勇的跟他們沿滬太路如飛的前去。我們將經過大場，經過劉行到楊行，把蔴袋卸在楊行之後，再打原路回來。

「我不描寫夜是如何如何的美麗了。因爲晚上沒有月亮，我看不見四遶的景色；汽車自然不開亮燈，因爲怕飛機。可是耳朶很享受一些淸福，這些秋蟲，蟋蟀，紡織娘，金鈴子叫得很起勁。

「過了大場，便聽見槍砲聲，接近地平線的遠處，每隔一分鐘便閃電一樣的亮一下，亮一下。經過一小時的默默的旅程，忽然我和這位×團附之間，起了同情手足的幻異的感情，我們開始了談話：

「——×長看見做生意人肯捐出十萬隻蔴袋來，一定很歡喜，停一會，我給你介紹×長好不好？

「車子顛簸得很厲害×團附接着讚美我們公司的麻袋的細而堅固，又嘲笑我穿的一套白嗶嘰西裝，這套西裝，我在大場時已借了一套藍衣大掛換去了。秋蟲的聲音繼續的嗚叫，草裏彷彿還有響尾蛇的「嘶——嘶——」的悠長的聲音。

「——口令」！

「突然在黑暗中爆炸出震人的聲音來，團附也大聲的叫回去——「×」。經過哨崗時，有手電燈亮，照見幾個士兵，荷着槍，那種印象，是我永遠不會遺忘的。

「我好奇地問×團附——這就是前方了嗎？團附哈哈的笑了，說這自然是前方，不過還沒有過劉行。過了劉行，可以聽機關槍的密集的掃射聲；迫近楊行時，可以看見大砲。過了楊行，便是今天夜裏的兩軍爭持的「無人區」了。

「——口令！

「——×！於是汽車又駛過去。可是，路前面彷彿有着一堆黑影子，這便是疊着沙包的一個戰巷。汽車夫都是受過訓練的，他冷靜的飛駛，現在却慢了。他在第一輛車，要指揮後面九輛車的，他們有暗號，沙包的戰巷是疊得彎彎曲曲的，車前的燈亮了，依着彎彎曲曲的路前進。

「——媽的！有一個沙包旁邊的兵竄了，「開什麼燈，不怕死嗎？」事實上他們不怕死，倒怕飛機！

「鬪附和汽車夫立刻解釋，不開燈，這彎彎曲曲的路怎末能走。「那末」！那個兵叫，「快走！快走！」一片刻後，車出了沙包巷，又飛駛了，不過現在的速率已比較減少了不少。

「過劉行後，果然機關槍聲大起，而蟋蟀，紡織娘，金鈴子却依舊這末鳴叫，還有響尾蛇。

「我告訴鬪附口渴了

「鬪附突然特別的不豪爽，他忸怩了半天，才從他自己的熱水瓶裏倒出一杯茶來，他說：「你別小視這一杯茶。在前線，這一杯子茶比什麼還値錢　你們不知道在前線，一杯水是多末寶貝。兵士肚子餓了，不怕沒有乾粮吃，可是沒有水，那就是沒有水，而且等於是沒有了一切。譬如肚子餓了，而你沒有水，那末只好有乾粮也不吃，乾着挨餓。一等到有一杯子水，那時，才能吃乾糧。我把這半杯子茶一口吞下，覺得不能熄滅我的口渴，可是我不好意思，也不敢再要。

「「蓬」！這是排炮，從月浦一帶射出。拋物線地，一個火球，震動了大地，震動了我們的汽車，從我們頭頂，嗖嗖地作聲，過去了。我的心直沉下去。×鬪附泰然自若的笑了。

「鬪附，我說，我不上前了，我要回去。

「別怕！啊——你瞧！有好玩兒東西可看了。我順着他的手指望去，天空中不知何時已懸掛了兩盞小燈，一紅一黃。團附解釋這是砲兵的信號彈，你看了不懂什麽意思，可是砲兵一看，就知道他該怎末樣放射了。蓬！蓬！火球，震動了大地，連我們的車都跳了一跳（這不是修辭學或文章病，這是事實），從我們頭頂嗖嗖地作聲，飛快地過去。機關槍聲密極了。蟋蟀，紡織娘，金鈴子却還是這樣鳴叫，還有響尾蛇。

「我又安下心來，團附高興的說。「我膽子大，有種，一忽兒，我給你介紹×長，×長見做生意人肯捐十萬隻上好麻袋，又膽子這末大，一定喜歡」。片刻，他忽然高興地說：「你要看看中國軍隊的行軍嗎」？

「我自然要，「可是」。我說，「在那裏可以看到呢」？

「回答說，「就在我們車的兩旁」！

「我嚇了一跳，這末神秘的事情！真在我車的兩旁嗎？我望了一望，望不見。×團附說，「可以讓你看看，不過會挨罵的。好！這是難得的機會，也讓你見識見識。車夫．關燈」。車夫奉命開了燈。

燦爛的燈光裏，兩旁都是兵，默默的，堅忍的負槍荷彈，一些聲音也沒有地在前進。

「我想起了古人所謂「啣枚疾走」的景像。約模兩分種的樣子，有一個營長罵了，

「操的，什麼時候！開燈！」果然，挨罵了，燈立刻滅了，車又在黑暗中緩緩的移動。

「慚愧，我又口渴得忍不下了。挨了半天，我告訴了團附。團附乾脆的回答，「忍着到楊行再給你水渴」。我已默然忍下來了，可是團附拍拍我的肩膀笑了，「後方給×長送了兩大箱金山桔子，比我拳頭還大的鮮桔子，我去偷一隻給你」。

「吃了桔子，團附又來讚美我了，「好傢伙，你膽子大」。

「我說，「沒有什麼啊，大砲在頭頂飛，機關槍老遠的，沒有流彈，怕什麼」？

「「誰說沒有流彈？你聽那些嘶嘶的步槍，就在我們車前車後」。

「啊，這就是我錯認的響尾蛇的聲音！立刻，我膽子寒了。嘴裏流出清水來了，我告訴團附，我不上前了。可是楊行到了。

「×長在午夜三時半，正伏几安息；想一想這幅畫！「×長因爲勞了大半夜，現在正在桌上蹀一蹀」，他們說。

「如果是冬天，那些將軍「蹀一蹀」醒來，挺一挺胸，甲上的冰柱迸落，鏘然有聲——像古代的行軍紀上描寫的——這些抗戰的英雄啊！一幅何等英勇的書！

「團附進去的時候，我和一個士兵談天，有一句話，聽得我懍然。他說，「鬼子（他們稱日本兵鬼子）的槍打二千米，我們的槍打一千五百米，那怕什麼，我們衝上五百米再打啊」！這就是我從前方走了一趟，帶回來的關於士氣的一句話。

「我沒有和×長見面，就回來了。歸途上，閻附答應送我兩枚日本榴擲彈，我答應他用紅木或紫檀做成木架，將來戰後可供作不朽的紀念品。

「過了大場，快天亮了。最精采的事在這裏，我沒有想到我們的軍隊裏，連幾個汽車夫都訓練得這末好。

「遠處的灌木叢中，突然一條紅線、冲天而起。這好像過舊歷年時，小孩子放的蘭花條。

「閻附告訴我，這是漢奸的信號，車立刻緩起來。

「差不多立刻的，在車的正前面的高空中，撲撲兩個照明彈，大地倏然亮了起來。

「車夫做了一個暗號，傳到後面，於是迅疾的，車急轉四十五度，斜刺裏往路旁的一排大樹插中過去，停了。我們立刻下車。啊，如果有福氣看到十輛汽車，整齊地，用同樣的急轉四十五度，而且同時的，往樹的行列中插入，同時停住。那末迅速！那末敏捷！眞像電影一樣！便是那時我望到這十輛車，停得這樣整齊，距離這樣精確，而且剛好把十輛車都蔽掩在樹葉底下，已經使我驚叫了。

「每輛車點過人數，便各人在田野中分散，稻已經結了穗，閻附牽着我的手，奔入田裏，撲下，立刻泥土的熟悉的氣息浮入鼻孔。

「遠處有炸彈的爆烈聲，飛機在天頂盤旋。

「車再駛動時，天已昧爽了。我們用了七十哩的速度，開回上海。

「這就是我遊歷這一帶戰區（一手指了指桌上的雜物）的我夜經過。這是不朽的一夜，團附也）付笑臉說：「這種風景，出了錢也買不到；你眞有膽子」。我回想這一夜、也覺得我是過了一生中最有意義的幾小時。我抱歉，有許多事牽涉軍事秘密，只好不告訴你了」。

在東戰線上

戾　天

從頭說起

在川陝邊區負着綏靖地方責任的我們，每天是刻板的學科，術科交相遞續着，然而，這樣有規律的生活，在半殖民地的中國國軍是享受不久的，果然，當「七，八」號砲傳到那個山角落裏，我們便奉到「集結待命」的宣告，二星期過去了，還沒有開拔的消息，大家都覺得有點心焦。正在這時候，由我們最高統帥自首都頒來一個很簡略的電報。即是：「該師迅向西安集結」。于是我們正二十四小時內，便別了那漢水的源頭踏上陳倉古道了。

當到達寶雞的時候，纔知道「八，一三，」的抗戰又在展開。無疑的，敵人是一個無恥的强盜，到處放下一把野火，企圖牽制我們抗戰的力量。淞滬是我們的心臟，决不容許敵人橫行的！因此，我們以五十小時的速率，由門雞台下到達蘇州，于殘月模糊中到了嘉定。

防線在羅店

我們在安亭下車，經了三小時的行程，到達宿營地。這時恰好黎明，這正象徵抗戰的前途，「黎明」是屬於我們的。一切剛佈置好，敵機便在頭上盤旋。兩架九一式的水上偵察機，低低的在四週旋轉。突然，牠用機關槍向我們掃射，大家一點也不驚慌，蟄伏在防空壕裏，半小時，飛走了，我們到附近偵察，原來有友軍的一部份騾馬，在郊野奔馳，使我們坐了半小時的「停閑」。

一些同事們，都外出活動，聯絡友軍，偵察地形。每人帶上柳枝編成的草冠：披上保護色的僞裝網，蹣跚地行走。入夜，總部電話，近入羅店附近的施相公廟至曹王廟的陣地，接替×師的防務。大家抱着熱烈而勇敢的姿態出發了。

正在下一陣小雨，將夜間點綴着格外黑暗。路在田塍上，非常泥滑，大家屏息着氣，摸索前進，草率地將任務接收。我們看到友軍疲乏的背影，覺得他們已盡了短時間的責任了。

第一次試戰

白天，敵人是不會輕易放過的，尤其部隊換防，多少總有點徵候。所以五點鐘左右，攻擊開始了，首先大砲發着前進曲，天明了，飛機在陣地上空翱翔，低低的不到五百公尺。許多人都想開槍，然而，誰都不敢，不！敵機正在偵察我們的位置，好在孩子們在捉迷藏　開槍射擊，正代替了位置答覆，所以一口氣又咽下去了！

飛機終於走了，它的成績，是在陣地前面造成許多窟窿，給自已的士兵做墳墓。大砲還在狂放，敵人在隱約中看見了，因為這裏是稻田，坦克車失去了它的威力。他們像鼠一般前進。在「有效射程」「精確瞄準」之下，敵人飲彈而倒了。這時，機會在向我們伸手，一陣反攻，一中隊的皇軍，都埋在他們飛機轟炸的洞裏了。

事後，清掃戰場，敵人是十一師團，計俘獲兩挺輕機槍和五十多枝步槍，防毒面具等，我們也傷亡了二十多個士兵，從每個敵人的身上，搜出很長的「千女縫」，「御守」「××宮紅布」，可憐他們的妻子，母親，或者愛人，鎮天徘徊街頭求乞織成的「千女縫」，和「齋戒虔誠」乞來的紅符，終因軍閥的好戰，而不能獲得神庇（？）了，

兩個月戰場剪影

第三天，我們奉到前線總攻擊的命令，我們一共編了三個支隊，向羅店以北的潘家橋，長橋，（滬太公路北段）之敵攻擊，我們二零六團六連連長程權同志，他勇敢地向敵衝擊，收復了長橋，另外我們劉營長振武，符營長文，不幸殉國。

天明了，程連長這一連人在新陣地的工事，還沒有完成，這時敵機不斷地轟炸，四面包圍，我們幾次增援，都受了挫折，黃昏時，派隊再度還擊，裏應外合的粉碎了敵人的重圍！意外的，他們只有十五人負傷。相反的，到是我們望着飛機的轟炸而乾急。人們告訴我；沿村線死守，一天到晚，敵人衝擊了十幾次，有幾柄刺刀都灣曲了，大家忘記了饑餓與疲乏。可是，在晚上繼續攻擊時，這位程權同志和那一連忠勇的弟兄們，又鼓其餘勇堅決底要求前進，不幸實踐了「死在陣頭上」的諾言。而這晚，經全線總攻的結果，將敵人驅出羅店。

敵人在我們意料中反攻羅店了，街市成了焦土，一切失去憑藉，友軍苦守幾天退出，我們仍然是正面第一道防線，每晚都派隊出擊，可是給予我們的教訓，是「易攻難守」。白天，是敵人的世界，而我們却利用黃昏去報復！每每晚上攻佔的村落，白天變成了焦土，工事無法加强。這樣，傷亡數字，是隨着時日增加，而敵人的死亡，至少要比我們加二倍。

二個星期飛快的過去了，一切都成了習慣，自然，我國民族的天職才能是不知亦能行的，經驗優於學理，種種困難在試驗我們，都得到很好的答覆，像工事我們已經逐漸加強，一切都合着縱深配備的原則，我們絕不拿人去做無謂的犧牲，但是，使我們感覺困難的，就是偵察敵情機關。同時，自己的企圖，不能秘密，活動的痕跡，時常給敵人的飛機和繫留汽球探得一清二白。

這時，我們正面的敵人，經幾次的換防，現在又是敵人的正規軍了。經我們探明以後馬上夜襲幾次，「仇人見面，分外眼紅」，大家絕不放鬆一步，而他們「皇軍」的技倆，只是那些，我們那怕是一個新由後方補充來的士兵，也都知道利用低姿勢，和地形地物，力求接近敵人，這樣獲得了好幾次勝利。

然而，他們也是死不甘心的，當我們出擊以後也「反攻」了。這是戰場上「你不打我，我便打你」的原則，他們也用小部隊三五百人，攻擊我們突出部底陣地。我們弟兄們照例不打一槍，待他走近陣地鐵絲網時，手溜彈的接近戰，把「皇軍」的胆子都吓破了！他們假如聰明一點的，一定會想「支那馬鹿真勇敢」，絕對不是「軍部」所說的那樣不堪一擊，「痛懲」「屈膝」，是絕不可能，至少，他們是被出賣了。

一個月又走過了，秋雨的季節又在開始，戰事的重心，已由我那左翼移到右翼，一切都入休止狀態中。大家都覺得有點兒乏味，可是，戰爭又開始了，那是雨後初晴，敵軍有二班人在雨中構築交通壕，已離我們不到一百米，並且築了一個據點，晚上，我們使用二排人去包圍。可是，我們偵探班長沈儆發同志（二十三年代表江西在武漢參加華中運動會得萬米冠軍者）他告奮勇首先前進，利用運動上的技功，潛伏地接近敵人掩蔽部，用兩個手溜彈抛進去，這樣，一班「皇軍」解決了，等待敵人支援部隊前進的時候，我們這位勇士已經背了五枝步槍安全地回到陣地了，——不幸這位勇士，已在十月十九日殉國，真是我們一個損失。

總之，敵人在全線一次，二次，乃至幾十次的主攻或助攻，和四次總攻，都遇到極强韌的抵抗，我們寧肯全團的同殉陣地，決不退却一步，這種肉彈的精神，至少，驚醒了帝國主義者侵略底迷夢。而我們在最近的將來，無疑的要取攻勢了！

兩個月便輕輕地從我們身邊溜走了。這其中，我們始終堅守着陣地，看到許多友軍換防與接防；許多親愛的戰友負傷與殉國，另外，發生的事件也不少，像：

漢奸的活躍，輜重，補給地，或是炮兵陣地，高級司令部（初到達時）附近，往往會發現怪信號彈，指示敵人明顯的目標，怎樣也捕獲不着，好幾晚，較長一點的電話線，都發生障礙，可是有一次通訊兵查線回來時，押來兩個破壞電線的漢奸，證據是一把尺來長的大剪子，他們都是上海的苦力。問他受誰的驅使，說是姓葉的「頭腦」，這「頭腦」是介於他們與敵人的中間人。代價每人每日出發時一元，休息五角。為了低微的代價，不惜去做漢奸，真是痛心極了！可是，他們是最小的漢奸，而厲害的是到處都有漢奸，而且並不限於這「苦力」的階層！這眞是唯一心腹大患。

另外，我們有一位李排長，他是遼寧新民人，新由中央軍校畢業分發的。一天，他在掩蔽部裏打電話。意外的，對方的步哨答起話來。這是聽去生疏而又熟悉的東北口音。他和李排長對話式的談敘家鄉了，他告訴我們，他是新民人，那地方離李排長家還不到二十里，他說：來了好幾天了，今天換防到這兒，隊伍是台灣，朝鮮，東北人混合編成的。日本人只佔三分之一，那是班長以上的軍官和輕重機關槍手。他們這次徵來，由九家親友聯環担保不「反水」，他們都是一些有「良心」的，所以步槍都朝天放，末了，他加上一句：「憑良心說，你們受傷的弟兄，是不是機關槍和砲彈破片炸傷的？在本國領土上，讓自己的同胞在異族鞭策下來屠殺自己的工作，還在講「良心」，這是如何難堪的事！同時，這也是我國民族不能犧牲小我利益的毛病，「所以」「只好」屈服了！然而，責任在我們身上，我們要堅決底抗戰，要將他們從敵人鐵蹄下解放出來。

為了職務的關係在一個下午、和幾個同事——曉村，啓勛，耀東他們，到前線視察工事。天是一張陰晦的臉，愁苦的同情？失望的憂慮？我們在縱橫交叉的交通壕裏奔走，水到膝蓋上，誰也不覺得，一些掩蔽部上已長出小小的谷芽和蒜葉了，想到時間是這樣地快，而敵人還在我們底面前，臉上眞有點「發熱」！

掩蔽部是一個土堆式的錯綜在大地上，士兵們在裏面是很安謐的談話或是睡眠！！

一除開哨兵以外，他們是那麼幽閒而鎮靜，這便是第一線的士兵生活，可是他們對於敵人和工事，一點也不含糊。他說：「參謀，放心啦！我們絕不會丟人的」！真的，過去雨下好幾天了，裏面還是乾燥的。

空　戰

這僅有的一天，（九月二日）看到敵我兩軍空戰。事先，由總部電話：「我空軍九架，本日來維店轟炸敵人」。大家都在企望。那是午後三時許，敵機三架在嘉定新涇橋間炸轟，突然的，我們英勇的空軍出現了，馬上將敵機包圍，「我們的飛機來了」，這句話在到處閃動着，許多人都站在空地上翹首，忘了危險與規律。幾架飛機，高高低低的兜圈子，機關槍的響聲很尖銳的傳播，慢慢的離開我們的視線，突然，一架飛機向下傾斜，不多遠便墮地了，其他兩架，加速地往東奔逃，無疑的，這是「膏藥」商品，這時，大家在歡呼鼓掌！晚上，接到電話，那架敵機毀於南翔廣福間。可惜，這兒被敵人佔領了制空權，我們空軍白天很少活動了。

戰區種種

現在的淞滬戰區，是國人口中樂園天堂，一望無垠的江維平原，金黃稻穗，栽遍了原野。到處是港汊，沒有水災和旱災。三五百步或幾十步，便有一個村落，而每個村落裏，都有茂盛的竹木，小溪像團帶似的做了天然的防禦，只要將主要的橋樑破壞了，是無法通過的，（水雖不深，因爲是泥炭層，不能徒涉，與防禦上不少的便利）在往日，他們過着平安的生活，可是，現在的鄉村，在前線上的，完全逃了，我們初到時，還看見三五成羣的難民，扶老携幼的向後方奔逃，一幅悲慘的流亡圖畫。擺在我們面前，其實，整個的國家、都陷入戰爭的恐怖，那有前後方之分呢？

空洞的房子，印上蜂巢般底彈痕，門板，多數搬去做工事了，鄉村是死寂的，沒有人影。野狗瘦餓的看到人來時，再也不會狂吠，曳着無力的尾巴跑走了。而現在，敵人爲減除我們攻擊起見，將那些殘餘的村落，付之一炬，這一帶的居民，因國難所受損失，確實不小了！最近，秋深了，胆大一點的，回家尋覓寒衣，用欣慰和咒駡，去答復希望。

但，稍爲較後方一點的鎮市，還是有早市，香烟，酒，雞，肉，一切供不應求，價格在飛漲着。然而，沒有誰在吝惜着金錢！至於鄉村的農人，他們還在收棉花，割晚稻，但是，當敵機襲擊的時候，他們又很迅速地匿伏着，戰爭將他們教訓得很聰明了！看到這些勞苦的羣衆，再加以組織和訓練，說句時髦話：「有民如此，中國不可亡也」。

至於戰區的黨政機關，像嘉定縣城，到現在還不知下落！

尾巴

寫來覺得太長了，似乎還沒有寫到什麼？我能寫些什麼？詳細戰況的報告，早有報紙，我不能做說謊者，欺騙那遼遠的人們。所謂前線，唯一的特徵，便是砲火，一小時前還是一所大廈，刹那間便摧毀了。黎明，敵機來請早安，擲下貴重的早點——炸彈。大砲是不分晝夜狂吼！在黃昏，我們的砲兵也向敵人答禮，較正它今晚的目標。（因砲位時時移動，免爲敵機察覺）這雷同的音響，已撩不起我們的心弦，變成特殊的音樂了。照明彈像五光十色的曉星，在空中搖擺，探照燈和長虹似的噴出毒燄，將戰場附近，點綴着「金吾不夜」。

談到我們所守的陣地，再說一遍，二個月了；不曾退出一寸一尺，屢次的襲擊，俘獲許多底武器，彈葯和文件。師長王耀武的照片，在上海申新各大報上披露着。許多戰地記者在揄揚我們，長官在嘉獎我們，可是，我們絕不驕矜，也不墮落，因爲目前得勝利，並不能使我們滿足！況且，敵人還在繼續增加、有全線均用毒氣（現在已在好幾個陣地使用過了）的企圖、反正帝國主義國家的軍閥，是慘無人道，什麼都可以做的出的，好在我們誓將我們底鮮血，去建築一道新的戰壕，一切毫無顧忌的。可是，我們尅需要後方同胞們永遠底鎮靜和熱情二十六，十，二十，于羅店附近陣地中。

血戰三日記

冰瑩

正在愁着沒有地方寫文章，想打電話向副官處借張桌子來，忽然電話鈴響了，聽聲音，這是黃參議打來的。

「喂，謝團長，××師的副師長剛從前線歸來，他有許多新消息供給你寫文章，你有功夫來嗎？」

「好的，我立刻來。」

剛洗過頭髮，還沒有乾，但我等不及了，一聽到有前方的消息，比得着了什麼寶貝都高興，就三步跨做一步走，很快地來到了軍部。

黃參議介紹了我們之後，我有點感到侷促不安，因爲自己從沒有當過新聞記者，向一個從不認識的長官詢問前方戰況，究竟要採取什麼樣的談話方式才好呢？

參謀長望着我笑了一笑，我自己有點不好意思起來，連忙乘機對副師長說：

「請副師長多多告訴我一些前線將士們抗敵的經過給我聽吧！」

「沒有什麼特殊的消息報告，所有在前線作戰的隊伍都是一樣地勇敢的」。

他自謙地說着，聲音像女人似的那麼柔和。

「不要客氣，就立刻動作吧！」

黃參議代我催促，這才開始聽到副師長談他們作戰的經過了。

我帶了××旅（註：×副師長兼任旅長）由××西門出發到××宅是九一八的晚上，九點鐘的時候，在朦朧月色中把我軍應守的陣地接收完畢了，在火線上一連會着三個旅長，大家談起敵軍那種貪生畏死，狼狽而逃的情形，眞令人發笑，這一晚，敵人沒有來攻，我們嚴守陣地，間或有稀疏的砲聲傳來，走出門外一看，只見星光黯淡，村落荒涼，除了我們的隊伍外，聽不到一點人聲，戰場的凄涼，原本算不得什麽，但這次敵人的炸彈，大炮，犧牲了無數的老百姓，弄得他們妻離子散，鷄犬不甯，實在太叫人痛心！

「第二天晚上，敵人來猛攻陣地，炮聲隆隆，房子都被震動了，我們的隊伍在昨夜就[illegible]衝過去了的，一聽到砲聲，大家就不顧死活的只管向前衝去，有兩排人首先摸了過去，敵人敗退了，其餘兩排又接上去：敵人見我來勢洶洶，拚命加緊大砲攻擊，於是流血的序幕開始了！我方受傷的官兵很多，但誰也不害怕大砲，每個人都在熱血沸騰，摩拳擦掌地願以血和肉來抵抗敵人的飛機大炮，以爭取中華民族的生存。

「這晚正値舊歷中秋節，月色特別清朗，想到後方的人們這時正在那裡愉快地賞月，而戰地是用大炮代替了鞭爆，用血代替了葡萄酒，弟兄們都忘記了中秋吃月餅，只記得拼命去奪取敵人的頭顱。

「十點以後，炮聲愈加猛烈了！我們陣地的右翼是××行，由××開來的××旅就駐防這裏，該旅的旅長姓×是湖南郴州人，但他能說一口很流利的廣東話，我們的電話也像炮聲一般，沒有間斷，有時他太忙了，一接上電話筒就說：「快不要和我講話吧！我正在指揮作戰，忙得很呢！」有時他打過來的電話，我也沒有功夫接………

「第二天早晨，我們剛剛開始吃飯，大砲又來光顧了，空隆幾聲，打得屋上的瓦片亂飛，差一點連我們飯碗也打破了。」

副師長說到這裡，大家都哈哈大笑起來，他說話的本領眞大，不慌不忙，有條有理，而且很能描寫當時的情景，令人一聽如親歷其境似的。

「那時的空氣非常緊張，」他繼續着說「前方不住地來電話告急：「我們的陣地被大砲衝翻了，弟兄死傷的特別多，怎麼辦？」我回答他們：「管他，衝翻了也得死守陣地，死傷得只剩一個人了，也不許後退！怎麼辦？就這樣辦！死完了就算盡了我們衛國守土的最後責任！」

——不可抗禦的，偉大而壯烈的犧牲精神！

我眞想大聲叫喊出來，但爲了怕打斷了他的話頭，只好讓心的呼聲來代替。

「這天從早晨七點開始，一直到下午五點，炮聲沒有間斷過一分鐘，受傷了的官兵絡繹不絕地流着血從旅部的門經過、他們見了我只親切地叫了一聲：「旅長！」不呻吟，也不表示痛苦，只是低下頭來，慢慢地掙扎着走他的路，因爲大砲攻得太厲害了，連担架兵也無從來救護，因此受了重傷的，死了又生，生了又死地就這樣做了壯烈的犧牲。

「後來實在被大砲迫得太厲害了，死傷的官兵又多，暫時放棄了原來陣地移駐河邊。晚飯後，我軍又增援一營，於是下令奪回陣地。這時敵人僅留少數機關槍在那裡防守，我軍衝過去，他們丟了槍就跑，我們不但佔領了原來陣地，而且獲了許多槍砲和子彈。

「第三天，敵人大概是精疲力竭了，所以沒有來攻，我們趁着這時趕快把被敵人破壞了的工事做好，不料第四天，他們又以大砲飛機坦克車來猛攻了，我軍死傷的更多，我惟恐有士兵後退的，於是下令各團長，營長，我們要死守陣地，不能後退一步，如果有退的我就殺你，同樣，我如果向後退，你們就槍斃我！

「在這樣的情形之下，我們血戰了三天三夜，終於把敵人趕走了××宅，雖然我方犧牲了不少的官兵，但敵方比我們死傷的更要多。」

「報告副師長！請理髮！」

忽然一個會理髮的勤務兵提了小箱子進來替副師長理髮，我請他一面理髮，一面談話，起初他不肯，勤務兵老站着不動，經我再三要求，他才坐到那張高椅子上去。

「請繼續着說吧！」

我忘記了他已經說了不少的話，茶也沒有喝一口，又在催促他。

「值得我們高興的，是在這次抗戰當中，每個官兵都很勇敢，他們負了傷的還不肯退下來，有幾位連排長，左手打斷了，右手還在拿着槍指揮作戰，我們都把「死」字忘記了，只知道前面有敵人只知道怎樣去撲滅他們，才算盡了我們對國家民族的責任。」

「這就是鐵軍的精神！拿破倫說字典中無難字，你們是軍隊中無「死」字。」

我說着，心裡燃燒着對於這些英勇的將士們以無限的欽佩與景仰。

「還有一件很有趣的事情，」他回憶了一下又微笑着說，「有一天××團的團部移動到旅部的位置，團長對他的部下說：「旅部在這裡的時候，附近中了好幾次砲彈，旅部都沒有打壞，一定是旅長的福氣特別好，我們搬到這裏，也沒有什麼危險的。」話剛說完，他和團附正看地圖的時候，忽然砲聲隆隆，向這邊射擊　團副說，「團長，炮聲越來越厲害了，你快到地下室去暫避一下吧。」他們剛下去，空隆一聲把屋子打壞半邊，電話機也就在這時殉難了。」

「哈哈，又是一陣笑聲，充滿了整個空間。

最後我們談到了伙伕，副師長連忙搶着說：

「唉！伙伕眞偉大！他們挑了飯菜從好幾里路的後方送來，有時被流彈打傷了，有時被炸得粉身碎骨，但他們一點也不害怕，仍然挑了飯菜，冒着雨，冒着砲火送來，我們如果沒有他們送飯，都要餓死了，還說什麼和敵人拼命？」

「對了，他們的生活最辛苦，然而工作最重要，每天他們要等一切人吃飽了自己才有一點殘湯剩飯充飢。」我也是第一個同情伙伕的人。

這時沉默了二三分鐘，副師長突然提出這一問題來問我：

「×團長，我覺得戰爭實在太殘酷了！人為萬物之靈，應該愛好和平的，為什麼要有戰爭？什麼時候才能達到眞正和平的目的？」

「人類一天有侵略者存在，戰爭就一天不能免，眞正的和平，是要用無數的頭顱和熱血換取得來，我們明知道戰爭的殘酷，但造成戰爭罪惡的是少數狠心狗肺，無公理，蔑人道的軍閥以及帝國主義者，他們是劊子手，是人類的公敵，我們要消滅他，就免不了戰爭，等到把全世界的強盜都打倒了的那一天，就是人類實現眞正和平的日子。」

談的話太多，我似乎有點疲倦了，但副師長究竟不同，他雖然談了一個多鐘頭的話，精神還是那麼好，理髮匠的工作也完成了，勤務兵冲了六杯牛奶來，大家圍在桌上喝着，緊張了一個多鐘頭的心緒，到這時才輕鬆下來。

陣地巡禮

冰瑩

一 中國人不打中國人

九月三十號下午一點鐘底時候，×參議帶領了我們一行四個人來到××師的師部，×軍的×軍長正坐在電話機面前，見到我們就微笑着說：「你們到底來了！」

經過軍長的介紹後，我和佩蘭坐到用兩張方桌拼成長桌上方去，儼然像當主席似的那麼端端正正地座在那裏，起初談了些關於前方戰事的消息，後來大家談話的方向轉到我自己身上了。

「你們眞勇敢，居然也跑到最前線來了！」

×師長說着，他們都笑了，我正想說話，却被軍長搶去了機會。

「她是到火線上來尋找文章材料的。」

「好極了，好極了，這裡有一段好材料，讓我告訴你，希望你宣傳一下。」

×師長一手抓住了那個擺在桌上還沒有被我發現的砲彈給我看，並且首先告訴我這是炮彈的「信管」，還沒有爆炸。

「這是從日本軍隊裏，我們的東北人打過來的砲彈，」他開始敍述「信管」的故事，「他們因為不願轟炸自己本國的弟兄，所以把砲彈帽的螺絲沒有扭緊，因此打過來的一百多枚的砲彈，沒有一個是炸的。」

「呵，有這樣的事，是真的嗎？」

我聽了一面高興，一面還帶着幾分懷疑。

「當然是真的，這個「信管」就在我們師部的門口拾的，如果炸了，我們不都完了嗎？」

正在大家聽了哈哈大笑時，×師長又接了去說：

「唉！東北四省的同胞真可憐，他們因為被日本帝國主義者壓迫來當砲灰打中國，其實他們是和我們一樣熱心愛國的，因為不忍屠殺自己的同胞，所以費盡苦心想出打砲彈而使牠不炸的方法來敷衍日本人。誰知這秘密立刻被發覺了，這兩天槍斃了大概的東北人。此後每三四個東北人，就有一個日本兵監視他打砲彈，所以今天打過來的都爆炸了。」

還有一次是在夜間放步哨的時候，兩方面的哨兵開始談話了，「喂，弟兄，中國人不打中國人，我們的槍朝天放，你們為什麼真的向我們打來。」東北人這樣說。「我們怎麼知道敵人裏面還有自己的弟兄，你們為什麼不反過來，掉轉槍頭向日本鬼放？」我們的士兵剛說到這裡。東北人忙說：「快不要說了，弟兄！班長來了，班長來了！」那種慌張恐懼的聲調，眞正可憐到極點了，等到班長一走，他們又繼續着談，東北人說：「我們何嘗不願意掉轉槍頭打日本人呢？只是被他們監視，被他們強迫沒有辦法，我們如果不開槍，他們就在後頭打我們。」「唉！弟兄，你們未免太不行了！」我們的士兵回答他，「幾個難道還打不死他一個麼？你們有很多人早就應該打死他們反正過來，要知道日本鬼最怕死，老是躲在後面驅使你們來打先鋒。你們橫直是死。與其被我們當做敵人打死，不如因愛國而被日本人槍斃的來得光榮，偉大！」剛說到這裏東北兵又匆忙說：「呵！決不要說了，巡查又來了！」由這些事實證明，可知東北人最大多數都是愛國的，只有少數漢奸甘願被他利用，他們現在都知道日本帝國主義者是世界最凶暴最殘忍的強盜，人類中的劊子手，所以都願意投誠　而我們對於日本的俘虜都這樣優待，對於東北人自然更要歡迎他全體反過來和我們共同抗日！」

×師長一口氣說到這裏，大家都覺得特別興奮起來，誰說東北人不愛國？他們在敵人的監視，敵人的高壓之下，居然敢違抗命令不轟炸我們，居然敢反正，他們是愛國的，勇敢的！我們不但要同情他，敬愛他，欽佩他，而且更希望他們全體反過來和我們英勇抗日的弟兄站在一條戰線上和敵人拚命，打回老家去，收回中國所有的失地！

我又拿起「信管」來，細細地看了一番，這是一顆能够打三千六百米達的炮彈，上面刻有「東」「昭」「加修」等字，很重，我想至少有一磅多。

「感謝我們的東北的同胞，否則這一百多顆炸彈，不知要炸毀我們多少房屋，炸死我們多少戰士？」我說着，高興得幾乎要大叫起來。

在斜風細雨，砲聲隆隆中，我們辭別了主人披上僞裝，向××地××師進發。

一九三七，十，一，上午三時××陣地於。

二　往那裏逃

天還沒有亮，女房主人慌慌張張地扯着我的衣裳問：

「先生，大砲響得厲害了，我們往那裏逃？」

「不要緊的，這是我們開大砲打日本鬼，等一會他們就打敗了，有什麼可逃的？」

我用生硬的上海話安慰她。

「呵，那是儂的大砲，交關好，交關好，有先生在這帶，阿拉弗怕哉。」

雖然她假裝鎮靜，但臉上的驚惶表情隨着砲聲的次數，一分鐘比一分鐘地緊張起來。

「先生，我們真苦，現在米也買不到，鹽也買不到，如果逃到外邊去，我們都會餓死的！」

「是的，在這裏我們給你飯吃，替你打日本鬼，不要害怕，安靜地住着吧。」

也許她沒有聽懂我的話，只點了點頭又退出房裡了。

我把她的睡房仔細地打量一番。除了兩張床，一張破桌子，兩隻馬桶而外，連一隻小凳都尋不出，但亂七八糟的東西却堆積得不能舉步，破碗破罐爛衣裳到處都是。我想她的最大家當，也不過是兩床破絮，補了無數疤疔的棉衣。然而這究竟是她的家，她的歸宿地。誰願意做喪家之犬呢？誰願意跑到外面去吃飢寒交迫顛沛流離的苦呢？

「先生，不得了，不得了，砲聲就在我們的屋子後面響，這所房子不會炸毀吧？」女主人帶着她最小的女孩又跑來問了。後面追着進來的是她的丈夫王進德。到底是男人，他似乎懂事一點。

「先生，你們在這裡，我們很放心的，先生，我們要請你們保護。」

×長微笑着點了點頭：

「你們好福氣，我們住在這裡，日本人是不敢來的，」

男的完全聽懂了，從心坎裏發出了放心的微笑。

唉！可憐的中國老百姓，他們只知道逃難，只知道着急自己的生命和自己的來，他們似乎並不了解沒有國根本就沒有家，沒有民族，根本就沒有個人的生命。現在整個的中國，到處都是日本強盜們炸彈大炮轟炸的目標了，可憐的老百姓呵，你逃到那裏去呢？

敵陣歷險記

神洲日報

一九三七，十，二，於×××陣地。

十月四日早晨，黃師某連的一個一等兵陳龍和另一個弟兄被派在某某橋附近據守一個工事。那一線的工事，被敵人猛烈的火力轟擊，已大半破壞了，爲了避免過分的犧牲，便把這線的守兵向後撤退數百米突，但是陳龍却被留在那裏。他經過了七天的艱苦掙扎，竟還得肩荷着自自己的槍，由兩個弟兄陪了回來。他的年紀還不過十六歲，矮小的身材、樣子却很精幹，當他看見他的長官的時候，蒼白色的臉，却透露了可掬的笑容，他用響亮的聲浪，清晰的口齒，報告他七天的經過。他說：「我在據守一個工事的當兒，一心瞄準着前面的敵人射出，忽然發現了從後邊來了一個敵人，正向我們據守的工事走來。這時或許他是沒有見到我，我便掉過槍口，對着已走近的敵人，連續的發了二槍，可是槍已是發熱的利害，不能再發了。敵人便也還擊了幾槍，在那裏停留了四五分鐘的光景，我便趁着這個機會，拖着槍向工事的旁邊爬了出去，裝着死躺在路旁的草地上。敵人走近我的身邊，摸着我的脚，用他的脚踢着我的腰，我總是裝死，一些不動，一直到了晚上，我細辨着我們陣地裡所發槍聲的方向，一步一步的爬過去，但是因爲爬到我們的陣地裏，得兜着一個很大圈子，而且白天是不動的，一定在晚上才能慢慢的爬着，這樣我便爬了七天，才到達了我們的陣地。我在沿途見到敵人的屍體，在田野裏堆積着的很多，我看見我們陣地裏發來的炮彈，很準確的落到敵人的陣地裡，敵人便應聲而倒，我聽到敵人的皮鞋聲，敵人講話和唱歌的聲音，有時我覺得餓了，便採着田野裏的豆子來吃。在十二那天，將近黃昏的時候，看見了我們的陣地，看見了戴着青天白日帽子的弟兄，我便叫着同志，喊着救命，但是我的嗓子却啞了。我還是挾着我的槍，一面嘶喊着，一面還爬着，走近了戰壕，弟兄們便保護了我回來」。我曾問他：「你旣是這樣的艱苦掙扎了七天，還是拖着你的槍，不是使你的行動上要感受到更大的麻煩麽」？他很激昂的回答說：「槍便是我的生命，沒有了槍，便是沒有了生命，所以我沒有離開世世界之前，一定要緊握着我的槍，來保衞祖國，現在我是要繼續的踏進我們的戰壕，把我僥倖得來的生命，再和敵人去拚」。這幾句話是永久不能在我腦海裡磨滅，我們感謝蒼天，保佑這樣一個英勇而刻苦的戰士，從敵人的虎口裡安全地回來，他一定能夠繼續發揮他的抗戰精神，他一定能移爲祖國建立更大的功績。

火線下

若我

我們被調到劉行去！

九月二號的晚上，黑黝黝的，伸手不見拳頭。我們沿着小徑摸索的向東邊行進，突然把黑暗劃開了，照見我們這一行列的鐵帽和刺刀發光——遠遠地敵機放照明彈了，大地照得白晝一樣，幾分鐘後，接着又放了一個，這樣繼續着繼續着，東邊的那塊天也染白了。

砲戰開始了。

羅店至吳淞這一線的砲火雷般地響起——火星都往天空中劃，眩閃了我們的眼睛，一顆，二顆，三顆……………榴彈炸裂了。地在活動着，跳着，震撼着，搖動着。

前面蕭蕭地楊樹，佈滿了濃黑的大影，迷糊了我們的前路。我們尋找了兩個壯丁作我們的嚮導。

一個是圓胖的臉，說起話來似乎帶點神經質，大半是土話，不大懂。一個是小個頭能操幾句普通國語。他倆都興奮，很願意，談起午後的空戰，似乎特別起勁有味。

「東洋赤佬，交關弗好嘸！」

「是，」我點點頭。

「今天眞開心，儂個空軍打落了東洋飛機三架。」

小個頭，怕我們聽不見似的，故意大聲說。

突然一炮落在前面不遠的地方，裂炸了，噴泉似的。「赤胖佬又在開砲嘞！」胖臉的壯丁，有點憤怒了，然後又指點我：「那兒是寶山，那兒是吳淞，血紅似的那兒是上海，開炮的那兒似乎是羅店。」

他們似乎和我們一樣地不怕大砲，炸彈，很安然而自在的走着，走着。

我們大家都明白，這次的戰爭，不是關係我們幾個人的命運，而是國家民族生死的分野，凡是我們這樣的年青人，讚美歐西青年，則不以爲然。他說：同時代的人，大砲炸彈遲早是要落在我們頭上炸裂的，躲不開，避不脫的，假如我們這一羣企鵝水鳥們似的，不成器的躲進縫石裏去！大砲炸彈就會到父母頭上去，落到兒女頭上去！

天明了。

空中發現了敵機，天無一片雲，蔚藍而高，宛如晚潮洗過後甯靜似的海，就是有幾架敵機，也好像海鷗們的一樣。

「喔！喔！喔」敵機一上一下在投彈了。

可是我們在前線慣了的人，知道找隱蔽物。我們就在這塊竹林裡，等待着。——我們在這裡等待着戰爭，準備着戰爭。

火線上的軍民抗敵聯歡大會

王亞平

在獰惡殘暴的敵人火燒閘北，爛炸大場，屠我難民，殺我同胞，積極傾其全力進攻上海，我千萬健兒浴着血火和敵人拚死，肉搏的時候，這×××軍民抗敵聯歡大會終於實行了！

我們是如何地鼓舞，如何地興奮啊！一連開了三天大會，每次都有二三千人，望到那些矗立的頭顱，那些緊張的面孔，那些黃帝子孫的健壯身體：聽到那海濤樣的怒吼，那如雷的擊掌聲，那散會時萬千沈重步伐聲，我們都感動的地流淚了。

「保衛浦東！」

「保衛大上海！」

「保衛我們的國土！」

「中華民族萬萬歲？」

這些震撼四野吼聲永遠留刻我們心壁上了！記着！這是奴隸們翻身的第一怒吼！這是全中華民族統一抗戰的吶喊！這是新中國前途光明的歡唱！

二十八日下午一時前羣衆早擠滿了會場，要不是有入場劵的限制，怕把會場給擠翻的。會場的前前後後貼滿了壁報，畫報，特刊，標語，爲了避免敵機的危害，會場外不能有任何地裝飾，而且恐怖勸散了進不來的觀衆，使他們次日再來。

會一直延續了五六小時，羣衆沒有走動一個。全會場最興奮的，是我們的×××和文化界領袖郭沫若夏衍田漢三位先生也都趕來參加。他們的演說激動了羣衆狂潮，羣衆和他們齊集一堂，那種歡快與奮有誰能寫出呢！當場有兩幼童代表全縣民衆向×××獻上美麗的花籃。

當×××撫慰那兩個幼童和她們握手時，下面都狂吼起來，掌聲要冲潰了屋宇。

接着是小學生表演，警察局國術團表演，壯丁及前鋒歌詠團武裝弟兄歌曲，化子拾金，×中學表演話劇。都能激動羣衆，當化子拾金一幕唱到「罵漢奸罵得我牙根咬恨……」，下面是怎樣地鼓動啊！也足見民衆恨漢奸的程度了！這地方之所以沒有漢奸搗亂，使大會如期踢成，也就是全縣民衆能幫助軍隊嚴防漢奸活動的道理啊！其他小中學生所表演們也都是關於打漢奸的故事，漢奸已成了前後方最注意的問題了。

後面是我們隊中的幾個話劇，「八一三之後，」「軍民合作，」「保衛浦東」，都是由淩鶴諸先生臨時編出的劇本。既切合本地風光，又是抗戰救亡的積極題材，自然深受民衆的熱烈歡迎。「八一三之夜」是抗戰前夜的一個慘痛的故事，演到漢奸及東洋兵被中國兵捉殺時，下面像咆哮了的海濤，「打倒東洋赤老」！「殺死漢奸」有的竟用石子投上舞台。「軍民合作」是出民間調查來的眞實情形，老百姓的切身痛苦，構成了這個獨幕劇，內中的每個人物，都像把活人物搬上了舞台，羣衆十分感動。所謂教育羣衆，組織羣衆，發揮藝術的政治力量，這劇本算做到。「保衛浦東」是壓台的一場，自然這劇情在羣衆心目中就是保衛自己，保衛田地，保衛自己的家。當營長振臂高呼：「弟兄們！我們決不讓敵人在浦東登陸！我們要把敵人趕出上海！我們的人是死不完的，前面的死了，我們後面的接上去」全體兵士也隨着吶喊，「衝啊！保衛我們浦東」的時候，羣衆都沸騰了，怒吼着「保衛我們的浦東」！舞台上火光沖天，血紅的燈光照着緊張到頂的場面；後面槍聲炮聲衝鋒聲，雜亂成一團。所有台上台下的人們都像置身在浦東的火線上了。直到幕閉了一二分鐘以後，那雄壯的「保衛我們浦東」吼聲還繼續不斷！

第二日是按時開演的，羣衆更爲踴躍，由於外務科事先到鄉下的宣傳，組織，並分發給他們入場券，所以四鄉的男女也都趕來參加。會場空的空氣比第一日還要緊張，窗內外都爬滿了觀衆。當天晚上，我們由會場歸來，看到了閘北的悲痛作戰略上的退却，我八百忠勇將士誓死同閘北共存亡的消息都興奮地忘掉了過重的疲勞。在一致決定之下，決議馬上草一劇本，明日就搬上舞台。大家分頭工作：編報，作舞台設計，準備佈景材料，由淩鶴先生執筆寫劇本。深夜寫出了，印出了。三十日的早晨，大家揉開疲倦的眼皮，開始排演。午後二時就演了，雖然台詞不很熟，但由於內容的動人，我們都是合演演出的，所以效果超出意料之外，當舞台上高懸起我們的國旗的時候，下面都霹靂樣的怒吼了！

「掛起我們的國旗來！」

「保衛閘北！閘北是我們的！」

「中華民族萬歲」

由於民衆的熱誠要求，夜裏又加演了一場。大家忘記了飢渴疲勞，在兩千觀衆的會場上又開演了。大砲在前面勃隆勃隆地響着，敵機由頭頂低低地飛過，羣衆一個也不驚慌，不走動，都像被什麼力量粘結到那里一樣。幾千顆眼睛一齊集中到舞台，那裡眼睛的光輝是多麼熱烈多麼壯美啊！幾千顆心在一個意念下跳躍，那是多麼值得歌頌值得快慰啊！幾千張口張大了，喉嚨裏滾出了一致要求與呼號！千隻手像都拉緊了，變成了一條鐵鍊子；幾千條鋼鐵的身體屹立起來了，變成了一條抗敵的長城！「中國復活了！」「偉大時代到來了！」我們都這樣感覺着！

三天壯烈的大會開過了，我們決定在這羣衆情緒到最高潮的當兒，去分頭組織他們，訓練他們，使成爲抗戰救亡的鐵流！

戰地剪影

黎明健

一

整個瀏河的民房已經被敵人的炸彈轟炸光了，只見到一堆堆灰色的瓦片，一堆堆的爛木頭，平日最熱鬧的一角，現在竟連一個壯年人都沒有，只有幾個走不動小脚老太太，有一位年紀將近八十歲，她的子孫都做了敵人炸彈的犧牲品，現只剩她一個人在那死守着斷垣殘壁。

××小學校更被敵人燬壞得一塌糊塗，使人悲憤的是敵人將總理的遺像撕毀得不成個樣，我和朋友借到一盒火柴，走到總理遺像前，用火把它燒了，我以爲這樣做却比被敵人糟塌的好。

二

從××回到××，辰光已近黑夜，路上的士兵漸漸地多起來，一隊隊往戰地開去，我們也預備出發到前綫，突然敵機又來了。整個的隊伍便分散開了來。我躲到草堆裡，仰望飛機動靜，不久它就飛走了。我由草堆裏鑽出，忽看到身旁有兩位武裝的兒童身上帶有不少的東西，我好奇的去問：「你們幾歲啦？」「我十四。」「我十五」。他倆活潑地答着。說是四川人。我又問：「你們是到前線去作戰嗎？」「是的」。他的答覆叫我吃一驚，我本以爲他倆是勤務兵，倒沒想到——是火線上的鬥士。我不自主地和他們說道「你們眞是好男兒。已打過仗嗎？」「打過，我並且用手溜彈將衝到我陣地來的敵人炸死過好幾個。」他們得意的說着。時間不許我們仔細再談，便拍了一張照留個紀念。這倆位武裝小同志，我將永遠記着他倆的偉大。

三

到嘉定的第二天黃昏後，由×處長帶我們到師部去，一路沿着小河，走着那崎嶇的道路。

師長們都熱誠的迎接我們，師長興奮地說：「難得，你們能勇敢的來到前方，很足以表現後方民衆對抗戰的關心。」

的確，前方的將士得到後方民衆的慰問是使他們極感興奮的事，特別是婦女，婦女能到前方去慰勞，很能給他們增勇氣，同時也能讓將士們知道——在這神聖的抗戰中，全國同胞已不分男女老少都一致起來走上這偉大的爲民族解放的戰線了。使他們感到——

他們並不孤獨，他們永遠是被後方同胞們擁護着。

參謀長說：「這裡很需要看護員，最好是婦女，因爲他們心細，有耐心，同時傷兵們得到婦女們的看護也感着更大的安慰，一面還可以做政治工作。過去婦女所謂——賢妻良母，實際跟奴隸一樣，現在要表現男女一樣的有用，大家一定要實地幹去，才能表現她的能力。」我接着他的話說：「我一定把參謀長的指導帶給我們的女同胞，希望有一天婦女也能武裝起來殺敵人。」參謀長說：「不用這樣，只要精神武裝就好，我們並不希望全國人民都武裝殺敵。有其他比殺敵更重要的工作還等後方民衆去做呢。」接着師長說：「在全面抗戰中，我們只希望後方多多組織民衆，訓練民衆，長期抗戰下去是需要大量的補充戰鬥員的，在敵人侵略的砲擊下，每個中國人都應抱定决心，抗戰到底，剩下最後一支槍，一個人，都得與敵拚個死活，在兩個多月的血肉抗戰，從軍長到士兵，沒一人說過一聲苦，可說我們的精神已勝利了。」最後師長參謀長都給我題了字。

師長題的是：

我們大家共同奮鬥，

最後五分鐘不達到，

最後勝利不放手。

陳沛　十月二十六日

參謀長題的是「拚將最大的犧牲，爭取最後的勝利。」×××二六，一〇二六，于××××

四

第三天又到師部請求師長允許我們到火綫上去慰問士兵，師長看到我們熱心的要求他在猶豫，好在那時前線正是休戰的時候，他終於答應了。但再三的叮嚀我們——當心吃流彈。我們雖然都是沒有戰場的經驗。可是我們並不膽怯，就到火線去了。

路的兩旁，都是稻田，棉花田，稻子已成熟，結着豐滿的穗子。棉花枝綻上着一球球的白花，配着綠的葉子。

從陸地走進交通溝，一路彎彎曲曲，又是沒有人領路定會轉糊塗。

走到第一道防線，遠望去，對方就是敵人陣地，一剎那間，敵機又來了，機關槍「達達」的響着，我們並不怕，更胆大的站在陸上窺測敵人陣地，眞是威武的樣子。

五

入晚戰事突然緊張，軍部來電話要我們離開前方，怕以後走起來不便。

一點鐘我們搭上運貨的卡車回上海，到××停了四個鐘頭卸貨，今晚飛機大砲聲比往日特別激烈，路上的傷兵陸續的增加，可少見救護車去救，受傷的戰士，他們血淋淋地掙扎着。月光照在他們身上，很明顯地可以看到——斷脚的斷手的掉鼻子的一個個由田地裏，爛草堆裡，經過小河濱爬到公路旁，等待救護車子去救，他們向路過的汽車悲壯悽然的喚着——「同志們，快來救我，我還要打敵人呢」。他們異口同聲地喊着，眞是慘極啦。當我們車上的貨物運完時，我提議救幾個傷兵到上海，朋友們都下車去抬傷兵，僅僅能救五位。朋友們又到田裏拏了要多稻草給他們舖好。

五位中有一個是排長，帶着重傷，腦子却很清醒，他說了許多火線上的事情給我聽。他參加過劉河的血戰，羅店的衝鋒，這次在大場才受重傷，他告訴我——「今晚戰事非常激烈，一排只剩兩三個了，我受了重傷，不然一定與敵拚死，日本强盜燬了咱們家，炸死咱們同胞，我們不打他，早晚也被他打」。「日本的士兵里，有咱們東北，滿洲同胞，他們受傷後，重傷即槍斃，輕傷醫好再上戰場」，「東北人不能二人同在一起談話，如有，立刻槍決」，「敵人發傳單到我們陣地來，上面說——要士兵投降，每人償洋五圓。眞是可笑，他就拏五萬圓來，我也不會去，我們打仗是為國，而後為家，一人拏他的錢有何用場？結果還得送命給他，倒不如為國犧牲好。」「敵人怕我大刀隊，每人脛上帶鐵圈，可是我們照樣用大刀將敵刺殺。可歎的敵人，他們士兵身穿綠絨的軍衣，脚上黑黑的皮鞋，跑起路來常摔跟頭，碰到泥濘道路，怕弄污濁衣和鞋，他們愛漂亮而不能吃苦。」

排長興奮地講，他聽不見砲聲，聽不見空中敵機的盤旋，看不見天空探險燈。他繼續說——「可憐東北同胞們，他們做了日本的奴隸，又被徵去當兵，說來痛心。可是，日前有個東北兵，來到我隊，向我說——你們不要打仗，還是跟我的好，我們每月有三十圓薪水拏，他一面說，一面從袋中拏出大卷新的鈔票來誘人，又說——做了亡國奴有何關，只要有錢那就好。唉！我聽他的話，只是憐憫他，好笑他，我和他說——你在火綫上再拏點錢也是沒有用，這是日本人對你們的詭計，日本人拏幾張紙頭買你的心，這些鈔票都是假的，現在我就要你死在我手裏。他跪下求饒叫我放他。他雖是我們同胞，但是他已中毒太深。存心不良，我只得痛心含淚將他槍斃」

黎明將近，敵機大隊出發，又不斷投炸彈，不知何處又要被炸。

在××路看到往前線去的大隊將士，身前帶着手溜彈。身後背着大刀，長槍，肩上抗着大砲，軍火。手中牽着騾和馬。快步雄壯地跑着，趕去接防殺敵。

六

天已大亮，上海是近了，我們先把所帶來的受傷弟兄們送到某醫院，才轉回寓來。雖則一夜沒有睡，了無倦意。換了衣服，望一望朋友去，怕他們急壞了。

見着郭沫若先生，開頭第一句話我就說：「我沒有成了砲灰」！大家都笑了。原來出發的時候，郭先生也同去的，到了某地，他轉到某軍去了。我便跟冰瑩姊去看看她們隨從的軍中情形，郭先生打趣地說：「小心點成砲灰呀」！所以我一見他面才那樣說起。

三天戰地生活，所遇見的，不論是將領或士兵，談到殺敵，總是眉飛色舞的。因爲有了這樣的士氣，雖則得到退出大場的消息，也並不見得怎樣難過。

最後我要替前方作戰的勇士們向全上海各界救亡團體請求：多組織担架隊，救護隊，到前線去服務，因爲前方太缺乏，更要多多增加救護車子。

從浦東歸來

掃蕩報

浦東，位置在黃浦江之東，包括江蘇省屬川沙奉賢南匯等三縣，北至長江南口，東及南濱東海，西南陸地，和松江的金山相啣接，上海成立特別市後，浦區域已劃入市區，行政區域分爲，高橋鄉，陸行鄉，洋涇市，塘橋鄉，楊思鄉，三林鄉，周浦市，陳行鄉等九個市鄉。

我們在浦西隔江遙望，祇見對岸沿浦一帶，盡是巍峨的建築，工廠，堆棧，以及堅因而龐大的碼頭，和浦西外灘密密的摩天大廈交相輝映，上海所以成爲國際大都市，基礎就建築在這黃浦江的東西兩岸。

八一三砲聲一響，我軍節節抗戰，敵軍九千陸戰隊剩了三千，閘北虹口各日商工廠學校所藏的軍火，不是給我軍沒收，就是給我空軍炸燬，浦東三菱三井等堆棧所儲的軍械以及大量的煤，均入我軍之手，而且我軍在浦東配備了大軍，構築了堅固的防地，更給泊在黃浦江中的敵艦以重大的威脅。

因此，這一個月來，敵軍始終沒有放鬆浦東，天天有敵兵在大炮掩護下企圖登陸。這十天（三日到十二日）中，敵我幾次炮戰，敵艦的砲位老是坐西向東，不絕的向我陣地亂放，敵機天天成羣結隊的飛往浦東投彈，然而沒有用，非但敵兵始終不能登陸，連三菱三井等幾個價值幾千萬元的碼頭也都炸燬了！

然而敵軍雖受到了這樣嚴重的敎訓和打擊，牠們奪取浦東的野心當然還沒有死，除非把敵艦一齊趕出黃浦江，所以浦東我軍的防守也一刻不能鬆懈，浦東地位的重要，在整個淞滬陣線上估量，始終和浦西及沿長江各口同樣的。

以上把浦東的形勢及其重要性約略敍述後，以下要說記者今晨去浦東巡禮我軍防地的經過情形了。

（夜過步哨線）昨晚八時後，我們結伴的幾個人已守候在南市董家渡附近的小旅社中，因防敵機轟炸，電燈全熄，大家在黑暗中靠着談天，等到十二點敲過，在靜寂的馬路上走去、一路經過幾次盤問，才抵達××碼頭，預先雇定的小船停在岸邊，我們輕輕的上船，船夫輕輕的解纜，又輕輕的慢慢的向浦心駛去。

浦江兩岸，看不到一點火光，也看不到一個人，浦面上也沒有一艘船在搖動，眉樣的新月正掛天中，月光射下，水面反映一層濛濛白光，靜寂的夜，美麗的月，襯着我們緊張的心，我們默默無言，細聽有節拍的船頭水聲，露滴着，風吹着，覺得冷了。

不知經過許多曲折，船到了目的地，岸邊突然一聲槍響，一粒小小的火花向天空飛去，我們嚮導者報告了口令，船就靠了岸，立刻有五六個我們的勇士過來低聲詰問，經過詳細說明，我們被引着向前走去，時間和環境都不允許我們向週遭一瞥，三步一哨，十步一障礙，我們屏着氣，低了頭，踏月前進，經過田野，又經過市街，除了蟲鳴，沒有響聲，記者偷眼四望，依稀認識還是××渡。

(月下訪英雄)月漸漸西落，偶然有一片葉子吹上衣襟，這就是我們堅固的防地麼然而我見不到一位敬愛的勇士，是的，他們是潛伏着，正和大中華民國所有的偉大的「力」一樣，在沒有受到敵人的侵略時，永遠是潛伏着。

約莫走了二里多路，在一所矮矮的屋子前，我們站住了，經過通報，我們走到裏邊，一盞圓光燈放在棹下，昏黃的燈光映見簡陋的陳設，一位高個子的軍官站在棹旁，導者逐一介紹後，知道這是屬於××師的連長，姓×，×連長把手一指，說道，「對不起，大家地上坐罷」，地上攤着幾條破席，我們坐下後，先說了幾句慰勞的話，他祇點頭笑一笑，然後切斷了我們那些無用的話說：

「一切我們都不敢當，打敵人是軍人的本份，愛國家是國民的天職，上官要我守這塊地，這塊地就是我們的墳墓，我們對不起，這裏連開水沒有給各位喝。」他不待我們說客氣話，接續又沉着而輕輕的說道，「全國同胞伸長了頸項在望我們打敵人，我們能使他們失望嗎？」

嚮導者把前天在新三井碼頭奮勇督戰，殲滅企圖登陸的敵軍，不幸給敵艦砲彈擊傷的營長梅治威君，今天（十二日）下午在醫院殉難的消息告給他後，他一連長凄然半響，然後憤憤的說道：

（光榮的殉難）「好，我們的老上司總算死得其所，死得光榮，他對得起民族國家，對得起全國同胞，對得起我們的領袖　蔣委員長，然而我們的老上司還年青呀」——

說到　蔣委員長，他突然站起，我們也跟着站起。

他嚴肅地低頭一會，又恢復了常態，說：「死有什麼？我們不怕死，……各位，你們瞧，敵人天天開大炮，丟炸彈，能毀了我們什麼？我們有幾個弟兄掛了彩？而我們也有大炮，也有炸彈，我們一顆炮彈，至少要換幾個敵人的狗命，一顆炸彈，至少要換一隻機艦，我們軍火都是用老百姓的飯換來的，我們愛惜軍火不肯浪費，就是愛惜老百姓的錢」。

之後，他又告訴我們關於浦東的防務情形。

「天快明了，我們走罷，」響導者催促我們回去，然而我們却戀着這位可敬愛的英雄，不肯遠離。

在臨別的時候，他——連長長歎一聲說道：『咳！敵人不足怕，然而殺不完的漢奸才可怕呢！』

由原路回上海，太陽已從東方上升，記者回寓和衣倒睡時，耳邊老是聽到『殺不完的漢奸才可怕呢！』那一句話（二十三日）

虎門海戰記

商港工商日報

自敵人無理侵我華北滬各地，敵人飛機戰艦，紛紛駛進，向我沿海各口岸，大事進攻，卒賴我陸空軍之忠勇，發予敵重創，而大小數十戰，海軍固無與異焉。然此不足為我海軍咎病，謂為怯於作戰，實由於設備未見充足有以致之，乃世事恒有出人意料之外者，當前（十四）日晨敵艦六艘，環攻虎門砲台時，以積弱著稱於世界之我國海軍，竟能一鼓作氣，奮勇殲敵於虎門海面，爲我海軍創造一頁抗戰光榮之歷史，雖屬明日黃花，然亦有可紀也，爰將海周艦某高級戰員與記者所談之當日作戰情形，分錄如下。

據該艦員云：自敵人無理進侵後，我國沿海口岸，首當其衝者，爲淞滬一帶，繼而廈門，汕頭，福州等地，亦相繼引戰事發生，虎門砲台，爲百粵海防之第一重門戶，實爲敵艦進襲之唯一目標，我粵省軍事當局，早已看到此點，故除駐紮重兵於虎門砲台及沿江各地外，幷下令海空兩軍，隨時出動，準備一切，敵如進犯，卽予以迎頭痛擊，敵人探悉我海陸空已有充份之準備，故雖在汕廈等地頻頻派有飛機戰艦騷擾，但對於虎門炮台，遲遲未敢有所動作，而我虎門守軍亦不因此而防範弛懈，予敵以可乘之機。

自日前敵在英領海內，迭次發砲轟擊赤灣後，同時大鵬灣，伶仃洋海面，亦先後發現敵艦出沒，我軍事當局忖知敵艦必來向我虎門炮台襲擊，作第一次冒險之嘗試，故防禦工作，益見緊張，於堅固之中，再從加固，準備予敵以迎頭痛擊。果也，敵艦「早苗」「疾風」等六艘，於本月十四日侵晨，突向我虎門炮台進擾，當時江防艦隊肇和號，及緝私艦海周號兩艘，正奉派出海什虎門外一帶巡弋，海周前導，肇和繼之，迨駛至距虎門炮台約八海哩之舢舨洲洋面時，突覩前頭黑烟繚繞，有敵艦多艘，望虎門方面進侵，海周艦長陳天德，在司令台上以望遠鏡察悉敵蹤後，認定爲敵艦進窺虎門炮台無疑，乃先發制人手段，下令艦上員兵，準備一切，首先發炮向敵艦轟擊，肇和艦亦繼之開炮掃射。敵艦知我有備，隨即散開，還炮抵禦，虎門炮台方面得報，亦開炮助戰，向敵艦射擊，一時炮聲隆隆，響澈遐邇，未幾，我空軍得報，派出大隊飛機凌空作戰，向敵大施轟炸，其中敵艦廿九號一艘，為我海周艦炮彈命中，致受重傷，然仍頑抗不去，其後卒不堪我海陸空之夾擊，抵拒約五十分鐘之久，掩護傷艦，狼狽遁去。

此次海周艦在艦長陳天德指揮之下，艦上員兵，作戰異常奮勇，大車湯熙，總巡陸壽南，及肇和艦魚雷副溫汝珍等各重要人員，尤見勇敢，故能予敵艦以重創。海周艦發炮奇準，彈無虛發，余等在艦上以望遠鏡瞭望，目擊海周第一砲發射，即中一敵艦之尾部，艦尾敵旗墜入海中。迨發第二炮時，砲彈由敵艦烟突而下，將機房炸燬，當有黑黃烟冒出，上衝霄漢，高逾三四十丈，此時知敵艦已受重傷，估計其機房內員兵，死亡當達二百人以外。再發第三炮時，又命中第廿九號敵艦，旋見該艦傾側，有沉沒之勢，其餘敵艦見勢不佳，紛紛駛近該艦，挾持狼狽遁去。

敵艦敗走後，海晏河清，我虎門炮台依然無恙，肇和海周兩艦，祇陣亡士兵三人，傷二人，海周艦一機關炮，僅微傷少許，統計是役損失，極為輕微，事後據大鏟關居民之報告，謂有廿九號敵艦一艘，在大艦海面沉沒，想此艦於傷重之餘，已在該處沉沒，是則敵艦此次之冒險輕於嘗試，其代價固屬不菲也。又敵艦此次偷襲虎門，一共六艘，時一次發炮，最少亦達六響，來勢頗爲兇悍，以砲彈射程遠度計，平常約百秒鐘始達目的地，但此役則平均約三秒鐘，卽有彈炮三十餘發向我方射擊，統計敵艦發炮，約四百餘發之多，惟我艦趨避得宜，始終未爲擊燬。

查此役敵之所以遭受重大打擊者，固然出彼意料之外，其原因亦爲過於輕敵，目中無人，以爲我國海軍斷不敢出海作戰所致，故浩浩蕩蕩，長驅直進，在距虎門十二海浬之外，發炮襲擊，不料我肇和海周兩艦，竟駛出海外八浬之遙，在炮彈射程所及之處，與敵艦作戰，敵遂大受虧折，而我海周艦炮火之銳利，尤爲敵所不料。此次敗敵，實開甲午中日海戰以來所未有；足爲中國海軍吐一口氣，當時我艦作戰之神勇，某外輪適航經該處，目擊一切，認爲空前奇蹟，對我海軍頌揚不置。

孤八百人

徐遲

一

到行，大場公路，像一條巨蟒褪下來的長長的蛇皮；不是因爲天氣炎熱路才一方塊一塊的龜裂，而是因了無數的炸彈炮火把它炸成這個醜惡難看的樣子，十月二十五日晚，敵軍的主力部隊在猛烈的砲火掩護之下，向大場以西的塔河橋宅進犯，一夜激戰之後，大場南翔公路爲敵軍突破了一公里。十月二十六日晚，國軍反攻，壯烈的犧牲，爲的是尺寸國土；男兒的頭顱，男兒的血，盡是爲了尺寸國土，爲拋却而流的，幾小時激戰後，國軍收復了原有防線。十月二十七日晨，黎明的紫色光芒中，敵軍又大舉來犯，沿了醜惡的蛇皮，敵方的坦克車，喋嗒喋嗒的前進，一聲雷響，一聲霹靂，塹壕臼炮彈連續飛來。同時，在第三量的空間，飛機以立體的優勢，盤旋在我們的國軍的上空，一小隊剛飛過，另一小隊又臨空而來，射擊，投彈了，三四十輛坦克車，這些笨東西，有一半車身已打進了路旁的淤溼的棉田裏爬不動了。現在機關槍步槍聲，代替了時間的節奏，大地顯然在炮火中震動了。蜜蜂似的唸唸的聲音來了，卜卜卜卜的是飛機上的機關槍，在大場之東，左側，敵軍也潮湧而來，「殺啊！」這是我們的武器，我們的戰略、我們的悲壯的呼聲，人的聲音，雜在機械化的各種爆炸的聲音中，這全不像紅氈毯上的歌劇女伶，在盛大的管弦樂隊給她伴奏時，她那歌喉的一喊。「殺啊，」一次兩次，再一次，兩次，衝鋒，進擊，肉搏掃射——這正是鬼子軍人所感到的，像「煎豆」一樣的聲音，國軍沉着地，有時是勇敢地抵抗着。「煎豆」似的聲音射擊，炮火正是煎豆時用的釜力，在紫色的黎明中，隱約可見衝鋒的人，足一軟，腰向後一彎，於是狂吼一聲「殺鬼子啊」，他就擲了槍撲到地上，無數的人影，從他身上踏過去，也有人倒下來，倒在他身上。血肉要造成新的長城，血肉要保衛祖國一尺一寸的土地，猛烈的戰鬥繼續着，於是在這光榮的一天，又是不幸的一天的晨間，大場以西的曠地上，敵軍突破了我軍的防線，大場危急了。在這一帶平原地上，有無數小河蜿蜒的平原地上，因爲沒有軍事要點可守，給敵軍的炮火佔了軍事上的優勢。鐘叩着九時，朱耀華師長和其餘的軍事長官接到決定了暫時退出大場的密命。同時密令還說，閘北一帶的駐軍同樣退出，而廟行一帶的駐軍則向江灣之北撤退。另一個秘密的命令，是十點三十分，閘北駐軍退出時，八十八師一部份將士，由團附謝晉元，營長楊瑞符率領，據各軍事上要點，嚴密防守，堵截敵人，這樣，在閘北一帶戰區裏，一方面國軍在退新防線，一方面，猛烈的炮火，手溜彈，槍刺子依然向人飛擲，經謝團附，楊營長的機巧的同時又猛烈的守衛，那敵軍還是死亡，還是不名譽地爲侵略而死亡，絲毫不知道江灣至閘北國軍防線，立刻將有變動，從無數桿輕重機關槍的嘴裏　子彈吐出來。從沙包，或別的掩蔽物裏，我們的將士的嘴角帶了堅定的冷笑，來一個敵人，死一個敵人，來一羣敵人，死一羣敵人。鬼子不中用，不中打。我們的將士的心裏，漸漸的，從烟與火似的糢糊的感覺中，凝成了一個輪廓鮮明的，強烈的概念，「老張」，一邊射擊，一邊還個意志堅決的聲音說話了，「老張，我們的弟兄退得差不多了吧？老張，我同意你們，我們不想退，我就不喜歡退；我們不是殺鬼子殺得正順手，正痛快，不對，剛剛痛快！」機關槍又是一連串。「老張，你——怎末—你怎末啦？好傢伙，你比我先走一步。可恨是你比我少殺了幾個鬼子，老張，我要决定不退了，我陪伴你，我們這一營多的人都不會退，我們好好的幹他們一下子，對不起，你等一等我，又來了一批鬼子。」在密集的射擊聲中，有一千左右的善戰的壯士，逐漸的，逐漸的從模糊以至於明確，决定了固守最後陣地，决定了絕對不撤退，死而後已，當謝團附，楊營長在砲火間視察弟兄們的時候，弟兄們告訴他們，這近千的數目，不屬於這次撤退的軍隊，這近千數目的弟兄，屬於這幾天來戰死的一羣英魂。「我們不要活，我們要死，我們甯願死，要讓我們的軍隊，依然有一大隊固守閘北。」團附和營長別處聽到的是這堅决的口吻，他們知道弟兄們幾小時來，受了重大刺激，已真真了解民族解放的重大責任。一個新的思想在團長和腦中一閃，他用了鋼鐵一樣的聲音，告訴營長。「那一帶」，他說：「不是有着一些鋼骨水泥的大建築物嗎？我們退到這裏面去。糧食，也可以算是够用了，軍火，不成問題，」營長接上去，「人，個個是英雄。」

二

夜來了。

當黃昏侵入的時候，同胞們，我們不是看見屋宇，樹林，電線桿，工廠的烟囱，一一的沒入了暗黑了嗎？是的，在秋天的晚上我們看見夕霞，看見倦鳥，看見倦鳥從夕霞中飛來，隱入寒林，看見黑夜來臨，於是遙遠的地平線上，什麼也看不見了，可是　國軍從大場廟行閘北撤退後的這天晚上，夜雖來了，彷彿却沒有夜色一樣，在遼遠的地平線上，沒有黑暗，沒有寂靜，沒有夜，只有火，那兒——滿是火焰，那兒——是燎原的大火，已經燒了一天，而現在還熊熊的，在吞沒大建築物，嚥下房屋和街道，大火的紅光直冲上雲霄，橫幅展開幾里路程，是的「火光燭天，」我們找不到別的好形容了，一番紅一番黑，濃煙冒起來，幾十丈高，於是我們看見，映在這紅光的幕上的是屋宇的紅影，受難的電線桿和工廠煙囪，樹木的黑影，從前這一帶是和平的市集，和平的商業區，住宅區，現在，敵人使牠在可怕的火焰中失去了和平，寂寞，平安。

我們瞭望過去，那是一個火的海，火的海。在火的大海上，風定時，火的波浪，鄰鄰似一幅平而精緻的大紅織錦，但當風起來了時，火的浪濤就也起來了。火的浪濤，洶湧，火的大海，奔流。

烈燄籠罩，四圍都是敵軍，而中間，在蘇州河新垃圾橋北堍的幾座銀行堆棧的大廈中，國軍有一營以上的兵士，雄踞着，謝團附，楊營長和以下的八百多個弟兄，他們本是國軍撤退時，奉令扼守要點的，大軍安然撤退後，他們却不願退，不願退，只願死，抱定犧牲的決心，他們依然固守了閘北。

在大廈的頂上，他們北望望見大火的海。自己是火海的邊上的一座孤島，自己在這孤島上的八百人的孤軍，他們南望望見那邊的靜靜的黑夜，有千萬顆星星樣的燈火，在這黑夜中灼灼的發光。可是，他們沒有時候欣賞美麗的南頭，因為，「碰」，槍聲響了。

三

泥城橋橋旁，有西洋兵駐守着。這塊橋現在是一個奇怪的區域的中心點。橋南有繁華的街道，有電影院，百貨商場，也有難民收容所，甚至還有跳舞場。橋北，有兩座大廈，一是大陸銀行的堆棧，一是四行儲蓄會的堆棧，裏面是八百多個中國士兵，再北約二三十米達又有一座大廈，是上海銀行的堆棧，現在給侵略者的日本軍所佔領了，現在這橋塊，是非常奇怪了。牠是在不同命運方式的中央，一堵更奇怪的鐵門又在橋中央關住，只有上海有這樣的事。

「What heroism, what grllantry！」從鐵門的邊上，四五個英國駐軍走回了橋南，有一個這樣驚叫。他們在半小時前就見中國兵出入這一帶，後來，日本兵也來了。這使他們非常的驚異，並且本能的感到不安。立刻他們發現，在上海銀行堆棧上發現了日本兵，不久，他們又見到四行的堆棧裏；中國兵把沙包和別的防禦工程一一設置了。他們懂得這是什麽回事了。立刻他們激發出無限的同情心來，他們過了橋想去勸說這一羣受了包圍的華軍，從租界上撤回。可是他們聽到了客氣的，感謝的，可是堅决的拒絕。說到叫他們把槍繳下，通過租界，中國兵不聽完話就笑笑，搖搖頭。

五分鐘後，還一羣英國駐軍决定了再進去勸說。

他們在堆棧的底下一層，一間小屋子裏見到楊瑞符營長。

「我們很感動，不過我們務必勸你們離開這裏。」

「死也只可以讓我們的靈魂離開，不能讓我們的屍體離開，啊，不，我們的靈魂是死了也不離這裏的，相信我的話，這不是我隨便亂說的。不相信，這可以立刻由事實來證明。」

「可是我們不能揮淚回橋南眼睜睜看你們死。」

「我們也不能揮淚回橋南眼睛睜看國土損失。」

「不要把我們的話來答復我們。回橋南，這不是什麽不光榮。這不算是戰敗。這不過是一個不幸。」

「哈」，營長笑了一聲，「別怪我又用你們的話來答復你們。不回橋南，並不爲了光榮，不回橋南，也不爲打勝仗。我們死在這裏，也說不上不幸不過，我們眞感激你們，我們在死以前，有機會接受你們的好意，受到你們的友誼的勸告，我們用什麽話來感激你。」

於是他伸出手，一一和英兵握手。最後的一個英兵拒絕了，他說：「我現在不能跟你們握過手就回南橋，讓我們握者手一同回橋南。」

營長樸過去握住他的手，說，「別使我們難過，我感謝你們。你們過橋去吧我更感謝。」他的聲音，因了人與人之間的眞實的情感而抖動了。

第三次，英國駐兵在四行堆棧的階沿，看到正在指揮着什麼的謝團附，謝團附是另一副風格。他的話稱嚴重，比較起楊營長的富於情緒的心來，他的心是鐵製的。沒有說了幾句，謝團附就下了結論。

「沒有什麼話可說。我很忙，不能陪你們說話，對不起，鬼子已架好了槍，不能送你們一段路了。」

夕陽西下的時候，英兵又携帶了他們的同情，他們的慰勞品，過了橋，過橋的時候，日本兵警告似的射擊了一排槍，可是他們安然到了華軍的守地。」

「能不能讓他們來歡迎你們退回橋南去，營長？」

他們來一次，我們心裏難過一次，——這些是送給我們的嗎？啊，可惜我們不能受下。眞的，我們慚愧於你們的幫助，我們僅僅爲祖國盡應一些責任。」

營長沒有說完，一個含笑看着他們的青年士兵用英文又進來了：「You people fuss

around us like grandma arranges a wedding. eh」—

幾個英國兵苦笑了，後來有一個說，「我是人，你也是人，我們都是人，請你們此刻接受我們的好意，避免這樣無謂的犧牲；戰爭有整個的計劃，你們的血應該流得更智慧一些；與其你們留守，不如你們從新防線反攻。」

「不必如此，這邊我們可以支持七天，到那時候，我們的伙伴一定反攻回來了。」

「可是敵人在你們的伙伴反攻回來之前，一陣子 storm 就殲滅了你們呢？現在你們的敵人的實力十倍你們，百倍你們……」

那個青年士兵說了「你們是知道波斯王攻希臘，三百斯巴達戰士殉難的故事的。波斯使者說導克塞斯的大軍的箭可以掩蔽日光，斯巴達王遼尼達斯說得更好，日光蔭下來，打仗也風涼，我們中國歷史上這樣的事更多。歷史使這種行爲成爲中國民族的民族心理了。敵人十倍，百倍，算什麼？」

青年士兵敍說了古代的壯烈故事後，就愉快地笑了。

就在這時候，一個沒有穿武裝的苦力樣的人扛着沙包走過，營長看見這苦力，叫住了他，說「你還在這裏嗎」？

苦力回答說：「自然在這裏」

營長告訴那幾個英國駐兵說，這個苦力，幾十天來在戰區裏替他們打雜，這次他好像也不願走的樣子。於是他又向苦力說：「我想你現在跟他們回橋南去吧，這裏沒有別的事，用得着你了。」

「這話算什麼意思」？苦力也不走，這裏正有很多事用得着我做。」

苦力也不走，雖然衆口一辭，都是勸他離開的話，英國駐兵，最後，只有駕駛的開了兩輛空車回過了橋。就在這時候，第一聲槍聲響了。

四

第一聲槍響了。這已打碎了四行堆棧的一面玻璃窗。而從這破玻璃裏，也回擊出輕快的一槍來。同時，機關槍便從四行堆棧向日本兵那裏射擊過去。在這一長串子彈底下，正向四行堆棧的階沿街餘的日本士兵一個個倒下來，秋夜的風把落葉括倒屍體的四週；可是落葉對於這幾個侵略者屍體，也投以憎惡的一眼，而飛到另外的地方，飛到那火的大海上自殉了。

五

西洋駐軍第五次走進四行堆棧時，他們是決意要完成我們的「做一個人」的責任。他們中有幾個曾經參加過歐洲大戰，可是這樣驚天動地的事跡，他們還沒有見過。他們的心上都覺得，如果這一營孤軍不能勸說過來，如果他們不能勸說得他們撤退，那他們的心是永遠要受傷一樣的苦痛的了。可是他們得到的回答是什麼呢？

「我們的行爲簡單說起來，是討賬的行爲」。

「對啊！國土，生命，這一切都是有代價的，閘北有閘北的代價；死在閘北之守的伙伴也有他們的代價，日本鬼子不付代價，我們這些要賬的人，平日國家養我們是幹麼的？」

謝團附鵠見外國兵又來了，從六樓下來。

「我知道你們還會來，很感謝你們的好意」。

「團附，全世界都懂得正義，但也都懂得人道。你們別傷了人類的心，更不應該傷你們的同胞的心，全世界都知道貴國的長期抗戰，爲了最後的勝利，你們不應該把重於泰山的身體，這樣輕輕一擲。團附下一個命令，說一兩個字，保全了這幾百個士兵的實力吧。我們懂得貴國的地位，我們希望我們的話，團附能接受。」

「各位的熱情，我眞感激」，團附說了，「可是我想你們還是現在回防吧。只有你們剛才見到的苦力，我想他並沒有留在這裏的必要，已命令他跟你們回去。只有他一個人跟你回去。你們的話很對，可是我們的行爲是對。日本如果在這種情形下，也許會向你們磕頭，把槍械送上，要想留一命的，可是我們誰也不想這樣做」。

當西洋駐兵帶了那苦力回橋南以後，團附嚴厲地說：

「我們是孤軍，我們是一意孤行的。」

他沒有向了誰說這句話，他自己也不明白他爲什麼這末冷靜地說了一句，於是他走開，走上屋頂。

逆着大火，他挺胸而立。這是一座銅鐵的塑像，每一分一寸都是力的表現。他深深呼吸了一下冷空氣，回頭見到營長。他們肯定而有把握地向西邊的上海銀行堆棧上的日本兵，輕蔑地一望。

六

「你聽到了閘北的六百個兵嗎？」

「不是六百，是八百，外國報說一百五十左右。他們不肯出來。」

「我難過極了。你得想法子。」

「我，我有什麼法子，可是真的，大家都在想法子。你一個女孩子這末急，你哭什麼，我聽到這消息，我也心裡——你別哭。」

「我怎末能不哭。他們爲國家，我哭雖然沒有道理，可是我忍不住不哭。你給他們想法子。」

「我，自然。」於是那沒有哭的，也哭了。

哭聲傳來傳去。

閘北的火燃得旺極了。在一個小房子裏，這時另外有一個兵躲着。他也是不顧撤退的一個兵，不過他不屬於八十八師。當他的一營兵在撤退的時候，他裝着小解，就溜在一座小房子裏。於是他像猴兒一樣的靈活的，一伏在二樓的一間屋子的角隅。走過一個兩個日本兵，他就準確地瞄準他們，放一槍兩槍。他很小心，大約日本兵走過，他就放下鎗，專揀單身的，三個以上也不放槍，他有把握一次打死兩個鬼子。一晚上，他的子彈沒有虛發的。他靈活的從一個屋子換到另一頂屋子。這一個人的孤軍，向日本兵索取了很多代價，可是他的最後說也不知道，大約是葬身火窟吧。但是這樣的插曲似的零碎孤軍，不勝紀載的多。這是說：在閘北一帶還到處有那樣的孤軍，在向日本兵索取代價。

「閘北一帶，像我們一樣的兄弟很多吧」，營長手指了大火向團附說。

「別說這些話，我們談這裏的防禦。我想這房子跟蘇州河南的租界只是一水之隔，離那面日本兵才二三十步，離煤氣公司的大煤氣爐又是很近。日本飛機如果低飛，我們可以打，飛高了，他也不敢亂投炸彈。」

「我也想到這一點。團長，他們老沒有法子可以克服我們的。炮打，這屋子堅固不怕燃燒彈，我們有救火的東西，房子基礎打得深，不怕他們掘地道。毒瓦斯．弟兄們有面具。食糧，總有辦法給我們運過來。我們正好顯些顏色給鬼子看看。

底下機關槍聲又大作了。

「命令弟兄們把頂上三層．壘好沙包，讓飛機炸彈來吧！」

七

彷彿置身於銅牆鐵壁之間，一個個都是鋼鐵黃銅經過了百鍊鑄成的塑像。他們舉止緩慢，但是都很沉着。撲到窗子上要用瞄準的時候，緩慢沉着之中却都有着一個最大的迅疾。他們連眉毛也不肯動一動，可是有深思的眼睛。他們沒有溫柔的感情，却血都沸了。他們像遲鈍得連懷鄉病，那個美麗的懷鄉病都沒有似的，可是他們的愛國精神令人肅然生敬。只有一個例外，一個人忽然說起笑話來了。

「你給你老婆的遺囑上少寫些肉麻吧，老王，我他媽的，就是我，這一營裏我頂笨．不識字，筆桿兒比槍桿兒還重。老王，你寫完了給你老婆的信，給我老婆也寫一封。要寫得美」。

老王望了望他，唔的一聲。

「他媽的」，他忽然跳起來，「殺鬼子」，咣噹的把槍上了些子彈，就走到窗子上。

「礮」，一方玻璃碎了。日本兵是，在玻璃上見到一個影子，就要槍一槍的。他差一點給打中，氣得舉槍就向外射了三下。一個排長跳過來拉住他，說他不應該浪費子彈。說他不應該毛性子隨便的冒險。

「可是，死了一個鬼子呢」。他得意的叫。

「三粒子彈應該打死三個鬼子，聽見沒有：」排長覺得他太鬧事了。

「是」。

有一個青年士兵正在讀他自已寫的信：「現在我們就在這裏留守了；死是一定要死的，不過我要一個機會，死我一個時，換日本兵廿幾條命。妻：別再想我回來，也別想我一個全屍。孩子還小，這是我的懸念。不過我你都受高等教育。我幸而不必担憂你以後的生活，是我剪斷我自己的生命的線，你收起你的淚珠。永別了。」

有一個士兵也在讀他自己剛寫完的信。「人生於世，不免一死。死得光榮，才是英雄本色。今日東洋飛機來了多時，弟弟，我不免一死，你善孝父母」，他覺得這是他畢生最難寫的一篇文章，「兄甚感激，死為國家……」他想修改幾個字可是又不知道怎樣修改，另附遺囑……」

當他們槃擬了這些信，用繩子紮了好幾大紮，那時，天色又快要昏黃了。一個英國駐兵在橋南止踹腳不已，他們向他招手，他過來。於是把信從窗子裡投了出去。英國駐兵去拾取了。他看到這是幾百封信。虞洽卿路上，車輛飛駛，步行者行經而竚立着的人是多極了。啊喲，把遺囑都送出來了，一個敏感的人叫喊。這話像水波上的圈兒，一圈一圈的漲大。死得真勇敢。死得光榮。有人捐他們東西吃沒有，童子軍？什麼，遺囑都送出來了。不行，總該救出他們來。有人把國旗送進去了呢，童子軍說的。國旗，青天白日滿地紅。正在黃昏中間，一個女童子軍向那邊去了，不知道是什麼偉大的力量，在把她引導，她欣然把國旗放在她胸上，機警地走了進去。不久，在四行堆棧上面，國旗飄揚了。一個女性完成的使命。

「團附，這面國旗可不是小了一些。」

「嘿嘿，你出去告訴市商會裏，把上海最大的一面國旗去拿來，我一定把她高高的昇在天空」。

「一定的，可是，團附，民衆真關懷你們，民衆都為你們流淚，你們為什麼不肯退去」？

「不退出就是為了幹他們。」他的手指着敵人那兒。

那個女童子軍回來時，她差一些給日本兵發現，不過時候已經是晚上，黑夜在保護她。

八

晚上一到，猛烈的攻佔又開行始了。

四行堆棧的外面，有一個靠河岸的小房子，也是水泥做的，很堅固。華軍有一排人，在裡面隱躲着。

攻擊開始時，上行堆棧的階沿上彎下身子的出來了十幾個日本兵。可憐的東西，螞蟻樣的，幾十發機關槍一掃射就會完結的。可憐？誰可憐他們，又十幾個來了。他們快步跑到預先排好的沙袋那兒。華軍的一排人不做聲，只動作遲笨地瞄準好。又十幾個日本兵隱隱約約的出來了，正在這時候，他們的衝的命令下來，四五十人分了三班，向四行堆棧飛快的前進。這裏的排長也同時發了射的命聲令。五架機關槍同時響了，衝鋒的人沒有跑上三四步路，一個個倒下地。四行堆棧裏面的兵，連目標也來不及找到，全數死了，四五十條性命，只十幾秒鐘。這叫做索取代價了。於是典型的日本作風。奢華的跳出來了幾條狗，吃日本勞苦大衆的脂肪和血汗養得這樣豐滿的狗，狂奔到日本兵的屍體旁，銜住他的衣角便回去。可是來時狂奔得飛快，回去時牠們也不能快了。典型的日本作風，宜於一個漫畫家的題材。那些矮腳的東西，拖着矮腳的東西。

槍聲響了三下，三條警犬死了。其餘的警犬沒命的逃。

不久後，猛烈的機關槍，手溜彈，向了小屋進攻。小屋顯然要支持不住了。彈雨還不怕什麽，再來幾個手溜彈就要糟了。排長下令。臥倒，暫不回擊，準備退回大廈。

一個士兵說完了，「排長，早是一個死．晚是一個死，一樣，我們旣然來到是要死守，是要找死，那末，我們乘他們一個不防．衝進他們的房子。不，衝進不衝進不要管，就是衝！」

另一個士兵叫起來，好的，好的，又一個手溜彈，小屋震動一下。

一個沉着的聲音起來。「我不贊成。我不贊成我們殺了這幾十個鬼子就滿足。討賬要討得乾淨。我不是怕死，我們誰來了這裏是怕死的。要死得有價值才這樣做的啊。退回去，說不定我份下還派得到一百個鬼子呢？衝鋒嗎？一個也殺不掉他們，我們的性命換給他們借了去。他們欠我們的債太多了，前賬未淸，免開尊口，對不對，排長」？

在機關槍停下，手溜彈還不投會下來的時候，他們迅速的退回了四行堆棧。

不久後，日本的機關槍又向了這現在已空空的小屋掃射。半天沒動靜，於是沿習了他們一貫的故技，對這小屋加以重大的壓廹，浪費了許多子彈後，才有了衝鋒。這次他們一個人不損失地佔領了小屋。可是那裡得光榮的勝利？他們才在小屋裏站穩了脚，吐出一口氣，四行的窗子裏便投擲了無數的手溜彈出來，一個大爆炸，經過日本兵的重大壓廹之後，這小屋子早已站不穩，於是牠粉碎了，日本兵呢，血肉的東西比一個小屋更容易粉碎。

九

那天下午，華軍有一個士兵，作了壯烈的犧牲。他瞧見近四行堆棧的地方有一大隊武裝的日本兵，因爲愛惜子彈，華軍沒有立刻予以射擊。那士兵的身上有七八個手溜彈，把這些手溜彈拉開保險，他從六層樓的屋頂一躍下。他一個犧牲，換了二十幾個日本兵的性命。華軍自退入四行堆棧以來四天，傷的人雖然多，死的却還是他第一個。這個犧牲感動了他的伙伴，有十多個人立刻在爆炸聲的餘音中作出乎意外的衝鋒。他們衝進了上海銀行堆棧的階沿。他們沒有回來，但上行堆棧裏又起了一個極大的爆炸聲。

這是最後一個晚上，團附和營長正召集了弟兄開會。他們有訓話。

這是團附的話，「不管了，我們一條命換敵人十條命，那也應該說一聲够上本了。今天那十幾位弟兄成績不差，我們記得他們。我要你們記得，我們一條命是要換敵人十條二十條命的」。

這是營長的話：「兄弟們，患難中的兄弟們，大家在共生死，本不分什麼營長，小兵，不過我還是吩咐你們一聲，我感到今天晚上，是很重要的一個晚上，今天我已經看到了敵方的砲口，晚上想有重大的轟擊。所以，大家記得，我們在這裏的任務。今天晚上，大家要小心，民衆這樣關切我們，我們更應該努力。」

正在營長訓話時候，一個密令送了過來。是最高當局的密令。團附看了，呆住了，立刻營長的話也停下了。在一瞬之間，空氣從熱烈變到了靜寂。

「密令叫我們今天晚上退出」。

弟兄們一個個發言了。

「爲什麼？」

「不行，這太奇怪了，我不相信這個命令」。

「我不退出」。

「誰肯退出就退出，不肯退出就不必退出」。

「對的，退的人到左邊來，不退的人不動」。

一個也不動。偉大的靜默開始了。最後營長才站立起來，說話，「很好，我們都是民國的好軍人。我們如果不退，限我們自己今夜全部都犧牲就是，這事——還得我們想一兩分鐘再決定」。

團附說話了，「密令——你們不管密令嗎？現在是我們決定一切的當口，時間很寶貴，廢話要少說。大家要服從我的話，我與楊營長此刻要商量一下。你們等着。」

他們退到另一間屋子裏，後來他們出來了，團附說起話來，含着一泡眼淚。

「弟兄們，我們決定撤退，遵照命令」。

營長插上來，「不過，我們還允許在撤退時，讓你們痛快的殺鬼子」。

在偉大的靜默中，機關槍。砲聲來了。在砲火中，一切步驟都是有秩序的準備了，同時戰鬪激烈進行，砲火一分一秒便變得更猛烈，團附，營長都受了傷。在階沿外，撤退正式開始了。最後幾個扼守要點的士兵，也得撤退了。

「卜卜卜卜」

於是最後的一顆槍子，飛出來；這自然也打死了一個敵人。

××路上，民衆翹首等候他們出來。他們來了，歡呼聲中，洪流樣的聲音呼喊「中華民國萬歲」的口號。他們舉起鋼盔，揮舞作答。

「然而團附，退是羞辱的」，一個士兵叫。

「靜一些，這不是羞辱，讓我們自己對自己抱有大希望，我們要深明大義。」

「是團附的話，團附的話很對。不要一個小時，我們不又在前線了嗎？團附，一定答應我們立刻要送我們上前線的，就坐這輛車去」。

營長高興起來了，「越快越好不是」？

團附點點頭，「要不了一小時」，他説，「我讓我們現在冒煙的於口再射擊敵人，我答應你們」。

「團附答應我們了」。

一車子有些垂頭喪氣的壯士，像小孩子一樣的，他們的潔白的心裏又興奮起來。四十分鐘之後，除了受傷的，他們都發現自己有了射擊的目標，在新防線上的，砲火中，而他們發現自己有了聯絡，像猛虎出了柙，這形容還不够，說得更明白一些，是他們本來預備一條命換十條敵人的命的，現在十條命決不够，十條日本鬼子的命，也決不止，決不止，決不止，決不止，決不止，……」

戰地血痕

冰瑩

蘇州城的火焰

誰相信呢？清早從觀前街走過，高大的洋樓還是那麼整齊地排列在馬路的兩邊，雖然店門都緊閉着了，但來往的士兵，逃難的老百姓還是那麼絡繹不絕地走着，我想廣州到底還有福氣，最熱鬧的街道，能够不被敵機轟炸，也許是真如他們本地人所說：「還街上住有漢奸和大資本家，日本人不會來炸的，」吧？

唉！誰知僅僅相隔兩小時，當我從原路歸來時，觀前街，護龍街已經炸得一塌糊塗了，什麼國華銀行，金城銀行，交通書局，炸得只剩半塊招牌，幾個字留在那裡做痕跡，其餘大小店舖盡成了一片瓦礫。

路上被機關槍掃射死了的士兵，老百姓橫一個直一個地躺在血泊裏，有的正在流血，有的雖然死了，眼睛却睜開得很大是的，他們是不甘願死的，他們沒有消滅敵人，却被敵人先消滅了。

從玻璃，瓦片，屋梁，泥土血肉混在一起的血路上走過你的心會不知不覺地沉重起來，眼睛裏藏着的不是水汪汪的淚珠，而是像烈火似的怒焰，在這兒，環境不容許你停留，不容許你憑吊那些被犧牲者的幽靈，細認那些被炸的區域；因爲敵機並沒有離開蘇州，而且還在她的四周繼續轟炸，你明明看到一個受傷的在對面血泊裏呻吟，你想去找副担架床來抬他，但不到五分鐘，你還沒有找到你所需要的東西，那個傷兵却第二次被炸成肉醬。

最慘的是當我們走過馬路時聽到無數的呼救聲發自那些已經倒塌了或者正在燃燒的瓦堆下：

「先生，救救我呵！做做好事！」

「先生，我還沒有死呵，救一救！」

「我被活埋在底下，爬不出呵，救一救！」

聲音是慘極了，悲極了！誰聽了不痛心呢？然而當你放開瞳孔，拚命把視線伸長向各處掃射時，你只看到濃黑的青烟冒上天，鮮紅的火焰燒得劈劈拍拍作響，你找不出那些悲慘的聲音發自何處，你立定脚跟靜靜地聽着，忽然聲音由大變小，由急促變成緩慢，由緩慢而變成斷斷續續地聽不清楚了。

「哎呀！救命呵！……」

有時一聲大的慘叫後便沒有再聽到聲音了，只是從鼻子裏鑽進了一股人肉燒焦的異樣臭味和血腥氣，但在另一個角落裏，救命的呼聲仍然在繼續着，但一聲比一聲微弱，一聲比一聲更沉痛了，你想跑去尋找活埋他們的所在嗎？敵機又嗚嗚地來到你的頭上了。

天，這還是人間嗎？到處是死屍，到處是血跡，到處是慘叫悲號的聲音到處是火焰，為什麼沒有人去撲滅火，為什麼沒有人去拯救那些被難的人羣？是自己的生命要緊嗎？是救火的人逃走了嗎？是因看到死的人太多了，腦筋麻木，心腸變硬了嗎？不，大家都是和他們一樣的命運，誰知道在五分鐘之內自己的生命不被敵機的炸彈，機關槍擊斃呢？在敵人的大屠殺政策下，我們的生命是特別寶貴的，因為我們要消滅敵人，保衛祖國，保衛廣大的中華民族。

——死的就讓他死去吧，活着要加緊殺敵的工作才行呢！

這麼一想，於是只得挺起胸膛來走上自己的路。

「同志，你看那邊的房子還在燃燒，整整地一天一夜了，火還沒有熄呢。」

一個受輕傷的士兵這麼指着閘門那邊的火焰告訴我，我扭轉頭來一望呀，像火山爆發似的把天都染紅了！

蘇州美麗的天堂呵，如今完全成了地獄，成了死傑成了一片焦土，一座埋葬忠骨的墳穴。

路愈走得多發現的死屍也愈多，英勇的戰士在前方受了傷回到後方來，不但找不到醫院而且反被敵機送掉了性命，我想他們如有知，在九泉之下也會含恨吧！

完全，蘇州的壽命是這麼在敵機轟炸之下葬送了牠的軀殼，但是牠的靈魂永遠存在，牠是不會死的，在灰燼裏會建築起我們的天堂來，在血泊裏會開放出民族解放的鮮花來。

一九三七十二月一日於漢口

女兵們

子岡

湖南婦女戰地服務團第三隊出發了二十多天了，爲了要帶領第四隊赴前線，她們的團長劉慕棠女士過漢轉長沙，下面是她的談話。

1.我們十一個

看冰瑩帶領的第一隊出發到東戰場，看李芳蘭帶領的第二隊去西戰場，沒有多久，我也帶領了第三隊去蘇州了。

事實上在湖南想去前線服務的眞不止這麼一點點，可是環境，體格，能力，時常全阻碍了這壯志。在我們十一個團員中差不多全是十六歲至二十三四歲的，都有一技之長，是的，在徵求團員的條例中很要緊的是要有一技之長，我們的救護團員都是有過護士經驗的，另外有專作政治工作的，專作宣傳工作的，我們不是到前線去作擺式，去作飯桶呀！

團員中例外年高的是孔女士她三十六歲了，看見麼，那瘦瘦矮矮的臉子很憔悴的一個，可是鬼相信，她也能一夜跑九十里路啦！她是有過護士經驗的，我自己，民國十六年從中央軍校畢業，辦學校，當女職員，現在算是學以致用了，我哪能不笑，哪能不興奮呢？

在出發前的一個多月，我們只在簽名的團員們工餘課畢籌劃工作，一直到走在路上，才過集團生活，我們忘了家，忘了個人生活的安寧，到前線去幫助作戰的士兵，爭回破碎的錦繡山河。

我們第一第三隊是隨第四軍，張發奎的鐵軍，現在是由吳奇偉統率。

2.馬眼．鐵脚．神仙肚

馬眼，鐵脚，神仙肚，這是團員們的精神教育的信條，現在我們征服了自己的弱點，都在實行這三條了。訓練得能在深夜的暗道上行軍，靠着兩隻并不粗壯然而有勁的脚，餓幾頓也滿不在乎，有時反倒越餓越能能走，越餓越工作得好，所以我們常希望挨三分餓，我們的士兵不是爬在戰壕裏三四天也找不到一個燒餅地在描準敵人嗎？

我們第三隊到蘇州的時候陣線已經退下來了。炮聲會震聾了你的耳朵，滿天是敵人的飛機，炸彈加上機關槍的掃射，我們不怕，一面想法躲開他們的目標，一面更增加了心頭的憤怒，我們總有一天也炸到東京，炸平了富士山吧？我們要和日本的人民携手挖出日本軍閥資本家們的眼珠。

蘇州被炸平了，許多團員們向來沒有到過這天堂，現在只在滿天火光煙霧中憑弔這美麗的古城，我們已經沒法進去，只在離城稍遠的野地上露宿了幾晚，終于撤退令來了，我們退到了無錫，那邊也差不多，老百姓逃走了。

時間多半是花在行軍中，時而前進，時而後退，我們聽到前進的令喜歡，想收拾起行裝，拔脚就跑；聽到了後退的令呢，有幾次團員們是落下了淚，大家爲軍情而笑，爲軍情而哭，告別一個縣城向後撤退時，比我們這次從家鄉出來難受得多，我們對着漫天的敵機喊：「你們炸得死我們的建設和肉體，你們炸不死我們中華兒女的精神！」

我們五點鐘起身，時常一骨碌翻起身來，就唱「起來，不願作奴隸的人們……」我們是住在司令部中的長官們一聽到我們的歌聲他們也趕緊起來。

現在到了前線的女同志們都不肯回來，（註：但隨着軍情的變化，現在各服務團都奉台撤退！」「她們工得很緊張，很興奮，要我這次帶了第四隊快快回去，在前方是多麼需要婦女工作人員呵，雖然我們團員每人只有一桿手鎗，雖然我們團員沒有受過嚴格的軍事技術教練，不能在槍林彈雨中去與敵人火併，可是在「前線的後方，」是非常需要我們在野戰醫院，在民衆間去工作的，特別是在漢奸如毛的前方；他們的破壞太大太痛心了。

我們不怕死，我們是爲了生所以去與敵人搏戰的，「戰鬥則生，逃亡則死，」我們把這話警惕自己，也拿這勸告說服戰地老百姓們。

爲了是去前方服務的，不是要別人來爲我們服務，所以我們團員們絕不倚賴勤務兵或在軍中可寶貴的少數舟車，我們自己借東西，儘可能地讓士兵乘車，我們行路，可是在行軍中是大半要靠雙足，我們就走在他們前面。士兵們對我們沒有一點蔑視，我們大伙兒是共生死的兄弟姊妹了。

3. 漢奸新聞信不得

來到後方，聽到不少可驚的傳聞，特別是對于這次蘇州駐軍的所謂「譁變。」大衆把一些搶掠的強盜行爲加在我們的抗戰的英勇士兵身上，是多麼罪過，是多麼罪過！

在沒有開放民衆運動的惡果之下，蘇州和無錫的民衆幾乎逃得人影不留，他們存着和過去厭惡內戰一樣的心理避開了砲火線，作「倖存」的夢想去了，把大門反鎖，把一些帶不走的衣物封在裏面，店家也把板門閉。可是大批軍隊來到是要吃飯的，天冷下來了，他們大半都沒有被褥，沒有足以禦寒的衣服，在這時候，讓抗日的士兵打開地主小鄉紳們的家門，拿一點米作飯吃，拿一點衣被來用用，這能算是小賊麼？這能算是強盜行為的搶掠嗎？

真的，現在我們只看見軍隊抗戰，不看見民衆抗戰！我們要向當局呼籲，快些開放民衆運動吧，真正的到了「全民抗戰」時，我們才能把握勝利。沒有讓民衆覺醒，他們怎麼會瞭解民族自衛抗戰的意義，怎麼會想像得到我們士兵的飢寒而加以援助？漢奸之多也就是多在這一點，現在壯丁之難抽補也在這一點，盼望我們的當局快開放民衆運動。

再譬如對于四川楊森隊伍的謠傳吧，說他們不戰而逃，說他們的褲子全是由背心上穿過，事實上四川隊伍這次犧牲得已夠大，他們和別的隊伍一樣英勇。我們的士兵是在最苛刻最艱苦的境遇中用他們的性命作這空前神聖的任務——抗戰！中外古今，我們的抗戰最光榮，可是士兵們吃盡了牛馬不如的苦處。

一

在軍中，他們唯一的安慰和快樂就是戰勝敵人，在野戰醫院——這已是距火線第三道醫院了——裏，時常有傷已不輕的士兵們還要掙扎着再上火線，他們要以一個頭顱換取敵人的十百條性命匯聚成的血流。在捉到俘虜的時候他們最快活，憤怒使他們忘記了一切，不得不向這些被軍閥資本家們利用爪牙們復仇！

要爭取抗戰的最後勝利，快快發動每一個人民來明瞭抗戰的意義，來在各方面參加抗戰工作吧！不要讓每個不應該空虛的崗位空虛着。

戰壕里

方之中

我隨着送飯的伕子在泥路上蹣跚着，暮色蒼茫，細雨霏霏，身上感覺幾分寒意，一想到浴血苦戰的兵士們，便把瑟縮的身子穿上興奮的外衣，同時脚步也加緊了速度。是燒晚飯的時候，村子裏却沒冒出一絲煙，竹林茅舍似乎給槍炮聲嚇破了胆，低下頭掛着凄涼的淸淚。

我們經過好幾個莊子，門和窗洞開着，可是找不出一個人影，只有時一頭狗汪汪幾聲，不減平時的英氣，它似乎比它主人更愛它的家，到這時還不肯放棄它的職守，退守老巢。我想到華北不戰而退的少數將士，實在連狗都不如啊！

「聽說南京的狗都槍斃完了，」伕子有感而發，不等我問起原因，他把飯擔換了肩，繼續地說「因爲敵機一來，它們拚命的吠，敵機就飛到那塊炸哩」！

「敵人的砲彈好像不化錢的」，這句話在軍隊中普遍地傳說着，從前他們還選擇一個目標，現在却見着三五個逃難的便轟炸了，因此頂着犬吠的地方炸，不是奇怪的事。

越逼近火線，噓噓地掠頂而過的大砲機槍彈越繁密了，彈落在金黃的稻田裏，灰白的煙出裊，棉梗稻稭飛舞在晚空中，泥漿濺滿我們一身，想找個地方去躲，然而四野全是漠漠的平原。

像野馬奔過幾條岔道，才到團部。團部駐在三間一層的瓦屋裏，前面圍着一道竹籬，後面襯着一簇疏落的竹林中，突出幾株枝葉全脫的大樹。伙子摸索着進去了，被衛兵堵在外面的我，正在焦急，一個高大的陰影，兀地站在我面前，端詳一回我的上衣和笠帽，然後緊緊地拉我的手：

「倒叫你不來，眞是——不認識了」

昨夜電話中，徐團長曾堅決地阻止我到前方來，我不能變更決定的志願，這個偉大的戰壕，每個中國人都有塡補的責任。

「不認識了？我雖多了幾根白髮，骨節兒可沒有絲毫損傷呢！」既而想到我這句話，不該對一個堅決的抗戰者回答的。

屋子是黑洞洞的，手電筒在萬分必要時才吐一下火舌，我們摸索着走路，小聲兒談話。砲火把空中築就一座火堤，爆炸聲音和着一閃閃的亮光，隨後是房屋的搖撼，器具的震動，有時一簇濃煙滾進屋來。

「炮火這樣猛烈！」我慨嘆着。

「團部左右，一天幾乎落了千餘發炮彈，竹園打光，屋脊也打塌了。」

這里我不能描寫徐團長的姿態，他存在我腦海中的是六年前的輪廓，也不能描寫他的英勇，文字不能比事實表現得更透澈，更眞實。這是八字橋陣地，距蘇州河只有兩里餘，敵人如果突破了這個據點，便可包圍南市和浦東。不用說，敵人連日來是集中這個據點攻擊的。徐團長是今早兩點鐘增加上去的，到五點鐘的光景，敵人先以排砲摧毀我們的工事，然後用密集的機槍掃射，用番布橋和橡皮船强行渡河，但給南岸我軍陣地上的機槍手溜彈阻止了。不一刻，三十多架敵機出現在我軍陣地的上空，它們像一羣猛虎搏撲着綿羊，一陣轟炸之後，一陣機槍的掃射，同時迫擊砲和重砲組成緊密的火網，掩護他們的二次渡河。我們這一線工事，巳毀成凹地，但我們的守軍還抱殘守缺的抵抗…，然而巳失却衝殺的力量，吳家庫的南端，竟竄入了數白敵人，徐團長乃親率一個特務連包抄上去，才把敵人消滅

「奇怪！」徐團長停了筷，彷彿這個問題比吃飯更要緊，說「今天打下來的飛機是×××的，連駕駛人也是×××的；何以我們還同×××講親善呢」

「更稀奇的是我們的大使還駐在東京啊、」

六年前——、更遠點說罷，十年前我們抱着一根冰冷的槍蹲在一個夜色朦朧的孤島上，海水在脚下嗚咽，霜風在衣上縐襞，我們談着像香蕉的故事，聊寬我們不單怕八、而

且怕鬼的心境：現在呢，我彷彿站在一位尊嚴無比的巨人面前，連別後的顛連困頓也不敢說了。我們的談話，只集中在戰略，漢奸，乃至九國公約這些問題上面。

他奇異認賊作父的漢奸倒有那麽多；而他們所到的地方反而閴然無人——傷兵沒有担架，開差沒有伕，因這些瑣事，常常貽誤戎機；他和其他的人感覺同樣，不是敵人的金錢收買，而是民衆缺乏組織，然而這該誰負疏忽之責呢？我雖費了一番解釋，終於不敢指出來。

是察看陣地的時候了，我固執地要和他同去，於是拿了手電，和一位團附，兩個傳令兵走出來。

「掛彩別怪我。」他開玩笑似地說。

「那末你掛彩又怪誰呢」？我反問。

雨仍僝落着，槍砲聲可稀薄了，路面給炸成無數深坑，繞過幾個圈子，才到陣地。士兵們在換班吃飯——砲火稀薄，敵人也許在吃飯罷——仗着間或一晃晃的火光，照出一張張黶青色的臉子。我們蹲着腰子，由交通溝轉到散兵壕，一具具殘缺破碎的屍體，橫七竪八的倒在溝中，坡上；呻吟聲雜着槍砲聲，徐團長便親摯地攙起他的戰士，命令傳令兵帶給衞生隊去，後來愈來愈多，連團附也担任了扛傷兵的任務，在第一營的末尾，工事好像突然給洪流冲決了的長堤，稍後兩公尺遠，便像一個池沼，中間黑黝黝地深不可測。

「同志，救我一命——替我喊喊担架！」這聲音發自池沼右方，並且不止一個。

「呵，砲火隔斷了路，担架不能來；而且！」團長意思是說担架不够；忽然感傷地道：「唉，唉，我們的民衆到那里去了，連一二八時還不如，別說是北伐的時代！」

他用左手遮住旁射的電火，右手捻着電機一照，是第二營的兩個副兵，傍晚給敵機炸傷的；一面囑他們勇敢地掙扎，一面令二營傳令兵扶到團部去。

工事是趕築的，上面僅蓋一層鋼板，疊了幾層沙袋的面着敵人的那一方，也僅薄薄幾片，好些地方裂着大洞，無疑地爲敵人的小鋼砲命中；因爲連日陰雨，壕的一面，已給戰士們瞄準時的倒肘攪成了泥漿，壕溝里是尺來深的絳色的水，說不定混合着戰士們的碧血潛流；但他們毫無怨言地背着漬水的征衣，俯在戰壕上射擊着。機關槍陣地，一位連長跑來報告：

「報告團長：我們的機槍，給敵砲濺起的泥水窒塞了，連機筒也拉不開；另一挺打得太久，炸了。」

「用毛巾多擦幾下；有什麼法子，我們的武器不如人，我們只要能守住陣地，消耗敵人就行；但最後的勝利是我們的！」

徐團長的聲調中充滿了堅確的自信。

回到團部，我問起工事粗率的原因，據他說閘北江灣的工事，是水泥鋼骨的建築，夠堅固的，因大場被敵突破，致閘北江灣兩線不能不同告撤退，爲了時間和材料的限制，只能因陋就簡。他陡然皺着眉頭，斥責大場的守將，影響滬戰的全局。

這一夜我雖睡在他的行軍床上，可是一夜沒有合眼，他沒有睡，砲火緊張時，便踱到門外去眺望，稀鬆時，又捻起電火在門外角里看軍用地圖，像一個慈愛的父親，提心吊胆地關切他嬰兒的疾病。到天亮，砲火照例緊密起來，天空中嗡嗡的飛機也出現了。

「老×，到防空壕去躲避一時。」他轉到床側喊，彷彿覺得我眞睡熟了似的。

「那末你呢？」我希望他同去。

「我嗎？——我不能陪你。」

「難道我就怕死嗎？……可惜我沒有槍。」

「要槍？我這兒有的是；並且我可升你做上等兵，或是准尉排長！」他調侃地說。

「好呀，好呀，你給我的槍。」

「得了，你生疏了，要槍桿兒沒有要筆桿兒那麼安全啦！……勤務兵，領×先生去。」

然而我一想到昨日那一具具殘骸，一滯滯血水，不禁悚然地一笑．走了。

防空壕距離竹園約有五六丈地，傍着一座古墓掘成的，最下一層橫着四五株大樹，其次是鋼板，再次是沙包，頂上擁着青黃相間的草皮，隆然地與鄰近的墓塚差不了多少，據說萬分緊迫時長官才避入這壕里。壕裏可容四五人，領我的勤務兵回團部去了，我一個人坐在那裏，靜聽命運的判决。

飛機軋軋聲，嘶嘶聲，嗚嗚聲，究竟有多少，我不敢伸出頭來望。隔一會，機關槍和炸彈，驟雨似地瀉下來，離壕不遠處嘩喇一個巨響，壕上的橫木震得離地四五寸高才落下來，土粒紛紛墜在我的衣領裏，我鎮定了神經，才意識到徐團長的安全問題。

這樣的轟炸，繼續到午飯時候才停止，但我尚縮著頭不敢出來，雖然肚皮裏早在軸轆地叫喊，突然壕口刺進一個喊聲：

「×先生請出來，敵機走了；可是團長陣亡了」。

像給誰當頭一棒，我直瞪住那個勤務兵。當我走到團部的舊址，那座房子和禿禿的大樹都不見了。我暗地伸一下舌頭，問道：

「前線怎樣？」

「前線沒有變化，兵士們還在抵抗。」

告別上海

長江

上海是中國交通最便利的都市，平時在黃浦灘邊，南北火車站龍華飛機場以及公路站上，每天不知有若干千萬人來往，在旅行者本身和上海的住民，對於這千千萬萬出入於上海的過客，只是一種平凡的感覺，只不過覺得有些人來到上海，又有些人離開上海而已。

「八一三」抗戰爆發，上海對內地交通情形立刻改變，京滬鐵路之上海蘇州段不通了，如果要走鐵路的話，只能從滬西或者南市上滬杭鐵路，至嘉興轉蘇嘉路，至蘇州始仍入京滬正軌。上海和內地最主要的水路交通是揚子江一綫，「江陰封鎖」又使這一綫完全斷絕，不過上海蘇州河經蘇州通鎮江的內河水道，仍保留多少運輸價值，而京滬公路交通之繼續，若干必要人事的來往，仍給予上海以某種程度的慰安。日本飛機曾經不斷的轟炸我們的火車汽車和蘇州河上的船隻，並曾炸傷了松江附近的鐵橋，造成了相當數目的傷亡和交通工具的損害，但是我們艱苦的交通仍然繼續着。

大場失守，接着是十月二十六日閘北的撤兵，蘇州河南岸成了第一線，內河公路和鐵路交通，都受到極大影響，在這一線上往來的人們，漸漸被人們看作珍奇了。十一月八日夜間蘇州河南岸陣線因敵軍在杭州灣北岸之登陸，松江之告急，而不得不向西撤退。敵軍進佔了滬西，進闖南市浦東，於是上海至內地之舊有交通線，至此完全斷絕。上海漸由「半島」之形勢，轉化而成「孤島」！這時最近的交通綫，是北經江北之南通，轉內河或公路以至鎮江，南經寧波杭州以入京贛。但是上海南通間的長江水道，和上海寧波間的海道，皆在日本海軍絕對控制之中，於是通過這一段相當成問題！

然而時局一天一天的緊迫，敵人飛機成隊的在南市浦東投彈，萬幸於繞過租界的上空，英法軍的高射砲已經對於越入租界上空的敵機。不斷發空彈警告，焚燒的烟火，縱閘北荒涼之後，而瀰蔓於租界的東南西三面。無論如何麻木的享樂階級，也不得不暫時停止糜爛的呼吸，而關懷着租界週圍的戰爭了。

因爲中國軍隊的撤退，大家都預料到日本一定對於租界內的活動，將取干涉的態度，特別是在公共租界，恐怕還要求行政權的更大參予，對於租界內之抗日言論，勢將要求取締，而對於一般抗日領袖分子，恐將用種種方法加以危害。果然事實慢慢的來了，公共租界已經正式令租界內各種報章雜誌舉行「登記」，並令各種救亡團體停止積極活動，且對一部救亡團體加以搜查。據傳聞日方尚要求租界當局逮捕四百名以上之所謂「抗日分子」，及壓迫租界中抗日言論的流行。十一月八日晚蘇州河撤兵之後，日本人已經在法租界中心的霞飛路和公共租界的南京路大量出現。許多人從外橋方面所得消息，租界當局對於日軍之强力要求，並沒有有效的拒絕辦法。於是大家的情緒，一天比一天緊張。

本來上海是無永久防禦工事的地帶，在日本海陸空的主力威脅下面，我們當然無死守的可能，而且從軍事的觀點上說，更無死守上海的必要。照我們以蘇嘉路爲軸心的國防工事說，上海本不在陣線之內，上海的失陷本不值得大驚小怪的事體，然而許多迷戀上海物質享受和缺乏見遠的人們，却把上海的退失認爲是意外，認爲是極重要的失敗，而感到悲觀與張皇。

「到內地去！」這本來是從上海的地位考慮中日戰爭時起碼應想到的事情，然而過去政府和民衆還未曾澈底的把苟安心理肅淸，未曾切切實實的把上海的地位看透，未曾將應該移往內地的物質和人才早日安排。對上海有切身利害關係的人們對於「八一三」以後的戰事，還懷抱着多少完全的幻想。到了上海已成孤島時候，始感到不到內地別無他法。然而交通又不容易了。

十一月九日以後的上海，對任何方面的交通，「中國人」的交通工具，全部不能使用，只有外國輪船才有通過日本海軍封鎖綫的特權，無論走南通，寧波，青島或者香港，都成了外商輪船獨佔的航線。

蘇州河的撤退，無論如何苟安的人也覺得不行了，於是乎大家都想走，而怡和太古兩個公司的船又只有那幾隻，每天還不能平均有一趟船走，粥少僧多，於是乎擁擠，船票預買到一個星期以上，輪船公司更乘機抬高船價，上海到南通本來是三元的房艙，現在是實價八元，而八角的統艙票，經過買辦和小賣票所的操縱，有的是出了六元五角的代價。

十一月十日傳來消息，從寧波進上海的英國商輪，在吳淞口被日軍檢查了十三小時之久，於是我們十一日離滬的人們，就存了戒心，一切名片文件都不敢隨身携帶，並且準備好了避免日軍注意的方法，和萬一應付日軍盤問的語句。

太古輪船公司是那樣毫無情面的對待旅客，武穴輪是十一日清晨七時開船，而十日夜間還不允許客上船，然而誰也知道船少人多，要不早一點打主意，就有落後的危險，所以二三千的難民，男男女女老老幼幼在十日夜間已經黑壓壓的擁滿了太古碼頭，露宿待旦。半夜的黃浦江邊，車輛和行人，因爲租界戒嚴關係，稀疏了活動，黃浦江水面，沒有船隻來往的破水聲，在馬路洋樓工廠輪船的電燈輝煌中，只聽到敵艦在附近攻擊浦東和南市的「破破破……」轟亮機關槍聲！

天微明了，這三千左右的難民在碼頭上微微蠕動起來，但是碼頭鐵門仍就緊緊的關着，只有外國人才有進去的優先權，白俄「將軍」們耀武揚威的在囤船上踱來踱去，日本轟炸機也面目猙獰地出現我們的上空，大家望眼欲穿的看着船上，覺得他們實在已萬分無再留阻旅客的理由。一夜露宿的熬煎，表示在旅客們蒼白的面上。好容易鐵門開了，幾位高大的白俄巡捕却首先衝了進來，大家還沒有任何動作，他們劈頭就對我們這般旅客無原無故的亂打，人與人間擠得一絲空隙沒有，他們的鞭子打來，誰也無法躲避，皆遍的憤怒熾成了大家目光上的火焰，然而在那時的環境下，又無法加以報復。他們這種殘暴的行動，或者是對他們的老板表示「維持秩序」的能力，可是這些無情的鞭子却大大的教訓了中國人民：靠帝國主義吃飯的傢伙，不會有好東西！

好不容易買到一張統艙票，更好不容易擠進統艙，二三千旅客從兩個貨艙門口擠了進來，眞是所謂「前仆後繼」，前面進門還沒有站穩，後面已經闖進來了，不到半點鐘，寬大的貨艙已經擠得水洩不通，而後面尙不斷的「挺進」，演成人叢中掙扎的現象，這時苦力階級的朋友佔了便宜，他們雙手幾格，雙脚幾登，很迅速的能找到適當的位置，我却困在人叢中一籌莫展，幾度掙扎之後，紳士丈夫的眼睛已經凹入，而少婦的面孔變爲慘白了。在這樣大時代裏面，我們要有眞眞實實的力量，才能戰勝强横的日本，同時每一個人也要有力量，才配參加到抗戰的隊伍中。體力正是我們所需要的重要力量之一。

舟過黃浦江，日本軍艦正猛烈的向我們浦東開砲，敵機正趾高氣揚地忽上忽下在投彈，沉重的炸彈聲把旅客們的眉毛深鎖起來了，有些年青人走到船邊探看，回過頭來只是憤怒的微聲嘆息。

黃浦江裏這時正到了好幾艘日本運輸船，滿裝着補充的軍火和增援的敵軍，浦西各碼頭上，日本的軍用材料多如山積。特別是我們標榜建設的虬江碼頭，給敵人運輸上以重大的便利。

江灣吳淞一帶的建築，沒有不被敵人的砲火打得百孔千瘡，特別是吳淞鎮已成瓦礫一片。敵人的汽車和人馬在我們戰士的血染過的黃浦江邊奔忙往復，頹垣敗壁間或可以看出敵人臨時的兵營，一部份的敵軍正在江邊草地休息，他們或者正在想：以中國軍隊作戰之神勇，如果把粉飾太平那些物質力量，改成幾個近代要塞，日本欲這樣順利地達到大舉登陸目的，恐不能不費重大的代價。

僥倖沒有查船，我們安然繞過砲台灣。到南通的江流上，大概二英里布置一隻救國軍艦，是的，他們正在對中國作嚴密的封鎖，然而中國人還在另幾方面想新的辦法。

船入揚子江，寬大的江面和疏落的敵影，讓大家的情緒暫時回復平靜。上海巍峨的洋樓，骯髒汚濁的租界社會，在一件件的在我們意識中淡化了。足踏上南通天生港，才算是到了我們中國軍隊保護的中國領土，我們此時面向着日本，後面才真正是我們後方。（十一月十八日南京下關）

東戰場

樊迪民

一、杭州灣的登陸

東戰場上三個月的膠着狀態，使急於速戰速決的敵人感覺着萬分的焦燥不安，同時，國際間對我國軍人的勇敢善戰，都表示着驚異的欽佩，因此，國際間的視聽也爲之一變，在這佔着相當優勢的局面下必須死守的大場，敵人用着猛烈的砲火和瘋狂的手段，終於被其突破攻入，於是閘北吳淞的我軍就不得不連帶的退到新陣地了。敵人這一回的勝利，誠然有了陸上立足的據守點，可是浦東我軍依然固守，和蘇州河南岸的我軍仍然聯絡一線。敵人因爲佔領整個淞滬的野心猶未達到目的，於是仍用其中央突破的計劃，並!!知道滬杭公路線上的乍浦要塞，我軍有着新式的武器與重兵的配備，和浦東一般的鞏固，想在此登陸，當然是不可能的，乃避實就虛，敵艦八十餘艘在十一月五日的晨間，密集杭州灣，乘着夜色朦朧，天猶未明的當兒，敵人大隊在乍浦以上沿滬杭公路線上的柘林・漕涇・金山衛・金公亭四處偷偷登陸；由柘林登陸的直趨亭林鎮，預備窺擾松江，漕涇登陸的直趨泖隱鎮，圖攻石湖蕩，金山衛登陸的直趨張堰鎮，想攻金山縣，金公亭登陸的直趨新倉鎮，圖佔平湖縣。來勢洶洶，他目的是脅迫我浦東軍隊的撤退，直攻我滬西的守軍，同時截斷滬杭公路與滬杭鐵路兩線，使該兩綫的我軍都被隔斷分裂。據當時目覩的鄉人說，敵於晨間四時許乘我不備，偷偷登陸，就長驅直入，整整的經過四個小時，可見它兵力的一班了。到將近中午，敵人已走了二十餘公里，到了相當地帶，這時各方面已得着警報，纔由駐地的警察和壯丁等出來紛紛抵禦。同時海鹽的洋面上已有敵艦停泊，在那裡不斷的砲轟，這種情形，在事前沿滬杭公路上的各地民衆都以爲乍浦的工事建築了三四年，有充分的準備和相當兵力，和浦東可說是唇齒相依，浦東既然固若金湯，乍當然是沿海一帶的長城了。想不到敵人避實就虛，他攻擊了我的弱點，使乍浦要塞的準備竟不能發揮他的效用，而固若金湯的浦東我軍陣地，竟因敵人在杭州灣登陸，就不得不向後撤退，浙西方面的局勢也從此一天嚴重一天了。當時各人得到這個惡劣的稍息，當局者以乍浦距杭州市僅二百餘里，汽車行駛三四小時即可到達，人心當然惶惑，於是竭力設法鎮定，說敵艦不過四五艘，登陸的敵軍不過三五百人，等到第二天敵更深入，纔知道敵艦分佈於杭州灣的有七八十艘，登陸的敵軍有兩萬餘人。據點，阻我沿滬杭路綫的援軍前往，一方聲東擊西，絕斷炮轟海鹽，同時敵機在平湖・松江・石湖蕩・嘉善等地猛力轟炸，擾亂我軍後方。幸而天公做美，在五日下午風雨交加，一直降到七日的晨間，這時我方不受敵機的威脅，盡量從容的調兵遣將，使寇兵不敢立刻的侵入。這時杭州市各縣的公路交通，已完全停止，晝夜不絕的運輸軍隊，市上謠言隨之繁與・一夕數驚，杭州市恐怕的景象，可說是到了極度。敵人的部隊，左翼由亭林鎮經米市渡直取松江，在松江城郊，敵我鏖戰兩日夜，終因敵機的狂轟猛炸，我軍漸漸北移，撤到天馬山鎮。再撤到浙境嘉善縣的西塘鎮。敵人中路係由淞隱鎮到余來廟，直攻滬杭鐵路線的石湖蕩站，余來廟位在金山縣縣北面，是浙江到江蘇的水路要道，石湖蕩有大鐵橋二，是天然的險要，這裏敵我相持多日，大鐵橋奪來奪去，陣地屢進屢退，我軍終因敵人砲火猛烈而退到了楓涇鎮。敵人右翼從新倉鎮攻廣陳市，想佔平湖縣，新倉是敵人的大本營，兵力雄厚，因着要阻斷我滬杭公路線，同時還要抵禦我平北縣的軍警和壯丁；所以平湖城郊在五日就發現敵人的便衣隊，縣長丘遠雄氏於敵人猛攻之下，在縣府地下室裏依然指揮警察和壯丁出城作戰，竭力抵抗，雖則縣城以內轟炸成了一片焦土，可是平湖的版圖却在嘉善淪陷以後，纔變色的。

敵人攻陷松江，石湖蕩大橋被奪，浦東守軍後撤，金山縣不守，於是敵人集中全力猛攻楓涇鎮。楓涇爲浙交界，城處扼要，得之可直取嘉善，平湖卽可不攻而下。我方終因敵機狂炸，和敵人重兵器的利害，楓涇嘉善平湖等處在四五日間相繼不守。

二，連累了浦東

平湖嘉善，浙人向有「金平湖，銀嘉善」之稱，爲浙西有數名城，地方出產豐富，人民安居樂業，這一回敵機自朝至晚輪流轟炸，一連好幾天，統計每日投彈當在千枚以上。據嘉善公安局張君說，晨光熹微中卽聞警報，以後卽聞轟炸聲，終日不斷，竟至不能工作。西塘爲嘉善巨鎮，人口商業都超過縣城，這次也轟炸成了焦土，屍橫遍地，慘不忍覩。總之，寇騎所至，鬧市爲墟，同時沿路逃難的民衆，扶老携幼，成羣結隊，櫛風沐雨，忍凍耐飢，正是慘極人寰。

在杭州灣登陸的敵人雖則大隊集結，原是試探虛實，想不到敵人砲火猛烈，我軍不得不向後移，所以不到一週，敵意淪陷我松江．平湖．嘉善．金山等數縣，還將在浦東固守三月的我軍迫得忍痛撤退。在東戰場上，敵人可說是得着意外的收穫，而我們卻眞是功虧一簣。

三，蘇嘉路緊張

敵人在這種意外收穫的情形之下，仍是一不做二不休，一方水路由嘉善千窰鎮直取王江涇，切斷蘇嘉鐵路，一方沿滬杭鐵路線之七里橋站直攻嘉興，一方沿公路線由平湖經新行新豐，威脅嘉興。敵人這種行動，是第二次的試探，假如得心應手，它就由嘉興西　吳興，取得京杭國道的便利，就可以包抄首都，一方由蘇嘉路可以直達蘇州，沿京滬線前進，同時王江涇以上，平望．吳江等處，都是濱鄰太湖，港汊紛歧，更是我難守之地，而其主要點，則在嘉興的得失。狡猾的敵人知道嘉興為我國防第一線的要點，工事堅固，大軍駐集，決難得逞，所以在嘉興一方還在拚命進攻，而橫面蘇嘉線上的王江涇卻先為其突破。在這一段的地帶，都是湖沼港汊，敵人利用太湖土匪充作嚮導，所以地理非常熟悉，竟能長驅直入。據平望逃出來的難民說，平望失陷，是在十三日，最初到鎭的就是便衣土匪，乘小船而來，三隻一隊不等，彼等到了鎭上，不論居戶商店，都被劫掠一空，並且不到一二小時之後，敵人正式的軍隊也就追蹤而至了。

太湖湖面，汪洋如海，面積甚大，周圍六百餘里，橫跨江浙兩省之間，以其容量甚大，所以名之曰太。中有島嶼，大小不下十數，都以山爲屏蔽，因之盜匪猖獗，此竄彼擾，剿撫難施，太湖强盜的威名，固早已嘖嘖於江浙兩省沿湖各縣鎭人士之口。彼輩都爲土著，對於沿湖各縣紛歧之港汊，均極熟悉，在一二月前，敵人已用鉅量的金錢收買，當時目的是希圖其能擾亂我軍後方，但敵既佔有蘇嘉路線，於是就利用土匪作爲引導，或充作便衣隊。太湖的四周，東面爲吳縣·吳江，南面爲吳興，西面爲長興·宜興，北面爲無錫，都是爲敵必爭之地，湖匪既爲嚮導，所以敵人能在最短期間紛紛登陸，佔據我吳縣·無錫·宜興·長興·吳興等幾個名城。

四、嘉興失陷前後

吳江淪陷以後，敵人一方利用湖匪擾亂我沿湖各縣鎭，一方主力向我嘉興進犯。嘉興是國防第一線，該處工事建築已久，且都爲最新式者，它的地勢扼着黃浦江。運河和滬杭鐵路的交點，南可拊錢塘之背，北可掣淞滬之肘，歷來江浙凡有戰爭，嘉興爲必爭的一個守點，而且近年來交通繁興，東行有嘉平路，可以啣接滬杭公路；西北行有杭善公路；經石門．崇德．桐鄉．可以達杭州；南行有滬杭鐵路，可達杭州；西經南潯，可由吳興．長興以達首都；北行則有蘇嘉之鐵路與公路兩線．而且還有運河的支流．隨處可航，四通八達，確爲江浙兩省的一個交通樞紐。我軍在這裏配備着很多的軍隊；用血肉奮勇抵禦多日，可是敵人用百餘架的飛機，集中轟炸，炮彈更和雨點般的落下，而且敵人在最近一二個月來，飛機到嘉興來，每天三四次，四五次，甚至七八次，不斷轟炸，所以我們國防第一綫的工事，已早有一大部分被其破壞，結果，在十九日下午，我軍不得不揮淚退出嘉興。敵人既佔嘉興，於是一面卽沿滬杭鐵路與公路兩線及杭善公路線，水陸並進，進犯杭州；一面則向吳興猛攻。敵人進犯杭州，原爲搖動後方人心和分散我軍兵力，其主力完全在吳興。迨佔了吳興．長興，卽沿京杭國路至宜興，右爲無錫鐵路線會合．左沿公路線以窺首都，並由長興西進泗安，以至廣德，而攻宣城，可以截斷江南鐵路，而拊首都之背；同時還控制我太湖，處處可以登陸。最近一週之間，敵居然淪陷我吳興．長興．宜興．廣德等地．江陰要塞亦陷敵手，京滬線敵且進至丹陽一帶。

五，西子湖的波動

杭州是浙江的省會，自敵在乍浦以上地帶登陸，人心惶惶，不可終日，後來松江．嘉善等處相繼陷落，省會居民更形惶恐，都遷移到浙東方面的山中鄉村暫避。及十三日平望淪陷消息到省，嘉興情況也危急萬分，於是遷徙的更形衆多。當局因三廊廟義渡不敷分配，於是開放錢塘江大橋的行人道，以利行旅，到了十五日上午，纔覺暢通。可是到了下午，謠諑又復紛起，據說嘉善情況不明，敵人便衣隊在杭縣相距四十餘里之翁家埠地方登陸，相互傳說，市上空氣驟形緊張，滿街祇見箱籠鋪蓋，人力車，運貨小車都租賃一空，汽車是受了汽油的限制，車價飛漲，更非普通人所能享受，人力車平日從新市場到江干，每輛至多不過三四角，這遭非一元二元不去，同時有許多機關，都在整理物件，預備他遷。最使人震驚的是郵政管理局到了晚間發出命令，令總分局各職員當夜雇舟東上，在金華集中待命。這時江干所有船隻，已一律被各機關封去，人民想要賃雇，正是十難得一，所以行李物件，堆滿江干，塘上男女老幼的難民，都坐以待旦，局勢愈見緊張，謠言愈是紛起，情狀的紛亂，可說到了極度，而所爲人間天堂，燦爛似錦的一個杭州市，竟成了一座空城，湖山暗淡，市容空寂，不堪回首了。

崑蘇線上

方之中

在青浦雇了一隻小艇直泛崑山，已是傍晚時分。

河道不很寬，水天一碧，棹乎中流，要是平時，對於久困都市的人該是多麼有趣；

但在此時，我們只恨把槳的船娘腕力太弱，不能迅速地到達目的地。

「老板娘，用點力啊！」

「我氣力只有這末大；要是他好……」她用嘴努一努睡在中艙里的丈夫。

「倒底是眞病，是假病？」同路的彭君，他滿身武裝，怕船夫懷着「打差」的心理，「你們弄清楚，我們要出錢的！」

「好好的人會裝病嗎？他整兩天不吃飯了，——吐，瀉，發熱，請你摸摸他的頭額罷。」她怕我們不相信。

彭君眞的摸他一把，問明是上午輕，下午重，便從衣袋里取出幾片「阿司匹靈」，叫他用開水冲服。但他僅用懷疑的眼瞪着那白白的兩片，不敢塞進嘴裏去。

「你放心，我們不會害你的，」彭君怕他誤會漢奸下毒藥，特別誇張地去解釋：「我們是有良心的，家裏也有父母和妻子，因為是打鬼子，所以不能不出來。這種藥非常貴，要不是乘你們的船，決不會給你。」

船娘即忙承認我們的良心，但諉說沒有開水。

爲了取得她們的信心，我想，應用最簡便，最容易收效的法子，於是我拿出一瓶萬金油，就他額眉上敷了一薄層，一會，我問：

「頭好點嗎？」

「好點，不過……」顯然說不出又涼又燥的薄荷味。

天地黑成一整塊，船上又沒有燈，我們彷彿在地窖裡駛行着。軍隊中流傳着這樣的話：「敵人易打，漢奸難防」，現在我們只兩個人，得對付坡上和船裏兩方面的威脅。我們深恐船裏那個漢子，乘我們熟睡時突然爬起來，將我們推下水去，或者勾結坡上的漢奸取了我們的首級去領賞。關於這，我們採取了軟硬兼施的手段，彭君故意把手電環拉得咯支咯支響，自語地說：

「今天忙得槍也沒工夫擦」，忽然大聲地，「老板娘，打一槍可以嗎？」

「呃，呃，不行，這兩岸都紮有軍隊」。

「有軍隊，可有漢奸」？

「沒有；有這些軍隊，就有漢奸，也不敢出來」。

我們才放下心。但我們得融和賓主間的感情，才可減少內線的危險性，商量的結果，便拿出兩毛錢買她兩個山芋，果然不久，那漢子代替了搖槳，船娘燒好晚飯還請我們吃，我們只慶幸着手段的成功，還誰肯吃她們的飯。

每經一座石橋，總有哨兵查問，我們方知道這裏的軍隊確實不少。晚飯畢，漢子仍舊睡去，船娘畢竟是女人，船的速率，越加緩慢了，就在將出吳淞江的口子上，停泊下來。

第二天十點鐘，過趙登橋。這是距青浦不到二十里的一個市集，街在小河的兩岸，商店全是小擺設，街道窄得三個人並走便不能通過：河上有一道石砌的橋，橋上站滿了壯丁隊和閒散的人，這時有兩架敵機虎虎地飛翔天空，人們便拚命地奔跑，但他們却塞滿在兩面的街心，連壯丁隊也不知道叫他們散開去，終於飛機沒有下蛋，總算他們的幸運。

日煖風靜，是誰都歡喜的，然而我們却和前線的將士同樣——希望着狂風驟雨，雖然奇寒砭着肌骨，總比蒼蠅般的飛機轟炸好得多，因此我們徜漾在清澄如鏡的湖面上，我們憤怒的眼是瞪着萬里無雲的天的。船抵崑山，願的夜雨降落了，我們輕快地吸了一口氣，纔從婆娑的夜眼里爬上鐵路。

路軌像死蛇般在細石中，我們用着探險的心境向着唯一的燈火而前進。站房只留下短墻瓦礫，但墻脚下，門角落，尙蹲坐着無數下行的傷兵，和前線去的兵士。尙有一間較完好的屋子，坐着各軍各師的下級長官，烟霧和一盞汽油燈揮發出一般熱流，許多人便側着身子向內竄，突然門口一聲鼓噪，好幾個人被巨浪擁出來，後面的一個吊着左手的傷兵吼道：

「難道這里就該你們坐？誰不是人生父母養的！」

他用僅有的一隻手打進去，但給肩旁一位兵士扭住了，帶勸帶誚地道：

「老鄉，這種勇氣拿去打鬼子，準打勝仗。」

離車站數十步，是進城去的馬路，兩旁臨時開設些酒食館和烟紙店，吃的東西，可以說一應俱全，但一碗陽春麵，需大洋一角，一盒金字塔香烟，也需大洋二角；主人有殘廢的兵士，有沒有給飛機炸斷的平民；而客則全是兵士了。他們背着濕衣，忍着飢寒，希望在這破漏傾斜的屋裏歇歇脚，飽飽飢腸，所以夜市場便十分旺盛了。

「要是下雨，白天裡也可以做生意嗎？」我吃完一碗牛肉麵，抖戰的身子平定了許多，然後開始慢慢地問穿軍衣的老板。

「天天有飛機來，不能做。」他皺皺眉頭，並且說要是晴天的夜晚，敵機也來轟炸。

「那末今夜是不會來了，雨落的還未大。」我對彭君說，同時把身子靠在桌上，靜待着下行車的到來。

上行車僅開到離崑山三十里地黃渡，再過去便是最前線了，所以崑山沒有客車，去的是兵車，來的也是傷兵車。傷兵車只開到蘇州。我們須乘傷兵車到蘇後再轉南京。焦急的神經，使我們不能有一刻寧靜的機會，每經一輛上行車開過去，許多人便騷動一下，這樣馳過五輛車子，到十二點鐘左右，才有一輛車下來。於是像雞給水中投下一塊巨石，月台上登時呼喊起來，「傷兵，慢點呀！」「抽奶奶的，投生去！」聲音匯成一會澎湃的巨浪。

我們擠入一輛鐵箱，有一位兵士叫我們爬到格板上去，乘火車的二樓，在我是生平第一次。

「我們坐的是頭等啦！」彭君笑着說。

底層的稻草上，睡着沒脚沒手的傷兵，血淋淋地尚沒有包紮。這裡擔架又打來好幾個，血腥向格子洞裏直冒着。在我們二樓上，全是些軍佐，他們一靠到車板上，便抽起鼾來。車子停了一刻鐘，也放汽開走了。

雨在寂寞中打得鐵板咚咚響，車箱里鼾聲給呻吟聲掩沒了。就在我身邊，彷彿誰在自語地太息，但疲乏使我管不了那多，只一歪頭，像枕着什麼睡着了。

「唉喲，」

我的頭被拋在格板上，用手電一照，那是一位年約五十許的老百姓，兩手捧着似乎剜去一大塊肉的膝頭。

我不能欺侮和我一樣的老百姓，於是歉然地說：「對不住，對不住；你可中了流彈？」

「不，鬼子逼我扛子彈，扛了五天，我逃出時給他捉住了；這是鬼子的刺刀戳的！」兩行苦淚直淌到疏落的黃髮上。……

從蘇州的×師後方留守處一爬起床，太陽早步上僅有幾片白雲的天空。獨個兒跨出六門，迎面綁着兩個白俄和兩個中國人走過去，面如死灰，用畜生命之力在和一排押着的槍兵抗拒着。

「這些沒靈魂的漢奸！這些至死不悟的白俄！」我切齒地罵。

蘇州不再是詩人的蘇州了，不再是人間的天堂了，墻上貼滿着血熱的標語，朱筆圈的漢奸的罪狀，街心里雄糾糾戰士們邁着闊步，軟語的吳娃，一變英勇的壯士，到處濺起白沫講說鬼子的罪惡，脆弱的蘇州，永遠死去了罷？我這樣頌讚。

觀前街是蘇州的繁華的中心，這里有許多大銀行百貨商店，和書肆，但有的全閉着門，有的拉上鐵柵，有的半開着輝堂皇的屋子前端，蒙着青灰色的布幔，無疑的是怕敵機的轟炸；據說這里轟炸過六七次呢。因為離開了上海好幾天，想找本新刊的雜誌，可是剛走入文藝書店，警報便嗚嗚的叫起來，接着是一片逃跑的脚步聲和關店門的拼拍聲，街上頓時寥寂得像一座死城了。大概這里很少防空壕，人們儘往屋里竄，我想只要炸彈丟在這條街心，這些房子就不能保險。

咚，咚！——據店員說這是我們的高射砲。

隨後敵機的機槍響了，炸彈也爆炸了，但離這里很遠，房屋沒有震動。足有兩點鐘光景，才解除警報。可是當我們走上三清廟的台階，緊急警報又響了，於是三清廟又作了我們的臨時避難室。這一天警報響了八次，憤恨掛在每個人的眉梢上。

傍晚，雨又淅瀝地落着，我們便挾着包袱，離開了罩滿恐怖的蘇州，離開了將成地獄的蘇州。

今日之江浙

薛禹言

在東大解散的那天離開吳興，橫渡太湖，重回無錫，又在無錫失陷的那天下午離開故鄉，流浪來漢，歷程千里，費時三週，九死一生，脫險歸來，再見我小別七月之武漢父老，曷勝欣慰，爰將所見所聞，擇要報告我武漢大衆。

接觸以前的吳興城，吳興一名湖州，是一般人認爲安全地帶的好地方，洪羊以後，就沒有經過兵災，東吳大學也特地從蘇州遷去上課，作者也在全面抗戰展開以後苟安讀書於湖州，慚愧慚愧，寇在金山衛渡以前，吳興還保持着勉強的平靜，就是連轟炸的洗禮，也沒有受過，「寇在杭州灣登陸」簡直是一個晴天霹靂，驚醒了吳興人的好夢，只不過三天，局勢的轉變，快得連自己都不敢相信，學校當然沒有辦法維持，終於在十五日解散了，作者就在那天出大錢口離開浙境，報載我軍一度收復長興進攻吳興，要是軍事順利的話，或許東大下學期還可以在湖州開學呢。

橫渡太湖誤入火線湖州和無錫雖分屬江浙二省，但牠倆僅不過隔開一個太湖，壯麗的太湖，雄偉的太湖，三萬六千頃旖旎風光的太湖，可惜已經變成了敵人水上飛機的根據地，橡皮小艇出沒之區了，太湖直徑不足二百里，順風的話，當天可到，不幸得很，我們在十一月十五日從湖州出發，直到二十四日方抵無錫，停泊於湖中東宅河荒山者凡八日，狂風重霧，大雨駭浪，可憐我們乘的那隻小帆船，迷途抛錨後，無法續航，斷鹽斷糧，幾乎餓死在西山，心中又急又慌，急的是有力無用處，慌的是逗留荒山有做俘虜的可能，西山地屬蘇州，那個時候的蘇州城，早已在寇軍的鐵蹄下了，最危險的是二十三號晚上，下錠於離廣福鎮七里的某村，已經是寇軍使路中的小村，白天曾經派有寇軍哨兵，晚上撤回廣福，我們在萬不得已的情形下，竟在這種湖濱小村停泊過夜，你想危險不危險呢，怪不得有若干教授和女同學，一夜都不敢合眼了。

雖返故鄉雖然離去無錫各港口，除了任子港都已封鎖，幸運得很，我們那隻迷途的帆船糊裏糊塗的恰巧航進任子港，否則，我們回到了故鄉，還沒有辦法可以登陸呢。

二十四日，我們就在南方泉過夜，離城二十餘里，大炮聲機槍聲清晰可聞，城中大火的濃煙，也隱約可見，但在上過前線看過砲火的我們，也不以為意，南方泉許舍裏鎮上也有相當的市面，但和城裏的交通都已斷絕，難民很多，要是說牠是「無錫的法租界」，眞可當之無愧，失陷以前的無錫，也是皎慘的了，受過無數次的轟炸，收到的炸彈在二千枚以上，各處大火，自生自滅，根本沒有消防救護的人員，城中除了軍隊，十室九空，從此以後，，城裏就找不到老百姓了。

二十四日晚上，住在朝東巷，遙望城中大火，砲聲依稀可聞，人心極度浮動，家中不知去向，余從容借宿于同學家中，痛痛快快的洗了一個澡，來一個澈底的大掃除，明天以後，要開始另一種生活了，把書籍和行李寄存外祖母家，準備即日離錫，開始流浪，否則，安處寇軍包圍線內，有卽日昇任俘虜的可能。

晝離無錫夕告陷落二十五日中午以後，槍聲益近，砲聲益密，據說寇軍已迫近城廂，乃於二點半鐘，與京滬警備司令部甯周兩同志及同學陸龐兩君結伴離錫，再揚帆于小住十日之太湖中，可愛的故鄉，竟就在那天晚上失陷了，百萬人口的都市毀滅了，但也用不到悲觀，十年以後，復興後的新無錫，一定比今日毀滅的舊無錫，要偉大得多，只要國家民族可以復興，「故鄉」和「家」算得什麼呢。

二十五日晚上，在已經封鎖了的宜興沙塘港附近登陸，翌晨黎明，步行六十里至高淳鎮住夜，帶了全部簡單行李，一天步行六十里，在受過軍訓的我們，算不了一會事，但在嬌養的女同學，當然脚底裏都是「泡」了，幸而在異亭鎮附近，巧遇同學黃君，吃了一次熱茶，休息片刻，精神振作了不少，異亭鎮不過五百人口的小鎮，地處僻鄉，但也沒有一個房屋是完整的了，日本軍閥炸彈的禮物，真是無微不至，客氣非常，高淳雖巽亭鎮不過十里，但情形好了不少，還有小旅館可以住夜呢。

宜興於二十六日整天在火光中，江南的精華，都犧牲了，同時也只有焦土抗戰，可以復興民族，那又有什麽可惜呢，我們離開宜興的後一天，宜興也就失陷了。

重轟炸機追隨護送二十七號乘小船離高淳，溯運河而北上，經奔牛呂城而至丹陽，這實在是太危險的路程，鐵道，公路，運河三條交通綫，相隔不遠而平行着，同時前綫已退至常州，離奔牛不過數十里，這是「後方的前方」，無疑的，這一帶是敵機唯一的目標，從早晨到晚上不斷在敵機的威脅下，數不清多少飛機，也記不清多少次數，簡直沒有半個鐘點的間斷，「轟炸」「掃射」老是這一套玩意兒，離我們不到五十丈的大船上背縴的船夫，一死一傷，在我們後面的一隻小船也炸沉了，岸上，田間，隴旁，陌上，到處都是死屍，有的已經腐爛，有的不過數分鐘以內才離開人世，處在這種情況下的同伴，眞可謂患難朋友了，我們五個人相約立誓，「五人中偶有不幸，傷者帶京醫治，死者掘穴安葬，平安抵京，謝天謝地」當時的境況，雖然「滿目淒涼」，有人「雙淚直流」，但現在回想起來，倒也滋味無窮。

二十七日晚上抵丹陽，沒有燈光，只見火光，沒有東西可以果腹，有的是血腥的河水，新鮮的屍體，但肚子空了總不是辦法，帶了電筒携着裝滿子彈的手槍，提心吊胆的跑進丹陽城——一個正在燒燃着的死城，找了一個鐘頭，還是空着手回船，束緊肚帶連夜開船。

跑進鎭江氣象不同，丹陽雖然已經是死城，但比呂城要好得多，繁榮的呂城，已經沒有一間屋子是完整的了，不但十室九空，簡直是十室十空，鎭江雖然是江蘇的省會政府早已搬家，但情形已經好了不少，不要說別的，我們已經半個多月沒有看見電燈，但在鎭江看到了，雖然四處都在火燒，但消防的人員，是早已沒有了，街上除了軍隊，就是難民，有了錢也沒有地方有東西可以買，治安的責任，由××師騎兵×，負責維持，××師是我最精銳的部隊，王師長已昇任軍長，當我們捧腹徘徊於中正街頭，巧遇該連蘇朝超班長，爲余一十五年受訓時之小隊長，雙料客氣，殺雞做麪，請我們這一羣剛離險地的難民，大吃了一頓，二十九號晚上，乘軍車離鎭，擁擠的情形，可以把一個銀行家變成韓關根。

早一分鐘都沒有命，中國不亡於倭寇，將亡於漢奸眞是喪盡天良的狗東西，二十九號午夜，當我們那列車開近和平門車站時，遙聞冷落槍聲，繼則雜有炮聲，開火車的連忙煞車，離車站不到半里就停止了，僥倖僥倖，開火車的下車逃命，旅客軍隊也立刻跳下逃命，原來有火藥子彈列車停在站上，被漢奸縱火，子彈爆炸，很多的軍士在痛罵着漢奸的罪惡，更多的同志在悲傷着國家的損失，有很多的青年，竟放聲大哭了，「中國是永遠不會亡的」，有一位某師的副官露着苦笑和我說，「不錯，中國是永遠不會亡的一，我們很興奮的答着，據說這一晚的損失甚大，漢奸該死，漢奸該殺。

集中物力保衛首都，三十號早晨，跑到了中華民國的首都，似乎空氣也新鮮一點，呼吸也痛快一點。我們很驕傲。我們已到了首都，隨導周兩同志進城，找司令部，但很多的城門已經封鎖不准出入，鐵道附近只有一個金川門是可以通行的。通衢要道，均可見「擁護最高領袖」及「擁護誓死保護首都之唐司令」大字標語，南京城外五十公里半圓圈內，一切拱衛工事均已堅固告成，今日之金陵，固若金湯，敵如來犯，決難得逞；南京保衛戰之風景，令人緊張興奮。軍號清晰可聞，軍歌雄壯動人，壯丁列隊遊行，散兵各找部隊，政府機關泰半遷移，婦稚老幼，亦早搬家，留居城內者，大抵為確定不再他移之人，隨時可聞試槍的聲音，到處可見防空的地壕，這真是我們的首都，這真是我們的政府，最高領袖蔣先生亦安居城中，指揮作戰，這真不愧復興民族的大英雄。

上龍興輪乘風破浪，三十號下午，有船來漢，乃與同學陸君，至三叉口上龍興輪，擠得水洩不通，無法可以上船，人人逃命，個個爭先，若是沒有警備司令的幾位同志幫助的話，真沒有辦法可以上船呢，上船以後，坐在大菜間的走廊中，巧遇老同學許紹琦先生和黃大副，又承他們的特加維護，才平安的到了漢口，否則，至少要餓二天，因為同船的人都沒有吃，廚子給××老爺打傷了，鍋子也翻了身，毫無秩序之可言。

十二月二號的早晨，到了漢口，看見了市面的繁華，好像是跑進了另一個世界，要是江浙像地獄的話，那這裏就是天堂了。

天堂裏的人們快快盡力的援助抗戰吧，無力出錢，無錢出力，不然的話，說不定今日江浙悲傷的情形，就是明天武漢的剪影，只有抗戰，才能生存，只有焦土抗戰，才能復興民族，只有追隨領袖抗戰到底，才是中華民族真真的生路。

陷落前的無錫

穆菲

謠言促我東去

鎮江，這兩天人心浮動已極，種種不可思議的謠言，一切極無謂的虛驚，真要叫人啼笑皆非。由於前線難民和傷兵的大批過境，竟無常識地判斷了前方的戰況，由於各學校的停課解散，又過敏的預測了鎮江的前途，於是有錢的西上，貧窮的北去，遷移著的擁擠和緊迫的狀態，幾乎不敢相信這是離開前線還有幾百里路的鎮江。雖然昨晚上崑山克復，逼近南翔的傳說，為滿街的報紙號外和爆竹聲傳播了全城，但為得今朝報上沒有蘇州方面證實的電報，依然不能好轉這動搖的人心。這局面的形成，當然由於民衆平素缺乏訓練，和溶和了外來的許多事實所致，但是地方政府的未能先示人以鎮靜，從事於安定人心，應爲我們老實的評語。

二十日，鎮江風雨很大，而無形的風雨也佈滿了全城。在某機關服務的一位朋友，來電話，告訴我，奉公去無錫，因爲火車祇通到常州，所以專門開了一輛汽車去 有空座位，問我要去不？記者久想要到前方去看看，尤其是在這個謠言孔多的時候，更覺得有一探實際的必要。雖然明知道無錫並不是最前線，但在這個大家西走的時候，我們東去還有意義的。很快的整一整行裝，趕到了朋友那裏。

記住這些創痕

鎮江汽車站上，擠滿了待車的旅客——不，難民，扶老携幼，荷箱提籃，在淒寒的風雨中，等待着想往安全地帶。其中有若干就是鎮江的公務人員，這時候我想起了兩天前「保衛江蘇運動」宣傳週開幕禮時一位先生的演說：「我們在這裡開會，外面正有許多人在逃避搬家，這一個可觀的對照，我們相信等到他們在江北也不得安居的時候，應有爲什麽當初不共同參加保衛江蘇的行動以增加力量的後悔！」

八點一刻鐘，我們的汽車由汽車站蹓出，雨越來越大，雨霧的空間，濘滑的路面，難走絕頂。路上碰到不少的大卡車，小汽車，黃包車，獨輪車，以及鎮江不常見的馬車，騾車，這證明了一切運輸的頻繁。也有負傷的軍人和逃難的旅客，在風雨中行于泥途。十點鐘車過常州城外，中山門前新豐街敵機轟炸的殘跡，一看就觸目心驚。

從鎮澄路一直去，直到江陰。我們是到無錫，在常州轉上了武青路。經過戚墅堰一帶，敵機肆虐的痕跡，纍纍皆是。這裏有全國著名的墅堰發電廠，已被全部炸燬，附近民房斷屋殘垣之多，竟使我的朋友對我說：「記住—這些創痕，是誰的賜予—」

無錫竟成死城

汽車在錫澄路前段疾駛，已可望見無錫城外，平時濃烟瀰漫的城空，現在則僅有若干煙囱寂然地高聳在空際，車入北柵門口，火車站附近，新運橋馬路一帶，敵機轟炸的成績更可觀。我們知道，無錫是中國的一個工業區域，其遭遇之殘酷，固有所由來，而亦並非意外不過這種轟炸非戰鬥區城之行為，實在是極野蠻之獸行。

無錫的繁華，素有小上海之稱，可是今日，則成了一堆廢墟，一個死城，商店全都停市，近轟炸區的商店主夥，都離開了殘餘刼灰而他往，未轟炸區的商店，也都貼上了「暫停營業」的紙條。無地可逃，無錢可逃的民衆，每天還得要買米過活，但是米店也關上了門，這是一個大問題，一個大危機，電燈早已沒有，電話最近也不通，人力車難得在市區碰到，依照估計，城內人至少走了七八成以上，在這樣情形下，報紙也終於停了版，我想僻處在鄉間渴望着戰事消息的人們，是更加苦悶了。偶然碰到一個無錫新聞界的友人，他告訴我，蘇州報紙，也遭了同樣的命運。他又說，他們現在正計劃着能在鄉間恢復他們的工作。實在的，一天到夜都在空襲警報聲中，一切工作都難于進行。

在無錫城裏，想找幾個朋友問問前方情況，可惜都不能遇到。軍事機關當然有，但一來不曉得地址，二來又沒有準備手續，也無從去探訪。不過軍運忙碌，足徵前方緊張，而駐軍的從容與沉毅，又可見前方抗戰的堅強有把握。

無錫地方政府當局，能够認眞負責，在極困難的環境下，集中在一處，勇敢而認眞地處理着一切戰時應辦的事宜，尤其是動員了許多壯丁，協助軍事工作，最爲難能可貴。讓我說老實話，江蘇戰區各縣當局，均莫能比，有的且應「愧煞」！

保衛江蘇省

從無錫到蘇州，常熟，江陰，都有公路可通，記者很想到蘇州去看一看。把這個意思告訴了朋友，他竭力的阻止。他認爲：第一，時間上不允許；，第二環境上又不可能；第三，他的汽車今天必得開回鎭江，他非但不能把汽車送我東去，而且也不等我東去了回來再同返鎭江。因此，祇得歸去。

經過無錫火車站，看到許多××軍乘着列車西上。我想，這大槪是重新配備陣容，那末，大激戰的開始，也許就在這兩天了。

歸途，還是很大的雨，離無錫不遠，汽車「拋了錨」找了幾個鄉人來推。他們告訴我們，日本人來我們不退，我們不願離開家，放棄田，可惜沒有槍，否則帮兵大家打一仗：「江南人文弱，並不是指的他們，他們才是十足的「保衛江蘇」者」。我對朋友說。

在汽車上，和朋友從洋澄湖的蟹談到太湖裏的水上飛機場，從蘇州女太太們的聽說書，談到披了皮大衣去逃難。在談話中，很快地回到了鎮江。看到黃包車還是滿滿的一車車箱籠在往江邊的路上跑我覺得有點心痛。

（二十六年十一月二十日夜在鎮江）

一片血腥話皖南

鎮東

東戰場形勢的轉變，敵騎便過了太湖盆澤地而侵略到皖南，如今抵達蕪南繁邊境，即遭遇黃山山脈所構成的深溝高壘，阻斷去路，而按兵不動，同時在環境上亦不容許其深入。現在淪為戰區的蕪窩宣郎廣一帶縣鎮和村莊，統統被炸成一片血腥，徹底的堅壁清野，老農連耕牛都牽着跑，揮淚別了祖宗相傳的家園，走上流亡之途，一間草棚不給留下，一個壯丁亦不留下，那屯在蕪湖的十八萬多石的白米，是安徽全省人民心血的積蓄，沒法運走，不惜付之一炬大家下了最後的決心，讓所餘的只是塊「焦土」，成為東戰線的決門場。

一　廣德東壩的不守

皖南山地是鄂贛的屏蔽，在作戰形勢上看，現今是跨入第一個階段了，敵人的主力一定要喪失在這山地戰裏。在第一個階段裏，大家都認定保皖南，便須守廣德，固東壩（安徽當塗與江蘇高淳交界處），從上月梢起一直到本月初，廣德陣地戰黏着於天目山之麓，屢進屢退，川軍師長饒國華氏於此激戰殉國，經了重大的犧牲，算是以血肉重新築成了一座廣德城，但不料江蘇淳高縣長爲傷兵兩下耳光，打出了縣城，敵軍便衣隊便溜了進去，於是東壩不守，中了敵軍側擊的詭計，自水陽撲攻蕪宣交界的灣沚鎮，切斷了江南鐵路和蕪屯公路，東戰線爲一髮牽動全身，所有灣沚以上通蕪湖的橋樑，趕忙在六日早晨毀掉，決心保衛蕪湖，宣寧一帶也厚集大軍，準備東戰綫的大決門。

二　肆無忌憚的轟炸

因此，皖南各縣鎮便成了敵機轟炸的目標，由廣德．宣城．郎溪．蕪湖．當塗而南陵．繁昌，被炸的地段逐漸的擴大，硫磺味也掩不住血腥，蕪湖是五日起連炸三天，甚至拿迫擊炮彈當炸彈，轟炸機平着屋脊飛，在沒有空防的城市裡儘情掃射平民，徒是一尋之獸惟飛機上除擲下荒謬的傳單外，並一把一把的丟下「冥國銀行」紙幣，那燒化給死人的，無聊的敵人竟以此惡作劇，其中更含一層卑劣的作用，雖然電燈電話都被破壞了，電訊斷絕了，十七萬住民掛着難民條逃亡了，水無處買，飯無處燒，但　軍仍然堅決的固守着，三天　夜的大火，政訓處長伍德鑑督率士兵分頭撲滅，人家幹得以比平常起勁　其中連帶遭殃的，有英國蜜蜂號兵艦，怡和躉船，德和商輪，長沙商輪，法國天主堂的內思中學，德和輪是炸沉了，幾千具死屍飄在江心，敵焰猖獗到了極點，以至於和縣江面停泊的美艦巴納號和美孚油船三條，也炸沉了，敵軍的行動眞像瘋犬，張着嘴亂咬，若不把牠殺了，誰都有被咬的危險。

三　流亡到那裏去？

流亡呵，流亡呵，自蕪湖西去的路上擠滿了難民羣，蕪青路是黑壓壓的結成一條線，向西蠕動着，傷兵和落伍兵也夾在中間，無聲無息趕着渺茫的前程　長途的流亡，到底流亡到那裡去？那沿路用紅紙寫的：「無路可奔的難民　趕快到江西去墾荒，」署名是戰區難民移贛墾殖團，指示難民的出路是在那裡，是的，江西實都一帶確需要大批入口移過去，但這樣漫無組織的一羣，到了江西以後又怎樣？目前逃命要緊　顧不了那些，記者是最後走出蕪湖的，沿路經過繁昌銅陵一帶山中，到大通以後，纔繞江北桐城縣境而至安慶，轉輸來漢，祇見那重山疊嶺中五六歲的小孩被父母拋散了，在荒野裡掘蘿蔔充飢，老媼們撐着根竹桿，一步一跛，裹了小包袱跟着大隊前進，這樣顛沛流離，幫天纔能走得到江西？何況家破人亡，處境也太慘了。

四　當前的大教訓

高淳不守，是爲縣長給傷兵打跑了，這是個活的教訓，大家不可不注意，關於傷兵難民退伍兵的招待，本來是抗敵後援會工作之一，直接影響地方治安，間接卽牽動大局，皖南各縣因財力不一，所以供應就有分別，在宣城廣德對難民及傷兵，是每名發給養，對傷兵另外贈榮譽章，蕪湖因爲存米太多，無船運走，凡是傷兵和難民過境，除了給養路費而外，還發米五斗，讓他們挑着走，所以有吃有用，在銅陵繁昌雖只招待一頓稀飯，總算對付過去，不過大通獲港兩地因爲負責無人，所以招致許多麻煩，連當地的老百姓也不能存身了，還有差役問題，如果辦得不得當，也是一團糟，徵草派伕，到了緩不濟急的時候，只好抓了，繁昌，銅陵。貴池一帶大路上，隨時隨刻可聽到冷槍聲音，鄉下人逃散了，威脅既無對象，其結果自等於零，長江裏的民船朝內河裏躲，有的拖到圩埂上晒太陽，「物不暢其流，人不盡其用，」這顯然是下層政治組織尚欠調整的結果。

五　民衆武裝義勇隊

現在談民衆組織，雖說是『臨時抱佛脚』，但看一看目前的事實，確乎非常切要，到底總比沒有組織的好。桐×白蕩湖，周圍有三十里開闊，四面臨山，水不揚波，這是天然的水飛機場，兩星期前曾×了一架水上飛機，機上的人不說一句話，拿×槍不許鄉下人近前，等到上×報告，飛機已經第二天飛走了，於是地方上論斷，那一定是敵機，民衆有撲滅的責任，那地方的民衆在政府督導下是武裝起來了，此外蕪湖等縣也成了義勇隊，將所有的壯丁都編制完成，武裝和給養亦有了相當把握，在皖南大決鬬場合裏，也許配合在軍隊中去完成衛鄉保國的任務，將血腥塗遍黄山山脈每一寸的土地上。

民國二十七年一月初版

在火線上——東南線
（全書一冊）

實售國幣二角五分

編輯者——田丁
出版者——漢口大時代書店

不准翻印

總經售　漢口交通路四十號　教育書店

分售處
上海雜誌公司　西安九州書局　雲南世界書局
各埠生活書店　廣州共和書局　成都北新書局
漢口光明書局　重慶大東書局　全國各大書局

東戰場浴血記

康強編著

東戰場浴血記

康強編著

抗戰出版社發行

東戰場浴血記

編著者 康強
發行者 抗戰出版社
總經售 上海法租界呂班路口五號 新生圖書雜誌公司
印刷者 香港皇后大道中市 世界書局

中華民國二十六年十二月付印
中華民國二十七年一月出版

每冊實價 角
外埠酌加寄費

目次

前言

抗戰發動以來，瞬息就要五個月了，我們在軍事上雖遇到了必然的挫折，但是相信．中日問題的總解决，若以歷史眼光看來，軍事的爭勝，倘使屬於一時一地的，那不過問題的半面，還有一半，須看雙方的民族到底能否長久持續？

關於這一點，我們覺得自己應該赤誠地檢討自己：凡是徼倖心理，虛驕之氣，那無形的精神勝利是要不得的。我們應該把這抗戰第一個階段底血的教訓，拿來自規自勵——祇要我們永遠保持着中華民族的祖宗所昭示的「臥薪嘗胆」的精神，即使果眞退到「我們的堪察加」，也必有復興的希望。

我們所應該深切自省的，以後萬不可把我們抗戰勝利的因素依附於日本的弱點或外力的援助上，一切的一切要看我們能不能澈底覺悟——能覺悟即在進步，能進步必能得到最後勝利。

即以我們最眼前的東戰場抵抗失敗的過程中，我們所受的損失當然難以勝計，但是所得的敎訓却也有相當價値，簡言之，就是我們的犧牲並非是無謂的。不過空喊口號是徒然的，我們要把事實來分析。

第一、我們對於抗戰的準備，實在太欠缺，過去除在軍事上有些佈置，金融上實行了法幣政策之外，在其他方面如教育方針，民衆組織，政治機構，工業配置等問題，幾無一件能和戰事配合得上。所以戰事已延長了五個月，根本說不上總動員，在這必然的大時代中，我們所看到的，不出「欠缺」便是「脫節」，卽以上海一隅而論，抗戰的呼聲，喊得最早也最響，可是戰事發生之後，我們究竟做了些什麼？我們誰都免不了有些內心自疚。

上海是全國的經濟中心，工廠爲什麼不早遷移？上海是最易受攻的地方，過去爲什麼還費許多國幣，去辦不必要的建設？但看人家在北四川路底的司令部，它的建築的價値是起了怎樣的効用？要是沒有這障碍，我軍在衝到匯山碼頭的時候早就把敵人肅清了！這是已成的錯誤固且不必說，在上海附近作戰的幾十萬大軍，戰區與戰區附近的民衆和地方官吏怎在兵臨城下的危急時期中，我們祇聽得某要人因環境關係已安全離開了大上海抵達某處了，我們也看到某某軍因戰略的關係已經安全退出原防綫而到了新陣地了，可是在煙霧迷漫的焦土上，一羣無衣無食無居的難民同胞，可曾有安全的撤退呢!?

第二、我們對於世界大勢的認識底眼光實在既短視且又模糊。過去雖有多少人公開的說過，只要中國抗戰，某某等國必能出而援助，某某等國因自己利害關係，也必出而公正裁判。這種說詞，影響於國民心理很大，社會人心每隨着國軍的撤退和期待着外援而逐步由悲觀漸至失望，由失望漸致麻木。究其原因一半固由於大衆心理的脆弱，受不了打擊，一半却也由於基於上述的論調，一時的麻醉所形成的樂觀與興奮。不然的話，如果我們自始就拖定自力奮鬥，堅苦的精神，也許不會頹靡得這麼快。

在民四的二十一條要求起始，早就揭露了日本亡我國家的野心，我們該早所警惕了，但是我們反在歐戰後國際均勢下酣酣熟睡，忘記了卧榻之側的強鄰，甚至忘記了自力立國；我們雖未簽訂亡國條約，在精神上却早已失去國家獨立的存在了。

待到今天，我們的領土主權行政完整要維繫在九國公約來尊重，已不甚光榮了。尤其我們忠勇將士在滿天砲火中血肉相拚之際，政府和民衆猶翹首西向以聽各國在白魯塞爾的從容討論，現在結果已昭示在我人之前了！世界上那會有這麽的大傻子肯犧牲自己的實力去給人家保衛領土完整？

根據上面第一個教訓，我們該覺悟到所欠缺的是國家觀念和國防設備，沒有沉着堅定苦幹的習慣，嚴密緊張的組織，也是失敗的因素。第二個教訓是我們立刻覺悟，必須自立更生，自力立國，絲毫不可倚賴他人的打算，我們如果自己不爭氣，人家就是眞同情也是愛莫能助。

現在且把我們東戰場的一切情況，作一個有系統的敍述，從這過程中，我們得仔細地去分析一下：雖然國軍一直且戰且退，直到奠定國基的首都（在筆者屬稿時，首都已經淪陷了）。但是我們萬不要自己挫折志意，平心忍氣地自己反省一下，堅持着臥薪嘗膽的不屈精神，即使已退到了「我們的堪察加」，也必有復興的一天。

末了更希望每個中國人驗驗自己的血液是否夠稠？敲敲自己的頭骨是否夠硬？
假使夠稠，夠硬，拚下去就是，用不着悲觀！

康　強

于首都淪陷日在孤島上寫

血洗大上海

上海的失陷應該是以前一切錯誤政策的總結，而成爲新的民族革命戰爭的開始。

民族神聖抗戰開始迄今，在保衛大上海的苦鬥肉搏聲中，於茲適屆三月，我軍自滬西浦東移退後，南市已陷於敵軍包圍之中，該區居民勢將盡遭敵軍凌辱，我軍事當局爲捍衛人民，故嚴令五十五師張旅會同察警總隊及蘇浙行動委員會別動隊死守該區，以便居民安全退去，我軍在敵海陸空軍之猛烈攻擊下，日暉港陣地，雖被突破，但我忠勇將士，乃奮勇應戰，苦鬥至十二日深夜，卒以衆寡不敵，且自來水糧食告絕，已奮鬥至最後關頭，乃由軍事當局下令撤退，惟仍有少數部隊與敵誓死抵抗，兹將經過簡述如下。

敵向我猛烈進攻工事搶修困難

暴敵於十日正午起，向我南市總攻，我孤軍一旅，暨警察總隊奉令分任日暉港及沿浦江一帶防務，即與敵作殊死戰，以捍衛此淞滬最後陣地，敵雖挾其海陸空精強之武器，整日向十六舖．及日暉港．兩綫猛犯，惟我軍咸忠勇抗戰，卒能固守陣地，予敵重創，敵心有未甘，故昨晨起，繼續來犯，六時許，即見敵機三十餘架，在南市上空轟炸，投彈不下百枚，致全市房屋幾全被毀，並有多處着火，焚燒甚烈，至七時半後，敵由龍華徐家匯浦東及江中軍艦上集中砲火向我猛轟，發彈竟在千枚以上，我前綫陣地工事，在此猛烈轟炸擊下，不無損燬，但仍隨時搶修，沉着應戰，備守不懈，偷渡日暉港之敵，被我擊斃者約百餘人，至近午時，敵即施用烟幕大舉進犯，致我平陰橋．康衢橋之間陣地，被敵突破，我駐守部隊．因受砲火威脅，補充困難，且經數小時之苦鬥，已傷亡過半，不得已乃退至第二道陣地，其沿斜徐路一綫之部隊，因聯絡既斷，後退無路，被迫向租界退去，惟仍有數人，決死殺敵，仍伏處巷衢之中，向敵襲擊，故至午後四時許，該處尙有疏落之步槍聲，隱約可聞。

力竭糧絕奉命撤退

敵軍渡過日暉港後，以坦克車五輛前導，由瞿眞人路·康衢路上南進，經製造局路之方斜路，向城廂而來，我軍據守各街巷，奮勇迎擊，我張旅長亦以身許國，親臨前線指揮，嚴誡部屬不得後退，務與陣地共存亡，渠並對其部下云，余決心死守南市，雖剩一槍一彈，亦必抗戰到底，卽使已到無可如何的之境，余誓與陣地偕亡，語竟卽離軍中作戰，其部屬見言出卽行，均奮感涕零，故淬勵異常，至晚，唐家灣附近，尙在激戰中，十六舖方面，敵雖以小艇多艘偸渡，惟以我防守嚴密，迄未得逞，旋該區自來水已斷，食糧亦絕，遂不得不遵奉軍事當局之命令撤退，惟仍有少數警軍誓死抵抗，其忠毅之心，令人感泣。

封鎖線破壞民船都被刦持

大上海自淪陷敵手後，十六舖甯紹碼頭前之封鎖線已爲破壞，浦江中原泊有市輪渡兩艘及沙船拖輪駁船等多艘，均爲敵刦持，有中和商輪一艘，已爲拖駛而去，餘仍停該處，惟均懸有太陽旗，敵艦一艘即前昨兩日砲擊南市者，並淺水艦小艇等多艘，已於昨晨六時許滿載水兵軍械溯江上駛，向各處增援，沿浦甯紹棧房爲敵砲轟達百餘發，創痕纍纍，破壞甚重，沿浦及江中廢物堆積，紊亂異常，熱鬧之區已成死市。

泊浦敵艦近日已見減少，據調查所得，除運輸艦八艘紅十字艦一艘外，砲艦僅餘三艘，分泊三菱碼頭及浦東新三井碼頭，驅逐艦一艘泊一號浮筒，巡洋艦兩艘，一艘爲出雲號，仍泊二號浮筒，一艘爲太陽號，在虬江碼頭卸下敵援軍後，即駛泊七號浮筒，魚雷艦一艘泊浦東招商華棧，以上共爲七艘，據云，原泊浦內之大部敵艦除一部駛往杭州灣以外，餘皆駛入楊子江狼山福山一帶江面，有所企圖。

充溢着悲痛的熱忱每個字含有血淚的三封信

一　俞市長告市民書

不可因戰地略移而誤滋沮喪　更當因環境較異而益矢忠誠

滬市抗戰，於今三月，吾市民奔走輸將，流離轉析，遭顛沛而不怨，履艱險而不辭，上承最高領袖長期抗戰之訓，下矢整個社會同舟共濟之忱，軍旅因之而克盡職責，將士因之而益激勇奮，在此九十日中，予敵人以鉅大之損耗，博友邦誠摯之讚揚，鴻鈞適受命於此危難之際，所得以倉卒應變，勉效微薄於最可敬仰之師旅，略減愆尤於無可旁貸之職責者，胥由吾全體市民各界領袖之最大犧牲與努力而來，與言及此，感慚交幷，今者爲增强抗敵之戰略起見，前線已離開市境，市政推行，勢將淹滯，鴻鈞回溯旣往，默維將來，有不能已於言者，敬掬悃誠，以告有衆。

吾人以往在此抗戰中，堅苦卓絕之績，不僅在轉移外人之視聽，而所以增强吾人之自信心者，彌可重視，蓋以酷愛和平之民族被壓迫而與黷武之强敵抗戰，所恃者惟此堅恆不撓之志願，沈毅敏果之行爲，但使尺寸土地之進出，胥有代價可言，則目前之小勝小負，胥無與於最後得失之衡量，此長期抗戰之精神與意義，所以必須洞澈瞭解，無所用其旁皇瞻顧者也。滬市抗戰之持久，已足證明吾民衆認識之精到，估量之確切，但吾人此三月中之經歷，應再加以探討，舉凡吾人之所作爲，某者可以爲法，某者可以爲戒，某者組織未盡周，某者措施未盡密，一隅之警惕淬勵，即全局之借鑑取法，然後充滬市民衆抗戰之精神，足以爲全民族抗戰之精神，恢滬市民衆抗戰之經驗，足以爲全民族抗戰之經驗，吾數百萬民衆具此信念，即可使全國數萬萬民衆同守此信念而不渝，故切望吾滬民衆不可因戰地略移而誤滋沮喪，更當因環境較異而益矢忠誠，鴻鈞奉職無狀，深懍愆尤，茲謹於吾民衆勞瘁奮鬥之餘，特舉長期抗戰之精神與信念以相告，竊願深思而共勉也。

二　軍委會告上海同胞書

個個人當作自己是戰場上的士兵一樣誓死反抗敵人到底

親愛的上海同胞們：我軍因爲戰略上的關係，暫時從上海附近向後撤退，我們一方面用全力鞏固第二陣地，必定在最短期內積極進取，來收復我們淞滬，我軍這一次的撤退，是戰略上有計劃的撤退，絕不是戰爭的失敗，而且眞正的抗日戰爭，實際上從這時候方開始，這是同胞們所已確實認識而能格外奮勉的，我們軍隊和上海同胞別了，回想到三個月的抗戰，我上海同胞不避危險，不分晝夜的和前線努力協助，前線一切需要，都能如響斯應，戰區附近，犧牲非常慘烈，而軍民合作抗敵的精神，愈久愈堅，這種義勇和熱情，是我全體官兵所刻骨銘心，終生所不能忘的。

我軍雖然暫時撤退，我們一刻不能忘記我們的同胞，在我軍撤退上海的時候，敵人對各位同胞，必然施用種種的壓迫和引誘，這在我們是十分的悲痛，非常的掛念，但我們相信愛國的上海同胞，現在雖然處境很艱難，意志一定是堅決的，我們竭誠盼望上海同胞們始終抱着犧牲抵抗的精神，互相扶助，互相勉勵，個個人當作自己是戰場的兵士一樣，誓死反抗敵人到底，上海同胞們，一定不會忘却三個月中間軍民死傷的慘烈，而繼續發揚先烈的精神，上海是我們民族精神所集中發揚的中心，上海的同胞們，要立志作國家精神上的長城。

同胞們，我們軍隊和各位暫時小別了，我們滿腔懷念着各位同胞的痛苦和犧牲，對於同胞們所已表現的愛國精神，不是言語所能表達我們的感激於萬一，我們永遠紀念着同胞的鼓勵，一定要再接再厲，奮鬥到底，我們雖然離開了上海，但我軍在嘉定·南翔的陣地上，仍然望得見上海，我們殉國將士的靈魂，也仍寄託在上海，我們熱烈抗戰全國一致的一顆心，也始終離不開上海的同胞，我們和各位同胞的精神，互相永遠的聯繫着，我們結成一條心，合成一個力，抗戰一定勝利，復興一定成功，我們軍隊一定在最短期內收復淞滬，來報答我們同胞，我們決不辜負上海同胞的熱望！軍事委員會政訓處。

三　滬市黨部敬告全國同胞書

淞滬我軍的撤退決不能視爲我軍作戰的失敗，更不能認爲淞滬戰局之終了就是全面抗戰之定局

親愛的全國同胞，淞滬抗戰，誰都知道是全面抗戰中的一面，是長期抗戰中的

一期，甚至可以說，淞滬抗戰，是全面抗戰長期抗戰的開始而决非其結局，回溯三個月間，由於前方將士的忠勇殺敵，壯烈犧牲，與夫全市民衆的慷慨輸將，踴躍服務，使敵人傾其海陸空軍的全力，五次增援，六度總攻，消耗其大量的戰鬥力，我英勇的國軍，雖以戰略關係而撤離滬市，但其所負的任務，實可謂確巳相當完成。故淞滬我軍的撤退，决不能視爲我軍作戰之失敗，更不能認爲淞滬戰事之終了，尤其不能認爲全面抗戰之定局，惟其如此，上海全市的同胞，乃至全國同胞，千萬不要爲漢奸理論所動搖，必須明確認識今後民衆所負抗戰的任務，必更加艱難，更加偉大，要當持之以恆，有進無退，方克有濟，不但流離顚沛的難民，在在需要我們救濟，就是斷臂折腿的將士，何嘗不需要我們救護，殉國先烈的遺族，何嘗不需要我們教養，衝鋒沉陣的隊伍，何嘗不需要我們補充，簞食壺漿的民衆，何嘗不需要我們組織，死氣沉沉的內地，何嘗不需要我們宣傳，救死扶傷的技術，何嘗不需要我們訓練，魑魅魍魎的漢奸，何嘗不需要我們制裁，乃至非常時期的教育和實業，何嘗不需要我們促進與發展，國際形勢的演進與聯繫，何嘗不需要我們研討與努力……諸如此類，全面抗戰一日不停，卽我全國同胞抗敵後援的工作一日不止，我們切莫以爲上海抗戰已了，今後只須辦辦善後，管管救濟而已，若果如此，則江朝宗之流的漢奸，自然也會假託慈善，獻媚敵人，夫豈在吾志在抗戰的全民所期望，蔣委員長曾說：「吾人自衛之決心，始終一致，雖至戰士之最後一人，領土之最後一寸，亦不稍變更初志。」吾全市同志願與全國同胞，共相勉勵，非達到最後的勝利不止。

新陣地上的變遷

我軍現扼守新陣地，以松江爲右翼，黃渡爲中央，廣福爲右翼，我軍刻與在杭州灣登陸之日軍戰於泗涇附近，第二道防線設於青浦，松江現仍在我軍之手。前夜在白茆登陸之敵軍，經我軍迎擊，漸向後退却，支塘鎮方面有少數敵兵侵入，昨晨已受重創，又南翔附近昨日拂曉砲火猛烈，下午靑陽港方面亦有小部敵兵竄入，正激戰中，我軍陣線無變動，至右翼方面，我軍已退出泗涇鎮。現守泗涇塘，傳松江平湖我軍已向後移動，陣地甚穩固，並準備猛烈反攻中，近兩日南通海門江面敵艦突增，今日十四日尤多，達六十九艘，計牛洪四十一艘，軍山東南二十二艘，姚港外航空母艦三艘，劉海沙砲艦三艘，軍山牛洪兩方敵艦午前曾向江南之滸浦開砲多發，對江北尙無舉動。至江陰方面，敵艦屢窺本邑三區毛竹港，企圖登陸未逞，於昨日晨又有敵艦來窺，向岸發砲數十發，城中砲聲隱約可聞。

生力軍開到嚴堵危機始解除

敵方進攻路線刻又在杭州灣之全公亭・金山衞等處登陸，猛犯張堰・新倉・金山，其來勢兇猛，我少數駐軍及民團等奮勇抗禦，均作壯烈犧牲，各處遂淪陷於敵手，敵於小勝之後，竟輕率向滬杭鐵路進攻，我以措手不及，致楓涇・嘉善，兩車站及楓涇鎮次第失陷，其時我大軍已調到反攻，於是激戰開始，我軍無不以一當百，拚死衝殺，終將敵擊退，至十二日午，楓涇・嘉善兩車站及楓涇鎮與全公亭曾一度收復，惟尙有一股敵軍向沿蘇嘉路之王江涇方面挺進，緊急異常，經我生力軍嚴堵，危機始漸解除。

我軍調整陣期自動撤退

敵軍十四日在白茆口登陸，十五日晨猛攻常熟，鏖戰至九時半敵軍死傷三十餘人我軍亦有犧牲，又太倉我軍爲調整陣線，十四日下午自動撤退十五日拂曉敵犯崑山我軍浴血迎戰，至六時半陣地略有變動，又嘉定，安亭，黃渡等處我軍移動後，至十四日晚間止，已無戰事，松江我軍撤退後，靑浦方面昨今有劇戰，又敵軍十五日晨犯嘉興，集中砲火轟擊甚久，我軍奮力抵禦。嘉善方面十四日敵我仍對峙於車站附近，我已調大軍堵截，待機反攻，嘉善城仍在我手中。犯嘉善之敵雖已被我擊退，然平湖附近轟炸甚烈。我軍在此情勢，不得已放棄太倉，而守常熟至崑山之線，崑山北門外，有通常熟大江，敵難飛渡；目下崑山縣城尚由我軍扼守，惟敵對我左翼擬取守勢，主力軍則集中嘉善附近，積極圖佔據蘇嘉鐵路全線，迫崑山不戰自退。嘉善嘉興因有重兵扼守，故敵又採用迂迴戰術，沿滬杭線以北，由殿山路猛攻西塘，鐵路南則由平湖進窺海鹽，對我嘉興取包圍形勢。

猛烈截擊予敵重創

蘇州河南岸我軍自九日自動撤退至靑浦後，敵人當時雖進躡前進，但當其抵靑浦城郊時卽遭我軍一度猛烈堵截，當時已予敵以重創，我某師長復率部堅守該城，掩護我軍撤退，敵以在該方面無法急進，遂改由瀏河，安亭等處向我各重要據點猛轟，同時復由松江向嘉善方面南犯，冀牽動我全線陣地。我軍爲免除陣線突出，並使敵人深入內地，俾殲滅其主力計復下令將全線向太倉嘉定等處以西撤退，至新陣地據守，現於京滬鐵路青陽港附近與日軍交綏，日軍主力刻正向西北蘇嘉路上進犯，同時崑山亦屢遭敵大肆轟炸，已成焦土，無險可守，轉進正儀，（一作眞義），現與敵對峙中，我新陣地計北起滸浦口及常熟至正儀，沿青浦以西南至嘉興平湖迄乍浦，全長百餘公里，配以雄厚之兵力，我各高級將官均在前線指揮，全線士氣至爲振奮，幷在蘇州附近，現集有大軍，其左翼扼守福山附近之陣地，右翼扼守嘉興一帶。至嘉善附近之陣地，嘉興區由張發奎將軍担任指揮，而第二道防線則在無錫附近佈置，嘉興，嘉善，平望，乍浦連日因遭敵機轟炸，民房大半被燬，嘉善之敵十四日晚沿鐵路進犯，在七里橋附近經我堵截，雙方均有犧牲，平望方面戰况尤爲激烈，我陣地曾被敵突破。

敵艦溯江而上顯有企圖

敵艦往來南黃浦以接濟滬杭線上松江一帶之敵軍者，漸見增加，據查悉在金山・松江間浦江上游之汆來廟附近，停有敵砲艦保津號一艘，上海縣境之閔行鎮泊有敵砲艦比良號一艘，在南市高昌廟附近亦泊有敵砲艦三艘，封鎖綫外，法租界外灘之金利源碼頭浦面泊有敵驅逐艦一艘，以上共計六艘，此外在南黃浦方面並停有敵小汽艇多至四五十艘，昨日（十七日）午刻左右，續有敵運輸艦松丸、蔡丸、三和丸、第十三雲海丸及其他名號不明之運輸艦一艘，共五艘駛滬，分靠浦東招商局華棧及三井碼頭，載來大批竹筏・木料，據云日內即將運往吳淞江上游，俾便作爲渡河工具，駛滬之敵魚雷艦原有三艘・昨日黎明時，其中兩艘突駛出吳淞口，向常熟及江陰一帶江面駛去，察其形勢，似對我別有企圖，現浦江所泊之魚雷艦僅有一艘，仍停泊于虬江碼頭。

平望突破退守吳江

太倉・崑山等處，我軍因戰略關係撤退後，敵即追蹤前進，企圖突破我正儀陣地，惟正儀左右我有兩大湖（左陽城湖右澄湖）之憑藉，敵重兵器難以施展，現我軍正憑唯亭東正儀車站西河流與敵作戰，敵鑒於在湖沼地帶，進攻困難，故正面似已不求急進，全力另向蘇嘉線實行包抄，前日敵利用被扣小汽輪，自偏僻小港而達黎里蘆墟，猛襲我平望，平望陣地乃被突破，我乃退守吳江。左翼方面，常熟・滸浦均由我軍扼守，自滸浦南至東塘市，我俱有堅固工事，常熟沿城亦佈壕，前日有敵二百餘名，以軍艦砲火掩護，擾我滸浦，經我防軍抗戰，終未得逞，刻自常熟以迄嘉興全綫，敵我雙方爭奪最烈者，卽屬吳江一點，我軍已派大軍扼守。

三路戰況激烈我軍憑堅扼守

杭州灣登陸之敵十六日正面沿滬杭路進窺嘉興，左翼犯我乍浦平湖之綫，右翼取道西塘鎮侵入平望，三路戰况均烈，我陣地無甚變動。

自敵軍由滸浦進犯，福山方面已發生劇戰，十八日敵高橋佐藤部隊更沿常熟北之小河，猛烈進攻，我軍憑堅把守；戰至下午六時，我因戰略關係，轉入新陣地應戰，敵仍繼續西犯，連日敵軍集中力量猛攻常熟，企圖由此循公路犯蘇州，並進窺江陰無錫，我軍在此方面已厚增援兵，利用地勢，堅守新陣地，正儀方面我軍前日轉入陽城湖南一帶，敵軍繼續進攻，小唯亭（在蘇州東約三十二里）附近發生劇戰，詳情不明，敵軍正企圖渡陽城湖，又進攻平望之敵軍，其初勢甚凶猛，經我奮勇迎擊，已受重創，十九日此方面仍有激戰，吳江我軍陣工事堅固，並利用天然屏障對敵實施圍剿，嘉興方面，昨日敵軍一部忽出現於嘉興小河塘附近，正鏖戰中。

東戰場方面，我軍扼守新陣地後，敵仍繼續猛犯，正儀及嘉善西南一帶發生激戰，嘉興在我方堅守中，至狼山福山方面敵艦不時向西岸發砲擾亂，並未登岸，然而前途頗難樂觀。

崑山工事被毀陣線稍後移動

敵以全力進犯形勢至爲險惡

崑山敵軍十八日拂曉進犯孟姜廟，集中火力，向我陣地猛烈轟擊，傳我工事頗有損毀，陣線稍後移動，又敵片岡部隊猛撲嘉興，我軍奮方抵禦，迄十八日上午仍在激戰中正儀一帶，敵以全力進犯，企圖突破，襲擊唯亭，威脅蘇州以東陣地，連日戰事至烈，我軍奮勇應戰，現爲利用天然屏障，已轉向陽城湖南一帶堅守，至嘉興方面十八日下午與外間仍尚通消息，可證仍在我軍手上。敵永野片桐等部由白茆口附近登陸後，與佐藤高橋等部續向滸浦以西一帶進犯，十七日晨一度竄至福山城之附近，惟守城我軍沉着應戰，奮勇迎擊，當晚卽將竄敵擊退，現正乘勝追擊中。蘇州前線狀況，在一星期混亂之後，今已見好轉，華軍在嘉善方面之右翼，最近形勢極爲險惡，但因生力軍已開到，形勢亦已爲之一變，我軍左翼從崑山正面起，至王江涇・平望止，前昨兩日大舉反攻，並由敢死隊衝過靑陽港畔，由左右兩方將敵包圍，同時我飛機多架，亦出助戰，逕入敵陣轟炸。

冷雨悽裏風苦守　泥濘浴血中抗戰

東戰場戰況，今已入緊要階段，雖我軍奮勇守禦，其爲四面受敵，且陣地工事，每爲敵大砲飛機猛烈轟射，卒至不支；於是節節後退，在一般國人目光中，大都認爲守禦不力所致。然展閱昨日戰情，我軍竟日在冷雨掃射中苦鬥應付，但敵仍猛力冒雨進犯；而我軍在泥淖中浴血相持，具見衞國熱忱一斑，今將各線狀況簡述如次：

（一）嘉興城我軍於十八日下午退出，敵入城後，十九、二十兩日仍沿蘇嘉公路進犯。

（二）平望及王江涇敵軍進犯吳興縣屬之南潯鎮（距平望二十里）有傳南潯已失陷，敵軍將趨吳興，並窺長興，企圖沿京杭國道前進。

（三）小唯亭之敵向蘇州進攻甚猛，與我軍在泥濘中展開血戰，敵軍一小部乘夜雨中潛入蘇州城郊，現敵軍擬進犯無錫江陰一線，二十日下午敵機六架冒急雨飛無錫大肆轟炸。

（四）常熟方面，敵軍連日集中火力猛攻，十九日夜深，常熟城內聞砲聲甚清晰，我陣地被敵突破後，當轉入新陣地應戰，此方面河汊縱橫，我軍可依險設防。

輾戰結果右翼我軍因嘉興被敵猛轟，城垣俱毀，乍浦陣地突出，難於防守，故乍浦．平湖兩據點相繼退出，頃我軍扼守海鹽．海甯．硤石至長安．石門．崇德．南潯之線，與左翼取得密切聯絡，平望一點亦向後移動，敵從王江涇輸送汽艇甚多，有擾南潯．杭州之企圖。據東京陸軍省公報，陸軍少將手塚正三於十一月八日在嘉善附近受傷。十九日晨有敵艦四十九艘駛抵南通江面，環向對岸福山發砲轟擊，午後砲聲始稀，遙見彼岸火光冲天。據由南通來滬之旅客談，長江自福山．狼山口外起以迄下游，敵艦及運輸艦舳艫相接，渠於十九日晨離通來滬時，敵艦正以密集砲火向南岸猛轟，砲聲隆隆，長江內相隔數十里尚清晰可聞，據在通州方面所得消息，敵進攻以福山口及滸浦爲最烈，福山口內，敵艦刻尚不敢西進。平湖在十一月六日敵軍進城，即大事焚燒，直至十日尚未熄滅，損失殊鉅；敵佔平湖後，至前日復沿嘉興塘前進，進窺我王店，乍浦乃成被包圍之形勢，雖生力軍開到，然工事毀損過半，故不得已而退出乍浦，保衛海鹽。

持續抗戰首都準備遷移

首都因受戰事影響，各方面皆呈緊張氣象，惟尚不混亂，據各方面意見，南京不久將成日機大舉轟炸之目標，故中國政府似以早日遷移爲宜，日來各馬路上充塞各種汽車·馬車·人力車，滿載貨物，或赴江邊，或由陸路出京，下關江邊景象極爲活躍。路上貨物行李堆積如山皆等待少數輪船，運載出京，中國政府目前所撤退者，祇各種行政機關，蔣委員長及其他軍事領袖，則仍留京，故連日行政人員及人民皆僱乘輪船或汽車，向內地急速遷移，行政人員撤退，計分三起，第一起已於前日離京，第二起昨日首途，最後一起，則將於日內啓程，行政．立法．司法三院，將遷重慶，外交．財政兩部及衞生署遷武漢，交通部遷長沙，至駐京各國使署大約擬等待進一步發展，暫不撤退，目前多忙於辦理撤退其各本國僑民，送至安全地帶暫避，政府各機關奉命陸續遷移，今殆已搬運完畢，各辦公處與各工廠所有貴重設備現皆拆卸淨盡，醫院器具工廠車床以及各種機械刻俱移去，故此城僅剩空殼，此間絕無民間紛亂或傾潰在卽之象，在一般輿情咸具抗戰到底之決心，反對屈服妥協之情感亦甚堅强。

遷都宣言

「自盧溝橋事變發生以來，平津淪陷，戰事蔓延，國民政府鑒於暴日無止境之侵略，爰決定抗戰自衞，全國民衆敵愾同仇，全體將士忠勇奮發，被侵各省均有極急劇之奮鬥，極壯烈之犧牲，而淞滬一隅抗戰亙於三月，各地將士聞義赴難，朝命夕至，其在前線以血肉之體，築成壕塹，有死無退，暴日傾其海陸空軍之力，連環攻擊，陣地雖化灰燼，軍心仍如金石，臨陣之勇，死事之烈，實足昭示民族獨立之精神，而奠定中華復興之基礎，邇者暴日更肆貪黷，分兵西進，逼我首都，察其用意，無非欲挾其暴力，要我為城下之盟，殊不知我國自決定抗戰自衛之日，即已深知此為最後關頭，為國家生命計，為國際正義與世界和平計，皆已無屈服之餘地，凡有血氣，無不具寧為玉碎不為瓦全之决心，國民政府玆為適應戰況，統籌全局，長期抗戰起見，本日移駐重慶，此後將以最廣大之規模，從事更持久之戰鬥，以中華人民之衆，土地之廣，人人抱必死之决心，以其熱血與土地凝結為一，任何暴力不能使之分離，外得國際之同情，內有民衆之團結，繼續抗戰，必能達到維護國家民族生存獨立之目的，特此宣告，惟共勉之，中華民國二十六年十一月二十日

政府遷移是貫澈抗戰精神

此次政府移駐，實為貫澈抗戰精神起見，誠如宣言所云，一則防為城下之盟，一則更堅定抗戰之决心，俾能從容為廣大規模之籌計，使前方將士後方民衆咸知政

府無苟安求和之意念，愈加奮勵，須知此為我國民族生存之最後關頭，人人若有偷息之念，便是心理上先為人之俘虜，人人若能看重自己，在中央領導之下結合羣力，則人人干城，處處壁壘，我抗敵陣容必更為強固，況國際情勢已經轉變，同情我者現正紛紛以實力援助，我既能得世界正義之期許，又有舉國團結無上之威力，敵雖兇頑殘暴，但結果必遭殲滅也無疑。

可憐焦土蘇州空前浩刼

四千枚炸彈損失慘重

自淞滬抗戰以來，蘇州卽爲後方重鎭，我軍總司令部設於蘇城，各路大軍雲集，故蘇城市面反見熱鬧，雖日機屢來投彈，惟蘇人至爲鎭靜，警報解除後，市況卽復常態。當日軍偸渡蘊藻浜時，我忠勇戰士圍剿受傷運蘇者，數近三千人，由邑紳張一麐•陳則民。錢梓楚三氏會同歐美旅蘇教士，合組國際救濟會，組織醫院，盡量救護。迨金山衞日軍偸渡登陸，松江告急，蘇人卽羣趨四鄉逃避。及靑浦失陷，蘇滬郵電均斷，四郊交通亦均不通，城內居民反趨安定。惟自十一月十二日起，日機大舉轟蘇，尤以各交通文化機關，被損更重。一方面由張一麐率同博習等醫院全體醫師護士，伴同留蘇傷兵四千餘人，由水道往宜與轉京，一方由陳則民錢梓楚二氏留蘇救濟。十三日博習傷兵醫院卽被炸毀，在一星期中日機在蘇城投彈數在四千枚以上，損失重大，難以勝計，實爲我蘇城空前浩刧，據記者所知，東吳大學，景海女學，省立圖書館，博習醫院，蘇州電氣廠，鴻生火柴廠，火車站，蘇嘉汽車站，縣立醫院，國貨銀行暨中山堂等處，均全部被毁。蘇中，蘇女師，振華，職中等文化機關，受損亦大，在此狂炸時期，蘇人赴光福木瀆洞庭東西山避難者數近三萬人，然交通已絕，扶老攜幼之悲痛慘况難以筆述。

駐軍齟齬啓敵進窺

十九日駐蘇軍隊一部忽生小問題，而日軍富士井先頭隊約三百人，藉坦克車掩護，由吳江方面沿蘇嘉公路進窺盤門。城內預伏之浪人流氓，即四起放火搶刧。當時景德路，護龍街，公園路，盤門大街等處，火燄衝天，我駐蘇軍隊，以事起倉猝，一時不明入城日軍多寡，遂沿京滬路略向無錫方面撤退。吾蘇城不幸遂於十九日午失陷！二十日晨日援軍集蘇者約五千，但亦不敢向我軍陣地進攻，當時城內尚留有難民近三萬，被槍殺甚多，慘不堪言，遂由錢陳二紳，以國際救濟會名義，向日軍交涉，設法營救。先後運西山收容之難民約三四千人，後即爲日軍所阻，並聞陳氏被扣留，由是城內情形，當更紊亂。

可憐焦土摧殘殆盡

二十一日傳松井抵蘇，聞陳氏在東京時，與松井有舊，松井嘗授意陳氏擴大組織蘇浙維持會，爲陳氏所嚴拒。刻陳氏已復自由，仍以扶輪社國際救濟會名義，暫行留蘇設法救濟未及走避之萬餘難民。聞任務完了，即將赴光福。並向日軍交涉，劃洞庭西山爲國際難民收容區，倘能實現，我蘇人不致流離失所也。

當記者離蘇時，城內情形，仍極混亂，日軍亦不多，各城門街道，均由日軍佈置，各處火勢已止，全城水電均斷。幸蘇人每家均有井水，飲料不致缺乏，街上幾無行人，景德路護龍街精華，以及我中國的威尼司古城的文化，均已盡付一炬！連日砲聲機槍聲，東城內可聞，大約戰事即在滸墅關附近。即靑陽港，正儀，蘇嘉路一帶均有我遊擊隊出沒，待機反攻。

前線配備妥善入夜開始反攻

我軍由蘇州・嘉興撤退後，即實行調整陣線，厚集援兵，至前日下午，前線配備已妥，入夜即開始反攻，戰事甚為猛烈，傳京滬線方面，經昨晨劇戰後，我軍已奪回周涇巷(在無錫東)，又無錫東北鳳凰山亦有劇戰，江陰昨日砲火仍甚猛烈，然陣地尚無變化。太湖南岸，吳興發生巷戰，我軍正苦戰中，外傳敵已進犯太湖西岸之宜興，尚難證實，且我此方面駐有重兵，敵即來犯，亦足資防守；又昨傳敵由水道進攻長興，已有汽艇四十艘駛至太湖西南岸，企圖登陸，但聞敵確正謀犯京杭國道，我生力軍已絡繹集中，決定固守。桐鄉・禱館及硤石等處，仍在我軍手中，連日敵機在宜興無錫及江陰一帶轟炸，昨日前線因天已放晴，敵機尤為活躍，今日敵軍亦將大舉出擊。

泥濘截途敵軍進攻受挫

太湖南岸敵軍佔南潯鎮後，繼續西犯吳興，二十日午在姑村被我軍截擊激戰甚久〻，敵有傷亡，由嘉興西犯之敵進迫烏鎮（嘉興城西二十八里），乍浦平湖我軍撤退後，海鹽方面發生劇戰，嘉興我軍爲戰略關係，十八日午後退移陣新地，敵軍一部於下午三時入城，主力戰在蘇嘉路方面，我生力軍續有開到，將積極反攻，據敵之台北廣播，盤據嘉興之敵爲片岡部隊。滬杭鉄路及滬杭公路一線，敵軍於十八日突破嘉興・乍浦兩據點後，現我軍新陣地，確守長川壩（澉浦之東）・沈蕩・硤石・桐鄉・至太湖南岸南潯一線。敵軍在滬杭公路上係以襲海寧窺杭州爲目標，現滬杭鐵路線上已成爲雙方主力決戰處，敵先頭部隊已至王店東側，正爲我軍痛擊中，至兩路中間，敵軍沿海寧至海鹽之塘路進攻，以與兩路相呼應，惟因大雨泥濘，機械化部隊行動不便，困難甚多。左翼我軍後移後，與右翼仍遙相呼應，目下我軍右翼由海寧・海鹽・硤石・長安。接太湖濱諸要點，遙與無錫・江陰成一垂直線。

覬覦江陰敵海陸空全力進犯

敵軍突破我福山・常熟一線，二十一日又有敵軍一批約千餘人在福山登陸，福山砲台已入敵手，敵現企圖進一步衝破我江陰封鎖，現江陰形勢甚吃緊，我軍已有嚴密布置。敵對江陰覬覦已久，邇來更圖破壞我封鎖線，在江陰下游七十里之劉海沙一帶派艦巡弋，一面探我實力，一面置浮筒，惟均經我發覺，故未得逞，近則屢派飛機炸，自二十一日以來，每日均有十餘架在江陰上空盤旋，過要塞地帶時，因我高射砲射擊猛烈，始終未低飛逕犯，二十三日在城內投二十餘彈，旅館戲院各毀一處，死傷平民五十餘人，廿四日上下午又四度來犯，在縣城南四五里地投彈多枚，壯丁不忍離棄鄉井，均自動協助軍隊構築工事，防護交通，目前敵雖有自陸上逐步侵犯之趨勢，但我戰鬥力量頗爲雄厚，守士將士咸抱與要塞共存亡之決心。盤據南潯之敵二十三日晨開始向我吳興前之警戒陣地猛犯，迄晚敵沿公路兩旁之小河，利用汽船及布船抄襲我正面之後路，我以缺乏船隻，又無橋粱，行動不便，陣地遂被突破，旋由我左右兩翼掩護正面之部隊退却，同時並派生力軍佔領吳興兩旁之高原，阻敵前進，二十三日敵又在飛機及大砲掩護之下繼續來犯，我佔優越之地勢予敵重創，刻尚在激戰之中。迄昨日上午六時止，江陰砲台仍在我軍堅守中，敵軍雖傾其海陸空軍全力進犯，卒遭我軍强烈抵抗，並未得逞，前晚我空軍一大隊飛至陣地助戰，又昨日上午六時半，有大批敵機由南市方面起飛，直向東北面飛去。京滬・滬杭兩路戰事，聞我軍已完成反攻陣勢・京滬路正面在望亭・周涇巷劇戰雙方互有進出，左翼以江陰要塞爲起點，敵艦集結二十餘艘，轟擊我封鎖綫，我軍仍堅守原陣地，右翼滬杭路乍浦・硤石段，亦有激烈戰事。

天時轉晴朗正是空軍活躍良機

戰事已離湖沼移守平原

敵軍佔領蘇州·常熟後，續繼進犯無錫，我軍爲避免犧牲及調整陣線，當於昨晨退出無錫，扼守新陣地，並在丹陽·鎭江方面有所布置，我軍在鎭江原築有堅固工事，並於江面布置第二道封鎖線，敵入無錫後，戰事已脫離湖沼地帶而移至平原，惟丹陽鎭江之線，則已由平原進入山陵地帶，我軍必固守此線，將展開英勇之抵抗。

敵機大肆轟炸各地損失慘重

二十三日晨七時半，敵機二架由常州至丹陽陵口車站投彈六枚，並開機槍向列車掃射，死傷平民甚多；九時四十分，敵機十餘架分批飛常州·丹陽·宜興·金壇一帶轟炸，計常州數十彈，丹陽站十餘彈，陵口站五彈，宜興公路五彈，金壇西門外三彈，損害甚鉅。

蘇嘉公路進犯昨晨在吳興（即湖州）遭我軍截堵激戰至下午四時，我軍因敵機轟炸猛烈，工事多半損毀，遂開始向後移動，又占領嘉興之敵軍，昨仍沿滬杭路進犯，並擾硤石，企圖進攻杭州，另一部分敵軍則由嘉興窺桐鄉。

敵擬計劃兩路進犯首都

現敵軍計劃擬分兩路進攻我首都，一循京滬鐵路前進，一沿太湖南岸進入京杭國道北犯，我軍在南京近郊已搆築工事，並有精銳軍隊約十五萬人集中固守。

翱翔京市上空我機奮勇應戰

霪雨經旬，一旦放晴，敵機二十二日又三度企圖襲京，均經我空軍奮勇擊退，第一次上午七時許，敵轟炸機七架，在丹陽溧水等處投彈數枚，第二次敵轟炸機八架，在丹陽・鎮江等處投彈數枚，兩次均有襲京企圖，惟見我戒備森嚴，未敢輕犯，飛至句容卽行折囘，下午一時許，敵驅逐機九架又來京挑釁，我機七架立起應戰，翺翔京市上空，互相追逐，大戰數百囘合，我高射砲復在下協同助戰，予敵機以威脅，劇戰約一小時，當時敵轟炸機一架被擊中墜地，午後一時半，警報又作，未幾機聲軋軋，有敵輕轟炸機七架出現於天空，我驅逐機四架起而迎戰，與轟炸機三架戰于首都之上空，甫數秒鐘，日機一架着火，向下跌落，墮於中央軍官學校之空場中，今午當空襲驚報頻時聲中，蔣委員長曾偕其夫人宋美齡女士并隨員數人，分乘汽車三輛巡視城中各通衢要衢。京市民衆，尤以各國旅居僑民對於此舉莫不傾佩委員長之大無畏精神云。

轟炸復轟炸形勢驟緊

無錫城郊發生混戰

敵軍昨仍由太湖南北岸向西進犯，因道途泥濘，敵運輸困難，連日皆以飛機向前方投擲食物，無錫江陰前昨均有劇戰，前日（二十一日）敵一部衝入無錫城郊，發生混戰，惟我軍仍有一部在無錫東周涇巷苦守，周涇巷附近砲火猶甚猛烈，吳興方面，我軍一部因戰略關係，略有移動，但聞敵直至午後尚未敢入城，現城中居民已遷徙一空，敵機昨又飛往轟炸。

以砲火回答砲火

京滬路正面敵我兩軍現在望亭，無錫間堅持，此方面我兵力雄厚，連日均有劇戰，右翼方面敵由南潯西犯吳興・長興，我防務鞏固，尚未發生大戰，敵艦屢在企圖攻我江陰封鎖線，亦因我要塞防務鞏固，未敢輕犯，僅偶然砲擊，經我守軍還擊後，即歸沈寂。又敵由吳江用大批汽艇沿太湖圖向無錫進犯，經我巡艦迎擊，擊沉敵汽艇十餘艘，敵死傷二百餘人，餘艇均被我擊退。

白刃出壕突進迎擊

我濮院桐鄉陣地，今敵以猛烈砲火及飛機轟擊，我軍死守，迨陣地被炸爲焦土，敵千餘衝至，我勇士白刃出壕，突進迎擊，敵將驕士怠，迎面即退。敵恃犀利砲火，再事轟擊，濮院之東已成焦土，樹林亦被炸爲原野，我軍傷亡頗重，仍守焦土，苦抗堅守。海鹽硤石陣地，敵便衣隊乘汽艇潛駛內河騷擾，菜販某肩兩兒於筐中逃難經該處，被敵追擊，斃一兒，敵方暴行誠不勝盡載。太湖南岸爲產魚米絲綢之，有安居三十年未嘗聞槍聲者，今忽紛紛投軍，民衆激昂非常，是亦全民抗戰鄉之事實表現耳。

飛機大砲企圖破我防綫

江陰方面砲火之猛烈，乃抗戰以來所僅見，我軍雖壯悲犧牲，仍堅守原來陣地而無錫附近有我精銳部隊固守，昨日仍在苦戰中，太湖北岸我軍於二十三日晚間突出奇兵，由山陵地帶進攻滸墅關（在蘇州無錫間）敵軍陣地，鏖戰結果，無錫附近之敵軍已與其主力部隊失却聯絡，一部份敵軍向蘇州撤退，又敵在崑山方面集結重兵，防範我軍反攻，太湖南岸，吳與我軍移動後，昨日仍在混戰中，有數千餘人，以飛機大砲掩護，企圖衝破我軍防線，我軍利用山地，正設法包圍中，至於我空軍亦奮勇出動於二十五日飛無錫附近助戰，轟炸正在調動中之敵軍，同時陽城湖及崑山一帶，亦有我空軍一隊飛往轟炸。

爲調整陣線退出無錫

警戒線上小有衝突接觸

沿常陰公路犯我江陰之日軍，約有一聯隊之衆，經二十六日下午在江陰東南十餘里之花墅一帶，受我迎面堵擊後，正整理陣容，企圖再犯，二十七日夜及二十八日晨僅在彼此警戒線上小有衝突，我要塞司令許康，抱定與江陰要塞共存亡之決心，又悉在江陰城東二十里之周莊鎮發現少數日軍，但未接觸，本縣屬劉海沙，我軍爲戰略關係，現已撤退，停劉海沙江面日艦於二十七日午前十一時許向十一圩港難民船轟擊，彈均落空地，又悉在陰江日艦二十八日竟日以重砲向北岸靖江一帶轟擊，南通至靖江間交通完全斷絕，聞我軍第二道封鎖線已於日前布署周妥，較江陰封鎖線尤爲堅固。

厚集援兵嚴陣以待

，京滬路沿線我軍於激烈抗戰後，爲調整陣線，已退出無錫，現最前線在無錫以西二十里之石塘灣附近，二十七日有日軍一部繞道襲我無錫西北四十里之橫林及其西十二里戚墅堰，與我新到之生力軍接觸，砲火猛烈，至二十八日佼晨尙未停止，我陣地無何變化，長興西之泗安鎭失守軍，皖境廣德甚爲吃緊，我軍在廣德，寧國及宣城方面已有周密之布置厚集援兵，嚴陣以待，迄昨夕所得報告，泗安至廣德間戰線尙無何等變化，而今明兩日之情勢，則極堪注意，確聞敵機八架於二十八日午刻已飛宣城轟炸，投彈多枚，燬客車二輛，死四十餘人，傷百餘人。

忠孝不能兩全

二十七日吳興方面戰事劇烈，雙方在距吳興城三里許京杭線上之妙喜河妙喜橋對峙，二十七日下午二時日軍在砲火掩護下續犯崇德之石門灣，約千餘人，我軍奮勇抵抗，雙方損失均重，我軍以戰略關係，暫時退出石門灣，敵現分兩路向崇德，新市進擾，又二十八日塘棲發現少數便衣隊，經我軍擊潰，（按崇德即石門，距滬杭路之長安甚近 塘棲在石門西南，距杭州約四十里），在吳興縣城憑險力戰之陶鳳威，徐君若兩團，現由該處耶穌教堂外人接洽，雙方暫停戰事，日軍當局之意，如陶徐在三日內自動解除武裝，徐任吳興縣維持會長，徐任警察局長，則可將擄去陶父伯英及母李氏放還，否則繼續攻城，但陶已表示忠孝不能兩全，故仍在相持中。

東綫戰事將擴展及蘇浙皖三省

海空軍力威脅

關於前方戰訊，綜合各方可靠報告，扼要分述如下，江陰，靖江連日在海空軍力威脅之下，我軍陣地仍無變化，聞靖江形勢較緊，幸我方已厚增援兵，可保無虞，據昨晚消息，日軍頃將進攻江陰要塞之工作，移交少數部隊及艦隊負責，而以主力部隊加緊沿京滬路前進。

無錫大火竟日常州側背受敵

無錫附近連日均有血戰，聞北門一帶昨日砲火猛烈，城內並發生大火，烈焰騰空，傍晚未熄，據日軍方面聲稱，日軍伊勢與富士井部隊於渡過太湖後，由蘇州乘船溯運河而上。二十七日晨已在常州背後登陸，企圖截斷歸路，聞蘇省府二十七日已遷江北某地。

敵沿太湖進犯極堪注目

太湖南岸日軍繼續前進，一部由吳興沿太湖進犯宜興，永野與山田部隊廿六日下午衝至長興，傳當晚已入城，據日方聲言，日軍即由長興進攻皖省之廣德（在長興與八十里），二十七日晨已佔上泗安（在長興廣德之間，距長興二十八里，距廣德五十二里）即繼續向廣德猛攻，東戰場之軍事行動將擴展及蘇浙皖三省云，此實極堪注目之一事，聞我軍雖已退出長興，但仍在附近山陵地帶設防，決定繼續抵抗，日軍攻廣德，係欲由此經宣城進窺蕪湖，以掎南京之背，丹陽鎮，寧國及廣德等處，二十七日皆遭飛機轟炸，情形甚慘。

塵戰中事奪的據點

日軍自常熟西北四十公里之華墅進至雲停地方，二十六日下午以二千餘名之機械化部隊攻江陰，我駐軍迎頭抵抗，在花山附近與日軍遭遇，衝突約三小時，我陣地未被侵入，太湖西南之長興縣已成鏖戰中爭奪之據點，因長興失守則宜興危急，京杭國道亦將被截斷，目下夾浦方面戰事更爲猛烈，又無錫城郊，尚有劇戰，京滬線方面，傳崑山，蘇州，滸墅關一帶，均有我游擊部隊活躍，吳興失守之訊，今晨已經證實，惟傳浙省保安處陶鳳威，徐君若兩團，仍固守城廂中山堂，愛山街衣莊公所，玉皇殿等處，該數處均有險可憑。昨晨五時半有大批日軍巨型重轟炸機，滿載炸彈，分由滬西滬東方面向長江上游方面飛去，據悉係往江陰協助陸海軍作戰，以期突破我該地要塞，而達進攻鎮江目的，我在該地有極堅固之工事佈置，又昨日上午十時許，日機五六十架，由定海橋附近起飛，每五六架結爲一隊，陸續西飛，據浦東警察傳出消息，該項飛機，載有大宗麵包食物，係以接濟前線。

武進遭猛烈轟炸陣地又向後退

常州(武進)方面昨日拂曉起發生劇戰，我軍奮勇抵抗，頗有進展，惟據外八方面所傳，則於上午十一時許，因對方砲火猛烈，我軍陣地遂向後撤退，車站當被佔領，日軍繼續由常州西進，聞常州城內及車站於二十八日遭猛烈之轟炸。

利用橡皮汽艇敵圖登陸

太湖西岸連日戰事甚劇，雙方損失奇重，據日軍方面公告，已於昨晨九時佔領宜興，循京杭國道前進，但另據京中訊，宜興仍在我軍手中，據稱日軍藉長興爲據點，圖以主力西犯廣德，以較少部隊進攻宜興；廣德之東戰鬥情勢殊爲錯綜，日軍最前頭雖有極少數部隊，但其主力則仍在廣德東十五公里之泗安鎮及其再東七八里之林成橋間，惟我已有大軍前往增援，必能撐住，且以宜興方面半山面水，地勢險阻，日軍不付極大代價，斷難獲逞，昨今宜興以東沿太湖西濱之大浦及丁山鎮等地屢有日軍之帆布艇及橡皮艇，企圖載兵登陸，擾我後方，當被我覺察擊退。

二十七日我高射砲隊在溧水東六十餘公里之金壇附近擊落敵轟炸機三架，二十九日下午一時許，有重轟炸機九架，飛溧水轟炸，在城內投彈達百餘枚，死傷平民甚多，被燬房屋無數，歷一時始去，損失詳情在調查中，另據外國海軍當局接報告，日機二十八日轟炸靖江，投彈達一百三十枚，損失奇重，太古洋行駁船一艘及美孚油行皆被轟炸，又二十九日晨十時日機一架飛入杭市上空，盤旋窺視良久。又下午二時許敵飛機六架由吳興方面經杭飛蕭山一帶窺探，旋向溫嶺．樂淸方面飛去，又據電訊，日軍攻宜興甚亟二十九日有五千餘人猛攻宜興西南方之觀音山及南山，近午將山頭站領，我軍旋由左右兩翼反攻，戰況殊爲猛烈，我軍因自山下仰攻，損失相當重大，惟仍前仆後繼，在猛如雨點之機鎗彈粒中奮勇攀登，卒於下午四時許將兩山頭同時克復。

游擊隊再度活躍

在上海市今又盛傳我游擊隊連日在滬杭路各地襲擊，接由莘莊來滬之鄉民談，我游擊隊一部，昨突出現於岸莊附近之新橋鎮，當即向松江進撲，遙聞鎗砲聲隆隆不絕，戰事異常劇烈，余（該鄉民自稱）卽逃出，繞小道始得脫險來滬云，又訊，前晚虹橋機場，亦有我游擊隊襲擊，當時戰況甚烈，居於杜美路一帶者，咸能聞清晰之機槍聲與爆炸聲。

保衛京畿的準備

前以國軍在東戰場上節節後退，首都之危急迫在眉睫，保衛京畿，自應專責有人，我軍事最高當局刻已任命唐生智氏專責佈置一切，今昨兩日接見各國新聞記者與各國代表，今錄其談話如左：

使敵人付以莫大之代價

奉最高領袖之命令保衛南京之首都衛戍司令長官唐生智，廿七日下午八時在中英文化協會招待外國新聞記者及留京外僑領袖，發表談話，大意謂「中國爲一愛好和平之民族，從不侵略他國，詎九一八後，日本以數十年之準備，大舉侵犯中國國土，中國在物質上雖乏準備，但精神上則具無上之抵抗決心，蘆溝橋事件以來，我軍在各地多遭敗挫，但吾人將屢敗屢戰，至最後勝利爲止，本人奉命保衛南京，至少有兩事最有把握、第一：卽本人及所屬部隊誓與南京共存亡，不惜犧牲於南京之保衛戰中，第二：此種犧牲定將使敵人付以莫大之代價，」唐司令繼謂「南京瞬將變爲戰場，吾人之犧牲固所不計，然累及友邦僑民，則甚不安，故希望外僑早日退至安全地帶，惟情願留京者，吾人亦將竭其能力，加以保護，自不待言。」

願與城共存共亡

又唐氏昨晚接見代表各國領署・教會・報館・大商行之外人一團時聲稱，首都或將在最近之將來成爲戰場，唐氏復聲明最高軍事當局擬死守首都之意志，唐氏又曰，在長期抗戰之後，紛亂實不可免，卽一醉漢，猶將行其淸醒時所不爲之事，則受砲彈炸彈猛轟而處於艱難困苦中之大軍，有時作越規之行爲亦何足爲異乎，首都現有編制完善之軍隊衞守，其餘軍隊正在陸續撤退，若輩難望其嚴守紀律也，假使外人有不滿之處，吾人聞悉之後，卽當竭力矯正之，余爲負責之員，擬盡余力所能爲，以遏止紛亂，在數日之中，局勢尚不致驟形嚴重，惟一旦局勢轉危，則各城門均將緊閉，且將取其他行動，但何論如何，余必竭力保護外僑也，唐氏發言畢，衆均報以誠摯之歡呼，唐氏又答覆問話曰，當局業已佈置駐兵各地點，保持紀律，不特注意本城，且注意本城四周五十公里一帶，命勿容許其他軍隊開入首都，如欲開入者，必須聲明願與城共存共亡云。

江陰危殆旦夕

要塞形勢天成

防守廣德之川軍今日從事反攻，在廣德．泗安間痛創日縱隊．按該二地前爲日軍佔據，廣德形勢重要，中國飛行場之一在焉，日軍且能由此進窺蕪湖，側擊南京華軍，川軍第一次在前線作戰，成績良佳，奮力反攻後，已克復該二地。江陰東西南三面，小山環峙，東北瀕江，形勢天成，二年前掘成環形河道，工成引入長江江水，面積之寬，不下黃浦，中部要塞砲台，故日軍此次進攻，除以飛機轟炸外，欲以步兵衝擊，因大江阻隔，甚困難也。

最後電囑表示效死決心

江陰要塞之我軍昨仍堅守中，江陰要塞之攻守戰，二日已進入第三日，一日晚日方兵力已增至第一日之兩倍以上，三日來日軍自艦上及陸上射出之砲彈，合計不下兩千餘發。據我空軍二日偵察報告，日軍大小軍艦被我擊傷七艘，其中兩艘，已有大半沉入江中，水面僅露有烟囪而已，又陸上日軍猛攻最烈，我在江陰南七公里南閘鎮堅守數日，卒以兵力不足，外圍被衝破，但要塞本身仍在我手，日方空軍連日轟炸，被擊落數架，同時我一切電話線則全被炸燬。我守要塞之司令，三日來每隔一小時向京發無線電一次，內容極簡，作用僅在表示要塞未失此項通報，截至二日晨，尚未斷絕。司令於一電中曾請轉囑其在家鄉主持之學校員生，善自努力，爲國效命，於此具見其效死之决心。

固守力盡淚揮撤退

然據前方報告：江陰縣城昨日午刻發生激烈之巷戰，迄下午三時半我軍當卽退出，江陰砲台方面旋卽聞始鏖戰，至下午五時我軍卽放棄砲台，向西撤退，江防總司令劉興·江陰要塞司令許康及戒嚴司令部袁祐任等均固守至最後，始揮淚下令撤退，又據由江陰返滬之西人談，彼目擊江陰方面，有沉艦兩艘，僅露桅杆於江面。

要塞的失陷——是不可磨滅的痛史

江陰四五日來受日方海陸空軍聯合進攻，左右腹背乃至頂部均遭最新式武器之猛襲，可謂五面受敵，我當地守軍以血肉之堅城，補物質之不足，奮勇抵抗，阻日軍前進，支持至一二小時左右，卒以守軍孤單，武器落後，遂於二日晚七時許以不守聞，然而江陰畢竟不過滾滾長江之第一門戶，抗戰以來，我已在江陰以上，緊閉門戶，重重封鎖，欲由此登堂入室，斷非易易也。

長江第一重門戶的江陰要塞失陷了，然而因爲電訊的隔斷，交通的梗阻，關於當時戰前戰後的各種狀況，當爲一般人所關心，何況那裏偉大的戰跡，又是不可消滅的重要史實呢，江陰旅滬同鄉會爲着要明瞭江陰的眞實情況，曾於戰前戰後，先後遣派幹員十五人，前往江陰實地調查，業已陸續返滬，記者特爲綜合各人實地調查所得情形，作一個有系統的報告。

歷史上的偉蹟

江陰在現在是國防第一個要塞，然而它在歷代的英雄名將眼中，對於這蒼老的古城，部沒有把它忘懷而忽略，在那裏不知流過多少壯士的碧血，埋下多少健兒的白骨，尤其在明末淸初的時候，民族英雄閻海元，統率數千江陰子弟，誓死不降滿奴，被圍孤城中死守，抵禦二十萬衆的淸軍，血戰達八十餘日之久，終於糧食援絕，偉大而悲壯地同這古城偕亡，造成了這可歌可泣的史實，至今二百二十年來，國人還沒有模糊。

地利天險底相互有關

江陰的形勢，北枕長江，東有巫山段山爲屏，西有蕭山靑山爲障，南靠秦望山大小茅山爲前哨，一面臨江，三面山巒起伏，把這江陰深藏在衆山環抱的中間，如此雄壯形勢，深得地利天險之勝，江陰要塞，構築在黃山君山，北對靖江，彼此呼應，電雷學校和飛機場，也附設在要塞地帶裏，並且還有武澄・錫澄・琴澄・等三條公路及其他支線，交通便利，工商實業也相當發達，因爲它有地利天險關係，不但在過去爲兵家必爭之地，就是在近代內戰中，也沒有一次不與這古城握手，發生過若干關係。

盡成一片瓦礫

自從「八一三」全面抗戰展開，淞滬一隅之地，經過三個月的血戰，東戰場戰線西移，上月二十一日，日機十餘架盤旋江陰上空，首次投彈轟炸，嗣後日機每天飛來擲彈，最初如吳汀鷺住宅・縣政府・利用紗廠等悉被炸毀，旋於北門街一帶大施轟炸，如南菁學院・廟家埭・善門路・大宜春・小橋頭・以及同生泰・日新恆等各大商號，盡成一片瓦礫，實深浩嘆，當時日軍艦隊，集中於福山以東的，約達七八十艘，環攻段山，隆隆砲聲漸漸震撼江陰。時爲上月二十日至二十四日的情形，日軍已在福山登岸，日艦砲火也已射入江陰縣境的東鄉了。

日艦遭受重創

戰事從常熟侵入了江陰區內，江陰情勢，日見吃緊，江陰全境，大軍雲集，日機每天來犯，却被我高射砲迎擊，祇在高空中投彈，我江防總司令劉興，江防司令許康，要塞司令歐陽駒，均親赴前綫指揮，城內治安，歸由戒嚴副司令袁縣長負責維持，率同壯丁，擔任輸送。救護等工作，秩序井然，有條不紊，城內居民十九向江北遷避，我黃山要塞，不久也開砲應戰，轟然巨響，震動大江兩岸，同時各山砲台，也突起轟擊，日艦中彈頗多，其中二艘沉沒，十數艘受傷，於是日艦不敢逼近我砲火射程之內。

我遭陸海空圍攻

不久無錫常州，相繼淪陷，日軍除了艦隊密集砲火的猛轟，和大隊日機的慘炸以外，並聯合其陸軍三路進犯。東路由常熟進犯周莊市・長砂山一帶。西路由武進

（即常州）經由夏港・迫肅山・青山，這路戰事最爲劇烈，這裏係由廣西部隊防守，奮勇抵抗，前仆後繼，雙方傷亡，却很重大，民衆流彈所傷者，爲數極多，但日軍憑其飛機・大砲・戰車・傾全力進犯，終於我桂軍二營之衆，死守二山不退，均作壯烈之犧牲。南路由無錫沿錫澄公路進擾，經北渚・青暘・與其東路由常熟方面進犯之日軍會合，再越日橋南閘，被日軍三面包圍，陷入孤軍苦戰，時爲上月月底間的情形。

淪陷經過情形

十一月三十日，城內砲彈橫飛，因此大火延燒，黑煙冲霄，紅光燭天，自東門起至馬牌樓一帶，盡爲濃煙烈燄所包圍，兼之前東北軍部隊，不戰而潰，城廂被迫，於本月一日失守，但我要塞駐軍，仍憑險發砲，與日軍作殊死戰，經二日夜的血戰，於本月三日下午，終於後援斷絕，萬數孤軍乃殺出重圍，揮淚退守鎮江，但仍留一團之衆死守，於本月八日，仍在黃山要塞，與日軍抗戰，準備流此最後一滴血，向日軍索取其給付重大的代價，在八日傍晚，尚有時疏時密的鎗砲聲，但至九日則已寂靜無聲，想已壯烈犧牲，與此要塞偕亡了，總之。江陰要塞的失陷，絕非日軍的大隊軍艦攻進，實由於三面重圍的絕援，和內部東北軍的不戰而潰所致，否則，或許江陰要塞尚在我孤軍死守中呢。

失陷後種種餘聞

這次江陰我軍的撤退，確比蘇常一帶的撤退，有計劃，有秩序，最先將配備於江陰城東之我軍砲隊，祕密渡江，旋將各要塞砲及各山砲台，逐一炸毀，以免轉資日軍所用，江中封鎖線，現由日軍用小汽艇掃除，但因遭對港八圩砲台轟擊，無法進行，日軍在九日之夜，渡江侵入對岸靖江，又與我軍發生激戰，據自本月十日晨由靖江逃出之江陰人某君，乘昨日由太古公司之蕪湖輪到滬談，靖江縣城的東南郊外，泰興方面，我已調集大軍，防堵日軍沿江西進，而封鎖線內我軍所沉巨船，一時恐亦不能全部掃除。

丹陽陣線向後移動將在鎮江拓展

日軍片桐，大野等部隊連日犯猛丹陽，二日晚十一時起我軍陣地已有移動，但鎮江句容方面我軍已有周密之布置，又溧陽與溧水間有小部日軍進擾，我軍迎頭出擊，砲火極爲猛烈，確聞迄昨夜止，溧水尙在我軍手中（按溧水在南京東南約百里）又昨日外傳金壇（丹陽南六十里）城郊有劇戰，詳情不明。

游擊隊在菱湖挺進

連日我游擊隊在菱湖（吳興東南）南潯鎭（吳興之東）及吳興等處極爲活躍，二日晨日軍開抵菱湖時，經我游擊隊猛烈襲擊，繼之我主力軍精忠部隊即猛力挺進，日軍退却；又三日皖境郎溪有激戰，尙未證實。日軍據吳興後，北犯宜興，西迫泗安，復及於二十九日以猛烈砲火及坦克車攻陷廣德，我游擊隊二日淸晨分頭在石門灣・菱湖吳及吳興活躍，菱湖經我游擊隊襲擊及我精銳部隊猛攻，日軍退却，我軍乘勝攻吳興，復以精兵猛攻鈕店橋，截斷日軍西進後路，激戰迄暮，日軍主力已後移。

日軍控制我太湖

自日軍控制我太湖後，即企圖自湖西宜興溧陽斷我左翼後路，我因右翼勢弱，故節節後退，日軍犯宜興，迫溧陽，我無錫之失，即受右翼影響，自上月二十八日日軍自宜興側擊常州奔牛之際，我守軍均曾予以重創，而主力亦在有計劃之掩護戰鬥中依次西移，常州縣城以李師一營之衆，孤守兩日，確保我左翼大軍退集指定地點，因而日軍對我包圍之企圖，終未得逞。丹陽方面並無激戰，不過因我有掩護主力退集鎮江及破壞丹鎮間公路與橋梁之必要，故以李師略與周旋，即於三日晨四時退出，刻我軍已到達指定之鎮江東南一帶地點，日內即可在鎮江展開血戰，至中路方面，日軍取得溧陽後，已遭我軍阻截。

準備決定南京的命運

中日雙方現均集結大軍，準備決定南京命運之大戰鬥，此間我國方面對本週內日軍所遭遇之挫折及廣德之收復頗表欣慰，並稱日軍在揚子江之進展，因中國兩師人之深入江陰附近，而大受牽制，而中國之國防線因生力軍之開到亦均形加强，日本方面現正努力破壞江陰水柵，以便日艦西上，聞水柵被擊受損，日軍現正淸除附近之水雷，日軍在南通附近之登陸，爲制止中國長江北岸大砲活動之企圖，蓋南通附近之大砲，正爲保護江陰水柵之用者。日軍進犯南京之企圖，已遭受我國軍隊之打擊，日軍在呂城已被遏住，而日軍由溧陽犯溧水之計劃亦陷於停頓，此種原因，固由於正面軍隊之抵抗，但同時我國軍隊進逼太湖南岸之長興，使日軍溧陽後路之交通線發生危險，亦爲使日軍不敢前進之原因，我國軍隊現正向長興方面進展，至廣德方面日來激戰至烈，雙方均損失綦重。

在鎮江句容之線

我軍在鎮江句容之線將展開壯烈的抗戰，連日精銳部隊已紛向此線集中，士氣極為振奮，日機一隊昨轟炸江陰封鎖線，但未能加以破壞，茲綜合東戰場各方面報告，扼要分述如次。日軍由丹陽西犯句容，昨晨企圖進攻白兔鎮（在句容之東）已被我軍截擊，我句容陣地甚鞏固，昨午日機轟炸鎮江及首都。由溧陽進犯首都之日軍，進至上興埠附近時，我軍奮勇抗戰，另一部隊乃由側面襲擊，日軍受重創，我傷亡亦衆，此路日軍進攻之目標在溧水，迄昨夕止，溧水仍在我軍手中。我泗安部隊三日與菱湖方面游擊隊聯合夾擊吳興，節節勝利，日軍已感受孤軍深入之苦，開將退出吳興。日軍由濮院趨石門灣後，我連日據探報，得悉該處日軍實力單薄，二日經我軍反攻，進抵石門灣時，日軍已退却，僅有便衣隊留駐，俟我前哨開到，即向後撤退。

敵陸奥艦被我空軍炸沉

我空軍一隊二日飛江陰要塞區轟炸日艦時，曾炸燬兩艦，旋飛滬轟炸，復炸燬黃浦江中兩艦。據確息江陰炸沉之敵艦，其中有一艘爲陸奥號，爲日本最大主力艦之一，其戰鬥力與長門號稱雙雄，皆爲三萬二千七百二十噸，陸奥爲日本歐戰時所造，華府會議時，美國雖主張將其拆毀，但經日人力爭，始得保全。一九三四年，重加改造，故至今已裝成爲最新式一等戰鬥艦，裝有十六吋徑口大砲十尊，鋼甲在兩舷及甲板上皆十四吋厚。目今造價，約須二萬萬日圓之譜。

展開活潑有力的反攻

我敵進退酷如拉鋸

關于前方戰事，我軍左翼堅守鎮江句容之綫，右翼在長興與吳興方面已展開活潑有力的反攻，情勢頗堪注意。江陰要塞砲台經我軍退出時自動破毁，日軍得之，毫無用途，三日上午日軍進佔該處，日艦中有十二艘略向上移，將近我北岸重砲射程以內時，停止前進，顯圖偵察我封鎖線所在地，下午飛來日機二十餘架，在其所認爲封鎖線所在地之江面上低飛猛炸，投下輕量炸彈百餘枚，歷半小時飛去，然日艦直至四日仍未越犯一步，足見我封鎖線仍安穩如故。左翼我軍主力集中鎮江之東南，在句容方面亦屯有大軍，雖天寒衣單，士氣仍旺。丹陽之日軍企圖攻我句容，五日晨九時句容縣城西方之土橋鎮突發現日軍二百餘人，顯係繞道句容以南而擾我後方陣地者，當經我軍包圍，在土橋鎮附近山坳中發生鏖戰，句容縣城截至五日下午四時，尙在我手軍中，惟此城甚小，不利防守，城北及城西一帶日內或將展開激烈戰鬥。廣德方面自上月三十日失守後，經我軍於一日克復，翌日復失，三日又收復，四日晨三度被日軍侵入，我陳副司令乃嚴令所屬部隊猛烈反攻，卒於五日晨經激戰後克復，廣德一週來我軍與日軍一進一出，酷似拉鋸，我軍已受相當損失，日軍死傷亦多。我精銳部隊向吳興猛攻，一路由鈕店橋進擊，控制日軍之聯絡，三日午刻收復長興，大軍進攻，歡呼載道，我軍乘勝南進，與我另一路大軍夾攻吳興，游擊隊則在城東襲擊，吳興已在我包圍中。

京郊佈防準備迎接大戰

沿京杭公路前進之日軍，已越過溧陽溧水，目下正向距京東南約二十二里之句容進逼，今晨南京已聞砲聲，同時又傳中國軍隊又在首都四郊佈防，準備大戰；江陰砲台與丹陽陷落消息，已徵實，我軍主力現集中於鎭江東南，另有兵一師在鎭江丹陽間作殿軍戰，自無錫常州失守後，江陰砲台完全陷於日軍包圍中，日軍藉重砲與坦克車之助，突破華軍防線，我軍於退出砲台前，曾將所有砲位悉數炸毀，開江陰砲台對岸揚子江北岸之砲位，仍在堅守中，對日軍艦衝破封鎖線之企圖，力能加以阻撓。據弗朗克福新聞報論中日衝突稱現已到一決定關頭，中國方面自前日起之反攻，實表示中國軍隊總司令蔣介石將軍是一聰明之戰略家。日本增援開到，或可攻下南京，但此殊非易事，一尺一寸之土，日軍必拚力爭之。此種事實已充分表現中國軍隊之並未紊亂；該報並稱中國軍隊之缺乏充足軍火實為不利之一端，但在他方面，中國有一絕大之戰爭產業，中國即有無限制之內地，是以長期作戰也。

繞至日軍背後夾擊

鎮江方面，我陣地無變化，封鎖線亦無恙，日軍昨雖猛烈進犯，並以飛機轟炸，但我軍正奮勇抵禦，戰事仍在鎮江東南，鎮江附近新豐鎮・宜唐橋一帶我搜索部隊百餘人，六日上午九時許與日軍遭遇，日兵四五百名，我以寡衆不敵，頗受壓迫，向後退二三公里，即與日軍拚戰，我以一當十，激戰至四五小時左右，死傷泰半，我士氣仍旺，準備與日軍拚至最後一人，至下午一時，另有我搜索部隊約一連自新豐鎮返防，聞有槍聲密集，乃繞至日軍背後夾擊，日軍旋即退却。

由句容進攻首都之日軍已遭遇我軍英勇之抵抗，我軍集中京郊者約三十萬人，日軍經句容以北迫下蜀鎮（京東南四十里），昨並進犯湯山（距京四十里）與我激戰一日，入夜已後退，蓋日軍至該處，原未預料我軍將堅決抵抗，故兵力不甚充足，據晚十一時報告，日軍已退五六公里，我即追蹤推進，現南京城中前昨已可聞清晰之砲聲。

日軍山田永野部隊六日渡至丹陽湖南岸，企圖威脅我蕪湖後方，並宣傳已至蕪湖東二十里地方，但我方兵力尙厚，足資周旋。又進犯封鎖線在五日晚已被突破，日艦企圖溯江而上。又進犯蕪湖之日軍在宣城遭我軍截擊，雙方傷亡均重。

保衛戰的開始

日軍逼近都門，南京保衛戰開始，句容已發現日軍，天王寺一帶激戰甚烈，我軍佔優勢，又我以宣城上接贛皖，下蔽金陵，決以全力死守，該方面將有惡戰，日本軍事觀察家預料南京將於五日內陷落，至遲在十二月十五日，今日下午此間大本營發表公報稱，南京四周之日軍陣線現逐漸縮短，星期日正午日軍已進至距南京之東南二哩半之處，又據日本報紙登載上海來電稱，日軍艦破江陰封鎖線掃除江面之水雷後，已溯江而上。

保衛戰之前夕形勢

京中大局尚在當局控制中

南京目下已處實事上戒嚴令下，各街道皆有小隊佩帶黃色臂章之士巡邏，下關江邊一帶，常有無目的之士兵成羣結隊，徘徊其間，幷時有扣留車輛船隻之企圖，如不加以約束，恐有發生紛擾之可能，迄今京中大局尚在當局控制之中，當局一再聲明，在退出之時並無燬損之意，惟華軍之將死守首都，已頗明顯，故一般外國觀察家之意，以爲戰事之結果，除城內有放火焚燒之可能外，更將引起絕大之損害，美人捐資建立之金陵女子大學房屋已從事準備，以便萬一發生危險時，供婦孺避難之用，同時據安全區域委員會宣布，目下該區內之食糧尚不充足，凡欲移入該區居住者，均須自帶食物，此外更鼓勵區內之各商店照常開門營業，聞我國當局已向安全區域委員會保證，將於三日內，將該區附近之一切軍事設備概予撤除，蓋不如此，則安全區域之計劃，決難實行也，據南京方面可恃消息，蔣委員長夫婦刻尙在南京，未有離京意。

關於南京安全區問題，據接洽此事之杭立武談：此所謂安全區，實係爲不能離京之一般平民安全計，惜日方未能同意，但留京之外僑之仍熱心進行，改稱難民區，預計可收容二十五萬人左右，本人三日離京時，關於該區域內之組織，已經籌備完成，此事承留守南京之唐司令長官及馬市長多方贊助，留京外僑至爲欽佩，日方亦間接聲明在其所謂可能範圍內，不侵及此難民區，惟究竟如何，尙待事實證明。

天色已黑猶在轟炸

今晨九時三刻後，有日機六架來襲南京，在飛機場以西之貧民叢居境內擲落炸彈八枚，考試院附近亦有炸彈墮落，共約死十二人，傷二十人，午後一時半，又有日本轟炸機至少九架，護以驅逐機五架，轟炸浦口，鐵路貨站附近有兩處起火，火勢頗熾。外八方面昨接南京電，大批日機六架整日轟炸南京東南十五公里之鄉鎮，前後七八次，每次均有二十餘架之多，晚間六七時，天色已黑，尚有三架不斷轟炸，共投彈約三百餘枚，鎮內民房殆成一片瓦礫，平民死傷不下二百人。

戰局至此已入緊要階段

邇來日軍戰事策略，對我首都採取逐步包圍計劃，首都形勢，自屬相當緊迫，但我方業已調集大軍，誓死拱衛，茲將各路戰況及首都目前形勢，作一系統之紀述，想亦為關心時局者所樂覩。

日軍自杭州灣登陸後，據松江，陷嘉興，復奪湖州，而分兵北趨宜興，西侵長興，丹陽溧水先後淪陷，致句容鎮江，驟告危迫，一路復由長興西進，佔泗安而趨廣德，圖窺蕪湖而拊首都之背。京滬線方面之戰局，既得蘇州之後　無錫江陰常州丹陽亦次第淪陷。有直撲鎮江之舉，戰局至此，已至一緊要階段。

幸我方早已調集大軍，分頭截堵，廣德長興，已相繼克復，圖窺蕪湖之策略，顯已遭遇堅强之阻力，蓋廣德方面之戰事，自上月三十晨一度失陷後，我方駐軍師長饒國華，竟致身殉，全師一千八百餘人，奮勇作殊死戰，壯烈犧牲，喪亡殆盡，旋我大隊援軍趕至，我軍規復廣德，旋即收復泗安，乘勝追擊，右翼戰事，遂轉危爲安，不意日方又調遣援軍挾其犀利之軍械，再度向我反攻，業經收復之泗安廣德，又被佔據，我後援部隊會合後移軍士，再度猛攻，復又重克廣德泗安，而吳興日軍，亦被我大隊包圍，獲此大捷，形勢確已轉好。

雙方主力戰之序幕

因長興之規復，吳興之被圍，使日方進迫句容之部隊，後路有被截斷之虞，現戰事正在句容鎮江間猛烈展開，按鎮江西鄰首都，北渡揚子江，即可直達淮陰徐海，夙爲軍事要衝，今爲首都唯一之屏藩，且南北二岸，均有堅固之砲台，左右策應，實扼長江之咽喉，形勢尤爲險要，中日雙方主力戰序幕，或將在此形勢衝要地帶揭開也。

砲位戰壕星棋羅布

南京爲我國之首都，惟現已不作政治中心地，在軍事上殆將淪爲未來之戰場，據可靠方面消息，首都八門，現已嚴閉四門，堆置沙袋等物，幷佈置鐵絲網，自下關沿岸以迄城垣之防禦，早經配備完竣，軍用電話線密佈，長可五十八公里。成一半月形，砲位戰壕，羅棋星佈，假使鎮江與廣德萬一不守，則首都方面仍可與日一拚，按南京之形勢，北枕長江，東倚鍾山，雨花台起伏於南，獅子山屏蔽於北，周圍可七十六里，四周環山，形勢天然，自古爲龍盤虎踞之地，亦稱兵家之要塞，且觀山香懸崖絕壁，燕子磯屹立江濱，形勢之險要，爲天然之要塹，益以獅子山北臨大江，南窺全城，在軍事上與鍾山互爲犄角之勢，是以日軍之進犯首都欲完成其企圖，短期內殊非易易也。

首都烈焰燃着了民族的火炬

烟燄籠罩全城

日海軍航空隊昨晨由根據地出發，渡過海洋，長驅飛南京，猛烈轟炸，未幾，陸軍飛行隊野中・隴・神崎・河村各部隊亦出現於南京空際，與海軍飛機聯絡，擲彈甚多，炸彈爆裂聲震動天地，烟焰籠罩全城，今日此間空襲警報，幾有八次之多，某次日機來此空襲時，記者曾目擊之，其時轟炸下關與浦口車站之日機共有十七架之多，一時擲下之彈在數十枚以上，死傷難民甚多，此時美船潘南號正停泊於浦口沿江一帶，因我國方面之高射砲對日機猛烈射擊，故美人在船上者皆戴起鋼盔，以防流彈，在日機轟炸時，沿江船隻早已躲避一空，二千餘難民事前紛集於車站之空地中，至日機投彈後，鐵軌四週屍身纍纍，慘不忍睹，有一苦力躺於其間，勉力舉起其無力之手臂，欲圖撲滅燒及其衣服之烈火，但終於失敗焚死，轟炸餘生之人，多呼號哭泣，進出於死屍堆中，尋找其父母子女親戚朋友，記者更見一手抱小孩之婦人，冀圖拖曳其已死於旁之丈夫，但毫無效果，此種慘狀，記者僅見其一斑，其餘蓋已無此勇氣以遍觀矣，

殺聲一起聲震山岳

南京昨遭日機猛烈轟炸，全城在烟燄罩籠中，同時我軍已在京郊一帶展開壯烈之保衛戰，而日軍進犯蕪湖，其勢亦猛，幸我生力部隊源源向京前線集中，英勇抵禦，予進攻中之日軍以重創，犯京之日軍昨攻麒麟門甚急，外人方面得京電，述一記者親自至火線觀戰據其報告云，記者得悉確報知自句容繞至九華山方面攻我麒麟門之日軍千餘人，在湯水鎮北五六里之孟棉被我軍從中切斷，另由麒麟門以東之我守軍部隊對日軍施行包圍，甚爲興奮，即於七日下午一時三十分，驅車至火線上觀戰，車出中山門即聞隆隆砲聲自東北方傳來，並有密集槍聲，雜於其間，愈益興奮，中山門外石瀝青之京杭國道兩旁，我忠勇之生力部隊均紛紛趕赴前方，車中遙望

陵園新邨之美麗樓房，烟火冲天，盡付一炬，初驚疑日兵已至，或奸人縱火，經詢沿途步哨，始悉爲我軍自動燃放，藉以「掃清射界」，過孝陵衞街，更見兩側房屋早已「燃燒」完了，僅在我防禦戰上最需要之斷壍殘垣，轟然聳立而已。車抵另一駐軍所在地，乃下車，蒙一士兵導入，訪晤其長官，藉知前方情況已趨好轉，因友軍部隊已自西北及正北兩方開到，正對湯山背後之日軍取夾岸之勢；蒙該長官卽派其參謀某君相伴，改乘摩托車，出麒麟門，彼時離城雖近，而砲聲反輕，蓋作戰場所已由近而遠，出麒麟門後，因路途不便，乃下車步行遙望棲霞山巔，不無懷舊之感，然以日已偏西，無暇領略，惟有疾步向左前方行去，一小時後，聞有格格聲自後而來，諦視之，乃我軍之戰車六輛沿公路而行，步兵隨之前進，記者再行約一時許，抵東流鎮，地極衝要，蓋左爲棲霞，右爲九華，山嶺縱橫，唯此一路可通，日軍蹤跡已達東流鎮東五里之復興橋，記者卽攀登九華東首第一峯但見斜陽殘照，暮靄沈沈，景色異常森嚴，對面七里外之福山一帶有日軍在焉，砲已漸停，但稀薄火藥氣仍可嗅出，山巔起伏之處，時有槍聲，記者引領而望，我士兵在交通壕內持槍彎身追馳，日兵縱跡雖難覩見，然其槍聲顯然愈趨愈遠，愈遠愈稀，新月初生，月光下見對面福山坡之槍火次第稀疏，轉山至後，見我軍更大振奮，殺聲大起，響震山岳。

開始有系統的破壞

首都在其悠久之歷史中，行第一次淪陷於外人之手，中國守軍已於今日起對於軍火庫・汽油棧・飛機庫及工場等，開始作有系統之破壞，所有損壞飛機，一時不能修理者，本日亦悉行毀去，惟完好之飛機則均於今晨離京　飛往內地之根據地，據尚未證實之消息云華軍或將於退出之前，將政府壯麗建築及人民住屋所在之城市，付諸一炬，我國軍事當局，爲免除日軍利用作掩蔽起見，擬將南京各軍事要點之房屋悉行焚燬，現有三處已大起火矣。同時我軍當局已取嚴峻方法，制止搶掠，蕪湖又遭日機襲擊數次，太古貨棧被炸彈擊中，但尙未有人死傷報告，日軍現漸迫近京郊城中居民現皆避入安全區，國際委員會已請日方勿在安全區作戰，該委員會令日函致日當局，謂中國當局業已撤退安全區內之軍事機關與軍隊，故委員會刻正辦理該區劃界事宜，希望日方勿轟炸該區云，函內對日當局所稱日軍不欲攻擊不駐兵及不設軍事機關之地方一節，表示欣慰，並聲稱區內有外僑十五人至二十人，準備擔任區內行政事宜云。

抵抗日本至最後一滴血

日本海陸空軍今晨聯合向南京與蕪湖施行總攻擊，此爲昨晚日軍佔領紫金山之進展，南京衞戍司令唐生智昨諭令晚間各城門一律關閉，事前曾勸旅京外僑全體撤退，故除少數外籍新聞記者外，各外僑已於昨日午後一時離京，蔣委員長今晨乘飛機離京，目的地未悉，衆信其已抵南昌。首都之大戰現已迫在眉睫，據此間消息，日軍已達揚子江秣陵關附近之某點，對南京成半包圍形勢，中國軍隊已在南京城郊者有三十萬人，其中有二十萬人爲地方軍隊，一切工事已佈置就緒，各種軍實均顯示政府盡力保衞首都之決心，中國方面頗佔地利，因首都衆山環拱，日軍必先破壞諸山防務，始能進佔首都也，『抵抗日本至最後一滴血』，爲京郊十四師人之口令，至於城中生活雖緊張程度日益增加，但人民認大戰之來，遲早終不可免，故亦安之若素，毫不張皇。

東戰場上的五路軍

枕畫 輯

東戰場上的五路軍

目次

南翔劉家行之戰

譚繼績

我到南翔的那晚，是十月廿一日下午八時，月色微明，尚可辨別一切景物，車站附近的民房都成瓦礫，街市無完整的房屋，冷落一片焦土，異常慘淡！

前綫離開南翔十餘里，我團奉命到北張村之新涇橋第二防綫警戒，事前我跟隨營長及連長去偵察地形，到目的地已有現成簡單的工事，馬上分配兩綫，兩連步槍連各配機槍一排爲第一綫。一連步槍連附機槍一排爲第二綫。同時督促各連飭各士兵改築堅固的工事，怎奈各士兵因走了好幾天夜路，都疲困了，兼之廣西戰友們素抱「不怕死」自誇，所以各士兵都懶於工作，敷衍的做了些僞裝。

那時快要天亮了，就轉令各連掩藏於壕溝裡，以蔽敵機偵察。

到廿二日上午八時，發現一個士人打扮，徘徊在我們附近的陣地前面石橋，手持白旗招搖，似表示暗號模樣，在當時適有敵機十餘架旋轉在當空飛翔，所以暫不出去究問，霎時間，敵機的炸彈光顧了，眞不可開交，陣地附近共擲下數十個夷燒彈，同時敵炮亦隨之向我們作連續的射擊。但幸我們勇敢的戰友們，個個沉着應戰，不敢輕於亂動，僥倖未蒙若何損害。

敵機去後，我們有兩位戰友，跑到橋邊去搜索，發現該土人在橋底藏着，兩位戰友抓他到戰壕裡究詰他，他直認不諱是漢奸，他說：「我是閘北人，因父母妻子被日本人拿去作抵押了，迫我們去查華軍的軍情，或發暗號來指示華軍陣地，每天只得三毫錢養活，若是不做，或反奸，全家老小概被殺戮，」講完淚如雨下，眞是可憐亦可恨，結果我們只好把他槍斃了。

午前十一時，前綫已出擊了，追敵到劉家行附近，忽然右翼有某軍少數部份向後潰退，我團第一營奉命向右翼增援，才把敵人擊退，那時約有五點鐘了，各營連送飯的也到了，我在壕溝裡用飯，都覺口胃大開，食一個飽，是役第一營營長陣亡，營附負傷，連排長士兵都傷亡不少呢！到晚上九時，我因又奉命向劉家行附近之殘敵搜勦，以期殲滅敵人，各營連受命後，分頭向目的地追勦，我奉營長命令隨八九兩連向劉家行前面沈家橋搜勦，徒涉兩條小河才到敵人陣地前，天剛才亮，敵人的機關槍，步槍，不斷向我射擊，因為我們的戰友太勇敢了，前進一帶的棉花地，都躺着我們的尸首，赤血橫流，真傷亡不少呢！我當時痛定思痛，奮不顧身，仍繼續前進突擊敵陣地，敵勢不支，被我們壓迫至蘊藻濱的河邊。可惜我們的後頭部隊被敵機轟炸，敵炮的射擊，不能前進增援，那時候第九連連長黃伯章失踪，第八連連長黃敏負傷，連附士兵犧牲壯烈，但仍勇敢抗戰。我亦掛號負傷，俾敵人聞風喪胆，不敢反攻，不然的話，我的殘軀也就在那塊棉花地甜睡了，這可見我們的戰友衝鋒陷陣的勇敢，但成仁亦可觀啊！

到下午五時，後頭部隊，仍然不見增援，我的傷處及肚裡痛飢難忍，迫得循河向西南方走回來，各連走得的官兵，都逐步走回來了，我回來時，經過川軍陣地，前面有河，陣地裡面的戰友詢問我的來歷，我將我的部屬及來歷對他說了，他又見我是白老——即廣東話，才渡我過河，又供我的飯食，又替我緊紮傷口，很客氣的引導我出大路。

那時候入夜了，附近的鄉村，都彷彿射出燈光來，我向着南翔方向的村落走過去，走進一間民房裡面，三四個老婦在廚房用飯，她見着我很恭維的招呼食飯，我因為食飽了，只有感謝她罷！她很殷勤的招呼我洗脚，打點床鋪給我睡。因為附近都是戰區，民衆好像驚弓之鳥似的，都很害怕的兢兢問我「東洋鬼來到沒有？」我答她「東洋鬼給我打跑了，」她很喜歡帶着恭敬的對我說，「好了，我們安心收獲了，老總，太辛苦了，你的傷痛不？」我說，「不要緊，辛苦是我們本份的」，她喜笑顏開點頭，唉!?當時我心裡又感激又慚愧呢！

第二天（廿四日）翌晨，她送我到外面路口來，以手向南指着說，「南翔方向在那裡」。我謝謝她了，馬上向南翔方向前進走里多路找着南翔馬路了，即沿着馬路走，到了南翔尋不着收容傷兵所，迫得又走三十餘里，到黃渡才見軍部傷兵所，黃昏後才有車來，載着我們來蘇州三新旅社聽候，蒙總部李副官殷勤招呼，替我們到白副座報告安頓我們，白副座給他一張卡片，上面親筆寫幾個字，就馬上送我們到東吳大學留醫了，可見白老總在前綫指揮的百忙中，仍關心照顧我們受傷弟兄。

我雖與敵血戰兩晝夜，時間很短，經驗却還算不少，敵人陸軍簡直不堪一擊，其所恃者飛機大炮而已！希望受訓的同志們，要想殲滅敵人，要怎樣才能夠接近敵人。依我的經驗，須注意下列數點：

(1)強行軍，迅速地達到接近敵人之地，不論在何時地都能充分予我以時間上之餘裕。

（2）戰鬥教練，尤宜嫺熟區分前進的動作。
（3）射擊技能，以收到命中之效果。
（4）國技要有精良的武技，才能與敵人作肉搏戰。
（5）注意夜間之聯絡。
（6）各種工事之實施要嫺熟敏捷。

我們做到上述的幾點，到作戰時就有把握了，此次各級長官及士兵，受犧牲的原因，就是缺乏以上數點的訓練。希望來參加抗日作戰的戰友們，要特別加以注意與努力！

同志們！我的傷也漸漸好了。這是日本鬼賜給我的傷痛，每逢創口痛時，就增加我對侵略我們的敵人痛恨心。我恨不得馬上要再去報仇。

七軍一七一師五三一旅一〇二六團三營傳令兵譚繼續。二六、十一、十一

晚、十一時後於蘇州東吳大學醫院

——全面戰週刊第二期——

忠勇愛國的將士

——赴衡慰勞本省受傷官兵的觀感——

李猶龍

本處的同志們：

我等一行於七日由桂起程後，是晚抵全州住宿，該地傷兵不多，八日晨繼續前進，大約是上午十時光景，便出了省門，沿途蒙永州縣長請吃早飯，祁陽縣長遠道相迎，一路浩浩蕩蕩地不知不覺間便到達了衡陽。此地連山帶水，氣勢甚爲雄壯，實不愧爲三湘的重鎮！

九、十、十一、十二等日均往各醫院視察慰問傷病官長，（計共有後方醫院三所，均爲專收容本路軍傷病官兵者）各人看見是鄉親到來，雖然是軀體上還有着相當的疼痛，但都無不展開了誠摯的可欽可敬的笑容！最憾事的是我們沒有帶着什麽慰勞的物品，到反勞他們爭買香煙水菓來招待！

他們劈頭的問話都是：本省現在徵兵的情況是怎麽樣呢？本省軍校的訓練是怎麽樣呢？本省民團幹部學校的訓練是怎麽樣呢？貫通本省由龍州經南寧柳州桂林到黃沙河的鐵路路基動工了沒有呢？……這一類的話。當然，我們除了儘量的詳細告訴他們現在後方對於徵兵徵工以及幹部的訓練民衆的組織是如何的加緊嚴密而外；內心裡實在覺得有些難過，有些慚愧，實在感覺到這班忠勇的將士們對於後方的關切，對於國家民族的愛護，是值得我們每個後方的同志們的欽敬、興奮，而對於自己的責任，是不容再有絲毫疏忽的了！

他們都是由東戰場方面回來，沿途是飽受了風餐露宿的苦痛，有的是手或足受了傷，有的是胸或腹受了傷，但他們都認爲很光榮，認爲受傷是算不了什麽一回事！有一位一七三師的參謀羅四維，他因右手受傷未愈，便用左手在一塊白布上寫出：「好男兒誓復國仇」一七個擘窠大字，像帳幕般地釘在他牀位的壁上；再有一位一七四師一〇四〇團的團附倪仲濤，他也因爲右手受了傷，便每日用左手學習字，學持重力；還有一位衝過敵軍陣地十數次，手刃敵寇數十人，而身上傷痕累累的蔡甲寅，他是一七〇師的一名列兵，現在已將近恢復健痊，他對我說及砍殺敵寇的情形時，手舞足蹈，口沫橫飛，恨不得馬上又到前線去！再有一位黃光山，他也是一七()師的列兵，我們的陳主任（恩元）見他很面善，便詳加盤詰，他始說出在過桂林區民團幹訓班畢業，（我們的陳主任就是從前桂林區的民團指揮官，所以認識。）畢業後回轉百壽縣去當鄉長兼小學校長，因爲奉令徵兵自己要以身作則起見，遂告奮勇應徵出來做一名列兵。

後來陳主任問他：你的創傷好後願不願仍回去當鄉長？他說：回到後方去沒有什麽意思，還是再到前綫去的好！總之，他們大都是抱定有敵無我的決心，都是認爲爲國家民族犧牲實是無上的光榮。

雖然，據他們此次的作戰經驗，大家都認爲日寇的陸軍作戰能力實是非常脆弱，尤其是碰到本路軍的衝鋒時，無不望風披靡；不過，也認爲敵人的空軍與炮兵的連絡頗爲敏活，重火器的射擊亦頗準確；而我軍却無空軍助戰，陣地的工事亦過於簡單，致白晝間不便活動；至於當地民衆的沒有組織訓練，每爲漢奸乘機搗亂，也是我們此次對敵抗戰不可掩飾的缺點。現在是「亡羊補牢，猶未爲晚」，我們新到的大批新式空軍本週來已經開始在前綫各地翺翔，只要我們對於民衆的組織訓練能夠加緊，能夠活用；全面的，持久的抗戰到底，則最後的勝利是必定屬於我們的。

我們在衡地大約還有二三日的逗留，一俟把十月份的餉關發清楚之後，便繼續向長沙前進！

十二月十三日於衡州

——全面戰週刊第二期——

從槍聲說到第五路軍

盧顯能

全面戰的展開，我們勝利的把握，不光在前方的戰士，而在全國廣大的民衆。這就是說，抗戰的勝利條件，是建築在軍民一致以至軍民合作的基礎上，這粗淺的認識，該是很普遍的了。

然而，全面戰展開以來，這個基礎還沒有打穩。軍民間的摩擦，在前方在後方，都時有所聞。

在十月中旬以前，我在東戰場的無錫一帶，觀察由後方開上或前方回來的戰士，他們對於民衆的態度怎樣？民衆對於戰士的態度又怎樣？

十月十三日，那一天晚上，我在無錫城作夜的巡視，還是九點鐘時份，在南門附近，忽然聽到幾响的步槍聲。突如其來的槍聲，起初以爲是漢奸放信號槍；但，仔細一聽，並沒有敵機聲音。向槍聲發出的那條小街走去，兩個憲兵，扭住了一個步槍已被繳去的某軍部伍，原來這位武裝同志，他向一間糟坊幹了不名譽的勾當。這幾响槍聲，給我很深的印象。十四日的早晨，在錫澄公路上，又聽到一响槍聲，又是一位武裝同志，他從無錫到江陰去，叫一個挑重担的農民卸了担子，跟他挑行李去，這位農民懇切地說：「兄弟，對不起，我的東西半路不好安處，叫別的人幫忙吧！」—「去，你不去槍斃你！」—農民再由說幾句話，忽然砰的响了一聲，武裝同志開了槍；雖然是示威槍，可是那位農民已被嚇倒了。

我於十月十五日夜告別無錫那天晚上，也曾聽到一些槍聲，恐怕又是駐軍和傷兵的不法動作。離開無錫三四天，傳聞那裡某省的部隊，因騷擾百姓，而被戒嚴司令部繳械。

我們戰士這些不名譽的事，本來不應張揚；但，在抗戰的過程中，我們不能忽略自我批判；因此我們不害怕有缺點，只怕不能把缺點發覺，更怕發覺了缺點而沒有方法和勇氣去矯正。

由這幾响的槍聲，我更體認到軍紀的重要。軍紀不良，不但得不到民衆的協助，甚且引起民衆種種有害的反感，這在東戰場是時有所見聞的。這是抗戰勝利條件中的一大毒素。

但，由這幾响槍聲，想到第五路軍，却給我感到無限的安慰！鉄的隊伍有鉄的紀律，因而有光榮的軍譽，這是第五路軍偉大的一方面。

一位報館方面的朋友，告訴我這麽一段話：「第五路軍眞好，他們經過無錫鄉下，一點騷擾也沒有。那邊的抗敵工作團，宰了一隻猪慰勞他們。一位連長，他無論如何也不肯領受，他說，我們還沒有趕走倭奴，怎敢接受老百姓的慰勞！送慰勞品的代表，費了不少口舌，這宗慰勞品還交代不清。後來，鄉下的民衆，都爭來勸慰，這位連長才把這猪領受了一半邊。」

十八日到溧陽，這幾天，吳興長興一帶吃緊，第五路軍的大軍，正沿京杭國道，經溧陽開向前方。溧陽的一位朋友，也報告我關於第五路軍的軍譽。據說：「某次某省軍隊過境，抓去一些民伕，民衆感到不安。這次，聽得又有大軍過境，人們就聞風逃避。可是，當人們從口音、短褲、和草鞋、黑布鞋這些特徵，說出是廣西兵之後，大衆就釋然無所介懷了。城內的民衆，還紛紛懸掛黨國旗，表示歡迎。」在汽車站附近，我看到兩個標語：「願廣西健兒繼續北伐的精神殺絕倭奴」！「溧陽民衆歡迎第五路軍」！

在粵漢鐵路的車廂中，遇到一位從前線歸來的第五路軍戰士，談話中又透漏出第五路軍的逸話。他說：「由南京到蕪湖的時候，口袋只剩幾枚銅元，蕪湖的一位做小生意的老闆，知道我是廣西兵，招待了一宿兩餐，還告訴我怎樣乘輪至漢口。白白受老百姓優待，眞的太慚愧！在蕪湖上了輪船，這是英國船，辦房一點也不通融，軍人也一律要買票，哀求再三也沒有辦法。後來，另一位辦房，問我是那一路軍的部隊，拿符號給他看，不料符號救了急，這位辦房說，原來是第五路軍兄弟，好，馬馬虎虎吧！這樣就沒花錢坐船到了漢口」。

衡陽是第五路軍出省的孔道。衡陽的汽車站、火車站以及街道，張貼五光十色的標語，都是歡迎第五路軍過境的。「願第五路軍健兒抱定倭奴不滅誓不歸的決心」！「願第五路軍給倭寇迎頭痛擊」！「衡陽民衆誓作第五路軍後盾」！這些標語，觸目皆是。向當地民衆探詢他們對第五路軍的態度，一般的答案都是「廣西兵好」！一個客棧的老闆這樣說：「廣西兵有規矩，傷兵也講道理。他們要茶水，兄弟都站着不動，只由當官的來要，要了茶水還給錢」。

這都是第五路軍軍紀軍譽的拾零，述而不作，筆調質樸，一點也不加渲染的。

要使軍民打成一片，軍隊要得到民衆擁戴協助，鐵的軍紀是絕對需要的。在這時候，還要襲軍閥時代的老套，拿槍桿來恐嚇民衆，動不動就說「槍斃你」，這樣的軍隊是不能存在的。寄語第五路軍健兒，今後更把鐵的紀律保持，且把它發揚光大！

——全面戰週刊第三期——

東戰場的一角

如川

——五路軍一位連長的日記——

四日

倭奴的飛機，實在有點可惡，天天在我們戰壕的上空盤旋，軋軋機聲，似乎煞有介事；不過我們看慣了，聽慣了，所以也覺得很平凡了，後來我們簡直把它看作空中的烏鴉。有些弟兄們，有時氣得不過，往往有舉槍向飛機射擊，其實這是很無意識的舉動，這不但不能給敵機以致命傷，反而成爲敵機轟炸的目標；經我幾次嚴厲的告誡之後，以後這樣的舉動就逐漸減少了，其實也祇是減少而已　這種舉動，間或仍是不免　因爲是同仇敵愾心情的表露，我知道一切的命令，都不能制止他們如火的情緒。

五日

右面村落的村民，捉了一個漢奸送來，說他投毒下井，企圖毒害村民和在作戰中的戰士。經我公開的審問之後，那漢奸直認不諱。漢奸，這是一個很嚴重的問題，我們幾次受了敵人的暗算，這都是漢奸作祟的結果；若果沒有漢奸的話，我相信敵人絕不能越我雷池一步，這件事情越想越憤慨，像這樣嚴重的問題，後方的同胞爲什麼不趕緊設法消除呢？其實剷除漢奸和根絕漢奸產生的因緣，并不是很難的事情，祇要把民衆嚴加組織起來，漢奸就無所施其技了。大家都知道漢奸的產生，是由於自私，漢奸的蔓延是由於民衆組織散漫，廣西這幾年來，因爲對民衆組織，很加注意，漢奸也就無由出現了，這不是一個很好的證明嗎？

七日

今晨天剛破曉，紅霞尙在東方的天空中不停的變幻，就隱約聽到遠處傳來軋軋的機聲了。我下令叫全連的弟兄伏在壕中勿動，尤其不得伸出頭來瞭望，經過了一瞬那嘈雜聲之後，各處的散壕，都靜寂無聲了，這時所能聽到的祇是更大的軋軋的機聲。一會兒，在東方的空中發現敵機九架，在雜有一抹雲霞的天空中若隱若現，構成一幅『初冬之晨』的美景。敵機漸漸的飛近了，祇看見一架先飛，其餘的在後追隨着，在左面的一叢樹林上空盤旋着，突然前面那架向左方一轉，其餘的就接二連三的向下衝，於是就聽到炸彈在空中號號的叫，落到了地上，便轟隆一聲，火光四閃，泥土飛揚，這個偉大的奇觀，我生平來却是第一次看到。這一次我毫無損失，祇可憐那作了數天親隣的樹林，在一刻間，已炸燬得狼藉不堪了。

十日

中午正在打電話到營部的時候，背後覺癢非常，我把背向墻上拚命摩擦，但結果一點效果都沒有，後來還覺得有東西得在那裡蠕動，這時候，眞是再忍住也不能了。我索性跑到草坪上對着太陽坐下，把那件舊軍服脫了下來，詳細的査察了一會，竟在衣縫裡發現了不少的虱子，我把它一個個的捉下來放在指甲上出力的擦，在這「劈劈」之聲和鮮血橫飛的情況之下，倒覺得有點兒痛快！我用快刀斬亂麻的手段來報復了這次的奇癢！生虱子這件事，在平常人也許是看做一件非常不名譽的事情，但從軍人看來却不把它放在眼裡。在軍事時期，一個軍人就絕對沒有工夫去預防虱子的產生，也絕對沒有時間去根絕虱子的存在，這件被人們看着不名譽的事情，我們也不得不馬馬虎虎的放過了。我這次自從桂林出發以來，屈指已有兩個月，這個期間不但沒有福份去洗澡一次，就連大盆水都沒有看見過，虱子就抓住你這個弱點乘機生長繁殖了。

十一日

黎明的時候，敵機一架突在我們陣地上空出現，盤旋不去，這顯然是指示大砲轟擊的目標，果然，當我們尙未完全準備妥當，敵人的炮擊就開始了。敵炮兵發炮極不準確，所有砲彈都落在陣地的右側附近，一片埋着祖宗遺骨的墳地，瞬刻間變了一個個窩窿的大地窪了。我眞不明白敵軍閥爲什麼要白費這多麼的砲彈，去和我們祖宗來爲難，可憐日本老百姓的血汗，便化在中國泥土之下。砲擊之後，纔有坦克車八輛爬地而來，車後跟着一小隊的步兵。這時候，我們仍然不動，趕快插上刺刀，握緊手榴彈，等到敵人衝近了，祇聽見「殺」聲一喊，全連弟兄都跳出壕來，「隆隆」的手榴彈聲，「格格」的刺刀聲，衝殺一場，祇見坦克車向後退，倭兵向下倒，這一次衝殺的結果，毀敵坦克車三輛，斃敵兵二十三名，俘虜二名，我方傷十七名，陣亡二名。

十二日

晚上八時，前線的槍聲停止了，但敵機仍在天空飛行，有時還投下幾個照明彈，照得滿地都光了起來。我們偷偷地在這樣情形之下，很匆促的舉行了一次簡單的追悼會，對昨天陣亡的兩個弟兄表示最哀痛的敬禮！我們沒有隆重的儀式，祇排着隊低下頭默哀了三分鐘，最後還呼了幾句口號，表示堅決的捍衛國家，誓爲陣亡的勇士復仇！

十五日

這幾天來，敵人受了數度慘敗，昨天整天都沒有什麼動靜，大概是在整理。在戰略上，是應該在敵人慘敗之後，來一次劇烈的反攻。我們因爲武器不及敵人，所以反攻多利用夜間或雨霧的時候，敵人在這個時候必定吃我們很大的虧。清早起來，霧是茫茫的籠罩着，雨是紛紛的下着，清晨的寒風，吹起來倒有點兒發抖。我們全連的弟兄都是生長在南方的，「寒」是一件最可怕的事情，我們現在還着單衣，除了和敵人決鬪之外，還要和寒風決鬪！我們怕寒，我們怕風，可是愛國的熱情燃燒我們的心，保國的重任，負在我們的肩頭，使我們振作起來，戰勝了一切物質上所給我們的痛苦，晨風颯颯的時候，衝鋒號從霧雨中響了起來，一片「殺」一聲，我們冒着雨霧、子彈、砲彈衝上去—沒有一個回顧，沒有一個落伍，全連弟兄這時候結成一顆心，給敵人一個很大的打擊，我們終把敵人的陣地佔領了。

十六日

當我到前線視察陣地的時候，在一個墳下發現一個受了重傷的敵兵，口裏喃喃不絕，聲音是微弱的，斷續的，聽不出是說些什麼，但間或還能聽到一二句比較清楚的話，口音完全是東北人。我喊担架兵把他扛到野戰醫院療抬去了。這件事使我很傷心，我感覺得這是我們最大危機和耻辱！敵人「以華制華」的政策實現了，他現在以我們的同胞來殘殺我們的同胞，敵人的子彈打過來，死的是中國人，我們的子彈打過去，死的也是中國人，古今中外那裏有這樣悲痛切骨的歷史？唉！我們不運用自己的民衆，倒給敵人利用，若果再不趕快把民衆嚴密組織起來，不久的將來，華北的民衆，又要受敵人驅逐來殘殺我們了。

二十日

幾天來劇烈的接戰，受傷的弟兄很不少。担架兵有時因砲火劇烈不能盡量的活動，往往都是附近的民衆自動起來負担這項工作，民衆對於我們士兵的愛護與參戰的勇敢，使我們更堅信抗戰前途的勝利！正午敵砲轟擊之後，有不少的弟兄受傷了，我們因為向前衝鋒，受了傷的弟兄都是由民衆扛到家裏安放，代爲裹傷，百姓愛戰士，如愛自己的兒女，怎樣不令人感激流涕呢？我希望各地的民衆都能夠負起這個責任，對於抗戰的前途，是受益不淺的。

二十五日

有一顆炸彈在我身邊爆炸，雖然沒有負傷，但耳膜震裂了，現在已經腫了起來，痛苦得很。但是，我們的責任太重大了，不得不忍痛硬幹，連附和弟兄們都勸我稍爲休息，但這是不能的，國土破裂的悲哀，勝過一切的痛苦！我應該支持起來，完成我的責任，敵人一天不退出我們的國土，我是一天都不能休息的。「休息」「休息」，這是多麼罪過，多麼恥辱的事情，在一個盡忠職務，守土衛民的人的腦中，是不應該存有「休息」的念頭啊！

——全面戰週刊第三期——

江行隨筆

李雪坦

（一）

我們是十二月六日夜間離開蕪湖的，坐上帆船，沿長江上游走，準備到達九江登陸。誰也料不到在交通很便利的這條長江上航行，還給我們坐着十九世紀的帆布木船，順風每天可走六七十華里，逆風每天最多只能走三十華里，還要七八個人背起縴繩沿江拉着走。在船頭看着岸邊的景物，半天半天的向我們後頭退，使人萬分焦急，這七八百里路的航行，那天才走的了呢！

船身並不大，除了在前艙的五路軍官兵二十餘人外，還坐上三十幾個由戰區逃出來的難民，他們都很小心的在船艙裏擠着，久不久用疑懼的眼光偷看這些官兵兩眼，後來據他們（她們）告訴我，說是害怕這些兵大哥會給他們以難堪。這一羣難民裏，有的從無錫來，有些從嘉興來，有些從……男的、女的、老的、少的、……都時常在談論各色各樣的事物。他們似乎什麼都談，又似乎都不談。每談到末尾，總找不出結論，而報以長長的一聲嘆息，我想世界上的人，再沒有更比他們(她們)痛苦的了。被逐離溫暖的美好的家鄉，向着人地兩生的異地跑，但是他們將跑到什麼地方呢？什麼地方又是他們的歸宿地呢？他們拋棄了自己的財產事業將永遠這樣無底止的飄流罷!?何處是他們的家鄉啊！他們的房屋、土地、……被禽獸霸佔了。他們要歸宿，他們要回老家，只有把禽獸驅逐出去，不然他們飄流到那裏都不安然的。

氣候是晴和的，天空佈滿了白色的薄雲，襯托出蔚藍色的天底，微微北風吹送着白雲輕輕的浮動，江水濺起細小的浪花，打在船梢，那聲音是異常孱弱，幾乎聽不見。江空是恬靜靜的，每個人的心田，都被這恬靜的景物引誘得異常安定下來。船後艙一堆一堆的難民，都爬上了艙板，又在開始他們的談論了，我在他們的旁邊坐着看書，並不注意他們的談話。

「他們這些軍隊真好哟」！不知是誰個的聲音，很尖銳的衝進了我的耳官，擾亂了我看書的興頭。趕快追問他們：

「誰個的軍隊？」

「哦！我是說這些軍隊太好啦，但不知是那省的軍隊，你知道嗎」？一個中年男子說。

「聽說是五路軍的部隊，經過李白將軍多年訓練的」，一位老者突然插話，而趕快地答。

「你們未免過獎五路軍了，其實…………」我說。

「那裏，你先生是親眼看見的，這兩天來他們待我們多好！」他很快地截斷我的話說。

「個個像五路軍這樣，那中國眞好透了」，另一個中年男子大家都叫他張大哥的說，我笑笑問他，

「張大哥故鄉是嘉興吧」？

「是！是！你先生怎知道？」張大哥答：

「有經驗的人那樣不曉得？」老者很得意的望着我替我回答。

「不是那麼說，我是猜做的試猜就着了」。

「試猜就着了」他像小孩似的學着我的話引得大家都笑起來。過後我問他家裏有多少人做什麼生理的時候，他臉上的笑容突然斂了，嘆了長長的氣說：

「說到我的家，那是你先生都說好的。」

「哦…………」

「我是開洋雜舖的，懂嗎？」我點點頭。

「每一個月至少也有一萬銀錢的出入，我有個年老的母親，還有一個內人，跟四個大不滿十歲的孩子，我們一家融融洽洽度日，倒也快活，可是日本鬼子」，他握拳頭，停了一停又說：

「他媽的，日本鬼，眞殘暴了！我家的財產不論貴値萬金，賤値一文的東西，都在飛機蛋下完了」！他越說語氣越急，呼吸急促得幾乎轉不過氣來，咬緊牙關，注視着江岸上成羣結隊的難民們。

「而且我的老母和兩個小孩兒，也被炸得七零八落找不到屍體」。「這樣」，我急得喊起來。「那不是」？他的口沫四濺，飛到我的臉上。

「現在連飯都沒有吃，一家七人，現僅有三人無故無親跑到什麼地方去呢」？他懊喪的把聲音拉長繼續說。

「只要把日本鬼趕走，你們才能安然」，我帶着安慰他的態度對他說。

「可不是，全靠全國的軍隊努力啊！」他似乎平靜了點說。

「這是不對的」我駁他，並且對他說明這次抗戰是全國民衆的天職，同時也絕不是只靠你們出些錢來養成的少數軍隊可以打勝仗的，必須要全國總動員起來，有錢的出錢，有力的出力，取一致的步調，拚命向日敵搏鬪，才能爭取最後的勝利。他聽完了我的話，答應幾個「是」字，隨即沉默下來。他呆呆的看着江岸上一羣羣的難民們的那狼狽前進的樣子，突然把眼睛睜得大大的，握緊拳頭，呼吸頓時急促，面色鮮紅，週身劇烈抖動，好像那一羣羣的難民，就是摧毀他家庭幸福的敵人，逼着他脫離家鄉而過着飄流生活的禽獸，似乎等待着最後的搏鬪，把敵人打個盡絕。

一片烏雲遮住了太陽，天空昏暗起來，一個烏鴉由頭頂飛過，「老鴉老鴉」的兩聲呼叫，而向南面飛去，那叫聲是那末淒涼孤獨。

——全面戰週刊第四期——

東戰場上的五路軍

枕畫輯

版權所有　翻印必究

每册實價國幣六分
（外埠酌加郵費）

發行者　民團刊週社
社長　馮璜
副社長　林中奇
總幹事　錢實甫
編輯主任　亢眞化
發行主任　梁上燕
總經售　民團週刊社

社址廣西南寧西鄉塘廣西民團幹部學校
中華民國廿七年四月廿九日初版二千册
出版總字第三十號

上海大戰

中國普及教育助成會主編

上海成城出版社發行

我們的宗旨

一、本社適應目前需要，提高大衆文化水準，並隨時代進展進至高級學理之研討

二、本社本「取之於社會，用之於社會」之旨，並在於「以營業養事業發展事業」

為讀者服務

代辦科

為了便利各地的讀者，圖書館文化團體選購圖書，只要規定了圖書的性質，種類等，通知代辦科，代辦科就代為計劃，擬好一個書目，先徵得顧主的同意，簽字或蓋章後，交郵購科辦理，如全權委託代辦科，亦可。

郵購科

委託本社代購圖書，請詳細開列購書人及收件人姓名地址，書籍名稱，著作人姓名，價格，部數及出版處，或雜誌名稱，全年或半年，份數，起訖期數，出版處等，並附足書款，寄交本社郵購科。

目錄

上海大戰

蘇民 編

一 槍聲響了

中華民國二十六年八月十三日上午九時一刻，駐在上海的日本海軍陸戰隊，突然向我閘北的保安隊士開放第一槍！接着就向我保安隊的警戒線衝過來。這時候，我守土有責的保安隊士，就不客氣的加以還槍了！忠勇壯烈的起來，殲滅侵略我領土主權的敵人了。

這第一槍的槍聲，驚動了上海市三百多萬的市民，更破壞了上海市的和平，也促起了三百多萬上海市民，以及全國人民抗敵救亡的情緒與决心。

敵人發動上海戰事的藉口是什麼呢？

八月九日下午五時三十分時，有一輛怪汽車直衝進上海市西邊的虹橋飛機場去，守衛飛機場的警士，招呼這輛奇怪的汽車停下來，不要衝進飛機場去；但是這輛汽車裏坐着的兩個人，非但不服制止，還拔出手槍來，向着我守衛飛機場的警士亂放。駐在虹橋飛機場附近的保安隊士聽到槍聲，出來探望，那兩個怪客人、更連續不斷的開槍，把我機場掩護隊士兵時景哲打死了！這時候，我保安隊士不得不加以還擊了，結果，兩個奇怪客人也就被打死了。走近一看，原來，是想破壞我飛機場的日本駐滬海軍陸戰隊，第一中隊長大山勇夫和一等水兵齋藤要藏兩人。

這件事發生後，卽由我上海市長俞鴻鈞向日本駐滬領事交涉，雙方同意以外交方式解決這件事。可是用外交方式解決的過程中，日本

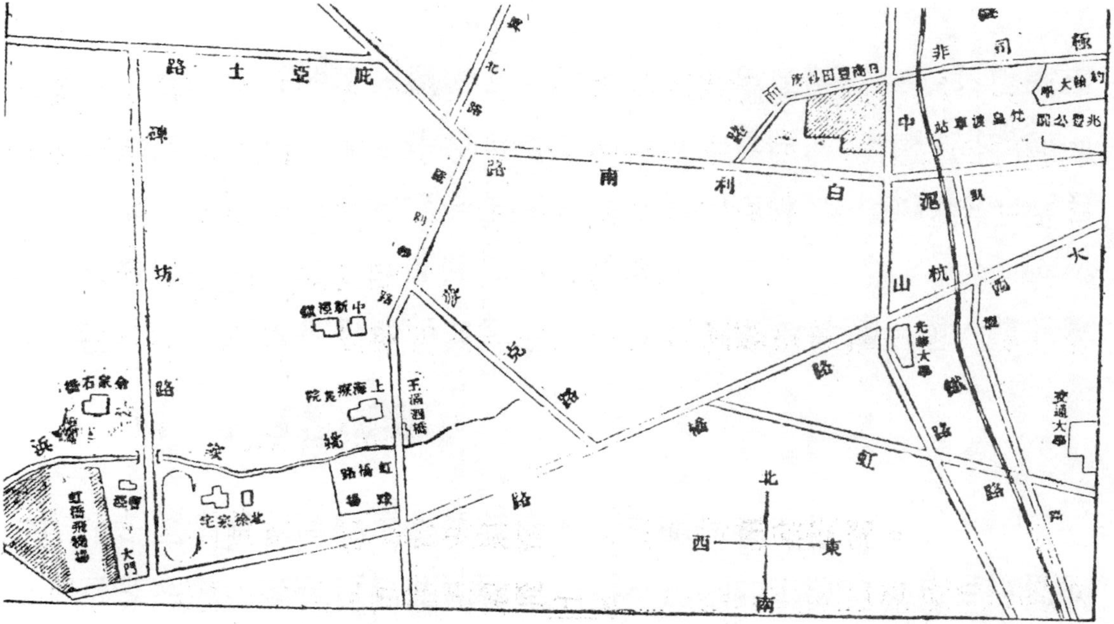

庇亞士路
碑坊路
白利南路
日商豐田紗廠
約翰大學
兆豐公園
梵皇渡車站
中新涇鎮
上海療養院
俞家石橋
北徐家宅
虹橋飛機場
大門
虹橋路
球場
光華大學
交通大學
北
南
東
西

即從國內陸續的派遣海軍陸戰隊到上海了！並且把漢口等處的陸戰隊也都集中到上海來，想威脅我保衛上海的治安的保安隊。

二　上海的重要

日本的軍閥爲什麼要注目到上海？爲什麼要來破壞上海？爲什麼要想搶奪我上海？我們要弄明白這個道理。

上海是世界上第五位的大都市，居民有三百多萬，各國在上海的僑民也將近十萬名，全世界各色人種差不多全有了。這個東亞最偉大的城市，成了日本帝國主義，向我國施行經濟侵略和軍事侵略的根據地。

各國的貨物要運到中國來發賣，大多先裝到上海，再由上海的洋行裏批給各城市的大店家，更由各城市的大店家賣給各鎮各鄉各村的小店鋪裏。再由各鎮各鄉各村的小店鋪裏，把各種東西賣給老百姓，這是從貨物進口方面說。再從貨物出口方面說，也是非常重要，我國運到外國去的原料品和礦產等，先由鄉下的老百姓賣給各鎮各鄉村的小店鋪，再由小店鋪賣給各城市的大店家，然後裝到上海來賣給洋行裏，轉賣到外國去。所以，上海好像中國在經濟方面的一條咽喉，這條咽喉，不僅對於中國經濟上有其重要性，就是對於世界各國的經濟方面也有其重要性的。日本軍閥想一舉而侵奪我上海以後，好像扼住了中國經濟上的咽喉，可以由他擺佈了。

以上是從經濟方面說明上海的重要性；以下要從政治和軍事方面說明上海的重要性了：

從上海到我國的首都——南京，有一條京滬鐵路，這條鐵路共長三百十一公里，飛快車只要四點鐘又四十八分就可以到達，平快車也只要七八點鐘即到。從上海到杭州，有一條滬杭甬鐵路，這條鐵路長一百九十六公里，特別快車約四點二十四分也可以到達。日本帝國主義倘然能控制了上海，侵奪得上海的領土後，西向就可進窺我政治中心的南京；南向便可以由杭州而攻我皖南江西等地。所以，我們保衛經濟中心的上海，同時也就是保衛政治中心的南京，和保衛浙江皖南江西等內地。我們要把敵軍驅逐出上海，也就是使敵人失去對我侵略的根據地。

日本軍閥看清楚了上海的重要性，所以無時無刻不處心積慮的來謀奪我上海。同時，我們更要認清，日本軍閥自蘆溝橋開始侵略戰，得到平津以後，正在驅策一般殘暴的士兵，向我平綏線平漢線，津浦線進攻，大轟大殺，爲要減低全世界人士對於華北情勢的注目，以及牽制我後方援兵北上起見，於是上海的槍聲響起來了。而軍事的重要性仍在華北，而有南口居庸關之戰，張家口之戰，企圖侵奪整個華北。我們要加強華北的抵抗力量，我們仍然要很快消滅上海的敵人。

三　戰事的開展

日本軍閥對於上海的戰事是出於有計劃的行動，八月十三日上午九時一刻響了槍聲之後，下午就聽到停在黃浦江裏敵人兵船上發的砲聲，敵人兵船排在黃浦江裏有二十多隻，一致的開砲向我閘北方面攻擊，在砲火中，偉大的建築被燬了，精美的器物被損了；我們幾年，幾十年辛苦所經營積貯的一絲一縷，一物一器，全給日本的野心軍閥所摧殘和燬壞了；我們幾世，幾十世所居住生息的地方，被敵人的鐵蹄所蹂躪了；我們要怒吼，我們要和敵人清算，我們要予打擊者以打擊了！在敵人的砲火聲震動後，我們的炮手，也就準對着敵人兵船和敵方的司令部加以還擊了。

八月十四日的清晨，飛機軋軋的聲音，驚醒了全上海市民的夢境，高射炮和機關槍聲更是連綿不斷，原來已發動了空中戰爭了。漆着「青天白日」標幟的中國飛機，已和敵機在空中厮打了，而且時時飛向敵方的陣地和敵人的兵船投彈。十六日晚上九時，日本駐滬第三艦隊主力艦「出雲」號，被我飛將軍炸壞了！連日敵人的飛機，飛到南京蚌埠武漢南昌鎮江蘇州江陰真如南翔大場杭州廣德等處拋擲炸彈，搗亂後方，一共被我飛機勇士及高射炮打落了六十多架，駕駛員死傷一百五十餘人！上海三百多萬市民以及全國人士，都在仰首望空，興奮異常，都贊佩着空中的戰士。

敵人作戰的計劃，先是側重在閘北方面，想佔領閘北重要地點，做爲作戰的根據地，這路的作戰是由北四川路底的日本海軍陸戰隊司令部指揮的。戰事發動後，敵軍節節敗退，日軍司令部被我軍包圍攻下了，接着日本小學第二司令部又被我軍攻下了，日海軍俱樂部海軍操場更被我軍佔領了。敵軍見勢不佳只能聯絡軍艦，把戰事的重心移到楊樹浦一帶，以攻擊我市中心區等處，指揮這路作戰的是在公大紗廠的敵軍司令部，也被我軍攻下了。

敵軍聯絡了海陸空軍向我進攻，我忠勇的將士，沈着應戰，乘勝

上海大戰　一〇

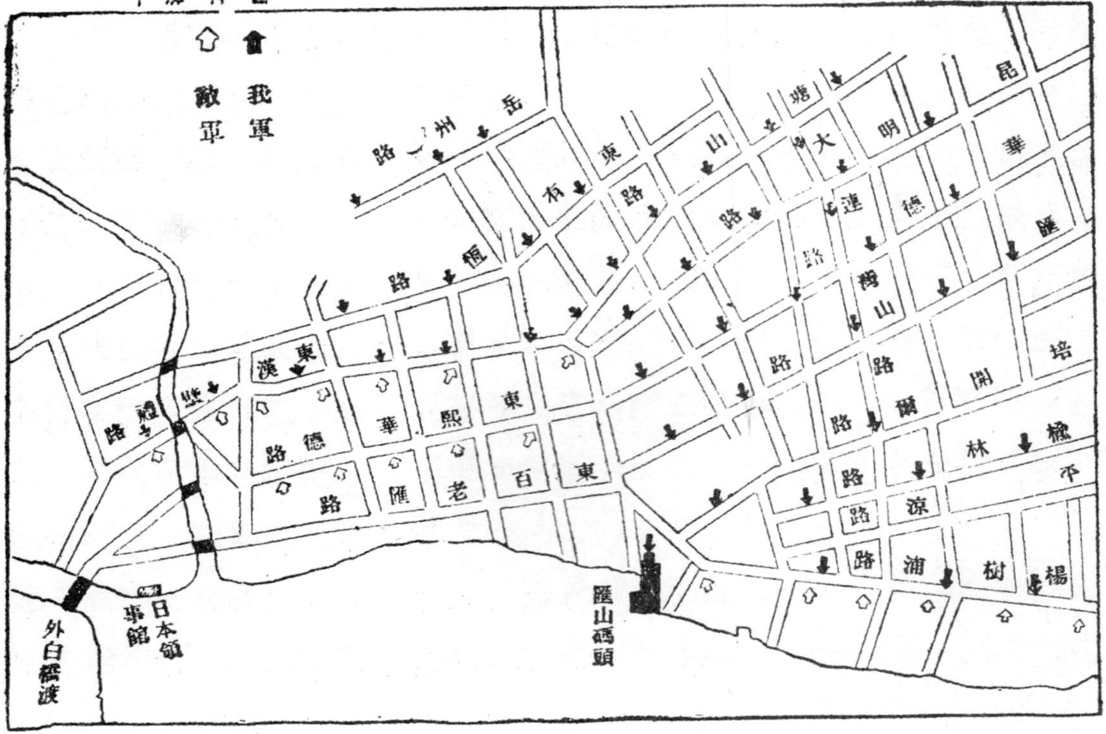

追擊，敵人的援兵雖然一次一次的開到了，但是我忠勇的戰士們，仍然奮鬥抵抗，逼得敵軍只能後退求援了。使敵軍的戰區一天一天的縮小了。我軍自攻克中路要隘敵軍海軍操場後，先把敵人迫入租界區，將敵人的陣地切成曲尺形，將他的左右兩翼切斷；使敵軍的防地，東西狹長為八千公尺，南北最寬處，為北四川路，約二千五百公尺，東區方面，約二千公尺，最狹處則不足一千尺了（參看上圖）！我軍隨時奮勇加緊壓迫，殲滅之期當不遠了。

敵軍在閘北楊樹浦一帶失敗後，依舊循了「一二八」的舊路線，想從吳淞瀏河太倉常熟等港口上岸，抄我後方作戰，在這許多地方，我軍已有嚴密的防禦和重兵的配備，敵人屢攻屢敗，是很難得手的，吳淞寶山羅店，雖時有敵軍登陸，而我軍英勇抵抗，則屢戰屢勝。

敵軍除掉器械比我軍精良外，作戰技術沒有我軍高强，作戰的勇氣沒有我軍壯烈，所以，我們的戰士，一定會從敵人的手裏奪下他的器械，再予他以打擊的。

四　保衛上海

保衛上海，是誰的責任？
責任在我們——
軍警人民聯合起來，
負起保衛上海的責任。
棉田裏開滿了黃花，
稻穗也已長成，

菜園的肥美鮮菜，
辛苦經營的結果，
却被敵人無故的毀損！
大烟囪裏冒不出烟來，
機聲停止了，工廠全關了門
敵人使我們失了業，

我們將何以爲生!?

無論是大店小舖，
不管是夥伴和主人，
敵人來攻打我們了，
到處轟亂了人羣!
怎能安安穩穩的經營!?

學校是敵人炮火的目標，
毀滅我們中華民族的文化，
讀書求知已不可能。

敵人更在殘殺智識份子；
不管你是教師，還是學生。

要恢復我們的田舍，
要重開我們的門校，
要讓我們做工和經商，
要讓我們一心一意去務農，
我們就得發動英勇的抗爭。

前線將士盡了衞士的天職，
我們要担在後方各種責任：

有力的出力，有錢的出錢，
有智識的出智識，
有技巧的出技巧，
不論你是農夫，工人，
店夥和學生。

四十多年的積痛，
到了清算的時候，
東亞睡獅已在怒吼與狂奔：
要保衛中國經濟的命脈，
必要保衛上海，

與上海共生存！
要保衛政治中心的南京，
必要保衛上海，
上海是南京的第一道大門！
要發動全面的抗戰，
必保衛上海作持久的抗爭。
我們要爭取生路和活門，
戰、戰、戰、一直抗戰到底，
最後的勝利必屬我們！

中國普及教育助成會主編

大衆救亡的書

上海大戰

每册實價二分

編者 蘇民

發行 成城出版社 上海青島路七十七號

出版年月 民國二十六年九月

大衆救亡的書編輯趣旨

一　本書編輯目的：　在供給大衆救亡讀本及兒童教育補充材料。

二　本書取材：　1當前的時事；2與當前時事有關之知識；3國防常識；4有意義的紀念日。

三　本書體裁：　多選用詩歌，故事，對話等形式，文字力求深入顯出，幷儘插入生動的圖畫。

四　本書定價：　本書每月出版五册至十册，定價務求低廉，使牠容易普及。

五　本書希望：　本書以喚起大衆救亡為主要目的，所以希望每一個熱心救亡，努力民族解放的同胞，都是我們的宣傳員，推銷員，和忠實讀者！敬請隨時指教，幸甚。

第一輯目錄

需要，題目或

敵兵陣中日記

夏衍・田漢譯

民國二十七年三月初版

廣州離騷出版社

目錄

東戰場敵兵手記

夏衍

以下譯出的，是東戰場敵軍「上海派遣軍松尾部隊村上隊兵士」松永宇八的日記和書信。松永是九州熊本縣人，一個兼營製造業的批發商人，這從一張夾在日記本中的名片就可以知道。

1

製造品物

實用新案特許
第一七四〇〇五號
京都福知山煉炭所
安全燃燒器裝置
屑繭整理用捌台

松橋
燒問屋
各
種

松永宇八

熊本縣松橋町御領區四三一

2

他於八月二十九日從故鄉出發，九月十日抵上海，參加羅店方面作戰，日記自出發這一天起，至十月十五日（戰死的那一天吧）止，中間偶有空白，計四十五日；日記俘獲地點，在丹石橋蘇家村，俘獲這日記的，是我軍第十八軍×××師部隊。

日記大部分是用鉛筆寫的，經過汗水泥濘污漬，有幾處已經不可辨認，除大意可以推想者外，均留空白，以存眞實。

譯者，我軍退出南市之日。

八月二十九日　預期着的日子終於到了。上午十時出發。那種歡送的情形，倒有點像中學時代歡送壘球選手。陰天，車箱裏面悶得可以，大家用一種好奇的眼睛望着我。

下午一時至熊本。（一行字跡不明）

三十日　身體檢查，十四貫五百。訓話。

三十一日　武器檢查。頒發「支那出征兵心得」（須知）。

九月一日　六時集合，至御比山演習，散兵教練。該死的皮鞋緊得要命，天又熱，脚後跟發腫了，幸喜下午下了雨。晚上，寫了兩封信。

二日　六時三十分到渡鹿練兵場演習。

渡邊（良）說，「上海方面苦戰」，那麼，我們也許是要派遣到上海了。上海的風物，是在畫片上看到過的，賭博鴉片和犯罪的都市嗎？

3

四日　演習又是演習，訓話又是訓話，反而把「出征」的緊張消失了。

4

路太壞了，脚上起了泡，我抱怨的時候，內下說：中國的路還要壞呢。那麼算是一種預行的演習吧。

六日　大風。奇妙地想起了家。

街上喊號外，說華北打了勝仗。

七日　集合。想不到會這樣突然。半夜間出發，誰也不知道。

寫信給家裏，和竹內。

八日　上午三時到佐世保海兵團，五時登特務艦「攝津」，出發了！三架飛機在頭上盤旋，送行和担任警戒。

天明的時候又下了一陣雨。船上燈火管制，完全黑暗，水聲和汽笛聲混在一起。

船走得很快，有風浪，大約是前天大風的餘波吧，有不少傢伙暈了。

九日　祇見天和海。好好地躺着養一養元氣。

沒事的時候，就會有人講「猥談」，加上我們的目的地，又是上海！

5

十日　到了。初次聽到了實戰的砲聲。皇國海軍，艨艟（原文假名）百里，威壓了揚子江。飛機遠遠地像蜻蜓似的飛過來，有一點緊張，是友軍的，大家摸出手巾來揮手。

十一時上陸，不知道地名。（支那的地名有點難讀）。氣也透不過來，立刻行軍，午後一時抵錫家宅。第一線就在前面約三里的地方。

戰事相當的劇烈，據說這一方面的是支那中央軍的精銳。善通寺師團的一聯隊在這方面吃了虧。路上大彈穴很多，一顆大樹大約是在根部中了彈，連根地被拔起了。這威力很可觀。

下午三時，敵機三架來襲。××（原文）砲聲頻頻。

至寶山縣川沙鎮，又走了半點鐘，開掘散兵壕。

聽說飲水很缺乏，在戰場上，水筒是寶貝了。

十一日　昨天所到的地點是王家宅。

6

小屋都燒了，到了支那，不見一個支那人，這倒是奇事。十二時，由王家宅出發，向邱家宅進軍，露營，任十一師團司令部警備隊勤務。前線無異狀。

十二日（空白）

十三日　與大分聯隊交替，任周家村（假名）第一線警備。戰況猛烈，槍砲聲不斷，敵人特有的迫擊砲彈執拗地飛來。入夜，我海軍巨砲怒吼。在散兵壕中過夜。

十四日　下雨。任步哨。看見了敵兵的屍體，有幾個還是十六七歲的小孩子呢。裝備很完全，也不帶雨傘。日間祇有疏落的槍聲，到了晚上，敵人便猛烈地攻擊。這一晚有近百發的砲彈落在步哨線內，十一師團司令部構內落砲五枚，死傷八名。拂曉戰。敵人獰猛地發着喊聲襲來，反復四次，始將其擊退。我方損傷不少，水廹（人名）中了廹擊砲彈，鼻子以下到胸部，炸得不成模樣，有點淒慘。聽說有幾個未逃出的士民被工兵隊槍斃了，其中有一個三歲的孩子。

十五日　雨。後晴。

前幾天有點模模糊糊，現在才眞的眞感到處身最前線了，今天本隊死了四個，三個負傷。一點鐘之前還在講笑話，取笑別人的老婆，可是此刻已經像一個泥冬瓜一樣，像什麼貨物一般的被搬走了，說起來，不能不有點悲慘。但是，戰場上，是不該流眼淚的。

十六日　雨。

日間休息，夜間開掘戰壕，敵人在晚上開始逆襲，已經差不多變成日常功課了，十二時半，一顆迫擊砲彈在離開我十尺地方炸裂，有點茫然。

得到了慰問袋，三個人合得一個，香烟，加拉美爾糖，變了爭奪的中心，還有小學生們寫的信，寫「皇軍萬歲」，怪可愛的傢伙們！

7

今天台灣駐屯部隊上陸。

8

十七日 曇後雨。

晚上，將好容易掘成的塹壕丟了，黑夜在泥濘中走，也不知道方向。黃浦江方面××砲打得像烟火花筒一樣，倒是壯觀，敵機扭執地來襲，在砲聲中大家埋着頭走，踏着軟軟的東西，躭心是敵人或者什麼死東西的尸體，不敢仔細去看。

敵機終于飛到自己頭上來，很響，但是不投彈一忽兒就向西飛去了。

十八日 日間很沈靜，把這幾天來太虐待了的身體休息了一下。有人講故事，說加納部隊的吉川部隊，前幾天爲着向××方面增援分渡過一道小河，但是在豪雨和飛蝗一般的敵彈裏面，無論如何渡不過，吉川大尉爲了激勵士氣，親自站在前面，半個身體浸在河裏，指揮部隊渡河，吉川部隊長是以豪快出名的，爲着表示鎮定，嘴裏還含着一支香煙，那知正在這時候一粒彈飛來不偏不正的從他嘴裏穿過。

滑稽呢還是悲慘？戰場上的故事太多了。記下這一個吧。

晚上敵機大舉來襲，楊樹浦方面爆炸和××砲聲不絕，合着敵機的襲擊，敵步兵也照例的反擊過來。但是友軍的砲將它鎮壓了。（十餘字不明）說（？）

今日是滿州事變紀念日，所以敵機特別多，十一時半，兩架很低地飛在我們頭上飛過，低得好像故意欺負我們這一小隊沒有××砲，放了幾排機關槍，上等兵木村犧牲了。

十九日　一早有人來說，昨天在楊樹浦打下了一架敵機，美國製的大型戰鬥機，飛機師死了。

下午一時，向石樓橋（片假名）出發，（師團司令部暫駐石樓橋）

今朝的激戰中，死八人，重傷二人。

9

二十日　晴。

可戀的陽光啊！

本日無勤務。寫信。想起了……。

聽說明天下總攻擊令。

午後，前進中看見了累累的支那兵的屍體，這幾天來獰猛地向我們襲擊的敵兵，竟是些學生軍(？)，這話眞不知從何說起了，有的在溝裡，已經爛了……老百姓的屍體也不少。

二十一日 雨。入夜晴。

田裡的稻都熟了，沒有人割。綻了的棉花，一點點的散在泥濘裡。

從上午起，我軍飛機大舉爆擊，共在五十架以上。敵我炮擊猛烈。浦東方面有激戰。

二十二日 晴。

午前，班內外掃除，下午六時下士哨，衛兵(六分隊派七名)砲聲頻頻。

二十三日　小雨。

鎮日下士哨。

頒發防疫須知，戰線來了一個更大的敵人，那就是虎列拉，赤痢。××部隊一大隊被隔離了，原因是河水不清潔，身體要緊，身體要緊。

二十四日　屢屢小雨。休息。

二十五日　晴。

上午掘塹壕，下午休息。

軍郵（軍事郵便）來的時候，總是失望，兩個小傢伙們不知怎樣了？唔還有阿種

二十六日　陰。

從積水窪裏望了一望自己的影子，覺得好笑起來，這是我嗎？這是我嗎？在一張影片裏看過的囚徒，到有點相像。實在，這也算不得希奇，不是大家都變了猴子了嗎？

12

前進二哩。

12X十4　十八，十三，……………（意義不明）

二十七日　晴。

一切道路，橋梁，都被退走的中國兵破壞了，破壞得很徹底，小屋都燒掉了，聽說「江南」是好地方，可是，我們見到的不是落漠得可怕嗎？

從上午九時至下午五時修築道路。小田和戰車隊的一些傢伙們吵鬧起來，想不到他有這樣大的火氣。戰車隊的這些，也太擺架子了。

二十八日　曇天。

虎列拉(?)，中隊裏兩個病倒了。有點發慌。

依舊是修道路，——在敵彈集中射擊的裏面。死傷五名。

晚上緊緊地抱着阿種送的千人針。

滿鼻的石炭酸臭味。

十二九日　曇天。小雨。

昨天從民家捕獲了一個支那的便衣隊，像個小商人，被猴子般的牽着，大家好奇地看，可是今天有人說，那傢伙拒絕回答，自己咬下舌頭自殺了。也是好漢啊！

下士哨。

三十日　曇天。

又是四個倒下了

十月一日　晴。

好容易晴了，但是雲走得很快，太陽一霎一霎地使人不舒服。九州這時候是一年裏面天氣最好的節季吧。

往羅店。第一砲兵陣地。

分隊六名戰死。

13

14

友軍尸體的山丘！救護們戴了口罩，像搬貨物似搬上汽車去。
沉默的凱旋，沉默的凱旋！

下午出外徵發，三個人一隊，什麼也沒有，民家的可吃東西，早巳沒有了，捉迷藏似的三個漢子圍捉一只雞，引得大家笑了；池子裏有失掉了主人的家鴨，我們就狩獵了一番，所得的是一雞二鴨，野兎一匹。……和一些被雨水浸發了芽的玉蜀黍。

二日 晴。

分隊長說，上月二十九日，華北的皇軍佔領了保定。保定是宋哲元的根據地，值得慶賀。

敵機又來了。

下午師團司令部服役。

三日 曇天。

15

終夜的空陸激戰，戰爭快要到決勝點了，這是我們經歷的最激烈的戰鬥，支那兵是廣東兵，有相當的火器，要前進幾公尺，也很困難，地形又不方便：拂曉，意外的遭了友軍飛機的襲擊，兩架，不知爲着什麼，突然的在自己陣地上投彈和掃射起來。死了許多人，大家有點呆然，誰也不講話，大概是看錯了目標吧。

這一帶是敵人最重要的防線，有了長時期的準備。防禦工事很堅固，下午二時，我們前面的部隊前進了，肉彈加肉彈，衝鋒加衝鋒，但是敵人還是死不後退。下午五時，集結在一個半燒了的小村落裏，戰車隊也趕到了，××部隊長訓話：「友軍××部隊，已經快攻下大場鎮了，我們非一舉佔領丹石橋不可，好好的幹，這是上海戰事的最後一戰了！」戰車隊先出動，步兵跟着，大家在暮色中揮了揮手。敵人知道我們前進，迫擊炮彈激雨一般的飛過來！還是衝不過去！一片喊殺的聲響，覺得悲壯，但

16

是，老實說，這已經不像活在世上了。

四日 小雨。

犧牲者續出。重傷者續續望後方輸送。

修理工事。

五日 雨。

左翼安達部隊有進展，佔陶家宅。

六日 陰雨。

衝過了兩條塹壕。雨，雨，實在像我和天氣打仗了，衣服濕透了，皮鞋裏面不知有了多少泥，吃的東西又沒有。

殘兵掃蕩。掩埋了四十幾個敵兵尸體。

佔領丹石橋。

在陶家宅，（羅店南方三公里，安達部隊佔領）有婦女屍體二百餘，——在羅店西的楊家村，捕獲了兩個類似女學生的密探。

這又變成了猥談的材料了。

七日　雨。

八日　雨。

輸送困難。打的子彈和吃的糧食，多減少了，爲什麼有這樣多的雨啊！

歐機討厭。

十日　雨。

和重藤部隊會合，打仗，這簡直不是人做的事。

在泥濘中走，在泥濘中住，……

和同伴隔開了倒有點胆寒。

十一日　小雨。

九日晚上的「握飯」「飯糰」之外，什麼也不曾吃過，戰鬥激烈的時候，不覺得

17

，休息的時候就難受了。昨晚上的事……這也不會忘記的，從屍臭撲鼻的敵兵屍體身上，搜出了一包炒米，已經發黃色了，……可是，這也度過了一晚的飢餓。想到虎列拉，有點戰慄。

三時至楊家村。接到了硬麵包的支給。

休息，五時出發，六時五十分至周家村。

十二日　陰晴

從周家村出發，十時乘小船到丁家宅。這些小船都是敵人遺棄的，大約爲着防我們的突襲，所以上面都有了僞裝；在楊樹下穿過，假使不是打仗，這興趣一定很不錯吧。——可是，現在是地獄之前的一步呢！

明天要和大分聯隊在第一線交替，第一線與敵相距一百五十米。

十三日　雨。

傍晚收到了種子的信，啊啊！寫封回信吧。

向第一線前進，第三中隊死了許多人，負重傷的也不少。

十四日（空白）

十五日　由丹石橋出發，經中隊本部而至蘇家村前線。最近處離敵八祗五十米。順風的時候，敵兵嘰嘰咕咕的談話聲都可以聽見。

友軍的飛機來助戰，想起了上次的事，大家不敢抬起頭來。飛得很低，簡直是在頭上畫圈子，一架飛下去，火光，一刻之後敵陣裏傳來一下大的轟聲。

夜半敵兵射擊猛烈，企圖奪回丹石橋。

十六日

（日記至此爲止）

19

附信二封

（一）十月三日熊本市安巳橋町一八竹內種子寄。

20

拜啓，很快地又是深秋了。

前幾天在你很忙的時候還寫信給我，謝謝你。眞値得懷念啊！離開之後。我想你一定很壯健地在努力軍務吧，我們這邊也都平安，請你安心。過熊本的時候，什麼也不能招呼你，到現在還覺得抱歉。想起了你在戰塲上爲國効力，不分晝夜地工作，眞使我們坐在家裏的人惶愧。這幾天，內地在早晚也感到些寒意了，聽說上海很冷，是嗎？看了報上的照片，上海下雨下得很利害，那一定是很困苦吧。這裏自你走了巳後，也老是下雨，這雨，又使我們想起你了。

但願戰爭早日完結，能夠看到你康健而愉快地回來。我天天的在這兒禱告。萬事都辦得很妥貼的你，在戰塲上也一定處理得有頭有緒的。天氣漸漸冷了，保重身體。祝你武運長久。

種子

(二)熊本縣宇土郡

21

不知火尋常高等小學校對田次枝（八歲）寄，（慰問狀）

在支的皇軍勇士！

今天先生對我們說，你們爲着國家，在和可惡的支那兵作戰，所以我們寫信給你，請你們快快將支那兵打平，凱旋囘來。

身體當心，謝謝你們。

對田次枝（八歲）

九月二十日

22

敵兵陣中日記

田漢

適與夏衍兄整理由前線得來的敵人的日記和信扎，六逸兄為國民週刊徵稿，因譯敵兵陣中日記一種以應。作者屬上海派遣軍重藤部隊佐藤支隊新川隊。俘獲日期為十月十八日，作者文章簡勁，且有短歌數首，似為智識份子，但在兩軍相接之時，仍不能不向神明作可憐的祈禱，可知敵軍精神武裝何等脆弱！我們當充分把握敵人這一弱點而充分發揮吾人之強點。在他二十一日參加馮宅攻擊時，作者是這樣寫着：

「攻擊馮宅，三中隊幾乎有全滅之憂！想來雖說是「支那」也有不可蔑視的戰鬥力！」

這該是對於我們英勇的士兵同胞一點沒有虛假的讚詞。某些失敗主義者因爲最近我軍陣線的後退，不去理解其癥結之所在迅速改善之，反而懷疑我軍的作戰能力，主張向敵人妥協投降，其肉眞不足食！

此次我們所得敵兵的文件甚多，擬加以細密的整理，以供我抗戰士兵及民衆參攷。有的書扎寫的那麼纏綿悱惻，剛要寄出而其人已飲我彈火，成了異國之魂，有的日記上批明「我如戰死希望戰友們給我寄回故鄉，」我們雖不是他的戰友但也樂意替他執傳遞之勞，等到我們獲得決定的勝利足以使敵人「反省」的時候。

十月三十一日

23

十日

正午入營，經各種檢查之後，入隊。

速成的老總們。這兒那兒充滿愉快的聲音。

24

十一日

午前五時半起牀

十二日

午前開始軍裝檢查及其他。

午後四時二十八分一路向征途出發，在驅逐艦「初雪」上有盛大的送別。

十三日

在艦上有點兒暈船。看見外國船。

十四日

到着。在揚子江上。

於距上海三里（十八華里）之地點。

什麼也沒有，什麼也看不見。

好像來演習似的。

帝國軍艦之多大大地使人氣壯。

十點鐘了還沒有登岸。肚子有點餓，友機三架飛向陸地。

遠遠看見火焰。

登岸，十一時四十五分。脚有點痛。

看見支那人的屍體。

斬得整整齊齊的。

明天我也可以砍幾個了。

午後二時起開始行動。

先到貴腰灣十一師團支隊本部。傷了點風，頭痛甚劇。頗感飲水的不便。

幕營。

25

十五日

整天在豫備隊（支隊本部附）過着。夜間任步哨，傷風難過得很。

26

水很不夠。想早點到前線去。

（十六至十九日缺，大約因爲激戰中無暇執筆吧——譯者）

二十日

昨晚又是一整晚。

在激戰中天明，在激戰中天黑。

「支那」大國的平野。

今夜月明如晝。

十六日

倘未採取行動。

脾肉××××××（原文不明）

最初的入浴，爽快之至！

十八日

昨晚起派充砲兵警衛兵，一夜未睡。

與熊雄兄面會。精神甚好，惟顯露相當的疲勞。

白天的戰鬥友軍也有不小的損失。

二十日

進攻姚宅。

從昨晚起繼續戰鬥。

我軍也有相當損害。

二十一日

進攻馮宅三中隊幾乎有全滅之虞。我想雖說是支那也有着不可輕視的戰鬥力！

二十二日

本日起休養。

僅僅三天的戰爭，却已完全喪失戰鬥力了。晚九時半支那軍有夜襲，殆同兒戲。

27

二十三日

從昨天起的休養精神恢復了許多。下痢頗苦。

入夜大隊改作本部援隊，後退六〇〇米達。但子彈依舊飛來。

夜抵××，配備整晚，槍砲聲音砰砰不斷。

二十四日

昨晚起的槍聲，至今晨未斷。

戰壕清晨的某一時從塹壕中聽到小鳥的歌聲。

今天整天受着廹擊炮的洗禮。打得非常可怕。友軍的砲兵全然不振，眞是失望之至！

好久沒有吃到點心，今日纔領到——孔倍特，巴斯克——整天練習掘戰壕。

二十五日

晨起向前方偵察道路。頗爲疲乏。

29

但毫無所得。

二十六日

休養。前方五六百米達之處正戰鬥着。

迫擊炮似乎沈默了。

在塹壕裡悠然地唱歌，安慰這不曉得明天的今天的生命。想寫信回故鄉也沒有寫，十四時起又開向前駐地丹石橋，和第七中隊換班。

廿七日

丹石橋守備。昨晚沒有什麼激烈槍聲，放哨時，受着蚊軍攻擊，眞有不支之勢，這兒吃不消的白天蒼蠅，晚上是蚊子。

前方千五百米突之處似築有相當堅固的陣地。現在就得去偵察。

阿彌陀佛！

敬求神明，讓「皇軍」的威稜永遠光耀於世界吧。偵察至前方約三百米達之處，看見了敵影，高粱酒香味濃郁。瓶如山積。

到前線來第一次用步槍射擊。不知可曾被我打死一人？

四圍敵屍累累，臭氣難聞。

二十八日

午後六時起進前方三百米達之地。專掘戰壕。敵人也相當頑強地抵抗着。

二十九日

掘掩護壕。第三聯隊方面不斷地戰鬥着。

中隊又有弟兄一名胸部負傷。

以突角狀態前進的我們中隊可以說是我軍的第一線了吧。

三十日

今日連迫擊砲的射擊也不曾受到。祇有時飛來步槍子彈而已。

正掘壕時險些中彈死，而祗差五英寸。

31

十月一日

西岸院光譽淨心居士。

淨忻院西譽妙善大師。

南無阿彌陀佛！

本日爲進攻前方二百米突的五箇村邊之敵，編成白　隊。(卽決死隊)

午後六時三十分出發。前方敵陣似相當堅固。從今晚起得繼續攻擊三天啊，賭着性命。

二　日

昨夜七時起開始行動。不發一砲佔領××宅。接着掘壕至十一時。相當奮勇

從早晨起受着敵猛烈的射擊離頭上不過一尺。

中晚吃乾麵包。此後不知何日纔巴得着飯吃？

三　日

塹壕之一夜安然過去。

二小隊一名戰死一名負傷。三小隊無一名負傷者。又在槍林彈雨中前進百米。身邊一二米達之處受着迫擊砲彈洗禮。喊着菩薩。現在祗好求菩薩了。

四日

昨夜來，以一二小隊掘通敵陣的壕溝。三小隊留守又受着廹擊炮的襲擊。

從二日起至今日死者四名，對於死屍施殘忍之加害，殊使人憎惡。

明日五支隊(全員)奉令總攻，當捨一命爲全軍盡其最善之努力。

今晨九時後由後方部隊送來白飯我們好像復活了似的。

敵迫擊砲依然在友軍××中隊的頭上吼着。

五日

從早晨起、在戰壕中是比較靜寂的一日。定今日薄暮實行衝鋒。以决死隊十五名先行從傍邊衝入敵的自動火器，衝鋒當於飛機與砲兵集中射擊之後行之。

33

一，到處都是爛泥地啊！
三天兩晚沒有吃飯，
鋼盔上瀝瀝不斷的雨聲。

二，已經是沒有香烟了，
唯一的火柴也濕透了。
飢餓與夜寒交迫着的我們啊！

三，嘶鳴聲也聽不見了，
永別了戰馬，
把鬣毛做個紀念吧。

四，在馬蹄下亂開的秋草之花，
含着秋雨的濕潤，
又是蟲聲低訴的黃昏！

五，通信筒喲，達到吧，
充溢着凄然抬起的眼中的
是一行行的熱淚。
六，啊，在遙遠的東方的天空，
雨雲前面發着轟轟的聲音的，
是我友軍（日軍）的飛機。

日記寫到這裏止。

十月十八日之戰，作者與多數日軍共遭我軍殲滅，化爲江南戰場之露。這日記便是從他的遺骸上搜出來的。因爲封面破碎，日記也祇剩了散葉，有些字跡非常模糊。特別是後面的詩，經友人數番之力纔能辨出。其人甚有詩才，惜不知其名字耳。

漢一再跋

附錄

35

士無鬥志的日本

夏衍

十月二十五日深夜，我和壽昌從炮火連天的前線歸來，那天大塲告急，所以××路上盪漾着一種異樣緊張的空氣，在疏星和敵機照明彈交輝的夜陰裡面，我們的車子緩緩地從我們英勇的戰士隊伍中間擦過，道左，我們短小精悍的南國健兒背着龐大沉重得和他們身體不很相稱的武器和行囊，跑步地望着火線挺進，他們啣枚疾走，淬厲無前，那種大無畏的精神，莊嚴的情景，使我不自禁地流了好多感激的眼淚，道右，大約是經過了長期的塹壕生活，而退下來休息的隊伍，他們雖則軍服上沾滿了泥濘，行列中間或夾雜着一兩個裹了傷的勇士，但是他們依蕩是英氣渙發，步調整齊，眉宇間絕沒有絲毫的張皇和倦意，當晚的情景，在我生活中留了一個不能磨滅的印象，我覺得這種沈默的眞實，比百十篇宣言千萬遍演講更有實際的使人振奮的力量。我們的軍隊從最高的將帥，到萬萬千千的士兵，都一樣地燃燒着火一般的敵愾，他們熾烈而堅定的「戰意」，從每個人的沈默的行動裏面表示出來，抗戰以來，省籍不同，體系不同的千萬兵士在前線用血肉和強敵作戰，我們雖則有了全連全營全團乃至全師殉國的悲壯的史實，可是值得驕傲的是到今日爲止，我們還沒有一個（單單一個！）脫逃和降敵的兵士！敵人的兵員被俘的時候沒有一個不是叩首請降，而我們空軍閻海文烈士用他戰鬥到最後的一顆子彈自盡的那種烈烈的氣魄，就是敵人的將卒也不能不發出了欽佩和驚奇的感嘆！近衛文磨說要使我們屈膝，使我們喪失「戰意」，現在我們可以傲然地說：「四萬萬五千萬人的戰意，在日本的侵畧行爲停止之前，是永也不會喪失的！」

囘到上海之後，在百忙中整理了四五十種從戰線蒐集來的敵兵的信札和日記，這些材料大部是從敵人的屍體上搜來，有的染着血跡，有的被我的子彈穿過，這些慘淡的遺物使我黯然，使我悲憫，有幾次我終於不忍讀完那些悲楚的文件而不能不暫時地停止了我的工作。他們在信札日記上雖則也有「誓當一死報國」，「盡力奮鬥」的套語，但是「厭戰」「懼戰」的心情，却是百分之百的普遍，他們親友給他們的信中也常提到要「膺懲暴戾的支那」，但是在戰線兵士所寫的東西裏面，却完全找不出一毫的對中國的敵愾，有的，祇是目擊和身受着中國士兵的勇敢的攻擊，而感到的恐怖，下列的例子，隨處都可以讀到：

「九月二十一日，三中隊幾乎全滅，想起來，雖說是『支那』，却也有不可視蔑視的戰鬥的力量！」（部隊不明）

「十月二日，戰死者中隊長千田大尉等八人，負傷者准尉西原次雄等十七人，本日失敗主要原因，在將敵人的力量估計得太小。」（山室部隊小隊長山口少尉日記）

「午前十一時登陸，聽見『八百個中之一個』的球磨郡靑年講，普通寺師的團登陸時二大隊八百八中，祇剩七人，爲之驚倒」。（重藤部隊，猪坂稔日記）

一九月二十二日，午前一時，將多數戰友的屍體埋在土窟裏面，繼續前進，中隊集合在土民家中，過了一夜，此夜敵機來襲三次。吹着喇叭衝鋒，想不到「支那」兵竟有這樣的勇敢！」（重藤部隊高橋部隊後藤熊次郎日記）

又如重藤部隊高橋部隊監物隊坂本稔的兩封寫成而不及寄出信裏：

「支那兵的狙擊，非常準確，不能隨便走路，此次支那兵所用武器，大概爲英美德等國出品，非常優秀，二三日前襲擊我陣地，洶湧而來，我等拚死防禦，始將其擊退。——致友人境武一」

「我皇軍之苦戰，有非言語所可形容，今日之支那，已非昔日之『淸國奴』可比！——致女友信子」

因爲對中國沒有敵愾，不懂得爲什麼要「出征」的原因，所以對於殘殺中國婦糯的行爲，他們都表示了對殘忍的反對！

松尾部隊兵士谷本一致他母親的信上寫着：

「將逃脫的士民衆從屋中拖出來槍斃，使我想到了自己，覺得委實可憐，假使敵人到日本來，那時候我們如何？」

署名中島的一本日記上：

「在十月三日安達部隊佔領的陶家宅村落內（離羅店南約三公里）有婦女尸體二百五十具，據隊長說，這是支那軍爲着充分地安慰強拉來　兵士而掠奪來的婦女，但是看情形……」他不寫下去，不，他不能寫下去了，可是，單單這樣，他們對於官長的欺騙不再相信，已經很顯然了。

因爲我們抗戰的勇敢，和他們死亡的慘重，給養的困難，在敵軍士兵中普遍地存在着一種畏怯的感情，上面引用過的坂本稔致他女友信子的信中：

「在急雨一般的砲彈中前進，眞感到已經不是人世的事了，掩藏在恐怖心後面，我常常耽溺於落寞的悲哀！」

後藤熊次郎日記中：

「說起來好像畏怯，可是（對於眼看着多數戰友變了尸骨回去）感慨無量，我以淚洗頰，不能自已，沒有飯吃，沒有水飲，在戰地的勞苦，在內地的人衆眞能知道嗎？」

再在山室部隊松尾部隊倉岡友市的扎記本中，有下面的一節：

「坐在家裏的哥哥寫信來，說『要勇敢，要不負皇國男兒的本懷，即使打壞一只手一條腿，也不希罕』，不希罕，將來他能養我嗎」？這種對於將來和現在於「生活」的憂慮，更減少了他們作戰的勇氣，在一個署名吉永忠一的寫信給山室部隊的兵士吉橋廣貴，內中講到：「靜枝（當係吉橋的妻子）努力地照顧着買賣，和養育着孩子，你託我問的事情，關於孩子唸書的事，也曾講過，據說學校不致和使他退學，你可以安心，……」

看這信就可以知道，從一個和平的家裏奪去生產者，贍養者，現在他們的家業無人管理，妻子無人扶養，連兒子的學業，也有被中止的危險，這樣有了後顧之憂的兵士，能使他有戰意嗎？

對於這一類的悲劇，我還可以舉出最慘痛的一個。松尾部隊村山隊的戰死了的兵士鶴岡力夫，身上懷着幾封故鄉妻子給他的信，從各方面考察，他們這一家非常貧困，他的妻子沒有受過什麼教育，所以連他丈夫名字的鶴字，也寫了一個奇怪的「鴇」字，可是他有五個孩子，和一個年老的母親，妻子給他的信上，雖則勉作安慰，但是那五個孩子給他的信，却使我代這個無辜地戰死了「敵人」淌了眼淚，這封信由他大女兒「富江」寫了兩頁，次子「勵」寫了頁半，三男「喜八郎」寫了一頁，最小的「豔子」和「美和子」聯名寫了頁半，前面的還有幾個漢字，到後面大概還是初上學的孩子，所以祇寫一些不很易認的假名，這五個共同一致的希望，就是請他們爸爸早日將「支那人」「殺光」，「打平」，早一點囘來，那麼過新年的時候可以快活地同在一起！鶴岡寫了一封回信，這信箋上的鉛筆字跡已經糢糊，但還隱約地可以看出叫他妻子好好地照管孩子「生活總得想法子維持下去」，最後的一句，是「我很健壯，你可以安心，家裡門戶火燭當心」，却不料這封信不及寄出，他已經做了異域的鬼了！信紙的斑點，我不知道是汗，是血，是淚？誰使他們如此？使他們如此的是什麼？

近衛文麿要我們喪失「戰意」，可是我們的「戰意」強固如鐵，而你們自己的兵士，早已經沒有「戰意」了，在這種鐵一般的事實前面，一切的矯飾，宣傳，謊騙，都是沒有用的！

日本的士兵們！你們，和我們一樣的都是被壓迫者，你們受着欺騙和強制，你們沒有「戰意」，這是很應該的，可是，消極的沒有「戰意」，是不能解除你的鎖鍩的。你們要把「戰意」振作起來，向另一個方向，用你們階級覺醒的「戰意」，來「膺懲」你們「暴戾」的財閥和軍閥！

敵兵陣中日記

二十七年三月初版

編譯者　夏衍　田漢

出版兼發行者　離騷出版社　廣州長壽東路二十二號

經售處　救亡日報社　廣州長壽東路五十號

分售處　全國各大書局

實價每册國幣一角

上海抗战与世界反法西斯战争系列丛书

淞沪

淞沪抗战史料丛书续编 Ⅳ

第十一辑

抗战第一年（上） | 王叔明 编

上海科学技术文献出版社
Shanghai Scientific and Technological Literature Press

目　录

抗戰第一年

上

王叔明编

商務印書館發行

抗戰第一年

上

王叔明編

商務印書館發行

目錄

第九篇　台兒莊……五一一

前言

自去歲七月七日蘆溝橋事變發生以來，抗戰迄今，已滿週年。我全國同胞受禍之慘，前方將士犧牲之烈，誠足以驚天地而泣鬼神！蓋中國有史以來，遭逢外患，未有若斯之酷。而全國人民，下最大之決心，由奮鬭以求生存，藉禦侮而謀建國，亦未有若斯之堅。此一役也，不僅關係中國民族之生死存亡，實亦為全世界和平之最大關鍵。中國存則世界安，中國亡則世界危，此理甚明，無待贅述。前者台兒莊勝利，已奠定中國抗戰勝利之初基，再請就客觀情形，以證明「最後勝利，必屬於我」之信念：

以士氣言，師直為壯曲為老。——師之老壯，在乎理之曲直。日本軍閥，自甲午之役，勝我以後，四十餘年，處心積慮，無一非欲覆亡我國家，殄滅我民族，以遂其大陸政策之企圖。故田中義一奏摺中，有「欲征服世界，當先征服支那，欲征服支那，當先征服滿蒙」之語。其始也，奪我台灣、琉球、朝鮮，以去我藩籬；繼則佔我滿洲，以入我堂奧；終則侵我華北，於是臥榻之側，不容吾人安枕矣。夫以中國土地之廣，等於歐洲；人口之多，佔世界四分之一；物產之富，尤冠全球。近以四萬萬人之心血，謀建現代化之國家，以期發奮圖強，執世界和平之牛耳。乃日本軍閥，欲以封豕長蛇，薦食上國。必欲削我主權之獨立，毀我領土之完整，蹙我人民之生存，而使我永淪於萬刼不回之次殖民地。吾人苟非至愚，安忍坐以待斃。故此次之戰，實爲國家獨立而戰，實爲民族生存而戰，實爲子子孫孫，不願居於奴隸地位而戰，其意義之神聖，實爲千古所未有。故自抗戰以來，我方將士，無不踔厲奮發，勇敢爭先，以效死爲榮，以偷生爲恥，用能摧堅折銳，所向有功。反觀日本，據詢我方所獲俘虜，多不知爲何而戰。而勞師遠襲，師老無功。國內反戰空氣，日趨濃厚。陌頭楊柳，深閨之哀怨羣生，塞上胡笳，將士之思家尤切，士氣不振，民怨沸騰，雖以軍閥之壓迫，莫能制止，強弩之末，魯縞難穿，此就士氣方面而言之也。

以軍紀言，以至仁伐至不仁。——敵人殘殺姦淫焚燒刦掠，不僅自絕於人類，亦且行同禽獸。尤以姦淫婦女，上自七八十歲之老嫗，下至十二三歲之幼女，無一倖免，而於姦淫之後，予以慘殺，尤屬絕無人道，是我國盜匪之所不忍爲者，而敵人爲之，不僅我中國同胞，引爲不共戴天之仇，全世界有良心之人類，亦無不深惡痛絕。而敵國軍閥，竟䩄顏而言曰：此戰之目的，在促進中國之文明，嗚呼！其誰欺，欺天乎?!反觀我國，我最高領袖蔣委員長，諄諄告誡部屬，以優待俘虜，爲尊重國際公法之第一要務，三令五申，有目共睹，抗戰將士，莫不遵循，而敵人之被俘者，亦無不感激我方寬厚仁慈之大德。夫戰爭之勝敗，繫乎人心，人心之得失，繫乎軍紀。敵人侵略我土地，慘殺我同胞，焚燒我房屋，掠奪我財產，摧毀我文化，姦淫我婦女，凡有血氣，莫不同仇。輟耕隴上，可以亡秦，嘗膽臥薪，卒以興越，彼寡我衆，彼暴我仁，「以至仁伐至不仁，而天下無敵」，此就軍紀方面言之也。

以外交言，失道者寡助，得道者多助。——敵人之殘暴，已失世界之同情，而我軍抗戰之英勇，無一不得世界精神上物質上之援助：英、美、法、蘇，及全世界弱小民族之同情於我者，固無論矣；即以法西斯相號召，與日本軍閥臭味相投之德、義，亦無不贊佩我軍抗戰之英勇，而認爲日本軍閥之末日，行將降臨，任日閥如何宣傳，均不能取得世界之信仰。此就外交方面言之也。

其他如敵國之財政，已因窮兵黷武，有捉襟見肘之虞，敵國之政治，已因敵閥對於人民之高壓，革命力量，有一觸即發之勢，如我能一德一心，奮勇抵抗，予侵略者以極大之打擊，則敵國崩潰之期，在於眉睫，勝利之念，可以預卜。

王叔明於二十七年，七月七日抗戰週年紀念作於長沙

凡例

一、本書爲使一般閱者明瞭前方將士浴血抗戰之苦鬪，與奮勇殺敵之精神，揭開日寇暴行慘酷之幕序，意在激發軍民同仇敵愾之情緒與勇氣而編。故取材多戰場實地描寫文字，與軍事家之談話，戰地通訊等等；俱有史料之價值，一節一段，均能表現我軍抗戰之英勇與壯烈。

二、本書自去年七月七日蘆溝橋事變起，至本年七月七日抗戰週年紀念日止，整滿一年。此書不特可作抗戰文章讀，且可作抗戰史讀，不獨可窺戰事全豹，兼可明白全面抗戰軍事之據點。

三、書中所選文章，俱用原作者姓名，如無原作者姓名時，即署以某某日報，或轉載某某日報字樣。編排層次，以時間先後爲序，並參照附錄抗戰一年來大事日誌爲例，使讀者一覽無遺，不致錯亂雜章，茫無頭緒。

四、史實不任，史料易失，編者對於搜集抗戰史實，頗感興趣，特將一年來之抗戰史料，循先後次序分別列入，以謀史料之保存，而供研究者之參考，於閱者於國家不無裨益。

五、「七七」已經中央政府定爲抗戰建國紀念日，則此一年中史料，更屬難能可貴。雖不能成爲一部史書，然而即此一鱗半爪，不讀則已，讀時誠足以驚天地而泣鬼神！

六、本書自第一期抗戰直至第三期抗戰開始，中分東戰場、西戰場、南戰場、北戰場、與中原大戰場；東戰場包括蘇、浙、皖、贛等地，西戰場包括山西、陝西、長城線、平綏線、同蒲線、正太線等處，南戰場如閩、粵、華島等是，北戰場爲北平、天津、津浦線、平漢線、及膠濟線等，中原戰場以隴海線、河南、鄭州、湖北、武漢爲中心是也。

七、此書編輯費時甚久，因個人力量有限，有若干報紙刊物爲種種關係，不能定購，遺珠之憾，勢所難免，尚希　閱者加以原諒批評指正。

編者謹識

抗戰第一年

第一篇　北戰場第一期

第一章　蘆溝橋事變

第一節　蘆溝橋中日軍衝突

第一段　蘆溝橋之形勢

蘆溝橋事件，變起倉卒，雖事實演變，猶未知底止，然其責任之應由日軍負擔，固至爲明顯。蘆溝橋與宛平縣，完全爲中國之內地，日軍耀武揚威於中國內地，其事已至不當，何況更無理要求華軍准其入城搜索逃兵，要求不遂，更以武力侵入耶？此與九一八事變前之中村失踪，九一八夜之南滿鐵路被毀，以及幸未發生事變之南京副領藏本失踪案，如出一轍，此種故意造成之圈套，其用意即在製造事變，以遂其侵略之野心。而此次事件之用意即在不勞而占蘆溝橋，以完成其包圍北平之計畫而已。包圍北平，爲日人在九一八以後之大計畫，東三省與熱河佔據，卽將北平成爲遠勢之兩面包圍，冀東僞組織之成立及天津增兵豐台被佔，則成近勢之三面包圍，然猶網開一面，使北平西南角上仍得與外方交通，至盧溝橋被佔，始成四面包圍之勢，而北平乃成甕中之鱉矣。故今日役中，盧溝橋之得失關係異常重大。

盧溝橋者卽架於盧溝河上之大橋。盧溝河卽永定河，爲沽河五大支流之一。永定河上游流於黃土帶，河水渾濁，故有渾河之稱；惟自三家店以下，河流平地，河水橫溢，河流之沖積力甚大，而河水顏色轉成盧色，（北人稱不純黑者爲盧）此盧溝之名所由來也。盧溝架橋始於金時，爲一石橋，長六百六十尺，寬二十六尺，橋孔凡十有一，爲北方偉大工程之一，馬可孛羅遊記中嘗盛稱之。盧溝橋在北平西南二十六里，爲北平西南方之孔道，現時宛平縣城卽在橋首。平漢路鐵橋則在橋北半里。平漢路自盧溝橋分歧爲二，其一東北驅，直達北平，并有支路至通縣，其一東向至豐台而與北寧路相合。而平綏路則自北南驅，在西便門外與平漢路相交，直至豐台爲止。

以上略述盧溝橋之位置及北平附近鐵路之分布情形，由此可知豐台爲平漢、平綏、北寧三路之交點，而盧溝橋卽爲平漢路與永定河之交點，豐台之地位固重要，以其位於鐵路中樞，足以扼北平南方之通道也。惟豐台非平漢路南下之孔道，仍不足控北平西南方面之往來，必佔據盧溝橋方足以完成包圍北平之計劃。故日軍之佔據豐台，卽爲此次佔據盧溝橋之先聲，華軍未能利用時間，在豐台事變以後，就盧溝橋築成要塞，以監視豐台之日軍，確保北平向西南之鐵路交通，實爲一大失着。

北平爲中國北方之國防中樞，自北平出發者有北寧路，通遼寧之瀋陽，有平綏路，通察、綏兩省，平綏路上之張家口，復有公路通漠北庫倫，自北平至熱河有平熱公路可通，而其南方則有津浦、平漢兩鐵路並行南下，以與南方諸省相聯絡，故以北平爲中樞之陸空軍大本營；可以控制東三省及漠南北地方，更得南方膏腴諸地之稠密人口及豐富物產的接濟之便，自可發生無上威力，以確保邊疆領土之安全。乃自九一八事變以後，東三省既被佔據，熱河又告淪陷，繼之以冀東之由非武裝區變而爲防共僞組織，察北之由自治運動而變爲傀儡僞組織，於是北平被圍之勢已成，而天津日本駐屯軍之增加與豐台之由日本兵駐防以後，北平外通之路惟餘平漢一線矣。故自蘆溝橋事變發生以後，開赴北平之火車惟北寧路有之，但北寧路已完全在日本控制之下，隨時可以被阻者，由此知北平一城已被日人緊密包圍。雖平綏路尚爲北平通外之路線，必要時或能得若干助力，但察北匪僞既極猖獗，張家口且已有累卵之危，戰時倒轉兵力以援北平，其事至爲危險，而況該路距火線甚近，極易爲敵機所破壞哉。以是蘆溝橋一地之得失，其影響將使北平以北至察省之中國軍隊陷於釜中之魚之境地，而整個河北省必將受其荼毒，魯、晉兩省必將受更嚴重之威脅矣。（蔣君章）

第二段　蘆溝橋史考

蘆溝橋爲平西名勝之一，今宛平縣治卽在此，扼平漢交通孔道，其東豐台，爲平漢、北寧兩路接軌處，去年日軍侵襲，我軍奮勇抵抗，已造成歷史上不可磨滅之偉跡。按蘆溝橋在軍事上佔重要之地位，已不自今日始，距今七百二十二年前，宋寧宗在位，（西元一二一五年）蒙人攻燕，守將於蘆溝橋築城禦之，但軍士叛變，燕京遂陷。今蘆溝橋，亦名馬哥勃羅橋，蓋馬哥孛羅於一二七一年開始作東方之游，且於其游記中作詳細之記述，馬為外人中發現此橋之第一人，後人為紀念起見，遂以馬哥孛羅名命此橋。其游記中有云，離「開布魯克」城（即今經北平）後，行十英里，達一大河曰「普利色金」（普利色金為波斯語，）意謂石橋下河水汹湧入海，故商人運貨，率循此登陸，河上有一石橋，石質之美，罕有其匹，橋長三百步，闊八步，（每步約合英尺二尺半）能容十人並肩而過，有橋環二十四，建築堅固，全用大理石，橋腳又有石柱，亦大理石製，柱下有石獅，故有柱矗立獅身之上，而柱頂亦有石獅盤踞，厥狀雄偉，且雕刻絕精，橋上每隔一步，均有同樣石柱及石獅，沿邊緣以石片，免行人墜水。然時移勢易，今永定河已不復為航行之用，且因重修之故，橋環已由二十四改為十一。清康乾時，又復於橋之兩端建一小亭，亭內有石碑，誌此橋之興建年月，並有乾隆之御碑亭曰，「蘆溝曉月」。五年以前，宛平縣治，移於蘆溝橋，縣府在橋東，城垣不大，但甚堅固，自日本增兵華北，迭在豐台建築兵營機場，進而謀在蘆溝橋作同樣之設備，在該地購買大批地皮，建築營房，雖被我官方阻止，但日軍所購得之土地二百餘畝，已建為演習用之大園場，最後日軍乃製造蘆溝橋事變。（民國日報）

第三段　蘆溝橋事件之認識

日本自近衛組閣，川越回任之後，一般人對於中日關係之調整，咸抱無窮希望，乃竟有七月七日華北駐屯軍突然進襲北平之不幸事件發生。查此事發生之近因，據日方聲稱，謂七日日軍一縱隊，在蘆溝橋郊外演習，倏聞槍聲，當即集合檢查，發現缺少士兵一名，同時認為放槍者為宛平縣城駐軍，日軍要求率隊入城搜查，我當局以時値深夜，日軍入城，頗多引起地方不安，且我軍駐蘆溝橋部隊，七日鎮日均未出城，縱令日方所稱屬實，我亦不負任何責任，故對日方請求，當即嚴詞拒絕，乃日軍以目的未達，遂於深夜將宛平縣包圍，並以大礮轟擊，希圖佔領，我方爲正當防護計，亦不能不予以抵抗，此事變發生之經過也。

惟吾人應深切認識者，卽日本所稱各節，皆爲一種掩飾之詞，日本之欲進襲華北，佔領平津，蓄謀並不自今日始。今日之舉，要不過爲對我當局之一種試探作用，亦卽倂吞中國前之一種擬態耳。茲再分析說明之如左。

（一）侵略滿、蒙，倂吞中國，稱霸世界，爲日本大陸政策之全貌。自九一八以來，日本唾手而得東四省，且完成所謂傀儡組織而一手操縱之，日關東軍部，近將擴大權限，改稱日本駐「滿」軍務總監府，總攬僞滿一切軍政大權，由植田大將擔任總監，在政治上已深植勢力於僞滿，則進而奪取平、津，以完成其第二傀儡組織，處心積慮，籌之已諳，年來日本之對華政策，以所謂華北「特殊化」爲骨幹，原因卽在於此。自西安事變以後，國內和平統一之基礎已臻鞏固，廬山訓練所表現之團結精神，以及冀、察國大代表選舉辦理之積極，亦與日人以多少刺激，日本國內亦嘗聞國難之呼聲，謂中國達到和平統一之途徑後，將爲日本最大之威脅，而一般過激軍人，尙悔當九一八事變以後，不應卽時停止軍事行動，而應長驅直入，使中國措手不及，一舉而殲滅之，其用心之毒辣，有如此者。此次之發動，意在造成恐怖局面，迫使中央暨華北當局之屈服，幸而達其目的，不但華北「特殊化」可以實現，而中國和平統一之現局，亦將因之打破。否則，中國當局如不就範，日本軍閥或竟甘以戎首自居，促成中日戰爭之爆發，亦非不可能也。

(二)日本最感缺乏者，莫過於軍事資源，佔領東北以後，經濟上雖獲到不少實益，然尙不能應日本戰時經濟之需要，因此年來在華北經濟權益之攫取，進行不遺餘力，廣田對華三原則中，卽有中日「滿」在華北經濟提攜一項，用心何在，不問可知，是以華北之奪取，日本爲完成其所謂日「滿」經濟「布洛克」，蓋遲早必須發動也。

(三)日軍之進犯北平，一方面固在屈服中國，他方面尤在屈服蘇聯，日、蘇兩民族最後須決於一戰，始可以了結舊恨新仇，然日本欲勝蘇聯，首在把握中國，日前堪察加島日、蘇所生糾紛，頓成嚴重局面，日本知其然也。故在未進攻蘇聯之前，首先卽降伏中國，中國降伏矣，然後日本之對蘇聯，退可以守，進可以攻，故日、蘇關係愈緊張，而日本之進攻中國亦愈迫切也，同時日本又復利用國際間之形勢以厄蘇聯，蓋因西班牙戰爭之綿延，蘇聯與德、義陣線不同，常有摩擦，蘇、英關係亦因英、日談判而稍現芥蒂，日本則利用日、德協定，日、英妥協以孤其勢，苟一旦而更以軍事取得中國，蘇聯對日，雖欲不屈服不可得矣。

以上為吾人對於此次事件簡略之認識，至於吾人之應付方針，自當仍秉歷來主張，保持不喪權不辱國之原則，以與日人週旋。（章）

第四段　蘆溝橋事變之起緣

蘆溝橋事件，正當川越晉京發表調整中、日國交談話，首途親赴華北之前一日，而即爆發。當時，敵駐平特務機關，藉口日人六名，在蘆溝橋城內失蹤，要求馮治安覓獲送回，實則前冀察政委會查并無此事，而駐平日軍，即於二十六年七月七日下午，包圍蘆溝橋，夜十一時進攻，至八日晨停止，要求我蘆溝橋駐軍撤退，並賠償道歉，八日午後二時，即以載重車十二輛，運軍火及兵三百餘赴蘆，四時以坦克車八輛，礮車十二輛，裝甲車二十二輛，開蘆溝橋，敵機三架，在津、平、豐、蘆，往返偵察，平市戒嚴，敵圖佔北平西直門東站，我外部於八日提出抗議，旋經日方代表松井，與我方代表魏宗瀚、王冷齋等折衝，雙方軍隊，先行撤退，蘆溝橋一帶，由石友三部，維持治安，但我軍雖退至固安，而日軍并不履行諾言，仍佔據宛平車站，卒致戰事一發而不可遏。（民國日報）

第五段　蘆溝橋事變中的二十九軍士兵

那時候我正和北平三千多個大高中學生一起，被集中在北平近郊的西宛受着軍事訓練。充當訓練我們的幹部的，全是二十九軍馮治安師挑選出來的各級軍官。我和別的許多同學一樣，因此熟識了好些二十九軍的士兵和官長。

『×××，』坐在地上正埋頭使勁兒擦着一支步槍的班長，若有所思地忽然把頭抬起，對坐在他身旁的看得出神的我，粗獷地說道：『人說咱們二十九軍是不抗日的，他媽的巴子，眞冤！好呀，你們看得到的哩……。』

他的頭又低下了，卻帶點譏刺地，響着格格的笑聲，說道：『你們學生眞是……，哈哈。』

他的話是眞實的。一半是怨憤，一半是譏刺，可是卻並沒有使我感到不能忍受。

『班長，我們全知道，你和你的弟兄們全是抗日的。』我回答他，一個字一個字地說着，努力使我的北方話咬得正確。

我的意思是，你們是抗日的，你們長官卻不肯讓你們上和鬼子們衝突的地方去。比如，像宋哲元。

『他笑了笑道：得啦，我知道你們學生是不相信的。』

七月七日的深夜。當我正由於一種不可抵禦的疲勞所襲擊而睡得連夢也沒有一個的時候，班長忽然把我搖醒來。我心裏想，大約快兩點了。

『×××』他搖着我，他的鼻子正對準着我的鼻子，一股蒜味兒直衝着我：『你聽聽，麼事兒！』

『好傢伙，幹得眞兇哩！』

他轉身爬過去，伏在窗口上，眼睛吃力地朝夜氣瀰漫的平野搜索着。

這時候我第一次聽到了礮聲。

爲一種新奇的感覺所刺激，我跟着爬了過去。

『多麼時候了？』我問他道。

他似乎不高興我這個分散他的注意力的問話，冷冷地回答道：『兩點。兩點了罷，沒準兒。』

沈默。礮聲憤憤然轟擊着夜的岑寂。犬吠四起。室內三十來個人呼息着的酸味兒熱熱地烘着背脊，我感到要是再倒下去，就很難入睡了。

『你聽你聽』，班長抽了一口氣，把滿身的勁兒全鬆下了來，『在東南方哩。』

第二天，七月八日了。早上起牀，照例摺被、洗臉、漱口；排隊之前還得按保存着的學生脾氣，直奔合作社，買點吃得下的餅干之類的東西塞進口袋裏面，然後排進隊伍，去到操場上操。

這天在指揮台上出現了面部表情異樣嚴肅的副總隊長何基灃先生。

沒有開言他首先就斥責台前隊伍不整部份的拖拖沓沓。

他說道：『告訴大家，昨天晚上發生了一件事情……。』

他把日本軍隊藉口失了一名兵士，闖入蘆溝橋我軍防地尋覓的事情報告了一遍。

『這不是偶發事件！』他喝道：『這是敵人的預定陰謀。許久以來，日本軍隊常常在我軍防地附近舉行夜間演習，我警告過他們，要是因為他們的這種越軌行為發生了衝突，責任全在他們身上，他們不聽話，所以有這回事情的發生……。』

台前不大肯守紀律的學生，顯然懺悔了：陣容突地整齊了起來。

『……我已經命令駐守蘆溝橋方面的部隊，要是敵人再要前進，就立刻消滅他！』

副總隊長說完話，就在疎疎落落的礮火聲中，騎着一輛自行車走了；在前方，他執行一個旅長的指揮的職務。

那時候太陽剛出山。

我們的集中訓練，並沒有因為蘆溝橋事變之來而鬆懈。我們從此每一次出操或者回營的時候，都看得到二十九軍士兵在營房旁邊的石橋上霍霍地磨着大刀。

有人對磨刀的士兵們說：『同志，磨得快些呀！多砍他媽的幾個。』

得到的回答卻是：『對的。鬼子就只怕的這個：砍。』

士兵們把殺鬼子去看得十分光榮。

學生感動得很，幾次自動要求長官領着歡送兵士們去上前線。

在我，盧溝橋事變使我得到了許多新的認識，——這些認識，首先是指對於二十九軍士兵的。（賀蘭）

第六段　豐台失馬事件的回憶

又是一個新的刺激，一個新的「不祥」事件！於是，日本人是更忙了，而中國人呢？

由於新的盧溝橋事件，不禁使我們想起了去年「六・二六」的豐台失馬事件，與「九・一八」的豐台中、日兩軍的衝突。本「前事不忘，後事之師」之義，追述過去，惕勵來茲，我們把過去在豐台發生的這兩件事追寫一下，也許不會是多餘的。

先說豐台失馬事件，去年六月二十六日晨九時許，二十九軍第三十八師馮治安部一部，由張垣調駐豐台，因火車鳴放氣笛，致有軍馬五匹，被驚奔逸，竄入正在建築中之日兵營內，當被日軍扣留，看馬士兵追至，向値崗之日兵交涉，當被拒絕；旋日軍大尉副官小川原野出而干涉，並將馬夫毆傷，同時日兵多人，竟持械出營，如臨大敵，經華軍軍官竭力制止，事態始免擴大。翌日，華軍馬廄中忽來一韓人，自稱此馬廄係本人所買，不能作馬廄，須立即移出，華軍以事出離奇，置之不理，詎該韓人竟出短刀動武，旋有武裝日兵到來助威幫打，雙方乃發生械鬭，各有負傷。出事後，中、日雙方均派員前往調查，日方調查的軍官竟謂華兵入日兵營房，實屬「侮辱日本國家」，但不知日人對華人的無理取鬧，是否侮辱中國國體？冀察當局以此事責在日方，為不願擴大計，經多次之交涉，不惜委曲求全，以撤兵了事，纔算解決。二十九軍馮治安部三十七師一一九旅二一七團第三營長崔蘊秋部隊約六百人，於七月一日晨由豐台撤退，調駐平西頤和園之營房，後以同師一一〇旅第二營將華延部隊約六百人移駐豐台。宋哲元並於二日晨赴豐台對該營士兵訓話，勉以忍辱負重，顧全大局，以後力避發生事端。於是，豐台失馬事件，在有利於日人的條件下，總算「圓滿解決」。而從此，日軍不但在豐台可以建兵營，而且積極從事於築碉壘了。

其次，我們再說「九一八」之夕的豐台事件。九月十八日下午六時許，中、日雙方軍隊，列隊行軍，相遇於豐台正陽街，因彼此不肯讓步，日騎馬軍官三人，突向華軍隊伍衝下，華軍士兵數人被馬踏傷，連長孫香亭，亦被日軍擄去，日軍並包圍華軍，企圖繳械，於是形勢頓趨嚴重，雙方均增加軍隊，形成對峙狀態。平、豐電話，亦暫時中斷。中、日兩軍相遇於豐台大井村地方，日軍即開槍射擊，華軍亦還擊，旋即各自退去。豐台各重要街衢及宛平縣駐豐公安局，當爲日軍佔據；豐台華軍營房亦爲日軍包圍。故當時之豐台，實已形成恐怖世界。事後，宋哲元派三十七師副師長許長林，二十九軍參謀周思敬，日方亦由田代派英井前往豐台，經數小時之交涉，雙方始於十九日晨十時撤兵。旋由三十七師副師長許長林，日軍聯隊長牟田口，各率軍隊交換敬禮，互表歡意，并各發以後『親善』訓話而散。華軍連長孫香亭亦被日方釋出，豐台事件，至此始告解決。至於解決的條件，是駐豐台的華軍二營五連，調駐豐台迤南之趙家村，以避免兩軍再發生衝突，於是，駐豐日軍附近，已無華軍踪跡，而豐台幾成爲日軍所有矣。

記者已把上列二事，作一扼要的返溯，若把上列二事與今次事件作一對照，則今次事件發生的原因，已不言可喻。明白點說，日方又以此事爲藉口，向華方有所要求，這種無理的要求，是沒有止境的，如果華方步步退讓，則無異給日人造機會，中國之前途，將有不堪設想者矣。（大公報）

第七段　蘆溝橋事變回憶錄

震動全世界的蘆溝橋事變，發生於二十六年七月七日，恰一週年，這一年中，我們抗戰前線將士死傷達數十萬，人民生命財產損失更不可以數計，這樣的堅強禦侮，重大犧牲，不特中國歷史上數千年來所未有，即方之歐洲大戰亦不遑多讓，現在我們雖然失地數省，但我全國軍民抗戰之力愈益加強，而敵人則已精疲力盡，欲能不能，長期消耗的目的總算達到，實出全世界人士意料之外。蘆溝橋事變發生的前後雖短短三星期間，而其交涉及抗戰經過，實歷史上之重要材料，現在根據我當時的筆記，作一個總括的報告，可知蘆案並非偶然發生，敵人有計劃有步驟的侵略野心，在蘆溝橋事變時，即已暴露無遺了。

事變的遠因，導源於「九一八」，敵閥不費一兵，不折一矢，將東三省攫到手中，五年來仍思沿用故技控制華北，造成所謂華北五省明朗化，以政治、經濟侵略作前衛，以軍事侵略作大本營，而以分化中央與地方爲惟一手段，不料中央軍隊南調之後，二十九軍開駐平、津，當局抱定槍口不對內原則，一面雖審愼應付，一面仍絲毫不肯表示軟弱，土肥原奔走兩年用盡心計卒至勞而無功，土去後繼以高橋、松井諸人仍思努力，但鋒勁已挫，仍然無所成就，敵閥之計已窮，乃不得不暴露猙獰面目，遂更政治侵略而爲軍事侵略。二十五年九月十八日豐台事件，實軍事上第一步之嘗試，我方爲顧全大局，始終保持和平態度，敵閥以爲輕而易舉，遂進一步作略取盧溝橋的計劃。

盧溝橋的地勢，扼平漢咽喉，當北寧、平綏兩路衝要，不特爲北平命脈，且亦冀、察兩省的屏障，在鐵路未通以前，已爲古昔兵爭要地，當局知其重要，故將宛平縣府移設此間，現在行政專員公署亦設在該處。北寧路之豐台，平漢路之盧溝橋，平綏路之清河，重要車站，均在宛平轄境之內。平時駐軍，宛平城內及豐台車站附近均有二十九軍一營，清河則爲冀保安隊駐守，豐台事件發生後，我方駐軍他調，敵人遂以一木清直所部之一大隊（等於中國軍隊一營，惟人數較多，約七百餘人。）全駐該處，平時以演習爲名，常常在盧溝橋附近活躍，偵察地形，其初演習不過每月或半月一次，後來漸漸增至三日或五日一次，初爲虛彈射擊，後竟實彈射擊，初爲晝間演習，後來竟實行夜間演習，且有數次演習部隊竟要求穿城而過，均爲我嚴厲拒絕，如此者相處數月，因我方種種之應付及切實戒備，幸未發生嚴重事件，而敵人除一方以演習示威外，復託北寧路局長名義，將豐台至盧溝橋中間地帶六千餘畝實地測量，爲圖購買作爲建築兵營及飛機場之用，即當時各報所載之豐台圈地問題，該項地畝係於二十五年十月測量完畢，及我就事之後，日方即提出要求實行售與，一方並向地主們宣傳，願以最高代價購買該項地故，松室且已將全部計劃及地價報請日軍部備案，決定事在必行，當時事件日見緊張，我奉令當折衝之責，在當局指示以不損領土主權爲原則，同時須兼顧不至將事態擴大的方針之內，曲予周旋，在天津日駐屯軍司令部與北平特務機關部雙方交涉不下二十餘次，日方計盡辭窮，乃以重利賄買該處少數地主，誘爲民意自動願賣，但該處全體地主均有不願售賣之呈文與手印，報請專署及縣府備案，眞正民意如是，少數被誘者當然不敢出面，日方以此事極感棘手，知非實行軍事侵略，終無法得我寸土，而演習乃逐漸加緊，遂有七月七日晚之變。

事變發生於二十六年七月七日夜間十時，日軍一中隊在蘆溝橋附近實行夜間演習畢，集合回隊時，突然揚言有日兵一名失蹤，在宛平城外到處尋覓不見，意圖進城搜索，並開槍數響示威，一方由北平日特務機關向我市政府及外交委員會交涉，謂日兵失蹤定被蘆溝橋駐軍或該處土匪所害，應准日軍進城搜索，如有其他情形，須由我方負責等語，我當時接到各方電話後，卽通知駐軍金營長對於城防切實戒備，一面幷令警察保安隊代爲搜尋，歷一小時毫無影響，乃親赴市府及外委會報告，當奉命赴日本特務機關部向松井機關長交涉，到達日軍機關部時已午夜二時左右，斯時外委會主席魏宗瀚，委員孫潤宇，專委林耕宇，綏署交通副處長周永業，日特務機關長松井，顧問櫻井均在座，當就本案與松井等商談，先半小時松井已得報告謂失蹤日兵現已歸隊，惟須明瞭如何失蹤情形以便談判，我當反詰以如何失蹤祇須訊明該兵卽可明瞭，卽爲週到起見由雙方派員調查亦可，當卽決定我與周、林、松井、櫻井，並日通譯齋藤，五人前往，正擬出發間，得報告駐豐日軍數百人全部武裝開赴盧溝橋，事態已見嚴重，同時日軍聯隊長牟田口並請我同林耕宇前往一談，當即同林赴日兵營與牟接洽，牟見我即詢王專員此去能否負處理事件之全責，我答云頃間在機關部所商係負調查使命，事態未經明瞭，尚談不到處理，且此事責任應由何方擔負，此時亦不能臆斷，牟復謂假使事態明瞭總以當地處理爲宜，且本方面現已決定由森田聯隊附全權處理，因爲事機緊迫，勢或不及請示，閣下爲地方行政長官，發生事件係在貴轄內，自有權宜處理之權，我仍以先事調查再談處理爲原則，對牟所求堅決拒絕，如此談判約半小時，牟見無法乃允先行調查。我同林出日兵營時見日兵三百餘人分載大汽車八輛已向盧溝橋出動，乃約會同周永業、櫻井、齋藤等出發，我與林二人在後一車中，當車抵宛平城東北角沙崗時，（距城約一里）見該處已爲日兵佔據佈防，士兵多數伏臥均作射擊準備，斯時突有日特務機關部輔佐官寺平奔至車前，阻止前進，並手出地圖向我云，現在事態已十三分嚴重，不及調查談判，應請貴專員迅速處理，下令城內駐軍向西門外撤退，日軍進至東門城內數十米達屯點，再行談判。我答云此來係在貴機關部商定先從調查入手，適間牟田口所求處理責任我已拒絕，貴輔佐官所云離題太遠，究奉何方命令本人實未明瞭，寺平當謂平日日軍演習均可穿城而過已有先例，何以今日演習不能進城，我當反詰謂恐爾來華不久，尚未明瞭此間情況，（寺平係接濱田任不及三月。）向來日軍演習均在野外，從未有一次准其穿城而過，爾所謂先例請指出某月某日事實以爲佐證，寺平語塞，遂惱羞成怒云，此項要求係奉命辦理，事在必行，請君見機而作以免危險，同時森田即請我與林君下車，指示日軍陣容，槍礮並列，意在對於手無寸鐵的我示威，森田並向林云要請王專員迅速決定，十分鐘內如無解決辦法，嚴重事件立即爆發，槍礮無眼，殊爲君等危，我當時雖自揣身陷敵陣備受威脅，但責任所在，生死早置之度外，當即嚴詞拒絕，謂僅奉命調查他非所知，危險更無所顧慮，且第一步調查辦法係在特務機關部決定，前後方不應矛盾如是，此處非談判之所，如君等（指森田、寺平）依照後方決定原則辦理，即須在城內從容相商，否則一切責任應由君等負之，森田、寺平見威嚇不成，乃自行商定由寺平同我及林君進城談判。

進城後周永業、櫻井、齋藤等已先至，當在專署會客室繼續談判，未五分鐘，（時爲四時五十分）而城外槍聲突發，槍彈紛紛掠屋頂而過，據報日軍已開始向我射擊，我當以電話向北平報告開火情形，一面仍同櫻井等加緊談判，雙方射擊約一小時，森田忽派人持刺來請求派員出城面談，當經商定雙方下令停止射擊，由林耕宇君與寺平二人縋城而出與森田面商，旋據報告並無結果，林等即返平報告，而雙方復繼續射擊，日軍並以迫擊礮轟擊城內，雙方均有死傷，迄午後四時牟田口派人賫函由城外鄉民繞道從西門轉遞進城，請我與吉團長星文或金營長振中出城親商，我與吉同以未便擅離職守卻之，五時牟復來函要求三事，（一）限即日下午八時止，我軍撤退河東，日軍亦撤退河西，逾時即實行以大礮攻城，（二）通知城內人民遷出，（三）在城內之日顧問櫻井通譯官齋藤等請令其出城，我當答以（一）本人非軍事人員對於撤兵一節未便答復。(二)城內人民自有處理辦法勿勞代爲顧慮，(三)櫻井等早已令其出城惟彼等仍願在城內商談努力於事件之解決，斯時槍聲已停，雙方均抱沈靜狀態以待事件之推演，至午後六時時鐘甫鳴，我忽思及專署地點實爲攻擊目標，未便久駐，且櫻井等均係輔助辦理外交並非軍事人員，自當盡我力之所及，切實保護勿令罹難，因就附近另覓民房一所辦公，並請櫻等同往，六時五分離開專署，各職員數十人亦同往，甫出大門約十餘米達，而敵人大礮已連珠而至，每礮均落專署之內，自專員辦公室起以及客廳職員房屋均被毀，牆屋倒塌器具粉碎，礮彈破片纍纍，營長金振中受傷，敵人此次突於沉寂空氣中，出我不意發礮轟擊，其用心之刻毒可見，幸我等先兩分鐘離開，否則數十人立即粉身碎骨，自是而後，劇戰達三小時，平、盧電線爲礮火摧毀已不能通，命令報告均由豐台轉達，斯時我西苑駐軍一旅由何基灃率領，已開到八寶山向五里店、大井村方面截斷敵人後路。

九時以後，我軍戰況甚佳，已將迴龍廟及劉莊一帶敵人驅走，敵軍傷亡倍於我軍，斯時接到北平命令謂已向日方提出交涉，限日軍即晚向豐台撤退，否則我軍即行進攻，同時牟田口復直接致函與我，請派員協商停戰辦法，我以北平方面已決定原則，對牟函不便答復，十時以後戰況沉寂，惟時聞斷續槍聲而已。十二時我軍實行夜襲，將鐵橋附近日軍殲滅殆盡斬獲甚多，至九日晨三時由豐台轉到馮主席治安、秦市長德純電話，謂已與日方交涉妥協三項：(一)雙方立即停止射擊，(二)日軍撤退豐台，我軍撤回盧溝橋迤西地帶，(三)城內防務由保安隊擔任，人數約二百名至三百名，定本早九時接防。我奉電後當即通知駐軍吉團長知照，乃至六時，日軍突以大礮攻城達百餘發，此爲妥協聲中，日軍背約棄信之第一次。我一面即電北平報告請向日軍交涉，經電詢日方，據云係爲掩護退卻，一切仍遵照北平所商三項原則辦理，並云日軍已開始撤退，我當派便衣隊警赴城外偵察，據報五里店日軍確已漸向大井村方面撤退，同時北平來電，謂保安隊已於晨六時向盧溝橋出發，計程九時可到，殆至十時保安隊仍無消息，經派員探明，謂該隊到大井村後爲日軍所阻不能前進，致生衝突，我方陣亡兵一名傷數名，我當即電平請向日方交涉制止並履行諾言，至午後三時仍無結果，斯時北平所派雙方監視撤兵委員已到，計日方爲中島顧問，我方爲綏署高級參謀周思靖外委會專委林耕宇亦偕來，抵縣後，即分兩組實行監視撤兵，甲組擔任迴龍廟及鐵橋一帶，委員爲周永業及櫻井，乙組擔任大井村、五里店及東北角沙崗一帶，委員爲周思靖及中島，雙方分途出發，至四時返城，均謂已監視撤退完畢，惟保安隊迄未進城，我當請周思靖赴大井村與河邊旅團長接洽，中島亦同往，嗣由周等帶進隊兵五十名請先行接防再議辦法，此爲日方背約棄信之第二次。我以北平雙方所定三原則內，接防保安隊人數係爲二百名至三百名，今只到五十名，即連同本縣隊警亦不敷城防分配，當即拒絕接收，一面通知吉團長注意，一面並電話北平交涉，（此時電話線已修竣，平、盧恢復通話）。約半句鐘得北平復電，謂已與天津日駐屯軍司令部交涉完妥，所有出發保安隊仍可全數進城，惟所帶機關槍則另派員押運回平，六時左右保安隊全部進城，惟仍不足二百名之數，據云每架機關槍係由原隊兵三人運回北平故人數減少，該隊由團附王揮麈營長賈朝義率領，我與王、賈面洽分配防務後，吉團全部移駐河西，斯時日軍河邊旅團長派笠井顧問廣瀨祕書及愛澤通譯官三人，攜香檳酒來縣向我面致慰勞，各人幷面盡一杯以祝此不幸事件之得以短期解決，並盼以後永遠勿再發生，若按國際慣例雙方既飲香檳即屬和好之表徵，乃笠井等甫去未久，我即查明城外東北角沙崗日兵尚有若干未撤盡，且有去而復返者，數目約達三百餘人，我是時大為疑慮，除電話北平報告外，並通知吉團長王團附切實注意戒備，該處監視撤兵委員本為周思靖（現天津偽公安局長）與中島，乃周已先返北平，中島亦匆匆欲行，我以此事恐有餘波，因堅留其在城內協助處理，且彼本係監視撤兵人員，今既發現日軍尚未全撤，則彼之責任尚未盡，自有留縣必要，中島意雖不懌只得暫留，至翌晨二時二十分東北角日軍忽開槍射擊復圖攻城，此為日方背約棄信之第三次。幸我軍事先已有戒備，我除電北平報告外，即向中島交涉，令其詢問實情並制止射擊，經中島電詢北平旅團部及聯隊部後，答稱日軍旅團部亦已聞報，實係雙方哨兵因誤會開槍，日方絕無攻城企圖等語，一小時後槍聲已停，接北平電話令與中島同往商決外交未了事件我即於晨間七時與中島同車赴平，車過縣城東北角鐵路涵洞處，見日軍步哨未動，且有哨兵三人阻止前進，經告以赴平接洽停戰辦法始放行。

七時半同中島抵平即與馮主席秦市長晤面，當報告日軍未肯全撤，非澈底交涉實不能視為了結。嗣櫻井、中島、齋藤等均到秦宅會商，我方爲秦市長德純、程旅長希賢、周參謀思靖及我四人。日方爲櫻井、中島兩顧問及齋藤祕書三人。我首即提出東北角沙崗日軍未撤問題，請注意討論，據齋藤云，未撤日軍係爲陣亡死屍兩具尚未覓得，故留此項部隊在附近搜索，並無他意，我當謂搜索屍體無需許多部隊，且更不必攜帶機關槍迫擊礮等兵器如臨大敵，齋藤云因恐我方射擊故不得不多留部隊以資警戒，秦市長程旅長均謂倘係單純搜索屍體此事甚易，我方亦可幫同辦理，當經商定組織搜索隊，委員六人我方由二十九軍冀北保安隊及專員公署各派一人，日方爲櫻井、中島、笠井三顧問共同組織，並由二十九軍及保安隊各派士兵十名，日軍派二十名，均係徒手由六委員率領，就蘆溝橋附近各地盡量尋覓，限定時間，無論發現與否日軍均應在限定時內撤盡，議定之後，雙方均表同意，定於午後一時出發，乃櫻井、笠井、中島三人忽乘機離席，往會客室說話，竟一去不返，同時各方報告接連而至，謂日軍已由天津、通縣、古北口、榆關等處陸續開到，且有飛機、大礮、坦克車、鐵甲車等多輛開至豐台，已將大井村、五里店佔領，平盧公路業已阻斷，中外記者由平往蘆者均半途折回，是日方之所謂搜索屍體顯係飾辭緩兵，至此已暴露無遺，此爲日方背約棄信之第四次。我接各方報告後，憤激欲絕，益以三晝夜未眠，遂致咯血一口，傍晚徇友人之勸，入德國醫院醫治，經克禮大夫注射兩藥針，夜間稍能安眠咯血亦止，翌日開戰端再啓，自念守土有責，戰中前後方事件均須親自主持，不能遵醫之囑稍事休養，即日從間道由長辛店返縣辦理一切，並率本縣隊警協助守城，自十二日以後與日軍接觸數次，但僅有小衝突，因北平方面仍在努力於事件之解決，乃至二十日午後三時於和平聲浪正在彌漫之際，日軍復突以大礮攻城，且轟擊長辛店，共達數百發，宛平城內各機關及民房幾全被燬，死傷多人，長辛店附近落數十彈，死傷平民二十餘人，吉團長星文及縣保安隊大隊附孫培武均於是役受傷，吉裹創就仍奮勇殺敵，始終不退。

次日接北平電話謂和平協商仍在進行，雙方已令停止射擊，二十二日起平漢路試行通車，但盤據蘆溝橋車站及沙崗之日軍始終未撤，我方仍加緊交涉，如此相持三日，我三十七師與一百三十二師正在換防中，僉謂換防之後事件即可解決，乃日軍突於二十五日進佔團河，二十六日日騎兵向南苑附近偵察，經我哨兵阻止無效，雙方開槍，射死日兵一人，彼更有所藉口，竟以哀的美敦書要求二十九軍全部即日離開北平，限二十七日午前答復，經當局嚴加拒絕，二十六日晚大井村附近日軍約有二百餘人聲言回防，欲進彰儀門，守城軍警加以阻止，復發生衝突，勢益嚴重，和平之望至此已絕，二十九軍宋軍長遂決定進攻，以趙登禹爲南苑指揮官，並令三十八師董升堂旅襲豐台，二十八日經我軍奮勇猛攻，當將豐台克復，同時我蘆溝橋、八寶山兩處軍隊在何旅長、吉團長指揮之下，亦將五里店、大井村附近敵人驅逐猛向豐台推進，我正擬乘鐵甲車赴豐台慰撫人民並慰勞軍隊，乃聞南苑方面敵以全力猛撲，並以敵機二十架轟炸，該處駐軍無多，以致失利，副軍長佟麟閣、師長趙登禹均於是役殉難。

因南苑失利之影響，致豐台戰事功敗垂成，蘆溝橋亦岌岌危殆，二十八晚自九時三十分起敵復以大礮轟擊宛平縣及長辛店，至翌晨黎明止約達五百餘發，宛平縣城之東北角城牆盡毀，我軍猶拚死撐持，當局爲戰略上便利起見，遂令平、津軍隊均向良鄉、涿州一帶集中，另行佈防，我於二十九日遂不得不忍痛向蘆溝橋告別，當軍隊運動轉進時，敵人以十六架飛機迭行，沿途擲彈，死傷軍民甚多，我在長辛店附近公主墳小村中收容本縣保安隊及警察，被敵機九架認爲目標，數次低飛狂炸，並以機槍掃射，該村並無防空設備，自分絕無幸免可能，乃竟不死，於是益加強我的意志，決定向石門營前進，因該處屬宛平所轄，雖軍隊已向南轉進，但我守土有責，未至全縣放棄時期，不願立即離開轄境，在向石門營的道中，經過大灰廠，適遇石友三、雷嗣尚二君由北平行抵此間，（石率保安部隊全部在大灰廠集合。）據云八寶山我軍亦已撤退，日軍已向門頭溝方面出動，石門營密邇門頭溝，不能停留，僅賸殘餘隊警亦不易節節抵抗，勸我隨軍南行再定辦法，遂同雷君折往良鄉，當晚附搭軍用列車抵保定，向各長官報告後奉命在軍服務，我之本身責任至此暫告一段落，接着八一三滬戰發生，已展開爲全面的抗戰，至今日整整一週年，我此篇的紀載，完全係當時的事實。紀載的意義，一、使世界各國明瞭中、日戰事的責任，應由日方負擔，二、使各國人明瞭日閥對華侵略係有系統有計劃有步驟，俾不至再受其欺紿，三、促醒全國堅強團結澈底奮鬬，必人人均具有犧牲的精神，方能謀取最後勝利。至我離開蘆溝橋以後戰地的生活，與目擊的戰況，因與此文無關，他日當別爲紀

載。（按宛平地理誌及「盧溝曉月」碑中盧溝橋之盧字均無草頭附誌於此。）（王冷齋）

第八段　盧溝橋畔

一　無從說起

中國對外一次一次的小衝突，逐漸證明了中國一天一天的抬頭。人家一貫的方針，是要打擊破壞中國統一和強壯的趨向。他們這種希望，和我們生存的本質根本相反。這一個基本的不相容，說明了中國之必然會和他們不斷的衝突。

去年我們軍隊飲泣退出我平漢、北寧、平綏三路聯絡要點的豐台，今年在我北方和中部唯一交通要道平漢路咽喉的盧溝橋，又發生重大事件。這眞是「理從那兒說起？」

日軍於七月七日夜間，攻擊我盧溝橋，盧溝石橋乃以東西方向，跨永定河，石橋之北，有平漢鐵橋平行而立，石橋之東，緊接宛平縣城。那時城內僅有二十九軍一營，負着守兩橋之責，日軍七日夜間，進入鐵橋東端，我軍一面奉命守橋，一面奉命對於日軍非其開槍不得還擊。這太難實行的雙重命令，加到守護盧溝橋的我軍，眼看着人家在城週活動，不能出擊，現在已黑夜襲到鐵橋上來，當然要打了。然而雙重命令逼迫下的軍隊，仍然只得忍耐下去，不敢開槍。但當夜人家由永定河上游潛過河西的部隊，與他們河東的部隊東西夾擊，我們北方今日唯一咽喉地的盧溝橋便爲他們所把守了。

橋西五六里長辛店，駐的吉星文團，他看橋一失守，怒不可當，他負着守護北方與本部各省聯絡的唯一咽喉的責任，主觀上上級給他的命令怎樣，我們不知道，但是客觀上這個橋太重要了，全國國民的熱望乃至於今後北方對外大局所關的嚴重性，都不容這座橋之爲人所佔有。他本於國民義憤，本於軍人衞國的天職，率領他部下悲憤痛哭的官兵，決定前進，八日夜間，陰森的永定河面，隱蔽了數百衞國英雄之潛行，一剎那間，雪亮的大刀從皮鞘中解脫，但聽喊聲與刀聲交響於永定河上，九日清晨，河岸居民見橋上橋下尸橫如壘，而守橋的人已換上我忠勇的二十九軍武裝同志了！

接着是奉命撤兵！原來交涉好的雙方於上午九時同時撤兵，由石友三所統率的冀北保安隊三百人開入宛平接防。蘆溝橋之本身，無法可守，最低限度要有宛平城纔可以有守護的根據。九日令保安隊三百人入城，卽等於將關係重大之蘆溝橋交於三百保安隊之手。我們爲了和平，已經忍受令我們無罪的軍隊含淚撤退，誰知九日清晨，我方反被轟擊數十礮。同時由北平開往宛平的三百名保安隊，又被阻擊於五里店，頗有死傷，強求只准保安隊五十名通過入宛平城，而只准帶步槍，每人只許帶子彈三十粒，要扣保安隊所帶之機關槍。宛平方面終日不見保安隊來，而我軍已撤，城外之日軍，人數雖略向後移，城東軍事要地之「沙崗」，仍在日軍手中，阻擋一日，經北平再向天津日軍當局交涉，始准二百名保安隊入城，不准帶機關槍。

日軍旋又進至宛平城外，其後方援兵源源而來。豐台的中國人眼看着以中國的鐵道，中國的頭二等客車，中國人的司機，開着中國人民血汗買來的火車頭，載着人家的軍隊，經過中國的領土，開到中國的盧溝橋附近去打我們中國人！

人家準備好了，當然再攻，再攻沒有攻下，又講撤兵，又說好十二日雙方同時撤兵，誰知正是十二日人家又打我們一頓。

這回他們派了些監視撤兵委員，拿着地圖到我們宛平城裏，公開的把他們礮兵射擊目標定好。我們的縣府、公安局、團部、營部、連部、礮兵陣地等，完全調查好了。於是他們的礮兵就一礮不亂的，打在我們那些要害地方。

十二日第二次受騙以後，中間不斷衝突，情勢緊張。日本國內宣稱動員四十萬軍隊，多少架飛機，關東軍從我們的北寧路源源而來，這些行動，當然刺激中國的反應。全國人心隨着緊張起來。記者從上海經鄭州轉徐州，再看看歸德、開封，又看看石家莊和保定，印象都很不差，無處不是蓬勃的生氣，無處不是代表國運的好轉，軍民萬衆一心，但等機會捐軀以衞祖國。

後來接到消息，雙方又決定二十日撤兵。有人以為這回也許可靠了，誰知二十日午後一時許，日軍對我宛平小小城池，開始八日事變以來空前的猛烈的礮轟，如雨的礮彈一顆顆精確的落在宛平的軍民頭上，空炸、撞炸、各式各樣破壞和殺傷力量，把宛平城裏的軍民打得血肉橫飛，民房家屋，塌的塌，倒的倒，四五小時的集中礮戰，彈煙與塵埃把宛平弄成了一座煙霧之城，城裏已準備撤退的軍隊和毫無武裝的民衆，被這幾百顆礮彈打得糊塗了，到底怎樣一回事呢？

這還不算，礮聲停止了二小時，有人去問日方，據答又是「掩護退卻」。這當然沒有事了，然而九時以後，密集的礮彈又來了，仍然集中到宛平城，東門樓打平了，東北城角打塌了。騎兵步兵坦克車都衝鋒過來了，我們始終守城未出，你要退卻，還來衝什麼呢？這是尤爲難解的。九時以後的礮攻，竟向蘆溝橋後方長辛店打了九礮，有七彈落在長辛店的平漢大機廠附近，那是我們北方重要的鐵道工廠！

第四次的撤兵，是二十二號。三十七師馮治安部已紛向蘆溝橋南撤退。而二十三日清晨我們在大井村遇到日本軍官，他說：等中國軍隊撤了幾天，我們再看看！

二　太息唏噓

許多人都喊着要到前線，然而眞到了前線，叫你感覺痛苦的事情纔多，所以東北青年劉琪君到長辛店一看自殺了。可惜他自殺得太早，知道的事情還不多。固然，我們也不贊成他那樣自殺的行爲，因爲本來救國是一種艱難事，我們犧牲要有實際的收穫，然而前線現象，能令一個愛國青年自殺，太不是尋常的事情了。

前線的二十九軍官兵，那一種忠勇的情形，實在令人可歌可泣，他們從不對敵方的鋒利兵器，表示恐懼，重重的子彈帶纏着他們的上身，手槍步槍手溜彈大刀大衣雜糧袋掛滿了他們身體的架子，粗粗的腿，挺出的胸，有力的腕背，紅漲的臉面，有殺氣的目光，每一個官兵在國家神聖任務籠罩之下，都成了英勇豪邁的壯士。敵人大礮把他們犧牲一批，第二批仍然和第一批一樣雄赳赳的把守在前線上。剛纔哨兵被人打死了，第二個哨兵會快樂的，接近他生命的死亡線。敵我前線相去不到半里，我們的官兵毫無畏懼的在火線上談笑，有人勸他們小心，他反而說沒有什麼關係，這是說明我們樂死的精神。二十九軍官兵在蘆溝橋前線的表現，值得我們中華民族萬世的謳歌和景仰。

然而我們進一步看看蘆溝橋抗戰中的實況，我們太不能自安了。

這樣忠勇的官兵，我們對於他們的待遇怎樣呢？他們以他們的血肉，保衛了北方交通咽喉，他們誠然本於他們的職責，然而他們在敵人鋒利的礮火之下，死的死，傷的傷了。我們從未見過蘆溝橋戰場上有過擔架兵、看護隊、醫官、野戰醫院等任何國內戰爭時皆所必有的設備！死的死了，死了，我們任他們英勇而犧牲的軀體暴露在原野中！傷的傷了，傷了，我們沒有救濟工作，流血不能止，有毒不能消！如果戰況稍平，全賴我們未死未傷的戰士配合當地民衆作些救濟工夫，此等人既非有專門救護知識，又非有救濟器具。我們看到許多受傷官兵被人扶着從蘆溝橋走五六里路，到長辛店，其已完全不能行動之重傷，則用鄉間之桿繩等物，將其不合理的抬上，有些本來尙不十分利害的傷兵，經如此抬到長辛店後，已經奄奄一息了。我們最覺得對不起爲國傷亡將士的，是蘆溝橋後方的長辛店，還沒有半點戰場醫院設備，全賴平漢鐵路長辛店醫院的醫師們自動慷慨出來作救護工作，否則他們更加痛苦了。

不但是死傷救護，我們沒有做什麼工作，就是作戰上槍礮以外的器材，亦完全由地方供給。在盧溝橋正面的始終是吉星文一團，後方的交通運輸，電信通信等，我們不曾作應有之布置。所以此次宛平縣第六區，卽長辛店所在一區，民衆對戰事之負擔，異常艱巨。對方是有完備的鐵道汽車等交通組織，而我則全恃地方之毛驢民夫大車以供往還。我以始終一團的疲憊之師，當彼全軍之銳，官兵日漸耗損，城內物質破壞日多，敵方之礮火日烈，前方之補充全恃未死勇士精神之再造，後方之接濟，則恃有限民力之勉強支持。

此次衝突，日方興師動衆，範圍甚廣，其後方爲豐台，爲天津，爲瀋陽，爲高麗，爲其本國，而迄今日止，我們之後方爲宛平縣之第六區，且此區區之一區亦非有組織有計劃者。軍隊無糧，問之地方，軍隊無鹽，問之地方，軍隊修戰壕要民夫，問之地方，軍隊要燃料，問之地方，軍隊運輸，要民夫，問之地方，軍隊抬傷亡，要民夫，問之地方，軍隊修路，要民夫，要石匠，問之地方，軍隊送飯，要民夫，問之地方，軍隊要大車，問之地方，軍隊要人力車，問之地方。我們很抱歉對前線之供應，不能週到，致勞諸將士之分心於事務，減低作戰能力。

地方民衆爲國犧牲之精神，此次在長辛店一帶充分表現。民夫多日夜工作，既無報酬，又不能得一好休息處。我們要追問者，爲什麼國家對外抗戰，要令宛平縣第六區獨當接應前方之責？

三 問題重重

我們看到許多五六十歲的民夫，他們經不起晝夜不停止的工作，肢體發腫。許多應差的毛驢，日夜不停的運輸，連飲水工夫都沒有，卽漸漸瘦倒了。

有許多趕毛驢爲生活的苦力，他們唯一的生產工具——毛驢旣然是無代價的爲國服務，他們「從手到口」的家庭，生活立刻失了憑藉，父母妻子皆開始作乞丐生活，其有不願作乞丐者，則採樹葉及野菜爲生，而這般苦力本身亦多枵腹奔走。有一脚夫在長辛店拍其空縮之腹，笑謂記者，這幾天來都沒有吃飽了。然而，他們對於這種辛苦的服務，毫無怨言，有一次管理他們的警士有疑惑他們逃跑的意思，他們憤憤不平說：「您放心！這回國家事，不比往常，您要用，儘管招呼，不用說現在不會跑，就是咱們回家以後，什麼時候要，什麼時候準來！」

有一個六十五歲的老農，家裏只有兩個小孩和一個毛驢，他被徵到前方服務，日夜搬運，肩上腫了，腿也酸了，幾天還不能回去，他放心不下他的家庭，兩個孩子不能自主，小毛驢也無人照料，有一天他乘着送飯到前方的機會，在回來時候，繞道十餘里，回家看望一趟，然後趕緊回到民夫本部來，管理警士認爲他私自潛逃，罰他十天繼續工作，他對我說：「作十天倒也沒有什麼，要說打外國的時候，說我潛逃，我眞有點不服氣！」

長辛店、蘆溝橋這樣地方，完全以交通過道的資格維持車站附近人民的生活，戰爭以後交通斷絕，若干人之生活立刻失其來源，小商人、腳夫、人力車夫，乃至趕驢的苦力，平日本無富裕的盈餘，今受外敵影響，生機斷絕，而他們尙不能不作戰爭中軍事運輸等負擔，其痛苦當非普通人所能想像。我曾問他們似此下去，如何支持，他們的答覆是：「我們希望早日把日本打出關去，我們就可以再安心的過活！」所以民衆對外抗戰犧牲是以有希望爲前提，而且忍耐有一定的限度，而且他們是歡迎攻擊的戰爭。在短期中他們是可以無條件忍受的。

我在長辛店看到軍隊下令給宛平縣政府，限他們三日之內，要修整一條兩丈寬的公路，其中並有開石山工程。宛平縣的屬區，在永定河西岸的，只是全縣面積的一部份，縣長兼專員王冷齋先生已經累得生病，祕書長洪大中先生也剛從礮火灰下爬出來，他們人力財力太有限，而且開石山是需要技術指導和技術工人，也不是馬上可以完工的事情，然而確乎軍事需要，非常迫切，前線軍隊是沒有不是地方。縣長爲難，也是實情，只是全軍對外抗戰，這些事也沒有人管？

戰區附近，漢奸活動相當利害，這似乎說明中國人心之不齊一，足以引爲悲觀，然而詳細分析，漢奸的內幕，實在也可憐，而他人謀我之深遠，亦足以爲國人警惕。原來他們平日在中國施行毒化政策，使若干無知愚民墜入鴉片嗎啡的氣氛中，麻醉了意識，而且窮困破產之後，成了遊民，每日的癮病，逼着這般毒夫不得不想解決急切需要的法子，於是人家乘機而入，賂以重金，每人每日二十元，鴉片白面管飽。如果情報確實，比方能確實探明我方高級司令部目標，而爲其礮火確實擊中者獎洋一千元。自然，他們說的話，不會可靠，不會如此慷慨，然而毒夫是漢奸主要的成員，卻一絲不假。

我們在這些特種工作上，做得不夠，而且很少有經過特殊訓練者，只能很形式的，很機械的作些外形表面工作，並不能機敏的技術的對抗外來的諜報，而展開自己的情報網，如二十日日軍第三次違約猛烈礮擊宛平城後，城內守兵疑係平日參觀人洩漏消息，告訴日軍礮擊目標，故遷怒外面入戰場慰勞調查等人士，同時不准城內婦孺出城，仍以恐洩軍情爲理由，此皆未曾了然於近代作戰之根本的意義，而徒爲過分之操切，增加吾民在戰區中之痛苦。其實日軍之測量盧溝橋、長辛店等地之詳細軍事要地，有曾爲日軍嚮導之某君言，自豐台被佔後，日軍以演習爲名，來此實測者，已不只二三次，平日無對抗，非自今日始。且累次交涉停戰之彼方人物，即爲實戰場再詳測之人物，我們不能將其如何，而重苦吾民，不能不謂有相當值得考慮的地方。

有一件非常值得注意的現象，是日軍數次如此猛烈礮擊宛平城，而卻未曾以一彈加於盧溝鐵橋上，石橋亦無大傷。此中有極大之道理，萬不可忽過。日軍七日奪得盧溝鐵橋，八日夜在相當犧牲下再入我軍手中，論感情，日軍對守橋軍隊痛恨已極，如志在單純消滅吉團，則吉團本困守小小宛平城中，其後方交通與接濟，全由橋上而來，日軍如能將橋破壞，吉團之糧食彈藥等皆無來源，不戰亦且不能持久。乃日軍計不出此，惟集中礮火，打入城中，其意蓋對北方根本認爲已早有把握，只是希望能趕走強硬無援之吉團，此永定河上之兩大交通要道，日軍尚須珍惜爲已有也。

平漢北段戰爭，論地勢關係之重要，首推蘆溝橋，有蘆溝橋則尚可與豐台平分險要，而平綏路尚不致成爲死路。蘆溝一失，則人家整個控制平津險要，以平津間鐵路爲紐帶，以北寧爲後方，以優美的內線作戰方式，以對付我津浦、平漢之軍隊，可以收集中運用兵力以突破一方之效。平綏路之被囊括，尤其在無可逃避之中。而守蘆溝橋，如對北方之敵言，當守宛平城東北二三里之沙崗高地，該地控平漢與北寧之接口，此爲平保公路所必經。「七七」事件後，日軍佔有其地，且著手構築工事，至今未停，沙崗不守，宛平城亦不過如聊勝於無之地勢，如並宛平城而放棄之，則北方內線作戰之優良形勢已成，今後再欲爭回該地，恐非有重大之犧牲，不能達到目的了！（長江七月二十三日）

第二節　平津之戰

第一段　宛平城三日記

溯自「九一八」事件發生後，處在國防最前線華北數省，幾無日不在風雨飄搖，危機四伏中，益以「塘沽協定」「冀東僞組織」，尤有朝不保夕之慨。記者北來，舊地重遊，雖是江山依舊，不無今昔之慨，但看紅男綠女，嬉戲恬樂，收音機沿街放送，靡靡之音，振耳欲聾，娛樂場所亦復擁擠不堪，較之江南臥新嘗膽情況，竟疑置身天堂，處之日久，竟生此中樂不思蜀之感，所謂「國難」云者，幾已不復記憶矣！

本月七日，記者偶讀平市某報，載聞日來多謠，冀察當局宋哲元氏因病離平，久猶未返，日使川越由滬北上，各報解釋，間有微辭，是以謠諑頻煩，大有一夕數驚，杯弓蛇影，風聲鶴唳，草木皆兵之勢。不意在此陰霾籠罩之空氣中，在盧溝橋演習之日軍竟藉故挑釁，砲擊我軍，由此樂而忘憂之古城，竟一變而為愁城。此間天氣，入夏多雨，連日風雨淒其，更見悲涼也。

平津為華北重地，一處海道咽喉，一為政治中心，日人欲得而甘心，自宋哲元氏折衝其間，蕭振瀛氏輔之於後，苦心支撐，隨時應付得法，蕭氏去後，張自忠繼長津市，宋氏獨支大局，尚稱人意，吾人昔日遠在南疆所得傳聞，人云亦云，固不知當事者之不易也，何況野心者無事生非，前途如何，殊難預料，故非用一緊二鬆三罷休之辦法，隨機應付不可。七日深夜盧溝橋事件，當已見報載，想電傳消息迅速，但恐語焉不詳，茲就記者目見，追述其經過及危城三日各情如下。

八日晨零時許，日駐平特務機關長松井，用電話向冀察軍政當局聲稱，「七日夜日軍一中隊，在盧溝橋郊外演習，忽聞槍聲，當即收隊檢驗，發現缺少一兵，同時認為放槍者已入城，要求立即入城搜查該兵」云，我方當以時值深夜，日兵入城，殊足引起地方不安，同時我在盧部隊：七日竟日均未出城，該種槍聲決非我方所致，婉加拒絕，但不久松井又來電話稱，「我方如不允，彼方將以武力保衛前進」云云，於是我方再與日方商定，雙方即派員前往調查阻止，日方所派爲寺平副佐，櫻井顧問，我方所派爲冀省第三區行政專員兼宛平縣長王冷齋，外委會專員林耕宇，暨綏靖公署交通處副處長周永業，八日晨四時許到達宛平縣區，寺平仍堅持日軍須入城搜查，我方未允，正交涉間，忽聞東門外礮聲大作，我軍未予還擊，俄而西門外大礮，機關槍聲又起，連續不斷，我軍仍鎮靜如故，繼因日軍礮火更烈，我軍爲正當防禦，萬不得已，始加抵抗，我軍傷亡頗重，犧牲甚大．但仍請其停止進攻，調回原防，否則責任應由彼方擔負，日方答以永定河方面尚有二十九軍騎兵，要求退去，方能再談其他，八日竟日間雙方仍在對峙中，我方駐盧者全爲步兵，并無礮兵，八日晨礮聲，均爲日方所發，我方軍政當局，均極鎮定，不願事態擴大，希望立即停止戰鬬狀態，入於外交狀態，倘對方一再壓迫，進攻不已，爲正當防衛起見，不得不與週旋，此事延至八日午後一時，當局用油印印出關於盧溝橋事件之公報，遍送各報，至三時以後，遍街狂喊「號外」，記者雖飽經變亂，亦爲心悸不安，平市市民對之殊覺泰然，據土著相告，謂「一兩天就沒事，你請放心！」記者證以街頭熙來攘往之現象，商店放出悅耳之歌聲，亦感庸人之自擾耳。

記者於午後三時半，復趕往各報友人處探詢情形，多感隔閡。緣自事變發生後，日軍已將北平西便門外平漢鐵路十一號道附近平保（北平至保定）長途電話線於八日上午十一時割斷，同時平市南郊小井村附近亦有騎車日軍將一九三及一九五電話局電話割斷，平、保電話已告不通，故蘆溝橋及宛平縣與北平之消息不通，一切須派人往返傳達，始能接洽，而平市各報，亦紛紛派有記者至肇事地點冒死採訪新聞，并有攜有照片者，記者聞之，不禁赧顏，回憶上海為人作嫁，襄理編務，午夜歸寢，成文數篇暗否，若與此較，又不知將作何感想？

記者道經西交民巷與東交民巷，途經西皮市一帶，原為平市銀行區，門衛森嚴，望之一無所事，但見汽車滿載箱籠由東交民巷疾馳而出，甚以為怪，以東交民巷為外僑使館及各國駐軍營地，日兵營亦在焉，在閉關時代之唯一安全地帶，今日又何獨不然，乃居民竟捨此安樂窩而就他窟，無非富有之家，鬼瞰其室，虎尾春冰，防微杜漸而已，他日之視為護符者今亦知冰山之不可靠也。

此不幸事件經此一日夜後，眞相始漸明，事件之遠因固盡人皆知為日軍之蓄意，擬以兵不血刃，步「九一八」之故智，藉口搜查演習軍失蹤兵士，入宛平搜索為理由，謀佔據宛平縣城與平津衛要孔道之蘆溝橋，幸我方察其詭謀，拒絕其要求，日方見技不售，乃惱羞成怒，變假演習為眞演習，假目標為眞目標，衝鋒於宛平城下，城內我方駐軍見日軍衝至距城僅百米時，一面請示，一面遂加以抵抗，否則將拱手讓人，賴軍士用命，僅以百餘衆，與日軍五倍之數（約五六百人）相抗戰，在機槍大礮之下死守方圓六百米之危城，竟得保全，至八日晨七時半後，日軍始停進攻，八日晚因交涉不成，孤軍又激戰一晝夜，我軍愈殺愈勇，其口號為「願死在蘆溝橋下」「蘆溝橋即爲我等墳墓」「願與蘆溝橋同亡」等，士氣可見一斑，最可貴者，爲宛平縣縣長王冷齋氏，與其祕書洪大中，表示願與城共存亡，日軍除派員交涉外，復調軍增援，豐台兵車雲集，因我方未允其條件，故有此一日夜之悲壯激戰。

當宛平抗戰之役，我蘆溝橋駐軍以該橋地勢極優，且多橋樑，因尚有一橋在日軍手中，該橋爲軍家必爭之地，我軍思奪回之，我方衝鋒進退七八次，經吉團長鼓勵士卒，奮勇當先，卒將該橋收復。聞此忠勇爲國之吉團長已受微傷。戰時自十時三十分左右起至十一時四十分止，經一小時餘之奮鬭，雖受損失，而士氣益奮。

當此戰爭序幕頻開之際，交涉亦漸由背面而入於正面，初步辦法，乃由肇事日軍先退，我方不前進，某部或謂（即石友三部蓋指保安隊而言）前接其防，再商善後，九日晨七時某部率隨員乘大汽車九輛出彰儀門前往，約在十時到達，日軍尚未掃數撤盡，見保安隊軍士到後，忽又鳴槍，旋我保安隊散開，始停射擊，因此震動全國之蘆溝橋事件，於焉暫告一段落，聞日軍死傷約三十餘人，窮兵黷武者，亦可休矣。記者作此通訊，已是十日晨一時半以後，據電詢某報，仍尚無確切答覆，夜聽簷雨淅瀝，回想三日前紙醉金迷，鶯歌燕語之場，又是一番昇平氣象，但不知此詩人題詠之「蘆溝曉月」，究將永照吾人否？惟願化干戈爲玉帛，交涉成功，否則但看我忠勇將士，努力奮鬭，流最後之一滴血，誓死與強敵抗耳。（柏屏六月十日晨發）

第二段　血淚平津

當蘆溝橋事變發生，平漢路已斷時，我從長辛店繞道門頭溝至北平，路上聽到許多鄉農談話，他們覺得這年頭氣象不同了。許許多多二十九軍隊伍，駐在他們家裏，或者車站，戒備異常森嚴，而他們毫不驚異，亦不覺厭煩，他們說：「大家程度提高了。說起國家事，沒有人不是一樣心的了。」不過，本來有條好好的平漢路，爲什麼不能自由通過，反而繞了這樣多路，竟究我們有什麼過失呢？

北平是美麗的都市，而且是受着高深文化薰陶的都市。中國有千百萬人曾經爲美麗的都市所陶冶，有若干國內國外有名的學者，受過這城市的教養，而且他們正陶醉着教養着百數十萬的同胞。七七事件以後，北平成了戒嚴與戰爭之城，城門最少閉了一半了。要道口上堆着作爲掩護用的沙包，警憲的力量加強了，許多居民避難到天津或其他的地方去了，商店的門前冷落了，街上的車輛行人稀少了，健壯活潑的男女青年學生不多見了。總之，這座古城此時現着「死」的景象了。然而她有點像一位有學問的美婦人，雖然斷了生機，肢體已經不能轉動，然而她的容顏仍然是秀色可餐，而她生前學術道德的涵育的功夫，仍然使她在死後表現着靜穆舒恬。

北平城內堆沙包，實有些不必，因爲如果決心不受外人無理欺凌，有抵抗橫暴的勇氣，我們應當不客氣的守着正義和軍事要點，使敵人定和戰於基本防線之外。今我平、津要害地點先後爲日軍佔去，不以力爭，今大禍已臨頭，只作市內之消極防止暴動工作，未免太不像話，設外險已失，而城內再起戰事，則北方大局，已處於根本不利地位。大門不守守房門，那會有多大用處？

七七事件後，日本飛機常在平市上空飛行，市民看慣了，聽到機聲也不甚驚異了。民國二十二年塘沽協定時，平市市民初受外兵之恐駭，逃難者甚多。今次則除少數優裕階級外，中級以下市民，普遍有了深一層的覺悟，日軍進迫無已時，大家如果不能有辦法，逃到那裏也是問題。所以大家索性不跑，而且對於頭上的飛機，也若有若無馬虎視之。

在北平警戒的士兵，遇到了可疑車輛行人，他們總是用了全副精力來注視、來盤問，他們的眼睛，幾乎張大得要突出。然而你們的長官，不能領你們作戰略上有價值的監視和戰爭，只在將死的城裏使大勁，勇則勇矣，其如勇得可憐何！

日本兵的情緒，完全和我們兩樣。有一天我的汽車被阻於大井村之日軍步哨，彼方一面電話上部請示，其士兵慢慢同我攀談起來，他們教我學日語，意態誠懇，很少嚴重形勢表示關懷的樣子。他們是徵兵出身，有不少知識很高的份子。他們對於中、日情況很明白，出發到中國來，也不是自己心甘意願。

這次日本到華北很多新聞記者，把華北此次侵略行爲誇大的向本國宣傳，希望刺激日本國民勝利的情緒，以穩定軍部統治的基礎。然而我在北寧車上遇到此陪送日本記者們的日本士兵，根本不大注意他們的活動，只鐵帽覺得太厚，武裝太多，只想解解他們的熱悶，豐台一帶駐屯的日軍，沒有一個不表現頹唐的神氣怪相。

好久不到天津，這回到天津東站，一看幾乎到了外國。黃色軍服的日本兵把守着站台，把守着天橋，把守着過道，我們的車站辦公房，被他們佔去做了「皇軍」的一駐站司令部」，日本在津的民衆團體，婦女團體等，在司令部旁邊設了一個「皇軍招待所」，供給他們一些飲料。

站道裏有從南滿開來的鐵甲車，車的鋼板上面，畫有虎頭，頗顯威風。還有在鐵道上駛行的坦克車，我們北寧路貨車裏裝的日本軍火，車上車下，車裏都是日本軍人。僞奉山路和南滿路的車輛有不少在車站上，南滿的司機，在日兵指揮下，自由調度我們的車輛。日軍大小軍官穿着皮鞋掛上長刀穿來穿去。我不知道天津東站已變了這個樣子，下車一看，不覺毛骨聳然。下車的中國人，多屏息疾步出站，不敢正視他們；一種小心謹慎的滋味，令人有點難受。

「七七事件」以後的天津，聽說在十九日產生了個什麼協定，第三項是取締排日，共同防共，那些可大可小的自由解釋的東西，日本人在協定前後，又「忠實」(!)的執行他們這種觀的排日防共等事件。除英、法兩租界沒有辦法外，日租界和中國管轄的區域中，日本已不客氣的逮捕那些他們認為是抗日和共產的份子。新聞界的王研石失蹤了，理由據說是組織救國會之類；南開學生會的熱心負責人也被他們光顧過了，此外失蹤的人，非常之多。我們的警察最多不過寫下他們捕人的汽車號數，也不敢阻擋和追捕。捕去以後的刑法，是有名的毒辣。

北寧路局對於日軍之招待，可謂無微不至，日軍不相干的武裝大兵，也可受路局頭二等免費的待遇，這簡直是歡迎人家來壓迫我們！

北寧車上，有些中國小學生，怒目望着他們面前的日本兵。他們的母親或者姊姊恐怕小孩惹禍，但是無論如何也勸不轉，日本天天向中國交涉取締排日抗日思想，然而他們自己偏偏不斷造些新事實來刺激中國青年，使他們感到他們今生第一個大目的；就是趕日本人出中國領土之外。

北寧路這樣豐富的鐵路，這樣好的車頭和車輛，豐台是這樣大規模的聯絡站，甚而至北平這樣美的城市，都漸漸吞入日軍口中去了。所以單言建設，而不能先有國防，則建設毫無意義，且反爲人所利用，以攻氐國家。

三十七師馮治安部，這幾天奉命撤退，大兵們離開北平城門時，總不斷的回頭望望城樓，看看城樓附近的小本營業者，他們意識中：「這些都是屬於我們中國的啊！」（長江）

第三段　亂動的北平

二十九日早晨，昨夜睡得頗爲滿足的人們打開本日的新開紙，準備來溫習一遍昨天的「歡欣」，可是，最醒目的題目已經換了時局「急轉直下」，宋哲元及北平市長都已離平赴保了；

昨天天黑以後，東城六條東口住的朋友就來電話告我，二十九軍司令部已經在搬家，嘈雜卻不混亂，似乎是有計劃的向南退走。我們在白天雖然已經曉得這幾個富於刺激性的消息很有折扣，可是還不曾料到「急轉直下」得這樣迅速。不過，現在回想起來，那天夜晚所見各方面的情形的確是在興奮中還有忙迫。

據說代委員長張自忠今晨要視察全市防務，記者在破曉後便環城走了一週，視察換防情形。各城門雖然是在關閉，可是上面已經沒有一個手持大刀「不失一寸土」的士兵：警察們正指揮着拆除麻袋，當記者在攝影時，快嘴者流，便紛紛喊着：「又照像了！」可是警察們卻在一聲不響地連頭都不抬，「今日」與「昨日」宛然是兩個世界。

今天街上最可憐的莫過於前方退下來的「弟兄」，他們從南苑方面退回來千辛萬苦地找到自己的司令部，但司令部裏已經沒有一個自己的人，在大門口便被「擋駕」，自己還不清楚是怎麼一回事。機警些的人，就忙找個僻靜處拋了大刀，軍衣脫了，僅穿着裏面的小衣褲在街市上開始作落魄的孤魂。市民們已經沒有人再行另眼相待，雖然和昨天的距離不過只有十二三時光景。

但由這些落迫的孤魂口中，昨天的血戰依然使聽衆興奮。而飛機的擲彈，卻又是使這次南苑失敗的主因。一二八戰役時，翁照垣將軍曾說：「此次戰役給我一個極大的感觸，當日人的飛機向我們恣意投彈時，牠們滿天亂飛，得心應手，絲毫無所顧忌，雖然不能彈彈命中，但在精神上給我們以威嚇，在實際上給我們以損害確是極大的。」他更加重地說：「滬戰不是最後的對外戰爭，飛機的效用將來愈大，難道我們第一次領受了這樣嚴重痛苦的教訓之後，再以這樣的眼睛，看我們許多無抵抗的大都市和民衆受到第二次的損害麽？」

不幸而言中，二次的損害又來了，第二次的「損害」便落在華北頭上，我們的南苑、通州、廊坊、天津，大半都成了焦土。佟麟閣副軍長在南苑統帥着軍官團在抗戰，便是在飛機的轟炸下爲國捐軀；趙登禹師長也是在煙霧彌漫中失掉了指揮大刀的策略，終至於供獻了生命。二十九軍的內幕，複雜我們是知道的，可是這次老宋的指揮不靈，卻很少有人顧慮到，這變化尤其令人不敢想像。

下半天，外城每過相當時候開城一次，使難民進城，只允婦孺，不要孤身男人。四個日軍站在城門邊監視着警察執行職務，男人手中的包裹必須打開檢視，但女人手中的則只按按有無武器，即准進來，南城一帶，香廠和彰儀門裏都設立了供給玉米麵粥的收容所，所址的面積和難民的人數比較起來，眞是「一粟」。

在朝陽門上，可以看見通州的煙氣彌漫。

昨天晚上，通州一點也不平靜，保安第一總隊在隊長張慶餘指揮下「反正」了，冀東政府的各縣一致行動，宛如過去八月十五殺韃子的故事重演，在民族仇恨的怒火燃燒中，我們的士兵先把監視當地的太上皇某敵人領袖消滅後，便開始作壯烈的流血，這羣東北健兒可以遙向着白山黑水默禱：我們放棄了最後的等待（按其中有于學忠舊部）。

殷汝耕本是被擄在軍中，那張之洞的第十三個孫子，前五省保安司令趙二老爺和其他漢奸都是戰戰兢兢地爬在高粱地裏聽着別人血滴在流；一槍打死，緊跟着又是一刀。一陣暴風過去後，又享受了從未吃過的辛苦，到了北平城外，纔輾轉打電話，叫了個汽車坐着進城，他們進城後纔知道殷某是在某種諒解下，並未喪失了性命。

最慘酷的是大部冀東保安隊來到北平和二十九軍會合，不料到了城根卻受到敵人機關槍的歡迎。二十九日傍晚北平城內又聽到了沉重的礮聲，人心震動，以為是中央軍來到，可以死水揚波，誰想到是這真悲劇呢？這以後，收復冀東顯然是不會再這麼容易了。

到處是嘆息，到處是憤懣，無線電台天天在報告着「日機，日機」，華北人民要問：「我們的飛機呢？我們的國軍呢？」事情到了自己的頭上，纔起了真正的感覺，大家的向心力堅強，決非東北事變，熱河事變，上海事變時的漠不關心了。可是——

北平已被團團包圍着，四面已經透不進一點風來。（魯悅明）

第四段　北平淪陷後

北平偽「臨時政府」行政委員會委員長王克敏，三月二十八日在平市米市大街遇刺事件，足使一羣「新貴」驚駭失色。與王同車之日人顧問山本榮治，當時被擊中數槍，傷勢甚重，而王本人則竟倖免，此又為各方引為恨事者也。刺客數人，事後從容逃逸，北平空氣，因此已大見緊張，本案為華北淪陷後之第一個恐怖事件，不可不紀，茲將各情臚誌於次：

一　開槍情形

二十八日下午五時二十分，王克敏與日顧問山本榮治（五十六歲）自某處乘自用汽車擬歸東城趙堂子胡同私宅，行經煤渣胡同後，由西往東，通過米市大街之際，適為由北向南開行電車所阻，乃緩緩駛行，以待電車駛過，其時忽有乘自行車之青年二名，自日商店殿草蓆店門前之電線桿附近衝上，拔出手槍向該汽車連放四五槍，復由煤渣胡同對過之東堂子胡同口某肉舖前，躍出壯漢多名，同時向汽車射擊。此際汽車電車行人，均忽焉停止，兩青年復趨趕汽車，繼續射擊，在此瞬息間，王之汽車夫佟忠厚乃縮頸低頭，以最高速度駕車向南逃竄，始得脫離刺客之射擊範圍，該刺客等，亦均乘自行車分逃無蹤。

二　山本重傷

刺客約共發八九槍，擊中汽車者約五六槍，計兩槍擊中日人山本榮治，其餘擊中汽車前部之引擎等處。山本左頸受傷，眼下骨折，上膊骨折貫穿槍傷，汽車夫自肇事地點，駕車竄逸後，以為車中二人必已受傷，故急駛至東單牌樓、三條胡同日本同仁醫院，至則果然發現山本已血流滿身，暈絕良久，王克敏本人則早因驚恐面目失色，山本事後即被舁入該院病室，施行緊急之治療。

三　北平空氣

此案發生後，死寂之北平，突然緊張，據日方公佈，謂今後對於各要人之身邊，將嚴行警戒，平市對於各街市行人，頃已實行盤查，晚間尤為重視，空前嚴厲。北平「警察局」並懸賞一萬圓，緝拿刺客；同時內一區署長韓世清，因「辦理不善」，停職留任，偵緝總隊長馬玉林，亦被記大過一次。警察局懸賞佈告，原文如此：「三月二十八日下午六時餘，行政委員長王委員長與山本顧問，同乘汽車，道經煤渣胡同東口，突遇暴徒數人以手槍射擊，倉猝逃逸。查此次事件顯係不逞之徒，希圖破壞和平，除飭區隊限期嚴緝務獲懲辦外，並懸賞一萬元，如有人密告指獲者，定按賞格發給，或指有線索，因而弋獲者，亦必酌予獎賞」云云。

四　王逆談話

當日之行刺事件，平、津中外報，均被禁披露，次日上午十時應中國及西洋記者之要求，王氏發表書面談話，略云。「此次事件，余心境無任何變化，自不待言，即對政務亦無何等變動。」由其語氣之黯淡，可見所受棒喝之深重矣。（大公報）

第五段　天津事變經過

一　事變之前大捕學生

當蘆溝橋事變發生後，天津仍現和平空氣，敵人則在公路上關於軍事之運輸極爲忙碌，其所以造此和平空氣者，因其軍事之佈置，未臻妥善，藉達緩兵之計耳，故在津近郊，日軍隨處拉夫，搬運軍備，且偵騎四出，漢奸密布，當時即有被認爲抗日份子而被捕者，據渠等所知，已有四五十人。彼等所特別注意者，爲學生界所組織之海風詩社及曾受軍訓之學生，拘捕之法，強迫當局拘捕，或到各校冒名引誘出外，即拘上預備之汽車，綁架而去。此乃事變發生前之大概情形。

二　我軍忠勇憤慨抗戰

二十九日清晨二時，天津即發生衝突，因此時在津日軍為數不多，而我軍在津者，分向新舊車站及東局子之飛機場，海光寺之日本兵營及日租界包圍，先後奪得兩車站及飛機場，在飛機場，停留之飛機有六十四架，因我方無駕駛人才，故不能駕走，乃即縱火燒燬敵機三十常，餘架；我軍忠勇抗敵，敵方之礮火雖極猛烈，但我軍奮不顧身，向前猛衝，我人莫不欣喜異後聞該軍方面所稱，因軍中未有大礮，故尚未能將在津日勢力悉數解決，故將於翌日攜帶重礮往攻，但至三十日僅見濃煙布空，火光燭天，飛機軋軋，炸彈轟轟，似未聞有礮聲，正極懷疑中，後聞因奉上峯命令後退，以致停止攻擊，士卒雖以礙於軍令，但莫不憤慨異常，故甚至有拋棄軍衣，另穿便服，自動殺敵者，不計其數。自我軍撤退後，敵人仍繼續不斷進攻，實行其屠殺放火之舉，空中之飛機，繼續拋擲燃燒彈，如南開大學、市政府、警察局、電話局等，幾全部被燬。津市素以為小巴黎之官銀號（地名）亦悉為燬滅，及後又繼續在華界藉調查為名，無辜被屠殺者不計其數。尸體積野，房屋盡毀，一片焦土，傷心慘目，令人目不忍覩。

（大公報）

第六段　揮淚話天津

蘆溝橋事件發生後三個星期，平、津兩市在毫無準備中同時陷落，又兩星期，南口、上海先後發動強烈的抗戰，全面的持久戰，業已開始，舉國上下正在準備一同犧牲。天津不幸淪爲敵人的後方，漢奸的活動，與敵軍的殘酷，處處使人落淚。困守在這裏的人們，自然也時時嘗到辛酸滋味。謹將一個月以來津市情況，拉雜寫出爲後方同胞告。

津市繁華，素有「小揚州」之稱，自經敵軍礮火，雖然租界裏熱鬧如昔，但市區已成一片焦灰。不過這種犧牲，在全面抗戰發動時，殊難避免，何況僅僅是整個犧牲的小部分，所以在天津有識之士，甚至於大多數民衆，都不以此次損失爲可惜。但在敵人呢，恣意轟炸的結果，除去燬滅一部建築物外，在國際上博得殘忍暴虐的惡名，實際得不償失。目擊日機轟炸毫無抵抗之文化機關的西洋人說：「他們的技術還不壞。」

天津市保安隊之奮起抗戰，完全聽命於警察局長李文田。當時本奉命要想「出奇制勝」一下，不幸北平情勢正在天津發動的那一夜突變，以致功敗垂成。事後據悉，我忠勇之保安隊，確曾將東局子敵兵營機場包圍，而日租界海光寺附近，我軍也進到相當地點。士兵的精神，不因傷亡之衆，以及火器之窳敗而失望與掃興。天津雖不是一個比較優勢的戰地，但倘使北平情勢變得不這麼快，退卻的命令不這麼急遽間下來，我軍更不致敗績的這麼慘，損失也不會這樣重。李文田是二十九軍三十八師副師長，兼任天津市警察局長，是張自忠最近親信，對於日本人，向來依照張自忠的意旨而與之週旋。蘆溝橋事件爆發，李還奉命與日軍參謀長橋本羣折衝多次。李在當時好像是主和一派，嘗對人發揮其主張不戰的意見，以爲「做民族英雄效法史可法容易，而生靈塗炭揚州十日的慘劇，恐難避免。」果然，不幸而言中，因平、津局勢陡變，李本人做史可法未成，而揚州十日之刧，已臨到津市百萬民衆頭上。後來李即率隊集中馬廠，在津浦線上與敵周旋，一個半月以來，因器械不逮敵軍精銳，但敵軍不能順利南下，須知是三十八師一部忠勇將士抗戰的結果。

敵機在七月二十九日開始轟炸，市政府、警察局、法院相繼被燬；文化機關如南開大學、中學、女師學院等悉成灰燼。炸彈大礮之外，繼以縱火焚燒，特二區市立醫院因收有傷兵，敵營擬施以不人道之轟炸，特一區當時有難民四萬人，敵謂有保安隊在內亦欲投彈，雖經領團交涉阻止，但其凶燄已可想見。河東、大直沽因當地民衆搶其糧台，遂大肆屠殺，河北一帶更有日、韓人率衆刦掠，直同盜匪世界，河北及西廣開各處，日軍隨意姦淫婦女，無異禽獸。

平、津失陷後，兩地正義報紙，在敵軍壓迫之下，即無法出版，新聞界之被逮捕者，最初有中報記者王研石，其後新天津報社長劉中儒，益世報經理生寶堂，都如石沉大海，杳無消息。

庸報是日軍部的機關報，所載除同盟社消息外，大部份係挖空心思，隨意造謠。在各種正義報紙被禁賣的時候，日憲兵在市區各商號強迫派賣。但那些消息，只是日本軍閥，藉以欺騙他國內民衆的玩意，津市雖然陷落，大部民衆是愛國的，對於庸報，差不多都棄如敝屣，誰也不睬。此間民心，仍十分信任政府，日人的謠言，只自遭罵詈。在津出版的英文報紙如泰晤士報（英），華北明星（美），則極爲一般人所爭讀，此外有多種「號外」，載有中央廣播電台廣播消息，有時夾雜些道聽途說的新聞，也能暢銷一時。編撰這種刊物的人，雖多係投機份子，卻也不失爲「愛國志士」。

天津新聞檢查所，已由「治安維持會」接管，改稱「天津市新聞事業管理所」，由那裏規定出幾種可以出版販賣的報紙，其內容如何，可想而知。人們唯一的希望，是每晚聽一聽中央廣播電台放送的消息。無線電事業，在近期間確曾做了極利市的買賣。

日本處心積慮，破壞中央電台的播音，已非一日，到今日把這種卑劣的手段使出來，攪得收音機裏面，如鬼哭神號，但敵人的陰謀，畢竟還差了一着，鎮江、上海、廣州、漢口各處廣播電台一樣會轉播中央消息，每夜街頭巷尾，老是有許多人圍在有收音機人家的附近，屏息靜聽，只有從無線電裏希望佳音。

九月一日所謂「治安維持會」成立，羣魔亂舞，魍魎百出。委員長是曹錕時代包辦賄選的高凌霨，委員則有鈕傳善等一班人。下設四局，總務局爲袁世凱時代的祕書長孫潤宇，公安局爲程克時代的公安局長劉玉書，財政局爲尊直系智囊張志潭之弟張志澂，社會局則爲近任商會主席之王竹林。王已八十多歲，乃竟出爲傀儡，並兼長蘆鹽務管理局局長。司法機關河北省高等法院與地方法院，均由方若充任，方字樂雨，也是六十歲開外人了。辦公地點則在日本租界。

現在津市可以看得見的國家機關，只有中央、中國、交通三行，及津海關與電報局，電話局而已。津海關因稅務司梅維亮之交涉，得免遭刦擄，到如今還與海關監督孫維棟併力支持。據說鹽稅也曾由稅務司辦妥，不致被敵接收，所以很多人對於長蘆局長李翰華之拱手，將現款百餘萬元相讓，表示懷疑。只有電報、電話兩局，在百般恫嚇，種種困難下艱苦撐持，表現出奮鬪到底的精神。

僞治安維持會，成立時野心極大，連商品檢驗局都派人接收過去，對於電報、電話兩局，自然垂涎三尺。日本領事曾數度找我電報局長王若僖，大肆威脅，最後並有漢奸傳話，謂將置王於死地。但王氏的剛毅精神始終不屈，一直到現在，還在率領全局職員，按步就班做去。雖然往南去的電線路，已被日人強搶了去，但無線電依然通行。現除北平不通外，其他國內外電報照常收發。至於北平方面，電報局已由一佟子安者充任，全體職員被裁，雖照收電報，但卻要送到日本人所辦電局拍發。

電話局現在顯已分成三個系統：六局（北局）因在河北，首先被「維持會」接收，委由張仁侃任局長，當時野心很大，並擬接收三四兩局，（三局卽南局，在英租界，四局卽東局，在義租界，）被電話局長張子奇大駡一場，抱頭竄去。二五兩局則自被敵機炸燬，機件也悉被搶去。日人現由「滿洲電信株式會社」籌設電報、電話兩局，一方面收發東北、北平各地電報，一方面在日租界裝設手搖話機八百號，接線者悉爲日本女子，並擬在本年年底完成裝設六千號的計劃。三四兩局則因在租界內關係，仍在我手中，只是特一二三區的電話租費已無法收取。其他交通機關，郵政局雖遷回特三區總局辦公，但郵件須經日人檢查，已恢復津變前數日情形。（九月十二日大公報天津版）

第七段 淪陷之後的平津

一 金融紊亂

自日寇在平、津發行「聯合準備銀行鈔票」後，法幣一面由中交兩行收回（中、交兩行行長早已離平）同時日寇也直接以河北省銀行鈔票將法幣換去，故目前法幣在平、津租界內間常可見之外，至於新鈔表面上是沒有折扣，可是信用極低，以之購買物品，物價昂貴，如二三口之家，每日兩餐小菜費若只二三角，則只好吃黄豆芽和綠豆芽，不要說吃暈菜，連青菜等都莫想見面。同時一般市民不敢存蓄新鈔，錢到手就得花去，莫不叫苦連天。過去有錢人將錢存在銀行，現均無法提取，某富人存款二十萬元於中國某行，每月日寇祇允提取四百元維持費，還要報告用途，從這裏看來，有錢的同胞應該覺悟了；假若亡國了，不但有錢不准用，還要受氣，莫若現在儘量購買國防公債，爭取抗戰勝利，纔眞是保全財產的唯一方法。

二 近郊游擊

平、津在表面上看來是陷落了，可是敵人的殘暴壓迫，國人的英勇反抗是相互呼應地在表演着，近來游擊隊非常活躍，這是誰也不能否認的事。前月在天津[illegible]不[illegible]地，有敵軍四五十八於白天被游擊隊解除武裝，安然退去，這次駭得敵人膽戰心驚，事後敵派大軍到臨，加以封鎖，斷絕交通，施行檢查等，鬧得天翻地覆，可是連游擊隊的影子都找不着。至於聽到槍聲和風聞我軍收復某處某處，那是經常的事，不足爲奇！

三　壓迫政策

近月來我方游擊隊，在平、津出沒無常，敵人知道我國人決不甘心做亡國奴，於是牠一方面積極壓迫與嚴密防範平、津市民。敵人的檢查是不分日夜的，平、津居民隨時都可碰到全副武裝的敵人檢查員，三四人一隊，或六七人一隊敲門入內檢查，檢查的時間是半夜或清晨都有，入室翻箱倒籠，乘機搶劫，甚至一封普通信件都要遭拘捕，拷打；有時街上行人，在你漫不經心的時候，敵人從你背後[illegible]上，當街檢查，有時[illegible]行人檢查員，既不[illegible]中之，又不[illegible]中國[illegible]，被檢查者[illegible]拘[illegible]吧了。這是敵人硬來的野蠻[illegible]；另一方面[illegible]中國人，這些人因爲在平、津置有財產，離開平、津就沒得生活的保障，敵人就利用他們這一弱點，派人日夜包圍，恐駭、威迫，和誘想拉他們出台做傀儡，許多不願做漢奸[illegible]平、津、逃不出的士紳們，真是度着哭笑不得的悽慘日子！

四　漢奸末路

有些不明白的人，以爲做了漢奸，在敵人佔領區域就可自由行動，發財享福。現在且讓我把平、津漢奸的眞相告訴大家，對於漢奸，不僅愛國志士不容其生存，王克敏的被刺，就是日寇也一樣的要了結他們生命。陳覺生是全國聞名的漢奸，陳覺生的死是敵人命令醫生注射一毒藥針死的，原因是陳覺生參預了敵人某項祕密，當陳將事辦好，日夜辛苦偶感傷寒，敵人即乘機派一醫生注射毒藥針，數小時後陳即身亡，這是敵人斬草除根，殺人滅口；至於陳覺生的遺產則歸日人管理，其妻子兒女並無權自由使用，每月祇能任憑日人給予若干維持費。自此事發生後，平、津大小漢奸，莫不岌岌自危，大家都有騎虎難下，除死方休之慨。

五　我國報紙

在平、津隨時可以看到敵人懸在天空的氣球，氣球上的字千篇一律是「皇軍佔領某處，某處，殺敵若干萬」等語，這是東亞日報歌頌「皇軍」，提倡中、日提攜，侮辱抗戰的不倫不類的理論，這些報紙是無人問津的，然而在那樣嚴重的情形下，某通訊社仍以油印發稿，大公報亦以油印按日出版，內容都是簡單扼要的抗戰消息，這種報紙不僅一般市民冒險購讀，即漢奸們也以重金購得，每一份報總是你搶我奪的來讀，恨不得人手一紙爲快！

六　反戰日人

天津一埠有敵傷兵二萬餘，不久以前在郊外火葬傷兵一次，據日人傳說，其中多有未死的，這次火葬有好幾千人，原因是敵人不敢把傷兵運回國內，怕引起國內反戰情緒。雖然敵人千方百計想緩和反戰空氣，在平、津反戰的事仍層出不窮！如天津某日紗廠經理（日人）怕上線，同情中國抗戰，將個人在日財產變賣爲七萬日元，匯來中國，被敵政府知之，實行扣留。事後該日人垂頭喪氣地告人，「我已入中國籍，希望中國人不要把我當日本人看。我的計劃已失敗，可是我知道中國這次抗戰是堅決持久的，日本財閥軍閥最後必被中國抗戰力量擊潰，新興的中國不可限量。我年近六十，現祇有多交幾位中國朋友，希望中國朋友幫助我能夠全屍而死，……」言時聲淚都下。此外如東交民巷站崗兵及天津東總西站的駐守日軍，每名士兵多則以五千日金，少也要二千數百元日金纔可以買得一位置。這些日兵和車站職工很接近，彼此拍照，請吃東西。據日兵語人：「我們把中國朋友照片寄回國，是告訴家裏的人，我們來到中國不僅沒有上前線殺中國人，還交了中國朋友，中國人絕不是像國內的法西斯們所說的那樣野蠻，叫家裏人好開心！」由此可見敵國反戰和懼我的一斑。（抗戰日報）

第二篇　西戰場第一期

第一章　南口與綏蒙

第一節　南口之戰

第一段　南口迂迴線上

一　日軍迂迴進攻

自西北軍退守南口之後，南口形勢的險要，遂傳播於遐邇，中外的軍事家莫不以另眼看待。可是日軍自大，這回要故作嘗試。八月九日的一天，趁我十三軍八十九師的陣地還未配置就緒，即行眞面目的主力總攻擊，集中礮兵，緊密放射，飛機協助轟炸，使我稜線陣地內的戰士不能抬頭還擊。同時用阻止射擊——礮彈跳越山頭，而射落在山背，——使我不能增援，然後以坦克車掩護步兵衝鋒，以優良於我軍十倍的現代戰爭利器，七晝夜的猛烈轟炸，除了粉碎南口左右兩個山頭，八十九師的弟兄有重大犧牲外，陣地還是陣地，沒有絲毫動搖。

日軍攻南口不下，於是不能不變更戰術。八月十五日南口戰況突趨和緩，而南口右翼長城線附近錫頂山前黃老院地方已發現敵踪，敵方以昌平縣沙河鎮西南之西貫市爲根據，另外以門頭溝爲第二軍事活動地，向永定河北面進攻，欲利用複雜地形，由山徑小道，出我不意，穿過長城口，迂迴而入懷來，康莊，取包圍姿勢，切斷我南口聯絡。這是攻南口失敗後，坂垣纔主張用迂迴戰法，攻擊我南口右翼。

二　橫嶺城頭

擔任南口正面戰鬬任務的是××軍×××師，師長王仲廉先生，右翼是該軍×師的戰場，師長王萬齡先生，軍長湯恩伯氏兼前敵指揮官，駐節懷來城內指揮作戰。

懷來是平綏路東端的一個縣治，距南口百餘里遠，離右翼橫嶺城前線最近，不過五十里。地勢低窪，南口山脈四週環繞，把牠形成一個懷來盆地，在軍事上看來，牠不相宜設立一個軍事中心機關，假使單單指揮湯軍的二師人馬，康莊是比較相宜，但是在永寧、延慶、赤城、龍關、獨石口等地部隊，也歸湯恩伯先生指揮，他的指揮部放在懷來，是太偏於右前方了。因爲×××恐怕湯軍奪他地盤，不允許軍部設立在宣化，另一方面因爲當時戰局有全盤勝利希望，稍爲不適當的地方，似乎無大關係。

×師師部當初也在懷來城內的，副師長陳大慶先生在橫嶺城組織臨時司令部，用電話指揮前線部隊作戰，聽取敵情，隨時調遣布置，同時向後方高級長官報告，或傳達上級命令。他對於前方地形相當熟悉，湯軍急援南口，×××僅派參議與作形式之聯絡，對南口方面的地形，還是陳太慶先生自己去摸清楚的。

八月十五日敵軍攻入黃老院陣地，砲火的猛密，與攻南口一樣的戰法，並且逐步向右翼缺口奮進，情況非常嚴重。師長王萬齡先生也到橫嶺城坐鎮，出發時把他的物件，一針之微，都囑勤務兵收拾帶走，準備不再回到懷來，他不回懷來的意義有兩層，要是把日本打跑了，當然跟踪追擊，不幸而失敗，則以橫嶺城爲坟墓。

橫嶺城在懷來東南四十里地方，南口山脈的崇嶺間，在地圖上看來在長城牆底下，實際上走起來還有十里路，這是通北平的主要山道。所謂道路，僅僅是一條被山水冲刷成的山溝，談不上什麼「道」和「路」。但是，現在成爲我們後方軍事運輸上的要道了，而牠在軍事上運輸上，卻異常的不便利。

二十日的黃昏，湯恩伯的參謀處長在一間幷辦公室的炕上，用他幽默而頗有煽動性的語調，談論前線戰況時，忽然停音，伸長耳朵，細聽院落裏牽牛花葉上的雨聲，目角上露出新的笑容，即以演說中最緊張的意態述說他的新感覺：『下雨了！我們前線的弟兄又好出去摸他一下了！』（摸他，即利用雨夜，乘敵不備，偷襲敵營之意。）屋子的人對簾外的雨發生特別好感。

第二天的早晨，泥路濘滑不堪，接濟前方的彈藥，完全改由大車——北方的馬車——輸送。天晴路好可以用卡車載運。然而牠輸送路程都只能達於二十里外的山口，再向前，只有借重人力和牲畜。

因此這天的運輸隊，由驢子，大車，挑夫組合成，這條牛走起來還嫌崎嶇的路，汽車就用小脚婆走路的方式也難通過了。在這樣道路上，毛驢子最驕傲，馱載的重量旣不過份，行動可以自由，等驢夫睡倒了，牠偸偸的走進田地裏，黃的高粱，嫩的黃豆莢，小米子，大膽的吃一飽好東西。莊稼人看見了至多是吁吁趕跑牠，不肯像平時拿起長棍來打牠一下，因爲牠也加入戰爭了。

除了輸送彈藥給養的運輸隊外，任務最緊要的是增援前方的礮兵連。夜晚上冒着大雨由懷來城開拔，雨水的澆淋，滑而亂的山石，叫他們攀援而上，實在夠乏的。太陽光射進山溝時，他們卸去了鞍架上的礮身，礮座，彈箱，把騾子繮繩扣在臂膀上，由牠們在可能距離內去充實已空虛的胃囊。而倦了的戰士，在比較平坦的亂山石上用各種不同的姿態睡將起來。太陽光的熱度，和自己的體溫，把濕了的草綠色軍衣烘乾了，可是在身體睡壓的一面，因爲地下潮濕，還留着一大塊潮漬，翻過身來再睡。一等兵劉長勝睡得頂香，幾隻大螞蟻爬過他頸脖子咬了一口，兩手亂抓，把頭頂前濺滿了泥漿的馬燈打到石坡下，他身也不翻的又睡着了。一個工兵背上負着十字鎬、鐵鍬、軍氈、防毒面具，僞裝網和短槍，這樣在山溝裏的亂石上睡來是頗成問題，解除了睡又太費事，於是把身子斜伏在山坡上，追尋他的甜夢。

轟轟的礮聲，在山溝裏聽來特別的兇猛，也許是拂曉後的第二次攻擊，礮聲的震盪，驚醒了他們的好夢，一個個爬起來繼續前進，比平時吹號集合動作，還要迅速整齊。但是險隘而嶙峋的山徑，只能一步小心一步的向上登援，假使在平地上他們一定要用最快的跑步衝上前線去！

這是南口山脈北面第一個高山，向裏走去，山頭一個比一個高。明代為防禦北方起見，是以南面北的方向，所以長城都建築在極北的山的稜線上，孰知數百年後的今日，我們要從城北向南去驅逐異族，長城於我，完全失去牠的作用了。

進了長城口，下坡五里地是板達峪，山溝是這個山村的唯一街道。新由後方增援來的七十二師，在這裏休息，唯恐驚擾百姓，不久又要前進，軍需輜重馬匹都集合村屋外面，日本飛機不知道這裏是我們後方，目前可以省去躲避飛機的麻煩，於行軍上還可自由活動。

板達峪是懷來與橫嶺城前線聯絡的中心地，恰在山下，翻過山來的後方援軍，由前方抬回來的和自己走回來的傷兵、都由此處歇腳、休息再走。這個山村在軍事上佔重要地位，日本飛機是不會忘了牠。××軍——××師開走不遠，南面山頭上飛過來一架敵機，我們的人馬在高粱地和松林間隱蔽起來，沒有一點目標暴露，傷兵放進屋子裏，空盤旋了三週而去。

三　在司令部中

前面五里路遠的橫嶺城，由這天起，敵機時時來照顧牠了。

橫嶺城三字在八月十五日打下日本五二〇號飛機消息中與讀者見過一次面，這座長城邊的古堡，牠的光榮，不僅如此而已，實際與昨日有同等歷史價值！

前面是×師的陣地，司令部設在這裏一間民房內。電話機、地圖、無線電台，這是司令部中最主要的戰爭武器。人物也簡單明瞭，師長王萬齡，副師長陳大慶，×××師師長陳長捷，參謀，副官都帶了命令上前方。陳長捷師長在三位師長中他最胖而白，眼睛特別圓大，他纔到不久，部隊正待部署，一個人拿着一張戰爭草圖，把紅藍鉛筆劃出他配備兵位的記號。

陳大慶副師長對地形非常清楚，接到前方某部的報告或敵情，他隨即指出某個地帶重要，應如何派兵監視敵人的行動，與某方的部隊取聯絡，或向左向右靠近，堵防缺口，必要時他還得上前線去督戰。他說他的舖蓋，從平地泉帶到此地，沒有好好攤開睡過一夜。我們從他黑而瘦的面龐上可以看出他的憔悴來。

重要電話，大部分是王萬齡師長自己接聽。他的說話聲調，在緊急時機，待上接下，始終是保持着溫和而慈愛的態度，可是令出法隨，沒有客氣。××團的某連長，因爲敵方礮火過猛，犧牲太大，向後稍稍移動，卽下令槍斃。他接得前線接觸的消息，總是如此堅決的囑咐他的部下：『師長不會後退，死也不離開你們，你們放心！不過，你們要死守陣地，千萬不能後退，退了，我們要槍斃的！』『師長放心！』這是前線將官一致的答覆。上自湯軍長，下至伙夫，都抱了一個『死』的決心！

四　橫嶺城觀戰

迂迴戰爭，八月十九日起全線發動，以×師一個師的兵力防守一二百里的戰線，崇豈的山頭，錯雜的山溝間小道，都要兵去監視，這是很成問題的。陳長捷的一師生力軍開上去，是計劃出擊的，然而受日軍的牽制，出擊成了空想，敵方倒於二十一日向我總攻擊，八五〇號高山的右面山頭，敵方把牠看作南口，行眞面目的攻擊，牽動我主力，再分別向我其他各線衝擊。

太陽光照過每個大小山頭，拂曉攻擊的槍聲，疎落得像未後的幾個鞭礮。李營長由山後繞出右面的山嘴，鑽進機槍連陣地，告訴他們第十旅石旅長奪回左面長城碉樓的戰鬭經過，他剛纔開始講述，轟的一聲，跟着是礮彈的爆炸，土石和破片的飛騰，還沒等飛騰起的土石鐵片着地，第二顆礮彈，三顆，四顆，……的對準打來，整個山頭都在雨點般的礮彈下了。這是敵方開始二次的攻擊

一面小白旗向上一舉，敵方大礮馬上停放，敵方坦克車對我前進，後面跟上一大堆的蓄短髮穿皮靴的倭兵。這樣的動作，三次四次之後，坦克車像出水烏龜爬上我陣地，坦克車上機關槍，躲在戰車後面，倭兵的手提機槍，同時放射，衝上山來。我們忠勇的戰士，跳出戰壕，手榴彈像西瓜往下擲，可憐被驅使衝鋒的高麗人先吃苦頭。

機關槍怎樣準確向我軍掃射，奮勇的十三軍戰士，沒有一個想到槍彈會打進血肉來，短兵

相接時，手溜彈是唯一可以對大礮報復一下的東西，擲手溜彈的戰士，雖然一批一批的倒下來，第二批馬上又跳出戰壕去抵抗。

這樣的衝鋒，接連三次以後，機槍連僅剩一個戰鬬兵，一個傳令兵，一個伙夫了。戰鬬兵，傳令兵把住兩挺輕機槍，伙夫在中間向左右輪送子彈，繼續對二千敵衆強烈反抗！

太陽照臨着整個的山谷，這三位作殊死戰的英雄，最後含着光榮的微笑，躺在陽光中！

五　戰場夜色

常峪城被敵軍突破後，三個連長陣亡，這個消息，傳到司令部，已經黃昏時候，王萬齡師長恐怕沒有人帶領前方部隊，容易出散亂的危險，即派沈參謀去把他們帶回後方整理。我們看到他們走回山坡，三面套上旗套的軍旗，後面跟回來不到一百的剩餘戰士，四十餘頭的騾子馱回許多未用的輜重，騎着馬的排長懷裏還抱着他平日心愛的小白狗，人數雖然剩的不多，行列還非常整齊，情緒還是緊張着。灰白的夜色可以看出他們面部上充滿着戰爭的興奮。

在三個高山頭環抱的一個山上，是×師×××團三營彭營長的二道防線。因爲前線十分緊急，二道戰線上一點也沒有鬆懈。在夜的天空下，山頂的哨兵是最辛苦了！他們在路旁的土洞裏吐出他們的鋼盔，注意着他們的警戒線，不時在問口令，然而走近跟前，卻看不見哨兵的位置，這種哨兵的隱蔽方法，能使敵方的大礮難找到對他們瞄準的目標。

這是山野，沒有一堵牆，半片瓦，在山背上挖個土洞，是最理想的避彈室兼住所，原始時代的『住』的方式，想不到還能適用於現代。

一連弟兄把守二十里長的山梁，在煙霧漫漫的黑夜裏看不清兵力的空疏或者稠密來。彭營長獨自坐在土洞口，抱着膝蓋，欣賞一般人不能經過的荒山夜景。過了月半的月亮，好像吃了兩口的燒餅，懸掛在天的一邊，濃厚的烏雲，像軋棉花機上出來的棉絮，一大塊一大塊的從很遠的山峯上推來，一會把月光遮沒，一會又從雲隙間漏出一片亮光，好像指示航路的燈塔。有時，一片浪煙似的白霧，輕輕的飄過，又像戴了白頭紗的新娘。

本令整理當路城下來隊伍的沈參謀，他和彭營長同學，所以特別關心。他先得到報告，敵人突破黃土山，右前方的范營已向後移動，此地變為一道防線，請彭營長快些準備。說完，牽着馬就下山去了。

[illegible]了[illegible]領，[illegible]完畢，[illegible]

跑步到前[illegible]

他們能打我們，我們卻不能打着他們的危險地方，在軍事術語上稱[illegible]外作[illegible]保全線的生命[illegible]，[illegible]照着[illegible]，以幫助我們，希望[illegible]大能減少[illegible]難。

閻排長帶了一排人去切斷外壕，留出一隻腳寬的路來給我們便衣隊通過，出發時，彭營長鄭重命令他要問清口令。

沒有一點夜的靜悄，長城線上充滿了戰前的緊張。忽然電話線被漢奸割斷了，那一面都叫不通，通信兵紛紛出動查線去，能否修好沒有把握。軍隊失了聯絡，是最危險的事，只好用書面命令他的各部，彭營長掏出一本豆腐乾大的日記本，在手電燈光下寫起螞蟻般的字，傳令兵像快馬飛走。

剛由懷來開上的礮兵連急忙構築礮兵陣地。

做工回來的兵，還有一個伙夫，四個圍在一起，批評范營向後撤退的事。一個湖南口音的兵不願意他們後退，說：『這樣高的山頭放棄了，關係太大，叫我死也不能後退！』一個浙江口音的班長接着說：『我們一個機槍連，兩個步兵連，都要葬在這個山上！』還有一個兵一聲不響，拿着一支玉蜀黍，吹口琴式的放在嘴上，一粒一粒用嘴唇剝着吃。伙夫最愛喝酒，由橫嶺城帶來一小瓶白乾，裝在身上，偷着沒有人時候過酒癮，今晚涼瑟瑟的風刮起他的酒癮，他恐怕他們三個人搶他酒喝，跑前幾步一個人蹲着大喝起來。

『電話通了，報告營長！師長請營長說話。』通信兵帶着喜悅緊張的精神來報告。一會士洞裏的電話機上傳出這樣一句話：『沒有師長的命令，決不後退，師長！你放心！』

曉光與夜色慢慢的在東方劃開，敵方的礮聲由遠而近的響起來！（秋江二十六年，九月五日，大同。）

第二段　南口鏖戰之經過

自我平、津兩地被倭寇佔據後，敵卽移其主力坂垣之第五師團與鈴木、酒井、高木、山下各旅團及川原師團之一部，於昌平一帶向我南口進攻。自本月十二日起，敵以步兵五千餘人，野礮六十餘門，坦克車三十餘輛，猛攻我南口、虎峪村、心仲口、蘇林口一帶陣地戰鬪頗爲激烈。敵向陣地猛撲五六次，均被我擊退，敵機三十餘架，不斷轟炸，經我某團守兵沉着應戰，結果，奪獲敵坦克車六輛，我軍傷亡約五百餘人，敵傷亡加倍於我。迄至十三日晨我陣地幾爲敵礮全燬，但官兵忠勇奮戰死守陣地，決無一人退卻，相持至十四日，我援軍陸續到達預定地點，戰事復趨激烈，敵用坦克車三十餘轟擊，我營長兩員負傷，惟南口至居庸關間大道，亦爲敵礮火遮斷，我增援困難，至午後六時，我右翼高地，至陷敵手，敵並以一部，向我居庸關右翼高地繞攻，我軍當局某某部隊向岔道西南沿長城線高地增援，是日我軍某部在菊澗子附近擊落敵機一架，斃敵航空大尉二員，獲機槍二架及無線電一架。又同日得勝口方面有敵步騎兵三四百名，向我陣地攻擊，被我守軍擊潰，但我陣地受敵礮火轟擊，損失頗大。十六日上午與激戰，午後二時敵軍千餘攻我黃老院、十木窰某部陣地，敵以主力三千餘在礮火掩護下，猛攻我南口左側高山，均被我擊退，計斃敵三百餘，是日午後三時，敵機十三架轟炸青龍橋，僅燬我車站房屋，人馬並無損傷。十七日敵對南口施行全面攻擊，中刻我右翼陣地被敵突破竄入敵約三千餘人，佔黃老院，迫近長城，我軍當卽予以截阻，並竭力抗戰，至十九日戰事之烈，較前更甚。黃老院方面侵入之敵，尚未殲滅，敵復繼續竄入，蘇林口之敵亦突破胡家莊前莊子，我某團拚命拒敵，受創甚鉅，自是午至黃昏全線激戰無稍間息。同時大村方面敵又增兵一旅團，並有兵力不詳部隊西開。而猛撲居庸關之敵，經我守軍反攻，將其擊潰，斃敵甚多，敵觸地雷死者百餘人。永寧前方亦突到敵兵，與我某部發生激戰，我官兵咸抱抗戰到底之決心，誓死支撐陣地極爲穩固。二十日大雨濃霧，戰事稍沉寂，侵入榛子嶺附近之敵二三百人，經我陣地守兵乘雨霧襲擊驅逐。二十一日拂曉，敵向我右翼陣地總攻，我軍當令集結於橫嶺城之某師增援陣地，並準備分兩路同時出發，當將突進之敵擊退，敵棄屍遍野，自午後迄翌日，橫嶺城前線陣地，發生爭奪血戰肉搏至爲劇烈。二十三日敵以礮火兼刺激性毒瓦斯彈，擊我陣地，鎮邊城於下午爲敵突破，其先頭已到水頭，血戰半日，前線兵力疲憊，被敵突破多處，而南口後方之懷來等處連日遭大批飛機轟炸，交通機關均被破壞，二十四五兩日，戰鬭益烈，橫嶺城、居庸關均被敵以飛機大礮毒氣包圍猛攻，我將士死傷甚多，馬夫及擔架兵傳令兵俱加入戰鬭，軍佐書記及司書，均加入指揮，犧牲精神猛烈異常。懷來南十八家大路口甘莊等處，俱有敵人大批飛機終日盤旋轟炸，各鐵路要點，均被破壞，但我官兵仍本着死守至最後一人一彈之決心，艱苦撐持。現我××軍挺進之×××數縱隊，已於二十七日晨佔領馬勺泉、橫嶺城、鎮邊城各地，將該處敵人擊退，並業與我原守居庸關延慶之部隊，取得聯絡。（力報）

第三段　十三軍進行曲

十三軍開到山西了。自南口惡戰以後，全國人民對於他們無限關切！

回憶去年這時，他們披星戴月由陝北趕到綏東的當兒，數萬健兒雄糾糾，大踏步邁進抗日的最前線，那時他們給予全國人民一個牢不可拔的印象，就是說我們準備全面的抵抗了。記得他們在十二月十五日左右曾有收復察北的計劃，可惜當時國內有事，使積極的抗戰戰略中途停止，隱忍沉悶的空氣又繼續到數月之久。

直到蘆溝橋事變，把全面的抗戰之幕揭開，十三軍在南口惡鬬中創下他們驚天地泣鬼神的戰績，使不可動搖的命令實踐在每一個山頭，民族英雄流到最後一滴血！但戰線延長，終至我們遍體鱗傷的單薄兵力無力截擊各路來攻的敵人，張家口、宣化等地也同時陷落，十三軍乃由南口戰場上撤退下來，繞道延慶高山底，經宣化、懷來敵人可能夾攻包圍的地區，橫越鐵路，集結於冀、察之邊，再至平漢線。

那時，平漢戰局已呈萬分險惡之象，這可以想像得到如何筋疲力盡的十三軍，不待補充完畢，又奉命加入戰場，在磁州、漳河等役，力挫敵鋒；在鐵路兩旁與敵人鋼甲車相抗，成爲總撤退的殿軍！當敵我相峙漳河時，正太路由石家莊西進之敵已破平定、陽泉、太原省會岌岌可危，這批軍隊又自千里以外之安陽急行軍開拔入晉，直入前進陣地。

我們不願歌頌任何偶像，（從新聞記者的耳目中也不能看到全體）人類是進步的，滿是於歷史的陳蹟是失敗的根苗。但我們願意儘量提供別人的長處，要求大家來虛心學習，這樣大家纔能競賽着進步復進步。的確，抗戰的局面到了今天，我們應該如何要求着進步呵！

記者懷着莫大的興奮，到十三軍的陣地來訪問故舊，那是一個滿天風沙的下午，我從大山的中間走着，經過了分水嶺，小心翼翼地跨過了破壞了的道路，首先到達羅芳珪（前曾有人誤作楊方珪）團，會見羅團長。他還和在綏遠時的丰度一樣，沉靜之中，帶着一點書生氣，但談起話來，比從前更堅實，聲調更緊張了。他說：「我們今天最應該注意的，是軍隊和民衆的關係，那一個軍隊沒有民衆的幫助，一定失敗。」他說：「我們應該採取八路軍的優點，八路軍游擊戰的祕訣，我想就是避實擊虛。」

到吳旅長的駐地是第二天，我們從這一個旅司令部的位置，便不難意味到這位指揮官的勇氣與慧性，任何初來的人都會有這般感觸的！聽了他的談吐，看他的精神，我們立刻發現從再接再厲的艱苦抗戰中，這位將官是愈來愈有勁，愈精明愈虛心了。暗淡的房間裏，除開主人故有的傢具，行裝是簡單的。房主在無事時也坐在一處攀談。電話鈴不斷的響，警戒部隊從各地報告消息。一面傾談，一面聽電話，一面想事，這織成了這位指揮官一天千頭萬緒的生活網。

從談話中，覺得他們對於民衆的重視，倚賴之深，同民衆給予他們的助力之重要，成爲談話的中心材料。不可諱言的，我國軍隊在從前往往都漠視了軍隊同民衆的關係，「有槍階級」在有形無形間是存在着的。一到對外作戰時期，這個不良關係的結果便赤裸裸的暴露了。凡屬戰鬪中人在這時莫不痛感沒有民衆幫忙的呆板，這樣便把問題形成了目前抗戰中間的最重要的一個。在這裏，他們已將結合民衆，組織民衆加入到諸多命令去，他們已經組織起宣傳隊盡大半的力量來作民衆工作，長官以身作則的接近民衆，與民衆建立良好關係。而且在事實上已經有了偉大的成效。與結合民衆有直接關係的是「軍紀」問題，軍紀之良否就是對民衆關係之良否，也就是勝敗的一個關鍵。十三軍是用英勇的軍譽來維護軍紀的，是用全國人的景仰來維護軍紀的。有些軍隊就只用軍法維護軍紀，我們應當更進一步的請求，軍隊再要用每一點鐘每一分鐘的暇閑時間施以政治教育，來維護軍紀，庶幾可以作到紀律的十分。

他們小部游擊隊的活動已經獲得初步滿意的成績。一次便衣隊在離祁縣五六里的一個村莊，遇到五個敵兵擁進村來，他們很鎮靜的隱祕在老百姓中間，把敵人的馬牽住，引他分散在房裏房外，出其不意射死他兩個人，得了一匹馬。又一次一個游擊隊夜間摸到太谷東山底，打死他一個步哨，奪來一支手槍，惹得百餘敵人搜索了一晚。又如他們破壞敵人後方電話網，道路橋樑更不知有幾多次了。這種游擊隊活動的開展，說明了我們新的戰略意義與靈活自如的作戰方式。從這裏我們發現了運動戰的偉大作用，啓發了軍事積極企圖的道路。游擊戰該是多麼使敵人傷腦筋的了。

八月一日，上鴨兒崖警戒部隊的陣地。山間氣候好像又恢復了幾分溫暖，爬山未久，遍體都有些汗意了。山是最能迷惑人的，我們從一條溝爬上去，順着小路翻過一條山脊，又到另一條溝裏。一翻又一翻，看看大山仍在不易仰見的上面。最後，前面已經沒有路，只有一條壁直的山脊直到高山頭，我們攀着石層向上爬，好像遊山似的到了山崖的上面。在這裏山地和平原截然分成兩面，大平原上的城池村莊一望無際了。在山口上的碉堡也顯得淸淸楚楚，碉堡被敵人佔着，當時就有兩個人坐在堡邊曬太陽，我們的戰鬪偵探也在距碉堡幾百米達的地方潛伏活動。從這裏望祁縣城可以看到城牆，這城目前也在敵人手中，不過在我們各路游擊隊的脅迫之下，城內的敵兵已經睡不安枕了。

山頂上的警戒部隊，只用一些禾草疊成房屋，白天無事也都散在大空氣中作太陽浴，有的鄭重其事的用水洗着身子，有的擦擦步槍，胡天胡地的談故事。營長給我們講這裏老百姓「眞好」的種種，他們是自動的興奮的幫軍隊的忙，並且表示出自衞勇氣，愈是到靠近祁縣的老百姓愈顯出他們的殷勤與不怕。的確，敵人的禽獸化已經作到百分之百了，他們既不斷的在城內殺人，又擄刦青年婦女用汽車載到前方去勞軍，民衆對仇敵的反抗自然是有力量的。昨夜，我們的游擊隊到祁縣車站，看見票房的門開着，門檻上，坐着瞌睡的哨兵，房裏煤油燈高懸在梁上，五個敵兵摟着兩個女人沉睡。我們的游擊戰士於是摸出兩個手溜彈，抛到房裏去：轟！轟！他們再躡躡的離開車站，聽城裏城外的敵人撲天蓋地的射機關槍。

今天一天沒有動靜，我們下山時，零落的槍聲又在響了。夜間，團長用電話叮嚀各部隊：「今晚天黑得很，警戒要特別小心！」——（溪映十二月十六日祁縣山。）

第二節　綏西之戰

第一段　察綏敵情

記者抵五原後，就有敵向平綏線增兵兩師團繼續西侵的傳說，並聞包頭之敵在南海子修築黃河輕便鐵橋，這個謎後來經各方調查，纔證明不確。我軍在津浦線的大勝利，已予敵以重創，就大勢觀察，敵向綏遠增兵西犯，一時絕不可能，事實上也沒有力量。這幾日來，我軍在綏大舉反攻，敵人忙於調兵遣將，狼狽的窘狀，已暴露無餘，日寇及偽蒙軍整個的崩潰，將爲期不遠了。

敵人估據察哈爾和綏遠後，大部兵力都調到山西及津浦線，維持察、綏的軍隊，多屬於偽軍，眞正敵兵爲數無幾，沿平綏線駐紮的日軍幾個大員是：（一）蓮沼師團長任蒙疆駐屯軍司令官，駐在張家口。（二）後宮師團長[illegible]在歸綏駐，後來又移駐晉北。（三）[illegible]特務機關長駐在大同。據可靠的估計，日軍[illegible]用兵者，沿平綏線駐紮者不過一萬[illegible]，[illegible]部，除到晉北作過一次戰外，大部駐在綏省境內，察北也有一小部份，百靈廟僅駐一連人。前些時候報載東戰場某地發現李逆所部偽軍，不是事實。

平綏線的傀儡組織，共有三個：（一）察南偽自治政府設於張垣。（二）晉北偽自治政府設於大同。（三）偽蒙古聯盟自治政府設於歸綏。前兩個無實力，暫可不提，値得注意的是後一個。偽蒙古聯盟自治政府，係以五個盟組成：㈠烏蘭察布盟。㈡伊克昭盟。㈢白音塔拉盟（即綏東四旗。）㈣察哈爾盟（即察東四旗。）㈤錫林果勒盟。偽主席爲雲王，偽副主席爲德王，雲王迄未到過歸綏，已於今年三月間病故於達爾罕旗王府，負實際偽府責任的從來就是屬於德王。

偽蒙軍設總司令部於歸綏舊城正風中學校內，茲將其實力及番號覓錄如下，藉供我作戰部隊的參考。偽蒙軍總司令李守信，總參謀長吳嘏庭，副參謀長劉星漢，偽一師師長丁其昌部九百人，二師師長陳生部三百人，三師師長王振華部九百餘人（以上三師完全爲漢人），四師師長寶子臣部六百人，五師師長依曉先部五百人，六師師長烏雲飛部八百人，七師師長達密凌蘇龍部六百餘人，八師師長扎靑扎布（即戴雲清）部及九師師長包海明部共一千二百餘人（該兩師完全蒙人），礮兵大隊長姚長靑部四百六十人，游擊第一隊森蓋林沁（原爲達拉特旗康王部下）部及第二隊李根車部共四百餘人，憲兵大隊長吳鵬齡部一百五十人，礮兵訓練處郭爾部四百餘人。

號稱偽蒙軍總司令李守信部，傾其所有，不過七千餘人，其槍枝尚不足額數，（最近反正的幾小部份，亦在此數以內。）偽總司令部高等顧問爲日本高場大佐，每師亦設日教官兩人，李逆以前可以自由下令指揮所屬各部，近來日方對李不滿，任何命令，均須要高場出名，不然則不發生效力，高場日前並對李逆說，下級幹部，非澈底整頓不可，李逆哀求曰：「對人事更動，請留點面子，」漢奸受人利用的可憐，由此可以想見一斑。李部吳逆嘏庭爲最親日份子，李爲此等宵小所包圍，所謂反正云者，恐一時沒有可能。

李逆每月領日方軍費，除各部僞軍正項開支外，在歸綏還養活着四百多名漢奸，僞軍均不善於夜戰，尤其是僞蒙軍，在夜裏都是大睡特睡，與此等的軍隊作戰，我們只要一個夜襲，一定能有很大收穫。

三月二十五日左右，綏遠之敵，派日軍官三人，率僞蒙軍二百餘名，並攜有無線電台，經陰山背後赴西蒙阿拉善旗開已於四月間抵阿旗境內某地，按此事在阿旗事件解決以後，（二月二十五日發生阿拉善旗事件，二月底即解決，）敵現又深入蒙旗，作種種陰謀，望我當局對這件事，也加以注意。

日軍紀律的敗壞，世人皆有目共睹，到處姦淫良民婦女，更爲中外所駭聞，蒙境蒙旗的女子，被日軍姦淫者，亦不在少數，德王曾以僞政府主席的資格，爲此事向後宮師團長要求改善，後宮竟以猙獰的面孔不客氣的答曰「此事我管不着，姦淫就姦淫吧！有何可異？」這種答語，不知德王聽了，作何感想？

敵人佔據一份、每縣內派日人顧問二三人，大縣亦有四五人者，沿鐵路線每站，亦派有交通兵，這等人厭戰心理，往往與商人閒談中，可以看得出來。

日人說：「你們中國沒有亡國，我們纔眞是亡國奴呢！我們日本國裏已經沒有壯年人，你看，我已是五十多歲的人了，還不知道死在什麽地方！」

日人的厭戰心理，的確很普遍，綏遠的日軍中，亦有人說是日軍閥太野蠻者。在歸綏的敵人，還有幾種蠻橫的行爲。敵兵喝醉酒後，以脚踢打僞軍，簡直是把中國人不當人看待，聽說最近反正的幾小部份，就是因爲不堪忍受敵之種種欺凌。敵兵到食品店裏吃東西不給錢還要打人，大街上遇着行人，可以隨便搜腰包，把行人的財物搶去後，便賣成現錢，捐到他們的家鄉——日本，維持家人的生活，日兵窮困而又可憐的醜態，在這裏也完全表現出來。

歸綏有僞蒙疆銀行，該行總裁爲包悅卿擔任，僞行最近在各地強令民衆交出所存法幣和綏鈔。並派人私入住戶，亂行搜查，如有違犯者，處以槍決，民衆對此，眞是怨聲載道，叫苦連天！

敵人在鐵路線十里以外，不唯不敢活動，並嚴禁在沿鐵路十里以內，種植田苗。現在，我們已將平綏路破壞了好幾大段，我大軍已經大舉反攻了，察北、熱河等地的義勇軍，也隨之響應起來，聽着吧，我們的大勝利，即在目前！（吳奚聖五月二十日寫於五原。）

第二段　目前的綏局

一　敵在包頭配備概況

敵人佔據包頭後，即將包頭改爲特別市，市長由李逆守信部第四師師長劉繼光擔任，報載劉樹任市長說，係任偽縣長之誤。包頭亦設有偽維持會，由土豪董五三任委員長，其委員之多，竟達三四百人。敵人一切配備，都以包頭爲中心，這是準備西進，要以包頭作根據的。包頭城外，設有三道防線，每一城門由四個日兵，四個偽軍把守，老百姓出入城門時，須脫帽敬禮，表示順民，不遵者則處以打罰。

包頭現駐日正規軍三數百人，偽軍兩團，人數不過一千。敵在綏遠的防線，第一道布置在包頭西三十里之麻池鎮，該鎮在上月底曾被我軍收復過一次，後來又自動的放棄了，前些時候報載外蒙軍進駐包頭，也許是把我軍收復麻池鎮的消息弄錯了。包頭也有一個漢奸日報，名「新包頭」。各小學校雖有強迫開學者，但上學的學生，不過幾個漢奸的子弟。市面偽鈔充斥，與歸綏情形相同，可是人心恐慌，要更厲害些，上月十五、十六、十七日，敵人堅閉城門三日，大肆檢查，這一次被殺害的人不少，各商號的財物，被搶掠去的亦甚多。

二　偽軍一部現已反正

敵人在綏遠新招收的土匪性質偽軍，名游擊隊，委李根車爲偽游擊隊總司令；李爲土默特盟旗人。過去曾任晉、綏騎兵團長，後因其腐化而被撤職。李逆部下分三路；第一路司令爲森蓋林慶，第二路司令爲色令布，第三路司令爲羅漢，每路偽部至多不過五六百人。森蓋林慶爲達拉特旗人，達旗札薩克康達多爾濟，上年十二月間，曾率森等武力阻止我馬占山部挺進，我軍過境並開槍射擊，馬將軍大怒，當時下令將康王所部解決，並將康王本人扣獲，帶至××

×地方，爲的是使其澈底覺悟，不要再受敵人的利用。李逆根車部份子複雜，意見頗不一致，近日內部時常發生衝突，其原因是一部份綏遠的有志氣的混在那裏工作的青年人鼓動反正。李逆大部駐在西公旗一帶，上月初經過一次械鬬後，綏遠人曲步脊等終於戰勝李逆，率領五百餘人向坐鎮五原的門炳岳反正了。曲等這次的反正，不唯給予敵人一大打擊，即駐防歸綏、包頭的僞軍，心理上也受到很大的感動。我軍綏西最前線頂在包頭與五原之間的公廟子，公廟子防守部隊，爲我新編的安華庭旅，安氏以其當年反正的精神，來鼓動僞軍大部反正，共同趨向同一的目標，中國人還是中國人，我想在一個相當時期內，總有實現之一日吧。

三　打回綏遠去的呼聲

我軍在綏遠防守的區域，有清水河、安北、東勝、沃野、五原、臨河等縣，及托克托縣的南部。綏遠各縣受過軍事訓練的壯丁，早已由綏國民兵司令部召集起來，駐在綏西，他們抗敵的情緒激昂，時時刻刻都在準備着打回老家去，我各部隊裏的將士，亦莫不在等待着頒下反攻的命令，敵人蹂躪下的民衆，更是盼望我軍收復失地心切，後來等的不耐煩了，也有人跑出來參加抗敵工作的。綏遠西部的蒙旗人民，已有一個新的覺悟，他們感到倭寇的手段太毒辣，誓不與敵人兩立，這種覺悟，是切身受到痛苦而反醒的表現，在保衛綏、蒙收復失地的工作上，蒙民亦有相當的力量。

天氣漸漸地暖了，綏遠的軍人也跳躍起來，最近有好些綏遠人促請傅作義將軍入綏，主持

軍事，沉靜了許久的西線，將要隨着春雷的響聲而發動了，飄流在各處的綏遠朋友見面時都要說一聲「清明節歸綏見吧。」（大公報）

第三段　到綏西前線

晉南發生變化後，西北的形勢，一天比一天緊張，關心抗戰前途的人們，對於西北的國防線，不能不加以重視，尤其是突出西北的最前線——綏西。記者為明瞭整個西北的現狀，二月間由西安出發，經甘、寧等省沿途視察，預定三週內，即可到達綏西前線，結果乘汽車整整走了一個月，始抵寧夏，其困難情形，實有出人意料以外者。

途中所聽到的消息不一，一說敵人要乘機先侵綏西，再攻寧夏，另一說是我軍將反攻包頭，沿平綏線前進。記者急欲明瞭綏西的究竟，抵寧後，當日下午就四處打聽去那裏的一切手續，可巧次日早即有赴綏西辦公人員，可以同行，但是至深夜尚未僱到車輛，不得已只好又悵然作罷。

到綏西去，一輛車不能行走，在寧等了八天，方纔找到旅伴。這一路的困難，更甚於西安到寧夏，汽車根本不能行走，唯一的交通利器，除馬匹及駱駝外，就是轎車（騾馬車），（在平時尚可乘船）每輛轎車僱價達七十元左右，由寧夏到綏西五原縣，八百餘里，須十三四天的路程，始可到達，這與火車的票價和時間較，眞是不可同日而語，全國交通不便的地方，恐未有再過於西北者，旅客們在行前，問到這一路的情形，也就夠人頭痛了！

三月三十日晨，記者由寧夏動身，同行轎車共四輛，浩浩蕩蕩相偕出發。寧夏眞乃安寧之地，自從全面抗戰開始後，市面昇平的氣象，一如往昔，聽說敵人的飛機，僅偵察過兩次，我仍由大街通過，看見道路兩旁的民夫，纔開始挖單人防空掩體。敵機能訓練我們的民衆，這裏的民衆情緒不緊張的原因，也許是沒有看到敵機轟炸的慘狀！

出城不遠，遇到綏遠的幾位青年，記者就與之攀談，他們是由寧夏到沃野去的，原來在沃野設治局幹事，而今已無事可作了。沃野屬綏省管轄，位於伊克昭盟境內，距寧夏百里，距歸綏在千里以上，自去歲綏、包失陷後，沃野於無形中一切政務，都陷於停頓，現在寧夏在此又設一陶樂設治局。寧、綏兩省民衆，過去曾因設治互相起過爭執，將來究屬那一省管轄，我想仍不免要費一番小小的周折。

騾馬車的站，在這裏好像是與火車一樣，是固定的。第一日行四十里，當晚宿於李剛堡，因爲再前行無店可住，亦趕不上站口，雖然天氣尙早，也不得不下店休息，時間上的不經濟，眞令人着急的要命。

第二日早繼續北行，塞外的風光，充分地展在眼前，荒蕪的田園，一片片地無人耕耘，記者認爲西北所缺乏者爲人，於此更可以看到，如果西北的人口，能大量的增加，絕對不愁沒有發展。

午間抵大輿墩打尖後，記者的車領頭前行，爲得要消磨這無聊的時光和苦悶，與車夫閒談五原方面的情形。五原距包頭四百餘里，那裏不斷有由包頭逃出的難民。車夫先說五原現在很安定，後來談到敵人在包頭的慘暴行爲時長長地嘆了一口氣，敵在包頭的獸行，最令民衆痛恨者，即爲普遍姦淫良家婦女，有一回民的兩個兒媳和一個年青的姑娘，被日兵姦淫過兩次，後來又有兩個日兵第三次去發洩獸慾，被回民聚衆痛毆，幾至於死，兩日兵迨醒過來，回營報告後，日兵數十人就去回民大肆淫威，並以煤油燒死了一個壯丁。這種慘無人道的行爲，實爲天理所不容，即車夫亦謂爲彼等將來決無好果。包市民衆因不堪受敵之種種蹂躪，曾派代表要求過國軍收復包頭，綏西民衆半年來支應繁重的差役而無怨言者，也爲得是期望我軍能趕快打走綏遠的敵人。

由大輿墩前行數十里，路頗好走，聞馬鴻逵先生主政寧夏以來，最注重公路的修築和管理，在寧夏境內，修築公路，最困難的原因，是渠道多，沙漠多，今能在省垣附近略具公路的規模，亦實不易，車夫旅客對此均稱道不置。

下午五時許車過平羅縣後，入大車道，所謂「橡皮路」，且多泥濘，一車陷於泥渦，諸車夫前往扶之，許久始出，走此路須數車偕行，在這裏就有用處了。車夫說前行尚有較此處更甚十倍難走的路，我們也只好走着看吧！

今日行九十里，宿於平羅屬黃家橋，平羅縣城距黃家橋鎮二十里，這一段樹林茂盛，土地肥沃，有數村完全爲回民所居，聞此處土地，昔日爲漢人所有，後因漢人多嗜好，無法生活，遂悉數出賣於回民。

黃家橋距石咀子六十里，晨起略進早餐，八時許前行，二十里以內泥濘過大，頗難行走，此地爲湖泊之地，地勢低窪，湖泊在寧省境內甚多，大概爲各渠退水處，渠道退水的方法很好，如湖泊退水已滿，則可引水入於黃河，所以寧省祇與水利，而從未受過水害也。

車子經過有湖泊的地帶，稍息卽沿賀蘭山北行，道旁多石子，蓋已入山途矣。這裏的路與大車道合而爲一，此外則無車路可以通過，這一帶在過去刧人的土匪，曾有令人聞之膽寒的事實，我們的車夫，前年冬天親眼看見過附近的山溝裏躺着二十幾個凍得鐵硬的死屍，土匪先致人於死地，然後搶刧財物，恐爲他處所罕見，如今經馬主席嚴令緝捕，拿獲者槍決，途中已是安全多多了。

晚六時抵石咀子，住一回民小店中，吃飯睡覺，尙可將就，唯土坑過熱，一夜不能熟寐。

二日晨離石咀子，因爲由此再前行，吃飯要發生很大的問題，我們行前都準備了幾天的乾糧和米麵。石咀子爲寧省門戶，在軍事上佔有重要的地位，距磴口約二百里，冬季本不渡河，卽可直達磴口。現因冰解河開，難以通過，遂由石咀子登船，向黃河東岸過渡，非常時期的船隻，均受統制，我們所乘的船是小筏子，因爲風大，筏子在河裏搖動的厲害，大家都很擔心，所幸者爲逆風，纔安然渡過東岸，如係順風，則必阻於石咀子也。

河東人伊盟鄂托克旗境，風沙飛揚，氣候亦寒，蒙古沙漠的滋味，在此是飽嘗無餘，三十里的路，整走了一天，傍晚時始抵「炭井」又名「老石蛋」，有煤窰一座，草屋三四間，礦工數人，此外則一無所有。草屋的土坑，骯髒地連坐位也成問題，吃飯一事，更談不到，我們所吃的東西，不過是以自己攜帶的乾糧，聊微充飢而已。西北旅行，處處都有很大的困難，如果有一點潔癖的人來到此地，一定要叫苦連天。

煤礦裏的工人，眞是過着黑天黑地的生活，他們每年的工資不過省鈔三十元（寧夏省鈔一元五六角合法幣一元，）除卻出賣自己的勞力以外，別的事從來是不聞不問。

炭井以北，一百二十里以內，沒有店住，亦無人家，今夜在炭井根本不能睡覺，記者遂向諸旅伴提議，牲畜餵飽後，繼續前行，旅伴中有人顧慮路上的安全，可是爲了免除第二日無店可住的危險，大多數均已同意了。

同行的有綏西××部參謀張君，張君並有護兵兩名，我們三日晨二時許卽出發，張君的護兵騎馬提燈前邊領路，這一羣人馬深夜裏行於沙漠中，好像也有點兒威風。

因爲路不熟悉，幾經往返，始折向汽車路，行三十餘里，晨九時抵一水井旁，下車打尖，車夫以他們的經驗，用拾來的羊糞燒火煮飯，飢不擇食的肚子，需要食品來解決，大家此間顧不了什麼淸潔，只要能吃點東西，就算滿意。

蒙旗人民，多游牧生活，王府的游擊隊，過去不斷地到各處巡查，所謂壞人根本不能存在，荒漠裏無人煙，事實上也無法立足，昔日旅客通過蒙旗，認為要比他處安全些，不過自去歲抗戰開始後，情形就不同了，一切都受很大的影響，我們三日晚住到阿拉善旗境的上王元地，夜裏遠遠地犬吠聲，頗引得心感煩惱。

蒙旗的地方，無所謂村莊，有小店也就是有了人家，但小店以外很少有住戶。這一帶地屬阿拉善旗，在行政上歸磴口縣府管轄，土人謂此地為西王爺地，每頃地出十元的租金，即可耕種一年，無論種地或開小店，除交磴口縣府一切攤派外，還要為西王爺納捐。

四日行五十餘里，抵黃河西岸，渡過河去，到了磴口，下車後就聽到人們嚷嚷着我軍已於前日（大概是四月一二號）打進包頭，而且還確實有據，並有謂我軍佔領歸綏者，這個謎一直至臨河縣境，纔證明不確，希望打勝仗的心理，每個人時刻都在惦念着，記者向來不喝酒，聽了這個勝利的消息，過於興奮，偕旅伴在磴口一家清眞館子裏，也大醉了一場。

阿拉善旗可耕的地畝，都在磴口一帶，也有一部份出租於三聖宮天主教堂。阿旗大宗出產為鹽與皮毛，每年收入，只此兩項，已為數甚鉅，全旗人口達一萬五千人，為內蒙最富之一旗。二月下旬發生的阿拉善事件，寧夏的民衆謂為「王爺造反」，記者離寧時，已和平解決了，現再述數事於後，以供關心蒙事者之參考。

中央對蒙旗向以寬大為懷，處處扶植蒙旗之苦心，亦不能謂為不厚，阿旗札薩克達理扎雅，自抗戰開始後，態度曖昧，實令人不解其用意，日本原在阿旗設有特務機關，自撤退後留一電台於王府，達王與長春方面，北平方面，互通電報，也是事實，屢次給軍委會駐阿旗軍事專員鄭子猷爲難，鄭不得已，去年十一月間離開定遠營，十二月間隨鄭辦公人員亦被迫全部到寧夏，連專員公署的牌子，也撤掉了。

現在是國家民族利益高於一切，達王在大時代之先，根本沒有決定路向，一面敷衍中央，一面還要拉攏別人，並不知所謂灰色的立場，已爲時代所不許了。在今日，前方的將士爲了整個的國家民族正浴血抗戰，後方的工作，在阿旗一點兒也談不到，阿旗蒙、漢民衆激於義憤，曾自動捐款慰勞前方將士，但也被達王阻止了。

達王阻止我軍換防的事件發生後，馬鴻逵主張以武力解決，馬鴻賓赴中寧縣途中聞訊，立時折返寧夏。陪同其太夫人，前往定遠營勸解達王醒悟，三日後遂將達王及其眷屬接到寧夏，於是幾日緊張的空氣，頓時和緩下來。

阿旗的兵力約有三千人，槍二千餘枝，這一次被繳收的槍械約六百枝，兩座無線電台，交出了一個，其餘一電台及槍械以及日特務機關留下的汽油等等，均已運到了另一個地方

敵人在定遠營有設立甘、寧、青三省飛機根據地的計劃，現在已將這個迷夢打破了。我們今後對於這樣關係西北國防的重要區域定遠營，一切設施和配備頗值得大加考慮。

在磴口留一夜，五日早晨，又預備了一些米麵，再向前行，因爲夜裏落了雨，清晨起來，有點寒冷，在內地已經是清明時節，夾衣上身的時候，而記者在這裏還穿着皮衣，雨後的沙漠

路，走起來比較省力些，這一段沙漠更大，車不能坐，大家均漫步於曠野中，出磴口不到十里，前行者忽在沙堆的背後，發現小型炸彈九枚，落地未炸，記者往觀，其彈之外表，已經生銹，這也許是敵機航空員厭戰，故意擲於沙漠地者。

整日儘在沙漠裏走，卻令人有點厭煩，起初對沙漠的興趣和好奇的心思，也漸漸消沒了，五日一天始行三十里，住於富家灣，若不是同行者帶有廚役，連作飯也得自己下手，我暗暗在想我這不會作飯的人的這一次的幸運。

六日晨離富家灣，愈前行沙漠愈大，甚至有積如山形者，大車無路，汽車路根本更談不到，如果將來要建築鐵路，一定要費很大的工程，旅客至此，均感到包寧路修築之迫切。

疲困了的騾馬拖着車子在沙裏掙扎，記者繞至沙堆的極頂，向四方瞭望，右側曲折的黃河和渠道，遠處的牛羊駱駝羣，都展在眼前，如此難行的道路，在軍事上最感困難的，莫過於運輸，由寧夏到綏西的汽車，除冬季嚴寒時可由冰上通過外，平時從來不能行走。我們這一天又是三十里的行程，日入西山時纔到了「上彊」。

上彊距臨河縣約二百里，預計三天內即可到達，但是大沙漠過去，又是節節被泥水所阻，七日經過二十里柳子及糧台等地，晚九時餘方抵三聖宮。

三聖宮為寧、綏兩省天主教總堂所在之地，附近各村的居民，多為天主教教徒，記者經過糧台時，在一住戶家打尖，看見幾個孩童所讀的課本，都是天主堂所編印的，這大概與教育部的規定不相合吧！記者本擬要考察一下這一帶的一切情形，但為了趕路，八日早又匆匆前行。

在三聖宮所聽到的消息，也是我軍確已收復包頭，（雖然不確，但最近有可能。）當時不明白前線的情況，究竟怎樣，所聽到的亦無法證明，為了想把這一路的捷報，報告於國人，唯一的辦法，只有兼程趕路，趕到前線再說。

記者與車夫商妥，八日早決定隻車先行出發，可是於臨行時又起變化了，車夫不願單車行走，由你儘管生氣，催促動身，他卻仍按車不動，好像是走此路活該忍受這種洋罪。

三聖宮再向東北行，村莊比較多些，八日下午惡風大作，過布命諾兒時，只好住下。布命諾兒以外，即入綏遠境，有一被黃河沖毀的大壕，為綏、寧兩省天然的界線，其地屬杭錦旗。九日午至頭道河（即楊家河）打尖，楊家河為一楊姓所開闢者，楊家擁有土地數千頃，為河套大地主，河套地主的權威，我們便可由此看到。

究竟是接近前線了，楊家河一個賣客貨者，已能談述一些關於前線的情形，他是晉北人，他說是敵人已經把我們欺侮苦了，晉北的民眾，因為不堪敵人蹂躪，紛起自衛，殺敵不少，但頭的女人，更是可憐，從前女人們是擦胭脂抹粉穿好的，到於今人人都是黑臉破衣裳，這為得是要避免敵兵的姦淫。

九日晚宿於黃羊木頭，此地屬臨河縣，居民有百餘戶，距縣城四十里。十日晨記者離黃羊木頭行六十里，先到了綏西重鎮的陝壩。

陝壩於去冬我軍退出包頭後，曾一度發生恐慌，現經綏遠的國民兵維持，市面安定，一如平時，在此所聽到的是平綏線將有新開展，敵人爲阻止我軍前進，十、十一兩日，派飛機炸過五原三次，但我方沒有什麽損失，關於整個綏西的現狀，當另爲讀者作詳確報告。（奚聖寫於綏西臨河縣陝壩鎮。）

第四段　騎兵門師的戰績

『騎兵第×師，』是這次民族抗戰中極富於攻擊精神的鐵軍之一！

在極度英勇果敢的門炳岳將軍領導之下，這一師戰士，曾經在去年的八月中旬，參與『商都大會戰』，攻克了商都。又追擊敵人到張北附近的公會鎮，血戰兩晝夜，以一團的兵，把僞蒙軍第五師，打得落花流水，全軍覆沒。以後，受平綏線我軍失利太快的大影響，又退守商都，保衛集寧，守陶林，守包頭。

這一連串可歌可泣的英勇戰績，曾經造成了極崇高的名譽，在塞外草原，被千千萬萬的戰士們民衆們讚揚着，『騎×師』——這炫耀着光芒的番號，曾使內蒙草原上的僞軍，望之而喪膽！只是他們這一羣戰士，至今尙遠在西線的前方，內地同胞們對於他們的消息太隔閡了！

去年八月一日的陶林，除了灰色的軍衣、槍、刺刀、礮、馬匹、車輛之外，什麽都看不見。騎×師的戰士，紛紛由卓資山涼城一帶，集中陶林，踏上『收復察北失地』的征程、黑魆蛾的雄壯的隊伍在行進着，騎兵們飛一般的在奔馳，一隊隊載重的駱駝，雄壯地向前線進發。『打回老家去』的歌聲與抗戰的口號聲，溶成一片，震撼了那塞外的孤城——陶林。

八月十三日，這一支滿懷着『出擊』熱忱的隊伍，開到了商都附近。同時，傅作義所部的步兵×旅，趙承綬部的騎兵×團，均準時到達指定的地點。那晚上，『商都大會戰』的序幕便展開了。『商都』是察北偽軍軍事根據地，從前年綏戰爆發後，敵偽軍一直在這兒建築堅強的防禦工事，以行軍旬餘的疲兵去『攻堅』，當然是難事，而況『商都城』的周圍，是一片平原，無可憑藉。但在高級將領一聲令下，戰士們奮勇直前打這一場『硬仗』了！守城的偽軍第二師尹寶山部，初猶在日軍官的嚴令下，據險頑抗。但我們的戰士，早已下了『有敵無我』的決心，前者仆，後者繼，一夜步騎兵聯合起來的浴血惡戰，拂曉便衝進了商都的西門，把敵人殺得狼狽而逃。日本軍事顧問，一死一傷，大批日軍官的鮮血，塗染了我們戰士的長刀。在八月十四日的早晨，我們青天白日滿地紅的國旗重新高揚在晨風裏，在察北這塊已失的領土上，有力的隨風招展。老百姓們注視國旗，個個人都笑得咧開了臉。

偽軍失了商都，逃奔張北，我們便跟蹤追擊，一直追到了張北附近的公會鎮（是張北縣境最大的市鎮）。二十日晚上，我們的先頭部隊騎×師第×團開始攻擊，守軍係偽蒙古軍第五師，血戰了兩晝夜，我們以一團之衆，把他們一師人打得潰不成軍，造成了西線上最光榮的戰鬪紀錄！

令人最最痛心的是——平綏線失利的消息，傳到了行將攻下公會鎮的戰士耳中，上面的命令，叫他們趕快『移師後撤』『暫緩攻張北』。殺敵人殺得眼睛都已經發紅了的戰士，這時對平綏線我軍失利得太快，不禁淚如泉湧！

忍痛放棄了『即將攻下』的公會鎮，每個戰士黯然覺得步槍沉掂掂地！二十四日又去攻張北縣的台路溝，但大同棄守，天鎮失陷等噩耗，雪片的傳來，使他們原來的攻勢戰略，爲之改變，不得不退單品河，狐子凹一帶，於九月之初，重新又到了商都。

敵軍自十八日起，調集敵僞軍第一師，第二師，第五師，第八師，配以飛機十五架，大礮二十門，坦克車十餘輛，會師攻商都。敵機轟炸，終日不息，大礮咆哮，徹夜未停，我們只有騎×師一師兵力，可是居然也浴血堅守，硬撐了三天，到九月十八日晚上，纔奉令全師而退。這一退，便退到了綏東的重鎮——集寧，是二十一日到達的，作戰的任務，是作保衞集寧的左翼掩護。當時守集寧的部隊，除了他們以外，尚有安華亭的一旅，綏遠國民兵×團，傳作義的基本隊伍×××團，指揮者係曾××將軍，講情勢，原可與敵人一拼。卻不料敵人開始進攻了，只有兩天一晚，因指揮官誤聞敵軍進城的虛報，倉皇先退，致守軍無人指揮，亂七八糟的於二十四日晚上敗退，我們在平地泉的損傷太大了，而造成大批戰士流寃枉的血者，祇有一個『亂』字而已！

二十五日早上，重新回到了陶林，大家回憶起一月前此地集中開拔時的情狀，眞是不勝感慨！殘兵守陶林，碰到的是偽軍第七師及第二旅的猛烈攻擊，力戰了一天一夜，於二十六日的晚上，我們又向包頭退卻了！

十月初到包頭，當地軍隊的複雜與地方秩序之不安，使我軍仍不能在包頭嚴拒敵軍的攻入。十三日晚退出包頭，歷盡了無限的艱苦而到達××，在××『騎×師』這支絕塞孤軍，目前正在整理補充，待機出擊。如果敵人西進，我們一定要死守這一塊規復綏、包的戰略根據地！就是我們全送掉性命罷，也得這麼做。因為今後是『退無可退』，而且在這兒每遲延一小時，就是使後面寧夏，××山旗，××納旗的地陣，多有一個機會可以強固起來！

以上所述，係根據騎×師的兩個連長幾次談話材料，湊合而成。那兩位青年軍官，都是中央軍校洛陽分校的畢業生，在猛攻公會鎮時，受了光榮的創傷，現在已傷愈而將離寧夏，重新回到抗戰的前線去！（陸詒十二月三十日寄自寧夏。）

第五段　今日之綏蒙

一　陷後綏遠

當日寇及蒙偽軍侵入綏遠之後，無恥漢奸等組織所謂地方維持會，在敵人嗾使下，組織所謂『逆產查封委員會』，所有公務員及地方士紳之逃亡於外者，皆按抗日論，沒收並查封其家產。綏遠新舊城中，貼查封字樣之紙條，封閉門戶者，比比皆是。其後德王等傀儡組織所謂「內蒙聯盟自治政府」，改綏遠為厚屆市。所有集會，先舉行向東方遙拜儀式，參加者奴顏卑膝，齷齪不堪。敵人對維持會中之漢奸，欺凌侮辱備至，有綑縛令書「賣身文契」者，對日人表示其「忠誠」，言之令人齒冷。

二　敵軍蠻橫

敵軍姦淫擄掠，無所不為，有勒令叔嫂行淫，引以為樂者。某次，有少婦行至通衢，遇日兵十數人勒令少婦裸體，彼等鼓掌大笑而去。因敵人奸淫婦女，引起人民反抗之事甚多，包頭北門外回民曾因此聚衆毆打日兵數人，綏遠女子師範學生李彩霞女士，以切菜刀劈一日兵。日兵不敢離開鐵路線活動，故沿鐵路旁各村受害亦最深。

三　姦淫殘暴

綏、包中間之薩拉齊縣，城北數十里有一村名「納太」。村長劉某，年五十餘歲，人稱「納太劉」。某次有日兵七人至村，將劉全家婦女自四十五歲以下十二歲以上者完全奸淫，劉憤與子姪輩持刀將日兵七人完全殺死，當得其槍械。劉乃招募村民，聚集三四十人，沿鐵路刦殺日兵，最近已聚衆八百餘人，宣稱『專殺日人』，日人派大隊追擊，『納太劉』則率衆避走山中。出沒無常，刦殺日兵甚衆。日人竟亦無法，『納太劉』聲勢現在極大。其他各村類似劉者，揭竿而起，亦頗不乏人。

四　西情形

綏西五原臨河始終在國軍手中。現在門××、石××、李××等部，均在××。門部游擊隊，不時至包頭附近活動，包頭匪偽軍警備森嚴，民間不斷傳說包頭克復，其期待迫切之情可見。

五　綏南完整

綏南清水河縣迄未陷落，地方保衛團不時與在托克托縣及和林縣之匪偽軍摩擦。匪偽軍人數幷不多，往往三數百人卽號稱一團，開駐一縣，三數日卽往返一次，表示其兵數之多，實則故布疑陣而已。馬××部現駐××××，準旗與薩托兩縣接壤，馬部與托縣匪偽軍夾河對峙，如能進攻，則托縣之匪偽軍必逃竄無疑。匪偽軍騷擾民間，自在意中，但奸淫行爲，尙較日兵爲少。其中軍官公開對人民詛咒日寇，表示極願反正，如國軍反攻綏遠，反正者當不在少數。

六　綏包商況

綏遠、包頭兩地，商家所存皮毛糧土及各項貨物，日人悉數沒收，價值在千萬元以上，其中[illegible]由綏境，商民叫苦連天。在金融方面，有所謂蒙疆銀行者，設在張家口，[illegible]偽國各種紙幣，人民對綏遠昔日之本地鈔，視若重寶，日兵則往往故意以其鈔購物，幷令找貼法幣，商民因此受害者更多。綏、包兩地，近年來建設極有進步，本爲繁盛之區，近數月來則傍晚卽無行人，直等於死城。敵軍入境時，往往勸令人民手持歡迎小旗，跪伏街旁，公務員則更跪於城樓之上，種種欺凌，不堪言狀。

七　蒙邊情狀

德王入綏遠後，卽由敵人勒逼烏，伊兩盟王公至綏，參加僞組織，烏盟盟長巴王年邁，派子林王參加，雲王則蒙政會時代，已不問事，故名義上雖爲僞政府主席，實則不過由其姪沙拉布多爾濟參與而已。伊盟則沙王，阿王態度始終內向，阿王在綏之府邸已被查封。現阿王在杭錦旗，沙王在札薩旗。土默特旗總管榮祥與馬占山將軍同時由綏遠出走，由綏至伊盟與沙、阿二王會晤後，榮率部來××，因鄧寶珊將軍在×坐鎮，對於蒙邊極爲關懷，遂共商安定蒙邊大計。嗣中央電令在榆林組織蒙旗宣慰使公署，沙王任宣慰使，阿王副之，榮祥任祕書長，沙、阿二王均已在旗就職。

八　聯絡工作

榆林爲陝北重鎮，接壤伊盟，伊盟烏審旗札薩克旗，均與榆林接壤。烏審旗過去不斷發生內亂，旗內人士富有國家思想，此次該旗札薩克特王態度對中央亦表示擁護到底。綏蒙指導長官公署近因安定蒙邊，亦在榆林設立辦事處，參贊石華嚴不日來榆，擘畫一切，傅作義將軍派綏省府蒙務組長陳玉聯近亦來榆，從事蒙旗聯絡工作。

九　康王被拘

此次綏遠陷落，伊盟以接壤陝北以及他種關係，各旗王公多未附逆。匪僞軍勢力未達伊盟，唯達拉特旗康王勾結匪僞軍，已被馬占山將軍拘捕。現康王被囚於哈拉寨，不知將如何發落也。綏東四旗過去如達密、凌蘇龍輩，虛聲欺人，此次竟亦附逆，令人爲之嘆息。日寇對爲盟各旗王公，勒令輸款，作爲「慰勞費」，並索要軍馬。爲人奴隸者，處境良苦。德王不自由，被日人監視，固無待論，吳鶴齡則終日吞雲吐霧，而漢奸之下場，亦大可哀已。（一月十六日大公報）

第二章　西北邊境剪影

第一節　蘭州與潼關

第一段　蘭州新影

十一月四日，在蘭州是一個值得紀念的日子，敵人的飛機開始作處女投彈，使全城的人民感受到了戰爭的威脅，而浮動起來。

這以後，每天到五泉山的路上滿是人，早去晚歸，轎車絡繹，處處可以看到避難者作活動。警察局長馬志超氏感於第一次空襲時，竟然獲得嫌疑漢奸八十五人，因而對於已受過訓練的保甲長所組成的「防空總團」，這一個一千九百七十人的團體，還有積極整頓的必要。他告訴記者說：「我們全市有三百九十八個人力車夫，敵機來時，竟有三百九十個都頭纏着白布，他們沒知識，不懂得這就是目標。而我們的防衛團員也不曉得去制止。」城外的房價每月從六角漲到六塊，糧價也是步步上升，所以，各方面對於後方這樣的紊亂都表示關切。

蘭州城內，對於民衆訓練雖然很久，但少見功效，也是不可諱言的事。社會訓練分普訓與期訓，前者是中年，後者是選十八歲至二十五歲的少年。普訓每天三小時，現已訓練到第三期，期訓是每日十一小時，本月十二日，第二期就要畢業了。本市裏受過訓練的人，共在二千人以上。這樣一個大數目，如果有組織，對於防空的儲水儲沙工作的執行，並非不可能。

此外，人力車夫和全市妓女都在受訓練，以二百一十小時爲期，他(她)們和普通訓練不同的一點，卽是學科爲主，而以術科爲輔。事實上，也沒有地方給他們作體操。

八日的午後，記者去五泉山訪朱紹良氏。

朱氏首先從寧夏和青海的視察談起來，他表示滿意，記者問他是否寧夏的兵力過於單薄，他說：「黃河冰凍之後，再加上十師也是沒有用，現在馬主席在歡迎宴會上已表示出最大的決心！」他給解釋了一個消息，證明了外間所傳敵軍攻涼州（武威）截斷我們的國際路線的說法非假，便是敵人有一個混合團體，徘徊在阿拉善旗的邊界，有蒙古，有日本，有我們中國人，帶了槍械和駱駝，企圖到現在還沒有判明，但很值得注視。青海方面很好，必要時馬主席表示還可以出兵，馬步芳師長現在病着，痊愈仍需要相當時候，他已經決定就八十二軍軍長，不成問題。就軍事情形看，敵人若敢來侵，我們滿有把握，且可「佔一點便宜」。

敵人的實在太弱着——，朱氏微笑着說——「其實他們的兵力很單薄，每師不過千餘人，五師之衆，其實也沒有多少人，西北的戰爭不能和上海比，不會有一寸土之爭，一打也許就打到眼前來，現在主要的是後方戰，但是我們的後方卻是太差……。」

朱氏便表示寧夏因爲靠近戰區的邊境，比較還要緊張些，越後方越差。這種不緊張，純是人的問題，因爲現在還談不到法治。記者問如何可使後方積極動員起來？回答是要在上者的不時的督促。

又談到綏遠前線，朱氏表示我軍仍在五原，只有馬占山一部到了陝北，雜軍仍在綏西。他同意馬主席不准雜軍入境的辦法，綏遠最近的情況仍然可以不抱悲觀，因爲各盟旗仍然通電擁護中央。最近，×××要到那邊去主持軍事。因爲××軍在五原誓師，×氏在當地自然是有威望！

談到此，省政府有人來問，「主席何日就職？」朱氏這樣回答：

「這次的代理省政，我本來不知道的，所以我手下辦文墨的只有兩個人，現在根本不足以支配，何時接收，總還得有一個相當時期」。他又說：「請轉告各方面不必走，走是心慮的，我不能隨便更動人，我根本沒有人」。

記者借機便詢問朱氏對於當前政治的觀察和今後施行的方針。朱氏對於目下省內貪汚事件深刻注意，他指出抗戰中間一切都將爲敵人摧毀，沒有什麽能成爲自己的東西，「貪汚者的眼光都太短。」這與人民的教育程度也有關係。主政者的審愼人選，尤爲不可忽視的一點。「我是不願意說空話的人，」朱氏痛切地說：「一切能兌現的事情盡先來做，不必說空話？」

方纔來賓中有馬鬃山，從新疆南部退來的代表在報告該部狀況。這也是省內當前的一個大問題。朱氏說，他對此已有考慮，日內他打算坐汽車赴河西十七縣一行，順便還看看這條甘新公路。

朱紹良這次來西北，全國注目，省內的民衆企望尤殷。今日的甘肅支離破碎，政治黑暗已達極點，應負的當前的使命又是這樣的重大，朱氏駕輕就熟，又來執政，一定能在短期內有以慰各方的渴望。記者把這點意思表達了後，朱氏欣然說：「我要努力使後方積極起來，而且要蘭州的民衆明白：蘭州是前方，不是後方」！

「起來吧，前方的蘭州！」記者滿心興奮，離開了司令部。（徐盈十二月十九日發）

第二段　到了平涼

在我們民族抗戰激烈進展中的今日，一般所謂『西戰場』，決不是單純指的是『山西』，而尚須包括綏遠省的西部，以及賀蘭山下的寧夏省。從抗戰爆發以來，關於綏遠西線和那一個『塞外江南』的寧夏，一切的情況，與外間太隔閡了！原因是(一)交通太不便利，(二)沒有做新聞工作的人前去。

中國的西北角，尤其是綏遠、寧夏、甘肅三省，對於今天民族抗戰中，所佔地位之重要性，凡稍知軍政常識以及熟悉史地的人，皆已一致公認，已無庸記者再來喋喋不休講它的重要性了。總之，九一八事變淪亡了『東北』，我們居然苟安了幾年，在現在敵人瘋狂的進攻中，如果我們的『西北』，再一有問題，那末我們便一天也活不了！

『收復東北失地，驅日寇出中國，保持我們領土主權之完整』，固是我們全國軍民不惜拋頭顱，灑鮮血，以爭取的鵠的，可是從抗戰的現階段來講，最最重要與最最迫切的，莫過於以全力來更堅強的『保衛西北』！

爲了想使讀者們理解一點關於綏西及寧夏的最近動態，記者毅然嘗試作『寧夏之行』，儘管那邊的交通如何不便，路途如何遙遠而艱難，我們在抗戰中做新聞工作的人，都應該漠視這一切艱辛，而毅然邁進的！

往寧夏走，最便捷的莫過於從包頭搭汽車。從包頭淪陷後，此路早已不通，此外一條路是從蘭州去，現在蘭、寧間不通汽車，另一條路是從平涼趨寧夏。記者擇定了最後的一條路，於十七日離西安而出發平涼。

西蘭公路局的車輛，每隔一日開行。乘客是分外的擁擠，往往有守候一星期搭不到車者。這次與我離西安同行的，尙有中央社特派駐蘭的記者陳萬里君，我們兩人得了西安站長劉君的特別幫忙，居然購得了車票，準時於十七日上午，搭國營局的一一六號車輛出發西行，汽車的座位很舒適，比了以前在山西同蒲路上，爬火車頂，以及在前方慣坐的無蓬敞車，眞可說有霄壤之別。

同車的旅客，多江南人，有一大部分還是道地的上海人呢！他們以前都在上海市輿業社所辦的市輪渡，以及公用局服務的。有幾位可敬的汽車夫，還在上海抗戰的火線上，出死入生的服務了好幾個月。他們在車上健談上海戰線上動人的故事，興奮萬狀，絕不以眼前上海的陷落而沮喪。有一位很感慨的說：『我們江南人現在也做了東北人第二了！』立刻，便有另一位年輕小夥子激昂的說：『不會當做東北人第二，就是東北的同胞，不久也一定可以回到老家去啊！抗戰一定可以勝利，只要我們努力的和日本打下去，在明年也許我們這批人便可在北火車站下車，回到我們的家鄉——上海。』我眞佩服他們對於抗戰最後勝利必屬於我的堅強信念。他們最近應新任公路局長譚伯英氏之召，到蘭州去服務的，西北公路在抗戰中有極重要的意義，今以在上海素有『辦事幹練』政譽的譚氏任斯職，以及一般精幹勤奮的下層職員去幹，一定可以更增加辦事的效率。

第一天，雖然時間尚早，只有下午三時，但因爲司機者不願意再前進，故宿於監軍鎭。第二天宿涇川。當抵涇川城垣時，太陽還是高高的，乘客都主張再進而宿平涼，涇川離平涼不遠，而且西蘭公路很平坦，好走，中間又無大山，開到平涼還是很早，可是那位司機者竟惡聲相加，毫不動搖的把那輛機器並不損壞的汽車駛進涇川城內。乘客中對於開汽車一道，不是『內行』，因此大不滿意，甚至有人懷疑到司機與監軍鎭及涇川城的旅館，飯舖掌櫃，似有所勾結者。這猜測當然未免過分，但該路上該司機者對乘客態度的惡劣，實已引起大家公憤。每天汽車開行，總是很遲很遲，遇有汽車走不動時，輒嚴令乘客下車推行，那一位動作稍稍遲緩，這位司機便大聲謾罵，乘客們爲了急於趕路，一切都飲忍着，敢怒而不敢言。此種毫無服務訓練的司機，出現於一般商車，我們熟知西北路上司機權威的人，當毫不爲異，但發現在國營路局的車輛上，實深遺憾。國營的事業該做民營的模範，給旅客以好印象，最低限度，不能把旅客不當人看待，期望新任的譚局長今後能儘可能予以改善！

十九日的上午十一時，那位司機者在從容抽煙之後，懶洋洋的把車輛開到平涼，時已下午二時，當然不能再翻六盤山，大家得在平涼住下。記者當晚即訪十五路軍駐平辦事處。據楊處長談，此間有車兩輛，將開寧夏，但押車人去西安未歸，即使歸後，也須賣完車票，然後啓行，行期既如此之渺茫，但也只好平心靜氣『等待』而已！

平涼，是隴東重鎮，西北交通的要道，最近特別顯得繁榮。記者曩年到青海去時，曾道經此地，可是一別數年，熱鬧的氣象，已今非昔比了。進城訪第二區行政專員胡公冕氏，悉最近城內的中等學校，曾經停課了二十幾天，教職員與學生，一律下鄉去做抗敵的宣傳工作，收穫極好。這裏農民銀行所辦的農村合作社，厲行農村放款，特別發展，所以隴東的農村經濟，尚不致發生恐慌。胡專員已往是黃埔教官，在國民革命軍北伐時，曾經有過許多貢獻，對抗戰的形勢，認識很清楚，此間的抗敵工作，受他的推動很大。我們談話中，他特別強調要改革地方的行政機構，而在改革過程中，最感困難的是優秀幹部人才之缺乏。

在記者留平涼的兩天中，先後訪問了此間的同業，——新隴日報的諸君，並參觀了省立中學及師範學校。師範校址，係柳湖書院舊址，是古蹟，也是風景最美的所在。蘭州學校，雖因敵機轟炸之故，早已停課，可是此間依然絃歌在一堂。校長韓慨俠是一位苦幹實踐的教育家，學生已實行軍訓，操眞槍，練打靶，由學校與駐軍密切聯繫，派教官嚴格教練，眞正實施抗戰的教育。學生每晨五時起床，厲行早操，下午每天總有兩小時以上的軍事訓練。這般青年，原具備西北青年特有的刻苦耐勞精神，對於軍事訓練，大家深覺慶幸有這麼一個好的機會，樂於在操場上吹冷風，曬太陽，作爬山，放哨等演習。

省中校長王立軒，是五四運動中北大的老將，雖然今年已五十，還是一個愛國熱血沸騰的老青年。他們都在緊張的進行抗戰教育，熱誠的教導學生利用寒假，回鄉去做喚起民衆的工作。

西北的青年，對「保衛西北」，肩荷着最重大的責任，我期望他們能在今後，深入到農村中去，接受羣衆的教育，也給羣衆以教育！國家危急到這樣的階段，做中國的青年，誰都要「學習再學習，努力再努力！」今晚承此間同業朱靜安，郝曉峯兩位的幫忙，告訴我明天將有某部運輸[illegible]五輛汽車開寧夏的消息，使我萬分興奮，連夜去謁負運輸責任的冷君，蒙慨允搭車，使我[illegible]早就擬開[illegible]遙遙無期[illegible]的陸[illegible]，踏上甘寧道上的旅程了！（陸詒十二月二十一日午夜寄自平涼。）

第[illegible]段　潼關烽火

七日下午四時一刻，敵人第一次砲擊潼關，這算是敵人給了西北還存着苟安心理的同胞們第一聲「警鐘」，使大家從睡夢中醒來，敵愾同仇的爲國家民族的獨立自由奮鬬！

七日下午四時一刻許，記者正在中國旅行社和一位同業談天，忽然聽得城外發生巨響，起初還以爲是風陵渡車站破壞鐵路的爆炸聲音，又有人說是發警報的警礮，不料接二連三的響來，我們便知道形勢不妙，那位同業說我們還是到水坡巷郵政局去避避罷，我主張還是訪問軍事當局×××師副師長郭××去談談，跟他行動，結果我們就先見了郭氏，已知道是黃河北岸發現敵蹤，不過還不明白敵人發礮的方向，他和李××旅長都很鎮靜，主張先到城上去偵察一下，我們兩人也便取得他們的同意，一同前往，但是走出旅館大門以後，聽見不斷的礮聲就在西門外，距我們很近，這時我又動搖了，主張還是到郵政局去避一下，可是那位同業又表示堅決，結局我們就共同鼓起勇氣，隨着軍事當局走上北城去瞭望，那時由敵人發礮的火光可以推測出來敵人的礮位設在潼關西北方面黃河對岸的高地上，距車站大約有六七千米達（約合十二三里）。敵人斷斷續續的發礮共有三十餘，直到五時半方停止了，敵人的目標完全在車站，城內未落一彈，當我們在城上時已經看見車站上有一部份起火了，不過敵人的射擊技術太不高明，礮彈不是打過了一點落在車站以南的山後，便是不及而落在黃河裏，僅僅是只有一彈擊中車站的某一部份而起火了。大約在六點鐘的時候，我們兩人便繞着山道沿路軌走出城去，（因爲西門已斷絕交通了。）到車站視察，纔知道那一礮彈是射中了站西三四百米達處叉道上所停的一輛載着枕木的貨車，火焰正在熊熊的燃着，此外車站上沒有任何損失，當時車站上就已開始調度車輛，當夜東西客車還是照常開行，軍事當局最重視維持交通，車站站長沒有像別的機

那些公務員乘機逃竄，頗能善體當局的意旨而盡其職守，眞算不可多得

在這次倉卒的事變中，商人關門，市面紊亂，無知人民攜帶被褥包裹，東逃西奔，張慌失措，城內現在幾乎變成一座空城，那也難怪，至於駐在城內外各部隊的留守處人員和士兵，因並未負地方上任何責任，紛紛逃避，這也不足深究，最可恨的是地方上的各機關人員及負責當局在半天中的表現，太難令人滿意了。縣政府因縣長上午因公出城，未在城內，所有人員全都走光了，僅僅的有一位比較忠勇的巡官錢渭成，（浙江人）未離職守，監獄的犯人八十餘名，逃走過半，他一人也無法制止，縣長在當日午夜已經回城，可是他的衙門好像又經了一次滄桑，現在還不知道他如何善後，警察局長「何某」，（中山人）當砲聲初響之時，他就已攢進北城牆下的地洞了，他的部屬也各自去找安全所，城內外治安沒有一個警察維持，當記者隨副師長上城時，他看見軍事當局那樣鎮靜，他大概是受良心責備，纔不好意思的提着手槍，帶着幾個護身警察由地洞裏攢出來，揚長東去，直到晚上找不見人影，警察局裏初則還有一個警察，後來也不見了，兵士四處找人做嚮導找不到，全城差不多完全陷於無政府狀態，眞是怪現象到晚上十一時許，這位局長纔露面了，被兵士請到軍事機關，副師長認爲這種公務員怎能負起國防前線的治安責任，必予嚴辦，乃令管押，待次日送往警備司令部發落，因爲市面秩序馬上非有人負責維持不可，縣長又不在城內，乃權令那位忠勇的巡官錢渭成代理局長職務，即時辦理接收，這也算是一件快人之舉。

此外，還有更令人氣憤不堪的一件事情，就是電報局和長途電話局的局長范宏澤和所有人員，乘着紛亂之際逃得沒有一個。正當時局緊張的時候，這等交通何等重要，軍事當局向西安上級機關和長官的報告完全發不出去，而且陝、甘、青、寧和潼關這個地方的樞紐發生停頓而完全受其影響，其罪殊無可逭，應該嚴辦。軍事當局自下午至午夜四處派士兵尋電報局長和電務人員，一個也找不到，後來聽得說他們全都逃避在南門外，他們大概認為敵人若要渡過河來，已先走出南門，比任何人都要安全罷？

郵政局和軍郵局這次表現很好，郵政局長李翔雲始終沒有放棄職守，對其所屬員工臨時均有適當安排，在敵人停礮以後，他們全部員工乃馬上回局辦工，郵政交通沒有受一點事變的影響。軍郵局的負責人周希光、陳爐舟和繆載輿諸人，他們也十分鎮靜，對職守毫無所虧，對員工也盡了愛護的責任，這都是不可多得的公務人員。

不過有一件可怪的現象，就是當礮火正盛，記者找尋電報局長的時候，路過聲神廟街一號，正有一個老百姓拿一盆子泥水和掃帚洗刷牆上的抗敵標語，他的態度從容不迫，大有好整以暇之概，不像別人那樣張慌失措，這到是一個啞謎，請讀者自去猜想去罷，由此我們深感平日對民衆的抗敵宣傳要深入，使他們明白個人生存和國家民族的利害關係，使他們知道做亡國奴的滋味纔好，只做些膚淺的宣傳絕不能堅定他們抗敵的心理。

最後，我們再說到此間軍事當局郭副師長和李旅長等及其部屬，在此短短的數小時的事變中，所表現的那種鎮靜，沉着和堅決，眞是一種純正的革命軍人氣魄。郭副師長自始至終，處處有條有理，毫未受環境的支配，眞令人可敬。在這樣倉卒的事變中，若非如此，則城內外的秩序恐更不堪設想。郭副師長表示對潼關的城防極有把握，敵人要想在這裏飛渡黃河一定要受很大的打擊，記者認爲這並不是誇大之辭，據他觀察，敵人目前還不至於有在潼關渡河的企圖，此次礮擊只是一種威嚇性質。當晉南局勢轉變以後，我們也可以預料要有今天此舉，今後在我們沒有消滅了北岸敵人以前，恐怕像這樣的礮擊總不能幸免的，敵人既尙無渡河企圖，所以我們就不必還槍，讓他們礮擊好了，不然反現出我們不沉着，爲敵人所恥笑，今天各士兵固守崗位，未發一槍，可見兵士們都很沉着，郭氏大爲滿意，警備司令樊軍長因爲在這次事變中已證明郭氏及其部屬確有衞國的精神，當晚曾由電話中傳令嘉獎，並對士兵有所犒賞，這也是應該的了。在這次局部的事變中，把我們國家和民衆平時所具的許多缺點都暴露出來了，記者爲向同胞們供給此實貴的教訓，所以特別寫得詳盡，我們不必諱疾忌醫，我們要及時校正，則抗戰的前途纔有光明

季雲　漢口三　六、七日掃蕩報

第四段　邊民抗戰拾零

一　蒙

蒙古德王附逆在我們是很痛心的。但一部分深明大義的成吉思汗的子孫，從前年綏戰爆發，就始終在前線與敵人苦鬭，忠勇可喜。蒙古的動態，不論內蒙、外蒙、國人向來注意，姑

不在此贅述。

二　藏

西藏人距離太遠，人口太少加以過去種種隔閡，我們不能不敢也不忍苛求。只要他們在西南邊疆負起鞏固後方的責任，就算對中華民族的解放鬬爭，盡了最大的努力。但是在內地他們並不是絲毫沒有表現，「南昌十一月三十日訊，西藏政教領袖貢噶呼士克圖，由盧來省誦經，為國祈禱。」貢噶呼士克圖最近曾轉來湘省各地誦經祈禱，日後還要晉西康宣慰藏民。這一位活佛所表現的雖止於誦經祈禱，宣慰，但給於中華民族精神上的安慰與援助卻無限的大。

八個月來邊民的抗戰情形，大致如此，這裏，我們應該注意幾點：第一，中國邊民，人數至少有五千萬，這五千萬人民，在體力上，是中華民族的優秀分子。第二，邊民大多已經有自發的愛國熱忱，只要領導得當，以他們絕對服從，視死如歸的美德，在全民族解放鬬爭中可以發生決定的作用。第三，過去，我們對於邊民做的太少了，所以到現在，他們已經表現的力量，不過全部力量的千百分之一，除了夷、猺、漢、回和一部分蒙族，幾乎原封未動。但是亡羊補牢，猶未為晚，希望多數有志救亡，或有志解決中國邊疆問題青年，今後多多注意及此。第四，我們對邊民過去種種錯誤觀念，必須澈底剷除。總理「國內各民族一律平等」的遺教，必須澈底兌現的實現，也唯有如此，邊民的力量纔可以發動，六大族和平幸福共存共榮的理想境界纔可以達到。（葛思恩）

第三篇　東戰場第一期

第一章　上海揭開戰幕

第一節　淞滬大血戰

第一段　燬滅了的吳淞

（一）

「一九三二年戰後重建的吳淞，今日只見廢屋頹垣，已全部燬滅了。」這是大陸報記者在參觀戰後的吳淞後所發出一句淒涼的評語。以前是一個新式的建築，紅牆赤瓦，今日已變爲日軍戰火的犧牲，在起伏，好像一個炸碎的花園，壓抑在瓦礫堆中的生命，當更無從統計，而物質的破壞，尤難推想，一九三二年的遺跡，至今已被日軍的砲火燬滅，目光中所能看到的，只有幾個倒頹的建築，以便日軍的登陸。吳淞已變爲他們的大本營，他們進攻的根據地，他們堆儲軍火的棧房，昔日海濱風物到那裏去了？

（二）

每當春秋佳日，結伴往吳淞小憩，海濱流水，潺潺東流，舉目第見各國商船，往來黃埔之中，水波激起，隱隱顯露着人生優游的興趣。但是，今日所見到的，只是各國軍艦的進出，那微動的水波爲軍艦掀起大浪，無形中告訴他們世界大禍之將臨，知前途行將發生的危險。軍用卡車不絕於途，騎兵載道，觸目驚心。像昔日的一聲氣笛，水鳥遠飛，這種種富有詩意的自然美景，曾幾何時，一變而爲礮聲隆隆，血肉橫飛之所矣，緬懷往昔，不覺淒然神傷！

（三）

吳淞，這世界的大港口之一的吳淞，在那裏，外國商船不斷地將貨物吞進牠的口中，仍由那裏不斷地吐將出去，上海的重要性，完全爲吳淞所造成，而今日上海的戰爭，竟燬滅了吳淞昔日的繁榮！

（四）

自吳淞到虬江碼頭，滿目瘡痍，不知堆積過多少戰士的屍體！今日雖都爲日本軍艦運出口外，而血痕宛在，猶可辨識。

自吳淞至寶山，只見日軍的軍用品絡繹於道，叢林深處，密藏着殘殺人類生命的利器。吳淞，一羣羣的被壓迫的大和武士，由那裏進來，一個個的屍，由那裏出去，那侵略者，在昔日是以貨物來吸取中國的錢財，今日只是拿活潑潑的生命，以換取陰沉沉的死亡而已！

吳淞，一切只有死的掙扎，和一九三二年後那樣的重建。（九月二十二日華美晚報）

第二段　奪回羅店進抵新興

羅店敵軍殲滅在即，但過去數日來羅店戰情之激烈，尤推淞、滬抗戰開始以來最光榮之一頁。我士兵三日未遑飲食，肉搏一天兩晚，卒將敵軍逼退，保全此軍事要衝。大晚報記者昨往羅店前線，晤見在該方面擔任最前線之××軍××營營長×××，談戰況甚詳。茲詳錄如下：

據那一位英勇抗戰的營長說，羅店鎮上已火光燭天，這是遭敵機投擲燃燒巨彈，及鎮上漢奸縱火所致。敵軍約有三聯隊之衆，已乘隙蜂擁而來，羅店鎮確是曾遭敵軍一度佔領過的。他們這一部先頭部隊，在敵軍飛機擲彈威脅下，由術公路到達羅店，喘息未定，即奉命進攻，人數雖少，但士兵均抱必死決心，莫不以一當十　敵軍雖有飛機大礮，但該時已陷入肉搏戰，故無所施其技，而我軍衝鋒陷陣之猛烈，又得未曾有，敵軍雖衆，至此已顯示不支。

這衝鋒陷陣的肉搏戰，自二十三日起，接連至二十六日止，我軍絲毫未有休息，甚至連吃飯的時間都沒有，而且在羅店鄉間，居民既已大部遷避，羅店鎮上又遭漢奸焚毀，所以即使要造飯，在那種狀況之下，也無法可造。但是我軍經此壯烈犧牲，羅店鎮遂遭我軍奪回，而且截至二十六日止，我軍已越月浦而進抵新興，那裏距海口僅數里之遙，敵軍損失奇重，漸向海灘潰退，在作戰的效果上，已獲得極大的收穫。說到這裏那位營長異常興奮，他又簡單地為記者解釋了羅店的形勢。

此後我們的談話，又轉到敵人的飛機。據說一般人都怕飛機投炸彈。但是他們軍隊對敵人的飛機簡直不當一回事。

這次羅店戰役，最使人痛心的，便是漢奸的活躍。譬如事前羅店鎮的縱火，而在激戰的時候，又用一種使人痛恨的方法，施放信號，作敵軍射擊的目標。並且他們還沿途散佈謠言，擾亂人心。爲了我們的戰爭是黏性戰，是長時期的抗戰，這一種喪心病狂，足爲長期抗戰障礙的漢奸，以及準漢奸，實有嚴密搜懲的必要。

最後，當記者快要回來的時候，他們鄭重的告訴我，羅店方面的戰爭，我軍有了極嚴密的配備，是在着着逼進之中，殘敵的肅淸，確是旦夕可得。希望上海的民衆，不必驚恐，在作戰上，我軍是有極大的把握的。

數晝夜肉搏血戰，士兵數晝夜未遑飲食，在極艱危的形勢下，我們的軍隊始終擊退敵軍，這一個壯烈的戰役，無疑地，是民族抗戰史上最光榮的一頁。（八月二十八日大晚報）

第三段　蘊藻浜南岸的血戰

從本月五日開始，淞滬戰線的敵軍，因爲企圖渡過蘊藻浜，進攻浜南的廟行與大場，與我軍發生激烈大戰。這大戰一直繼續到目前爲止，還沒有停息。六天六夜的血戰，差不多把蘊藻浜水都染紅了。自然，這裏流得最多的是侵略者的血！

這次敵軍的進攻蘊藻浜，是他們在羅店、劉行一線猛攻以後的必然發展。自從上月底我軍把陣線移到滬太路以西一公里之後，敵軍就從羅店進攻施相公廟，從劉行進攻廣福鎮，企圖由此西進，直取嘉定、南翔；不過，這新的進攻很困難，我軍在蘊藻浜南廟行、大場的陣地，非常堅固，使敵軍的側面受到壓迫。因此，敵軍把張華浜方面的軍力移到了蘊藻浜者，就開始向南岸進攻。

敵軍在三處渡過了蘊藻浜，總共人數約有五千。我軍奮勇迎擊，有很多敵軍在浜中被機關槍射死，或跌在浜中溺死；渡過浜的五千人，結果被我軍衝成三段，和浜北的敵軍大部截斷連絡。經過六天六夜的殲滅戰，五千敵軍死傷已在半數以上。在唐橋和西六房兩處，敵軍差不多全部被殲滅。

正當蘊藻浜血戰的時候，在施相公廟與廣福一線，仍有猛烈戰事；因爲天雨泥濘，敵方重兵器失去效用，我方頗佔優勢　在雙十節的一天，我軍從廣福發動反攻，推進到近劉行的地方。在右翼江灣、閘北一帶，也仍有劇烈的市街戰；雙方的陣線並無變動。此外，在浦東方面，我礮兵陣地趁着天雨地濕的時候，屢次向浦江中的敵艦與楊樹浦的敵軍後方開礮，敵方也不斷回礮。結果敵方軍火儲藏處頗有損失，我方則損失很微

上海方面的戰線，我軍確是處於堅不可破的地位；但在華北方面，情勢依然是非常緊急。華北我軍的一再失利，在根本上實有種種的原因：一是敵人的軍事佈置，由來已久；二是北方向來的政治設施，比南方更差，特別是愚民政策與縱容漢奸兩點，使民氣消沉，一到抗戰發

動，就成爲不見民衆幫助軍隊，只見漢奸四處搗亂的局面了；三是北方的軍事統率不一致，在作戰上很多不便。所以華北戰線上目前的要着，是武裝廣大的民衆，統一軍事的指揮。（金仲華）

第四段　蘊藻浜抗戰的回憶

我從十六師一共在上海蘊藻浜打了兩個半月的仗，經過戰役十一次，更換地方十六處之多，其中英勇犧牲，可歌可泣的要算在蘊藻浜的西盛橋和金家灣兩次戰役了。

(一)西盛橋爲敵我必爭之地。在九月十六日的拂曉，我們開始和敵人接觸。我們早就料到敵人將要準備全力突破這一點。他們集中了飛機大礮，把礮彈炸藥不要錢買一樣地亂灑。這時我們的旅長何平下了一個決心，着團長唐肅派兵一連，上好刺刀，一齊躍出戰壕向着西盛橋頭衝去！一聲喊殺，西盛橋的倭鬼魂飛天外，棄槍逃跑，這一下奪了牠們的重機關槍三挺，輕機關槍八枝，步槍四十餘枝，倭鬼的死屍，遺在橋畔的有四十多具。可是牠們仍作「困獸猶鬭」，這座橋的爭奪戰，總計失而復得者三次。我們將士爭奪的壯烈雄姿，到現在仍在我腦海裏不時洶湧。

(二)金家灣關係全盤戰局，我們的友軍終因敵不過倭鬼的礮火，把他陷落了。我們決心恢復他，以調整全般戰局。——十七日的傍晚我們到達目的地，約莫八九點鐘左右，團長劉熛浩命三營出擊，以一營作掩護。打先鋒的李營長眞不差，他接到命令就在大雨滂沱黑暗如漆的當中，不到三十分鐘，摸到敵人的陣地，但是被一條小港攔住了。他起先派一排人帶着手溜彈由小港偷渡過去，敵人並沒有發現，這三十個勇士，便瞄準敵人用手溜彈連續拋擲，倭鬼在倉促中手忙脚亂，無處好逃，都躲進屋子裏面，憑着窗戶用機槍掃射。結果這三十名壯士，僅轉來兩位，李營長「情急智生」，隨即派兵兩連，各人背着稻草洋油，爬過去挨次放火。此時劉團長又命楊營長全營把敵人的歸路扣斷，並同時縱火。一時火焰沖天，槍聲如雨，那幾百個倭鬼在那四五十棟房子裏面，好像孫悟空老生進了八卦爐一樣！此生是莫想再回到日本了。我們的李營長也在這時負傷了，他仍督戰不退，等到天明搜查，從燒塌的屋子裏面扒出來的倭鬼屍身和槍到也不少。

不過我們在這兩次戰役，傷亡的人數也是可觀！這些殉難的同志，多數是草草的掩埋！我相信他們現在一定在那裏盼望着[illegible]他的血[illegible]！我們告訴他們：現在我們的戰事，正在好轉，在津浦線、在台[illegible]有可靠的保障，不會[illegible]我們爭取最後勝利[illegible]儘管放心，[illegible]人民，正在積極的興起，替你們復仇。在不久的將來，一定要[illegible]你們啊！啊！請你們暫時安息着期待罷。（帆君）

第五段　大場陣地展開主力戰

九國公約國會議要在月底開幕了。敵人參加與否，尚在未定之中；但似乎敵人有一種打算，即要在會議之前，把淞滬我軍迫退到第二道防線，在山西由兩路進攻，佔領太原，這樣他們也許可以利用會議中調解的空氣，取得一個喘息的期間，再圖大舉的進攻。這是近幾天來敵軍對淞滬及山西拚命進攻的原因。但我們要指出，敵人的第一個企圖非失敗不可，第二個企圖更非失敗不可。

淞滬方面，敵軍從本月初開始猛衝蘊藻浜，就有着一個企圖，即要從這裏進攻大場，由此直下眞茹，使我江灣、閘北軍隊背後感受威脅，不得不退到第二道防線。敵軍渡過了蘊藻浜之後，被我猛烈反攻，只能困守浜南黑大黃宅、唐橋、嚴家灣一個狹隘的陣地，但是他們在這一帶築下堅固的陣地之後，又從浜北開下數萬敵軍，立刻向南推進。這推進分幾路：東面由嚴家灣攻廟行與大場之間，西面從黑大黃宅一直南下，避開了大場的正面，而進攻大場西南的葛家牌樓、塌石橋以至黃港。這兩條進攻路線中間，前一條是虛張聲勢的，後一條則爲實際進攻的；因此，在黑大黃宅、葛家牌樓與黃港的一線上，敵軍用了數萬人來攻，居然跨越了莳村塘，佔領葛家牌樓，一直迫近黃港。另一方面，更有一支兵西取鞝門頭，直迫楊宅。這進攻是採取突破一點的戰略，敵人差不多是以陸空軍及大礮坦克車全力來攻，我軍則也用全力死守；經過無數次的衝搏，敵人始終保持這個尖端插入的部分，守住葛家牌樓。現在敵軍離開大場，約有二三里光景。但是我軍已從東西兩面，開始猛烈的反攻；敵人這樣孤軍深入，將受到很嚴重的損失。

在三五天內，大場陣地的更大規模的血戰，將展開來。現在敵人空軍天天在我大場、江灣以至閘北陣地轟炸，就是在準備這個大血戰。不過，我們可以說，無論敵人對大場的進攻，能否達到目的，我們的整個陣線，是絕不會搖動的。（金仲華）

第六段　敵軍第四次總攻上海

最近幾天來的戰局，上海方面又佔着重要的地位，原因是敵人的第四次總攻擊，又已經開始了。過去幾週中敵軍對我第一道防線的進攻，屢次失敗，死傷已近一二萬人，因此他們不得不再增補四萬人來滬；現在這四萬人差不多都已登岸，於是所謂第四次總攻擊，也隨即開始。

說是『總攻擊』，其實也仍是集中向幾處進攻。不過敵軍的大礮與轟炸機，比較上活動得利害而已。從瀏河到北站六十多公里的防線，現在敵我兩軍對峙的情形，是這樣：瀏河鎮在我手中，羅店在敵手，但我軍陣線站近羅店鎮西南角；在楊行、劉行中間的公路上，我軍據守永安橋，成爲第一道防線凸出的一角；在江灣方面，敵軍前線在寶興紗廠，我軍前線在持志大學；在八字橋敵我兩軍正對峙在這小鎮的西端；至於寶山路一帶，則全在我手，敵軍陣地在淞滬鐵路以東。最近敵軍進攻最烈的地方，一處是在羅店、劉行中間，另一處是江灣方面。

淞滬方面的陣地，有兩個不同的特點：在羅店、瀏河一帶，河浜很多，泥土潮濕，敵軍重兵器的運用，非常不便；在江灣、閘北一帶，泥土堅實，道路廣寬，比較適宜於機械化武器的運用。所以，敵軍在羅店一帶，總是用大礮掩護步兵進攻！在江灣、閘北一帶，則常用坦克車做開路先鋒。但是羅店方面我軍靠着河浜扼守，敵軍在偷渡的時候，都被我機關槍射死；在江灣一帶，我方差不多已築下重重礮壘，敵軍用坦克車來攻，不是中我地雷，就是被我手溜彈擊毀，損失也不小。

這次敵軍總攻擊開始後，似乎又轉換目標，注意於閘北及浦東兩處。連日敵機在寶山路與北站一帶整天轟炸，一面是爲了試探我軍力，另一面則是要炸毀我軍的防禦工事，準備大舉進攻。在八字橋、橫浜路與北站附近的福生路一帶，他們都已有過猛烈的進攻。在浦東方面，敵艦及敵機連日用大礮炸彈轟擊，同時用許多小艇派兵登陸，不過他們的炸彈多落在田野，軍隊的登陸也都被擊退。這第四次總攻，敵人顯然難以得手，倒是市中心方面的敵軍，因爲屢次失利，已有撤退模樣了。（金仲華）

第七段　圍攻日本司令部

在後方一個救護醫院裏，和一位圍攻日本司令部掛彩回來的戰士，談着奮勇殺敵的光榮史。他是××師的步兵，是壯健的中年漢子，光光的頭，黑黑的臉，英氣勃勃地。他在圍攻司令部時掛了彩，輕機關槍的子彈，鑽進了他的右臂膊，還停留在裏面，沒有出來。他的傷不重，所以能夠談天，不過聲音不洪亮，只是那麼沉着的，有力的；他躺在帆布床上，那床是擺在有許多床的一間明亮的屋子裏，他的前後左右都是床，都躺着掛彩的弟兄們。

雖然事先已經過看護小姐的通知，可是他仍表示不能談話，經過記者一番解釋後，他就很爽直的談話了：

「我是在圍攻日本司令部時受的傷。那時我軍用大包圍將日本司令部團團圍住，日兵向日本司令部退下去，逃進裏面不敢出來，先是用輕機關槍向我軍射擊，這時我軍已逼近日本司令部，只有十餘公尺的距離，已到短兵相接的時候，弟兄們都用步槍和槍上的刺刀去殺敵兵，在日本司令部外，經我們殺死了不少。啊！那時弟兄們都興奮極了，熱血在咱們的腔子裏沸騰着，民族復興燦爛的光華，在咱們頭上照耀着，心裏頭活躍着，引導着咱們前進！殺呀！咱們衝上去，殺死敵人，雖然敵方的子彈雨點樣射過來，但，咱們仍往前衝，一個弟兄倒下去了，第二個，第三個……但，咱們不管，仍是向前衝，咱做肉彈子去和鋼鐵的子彈去拚。呼、呼、呼、子彈在頭上飛過去，耳朵邊擦過去，咱們仍是衝，除了衝向前去，殺退敵人外，沒有第二條路。好，多痛快，敵兵一個個，咱們的槍下刺刀，如豬似的倒下來了，餘下的只是往日本司令部裏躲進去。看那日本鬼子那種膽怯的樣子，嘻！多痛快，好笑；他媽的，那[illegible]上戰場，乾脆的躲在媽媽懷裏吃奶去。哈！這一次作罷，日兵死了好幾千！

一後來敵軍死守着司令部不敢出來，只是用輕機關槍向我們射擊，你知道那敵人築的日本司令部多堅固，好像老鼠進了洞，貓有天大的本領，也不能鑽進老鼠洞裏去。這樣的相持一小時，那敵兵的子彈打斷了咱槍上的刺刀，馬上鑽進右臂膊，現在還停留在裏面，沒有出來。

「這一次作戰，弟兄們勇敢極了，士氣很旺。還有一點，不管是司令官、師長、旅長、團長、連長、誰都身先士卒，到前線去指揮作戰；長官都那麽做了，弟兄們當然是更勇敢了！咱們都有決死的心，那些敵兵可真沒用，沒有作戰先怕起來了，看見打死了幾個他們的兵，馬上就寒心了，只是往後退，和咱們弟兄們那種勇敢的精神一比較，誰都知道勝利是屬於我們的！

「在後方的老百姓不必擔心，不要害怕，應該快樂，更應該鎮靜，努力於後援工作和救護工作，把前方所需要的物品，如蔴袋、鋼絲、通訊器械、脚踏車、汽油、糧食、紗布、藥棉等儘量的捐助。這不但盡了國民的責任，咱們弟兄們也很感激的啊！」（八月二十日時事新報午刊）

第八段　鐵與血的鬪爭

——第七連機關連連長蔡以中——

我懷了一腔返燃燒，更沸騰的熱情重來到離別已經五年多的上海。

五年前，在廟行與敵兵白刃戰時所受的創痕，還深留在我的左腿，五年來，我們民族所受的恥辱與欺凌，加添了我們無限的憤怒，同時給了我們無限的鼓勵。

傍午，我們下了車，在出發到上海的附郊一個小鎮去的道上，我們遠遠望見「一二八」的遺跡，那斷垣，那殘壁，我們還看了兩路管理局新建的大廈，岸然矗立在雲霄。一陣溫煦的海風撲着我們每個弟兄的黝黑的臉，我彷彿在風中聽到一種聲音，那聲音該是帶着歡喜又帶着疑懼的歡迎的呼聲吧？我不禁在心裏響了回音：「別驚懼吧！你們這次雖也許還要經歷過一次磨難？然而請你們放心，因爲我們每個人都帶着一顆比鋼鐵還要堅強的決心，一定把日本帝國主義永遠逐出上海！」

弟兄們雖都在埋怨時間走得太慢，因爲夜神一到來，敵人定會到我們陣地來挑釁的，到那時候，幾十年來鬱積在胸口的憤怒與苦悶是得到一個盡情發洩的機會了。

可是，夜到來了，我們望着那半鈎殘月徐徐升起，九時，十時……一時，二時過去了，我們又望着那半鈎殘月在徐徐西落，弟兄們都顯得異常焦急。雖然敵兵的陣地，我們看得很清楚，可是我們始終服從着「人不犯我，我不犯人」的命令的，弟兄們都在低低地咕嚕着：「東洋兵不敢作聲了吧？」

到十時多，保安隊一排在寶山路口近巡邏着，我的隊伍那時離保安隊相隔二三百米，一小隊日本兵從他們的沙袋後面跳了出來，攔住了保安隊的去路，一個日本的隊長，操着不純熟的中國語問：「你們中國軍隊幹嗎？是不是想包圍我們日本軍隊？是不是想攻擊我們？」

「中國軍隊從來不想攻擊別國軍隊的，中國軍隊只是保衞自己國家的領土而守衞着，你們不是沒有理由的要保安隊撤退上海嗎？這已經是辦不到了，因爲保安隊所駐守的是咱們中國的領士！」這是一隊保安隊長的回答。

他們露出非常不愉快的臉色走進了他們的沙袋後面去，就在保安隊開始走不上幾步路的時候，他們就向保安隊射擊了。

我們弟兄一聽到槍聲，立刻衝上去，向他們回擊，可是，我們的槍聲一響，他們的槍聲卻停止了。

傍晚，我們在江灣路附近。

我們奉命進攻八字橋，可是，青雲橋給敵兵在事先炸斷了，我們只能繞路走。

敵人在每個路口嚴密地佈置着機關槍、坦克車、這一切向着我們行進的隊伍掃射。

我們開始找到了敵方機關槍的所在地，輕輕地和了三個弟兄，帶了一架機關槍，伏在草地上慢慢爬過去，到離開敵方約六十米的地方，我們就開始向着敵方的機關槍陣地掃射過去。

不一會，他們的機關槍響了兩下，就不作聲了，我那時的快活眞是怎麼也形容不出來，我幾乎興奮得跳了起來，後面的弟兄這時也緊緊地衝了上來，雖然後來在敵兵的另一陣地裏依舊發出了密密的槍彈，雖然在我們身邊爆發了密密的礮彈，可是憑了弟兄們一聲怒吼，我們衝上了八字橋！

第九段　鋼勇士

二十四日中午，我們在第×師政訓處會見了鍾品芳連長和韋少卿班長，他們是剛從火線下來的，滿臉都是泥塵，身上血跡斑斑，可見他們連日衝鋒肉搏已備受辛苦了。

因爲大家是站在一條戰線上，而且又聽到大家都是講廣東話，所以一見之下，有如久別重逢的知故，親切得難以形容。我們致以慰問之後，便促膝坐下。

鍾連長卸下身上的三枝匣子槍，點起一枝香煙，很爽快地和我們謾談。

我見了他身上的血跡，問他這血跡的來歷。他扯起他的血衣，笑了一笑纔回答我：「這是肉搏的時候染的！」

韋班長在擦槍，他遞了一枝來給我們看，他指着槍上的污點，說：「你看，連槍上也有血跡！」

從這一點我們可以想見當時的戰事是如何慘烈了！

後來我們請鍾連長講述他們殺敵的故事，他也很高興，他摸摸那久已不修的鬍子，仰起頭來想了半響，便開始描述他們的光榮史

那是十九日[illegible]吧？[illegible]了一，十九[illegible]，[illegible]！[illegible]前線，防守第一線，[illegible]什麼好說，只是敵人飛機常常來轟炸我們的陣地，三十多架輪流出動，一隊去了，一隊又來，幾乎是不停的，我們沒有理他，在一[illegible]陣，一個炸彈竟去中我們的掩蔽部，[illegible]木已經炸斷，整個頂子陷了下來，幸而我急忙用兩枝槍桿把牠支持住，不然就被活埋了！

我們在那裏住了一晚，第二天早晨第一線的友軍換下來了，我們便接了上去。當時敵人的

陣地還沒有佈置好，衝了幾衝，敵人便退卻了。這一役敵人死傷恐怕有一千多，滿地都是敵人的遺屍，壕溝裏也滿堆着，那腥臭的氣味，眞是難聞極了，但是也沒有辦法收拾，只好把它抛到壕外就算了。

說到這裏，他好像有點感觸，停了一會，他終於傾吐出來了：

「這一場戰我覺得最有價值。從前內戰眞是無謂，現在爲國家而戰，那個不興奮。所以我們弟兄們衝鋒的時候，都是爭先恐後，認爲後死是慚愧的。」

隨後他又言歸戰史。

「我們恢復了第一線，敵人便時時到我們陣地來摸，可是遭了硬的打擊，便退了回去。到了晚上，便展開劇烈的惡戰，先是敵人的排礮開過來，不停地差不多轟了一千多礮，同時還有十幾架飛機在頭上丟炸彈，並且給他們的大礮做目標，轟隆！轟隆！密集的轟了半天，轟得天昏地裂，我的耳朶都被那瘋狂的礮聲震得昏聾，但是我們不理他。轟隆轟隆的轟了好久，礮火稍爲停了一下，馬上又集中到我們的第二線，遮斷我們的補充。好了，這個時候就要卽刻準備了，我便叫弟兄們上起刺刀來，等待敵人的步兵，敵人的機關槍，吐火舌了，步兵也來摸了，可是這裏遭了硬的打擊，那裏遭了硬的打擊，總是沒有辦法，反而死傷不少。後來愈來愈多了，但我們不管他，只是硬打，他們也沒有辦法，於是坦克車來了，整千整百的步兵跟在後面，像潮水一樣湧過來，我們等到他們的坦克車走近了，我們立刻散開來了，讓牠過去，專打敵人的步兵。同時用幾個弟兄去犧牲，對付坦克車，拚命衝過去，把手榴彈向輪子一擲，就毀了。

「你們毀了他多少輛？」

我禁不住這樣問。韋班長聽了，他痛快的用一半廣東話一半湖南話回答我：

「我本人毀了一輛，其他的弟兄毀了好幾輛。」

這動聽的話，使我感激得說不出話來，我只是熱烈地緊握着他的手，表示我心裏無限的敬意，中國軍人的代表，韋班長可以當之而無愧了！

接着鍾連長又說下去。

「我們和敵人肉搏幾次，敵人又敗退了，但整理增援之後，敵人又來猛攻，而且拿最殘酷的手段來了！敵人開過來的大砲彈，機關槍彈，步槍彈都是開花的催淚彈，弄得弟兄們的眼睛都掙不開，眼淚涔涔落下，但是我們不管，一邊揩眼淚，一邊打，支持下去，敵人終歸沒有辦法。這樣差不多苦戰一夜，快要天亮的時候，敵人因爲死傷太大，終於敗退，但我們也犧牲過半了！」

突然，沉痛的靜默，不知那裏襲了過來。

但一會兒，這窒人的氣氛又被鍾連長的豪語肅清了。他慷慨地說：

「爲了爭取國家的生存，我們縱使更大的犧牲！也是光榮的！……後來我們打得更苦，一連打了幾天，連飯也送不到，水也沒有喝，——因爲恐怕漢奸放毒。後來戰事愈來愈烈，至昨天敵人傾巢來攻，我們團長也親身帶了弟兄們去衝鋒。後來團長帶花了，營長帶花了，一團人也沒有好幾個了，但是我們還是要打，始終不退。直至入夜，只剩下我們八個人了，但是敵人愈攻愈烈，轟隆轟隆地打得天翻地覆，當時情勢實在不能守了，但是我一想；丟了這個陣地，將來要恢復的時候，不知要犧牲多少人，於是我們堅決不退，剩下一個人也要守。總之，死在這裏就是！我們三枝機關槍密集地掃射，消滅了不少敵人，但他始終沒有衝過我們的陣地。我們這樣艱苦地支撐着，一直撐了大半夜。後來上官有命令叫退，讓友軍接防，我們纔退了下來。我本不想退，死在那裏就是，不過上面的命令不能違抗，沒有辦法，但是我們八個人能夠支持大半夜，也算盡了我們的任務了！」

鍾連長興奮地說完了這種悲壯的光榮，他噓了一口氣，他隨手拿起身邊那頂有網子罩着的鋼盔來，指着那凹進去的地方給我們看。

「你們看看，這裏中了一槍，如果沒有這頂帽子，我的腦袋早就開花了！」他摸摸他的頭，不禁有點感慨，他噓了一口氣。「唉：我們打了十幾年仗，從沒有見過這樣猛烈的礮火喲，但是幾次衝鋒，始終沒有受到損害，現在自己思想，好像是一個鋼人了！」

我們靜聽了這段悲劇慘烈的傳奇，面對着這傳奇裏的主角，打不死的鋼人，情緒漸漸地由興奮而激昂，以至於感動得幾乎流出眼淚來了。我們火線上有這樣神勇的戰士，有這樣威武的鋼人，日本鬼子要想滅亡我們整個中國，那簡直是夢想！

隨後，鍾連長又把敵人的戰術說給我們聽，他說：

「敵人來攻的時候，先用一班人來，然後一排、一連、一營、一團的跟在後面，愈來愈多。在未開始攻擊以前，他們總是一班一班的來摸，這裏受了硬的打擊，他們便到那裏去，那裏受了硬的打擊，他們便到別處去，總是找我們的弱點來攻。攻得得手的時候，便一排一連一營的衝過來。如果仍然受了硬的打擊，他便拿出慘酷的手段來放毒瓦斯了，但是我們不要理他，只是硬打，他終於沒有辦法的。至於我們進攻敵人的時候。要看情況，不要衝得太厲害，我們有些部隊，有時因為火氣太猛，當敵人敗退的時候，恨不得把他趕回東京去。死追、死追，以致深入了敵人的火網，受到很大的傷亡，這是不好的。總之，我們要看情況，不要中了他的毒計，這是我們幾天來苦戰所得的一點經驗……。我們能夠想法子對付他，他一定要敗的

這是血的經驗，是很寶貴的

後來我們談漢奸問題，他說：前線的漢奸也很多，我們受了漢奸的害處很不少，有一次我們弄了一條假壕，派兩個弟兄在壕裏跑來跑去，誘敵人的飛機消耗他的炸彈，但敵機不炸這條假壕，卻炸錯我們人多而且偽裝很好的戰壕來，這不是漢奸指示目標嗎？還有些漢奸很厲害，他們偽裝我們的士兵去打官長的。有一次我們軍長到前線督戰，遇到一個形跡可疑的士兵，問他是那一團的，噢，他突然拿出手槍來，幸而軍長的勤務兵手快打死了他。敵人想打敗我們，

眞是什麽手段都想出來了，但是這些漢奸也太可惡，甚至女人也做漢奸。有一天我們進一個新的村莊，明明這裏的女人都走光了，但是第二天忽然發現女人，女人出來，悠閒地坐在河邊。日本飛機來了，叫她們走，她們不走，似乎滿不在乎的說：怕什麽呢？等到日本飛機飛到頭上來，她們就站起來招手，指示目標，炸我們的工事，我當時就把她捉起來……！」

「可殺！有沒有槍斃她們？」

「後來把她們解到上面去了。」

談到這裏，我們恐怕太辛勞他們的精神了，便請他們到我們的床舖去睡覺，休息一下，可是可惡的敵機不斷的在我們頭上盤旋不去，嗚嗚……的吵得他們不能入睡，終於又跑回胡處長那邊去。因爲那邊有掩閉，聲音比較小一點。

不到一刻，這兩位苦戰多日，受盡辛勞的戰士，已呼呼睡沉起來，做他們戰場殺敵的夢去了。（許華寫於戰地防空壕中）

第十段　閘北退卻記

滬戰爆發前一日，記者在閘北區域乍遇我軍鬬士，横槍阻途，英勇之氣，不可一世。使人回憶「一·二八」閘北失陷情景，誠不勝其悲喜交幷。「八·一三」後，不圖僅撐七十四日，大場忽焉失守，閘北、江灣之軍遂被迫而作戰略上之退卻。五年前的悲劇，不幸今又重演。記者在現役中旅居閘北，甫二十日，遽爾於秋月蒼涼之夜，隨軍西走，當夜萬感叢集，儼如中山路上之軍馬，喘息返館，不能自已，因拉雜爲記。

大場在軍事上之關係甚爲重大，蓋此處一失，閘北、江灣卽成四面受敵之地，故欲保守閘北、江灣必以保守大場爲條件。惜大場守軍力薄，如此重地，竟輕輕放棄，致使本月九日以來蘊藻浜南之血戰，盡付流水，第一道防線之守勢，亦因而打破。全在內線之閘北、江灣，其守軍不得不行戰略上之退卻矣。

二十六日之晨，大場失守之消息傳到，閘北駐軍無不悲憤塡膺。正午卽奉「死守閘北」之命，全軍歡聲雷動，滿擬拚將頭顱，同作壯烈犧牲，不意下午九時又來「立卽撤退」之命。雖然命令如山，究竟人係感情動物，何況血性男兒，衞國鬬士，眼見此苦守數月之大好國土，卽將再受敵人鐵蹄蹂躪，豈不悲從中來。記者對於泥戰向抱樂觀，及遇如斯情景，亦不自禁而感慨唏噓矣。

深秋夜涼，下弦之月，遲遲不上，記者與偵察地形之參謀數人，繞道沿光復路向西徒步，隔蘇州河則租界燈火如晝，市聲漸息，以視吾人於黑夜摸索喘息不寧者，誠如天堂地獄。其時蘇州河北岸已有載滿輜重之舟，咿啞夜航，余等得乘艒艒船一艘，排水前進。過廣肇山莊河面時，清晰密集之槍礮聲，自波上飄來，掠頂而過，墜入租界爆炸者，不計其數。河邊哨兵，荷槍露立，深暗之人體輪廓，由於遠處火光反映，呈出雄偉渾奇之姿態，實足表現我軍沉着勇敢之精神。余等在火車港登岸，展轉始入交通路。時我部隊正陸續向西移動，在敵礮壓制之下，寂然穩步，大有不動如山之概。倘非素質優良，在退走時決難獲得如此成績也。既折而南，入中山路，敵礮數枚，射落左近田間，炸聲甚鉅。適我空軍飛至掩護，敵之高射礮，信號槍，探照燈竟鬧成滿天星斗。惟敵砲則停止射擊，避我發現目標，致受轟炸，我機繞飛數週，在眞茹附近投下照明彈數枚，指示行軍目的地後，瞬復飛去。地下部隊在任何環境下，仍用齊一步伐，埋首前進。此種精神，實爲中國復興之徵象。

記者因職務關係，至×××，不得不與同行之參謀告別，獨入租界趕回館中報告。惟因脚傷未愈，步履艱難，時已午夜，租界因戒嚴關係均經閉戶，僱車不得，踽踽於途，幸遇一九三號西捕，深表同情，載送記者至靜安寺雲飛分站，得一貼有通行證之車，風掣而歸。回憶閘北於「一•二八」失陷時，敵獲之可利用漢奸胡立夫等進行傀儡組織者，此次閘北之難民，均已跟隨部隊全數退走，決無胡立夫之流再生。敵在政治上得閘北毫無用處。

閘北市區已受敵數月轟炸，幾成焦土，敵今晨侵入時，又縱火搜索，房屋被燬，損失不貲，據點損失殆盡，敵在軍事上得閘北毫無用處。

閘北經數月之轟炸，夷爲瓦礫之場，工廠堆棧之貨物，如非運盡，早卽敗壞。敵在經濟上得閘北毫無用處。記者今晨再赴租界沿邊遙望，則閘北火舌四起，黑煙彌天，其中尙有槍礮之聲，顯係我軍掩護部隊尙未退盡，以致再起巷戰者。入夜煙火之勢，直干霄漢，焦臭之氣，數里可聞。嗚呼閘北！誰其使汝受此荼毒者！（楊紀，十月，二十七夜）

第二節　浦東與滬西之戰

第一段　浦東神礮

日本的海軍，是希圖壓倒英、美獨霸太平洋。陸軍更自以爲雄視世界無可匹，但是事實勝於雄辯，由這次津浦北段的戰事來看，「皇軍」的威風，可以說掃地無存；「皇軍的臉面，也隨而一齊丟盡。狐狸尾巴，終久有顯露的一天啊！」

我是旅居上海最久的一個人，最近纔由這孤島輾轉逃脫出來的。上海雖是失陷了，眼看這次台兒莊空前的大勝利，因此聯想我已往保衛淞滬的健兒，尤其是浦東礮兵的神技，使我引起永遠不可磨滅的回憶。

浦東方面的最高指揮官是手創鐵軍全國聞名的張向華將軍，這是人人週知的。浦東的防線，是和滬西長度相等的。那時因在抗戰的初期，物質的缺乏，是不可否認的事實。聽說駐在浦東的礮兵，也只有旅以下的一個單位：而這一部礮兵的番號，在我個人始終還是一個謎。因爲這關乎軍事的極端祕密，局外人是無從知曉的。何況這一隊的礮兵，更是神出鬼沒，奇妙莫測呢？

浦東礮兵作戰的對象，主要的似乎是防守浦東，應付停泊浦江的敵人兵艦而兼有支援滬西步兵的任務。在這三個月的戰期中間的收獲，只就擊毀敵人的兵艦來說，計有十艘之多。敵艦運輸彈藥給養，接濟滬西登陸的步兵，更不時予以意外的奇襲。一次敵軍猛攻滬西某師陣地，危在呼吸。浦東礮兵射擊未及二十發，一彈正中敵人最前線指揮部，死僞參謀將校多人，於是我方危機，登時消失。最令人快意的是某次擊中敵第三艦隊某驅逐艦，而艦上的司令，卻是赫赫有名的伏見宮親王，這小子是當今日本天皇親屬，海軍軍令部長，他以貴胄率領軍艦，來華遠征，滿以爲旗開得勝，馬到成功；意氣洋洋，不可一世，我方一礮而燬其坐艦，斷其左臂，日皇聞耗，曾親派御醫來滬診治。因爲他的死活無關宏旨，所以以後也就沒有人再提。說到敵艦的礮火，那眞是密如連珠，煙燄蔽天。敵人的飛機，更無時不在輪番狂炸，轟聲震地。整個浦東每一個角落，差不多沒有一處沒有敵人礮彈炸彈的痕迹。浦東膽小的百姓，生生的不知嚇死多少。但是我們的礮位，敵人始終不能明瞭牠的所在。而敵人彈藥的消耗，估計至少當在兩百萬發以上。我方礮兵未傷一人，未損一礮，這不能不說是天大的奇迹。彈藥呢，我們國家窮，多多消耗不起，若和敵人的數目對比，大約僅僅佔他們四百分之一。所以當時中外的報紙，都紛紛予以神礮之榮譽。委員長幾次到滬視察，聽說也不斷的予以傳令嘉獎的鼓勵。敵人對於浦東礮兵，因爲沒有好的對付辦法，一再懸賞購求（拿獲浦東礮兵一名賞百元。）可見他們對於我們的礮兵是如何的嫉視，而他們的礮術是拙劣到如何的田地。

小鬼！醒醒吧！你們這一副本領，領教過了。看看最後是誰的勝利！征服太平洋，且慢着點！先牢牢守住你們自己的門戶！

編者按：神礮團的偉績實際上尚非止於毀滅敵人兵艦及擊中敵方最前線指揮部等項而已。**尤爲**重要者，在那三個月期間內，牠且毀滅了若干萬日本帝國主義的資本。浦東沿岸的**日本碼頭**和堆棧，如三井煤炭碼頭，日郵船碼頭，上海製紙公司，日華紗廠，日清碼頭，及**三菱公司**碼頭等，都被牠一掃而光了。就中三井煤炭碼頭之轟燬更有意義，那是日本軍事重**要產業地**，僅只這一處的煤炭即已價在萬萬以上。

這**件**事是張向華將軍最得意不過的。從他所說「雖然敵人不夠他殺，但有敵人產業夠他的礮**轟**」這句話，我們已經很可想像他是如何地有興致了。

以僅居敵人四百分之一的實力，這一團竟能在前線上支持三月之久，建立如此的奇勳，而當我方決定放棄浦東的防線時，且能從容不迫，安全撤退，中外報紙又那能不極度表示他們的驚**奇和**讚歎呢！

我**們應**當以這一部「神出鬼沒」的奇兵和他的指揮者——團長孫生芝——致民族的敬禮。

現在我們有好久沒聽到孫團長的消息了。爲了抗戰的力量之充實計，我們盼望軍事當局能給這個卓越的軍事天才以充分發展之機會。同時我們更希望這位卓越的軍事天才努力奮發，爲國服務，以建立較浦東更爲偉大的戰績。（力報）

一把民族的怒火隨着蘆溝橋的淪陷，展開了空前的大上海保衞戰，被稱爲全世界第六大都會的申江，在八月十三日，又回到一二八的戰時狀態了。事實是很顯明的，敵人的要進攻上海，一方面是要牽制華北，一方面是要砍斷我們的經濟中心，爲求民族生存，爲抵抗敵人的侵略，在八一三日，於是就發動了滬濱大血戰。浦東，因爲位在黃浦江的東邊，所以，也捲入戰爭的漩渦了。在浦東，敵人有兩個經營幾十年的商業碼頭，這就是日本財閥的三菱與三井，櫛比堆棧，眞不知騙出了我們同胞多少的金錢，供他們軍閥的侵略，以華制華的毒計，何僅在軍事上呢？是故三菱、三井兩個碼頭，不啻是吞吃國人的魔窟，在八月十七日的晚上，我軍於解決堆棧日軍之後，就放了一把民族的怒火，燒掉了牠，接連就是幾聲中華解放第一礮。礮聲響了，中華民族在怒吼了，敵人在顫慄，浦江上的敵艦在思遁逃，悄悄地，牠也送來幾下答禮，整個的上海，整個的黃浦江，這時，已籠罩在迷漫的礮火下。

重礮彈不時的在兩邊飛，敵艦受着重礮的威脅，很不自然地在浦江亂竄。我們的礮手，瞄準楊樹浦日本海軍司令部，迅速的發了幾礮，一會兒，漫天的火焰，在江中倒映出來了，紅光千萬道，衝滿了東方，這就是民族解放的啓示。

浦東礮戰最劇烈的是八月二十日，在陸家嘴的隆茂洋行與英美煙公司堆棧，日華紗廠，都已中彈起火，並且，還有一隊隊的敵機，來偵察我們的礮兵陣地，炸彈也不時的在空中掉下來。正打得最興奮的當兒，又接到一個最興奮的喜訊，就是我們的高射礮在十九日晚，擊下了一架敵機。

這是一架輕轟炸機，落在浦東爛泥渡附近，機身還是完好的，敵駕駛員是被逃掉了，連天的浦江空戰，曾給侵略者一個重大的打擊，不過在浦東，這還要算是第一次。

因為我們受到鐵鳥的威脅，偶然聽到擊下敵機，內心是異樣的喜悅。指揮浦東作戰的是素負英勇的鐵軍將領張向華將軍，步兵是中央最精銳的××師××師與××師。

本來，浦東是最難守的，三面環水，都容易為敵軍所侵襲：在浦東的三井、三菱碼頭，高橋、唐家灣、陸家嘴，都發生過多少次的步兵戰，可是，都把敵軍打退，終於保衛了上海的這一角落了。真的，當時，在上海，就傳出一句這樣的話來：「始信人間有鐵軍。」

隨着淞滬線的三個月抗戰，浦東，在礮火裏，也渡過三個月的光陰。三個月的時光，并不算是什麼的悠長，但由戰地上渡來，就覺得異樣的久遠了。

一個人要從礮火裏來鍛鍊自己，他的精神，就會有超人的興奮，尤其是這樣的國際戰爭。就是一個平常的人，從耳裏眼裏，聽見或看見一些最玄妙的武器，使你就可以成為一個軍事學家或科學家。

我們不要埋怨這時代，我們要迎接這偉大的時代，三個月的浦東礮火是偉大的，三個月的浦東，沒有一分一秒不在時代裏震盪。最可恨的，也最可嘆息的，就是十一月四日金山衛敵軍登陸。

一個晴天的霹靂，敵軍在浙江金山衞是已經登陸了，這是給浦東一個重大的威脅。無疑的，這還可以動搖整個的戰局。

雖然，這時我軍已退到廣福、南翔與蘇州河以南，但戰事還沒有頂大的失利，憑京杭國道的國防線，至少可以支持幾個月。如今的敵軍由金山衞登陸，動員幾十萬，費時幾千日的國防工事，是毫無作用了。

這是一個最沉痛的日子，十一月十日我軍奉令退出浦東！

大上海完全是失陷了，僅剩的浦東、南市，在十一月十一日先後已踏進了敵人的鐵騎。浦東，是最可愛的，他曾給大上海保衞戰一個莫大的協助。

時光過得眞快，浦東失陷，又有六個月了，但從報紙上，還可以看到浦東游擊隊的活躍，還是何等的令人値得快慰。

我們要用快慰的心情，興奮的精神，剛毅的勇氣，去收復國都，收復上海，收復浦東，收復所失的一切國土！（定翔）

第三段　滬西火線上

因爲我軍右翼閘北、江灣、廟行，以迄大場一線的移動，不得不使人注意到滬西方面的情形，記者二十七日午十二時許驅車直達越界築路極司非而路西端之鐵路橋口，鐵路之西，就是直通北新涇的大道，路東有英國兵及捕房探捕多名駐守，記者到達該處時，祇見大批難民肩箱負笈，扶老攜幼，自蘇州河北向鐵路橋逃奔南來，厥狀之慘，的確是一幅流亡載道圖，而當時最令人感佩者，即駐守該處之英兵，對於所有的難民，則竭力加以救護，往返於四十米的鐵路橋上，背負婦孺老弱而達橋南，竟達百餘次之多，此種偉大精神，幾使人感奮而至流淚，其時敵機翱翔於滬西及河北一帶上空者，約達四十餘架之多，偵察擲彈，恣意橫行。

至午後一時二十分，距離橋北約三百餘米之鐵路附近，忽起密集之機關槍迫擊砲聲，蓋敵人進犯部隊已與我軍發生接觸矣。此時記者以身處南岸，而槍砲聲來自河北，火線必在鐵路附近之東西，而雙方對峙除流彈以外，諒無他虞，故未忍即去，乃急奔至梵王渡車站，而同時敵機五架飛臨該站上空，所幸當時敵機並未擲彈，記者乃復返鐵路橋口而立於凱旋路畔，此時情緒之緊張與空氣之嚴重，確非筆墨所能形容。

凱旋路口距鐵路橋祇三十米，與鐵道成平行線，記者正向北遙望，詎未及五分鐘，鐵橋之北附近忽起緊密之機關槍聲，子彈直向河南如飛蝗而至，同時[illegible]路西草叢中，亦發生還擊之機關槍聲，此時駐守橋南之英國兵與立於路畔之中西人士，均一齊臥伏於附近壕溝中，或奔避於汽車之下，記者即忙趨於路旁停放鐵甲之甕車背後，以作臨時掩護，尤有坦克車之效用，惟略帶稍許異味耳。

槍聲愈趨愈密，而愈密愈近，子彈之聲簌簌作響，掠頂而過，衆人相顧愕然，個個嚇得面如土色，適有摩登女郎二人，亦蟄伏汚臭之壕溝中，只聽其櫻口玉齒振振有聲也。

在這個時候，路旁的羣衆，突然向着西面的上空拍手叫好，原來是敵人一羣飛機中被我軍高射礮擊中了兩架，一架起火下墜，敵兩駕駛員用降落傘跳下，一架則在空中翻了幾個觔斗，亦落於我軍防線之內。

據一位在火線上經過兩夜一天的危險而重返上海的童軍團員魏志剛君，他雖然已經受過很勞苦的工作，但是他的精神還是那麽好，並且很高興的和記者暢談他在戰地歷險的經過（以下便是魏君的談話。）

他說，「我們幾個同志，是在二十四日下午從上海出發，到洛陽橋一帶去救護傷兵，送到崐山的傷兵醫院去。我們在二十四日夜裏經過一夜的工作，等我再由崐山重返火線的時候，汽車已經成了廢物，遂與一位救護隊的王隊長，我們兩人步行到了南翔。天上剛將發亮，深秋的天氣，涼風襲人，實在難過，這時候起，敵人的飛機便開始來轟炸了。我們兩人踏着公路前進，敵機已沿着公路投彈，不多時，一個炸彈下來，遠遠的見有兩個老百姓被炸死，我們吃了滿身的泥土，還好，幸虧沒有受一點傷。敵機愈加的多起來，差不多在我們頭上飛翔着的，就有一百架，沿途的房屋，都被炸成瓦礫，我們連個躲避的地方都沒有，天空的敵機，只要看見人影，就投炸彈，到吃中飯的時候，我們肚中餓了，人也疲倦了，那時候敵機大概也吃飯去了，我們纔轉向××方面去找避難的地方來稍爲休息一下，來到我軍的帳棚裏，暫時可以休息一會，王隊長忽忽的睡去了，但是敵人的大礮，始終不停的向這面轟擊，我拉起了王隊長再另外找別的地方，剛剛離開這座帳棚，果然被礮轟中，又尋到一間茅草房，那裏有從火線上回來受傷的戰士，因爲前方戰事吃緊，有些救護隊，都不能前去工作，我們兩人走進去，戰士們喊道：「醫官來了」，我們不知道怎樣應付纔好，只能替他們包包裹裹，我們心中又是慚愧，又是傷心，這時敵機又來大發淫威，我們只好別了我們那些負傷的戰士們，踏着歸途，深夜裏，礮聲一時都沒有停過，今天（二十六）早晨回到上海，「看見報上登着進犯的敵軍已潰敗，心中纔痛快，」魏君談了很久，他纔去休息。但是起身之後，仍要再上火線，爲我們忠勇的戰士服務。

記者在某機關探得正確報告，自「八・一三」至八月二十三日十天之中，敵方完全採取攻勢，我方亦採攻擊戰略，故敵方死傷極多，竟達五千人以上，原有駐滬海軍陸戰隊，及漢口調來之海軍陸戰隊，在那十天中，幾死亡十分之六，旋敵在小川沙行胴口上岸而至羅店鎮，我們卻採取守勢，相持至九月十一日、我軍移守第二線時，予敵以極大之痛創，敵死傷又達二萬餘人、從此敵我第二道防線展開陣地爭奪戰，我方犧牲雖大，敵則倍之，本月五日至十五日，敵在蘊藻浜又被我消滅一萬二千餘人，其中死約十之六，傷約十之四，又敵水土不服、未至戰場而已先病死者達千人以上，總計兩月半，敵死傷已逾七八萬人（趙梁父十月二十七日）

第四段　告別上海

上海是中國交通最便利的都市，平時在黃浦灘邊，南北火車站龍華飛機場以及公路站上，每天不知有若干千萬人來往，在旅行者本身和上海的住民，對於這千千萬萬出入於上海的過客，只是一種平凡的感覺，只不過覺得有些人來到上海，又有些人離開上海而已。

「八一三」抗戰爆發，上海對內地交通情形立刻改變，京滬鐵路之上海蘇州段不通了，如果要走鐵路的話，只能從滬西或者南市上滬杭鐵路，至嘉興，轉蘇嘉路至蘇州始仍入京滬正軌，上海和內地最主要的水路交通是揚子江一線，「江陰封鎖」又使這一線完全斷絕，不過上海蘇州河經蘇州通鎮江的內河水道，仍保留多少運輸價值，而京滬公路交通之繼續，若干重要人物的來往，仍給予上海以某種程度的安慰。日本飛機曾經不斷的轟炸我們的火車汽車和蘇州河上的船隻，並曾炸傷了松江附近的鐵橋，造成了相當數目的傷亡和交通工具的損害，但是我們艱苦的交通仍然繼續着。

大場失守，接着是十月二十六日閘北的撤兵，蘇州河南岸成了第一線，內河公路和鐵路交通，都受到極大的影響，在這一線上往來的人們，漸漸被人們看作珍奇了。十一月八日夜間蘇州河南岸陣線因敵軍在杭州灣北岸之登陸，松江之告急，而不得不向西撤退。敵軍進佔了滬西進圖南市、浦東，於是上海至內地之舊有交通線，至此完全斷絕。上海漸由「半島」之形勢，轉化而成「孤島」！這時最近的交通線，是北經江北之南通，轉內河或公路以至鎮江，南經寧波、杭州以入京贛。但是上海、南通間的長江水道，和上海、寧波間的海道，皆在日本海軍絕對控制之中，於是通過這一段相當成問題！

然而時局一天一天的緊迫，敵人飛機成隊的在南市、浦東投彈，甚至於繞過租界的上空，英、法軍的高射礮已經對於越入租界上空的敵機，不斷發空彈警告，焚燒的煙火，繼閘北荒涼之後，而瀰漫於租界的東南西三面。無論如何麻木的享樂階級，也不得不暫時停止糜爛的呼吸，而關懷着租界週圍的戰爭了。

因爲中國軍隊的撤退，大家都預料到日本一定對於租界內的活動，將取干涉的態度，特別是在公共租界，恐怕還要要求行政權的更大參予，對於租界內之抗日言論，勢將要求取締，而對於一般抗日領袖分子，恐將用種種方法加以危害。果然事實慢慢的來了，公共租界已經正式令租界內各種報章雜誌舉行「登記」，並令各種救亡團體停止積極活動，且對一部救亡團體加以搜查。據傳聞日方曾要求租界當局逮捕四百名以上之所謂「抗日分子」，及壓迫租界中抗日言論的流行。十一月八日晚蘇州河撤兵之後，日本人已經在法租界中心的霞飛路和公共租界的南京路大量出現。據多人從外僑方面所得消息，租界當局對於日軍之強力要求，並沒有有效的拒絕辦法。於是大家的情緒，一天比一天緊張。

本來上海是無永久防禦工事的地帶，在日本海陸空的主力威脅下面，我們當然無死守的可能，而且從軍事的觀點上說，更無死守上海的必要。照我們以蘇嘉路爲軸心的國防工事說，上海本不在陣線之內，上海的失陷本不值得大驚小怪的事體，然而許多迷戀上海物質享受和缺乏遠見的人們，卻把上海的退失認爲是意外，認爲是極重要的失敗，而感到悲觀與張皇。

「到內地去！」這本來是從上海的地位考慮中、日戰爭時起碼應想到的事情，然而過去政府和民衆還未曾澈底的把苟安心理肅清，未曾切切實實的把上海的地位看透，未曾將應該移往內地的物質和人才早日安排。對上海有切身利害關係的人民對於「八一三」以後的戰事，還懷抱着多少瓦全的幻想。到了上海已成孤島的時候，始感到不到內地別無他法。然而交通又太不容易了。

十一月九日以後的上海，對任何方面的交通，「中國人」的交通工具，全部不能使用，只有外國輪船纔有通過日本海軍封鎖線的特權。無論走南通、寧波、青島或者香港，都成了外商輪船獨佔的航線。

蘇州河的撤退，無論如何苟安的人也覺得不行了，於是乎大家都想走，而怡和、太古兩個公司的船又只有那幾隻，每天還不能平均有一趟船走，粥少僧多，於是乎擁擠，船票預買到一個星期以上，輪船公司更乘機抬高船價，上海到南通本來是三元的房艙，現在是實價八元，而八角的統艙票，經過買辦和小賣票所的操縱，有的是出了六元五角的代價。

十一月十日傳來消息，從寧波進上海的英國商輪，在吳淞口被日軍檢查了十三小時之久，於是我們十一日離滬的人們，就存了戒心，一切名片文件都不敢隨身攜帶，並且準備好了避免日軍注意的方法，和萬一應付日軍盤問的語句。

太古輪船公司是那樣毫無情面的對待旅客，武穴輪是十一日清晨七時開船，而十日夜間還不允許客人上船，然而誰也知道船少人多，要不早一點打主意，就有落後的危險，所以二三千的難民，男男女女老老幼幼在十日夜間已經黑壓壓的擁滿了太古碼頭，露宿待旦。半夜的黃浦江邊，車輛和行人，因爲租界戒嚴關係，稀疏了活動，黃浦江水面，沒有船隻來往的破水聲，在馬路洋樓工廠輪船的電燈輝煌中，只聽到敵艦在附近攻擊浦東和南市的「破破破……」響亮機關槍聲！

天微明了，這三千左右的難民在碼頭上微微蠕動起來，但是碼頭鐵門仍就緊緊的關着，只有外國人纔有進去的優先權，白俄「將軍」們耀武揚威的在閘船上踱來踱去，日本轟炸機也面目猙獰地出現我們的上空，大家望眼欲穿的看着船上，覺得他們實在已萬分無再留阻旅客的理由。

夜露宿的苦楚，表示在旅客們各自的面上。好容易鐵門開了，雙位高大的白俄巡捕卻首先衝「進來」，大家還沒有任何的動作，他們劈頭就對我們這般旅客無緣無故的打，人與人間擁得絲絲隙沒有，他們的鞭子打來，誰也無法躲避，普遍的憤怒燃燒了大家目光上的火焰，然而在那時的環境下，又無法加以報復，他們這種殘暴的行動，或者是對他們的老板表示「維持秩序」的能力，可是這些無情的鞭子卻大大的教訓了中國人民，靠帝國主義吃飯的傢伙，不會有好東西！

好不容易買到一張統艙票，更好不容易擁進了統船，二三千旅客從兩個貨艙門口擠了進來，眞是所謂「前仆後繼」，前面進門還沒有站穩，後面已經闖進來了，不到半點鐘，寬大的貨艙已經擠得水洩不通，而後面尙不斷的「挺進」，演成人叢中掙扎的現象，這時苦力階級的朋友佔了便宜，他們雙手幾格，雙腳幾登，很迅速的能找到適當的位置，我看見一對青年摩登夫婦，卻困在人叢中一籌莫展，幾度掙扎之後，紳士丈夫的眼睛已經凹入，而少婦的面孔變爲慘白了。在這樣大時代裏面，整個的是「力」的時代，我們要有眞眞實實的力量，纔能戰勝強橫的日本，同時每一個人也要有力量，纔配參加到抗戰的隊伍中。體力正是我們所需要的重要力量之一。

舟過黃浦江，日本軍艦正猛烈的向我們浦東開礮，敵機正趾高氣揚地忽上忽下在投炸彈，沉重的炸彈聲把旅客們的眉毛深鎖起來了，有些年青人走到船邊探看，回過頭來只是憤怒的微聲嘆息。

黃浦江裏這時正到了好幾艘日本運輸船，滿裝着補充的軍火和增援的敵軍，浦西各碼頭上，日本的軍用材料多如山積。特別是我們標榜建設的虬江碼頭，給敵人運輸上以重大的便利。

江灣、吳淞一帶的建築，沒有不被敵人的礮火打得百孔千瘡，特別是吳淞鎭已成瓦礫一片。敵人的汽車和人馬在我們戰士的血染過的黃浦江邊奔忙往復，頹垣敗壁間或可以看出敵人臨時的兵營，一部份的敵軍正在江邊草地休息，他們或者正在想：以中國軍隊作戰之神勇，如果把粉飾太平那些物質力量，改成幾個近代要塞，日本欲這樣順利地達到大舉登陸目的，恐不能不費重大的代價。

僥倖沒有查船，我們安然繞過磡台灣。到南通的江流上，大概二英里布置一隻敵國軍艦，是的，他們正在對中國作嚴密的封鎖，然而中國人還在另幾方面想新的辦法。

船入揚子江，寬大的江面和疏落的敵影，讓大家的情緒暫時回復平靜。上海巍峨的洋樓，骯髒污濁的租界社會，現在一件件在我們意識中淡化了。足踏上南通天生港，纔算是到了我們中國軍隊保護的中國領土，我們此時面向着日本，後面纔眞正是我們後方。（長江十一月十八日南京下關）

第五段　八百壯士

一　死守四行倉庫

我軍奮勇殺賊作壯烈犧牲之八十八師謝團八百壯士，二十八日仍在謝晉元團長楊瑞符營長率領下，死守四行倉庫，安全無恙，六層高樓之屋頂，二十八日傍晚前，並由我忠勇將士，高揭青天白日滿地紅之國旗，壓倒四週太陽旗，發揚我大中華民族之浩然正氣，與國家無上光輝，此八百壯士之壯烈壯舉，已博得全滬中外人士無上之欽敬，並引起最熱烈之注意，前線戰事，反成視線次要。記者首應向全國同胞報告者，此八百壯士，雖處於煙火籠罩，敵兵四伏之危境中，不但情緒萬分高漲熱烈，而意態亦極從容悠閒，二十八日晨，英駐軍曾再度努力，勸告卸去武裝，退入租界，我士兵以對英兵友愛好意、雖然感激，但已決定死守可寶貴之最後陣地，拚最後一滴熱血，作最光榮之犧牲，故又堅決謝絕，二十八日並設法遞出信件甚多，均爲遺囑，記者二十八日午五時許，在蘇州河南岸登某高樓之頂，觀察對岸動靜，此時在附近作同樣觀察之中外人士，不可勝數，四行倉庫與毗連之大陸銀行倉庫，均歷歷在目，長約五十碼之六樓屋頂，上架機槍一座以對將襲擊之敵機，屋頂上有我壯士約十人，時而分散巡視，窺探敵軍動靜，時而聚首談笑，有所協議，態度沉着，毫無倉皇之色。夕陽西下前，我忠勇壯士，忽在屋頂上高揭國旗，（此旗乃女童軍奮勇所獻。）隨風飄展，使四週太陽旗，黯然無色，此情此景，令人感奮涕零。我壯士二十七日曾發出壯烈呼籲，請接濟糖鹽乾餅，俾資死守，二十八日市民自動輸送各種食品擬往接濟者絡繹於途，但以日軍四伏，無法通過，莫不懊喪萬分，有德籍婦女一人，以汽車裝載大量麵包運往，託英軍代送，並謂彼願源源擔任此八百壯士之全部食糧，亦以交通斷絕不果。惟在此全面抗戰期中，我後方民衆，已與前線將士，打成一片，故在萬般艱困中，卒有若干俠義人士，達到輸送目的。二十八日晨，日機多架，曾飛至上空盤旋，我壯士即發機槍，將其逐去，下午三時一部敵軍，又往攻擊，惟敵從遠處放槍，不敢迫近，我壯士重視械彈，遠過生命，不見敵蹤，即未還擊。四行倉庫與大陸倉庫，可以互通，爲鋼骨水泥，構築堅固，不啻堡壘，大門俱已堆積沙包，兩端並築有工事，聞敵已在附近架設三吋口徑之礮位，意欲轟擊，但我亦有恃無恐，敵並曾施用火攻，至四週房屋已悉化灰燼，惟四行倉庫，仍矗立未動，我壯士欲向敵軍索取代價，以遂其殺身成仁之壯志，當可酬償。二十八日赴北西藏路一帶探視之中外人士，終日不絕，惟河北敵軍，不時放槍，流彈四飛，英軍已斷絕交通，但駐足而觀者，始終不散，可見民衆對抗敵忠勇壯士，關懷之切。（力報）

二　孫師長致書壯士

八十八師長孫元良二十九日致書死守閘北壯士。原書云：謝團副及我忠勇諸士兵，余頃在某某前線，余雖在前線，余之心魂與諸將士同在閘北。余奉命往營閘北國防，決心保我疆土，諸同志奮身殺敵，固守二月有半，倭敵終未能越雷池一步，聊以報國，幸不後人。近以一髮之動，全線西移，亦奉命轉移陣地，而以最後守衛閘北之責，托付我忠勇諸將士，諸同志能服從命令，死守據點，誓以閘北共存亡，此種堅決不拔之志，臨危受命之精神，余與全體忠勇將士，同致無上敬意。諸同志孤守閘北，已三日餘，敵之畏我勇敢，已爲舉世所共見，滬上中外人士，翹首贊佩，民衆竭力援助，此誠我中華民族之光榮，亦我國民革命軍人之光榮。祈望繼續奮鬭，完成抗敵使命，流最後一滴血。我最高領袖蔣委員長，對於諸同志壯舉，極爲嘉慰。余謹以轉告。

三　壯士羈留上海

堅守四行倉庫之八百壯士，自退入公共租界後，已被租界當局禁錮六月，該團團長謝晉元，二十二日發表談話，對目前處境由法的觀點加以辯釋。略謂余等撤退情勢特殊，絕對不能視同俘虜，公共租界爲中立地區，應履行中立者之權利義務，況戰事初期，日軍已有一部潰退租界，旋即釋放之前例，今余敬向全世界愛好和平人士呼籲，請主持公理正義，喚醒公共租界當局注意，其自身中立之態度，實踐諾言，更有望於當日呼籲我政府下令撤退之友邦人士爲國際正義而始終爲余等贊助，則不獨余等之幸，實全世界人類正義之幸。

四　八百壯士現況

誓死殺敵臨危不退的「八百壯士」謝晉元團，他們苦戰上海四行倉庫樓頭的一幕，到現在提起來，還依然使人感到極端的興奮與仰慕！他們爲了遵從最高領袖的諭示，爲國家民族保存那一支實力，而含辛忍淚的退入租界，不過他們既不是俘虜，又不是叛兵，所以仍然可以享受着國際通例所允許的範圍以內的待遇。雖是如此，但終於使他們爲了不能賡續殺敵而感到心弦上的無限悵惘！

一個由孤島上來的朋友，給我們帶來了一些關於退入租界後的謝團之近況：

「他們這些愛國戰士現在除了不能夠出來自由行動和不能立返前方繼續抗戰外，平日依然是過着有紀律的團體生活。他們每天吃四次飯，每桌七個人，飯和菜都是用磁盆來盛，飯碗和筷子，卻是各人自備。至於所吃的菜多是青椒燒黃瓜一類的東西，飯則是紅豆飯和白米飯兩種變換着吃。不過他們沒有飯桌，只是蹲在地上來吃。……」

「他們每天仍舊照常上操，上操時由萬國商團的團員輪流在場保護，另有憲警多人在旁警衛。除了上操以外，還有籃球，排球和欖球等運動品，供他們任便練習。上海大美晚報，每天送他們五份報，因此使他們尚不寂寞。謝團附晉元也不時的去看望他們，每次都是給他們帶去許多興奮劑。」

「他們現在還有三百七十七人，最初對於衣服和用品很感缺乏，後來幸有許多熱心的同胞們，給他們送去許多應用品，不過關於衛生藥品一類的東西，仍感缺少。」

「他們對於現環境和現生活，都感到非常滿意，祇是他們的釋出之日遙遙無期，這是最使他們痛苦的一點。」（楚三報）

第六段　上海地獄

日軍在被陷各區之暴行，其最無恥與貽我民族以莫大羞辱者，莫過於蹂躪吾國女性。各被佔區域之女性，無論老少，如被彼等發見，什十難逃被汚。最近崑山某教堂述及一事，眞令人髮指，爰述之如下，望披露報章，以告國人！

崑山自陷落後，該地有小教堂牧師陸某，因未曾逃[illegible]，後與駐該處之日兵某長官相善，後該日兵長官調滬，陸某適亦欲來，故託同行，以求保障。迨抵滬虹口該日兵官卽導至北四川路橫浜橋相近某銀行舊址，日兵行樂所一遊。陸某初不知此行樂所如何內容，迨入內，毛髮悚然。蓋該屋各層設有極暖之水汀，其最低一層，有日兵在蘇、錫、崑山、浦東各地所擄之我國良家婦女，自十七八歲至三十歲者，約數百人，皆一絲不掛，面有愁容，而日兵則川流不息其間，任意選擇性的滿足。如任何女子有不從者，皮鞭立至。陸某睹狀，亟思退出，忽有一女子猛曳其臂而不放，大呼救命，視之，則彼之鄰婦王某。彼甫結婚未數月，而被刦至此地獄。陸某恐累及己，促此婦勿聲張，但已爲旁日人所見，立以皮鞭猛撻。陸某係基督教徒，大不忍，立跪下求彼識之日兵官救此婦出。該日兵官忽發慈悲心，允陸某攜此婦出。事後該婦告人，自被擄入內，每日至少遭十次以上蹂躪。被擄女子入內後，大多自願絕食，不數日即斃命，而隔日即有新被擄者來補充。據又謂，此所謂行樂宮之二層樓，有同樣命運之婦女，爲自三十歲至四十歲者數百。至三層樓以上之情形，則不得而知。

日軍之暴行至此，敝人當詢該陸某，其行樂所之確實地址，俾將此暴行告各國領署，作實地調查。惟該陸某堅不肯吐實，僅謂日人如此暴行，必遭天譴。嗚呼！我國之大恥大辱，謹據實以告我國男兒，大家奮起，洗滌恥辱，保衛全國女子，以盡男子責任！（章國康書於離滬投軍前一日：二月八日。）

第七段　孤島上的種種

越界築路的每一個弄堂都由特務人員檢查過，愚園路某弄堂的一位看門警說特務人員曾對他和他的同伴訓過一次話，大意是要他們安心服務，不必他去。「皇軍」並不管他們，管他們的是「大道市府」。「大道市府」是「商辦」，和以前「官辦」的完全不同。至於中、日間的事情，是由於小小的誤會，遲早總會消滅的。以上一段鬼話恐怕有識的日本人聽了也要笑掉牙齒的。各報都說李某在活動樹立華中政權。這個偽政權出現的時候，非驢非馬的「大道市府」恐怕要壽終正寢了。

關於海關的事，傳說非常之多。筆者趁春節假期訪問了許多下級關員。他們異口同聲的說他們是坐在鼓裏工作。上峯的意思是莫測高深，已經撤退了的青島關員又都奉令回青在五色旗之下從事收稅了。海關監督公署裁撤了，現在暫做被刦各艦水手的宿舍。膠皮套鞋、手電筒，蔴布袋等足供軍用的物品都奉行政稅務司（日本人）的命令禁止出口，中國關員除遵守命令外，毫無辦法；因為即使關裏能放行，碼頭上佈滿了的日籍稽查員會毫不假借的加以扣留。

大公報、中報、掃蕩報，在孤島上好像是珍品一般，大家小心翼翼的你傳給我我傳給你。近來憶定盤路上發生過全身搜查的事情，救國公債收條和內地的報紙都是違禁品，一旦搜出，便凶多吉少。大家覺得中報比以前精彩多了，比起忍辱負重的報好多了。謝謝路透社、孤島，有人們時時讀得到片段的大公報社論，不過有時候電文太簡，令人發生誤會。比如某日的孤島報引大公報社論的時候，只說以前的中、日戰爭是日本人打李鴻章，大家看了都不明白。

郵局人員說郵件還沒有檢查，其實檢查也沒有多大的用處，各電局都有檢查員，可是倫敦的報紙並不缺乏日軍暴行的消息（見字林報）。香港、上海四十小時可達，除非日軍能遮斷海上的交通，檢查的效力等於零。

韓復榘被槍決的事，還在大衆的口中談着。統觀中外的報紙，除了英文泰晤士報外，都一致讚揚政府的處置。

南市淪陷之後，南市的黑貨市場也隨着沒有了。平常兩元一兩的土，現在賣到十四五元。一般癮君子都被逼着走「自新之路」，因爲一來土的來源有斷絕之虞，二來價錢委實太高了。因此，各醫院的買賣特別好。

萬國儲蓄會登了大幅的廣告，說開始發售美金和英金的儲蓄票。小資產階級都不免上當。匯豐、花旗都不收存款，就是收也不給利息，並得有「相當」的介紹人。中法、工商則大開方便之門，雖然只一釐的利率，有錢的莫不爭相存入。銀行界的人擔憂這事會引起籌碼缺乏的現象，希望內地對匯來上海的款加以極嚴格的限制。

愁雲慘霧籠罩下的春節，給了筆者一點活動的機會。現在讓我把活動的結果，告訴給武漢的人們聽聽，希望大家戮力同心的保衛我們的神經中樞，要知道「喪家之犬」的痛苦是無法摹繪的。

正在年底的時候，「皇軍」的憲兵隊光臨了極司非爾路的中行別業，說是要沒收那裏的房子。中行別業是中國銀行的行員宿舍，裏面住了二百多人家，一般驚弓之鳥見到「皇家」的使者，連夜紛紛搬家，顯出異樣的紛擾。後來有一位南京中行的職員幾度和「皇軍」折衝。因爲他和「皇軍」裏的某軍官同過學，結果還差強人意：中行別業本身暫免沒收，別業旁邊張公權先生的私宅改爲滬西憲兵分隊的司令部。中行別業內供給行員乘坐的大汽車和冠生園某君存放在那裏的小轎車由中行「自動」送給日軍。日軍的行解決了，自然想到住了，因此，中行買了五十張鐵床送去，聽說送去的人還得了幾塊錢酒資。筆者在初一那天曾經去過中行別業一趟，經過「憲兵分隊」的時候，看見有許多我國的同胞走進走出，據附近的住戶說有時還有年青的婦女進去，並且她們的前去是有「大道市府」的人員陪着的。

二號下午兩點鐘的辰光，法租界公館馬路八號的中國棉業公司進去了幾位不速之客。公司的人們見有「上賓」來到，趕忙用香煙茶水款待他們。他們一語不發，目光四射，一直到五點纔走。三號早上又去了「奉命而來」的華人，此事如何解決，幾天之內卽可分曉。中國棉業公司在戈登路的貨棧已遭孫科和吳鐵城二住宅同樣的命運——加封。

凡是住過上海的人總該知道上海有一條路叫做老靶子路，那裏離火車站很近，兩旁林立着神秘的按摩院，又有著名的俄國大菜，進不起沙利文的人們每每化四角五分錢去大嚼一頓。現在呢，這條神秘之街竟變成了刑場了。三四天前有七位愛國志士被日軍殺害了，殺害的時候還出了煌煌的佈告。從佈告的文字看來，自然是出於漢奸的手筆，不曉得他們提筆起草佈告時，內心的感想是些什麼。

橫衝直衝的「皇軍」軍用車，不但沒有牌子，且從來不管紅綠燈。印度阿三一看見插有太陽旗的軍車，便立刻改換燈光。就是這樣，撞人的事還接二連三的發生。撞了人之後車子停都不停，巡捕瞪着眼一點辦法也沒有。字林報把這件事討論過三兩次，結果是呼聲給沙漠淹埋了。一班公子哥兒們在中區開汽車的時候，不免要時刻留神，萬一不謹愼，妨害軍運的罪名立刻便來了。

上海市銀行本來在法租界開得好好的。可是現在該行登廣告說定期遷往漢口。這顯而易見的是「不速客」拜訪的功效。外國記者問日方是否要干涉其他的銀行，發言人的回答非常閃鑠。

筆者有點產業在南郊。新近屢次派人由浦東繞道前去視察。據視察的人回來報告說搜查絕對不能免。搜查的時候先看手掌上有厚皮沒有，再看腿肚上的肉堅實不堅實。假若發現有曾經拿過槍桿或遠路行軍的痕跡，那就莫怪刺刀無情了。有一個看別墅的花匠因爲體格壯健，險些兒進了枉死城。磕了無數的頭，再經翻譯先生（自然是中國人）說情，纔算死裏逃生。身上的五元鈔票和香煙做了敬禮。翻譯先生說「皇軍」紀律很好，就是餉項太低了——每月日幣五元——所以不得不希望鄉民多多送慰勞品。四鄉有許多漢奸在做拿老頭票換法幣的工作。有時候他們竟以一元四角日金票的高價去引誘人們交出一元的法幣。法幣收有成數，便交給他們的雇主，雇主再拿它們去購買外匯。這樣一來，我們的現金準備減少了，敵人在外國的購買力增加了。用心之毒實在無以復加。所幸四鄉已成焦土，人民遷徙一空，漢奸的活動，不見得有大的成就。

十三日晨三時，我軍冒雨分三路進擊，一路由富陽東渡富春江，切斷杭州、富陽甬道，猛攻劉家橋，與敵激戰四小時，敵失左右聯絡，傷亡五十餘人，退淨寘橋陣地，我獲敵礮五尊，步槍百四十二支，敵匿守不出，我游擊隊在搜索中，我軍傷亡亦有十六人。一路由某某鎮向餘杭推進，敵在留下鎮、倉前鎮兩面，以重礮及機槍十挺密擊，又從杭州增援五百人，迄晚仍在相持中。一路由富陽西南之某處礮擊城內，敵軍因前後受擊，頗形慌張。（幻爪）

第二章　江南大戰爭

第一節　京滬線之戰

第一段　憶江南戰場

一　蘇滬之間

二十六年十月中，東戰場的情況已到達極嚴重時候，記者於是時奉命從蘇州趕回上海，那時蘇、滬之間的一切交通，除軍事上有關之外，已大半斷絕，所有的全國經委會主辦的京滬汽車，是否每天可通，在敵機不斷的往返狂轟濫炸之下，當然也成了問題。

幾經週折，與蘇、滬師管區籌備處辦上了交涉，十月二十三日晚上，同他們一位副官悄悄離開蘇州，暮色蒼茫中，飛馳於蘇、滬公路上了。

四小時的黑夜飛馳，將近十時，我們已越過了崑山、青浦，平安地到達上海，喘息方定，乍睹十萬華燈，市人如織的都市情形，眞不勝其感慨！

在上海行裝甫卸的第二天，大場陣線被突破了，閘北方面，火光燭天，一連數天繼續不斷的焚燒，白天黑煙瀰漫了半個天空，夜晚，火光燭照百里，沿途的市民紛紛向租界中心搬家，裝儎着什物器具的汽車，人力車，不絕於途，滿街全是。

頭頂上的敵機與浦東的礮聲，威脅着大上海市的市民，「移動」，這一個思想通過了一般人的心，比較無掛牽的卻紛紛拍腿走了，另一些欲走不能，而深信租界不致發生問題的，那末也只得住下來！

十月二十九，記者啣命離滬，繞赴東線前方，繼續工作。靜靜的清晨從鄭家木橋去南陽橋乘車，到南陽橋時，法租界的鐵門尚未開放，從鐵門中遙望汽車售票處，則已經人山人海了。

中國的民族畢竟是一個奇怪的民族，上海的南部與北部，直徑的距離僅有十幾里路，而一邊正在烽火連天之中，一邊卻鎮靜的令人不信是在戰時。車過楓林橋時，沿途的婦孺們，多安靜地肩挑着蔬菜，向上海去作買賣。

無邊的田野，漫漫的長路，汽車的行進正如騎了一匹劣馬，亂闖，又亂叫，灰塵卻向眼孔，鼻孔，耳孔裏鑽，一開口，自然不客氣點滴的光臨到嘴巴中，在這時候，中午的熱、向大衆提出了如下之警告：

「大家注意天空，留心飛機！」

一點黑色的影子，可以威脅着無數的人羣。戰事爆發之後，這有趣的問題簡直作爲一種定則。聽到飛機，人們的情緒緊張起來了，大家小心翼翼的把頭伸到窗外，瞭望大空，那些鱗形的雲，那些天空中的飛鳥，都成了目力搜索的對象。這不是好奇，確實的說，還是保護自己的生命，纔肯獻出各人的智慧與能力。

過俞塘，將近華陽橋鎮那地方，來了，六架敵機分作二隊，出現在我們的頭頂上。司機把車停下來，人一個個離開了車身。

這是一個松江縣屬的小鎮，站在土阜上，已經可以望見松江城了。無疑地，敵機的主要的目標還是在松江，發現敵機的飛行目標之後，大家反覺安心得多，我在土阜上，凝望着飛機出神！

「轟……」

在松江城中捲起一陣黃煙黑煙。

「轟……」

在松江城中捲起一陣黃煙黑煙。

繼續不斷的半小時轟炸，敵機纔漸漸地入天的盡頭大家重新上車，那個汽車夫躲的最遠，幾乎在距離汽車半里路以外。

車過石湖蕩，敵機又來了，這一共是十二架，三架一隊，分作四隊輪流轟炸松江，當我們渡過石湖蕩時，回望松江，已黑煙瀰漫，籠罩整個松江城。

中午，經金山、嘉善，汽車飛馳於南湖之濱，遙望煙雨樓，河山依舊，別來無恙，只是嘉興車站，已經被炸的七零八落，不成樣子了。那時駐嘉興大部是張向華將軍的部隊，紀律很好。特別是精神飽滿，服裝整齊，對於這一些衛國的健兒，令人更其要肅然起敬！

滬嘉興，轉入蘇嘉路，蘇嘉路是京滬、滬杭的聯繫線，這時敵人似乎已開始注意了金山衛積極的在計劃遮斷兩路的聯繫，對於蘇嘉路的轟炸、也幾乎成了日常的必修課，到此路上，司機更以「危險區域」相告誡！

晚秋的江南景物，使疲乏的旅客會減少若干煩惱的，從震澤而平望，一路的景物使我忘記了空襲的恐怖，一顆心只是奔馳於江南的平原之上。過平望時，天忽細雨如絲起來，氣壓一低，敵機來襲也襲不成功，於是大家放下一顆心，那位憲兵也把一條臂枕了頭，呼呼的打起瞌睡。

從蘇州而崑山，由青安路轉道回上海，而今又從上海走了半截滬杭路，再轉蘇嘉路經吳江而到蘇州，正作了一個環形的旅行，眼看閘北的火光燭天，松江的煙焰瀰空，走向戰場的途中有憤怒激盪着，[illegible]，我們需要更多的報復了

二　蘇州的失陷

大場不守，東戰場的形勢一天比一天惡劣，接着，金山衛失陷了，敵軍長驅直下，沿蘇嘉鐵路進犯。十一月十五日，嘉興的情形不明，甚之傳說平望已發現敵軍的先頭部隊。在蘇州以東的二十多萬大軍，至此乃岌岌不可終日了。

十四日的晚間，崑山城中的部隊已撤退到相當程度，西去的蘇崑公路上，一長串武裝同志

的影子與流亡者的影子，長得正如脚底下的路，無盡的漫漫的向前伸展！

「走吧！」

風雨載途，暮色淒涼中，記者開始向崑山告別，踏上蘇崑路，回頭望馬鞍山正如一個身經百戰的英雄，那個雄壯的黑形矗立於暮色迷離之中。

「再見吧！」

子孫們不能保全祖宗遺傳下來的產業，而眼睜睜地看他默默地躺着，在等待着一種可怕而可羞的命運光臨，這時候，眼淚正如東去的流水了。

半路上碰上七十八師的一位長官，談上了，搭了他的汽車，半夜的疲乏使我熟睡在汽車中。

路上塞滿了人，而且泥濘不堪，雖然汽車，至此也覺英雄無用武之地。汽車的行進正如牛的行進，一覺醒來，天色將曉，而汽車卻還在外跨塘附近。

天一亮，立刻會有敵機光臨，對於這一點，我是希望天亮之前汽車能夠馳到蘇州的，雖然蘇州遭受的轟炸，決不比路上輕，可是在路上如果發生如上之遭遇，找尋掩護一定較為困難，而且我的前後左右，正是無盡的隊伍，那是一個最顯明的目標。

趕到蘇州，天剛亮，這一天天已不下雨，上午的天氣清朗得很，一清早，飛機果然毫不爽約地又來了。在觀前、護龍街、中市、閶門，各處熱鬧的道路上，甚至冷僻的街巷中，到處全遭受了敵人的瘋狂的轟炸，一直到下午，天色陰暗，氣壓下沉，敵機纔整隊歸去。

經過大轟炸後的蘇州，自公務人員以迄於普通市民，幾乎找不出三百人以上的數量。戒嚴司令部搬了，郵政局搬了，其他縣政府縣黨部自然也搬到不知去向。記者在十五日晚，冒險進城，與一位別動隊方面的長官賈君，在蘇州幾條較熱鬧的街上作一次巡禮，將雨不雨的天氣，月色迷濛之中，我們正如一個離羣的孤魂野鬼，靜悄悄地在這古城中游動。

護龍街，東中市那裏，有兩處在起火延燒，熊熊的火光，照着靜靜的街道，火光照射到臉上時，臉上有點熱，對此過去棲息之地，不勝其感慨。

敵人雖未來，而蘇州已成了一個死城，空城，我的住處已被炸毀，行李也不知到了那裏，當天晚上飲食住也發生問題，後來在一條小巷中發現一家房屋中尚有燈光，敲門進去，趕上辦交涉，總算渡過了難關。

房屋的主人是一個五十開外的紹興人，住在蘇州已經二十年以上，他開着一爿煤炭店，戰事發生後，他的兒子媳婦已遠避到鄉村之中，他離不開二十年來手創下的家業，帶了一個小孫女，二個人留在店內，一進門，他看出我不是「老鄉」，似乎對我表示了特有的親熱。

他爲我們做飯，煮菜，乃至爲我們設法臥處，我問他爲什麼不離開這裏，他告訴我說：「二十年的心血啊！怎麼放得下……可是，明天，明天得走了，」二十年的心血啊！這是不差的，我得加一句：幾千年的祖宗的心血啊！

十六日清晨，天又下雨，與賈隊長冒雨出城，經過齊門時，沿途三三二二的遇見少數東北軍那時的紀律似乎很不好，他們任意阻攔了行人，搜取行人身上的東西，有一個販洋貨的商人，他帶了一些毛巾汗衫貨物出城，在路上恰逢到了五個東北軍，他們攔住了他，打算奪取他的貨物，幸而我與賈隊長趕到，纔減少了一部份損害。

爲了避免再有如上事件之發生，那位商人拉着我們一起走。這一天我想趕到黃埭，但不識路途，那位商人卻自告奮勇的作了我的嚮導。過陸慕時，賈隊長已走了另一條路，有許多「老鄉」圍住了同行的商人，問他要紙煙，他告訴他們沒有紙煙，可是「老鄉」們不相信，要他打開來查看，結果還是我替他解了圍，其實當時那些「老鄉」們的肯「馬虎了事」，最大的原因還是不明白我的來頭，他們看看我的服裝，看看我的氣派，估計不出我什麼人，只得罷了。事後想想，連我自己也不免啞然失笑。

十六、十七兩日，預備離開蘇州的居民，已完全離開了，最後撤退的軍隊，也於這二日內撤退，十七日白下午起，蘇州城內已空無所有，四門大開，靜靜的，靜靜的只等敵軍的光臨。

十八日晚，敵軍便衣隊自盤門入城，十九日清晨敵軍先頭部隊入城，同時佔領虎邱山，打這天起，蘇州的城樓上被懸上刺目的太陽旗，土地開始被蹂躪，人民開始被屠殺，婦女開始被姦淫！一切一切，開始蒙上了無邊的恥辱！

這歷史上的名城，幾時纔見天日呢？

三　蘇州淪陷之後

兵法云：「知己知彼，百戰百勝，」這是千古不易的至理名言，東線前方的失敗，最大的原因就是我們不僅不能「知彼」，連「知己」的程度也差的很遠。蘇州失陷的前三天，記者從崑山趕回蘇州，轉赴蘇嘉線視察，這時嘉興消息已不明，第二軍的各部隊以及五十八師俞濟時部隊之一部，駐守吳江，而以五十五師全師集中平望，阻敵前進。

吳江城內已無人民，所有的僅是一些部隊，城門關了，無通行證不准進去。記者自北門叫城入城，從東門外的第二軍軍部打了一轉，即匆匆出城，打算到平望去看看情形。在路上遇上了一位五十八師的下級軍官，他是奉命帶着一排人，限於當天十一時前到達距吳江約十里之李家村，但是遇上記者時，卻已經是下午一時了，距離限令的時候已過二小時仍停留在半路之上，這是什麼緣故呢？據那位軍官的談話，自吳江到李家村要經過二渡水，他只奉到命令，但命令并未告訴他[illegible]渡，更并未命他以船隻，渡口無船，於是只得望洋興嘆，等待機會！

這幾乎是一種不可避免的錯誤，不算算路的遠近，不算算隔幾條河或幾重山，只是來一個「限×時到達」的命令，天哪，士兵們既無涉水的本領，鄉民們也不會把船停在旁邊等待來「封」，於是乎命令與行動真的成了兩種不同的東西，你限你的，我走我的，這樣，無數的美土良田，青山綠水，被敵人所蹂躪了。

不能判斷敵情是低能，不能瞭解自己，那是笑話，只有笑話纔造成歷史上的錯誤！造成歷史上的話劇！

蘇州失陷是十一月十八夜，十九日，敵軍先頭部隊入城，一面分兵佔領虎邱山，從二十日起，敵方的部隊陸續入城，據當時在蘇州的人說，都屬於高橋、吉住、尾丸、籐田、下枝等部隊。蘇州中學，北寺，縣黨部等等，皆作了敵人的臨時兵營。

打從這天起，天堂變成地獄了，財產被刼掠，婦女被姦淫，壯丁，青年，被無情地屠殺，不蓄頭髮是壯丁，不穿長衫是壯丁，穿膠底鞋的是壯丁，繫皮褲帶的也是壯丁，甚之穿一件汗背心，也被作爲殺害的理由。

一顆子彈穿了胸膛，一把刺刀穿過了胸膛，一顆屍骸倒下來，血跡染着街道，染着衣服，而敵人，卻縱情地笑了。

在無政府狀態之下的蘇州，人民遭受了空前的浩刼，十一月二十二日，各方面盛傳一二八時維持會之主動人劉正康，出外組織維持會，而同時，在三塘一帶，已經發現了維持會宣傳組的「歡迎日本皇軍」，「歡迎松井大將」的標語。

其實傳說只是一部份的準確而已，開始在蘇州做漢奸的並不是劉正康，而正是現在僞江蘇省長的陳則民。

十一月二十六日，蘇州律師陳則民，以與敵方第三艦隊司令長谷川親戚的關係，（陳之妻爲日人）接上了與敵軍的關係，當日乘汽車至光福，招集一班避居光福的紳士馮心克、潘振霄，程幹卿、程平若、潘子起、潘子義等，討論組織僞自治會問題。當時的決定如下：

僞自治會委員長陳則民，兼內務處長，委員馮心克，兼外務處長，委員程幹卿兼財務處長，委員潘振霄，兼稅務處長，委員潘子義，兼農工商處長，委員潘經相，兼學務處長，委員程平若，兼警察局長，委員劉月樣，兼秘書處長，委員劉賓如，兼秘書主任。

這一班漢奸傀儡，第二天就回到蘇州，以景德路的遠東飯店作了辦公處，辦公處的樓上是「日本憲兵司令部」，這時蘇州的混亂並不曾稍微減低，獸性的敵軍到處放火，到處殺人，到處姦淫，白天看見了一個女人，夜間即來打門，所謂自治會也者不僅不能保護市民，連自己也無法保，自治會秘書徐瀆秋的妻子，與自治會科長莊驥的妻子，都遭受了姦淫。

敵方爲防範中國軍隊的反攻，其實這時，敵軍的膽小，比逃亡的中國軍隊，[illegible]了無數[illegible]敵軍在各城門全用磚石塞住了，[illegible]要離首先把全門開了，[illegible]開着[illegible]多[illegible]守住城門[illegible]他們的守城方法，確實也是一件趣事：他們把一隻桌子放在城門[illegible]，桌子上放着一隻方凳，防守城門的軍官就坐在方凳上，旁邊用七八名敵軍來拱衛着，有人通過，軍官在桌子上指揮着搜查，在這兒，因一點小的嫌疑而被指爲抗日份子而殺害的，那一個數字也大的可驚。

記者於十一月十六日離開蘇州，當天趕到距蘇州四十餘里之黃埭鎮，更從黃埭鎮轉道另一個鄉間，那裏，是一個四面斷水的村落，不聞槍聲，不聞礮聲，飛機雖然有的過，但是見慣了，並不覺的可怪。在這世外桃源裏，我想整理一點日記之後，再到無錫。

天雨，路上泥濘難行，叫船，鄉民因怕被封船，不敢接受我這個主顧，萬分無奈之中，只好等待天晴之後，再作道理，反正我以為一個星期之內，敵人還不致打到我的旁邊。

這個估計錯了，東戰場上的三十萬大軍，不戰而走，十八日的夜晚，敵人兵不血刃而佔領了蘇州城，等我天晴摸清了道路時，我已陷身於重圍之中。

無邊的黑暗，重重的艱難，往何處去呢。

四　一夜俘虜記

蘇州失陷的消息，十一月二十一日被帶來鄉間，而同日從黃埭鎮上歸來的鄉民，衣袖上都被迫纏上太陽標幟。依照情形推測，決不致出於鄉人的謠傳或附會了。

怎麼辦呢？當前的辦法祇有趕快向西面退走，趕快逃出敵人的包圍；於是不管一切收拾了最簡單的行李，打算從滸墅關出無錫，趕上退卻的部隊。為了行時的安全，託一位鄉人先去滸墅關探一探路。

下午，探路的鄉人回來了，但他帶來的消息是：「滸墅關車站漫天漫地的東洋兵！」

從滸墅關出無錫的路已不能通過，其他方面抄任何一條路，非突過鐵路線不可，派人打聽，得到的答覆幾乎完全一樣。一切希望斷絕了，看情形，只有焦灼地住下來，等待一個惡命運的開始。

一天、二天，心頭如橫着一塊沉重的鉛，又如揑着一段濕木頭，第三天，再也熬不下去，設法弄到了一點衣服，把自己打扮成一個小商人，悄然的向蘇州闖。

懷着亡國的悲哀，一個人踏上崎嶇不平的黃泥古道向前闖，當時那裏會計及以後的遭遇，或者如何去應付將要光臨的一種事件的方法，感情激動着，我祇想看一看被敵人蹂躪下的蘇州城，這個東方的古羅馬，這個中國的威尼斯呵！

下午二點鐘的時候，我走上蘇州東站的鐵路線，與正在行進間的敵方高橋部隊遭遇，打這兒起，被俘虜了。

「千古艱難惟一死，傷心豈獨息夫人？」在某一種環境之下，找一個死字也許幷不容易，人惟到這種境界之中，方能明白這種理由。正因這個環境，我纔明白有所作爲的偷生幷不可恥，無所作爲的苟安，那纔是一塊廢料。

大隊的敵軍沿着鐵道向西進行，我們俘虜跟隨了他們向西進行、肩上背了一件一百斤以上的行李，腳下一步一步數着踏過的枕木，心頭的憤怒一陣高於一陣，我自己質問着自己：一個中國的子孫嗎？」

在我左右，還有七八個被俘的嘉定人，他們也背着如我一樣的行李，但從大體上看，他們比我健的多了，因爲他們全是農民。

鐵道的兩邊，枕木的當中，横陳着很多中國兵的屍骸，有的少一條腿，有的缺一隻手，有幾個成仁的早一點，他們的屍骸已將沒入鐵道旁的泥土中，有幾個腦殼被擊破了，紅白相映的腦髓流了滿枕木。

我總用貪婪的眼光去望着每一個屍骸，我要想把那些印象記的深一點，敵人是怎樣的慘酷來殺害我們戰士，我們，未死的人怎樣向敵人索取血的債！

我向我們的戰士致敬！

將近滸墅關，他們的軍官命令着坐下來休息，一個士兵用鉛筆寫着一句話來問我，那寫的是：

「彼等皆蘇州市民乎？」

彼等的「彼」字，大概是一個「你」字的解釋，我在他的問句下加了一個「是」字，接着，我問他「到何處？」而他的答覆是：「三公里前。」

黃昏時候，趕到望亭鎭，望亭鎭上東一處熊熊的火光，西也一處熊熊的火光，半天全都照紅了。無疑地，這又是敵軍的傑作。我們在一家有「三槐堂」匾額的客廳中住了下來。

在這裏，先前與我用筆記來代表談話的士兵，又來與我開始了筆談，他告訴我關於他的家庭狀況，也問起我的家庭情形，他還給了我一個屬於他的地址，他希望「平和之後通信，」但到今天我記述這篇文字時，那個不爲我所憎恨的日本士兵，說不定在黷武者之壓迫下，走上了他最不願意走的路，在靖國社中暗暗啜泣了。

因爲我可以用文字來替代談話，另兩個士兵也來參加，一個拿一本日記簿要我替他題字，一個卻要我寫一篇「戰爭感」。前一個我替他寫了一首唐張繼的楓橋夜泊詩，這首詩差不多一般的日本人都能唸唸的。後一個問題卻難於應付，此境此情縱然萬感叢集，也何從下筆？結果我寫上了，「可憐無定河邊骨，猶是春閨夢裏人」兩句，這詩不爲日本人所熟悉的，縱然帶一點玩笑，而他們對之卻還是莫名其妙。

這樣的應付使他們對我疏於防範，正是他們好夢方酣裏，我賭着另一個命運了。

下弦的月亮高高懸在天中，我不能等待那位日本士兵「明晨租食拾綳彼」(註)了，悄悄地爬起來，帶着他們給我的那張「是良民也」的紙條，離開「三槐堂」。西風徹骨，月華滿地，躲過了敵人哨位，抄着蜿蜒小路，爬過一具具屍骸，把半個殘夜的光陰去投在一個沒有了農民的村落之中。

光明代替了黑暗，讓疲乏的脚拖着疲乏的身體，重新爬上做人的路？

(註)是請我吃早飯的意思。

五　活躍的抗敵工作團

每一地方之被放棄，第一步事實必然是被佔領，而被佔領以後，更必然的是僞組織之出現，這是戰爭中之三部曲，實際說來，幷不足奇！

蘇州方面的撤退似乎過於「神速」，大批的青年黨員，智識分子，二十日以後，尚在蘇州西郊的光福，香山之間，蘇州失陷的消息傳來，光福震動了，香山震動了

從光福、香山，如果退的話，一條是可以沿蘇錫公路西去，一條是由太湖從溧陽登陸，經蕪湖走武漢。可是怎麼走呢？當前的環境，走的理由儘管有了，但一走之後，如何去維持生活？是一個問題。如何帶了一個家走遙長的艱難的路，又是一個問題呵！

還有，馱過自己綺麗的童年的夢的故鄉，江南之景物喲，誰能眼睜睜看敵人的蹂躪！？

「保衛我們的故鄉，把敵人打出去！」環境決定了命運，抗戰加強了團結，敵騎所至，避居在蘇州西郊的青年黨員與智識份子，每一個人都奮起了抗爭的決心，廣大的流亡者，他們一致的呼喊着：「保衛我們的故鄉，把敵人打出去！」

十一月二十八日，蘇州的「自治會」正在傀儡登場，而在木瀆的穹窿山麓，許多青年黨員，許多智識份子，他們在同一的要求之下，結成了廣大的聯繫陣線，青天白日的國旗，高高飄揚在穹窿山巔，國旗的下面，廣大的「青年抗敵救亡工作團」團員，對民族獻出了最大的赤誠，對敵人準備流最後的一滴血！

這個「青年抗敵救亡工作團」的組成，包括了蘇州的青年黨員、教員、學生、新聞記者，以及其他各個階層的不做亡國奴者，他們一方面發刊「青白報，」一方面組織游擊隊的基本幹

部，在光福、香山、木瀆等區，他們更用最嚴正的態度，發文聲討一切漢奸，僞組織！

在另一方面，九十八師舊部程萬軍先生，也在太湖之濱，建立了最初的游擊隊幹部，這個游擊隊以吳江南庫鎮作爲根據地，人數最初僅有十八人，但在一個月後，陸續增加到二千人，槍械有一千多，同時與青年抗敵救亡工作團取得聯絡，成立了「政訓處」，由上海中國公學教員金魯望先生擔任了政訓的工作。

此後，黃秉英先生以軍事特派員的名義，與程萬軍先生接上頭，合組成江，浙義勇軍總團部，二十七年的元旦，團部正式成立，這一天，南庫全鎮全懸上了青天白日旗，被壓迫被蹂躪的民衆們，欣喜的幾乎發了狂！

這一個游擊隊出沒於西太湖的沿岸，二千人分成七個大隊，聲勢確實浩大了，威脅了吳江城內與蘇州城內的敵方駐軍，使他們不敢任意的離開鐵路線，離開任何一個據點。

當此時，曹安民先生也率領了二千多別動隊，游擊於宜興、溧陽之間，紀殿光先生也帶領獨立四十五旅的某一營士兵，在周莊、盧墟、陳墓一帶游擊，特別是後者，他們在周莊建立了不可磨滅的功蹟，一次之間，曾經擊破敵人六艘運輸艦，俘獲二艘運輸艦，救出被俘的同胞八人。

「一個好的游擊隊員，應該是一個民衆組織者。」這裏說明一個游擊隊員，不僅需要游擊智識的獲得，而同時更要一些熟練的政治技巧，纔能經歷艱巨的過程，而達到其任務。記者曾數次會晤到獨立四十五旅的一些領導者，以及江、浙義勇軍方面的負責人，談到這些問題。

在失地中長成的游擊隊，最難解決的問題是伙食的給養與槍械子彈的補充諸問題，往往因游擊隊的給養取自民間，民衆與游擊隊之間，發生了利害的衝突，漸漸地隔離，乃至於兩方面在心理上都高高築起了堡壘。

爲了減少這方面的困難，克服存留在民衆心中的錯誤的觀念，對於游擊隊員的政治訓練幹部的建立，是應該注意到的。記者以一個多月來的工作實踐所得到的教訓，希望政府能夠切實的在這方面給予援助，而且是切切實實的援助！

然而無可否認的，江南方面的游擊隊，包括記者熟悉或不熟悉的全在內，他們出沒無常控制了滬杭、蘇嘉、京杭的幾條幹路，把敵人牽制在幾個據點之內，期待着一個滅亡的機會！

江南是我們的！中國是我們的！

六　在游擊中

無錫失陷，常州不守，二十六年年底的京滬沿線，全爲兵荒馬亂所佔據，江南半壁河山，已全是敵騎縱橫之處了。

退既無法，進又不能，當時惟一的辦法是參加廣大的游擊陣線。記者於望亭返回黃埭之後，在吳江，參加了江、浙義勇總團部工作，這時團部已擴充到二千人左右，組成第一、第三、第五、第七、第九、第十一、第十三七個大隊，每一大隊分三中隊，九小隊，分佈於吳江的同里、橫塲、蘇州的橫涇、車坊、渡村等處。團部的根據地則在距吳江十二華里之南庫鎮。

在團部以下，更設立了一個政訓委員會和一個經濟委員會，前者由金魯望先生負責，後有由錢康才先生負責，於二十七年元旦在南庫鎮正式成立。

一月十六日，駐在吳江方面的敵軍小林部隊得到僞吳江自治會委員王廉欽的報告，從蘇州等處調到敵軍五百餘人，自吳江南門，沿長板橋等向南庫進攻。這一天，特派員黃秉英，總團長程萬軍等，因事到同里，與獨立四十五旅魯殿光部接洽聯絡事宜，得到敵軍圍攻的情報以後，乃由政訓處長金魯望等指揮部隊，一面派人抵禦，一面將重要公文，遷入船中，準備自太湖撤退。

敵軍一出南門，在長板橋即開始以機槍掃射，同時以二十四挺手提式組成衝鋒隊，企圖突破我方防禦線。我方由第一大隊之三中隊守護此線，敵衝至最近，由第一中隊長白桂生，第三中隊長陳錫忠，率部躍出肉搏，紛紛以手溜彈投擲，阻敵前進，一部並以大刀衝殺敵人，白刃相接，敵屍盈野，長板橋畔，河水盡赤！

這一戰是江、浙義勇軍與敵人首次之接觸，雙方相持達四五小時，斃敵一百三十餘人，我方損失亦相當慘重。第一中隊長白桂生陣亡，第二中隊長陳錫忠身受重傷，此線遂爲突破，而同時側面部隊，亦告不守，敵人乃向南庫三面合圍。

南庫鎮的一面是太湖之濱，在敵人的三面合圍中，不得不放棄南庫，向太湖退卻。

太湖茫茫，三萬六千頃的碧波汪洋中，向何處去呢？經過軍事會議的決定，乃向東山退走，同時，決定解決東山龔國樑所統率之水警，以補充此次之損失。

一月十八日，江、浙義勇軍攻佔東山，駐東山的蘇州自治會方面的龔國樑部隊，被完全繳械，龔國樑本人，亦聲明投誠，這時雖然受過了一次打擊，然而聲勢反而更浩大起來，在太湖的四週，各處前來加入的，不絕於途！

正因爲聲勢之浩大，敵人也就圖之愈切，那一天是廢歷的小除夕，東山的民衆正在準備着「爆竹一聲除舊，桃符萬家更新」的過新年，忽然晴天霹靂，敵人大隊飛機掩護之下，向駐在東山的江、浙義勇軍進攻，（後來據說這次敵人的進攻，是由於龔國樑之邀請所致！）

爲了避免不必要的犧牲，江、浙義勇軍繼續向太湖撤退，以程萬軍率領一部返南庫，黃秉英率領一部走雙林，王佑誠率領一部赴馬蹟山，三處成爲一個犄角，游擊於蘇錫、吳江之間。但這一次東山民衆所受的損害，超乎一般人的意料之外，婦女被姦淫，壯丁被屠殺，這世外桃源，從這次以後，也是一個人間的地獄！

目前，一直到記者離開那兒爲止，程萬軍先生仍在橫塌、南庫之間，黃秉英先生部下，更組織一個挺進團和一個突擊隊，他們取得了青年抗敵救亡工作團的聯繫，展開更廣大的有計劃的游擊戰，王佑誠部在馬蹟山又一度遭敵人的圍攻；現在退到平召山，這也是太湖七十二峯之一峯。

此外還有二個游擊部隊，也建了不少的功蹟。一個是曹安民先生領導的別動隊槍械較全，在宜興、溧陽一帶，確實威脅着敵人一切行動，一個是獨立四十五旅的魯殿光部，他們有七百多槍械齊全的英勇戰士，還有不少從敵人那裏奪來的機關槍，小鋼礮，運輸艦，特別有幾個連長，勇敢善戰，沉着剛毅，而且更具有很豐富的政治學識。

他們以周莊作為根據地，游擊於莘塔、蘆墟、陳墓一帶。二月八日，敵軍八百餘人，由三架飛機之掩護，進攻周莊，四十五旅當時向陳墓退走，吃苦的還是周莊民衆，多遭了一度獸性的屠殺！

七　也算突圍

客觀環境的限制與主觀力量之薄弱，縱橫於太湖週圍的游擊隊，在對付敵人的一點上是有餘的，而在組織民衆的這一點上，顯然還是不夠。在另一方面說，我是一個新聞工作者，我的能力是採訪新聞，我的希望是能把一切失地的情況去告訴廣大的讀者，廣大的後方民衆，敵人是怎樣的在殘殺我們的同胞，我們的弟兄！

我決心想離開那裏。

三月底，津浦線上的戰事一天吃重一天，敵兵向前方移動，後方的防務較為鬆弛，而同時在我的住居之處，卻常駐了八十多名敵軍，這兩重事件的變遷，使我更成長了走的決心：

「逃亡吧！看自己的國旗去！」

暮春之末一日，本是江南鶯飛草長之時，一隻小划子把我帶走了，六個小時的航行，正午時節，我已在廬墟鎮上。

廬墟是中央委員柳亞子先生的故鄉，矗立於汾河之濱的泗洲寺，而今已成了敵軍的大本營了。那個曾爲柳先生吟風弄月詩酒留連的汾河亭，已被地痞之流折得七零八落，連帶汾河小學，也遭受了「池魚之殃」。

第二天，從廬墟乘上到朱家角的輪船，幾次逃避了敵兵的檢查，再從朱家角換小划子到青浦。回憶若干日前，夜走青浦情形，那時雖不斷有空襲的危險，然而國旗卻是我們的，而今是「故國河山破」了，高高的城樓之上，替代青天白日國旗的位置的，是刺目的旭日旗與無恥的五色旗。

前二天，青浦的敵人遭到了我方游擊隊之襲擊，倉皇出走，但游擊隊一退之後，他們又相當地威風了，在城樓上架着小鋼礮，每一個城垛子邊，還置了一挺機關槍，敵兵二二三三，巡梭於城上，城門口，用若干「自治會」的警察來檢查過往的行人。

在敵兵監視之下的檢查，應該是相當的嚴厲，但事實往往並不如理想，有些書籍，有些被敵兵認爲足以抗日的東西，在中國警察的一個鬼臉之下，「去，快去！」終於有許多人如此地通過了關口。中國人還是中國人，在任何條件之下，任何壓迫之下，中國人不會忘記他自己的祖宗，自己的國家，五千年輝煌的歷史！

從青浦到上海，本有日商楠木公司開行的汽車，但一天往返只能儎二百四十人，我到車站時依照規定只剩二班車，只可以帶走三十人了，車站沒有站房，（站房是有的，但在敵人的「平和的戰爭」之下，已被變作一堆瓦礫。）賣票人只在路上跑，雖然他聲明要等二個鐘點買，但實際上卻早爲他的熟人之流所買去。

走不成，看光景只得住在青浦，然而在這時候卻遇上了一個從上海用自由車來青浦販香煙的小販。據警察談話，這些自由車也可以把旅客帶到上海，於是趕上去辦交涉，總算沒有行李，什麼也可以減少困難，這個交涉一辦就行，下午二點鐘，一輛自由車上騎着兩個人，奔馳於青滬公路。

我這個車主是天津人，長長的個子，堅強的身體，加着一口比北平略帶強硬音，光景是一個準「河北佬」，據他說：滬戰以前，他在公共租界巡捕房做廚司，一個月的薪俸八十多，戰爭就歇下來了，別的沒辦法，只有做小生意。天津已經十六年沒回去，不知給日本鬼弄的怎麼樣？

戰爭失去了他的家鄉，變更了他的生活，戰爭也失去了我的家鄉，變更了我的生活，我們雖然目的不同，生活方法各別，但其間有一個相同之點，我們全是流亡者，我們全是被日本帝國主義趕出了家鄉的流亡者呵！

逆風行車，正如逆水行舟一樣困難，幸而二人有談有笑，倘減少若干旅途上的岑寂。沿途，有無數馬骨，人屍，失散的子彈帶，制服，未爆發的炸彈，手溜彈，電桿被截斷了，村莊被焚燬了，刦後慘狀歷歷在目。

經過四個鐘點的奔馳，越過三處敵人的哨位，將近六時，穿過虹橋路。半小時後，又越過京滬路而折入大西路。

幾次的盤詰與檢查被通過，傍晚時，我終於又來上海，眼睛望着青天白日國旗的飄揚，我流淚了。（馮英子二七，六，一日寫完於長沙。）

第二段　鎮、揚敵軍獸行寫眞

當此日軍蹂躪大江南北之際，吾人耳目所及，無非日軍之暴行，與我無抵抗良民，在水深火熱中之慘況而已，筆之於書，殆有不忍言者。然彼方日以其所謂皇軍如何秋毫無犯之盛譽，誇耀於世界，而我國後方，尚有一部份醉生夢死者，以爲日軍果至，亦不過更換統治權，仍可各安職業，偷生以待和局之成立。乃證之兩月來事實，可以說完全相反。日軍行爲，就主觀言之，是不以人道待我，就客觀言之，直彼自降於禽獸。吾人與日本雖爲對敵，但究屬同一黃種，同一人類，丟開戰鬪員身份，不應以人類不欲待禽獸者待我非武裝之民衆，然而此種教訓，可以增強我民衆抗戰決心，掃除一切偷安合作之心理，吾人一方見全國民衆，寧爲玉碎不爲瓦全心理之造成，深謝日軍之暴行，有以激動之也。我國民族與日本民族在過去歷史上，本無深仇大恨，而且於文化上有師弟之感情，徒以近五十年中，彼主持侵略者，構成若干事實上之惡敵，令我不得採取防禦之態度。今日本軍人，對「燒殺淫擄掠」五個字，無所不用其極，則又并世界帝國主義所不忍爲不肯爲之暴行，而不憚一一爲之，使我民族無論智愚賢不肖，皆裂背咬牙，咸抱與日偕亡之念，此記者自痛之餘，不得不爲日本民族所痛心者也，揚州十日，嘉定屠城之仇，尚能報之於數百年後，況過於此千百倍者歟？茲篇所記，爲事實寫眞，無一字非淚痕血跡，願我同胞，永誌不忘！

一　鎭江陷落

鎭江爲南京屏蔽，運河中樞，且係江蘇省治，東南戰場，礮聲初起，該地即爲敵人間牒出入之標點。逮蘇、錫淪陷，省府遷揚，居民即紛紛移動。但中級以下或有薄產者，皆安土重遷，不肯輕易離境，十一月二十七、八兩日，敵機不擇地點，大肆轟炸，機身與往昔迥異，皆爲意大利式，能在高空停留，聯續擲彈，南門避難人民數千人，悉被犧牲，但我軍警仍持鎭靜，勸市民照當開市。至十二月七日，敵軍僅離城九里，縣長公安局長，始離境他去，在國軍未撤之前，因船隻被扣，客車不開，民衆欲逃難者，已無交通工具可用，逮九日敵由南門入市區，有未能離境之難民數千人，紛紛向江北逃生，而船隻絕跡，前有大江，後有追兵，可憐此數千同胞，非死於敵人礮火，即沉於無情江流，從此遂展開殺淫擄掠之慘幕矣！

二　燒殺淫掠

敵人入境，以搜索我軍爲名，到處燒殺最甚，鎭江中學、招隱、竹林及鶴林等寺，均付之一炬。進城部隊，手溜彈左右亂擲，城內外火頭數十處，日則濃煙萬丈，夜則火光燭天，雖弘仁醫院、浸會堂、麵粉廠、蠶桑改良會，及怡和山住宅，亦未倖免。據最近離境者言，火災最烈區域，首爲山巷，次爲江邊，東四埳街，舊英租界，大西路，（卽舊西門大街），南門大街，斷壁頹垣，滿目淒涼，難民回鎭，不但不知家門何在，且不辨路徑東西。

敵入市區，凡山洞地下室，防有軍隊藏匿，一律以機槍掃射，避難婦孺，均葬身其中，敵於我國壯丁，最所忌惡，見一着靑布襯衫者，指爲壯丁，又一懷警哨者，指爲軍人，立卽槍斃，途中死屍，大半被風霜雨雪凍成殭塊。其尤慘者，狂肆獸慾，見婦女不問老幼，不問病人，與產婦，均無倖免，故輪姦致死者極多，餘則事前投環者有之，活活嚇死者有之，紅十字會收屍共三千具，男屍多在途中，女屍多在床榻，血跡殷殷於衾褥之間，慘不忍睹。某君親見日兵九人，攫一年三十餘歲之女子，另執一靑年男子，強其交媾，供衆嬉戲，男子不肯，卽應槍聲而斃。又途中遇見婦女，竟拽入屠戶肉案下，不避路人；而行其獸慾。現於舊武廟保安處醫院內，雖設有東洋式妓院但祇能供其軍官洩慾之需，士兵仍在四鄉漁色，彼等在鄉間曾於地窖及草堆內，發現女子，故每到農家，卽搜索地窖與草堆。至鷄鴨牛羊，則更隨地自取，無人敢抗。在京、滬、揚、鎭一帶敵人所在地，方圓三四十里之內，村落爲墟，鷄犬絕跡，不但麥種未下，春耕且無希望。

燒殺之外，其最普遍者，卽爲刧掠。不問大家小戶，宅無空過，且搶不一搶，貽成麵粉廠，粉麵萬袋，搶刼一空，繼之以火，高等衣物，每箱編號，整批運走，粗笨木器，則爲取暖燃料，餘火委屋中，往往釀成火災，如救火隊施救，則火熄之後，而執救火之人，交所謂自治會救火組者曰，此即放火之人也，現在幸未被燒之屋，大半封鎖，不准他人出入。如闖入駐兵房屋，盤問而非房主，即就地槍斃，美術字畫，不問好劣，均捲之而去，竟有以輓聯出示華人估價者，其目不識丁可知。

三　揚州陷落

揚州爲蘇北門戶，其東仙女廟，尤爲軍事上重要據點，敵自佔領江南各縣突破江陰封鎖線後，爲鞏固京、鎮間地位，與便利向津浦線進攻，遂於上年十二月十四日清晨，一舉而陷此兩要隘。蓋由此東向泰州、南通；北沿運河，直趨清江；西經儀徵、六合，佔領浦口；均有公路可達也。揚城南岸瓜州、六圩一帶，我方防禦工事，倉猝築就，駐守者僅有江蘇省保安第三四兩團，實力單薄，南岸雖[illegible]屏障，江[illegible]砲台，[illegible]，無險可守，[illegible]艦乃橫行江面，自施家橋、[illegible]橋、[illegible]先後登陸，[illegible]，我方保安隊等、[illegible]劇，然以少數之舊式槍彈，不足遏止敵人機械化部隊，[illegible]、[illegible]機槍[illegible]，[illegible]防衛女[illegible]鎮[illegible]軍繆[illegible]部，先後兩次激烈迎戰，均以敵礮火過猛，不支而退，敵之先頭部隊，以排礮轟進福運門，城警均殉職，李官人巷，倉巷口[illegible]園，首先[illegible]燃燒。敵軍每過過街巷口，即用機關槍盒子砲掃射，居民屋下之響聲，如降冰雹然，屋瓦與子彈齊飛，因此城內秩序大亂。飲彈喪命之屍身，遍地皆是。

四　蹂躪情形

揚州居民，率多本籍，以爲南京陷後，戰事可告一段落。兼爲顧念產業，不願遷避者，或因城陷過速，有無力或不及避走者，不下數萬人，所受種種殘酷行爲，實爲有史以來所僅見，雖清兵進關之「揚州十日」，與蒙古阿珠之攻李庭芝，亦未如此無人道也。敵軍既陷城，其司令亦到達，逕赴商會，無人招待，遂以維揚旅館爲司令部，次日黎明，開始搜索燒殺，姦淫擄掠，無所不用其極，十室十空，竟無一可以倖免，富戶如汪魯門、賈頌平、謝範齋、鍾味腴等家，損失最重，聞各家被搜，均在十次以上，鬧市口中之各書局，與文化機關，均遭焚如，古刹天寧寺內，有重傷士兵五六十名，未及運走，悉被槍殺，寺僧七人，亦受池魚之殃。福祿寺僧因乘汽油船逃難，被目爲官軍輜重，全寺僧數十人，無孑遺者。最可慘者，敵軍進城第二晚，經一深街，恐遇埋伏，先向街口開槍，彈由堅固牆壁碰回，流彈死一敵兵，敵以爲城內尚有便衣隊，遂不問男女，一見人影，即開槍亂轟，或用刀割殺。至姦淫婦女一層，更爲敵寇之急務，到處搜索女人，不論老幼，不論何時何地，即行宣淫，調戲割乳，種種惡作劇，更非言語筆墨所能形容，拒姦而死者，到處皆有，亦有姦後仍不免一死者。城內婦孺收容所，共有七八處，除法國天主堂所辦一所，因神父努力支持，未受過分騷擾外，餘皆不免，然某次神父身受執縛，司令且聲言，汝等要結民心，故意收容難民，用意何在，如不解散，當殺汝法國入，堂中收容五千餘人，遂被迫解散。有無線電收音機一只，即執爲與漢口中央軍通訊之據。神父當詰以能收不能發，何從通信，幸而得免。三日後，其司令部由維揚遷往中委王柏齡家，迄至第四日燒殺稍遏，然無辜遭難者，已不下五百人矣。

五　仙鎮最慘

當敵進攻揚城之際，分一部兵力由街子凹，經萬福橋，而達仙女廟鎮，沿途經過橋樑，由×××軍炸成數段，敵乃架臨時渡橋，故其重兵器，仍得魚貫而至，勢如破竹，二道橋鄉民，爲避免騷擾起見，預備豬羊鷄鴨，執歡迎旗，集隊迎於橋口，敵見人旗一簇，不問皂白，即用機槍掃射，因此數百徒手血肉之軀，大半應聲而倒，道旁河畔，尸骸枕藉，河水變赤。敵入鎮後，居民多從睡夢中爲之破門驚醒。一見士兵，皆爲黃呢服裝，方知河山變色，成爲甕中之鱉，欲逃而不可得矣。斯時我軍在北岸，與敵隔芒稻河對峙，槍礮聲未已，敵一面躲入民房，一面施[illegible]，[illegible]下河淵[illegible]洗滌，及在岸旁[illegible]壕，因此我無辜民衆，死於隔河自家礮火者又不知凡幾。戰事暫停，[illegible]開始[illegible]，[illegible]，聲稱岸有[illegible]，非燬去障礙物不可！復借搜索遺[illegible]名，大肆搶掠，每一巷口，皆豎有一禁止通行、出入者殺之木牌，每牌之下，皆伏屍身少者二五具，多者十餘具。婦女不及逃避，因遭輪姦而死者極夥。有青年女子三十餘，擄囚於某巨宅樓上，供其獸慾，全鎮貨物，不但搶掠一空，燃料亦無處購置，四鄉農民，不敢入市，道路上屎尿與暴露之屍身，臭不可當。五日後，殺人較少，而搜索婦女如故。據報一週間民衆遭難者，已逾六百人。其對戰區幼童，在江南一帶，擇年幼無知者，分批運回日本，不下萬餘名，故對於幼童，形同拐騙，在仙鎮鄉間，數日兵執一中國幼童，迫令書「大日本」三字，該童大書「打倒日本」四字，日兵大怒，遂遭慘殺。

嗣該鎮商會主席闞立庭，爲市民所迫回廟維持。先商准敵方，允掩埋屍身，一方找回娼妓十餘人，面請發行通行證，准許鄉民負薪挑米，到鎮買賣。至此敵已渡年，地方秩序較定，而瘡痍滿目，無一人有家可歸，無一家不骨肉殘缺，其慘痛概可知矣！

六　邵伯激戰

敵軍佔仙女廟後，北犯邵伯，迫我居民，自行舉火燒屋，我軍以立足未穩，復向高郵縣境撤退，惟於邵伯、高郵間之昭關壩，埋置地雷，防敵前進。敵不知我有埋伏，大隊坦克車隊，率領步兵，意圖再犯高郵，行經昭關壩，坦克車觸及地雷，轟然爆發，我五十七軍，奮勇反攻，斯役敵軍坦克車全毀。有觸地雷而死者，有爲我大刀手溜彈砍殺者，有因我軍勢不可當，逃入河中淹斃者，統計不下三四百人，敵經此挫折，不敢前進，而我方亦因久戰之後，諸待整理補充，遂各據險以守，成對峙狀態。當時堤岸爲我以小艇渡兵繞截，致寇數百人不得歸隊，橫逸至宜陵以東二三里之鄉間，鄉民咸避入車篷內，二女子摘萊菔於田不走避，遂被擄去，其軍人或有鋼盔，或無鋼盔，或鋼盔殘缺如鋸齒，馬亦有數十匹，人馬槍械皆泥塗如鬼，行路亦疲倦不堪。一石姓商人，從牆隙窺之甚悉，惜我軍未克窮追，迄今已有一月雙方均無進退，然邵伯淪陷敵手，地方所受損害，不稍減於揚州。聞敵方現竭全力於津浦路方面，僅有少數部隊駐守邵伯、揚州、暨仙女廟一帶，以牽制我在運河方面之兵力，我方如分途包抄，不難一鼓殲滅之也。

七 漢奸難做

敵軍於攻陷一地，燒殺淫掠之後，復利用民衆組織，以便徵集軍需，吸收資源，完全爲御用，始有所謂「自治會」之產生。其參加份子，可分析爲三種：一種平時不得志於社會，早有賣國求榮之心，而不得機緣，將借以此遂功名富貴之欲者。一種薄負社會人望，窮途潦倒，既無資遷移，又不能閉門苟活，藉此組織名義，避免凍餒之困者。一種爲地方有相當產業，欲借組織力量，於維持地方之中，兼可保全自己生命財產者，（如吳孟節，即以獻女於司令得地位。）彼等以爲雖婢顏奴膝於敵人之前，仍可作威作福於本國老百姓之上。不圖此次日軍之蠻橫，「自治會」祇有爲彼招妓拉伕，徵集軍實之義務，毫無自治權利之可言，且因「自治會」本身，旣無力量，所有拉伕徵發等事，日仍多直接向鄉間硬收硬拉，亦不需要『自治會』發生力量，同時『自治會』委員本身財產婦孺之安全，亦未能得絲毫之保障。鎮江「自治會」委員尹公甫家被姦，同樣的不敢申訴於日軍司令。揚州『自治會』委員吳孝侯，正在開庭審訊搶案，而家人來報，住宅又蒙日兵光臨之訊，吳祇得搖手，佯若不知，日司令入沈銘竹家坐定，聞壁中有聲，蓋其妾匿於中也。司令問何人，沈詭以甥女對，即牽其手大笑而去。自身尚不能保，遑論其保護民衆？仙女廟日司令要求浴室，招女擦背六十人，不得，日兵即自拖女子入浴室共浴。鎮江某委員，請日司令禁止姦淫，答以日本無此法律。且趙孟所貴。趙孟能賤，以堂堂委員，日軍動輒因細故罰跪，達數小時之久，種種侮辱，無地可容，旣不敢言，且不敢怒，悔不當初，已覺其晚。委員大都皆有日人監視行動，無自由餘地，請求擺脫固不易，欲圖出走尤不能，而一聞礮聲，疑爲國軍反攻，則嚇得面無人色，又恐爲國法所不容，其處境亦大可哀矣。聞鎮江『自治會』爲柳衍齋、張桂榮、道彌、郭詠青、尹公甫、盛逢極、任玉書、關景堯等九人、揚州爲方小亭、張伯魯、吳孝候、吳嘯園、沈齋、陳休庵、殷公停、周寶卿、吳孟節等九人，但其中尙有列名而本人仍在外地未歸者，豈不寃哉！至於各地無賴之徒，藉聲勢以漁肉鄉里者，如宜陵之倪伯符輩，更不足道矣！

八　戰局推測

統觀江蘇戰局，江南雖入敵手，而蘇北僅有江都、儀徵、六合淪陷，運河以東，江都以北二十餘縣仍在我統治之下，敵在運河兵力，僅數千人，爲攻津浦線之右翼。我國軍旣守徐州，運河方面，決不敢推進，江北近年，政治已上軌道，匪患肅清，五穀豐收，自衛力較江南爲強。而游擊隊已有組織，戰局持久，敵疲於奔命，後方民衆，又深恨日軍到處暴行，均存家可破，國不可亡之決心，而避難民衆，亦寧願加入游擊隊以抗敵，家鄉得歸與否，已不在其顧慮之中，省政府自遷淮陰之後，照常處理行政，決不他遷。津浦線敵人，如不能立足，運河之

敵，不攻自走，我國軍可沿運河長江而下，京滬線必受威脅，大局之轉機，其關鍵當繫乎徐州一戰！（范遇春摘）

第三段　江南劃期的勝利

這一次敵軍於南、北兩戰場同時慘敗，在日本帝國主義四十年來陸軍戰史上構成空前的恥辱，而更重要的，是造成了我們神聖解放戰爭的一個偉大轉機。要知道日本「皇軍」時時刻刻誇示的，是它自甲午戰爭，日俄戰爭，以至『滿州事變』，長城戰爭，直至最近，絕對沒有遭受過一次失敗，正惟如此，所以這一次我們在津浦北段和太湖西南岸給它的嚴重打擊，將在日本國民心理上刻印着一個極大的失敗的暗影，而在我們，則毫無疑義地更加強了最後勝利的信心。

津浦北段我們對於敵軍殲滅戰略的成功，已經爲全國民衆普遍知悉，但是江南敵軍對於我們殲滅戰略的慘敗，則因爲種種緣故，還未爲各地深刻認識，爲此之故，記者有義務將它的始末因果詳細寫出，作爲我們光榮的研究資料。

記者在這次敵軍企圖殲滅我們而反被我們打擊得粉碎的過程中，始終沒有離開最前線的指揮官，而且親眼看到幾次戰鬬，檢閱了不少敵人的日記和其他文件及戰利品，若干受傷官兵談話——感謝那些忠勇的將士，他們賜與我不少寶貴的材料。

一　戰役的始末

先簡括地說明，日本「中支派遣軍」司令官畑大將履新之際，顯然攜來一個重大的訓令。這個訓令包括兩點，卽（一）迅速抽調兩個師團到津浦線南段，貫澈打通全線的預定計劃。（二）在抽調以前，有先用全力將我威脅京滬國道和京滬線的數萬部隊掃蕩殲滅的必要，將一面調來台灣守備軍的第一第二兩個聯隊於三月初旬到滬轉杭，一面動員蕪湖、宣城方面的第六師團，杭州、餘杭的第十八師團，和京滬線上的第三師團，外加久留米騎兵第十二聯隊，獨立工兵第三聯隊等，自三月十七晚起，以兩個星期時間完成「掃蕩殲滅」的計劃。

爲實現這一計劃，第六師團的第四七聯隊首先自宣城出動，利用重礮的「密集射擊」，將宣城南十八里的孫家埠佔領，繼而沿宣長公路向東推進，同時台灣守備軍第一二聯隊則一部由杭州經武康攻孝豐、安吉，一部由嘉興經吳興，會攻泗安、廣德，第十八師團也隨後趕至，敵本欲取得泗安、廣德，佔領宣長公路後，一邊將我孝豐、安吉以東部隊澈底掃蕩，一邊將我公路以北（宜興、溧陽一帶）的萬餘正規軍及數千游擊隊包圍殲滅，同時第三師團則分自武進、金壇南下，合力向該部隊壓迫，完成這包圍殲滅計劃。

三月二十一日敵軍會合到廣德，二十三日就向北推進，此時北面敵軍早已衝至宜興、溧陽以南，陷於孤立狀態的陳師，便被重重包圍起來了。

在宜、溧兩縣附近，陳師與敵作戰大小四十餘次，但終於因爲敵軍利用平原，發揮所有現代武器，同時利用太湖，幾次抄襲我軍後路，以至陳師不得不於三月十九日退集到銅官山、鳳凰山和金鷄嶺的山地，最後更因爲南面敵軍也包圍到門口塘、流洞橋（在廣德北十七公里。）迫使陳師漸次縮小防地，到了二十七八兩日，陳師僅能在金鷄嶺長約五公里，寬約三公里的狹小地區內與敵肉搏，造成了全部戰役的最高峯。敵人在這期間，每日以七八架飛機輪流轟炸，以二十餘門大礮從四面射擊，同時縱火焚山，使陳師失去隱蔽立足之地，戰鬬情況眞是達於萬分緊張之境，若不是該師陳副師長以下的官兵勇毅撑持，使我們的援軍次第趕到，解開重圍，萬餘官兵必將全部殉難。

首先是黃師朱團自廣德以南衝殺至流河橋，將金鷄嶺以南的敵軍三千餘人牽制。二十六日張師自安吉、泗安趕到，迂迴至流洞橋敵軍之後，反造成了包圍敵軍形勢。戰局至此便急轉直下，主客地位完全改變，敵不敢戀戰，迅速北退，沿金鷄嶺、鳳凰山東北的橋下鎭、橋亭、釣橋，向張渚鎭、宜興方面潰竄而去，張師乘勝猛追，斃敵二千餘名，連同陳師一路抵抗下來，所斃傷敵軍的數目，共計在五千與六千之間。

這一個偉大的勝利，主要原因之一，當然是陳師張師以及黃師朱團官兵上下不顧犧牲的殺敵精神。但是，(一)我軍在東南戰場上由陣地戰轉變爲運動戰，脫離被動地位，隨時抓住主動地位，以及(二)我們全線聯絡的確實，也是極重要的因素，這是不可否認的，不過在許多地方，我們仍犯了陣地戰的錯誤，尤其是陳師受敵包圍以後，沒有充分利用山地的地形地物，在許多地方受制於敵，以至遭受極大的犧牲，也是不可忽視的。還有，在這一次敵人向我陳師步步圍攻之際，宜長公路以北，尤其是溧陽、宜興方面的游擊隊，似乎沒有充分發揮獨立作戰襲敵擾敵的可能，以至坐失許多良機，不過在敵軍向宜興、溧陽潰退的時候，他們盡了相當截擊的任務，是不能抹殺的事實。

二　為什麼敵軍發動掃蕩計劃

自本年一月初旬，東南戰場的形勢是這樣的，敵軍一面以蕪湖為據點，一面以杭州為據點，像螃蟹的兩個箝子一樣，控制着江南全線。敵人的習慣是每一個據點都以其面前的兩三個小據點為掩護，蕪湖的面前有宣城和魯港，杭州方面有富陽和餘杭，我們幾次向他這左右兩大據點的正面反攻，證明都很吃力，於是從經驗上得到教訓，我們必須攻敵之虛，要行迂迴運動的戰術，截斷敵據點與據點間的聯絡，並積極發動游擊戰，繞襲敵軍的側背，方能收效，我們漸次把淞滬戰以來的被動地位轉變過來，抓住軍事上的動機，我們的游擊隊一天多似一天地衝到富陽、餘杭、武康、吳興公路的東面，對有公路和滬杭鐵路不斷襲擊破壞，使敵疲於奔命，同時正面我軍乘敵之虛，攻克廣德，規復宣城至長興間的公路，一面牽制着宣城之敵，一面攻擊着長興、吳興，而保障了中間通達宜興、溧陽、和京滬鐵路的門戶，我們的正規軍已續向這門戶裏面推進，克復了宜、溧兩府，三月初旬陳師最前鋒都到了無錫、常州的南側，和金壇以東的地區，形成對京滬鐵路線和大南京的嚴重威脅形勢，我們的游擊隊更配合着正規軍克復了南溪、溧水等縣，對秣陵關及京蕪公路實行襲擊，這在敵人方面當然是難以容忍的威脅。

在這時候，敵軍在津浦線上正陷入膠着狀態，北段固受牽制，南段更因兵力不夠，無法向淮河西北推進，津浦南段的軍事，本來受上海派遣軍司令官的指揮，所以松井被召回國後，畑大將爲了推進津浦南段的攻擊，乃亟願將第六和第十八兩個師團調到江北去，但是江南我軍的進展，既然如上段所指出，日漸迫至敵軍的主要聯絡線和根據地，所以在移調這兩個師團以後不得不先將我們這枝挺進部隊掃蕩消滅，將敵軍的防線改推至宣長公路，然後以比較薄弱的部隊，守住這一線，抽出第六第十八兩師團到江北去，一俟津浦線打通後，再轉過頭來，或自兩翼向我包抄，或自中央實行突破，實現江南的第三期作戰計劃，這就是敵人這次「掃蕩」的動機。

三　首先佯攻寧國牽制我軍

三月十三四日敵開始自蕪湖向宣城增兵，第六師團的主力逐漸移到宣城，十五日拂曉，很久蟄伏在宣城城內的敵軍突然衝出東門，經雙塘寺至雙溪橋，首先與我××師×××團第九連的兩排警戒部隊開火，敵先頭部隊爲騎兵二百餘，後方便是四五百步兵，緊接着又是敬亭山的大礮，我們的兩排弟兄當然敵不過，所以戰了兩三小時後，即向後撤退，敵軍一股自雙溪橋南下經雙塘寺（宣城東南五公里）沿公路南來，開始集中火力猛攻宣城東南十七八公里的孫家埠十五十六兩日敵以十五生的重礮數千發毀滅孫家埠全鎮後，復以煙幕掩護步騎兵前進，與我激戰一日半，始佔領該鎮，當時記者正趕到孫家埠附近同我們的指揮官討論到敵軍的企圖，我們終於判斷敵人向蕪屯公路而來，不過是佯攻寧國方面，而實際則牽制住我們正面的部隊，使他從容向廣德前進，果然敵人佔領孫家埠後，就堅守着工事，未續向南犯，十七日我們部隊在雙塘店以東的洪林橋與敵軍開火了，敵軍數目在兩千以上，攜帶着修橋補路的器材並坦克車大礮等，這時我們不能不痛心的，宣城以東的公路橋樑，雖經我克復兩三個月，但仍未澈底毀壞，讓敵輕易修復後，就揚長奔馳而至廣德，在達到廣德以前，當然我們一路截擊了不少敵人，但敵人終能利用那公路，使我們小部無法堅決攔住他，敵人還留下一兩千人，以廊姑山爲根據，向郎溪進犯，郎溪雖早經我克復，但始終只有游擊隊在那裏，並沒有我們的正規軍，所以大批敵軍到後，我們只有「避實擊虛」，放棄了縣城。

這是敵人從西邊進行掃蕩的步驟經過。

四　台灣軍登場

當孫家埠吃緊的時候，左翼的敵人以台灣軍爲先鋒，也自杭州出動了，他們合計約三千五百人，沿京杭國道北上，一股到了瓶窰鎮後，卽穿小路，過黃湖鎮、古城、木橋頭、閔日場等地，竄至孝豐附近，一股到了武康向西折，經過莫干山南邊的牌頭鎮、佛堂、張家村，與前一股在孝豐、安吉間的遞舖鎮會合起來，開始與我×師的一部接觸，此時×師的大部分在武康、吳興、安吉之間游擊，一部份已衝過京杭國道，在德清、崇德方面襲擊敵軍的側後，孝豐方面只有團把人，至此十分緊張，邊打邊退，一直被迫到城下，安吉因受敵左右夾攻，於十九日棄守。正在危急之際，我們×師的一部自南方趕到孝豐東七八公里的山塢和白水灣，恰好抄至敵人的背後，同時×師的主力，也自吳興方面撤下來增援，敵人一時陷入天目山與莫干山之間的山谷中，經我們猛烈的圍攻的結果，台灣軍「處女作」便告失敗了，傷亡在一千左右，但是可惜我們當時沒有能在安吉以北的山谷缺口處將敵堵住，否則不但這股敵兵不能竄至泗安會攻廣德，而且可以完全繳械，實在是一件值得惋惜的事。

因為沒有堵住敵人退的路，他們兩千多殘兵便經龍灣村、上舍橋取到泗安，而且進一步佔領了廣德。敵人的文件表示他們判斷我方在廣德的駐軍有二萬左右，本想會同第六師團將這些軍隊掃蕩的，詎知一到廣德，我們並無一兵一卒，甚至連一個老百姓也沒有，敵人意外的撲了一個大空，這是二十一日的事，當晚不能在城內停駐，就移到城北八里的飛機場宿營，半夜裏中了我們游擊隊的埋伏，僅憑手溜彈炸斃他一百餘人，於是翌日拂曉，敵人就分向門口塘、流洞橋和長興方面退去了。退到門口塘的敵人，正遭逢我們×師×團的截擊，便集合到流洞橋，此時×師也已迫到流洞橋，但因敵據高臨下，不易通過，相持了兩天，×團為牽制敵人增援到西北邊加強包圍×師的力量，誓死不放開敵人，但是因為猛烈向山上之敵仰攻，結果一團官兵犧牲了一半左右，但是他們這樣犧牲是太光榮了，代價太大了，若不是某團的死戰，我想不僅×師趕不上夾擊，而且×師的圍將始終不能解開吧。

五　×師的苦戰

戰役的中心是×師，他們是敵軍掃蕩殲滅的主要對象，他們與敵人接觸得最早，自三月十九日起，在宜興、溧陽以北，已與敵第三師團發生不斷的小接觸，最初敵人只以三五百人來攻和橋、楊巷甕橋等地，後來他們的來勢已漸雄大，不得不退出京杭國道兩側的平原。太湖給了敵人莫大的幫助，我們守和橋時，敵人從湖汊鎮登陸，抄至我後，而且京杭國道上是敵人機械化部隊自由運用之地，他們當眞打來，我們自然無從固守，這是×師苦戰的第一階段。京杭國道以南有兩個大鎮，東邊是張渚，西邊是戴埠，三月十九日以後，×師便退至張渚、戴埠一帶來打了，但是這裏雖非平原，卻也無高山，故仍難立足，我們又一面自張渚沿釣橋、同官里而退至鳳凰山，一面自戴埠過橫澗、何陸岡、陳家村而退至金鷄嶺，敵人這時對我已形成嚴重的包圍，自三月十九日起至二十八日止，×師與外間已完全斷了聯絡，打得彈盡糧絕敵人從飛機丟擲幾百枚燃燒彈，將山上的深松修竹一齊焚燒得乾淨，每天的重礮毀滅我們的工事，我們的死傷官兵都無法抬出，有一次我們在金鷄卡上有兩百多重傷官兵抬在一個關帝廟裏，敵人到後用汽油將他們一齊燒死，在這種狹隘的地區之中我們的師部也難以隱蔽了，三月二十七日竟爲敵機所轟炸，副官處長受重傷，營長一員陣亡。

十七八兩日我們士兵的手溜彈幾乎都用完了，但仍堅守着金鷄嶺的高地——海平線上約七百餘公尺。×副師長仍身先士卒以一當十，阻敵攻擊，敵人在二十八日從早到晚衝鋒十一次，想奪山頂，但我們以機步槍很經濟很巧妙的阻回，每次衝鋒敵軍死傷總不下百餘人，換言之，當時敵人死傷共有一千多，記者當時在軍部中，×××軍長一時一刻沒有離開譯電室，我們都屏息等待，「只要有電話來，就不必擔心，」這樣彼此安慰着，二十八日夜晚十一時來了一個電報，講到全師彈藥僅足敷數小時之用，士兵已一日未見米粒，敵人攻擊愈發急迫了，記得我們一夜也沒有入寐，希望夜間有什麼突變，可以拯救出全師英勇的官兵，兩點鐘了，沒有消息，三點鐘，四點鐘，到天亮都沒有消息，「是不能保了。」

整個的軍部被一種緊張窒息的氣壓所圍繞，勤務兵也顯得不像往日那樣活潑了，號兵吹出號音每天是非常清脆的震得四圍山裏的回音十分好聽，今天卻特殊的重滯，每一個人的神經都爲××師全師弟兄的命運緊緊的繫住了。

直到二十九日下午四時，×師纔來了一個電報，敵人自流洞橋退去，×師已與我左翼取得聯絡，全師包圍綫業已被我擊破，某某軍長揉着一兩夜沒有睡眠的眼睛，過細的將每一個字吸收到眼簾裏，纔緩緩的吐出一口長氣來，生命重新降臨了。（劉尊棋）

第四段　南京之戰

——中國的戰爭經驗——

日軍的司令部在佔領上海以後，立卽開始進行奪取中國過去的首都——南京的戰爭。

爲了奪取這一個城市，集中了七個步兵師團，大批的飛機與軍艦，在一五〇公里長的戰線上，由兩個集團軍開展了進攻。北部的集團軍——共五師團——從揚子江以北，太湖、溧水以南作戰。這一集團軍的任務是從東方和東南方進攻，奪取南京。

南部的集團軍——兩師團及一步兵旅——有以下的任務。用一師團的兵力從南方向南京進攻，並與北部集團軍的隊伍一起奪取南京；推進到揚子江，深入到蕪湖——太平區域；阻止中國軍隊從南京退出，並從南方保障北部集團軍的動作。兩個集團軍在江陰、常州、湖州戰線上，衝破了中國的陣地以後，就開展了一五〇公里的戰線，繼續進攻。

中國的司令部選擇了鎮江、句容、溧水、寧國一線為南京近郊的最後防衛線。打算在這一條線上比較長久的阻止日本軍隊的進攻。開展了廣大的鞏固過去首都的工作。分派了一個特殊的集團軍負責守衛南京。從十二月五日起，指定防守南京的部隊卽已站定了陣地，防禦線通過了幕府山、紫金山、中山陵、雨花台三五公里半經的高地。

在城內建設了障礙物，在一八——二一公尺高與一二公尺厚的城牆上都鑿了兩排槍眼。鐵城門的週圍為了鞏固起見都加上了沙包。在城門附近，城牆以內都用土築成了戰壕，附近的區域都封閉起來，在若干城門跟前並有坦克車作為流動的機關槍架。

日軍的主力是從東方和東南方向南京城進攻。在右翼方面日軍進攻鎮江要塞不甚順利。他們因為失去了海軍的幫助，便不能擊破中國守衛軍的抵抗，鎮江礮台上的三十生的大礮把日軍阻止在很遠的距離以外。

在揚子江北岸的中國軍隊利用野戰礮反抗日本軍艦。掩蔽的礮台與個別的大礮從事直接射擊打沉了四隻日本船。因此日本的司令部便不得不調動一師人渡江肅清北岸的中國軍隊，藉此保證日本軍艦繼續前進，在中央及左翼，日軍之進攻比較順利。他們擊退了中國最後的後衛軍，便奪取了句容與溧水。

在南部集團軍方面，日軍一旅與廣德的中國有力後衛軍陷入了持久戰。迨至日本生力軍來到的時候，日軍纔告得手。中國軍隊退至寧國，而該旅日軍亦轉到水陽，在十二月五日經過短時戰鬪遂加以佔領。

向寧國進攻的日軍有兩師團，前進的坦克車隊於十二月六日夜間闖入城中，嗣後卽由步兵佔領。

十二月八日早晨，鎮江又被日軍一師團的兵力攻擊，該師團因得新到重礮隊之援助遂得佔領城市。此時日本軍隊已進入南京防衛線的東部，紫金山與中山陵區域。日軍的先鋒團企圖以襲擊奪取工事，終被擊退，且受很大的損失。後來趕到的師團主力也不能挽救形勢。組織完善的礮隊與機關槍的防守火力造成了不可克服的障礙。經過三十六小時的戰鬪以後，僅在某一團的陣地上因夜襲的結果方纔破壞了中國軍隊的防衛。

在這次衝破中，坦克車起了決定的作用，坦克車隊在夜間以很大的速度衝到前邊，從翼側發揮火力，在許多地方（五〇公尺以外）頑強射擊那些射擊的據點。坦克車既爲步兵開闢了道路，又深入防衛線並不顧慮那些殘留的射擊據點，步兵跟着坦克車衝破了防禦地帶，其主力遂於十二月十日早晨進到城牆跟前。

從東南方進攻的日本師團，在青龍山區域出乎意料之外的遇到了有力的抵抗。他們以爲抵抗將在南京城下，所以先鋒團很久都逗留在一個地方，不能前進，經三天戰鬭的結果，這一師團從東南方迂迴機動纔得衝到城邊。

左翼的一師團在南京東南十二公里的山地陷入了持久戰，變成了第二梯隊，所以沒有參加城下的戰鬭。十二月十日早晨北部集團軍的主力也趕到了南京城邊。

南部集團軍的日兵一旅利用水陽以北的湖水，以木船或汽艇轉到揚子江，並在太平以南十四公里的地方登陸，而太平亦於十日正午爲日軍所佔。夜間該旅在遼口鎮（譯音在太平以北）渡過揚子江以急行軍向浦口前進，企圖佔領南京區域的渡口。

日本飛機聽到中國軍隊將於十二月五日渡過揚子江，在兩日內不斷轟炸南京與蕪湖一帶的渡口。但是轟炸的結果是極端微小的；僅僅炸沉兩艘一千噸排水量的船與幾十隻木船。在五天以內向南京拋了幾千炸彈，城中多處起火。

日軍開始攻城以後，其主要火力是以兩師團兵力從南方與東南方向光華門與中華門進攻；敷助的火力向着武定門與水西門進攻，另外一師團從南方牽制中國軍隊，進攻中山門，太平門與和平門。

在預備進攻以前，有最猛烈的礮火，重礮的火力集中向各城門與城牆拐角射擊。野戰礮從五〇〇——一・〇〇〇公尺以外直接瞄準向城門與城牆射擊，空軍在一天以內曾兩度轟炸城堡，其主要努力在乎打擊各要塞與砲隊的陣地。

中國的砲隊努力的還擊。他們的有效的火力完全破壞了日軍前線與其最近後方的聯絡，破壞了日軍的軍需正常的供給。

日本步兵進攻時，都是輕裝，不帶背囊他們所帶的只有食品（甜蕃薯）與子彈。

突擊隊的衝鋒團於十二月九日早晨進抵光華門，遇到了最猛烈的砲火，因受巨大損失，不得不在城下休息。砲隊整天向城門射擊終不能替步兵開闢一條過道。十二月十日晚間工兵在砲彈所穿的孔中放上炸藥纔破壞了城門，日軍突入破口，於是開始短兵戰，日軍因受城牆上拋下的手榴彈打擊仍不能闖入城中，經過流血的戰鬥，直至早晨，日軍纔完全佔領屬於光華門的區域。

南京縱隊的先頭部隊亦於十二月十日下午三小時進抵中華門，佔領陣地以後，等待主力之到來。迨主力來到以後，且開始進攻城門，中國軍隊直到十二月十二日夜間纔放棄城門。這時日軍包圍的威嚇已經很明顯了，從光華門分散到城內的日本軍隊經過許多戰鬥，推進到市中心區。

忠勇的中國戰士不管中華門與光華門之陷落，仍然繼續防衛的戰爭。當時日軍的指揮為了加強東區的陣地，又將抽出的砲隊調到中山門，在十二月十二日傍晚中山門纔被打破。但日軍因爲是黑夜進攻，恐怕有埋伏，沒有立卽入城。深夜派出的偵探報告中國軍隊已經退出，並發現在城門區域有地雷，因此日軍帶着很大的戒心纔進了城。

日軍一旅經過五十公里的急行軍，於十二月十二日傍晚始到浦口，但因長途行軍之疲困，已不能給渡江的華軍以嚴重的打擊。

原來形成的集團軍並不能順利的執行日本司令部的計劃，在江陰、鎭江區域出乎意外的受阻滯，以致要抽出兩師團來肅淸長江附近的障礙，這就削弱了北部集團軍在爭奪南京時的戰鬭力量，結果留下了北方的空隙使中國軍隊得以經過這個空隙退出。

南部集團軍的力量又不甚強大，更不足以按時追到揚子江邊，封閉東岸的一切中國軍隊。

海軍也遇到了揚子江種種障礙與江北岸的中國野戰礮的反抗，不能及時開到南京的渡口。

基本的目的——在揚子江包圍和消滅中國軍隊並沒有達到。因此日本報紙所紛紛描寫的「巧妙的」包圍。實際變成了直接的逐漸的將中國軍隊由已經形成的「口袋」中排擠出去。

當直接爭奪南京，守城軍隊必須決定在完全包圍之下戰鬭或者不戰而棄城市的時候，那種包圍中國軍隊的可能並沒有實現，又重複了同樣的錯誤。從南方進攻把中國軍隊由城內趕到渡口，空軍的積極活動企圖阻止中國軍隊渡江也沒有達到目的。中國軍隊終於保存了自己的戰鬭力，渡過了江。

自從蘇州附近湖邊窄狹的防禦線被衝破以後，中國的司令部就已放棄堅守首都的志願，這時就開始執行一個嚴重而困難的任務——將揚子江以東戰場上作戰的，受技術上更強敵人打擊的多數軍隊拖出來，藉此保存實力以便繼續鬭爭。中國的司令部在執行此種任務時留下了有力的後衛軍，以便阻滯日軍，賺得時間，有計劃的使大批軍隊渡過揚子江。中國的後衛軍阻滯了日軍的進展。假若中國軍隊能在幾個防守的邊境上，對於日軍的個別縱隊，施以積極的短時的打擊，則其成功更大。

日本軍隊為了達到戰略的目的，曾耗費很多的力量，他們的飛機非常緊張的活動，一面執行獨立的任務，一面與陸軍密切合作，曾經匆忙的不斷的追逐退出的中國軍隊。日本司令部利用運河溝渠及湖泊的系統，廣汎的採用迂迴策略，他甚至不惜冒險調動一旅人到浦口，但是這一旅並未能完全執行所負的任務。（李孟達譯自一九三八年二月二十一日蘇聯紅星報。）

第五段　南京敵軍之殘暴

敵軍佔領南京後，橫行無忌，其殘暴行為，已為舉世所週知，上海英文字林西報於本月二十一日發表社論，痛斥敵軍獸行，茲特迻譯於次。

在中日戰爭期中，（一八九四——一八九五年，）日本須要決定中國是否有資格受歐洲戰時法律的待遇。當時日本已經承認了一八八六年的日內瓦公約和一八八七年的巴黎宣言。然而中國對於這兩件事都未曾參加，而且也沒有注意到這公約和宣言裏的規定。然而依照日本的法律顧問有賀和、高橋兩教授的論述，日本對於中國的一切軍隊參加戰事的和未參加戰事的，不管中國對他們怎樣施用野蠻手段，都仍然依據歐洲國際法來施行一切，並沒有採取報復手段。（見英國日用百科全書）

在耶誕節那一天，本報（字林西報）曾提到日本軍隊佔領南京以後所發生的恐怖狀態。在當時我們都相信，軍隊的這種殘暴行爲，乃是暫時失卻了統制的結果，也許是受了戰事狂熱所激起的慾望的影響。我們當時更希望可以迅速的恢復和平秩序，使留在南京的居民，從他們身受的苦痛中解放出來。甚至於有些人以爲日本軍隊正爲一九二七年的殘暴行爲，施行報復，然而如果他們眞有施行報復的必要，那麼他們所找的對象卻錯誤了，因爲一九二七年的事件，南京的居民並不能負絲毫責任，應當負責的乃是軍隊。我們現在已經曉得了，南京的殘暴行爲還在繼續，甚至自南京陷落直到最近幾天，仍然有強拉婦女，姦淫擄掠的事情，而且他們對於姦淫擄掠，竟會那樣的勤快，不過這種精神，原來應當從事於更高尚的工作，無怪乎大多數人士都要對這件事情驚異了，好多中國民衆都被刺刀刺傷了，更有些人毫無憐惜的被射殺了。據估計，已經有一萬人遇難，在這些人之中，有的簡直一點罪過也沒有，他們簡直並沒有爲國家打仗的力量，所有被沾污的婦女，其數目我們還不能知道，但是各方面的估計，總要自八千人到二萬人之多。從十一歲的幼女一直到五十三歲的老婦，都成了日軍暴力下的犧牲品。難民呢，他們所僅有的一點錢也被搶去了，他們的衣服、被褥、飯食也都難免被掠一光，這一切的一切，在不到一星期以前還都在繼續着。在最初，因爲武裝警察能力不夠，不能管理這些毫無秩序的軍卒，到後來，武裝警察的實力增加了，可是直到一星期以前，日本的兵士還是日以繼夜的闖入民房，無法無天的過着姦淫的生活。

日本軍隊佔領南京以後的幾個星期裏，他們的情形既然如此，若是拿這種情形和中、日戰爭時期他們那種正確的態度來對比一下，自然要發生一種疑問，就是他們爲什麼有這樣的改變？在南京，中國人民幷沒有可以引起日本軍人施行報復的野蠻行動。如果日本軍隊有施行報復手段的地方，那麼他們在作戰時若出之以合理的行動，其效果必宏，而吾人對日本軍隊之態度亦必大變。日本方面迭次向中國民衆保證，說日本對中國民衆毫無仇視之意，其一切行爲，不過因國民政府對東亞和平毫無誠意，而且有危險，故予以懲罰，可是留在南京的二十五萬不幸民衆忍受了若干星期的恐怖，而且應當認作單獨事件的，到現在已經發展成了一種習慣。在全世界的前面，擺着這樣殘酷的行爲，我們還能夠游疑嗎？日本軍隊既然有那種良善的傳統思想，而犯了這種罪過，還不夠使人驚奇的嗎？然而這是事實，已經證明了的事實，而且是很普遍的事實，並且無辜的，毫無妨害的中國民衆，遭遇着最很毒的待遇，這些事實，全世界是一天比一天更明白了。南京雖然已經和世外隔絕，然而這個悽慘的故事，至終也會爲舉世所週知的。其中一大部份全世界已經知道了；其餘的慘痛史實，也要成爲以後若干世紀的讀物，在這裏，我們誠懇的建議，現在時限已然到了，負責當局應當即下決心，趕快終止這一切破壞的行動。

本報（字林西報）並不相信，而且從來也未嘗相信過這一切的遭遇，是因爲日本高級當局的故意而發生的。我們認爲那些對於他們的職業具有高尙傳統思想的人們，對於這些遭遇也一定和那頭腦正直的人們一樣，感覺深切的悲痛。但是日本當局誠有趕快終止其部下無秩序的軍人，不要再汚辱他們所穿着的軍裝了，日本當局雖然感覺沉痛，但是不能擺脫他們的責任。因爲這種行動所喪失的生命，已然沒有起死回生的方法，對於那些僅僅因爲是婦女而毫無抵抗的能力的緣故所遭受的殘酷的行動，也已經無法補償了，但是他們自己的榮譽，他們自己的人道主義，他們自己的理想，要求他們採用他們一切的力量，將本報（字林西報）直至最近所描寫的一切，以及一切正在進行中的罪行，完全予以停止。一個軍人對於毫無抵抗的人士，應當存有自尊的心理，否則他應當再受些訓練，直到他明瞭了他的責任。關於此事，本報（字林西報）對於日本軍隊的軍規，並不知悉，但是我們有把握可以猜想，這樣一個有組織的軍隊，既然極重視自己的榮譽，對於以上所提及的嚴重的犯法罪行，當然有制裁的法律。這一點必須注意——全世界遇到這樣不幸的消息，實在有成立一種印象的必要。世界輿論不應當繼續受人嘲弄。各國對於日本及其政策雖有不能同意之處，但是如果對於日本仍稍存尊敬之意，此種敬重心理也一定不可避免的日趨淡薄了。而日本的友人——日本還沒有完全失掉了她的友人——也只能希望南京的秩序能以趕快恢復，日本的軍人也能恢復四十年前中、日戰爭時日本武士道的

精神。（大公報）

第六段　陷後南京慘象

近有數人於本月五日由南京逃出，經過種種困難，始安抵武漢，記者往訪，叩詢敵軍在京暴行及南京現狀，承將敵軍屠殺、縱火、姦淫、擄掠、禁絕糧食，僞組織醜態，敵軍政治軍事佈置以及市面各情見告，茲分誌如次：

一　兇殘屠殺

上年十二月十二日深夜，在火光冲天，殺聲震地，我軍於礮聲隆隆之下，悲憤撤退，全城即陷入極端恐怖情形之中。留城市民幸早已安全移入難民區內，惟未能及時撤退之一部兵士，前進既難，後退無路，軍人愛國，殺敵心切，於是在十三日晨曦中，城內各處槍聲大作，敵我巷戰開始，衝鋒肉搏，我孤軍均作壯烈衞士之犧牲。當日下午，槍聲漸稀，敵軍大隊入城，佔據各機關，佈置守衞，同時分派大批軍隊至各處按戶嚴密搜索，我武裝軍隊無論抵抗與否，一律遭受槍殺　自是日起，殺人恐怖，蔓延全城，嗣敵方聲稱，難民區內藏有武裝軍隊，乃不顧國際信義，公然違反對國際救濟委員會之諾言，衝入難民區內，按戶搜查，凡貌似軍人者，綑綁以去，十餘日內，每日均有十餘卡車，滿載非武裝人民向城外駛去，總計不下萬人，慘遭屠殺，以後偶有市民在街中行走，或在房屋內發現，敵兵認爲形跡可疑者，立時驅至新街口廣場上，一律以機槍擊斃，倘被捕市民，地近河池，則敵兵必推溺河內。曾憶一次有數人在河內起伏掙扎，敵認彼浮水圖逃，乃一一以槍擊斃，事後並槍挑人頭，嬉笑街心，遇有野犬，則戲弄誘食，倘該犬勇猛追逐，即以刺刀刺死。敵兵如此兇殘無道，實令人髮指。將近一月中旬，敵兵屠殺暴行益見猖獗，用種種陰險詭計，謀害一般無辜百姓，初則佈告市民，舉行良民登記，倘有違背，即不准住於難民區內，於是每日均有萬餘市民，分別集合於金陵大學操場及新街口廣場與山西路廣場，爭求登記，擁擠不堪。敵人於此時佯作善意，向民衆演說稱凡前充兵士者，請即退列兩旁，以便分配職務，免與市民雜處，如有違犯，決予槍斃，因之每四五千人中，至少有四五百人被迫退出民衆之羣。本人等亦一度前往參加登記，目覩當時敵人之自然神情，似非詭計，一般民衆亦並不感恐慌，乃離開登記地點，約二十餘分鐘後，忽聞機槍聲連作，可憐此成千成萬無辜市民竟慘遭毒手。敵人滅絕理性之殘暴，於此可以想見。敵兵此種蠻橫狂殺，國際救濟委員會曾一再提出交涉，其後始略減少。但敵兵仍故意殺戮，每至一家，搜索不出少年婦女時，輒惱羞成怒，屠殺全家，哀號涕泣之聲不絕，是以兩閱月間，我市民被屠殺者約有八萬人之多，迄至今日，其摧殘毀滅暴行，尚無休止，留居南京市民之前途，實不堪設想。

二　縱火狂燒

首都淪陷，敵軍於十三日進城，到處縱火狂燒。猛烈之巨火濃煙，日夜籠罩全城，亘一閱月之久，此空前大火，使全城居民無時不在驚駭恐怖中，其延燒區域，計有中華門、夫子廟、中華路、朱雀路、太平路、中正路、國府路、珠江路及陵園新村等地帶，所有高大建築及商店房屋，均付一炬，斷垣頹壁焦土無垠，悽慘情況，目不忍睹，回憶十數年來，政府之辛苦經營，艱難締造，今不幸遭此浩刧，損失誠不可勝計，尤以陵園新村之焚燬，眞令人痛心疾首。及至近日，時因彼等聚合房內烘火取暖，漫不注意，致星火焚燒，波及範圍極大，總之，此次南京大火，實爲洪、楊之役以來最大之火災，其損失慘重，亦爲我國史上空前痛心之紀錄，敵人對吾如此摧殘蹂躪，吾中華民族對此血債深仇，誓死必報。

三　姦淫婦女

難民區成立後，婦女移往避難者極多，國際救濟委員會並闢金陵女子大學爲婦女收容所，當時已住滿七千餘人，內部生活情形，較難民區稍爲安全。敵軍進城後，即按戶搜查婦女，挾去姦淫，嗣復擴大暴行，每日至女收容所用大卡車將大批婦女載走，哭號震天，慘不忍聞，有時至深夜將一部份送回，但已遍體鱗傷矣。如是者數日，被其姦淫之婦女，約佔半數，嗣經國際救濟委員會竭力交涉結果，敵兵明目張膽之獸行，略見減少，但其毀絕人性之殘暴程度，并未降低，於是不分晝夜，紛紛攀牆而入收容所，每見婦女，不論何地，即強行姦淫，因之求救與嬉笑之聲，常達院外，蓋收容所內無力抗拒，只有聽諸禽獸摧殘也。同時，尚有一部敵兵，至收容所外逼覓婦女姦淫，其卑劣手段，與萬惡行爲，更非吾人所能想像，國際委員會至此，又開闢金陵大學爲婦女收容所，爭往避難之婦女極爲擁擠，然而暴敵醜行，愈加兇猛。按其姦淫對象，爲十二歲少女至七十歲老婦，如稍抗拒，卽予槍斃，某次在山西路一院內，當一婦女被敵姦汚時，其丈夫前往哀求釋放，敵兵見而震怒，以刺刀將其刺死。此外敵兵虐待屍體之惡擧，更層見迭出，某日，一被姦淫之裸體婦屍，偃臥雪地中，突爲一日兵覩見，乃強迫我市民與之性交，該市民竟在抗拒之下，死於非命，而該屍體亦遭刺數刀，若是慘絕人寰之奇辱事件，日多一日，迄至本人離京日止，已約有一萬婦女遭敵兵玷汚。

四　擄掠一空

暴敵非第屠殺縱火姦淫，且復縱兵爲盜，任意搶刦。當難民移避難民區時，曾將家門閉鎖，嗣據目擊者談，各街巷門戶業已開啓，而室內物件已空，顯然爲敵軍所搶掠，按自敵軍進城後一個月內，每日有大批卡車滿載器物向下關駛去，自係以輪船運走。幷聞所有紅木傢俱，亦均搬運殆盡，較珍貴物品，更早被席捲去矣。難民區外財物旣全搶盡，敵兵又借檢查名義，闖入難民區內，翻查衣箱，當時區內難民恐慌異常，然一般赤手空掌之難民，對此暴擧，又無法制止，敵兵檢查時，每遇珍貴物品，卽強行取走，旋更進一步檢查衣裝，因此每人所有鈔票及財物，亦皆被奪無存，無抵抗難民遭此浩刧，而外人財產亦竟不免。當時曾有金陵大學外籍教授聖公會牧師等聯合向敵軍交涉，結果允先派兵士調查，但在檢查時，敵兵對一切財物，饞涎欲滴，徒格於情面，未能公然搶刼。聞某次在一外僑房內檢查時，突有一敵兵匿一小鈕扣於懷內，某外人擧而贈之，幷諷之曰，此權作辛苦之報酬可耳，敵亦覥然受之。迨至最近，難民區內難民之香煙、煙嘴、手錶、皮夾、電筒、日記、鋼筆等等小形物品，亦盡被敵兵擄去，至於在街上遇有稍爲整齊之衣裝者，更不免遭殺身之禍。所以南京目前盜刼之風甚熾，所謂「皇軍」軍紀，無異於國際強盜也。

五　糧食恐慌

各難民最初移進難民區時，大多數均能自帶米糧前往，故於最初數週內，食糧毫不成問題。至較貧困者，每日則前往粥廠領粥充饑。旋又有八千擔米運到，定價每斗九角，每擔九元，規定每人先買一斗，已存米者，暫停購買，故食糧供給情形甚爲充裕。乃近日因米糧來源困難，供給發生問題，後經與敵交涉，敵竟不准食物運入南京。南京難民國際救濟委員會所儲食糧，僅敷數日之用，因難民區內難民至少尚有十五萬人，每日需米一千包也。該委會曾百般設法向南京、上海及其他各處採辦食物，皆因敵方阻撓，未能成功，不寧唯是，敵方並禁止在難民區內出售或運送大米。敵方此舉，顯欲使該委會工作失去效用。現敵雖允許難民赴區外購米，但距售米地點甚遠，往返極爲困難。即一般略有資產者，前往購米，多半於途中被敵兵刦奪。敵人如此強暴，拒絕接濟糧食，我京中難民勢必坐以待斃。

六　僞會醜態

敵兵入據首都後，即進行組織僞組織，用種種卑劣手段，將自治委員會組成，任陶錫三爲僞會會長，陶係南京人，爲湯山陶廬浴池經理，並擁有相當資產。陶逆與齊燮元爲知交，故此次極得敵人信賴，出而任僞組織會長。副會長爲孫淑榮，亦係南京人，以略通日語，被敵人重用，該會現分總務、交際、交通、財政、調查、人事六科。會址設於首都警廳內。該僞組織唯一工作，在爲敵人奴隸服務，如徵工、運輸、購辦以及代覓婦女等醜惡工作，偶有不到之處，卽遭敵兵嚴厲指責，陶、孫二逆乃罔知恥辱，甘之如飴，且更以卑劣行爲，諂媚固寵，可謂毫無心肝。此外僞組織雖欲進行關於維持秩序及安定社會工作，但其所管轄區域，焦土一片，渺無人煙，實無何工作可談。至秩序問題，敵兵之兇暴，亦決非其能力所可制止，故此僞組織實等於虛設。近爲欲博敵人之歡心，曾於本年一月一日懸掛五色旗，然除增我恥辱與憤慨外，別無任何影響。

七　敵軍佈防

敵兵在京一切暴行，大致已如上述，但至一月二十六日，大部敵軍曾開離南京，所餘者當在京佈置各種工事。同時在政治方面則強令難民遷回原住所，一月二十八日曾張貼布告，勒令二十五個收容所六萬難民一律遷出難民區，否則卽用武力驅逐。雖經國際委員會交涉，仍無結果，於是難民羣議，先請老年人試令遷出，以觀後情。然敵兵仍嚴厲令壯年同遷出，嗣經多數被迫遷出，但於晚間竟有大批婦女哭啼而返，因之益使一般人惶恐萬分，不敢輕動，迄至近數日，情形略見好轉，然亦不敢謂決已安全也。又敵因鑒於我軍近日猛烈進攻，故於最近強迫大批壯丁，在城內外建築工事，同時在國府、海軍部、外交部、鐵道部、軍委會及各大建築均駐有敵兵把守，各該地帶均不准一般人近視。

八　市面情形

自敵軍進城後之一月，全部南京淪人黑暗時代，難民區外火焰蔓延，焦土一片，搶刦橫行，渺無人煙，難民區內屠殺姦淫，任意摧殘，內外殺氣重重，毫無半分市景；洎一月中旬，水電方面，經國際委會努力，略有恢復，但電話電報及郵運則仍毫無辦法；至各種商店業已根本燒燬，現在敵於難民區上海路一帶，創設小攤甚多，所售物品，大部由難民區外搶掠而來，但往購買者甚少；由上海老申報傳南京市面轉趨繁榮，實不值識者一笑；此外在難民區內挑擔剃髮者甚多，生意略見活躍，但此決非所謂商業也。再關於京滬通車事，亦極屬滑稽。表面上敵當局佈告安民，通知京滬於一月十三日通車，實際上中外人士前往乘車者均不獲達到目的，則所謂通車，僅為敵人侵略之工具耳。在京數十萬難民，精神肉體慘遭奇辱，但對前方戰事，均極關切，初則不得已由老申報知悉一鱗半爪，然多荒謬無稽，現在多設法在外人家中靜聽中央廣播，遇有抗戰捷音，雖在水深火熱之中，亦無不歡欣鼓舞也。（大公報）

第七段　江南的戰局

一　京杭失陷以後

南京的失陷，在日本帝國主義者對我國的侵略戰中劃了一個階段，目前的階段，自去年十二月十三日起，敵人在江南是採取着南守北攻的戰略的，敵人攻到南京時，在我們的領土上已經使用着十六個師團了，敵人原定的計劃，是僅以十五個師團就可以征服我們，另以三十五個師團對付蘇聯的，所以攻陷南京後，日本帝國主義者極力利用國際法西斯蒂的壓力，企圖終止所謂「支那事件」，這一企圖失敗以後，敵人乃不得不以其主力攻取津浦線，希望打通東北兩戰場，使其南北的兵力可以任意調動。

一個很有意義的事實，就是敵人攻擊蕪湖的部隊，是第十八師團，後來爲了侵佔杭州，仍用這第十八師團，該師團乃經宣城、廣德、安吉、孝豐、餘杭而攻杭州，杭州陷落以後，敵拚命在江北進攻，又調第十八師團經京杭國道及蘇嘉路往江北作戰，自此以後，敵人在江南的陣線是怎樣的呢。

二　北攻南守的敵陣

這個時候敵人的陣線，東南起自杭州，西北直達蕪湖，中經吳興、長興、廣德、十字舖、宣城、灣沚、形成一個三百公里，內向的半圓形，敵人以杭州和蕪湖兩端，如新月的月芽一樣嵌入我軍陣地，一端配置不過數千部隊，控制我們東戰場的全局，全線日軍的數量不過三萬人左右，平均每一公里不過百人，這在現代的陣線，就是平時尚且不敷，何況交戰的時候，像吳興長興這些重要的地方，敵人每處祇有四五百人，而孝豐、安吉簡直沒有什麼敵兵防守，經我們的游擊隊攻克時，只有極少數敵人指揮僞軍抵抗而已。記者最近到收復了的廣德縣城，希望看一看日軍的死屍，也很難找到，可見當時那裏敵軍也沒有賸下多少。

三　爲什麽不立刻反攻

敵人既把絕大的主力，放在江北戰場，在江南方面只留下這樣薄弱的陣線，那麽我們爲什麽不立卽反攻，將敵一擧殲滅呢？我相信後方一定有不少的人會提出這樣的問題，就是我本人從來到東戰場時，也以這個問題質詢於若干負責的長官，并在各地以自己的眼力尋求着答案，到了今天纔可以得到以下的結論。

四　敵我兵力的對比

第一、敵人進入陣地的部隊，雖甚單薄，但是當時可藉公路與鐵路的連絡左右調動，以緩濟急，而且以太湖爲中心，運輸頗爲便利，此外從長崎運兵到滬或到杭州灣，祇需一天時間，較我軍從後方增援，遠爲便利。還有最重要的一點，敵人全線兵種的配備，保持着極高度的機械化，這是我們從京滬敗退下來的部隊，所不能比擬的，例如杭州敵陸軍不過八千人左右，而夾有一營戰車隊，有五十多輛坦克車，并經常停有飛機二三十架，蕪湖、魯港一帶敵軍不過萬人，戰車也有二十幾輛，飛機四五十架，兵艦二十餘隻，至於各種大礮和自動火器較我更多，所以蔑視敵人的兵力，是不妥當的。

五　開始反攻後的收穫

第二、說我們東戰場完全沒有反攻，也不正確。十二月中旬到一月初旬，我們在新敗之後，當然無從反攻，但是一月中旬以後，就開始相機反攻了，一月十三日收復廣德及其附近誓節渡、十字舖諸要點，一月十五日收復了郎溪，十六日收復了溧陽和宜興，二十日收復了浙北的孝平，二十一日收復了安吉，二十二日幷收復富陽，後來我軍雖退出，但扼守住要害，敵兵也不敢進去，富陽已成空城，此外宣城自二十日起卽被我三面包圍，蕪湖附近兩星期來也在我反攻之下進行着相當劇烈的戰鬬，以上都是鐵一般的事實。

六　敵陣祇餘一脈可通

第三、我們對敵人的公路橋梁是集中很大力量來破壞的，而且頗爲成功，十二月下旬敵人陣線兩端的連絡，靠着三條公路，一是京杭國道，中經句容、溧陽、宜興、長興、吳興、嘉興，二是宣、吳線，自宣城經洪林橋、十字舖、誓節渡、廣德、泗安而至吳興，還有一條是自南京經溧水、郎溪至十字舖，與前一線相銜接，現在這三條已完全被我們破壞，截成若干段，宜吳線各站，連廣德在內，已一齊被我克復，敵人絲毫不能利用，南京與十字舖間一線，自郎溪克復後，也已不能利用，至於京杭國道，不僅溧陽次宜興段已歸我有，而且南京、溧陽間，和吳興、杭州間，也被我截成十幾段，橋樑破壞數十座，因此敵人全線的聯絡僅僅靠着京、滬、杭鐵路一線了，這是極可注目的一個現象。

七　游擊戰的展開與深入

第四、從六個月來全國抗戰的經驗中我們得到了一個實際的教訓，就是非發動廣泛的游擊戰爭，不能保證我們最後的勝利。現在東戰場上下的將士，都已深刻認識民衆力量的偉大和政治工作的重要了，這就是發動游擊戰爭的基本條件。譬如第××集團軍總司令×××曾這樣告訴我說：「我們今後一定要把抗戰的基礎，放在民衆的力量上，因爲只有從民衆的力量中，纔能不斷抽取我們長期抗戰的新生命」，這眞是我們軍人的偉大覺悟，在事實上，以上兩段中所指出的新勝利，主要是游擊隊力量的表現，我們可以毫不誇張的說，現在蘇、皖、浙邊區太湖西南岸已成我英勇游擊部隊往來馳騁之所了。

東戰場上我們的游擊隊，完全係從正規軍中最精銳部隊所編成的，不過當局爲着要發動民衆的力量，并求指揮和編制的統一，已在正規軍外單獨設一游擊隊指揮訓練的系統，同時爲着作戰的便利，又使各地區的游擊隊與當地的建制部隊受統一的調動和節制，這種游擊隊與正規軍的適當配合，已經在孝豐、安吉、富陽、瀏沚、宣城等地的克復中證實了它的偉大效果了。

第五、現在第×戰區的部隊，差不多完全是自八一三以來與敵人飛機礮火搏鬬之後僅存的勇士，當他們自京杭兩方轉到現在的陣地時，每一部隊都是亟待補充調整的，感謝江北守士的勇士們堅決阻塞着敵人的進路，使我們東戰場的陣容，得到了充實鞏固的充分機會。

現在大江南北的戰事，互有極密切的影響，津浦線支持得久些，皖、浙方面，就可以提早一點開始全面的反攻，但要津浦戰事支持得久，同時就需要皖、浙方面隨時乘敵虛弱之際，加以攻擊，牽制消耗敵人的兵力。

八　從局部反攻到全面反攻

從江南整個戰局看來，表面上雖然呈現着「膠着」的樣子，但實際上我們卻已迅速地從支撑轉到反攻，而且隨着游擊隊的廣泛發展與深入，隨着生力軍補充調整的完成，很快地就可以從局部的反攻，入於全面的反攻了，現在我們一面希望江北所有將士，堅守住每一寸土地，使敵人沒有移轉兵力之絲毫餘裕，同時我們江南上下將領，更應毫不懈怠，再接再厲，展開英勇的全面反攻戰略。（劉尊棋）

第八段　鐵蹄下的京滬線

中華的錦繡河山，富饒之區，文物之邦的江南——沿京滬線的數十縣，淪陷已半個年頭了那些素來在天堂裏過慣舒適生活的人們，是怎樣地在「皇軍」的刺刀下過着慘酷的生活呀！本來是青山碧水的錦繡之區，現在是變成瓦礫荆棘，青磷鬼火的人間地獄了。趙君新自上海來湘曉得江南情狀頗詳，給後方民衆，認識認識所謂「皇軍」的「文明舉動」，和男女同胞在淪陷區域的情形吧！

中國唯一設備完善的國營鐵道——京滬線，在敵人佔領四個月後的一天通客運了，票價從上海到南京是日金二元二角，但是，旅客必須先受各當地的日軍司令部檢驗，是否是「危險份子」？是否攜有「良民證」？並且上車時也必須要化一元日幣買一張「通行證」，否則，在車上被檢查時是很危險的。在上海北站不能直接進入租界，必須在外白渡橋打一個大圈子，並且在夜晚或日兵認爲戒嚴的時候，非但不許進入租界，生命往往發生很大的危險。

沿鐵路各都市駐有日兵，數目不等。城裏除了新加幾片日本紙煙店及日本小吃店之外，中國人回去居住的很少。浴室復業的很多，而且生意顯得特別地好，顧客當然最多的是日軍，中國人去的眞是寥寥無幾。回城去住的，祇有一些老年人，女人不敢回去，小孩回去的也很少，因爲敵人不斷地刼掠小孩，運回國去。每縣的維持會都成立了，報紙也差不多每縣有一種，但把日軍稱「我軍」，我軍反稱做華軍或敵軍，認賊作父，恬不知恥。

寇軍爲滿足使華士兵獸慾，乃利用漢奸在蘇、常一帶內地市鎮，誘騙婦女，佯言介紹至上海工廠做工，而實則運往各地「皇軍妓院」，農村生活困難，受騙的婦女很多，除一部分自殺之外，現在尚在寇軍汚辱下的也不在少數。

四鄉離公路或鐵路稍遠處，特別繁榮，但是寇兵也時常去騷擾，三五成羣，跑到村莊上，見沒有人，便在飯鍋裏或被褥中，隨便撒大小便。看見男人，就招手叫他跑上去，跑上去則拳足交加，百般侮辱，要是逃的說話，他就一槍把你打死，見到女人，不鳴槍，拚命的追，追到了，假使是醜的，老的，則唾之以面，揮之使去，見到稍有姿色的，便要強迫她把衣服脫得精光而輪姦之，稍稍反抗的，就用刺刀刺殺，或用蔴繩勒斃。更有被姦之後，用酒瓶木棒插入陰戶而死的，和用刺刀割開小腹，割下奶子的，一般記載都不是虛構而實在是有事實的。

鄉民防日寇的方法，也隨着寇兵的暴行而進步，往往在緊要路口，派一老者或小孩做「哨兵」，見有日兵自遠而來了。便用一種訊號告訴其他的人，其他的人就趁快逃走，往往一聞風聲而二三村莊都逃空。因此被殺於日寇者也日少，而房屋被焚者則很多。

京滬一帶的游擊隊很活躍，離公路線或鐵路線數里外的鄉村和市鎮，他們便公然地出現，而且不盡是便裝，全副武器和配合着鮮明武器的也不在少數，他們很得到人民的幫助，因此寇兵的屢次圍剿都撲了空，而遷怒的是當地的百姓和房屋，某處有游擊隊出現之後，那地方必遭日軍的洗刼無疑。因此，民衆痛恨寇軍之酷行者固不在少數，然而因爲怕寇軍燒燬自己的房屋，而不敢公然反抗，假使有正規軍大隊地打過去，他們一定會起來響應的。

近來寇軍正在誘騙民衆養蠶和插秧，民衆受騙的很少。爲着要使中國人來屠殺中國人，日寇更在京滬沿線每縣徵三千壯丁來做他們的礮灰，因此民衆更陷於深度不安中，棄家而去做游擊隊的不在少數。太湖沿岸和長江兩側民衆的武力日益擴張起來，公路、鐵路、橋樑也日多破壞，終有一天會陷日寇於死命的。（成一）

第九段　我游擊隊之實力與活躍

敵人雖佔有江南、蘇浙各地，但至今絕未完全統治各地，相反，近我在江南各地游擊軍，日益活躍，上海各報屢有詳細紀載。此項活躍之游擊隊，顯然已使敵人感受到最大的威脅，而使其無法應付，一旦機會到來，配以主力軍之正面進攻，收回絕非難事，此已爲滬上各方所一致承認。最近大美晚報載有一文，詳敍京滬、滬杭兩線我游擊軍之實力，及其活躍狀況，有如下之紀述云。據可靠方面消息，敵軍當局，目下在京滬、滬杭兩線進行「肅清」游擊隊工作，似未能收獲若何效果。在京滬及滬杭線之我方游擊隊，其人數極難估計，但據各方觀察所得，至少在十萬左右，其中當以滬杭方面奉賢一帶，最爲活躍，該處之我方游擊隊首領係一女子，名錢蘘芳，彼等散處於奉賢，不時截斷滬杭公路線之交通，錢女士之部屬，目下不特以奉賢方面爲活動之大本營，且不時深入日軍之後方各處，予以威脅。

一　最近一度克復吳興

該文續云，滬杭線上之嘉善、平湖等處游擊隊，亦極活躍，該處之部衆，都爲過去之×××師之正規軍隊，晝伏夜出，在該處一帶之公路橋樑，均被若輩所破壞，在嘉善之西塘鎮方面，本有敵軍四百餘名，但因軍力單弱，故亦幷未進攻。滬杭鐵路線以西之吳興、孝豐、安吉等處之游擊隊，爲數最衆，約在八千以上，係關陶鳳威所部，最近曾一度克復吳興，將敵軍九百名殲滅大半。至於敵軍在太湖方面之「圍剿」計劃，其司令部設在平望，該處駐有敵軍六千餘，該方面之游擊隊，最爲出沒無常，故敵軍原定一鼓蕩平之計劃，亦殊感覺棘手。又青浦一帶，亦有游擊隊殊多，其首領爲一七十餘歲之老者，，白鬚飄拂胸部，精神矍鑠異常。

二　京滬各線時可截斷

此外，宜興、溧陽等處，現爲我軍進攻之最要目標，因該處之我軍游擊隊，人數最多，並已與後方之正規軍隊取得聯絡，有不時截斷京滬路及京杭國道之勢，實際有好幾萬我軍攜帶步槍，盒子礮與少許機槍藏在中心與她的週圍，更無有數受盡了教訓覺醒過來的農民們，自動地與兵士連起手來，參加了實際行動，發揮了我軍特長的游擊戰術，只要敵軍偶有疏忽，便被破壞了所有的一切，自彈藥糧秣以至生命。他們——游擊隊——而且時常破壞敵軍的交通線，使敵軍在前線作戰，遭遇困難。幾月來，敵軍在太湖流域應付出沒無常的游擊隊，委實已經精疲力盡，這些游擊隊的出擊，不單使敵人疲乏，更使在某種勢力之下登場的傀儡震慄，像宜興維持會委員們，便在不久前全部給游擊隊擒獲斬首，當時接近各縣的新貴們，都狼狽的藏匿起來，加上敵軍的兵力，僅及於城市與鐵道公路，因此游擊隊更以半公開的姿態活躍在各處。

三 無錫宜興可聞礮聲

最近游擊隊已放棄了小組合的擾亂而成爲集團的大規模的出擊了，縱然敵海軍派遣了小型淺水艦到處遊划，數次獲得小勝，可是對於整個局面毫不能引起變化。一個從宜興附近的太湖山中，幾輾轉來滬的某君報告，在太湖區域過去被視爲最安全地帶的馬蹟山，敵軍最近曾在該處遭遇猛烈的攻擊，受相當的損失，戰事且繼續至數日。行經無錫時，曾停留數日，每天都聽得惠泉南部的礮聲，隆隆不絕，事實上的宜興與無錫，現在連城市已在游擊隊勢力控制之中。離無錫的前夕，尙聽到一個游擊隊小隊長，因進攻沿京滬路敵軍受傷的消息。各地的游擊隊，在紀律與戰鬬力各方面，現在已有長足的進展，敵軍今後在該方面的行動，困難必一天天增加。

以上是此間報紙詳載關於江南各處我游擊軍實力活躍狀況，及敵人在這些地方受到的威脅，十分正確，因述之以告各地人們，使大家知道，「天堂」的蘇杭，敵人事實上並沒有佔領，付出相當的代價之後，不久定可收回到中華民國的懷抱來！（晨報）

第四篇　東戰場第二期

第一章　皖南與杭州之戰

第一節　皖南大戰

第一段　蕪郊前線視察紀

——我軍時以夜襲建奇功——

中央社記者八日赴蕪湖方面最前線視察，於十九日始返青陽，蕪湖、繁昌、南陵一帶，自西阻東峯山環繞，其間湖港田畝，紛歧交錯，大軍之運動，頗爲困難，而且距前線數十里以內之公路，我軍悉予以破壞，是以重武器如大礮坦克車，亦絕難使用，現兩軍祇藉縱橫之堤埂上作戰。我軍在堤埂上密佈散兵壕機槍壕以及其他防禦工事，憑險固守，現敵以蕪湖爲南京之屏藩，欲確保南京，必堅守蕪湖，是故在蕪湖方面築有堅固工事，其主要陣地，在蕪湖以南八華里之大官山，以其右之灣沚爲重要據點，藉公路及鐵路線互爲聯絡，其警戒線則在魯港、石梳鎮、竹絲港等處，與我軍步哨相距僅數十米達，隔河相峙。本月八日，我軍出擊正面之敵，進取竹絲港車站，右翼則攻佔灣沚鎮，於是敵軍控制之蕪宣鐵路，乃爲我軍切斷，而敵軍之呼應爲之不靈，敵乃於十七日開始向我反攻，當由青弋江渡河，自龍王廟側面襲擊奎潭鎮，我軍乃稍稍後退。敵之用意，顯欲打通蕪宣鐵路之阻塞，至於敵人攻守之方完全藉礮火之威力，以壓制我軍，其發礮最多之時，每日輒在千餘發以上，其礮彈多七生的及三生的半之彈，且有昭和八年製造者。至我軍對敵之礮擊頗有經驗，當其濫放轟擊時，卽伏處壕中，故子彈多落湖沼隴畝中，其傷害之威力殊少。我軍爲避免敵之礮火計，輒於夜間出擊，我壯士每于月色昏黑之夜，摸索襲擊，及抵敵之壕邊，始出手溜彈大刀相撕拚，如白馬山、俞家山、大官山等役，均以夜襲建立奇功。我軍並隨時派遣游擊隊擾亂敵人，最使敵惶惶不安。至於記者所經之城鎮，駐軍與人民已打成一片，部隊咸能確守軍紀風紀，而人民亦自動起而以人力物力援助部隊，如幫助部隊做工運送傷兵供給糧食等等，此實爲抗戰前途之良好現象也。（大公報）

第二段　淪陷後的蕪湖

距離南京百八十里，爲長江商埠之一的蕪湖，在十二月四日，開始被敵機投彈轟炸了，英商怡和公司的德和輪船就是在那天被炸沉，死掉不少逃難的人。接着五日六日三天的狂炸，蕪湖這十八萬人口居住的小城市，馬上成了一個死城。人民走空了，軍隊也開到郊外，蕪湖的縣長與專員也在八日離了城，留下不能走的窮人與有貨物搬不走的商人，約有萬餘人，躲居在破城中候着不可知的命運。十日的上午，打着紅日旗幟的敵軍來了，從東南鄉的小荊山、淸水河小路走近蕪湖近郊來。卡子口、白馬山、大姑山一帶，我軍是英勇的據險防守，予正面來的敵人以痛擊，可是總由於後側受敵，東部後方受抄來的敵人的部隊壓迫，蕪湖市近郊內線作戰的憑藉壕不能守了，退向南陵，在蕪湖市內，讓予了敵人一座空城！

敵人到蕪湖之後，乘着戰勝的餘威，繼飛機所投的燒夷彈之後，實行放火了，江邊一帶房屋全都燒了，長街上的商店也是從西門燒到徽州會館，剩下徽州會館到上海銀行的一段，從上海銀行起，又一直燒到江邊。蕪湖的商業精華全都在這條街上現在是真的成了焦土。至於爲一般市民所愛行走的鬧市中山路國貨大樓一帶，更是燒得只剩殘牆斷垣。

蕪湖成了焦土，躲在破城中的萬餘人有的被燒死了，有的被當街用槍打死，有的則是被敵軍敲門入內搜查什物時被打死。以爲等下來也不過是做老百姓的人，做夢也想不到成了地獄中的死鬼。新的恐怖壓下來，不走的人也開始走了。

敵人燒殺了之後，就進行防守蕪湖所必須的工作了。在軍事上，防守一個城市是必須有幾個外圍據點的，於是西向沿蕪青公路佔領了蕪繁接界的魯港，南向守住白馬山、大姑山、卡子口、王家祠堂一帶山地，北向分兵渡江，佔領淮南鐵路起點的裕溪口，東部與佔領南京防守采石、東梁山的部隊取得聯絡。在運送子彈輜重上，在建築防禦工事上，在運輸米糧、食鹽、木材上、蕪湖破城中沒有死掉的人都被拉去做軍事苦工了。

城中的敵軍，最初是集居在江邊裕中紗廠、赭山蕪湖中學、以及電燈公司等地方，後來由於我機的轟炸，又到處四散的寄居城區各處的民房裏。

這是「皇軍」，來征中國是爲的什麼呢？

請聽他們在佔領蕪湖後所行所爲的事吧。

最初他們是直接行動，迫着走不掉的當地人引導，他們要毛繩內衣褲，就在一家百貨店裏取去了所欲的東西。要吃東西，海貨店中的桂圓蜜棗成了他們口袋中的糧食，兩手抓來放入褲袋，口袋。抓吃之先，必要引他的蕪湖人先吃一二個。知道江南的鷄好，常常搖動兩臂作鷄撲狀，要老百姓打鷄給他，或找一根鷄毛示意。吃鷄蛋則用手摸摸屁股，蹲一蹲做出鷄生蛋的模樣。城裏凡是商店，無論吃的用的，都被搜羅乾淨。富戶人家的箱籠也被用刀斧劈開，取去了好的皮衣，當腰一截，就那麼短襖似的穿在身上。紅木紫檀桌子都被斫作柴禾用燒了取暖。

鄉下的運輸不得來了，菜蔬猪牛魚都無法供給，於是城中的「皇軍」下鄉去徵發。看見牛，一槍對頭打去，死了，割取四支腿，回到城裏來。看見猪就是一刀，拖了轉來。去打牛打猪之外，碰到鄉下姑娘女人，那眞是比牛猪還好的好東西了，上去就強姦，生命都在槍與刀下不得保障。

後來覺得直接行動不勝其煩，處處要自己動手，用力去取，效果不一定好。於是改用間接方法，找了些漢奸出來。蕪湖這地方，原先也是個五方雜處的所在，都市的寄生蟲有的是。一班正紳是都跑盡了，寄生蟲在角落裏躲着，伺機而動。倭寇直接行動弄厭了時，不知是誰的勾結，漢奸出面來維持地方了。

漢奸的組織，取名爲蕪湖治安會，組成份子是宋介眉、朱小竹、李道生、燮沅、汪肖莊等。一區爲吳承渚，二區彭養吾，三區任鳳昌，四區分上下二處，上在救生局，下設張伯濤家。這一羣人都是在蕪湖多年的本地人，或者是在蕪湖做事多年的人。有的是財務委員會中職員，有的是搖筆桿爲人訴訟的土律師，有的是醫生，有的是打拳賣解出身廣收門徒的青幫頭領。平時吃喝慣了，穿著慣了，只知個人舒適，那管他人痛苦的流氓地痞，而今果然成了漢奸。

治安會成立之後唯一的事就是爲日本軍隊找女人與伕子。這些狗吃心肝的微胖型漢奸爲「皇軍」搜羅了當地的婦女，搜羅了宜興等處逃難來的少女，漂亮的，則設立俱樂部，由日本軍官去享受。低下的關在監獄中，由女禁子管理，供給日兵的需要。伕子則是良民證的換取條件，每個人爲了取得良民證，一定要向漢奸機關去報道，充任一些時日的伕子，然後可望成爲「良民」。

現在，由於漢奸的活躍，蕪湖的好些事情已見有表面的生動。浴室開張了，爲人擦背修脚的茶房，在爲日本兵服役了。電廠的發電機也開始了轉動，而且供給着一部份防守蕪市電網所需的電流。旅館飯店也開了些，虛應着漢奸以及敵軍的要求在充門面。

最重要是一月四日這一天，敵軍警備隊長福田所召集的安民會議，這倭寇他在夫子廟會場上首先登台演說。用日語咕嚕了一氣，隨後漢奸汪肯茀、宋介眉等也相繼演說，最後還有一個女漢奸操北平話說：「我代表益新麵粉公司來報告諸位，所有各種紙幣及日本紙幣如你們民衆用不掉，可拿到本公司來換取麵粉」。從此之後，人民也有一些在漢奸宣傳欺騙之下歸入蕪湖了。可是大多數居住蕪湖的人卻飽受倭寇所施與的淫威，而藉口去找親朋來歸利用出境的機會離湖了。蕪湖，敵人在施虐，漢奸在作醜，忠實的人民走了，殘弱者在做朝不保夕的奴隸！

在鄉村裏，敵人更是爲所欲爲，隨便的姦淫人家婦女，宰殺豬牛，燒燬房屋。濮家店一帶，有一七十餘老太婆被姦淫之後殺一刀送命的。同村人爲她收了屍，倭寇還要把棺木蓋掀開示露，敵人的話是「我橫豎也不把她們作女人看。」最初這些駐在鄉村中的倭寇，是白日去各村騷擾，後來知道白日去無人在，百姓都避開了，於是改晚間去。百姓苦了，只好舉家出亡。拋棄了不忍離開的家與鄉土，走上不知何日回鄉的逃亡之路。

淪陷後的蕪湖城市與鄉村是悲慘的。可也有些驚人的英雄舉動。麻浦圩裏，有三個日本兵去鄉村尋樂，捉到十三個老老少少女人。這些女人馬上結成了一條心的團體，約定共同對付敵人。敵人選了三個年輕貌美的去睡覺，女孩子要倭寇脫去衣裳，自然武器就離了身，於是女孩子每人抱緊一個倭寇，其他十個婦女跑進來用敵人的武器殺掉他們，把槍與人頭都繳到我方駐軍裏來。

另一個故事，也頗有意思。一個啞子被二個敵兵拖去做伕子。行到村中搜到一女人，二敵兵相視而笑，約定一人守哨子，一人去強姦。在日兵強姦此女人時，另一日兵則背人解小便。哨子利用此機會，以扁擔打倒此日兵，再衝到房中打殺另一日兵。挑二個人頭與二支槍帶一個女人到我軍前方來投効。

像這類事情實在太多了。我軍經過了一月的相持，現在也每日發動反攻了。那邊的敵軍中東北籍兵士，在我軍反攻中常有攜槍礮反正的。不能過來的，於是對民衆說：「你們要死，我們也要死，反正免不了一死。」可見被迫作戰的慘苦。敵人每逢打敗仗，終歸要洩憤於民衆的。在卡子口一帶，最近我英勇的×軍攻入白馬山、大姑山一帶山地，威脅蕪湖近郊，於是敵人在那一帶就大施屠殺我民衆。可見在敵人佔領的區域中，如果不結成自衛的力量，是只有死路一條的。

與官軍同時向敵人攻擊的，有蕪湖方村鎮、陶辛圩一帶的民衆武力，在[illegible]適輝領導之下，與敵人作戰了多次。一次敵人衝來，被奚[illegible]伯把一帶青年農民與之作戰，打死敵兵四名，傷了八名。有一次敵兵六十餘人攻方村鎮，被方村鎮英勇的小老板率領一批人，從二路夾攻，把敵人打跑。這是不受敵人屈服的村民，正在第六部皖南區特種工作團領導之下，英勇的與敵人接火。在蕪湖的縣長劉伸山，一區專員高文伯跑離開了蕪湖的今日，蕪湖特種工作團，實在是蕪湖人的母親，所有被敵人蹂躪的難民，都逃到蕪湖特種工作團掩護之下來了。使得日本兵士方面不能不說，「中國民衆不好對付。」是的蕪湖雖淪陷了，雖有一批漢奸在跳樑，一批人在做奴隸，可是烽火已由農民與學生燃起了。奚酒輝，一個勇敢的地主，王子駿，一個中學生，以及一批曾在外面讀過書的年青人率領之下，接受了第六部皖南區特種工作團的正確指導，守衛着蕪湖萬畝以上的土地，萬人以上的村落，在抗戰，在燃起保衞家鄉的烽火了！

淪陷後的蕪湖，沒有屈服的。猶太人包讓所開設的弋磯山醫院，經過蕪湖江面的旅行者都可看到聳立在青山上的高廈，那座最好的醫院，要想本着基督的寬慈爲日本兵治傷時，我們的白衣護士小姐都拒絕了，於威脅中離開了蕪湖。

蕪湖人在英勇抗戰中，雖然是苦痛，險惡，但第一次皖南抗戰民衆武力在蕪湖樹立了，做皖南特種工作團團長的蕪湖人心裏也有點安慰。是的，蕪湖，將漸成爲游擊母地！（朱民威）

第三段　一片血腥話皖南

東戰場形勢的轉變，敵騎便過了太湖盆澤地而侵略到皖南，如今抵達蕪南邊境，即遭遇了黃山山脈所構成的深溝高壘，阻斷去路，而按兵不動，同時在環境上亦不容許其深入。現在淪爲戰區的蕪、當、宣、郎、廣一帶縣鎮和村莊，統統被炸成一片血腥，澈底的堅壁淸野，老農連耕牛都牽着跑，揮淚別了祖宗相傳的家園，走上流亡之途，一間草棚不給留下，一個壯丁亦不留下，那屯在蕪湖的十八萬多石的白米，是安徽全省人民心血的積蓄，沒法運走，不惜付之一炬，大家下了最後的決心，讓所餘的只是塊「焦土」，成爲東戰線的決鬬場。

一　廣德東壩的不守

皖南山地是鄂、贛的屏蔽，在作戰形勢上看，現今是跨入第二個階段了，敵人的主力一定要喪失在這山地戰裏。在第一個階段裏，大家都認定保皖南，便須守廣德，固東壩（安徽當塗與江蘇高淳交界處），從上月梢起一直到本月初，廣德陣地戰黏着於天目山之麓，屢進屢退，川軍師長饒國華氏於此激戰殉國，經了重大的犧牲，算是以血肉重新築成了一座廣德城。但不料江蘇高淳縣長爲傷兵兩下耳光，打出了縣城，敵軍便衣隊便溜了進去，於是東壩不守，中了敵軍側擊的詭計，自水陽撲攻蕪、宣交界的灣沚鎮，切斷了江南鐵路和蕪屯公路，東戰線爲一髮牽動全身，所有灣沚以上通蕪湖的橋樑，趕忙在六日早晨毀掉，決心保衛蕪湖，宣寧一帶也厚集大軍，準備東戰線的大決鬭。

二　肆無忌憚的轟炸

因此，皖南各縣鎮便成了敵機轟炸的目標，由廣德、宣城、郎溪、蕪湖、當塗而南陵、繁昌，被炸的地段逐漸的擴大，硫磺味也掩不住血腥，蕪湖是五日起連炸三天，甚至拿迫擊礮彈當炸彈，轟炸機平着屋脊飛，在沒有空防的城市裏儘量掃射平民，徒逞一時之獸性。飛機上除擲下荒謬的傳單外，並一把一把的丟下「冥國銀行」紙幣，那是燒化給死人的，無聊的敵人竟以此惡作劇，其中更含一層卑劣的作用。雖然電燈電話都被破壞了，電訊斷絕了，十七萬住民掛着難民條逃亡了，水無處買，飯無處燒，但駐軍仍然堅決的固守着，三天三夜的大火，政訓處長伍德鑑督率士兵分頭撲滅，大家幹得反比平常起勁。其中連帶遭殃的，有英國蜜蜂號兵艦、怡和躉船、德和商輪、長沙商輪、法國天主堂的內思中學。德和輪是炸沉了，幾千具死屍飄在江心。敵焰猖獗到了極點，以至於和縣江面停泊的美艦巴納號和美孚油船三條，也炸沉了。敵軍的行動眞像瘋犬，張着嘴亂咬，若不把牠殺了，誰都有被咬的危險。

三　流亡到那裏去

流亡呵，流亡呵，自蕪湖西去的路上擠滿了難民羣，蕪青路是黑壓壓的結成一條線，向西蠕動着，傷兵和落伍兵也夾在中間，無聲無息趕着渺茫的前程，長途的流亡，到底流亡到那裏去？那沿路用紅紙寫的：「無路可奔的難民趕快到江西去墾荒」，署名是戰區難民移贛墾殖團，指示難民的出路是在那裏。是的，江西寧都一帶確需要大批人口移過去，但這樣漫無組織的一羣，到了江西以後又怎樣？目前逃命要緊，顧不了那些。記者是最後走出蕪湖的，沿路經過繁昌、銅陵一帶山中，到大通以後，纔繞江北桐城縣境而至安慶，轉輪來漢，祇見那重山疊嶺中五六歲的小孩被父母拋散了，在荒野裏掘蘿蔔充餓，老嫗們撐着根竹桿，一步一跛，裹了小包袱跟着大隊前進，這樣顛沛流離，那天纔能走得到江西？何況家破人亡，處境也太慘了。

四　當前的大教訓

高淳不守，是爲縣長給傷兵打跑了，這是個活的教訓，大家不可不注意，關於傷兵難民退伍兵的招待，本來是抗敵後援會工作之一，直接影響後方治安，間接卽牽動大局，皖南各縣因財力不一，所以供應就有分別。在宣城、廣德對難民及傷兵，是每名發給養，對傷兵另外贈榮嚮章，蕪湖因爲存米太多，無船運走，凡是傷兵和難民過境，除了給養路費而外，還發米五斗，讓他們挑着走，所以有吃有用，在銅陵、繁昌雖只招待一頓稀飯，總算對付過去，不過大通、獲港兩地因爲負責無人，所以招致許多麻煩，連當地的老百姓也不能存身了，還有差役問題，如果辦得不得當，也是一團糟，徵草派伕，到了緩不濟急的時候，只好抓了，繁昌、銅陵、貴池一帶大路上，隨時隨刻可聽到冷槍聲音，鄉下人逃散了，威脅既無對象，其結果自等於零。長江裏的民船朝內河裏躲，有的拖到圩埂上曬太陽，「物不暢其流，人不盡其用」，這顯然是下層政治組織尚欠調整的結果。

五　民衆武裝義勇隊

現在談民衆組織，雖說是『臨時抱佛脚』，但看一看目前的事實，確乎非常切要，到底總比沒有組織的好。桐城白蕩湖，周圍有三十里開闊，四面臨山，水不揚波，這是天然的水上飛機場。兩星期前曾落下一架水上飛機，機上的人不說一句話，拿着槍不許鄉下人近前，等到上城報告，飛機已經於第二天飛走了，據其地方上判斷，那一定是敵機，民衆有撲滅的責任，那地方的民衆在政府督導下是武裝起來了。此外蕪湖等縣也組成了義勇隊，將所有的壯丁都編制完成，武裝和給養亦有了相當把握，在皖南大決鬭場合裏，或許配合在軍隊中去完成衞鄉保國的任務，將血腥塗遍黃山山脈每一寸的土地上。（鎮東）

第二節　杭州之戰

第一段　淪陷中的杭州

杭州那秀麗的湖山，那六橋煙柳凡是旅行過杭州的人，該每個人都不會不依戀與追懷。如今石榴花紅似火，杜鵑聲聲啼喚，茉莉在那古靜的住宅區人家莊園別墅的園子裏吐着清香的季節來了。杭州正是濃粧淡抹，青春活躍的時代，可是湖山之景物依舊，而人物已非！過去的杭州，祇能憑着我們的記憶去回想，杭州已淪陷在敵人的鐵蹄下將近半年了！

去年十月裏，敵人自從在金山衞登陸，東戰場的戰局，全般改觀，不久，戰爭的觸角就碰到了錢塘江。十二月二十二日，我軍撤退了保衞杭州最後的一道防線，臨平之後，二十四日的下午，敵人的騎兵一隊，就從武林門直衝進杭城。這時候杭州已經成了一個死城，全城人家，已十室九空，延齡路上只有一個小雜貨舖還半開着門，敵兵就在這裏下馬搜查食物，間壁一家理髮店的老板，知道敵兵已經進城了，於是開門迎接，堆着滿面笑容，要帶領敵兵去找麵粉，可是話還未完，子彈已經由敵兵的手槍膛裏跑出來，結果了他的性命，這是敵人進入杭城殘殺的第一聲，而這亦是取媚於敵想做漢奸的下場的好榜樣。當晚，大隊的敵兵，就在裝甲車的掩護下，由武林門望江門進城，當夜也就開始了他的「焦土防禦」政策——焚燒，大火兩晝夜，省立圖書館、農業蠶桑學校、以及大世界附近和石橋、石板巷一帶民房均化灰燼，燒的最烈的，要推臨平、七堡、留下、閘口、南星橋、同杭富（陽）路，杭餘（杭）路一帶。二十六日，城裏發現少數我便衣隊，與敵發生猛烈巷戰，我便衣隊卒以少制衆，斃敵二十餘，即安然退出。二十七日起，傀儡的偽自治會，即在敵軍的卵翼之下產生了，其組織如下：主持人為謝逆虎丞、偽會長為高逆友生、徵集科長王逆五權、救濟科長邵逆力更、宣傳科長程逆季英、建設科長胡逆預、財政科長汪逆嘉生、特務機關長高逆爾武。偽自治會第一件媚敵的事，就是強迫人民登記，登記時，每街每巷，由一漢奸負責。率領人民赴指定地點，填寫登記表。此等漢奸，名為市民代表，而實則負監視該街巷市民行動之責。登記表之格式，分姓名、年齡、職業、數項外，猶注重於「市民將來之方針」一項，登記後，每人發給布條一方，行路時須佩帶左胸，市民迫於淫威之下，無不飲恨吞聲。偽自治會第二件事，就是把湖濱一帶如瀛洲旅館、東方飯館等，相繼開起妓院來，現在妓館最多，而亦最熱鬧的地方，要算拱宸橋了，該地日本妓院、朝鮮妓院都有，其中定價最低廉的，要推中國妓院，所有中國妓院裏的妓女，往往每日接客數次，而得不着溫飽，每天都幽禁在屋子裏，不准出門一步，並且隨時會遭遇着鞭撻。偽自治會的羣醜們，又因敵人的飲食不適，於是又開起什麼「東洋料理店」來，把從前西湖裏的樓外樓菜館改名為「樓外樓料理店」。馬路上的汽車，乘坐的除了少數的外僑外，就只有敵軍官，人力車，敵人坐了是不付錢的，而車捐，偽自治會卻徵得特別苛刻，公共汽車，也有兩路通行，起點都是偽自治會的門前，（新民路中央銀行）一路開靈隱，一路開拱宸橋。

我軍退出杭州時，電燈廠、自來水廠，均曾自動炸燬，現在僞自治會已把它修復，并且以二十萬元的代價，把電廠押予敵軍司令部。開業的店舖，都是些快餓死的小夥計和一般無賴之地痞流氓所主持，以米店小吃館爲最多，湖濱迎紫路、官巷口、清河坊、保佑坊一帶店面，仍是十九關着門。馬路上攤販多得無從統計，攤子上陳設的東西，多半是盜竊來的贓貨，敵兵只要歡喜高興，就任意拿去，攤販敢怒不敢言，於是只有向僞自治會交涉滋擾，僞自治會也束手無策，除了每天徵收攤販捐而外，額外又強徵大洋一角，送給敵憲兵部作爲經費，請求彈壓，敵憲兵部，雖然也曾敷衍了事，大出佈告，招募警察三百，維持秩序，可是應募者絕無一人，敵兵只要喜歡高興，還是一樣的搶刼。市面仍然通用我國法幣，不過須經敵兵部蓋戳方能使用，敵軍部雖曾發行一種「軍用票」，分十錢，五十錢，一元五元等，迫令市民通用，但暗地裏不但不流通，而且跌價，敵兵有幾次竟打開錫箔店的門，搜索大批冥票冥洋，強制使用，尤其是朝鮮兵，他們已經被敵人剝削得體無完膚，每天的身上，很少會有幾個銅子，走進小巷，祇要有機可乘，總是路刼。居民沒有一天可以安穩的過着生活，敵軍成天成夜的要上門搜查盤問，如果看到婦女，那末強姦的事情就會發生了，馬路上行走的人，很少發現姑娘們和青年人。敵兵每天洗浴兩次，把店面舖戶人家的門衝開來，貴重的傢俱，都搬運到上海去了，水缸則作浴缸用，有時竟迫令婦女一同裸體入浴。

西湖裏的划子，近來亦多起來，遊湖的盡是敵兵，美麗的湖山景色，加以櫻花開放的時節，使他們勾起無限的鄉愁，何況又是被騙應征，出征日久，所以每天各廟宇裏求簽問卜的敵兵極多，都是卜問「是否能夠生還」「何日可以返國」。此外敵軍中，也常常盛傳着我機飛到日本各地怎樣狂炸，因此敵兵們思鄉心切，戰志消沉，自殺之風極盛，尤以下級軍官爲多，自殺者日有所覩。近來敵營中，又盛傳我軍要進攻杭州了，同時因我游擊隊的活躍，屢次予以神奇的襲擊，敵胆大寒，最近竟有五十人，搶去淨慈寺的和尚袈裟，化裝逃走，弄得敵司令部既無法追緝，而又要防止效尤，竟至一籌莫展。

「新浙江日報」這是杭州城裏唯一的漢奸報，四開小型，措辭極荒謬，所有戰事消息，均由敵方禁止登載，以掩飾其狼狽情形，上面純是些替敵軍吹牛祝福的文字，或者是刊登僞自治會的佈告。拱宸橋僞維持委員流氓劉展堂，竟以「大日本租界治安維持會」名義大登佈告，尾署「昭和十三年」等字樣，××，市民見之，莫大恨入骨髓，欲食其肉寢其皮以爲快。此外就是刊登些店家復業的消息，或者柴米市價，看的人絕無僅有。敵軍自入城後，即開始擄刼我男女孩童，凡五歲以上十五歲以下，壯健而活潑者，均被擄掠以去，第一批被擄五百餘名，在四月二十五日早晨，改裝運滬，現在不但沒有因天良人道之激發而停止，並且這把戲繼續的演得更厲害，截至今天的報告，已經擄去千名以上了。

一月二十八日上午，我便衣隊一人，單身攜帶手溜彈，在新民路歡樂巷口，敵憲兵司令部門前，把敵軍官柳川當場炸斃，其後飄然離去，因此敵搜查更甚，各城門守衞更加森嚴，行人鞋襪都要脫下檢視，祇要有一點不高興，就隨意槍殺，所以每天的城郊附近掩埋隊，川流不息地，在做着掩埋工作，掩埋被敵人槍殺比鷄鴨不如的我們的同胞。市民出城入城，非但要佩帶白布條，而且須向敵軍崗位脫帽鞠躬，否則就要拳足交加，罰跪，或者打耳光，吃槍柄。走在路上會見敵軍，也要致敬，碰見崗位要繞他背後過去，行人稍有東張西望，交頭接耳者，敵哨兵或敵特務機關人員，卽加以逮捕、敲打、幽禁、受盡酷刑，許衙巷內有一大屋，內有此輩被捕之同胞三百人，每日僅給二餐，每餐僅准進食一碗，餐前餐後，均加拷打，慘號之聲，播散於附近各街巷，不忍卒聞，行人無不酸鼻。

杭州城站，敵現改名爲「杭州驛」，站長爲日人太田，滬杭路已恢復全線通車，由滬運杭除走私布疋外，多係軍需品，客運絕無。現今滬杭沿線，滿佈我游擊網，路基橋樑，時時被我游擊隊破壞，敵機車軍火車已被我中途攔擊多次。敵十八師團一部約一千餘人，雖已改編爲護路隊，分駐嘉興等地，並且最近又將公路鐵路沿線二百公尺以內之民房樹木，悉予毀除，同時，敵人也散佈着便衣隊一千餘人，裏面並附着牛島部隊的大刀隊百餘人，以圖防阻我游擊隊活動，但我游擊隊行動之敏捷與勇敢，遠出敵人意料之外，依然隨時予以重創，使他片甲不還。四月九日晚，敵火車一列，共二十四輛，載運敵軍火彈藥，由滬開杭，經臨平大橋，事前該橋被我游擊隊某部炸斷，火車墜入河中，敵死傷慘重，損失亦鉅，於是遷怒當地民衆，將長安許村喬司民房焚燬一空。

長生路佛教會內，敵設有日語訓練班，專訓漢奸，此外保安處及鼓樓水師衙門內，亦收買有無賴漢奸，共約百餘名，每日訓練各項技術，行將期滿，擬發給槍支，分發擔任刺探及破壞等工作，近日敵又將利用僧道三百，企圖渡江，刺探我軍情，我已嚴密防範。

薦橋大街口，敵築有鋼骨水泥礮台一座，上有礮眼十餘，湖濱市黨部陸軍監獄至武林門一帶，敵埋設地雷約九十餘，英士街與岳王路交叉處，築有堡壘一座，上層設機槍四，步槍眼四十餘，下層均為步槍眼約有五十，三元坊一帶舖面，多為敵打開充馬廐，城站郵局及旗下各旅社，敵儲藏汽油彈藥甚多，城隍山頂放大望遠鏡一具，其視力可及對江之西興，城隍山之北麓，敵挖有飛機洞，上裝以鋼板，內可放飛機八架，敵傷兵醫院則分設保安處、公路局、建設廳、及市立病院等地，大華飯店對面，有敵之信鴿班，旁有大型無線電機，惠興路省電話局內，有巨型無線電台，敵司令部前設中華書局後又遷入電政管理局內，指揮為何橫，敵特務機關設衆安橋東南日報大廈內，機關長前為深尾，四月二十一日，深尾返國，以原田充任，憲兵隊長為波多江磯太郎，分隊長為岩木善一、浪人首領為西野及野中二人，高級軍官，多住於三元坊興業銀行及湖濱大華飯店，大上海飯店，橙廬與黃郛宅內，畑俊六在杭設有公館於裏湖新新旅館之右首，牛島則住於裏西湖蝶來飯店，偽自治會漢奸們之家屬，均住於天竺一帶不敢回城。

城隍山城站郵局，大華飯店，均配置高射槍礮各一，湖濱運動場，置高射槍礮四門，其中兩架，係木製偽裝者，筧橋機場，敵木製偽裝飛機有三十四架之多。

敵軍最怕的就是我機去轟炸，各部隊及高級軍官住所門前，均停汽車多輛，遇我機襲擊時，以備逃走之用，一聽到我機之馬達聲，卽亂放高射槍礮，我機雖離去，仍放射不止。

敵軍出外，不敢單行，每出必結隊成羣。路上看到家禽，卽隨意捕捉烹食，杭州大井巷胡慶餘堂藥店畜鹿一隻，未曾帶出，敵挖門入內，以其爲大補之品，殺而烹之，爭食不已，豈料鹿性極熱，食後雙眼赤紅，疼痛以致失明者二十餘人。

浙江省政府、省黨部、市政府、裏西湖一帶，及西湖裏的各莊子，都還存在着安然無恙，巍峨在斜陽夕照中的陣亡將士紀念塔，和陳英士先生的銅像，也還安然存在，不會毀壞。

敵酋松井，四月中旬到杭，帶着重要使命，(一)死守杭州，(二)準備巷戰，(三)撤退時燬滅杭州。杭州敵軍的下級軍官們，亦一再的揚言，撤退時，要燬滅杭州，總之，敵人已經知道杭州是守不牢，而且也守不久了。燬滅吧，敵人盡管燬滅吧，我們會給予你一個同樣的燬滅。（盛維棨）

第二段　富陽泥戰

富陽方面宗殿施家橋之敵，已增援達二千以上，灤子山、湖南山、鹿山一帶，敵亦增援五六百人，正加強工事，意圖死守。四日天雨泥濘，戰事轉趨沉寂，敵我仍在秦望橋、高橋、陸角山、新橋對峙。

中央社桐廬四日電，富陽方面，自我軍開始攻擊後，四郊均陷入混戰狀態，城西五里之湖南山，當我軍一日開始攻擊，兩小時內即已克復，隨即以之為據點，分兵包圍縣城，此時城內外敵兵約二千三四百人，二四兩日，敵自杭州增援五六百名，對我反攻，在湖南山前與斜橋雞籠山等地，發生激戰。至三日拂曉我軍復轉取主攻地位，將城外之敵，全部廓清。計此四日中，敵共傷亡約六七百名，我方僅二百名，敵惟有積極增援，據報城內今日已有敵三千五百名左右。

中央社關係方面頃接屯溪電稱：（一）我某部一日午後二時，猛攻當塗之敵，激戰一小時後，我向敵奇襲之某部，達敵之側背，向敵迂擊，敵呈動搖時，我正面部隊，一鼓衝入城內，四時已將城內殘敵掃蕩無餘，并完全佔領城內外各要點，斃敵甚多，奪獲輜重行李無數，我方略有傷亡。（二）一日午前一時，我某部由洪藍鋪、銅山兩路夜襲溧水之敵，適大雨，抵溧城西南門五十公尺處，敵哨尚未發覺，被我大刀砍斃數名，敵驚亂，我乘勢衝殺，斃敵甚多，拂曉我任務完成，某部仍回原陣地。（三）一日午後一時，敵由宣城開出小火車六七輛，因上官莊鐵道，已被我破壞，阻於該處，被我礮火擊燬。（四）我某部兩路進攻餘杭，已分別進至城南蔡家渡，與城北方家村兩面夾擊，敵恐怖萬狀

中央社金華三日電。（一）敵在杭擄刼孩童已達一千餘人，近又開始抽我壯丁，拱宸橋敵裝設木人二十餘，竟圖混亂我機空擊目標。（二）富陽西門大石橋下，即秦望橋江岸，今日停有敵

橡皮船竹筏及小汽船共四十餘艘，裝作渡江之勢。（晨報）

第三節　變更戰略後之東戰場

第一段　東戰場之形勢

東戰場形勢，經我軍開始以各種主動戰略，對敵反攻以來，敵軍基本陣線，次第動搖。最近因敵殲滅我太湖西岸部隊之計劃，又澈底崩潰，全線敵軍，乃呈傷寒病者之窘態，處處予我痛襲之機會，尤其浙中某師全部偷渡錢塘，以海寧、海鹽、乍浦、平湖等地為根據，造成直接威脅滬杭線及大上海之雄壯姿勢。記者以此實為我東戰場退守以後之一偉大轉機，爰於今晨訪晤第×戰區司令長官，司令部某高級幕僚，就目前中路及左右兩翼之抗戰形勢，提出重要問題，承一一解答如次：

（問）此次我中路軍摧毀敵包圍計劃之經過，及敵我現勢如何？

（答）對此問題，可分數點解答。第一，戰鬬前敵我一般情勢，原來敵以打通津浦線，貫澈其第二期作戰之目的，數月以來，逐漸將其精銳部隊，調往江北作戰，對於江南方面，僅留置少數之後備部隊，我軍為協同江北駐軍作戰，乃發動大規模之游擊戰，於本年二月間，確實克復宜興、溧陽、截斷京滬國道，更於同月下旬，由宜溧間地區，向京滬線無錫、常州、金壇一帶進攻，以期截斷敵後方唯一補給之大動脈（京滬鐵路）。敵為解除此種威脅，乃於三月上旬，將駐江北之第三師團調回江南，佈置於錫、常、金壇一帶，阻止我軍之北進，同時增調台灣守備軍，第一第二兩聯隊於杭州、吳興、長興，并其他生力軍於宣城、灣沚、蕪湖一帶，以防我軍之攻擊。第二，敵之企圖及其兵力部署，敵為確保京滬線之安全，及維持京杭國道之交通，乃發動兩星期內包圍殲滅泗安、廣德以北地區我軍之毒辣計劃，於三月十三日以如左之部署，開始行動，向我形成大包圍之情勢。(一)台灣軍，(波田、重藤兩支隊)分兩路由武康，經解頭鎮及由黃湖鎮，經獨松關進攻安吉、孝豐，牽制我軍向北之增援。(二)第一一八師之一聯隊，由長興西進企圖佔領廣安。(三)第六師團之一部，由宣城東進企圖佔領廣德，與西進之敵協力截斷我宜、溧部隊之退路。(四)第三師團，(十八二十四及二八八等三聯隊)分三路由太湖、宜興、溧陽方面南下，企圖與泗、廣方面之敵協力包圍我太湖西側地區之部隊。(五)另以一部，佔領郎溪東壩，統計敵使用之兵力，約有步兵八團，礮五十門，戰車數十輛，及飛機等，總兵力不下二萬餘人。第三，我軍應付之方略，依以上之部署，敵軍顯處於大包圍之外線作戰，我軍則處於被包圍之內線作戰，因此我最高當局，遂確定各個擊破之計劃，先迅速集結兵力，摧破安吉、孝豐之敵，次消滅泗安、廣德之敵，然後堂堂北進，以掃蕩由宜溧南下之敵，基於以上之計劃，着着實施，遂創立東戰場光榮之勝利。(晨報)

第二段　憶東戰場

一　杭州灣敵人登陸

杭州灣——這一個使人永遠眷念，永遠留戀的海灣呀！

那浩蕩遼闊的東海海空，天鵝絨似的，藍玉一般的水色，一望無際的鐵板沙，被風吹去了浮沙，閃着鹽晶光輝的鹽澤，和層疊起伏着的雄偉的九峯山頭。

在蒼茫的暮色和無邊的月光裏，沿了一條悠長的海岸線，那是我們無限大的國土的邊緣，我默默地渡了兩個夜晚。

在那裏，我曾聽到浪濤向堤塘撲擊的聲音，也曾聽到在廣場上，千百個壯丁操練時發出的悲壯的吼聲。我曾看到海鷗潑刺的飛姿，也曾看到海防哨兵堅毅沉着的神態，和在飄渺的煙波中，渺小的敵艦的淡影。

每當臨睡的時候，我總要跑到三層的屋頂上，（我是宿在海濱俱樂部的）懷着一種訴說不出的心情，定神地望着凝在月光和水光的交蒙着的銀霧中的那和平的海濱，和平的土地，和平的人民，生息在國土上的和平的一切。涼夜的海風就似一種暴力，一陣陣迎面壓來，我不期而然地想起明季的倭奴，想起戚繼光，更不期而然地記憶起剛在白天參觀過的黃山頂上堅實強固的礮壘，滬杭公路下曲折週密的戰壕，和××長簡短而截鐵的談話：『守土抗敵，是我們軍人的本分；在我駐守的地方，如果輕易讓一個敵人踏上岸來，我就不姓×，你知道這裏的工事非常堅固，這種工事是出乎敵人意料的，他們縱付極大代價，也決不能輕易上岸』，這樣，我就從心底發出微笑，走下樓，安然入夢。

卻萬想不到，在我離去乍浦的第五天，自江蘇柘林起，迤西沿漕涇、戚家墩、金山衞、金山嘴、至浙江的金絲娘橋，全公亭以至乍浦，數百里地兵卒駐守×××師奉令調到中路去了，接防的是原駐守××的×××師，××距乍浦祇三十五華里，徒步走起來，四五小時是準可到達的了，然而到第二日的深夜還始終沒有來。卻更萬想不到，竟爲東戰場的戰績上，留下了這樣一個最深最慘痛最不能泯滅的創痕！

敵人得到了當地耆紳兼漢奸的報告，就在十一月五日拂曉，開始避重就輕地在金絲娘橋登陸，一長串的敵艦就在離岸十里附近的海面向各處施放排礮，平湖縣城距海岸祇二十七華里，那密如聯珠的巨大的礮聲轟醒了全城的居民，有的掙大了半醒的醉眼，有的嚇得面無人色，在街上四處亂跑。

六點零八分，前方來了電話，說是敵人在金絲娘橋已經登陸，用木筏偷渡的，礮聲卻愈來愈密還夾雜着五百磅以上的炸彈爆裂聲，縣政府裏的玻璃窗，都被震得格格作響

前方又來了電話：敵人登陸的數目已增加到八百，一路向西面全公亭進攻，一路往北進襲新倉。

全公亭到乍浦祇有十二里，正巧有我礮兵×旅某連留守（不是駐守）在那裏，可是連長卻並不絲毫退縮，他祇是接一連二地來催子彈：「快快送子彈來」！一子彈送出沒有，敵人已經逼近了」！「敵人已經入我們陣地了。」

不到五分鐘，電話又來了：「王排長掛彩了！」

二分鐘後，電話裏又傳來了連長急迫而又嘶啞的聲音，叫人聽了非常難受：「張排長和他的隊伍，全犧牲了！」來不及說完，敵人的礮火已經殺害了我們這位忠勇壯烈的青年連長了。

聽電話的是縣長丘遠雄，他的精神是值得欽佩的，他一方面同樣向上峯接一連二地催討救兵，一方面迅速調集了城鄉的壯丁和警察，趕往抵抗，雖然這些壯丁是他接任一月以來纔訓練出來的，但是他們誰都認識得很清楚，必需和敵人拚命，不能讓敵人不付任何代價，隨便就侵占了自己的鄉土。

全縣警察和受訓的壯丁，僅祇有二千左右，而受訓的壯丁中間，大部分是平素被人認為最兇惡的「鹽梟」，他們從來就被人漠視，從來就沒有得到過人們一點點恩惠，終年在飢寒交迫中度着非人的生活，然而，在這次抗戰中，他們卻為國家盡了最大的努力，海濱那些寥長堅強的工事，都是他們日以繼夜，忍飢耐寒地構成的，而當敵人登岸的時候，他們卻個個挺身而出，拿起了被繳剩下的八百枝鈍銹了的槍枝，極少的子彈，站在最前線。他們雖不曾制止敵人的猖獗，幾乎全部在敵人猛烈的礮火和彈盡援絕下，都作了壯烈的犧牲，可是，他們也在中國抗日的史實上留下了光輝的一頁，他們橫灑在海濱的殷紅的鮮血和含笑的臉龐，告訴了敵人，中華民族千百萬民衆，卽使是極窮苦和無知，也決不甘心做敵人奴隸！也告訴了我們，他們是一羣最良善的人。

敵人大批登陸，捨平湖而北進金山縣，七日下午卽渡過黃浦江，截斷了滬杭鐵路。

往者已矣，由它成為一個猜不透的謎（？）去吧，祇願，祇願我們能夠接受這一次血的教訓，並記住這一個慘痛的創痕！

二　太湖三晝夜

黃昏靜靜地展開，暮色籠罩了整個平望鎮。

孫參謀提了一隻小皮箱，踉蹌地跑進我所僅想留宿一晚的小屋裏，用最短促的聲調對我說：「快走，快離開平望，敵人已經到了王江涇」。

他的眼睛和神色足夠叫我相信他的話的，可是總不能解脫我的驚疑。

就是在今天見到了××××，知道戰事在楓涇與嘉善間已成了膠着狀態；也就是在今天，我騎了一輛自行車，由嘉興東門沿蘇嘉路來到平望，一路上看到的除了堅實的工事之外，是非常平靜，非常安謐的景象，怎麼隔不到四五小時，敵人就會佔據了王江涇，截斷了我們預備堅守的這條國防線，蘇嘉路呢？

「據前方情報，敵人是由早經收買的湖匪帶路，乘了二三十條汽艇，從千窰鎮經連四蕩到來的。」

「那末，敵人並不多囉！」我說。

「是的，祇有三四百人，所以我們正計劃和嘉興方面於今晚夾攻。」

「那很好，我就跟你們一同走，今晚也就不住這兒了。」

「不，我不去，我奉命帶了×部的重要公文，必需走太湖到吳興。而且，×長也希望你無論如何跟我一路走，因爲，因爲前方說不定會……。」

雖然孫參謀沒有說下去，我已領悟到了他的意思。

在沉默中，一陣晚風帶來了斷續的低微的機槍聲。終於，我決定也繞道走太湖。

到離平望十二里路的青港附近，我們纔看見一條正要開航的小木船，船上已經擠着二三十個難民，他們卻很慷慨地讓我們上了船。他們是逃往宜興去的，船是敞口，沒有棚，也沒有帆，要在周圍有六百里路素以波濤險惡著稱的太湖走條對角線，全要仰賴一個茶店夥計的兩隻手搖，眞可以說是前途茫茫了。

不久，我們進入了太湖。

湖水的泡沫輕輕地沿着我們船的邊緣一條條滑過去，無數顆金色的星星散佈在暗藍色的天空中。半勾新月掛在我們的右邊，茶店夥計把她權作爲南針，就循着她所指示的方向，在蒼茫的湖面上搖着。一個不可測的命運壓住每個人的心頭，誰都在沉默。

「你們兩個怎麼也逃起難來了？不可以求菩薩保佑麼？」我打破了岑寂的空氣，打趣地問身旁兩個尼姑。

「吳江城外的觀世音廟都給日本飛機炸平了，菩薩連自己都保佑不住，還保佑得了我們？」

全船的人都笑出來了，想不到宿命論最有力的支持者也動搖了他們的信念，這是抗戰中的一個小小的收穫。

就這樣，我們坐在船邊沿上，縱談上下今古，一直坐到了黎明。

沒有一絲風，濃厚的霧重重降着，太陽還不見出來，浮雲像無數白色的幽靈，遮蔽了整個「闊空」；我們這一葉孤舟現在是陷在水天形成了的灰黯的一片裏，迷失了方向。何處是宜興呢？憂懼和疲倦特別表現在我們惟一的救主，這個年青的茶店夥計黃瘦的臉上。

我和孫參謀主張暫時停息一下，一方面讓這一位夥計歇歇力，一方面等太陽出來了，我們辨明了東南西北再走。全船的人都同意了。

半小時後，從不遠的地方傳來了一陣激烈的礮聲，那轟轟的巨響，清脆地撲擊水面，又從水面清脆地回響了出來，震撼全船上每個人的神經。

『大家不要怕，那至少離開我們有三十里路！』孫參謀這樣安定着人心。可是，誰都安定不了，大家七嘴八舌地要繼續航行，理由是離開得遠一些，總比較安全

我們的船終於又飄行起來了，整個的『湖空』就像蒙了幾層蜘蛛網，灰黯而且抑鬱。

在面前的水面上隱現了比較深色的灰黯的一堆，我們知道這一定是湖中的一個小島了，在那裏，可以問清楚方向，漸行漸近，我們可以看到那是一大羣蘆葦。

船就沿着蘆葦搖，可是搖了好久還沒有發現一個進島的港口。突然，又從薄薄的空氣裏傳來了尖厲的機關槍的聲音。

人們的情緒又緊張了，中年的雜貨店老闆忽然叫了出來，指着船後面，遠遠地冒起來的幾條白煙。一個婦人竟驚惶得哭泣起來。

「把船開進蘆葦裏去！」孫參謀說。

孫參謀，茶店夥計，雜貨店老闆和我慌忙地站了起來，用最迅速的方法把船撐進了蘆葦的中心。七八尺高的蘆葦桿，在前後左右，把我們密密地隱蔽了，誰都屏息了呼吸，互相擠緊着，敏感地傾聽着，靜寂地交換着寒慄的眼光。

漸漸，我們可以聽到發動機的聲響了，孫參謀一手拿起小皮箱，一手握着手槍，準備萬一給敵人發現了，就先把小皮箱沉到湖底，然後跟敵人拚命，一個換他二三個。

我們這時就叫婦孺躲在艙底裏，絕不要伸出頭來，自己就揀輕巧的木板的撐桿拿在手裏，多少可以打死他們一兩個。

漸漸，約摸有四五隻汽艇的發動機聲走近了，嘹亮地鑽進我們耳朵。

我們誰都鬆了一口氣，可是誰都不主張這條船在白晝就離開這蘆葦叢。

足足獃坐了有十二小時之久，這一葉孤舟纔又載了我們三十七個開始在蒼茫的湖面上飄浮。可是，到三點多鐘，還沒天亮，我們又在另一個小島旁的蘆葦叢裏停下了。

第二天，起了風，又下了細雨，湖面起了駝背似的浪頭，蘆葦被衝倒了又挺起來。我們衣服給淋濕了，而且整整二晝夜沒有好好地吃，好好地睡了，可是每個人的心緒都沒有低沉下去。

風雨到下午雖然小了些，可是還沒有中止，我和孫參謀預料敵人決不會在風雨中行動，雖然很擔心着走錯方向，可是我們終究向全船負責保證安全，要求繼續航行。

翌晨在熹微的晨光裏，我們進到一個港口的時候，茶店夥計的手已經疼痛得不能動彈，而在船沿足足坐了七十二個鐘頭以上的我們，都感到了腰酸背痛，站立不起了。我們聽到雞啼聲，知道這裏一定有人家，上去一問，總算徼天之幸，我們到達了京滬線上的重鎮——無錫。

想起了我們的國防線蘇嘉路被截斷的原因，孫參謀急忙接着問：「此地有我們軍隊沒有？」對方的回答，祇是搖了搖頭。

三　來自敵人後方

在去長興的軍用卡車上，我遇到了××師的王副官，他除了回答我師部裏幾位高級長官的近況之外還鄭重地告訴我：『葉處長是經歷了千辛萬苦，纔從敵人後方脫險歸來的。』

用不到思索，從敵人後方脫險出來，那必然會有一個極生動刺激的故事了，於是，我就冒着黑漆的夜，進到一間黑暗的屋子裏，會見了分別已將一月的瘦長而壯健的葉處長。

於照例的寒暄後，我們開始談到正題上來了。

一聽說你這次是從敵人的後方跑出來的。是不是？」

「咦，你怎麼會知道了？誰告訴你的？」

我於是就順勢故意賣弄一下：「你難道不知道我現在吃的是那一行的飯？」

葉處長失聲地笑出來了。

「能不能請你告訴我你是怎樣逃出來的？這一段富有戲劇性的緊張而又刺激的故事，我相信誰都渴切要知道的！」

「那不行，一來是因為我的口才不好，說得不會動聽，二來是我的這次經歷並不十分富有戲劇性。」葉處長收斂了適才的笑容。「不過，我很願意告訴你，可是，希望你不要把我的這一段經歷當作一件不關痛癢的事情，這裏是存在着一個很嚴重的問題，軍隊與民衆不合作的痛苦，我這次是身受到了！」

葉處長的音調逐漸低沉，可是每個字聽來都藏有無限量的力。

「我軍離開青浦的時候，我正因公停留在三十里外的一個鄉村裏，到第二天中午在我回到×部去的中途，纔知道我們的軍隊已經全都離去，敵軍已由漢奸迎入了縣城，我知道敵人是沿着公路線前進的，於是趕忙回頭走，一邊走一邊想到身上穿的一身軍服，最好把它換下來，走起來可以安全些。雖然我當時想到死，想到跟敵人拚，可是我又想到除非迫不得已時，不必作無謂的犧牲，我應當使自己儘可能死得有價值些，有意義些。

「於是，我在一個農家門口停下了，門是緊閉着的，我輕輕地敲了幾下，一個中年婦人從門縫裏探出頭來，看見我，立刻又把門關上了。

「沒有辦法，於是我又走到另一家門口，一個八十幾歲的老頭跑了出來，我於是就跟他商量，請他給我一身破舊的衣服，好把身上軍服換下來，我很和藹地說了一遍，二遍，三遍，老頭卻儘是搖頭，一句話都不講。到此刻我還不知道這位老先生是因爲聽不懂我的話呢，耳朵根本就聾了呢，還是不願意。

「第三第四家是兩所空房，人早就逃難去了，到了第五家，我算遇到了一個壯丁。我跟他說明了我的請求，可是，他一聲不響，很睥睨地朝我看了兩眼，轉身想走，我急忙拉住他，跟他解釋我決不是想開小差，是爲了要去歸隊，爲了將來多殺幾個日本兵，我纔急於要化裝離開這兒的，可是他依舊是睥睨地朝我看了兩眼，一聲不響地走了。

「悲哀，憤恨，焦急，各種情緒交織成了一種反常的心緒，我是中國的軍人，而剛纔我所呼籲的，是中國的人民，可是我當時像處在一個荒涼的孤島上，一片廣大的沙漠裏……。」

葉處長說到這裏，聲音有點哽咽了，於是我趕緊接着問：「後來怎樣呢？」

「後來」，他停了一停，「後來，我想不用錢是不行了，於是就在另一個村莊裏，我拿出了四十塊錢，纔換到了一件破棉襖，一條破夾褲。

「衣服既然換了，於是我決心繞過幾個村莊，走到公路邊去看看動靜。

「拐過好幾個彎，還沒到滬錫公路，遇到幾個左胸襟縫着小敵旗的漢奸，正在勸村裏的農民到前面一所茅屋裏去購買敵旗，小的兩毫，大的八毫，說是祇要去買一面，縫在胸前，就此可以通行無阻。當時有一個漢奸，拍拍我的肩，指點我購買的所在地，我怕一開口露出了破綻，祇得唯唯點頭。

「那時敵人還不敢輕進，就在小村莊前的公路上，正緩緩地來了十幾個敵騎兵。他們到村莊前停住了，兩個騎兵拿了一幅敵旗跑到前面，插在離村莊五百米達的公路旁，又跑了回來。我這時正躲在小小的竹林裏，他們的一舉一動，我都可以看得很清楚。

「在夕陽殘照裏，他們掉轉馬頭回去了，我趕忙躡手躡脚，掩到他們剛纔所插的敵旗邊，把敵旗拔下來，拿到田裏去。把它撕成粉碎，不知那一個敵兵，回頭看見了他們的旗子已經失蹤，慌忙開槍，十幾個敵兵也就惶恐地在公路左右散開，毫無標的地亂開起槍來，可是他們卻始終不敢上前。看到他們慌慌張張的狀態，我祇有伏在棉花田裏暗笑。」

我禁不住自己不插口了：「這是不夠刺激，緊張和不富有戲劇性嗎？」

「可是，因爲漢奸的大肆活動，和敵人所積極進行的欺騙和麻醉，使我白天不敢進村買飯，夜裏祇能在墳墓旁睡覺。挨餓挨了兩天，走了好幾百里寃枉路，用去了快將二百塊錢，纔輾轉到了蘇州。我，我不忍告訴你我和民衆間隔着多少遠的距離……。」

在搖幌着的黃昏的燭光裏，我靜靜地凝視着他有些濕潤了的眼睛。

在長長的沉默以後，我們下了這樣一個愿：

「惟有希望今後努力於民衆工作的，除了標語口號之外，還必需眞正深入民間去，切切實實把民衆訓練並組織起來！惟有這樣纔能於我們此次抗戰有利。」

四　新中國的兒女

東戰場，牠是一架嶄新的完備的X光鏡！

陳腐的屍骸，壯健的細胞，一切的一切，都在牠的面前，顯現了他們美醜善惡的原形。

我們可以見到聽到，那由於過去民衆訓練工作的不夠，士兵教育不夠的原因所產生的一切不良的惡果；可是，這祇是狹小的一面！

在另一面，這廣大的一面，正有千百萬新中國的兒女，在前後方，用他們的鮮血，他們的頭顱，他們的忠魂，爲中華民族寫下了偉大的可歌可泣的史實。

在楓涇，一個黑夜裏，十數個從上海來×××軍受訓的學生，正整裝待發，一個熟悉的友人和我緊緊地握了一次手，很沉着地說：「你不要擔心我們進到租界很困難，我們是有辦法的，雖然我到上海後不能寫信告訴你，可是我們將來在上海的行動，是足夠使你知道我們是安全進入了租界的。我們無論如何要達到我們的志願和我們的任務，我們要使敵人知道，卽使我們的軍隊離開上海，可是上海還有好幾十萬的中國民衆，他們並不願意甘做順民，他們的愛國心並沒有被征服。」

我祇有含着感激的眼淚，和他們每個人的白嫩的手又緊緊握了一下。

在寬闊的恬靜的青陽港裏，埋葬了二十七個我們英勇的忠誠的青年男女，他們是參加救護工作的，因爲信息傳得慢，到青陽港邊，那頂鐵橋已經炸毀了，沒有一個能泅水的，找船，附近是一隻渡船都沒有，身後已經傳來了敵人坦克車的聲音，於是，二十七個連抱着，高呼

「打倒日本帝國主義，中華民國萬萬歲」的口號，躍進水裏，殉了民族！

××師離開崑山匆促間遺忘了三個在師部服務的童子軍，於是他們這三個未成年的孩子，就四處打聽，打聽到了，就徒步趕上去，中途受到了敵機的轟炸，一個死了，一個重傷，祇剩下了十五歲的一個。於是他就把脚下的泥土用手挖了一個很大的窟洞，把他已死的同伴埋葬了，就背負着那個重傷的同伴走，徒步走了四五十里路，才見到了一輛救護車。救護車上的人把傷的收留了，可是沒有把他留下。於是，他又是徒步，徒步走到了蘇州，蘇州很多人都走了，火車也沒有，於是又徒步走到無錫，無錫也同樣，於是又徒步走到了常州。

就在火車站上來回蹀躞着，等候火車來到，好去南京找童子軍理事會。數日來，走，走，走，餓了，就把那以他全部財產——兩毛錢——買來的冷燒餅充飢，夜裏就解下背上的薄呢毯，在空茅房的泥地上睡下。他的父親是上海一家有名的鐘錶店主，可是他不願意回去，他要找到理事會，還要求他們派他到軍隊裏去服務。

『我們年紀雖然小，但也應當一樣為國出力！』他微微地努起了他的小嘴吧說。

在大通，意外地遇到了多年不見，以前在軍隊中工作過，後來成為電影演員的友人，和從很富有很舒適的家庭裏走出來的他的愛人，問起今後的工作，他告訴我，即將和他一羣朋友到皖南去組織民衆，發動游擊戰爭。我倒勸他不必如此做，因為這不是輕而易舉的，最好找另一個比較有意義的工作。

「你不要過於輕視我的能力！『鐵流』中所描寫的游擊隊是怎樣產生出來的？我們祇有在實際的經驗中找取教育，纔能眞正使自己並他人進步。我們應當感謝敵人給了我們這樣一個千載難逢的機會，讓我們鍛鍊，讓我們成長！何況，我還有幾個朋友和當地的民衆都很好呢！」他說話時滿腔熱情溢於言表，打動我的心弦。

在杭州近郊，一羣壯丁正在那裏操練，一個中年農夫雜在觀衆裏唧噥着說：「都是壯丁訓練，壯丁訓練，訓練好了，弄得日本人見了中國的老百姓也要……。」

他正想講下去，旁邊一個青年農民給了他一個很重的巴掌。

「放你媽的屁！日本人殺我們老百姓，搶我們的田地，燒我們的房子，難道我們不應當學學開槍，等他們來時，跟他們拚個死活嗎？」

在前前後後的哄笑和掌聲中，那個中年農人撫着他的臉，低下頭走了。

在溧陽的一個上流人家，父女正在對坐着吃早飯。

「一個人總要安分守己，特別是在這個兵荒馬亂的時候，在家裏安安穩穩地吃幾頓粗茶淡飯，已經是前生修來的了，你還要鬧什麽？」父親說。

「爸爸，你已經活到五十八歲，自己可以在家裏享享福，等死的了，但是我可不成，我還年青，我要乘這個時候創造我的轟轟烈烈的事業出來，我必需走，我明天就離開這兒！」女兒的聲音越來越激昂。

「我不許你走，你要走，從此可就別回來了！」

「你以為我希罕這個家麼？家祇有使我消沉，使我退步！使我永遠成為一個千金小姐！」

「可是，你別忘了你是個女孩兒呀！」父親的聲音忽然變得溫和了。

「女人，女人又怎麼樣？女人應當在這個時候去當看護，去到前線慰勞，或是像胡蘭畦和丁玲他們一輩一樣，始終在軍隊中工作，無論怎樣，不獃在家裏！」

「走，走，走，明天就走，愈快愈好！」這是父親的結語。

「當然走！」女兒用勁地把碗放在桌上，碗碎了。

我們的祖國啊，你怎麼也不會被滅亡掉，因為，由於這次抗戰，你已經淘汰了多少陳腐的骸骨，產生了多少新的壯健的眞正愛護你的細胞哪！（羅平）

第三段　東戰場又怒吼了

敵人在京、蕪咆哮殘暴之後，緊接着又在魯南開始了殘忍的大屠殺，牠們想借這種慘無人道的行為，一鼓而下我潼關、徐州，打通津浦路，并切斷我們隴海路的連絡，這是多麼殘忍毒辣的手段！

這是我們生死存亡的關頭，我們再不能如以前一樣的容忍退讓了，我們中華民族的健兒，已經是萬衆一心的決計為國家民族而流最後一滴血。因為這種堅決的鬬志，展開了可歌可泣的抵抗戰爭，封邱、陽曲、風陵渡等地的先後克服，津浦北段左右兩翼的進展，尤其是台兒莊的血戰，摧毀敵人的主力，造成了空前的勝利，粉碎了敵人的陰謀。

魯南大勝利的消息，傳遍了全國，舉國民衆，歡舞欲狂，爆竹聲和歡呼聲籠罩了整個的中華民國。

「東戰場怎樣呢？」在慶祝西北戰場勝利當中，民衆們又關心東戰場的戰事了。他們很熱心的想知道東戰場的一切情形，他們更希望東戰場有同樣或更好的消息傳出來，他們希望在第二期的抗戰中，東、西、北戰場，都來一個普遍的勝利。

在慶祝勝利的歡呼聲中，記者興奮地由武漢而踏上了東戰場，在耳聞目見之下，很知道東戰場的一切情形，所以將他寫在下面，以安慰關心東戰場的人們。

皖南浙東，盡是山嶺重疊的地方，東西天目山，以及黃山、仙霞嶺、楓嶺等山脈，縱橫綿亙，非常險要，這些盡是我們的金城湯池。

至於民衆組織，因爲駐軍同當地黨政當局的努力，皖南浙東各縣，也有很驚人的成就。他們組織民衆的方法雖然因地制宜，各有不同，但都抱着一個目標，就是「由動員民衆，做到民衆動員。」在目前東戰場各縣，都已完成「動員民衆」的工作了。在受敵人蹂躪最厲害的地方，如廣、郎、宣、寧、吳、長，一帶，民衆更能自動的起來殺敵，這些用血肉來築成的長城，更是使敵人愈深入愈陷於首尾不相應，非至一敗塗地不可。

因爲我們既得地和，又得人和，所以敵人雖然是藉着他們的飛機大礮，用慘無人道的方法，攻佔了我們的宣城、蕪湖，可是，一點也沒有用，他們再也不能進展一步了，不但不能進展，而且處處受着我們正規軍的壓迫，和游擊隊的襲擊，直到現在，因爲我們陣地戰配合游擊戰，一步一步的向着宣、蕪壓迫，敵人已深感應付困難了。第×戰區×××司令長官告訴記者，說是蕪湖現在有敵七八千人，宣城有敵五六千人，我們的兵力非常雄厚，已經採用一個馬蹄形的包圍，在該兩地的近郊，將士們三面包圍了五層，層層扼制，已經是水洩不通，蕪湖飛機場，最近曾一度被我軍佔領。宣城的敵人，更形狼狽，他們本想打通江南鐵路，直抵屯溪，可是經過多次的蠢動，除了他們損失很大外，沒有一點的收穫。宣城、寧國間的孫家埠，敵人雖然到過幾次，但是因爲前面我軍雲集，後面的交通又時遭破壞，終究不得不退入宣城，昨十四日，宣城敵軍騎步兵二千餘人，向界溪、楊柳舖等地竄擾，另一股又向宣灣公路的九里山進攻，都被我軍擊退，敵人損失非常重大。

宣蕪間的交通，敵人也沒有方法維持，無論是公路或鐵路，敵人在日間纔修好，一到晚上，又被我們的游擊隊或附近居民所破壞了。軍需的運送，固然是已經斷絕了，就是行軍也十分感受困難。本月初間，敵人曾幾次想由宣城退回蕪湖，但是因爲交通路線的遭受破壞，輸送困難，同時又恐怕中我們的埋伏，結果，都是衝至離宣城十多里路的地方，又復自動退入宣城。

因爲交通的破壞，運輸的斷絕，宣城裏面的糧食，日見減少，到現在已感覺缺乏了。在此情況之下，所以宣城的敵人，不但無力進攻我們，就是想死守宣城也不行，退回蕪湖也不易，已成為進、退、守三面維谷的了。這是沿江南鐵路一帶敵軍的近況，他們已經踏入泥泊中了，此後必愈陷愈深，不能自拔，結果，只有一敗塗地。

移轉筆鋒來談廣郎一帶的民衆情形，廣郎一帶的民衆，都已自動的起來了，他們因為受不了敵人的蹂躪焚殺，不得不死裏求生。他們知道組織就是力量，只有自己堅強的組織起來，一致行動，纔能保衛家鄉。

在過去，廣郎一帶的民衆，還沒有認清敵人的猙獰面目，還有趁火打刼的行為，當土匪，做漢奸，來刼殺自己的同胞，紅槍會、孝子會等一些下層社會組織，卻是互相傾軋的。現在他們已經嘗試了敵人的酸鹹毒辣，他們覺悟了，凡是中華民族的同胞，都應該患難相救，生死與共，他們都已經手攜着手的堅強團結起來，在游擊司令之下，組織了敢死隊，大刀隊，破壞隊，救濟隊等，用神出鬼沒的方法，出奇制勝，來襲擊敵人。

廣德東鄉，有一個大山，名乾溪溝，是天目山的一個支脈，四面都是萬尺高峯，只有一條山澗，跟着山峯的起伏，迂迴曲折的繞出來。除了沿着這山澗可以尋出一條萬分崎嶇的羊腸小道外，再也找不出一個進口了。這樣的一個天險，就成為我們游擊隊的大本營，同時也是廣郎一帶民衆的避難所。這一帶的民衆，不論遠近，都把老弱婦孺，送到這山中居住，同時還運存了不少的食糧。并派有武裝壯丁，扼守山口，眞是一夫當關，萬夫莫敵，敵人雖然知道是游擊隊的巢穴可是也沒奈何。

我們的游擊隊和一般愛國民衆，把家眷送進山裏之後，他們沒有絲毫後顧之憂了，他們可以盡量的發揮他們的游擊戰術，以制敵人於死命。

上月中旬，敵軍二千餘人，會由宣城經過孫家埠，直趨洪林橋，再分兩路進攻，一路由楊圩到郎溪，一路沿公路襲廣德，但是因為我們游擊隊的到處襲擊，敵人終竟沒法立足，不得不向後撤退。二十一日我大刀會、孝子會，乘敵人由杭村後退的時候，在該地的一個乾塘埋伏，等候敵人走近時，一躍而出，殺聲震天，把敵人殺得一個措手不及，殘敵落荒的潰竄到白水塘。二十四日，又在金雞卡，遇着我們紅槍會的伏兵，損失六百多人，奪得軍用品很多，這眞是游擊戰的大勝利。

敵人因為感覺我們游擊隊的威脅，和一般民衆的處處反抗，近來已經改變焚殺政策，而用欺騙的方法，來懷柔我們的民衆，或是用恐嚇的宣傳，來恐嚇我們的民衆，他們常常在壁上大大的寫着這類「凡是有人破壞日軍的地方，周圍殺盡」的標語，可是，不成功，因為我們的民衆不是獃子，破壞日軍的事實，和游擊隊的襲擊，并不因此恐嚇標語而減少，可見這一帶地方的民衆，對於敵人的認識是很清楚的了。

最近廣德、郎溪、宣城、寧國四縣，為求統一游擊指揮起見，成立四縣游擊總司令部，總司令是龔××，副司令是莫××，我想將來四縣的游擊隊一致行動起來，必定會給敵人以更大的打擊。

長興、吳興一帶，也是同樣的情形，長興公路，已經被我們的游擊隊破壞十餘段，少數的日軍，不敢出來，敵人已十二分感受困苦。他們因爲感受游擊隊的襲擊，於是妙想天開，利用漢奸周鳳岐，招集一些喪失天良的流氓，到處刼殺我們的善良民衆。這類漢奸組織，時常和我們的游擊隊發生戰爭，雖然被我們斬獲甚多，可是都是自己的同胞，這是很令人痛心的一回事。

台兒莊的勝利，摧毀了敵人的主力，奠定了我們最後勝利的信心。消息傳到東戰場上，前方的將士，和戰區的民衆，莫不歡欣鼓舞，開會慶祝。本月八日至十五日，皖南各縣，都先後舉行了慶祝大會，爆竹聲和歡呼聲，震動了東戰場。

我們很希望，在這種熱血的沸騰當中，東戰場上也來一個同樣令人興奮的消息。（陳亦淸四月二十日）

第四段　東戰場的一角
——五路軍一位連長的日記——

四日

倭奴的飛機，實在有點可惡，天天在我們戰壕的上空盤旋，軋軋機聲，似乎像煞有介事，不過我們看慣了，聽慣了，所以也覺得很平凡了，後來我們簡直把它看作空中的烏鴉。有些弟兄們，有時氣得不過，往往舉槍向飛機射擊，其實這是很無意識的舉動，這不但不能給敵機以致命傷，反而成爲敵機轟炸的目標，經我幾次嚴厲的告誡之後，以後這樣的舉動就逐漸減少了，其實，也祇是減少而已，這種舉動，間或仍是不免，因爲是同仇敵愾心情的表露，我知道一切的命令，都不能制止他們如火的情緒。

五日

對面村落的村民，捉了一個漢奸送來，說他投毒下井，企圖毒害村民和正在作戰中的戰士。經我公開的審問之後，那漢奸直認不諱。漢奸，這是一個很嚴重的問題，我們幾次受了敵人的暗算，都是這漢奸作祟的結果，如果沒有漢奸的話，我相信敵人絕不能越我雷池一步，這件事情越想越憤慨，像這樣嚴重的問題，後方的同胞爲什麼不趕緊消除？其實剷除漢奸和根絕漢奸產生的緣因，並不是很難的事情，祇要把民衆加緊組織起來，漢奸就無所施其技了。大家都知道漢奸產生是由於自私，漢奸的蔓延是由於民衆組織散漫，如果我們能夠對於民衆的組織很加注意，漢奸也就無由出現了。

七日

今晨天剛破曉，紅霞尙在東方的天空中不停的變幻，就隱約聽到遠處傳來軋軋的機聲了。我下令叫全連的弟兄伏在壕中勿動，更不得伸出頭來觀望，經過了一刹那嘈雜聲之後，各處的散壕，都靜寂無聲了，這時所能聽到的祇是更大的軋軋的機聲。一會兒，在東方的空中發現敵機九架，在雜有一抹雲霞的天空中若隱若現，構成一幅「初冬之晨」的美景。敵機漸漸的飛近了，祇看見一架先飛，其餘的在後追隨着，在左面的一叢樹林上空盤旋着，突然前面那架向左方一轉，其餘的就接二連三的向下衝，於是就聽到炸彈在空中呼呼的叫，落到了地上，便轟隆一聲火光四閃，泥土飛揚，這個偉大的奇觀，我生平卻是第一次看到。這一次我方毫無損失，祇可憐那作了數天親鄰的樹林，在一刻間，已炸燬得狠藉不堪了。

十日

中午正在打電話到營部的時候，背後覺得奇癢非常，我把背向牆上拚命摩擦，但結果一點效果都沒有，後來還覺得有東西在那裏蠕動，這時候，眞是再也忍不住了。我索性跑到草坪上對着太陽坐下，把那件舊軍服脫了下來，詳細的查察了一會，竟在衣縫裏發現了不少的虱子，我把它一個個的捉下來放在指甲上出力的擠，在這「劈劈」之聲和鮮血橫飛的情況之下，倒覺得有點兒痛快！我用快刀斬亂麻的手段來報復了這次的奇癢！生虱子這件事，在平常人也許是看做一件非常不名譽的事情，但從軍人看來卻不把它放在眼裏。在軍事時期一個軍人就絕對沒有工夫去預防虱子的產生，也絕對沒有時間去根絕虱子的存在，這件被人們看着不名譽的事情，我們也不得不馬馬虎虎的放過了。我這次自從桂林出發以來，屈指已有兩個月，這個期間不但沒有福份去洗澡一次，就連大盆水都沒有看過，虱子就抓住你這個弱點乘機生長繁殖了。

十一日

黎明的時候，敵機一架突在我們陣地上空出現，盤旋不去，這顯然是指示大礮轟擊的目標，果然，當我們尙未完全準備妥當，敵人的礮擊就開始了。敵礮兵發礮極不準確，所有礮彈都落在陣地的右側附近，一片埋着祖宗遺骨的墳地，瞬息間變了一個個窟窿的大窪地了。我眞不明白敵國軍閥爲什麼要白費這麼多的礮彈，去和我們祖宗來爲難，可憐日本老百姓的血汗，便化在中國泥土之下。礮擊之後，纔有坦克車八輛爬動而來，車後跟着一小隊的步兵，這時候，我們仍然不動，趕快插上刺刀，握緊手溜彈，等到敵人衝近了，祇聽見殺聲一喊，全連弟兄都跳出壕來，「隆隆」的手溜彈聲，「格格」的刺刀聲，衝殺一場，祇見坦克車向後退，倭兵向下倒，這一次衝殺的結果，毀敵坦克車三輛，斃敵兵二十三名，俘虜二名，我方傷十七名，陣亡二名。

十二日

晚上八時，前線的槍聲停止了，但敵機仍在天空飛行，有時還投下幾個照明彈，照得滿地都光明起來。我們偷偷地在這樣情形之下，很匆促的舉行了一次簡單的追悼會，對昨天陣亡的兩個弟兄表示最哀痛的敬禮！我們沒有隆重的儀式，祇排着隊低下頭默哀了三分鐘，最後還呼了幾句口號，表示堅決的捍衛國家，誓爲陣亡的勇士復仇！

十五日

這幾天來，敵人受了數度慘敗，昨天整天都沒有什麼動靜，大概是在整理。在戰略上，是應該在敵人慘敗之後，來一次劇烈的反攻。我們因爲武器不及敵人所以反攻多利用夜間或雨霧的時候，敵人在這個時候必定吃我們很大的虧。晨早起來，霧是茫茫的籠罩着，雨是紛紛的下着，淸晨的寒風，吹起來倒有點兒發抖。我們全連的弟兄都是生長在南方的，「寒」是一件最可怕的事情，我們現在還穿着單衣，除了和敵人決鬭之外，還要和寒風決鬭！我們怕寒，我們怕風，可是愛國的熱情燃燒我們的心，保國的重任，負在我們的肩頭，使我們振作起來，戰勝了一切物質上所給我們的痛苦！晨風颯颯的時候，衝鋒號從霧雨中響了起來，一片「殺」聲，我們冒着雨霧，子彈，礮彈衝上去！沒有一個回顧沒有一個落伍，全連弟兄這時候結成一顆心，給敵人一個很大的打擊，我們終把敵人的陣地佔領了。

十六日

當我到前線視察陣地的時候，在一個墳下發現一個受了重傷的敵兵，口裏喃喃不絕，聲音是微弱的，斷續的，聽不出是說些什麼，但中間還能聽到一二句比較淸楚的話，口音完全是東北人。我喊擔架兵把他扛到野戰醫院療治去了。這件事使我很傷心，我感覺得這是我們最大危機和恥辱！敵人「以華制華」的政策實現了，他現在以我們的同胞來殘殺我們的同胞，敵人的子彈打過來，死的是中國人，我們的子彈打過去，死的也是中國人，古今中外那裏有這樣悲痛切骨的歷史？唉！我們不運用自己的民衆，倒給敵人利用，若果再不趕快把民衆嚴密組織起來，不久的將來，華北的民衆，又要受敵人驅逐來殘殺我們了。

二十日

幾天來劇烈的接戰，受傷的弟兄很不少。擔架兵有時因礮火劇烈不能盡量的活動，往往都是附近的民衆自動起來負擔這項工作，民衆對於我們士兵的愛護與參戰的勇敢，使我們更堅信抗戰前途的勝利！正午敵礮轟擊之後，有不少的弟兄受傷了，我們因爲向前衝鋒，受了傷的弟兄都是由民衆扛到家裏安放，代爲裹傷，百姓愛戰士，如愛自己的兒女，怎樣不令人感激流淚呢？我希望各地的民衆都能夠負起這個責任，對於抗戰的前途，是受益不淺的。

二十五日

有一顆炸彈在我身邊爆炸，雖然沒有負傷，但耳膜是震裂了，現在已經腫了起來，痛苦得很。但是，我的責任太重大了，不得不忍痛硬幹，連附和弟兄們都勸我稍爲休息，但這是不能的，國土破裂的悲哀，勝過一切的痛苦！我應該支持起來，完成我的責任，敵人一天不退出我們的國土，我是一天都不能休息的，「休息」，「休息」，這是多麼罪過，多麼恥辱的事情，在一個盡忠職務，守土衞民的人的腦中，這是不應該存有「休息」的念頭啊！（一連長）

第五段　東戰場的左翼——連雲港

怒吼了的中國，已經在抵禦日本帝國主義者狂妄底侵略的抗戰中，展開一個偉大的前途，不顧艱難，沒有退縮，爲了人類正義的和平，爲了中國的自由平等，我們準備血戰到底。

隨時隨地持久的消耗與游擊戰，是我們所採取的戰略，這個業已展開的血戰局面形勢上已經分成四個主要的單位，記者試作如下的區分。

東戰場——京滬線，蘇浙。

西戰場——平綏、同蒲、正太線。

南戰場——閩、粵

北戰場——平漢、津浦、膠濟線

倘使把上海作爲東戰場的正面，浙江當然是右翼，隴海線就該是左翼了。東戰場的正面，我們以持久戰的姿勢持續了將近三個月的血戰，使敵軍六次增援，五次「總攻」，傷亡將近十萬，加上幾萬萬的軍費與軍火，總算完全達到了消耗戰的目的。左翼東端的連雲港，自始我們也準備敵人勢必來犯，現在雖說還沒有正規的戰爭，而敵艦試探的「攻擊」連雲港海陸的礮戰，卻早已開端。

爲一般人平日所不經意的連雲港，從二十四年把這座商港粗粗築成之後，牠纔在中國輸出入貿易上發生了一點影響，但距離繁榮，成爲東方二等港的時期還很遼遠，然而在今日對付海寇的戰爭上，卻具有賴牠保持南北全面優勢戰局的意義，倘使連雲港不守，敵人沿隴海線而犯徐州，對全面戰局，勢將發生重大的影響，所以我們要堅守連雲港，把敵人想由連雲港登陸西犯的企圖，給牠一個根本的粉碎，我們要把連雲港變成一座「殲敵港」「沉寇港」。

泰山山脈由日照、臨忻向南伸展的支脈，在淮河平原的東端，由北而入海州，在海州城邊結了一座錦屏山，再向東在潮河、東海的臨洪口的右邊，向東南突出三四十里，直臨海邊的，又結了一座週圍二百里的雲台山。聽說幾十年前，雲台山與錦屏山的中間，還有一片大海，雲台山不過是海中一座孤島，民國初年二三千噸的海船，可以由臨洪入口，直達海州城下，現在這些地方，已由滄海變成「桑田」，潮河與臨洪的淤塞，只剩下幾條破舊的帆船，因此建國方略中的海州港，現在不能不東移八十里，到雲台山東臨海的一面，恰好雲台山東面海中又有一座石山，叫做東西連島，屏障在前，這山島之間，寬八里長十餘里的海港，就是現在的連雲港，也正是建國方略中所謂「海州之通海洋水路可稱較善者，在沿海北境二百五十英里沿岸之中，止此一點可以容航洋巨舶」，逼近岸邊數英里內的「止此一點」，在軍事的防守上，牠是據有這樣一個絕對險要的優勢地位。由臨洪口北去八十里，海岸成一弧形，伸出的尖端，是魯境安東衛的嵐山頭，也是一處險要，明代戚繼光時，倭寇曾在此登陸。又九十里為石臼所，歐戰時日軍攻佔青島由此上岸。雲台山南面四十里，有埒子口，又六十里為灌河口，又百里為舊黃河口，即今淮河出海處，這一帶海岸，有一個特點，凡是濱海有山的地方，海水必深，否則由海二三十里，悉為淺水沙灘，而兩者都同樣利於防守。

記者既到海州，卽去海邊訪問這站在國防最前線的海港一行，從錦屏山下的海州城出發，汽車走過二十里平原，將近雲台山麓，隨海路的列車，也正由東向西，突然我們發現有三架飛機，在半空裏追着火車，火車在浩蕩的平原上急急馳走，另外一輛長途汽車，也倉皇前進，我們下車，躺在野草裏，憤然地「欣賞」這幅「現代文明」的畫圖，現在還是科學製造戰爭時代，期望有一天科學也能絕滅人類的戰爭。

刺激性的畫面，像電影般過去，我們走進雲台山麓，大家都奇怪在這平疇千里的海邊，無端長出這座龐然的大石山來，峯崖起伏，居然也有萬山重疊之勢，山澗裏還有脈脈的輕帆，順着悠悠的水。

七十里過墟溝鎮，汽車傍山畔海而行，海的光彩，在中午的日光下，眞迷人，近邊一線，帶些絳紅，遠些一道深藍，無言的幽默與神祕，再遠些閃出一道銀白，夾着嫩玉的光輝，再顯着一幅「秋水共長天一色」的畫圖，我們沉醉在海的情趣中，到達了陌生的連雲港，然而心情卻是這般親切。

港的內外那般靜寂，彷如暴風雨過後，也像等待暴風雨到來，水面上浮起幾個不能動的船，鷹游門不見一些動態。九月二十一日，敵機三小時任意低飛的轟炸，碼頭和擋水堤被炸多處，碼頭上的倉庫，全部被毀，新建的隴海大樓，剩下一個殘餘的軀殼，長二百餘公尺的裝煤機連架都遭破壞，在這裏，敵人只付了炸彈的代價，似乎太便宜了牠，我們直接的損失，至少一百萬，間接的還無從估計，這是文明的毀滅者留下殘暴的印象之一，是六十年來算不清的總賬裏的一筆，也是我們這次要跟牠清算的。

連雲市依山爲市，石牆紅瓦，大廈如雲，映在高山懸崖之下，東望水天雲霧，面對東西連島，也足與香港、青島媲美。

乘汽艇橫渡內港十餘分鐘，達西連島，島亦石山，東西長十五里，週四十里，連而不分，故稱連島，其間有古剎，二山下漁民百戶，操業如故，內港海面，張漁網千數，此時潮落露出水面，橫直成行，驟視之如廣場飛機行列，此一印象，猛然令人痛苦，一願他日有如許飛機捍衛此名山大海。」

日位西偏時節，一行鼓餘勇登雲台峯，縱目所之，山河盡在眼底，雲台好比一條臥龍，卻有一對醒獅交頸於前，臨洪口右側的北固山，和竹鴿兩個小島，與雲台連島諸峯，互爲掎角，全港形勢，出自天成，「萬方多難此登臨」，但我們沒有悲感，只有興奮，願中國好男兒，同心一德，勇往直前，保衛此四千年不墜的山河。

記者以社令於×月×日自南京出發，取道鎮江、循運河北行，經江都、高郵、寶應、淮安、淮陰，再順運鹽河而下漣水、灌雲、以達東海。

從洪澤湖，與高郵湖向東展開的這大平原，[illegible]數千里，但河流交錯，[illegible]不規則的小塊，淮陰以南，水出長江，運河兩岸，築堤防泛，平日河水總較堤[illegible]面，築室而居，三百餘里，人煙不絕，一邊房舍櫛比，好[illegible]市，一邊[illegible]行道，[illegible]向南流洩的運河，止於淮陰，淮陰以北北運河止於西壩、接通成一大弧形，轉而東向的運鹽河，這條運鹽河區域的水，不由淮陰循南運河入長江，而從淮陰經漣水、灌雲，與潮河會於東海之新浦，由臨洪口出海，其間又與灌河的許多支流，縱橫交織，如在飛機上俯瞰這塊大平原，可知地形之複雜，倘使作爲戰場，在進攻的一方面，必然要陷入異常痛苦的湖河障礙戰。

在這區域裏，地方政府都忙於限令舉辦的各項戰時供應，或準備工作，每一個城市，都成立了一個民衆組織委員會，情形很緊張，也很振作，在民衆本身，也應該明白，世間只有做一個弱國之民，纔最痛苦，中國無論貧富，應該人人有同此感覺的良知，只有想苟全性命的，纔願做異族的順民，也就無異是漢奸。這次的戰爭，是求整個民族的生存，是全民族休戚相關，利害相共的關頭，沒有資產的人，正好趁此爲國家效力，同時也可爲自己殺出一條生路來，有資產的人，尤其應該拿出人力、財力、貢獻國家，民衆們應該知道，假如土地被敵人佔去了，敵人會逼迫你們走上火線來打你的祖國同胞，那時節你們的財產，又如何保存，骨肉又如何苟全。

然而要如何纔能徹底的喚起民衆，動員民衆呢，記者曾與一位有名的軍事參謀家討論這個問題，他以爲應該確定整個計畫，訂定工作綱領，甄選特別幹才，確立系統的單位，組織實行軍令軍律的管理，立即動員全國的男女學生，智識份子，黨政機關，民衆團體，軍隊政訓人員，擴大喚起民衆，然後分別壯丁、婦女、兒童、老人，施以集中的訓練與組織，纔可以發揮民衆動員的偉大力量。如某一區域，某一城市，或某一交通線，變爲戰爭地帶，此有組織的民衆，立即動員，從事各項必要的工作。

在滏安以北一個小市鎭上候船，忽然遇到空襲，大家亂跑，卻有一羣孩子在河邊上托着木桿操槍，飛機來了，反若無其事的一齊作出描準的姿式，我問「誰教你們」，「中國人應該這樣抵抗鬼子的」，「鬼子就打來了怎麼辦」，「爸爸去打鬼子，我和娘在家種地」，這種天眞明快的答復，證明了小學教育的成功，也不料一個最令人快慰的印象，卻在一羣孩子身上。戰時的軍風軍紀問題也很重要，在×××這一帶地方曾由第×軍駐防，他們的人數很多，寒冬的北風天氣，精神卻異常振奮緊張，這些弟兄，都是由民間應徵而來，所以都能做到與民相處，宛若家人的地步，在短短兩週的時間中，卻留下一個極好的去思，民衆都懷念稱讚不已。記者曾到××訪問，那位軍長穿一身不值兩元的布裝，要不是他自己介紹，誰也認不出，他沉着的談吐，謙抑的態度，都令人感動，這些都代表一種素養，一種實質，是革命軍人和參加光榮的抗戰的部隊所絕對必要的，也只有具有這種素養，這種實質的軍隊，纔能表現出像台[illegible]圍，閘北謝團，……那樣至高無上的精神、纔可得到最後光榮的勝利。（振宇）

第四節　皖中與皖北之戰

第一段　江防第一線的繁昌縣

論資源，大家都忘不了荻港的。這地方是距蕪湖九十里的一個長江口岸，在十五里外的桃冲鐵礦就是由荻港出口。惱人的事情，礦資良好的鐵礦是一直由荻港用什麽丸裝到日本去的。在那裏製成了槍礮，又用到征服中國的功勞上來。這種氣人的事情，到八一三礮火響後不能繼續了，駐山督辦的日人跑回了國。這黑巍巍的礦山是必得在直接攻打佔領之下，纔有可能繼續爲敵所用。我們的兵士防守在這裏，已有多次擊退敵艦上企圖登陸的水兵。

從荻港，到舊縣，（原繁昌縣縣府所在地）、橫山橋、三叫鎮、是繁昌縣江防的四個重要據點。每天，在長江上不時巡弋着的敵人的灰白色什麽「ササガ」什麽「笠」之類小礮艦。這怪物是三隻一排的在江心中鼓浪前進，到了舊縣與荻港，常是無的放矢的轟起礮來。在江心中，如果發現我們過江的民船，馬上就搖起機關槍去追擊民船上的百姓，爲了防制敵艦上的日兵登陸，沿江的四個據點都駐守了查兵，差不多過去爲礦工及過往客商而繁華的四個鎮市，而今都成了兵士活躍的田地。

在這條江防線上的兵士除了防江之外，還含有策動向敵人佔據的魯港進兵的意義。前哨的兵士與每日前往攻擊的部隊是進駐到下馬店、螃蟹磯等江堤要地。可是，魯港是不易拿到的，敵人已在一月半前拿到蕪湖之後卽佔領魯港而加以經營了的，許多不能走掉的蕪湖壯丁被徵集去在魯港南北兩岸築了極堅固的木柵城與鐵絲網，好幾次我軍英勇的去攻，都被工事後面的敵人礮火壓迫了回來。

除了從荻港沿江堤攻魯港之外，在繁昌縣的某某要地，也配備了進兵魯港的佈置。有一個勇敢的排長，常於夜間帶了兵士摸進敵人的防禦工事。有一次第一道鐵絲網已被拆毀，在拆第二道網時，驚醒了敵人，被一陣機關槍打回轉來。

奪取魯港，是收復蕪湖的重要前提。二十三日的早晨我方空軍轟炸了魯港附近的敵人陣地，掩護我軍的摸進，奪到敵人三挺機槍，活俘日本兵五名。這樣士氣上無論如何是一個鼓勵，雖然沒有完成佔領魯港目的，也開始了我方陸空軍聯合作戰的初階。

南京、蕪湖失守以後，一般人以為江南戰區的皖岸南部一定是成了人間地獄。其實這是後方對前線的推測，事實上敵人的鐵蹄佔領蕪湖之後，是只進展到魯港這個據點就沒再進了。魯港是蕪湖、繁昌接壤處靠江岸的一個鎮市。一道通達南陵縣的河道把鎮市分成南北二部。由於江與河，敵人以兵艦支撐着在魯港防守的敵兵。

我們所喊出的消耗戰口號，敵人似頗為懂得，所以為了避免中我抗戰計劃，敵人很聰明的在運用他的少數兵力馳驅於南北戰場。在大場突破以後，京滬路進兵時，太湖方面戰事停止了活動。而佔領南京、蕪湖之後，大部份兵力由揚州、浦口、裕溪口三處北向，共完成打通津浦路計劃了。江南戰區就止於吳頭（蕪湖）浙尾（杭州）又不動。像下棋一樣，津浦段吃緊了，我軍在江南戰區的繁昌與富陽一帶策動了攻擊，來分敵人的兵力。果然，這三天，蕪湖方面由蘇州、揚州以及蕪湖對江裕溪口等處開來了約近二師團的兵力。

擔任攻擊蕪湖的是川軍，這些遠涉山水的四川健兒，都是久征慣戰的老兵。他們知道這是二十年來打內戰以來所沒有的最痛快的一次保國衛民戰爭，每個人都有一番責任感在臉上顯現。這其中有好些軍官都是行伍出身，抱着在最近期內奪回蕪湖的決心。雖然沒有敵人的礮火精良，他們要以精神勝過物質，打敗敵人。敵人方面也知道川軍士兵的作戰力是極強的，而日夜提防，總想隔着路程不打照面，以礮火把進攻的川軍打回去。

到今日為止，從石脆方面進兵卡子口、竹絲港、蕪孫鐵路線的川軍已經進佔白馬山、大姑山等要地了，雖然敵人不斷的增援，我軍進攻形勢仍很順利。

每天在繁昌境內的人，都可以聽到清晰的閣閣機關槍聲與大礮聲，防禦敵艦的敵機更是每天從早到晚都在蕪湖、繁昌一帶江面上空巡弋。有時我方三頭飛機到了，敵艦上的高射礮聲就隆隆響起。

靠近江邊與蕪湖、魯港接近處的繁昌人都逃過一次，在魯港被佔以後，敵人曾一度由螃蟹磯用兵艦上大礮轟擊對江堤裏面的許多水村，好些農民就在礮火中葬送了生命。這還不算，十個八個的倭寇還曾好幾次跑到江堤裏面的村落中來騷擾，一對七十歲老夫妻以為日本兵來了沒有事，不跑，也跑不動，結果這二老卻被殺掉，把人頭放在床上。這消息傳遍了附近的村落，於是在敵人來時都逃跑了，結果又被敵兵用槍遙射，打殺了許多人。

農民們開始逃難了，每人衣角上掛着難民條子，挑一擔米，提一個包袱，攜了妻子兒女與耕牛，離開了不忍走開的家鄉到繁昌縣山裏面去避居。有的是作暫時出走的打算，有的因為房子被燒，根本就不知何日纔可返來，他們開始知道敵人是一個公共的民族敵人，而不是做了老百姓就可倖免的。卻正是因爲沒有自衛，不敢直接與敵人抗戰，纔使得十個八個敵兵征服了一個二個村落，於是依靠軍隊的心理產生了。抬傷兵、挑柴、送米、燒飯、挖路面、嚮導等等的事情，都在一呼百應之下去奮勇地做了。請求編隊發槍抗戰的要求也提出了。這都是敵人殘酷面孔所啓示出來的新的生氣，中國在發吼了人土蟲也叫了起來。

種田的人因爲敵人的騷擾而無心生產，一心要打仗了。事實上在火線下的田地也無法可以繼續耕耘，靠江的田地差不多都凝灌滿了水，這些在冬末就要放掉的水因爲江堤出路被阻，無法洩出。農民也知道明年春耕是絕望了，於是更堅決了抗敵信心。

軍事委員會第六部的皖南特種工作團？在這裏編組了好些行動隊，號召着家鄉人爲家鄉而戰，無路走的羣衆得到了領導，於是勇氣百倍的在開始了新的集體生活。

繁昌縣縣長陳立本是一個久做縣長的中年人，他已被江南戰區的軍事當局派任爲該縣的游擊司令，把原有的縣政府可以號召的武力都改編爲游擊隊。他自己表示，劉備所以能有一部份成功的原故，是在火燒新野之後，他無一兵一卒，但還拖一大羣百姓逃跑這一點。他認爲假定與敵人抗戰不了，那最低限度是要率領老百姓走的。所以從蕪湖失守之後，他的轄境成了第一火線，他自己很鎮定的在城裏繼續他的工作，並不驚荒。

在縣城裏，一度萬人空巷的跑到鄉下去，現在因爲敵人並無深進企圖，於是又紛紛回到城裏來。

記者在繁昌訪問過川軍師長陳萬仞，他的相貌酷似蔣委員長，舉止態度都類似。一個武備學堂出身儒將風度的人。他覺得皖南人士比較四川懦怯，記者也以爲然。皖南由於山水與歷史的關係是一個文風較重，謀利心切的人民區域。陳師長說在四川，人民是不會輕易讓外人來蹂躪，家家有的是槍，幹起來就都是兵，鄉村就是兵營，敵人怎麽也不敢輕入。

記者得到他的方便，去峨橋、潘村、李村、以及火線外的任村堡、江西劉築村落去行脚過。駐峨橋的營長黃君與記者談起他的戰區民衆工作經過。他到峨橋時，空無一人，於是他一人當街高喊：「川軍來了，不要人家分文東西，也不擾民，你們趕緊回家，以免東西無人照管遺失。」喊了之後，不一天就都回來。回來看見我們待他們如弟兄，買東西一文不少，借東西原璧歸趙，說話客氣實在，於是老百姓知道了我們的可親，就逐漸爲我們做起事來。現在吃飯、烤火、住屋子、嚮導、抬傷兵、都由老百姓妥當的供應，老百姓知道了軍隊的可親。記者在一村落裏問人民，一賣豬肉者說：「川軍是好，那天開差，個個提了錢來還錢，這是我想不到的。」爲川軍挑柴的老人很憐憫這些年青四川人寒冷，爲他們擔柴烤火，婦女也不怕兵了，爲他們縫着衣裳，在前線，軍民關係是非常之好，這是可以告慰於一般擔心川軍士兵政治意識的人。

蕪繁相持局面到什麽時候打破？誰也不知道，鄉下人等得沉悶了，習慣了槍礮聲之後，在昨晚燃放起送灶神的小鞭爆，準備過年了呢：鞭爆的火花在陰雨的暗夜中如同中國現階段的抗戰，勝利的黎明在苦盡甘來時是會來的。淳樸的鄉下人，耐心些吧，比過年還痛快的好日子在前面，靠我們犧牲了眼前的苟安，緊張着身手去爭取，記者在廢曆年關迫近的時候，如此希望別人，也以此自勉。（朱民威一月二十六日）。

第二段　合肥血戰記

中央社六安十六日電，協助某總司令，在合肥指揮抗戰之某副參謀處長，頃由合肥前線抵此，記者當即趨叩於其寓次，承告合肥方面經過戰況如下：此次我方守衛合肥部隊，係採攻勢防禦戰略。即一面以大軍包圍定遠，斷其歸路，一面以大軍進攻曹縣，切其歸途。定遠方面我軍，確已抵達城垣，頗為順利。巢縣方面，自本月十一日，我以二營兵力進攻夏閣鎮時，即與敵接觸，雙方兵力相等，經激戰數小時後，對峙至十一小時，旋在巢縣西面烔河，發現敵兵數百人，我常備隊二百餘人，出而迎擊，惟因其中一部，尚欠鎮定，陣線致被敵軍突破，烔河乃淪於敵手。旋敵向西進犯，我即派兵一營，在合肥東橋頭集堵擊，合肥激烈戰事，因此發生。敵經我猛擊，死傷甚衆。我營附周身先士卒，指揮作戰，致中彈陣亡，作壯烈之犧牲。同時長寧河長樂河一帶，亦有敵踪，並據報告，合肥東南唐祠敵軍，扣留民船七艘，裝運子彈。由此判斷侵合敵軍，以巢湖為臨時根據地。某總司令對於巢湖方面，早已重視，曾派參謀前往該處，與某某隊聯絡，惟該隊人數過少，武器窳劣，故一經與敵接觸，戰鬥能力，全被摧破，敵軍遂得侵佔合肥東南之臨河集。因此圍攻定遠之我軍，退回合肥北八斗嶺，以挽回合肥方面戰勢。十二日，敵軍侵我橋頭集，我八斗嶺部隊，乃進發至合肥東店埠，阻敵前進。店埠有我預設陣地，我遂堅守，至晚，敵軍接近我第一線。十三日，敵軍犯我陣地，我於敵陣紛亂之際，猛加射擊，敵不支後退。迄晚十時，敵軍以所有火力，向我全線集射，其目的，在測我主力何在，弱點何在，此種威力搜索，爲敵軍慣施之技倆，當時我知其用意，不加迎擊，旋敵向我左翼進攻，卽在淮南鐵路附近，該處爲我健軍所在，敵軍一度進攻，卒被擊退。我且屢次躍出戰壕，向敵追擊，敵損失奇重。十四日晨三時起，我敵作激烈磤戰，雙方轟擊，至上午八時始疏。是日上午八時，敵初攻我左翼，我以決死精神，奮勇抵抗，敵終不得逞。敵以我左翼堅固，乃轉攻我×翼，該翼我軍兵力雖弱，然抵抗之烈，亦不下於左翼。是時縣府電話已折，故與六安方面，無法報告。午前十時，某總司令由城上視察歸來，知我右翼已退，乃以電話詢問某師長，因線斷未獲通話，當時某總司令以戰機無法挽回，乃向參謀長等表示，願以一身殉此古城，以盡軍人最後之責。其時敵機三架，業已盤旋上空，接連投彈十餘枚，參謀長等卽跪勸某總司令出城，以便指揮。十時許，敵軍由西門入城，我乃派軍出南門圍擊進城敵軍，然敵之預備隊，又側擊我軍，我軍遂被包圍，犧牲極大，我團長二員，營長營副多員，均在城內城外殉職。現我部隊，均在敵軍四週某某某等處，並已開始反攻，我士氣甚旺，攻擊精神，始終如一。（晨報）

第三段　圍攻定遠

最可紀念的二月十一日，正當敵人得意洋洋，強渡淮河，壓迫北岸我軍，退至曹老集一帶酣戰之際，津浦線西側的我軍，卻出其不意的來了一次大規模猛撲敵軍側翼的反攻！皖北的我軍，分了幾路去攻考城，圍上窰。這樣，便調動了小蚌埠一帶的敵軍，從北岸又回到南岸，同時，在皖中區的我軍，又出擊反攻，包圍定遠。這樣，又喚回了臨淮關北岸的敵軍，重新回轉身來，增援定遠。

定遠與滁州、明光、鳳陽、臨淮關之間，都有交通便捷的公路線。敵軍在池河血戰之後，進據定遠，已算在津浦南段的側翼伸展一隻防止西側的腳。卻不料這隻腳，並未站穩，而且還不夠深入，我生力軍便從合肥出擊，而沿永康鎮西退的我軍，又突然迴師反攻，終使敵人侵略的鐵蹄，陷入不能自拔的泥沼中！

圍攻定遠的我軍，一路進展到老八倉、包公祠、桑家澗。一路又迂迴到桑樹井、十八里舖，另一路則繞到池河鎮、羽林集，以阻斷定遠滁州間的公路。敵軍調了大批的援軍，消耗了大量的礮彈、炸彈，犧牲了好多的傷亡，經過這一次嚴重的打擊之後，至今定遠城門，祇開北門，其餘三門都閉得緊緊地，再也不敢疏忽了警戒。我們的游擊隊伍，活躍於環繞定遠的公路上，不斷的襲擊、破壞，使死守孤城的敵軍，不但寢不安席，而且在糧秣彈藥汽油等補充上，感受到極大的困難！

敵軍最近已鬧糧食恐慌，鄉間的耕牛，已被搜盡，殺來充飢。他們大燒村落，而婦女的被姦淫侮辱，已經是成爲不能逃避的命運。農民們失去了耕牛，房屋田園，皆化爲灰燼，妻女的被辱，老弱的被殺，已經痛憤得再也不能忍受！成千成百的民衆，紛紛加入游擊隊，以及原有的紅槍會，與敵人作長期的游擊，不斷的厮殺。

二十六日的午刻，全椒附近的公路上，民衆自衞軍，配合上正規軍襲擊了敵軍的運輸隊。計擊毀了汽車四輛，殺死了敵軍大尉少尉的軍官各一，士兵三十餘名，截獲騎槍一支，步槍、旗幟、信號燈等戰利品。在少尉遠藤深喜的身上，還搜獲了兩份軍用地圖，和一封由東京寄來的友人書，信裏面，滿紙是國內恐慌不安和厭戰的情緒。

在這一次襲擊中，我們祇犧牲了一個英勇的排長，輕傷了九個士兵。當這個勝利消息傳到××時。政訓處工作同志，立刻演了一齣活報劇，使民衆們大爲振奮。最近幾天來，常常有我們的飛機，經過這裏去飛炸敵陣。當巨型機雄姿掠空而過時，軍民們覩了靑天白日的徽號，大家歡躍萬狀，帽子一齊向空中丟，翺翔雲際的空軍將士，也揚巾致意。那晚上活報劇中，也有『空軍將士』一幕，當台上的演員（飾農婦）驚喜欲狂的喊出『咱們也有飛機去轟炸敵人了』時，坐在記者旁邊的一位農民，低聲問我：『咱們國家眞的有了飛機嗎？』活報演出的成功，已經給我們一個强有力的證據。

在××，訪×××集團軍總司令，廖×將軍，他告訴過去在東戰場上，敵我傷亡的比率，是一與三之比。自從在津浦線西側我軍採取運動戰略之後，敵我傷亡的對比，已成爲一與一，有時他們還超過了我們。據他的判斷，敵軍在津浦南段，將永遠處在進退兩難的死地，隨時受我們四面八方的攻擊。敵軍最近因津浦線西側的威脅，不容易西進解除，除留一部份軍隊以牽制外，已調一部份去進攻江蘇北部的我軍，津浦北段的緊張，以及濟寧敵軍的出擊，象徵了敵人仍夢想受了南段打擊之後，加緊其貫通津浦的進攻。×××軍副軍長徐××特別對游擊戰術化了極大的精力在研究，他是一位有學者風度的將領。

特別值得慶幸的，是在×××，會見了×××團團長李××。他在東戰場上，從嘉興到杭州，以一團的兵力，來執行掩護數萬大軍退卻的偉大戰鬥任務。當他們由杭州作最後退出時，所有的公路橋樑，悉已破壞掉，日夜疲憊的行軍和戰鬥，官兵滿身泥汚，疲憊不堪，但始終保持着鋼鐵一般的戰鬥精神。當他們走到富陽時，敵軍早已先一日佔領了富陽。

敵軍的礮火，機關槍火力，在城內閙成了閃光的襲圍，經一整夜的激戰，李團長指揮着殘破的隊伍，向敵人作最後的猛衝，在清晨一刹那間，將密集火力環成的重圍突破了！游泳過錢塘江，纔算完成了光輝的戰鬥任務，整理這一批不到[illegible]八數的隊伍，重來皖南殺敵。他是一員夏伯陽式慓悍的勇將，戰鬥時堅決而帶有潑辣性！（陸詒寄自合肥。）

第二章　從蚌埠到九江

第一節　蚌埠與蒙城之戰

第一段　蚌埠淪陷後

記者昨天從淮北戰地歸來，在隴海車中遇到一羣由蚌埠逃出的男女難民，便含着眼淚聽他們談出下邊的一串故事。

當中央軍退出淮南陣地後，在蚌埠一帶維持治安的是倪道烺帶的保安隊。保安隊的紀律非常糟，明的訛、暗的搶，弄得老百姓的情緒壞極了。人們說：日本兵來了也不過如此吧！也許還不至於這樣糟糕呢。因此許多該逃的人也爲着家裏的東西，爲着一點倖免的渺茫希望而不逃了。

這時候蚌埠天主堂大開方便之門，儘量的收容難民。有許多有錢的人們，他們自願的拿出來上千上百的款子交給天主堂，請求某國神父特別的給他們保障。在漢奸們的鞭礮聲中，在萬人悲憤與驚慌中，敵人的部隊開進街市了。一切希望都頓時化做泡影，東西被搶走了；女人們不管老少，十之八九被強姦了；年輕的男人們有許多被慘殺了。日本兵把住了天主堂的大門，把年輕的女人們運送到各個部隊裏去，年老的女人們留在天主堂裏供後方將士們隨便姦淫，男人們的姓名被登記下來，不發食物，慢慢的偵察着。那些曾交過保險費的財主們，跑去跪在神父面前哀求着：

「我們都沒有罪過，你保護我們吧！」

「這是你們中國人的事」，神父回答說，「維持會會給你們想辦法的。」

敵人開進了蚌埠西邊宋家台，一位理髮匠大走紅運了。

理髮匠在高麗做過生意，會說幾句日本話，日本兵一來到，他被同村人們派去打交涉，日本兵問村裏要東西，要女人，都由他做翻譯，做傳達。理髮匠很快的同日本鬼子熟起來，便狐假虎威的報點小私仇，佔點小利益，使點小手段，一變而爲要人了。有一天兩個日本兵到理髮匠家裏去，看見理髮匠女人長的挺不錯，趁理髮匠不在家，就「親善」一番，把她帶到兵營了。理髮匠後來找到日本兵營去，日本軍官告他說：

「我們帝國的皇軍是很守紀律的，你公然侮辱皇軍名譽，一定是存心破壞兩國人民的親善合作……

理髮匠被關起來，餓了幾天，最後沒有人再知道理髮匠的消息了。

從懷遠到臨淮關，這將近二百里長的地域內，除掉若干駐有日本兵的村落之外，全被放火燒光了。自懷遠到蚌埠，二三十里內公路上曾有一個時期倒着二百多具死屍沒人掩埋，這些死屍自然都是些善良的農民。

日本兵開進淮河北岸的香山寺，香山寺的男人被殺得差不多快光了，有一個廚子伺候日本兵非常小心，同日本兵發生了感情，留下了性命。

可是有一天日本兵忽然威嚇廚子說：

「我們要槍斃你哩，你怕不怕！」

廚子想一想，以爲自己早晚是活不成，倒不如顯一顯中國人的英雄氣概，便憤怒的冷笑一聲，駡道：

「爺爺不怕，你隨便處置吧！」

日本兵時常拿殺人來開玩笑，中國人誰也猜不穩自己的死活。

是落雨的日子，日本兵開到小蚌埠附近的桃園鎮。

桃園鎮的老百姓被命令集合在鎮外，跪在雨中歡迎「皇軍」。「皇軍」的隊伍散開了把羣衆包圍了，機關槍驕傲的抬起頭來，噗噗噗噗的一陣疾風從羣衆頭上掃過。羣衆哭起來，叫起來，有的躲下去，有的跪起來。「皇軍」拍着手大笑起來，有的連肚子都笑疼了。

一位姓瞿的年輕寡婦，被幾名鬼子輪姦後，留下不到兩歲的小孩子，半夜偷偷間的上吊了。然而滿村子卻貼着歡迎「皇軍」的美麗標語：

「皇軍是解除中國人民痛苦的軍隊！」

「皇軍要幫助中國人民建設王道樂土！」

「中國人民應該同皇軍合作……」

「皇軍」裏邊有我們的東北同胞呵！

東北同胞被騙到關內來慘殺自己的兄弟，許是由於自愧，也許是由於日本人的禁止，見了中國同胞不敢說中國話。某次有敵兵數人進村子烤火取煖，他們一模一樣的穿着大皮鞋，呢制服，要吃肉，要酒喝，看見女人打俏皮。其中只有一個比較沉默的，看樣子很憂鬱，很不安，很膽怯。火星迸到衣服上，不提防把他的衣服燒着了。他忽的從地上跳起來，非常熟練罵着說：

「他媽的，怪道聞見什麼燒着了！」

另外還有一個故事，也是關於東北同胞的故事。

三個敵人到一個村裏去姦淫，被老百姓砍死了兩個，餘下的一個跑出村子，老百姓在後邊緊緊的追趕着。眼看就要趕上，這個「皇軍」忽然回過頭來罵道：

「我操你娘，你們一點人情也不講，老子也是中國人吶！」

老百姓聽了這話氣得連眼都發紅了。

「你不說你是中國人我們只砍你十刀；」追趕的人們罵，「你說你是中國人，至少砍你一千刀！」

但正在這時候，後面一位老頭子就打個冷戰暈倒了，他想起來那個多年沒有音信的，流落在東北的小孩子！

人們天天的期待着中央軍反攻的消息，像十年囚犯期待着大赦的消息一般焦急。謠言紛紛的，偷偷的，一個接着一個的傳說着：關於一些離奇而又興奮人的大小勝利，關於一些英雄的復仇故事。午夜間人們在床上不安的傾聽着，研究着各種各樣的槍聲和礮聲。

『聽吧，這礮聲是中央軍隊的，』一個說，『日本的礮聲不像這樣沉悶呢。』

『街外有槍聲還有狗叫，許是咱們這廂的游擊隊來了吧。』第二個心口砰砰的跳着說。

『大家要睡醒一點，』第三個用顫慄的聲音低聲說，『聽說今晚中央軍開始反攻了。』

在白天，人們更焦急的期待着中央飛機的飛來，每一次看見飛機在天空出現，總是滿懷希望的推測着：

『看，這是咱們中國的飛機，是灰色的！』

『這飛機眞是中國的，你看，不是兩個翅膀麽？』

『是的呀，日本飛機飛不了這麽高……我們的飛機是從蘇聯買來的！』

人們在失望中抱怨着中央的空軍，又在失望中燃燒起新的希望，往往街道上汽車的奔跑聲也會引得正在苦悶中煎熬的人們指起頭來瞭望天空。

我們的飛機終於有一次英勇的飛來了，在有四層洋樓的寶興麵粉公司的上空盤旋着，偵察着；巨大的轟炸聲音從地上響起來，震搖着樹木和居舍，炸彈響處，騰起了塵土，烟霧，紅色的火舌。……

年輕人不管危險的跳到院子裏，興奮得渾身顫慄，淌下熱情的眼淚，肚子裏哽咽地叫着說：

『中國的空軍呵！我們的空軍呵！』

老年人爬在地上，從門縫裏露出來驚慌的眼睛，顫聲的哀告着：

『快來屋裏吧，我的小爺，炸死你了！』

『同日本鬼子一起炸死吧』年輕人低聲的回答說。

但當中央空軍完成了任務，勝利的飛走以後，連那些駭壞了的老年人也不由發出來惋惜嘆息：

『來得太少了！』（姚雪垠）

第二段　蒙城激戰

淮北之敵分由懷蒙公路、蚌宿大路及津浦鐵路北擾後，經我軍節節抵抗，受創頗巨，由懷蒙公路進犯之敵，除有步兵兩聯隊外，並有騎兵一聯隊，其後仍有續進部隊，該敵自被我在公路以南黃龍集擊敗後，即改犯公路北之龍亢，我因衆寡懸殊，龍亢遂於六日晨陷敵手，敵既得龍亢，乃分向正西及西北進犯，兩路均經我奮勇抵抗，血戰一晝夜，肉搏凡十餘次，七日我以傷亡過衆，又無險要工事，不得已退至離蒙城東約二十里之線，繼續抵抗。其由蚌宿大路，及津浦鐵路進犯之敵約二千，戰車二輛礮五六門，曾分犯我仁和集、及張八營，因我在澮河北岸誓死堵擊，迄未得逞，乃由飛機掩護，改由板橋竄越鐵路，經王家集至蒙城對岸渦河北岸，欲予我蒙城側背以威脅。此三路之敵，七日晚與我在蒙城東南西三面，血戰澈夜後，頓受打擊，八日晨敵又在威力礮火與飛機掩護下，不斷向我猛衝，我全部官兵以極大決心，分途堵截，往返肉搏，誓與蒙城共存亡！每一據點雙方均以數百敢死隊爭奪，敵被我擊斃者，屍橫遍野，八日晚十二時我分兩路迂擊，血戰再度展開，劇戰至九日晨四時戰事稍轉和緩。九日晨五時半，敵側重西南兩面，以猛烈密集礮火掩護，三度攻我蒙城，敵礮每小時達三四百發，敵機十餘架又飛蒙城上空助戰，我士氣愈戰愈勇，一坡一溝均有數次肉搏，爭奪戰事之烈較八日尤甚，九日晨八時半我迂迴部隊已抵達敵之後路，正面我軍亦全部反攻，雙方礮聲混成一片，殺聲震天地，至發電時止，猶在劇戰中。是役敵死傷尚無法統計，但相信必比我多至一倍以上。（抗戰日報）

第二節　江防第一線的九江

自從馬當封鎖以後，九江已成爲事實上的江防第一線，它的位置，不單是掩護江西的門戶，而且也是保衛武漢的屏障。所以無論在軍事或經濟價值上，九江在第二期的抗戰局面下，客觀的已決定了它的地位的重要。

九江本也是沿江重要的商埠，景德鎮的磁器，和贛北的米紙張，以及其他農產品之類，也都從九江出口，九江全縣有二十七萬多人口，市區也有近十萬的人，街市相當繁華，可是卻祇有大中路一條延長的馬路，市內又有兩個方圓六七里的湖泊——甘棠湖，和南門湖，湖泊的四週，風景幽美，使九江成為一個天然公園的環境。

「八一三」戰起後，九江的形勢一天天緊張，在九月底敵機第一次在九江投擲炸彈，落在紗廠附近，死傷了幾個人，因此住在九江的人，都紛紛避開了市區，有的跑上廬山牯嶺去，後來隔了好久看看敵機沒有再來投彈，人們又再搬回九江住了。直到十二月間，南京失陷後，因為長江下游的人，潮水般的向上游來，九江也恐慌起來了。到了十二月二十這一天，敵機第二次來九江投彈多枚，但沒有炸傷一人一物，可是九江的居民，有些跑到廬山等地去了。市面蕭條，街心裏行走的不是傷兵，便是下游來的難民，後來馬當封鎖線完成，前線戰事好轉，一直到廢歷年的時間，住在廬山上的人，纔逐漸的又搬回九江來。到了最近，因為前方戰事積極發揮了抵抗的效果，九江纔回復到往日的繁榮景象，甚至在夜晚上燈市中行走，使你不知道這裏便是距江防最前線只有一百八十華里的江防第一線。

(二)難民的過境

馬當封鎖了，沿江戰區兩岸的難民，多半祇有從陸路走到九江，再搭輪往上游一帶。從江北逃出的難民，是從皖境宿松，經鄂境黃梅，再走九江對江小池口過來到九江。江南的難民，不由金華，便由皖南到南昌、轉乘南潯車到九江，再轉往上游。在九江大規模的收容難民機關，是由私人慈善團體紅卍字會主持，據記者所聞，該會所收容的難民，從十二月到三月底止，收容遣散的難民達三萬餘名，其中由對江小池口過江來的，佔十之六七，而在三月一個月內所經收容疏散的難民，便有一萬幾千多名，其中尤多江北、南京、蕪湖一帶難民。紅卍字會處置難民的辦法，分臨時的與長久的兩種：臨時的辦法，祇是對過境的難民，在九江女子師範的大屋裏，設立難民寄留所，供給他們的宿食，再等招商局的船期，將願意走的人，每人發一張船票疏散往上游一帶。另外在女子師範附近一帶，又找了六處空屋，設立了收留所，容留一些不願走的難民，設法供給他們的宿食，所以他們處理難民過境，還稱有辦法。

（二）恢復了交通事業

南潯鐵路　南潯路是連貫江西腹心經濟上的動脈，江西對外界的出入口，多憑這條路線的連絡，在目前贛北的貨運和交通也還全靠這條路。抗戰事起後，一度客貨運幾乎全停頓了，後來也因爲前方戰事順利，後方秩序逐漸恢復，客貨運也逐漸恢復起來。到最近每天上午，從南昌到九江來的來往客車，相互對開一次，因此客貨運逐漸恢復起來。

該路現雖在鐵道部限定各路自給的原則下，刻苦撙節以維持，後方常此安定，該路也有欣欣向榮的可能。

招商局　招商局對於目前長江航運，更顯出他的重要，在漢潯間，雖然只有江華、江新兩條船往來行駛，卻因為班期的準確，（每逢星期一、三、五由漢開，二、四、六由潯開）管理有緒，以及票價低廉，（與戰前票價並未抬高，對難民經九江紅卍字會分送每人連票僅收伙食費一角）對於抗戰期間後方的交通，實有很大的便利。

此外從九江到龍坪和武穴之間，招商局又以極低廉的票價開行，鎮昌小輪，每日來往一次，這對於難民和內地的旅客，也是極大的方便。

其他水運，在九江的江西，除掉招商局行駛外，還有三北、太古、怡和各公司，也照樣行駛潯漢段。不過三北祇有一條小三北、太古的船期不定，怡和也祇有一兩條船行駛，而太古怡和的票價卻比招商局的票價高得多。且怡和躉船早已移往上游去了，所以乘客也都願意乘招商的船。此外由九江往湖口、彭澤、馬當之間，每天也有小輪行駛，這是九江江面交通的情形。至於九江內河交通，鄱陽湖貫通贛東北的交通，亦有小輪和帆船行動，以運輸景德鎮的磁器，及樂平的煤等物。還有公路交通，由九江可以登廬山、及贛西各地。

（三）衰落的海關

九江海關在以前是一個收入旺盛的海關，自馬當封鎖後，進出口貨運幾全停頓，九江海關的收入，也便一落千丈。目前九江關的業務，祇代徵收內地轉口稅，所以以前的海關，到現在的功用，實在祇等稅卡。記者又在這裏聽說淪陷在敵區裏的海關，敵人在各處海關中都強硬的添了副稅務司一名，以及添設許多關員，他們唯一的用意，乃在維護他們的大幫日貨走私。至於長江流域內如鎮江、南京、蕪湖等處的海關，已經不能執行他們的職務了。

（四）培修江堤

因江面重重封鎖，使江底淤塞，又因戰事影響，以致去冬江堤失修，想起了民國二十年的水災，憶起了「大兵之後必有凶年」的警語，每一個國人，想像中在今年的夏汎期間，長江流域，將變成怎樣一個汎溢之區，所幸也由於最近幾個月來的戰事順利，政府當局，已注意到沿江堤防的重要。在江西境內的江堤，在一月間便有水利工程隊，對於江堤早已在會同各該管縣政府興工培修，江堤一律加高四尺，那麼今年長江的水患，能夠從此倖免麼。

九江到現在，固已形成一種穩定的局面，但我們亦不能忽視他的位置是處於江防第一線，轉瞬夏汎期屆，時局的嚴重性，亦有逐漸增加的可能，那麼我們今後應該注意到如何來發動九江的人力和物力，以增加江防第一線的抗敵實力。（力報）

第五篇　北戰場第二期

第一章　山東與青島

第一節　濟南泰安的失陷

第一段　北戰場的形勢

戰地特派員通訊：經過了盧溝橋的浴血抗戰，北平四郊及天津堅決抵抗，一直到二十九軍退出平津為止，敵人對於我軍之威力，依然在小心翼翼地提防着。通州至山海關三道防線的佈置便是很明顯的表現，然而嗣後敵人在津浦、平漢兩線，不僅攻陷了馬廠，而且繞道突破固安之線，這樣我們在軍事的形勢上，便不能不說處於不利的地位了。接着滄保陷落，西戰場吃緊，華北大局，便發生了急驟的變化，在整個的北戰場上，敵人仍然利用着比較優勢的火力進行所謂「中央突破的戰略」。

（一）滄州淪陷與德州吃緊

津浦線上敵人沿着鐵道和運河，應用了遠射程的大砲，飛機轟炸，輕氣球指揮作戰，但我們英勇的官兵不顧強烈砲火的威脅，不顧暴風大雨的惡劣的氣候，甚至不顧好多天來浸透在泥水中腫痛的下肢，終於在滄州以北作了壯烈的犧牲！那時扼守滄州之線的部隊，是馮、龐、劉等部。擔任正面的馮軍，受盡了礮火的威脅，不得不向鐵道線旁的東南部退卻。龐劉部又和馮部失掉了聯絡，滄州就在這樣的情勢之下失守了。但是九月十三日的晚間發生了某副司令長官率部由連鎮分四路繞襲敵人後方的行動，橫過鐵路線，切斷了敵人的聯絡，獲得重大勝利。可惜那時我們滄州以南的部隊，沒有用全力反攻，終於繞襲的部隊，也不得不含着悲憤的眼淚退下，因而德州也很快地感受到威脅，雖經奮鬪抵抗，仍難堅守。

(二)敵據保定進兵石莊

談到平漢線，我們不得不着眼於西部戰場，太行、山西在整個的華北戰局上，其地位的重要，毋待申述，假如我們在山西戰場上獲得了勝利，隨時都有控制平漢線的可能。出娘子關，切斷敵人鐵路線的聯絡，我們有把握將深入腹地的敵軍，消滅於河北平原之上。然而不幸的是西部戰場的情勢一天天嚴重起來，我們為了保持西戰場的勝利，在作戰的運用上，便不得不把平漢線上的部隊，予以重新的佈置。敵人雖出這點，所以在攻陷保定後，便集結重兵於石家莊以北，企圖一面南下，一面進娘子關，與越過雁門關而南侵的敵軍相呼應。據十六日記者在平漢線前方所得的消息，敵人已經又運用沿鐵路線作正面「中央突破」的攻擊石家莊南的高邑，已經發生了激戰，然而娘子關以東的形勢，仍然有利於我們，卻是可以說有握把的。

(三)戰線延長於我有利

北戰場上暫時的失利，這已是無可諱言的事實，這個失敗，純粹就軍事上說，固有種種原因，而直到現在還沒有把『喚起民衆』動員民衆的工作做好，尤爲重要原因。有些隊伍，沒有注意到政府動員的工作，記者親見在鐵路沿線的許多壯丁，亦雜於難民羣中，這些壯丁，不僅不能爲戰爭的服務，還要國家來運送他們，收養他們。

但是北戰場上血腥的教訓，也有幾點值得我們欽佩的，駐津浦線上某長官公署，曾經動員了衛隊和祕書處的人員，做動員民衆的工作，他們曾經在一星期之內，組織了桑園鎭的許多壯丁，從事挖壕的工作。在後來，×師抄襲敵人後方時，發揮了重大作用。滄州之戰，我們的守軍，曾作了壯烈的犧牲，龐軍有九營長陣亡，劉軍有十二營長受傷，泊頭鎭某橋下一個新兵，運用智謀，沉着埋伏，用高射機關槍擊落敵人飛機一架。

第一、我們的戰略是消耗戰，越把戰爭遲延下去，越對我們有利，作戰的主要的目的，在於殲滅敵人的主力。但是在整個北戰場上，敵人還沒有遇到我們的主力，我們正在等待着時機的成熟，與敵人作主力決戰，一舉而殲滅之

第二、我們的軍略上的後退，僅僅表現在鐵道沿線上，從平津四郊起，一直到現在敵我相持之點，鐵道兩側及太行山脈附近，我們還有無數的戰事活動着，這些部隊隨時都有襲擊敵人後方切斷敵人聯絡的便利。

第三、平漢線上娘子關附近，我們正結集了重兵扼守，敵人決不能越雷池一步。晉北的捷

報頻傳，以及最近忻口以北一帶，我軍的大獲勝利，都是保證西戰場勝利的可能，西戰場的勝利，必然可以保障河北平原的無虞。

第四、敵人佔領的區域越廣，則其實力的消耗和分散越大，在河北大平原上，正可展開我們游擊戰和陣地戰的配合，個別地密集地，摧毀敵人的主力。

我們在前方看到，蔣委員長的國慶日前夕廣播講詞，「這一次抗戰，是死中求生的一戰，必須經過非常的危險和困難，才能夠得到最後的勝利。全國同胞，一定要有實實在在的覺悟，知道初步的努力，必須繼之以更大的勇氣和犧牲！我們要認定這次抗戰，斷不是一年半載短期間可以了結的事。要預想到今後的困苦艱難，只有一天天的加重，因此必須準備着一切來擔當比今天還艱難困苦到幾十倍的境遇，我們唯有立定犧牲到底的決心，纔能達到民族生存的目的。」

馮副委員長在招待戰地記者時說：「祇要我們把牙關咬得緊緊地，我想準會一天一天好起來的。」湯軍長也曾對記者說，「沒有別的話說，我們還是打暴敵。」是的，最後的勝利，終歸是我們的。（從周十月十七日）

第二段　濟南見聞記

魯省昔爲禮教文化之邦，古蹟名勝，爲考古與歷史學者之注目地，濟南尤爲魯省政治軍事中心。論地勢爲海岱名都，談交通爲膠濟、津浦要站，自蘆變事發，平津淪陷，濟南所處地位，關係華北戰局尤為切要。近滬戰我因戰略關係雖暫後退，將士用命，制敵決無問題，晉局雖不若以前勝利，但平漢線方面我軍自改新戰略後，已節節勝利，待克服石莊後，我軍西擊娘子關則晉東之敵，歸路已斷，甕中之鼈，不難一鼓而殲滅。津浦線方面，敵一再增兵南犯，但我將士用命，計旬日來，殲敵不下三千餘名。我扼天險以阻敵南犯，究亦有絕對把握。記者奉派駐濟，時逾二月，謹將見聞，綜括寫來，以饗讀者。

（一）魯省局勢

山東在過去數年，因為地勢與環境關係，所以不免有許多地方，使人懷疑，但站在本省當局方面來說，為中國領土完整計，為使地方安全計，所謂任勞任怨，不避嫌言與誹謗努力幹所應幹的事，所以在施政方面來說，都有相當進展和成績。

（二）奸人造謠

盧變事發，我全面抗戰展開，因為敵人故行離間，奸人從事造謠，什麼大漢奸齊燮元到濟活動呀，敵將土肥原到濟作說客呀，張自忠奉令到濟為敵運動呀，華北眼看要特殊化與傀儡化了，一時謠言甚熾。

（三）敵人離間

敵乘此機會，又盡挑撥離間之能事，在九月十九那天的午後，敵機一架，在盤繞濟市上空時，擲下皮筒一個，用白布縫着，上邊還寫着經寸大的「揀拾者送呈韓主席」等字樣，繼於二十八日下午三時許，敵機又在濟舊東門外魁文街，擲下紙筒一個。於是人心惶惶，謠言更熾，同時外埠報紙，亦有士肥原等不日到濟訊，更使濟南的民衆，莫名其究竟了。

(四)韓氏闢謠

但是事實勝於雄辯，而韓主席公佈闢謠表明態度後，一切謠言讕語，隨之消解。繼之韓主席平原督戰，軍事勝利，殺敵致果，亦可見山東並不特殊。記者有一次與本省某要人談話時，某要人更表示「敵人如果到來，我們三路軍誓必與周旋」，他們抗戰情緒之高張，於此可見一斑。

(五)謠言自息

我們要深知倭寇對我們惟一無二的策略，是利用，是離間，一切的謠言讕語，完全是敵人造出來的。同時相信不是甘心作倭寇的孝子賢孫，卑鄙無恥的漢奸，沒有不反對倭奴的暴行而一致主張抗日的。同時我們相信中國是整個的，中央與地方是一致的。事實勝於雄辯，事實表現後，所謂謠言卻不闢自息了。

(六)前方戰況

津浦方面戰情，在上月中旬，我們不得已而退出德州，我們山東的三路軍，開到了平禹一帶的陣地，曾在陵、恩、樂、高、平、禹等地，與敵猛烈抗戰，敵傷亡已超過三千餘人，敵屢增援，均被擊退，迄今陵樂方面與敵激戰尤烈。

（七）我游擊隊

談到山東的游擊隊方面，在東光、南皮、滄縣一帶，神出鬼沒，襲敵致勝，更使敵人喪膽。再則我陣地堅固，將士用命，敵人要想南犯，恐非易易，深望後方民衆，努力輸將，爲前方將士聲援，以增厚抗敵力量，萬不可信奸人之造謠，使倭奴得隨所願。

（八）某軍官談

記者有一次遇一在津浦抗戰□□部的下級軍官，談及前方抗戰情形，他說在我們軍隊退出馬廠，在滄縣一帶與敵作戰時，因爲秋雨連綿，河流暴漲，平地水深，淺的地方，亦可沒膝，敵人的大礮，向我們戰地轟轟的猛擊，敵人的飛機，十架二十架的成羣結隊向我們陣地投彈，投彈以後，纔稍降低，向我戰壕內掃射，我們士兵非常沉着，伏在戰壕內，（下面是水）不動，待敵機掃射後，[illegible]結隊的衝來，這時候，就是我們殺敵的時候了 我們躍出戰壕，[illegible]的武器，殲滅敵人。

同時某軍官又談到在津浦[illegible]河面的水戰。他說因爲秋雨的緣故，運河的水暴漲，敵人計抄我正面的後路，[illegible]，即有亦不過三五隻，所以我們就借用民間的柳條簸籮，放在水中作爲船隻，與敵抗爭，這種爭戰方式，足見我兵之英勇，與殺敵之決心。

（十）疑兵制敵

當滄州緊張時候，我某高級長官，親至前線指揮作戰。一日，我爲避免敵人礮火之威逼，故作後退，敵以我軍敗退，跟蹤迎擊，某高級長官，乃決運河之水，猛襲敵戰壕，洪水奔波直將敵戰壕淹沒，我乘機襲擊，斃敵甚多，敵經這次慘敗，驚恐萬狀。我某高級長官，爲達到消耗敵人礮火計，於某夜以西瓜及尿壺，戴以軍帽，擲水中冲近敵陣時，敵疑我軍夜襲，以礮火轟擊，終夜未停，黎明方才發覺，係大批西瓜及尿壺，敵人膽怯於此可見。

（十一）無恥漢奸

漢奸萬惡，粉身碎骨，死有餘辜，他們甘心出賣他們祖宗的墳墓，出賣國家和民族，不惜認賊作父，屈膝獻媚於倭寇之前，卑鄙齷齪，狗彘不如，不知此等漢奸是何居心？記者在上月二十七日，曾遇見某戰區總監部軍官韓君，詢及前線方面漢奸之行動，據韓君談，據被捕漢奸供稱，漢奸組織，非常嚴密，以組爲單位，每組有十三四人，或四五人，組有組長，組長有無線電機一架，（隨身帶着）遇敵機至，漢奸卽報告我方情形及要地，漢奸有特別徽記，肩扣內紅線，帽子內標記，其引敵機方法，有紅白手絹，紅綠電燈，擲帽子，放琉璜。日間指引敵機，以紅白手絹，擲帽子爲號，夜間指引敵機，以紅綠電燈，及放琉璜爲號。敵機如在放毒氣時，則示暗號於漢奸，漢奸卽將身帶防毒藥物，及紗布等，按口鼻上，可以防毒。

漢奸代價，組長每天四五元不等，組長以下，每天每人不過二三毛錢，但最多不過一元。

漢奸活動，在後方則爲刺探我軍情，遇敵機到來，彼等卽以固定之標記指引敵機動作，以轟炸我後方不設防禦之城市，及燬壞我交通，除此並以種種方法，爲敵人作情報，造謠言。他們在戰地方面的動作，在敵軍向我進襲的當兒，他們三三五五，卽隱伏我軍後面深溝密林或其他隱蔽的地方，俟敵機降臨，他們卽以標誌引導。大凡在作戰時候敵機到我陣地，差不多飛度極低，以便轟炸掃射，往往飛到我後方卽降落地上，纔卽行高飛，每當敵機降落後，我後方卽發現槍聲，乃敵機載運漢奸，落我後方以擾亂我軍後方。（呂和璧）

第三段　北戰場東線風雲

——濟南陷落之前後——

一九三七年除夕前三日，山東省會之濟南突以陷落聞，泰安、兗州亦相繼被侵，從茲黃河天險不守，魯省戰局轉入新階段。茲將兩月以來山東戰況與濟南失守之經過綜而紀之，俾知所警。

一　華北的覬覦

「華北」二字原不過爲地理名詞，然而自入敵人手中便變更其意義，敵之覬覦華北固不自今日始，而其以「北支」代華北猶之以「滿洲」代東北，自有其特殊之用意在。

山東爲華北諸省中最南之一省，且爲一有海岸線最長之半島，故敵之垂涎山東亦愈急，例如敵大阪朝日新聞社所出版之東亞形勢圖中以山東列入「北支」五省，且塗以特殊之色彩，使與「中國本部」有別，其所用心由此等細微處可以概見。

六十年來，敵人在山東之經濟侵略，其潛勢力實可驚人，然最易爲人所忽略，舉凡山東各處之主要的商業、礦產、交通、出入口貿易，無一不在敵人掌握中，敵人在山東之財產價值就可以調查者，即達十五萬萬至十六萬萬元，僅就青島一市而言，總值三萬萬元，青市之敵人不動產幾佔全市百分之七八十，車站港口之倉庫，市郊之紗廠幾無一非敵產，是山東之經濟勢力始終爲日人操縱其大部也。

自盧溝橋事發，山東僑民撤退，河北平原全部陷入敵手之後，敵人本可用武力進攻山東，衆亦皆信此爲必然之步驟，然敵人迄不訴之武力，始終企圖以政治方式解決山東問題，敵人迭次以飛機散放荒謬傳單，投遞信件予韓復榘，且間接使人向韓表示不以武力攻略山東，謂「只打某某，不打某某」，并於廣播電台盡量放佈荒謬言論，大施挑撥離間之技，尤可笑者，敵機第一次過濟時，曾投三輕級炸彈於筐市街及估衣街，事後敵廣播電台聲稱，該駕駛員被記大過云云，其用心之苦於此可見。即十一月十五日敵臨黃河之後，雖以礮火擊濟南四郊，亦不及於市內，敵機亦迄不轟炸青、濟兩市，蓋敵人之不以武力訴之山東者，非只爲保全其財產，且亦希圖不以一兵一彈而得山東也。

然而，山東軍事長官屹然不爲所動，先後破壞濟青兩市敵產，表示抗戰決心，敵見政策失敗，乃於十二月十七日決定進犯山東，五月以來之沉悶局面從茲打開，而二十七日即以濟南失陷閩矣。

二　魯北之戰與黃河對峙

滄縣戰役之後，二十九，四十兩軍相繼引退，韓復榘所統率之第三路軍首先遭遇敵人於德州，魯北戰局爲之肇始，當時韓以大軍截堵，且親赴德州前線督戰，令展書堂一部迂迴德州以北側擊敵背，敵乃變更其一向之「中央突破」的戰略，犯我右翼，至陵縣陷落。鳳凰店之役，曹福林師有相當損失，乃引退至徒駭河岸，相持者達一月以上。

太原陷落，魯北又告緊張，韓親率手槍營一營赴濟陽督戰，派孫桐萱赴臨邑截堵渡河之敵，不意臨山之敵，以裝甲車輕騎前進，由走私之駕駛人駛車，以其地理熟悉之故，竟突至濟陽、韓初因未料其爲敵軍也，南方接近始得分曉，韓乃攜二三人倉皇渡河返濟，而其所攜之手槍營因之大部殉國，是十一月十三日事也。

十五日我軍自動轉移黃河南岸陣地，炸毀偉大工程之黃河鐵橋，憑險固守，時正當戰場上告緊之際，因得相持者又達一月

兩軍膠着河岸，互無進展，唯每間二三日輒互用礮戰，敵礮位在洛口北岸鵲山，觀測所亦在其上，我礮兵陣地則在黃台、華山及金牛山，然觀測所則設於千佛山，故礮兵攻擊之目標爲千佛山、黃台東站、溥益糖廠、無影山、辛莊兵營、北商埠，敵如發礮我即還擊，四十日來濟南市上時聞疏疏落落之礮聲竟日不息。敵礮恆擬搜索我軍礮位，但我所設僞礮甚多，每發一礮

十餘處同時發烟，敵迄不得破壞，我礮則曾建勛不少，如破壞敵觀測所殺傷其窺伺之人馬，擊退其鋼甲車均其例也。濟南市上敵機時至，警報頻傳，然而迄無所舉動，直至二十日始又大肆轟炸，黃河沿線及津浦各站戰局又開始轉緊矣。

初，我自徒駭河南退之後，因曹福林部曾受損失，故調退嘉祥商邱一帶整理，并因兵力不敷分配，乃撤烟龍一帶防範，專致力於黃河正面。同時，由劉耀庭率游擊隊二千餘人赴魯北一帶，孤軍轉戰，迭奏膚功，先後克復利津、蒲台、無棣、霑化、濱縣、樂陵，然而，終因主力配備未能如意，敵乃乘虛由右翼渡河。

三　濟南陷落

敵軍計劃，原擬攻我正面左翼，嗣以我臨河各部配備尙緊密，乃改圖攻我上游兵力微薄之處，故除以兵艦制壓青島外卽繼進窺烟台，而於下旬先佔港外之長山島。

自敵軍強据烟台對面之長山島後，卽頻以飛機偵察黃河沿岸，幷轟炸津浦沿線各站，夾岸之礮戰漸漸轉緊，北岸敵人軍運漸趨頻繁，我知此爲戰事之先聲，故一切均開始作必要之準備，如青島沈市長之疎散市政府人員封鎖港口，勸令人民撤退卽其一例。

十二月二十三日黃河沿線展開空前之礮戰，蓋一月來之礮戰不過爲某一點之戰，自二十三日夜則前線均有礮戰，是敵人已開始準備渡河矣。二十四日黎明，齊東台子渡口發現敵兵約二百之數，以汽艇強渡南岸，攫得据點，我軍當卽猛撲，終以敵用猛烈之礮火掩護未得全部殲滅。

敵軍於二十四日以其礮火與既經渡河之兵力掩護大軍渡河，續向南犯，至二十五日拂曉已達萬衆，且其重武器亦已掩護渡過，於是戰局展開，渡河之敵分佈兵力自東西南三方向進犯，二十五日下午戰況傳至濟南，知鄒平、青城、章邱之間有戰事，敵軍進佔周村，切斷膠濟線上我軍之聯絡，並東攻濰縣，戰事之局面愈趨愈緊。

溯自抗戰五月以來，敵軍之礮擊與敵機之轟炸，雖及於北商埠甚至彈落濟市以西十里之張莊、辛莊兵營與東北無影山一帶，然而從未及於市內，二十四日之礮彈竟落津浦濟南站附近，飛機則竟日未斷盤旋市空者前後達四十餘架，且轟炸泰安、長清甚急，尤以長清損失甚衆。

魯省府爲避免無謂犧牲，決定移單縣辦公，各廳處長各省委及省黨部均於二十四日下午東南下赴濟寧轉單縣，各機關人員，大部疏散，并將裕魯當之當品散發當地民衆，二十五日下午各機關最後留守之人員全部撤退，膠濟、津浦兩路之車皮員工於二十六日拂曉前之早四時，由鋼甲車兩列掩護全部南下。

交通工具，非戰鬪人員與戰時用品撤退完成之後，即我方開始實施焦土政策之時，除裕魯當先於二十五日焚燬以外，其餘之敵產與我方公產如省政府、市政府、無線電台、進德會、電燈廠、自來水廠、電話局，津浦膠濟兩路濟南站，黃台車站日本領事館等均先後於二十六日晨六時起先後焚炸，故二十六日之濟南市已成烟火彌漫之戰地，唯聞轟炸之聲而已，駐軍則以沙袋封鎖各城門及商埠經二路之重要道口作巷戰準備，斯時之濟市已入戰區矣。

戰局愈轉愈急，韓任泰安、兗州間指揮中路孫桐萱、右翼李漢章、左翼曹福林及展書堂各一部，并嚴令孫固守，斯時孫部仍固守洛口，敵始終未敢由正面進犯。唯二十六日入夜之後，濟南東郊之敵攻城甚急，我軍復因工事爲敵摧毀迨盡，敵軍突破東門入城，東關已聞槍聲，遂不得已而於二十七日晨五時，撤退轉移白馬千佛諸山陣地，憑險再戰，敵大軍於八時正式入城。傳入城之敵，竟係僞軍劉桂棠之部，城內漢奸且曾執旗歡迎，漢奸迎漢奸，眞不知人間有羞恥事。敵既入城，除分兵南犯以外，首於市內搬演其應有之一幕傀儡劇，迫令與之勾結之漢奸組維持會變名之市民協會，其會長人選爲前邊防第二師長馬良。按自敵迫黃河岸，我炸鐵橋之日計至我放棄濟南止，前後共支持四十一日，至是魯省省會遂告淪陷。

四　泰兗失守與靑島放棄

敵除以陸軍南犯以外，并派大隊飛機分批繼續轟炸津浦沿線各站，圖破壞我後方交通，我則以最後撤退之鋼甲軍除掩護撤退之兩路機車與車皮外，且逐步炸燬濟南泰安間之沿路橋樑，迨二十七日而任務完成。斯時，膠濟沿路之橋樑則先於二十五六兩日自動炸燬。

魯省戰局自是轉入新階段，茲再分津浦路與膠濟路兩線分別敍述。

敵据濟市後初無大發展，但白馬千佛山之山地戰則甚激烈，兩方均有重大損失。敵機自二十四日起即竟日轟炸泰安及津浦線各站，二十四至二十八四日之間，由德州敵機場起飛南來轟炸各站，不上六十隊，最多竟達十四架，一隊由六重轟炸機及八戰鬬偵察等機編成，每日從早八時起至下午五時止，沿線各站無處不發現飛機，僅就二十七日一日言之，據記者所悉，則泰安被轟竟達十六次，所投之彈包括轟炸列車、車站、城內者計達百枚以上，泰安縣城被燬大半，電燈、電報、電話線路全燬而失效，車站附近之市街幾全部燬壞殆盡，然而其轟炸目標之車站與列車僅入口炸塌，水龍炸斷，道軌被炸彎一節而已。列車附近投彈達十餘，卻安全無恙，界首爲泰安北之一小站耳，竟於一日之間被轟炸四次。張夏附近公路旁之一小村，亦無辜被炸，泰安車站勢成後方之最前線，然而其工作精神殊足令人欽佩，二十七日敵機去後，車站人員即返站修復路軌，將停於界首泰安間之列車十餘列與鋼甲車兩列，全部由泰安放至兗州徐州，爲國家保存諸大之資產與武器，實彼輩在工作上最大之收穫。

至於戰況則至三十日敵我尚相持於濟南，迨三十一日夜，泰安告急，城內已可聞槍礮聲，一九三八年元日，泰安亦竟陷落，其後我軍退兗州。二日晚間兗州亦發生搶刼情形，時□□已離兗州西上，敵軍已否入兗州斯時雖尚無報告，但敵軍行動係分兩路進犯，一路南窺兗州、一路西窺濟寧下曹州坊斷隴海聯絡。其南下之敵約五千人，附礮三十餘門裝甲車五六十輛、聞蔣委員長已有令飭第×戰區司令長官，任何部隊不許擅退，固守徐州北段，并且隴海及曹州一帶配備重兵，此項生力軍必當予敵以重創也。

膠東方面，敵軍亦分兵進攻，志圖青島，沈市長早具有決心，除先於十八日破壞一部敵產之外，自二十四日至三十日仍先後封鎖港口，破壞電台，電廠及通日本佐世保之海底電線。膠濟路沿線橋樑則於二十四日全部破壞。雖敵東犯甚急，然自陷淄川後卽被阻於濰縣，港外之敵艦雖下錨監視，亦只有空望市外濃烟，與駐聽市內之爆炸聲而已。

及至本月一日，沈市長以破壞政策已經全部完成，遂盡撤全市武裝偕葛光庭于學忠離青，赴諸城南下，空留一片焦土與踏跙不敢進之敵軍。

兗府既陷，曲阜孔林同遭蹂躪，第至聖先師奉祀官孔德成已於三日偕夫人孫琪芳女士及隨員五人，平安抵徐州，擬赴川晤當局轉道出國，其不爲敵用之決心，使聞者興起，此可引爲國人慰者也。（大公報一月四日發於鄭州）

第四段　陷落前的濟南泰安

提起了山東，它擁有五十四萬五千多方里，三千五百萬人口，較之蘇、浙僅稍次一等，從歷史上來說，更是嚇嚇有名，尤其是齊魯時代之盛，談起來，到現在還是夠人迴味。此外泰安曲阜之勝蹟，臨淄、兗州、濰縣、卽墨之盛名，濟南、德州、濟寧之繁榮，再加上孔老先生的聖地，無論在歷史上以及現在，只要一想起來那種錦繡山河，是多麼的值得人們的神往，不料這一次的抗戰中，卻都被敵人佔據了。

津浦線的戰事，自從越過山東的桑園，移到德州時，我軍就抱着屢敗屢戰，隨地抗戰的態度，一只到現在過了黃河，退出濟南泰安，還是如此。去年十二月的十日的早晨，記者在濟南省政府曾與最高長官韓向方先生作了半小時的談話，從他的談話中說出了很堅決對於抗戰的話，並且還自稱他本人頭腦簡單，除了知道打以外，其餘的一概不管。最後還說，「就是退到四川的時候我都是跟着打了下去」。在他這樣的談話中顯出他是何等的堅決，尤其是最後的一句，簡直如曾國藩所說的那句「屢敗屢戰」差不多。

聽了韓先生這樣的談話，來和現在作戰的情形一比，到很吻合。

（一）從濟南說起

自從十一月十五日的下午，幾響巨炸聲中，將橫跨黃河南北價值千萬惟一重大工程的灤口大橋炸斷後，敵軍就佔據了黃河的北岸，由相隔濟南百餘里的戰場，一邊而爲近在咫尺了。從來未曾聽過機關槍聲的市民，突然間聽到了雷鳴似的大礮聲，閣閣閣……怪叫的機槍聲，纔驚慌起來，寬大的柏油馬路上的行人與車輛竟擠塞得水洩不通，那座富麗堂皇的車站更是變爲到處是人，一列火車開來，馬上就把車廂車頂裝塞滿了，恨不得如洋房似的多添幾層纔好。

在這樣的無秩序之下鬧了整整的三天，商店也停止了營業，電燈廠也停止發電，一到天黑，就變了烏沉沉地悽涼世界，和平日的濟南簡直是天上地下。漢奸們更是乘機活動，小販子也抬高了市價，五分錢祇買到兩個小火燒，這個時候可以說是亂得一糰糟。我最高長官韓主席即令孫桐萱軍長成立了戒嚴司令部，將一般漢奸和高抬市價的奸商槍斃了二三十個，商店限一律在二十四小時內復業，否則沒收全部財產，在這一種嚴令之下，所有的商店被迫着照常營業，電燈廠也照常發電，濟南的一切，才又恢復起來。

商店開業了，隔岸的礮聲卻仍照常的放着，市民先是提心吊膽的過着，到後來也就若無其事了。尤其是敵軍的飛機，祇從濟南的頭頂飛過，不會投一次炸彈，格外使市民安心，這樣的過了下去，濟南所有的遊藝市場，雖然在敵人威脅之下，也照樣恢復了平日的昇平歌舞，對隔河的敵人好像是視若無覩的漠不關心了。當局這樣的鎮靜態度，使市民都跟着鎮靜下去，眞叫人佩服！可是雖然當局再怎樣的鎮靜，街市上卻已是人跡稀疏，較前更覺荒涼了。

(二)防守黃河線

仗着一條黃河的流域，就認爲可以阻止敵人前進，根本就成大錯，守了四十一天的黃河，並不是軍事上的力量，事實上卻完全是政治上的牽制。在那座的防線上，記者曾親歷數次，一點看不出什麼奇特的地方，因爲他是沿着河岸做成的工事，所以在河岸的下面，做了很多的掩避部，從防守看來，卻無十分的把握。一道三里長的防線，祇有某部一營人，當記者在交通壕內回來的走着，就沒有見到一個步哨，賣菜的會挑着一擔菜賣到戰溝裏來，營附問起這位賣菜的是幹什麼的，他想起不要是漢奸罷，纔把那位賣菜的打了一頓，照理離開戰地半里地就應該有步哨，不準閒人行走纔對。

隔河的敵人，用機槍向我陣地掃射，我方發現了隔河的敵人，也照樣的還敬，敵人不攻擊我方也就休息着，每天敵人在鵲山上放着大礮，轟轟轟的放了一陣就算完事，南岸的田地上很容易看到敵人大礮炸的大坑。

因爲像這樣的防守，記者就特地向防守的一位營長，問起敵人能否攻了過來，他的回答是：「黃河的水是活的，敵人不能夠攻過來。」我又問他如果：「黃河上凍以後如何呢？」他說那就要問長官了。

從黃河的形勢來看，主要的是在左右兩翼，一是齊河，一是濟陽，齊河最主要，從軍事上說，是一道漏洞，歷次的山東戰爭，都是由齊河攻入，民國十八年之役，我們曾經上過一次當，這一次當然是加倍的小心了。奇突的倭寇，他也知道認定這一道漏洞打，當十一月十五日那天，他就接着襲茌平，佔高唐，而犯齊河，當時我方因預先防備，敵人進犯結果失敗，也就停止進攻了。

(十二)發動遊擊戰

當戰事移到黃河岸邊，山東的政治訓練也纔推動起來，走在馬路上也可以看到左一叢右一簇的人，圍着聽政訓處宣傳戰爭的情形，宣傳的人，雖然都是大兵，不大會說話，可是叫人看了到底是一種好的現象，而能夠感動人。

在陣地戰感到不能夠把握住全盤勝利的今日，遊擊戰就風行了起來，於是就爲大家所公認爲無上的戰術，這戰術傳到山東後，跟着推行起來，當局委了兩路遊擊司令，去組織民衆，到現在組織起來的，據說已經有了三萬人。第一路司令劉耀庭部在黃河北岸活動，在濟南未陷前報紙上的「我遊擊隊活躍」，克復濟陽、惠民等縣就是該部。

本來山東有三千五百萬人口，每一個人都是身強力壯，照理只要一有人發動，馬上就可以起來，可是在山東方面，根本就沒有廣大的民衆組織。

（四）縣長十元錢

在韓主席的管轄之下，對於官俸能夠毅然的改革，眞是痛快！現在文官的官俸，上自主席、廳長、縣長、局長，下至司役、門房一律支取生活費十元。這樣的一做，使財政上不致發生了困難，可是一般文官卻都弄成「掛印辭官」。

黃河北岸的各縣縣長，當敵人還未到時，就嚇得逃避了，當劉耀庭部遊擊隊克復了河北各縣後，就委劉爲行政督察專員，有了行政督察專員，縣長卻沒有地方去找，十元錢一月的官俸，還要擔驚受怕，所以無人去做，以致鬧成抓差做縣長的笑話，這眞是怪事。可也見得山東一般縣長，只想升官發財的情形了。

（五）眞令人痛心

南京失陷了以後，記者方離開了濟南，津浦線兩端的戰事卻同時發動起來，到泰安的時候，聽到敵人已將用作渡河之汽艇運到，方抵武漢、濟南已不復爲我所有，眞令人痛心。（海萍一月四日於漢口）

第五段　韓復榘退出濟南詳情

自去歲蘆溝橋事變，華北危急起，一般人的目光無不集中在韓復榘身上，因爲倘若他肯服從命令，從山東出兵，北窺平津，西援保定，華北的敵軍是無法應付的。但是他不這樣做，卻讓敵軍逼近來，把自己的部隊很快就撤退到了黃河南岸。黃河灘淺水急，敵艦是不能從海口駛入的，若是陸軍想渡河南犯，因我方早在那邊配有許多游擊隊，也極不易，所以敵軍到了北岸，就停頓了。只是發瘧疾似的轟轟，只希望津浦南段的進展，以威脅徐州搖動山東，但是出人意外，竟不利用天險，讓少數敵軍過了河，不想法消滅，就倉皇退出了濟南，又不利用泰山的屏障，一直逃到濟寧，以致影響到整個的戰局。自從韓復榘在漢槍決消息公佈後，全國無不同聲稱快！但是他怎樣放棄濟南以及那方面的配備如何，大家還不很知道，現在且來說個清楚。

韓復榘於去年十一月十五日下午六時令所部退守黃河南岸後，濟南、泰安、兗州、濟寧一帶有一種共同口號，動員山東一切力量，死守黃河陣線，這個口號很有點不需要外來力量的意思，但是山東表示願意自己盡力負責，死守這道華北僅餘的長城，山東以外的人，也祇有祝禱其成功了！不料僅僅經過四十一天的瘧性轟戰，到了去年十二月二十七日拂曉的五點鐘，所謂要死守的黃河陣線，便被敵人全線突破了。

按山東境內的黃河，西起鄄城，東止利津，全線共長四百餘公里，上游自長淸以西，我有某部大量正規軍和游擊隊在西岸壽張、濮縣、南樂迤北地區活躍，敵不敢南侵試渡。下游自蒲台以東，敵之渡河困難條件很多，蒲台、利津的北岸，既經我決口數處，使洪水氾濫，敵之活動範圍，僅限於惠民，無法再向蒲台、利津東進，惠清公路又早經我破壞，沿途幷埋置地雷，使敵亦無從利用，兼之劉耀庭的游擊隊晝夜在惠民後路的陽信、無棣、霑化一帶出沒，敵更不敢越惠民一步南窺。

實際上的黃河陣線，不過自從長清到蒲台百餘公里，韓復榘對這百餘公里的配備，是以×個師的兵力來擔任，另外派×個師守平陰、東阿之線，其次由長清經濟河濟南到濟陽之線，渡口林立，虛陳固多，然北岸船隻已南調管理，洛口鐵橋亦經炸毀，南岸又築有堅固工事，有×個師的兵力防守，實夠應付。至於濟東、青城、蒲台一帶，敵兵渡河困難，所以祇有×個師去防守以免虛耗兵力。此外在長清與蒲台的集中據點，置有相當預備隊，可以隨時濟各線之窮。黃河陣容有這樣的決定，自然是已經作過多方的判斷的。

這樣的黃河陣容，很顯明的弱點就是西重東輕，一般對於齊東、青城、蒲台一帶，僅派裝備不完善的谷師去防守，總是不放心！這種意見，聽說韓的參謀人員早已考慮過，也認爲是一個漏洞，但經嚴格分析，并不盡然，因爲縱令敵人能立卽克服困難條件，由我右翼過河，佔據任何一處，殊不知我在黃河之南還有小清河做副防線，退一步就連副防線又被敵突破，膠濟路受威脅，而切斷連絡，使敵更能入據膠濟路任何一點，也無影響於全般守勢。膠濟路的車輛材料，早已悉數南運，事實上已成廢路，假定敵更能入據膠濟路，再沿路東奔，青島是預定放棄的。

我們正要逼迫他去，如沿路西犯，我軍龍山黃台築有東北向的層層防禦工事，如敵又沿路南侵，更有泰沂山脈橫阻。不論敵由膠濟路向何方續犯，都不致影響於全般守勢，因此未將黃河陣容提出修正，更未提到調整右翼兵力的問題。

我們以這樣的陣容與敵隔河對峙，支持了一個多月，始終守住南岸不動，四十一天中敵共發過十四次礮戰，平均每三天一次。

濟南卻未落過一個敵彈。濟南除頭尾幾天略有騷擾外，始終一律照常，街上的熙來攘往，而韓復榘又天天喊死守黃河，二十三日晚上八時，敵之渡河佈置漸趨明顯，首先敵之渡河并不是有計劃行動。敵雖知我右翼兵力單薄，但究竟那一點單薄，還是弄不清楚，所以那天晚上右翼濟東、青城、蒲台三處，都有敵人小股在大礮掩護之下，乘黑夜試渡，濟東一股約三四百人，係在南岸台子登陸，台子守軍有谷部一連，這連人戰鬪兵祇九十人，擔任防線逾十二里，連長發現敵要渡河，趕急下令把他這散駐在十二里的一連人集中抵抗，但敵人已先在台子登陸了！這連人就退守小清河。

青城一股約二三百人，係在清河鎮渡河，青城守軍也是谷部，不及和敵人接觸就已退往小清河、蒲台一段約二百餘人，係在道旭登陸，道旭守軍為劉耀庭之游擊隊，沒有什麼接觸也就往小清河南岸跑。當晚敵在南岸既獲得三個立足點，便掩護其後續部隊陸續集中，由清河鎮強渡，在二十四日，洛口對岸之敵施放烟幕彈，想掩護偷渡，而在台子、青城、道旭三處已經登陸之敵，更分五股進擾試探，並威脅青島濟南，一股為敵之主力，直樸小清河，同時敵機在周村大肆轟炸，以為策應，二十四日晚上小清河竟未竭力守住，又被突破，二十五日上午十一時，周村被陷。敵佔周村以後，既不急圖青島，也不進窺濟南，卻以主力跟着谷部，向南窮追，二十六日連陷我淄川、博陽，這時在濟陽齊河之敵，見我黃河陣線已是動搖之勢，由鵲山敵之礮兵掩護也乘勢強渡。韓復榘恐博山之敵繞襲泰安，截斷後路，也不顧死守的諾言，一面下令將濟南的政府機關及敵產悉數縱火燒燬，一面下令正面及左翼各軍放棄黃河陣線，越濟南退守金牛山、白馬山、千佛山之線，到二十七日拂曉五點鐘，敵人便正式侵入濟市，於是所謂要死守的黃河陣線，未經死守，而全被突破了。（大公報）

第二節　退出青島

第一段　青島之破壞

青島日人之紡織公司，此次因受我國焦土政策之影響，大部份已歸消滅；日方多年之慘淡經營，化為烏有，實為對華戰事中之重大損失也。據日人方面之調查，損失總額，共達一億二千萬圓；各紡織公司之損失數額，對於總公司資產所佔之比例，大公司約達一成四分至二成，其影響之巨，可想而知。查青島日人紡織公司，共達九家，計十一工場，去年上半期工場機械設備如左：

工廠名稱	精紡機	製紗機	織機
内外棉	九〇、四〇〇錠	一一、二〇〇錠	三、四〇〇架
大日本	一三一、六九二	一四、二五六	二、一二〇
鐘淵	一二八、二九六	九、二四〇	一、四四〇
上海	五四、八五八	二、六四〇	五四〇
豐田	三[illegible]、八四〇	—	五四[illegible]
同興	[illegible]		一、[illegible]五
富士	三三、三六〇	四〇〇	四八〇
國光	四五、四四〇	五、六四〇	—
日清	四二、六六〇	六、九四六	五三九
合計	五九三、〇六四	五〇、二〇二	一一、二七一

上列機械設備，計精紡機五十九萬三千錠，製紗機五萬二百錠，織機一萬一千二百餘架，此次損害之估計，約如下表所列：

工場設備	七七、七〇〇、〇〇〇圓
棉花	三一、四〇〇、〇〇〇
製品	九、四〇〇、〇〇〇
合計	一一九、五〇〇、〇〇〇

各紡織公司之損害狀況，係就設備之大小，為大體上之比例；故其問題非僅為損害之多寡，實為各公司對於總設備或總資金之損害所佔比例之多寡問題。茲先就各公司之損害設備，對總設備所佔之比例，列表如左：

公司名稱	青島工場設備	全設備	青島工場設備比例
鐘淵	一九三、一七六	一、七九七、三七三	一〇%
大日本	一八一、四〇四	一、六四二、五〇五	一〇
內外棉	九四、一三三	六九七、七六六	一三

上海	七七、三三六	三四〇、七一〇	二二
日清	五三、〇六〇	七二[illegible]、[illegible]〇四	七
同興	四八、〇〇〇	一七八、三八〇	二六
[illegible]光	四七、三二〇	二〇〇、二六四	二三

上表所列青島日紗廠設備上之損失，對於總設備所佔之比率，以同興爲最大，計達二成六分；損失最小者爲富士，僅佔百分之四而已。上述機械設備之損失與各公司帳簿上之損失，頗爲不同。茲就此次青島日紗廠之損失，在其總資產中所佔之比率，列表如左：

名稱	青島損[illegible]	[illegible]	所損失比率
鐘淵	一二、[illegible]千圓	[illegible]四、七[illegible]六千圓	[illegible]%
大日本	八、[illegible]	[illegible]四、[illegible]七	[illegible]
內外棉	九、〇〇〇	五〇、八九七	一七·七
日清	四、五〇〇	三[illegible]、[illegible]七〇	一四·五
同興	七、五〇〇	一八、七七〇	三九·六

國光	五、六〇〇	九、六八〇	五七・六
富士	五、七〇〇	五四、八六一	一〇・四

上表所列之損失，係將各公司所儲藏之棉花、製品等，依市價計算，故其數額較大。但各公司雖受重大之損失，因其有多大之公積金，對於舊債之償還，股息之分派，大都不受影響。惟同興、國光二公司，損害極爲重大，同興約達五成，國光約達六成，該兩公司如將來日政府不加援助，恐不易恢復也。

此次中日戰事發生，青島日僑奉命撤退，當日僑退出之前，青島日領事曾令日僑作成工廠財產報告，日清紡織公司資產達八百萬圓，流動資金約達百餘萬圓，在事變以前，該公司精紡機約達十一萬九千錠，即以每錠百圓計算，已達一千餘萬圓矣。富士紗廠青島之工場設備，在事變以前，精紡機計有四萬錠，織機計有六百架，平時流動之資金，爲數亦頗不少；自經此次破壞之後，欲在短時期內再行恢復，亦頗不易。此外各紗廠規模較大，其損害程度對於總資產之比率，雖屬不大；但在短時期恢復原狀，實不可能。總之：此次中日戰爭，就經濟上以爲觀察，中國江浙財富之地，已淪爲戰場，其損失之重大，可想而知；但日人勞師動衆，開支浩大預算脹膨，華雖損失，日亦未可視爲勝利也。（銀行周報第二十二卷第六期）

第二段　青島淪陷的前後

(一)我軍力撑危局

據前方軍訊，敵佔周村後，即沿膠濟線向東西兩路猛進，西路陷黃台，直撲濟南，東路向青島迂迴包抄，企圖斷我後路。青島海面敵艦增多，活動甚力，經我堵截，未得登陸。敵機於二十八日上午兩次飛來窺察。又據烟台電話，有敵艦一艘在東山砲台下錨，至發電時，尚未去。青島雖已陷入重圍，但沈市長仍會同軍事長官督勵所部，嚴重警戒，撑持危局，地方秩序甚安。近一再發表告民衆書，勸市民從速遷避，以免無謂犧牲，有「願先吾民而死，不願後吾民而生」之語，言與淚俱，閱者感動。

(二)廖局長死守青島

此間一部分美僑，爲遵守華盛頓國務院之勸告而撤退，今日乘美輪沙克萊孟陀號離青赴滬，此間觀察家相信日軍將由水陸兩路會攻青島，故該區戰事不久即將爆發，據可靠報告，膠濟路某重要軍略車站於星期日被轟炸，濰縣鐵橋業被華軍炸燬，阻止日軍前進，此間中國官員否認外傳將炸燬自來水管，市政府人員仍將留職，新任警察局長廖恩伯（譯音）談，即令日軍進城，彼亦將死守，據聞渠已立有遺囑云。自在港口外封鎖後，所有船隻不得不留在膠州灣内，乘客出入均須易乘小舢板，舟子乘機敲詐，每乘客自港口至灣内索費達五元之鉅。關於日艦封鎖青島事，英航業界以爲將不致變更青島航行現況，因中國船隻已數月未開到此間也。此間局勢雖緊張，外僑仍照常慶祝耶穌誕節，戒嚴時間原爲晚間七時起，是夜則延長至半夜以後云。

（三）居高臨下射敵軍

津浦北段我軍二十八日守長清、白馬山、千佛山、淄川之線，千佛山我軍憑居高臨下之優越地勢，二十八日晨向由濟市商埠開入城垣之敵千餘人予以猛烈射擊，斃敵甚衆。至向魯東追進之敵，經我軍阻擊，二十八日仍未能突過濰縣，青島現仍在我軍固守中。

（四）青島淪陷

一月十日日軍入佔青島前，係由當地德僑推舉代表團，至離市約十五英里之地點會見日本水兵，約五百名，當由德僑代表團告以青島並未設防，並導日軍入市。日軍進市後，立即在市內各地派定步哨，時日領大鷹猶留艦上，俟一切佈置妥當後，方始入市。昨日晨先入市之日軍官爲宮本，宮本入城後，即在市政府與維持本市治安之外僑義勇隊寒暄達半小時，宮本入城後，始有一日軍用汽車，滿裝日兵，隨之入市。日軍入市後，本市外僑義勇隊隊長英籍霍克乃至德僑俱樂部，訪晤日軍當局，見日軍官白石大尉、永田少佐二人，霍克與彼等會晤後，即首由白石大尉簡單致詞，略謂日本海軍已蒞青島，各外僑在過去維持本市治安，備極辛勞，殊深感激，就目前而論，日方正擬與當地最高中國當局開始一切談判云云。白石詞畢後，由霍克隊長致簡單之答詞。昨日下午二時三十分日軍正式佔領市政府，至下午四時三刻，外僑義勇隊始正式將維持治安之責，交與入市之日本海軍。

（五）德干預報輿論

日軍之佔領青島，已引起柏林各界之極端注意，以青市曾一度爲德之租借地也。德政界現頗懷疑日軍此舉，是否爲日艦隊將開始大規模之活動，或竟爲對香港加以威脅之先聲，德干預報今日著文，謂英國對於香港附近重要地域之被佔，其將袖手旁觀乎，此實爲今日國際政治上之一重大問題，英整軍計劃之實行，爲時已太遲，美則更晚。（大公報）

第二章　保衛黃河線

第一節　黃河沿岸的戰況

第一段　黃河的形勢

巴克爾在他所著的韃靼千年史裏，談到了中國的萬里長城，曾經說道：「讀史者應知此長城者，實一大血線也。」這句話充分表現着我們祖宗抗敵禦侮的犧牲精神，以及北邊匈奴頑強內侵的鋒燄是怎樣了。現在，戰爭由平面進展成立體，由刀槍的肉搏，變成了「封神榜式」的戰爭；這座偉大古老的長城，亦隨着時代的齒輪，失去了效用。民國二十二年的長城之役，敵人鐵蹄已經越過了長城，扶植起冀東的偽組織，所以前兩年某外籍記者，曾經問過大公報的記者長江道：「我不知道你們中國將來的長城究竟在那裏？」由近日晉南戰局的吃緊，我們可以說，今日的長城，要算是黃河陣線了。

這次敵人在津浦的北段，總攻不逞，遭到了嚴重的打擊；又看到了歐局的急轉乃抽兵調將，猛攻晉南，企圖佔領整個的黃河北岸，南下潼關截斷我國主要動脈的隴海線；西指陝北以炫耀於他們狗彘不如的法西斯朋友，然後更可動搖我們大中原的腹地，隔阻我們西北唯一的國際路線，如此看來，黃河的血戰，恐怕就在最近的將來了。

黃河全長八千餘里，是中國的第二大河，在中華民族發展的歷史上，尤富有重大的意義，河面的寬度，平均概在二里左右，水勢湍急，並挾泥沙甚多，有時河身積成沙灘，有時又被沖成深淵，所以不易行舟，縱使敵人完全佔領了黃河北岸，除了他們用隔河炮戰的方法，破壞我們一點河防的工事外；若欲偷渡，仍然是有相當困難的。就拿過去山東的河防來說，敵人從濟南的東北，偷渡過來二三百人，守土有責的韓復榘，不但不迅速的包抄殲滅，反而抱頭而竄，致使敵人長驅直入，進陷我們的濟南與泰安，若當時能派相當的兵力，迎頭痛擊，相信渡河的敵人，都會作我們刀下鬼的。按現在的情況來說，黃河的防線，由綏遠的包頭到山東的荷澤縣，足有二千五百餘里，主要的渡口亦有五六個，秦晉交界的黃河線上，主要的地方，便是吳堡，吳堡隔河與山西柳林鎮的軍渡相望，是晉西陝北的交通孔道，民國二十五年春天，紅軍由陝入晉，便是從此渡過的；近來敵人佔據了柳林以後，時欲從此偷渡，這是我們應該嚴加防守的一個地方。黃河由此南下，到了潼關，受到了華山餘脈的阻止，折而東流，自此以下，由潼關到河南的陝州，這是整個黃河防線一段極重要的地方，因為隴海鐵路到了這裏，緊靠着黃河岸上；同時黃河的北岸，便是聳入雲際的中條山，與黃河東西並列着，敵人若佔據了平陸、芮城、和永濟，居高臨下，在我們防守黃河的陣線上，確有相當的困難。再者在中條山脈的尖端，便是雷首山，雷首山下，就是風陵渡，這個渡口恰與潼關對峙着；稍東靈寶的對岸有沙河渡，陝州的對岸有太陽渡、茅津渡，敵人隨時隨地都可偸渡的，深望晉南的我軍，爲保衞北西咽喉的潼關，爲保衞東西的動脈隴海線，要以晉南的山地爲墳墓，與敵人永久的苦鬭；他們縱佔了茅津渡風陵渡，亦不敢輕易偸渡的。順河東往，便是孟津古渡，昔日武王伐紂的時候，曾經觀兵於此，然後渡河滅商；這次敵人佔了孟縣，又在整日的隔河砲戰，但是洛陽一帶，我們已有重要配備，想來敵人是斷難得逞的。鞏縣的孝義，是我們國防工業的所在地，所以敵人在溫縣，亦不時的隔河炮戰，恐怕那不過只是威脅騷擾而已。

談到了鄭州以北的黃河鐵橋，共有一百零八空，而我們已經自動破壞了五十餘空；且南岸又有高鐙的邙山，我們架上幾尊大炮，敵人若想利用，那是絕對不可能的。至此再東，便是開封，開封的對岸，東西有柳園及黑崗兩個渡口。宋太祖陳橋兵變，黃袍加身，便是由此南渡，篡滅後周的。就是北宋一代，討遼伐金的時候，亦都是經此北上的。這次敵人佔了北岸的封邱以後，配備重兵，以威脅開封；而我們開封的當局呢，自程潛將軍蒞任河南主席以來，態度鎮靜，極力鞏固黃河防線。沉着應付，保衞開封，是不成問題的。黃河沿岸的狀況，大致如此。現在再談談如何方能固守黃河陣線。

這條二三千里的黃河防線，我們縱使配備上數十萬的大軍，只是消極的防禦，亦是難以防守得着的。因爲敵人一向是狡猾多端，避實就虛，聲東擊西，乘我不備的時候，集中兵力，猛烈的突破一點，以動搖我們整個的防務，這不是不可能的。就歷史上觀之，西漢初年，防禦北邊匈奴的，便是東起遼東西迄臨洮的萬里長城，他們爲着加強長城的防務，沿城設置遼東，右北平、漁陽、定襄、雲中、代、北地等十餘郡；每郡移住人口數十萬人，甚或二百來萬人；並在重要的關口，配備以重兵。依理說來，沿邊諸郡，該是平安無事了。而實際上卻完全不是那回事，以游牧爲生的匈奴，過慣了馬背上的生活，每每到了秋末冬初，馬肥弓勁的時候，集中兵力，乘漢不備，突破一關一郡大肆刼掠。高、惠、文、景諸帝，苦於應付，祇用和親的方法，以羈縻匈奴，始終沒有顯著效力的。讀過史記漢書的，都可知道漢代的初年，匈奴的內侵，幾乎無年不有的，及至武帝即位，纔知一味的消極防守，不是良好的方策；乃積極的出塞迎擊，結漢遠征，方纔剷平匈奴。今日黃河的陣線，與漢代的萬里長城，確富有同樣的性質。我們要牢記着歷史上的活教訓，處處要處於主動的地位，以進攻爲保守。前數日正在敵人得志於豫北的時候我們渡河的部隊，曾一度的收復滑縣、濬縣、新鄉、與衛輝，這就是積極進攻的優良戰術的運用，此後希望各渡口的守兵，遇有機會，即可渡河反攻，同時希望太行山中的游擊隊，晉北的八路軍，以及正在晉南與敵死拚的正規軍，加緊活動起來，破壞敵人後方的交通線，攻擊敵人的弱點，使他們東顧西慮，日夜坐臥不安，自然無暇南渡的，這樣我們不但可以固守黃河陣線並可進而收復河北失地的。

最後我要提出的，就是後方的人民在此萬分緊張的時機，都要下決心迅速發動一切力量，加強補充前線的各種需要，眞眞正正以「築成新的長城」的精神，爲此關係全局抗戰主要決戰

點的黃河陣線而犧牲奮鬪，萬不可自行驚擾。（毅人）

第二段　保衞黃河線

敵人從本月六日起，發動了對平漢全線「眞目面」的攻擊，依據着下列四種理由：第一，敵人第二期的軍事侵略計劃在於打通津浦線，切斷隴海線，進攻武漢，然而津浦南北遭了我們堅強的抵抗受了重大的打擊，於是敵人不得不發動對平漢全線的攻擊，一方面牽制我軍的實力，他方面聲援津浦的敵軍。第二，濟南棄守以後，平漢線的黃河北岸，成爲華北抗戰的重要據點，敵人要想再度突破黃河陣線南下，切斷隴海路，甚至沿平漢線威脅武漢，首須「肅淸」大河以北的我軍。第三，西戰場上敵人受到韓侯嶺的阻隔，不能順利地南進，從平漢線左翼越太行山脈，威脅晉南我軍的右側翼，策應山西正面的敵軍，便成爲日寇的重要陰謀。第四，沿平漢線偏西，晉省東部的太行山脈，綿延的千餘里廣大地域間，佈滿了我們十萬以上的游擊隊，這些英勇的中華男兒，已經成爲支持華北抗戰的巨大力量，敵人要想統治佔領區域，要想遂行其南進的軍事計畫，首先要對這些游擊部隊採取包圍襲擊的形勢。

本月六日以來，敵人南進的軍事侵略，動員三萬以上的敵軍，配備着新式的機械化武器，一路沿平漢線南侵，以安陽爲根據地，一路沿大名到濮陽的公路推進，而以大名爲根據地，另一路以武安涉縣爲中心，向晉東南進展。

六日下午以後，平漢線正面及左右翼發生了全面激戰，正面敵軍於十一日佔湯陰，我軍改守淇河沿岸的側面陣地，經過了兩天的血戰，十三日的上午淇縣也淪陷了，開始在汲縣的國防線上激戰，城北的頓坊店、薛山、黃土崗、東寺門，染遍了我英勇官兵的鮮血，不幸在十四日的晚間，汲縣亦以不守聞。敵軍一面沿平漢線南進，一面佔領了輝縣城東北二十里的山彪鎮，十六日的激戰，終於沒有抵擋住山彪鎮東進的敵軍，晚八時豫北重鎮平漢道清兩線中心的新鄉縣，也陷入敵手。第二天輝縣陷落，平漢正面的敵人，竄達小冀鎮，十九日到達了黃河北岸前兩小站忠義鎮，右翼從大名南犯的敵軍沿公路推進，三天的工夫清豐、南樂、濮陽等要地相繼淪亡。敵人抵達濮陽以後，北路由道口向滑縣及道清縣進擾，南路經長垣而封邱，封邱雖經一度克復，但不久又陷敵手。左翼的敵人，從武安涉縣出東陽關，晉東南也受威脅，黎城，潞城、長治據最近的消息也守不了。平漢正面敵軍抵忠義後，一面集中主力於汲縣新鄉，沿道清線西犯，一面又將右翼到達黃河北岸、柳園口的敵軍西調，匯合忠義亢村一帶的敵軍，和道清線作兩條平行線式的橫的西進，於是封邱以西的陽武原武相繼失守，敵騎西進達武涉附近，而沿道清線西犯的敵軍，又從十八日至二十二日的四天間攻陷了獲嘉、修武、博愛、焦作等地，二十二日起我軍已經改守丹河西岸和沁河南岸的陣地，但是終因敵人的砲火猛烈，這些陣地也被突破了。溫縣、沁陽、孟縣、濟源的區域內，也到處有敵軍騷擾，同時敵另以一部進攻晉東的晉城。

二月六日開始了的河北戰事雖然在不到二十天的期間，我們喪失了豫北，晉南、晉東的許多縣份、在軍事上不得不承認是失利的，然而在豫北大戰中，我們也許得指出若干的優點：(一)在河北大戰以前，我們把從寶蓮寺到汲縣二十五英里的鐵道破壞了，把安陽南面的水堤潰決了，使敵人的進攻遇到不少的困難，湯陰以北支持了五天的抗戰。(二)在湯陰衛輝的戰爭中，我們的官兵表現了爲國犧牲的決心，張紹賢團長、張營長、王連長、平射砲連長，均負重傷，在右翼長垣南北的激戰中，我們好多中級軍官受了傷，傷亡的官兵統計在兩千名以上。(三)民衆和軍隊聯合作戰表現了不小的力量，新鄉國民兵團團長何紹曾(前新鄉縣長)，副團長鄧樸珊(前新鄉保安副團長)率領了兩千多人，在新鄉附近予敵人以重大打擊，焦作鐵路義勇隊由司令徐挽瀾氏率領，繞襲敵人的後方，收復滑濬兩縣，丁樹本部民軍收復了濮陽。(四)游擊隊和正規軍在軍事上實質的聯繫作戰，當平漢正面敵人發動了南犯的攻擊後，冀晉邊區游擊隊立卽奉命出動，先後克復了定縣、望都、清風店、新樂城、行唐、無極，並曾一度衝入保定車站，從保定到正定的二百多里區域內，充滿了我們的游擊隊的蹤跡，孫殿英部的游擊隊，也從武安涉縣兼程前進，一面襲擊敵人的左側背，一面牽制向晉東西犯的敵軍。至獨立第四游擊支隊張威明部，也奮勇收復了清豐城，現在敵人已經把大河以北的交通聯絡線，主要的軍事據點和黃河北岸的渡口控制了，而且在封邱的柳園口孟縣的黑崗口派了少數的騎兵和橡皮筏，屢次作試渡的企圖，雖然有些人以爲敵人在黃河北岸正在趕做防禦工事，一時尚不至渡河南進，但是我們曉得柳園口對面便是開封，黑崗口對面便是洛陽，開封、洛陽不僅是中原的重鎮，而且是隴海鐵路的首要據點，敵人突破黃河陣線，切斷隴海鐵路東下襲擊徐州側背，西上進謀潼關，南下攻打平漢南段的企圖和野心，卻是決不會放鬆的。黃河陣線如果被敵人突破，則成爲中國心臟的隴海線，隨時有被切斷的危險，同時中原廣大的區域，也不免要遭受敵人的荼毒了。目前我們要突破黃河北岸敵人渡河南犯的陰謀，要挽救河北戰事失利的危機，至少應該實行下列的條件：第一，嚴令河北各軍，堅守最後的一個城一個村一條線，甚至一片土，與黃河陣線共存亡。第二，山西已成華北抗戰的唯一根據地，使晉東南的敵軍，應該迅速的肅清，並進而由晉東繞越太行山，抄襲平漢線敵軍的左側翼。第三，大河以北各游擊隊各部民軍，應立即全體出動採取積極的攻勢運動戰，已克復的區域，必須以最大的努力堅守，逐漸地擴大游擊區，成爲個別的支持華北抗戰的據點。第四，豫北冀南是全國中民間自衛團體最堅強的地區，農民都有自備的槍枝，而且有少數紅槍會天門會等的會員，參加了直接的抗戰，主管當局應立即選派大批青年幹部，分赴大河以北實地的動員農民大衆發動大規模的抗戰。第五，今後平漢全面作戰中，應以獨立自主的運動戰，代替被動作戰，以攻勢防禦代替單純防禦，應該是河北各軍最主要的戰略。

保衛黃河陣線，就是保衛中國動脈的隴海鐵路，就是保衛中原，甚至也就是保衛全面抗戰的勝利，因此保衛黃河陣線，是當前最迫切的任務了。（郭從周）

第三段　在黃河北岸

我們在黃河南岸巡行了二十餘里，在小李村發現了渡河的機會，這兒的水面較狹，水勢亦比較緩慢。兩岸堆聚着很多難民，有的扶老攜幼，有的背負着行囊，焦急的心情，表現在每個人的臉上。然而在河裏往來的祇有三隻小舟，不管如何賣力，也不能很迅速的普渡衆生。我想從北岸往南來的，自然因為逃避倭寇蹂躪，至於由南往北的就令人有些懷疑了。不過我猜想他們並不是願意回到家鄉忍受倭奴的殘暴和虐待，而是逃出來以後沒有生活辦法，纔不得不含着兩眶眼淚返回家鄉了。在這兒表明着難民問題，仍無適當的解決方法；值此抗戰期間，人民是特別寶貴的，眞不該讓他們無謂的犧牲在倭寇的槍尖下啊！

好容易渡到了北岸，我們擠在難民羣裏，朝着陽武那方前進。不久到達一個村莊，這兒祇有十餘戶人家，全是泥牆土屋，景象十分窮苦蕭條。但是村莊之間有一小小溪流，兩岸楊柳隨風飄拂，把牠襯托得嬌小玲瓏，假如陽春三月楊柳綠葉繁茂的時候，這個小村莊倒像是一幅美麗的畫景，現在楊柳枝頭已經發出淺綠的嫩芽，小鳥不住的在樹梢上跳躍聒噪，兼之今日天氣晴朗，日又暖風又和，春意表現得十分濃厚，使人感覺着春天來了，精神特別興奮了。

踏過板橋，發現一家小食店，忽然感覺腸胃在劇烈的翻騰，這時纔記起早上五點鐘由鄭州出發，到現在已經是午後一點，肚子裏還不曾裝過一點飲食，於是食慾油然的旺盛了。

我們的午餐剛結束，外面又來了三男兩女學生青年，他們背着包裹，走的滿頭是汗，顯見得是很疲乏，但是當他們喝了一碗小米粥，馬上又變得很興奮，說東話西的把這小小食店弄得很熱鬧了。這種天眞活潑的情形，表現了十足的學生本色，我很高興這一羣孩子，他們有青春的活力，有潔白的良心，新中國的基礎，是需要建立在這一羣兒女身上的，於是我們攀談起來。從他們的自白中，知道了他們都是未畢業的高中學生，有兩個是在新鄉上學，那三個則在鄭州。可是他們的家鄉在衛輝，現在淪陷敵手了。他們的家庭都逃到了鄭州，生活方面十分困難，目前已感覺到逃無可逃，沒有一處是安靜地帶，於是決定回轉到敵人的後方參加游擊隊，把熱血灑在爲民族生存而抗戰的沙場上！

「你們能夠耐得住那種艱苦嗎？」我問。

「現在還說什麼艱苦不艱苦，人人都想安樂，中國便不可救了！」

「父母願意你們去嗎。」

「有什麼不願意？家鄉都毀了！」

「你們到什麼地方去找游擊隊？」

「××那邊，那兒有很多同學的，到處都是，祇要肯去。」

這時小店外面已經聚集百十名難民，他們彷彿在聽取什麼奇怪的消息，那一孩子忽然對這一些無家可歸者，以悲哀的音調唱起「松花江」的歌子；可是他們把「東北松花江」，換成了「豫北漳河邊」：

「我的家在豫北漳河邊上，那裏有森林煤礦，還有那遍「田」遍「地」的大豆高粱……。」

這個歌曲的詞句通俗明顯，又因爲他們唱的音調十分凄楚，抓住了每個人的情緒，挑動了每個人的悲感；這百餘名聽衆，都埋着頭閉着氣，靜靜的聽着。及到唱着了那「爹娘啊，爹娘！我們何時纔能回到家鄉，何時纔能栽種我們的大豆高粱！」唱的人首先流出了熱淚，於是聽衆一個一個的都吊下了眼淚，我也拿出手帕揩着我的眼睛。這是多麼感動人啊！不久他們背上了包裹向我們告別，出了門便以雄壯的音調提高嗓子的唱：

「向前走，別退後，生死已到最後關頭！同胞被屠殺，土地被強佔；我們再也不能忍受……。」

望着他們那小小的背影，我心裏很虔誠的說：

「朋友們勇敢的去吧！倭寇的生命是要結果在你們手裏的。」（伯倫）

第四段　黃河國防線上

自從第二期抗戰展開，好些地方，軍隊與民衆的力量都有了新的配合，使敵人在大江東南，津浦兩端，遇到強烈的抵抗，不得不改途易轍，轉趨平漢線，企圖突破黃河，切斷隴海，威脅武漢，再來一次大規模的中央突破陰謀。

半月來，豫北戰事，處於不利狀態，二十餘縣相繼失陷，南至孟縣，西至垣曲，幾全被蹂躪。敵人現正陳兵於黃河北岸，躍躍欲渡，隴海鐵路區域，大有山雨欲來之概。黃河天塹，不但是河南省唯一屏障，而且已是今後全國國防的重心，「保衛大黃河」也就成爲抗戰現階段的中心口號。

記者由洛陽赴陝，路過澠池，探知豫西靈新一帶河防現由中央第口師鞏衛，李旅長口口率一部健兒擔任澠新一線，與敵沿河對峙。李口口是黃埔第二期學生，素以饒勇善戰稱，北伐時曾參與攻克武漢諸役，在江西征剿，曾以一團之衆，掩護九個師脫離重圍。記者與之有數面之雅，爲想明瞭豫西現狀，便登門投謁。

在一間半牆半土的平房裏，我們的會見開始了。握手認舊，欣然道故，爽朗的笑聲，明快的言談，表出一副現代軍人英豪果毅的氣概。

經過瑣屑的寒暄，記者提出各種問題。關於河北敵情，他表示——

「失敗，祇是暫時的。原因雖然很多，軍事方面尚有許多脫節狀態，民衆方面尚未取得密切的聯繫，卻是較主要的。武器我們雖不如人，但這並不是絕對勝敗的因素。」他還加插一段新鮮的故事，說：「前天，我軍南村陣地，就發生過一件可笑的事——×團的一位弟兄在一座山上放步哨，給對河敵人發見了，一陣轟轟轟，山尖給打塌了，結果我們犧牲了一個崗兒，敵人卻一共犧牲四十多響大炮，究竟誰佔便宜？……」說到這裏，李××扯開嘴縫，露出一排清潔牙齒哈哈地笑起來，記者也覺得只靠武器的威力，也有點滑稽。

「大炮我們是不怕的，敵人目前結集對河，趕扎筏排，想藉大炮掩護偷渡。唔，來吧！」他以一種自信的口氣提高了聲音：「黃河水是泥巴樣稀爛的，教他不好渡，要強渡，就拚拚看，溜溜的黃河，是我們盡忠的所在，也是敵人淹葬的地方。我們軍人，只知服從領袖，抗戰到底，爲了保衛國家的土地，是死也光榮的。」

記者忽然記起：剛纔在車站遇見一些由黃河北岸撤退下來的宋部，散軍，有一位手臂負着微傷的大兵告訴我說：

「咱們和日本鬼子打仗，是最痛快不過的事，飛機大炮，怕他幹嗎！可是咱們在前頭打，有些紅槍匪都給敵人利用。搗你的鬼，在背後一哄，可遭了。我×他奶奶的！這些狗養的漢奸！」

於是，我心裏怪辛酸的顧慮到此地的民衆運動和漢奸問題。李××的答覆簡要而中肯。他說：

「這裏已有壯丁隊組織，很可以幫助防守地方，但覺發動還不夠普遍，抗戰意識還不夠深入，地方會黨還保有封建的門戶之見。希望做民衆工作的人注意到這一點，至於軍隊與百姓的聯絡更和作戰前途很有關係，當然是不容忽略的。」

——說着，他便轉身從旁邊堆積着文件的臺上，檢出一張標着「告本旅全體官兵同志書」題目的油印品遞給記者，並指着其中一段關於勸諭官兵怎樣對待百姓的文字給我看。

三分鐘的默閱，使記者對這位少年將軍多幾分信賴。

最後，閒話中又談及一些游擊戰在冀察各地新近的戰績。他站起來，在爐火周圍踱着方步，面着牆壁上一大幅地圖察看了一同，睁大圓圓的眼睛，帶着微笑肯定的說：

「配合正規軍作戰，游擊戰很足以制敵人的死命的，必要的時候，我們也可打游擊。你將來看看吧！」

步出司令部，我對於這位舊相識多了一層新印象，覺得目前這時代，眞是鍛鍊英雄的大溶爐，願一切中國軍人，都在抗戰的過程中健全起來吧！（牧風）

第五段　津浦南段

津浦南段的戰事，早在淮河、滄河一帶，猛烈開展。最近鐵路西側華軍迴師反攻，正以生龍活虎的姿態，猛撲考城、鳳陽。富於機動性的運動戰，停滯了日人的前進，北線華軍連日開始活躍，克復了汶上迫近濟寧、兗州。日人打通津浦的美夢，將在英勇的戰士猛襲衝擊中，打成粉碎了！

津浦全線，今天在中國的手裏的，祇有四分之一。可是徐州每天有聯繫南北兩段的客票車，這充分表現了戰區的穩定，與軍民的鎮靜！

、記者於十四日下午，搭車在南段前線視察。車中旅客頗擁擠，其間以武裝同志特別多。有青年七八人，係回鄉幹民衆救亡運動，及組織游擊隊者，他們欣然對我說：「人家忙於逃難，我們卻相反的要回家去，保衛自己的家鄉！」據他們談，徐海各縣，民間槍械，歷來非常之多，只要動員得法，不難發展游擊隊伍，農民最不願把自己的槍械，交給官廳或軍隊，使自己失去了自衞的武裝；同時，「安土重遷」也是農民的傳統心理。因此，他們將來號召農民時，以「槍不離手，人不離鄉」爲原則。

破爛的客車，玻璃窗早已粉碎，釘上木板，以禦寒風。入晚，無燈的車廂中，響起了義勇軍進行曲。以前我們坐車，偶然總可聞旅客哼京調或民間小調，而今日卻到處響遍了雄壯有力的救亡歌聲。幾個士兵談前幾天空軍轟炸蚌埠的情形，說得有聲有色，興奮萬狀！客車僅止於宿縣，一到站，逃難者蜂擁上車，幾使下車者無法下車，車站冷落異常，據說城內還要冷清清，大部份居民，不是避到鄉下，便是向北逃奔。

（一）月夜上前線

從宿縣往南，每晚有無定期的兵車及衞生車，車站上無小販可買東西吃，即使飢腸轆轆，也得忍耐的等着，過了午夜，搭上一輛某軍的彈藥車，就向前一站奔馳。到了一點半，纔抵目的地，站上受傷的戰士很多，民夫在旁招護着。該站已離前線不遠，除三五路工外，其餘盡是武裝同志了，承該軍部駐站副官的指導，出站再向西南的鄉村小道步行。一里又一里地，在那些圓月照耀之下的村莊，都有哨兵在外守備。幾天的雨雪，道路泥濘的怪難走，約有十里，纔到達該軍部。時間已快三點，前線上顯得特別沉寂，就宿於通訊隊所住的破廟中。柴草堆中，居然也呼呼入睡，勝過睡在「席夢思」上。

（二）會見于將軍

次晨，訪于學忠將軍。他住在一所土房子裏，連日在前線指揮作戰，辛勞得連睡眠也不足。可是依然精神抖擻，很興奮的與記者作長談。他首先敍述淮河血戰的經過，繼發表關於此次戰役的感想：「淮河岸上的戰鬪，是異常激烈的。日人以坦克車、大炮、列隊於南岸，集中炮火來攻，可是日軍雖然幾次在炮火飛機的掩護下，強渡到小蚌埠。但數進數出的白刃戰中，雙方傷亡甚大。在沿鐵路線正面，日人始終不能算得手，臨淮關一翼，我軍扼守的是一個凸出地帶，在軍事術語上所謂『死角』，南岸的日軍，整天整晚的以野炮集中一點猛轟，終久，因我軍傷亡過大，而被其突破。這裏，要說到我國募兵制度的弱點，往往因官長傷亡過半，而士兵不能繼續戰鬪！如戰前派定了每一級軍官的承繼者，則前仆後繼，仍然可以戰鬪下去！本軍的防線，自五河起一直到懷遠，長約二百里，因此在戰爭最猛烈時，所有的預備隊都調了上去。如果那時我們後方尚控置有雄厚的兵力，隨時策應，則淮河北岸的日軍，可在爭奪戰中殲滅掉。」

關於戰略問題，他認為第二期抗戰的開始，華方大大進步，即能以運動戰為主、游擊戰與陣地戰為輔，不過該軍所擔的戰鬪任務，是正面，不能作運動戰，祇有沿鐵路線兩側的華軍，纔可以充分的發揮機動性。談到軍民的關係，他認為比以前也有驚人的進步，所有的老百姓，就是鄉下的農民，都已明瞭這次戰爭是對外的，對侵略者的戰爭，大家樂於與軍隊合作。譬如，這次在前線上的傷兵，總共有兩千多，可是每師只有兩連衛生兵，要不是當地老百姓自動的救護傷兵，那末這麼多的傷兵，也許拾不下了！

最後，他以堅決的語調說：「只有更堅決的抗戰下去，纔可以生存，和平妥協，結果總是滅亡。東北軍幾年來的亡省之痛，刻刻在心頭，難忘的仇恨醞釀着，全軍官兵皆熱血鼎沸，這次終究有機會相見於疆場了！我們下了必死的決心，戰鬪在津浦線，目前，雖不敢誇言勝利的把握，但至少使日人不能輕易在津浦線得手，一寸山河，一寸血肉，日軍總得付相當的代價！我們正面血拚硬戰，使日人的進展，延遲了一小時，即可使我後方的陣地多一小時的強固起來，如果津浦線的戰事失敗得也像山東那麼快，那末以後的事兒，更不好辦了！」

(三)淮河之北岸

淮河的血戰，開始在八日晚，蚌埠日人在大炮飛機的掩護下，強渡至北岸，在小蚌埠展開猛烈的白刃戰。該地的得而復失者，往返數次，雙方的傷亡都很大。九日晚上，日人又在臨淮關的晏公廟強渡過來。華軍凸出陣地的幾個村落，被佔領了。可是不久華軍猛烈反攻，肉搏衝鋒，結果又克復了這一塊陣地。當場俘獲日人四五十，這裏血戰歷四晝夜，旅長、團長，均親臨第一線參加白刃戰，士兵奮勇若狂，視日人的飛機若無覩，終因傷亡枕藉，而退守澮河口。總計，淮河之戰，華方的傷亡達五六千，而日人方面至少有兩千多。日人侵得淮河北岸陣地之一角，但也償付了不小的血的代價！現在，日人的大部，在曹老集一帶，華軍則沿着澮河，扼守固鎮、姚集、瓦疃集、新橋站一帶的陣地。日軍因為大部份重炮，未曾渡過淮河，連日的陰雨，也使日人在河川地帶作戰，發生極大的困難，故數日來，除雙方少數便衣隊作戰外，前線是平靜着！另一方面使日人不敢冒險北進的原因，是沿鐵路西側的華軍，日來以大規模的挺進作運動戰，很可能截斷鐵路線，施行大迂迴的殲滅戰。南段的戰事，已有好轉的形勢。最後，要告訴讀者的，就是張自忠將軍，也已統率所部，在最前線作戰。張的過去，可以不談，這一次他是痛下了決心的，而且拚命的要好，所部的士氣，也非常激昂，我想全中國人士一定期待着張將軍在津浦線戰役中最英勇最果敢的表現！記者於十五日午刻，又搭兵車，再往前線視察。晚上，坐了傷兵列車，重回徐州。（戈哈立三月十日）

第六段　敵方兵力配置調查

自全面抗戰開始以來，已閱八月餘，敵方爲求速戰速決起見，傾其全國三分之二以上的兵力，大舉進攻　綜計南北各戰線，敵方兵力，共計在四十萬以上。而每日敵方所消耗的經濟，至少在二三千萬元以上，自戰事爆發以迄於今，敵方的侵華軍事費用支出實數，已超過五十萬萬元，傷亡人數，共達十五萬以上，敵飛機之被我擊落者，亦達五百餘架，大小敵艦被我擊沉者，有二十餘艘之多。因損失之嚴重，敵方乃不惜變本加厲，準備傾其全力，與我作孤注之一擲。

目前南北戰線，敵軍尚在繼續增加，並更番調動，由於侵略地域的擴大，戰線的廣闊，戰爭時期的延長，使敵軍異常感到兵力不敷分配之痛苦。

以下所調查的敵軍分配，係根據最近所得的報告彙製而成。當然，敵方的軍隊，因進攻的戰略關係，調動頻繁，且力守祕密，故遺漏在所不免。

（一）晉南戰線

（A）黎城長治一帶——泗川、松井、長澤三聯隊，長治城附近，有敵步騎兵約千餘，大炮十二門。

（B）沿同蒲路南下——川岸二十師團及伊籐旅團並目川、佐佐木、海總等三聯隊。

（C）蒲州一帶——二十師團之十四旅團，旅團長爲上川良夫，騎兵第二十九旅團，鯉登聯隊，此外，尙有鄉陵、小林聯隊。

（D）雙池鎭石口鎭一帶——小岡第一〇九師團，及二十師團之七七、七八兩聯隊。

（E）太（原）汾（陽）一帶——一〇九師團及第五師團，其主力分兩方面，一經隰縣犯大寧，一由汾陽向靈石調動。

（F）交城以北——剳下旅團及一〇九師之三六團。

（G）東陽關西一帶——一〇八師團之中村工籐兩部。

（H）太原城——板垣第五師團主力部隊。

（I）其他各主要城市——土肥原第十四師團及第十五師團。

（二）平漢豫北戰線

(A)孟縣城附近村落——有敵三四千人，番號未明。

(B)温縣招覽鎮一帶——第二師團敵五千餘人，外有戰車數十輛，大炮數十門。

(三)津浦戰線

(A)津浦南段——指揮長爲西尾中將，主力爲第五師團及第十師團之一部，第三師團及第七師團之一部，兵力近十萬人，以攻徐州、合肥爲中心。

(B)津浦北段——代理司令岡崎，主力部隊爲沼田、長行、桑田三聯隊，及山田、森岡二中隊。近以沿線遇我游擊部隊，更增加野田、村上兩聯隊分駐沿線，全部兵力約一萬。

(C)魯東方面——僞滿軍前敵總指揮張逆宗搏，參謀長田本太郎，下轄第一師（師長劉逆佩忱，由齋藤小彬指揮），獨立第二旅（旅長劉逆桂堂）等。

(四)江南戰線

(A)杭州方面——指揮官武內中將，指揮三個師團，現分佈在杭州太湖東南一帶（計那川軍團長，原杭州灣上陸作戰軍軍長，轄第六、第十三、第十六三師團，最近有調回之說。第二師團長岡村寧次（已調至華北作戰，升某師團長）。此外，尚有大久保保安司令慕田，憲兵大隊藤田、古田兩聯隊（屬第十八師團）。

(B)松江一帶——炮兵一隊，炮四門。

(C)吳興長興一帶——第十二師團，師團長牛師眞雄，外加少禪聯隊及天羽聯隊。

(D)富陽方面——第十八師團鈴木旅團。

(E)蕪湖宣城方面——在蕪湖爲第七師團及第六師團之一部及野戰車團之戰車一隊，在宣城則爲第九師團之第七團，第六師團之第三十團，指揮官爲岡本。(前係橋本大佐，因擊沉美艦巴納事件撤職。)

(F)餘杭方面——第十二師團之井上旅團。

(G)溧陽北湖橋方面——平井大隊及第五中隊，杉山政訓隊等。

(註一)以上各線均配置多數僞滿軍，其數目未詳，此等僞滿軍，係與日兵混編而成，由日軍指揮。

(註二)除戰線外各被侵略之主要城市之駐軍(如南京，蘇州等)因缺乏統計資料故未列入。(廣州救亡日報)

第七段　黃河防線

我們都知道黃河全長有八千多里，從包頭到山東的東明與荷澤，也有二千六百里，這二千六百里，便是我們「新的長城」的所在。二千六百里的東面及北面，許多重要的都市與交通線，都在敵人手裏遭着極慘酷的蹂躪。我們自己部隊自從得了「不許渡河」的命令以後，大部份都在河北，近來更源源新增部隊過河去補充，更加上我們的游擊隊，的確足以牽制敵人不少。不過假使敵人這次在魯南增援反攻又告失敗，他會不會向黃河的別處突破一點向中原腹地進攻呢！中央突破的條件是：

(一)擔任突擊之部隊，兵力強大，而集中迅速。
(二)擇定突破點之正確。
(三)有卓越之高等統帥及精銳之軍隊。
(四)下級指揮官之協同及連繫。
(五)後方機關之完備，尤以彈藥之豐富。
(六)作戰能力之維持，尤以減員補充之迅速。

我們不能自餒，也不可自驕，那便是說我們不輕敵，也不要畏敵。所以這方面，我們不得不事先檢討而加以戒備。

過去軍渡與吳堡曾有一度危急，這兩個地方正是山西與陝西交通的孔道，敵人假欲由此窺陝西，不過這已成爲「過去」。黃河由綏遠的托克托向南直流，遇到華山山脈的[illegible]，[illegible]通，便橫折而東，這中間，有一個著名的地方，大家都知道是安祿山爲爭取楊貴妃而[illegible]哥舒翰的潼關。自潼關到河南的陝州，便是整個黃河命根。目下，我游擊隊雖在[illegible]躍，我某戰區的胡宗南將軍雖率大兵駐此，可是敵人時而還在對河的中條山與雷首山一帶炮轟陝州、潼關、靈寶、閿鄉等地，並且連火車過身都不方便。這其間，茅津渡、風陵渡、[illegible]，……敵人幾次偷渡，都被我們打得他落水流花而退。十幾天前，金仲華先生便憂鬱着恐怕敵人有由永濟渡河赴朝邑迂迴潼關的企圖。這點，我們的軍事當局，當然久已看穿，有充分的準備。

因爲敵若由此出長安，不但可以包圍潼關，而且可以下漢中出四川。我們不守，徐州何爲？孟縣，有所謂孟津古渡，温縣，可渡鞏縣，近日亦時有隔河炮戰，可是洛陽一帶我們也有重兵，敵人斷難得逞。鄭州的威脅當然日見減少。而且敵人也沒有由新鄉渡河的企圖。因爲黃河鐵橋我們已自動地毀壞了七十空，邙山上也架新式軍械。這幾天，開封對岸的陳橋失守，開封當然感到一點威脅，不過，聽說程司令長官的態度非常鎮靜，應付一個封邱的敵軍，實在不成問題。對整個黃河防線，我們所感到一點「理想」上的不安的，一是敵人對陝州到潼關的騷擾，二是敵人也許會由濟源趨商邱。

這念頭，當然有點近乎杞人的瞎想。不過，「陣而後戰」，始終是一句不錯的名言。

我們希望在這節節勝利的消息中：

第一、各方面積極反攻，使敵人手足無措。

第二、正面追擊行動，不可過於深入。對於既得勝利，不可輕易放棄。

第三、統一游擊部隊，目前河北、山東、山西、綏遠的游擊隊日漸增加，不過到現在還缺乏統一的指揮，以致變成你游我擊，我擊你游的現象，不能發揮戰術上的大效果。曾文正平太平天國，極注重「雕剿」，所謂「雕剿」，與今日的游擊隊似乎有點近似。不過雕剿的組成，以每千人爲單位，目前有的游擊隊部甚至於有十幾人一隊的，兩個大人在打架，一個幼童去幫一拳，於仇敵的痛癢太小。所以我們主張馬上成立正規軍式的游擊隊，單位人數增多，把指揮統一起來，可以化零爲整，一時又可以化整爲零。

庶幾，我們的「新的長城」的威脅不但可以減少，我們舊的長城的恢復也在目前。（嚴怪愚四月十九日鄭州）

第三章　津浦線與淮河之戰

第一節　津浦線激戰

第一段　津浦線戰勢

近日戰事重心吃重津浦線，全國目光皆集中徐州，記者來此，首謁主持中原大戰重責之□□戰區司令長官某氏，我們看他怎樣觀察現階段的津浦之戰及其趨勢。

某氏說：「今日津浦路有南北戰場，很像歐戰時期德國有東西兩戰場，所不同的，我們現在完全是一個被侵略的國家。徐州，在一般人或從表面上看來，是很危急的，認爲將來不僅要被重重包圍，四面受敵，而且有五面受敵，全被消滅的危險。但這僅是一般人的看法，在我們軍人和抗戰情緒很高的民衆看來，我們這次抗戰，是一個被侵略國家，反抗強權的戰爭，我們爲生存而戰，爲自由而戰，我們堅強的信心和勇敢的精神，一定可以克服環境，戰勝敵人，打破敵人的野心。」

「從戰事态態上看，敵人自想打通津浦線，使南北聯絡，以利軍事運輸。我們自然不能讓牠打通，卽使敵人打通津浦線，也不能南北聯絡，達到打通目的和利益，因爲打通以後，敵人將處於被動地位，其兵力薄弱，不足分配，將處處單薄，由西由東，處處將受我們夾擊。」某氏在談話時，態度異常沉着，對前途表示很大的信心。

某氏繼而分析目前戰局，他說，「敵人自上月二十三日以來，集中第十三、十六、一〇二、一〇七等四師團兵力，由津浦南段向我進攻，我以□師兵力相抵禦，自明光起，打了兩個星期，纔佔據相距五十多公里之蚌埠，我們爲什麼放棄蚌埠，因爲我們的戰術改變，這裏的戰事是帶着「游性」的機動戰，不能像上海作戰時，將兵力置重一線。自明光至蚌埠一段，作戰雖僅兩星期，其兵力、火力，空軍均較我略優，但死傷卻比我爲大。我雖失去一城市，然力量仍得保持，使其不能長驅直入。敵人所謂進步，不過是表面上的，我們將主力移到鐵路以西，牠們想向前進展，我們則從旁牽制，再配合游擊隊於一處，在時間上，兵力上，達到消耗敵人的目的。」某氏又說明彈性戰爭的重要，因爲現在敵人進攻，還是一貫先以大炮飛機坦克車轟擊，繼以步兵佔領，[illegible]攻後，我佔領地可立卽收復，因此在敵人集中兵力時，我們[illegible]

某氏後來[illegible]，在第□戰區是很危險的，然而實際姿態卻與我有利，敵人[illegible]北兩點，謀合師徐州，但這企圖，恐怕不易實現，何況鐵路之東，我們[illegible]，橋樑，都已破壞，更增加其打通的困難呢。」

某氏以上談話，集中於津浦南段，後來又將中心轉到北段，他說，「北段情勢，近來比較沉寂，因爲敵人過去所採取的策略，大概是南攻北守的策略，但這也不過是一個暫時性質，並非永不進攻，這方面敵人，大致是靜觀南方情形，到一相當時期，這方面還是要進攻的，現在牠們不敢進攻原因，是我們在這方面配備了相當兵力，如自濟寧進攻，一面必遭強烈打擊，一面尙恐我由津浦幹線包抄，有腹背受敵的危險，因此一部份疑想敵人有自濟寧進攻，切斷隴海路西段可能，未免顧慮太深了。」

至隴海路東段海州方面，某氏認爲非敵人主攻點，敵人在連雲港進襲，僅屬擾亂性質而已。（宗僑）

第二段　邳縣前線作戰記

我們這一師人，加入邳縣前線，是最近的事。自接到劃歸□□軍團□□軍指揮的命令以後，我們每一個人都興奮得要發狂了。我自己在軍中生活差不多十年了，但是聽到作戰命令而欣喜跳躍的情形，這卻還是初次看見。

以後，我們便正式擔任了邳縣的正面火線，在火、鐵、血的交流中，過了不少的時候。每一次的激戰，敵人總要死傷好幾百，我們自己當然也免不了犧牲。起先，自己聽見炮與炸彈響聲，或是聽見受傷戰友的呻吟，就不禁有點心痛，可是一聽得慣了，反而覺得有趣。你不知道，各式各樣的吶喊呻吟聲，敵人飛機坦克的發動機聲，炮和炸彈聲是沉重的，步槍和機槍卻清脆有如放爆竹。我記起我們家鄉湖南是最愛放爆竹的，大年裏簡直是徹夜不停，如今我們算是天天過年，天天有爆竹聽。

陣地情形就是這麼樣的，有時候比任何古廟還沉寂，有時候卻又比任何擴大俱樂部還熱鬧。所以軍人戰時的生活也如此，有時候像伏在深山修煉的精靈，有時又像爭食的老虎。

這裏，我得報告一點戰況。昨天午後五時許，我們的步隊攻擊小袁莊附近敵陣時，槍彈下結果敵人好幾百。敵人倉皇退卻，連陣亡的尸首也未及搶走，我們檢查一遍，其中發現有許多穿軍服的女尸。奇怪！日本婦女敢來陣地作戰？我們大家驚詫起來，後來仔細一看，纔知道是些救護兵和什麼「國防婦女會」的慰勞隊。日本軍閥驅使壯丁來中國送死不上算，還要把荏弱的可憐的日本婦女也驅上火線，多麼殘酷啊！後來聽見一位陣地記者說起日本婦女的奴隸生活時，纔明白這些可憐的死者在國內活着時也極悲慘！

說到記者，這兒不時有他們的蹤跡，現在中外名記者都集中第五戰區了，外籍記者中，有一位女記者，她也到我們指揮所　離敵人最近的地方來參觀了，這種精神，眞可佩服。

敵軍自魯南大敗以後，其士氣彷彿是落入萬丈深淵，從前不容易俘虜的日本士兵，現在也很容易地投降我們。自殺和潛逃，更時有所聞。有一個俘虜，曾向我們痛哭過。反之，我們的士兵，卻異常振奮，一聞出擊號，便很快地前進了。

至於魯南第二次大會戰的形勢，有許多不便報告的，暫且不談吧。不過大家知道，敵軍進攻徐州的戰略，是分三路挺進，一路是魯南，以邳縣為中心，一路是魯西，一路是淮北，都以豫北歸德為目標，企圖包圍徐州。我們所擔任的防務既在邳縣，便是首當其衝的要地，如果邳縣一丟，隴海路東段就被敵切斷，海州要塞也要失去。所以我們的任務是要死守邳縣，確保隴海路的安全。

讀者諸君，請你們放心，我們一定要以最大的努力，不辭任何犧牲，誓必達到防衛徐海的任務。（中堅五月九日於艾山前線指揮所書）

第二節　淮河之戰

第一段　淮河兩岸激戰經過

中央社記者七日由徐乘車赴淮河前線視察，翌晚抵淮河以北四十二公里之固鎮，該地屬靈璧縣境，有房屋百餘棟，為一小型鎮，嘗遭敵機空襲，鎮內商店民房多被炸燬，居民亦大部疏散，頗呈荒涼景象，記者幸蒙某軍長派李副官長招待，得在鎮外寄宿一農家，是晚前方傳來炮聲緊密而有節拍，一若為征人伴奏催眠曲然。九日午記者復乘車繼向曹老集進發，車抵曹老集，首先觸入記者視線者，為數十位甫由前線為國受傷之忠勇將士，已在站鵠候救護。記者向各受傷將士敬致懇切慰問後，即往某地訪晤擔任守小蚌埠之某師長，師長雖澈夜未眠，精神仍極奮發，渠告記者謂敵人欺我太甚，原期祇需少數部隊在淮河強渡，即可收到在黃河作戰之同樣效果，余既已秉承某軍長意旨，下令所部死守北岸，決當堅決抵抗。繼謂軍興以來，本部雖南北移調，然始終未獲與敵人接觸，此次能在淮河與敵相見，誠千載難逢之機，故全師官兵，莫不奮勇抗戰，期將六年來抗敵之素願，在此盡性發揮。我人雖不敢保證當淮河陣線於磐石之安，一寸山河，一寸血肉，敵若圖進展，必使其付出相當代價云。記者即以八九兩日我敵在小蚌埠隔淮河激戰之經過相詢，某師長不願有所表示，當備馬匹約記者親往前線，作實地調查，記者深感其誠摯，即於暮色蒼茫中，偕同業數人策馬告別，而奔小蚌埠之征途。小蚌埠在蚌埠對岸，距曹老集僅十三公里，是時上弦半月，正為重霧所蒙罩，益增大地之沉寂，記者舉目遠眺懷遠之荊塗二山，已難識其眞面目。小蚌埠上空則紅光萬丈似烽火，蚌埠市內之電燈，亦忽隱忽現於淮河南岸，惟曠野中除荒村犬吠，與馬蹄之聲相互唱和外，似無其他音浪，蓋前線經數次激戰後，已入休止狀態矣。行數公里轉入公路，空氣漸趨緊張嚴重，又行數公里則以到達小蚌埠之外圍，當下馬赴火線訪我英勇戰士，咸悉各旅團營長在激戰時，均已進入第一線。兩日來雖未食未眠，並經數度猛烈衝殺，而我英勇戰士之銳氣，仍異常飽滿，毫無倦色。各戰士見記者皆樂道兩日來激戰經過，綜合所得戰況如次：盤據蚌埠之敵，以小蚌埠河面較狹，企圖在該處實施中央突破戰略，自八日下午五時起，敵炮由蚌埠觀測所指揮，向小蚌埠集中射擊，共達三百餘發，我陣地被毀甚重，官兵略有傷亡，敵炮彈中並雜有照明彈及燃燒彈，致小蚌埠照耀如同白晝，民房多處起火，互燒兩晝夜，記者在曹老集所見小蚌埠上空紅光燭天，即為此種原因。同時敵又用兩個步兵連，約三百餘人，先在南岸兩船塢內，分乘小艇六十艘，將渡河射擊準備裝設竣事，藉炮火掩護陸續衝出船塢，沿鐵橋向北岸強渡，至九日晨止，被我用平射炮及重機槍在半渡擊沉，溺斃者逾百八十餘人，餘者已在小蚌埠登陸。九日晨敵機二十一架，又飛我陣地轟炸，我奮勇隊不顧一切，衝入小蚌埠街內，即與登陸之敵白刃肉搏，又斃敵六十餘人，我奮勇隊亦傷亡過半，殘敵六十餘人，見勢不佳，匿入鐵橋側堤下茅屋內頑強抵抗，我又派某連前往掃蕩。當時蚌埠寶興公司樓上之敵，齊用機槍向該連掃射，欲為北岸頑敵解圍，該連雖遭重大犧牲，終藉手溜彈與刺刀威力，將堤下茅屋內之頑敵，掃蕩淨盡，至是北岸無一敵蹤。九日晨十時及十二時，敵又由船塢內衝出，悉被我擊退。過午敵因傷亡慘重，未敢再來嘗試，戰事遂告停息。綜計是役共斃敵三百餘人，我亦傷亡一百八十餘人。九日下午敵以在小蚌埠強渡失敗，已由蚌埠分乘載重汽車二十九輛，向臨淮關方面移動，有改向臨淮關再圖強渡模樣。至此次在小蚌埠登陸之敵，半為日人，半為韓人，已無一生還。各戰士復告記者，七日晨我空軍一隊六架，到蚌埠轟炸，毀敵輜重及工事甚多，六機於完成任務後，即飛臨北岸，我軍見之，歡聲響澈雲霄。機中戰友頻頻揮手向地下示意，盤旋兩週，即安然返防云。至此時近午夜，記者乃離火線策馬赴曹家集，趁車返徐。每至一站月台，均擁有無數群衆，莫不喜形於色，蓋彼等已得悉八九兩日之捷訊，誤聽俘虜由該次車北解，特為觀察侵略者之猙獰面目而來也。（抗戰日報）

第二段　沂河血戰記

沂河兩岸戰事，經一週來斷殺，我已獲大勝，殘敵現向莒縣退卻，湯頭以南，已無敵踪。當記者初抵臨沂已成兵臨城下之勢，今則敵退六十里，臨沂轉危爲安，敵之由臨沂窺伺徐海截斷隴海企圖，被我粉碎無遺。玆將沂河大戰經過，摘述如次。

我軍係十四日晨，向沂河東岸湯頭以南，盤據吉灘公路之敵開始總攻，當時我用主力，由西岸諸葛城、大小姜莊、朱家棚、及船州四處，強渡沂河，向公路側襲，另一部由東岸桃園萬家莊之線，沿公路北進，我渡河主力，係在津抗戰最烈之某部，某軍長自蘆溝橋事變發生，即任勞任怨，久欲有以自白於國人，此次奉令參加沂河戰事，即把握此千載一時之機，鼓勵所部，須爲爭中華民族抗戰史上之光榮一頁而戰。

渡河部隊，無不奮勇爭先，視死如歸，十四日午，由諸葛城、大小姜莊渡河部隊，以傷亡千餘人之代價，卽將沙嶺子南經徐家太平、大太平、至西水湖涯北一段公路完全佔領，作爲渡河根據。公路之敵，被我截爲二股，湯頭至沙嶺子爲一股，西水湖涯及公路兩側之東水湖涯與柳行頭爲一股，敵因是已失聯絡，極爲恐慌。惟在朱家棚沿流強渡者，雖在湯佛崖登岸，終因立足未穩，被迫退回西岸。沿公路北進部隊，當晚亦進展至獨樹頭、相公莊之線，十五日敵急調其越西水湖涯南襲臨沂部隊，向我佔領公路地段東側反攻，附近以戰車數輛助戰。沙莊子之敵，亦南進佔領高地，用密集炮火向我李太杖射擊，欲驅逐該段我軍西撤，而恢復其已斷之公路連絡，經我軍沉着應戰，並派隊側襲，敵卒未得逞。我在東岸渡河根據地，益趨鞏固。是時我沿公路北進部隊，迫敵北移，乘勝追擊，復由獨樹頭相公莊之線，進展至東西水湖涯，及柳行頭附近，同時敵以我強渡西岸成功，亦以步兵八九百人，附炮十餘門，用飛機四架掩護，由湯佛崖偷渡，向我茶葉山、崖頭、苗家莊、劉家湖、釣魚台之線進犯，期予我以牽制，一部侵入茶葉山，當被我殲滅，餘則與我在西岸激戰，敵傷亡甚衆，我亦傷亡營附二人，連長八人，士兵三百餘人。十六日頑敵新增一旅團，派騎炮聯合二千餘之衆，續向我崖頭至釣魚台之線輪流攻擊，並以飛機十餘架，盤旋轟炸，戰事重心，遂移至西岸，當時一部突破釣魚台，而侵入後靜安村，我守軍浴血抗戰，爭奪多次，卒將該村克復，其他犯崖頭、苗家莊、劉家河之敵，亦被我擊退。此役敵傷亡約八九百人，我亦傷亡官兵千餘。此外敵又由葛溝增加約千餘人，步炮空聯合渡河，專攻我茶葉山陣地，經激戰多時，亦未得逞。至東岸之敵，十六日雖續向我大太平一帶猛烈反攻，均無效果。十七日，敵又傾全力渡河，猛烈犯我茶葉山亙釣魚台之線，戰事之烈，爲前所僅見，敵意擬先將我西岸主力擊潰，東岸自可迎刃而解，我西岸守軍，亦以此爲生死關頭，莫不振臂一呼，與敵肉搏，計陣地失而復得者，劉家湖四次，崖頭三次，茶葉山一次。事後劉家湖一帶，敵屍堆積如山，渡過西岸之敵，幾全部殲滅，造成我津浦北段抗戰以來之空前勝利。同時我東岸部隊，亦已佔領東西水湖涯、柳行頭及沙嶺子等地。沙嶺子迤南沿公路之敵，既悉被肅清，我在東岸沙嶺子以南各部，亦已合圍，取得聯絡，十八日戰事重心，復由西岸轉趨東岸，我西岸部隊，既將西岸之敵擊潰，於是再度沂河向湯頭白塔間側襲，我佔領沙嶺子部隊，亦進薄白塔，殘敵屢戰受挫，已無心戀戰，均向莒縣退卻，僅在湯頭以南，置有少數掩護部隊。十九日晨我軍又佔領白塔，預計二十四日晨，可進駐湯頭，聞我軍佔據湯頭後，將分師向莒縣沂水猛追，期將津浦北段右翼之敵，一舉而廓清之。據敵俘虜供稱，此次犯沂河者，爲第五師團板垣部隊，共有第十一第二十及第四十二三個步兵聯隊，另配以炮兵一聯隊，騎兵一大隊，敵聯隊長長野大佐，大隊長牟田中佐，均在西岸陣亡。敵官兵陣亡五千，傷三千，軍械輜重遺棄無算云。至我參加沂河大戰部隊，亦共傷亡達五千左右，尤以西岸部隊，犧牲較烈。記者檢討此次大捷原因有三：（一）我官兵受最高當局及某長官之精誠感召，人懷必死決心。（二）各高級將領均親臨前線督戰，誓死不退。（三）某長官派往參謀長親臨前線佈置，使作戰計劃，隨時能適應戰況，部隊動作，亦能協同一致。基於上述三種原因，故我軍能在沂河奏此大捷，而將甫經補充之板垣師團，繼忻口慘敗之後，又被痛擊潰不成軍。（抗戰日報）

第三段　淮河大戰經過

淮河大戰，自八日晚展開後，肉搏凡五晝夜。先是敵以小蚌埠河面較狹，原期於八九兩日在該處遂行中央突破戰略，後因遭該處我軍之堅決抵抗，傷亡慘重，乃移師東向。於十日晨集中在臨淮關、北關、晏公廟強渡，又欲在該處行其一貫之中央突破戰略，初則被我擊退，繼更以大部，藉飛機大炮掩護，再行強渡，復被我殲滅殆盡。終以一聯隊之衆，用步炮空聯合作戰，於十一日晨始獲伸展至北岸黃坡子、五莊、前坡子各村，我軍雖乘敵在北岸立足未穩，數度大舉進擊，並將已失各地恢復。惟敵後續部隊仍在陸續強渡，我軍以傷亡甚重，乃於十一日令左翼退守三鋪沫河口之線。當我軍與敵激戰時，雙方全用手溜彈刺刀相對，殺聲驚天動地，肉搏復肉搏，雙方死傷極大。蚌埠之敵，以在臨淮關北關增援得逞，亦於十日晨以步兵五百，恃飛機大炮掩護，續在小蚌埠施行強渡，小蚌埠失而復得者凡三次，每次悉爲短兵相接，我軍以血肉作長城，前仆後繼，莫不視死如歸，雖身負數創，猶奮呼殺敵，終將頑敵殲滅過半。至十一日晨敵又如潮湧而至，我軍又將敵船擊沉十餘艘，淹斃敵數百，後因戰鬪人員傷亡過半，工事被毀無遺，乃令正面我軍亦於十一日午略向後撤，十一日電傳小蚌埠十一晚仍在我固守中。有誤至懷遠之敵，因被我監視嚴密，迄未有渡河模樣，故右翼方面較爲沉寂。十一晚，渡過北岸之敵，又聯合向我左翼及正面壓迫，我軍經過激烈抵抗，使敵付出重大代價後，又於十二日晨移至某地與某地間之某處及某處迤東之線防守，西與渦河北岸右翼之部隊取得密切連繫，陣地已臻鞏固，十三日竟日敵雖向我此線新陣地襲擊，終被我擊退。十三日因天雨，敵我均無活動，綜計五日來激戰時，我軍旅團長均在第一線作戰，至團長張儒彬負傷，營長王建秉陣亡，其他連排長及士兵亦不乏作壯烈犧牲者。而敵之傷亡，尤爲慘重，至少當在一千以上，此外我空軍在此五日間，曾兩度飛臨前線助戰，中央炮兵亦發揮威力，予敵重創。（力報）

第四章 平漢線戰況

第一節 我軍連克十城

第一段 平漢線戰局鳥瞰

敵人於十月十九日渡過漳河，十一月四日攻下豫北鎖鑰的安陽後，整個平漢線的戰局，就沉寂了下來。這種情勢，一直保持了一個多月，在敵人方面，是由於戰事中心的西移，後方交通運輸聯絡線的過長，我游擊隊的不斷襲擊，沒有充分的武力繼續着南進。在我軍方面，是由於幾個月來的堅苦抗戰，參戰部隊需要整理補充，以及基於其他戰略上的因素，而不得不暫時採取防禦的姿態。

(一)我由兩翼抄襲

十一月的中旬，我們左翼和右翼的隊伍，先後出發，實施迂迴包圍襲擊的行動，左翼部隊，由武安林縣北進，右翼部隊由大名西上，邯鄲磁縣同時告警，尤其右翼我軍，計劃着兼程北進，出敵不意，而抄襲石家莊，孰意敵人乘我後方空虛，繞襲大名而佔領之，我們西上的部隊，感於交通線截斷的危機不得不忍痛撤回來，重新佈置新的防地。這次的兩翼抄襲，雖然沒有巨大的收獲，但是官莊車莊的克復，磁縣的襲擊，邯鄲敵機場的破壞，敵機的焚燬，不能不承認已經給予了敵人相當重大的打擊，東西戰場上，我軍戰略上的後撤，同時也影響到平漢的戰況，從十二月初旬起，敵人又在作積極南犯的佈置了。七日起，右翼大名的敵軍，開始炮擊我扼守衛河的陣地，八日午間，平漢正面的敵軍，也向我寶蓮寺前線進犯，十三日，衛河方面的敵軍，以重武器的炮火掩護，已經渡河南進經南樂清豐而犯濮陽邊境，同時左翼的武安，十二日也發現了敵人進犯，次日，武安縣城失守，幸而在十四日我們又反攻克復了。

（二）敵軍南犯路線

我軍估計敵人這次南下的軍事佈置，不外下列幾個路線：

第一、運用一貫「中央突破」的戰略，在正面沿鐵路線前進，以便控制平漢線和道清線的中心，直接威脅我黃河陣線。

第二、以大名作根據地，一面和魯西的敵人相呼應，設法打通津浦平漢兩線的聯絡，一面由衛河南岸，經南樂清豐趨濮陽，沿公路前進，伺機渡越黃河，威脅我河南省會的開封，另一面則犯內黃道口之線，沿道清線西上，與正面敵軍相聯繫。

第三、以邯鄲做中心，擾我左翼之武安涉縣，西北可出壺極關，以震動晉東之遼縣潞城，南下而襲林輝等縣，擾取豫晉交界之要道，北向晉城，南制洛陽。

（三）我軍必要準備

正面敵軍，自八日犯我寶蓮寺陣地，遭受打擊後，截至現在止，還沒有大規模的行動，但是我們根據過去的經驗，敵人利用優勢兵力，施行「中央突破」的戰略，一定不會放棄，我們爲了「反突擊」，爲了粉碎敵人的這種計劃，已經作了許多作戰上必要的準備，譬如鐵軌的拆卸，陣地的構築。

右翼敵軍的行動，已經很明顯了。在記者屬稿時，敵軍一部由濮縣西十八里的某地，進擾濮縣，企圖渡河，而威脅開封。內黃縣直到現在還在我軍手裏，道清線的防務，也十分鞏固，魯西敵軍，與大名方面的聯絡，已經爲我們的游擊隊所阻，濮陽附近的敵軍，也會遭受我們嚴重的打擊。

自邯鄲犯我左翼武安的敵軍，已經被我們驅逐得乾乾淨淨了。固然這條線上，在平漢敵人聲援山西敵軍的立場說，有其莫大的戰略上的意義。但是太行山脈綿亙在晉豫邊界，正是我們游擊隊大顯身手的良好地帶，假如敵人敢於作這種冒險的深入，正是我們求之不得的事。

(四)第三期大會戰

統屬平漢全局敵人正在佈置着新的積極的進攻的形勢，平漢上第三期的大會戰，就要開始了。在這次未來大會戰中，敵人雖然能在主要的城市，軍事要地集結優勢的兵力，利用華北的鐵路，主要公路及工業中心，容易得到補充，并能迅速的調動兵力，敵人雖然仍能利用優良的火力，但是敵人深入一步，即更受一層中國人民大衆的包圍，交通聯絡線的延長，到處要受我游擊隊的截斷。敵人長期作戰的結果，使下級軍官和士兵的戰鬥意志日益薄弱而減少，我們雖然在戰略上是內線作戰，處在敵人後方和側翼作戰，外面的補充和接濟困難，我們雖火力和軍事技術較差，但是我們在平漢沿線，晉、冀、察邊區，河北平原等地，已經有了不少的游擊隊根據地，整千整萬的人民，大衆都在抗敵救亡的大旗下，武裝起來了。我們的正規軍，從幾個月來的浴血抗戰中，獲得了豐富的經驗，我們能夠到處受到人民的幫助，正規軍和武裝人民的游擊隊的配合作戰，就要在未來的平漢大戰中實地運用了。

這次的平漢線大戰，正是防禦黃河線，保衛中原，支持華北抗戰基點的最富有戰略意義的一戰。（從周二十六，十二，二十一）

第二段　平漢線一月目擊戰況記

偉大的民族解放戰爭展開後，記者花費一個多月的時間，在平漢線戰地活動着，前方的軍民生活，看到眼裏的很多，到處是活躍、壯烈和為正義而流的殷紅鮮血。

（一）我便衣隊

平漢線的戰士，我們首先要提到的是便衣隊，這一羣民衆健兒，穿着勞工和鄉農的裝束，暗佩手槍，到敵人警備區域裏，施行游擊戰，這些戰士們，個個都是饒勇無匹的壯丁，他們為着民族生存，不畏一切艱苦，來往敵人叢裏，使敵人食宿不安，到了夜間，更不敢出門一步的畏懼。

在上月一個月夜裏，我們便衣隊，很隨便的爬進了良鄉城廂，把在黑甜鄉裏的幾十個敵人，用繩索一個跟着一個的捆上，牽回我們的陣地來，所以敵人一聽到了「便衣隊」，無不色變。

(二)夜襲素描

我們在平漢線上之戰士，上月間，多半是在房山縣界，與敵人周旋着，「夜襲」是最使敵人膽寒的一種戰術，我們的戰士，接到了夜襲的命令，候到黃昏，就個個人，背上了大槍，握着大刀，拿幾個手溜彈，匍匐前進着，沿途雖然是到處荆棘，把我們每個勇士的身體，劃成了一條一條的殷紅血痕，但是我們的勇士們，對這肉體上暫時的痛苦，滿不在乎，閉住氣息前進着，前進着，等到爬進了敵人陣地，一聲吶喊，投擲着手溜彈，舞動大刀，敵人必定是棄甲丟盔的逸去，頓時歡呼聲四起，那就是我們獲得勝利了。

(三)敵方戰術

敵人的進犯，多半是在清晨和黃昏，因爲那時飛機大礮都可自由活動，他們用了大量的礮彈和炸彈，集中破壞我們一個很小面積的陣地，但是，我們的陣地配備得很疏散，所以敵人大量彈藥的代價，僅僅能換去我們一些輕微的損失，替敵人設想，眞是何苦來。

(四)固安激戰

這次敵人在固安方面，強渡永定河，是仗着飛機大礮的威力，礮彈與炸彈，密如火幕，掩護着進犯，但是到了固安城西的地方，我們的戰士，和敵人發生混戰了！結果，敵人的飛機大礮，依然失掉了威力，我們的戰士，在這一個月來，作戰的勇敢精神表現，是超乎敵人幾倍以上。

(五)農民情緒

站在最前線上的農民，都是出乎意外，抛棄了自己利益，丟開了生命財產，來盡量的幫助前線上作戰的戰士，有的冒着飛機大礮的裂片，似雨點般的彈丸，擔着茶飯，送到火線上去，有的是已經髮已頒白，下額飄着長髯，還擔着糧秣，隨着長蛇般的運糧隊伍，向青白口一帶荒山裏，挑送糧米，有時戰士們的糧秣，接濟不上了，一般的農民，都能很豪爽的，把自己的雜糧，拿出給戰士吃，還有一些地方上的農民，因爲看到糧米缺乏了，竟能自己吃些菜蔬充飢，把糧米獻給戰士，以便個個戰士吃飽了，去殺已經失掉人性的敵人。

(六)後方雜寫

戰士不幸被傷了，由火線送到保定臨時醫院時，到了車站，好多的工人，都自告奮勇，幫助擔架兵，擔架重傷戰士，輕傷的大半是由人力車，拖向臨時醫院，假設傷在脚上，不能走路的，車夫更能很體貼的背進了換藥室，等到任務完畢，再毫無怨言的離去。大部份的工人，認爲這正是窮人出力的最好機會呢。

(七)歌女慰勞

保定歌女，也組織慰勞大會，每天在賺生活費的時間裏，抽些工夫，分班的去傷兵醫院唱幾段大鼓，來慰藉被傷戰士的情緒，一般知識份子，——尤其是中學生，更能用所有的技能的一部份，男的替被傷戰士寫家信，女的充看護，大家都是各盡其力的奔忙着，態度眞令人十分欽佩。

（八）外人同情

前方各階層的民衆，在這救亡的過程中，是能各盡責任了。在這裏尤其令人感奮不已的，是一位美籍女牧師用平日的積蓄，每天買兩大筐鷄卵，親自送到傷兵醫院，慰勞傷兵戰士。還有美籍女看護三人，在每月僅有的休假裏，不肯休息的來到傷兵醫院幇助醫生，給傷兵換藥洗傷，工作極忙碌，絲毫不厭煩，這都是我們爲正義而戰，爲世界人類謀幸福而戰，所換來外籍人士同情的心理。（清濤寄自保定）

第三段　平漢線我軍連克十城

平漢線敵軍，於渡猛犯後，即沿道清線西進，以爲山西敵軍聲援，我軍乃以巧妙戰術，派遣某部，由右翼渡度河，乘敵不備，連日克復長垣、內黃、滑縣、濬縣、道口、刻正向安陽圍殲中。又我正面渡河之游擊隊，連日克復新鄉、汲縣、獲嘉、修武等要地，沿道清線西進之敵，狼狽異常。在我軍以神速之行動，冀於最短期內，將鐵路東側之敵，全部掃除。

餘杭方面我軍，自分兵兩路進擊以來，頗爲得手。襲攻餘杭正面我軍，於一日繞至餘杭東南之間林埠，向敵進襲，斃敵三十餘名，在敵屍上檢得敵軍日記，悉該處之敵，屬十二師團。

另一路向北推進之我軍，自於一日收復潘板橋後，折向東北繼續挺進，在武康南十餘里之彭公站毀敵汽車一輛，斃敵三名，二日晨收復德清城。

津浦線南段日來無重大接觸，北段右翼日照方面之敵，現在沂水鎮一帶，二日我某部在湯家鎮，與劉匪桂堂部發生激戰，斃匪甚多，莒縣之敵，有僞軍廖弼臣部千餘名，全部反正向我投誠。

晉戰日趨激烈，臨汾附近之寇爲我前後夾攻，斃敵千餘，趙城洪洞，雙方以機械部隊激戰，寇死傷當在一萬五千人，我軍犧牲亦頗重。敵傳陷我趙城洪洞，毫無根據，現晉中戰況，已趨轉好，前途勝利，已具十分把握。（抗戰日報）

第四段　平漢車中

十七日晨七時十四分買車北上，於十二時十分抵鄭。

旅客並不多。十幾個車廂中，藏着的儘是一些由異鄉歸家的難民，與赴前線殺敵的軍官和士兵。另外，在頭者車廂裏，還有幾個赴鄭視察的政治部的專員，專員中有一個便是我們的肺病小說家郁達夫。

難民們，由戰區逃出來，在生存競爭的大都會裏流亡了幾個月，得了政府一點佈施，并且問一些紳士先生乞討了一點剩餘的零錢，還覺得苦，覺得不夠生活，於是又一批批的回到自己那火網下的故鄉去，他們的行李是水桶、是脚盆、是鍋罏、是一點破爛的被包以及一些蓬頭穢面的身子。這景象，恐怕不是坐在頭等車廂裏的視察專員所能視察得出來的。

在這一千〇二十八里的行程中，我的心旌的搖撼恐怕還不止一千〇二十八次。

每一個大的或小的車站裏，陳列着儘是一些無衣無食無居的難民，他們中間有策仗的老人，有襁褓中的嬰孩，有蓬頭垢面的婦女，有年富力強的壯丁，……他們挑着一些零星而簡單的家具，日和夜如蟋蟀一樣的停着頹牆傾壁下的草場上，打發他的那苦難的日子，車一到站便如洪流一般，一齊擁到車廂下面來，用着那淒涼的聲音向人討錢。警察來了，他們又如潮水似的退了下去。中間，間或有幾個膽子比較大的，看見警察並不肯馬上退陣。

於是他們每個人都懷着一種冀想，他們希望戰爭早日結束，希望早一點回到自己的故鄉去過他們的那舒適的生活，於是，在都會，在鄉村，很普通流行一個謠言，說：「最近正在進行和平談判！」

在這裏，我們希望我們那些沒有成爲「難民」的中國同胞，希望我們的政府大家來負一點責任。

小的布施不是辦法，讓難民們自己在流亡中去找生活的辦法，那無異是在摧殘自己的元氣！

記得大公報的社評似乎有一段這麼的言論：「戰區民衆的犧牲是爲國家而犧牲，難民的苦難便是國家的苦難！損失一個難民，便是損失國家的一分元氣！所以國家應當早一點負起這責任來。……救濟難民，絕對不是一種慈善事業，而是政府及社會應有的責任」。(大意如此)這一點，便是我們此刻要說的話。我們的戰略是持久抗戰，是消耗戰，在抗戰期中，我們所需要的是「人的儲蓄」與「物的儲蓄」，難民們是我們的人，是自己的同胞，嚴正一點的說，是國家的動力。我們必須保持這些物力，以延續國家的抗力！我們不但不應該讓難民們逃散與流亡，而且應讓給他們以教育，以培養，以工作，使他們來發揮抗敵救國的工作。

(一)對於那些年輕力強的壯丁，宜調集到一個地方施以軍訓，或輸送到各省保安團隊裏去，以作後備民軍。

(二)有計劃的將那些有耕作能力的中年人、婦女、老年、以及一部份不健康的壯丁，輸送到西北江西的幾個大荒原上去開墾。

(三)擴大戰時兒童保育的工作。

(四)願意回故鄉的難民，給他們施以短期的訓練，使他們到敵人後方去，作游擊隊，專門從事破壞工作。不然讓難民回去，徒爲敵人增加人力及生產力而已。

頭等客車裏，有政治視察專員，我們希望他們將這些現象記到視察記錄上，回漢口去熟思一個周密的辦法，於公於私，都有莫大裨益。

出漢口，那是我的新的旅程，我不能放棄眼下這一點一滴的新的景象，在漢口動身的前一晚，敵機三四次來襲，當然一晚不曾入眠，精神有點萎靡不振。然而我仍是圖振作，興奮地張望着窗外的一切。

一千〇二十九里的行程中除了大别山脈稍微屏障了眼簾外，其餘，出漢口，是江漢平原，過武勝關，是冀魯平原的南部，到處是一望無際，白雲的深處，也許便是地球的邊緣吧，心胸間，充滿着一股無限大的浩氣了！

池塘很少，水田當然更不多見，風沙起處，儘是綠油油的麥浪，在車裏，幾次我以爲自己乘坐着一隻火輪，這火輪正飄搖在無邊際的碧綠的海洋上。

平地上，雜亂的長着一些陰濃的樹林，說是可屏障風沙，拿來調節水旱，似乎還嫌不足，說是拿來點綴風景，卻又有餘。

菜畦麥隴間，不時的擺着幾個矮小的土牆泥屋。有些簡直如一隻兎窩，是湖南的那些簡陋的防空壕，那中間，老百姓，用來煮飯，用來躲風避雨，用來渡過人生道上這幾十年的春秋，無怪中國人在外國人的眼裏，在高等華人的眼裏連螻蟻都不如了！

麥已出穗了；普通的都是瘦弱，不結實。好一塊廣大肥美的土地，到二十世紀，還是被原始人用原始的耕種方法在使用！——馬爾薩斯爲人口問題擔憂，良有以也！

在原野裏，到處築有堅固的軍事工作。以待敵人血肉來抗擋！從前，我有點懷疑河南不適宜防禦戰，如今，我知道祇要配合廣大的民衆游擊戰，加上機械部隊的陣地戰，大河南未始不是日本軍閥日本資本家的葬身地吧！

到鄭州，到處張貼着第×戰區的標語，月台上站滿了民衆，張着橫旗幟，軍樂隊響的非常悅耳，在歡迎政治部專員的到來。我在人叢中提着簡便的行李進城。（嚴怪愚四月十七深夜鄭州）

第五段　平漢路囚車中的俘虜

四月二十六日從鄭州開往漢口的平漢快車，經過信陽以後，在車尾上加掛了一輛鐵皮悶車，這是解送俘虜的專車。車到廣水的時候，我就跑到後面的守車中去。負責保護俘虜的第×戰區司令長官部憲兵第一連班長陳××熱心地告訴記者：「保護俘虜眞不是一件容易的事，這次押送他們到商邱的時候，許多民衆和士兵都圍了攏來，有一位傷兵，竟跳上車來堅決要打死日本鬼子，我們勸解了半天，才把一場風潮平息下去，平安地把俘虜解走。」

車角裏，稻草上面鋪着軍用毯，俘虜們就坐臥在那上面。記者看了他們，先和他們談了幾句應酬話，他們都非常溫和，已經沒有一般日本兵新有的那種頑強無理的態度。他們的名字是岩井常雄，內藤隆——這兩位是屬於板垣師團的；阿部重夫，上尾一馬——這兩位是屬於磯谷師團，還有一位叫中村正吉，原是東北的商人，曾在東北住了十一年，戰事發生以後才來到魯北的恩縣，只有他能講幾句中國話。我問他是做什麼工作的，他狡猾地搖搖頭，說他只是一個煙紙商人，和他軍隊沒有關係，後來從上尾的口裏，才知道他是做軍事間諜工作的。

其中的四個都是農民出身的；其中教育程度最高的是上尾，曾經在中等學校裏讀過三年書。內藤和阿部都是高等小學畢業的。

首先問他們是幾時來中國參加戰爭的，上尾說：「我和阿部一起，是去年九月離開日本的，先開到河北的靜海，接着是馬廠、滄州、德州、黃河岸、濟南，最後開到棗莊以北，就在三月二十六日做了俘虜。」

「這一個時期生活很感不便吧？」

「唔，沒有什麼。」上尾躊躇地說：「中國官兵，到處都待我們很親切，要什麼有什麼，實在說不出什麼不便。譬如我們沒有衣服，一位官長就送了我這套衣服。」他拉起身上所穿的嗶嘰背夾袍來給我看。

「到了漢口之後，能夠運動嗎？」阿部隨便地問我。

「當然能夠的，什麼都可以。」我斷然地回答他：「中國軍民並不仇視諸君，只恨日本的軍閥，你們也是被壓迫的，中國政府決不會苛待你們的，不要擔心！」

「是的，中日兩國，不戰爭多好」！上尾感慨地說。

「這次戰爭的原因，你們明白嗎？」我緊接着問。

「我們都是農民，對於這個問題不能澈底明瞭；不過我們總感覺到這戰爭是不應該有的。」上尾說：「中國人民和日本人民本來沒有仇恨，原來都是很親密的；但是戰爭一發生，彼此間感覺就不同了。我們總希望戰爭能夠停止，彼此間的惡感能夠消滅。」

顯然，他們是厭惡戰爭，但是還不能確切地了解這戰爭的眞正原因。他們的話倒是誠摯的。

這時，頸部受了傷的岩井把上尾拉了過去，叫他轉問我：漢口有多少日本人？

我想他大概是問有多少俘虜的意思

我告訴他：日租界撤消以後，一般日本人都已離開了漢口；至於俘虜都分散在各處，漢口也不多。但是，有一位日本的革命作家鹿地亘先生和他的夫人卻住在漢口，他們很同情中國的抗日戰爭，你們去了之後，他們一定會來和你們談話的。

「這樣嗎？」阿部很驚異地接着說：「我們現在都不懂中國話很不便，漢口是不是有人能教我們中國語？」

「那不成問題，你們願意學什麼就可以學什麼。」我接着試探地問他們說：「將來學會了中國話，在中國工作好不好？」

「也可以」上尾答。

顯然，他這句話是勉強的，誰又不愛他自已的故鄉呢？

「是不是可以回國呢？」阿部直截地問。

「你們要回國當然可以回國，中國政府是不強制你們的；」我說：「只不知道日本政府會對你們怎樣？」

「嗯！」他們有點躊躇了。

這時候，已經開了他們的飯來，是鷄蛋炒飯，肉絲湯麵和蛋花湯，從這里也可看出他們是受着最好的待遇。最後，給他們拍了一張照片，就向他們告別了。(以羣全民社，四，二八。)

第六段　保定抗戰經過

目前最嚴肅的事實，是民族的生與死，勉強的退一步說，是此後百年的作主人或作奴隸。所以我的到前方去，主要的目的，還是為了親歷戰場，將看到的事實，傳播給後方，用作前仆後繼的鼓辭，用作再接再厲的參考，懷着這樣的心情，我便赴了平漢線正面的保定。

記者思在保定儘可能的多留幾日，但在戰場之中，若不與軍隊取得密切的聯絡，不但退卻時有種種困難，就是每天的吃飯喝水，也大有問題。幸這次在保定，遇到了幾個舊友，給以不少的方便。使得在居民逃避一空之後，還可多留幾日，與困守孤城的軍隊同時退出。

（一）敵機大擧轟炸

九月十五日，據說平漢右翼固安方面×部不支，已被敵人渡過永定河。××路感到威脅，亦不得不沿平漢正面，向後退卻。敵人的慣技是在進攻之前，大擧轟炸，以破壞後方的秩序，擾亂前線的軍心。保定方面平素對防空未甚注意，一般民衆已是惴惴不安。果然十六日拂曉，警報長嘶，從睡夢中驚醒了人們。六時二十分，敵機十餘架，三五一隊紛來上空，一時高射礮聲，亦到處亂響。敵機雖有相當高度，不敢低飛，投彈未能準確，然破壞亦可驚人。房屋被炸毁甚多，西門以北，城牆亦被炸塌一段。同時幷投有燒夷彈，致數處起火，至其所散之荒謬絕倫的傳單，則無人注意。受禍最慘者以車站爲甚，月台、站房、車皮以及車站旁之地洞，統被炸毁，車站上的辦公人員，護路警察，以及等候上車的難民，凡擁入地洞中者，皆被掩埋以死，約有六十餘人之多。入晚八時，復二次來襲，數約四五架，此次大多投彈城內，重要軍政機關，很少倖免，河北省府五十二軍軍部，同時被炸，足徵有漢奸活動。據防空司令部調查，是日炸毁房屋二百餘間，死亡一百餘人，傷者十餘人，但軍人蒙難者甚少，可見敵人目的在擾亂後方，並不問被轟炸者之爲戰鬪員與非戰鬪員也。

十七日清晨六時，敵機十三架復來轟炸，最繁華之西大街，中彈甚多，樓房倒塌，路爲之塞。市民扶老攜幼，相率出城，棄其商店住宅於不顧。自晨至午，敵機共來三次，每次投三五十枚不等，大多爲五百磅與二百五十磅者，並投有硫磺彈甚多，但見炸彈落處，黃烟騰空。逃難之民衆以在街上炸死者居多，慘不忍睹。至下午四時左右，街上已闃無一人，蓋已逃避一空矣。

十八日爲「九一八」六週年紀念，逆料敵機定來擾亂，晨起微雨，敵機果來，本日自晨至暮，共來十餘次，每次十餘架或三四架不等。並有超重轟炸機三架，形特龐大，巨聲嗡嗡，使人耳爲之聾。但在城內未投彈，惟對滿城一帶我軍事陣地，破壞甚力。

十九日清晨，敵機一隊復來，司空見慣，已不再注意機數，在城內投二十餘彈而去，下午重轟炸機九架，復翺翔上空，飛行甚低，高射礮已停止射擊，不但居民逃避一空，卽公務員與維持治安的警察，也找遍街頭，到處不見一個。

在這裏，我們提出了後方工作問題，與後方民衆的安全問題，希望以後注意。爲了充實抗戰力量，我們應當設法維持後方的秩序，規定好了在何種時機之下，婦女老幼應該逃避；在何種時機之下，壯丁青年應該退出。至公務員尤其是維持社會秩序的警察，更是職責所在，必須與軍隊同進退，而後乃可以言攻，而後乃可以言守，而後乃可以言持久抗戰。否則，事先是對自己實行了堅壁淸野，事急委之而去，適所以資寇兵而齎盜糧，對整個的抗戰是很不利的。

(二)我軍堅決守城

敵人沿平漢線南犯，逐漸逼近，因安敵人渡河，我平漢右翼已受威脅。這時敵人在平綏線已獲相當勝利，故可抽調平綏路及門頭溝方面精銳部隊南犯，以期與津浦線滄州之敵軍分頭並進。據在×××軍防地，受傷降落敵機，從駕駛員身上所搜獲的文件中，知道這次敵人沿平漢線南犯保定的，計有第五、第六、第十、第二十，共四個師團，及礮兵兩旅，坦克車一大隊。十九日我方決定決戰防禦計劃，要在保定以北與敵人決戰，以某軍三師爲基幹，輔以礮兵三團，而沿漕河戰線，東西長約一百五十餘華里，兵力亦嫌配備不足，空隙甚大。敵人猛烈進攻，保定之不守，固早在意料之中矣。記者探知了擔任守城的關麟徵軍長是住在城南的富昌村，便於二十一日步行着去訪他，希望能夠多留幾天。關軍長爲記者在古北口抗日戰役時的舊相識，來保定亦曾數次晤面。鼻音較多的陝西語調，依然未改，也許是睡眠不足罷，顏色顯得特別蒼黑，但平素的勝概豪情，卻絲毫不曾減退。從他的談話中，知道上述的決戰防禦計劃，於二十日一天一夜的忙碌中，已經佈置好了。二十一日起敵機赴滿城一帶大事轟炸，掩護敵兵進攻我左翼陣地，下午五時左右，有敵人五千餘衝入，激戰一夜，往返肉搏，雙方死傷各二千餘人，我營長數人陣亡。二十二日拂曉，我軍肉搏反攻，復逐去敵人，奪回陣地。我第二十五師一團全團殉國，團長亦受重傷，敵人傷亡數亦相當。我左翼兵力本甚單薄，激戰一晝夜，已犧牲過巨，所餘無幾，而奉命接防之××軍復未能按時到達，故滿城一帶，重要山頭，多被敵人奪去，無法搶護。同時正面陣地，空隙本多，原定補充正面之左翼我軍，復以無人接防，不能抽調，經一日之血戰，至下午五時左右，終被敵人坦克車衝破陣地數處，不能挽回。二十二日夜十一時我軍決定縮短防線，堅守保定城垣，關軍長並乘夜將軍部由富昌村遷入城內，準備與城共存亡。但城內居民已無一人，電話已被破壞，消息不通，困守其中，指揮諸多不便，勢亦絕難持久，不但僚幕勸阻，卽記者亦期期以爲不可，經大家再三勸慰，遂於二十三日天未明時由城內一同遷至城東南十里之小連莊。當時守城我軍分配已定，而敵人三面圍攻，飛機三十餘架，翺翔保垣上空，到處擲彈，沿西門而北受重礮轟擊，城牆傾圮甚多，缺口到處皆是。但激戰終日，敵人並未得逼近城垣，陣地無大變動。而我方犧牲過鉅，實已無可再戰矣。二十四日上午經拂曉之激烈戰後，至十時頃，敵人左右兩翼攻破我陣地，同迫城垣。同時北門亦被攻入，我守城僅餘之少數部隊，遂由南門退出，且戰且走，向後方集合。合計三師兵力，傷亡過半，尤以第二師及第二十五師犧牲過大，退回之戰鬬兵不滿三千，官長大多受傷，抗戰之激烈，犧牲之悲壯，在平漢線爲最甚。二十四日上午十一時，保定遂陷於敵手。

我們於二十四日早二點由小連莊移至城南之田各莊，至十時左右，村西北三里許，忽傳來槍聲甚密，據探報乃敵人騎兵由于家莊車站迂迴到達，幸第二十五師由保定退出之一部約三百餘人，經過該處，始將敵人擊退。十一時左右我們集合在一起，由田各莊出發，沉默代表了最大的悲痛，大家都是寂靜無言地走着。別矣保定！我們祖宗篳路襤褸，披荆斬棘，所開闢的土地，所建築的城垣，我們要以熱血來保護，也定要以熱血來奪回的，再見保定！（無畏）

第七段　克復前的大名

去年十月九日，敵人派了大隊人馬，坦克車一二十輛，大礮數十門，由平漢線的邯鄲，磁縣向東進攻大名。中途在成安，魏縣鎭，都遭到我們的軍隊，和×××領導的民衆英勇壯烈的襲擊和抵抗。可是不幸十一日大名就淪陷敵人之手，敵人一進大名，老百姓十有八九都早已逃走，剩下的是些老小婦孺，日寇隨處姦淫擄掠，繼以屠殺，受害的約一百五六十人，邯鄲至大名公路附近屍首隨處可見。

大名的老百姓不僅性命難保，東南也都被敵人搶光了！距城十五里以內的村莊，老百姓的五穀雜糧，像高粱、玉蜀黍、豆子等粗糙糧食，都搬運到城裏喂牲口了。麥子、小米等都從由大名到邯鄲的公路運走，也不知運到什麽地方去了。老百姓的衣服，敵人都打成大包裹從郵局寄走，有的寄到日本，有的寄到朝鮮。老百姓的吃食和日用的物品都被敵人搶光，於是沒有吃的沒有用的，只有過着痛苦的生活！

大名本來有省立師範、中學、女師三個中等學校，還有教會立的法文學校，聖經女中，縣立師範，男女高小十餘個，初級小學五六百處。但是，從大名陷落後，教育方面只有城內縣立第一高小改做一個「六經小學」，校長是劉鳳仙，一百二三十個兒童，受着奴化教育，遇着敵人的什麽慶祝會，漢奸和敵人的聯歡會，就把這羣兒童，強迫着到大街上，逼着他們大喊：「擁護皇軍」！可是這羣兒童，不知爲了什麽，有時候喊，有時候就不喊了。敵人看到這種情形，就說漢奸校長教育不好，劉鳳仙就買糖菓，欺騙這羣孩子。有時候大家不聽他的話，就挨一頓打。

大名陷落後的第三天，傀儡組織就成立了：縣長李權衡，公安局長靳伯華，第一區長劉炳之，第二區長梁運章，第三區長李步正，第四區長郭錦章，第五區長王雅堂，財務科長賀秀臣，維持會長閃敬亭。這個傀儡組織雖然建立起來，可是除大名城和龍王廟敵人駐紮的地方能統治外，其餘的地方都是我們游擊隊活動的範圍了。所以僞區公所的辦公地方，都在大名城裏，不敢在鄉村或集鎮地方。這一羣漢奸們，爲了維持自己的傀儡政權，最近從每一個村莊要一個兵，一枝槍，一共六七百人，在大名北關省立師範學校內訓練，他們戴的是日本式帽子，穿綠色軍服，隊長由僞縣長李權衡兼。敵陸軍部宣撫班住大名城東街豫豐館，負責冀南漢奸政治工作。宣撫官不知爲什麼把維持會長閃敬亭逮捕下獄，聽說還要槍斃他，這就是作漢奸的下場！

大名克復前駐的敵人對百姓壓迫無所不至，可是也有敵人和老百姓談起話來，不是拿出全家人的像片，就是在腰上劃個圓圈，自己站在裏邊大哭起來。問他們什麼意思，他們用着手勢說：「這裏，那裏，一個大圈，打！倒了！」意思是說中國地方這麼樣大，他們開到這裏，開到那裏，早晚是要一槍打死的，這可見敵軍士兵厭戰的情形了。

克復前除大名縣城和龍王廟爲敵人駐守外，其餘的地方都是我們游擊隊活動的範圍，在大名縣有華北××××兩個游擊支隊，××支隊司令最初爲×××領導，曾在成安，魏縣鎮給敵人以猛烈的轟擊，後來××支隊司令改由×××擔任，他們的經常工作，是擾亂敵人後方，粘貼標語，散佈宣傳品，喚起我們的同胞，參加游擊隊，來和敵人拚命。四月三日敵軍宣撫官劉毓斌告林人，帶領僞警官兵數名，在大名和龍王廟中間的李茂堤地方，監修大龍公路，被我們的××支隊知道了，馬上派了幾個弟兄，把宣撫官捉住，并打死僞警官邵洪鈞及僞警兩名，得洋馬一匹，手槍兩枝。還從劉某身上搜出僞鈔票數百元，大名修建公路設計的地圖及其他文件很多。游擊隊戰鬭的勇氣，經過這次勝利，更是增加了。所以這次經我軍克復，完全不是偶然的。（劉振東）

目　录

十九路軍第六十師
抗日戰爭

總理遺囑

余致力國民革命凡四十年其目的在求中國之自由平等積四十年之經驗深知欲達到此目的必須喚起民衆及聯合世界上以平等待我之民族共同奮鬥

現在革命尚未成功凡我同志務須依照余所著建國方略建國大綱三民主義及第一次全國代表大會宣言繼續努力以求貫徹最近主張開國民會議及廢除不平等條約尤須於最短期間促其實現是所至囑

京滬衛戍司令長官

陳銘樞

十九路總指揮

蔣光鼐

十九軍軍長

蔡廷鍇

十九軍參謀長

黃强

淞滬警備司令

戴戟

六十師師長

沈光漢

六十師副師長

李盛宗

六十師參謀長

陳心蓑

六十師一一九旅旅長

劉占雄

六十師一二〇旅旅長

鄧志才

十九路軍第六十師抗日戰爭紀

目次：

六十師一一九旅旅長劉占雄像

六十師一二〇旅旅長鄧志才像

一，抗日戰爭之意義

二，戰鬥前敵我之形勢

三，戰鬥地之狀況

四，動員及集中之經過

五，戰鬥經過

六，撤退經過

七，傷亡數量

八，戰後之我見

附表八

1 抗日戰役動員人員馬匹統計表

附圖九

5 六十師閘北江灣一帶戰鬥經過要圖
6 六十師閘北八字橋錢家蕩一帶戰鬥經過要圖
7 六十師閘北楊家樓下燕毛灣一帶戰鬥經過要圖
8 六十師眞茹附近掩護撤退戰鬥要圖
9 六十師黃渡附近掩護撤退戰鬥要圖

十九路軍第六十師抗日戰爭紀

一　抗日戰爭之意義

好生惡死，人之常情，苟非愚騃，誰肯捨棄寶貴之生命，以奔赴于死亡之路？迺歷史上竟有人焉，甯捨生取義，或視死如歸者，抑又何故？豈其人之盡是愚騃耶，亦各有其環境之壓力，促之不得不然耳。

爲一己之利害關係，或受一時感情之衝動而趨于悲觀者，其死也固無足道，若夫當整個民族，受某種惡勢力摧殘，使大衆生存發生問題時，迺有悲天憫人者，不忍同類淪于悲慘之深坑，秉己飢己溺之懷，蹶然起而奮鬥，忘其自身之危險，以樂于效死者，實爲至仁至勇之行爲，非與一般輕生者可等量齊觀；蓋爲民族危難之客觀環境所迫，仁心滋生，發爲勇氣，臨難不避，見危授命，浩然捐生而無所顧悖，乃最高尚最偉大之犧牲精神也。

自甲午中日爭戰後，日本無時不處心積慮以謀我，亦即我無時不在危難中，九一八瀋陽事變，不過如火山之噴口耳，實則熊熊烈焰，早已燃燒于山內，任何時有將整個大山爆裂成片片碎之可能也。但吾人是具有生存慾，倘非鹿豕，決不肯任人宰割以束手待斃。己不肯束手待斃，其自救之法，又將若何？將怗然馴服，哀懇宰割者發其慈悲，貸吾一死乎？抑將激昂奮起，盡其力以向宰割者反抗乎？由前之說，則東北失陷後，我方已一再容忍退讓，乞保障於公理矣。然而結果如何？日本帝國主義者，初不因我方之柔順而稍戢其野心：所謂國際聯盟，亦不因我方之受屈辱顯示其公正之裁判力：日本帝國主義者，且以我方之退讓爲易欺，益啓其吞併我國之野心，强佔東北之不足，再進而擾天津攻上海。從可知柔順退讓之不足以圖存矣。由後之說，則以我散漫脆弱之國力，較人有嚴密組織之政治，有堅强充實之軍事者，不啻如泥土與堅石相摩擊，其不遭粉碎者幾希矣！然則退讓柔順已難以自全，欲攘臂反抗又有所不能，在此情勢兩難之下，吾人究將何以自處？此實爲政府當局自九一八東北事變以來所苦心焦思，而莫能覓得良好解決之途徑者，惟是暴敵步步緊迫，利刃直脅吾人胸前，不容徘徊計議，『坐而得亡，孰與伐之。』事機至此，無迴旋退讓之餘地，捨倂命自前以死力抵抗暴敵外，無他法足以自全。此所以在一二八晚有淞滬空前血戰之開幕也。

淞滬抗日之戰，事前環境之迫逼，已若是其嚴重，今再申論此一戰之意義：

一部人類歷史，是生存競爭之歷史，人類各有其生存慾，同時亦各有其生存慾擴大之追求。天地間有限之物質，至求過於供時，狡黠者逞其智能以事掠奪，柔弱者被掠奪到無可生存時，亦必起而反抗，砍殺相尋，循環往復，降至最近，因殺人武器之進步，戰爭乃日益慘烈。廿世紀實爲武裝和平之世界，亦可說爲鬥爭之世界。誰有充足之武力，誰即能安全發展，反之，誰缺乏自衞之武力，誰即難以自立，八九十年來我國因武備不充，對外交綏，着着失敗，弱點暴露，外侮紛至，時至今日，整個民族已臨到生死線上，我人不欲求生存則已，否則應以有效之自救方法，以打開出路。此有效之方法爲何？戰而已矣。

然我自審力量脆弱，無作戰之可能，已如上述。今而曰戰，究將何所恃乎？曰恃精神，恃肉彈已耳，物質是靠精神爲之運用，有堅强之精神，足以尅制一切物質，死裏求生，尚有一線希望，伈伈俔俔，終無擡頭之日。美國反英獨立時，有參加獨立運動之文學家特列亨利曾著有名作：『你們以爲我們力弱，不足當强敵，咳！這是什麼話？若必等强盛時而後與敵相抗，那要等到什麼時候呵！十日麼？還是一年呢？我以爲自今日起，再遲幾日，卽此僅有的兵器，亦將被剝奪無餘……你們日倡和平親善之說，如今和平親善已無望了……就要穩健，要持重，已不可能了。』此等沉重之詞，恰可爲我國一二八上海事變前之寫照，美人因有此不計危難之决心而獲勝矣，我人則將何如乎？需者事之賊也，在事勢緊迫中，猶疑畏縮，適足以召滅亡。斷然决然，不顧一切以向前，往往能在陰霾密佈中找出一線曙光。此其一。

中國民族歷受外力壓迫，早養成畏外之心理，不特外人起其藐視之心，卽我人自身亦承認是無能力之弱者。原夫個人之精神生活，遠勝于物質生活，苟精神上受壓迫不自由，雖席豐履厚，亦了無生趣。試問我神明華胄，甘願在外人鄙夷凌侮之下，以偸生乎？抑將轟轟烈烈以爭人類應有之權益乎？苟暴寇入室而不敢抵抗，任家人父子財產之遭其蹂躙掠奪而莫敢誰何，此是十足不長進之弱者，嚴格言之，是喪失獨立資格之民族，負有數千年光榮歷史之民族，安肯出此？我人在一二八晚碎然抗敵之炮聲，一方面足以發洩我民族久受壓迫之悶氣，一方面足以證明中華民族非甘願屈服之弱者，對內喚起慨慨不振之民氣，對外轉移國際藐視之心理。此其二。

日本自明治維新以迨今茲，對華侵略是其一貫政策，彼不特視滿蒙爲其生命線，直欲囊括我全國爲其發揮黷武主義之資源。其國內屢次政潮之起伏，內閣之更迭，動機莫不發源于對華政策，故其國內任何一黨執政，對我侵略初無變更。日本已以我爲其發展帝國主義之尾閭，磨刀霍霍，隨時準備剖割吾人，從可知揖讓周旋，非防禦暴日侵略之辦法，惟有鐵血始能築成堅固之防禦。一二八上海之流血，即我人建築防禦工程之開始。此其三。

我人已了解淞滬抗戰之意義，則我軍人之斷脛折臂，勇往殺敵者，實有其歷史上之價值，已非好鬥，亦非不自量力貿欲以螳臂當車者，今戰事告一段落，日軍閥因野心不逞，決不肯罷手，正準備作第二次之侵略，未來之戰雲方黲黷開展，冉冉降臨。前事不忘，後事之師，凡我軍人乃至於全國民衆，凛來日之大難，應如何積極作救亡之準備？軍事爲禦侮之最大工具，是爲吾人目前所亟求其所以進步與充實者。每人增加一分軍事之識力，卽整個民族增加一分之生命力，救困扶危，匪異人任，願以此刻苦自勵，並進而求全國民衆之互相策勵焉。

二　戰鬥前敵我之形勢

上海事變，外表是起因於日僧之被毆，實則爲日方有計劃的陰謀之實現，自日本攫取我東北全部後，我國人對日感情之惡化日益深刻，抵貨之怒潮，日益普遍而高漲，日方知我之不甘拱讓送東北也，乃施行其得一取二之政策，圖侵佔我經濟中心之上海，一以要脅我作城下之盟，承認其永久佔有東北，一以壓抑我抵貨之怒潮，以救濟其經濟枯竭之運命。處心積慮，期必促成上海事變之爆發。三友實業社日僧被毆事件之發生，不過爲日方借故燃燒導火綫耳。觀夫一月廿八日我上海市政府忍痛答復日領四項無理要求，日領已認爲滿意時，旋于是晚背棄信義，萃其陸戰隊全力向我北站防軍攻擊，卽可知日方之欲釁兵於上海，實爲鉄一般之預定計劃。先是日方自佐世保調艦隊及陸戰四千名，于廿四日集結滬濱；同時以其居留民中之退伍軍人數千名組成便衣隊，專司別働擾亂。劍拔弩張，形勢日趨緊張。時我軍負責衞戍京滬，六十一師駐防京鎮，本師駐防蘇錫常州，七十八師則駐防滬崐，負開北一帶防務者則爲七十八師之第六團。我軍偵知日方積極挑釁，我七十八師亦積極佈防，嚴密戒備，且奉令調本師第一團於二十四開抵南翔塡防，以資策應，在敵初意以爲張大其聲勢，我軍必不敢抵抗，卽抵抗亦易解決。當其一切計劃部署停當後，卽以陸戰隊三千人乘夜祕密佔領陣地，藉鉄甲車爲掩護，猛力衝我防綫，企圖以迅雷不及掩耳之手段，一舉而驅逐我軍，完全佔領上海。其計劃誠周密，其聲勢誠浩大，庸詎竟受我軍之當頭一捧，卒弄到頭昏眼花倉惶失措耳！

三 戰鬥地之狀況

淞滬附近，地勢低窪。掘地盈尺，即可見水。對于構築土工，極感困難。自一二八事變發生，日寇佔領殿行區，引翔區，南自北四川路，北至蘊藻浜之綫。我則據守北新涇——經閘北——寶山路——八字橋——江灣——亘吳淞鎮之陣地。其地形上分言之，如閘北一帶之巷戰，敵據洋樓較我利用之平屋為高。我既受其居高臨下火力之控制，而八字橋——江灣——吳淞之野戰，敵既獲越界築路之交通，運輸迅速。而射界寬濶，砲兵之火力尤易發揚。其艦隊利用黃浦揚子二江之活動，我兩翼均受威脅。加以公共租界為其根據，藉以集中收容，攻擊防禦，均極便利。我則四野平原，無險可恃，而相依為命之京滬——滬太——兩路，又為敵飛機轟炸。在地形上言，我軍實左右受制于敵也。

四　動員及集中之經過

一，本師駐防蘇錫常丹一帶，爲軍之總預隊。於一月二十四日　奉令以駐丹陽之第一團，進駐南翔，策應七十八師。隨于廿九日上午三日奉軍長蔡艷子電：『該師除留少數部隊，維持治安外，餘開南翔附近待命。』遵於廿九日上午六時下達命令如左：

1奉軍長蔡艷子電開：『該師除留少數部隊，維持治安外，餘開南翔附近待命。』

2本師決于廿九日，用火車輸送，限正午十二時，集中完畢。其集結地點如左：

一一九旅集結南翔東端（第一團仍在原地）。

一二〇旅集結南翔西端。

師部及直屬隊集結南翔。

3 幹部教導隊（機關槍隊隨同出發）留守蘇州。

4 各旅及第五團各留一連看守行李，師特務營第一連留守蘇州。

5 留守蘇州部隊，歸參謀長陳心葉指揮，并協同團警維持治安。本師用車輸送，於廿九日下午六時，完全集結于南翔附近。并派一一九旅之第二團第一營，進駐江橋鎮警戒。時第一團已奉命開至眞茹，并派一營增加於七十八師閘北防綫。是日日陸戰隊數千，以鉄甲車飛機之掩護，向我友軍襲擊，激戰甚烈！我國文化重心之商務印書館，亦被放火焚燒。我七十八師之翁旅，及本師一一九旅之第一團第一營，即在北站西寶新路——寶山路口——虹江路——一帶，向該敵奮勇抵抗。

推進

三十日奉命以一一九旅（欠第一團）開至大場附近，因該旅第一團已進至閘北中山路口。隨派一二〇旅之第五團，開至眞茹。師部及一二〇旅（欠第五團）

於是夜進至江橋鎮。

敵於是日仍以北站爲攻擊目標，且用飛機投彈，炸毀北站，全力向虬江路包抄。苦戰一小時，北站竟被敵佔，至五時我軍反攻，於槍林彈雨之下，猛力衝擊，始將北站奪回，敵遂潰退，死傷甚夥！我軍亦犧牲百餘人。

三十一日本師一一九旅（第一團在中山路）仍在大場附近，師部及一二〇旅（第五團在眞茹）位置於江橋鎮附近，復於二月一日下午十時 奉指揮蔣午后五時卅分命令要旨如左：

1 在上海租界分向閘北——虬江路——來侵之敵，經我軍痛擊後 退回租界及江灣以東一帶，據各方報告，倭敵已動員二師，有由淞滬上陸，大舉來侵之企圖。

2 本路軍以待機殲滅敵人之目的，擬佔領虹江鎮——北新涇鎮——大場鎮——胡家店——吳淞鎮之線，保持主力於鐵道以北之地區，待機將敵人一舉而殲滅之！

3 七十八師附山炮一連，（欠第一四團）佔領虹橋鎮——北新涇鎮——眞茹鎮——眞茹車站之線，保持主力於鐵道線附近以南之地區。第一五六旅第四團佔領吳淞鎮，爲軍左翼據點而死守之！第一五五旅第五團，佔領南市龍華各要點，而死守之！掩護我軍右翼。第一五六旅附山炮連（欠第四團）憲兵（欠一營）佔領閘北，爲前進陣地，撤回與否，靜候命令。

4 六十師佔領眞茹車站北端——亘大塲鎮——胡家庄——及其北方之線，保持主力於中央，（派出一部至瀏河擔任警戒，注意敵艦之行動）該師應派一團，至中山路口，對曹家渡日本紗廠方面警戒，并與翁旅確實聯絡。

5 作戰境界之區分及警戒：

一，七十八師，六十師，以閘北沿鐵道之綫，爲兩師作戰境界，綫上屬七十八師。

二，各部隊應於其陣地前方，擇要派出警戒部隊，構成據點式之堅固工事。

6 六十一師之一二二旅全部，爲總預備隊。集中南翔候命（六十一師防務交替完畢，全部開至南翔集中。）

奉令後即下達各部命令如下：

1 一一九旅佔領大場鎮——姜家橋——官家宅——及其以南地區之線，取攻勢防禦。其右翼須與一二〇旅第五團，確實聯絡。并以第一團位置中山路口，對曹家渡日本紗廠方面警戒，須與翁旅確實聯絡。另以一部位置瀏河，擔任警戒，注意敵艦之行動。

2 一二〇旅以第五團（附山砲連）佔領眞茹車站東端鐵道，蔣家宅——小山——及其以北地區之線，取攻勢防禦。其左翼須與一一九旅，右翼與七十八師，確實聯絡。其餘位置廠頭西南地區，爲總預隊。（第四團暫留江橋鎮候令移動）

3 山砲連于明（二一）日拂曉開至蔣家宅附近，歸梁團長佐勛指揮，并於蔣家宅——大場鎮——附近，選擇陣地，搆築掩體。

4 工兵營於明晨，除派一連於廠頭本部作業外，其餘開至大場鎮歸劉旅長占雄指揮作業，但今夜須派一連至中山路口，歸黃團長茂權指揮，趕築工事，務於明午完成後，開大場鎮歸還建制。

5 軍醫處（半部）在廠頭開設。

是日一一九旅（欠第一團）仍在大場附近，一二〇旅之第五團在眞茹車站北端蔣家宅一帶，師部及一二〇旅（欠四五兩團）移至眞茹區之廠頭鄉，該旅之第四團，仍留江橋鎮，準備移交六十一師。并派第三團之第一營開駐瀏河防守。

二日本師基於軍長昨日命令，佔領眞茹車站北端至大場鎮之線，并由一一九旅及第五團構築工事。下午四時，留於江橋鎮之第四團，業將任務交六十一師接替，開至師部附近，集結待命。

自廿九夜以後，美領事卽出而調停，故有停戰三日之約。但日方不守信約，限期未滿，於二日下午一時二十分，復以大砲機槍等，向我進攻，我軍仍在原陣地奮勇應戰。

三日奉軍長蔡午後零時十五分命令，着派鄧旅長率兵兩團及一一九旅之第一團，開至閘北一帶，接七十八師翁旅防務。當於下午二時三十分，下達命令如左：

1 一一九旅（欠第一團）仍在大場原地，對川沙瀏河一帶，嚴密監視。

2 一二〇旅（第五團仍在眞茹）附第一團，於本（三）日黃昏時，由原駐地出發，開至閘北北站，接七十八師翁旅防務。

3 一二〇旅第五團附山砲連，暫歸本師長直接指揮，仍在原地。

五 戰鬥經過

「二月四日」敵以和議破裂，卽以陸海空軍聯合向我閘北吳淞猛攻，上午七時集中炮火，向閘北——北站——寶山路——西寶興路一帶，一二〇旅陣地猛擊。九時砲火益烈，至十二時敵陸戰隊約三千人以機關槍掩護，向我連續衝鋒，我則奮勇抗戰，戰況異常劇烈！激戰至下午二時，敵卒不得逞，復以裝甲車十六輛，向我突擊。其空軍轟炸機十八架，亦同時向我陣地猛烈投彈轟炸，我官兵沉着應戰，以手榴彈破敵裝甲車五架，敵遂不惜以殘酷手段用燒夷彈向我擲射，我陣地房屋一被彈着，當即火光四起，我第六團第一營陣地之民房，均被燒燬，不得已乃撤至第二防線。迨入暮火勢稍殺，我官兵不顧一切，奮勇出擊，仍恢復原陣地。敵氣餒膽寒，遂潰退，是役計斃敵百餘名，並獲敵裝甲車六輛，我亦傷亡官兵不少。同日吳淞方面，敵艦集中炮火及空軍猛烈轟炸，掩護步兵渡河，企圖佔領吳淞炮台，經我七十八師一五六旅第四團死力抵抗，卒將該敵擊退，是役擊沉敵艦一艘，轟燬兩艘，查是役敵雖以陸海空軍總攻，並施以殘酷燒夷彈擲射，猛攻數次，均經我官兵奮勇肉搏，予以鉅創，敵遂遭慘敗，此役乃淞滬第一次激烈戰鬥，亦即本師抗日激烈戰事之開始也。

「二月五日」本師守備閘北部隊，因四日激戰強寇，雖經擊潰，但我官兵亦犧牲不少，故於今日午後三時，重行區分各部隊任務如下：

1 一二〇旅（欠第五團第二營及第六團第三營）附第一團及山砲連步兵砲連，固守北站——寶山路之線，左與第六團聯絡。

2 一一九旅第二團（欠第二營）附第六團第三營，以一部分固守江灣——八字橋之線，右與一二〇旅聯絡，其餘控置于彭浦鎮楊家樓下。至該旅之第三團及第二團之第二營；幷工兵營一部，仍位置於大場附近爲總預備隊，統歸劉旅長占雄指揮。

3 師部及直屬隊暨第五團第二營，砲兵學校野砲連，位置餘慶橋——唐家橋一帶，均歸本師長直接指揮。

敵陸戰隊千餘，及久留米混成旅約千餘，於是日上午八時至下午四時，不斷向我第一二〇旅第六團及第四團寶山路——天通庵路——寶興路一帶陣地突擊，同時敵飛機轟炸亦極劇烈。另有敵機十餘，飛至眞茹附近投彈，圖炸國際無綫電台，幷由飛機指示目標，用重炮向我陣地轟擊，炮煙迷漫，塵土飛揚，防禦工事，多被燬平，但我官兵屹然不動，沉着應戰，敵炮雖烈，然卒未得逞。至正午我高射砲連擊中敵飛機兩架，其一架落大場附近，機師三員同時燒斃，其中有海軍大尉一員（炙部讓五郎）及中尉兩員，餘機亦負傷逃去。戰至下午六時，我第四團第三營因傷亡過大，當以第五團第三營接替其陣地，繼續抗戰。至夜敵復以燒夷彈擲射，致我陣地被焚，但我官兵仍奮勇抵抗，固守原陣地，並猛烈還擊，予敵以極大損傷，敵遂不支，退回原防。

「二月六日」拂曉敵先以飛機重炮向我閘北一二〇旅陣地轟擊，至上午十一時復以鐵甲車掩護久留米混成旅步兵約一千五百名，分向我第四團第二營第五團第三營及第六團陣地突擊　我官兵奮勇苦戰數小時，敵勢不支，紛紛遁去，是役斃敵甚夥。黃昏後，我第五團第三營陣地之房屋被敵燃燒，火勢甚猛，遂撤回第二綫，至九時火熄後，經我官兵衝復原陣地，我一一九旅之第二團（欠第二營）附第六團第三營進佔八字橋亘江灣之綫，搆築堅固工事。敵連日以猛攻閘北不得手，乃於六日起轉向我八字橋——江灣方面進攻。於是八字橋開始戰鬥，敵先以飛機數架偵察幷轟炸後，續以炮火向我猛攻。該團第八連防守牛皮廠，其房屋盡遭炸燬，頗有傷亡。當令該團第一營部隊增加，沉着應戰，敵卒不得逞。連日戰鬥結果，已知日軍僅恃精良武器，確缺乏攻擊精神。至夜我全線陣地，各以一部向敵佯攻，更令本師指揮之炮兵學校野炮連協同攻擊，敵倉惶失措，狼狽潰退，是役斃敵三百餘，我亦傷亡官兵數十人。

「二月七日」日軍自一二八襲擊我閘北，連日猛攻均遭慘敗，日政府復派野村中將率其第三艦隊，幷派陸軍第十二師團一部到滬，再圖進犯，幷變更戰略，將其戰綫向北延伸，改由虹口公園北面渡河，繞至公興路向八字橋江灣進攻，始以猛烈炮火及空軍轟炸，破壞我陣地，繼以鐵甲車掩護陸戰隊及步兵共約兩千餘衝鋒，勢極兇猛，故八字橋——西寶興路我第二團陣地戰鬥甚烈，自拂曉戰至正午十二時，敵我死傷甚夥。敵復以十二師團步兵約二千餘增援，是時戰鬥更烈，我官兵拚命抗戰，遇敵接近即肉搏格鬥，戰至黃昏，計斃敵六百餘，敵勢不支，紛紛潰退，是日閘北方面自晨至午，均有敵機轟炸。於下午三時敵以炮火掩護步兵千餘，由寶山路——天通庵——向我青雲路陣地猛攻，我官兵沉着應戰，至下午五時即將該敵擊退。敵於昏夜擲射照明彈及燒夷彈，將我陣地附近房屋焚燒甚多。查是日敵以主力攻八字橋，至閘北江灣乃佯攻牽制我軍，激戰終日，因我軍堅毅應戰，敵受創甚巨，遂氣餒潰退。

「二月八日」奉總指揮蔣七日下午十時卅分命令如左：

1 據各方確報，敵陸軍約一師團，將由江灣——吳淞——瀏河之線登陸，壓迫我軍左翼，策動租界內敵陸戰隊殘部，有佔領吳淞及閘北之企圖。

2 本軍以保護國土自衞之手段，展開於上海附近；京滬鐵道之線，保持主力於鐵道以北之地區，對來擾之敵迎頭痛擊，壓迫於黃浦江畔而殲滅之！

3 六十師擔任北站——閘北——亘江灣之線，以一部固守北站閘北，主力集結於大場東南一帶地區，相機迎頭痛擊由黃浦江進犯之敵，左翼與翁旅常取聯絡。

4 七十八師除翁旅(缺第六團)死守吳淞外，其餘在北新涇到眞茹之線，對中山路——曹家渡——方面警戒。

5 六十一師以一團控置於羅店，派出一部至瀏河——小川沙——沿岸一帶，警戒江面，主力則應於八日拂曉前集結於劉家行至大場一帶地區，如瀏河——小川沙方面無敵情發現，則應相機策應六十師。

6 八十八師（計三團）及八十七師宋旅（計二團）爲總預隊。位置於南翔——江橋鎭間。

7 憲兵第六團擔任南市——高昌廟——龍華一帶警戒，仍歸戴司令指揮。

8 八十八師王賡旅古團，擔任虹橋——北新涇之綫警戒，（八日拂曉前接防完畢）歸區師長指揮。

本師奉令後即準時下達如左之命令：

1 一二〇旅（欠第六團第三營）附第一團及山砲連高射砲連，固守右自庫倫路起亘北站——寶山路——青雲路——左至三陽路之線，左翼須與一一九旅確取連絡。

2 一一九旅（欠第一團）附第六團第三營，應以一部佔領八字橋——雨傘店——楊家樓下——孟家角——孫家宅之線，右翼須與一二〇旅，左翼須與六十一師確實連絡，并與翁旅常取連絡，應以主力控置楊家樓下，孫家宅以南地區，但八字橋——江灣須各旅一營固守之，對江灣以北地區，應派前進游動哨，竭力搜索敵情。

3 工兵營以一連歸鄧旅長指揮，其餘歸劉旅長指揮，作業完畢後歸還建制。

4 野炮各連應於八字橋——江灣——楊家樓下各附近地區，選擇陣地，務能射擊北四川路——虹口公園——劉家橋——麻字橋——孟家宅——姚家宅——張溪宅一帶之線。

5 軍醫處應以半部在大場開設，以半部在眞茹開設。

敵自援軍到滬，七八等日連合其海陸空軍，全力攻我閘北——八字橋——江灣一帶陣地，及吳淞砲台，并以飛機猛炸我後方各地，均經我軍擊退，是日早六時，敵開始炮火轟擊我八字橋，經我一面抵抗，一面利用被毀頹垣加築工事，正午炮擊更烈，敵陸軍千餘向我八字橋——西寶興路一帶陣地突擊，經我奮勇應戰，到下午五時，即將該敵擊退，并將向我西唐家橋，侯家木橋紆襲之敵擊潰。

第一二〇旅閘北陣地，自正午至下午三時，敵以炮火向我猛擊，致我工事及房屋被毀甚多，我官兵略有傷亡，努力將陣地修復，敵以日間攻擊不得手，乃於是夜十一時全線向我襲擊，勢甚洶湧！其由中山路等處來襲之敵，并以鐵甲車十餘輛掩護猛衝，我防守部隊沉着應戰，候其接近卽以手榴彈投擲，反覆肉搏，敵卒不支，紛紛敗潰，計斃敵三百餘，我第四團第一營營長梁宏，及教官李飛，均因奮勇指揮負傷，并傷亡營副李澤林以下官兵二十餘人，此役乃閘北第二次激烈戰鬥也。

「二月九日至十一日」本師仍以一二〇旅（欠第六團第三營）附第一團，山炮連，高射炮連，固守庫倫路——亘北站——寶山路——青雲路——三陽路之綫。

第一一九旅之第二團，（附第六團第三營）固守八字橋——雨傘店——楊家樓下——孟家角——孫家宅——及江灣之綫，該旅部及第三團集結俞家宅——

蘆花庄一帶，爲總預備隊，師部及直屬隊仍在餘慶橋附近，并以野砲連進入彭浦鎮陣地，向虹口公園——屈字橋一帶之敵準備射擊。九十兩日閘北——八字橋——江灣均無激烈戰鬥，僅前綫小接觸，惟敵重砲及飛機，日必轟炸數十次，我陣地被破壞頗多。十一日拂曉，敵先以重砲飛機向我閘北——八字橋——江灣陣地炸擊。至上午十一時敵以步兵約四千，分向閘北——八字橋——江灣進攻，更使用世界所禁之達姆達姆彈，我官兵則用堅固工事，運用精細戰術，潛蓄其主力，沉着應戰，俟該敵衝到陣地前，即猝起掃射，敵洶湧前來，不期陡受我猛烈痛擊，死傷甚夥，敵勢遂不支，先後紛紛潰退，但我官兵均抱自衛抵抗宗旨，固守原綫，未加追擊，是役斃敵八百餘，并俘大尉以下官兵二十餘名，奪獲坦克車四架，我第一團第一營營長陳正倫於閘北負傷，戰鬥危急時，仍裹傷身先士卒，率領所部衝入敵陣，以致陣亡，第六團第三營營長陳得彬亦負傷，并傷亡官兵百餘人。

「二月十二日」敵因屢攻閘北——八字橋——江灣——均受重創，乃變更計劃，於十三日轉移主力於曹家橋方面，而閘北——江灣，僅有小接觸而已。

「十三日」奉

總指揮蔣十三日午后三時命令要旨如左：

1綜合各方情報，敵陸戰隊迭被我擊敗後，復以新到滬之陸軍一師團，及殘餘之陸戰隊一部，由江灣以北侯家木橋——曹家橋一帶，向我猛攻，并另有一部已在曹家橋渡河。

2本路軍以壓迫敵人於黃浦江畔而殲滅之目的，部署如左：

A六十師以一部驅逐萬國體育場之敵，并相機佔領之，其餘向當面之敵佯攻，其砲兵應集中火力，向天通庵東北一帶猛攻，俾七十八師之作戰容易。

B六十一師以一部固守原陣地，以一旅集結楊行鎮附近，明(十四)日上午三時，開始協同吳淞七十八師翁旅，先肅清紀家橋之敵，向張華濱車站攻擊前進！

C七十八師(缺翁旅)附古團，本日下午十一時集結于江灣——廟行鎮之間，明(十四)上午三時開始肅淸大沈宅——張家牆前之敵後，沿淞滬支線，向殷行鎭攻擊前進！

吳淞之翁旅，除留一營警戒外，以全力在紀家橋以北地區，經橫濱宅抄敵側背，協同六十一師張旅，向張華濱車站之敵，攻擊前進！

D八十七師之宋旅集結羅店，歸六十一師毛師長指揮。

E八十八師(缺王賡旅在南市龍華之綫警備)集結南翔附近，爲本路軍總預備隊。

師奉右令後，卽於十三日下午八時，命令着一一九旅以一營於十四日上午一時，由江灣車站——江灣鎭之間，驅逐萬國體育場之敵，幷相機佔領之，其餘各部，各向當面之敵佯攻，俾我六一及七八兩師作戰容易，野砲兩連，同時分向虹口公園——北四川路——持志大學——軍工路一帶之敵猛攻

「十四日」上午一時，我閘北——八字橋——江灣一帶，守兵卽乘夜向當之敵佯攻，山炮連野炮連亦同時協同猛攻，第一一九旅第三團團長黃漢廷，卽率

所部第二營向萬國體育場之敵攻擊前進，敵以我奮勇異常，且以為我全線出擊，遂紛紛潰退，我即將萬國體育場佔領，并構築工事，防敵反攻，正午復令將該團第一營增加該方面，牽制沈家行鎮——廟行鎮間敵之活動，并側擊攻我廟行之敵，敵以傷亡甚多，且受我控制過甚，遂不得不放棄突破廟行之目的，而作襲取吳淞之企圖，不料溫藻濱偷渡，復受重創於我六十一師，至是號稱一等强國之日本皇軍，一敗再敗，難圓其佔領吳越平原之好夢。遂復一面總調援軍，三易主將，一面散離間之傳單，致最後之通牒，企圖嚇退我軍，然我軍守土有責，決心自衛，雖剩最後之一卒一彈，亦必抵抗到底，時敵金澤第九師團，及久留米混成旅團，由敵第九師團長植田謙吉指揮，已全部到滬增援，其總數達三萬以上，擬聯合敵海軍陸戰隊之殘部，及前此到滬之第十二師團，企圖進佔我吳淞及上海南北市，本師遂遵照。

總指揮蔣十六日午後十二時命令要旨，于十七日午后一時命令各部作如左之攻擊防禦部署，期以協同友軍，向機出擊，完成壓迫敵人于黃浦江畔而殲滅之目的。

1 一一九旅(欠第一團)附第六團之第三營第四團之第二營，及榴彈炮連，高射炮連，教導隊之步炮連，以兩營固守八字橋——江灣東站爲支撐點，右翼與一二〇旅左翼與六一師連接，以一部佔領八字橋以北，亘雨傘店——楊家樓下之綫，派出小部隊于窰宅——沈家宅——孟家宅——施行警戒，并構築據點式之工事，其主力應控置于燕毛灣——唐家街。

2 一二〇旅(欠第六團之第三營第四團之第二營)附第一團及山砲連 高射炮連，地雷隊，佔領北站——寶興路——青雲路——三陽路之綫，右翼與七十八師中山路部隊連絡，左翼與一一九旅連接，但第一綫守兵須稀薄，其主力應控置於第二三綫。

3 野砲第一連，仍在彭浦鎮以北陣地，準備向持志大學滬江大學，遠東運動場，及軍工路之敵射擊。

「二月十七日至十八日」我各部經遵令部署完畢，與敵相持於原陣地中，惟敵一面準備總攻，一面憑其飛機大砲之優越火力，不斷向我軍轟擊，并於敵最精銳之第九師團中，挑選決死隊二千餘人，藉多數坦克車之掩護，以手提機槍向我閘北——八字橋——江灣——三處兇猛突擊，我守兵一面努力抵抗，一面運用多數小戰鬥羣紆迴側擊，神出鬼沒，敵無法應付，致死傷枕藉，且被我小炮第十五連，發炮擊毀敵轟炸機兩架，敵竭力衝擊，激戰至夜，方始退去。

「二月二十日」列國領使第二次調和破裂，且敵之攻擊部署經已完備，遂于午前七時，以陸海空軍全力，向我吳淞——江灣——閘北全綫總攻，是時我閘北——八字橋——江灣——一帶守備部隊，奮勇迎戰，其戰鬥之慘烈有如右者

江灣方面：上午九時，敵金澤第九師團宮山步兵聯隊（約三千人）附騎兵兩隊，藉坦克車二十餘輛，及金澤炮兵聯隊重砲三十餘門之射擊掩護，由新三民路等處，向我猛力攻擊，并有飛機十數架，，飛翔空中，協同轟炸，斯時我江灣陣地附近民房，多爲敵燒夷彈所焚燬，一時火光熊熊，硝烟迷漫，兼以炮彈炸彈，隆然之爆裂聲，飛機軋軋之翱翔聲，步槍機槍之射擊聲，房屋之崩塌聲，壯

士之衝鋒喊殺聲，負傷者之呻吟痛楚聲，同時並作，如急風暴雨，如海嘯山崩，其戰況之慘烈，實驚天地而泣鬼神！然我江灣守備之第三團第一營官兵，莫不精神奮發，猛勇抵抗，并引發地雷，當場轟炸敵坦克車六架，敵氣稍餒，但仍在其砲火掩護之下，連續突擊，經二十餘次之多，肉搏相衝，血花四濺，敵死傷過半，我亦傷亡頗多，迄下午五時，敵飛機已漸斂跡，該營營長李昆遂親率所部冒死衝鋒，肉搏十一小時之久，我軍激於愛國熱忱，勇氣百倍，敵亦頑強掙扎，迨至氣衰力竭，始紛紛潰退，我因顧慮全盤戰局，恐一部突出，致陷于孤軍深入，故未予窮追，仍撤回原陣地固守，及入夜十一時，敵復調金澤步兵聯隊之一部約千餘人，擬承我竟日激戰，兵力疲勞之餘，數以坦克車掩護襲擊，我官兵鼓其餘勇，努力迎戰，敵屢進屢退，頑強異常，然終為我軍守兵併力擊退，敵死傷又復數百，我軍亦傷營長李昆一員，連長一員，及官兵數十，至楊家樓下，沈家宅一帶陣地，是日自拂曉迄正午，被敵以轟炸機十餘架（以三架為一組）連續擲二百五十磅之炸彈，並以第九師團熊本重砲混成聯合隊重炮二十餘門，集中火力向我轟燬，另以熊本步兵混成旅聯合之一隊（約千數百人）向我六團三營沈家宅——孟家宅猛攻，其後續步隊第九師團敦賀混成聯隊步兵約二千餘人，由持志大學譚家宅一帶移動，似有繞攻江灣模樣，該營孟家宅之前進排哨，首先與敵接觸，肉搏抵抗，我六團三營官兵亦同時勇猛迎擊，當斃敵百數十人，卒以彼衆我寡，該排長隨即陣亡，士兵亦傷亡淨盡，我孟家宅遂爲敵佔領，敵復以大砲掩護步兵衝鋒，進攻益急，戰況更形危迫，適我三團三營遵令派隊赴援，士氣大振，我官兵莫不以一當百，激戰至黃昏，始將該敵殲滅，恢復原有陣地，其向持志大學一帶紆迴之敵，在我猛烈炮火之下，終日未達目的，且鑒于孟家宅——江灣兩方慘敗，知不可倖逞，亦乘夜撤退。

八字橋方面：上午八時，敵金澤步兵聯隊之一部約八百人，向我八字橋左翼攻擊，經我第二團第二營官兵奮勇擊退，敵以我軍勇敢，知以步兵擊衝，徒受重大犧牲，乃於午后用重砲十餘門集中火力，向我陣地轟擊，經我守兵沉着應付，敵卒不得逞。

閘北方面：自拂曉至午后五時，敵以大砲向我北站——寶興路——寶山路——天通庵路——青雲路一帶陣地，猛烈轟擊，復以特別陸戰隊二千餘人，用手提機槍，由河南路，分向我新民路及寶山路第四團陣地蜂湧進攻，經我第四團官兵竭力抵抗，劇戰終日，至午后八時，彼此衝鋒肉搏，進退十餘次，敵被我手榴彈炸傷甚衆，斷脛折肢，呻吟遍地，敵膽寒氣餒，狼狽潰退，我第四團部隊乘勝追擊，當奪獲步槍五枝，軍用品無算，是日爲日寇增兵易將，作大規模之第一次總攻，戰鬥之猛烈，得未曾見，然我官兵均抱有敵無我，有我無敵之意志，人人具必死之決心，大炮之燬傷，飛機之轟炸，戰車之衝鋒，非特不能動搖我望盛之士氣，反激增我犧牲恐後之精神，故在艱苦戰鬥中，卒能殺敵致果，予日寇以重創。而蘊藻濱方面之頑敵三千，復爲我廟行之友軍殲滅，吳淞炮台又擊毀敵艦二艘。沉一艘，總計是日全綫敵人，死傷五千人以上，而彼第一日，總攻遂歸失敗。

「二月二十一日」敵以昨日之總攻，第九師團受損失過巨，遂調十二師團增援，并以主力猛攻我江灣陣地，企圖突破一點，其他閘北——八字橋——吳淞等處不過佯攻牽制，使彼主攻易於奏効而已，是日午前七時，敵第十二師團長木原清所部第四十八聯隊步兵二千人，附騎兵一大隊，藉坦克車及炮火之掩護，並投彈佈成煙幕，接近我江灣陣地，施行突擊，經我第三團第一營奮勇抵抗，激戰竟日，敵傷亡甚衆，黃昏復以濮木元雄第四十六聯隊，三千餘人增援，我第四團一營誓死抵抗，前仆後繼，我閘北，八字橋，守備部隊，及彭浦鎮之野炮，亦同時攻擊助戰，相持約一小時，我第二團復令該團第二營營長谷香圃率一部增援江灣，奮勇肉搏，敵傷亡盈野，不支而退。於是敵之第二日攻擊，又復失敗。

「二月二十二日」敵原擬于三日內攻佔我淞滬，但過去兩總攻均遭慘敗，深恐帝國皇軍，威名從此掃地，於是又于本日盡調其到滬之生力部隊，期與我決一死戰，敵是日雖取全綫總攻戰略，然尤側重我廟行鎮之陣地，企圖突破廟行，以達其右旋而撫吳淞之側背，左轉而截我閘北後援之目的，故攻擊激烈非常！

江灣方面：上午九時敵先以大炮三十餘門，飛機二十餘架，集中火力，向我陣地連續射擊轟炸，我陣綫多爲炮火所毀，房屋亦焚燒熾烈，烈燄騰空，不可向邇，敵遂乘機以戰車二十餘輛，掩護敵海淳大郎所部步兵第十二旅團之一部，（約二千人）向我蜂湧衝擊，來勢兇猛！我第三團守兵，固守陣地，沉着應戰，俟敵衝至我有效射界以內，卽以機槍集中掃射，敵受我猛烈火力壓迫，屢進屢退，犧牲過半，卒不得逞，同時敵栗木三郎所部步兵第十四聯隊，亦向我八字橋寶興路來犯，激戰終日，敵我互有傷亡，戰至黃昏，我于正面拒敵之中，另派第二團之一部，出其不意，襲擊持志大學——屈家橋之敵，敵驚惶失措，死傷枕藉，全綫牽動，遂至潰亂，但我軍因顧慮虹口公園方面敵之側擊，未予窮追，仍歸回原陣地固守。

閘北方面：上午八時敵本川省三所部步兵第四十八聯隊，及特別陸戰隊一部，約三千餘人，分向我天通庵路——青雲部——中山路——陣地衝擊，經我一五兩團守兵，迎頭痛擊，激戰四小時，敵因被我軍以手榴彈殺傷過衆，遂退回原陣地，我軍亦未追擊，與敵對峙，午後一時，我閘北亘楊家樓下之綫，全綫施行佯攻，使我軍左翼友軍由廟行鎮出擊容易，一時我方炮火齊發，幷以一部由天通庵——寶山路等處出擊，戰一小時，斃敵甚多，我方亦略有損傷，遂仍撤回原陣地，迄至午后九時，攻我廟行鎮之敵，為我友軍擊潰，我六一師一二三旅，即行追擊潰敵，同時我師又奉令佯攻助戰，是時天色昏黑，敵飛機斂跡，我軍運動更益自由，在炮火掩護之下，我官兵奮勇衝擊，中山路，及天通庵路之敵，被我軍第一團第一營及第五團第二營勇猛衝擊，敵傷亡益大，漸至不支，且因攻廟行之主力，被我六一師擊破，殲滅數千，全綫震動，遂向殷行鎮方面總退却，其虹口區域內之敵軍，亦因其總退却而大混亂，然我軍因顧慮公共租界之安全起見，亦未予窮追，是日敵傷亡數千，為我抗日以來之大捷！於是敵之第三日總攻又告失敗，不得不急電東京，速增援軍，（敵以連日失敗，傷亡極大，經高級將領之協議，急電東京，請求速派六師團來滬）

「二十三四兩日」敵於慘敗之後，勢窮力竭，援軍未到，不敢大規模來犯，惟時以大炮及飛機向我示威而已。

「二十五日」敵因援軍第十一師團已到滬，遂決將兵力重行部署，以二萬五千人攻江灣，二萬人攻吳淞，一萬五千人攻閘北，並決以臼砲及重砲用十字戰法，先行破壞我陣地工事，然後以機槍為主力，向我突擊，其總攻以江灣為主，我軍探悉敵之計劃後，為先發制人計，決定全綫出擊，是日下午四時，奉總指揮蔣攻擊命令後，即着一一九旅旅長劉占雄率兵兩團，於黃昏至翠堂宅，準備攻擊位置，下午十一時，向復旦大學——萬國體育場——天樂寺等處之敵攻擊前進！其餘閘北至江灣之守備隊，亦同時佯攻，俾我出擊部隊易於奏效，是夜十一時我全綫即向當面之敵佯攻，我劉旅先頭之一營，已進至萬國體育場附近，同時友軍亦各有進展，敵張惶應戰，黑夜肉搏，死傷甚巨！我奪獲軍用品工作器具甚多，旋因奉令停止攻擊，遂令撤回原陣地佯攻。

「二月二十六七兩日」敵集中炮火向我江灣閘北及八字橋連日轟擊，我江灣鎮及車站附近之房屋，被敵焚毁殆盡，且以該處過於突出，固守不易，徒予敵以攻擊之目標，遂於二十六日夜將該陣地放棄。二十七日午后奉令以一部固守八字橋及楊家樓下之綫，主力集結於曹徑巷——俞家宅——盧家宅——尹家角一帶，爲軍之總預備隊，所有閘北防綫，由六十一師派隊接替，當於下午十時三十分下達命令，其要旨如左：

一，我七十八師除以一部固守吳淞外，其主力於今夜接替六十一師夏家蕩西北陣地，與竹園墩左翼連接，其右翼至楊家樓下，我六十一師以一部接替七十八師第六團大場至眞茹警備任務，其主力接替閘北至八字橋以南陣地。

二，本師奉命以固守待機出擊之目的，擬以一部守備八字橋至楊家樓下之綫，以一部控置於劉家宅——東曹徑巷——俞家宅——盧家庄——尹家角，爲軍總預備隊，其部署如左：

1 一一九旅（欠第一團）附第六團及山砲連小砲第十第十五兩連，教導隊之步砲隊，應以一部固守八字橋——方家木橋——雨傘店——楊家樓下之綫，（楊家樓下屬七十八師）右與六十一師，左與七十八師連接，幷以一部據守勞働大學——聖堂宅——錢家蕩——沈家宅之前進陣地，其主力應控置於燕毛灣——唐家衖一帶。

2 一二〇旅（欠第六團）附第一團，於今夜將閘北陣地交六十一師接替後，移在劉家宅——東曹徑巷——盧家宅——尹家角爲總預備隊。

3 野砲連仍在張家宅原陣地，準備射擊持志大學——屈家橋——江灣車站東北一帶地區之敵

4 工兵營以一連於眞茹附近陣地，裝設地雷外，其餘協助一一九旅加築强固工事。

「二月二十八日」奉

軍座電令六十一師不接第一團防務，故第一團仍守天通庵路——青雲路——一帶陣地，第二團（附第三團之第三營）仍固守八字橋——方家木橋——雨傘店——楊家樓下之線外，其餘各部均于本日上午一時乘夜移至指定位置：

一一九旅部及第三團（欠第三營）集結於徐家角——燕毛灣——曹徑巷一帶，第六團集結于彭浦鎮——唐家橋一帶。

一二〇旅（欠第六團）集結餘慶橋——俞家宅——盧家宅——張家宅——孟家角一帶。

野砲連位置于張家宅，山炮連位置於淩家花園，小炮連位置于雨傘店附近。

師部及直屬隊仍於王家宅附近。

「二月二十九日」是日我部署已畢，而敵之攻擊準備亦已完畢，上午九時，敵集中炮火，向我第一團天通庵路——青雲路一帶陣地轟擊，猛烈異常！我第一團陣地多爲毀壞，附近房屋亦多爲敵燒夷彈所燒，至正午炮擊益烈，火勢更熾，敵第九師團大賀一勇所部步兵第三十六聯隊約三千人，遂乘機向我衝鋒，我軍奮勇抵抗，敵屢進屢退，激戰至晚，我軍卽以白刃衝殺，並擲手榴彈，敵因傷亡過大，且見我軍銳不可當，遂卽退回原陣地，同日拂曉，敵第九師團林八大所部步兵第七聯隊之一部，約千餘人，由屈家橋——殷家街方面，分向我勞働中學——學堂宅——陳家宅之陣地猛攻，我守兵第二團第三營即與死戰，相持數小時，敵不得逞。且傷亡頗大，乃復以重砲數十門，集中轟擊，我陣地被破壞過半，繼復以飛機擲彈，掩護其步兵十七聯隊全部分數路向我衝鋒，我守孟家宅——勞働中學部隊，傷亡過半，不得已遂撤守錢家蕩——沈家宅，惟敵仍繼續向我猛攻，我守兵死力抗戰，敵無法再進，雙方遂成對峙狀態，至八字橋方面：自上午九時起，敵以重炮數十門，集中火力，不斷轟擊，復以坦克車九輛，掩護前原宏行所部步兵第六聯隊千數百人，經水電路，向我第二團第三營七八兩陣地猛衝，我守兵奮力迎戰，至十一時，我傷亡甚巨，陣地工事，又盡被敵炮火盡毀，且敵援隊增加，進攻益烈，斯時形勢甚急！適我第二團二營一部增援到達，極力反攻，敵傷六七百人，且其掩護之坦克車亦被我擊燬三輛，敵不支而退，我即克復原陣地，與敵隔橋相峙，至下午二時敵復以德野外次郎所部步兵第三十五聯隊增加，藉飛機大砲及坦克車之掩護，再三向我軍猛攻，我第二團守兵奮勇抵抗，前仆後繼，然終因衆寡懸殊，且被敵飛機投彈炸傷甚衆，致第一線防地復爲敵戰車所破，一時戰況極形危殆！未幾我第六團二營援兵馳到，復死力反攻，斯時雙方肉搏，血肉橫飛，卒在戰況慘烈中，將敵擊退，但敵旋以機槍及曲射炮掩護五六百人，用帆布器，强行渡河，且以烟幕彈布成烟幕，阻我視線，於是一部陣地又爲敵佔，然因我全線守兵決死抵抗，并集中機槍側擊，大戰至午后十二時，敵又不支退去，我始第三次恢復原陣地，此處三失三復，殲敵千餘，我第二團三營及六團二營官兵亦傷亡二百餘員名，爲我師抗日戰役中最慘烈之一幕！

「三月一日」敵援軍大至，除以第十一師團全部加入淞滬作戰外，并改派白川大將爲主將，又以十四師團萬餘人，用軍艦及藉烟幕彈掩護，在瀏河——楊林口——七了口——登陸，企圖抄襲我側背，并斜出嘉定南翔，截斷我京滬作戰之縱線，將我淞滬部隊，作一個大包圍，同時敵以陸戰隊中志願決死隊千餘人，向我天通庵路，猛烈攻擊，但因我第一團勇敢抵抗，敵終未敢越雷池一步，至江灣敵第七聯隊，以昨日攻我沈家宅——錢家蕩未下，且犧牲甚大，乃復糾合殘部協同敵步兵第十九聯隊，藉野戰砲兵第五六兩聯隊集中砲火掩護，猛攻我萬昌橋——楊家樓下一帶，我友軍死力與之搏戰，然卒因傷亡過大，陣地工事，又被毀殆盡，無法支持，十時許敵遂佔領萬昌橋楊家樓下，十二時許敵又進攻潮州會館一帶，當時我二團猝受敵方擊側，勢頗危急！乃以第二營一部據守潮州會館南端，對敵迎擊，一時斃敵甚衆，然敵猶反復來攻，黃昏後我復調第三團第二營一部增援，我友軍亦同時猛烈反攻，始將來犯之敵擊退，同日下午三時許，敵十二師團步兵第二十四聯隊二千餘又向我燕毛灣進攻，我第三團第一營會同第四團第一營與敵應戰，敵又用猛烈砲火，飛機擲彈轟炸，掩護步兵衝鋒數次，我官兵奮勇抵抗，相持入夜，敵終不得逞。

是夜我軍以敵萬餘，已在瀏河方面登陸，側背受敵威脅，勢甚危急！且我軍自作戰以來，以血肉當敵之精良武器，傷亡甚巨，敵四次增援，其兵力倍於我，我預備隊經已完全使用，前線兵力，實已無可抽調。且我援軍遠道跋涉，到達需時，遂迫不獲已，作戰略之撤退，轉移陣地於第二防線，繼續抵禦，俟機反攻。

六 撤退經過

三月一日晚奉

總指揮蔣三月一日午后九時命令要旨如左：

1 敵軍十一十四兩師團，已到上海，由敵將白川統率，企圖與我軍決戰，其一部已在瀏河附近登陸，威脅我左側背。

2 本路軍爲避免與敵決戰，擬本日午后十一時將主力向黃渡——方泰——嘉定——太倉——之線撤退，待機轉移攻勢。

3 右翼軍主力于本日午后十一時，開始向黃渡——方泰鎭之線撤退，以一部先佔領眞茹——大場，逐次向江橋鎭——南翔——廣福南端進入陣地，作主陣地之警戒，幷施行節節頑强之抵抗，其主力配備，及各師之戰鬥境如左：

(甲)八十八師獨立旅及憲兵團，向顧橋鎮——莘庄——七寶鎮之線撤退，右與十九軍江橋鎮附近連絡

(乙)六十師主力，于本日午后十一時，由鐵道南方，向黃渡方向撤退。

(古團及鄭團歸沈師長指揮，俟到達目的地後，歸還建制。)

(丙)七十八師主力，於本日午后十一時，由大場附近，經南翔，向陸家巷方向撤退。

(丁)六十一師主力，於本日午后十一時，由大場鎮北方經陳家巷，向方泰鎮方向撤退。

4 左翼軍須派出一部，在胡家庄——楊家行——佔領收容陣地，主力於本日午後十一時，向嘉定——太倉之線撤退，利用嘉定城——太倉城——爲據點，派出一部於羅店及瀏河附近，對瀏河方面警戒。

5 余在南翔，明日午前八時在崐山。

右令於是日下午二時由電話先行接受後，卽于下午七時下達命令，要旨如左：

一，本師（附六十一師第六團及八十八師古團），擬于本（一）日轉移陣地于眞茹——大場——江橋之綫，其處置如左：

1 一二〇旅（欠第六團）附第一團于下午八時，佔領錢家宅至眞茹車站以北之陣地佈防。

2 六十一師第六團及八十八師古團，應于下午十一時，開始移至江橋以南徐家宅——范家宅——錢家弄——朱家宅一帶地區，集結待命。

3 一一九旅（欠第一團）附第六團，應于下午十一時，開始移至江橋鎭鐵路以北之綫佈防。

4 師部及直屬隊，位置于石橋附近（江橋鎭附近）。

二，各部行進路如左：

1 一一九旅（欠一團）一二〇旅及師部直屬隊，沿鐵道以南之綫。

2 第一團及六十一師第六團八十八師古團，經軍家灣——徐家橋——楊家橋道路。

三，一二〇旅應以第四五兩團，（各缺一營）先行移至眞茹車站鐵南北之綫佈防。

四，工兵營應派一連歸鄧旅長指揮，俟部隊完全通過後，即將所有通敵道路——橋樑——鐵道全行破壞。

五，山炮連，野炮連於黃昏向敵陣地猛烈射擊後，即取捷徑，開回蘇州待命。

是日午後七時鄧旅之四五兩團，即如命移至眞茹——夏家車之綫佈防。

師部及直屬隊於下午八時，移至江橋鎮附近。

一一九旅（欠第一團附第六團）于下午十一時，開始移至江橋鎮以北之綫佈防，該旅第二團守備八字橋楊家樓下部隊，于二日上午四時移動，至第一團及六十一師鄭團，八十八師古團最前綫部隊，則於二日上午五時，開始移動，至二日上午八時，第一團完全達眞茹附近，鄭古兩團完全達到江橋以南地區。

二日上午九時，敵搜索隊騎兵百餘，向我一二〇旅佈防於鐵路以北之第五團側襲，該團派出在夏家車之前進哨連，因與左翼七十八師第三團失聯絡，遂撤至顧家鎮陣地，與敵對峙，上午十時，敵約數百向該團正面第二營陣地進攻，幷以大部抄襲至無綫電台附近，敵集中炮火轟擊，連衝數次，我官兵奮勇肉搏，幷着第三營派出兩連，驅逐無綫電台附近之敵，正午十二時，敵後續部隊，亦已到達，因白晝不便撤動，令該團仍在原陣地死力抵抗待命。

本師遵照

總指揮一日下午九時命令，決心再撤至黃渡主陣地當于下午三時下達命令要旨如左：

1 敵情友軍情況仍同

總指揮蔣三月一日下午九時命令所示，又敵騎百餘，步兵數百，在夏家車附近，與我接觸，至下午三時，其後續部隊到達，現仍在原陣地對峙中。

2 師奉命于本(二)日由鐵道以南道路，向黃渡撤退，幷佔領黃渡至京滬鐵道之綫，其部署如左：

(一)一二〇旅(欠第六團)附第一團，于下午八時，由夏家車——眞茹之綫撤退，經江橋鎮至黃渡鎮——吳唐灣——何家灣之綫，並進入黃渡鎮至京滬鐵路之陣地（鐵路屬之）左與七十八師確實連接，右翼與一一九旅連絡，但撤退時須派有力之一部節節抵抗，并將通敵鐵路——橋樑——道路——盡行破壞。

（二）一一九旅（欠第一團）附第六團，於明（三）日上午二時，由江橋鎮鐵路以北之綫，開始撤退，經黃渡撤至六家村——朱家村——顧涇一帶，爲預備隊，并派一部于宋家村——曾家濱之線，對南警戒，左翼須與一二〇旅連絡，但撤退時須派有力之一部，節節抵抗，并將通敵之鐵路——橋樑——道路——盡行破壞。

（三）六十一師第六團，八十八師古團，於下午七時三十分開始撤退，經黃渡鎮至方泰鎮西南地區，歸還建制（古團仍歸本師指揮）。

（四）工兵營歸鄧旅長指揮。加築黃渡至鐵路本陣地之工事。

（五）高射砲第十十五兩連，到達黃渡，改歸鄧旅長指揮。

（六）軍醫處于安亭鎮，開設收容所，并於陸家村前陣地道路設臨時收容所。

（七）師部及直屬隊，於下午七時，開始移至安亭鎮附近。

3 各部撤退時須派出右側衛，沿鐵道前進。

4 余在師部。

是夜按照右令指定時間移動，一二〇旅（欠第六團附第一團）於三日上午四時到達黃渡附近之吳唐灣——何家灣一帶，并佈防於黃渡至鐵道之綫，一一九旅（欠第一團附第六團）三日上午十二時達到陸家村——朱家村一帶，并以第三團一部至朱前村——魯家濱——向南警戒，師部直屬隊，於三日上午一時，到達安亭西南端附近

三日奉

軍長蔡午後一時三十分命令要旨如左：

1 暴日敵寇，以大部壓迫我防綫。

2 我軍擬於今（三）日晚，以各師强有力之一部，控制於方泰鎮——黃渡鎮之綫

，縱長配備，左翼切實與第五軍聯絡。

3 六十師以一部佈防黃渡，左翼至鐵道，嚴密警戒，其餘主力應背進青陽港以南，陳硒村——狀元橋集結整理。

4 六十一師（鄭團歸還建制）以一部佈防於方泰鎮，右翼與六十師，左翼與第五軍切實取聯絡，其主力背進於青陽港以北，孔家堂——劉灣村整理。

5 七十八師全部（翁旅歸還建制）即背進至崐山以西，西虹橋——東塘一帶集結整理為總預備隊。

本師基於右令要旨，即於下午三十分下達命令如左：

1 一二〇旅仍以一團佔領黃渡至鐵道之綫，左與六十一師連絡，該旅長率其餘之一團，位置於安亭鎮附近，如有敵大部向我進犯，必要時可與六十一師協同節節撤退，循本師行進路跟進，經葉徑，在周巷渡河，進至狀元橋附近，集結整理，并以一團今日黃昏後隨同一一九旅背進行至茜墩鎮附近，歸本師長直接指揮。

2 一一九旅之第一團，應於黃昏由原地出發，經徐公橋至王家角，過浮橋至茜墩鎮附近，向東南北方面，配備警戒，俟該旅到達，歸還建制，該旅主力應於下午七時出發，循第一團行進路，進至茜墩鎮附近，明(四)日黃昏經石巷村——支浦橋——新塘村附近渡江，進至陳頭庄附近，積極整理。

3 師部直屬隊及一二〇旅之一團，於下午七時出發，循第一團之行進路，進至茜墩鎮附近，明(四)日下午七時，經葉徑至周巷渡河，由狀元橋至大吳村附近。

4 工兵營應以一連歸鄧旅長指揮，以兩連在本部先頭進行，修理道路橋樑，今晚至茜墩鎮，明日於新塘村及周巷各處，搜集船隻以備渡江，是夜一二〇旅之第五團仍在黃渡至鐵道之綫佈防，該旅部及第四團移至安亭鎮附近，至第一團師部直屬隊第六團一一九旅(欠第一團)，於黃昏開始出發，向崐山西南地區，狀元橋——陳頭村——大吳村一帶前進，其一二〇旅第五團，三月四日於黃渡車站，與敵追擊隊戰鬥，經過概要如左：

該團配備，以第三營擔任鐵路及其以右至蔡家橋左端，以第八連守馬宅及鐵橋，以一排位置於黃渡車站，爲前進哨，四日下午一時二十分，敵先頭部隊之步騎大部，向我前進哨進攻，我抵抗約一小時，始突圍撤回，傷亡甚大，同時敵又以機槍大炮向我陣地轟擊，其部隊亦卽在炮火掩護之下，凶猛前進，黃昏我左翼六十一師，向後撤退，敵架帆布橋强渡，圖襲我左後，該團之三八兩連肉搏抵抗，傷亡甚大，再以第五連馳援，同時第一營以右蔡家橋至羅家宅之綫，及第二營羅家宅以右至千秋橋之綫，亦有敵猛攻，當以千秋橋爲通大場及紀王廟大道，遂由第二營派兵一排警戒，午後七時三十分該團已奉命向花橋逐步撤退，是役由下午一時二十分戰至十時，殺傷敵人甚夥，敵遂膽寒，不敢追躡。

本師自三日黃昏開始向崐山背進後，隨以吳淞江以南地區河流交錯，運動困難，除先頭第一團遵照原令進行外，其餘各部，卽由安亭沿鐵道以南地區，向目的地進行。

師部于五日上午一時，到達大吳村附近，一一九旅（欠第一團）附第六團於五日上午十一時到達崐山車站東北狀元橋東阿橋一帶，第一團與五日上午八時到達周巷附近，一二〇旅（欠第六團）於六日完全達到廟墩頭白魚頭一帶，旋於六日奉

總指揮蔣軍長蔡五日下午三時命令如左：

1 敵于三日午後對國聯宣佈停止戰爭，昨今兩日南翔砲兵，仍不斷向我射擊，便衣隊向我前進異常活動，企圖不明。

2 本路軍擬佔領青陽港——崐山城——陸家橋——石牌——白茆——新市——梅李鎮——福山鎮之綫，其前端須派出警戒部隊，節節拒止敵人，如敵人以主力作眞面目之攻擊，萬不得已時則佔領左翼，依據九星湖——鳳里村——東彎港——唯亭——楊城（澄）湖——至崐山湖及其北端，亘常熟至福山鎮江岸一帶之預設陣地，死守待援。

3 第十九軍以主力佔領崐山城南北之綫，於安亭太倉之間派出警戒部隊，如敵

以主力作眞面目來攻，致萬不得已時，則佔領左翼，依托九里湖——吳家灣——唯亭鎭——東樓蕖村——東灣港——唯亭——左翼依托錫城（澄）湖預設之陣綫，死守待援。

其詳細配備應如左之要旨：

（甲）六十師佔領周巷，沿靑陽港西岸，經鐵道至十三河灘（屬之）之綫構築強固工事，拒止當面之敵，幷負維持崐山城治安，鄧旅長則俟鍾團接替防務後，歸還建制。

（乙）六十師附古團，佔領十三河灘至陸家橋（屬之）之綫構築強固工事，拒止當面之敵，與太倉余立奎團取聯絡。

張炎旅今（五）日曉撤回歸還建制。

（丙）七十八師爲預備隊，集結於唯亭西端地區待命。

第五軍佔領石牌南端至白茆新市之綫，右翼派出一小部隊，位置於石牌——陸家橋間，與陸家橋附近之六十一師取聯絡，左翼派一部至陸尖鎭與梅李鎭四十七師聯絡，主力控置於東塘墅——常熟之間，如受優勢之敵壓迫，萬不獲已，則佔領右翼，依托後塘湖經崐城湖常熟之綫，死守待援。

5 四十七師擔任常熟——梅李鎮——謝家橋鎮，東北沿江一帶佈防，對江面警戒，與常熟之俞師聯絡，其主力集結於常熟西北大叉橋附近，如梅李鎮方面受優勢之敵壓迫時，則固守小王橋——謝家橋——至福山鎮之綫，并應注意沿江方面。

奉令後即於六日下午一時，下達如左之命令：

1 奉總指揮蔣軍長蔡，三月五日午後五時命令如另紙

2 師基右令要旨配備如左：

（一）一一九旅（附小炮兩連及步炮隊）佔領周港沿青陽港西岸，經鐵道至十三河灘之綫（屬之）構築強固工事，拒止當面之敵，并負責維持崐山城治安。於陣地正面前，及茜墩鎮——張浦鎮，各派遠距離之偵探，竭力搜索敵情，并於陸家濱車站中途連絡，於新塘村——周巷——杏彩樓，各

設船舶檢查所。

(二)七十八師鍾團，爲前進部隊，主力控置於陸家濱車站，對安亭作縱深之配備，約各以一連在安亭及蓬閬鎮，嚴密搜索敵情，務於本(六)日黃昏開往接替一二〇旅(欠第一團)防務。

(三)一二〇旅第六團暫歸劉旅長指揮，協同構築工事，俟工事完成歸回建制。

該旅主力，俟鍾團接防後，開回大吳村——廟墩頭——乾塘——白魚頭——南星濱一帶，集結爲預備隊。

(四)師部及直屬隊，位置於廟墩頭北端之前顏巷。

本師一一九旅(附小炮十連及步炮隊武術隊)佔領周巷，沿青陽港西岸，經鐵道至十三河灘之線，并維持崐山城治安，配備如左：

1第一團位置於東橋頭——外蘇村——李巷一帶，佔領周巷，沿青陽港西岸，至鐵道之線，并於周巷及青陽港吳淞江交叉處，設船舶檢查所。

2 第三團（附第二團第一營小炮第十連）位置於遠明村——朝浦村——桿橋頭——東南河村——芝蘆巷一帶，佔領鐵路（屬之）第十三河灘之線，與鍾團聯絡。

3 第二團（欠一營附步炮隊）位置於岷山車站，及玉山市正陽橋一帶，維持岷城治安。

4 旅部及武術隊位置於岷城小西門外街，武術隊擔任巡查。

七十八師鍾團，以第二營位置八字廟，派第六連住天福庵警戒徐公橋至張濱之線，派第四連在蓬閬鎮警戒錢門塘至蓬閬鎮之線，第三營爲第二防綫，位置於夏駕橋，團部及第一營位置于平巷，均于六日下午六時配備完畢。

一二〇旅已于六日下午將安亭防綫移交完畢，集結于大吳村——廟墩頭——乾田——白魚頭，旅部在中顏巷。

師部及直屬隊，位置于廟墩頭北端祝家塘附近，軍械處及軍醫處，位置于杏彩樓。

七 傷亡數量

自一二八事變發生，我師參加作戰以來，與敵相持月餘，我官兵皆奮不顧身，與敵搏戰，雖身負創傷，仍忍痛作戰。其忠勇禦侮之精神，實足以寒敵膽！祗因顧慮公共租界之安全，每次攻擊，皆因投鼠忌器，未克窮追，致常陷于被動地位，故我忠勇之官兵，受殺傷于敵人精利火器之下者，達一千六百五十三員名之多。

八 戰後之所見

淞滬抗日戰爭，日寇均佔優勢，就國力而論，日自一八九四年與一九〇四年先後戰敗我國及俄羅斯後，一躍而爲世界六大强國之一，迨至一九一八年世界大戰結束，復獲得凡爾賽和約種種權利。以優越之國際地位，作長期之休養生息，其國力之充實不言而喻，我則自鴉片戰爭以還，經數十年之外患內亂，且加以水旱為災，赤匪肆虐，國力凋敝，已達極點，以兵力而論，我軍參加淞滬抗日軍隊，僅只陸軍五師，而日則竭其海陸空之全力以對我，至其兵器之犀利，材料之完備，戰術之新穎，新兵器之使用，尤為我望塵莫及，且復于地形上得以不平等條約為基礎之租界為其根據地，進固能戰，退亦可守，更以艦隊游弋作戰於揚子黃浦二江，匪特可以支撐左右，策兩翼陣地之安全，且可任擇目標，予我以極端之威脅與破壞，而我則進攻既投鼠忌器，苦于不平等之條約束縛，防禦又以器械疏舊，遭優越炮火之摧毀，若夫增援方面，敵以兵艦裝備，輸送迅捷，租界登陸，運動安全，而我則陸地車輛，既受制于飛機之破壞，水上輪船，又封鎖于兵艦之橫行，遠道跋涉，曠日需時，尤其敵以二百餘架飛機，猛烈投彈轟炸，我則僅有最少之飛機，供通訊及偵察而已，故此次戰爭，我又不啻以平面戰而與敵之立體戰相抗，處此種種形勢懸殊狀況之下，在戰略上已居失利地位，然而卒能抵抗月餘，使強敵受重大犧牲，終不克達其侵佔淞滬；席捲蘇常，立馬金焦；覽六朝之勝跡，溯流西上，賞白下之風光；藉城下之盟；征服我國，爲取得世界二次大戰中之優越地位者，實賴我官兵民衆意志之堅强，愛國心之豐富，發揚其忠勇無畏之精神，高壓敵人之物質有以致之也。嗚呼！淞滬之創痕未復，東北之失地未收，處此世界風雲急變中，來日大難，方興未艾，我後死者，覽茲抗日戰爭經過，緬仰先烈之忠魂皓魄，允宜臥薪嘗膽，力圖雪恥！庶我忠勇先烈爲爭民族生存所流之熱血，爲不虛矣。

附表一

第十九路軍第六十師抗日戰役動員人員馬匹統計表

隊號 ＼ 職別	中將	少將	上校	中校	少校	上尉	中尉	少尉	准尉	合計	士兵	馬匹	備攷
師及直屬隊	一	一	二	六	一四	一八	二七	三一	三六	一三六	一一八三	二五	
第一一九旅		一	四	四	二一	四五	五七	八二	六三	二七七	四六一七	二四	
第一二〇旅		一	四	三	二〇	五三	五七	七四	六一	二七三	四七五一	二六	
總計	一	三	一〇	一三	五五	一一六	一四一	一八七	一六〇	六八六	一〇五五一	七五	

附記

中華民國二十一年　月　日

附表二

第十九路軍第六十師抗日戰役人員馬匹死傷表

區別 隊號	陣亡			負傷			失踪			備攷
	官佐	士兵	馬匹	官佐	士兵	馬匹	官佐	士兵	馬匹	
師及直屬隊	一	八	三	五	五五			一	二	
第一一九旅	一三	一九五	五	四五	四九九		一		一	
第一二〇旅	一二	一五八	四	四四	六二〇			五		
合計	二六	三六一	一二	九四	一一七二		一	六	三	
附記	一，指揮部隊傷亡未列表內									

中華民國二十一年　月　日

附表三

第十九路軍第六十師抗日戰役武器彈藥損耗表

部別＼區別名稱	武器損壞：砲	步槍	手槍	刺刀	彈藥消耗：野砲彈	迫砲彈	小砲彈	自動槍彈	步槍彈	機槍彈	手槍彈	手榴彈	備攷
師直屬隊	六	一		一八	一八〇〇	三三六	一四〇〇	五〇	一〇七八八		一四三一	一二三	砲欄內損砲六門其中小砲第十連損小砲四門十五連損一門山砲連損山砲一尊
第一一九旅		一六八	五	二九七		二三〇三		二八九七六	四九四九九八	二七二〇〇九	三一九七〇	一三七九六	
第一二〇旅		八二	八	三二四		四八二五		一五八七六	四〇五〇〇〇	二八〇六〇八	一六六八四	一六八七一	
合計	六	二五八	一三	六三九	一八〇〇	七四六四	一四〇〇	四四九〇二	九一〇七八六	五五二六一七	五〇〇八五	三〇七九〇	
附記	一，步槍欄內所損步槍二百五十桿係被敵機炸燬												

中華民國二十一年　月　日

附表四

第十九路軍第六十師抗日戰役鹵獲表

種類 / 區分 / 隊號	俘擄：官長	俘擄：士兵	俘擄：馬匹	戰利品：手槍	戰利品：馬槍	戰利品：步槍	戰利品：機關槍	戰利品：砲	戰利品：砲彈	戰利品：槍彈	戰利品：手榴彈	戰利品：鉄帽	戰利品：鉄背心	戰利品：貨幣	備攷
師及直屬隊						六				四五〇					
第一一九旅	一	六	二			九					五〇〇	五八	四一		
第一二〇旅		五	三			五	一					九一	三九		
合計	一	一一	五			二〇	一			四五〇	五〇〇	一四九	八〇		

附記

中華民國二十一年　月　日

附表五

第十九路軍第六十師抗日戰役歸附指揮部隊人員統計表

部別	官長	士兵	合計	備攷
軍校野砲連	六	一五八	一六四	
砲兵學校野砲連	七	六四	七一	
小砲第十連	五	八三	八八	
小砲第十五連	五	六五	七〇	
電雷隊	五	九五	一〇〇	
無線電第八十二分隊	六	九	一五	
無線電第五站	三	六	九	
總計	三七	四八〇	五一七	
附記				

中華民國二十一年　月　日

附表六

第十九路軍第六十師參加抗日戰役上尉以上軍官姓名表

部別	階級	職別	姓名	備攷
師部	中將	師長	沈光漢	
	少將	副師長	李盛宗	
	少將	參謀長	陳心棻	
參謀處	中校	代處長	楊伯綸	
	上尉	參謀	王謀	
	少校	教官	熊令伯	教導隊調來服務
	少校	教官	李飛	仝
	少校	教官	鍾[illegible]	仝
	少校	教官	黃光炎	仝
	上尉	教官	袁再志	仝

副官處	中校	處長	梁維綱	
	少校	副官	余惠勳	
	上尉	副官	靳鈞	
	上尉	副官	唐威	
特務營	少校	營長	梁得標	
	上尉	營附	謝漢柱	
第一連	上尉	連長	陳安	
第三連	上尉	連長	李華廷	
工兵營	中校	營長	袁汝剛	
	少校	營長	韓全	
第一連	上尉	連長	王增林	
第二連	上尉	連長	馮立和	
第三連	上尉	連長	蔣廷臣	
通訊連	上尉	連長	郭海明	

砲兵連	少校	連長	容正平
一一九旅	少將	旅長	劉占雄
	上校	參謀主任	劉應時
	少校	參謀	蘇秋者
	上尉	參謀	郭仲偉
	少校	副官	賴彬
	上尉	副官	唐志霄
第一團	上校	團長	黃茂權
	中校	團附	梁美南
	少校	團附	梁天榮
	上尉	副官	李振強
步砲連	上尉	連長	蔣致芹
第一營	少校	營長	陳正倫
	上尉	營附	鄭旭文

第一連	上尉	連長	熊耀章
第二連	上尉	連長	陸松溪
第三連	上尉	連長	唐日勝
機關槍連	少校	連長	白鶴昌
第二營	少校	營長	譚忠
	上尉	營附	劉炬
第四連	上尉	連長	張文翰
第五連	上尉	連長	陳登基
第六連	上尉	連長	吳豐
機關槍連	上尉	連長	曹得洪
第三營	少校	營長	張展鸞
	上尉	營附	鄧應南
第七連	上尉	連長	張福南
第八連	上尉	連長	羅雄輝

第九連	上尉	連長	吳元祥
機關槍連	上尉	連長	黃慶球
第二團	上校	團長	劉漢忠
	中校	團附	劉耿光
	少校	團附	羅燮堯
	上尉	副官	田叔耕
步砲連	上尉	連長	江兆
第一營	少校	營長	陳生
第一連	上尉	連長	彭正彪
第二連	上尉	連長	鍾金芳
第三連	上尉	連長	陳仲儒
機關槍連	上尉	連長	胡擩
第二營	少校	營長	江廷標
	上尉	營附	蕭道三

第四連	上尉	連長	孟傑	
第五連	上尉	連長	梁椿年	
第六連	上尉	連長	廖炳隆	
機關槍連	上尉	連長	秦國柱	
第三營	少校	營長	陳次彬	
	上尉	營附	崔治華	
第七連	上尉	連長	楊紹雄	
第八連	上尉	連長	龐秀南	
第九連	少校	連長	冼明新	
機關槍連	上尉	連長	蘇玉山	
第三團	上校	團長	黃漢廷	
	中校	團附	張光	
	少校	團附	葉蔭春	
	上尉	副官	賴佐良	

步砲連	上尉	連長	張月久
第一營	少校	營長	李畏
	上尉	營附	魏培光
第一連	上尉	連長	戴繼武
第二連	上尉	連長	李洪順
第三連	上尉	連長	廖鎮權
機關槍連	上尉	連長	王紹南
第二營	中校	營長	谷香圃
	上尉	營附	李際松
第四連	上尉	連長	葉世琮
第五連	上尉	連長	陳炬
第六連	上尉	連長	劉傑
機關槍連	少校	連長	熊冠華
第三營	少校	營長	周剛如

	上尉	營附	黃恆燊
第七連	上尉	連長	王桂標
第八連	上尉	連長	周錦鈴
第九連	上尉	連長	黃　璉
機關槍連	上尉	連長	李煦陽
第一二〇旅	少將	旅長	鄧志才
	中校	參謀主任	黃昭淹
	少校	參謀	李祖唐
	上尉	參謀	陳君洪
	少校	副官	李宗武
	上尉	副官	李則民
第四團	上校	團長	楊昌嶺
	中校	團附	鍾紀民
	少校	團附	江　濂

	上尉	副官	李昌湘
步砲連	上尉	連長	杜清泉
第一營	少校	營長	梁宏
	上尉	營附	伍澤林
第一連	上尉	連長	黃秉權
第二連	上尉	連長	韓壽隆
第三連	上尉	連長	周年
機關槍連	上尉	連長	梁志忠
第二營	少校	營長	關國安
	上尉	營附	吳鉄光
第四連	上尉	連長	賴國勝
第五連	上尉	連長	葉玉祥
第六連	上尉	連長	楊雄武
機關槍連	上尉	連長	勝金廷

第三營	少校	營長	鄒融
	上尉	營附	黃錫彤
第七連	上尉	連長	李奎
第八連	上尉	連長	齊文彬
第九連	上尉	連長	李芳輝
機關槍連	上尉	連長	賴卓南
第五團	上校	團長	梁佐勳
	中校	團附	陳任之
	少校	團附	譚光球
	上尉	副官	譚英
步砲連	上尉	連長	王振
第一營	少校	營長	廖木雲
	上尉	營附	張培賢
第一連	上尉	連長	利玉希

第二連	上尉	連長	潘伯廷	
第三連	上尉	連長	陳列	
機關槍連	上尉	連長	戴文慶	
第二營	少校	營長	湯敬生	
	上尉	營附	鍾靜	
第四連	上尉	連長	黎善才	
第五連	上尉	連長	黃琳	
第六連	上尉	連長	盧玉甫	
機關槍連	上尉	連長	廖道存	
第三營	少校	營長	梁鏡寰	
	上尉	營附	曾敏爲	
第七連	上尉	連長	黃紹勳	
第八連	上尉	連長	譚啓友	
第九連	上尉	連長	梁佐乾	

機關槍連	上尉	連長	陳君達	
第六團	上校	團長	華兆東	
	中校	團附	廖炯然	
	少校	團附	呂燮亮	
	上尉	副官	李宗照	
步砲連	上尉	連長	陳富興	
第一營	少校	營長	李友尙	
	上尉	營附	譚基球	
第一連	上尉	連長	吳克定	
第二連	上尉	連長	李玉山	
第三連	上尉	連長	梁耀	
機關槍連	上尉	連長	黎萬卿	
第二營	少校	營長	陳得彬	
	上尉	營附	陳略	

第四連	上尉	連長	黃伯年
第五連	上尉	連長	艾質林
第六連	上尉	連長	甘振華
機關槍連	上尉	連長	黃振才
第三營	少校	營長	劉光
	上尉	營附	鄭國英
第七連	上尉	連長	蔡春光
第八連	上尉	連長	楊生蘭
第九連	上尉	連長	葉忠基
機關槍連	上尉	連長	岳喜慶

附表七

第十九路軍第六十師參加抗日戰役陣亡官佐姓名表

部別	階級	職別	姓名	備攷
幹部機槍隊	中尉	隊長	陳德功	
第一團一營	少校	營長	陳正倫	
第一團第一營三連	少尉	連附	周營生	
第一團第一營機槍連	少校	連長	白鶴昌	
第二團第五連	中尉	連附	黃莊	
第二團第八連	上尉	代連長	龐秀南	
	中尉	代連長	張慶雲	
第三團第二連	少尉	連附	黃周輝	
第三團一營機槍連	少尉	連附	張永濤	
	中尉	連附	萬長海	

第三團第七連	少尉	連附	黃振文	
	少尉	代連附	王標	
第三團第九連	上尉	連長	黃瑾	
第三團三營機關連	少尉	連附	景秀豐	
第四團第一營	上尉	營附	伍澤林	
第四團第一連	少尉	連附	唐庚生	
第四團二營機關連	中尉	連附	黃泗	
第四團七連	中尉	連附	嚴桂生	
第四團第九連	上尉	連長	李芳輝	
第四團三營機關連	中尉	連附	陳德功	
第五團第四連	中尉	連附	張熙才	
	少尉	連附	關振	
第五團團部	上尉	軍械官	林卓芳	
第五團七連	少尉	連附	邵桂芳	

第五團八連	上尉	連長	譚啓友
	上士	代連附	蘇夜定
第六團第五連	上尉	連長	艾質彬
	少尉	連附	馮楚玉
第六團八連	中尉	連附	丁子堅
	少尉	連附	黄桐山
第六團三營機連	上尉	連長	岳喜慶

附表八

第十九路軍第六十師參加抗日戰役陣亡士兵姓名表

部別	階級	職別	姓名	備攷
特務營第一連	中士	班長	宋福	
工兵營一連	中士	班長	李中元	
	中士	班長	邵廣發	
	中士	班長	崔炎峯	
	下士	班長	王存有	
	上等	列兵	崔有方	
	二等	列兵	吳雲清	
教導隊迫擊炮隊	中士	學兵	唐時泰	
	上等	學兵	黨萬聚	
山砲連	二等	列兵	黃金龍	

—22—

五百二十三團三營十五連	中士	軍需	張榮本	係第八十八師歸本師指揮者
第一團團部	上士	軍需	梁景光	
第一團特務營	一等	勤務兵	李洪順	
第一團衛生隊	一等	勤務兵	周德勝	
第一團一營一連	一等	列兵	王有	
	一等	列兵	鄒有德	
	一等	列兵	張麥惠	
	一等	列兵	張松	
	一等	列兵	梁振興	
	二等	列兵	李福嶺	
	二等	列兵	曠貴明	
第一團一營二連	一等	列兵	梁安桂	
	一等	列兵	文詠生	
	一等	列兵	羅雲清	

第一團一營三連	上等	列兵	唐蔭
	上等	列兵	齊初義
	一等	列兵	易石松
	一等	列兵	王春海
	一等	列兵	溫雲星
第一團一營三連	二等	列兵	周得福
	二等	列兵	梁景倫
第一團一營機槍連	上等	列兵	楊士家
第一團二營	上等	傳達兵	藍以清
第一團二營第四連	上等	列兵	吳得標
	上等	列兵	黃積林
	一等	列兵	凌開英
	二等	列兵	黃來興
第一團二營五連	上等	列兵	張全

	二等	列兵	李清明
	二等	列兵	雷相清
第一團二營六連	一等	列兵	盧輝標
	一等	列兵	黃正仁
	一等	列兵	余安
	一等	列兵	梁達全
	二等	列兵	葛仁卿
	二等	列兵	黃福林
	二等	列兵	劉字成
	二等	列兵	侯良科
	二等	列兵	李忠
第一團三營七連	一等	列兵	陳六
第一團三營八連	一等	列兵	丁雲龍
第一團二營第九連	中士	軍士	蔡鳳廷

第一團三營機槍連	上等	列兵	陳復朝
	二等	列兵	王九傑
	二等	列兵	陳少卿
	二等	列兵	抗熙才
	二等	列兵	王明和
第二團步砲連	下士	軍士	張振廷
第二團一營一連	上等	號兵	劉顯色
	一等	列兵	朱國才
	一等	列兵	龍得泉
第二連	中士	軍士	高凱
	上等	列兵	馬朝柱
	一等	列兵	陳桂標
	一等	列兵	熊永山
	二等	列兵	符正統

	一等	列兵	林華	
第二團一營三連	一等	列兵	李樹標	
	一等	列兵	劉德明	
第二團一營三連	一等	列兵	蕭德明	
第二團一營機槍連	一等	列兵	謝云卿	
第二團第二營營部	中士	號目	姚應福	
	下士	傳令	孫尚芝	
第一團二營四連	一等	列兵	于魁順	
	一等	列兵	楊文彬	
	二等	列兵	霍天財	
第二團二營五連	中士	軍士	楊勝標	
	一等	列兵	萬德	
第二團二營機槍連	上等	列兵	陳洪吉	
第二團三營營部	上等	傳令	劉高	

第二團三營七連	一等	列兵	常正德
	一等	列兵	劉松林
	一等	列兵	崔桂生
	一等	列兵	扁秀彥
	一等	列兵	李漢清
	一等	列兵	趙清林
	一等	列兵	王安忠
第二團二營八連	中士	軍士	張佐廷
	下士	軍士	陸星臣
第二團三營八連	一等	列兵	吳林
	一等	列兵	蔡崇禎
	一等	列兵	凌照
	一等	列兵	李振生
	一等	列兵	林星

	一等	列兵	楊海林
	二等	列兵	王長太
	二等	列兵	康金山
	二等	列兵	秦留根
	二等	列兵	胡心山
	二等	列兵	鄧坤
第二團三營九連	中士	班長	陳得勝
	上等	列兵	沈金
	一等	勤務兵	唐桂林
	一等	列兵	采雲
	一等	列兵	郭順祥
	一等	列兵	孫懷仁
	二等	列兵	董心喜
	二等	列兵	董國華

第二團三營機槍連	中士	班長	李菊生
第三團三營機槍連	下士	班長	磊桂興
	上等	列兵	莫有南
	一等	列兵	梁　耀
	一等	列兵	黃勝標
	一等	勤務兵	劉金柱
	一等	列兵	候長發
	二等	列兵	磊玉林
第三團衛生隊	一等	担架隊	章　振
第三團步炮連	二等	列兵	劉得勝
第二團一營一連	中士	班長	蔣　坤
	一等	列兵	李順興
第三團一營二連	一等	列兵	錢　和
	一等	列兵	陳聚合

	一等	列兵	蔣桂玉	
第三團一營三連	下士	班長	吳迪惠	
	一等	列兵	劉祖生	
	一等	列兵	陽善述	
	一等	炊事兵	羅異卿	
	一等	炊事	羅本營	
第三團一營機槍連	中士	班長	劉同興	
	一等	列兵	李春榮	
第三團一營機槍連	一等	列兵	胡永林	
	一等	列兵	梁 生	
	一等	列兵	邢中良	
	一等	列兵	黃萬金	
	一等	列兵	李懷德	
	二等	列兵	包石銳	

	二等	列兵	張鳳田	
	二等	列兵	孫學成	
	二等	列兵	王殿貴	
	二等	列兵	孫回宗	
	二等	列兵	李興拜	
	二等	列兵	王得勝	
	一等	炊事兵	謝登科	
第三團二營四連	中士	班長	李善忠	
	二等	列兵	陳承福	
第三團二營五連	二等	列兵	鄔濟山	
第三團二營六連	一等	列兵	黃少雄	
	一等	列兵	劉子春	
	二等	列兵	吳有林	
	二等	列兵	王仲武	

第二團二營六連	二等	列兵	譚榮蘭	
	一等	炊事兵	鍾廣材	
第二團二營機槍連	一等	列兵	楊志友	
	一等	列兵	王山桂	
	二等	列兵	楊永田	
第三團三營七連	中士	班長	曾雄	
	下士	班長	劉德	
	上等	列兵	駱國强	
	一等	列兵	曾娘金	
	二等	列兵	曾乾	
	二等	列兵	劉章甫	
	二等	列兵	曾金	
	二等	列兵	凌樂平	
第三團三營八連	上等	號兵	張福林	

	上等列兵	梁都周
	一等列兵	林鳳鳴
	一等列兵	林炳廷
	一等列兵	黃忠
	一等列兵	羅破標
	一等列兵	黃祥
第三團三營八連	一等列兵	曾毓盛
	一等列兵	葉仲先
	一等列兵	鄧光輝
	一等列兵	林雲廷
	一等列兵	廖錄
	一等列兵	曹珍如
	一等列兵	鄧雲春
	二等列兵	詹天佑

	二等	列兵	張　榜	
	二等	炊事兵	藍金華	
第三團三營九連	下士	班長	徐定遠	
	下士	班長	潘克昌	
	上等	號兵	王東漢	
	上等	列兵	陳　漢	
	上等	列兵	楊玉亭	
	上等	列兵	劉紹光	
	一等	列兵	黃德材	
	一等	列兵	劉興標	
	一等	列兵	徐木林	
	一等	列兵	徐明元	
	一等	列兵	徐洪漢	
第三團三營九連	一等	列兵	袁英雄	

	一等列兵	徐鑾標
	一等列兵	潭正才
	一等列兵	葉青盛
	一等列兵	黃桂標
	一等列兵	徐漢州
	一等列兵	徐維漢
	二等列兵	孫韶康
	二等列兵	黃　永
	二等列兵	袁　寶
	二等列兵	吳　煌
	二等列兵	黃鴻基
	二等列兵	張　允
	二等列兵	黃得標
	二等列兵	陳金章

	二等列兵	徐明華
	二等列兵	劉雲清
	二等列兵	李廷芬
	二等列兵	黃煥
第三團三營九連	二等列兵	張立勝
	二等列兵	吳少平
	二等列兵	鄭振相
	二等列兵	徐國基
	二等列兵	黃廷忠
	二等列兵	徐南揚
	二等列兵	苗華榮
	二等列兵	巫標
第三團三營機連	上等列兵	梁興
	二等列兵	劉國南

		長伕	王海生	
第一二〇旅特務排	二等	列兵	李照	
第四團團部	上士	軍械軍士	黎成武	
第四團通訊排	一等	列兵	何家平	
第四團一營一連	中士	班長	文有才	
	二等	列兵	黃金臣	
	二等	列兵	詹景禎	
	二等	列兵	武國義	
第四團一營二連	中士	班長	彭漢文	
	中士	班長	姚海三	
	中士	班長	蔣振標	
	二等	列兵	周雲廷	
第四團一營三連	一等	列兵	鄧振雄	
	一等	列兵	馬萬卿	

	二等	列兵	馬洪英	
	一等	列兵	李振漢	
第四團一營機連	上等	號兵	麥德明	
	中士	班長	寗伯權	
第四團二營四連	一等	列兵	張文才	
	二等	列兵	蔡玉秀	
	二等	列兵	田玉志	
	二等	列兵	何華德	
	二等	列兵	楊隆春	
第四團二營五連	下士	班長	董樂金	
	上等	列兵	唐玉林	
	一等	列兵	蔣正標	
	二等	列兵	金大富	
	二等	列兵	陳 盛	

	二等	列兵	王慶雲	
第四團二營六連	二等	列兵	何保旺	
	二等	列兵	劉清石	
第四團二營機關槍連	中士	班長	范壽臣	
	一等	列兵	黃正文	
第四團三營七連	中士	班長	農豹	
	下士	班長	胡福	
	上等	列兵	張得勝	
	一等	列兵	郭志仁	
	一等	列兵	林其興	
	一等	列兵	張才	
	二等	列兵	彭克元	
第四團三營八連	中士	班長	陳桂標	
	中士	班長	蔡光明	

	下士	班長	蔡光榮
	二等	列兵	崔得勝
	二等	列兵	劉金林
第四團三營九連	一等	列兵	王彪
	二等	列兵	林廣科
	一等	列兵	莫振華
第四團三營九連	二等	列兵	杜福葵
	二等	列兵	王天祿
第四團三營機連	一等	列兵	吳炳辛
	二等	列兵	黃永泉
第五團步砲連	上等	列兵	吳鳳德
第五團一營第一連	二等	列兵	吉慶國
第五團一營二連	一等	勤務兵	歐林標
第五團一營三連	上等	列兵	姚文魁

第五團一機槍連	一等	列兵	陳友泉	
	一等	列兵	周林生	
第五團二營四連	中士	班長	張勝初	
	上等	列兵	陳華漢	
	一等	列兵	楊順廷	
	一等	列兵	陳友生	
	二等	列兵	陳福生	
	二等	列兵	李春秀	
第五團二營五連	中士	班長	劉少春	
	一等	列兵	李正安	
	二等	列兵	施洪魁	
第五團二營六連	中士	班長	許慶華	
	一等	列兵	范金標	
	二等	列兵	鄧忠	

	二等	列兵	鄧勛	
第五團二營機槍連	上等	列兵	梁利	
	一等	列兵	何輝	
第五團三營七連	一等	列兵	李超	
	上等	列兵	鄧福如	
	一等	列兵	蒙谷廷	
	二等	列兵	伍國全	
	二等	列兵	裴告山	
第五團三營八連	中士	班長	黃雄	
	下士	班長	甯啓	
	一等	列兵	劉萬金	
	一等	列兵	黃泉	
	一等	列兵	周承伯	
	一等	列兵	周華廷	

一等	列兵	田德華
一等	列兵	鄺江
一等	列兵	宋學賢
一等	列兵	甄六
一等	列兵	鄭玉清
一等	列兵	楊漢林
二等	列兵	李文相
二等	列兵	楊新民
二等	列兵	鄒辟洋
二等	列兵	廖光明
二等	列兵	陸志祥
二等	列兵	王文祥
二等	列兵	張振裕
二等	列兵	劉福德

	二等	列兵	張則良
第五團三營九連	一等	列兵	鄒富國
	二等	列兵	張惠珍
	二等	列兵	齊德勝
第五團三營機槍連	下士	班長	黃子明
	上等	列兵	李旺
	一等	列兵	陳東榮
	一等	列兵	吳記生
	一等	列兵	李振標
	二等	列兵	周明泰
	二等	列兵	張標
	一等	炊事兵	謝玉
第六團步砲連	一等	列兵	饒潤科
第六團一營一連	一等	列兵	郭玉田

第六團一營二連	中士	軍士	張得勝
	中士	軍士	張子元
	上等	列兵	鄧文高
	一等	列兵	胡順昌
第六團一營三連	下士	軍士	劉得勝
	一等	列兵	伍新
	一等	列兵	陳桂標
	一等	列兵	胡興堂
	一等	列兵	黃澤
	一等	列兵	何富善
	二等	列兵	五云山
	二等	列兵	王勝林
	一等	勤務兵	呂得林
第六團二營四連	上等	列兵	梁洪

	一等	列兵	張　先
第六團二營五連	中士	班長	毛雲貴
	下士	班長	鄭其中
	一等	列兵	梁　發
	一等	列兵	楊春生
	一等	列兵	趙國富
	一等	列兵	黃光得
	一等	列兵	王正中
	一等	列兵	陳　才
	一等	列兵	葉　田
	一等	列兵	張德容
	一等	列兵	廖漢雲
	一等	列兵	潘名卿
	一等	列兵	張廣之

第六團二營六連	中士	軍士	蔡桁廷
	中士	軍士	范保生
	一等	列兵	蕭忠華
	一等	列兵	張永生
	一等	列兵	楊培生
	一等	列兵	李才
第六團二營機槍連	一等	列兵	謝貴金
	二等	列兵	李炳才
第六團二營七連	二等	列兵	陳光明
第六團二營八連	中士	軍士	趙東璧
	中士	軍士	周漢清
	中士	軍士	胡清山
	上等	號兵	劉雅軒
	上等	列兵	李福南

部別	階級	姓名
	一等列兵	黃紹模
	一等列兵	劉寅文
	一等列兵	黃尚武
	一等列兵	韓得漢
	一等列兵	劉鳳鳴
	二等列兵	張得勝
第六團三營八連	二等列兵	李福田
	二等列兵	朱寶祥
	二等列兵	賴成貴
	二等列兵	林得勝

傷劇殞命者列下

部別	階級	姓名
第五團二營四連	列兵	師明聰
第五團二營五連	一等列兵	楊標
第五團二營機連	上士班長	張用民

第五團三營七連	二等	列兵	梁煜初
第五團三營八連	一等	列兵	沈介成
第五團三營九連	二等	列兵	劉光奎
第五團三營機連	一等	列兵	鄧得勝

十九路軍六十師集中南翔及推進大場真茹一帶位置要圖

（二十一年一月二十九至二月三日）

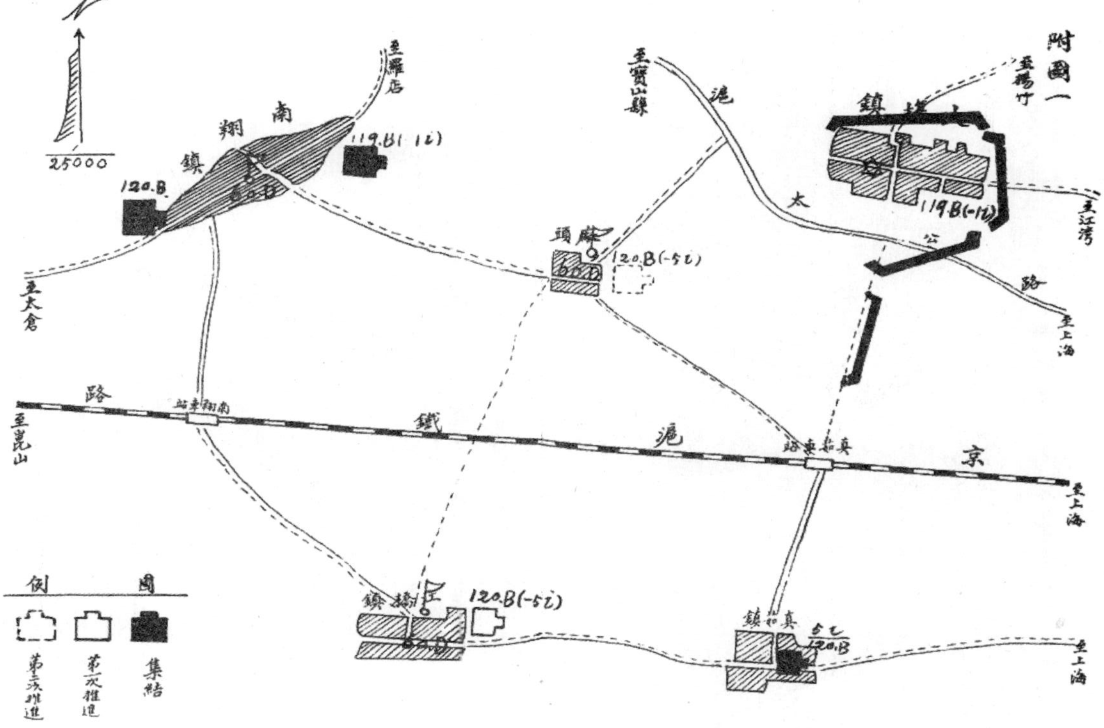

十九路軍第六十師閘北一帶戰鬥經過要圖

二十一年二月四日至五日

附圖二

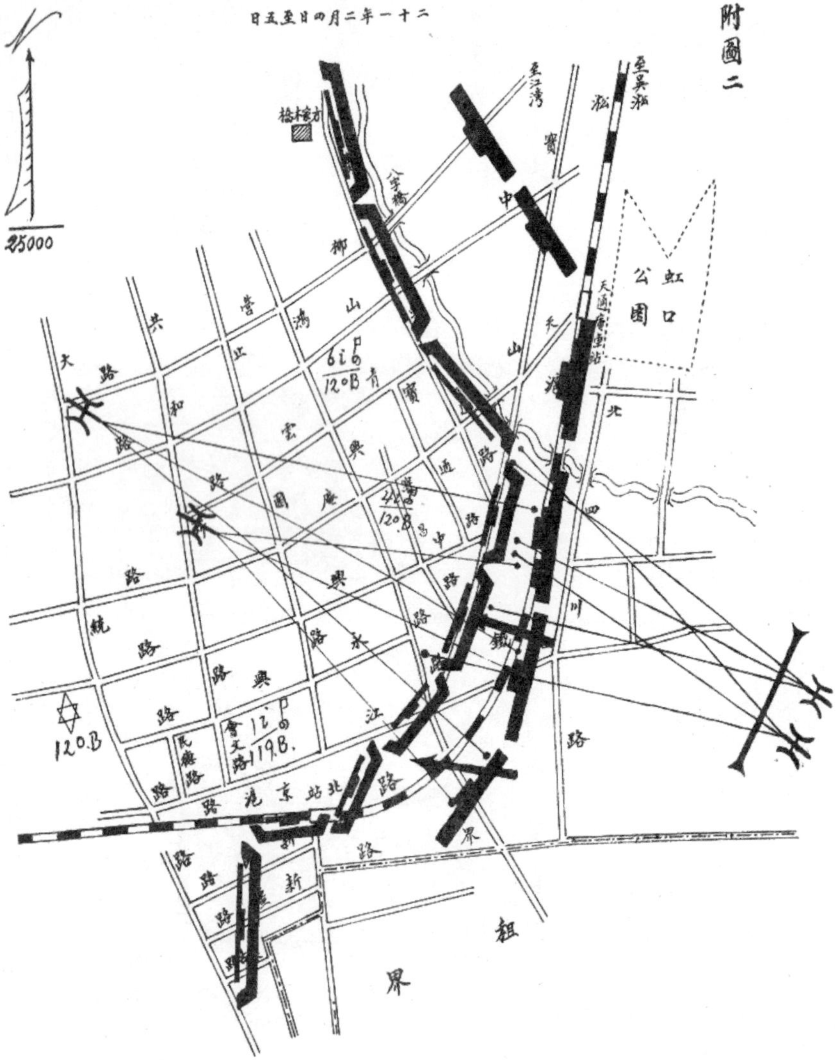

十九路軍第六十師閘北八字橋一帶戰鬥經過要圖

(二十一年二月六日至同月十三日)

附圖三

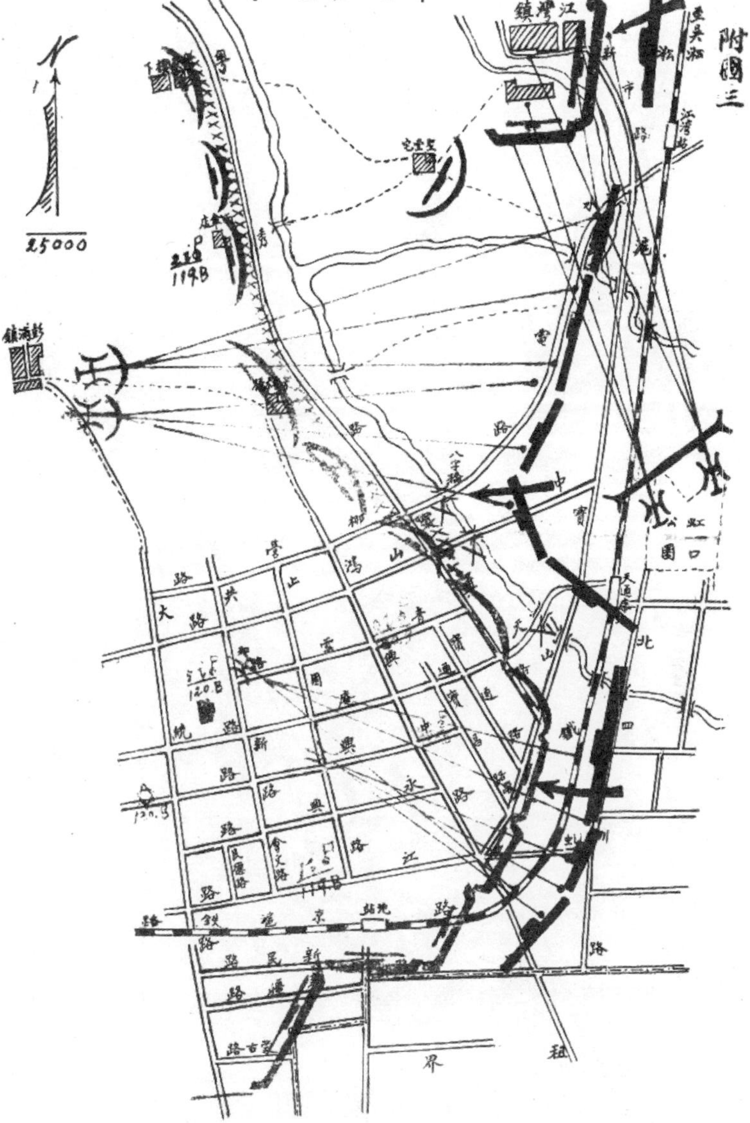

十九路軍第六十師閘北江灣一帶戰鬥經過要圖

（二十一年二月十四至同月十七日）

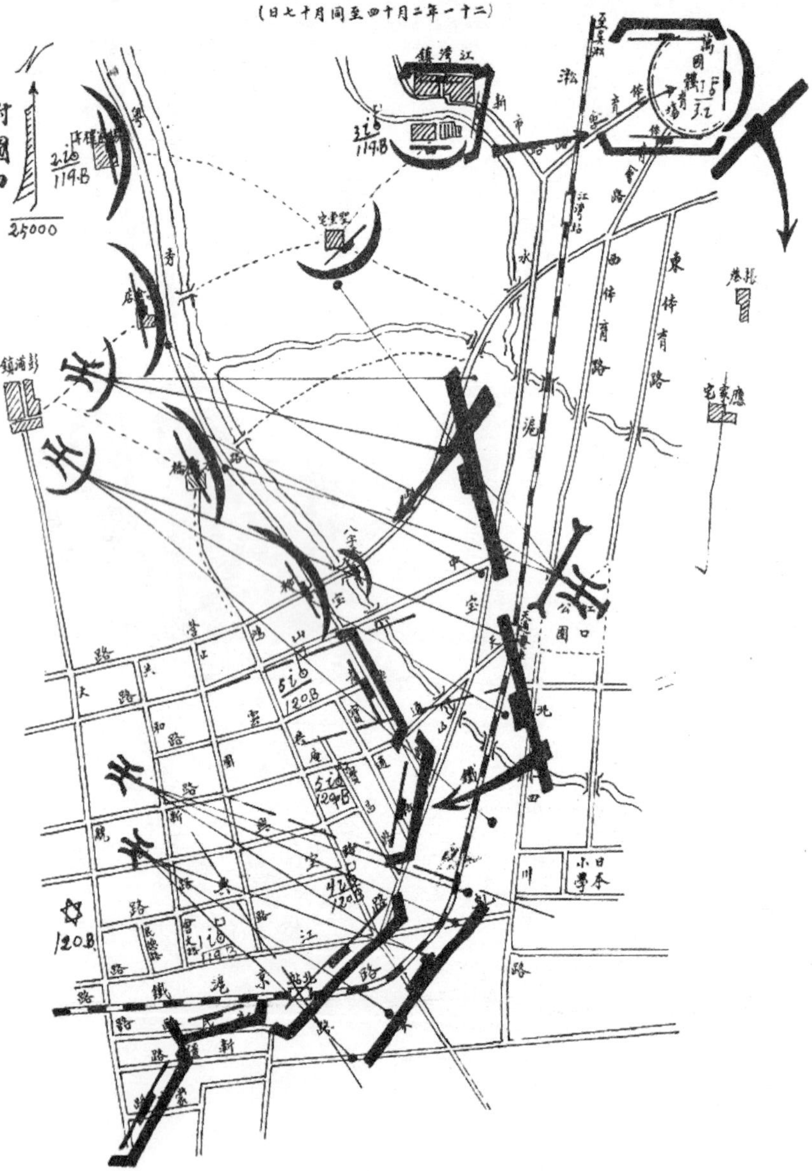

十九路軍第六十師鬧北江灣一帶戰鬥經過要圖

(二十一年二月十八日至同月廿六日)

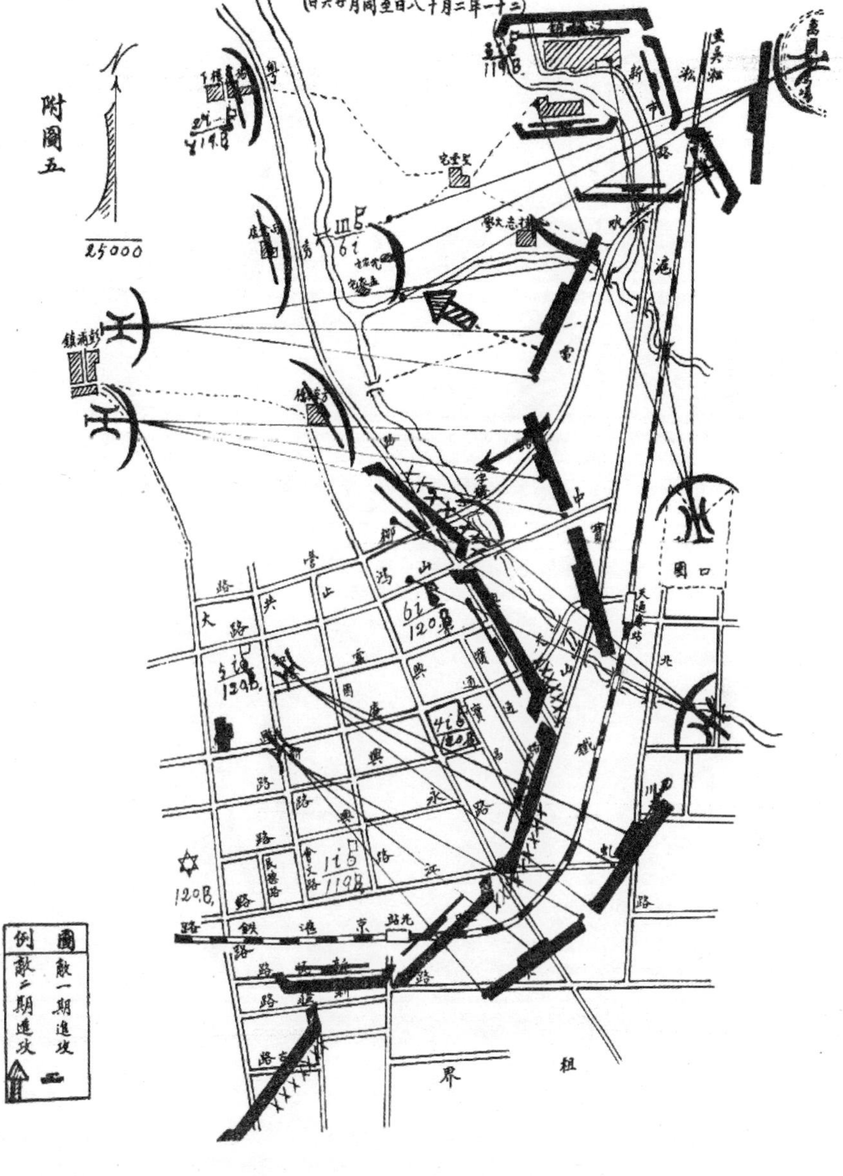

十九路軍第六十師閘北八字橋錢家蕩一帶戰鬥經過要圖

二十一年二月廿七日至二月廿九日

附圖六

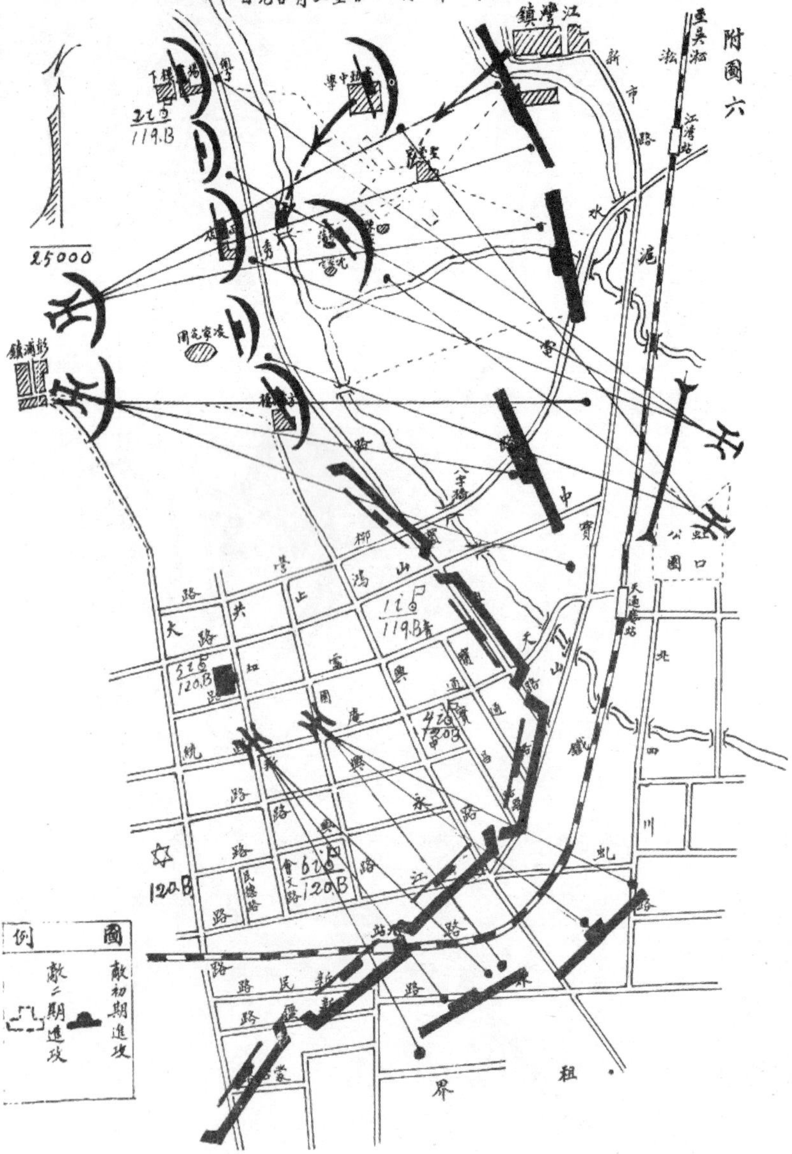

附圖七

十九路軍第六十師閘北楊家樓下燕毛灣一帶戰鬥經過要圖

（三月一日）（其二）

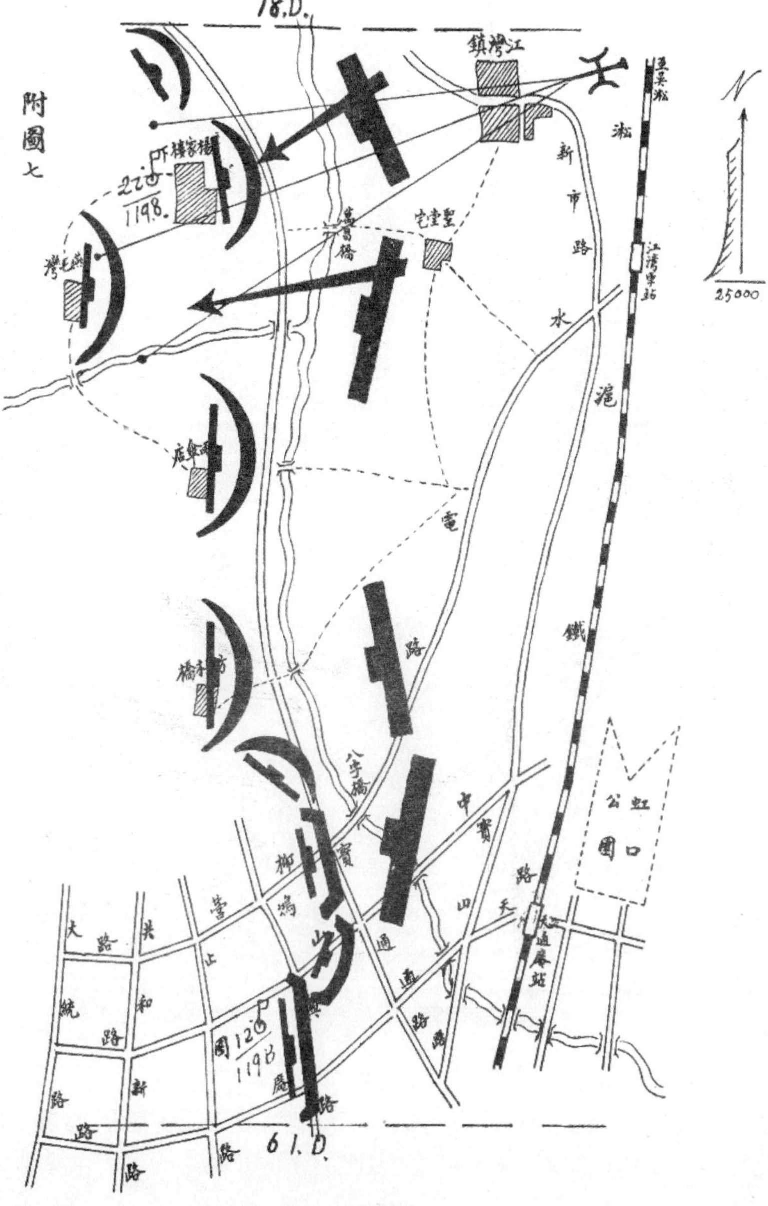

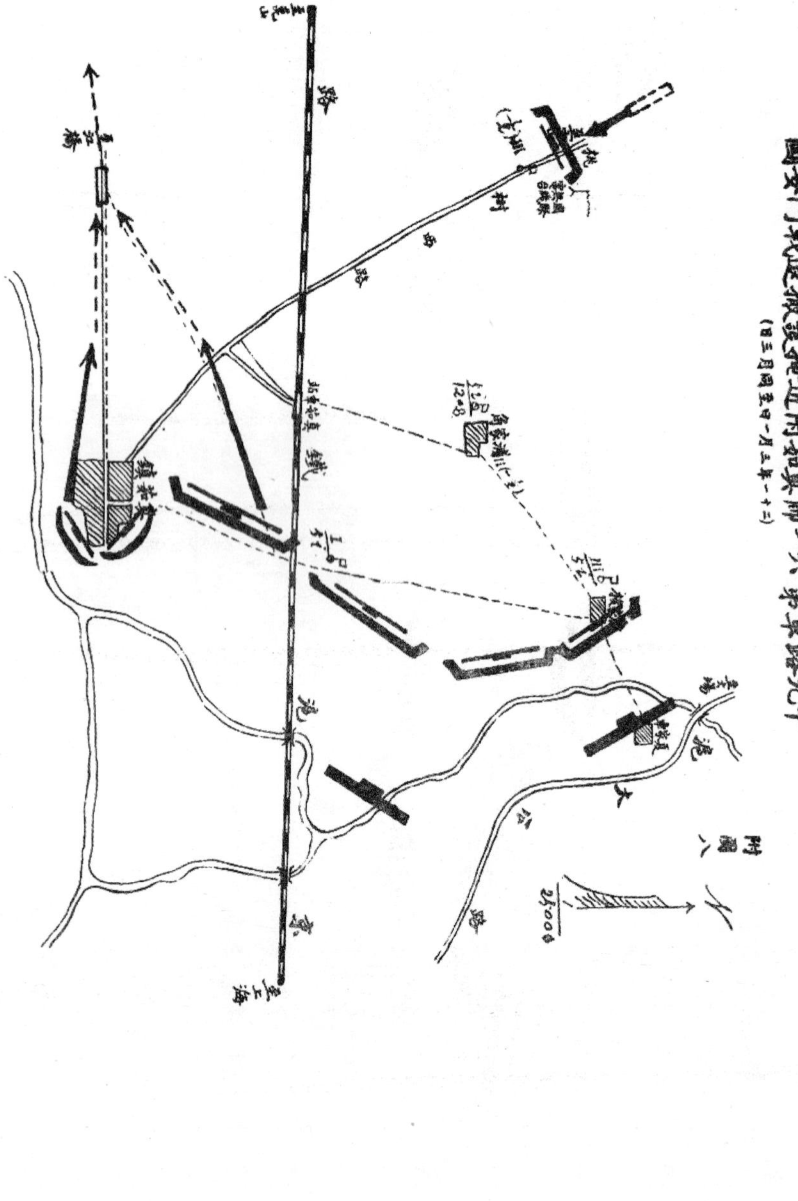
十九路軍第六一師東站附近掩護撤退戰鬥要圖
附圖八

九一八與一二八

九一八與一二八

九·一八

一·二八

對於九一八的感想

亞子

九一八事件的起因，是日本帝國主義者看到最近國際的趨勢，統治階級正在崩潰，革命勢力正在澎漲，她不放心東亞大陸的準殖民地，怕落在她死對頭的手中，所以她便悍然不顧一切，自己出馬，對於中國的勞苦大衆，來作一次直接的鎭壓和屠殺。但是結果呢？却因爲九一八事變的影響，使得垂危的統治階級，更高速度的崩潰起來，新興的革命勢力，更高速度的澎漲起來。這樣，日本帝國主義者簡直替國際統治階級掘好了坟墓，她自己當然也不能獨居例外。甚麼法西斯蒂的擡頭，軍部的氣燄冲天，一切的一切，都是病人垂死時的迴光返照罷了。古語說得好：「牽一髮而全身皆動」，所以九一八瀋陽城頭的第一聲大砲，也許就是全世界資本帝國主義沒落的信號吧！

九一八的回憶

田漢

對於九一八事件，和對於一九三一的大水災一樣，我是注視得很綿密的，凡屬平日親近的報紙上雜誌上關於這事件乃至其前因後果的記載論列，我都曾剪貼整理起來。根據這個，在戲曲的創作上我也有一個「整個計劃」，但不幸以種種事實的限制，至今祇實現了很小的，而且比較次要的一部份。

九・一八事件當然是日本帝國主義者加緊進攻蘇聯，鎭壓中國革命，使中國完全殖民地化的必然的結果。朝鮮慘殺華僑事件，萬寶山事件以來，已經是「大雨欲來風滿樓」了，在七月末我在內山雜誌部買了一本八月號 Internationale，日本普羅文化聯盟員在這本反帝國主義戰爭專號上面已經非常迫切而明顯地對中日乃至全世界工農大衆鼓起警鐘來，指示日本帝國主義者已經很積極的担任了全世界帝國主義國家進攻蘇聯的東部戰綫的先鋒，牠已經取着爲達到這個月的底必然的步驟。那就是預備武裝佔領滿蒙，加強牠的軍事支配，更直接地做中國革命的兇惡的劊子手，使中國勞苦大衆永爲帝國主義鐵蹄下的從順的奴隸。而且細密地分析了日本帝國主義的半年來種種公然的或陰謀的行動底意義。我們讀了那篇宣言和一篇關於滿洲事件的論文，自然是驚心動魄。但中國的地主資產階級那專相信這些話，九一八事件一發生嚇得他們手忙脚亂，把牠當作天外飛來的突發事件。他們那些

「學者」們更「聚訟紛如」，有的說：『這不過日本軍閥的野心，他們的政黨政治家是不預聞的，就是政黨不能制馭軍閥。』有的說：『這不過東京一部份財閥和軍閥做的事，至於大阪的綿業資本家是反對的。所以大家不用發傳單喊口號，應該靜待大阪資本家和平解決。』有的說：『我們早知道日本要把東三省拿去的，現在反對也無益，還是學越王勾踐的老策略，十年生聚，十年教訓。』

但是反於日本帝國主義者與中國地主資產階級所預期的，這事件激起了全中國普遍的反帝國主義，反地主資產階級的高潮，無論在那一種運動都有很活潑的發展。就是在中國普羅戲劇運動方面，不但是學校劇或專門劇團方面有甚大的發展，並且奠定了新興階級戲劇的唯一的基礎——工人藍衣劇團的活動。

日子過得眞快，九・一八這個血腥的紀念日又達了一週年了。記得當時我看見過一本小雜志叫「9・18」的，說過幾句「國民話」，隨即被人禁止了。現在據電影界的朋友們說像九・一八，一・二八一些字樣因爲有礙中日邦交都不許用在字幕裏了。但我們相信，和一・二八一樣，九・一八這三個字將永遠刻在中國及全世界勞苦民衆的腦筋裏，他們一看見這三個字，就想起他們得反對帝國主義戰爭，防衞工農自己的國家，擁護中國革命而鬥爭，這三個字將永爲他們的革命情緒的鼓動力。

我們不可忘記，九・一八事件不過日本帝國主義者代表帝國主義國家進行上述陰謀的起點，一・二八事件以後表示他們已在直接鎮壓中國反帝運動，直接做消滅中國革命底軍事的組織者。

現在他們又在進攻熱河，榆關，繼續屠殺華北的勞苦民衆了。關外的義勇軍雖有相當的活動，然而從馬占山將軍到小白龍一類的綠林豪傑，眞是形形色色，沒有統一的領導精神。如何把眞能澈底反帝的勞苦民衆自身的力量聯結在正確的領導下實在是目前最切要的任務。同時弱小民族反帝的重要武器——經濟絕交的領導權操在買辦資產階級手裏已屬滑稽，近來破產的小資產階級的義憤的恐怖的行爲——如××鋤奸團或××除奸團的活動——又復集中社會的視聽，彷彿這是反帝除奸底最有效的方法，而不知此等無政府的恐怖的行爲適所以阻礙革命的發展。況此等團體又像義和團之於西太后一樣，恰爲畏懼勞苦大衆有組織的行動的買辦資產階級所喜。因此如何由勞苦大衆自己起來領導澈底的反帝的經濟絕交，又實為中國革命目前最切要的步驟之一，為着這個目的，我們文化運動者必須利用一切文化的武器來從事的。

九月一日。

九一八週年

茅盾

「九一八」又到了。我想來一定有許多人替「九一八」做「週年」。而且是各式各樣的「週年」：──從放假，下半旗，開會，停止娛樂一天，報紙上紀念號，七言絕句，五言古風，名人要人題字等等，以至於七七四十九天的金光法會之類。

同時，一定另外有些人的「紀念週年」是做不成的，例如東北義勇軍想攻佔瀋陽而軍火苦不足，士兵們想殺賊而上官命令「鎮靜」，……

而同時日內瓦也許要來「週年」：承認了「滿洲國」是事實上的

存在，國聯他老人家管不了；華盛頓也許要來「週年」：重申九國條約，再給高等華人空心湯圓；而且又同時：日本人也來「週年」，日俄形勢險惡。或者，熱河喫緊，平津恐慌。只有日內瓦、華盛頓、東京的「週年」如何做法，我們不能十分斷定；因爲我們還不很明白他們幕後的談判已經到了怎樣的程度。

幾分可以預料的，是我們國內放假一天下半旗之類的「週年」，並且從「攘外必先安內」以至「述祖德」式的捧捧古代抗日英雄戚繼光之類的詩古文辭，也是可以預料的。

只有瓦引翻身的時候，我們然後可以有另一樣的「週年」；但預言家洩漏天機是犯罪的，還有什麼話說！

我對於九一八的感想

洪深

我們現在有兩條路：投降呢，反抗呢。

投降，還有什麼可說的！預備著被敵人敲剝宰割便了，這是我們所自願的。反抗也可以有兩種態度：一時的情感衝動呢，還是永久的決心的。

一時的情感衝動，何必多說呢！熱鬧一陣，混亂一陣，不久氣力便用盡了，仍舊會去走投降的路的。如果是眞有永久的決心的。不惜任何犧牲決不和帝國主義者妥協的，那末，所採取的途逕，必然不是盲目的熱烈，必然是有科學化的計劃的，必然不能擱置了內部的根本的經濟與政治的問題而徒然的捨本逐末的去抵敵外侮的！這樣有決心的抵抗，祇能有兩種結果：一是成功，二是失敗。

成功，那是不必說了！即使失敗的話，在一個人也不過有兩種現象：或是死了，或是活着受痛苦。

死了！死，人生總有這樣一天，更是沒得說了。如果活着，所受的能有什麼痛苦呢！被壓迫、被剝削、被榨取、被宰割，被殘殺……決心抵抗而失敗了的最最壞的結果，也不過和自願投降一樣而已。

九一八的感想

穆木天

九一八事變是一個預知的事實。事變前夜，我正旅行東北，親睹了好些的預兆。第一次進攻蘇聯的暴發，東北的革命高潮，南滿鐵路的營業衰退，吉敦吉海兩鐵路的接軌問題，在東北的日美帝國主義的衝突，以及其他的小事件的發生，蛛絲馬跡，處處都暗示出遲早在一年內總會有軍事行動發生的。但是，倒未會想到那樣的神速，在九一八的很短的時間，就會使東北全土到處都掛起紅膏藥來。在一般人都以為在一九三一年春，日帝國主義要武力修吉會路。在產業落後的東省，一般人對於社會主義的體系與資本主義的體系之對立與以過少的評價、自是必然的結果。

然而，九一八的事變終於發生了。母狗屯（K省為奉天此的一個別名，是以Mukden音譯的）的少帥的徹底的不抵抗主義，實踐的非戰主義，以及熙洽王爺的三迎「皇」師，遂使不數日間日帝國主義統一東北，完成了大業。一般人以國亡一定是亡了，這一次「眞」是亡國了，但是在被壓迫中還可以老老實實地作馴順亡國奴。有的些人還想今後可以天下太平；『你看金州多麼好，沒有鬍子，大連連東西都沒有偷過，多麼好，』好些人是這樣想的。但出來了義勇軍，要跟日帝國主義幹一幹。然而大家認為義勇軍不久就會消滅的，有些個美國式的學者也這樣想法。那曾想義勇軍越打越多起來了。

小布爾喬亞押的寶又落白了。義勇軍越來越起勁，越幹越來得兇，現在居然大舉攻瀋陽了。一年間竟成了民族戰爭的偉大的時代的開端。科學告訴我們說這是資本主義第三期的必然的現象。

與九一八相關聯的，就是一二八的上海事變。哀的美敦書的圓滿的答復，國聯的命令的嚴格的遵從，大家以爲不會打仗了。日本「皇軍」的廿四小時占領中國的豪語，令大家感得就是打仗也不過數日卽告完結的。那曾想十九路軍士兵的抵抗，竟弄得日帝國主義體無完膚。而在上海形成了民族戰爭的開始，並且證明了帝國主義軍隊之不足一擊。這一次，布爾喬亞所押的寶又落白了。

今天又到了九一八。飛機，軍艦，唐克車，陸戰隊，示威的示威，演武的演武。又有隨時隨地發生巷戰的可能了。但是一般人又認為不會怎佼。大概這一次他們所押的寶又會落白的。在進攻蘇聯的序幕裏，什九最近還要在上海暴發一次民族戰爭的。而且這次將有更兇暴更慘酷的大屠殺，更要毒辣地屠殺中國的勞苦大衆。

九一八事變使好些人明白了，但也把好些半明白不明白的人變成了戀盤。那也是必然。不能把握九一八事變所生的結果，是估量者的階級背景，和他們所使的非科學的估量方法所生的必然的結果。只有眞實地把握住科學方法，才估量得出由九一八所開始的世界戰爭的必然的過程及其必然的結果。只有眞實地把握住科學方法，才能分析得出由九一八所開始的世界戰爭的意義，才能確定得出我們對他應取如何態度。我們要作科學的分析而更要勵行徹底的實踐。殖民地的全體的勞苦大衆，更加緊地武裝起來，參加民族獨立戰爭罷！

於天津

向着暴風雨前進

適夷

我曾有着這樣的經歷，在一個鬱悶的殘夏的午後，從北京路搭上了十六路無軌電車，去訪問一個不認識的新友人，這位友人的住所，是在離曹家渡還有六七里路的周家橋；替我介紹這位友人的人，約定五點鐘在奧飛姆影戲院的門口等我。

電車經過愛文義路的時候，剛才陰森森的天空突然罩上了暮暗，雨點很快的在車窗外面飛舞。電車開得很快，可是雨點却比電車更快，過康腦脫路到勞勃生路的時候，馬路上的積水已經跟河一樣。滿車的乘客慌慌的把車窗閉住，但是雨水還是從每一個隙縫裏漏進來，把每個乘客的衣服淋得像浸在水裏的一樣。這些乘客互相啾啾的怨恨着，有的：

『我就說今天天氣不好，明天去也不要緊！』

有的說：『等會兒總會停的，既然來了還有什麼法想呢？』

但是不管你怨恨或是自慰，電車還是飛一般的猛進，暴風雨還是擂皷一般喧騰。電車的輪子衝破着路上的積水，濺起了幾尺高的水花。終於中途要下車的人都補買了票，特地要往終點的人，也商量着要是雨還不停，便原車打回。我的心中也焦灼着，開始了動搖，我的衣服完全打濕了，手拿着的一張報紙，預備到曹家渡時把長衣脫下來包的，也被漏水淋破了。

「約會了的那人，大概不會再等在那兒的吧，這樣的天氣，怎樣能下了電車再跑六七里路呢？』被四周那些怨聲，焦灼聲，激打着車窗的雨聲包圍着，我的心中開始了劇戰：『原車回去呢，還是……』

電車到了終點，開車的打開鐵門，雨還是傾寫一樣的下着，車站上積了一尺多高的污水。許多人向外邊望望都把腿縮住了。

『下去！』這樣的下了決心，我便把長衫脫去，跟着兩三個工人樣的乘客，跳下水裏去。

電車上的人，路旁兩邊的店鋪子裏的人，都望着冒雨涉水的我們笑。我什麼也不管，把兩腿浸在水裏走。對面便是影戲院的大門。大門的階段上聚集了大堆的散了戲出來的觀客，正嘍嘍的和黃包車夫講價錢。

在暴風雨的蹂躪之下，一切都顯得慌亂慘淡，陰鬱了。許多人化不起高漲了的車錢，同時又捨不得把脚上的鞋襪脫去，祗是在戲院的門廊下徬徨。在這徬徨的人羣中，我發見了我的約會人的臉。

『我怕你不來了呢。』

他歡喜地向我伸出濕淋淋的手，他的被水浸透了的掌心中，一股冰一般的冷氣刺入我的掌心。我慚愧了剛才自己的動搖。

『好，我們走吧。』他說了，便打算拔步。我望了望他的脚，他的脚是完全赤了。

『等一等！』我俯下身子，把鞋襪脫了，和長衣一起挾在手裏，又把濕透了的脚管望上捲起了。

我們又冒着雨，涉着水前進了。

我的心中想像着那個尚未識面的友人，他是和我們住在一個不同的世界中的。

『衝破了暴風雨向新的世界去！』我驚心了我自己的勇敢。但是我的驕傲不久就消失了，當我見大羣大羣放了工的勞動者，從工廠的大門口湧出來的時候。

『在十幾小時的勞動之後的萎疲的姿影。』這是過去的我的想像，但是這想像完全錯誤了：他們在高聲的笑，跑着，完全是從來沒有看見過的新的潑剌的羣，在這再接再厲的暴風雨之中。立刻，我發覺我沒有可驕傲的了。我祗想混在他們當中去，雖然這是多麼的不適宜，我的脚赤着，我的腿是白的，在他們中間，顯着很大的差異。

這時候，我的同伴已經把我帶進了一條工房的污穢黑暗的小弄堂裏。

這個寶貴的一年前的回憶的場面，還有許多新的展開，但我祇能寫到這兒爲止，因爲這已經足夠說明從九一八以來的我個人的心的歷練：

我們在經歷着暴風雨的年頭，從瀋陽的砲聲，至東三省的火煙，上海的血的洗鍊，以至最近東北原野中嘶殺的悲號，已瀕垂危的熱河與平津的呻吟的聲音，在第二次大屠殺威脅下的上海，南京以及長江一帶的民衆的恐怖，這一切不是日帝國主義所捲起的血的暴風雨麼？從東三省一直無抵抗到退出淞滬，從珍珠橋一直掃射到內地農村中的每一塊泥土中的每一個百姓，爲着替國際帝國主義掃清瓜分的障礙，爲着消滅世界勞苦大衆的堡壘，爲着使更大更大的强盜戰爭的大屠殺，落在全世界飢餓失業的勞苦者的頭上，在中國的土地中，所進行着的屠殺，焚掠，這不是包圍在我們四周的血的暴風雨麽？和這些血腥腥的暴風雨一起，許多份着各種面譜的政治家，學者，文士，使弄着各式各樣的辭藻，爲着他們主人的屠殺陰謀的順利的進行，不是正向我們捲起威嚇與欺騙的暴風雨麽？……這一切暴風雨，還再接再厲的加緊着，沒有高大的洋房可以蔽護，甚至連高價的黃包車錢也化不起，不管你怨着嘆着，電車是在猛進，暴風雨是在加劇，要中途下車，或乘原車打倒回的可能和甘心都沒有，那末，除了把長衫脫去，把襪丟掉，跳到露天的積水中去冒雨涉水以外，還有什麼路可以走呢？而且，這並不是個人的英雄的事業，無千無萬的羣，都在暴風雨之中，作着英勇的行進，祇有到他們的隊伍裏去，和他們一起，向着暴風雨前進，我們才能眞正的衝破這個暴風雨。

一個印象

華蒂

嘡、嘡，嘡，……嗚，嗚，嗚，……電車，汽車都滿滿地裝着一肚子的人在街心往來地飛馳。賣報者底鈴聲在電車站旁紆緩無力，像要打瞌睡似地響着。從遠處剛剛開市的「咖啡店」中，稀少地傳出幾聲留聲機上發出的肉感的歌聲。「喂，十隻銅板，十隻銅板！大賤賣，一律十隻銅板！大家快點來！……」將要倒閉的文具店中的夥計聲嘶力竭地喊着。街旁的店頭，有着「大廉價」，「招募年青女招待」，「男女僕介紹」，「早餐銅元十枚」等的廣告，橫七豎八地映在過路的人們底眼睛裏。十字路口，站在木籠子旁邊的警察底眼光不停地在衣衫襤褸，飢色滿面的行人底身上掃射。——這是一九三一年九月十九日的上午，東京的一條熱鬧的街頭。這街頭的一切顯得非常雜亂，然而却又雜亂得簡單。只是那樣過去，像平靜的水流過去一般，雖然動着，却沒有一點新的花樣。

十點鐘的時候，突然，一陣緊急的鈴聲投進了這雜亂而簡單的街頭底空氣中。於是，如平靜的海裏翻起一個奇異的浪濤一般，人們底注意都被牠吸住了。

這緊急的鈴聲由一起而二起，二起而三起，三起而四起，……弄得人們辨不清有幾處在響，四面八方，都接續着飛來了這緊急的鈴聲。這明明是賣報者底鈴聲，但是，却顯然的不是尋常的賣報。鈴聲是響得那樣急迫，而且愈響愈緊，愈響愈密，也愈響愈近。漸漸地，漸漸地，「號外」，「號外」的聲音已模模糊糊地達到了路上的人們底耳朵裏，大家都不期然地一齊暫時停住脚來等候。接着，「朝日新聞號外」！「日日新聞號外」！「事時新報號外」！「國民新聞號外」！……等的喊聲也都已聽得清楚了。同時，短衫，緊褲，左手挾着一捲報，右手提着一串鈴，急衝衝地跑着的賣報者底影子，也已經由模糊而清晰了，路上的人們，有的焦急地等待着他們跑來，有的已移動脚步，迎上去爭先買那些「號外」了。一剎時，在許多人底手上已都各有着一張「號外」。

『支那兵破壞滿鐵線！

『我軍已佔領北大營。

『主力向奉天市前進。

『……………』

拿着號外的人們——自然都是「大日本帝國」的人民，而且大多是衣冠楚楚的紳士——都呈着緊張的面色，低聲而着力地念着一句句的「號外」底標題。念到「我軍已佔領北大營」，「主力向奉天市前進」等句時，更在緊張的臉上加上了幾分痛快之色。好像目睹着可惡的下等「支那人」都已經被勇敢的「大日本帝國」軍隊殺完了。

○　○　○　○

這是另一個街頭，在這裏，沒有高大的洋房，沒有動聽的歌聲，沒有豔麗的女人，也沒有往來飛馳的電車和汽車。有的只是密密的低矮而灰黯的房屋，以及在這街道上來往，在這些房屋中進出的垢污粗醜的工人和苦力。

這街上的僅有的「報紙分銷處」的門口，新粘上一張「朝日新聞」的號外。這旁邊就擠着一羣人在看着。自然，擠在這裏面的沒有衣冠楚楚的紳士或資本家。有的只是出不起三分錢去買號外的，常在這條街上進出的垢污粗醜的工人和苦力。不過也雜着一兩個終日游來蕩去，專愛擠人堆的無事做的「浪人」。

兩個中國學生，走過這里，也住了脚，擠到人叢裏，想看一看到底是什麼事。「支那兵破壞滿鐵線」「我軍已佔領北大營」「主力向奉天市前進」，濃黑的特號字標題，立刻送進了他們的眼睛。

『走罷！』一個拉了一下另一個的衣服，輕輕的用日本話說了這一句，像是怕給日本人知道他們是「支那人」。他倆臉都有點熱辣辣的，正想溜，可是又停住了。奇怪的話留住了他們。

『沒有道理！好好的，幹什麼打到支那去？』一個臉色黑黑的矮小的年輕工人說，像很氣憤。

大家朝着這人看。

『對的，國內這樣窮，還要拿許多錢去打仗？』另一個工人表示同情。

『你們，亂說！打仗是爲了國民的利益，我們應當贊成！』一個身上穿了破西裝的中年浪人，憤激地反對他們的話。

『國民的利益！』那年輕工人帶諷刺的口調重複這一句：『

軍閥的利益！我們，只有加捐加稅，派戰債，發公債，都會壓到我們身上來。戰爭，結果還不是加緊剝削窮人們！』他接着說。

『你，國賊！支那奸細！』那個穿破西裝的浪人氣得罵起來了。

兩個中國學生呆呆地聽着他們爭論，已聽得忘記了自己是在日本人當中。突然的一句「支那奸細」，這纔把他們驚醒，互相打了一個招呼，就匆匆地走了。不過他們還很不解地想着：

『敵國也多着友人！』

二八

兩個不能遺忘的印象

沈端先

編者出的題目已經忘了。大約是要寫一些上海戰爭中的印象。印象實在太多，現在就將兩件自身遭遇的，使我永也不能忘記的印象寫下來吧。

其一

二月十五，搭了載着某團體捐給十九路軍兵士的軍需品和食糧的運貨汽車，從中山路到眞茹去。過了大洋橋，前面就沒有連接的市廛，而祇展開着隨時的點綴着土堆和池沼的耕地。因爲那時來往的汽車很多，所以那條平時坐在汽車裏會使你上下跳躍的交通路已經修鋪得相當的平穩；汽車開足每小時四十哩的速率，汽車夫已在濺着口沫的和坐在旁邊的送貨的辦事員談話。突然，離開我們的車子前面不到一百碼路的一輛紅卍會汽車，好像前面碰到了一條土堤一般的停住，車上的五六個穿制服的職員，好像一盤豆子倒在地上一般的四散的望着兩面的耕地亂闖。無疑的，這是日本帝國主義的飛機。于是我們的車子也很快的停了，我們也像他們一樣的躲在土堆和溝渠裏面。飛機祇有一只，飛得很低，在我們兩輛汽車前後飛了一轉，棄下了一捆白地藍字的傳單，很快的就曳着尾巴望東方飛去。大家透了口氣。重新聚會攏來，汽車夫說，傳單正去在他的前面，不到兩三丈路，假使這是炸彈，那就性命沒了，他又說飛機師一共兩個，擲傳單的好像還在帶笑的揮手。傳單，在地上散了很多，出于意料的，這眞是太出于意料了，在署名中央黨部的寫着「打倒抗命的十九路軍」的傳單之外，還夾着不少日本文的署名日本革命士兵委員會的宣言。很長，最少也有七八百字，最後的口號是：「掉轉槍尖來刺死你眞眞的敵人」，「大胆的和中國的革命的士兵握手」。有許多人看了發怔。

『怪了，東洋人裏面也有這樣的人？』

『而且是飛機師呢。』

可是汽車夫不服氣地用袖子揩了一揩臉上的泥土，說：

『丟在這兒有什麼用？我們又不是東洋兵。』

『就是要使你知道呢，東洋人裏面也有這樣的人！』其他一個很快的地講。

其二

日子記不清了，是在愛文義路梅白格路口的一處傷兵醫院。午後，淡淡的太陽斜射在靠街的玻璃窗上。義勇的，一個什麼醫學校的女生伏在矮矮的板桌上面，正在替一個諸暨口音的八十八師的打斷踝骨的傷兵寫信。

『啊，現在沒有錢寄，一時也不能回來，……還有呢？』女學生催促一般的問。

傷兵望着銀魚一般的在紙上躍動的手，儘是呆了一般的傻笑。

『什麽？掛了彩還笑？……你這人癡了？』女的被他看紅了臉，鼓起了腮子說。

『天下眞有這樣白嫩的手！你看，我們手上都是蠶豆大小的趼。喂，老孔！』他喊着：『記得全家宅的那件事嗎？』

被他叫做老孔的，臉上被紗布包得祗露出兩只眼睛的同是八十八師的士兵慢慢的將頭動了一下，依舊沒力的躺下去。

『在老孔掛彩之前三五天，我和他在全家宅拚命的想要奪一枝東洋兵的步槍，可是那東洋人凶得很，打死了還不放手。老孔揑了槍，我將他的手扳開來。對啦，他的手也和我們的一樣。』

停了幾秒鐘，誰都不響，女學生怔怔的望着他的手。

『東洋兵大概也和我們一樣的揑鉄鈀，揑斧頭的吧！』另外一個傷兵講。

時代下幾個必然的人物

洪深

（一）飲泣的日本婦人

上海戰事爆發後的第二天，虹口菜馬路一家日本小商店的門口，有一個年紀很輕容貌秀麗的日本婦人，抱着一個小孩子，坐上人力車，掩面哭泣。一個像做「出店」的中國人，代她抱著三個大包裹，都放在車上；指點那車夫向東拉去了。

出店對人說，這是老闆娘，現在上船回日本去了；老闆做了便衣隊，聽說中了流彈，恐怕已經死了。

婦人，你莫要飲泣。你爲什麼縱容你們統治者去侵略，去掠奪，去殘殺別個婦人的丈夫；因而殺死了你自己的丈夫。帝國主義者的猖狂，你也應負相當的責任。徒然哭泣，是不中用的。

（二）賣肉者

青雲路的後面，離開火線十分相近，一家肉店，新進了七八隻宰好的猪；一排雪白的肉掛在肉案旁，預備賣給人家過新年的。那鎗炮聲越打越近了；肉店的東家站在門口轉念頭。他的臉，像是一册展開了的書：滿腔心事，都清清楚楚寫在上面。

往年，這是不成問題的；猪備得多，買的人也多。在過年的時候，這是一筆好生意。今年，不好了，和日本人打着仗。閘北的人逃難還來不及，那裏還想到過年。而且鎗炮聲愈打愈厲害，愈打愈近了。這些肉，不如竟送給親戚，朋友，鄰居，或是那班兵士罷。但是…………但是也許打仗再有一兩天就可以完結了；也許子彈不至於眞就打中這所房屋；八隻猪，這些肉，到底要値許多錢呢。

幾天之後，有人再走過那地方。只見店已沒有了，房屋倒坍了，肉店的主人也不知那裏去了。祇有破破碎碎的幾塊猪肉，幾片脂油，幾只猪脚爪，狼藉地和焦木瓦礫混在一起。

他明知他的店他的肉，是不能保持許久的了。但總希望着徼倖苟免。在毀滅之前，自動的早一點分給別人共同享用，當然是他所不肯的。

（三）口饞的一羣孩子們

慰勞隊送了九大卡車的食物到閘北某一個司令部；衆人紛亂的把慰勞品往裏面搬；滿地都是遺落的麵包，餅干　年餻，大蜜橘，裝罐的紅燒牛肉。

一羣口饞的野孩子們，圍住了看；恨不得都拾起來吃。他們愈聚愈多，愈擠愈攏了，一個身材高大的站崗兵士，倒舉起鎗柄，裝腔作勢的叱喝着，驅散他們。

但是，食物實在是太多了。落在地下的少許，似乎已不爲人們所顧惜，所注意。那個兵士，乘人不看見，檢起五罐牛肉。祇有那羣野孩子們的幾十雙眼睛是看見的。他們看他走到牆根，看他將鎗刺撬開罐頭，看他用手指捻著塊紅燒牛肉往口裏送。一羣孩子們起哄了，大家齊喊着「荷……荷」。

那兵士回轉頭瞪了他們一眼。賭氣地索性把其餘四罐牛肉也撬開了。搬過來，放在一塊大石上，對着孩子們說：『你們吃罷，好吃，俺吃過了。』

這個山東兵也覺悟到，此刻「吃獨食」是不爲環境所允許的了。

（四）江北人

從上海經過大洋橋到眞茹，等於從二十世紀回到十二世紀再到二十世紀。因爲眞茹有暨南大學，有國際無線電台，不輸於上海底二十世紀的物質文明。但是大洋橋附近的江北人，一家祇住着一間有門無窗的小茅屋：父與母在這裏，子與媳也在這裏，燒飯在這裏，睡覺在這裏 出恭也在這裏；生孩子在這裏，老死也在這裏。所以，在打仗最激烈的時候，那些比較富庶的鄉下人，都提箱攜籠，負囊荷擔，往別處去逃難，但是那些江北人，始終祇在家門口看熱鬧，不肯走。

本來沒有什麼，無須乎走得。生意不能做了，更是斷絕了生計。就使能逃到租界，沒有錢，住在那裏？吃些什麼？我所認識的一個姓王的江北人，便是這樣想著的。

可是，不久之後，忽然在霞飛路上遇見了他。穿著一件青灰色羊皮袍，皮鞋，銅盆帽，衣襟上還插着一枝蠆黃色的自來墨水筆。看上去並不見得十分不像一位大學裏的教授。他大約做了一次機會主義者。他自己也笑了。

人們在餓荒了的時候，會做許多想不到的事情呢；這個僅是小焉者也。

（五）蘇州去

炮聲誠然響得太利害了！五家比較有點財產的人，商量着共同雇了一隻大船，叫小火輪拖到蘇州去。雇船二百八十元，拖費六十元；比平常貴了三四倍。但是他們嘗解說：錢雖是多出了，不過我們坐船的就有二三十個人，而且還帶着許多箱子東西呢。無論如何總比在上海聽炮聲吃驚好得多了。

不料，不到兩星期，日本的飛機，天天飛到蘇州去偵察，有時還放機關鎗，擲炸彈。於是五家人又開了一次會議；覺得到底還是上海租界安全；重新雇船叫小火輪拖回上海。這次用的錢更多了，雇船和拖費差不多近六百元。但是他們譬解說：這次固然被人敲了竹槓，無論如何，總比天天有飛機在你頭上轉，眞的擲下一個炸彈來，好得多了。

這時候蘇州住的有錢人，正在競爭着逃難。那小火輪所拖的七隻船中，有一隻載着蘇州一家極闊的紳士；幾十隻箱子都滿是金珠細輭；船上並且還有四個背着步鎗的商團保護着。

這不曾是對土匪作宣傳；土匪果然來了，把紳士的箱子，商團的步鎗，和別的船上所有的財物，全都洗刼了去。那從上海逃到蘇州又從蘇州逃回上海的五家人，光身在天后宮橋上了岸，大家費解說：命裏注定破財是沒有法子的。無論如何，總比喪失了性命或是被土匪綁去，好得多了。

善於費解，誠然是絕妙的人生哲學：可以使得你永久地而且快樂地做一個被壓迫者的。

（六）城門口的標語

如果不是一個人親自目覩的話，決不會相信，世間能有如此奇怪可笑的事；但這的確是事實。在蘇州某一個城門口，貼着這樣一張標語：「我們蘇州人素來是胆小的，你們日本飛機，請不必到蘇州來示威」。

可是：且莫笑那寫標語的人。對那宰割弱小民族的帝國主義者：提抗議，致通牒，送覺書，遞備忘錄，請他們主持正義，主張公道，遵守非戰公約的義務，維持遠東的和平，保全中國領土與行政權的完整；這和在城門口貼標語，有什麼大兩樣；無非向老虎乞憐，希望老虎發心善而已。

戰時瑣記

葉聖陶

一月二十五前後，閘北人家移居者紛紛。我家不曾打算遷搬。一則看定當局必將屈服，既屈服，總不會有事情了。二則也頗不以那些抱頭鼠竄的人爲然，禍患將至，什麼也不想，只有一個逃，未免卑怯，我們若無其事，彷彿給他們一個抗議。但是到了二十八下午三點過後，全里差不多走光了，隣居周喬峯先生來說「聽說會衝突起來的，還是避避的好。」我們於是動搖了，扶老攜幼走入租界，對於先前紛紛逃竄的人，我們是「五十步」。

那夜三點光景聽得了槍聲，非常的激動。激動當然莫能自明其所以然。說是爲着中國兵這纔打了有意義的仗吧，也許有之，不過當時並不清晰地意識着。

隨後幾天裏，聽說糧食恐將不繼。百業停頓，卽本來有業的也暫時成爲失業者。便想到「飢餓」那部小說裏所寫的情形。飢餓本已踏遍了中國的各地，現在踏到富室豪商偉人政客所認爲樂土的上海，中國會換一副面目吧。

平時執筆做一些編錄工作，算是作事。至此纔覺自己實無一事能做。裁縫師父能替士兵製絲綿背心，看護小姐能爲士兵包紮傷處，凡有實在技能的人都能間接參加這一回戰役，惟執筆的人沒有用。你說作宣傳文字麼，士兵本身的行爲的宣傳力量比文字強千萬倍呢。你說製作什麼文藝品，表現抗鬥精神麼，中國卻是一種書賣到一萬本就算銷数很了不得的國家。在這一點上，我以爲執筆的人應該沒落。

傳聞總退卻不見報載而知其眞，那一天很難過。一位朋友說：『旣這樣，閘北人不是白犧牲！』我以爲這倒不該這麼說的。領了公共租界工部局的「派司」，經過一道日本守兵的檢視，回到舊居看看殘破情形如何：這是閘北人共同的經歷。我們也是這樣。在將近里門的所在日本兵檢視「派司」後，知道我們要搬東西，用粉筆在我的衣襟上畫一個圓圈（是主人的符號，對於搬運夫則畫三角形）。在這所在，我看見有好些端整着和順的笑臉的人恭候那日本兵畫圓圈的。

舊居中了猛烈的彈，三層門窗都不存了，瀉上天花板上的粉飾也都震落下來。木器全毀。衣服有了鎗彈孔。書籍埋在磚礫灰屑中。就把比較完整的檢出來。一隻吃飯桌，櫸木的，是祖傳的家具，只有一個鎗彈孔，到現在還在這桌子上吃飯。

第二天

茅盾

雖然醫生叮囑我晚上不宜看書，可是那一夜的十二點左右，我尚在閱讀寇丁氏英譯的波蘭作家顯克微支的歷史小說「殺人放火」(With Fire and Sword)。突然，轟轟地兩聲，冲破了午夜的寂靜。全神都貫注在書上的「殺人放火」的我，略旋起眼睛看一下那緊閉的玻璃窗，便又再看書。早幾天，我就聽說閘北形勢緊張，中日兩方面的士兵隔沙袋鐵絲網布防，並且當天傍晚我也看見了租界當局臨時戒嚴的布告；但聽得了不很分明的轟轟兩聲的那時，我當真沒有轉念到這便是中日兩方軍隊開火。然而轟轟聲音又接連而起。我放下手裏的書了。辨認出這就是炮聲。我開了玻璃窗，又開了玻璃窗外面的百頁窗，夜的冷氣使我微微一噤。我看天空。沒有什麼異樣。但炮聲是更加清晰，還夾雜著機關槍的聲音。無疑的是打仗，而且無疑的是中日軍隊。一種異樣的興奮就布滿了我全身；我心裏說：

『嚇，到底來了！可惜外邊戒嚴，禁止通行！』

書是不看了，我在房裏踱著，設想那開火的結果。平常在街上看見的餵得很壯健的小腿肚就像太陽啤酒瓶粗的日本海軍陸戰隊的形像，對照着那些瘦黃短小的我們的「粤軍」，都一齊在我眼前出現了。「不抵抗主義 又在旁邊冷笑。我幾乎要斷定那轟轟的炮聲以及トトト的機關槍聲只是單方面的進攻——日本軍過陰歷年

「送灶」。到一點鐘左右，槍炮聲已經沉寂，我就簡直斷定「送灶」已完，我非常失望了。

第二天早上九點鐘方才醒來，就聽得飛機的聲音在天空中響。「還沒完麼？」我一面這樣想，就抓起了本天的報紙來看，一行大標題：昨晚日軍犯閘北失敗！我急急吞完了那密排的詳細報告，方才知道我昨晚上的假定是不對了；原來上海畢竟不同於東北，而且瘦小的廣東兵也畢竟和關外大漢兩個爺娘養的！

于是接速地來了許多十口相傳的「戰報」。日本海軍司令部已經被我方佔領了，上海義勇軍下緊急命令了，上海全市罷市了，罷工了，閘北大火燒……記也記不清的許多可信可疑的消息。只有一件事是無可置疑的，在我們頭上飛翔示威的五六架飛機全有紅圈兒的太陽記號，有了海陸空軍總司令又有海陸空軍副司令的我們中國光景只有十九路軍還「抵抗」一下。

非出去看一下不可了。午後一時我跳上了公共汽車。說是「站數」已經縮短，只能開到四川路橋郵政總局門口了。我大爲驚愕。設想到四川路橋以北大概是巷戰的戰場了，我忍不住笑起來。然而却又意外：郵政總局以北，居然如平常一樣；只不過商店都關上了排門，行人道上有許多人無目的地走著看著，馬路上擁擠着裝滿箱籠包裹的各式車子，疾馳而來的卡車滿載日本兵，都挺着鎗，似乎在戰場上衝鋒。而日本飛機的響聲又在我頭上來了：一架，兩架，三架，儘在那裏兜圈子。

到了蓬路，只有朝南走的人，我一個人朝北走，人家都注目。到海甯路轉角，瞥見沿馬路的一堵牆上有手寫的「大日本海軍陸戰隊」的布告。十幾人站在海甯路轉角處朝北張望。我也擠了進去。前面馬路上靜蕩蕩地只有幾個便衣的西洋人在那裏來回地踱。我們面前也有幾個便衣的西洋人阻止任何人朝北再走一步路。附近時時傳來劈拍劈拍的聲響。一個西洋人對我們揮手，說了一個字：Danger！我不相信日本的鎗彈有眼睛，會剛剛找了我；但是那幾位好像是便衣巡捕的西洋人却眞有眼睛，不放任何中國人再往北一步。

我只能轉入到海甯路的西段了。這時我方才覺到有些小小的東西在空中飛。有一片飛到我身上了。是紙灰。海甯路上有一堆一堆的人都仰臉看著。我也學他們。正北天空，冲起三股黑煙，裊裊地在擴大。日本飛機鑽進了那煙陣，又飛出來，只在那裏循環地繞圈子。旁邊有一個憤憤地說：

『又在那裏擲炸彈了！東洋赤老的飛機！』

我問明白了那三處黑煙是北站，商務印書館等三處大建築的火燒，我也就明白了爲什麼天空中滿是小小的黑色的紙灰。我想了許多方法，走了許多路，企圖從海甯路的每一通到華界的街道走進閘北區；可是各處全被阻止，不是租界上的巡捕或萬國商團，就是中國兵。同樣的理由是：「危險！不能過去！」

天漸漸黑下來了，三處的黑煙却越見紅！我只好回去。到南京路浙江路轉角看見生活週刊的號外，大書：張某某率義勇軍向在北車站抗戰！下關日本軍艦砲轟南京！商務印書館全部燒燬！

而日本飛機又是三架一隊地在租界「領空」盤旋示威。

大美晚報跟着萬家燈火一齊來了。有一點似乎無可置疑：日本軍的進攻遇著了抵抗，而且大敗，但沒有被追；租界的尊嚴的「中立性」使得打敗的日本陸戰隊能夠回去喫飯睡覺休息準備今天晚上再動手。可是晚上「休息」著的日本飛機今天卻放硫磺彈燒了閘北最繁盛的寶山路！這回中國兵是抵抗了，但只是「抵抗」而已！我覺得一般小市民的憂憤的臉色似乎都透露了這樣的失望與忿忿。

可是他們只能忿忿一下兒。新歷史的舞台上，他們早不是主角兒；呀，背裏咒咀公婆而又死心塌地看着公婆臉色的童養媳似的他們！

在炸彈下三日間

陶晶孫

一月二十八日

下午二時，乘特別快車，過了無錫，過了蘇州，過了崐山，火車慢慢在脫班起來了，開到南翔停了好久，開到真茹，不動了，車中的人慢慢的有煩言起來了。的確我國人已訓練成那樣，火車停頓了一小時，大家還不響一聲，也沒有站長來報告爲什麼脫班，自然也沒有車長來道歉，也沒有人想拍電報去報告他的遲到。

不久，有一個吃火車飯的人在車中餓了。『從四時起，租界戒嚴了，不能進去，日本兵在北四川路將發動。火車龍頭因爲要去拉兵車，所以拆去了。』

因此我們一個可憐的家族也停擱在車中，幾個小孩兒要哭起來了。我打聽眞茹不戒嚴之後，就同他們同到學校裏去。

一月二十九日

在學校裏住了一夜，預備早晨進上海的，最近一星期一直在內海輪船中，不見報紙，不能億測；以爲早晨很容易進上海的。

可是早晨九時，砲聲轟起來了，閘北起火了，難民向西奔，軍隊向大場移動，從學校看大火，聽砲聲，思索。一位教授，很有學識的，他搖一搖頭，說『日本的兵不會做過分的暴行，他們很有訓練的。』我說，『那不一定，打仗是非普通的事件，學界和政治不同，政治是不顧什麽道德的，日本兵個人，也是個可憐農工，可是指揮的便是所謂帝國主義。』

一月三十日

一早，出去看閘北大火，還在燒，砲聲很利害，吃完朝飯，飛機來了，上半天費於偵察，下半天，爆擊來了，無線電台的高射砲雖說在活動，可是沒有影響。我見一飛機在眞茹鎮田中，放下一炸彈，到今不解其爲何意，又見一飛機在火車上接連放下炸彈，剛在站上的一兵車，怕有些損害。

下午得新聞，火車站在燒，北四川路在戰，那麼我們一家的行李在火車中的，當然在火車站通通燒光了罷。

下午三時，飛機又來了，在校內空中盤旋，不知爲什麼不飛到無線電台上，又不拋炸彈，或許他們預備將來要利用電台麼，或許有別的緣故麼，我不能猜出，很覺得在革命的時代，這一點觀察思考的能力先須要養成。

夕刻，和某教授同到眞茹橋上，見難民西行，閘北燒去，他們無家可住了。對於戰時要使住民退散的問題，也是個緊要問題。革命過程上，少些殺戮，少些無意或誤會的殺戮，的確是個技術的困難。

叫校役去召集一切校內所留的人員，不能召集到，沒法子，去通知他們，不要開電燈，可是有一二個人不解，他們以爲不必的。在這時，又覺平時訓練要緊。不躁急不休的訓練！

一月三十日

早晨去看昨天被炸的火車，一節爲燒夷彈而內容飛光，車頂鐵板上無數蜂窠，一節爲車傍的一個炸彈，鐵軌破壞了，三個大地穴，飛散了的電線。廣東軍士還活動，他們正在向南翔移動而受爆炸。

校內還留着少數學生，忽見他們來了，他們想逃避什麽地方去，我說：『我們學校當局，還要維持學校的，你們要去，也無從留你們，也沒法更來保護你們。不過我想你們還留一下子罷。」

可是他們要走了，一個女學生，持一個網籃，內有德文英文字典很笨重，我說你帶這麼大的東西，太苦了，她定要帶去——幸虧她把一切東西帶去，免得像我的什麼都沒有——又一個女學生，很可愛，又似很有膽力，所以我很不想給她去的，也去了。

傍晚，飛機暫時不來了，坐在眞茹河傍，遠聽砲聲，靜思世界第二次大戰的形態，又和一農夫談天。三個學生來了，他們走到徐家滙，不能進去。他們是台灣人，你們不要馬上呼他們是亡國奴，國家觀念是誰都一樣，使得人成走狗的都是一個叫利益的，才叫他成爲帝國主義的奴才，革命陣線中的腐敗幹部，都是

從自私思想而生起的

一月三十一日

早晨，預備學校同一個運命，正想去看火燒遠影，忽見汽車聲，疑爲負傷兵車，不料是個美麗轎車，又不料他向校內進來。汽車中出來的是校裏的人員。

我們乘這唯一汽車開向上海，走中山路，過曹家渡，進租界，我們車子被攔住了。租界口巡捕說『不過查一查放心好了。』我說：『用不到查，』向西人說，『I am one of the professors of the J. N. University.』那麼很安然地進租界了。會說一二句英語就這麼有用，要成帝國主義走狗，先要學會英語。

不幸，進了租界後，眞茹的戰況不能再親見了。

周樂山編

抗日戰爭逸話

周樂山著

北新書局發行

自序

列強環伺的中國，這次在上海和日軍苦戰一個多月，無論勝敗如何，確是百餘年來我中華民族第一次的抬頭。這一頁光榮的歷史，我們當在血腥中體會得出醰醇之味來。

每天讀着「晨刊」「夕刊」的興奮之狀，和友人暢談戰爭中的逸聞，這雖是國難，卻是難逢的盛世。

現在，不覺的在緊張的期中過了一個多月了，將所見所聞的瑣事，偸閑——當然是聽不見炮聲時——隨時寫了下來，就成了這本小册子。讀我這本書的人，至少可以如同親身在上海經歷了這次戰期生活；住在上海的人，可以恍然于你過去所處的環境。

我是向來不寫自序的，無論自己的那一種著作。這次算是破了一次例。

樂山，

民國二十一年，三月上海寓次。

抗日戰爭逸話目次

抗日戰爭逸話

不通的日軍佈告

當日軍開始襲擊閘北的時候，曾在北四川路等處張貼漢文告示。我所看見的一張，是貼在蘇州河畔的郵政局門前的。告示裏面所用的虛字，「但而」「勿要」諸字樣，不通得有趣！這種告示不久都被人扯去了。現在我把牠抄在下面：

大日本帝國海軍陸戰隊佈告

爲佈告事本陸戰隊今次行動者恨絕不還之匪徒爲目的決非傷害良

民但而敵部軍隊者並擾害治安者照軍律加嚴罰無所許貸矣全市民衆明解本隊眞意勿要妄動安居營業可也

此佈

昭和七年一月廿九日

大日本帝國海軍陸戰隊

中日戰爭起因的傳說

中日戰事誰都知道是醞釀于五四運動，而擴大于萬寶山案及東北事件。這次日本人在上海發難，自然也是他預定的計劃。

但是有一種傳說，說是：日人在襲擊閘北之前，曾焚燬引翔港三友實業社工廠，他焚燬三友廠，固然是有意尋釁；而裏面也有原因的：當那個時候，三友廠裏死了一個技師，那個技師死了之後，忽然來了四個日本僧人來替死者唸經，到這個時候，廠裏的人纔知道死的是日本人，于是乎發生了衝突；那四個日本僧人不快的離了三友廠。乃發生了焚燬三友廠的事件。

自來水筒的妙用

日軍攻閘北失敗，乃改變戰略攻江灣，起先用的是馬隊衝鋒。當沒有交戰之先，我軍將路旁堆積的水門汀自來水筒鋪在地上，等到日軍馬隊衝來，踏在圓體的自來水筒上，一個個馬仰人翻，我軍乃不費力的打了一個勝仗。

雨傘步鎗打飛機

上海戰事一發生，閘北固然危急，眞茹的無線電台也是日軍的目標，時時刻刻想用飛機來炸燬牠。我軍因缺乏高射炮，在無可如何之中想出了一個絕妙的辦法。叫兩個兵士爬上電台的頂端，一個撐着雨傘，在雨傘的上面挖兩個小孔，于是一個張望，一個步鎗描準，日本飛機常常受傷，因此電台未被轟炸。

空棺替代沙袋

這次上海戰事突然發生，我方倉卒中沒有充分的準備；所以戰場上最緊要的沙袋也很缺乏，於是異想天開的將空棺替代了沙袋。

中將連長

依軍隊的編制，連長都是尉官階級，以校官充連長的，已經是「絕無僅有一的事，那還有中將做連長的呢？而這種奇事只是十九路軍有。

當那戰事最猛烈的當兒，張發奎黃琪翔兩位中將，都親自上火綫去，担任臨時連長職務；宜乎士兵勇氣百倍，連戰皆捷了。

商務印書館被燬的原因

這次戰事中商務印書館的被燬，是我國文化上的一個大損失。

商務印書館有卅六年的悠久歷史，出版的書籍有數千種，是我國新文化的淵泉。當商務初開辦的時候，中日兩國的感情極爲融洽；而中國的印刷技術又很幼稚，必須倚賴日人的幫助；於是有日本金港堂書店加入商務的事，駐華辦事的，有長尾雨山——前日本文部省次官，卽如中國的教育次長，——池田教授諸氏。

到了民國九年，排日風潮激烈，商務當局乃「苦心孤詣」的收回了日本股份，解散了日本職員，從此以後，和日人無絲毫的關係。而在日人方面，則有「鳥盡弓藏」之感，銜恨商務了。

雖然後來日人又經營了作新社和東亞書藥局，仍想在中國出版界佔一個地位，但結果歸于失敗，福州路和南京路的發行所，也不得不縮小範圍。

一月二十九日的硫礦彈雨，使商務印書館全部被燬，受絕大的損失，這全是報復的洩憤行爲，將島國民族的偏狹性完全暴露出來了。

戴戟訣妻赴敵

這次日軍犯我閘北，不是小戰可決勝負；所以我軍都抱有必死的決心，戴戟，蔣光鼐，蔡廷楷，是這次抗日戰爭的中堅人物。而淞滬警備司令戴戟，更可當軍人的模範！

戴戟字孝悃，安徽旌德人，年三十八歲。保定軍官學校畢業。國民革命的重要戰爭如討陳，北伐諸役，他都因力戰而受傷，尤以汀泗橋一戰，受傷最重。

他從軍八年，只有一萬一千的私蓄，平時的生活，極爲簡單，在法租界一間三樓之屋中，佔一樓面，每天的伙食，都是從自己的衣袋裏零星支付的。

每天早晨六點鐘起床，寫字兩張，就到司令部去辦公，眞是一位勤愼的軍人！

一月二十九夜裏，他和蔣蔡二將軍開會決戰之前，事先立下遺囑，將所有的一萬一千元的遺產以及妻兒托付給李立民秘書；因爲他倆是很好的朋友。

當戴和夫人訣別的時候，他夫人還絮絮問他的話，而戴先生拂袖遥去，毫不流連，眞是極悲壯的一幕！

遷都洛陽

中日戰爭一發生，國民政府就遷移到洛陽去了，有許多人覺得很詫異，這實在是預定的計劃。

自二十年九月十八日瀋陽事變發生，國民政府就決定北遷，遷到中原大陸之地，實行「堅壁清野」的策略，使日本所稱雄的海空兩軍，無所施其技，於是，每人都抱定必死抗日的決心，和日本帝國主義相周旋。這是很周密的計劃。

蔡廷楷的生平

蔡廷楷將軍字賢初：這次抵抗日軍，得全國民衆的擁戴，非沽名釣譽，有始無終，屈伏于暴日的馬占山所能望其項背！

蔡將軍初隸號稱虎將的林虎部下，也是一員虎將；當民國四五年的時候，軍閥龍濟光禍粵時，兩粵的青年組織義勇軍，蔡是軍中的敢死隊，加入義勇軍作戰，戰敗，退入山谷，那時林虎適隸陸榮廷部下，將他救了出來，稱讚蔡勇武，于是送他進了桂系所辦的軍官學校，畢業後，調入軍部，充林虎部下的營長，陳銘樞當團長，蔡每戰都有功勢，一直升到軍長。這次抗日作戰，他是最主要的人物。

四小時取閘北

日軍攻擊閘北直至我寫這段文字時，已經一個月了，還未侵佔我尺寸的土地。

事前，日海軍司令鹽澤曾對外人表示，說：「取閘北南市四小時夠了，公共租界的治安是無庸過慮的。」

英美當局因爲日本是強國，也就相信他；于是英美對日本乃隱示四小時爲諒解的條件。既大戰一晝夜，到三十日還沒有攻下，日軍竟退入租界，弄得租界的治安也岌岌可危。外人都紛紛向日人責問，日人乃允許調停，在英國領事官舍，集合雙方軍事領袖和有關係各方開會，我國的軍事長官代表，即席發言道：

「目下我閘北的兵力，衝入租界，解除全部日陸戰隊武裝，只要四小時就夠了。」

和蠶澤的豪語，針鋒相對，窘得日武官面紅耳赤，顧而言他。

日飛機落下漢奸

日飛機常在羅店大場等處飛翔。二月十六日早間，一機忽然低飛田野間，幾乎和樹頂相接，有人看見機上用繩吊下兩個人來，鄉下人疑心是日兵，報告保衛團去兜拿，把那兩人捉到了。供出是得了日人的金錢，利用來作偵探的。

戰壕生活

我十九路軍的戰壕，是用最新的方法築成的，比較歐戰時的戰壕更爲進步。有人曾參觀從中山路到西寶興路的大陣綫，是人字式的戰壕，戰壕裏面掘有一丈多深的溝，溝之半地，可支鍋灶煮飯，勇士不致枵腹；但有時戰事激烈，常全天不能吃飯。

戰壕上面堆有沙袋，兵士當休戰的時候，有時到壕外來敲碎石消遣，用小石在沙袋上堆成字跡，有人親眼看見碎石堆成的兩行字跡：誓死報國，殺盡倭奴。

兵士又編有愛國抗日殺敵的軍歌，一唱百和，音節悲壯。

勇敢的戰士

我軍戰壕，每段有兵士三人，當戰事激烈時，多儘量喝酒，勇氣頓增百倍！待敵人衝近戰壕時，于是三人中互推一人，兩手各持手溜彈向前撲去，此人必死，衝來的敵人，無不應彈而倒。其餘兩人乃以機關鎗拚命掃射，敵人于是大敗！

勇敢呵！我們的戰士！

翁照垣

十九路軍旅長翁照垣，驍勇多智，曾游歷歐美，考察陸軍。戰事發生之初，担任天通菴一帶戰事，後又守吳淞砲台。他能夠連戰十天，沒有倦容。

翁曾書：「為民衆犧牲，雖死猶榮」九字贈方振武吳邁，由此可見翁將軍的肝胆！

飛雷發明的經過

我軍曾用自已發明的飛雷，擊落日飛機一架。——這是我國新發明的利器。

飛雷是由蔡霖生君所發明，蔡君本是瀋陽兵工廠的機匠。當東北抗俄之役，蔡隨軍修繕軍械，他眼見俄機的猛烈的轟炸力；于是發奮潛心研究，發明了這飛雷，去年夏天完全成功。

這是我中華戰史的光榮之一頁！

木排防敵

閘北戰事發生以後，南市形勢也嚴重起來。不得不籌防禦之策。于是十六舖一帶木商領袖張效良君，想出一個「一舉兩得」的計劃；將各木行的木料，全數編成木排，浮在江面，旣可騰出空屋駐軍隊；又可在江面防禦日艦衝擊。張君眞是一個「智囊」！

被單接機彈

自戰事發生以來，日本飛機到處擲彈，炸燬民房，損失不可計算！但是這種轟炸力施諸戰場，卻很難收效果。起初戰士們遇着日機擲彈，還跺躍相避，後來知道炸彈是觸着硬物纔炸裂的，往往幾個人共展開一條被單，向天張着，等到炸彈落了下來，接到被頭裏，彈既不會炸，且可作爲虜獲品哩。

義勇軍的驍勇善戰

上海各大學學生所編的義勇軍，是從一百個人中挑選三五個出來的，都是精銳勇敢的戰士，由翁照垣旅長指揮。吳淞蘊藻浜一帶的激戰，義勇軍用手溜彈衝鋒，勇往直前，不畏强歡。曹家橋一戰，建功不小，戰鬥力並不比正式軍隊差。

蘊藻浜的血戰

中日戰爭二月中的多次大戰，以蘊藻浜一戰為最激烈！

日軍因屢次失敗，死傷了好幾千人，乃變更戰略，集中全力攻吳淞；因為蘊藻浜的形勢險要，不能飛渡；于是用砲火飛機上下夾着猛攻；又利用烟幕彈實行偷渡的計劃。

當日軍放烟幕彈的時候，濃烟蔽空，對面不能見人，我軍第一道防線的士兵，以為日軍放毒瓦斯，向後面逃避，日軍于是從容登岸，這時形勢萬分危急。全靠我軍第二道防線官兵，見前線不戰自退，下令用機關鎗掃射，第一道防線的士兵乃迫不得已，返身和敵人相搏；加之第二道防線的士兵，也出而應戰，雙方混戰肉搏，大約有半點多鐘，那時的形勢，十分險惡，日人以爲有十分的把握，于是虛報各國記者，已經佔領吳淞，且發電到東京報告。

不料我六十一師援兵二團趕到，用騎兵襲擊敵人的後路，于是前後夾擊，我軍大勝，俘虜一千七百多人。

「大中華，媽媽虎虎！」

上面所述的蘊藻浜的血戰，共俘虜敵人一千七百多人，這不但是中華民國戰史上的光榮；且可給日本帝國主義者一個教訓。

這次所俘虜的一千七百多名日兵，都狼狽萬狀，伏地求饒！間或有一部份俘虜操不純熟的華語哀求道：

「大中華！媽媽虎虎！大中華媽媽虎虎！」

神勇的大刀隊

這次戰事中，我方有一部份大刀隊參加作戰。當開赴前線去的時候，外報記者團見而大笑，以爲這是中世記的武器，毫無用處！豈知屢次建立奇功！

我們神勇的大刀隊，比任何軍隊都勇敢；因爲他專任衝鋒的工作，而敵人卻正缺乏這一種的戰士。

起先，日兵都是裹的白色裹腿，在夜間混戰之中，看得格外分明。我們的大刀隊，平地滾了過去，看見白裹腿就砍，後來日兵因死亡太多，才改用黑色裹腿的。

因爲大刀隊屢次建立奇功之故，外報記者團也不敢誹笑大刀爲中世紀的武器了。

鄭振鐸藏書被焚

小說月報主幹鄭振鐸君，于二十年秋間，往北平燕京大學任教，年終偕夫人高君箴女士返滬。到上海不久，上海即發生戰事。鄭君平日藏書極富，有時負債購書。當往北平任教時，將一部分藏書分存于寓居閘北之徐調孚周予同等君處。當一月廿八日發生戰事的時候，鄭君適來租界有事，幾乎和其夫人相失，後來纔設法相聚，同返北平。

現在，鄭君在滬的藏書已經被焚，一方面是他自己的損失，一方面也是學術界的損失呵！

章衣萍暫住亭子樓

現代學生主幹章衣萍君，平日因其著作暢銷，版稅甚多；故生活極爲闊綽。北四川路施高塔路興業坊之寓邸，極富麗堂皇之致。

當戰事發生之初，章君適病腹瀉，不能行動；因炮火猛烈，在地板上睡了兩三夜，後來設法光身逃出；但悵悵無所之，終於找到法租界聖母院路高福里內的一個亭子樓住下，據章君說：因爲高福里旁有一家徽州菜館同慶樓，不致餓死。這是他住在那兒的理由；因爲章君也是徽州人。

葉紹鈞樓汽車間

中學生主幹葉紹鈞（聖陶）君，寓居閘北東橫浜路景雲里，當一月廿八日那天，還在開明書店編輯所辦事，到了下午，聽見風聲緊急，趕了回家；因為聽見雙方在下午四時就要開火；所以匆忙之中，沒有攜帶物件，和夫人公子逃了出來，急切中無處安身；乃逃到法租界辣斐德路淞雲別墅畫家劉海粟君之寓內，剛巧那時劉君的房屋內都住滿了避難的友人，只有汽車間空着，于是葉君只得暫時在那個汽車間裏住下了。

後來，知道閘北是一月廿八夜十一時開火的，于是葉君大受他夫人的埋怨，何不從容地攜帶點衣物出來？葉君也只有苦笑而已。

樊仲雲孑然一身

作家樊仲雲君，因任中國公學教務長之故，寓居北四川路底施高塔路恆盛里，當戰事發生的那天，正在新生命書店清理年底結束事務，沒有計及逃難的事。

等到戰事一發生，乃孑然一身的和夫人薩女士逃到法租界；戰神的虐政好像專降到貧苦的文人身上似的。

謝六逸寓所遭火

中國公學復旦大學教授謝六逸君，原寓橫浜路大陸里；因嫌其狹小，遷入江灣路林肯坊，單只房屋頂費就去了一千元左右，不久就發生了這次的戰事；所以謝君的損失，比任何人都大。

妙詩韻得索夫團

「日本軍閥這次的窮兵黷武，傷亡了一萬多人，眞所謂「孤人之子，寡人之妻，獨人之父」了！而最傷心者，莫過于青年婦女，傷亡了丈夫。據報紙登載，「日本青年婦女有索夫團之舉，反對這次的無謂犧牲！」上海某報有一長詩紀其事：

倭兒從軍去，
倭婦索夫來，
哭聲震四野，

誓死不肯回！
就中有一婦，
陳詞抑何哀：
十八嫁征夫，
十九戍南臺。
二十得來書，
云在遼海隈。
今年二十一，
軍令疾如雷，
轉戰吳淞口，

積屍高崔嵬！
皤皤堂上翁，
呱呱懷中孩，
哀哀未亡人，
生理灰復灰！
吁嗟中與日！
同種原無猜，
奈何驅戰士，
膏血塗草萊？
死者長已矣！

生者恨難裁！
安得日月光，
一掃陰霾開？

趙景深自買小菜

北新書局編輯部長趙景深君，寓居河南路和樂里，鄰近寶山路，雖為租界，亦受波及，乃倉皇逃往法租界。趙君雖能于砲火聲中，從容不迫的完成了他的混合國語教科書的編輯工作；然因女傭返里，不得不與其夫人李希同女士，每日同往小菜場自買小菜。據他自己說：

「這是平生難得的遭遇。」

蔡野渡不知下落

蔡子民先生之姪蔡野渡君，亦努力的作家之一，任大東書局編輯。當戰事發生之初，尚往訪章衣萍君，勸其逃難。第二天就不知蔡君的下落，至今消息，仍屬杳然。但願蔡君沒有遭強暴的日人之毒手，有一天能夠歸來！

楊騷貌似日人

詩人楊騷，狀貌和日本人一模一樣。當戰事發生以後，上海全市仇日空氣，極爲緊張！那時楊詩人從北四川路逃了出來，想投奔友人，一路上就有三個人跟在他的後面，偵察他的行動，楊詩人那時心內雖然惶急，但又不便自辯，只得低首疾走。

到了靜安寺路他的友人的門前，幸虧有一個孩子叫了他一聲：「楊伯伯」。那三個人纔知道是誤會，反過來勸楊詩人這幾天少到外面走動，恐怕發生危險。

楊詩人自己說：「一聲楊伯伯，救了命一條。」

李青崖的奇遇和他的妙喻

以翻譯法國莫泊桑小說著名的李青崖君，寓居江灣鎮，當戰事發生的那天，尚在江灣，苦無汽車，不能逃出，徘徊門前，惶急萬狀！忽然間，意外地來了一部卡車，問李君道：

——此地有李先生嗎？這部汽車是他叫的。

剛好他也姓李，于是幸運地逃到了上海。

李君又談了一個中日戰爭的逸聞，說：

——有一次，在天通菴，幾個中國的哨兵和日本的哨兵遇見了，日本哨兵立刻依照步兵操典，伏地放鎗；而中國哨兵，則「不管三七二十一」，提鎗刺去（鎗上有刺刀），有兩個日本哨兵，立刻死于刀下，其餘的日兵，也就逃走了。

李君比喻這一幕，日兵好似古典派，華兵好似惡魔派。

陳子展僥倖早到兩小時

作家陳子展君，當戰爭發生之前一日，袋中錢剛用罄，一月廿八日接到現代書局現代文學評論稿費領取單卅元，他在那天，遠遠地從拉部路寓居，跑到現代書局會計處領取了款項。據陳君說：如遲到了兩小時，現代書局即停止辦公，將有餓死之虞呢！

商務編輯痛哭失業

商務印書館燬于日軍之炮火，損失達一千五百萬元之鉅，爲中國文化上的一大損失！其中最苦者，要算編譯所職員；因爲印刷工人，尙有出路，由別家印刷工廠延請他；而編譯所職員，除有少數的人平日在社會上有所活動外，多數都是以商務編譯爲終身職業的，平日絕不和外界接觸；而且職業上已成了慣性，除了編譯工作外，幹不了別的事，現在一旦失業，脫離工作了二十多年的商務印書館，念及將來渺茫的生活，頗有終日痛哭的！

嗚呼！戰神的恩惠！

傅東華夫人舊鞋換新鞋

文學批評家傅東華君，寓居北四川路底施高塔路四達里，滬變突發，倉皇逃出。在法租界賃一樓面居住。迨後虹口秩序略定，傅夫人回四達里寓居察看，傢俱物件尚無損失，惟日兵不准攜物出外，傅夫人欲拿一雙新鞋出來，也不允許，不得已，只得將舊鞋丟掉，換上新鞋，仍回到法租界來。

沒有司令部

抗日的十九路軍司令部，設在眞茹；但是因爲避免敵方飛機襲擊起見，幾個軍事領袖，都散居各處。日軍日日用飛機偵察司令部之所在地，結果是毫無所得；所以日軍懷疑中國軍隊是沒有司令部的。

歡躍而赴敵

爲民族，爲正義而戰之十九路軍，此次淞滬禦侮，士氣之盛，爲從來所未有。曹禮吾君曾親見赴敵之戰士，多是且歌且舞，欣然整隊前進。

呵，可敬可愛的典型的戰士！

軍中的留聲機

軍中生活，極爲枯燥，而爲民族，爲正義而戰之十九路軍，軍紀向來是很嚴的；所以一切不正當的娛樂，皆爲軍令所不許。有許多愛國的民衆，自動送留聲機給戰士們。

因此，在猛烈的炮火之中，尚有不斷的留聲機的歌聲，彌漫于戰壕之內呢。

租界上的恐慌

上海戰事發生以後，閘北的居民，固然惶恐萬分，紛紛遷移，而租界上的居民，也發生恐慌。聖母院路高福里有位陳先生，每晚坐在汽車裏，據他自己說的理由，是隨時可以逃走。

又有辣斐德路成裕里的王君，爲恐戰事延長，糧食斷絕，乃買米五十包，在樓下堆成一冂形，終日坐臥其中。他說：——既可防禦炮彈，又可不致餓死。

顧壽白剃去鬍鬚

名醫師顧壽白君，與詩人楊騷一般的貌似日人；且蓄有仁丹小鬚。一月廿八日夜，由四達里倉皇逃出，仍在租界上繼續行醫。顧君爲免誤會起見，已將仁丹小鬚剃去了。

傅彥長似守孤營

前中國公學教授傅彥長君，寓居南市也是園已數十年。此次閘北發生戰事，南市也極恐慌，乃全家賃屋避居跑馬廳畔，而南市老屋，則由傅君一人留守，據傅君說：

——一人鎮坐老屋，好似守孤營一般。

異哉所謂關公顯聖

這次上海戰事，我方大刀隊迭建奇功，一時民間傳說：當大刀隊上陣衝鋒時，每見關雲長在前指揮前進。無疑地，這是建立在迷信上的一種民間傳說。

戰事民謠

自從一月二十八日，上海發生戰事以來，民間又產生了許多新的時調。最流行的有上海打仗和上海打仗景緻。從這二支民謠裏，可以看到上海民衆一致愛國抗日的共同意志；同時，又可以聽見民衆受到戰事痛苦的吶喊和希望勝利的心理，現在把牠抄在下面：

上海打仗

月亮一出照樓梢，中日打仗起風潮；老百姓又把難遭。噯育噯育！逃難人實在苦惱。

東洋派兵到上海，想奪吳淞砲台灣，再要想閘北寶山。噯育噯

育！中國人老早防範。

中日打仗眞結滾，東洋軍隊死干淨。打電報要討救兵。噯育噯

育！總指揮急脫性命。

東洋死屍叫叫關，死人堆來像座山，壘起來勿用棺材。噯育噯

育！兩個人併只麻袋。

打得東洋叫救命，中將想要死路尋。日夜攻仍舊勿贏。噯育噯

育！打勿過要用飛艇。

東洋軍隊眞野蠻，用仔飛艇擲炸彈，拿房子一齊炸坍。噯育噯

育！老百姓大哭小喊。
我國軍隊十九路，部下弟兄本事大。東洋人嘸不生路。嗳育嗳
育！到後來走頭無路。
打得日本大坍台，請出外人想講開，賠損失千千萬萬。嗳育嗳
育！想一想大倒其霉。
萬衆一心有志氣，將來倭子要該死，大中國無人敢欺。嗳育嗳
育！我同胞要叫恭喜。

上海打仗景緻

諸位靜靜心呀，唱點舍事情？要唱一只，上海打仗景呀，讓我末，
細細說分明呀，從頭那個到底末，唱把大衆聽。

倭賊東洋人呀，大弗講理性。要求條件，我們勿答應呀，日本末，
馬上就派兵呀，要奪那個閘北末，老早防端正。
大炮勃輪騰呀，洋鎗匹拍聲。打仔一夜，死脫嘸淘成呀，東洋末，
發急討救兵呀，調來那個幾千末，衝鋒死干淨。
打了幾十仗呀，仗仗吃敗仗。嚇得東洋人，勿敢開洋鎗呀，軍官末
，眼睛白洋洋呀。活人那個裝來末，死屍囘東洋。
我軍十九路呀，本領實在大。東洋軍隊，一點無生路呀，日夜末，
裝來三萬多呀。衝突那個幾天末，仍舊打弗過。
日本眞野蠻呀，飛艇擲炸彈。閘北地方，房子在炸坍呀，人家末，
燒脫叫叫關呀。害得那個百姓末，一齊要遭難。

說起逃難人呀，苦處說弗盡：單身出來，腰無半分文呀；大哭末，
小喊頂傷心呀；肚裏那個餓得末，要想死路尋。
虹口老百姓呀，捉去最傷心。麻繩捆綁，再要挖眼睛呀，弄得末，
性命活弗成呀，毒害𨚗個同胞末，將來有報應。
最後頂要緊呀，萬衆一條心，一致對外，救國才贊成呀。有志末，
加入義勇軍呀，驅逐那個倭賊末，幸福過光陰。

周建人暨任白濤夫婦被毆

生物學家周建人君，與新聞學家任白濤君，同寓居東橫浜路景雲

里，戰爭發生以後，並未走出。後被日兵在寓所檢出日文本的蒲力汗諾夫的藝術論，就認他們是叛徒，將周建人君及任白濤夫婦兇毆，周君立即仆地嘔血。任君夫婦也受了重傷。

眞是「秀才碰着兵，有理講不清！」

朱古薇靈柩被燬

最近逝世的詞家朱古薇先生，柩停上海湖州會館，戰事期中，日軍飛機到處擲彈，湖州會館全部被燬，以致我們的詞家身後之遺骸，也不免于災難！

滿樓茶客忽作階囚下

二月間的一天早上，楊樹浦中新麵粉廠第九廠對面三江茶樓上，正當茶客們高談闊論，熙熙攘攘的時候，忽然來了日軍卡車六輛，將茶客三四十人，裝在車上，向西去了。

四川路橋上侮辱婦女

當戰事緊急時，日兵在四川路橋北塊搜查得很嚴。凡是我國的男女，不論老幼，都要逼着他們自動的脫衣服，對于婦女，尤其儘量的侮辱！

眞是獸性的民族！

一彈中日司令部軍官鳥獸散

二月十三日黎明，華軍一戰壕發一臼砲，擊中北四川路的日軍司令部。有人看見司令部裏的日本軍官，羣作鳥獸散。好比獵人焚燒森林時，野獸突圍而出一般。

炸彈無用

這次的戰事，華軍的防禦工程，十分堅固，爲防備敵軍的砲火及炸彈起見，戰壕上全用鋼板遮蓋；所以敵軍的炸彈雖猛烈，卻無用處。

黑色變爲白色

戰事開始時，日飛機所擲下的炸彈是黑色的，後來塗上了一層白色；因爲黑色受人注目的原故。

愛多亞路上

二月一日愛多亞路鄭家木橋附近，有愛國志士四五十人，在那兒大談軍情，大叫道：

——打死日本人！打死日本人！

被三四名日本人干涉，羣衆不服，將日本人大打一頓，一時間，秩席大亂，人聲鼎沸，路過的人也加入，內中有用石子向日本人亂擲的。

結果，那三四個日本人，破頭流血而逃。

自殺的婦人

日帝國主義鐵蹄下的犧牲者，這次戰爭中，當以數萬計，下面所記的就是其中的一個：

婦人侯朱氏，二十歲，住界路慶長里，戰爭發生，逃了出來，借寓浙江路東昇旅館兩天，後又乘機會回家去，看見家中所有的物件都被人搶光了，弄得「室如懸磬」。悲憤地回到旅館，吞生煙自殺了！

時事新報妙評索夫團

關于索夫團事件，我在前面巳有記載。上海時事新報曾經有一篇關于這事件的很妙的評論，我現在把牠抄在下面：

「報載暴日自與我啓釁以後，戰士死者逾萬，上海事件發生」

逖，又增無數寡人妻而孤人子，使彼閨中少婦，頓失所天，孤枕空幃，淒哀奚極！於是相率結爲團體，向政府爲索夫之舉，想見鶯燕號泣，大有「殺我卿卿，還我卿卿」之概，彼內閣閣員與其軍閥，正不知何以爲計？是否亦將以威壓爲惟一之手段？抑將設法還以一新的卿卿？此亦自有戰爭以來別開生面者也！念彼數萬壯士，徒以一二軍人之野心，枉自犧牲于鋒鏑之下，萬骨雖枯，而日本國家乃爲舉世所誹笑，使此種犧牲爲毫無價値！彼野心者之罪惡眞天下之大罪人也已！然而暴日政府因一二軍閥之野心，一舉而喪其壯丁萬數，其損失猶細耳！若吾者，以一二軍人之不長進，且喪吾之國土數十萬方里，使國家蒙無上之垢辱，全民族所受之損失，且將無從估計！而吾將胡從而索之？而彼負直接責任之擁高牙大纛者，至于今又高坐于皋皮而無恙，曾不聞政府一議其罪案；以視東京政府受賞—于一蠢嫠婦者，苦樂何殊天壤！嗚呼！此生何幸，乃為中國之大官達人耶？

中大生贈旗

我中華十九路軍，在淞滬和日帝國主義作殊死戰，中央大學學生二十八，乃於二月七日贈大旗一面給十九路軍，慶賀其抵抗日軍之勝利。

愛國的父親

——李排長袋中的一封家信

閘北八字橋之戰，中日雙方軍隊，鏖戰得十分激烈！這場惡戰，日軍死傷了三千人，中國軍隊也死傷了不少。內中有一位我軍的湘籍李排長因身先士卒，奮勇殺敵，也為國而捐軀！

李排長的遺骸，經紅十字會盛棺掩埋，並在他的懷裏檢出了一封由原籍寄來的家信，是他父親寫的，現在把牠抄在下面：

「英兒知悉：

一月三十日發來快信；並汝照片一紙，均已收到，勿念。

汝弟近日替我耕種，頗能用力，不若以前專門嬉戲矣。

來信說：你們的軍隊，業與不講公理的獸兵日軍開火了；我雖然年紀老了，拿不起槍桿去打他一陣；不過我的心是非常憤恨的！我萬分希望你奮勇殺敵，不要退縮；不學班超，至少要學韓光第。即使為國犧牲，我譬如沒有養你！我是決不傷心的！

對營中同事，宜格外和氣。臨陣應搶在前面，不要跟在人家背後，給人家罵你是一個怕死的亡國奴；因為此次戰事是對外的，不是對內的；所以我不願你打着敗仗跑回來，希望你打了勝仗而馬革裹屍回來！

一切再說吧！

望你努力殺賊！切囑，切囑！

父青鼎手泐。」

黃煙如線

「日軍飛機上所投下的汽盆，一着地，就灑出黃煙來，和一條長線一般。

擲汽盆的作用，是暗示「日軍向我方開砲，如線的黃煙，就是「日軍開砲的目標。

專殺漢奸的暗殺團

日帝國主義侵佔上海，凡是國民，都應該拼死抵抗；

但是一班漢奸，「利令智昏」，替敵方充間諜，運軍需，濟糧食，擲炸彈，弄得騰笑中外！

因此，有一部份愛國志士，用嚴厲手段處置這些漢奸，組織有暗殺團，專門調查漢奸，一得着了證據，就將他全家殺死！

這是可敬可佩的除奸鋤惡的俠義行為！

美飛行家蕭特爲中國殉難

美飛行家蕭特君，激于義憤，駕飛機來華，幫助中國抵抗橫暴的日軍，不料在蘇州被日飛機殘害逝世。中美人士都一致的痛悼。蕭君的遺骸將葬在中國。蘇州人並將爲他立紀念碑。

婦人頭上黃楊梳

中日戰爭期中，日本東京和大阪的報紙，有一件滑稽的造謠，標題是：「黃楊梳受難。」

文中大意是：中國方面用多數的婦人做偵探，擾亂日軍警備線的後方；但中國方面，也盛傳日本婦人假扮中國婦人混入華界，引起大恐慌；因此，街頭出入的婦人，必須檢查；並且說：日本婦人的暗號，是髮髻上有一把黃楊梳，弄得凡是髮髻上有黃楊梳的婦人，莫不大受其累。

按中國婦人，從來沒有用木梳戴在髮髻的。可見日本新聞記者的沒有常識！

愛國的寶華寺和尙

中日兩軍在江灣小塲廟一帶激戰，斃日軍一千七八百名，我軍也有少數的傷亡。

戰後，有寶華寺和尙學寬帶了寺僧十多個人到大塲救護傷兵。

輪姦少女失去鋼砲

響郎橋北首，有草房數十間，住在那兒的人，大都是貧窮的苦力，自從戰爭發生後，因爲那兒不是緊要的地方；所以羣衆多半沒有躲避。路口也只有三兩個日兵架設小鋼砲一門，日夜駐守罷了。

不料有一天早晨，日軍看見草房內有一個十四歲的張姓女子，一人在家，一時獸慾衝動，當卽破扉而入，將那女子揪住輪姦。

那時，剛巧那女子的父親從外面囘來，看見日軍的獸行，憤激萬狀！但是勢寡不敵，只得返身，乘機將路口所設的一門鋼砲偸了去。日兵洩慾後，跑了出來，不見鋼砲，「老羞成怒」的將數十間草屋全都燒去了。

英雄與美人

有一位大刀隊的士兵和我說：『大刀隊比任何軍隊的犧牲都大；因為我們專任衝鋒，不能担任防守，每次出發，都是銜枚疾走，直奔前線。』

他又說：『紅十字會女子救護員，最欽佩大刀隊；所以對于大刀隊負傷的勇士，盡力看護。』

我聽了之後，不禁歡呼了一聲：

——英雄與美人萬歲！

蘇州車站獲間諜

三月五日蘇州車站擒獲間諜張金生一名，搜出軍用地圖五幅。其人被捉住之後，不住地向警察下跪叩頭。

五千和尙通電抗日

閘北大覺寺主持慧明通電抗日，還是中日戰爭中極寶貴的史料。

現在把他的通電抄在下面：

「竊查倭寇今次來犯上海，竟謂三小時內必取吳淞閘北，其語之豪，不可一世！幸賴我十九路軍勇猛抵抗，戰經兩旬，敵軍慘敗，日方計既不得逞，乃虛張聲勢，佯言大調援軍，實則急於謀和，其提出以我軍退出閘北吳淞爲先決條件，無賴之極，可見一般；似此無理要求，不容稍爲考慮。

「衲等，本以慈悲爲懷，無如倭寇頑固成性，縱火殺人，無所不施其極！甚有過者，將三元宮聖地，變爲屠殺場，主持鑒于中國存亡，在此一舉，只得重還紅塵，拿起屠刀，率領五千弟子，聽候指揮，誓與倭寇作殊死戰！並懇我十九路軍改守爲攻，直搗賊巢，以寒敵胆，而救危亡。臨電不勝迫切待命之至！閘北大覺寺主持慧明率領五千八百六十五弟子叩首。巧印。」

人間的獸行

戰事期中，虹口蓓開爾路大連灣路口，有一青年中國女子，就形狀看來，似乎是青年學生。手上正拿着報紙在看，突然間來一日兵，勒逼她脫去衣服搜查，那女子被迫，不得已，將大衣脫了下來，解開旗袍；但是那日兵還不滿足，勒逼她解開內衣，脫下袴子，那女子羞澀地猶豫了一下，日兵立即將刺刀挑開內衣，脫去她的袴子，猛戳了幾刀，登時血如泉湧，奄奄一息地倒地死了！

日商參戰多死傷

中日戰爭突發，日本因為係徵兵制，上海日商被徵調加入作戰；因此，一般商人多作了沙場之鬼，有人統計如下：

內外紗廠一至五廠，共職員三十人，無一生還。

上海紗廠十八人，戰死七人，祇有三人逃回；又有二人受重傷。

公大紗廠二十人，祇一人生還。

豐田紗廠二十人，戰死十五人。

我們中國成語有謂「驅市人而戰」，不過是無謂的犧牲罷了！

害人喉腫的白開水

有一個姓吳的，最後到虹口去搬物件，經過崑山路，看見鐵絲網攔阻去路，正預備繞別條路走，日兵看見了，故意將鐵絲網拉開，引導彼等入內，（計同行者九人，）他們被日兵引誘到了裏面去，就被日兵將衣服脫去，用繩捆着，先送到日兵屍體室裏查問姓名後，再勒令各飲無臭無味的白開水一杯。內中有三個人，不久被釋放回家，那三人數小時後，喉部就發現紅腫，不能說話。

人間地獄

這次的戰事，閘北難民死于炮火的，多至無從統計。拋尸荒野，聽其腐爛，白骨原野，無人殮埋。有人見京滬鉄道旁有一孩尸，頭部已經被野犬吃去，祇剩下兩隻脚和一段身子，有三四頭野犬在那兒爭食。這種的慘狀，據說不祇一二件。

唉，眞是人間地獄！

獸行一束

少女王桂如，年十七歲，住江灣楊家灣地方，被日兵二十八人輪姦，極人間未有的慘劇！

在吳淞鐵路工場西端開小酒店之無錫人阿林的妻子，他的丈夫在鐵路工敘作工友，兼設小酒店，戰事發生，日兵大隊，在張華浜糧米棧上岸。阿林的妻子，見此光景，即身帶現款二千元及金首飾多件，想離開危險地帶，不幸中途遇見日兵，將款項和金首飾全部搶了去；並將還年紀已有四十四歲的婦人輪姦，弄得下部受了重傷。

二月二十五日上午十時，日兵從黃浦碼頭搶去廣東少婦二人，帶到廣東大戲院輪姦，姦後，用皮條抽打脚脛，雙雙倒吊在牆上，並且點著洋燭，插在少婦的雙股間，不准動一下，如果違了他的命令，就用刺刀剜她的股肉。

據日兵說：「這兩婦人的丈夫，是在十九路軍中做官長的，所以待她比別人更優待呀！」

日人的反宣傳

日人在北平組織電影隊，雇白俄三十人和許多鄉民，扮中國兵做拉夫式，攝成電影，作國際宣傳。

女孩苦力慰勞傷兵

自從戰事發生以後，九江路紅十字會收得各方男女老幼捐送的餅乾麵包很多。有一個八歲的孩子，送兩包餅乾給傷兵吃。又有一個苦力拿着餅四斤，向紅十字會的救護員哭，請他轉交給傷兵。

民族意義從女孩與苦力的裏面表現出來，我中華民族乃得救了。

倫敦官場爲滬戰忙碌

據路透社電訊：倫敦外交部爲中日戰爭忙碌，外交部燈火，徹夜不息，令人憶及歐戰時期的狀態。

項松茂失蹤

實業家項松茂君，戰事發生以後，和職員二人往靶子路五洲藥房分店視察，因爲敲門不應，而該店前兩天又被日軍搜出義勇軍衣服二套；故被日軍捕去，不知下落。

屠殺江灣

美麗的江灣，是大學校區，著作家和畫家大多住在那兒，現存，因華軍退卻失守，被橫暴的日軍任意屠殺焚燒，已成爲一片焦土了！

有人親眼看見屠殺後的江灣，滿處都是被劈成半截的屍體，有頭部分裂，腦漿流溢的！女子都是布裙的貧婦，伏屍道旁。如此慘狀，比歷史上的黃巢張獻忠更加萬倍！

書憤詩

十九路軍苦戰一月，結果因爲沒有援軍而不能支持，退守瀏河，都是當今的秦檜禍國的結果！蟬退老人改杜工部詩聞官軍收河南河北寫書憤一首：

傳聞官軍退閘北，
傷心涕淚在衣裳！
愁看妻子家何處？
剩得詩書笑欲狂。
白日青天旗不見，
浮雲黑霧地無光！
要知我往寇能往，
莫說遷都到洛陽！

胡阿毛烈士殉國

上海人胡阿毛，年四十一歲，曾在前副郵務長秦雲笙處爲開車；後改在南市救火會爲開車。戰期中，到虹口百老匯路去探望親友，走到中虹橋附近，被日兵搜查，搜出了一張開車執照，知道胡君會駕駛汽車，于是把他拖到日軍司令部押着。

到了第二天，由四個日兵押着胡君到附近預先停了一輛卡車的所在，卡車內滿裝了軍火子彈，逼着胡君駕駛到公大紗廠去。胡君不得已只得允許了他。

胡君於是將車開足速率，由四個日兵押解着，向前駛去。

那知胡君仇日心切，愛國心極熱，向來抱有爲國犧牲的決心；所以當汽車快要到目的地時，他故意換轉車頭，向黃浦江駛去；因爲汽車如飛的過去，一霎時，只見浪花四濺，敵人的一車軍火，盡付東流，而我們的胡阿毛烈士也就此殉國了！

將軍一跪爲紅顏

我軍在吳淞閘北和日軍作殊死戰有一月之久，勝多敗少，日軍已換過了四個司令，繼續地派了許多援軍來；但是我軍的陣地還是沒有動，日軍正在「束手無策」的時候，忽發生我方某軍官被捕事，日軍在他的手提包裏面，搜出了一張軍用地圖，這張地圖，我軍重要駐防地點，都有詳細的解釋，日軍得着這張地圖，就知道了我軍的虛實，乃有機會抄我軍的後路，于是不得不全線總退却。豈不知這個無用軍官的誤國，乃與一個女人有很大的關係。

某軍官的前妻，就是已故著名詩人的夫人。他自從和他夫人離婚以後，悒鬱不樂；在別人離婚之後，雙方情感一定破裂的，而某軍官則不然，和詩人夫人還是很親密的往來；況且詩人逝世，正可「覆水重收」，當他被拘入日司令部的時候，不肯一死以殉國，傳聞曾跪下哀求，保全他的生命；而他儘量地報告中國的軍情。

誰知這個賣國的軍官，他的投降敵人的背景，還是爲的一個女人！

衣櫥作廁所

日兵在江灣某姓家中，將一西式衣櫥的櫥底敲去，在櫥底下掘一深潭，作廁所用。

大刀隊的戰術

大刀隊在這次抗日戰爭中，屢次建立奇功，我在前面已經說過了。

有一位在十九路軍任職的朋友，來信譚及大刀隊的戰術，我現在摘錄一段在下面：

「……凡入大刀隊者，必須身體強壯，熟諳拳術，並富膂力者始堪勝任。于兩軍交戰之時，厥惟用滾地戰術，手持大刀，向敵軍人叢中舞動前進，——斯時刀光閃爍，寒風颯颯。敵軍雖有槍彈刺刀，每感不及措手，而已爲斷手刖足，倒臥血泊中。其技之過人者，能舞雙刀，而于戰時，視覺與聽覺並用；有時且側重于聽覺，緣于舞動之時，刀鋒閃處，血肉橫飛，輒至不能睜視，此際須用靈敏之耳覺，默察敵脚步聲與槍炮聲之遠近疏密以展厥技；故敵人每遇大刀隊，輒爲胆落！………」

商務印書館紙型的厄運

商務印書館印刷部紙型，多至六千副，本由高鳳池管理，每遇時局不靖，皆改藏公共租界商務棧中。後自李拔可任商務總發行所所長之後，將存棧開銷取消，全數運回閘北；所以六千副紙型，都被日軍炸彈焚燬了。

滑稽的恐怖

三月四日下午七時，上海全市爆聲四起，弄得居民大起恐慌，以爲中日已在租界內巷戰，世界大戰已開始了！有大胆的人，跑出去一看，莫不大笑歡躍而回，正在恐慌萬狀的家人，沒有不十分驚詫的。後來纔知道是：爲慶祝我軍克復瀏河，燃鞭爆慶祝勝利呢！

這一次的恐慌，單是南京路上，就傷了十五個人。

附錄一

滬西巡禮

一　中山路上

在十九軍全線退出淞滬第三天（三月三日）的拂曉，記者從白利南路出發想取中山路繞道到閘北一帶去視察，經過極司非而路，在麗娃麗妲村對岸的豐田紗廠瞭望台上，又重新發現了半個多月不見的日軍影子。

中山路上，塞滿了似螞蟻一般的逃難民衆；在緊張恐慌的臉上，滿流着淫淫的汗液；赤身露體的小孩子，在父親肩負着的竹籃子裏號哭，婦女們披散着蓬亂的頭髮，上氣接不着下氣，坐在阡陌間，哭喪着臉，不時旋過頭來，呆望着濃烟火舌底下的舊居；壯年的男子，愁眉不展，正在打算：「往那裏逃？」

忽然聽見人叢裏一聲銳叫：「東洋兵來了！」路上的老百姓登時慌奔四竄，好像潮水一般湧往兩邊的墳山地裏去躲藏起來，中山路上，立刻死靜得像一條鬼路。

軋軋的聲浪，漸漸自遠而近，前面來了一輛機器脚踏車，三個穿黑制服的日本海軍陸戰員，臂上都圍了一個鐵錨章和紅布，一人司機，二人持機關槍，瞄射中山路兩旁作準備射擊狀，這三個面目猙惡的黑色動物，在大夏大學附近，看見有兩個負槍的中國警察，立刻停車，喝令把槍繳下，等到達到目的，他們一聲呼嘯，揚長馳去。我們那兩位已被除了武裝的同志，態度仍很鎮靜地在那裏守着崗位。

沿着京滬鐵路前進，路上同樣地擁擠着逃難的百姓，肩箱負包，狼狽不堪，他們都從眞茹方面逃來，一個中年的農民，見記者迎前過去，堅勸勿進，他說：

「眞茹已給東洋兵佔去了，我親眼看見有二百多的東洋兵在車站附近，眞茹鎮前一顆大樹上，高張了一面太陽旗，有四隻飛機在空中飛，飛得很低，離開樹頂只有二三丈高，許多地方，都已着了火，沒有人救，眞茹從此要完結了……」

那個鄉農沒有把話講完，空中嗡嗡聲起，一隻銀灰色的鐵鳥，張着兩隻陽圈的翅膀，在我們頭上飛翔。記者不得不聽從了那個同胞善意的勸導，旋轉脚跟，走向着原路回來。

二　蘇州河畔

沿着白利南路一直向西，經過陳家宅，路旁商店，雙扉深扃，市面蕭條，好像新年景像，汽車嗚嗚，滿載舖蓋箱籠，人如潮湧，大家忙着搬家到租界上去。

鎮上叫囂混亂異常，沒有人維持交通的秩序，更不見一個巡捕或一個警察的影子，在陳家渡順昌石粉廠的斜面，蘇州河的北岸，有二個骸骨似的東西，仔細一看，原是一座建築物的銅骨柱，被大火燒灣曲後園做一起，旁邊還有倘未成灰燼的殘破機器多架，據路人說：「這是日商野村木廠，爲日本飛機誤會炸燬的。」

走到薛家庫附近，沿蘇州河的馬路上堆了大批防禦的沙袋，車馬不能前進。記者折回，取道霍必蘭路，試由林肯路西進，中間也有沙袋障礙物。再試走麥克路，沿路有許多別墅式的小洋房，都高張着外國國旗，麥克花園對面的總會房子，高張着紅十字旗，但從表面觀察，不像是一座後方醫院，或紅十字會辦事的地方。

走麥克路，也是不能通達，記者再走霍必蘭路，向西經虹橋路，到飛機場附近，再北繞維別根路，向着北新涇前進。

當記者走到息焉堂公墓的附近，忽見迎面來了一小隊公安局的警察，負槍實彈，好像準備到前線去參戰的模樣，經記者詢問之後，才知道他們是從北新涇方面來，移動到虹橋去的。

沿着蘇州河邊西行，從披亞納路到紀王廟的一段，路上所見的逃難民衆，愈形擁擠，蘇州河裏，泊有民船無數，從船上走上許多衣服破碎的老百姓，據其中一個說，他們都是從黃渡一帶逃到上海來逃難的。

記者獨立蘇州河畔，眼前呈現一幅難民流離失所的圖畫，其悲慘情形，眞非禿筆所能盡描，引領東望孤守吳淞血戰的翁照垣旅長，悲憤塡膺，祗有含了眼淚，重新回到在友邦庇翼底下的上海。（大晚報）

附錄二：

十九路軍戰史

由吳松江灣閘北退走之第十九路軍，在中國戰史上，堪稱戰績奇偉者矣。該軍於八年之中，歷大戰四十八次，共勝廿七次。該軍初爲粵軍第二旅，後改編爲第十師；繼改編爲六十一師；繼又改編爲第十一路軍，卒乃成爲今日之第十九路軍焉。欲紀第十九路軍之歷史，當回溯八年以前，當時有廣東青年一團，編入粵軍第一師第二旅，歸年甫卅之勇健軍官二人統帶；一卽蔡廷偕，一卽蔣光鼐，今日一爲第十九路軍總指揮，一爲第十九路軍軍長，已成中國之新英雄矣。是時粵局紊亂，陳炯明與林虎由汕頭進窺粵垣，圖逐孫中山，省當局派兵禦之，屢戰失利，既而敵軍距省僅數日路程，省當局乃命粵軍第一師馳往迎擊，第二旅屬焉，一戰而捷，是爲蔡蔣受砲火之洗禮，戰後，陳銘樞任第十師師長，以蔣光鼐副之，蔡廷楷則任第二旅旅長。是年平亂有功。民國十五年，粵軍悉歸蔣介石指揮，誓師北伐，第十師首入湘省，克長沙，汀泗橋一役，與吳佩孚之精兵作殊死戰，雖大獲勝利，而將士陣亡者甚衆，繼乃循江而下，佔漢口，旋於是處改編爲第十一路軍，以陳銘樞爲軍長，蔣光鼐副之，蔡廷楷陞任第十師師長。當吳佩孚下令作總退卻也，全師入豫，獨劉玉春率精兵負嵎武昌，國民軍屢攻無效，繼乃調第十一路軍，限一星期克之，受命之夜，陳蔣蔡商定策略，即晚進兵，翌晨城上之五色旗已改爲青天白日旗矣。民國十六年秋，第十一路軍復命入贛，與孫傳芳之軍戰，師到不多日，即克南昌，北洋派之最後督辦，從此一敗塗地。既而因赤化份子把持江西省政府，陳蔣乃赴南京，時國民政府已告成立，蔡則返粵。是年陳蔣奉命回粵討共，旋陳任廣東臨時省政府主席，直至去年四月，因甯粵分裂，始被迫下臺，蔣則任第十一路軍軍長，該軍後改編爲第三師，歸南京政府直轄，以蔡爲副師長。粵桂失和，發生內戰，蔣改任第六十一師師長，蔡陞任第六十師師長，衞守粵境，以禦桂軍，但未進攻。後一年，該二師奉命赴北，參加討伐所謂北方混合政府之役，是時乃改編爲第十九路軍，蔣任軍長，以蔡副之，敗馮玉祥之勁旅。未幾，又一內戰事發生、十九路軍奉命回贛，稍事休息。民國二十年秋，復負剿共任務，九月七八兩日，圍共首賀龍之根據地興國城而大敗之，殺敵甚衆。陳銘樞之被逐於粵省也，十九路軍猶在贛省，既而陳任京滬衛戍司令，乃調十九路軍防衛京滬區域，本年一月二十八日日軍進窺閘北，乃起與抵抗，是爲該軍所經之第四十八次戰役，而令全世界爲之震動焉。（大美晚報）

一九三二年三月付版
一九三二年五月初版

實價三角

抗日戰爭逸話

著作者　周樂山
發行人　李志雲
發行者　北新書局
排印者　大華印局

總發行所　上海四馬路中市　電報掛號二二八〇號　北新書局
分發行所　北平　成都　南京　重慶　廣州　開封　汕頭　雲南　北新書局

上海抗战与世界反法西斯战争系列丛书

淞沪

淞沪抗战史料丛书续编 Ⅳ

第二辑

上海的烽火 | 文新·新闻部 编

上海市民义勇军经历史 | 王屏南 著

上海科学技术文献出版社
Shanghai Scientific and Technological Literature Press

目　录

上海的烽
1932.1.28

——上海的烽火——

目次

血債續篇

—烽火題記—

瀋陽「九一八」事變發生後不久，本社會輯當時日本帝國主義者在東北暴行之十天的紀錄，編爲『十日濺血記痛』一小册，題名「血債」，我在那小册子的序記——「血債的開篇」上，曾結尾的說：『中國的大衆呀！血債要拿血來還!!!』誰知，這「債」是日益增積：由於中國國內統治階級：軍閥、官僚、買辦……一切被帝國主義者所豢養的忠僕馴犬們的不盡的無恥的結果，終於使中華民族之最大多數人的工農勞苦大衆的濺血，染遍了這半殖民地的中華大陸的全土；在日本帝國主義者直接的、或其代理人間接的屠刀之下！直接續不斷的以至上海「一二八」事變的發生，而迄於現在。

「一二八」的砲火向上海萬千的貧苦大衆轟擊了，在這大量的屠殺中，我們身經其境，所受的是什麼？這可不再是「不抵抗」的「無辜」的被「血肉橫飛」了；而正是被壓迫的革命的士兵和民衆在一致團結之下的抵抗了！上海及其近郊的工農勞苦大衆，挺着胸膛，面向了日本帝國主義者的砲口，在日軍飛機擲彈如雨的下面，出以必死的鬥爭，擁護和幫助着自動和日軍抵抗的士兵，與士兵們合作的相任這偉大的民族戰爭一齊堅持了三十四天！

但同時，一本着「不抵抗」主義的政府當局，和高級的軍事長官如何呢？他們眼見民衆自主的「叛變」了，自己瀕於崩潰之垂危了；於是「只聽樓梯響，不見人下來」；政府就在「正當防禦」之宣言的掩飾下，星夜「移都」洛陽；而在上海的軍事長官和當局，也匆急的在「長期抵抗早具決心」和「軍人守土有責，誓與上海共存亡」的標榜之下，一面以「抵抗」的招牌來死死的把持着行將失去的統治權；一面却頒布「嚴防搗亂」的煌煌大令，不許民衆自動携帶武器參加作戰，禁絕民衆直接慰勞士兵，甚且藉口了「漢奸」、「敵探」的罪名，幫助日本帝國主義殘殺自已同種族的同胞！因爲反帝抗日而被捕下獄的志士，也悟數於日軍所俘虜或殘殺的！

然而，戰爭的結果是勝利的。

萬衆集結一致的鬥志，是挫敗了有利銳兵器的日軍。

日軍敗退了，中國的統治者自知「見罪」。不僅見罪於日本帝國主義，並且是取罪於以日本帝國主義爲先鋒、而企圖公開瓜分中國以作殖民地之再分割的列強帝國主義！於是不顧民衆之憤怒痛恨，即在「準備長期抵抗」和「戰畧關係」的欺騙下，實行強逼的退兵，（當退兵時，一部正在前線作戰士兵，不願撤退而被繳械、槍殺）。徹頭徹尾、矢志矢忠的貫徹了「不抵抗」主義！最後的老調從新唱回頭：『請友邦主持公道；靜待國聯解決』。於是，佛爺座前奉仕祭禮的犧牲，仍然是被慘殺以死的中國民衆和士兵的尸骸！我們祇看李頓爵士（國聯調查團主席委員）是如何的讚賞黨國要人招待宴上「中菜西吃」之美酒佳餚的滋味！

真正的「漢奸」是誰？誰背叛大衆、欺騙大衆，出賣了民族利益？在此次上海戰爭中，被壓迫工農與士兵大衆流血的事實上，是明白的答復了。而這戰爭的任務，誰才能負担呢？誰才能爭取光榮的勝利呢？列強帝國主義畏懼中國革命勢力的成長，而企圖鎮壓、消滅中國革命的事實上，也具體的答復了。把日本、列強帝國主義都從中國的領土裏驅出去，我們要從列強帝國主義和自國統治者之剝削與壓迫之下解放出來，祇有工農和士兵大衆，自動緊結起來，組織、領導並擴大革命的民族戰爭；驅入必死的決鬥裏去，去償還對內對外、舊欠新欠的一切血債

×　×　×　×

當「一二八」的爆發，根本沒有財力而人力亦極薄弱的文新社，立時受了嚴重的打擊。距離報社僅五里遠的北市，終日終夜在繼續着強烈的砲火戰爭，日軍的飛機很低的密佈在都市的天空上盤旋廻環；在上海本埠的讀者，是川流不息地來社互相走告、互相探詢。先是由本社的建議

，聯合世界與中國社及流火社兩團體，共同出版了「聯合戰報」，祇發行一天；終於是受多數讀者的催促，和多數讀者力量的結合，從銀行裏提出代理部僅存的七十餘元，並接受三十多元讀者的捐款，從二月三日起單獨每日發行戰時特刊「烽火」。四五十個讀者(一部是戰區裏出來的)和全社的工作同人，每日聚在一處，一部份担任採訪，一部份擔任發行；維持出版了十三天才不得已力盡而止。但因爲印刷部數不多和供本埠發行都不夠，所以終未能普遍於全讀者；因是決定編印本書。

在發行戰時特刊「烽火」的時候，因記事內容揭穿了一般戰時瘋狂的「爲國家」的欺騙宣傳，和摘發統治者資產階級的陰謀，致引起走狗們的卑劣的中傷，『烽火』張貼在各鬧市的中心處，一天忽然發現了一種印刷的廣告，也貼在『烽火』的旁邊，廣告上印着『烽火是日人的報紙，同胞勿受騙』等字。這種類如法西司蒂的可恥的破壞手段，於『烽火』的眞實固無所傷；附記在此，這却也足見統治者資產階級的圖窮匕見了！正如是以「漢奸」的罪名，就可以處決反日民衆一樣。

本書是毅夫和達夫兩人商定編製，由達夫一人着手輯集的。題名爲『烽火』，而主要的烽火紀實（民衆反帝抗日運動，）却是在後記裏。這是因爲受材料的限制。出版時間之所以延宕至今，則是因爲印費的關係，七拚八湊，在我們可說是費了「大」力。全書內容，都注重於事實的紀述，這正是繼「九一八」而後的『血債』的續篇；雖然仍是薄薄的一小册，但牠仍然有其歷史價值的。爲了彌補文新在戰時停版讀者所受的損失，爲了新聞機關有報導之天職，這是我們工作的一點表現。謹爲我們浴血的鬥爭留下一頁史跡；再有「續篇」和「三篇」的鬥爭，却正是文新社所期待於努力報導的。現在，敬向在上海烽火中已死的戰士及被屠殺的同胞致哀！

一九三二，四，二五。

袁　殊　記

(6) 上 海 的 烽 火

日帝鐵蹄的殘跡。

上海市爆裂了!!!

反帝雄姿

『這回，我們的槍是瞄向帝國主義打的』！

『我們是來吃中國菜的，
我們是本莊繁的播音機。…』
——瓜分中國强盜團的代表們——

"和平女神"翼下的上海市民

『政府不許我們抵抗……』！

『東洋飛機來了！……東洋兵開炮了！逃啊——』

一、三十四天的腥風血雨

A　上海市長奴顏婢膝的揭開序幕

日本帝國主義爲要威脅中國國民黨南京政府，迅速的正式承認對東三省的割據，和更進一步的奪取並鞏固其在長江流域的統治勢力，以及直接鎭壓瀰漫全中國的反日反帝的革命怒潮；而同時勾結列強帝國主義，企謀瓜分中國與完全「殖民地化」中國，藉以要挾帝國主義對其在滿洲一切行動的不干涉與保證；所以又把蹂躪了東三省勞苦羣衆的飛機大炮與巨量軍艦，移來屠殺上海的中國勞苦民衆。

一月二十日，日本青年同志會會員五十餘名，縱火焚燒三友實業社廠屋，並擊斃公共租界中國巡捕一名，槍傷二名。事後，駐滬日本總領事村井謂此事由於一月十八日，有日本僧人五名在三友廠屋經過，被中國抗日義勇軍隊員狙擊，其中一日僧因傷殞命而起，反向上海市政府提出四項要求。其要求是：(一)市長正式道歉；(二)逮捕兇手賠償損失及醫藥費；(三)嚴厲取締抗日運動；(四)解散一切抗日團體。同時日海軍司令鹽澤，亦高唱緊急佔領上海，以相呼應。此時在滬日艦，已達二十一艘，陸戰隊一千四百名，飛機二十餘架，衝突局面，驟趨緊張。上海市長吳鐵城，本着其上級機關之一貫的屈辱政策，於廿七日夜令公安，社會兩局會同封閉了蘇籍商人和黨政機關合辦的上海市各界抗日會。廿八日午后一時，更奴顏婢膝地完全接受了日領提出的四項要求。然而這並沒有遏止日帝國主義佔領上海與屠殺中國民衆的野心。日海軍司令鹽澤午后十一時二十五分，又提出通牒，限令閘北中國軍隊即時撤退。通牒提出，不待答覆，而其炮火，也就得手應心的開始轟擊了。

B 反帝士兵與革命民衆喋血赴戰

廿八日夜十一時，日海軍陸戰隊依據租界，向閘北進攻，江灣日陸戰隊同時發動，吳淞口外日艦十三只，亦向吳淞砲台開砲轟擊。日軍司令鹽澤，滿以爲又可如佔領瀋陽一樣，容容易易的攫得上海，所以事前通告上海各國領事，申明六小時內，即可佔領閘北。但駐防上海的十九路軍及憲兵第六團士兵羣衆，拒絕了南京政府退兵的急令，自動開槍抵抗，奉命來滬解決十九路軍的顧祝同部隊，到此亦無能爲力。於是日帝國主義在上海的暴行，便遭受到頑強的抗力了。第二天，日本飛機即向毫無防衞的中國人民住房，處處擲彈。北火車站，全部被燬，寶山路商務印書館，東方圖書館，共受五彈，盡成焦土，其他民房，及無力在事前避入租界的貧苦民衆，在炸彈的威力下，血肉橫飛，屍骨無存，死傷不可數計，繁盛街市，亦烈火蔓延，焚燒殆盡。在日兵盤據地帶內的日本便衣隊，更肆意屠殺華人，戰區內的居民，逃無可逃，死在日便衣隊之手的，不知凡幾。戰事持續至卅一日，日兵損失極重，無力再攻，但十九路軍司令部，則下令禁止士兵衝入租界，掃除日兵殘力，日本領事此時亦出面要求停戰，由英美駐滬領事擔任調停，請中日兩方停戰三天，進行和解。此種和議，當然是日帝國主義緩兵的陰謀，所以牠一方面在講和，一方面仍成天的派飛機四出轟炸。日海軍省第一航空隊作戰飛機三十餘架，全數調出，由加賀，鳳翔兩航空母艦載運來滬，並加派巡洋艦那珂號，古良號，阿武隈號及一等巡洋艦四艘，載特別陸戰隊四千名，趕到上海來屠殺。中國方面，則靜待敵人調兵遣將，並沒有乘機進攻，以致養成日本帝國主義在上海充分的實力。

日本援兵到後，便不待停戰期滿，又於二月二日下午開始猛烈攻擊。三日晨，日兵由寶山路，廣東街，青雲路三路進攻閘北，以迫擊砲機關槍前導衝鋒，飛機十八架，分為六隊，在天空擲彈助戰。日本第二十六驅逐艦二艘，從上海開出吳淞口外，會同原泊三夾水洋面日艦，一齊開砲圍攻吳淞砲台，日機十餘架，則密佈要塞天空擲彈。四日，日方下總攻擊令，海、陸、空軍全力出動，向吳淞要塞及閘北分路猛攻，大砲、飛機、坦克車一齊活動，日便衣隊，出沒戰區，浦東及南市，擲彈縱火，慘殺華人。閘北遍地大火，青雲路一帶，立成灰燼，虹口方面大火有八處之多。暨南大學科學館被炸，持志大學被縱火焚燬，圖書、儀器、房屋、一無餘存。激戰迄五日止，日兵三度集中全力，一面圍攻吳淞，一面猛撲閘北，但中國士兵羣衆，在全上海抗日反帝的勞苦大衆的擁護和援助之下，給了日帝國主義以極猛烈的回答。吳淞擊沉日艦一艘，閘北截獲坦克車三輛，擊落日機數架，其他戰利品，更大量獲得。帝國主義的武力，在中國反帝士兵與民衆之前，充分的暴露了牠的無能，橫行一時的日本帝國軍隊，在這一次戰役裏，獲得的只是連續的死傷敗亡。因此，日帝國主義的政府，遂予其屠殺上海勞苦民衆的劊子手鹽澤以撤換的處分，而代以海軍中將野村夫二郎。野村於五日帶領陸戰隊一千餘人來滬，繼任上海日海軍總司令，以鹽澤爲領導的上海大屠殺，至此算告了結束。

C 日軍慘殺中國羣衆

日兵第二任司令官野村五日抵滬，他帶來的是大批帝國主義的武裝和更毒辣的屠殺上海人民的計劃。六日，日本陸軍五千人，隨帶砲彈三百箱，鎗彈五百箱到滬，野村卽開始其屠殺計劃。鹽澤指揮時的戰線，自北火車站界路起，沿老靶子路北四川路經江灣路天通庵車站，達青雲路爲止，志在全力進窺閘北。野村繼任後，卽將閘北戰線自青雲路延長，沿河北繞至公興路八字橋，向公興路一帶正北面進攻。對吳淞方面，除利用多量軍艦飛機轟擊外，更由吳淞寨，軍工路輸送兵力，往蘊藻浜添加陸路進攻路線。吳淞口外，日艦第一道防綫共八艘，每艦架小砲八尊，艦首大砲一架，第二防線，則爲航空母艦二艘。日兵的新佈置完竣，卽開始總攻擊。接戰之前日兵往往先令飛機大砲猛烈轟炸，充分利用火力的壓迫，然後再使鐵甲車坦克車領導衝鋒。十九路軍及前線士兵以血肉之軀，在此酷烈的彈火及犀利的軍器之前，毫無畏縮。當敵人的飛機擲彈與大炮轟擊時，他們因爲沒有抵禦的力量，只能靜伏壕中，待敵人砲火過後，衝鋒前進時，則還着手溜彈，機關鎗，拚命抗拒。從六日日兵開始總攻時起，閘北方面日軍一自虬江路廣東街，一自東寶興路，一自橫浜河，一自青雲路，在大砲掩下，四路進攻。吳淞方面，軍艦與飛機，不斷的轟擊，蘊藻浜一路日軍，亦竭力衝擊，同時日艦七艘，往來黃浦江上，用大炮轟擊炮台與戰壕內的士兵，這一次劇戰，除在閘北又造成廣泛的火災和毀滅了吳淞鎮市街，以及屠滅無數中國民衆以外，日帝國主義的軍隊，仍未得着絲毫勝利。而吳淞張華浜一帶居民所受日兵之蹂躪，也就殘酷已極。現在且摘錄上海報紙所載的日兵三日來砲轟吳淞所造成的慘狀，讀者當可推想到在日帝國主義砲火摧殘下，上海貧苦民衆是遭受到怎樣的慘禍了。

【六日】又來飛機十餘架，到處亂擲炸彈，及機關槍，以致西安路八區三分部房屋被毀炸後，延燒平屋十餘間，竟成一片焦土，他如西安路居戶陸根榮樓房，三益路居戶單根泉所住樓房，西安路東段工頭周阿順家房屋，均被炸，傍晚時，淞鎮中市同泰路西房屋被炸時起火，延燒至西首長春街爲止，總計被燒居戶三四十戶，房屋約在一百間左右，亦成一片焦土，悲慘之狀，不言可知矣。

【七日】午後復有日艦四艘出口，並向炮台上發砲轟擊，當經我軍還砲，兩艦受傷，駛進淞口，一艦停泊於吳淞蘊藻浜口浦濱，一艦則停泊於張華浜糧米碼頭，因此日陸戰隊得在該處上岸者，約百人左右，由軍工路向北在蘊藻浜南堍，向北猛攻，經該處我軍步兵及機關槍連，奮勇擊退後，遂將蘊藻浜新舊兩橋燒毀，杜絕敵軍來攻，日寇無法攻淞，遂向西四散，卽在周家橋及徐港巷一帶鄉下開槍，屠殺鄉民，七八兩日，該處居民之被槍殺者，如木行頭鄉人張銀，及弟老茂，兄弟二人，據目睹者，老茂中槍後，尙能開口，旋被日寇踢入河浜而死。其手段之毒，爲人類中所少見者也，他如滿池宅吳阿二，東趙家浜陸榮生，小宅上張松林，胡家橋顧茂郎等，均被鎗斃，尙有甲乙丙三崇明人，在該處遇見日寇，不及逃避，爲若輩所獲，命作嚮導，當因該三崇明人不願引導，致被若輩一併鎗殺，尙有不知姓名而被殺者頗多，或手部足部等處，受有鎗傷後脫逃者，有已死張老茂之子等，亦有十餘人之多，所以張華浜迤西鄒橋周家橋徐港巷趙家浜等一帶，男女老少，見此慘狀，均扶老攜幼，拚命向西逃竄，途爲之塞，因此哭聲震野，慘不恐聞，自泗塘河以東各鄉村均已成為無人境界矣。

【八】有日艦四艘，擬出淞口，一直由淞發炮轟擊，致淞鎮市房毀於砲火者不知凡幾，因此淞地居民，均向西逃竄，是日天適降雪，路滑難行，逃難者滿身盡染污泥，一滑一跌，均成泥人一般，厥狀之慘，筆難細述，刻下，淞鎮居民，完全逃出境外，所留者祇有駐軍耳，是日日飛機成羣結隊，翱翔於天空，或開機關鎗，或擲炸彈，及硫磺彈，淞興路大街中市同泰弄東口，被擲硫磺彈一枚，以致焚燒福盛米行，順泰源綢緞洋貨號，祥泰新衣店，黃萬泰糖食店，協順源水菓鹹貨鮮肉莊，同興昌酒店，東萬盛醬園，八區黨部等十餘家，被燒樓房，共計約二三十幢，尚有同泰弄北口童順興嫁妝店，着一硫磺彈，房屋炸毀，店主童阿二斃於店內，午後二時餘，日艦又發十餘炮。

九日攻淞日軍，已無力猛衝，變計偷渡蘊藻浜，襲登吳淞鎮河岸。但被砲台及蘊藻浜南守兵炮火壓迫，多墮江而死。日飛機軍艦，仍繼續轟吳淞砲台，蘊藻浜寶山等處，日海陸兵士則紛紛從事二次總攻之準備。其司令部設吳淞造車廠，陸軍九千由下元團長指揮，海軍陸戰隊由上村指揮。正面蘊藻浜左岸最前線之海軍陸戰隊，改由岩本部隊三千人援替，左翼陸家宅河畔，右翼軍工路，亦完全改由陸軍充前衞，並布置十四英寸口經大砲數門，作爲掩護衝鋒之用。十日拂曉，蘊藻浜日兵數百，二次偸渡，無一生還。陸路由軍工路偸襲部隊，亦被擊敗。吳淞口外，九艘日艦，發砲環攻炮台四小時，也未得着效果。而持志大學，勞大社會科學院，則又做了砲火下的犧牲品，連在公共租界內麥根路的永安第三紗廠搖紗間，也被日本飛機擲彈炸毀了。

野村指揮作戰的結果，仍然沒有進步，於是一方面專用大砲飛機，連日轟炸，一方面對吳淞閘北各戰地，仍派部隊不時衝擊，靜待援軍。這時候，便有一個法國神父，拖出英領事來請雙方在十二日上午八時至十二時沿閘北寶山路，寶興路，虬江路一帶，停戰四小時，救護戰地災民。這又給了日兵一個休息佈置的機會，而且還乘機派遣了便衣隊二百名，扮做逃難華人，混入難民隊中，衝擊我防線。若非守軍防衞周密，則這一個機會，簡直是上帝賜給日本人的了。

迄十二日止，日本開來大批海陸空軍隊二萬二千，軍艦共計已有三十艘，大砲，飛機坦克車及其他軍需品，均準備充足，佈置完備。十三日就開始了野村的第二次總攻。最初，日本作戰方略，是全力進攻閘北，野村初到，卽擬集中海，陸，空軍硬奪吳淞。這兩種計劃，在事實上均遭挫敗。所以野村這一次的總攻，卽改在吳淞閘北間一路由蘊藻浜襲曹家橋，一路由張華浜襲侯家木橋，一路由殷翔路攻引翔鄉；三路猛衝，希望有一路能夠衝破，即可截斷吳淞與閘北之聯絡，而取得圍攻吳淞的優勢。這一天，雨雪霏霏，寒風徹骨。拂曉四時，蘊藻浜二百餘名日兵，即在黑橋偷渡，被防軍發覺，以機關槍迫擊炮擊退。七時許，三百餘日兵又在南草庵偷渡，並放煙幕彈以作掩護，隔岸防軍，即以機關槍對準發煙處猛射，及至白烟消散，敵亦無蹤。十時許，敵在千人以上，仍藉烟幕彈隱蔽，迅捷渡過曹家橋登陸，遂起激戰，隔岸日軍大砲，亦開砲助戰，待我方援軍於十二趕到日兵始陷入重圍，砲烟彈雨，繼以肉搏，日兵突圍十餘次，終不得出，雖已力竭聲嘶，猶自拚命搏擊，血肉橫飛，死亡枕藉，延至午後九時，這一千餘太和魂的健兒，始摧毀盡淨，無一生還。到第二天日兵仍不甘心，又派大隊至曹家橋，希望在大砲掩護之下，重渡蘊藻浜。但在重創之餘，無勇可賈，不待他們渡河，我方士兵已乘新勝之氣，聯合渡過紀家橋，挺進衝擊，日兵再無猛衝之力，只有望風潰退了。到十五日，日兵二百餘名又在蘊藻路張家浜搭架浮橋，渡河攻擊，同時紀家橋附近，也有日本便衣隊偷渡夾攻，日機三架及停泊張華浜外浦江中之日艦，亦同時放彈助戰。我軍由侯家橋與泗塘河方面包抄迎擊，截斷日兵歸路，全數掃滅，日兵這一次的偷渡，已是強弩之末，只成了偷渡曹家橋的餘波罷了。第二路由張華浜進攻侯家木橋之日兵，十三日上午一度進攻被擊退後，晚間又大舉進襲，相持三小時，雙方陸續增援，各不相下。第二日清晨，我軍下令衝鋒、層層進逼，左右兩翼，沿小路一趨紀家橋，一出侯家橋在康家橋及鍾家宅附近日兵，悉被包圍，日軍在內以機關槍向外衝鋒，我軍在外以手溜彈內抛，激戰至下午四時，始殲滅其大部，殘餘部隊，已所存無幾了。閘北方面十三日晨八時日兵開始進攻，虬江路，天通庵路，新民路，青雲路先後發生激戰，日兵利用飛機擲彈，大砲掩護，砲彈驟急，密如聯珠，我方亦用野戰炮，鋼砲，機關槍還擊，至蘊藻浜方面日兵大受重創以後，江灣我軍，亦派兵五百餘名前進衝擊，進佔跑馬場。除了上面所記的三路戰況而外，另外還有吳淞砲台一面。十五日晨六時，停泊吳淞砲台灣之日艦，向吳淞鎮炮台灣一帶猛烈射擊，我方靜待不動，日艦一面仍繼續開炮，一面卽用商輪三艘，滿載日兵，企圖借砲火掩護登陸，但灘邊我軍防禦工程極堅，日兵近岸，全被機關鎗殲滅。第二次日兵又來，仍被擊退，第三次日機十餘架亦飛出掩護，猛烈擲彈，但終未達到登岸目的。下午二時，淞口日艦七艘，日機十餘架，又大肆轟擊，薄暮始止。一日來，日艦所發炮彈不下三百响，日機炸彈，亦在一百以上。中國公學之寄宿舍，圖書室，全被轟燬，淞鎮房屋，中彈起火，延燒甚廣，幾已全部無存。

野村總指揮的第二次總攻，自十三日至十五日，他的三路進攻的計劃，依然只得到了挫敗。所有在滬海、陸、空軍，遭受空前的死亡，軍械損失遺棄無算，已失去作戰能力了。我軍越過蘊藻浜河南，從蘊藻浜車站，到張華浜車站以南的張家宅，海軍醫院一帶，再也找不出日兵的蹤跡。更沿淞滬路向南推進至蔡家宅，梅園宅前萬國體育場和遠東體育場後部的唐家宅，再經江灣與閘北八字橋連成一氣。日兵防線，則退至錢家浜，以水電廠沿軍工路到陸家宅沈家行鎮，虬江橋到陸家觀音堂與楊樹浦租界相連。當野村指揮日本帝國的軍隊在上海屠殺的時候，日帝國主義政府，又派遣陸軍中將植田謙吉，統率着第九師團全部來滬。野村敗衂的損失較之鹽澤更甚，所以他在植田到達以後，也就如鹽澤一樣結束了他的劊子手的任務，而讓植田來一顯身手了。

D) 列強的『斡旋』與日軍最慘的敗亡

日兵新任遠東陸軍總司令植田，率領號稱日本陸軍最精銳之第九師團來滬。這一師團，兵額在二萬以上，步、騎、砲、工、空軍，應有盡有。軍械亦全是新式利器，而且還有馬拖過山砲和軍用通信鴿。日帝國主義在上海連遭敗亡以後，爲要保存其一等強國的軍威，所以才使用這部勁旅來滬，十四日上午七時，新到日軍在匯山碼頭登陸，首先抽調六千餘人，大炮十四尊、小鋼炮八尊、子彈炸彈百餘箱，立即用卡車運往蘊藻浜前綫，加入作戰。其餘大隊步、工、輜重兵士及大砲、坦克車、槍械、炸彈、軍馬、通信器等，十五日始悉數完畢登陸。植田抵滬，即將前線海軍陸戰隊，一律調至後方，改由新到陸軍担任第一線。除原有楊樹浦第一飛機場外，又在浦東高橋建築新飛機場。蘊藻浜一戰，野村已使用達姆達姆彈，植田更帶來二百五十磅重之空中擲放炸彈，準備屠洗上海。但日帝國主義的武力，已有鹽澤、野村兩度在上海受到強硬的懲創，植田這一次便不敢貿然動手，而要經過相當時間的妥貼佈置。所以自十六日迄十九日，日方布置未完之前，連日對吳淞、江灣、閘北各線僅派少數部隊出沒游擊，或利用其充分軍火，時以大砲猛轟，以防中國軍隊前進。中國方面，雖有八十七、八十八兩師全部加入，但在日方佈置期間，仍不乘機動作，靜待敵人宰割。此時，英、美、法駐華公使，亦先後來滬，穿插了一齣調停的科諢。

日本帝國主義之進兵侵略上海，自有其必然的背景，不幸牠派來的軍隊，迭次遭到敗亡，使得牠不能不瘋狂的大遣軍隊來援，以求一逞。這些擺在目前的極明顯的事實，英、美帝國主義的使者，不能說沒有看到。而當日帝國主義的第九師團在上海積極準備血戰的時候，他們偏要來一套調解的把戲。這一把戲，除了解釋為有意給日本軍隊以數日從容準備的時機，和給中國軍隊以諉卸停兵不動之罪名的藉詞而外，我們是找不出其他的理由來的。法使韋禮德是十一日抵滬，英使藍卜生，美使占生則在十二日才到。他們到上海時，野村的第二次總攻尚未開始，那時候他們雖然是負着「斡旋和平」的招牌而來，但毫無什麼具體的表現。及至野村失敗，植田新到，日方在軍事上正感措手不及之際，他們的調停情形，才見於報紙。十八日，中、日兩方參謀長，應英使之約，在英領館商議停戰。此時日方佈置已妥，就硬要求十九路軍自動退出上海，談判就此無結果而散。

植田在滬經一星期之久的佈置，各事均已就緒，遂於十八日英領館談判破裂之後，卽晚八時四十五分，對十九路軍提出哀的美敦書，列舉六項無理要求；同時，日領村井，亦致送同樣文件於上海市長吳鐵城，限令十九路軍於二月二十日午後五時以前，完全撤退。植田致十九路軍之原文是：

本職基於欲以和平友好之手段，達到任務之熱烈希望。玆對於貴軍通告左開各件：

一、貴軍應卽從速中止戰鬥行為，於二月二十日午前七時以前，將現據之第一線撤退完了；於二月二十日午後五時以前，從黃浦江西岸，由租界西北端，連結曹家渡鎭，周家橋鎭，及吳淞鎭之線起算，黃浦江東岸由連結爛泥渡，及張家橋鎭之線起算，各從租界境界線，向北二十基羅米突之地域（包含獅子林砲台）內撤退完了；且在該地域內撤去砲台，及其他之軍事設施，並不新設之。

二、日本軍於貴軍開始撤退後，不行射擊轟炸，及追擊動作；但用飛機之偵察，不在此限。又貴軍撤退後，日本軍僅祇保持虹口附近之工部局道路地域，（包含虹口公園之周圍）。

三、貴軍第一綫撤退完了後；日本軍認為確

認其實行起見，派遣有護衛兵之調查員，於撤退地域；該項調查員携帶日本國旗，以資識別。

四、貴軍對在該撤退地域外，上海附近之日本人生命財產，應完全保護之。此項保證如不完全，日方當採適當之手段。

五、關於在上海附近(包含撤退區域)外國人之保護，容另商議。

六、關於禁止排日運動，一月二十八日吳市長對於村井總領事之約諾，應嚴重實行。

關於此項，當另有帝國之外務官憲，對貴國上海行政長官，有所交涉。

如以上各項不能實行時， 本軍將對貴軍，不得已採自由行動，其結果所生一切責任，應由貴軍負之。

昭和七年、二月十八日午後九時、

第十九路軍蔡廷楷閣下。

大日本帝國司令官植田謙吉。

日領致市府函，措詞與植田大致相同。其原文是：

逕啓者：自一月二十八日晚，貴國第十九路軍及便衣隊，向日本陸戰隊攻擊以來，閘北方面，中日兩軍，成對抗之形勢。十九日晚，雙方雖有停止戰鬥行爲之成約，但貴國軍隊，仍背約向我方射擊，或加轟擊，使我方不得不予以應戰，且以貴國軍隊，實行其有計劃的挑戰，於是吳淞及江灣方面，亦發生軍事行動，在此時間，貴方一方面散布關於第十九路軍勝利等無稽之虛報，一方面對於我方公正之行動，加以種種誹謗，其結果第十九路軍對於防衛租界保護居留民而絕無他意之我軍，加以新的攻擊，便衣隊出沒於各處，依然不停止其惡劣兇暴之行動，在留滬日本人固無論矣，卽上海租界，亦受到非常之威脅，本總領事，認為在此之時，從速解決由兩國軍隊衝突而起之事態，乃極為必要，故希望依照左列條件，從速終止戰鬥行為，切望貴國軍隊，接受該項條件，並望貴市長卽行轉達貴國軍隊，接受該項條件，同時予以切實之履行，如貴國軍隊不接受該項條件，日本軍隊，將有自由行動之事實。

(一)中國軍隊，須於二月二十日午前七時以前，將第一線撤退完了；於二月二十日午後五時以前，從黃浦江左岸，由公共租界西北端，連結曹家渡鎮、周家橋、及吳淞鎮之線起算之租界北部境界線之北，及連接黃浦江右岸爛泥渡及張家橋鎮之線以北，完全撤退；至距租界線二十基羅米突以外之地域（包括獅子林砲台），卽將該地域內之炮臺，及其他軍事設施撤去，並不得重行建築，在上海附近而不屬於上述撤退地域內一帶之日本人生命財產，須由中國方面完全保護，如上項保護有未完全之情形，日本方面，得執行適當之手段，便衣隊，中國方面應一概有效禁止之。

（二）日本軍在確認中國軍隊，業已撤退之後，僅祇保持虹口附近之工部局道路地域（包括虹口公園之周圍）。日本軍自中國開始撤退以後，停止射擊轟擊及追擊之動作，但飛機之偵察，不在此限。

（三）中國軍第一線撤退完了後，日本軍為確認其實行起見，得派遣有護衛之調查員於撤退地域。

（四）關於保護上海附近（包括撤兵地域）之外人，另行商議之。

再關於第十九路軍，此次採取此種行動之經過，業於二月十五日本總領事致貴市長函中言及，認為畢竟由於貴市長對於一月二十八日答復一月二十日本總領事要求所稱即時解散抗日會及禁止其他排日運動之諾言，未有切實實行之誠意與能力而發生，是以本總領事，應重新向貴市長要求，從速而且完全實行上述貴市長之諾言。本總領事以極大之關心，監視貴市長之對於本案之實行，如貴市長不能實行，我方不得不採取適當手段時，由此所發生之一切責任，應由貴方負担。合併聲明，相應函達，即煩查照。

在中國士兵羣衆以及一切勞苦民衆反日情緒極端激越的時候，當然沒有人敢於公然接受這一次的通牒。十九日下午七時，十九路軍與市府同時送出覆文。原文如下：

一、十九路軍覆文

逕覆者：頃接貴司令二月十八日下午九時來函，備悉種切。本軍為中華民國國民政府所統轄之軍隊，所有一切行動，悉遵國民政府之命令，來函所開各節，業經呈報國民政府核奪辦理，由外交部逕行答復貴國公使，本軍長未便答復。此致大日本軍司令植田謙吉。

中華民國第十九路軍軍長蔡廷楷、二十一年二月十九日午後七時。

二、市政府之覆文

逕復者：昨晚九時，接准貴總領事來函所開各節，業經閱悉。查來函所述，上海方面嚴重之形勢，均係貴國軍隊，違反公約公法，任意進攻吾國領土，慘殺吾國人民所造成。其一切責任，應由貴國方面負担一節，選經函達在案。此次貴總領事所請轉達本國軍隊要求實行之各項條欵，本市長未便轉達，查來函所指各節，均為足以影響中日兩國一般關係之問題，應由兩國外交代表處理，故本市長業已呈報本國政府核奪，由外交部逕行答復貴國駐華公使矣。惟應聲明者，貴國軍隊，現仍實行挑釁，攻擊轟炸，無所不為，以致本國國民之憤慨，日見增加，在此情形之下，所謂抗日運動，自難消滅，因此而發生之一切責任，貴國自應完全負担。相應函復，即煩查照，

自植田牒文送出後，上海頓呈緊張景象，大戰爆發，已成為大衆意中之事。英美領署通知僑民退出虹口危險區域，上海市政府對戰區人民，亦有同樣文告。十九日晨，日方野戰砲隊沿北四川路前趨狄思威路，在狄思威路集合大批人馬砲隊運輸車，備援江灣周圍之前線。野炮隊每隊有砲九尊分成三隊，砲車用六匹馬拖曳，砲徑在四吋半左右。虹口公園一帶之陸戰隊，已完全撤回後防，改由陸軍担任。楊樹浦至張家浜一帶，日兵陸續由楊樹浦營房不斷前發。楊樹浦飛機場轟炸機十八架，追逐機十三架及正在趕忙裝配中之三十餘架，均碌碌準備作戰。飛行場附近江中，泊日驅逐艦三艘，場外並安置高射砲兩尊，高射機鎗多挺，以資保護。張華浜日兵，且備有油筒、木筏、木料，準備架搭浮橋。浦東二十二號日驅逐艦四艘，三十號一艘，二號驅逐艦二艘，並軍用駁船一艘，滿載日兵，先後駛往

吳淞。蘊藻浜之南，京滬鐵路工廠內。配置步兵兩大隊一千二百人，炮隊兩小隊，每隊野戰砲四尊，一隊爲七生的半口徑，一隊爲十生的半口徑。泗塘河邊配置步兵一隊，周家橋附近一隊，四涇橋玫爾夫球會之西，及球會前與殷翔路交點處，爲日兵重兵所在，各有步兵兩大隊。江灣近鐵路處有步兵兩大隊，靶子塲一大隊，北車站附近亦有重兵。騎兵在蘊藻浜附近，有三隊，每隊約一百名。飛機則盤旋各陣地天空偵察，躍躍待戰。十九路軍覆文一經送到日總司令部，就炸開了上海最後一次的惡戰。

二十日晨七時，植田下總攻擊令，日本海、陸、空軍全副力量，一齊出動，開始向吳淞江灣，閘北全線進攻。吳淞方面，日艦三十艘，日機二十架，圍攻砲台。張華浜鐵路碼頭江面日艦夕張號，首發五吋口徑大炮彈兩枚，以爲猛擊信號，淞口各艦遂輪流駛近炮台發炮一次，然後又一齊緊轟，從蘊藻浜正北起，首尾相接，直延伸至淞口，飛機亦投擲重量炸彈。蘊藻浜一路進攻陸軍，突進至廟行鎮地方被圍，吳淞日艦，即撥二艘開抵蘊藻浜發炮助戰。激戰竟日，無大變化，而淞口日艦一艘，則被獅子林炮台開炮擊沉。第二日晨，日艦四艘，仍向炮台灣炮台進攻，下午又以軍艦三十艘，飛機數架，集中火力，專向獅子林砲台轟擊。蘊藻浜日步兵二百，分乘鐵駁四艘，由浦江中日艦掩護，駛入浜中，擬登陸襲奪我軍戰壕，未達目的。蘊藻浜正面日兵僅用大炮轟擊，未曾進衝。張華浜日指揮艦夕張號又被擊傷。吳淞前線我軍，在日海、陸、空軍火力壓迫之下，反曾一度突過蘊藻浜，襲入日兵陣地。延至第三日，日艦夕張號等六驅逐艦駛離張華浜，張華浜日陸軍第二十四旅亦悉數調往江灣，攻淞日軍，力已微弱。口外日艦飛機，仍向砲台轟擊，但甚攫砲台還砲。淞南黑橋及周家浜口日軍，兩度衝鋒，被大刀隊包圍砍死二百餘名。張華浜鐵甲車一輛，直向蘊藻浜進衝，屢進屢敗。由張華浜日軍射來之炮彈，對我軍陣地，並沒有多大損失，只盡了示威的作用。江灣方面，乃日軍進攻着眼之點，企圖衝破江灣，而後南向包抄閘北，北進逼退吳淞，所以這路戰況，特爲激烈。日方用在江灣的兵力，計有大砲一百十三尊，坦克車及鐵甲車四十餘輛，陸上飛機三十餘架，部隊則有一萬餘人，正面配置於江灣鎮東北，左翼在江灣車站東，右翼在廟行與孟家宅一帶。二十日上午，日機六架先出擲彈，繼以大砲猛轟約二小時，八時後，日兵三千餘，以坦克車二十餘輛爲前驅，向江灣路進攻，激戰至十二時，日坦克車四輛，中地雷炸燬，全軍敗退，死亡甚多。下午，日兵再度進攻，至九時，又被擊退。江灣車站西，日軍右翼五百餘，在猛烈砲火掩護下，進攻孟家宅防線，相持至深夜，日軍全數殲滅，次日拂曉，日兵又以坦克車數輛，排列一字形進衝，前進至距我軍防線前一千米突後數輛落入陷阱，行動不靈，我軍遂出壕衝鋒，以手溜彈手提機關鎗及步鎗衝擊，日兵無力支持，即行潰退。正面日軍第一日進攻失敗後，次日仍藉大砲掩護，利用坦克車，機關鎗向梅園宅，天樂寺進攻，衝攻十餘次，被阻於中國軍隊之地雷、機槍，至下午四時，力竭潰退。拋棄機關槍二十餘挺及其他軍械甚多。持志大學內日兵七百餘經我軍包圍，肉搏半日，全數殲滅。第三日，日兵鑒於連日迭受重創，變更計劃，分兵三路，猛攻廟行，第一路由江灣分兵向西北，第二路調蘊藻浜全部向西南，第三路，由張華浜前進，集中二萬兵力，奪取廟行。鐵甲車，坦克車三十餘輛，在猛烈砲火下掩護衝鋒，勢欲一鼓佔領廟行，激戰數小時，日兵更由後方調隊增援，步步進逼，亡命衝鋒，肉搏之烈，爲向所未見，十二時以後，我方援軍開到，包抄後路，才將日兵氣焰壓服。日方陣線既經動搖，即大增飛機，投彈如雨。我軍改取攻勢，猛力進擊，截斷日兵爲兩處。擊斃日軍在三千以上，炸燬坦克車二輛，截獲鐵甲車一輛，大砲二十餘尊，其他槍械無算。圍外日軍，遂藉煙幕掩護退却，被圍之千餘日兵，衝突不出，覆沒淨。從曹家橋一役以後，這算是日兵更大的一次犧牲。從廟行逃出之日兵，在廟行以北，江灣以東金穆宅地方，二千餘人又被包圍，苦戰衝突，無路可出。另一部進攻江灣正面之日軍，亦被擊潰。殘餘部隊無力再攻，遂沿廟行鎮，江灣鎮，八字橋等防線總退却，由引翔鄉，狄思威路，平凉路至匯山碼頭集合。我軍乘勝追擊，先鋒部隊，進達岳州路沈家灣等處。閘北方面，雖非日兵攻擊重心所在，但亦有激戰，總攻甫始，閘北八字橋，天通菴路，邢家宅路，西寶興路亦同時發動。日方大砲，成天轟擊，待大砲猛轟一陣之後，才藉坦克車掩護步兵衝鋒。中國軍隊對大砲往往不理，必待敵人進至有效射程以內，始出迎戰。二十日，八字橋方面，日坦克車十餘輛，掩護步兵二千進攻，飛機亦在天空擲彈。日軍進至火線以內，我軍即以手溜彈引發地雷，炸燬坦克車二輛，日兵血肉狼藉，紛紛潰退。天通庵路，日兵亦用坦克車衝鋒，為我軍手溜彈圍攻，立即退却。上兩路先後失敗，日方急抽調陸軍四百名，偷襲邢家宅路，新民路，鐵甲車十餘輛，在飛機野砲之護之下，向北站進襲，在寶山路口，被我軍機關槍掃射，不支敗逃，又被寶興路我軍截擊，死亡過半。三路敗退之後，日兵於下午五時再用鐵甲車進攻西寶興路，我軍之手溜彈，機關鎗，迫擊砲，鋼砲，齊向日兵陣線注射，火力猛烈，日兵仍只有敗退。第二日，天通庵路，新民路，川弓路，又開始接戰，但不激烈。第三日，日方傾力圖攻閘北，廟行激戰開始後，即分重兵進攻八字橋，日陸軍五千利用鐵甲車，迫擊砲前導衝鋒，前仆後繼，猛衝二次，我軍即起反攻，銳不可當，日兵向虹口花園方面節節敗退，沿途在靶子場，施高塔路又起激戰。我軍乘勝前進，下午三時，達狄思威路，四時達岳州路，六時達虹鎮，這一路日兵陣線，至此全被擊潰。當八字橋戰起，另有一部日兵千餘名進攻虬江路，我軍機關鎗，迫擊砲居高臨下，殺敵甚多，日兵方擬退走，我軍即乘勢追擊，利用大砲掩護，晚十時，已進達沈家灣，會合岳州路我軍逼近吳淞路。天通庵方面，進攻日兵約五百，同被擊潰，向北四川路底潰逃。閘北日兵，經我軍四面追擊，潰不成軍，在我軍砲火威力下，狼狽奔逃，齊向浦江方面敗退。虹口靶子場及北四川路底日司令部，已無日兵踪跡。我軍則全部挺進至狄思威路，岳州路，虹鎮及老靶子場北四川路底。連日激戰，日機四出投彈，南翔，大場，劉行，瀏河，真茹，閘北，吳淞等地，無處不被轟炸，炸燬民房，炸死難民，不知其數。日機在劉行，廟行，八字橋亦各被擊落一架。

植田佈置了一星期之久的總攻，血戰三日，除毀滅整個吳淞街市，以及在戰區及戰區附近殘酷焚燒屠殺以外，只送掉了近萬的日兵的性命和損失了無數軍械彈藥，軍事上仍沒有得着些微勝利，從二十日起，至二十二日江灣閘北日兵的總退却，這次總攻又算告了一個段落。

E 萬千大衆之痛憤中的退兵

二十日至二十三日血戰結果，植田又遭慘敗。日帝國主義至此勢難住手，又急調國內第十一，第十四兩師團，星速來援。念三日廟行大敗日軍之時，日援軍先頭部隊五千趕到上海，併合江灣敗兵二萬人，又向廟行反攻，冀援金穆宅被圍部隊出險，於是念四日，廟行又起血戰，吳淞，閘北也有大砲及少數部隊衝擊，但大多時間，則用於整理陣線。念五日，日軍集中砲火於廟行，日第二十四旅，猛進至廟行，江灣十一架日機轟炸，但陣線仍無變動，到念六日，廟行又被我軍奪回。這時候，日機轟炸到杭州，蘇州，日援軍兩師團陸續到滬，新任上海作戰總司令白川大將廿五日在東京就職，亦迅速趕來上海。但日帝國主義的新劊子手，尚未踏上上海土地以前，植田仍不絲毫放鬆其屠殺上海中國士兵及民衆的任務。連日日援兵先後開抵上海，植田即以之向吳淞，江灣，閘北不斷攻擊。白川到滬以後，即認爲以前硬攻上海的路線，决難生效，於是即利用強大的軍力，一面向吳淞，江灣，閘北各路壓迫，控制中國全線守兵，無從移動；一面更抽調重兵，由側面進攻包圍上海。三月一日，日艦隊、陸軍、飛機、猛力向瀏河楊林口守兵兩處進攻，卽時佔領該地，壓迫上海。下午四時，十九路軍司令部遂宣言後方無兵增援，下令全線退出上海。血戰三十餘日的上海戰爭，就這樣在數百萬反日反帝羣衆的悲憤之中，告了暫時的結束。

十九路軍部在退兵時發出宣言說：

『此次在上海四週作戰之我軍，業已全師撤至第二道防線，此舉乃基於以前之决定，而此决定之執行，不過一時間問題而已，此種戰畧上之撤退，實由於第一線之作戰，其便利盡屬日方故也，蓋我軍之原有防線，閘北至吳淞，並非一軍事防線，其所以採取之者，僅因政治地位之重要耳，請言其故，(一)原來防線，無攻勢之可能，此則因我軍不願攻擊公共租界，雖公共租界已爲日軍用作軍事根據地，而我軍不願攻擊公共租界，(二)原來防線與滿佈日艦之黃浦江，成平行線，故該線常爲日方重砲火力所威脅，(三)

在上海四週之我軍，數字上雖與日軍約畧相等，但因運輸之缺乏，實際上僅能用其半數于戰場，此因我國之抗日，旣係舉國一致之行動，而日海軍復完全控制黃浦江及揚子江，故我軍勢必分佈兵力于受日軍威脅之各地，因此我軍之集中於第一道防線者，决不能如日軍所能遣來上海者之衆，（四）所有公共租界之馬路及吳淞上海間之汽車路，均在日艦砲火線之內，且爲日方所佔有，日軍利用此項道路，易於使用坦克車鐵甲車及重砲，而我軍則須往來於泥濘途滑之中，以取得後方之接濟，且因日海軍控制揚子黃浦兩江，我前線乃易爲其登陸軍隊任意襲擊，至日軍之不惜鉅大犧牲，從事於徒勞無益之正面攻擊，適足見其缺乏戰畧上之知識，蓋彼若在黃浦江揚子江沿線任何一處上岸，則我軍爲避免後防之切斷，勢必早已撤退矣，現日軍卒遣一師團在瀏河登陸，於是我軍乃不得不自動退守第二道防線，我軍玆已到達第二道防線，日方以前之利益，乃因之盡得其反，蓋日軍此後之動作，旣須遠離軍艦之保護，而其坦克重砲，又無大道可資輸送，且其兵士之一切行動，自必遠距其根據地，因而失其掩護，至於我軍則後防旣得保護，此後每一行動，將較近根據地，因而軍實援軍，易於到達，且可盡得地理上一切利益，目下全世界所屬目者，厥爲第二步將如之何之一問題，我政府决不與日本簽定任何損害國家主權之協定，此已充分明瞭，毋庸贅述，今後日軍如進而攻擊我之第二道防線，則我必起而抵抗，設因其人數軍備之優越，致我被迫再退，則我亦必向之再度作戰，總之，現在距戰爭之終點尙遠，戰爭實正在開始進行中，月餘以來，我國軍隊，對抗日軍武力，毫無畏懼，日軍携有坦克車飛機野砲最新式之重砲，凡人類知識所造之器械，無不應有盡有，而我國軍隊，祇有步槍及機關槍，以抵抗日本之激烈砲火，據某外國武官言，戰場之上，缺乏戰爭之嚴厲，實情有如假戰，蓋所有砲火，俱由日方發出，中國大砲，均被日機炸彈轟燬，中國軍隊，祇有靜居壕內，接受日砲砲彈日機炸彈，必俟砲火已停，日軍出而衝鋒時，始能以步槍機關槍應戰，上海附近戰事，業已證明兩點重要之事實，（一）證明日本海陸軍可畏之作戰能力，不過一種紙老虎，業經揭破，（二）證明日本優於盡量宣傳，每日世界均飽觀日軍個人之英勇，及日軍之英勇，因其有多數之飛機坦克車海軍砲火之協助之種種優勢，在如斯軍隊之中，倘有個人英勇可言，當用之於比較高尙之主義，至我軍之英勇，皆由外人眼見所傳述，毫無偏袒於其間，蓋中國軍隊，並不僅以個人英勇見長，全軍均英勇奮發，無一例外，數萬健兒，誓保國家之榮譽，不惜以血肉之軀，抵抗新式戰器，誰謂如此英勇之民族，能終於失敗耶。』

這篇宣言，列舉了四個不得不退的理由，一似只要一退出上海，便有辦法。但他們的辦在何處呢？看吧！上海的軍隊剛一撤退，顏惠慶便在國聯報告說中國兵已自動撤退二十基洛米突，郭泰祺顧維鈞等便忙忙在上海進行停戰會議。那末，這些所謂退兵的理由，自然並非事實，其所以要退兵而又要舉出頗覺動聽的理由來的用意，怕就是十九路軍當局之一種『苦心』了！

F 統治者驅迫大衆於血肉犧牲

當上海戰爭爆發的數小時以前，中國政府曾經完全接受了日本帝國主義的強暴要求；迫令封閉抗日團體，禁止一切抗日反帝運動。中國政府對日帝國主義在上海之進攻的行動，並沒有——也不敢想到越出不抵抗的原則。等到前線士兵，憤不可遏，自動還槍抵抗了以後，因此，軍事長官才不得不出面領導，而控制這由士兵與民衆的激越情緒造成的反日戰爭。這無論前線士兵在這一次戰役裏是如何的勇敢激昂，前方和後方的貧苦民衆是如何的在盡力幫助作戰；而在政府方面，是絕對沒有發過眞正作戰的念頭的。政府及上海軍事長官在事前是準備退兵的。退兵不成，而後才想到抵抗，他們並沒有以武力答覆日帝國主義的決心。戰事開始以後，南京政府馬上遷都洛陽，說是要長期抵抗。但對在上海作戰的士兵，始終未派過一個兵，增過一粒彈來援助；在國內軍閥戰爭中大逞威風的飛機隊，也絕不調來抵抗日兵在空中的屠殺。抵抗，抵抗，今日一通電報，明日一篇演說，難道就足以驅逐日軍麼？戰事延長至三十餘日，除了八十八、八十七兩師士兵自動要來滬參戰而外，在上海和日帝國主義的軍隊肉搏拚命的，仍舊是從一月廿八日開始接戰的原有兵隊。不要說日本的器械犀利，軍火充足，爲上海的中國軍隊所難抗禦；僅就日本方面，不斷地增派生力援軍以至四師團一旅團這一點看來，我們亦很可以從反面看透政府對上海違令作戰的士兵之袖手旁觀，就是運用的借刀殺人—— 假手日帝國主義來殲滅反日士兵的陰謀毒計。所以表面上雙方軍隊都高舉着國旗在厮殺，但實際上只是中國反帝羣衆在與帝國主義的武力肉搏；中國政府則在「一面抵抗，一面交涉」的口詞掩護之下，站在一旁觀戰而兼放冷箭！

在作戰方面，日帝國主義的兵隊，憑藉租界掩護，進退自由。在『敵來則拒』這一口號下，中國士兵竟成了俎上之肉。人家高興來宰割時，便以血肉之軀去領受鋒刃；人家手腕殺得酸軟了而退去休息時，便躺在砧上靜待。這一種悽慘的犧牲，一方面是受賜於各帝國主義把租界讓給日帝國主義進兵，而圖瓜分中國的陰謀，一方面是受賜於『人不犯我，我不犯人』兩句口號的欺騙。當最初鹽澤進攻失敗時，中國軍隊本有力量，將上海日軍驅逐出境。然而這種辦法是不抵抗的高級當局們所絕對不願採用的。尤其是在野村新敗，植田初來的那時候，中國方面停兵不動至一星期之久，讓敵人得以從容佈置，更是最可痛心的損失。勇敢的士兵們，雖然在一月廿八日深夜，不顧一切的把鎗朝敵人開放了，然而畢竟受了欺騙者的左右而受到無上的犧牲。

還有，當上海士兵與敵人血肉相搏的時候，全國各地的軍閥政客，也都大打通電，出足風頭，今天這裏在請纓，明天那裏在主戰，而實則那些請纓的，主戰的軍閥政客們，除了藉此以打擊政敵，欺騙民衆而外，不但自己未動，而且都不約而同的在他們自己割據得的地盤以內，嚴厲地鎮壓民衆反日。這一種壓迫，特別在上海來得加緊，禁止人民作反日的集會遊行，解散抗日團體，逮捕抗日羣衆，這些鎮壓民衆，扶持帝國主義的統治勢力的舉動，都在抗日的鎗聲中一一出現。而上海的資本家大商人，更藉口戰事歇業，釀成極大的失業恐慌，以減少羣衆抗日活動的力量。在這一次戰爭中，軍閥，政客，資本家，大商人們的無恥的面目，均各各暴露無遺了。

帝國主義的應犬——中國買辦資本家及其代表人的腦子裏，只有他們的主人——帝國主義的勢力和他們自己的財產最爲重要。他們不願使上海長久陷於戰禍中，因而使他們的主人和他們自己都受到損失，他們主張讓帝國主義的武力直接去蹂躪內地的貧苦民衆，所以他們高喊『寧可失去數省地方，不願糜爛上海』的口號。上海士兵，在這種外有強敵，內有暗奸的環境中孤軍作戰，其失敗乃爲必然之事。因此，他們苦戰月餘，終於不得不忍痛一走了。

我們對於上海戰爭失敗，認爲不必悲觀。在這一次血戰中，中國士兵羣衆，以血肉之驅，居然能抵抗帝國主義的各種新式利器，堅持月餘，並且給了日帝國主義以無數血的懲創；全上海勞苦羣衆，雖在極度高壓之下，仍猛勇活動，進行抗日及幫助作戰工作；這已充分表現出偉大的反帝的革命力量。在這一次失敗之中，我們可以接受許多寶貴的教訓。我們必會堅持反日反帝及其走狗的決心，爆發更猛烈的血戰來消滅一切死敵。

二、饞涎欲滴的國際帝國主義

A 瓜分中國的大競賽

資本主義第三期空前未有的恐慌之深入與擴大，使得各帝國主義者國內失業與飢餓之速度的增加，一發而不可收拾，全部動搖資本主義立足的基石了。帝國主義為挽救其日趨滅亡的命運，必然地要拚命向其國內的無產階級以及殖民地半殖民地勞苦民衆肆行更殘酷的壓榨，以作最後的掙扎。然而這種殘酷壓榨的結果，又必然地更加促進了全世界無產階級的革命烈火，猛烈地向資本主義的魔宮摧拆。同時，另一方面社會主義經濟建設之驚人的進展，更使得國際帝國主義驚惶得手足無措，於是進攻蘇聯，爭奪市場，鎮壓殖民地革命運動，就後成了目前各帝國主義一致進行的目標。日本帝國主義之佔領東三省與進攻上海，就是在執行命運賦於牠的任務。日本的暴行，並不是日本獨自的意志，而是全世界帝國主義的共同要求。佔領滿洲，是進攻蘇聯的先聲，進攻上海，是瓜分中國的序幕，所以日帝國主義是在各帝國主義之同情與贊助之下進行着牠的工作的。

國際帝國主義者們，在進攻蘇聯與瓜分中國的目標下，雖然是一致的進行，但在爭奪市場瓜分殖民地上，又蘊藏着牠們相互間不可調和的衝突，這一衝突，到日帝國主義進攻上海時，更加深到了無可調和的程度。牠們一方面在準備進攻蘇聯，一方面對分贓的帝國主義戰爭，也是刻不容緩的在積極籌備。這些，從各帝國主義在上海事變中的表現上，我們是可以充分看到的。

B『公理』『正義』之殘骸——美國的眞實態度

美帝國主義對中國，一貫的是主張門戶開放，機會均等。但這並不是如像美國自己及其走狗們所解釋的保全中國領土與主權完整的正義公理；而只是美國打擊英、日在華勢力範圍的政策。美國只望以金元勢力統治中國、奴役中國人民，不願讓其他任何帝國主義在中國有形式上的割據。日本佔領滿洲，其在華勢力之擴大與美國在投資上、銷貨上所受的巨大的打擊，這是美國所難容忍的。但若以日兵力由滿洲向北作爲進攻蘇聯的先鋒部隊，則美國亦很願意。瀋陽、吉林之失陷，美國沒有作聲，黑龍江失陷，美國更不作聲；而日兵進攻錦州時、美政府的抗議便出來了。原來美國只願日兵北進去打蘇聯，不願牠南來擴張勢力，所以日本進攻上海，當然更非美國之所願。

在美日衝突上說，美國決不願日本進佔上海。所以上海事變發生後，美國馬尼剌艦隊全部及陸軍三十一聯隊，立即動員來滬；夏威夷艦隊，則準備隨時應急，太平洋大操艦隊，戰鬥艦十六艘，驅逐艦四十艘，其他各式軍艦三十艘，飛機母艦四艘，滯留檀香山，不歸原防，靜觀時局發展。這種劍拔弩張的形勢，隨時都有爆發太平洋上帝國主義戰爭的可能。然而在另一方面，在藉日本軍隊來撲滅中國民衆的革命運動，在藉日兵佔領上海而獲得實施有利於美國的瓜分計劃上，美國亦可同意日本的行動。所以在事變發生之前，美國並不反對公共租界劃蘇州河以北爲日本軍事根據地，而僅在事後向東京發出幾通抗議日兵在租界登陸的官樣文章，以掩飾牠的同謀的罪惡；美國價值一萬八千一百萬元之軍火，由美銀行家贊助，售與日本，以助其暴行；上海美總領事更聯合其他帝國主義之在上海的代表人，提出趁火打刼的上海中立區計劃，企圖實行共管上海。

他們所提設立上海中立區的內容是：一、雙方停止戰爭；二、雙方不再繼續作敵對之準備；三、雙方撤退上海接觸各點之軍隊；四，兩軍撤退區域，設中立區，由中立國管理；五、雙方在凱洛公約精神下開始直接交涉。這無疑的是美帝國主義限制日本擴大其在華勢力的作用，而要日本在美國的監視之下，來解決上海戰事。這一瓜分中國的初步計劃，中國政府雖絕對表示接受，可是日本却加以拒絕，說是其中二，五兩條，日本决不承認。另外日帝國主義又跟着這中立區計劃的原則，擴大開來，倡議在中國各大都市設立不駐兵區域。所謂不駐兵區域，就是說將中國各重要城市，完全讓國際帝國主義直接管理，牠對於各帝國主義之誘惑力量，當然比上海中立區來得大。但這種使日、英、法等帝國主義在中國更加擴大割據範圍的辦法，美國無論如何也不會承認；所以史汀生在這一計劃尚未正式提出以前，竟毫不猶疑的馬上加以斥責。並且特別發出對滿洲獨立事件，不承認在日本武力下所造成的一切局勢爲合法，和指摘日本在上海之軍事行動爲破壞非戰公約的宣言。表面上看來，美國對日之強硬，似乎就是所謂的世界公理在活動，其實不過是美、日在爭中國這一塊肥肉的過程中，各不相下的衝突罷了。

隨着上海戰事的發展，美日衝突日趨尖銳。美政府便以演習爲名，訓令海軍部將美國海軍主力，計戰鬥艦十二，巡洋艦十七，潛艇二十三，驅逐艦八十一，飛機母艦三，輔助艦五十六悉數集中太平洋。美國國內，反日空氣，逐漸廣播。駐日美使，以強硬態度，要求日本赴滬援軍，不再在租界登陸。更可注意的，還有史汀生此時突致一公開函於美參議員波拉，藉以表明其遠東政策。史汀生在此函中，明白的自己揭開了帝國主義的和平面具，聲稱要建立海軍特殊地位與重新在太平洋上設海軍根據地。凡此種種，皆足以說明太平洋上的帝國主義戰爭，已突進到了卽待爆發的境地。

日本在上海增加軍力而取得太平洋西岸之海上的威力，使美國感受極大的威脅，不得不急起直追，以圖補救。同時，更藉口九國公約之破壞，企圖乘機擴大海軍勢力，予與其爭奪世界霸權的英帝國主義以有力的打擊。這一點在倫敦方面，馬上引起反響，說美國之造艦，將造成英國所難處之局勢。這就是說，美國如果造艦，英國也就只得取下和平招牌，加緊造艦來圖抵制了。帝國主義火拼戰爭的局勢，雖然一步一步的逼緊，但他們尚因顧忌太多，不得不想盡方法來緩和這一戰爭的爆發，於是不久便有十九路軍退出上海之實現。這正明明表出帝國主義犧牲上海中國士兵之血肉成績而調和其自身的矛盾，那裏還找得出半點『公理』，『正義』的殘骸？

C 沉默的同情——英國助桀爲虐

在這次戰禍中，英帝國主義自然也是一位主要角色。長江流域，是英國在華勢力之菁華所在，牠决對不會讓日本在奪了滿洲以後，更伸進到牠的勢力範圍之內來。然而牠在上海事變中，不但沒有像當滿案初起時那樣活動，反而處處很明顯的表現了袒日的行動。上海戰爭的前夜，在英帝國主義領導之下的上海公共租界工部局，首先應日本的要求，封閉了上海民國日報館，(國民黨黨報。並劃公共租界北區爲日軍根據地，使日軍得藉各帝國主義的掩護，從容向中國士兵及上海民衆進攻。一月二十八日以後，工部局宣布緊急戒嚴，禁止上海民衆一切抗日活動，以減削中國民衆抗日力量。連在馬路上散發傳單，都成了入獄的罪名。對於上海有力的抗日團體——民衆反日救國聯合會，及其所屬的義勇軍等機關和份子，更不斷的痛加摧殘。一方面英帝國主義政府忙不迭地調動大批砲艦，軍隊，趕來上海，幫同威壓。日帝國主義發表了其干涉中國及在中國各大都市設立不駐兵區域的建議，英國的態度，是絕對的沉默。這一種沉默，至少也要從反面給日帝國主義以無限同情的力量。

英帝國主義的這一種態度，是不足爲奇的。牠的自身，近年來日趨衰落，尤其是去年英國國內的大恐慌，雖然借麥克唐納爾與保守黨的力量，繼續支持着其壓榨殖民地和其國內無產階級的特權，然而在世界範圍內，震於當前的大敵美帝國主義的威力，以及殖民地解放鬥爭的日益激昂，牠不能不對日帝國主義的暴行，取退讓的態度。英帝國主義之對日退讓，一方面在利用日本武力來鎮壓中國的革命怒潮，一方面在利用日本以牽制太平洋東岸的金元帝國主義；讓牠好趁此時機，盡力去謀鞏固自身的統治勢力。何況因日本之侵略中國，英帝國主義還意外的向日本做了四萬餘磅的軍火生意呢！

D『可悲的悞會』— 法、意及其他

其次，再說到法帝國主義及其他。西方反蘇聯的領袖法帝國主義，與東方反蘇聯的先鋒日本，眞是天生一對最好的同盟者。在這一點上，法帝國主義對日本的態度，至少是同情的。當日本炮彈在閘北炸開遍地血花的時候，法帝國主義的代表彭古却在日內瓦說這是『可悲的悞會』。從這一句話裏，我們可以知道法帝國主義是怎樣的在爲日本掩飾了。上海戰爭爆發後，法帝國主義的砲艦、軍隊，也不斷的從安南調來上海，相機待動。日本飛機飛過法租界天空，到處擲彈，而上海法領反向中國方面抗議，說中國軍隊不該射擊日機，致危及法租界的安全。這種道理，眞只有帝國主義才懂得。因爲法國態度的曖昧，倫敦報紙便公開說法國袒日　，而法國却在美國去向史汀生解說沒有這回事。這些　，都是法帝國主義企圖緩和帝國主義戰爭，而加緊促成反蘇聯戰爭的苦心　，我們不應該忽畧的。

至於法西斯蒂的意大利，牠是抱有極大的野心而又極感殖民地缺乏的一個帝國主義。牠在瓜分中國的目標下，與其他帝國主義一樣是非常迫切。在各帝國主義紛紛調派軍艦、兵隊到上海來的時候，意大利當然不甘落於人後；所以羅馬方面，一聽到上海發生戰爭，便馬上調派兵艦、陸軍來滬，並特地還任命了一個遠東軍事總司令，來參加太平洋上的馳騁。

其餘，葡萄牙的兵艦，也來到了上海；　德國則自顧不暇，僅發了一些通電　：他們行動上雖有程度的不同，但其與英、美、法等帝國主義之一致　，則是無可否認的。

E 一篇『新聞』—調查團之報告書

除了各帝國主義國家的活動而外，還有在英、法兩帝國主義操縱之下的國際聯盟，也在上海事變中出演了幾塲「拿手好戲」。自日本佔領瀋陽時起，國聯就被中國政府抬來欺騙中國人民，一直到日兵打到上海，他們老是勾結在一起執行出賣中國的工作，從沒有間斷過。一月廿九日，日內瓦聽到了上海開戰的消息，他們的辦法，唯一的就是調查。儘管日兵的砲火，在上海轟隆轟隆的毀炸；儘管中國士兵民衆的血肉，在日兵彈刃之下紛飛；但他們還得斯斯文文的「調查調查」再說。三十日，日內瓦才討論出組織一個委員會，徵集關於滬案的報告。指定駐滬意代辦齊亞諾、英總領白利南、法總領甘格林爲調查團委員；美總領克銀漢則代表美政府旁聽。延至二月四日，上海已不知有許多生靈，繼續不斷的被日兵屠殺；不知有許多街市，繼續不斷的被日兵燒毀；而國聯主席法代表彭古，却還在輕描淡寫的對中國代表顏惠慶說：『日本對列强所提五項停戰條件拒絕其二，故中日衝突由行政院解决一層，現成疑問。』本來，所謂國際聯盟，就是帝國主義宰割弱小民族的機關，帝國主義既如此，國聯又怎能如彼？彭古之言，眞是深吐肺腑了。

二月六日，國聯所指定的滬案調查團，向日內瓦發出第一次報告書。他們在這報告書內，不遺餘力的替日帝國主義的暴行作辯護，似乎一切不幸，都是由中國人之不馴服而起。另一方面，則對他們劃公共租界給日軍作根據地，幫同日帝國主義行兇的罪惡，加以諉卸。這一點我們只要一看他們的報告，便可知道。

◀國聯滬案調查團第一次報告書

『抵制日本貨物之事，始於一千九百卅一年七月，係由朝鮮事件而起，厥後滿洲被佔，而抵制日貨之事，因之加甚，并嚴切執行。日本商務，因而感受極大損害，抵貨運動，係由抗日抵貨會，予以鼓勵，而中國各種商業團體，參加其組織，分爲糾察商店、扣留日本貨物、罰款、拘禁（此層對於購用或販賣日本貨物之華人而設，）及其他非法行爲，受之者雖欲求直於法院，而不可得，此日本人敵視華人之苦惱思想所由生。厥後中國學生，舉行示威，并要求向日宣戰，致使中國人心，對於日本，愈益不滿；而若干暴烈行爲，卽在此極度緊張之情狀下，而時有發生，此外中國人對於日本天皇，亦有失敬之處，日本人大爲憤怒，乃愈益要求該國政府，採取直接行動，俾彼等所處不堪容忍之地位，得以平息。

一月十八日，有日本人五名，中有僧人在內，由三友實業社製造廠經過，爲中國人所狙擊，中國人中，有數人，大約係最近組織之抗日義勇隊隊員，中國警察到時甚晚，行兇者未及逮捕，被狙擊之日本人有兩名受重傷，僧人一名，旋卽因傷殞命。一月二十日，有日本人約五十名，均爲『青年保護團』團員，手持匕首及棍棒，前往三友實業社製造廠縱火焚燒廠舍伊等臨去時曾與公共租界工部局警察發生衝突，中國警察三人受傷，其中一人因傷致死，日本人三名，爲中國警察之鎗彈所傷，其中一人，旋卽殞命，同日日本人在日本俱樂部開居留民大會，對於日本僧人被狙擊，以及報紙對日皇失敬事，提出抗議，當卽通過決議案，要求日本政府遣派軍艦及軍隊，以便完全消滅抗日運動，日本人示威者半數往見日本總領事，隨至日本海軍司令部，呈遞前項決議案，日本總領事請示威者將此事交由渠辦理，此時示威者羣赴日海軍司令部，中途與租界警察發生衝突，巡長受傷者一人，日本官吏曾向租界當局道歉，有日本人七名，自行向日本當局投到，經押送長崎審訊，以便按照日本法律懲治。

同日下午，日本總領事因一月十九日事件，向上海市政府秘書長提出下列各項要求：(一)市長正式道歉；(二)立卽逮捕兇犯；(三)損害賠償及醫藥費；(四)抗日運動應以適當手段取締之；(五)所有鼓勵敵視日本鼓勵暴動及鼓勵排日各項團體應予解散。

一月二十一日上午，上海市長答復日本總領事，謂前三項要求，準備加以考慮，至其他各項因有困難未能予以滿意，日本海軍司令官，旋卽以公佈一件，交報館發表，謂上海市長，對於日本人若非予以滿意答復，並將要求各項立卽實行則海軍司令官決採相當手段，以保護日本帝國之權利利益，此項公佈，並抄送公共租界當局及上海市公安局。

一月二十四日，日本海軍援兵開抵吳淞口外，同時風傳關北中國軍隊亦已增援，是日日本總領事通知上海市長，謂渠若不於相當時期之內接到答復不能滿意，則日本政府保留依照情形採取必要行動之權，爾時上海市長，業向中立各國代表聲明，準備作最大讓步，藉以避免衝突，並努力勸告當地各界領袖，俾其取銷抗日抵貨會，又以『抗日』二字，被日人認為侮辱日本國家，即對於其他團體名稱，有用『抗日』字樣者，亦擬予以删去，結果抗日抵貨會被封。其辦事處皆於一月二十七至二十八日夜間，由中國警察一一封鎖。

一月念五日，日本總領事知會上海市長，謂彼雖不限定時間，但欲於念八日接獲答覆案之概要。

一月念七日，日本總領事通知上海市長，謂次日下午六時彼之要求當得一滿意之答復，否則日本人將採取其所認為必要之手段，以實現其要求。

一月二十八日，上午七時三十分，日本海軍司令官，通知各國駐軍司令官，謂如不接到中國方面滿意答復，則明日上午，卽開始行動。公共租界工部局，乃於是日上午開會，決定自下午四時起，宣佈緊急狀態，此決議由工部局自行負責，此項緊急狀之宣佈，不嘗通知各國駐軍司令官，請其各自守衛其防區也。同日下午開始時，上海市長答復日本總領事謂，日本之要求，渠完全接受，下午四時日本總領事通知領事團，謂已接到中國方面答復書，認爲極端滿意，日總領事又云：須看上海市長能否將所接取之要求付諸實行，但大部份業已實行，而日本方面一時不擬作何行動云。外交形勢雖屬如是一般人仍以爲日本海軍當局已決定，無論如何，必當有所舉動，當時日本聯合通信社發出稿件，至爲狂熱，謂中國人決無履行成約之意，並預備攻擊日本人，又預言中國人民反對上海市長接受日本要求，必起而叛亂，因此種種，公共租界防務委員會，乃斷定宣佈緊急狀態，實爲必要。于是緊急狀態令，卽於當日下午四時起，予以實行，查公共租界防務委員會，係由各國駐軍司令官，工部局總董，巡捕房總巡、及商團司令組織而成，以各駐軍司令中官階最高者爲主席，此項委員會對於各駐軍司令，各在其地段以內，應取之防務上詳細辦法，并無命令之權，其職務僅在分配地段，規定防務上主要原則，幷就各區司令之間設法聯絡而已，英美軍隊於宣佈緊急狀態之後，即各開往所指定之地段，分別布防，意大利軍隊，則於二十九日開赴其地段以內，日本地段，包括公共租界東北區之全部其西北以北河南路爲界，依公共租界防務委員會意見，日本地段除前一區以外，尚包含公共租界以外一段地方，此一段西以北江西路及吳淞鐵路爲界北以虹口公園北面爲界，東則約署以虹口公園東北角爲起點，而至哈爾濱路巡捕房爲止，虹口公園一帶，日本人居住者甚多，該園與北四川路及狄思威路雖在公共租界以外，然爲工部局之產業習慣上，各該處均由工部局巡捕看守，在二十八日晚間十一時事變發生以前，關于此段公共租界外之區域，由日本佈置一層，中國當局似未接到任何通知，而日本人於緊急狀態令實行之時，亦未圖謀進據此一區域，但日本水兵在此一區域內，工部局所屬各道路上，常設駐守所，以保護其僑民，其海軍司令部，亦設於該區盡頭處附近，此則不可不知者也。

是晚十一時，日本海軍司令發出兩種布告

，並以數份送致上海市長，據上海市長聲稱，此項布告，係於十一時二十五分接到，第一佈告聲明緊急狀態，謂日本海軍對於閘北多數日僑情形，極爲憂慮，決定派近軍隊至該區內維持秩序，因此情形，日本海軍司令，希望中國軍事當局，將駐在閘北之軍隊，迅速撤至鐵路以西，而在該區以內，不得留有任何防禦工事。其第二布告，則謂保護公共租界起見，而指定之日本地段以內，所有爲施行緊急狀態令，認爲必要之手段，皆將予以執行。

日本水兵及多數武裝便衣隊，先已召集於日本海軍陸戰隊司令部者，至是沿北四川路一帶，向靶子路西進直達北河南路，沿途編爲小隊，分列各弄口，至十二時，信號一發，所有隊伍，齊由西北兩方，分向鐵路進展，最後一隊，約有水兵百人以裝甲汽車一輛掩護，欲通過北河南路盡頭處公共租界與華界之鐵門，此門可通火車站而在上海商團防守地段以內，日軍一至該處，即爲商團所阻止。

中國軍事當局，是時並未曲從日本海軍司令之要求而撤退其軍隊，即使中國決定允許日本之要求，而匆促之間，欲將其駐防區內之軍隊立予撤退，在事勢上亦難辦到，且自數日以來，事變迭出，形勢極爲緊張，在如此情形之下，中國當局，咸慮日本海軍當局所取之手段，不過其中之一部份而已，此層心理，固亦未可忽視也，以是日本水兵遂遭中國正式軍隊之抵抗，日本水兵，得由寶興路極南端進抵鐵路，但由此點往南之鐵路，則未能達到日本陣綫，由此處起迤邐至鐵路以東，達於公共租界邊境爲止，適介於北河南路及北四川路之間，其時有中國鐵甲車一列，由北車站開此，在吳淞鐵路上梭巡，對日本人射擊，旋卽避入北車站以內，該車站爲中國軍隊防守甚固是以日本人遂於二十九日白晝，以飛機轟擊車站，並炸毀火車一列，而火車站及其他沿寶山路一帶之建築物，均被日人抛擲燃燒彈，致付一炬，一般人皆相信此等舉動，出於有意，蓋因與等建築物，可爲偵察日軍陣線之瞭望台，故必毀除之也，是役損失之數，尙不可知，然生命犧牲，爲數必多，上海市長，因日本此項舉動，將向各國領事提出抗議，而日本當局，則謂此次舉動，與日本向上海市長提出並經該市長承認之各項要求，不相關涉，其目的乃在對於所決定之占據之區域內，多數日本僑民，加以保護，並謂日本行動，遭遇武力抵抗，日本當局，對此行爲承認担負完全責任，並謂遇必要時，此種手段，實可包括在防衞公共租界計畫範圍以內。

二十九日，一大部份時間戰鬥未停，下午英美兩國總領事，因上海市長之請求，出面斡旋，暫行休戰，此項休戰，僅係雙方相約停止射擊而已，一月三十一日，日本總領事，日海軍司令，上海市長，北站一帶中國軍隊司令，當英美兩國總領事之前，開會商定，由日本總領事向日本政府建議，將日本軍隊撤退虹口公園凹出處，如日本政府不允所請，則由中國方面報告中國政府，在未接確定答復以前，雙方相約除對方先行開火以外，不得自行射擊。

調查團主席齊亞諾簽字

這一通報告書送到日內瓦，其價値僅等於普通新聞社發了一張新聞稿一樣。九日，國聯討論上海時局，費去數小時工夫，依然是白談了一陣。臨了，主席彭古說：『全部事件似爲可悲的誤會之結果，行政院在目前辦事階段中，必須繼續注視，而待續報。』就這樣，他們的責任就完了。他們對於上海事變，不認爲是日帝國主義侵略的暴行，却輕輕巧巧的換上一個『可悲的誤會之結果』。他們的辦法，有的只是『注視』，『待續報』。在他們的『注視』，『待續報』的過程中，又將有若干中國士兵民衆將要遭受橫死，則非他們所想過問的了。但這報告書，在帝國主義御用的新聞記者方面，却起了作用。日內瓦的報紙，對報告書特別加以評論，提出其中爲各帝國主義掩飾帮兇罪惡的一點，加以闡明，說是一月二十八夜上海之變，與各帝國主義並不相干，以欺騙中國及全世界被壓迫大衆。以後，調查團又送過兩次報告給日內瓦，但其作用也不過如第一次報告書一樣，此地不須多錄。

二月十七日，國聯發出一封通知給日本，提醒日本從速解決上海戰事，努力去進行進攻蘇聯，不要在此時惹起帝國主義的火拚戰。十九日，國聯理事會又舉行了一次公開會議，根據中國政府的申請，決定在三月三日召集國聯大會，解決中日爭端。但還未等到三月三日，上海的中國軍隊已經自動撤出上海。三月三日的國聯大會，也就很順利的來進行他們瓜分中國的計劃了。

F　烽火中之滑稽插曲——縮軍卽擴軍

在上海戰爭中，各帝國主義更加深了他們相互間的衝突。同時，他們也更加努力於調解緩和這一衝突。所以一方面英國準備復活新嘉坡築港計劃；美、日海軍人員彼此檢閱自己和估量敵人的海軍力量，聲言不足保衞自國安全，而要大肆擴充；這足證他們也自知火拚戰爭，勢必難免。但在日帝國主義武力佔去了滿洲，而又正在上海聚各種兵隊，各種新式利器大燒大殺之時，一方面他們却偏偏有臉又到日內瓦去開軍縮會議。這怕滑稽到連小孩子也會知道他們是在開玩笑罷！

他們的軍縮會議，固然是想欺騙全世界被壓迫的大衆，但主要的還是他們努力想暫時緩和帝國主義自身的衝突，去進行消滅蘇聯的工作。日本帝國主義一面在上海大燒大殺，一面又佔領哈爾濱，強奪中東路，更不斷的從瀋陽(注意：是在日本佔據之下的瀋陽。)發出蘇聯增兵遠東的消息，以挑起反蘇聯戰爭的空氣，其作用也是如此。同時各帝國之紛紛活動，四出調停，也無非是犧牲中國被壓迫羣衆的血肉，來調劑他們彼此間的盈虛消長，使得暫時相安無事。

進攻蘇聯與瓜分中國，是各帝國主義一致的目標，在此目標下，他們有共同行動的可能。但爭奪殖民地，也是他們一致的目標。這一個目標，却又使他們的衝突無調和的餘地。日本佔領滿洲，英國也偸偸摸摸進行割據西藏，達賴在其指使下，並已奪取青海西南之一角。法帝國主義對滇，桂也是在步步進逼，準備動手。這些各就其固有的勢力範圍，延伸蠶食的行動，尙不大爲人所覺，但一到上海戰起，僅僅美帝國主義的憤火，也就足夠燒毀這個世界了。各帝國主義處此生死關頭，一方努力衝突，一方又努力緩和，世界雖大，但被他們的衝突，緩和所充塞，也就僅等於一隻牛角。他們就在這牛角裏旋來旋去，越旋越尖，一旦擠到尖端，便是他們的末日到了。

× × × × ×

本篇結束以後，覺得還有些紀錄着國際間勞苦大衆一致反日壯舉的零碎消息，頗足顯現現在世界上兩個森嚴的壁壘。因此，便將這些消息，附於本篇之後：

『國民社四日雅典電，昨夜此間有排日示威，高呼『打倒日本帝國主義』及『史丹林萬歲』等口號；遊行至日公使署擲磚擊碎門窗玻璃十餘方，希警察事先未有戒備，直至出事後始將諸人驅散，捕首事者數人，今晨希臘外長米克泊里士遂向日公使川島道達歉忱。(二月五日時事新報)』

『牛津大學學生今日聚衆作示威運動，稱遠東事變爲一九一四年後國際最大之危難，(二月十一日申報)』

『二月十日哈瓦斯電共產黨徒本日在漢堡日本總領事館前，舉行示威，約有二十人，高唱煽亂之歌，旋有一人以紅布包裹石塊，由一廣大玻璃窗中擲入，又有三人，紛由窗戶拋擲石塊，警察聞訊馳至，捕去示威者一名，(二月十二日申報)』

『昨有人拾得飛機投下日文傳單一紙，茲照譯如下，中韓台旅滬三大團體勸告日兵倒戈自救。我們代表中韓台旅滬四百萬民衆，勸告無謂犧牲寶貴生命侵略上海的日本士兵，戰士們，你們須知，日本帝國主義及軍閥侵華行動，對於你們日本民族，絕無利益，而且引起世界各國同聲反對，試看犯滬一月，百戰百敗，已來的六萬多戰士，幾無一生還，你們的父母妻子，都爲你們哭死了，戰士們，中華民族，是不可輕犯的，希望你們速起自救，認清你們的敵人，倒戈相向，推翻帝制，打倒軍閥，實現民主國家，解放被壓迫的韓台民族，以期連絡同種同文之東亞各民族，共存共榮，維持世界和平，上海各團體救國聯合會，上海韓人各團體聯合會，上海台灣遺民會，（二月二十八日申報）』

三、屠洗上海的劊子手日本

A　日本進攻上海的背景和目標

到去年，震撼全世界的資本主義極度的恐慌，日本帝國主義當然也是被捲進於這漩渦中去了的一員。大小企業的動搖甚至停頓，造成廣大的失業，都市工人，交去年下半年後，失業者已超出三百萬以上。加之，普遍全國——尤其是北海道的旱荒飢饉，也夾在經濟界之不景氣中無情地降臨。全日本各地，收獲銳減，米谷產額，減收二千萬担，米價連續增高，其他物價，亦因之昂貴，勞苦羣衆因之無法生活，社會也就感到極端浮動。這些由資本主義所造成的恐慌的痛苦，日本資本家當然不願承受，而要加給其國內勞苦羣衆，加給殖民地半殖民地被壓迫羣衆的身上去。日本帝國主義就在這種恐慌的背景中，展開了侵略中國的局面。

日帝國主義對滿洲的侵畧，因爲得着國際帝國主義的默契，得着其走狗的不抵抗主義的逢迎，很順利的如願以償，取得全盤勝利。但隨着這勝利的取得，骨子裏又育孕了幾個危機，第一，日本在滿洲的獨佔，又加深了帝國主義的衝突；第二，侵畧滿洲的一切費用，使日本國內的勞苦羣衆遭受更重的壓搾，而更向資本家的統治進攻；第三，滿洲侵畧更加加緊了中國革命羣衆反日反帝反統治階級的革命力量，增深了積極進行從帝國主義及其代理人的鐵腕統治下的解散運動的強化，日本帝國主義爲要挽救其垂危的命運，爲要欺騙緩和自國的革命鬥爭，爲要直接來屠殺中國的革命羣衆，便決心從東三省再蹂躪到上海。牠的進攻上海的目的，就是在鞏固並擴大牠的統治，而非圖與中國軍閥爭一日之雄。這一點，日帝國主義政府在進攻上海之始，也曾自己聲明說：『上海軍事行動，是制裁中國非合法分子，非與中國政府爲敵』。因爲牠很了解在牠眼中的中國政府，是不敢也不願與牠爲敵的。

B 『挑釁』、『暴行』、『陰謀』的大活動

進攻上海的日本軍隊，意外地遭受了中國反帝士兵及革命羣衆強硬的回答，日帝國主義便不顧一切的拚命調派大批軍隊來屠洗上海。軍艦四十餘艘、飛機三百餘架、軍隊除陸戰隊、商人義勇軍外，據可以知道的有久留米師團、三島隊、濱松隊、廣島隊、各務原隊、久留米隊千葉隊、金澤師團、金澤迫擊炮隊、富山砲兵隊、敦賀隊、金澤騎兵隊、金澤大炮隊、金澤機關鎗隊、金澤步兵隊、立川炮兵隊，及最後開來之第十一、第十四師團，東京第一師團，名古屋第三師團，廣島第五師團，瘋狂般的向上海輸送。在上海戰事發生以前及在戰爭中，日帝國主義更驅使其在華的武力，在中國各地，到處挑釁，挑釁不已，更大肆暴行。這些事件，就我們在報紙上能夠看到的，卽已舉不勝舉。

南　京

『南京二日路透電，日總領昨日下午雖向外交部長保證不炸南京，而停泊於江面之日艦，忽昨日午夜開炮，寂靜之首都，被其震撼，據目擊之華人談；夜間十一時一刻，駐於大阪碼頭之日水兵，向中國軍隊射擊後，日軍艦即開砲，砲彈落於下關及城中，迄至今晨十時始停，日方所發之第一砲，似為對準全成屏障之獅子山砲台，砲台中彈數枚，但據官塲聲稱，該砲台並未還擊，城內與沿江之軍隊，已接得勿與抵抗之緊急命令，日方發砲約二十枚，數彈落於城中，二彈則落於下關，落於下關者，並未爆炸，但城中死警察一人，損失甚大，城中自被開始轟炸後，秩序大亂，城中電燈熄滅，探海燈在城中照耀搜尋日飛機，高射砲兵亦即準備，天空並未發見日飛機，當日艦開砲時，下關居民均從夢中驚醒，今日天方挪曉，下關恐已闃無一人，在開砲後，各國領事即設法集其僑民，預備退出，警局令汽車黃包車，及其他車輛一律將燈熄滅，城中一時變成亂聲嘈雜之所，行人與車輛在黑暗中摸索，撞車與其他不幸事件恐在所難免，今晨南京已現荒涼氣象，各馬路中逃難者極多，大率皆不知逃往何方，通達杭州之中山路上，各種車輛與牲口及行人絡繹於途，均逃出南京，往安全地區者，今晨日水兵在下關登陸，對方卽爲中國軍隊，雖現在尙未發生衝突，但看來不免一戰，據英領署職員談，英領對此狀態甚爲懸慮，但迄至現在，尙未預備將其僑民退出南京，在昨夜日軍轟炸後，日當局今晨上岸，對昨夜事件向中國當局提出抗議，日方謂中國軍隊最先開鎗，據可靠消息，抗議文之口吻，似表示尙有繼續其行動之意。

今晨十時四十五分，日水兵約百名登陸，現駐守大阪碼頭，中國軍隊爲避免衝突計，卽作長距離之退卻，日艦六艘，今晨拂曉向上游開去，十時許，六艘中有一艘開回，現五艘泊於距下關哩許之漢家河（譯音），兩艘離開下關，據官場消息，昨夜日方向獅子山所發之砲，有數彈落於幕府山砲台，衆料所發之砲，一部爲空砲，蓋二十餘響中，計算出僅有十彈，下關當昨夜轟炸時，受震極重，玻璃窗多被震碎』。

江蘇各地

『日本已抱定對我作戰，我方僅謀自衞

，自上海開火後，第廿三隊立卽抽兩艦，駛往長江下游，圖至通州等地侵襲，昨日續調第廿三隊之兩驅逐艦，係從揚子江方面駛去，或至鎭江等地，擾我內地，並聞第二艦隊更派艦到海州方面騷擾』。

『蘇州二十三日晨，日機九架，擲十三彈，炸十一，僅毀機棚及寶帶橋鄉草屋，我開高射砲，敵放機關鎗，約廿分鐘，敵機逃，外跨塘到我機一架，在金鷄湖空中交綏數分鐘。』

『日人因新江蘇報登朝鮮獨立黨宣言，向省當局交涉，經調停和平了事』。

『南通潘陶萬團長二十八夜電報告此間二十五路軍梁總指揮謂，該處姚港二十八晚有日艦用探照燈探望，並鳴槍數十響示威。』

杭　州

『本報今日十二時杭州長途電話，謂今晨七時二十分有敵機十餘架飛至杭州投擲重量炸彈四枚，我機飛起向彼追擊，彼向錢塘江方面逸去』。

漢　口

『漢口日租界與華界毘連要口，已完成

正式防禦堡壘四五處，餘則堵截或覓鐵網，並雜以砲台，但留有數口照常交通』。

『漢口三日電，日艦泊漢六艘，聞尚有四艘開來，日海軍在特三區和平街一帶越界築防禦工程，市府交涉無結果，現交界處車輛斷絕通行，行人盤詰尤嚴』。

『日艦漢泊六艘，宜沙等處分駐五艘，共十一艘，聞尚有四艘續到，灣蕪宜沙川湘各地日僑均紛抵漢，日軍在特一區與日租界毘連街市越界築防禦工程，車輛交通斷絕，經市府交涉，日領推諉海軍所為，不能過問，致無結果』。

天津

『天津三日電，日武裝兵二百餘名，三日晨擅入華界富貴莊建物大街南關下頭儈家大橋等處遊行示威，下午又在日租界舉行巷戰。』

『天津六日電，日武裝兵百餘名，攜機鎗七架，六日晨八時，擅入華街遊行示威，意在挑釁，由富貴莊經南關大街，南關大街，因無機可乘，遂取道萬德莊回海光寺兵營，下午二時半，又有武裝憲兵六名，由下士一名率領，到城內廣東會館保安第三中隊，欲入內尋釁，衛兵勸阻，憲兵卽拔刺刀，將衛兵扎傷，保安隊見不可理喻，卽出隊包圍繳械，旋由日憲兵司令部派員將行凶憲兵及槍械領囘，不料該憲兵因尋釁未成，心甚不甘，乃用刺刀自殘，誣保安隊刺傷，於晚七時，突有武裝日憲兵六七十名，將第三中隊部包圍，逼迫保安隊長簽字承認刺傷日憲兵，隊長不允，日憲兵卽動武。致起衝突，市長周龍光聞訊，蒞塲排解，至八時，日憲兵解圍而去，聞又將向我提出懲凶道歉賠償醫藥費等條件。』

『津日兵百名六日晨全副武裝携馬七匹，機鎗八架，小車七輛，裝軍用品彈藥兩箱，越界遊行示威，狀甚猙獰，另有日兵多名，在日界演巷戰，又日兵數名赴廣東會館，一人在外把守，聞係搜查。』

北平

北平　十二日晨，日兵百餘，又在東單牌樓演習，並試用小鋼炮，操練三小時囘營。

廣州

『駐粵日領因粵某報登勇哉李鳳章一文，突向廣州市府提出嚴重交涉，市府已據理力駁。』

汕頭

『汕頭近多反日言論，日領要求將各報停版，市府駁覆不准，日擬增派軍艦來汕，情形頗為嚴重。』

『路透社三十一日廣州電，華字報載，稱汕頭日陸戰隊登岸轟擊華兵，日領事向華當局提出要求，限明日答覆。』

日帝國主義除在中國本部各地恣意橫行而外，更注意於進攻蘇聯的路綫，在進攻上海的同時，強佔中東路，奪取哈爾濱。牠在東三省，一方面利用東北漢奸，組織所謂滿蒙獨立國，作為併吞的準備；一方面收買白俄，組織成軍，作為進攻蘇聯的先鋒。據莫斯科念六日國民社電說：『遼寧省內刻正組織一白俄軍隊，受日人節制，其用意在進攻蘇俄遠東海濱各省，此訊將於明日刊載此間政府各機關報，據稱消息來源，極為秘密，日人曾暗中訓令白俄舊將考斯明，祕密組織白俄軍隊，由受日軍津貼之哈爾濱時報藉登記失業白俄為民，在哈爾濱暗中招募兵士，迄今招得若干，未能探悉，但在一月中旬，已聞招到數隊，每隊人數在五十至一百之間，陸續送往瀋陽訓練，由日軍供給鎗械，但行動極端謹密，以免外漏，預定首先成立之兩旅，將由白俄舊將孟德拉金與穆德斯篤夫兩人統率，將來白俄軍隊向蘇俄沿海各省進攻時，日軍則同時向中東路西端邊界外之柴培喀爾省作軍事行動云云。』他們現在是不顧一切的用盡陰謀來滿足其殘酷的慾望了。

C. 無數生命財產換來的危機

日帝國主義這種瘋狂的暴行，得着了些什麼呢？對外，只增加了各帝國主義間的衝突，對內，只給了日本勞苦羣衆以更深的痛苦，同時也動搖了牠自身的統治。據上海日領及日海軍司令的宣言說，日海軍在上海發動以前，曾商得公共租界工部局及英美當局同意，但他們事前確沒有料到中國兵士會起來抵抗，沒有料到戰事會延長，因此，就不能不惹起英美帝國主義的不滿和嫉妒。戰爭延長的局勢顯明了以後，英美帝國主義忙提出五項停戰條件，以限制日本過分的掠取。日帝國主義卽刻拒絕了此項條件，並乘機提出在中國各大都市設立不駐兵區域的建議，以餌得各帝國主義的同情。此提議雖因日美衝突的嚴重而沒有正式提出，但日帝國主義對於壓迫中國士兵退出上海的一點，却始終堅持不放。戰爭延長到一月以上，在這月餘中，太平洋上，殺氣籠罩得一絲不透，若沒有鎮壓中國革命與進攻蘇聯這兩個目標，使牠們暫時可以勉強黏合，恐怕帝國主義戰爭的砲聲，早巳轟遍全部地球了罷！

再看到日帝國主義侵略中國而造成的其國內的恐慌。東京報知新聞說：

『現政府所採之通貨膨脹政策，其程度實出於預想之外，卽本年三月爲止，所需之滿洲上海事變費，達五千三百萬金元，此款業經樞密院之咨詢，於存款部領收項下，全部充當，然由目下軍事行動觀之，以後尚需相當的鉅額經費，雖此項具體案，可提出於臨時議會，但負担此鉅款，因存款部已有限度，今後固無餘裕可言，因此不得不向市場公募，惟市中銀行方面，因資金漸減，日形危逼，就最近東京社員銀行週報觀之，存款部份，一週之內，復減少千六百萬元，自去年十二月金輸出再禁止以來，豈減少九千萬元，因此公債負擔之能力，極為稀薄，若附有條件而謀多募，勢必影響既發各種公債之市况，以故除由日本銀行完全負擔外；別無他法，蓋民間之財源已枯，實無力再負担，回憶自犬養內閣成立後，經濟界之情勢，急轉直下，本年一月起至二月二十日之間，輸入超過額達七千五百二十四萬五千金元，若欲改良國際借貸，紙幣之濫發，在在危害國民經濟的命脈，此今日財政難關不易打破也。』

上海大陸報也有一篇論日本財政狀况的文章說『日本侵畧東北，業已五月，在滬軍事行動，亦經一月，其目前之經濟財政狀况，大可一加研究，以覘其在華戰爭究能支持若干時日，惟於日本財政力量，欲有相當之了解，必須回溯歐戰以來之財政經濟情形，歐戰之於日本，一般人多已承認有害而非福，日在歐戰期內，獲得空前之繁榮，公家歲入，遠過支出，國庫積盈，不下日金六萬四千萬元，而日政府在國內外之信用，亦正如日之方中，月之始滿。迨一九二一年以後，戰時之繁榮，乃漸露衰竭之象，繼以一九二三年大地震，政府財政，遂開始如江河之日下，無一年不有鉅額之虧短，至一九三一年下半期之初，國庫積儲，耗用既盡，而所募公債，自一九一三年以來，又增至二·四一七·六九七·〇〇〇元，致政府負債總額共達日金四·三七八·五九三·〇〇〇元，日本公家財政既若是窘迫，而私人經濟，又復每況愈下，自一九二一年以來，貿易入超平均歲達日金三八〇·〇〇〇·〇〇〇元，雖有航業收入與外國游客在日消費，以及海外僑民匯歸款項，國外投資收益等種種無形收入，可爲入超抵補，然至一九三〇年終十年之間，日本應找付國外之款，竟共達日金三、一八九、〇〇〇、〇〇〇元；一九三一年日本輸出，更形減少，而自九月十八日日軍閥開始侵犯中國東北主權以後，其銳減狀況，愈益顯著，查最近五年間，日本輸出額平均歲約日金二十萬萬元，一九三一年僅十一萬四千七百萬元，約減八萬五千萬元之鉅，迨最近五月，輸出更減，平均每月不過值日金七千五百萬元，反之一九三一年上半年，則平均月值一萬萬元，且同時航業既告停頓，在華投資，又不復可獲利息；日僑不能匯款回國，游客貿易，亦大受影響，種種無形收入，咸見銳減，夫以其輸出若是之減少，每年不足日金十萬萬元，加以無形收入之意外短絀，誠令人不解，照此情形，如何能應付國家歲出，十五萬萬元之鉅費，此所以日政府於一九二九年以來，即不能均衡其預算也。日本公家財政與私人經濟之窘迫，既如前述，而目前之日金匯價，更可證明其形勢之嚴重，當一九二二年頃，猶在戰時興盛之尾期，日本在國內外存金共達日金二十二萬萬元，洎乎去歲東北事起，未及三月，即已廢去金本位，今五月之後，其存金已減至四萬三千萬元，僅及一九二二年存額五分之一，滬戰發生以來，東京每次派兵來滬，日金匯價輒低數磅，去年十二月上半月，日金百元猶值美金四十九元半，本年一月二十八日，降至美金三十七元，目下祇值美金三十元半，是日政府無法阻止鈔票之貶價，而日鈔正步盧布馬克之後塵，事實如是，無可否認，日本人民，獲有此種迅趨破產之形勢，誠應感謝其軍閥之不顧世界輿論，與人民負担能力，而依然侵略中國，使時局益形深刻，近日東京電訊，日政府預計繼續上海軍事行動至三月底止，又核准軍費日金二千二百萬元，所有上海作戰軍費，迄今共達日金五千六百萬元，且據最近消息，日本更將續開大軍來滬，則戰事延長，戰區擴大，其軍費亦必更見增加，觀於前述總計，苟稍事研究經濟學者，對於日本出席國聯總代表佐藤向德報記者所稱，「倘東三省與上海之衝突，不能化爲地方事件，日本將損失一切」之語，自不能不表示同意焉。』

日帝國主義犧牲了無數勞苦羣衆的生命與財產所得的結果，只是財政陷於絕境。牠在這種重圍之中，唯一的出路，就是更加壓榨其國內的勞苦羣衆，然而這又必然地要造成更嚴重的經濟、政治的危機、送牠走向絕境。

D 反帝烈焰猛燒在三島

日本國內的工人鬥爭，從去年九一八以後，便有着極大的活躍，而且都是以反帝國主義戰爭做着鬥爭的中心：

「十一月七日蘇聯革命紀念節，東京城北的東京假象牙(cellulaid)的工人四百人，使入工場，用自來水鐵管追逐警察，作反戰的決議，决行示威。』

『十二月板木縣一製絲工場，舉議拒絕了資本家的滿洲慰問金募集。其他拒絕慰問金募集的事，普遍許多的工廠及農村中。』

『東京某工場許多女工，十一月末舉行反戰演說，被警察逮捕。』

『青森縣的農民，不僅是實行佃租減免鬥爭，並且捲起了廣汎的反戰鬪爭。』

『青森某聯隊，脫營者二名，自殺者一名，弘前三十一聯隊，也自殺了一名，因此蒸騰了那地方的反戰熱，成了一有事情就要爆發的狀態。雖經警察彈壓，而反戰鬥爭更加猛烈，現在繼續鬥爭中。』

『一月的三偉人紀念節，帝大學生千餘，高張赤旗，舉行示威運動，高呼反戰口號。』

『神戶兵士兩團反變，提出反對侵略中國，解决失業問題，打倒天皇，建立蘇維埃日本的口號，被當局槍决三百人，餘散赴工人區域。』

『二月十一日建國祭，帝大學生千餘又舉行反戰的示威，由三樓教室總口，高懸紅旗。警察百二十五名前往壓彈，被大衆揉搓得走頭無路。事後被逮捕學生念五名。』

『被稱爲思想安全地帶的東京士官學校，也發見反帝反戰之標語傳單，張貼校中各處，校長異常焦心』

『二月十八日，東京市內勞工各團體，舉行大規模之示威遊行，參加之工人達三萬，均手執紅旗，高呼『反對帝國主義戰爭，』『打倒統治階級』，『反對進攻中國』，『推翻資本主義』之口號，聲勢洶湧！』

（以上轉錄第一線一卷一期。）

在上海戰爭爆發以後，這種反帝國主義侵略戰的事件，更加來得普遍，兵士，工人，學生，婦女，均參加了這些鬥爭，在滬日軍中革命士兵委員會，乘飛機散發反對侵略中國的傳單，更令人感到日帝國主義的危亡無日。這些因上海戰事而起的反戰運動，我們也可以找些材料：

『十三日東京時事新報云，神武天皇紀元節午後六時三十分，神田區神保町大街兩旁，忽有羣衆四五十人，狂呼打倒帝國主義，遊行示威，錦町神田兩警署聞訊，立即派大隊警察，協同馳往該處，除將羣衆驅散外，捕獲爲首者十四名，分押錦町神田兩署。』

『新聲社云，日軍司令植田謙吉，前晨下令向我方總攻，茲據日方確息，昨晚九時二十分，駐守閘北一帶日軍，自接得植田之總攻擊令後，三千餘名之新到陸軍中，有六百名不願參加作戰，頓時譁變，一時日軍陣地，秩序大亂，當經其他日軍將其包圍繳械，並即急電植田司令，請示處置辦法，於十一時零五分，植田之命令已到，囑將該項譁變部隊，即日押解回國，以免煽動軍心，有礙作戰。』

『昨有日婦，年約五十餘歲，在日總領署前，高聲大詈日領村井，其狀若狂，因該婦要求與村井領事見面，謂有要事接洽，被門警拒絕，故痛罵。據云該婦素居北四川路橫浜橋境，小本經營，稍有積蓄，後在橫浜橋開一雜貨店，竭力經營，生意頗覺發達，從時已有七八年之久，此次滬戰以來，該婦所開之商店，首當其衝，被炮彈擊中，起火全燒，老嫗半生心血，付之東流，因之因此怨詈日當局，視日軍若蛇蝎云。』

『連日日軍慘敗消息，傳到東瀛後，人心恐慌，達於極點，加之國內報紙，所載戰事消息，亦完全自認蒙受重大犧牲，於是全國滿呈恐怖現象，而以參加作戰之官兵家屬爲最，老哭幼啼，妻號子泣，大有岌岌不可終日之勢，悉怨恨日軍閥之窮兵黷武，師出無名也，聞前數日有日運輸艦一艘，滿載陣亡將士屍身返日，船未抵埠時，碼頭附近早立有日官兵家屬萬餘人，一見艦至，立時哭聲震天，甚至有一見屍身，家屬竟投海身殉者，不可勝數，亦云慘矣。』

無論日本資本家們用着怎樣好聽的『忠君』『愛國』的美名去欺騙日本勞苦羣衆。終敵不過事實的教訓來得有力。侵略中國的一切費用，都出在日本勞苦羣衆的身上，到中國來犧牲的，又都是日本的勞苦羣衆。日本資本家們驅迫勞苦羣衆拋棄家庭，用血肉到中國來爲他們爭奪權利，造成無數的孤兒寡婦，啼飢號寒，他們自己，却仍舊無愛無慮的過着舒適生活。三井財閥等利用『金再禁』購入大批美金，一夜工夫，就贏餘數千萬元，而勞苦羣衆的貧乏，飢餓却仍舊一天加甚一天。經濟恐慌，生活斷絕，必然地促進階級的對立。三井財閥前藏相井上以及團琢磨之繼續被刺，已足現出日本統治階級的分崩之兆，更加以全日本工農勞苦羣衆的如火如荼的鬥爭，日本帝國主義命運，已離末日不遠了。

四、矢忠於帝國主義的統治階級

A不抵抗主義之又一回暴露

寶山路，永漢路，和南京中央黨部門前的淋漓鮮血，以及東北三省遍野的伏尸殘骸，流亡餓莩，這都是中國政府在抗日運動中留下的成績。中國政府對日帝國主義縱然是矢忠矢順，畢竟還是消滅不了反帝反日激浪，也不能饜足日帝國主義的野心。反抗的激流，直衝動了帝國主義統治的寶座，勢必要起來見個雌雄。於是就在中國由倒蔣變爲迎蔣，汪精衛進京，孫科，陳友仁失勢走路的當兒，上海事變又起，這事變便給中國政府再來了一個透明的暴露。

上海事變的前夜，上海市長吳鐵城，遵從日領意旨，封閉了官商黨合辦的各界抗日會，完全接受日本領事提出的四項要求；南京察知十九路軍士兵之憤激，亦下令退出上海，使他們失去反抗的機會。當日兵的第一顆槍彈飛出鎗口的時候，十九路軍的長官且未在軍中，這當然不是有過抵抗之念的舉動。可惜士兵羣衆沒有領略到不抵抗的妙用，遂使政府諸公功敗垂成。這一點，我們可以舉出一月三十日時事新報上一篇新聞來作證：

> 本市自前夜十二時，日軍越防，侵入我軍陣地，致起衝突，旋日軍大舉攻擊華界閘北天通庵各地，我十九路軍將士，以守士有責，

起而應戰，據某方消息，前天下午一時半，市政府將日領對馬玉山路案四項要求，完全屈伏接受，滬上軍民，聞訊無不憤慨，但以爲市府既已完全接受日方要求，則滬埠情勢，當可暫告和緩，且南京政府已有命令，十九路軍撤退防地，改由谷正倫部憲兵駐防，十九路軍各將領，均以既接受要求，及改換防地，則情勢已可和緩，多相率離部，入居租界，詎意日方忽於十一時許，致函市公安局，聲稱爲保護僑民起見，須由日方派隊支配閘北，迨十二時卽分頭向我閘北侵入，收繳吳淞路小菜場五區一所，天潼路五區二所，引翔港五區四所各長警鎗械，派隊佔領天通庵車站，當時十九路軍與憲兵，雖已決定換防，因接警訊，臨時終止，一面派人尋找長官，回部隊指揮，蔣光鼐蔡廷楷等，聞訊卽趕赴龍華司令部，會商禦敵，因夜深交通不便不能直臨防線視察，及天明始分別出巡，可見我方事先，本極力希望和平，將領均已離隊，及聞日軍入寇，我軍將領，方趕返策應，但仍不能直達前綫，絕無挑釁之意，事甚顯然，事變完全出自日軍之横暴也。

看了這篇申辯不敢開罪的文章，當可了然上海月餘血戰的引線，是誰引燃的了。

B 嚴禁民衆起來反帝抗日

上海戰爭，終於因士兵自動抵抗而擴開了。中國政府究竟是接戰呢，還是準備投降呢？在已成的情況下，說到戰，自然是一個民族和另一個民族戰，交戰的雙方，對於自已的民族之反抗對方的一切行動，當然不會阻止；不但不會阻止，而且還要盡量的激勵，鼓舞，使自已這一民族的每一個份子，都動員起來，發揚自已的力量，給敵人以打擊。日帝國主義在上海，用了一切新式武器，日夜轟擊，以至月餘之久，雙方衝鋒陷陣，血肉相撲。這是千眞萬確的兩個民族交戰的事實。中國政府如果沒有存心投降，決不會到此時還阻止民衆的抗日行動。但實際上却是：

◀公安社會兩局

嚴禁集會遊行

市公安局長溫應星，社會局長麥朝樞，昨日會銜布告云，爲會銜布告事，案奉市政府令開，查邇來有未經依法組織之團體，召集市民大會，每多不良份子，混跡其間，假集會游行之機，爲越軌違法之舉，不獨妨碍地方秩序，抑且影響社會安甯，際此國難當前，時局嚴重，尤宜嚴加制止，以維治安，合行令仰該局，遵照辦理，切切此令等因奉此，除由本公安局通令各所，遵照嚴禁外，合

亟會銜布告通知，仰即一體遵照毋違，切切此令，(一月三十日時事新報)

◀保衛團誤捕同胞

六日下午閘北有志士某某二人，在街頭分貼標語，被閘北保衛團誤爲被日人收買之奸細，解至眞茹司令部，幾被槍決。後經羣衆前去交涉，於七日晨始得釋放。(二月八日烽火)

◀對日作戰緊急中

當局始終不准民衆反日

浦東民反分會所組織之義勇軍，曾發表對時局宣言，後爲公安局查悉，突於十一日下午捕去義勇軍二十餘名，幷立即查封該民反分會，該被捕廿餘名，後經釋放十餘名，尙餘八名，準於十二月引渡到上海市公安局云。(二月十三日烽火)

◀京警備部

代日艦辦食料

下關日艦旁，每有小划船，運物往售。警備部恐有流弊，或發生誤會，特令水上警察歸下關憲兵區徐營指揮，禁止划船接近日艦，所有日艦應用食料，由警備部飭警代辦。

(二月十一日申報)

◀漢反日會會議結束

漢口九日電，反日會九日開結束會議，未了案件，分別制裁。(二月十日時報)

◀平軍警當局

限制抗日運動

于學忠周大文鮑毓麟等今日下午在市黨部召集抗日會首領談話；以刻下外交吃緊，抗日工作須審愼考慮，注意實際，俾免予人口實，而起無謂糾紛。(一月二十九日申報)

◀津市府禁組義勇軍

天津市政府以滬變繼起後，各地民衆團體，多有組織義勇軍，呈請政府發給槍械情事，市長周龍光，深恐有礙地方治安，特通令所屬，嚴加禁止，令文略云「查學校義勇軍爲青年學生所組織，其愛國熱忱，純粹無疵，其他各地民衆團體及退伍軍人所組織義勇軍，其意可嘉，惟恐其中良莠不齊，或匪類共匪乘機混入，於地方治安所關甚大，市府有鑒及此，特通令所屬各機關，除正式學校學生義勇軍外，一律查禁組織，其已經成立

者卽行令其解散，俾免地方橫被紛擾云。（二月二十六日大晚報）

上面不過是已經被報紙披露了的消息，其他禁止民衆作反日運動的暴壓，未爲我們知道的，不知尙有許多。中國政府是否在代帝國鎭壓中國民衆，大家儘可從上面所列的消息中去找出回答。

C 裏應外合之「長期抵抗」

中國政府雖然嚴禁民衆反日，他們自己還要硬充漂亮，國民政府害怕日帝國主義的炮艦，便藉口長期抵抗，馬上「移都」洛陽。他們的遷都宣言說：

『自日本以武力侵佔東北以來，政府一面遵重華盛頓九國條約國聯盟約凱洛格非戰公約之精神，雖釁自彼啓，仍堅持忍耐，以候簽約各國之主持公理，一面嚴飭軍警，應以全力捍衛地方，保障人民生命自由財產之安全，苦心維護，於茲數月，而日本進逼不已，最近竟以大批戰艦駛至上海，並輸送陸空各軍，藉口市民抗日舉動，以使用暴力，橫加恫嚇，夫人民組織團體，以急國難而禦外侮，本出於愛國之熱誠，苟無越軌行動，政府無從加以干涉，惟政府爲避免戰禍計，已不恤一再遷就日本之要求，始則對於民衆抗日之言論行動，稍涉激烈者，均予禁止，繼且曉諭各種民衆團體，自動取消抗日名義，以杜強隣之藉口，本月二十八日午後一時四十五分，上海市政府對於日本駐滬領事之要求，已予以日領自身亦認滿意之答復，而同晚十一時二十五分，日本第一外遣艦隊司令官忽來通告，迫我上海駐軍讓出防地，俾其佔領，軍隊有守土之責，詎能應其所求，日本軍隊遂即向我軍進攻，竟使上海繁盛市面，罹於兵燹，且使用無限制之飛機轟炸政策，平民生命財產，慘受荼毒，數量之巨，無可估計，同時首都及長江上下游各重要市鎮，亦有日本軍艦到處挑釁，夫日本所以繼續使用此等暴力政策，且進而愈厲，其用心不過欲威脅我政府，使屈服於喪權辱國條件之下，政府受國民付託之重，惟知保持國家人格，尊重國際信義，決非威武所能屈，惟有堅持原定方針，一面督勵軍警從事自衛，決不以尺土寸地授人，一面仍運用外交方法，要求各國履行其條約上之責任，日本此次濫啓兵端，破壞和平，不但中國領土主權遭其損害，舉凡華盛頓九國條約國聯盟約凱洛格非戰公約亦爲之毀棄無餘，政府深信中國對於此等暴行有正當防衛之權利與義務，同時深信各國爲維持世界和平及國際信義，亦必不能坐視，茲者政府爲完全自由行使職權不受暴力脅迫起見，已決定移駐洛陽辦公，望我各省區行政長官及軍隊長官，同心協力，各盡所職，以靖地方，而安人民，尤望我全國民衆，以勇毅沈着之精神，共赴國難，勿躁張，勿畏葸，務使暴力無所施，正義得以申，國家安危，悉繫於此，願共勉之，國民政府主席林森，行政院長汪兆銘。』

這篇宣言，開頭可憐地說，日本要禁止民衆反日，我們就禁止；日本要解散抗日會，我們也遵辦，『已不恤一再遷就日本之要求』；但日本還要打，那末，我們便要『保持國家人格』，『堅持原定方針』(不抵抗主義。)來自衛了。同時，在一月二十八日力主十九路軍退出上海的蔣介石，也發出通電，說什麽『抱寧爲玉碎勿爲瓦全之決心，與破壞和平蔑棄信義之暴日相周旋』；新任外交部長羅文幹也說：『此後日本軍隊對於中國領土如復更有攻擊，則必盡力之所能及，從事正當防衛』。現在，一羣不抵抗主義者們，好像眞的要發奮爲雄了。其實，事情沒有那樣簡單，還有別的原因在呢！

前面曾經說過，南京政府原來是準備把上海拱手送人的，所以才下令十九路軍撤退，但下層士兵，拒絕了撤退的命令，竟自動還了鎗，於是這班不抵抗主義者，便不得不裝出慷慨激昂的氣概來，欺騙羣衆。同時，他們挺身出來，領導作戰，又可以操縱士兵，不使士兵與民衆聯合一起，不使士兵衝入租界，破壞日軍根據地。等他們上下其手，裏應外合，假裝殺上幾個回合之後，不是依舊可以把上海送人麼？果然，一邊在叫戰叫殺，一邊又矢口否認路透社所傳的對日宣戰的消息了。

D 賣國優先權之逐鹿

南京政府遷洛不久，報上又載着汪精衛到浦口來了一次，但未說明何事。那時候，英、美帝國主義正提出了劃上海為中立區的建議，汪到浦口聚談之後，洛陽政府便馬上表示接示，情願把上海交給國際帝國主義共管。而且怕這個中立區為反日羣衆所反對，更特別盡忠的告訴各帝國主義說，『中立區』字樣，不適和現時中國方面的情形，不如改為『和平區域』，比較容易麻醉羣衆。中立區被日本反對，沒有實現，戰事仍舊不能結束。洛陽政府，對上海作戰的士兵，不給以絲毫援助。只一面叫顏惠慶在日內瓦商議出賣上海，一面叫顧維鈞、郭泰祺在上海接洽投降，他們却美其名叫做『一面抵抗，一面交涉』。

在上海戰爭中，新的舊的各黨各派，也都乘機大活動。所謂留滬中委孫科陳友仁等，左一個通電，右一個通電，主張抵抗到底，其實誰不記得南京一二一七慘案，就是出在這批袞袞諸公當道的時候。他們這般做作，無非想利用勞苦大衆的血肉，搶得賣國的優先權罷了。其他國家主義派也榮膺了國難會議的會員，在勞苦羣衆的血肉製成的華筵上同分一杯羹。甚至舊軍閥吳佩孚、張宗昌，有名的賣國賊曹汝霖翟，這時也成了救國(？)的同志。有了這大批的忠順走狗，還怕帝國主義在華的統治不萬歲千秋。

從南京、洛陽以至廣州、北平，一致是堅持不抵抗主義，同時，又各自勾心鬥角，盤馬彎弓，準備自相殘殺。因為如此，他們必需急求上海事變的解決，才有機會來自爭雄長。所以第一步是十九路軍的退出上海，第二步就在上海積極進行和議。所謂長期抵抗，就將各此結局。然而他們這次的暴露，給予勞苦民衆的認識和覺醒，也就是另外一個火種，埋藏在他們的寶座之下了。

附錄一——烽火中的上海反日民衆

一二八夜裏日本帝國主義的砲聲，震怒了上海的勞苦民衆，增高了他們反帝的情緒，幾十萬工人的反日總同盟罷工，影響革命反日士兵英勇的對日作戰，在進行反日工作中提出了武裝自衛的口號，成立民衆反日救國義勇軍，在兩三天中登記加入的有幾千人，成立了浦東，滬東，閘北，法南，滬西，各區區辦事處，確定的中心任務是勞苦民衆武裝自衛，反對日本帝國主義進攻上海，反對瓜分中國的一切帝國主義和他的走狗。所以在成立義勇軍以後，即徵調一部份到前線去聯合十九路軍士兵作戰，除掉一部份被十九路軍官長拒絕外，到前線去的都負着反日宣傳的特殊的使命，不但向自己的士兵鼓勵宣傳，並且將傳單擲向日軍的戰壘裏，向日本士兵宣傳反日。在前線並且組織了救護隊慰勞隊將物品直接交給士兵 ， 曾開過二次軍民聯歡會，表示着兵民密切的聯繫，在後方的義勇軍每天派出宣傳隊和慰勞募捐隊，出發各街道工廠宣傳募捐，並且組織了許多突擊隊，到日本帝國主義的後方，繳日本零散步哨的械，並且散發反日的宣傳品。虹口幾次的兵變，義勇軍的深入宣傳也有相當作用的。他們去襲擊日軍的時候，用的武器是家裏現成有的斧頭菜刀，甚至就在路上搶些石片，用作武器。各區都組織了日貨檢查隊和遊擊隊專門偵捉漢奸奸商。在檢查到奸商的貨物和糧米，就發動難民和失業工人去分配。民衆反日救國義勇軍是站在階級利益和民族利益上鬥爭的，並不是狹隘的愛國主義，所以反對的是帝國主義而不是帝國主義國內的一切民衆。所以對於一切帝國主義軍隊的士兵，用宣傳聯絡的方法，使他們同情中國勞苦民衆，聯合在反帝的陣營裏，在各國的軍隊中都組織了反帝的團體。

正在蓬勃發展的時候，遭着了當局的忌恨，開始逮捕義勇軍封閉辦事處。但他們在摧殘以後，因爲組織的嚴密，並沒有受影響；繼續在秘密進行，反因爲這樣，使一班對於當局有幻想的民衆覺醒，紛紛加入義勇軍，所以他的組織更開展了。當十九路軍士兵被迫撤退的時候，有許多漢奸保衞團公安局肆行搶掠民衆，閘北民衆反日救國義勇軍曾經保護了許多民衆的安全。到日軍佔領閘北以後更領導難民農民反抗日軍的暴行。最近因爲組織一天天的開展，使得有中心領導起見，正在組織工人模範義勇軍，滬西日廠的工人，因爲歷受壓迫預備加入，進行反帝工作，保護反日罷工，保護一切勞苦民衆的利益。

烽火號聲(附錄二)

——戰時特刊「烽火」的評論——

燃起反帝的烽火！

日軍的砲火在上海市震轟着，虹口、閘北無辜被日軍慘殺的民衆的屍與血已狼藉的陳流在遍地，現在的危殆，不僅是刀在頸上，刀尖是已經戳入我們的胸腔了！不抵抗的政府，已在這暴力的「威脅」下，俯首貼耳逃竄了；洋奴買辦資本家們也在趁機爭奪統治政權，列強帝國主義紛紛開來軍艦飛機，他們也正準備着瓜分宰割中國的戰鬪；一切敵人的刀鋒炮口，正環伺在我們的周遭，坐守而待斃？逃亡圖苟安？赴戰以求存？民衆們，這都不容我們有猶豫與擇决的裕餘了！

在多重壓迫蹂躪下，現在我們祇有集中在反帝的旗下：戰爭！戰爭！燃起革命的烽火，獨惡鋤敵，帝國主義者及其附系的狗子狗孫，雖然尙有僅存的掙扎，尙有反噬一口的殘力；但我們是萬千的羣集，我們是貧苦的奴隸，世界是屬於我們的！「我們是世界的主人」。

武裝我們的力量，統一我們的戰線，流出最後的血滴吧，——血影中是永久平和的導路！ (二，四，)

用全力去肉搏！

在資本家買辦階級竭力要把這戰爭「平和」下去的此時，我們是頻頻的接到前方傳回的捷報；十九路軍士兵英雄的担當了此次民族解放鬥爭的主角，基於全上海工農大衆的擁護與出死力的援助；克服了日本帝國主義，同時也使其他的帝國主義者見而胆寒！這一時期，我們的流血，是已如記者首次所說的一樣，牠已顯示着『永久平和的導路』中國民族的解放，在這一個時期，是已經到了應驗「起死回生」的時候了。

因此，所以放在眼前的事實在催迫我們：不要絲毫的放鬆，或懈怠了這機會。只有堅决的持續這戰爭，直到把一切帝國主義者，從中國的國土裏驅逐出去爲止。

據前昨兩天的報導，我們在另一方面，也看見日本國內和其他帝國主義者國內的被壓迫大衆都正在應和着我們血淚的呼號，大家彼堅強的在共同求解放的戰線，一致向消滅帝國主義的鬥爭。這是關聯整個世界局面的機契，開動這機契的鎖匙現在正握在我們——全中國革命的工農兵的手上！

所以，帝國主義者聯合起來爲企圖瓜分中國以鎮壓中國民衆求解放的鬥爭，是必然的。而中國國內的資本家買辦階級以及一切寄生於帝國主義的人或走狗，爲了牠們自身的利益而掙扎着勾結帝國主義以欲消滅此次滬戰；也是必然的！民衆們，歷史的路，正是如此；敵與友的分立，亦正在此時；不要接受一切欺騙，我們在現在，只有用全力與帝國主義者去肉搏；先殲滅日本帝國主義。勝利是我們的！十九路士兵們血戰的實績，已經清楚的宣示在我們的眼前了。　　　　（二，九，）

不抵抗有所由來

前(十一日)晨「申報南京電」，「京警備部代日艦辦食料」，原電文如下：

「下關日艦旁，每有小划船，運物往售，警備部恐有流弊，特令水上警察，歸下關憲兵區徐營指揮，禁止划船接近日艦，所有日艦應用食料，由警備部飭警代辦」

在吳淞砲聲震撼不息，十九路軍士喋血犧牲的此時，任何人都能明確的知道：日本帝國主義者是我們民族的仇敵，日本帝國主義的武裝，就是仇敵來殘殺我們勞苦大衆的屠手。最近在上海，凡有商店爲敵人供給物料的都被恥爲『漢奸』並且對『漢奸』都有懲罰。現在，政府所在的首都警備司令部，反竟公然爲日艦代辦食料，讓敵人吃飽了，更好來動手。

這種助敵的行爲，已經完全顯露出來了！由這一點上，我們也可以知道「鎮靜」「不抵抗」原是有其「有所由來」；我們更可以知道，十九路軍孤軍奮戰，政府爲什麼不派一援兵來助戰的理由，是因爲政府已經是通敵了！祇爲壓迫自國羣衆而名爲「拱衛首都」的南京警備司令部，都作了日艦的「勤務兵」，「輸送隊」；其他所謂中央要人的行徑，當更可想而知了！現在，我們在對日作戰的目前，切不要放過這通敵出賣民族利益的政府，因爲牠無處不是在助敵，我們要徹底的把牠和一切帝國主義一同消滅下去！(二，十三，)

拍賣主的夥計

以專門爲登商業廣告的上海新聞托辣司所屬的各「大」新聞紙，在此次戰爭中，極盡了牠欺騙民衆的一切醜態。因爲是在戰爭中，商業廣告減少，所以就都美其名出版特別號外，看見非屬於托辣司的時報的晚報號外，頗能銷行，於是屬於托辣司之一的時事新報也出版晚刊與其競爭；同時，他們自己知道這些報紙早已爲智識份子等所厭惡，於是又出「血本」若干，招了一批「民族文士」們來出版一張大晚報。這些新聞紙，充斥在望平街上，因其維持了小癟三、老鎗報販的生計，所以看看也頗形熱鬧。然而一本其欺騙大衆的，他們的「輿論」立場，其遺害於大衆的力量也就隨之愈形播廣了。

我們不能在這裏詳細檢閱這些報紙一貫的背叛大衆政策下的「內容」。但我們祇看此次上海戰事發生後，他們爲了迎合大衆反帝與反統治的心理，表面上都一致的主戰，但同時却叮囑着民衆：在「對外時期」，「不要對內」。

我們知道，一切外侮之來，都是由於政府不顧民族利益所招致的，這樣的政府實在是早已成了亡國之始作俑者，我們爲什麼不打倒它而建立自己的政權呢？講對外，他們是希望各國「主持公道」的；帝國主義者共謀瓜分中國的「大上海和平區」的計劃，他們都用了另一方式在謀擁護牠的實現！尤其新出版的大晚報，在前天竟載出日野村司令的談話，還做着標題說；「日軍出兵爲保僑自衛」等公然詆毀的文字，都十足的暴露了他們這欺騙民族的民族主義。……………

如上所說的事實，大家每天在看報時，一定可以發現更多更多。總之，列強帝國主義者是中國統治者的恩主；中國的土地中國的人民，是被中國統治者奸害，任意宰剿的貨物；此次滬戰的醞釀和平，帝國主義者，就要趁機賣便宜貨，中國統治階級，現在正如拍賣者一樣，在力竭聲嘶的叫喊；而現在的上海新聞界，正是這無恥的叫賣者的一個副手，無處不是醜態百出的在迎逢着「洋老板」！

我們為堅持徹底的打倒帝國主義，擁護真正求解放的民族革命，擁護真正民衆自已政權的建立；那末我們首先要不信任這買辦洋奴資產階級的新聞紙，——我們要建立真正代表大衆意志的輿論！（二、一七）——天猿——

血滴的記錄（附錄三）

——戰時特刊「烽火」的前線訪問——

熱　淚

從太陽廟出發和着兩個同伴一齊向東走，跨過鐵道，在大統路的一帶，寂靜得和午夜一樣，偶然有一兩個飢餓的貧民，像鬼影一般的在弄堂口出現，帶着驚奇的眼，望着向前線走去的我們。

砲聲，沉重的，響亮的，機關鎗聲，短促的，急劇的，和我們的齊整的履聲互相和着。走到火線後的第二道防壘了。

我們和防壘邊的兵士閒談了許久，他是多麼關心地問我們日軍後方的情形，要我們幫忙替他們去搗亂敵人。他又道謝我們民衆的慰勞，甚至到附近小舖子去買一碗酒，也不要他錢。他的眼火一般的紅，他說開火以來還不曾睡過一次覺。最後來他說，我們打了許多仗，這一次才打得有意義，兄弟們大家都决定。不死不罷戰。

爲他的熱情所感，我和他緊緊地握了一次手，我的熱淚流下來了！

——我們民衆跟你們一起死。

——是的，我們不相信政府，我們只靠老百姓。——他也流了淚。

道別了，我們又向前去，近新民路一帶民房都燒了血痕殘尸，斷垣碎壁，我們踏着前進，機關鎗聲在耳邊吹響，轟的一聲炮響，我急把身子一縮，女同伴的琴笑了：

——這是我們打過去的！

她嘲笑我太胆小，她在這兩天內，已經上過了三次火線。

我們到了營部，從沙袋的孔穴裏，望見租界上的道路，我們的每一顆彈，正向着帝國主義的宮殿衝擊，可愛的兵士兄弟！

他們道謝了我們的禮物，便送我們回去。

——呼——呼——呼，子彈從頭上飛過，我們又把身子縮短了！（適夷・二・五日。）

士兵們的話

一九三二年二月十日，日本帝國主義用大砲轟擊上海的第十四日，中國著作者抗日會派遣第一批慰勞隊到閘北前線慰勞以肉彈搏擊日本帝國主義的士兵。

中國著作者抗日會，是在二月八日才告成立的。成立第二日執委會通過了丁玲蔡慕暉諸女士的提案：决定於今日，卽該會成立的第三日；派隊赴前線慰勞，慰勞隊是由民衆運動委員會主持，會員可以自由參加的。

因爲經費拮据和時間倉卒，我們的慰勞，就物質上講，實在覺得太菲薄，我們備置的東西，不過是毛巾三十打，和旌功旗一面，但是窮人所具的熱誠，我想，屬於勞苦大衆的士兵，總可以接受罷！

我們於下午一點出發，經了許多手續，步行了十多里道路，到前綫已經快將三點鐘了。但是因爲我們有機會接近士兵，雖然言語還不大通，我們對於「抗日先鋒」（這是我們贈旗上所寫的語句）的士兵大衆得了很好的印象，不誇張地講，抗日士兵的士氣，比之日本帝國主義兵士的士氣，不可同日而語；這裏只有活潑勇敢的精神，沒有虛矯頹廢的氣息：有的兵士說：「從前的仗火完全是自家殺自家，這回才是眞正打仗，我們很高興幹的」；有的弟兄說：「打日本不成問題，這是我們應該打的」；又有一位老兵，據說已經吃了十多年糧了，他說：「日本兵很容易打，他們是來送禮物的，在江西的仗火，那才難打呢」！

我們到的地方，已經過了第二道防線，再往前面便是最前線了。那裏的連長告訴我們，前邊不能去了，敵人看見有人走過，敵人一定瞄準射擊的。我們聽了他的忠告，便沒有前去，可是我們所站的地方，砲聲隆隆，震得牆壁時時響動，傍邊那座大洋房，大約是商務印書館的廢址罷，已經燒得只賸下水門汀的空殼。聽說那房子背後便有敵人潛伏着，不時放槍，可是一個少年兵依然在弄內跳躍來去，並且時時高唱着「打倒帝國主義」的口號，其英勇活躍的樣子，煞使人可敬可愛！

我們回頭在民衆反日救國會的前方辦事處少事休息，因爲經費困難，設備非常簡陋，然而也還有不少的藥品，幾位醫生和不少勇敢的看護，他們的活動，頗能得士兵的了解，這種艱苦的精神，値得我們佩服的。

前晚曾有猛烈的戰爭，今天戰線比較平靜；雖炮聲和鎗聲不斷，飛機也時時在天空示威，人心相當安定，爲慰勞固然要算是難得的良機，但是爲冒險，則未免有點美中不足！

因爲當晚要趕回上海，我匆匆離開了前線，所得的印象眞是忙中的一瞥。詳細的經過，有留在那裏的人們，一定可以告訴大家的。(鄭伯奇．二，十。)

戰 爭 的 世 界

——慰勞記之斷片——

◀士兵弟兄所需要的　我們探得在後方的，善生醫院裏有許多負傷士兵，今日我們就到那里去慰問他們。他們都是在這三天的激戰中負傷的，和他們談話，每一個人都是憤激萬分，咬着牙齒說「要與日本鬼子拚死命！」，反帝情緒高漲到極點，問到他們需要些什麼？他們都說只要綳帶、藥水、火酒、橡皮膏等醫療品和擦槍的油，因爲他們受傷時，常常沒有醫療品，打仗的槍是銹的，非用油擦不可，前線也沒有備擦械油。至于食品，則需要一些青菜和便于携帶麵包，這幾天來，他們都沒見到這類東西。

◀士兵高興聽民衆的話　在後方，聽到一位連長在對兵士訓話，我們很少拚命激戰五天，只吃到餐飯，此外一無所有。尤其希望民衆有計劃地擾亂敵人後方，請和士兵們說幾句話，他立刻就允許了。我們推了兩個代表，代表慰問士兵，說話的內容有這樣幾點：

一、列強帝國主義乘火打刼，加派軍隊兵艦來滬，而且帮助日本帝國主義，壓迫後方民衆的反日運動！

二、後方民衆決不因帝國主義的聯合壓迫，而緩和反日鬥爭；誓與士兵一致，堅決反抗各帝國主義！

三、澈底驅逐一切帝國主義，民衆誓與士兵聯合一致行動！

講到民衆誓與士兵聯合一致，打倒帝國主義時，士兵們都高興得歡呼起來！

◀戰區村民大會　在三十一日的那天，我們還到平民村內發起了一個村民大會，村民來參加都十分踴躍，全村到會者達二百人，由村民中走出一人做主席，報告開會宗旨，句句抓住全體村民的要求，參加演講的有「民反」代表工人，和自動參加的村民數人，大會通過的決議案有：一、組織本村後防義勇軍；二、組織本村童子義勇軍；三、組織本村婦女慰勞隊；四、組織本村經常救護隊等。當塲擁到台前來要求當義勇軍的已有二十餘人，可見民衆反帝的情緒都是十分高漲的。(華蒂二，十五。)

眞茹和吳淞

一、

陣陣的戰雲，密佈着上海的天空，隆隆的砲聲，震撼了勞苦大衆的心扉，因爲這次的戰爭，是我們次殖民地的中國民衆，所日夜祈求而不得的好機會，所以使平日沉悶的記者，大爲興奮，於是每天到槍林彈雨的前線，去做採訪的工作，茲將所得，筆之如左。

◀民衆的力　記者驅車經中山路上，見兩旁蜂擁着三五成羣的民衆，他們是勞苦的大衆，只有他們才是眞正的愛國者，民族自決的生力軍。他們都準備着鐵一般的拳頭，來奮勇的捕獲日本的便衣偵探。聽說在兩天之內，已被他們捕到了六個懷着手鎗炸彈的日本奸細，有的在帮助十九路軍掘壕築溝，他們鐵一般的面孔上，流着熱誠的汗珠，面上展着一縷自然的微笑，因爲他們是自願參加這次『反帝』戰爭的。一般卑鄙的富人，携着箱子行李，扶着嬌妻美妾，向租界逃奔，托庇於洋大人的保護之下，嘴裏還要夢囈着『屈服』和『和平』，當他們看到這般愛國愛民族的民衆，能不汗顏。

◀軍官譚話　記者既抵前方，時蔡軍長廷楷，區師長壽年，均已在別處指揮作戰，遂與一位蔡軍長秘書徐名鴻君，作下列的譚話，他說，『我們這一次抗日，是完全出於天良而自動起來的，我們對於政府至今未派一兵一卒來援，始終沒有怨言，因爲在上海的十九路軍，的確有至握可以打退日軍。我們這次能打勝日軍，都是一般民衆的力量，我們的軍隊是民衆的武力，祇有民衆的武力，可以得到最後的勝利。軍人守土，天職所在，上海民衆，對於我們的同情及嘉獎，我們是决不敢當的。我們只希望全國的民衆，都能起來，參加反帝國主義的戰爭。今天吳淞方面，發生很劇烈的激戰，閘北亦在大戰，所以高級將領都很忙於作戰』。談至此，他因爲還有旁的工作，所以就匆匆的向記者告別。

▲士兵的話　記者在前線上躑躅了多時，遇見一位傷兵，他雖然左臂受了重創，但還是蟄居于戰壕中作戰，等到對方的槍聲稍稀，他一方吸着紙煙，一面很和藹的對記者譚話：他說，『我雖然受了些傷，但非到了打不動的時候，我决不肯後退，因爲我們深信，這一次戰爭，是中華民族唯一的出路，祇有這般卑鄙的資產階級，厭棄這次的戰爭，而且勇敢的人，只死一次，懦夫他死去之前，不知要死過多少次哩』。那時閘北方面的濃烟，飛騰到九霄，瀰漫密佈于整個的天空，在我腦海，新中國中的曙光好像也在這戰雲密佈中閃閃照耀。

二、

連日閘北方面陣線無巨大變化，西線又告平靜無事，記者於是立志要到砲聲轟隆的吳淞去。事實居然實現了，在前兩天的一個清晨，記者和一個某西報的記者，僱了一只小汽輪，向戰雲瀰漫的吳淞進發。

◀浦江的印象　在國際帝國主義門戶開放之下的上海，黃浦江充塞許多的外國兵艦，軍艦上的大砲，正對準着岸上的中國民衆，準備厮殺。最矛盾的是吾國一般高等華人，却日夜祈禱各國的軍艦速來，可以制止中日的戰爭，使和平世界可以重現。船行兩小時，就到吳淞，因爲我們船上豎了一面「洋」旗，所以得免雙方的砲擊，很平安的在吳淞登陸。

◀吳淞的印象　剛到吳淞，因爲我軍防地十分嚴重，鐵絲網，地雷，機關鎗，大砲密佈于大道上，眞是荆棘遍地，寸步難行！戰壕中的鬥士，正以疲乏的眼光，向我們注視；因爲日軍屢次傾海陸空軍的全力，向吳淞猛攻，所以鎭上的房屋，泰半均已焚燬！無辜老百姓的死屍，到處皆是。一種蒼凉的景象，令人不禁凄然，這時日艦上的重砲，又向吳淞猛烈的射來，一位忠勇的士兵，叫記者趕快往地穴裏躲去。

▲地窟的生活　那時記者不得不走向黑的地窟去，作一個暫時的避難者。地窟中早已擠滿了人，男的女的老的小的各色人等，應有盡有。看見記者進來，各人的臉上，也展着一縷悲慘的苦笑，外面滯重的沉遠的砲聲，好像在替我們奏着前進的交響曲。這漫漫的長夜，就在雙方猛烈的砲火之下過去。明天淸晨，東方璀璨的曙光，照遍這滿目瘡痍的吳淞，這眞是象徵我們的時代！記者就與一位團長乘汽車返滬。（陸詒・二・十一。）

重要更正：本書第八頁第十七行第三字『人』字係『帝國主義』之誤。

上海的烽火

$0.30

文新·新聞部編

文藝新聞社出版

1932.5,第一版2000册之一

上海市民义勇军经历史

目　录

页　数

上海市民義勇軍軍長王屏南先生遺像

上海市民義勇軍抗日保衛戰形勢圖

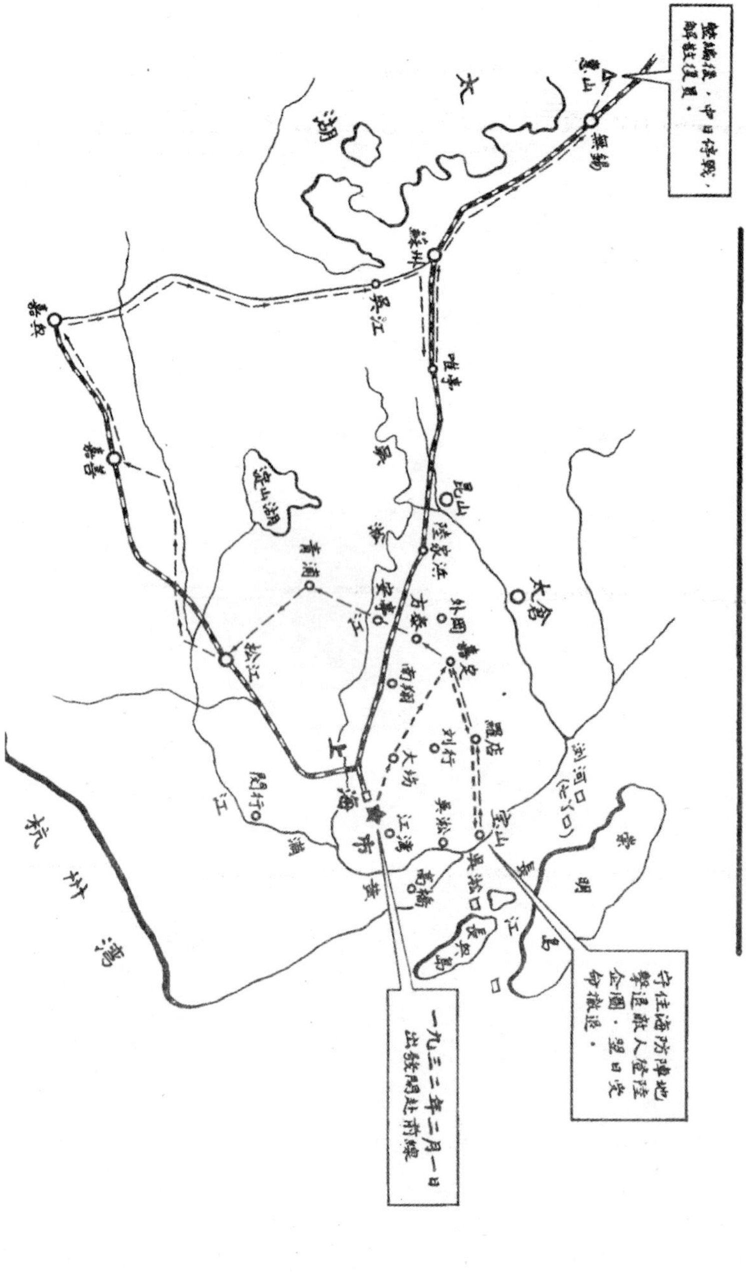

上海市民義勇軍經歷史

王屏南先生遺像

简言

国者，乃民族集团所在之称谓也，立国之初，须具备有下列之要素，其一为人种之类别，其二为人类生育地之山狱河川，其三为人类原始之结合性质，四组织，五保卫，六此民族集团与他民族集团之界限，必具备上列诸要素，国乃成立，于是乎有甲国与乙国等之名别矣。

百年前之中国，为闭关守旧时代，自跻乎世外桃源之列，晚近百年，渔人问津，接踵而至，鸡黍之供已空，洞天之奥尽辟，驯至喧宾夺主，驱主为奴，昔日如朝鲜台湾香港，今如辽甯吉林黑龙江热河等省，其地域则沦亡于仇敌，其民众则陷而为敌奴，愤激痛心，试思世间事，孰有甚于此者，具有灵知，奚堪忍受，吾言至此，吾笔坠矣。

政府为民族集团所组织之治理事务机关，军队为民族集团所供养之保卫此民族集团之武力团体，国之存亡强弱，必视组织与保卫之良否为断，苟有组织之条理，与保卫之力量，不完善，不充实，或二者之间，有所偏废，则其民族集团之危殆，意中事耳，必组织条理之完善，与其保卫力量之充实，二者相辅以进，各尽能事，而后循此原则，进行不息，则危亡之虞可免，强盛之域可期。

九一八(民国二十年)日本蠛视国际盟约，破坏东亚和平，公然逞凶，侵略我东北，残杀我同胞，张学良为东北长官，拥兵十余万众，年需军饷千余万元，竟以不抵抗闻于时，遂令倭寇长驱直入，继扰平津，施及上海，我民族集团之边圉丧失，腹心震慑，凡惶惶焉，大有朝不保夕，丧亡无日之慨，当是时也，血气之士与四方豪俊，风起云涌，奔走呼号，不旬日间，而有抗日救国之种种团体设立，其分工合作，靡不各尽天职，上海市民义勇军，即于斯时开始组织，开始训练矣，古哲有言，凡事豫则立，不豫则废，上海市民义勇军之得有良果者，斯时之组织与训练，为其因焉。

一二八(民国二十一年)日本向我上海市政府威吓要求其不道之权利，我上海市政府竟畏其肆暴，遂忍受屈服矣，讵狂暴野蛮之日本，阳则声言满意，阴则砥砺利器，实施侵略我土地，屠杀我同胞，第十九路军以守土有责，毅然作正义之抵抗，敌以陆海空三军，同时进迫，屡经痛击退却，嗣第五军之一部亦继起抗日，自闸北、而江湾、八字桥、蕴藻滨、庙行、曹家桥、吴淞、宝山、浏河、各要隘，先后血战，大小不下百役，虽死伤甚众，而前仆后继，气不稍馁，相持月余，屡挫敌锋，可使三岛倭奴，胆寒而气夺，是年五月五日，停战议成，协定签字，谓非城下之盟，终觉不舒士志，该协定之签字者，双方战斗之指挥官员，均参加焉，而益以列强之使领，为共同委员，是项协定，论其性质，颇难方物，然我政府之酷爱和平，委曲求全可称至尽，我国民众对之，自不能不为之同声痛哭，引为耻辱。

上海市民义勇军，于二月一日，由屏南率领，参加第十九路军抗日作战，二月二十七日，奉命助守宝山，三月一日，敌猛攻宝山，屏南仅持二百余同志之勇气，六十四杆之快枪，四百枚之手榴弹，十八名之十九路军，及海滩上埋藏之九颗地雷，作誓死之抵抗，竟将倭敌击退，旋奉命退人第二防线，驻于苏州之唯亭，当协定未签字时，屏南极力主张反攻，驱倭奴入海，是代表上海市民之公意而主张也，讵未蒙指挥长官之采取，反攻希望，遂告断绝，甚矣民意之无所获伸，欲民力之有所施，胡可得哉。

四月二十六日，上海市民义勇军，由第十九路军七十八师第一五六旅翁照垣旅长，改编为十九路军随营学生义勇军第二大队，严格训练，至六月十日毕业，蔡廷锴军长，区寿年师长，给予毕业证书，并赠予纪念章，蔡廷锴军长以上海市民义勇军助守宝山，有退敌之功，特给奖旂一面，是即淞沪停战后之义勇军结束情形如此，毕业后之义勇军，有五十三人参加上海学生义勇军东北志愿团外，余均归还原籍，或至上海就业，继续御侮工作，国难方殷，民责至重，欲求自存自荣，端赖努力不息，谨志简要，以垂久远，愿览斯篇者，其共勉旃。

王屏南二十一年六月十五日作

上海市民义勇军之起因

中华民国二十年，九月十八日晚十时，日军藉端启衅，谓中国军队于九月十八日下午十时，炸毁南满铁路之柳条沟，遂侵我东省沈阳之北大营，守兵御之，旋奉长官命令不抵抗退避，讵日军则乘机掩袭，杀死我武装同志甚夥，次第占据我东省兵工厂、沈阳城、营口市、辽阳、等城市，并炸毁我东省迫击砲厂及其他大规模之建筑物，所有储藏之军用飞机、枪砲、弹药、等军械军需品，全被洗劫，良民遭其屠杀，惨不忍言，倭祸之消息传来，凡有血气，莫不同仇，上海市民，遂群起组织抗日救国义勇军，最先成立者为上海市特区市民联合会第二区分会(即上海福建路商界联合会)，于十月五日下午六时，假西藏路宁波同乡会开成立大会，到同志三百余人，邬志豪主席，莅会演说者，有朱子桥将军等多人，慷慨激昂，同有不灭倭奴誓不还之概，是会公推屏南与陆祺生负责训练，嗣后各区分会之义勇军，相继成立，报名从戎之同志，统计达一千六百余人，由是乎上海市特区市民联合会为统一指挥起见，遂组织义勇军委员会，以为发号施令之集团焉，同时上海市各团体抗日救国会，亦成立抗日救国义勇军委员会，编训义勇军三团，员额达四千余人，旋因意见分歧，训练未满三月，乃自行宣告解散，至堪痛惜，仅有上海市特区市民联合会各区分会所训练之义勇军存焉，继续训练，志不稍衰，在黑省马占山挥兵抗日时，即有同志数十人，参加援马团北上者，亦可见忠心为国之一班矣，当训练之时，求不得枪械，后则仿造铁枪以代之，其动作与精神，尚称齐整，屏南于训练期中，每日必于拂晓到达操场，虽雨雪未尝或间，用此恒毅，为同志率，其能持久不变者，不可谓非精神之感奋耳。

上海市民义勇军之出发

二十一年一月二十八日晚十一时，日军忽侵犯闸北之天通庵，枪砲之声，同时齐作，我住居于闸北之同胞，老幼妇孺，均从睡梦中惊醒，仓惶起避，父母妻子，因之离散，因之惨遭弹伤，惨遭击毙者，不可数计，此种不宣而战之侵略，实为古今中外绝无竟有之不人道举动，其野蛮，其残虐，毒蛇猛兽，无以方其万一，我第十九路军防守前线之士兵。睹兹残暴，忍无可忍，为守土责任计，为维持人道计，毅然举枪抵抗，激战极烈，倭敌受挫败退，以公共租界为护身符，为出发之根据地，尽其现有之陆军、海军、空军、继续对我轰炸射击进攻，我第十九路军则沉着守抗，不为稍动，并时以歼敌克敌闻，上海市民则一致奋起，争以食品犒劳，第十九路军士气，以之愈壮，上海市民联合会义勇军委员会，临时召集紧急会议，公推蒋君毅张子廉及屏南为代表，袖函冒险至真茹，谒见蔡廷锴军长，请愿参加杀敌救国，蔡军长当告以各部义勇军请愿参加抗日，甚好甚好，但须向义勇军副主任翁照垣旅长处接洽，以一指挥，嗣至闸北钱江会馆，谒见翁照垣旅长，请愿参加抗日，当得翁旅长许可，并由丘国珍参谋主任面嘱丘秋星副官主任，为市联义勇军觅定驻紮地点，屏南等以请愿参加之目的既达，急回上海，通告志愿出发前线杀敌之义勇军同志，至南京路之新世界北部集会，时新世界之国货大商场被工部局非法封闭，故内部非常宽广，义军同志，一时聚集者，达二百余人，当会议之际，有胡一波者，系市联义勇军委员会公推为参谋，临时推荐王志祥为先锋队队长，通过，遂各别间道往集闸北之平江公所点编，结果闻关奔集者，已达二百余人，屏南特与丘参谋主任，丘副官主任接洽训练事宜，及枪支等事宜，均得圆满办法，丘参谋主任认为义勇军同志虽经训练，但未实习作战，未可轻于尝试，决定开赴大场实地训练，并指定暂住大场之宝华寺，屏南遂令先锋队队长王志祥，副队长张国枢，率队开赴大场宝华寺驻紮，屏南则遄返沪上筹备军粮军需品等，以应需要，至沪后于深夜访邬志豪陆祺生潘以三翁伯英陈抱三诸位先生，请为协助，以济义勇军之需要，承诸先生慨许赞助，心为一宽，次日拂晓，

据报称义勇军开至半途，遇敌被击散，有数同志伏于田野乱草中，得免于难云，又据报称先锋队队长王志祥，率队行至中途，乘隙脱逃无踪，以故群龙无首，张国枢副队长，又无指挥及驾驭能力，遂各自散去，又一说谓系王志祥顾虑时间过迟，未有适当准备，恐至大场时，无人招待，饥不能得食，住不能得居，故拟中道折回，仍驻平江公所，准备次早前进，而同志间有发生误会者，适在争论，乃敌方之炮火甚为猛烈，有为避免无谓之牺牲计，暂为散开，遂至误会愈多，不可约束，王志祥措置乖宜，竟至一逃了之等语，屏南得报，愤激万分，深以任用非人，致误军机，乃急赴闸北平江公所，查察究竟，至则见军需陈留青，副官屠善元，同志金志豪、凌德瑞、吴学如、等五人，犹在整理事件，询王志祥等何以中途失散，经陈留青、屠善元等详告经过情形，始悉由于先锋队长王志祥未具决心，在开拔前，对屏南以钞洋一百余元交与军需官，而不交与队长，其言语间，颇含怨恨，于开拔时，未见如何表现，迨开拔行约二里许，遂声言时间不早，前进危险，迫副队长张国枢下口令向后转，张国枢以队长之命令，未便违抗，为下口令，当向后转之

口令下时，同志间群起质问，王志祥知已无法约束，但言前进危险，同志有以大义责之者，王志祥无言以对，旋即乘间逸去，陈留青屠善元等五人，则留住保存军需用品，以待后命，屏南乃令迅将军需用品运往大场宝华寺，一面下令召集散归之同志，遄至大场就编，此义勇军同志既聚忽散，散而复聚之经过事实，彼王志祥等之居心与行为，哀莫大焉。

上海市民义勇军之成立

屏南至大场之途中，见野田草菜间，抛置死孩数具，有一为犬所啮，白骨暴露，而沿途扶老携幼，狼狈逃难者踵相接，救护队之红十字车，与其插红十字旗之汽车，北向疾驰者，皆运食品，西南行者，则沿途援载难民，彼残虐不道之敌机，则翱翔空际，任便掷弹轰炸，我同胞之死难者，不可胜计，其痛哭之声，恒为敌之机声，敌之炮声所掩，彷彿若有所闻，屏南坐田君尊芳所驾之三轮汽车，因军务在身，希望瞬息到达，故田君开足速率，被敌机所见，跟踪追炸，连掷数弹，均未命中，十九路军以高射炮击之，敌机始高飞避去，在中山路上丰田纱厂之桥头，见敌兵荷枪布哨，并架机关枪于纱厂之墙头，状態似甚严重，度其意似欲断桥拦路者然，如果此桥被断，则民众之救护工作与运输犒军物品之交通，必至发生困难，屏南思欲先解决丰田纱厂之敌军，以利交通，企图械弹，则急不可得，因之中止，旋该处敌军亦自撤去，少却后方中途之障碍物，心为稍慰，到大场宝华寺时，检点义勇军同志，未满五十名，是后同志间关奔集者，日见增益，特令分班，严格训练，至二月十四日，已达二百四十余名，先向第七十八师第一百五十六旅司令部，领得快枪六十四杆、子弹一万二千发，于是将已到之同志，先编成二连，又一补充排，委任李楷为第一连连长，王海清为第二连连长，成立上海市民义勇军第一大队，第七十八师第一百五十六旅司令部，以屏南为大队长，负统率训练之专责，当是时也，同志之服装不完整，给养无的款，若以常情论之，此等爱国之团结，精神虽好，志力虽坚，而服装与给养之来源无自，供应无人，欲其有成也事诚难甚，屏南此际除以自力，暂事支持外，乃向上海市商会王晓籁王延松诸先生，及市民联合会乞援，由是乎服装米菜之属，供应时至，心为一宽，所来同志，皆为有职业之爱国优秀份子，其能抱定决心，舍弃其丰衣美食，娇妻爱子，并及其他之一切快乐，毅然决然，不有军书之催迫，而自来此朔风怒号，冻指裂肤之沙场上，接受严厉之训练与约束，言衣，则军装薄絮，言食，则一日两餐，言卧，则单毡稻草，言起，则东方未白，每日三操两讲，风雪无间，一闻号令，立刻奔集，纪律綦严，作息不苟，官长与士兵，志在同心杀敌，一切给养，无或稍异，方以卧薪尝胆，殊无愧当，细察全体同志，其体肤虽形劳瘁，而其精神则日益焕发，其坚毅为如何哉，惟锻金必见渣烬，同志间有意志不坚强者，有不能忍受饥寒不能久于劳练者，常有托故求假，或讬病求医，既得假，乃一去不复还者，实繁有徒，甚至有不得假而黉夜私逃者，旬日之中，计有二十余人之多，嗣有数人逃至半途，而被弋获者，屏南欲解送旅司令部讯办，以伸军纪，而厉来兹，逃者乃痛哭陈情，愿受大队长严惩，顾全面子，是时同志间，多有代为担保及缓颊者，屏南亦以上海市民义勇军之全体荣誉关系，为之犹豫者再，若解送旅部讯办，不顾同志之情求，则属寡恩，寡恩不能用命，若不严惩，则军令不明，威信不立，不能以战，乃集合同志公开讯办，使之立誓，悔过自新，并杖责后归队，又有一人窃取同志间之财物，亦公开讯办，杖责革除，自是之后，讬故请假与乘隙私逃者，遂少矣，此虽是最少数人之无恒，然不能不自咎驾驭无方，由是乎乃稍稍用严厉专制之方法以约束之，每当讲解战术时，除引用古人救国之大义，以相激励外，并以利用机会，申明军纪，互相维系，并于日暮时，举行一小时之军中娱乐，如表演国术，捉迷藏，讲笑话等游戏，以助兴趣，而同志间有知屏南长于拳术者，遂一致鼓掌欢迎表演，屏南乃常为表演武当派之四金刚，及柔术中之五老手，以殿余兴，宝华寺大雄宝殿之左右两廊，左为义勇军之食堂，右为义勇军之宿营，东厢为大队部办公室，余亦为宿营，东厢之东，有花园一，亭榭位置整然，园之东隔有二丈余广之水沟，通于寺后之水池，长约百余武，水沟之东为环墙，十九路军，因环墙而筑战壕焉，墙外为田野为竹园，由此东南行五里许，便为前线，日夜交战，枪炮之声，不绝如缕，而敌机日必数次来大场侦察，机见人不问为军或为民，便掷炸弹，并放机枪扫射，我军民死于非命遭其荼毒者，日必数起，至民家房屋，被其炸毁者，无日无之，一日旅司令部副官李斌，行径大场汽车站附近被炸伤右腿甚重，是日人民被炸死伤十余人，宝华寺之后，湖心亭与梅园之西，设有红十字医院，中居伤兵百余人，亦被炸，死伤多人，红十字医院为保护伤兵及病人计，不得已移往嘉定，以是之故，我义勇军同志之训练时间，改为日夕以后与日出以前行之，朔风刺肤，冷霜砭骨，其忍受痛楚，愈甚于前，同志之体力稍弱者，因之萎顿致病，颇不乏人，医药之求，则日甚一日，同志间有因病作慷慨语曰，我为愤日寇之侵凌，欲杀敌报国而来，今若不幸因病而死吾躯，有何面目，以见祖先之灵，屏南闻斯壮语，亟至病者身旁，用好言抚慰之，略谓精神所至，金石可开，况我等一腔热血，为救国故牺牲一切快乐，来受非常痛苦，前途光荣，决能造就，偶尔不适，何至于死，请安心少睡，即可痊愈等语，忆十余日中，病者不下十人，然皆霍然，心为欣慰，至于医药之供应，有由钱龙章先生等捐助而来，若估计价值，当不下百金，军中医药，为一要需，不可忽也。

上海市民义勇军之给养

给养为军中命脉，撙节既不可能，断粮尤为大忌，本军当征集之初，所有度支，未得分文之外助，屏南深以未具雛形，万不可向人乞援，若不顾虑及此，则不免遭人白眼，除奔告二三知友请为进行筹应外，乃先出私囊，以供需用，我既以身许国矣，何恤乎私囊，不几日便得上海市商会、上海市民联合会、上海市煤业同业公会、三团体，及福建兴化同乡诸子之赞助，以时接济，给养一端，遂告有自，由是每日于两餐之外，添发面包一块或饼干数片，为同志充饥，全军同志，于以大乐，间有滑稽者，鼓腹言曰，我所食乃白饭与面包，而非敌人之肉，有反诘之者曰，不抵抗者之肉，汝食之乎，则应之曰，死人之肉，不可食，我不食死人肉，我所要食者，是残杀我同胞之敌人之肉耳，屏南闻此饱食壮语，为之展然，想见军人之用命与否，关系给养，至为重要，军中以给养为重要，军中以给养为命脉，非泛言也，国家军队之所谓给养，系指饷银与粮食而言，惟我义勇军之给养，则仅供给粮食而言，无所谓饷银，盖我义勇军同志，各人原有职业与室家，为牺牲一切，来杀敌救国，不是来饱粮食光饷银，其性质有殊异于国家之军队，故命笔及之，以明异别，查上海三团体中力任筹应之劳者，为王晓籁、王延松、林康侯、成燮春、邬志豪、郑澄清、潘以三、陆祺生、田箬芳、王汉良、张子廉、诸先生，任奔走之劳者，则为蒋君毅、陈炳辉、王剑锷、任矜苹、王肇成、刘仲英、吴半厂、梁耕荪、郑葆元、诸先生等是也，其他赞助者颇多，因不能记忆，恕不详列，至本军收到给养财物，一一归军需处登记，专责办理，其账记则按月汇齐，送交蒋君毅先生收存，以备覆核公布，虽分文之微，均为公帑，未敢浪费，军需官是陈留青君，渠前在保卫团服务，后在九福桂元店为夥，屏南练训义勇军时，渠来任排长，精干廉洁，诚实可靠，其任事努力，尚堪称职，全军给养，每月约需米一百余石，油盐柴菜六七百元，此外需费，则为添备服装用件而已，是为义勇军给养之大略情形也。

上海市民义勇军之掘壕

在大场训练期中，深以掘壕建垒等工作，为必要之练习，乃于附近相度地势，开掘战壕，全军同志轮替练习，完成十九路军工兵未尽之余绪，缺漏者修补之，低薄者增厚之，壅塞者媾通之，浅者深之，小而窄者，扩而充之，官长士兵，共同努力，精神会合，为乐不疲、敌机侦察义勇军之掘壕筑垒，则频掷炸弹，又时用飞机上之机关枪扫射，义勇军同志则实习闪避，幸未遭伤害，胆气因之愈壮，惟旅司令部特务排排长张君，则一闻敌机来时，必高声呼避，已而言曰，我们大家要注意，要留此血气，准备杀敌，不要受无谓之牺牲，敌机飞来，不是怕他的等语，张君为广东人，能说普通话，故其言如此，同志得其警告，咸深然之，一日屏南至寺西旅司令部时，敌机不断飞来侦察，丘秋星主任告我曰，敌机如是注意大场，掘壕工作，请暂停止，并请告知义勇军同志，如闻机来，勿跑出露天观看，免遭意外危险，并严禁机来时，勿开枪射击，因步枪之力，不能击落飞机，屏南曰业经约束之矣，明日停止掘壕工作，寺僧见敌机常来，日间避匿，不敢露面，晚间则礼佛如恒，义勇军同志与之相处既久，僧家以无烦扰，故常与见面通问答，僧问我军胜则喜，不胜则愁，嗟乎爱国保身之义，僧家且然，东北长官，独具何心哉，宝华寺新整落成未久，西厢房屋，已成楼房十余幢，旅司令部设在其内，其前空地甚多，亦为建屋场所，住持僧与梢樾等，时虑佛堂被炸，愁容满面，足见其苦心经营之程度矣，嗟乎僧人对寺庙，宝爱备至，我炎黄华胄，其对列祖列宗所开创之锦绣山河，岂容断送与外人耶，国家兴亡，匹夫有责，我少壮同胞，靓此危亡，岂容不奋起挽救之耶，同志间以开掘战壕，被敌机压迫而停止，愤激之心，与时俱增，恨不立刻人手一枪，杀奔闸北而去之慨，由是求枪之心，急于星火，每当上讲堂时，必以求枪之责督促屏南，曾奈十九路军总部，绝无余枪，虽经屡请，终无所获，旅司令部，则分电各师旅团征集，所得亦仅少数不得已将所领得之枪，分别支配外，并铸造梭标数百杆，以备冲锋破敌之用，同志间有作沉痛语曰，此十世纪以前之干戈，吾辈今日且利用之，惜乎东北有枪二十余万，有砲五百尊，有弹药五千万发，有飞机百余架，竟拱手以献寇雠，使吾辈欲得一枪而不可得，岂不令人长太息而痛恨乎，军中此语，实属沉痛之至，慷慨悲歌，于以系之，兵法云，兵在精不在多，将在谋不在勇，是精与谋，皆由于心，必心一乃可用耳，全体同志，急急于求枪，盖其心一而急急于求用也，乃因枪械求不易得，则慷慨悲歌，气吞扶桑三岛，屏南省察全军团结之坚，意志之一，可以用矣，乃屡向司令部请求，开赴前线，实行杀敌，効命沙场，旅司令部则宽慰曰，请稍待枪械齐备时前往未迟，一日前敌电到，令义勇军准备，同志闻此电令，莫不欢跃，以为杀敌致果，即在目前，由是全军同志，整装待发矣。

上海市民义勇军之助守

二月二十日，夜晚九时，奉旅司令部命令，着由大场开赴嘉定，屏南疑甚，何以不令前进杀敌，转令开入后方，岂前敌无须助耶，抑别有作用耶，旋悉嘉定之驻军，于昨夜开赴前线，因后方空虚，令先入后方镇摄，听候后令，而同志间亦有心疑，激作愤语者，屏南以服从命令，为军人天职，军机莫测，未能一一公开，此去后方之嘉定，是别有作用，不是视义勇军无能力，同志幸勿怀疑，自兹而后，各宜惟命令是从，不得再作愤激语，防免违抗军令之嫌，于是紧急准备，至十时三十分钟出发，离开大场，星光暗淡，犬吠四闻，全军同志，有枪者肩枪负弹，无枪者则各持梭镖一支或二支，整队前行，肃静无哗，黑夜行军，有啣枚疾走之慨，行约二十里，传令兵报告称，有抬锅之伙夫二人逃走，将军锅铲灶，弃于路旁等语，第一连连长李楷闻报，遂自告奋勇曰好，我与同志来抬，于是大家轮流抬锅炉，官长士兵，多一抬锅之兴趣矣，彼弃锅潜逃之伙夫，原为雇用而来，其怀何心而逃去，则不可测，想其畏难怕死，自在意中，彼既逃脱，自亦不遑追究，行至半途时，有一军官乘汽车西驰，遇本军遂下车，传语曰，翁旅长有电话，上海市民义勇军，开回大场驻紥，语已驰去，屏南际此，不无迟疑，我以奉司令部书面命令，开赴嘉定驻紥，今司令部如果得翁旅长电话，令义勇军开回大场，自应以书面命令开回，若凭信一军官之传语，即便开回，设有其他缘故，我不能不负轻信之责，以故决意前进，次早五时入嘉定城，驻紥于啓良学校内，校景甚佳，假山池沼，楼台亭榭，位置井然，种植花树亦不少，舍宇亦宽厂，操场有二，一在校墙以内，一较广大，则在校墙以外，屏南履勘四周后回入校内，见全军同志，因宵征疲劳，于宿舍内睡觉，我之睡魔亦来扰矣，伏案成寝，忽据司令部书面命令，着即日开回大场，正在准备之际，忽副官主任丘秋星君至，收回命令，于是确定暂驻嘉定，部署既毕，仍事训练，旋据报大场房屋，今晨被敌机炸燬甚多，宝华寺及司令部等处，均受炸损等语，迟数日旅司令部亦由大场迁来嘉定，以是知前敌之状态有变矣，一日张子廉同志来，买肉百斤，以饷义勇军同志，大块吃肉，今于军中得之，因请张同志演说，藉资激励，张同志设词极沉痛，丘主任训勉亦慨切，屏南于代表全军同志致谢词时，不觉言之过切，全军同志咸皆感泣，我自亦不禁坠泪，咽不成声，回视张同志丘主任，亦皆满眶热泪矣，嗟乎，国破家何在，凡有血气，孰甘束手待毙，此吾侪同志之所以成义勇军，讵可以平庸视耶，张同志丘主任二人，于是夜同赴吴淞谒翁旅长，磋商征集各地义勇军事宜，翁旅长作书交张同志持往谒华振中主任(华为义勇军主任)妥筹征编办法，以补助军中之不足，张同志奔走甚力，结果以时间短促，未得完满成绩，旋仅介绍张藩所募之溧阳大刀队四十五名，至嘉定求予参加，为国效命，于表演时，视其刀法，虽少奇异，亦颇纯熟，乃接受其爱国之至诚，以为豪杰来归，应予容纳，遂由旅司令部拨归上海市民义勇军大队部统辖，嗣悉大刀队有神符意味，每晚须燃香修炼内功，令整队表演，则失整齐，可知其平素未受整队之训练，察其队员之举止，尚称规矩，本军至是多负大刀队四十五名之给养责任，军需储存，尚堪应付，越三日，为二月二十七日，上午十时，本军奉命开赴宝山前线助战，令调所属之大刀队，开赴吴淞，是日午刻，由嘉定出发，张子廉王剑锷二同志随军送屏南至宝山之南门外，途中张子廉同志以剩余钞票五十元交屏南以助义勇军之买菜资，四时到达宝山县城，设大队部于贫民教养院内，各连连部，分别驻于公众场所，屏南与机关枪连连长赖作樑接洽接防事宜外，并率李楷王海清余绍棠林镇城李向恒诸同志，侦察海塘与四郊之形势，并访问乡老绅耆等，始知昔英兵侵人上海时，即由宝山之东南隅海塘登陆，海塘在土隄之下，用石块筑成，年久失修，有多处受潮冲坏，变为水草沙滩，冬春时潮力薄弱，而涨度亦抵，土隄尚无危险，是处南连吴淞炮台，程仅四里许，北通狮子林，沿海一带，形势均极隘要，而以实山东南隅之石塘为最，此处凸形，视为据点，倭敌军舰，出没洋面，呼啸灵通，弹丸可及，乃知此据点，为军事上必争之地，赖作樑连长云，是处理有地雷九颗，分作三个机线，万一危急时，可供炸发，屏南乃一一志之，并派同志守护特别注意，宝山北门外迤南北一带，则多树林，可设奇兵以诱敌，相度形势既毕，赖作樑遂率机关枪连开赴吴淞，仅留步枪兵一排，计十八名，守东门外海隄，屏南以为防线既长，地势又险要，掩蔽处所除土隄及些少树林外，别无所有，顾念全军枪械，既未全备，后方之援军又绝，因实力单薄，虑或有失，乃急电请拨枪支弹药，以壮军心，一面下令，乘夜补充工事，并准备奇兵用品，严行布哨防守，劝告商民闭门熄灯，视察县署监狱，种种防备，尽到达时起一夜之中，措置周全，所有居民，颇为称安定，次日上午八时，翁照垣旅长以电话勉屏南曰，宝山交你保守，请你负责，并训勉全军同志，共同为国努力，需要枪弹，已催后方司令部，立即起运接济等语，屏南就电话中，慨然受命，负责保守，查宝山原由第七十八师第一五六旅第四团第三营营长龚耀新与机关枪连连长赖作樑保守，今仅有上海市民义勇军二百十四人与十九路军十八名而已，是地势之要，军力之薄，其危险之程度与顾虑之心思为何若，苟非具有大无畏之精神与抱牺牲一切之决心者，必不敢来此险隘也，是晚后方旅司令部派服务员麦贤运送到手榴弹八箱，每装五十颗，计四百颗，立即分发各同志备用，一面令制假手榴弹，训练各同志以抛掷之方法，全军同志既得手榴弹，勇气为之大壮，我心亦以稍安，并留十余颗于大队部，以备急迫时毙敌之需，更以二枚，自系腰间，日夜抚磨，视如至宝，次日（二月二十九日）拂晓，民众见义勇军系带甚多炸弹，表示威力洪大，人心更为安定，屏南时至海塘土堤上，卧伏用望远镜侦察敌舰，由三艘增至五艘，所增二艘吨数较大，心窃以为敌之生力军至矣，其攻击我方，必在旦夕，急用电话报告翁旅长，请示机宜，又以吴淞之阵势及种种设伏兵机，拟欲亲往视察，以为宝山设奇之蓝本，参谋主任丘国珍答称，敌机密布在空，见人便加炸害，既欲来淞，定于晚上，以免意外危险，屏南以兵机重要，瞬息万变，纵有敌机，何畏之有，竟于清晨八时，与副官林镇城二人，步出宝山南门，向吴淞进发，讵意行未二里，遂被敌机所见，飞来两架，跟踪炸射，我急令林副官奔进距离百武，谓之曰我死有你在，你死有我在，见机闪避，毋遭毒害，林闻言奔进百武，伏于草堆旁，机过则起行，如是十余次，我在后亦如是闪避前进，当卧地时，伏视敌机频频作圈形追赶，忽炸忽射，最危殆关头，计有二次，一炸弹落在草堆中未爆炸，我正伏卧于草堆旁也，一机枪之弹，射入我足前盈尺地中，连续如贯珠，土烟飞起二三尺，敌机追击历半小时始去，敌机既去，林副官立待我来，相见之下，互道危险，一笑置之，彼此服装，均染泥土色甚重，相与抹去，乃继续前进，途过砲台湾，经过中国公学及同济医科学院，以达吴淞镇，目之所触，尽是颓垣败瓦，弹痕炸洞，市镇荡平，道路梗断，极目四视，杳无人烟，惟于战壕间，见十九路军聚精会神，状如猛狮之伺狡兔，我来与之互致敬礼，并致慰劳语，于是探询司令部之所在，承其指示曰，前行一里余，村屋之旁，竹林深处便是，我循其所指之方向进行，至则乃为一营部，询营长何往，据其勤务报告以往旅部对，问旅部何在，则遥指过彼板桥入北面村庄，便见旅部卫兵，我便行过板桥入村庄，西北行约百武，果见卫兵，询之旅部在是，先晤张君燮参谋，告以来意，张参谋留林副官候于参谋办公室，导余至后门外之竹林中，移开木箱，现一隧道，我侧身下地窖，侧进二步，见丘国珍参谋主任与吴履逊营长在焉，窖形如上字，可容三人坐卧，深约六尺，顶覆钢板，厚以沙泥与稻草，下铺稻草与草席，中置电话机一具，发号施令，悉赖乎此，旁置小蔑篮一，中盛面包水果数事，兼一热水瓶，是为前敌指挥作战之将领起居出没之洞天也，想见日则深伏窖中，夜则驰驱原上，彼敌机无所施其巧，敌舰之敌，不敢登吴淞陆地者，良有以也，屏南请示防禦机宜后，遂与林副官遄返宝山，至大队部时已薄暮，正在草制军令，拟设奇兵时，敌舰忽发砲轰击，连续五发，均未命中，宝山有鼓楼一，位于城之中心，被敌砲击中，震塌多处，南门内（大队部左方）关帝庙，亦被炸燬，民房遭其炸坏者更多，所幸人民，早经迁徙，所留者仅少数贫民，均知穴地或于树林中引避，故少死伤，屏南以避免敌人之飞机及砲火计，下令全军同志，隔离驻紥，万一不测，可减轻损失，须臾军需官陈留青自嘉定押运军粮至，报告称车至罗店与宝山之中途，敌舰连续砲击，一弹落于车旁，距离甚近，地为震动，粮军幸未被击中等语，我军同志乃知敌舰发砲，多是暴滥示威，殊无足畏，薄暮又巡视海塘防线，并勉励同志，至北门外计划设备奇兵，见敌舰稍有移动，且聚集小轮及民船不少，急伏战壕内，用望远镜详察之，则见小火轮三艘，民船三十余只，由崇明方面缓行至敌舰之旁，预料今晚或明晨，敌有来攻宝山之势，更因丘参谋主任电告，谍报宝山境内，发见青色烟火，必有敌方奸细藏于民间，乃急回部，下令严密防守，毋稍疎忽，一面召集各连排长训勉，一面设布奇兵，深夜十一时许，西门外村犬呼声甚厉，我亲率同志十余人出城巡察，尚称安谧，并亲至各哨慰勉，最后再至海塘侦察敌方动静，但闻朔风怒号，潮声如奔马，细辨之既久，决知敌方今晚，未有作若何之动作，乃用手电伏地照时计，已为次日上午之一时半矣。

上海市民义勇军之抗敌

三月一日，黎明微雾，哨报敌舰突增至十五艘之多，已在行动，屏南闻报，急亲至海岸视察，在海雾弥漫中，见敌舰十五艘，列成一字形阵势，移时又发见小轮民船等约百余只，蠕动于敌舰之旁，又移时敌舰开动矣。屏南急传令，准备杀敌，一面电告翁旅长以敌舰之行动，至午刻见敌舰开进吴淞口者计共六艘，开往浏河者计二艘，又见敌国商船二艘，随之俱北，检点尚在吴淞口外宝山对面者，计有七艘，其舰身均斜，头对宝山，而小轮十余，民船百余，其行动则已渐渐迫近宝山而来，战机至矣，急派同志三人，分守地雷总机，并传令同志，誓死杀敌，当是时也，我义勇军同志，罔不忠勇激发，聚精会神，持步枪者，则频频瞄准，握手榴弹者，则拔关准备，数百道目光视线，一致对准敌轮，尖锐注力，不稍旁瞬，屏南则自系手榴弹四于腰际，手握佩刀二，指挥同志，准备应援，并设伏于海塘第一道火线之曲凹处所，设奇兵于北门外沿海塘之树林底下，既毕事，乃坐于土堤边草地上，仰视天空，数见敌机计有二十四架之多，翱翔于战区空际，频频以巨弹掷炸，机声与轰炸声，及敌舰之大砲声，一时交作，震耳欲聋，宝山地轴，亦以震动，此际为下午四时，敌果希图在宝山之石塘方面登陆，用小火轮三艘，满载精锐，当先冲锋而来，其后随有民船五六十只，挂帆荡浆，紧迫宝山，敌舰视小轮迫近石塘时，连续开炮掩护，敌机忽聚集宝山空中，认北门外树林下有兵，肆意乱炸，冲锋之敌，在小轮上用机关枪向岸上射击，我上海市民义勇军，则一致沉着，用步枪抵抗，不稍畏怯，第一连连长李楷，枪法甚佳，射击最准，令其他同志二人，为装子弹，三枪轮射，敌轮冲迫多次，屡易司机，当于冲杀之一小时中，我全军同志，均能一致，以敌轮为目标，集中瞄准，火力甚强，敌受创坠水者，当不在少数，海水因敌舰砲击及行动而震动，敌之小轮与民船，愈见颠扑而离乱，终以不得逞始退去，视时计已五点一刻，屏南以电话报告翁旅长，承其奖励有加，并谓已电后方，运送犒劳食品云，屏南以敌必再至，请派兵增援，斯时宝山民众群呼十九路军战胜万岁，上海市民义勇军战胜万岁，屏南胆气因之益壮，而顾虑以之突增，以军械未全备也，少顷有排长郑期骅同志吴焕文来报告称，今日杀敌不痛快，不应在敌未上陆地时击之，此李楷之过失也，应待敌上岸后击之，使敌片甲不留，我义勇军方可获得甚多之战利品等语，屏南语之曰，知己知彼，乃能百战百胜，李楷击敌使退，理属不错，君等之壮语，理亦不错，敌人未灭，机会甚多，愿大家注意之可也，晚六时一刻，翁旅长派机关枪连两排，又调手提机关枪一排来援。

上海市民义勇军之退却

三月一日晚上八时，奉令预备三天干粮，须于一小时前准备完当，我军除白米之外，绝无何种干粮，若临时购办，亦难购得，军需官报告尚存黑枣数斤，光饼二三十磅，令分发同志，静候后令，九时又奉命令，立即开回嘉定，全军同志，莫不惊愤，有谓今日我战胜，何以要调开，有谓愿死守宝山，不愿退却，屏南以军人以服从命令为天职，开回嘉定，或将调守他方，或为指挥上战略上之作用关系，自应遵从，勿容违背，遂星夜开拔，夜静更深，闻蕴藻滨方面，枪砲声甚厉，南望天空，火光四起，知大场方面亦在夜战中，行至罗店，始知十九军与第五军，共同总退却，我乃大惊，而四肢不觉失力，心头刺痛不已，疑被流弹所中，乃定神抚摩，绝无异象，得同志向保卫团取开水至，饮尽一碗，心神稍痊，休息片刻，继续前进，次日拂晓至嘉定，满街满路，皆为前敌退却之武装同志，至启良学校，则已无寄足地，乃至关帝庙倒卧于案前拜椅上，不觉入梦，少顷移至积谷仓，购得面包，分食一枚，并饮数杯开水，敌之飞机，已尾我军以至嘉定，即在东门一带及城中，恣意轰炸，死伤甚众，房屋被炸，着火成焚者不少，我以粮米俱在宝山，于夜间退却时，不能运出，今欲往运，既无车辆，路又难行，而全军同志，无以果腹，急至旅部，请拨面粉食料等，均无所得，乃领到快枪五十支，子弹一万发，适翁旅长邀谈话，屏南至见翁旅长与丘参谋主任等，正在启良学校西偏之假山石洞中，视察地图，指示曰，上海市民义勇军，可于今晚开赴方泰镇之西传村候令，略道作战经过后，我即回部，讵敌机炸中积谷仓，东边之厢房震塌，压伤炸伤同志多人，屏南之办公室，亦遭震动，玻璃窗与瓦片纷纷飞落，烟尘四塞，不能调息，乃急用军毯蒙首，冒烟尘而出，指挥同志，分避于西面竹林园内，与李楷等坐于竹林旁梅花树下，相与谋军食问题及反攻之计划，李楷作慷慨语曰，我们有枪，那怕无饭吃，余绍棠曰，反攻计划，须听候命令，是时日已暮矣，据报翁旅长已西行，乃急催造饭，因米少成饭不多，全军同志仅充饥而已，约七时许开拔，黑夜漫漫，星光亦绝，同志中有失足坠落江中者，幸经救起，所有受伤同志如龚觉生等，无夫可雇，又不见救护队，祗得由各同志，互替抬杭，缓步以行，探询西传村，则无一知也，敲村民之门以借问，亦答不知，行至外岗镇，承保卫团煮焦饭以饷，查询路径，知已迷途，不得已继续前行，天将曙，抵安亭，至保卫团，承吾友钱梯丹先生之兄载子招待，时屏南心痛至剧，而精神又非常委顿，乃假寝二小时，醒时拟在安亭筑防禦工事，视察形势，无险可守，又顾虑若在安亭设守，则安亭必至于牺牲，回顾我部义勇军，虽具战胜之威，仅有枪百余，既未奉命，又无后援，未便在此逗留，遂于午刻召集各官长计议，佥以我军粮在宝山，均未运出，而向旅部请粮食，旅部无以应，急以觅一就食之方，迅回上海，筹备接济，若西行非便，不如南行至松江，再定目的，此议颇当，遂决计雇船由水道行，过青浦县时，承保卫团公安局馈饼干数十包，得以充饥，是晚宿于舟中。

三月四日上午至松江，驻紮西门外超果寺，承松江县政府供给米菜十天，又得松江县党部商会等助给衣件，及松江民众犒以酒脯，全军同志，得到休养，乃派员至沪募粮，一面分派同志，作有组织之游行演讲，以抗日救国不买仇货为宣传标题，民众听者为数甚众，屏南时因心胃气痛甚剧，乃函请上海市民联合会义勇军委员会陈炳辉同志，来松代理职务，于是返沪就医，至沪日，知沪上甚传我与翁旅长已在吴淞殉难，沪寓已经受各界同志之慰问，此盖因退却后交通阻隔所生之误传也，屏南就医静养经一星期，遂至松江整顿军务，时第一连连长李楷，因事去职，委郑期骅代之，第二连连长王海清，调为教官，委顾继棠代之，余绍棠介绍陈齐、委为教育主任，斯时有志之士，来松参加者，计达百余人之多，编为第三连，严事训练，四月五日，屏南赴唯亭谒翁旅长，告以上海民众，一致希望反攻，收复失地，若迟迟不进，大失民望，翁旅长云，宝山非君坚守抗战，吾不得出矣，今之民意，当转请军长暨总指挥，听候解决，各军仍在积极反攻中，屏南以反攻之希望，既有可能，乃回松江，于四月九日，率队由松江开拔，经嘉兴苏州以至唯亭驻紮，检点员额，为三百十八人，足见慷慨从戎者，不乏其人，全军分四部驻紮，于唯亭镇之南端，开辟一大操场，约占田地二十余亩，主持者翁旅长，工作者上海市民义勇军，铁血军，各大学义勇军等共同努力焉，并于洋澄湖畔，筑垒实习射击，翁旅长常请蔡军长区师长莅唯训勉，又令以迫击砲机关枪手提机关枪等利器，按日开至大操场，分队教练，各部义勇军，均感觉快活，唯亭处于洋澄湖金鸡湖之中间，淡水鱼类，出产甚多，是时活泼泼之鲫鱼，每条重有半斤者，祗费铜元十余枚，青菜价亦便宜，就田初割，尤为新鲜，猪肉亦不贵，上海朋友任矜萍王剑锷蒋君毅诸兄及副大队长陈炳辉至唯，特饷以大鱼大肉，渠等食之，似觉津津有味，并笑曰，大鱼大肉之名词，于水浒中见之，不图于国难中之义勇军军中尝之，此可谓大不幸中之一幸事，相与莞尔。

上海市民义勇军之主战

四月天气，时常迷雾，更常阴雨，苔生路滑，人懒旅行，屏南秉上海市民公意，希望早日反攻，故旦暮积极训练，使全军成为劲旅，以竟杀贼致果之用，而全军同志，莫不跃跃欲试，悲歌慷慨，习所见闻，有方外人育三者，请入敌方侦探敌情，因遣密为之，所得消息，尚能称意，惟嫌迟钝，不适于用，而育三则几至杀身，终竟获免，盖侦探原不易为，而战时间谍，为最难矣，屏南以各大学义勇军与铁血军，均为可战之士，因与联成一气，组织“各部义勇军联合会议”，成立之后，三部义勇军遂会合训练，三个大队长，轮流值星，于会议时则轮流主席，屏南主张反攻之提案，竟得通过，仍须请示于十九路军总指挥部，候核准令到，立即动员，当日提案所持之理由，大略有三，兹志如后：

（一）利用天时　四月烟雨迷雾，常经旬不散，敌之防线既广，兵力以分，际此迷雾时中，敌机全失效用，敌砲亦无所用其能，坦克战车亦无所施其巧，我以休养有时训练有素之爱国志士，𢑥力反攻，必能破敌，此利用天时之策也。

（二）利用地利　敌军初人我军放弃之第一道防线，地势生疎，道路泥泞而湿滑，敌之戎装革履，艰于行动，作息饮食，均感不适，我军正面反攻应以崑山太仓等前进，侧面则由青浦前进斜攻敌腰，敌必弃甲曳兵而走，此利用地利之策也。

（三）利用民气　民众以十九路军之退却，咸信其为战略上之作用，并信反攻之传势在必行，故捐资助饷之义举，不减于战时之热烈，至民众之仇敌，日益激昂，彼敌以无理侵略，经我三十余日之抵抗，彼损伤死亡甚重，实无斗志，在彼师曲已老，在我师直为壮，况有天时地利之可利用，兼仗正义，从民意，勇往直前，破敌可必，此利用民气之策也。

上开反攻之理由，用各部义勇军联合会议之名义呈请下令反攻，文发后，屏南便下令炒米，裹粮以待，讵料日盼一日，总指挥之准许反攻命令，久久未下，致希望反攻之热烈情绪，渐渐等于行云流水，而同志间之催询反攻消息，则一日之间，几无断时，屏南因穷于应对，乃发刊民力报纸，藉文字，以告全军同志，并用以激励坚持，静候机会，讵以此遂招疑议，出版至第七期，翁旅长劝告停刊，并派他部义勇军，将所帖墙壁处所之民力报纸，尽行刷去，同志间对此颇有愤感，谓既不能秉取民意，从事反攻，而对此一纸油印刊物，尚且不准刊印，吾辈原有职业之人，是牺牲一切舍身救国而来，不是来投机来光饷，彼协定停战之议，甚嚣尘上，我辈留此，意欲何为，屏南闻此知军心已有浮动，急用好言安慰始已，翁旅长亦闻市民义勇军中之言论，甚为注意，特于四月廿六日上午五时，至大操场独对市民义勇军训话，有哭不得、笑不得、说不得、之苦衷之语，并有如同志间有欲回上海者，可以先予回去，能在此继续受军事训练，候待机会最佳，等语，讵竟以此一番训话之故，是日同志请回上海者，达六十五人之多，屏南亦以翁旅长有言准许先回，祇得照准，并给予通行护照，嗣以电话报告旅部，丘参谋主任大惊，虑市民义勇军擅往前线击敌，责任重大，关系非轻，我答回上海去，非往前线杀敌，枪械均留在，渠辈均徒手归去也，翁旅长深恐有他虞，急亲至大队部视察，屏南遂详告经过情形，并导至各连连部视察，仍是整齐严肃，条理不来，翁旅长顾而笑曰尚好，但应该预先报告，屏南对曰，彼等归心既决，留之无益，但未预先报告，良用抱歉，至彼等之去，实根据旅长训话时之特许也，讵旅部对于兹事颇有不满，屏南则不以为意，良以上海市民义勇军同志，系为救国杀敌而来，绝未受十九路军之给养，除作战时恪遵指挥命令外，今既无战可作，有敌不杀，自应卸甲归去，各谋生活，可不受若何之束缚，况助守宝山，击退倭寇，未尝辱命，虽不足以言功，亦可谓尽一击之天职，而精神纯粹始终一贯，因之亦无所顾虑也，嗣悉旅部曾函上海市民联合会有欲更换他人为大队长之意，屏南闻之，不胜有飞鸟未尽而良弓思藏，狡兔未死而良狗欲烹之感，真有哭不得、笑不得、说不得、之苦矣，四月二十八日上海特别市党部派张小通同志代表赠旗一面，文绣为民先锋四字，又牛脯八箱，感激备至。

上海市民义勇军之改编

四月三十日，上海市民义勇军，在唯亭经翁照垣旅长改编命名十九路军随营学生义勇军第二大队，仍以屏南任中校大队长职，给养仍是由已筹应，未敢动十九路军之毫末，盖以表上海市民之救国精神与救国力量也，是时上海各大学义勇军改编为第一大队，彭堉亮任中校大队长，铁血军改编为第三大队，任戴天人为中校大队长，会合训练，成纠颇佳，五月二日上午六时，上操时翁旅长语屏南曰，现有一营有枪同志，要参加第二大队，有力供给否，我对曰，上海民众是有力供给，但须预先告知，自可接受，午刻翁旅长便临时召集三大队义勇军官长会议，讨论问题为义勇军给养困难问题，除第二大队自能供给外，其他第一第三两大队，师部祗拟发给至五月十日截止，如何解决，征询公意，有主张裁汰一部分，有主张能自给者留否则去，时屏南主张称三大队义勇军之改编时，原定计划，是继续训练三个月，以期深造，有机抗日固佳，否则毕业遣散后，便可至民间，领导民众，今改编成立，为期未久，便发生给养困难，第二大队，有上海市民各团体之供给，足食足兵，但当此国难未抒，义不容独饱而任救国志士饥，愿助白米一百包，以济所需，并担任回沪向各团体乞助米粮，以成原定计划，所有困难问题，遂得安全解决，屏南于会散后，秉承翁旅长意旨，于五月三日遄返上海，为别部义勇军乞粮，五月五日接翁旅长急电，促屏南速返唯，五月十二日，蔡廷锴军长莅唯，检阅义勇军，并加训话，略谓《各部义勇军纪律军容都很好，我们救国杀敌的机会很多，大家在这时间，须要特别注意，研究军事学识，练习军事技术，准备将来的作用，要努力，要精进。》等语，五月十八日，各部义勇军奉命开往无锡，分驻于惠泉山各姓祠堂，本大队部则设在薛氏宗祠内，屏南于次日至锡，是晚旅部开映作战电影，区寿年师长亦在焉，五月二十日，早晨五时，登惠泉山之巅，极目四瞩，见东南北皆为平原田野，山之西为太湖，白水茫茫间，现数堆小岛，天然画图，可称佳绝，回想关外之锦绣山河，此时易却旗帜关外伍千万同胞，此时宛转于残虐不道之仇敌铁蹄下，俯仰天间，血潮高涌，直欲立马富士山头，展开青天白日旗之慨，下午随翁旅长访俞庆棠先生于江苏省立民众教育学院，教职员学生等，请屏南报告义勇军作战经过，遂于其旷场中草地上环坐以语，听者均甚欢跃，五月二十二日晨四时，率同志百五十人，作野外旅行，达于梅园，回程时雷雨大作，沟渠俱盈，二十四日，送盛成先生回北平，进行武装救国事宜，五月二十六日，因十九路军开往福建，随营学生义勇军，即将遣散，为同志川资问题，乃向翁旅长请假，回申筹款，到沪后得王延松先生王晓籁先生林康侯先生之同意，允为联名宴请上海闻人，筹款应付，五月二十九日，上海市商会派童子军五十名至无锡，赠锦旗一面，文绣人民武力四字并赠慰劳金五百圆，当日分发各同志，六月七日，王延松先生等，假座一品香设宴，为义勇军筹遣散费，屏南自锡赶回，出席报告作战经过，与遣散办法，颇得赴宴闻人之乐助，并经王晓籁先生等，面嘱蒋君毅同志，经理其事，六月八日，返无锡军次，六月九日，点检枪械，交还十九路军，六月十日，整队至江苏省立民众教育学院，举行十九路军随营学生义勇军毕业典礼，蔡军长区师长以纪念章分赠义勇军同志，并发给毕业文凭，蔡军长对上海市民联合会，赠旗一面，文绣民众先锋四字，因上海市民义勇军，产于市民联合会，有宝山克敌之战，藉为纪念也，六月十一日，结束队务，遣归同志，蒋君毅同志，携款至锡，对第二大队全体同志，不分官长士兵，一律每人给资拾圆，为归田路费，发至屏南时笑曰，敬奉国币拾大圆，聊佐归旌之费，屏南当经婉却，非嫌薄也，请将拾大圆留应救国之需，或助其他同志，蒋君毅同志笑而收回，是日复将所余军需品，赠送东北志愿团，一切手续，均告完毕，即于是晚乘车返沪，至北站时，大雨倾盆，衣履尽湿，承上海市民联合会欢迎，因到会答礼，归寓时已更深，次日黎明，仍理故业，国仇未复图报以时，谨记经历，以告爱国同志。

上海市民义勇军第一大队全体同志题名录

王屏南	李　楷	王海清	余绍棠	林镇城	陈留青	李向恒	郑期骅
王仲苏	屠善元	傅澄宗	朱古魁	宋之裔	龚耀华	张巽权	李元龙
朱祖庆	吴焕文	松　岱	于连城	金志豪	张冬生	顾志辰	蔡玉安
凌德瑞	马芳茂	朱文章	张友瑾	冯康辉	刘崇武	夏永熹	黄燮根
吴晓周	王德奎	曹友三	张长庆	朱永祥	杨俊德	贾发开	杨锡生
邹天锡	朱树模	殷启明	李根典	李民旭	高荣兴	林燮联	朱荣贵
张启鸿	李初雄	黄天晓	范成山	马鼎茂	陈笙沛	曹松寿	钱文华
余　达	屈汉章	焦开昌	赵文烈	马锦春	曹品洪	张细郎	黄树勳
吴独醒	范文山	邵锦棠	费声登	陈金奎	陈　尊	张伯林	卢士英
刘孚友	黄艺农	徐锡彪	孔辅璋	陈国峰	洪　逵	杜荣生	王立志
朱森林	王桂阳	柴文安	杨庭桂	束济明	郑小秋	孟庆杉	张景栋
沈征远	黄季春	张楼祥	赵伯勳	倪　忠	陆尧坤	毛　辉	戚锡藩
张凤亭	朱学明	邹瑞良	邹英彪	邹根山	姚庆龙	赵秋成	宋良成
戚金发	周志厚	黄振泉	颜　杰	吴茂德	吴学如	倖蕙芳	蔡耀祖
吴振民	陈行方	邱然秋	王惠清	吴鸿盛	沈梦周	张鸿涛	洪烈魂
陈永清	黄一鸣	田水阳	丁士道	金叔云	洪志芳	吴祥泰	龚觉声
赖镇豪	陈延棠	周钦根	陆　併	黄石弟	吴沐生	李　旻	张锡生
常继连	杨　彪	蔡新金	侯孟芳	袁振声	杨尧维	施锡田	郑期蕃
周大圻	侯志青	彭大忠	王荣卿	沈伦华	张　云	徐大龙	杨日初
洪国濂	钟志翔	周根海	郑镇杰	陈长贵	张振球	夏传红	戴泽民
金祖辉	梁庆文	汤祖乾	陈吉庆	李桂森	张仁伯	朱邦杰	顾胜日
吴作斌	陆　勇	陆泉生	金财宝	金言川	陈其忠	周善之	吴亚中
蔡　摧	姜炳法	许同兴	刘余庆	李铁夫	柴甯生	陆士康	潘鸿生
王志尧	郭　语	柴松年	胡雪光	郭展云	杨瑞生	诸幼文	于三省
田叔良	陈师友	王学纯	陈伯林				

尚有同志十八人其名册遗失无由查录深引为歉敬名十八同志为无名英雄附录

本军奉命退却后在松江及唯亭参加之学生义勇军同志列名如左

顾国荣	顾元振	董峻德	张锡藩	陈　齐	赵栋樑	翁邦治	宋　纬
王友松	张观兆	谢汝华	赵邦彦	王　坤	张伯超	陈　忠	蒋裕棋
张培元	张嘉福	王迪藩	刘　泽	季相伯	李金生	杨　载	孙廼宣
郭继文	蔡良臣	许宗慎	顾松云	唐兆熊	李树荣	张德心	张拯民
江文卿	曹国樑	柳华清	张　良	傅振华	阳　尧	高　炎	赵维银
朱钟麟	练仲楷	蒋冠群	赵国祥	杨雅民	杨秀堂	钱云鹏	范廷云
肖成章	朱世华	郭邦杰	刘宗辉	俞更生	姚瑞芳	曹子青	冷体强
冯　犂	王应椿	彭望仲	潘谷若	郭烈民	高连春	陈永泉	邵公权
赵和睦	金财发	张诉城	刘　刚	周　勇	朱汉章	宋炳荣	解玉海
赵　秉	吴景明	舒伟豪	王瑞增	曹坤荣	陈雁影	沈绍民	鲍桂楚
冯金祺	吴福盛	张　锐	吴　玉	石祥生	姚桂馨	顾厚生	阎金平
陈云侠	许仲清	王廷玉	吴芳全	吴济越	万荣庭	叶秋龙	王均隣
吕佩文	丁　烈	程佐卿	吴明臣	雷芳厚	张理中	贾富贵	杨金生
华卓云	赵　强	周振基	许泉根	施桓勇	赵铁心	孙揆祖	张云从
江朝宗	夏永熹	陈家和	郑继成	曾君侯	杨振东	谢明忠	魏德全
龙玉春	李春山	周绍武	屈从戎	廖绍尧	秦长发	刘子成	路炳森
刘辉武	李　方	黄　镕	唐湘澄	吴少卿	段笑侠	杨　斌	谢子玉
张集成	吴定国	张万全	钟清泉	曹　湘	谭乃文	高明光	邓志龙
叶剑辉	李凤亭	黄宪钊	谢兴中	范志强	熊凤翔	庄炳荣	程云卿
杨武胜	黄树善	赵福来	钱嘉诚	吴志良	李雪椒	育　三	

上海市民義勇軍經歷史出版紀念

民族之光

居正

揚我漢聲

顧維鈞題

上海市民義勇軍經歷史出版紀念

同仇敵愾

宋子文題

發揚國威

楊森題

為上海市義勇軍作歷史題

不滅倭奴

誓不休

華振中

有勇

知方

林森

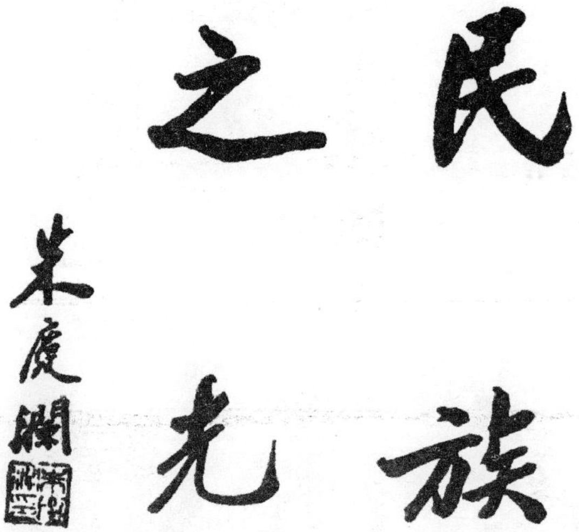
民族
之光
宋庆澜

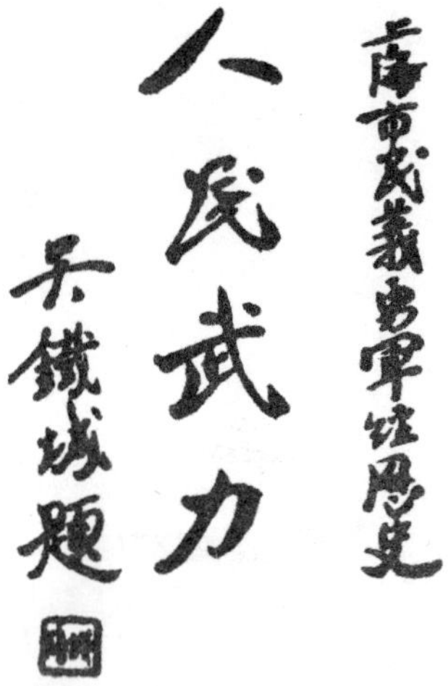
人民武力
吳鐵城題

慷慨請纓
上海市民義勇軍
白龍山人

上海市民義勇軍編纂經歷史告成書此奉賀

大勇其長

黃佩書

中華民國壬申夏月

自衛之本能為立助之恒性社會所由立也

于右任

武裝救國始終不懈此之謂好男兒此之謂志士

蔡廷鍇題

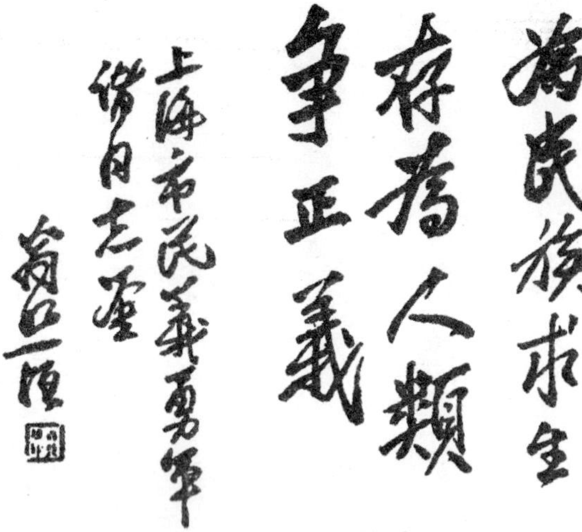
為民族求生存為人類爭正義
上海市民義勇軍
翁照垣

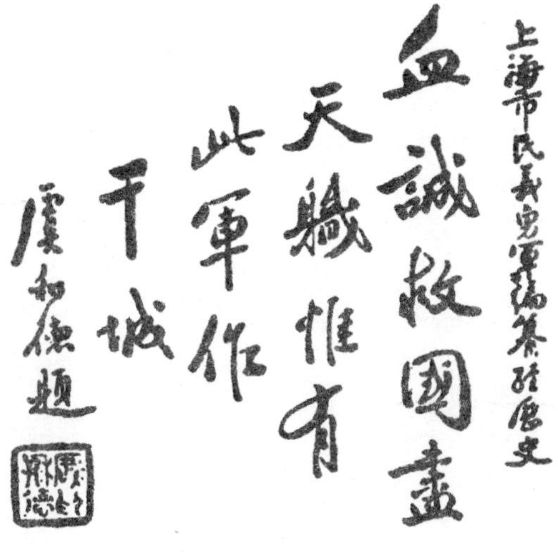
上海市民義勇軍
血誠救國盡天職惟有此軍作干城

民眾的武力
國家的干城
抗禦強暴此
其先聲

滬市民義勇軍經歷史
奉題
潘公展

上海市民義勇軍經歷史出版

為國家
民族爭
光榮

王延松敬題

屏南先生大鑒頃接
來函知有市民義勇軍經歷史之作至為欽
佩承
屬題字茲另紙附上即請
察收順頌
時祺
顧維鈞
十二月八日

東來強寇侵吾疆長蛇封
豕吻翕張遼瀋深入肆披
猖獗躪淞滬亦貪狼男兒
對此生死忘奮勇抗殺真堂
皇異軍特起我武揚乎哉
有勇且知方名以義勇乃
克當為考厥績何煌煌庶
書青簡揭國光東北小醜
猶跳梁遂期賈餘堅金湯
毛維壽題

題詞

為學貴致用明耻以教勇駐市人同仇千軍撼不動是役也豈惟人盡其責實以良心作晨鐘震醒四萬萬人之迷夢苟一息之尚存其誰不齊力應付太平洋之波譎雲湧

陝西省政府主席楊虎城

義士揮戈 守土衛國
碧血丹心 誓死殺賊
無役不加 每戰必克
偉績長留 山河生色

上海市民義勇軍參加十九路軍抗日作戰忠勇卓著茲編纂經歷史以垂永久爰綴數語以誌欽佩

民國二十一年七月十二日 鄭泰祺題

宋庆龄赴前线慰问将士

上海市民义勇军第一大队开拔赴前线

上海天通庵路战后被日军毁坏的惨状

日寇残害我无辜同胞

残杀中国人的一个镜头。

在上海将业已解除武装的我军官兵困绑在一起准备屠杀。

上海抗战与世界反法西斯战争系列丛书

淞沪

淞沪抗战史料丛书续编 Ⅳ

第三辑

淞沪御日血战大画史 | 梁雪清 徐伯雄 陆步洲 编

上海科学技术文献出版社
Shanghai Scientific and Technological Literature Press

目　录

淞滬禦日
血戰大画史

Pictorial Review from Sino-Japanese Conflict in Shanghai

文華美術圖書公司印行

Published By WEN HWA FINE ARTS PRESS, LTD.

總理遺像

余致力國民革命凡四十年其目的在求中國之自由平等積四十年之經驗深知欲達到此目的必須喚起民眾及聯合世界上以平等待我之民族共同奮鬥

現在革命尚未成功凡我同志務須依照余所著建國方略建國大綱三民主義及第一次全國代表大會宣言繼續努力以求貫徹最近主張開國民會議及廢除不平等條約尤須於最短期間促其實現是所至囑

孫文 三月十一日補簽

中華民國十四年二月二十日

文華美術圖書公司最近出版之新書

兒童史畫叢書

帝國主義的兇暴于今爲烈東亞民族之和平性惟我國最深實受侮辱之根本詳細推究良由無優良的教育方法以提倡之故民衆習然不察國家觀念漸次銷沉曷勝危懼——兒童爲家庭的單位救國的重要份子本書以受帝國主義侮辱的事實繪成圖書附以說明凡家庭凡小學均應購備以教兒童冀引起兒童的國家觀念在忍辱負重臥薪嘗膽之時養成兒童的責任心實行救國主義

共二十冊已出十冊每冊實售大洋八分

華僑革命史蹟

黃警頑編

本集注重事實不尚空談於民四前辟靂華僑直接脅助國內革命史蹟廣集孫中山黃興朱執信陳其美張人傑居正胡漢民廖仲愷汪兆銘等墨蹟影印彌可珍貴編者自敍謂「雙度起義皆得力於僑胞之輸將總理稱華僑爲革命之母」此說誠是惜乎以前軍政當局畏當咎庸勗輒危害黨人偶得革命家之一字一言卽行加罪於人故於中國近代書籍中欲蒐集革命家之眞相實非易事其間重要各件多有燬於廣州大元帥府不可追尋其留存各件安得不慎爲流傳免致將來無從窺閱當時眞相黃君此集費數年心力方克告成卷首並刊有華僑革命家鄭君之華僑革命因果尤便閱者覆檢凡關心革命史料允宜人手一編

定價　精裝二元　特價一元六角
　　　平裝一元　特價八角

日本侵略中國史畫

本書由革命畫家梁又銘編繪將六十餘年日本侵略中國之事實一一作成奇慘驚人之圖畫與文字互相對照閱後使人怒髮衝冠不能自已所作各圖均根據當時情景而成並無絲毫抽象及向壁虛擬者……

是民衆的興奮劑
是學校的教科書
是家庭的警告鐘
是政府的備忘錄

上下二冊　定價實售大洋一角

熱河血戰畫史

國軍爲禦侮爲民族抵抗侵略之日本流血之慘前有淞滬今有熱河光榮之犧牲同胞應有永久的紀念

砲彈橫飛　驚心駭目
熱戰眞相　全備本書

本公司於熱河戰事發動之前卽時派攝影記者隨軍出發前線工作冒險攝取各地戰事照相陸續寄回故與市上發表之圖照大不相同戰事既經發動本公司卽着手編輯自第一集出版不數日間卽行告罄連印三版銷行數一萬五千左右足見各界關心熱戰亦可知本書材料之精警也本書史完全銅版紙印刷第一集封面三色版萬里長城之維妻第二集封面三色版喜峯口內容除圖照外並各有敍述詳盡之戰況另附長城各口地圖

四集　已出兩集　每集實價大洋四角

東北失陷與抵抗

余貽澤編

東北淪亡迄今已將兩載失地收回未知何日而敵人復敢冒天下之大不韙佔據榆關侵吞熱省實令人髮指本書係紀載東北事件最完備之書凡我同胞應人手一篇以明瞭實況一致救國

本書內容

第一篇　詳述東北之事變醞釀經過
第二篇　詳述東北被佔之經過始末
第三篇　詳述東北義勇軍之苦鬥與中日雙方之外交情形

本書所採事實凡榆關失陷以前之情況均詳細列入是敵人在東北所作所爲的一篇清帳同胞應以迅速沉毅的態度和倭奴一一的結算

定價大洋七角　特售五角六分
寄費國內二分　國外二角五分

仇文合製西廂記

本書係明代墨寶由杭州王鯤徙先生借印原稿該稿時値十萬元

西廂記一書爲我國第一部妙著仇十洲的畫文徵明的字爲明代最享盛名者今于妙著的西廂而仇爲之作圖文爲之書字已是三絕名貴已極吾人每有數百年前的書畫藝術的作品得一已難之感想現則相兼幷得且是合作更是難遇難求之珍品

本書版本與文華月刊相似完全用極厚卡紙極細網紋之爲眞版精印綾面裝訂古雅絕倫

定價　實售六元
寄費　國內二角三分　國外一元五角

日本侵略地圖

本地圖爲我國全幅區域係畫家梁又銘所繪關於暴日侵略中國之事實如自炸南滿攻佔龍江炮轟開魯驅逐韓人移民滿洲敗兵淞滬內河之橫行獸性之暴露種種均設計繪出卽鄉人見之均一目瞭然愛國之心赴國之難令人遏抑不已誠喚醒同胞之美術作品凡家庭學校公共團體以及政府機關應迅購備以知中國之現勢

每幅實售大洋壹元

孫先生陵園寫眞

總理陵園卽首都之紫金山而鄰于明孝陵者山勢奇偉風景極幽復經人工點綴尤稱勝境本公司特派攝影員親赴南京中山陵園攝取各種照片凡中山陵園之內部及其全景完全無遺全書計銅版圖四十八張之多俱用銅版紙印刷清晰異常其端莊靜穆及淡雅宜人之屬使人神往足供臥遊之處除圖照外編有詳盡記載關於遊覽時之種種問題均有解答美備無比

袖珍本精印一冊
實價五角特價四角

發刊詞

霜刃

人的身體裏有兩種血輪，一種是紅血輪，一種是白血輪。紅血輪是專司身體的營養的，而白血輪則專負消毒防衛的職責。當我們的身體無論那一部份——除了大動靜脈管——受了破損的傷害的時候，往往是紅色的血和着白色的血一齊出來；更常見的是紅色的血停止了，便有一層白色的血在傷口滿佈着。這一層白色血就是奔赴這個創口，担任抗禦外來毒性的侵入之責的。這種現象，在康健的人的身體最爲顯著；不特在人身的生理上是這樣，就是在一個康健的民族也是這樣。淞滬之戰是我們民族的一個創傷，抗禦強暴的軍人，後援的民衆，就是我們民族的白血輪。人家久已疑我們這個民族是一個病態的民族，以爲受了創傷便只會任由紅血輪向外流溢，任由毒菌侵入而無可如何，却想不到我們的白血輪仍然是這樣的活躍有力。然則中華民族還是一個康健的民族啊！

這囘的創傷怎樣來？傷口究竟有多大？我們的痛楚到了什麼程度？我們的白血輪怎樣活躍而奔赴這創口？他們怎樣抗禦這種侵害？因爲這都是我們民族生存史上的一件大事情，不能不有一個有系統而完備的記載。因爲這個原因，所以我們費了好幾個月的精力，編成這一個巨帙，關於影片，文字，都詳搜博引。不特把這件事情的眞相袒露於全世界之前，而且我們要把這一段光榮悲壯的史蹟留給我們的子孫萬世看。

▶ 淞滬禦日血戰大畫史目次摘要 ◀

國難當前
同胞猛省
蔡廷鍇題
蔡廷鍇
二六、二、三
旅申江

歇浦佳兵事非得已
敵愾同仇禦侮雪恥
瞻望遼西烽煙未已
嘗膽臥薪保我疆圉
文華淞滬血戰大畫史
蔣光鼐題

求民族生
存而戰
張治中題
張治中

淞沪御日血战大画史

血花國魂

沈光漢題

緬懷袍澤 誓共死生 淞滬抗日
奉令專征 出師未捷 壞我長城
遺像載見 血淚交傾

俞濟時拜題

史乘並重

李延年題

我淞滬民眾之血耶淚
耶我抗日袍澤之鐵
耶血耶 為民族保種
為國家爭命一片天
良愛國之精神而保持
世界和平之英旋靡
一不躍躍紙上置諸冊楮案
歌即疑身臨當時之
壞整淞滬之事往矣東
北風雲正緊吾儕鄉
典重之戰史實為同胞同
仇同力之神鞭

淞滬御日血戰大畫史
題贈

戴戟拜題

賢者不憂其身
云死而憂其國
云哀 黃強

最光榮之一頁
淞滬血戰大畫史出版
中山孫璞題

戰士之血
民族之花
王敬久題

鐵血健兒
趙一肩題

民族之光

徐源泉敬題

淞滬血戰大画史

還我山河

殷汝耕

民族光榮

張竹平題

國家骨幹

民族光榮

讀淞滬鐵血戰大畫史

恭題志念

王祺

淞滬血戰大畫史

蕞爾之邦。形勢轉殊。兵端忽啟。滬念廠揚。伏屍盈野。雨雪載途。睹茲畫史。我心躊躇。維我中華。氣象堂堂。正義凜凜。如履冰霜。尺土寸地。寶逾圭璋。群起圖雄。民族之光。

溫應星題

以熱血換取民族的生命之事實作發揚民族自信力之材料

文華公司 陳立夫

淞滬禦日血戰大畫史出版紀念

奮鬥精神

陳希曾題

以鐵血洗恥辱乃中華民族唯一出路

十二月廿六日 潘公展

復興民族

惟鐵與血

劉健群題

淞滬禦日血戰畫史題詞

民族精神

史量才

鐵血救國

奉題淞滬禦日血戰大畫史

汪伯奇

淞滬禦日血戰大畫史所載，若戰壕、若陣線、若槍林、若彈雨、若肉搏、若血戰、若俘虜、若劫灰，雄奇險慘，情景逼真，皆足發人愛國思想，特為介於國人。

吳鐵城

九三叟馬相伯先生評

此畫史足開我國文化印刷之新紀元，又足証明東島軍閥不人道之實情。設在歐美有用達姆彈擊殺牛羊而後食之者，其抱人道主義者必斷難容。但上海之一二八，尚不及東北九一八之十之一，真先儒所謂率土地而食人肉者矣。今乃公然以人肉當飯喫，而公正人視之竟無覩焉，意者我本弱我本昧，亦先儒所謂兼弱攻昧歟，國中人敢不顧安承教。

淞滬血戰大畫史序言

一二八淞滬一役為我民族奮鬥爭存之偉績茲編搜集甚富比而觀之發人愛國盡忠之念其傳世行遠無疑爰為序數言以示來者

吳鐵城敬題

序

（一）何謂良心救國？有何必要？

人無良心，則不成其爲人！有良心，知合羣；能自衛，能衛國。良心與國家，關係略如此。

（二）淞滬禦日血戰，有何意義？

日軍非理來犯我；我軍人莫不受良心之驅使，知應自衛而以武力抵抗之！若國軍平日受人民之供養，外寇來犯，如不抵抗，則不僅喪失軍人之榮譽，且有玷辱國家之令譽；將何以對人民？果如是則淞滬駐軍將有何面目見江東父老！禦日之意義，重大又如此。

（三）當時人民已有何舉動？

人民如大夢之初醒，知我固有天賦人權，必誓死力爭也。歐化奢侈之上海市民，尙知自愛，一致行動：曰救護難民，曰慰勞傷兵，曰募送征衣，曰接濟軍用，曰維持地方；一幕一幕之愛國行爲，表演於全世界人士之前！然後作戰中之前敵將士，恃此民力作聲援，備戰中之後方官吏，賴此民氣而不餒，然後舉世輿論皆稱揚我中國軍民，爲爭人格而知自衛作戰！於此益可證明：今後非本民治精神，不足以打破目前之國難難關！

（四）國民政府應如何善後？

此役，將士非不勇，人民非不忠；何以最後之勝利不屬我？一言以蔽之曰：無國防！長江腹地，與沿海口岸，我能駐兵。敵亦能駐兵；或且我不能駐，而敵能之！如血戰聲中，敵軍艦大隊駛入內河；而我反退避三舍矣！此無海防之不利！再彼飛機，朝夕投彈；而我亦祇有仰天興歎！此無空防之不利！爲今計，使各鄉各邑歸人民自治，皆有一架兩架飛機高射砲等等與使用之人材，發揮我人民自衞能力，亦可補救國防所不及。國民政府方籌收復東北失地，若任每縣人民自置備共有數千架軍用機，一旦徵用悉數援助東北人民義勇軍作戰：則在被蹂躪中度日如年之同胞，望飛將軍之從天而降，有不勝於大旱之望雲霓者乎？執政者，其努力！

（五）日本軍閥果眞勝利乎？

余曰：否！否！日之來犯，不宣而戰，按國際公法言，不正當！且其殘暴，戮我民衆，按人類正義言，實野蠻！乃至於炸燬我文化建築，生產工廠；甚至侮辱婦女，加以戕害；捕童子軍，亦施毒手：種種越出文明正軌之行爲！總之：不僅欲亡我國，實則將滅我種！古哲人墨子有言！『殺一人，一死罪！』道德經亦曰：『天網恢恢，疏而不漏！』準此而論：彼自驕可置我四萬萬人於死地者實應負其責任而獲罪於天，有謀殺四萬萬人之死罪矣！不觀殺美國烈士蕭特者，自動墮海而遭滅頂之永殃，犯我者諸大頭目，幾無一人幸而免於韓國勇士之狙擊！所謂眞勝利者，果如是下場乎？願時人，一思之：夫人尙不能自主其生死，彼妄欲制我四萬萬人之生死，宜其獲罪於造物，不亦太可悲乎！

（六）讀此戰史，有何感想？

總覽個中情況繪色繪聲，描寫逼眞，可得一種感想：誰敢言無天理，可無幸滅人種而亡人國耶？誰肯謂無良心，可束手待自斃或任自戕耶？凡有良心，必遵天理；决不自戕，且必衞國！今後如有不本良心救國者，四萬萬同胞鳴鼓而攻之可也！

（七）九三老人爲何介紹本書！

余雖年邁，一國民也；數十年來之經歷，凡關於福國利民，如拒毒，如救災，如廢止內戰，如提倡國貨，如研究科學，如創辦學校，如倡人民自治；悉本正道之精神，求爲眞理而努力：故不殫煩每一一隨緣而樂助之！本書將能使同胞激發天良而救國；謹述余一己之意見，介紹此偉大之戰史！

附　言

承本書發行者，文華公司經理陸步洲君，囑余請序於九三叟馬相伯先生；先生慨然惠允，詔以良心救國之大義，謹撮要筆記以餉閱者：先生口義，博大精深；若欠發揮，幸共諒之！

民國二十一年玫瑰月首，文學士盧伽徐景賢謹誌於樂善堂

General Chiang Kuang-nai, Commander-in-Chief of the 19th Route Army. 十九路軍總指揮蔣光鼐 ◀抗日將領▶

蔣光鼐小史

蔣光鼐，字憬然，廣東東莞人。保定軍官學校畢業。民國十二年，孫中山先生任大元帥時，氏任粵軍第一旅第二團團長，十四年，任國民革命軍第四軍第十師副師長兼二十八團團長，十五年冬，任第一軍副軍長兼第十師師長，大小諸戰役，屢建奇功。

甯粵在上海舉行和平會議時，陳銘樞奉命衞戍京滬，調十九路軍駐防，時氏已任十九路軍總指揮。

東北淪亡後，上海民情憤慨，敵方又多方挑撥，致風雲日益緊急；雖經我方忍辱屈服，仍難稍斂敵方野心，卒於二十一年一月二十八日夜自開始戰事行動，企圖佔領閘北。防守將士，飲恨方深，即予抵抗。

大戰開始，氏與十九路軍軍長蔡廷鍇暨淞滬警備司令戴戟，力保疆土，誓死衞國，鏖戰月餘，殺敵無算，造成中國「甲午」以來抗暴却敵之第一頁光榮歷史，舉世無不知有其人焉。

General Tsai Ting-kai, Commander of the 19th Route Army.　　十九路軍軍長蔡廷楷

蔡廷鍇小史

蔡廷鍇，字賢初，廣東羅定人。十八歲，即置身行伍任排長。民國十四年，任廣東政府革命軍第四軍第十師第二十九團團長，北伐之役，殊多功績。十六年，任第一軍第二十四師副師長，繼任第十師師長；十八年編遣後，任粤軍第二獨立旅旅長，第二獨立旅改編第六十師，氏仍任師長，連年剿匪討逆，以戰功升任十九路軍軍長。

二十一年一月二十八日夜，日本海軍陸戰隊突然進兵攻我上海閘北；負守土之責者，即氏所統率之十九路軍，崛起抗禦，一鼓潰敵。自是氏即奮其神勇，擔任右翼軍總指揮，敵屢次強烈總攻，均遭慘敗。外人心目中不值一擊之中國軍隊，至是始一顯其戰鬥力量，予世界各國以一明瞭認識焉。

第五軍軍長兼八十七師師長張治中

General Chang Chih-chung, Commander of the 5th Army.

張治中小史

張治中，安徽巢縣人，畢業于保定軍官學校第二期，曾由國民政府派赴歐美各國攷查軍事教育。歷任國民革命軍總司令部副官處處長，訓練處處長，討逆軍武漢行營主任，教導第二師師長，考試院考選委員會專門委員，中央軍官學校教育長，第五軍軍長兼八十七師師長等職。

日本進攻淞滬，十九路軍守土有責，奮起抵抗，氏奉命率第五軍出發前方應援，任左翼軍總指揮。廟行一役，奮勇禦暴，敵人喪膽；在淞滬戰史上，自有其重要地位焉。

淞滬警備司令戴戟

General Tai Chi, Garrison Commander of Shanghai

戴戟小史

戴戟　原名光祖　字孝侗，原籍安徽旌德。保定軍官學校第三期步兵科畢業。民五後，即在閩粵歷任連營長，旋以戰績任第一師第四團團長。十五年北伐軍興。氏任第四軍第十師三十團團長，汀泗橋血戰，負傷創敵，威名大振！已而第十師師長陳銘樞改任十一軍軍長，蔣光鼐副之，氏膺二十四師師長，逮十一軍返粵，又膺二十六師師長。十一軍奉令縮編為第三師，蔣光鼐任師長。民國十九年，蔣光鼐任十九路總指揮，氏任六十一師師長。濟南既下，移師江西剿共。二十年九月十八日日寇襲佔瀋陽，十九路全軍調戍京滬。二十一年一月二十八日之夜，日本陸戰隊又襲擊上海閘北，氏適任淞滬警備司令，當夜即在龍華司令部，與蔣蔡籌定禦侮守土大計；決死守上海，以全軍殉國！次晨即率警備部人員與十九路軍同赴戰地，備歷艱險，勞病咯血，猶與蔣蔡同處一土窟中指揮部伍，戰酣。國際調停奉國府令為停戰會議軍事首席代表出席，氏強病折衝，敵我雙方撤兵手續，於以安全告定。而海內外謳歌擁護之十九路軍領袖三傑，遂為中國民族英雄歷史上有數人物焉！

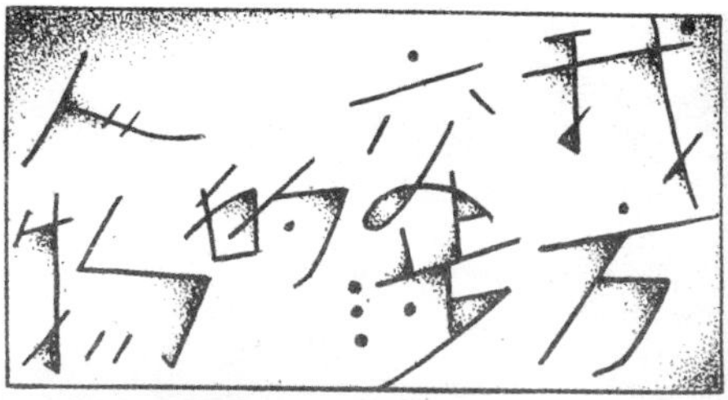

十九路軍參謀長
黃強

Lieut.-General Huang Chiang, Chief-of-staff of the 19th Route Army.

市長吳鐵城

General Wu Te-cheng, Mayor of Greater Shanghai.

吳市長鐵城小傳

吳市長鐵城年四十五歲廣東中山人留學日美加入同盟會從 總理革命先後廿餘年翊贊嘉謨素著勞績曾任廣東中山縣長廣州衛戍司令大本營參軍長三屆中央執行委員國民政府委員繼任第四屆中央執行委員上海市市長任職不期月突遭一二八之變戡亂禦侮奠定大局近更力謀滬市復興努力建設組創保安隊整理警察及保衛團設立臨時市參議會積極籌備自治成立市通志館振興教育實業剷除匪共調解勞資糾紛凡此犖犖諸端皆在萬難之中全力以赴以期大上海計劃之早日實現時論歸之

外部情報司長
張似旭

Mr. Samuel H. Chang, Director of the Intelligence and Publicity Department of the Ministry of Foreign Affairs.

財政部秘書
郭德華

Mr. Kuo Te-hua, Secretary to the Ministry of Finance.

市府秘書長俞鴻鈞

Mr. O. K. Yui, Chief Secretary of the Municipal Government of Greater Shanghai.

顧維鈞

Dr. Wellington Koo, Chinese Accessor to the League of Nations Commission of Inquiry.

我國駐英公使
施肇基

Dr. Alfred Sze, former Head of the Chinese Delegation to the League of Nations.

顏惠慶

Dr. W. W. Yen, Head of the Chinese Delegation to the League of Nations.

蔣作賓

General Chiang Tso-pin, Chinese Minister to Japan.

郭泰祺

Mr. Quo Tai-chi, Vice-Minister of Foreign Affairs and Chief Delegate to the Shanghai Peace Conference.

十九軍七十八師師長區壽年
General Ou Shou-nien,
Commander of the 78th Division.

十九軍六十一師師長毛維壽
General Mao Wei-hsiu,
Commander of the 61st Division.

十九軍六十師師長沈光漢
General Shen Kuang-han,
Commander of the 60th Division.

第五軍八十八師師長俞濟時
General Yu Chi-shih,
Commander of the 88th Division.

十九軍六十師副師長李盛宗

Major-General Li Sheng-chung, Vice-Commander of the 60th Division.

十九軍七十八師副師長
兼吳淞要塞司令譚啓秀

Major-General Tan Chi-hsiu, Commander of the Woosung Forts.

十九軍六十一師副師長
兼一二二旅旅長張炎

Major-General Chang Yen, Vice-Commander of the 61st Division.

第五軍八十七師副師長
王敬久

Major-General Wang Ching-chiu, Vice-Commander of the 87th Division.

第五軍八十八師副師長
李延年

Major-General Li Yen-nien, Vice-Commander of the 88th Division.

第五軍參謀長
祝紹周

Lieut.-General Chu Chao-chow, Chief-of-Staff of the 5th Army.

十九路軍總指揮部參謀處長趙一肩

Lieut.-General Chao I-chien, Chief Staff Officer of the 19th Route Army.

七十八師參謀長李擴

Major-General Li Kuo, Chief-of-Staff of the 78th Division.

六十一師參謀長趙錦雯

Major-General Chao Chin-wen, Chief-of-Staff of the 61st Division.

八十八師參謀長宣鐵吾

Major-General Hsuan Tieh-wu, Chief-of-Staff of the 88th Division.

十九路軍第六十一師一二一旅旅長張勵

Major-General Chang Li, Commander of the 121st Brigade.

七十八師一五五旅旅長黃固

Major-General Huang Ku, Commander the 155th Brigade.

第十九路軍第七十八師一五六旅旅長翁照垣

Major-General Weng Chao-huan, Commander of the 156th Brigade.

翁將軍諱照垣明甫其字也廣東惠陽人畢業日本陸軍士官學校並在法國學習航空曾任粵軍師旅長等職將軍之才識但各均高人一等抗日之役錄統華以一旅之孤軍禦敵數萬之強寇守吳淞月餘而不失寸土將軍之功亦偉已哉

六十一師一二〇旅旅長鄧志才

Major-General Teng Chih-tsai, Commander of the 120th Brigade.

六十一師一一九旅長劉占雄

Major-General Liu Chan-hsiung Commander of the 119th Brigade.

第八十七師第二五九旅旅長孫元良現年廿九歲。卒業黃埔陸軍軍官學校第一期步兵科。赴日留學三年。在陸軍士官學校野炮兵科修業。歷任排連營團旅長等職。什負重傷。作戰悠猛。善以少勝衆。此次抗日。在麥家宅。廟行鎮塘墺鎮朱家橋諸役。均以一旅之衆。或挽戰局於垂危。或阻礙倭軍之進展。予敵以大創。孫氏以「殲倭建國」爲畢生致力之目的。最近調任第八十八師副師長職

Major-General Sun Yuan-liang, Commander of the 259th Brigade.

八十八師獨立旅旅長莫雄

Major-General Mo Hsiung, Commander of the Independent Brigade attached to the 88th D:vision.

八十七師步兵二六一旅
旅長宋希濂

Major-General Sung Hsi-lien, Commander of the 261st Brigade.

八十七師獨立旅旅長兼
補充大隊司令官伍誠仁
現任二五九旅旅長

Major-General Wu Cheng-jen, Commander of the Independent Brigade attached to the 87th Division.

二六二旅旅長楊步飛

Major-General Yang Pu-fei, Commander of the 262nd Brigade.

十九軍七十八師副官處長
朱朝亨

Lieut-General Chu Chao-heng, Chief Aide-de-Camp to the 19th Route Army.

十九路軍第六十一師一二一旅副旅長兼第一團團長
梁世驥

Colonel Liang Shih-chi, Vice-Commander of the 121st Brigade.

六十一師一二二旅副旅長龐成

Colonel Pang Cheng, Vice-Commander of the 122nd Brigade.

衛戍長官公署參議陳國勳

Colonel Chun Kuo-hsun, Counsellor to the Shanghai-Woosung Gendarmerie Headquarters.

二六四旅副旅長兼五二八團團長
黃梅興

Colonel Huang Mei-hsing, Vice-Commander of the 264th Brigade.

二五九旅副旅長李杲

Colonel Li Kao, Vice-Commander of the 259th Brigade.

十九路軍第六十一師一二一旅第三團團長廖起榮

Colonel Liao Chi-yung, Commander of the 3rd Regiment, 121st Brigade

一二二旅第四團團長謝鼎新

Colonel Hsieh Ting-hsin, Commander of the 4th Regiment, 122nd Brigade

六十師第一二〇旅第五團團長梁佐勳

Colonel Liang Tso-hsun, Commander of the 5th Regiment. 20th Brigade

十九路軍第六十一師一二一旅第二團團長田國璋

Colonel Tien Kuo-chang, Commander of the 2nd Regiment, 121st Brigade

抗日戰將

五二四團少校團附謝懋權

Major Hsich Mou-chuan, Vice-Commander of the 524th Regiment, 262nd Brigade

現任五二四團團長彭鞏英

Colonel Pang Kung-ying, at present Commander of the 524th Regiment, 262nd Brigade

華僑救國義勇軍總指揮周暉甫

General Chou Hui-fu, Commander-in-Chief of the Overseas Volunteer Unit

周君向極熱心國事，在清季已從事革命，其四子及弟數人，均於革命時殉國，一門忠烈，海內外人士，無不極為敬仰。今春一二八事變，周君適在滬。聞變奮起組織華僑義勇軍，開往前綫殺賊。月前本報及上海各報所登大刀隊圖片，乃周君所部也。

八十八師軍需處
處長
駱企青

Major-General
Lo Chi-ching, chief
of the Commissariat
of the 88th Division

八十七師師部兼第五軍司令部
副官處長楊文琛

Lieut.-General Yang Wen-chuan,
Chief Aide-de-Camp of the 5th Army

十九路總指揮部交通處郵
電科視察股主任
梁調源

Y. Y. Liang.

二六四旅參謀主任
高致嵩

Colonel Kao Chi-sung, Chief-of-Staff
of the 264th Brigade.

十九路軍總指揮部
軍需處長
莊偉剛

Lieut.-General
Chuang Wei-kang
Chief of the
Commissariat of th
19th Route Army

八十八師參謀處處長馬君彥

Major-General Ma Chun-yen, Chief Staff Officer
of the 88th Division.

八十八師二六二旅參謀主任蕭冀勉

Colonel Hsiao Chi-mien Chief-of-Staff
of the 262nd Brigade.

六十一師一二二旅參謀主任鄧鄂

Colonel Teng Ao, Chief-of-Staff
122nd Brigade.

八十八師五二八團中校團附
朱奇

Lieut.-Colonel Chu Chi, Vice-Commander of the 528th Regiment, 264th Brigade.

八十八師五二四團中校團附
游子青

Lieut.-Colonel Yu Tzu-ching, Vice-Commander of the 524th Regiment, 262nd Brigade.

八十八師五二三團中校團附
楊英介
(現升團長)

Lieut.-Colonel Yang Ying-chieh, Vice-Commander of the 523rd Regiment, 262nd Brigade.

八十八師
五二七團
少校團附
賀鉞芳

Major Ho Yueh-fang, attached to the 527th Regiment, 264th Brigade.

八十八師
五二三團少校團附
劉楊明

Major Liu Yang-ming, attached to the 523rd Regiment, 262nd Brigade.

圖為十九路軍點驗委員團蒞崑山攝影自左至右前行 1中校參謀韋韜 2少校參謀徐仲年 3中校科長謝公權 4少校參謀盧立民 後行 1少校團附葉蔭 2科員朱渤 3少校參謀姚亮 4少校參謀李祖唐 5參謀張君欒涂為六十一師招待代表

A group of officers of the 19th Route Army taken at Quinsan. Reading from left to right, front row: Lieut.-Colonel Wei Tao, Major Hsu Chung-nien, Lieut.-Colonel Hsieh Kung-chuan, Major Lu Li-min; back row: Major Yeh Yin, Lieut. Chu Po, Major Yao Liang, Major Li Tsu-tang, Major Chang Chun-hsieh.

八十八師營附朱明
(現升五二四團附)

Captain Chu Ming, attached to the 524th Regiment, 262nd Brigade.

八十八師五二四團第一營營長
張子鴻(現升團長)

Capain Chang Tzu-hung, attached to the 1st Battalion, 524th Regiment, 262nd Brigade

八十八師五二三團第三營
營長鄧斅

Major Teng Hsiao, Commander of the 3rd Battalion, 523rd Regiment, 262nd Brigade.

八十八師五二三團
第二營營長林道貫

Major Lin Tao-kuan, Commander of the 2nd Battalion, 523rd Regiment, 262nd Brigade

七十八師一五六旅第六團第三營
營長吳履遊

Major Wu Li-yu, Commander of the 3rd Battalion, 6th Regiment, 156th Brigade

八十八師五二七團
第三營營長李杰
(現升營長)

Captain Li Chieh, attached to the 3rd Battalion, 527th Regiment, 264th Brigade

八十八師五二四團
第二營營長鄧圖南

Major Teng Tu-nan, Commander of the 2nd Battalion, 524th Regiment, 262nd Brigade

八十八師工兵營
營長勞冠英
(前五二三團第二營營附)

Lao Kuan-ying, Commander of the Engineer Battalion, 88th Division

八十八師五二八團
第二營營長鄧洗

Major Teng Hsi, Commander of the 2nd Battalion, 528th Regiment, 264th Brigade

八十八師五二八團
第二營營附朱赤

Captain Chu Chih, attached to the 2nd Battalion, 528th Regiment, 264th Brigade

十九路軍第六十師一七八旅
副旅長劉漢忠

Vice Brigadier-general Liu Han-chung
of the 178th Brigade of the
19th Route Army.

六十師上校祕書
魏育懷

Col. Wei Yu-huai,
Secretary of the 60th Division.

十九路軍第六十師一八〇旅副旅長
楊昌璜字毅伯廣東羅定人

Vice-brigadier-general Yang Chang-huang
of the 180th Brigade of the
19th Route Army.

六十師一七八旅第三五五團
上校團長黃茂權

Col. Huang Mo-chuan.

十九路軍六十師一八〇旅第三五八團
上校團長湯毅生

Col. Tang I-sheng.

十九路軍六十師一七八旅第三五七團
上校團長黃漢廷

Col. Huang Han-ting.

六十師副官處長
梁維綱

Col. Liang Wei-kang, Chief Aid-de-camp to the 60th Army Division.

六十師參謀長
陳心蓀

Gen. Chen Sen Lu, Chief of Staff of the 60th Army Division.

淞滬警備司令部
參謀長張襄

Gen. Chang Shang, Chief of General Staff of the Headquarters of Shanghai-Woosung Garrison Commander.

淞滬警備司令部上校
副官處處長林勁

Col. Ling Ching, Chief Adjutant to the Headquarters of Shanghai-Woosung Garrison Commander.

十九路軍六十一師中校參謀
兼辦事處主任韋韜

Lieu. Col. Wei Tao Staff Officer of the 61st Division.

自左至右 1 少校參謀長林小魯(坐者) 2 少校參謀長劉唐烈(立者) 3 上尉參謀長汪君勃(坐者)
4 中校參謀長周明(立者) 5 上校處長王衡(坐者) 6 上尉參謀楊吉升(立者) 其餘為辦事職員

Officers of the General Staff of the 61st Army Division.

敵軍發動

敵軍要人正在駐滬日軍陸戰隊司令部內集議進襲淞滬（停于門內之汽車爲敵要人所乘）

Entrance to the Japanese naval headquarters

滬戰禍首鹽澤

Admiral Shiosawa who commanded the first attack on Chapei

日海軍陸戰隊司令部之側面其右屋角設有瞭望台

The Japanese naval headquarters

一月廿日先後來滬準備進襲淞滬之敵艦

One of the many Japanese warships despatched to Shanghai after January 20, 1932

停泊于上海日領館前之出雲旗艦

The "Idzumo", flagship of the Japanese Fleet at Shanghai

敵攻我閘北

↑ 據守鐵路之日砲兵轟擊天通菴站

Japanese artillery bombarding Tientungan Station

↑ 強佔我公安局五區分署

Japanese soldiers occupying the 5th District Police Station in Chapei

↑ 在新廣東街川公路鐵道旁攻我之日軍

A Japanese position along the Shanghai-Woosung Railway in Chapei

← 北四川路靶子路口之日本海軍陸戰隊

A Japanese position on Range Road which is within the International Settlement

↓ 挨戶搜索寶興路口好世界食品店

Ch inese civilians being searched by Japanese soldiers

↓ 幸災樂禍之日本浪人因見日機投彈而鼓掌歡呼

Japanese watching activites of their airplanes. Note the civilian on the foreground applauding apparently over the fact that a bomb was being dropped

毀我交通

北火車站被毀後之頹垣敗壁

What was left of the North Station building

北站公物之所存留者僅此行李房中之大磅秤

The only thing left undamaged in the North Station is the luggage scale.

重磅炸彈之爆發力將路上客車擲於五六尺外

Destruction wrought by Japanese aerial bombs.

被日機投彈炸焚火焰穿頂時之北車站

The North Station afire

黃渡車站完全被毀

Hwangtu and Nanziang Stations.

南翔車站被炸頗劇

After Japanese air raids.

被炸後之真茹車站

Destruction at Chenju Station

未劫前之北車站

北車站之外觀 ↑

停車場之全景 ↓

Showing the North Station before January 28, 1932.

毁我文化

吳淞中國公學之被毀

Shell-torn buildings of the China University, Woosung.

江灣勞働大學前之總理像亦遭破壞

Abuse of a Great Leader. Dr. Sun Yat-sen's statue at the Labor University, Kiangwan, being wantonly destroyed by Japanese.

被毀之吳淞商船學校

The Mercantile Marine College, Woosung, after the war.

眞茹暨南大學科學館被日機投彈炸燬

Chinan University, Chenju.

日方砲火下之吳淞中央大學藝術院

Central University, Woosung.

虹江路成仁女校被日機炸燬

The skeleton of the Catholic girls' school in Chapei after the fire.

吳淞同濟大學受敵方大砲轟擊

左爲該校工廠被轟擊後之慘狀

Tungchi University, Woosung.

日機擲彈焚燒商務印書館

The Commercial Press works seta fire by Japanese incendiary bombs.

東方圖書館焚燒慘狀

Similar destruction of the Oriental Library.

毀我實業

永安第三紗廠被日機擲彈炸燬

The Wing On Cotton Mill, although situated within the International Settlement, did not escape the attention of Japanese airplanes. The bomb that destroyed part of the mill and killed several mill hands narrowly missed a post of the United States infantry.

被毀之光明電器公司

Desolate view of the Kuangming Electrical Supplies Co.

被毀後之江灣中國鐵工廠

Little could be salvaged from the China Iron Works after a Japanese air raid.

江灣路永固造漆公司廠屋被燬之慘狀上二圖一爲廠屋一爲廠屋後面之堆棧盡成爲坵墟

Above two pictures showing the desolate views of buildings of the Yung Koo Paint Manufacturing Company.

該公司爲國貨油漆之冠軍自淞日寇縱火焚燬並被大砲轟炸後現已重建更加擴充機續與劣貨奮鬬

毀我農田

近獅子林砲台旁之農田被毀

Explosion of a Japanese bomb aimed at the Szetselin Forts.

虹橋飛機場之貯藏棧被炸及附近之農田被毀

The Hungjao Aerodrome was also attacked by Japanese airplanes.

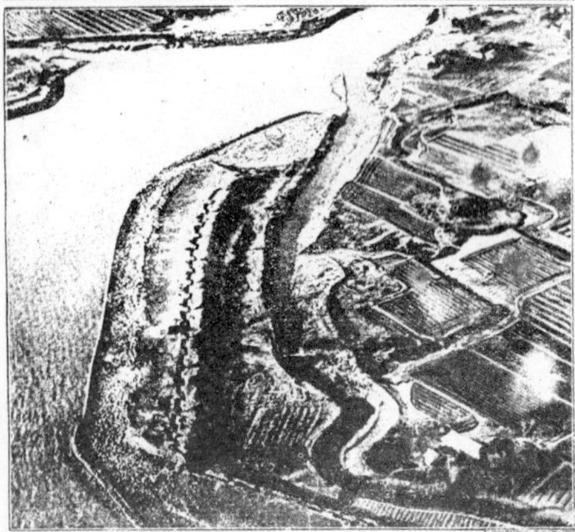

近楊林口之農田被毀

Aerial view of Yanglinkow, near Liuho, where the Japanese effected a landing on March 1 to menace the rear of the Chinese forces.

近七丫口之農村盡遭橫暴

Chiyakow Village, another point, where the Japanese landed on March 1, was completely wiped out.

毀我民居

嘉定鎮民居被毀之慘狀（圖爲由內向外攝影）

Ruin samong civilian houses in Kiating.

西虬江路公興路口馨德坊毀後

Demolished buildings on Jukong Road Chapei.

閘北民房之浩刼（矢頭所指處係由寶山路虬江路轉角我軍前綫所見之日軍最前綫瞭望台攝此影時敵軍見而連珠彈發矣險哉）

Ruins of Chapei.

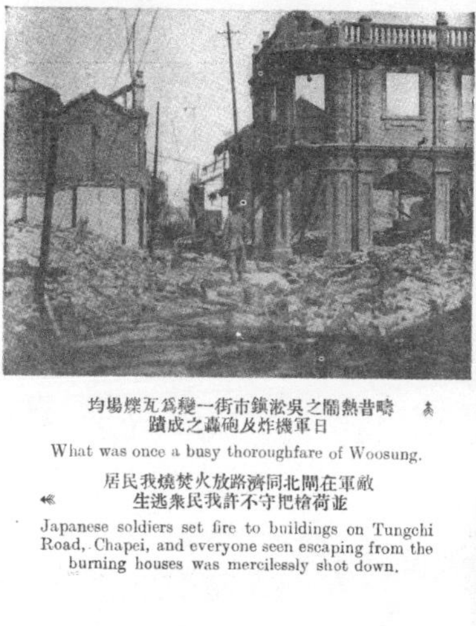

疇昔熱鬧之吳淞鎮市街一變爲瓦爍場均日軍機炸及砲轟之成蹟

What was once a busy thoroughfare of Woosung.

敵軍在閘北同濟路放火焚燒我民居並荷槍把守不許我民衆逃生

Japanese soldiers set fire to buildings on Tungchi Road, Chapei, and everyone seen escaping from the burning houses was mercilessly shot down.

被日機擲彈焚燒之慘狀

JAPANESE INCENDIARISM

北四川路邢家橋路口
永豐坊之大火

Buildings on North Szechuen Road, an extra-Settlement Road, were set afire by Japanese soldiers and ronins.
Nothing was left of whole blocks.

獻夢初醒之奧迪安影戲院

The Odeon Theatre was one of the victims.

日機作惡

戰事發動之第二晨，日飛機即飛翔於我閘北空際，肆意投彈，燬我民居屋宇無數，對於非作戰的人民殺害以千計

Japanese airplanes getting ready for their mission of destruction. (Below) Japanese airplanes flying over Chapei

日機投而未炸之彈，在閘北中興路之馬路中，深插入地內。

A Japanese bomb dropped from the air which failed to explode

侵入閘北之敵軍陸戰隊鐵甲車，這種鐵甲車有多輛給我軍用手溜彈炸毀。

Japanese lines and armored cars near the North Station

日軍部隊最初在滬登陸之指揮官下元少將，據他說對於上海情形很熟悉。是以用他作侵滬之前導。

An officer of the Japanese marines giving instructions

（左右兩圖）爲南翔車站貨車軌道于二月廿四日被燬（一爲震倒之貨車）

A railway wagon overturned following the explosion of a bomb, taken at Nanziang Station

Destruction wrought by Japanese bombs at Nanziang Station

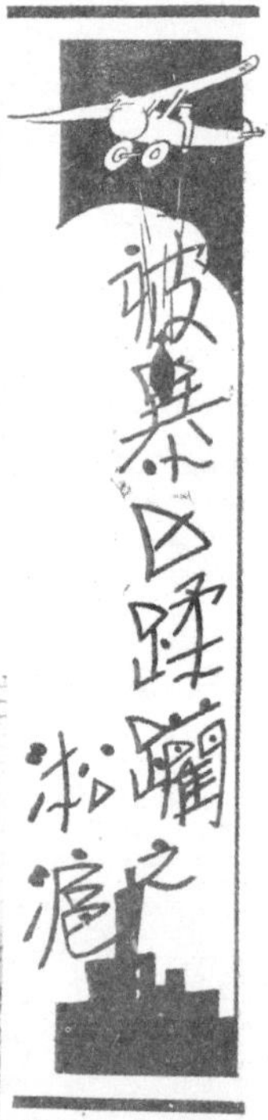

被燬之鐵甲車

Ruins at the North Station

被燬後之貨棧僅存殘片一堆

Remains of once prosperous godowns and skeleton of once splendid Station building of North Station burnt on Jan. 20 1932.

被炸之四等車

Railway cars damaged by bombs

淞滬蒸汽車被燬

Steam coach destroyed by bombs at North Station.

A dug-out following the explosion of a bomb at Chenju Station

青陽港站及附近之軌道于三月二日被炸

眞如站月台于二月五日着彈炸裂陷成深潭

Damages done on the railroad at Tsingyangkiang

敵機大砲蹂躪後之吳淞鎮

A Part of Ruined Woosung

暴日焚燬商務印書館後橫置
家具于寶山路以礙我軍反攻

The Commercial Press Factory destroyed by Japanese
to a loss of over $20,000,000

被炸毀之鐵路為日軍作急之鐵證

A View of the Demolished North Station

正在焚燒之北四川路鴻慶坊口

Burning Buildings in the Vicinity of Odean Theatre

戰事發動時，日軍濫捕我國人民，強加以「便衣隊」之罪名，妄加屠殺，橫死者不勝數。圖爲日軍捕我民衆之鐵證。

Innocent civilians caught, imprisoned, tortured, and murdered on the charge that they were snipers. Executions were carried out without even the pretense of a trial.

靶子路口五洲藥房
職員十餘人被日軍
無故捕去至今生死
不明

Employees of the International Dispensary being led away like criminals. These men failed to evacuate in time and were last seen as shown in the picture. Despite every effort on the part of the management of the firm, no trace could be found of them.

日陸戰隊對於路上華人往往不
分皂白指爲便衣隊，強拉硬扯
，拘至司令部屠殺

A civilian being dragged to the Japanese naval headquarters to no one knows what fate

此人被日軍指爲便衣隊，臨刑
前之一剎那。

Shortly after this picture was taken, the man was shot for being a sniper. No proof of the charge was necessary, mere arrest means execution.

日便衣隊及陸戰隊搜
索行人，稍不如意便
遭射殺或拘捕

A pedestrian being searched by Japanese marines and ronins

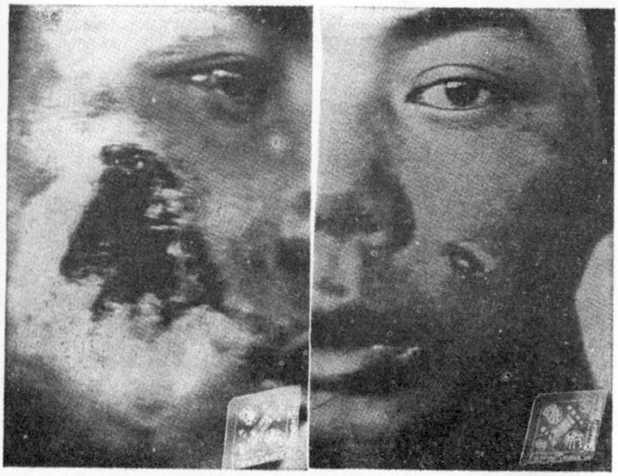

日軍不顧國際公法用達姆達姆彈炸傷我士兵
-為彈丸由左頰射入之傷洞一為彈
丸從右頰旋出之大傷口

A Chinese soldier, victim of Japanese dum-dum bullets. Note the small entrance on the right and the large wound on the left as the bullet came out.

老百姓在日軍鐵蹄下所遭受
若此者不可以勝計

One of the many innocent civilians shot down on the streets

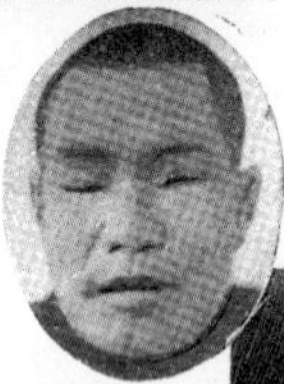

因不就日兵威迫利誘命之放火山東大餅小販王雲高被日軍剜去雙目慘無人道

This picture shows one of the many instances of Japanese atrocity. The man had his eyes scooped out by Japanese when he refused to set fire to buildings as ordered.

無辜槍殺我良民之慘狀

Even clothes of their victims did not escape them. The Japanese soldiers stripped the dead bodies and took their clothes.

彈刃下之我民衆

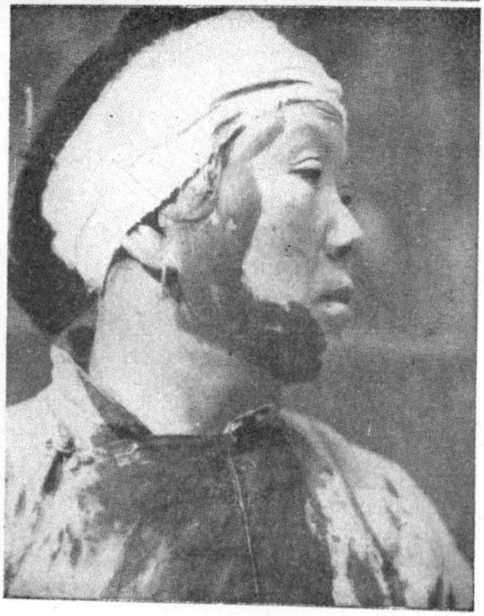

日機在租界投彈炸燬我國永安紗廠此為當時被炸傷女工之一身上血跡淋漓之慘狀

One of the mill hands at the Wing On Cotton Mill suffering from wounds from Japanese bombs

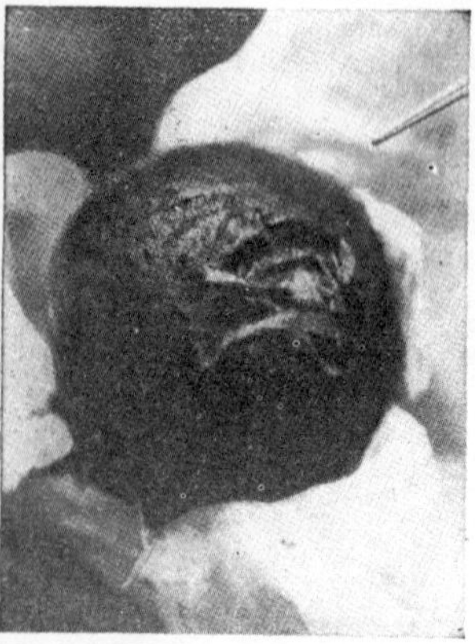

敵兵用刺刀傷我非戰鬥人員
我市民頭顱之創傷

The skull of a civilian victim showing bayonet wounds

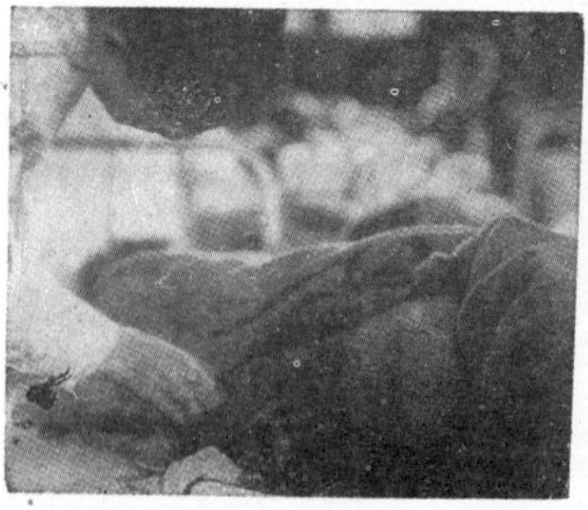

日方使用達姆達姆彈之證據

Proof of Japanese dum-dum bullets

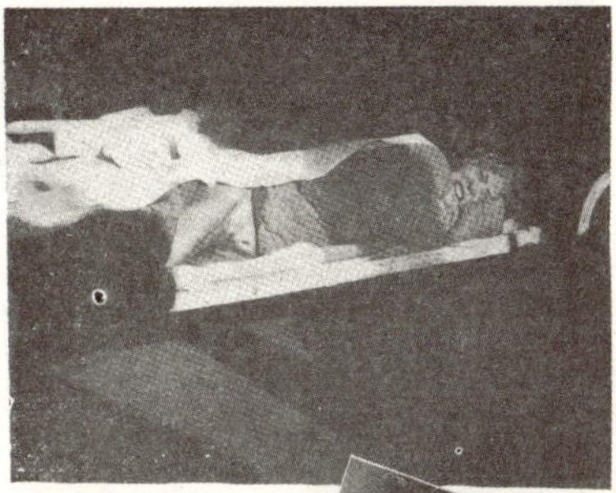

（上）受日軍達姆彈傷之民婦正呻吟床席

A defenseless woman wounded by dum-dum bullets.

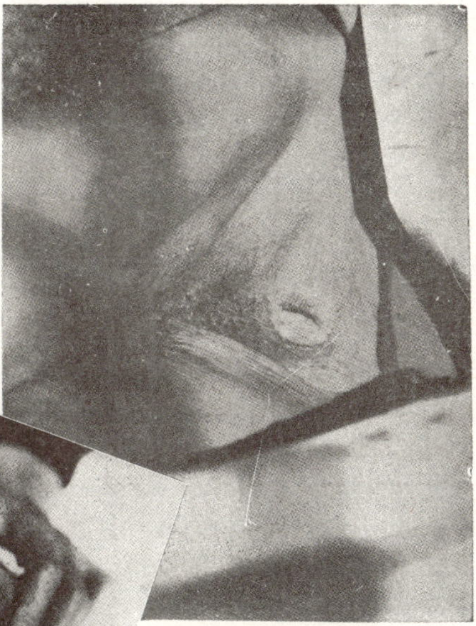

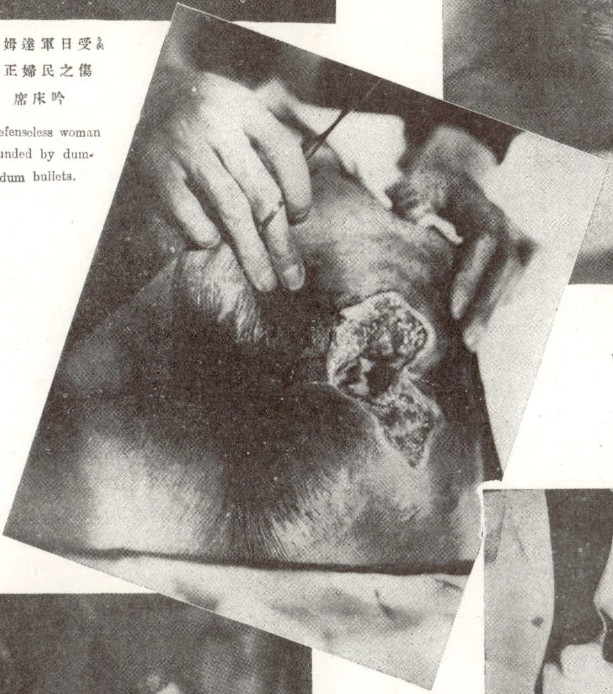

（上）彈丸入口之傷處

Where the dum-dum bullet entered.

（中）彈丸出口之慘狀

Where the bullet came out.

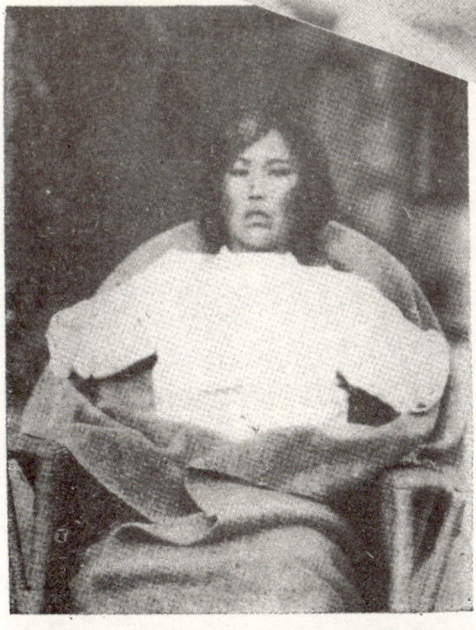

◁◁慘遭日暴割去雙臂之我國婦人

This woman's two arms were brutally cut off by the Japanese.

日兵以刺刀擊傷我無辜童子▷▷

A boy wounded by a Japanese bayonet.

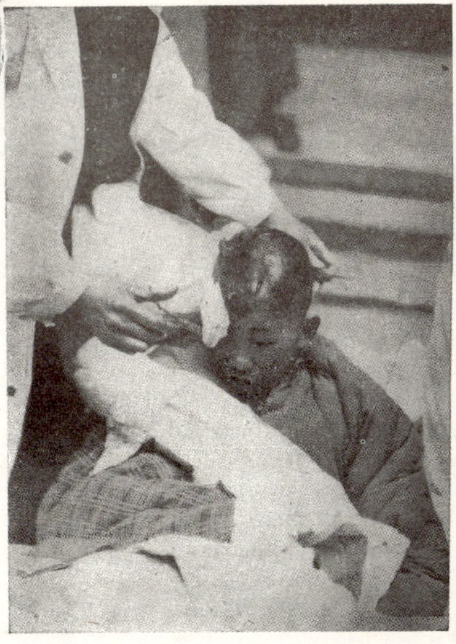

我忠勇之十九路軍奮勇禦敵

Chinese soldiers defending against a Japanese attack.

蔡廷鍇將軍親臨吳淞火綫指揮我砲兵

General Tsai Ting-kai (x) personally directed his forces at the front.

以一當十之前線哨兵守望東方圖書館

A Chinese soldier manning a position in the Oriental Library building.

橫浜路我軍奪獲敵之防線

Chinese defence positions in Chapei. Right, note the bundles of paper as improvised barricade.

我憲兵在寶山路虬江路口守衛

砲火劇烈中以電話發號施令之幹部

The headquaters of the 60th division

十九路軍團部之軍事會議

The meeting of officers of a regiment

Officers of 156th brigadier of the 78th division 七十八師一五六旅官佐

十九軍軍官在劉河之軍事會議

Meeting of the 19th route army for consultation of military operations

馮庸大學女子義勇軍龍文彬

Volunteers one of the girl participated in the battle of self-defense

孤軍堅守吳淞之翁旅長及丘參謀長

General Ong Chao-huan and Chief-of-staff Chiu inspecting the position of troops

十九路軍休息時間留聲机消遣

Amusement of Chinese soldiers on the front

我軍戰壕中傳遞消息

Chinese soldiers telephone in the trench

八字橋戰役

八字橋附近之六十師機關槍陣地

Our machine gun position near the Eight-Character Bridge.

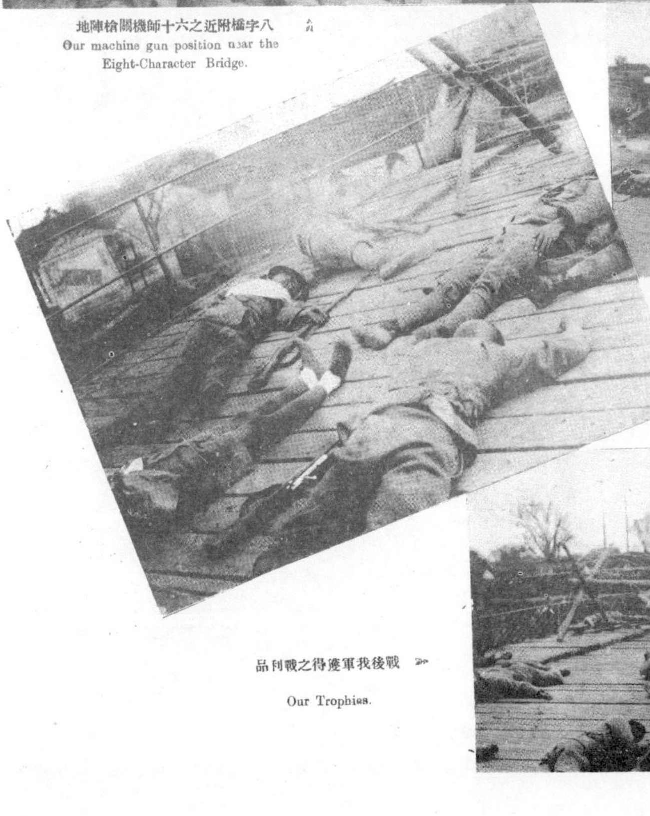

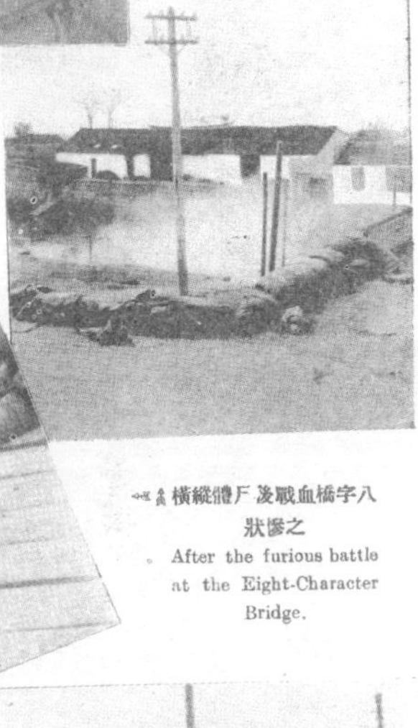

八字橋血戰後尸體縱橫之慘狀

After the furious battle at the Eight-Character Bridge.

戰後我軍獲得之戰利品

Our Trophies.

一月廿九晨六十師奉令急速乘車出發

Troops of the 60th Division Ordered to the Front.

六十師大刀隊出發殺敵

Big Sword Company of the 60th Division En-route to the Front.

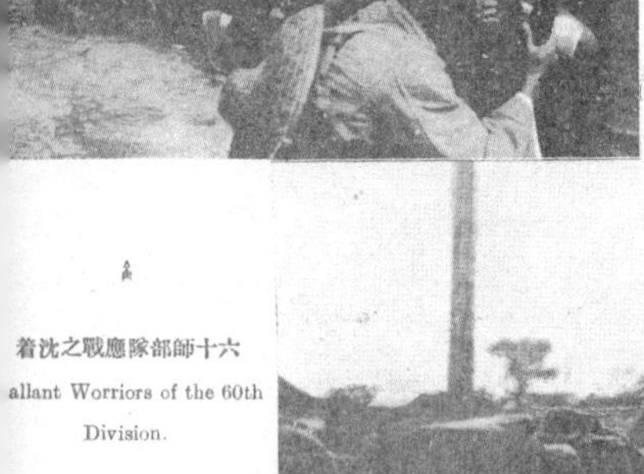

六十師之增加部隊趕赴江灣前線之情形

Troops of the 19th Route Army Hurrying to Reinforce Kiang-wan-chien.

六十師部隊應戰之沈着

allant Worriors of the 60th Division.

以竹筏作浮橋渡浜包抄敵軍

Chinese troops crossing a creek on bamboo rafts on their way to attack the enemy's rear.

架設浮橋之開始

Chinese soldiers bridging a creek.

以木船作浮橋渡水應戰

Crossing in face of enemy fire.

第五軍通信營之無線電隊方在相度地勢設置電台

Chinese engineers looking over a site for radio installations.

我軍之通信隊

第五軍通信兵在墳山頂上用旗語通報敵情

A member of the Chinese signal corps. Left, light signalling. Note the tree leaves decorating the soldiers as camouflage.

第五軍通信隊用回光燈通信

八十八師之電信隊在掩蔽地緊急工作

Chinese engineers at work.

工兵剪毀敵軍陣地所佈之鐵絲網

Ccutting enemy arricades.

戰壕中

我軍士態度極爲安閒，於休息之際，或開留聲機，或閱報紙，或寫家書。

A leisure hoı r ın the Chinese trenches. Note the phonograph.

壕中右上方爲水機關槍，左下方爲自動步機關槍，中央手執者爲盒子砲。

Chinese machine-gun nest.

七十八師一五六旅長翁照垣參謀長丘國珍在戰壕內指揮軍情

Major-General Weng Chao-huan, Commander of the 156th Brigade defending Woosung, directing operations from the trenches.

前線散兵壕

More Chinese trenches.

裝子彈情形

Chinese soldier loading his rifle.

A Chinese position in a bamboo grove.

我軍在竹林中沉着應戰

我軍在蘊藻浜車站等候敵軍

Watchfully waiting for the enemies at the Wentsopang Station

我軍作戰之沈着

Watchfully waiting for the invaders

Our soldiers ready to throw hand grenades 我軍預備手溜彈以歡迎敵兵

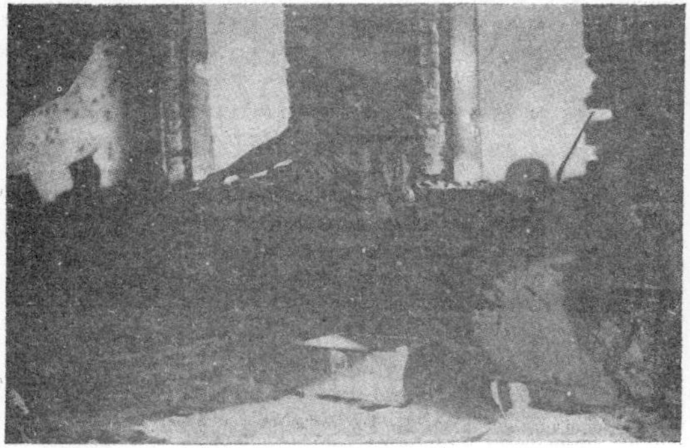

臨陣之十九路軍

Our soldiers bravely repulsed the advancing Japanese

十九軍在江灣之戰

Watchfully, waiting for the enemies

Our soldiers firing with machine guns

我軍機關槍掃射之姿勢

我軍在壕中以步槍射擊日機

Our soldiers in the trench shooting the Japanese airplanes

Chinese Gallant Soldier

嚴陣以待之我忠勇士兵

不屈不辱之我軍

爲國効死我軍之敢死隊出發前受訓話情形

Members of the Dare-to-Die Corps

二月廿三晨廟行鎮大戰後之我軍

Chinese soldiers retiring in favor of fresh troops after a severe battle at Miaohong

在吳淞鎮之我軍傷兵救護情形

One of the wounded Chinese soldiers being carried to the rear

最前線

忠勇殺敵之蔡軍長親臨前線指揮

General Tsai Ting-kai personally directing operations on the front lines

軍官沉着應戰之一斑

Chinese soldiers in action with their Mausers

★ ★ ★

使敵人喚奈何之譚啓秀司令在前線視察

Major-General Tan Chi-hsiu, Commandant of the Woosung Forts, inspecting Chinese defences

整齊之戰壕內我十九路軍奮勇抗敵

A section of the well-dug Chinese trenches

我軍檢閱敵機所獲器械

Trophies of War from Japan

執行死刑後之漢奸

The body of a traitor after being executed

我軍在周巷附近之強渡

Our soldiers forcibly crossing the water in the vicinity of Chowkong

我軍作戰時有美國電影界到前線
攝取當時有聲影片

Foreign Film Co. Taking a Motion Picture of War

水雷爆發

The explosion of marine mine.

八字橋戰役

Our soldiers on a bridge

開赴前線之迫擊砲隊

Our trench mortar company en-route to the front

在車站集合之健兒

Meeting on the railway station

嗚呼！武力之迷夢者。敵軍不能耐勞在戰鬥中之萎頓熟睡狀態

Japanese soldiers resting after battle.

(上及下三圖)

（上）敗退中之日軍

Defeated Japanese in retreat.

（上）敵軍在廣東街夜戰時被我軍殺斃三百餘名至次早敵軍見尸塞途駭極紛紛向租界逃逸圖爲正在敗退經過奧迪安大戲院門前之敵軍

Japanese marines retreating past the Odeon Theatre.

敵軍在江灣鎮被我軍擊敗之狼狽狀態

Japanese soldiers in confusion after a defeat.

敵軍增援

指使殺人之重要犯

Ruthlessly shouting orders to kill.

敵軍偷渡張華浜之情形

Japanese attempting to cross a creek, near Kiangwan.

敵軍在北四川路橫浜路口之頑強抵抗

Japanese lines on Wangpang Road.

張華浜附近之敵寇

Japanese troops near Changhwapang.

據虹口公園作戰之日本炮隊

Japanese artillery in action in Hongkew Park.

捨正路而不由之敵軍

Japanese soldiers en route to the front.

日軍第四個派遣司令白川大將
到滬時在蘊藻浜鐵路碼頭登岸

General Shirakawa, the fourth Japanese commander to direct the invasion of Shanghai, disembarking at Wentsaopang open his arrival from Japan.

日軍增援部隊在匯山碼頭紛紛登陸

Japanese army reinforcements disembarking at Wayside Wharf which is within the International Settlement.

日軍屢受挫敗後遂運來巨形坦克
車以爲掩護進侵之具

Japanese tanks covering an advance.

向我軍陣線狂噴之
日軍重砲

Japanese artillery in action.

日軍擲彈焚燒江灣跑馬場
後準備攻我防線

The race course of the International Recreation Club at Kiangwan being set afire by Japanese troops.

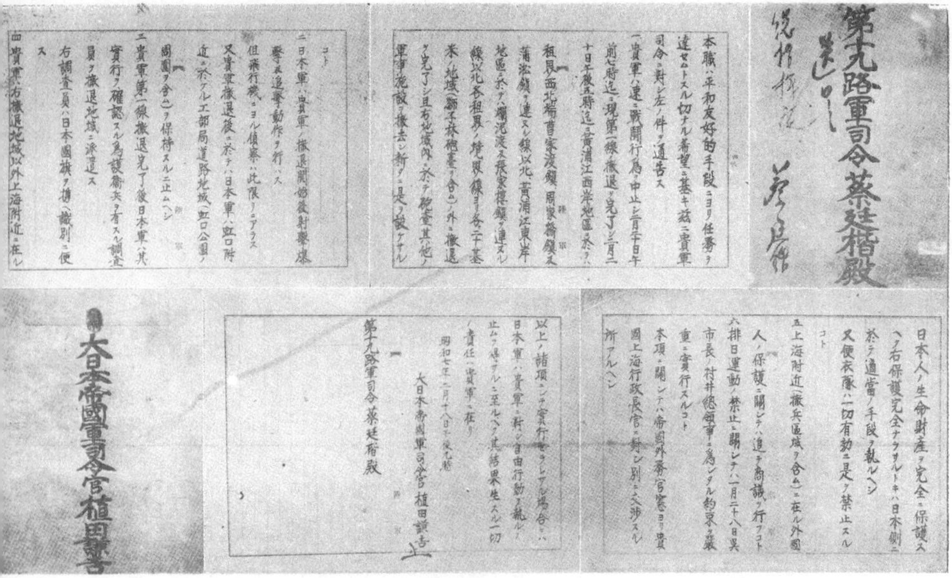
第十九路軍司令蔡廷楷殿

本職ハ平和友好的手段ニヨリ任務ヲ達セムトスル切ナル希望ニ基キ茲ニ貴軍司令ニ對シ左ノ件ヲ通告ス

一 貴軍ハ速ニ戰闘行爲ヲ中止シ二月二十日午前七時迄ニ現第一線ヲ撤退ヲ完了シ二月二十日午後五時迄ニ黄浦江西岸地區ニ於テハ租界西北端曹家渡鎮、周家橋鎮及蒲淞鎮ヲ連スル線以北、黄浦江東岸地區ニ於テハ爛泥渡及張家樓鎮ヲ連スル線以北各租界ノ境界線ヨリ各二十基米ノ地域(獅子林砲臺ヲ含ム)ノ外ニ撤退ヲ完了シ且右地域内ニ於テ砲臺其他ノ軍事施設ヲ撤去シ新タニ是ヲ設ケザルコト

二 日本軍ハ貴軍ノ撤退開始後射撃爆撃及追撃動作ヲ行ハズ
但飛行機ニヨル偵察ハ此限リニアラズ
又貴軍撤退後ニ於テハ日本軍ハ虹口附近ニ於ケル工部局道路地域(虹口公園ノ周圍ヲ含ム)ヲ保持スルニ止ムベシ

三 貴軍第一線撤退完了後日本軍ハ其實行ヲ確認スル爲護衛兵ヲ有スル調査員ヲ撤退地域ニ派遣ス
右調査員ハ日本國旗ヲ携ヘ識別ニ便ス

四 貴軍ハ右撤退地域以外上海附近ニ在ル日本人ノ生命財産ヲ完全ニ保護スヘク右保護完全ナラサルトキハ日本側ニ於テ適當ノ手段ヲ執ルヘシ
又便衣隊ハ一切有効ニ是ヲ禁止スルコト

五 上海附近(撤兵區域ヲ含ム)ニ在ル外國人ノ保護ニ關シテハ追テ商議ヲ行フコト

六 排日運動ノ禁止ニ關シテハ一月二十八日呉市長ノ村井總領事ニ爲シタル約束ヲ嚴重ニ實行スルコト
本項ニ關シテハ帝國外務官憲ヨリ貴國上海行政長官ニ對シ別ニ交渉スル所アルヘシ

以上ノ諸項ニシテ實行セラレザル場合ニハ日本軍ハ貴軍ニ對シ自由行動ヲ執ルノ止ムヲ得ザルニ至ルヘク其結果生スル一切ノ責任ハ貴軍ニ在リ

昭和七年二月十八日午後九時

大日本帝國軍司令官 植田謙吉

第十九路軍司令 蔡廷楷殿

大日本帝國軍司令官植田謙吉

敵人致我蔡軍長之哀的美敦書

Facsimile of General Uyeda's ultimatum addressed to General Tsai Ting-kai, February 20, 1932.

敵軍飛機散下之偽造傳單

forged propaganda leaflet dropped on the hinese troops by Japanese airplanes. They were ipposed to be signed by the Central Party eadquarters of the Kuomintang denouncing the)th Route Army for provocating a war with the Japanese without authorization.

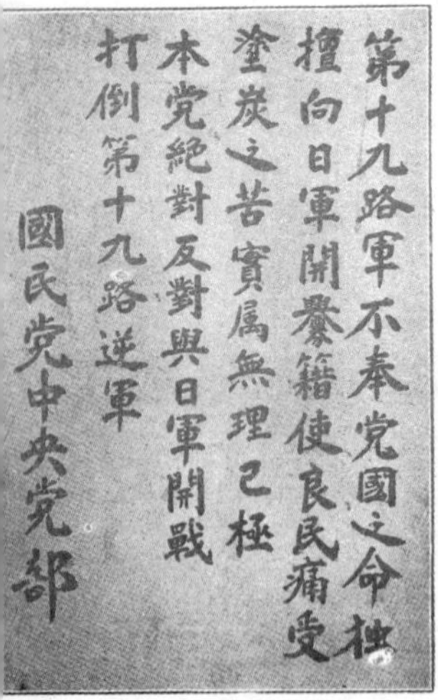
第十九路軍不奉党國之命独
擅向日軍開釁籍使良民痛受
塗炭之苦實屬無理已極
本党絕對反對與日軍開戰
打倒第十九路逆軍
國民党中央党部

日軍佔領吳淞後將蘊藻浜橋修築易名為白川橋
並且舉行儼然的通橋禮

Opening ceremonies for the bridge across Wentsaopang creek which was destroyed and rebuilt by the Japanese. It was renamed "Shirabushi" in honor of General Shirakawa!

關下作戰的文件

十九路軍參謀長趙一肩親書各戰役

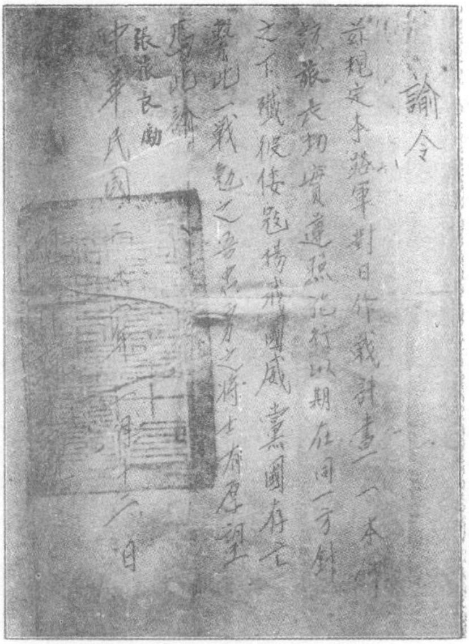

諭令
茲規定本路軍對日作戰計畫一、本件
該旅長切實遵照施行以期在同一方針
之下殲彼倭寇揚我國威 繫國存亡
繫此一戰勉之吾忠勇之將士有厚望
焉此諭
張旅長勵
中華民國二十一年二月十六日

十九路軍總指揮蔣光鼐的諭令

Facsimiles of bocuments of the 19th Route Army.

二月十三日十九路軍總參謀處之作戰計畫文件

第五軍奮舉救國

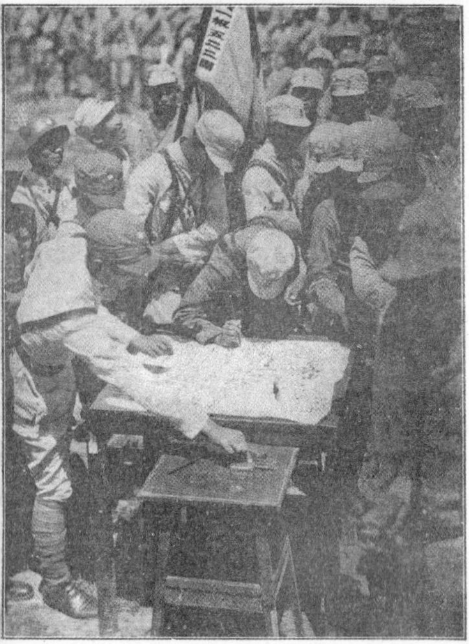

二六一旅誓師之詞曰：不滅倭寇，『誓不生還』自旅長以下各官佐均署名於其上。

Officers of the 261st Brigade signing an cath that they "will not return alive until the enemy are exterminated."

第五軍出發作戰前軍長召集幹部面授機宜

Omcers of the 5th Army a-sembled before their commander General Chang Chih-chung for final instructions before battle.

參謀處計畫戰略

The Chinese general staff in conference.

二五九旅之誓師典禮

Officers and men of the 259th Brigade swearing to defend their country.

八十八師之礮隊及手榴彈隊出發增援

The artillery unit of the 88th Division proceeding to the front.

第五軍之軍需輜重運赴前方

Ammunition and supplies on the way to the front.

第五軍之通信工作架設電話綫

Telephone lines being installed by Chinese engineers.

中央軍事學校之礮兵營奉命開滬增援

The artillery battalion of the Central Military Academy, Nanking, proceeding to the front.

在劉行司令部掩蔽部之張治中軍長及參謀長祝紹周參謀處長張繹以電話指揮作戰

General Chang Chih-chung (left) and his staff officers directing operations from the trenches at Liuhong.

斜陽影裏郊野中之二五九旅最高幹部李杲孫元良鍾彬方在研究地圖

Officers of the 259th Brigade studying a map.

前哨信號兵用軍號向指揮部報告敵情

Reporting to the rear by bugle.

大場第五軍防守軍陣地之機關槍

A machine-gun nest.

中央軍校之山
砲連以密發彈
向敵陣轟擊

Chinese field battery.

戰壕內憩息之第五軍

Chinese soldiers of the 5th Army resting in the trenches.

庙行战役

俞濟時師長在廟行指揮佈置陣地

General Yu Chi-shih, Commander of the 88th Division (standing foreground), personally directing troop dispositions at Miaohong.

麥家宅鏖戰時之燦爛情況

The battle of Maikiachai, near Miaohong, in progress.

二五九旅副旅長李杲在廟行北孫宅陣地中
（手指敵情者是）

Colonel Li Kao, Vice-Commander
of the 259th Brigade (left), at the
Miaohong front.

八十七師二六一
旅旅長宋希濂在
戰地攝影

Major-General Sung Hsi-lien,
Commander of the
261st Brigade.

在廟行陣擊殲倭軍
數千之二五九旅
長孫元良氏

Major-General
Sun Yuan-liang, Commander
of the 259th Brigade, who
defended Miaohong.

第五軍參謀處長張鐸

Lieut.-General Chang To,
Chief Staff Officer of the 5th Army.

在廟行附近以大砲還擊
情形

Chinese artillery in action
at the
Miaohong front.

殲敵

中我地雷後之敵軍

Japanese soldiers killed by mines.

廟行戰後鐵絲網下不及退走之敵軍屍體

Corpses of Japanese soldiers caught in the wire entanglements.

我軍追逼近敵軍所佈鐵絲網

Chinese soldiers advancing to enemy barricades.

廟行戰役
我軍之傷亡

廟行之役八十八師傷亡綦重
此爲當時戰場情形

Some of the wounded soldiers of the 88th Division who defended Miaohong. The terrific bombardment of the Japanese artillery and air force inflicted many casualties among Chinese soldiers who tenaciously clung to their posts.

在陣地救護之軍醫處

足脛中彈者爲副旅長馮聖法受傷後絕無痛楚之色我軍之視死如歸精神一致如此

廟行一役八十八師傷亡極大二五九旅繼起犧牲此爲衛生隊護之情形

Colonel Feng Sheng-fa, Commander of the 523rd Regiment of the 262nd Brigade, being dressed for wounds suffered while defending Miaohong.

八十八師接防十九軍

八十八師由交通壕趨赴前線接防十九路軍陣地
(由江灣以北至蘊藻浜)
Soldiers of the 88th Division proceeding from Kiangwan to Wentsaopang along trenches to reinforce the 19th Route Army.

攀登樹上瞭望敵情

A Chinese scouting party looking for the enemy from tree tops.

陣前工作

Chinese engineers at work at the front.

地雷隊俯身潛行扛運
地雷埋藏

Laying mines. Note the soldiers' crouching position to avoid enemy fire.

竹園墩苦戰

在苦戰中

Chinese soldiers in action at the Chuyuantun front (between Miaohong and Kiangwan).

用觀測鏡窺察敵方情形

Spying on the enemy with periscopes.

俞濟時師長（持電話聽筒者）指揮幹部作戰

General Yu Chi-shih, Commander of the 88th Division, directing operations through the telephone (extreme right, sitting).

向竹園墩反攻時之八十八師據河岸射擊

Chinese soldiers in a counter attack at the Chuyuantun front.

Exodus from Chapei and Hongkew on January 28, 1932, immediately prior to the Japanese attack.

騷動開始之上海北四川路

北四川路爲上海北區最繁盛之馬路自靶子路以北爲越界築路在寶山路之東兩路平行日海軍陸戰隊之總司令部卽在北四川路之末端毗連天通庵火車站戰前之一二日居民紛紛遷徙圖中向北行者皆爲空車向南行者則滿載難民及家具貨物之車輛一二八戰事發動後日人卽縱火焚燒自虬江路口至邢家橋路口靠西之一段與廸安電影院及鴻慶坊房屋卽最不幸而在此一段內者。

Pao Shan Road, the main thoroughfare of Chapei, before the war.

上海寶山路之本來面目

寶山路為閘北最繁盛馬路之一，南接公共租界，北達天通菴，東與北四川路並行，西達京滬車站，交通重要，商業興盛，平日車馬行人絡繹不絕。自經戰事，已為日飛機毀壞無餘，而今一片荒涼，令人酸鼻，恢復往昔之繁華，不知又需若干時日也。

導火線

自從日軍在東三省暴行發生以後，在華之日本人民，多被日本報紙宣傳所蠱蔽，視我民族如無物，出而與日軍閥混成一起，到處挑釁，深欲牽掣我政府援救東省計劃，於是天津，青島先後暴動，滬事相繼而來，滬事之發動點：日方藉口五僧人被毆唆使日浪人向三友實業社縱火，更召集日居留民大會，到處毆人，以擴大其事，日領事海軍陸戰隊及浪人與其侵華行動已趨一致，遂於一月廿八晚突然派陸戰隊向我無準備之駐軍攻擊，殺我民衆，我軍爲自衛計，與之抵抗，滬戰因而開始矣。

三友實業社與戰事

三友實業社製造廠位于滬東引翔港華租界交處，有廠房數百十間，工友數千名。當此抵貨聲中，該廠工作晝夜不息，且廠中工人之充當義勇軍者達數百之多。附近有日商東華紗廠，與三友社相距咫尺，日人見此情形・嫉心遂起，因嫉生恨而出以卑劣手段。覺于一月二十晚縱火，將三友社焚燬，致受重大之損失。

(A) 三友實業社總廠之大門前　(B) 日人折毀竹籬進內放火之處

(C) 焚燬廠房一部織機數十部損失約萬元

(D) 日人搗亂之後廠中人員紛紛至籬旁察看情形

(E) 搗毀廠房一部之外觀　(F) 焚毀廠房內部之一部份

A. Entrance to the San Yue Factory which was set afire by Japanese ronins on January 20, 1932.

B. Showing where the ronins broke through the bamboo fence into the factory compound

C. E. F. Sections of the factory after the fire

D. Staff of the factory looking over the breach at the fenc

日浪人騷動

A. Japanese consulate besieged by ronins, January 20, 1932, petitioning for official action in suppressing the boycott. B. E. F. Shops on North Szechuen Road after the Japanese riot, January 20, 1932 C. Japanese marines sent out supposely to maintain order but in effect morally assisting the ronins in the riot D. Police trying to maintain order

(A)日浪人搗毀三友實業社之後日僑又聚衆至日領事館請願，請日領向我國提出橫暴之要求，盖蓄意使事情嚴重化。(B)日浪人成羣結隊在虹口一帶以強暴手段撕毀我國商店之標語，打毀店窗玻璃貨物。(C)日人在虹口暴動時，日陸戰隊派武裝卡車，隨後擁護，因之暴動之浪人有恃無恐，益肆無忌憚。而同時捕房聞訊，亦立即派警備車來(△)加以阻止，是日之糾紛得以暫時遏抑。其地點在北四川路大德里口之廣東大戲院前。(D)日浪人擊傷行人後，捕房西捕上前干涉，日浪人與之爭論。(E)大德電料行之門窗貨物爲日浪人搗毀。(F)北四川路某食品店之店面爲日人搗毀，連招牌亦擊下，倒置路旁。

日間伏匿以避敵機入夜輕裝渡河襲敵

Chinese soldiers crossing a creek under cover of darkness.

乘夜向敵陣偷襲

Chinese soldiers launching a surprise attack at night.

工兵構築掩蔽部此種掩蔽部對於防避敵機炸彈最爲需要

Shelters against aerial attacks being constructed.

金穆宅激戰中在敵軍猛烈礮火
我軍仍從容應戰

inese soldiers defending Kinmuchai, east of Miaohong, amid the rain of enemy shells.

廟行戰陣中之最高幹部會商戰略

nference of officers commanding the Miaohong front.

在廟行沿河之戰壕內

Chinese trenches at Miaohong.

廟行戰時八十八師以信號請調八十七師增援

A bugler of the 88th Division defending Miaohong calling for reinforcements from the 87th Division.

八十八師增援

高射機關鎗在掩蔽部與敵飛機互相週旋

Machine-gunners trying to get an enemy plane.

再接再厲

八十七師在小場廟渡河追擊敵軍

Soldiers of the 87th Divisiou pursuing the enemy across a creek at Siaoziangmiao, northwest of Kiangwan.

八十八師突出戰壕向敵進攻

Soldiers of the 88th Division charging from their trenches.

婁塘之役二五九旅之廿霖營泅渡應敵
（按是營士兵多粵中子弟善游泳）

A battalion of the 259th Brigade advancing on the enemy across a creek at Leitang.

此處防空陣地因構築未善為敵機轟毀後我士兵之後死者仍從容應敵

Chinese soldiers fighting from defences battered by enemy bombs

二五九旅防空地穴之趕築在薇陸宅之北

Trenches under construction for protection against aerial attacks.

敵機來襲八十七師後防時士兵仰射將其逐去

Repulsing enemy planes with rifles.

我軍在蘊藻浜大戰

在陣地指揮之二六一旅旅長
宋希濂及該旅參謀部劉漫天主任

Major-General Sung Hsi-lien, Commander of the 261st Brigade (second from right), and his staff officers.

蘊藻浜之戰我軍與敵軍破隊陣地相持時敵軍燃放烟幕彈

Japanese laying a smoke screen to cover their crossing of Wentsaopang creek.

在蘊藻浜防守之二六一旅

Soldiers of the 261st Brigade defending the northern bank of Wentsaopang creek.

第五軍獨立旅
增援蘊藻浜時
加入前線作戰

The Independent Brigade attached to the 5th Army just arrived to reinforce the defence of Wentsaopang.

二六一旅於彈
雨之下涉渡蘊
藻浜襲逼敵陣

Chinese troops of the 261st Brigade advancing across Wentsaopang creek.

楊林口殺敵！

開往楊林口防守之軍校教導總隊

Our soldiers on their way to Yanglingkow to defend the shore-line.

楊林口敵軍登陸教導總隊奮勇抵抗時在三月一日

Our troops putting up a stubborn resistance against the landing of the enemy's army reinforcement at Yanglingkow.

三月一日二五九旅趕赴劉河增撈之卡車運輸

Reinforcements hastening to Liuho following the Japanese landing at that point on March 1, 1932.

Our Soldiers in the Bamnboo Groves at Taichong.

在太倉竹林中我軍跪射之情形

率領第二中隊由粵來滬助戰之丁紀徐氏

Colonel Ting Chi-hsu, who led the Second Kwangtung Aviation Squadron to Shanghai to participate in the defence.

由南京來滬助戰之我國空軍將領

Officers of the National Air Force ordered from Nanking to participate in the Shanghai hostilities.

空戰

滬戰發後，廣東方面，由丁紀徐率領飛機第二中隊來滬助戰。我國空軍，尚在萌芽，質量均遜人甚遠，制勝殊艱，惟有利用雲霧晦雨之掩蔽而施行突襲，始克有濟，滬役空戰數次，我方出戰，俱能利用天時，故能與敵相持。第一次空戰，藉雲影之掩蔽，擊下敵機二架。其餘諸役或藉霧或藉雨，然雙方無劇烈接觸。蘇州之役敵以飛機母艦潛泊下浦於晴天無雲之晨，以七隊來襲。我方缺乏防空設備，當發覺敵機時，敵機早已得佔優勢。我軍起機應戰，以無所掩蔽，機數及優劣盡暴敵前。且敵機接應極多，每廿分鐘即加派一隊。是役敵損機二，死飛行員四，我傷機一，傷飛行員二，其一因傷致命，被炸燬教練機六。以軍事價值論，我軍可謂戰敗，以精神勇敢言，則可言勝矣。我國空軍設備諸多未備。今後擴充空軍，倘專從防守方面着想，當以驅逐機為最重要。以目下情形而論，我至少須有驅逐機五百之數方能與敵空軍週旋空中也。

粵空軍第二中隊及全體隊員

The Second Kwangtung Aviation Squadron under the command of Colonel Ting.

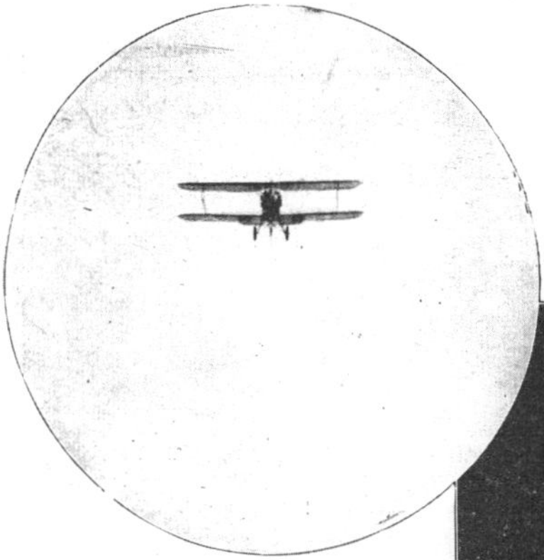

抗日空軍出發

翱翔於蒼冥間我軍戰鬥機

Chinese planes taking off and on the way to Shanghai from Nanking.

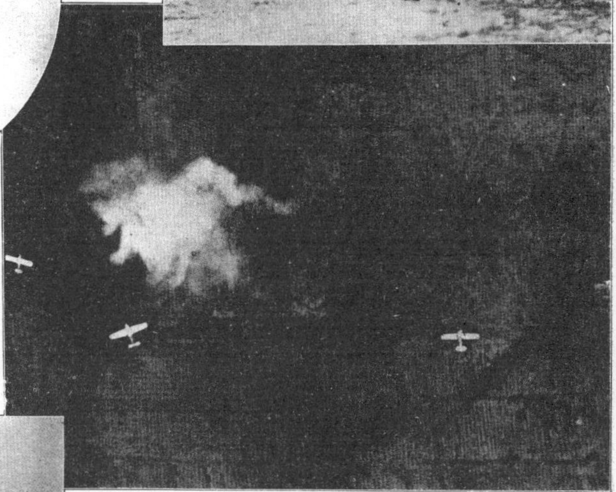

空軍大戰于空中

Aerial battle above Hungjao aerodrome.

罪有應得之敵飛機

在眞如爲我軍擊落

One of the Japanese planes that met its grief at Chenju.

異國英雄

蕭義士之遺像

Mr. Robert Short.

爲正義而犧牲之美航空家蕭特上校，前在蘇州憤
暴日之專橫，見義勇爲，阻其暴行，不幸殞命，
日前蕭太夫人應國府之召，偕次子愛德門，來華
料理其子喪事，于四月二十日抵滬，上圖蕭太夫
人抵滬時情形，右而左國府代表唐海安，蕭母，
蕭德之弟，市府代表俞鴻鈞，以下各圖乃四月廿
五日爲蕭義士舉殯安葬時狀況
(一)運柩 (二)移靈 (三)落葬

1. The Arrival at Shanghai of Mrs. Elizabeth Short, and Mr Edward Short, mother and brother of the late Mr. Robert Short. 2. Casket containing the remains of the late Mr. Short at the Moore Memorial Church after the funeral services. 3. Interment at the Hungjao Aerodrome.

美飛行家蕭特義士，殉難于吳縣境內之高墊村，地方人士，特發起在城中公園建立一紀念碑，以表其功績，業已全部工竣，圖爲紀念碑之全景

Memorial to the American hero.

美義士之母回國時在碼頭與歡送者合影 (1)蕭特之弟 (2)蕭母 (3)李錦倫之女公子 (4)海關監督唐海安氏

Mrs. Short's departure. (1) Mr. Edward Short. (2) Mrs. Elizabeth Short. (3) Mrs. Frank W. Lee, wife of the former Vice-Minister of Foreign Affairs. (4) Her daughter (5) Mr. H. O. Tong, Superintendent of the Shanghai Customs

十九路軍在大場附近掘戰壕以固防守

Digging trenches at Taziang.

我軍在眞茹築鐵絲網情形

Barbed wire barricades being erected at Chenju.

救傷隊運送傷兵

Wounded soldiers being carried to the rear.

馮庸女義勇軍戰地工作及進餐情形

Some of the girl volunteers.

防禦地之哨兵
On guard.

日機投下未爆發之炸彈士兵將火藥傾出後揹歸保存以爲紀念

An unexploded Japanese bomb.

營幕生活

Life in the camps.

老百姓爲國効勞運輸軍械

Every means was adopted to carry munitions and supplies to the front including the rickshaw.

掘壕工作

Trench-digging.

配置軍用電話

Laying telephone wires.

我軍之武器 (一)

八十七師之溜彈砲圖示在楊煥橋陣地向敵猛射

Firing at the enemy from our howitzer.

過山砲之前後形狀

Chinese mountain guns.

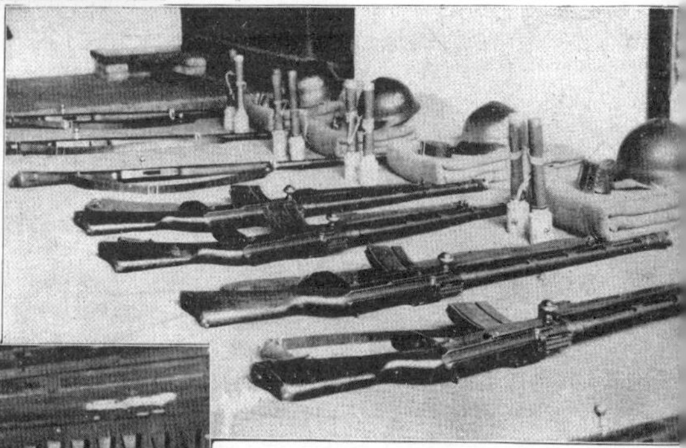

第五軍所用之新利器自動步槍

Rifles of the latest models and steel helmets were among the equipments of soldiers of the 5th Army.

二五九旅司令部

Barracks of the 259th Brigade.

我軍

我軍之高射機關槍

Machine Gun

手溜彈之整備

Hand Grenades being made ready

The firing of a Trench Mortar

迫擊砲之轟擊

我軍迫擊砲手裝彈待發

Our soldier ready to discharge a Trench Mortar

之武器

勇敢殺敵之大刀隊將赴前線時留影

Chinese Big Sword Company en-route to the front.

Automatic and light machine guns.

我軍之自動步機關槍和盒子砲

敵機最忌我軍高射砲

Our Anti-aircraft Gun

吳淞要塞我軍之重砲

One of our cannons at Woosung fort

我軍之武器（三）

機關槍正面

A Chinese machine-gun nest.

大刀隊

Part of the "Big Sword Corps"

高射砲瞄準

An anti-aircraft gun ready for action.

第五軍地雷隊在陣地旋放地雷

Discharging a mine.

吳淞要塞之一部

Chinese field pieces.

戰時的治安

滬戰時閘北爲戰區南市爲我軍後方重地其時公安局長温應星
督率全體警察維持後方防務俾前敵將士無後顧之憂厥功極偉
國民政府於事後傳令嘉獎上爲温應星局長

General Wen Ying-hsing, Commissioner of Public Safety for Greater Shanghai, who was highly commended by the National Government for his successful efforts in the maintenance of peace in the municipality during the height of the hostilities.

滬戰激烈時日軍忽偸襲南市以期擾我後方其時警察大隊長黃明率隊抗之日軍不得逞而去後敵又運動漢奸組織東南自衛軍謀亂亦爲黃大隊長親自破獲上圖爲黃大隊長明近影

Colonel Huang Ming, a high officer of the Bureau of Public Safety, who ably assisted General Wen in maintaining peace and order and was himself responsible for breaking up a gang of traitors.

南市警士會同女檢查員搜檢行人

Chinese police, assisted by women inspectors, maintained a vigilent watch over the municipality. Suspicious pedestrians were questioned and searched.

公安局警察大隊手提機關槍隊在
滬戰時巡梭南市保護治安

Chinese policemen, equipped with portable machine-guns, patrolled Nantao and other areas in the municipality during the month of fighting.

警察大隊出動維持治安

公安局警察於滬戰時
巡查道路維持治安
異常盡職

The bicycle squad.

公安局之車巡隊

The motorcycle squad.

警察全體出動鞏固後方治安情形

The entire constabulary force on parade.

滬公安局警察之訓練

The policemen are given military training.

警察大隊長對警察訓話

Colonel Huang Ming speaking before a squad of policemen.

警察大隊機關槍隊

The machine gunner company.

租界之警備

海甯路克能海路口之防禦

Members of the Shanghai volunteer Corps (International Settlement) boundary near the North Station.

北浙江路底之警備

Another Volunteer post on North Chekiang Road, also near the North Station.

北河南路底之美兵靜默地窺戰

A post held by American soldiers. This points marked the termination of Settlement authority. Beyond this, the Japanese held sway.

英軍紛紛來滬担任防務
圖爲英軍到滬時情形

Arrival of British reinforcements to the defence force of the International Settlement.

英軍在公共租界防禦地裝軍用電話
圖爲英兵接〇〇方面消息

A British soldier receiving telephonic reports.

法租界無線電台附近亞爾培路口之警備

Preparaticns of "defence" in the French Concession French soldiers erecting sandbag barricades.

滬西外國軍隊之防禦

A post held by British soldiers at the western boundary of the International Settlement.

法租界當局在交界處戒備甚嚴鐵門緊閉並加以鐵絲網僅留邊門容人出入圖示行人擁擠情形

The gate that separates the French Concession from the Chinese City. It was closed and guarded by barbed wire barricades during the hostilities with only a side gate open for pedestrian traffic.

華法交界處供車輛出入者僅民國路新開河一處因之擁擠異常公安局派有大隊警察武裝守衞並嚴查行人

The only gate permitted for vehicular traffic between the Chinese City and the French Concession.

安南兵在華法交界處作防禦工程

Barbed wire entanglement used in a section between the Chinese territory and French concession.

和平之呼聲

調查團蒞滬

國聯調查團于三月十四日抵滬圖爲各界在海關碼頭歡迎時情形

Delegations of Chinese organizations at the Customs Jetty, Shanghai, to welcome the members of the League Commission of Inquiry, March 14, 1932.

我國代表郭泰祺宴請國聯調查團五委員舉杯之情形

Drinking the toast at a reception given by Mr. Quo Tai-chi, Vice-Minister of Foreign Affairs, in honor of the League Commissioners.

主席李頓爵士

The Earl of Lytton, Chairman of the Commission.

我國代表與調查團合影〇爲上海市長吳鐵城×爲顧維鈞

Members of the Commission and Chinese officials. Mayor Wu Te-cheng (o) and Dr. Wellington Koo (x).

該團于三月廿六日分道晉京我國代表顧維鈞與意團員在德和輪留影

Count Mariescotti, Italian member of the Commission (left), and Dr. Wellington Koo, Chinese Assessor to the Commission, on board the steamer Tuckwo that brought part of the Commission to Nanking from Shanghai.

調查團往南京顧維鈞夫人與四名媛亦同行

Madam Koo (center) and her friends who went to Nanking on the same steamer.

歡迎國聯調查團之標語

One of the many posters that decorated Shanghai during the stay of the League Commission.

國聯調查團于三月廿六日分道赴各處遊覽圖爲德法美三國團員往杭州在滬南車站時情形

The American, French, and German members of the Commission left Shanghai for Nanking via Hangchow while Lord Lytton and Count Mariescotti went by steamer direct. Picture on left shows the former three Commissioners at the South Station, Shanghai, ready to take the train for Hangchow.

調查團到南京

歡迎調查團之彩牌

One of the many arches erected to welcome the League Commission.

國聯調查團到南京下關碼頭

Lord Lytton's arrival at Nanking.

在挹江門歡迎調查團之我國民衆

A part of the crowd welcoming the League Commission to Nanking.

謁見國府主席林森(圖示出禮堂情形)

Members of the League Commission leaving the National Government House after a formal call on President Lin Sen.

調查團謁見蔣委員長後

Members of the Commission after an interview with General Chiang Kai-shek.

赴外交部拜訪外長後出門

Leaving the Ministry of Foreign Affairs.

調查團謁中山陵

The Commissioners pay their respects to the Mausoleum of Dr. Sun Yat-sen Photo shows them leaving.

團員出勵志社

At the Executive Yuan building where they were entertained.

中央委員在陵園公宴後

Leaving the Mausoleum Park where they had luncheon.

汪院長宴後全體攝影

Picture taken at the Officers' Moral Endeavor Society.

祕書長褚民誼送團員登車

Dr. Chu Min-i, Chief Secretary of the Executive Yuan, saying goodbye to Lord Lytton.

調查團抵杭州各界在車站歡迎之盛況

Welcoming delegations awaiting the arrival of the train of the Commission at the Hangchow Station.

遊靈隱寺時之德團員克勞德將軍

General Claudel, French member of the Commission, at Lingyin Temple, Hangchow.

調查團遊杭州之情形

德代表希尼博士遊靈隱寺時杭州市長趙志游在旁指示右古蹟之態度

Dr. Schnee, German member of the Commission (left), and Mayor Chao Chih-yu of Hangchow.

調查團遊玉泉

The League Commissioners at Yuchuan Temple, Hangchow.

調查團抵杭後遊劉莊留影由左至右德國團員克勞德在劉莊招待能數國語言之韓女士法團員希尼美團員麥考益與莊主劉學詢合影

At Liu's Villa, Hangchow. Left to right, General Claudel. Miss Han, Dr. Schnee, General McCoy, and Mr. Liu Hsueh-shun, owner of the villa.

在汪莊茶會後

At a reception at Wang's Villa, Hangchow.

調查團在東北

台灣人謝介石居然以僞國外交部長之資格接待調查團

Hsieh Chieh-shih, a Formosan, who received the Commission in his imposing capacity as "Minister of Foreign Affairs of Manchukuo."

國聯調查團出關後在瀋陽僞執政府內訪晤傀儡元首溥儀氏之情形

Members of the Commission interviewing Mr. Henry Pu Yi, Chief Executive of the puppet "Manchukuo", at Shenyang (Mukden).

深入虎穴之顧維鈞氏在東北與英國克勒德將軍會晤之情形

General Claudel (left) and Dr. Wellington Koo at Mukden.

調查團與僞國之太上皇本莊繁會晤

General Honjo (centre), the man who initiated the Mukden Incident on September 18, 1931, receiving members of the Commission.

調查團于六月九日晚乘膠濟專車抵青島圖爲遊嶗山後留影×爲青島市長沈鴻烈●顧維鈞中坐者意團員馬柯迪將軍

At a reception given by Mayor Shen Hung-lieh (x) in honor of the members of the Commission at Tsingtao. On Mayor Shen's left: Count Mariescotti, Italian member, and Dr. Wellington Koo.

停戰協定

停戰會議在英領事館舉行專門委員會代表往戰區視察並指定駐兵地點（中立者）黃強

Members of the Military Sub-Committee of the Shanghai Peace Conference inspecting various areas in Woosung, Kiangwan, and Chapei in order to demarcate special areas of temporary occupation for Japanese troops in the course of evacuation.

各代表于未開會前電影界在會場攝製有聲電影

Delegates to the Peace Conference posing before talking picture cameras just before the opening of the Conference at the British consulate, Shanghai.

下爲停戰會議右至左郭泰祺戴戟隔一人殷汝耕隔一人日方林書記植田師長長島艦隊參謀重光公使

The Peace Conference in session.

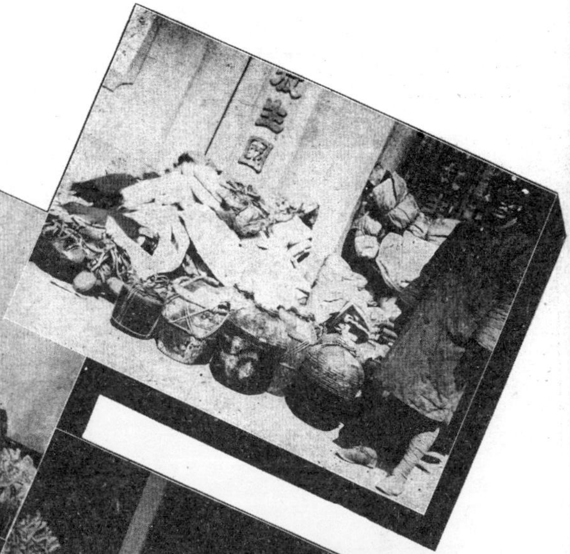

民衆後援

慰勞品

寒衣，跑鞋，紹酒，臥具，熱水壺
絲棉背心，輕而暖最宜於軍用。

Gifts destined for the soldiers at the front, being purchased from funds popularly contributed by the Chinese people of Shanghai and elsewhere. They include shoes, wine, thermos bottles, clothes, and other comforts. Chinese women of all classes spent weeks sewing thousands of wadded garments for the soldiers.

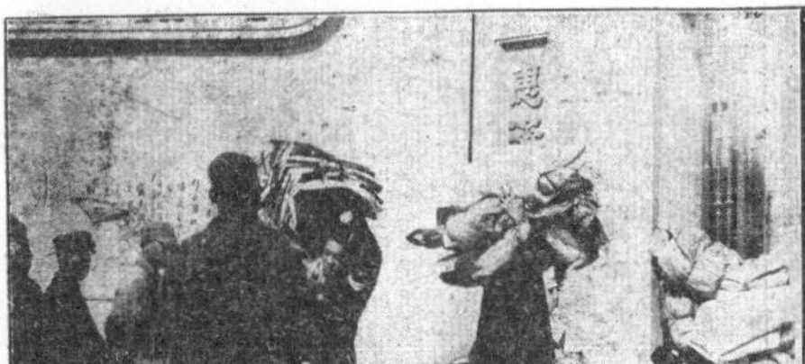

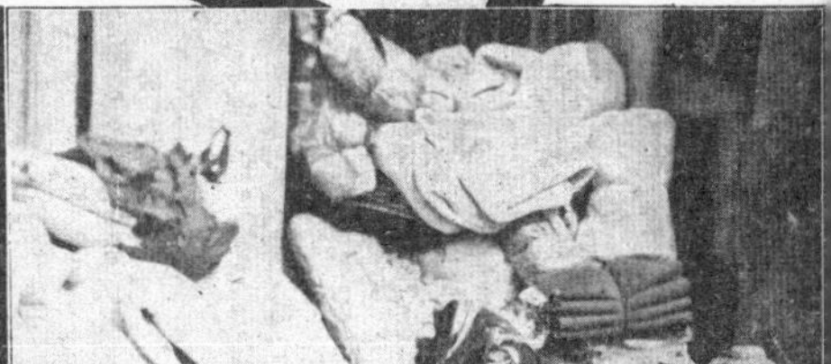

救護工作

中國濟生會之救護車由戰區救護難民入安全地點

Refugees carried to points of safety by a truck chartered by the Chiseng Benevolent Society.

由香港來之救傷隊計男女看護有六十餘人係東華廣華等醫院派來有〇者爲關隊長×爲主幹人莫應淮

Leaders of the ambulance unit despatched by the Kwong Wah Hospital, Hongkong.

在戰地服務之童子軍

Boy scouts who rendered valuable assistance to the various ambulance units

參加救護工作之廣肇義學生

在戰地担任救護工作之幾位女童軍

Girl guides who assisted in ambulance work.

萬國紅會特派祕書長博浪博士來滬調查傷兵及日軍炸擊我紅會事

The general secretary of the International Red Cross Association who came to Shanghai to assist in ambulance work.

熱心的女看護開動留聲機以娛後方之傷兵

Musical hour for wounded soldiers at one of the base hospitals.

此頁各圖爲上海市商會童子軍團在戰地服務情形

前線担架隊全體出發前留影，有×者爲該團副團長徐國治

Picture taken of boyscouts of the Shanghai district chamber of commerce troop before setting forth for the front to render their aid to the injured and wounded.

隊線救護

Rendering first aid to the wounded.

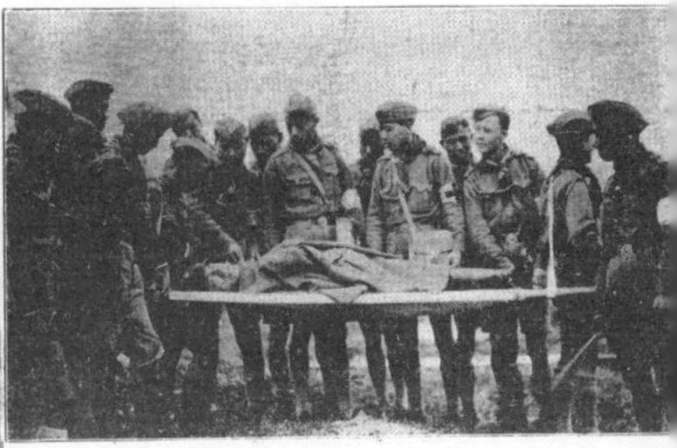

前線担架隊

Helping with the removal of wounded soldiers

The strether carrying squad.

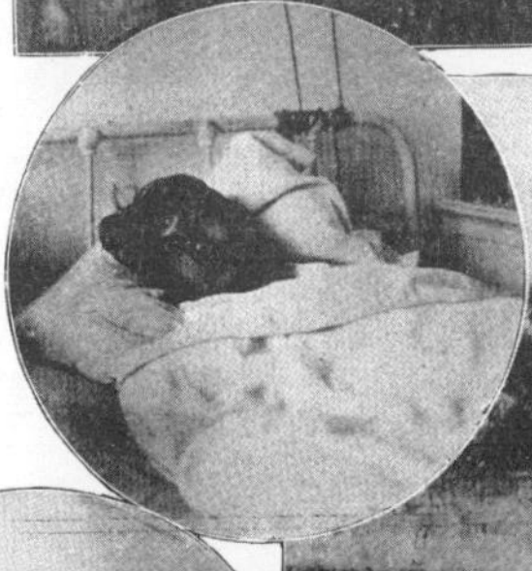

在海格路紅十字會病榻上之童軍担架隊交通主任楊性初君

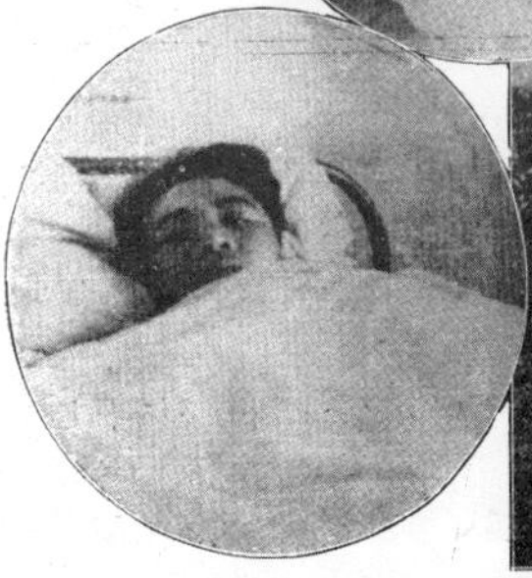

受傷童軍周鑽旦

Boyscouts wounded while carrying out their duties.

童軍殉難之四烈士

烈士羅雲祥

烈士羅雲祥

羅烈士八歲初入旦華小學二年級。與他的兄長同校，十二歲，改入中法義學，現在的金榮公學。在那裏，他便加入了童子軍。在這幼童軍團內，他被推爲小隊長。因爲性喜野外生活，所以常常率隊到郊外去活動。

十三歲在中法學堂攻過半年法文。可是經濟的壓迫，又輟學。

因遷居外祖母家中，便鄰近了青年會的惠寒義學。每天去上二小時的補習課。不久便由他的父親送入晝錦里一家絲線店做學徒。

在學徒生活開始以前，他生命中的第一幕戀愛劇，曾如曇花的一現卽滅。

十四歲的秋天，他已在晝錦里吳成昌絲線號內開始學徒生活。這時期內他由清晨起身後，至晚間收市止，一刻也沒有空閒的時間。他祇能利用業餘的時候，讀讀小報。有時高興的時候，作些小品文字投去，刊載出來，便快樂非常。

這樣的生活過了二年半，他這時覺得勞工是神聖的職業，比較他暗無天日的學徒生活，光明得多。適有他的父執管峻先生和趙邦鏁先生創辦大同書局，於是他述明了志趣，願做一個排字工人。學習了一年之後，不幸書局停辦。爲了是一個有志的青年，他得了趙邦鏁先生不少的青睞。於是把他介紹進上海童子軍協會做一個事務員。

協會不久停辦，趙邦鏁和管峻二位先生，始終維護着這朶風雨飄零的弱花，把他介紹進了昇發印刷所，使他得繼續他的神聖勞工的希望。

那年冬季，趙邦鏁先生加入了上海印書館，又把他帶過來，便可多加照顧。可是他命途多舛，上海印書館和他的緣分僅僅有半年工夫。在十八年的七月，因上海印書館的停業而進了東方印書館。

多方的飄流，未能消磨他的豪氣。反在技能上增了不少經練。此後他的團體生活便開始了。工會中他也是一個主要份子。爲了同人的利益，他曾幾次用犧牲的精神來奮鬥。因此而被拘於公安局。這也是他小史中應大書而特書的一頁。這時的末期，他是中國童子軍五十團的團員，他在去年的秋季，由父親介紹給良晨好友社做排字部主任。值一二八暴日驟攻閘北，他協同中國紅十字會担任戰地救護工作，爲第七組長，一月三十一日應難民家屬請求，赴北四川路底救護難民遇難，悲夫痛哉！

烈士鮑正武

烈士鮑正武

烈士浙之鄞縣人，年十八歲。幼好弄跳盪搏擊，終日不倦。稍長漸習靜，喜聆人談愛國俠義事。年十四，入中華高小學校，一變向時好動之性，沈默寡言笑，得暇則誦讀不輟。有所志以全力赴之，聞師述曾文正公作日記事卽學作，寒暑不間，雖忙甚必勉爲之，數年如一日，至今日記盈篋。年十六高小卒業。是時其父病不能起床者二年矣，無以升學，因入泰康洋行學習圖樣，非所願也。然欲奮其一己之志力與環境鬥，以求所以自處之意，未嘗稍挫。攻讀益苦。午夜室中燈光，猶熒然可見。旋辭泰康洋行去，執贄於許嘯天先生之門。去年夏上海市商會附設營業稅徵收處，乃入該處爲文書股股員，值市商會童子軍團部徵求第三屆團員，應考錄取，旋被選爲第三小隊隊長。未幾一二八日軍驟攻閘北，滬變猝發。經於三十日由紅十字會派赴戰區，奮身救護被難同胞，卒以殉難，未克伸其志願於萬一，棄老母幼弟而長逝，痛哉。雖然爲國而殤，以視夢夢而生者何如乎，其果死也耶，其果不死也耶。

烈士毛徵祥

烈士毛徵祥

烈士他是江蘇上海人，現在纔十九歲。他自幼就表顯他幽默寡言堅毅勇敢的天性，尤酷嗜運動。七歲時肄業學生聯合會附屬小學，曾加入該校的幼童軍。這是很合他的性情的，所以他對於幼童軍的一切活動終很興奮地去參加。對於幼童軍的誓詞規律，更是恪守。所以該校的教師和同學，都很敬愛他。民國十四年他是輟學了。但他仍努力的求進他的學術。他除幫助他的長兄志祥先生學習牙科外，並於晚間到南京路商界聯合會補習英文國文，成績奇佳，對於牙科造詣尤深。去年九一八東北失陷後，刺激更深。每日輒對報唏噓。嘗憤然欲加入義勇軍，礙於環境，致不克如願。後見市商會童子軍團部召募第三屆團員廣告，始毅然加入。

他在三個月初級訓練的時候，每日準時到團，從未間斷。成績亦佳。他初級畢業，未及一週，正遇一二八滬戰發生。本團爲貫澈捍衛民族之宗旨計，決協同中國紅十字會担任戰地救護工作。他便毅然加入，誰知於第二日（一月三十一日）服務卽遭死難，實非始料所及。

烈士應文達

烈士應文達

應烈士幼年肄業於市立和安小學校。他在十四歲的時候，高等小學畢業，成績的確是一班中的翹楚。他想再求上進，環境不許。於是不得不改就職業於亞細亞火油公司。但是他仍然想利用執業的餘閒求學，聽說景林中學，雖是夜館而具有日校的規模，就報名入了學。在十八歲的時候，他就畢業了。那時他用他的所學，在他的職業上，總算有餘。但他依舊在念着『學無止境，此後量自己進益，除奉老父甘旨外，有餘剩的仍當繼續求學』。

市商會童軍團在廿年十月招募第三屆團員，他就加入。於是文達就開始他的童子軍生活了。

一二八的下午七時團部緊急召集全體團員，討論到戰地去工作。會議場在本商會大禮堂。由化裝室北面的窗孔望出去，北站的火勢正燒紅了半邊天。不斷的鎗砲聲，很尖銳的鑽進了我們耳鼓。團長就指着這實地的佈景，激昂地演講着日本帝國主義的兇暴。並徵求同志們簽名加入到戰地去做救護工作，實踐我們服務的宗旨。那時到會的個個都怒髮冲冠，摩拳擦掌的想去盡國民的一份天責。沒一個現着畏怯瑟縮狀態。所以宣誓簽名者，一霎時就簽滿了一大張。文達自然也是熱烈的一個。在卅一號天曉，文達和三同志被派往虹口救護難民和傷兵。唉！怎曉得他這一去就永不回來了。

海外同胞的愛國

南洋霹靂太平地方我國僑胞發起捐款救濟祖國傷兵難民其中小販自動捐款者尤為踴躍(各圖為募捐之情形)

炒粉攤主人周洪君以炒粉之收入助餉

The owner of a food stall who offered the income derived from his business for three days toward the relief of Shanghai refugees.

賣芋頭糕的老嫗自動捐款助餉

An old woman doing a humble business of selling taro cakes also did her share for the refugees.

賣豬腸粉者吳標君自動捐款情形

Another humble merchant who has contributed generously.

簡東文君演講各報戰事消息將四天收入盡數助餉

A patriot who spoke on the streets reporting on the latest Shanghai levelopment. A collec-ion was sent around the crowd after each of his speeches and the proceeds went to the benefit of Shanghai refugees.

英皇第七書館華僑一部份學生買餅助餉情形

Chinese students of Perak soliciting funds for war relief.

婦女團體之熱心助餉上為賣蔡廷鍇襟章左為賣花

Women worked just as hard, selling flowers and distributing badges with General Tsai Ting-kai's likeness as means of collecting funds.

後方努力

在後方做慰勞工作的陳銘樞夫人聽說十九路軍勝利時歡喜異常

Madam Chen Ming-chu who worked tirelessly for the wounded soldiers and refugees.

吉隆坡我國僑商旺記公司籌賑祖國傷兵難民圖為籌募員全體攝影

People who assisted the Wong Kee Company, a Chinese firm in Kuala Lumpur, in collecting funds for war relief.

瓊州海口市救國籌款慰勞抗日十九路軍男女劇團同人攝影

Hoihow (Kwang tung) residents who staged a play to raise fund for the 19th Route Army.

孫夫人宋慶齡女士手捧拾獲敵軍之炮彈在殘毀之牆壁下留影

Madam Sun Yat-sen. Note the hole on the wall made by Japanese artillery and the shell in Madam Sun's arms.

廣東人士對於救濟這回滬戰難民極為踴躍興奮，這方便醫院發出的募捐桶，凡廣州市的茶樓酒肆，以各種娛樂場所，進出要道都有這麼一個，捐輸的人很不少，桶是利用洋鐵的火油罐，外面白漆紅字，每位捐助一仙，救濟上海難民。「方便醫院啓」「一仙就是一個銀元，實際上捐助的往往不止一個銅元。

Collection boxes were posted at all public places in Canton, such as restaurants and theatres. Into these the people may drop their contributions toward the fund for war relief. Picture shows a woman making her contribution.

陳友仁夫人張荔英(中)偕四名閨媛親到前方慰勞將士

Madam Eugene Chen (center) and other society ladies visiting wounded soldiers.

停戰協定小組會議情形前排左第二人為外交駐滬辦事處
秘書張似旭後排右第一人為郭德華第二人尹黃強氏

The Military Sub-Committee in session.

戴戟出席停戰會議後受新聞記者包圍資問

General Tai Chi, Gendarmerie Commander for the Shanghai-Woosung Area, surrounded by press reporters upon leaving the British consulate after the last session of the Conference.

會議畢中國執白手套回首右顧者
為戴戟立最高者為英使藍浦森武
裝佩劍側立者為黃強

At the conclusion of the Peace Conference.

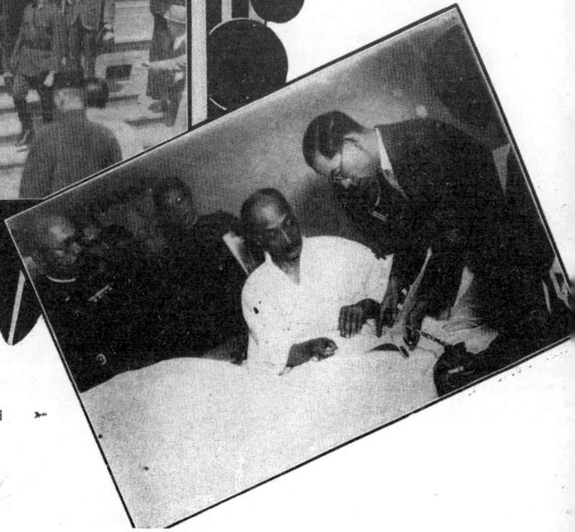

日方植田受傷後在醫院內于五月五日簽停戰協定

Genaral Uyeda signing the peace agreement in hospital, May 5, 1932.

忍痛接收戰區

上海撤兵區域接管委員會之委員（○）主任委員殷汝耕（×）爲公安局長溫應星（1）朱錫百（2）郭德華委員

Members of the Special Commission appointed by the Chinese Government for the taking over of territories evacuated by Japanese troops: Mr. Ying Ju-keng, Chairman (o); General Wen Ying-hsing, Commissioner of Public Safety (x); Mr. Chu Shph-i (1) and Mr. T. W. Kwok (2), members.

卡車上之日軍正在退出閘北

Japanese troops evacuating in lorries.

日軍退出閘北之前在安徽會館集合

Japanese soldiers assemblde at the Anhwei Guild ready to evacuate

我方代表
上海市公安局警察大隊長黃明
簽引繼書（卽接交書）

Colonel Huang Ming, of the Bureau of Public Safety, signing a document for the taking over of certain areas.

日方代表簽引繼書

A Japanese officer signing

北平警察進駐閘北

Part of the special Constabulary from Peiping taking over a section of Chapei.

盤據眞茹暨南大學

之日兵退出

Japanese soldiers evacuating Chinan University, Chenju.

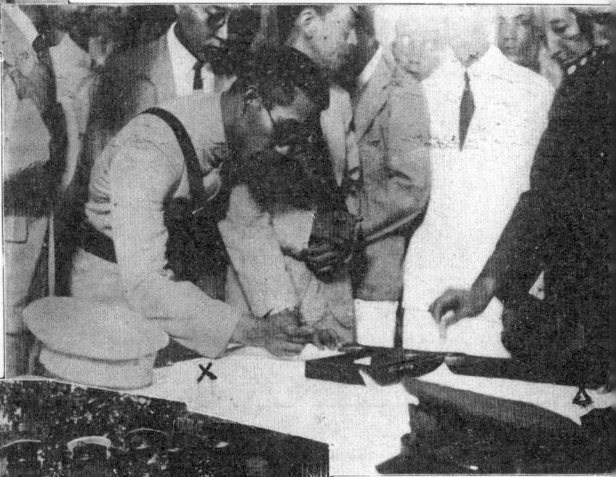

接收D區于七月十七日上午十一時雙方簽

字（×）爲我國何以鳴（○）日方大紹富南

Signing the document for the taking over of Area "D", the last area to be evacuated by the Japanese troops.

行交替後與各國警察共同委員會合影

Members of the Joint Commission which supervised Japanese evacuation.

一筆賬

東京傷兵醫院之一隅

me of the Japanese soldiers wounded in the Shanghai stilities under treatment at a military hospital, Tokyo.

死亡日兵不絕的運回這是一排陣亡的尸體約數百餘具于三月九日運抵日本情形

Corpses of Japanese soldiers sent back to Japan.

植田部下林大八聯隊長之死

Colonel Hayashi who fell in one of the battles at Kiargwan.

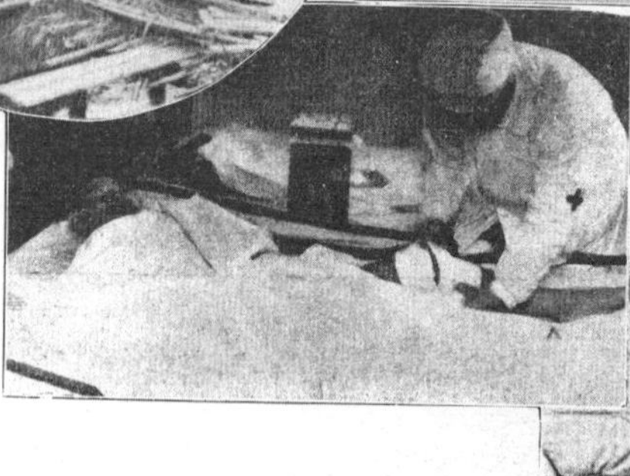

日軍傷亡之行列

Japanese soldiers who were killed being carried to the rear.

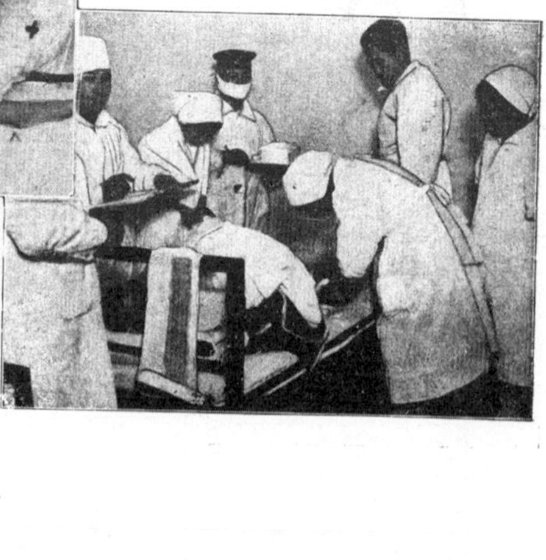

日軍傷兵醫院內

Some more wounded Japanese soldiers.

虹口公園轟然一聲

四月二十九日爲日本天長節這天上海的日本軍人在虹口公園舉行慶祝會及閱兵典禮，而韓義士尹奉吉的炸彈就在那幾個日本軍事要人訓話之頃，轟然爆發，台上的日本要人無一個幸免，白川與河端傷勢極重，結果是死。重光葵去了一腿，野村失了一目，植田失了一足，村井輕傷，尹奉吉即時被捕，聞已爲法律下的犧牲者。

虹口公園天長節的閱兵式

Review of Japanese soldiers at Hongkew Park on the birth day anniversary of the Japanese emperor, April 29, 1932.

此爲尹奉吉于出事前三日立于韓國旗下宣誓時攝影，其胸前有向韓國愛國團之宣誓文，上書「我誓以赤誠，以韓人愛國團之一員，圖恢復我祖國之獨立自由，大韓民國十四年四月二十六日宣誓文尹奉吉」等字

Ying Feng-chih, the Korean who threw the fatal bomb on April 29, 1932. Picture shows him after having sworn before the Korean national flag that he would attempt to restore Korean independence. This took pace three days before the outrage.

白川將在台上致詞

General Shirakawa speating from the reviewing stand after.

駐中國公使重光葵

Mr. Shigemitsu, Japanese Minister to China.

日軍總司令白川

General Shirakawa, Commander of the Japanese forces at Shanghai.

駐上海總領事村井

Mr. Murai, Japanese Consul-General at Shanghai.

日居留民會會長河端

Dr. Kawabata, President of the Japanese Residents Association.

日第九師團長植田

General Uyeda, Commander of the Japanese 9th Division.

日海軍司令野村

Admiral Nomura, commander of the Japanese naval forces in Shanghai.

未炸前幾分鐘之檢閱台上的日本軍政要人

Important personages on the reviewing stand.

侵略的結果

日軍總司令白川大將乘軍艦而來而躺棺材而去

General Shirakawa's funeral procession.

植田師團長留了一隻脚回日本去

General Uyeda had one leg amputated following wounds sustained through the bombing outrage.

野村司令留下了一隻眼睛

Admiral Nomura lost an eye.

這是韓國義士尹奉吉一擲之力所致

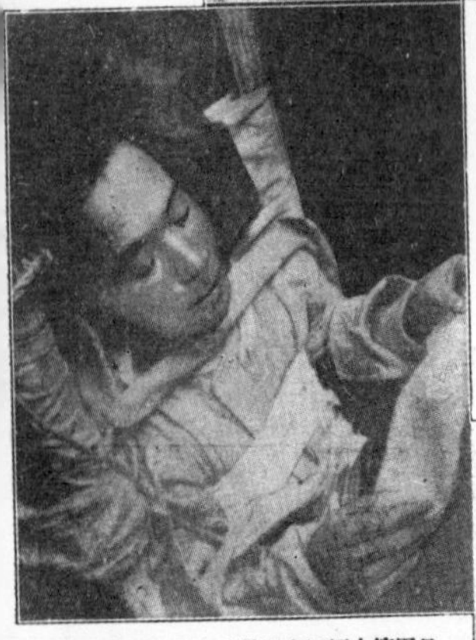

日軍第九師團空閑昇少佐在江灣作戰時爲我軍俘獲。我軍官佐裏有一位曾經留日的士官學生，是空閑昇教過他的。俘獲後，這位學生對於他頗加優遇，但是空閑昇自在被俘虜之地點自殺了。圖係其被俘獲後及自殺之地。

Above, Major Kuga, of the Japanese 9th Division, who was captured by the Chinese troops in one of the battles at Kiangwan. Picture shows him while in captivity. Right, showing spot where he was captured and where he subsequently returned upon his release to commit suicide in order to hide his shame.

戰利品

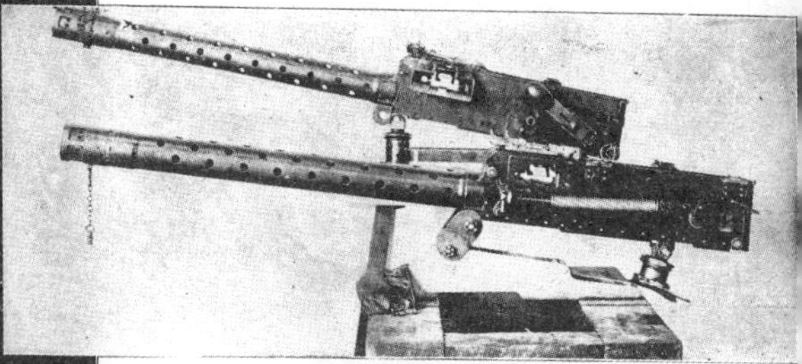

八十七師二五九旅擊下之敵（上）
（下）機及敵機上之機關槍

Above, a machine-gun found on a Japanese plane that was brought down by Chinese guns. Below, the wreck of the same plane.

（上）八十七師二五九旅奪獲敵
機之保險傘

A Japanese parachute captured by soldiers of the 259th Brigade.

（下）二月廿九敵在楊林口登陸
被教導總隊繳獲之槍械

Some of the Japanese arms captured by the Training Battalion at the Yanglingkow engagement, February 29, 1932.

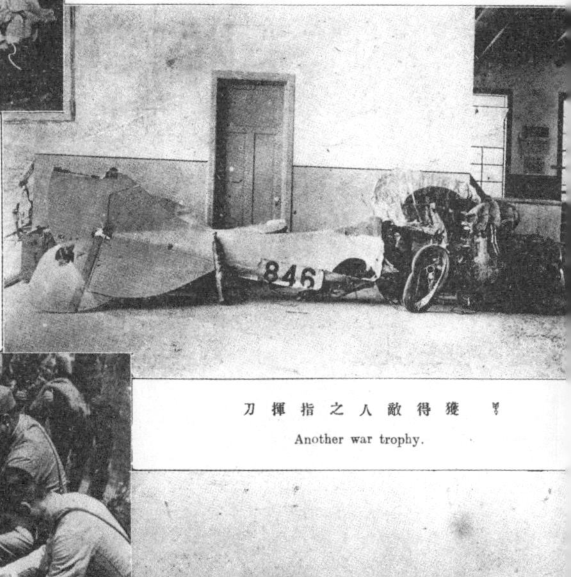

（下）獲得敵人之指揮刀

Another war trophy.

戰利品

（二）

廟行戰役第五軍繳獲敵械之一部

Rifles captured in the battles at Miaohong.

十九路軍在新廣東街殺敵三百多所得之槍械

Part of the 300 rifles captured by the 78th Division in one of the first engagements with the Japanese marines in Chapei.

二五九旅所獲之戰利品

Some of the war trophies of the 259th Brigade.

十九路軍奪獲敵軍皇后所賜之師團旗
國際戰爭中之無上光榮

Chinese soldiers also captured a flag of one of the Japanese divisions. It was given that unit by the Japanese empress.

廟行戰役中一二二旅奪
獲日人之輕機關槍

Japanese portable machine-gun captured at Miaohong.

曹家橋之役我軍截獲敵軍敗退時所棄之鋼帽及軍用品

In the battle of Tsaokiachiao, the Japanese suffered a severe defeat. Picture shows a few of the many trophies of that engagement.

苏州追悼会

(1)為會場之主祭台 (2)十九路軍將領經過前街赴會場情形(×)為蔡軍長(○)總指揮部參謀長趙一肩 (3)中央代表暨大會主席居正致開會詞，旁立為軍委會委員長代表李濟琛 (4)各界致祭之花圈 (5)主祭台上何香凝女士及各女賓 (6)在場服務女童軍在懸掛輓聯 (7)憲兵赴會致祭 (8)學校團體入場致祭

淞滬抗日陣亡將士追悼大會于五月二十八日在蘇州舉行，軍民數萬人參加公祭。

Memorial service at Soochow, May 28, 1932. 1. The platform and a section of the crowd. 2. Officers of the 19th Route Army proceeding to the service. General Tsai Ting-kai (x) and Lieut-General Chao I-chien (o). 3. The chairman making a speech. 4. Wreaths. 5. Some of the women guests. 6. Girl guides hanging up scrolls. 7. Gendarmes en route to the meeting. 8. Girl students who participated.

追悼抗日陣亡空軍將士

主祭爲軍政部次長陳儀致哀悼詞

General Chen Yi, Vice-Minister of War, delivering the opening address.

首都各界追悼抗日空軍陣亡將領大會

上圖爲空軍烈士靈位

Memorial service for fallen heroes of the National Air Force held at Nanking. Photoes of the heroes were placed at the altar.

祭台旁立者爲烈士之遺族

The last tribute.

會場

Where the memorial service was held.

十九路軍抵漳州受民衆歡迎的盛況

Following the conclusion of the Shanghai hostilities, the 19th Route Army was transferred to Fukien for bandit suppression activities. Top shows the people of Changchow, Fukien welcoming the army's arrival.

六月廿二日上海各界在大華飯店設讌餞送十九路軍

Farewell banquet at Shanghai in honor of officers of the army.

戰後衛生工作一班

上海衛生局于七月三十日招待新聞記者參觀戰區衛生工作自南市衛生局出發：

1 恆豐路第三號診療車
2 滬太路長途汽車站注射灘
3 大場童子軍井水消毒
4 羅店注射隊
5 嘉定時疫醫院
6 午餐 休息（嘉定學院）
7 寶山時疫醫院
8 吳淞診療車
9 戰區井水消毒
10 八字橋河道消毒
11 清道工作
12 衛生電影片

（圖爲當日之一部情形）

巡迴診療車

A van that dispensed free medical relief.

新聞記者在嘉定孔子廟午餐

Press representatives having lunch at the Confucius Temple' Kiating, on their inspection tour of activities of the Bureau in the war areas.

在羅店注射

Free inoculations being given at Lo'ien.

大場鎮井水消毒

Disinfecting well.

在滬太汽車路之注射隊

The inoculation party.

戰利品（三）

被我獲得之敵旗
Japanese flags and banners.

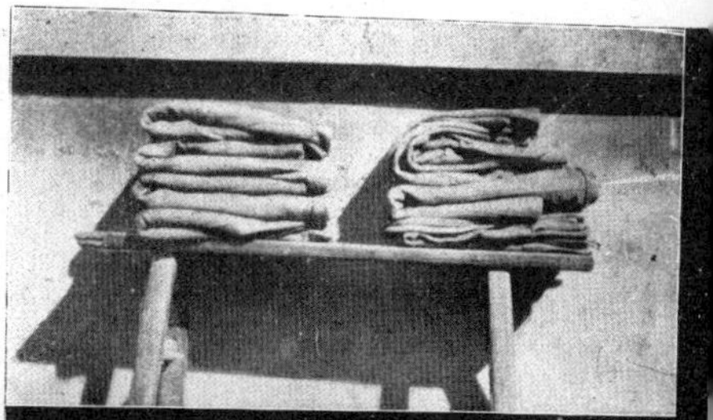

敵軍之軍服
Japanese uniforms.

敵人之鐵鏟
Spades.

敵人軍用品望遠鏡
Japanese field glasses.

敵軍用品熱水壺及子彈盒
Ammunition and thermos bott

獲得敵人之三八式步槍
Some more rifles capture

被我軍所獲之敵人機關槍一部
Another Machine-gun.

無恥的一群

十九路軍捕獲之漢奸因其供詞狡滑被軍法即用板條
掌其頰故其右頰腫甚

A captured traitor being questioned by an officer.

六十師捕獲之漢奸
正在室內審訊

A traitor being tried.

漢奸唐永山于三月二日在警署大門口
押赴法場執行槍決

A traitor being led to his execution.

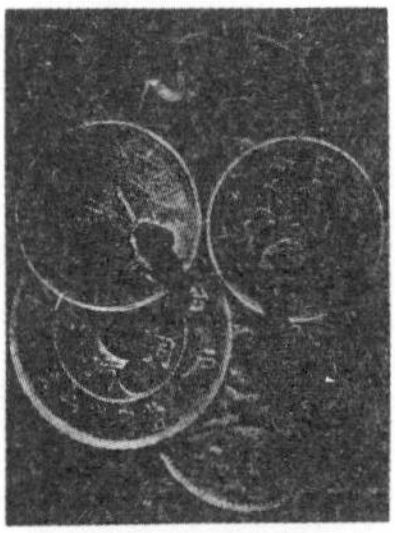

漢奸爲日間諜
其所懷之銅錢
乃日方暗號

Chinese and Japanese coins used for identification by the traitors.

漢奸胡立夫溫州人，年五十
歲，自十九路軍退至第二道
線時，彼曾與其同黨常玉清
龍阿根等，在閘北無惡不作
該處居民受害非淺，直至戰
協定成立，胡遂失其勢力，
經市府下令通緝後，胡改名
裝出入，于八月十三日晚九
在上海北四川路虬江路口新
酒塲捕獲。上圖胡被捕後在
安局時雙足被鐵鐐銬住。右
爲其被解往公安局時羞見人
掩其面。

我軍在陣地附近
搜捕漢奸

One of the traitors captured at the front.

流離失所

登舟回里之難民

Numerous refugees were given free transportation to their home villages. Photo shows a group embarking.

給收容在大陸商場內的難民有經營着
小買賣以謀自活的人

One of the refugees peddling her wares in the refugee camp.

收容所之一瞥

Scenes at refugee camps.

二圖難民爭先後
乘卡車逃出安全
地點

Refugees fighting for accommodation on trucks that went into the war zones during the four-hour truce to evacuate non-combatants.

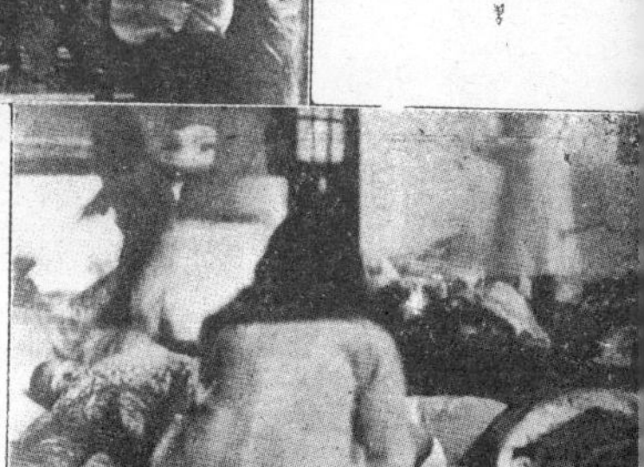

戰後難民的教養

入所時符號之檢查

Refugees were given badges for identification in order to prevent undesirable elements. Picture shows a boy scout examining a refugee's badge before admission.

大陸商場收容所職業教育義務人員之一部
總務教育兩組同人之一部右至左蔡仁抱張以藩楊傑僧
朱王浣青張登瀛

Volunteer workers who made good use of the refugees' tim. by teaching them to read and write.

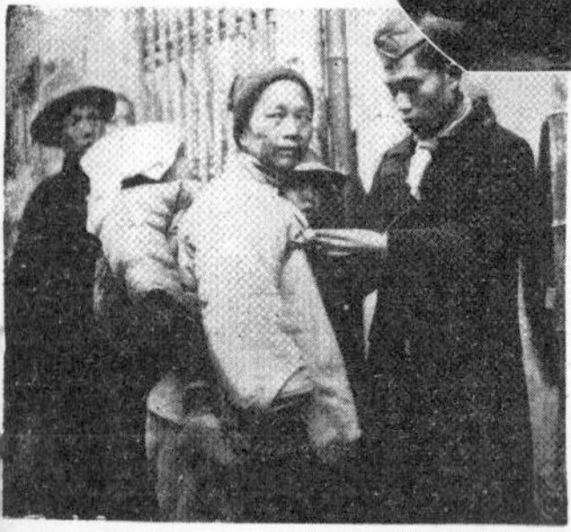

入所登記

Being registered when first admitted into the camp.

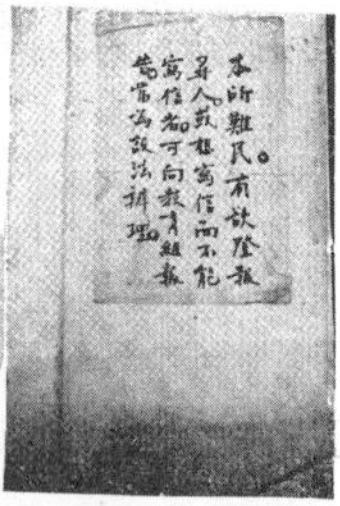

關于收容工作佈告之一

A notice at one of the refugee camps offering advertising facilities in the daily newspapers in attempts to locate missing friends and relatives.

遣送登記(有家可歸者遣送回籍)

Refugees leaving for the country being checked up.

分粥之忙碌

Distributing food.

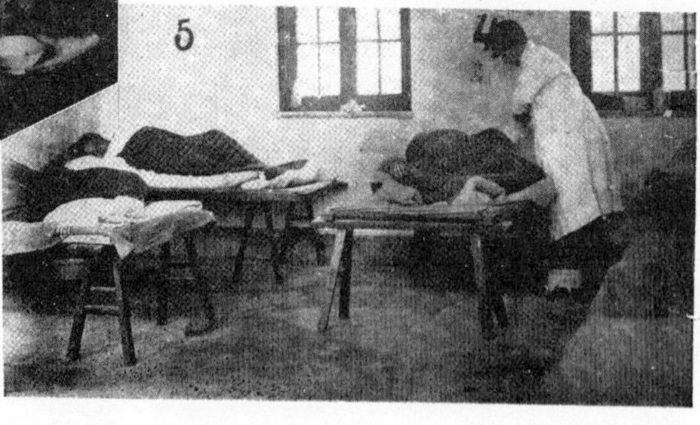

患病難民室中醫生量温度

Medical attention being given those who were ill.

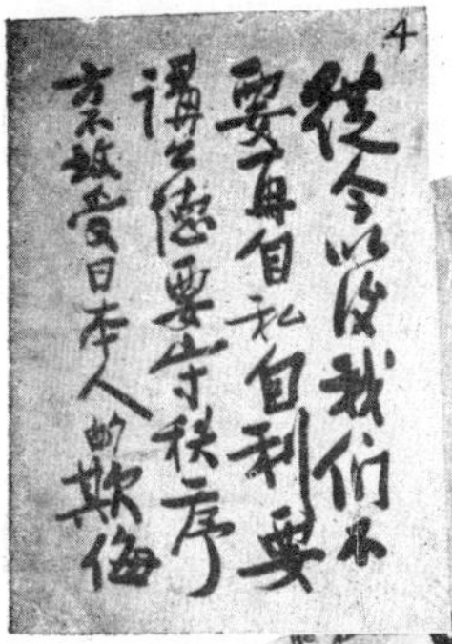

1. A refugee being taught how to polish shoes, an accomplishment that may earn him a living in the future.
2. Kitchen at the refugee camp.
3. Reading news from the front.
4. A posters with a message of encouragement for the refugees.
5. Tea for all.
6,7. Food stalls.
8. Refugees working as newsboys.
9. Kindergarten work among the refugee children.
10. Vocational training.
11. A free hair-cut.

1 在訓練擦鞋工作
2 每日供給三千難民之廚室一角
3 「難民關心戰局爭閱當日新聞」
4 國難標語之一
5 渴思飲
6 消費合作社飲食部之一
7 乾糧部
8 難民報販
9 兒童教育之一幕「幼稚班學生游戲」
10 無家可歸者欲在職業上謀出路全部人員忙于職業訓練之工作
11 理髮處

流離失所（四）

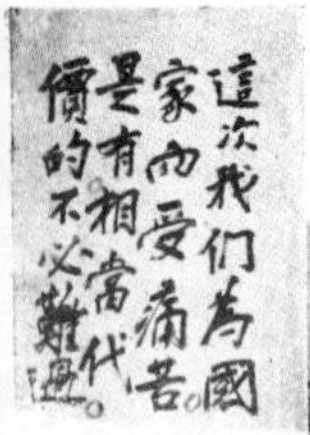

上海大陸商場難民收容所滿處黏貼之國難教育標語

Another poster of encouragement.

大陸商場收容所職業指導委員會開會討論難民之出路×為職業教育專家劉湛恩博士○為該所教育主任張以藩君

Officials of the largest refugee camp at the Continental Emporium discussing the future of their charges. Among the officials were Dr. Herman C. E. Liu (x), President of the University of Shanghai, and Mr. Chang Yi-fan (o), who directed educational affairs of the refugees.

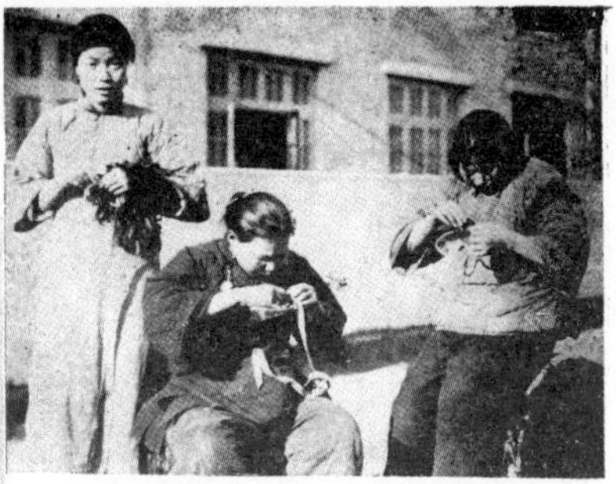

難民婦女趕製避毒罩以供前線將士之用

Refugees making gas masks for the soldiers.

上海戰區難民救濟會免費發送難民回籍

A steamer specially chartered to give free transportation for refugees to their home villages in the interior.

大陸商場收容所之教育工作小學三年級上圖書課教員為鍾韻琴女士

A volunteer teaching refugee children.

這個難民十日未進粒米被天主教士扶救出險

A woman being rescued by a Catholic sister. She had not had a thing to eat for ten days when she could not escape from the war zone.

奉化同鄉救護隊

Refugees being rescued during the four-hour truce.

二月十日停戰四小時難民紛紛逃出

The crowd that evacuated during the four-hour truce.

永垂不朽

六月廿二日京市各界追悼淞滬抗日陣亡將士暨殉難同胞大會：1下半旗致哀。2華僑熱烈追悼抗日陣亡同胞圖為華僑在新街口建築之牌坊。3 4 祭文及讀祭文者。5 6 7 8 要人演說情形，主祭石瑛，訓練總監李濟琛，十九路軍代表第五軍軍長張治中。9會場各團體及挽聯

A memorial service was held in Nanking on June 22, 1932 for the fallen heroes of Shanghai. 1. National flag at half mast. 2. A memorial tower set up on a city square. 3. An official reading the speech of mourning shown in 4. 5, 6, 7, 8. Prominent officials speaking at the service. 9. A section of the people that attended.

上海的追悼会

上海市各界于六月十二日假市商會追悼陣亡將士(圖爲散會時情形)

Shanghai people also paid their tribute to the heroes at a memorial service at the City Chamber of Commerce on June 12, 1932.

↑ 會場大門

Entrance to the meeting place.

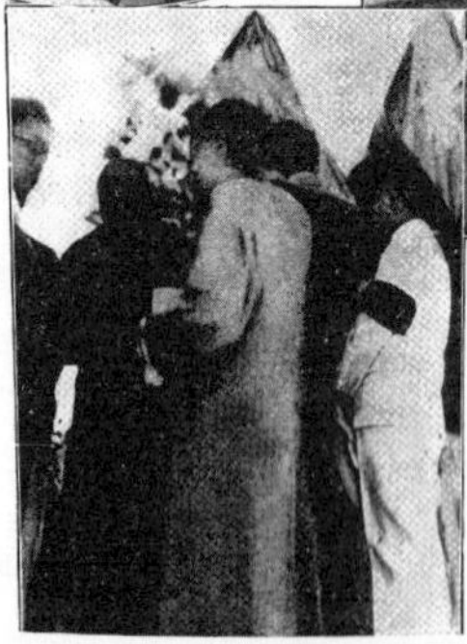

上海追悼京滬滬杭甬兩路殉國難職工大會于六刂十八日在北車站旁舉行

Service held in memory of those employees of the Shanghai—Hangchow—Nanking Railway who lost their lives in the recent Sino-Japanese Hostilities.

讀祭文 →

Reading the mourning address.

殉難職工之家屬唁 ↓
哭到場致祭之悲慘

Families of the deceased employees.

會場中服務童軍及負責人員之忙碌 »

Boy scouts who helped to maintain order at the mass memorial meeting at Shanghai.

各界團體赴會致祭之擁擠 ↑

Delegations proceeding to the meeting.

劫後慘狀

被敵軍擂毀後之吳淞礮台 ↑
The Woosung fortress was a whole wreckage after a month's shelling and bombing by the enemy.

各大無線電台爲敵機轟炸之目的物
吳淞無線電台亦不免此厄 ↑
Woosung wireless station destroyed by enemy's aerial raid.

虹橋飛機場被炸毀之飛機 ↓
The Hungjo aerodrome after visit from enemy's bombing planes.

虹橋飛機場之航空工廠敵機來臨後之大門 ↓
The aviation machine shop at the Hungjo aerodrome, after enemy's hombing.

← 廣肇山莊之建築爲日軍炮火
轟毀損失約値五萬元
Buildings of the Kwangtung guild damaged by enemy's aerial bombs.

江蘇有某和尚藏屍之塔爲 →
敵軍轟碎後骸體暴露
The tope preserving the dead body of a monk destroyed by enemy's bomb and the corpse left exposed in the air.

←閘北南海會館爲敵
機炸毀祇剩危垣壁立
What was left of the Nanhai guild after destruction by bombs.

閘北湖州會館之厝舍→
爲敵機炸彈轟毀棺柩暴
露屍骨亦爲之不安
Ever the dead were not over looked: coffins with corpses stopped in the Huchow guild when bombed by enemy flyers.

臨別之國聯調查團

李頓　顧維鈞

Lord Lytton (right) and Dr. Willington Koo.

國際聯盟調查團既將報告書編成，遂於最近起程分批返歐。我國人物之同行赴歐者有新任駐法公使顧維鈞，新聞記者戈公振。於九月五日上午十時許乘意輪甘琪首途。

Members of the League Commission leaving Shanghai for Europe on September 5, 1932 after completing their mission in the Far East.

吾國專門委員出席日內瓦會議出發時與獻送者合影×者專委顏惠慶下右爲專委戈公振

A group of friends who sent off Mr. Yen Wei-ching (x), technical advisor to the Chinese delegation at Geneva.

行政院長汪精衛及國聯調查團意國委員馬柯迪攝於意輪甘琪號上

Count Mariescotti, Italian member of the Commission (left), and Mr. Wang Ching-wei.

◀ 國聯盟調查團於九月五日由上海啓程返國圖爲調查團委員及獻送人員等登意輪甘琪號

Mr. Ko Kung-chen, another adviser.

為國犧牲

THEY SUFFER FOR THE GLORY OF THEIR RACE.

八十八師五二三團團長（馮聖法）在水車頭陣傷現升二六二旅長

Colonel Feng Sheng-fa, Commander of the 523th Regiment, wounded at Shuicheton.

八十八師二六二旅副旅長陳普民（在塘東宅負傷）

Colonel Chen Pu-min, Vice-Commander of the 262th Brigade, wounded in the Tangtungchai engagement.

陸軍第八十八師五二七團第二營營長廖齡奇（在金家木橋負傷）現升五二七團團長

Major Liao Ling-chi, commanding the 2nd Battalion, 527th Regiment, wounded at Kinkiamuchiao.

第八十八師五二八團第三營營長闕淵（在廟行負傷）現升五二八團團長

Major Chueh Yuan, commanding the 3rd Battalion, 528th Regiment, wounded at Miaohong.

奮勇抗敵負傷之七十八師第一團團長雲應霖

Colonel Yun Ying-ling, Commander of the 1st Regiment of the 78th Division, wounded.

負傷將士

COMMANDING OFFICERS WHO WERE INJURED FOR RISKING THEIR LIFE TO FIGHT AGAINST THE ENEMY.

八十七師二五九旅五一八團副附陳武軍于二月廿三日晨在廟行之役負傷彈貫通腦部旁置之衣即陳受傷時所着之血衣後肩上有着寸許之傷洞即彈之出口處陳君廣東人年廿五歲

Lieut.-Colonel Chen Wu-chun, Vice-Commander of the 518th Regiment, who was wounded on the chest at Miaohong, February 23, 1932. The bullet penetrated his body and went out through the back. He is only 25 years old.

六十師第一二旅第六團一營營長
李友尙
二月十五日在閘北天通庵負傷

Major Li Yu-shang, commanding the 1st Battalion, 6th Regiment of the 60th Division, wounded at Tien-tungan. February 15, 1932.

八十八師五二七團第一營營長
周嘉彬
在竹園墩負傷

Major Chou Chia-pin, commanding the 1st Battalion, 527th Regiment, wounded at Chuyuantun.

八十八師五一八團第二營營長
李志揚
在廟行負傷

Lieut.-Colonel Wu Chung-yun, Vice-Commander of the 528th Regiment, wounded at Tangtungchai.

八十八師五二八團團附
伍仲雲
在塘東宅負傷

Major Li Chih-chang, commanding the 2nd Battalion, 518th Regiment, wounded at Miaohong.

五二三團十三連連長
蔣和

Captain Chiang Ho, Commander of the 13th Company of the 523rd Regiment, wounded at Miaohong.

第八十八師五二三團第一營營附袁振聲
在竹園墩負傷

[Captain Yuan Chen-hsing, of the 1st Battlion, 523rd Regiment, wounded at Chuyuantun.

第八十八師五二八團第一營營長
方引之(在廟行負傷)

Major Fang Yin-chih, commanding at the 1st Battalion, 528th Regiment, wounded at Miaohong.

負傷將士(三)

Wounded Officers (3).

第八十七師二五九旅
五一八團一營一連排長
趙揚甯

Lieutenant Chao Yang-ning, of the 1st Battalion, 518th Regiment, wounded at Miaohong.

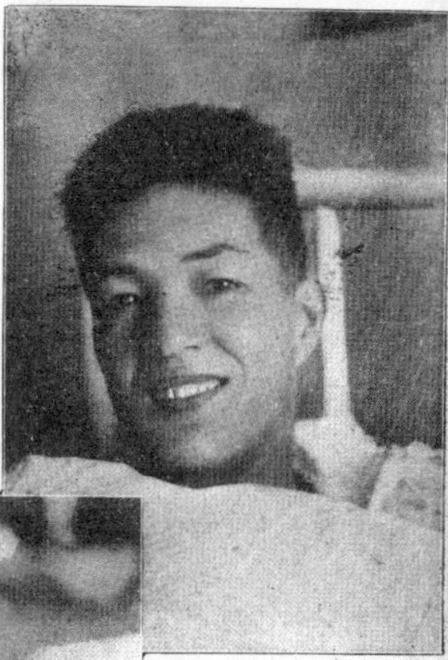

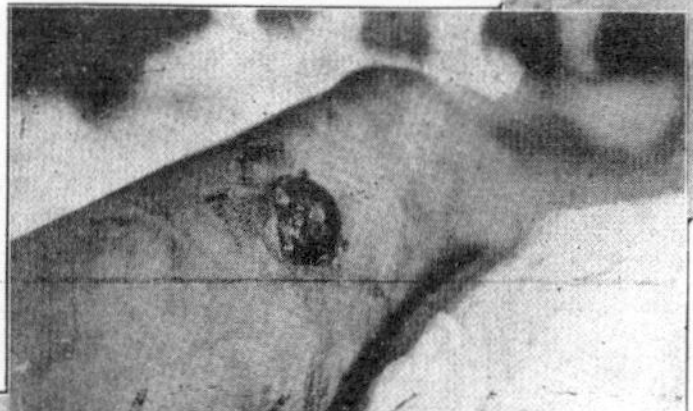

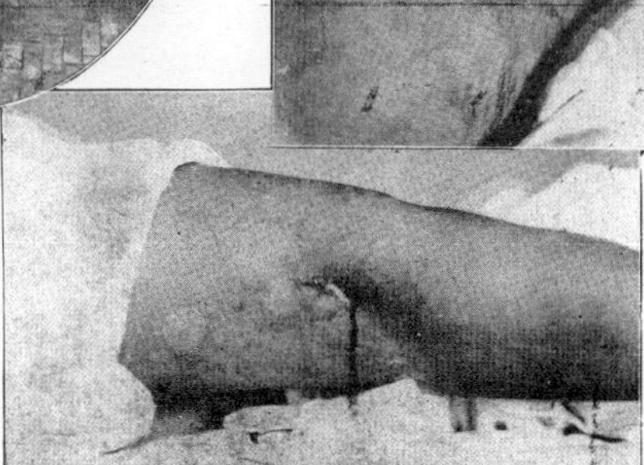

中達姆彈的李飛營長于二月
八日在虹江路負傷
左二圖小者彈入口大者彈出
口之傷痕

Major Li Fei, one of the victims of Japanese dum dum bullets. He was wounded on Jukong Road, Chapei, February 8, 1932. Lower photoes show the portions where the dum dum bullet got in and where it came out.

五二三團連長

王德潤湖北黃岡人年三〇

五二七團四十連代連長

余蘭陔

五二八團十三連連長

戴天猷湖南寶慶人年二四

五二三團小砲連連長

張凱榮湖南湘鄉人年二八

教育總隊中隊長

鄔吉翰

五二七團二連連長

楊熙宇

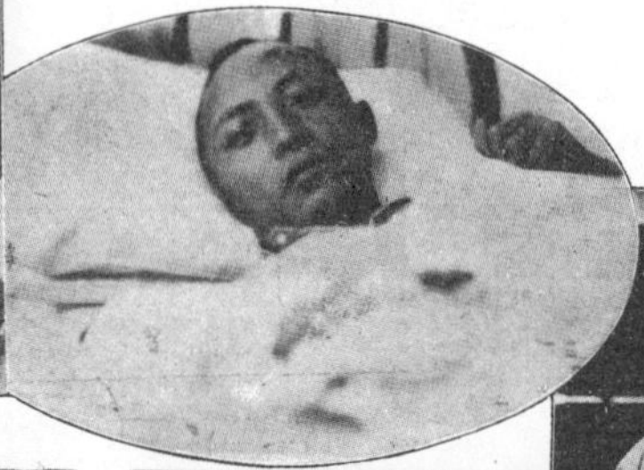

五二七團十二連連長

刁遠鵬廣東興甯人年二七

五二三團十一連連長

梅作柑湖北黃梅人年二三

五二七團三連連長

童亞僕

五二三團第七連連長

粱鶴江西太和人年二三

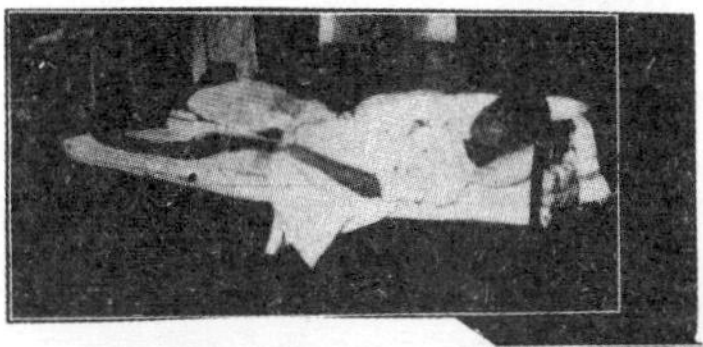

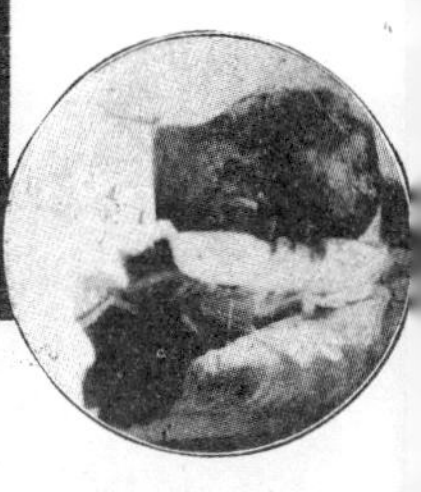

脚骨傷碎之戰士
胡爲

七十八師戰士 羅石強
六十一師戰士 張子款

兩脚俱斷之六十師戰士 張民濟

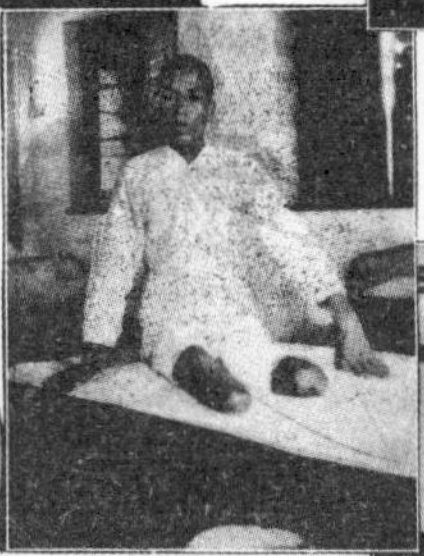

頭部被炸彈炸爛的戰士
黃民(在寶隆醫院)

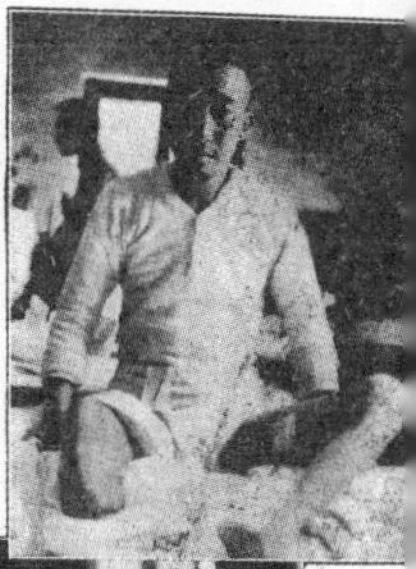

六十師戰士
莫鐵雄

八十八師戰士 黃鐵
八十八師戰士 張桿

身中數彈斷一脚之戰士張慶雲

被敵未開花之砲彈
從背脊射入脊骨因
受重壓向腹部出之
戰士
陳信眼盲脚又斷

斷一手之戰士
徐孔福

七十八師戰士
文國橋

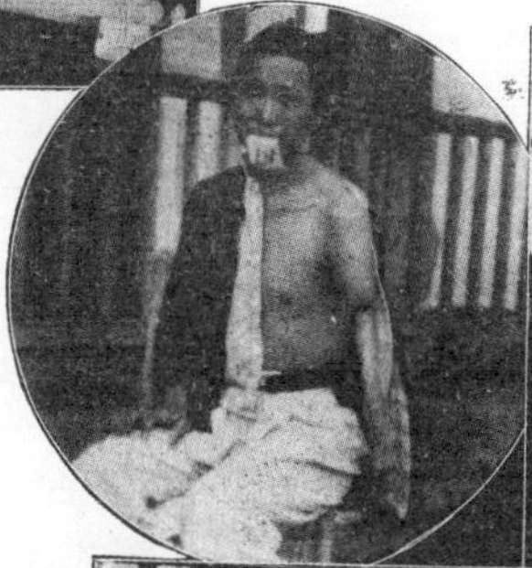

七十八師戰士 傅成功
七十八師戰士 王西曾

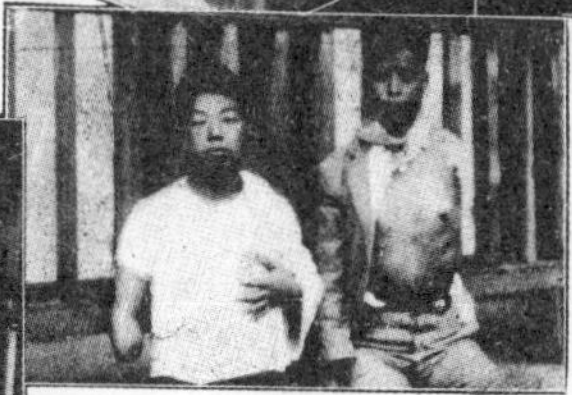

六十師戰士熊振全
八十八師戰士范毛興

六十師工兵戰士李範水

六十師戰士朱也者
雙目失明之戰士鄭人

七十八師戰士樊子明
六十一師戰士曹玄榮
八十八師戰士李鈞祥
八十七師戰士吳得福
警察戰士何求

六十師戰士曾得新
七十八師戰士黃人

八十八師戰士吳金標
八十八師戰士王斌

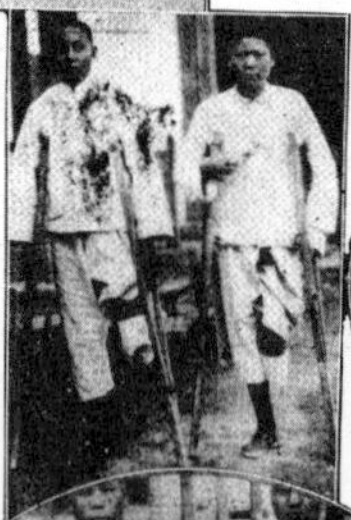

八十八師戰士朱金富
六十一師戰士陳樹玉

六十師戰士林肇字
憲兵第六團戰士林本貴

八十七師戰士姜門二
八十八師戰士朱志雲

八十八師戰士顧義
憲兵第六團戰士羅文

八十八師戰士冉家聲
八十七師戰士黃煥助

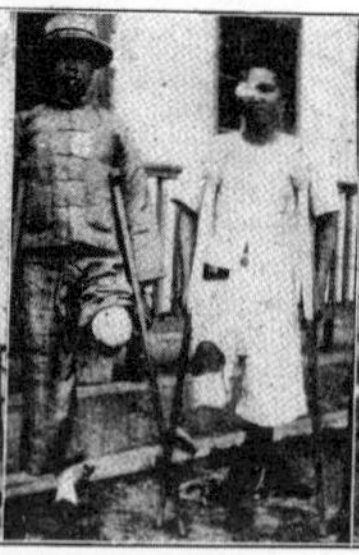

八十八師戰士溫海泉
六十師戰士曾得新

六十師戰士宋明
七十八師戰士曾得福

警察戰士黃安
八十八師戰士瞿然

皆年十五之兩小戰士
右為施銓輝左為張除奸

稅警隊戰士黎仁
八十七師戰士張道成

五二七團八連半排長
姚鴻凱湖南長沙人年二八

五二四團十四連排長
歐陽鈞

五二八團二連
半排長孔官保

五二八團十二連
半排長鄭騫

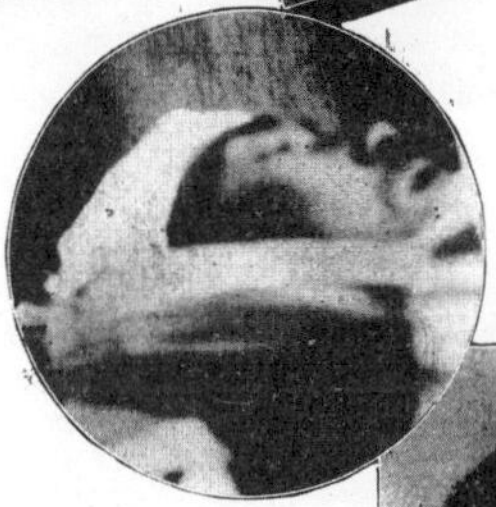

五二三團三連排長
楊伯春湖南人
年二二

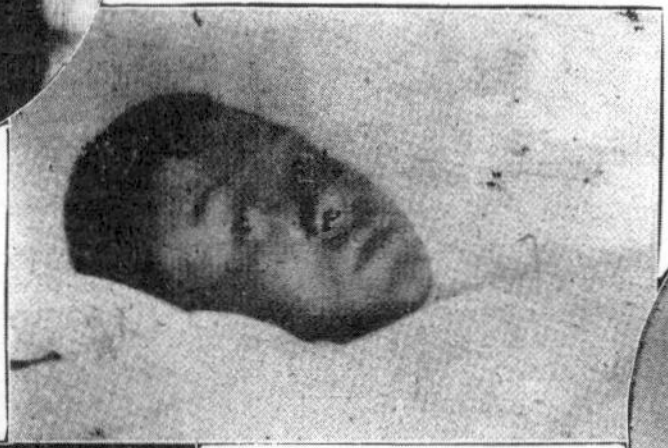

五二三團二連排長周培銘
湖北天門人年二十

五二八團一連排長
吳明全

五二七團七連排長
姜明知

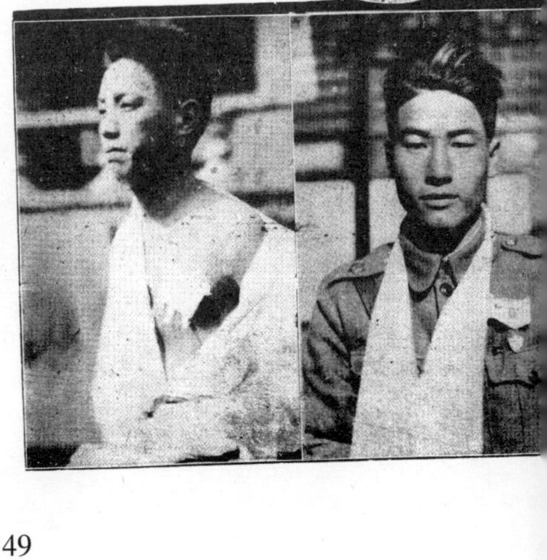

五二七團排長周禮堂

五二七團八連排長賀永祥

五二七團十二連排長袁濤泉

五二三團十二連附
徐啓先

五二三團二連附
黃鉞

五二三團二連排長
何佩銘

五二八團三連附
高立言

八十七師五二二團
一營一連上尉連附
魏幹良

五二八團
二連半排長
陳培元

五二七團
七連排長
許昂

五二三團二連排長
徐中堅

五二七團四十連連附
張醒吾

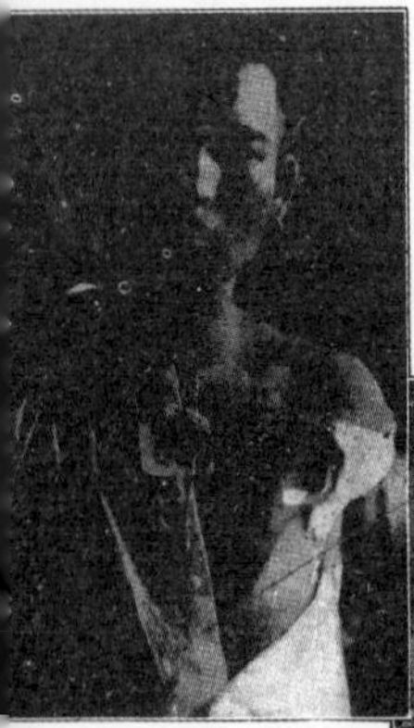

五二三團九連排長
張梓開

五二四團六連排長
李冠潮

陸軍八十七師二六一旅五二二團一營一連
抗日陣傷將士

第一連一等兵
韓桂福

第一連上等兵
方忠安

第一連班長下士
衛先春

第一連上等兵
王世察

第一連二等兵
陳紹雲

第一連二等兵
周化明

第一連二等兵
李相永

第一連二等兵
郭懷玉

第一連二等兵
李清生

第一連一等兵
施敏捷

第一連二等兵
卓萬福

第一連二等兵
易元發

第一連二等兵
朱藍廷

第一連二等兵
劉子桐

第一連二等兵
田協清

第一連二等兵
楊子衡

第一連二等兵
曾志德

第一連二等兵
陳明海

第一連二等兵
王振山

第一連二等兵
丁榮廷

第一連二等兵
周栢年

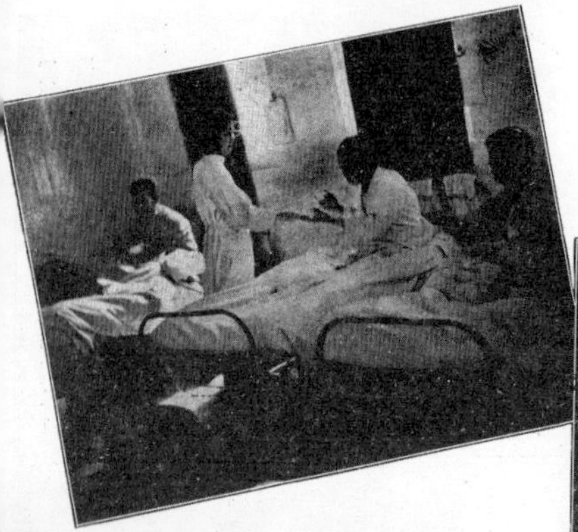

中西女校女生為傷兵親佐午餐

Girl students volunteering as nurses serving dinner to wounded soldiers.

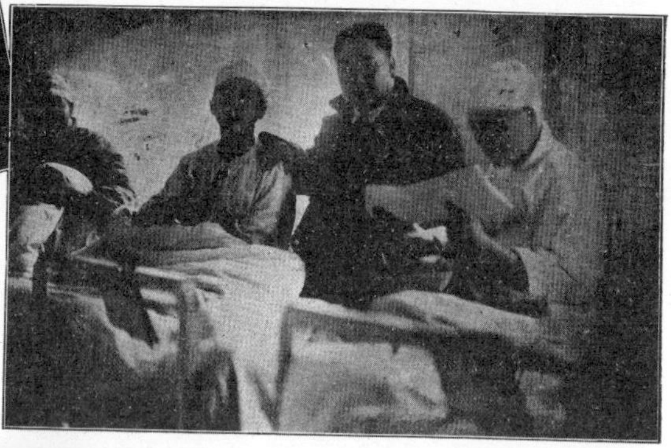

華僑代表慰問傷兵於病榻

A representative of overseas Chinese visiting the wounded.

為傷兵代寫家信而至於痛
哭流涕之熱心閨秀

A volunteer writing letters home for wounded soldiers deeply affected, tears bursting into.

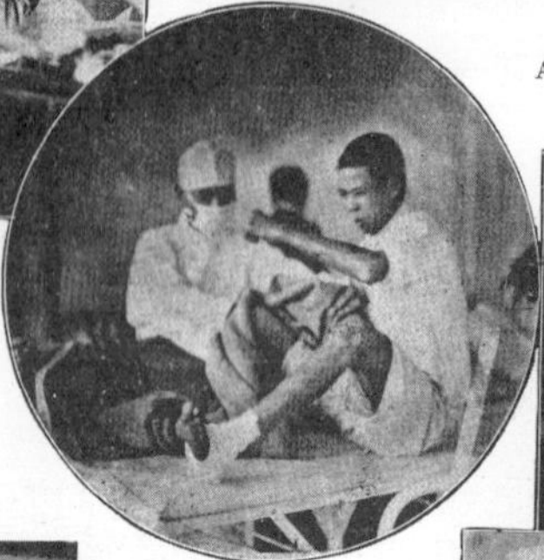

傷兵開刀後檢視傷痕之狀況

A soldier examining his wounds after operations.

戰士們肉體雖痛苦精神却極愉快

Despite their bodily sufferings, the soldiers appeared cheerful while recuperating.

紅會戰地服務員劉祁瑞二月十五
日在閘北為日軍不顧國際公法槍
擊彈中要害延至十六日逝世於十
九日安葬於萬國公墓

中國紅十字會人員恭送劉君靈柩
之情形

痊愈傷兵領歸隊證

Soldiers recovered from their wounds being reassigned.

傷兵要求歸隊殺敵

Wounded soldiers petitioning Headquarters for permission to get back to the front.

傷兵數千聞我軍退守第二道防線紛紛要求歸隊殺敵

傷兵之訓練

Every day Lectures given to the wounded soldiers.

傷兵委員會每日派員向傷兵訓話

傷兵領接慰勞犒賞金

Wounded soldiers receiving compassionate grants.

傷兵管理委員會派員分發慰勞金犒賞金時檢驗兵士之番號及士兵之手指印模情形

陣亡烈士

WHO GAVES THEIR LIVES
FOR CHINA

五二二團第一營三連連長
劉宏揚

五二四團第二連連長李烈士
德富四川屏山人黃埔軍校第
四期畢業生年二五烈士原姓黃名
文淵初因承繼母舅李氏改名德富

第五二一團第一營第四
連連長 楊德新

第二六一旅五二一團第一
營少校營附 湯臯

五二三團第一連排長連烈士
逸卿廣東潮陽人年二六歲中
央軍校第七期畢業

五二四團第十二連連長
唐烈士鄴字又衡湖南常甯
人中央軍校第六期畢業年
二六

五二七團十三連特務長何烈
士養新浙江新登人總部憲兵
軍士連出身年二四

五二二團第三營十二連連長
張超

五二八團十四
連排長王烈士志
英廣東興甯人黃
埔七期畢業生年
二四

五二八團第六連排
長盧烈士世鍾廣東
興甯人中央軍校第
六期畢業生年二六

五二四團第二營營部副官章烈士照東字暐如安徽東流人南昌分校畢業年二七

五二八團第三連排長查烈士英國府警衛團教導出身浙江海甯人年二二

五二二團第
一營二連排長
李慶豐

五二八團第十三
連排長胡烈士家
驊湖北荊門人中
央軍校第七期畢
業生年二五

六十師五團三營八連連長
譚啓友

六十一師三連連長
黃　莊

六十師四團三營九連連長
李芳輝

七十八師一五六旅六團二營四連中尉連附
唐明卿

六十一師四團一營營附
陳漱石

七十八師一團三營
機關槍連連附
張耀廷

六十一師一營二連連附
何少甫

六十一師四團三營
七連中尉連附
嚴桂生

六十一師六團四連連附
廖可甯

六十師四團一營營附
伍潭霖

六十師四團二營四連連附
張熙才

六十一師四團機關槍
一連連附
祁祥陽

七十八師一團三連連附
刁明春

七十八師二團三營
九連七班班長
林　標

六十一師五團三營七連排長
邵桂芳

六十十師二營九連中尉排長
鍾復篙

六十一師六團三營九連連附
王定中

六十一師機關槍一連連附
許國華

五二一團第一營一連少尉
排長雷先遠

五二七團第三連排長商烈
士支宇浙江嵊縣人中央軍
校第七期畢業年三二

五二七團第十二連排長鄭
烈士在邦浙江甯海人中央
軍校第七期畢業年二六

五二七團第六連排長黃烈
士茂杜廣東興甯人黃埔七
期畢業年二九

五二七團第八連排長陳烈
上鼎勳廣東茂名人黃埔軍
校第七期畢業年二四

中士排長
張少清

二等兵　周化宣

五二七團第二連排
長朱烈士煥然湖北
江陵人總部教導隊
出身年二六

五二七團十三連排長
劉烈士伯軒湖南邵陽
人中央軍校第七期畢
業年二三

五二三團第二連排
長俞烈士爲善浙江
金華人二十六軍軍
官團出身年二八

二等兵
吳秀卿

二等兵　陳得勝

二等兵　段心影

二等兵　張金齋

二等兵　吳炳山

第二六一旅五二一
團一營第一連列兵
高長先

列兵　陳濟

列兵　盧振嶺

列兵　張育英

列兵　陳振新

列兵　張貴才

列兵　唐金山

列兵　朱得勝

列兵　諸思勝

列兵　馬榮坤

列兵　陳得勝

十九路軍抗日陣亡將士事略

▲第六十師

一一九旅第一團第一營營長陳正倫傳略

陳營長諱正倫，號鼎新，粵之瓊州人。曩隨十九路軍致力革命，功授陸軍少校營長。方日寇遼陽，公卽撫髀自嘆，慨然擬改義勇軍出關，收復失地，未幾，一二八淞戰發生，公卽決死殺敵，肉搏數十次，身先士卒，親率全營官兵，屢挫敵鋒。卒以飲彈而亡！不亦悲乎。

一一九旅第一團一營機槍連連長白鶴昌傳略

白連長鶴昌，字煥乙，北平香河縣人。性剛直，勇敢過人，歷充[illegible]長等職，以戰功遞升少校連長。居常謂同袍曰：『喚醒民族復我山河爲我輩職責』。迨一二八淞戰發生，君卽鼓勵士卒，追亡逐北，誓死爲民族爭生存，爲國家雪恥辱，陷陣衝鋒，乃未竟全功而身已飲彈而長逝矣。痛哉！

一一九旅第三團第三團第九連連長黃瑾傳略

黃連長瑾，字薰南，原名凱，籍廣東和平縣大利壩鄉，詩禮家子也。世有清德，少習文，卒業於縣立高小；適當國家多事，遂投筆從戎。以服務勞力，屢獲升調，十六年充新編第二師第三團第三營第八連中尉連附，乘駐防之際。入韶關軍官教導隊，畢業後，學術大進，勇敢之氣亦由此激增。二十年八月，充國民革命軍陸軍十九路軍六十師一一九旅第三團第三營第九連上尉連長。淞滬戰發生，出發前綫，二月二十九日，江灣錢家蕩之役，倭寇大臨，君以劣勢之陣地，受敵方槍砲機彈三面之夾擊，鏖戰竟日，身負重傷。然猶負創指揮，死力抵抗，不稍退却，我精忠勇敢之連長，竟殉於此役焉。

楊故連長煥民傳略

連長諱煥民，字篤卿，湖北漢川人。幼聰穎好學，及長有大志，畢業於湖北講武堂。二十年十九路軍進剿贛匪，君尤出力不少。此次暴日侵滬，君身任連長，義憤塡膺，嘗謂外敵侵凌，凡屬軍人，均應出死力禦侮，以盡天職，其後身臨前敵，果忠勇奮發，一往直前，卒以中敵彈陣亡。時年三十六。

一一九旅第一團第一營三連排長周榮生傳略

周排長榮生，粵之南海人也。英勇絕倫，尤富有愛國熱血。此次在滬抗日，決死衝鋒，屢挫強敵，最後衝入彈人陣地，與敵肉搏，卒被彈中要害陣亡。時年二十三歲。

▲第六十一師

一二二旅第五團中校團附王堅民傳略

團附堅民，諱僧，廣東文昌保國鄉人。軀體魁梧，素性忠勇。本年上海事變，公隨軍抗日，曾於紀家橋之役，身臨前線，與敵作殊死戰。旋因倭寇敗退，本旅調回大場一帶爲預備隊，公於二月二十三日奉派赴大場附近分配地區，搆築工事。適是時敵機多架，橫行天空，肆意擲彈，公不幸被炸頸部，卽晚舁送上海寶隆醫院，距傷中要害，醫理無効，延至三月四日殞命，時年四十有二。

一二二旅五團連附伍發初傳略

連附諱發初，粵之吳川人。出身行伍，勇敢有爲。生性率直，作事極負責。頻年隨軍討逆剿赤，極著勳勞。本年暴日來犯淞滬，君身任連附，與日寇作殊死戰，卒致中彈陣亡，時年二十八歲。

第三營第七連駱連長事略

駱君名揚，號建業，籍隸湖南臨武。世以耕讀傳家。君父春廷公，生君兄弟二人，君行爲次，賦性穎悟，品質溫良。九一八東倭入寇，侵略我東北；復於一二八犯我淞滬，京都阽危，羣情洶湧。至二十一年二月五日，出師令下，君慷慨趨前，八日抵江灣，九日倭奴以大砲唐克車掩護陸戰隊千餘，來犯江灣之屈家橋。適君奉命迎擊，激戰半日，傷亡枕籍，竟以一連之衆，擊退千餘之敵。至廿三日，我營奉令向顧家宅攻擊，時砲火較前尤烈，君率該連身先士卒，肉搏相爭，身帶重傷，血流如注，猶指揮殺敵。經救護入院，於二月廿五日傷亡於上海寶隆醫院。卒年廿有五。

一二二旅五團二營六連上尉連長林炳光傳略

林連長炳光，廣東肇慶鶴山縣人，年三十一歲。生於前清光緒二十八年十一月八日，終於中華民國二十一年二月二十五日，上海廟行鎮抗日之役。幼時善武技，孝悌寬和，童年後，富有革命思想，投筆從戎，民十八投充六十一師獨立團三營中士班長。民十九升中尉等排長 。民二十升上尉連長。平日服務勤慎，御下有方，勇敢善戰，屢樹奇勳。抗日軍興，廟行，率部衝鋒陣亡。

一二一旅第一團三營營附陳拔雄傳略

陳營附拔雄，廣東興甯人也。少負奇氣，天資聰穎。一月廿八日，倭寇進逼上海，二月八號，六十一師一團三營由鎮江開拔到達江灣。當二月九日，敵來犯我江灣之屈家橋，得君奮勇上前，鼓勵士氣，卒將來犯之日寇擊退。又二月廿三日拂曉，奉令出擊犯我江灣葛家橋陣地作業之倭軍，彼時飛機轟炸，機槍掃射，君攘臂大呼，衝入敵陣，所向無前，敵因敗潰。是役斬獲甚多。生擒日寇陸軍少佐空閑昇一員，斃敵官兵八十餘員名，鹵獲敵旗三面。惟敵困獸猶鬬，彈如雨集，君正高呼打倒倭寇聲中，竟遭敵彈所創，一蹶不起，時年二十五歲。

教導團陸軍上尉軍需楊明修傳略

楊君明修，廣東廉江安鋪人也。二月二十一日午，在大楊被敵機轟炸殞命。嗚呼。爲國捐軀，雖死猶榮，求仁得仁，應無憾矣。君卒年三十有六，妻一女一，景況至爲蕭條。

第三營八連中尉連附楊德昆傳略

楊君德昆，字聿修，四川秀山人也。父通霖公，早世，母劉太夫人，伶仃撫孤，年甫十五，卽已長成，像貌魁梧，膂力過人，倘豪俠，好交遊，不事生業。然奉母至孝，娶妻吳氏甚賢良，生子熾昌甫週歲，君謂妻曰「方今國事蜩螗，羣雄蜂起。吾素有志於四方。以盡匹夫興亡之責。奈母老無人侍養。今幸爾來。又生有子可遂吾願。賴卿仰事俯育，好自爲之。」於是叩母別妻置身行伍。廿一年之抗日於江灣大小百數十戰，君每臨陣爭先恐後，所當披靡，屢建奇勳。營長古公煌常曰：「此吾之飽超也」。及聞其傷亡。痛曰。「而今而後殺敵衝鋒者又弱一個矣」。爲之唏噓流涕者終日。

一二二旅陸軍中尉連附伍發明傳略

伍君發明。廣東吳川人也。幼失怙，耕鑿食力，勤苦不倦。及壯，慨國家之多難，感身世之無聊，毅然棄耒耜，投戎行。剛膽敏慧，爲上峯所器重。滬變驟發，苦戰兩旬，身先士卒。二月念五日小場廟之役，中敵彈斃命。尸首無從尋獲。昔人謂馬革裹屍爲最榮幸。今君尤有過之者。噫嘻壯哉！君年二十六。未娶。無兄弟。

一二二旅第一團第一營第三連連附黃元傳略

黃元烈士。粵之番禺人。去年九月在贛屬興國高興圩[redacted]劇戰兩晝夜，負傷就醫南京未愈，而日寇侵滬。烈士激于愛國義憤，扶傷離院趕來前綫。不幸于二月廿六夜攻前郭家宅之役，竟以身殉。時年二十五歲。平日治兵嚴而愛兵切，遇事輒以身作則，今爲國殤，殊堪痛悼也！

第三營八連少尉連附吳子和傳略

吳君子和，字文乾，湖南安化人也。少有雄略，天資穎悟，美丰姿，性倜儻，畢業湖南中學。廿一年二月九日，於江灣屈家橋之役身帶重傷，至二月十八日，在上海紅十字總醫院亡故，時年廿三歲。淞滬之抗倭奴，大小可數十戰，勵輒身先奮擊，敏捷若猿，所向無敵，故每出有功。營長古公煌深器重之。君以年少英俊，受知營長古公。屢建奇勳，屢殲大敵，卒以身酬知己而報國恩。

一二二旅第五團第一營第二連代理連附楊福基傳略

陸軍少尉楊君福基，號業成，粵之吳川人也。爲人英勇。二月十二日辰時紀家橋之役，率隊衝鋒，不幸爲敵彈傷中要害，因以陣亡。楊君在臨危時，猶勉勵所部云：『余已不能再與兄弟等殺敵，幸你等勿以我死而怯』，言終而逝。嗚呼，其言何等精忠悲壯也耶。楊君年二十有六歲，遺族有老母幼弟幷妻女各一。

黃連長景成何連附章甫蘇連附貴淸陳連附廷輝四烈士合傳

黃連長景成，字志善，年三十二歲，廣東陽春人。爲人忠勇剛毅，品學兼優，處事果斷，有名將風。何連附章甫，字孝威，年三十八歲，湖南祁陽人，秉性敦厚，做事老成，沉着應戰，尤爲擅長。蘇連附貴淸，字以一行，年三十一歲，廣東化縣人。性好詼諧。善工詞令，教練有方，兵士悅服。陳連附字太平，年四十八歲，廣東瓊州人，身歷數十戰，經驗豐富，雖年力衰老，殺賊不肯後人。民二十一年二月十三日滬紀家橋抗日之役，先後陣亡。四烈士爲國家爭正義，爲民族求生存，效命沙場，前仆後繼，其大無畏之精神，使三島倭奴聞風喪膽，五洲強暴，掩耳驚心。四烈士死重於泰山，其正氣永存於宇宙間，不能磨滅矣。

一二二旅二團中尉隊附楊漢臣傳略

楊君漢臣字鳴武。粵之合浦人也。幼失怙恃，長依叔父，家貧而失學，然烈士稟性聰穎，雖未從師，而能自修習讀。江西高興藍田[redacted]之役，頗著勞績，擢升爲中尉。二十年十月改編後，調充六十一師第二團特務隊中尉隊附。及我軍奉命調駐鎭江，整理待命，奉假回粵結婚。聞一二八事變，我軍爲正當防衛，已開滬抗日，烈士遂毅然由粵返滬歸隊。適値奉令固守江灣，二十一日，敵方猛攻十餘次，烈士適當其衝，乃率部奮勇肉搏，殺敵無算，敵未得逞。是日江灣左側之陣地，未致動搖者，烈士與有力焉。烈士亦頭部中兩彈，而爲國犧牲矣。

一二二旅二團二營連附黃少卿傳略

黃烈士諱少卿，字石生，年二十五歲，湘之長沙人。幼英俊而家貧，年十六投身于行伍間。奉命赴援，當第二團担任死守江灣時，敵傾精銳來犯，戰爭極爲劇烈。烈士奮勇殺敵，迭挫兇鋒。旋敵援驟增，烈士連隊官長傷亡殆盡，只餘烈士一人統率，沉着應戰，倭寇仍不敢越雷池一步，而烈士頭部亦受重創。上官令其退後醫療，烈士殺敵心切，視死如歸，聲稱苟我退出火綫，則全連士卒，將靠何人指揮，偶一不愼，陣綫搖動，影響及於全軍，我一人死何足惜，仍率衆殺敵。乃連中數彈身亡，嗚呼烈矣！

一二二旅二團二營連附張篤初傳略

張烈士諱篤初，字志良，閩之浦城人也。生于淸光緒三十一年，幼聰穎，性至孝，里人以孝子稱之。及長蒿目世事，深具國憂，旣欲效終軍之遺風，復感懷宗慤之氣慨，決移孝作忠，請于父，父嘉其志，允之。卽別親入粵，孜進十一軍軍官教導隊。志堅學敏，畢業時竟冠儕輩。後分派于第六十一師一二二旅二團二營見習，期滿，授准尉排長，益勤苦。且爲人謙和，重信義，同事多敬愛之。每逢征戰，衝鋒陷陣，勇敢逾人，上官嘉之，歷擢爲中尉排長。去秋在贛勦赤，腿部中一彈，損筋骨，治數月，始愈。甫出院，卽參加抗日之戰，竟於江灣一役爲國犧牲。

一二二旅二團二營二連中尉連附張雲傳略

烈士張雲，別號從龍，河北正定人也。年二十九歲。幼而家貧，曾習藝正太鐵路機器房者五六年。於修理機件，頗具心得。幷略通法語。每感國事凋零，乃矢志從戎。民二十於江西[redacted]之役，尤勇敢善戰。蓋自參加革命以來，無役不從，對於職務，絲毫無苟，且管束士兵極嚴，賞罰尤公，士兵無不誠服。見倭寇橫侵，恨入骨髓，此次我軍抗日，江灣之役，於敵情嚴重砲火之下，身先士卒，如入無人之境；幷嚴督所部，不許稍退。竟被敵彈所中。嗚呼，爲國捐軀，雖死猶榮，古云死有重於泰山者，其張烈士之謂歟！

一二二旅二團二營第四連附胡興業傳略

胡烈士，諱興業，三十三歲，贛之峽江人也。沉默寡言

・艱苦自勵，好求知，學不倦。故于學術兩科頗優渥，復富有愛國心。每思外侮日亟，猶復操戈同室，輒深恥之。戰時衝鋒陷陣，尤以驍勇稱。前于[redacted]諸役，屢負傷。迨至日寇淞滬，烈士喜曰。我輩捨身報國，此其時矣。江灣之戰，竟以身殉。嗚呼烈矣！

一二一旅三團二營四連中尉連附王學森傳略

王連附學森，別號叢生，河南拓城人。母田氏，兄學冠學孔，妻高氏。生性高傲，落落寡合。廿一年三月十三日于紀家橋陣亡。君年纔廿四歲。是日與倭寇激戰時，王君率兵二排，直前逐敵，奪獲日旗一幅，當時士兵僅五名而已。王君猶沈着抗禦，瞄準射敵。不幸左脚與胸部相繼受傷，且中要害，遂溘然氣絕。及收殮時，王君猶目張口開，手指敵方，若疾呼殺敵之狀。嗚呼烈哉！

一二二旅六團第三營營長李營熙傳略

李君諱榮熙，字守敬，一字煦，粵之台山人。為人廉稜有崖岸，而接物溫然。少游學東瀛，有高譽，卒業於陸軍士官學校，冠其儕。嘗曰。連年內戰，徒作無為犧牲，所得代價，不過予敵人以可乘之隙耳。際茲倭寇方張，軍人能為國効命，於願足矣。迨抵滬後，倭艦絡繹海上，知有變，常誡所部毋懈。旋奉命鎮守獅子林諸要隘，努力佈置，為同人所盛稱。滬戰暴發，於二月十二日奉命佈防蘊藻浜北岸，担負警戒約六里許。翌晨，寇衆猛用烟罩彈及大砲飛機掩護，渡河來犯，君首當其衝，雖竭力抗戰，而敵衆我寡，勢頗凶頑。瀕于危者屢，但猶作殊死戰。肉搏久之，大呼曰。此而不守，是無吳淞矣。我決不以尺地寸土淪於異族。既而鄭團長為指率援軍至，卒獲全勝。而君竟以彈貫頭部以死，且相從而死者達三百餘人。嗚呼。烈矣！

第六團第一營第一連上尉連長童勳傳略

童連長勳，別號蔚衛，廣東廉江人。性情剛直，慷慨待人，畢業於國民革命軍第五軍軍官講武堂。十八年任職十九路軍。於本年二月二十五日，在滬廟行鎮抗日

作戰，身先士卒，中彈身亡，時年三十三歲。祖父文賢，祖母陸氏，父啓元，母龍氏，均精神矍鑠而門閭空倚，痛哉！

一二二旅六團一營中尉連附葉蔭生傳略

君諱蔭生，別號世鏞，世居廣東雲浮。家小康，幼好學，長畢業於第五軍講武堂。十八年，任十九路軍六十一師一二二旅六團一營少尉連附，衝鋒殺敵，絕不後人，旋升為中尉連附。至二十一年二月十三日，隨軍在滬紀家橋抗日，出入於槍林彈雨之中，竟致身受重傷而亡，時年二十有七歲。祖父炳盛，祖母吳氏，父榮泉，母陳氏，均健存。君事親孝，待人接物無間言，同志聞君之死，無不痛哭流涕！

一二二旅六團二營二連中尉連長黃景成傳略

黃連長景成，別號志善，粵省陽春縣人。畢業於潮梅粵軍教練所。此次淞滬抗日戰役，於二月十三日與敵鏖戰，當白刃相加之際，以致中彈陣亡。君秉性溫和，慷慨好義，遇人有難，必竭全力以濟之。死時年三十。妻王氏，子女各一，子三歲女五歲，竟成孤寡，痛哉！

一二二旅六團一營中尉連附何章甫傳略

何君章甫，字開順，年三十三歲，湖南祁陽人。在國民革命軍第五軍四十五師學兵連畢業，充六十一師一二二旅六團一營中尉連附，淞滬抗日之役，於紀家橋陣亡，君勇敢善戰，遇事沈着，常為袍澤所推重。父恆忠，母謝氏，均健在。妻劉氏，生女一，現十五歲。

一二二旅六團一營三連少尉連附蘇桂清傳略

蘇連附桂清，年三十歲，世居廣東省化縣。無兄弟妻子，家中惟二老猶存。君生性剛直，待人謙恭，極為同事所稱許。曾畢業於淮北鹽務緝私訓練所，任該處緝私隊小隊長，旋入六十一師，充上士見習員。作戰奮勇，勤於職守，遂升該師一二二旅六團一營三連少尉連附。今春矮寇圖佔淞滬，君於紀家橋一役，具大無畏精神，冒彈衝鋒，雖已中炮彈，

猶高呼殺敵救國，竟以身殉。

陳連附廷輝傳略

陳連附廷輝，別號太平，粵省瓊州人也，年三十八歲。少懷大志，異於恆人。鑒於國勢垂危之秋，毅然從戎。君曾畢業於國民革命軍第四十五團學兵連，歷任本師見習員，准少尉排長職。北流濟南以及江西[redacted]諸役，莫不身先士卒，猛勇衝鋒，彙著勳績。去歲矮寇強據東北三省，君憤慨異常。今春倭寇復進窺淞滬，我軍參加抗禦，二月十三日紀家橋之役，君奮不顧身，中彈殉國。

第六團二營五連中尉連附林得傳略

林君廣東海豐人，現年三十歲。曾畢業十一軍教導隊。為人勤謹好學，和藹可親，同學無不愛敬。民十八年，在本旅十八團二營八連充排長，曾參加湘魯贛諸戰役，後改充第六團二營五連中尉連附。任職以來數年如一日，從無與同事為忤。且忠於職務。此次在滬抗日，慷慨直前，生死不顧，大有殺身成仁之概。民二十一年二月十二日，紀家橋之役，卒以殉國。遺妻陳氏，無子女。

一二二旅六團一營三連上尉連附蔡策元傳略

蔡烈士策元，黃埔六期生，粵之汕頭人也。賦性恬淡，落落寡言，臨陣勇敢，為同僚所贊服。滬濱告警，力拒頑敵，壕中苦戰，經逾旬日，而烈士輒高歌其救國之曲，以勵部屬，數襲頑敵，無不致勝。既而奉令變換陣地，移防婁塘之線，午夜應戰，血搏竟日，三面被圍，左翼第三營營長被創，陣線頗受影響。俄而敵竟以千餘之衆，突佔朱家橋頭，陷入重圍，仍誓死抵抗。當此千鈞一髮之時，朱營長耀章率烈士部數十人，倉促來援，奮勇惡戰，所殺過當，敵逐潰退。不幸烈士竟於此役偕朱營長耀章先後身中數彈。悽然長埋於腥風血雨中也。

▲第七十八師

第一團二營營長羅鋆傳略

羅營長名鋆，號冠羣，粵之羅定人也。家居壕西，世務業農。家境雖不富饒，而衣食無慮不足。清末，外侵日逼，政治腐敗，民心思變。君念國家如此衰弱，非武力不足以救危亡，故決心中途棄學，於十六歲即投義軍。民十六[redacted]變起羊城，奉令援粵，君於雙庚嶺役，重傷幾至身殞，幸醫治

得力，方免於難。而君以戰績升任營長。一二八事起，君深夜聞訊，不勝憤慨，本團駐南市高昌廟龍華警備，留君一營在南市警戒，浦江沿岸，日艦如織，君澈夜巡防，并奉令指揮民團，慎密戒備，南市各界慰勞紛至，軍民情感，極度融和，終以作戰關係，調往江灣前線，君固所深願也。當赴前線之先，猶邀集全營官長訓勉，時敵人集全力來攻，砲轟彈炸，空前之猛烈，我軍傷亡殆盡，或謂全綫移動，無可挽救，營長可暫避其鋒。君乃厲聲相責曰：『結果如此，何有面目回見長官及民衆，與其偷生，不如速死。』卒以身殉。

第一五五旅一團一營一連連長雲勉傳略

雲烈士，諱勉，原名昌綿，廣東文昌湖心村人，少讀書，曾畢業於中學校。性剛強，富於救國思想，入黃埔軍校，研究直接殺國賊救國家之學。此次淞滬抗日，以一連之衆，抵千餘敵人而使敵人不敢正視。三月一日，該連長穿胸受傷以後，尚不肯就醫，繼續指揮殺敵，當敵大部衝至陣前，猶手刃敵人數十，而已身卒被砲彈所滅。惜哉。

第一五五旅一團一營第二連連長鍾太初傳略

鍾名太初，粵之五華縣塘湖村人，少時喜讀王陽明學說，束身自好，無邪僻驕慢之習。年十七，黃埔學校卒業後，曾任如皐縣黨務指導員。三月二日江灣一役，君督隊力戰，奮不顧身，迨中彈傷臂，猶指揮所部前進，全連官兵，無退却者，卒以砲火橫飛，殉國於江灣戰地，可謂壯烈矣哉！

第一營第三連長蔡烈士幹青傳略

蔡烈士幹青，字潢元，廣東梅縣西街人也，父文桃，經商南洋，烈士生於異國，十歲始偕母返鄉，不久父歿，烈士乃入梅縣城西學校。當九一八瀋陽事變發生後，烈士時向士兵講述日本之暴，和軍人應盡之責任。一二八滬戰既起，烈士率部抵抗，血戰月餘，不幸中毒彈於胸部，延至七日卽溘然逝世矣。嗚呼痛哉！

一五五旅一團第三營營附陳必有傳略

陳烈士必有，廣東瓊東大路市人，黃埔軍校畢業生。性沉着果敢，臨危不却，辛勞不辭。民十七由軍校送第十師（卽今日之六十師）見習，後調任二三七團政治練訓員，民十九任六十師教導團第三營上尉營附，後調充七十八師第一團第三營營附。滬戰起奉令担任廣肇山莊陣綫。烈士指揮若定，殺敵最多，不幸於三月一日被彈身亡。

一五五旅一團第二營營附江棨傳略

江烈士棨，年二九，廣東五華縣，郭田村人也，少有大志，聰慧超人，生性剛烈，連年轉戰粵、桂湘、豫、魯、贛、等省，無不身先士卒，戰功甚偉。自滬戰暴發後，烈士更爲憤慨，嘗與人言：「吾阿江此次不殺矮奴，誓不回頭。」棨也，三月二日在竹園墩一役，烈士奮不顧身，卒爲敵彈所傷，不能行動。其時適在撤退之間，烈士尤能臨危不懼，預伏於路口假斃，俟敵人衝至，斃敵數人，然終爲敵人刺斃。痛哉。

一五五旅二團二營營長唐之章傳略

唐之章號早立，廣東防城人也。七十八師第二團少校團附，兼代第二營營長，勇敢善戰，指揮有方，性和平，行動温文，表面似一介書生，實則一員勇將。曾在湖北第四軍軍官教導隊畢業，歷充副官，營附等職，北伐四次，及江西勦赤諸役，均著奇勳。此次抗日戰爭，在江灣楊家樓下指揮，不分晝夜，與士兵同辛苦，極得部下之誠服，故該營之戰况最佳。皆由烈士指揮得宜所致。三月一日，楊家樓下，敵集中大砲轟擊。中彈陣亡。年方廿四歲。

一五五旅二團一營一連連附葉辰球傳略

葉展球，廣東羅定人。年廿五歲，少時已有救國之思想，常謂人曰：「中華堂堂大國，何受帝國主義重重壓迫而不能一致團結起來打倒牠。」十九歲，毅然投入軍伍。不多時卽升班長，又升排長。此次暴日在上海起釁，正合該連附打倒帝國主義之志願，乃義憤塡胸，誓死抵抗，殺敵之多不可以計數。於三月一日，因敵彈過猛，中彈陣亡。

一五五旅二團二營三連連長賴忠和傳略

賴忠和，第三師軍官教導團第一期步科畢業，福建上杭人，年二五歲。爲人忠實而富於勇敢性，每次臨陣均身先士卒，有進無退。歷年來戰功卓著，而尤以此次抗日之役，其犧牲奮鬥之精神，爲他人所不及。在江灣前線，身中數彈，仍不後退，繼續向前猛衝，擲手溜彈炸燬敵之坦克車二輛，斃敵廿餘人。卒因身疲力竭，被後至之敵鐵甲車輾爲數段，亦云慘矣。時三月一日之事也。

一五五旅二團三營三連連附陳希豪傳略

陳希豪，號玲山，廣東始興人也。十一軍軍官教導隊畢業，處事公平，智勇兼備，爲將來有用之將才。每臨大敵，不動聲色，其於持槍瞄準，彈無虛發，爲射擊之巨擘。又能運用神秘之戰術，令人不可度測。在江灣引敵一隊深入，取大包圍，無一漏網，其善戰有如此者。惜於二月二八日中彈陣亡。

一五五旅二團二營四連連附吳春田傳略

吳春田。粵軍第四軍十一師軍士教導營第一期畢業，廣東恩平人。以勇敢耐戰著稱。在十九路軍勞績頗著。二月二五夜十一時晉襲竹園墩之敵，陣亡。年廿九歲。

一五五旅二團三營六連連附黎青天傳略

黎青天，廣東羅定人。第十一師軍事教導營畢業。性溫良而富於軍事政治之學識，曾充六十師政治訓事員等職。此次抗日，異常奮勇，二月廿五夜晉襲竹園墩之敵陣亡。

一五五旅二團第八連連附馬熾楠傳略

馬熾楠，號耀，粵東合浦人也。性豪直，事無苟且，曾在第六軍軍官研究班畢業。十五年參加北伐，已充第六軍第十七師五十二團六連連長，卓著奇功。以後諸次北伐及閩贛[illegible]諸役，無不參加。此次抗日之戰，尤見勇敢百倍，不顧一切。蓋該連附痛恨倭奴已達極點，常謂「倭奴不滅，中國永無甯日。」惜於三月一日中敵砲彈陣亡，年卅六歲。

一五五旅二團第九連連附韋奇生傳略

韋奇生，陸軍第四師軍官教導隊畢業，處事精明，待人宏厚，廣東南海人也。七十八師第二團第九連少尉連附，槍法甚準，無發不中。臨大戰又能泰然應戰，不動聲色。此次抗日之役，在楊家樓下陣亡。

一五五旅二團第三機關槍連連長羅漢雲傳略

羅漢雲，廣東欽縣人，三十一歲。甚聰慧，兼有胆略。此次抗日之役，該連長担任楊家樓下之陣地，敵屢次來犯，均被該連長率部迎頭痛擊，不得越雷池一步。不幸於二月二九日陣亡。

一五五旅二團三營機關槍連連附黃振明傳略

黃振明，廣東靈山人，二十八歲。出身行伍，性樸實，不務浮華，而幹事極能負責，隸屬於羅雲漢連長部下，與羅親如兄弟，凡事兩人必相商至再。羅陣亡時，深為痛惜，乃相誡全連弟兄曰：「無論如何，要與羅連長復仇！」至三月一日，雙方砲火最猛烈之際，陣亡。

一五六旅六團一營連附陸益初傳略

陸君益初，諱彬，年三十三歲，宜興西門紅塔鎮南四房人也。性溫厚，眉宇間有英氣，胸懷磊落，夙具大志，初致力教育，旣而投筆從戎，治軍寬猛相濟。恩威兼施。官兵翕服。閘北之役，一二八晚日帝國主義者驅其虎狼之衆，襲我軍防地，陸君駐守是間，卽率部抵抗，毀敵鉄甲車，並俘獲之。卒以猛烈進擊，奮不顧身，為日寇所算，嗚呼痛哉！

一五五旅三團一營二連連長陸威臣傳略

連長陸威臣，別號森桂，原籍廣東欽縣，年四十，曾受中學教育。民國二年，投身戎行。九一八東北事變，君憤日寇之殘暴，不勝髮指，及滬戰發生，輒雀躍自喜，謂滅寇有日，雪恨在卽。二月二十六晚，奉命加入江灣線，與日寇作戰，血戰三晝夜，致敵不能越雷池一步。三月一日。敵寇以其最猛烈之砲火，向我陣線攻擊，不幸中彈胸部，鮮血淋漓，尤復振臂奮呼，激勵士氣，與敵喋血肉搏，不稍畏退。願以其受創過劇，救護至上海醫院救治，大呼數聲而逝。時為三月七日也。

一五六旅五團六連連長羅　彬傳略

羅烈士，四川內江縣人。少年英俊，懷救國大志，對士兵訓話，總以救中國相勉勵。吳淞抗日，烈士死守蘊藻浜，奮勇抵禦，敵終不得逞。性嗜酒，好談笑，但對人忠實，實一少年模範軍官。二月十四日戰事沉寂之際，竟為敵軍飛機擲彈炸死。時年甫二十六歲。

一五六旅五團八連連長張福甫事略

張烈士，福甫，廣西崇善人。家赤貧，幼失怙恃，賴祖母躬親撫養成人。性剛毅，寡言笑，具大志。因嵩目時艱，慨然興匹夫有責之志。常對人云：「甯願救國死。不作亡國奴。」當二月二日暴日以全力向我陣地猛攻，烈士身先士卒，奮勇殺敵，食彈陣亡。

第五軍義勇軍接待處幹事王烈士靖事略

王烈士靖，粵籍東莞縣人，現年二十有九，椿萱並茂，昆仲共六，家頗小康，未配佳耦。『一二八』日寇侵我滬濱，七十八師祕書兼師特別黨部臨時辦事處主任在眞茹前方約烈士為義勇軍接待處幹事，日夜勞苦，雖敵飛機飛逐轟炸，而烈士鎮靜如恆工作不息。詎料三月一日上午十一時，敵機八架，軋軋而來，環繞於軍械所駐之李子園村莊。烈士大胆沉着，毫無驚色。後因敵機久繞不去，烈士出而探望，竟遭敵機炸彈，炸斷左右兩手指，並瑒及肚胸部三處，不幸流血過多，致不及車送醫院，卽慘死途中。

一五五旅三團三營少尉連附尹君杰傳略

故少尉連附尹君杰，年二十八，江蘇崇明人，幼失怙，鮮兄弟，僅一弱妹。家貧，母為人浣衣度日。君性至孝，弱冠從戎，恆以薄俸養親。民十九學軍事於廣東黃浦島，品學兼優，文筆挺秀。此次暴日寇滬，小塲廟一役，君奮勇殺敵，竟以身殉。

一五五旅三團三營八連少尉連附丘挺國傳略

丘君年廿五歲，廣東蕉嶺人，父母俱存，兄弟各一無妻子，性忠孝，品行端正，學術優良。曾在蕉嶺中學，及十一軍軍官教導隊第二期，廣東保安隊第一期各校畢業。於民二十年十二月，編入七十八師一五五旅第三團仍充該職。此次抗日戰爭，奮勇殺敵，屢次衝鋒，莫不身先士卒，誠不愧爲模範軍人。旋於本三月一日，在江灣小塲廟之役，衝鋒時頭部中彈，登時殞命。

一五五旅第三團機關機連連附鄭企瞻傳略

連附鄭企瞻，號紹翹，原籍湖南新甯。曾受普通教育，民十二出外從軍。爲人樸實誠篤，刻苦耐勞，士兵異常愛戴。二月二十八日，奉令參加作戰，君率兵一排，前往應戰。施放機關槍，其彈着點，無不命中，殺敵無算。經三晝夜之血戰，敵聆我機槍聲所在，知我機槍陣地，用大砲猛擊，不幸鄭連附及全排士兵機關槍完全被燬於強敵砲火之下。時三月一日下午二時也。年三十歲。

一五五旅第三團一營二連連附梁世榮傳略

已故連附梁世榮，號奕華，原籍廣東欽縣，曾受普通教育。民國八年投粵軍。其爲人忠勇樸誠，不惜勞苦。九一八事變，君日夜搥胸痛恨，恨不能刻駛東北。盡殲倭奴。及滬戰發生，十九路軍爲守土而抵抗，二月二十八晚，加入前線作戰，三月一日，敵寇大舉向我陣線猛攻，彈如雨下，君率兵一排衝鋒，肉搏數次，殲敵無數，致令倭奴聞風潰逃。豈知當指揮之際，飲彈當場陣亡。時年二十七歲。

一五五旅三團二營機關機連附林海傳略

少尉連附林海，字斌。廿八歲，廣東陸川人。十四年廣東東江之役，十五年江西九江之役，十七年龍潭之役。每役莫不奮勇殺敵，身先士卒。不幸於本年三月一日，在滬抗日於小塲廟之役，雙方肉搏之間，忽中敵彈而歿。際此國家陣亡，千鈞一髮，能以身許國，決死抗日，誠不愧爲愛國男兒也！

一五五旅三團機關槍連連附梁震次傳略

少尉連附梁震次，字英龍。年廿九歲，廣東茂名縣人。性質樸實，爲人忠厚。幼時因家貧少讀書，於民國十二年投入陸軍第二師獨立旅軍士教導隊求學。畢業後充當該旅排長歷次參加民十五年廣果松口討周之役，十七年龍潭濟南之役，十八年湖北討周之役，十九年河南討馮閻之役，二十年江西高興[redacted]諸役，本年在滬抗日於小塲廟之役，奮勇殺敵，衝鋒時中彈殞命。如此犧牲奮鬥精神，可爲吾人之鑑矣。

一五五旅第三團少尉排長羅漢屏傳略

羅君漢屏，籍隸廣東合浦，未婚，少讀詩書，頗通文翰尤擅書法。壯年從戎，屢著戰績，其人沉默寡言，勤管教，重服從，誠幹部之良材也。此次淞滬抗日，廟行之役，血戰數晝夜，雖至陣危殆左右友軍動搖，猶體上官之意，圖激勵士氣，支持至最後之一彈一卒而後巳。是役遂殉難焉。時三月一日也。年三十歲。

潘故排長盛畬傳略

潘烈士，上海虹口人也，家徒四壁，無親可依，立志從軍。十五年投入浙江警備師當兵。操練純熟，勇敢過人。討逆勦匪，無不參加。去冬十九軍調京滬駐防，烈士入七八師軍士教導隊，未一月，滬戰發生，烈士調回服務，連長甚器重之，卽保升爲少尉排長，三月一日于江灣孟家角之役陣亡，時年二十六歲。

唐故排長勝標傳略

唐烈士，廣西滕縣人，桂軍講武堂畢業。十四歲投入十九路軍，北伐討逆勦匪大小數十戰，無役不從。體格魁梧，胆量過人，平常訓練士兵極嚴，曾兩次負傷，均得醫治痊愈。淞滬抗日各役，烈士奮勇非常，江灣孟家角役，屢挫強敵，不幸於三月二日陣亡於小南翔。職者哀痛，時年二十八歲。

梁故排長保生傳略

梁烈士，三十三歲，廣西南邕人。於民國十四年入十九軍(其時爲第四軍第十師)當兵，北伐汀泗橋之役，負傷，傷愈歸隊，提升爲排長。烈士抱救國大志，十九年夏，山東河南討逆各役，奮不顧身。戰後奉命訓練新兵，頗有成績，深得直屬長官之稱許，提升爲排長。吳淞鏖戰月餘，烈士功績不少，尤能忍耐在戰場工作，士卒均仰慕之。不幸陣亡於江灣孟家角役，爲國殉身，殊堪痛悼！

一五六旅四團三營八連連長趙金聲傳略

趙烈士，江蘇泰興縣人，生性聰慧，畢業於南洋中學。因感懷國事，遂毅然投入福建陸軍教導團。畢業後，任排長，學術優良，被聘爲十一軍教導隊分隊長，訓練有方，成績卓著。教導隊結束，調充六十一師第七旅十四團第二營營附，[redacted]之役，厥功甚偉。二十年七十八師在江西成立，調充四團第三營第八連連長。今年「一二八」滬變發生，烈士率部奮勇殺寇。二月八日蘊藻浜之役，烈士以所部一連之兵，抗暴日一營之衆，血彈經日，敵不得逞，其英勇可想而知矣。二十日敵復盡其陸海空軍之威力，來犯吳淞，烈士身先士卒，屢挫敵鋒，竟以身殉。時年二十八歲。

一五六旅四團三營八連排長劉得稽傳略

劉烈士，廣東留江縣人，爲人誠實，服務勤勞，十八年隨軍北伐，歷經東江花縣北流三南討逆[redacted]諸役。二十年，擢充七十八師第四團第三營第八連排長。吳淞抗日之役，烈士身冒矢石飲彈亡陣，嗚呼痛哉。烈士嘗以頭可斷，國不可亡，昭示士卒，今竟以身殉，其壯烈爲何如耶！

吳故排長英才傳略

吳烈士，湖北監利縣人，矯捷雄武，義俠悲壯。淞滬抗日之役，烈士扼守要隘，奮不顧身，血戰數日，且親攜機槍仰射敵機，其勇敢亦可想而知。惜乎敵機未燬，而烈士殺身成仁之志願巳遂，嗚呼痛哉，烈士年二十四歲，倘遺妻及幼女，幸皆托寄有人矣。

一五六旅四團三營八連班長盧烈士傳略

盧烈士，名桂庭，廣西南甯人，弱冠投軍，民十七轉入十九軍。凡[redacted]諸役，均參加。魁梧奇偉，胆略過人，去年升充四團第三營第八連下士班長。二月七日暴日圖在蘊藻浜偸渡，佔領吳淞。烈士在趙烈士指揮之下，奮勇殺敵，卒以身殉。年方三十歲也。

一五六旅四團機關槍第三連排長彭烈士傳略

彭烈士，名承斌，去年投入七十八師，以勇敢善戰，擢充四團機關槍第三連中士排長。二月七日暴日圖佔吳淞。烈士架槍要隘，敵屢次衝鋒，均被擊退，殺敵無數，後被敵機發現陣地，擲下巨量炸彈，將機槍炸毀，烈士亦因而陣亡。年方二十七歲也。

一五六旅四團機關槍第三連班長孫烈士傳略

孫烈士，名儒林，安徽人。幼習詩書。素懷大志。民八年見國事日非，毅然投軍，曾任排長，去年投入十九軍。以其經驗宏深，編入第四團機關槍第三連，充中士排長。今年淞滬抗日之役，亡於吳淞陣次。

梁烈士傳略

梁烈士，名振，廣東高州人。民國十七年，由粵投軍，隨師北伐，討逆[redacted]諸役，均參加，先在六十一師第七旅十四團第二營第五連充當列兵，去年第四團成立，以其勇敢善戰，服務勤勞，調充勤務下士。今年淞滬抗日之役，烈士親攜短槍，出發前線。於二月七日被敵機炸死於吳淞鎮外馬路。年方二十四歲。

陳烈士傳略

陳烈士，名正英，廣東南海縣人，幼讀詩書，頗識文字。家貧不能升學，遂經商。連年內戰，商業殊受影響，憤而投軍。十九年在六十一師充當列兵，曆經討逆[redacted]諸役。去年七十八師成立，編入第五團第一連。淞滬戰事發生，烈士嘗語人曰。余從軍數年，未有遇到眞敵人，此次乃是眞敵，余當誓死以敵之。二月二十日暴日大舉來犯，烈士堅守砲台灣，敵不敢越雷池一步。然卒以身殉，時年二十有六歲。

蔣烈士傳略

蔣烈士名奇標，廣西全州人。十九年四月投入十九軍。生性剛直，處事果斷，去年升充七十八師第四團第一營第一連中士班長。淞滬戰事發生，烈士奉命死守砲台，二月二十日敵大舉來犯，企圖登陸佔我砲台，烈士以一班之衆，扼守要隘，俟敵至，我槍射擊有效時，則同時快放，斃敵無數。敵屢進屢退，終不得逞，然卒以陣地炸毁，而烈士亦以身殉焉。

常烈士傳略

常烈士，幼時經商，十九年投入十九路軍。歷大小戰役十餘次。淞滬抗日，烈士銜鋒陷陣，奮不顧身，卒以身殉，嗚呼哀哉！烈士年屆而立，河南開封人也。

曹故班長桂林傳略

曹烈士，名桂林，湖南衡陽人。因家貧，服工役，素抱大志，嘗語人曰：中國之整刷，須待我工人之奮鬬。二十年役十九路軍，以其天資聰穎，訓練有方，遂升充班長。滬變發生，烈士曰：此我中國振興之機會，我輩當奮鬬也。二月四日敵犯砲台。烈士死守，身中數彈，猶高呼生擒寇賊，然卒以身殉，嗚呼痛哉，烈士年方二十四歲也。

劉故班長振標傳略

劉烈士，名振標，幼傷父母，寄養叔家，聰明異常，叔愛之，遂命其苦讀，以期成人。因叔母凶悍，不容其同居，遂憤而投軍。臨行語嬸母曰：余不爲國家做一番事業，決不回來見你。滬變發生，烈士憤慨異常，二月四日敵攻砲台。烈士奮勇殺敵。竟以身殉嗚呼。哀哉烈士廣東梅縣人，年二十六歲。正有爲之青年。今倭寇未除。而烈士已身死。不令人痛心耶。

朱烈士傳略

朱烈士。名星橋。浙江甯波。因啓唇卽說『阿拉』。故人皆呼之曰。『阿拉』。短小精悍。胆略过人十九年投入本軍。二十年編入本師第四團機關槍第一連。此次抗日。不畏砲火。能於槍林彈雨中。從容不廹。措置裕如。因此屢挫強敵。二月七日。暴日犯我砲台　烈士沉着應戰。腰腹兩部均受傷。歿時獨高呼打倒日本帝國主義。其英勇有如是者。然卒以身殉。豈不痛哉。

第五軍抗日陣亡將士傳略

▲第八十七師

第五一七團第一營營長朱烈士耀章傳記

烈士姓朱，名耀章，黃埔五期生，第五一七團第一營營長也。工書畫，擅文章，嗜讀曼殊集。方其學劍埔島也，聽潮音，睹駭浪，一咏一遊，靡不汲汲以天下爲己任。及至倚劍粵嶺，浮大江，北顧黃河之奔流，慨然以同根相煎爲可痛！然其一嗷一嘯，卓然不苟，讜猷籌劃，顯然有績。捉刀儕輩，早已期國士矣。何圖國家不造，滬濱砰然一響，而太平洋之驚濤遡告拍岸！舉國騷然，和戰莫是！而烈士奮然急呼曰；今日之事所恃者惟鐵與血耳！傍徨奚爲？於是奔走呼號，傾銜請願。劍之所及，莫不鏗然有聲！廟行一役，烈士之身手畢顯。繼以敵衆我寡，瀏河告警，因戰略而全線撤退。烈士常斤斤以未盡虜頭爲恨。不料三月三日，恨落朱家橋頭鑄壯史！悲夫！

第五一七團第三營十四連連長陳烈士陽屏傳記

陳烈士諱陽屏，號炳宣。籍隸湖南寶慶，任陸軍第八十七師第二五九旅第五一七團三營十四連連長。陣亡於民國二十一年三月三日滬濱禦倭嘉定宗家宅之役。年僅二十有四，烈士家寒微，九歲失怙，賴母教養以成年，「負大志，寡言笑，性情慷慨，見義勇爲。民國十三年，年十五，值國家多難，外侮洊臨，內亂叠起！毅然投筆入行伍。越二年考入黃埔第六期軍校步兵科。十八年秋畢業，復入軍校機槍研究班。旋又入陸軍教導隊軍官大隊，對於兵學細心研究。此次抗日，作戰於廟行楊煥橋等處。烈士統率全連拚命肉搏，不分晝夜。血戰旬餘，官兵無一倦容，皆烈士平日訓練有方所致也。三月一日奉命變換陣地，三日上午六時，敵以數倍之衆直撲我婁塘一帶陣地。烈士挺立陣前，毫無懼色！振臂一呼，士氣百倍！不幸烈士頭部中彈，熱血淋漓！嗚呼！烈士成仁矣！

第五一八團第三營第十一連連長朱烈士明悠傳記

朱烈士明悠，字子久，江西瑞金縣壬田市人也。父良玉，母楊氏，兄明孚，妻某氏，無子女。家道小康，幼聰敏，有大志，在壎篪中嶄然露頭角。年十餘入小學，旋入中學，每考試輒名列前茅，爲師長所獎飾，友輩所欽佩，此烈士卓爾不羣，鷄羣鶴立之特點也。畢業後，痛國內政治腐敗，軍人跋扈，欲挽救危亡，非刷新政治，撲滅軍閥不爲功。乃決心投筆從戎，南下百粵，追隨革命領袖，孫總理從事革命工作。民十八年卒業軍校，旋入陸軍教導隊軍官連肄業。後任教導隊二營七連班長。翌二年升上尉連附。調充三營十一連連長。至本年二月十五日，我軍奉命抗日，烈士慨然曰：我此行必手刃強寇，驅逐倭賊，殺個痛快淋漓！決志拚命於沙場，不顧老死於溝壑，成敗利鈍，在所不計！二月二十二日，我團奉命增援，派第三營奪回廟行。烈士統率本連官兵，向敵猛力衝擊。當時彈如注雨，砲若流星，烈士沉着應戰，指揮若定。喪士恢復，功亦偉矣！詎意被流彈穿透烈士咽喉及背脊，負傷仆地，不省人事！舁送上海醫院診治。終因傷重藥石無效，(三月十一日於滬上勞工醫院)飲恨而亡！

五一七團一營第三連連附蔡烈士策元傳記

蔡烈士策元本團第三連上尉連附，黃埔六期生，粤之汕頭人也。賦性恬淡，落落寡言。臨陣孔武，好謀多成。「嗜讀史，慕武穆。歷經戰役，累建奇勛，爲同僚所贊美。及至滬濱告警，倭寇猖狂。本團奉令增援廟行，力拒頑寇。壕中枕戈，苦戰經旬。而烈士高奏其愛國歌曲，以勵部屬。數襲頑敵，無不搴旗先登，奮奪敵胆，既而奉令變換陣地，移防蘊塘之綫，正與頑敵背城一決。我第一營營長朱烈士燿章率所部數十人倉促來援，奮勇惡戰，所向披靡，敵遂潰退！不幸烈士竟於此役，偕其營長朱燿章先後身中數彈，長埋於腥風血雨之中！嗚呼！可謂壯且烈矣！夫朱家橋一役，爲我前綫安危所繫。使不幸早落敵手，則可乘勢下外港，攻葛隆，廹錢門，蘇崑之背可拊，而京滬之路將作片片斷也，其危奚如？其險奚若!?解我軍累卵之危，而措全線於磐石之安者，非朱燿章烈士與烈士二人奮勇支撐之力也歟！志雖未就，功足嘉矣。

五一八團一營第三連連附黃烈士宣武傳記

烈士姓黃名宣武，字滏泉，湘人也。君父名石衢，母唐氏。雖家況蕭條，然好學之心甚堅。卒於酸風苦雨中，畢業中學。適國事蜩螗，烈士時以天下爲己任，深知非奮身戎行，不足以償其抱負，故毅然於民十五年投入黃埔六期。卒業後，歷充教導師第二團二連中尉排長，警衞軍一師一旅二團二營副官，及八十七師二五九旅五一八團二連上尉連附等職。迄東北難作，烈士常曰：吾不能飢餐虜肉，渴飲倭血！奈何？今春倭寇又侵我上海，本師奉令殺敵。烈士即慨然語人曰：二十年來最有價値之戰，舍此莫屬！余幸與其役，雖死亦無憾矣，廟行之役，時烈士代連長也。指揮沈着，應戰有方，屢挫敵鋒。三月一日，敵以全力來犯。苦戰經日，頑寇終未得逞！卒以衆寡懸殊，瀏河告警。因求長期抵抗而變換陣地！烈士以頭可斷，寸土不可失！獨不肯退！卒飲彈殉國，遺骸沙場！卒年二十有五。

五一七團二營第八連連長劉烈士元凱傳記

劉烈士元凱湘人也。事親孝；交友信；臨財廉；取予義；分別有讓；恭謹下人。嘗思奮不顧生，以殉國家之急。方烈士肄業黃埔軍校，以博學著。精射擊。此次滬變遽起，廟行諸役，莫不身先士卒，以自動步槍重創頑敵。三月三日，敵以重兵鎖我朱家橋渡口，烈士轉鋒相向。始而指揮應戰，繼而自充射手。敵迫近，烈士鋼盔頻中數彈，然其神色仍自若，屹然不動；但以連續射擊創敵。詎意當烈士高呼衝鋒努力口號時，而烈士之頭部與胸部已血湧如注倒地立逝！嗚呼！勇且烈矣！

第五一七團第一營第二連排長趙烈士健傳記

烈士湘之衡山人　姓趙名健，字尙賓。黃埔軍校六期生，第五一八團二連排長也。性剛直，有氣節。精明敏捷，善爲排難之辭。一二八滬案發生，本師奉令抗倭。廟行之役，烈士身先士卒

，勇寒敵胆。雖中數彈，然猶攘臂疾呼，以振士氣，卒却強敵！孰知烈士竟於抵院之翌日成仁！嗚呼！臨危鎮定，雖身負重傷猶忍痛殺敵，志可嘉矣！

第五一八團第一營營部副官易烈士育全傳記

易烈士育全湖南瀏陽人也。幼有大志，聰穎超羣。但家清貧，乏資求學，其父於艱難困苦中，卒令其畢業鄉村小學，而高小，而長郡中校。其品格學問，均爲師友所贊許。民十四年，考入

黃埔，民十八年秋，軍校畢業後，即分發教導師工作。迭經戰役，屢立奇功。此次滬戰事起，我軍奉令赴滬抗倭。烈士充第五一八團第一營副官職。於塘東宅之役，自告奮勇，深入敵陣偵察，其所以能創敵者，烈士之功實匪淺也。後移防廟行，參奮戎機，尤爲得力。然因烈士勇敢過人，覺飲彈而長逝於斯焉！嗚呼！惜哉！

五一八團一營第二連排長裴烈士福龍傳記

裴烈士福龍者，字德培，福建閩侯人。賦性果敢，精明智慧。自幼即遭蓼莪之痛，輒自治自立，不求依伯叔親鄰。民十三年在福建中校卒業，入黃埔學校，十八年在軍校第六期卒業。歷充教導隊教導第一師警衞第一師及第八十七師等之班長排長連附及代理連長等職。此次倭奴強佔我東省，烈士屢欲隻身赴遼殺敵，終以不得爲恨。迄一二八案起，本師奉令赴滬抗倭，烈士欣欣然有喜色；蓋其殺倭之志得以實現也。二月二十一日至三十日之間，我團奉令担任廟行陣地，烈士身先士卒，勇敢過人。彈如雨注，未嘗一變其欣懽之色。三月一日，敵以全力犯我廟行。烈士奮勇抗戰，創敵遍野！而己之士卒亦存無幾矣。烈士猶應戰自若！卒以距敵僅十數武，中彈身殉，嗚呼痛哉！

五一八團第一營第三連排長陳烈士勁傳記

陳烈士名勁，字心如，湖南耒陽人，父年邁，弟幼妹弱。家業農，貧甚。卒賴伊父之勤樸，得畢業於省立第三師範。民十五年，投入黃埔軍校第六期入伍生。民十八年畢業，復入教導第一師軍官連肄業。歷任學兵連排長職。後奉令調充本團一營三連排長。迄九一八慘案發生，烈士悲憤塡膺，時以不能赴前方殺敵爲恨！及一二八滬案暴起，本師奉令抗倭。烈士謂我等曰：此吾輩救國殺賊千載一時之機矣！二月二十二日我營奉命增援塘東宅。烈士身先士卒，奮勇惡鬥！塘東陣地既失復得者，烈士與有功焉。是晚在戰壕內徹夜巡查，未肯稍息。至翌日黎明時，不幸左腿中彈。部下均勸其回後方休息。烈士曰：區區微傷，何足介意！語未畢，敵大部來襲。烈士巨聲向部下曰：吾等當以熱血灑遍淞滬，誓以最後之一滴血與此頑寇奮鬥到底！斯時也，敵彈如雨，烈士飲彈殉國矣！噫！當仁不讓，殺身成仁，其烈士之謂也！

五一八團三營十三連排長李烈士敏如傳記

烈士姓李字敏如，號九如湘之湘陰人。父諱爲政，母謝氏。兄弟四人，烈士其季也。幼聰慧異羣兒，有大志。嘗語人曰：人不能立功異域，死與草木同腐耳！民十五年秋，投

入第八軍行伍。忠勇耐勞，十六年春得擢升爲旗官，同年五月，矢志求學，投入第二軍六師軍官教育團。十七年第二軍改編爲陸軍第十八師，升充該師一零三團三營上尉營升。同年四月復入中央軍校第七期步科肄業，畢業後分發警衛旅第四團見習。十九年十一月警衛旅擴充成師，調六團服務。旋調充第八十七師第五一八團三營十三連少尉排長之職。九一八東省變起，是時我師軍次湘江，未幾，軍歸首都。烈士終日鍛鍊身軀，以殺敵自矢。對部屬尤時加激勵，以啓發士兵救國精神。一二八滬案發生，本師奉命赴滬。二十二日增援廟行，烈士勇敢善戰，時挫強敵。三月一日敵以全力來犯，烈士振臂一呼，躍壕刃虜。不幸中彈倒地，尤大呼士兵，奮勇殺敵！語已身亡。嗚呼！

五一八團二營六連排長袁漢臣傳略

袁烈士漢臣字保球，年二十九歲。湖南常鄉雙凫舖人。有老母嬌妻，無兄弟，僅一姊，家貧，喜交遊。力大嗜酒。熟習武藝，猛烈過人。民十八年投教導師第六連，充當學兵。期滿後分派教導一師二團六連任班長。此次抗日作戰，烈士充排長。二月二十三日晚。組織奮勇隊，夜襲麥家宅。烈士請願分領一隊，及近敵壕，彈傷兩頰，尙令士兵前進，不稍退後。因流血過多，不能支持，乃將職務交班長代，自匍匐至後方，不准一人護送。不十米達，又中敵彈，遂至殞命－噫－

五一七團一營二連服務員王協民傳略

王烈士諱協民，字安都。安徽潁州人也。家世業農，幼而好學，長則有譽於鄉里。素負大志，以保國衛民爲己任。民十八年，毅然投筆入陸軍教導隊，充當學兵。越年中州之役，君卓著勳勞。本年二月十五日，我軍奉令參加淞滬屠倭，聞令之下，喜躍三百－廟行之役，烈士沉着善戰，奮不顧身，使敵不敢越雷池一步。卒中彈而逝－懿矣榮哉！

五一七團通訊連准尉服務員周夢熊傳略

周烈士夢熊號卜昌，皖之宿縣續溪人。軀體魁梧，性情豪爽，一昂藏丈夫也。民國十七年烈士求學於省立中校。時中央創辦陸軍教導隊，爲謀改良國軍之先聲：又設學兵連，訓練軍中之骨幹班長，烈士投入焉。忠實耐苦，奮勇勤勞　由兵卒而上士，而第五一七團通訊連排長。愛部下如子弟，而部下亦待之如父兄。本師奉命抗倭，烈士自慰宿願已償。奮勇過人，竟於婁塘之役，腿負鉅傷，卒致不治。於三月十八日殞命於南京中央醫院－年僅二十有四。

五一八團二營六連代排長陸壽榮傳略

烈士壽榮粵西平南人也。年甫成童，卽投筆從戎。初置身于陸軍第七軍，爲上官所器重。民十八年夏轉入南京陸軍教導隊第六連充當學兵，期遂其求學之志。十九年春，由教導隊分發於教導第一師步兵二團二營五連充當戰鬥羣長。此次廟行之役，烈士奮不顧身，斃敵無算，遂擢升排長。二月二十九日午後二時，烈士復守廟行，適倭敵衝鋒逼近戰壕，烈士憤不可遏，躍出外壕與敵肉搏，大挫敵氣，不意烈士卽於此時竟埋骨於戰場矣－嗚呼－憤哉！

五一八團二營六連班長藍天華傳略

藍烈士天華蚌埠人。年三十四歲。幼入初級小學肄業。旋以國家多難，立志報國，十九年遂投入教導一師充當列兵。入伍月餘，操作甚精；對官長非常尊敬，對同事亦甚親愛，爲全連列兵中之模範。二十年九一八日本強佔我東省。二十一年一二八復侵我淞滬，本師奉命抗日。廟行之役，敵軍攻擊猛烈，烈士毫無懼色並對全排士兵曰：『人可亡，地不可失－爲國身亡，雖死猶榮－當死守！』後因全班死傷大半，敵廹近陣地。烈士單身出壕殺敵，手刃數寇。卒中彈而亡！嗚呼－

五一七團榴彈砲連班長胡彪傳略

烈士姓胡名彪，湘之瀏陽人也。生來倜儻佻俐，卓卓有大志。自幼卽痛恨倭寇侵侮我國，及長復深痛共黨殺人放火獸行狠爲；故素以剷倭剿共爲職志。十九年，毅然投入教導隊學兵連，畢業後，充第三團二連班長職。烈士學術兼優，體格精幹，對弟兄如同骨肉，勤勞耐苦，數年如一日。九一八倭寇強佔我東北，慘殺我同胞，烈士義憤塡胸，時以鐵血不能與敵一決爲恨！一二八滬案發生，本師奉令抗日。卽將家中一切情形寫明，交同事囑其轉給連長。並謂吾抱必死之決心，不驅倭賊出境，決不生還，惟以二老爲念耳－廟行之役，烈士死焉！壯哉！

五一八團三營十一連班長胡漢卿傳略

胡烈士漢卿，湖南寶慶人，年二十四歲。第五一八團十二連中士班長也。二月二十二日半排長王正龍陣傷時，烈士代其職務。三月一日敵向我總攻，至下午一時奉令出擊，代排長盧遙舫負傷，烈士卽率領全排繼續任務，佔領紅廟敵之陣地。烈士卽於此時，中敵機槍兩粒，入胸出背，倒於壕內，忽又挺身而言曰：我團報黨國的目的完全達到了！希望各同志努力殺賊－語壯聲烈，言畢而逝，壯哉烈士！

五一八團榴彈砲連觀測軍士王得和傳略

王君得和，年二十二歲。浙江紹興人。曾肄業滬上惠靈中學，學文優良，更精算學。君本青年學子，富有愛國熱忱。目覩內訌不息，黨國多憂，遂憤發投筆來京，投效教導一師本團榴彈砲連。民十九年，本團討逆，君充第一砲手。勇敢作戰彈不虛發。功成凱旋，君以長於觀測，故提升觀測軍士。此次倭奴犯境，本團參加滬戰。二月二十三日，我軍克復廟行陣地。君勇敢觀測，不避危險，因彈中頭部，卒於後方醫院。

五一七團一營二連班長張翰傳略

張君湘之桃源人。家小康，少時肄業鄉中小學。學術優美，文字稱通，教師多愛之，同學亦極重之。畢業後因感內憂外侮，於十九年投入八十七師教育大隊學兵連，在隊研求學術，茹苦含辛，未常間斷，君之心可謂勤矣。期滿後，分發第一團第二連充下士班長，對同事無不愛護，操課之下，尙不釋卷，士兵有不能書信者，君常樂而代之。得長官器重，擢升中士。此次滬戰發生，我軍奉命增援廟行諸役，莫不當先。其後我軍於三月一日奉命撤退，三月三日朱家橋之役，不幸身中數彈遂與世界長辭。嗚呼！

五一八團一營一連班長陳一林傳略

陳烈士一林，字成仁，籍湖南醴陵。父早故，有七旬老母，無兄弟姊妹。充五一七團下士班長。作戰勇敢。每前進必先登。二月二十四日晚，前線反攻時，烈士率全班至距敵陣數十米。忽奉令停止。大呼曰：此時不殺敵，更待何時！即將手榴彈向敵壕擲去，並挺身向敵衝殺，以成其仁！烈士眞名實相符矣！

五一八團担架排班長周義發傳略

傷亡枕籍之頃，彈雨槍林之際，得一奮不顧身，實行救護工作者，則士氣之振作，有不可以言喻。此戰時担架兵關係前方將士精神之重且鉅也。若烈士者，實担架兵中之模範也。當其出入廟行陣地間，雖彈如雨注，仍救護自苦，卒以暴露往還，飲彈而歿！烈士爲誰？第五一八團担架班長，周其姓，義發是名也。

五一八團二營六連班長朱廷榮傳略

朱烈士廷榮，江蘇無錫人。幼有大志，好讀書。卒業江蘇縣立小學校，經商業。因國家外受帝國主義之侵略，內受軍閥共黨之摧殘，嘗謂人曰：國家興亡，匹夫有責。民十九年投入前敎導第一師教育大隊學兵連。卒業後，分發本團二營六連充當班長。民二十年九月十八日，日本帝國主義不遵守國際盟約及九國條約，強佔我東省，慘殺我同胞。烈士聞之，痛恨不已！以不能前往東省與倭奴決一死戰爲憾！迄二十一年一二八日，倭寇又侵我上海。本師於二月十五日奉命抗日，烈士喜甚。二十二日嚴家宅之役，敵彈如雨，烈士奮勇上前，指揮全班弟兄殺敵，沉着異常。三月一日廟行之役，敵飛機彈大砲彈都落在我陣地附近，烈士在壕溝內監視弟兄，向敵射擊。將近薄暮，我軍奉令撤退，敵乘機衝進我陣地，烈士與之肉搏，卒因衆寡不敵，胸中數創，陣亡。

五一七團一營三連班長高楚生傳略

高楚生烈士，籍貫江蘇無錫。曾畢業於江蘇省立中學。旋擬升入大學，因經濟困難，遂投考中央軍校教育大隊學兵隊。畢業後，分發五一七團第三連班長職。淞滬作戰，烈士每於戰壕中高唱黨歌，怡然以槍聲作拍。婁塘之役，烈士突破重圍，手刃數虜！終以力竭，飲彈而歿！

五一七團二營六連班長李飛虎傳略

烈士李飛虎，河南洛陽人。三月一日廟行之役，彈傷肩部，鮮血淋漓，尙不以爲意，尤能從容指揮。並大呼：喪失國土，吾儕之恥！倭寇雖凶，我決不畏！言下繼續奮戰，飲彈以捐其軀，亦云壯矣！

五一七團一營三連下士傳令閻守林傳略

閻烈士守林，河南甯陵人也。幼失怙恃，終鮮兄弟。伶丁孤苦，家道寒微，僅有祖母年逾八旬，與君相倚爲命。及至成年，憤內戰頻仍，外侮日急。入三十三軍學習司號傳令，歷有年餘。民二十年，投充我連傳令軍士。迨九一八事件發生，君聞之痛心疾首，憤不欲生。恨不能飛往以與敵人肉搏。迄滬事告警，本軍奉令增援，君曰：殺敵雪恨，此正其時。及至廟行戰役，君隨連長爭先力戰，其忠勇愛國之精神，可歷歷見。本軍後因戰略關係撤守婁塘太倉之線，三月三日我連布防朱家橋；當面之敵，乘勢來犯，大舉包圍，君此時奮勇肉搏，倭敵披靡，身中數彈，隨連附蔡烈士先後殉國成仁。閻君爲民族存亡而犧牲，可謂死得其所矣。

五一七團榴彈砲連下士陳樹山傳略

烈士姓陳名樹山，河南洛陽人也。於民十九年二月入伍，充當本連暇兵。是年中州之役，勞績卓著。不幸於二月二十七日下午李家樓抗日之役，遭敵機炸彈，負重傷！尙喃喃曰：與矮賊拚命沙場，亦無憾矣！言畢而亡！

五一七團三營十一連列兵石眞帝傳略

石烈士眞帝，江蘇仙女人。曾畢業江蘇初級中學。賦性溫和，面形憨戇，默默寡言，恥道人短。本年二月二十二日，我團進攻廟行陣地時，敵寇之槍砲猛射如雨，飛機之轟炸不絕！烽火烟幕，彌漫天日！同儕中稍有畏縮者，烈士立變其愁色而憤然曰：大丈夫死在陣頭上，奚瑟縮爲？衆聆其言，氣爲之壯！三月三日婁塘之役，烈士被派爲偵探長，率兵二名搜索敵況。至侯家宅附近，突遇敵寇十數名。彼此勢力雖懸殊，烈士毫無怯色。奮勇抗敵，沈着應戰。卒以衆寡不敵，身被重創！當其一息尙存，猶大呼殺殺殺而逝。嗚呼！如烈士之聲威，亦云壯矣！

五一八團一營三連列兵范猷傳略

烈士范猷，江西九江人也。家道貧寒，有老母弱妻。素業小本經營，得貲以供家用。後因被土劣欺侮，棄家投軍入伍本師。平時學術優良，品性端正，官長無不器重。烈士素抱救國之志。一二八晚，矮寇在滬開釁，烈士氣冲斗牛，誓殺敵疆場。我連奉命防禦廟行時，以副班長指揮全班。不分晝夜，梭察防地，不畏勞苦。後烈士奉命增加左翼，時敵彈甚密，烈士無畏懼意，首先進入最危險之竹林內。到達時，敵已攻到，則持刺刀肉搏，殺斃矮軍二人，卒致以身殉焉。

五一八團一營三連列兵童相水傳略

烈士童相水，甯波人，業縫工。性剛直，不忍鬱守，慷慨從戎。二月二十九日廟行作戰時，烈士防守新屋附近陣地。鄰兵俱傷亡，烈士則單獨守禦。支持一晝夜。終以目標太顯，敵火過密，不免於難！

五一七團一營三連列兵許鵬程傳略

許烈士，名鵬程，字文景。安徽廣江縣人，生於民國元年。家道小康，父母俱存，七歲入學，天資冠羣，十二歲考入高等小學，畢業後，入安徽省立中學肄業兩學期。見國事日非，君毅然投筆從戎。入伍後，品行端方，勤研學術，我連同事無不欽仰，奉爲規範。九一八事件發生，暴日侵奪我東省，鐵蹄到處，民不聊生。烈士憂憤曰：男兒當本愛國精神，和矮奴拚命，縱戰死沙場，亦爲民族爭光！暴日開釁滬上，希圖奪我全國經濟重心。我政府忍無可忍，派本軍來滬制止其獸行。烈士以爲報國有期，奮勇殺賊，於二月二十二日參加廟行戰役，與敵激戰數日，精神益形煥發，勇往前進，冒槍林彈雨不顧，身受數彈，命中要害，遂至成仁殉國。精神不朽，浩氣長存，烈矣！

五一七團一營二連列兵沈起龍傳略

沈君起龍，江蘇鹽城人。業商滬上，歷有年所。君憤內戰頻仍，外侮日極，常與人曰：吾輩身長中國。應以保國衞民爲己任，何能使外人橫行於不顧。故于民十九年投入本師充當學兵。研究學術，不遺餘力，期滿後，分發一團二連服務。此次滬變，我軍奉令增援，君任傳令之責。每遇危險，毫無難色。其精神勇氣，令人欽仰，不料朱家橋之役，爲敵人所困，君則拚命衝殺，奮不顧身；于是身中數彈立逝。嗚呼！沈君雖死猶生，故傳之以示不忘。

五一七團一營二連列兵呂榮祺傳略

呂君榮祺字忠文，年十七，浙江龍遊縣人。君聰慧，誠實，寡言笑。粗通文墨，志氣豪爽，令人起敬。君家業商，無恆產。父存母早喪，君依父爲生。以歷年內戰不休，赤匪橫行，不忍坐視。遂於民十九年離家從軍，効勞黨國。去冬暴日侵我東省，君聞之痛不欲生，屢欲與倭奴決一死戰而不得！迨滬事發生，君以爲時機已到，喜形於色。云：此去不殺盡倭奴，誓不生還！三月一日，我軍因戰略關係撤退嘉定一帶作長期抵抗，佈防朱家橋，與敵激戰一晝夜。君頭部中彈殞命。

五一七團一營二連列兵宋高升傳略

宋烈士高升，江蘇蕭縣人也。生性忠厚，不喜與人戲謔。家道小康，父母俱存，負農爲業，兄業商，幼子稚妻，亦耕種以自活。常憤世道不平，欲參加革命；故于民二十年入本團一連服務。勤謹過人，衆皆稱善。此次暴日爲虐，我軍來滬增援，數次激戰，烈士異常沉着勇敢，不幸于三月三日朱家橋之役，忽爲敵彈所損，立刻溘然長逝。嗚呼！烈士身雖逝，留得靑名在人間，吾亦何悲焉！？吾慕烈士之爲人，故傳數語以爲後世告。

五一七團二營七連列兵楊金海傳略

楊烈士金海，乃一忠勇勤樸之模範軍人也。爲人慷慨，生性剛直，身材短少而悄悍，聲音淸脆而嘹喨。饒記憶力，富責任心。民十九年九月由補充營分發來營，充當傳令二等兵。二十年一月敎一師改爲警衛師時，提升爲一等兵。烈士現年二十五，安徽籍。家甚貧，鮮伯叔，無兄弟，只有一弱妻，代侍雙親。本年一月間。以家親老，屢欲退伍歸養。適中倭滬戰發生，此念頓巳。其棄家而爲國之熱忱，尤可欽也！二月二十三日廟行之役，爲滬戰最劇者也。是日上午八時，廿營附霖欲帶傳令兵二名赴五一八團聯絡，當時敵方火力極猛，同輩皆有難色。獨烈士與花如盛慷慨隨行，不料歸途竟遭敵人之機槍射擊，營附與花如盛俱傷，而烈士竟永臥沙場矣！

五一七團二營九等列兵杜得勝傳略

杜烈士得勝者，江蘇阜甯人，五一七團九連上等兵也。二月二十二日本旅增加戰線，收復廟行鎮戰鬥時，烈士肩槍進陣地，司射擊。雖時機險惡，而態度怡然。三月二日奉命撤退嘉定，夜行七十餘里。因馱馬先退，烈士肩槍以行，未嘗稍露疲乏之色。三日婁塘之役，烈士以身殉！余佳其愛護武器，克盡軍人天職。視彼棄械而逃，苟且偸生者，相去何異天壤耶！？故傳之。

五一七團二營六連列兵王聖元傳略

王烈士聖元，家小康。自幼嘗曰：男兒應當立志爲國驅馳，何能株守家園，與草木同腐！遂別母，投入敎導師充當列兵。勤究學術，甚有進步。此次倭寇侵我東省上海，殘殺我同胞，烈士痛恨異常。謂人曰：吾國受此奇辱，我輩青年軍人，宜應捐軀保衞國家。吾願戰死沙場，不願生做亡國奴！適本師奉命赴滬抗日，增援廟行，敵屢猛攻烈士以白刃衝殺，奮不顧身，卒飲彈成仁。

五一七團一營二連列兵周永長傳略

周君永長，湖南澧州人也。民二十年入伍，勤於作事，勇於自勉。且性極温和，忠心耿耿。常語人曰：吾國不幸，內戰未息，外侮頻仍，身爲熱血男兒，不能建功疆場，爲國爭榮，雖生何益！此次日寇侵滬，烈士隨軍參戰，勇往直前。縱在敵寇飛機大砲猛烈轟炸之下，毫無難色。當奮身殺敵之際，身中數彈，竟以殞命。吾爲表烈士忠義之風，傳此以誌勿忘。

五一八團三營十二連列兵許傳朋傳略

許君傳朋，安徽安慶人也，少英俊，奇嶷不羣，慷慨有壯志，好學不輟，感內憂外患相繼交廹，國基孜焉動搖，於是決然投效警衞軍第一師第一旅第二團三營十二連志願兵。本年元月，警衞軍第一師改編爲八十七師，君仍於二五九旅五一八團三營十二連供職。上海事變，我師奉令參加抗敵，担任廟行一帶防線。二月二十二日，敵軍數次猛攻，本連奉命增援，彈如雨下，未幾，而本排傳令兵受傷。排長卽以君繼任，君不惜犧牲，慨然出入於幕烟烽火中，達到任務，迨我營收復失地時，君又任聯絡友軍任務。不意無情敵彈貫君腦部！予聞訊馳往救援，斯時君倘可喃喃作語。猶勉勵予等力殲強敵，恢復中華，方顯男兒身手。語畢，卽溘然長逝。噫嘻！悲哉！

五一七團二營九連列兵徐榮勳傳略

徐榮勳烈士，浙江海鹽人。在家時嘗讀書。性聰穎。於民國十九年四月入伍於本師第一團九連充當二等兵，素守紀律，對於學術科尤爲努力研究，比一般進步較速。故歷升一等兵而至上等兵矣。至此次日寇我東省，再侵我滬淞，未幾本師奉令參加上海抗日工作，於廟行之役，烈士甚聽指揮，沉着臨準。常謂使我能殺敵數人，死亦可慽！該役敵人砲火雖猛，烈士幸免於難。旋我軍退守嘉定之婁塘，敵以新由瀏河登岸之生力軍來攻。本團奉令孤軍作戰，乃以敵衆我寡，致被包圍。烈士因愛國心切，久具犧牲之決心，故沉着應敵，舉動自如。時敵方彈丸如雨，烈士覺以中彈而亡！時年二十一歲。嗚呼！

五一八團一營三連列兵耿長根傳略

烈士耿長根，江蘇常州人也。家貧，遺有弱妻幼女，花甲以外老母。素業飯館生意。恆有大志。以捨身救國爲職志，乃於十九年入伍本師。去歲九一八倭寇強佔東三省。烈士憂國憂家，終日廢寢忘食。滬事發生，我團奉命抗敵。烈士常以殺敵爲念，故見敵則聳身壕外向敵瞄準射擊，班長等每戒烈士勿爲敵發見目標，烈士則曰：不探身外出，何能瞄準殺敵？豈非徒耗子彈！？後我連担任廟行右翼時，連長命先任瞭望哨監視敵行動。該地極險，烈士則欣然往就。不意敵彈飛來，烈士頭部中彈殉國。臨亡時，倘以老母弱婦幼妹生活維艱爲念，並囑同志努力殺賊。

五一七團二營九連列兵張西洪傳略

張烈士西洪，年二十二歲，生於山東臨沂。去年十月入伍本連充當一等兵。至此次本軍奉命赴滬抗倭，廟行之役，連戰十餘日，我彈藥捕充之不乏，烈士與有力焉。至婁塘之役，烈士尤勇敢。協同射手杜得勝沉着裝塡子彈。射殺敵人多名。旋以機槍陣地被敵發見，故一時敵彈如雨，烈士身中五彈與烈士杜得勝同亡！嗚呼！

二六一旅五二三團十二連長張超傳略

烈士張超號長弓廣東瓊州人也。年甫十五卽卒業于初中，胸懷豁達，聰敏過人，學業之佳，超越儕輩，因感于國家積弱，外侮凌廹，憤而投筆從戎以期報國，後考入中央學校四期步兵科畢業。調充本連二六一旅五二三團第十連連長，斯時正値倭奴侵我東北，烈士當時非常憤恨，迨二一八滬變猝起，烈士率全連隨軍出發，參加抗日，竟于二月三日蘊藻浜北孫宅犧牲于敵人猛烈砲火之下。悲夫！

三營前十一連李排長元溥傳略

元溥李君，湖南湘潭人也。幼時聰穎異常，秉性剛毅，志趣高超，常有改良社會整頓軍備之大志，遂投筆從戎，精研武學，以備將來建樹之基礎。時値黃埔軍校招考六期學生，李君學術優良，遂得入校肄業，對於軍事政治各項科學孳孳研究不遺餘力，品行學術爲全隊冠，奉令委爲陸軍八七師二六一旅五二二團三營十一連排長，適値滬案發生，我旅請纓參戰，始則在吳淞蘊藻浜一帶担任警戒任務，殆至二月二十二上九右翼八十八師被敵壓廹，我旅奉令擊敵側背，於是強渡蘊藻浜河，猛烈攻出。我團第一營傷亡無算。旅長即令第十一連歸第一營王營長指揮，全連官兵奮勇異常，血戰竟日，遂將南孫宅一帶逐漸收復，李君身先士卒，勇敢善戰，首推厥功，孰意倭寇負頑抗，仍圖猛烈反攻。李君覺于是日飲彈陣亡。埋骨沙場。英魂凜凜。嗚呼痛哉！

▲第八十八師

工兵第八十八營上校營長唐循傳略

陸軍上校唐烈士愼之先生，諱循，世居湖南零陵之郵亭鄉。先而殊異，少具大志；家貧，不能爲學；及長，工讀兼營；年二十四始卒業零陵縣立中學。鑒于時勢，南赴廣東，考入黃埔軍校。勤操苦學，試考冠羣，校長蔣介石先生，甚器重之！畢業後，分發黨軍工兵隊見習，不數月，由排長升代隊長。輾轉調至各部，歷任連長副官營附營長團附等職；去秋調長國府警衛軍第二師工兵營，旋改陸軍第八十八師上校營長，精忠自矢，氣節超人。當一二八滬案突起，先生於一二九卽前先援，將所部由杭州開赴淞江，策應十九路軍。繼奉轉向南翔推進，再進守江灣廟行之線。迨二二二倭敵增援，向我總攻，砲火之烈，罕與倫比。我廟行陣地，遂遭重大損失。斯時一般將士，於彈雨飲血之中，飛機重砲，威迫之下，惶恐驚悸，危廹萬分！先生獨毅然下必死之決心，救黨國之頻危，竟率所部士兵，力挽危局。正圖一鼓殲敵之際，不幸飲彈殞命！同時所屬第三連連長施世德，亦告陣亡，良堪惋惜！先生卒年三十有二。

步兵五二七團三營少校營長陳振新傳略

烈士姓陳，諱振新，字文軒，湖北應城人。幼失怙恃，賴兄嫂以撫育。弟兄凡四，烈士居其末。十五歲，肄業於本邑之高級小學，每遇期試，必拔前茅，諸教師咸以大器許之！畢業後，感中國政治黑暗，軍閥專橫，及帝國主義者之種種壓廹，每欲效班定遠之投筆從戎，以肅清障礙，驅除醜虜。遂於十四年赴粵，投效黃埔軍校三期肄業。廣州沙基之役，曾因奮勇而受傷；楊劉之亂，東江之役亦負重傷。畢業後分發第一師，出師北伐，而閩，而浙，而贛，而湘鄂各役烈士每戰必身先士卒，勇往殺敵，卒以過勞致疾，辭職休養。甫愈，復任職於國府警衛軍一師，旋改編爲八十八師，烈士卽該師二百六十四旅五百二十七團第三營營長也。此次在滬抗日之役，因報國心切，殺敵過勇，竟以身殉！烈士爲人儉樸，作事勤勞，身後遺弱妻一，年未三旬；幼子一，僅九歲。他無藏物，僅破屋半展，薄田數畝而已！

步兵五二四團一營少校營附盧志豪傳略

烈士盧志豪，世居浙江永嘉楠溪橋橋之南溪，黃埔軍校第三期高材生也。年方二十有八，而從事革命戰役者，已不下百餘次。南北統一後，中央創設革命軍教導隊，造就國防基幹人才，以烈士品學兼優，功勛卓著，選任教官。烈士奉職惟謹，課餘努力自修，手不釋卷。教導隊擴編警衛軍，烈士被任爲營附。本年春改編八十八師仍任五二四團一營少校營附。淞滬抗日之役，烈士親臨廟行前綫奮勇指揮，激戰數晝夜，彈中頭部，猶頻呼殺賊救國而逝，可謂壯矣！自烈士之死，而廟行之陣地於以保全；我軍之威，於以震撼中外。然則烈士之死，豈不重於泰山哉！

步兵五二七團一營少校營附徐旭傳略

徐君旭，字子歧，貌魁偉，性倜儻，有豪俠風。先世籍隸紹興，自祖父經商永康，遂家焉。徐君係生長於永康者也。幼失恃，由姨母撫養成人。因家貧，無力入塾，十三四歲時，從事郵務，藉圖口食。稍長，嘗存乘風破浪之志！乃身入浙江軍學補習所，研究軍事學術，獨見心得；書法亦臻佳境。旋走粵，從事國民革命，民國十三年，革命軍成立教導團，徐君職膺排長，二次東征，身先士卒，旋升爲監護隊隊長。迨十九年因功晉升營長，旋調爲國民政府警衛軍第二師第七團團附，最後仍任營長。二十年春，因縮編改爲營附。今歲一二月間，日寇襲滬，傾國而來，八十八師(卽前警衛第二師)出而抵抗，二月二十一日廟行一役，敵衆我寡，勢力懸殊。而徐君奮不顧身，冒槍林彈雨前進，竟以身殉。時年三十七歲！孔子所稱：『無求生以害仁，有殺身以成仁者。』徐君其可以當之矣！

步兵五二八團三營少校營附呂義灝傳略

呂烈士，名義灝，浙江東陽人。黃埔三期畢業，第五二八團三營營附。陣亡于民國二十一年二月二十二日廟行抗日之役，年僅二十有六！烈士性剛直，見義勇爲，年弱冠時，肄業中學，慨國事蜩螗，軍人跋扈，外侮侵淩，內憂日亟，民國十二年，烈士決心從戎，負笈之粵，投考入黃埔軍校，畢業後，值國軍北伐，烈士分發部隊工作，迭經戰役，奮勇爭先，所向有功；爲上官所器重，由排長而擢升區隊長，而連長。今年一二八滬變發生，本師奉命出發，援助十九路軍抗日，烈士欣欣色喜：出發之夕，卽與部屬厲聲而言曰：『此去不殺盡倭奴，誓不生還！』其決死殉國之心，如償夙願此月十七日，奉命增援廟行。烈士奮勇殺敵，率領官兵，激戰三晝夜，未稍懈怠；士氣所振，屢挫敵氛！二十二日，敵以數倍兵力襲擊，烈士奮不顧身，殺敵衝鋒，身先士卒，卒以中彈數枚，傷勢過重而殞命！嗚呼！。

師部上尉參謀項方強傳略

項參謀方強，行五，世居浦江城西隅。幼失學，曾往滬上紗廠工作；五卅案起回杭，因自號五珊。遂有從戎之志。發憤入明強小校，兼習童子軍，畢業冠同儕。父嘉元先生，曾任紹興地方廳推事；民國十四年冬至廣州任國民政府財部籌餉總處對校。方強年十九，隻身遠訪，乃由憲兵科進黃埔軍職政治學校第五期畢業。歷充警衛軍連長，淮安徵兵局長等職。與王壽貞女士結婚於淮安，生一子正誼。萬寶山案起，日本肆毒東省，又加兵滬上；二十一年春，警衛軍奉命改編八十八師，方強以參謀隨軍出發抗日。二月二十六日，江灣大場碼家宅連寄父書云：『兒身在軍國，有虧孝養，家內幸有兄長侍奉，內婦及正誼，請速召歸家撫養，俾兒得以一心報國。至內顧日後事，則任其良心而已。獸日兇橫，非內寇比』云云！越半月而里人于隊員以噩耗至，云方強三月二日，奉命偵察，於羅店附近，遇敵陣亡！計其寄書到達之日，正見危致命之期，嗚呼痛哉！嗚呼壯哉！

步兵五二三團三連上尉連長雷龍傳略

雷烈士，諱翼龍，字騰飛，四川璧山人也。生於民國紀元前八年，天性聰敏，好讀書，善交遊；志氣遠大，品性堅剛，作事不畏堅難勞苦。初入璧山小學肄業，繼入重慶中學，畢業後，留學北平大學，精研經史，及各種科學政治等書，又好讀古今名人書籍，不數年，才冠於羣！烈士見國事日非，常語人曰：『吾輩青年，不能坐視我國大好河山，任人宰割；弱小民族，任人蹂躪！當此國步艱難，正吾人努力之時矣！』時值孫總理創辦黃埔軍校，烈士遂毅然南下，投考黃埔第四期步兵科肄業。民國十五年，學業告成，在南昌分發第二十二師工作。後又調至陸軍第一二師工作，歷任排連長等職。自一月二十八日暴日侵我滬濱，屠我同胞，我師奉命調滬抗日，烈士聞之，欣然喜曰：『是正吾輩雪恥報國之時，決與暴日作殊死戰！』初在江灣激戰旬餘；後烈士又奉命調至竹園墩金家木橋等處，担任重要任務，日寇以大軍包圍，烈士卒能以一當十，擊退日軍！旋復調至金家木橋，日寇來勢兇勇，火力極猛，烈士竟中彈身亡！嗚呼！

步兵五二三團六連連長許永賢傳略

烈士姓許，諱永賢，別字思衡，世居諸暨南鄉北塢村。幼穎好學，同文高小畢業。後考升諸暨縣立中學，名列前茅；修學未滿，卽慕班定遠之爲人，投筆從戎。。入浙軍第三師周鳳岐部充當列兵，旋升班長，旋入二十六軍軍官補習所，以資深造。十七年中央實施編遣，烈士乃乘機退休。十九年二月，國民政府警衛旅在嘉興成立第二團，現任本師第二百六十二旅旅長楊步飛充任團長，因機關槍人員缺乏，乃囑第六連連長許尙淦函招烈士前來工作，卽委爲第二營機關槍連中尉連附，主持成立。烈士悉心規畫，致力訓練，成績大有可觀，遂擢升爲上尉連長。今年淞滬變興，本團奉令參加抗日，江灣小場廟之役，烈士奮臂一呼，竟以身殉！年僅二十有六！

步兵五二三團十二連上尉連長陳紹笙傳略

陳君紹笙，字伯珍，浙江青田北山人，年二十九歲。暴日侵滬，江灣之役，身先士卒，飲彈而亡，時中華民國念一年二月二十二日也！嗚呼惜哉！君家世治儒業，爲青田望族，兄弟四人，君其季也。幼聰敏，束髮受書，講解異羣兒。稍長，就外傳；以教師教育不良，心竊鄙之，遂抱負笈遊學之志！於是整裝赴粵，充黃埔入伍生。嗣於中央軍校第六期卒業，充警衛團機關槍第二連少尉排長之職十九年八月，調升警衛司令部重機關槍營第三連附。改編警衛師第五團第一營第四連上尉連附。二十年四月，調升警衛第二師第五團三營十二連連長之職。計所入之俸，略足事親，方謂出以盡忠於國，入可盡孝於親。詎知倭寇日深，國恥難忍，此身許國，遂以陣亡！君固無愧愛國健兒，而足重於泰山矣！

步兵五二四團二連上尉連長黃文淵卽李德富傳略

陸軍第八十八師第二百六十二旅五百二十四團一營二連連長李德富，四川敍州人，本姓黃，名文淵，字慕顏，幼承繼舅父李氏，故改德富名。李氏有子，而淵父逝世，老母羅氏，侍奉無人；幼弟文匯文潭，年甫冲齡，亦待育養，諸叔乃商其舅氏，循列歸宗。因軍籍歷史關係，仍沿用李姓舊名。事母至孝，賦厚過人，讀書於岷江邊之牛喜場小學，十三年本黨改組，革命空氣，頓呈緊張，全國青年，亦多參加組織。故淵於年逕赴廣東，考入黃埔軍校。十五年，本黨出師北上，淵卽與列戎行。旋分發教導師一團七連，充中尉排長。二十年教導師改編，九月調警衛二師六團一連上尉連附。十二月，調升三連上尉連長。自滬發生，隨軍由五夫出發，因慨日寇囂張，擕彈荷槍，恆深宵不寐。廟行之役，倘有足疾，仍身先士卒，上馬殺敵。當時砲火異常激烈，遂致彈傷頸後；負傷時猶下令堅守陣線，誓死不退！卒以寇衆我寡短兵相接，白刃加身，乃爲國捐軀矣！嗚呼！

步兵五二四團三連上尉連長周傳炳傳略

烈士字秉異，湖南瀏陽人，現年二十八歲。曾在湖南大學法科畢業，旋痛心國家之積弱，投筆入黃埔軍官學校第六期步科，卒業後，歷充各師連排長，及其他軍事工作。旋調升國府警衛軍，仍任連長。去歲改編爲八十八師，卽任五百二十四團一營三連上尉連長。淞滬抗日之役，烈士憤慨填膺，奮勇死戰，士氣大奮！二月二十二日廟行之戰，暴日悉數來犯，火力之猛，實近世戰爭史中所罕見！烈士身負重傷，猶忍痛指揮不肯退却！卒之暴骨沙場，保全陣地！烈士以血肉之軀，作國家堡，忠勇英烈，實足光耀千秋矣！

步兵五二四團十二連上尉連長唐鄴傳略

烈士字子衡，湖南常甯人，曾于長郡中學畢業後，赴粵入黃埔軍校，時教導師成立派充一團連中尉排長，旋教導師改編，卽調充步兵五二四團十二連上尉連長，滬戰發生于二月二十二日廟行之役，奮身禦敵，卒飲敵彈而逝，爲國犧牲，現年二十六歲。

步兵五二四團十三連上尉連長馬驄傳略

烈士姓馬，名驄，字安石，湖南湘潭人。短小精悍，沈默寡言，幼有遠志，父母均早逝，賴祖母唐太夫人撫養成立。年十四，見國事日非民生凋瘁，非革命不足以圖存，乃隻身徒步，間關千里，南走粵依其從父驤於北江軍次。考入黃埔軍事政治學校入伍生隊。於民國十六年，畢業於本校第五期步兵科；歷充首都衛戍團中尉排長，暨國民政府警衛軍上尉連長等職。一二十一年一月二十八日，日兵寇滬，與十九路接觸。烈士時充八十八師二百六十二旅五百二十四團第三營十二連連長，駐防浙江寧波之五夫，隨俞師長濟時，參加上海戰事，扼守江灣廟行之線。二月二十二日拂曉，烈士連在廟行鎮附任營預備隊，因我陣地鐵絲網破壞勢甚危殆，奉令增加右翼最前線。沉着射擊，奮勇抵抗，戰至日中，以砲火猛烈，所部傷亡垂盡；烈士恐陣地有失，率勵全部，乃率殘部由戰壕內衝出，與敵肉搏。奈孤軍深入，遭敵左右機槍掃射，中彈仆地，猶大呼前進喊殺不已！所部生還者僅十餘人，烈士亦以傷重殞命！烈士生於民元前二年庚戌，亡年二十三歲。配同邑朱亭譚麗雲，湘潭中學初中生，結褵僅年餘！遺子天仇，生甫數月云！

五二七團十一連上尉連長傅允文傳略

傅允文，字斐然，浙江義烏杜門人。行六，五歲失怙，受母教，知忠義之道，頗喜武術。年十七，從軍入粵，蔣總司令督師北伐，允文隸劉峙第一師爲連排長。國府警衛軍第二師成立，烈士任連長，旋該師改編爲陸軍第八十八師，仍駐首都拱衛。暴日侵滬，十九路軍爲自衛而戰，八十八師任左翼之抵抗。允文率所部，駐廟行，日與士卒共處戰壕，沈着應戰，暴日不得逞！其後日軍加撥猛攻，血肉相搏，歷四晝夜，幾於無暇寢食！前後衝鋒九次，日軍竭蹶支撐，僅免潰退。而允文以出入槍林彈雨中，身着四彈，致陷日軍陣地，不得脫；狂呼殺敵，士兵爲所激動，勇往邁進！旋日軍如潮而至，不能敵，士卒退守原防，而允文已爲國犧牲矣！時中華民國二十一年二月二十二日晨七時許也！

五二八團二連上尉連長駱朝宗傳略

駱烈士朝宗，字於海，浙江義烏北鄉西翰莊人，現年二十九歲。忠勇剛直，誠實樸素，束髮受書，穎悟邁常。民十二卒業浙江第一中學校，旋考入黃埔軍官學校第五期砲科肄業，畢業後，歷充總司令部政治訓練部科員，二十年一月調警衛師步兵第二旅司令部參謀。八月七日調警衛軍二師八團二連連長，旋改八十八師五二八團一營二連，仍充連長。本年二月二十二日晨，廟行抗日之役，奮勇指揮，飲彈陣亡。

五二八團二連上尉連長駱健郞傳略

滬上事發，八十八師奉命於杭州前拔，五二八團駱連長，跨白衞促伍前行，其新婦以太兩襲，果食數盒，來別，連長攜之，行數百步，返，忽擲衣盒於地，探囊所有五十金，盡付之曰：連『姑取此去，毋我念也！』婦大號，不知所以，昏頹路上；連長不顧，縱騎飛馳去。連長者，早以身許國，先離絕其新婦者也。大塲一役，飲六彈，腹爲長刀穿，壓臥敵中隊長身上，而右手所握長刃尙未於敵胸拔出也。嗚呼！壯薄雲天，烈撼河山，千古忠烈不僅見矣！卒年二四。連長四川古藺望族，少健郞名之；與其妻遺書列左

慶妹：

旁的事情不要說　我們已開到蘇州來準備殺敵了　增加上海或旁的地方還沒有一定　總之此次我是抱了具大犧牲的決心　你是一個富有愛國性的人　想來你也願意　設若我這次在戰場上犧牲了　你也有相當的榮譽　日本打倒我還存在　再來聚會　我將你的大衣及齊袍隨身帶來　外身還有金戒子三個（重一兩）　我想設法替你送來　如果不能再想辦法　開外當有一口衣廂在杭州　內有價值二百元之東西（當票四十四號二月一日所當）你也要注意　同時請你告訴我之近狀于駱駿生（四川古天生驅轉）匆匆書此有所不盡

並祝

近好

姆媽統此問安

健郞于蘇州車站

五二八團十二連上尉連長萬羽傳略

烈士湘武崗產，體魁偉，目炯炯逼人，弱冠，習拳擊，不修細行，父老目周處一害焉；父怒，逐不使歸，不知所蹤。他年，父商廣州，觸二歐水卒怒，遭擊，歸嘔血亡；五日後，水卒亦被斃江干楊樹下，面上有刀文，「萬郎爲父復仇」六字，知之者，曾見烈士衣戎衣曾大號於湖南殯舍之側焉。孝膓俠骨，堪嘉堪嘆也。南北統一，烈士復考入中央軍校，卒學於第五期，分發至警衞團，後改編警衞二師，又八十八師，任五二八團連長。上海發事，烈士御大禮服，留景，並倩名畫家作像，語其妹曰：「善藏此像，此乃英雄之遺像矣！」妹大哭，烈士大笑，揮鞭揚長去。廟行一役，天日色變，於楊煥橋頭，烈士手刃敵一少佐，一曹長，終至臥血泊，英名戚，而壯史鑄矣！時年二十八。

五二七團一連上尉連附趙公毅傳略

烈士，幼穎悟，止異凡兒。童年業鄉校，師長咸器視之。稍長，卒業於定海中校，時值國家多事，外侮日亟，慨然有定遠之志。投入二十六軍軍官教育團，轉入輜重專科。

於學術兩道，獲有相當成績。歷充十三軍中尉排長，警衛第二師中尉排長，暨現任八十八師上尉連附等職。今春日本啓釁淞滬，八十八師奉調，與十九路軍連絡自衞。廟行之役，烈士奮勇衝鋒，被敵圍攻，竟飲彈陣亡，年僅二十有七。

五二七團十二連尉連附許培華傳略

烈士名元善，字培華，江西宜黃縣人。弱冠失怙恃，卒業高小，無力轉學。懷抱大志，不肯倚賴他人；鑒於家道之衰落，更憤國勢之積弱，乃毅然棄文就武。民十五年北伐軍到達江西，烈士請投效，得任軍官團中尉書記；十六年隨營回粵，轉入黃埔軍校第五期肄業。迨畢業後，復在南京入教導隊訓練；後教導師改編警衞烈士軍，以上尉階級奉派於一師一旅服務。未幾又值改編調充陸軍第八十八師第二六四旅五二七團三營十二連上尉連附。此次日寇侵滬，八十八師隸第五軍參加禦敵，烈士爲國抗戰得遂初衷，星夜馳赴前綫。別其妻時，無戚容，無畏色。大塲之役，鏖戰兩晝夜，意氣益壯；乃不幸竟於二月二十二日中彈殞命！忠骨暴沙塲，傷哉！卒年僅三十有一。

五二四團二營營部中尉副官章煦東傳略

烈士姓章氏，名煦東，字韓如，世居安徽東流縣。父韞領，通法學。祖父筱陸先生，為邑中名宿，文章道德，彪炳一時。烈士幼承家教，力學篤行。年十五，入省立第一工業

學校，習土木工程科。越四年，以優等卒業，任本縣章氏大輿小學校教員。民國十六年四月，國民革命軍第三軍，由蘇回贛，道經烈士之里百笏村營長字某，見烈士而奇之，挈與偕行，是為烈烈投筆從軍之始！既至贛，入中央軍事政治學校南昌分校；卒業後，服役暫編第一師攻城營。旋換隸國民政府警衞軍，復改編為陸軍第八十八師，時烈士已晉秩中尉副官，隨軍遍歷贛浙諸省平匪。及二十一年一月，日寇南侵，淞滬戰起，國府慮十九路軍兵力單薄，檄調八十八師馳赴前方，擔任廟行江灣蘊藻浜一帶防務。倭奴逞暴不已，激戰兼旬，死傷積野。月二十二日，烈士手握短槍，在廟行前綫，喋血督戰，寇軍砲彈雨下，腦部為穿，殉焉！年二十有七。

五二七團十二連中尉附鄭在邦傳略

鄭烈士在邦，年二十六歲，籍隸浙江寧海，少有革命大志，民國十六年，我革命軍抵定大江南北，烈士投筆從戎，入第一軍參加北伐，復投考中央軍校第七期，於十八年十二月畢業，分發八十八師見習。以奮勇勤勞，屢功擢升中尉排長。今年一二八滬變發生，烈士任八八師五二七團十二連中尉連附，於三月一日殉身於滬西孟家宅抗日之役矣！

五二三團一連中尉排長連逸卿傳略

連君逸卿，一名偉英，廣東潮陽縣大布鄉人也。幼聰慧有大志，曾肄業於汕頭角石中學，迨民國十六年秋，入黃埔陸軍軍官學校第七期肄業，成績甚優。畢業後，入國府警衞軍實習。排警

衞軍改編為第五軍，君在該軍第八十八師部屬，先後任訓練員及排長等職，勤於任事。二月十七日，第八十八師移防上海江灣廟行張華浜等處，正值暴日準備總攻之時！至二十日，敵突以數萬之衆，環向該處猛攻。君素具忠勇，視敵砲火若無所覩；每戰身先兵士，竭力抵抗，斃敵無算！乃敵以屢攻不逞，遂二十二日集中全力，用唐克車鐵甲車飛機掩護，猛向廟行陣線進攻，當時其連長已傷，君被選代理連長職務，帶隊應戰，深入敵陣，所向披靡。而君竟因此為敵彈擊中喉管！仍復奮其勇敢精神，忍痛衝鋒，疾開步槍一連，連呼前進殺敵數語而卒！君殉難僅二十六。

五二三團二連中尉排長俞善為傳略

俞烈士，諱善為，字維仁，浙江金華之月潭村人也。生而敏，性好學，惟因家境清寒，無力就學；其姑母見其甚可深造，前程無限，乃慨然資助入學。烈士因有聰穎之天資，猛進之精神，旦旦孜孜，成斐續然，洎乎北伐軍抵浙，烈士認為正男兒救國良機，遂慨然投筆從軍。既因無軍事知識，祗能隨軍宣傳政治工作。旋於十六年六七月間，考入二十六軍軍官團，受高深之軍事訓練；翌年四月卒業於該團，即在第六師充任少尉排長之職。十九年調充國府警衞第二師（即今八十八師）擢升中尉排長，自一二八滬戰爆發，十九路軍盡職守土，八十八師奉命往援，二月二十八日傍晚，烈士與同事等，在江灣竹園墩浴血死戰，當時敵軍用大砲猛烈轟擊，突然飛來一彈，轟然炸裂，同事俱傷，以俞烈士為最重！聞當時尚匍匐一箭之路，始伏地長逝，僵於交通壕中，時年僅二十八歲！

五二三團九連中尉排長鍾筱錡傳略

鍾烈士筱錡，江西之清江人也。幼年隨其父少雅先生入湘，經管商業，與湘中學子過從往返，甚相歡洽。乃棄商就學，肄業於湖南修業中校。嗣以天下擾攘，軍閥代起，非武力無以求平等，遂偃文修武，入中央軍校武漢分校。畢業後，奉派至警衞旅見習，旋升為中尉排長。二十年，日寇東北，復侵淞滬，

八十八師請纓抗日。受命之日，烈士誡其部下曰『國家存亡，在此一舉！爾等毋怯！余誓以生死相共也！誰敢稍退者，有連坐法在！』士卒皆感激泣下。二月十九日，烈士率機槍兩挺，與敵周旋於小塲廟，敵有犯其鋒者，毋不披靡，凡三晝夜，愈戰愈勇，突有士卒告曰：『吾機槍兩挺，悉為敵火所損，將如之何？』烈士曰：『俟敵接近，以槍身槍架擊之可也！』言未畢，敵彈貫其腦部而亡！

五二四團十三連中尉排長張熙傳略

張排長熙，湖北蘄水人也。秉賦卓越，聰穎過人，自幼即以好勝稱。十五年後，國民革命軍旌旄北指，赫赫聲威，震撼南國。是後國府北遷，中央軍校並在武昌設分校。張認為男兒建功立業之無上機會，來投軍校入伍。十八年二月畢業後，分發軍中，由見習官而實任中尉排長職。一二八後，淞滬抗日戰酣，八十八師奉命應援，接替江灣北端經廟行以至蘊藻浜南岸之戰線，張排即配置於廟行陣地。於二月二十二日之戰，敵軍砲火猛烈，彈飛如雨，張及其全排士兵，悉成國殤！張時年僅二十有一也！

五二四團十四連中尉排長高鵬翼傳略

高君，諱鵬翼，字國光，鄂之武昌人也。生於民國二年。父服務軍役，歷有年餘。君八歲就傳，敏而好學，不恥下問。民十二年，轉入湖北武昌第十高級小學肄業，專心研究國文，及普通科學。每因教員講授帝國主義侵略中國之事實，即拍案大叫曰：余一日不死，誓與帝國主義拼命。同學皆笑君為神經病，而君不顧也。由此學益勤，而志益決。十八年春，中央軍校武漢分校招考入伍生，君踴躍與考，取列上第。民十九年畢業，分發國府警衞旅見習。民二十年授職排長，訓練兵，晝夜操勞不覺疲乏。每對士兵訓練，多述帝國主義侵略中國之事實。言下悲憤疾呼。士兵多為之感動。九一八暴日蹂躪關東，東北長官，抱不抵抗主義，效數千里沃壤，拱手讓人。君每與人談及，輒深切齒。未幾，上海事變復起，幸在滬

有十九路軍，始終抵抗。二月，該師奉命參加抗日，君躍然大喜曰：『余之志願得伸矣，成功成仁，此其時矣！』二月二十二日，日軍向我陣地總攻擊，以陸海空軍主力，三面壓廹廟行，君以機槍兩挺，附屬第六團二營指揮，以抗廟行之敵。君遂手握自來得，督率士兵，猛力衝鋒，不准退後一步。忽敵彈射來，炸傷胸部，乃復抗戰如故。旋一彈中於腦袋，遂不支！臨死時，對士兵曰：『余不能再與諸同志共殺敵也，望各同志努力殺賊，爲國家爭光榮，爲民族爭生存，余雖死，亦瞑目矣。』嗚呼！

五二七團一連中尉排長李公倘傳略

烈士氏李，諱公倘，一名佐卿，字八良，浙江永康李店村人。世業農，兄弟三人，烈士其長也。烈士好讀書，稟資聰穎。少懷大志，鄉里咸器重之！民國十一年，畢業於浙江省立第七中學。十六年春，考入黃埔軍官學校第七期，精研軍事學。十九年卒所業，遂充陸軍第八十八師五百二十七團一營一連排長。本年一月二十八日，滬變事起，烈士誓死抗日！二月二十二日：日軍以全力攻廟行，烈士身先士卒，於麥家宅前浴血激戰，卒至殺身成仁！死之日，年祇三十二歲。

五二七團二連中尉排長朱煥然傳略

朱烈士燃然，湖北江陵人。初入總司令部教導營充當學兵，旋因功擢升班長，排長，區隊長等職。二十年調任本師五二七團二連中尉排長。賦性果敢，忠勤於職，爲全團官兵所欽仰。九一八事起，不崇朝而失地千里，烈士悲憤填膺，深以不能殺敵雪恥，收回失地爲恨！一二八日軍侵滬八十八師奉命抗日，烈士以爲民族效力之機會已至，督勵部下，奮勇殺敵。二月二十二日竟殉於朱家宅之役！殉難時年僅二十六歲也。

五二七團三連中尉排長商支宇傳略

商烈士浙江剡溪人，本世家子弟，卓犖倜儻，軒昂奇嶽；憂國事之頹敗，憤軍閥之專橫，乘浙江大學而轉入中央軍校。七期卒業而後，率師勦赤，迭著豐功。倭日寇邊，烈士聞耗痛心，「偕亡」興誓！迨奉檄赴援淞滬，慷慨率師，奮勇鏖戰，自二月十九至二十二日三晝夜間，寢食不遑，縷經肉搏。烈士身中數彈，血漬戎衣，猶復振臂奮呼，爭爲先登。血花彈雨之中，第見頑寇披靡，陳屍纍纍。而烈士亦竟於是時以負傷過重，流血過多，殉身於麥家宅！年僅二十有三，嗚呼烈矣！

五二七團六連中尉排長黃茂松傳略

黃君茂松，字志犖，廣東輿甯縣人。父鳳生，母劉士，僑居南洋荷屬坤甸而生君，故君生而富於愛國性。四歲，母歿。甫十歲，隨父返國，就學鄉中黃族詠春小學校，天資聰穎，性情活潑，爲鄉里所稱。年二十，又喪父，家益貧，無力升學，居常鬱鬱！後隨軍至廣州，歷任粵軍第四師，中央兵站右翼兵站處，暨粵軍總司令部，國民政府軍需局，等機關服務。民國十六年，入黃埔軍第七期，學術兩科，精研深造：迨軍校畢業，復赴京役入陸軍教導第一師教育大隊軍官連，學習新式兵器。期滿，於二十年三月奉派充任國府警衛軍第二師步兵第四旅第七團第二營第六連中尉排長。後改爲陸軍第八十八師二百六十四旅五百二十七團二營六連，供職如舊。今年一二八，暴日侵滬，君聞憤甚！及奉令參加禦侮，於二月十八日抵江灣，担任前線防守。竟於二月二十二日廟行鎮之役，中彈陣亡！年僅二十九歲！嗚呼，烈矣！

五二七團十一連中尉排長劉伯軒傳略

烈士姓劉，名伯軒，號秉正，湘之邵陽人也。曾畢業於縣立中學，及中央軍校第七期。十九年春，分發警衛旅工作，二十一年春，東鄰倭奴，橫肆暴力，既佔我關東，復犯我上海，凡吾國民，孰而可忍？我國出師抗禦，八十八師與之。君係該師中幹部也。一日遇敵於滬上附近，兩軍接觸，乃身先士卒，舉指揮旗，高呼前進殺敵。正勇冠三軍，氣壓強敵之時，忽飲彈仆地。槍砲聲與喊殺聲中，猶隱隱聞『打倒日本帝國主義！中華民族萬歲！吾今得其所矣！』等語，其勇敢殺敵之精神，愛國犧牲之價值，實軍人無上光榮，何痛惜之有！

五二七團十四連中尉排長任鎰珍傳略

任烈士鎰珍，字席儒，籍隸永嘉。賦性聰穎，幼入永嘉縣立第五小學肄業，成績輒冠儕輩。畢業後，毅然投筆赴廣州國民革命軍憲兵團，參與戎行。至十六年三月，考入黃埔軍事政治學校第七期，充當入伍生。是年冬，升入該校預科。十八年十二月，修業完竣，派赴陸軍教導第二師輜重團，充任排長。二十年五月，分發國民政府警衛軍第二師第七團十四連，充任少尉排長，以督率有方，十一月間，卽擢升中尉排長。二十一年一月杪，由杭出發赴滬，參加抗日戰爭，努力殺賊，奮不顧身。於二月十九日在竹園墩，中彈陣亡，年僅二十有七！

五二八團二連中尉排長周桂標傳略

烈士周桂標，三湘甯鄉人也。秉性剛直，慕武俠，好公益，鄉人均以里中善人目之。烈士後入革命軍軍士隊肄業，夙夜操作，孜孜不倦，師長咸器重之。學成，派充少尉排長職務，旋因功擢升八十八師五二八團一營中尉排長。民二十一年二月，倭奴壓境，侵我淞滬，八十八師奉命抗敵，苦戰匝月，屢挫敵鋒。烈士精神倍覺奮興，促伍衝鋒，疊奏奇功，倭奴見而裂胆，驚爲飛將。終以塘家宅一役，中彈陣亡！嗚呼哀哉！

五二八團四連中尉排長梁修身傳略

梁排長名修身，字建剛，年二十有五，湖南安化人也。中央軍校第六期畢業。爲人剛毅果敢，御下以誠。二月二十二日談家宅一役，梁排長於火線上激勵吾人殺敵時之聲色神情，猶在目前，而梁排長則從此巳不復歸矣！全排各班生還之士兵，無不緬念之。

五二一八團六連中尉排長盧世鍾傳略

盧烈士世鍾，諱鴻熙，廣東興甯人。民十五，畢業於興甯縣立中學，是年八月，考入黃埔第六期；十八年五月畢業於南京中央軍校，調國府警衛軍第二師（現爲八十八師）充中尉排長，常在甯杭間担任綏靖事宜。自九一八暴日侵佔東省後，烈士眥裂髮指，忿然嘆曰：『日奴不滅，何以生爲？」迨滬事發生，八十八師奉命抵抗，烈士遂得引伸素志，衝鋒肉搏，身先士卒。廟行之役，竟致爲國捐軀！嗚呼！壯巳！

五二一八團十二連中尉排長顧煒傳略

烈士家微，十三歲肄業縣中，以志未遂，復讀於中央軍校，卒業於第七期，分發至警衛二師，卽今之八十八師也。任五二八團排長。滬事發，烈士率部防楊燠橋，敵大舉來犯，肉搏數次，不得逞。後用排砲，以勢寡故，傷亡幾盡。烈士獨擊機關槍，右臂中彈，截然自肩落，營長淚下，命舁後方。烈士曰：『不見吾有左肩乎？』繼以左手擊數發，又創。大吼，一躍起，狂突敵陣，從者數十人，烈士聲震天地，敵懼，棄壕走。然烈士終頹臥於血泊中矣！

五二一八團十三連中尉排長胡家驊傳略

胡君家驊，字道生，湖北荊門人。少孤，事母至孝。天資穎悟，有大志。痛國勢凌夷，遂投筆從戎。十八年考入中央軍校武漢分校，畢業後，奉派充國府警衛新見習，旋擢升警衛二軍六團十三連排長。二十年冬，改編爲八十八師排長。滬變之先。寄書其家有云：『此次暴日逞兇，人神共憤！男兒身許黨國，倘能參加抗日，自當勇往殺敵，痛飲黃龍；雖斷頭損軀，亦所不辭。寧做抗日鬼不作亡國奴。』其言之壯烈，聞之令人興起。詎胡君本年二月廟行之役，竟不生還矣！

五二一七團八連少尉排長陳鼎勳傳略

陳君鼎勳現年二十三歲，廣東茂名人。健體格，貌奇偉，沉毅寡言，待人接物、和藹殷誠。民十七，憤國事蕭條，外侮日廹，遂入黃埔軍校第七期步科肄業。民十九畢業，成績斐然，頗爲師長所器重。後奉派充國府警衛師軍官連見習，翌年，調升八十八師中尉連附。此次倭寇犯滬，我軍爲捍國衛民，維護公理之責任，毅然起抗，敵終不得逞。而陳君則於槍林彈雨中，身先士卒奮勇應戰！竟以陣亡！

五二一八團六連少尉排長王良傳略

烈士王良，浙江仙居人也。幼有大志，常以改造現社會爲己任，行年十三，陞學於高等小學校。年十五，陞學於省立第一中學校肄業後，卽從事於革命運動。民十五年，革命軍得於短期底定杭浙省，烈士潛助之力不少也。年十八，舍筆投身於軍伍。初入革命軍教導總隊肄業，以學術優良派充准尉班長職務，旋又陞充陸軍八八師五二八團一營三連少尉排長。本年二月間，倭奴犯我淞滬。我革命軍守土有職，奮出抵抗，鏖戰匝月，屢挫敵鋒。烈士揮刀前進，殺敵盈野。太倉之役，敵軍增援數倍，烈士奉命死拒，敵終不得逞。且自領隊衝鋒，破敵前線。然不幸於陷陣之際，爲敵彈所傷，舁院爲之醫，卒以傷重不治，嗚呼烈矣！

五二一八團六連少尉排長王倫敦傳略

烈士王其姓，倫敦其名，四川成都人也。十五好劍俠，勇武逾常人，二十成文章，佳名佈鄉里；身長七尺餘，糾糾一武夫也！待人以誠，事上以敬，立己以恆，交友以信，知其名者，無不稱道焉。自暴日寇滬，第五軍奉命禦侮，廟行之役，在奪回陣地時。烈士巳死於槍林彈雨之中矣！嗚呼！

五二一八團十四連少尉排長王志英傳略

烈士王志英，廣東興甯縣和山鄉雲嶺人，年至十八，卽赴廣州考入幹部教導團。畢業後，又考入黃埔軍官學校。第七期步科畢業，奉派至國府警衛軍第一師大隊連服務。旋調往杭州警衛二師充任副官。改編入八十八師充任排長。此次倭奴犯滬，烈士憤慨異常，誓死抵抗，爲國爭光。屢於槍林彈雨中，冒險殺敵，不幸竟於二月二十二日廟行之役中彈陣亡！年僅二十有四！

五二一三團六連少尉排長胡鳳翔傳略

烈士姓胡，名鳳翔，江蘇丹徒人也。身體魁梧，天資聰穎；幼時學習商業，蓄有大志；適逢革命軍興，烈士毅然棄商從戎，効忠黨國。初入伍，乃二等列兵；因其學術品三者均優，按級升充排長。客歲九一八，日寇侵我東省；今春又犯我淞滬，烈士聞之，毛髮俱裂！迨援滬令下，欣然率隊出發；一進陣地，則奮勇當先，殺敵無算。卒因敵火兇猛，竟於二月二十一日中敵彈陣亡。

五二一三團八連准尉半排長駱雁行傳略

駱烈士，名雁行，字顯瑾，浙江永嘉縣油仙區寮前村人也。賦性剛直，天資穎異，好學不倦，少懷大志，民十五黨軍克浙江，烈士卽效溫嶠之絕裾，隻身走杭州，入浙江憲兵營。民十九，國府警衛團擴充爲旅，乃轉入警衛旅第二團第一營機關槍連，充當班長。二十年一月，與教一師合編爲警衛師第五團，調烈士赴第八連服務，駐防嘉興。烈士不辭艱苦，努力工作，又得擢升爲准尉排長。至一二八滬案發生，八十八師奉令參討日，烈士每戰輒身先士卒，奮勇力擊，卒於二月二十二日江灣之役，中彈身殞。斷脰洞胸，狀至慘酷，悲夫痛哉。烈士生於宣統二年四月十六日，年僅二十有三。

五二三團十二連准尉代排長金雲初傳略

金烈士雲初，浙江永嘉人也。性剛直，喜交遊，精拳術，勇敢有爲。年十八，投身入行伍。此次滬上一二八事變，八十八師參加抗日，烈士充當五二三團十二連代排長，佈防江灣廟行一帶。二月十八夜，開始與敵接火，烈士奮勇殺敵，激戰三晝夜，肉搏幾數次，殺賊無數，獲戰利品甚多，生擒曹長一。連長嘉其神勇，獎許者再，烈士雍如也！二月二十一日，敵集數倍兵力，以犀利之槍械，向我總攻，彈如雨注；血肉橫飛，烈士置若無覩，身先士卒。竟於嚴家宅衝鋒邁進之際，敵以機槍掃射，烈士飲數彈而殞命。

五二三團十二連准尉代排長蔣炳龍傳略

烈士，浙之楓涇人，初業商，並服務於保衛團。熱心公益，任俠好義，夙爲地方人士所稱許。繼憤國事日非，投身行旅，以烈士對於軍事曾經訓練，故即豪擢任爲排長等職。暴日侵滬，本日奉命抗日，時烈士任第五二三團第三營第十二連代排長職，及抵前線，血戰旬餘，烈士莫不身先士卒，敵人所向披靡。三日二，廟行之役，敵人傾全力來犯，烈士奮勇抗戰。然不幸頭部中彈，於高呼『殺敵』聲中，倒地長逝。嗚呼痛哉！

五二七團二連准尉排長陳益傳略

陳烈烈諱益，世居湘之祁陽，少有大志。民十五本黨出師北伐，大軍過湘，時烈士年僅十八，即加入行伍。隨軍北上，轉戰萬里，辛勞不辭。十九年北伐告成，奉命改編入警團連，旋被選送軍士補習班。於畢業時即擢任爲排長。東北事變起，烈士深憤日帝國主義之橫暴，又以東北軍人之不抵抗爲羞。暴日侵滬，八十八師奉命開駐京滬路，烈士欣然喜色，對部下言：『吾人雖不能出關殺敵，復吾國土，然保國衛民，此其時矣！』二月十八日，烈士於機聲軋軋砲聲隆隆之中，出現於江灣前線，鏖戰三日，殺敵難以計算。二十二日朱家宅之役，敵人終於潰退，惟烈士已不幸身中數創！雖經救護隊救送後方醫院，但未達醫院前，已長逝於運送受傷官兵之汽車中矣！嗚呼！

五二八團三連准尉排長查英傳略

君諱英，一名冠亞，字學昌，世居海甯之袁花。少孤，性剛直，有大志。十六年春，革命軍底定浙江，二十六軍凱旋經袁花。人民啓戶而觀，君乃曉然於從軍之樂，遂入伍焉。初爲士卒，嗣與唐偉舜等。於十八年同入國府警衛團教導隊畢業，分發充班長。此次倭寇襲滬，舉國上下，敵愾同仇；君慷慨激昂，以爲報國之期已至！隨八十八師赴江灣前敵，每臨陣輒奮不顧身，當者披靡！卒於二月二十二日廟行一役，以援絕就義於塘家宅前。嗚呼烈哉！

五二七團十三連准尉特務長何養新傳略

烈士何養新，浙江新登人也。少負大志，品性篤厚。家清貧，無力求學，投身入行伍。忠勇耐勞，爲上官所稱許。後畢業於總部憲兵團軍士連，分發充當司書，克勤克盡，毋稍或懈。今年一二八滬戰發生，八十八師參加抗日，時烈士任五二七團十三連特務長職。出入槍林彈雨之中，履險如夷。二月二十二日，敵以數倍之衆，盡海陸空軍之力，向我沈家濤陣地襲擊。烈士冒砲火輸送軍實於陣地，身中數彈，猶舉所攜木殼槍，向敵猛擊。卒以傷重殉命！年僅二十有四。

五二三團七連中士班長喬俊卿傳略

烈士安徽蚌埠鄉人，十五年革命軍歌門外，烈士隨伍走。七年來寒北戍陽，亦老於征戰者矣！上海事發，烈士伏楊煥橋壕中，激戰數晝夜，敵不得逞。二十三日天曙，紅霞漫天，敵之坦克車羣，復隆隆然來壕中，伙伴譟默如死，伏待不稍動。敵車左右掃彈，然亦不敢直進。烈士忽挺起，去重裝，棄鋼盔，提十二磅大炸彈四枚，匍伏出壕，蛇行前至古樹旁伏。敵車三兜，旋至。烈士突起，擲彈傾兩車。一彈未爆，復大吼騰車背，投彈入車腹，爆聲撼天地，烈士即於是時成仁矣。

五二三團十一連下士班長邵南傳略

烈士邵南，浙江湯溪人也。志行卓犖，不苟言笑；待人和藹，誠信不欺，同事咸親之重之，目爲嚴師益友也。滬變初起，烈士嘗語其同事曰：『我堂堂中國，竟爲蕞爾倭奴踐躪至此！吾人若不能驅逐倭奴出境，復何面目自立界？』於世英壯之氣，溢於言表，聞者咸爲興奮。迨八十八師奉命出發，烈士欣然就道不期於二月五日途次溺斃，竟未克與吾輩同殲暴獸於沙場！『出師未捷身先死，長使英雄淚滿襟。』其可以爲烈士借詠矣！

五二三團十二連中士班長陳得魁傳略

烈士陳得魁，世居東海之濱，以捕魚爲業。某年春，烈士從父漁於三門灣島上，遇日本漁船越海來捕魚，烈士以其非我族類，鳴鼓而攻之。倭船發砲，射殺烈士父兄及同事多人，自是烈士知非促進國家之強盛，無以謀生！遂決心棄業投軍。適値國府警衛司令部募兵於浙東，烈士遂應募入京，受軍事學術，津津有心得。由是烈士技益進，被選充班長。抗日之役，烈士如遇夙讎，勇猛馳驅，殺敵無算。二月二十一日平明，烈士襲攻倭營，奪獲太陽旗而歸，日兵為之喪膽！會敵彈雨下，遂致殉義！嗚呼烈矣！

五二三團十四連上等預備兵陳洪傳略

陳烈士洪，廣西桂平人。幼懷大志，後值國府設立警衛軍，烈士遂應募入伍。今歲春，八十八師參加淞滬抗日之戰，二月二十一日，倭寇增援，悉力來犯烈士身中數創，猶鎮靜如恆，伏身濠溝內，瞄準射擊，不肯退後就醫。旋為暴日飛機炸彈所中，遂殉於朱家宅陣地，傷哉！烈士卒年僅二十有一。

五二四團三連中士班長吳忠祥傳略

吳烈士，名忠祥，年三十二，上海人也。一二八變起，烈士自奉命參加抗日後，勇猛惡戰，殺敵無算。三月一日，我軍變更戰略，退守第二道防線，烈士以奉命背進，良非所願。遂盡其所有子彈，對敵劇烈射擊。不幸於陳家橋附近，中流彈陣亡，哀哉！

五二四團八連中士班長張培恩傳略

張烈士培恩，年二十三，江蘇鎮江人。二月二十一日廟行之役，烈士率全班突破重圍，進迫敵壕。敵彈落銅盔，紛紛如雨點，烈士毫無懼色，並挺身向敵人衝殺！全班弟兄咸賈勇向前，無一生還者。可謂烈矣！

五二七團一連中士班長曹文斗傳略

烈士曹文斗，江西湖口人也。投入國府警衛旅第三團，執戈衛國，居然一時代之勇士矣！警旅擴編成師，參加討逆，開封歸德諸役，烈士亦與有勞焉。自一二八上海事件發生，烈士即慷慨隨軍開拔。二月十八日，八十八師奉命全部開拔前線，布防江灣廟行之間。二十日即開始攻擊。二十一二十二兩日，戰事激烈，為亘古所未有！烈士驍勇過人，屢摧強敵，竟於二月二十二日拂曉，衝鋒陣亡！

五二七團十一連上士半排長韋友林傳略

韋烈士友林，廣西修仁人也。年十八，卒中學業；烈士憤軍閥之禍國，喜統一之垂成，遂隻身北上，間關入首都，投身警衛隊。警衛軍改組八十八師，烈士升充上士半排長，出發鎮江，築濠防寇。烈士負土運石，與士卒同勞苦，未嘗少自暇逸。以是淞滬抗倭之役，用能善得軍心，而一致效命。二月二十日，烈士扼守竹園墩陣地，目標顯露，隱蔽無方，烈士竟以身殉，嗚呼！

五二七團十二連下士班長盧梓威傳略

盧烈士梓威，浙江黃岩籍，方其幼時，聰穎和藹，迥異常兒。迨高小卒業，適赴寧之際，即應鎮海警衛旅之募。迨滬變起，奉命調滬，烈士遽於二月二十一日陣亡於孟家宅，年僅二十有三，傷哉！

五二七團通信連文書上士劉以德傳略

劉烈士，二十六歲，湖南攸縣人，三月一日陣亡於王家街。劉以德是一個管理文件的軍士，滬戰開始了，八十八師請纓抗日了。他隨着隊伍，到了前綫，他認為發洩悲憤的機會到了。在三月一日下午一時的晨光，雙方正在拚命的時候，倭鬼因攻擊十數日的結果，祇有死人，送命，所以這一天乃陸海空並進，向我猛攻。在那個時候，廟行的四週，烏烟蔽日，喊殺連天，槍聲，殺聲，結成一片。但我方雖拚命犧牲，無奈敵人之火力猛烈，一批一批的受傷者不住地向着後方抬去，他看得癡呆了，在一個傳令兵手裏搶了一枝槍，飛也似的向東跑去，高呼着「同志們，向前呵！」約莫半點鐘的時光，消息傳來：勇敢的劉君，已犧牲於砲彈下了，死了呵！這是何等偉大的死呵！

五二七團通訊連下士列兵高武傳略

烈士高武，安徽霍山人也。幼聰穎，受學於塾師，所作課藝，輒冠其曹，師友奇之，望以大成。值革命軍下長江，烈士聞風入伍。從征北伐，屢著奇功。八十八師抗日淞滬，烈士任五百二十七團通信軍士，架綫通信，晝夜未嘗少懈。三月一日晨，日軍包圍我劉河後方，我軍奉命背進，烈士於王家街遇敵，奮勇搏戰，以眾寡懸殊殉難？嗚呼？烈士其亦不愧為鐵血青年矣！

五二七團通信連下士列兵朱享雲傳略

烈士朱享雲，五百二十七團通信兵也。三月一日我軍為變更戰略計，秘密引退第二道防線，烈士奉命重布通信網。於王家街一帶，遇敵人襲擊，烈士即擎所荷步槍，伏坟壘射殺倭兵十數人。卒以眾寡不敵殉身戰地，可慨也？烈士徐州沛縣人，年甫十八，即棄家從軍，尚未婚娶？今年僅二十，遽已為國犧牲。惜哉！

五二八團三連上士半排長張季標傳略

烈士張季標，湘之寶慶人。家小康，少時肄業中小學，成績優美，畢業後投筆從戎；離家走數千里，入教導隊學兵連受嚴格訓練。暴日入寇，烈士憤慨填膺，以不能手刃國仇為憾。及奉命援滬，二月二十二日，該連扼守塘家宅前陣地，日寇乘勢大舉包圍。烈士沈着指揮，奮勇肉搏，倭敵披靡，終未獲逞？而烈士亦竟於是役中敵機炸彈，成仁殉國，年僅二十有五，惜哉！

五二八團三連中士班長潘漢南傳略

潘君漢南，年二十有八，湖南長沙人也。君久經戎行，端以沈毅練達，積漸擢升本師五二八團三連中士班長。平居與全班列兵親如手足，是以翕服群倫，式範有衆。若潘君者，誠軍中不可多得之下級幹材也？今次淞滬抗日戰役，君亦隨軍禦寇，不期於二月二十二日竟陣亡於唐東宅西野，悲夫！

五二八團六連上士班長黃玉廷傳略

黃烈士玉廷，粵產也。幼從父經商海外，目擊帝國主義之壓迫我華僑，遂憤而歸國。適走京都，投身軍旅。初入伍八十八師教導隊，選入軍士連受特別訓練。期滿後，成績優異，派充班長，旋擢升上士班長。二月二十二日廟行抗日之役，倭寇迎夜衝鋒，該連傷亡過半。烈士屑中敵彈，血淌戎衣，猶忍痛指揮，不稍退卻。卒至殉身國士，埋骨沙場，吁嗟。慟哉。烈士生於民國紀元前八年，卒年二十有九。

五二八團六連中士班長呂廉初傳略

烈士，呂姓，廉初其名，原籍廣東羅定，世家子也。國民革命軍統一南北，定都金陵後，隨乃父游宦入京，學於首都。後值警衞軍成立，烈士遂毅然投效。常休假出營，省視乃父於京寓，後烈士派充班長，管教有方，弟兄咸深敬愛。八十八師奉命抗日，烈士聞之狂喜，遺書訣別乃父，矢志殺敵，存必死之決心。二月十九至二十二日間，激戰三晝夜，屢致肉搏。我江灣陣地，平衍無掩蔽，守禦殊爲非易；且敵衆我寡，卒能以少勝多，使倭奴不獲突破者，烈士之沈着奮勇，與有力焉！無何而烈士竟以重傷殉難，年僅二十有七，哀哉！

五二八團六連中士班長鍾炳南傳略

鍾炳南烈士，粵南合浦人也。幼承庭訓，長信三民。矢志盡忠，棄家入伍。繼自軍士教導隊卒業，派充班長。隨軍剿赤，屢著勛勞。長官以其英勇出羣，晉升中士。一二八淞滬慘變，國軍抗日，八十八師奉命參加前線禦敵，烈士悲歌慷慨，奮不顧身。日寇衝近戰壕，烈士靜伏壕溝，沈着應戰，不稍退避，屢殲來犯之倭寇，而無使一人生還。二月廿一日廟行之役，烈士終以身殉，慘哉！

五二八團六連下士列兵吳祥昌傳略

吳烈士祥昌，年二十九，廣東惠州人，剛直純正，緘默寡言。幼習商，頗有積蓄，常憤國家多難，不忍坐視，遂於民國十九年，棄家從軍，效勞黨國。無何而竟於本年二月二十二日抗日陣亡於塘家宅前，成仁取義，爲國捐軀，烈士可謂死得其所矣。

五二八團七連中士班長周義順傳略

烈士周義順，年三十，籍隸湘之寶慶。家境清寒，性情剛直，聰穎好學，困於經濟，高小卒業，即輟學家居。時值革命軍北伐，下湘鄂，湖南共黨竊發，烈士知改進社會，非促成三民主義之實現不爲功，乃決志從戎，輾轉至首都，入伍教導團，選入軍士訓練班練習新式兵操。嗣警旅衞編成軍，擢升中士班長。此次滬戰發生，我軍奉命增援，烈士倍加奮勇，激勵同志，共殲倭寇。雖敵彈如雨，亦努力邁進，不稍卻顧，士兵咸爲振奮。二月二十八日，廟行之役，我軍衆寡不敵，烈士遂以身殉，嗚呼傷哉！

五二八團八連下士班長朱根深傳略

烈士朱根深。年二十四，江蘇常熟人，本年二月十七日，我師佈防江灣廟行之線。烈士任五二八團八連班長，當敵人正面之衝。二十一二十二兩日，猛烈交綏，幾至肉搏，卒賴烈士之沈着聽戰，敵終莫遏！二月二十九日，敵更增生力軍進攻，烈士以爲爭最後勝敗，在此一舉，遂奮不顧身，持槍相搏；左肩受創，猶力擊倭酋，與之俱殪。嗚呼，壯已！

五二八團十一連中士班長呂學新傳略

烈士江西萬安人，年十九歲，任班長職。一二八滬變起，

本師參加抗日。某晚烈士奉命率隊夜襲，敵人猝不及防，死亡無算，烈士仍前進不已，卒中數彈。嗚呼。烈士之志已償，而烈士之軀則長臥沙場矣。

五二八團十一連下士班長陳士舜傳略

陳烈士士舜，二十五歲，浙江台州人。賦性聰穎，秉志邁常，年甫成童，卽投筆從軍，以忠實耐苦，奮勇勤勞，擢升班長。迨滬戰發生，八十八師奉命增援，開拔之日，烈士慨慷赴前線，作戰時冒險衝鋒，視敵彈如無物。同事見之，莫不奮激。終以目標太顯，列兵傷亡幾盡，烈士亦彈中腿部。猶顧壕中弟兄曰：「爭最後勝利，爲死難同事報仇雪恨。」由是同事益奮勉守禦，我軍陣地，卒未動搖。顧烈士終以敵軍砲彈落下，命中要害，成仁殉國。

五二八團十二連中士班長施祥林傳略

五二八團十二連班長施烈士祥林，富於作戰經驗之士也。臨陣鎮靜沈着，彈無虛發。每當敵軍衝鋒之際，烈士以逸待勞，屢挫敵氛，致倭寇于無可如何也。二月二十二日，烈士扼守楊焕橋邊，爲敵飛機目標所及，投下重量炸彈數枚，烈士不幸正中炸隙，血肉橫飛。嗚呼慘矣！烈士上海人，時年二十五。

五二八團十三連中士班長范長友傳略

范君長友，淞滬抗日殉國之先烈也。滬戰發生後，八十八師奉命應援十九路軍，烈士慷慨激昂，沈着應戰，自二月二十日至二十二日，三晝夜間，倭寇衝鋒而來，爲烈士擊斃者達百餘人。是時敵彈雨下，陣線幾至動搖，烈士激勵同事，勇猛前進，正乘勝追擊之際，忽爲暴寇飛機炸彈所中，遂殉身於楊焕橋附近！烈士河北河間人，生於民國紀元前二年，陣亡時年僅二十有三，嗚呼！惜哉！

作戰陣線詳細全圖

淞滬作戰陣線詳

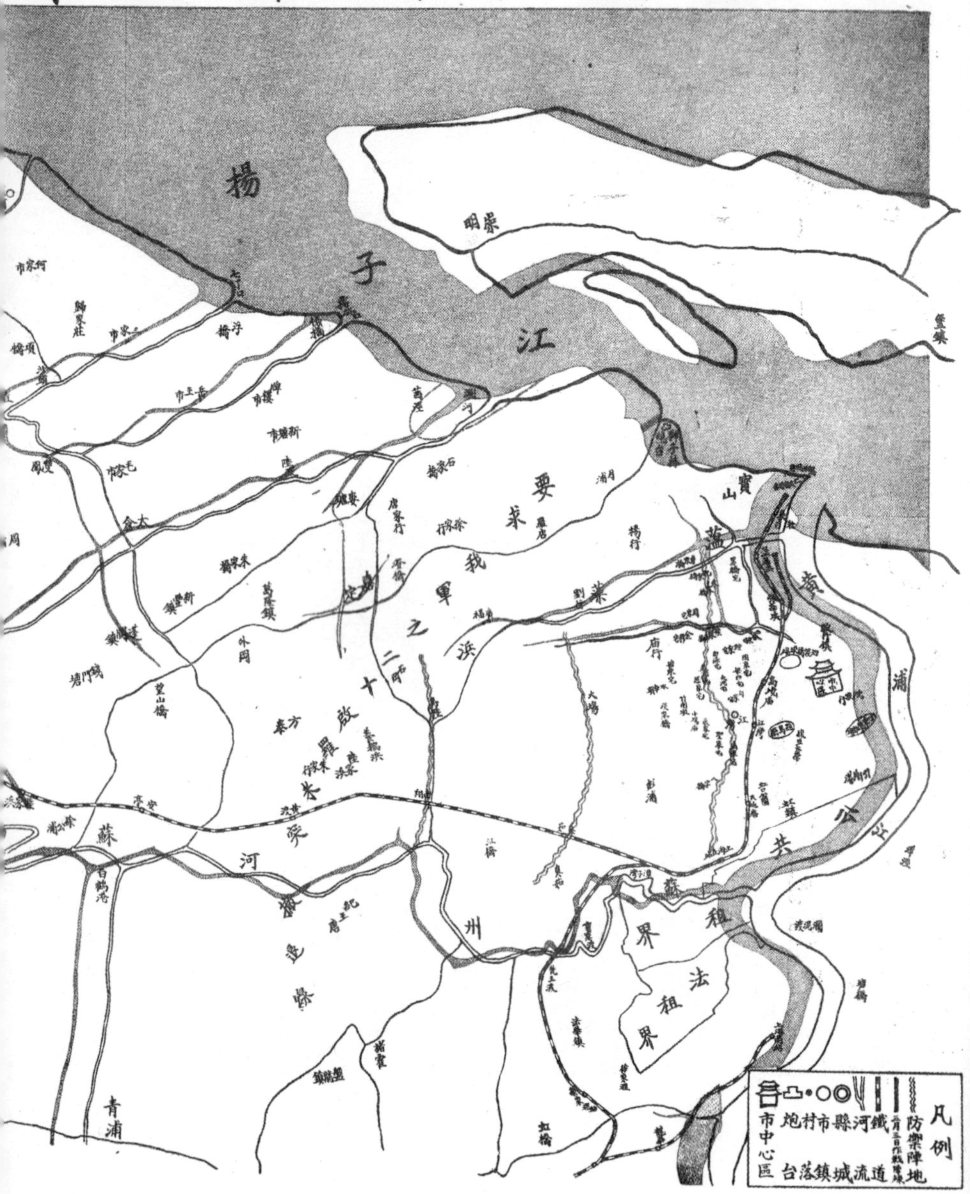

淞滬間我軍之陣地狀態及敵之攻擊方畧詳細要圖

前編

淞滬戰事之統計

一　十九路軍全體官佐題名

十九路軍淞滬抗日軍總指揮…蔣光鼐

▲十九路軍司令部軍官姓名

軍長兼右翼指揮官…蔡廷楷
參謀長…黃強
參謀處長…趙一肩

▲六十師軍官姓名

師長…沈光漢
副師長兼參謀長…李盛宗
參謀處長…陳心棻
副官處長…梁維綱
軍械處長…吳揚善
軍需處長…沈鎮源
軍醫處長…馬覺凡
軍法處長…陳權
工兵營長…袁汝剛
特務營長…梁得標
一百十九旅長…劉占雄
參謀主任…劉應時
第一團長…黃茂權
第二團長…劉漢忠
第三團長…黃廷
一百二十旅長…鄧志才
參謀主任…紹黃淹

淞滬警備司令…戴戟
副官處長…吳典
經理處長…葉少泉
副處長…黃和春

第四團長…楊昌璜
第五團長…梁佐勳
第六團長…華兆東

第一團
第一營長…陳正倫
第二營長…譚忠
第三營長…張展鷺

第二團
第一營長…陳生
第二營長…谷香圃
第三營長…陳次彬

第三團
第一營長…李畏
第二營長…劉榦廷
第三營長…周剛如

第四團
第一營長…梁宏
第二營長…關國安
第三營長…鄒融

第五團
第一營長…廖水雲
第二營長…湯毅生
第三營長…梁鏡泉

第六團
第一營長…李友倘
第二營長……
第三營長…劉光

▲六十一師軍官姓名

師長…毛維壽
副師長…張炎
參謀長…趙錦雯
參謀處長…王衡
副官處長…馮策全
軍械處長…馬良驥
軍需處長…余蔭蓀
軍醫處長…李懋振
軍法處長…王貽鍔
砲兵營長…馮紹甫
特務營長…丘清英
一二一旅長…張厲
參謀主任…溫少渠
第一團長…梁世驥
第一營長…朱炎暉
第二營長…王寶書
第三營長…古煌
第二團長…田與璋
第一營長…周克
第二營長…吳永山
第三營長…施焜章
第三團長…鄧起榮
第一營長…劉樹福
第二營長…劉松生
第三營長…戴尉文
一二二旅長…張炎
參謀主任…鄧鄂
第四團長…謝鼎新
第一營長…丘世芬
第二營長…邱昌朝
第三營長…吳康楠
第五團長…黃鎮
第一營長…羅立夫
第二營長…陳茂光
第三營長…吳國焜
第六團長…鄭爲楫
第一營長…黃鎮中
第二營長…孫蘭泉
第三營長…李榮熙
教導團長…鄒敏夫
第一營長…彭孟濟
第二營長…唐愷
第三營長…李洪鈞

▲七十八師軍官姓名

師長…區壽年
副師長兼吳淞要塞司令…譚啓秀
參謀長…李擴
參謀處長…王有德
副官處長…朱朝亨
軍械處長…王大文
軍需處長…黃賓元
軍醫處長…郭建民
軍法處長…劉宏道
特務營長…鄭星槎
一五五旅長…黃固
參謀主任…林少棠
一五六旅長…翁照垣
參謀主任…丘國珍
第一團長…雲應霖
第二團長…謝琼生
第三團長…楊富強
第四團長…鐘經瑞
第五團長…丁榮嵩
第六團長…張君光

第一團
第一營長…雲昌材
第二營長…羅黎
第三營長…蘇守峯

第二團
第一營長…林卓艘
第二營長…李金波
第三營長…黎冠雄

第三團
第一營長…蘇營河
第二營長…李炎燊
第三營長…馮岳

第四團
第一營長…邱啓炘
第二營長…龔耀新
第三營長…梁文

第五團
第一營長…熊彪
第二營長…黃康
第三營長…陳德才

第六團
第一營長…利長江
第二營長…吳康鎔
第三營長…吳履遜

淞滬警備司令部參謀長…張襄
獨立旅長稅警團改編…莫雄

二　第五軍全體官佐題名

軍　長兼左翼指揮官 張治中　　參謀長……………祝紹周

▲第八十七師

兼師長…………張治中
副師長…………王敬久
參謀長…………徐培根
參謀處長……兼軍部 張　鐸
副官處長……兼軍部 楊文璟
軍需處長……兼軍部 陳　良
軍械處長……兼軍部 羅盛元
軍法處長……兼軍部 杜庭修
軍醫處長……兼軍部 徐　雲
特務營營長……張在平
工兵營營長……王鳳鳴
通訊營營長……李名熙
一二五九旅旅長…孫元良
副旅長…………李　果
參謀主任………鐘　彬
五一七團團長……張世希
第一營營長……朱耀章
第二營營長……蔣公敏
第三營營長……顏　健
五一八團團長……石祖德
第一營營長……謝家珣
第二營營長……李志鵬

▲第八十八師

師　長…………俞濟時
副師長…………李延年
參謀長…………宣鐵吾
參謀處長………馬君彥
副官處長………趙世榮

第三營營長……羅折東
二六一旅旅長……宋希濂
副編旅長………劉保定
參謀主任………劉漫天
五二一團團長……劉安琪
第一營營長……唐　德
第二營營長……鄭國選
第三營營長……王　化
五二二團團長……沈發操
第一營營長……王作霖
第二營營長……張紹勛
第三營營長……胡家驥
獨立旅旅長……任誠仁
第一團團長……莫我若
第一營營長……張沼吳
第二營營長……胡　超
第三營營長……幸華鈇
第二團團長……傅正模
第一營營長……伍光宗
第二營營長……張士智
第三營營長……劉　英

軍需處長………駱企青
軍醫處長………徐靜波
軍械處長………干　城
軍法處長………待　查
工兵營營長……唐　循
特務營營長……樓　月
師衛生隊隊長……吳　梅
師通信連連長……周　良
二六二旅旅長……楊步飛
副旅長…………陳普民
參謀主任………蕭冀勉
五二三團團長……馮聖法
團　附…劉揚明…
第一營營長……楊英介
第二營營長……林道貫
第三營營長……鄧　斆
五二四團團長……何凌霄
第一營營長……張子鴻
第二營營長……鄧圖南
第三營營長……周大翔
二六四旅旅長……錢倫體
副旅長兼五二八團團長……黃梅興
參謀主任………高致嵩
五二七團團長……施覺民
第一營營長……周嘉彬
第二營營長……廖齡奇
第三營營長……陳振新
五二八團團長……黃梅興
第一營營長……方引之
第二營營長……朱　赤
第三營營長……闞　淵

三　日本侵滬陸海空軍實力統計

陸軍　金澤第九師團：

主管者植田謙吉，人數約一萬六千二百名。

兵器：重機關槍一百六十挺，輕機關槍一千六百五十挺，曲射砲八百五十二門，步兵砲三千二百門，重砲二十三門，野砲山砲未詳，高射砲二十三門，坦克車十八架，爆擊機六十五架，偵察機十八架，裝甲自動機十四輛，通信鴿八十只，催淚彈二千發，烟幕彈藥二千五百加倫，毒瓦斯五千發分，照明彈七百四十發。

編製：步兵第六旅（旅長前原宏行）轄步兵第七第三五兩聯隊，步兵第十六旅（旅長小野年二四）轄步兵第十九聯隊第一二大聯隊，騎兵第九聯隊，工兵第九聯隊，金澤野砲聯隊，金澤輜重大兵大隊，立川飛行聯隊之一部，熊本重砲混成聯隊之一部，衞生隊。

擔任戰區：二月十二日至十八日之間，以一部（計三千名）增援閘北，主力在虹鎮引翔鎮一帶；二月二十一日至二十八日之間，担任跑馬場江灣上海之線；二月二十九日以後，担任南翔方面。

備考：該師團於二月十二日到上海：自經與我作戰，傷亡甚巨。

陸軍　久留米混成旅團：（十二師團之一部）

主管者下元熊彌，人數約三千五百九十名。

兵器：重機關槍二百二十挺，輕機關槍五百八十挺，曲射砲一百五十門，步兵砲七百八十門，野砲三十八門，山砲六十門，飛機四十五架。

編制：步兵第四十六聯隊及四十八聯隊，騎兵第十二聯隊之一部，戰車隊第一隊，輜重兵第十八大隊，獨立山砲兵第三聯隊，廣島工兵第五大隊，各務原飛行第一聯隊一部，久留米憲兵隊，千葉鐵路第一聯隊一部，久留米衞生隊。

擔任戰區：二月七日至十八日之間任吳淞方面：二月二十日至二月二十七日之間任吳淞廟行之線；三月二十八日以後担任眞茹方面。

備考：該旅團於二月七日集中上海。

陸軍　普通寺第十一師團：

主管者松井石根，（據報敵調任前旅順要塞司令中將厚篤大郎爲十一師團長）人數約一萬三千名。

兵器：重機關槍一百九十二挺，輕機關槍七百六十八挺，步兵砲一百九十二門，曲射砲一百九十二門，山砲一百二十門。

編制：步兵第十旅轄第十二第二十二兩聯隊，騎兵第十一聯隊，工兵第十一大隊，輜重第十一大隊，山砲兵第十一聯隊，經理部，衛生隊。

擔任戰區：二月三十日該師團主力由楊林口西涇七丫口等處登陸担任嘉定太倉之線；第四十四聯隊(附陸戰隊一部)擔任吳淞寶山之線。

備考：該師團於二月二十四日全部到滬。

陸軍　宇都宮第十四師團：

主管者未詳，人數約二萬名。

兵器：重機關槍一百九十二挺，輕機關槍七百六十八挺步兵砲一百九十二門，曲射砲一百九十二門，野砲一百門。

編制：步兵第二十七旅轄第二第五十九兩聯隊，步兵第二十八旅轄步兵第十五第五十兩聯隊，騎兵第十八聯隊，騎機槍一中隊，野砲兵第二十聯隊，工兵第十四大隊，輜重兵第十四大隊。經理部，衛生隊。

擔任戰區：到滬時未及登陸，以便策應各方，並有待機向江陰鎮江間登陸之企圖；三月十日以後，因十一師團士兵在戰區水土不服，多患病，調該師團接換十一師團防務。

備考：該師團之先頭部隊，於二月二十九日到滬。

陸軍　弘前第八師團：

人數約一萬餘名。據三月十一日下午六時軍部消息，該師團之一部已到滬，其確實到滬期待考。該師團係由東北調來，主力多爲步砲兵，其他各部似未來滬。

陸軍　第一師團之一部：

人數約二千名。於二月二十七日到滬，爲日軍精銳。

陸軍　第十師團：

到上海人數約三百餘人。

陸戰隊：

主管者：先鹽澤後植松人數約五千。一說一月二十八日以後，該隊陸續增加至一萬二千人。自開戰迄二月六日之間，担任閘北方面，以一部協助四十四聯隊担任吳淞寶山之線。

海軍：

主管：者野村。戰艦三十餘艘，航空母艦三艘，共載重戰鬥機一百二十三架，偵察機三十架。後又增加戰鬥機五架，輕爆機數架。

空軍：

附屬於陸軍海軍內，據各方報告，統計約有陸機二百餘架。

以上統計，根據第五軍第八十七師二百五十九旅戰鬭報告。

四　淞滬戰役我軍官佐士兵傷亡失蹤統計

十九路軍

第六十師　官佐傷九二人　亡二九人
士兵傷二七五人　亡三五〇人

第六十一師　官佐傷一九五人　亡四四人
士兵傷三八〇三人　亡七六四人　失蹤一三一人

第七十八師　官佐傷一一四人　亡四六人
士兵傷一九六五人　亡一一七〇人

補充第一團　官佐傷　亡一人
士兵傷　亡一八人

第五軍

第八十七師　官佐傷九九人　亡二三人　失蹤一四人
士兵傷三三五八人　亡四五二人　失蹤二三五人

第八十八師　官佐傷一四一人　亡五七人　失蹤一二人
士兵傷二五五七人　亡一〇三四人　失蹤三一八人

軍校教導總隊　官佐傷二人　亡一人
士兵傷八二人　亡四十七人　失蹤四十六人

憲兵一旅一團　士兵亡八人

竃雷大隊　亡二六人

義勇軍第三隊　傷二人　亡一六人

上列統計，參照十九軍第五軍報告及報紙記載編製，數額頗確切

五　淞滬戰役我方戰區民衆傷亡失蹤統計

根據七月三十一日止，上海調查損失聯合辦事處之登記數額，計收到登記表共二萬五千餘份；全區戶數約一六〇•四六九戶，約七成受災。至民衆之死傷失蹤數之約計，略如下述：

死者　一一•四七五人
傷者　四•三一八人
失蹤　五•四三二人

六　淞滬戰役敵軍官佐士兵傷亡統計

據日本政府公佈：自一月二十八日至三月五日，上海戰役，日海陸軍官計死三百八十五人，傷二千〇二十八人，死傷合計二千四百十三人。內軍官死傷一百〇六人。陸軍較海軍死傷爲多；陸軍軍官佔死傷軍官全部六成，士兵佔全部之八成。另日僑死十七人，傷四十四失蹤四人。但外人認此數不確，因即就該國之日日新聞所載，死傷數亦遠較此數爲多也。

七 十九路軍抗日戰役陣亡官佐簡歷一覽

第六十師

陳正倫	一一九旅一團	一營少校營長	三十四歲籍貫廣東瓊山	二月十日一時上海寶興路陣亡
白鶴昌	一一九旅一團	一營機關槍連少校連長	三十四歲籍貫北平白河白家堡	二月十四日八時上海西寶興路陣亡
周榮生	一一九旅一團	一營少尉連附	二十七歲籍貫廣東南海縣	二月十三日十二時上海西寶興路陣亡
黃莊	一一九旅二團	二營中尉連附	三十八歲籍貫廣東龍川縣	二月廿九日上海八字橋陣亡
龐秀南	一一九旅二團	三營上尉代連長	三十九歲籍貫廣西博白	二月廿九日上海八字橋陣亡
張慶雲	一一九旅二團	中尉代連附	二十九歲籍貫廣東欽州	二月廿九日在上海八字橋陣亡
黃周輝	一一九旅三團	一營少尉連附	三十一歲籍貫廣東合浦縣	二月卅日上海江灣勞動大學右側陣亡
萬長海	一一九旅三團	一營機關連中尉連附	三十一歲籍貫山東長青縣萬家村	三月一日燕毛灣陣亡
張永清	一一九旅三團	少尉連附	二十六歲籍貫江西大庾縣東門外	二月二十日江灣勞動大學頭門房內陣亡
黃振民	一一九旅三團	三營少尉連附	二十八歲籍貫廣東和平縣南門外	二月廿二日江灣陣亡
王標	一一九旅三團	三營代理少尉連附	二十五歲籍貫廣東和平縣西門街	二月廿九日殷家宅陣亡
黃瑞	一一九旅三團	三營上尉連長	三十六歲籍貫廣東和平縣大利塲	二月廿九日餞家蕩陣亡
景秀豐	一一九旅三團	三營機關連少尉連附	三十三歲籍貫山西太原	二月二十九日餞家蕩陣亡
伍澤林	一二〇旅四團	一營上尉營附	三十一歲籍貫廣東番禺縣南浦鄉	二月八日上海閘北寶興路陣亡
唐庚生	一二〇旅四團	一營少尉連附	三十三歲籍貫湖南寶慶縣	二月六日上海閘北寶山路受傷廿一在醫院死亡
黃泗	一二〇旅四團	二營機關連中尉連附	三十八歲籍貫廣西恆集永固傜爐村	二月十八日在上海寶隆醫院因傷死亡
嚴桂生	一二〇旅四團	三營中尉連附	二十七歲籍貫湖南祁陽縣	二月四日在上海西寶興路陣亡
李芳輝	一二〇旅四團	三營上尉連長	三十七歲籍貫福建省連城縣	二月四日在上海寶山路負傷送法界中央大醫院身亡
陳德功	一二〇旅四團	三營機關連中尉連附	二十歲籍貫廣西馬平白洋村	二月四日上海西寶興路陣亡
林景芳	一二〇旅五團	上尉機關官	三十三歲	三月三日南翔附近陣亡
張熙才	一二〇旅五團	二營中尉連附	二十六歲籍貫廣東紫金藍塘圩	
邵桂芳	一二〇旅五團	三營少尉排長	二十四歲籍貫廣西桂平縣	三月四日黃渡車站鐵道上陣亡
譚啓友	一二〇旅五團	三營上尉連長	二十六歲籍貫廣東羅定四區龍九村	三月四日黃渡車站鐵道上陣亡
蘇夜定	一二〇旅五團	上士代排長	二十六歲籍貫廣西慶近龍頭圩	三月四日黃渡車站鐵道上陣亡
艾賓彬	一二〇旅六團	二營上尉連長	三十歲籍貫湖南平江縣	二月六日上海閘北橫濱路陣亡
馮芳玉	一二〇旅六團	少尉連附	二十九歲籍貫廣東順德縣	二月二十日上海八字橋花園陣亡
丁子堅	一二〇旅六團	三營中尉連附	二十三歲籍貫湖北武昌保安門	二月六日上海八字橋陣亡
黃桐山	一二〇旅六團	三營少尉連附	三十七歲籍貫廣東欽州陵縣	二月二十日上海孟家宅陣亡
岳喜慶	一二〇旅六團	三營上尉連長	三十二歲籍貫河南許昌縣	二月五日上海八字橋陣亡

第六十一師

楊明修	教導團	上尉軍需	二十三歲籍貫廣東廉江	二月二十二日眞茹陣亡
熊保忠	教導團	上尉軍械官	二十七歲籍貫廣東連縣	二月二十一日大場陣亡
李冠勛	教導團	一營少尉連附	三十五歲籍貫河南湯陰縣	二月二十五日江灣廣肇公學陣亡
林鍾	教導團	一營中尉連附	二十三歲籍貫廣東瓊州	二月二十六日廣肇公學陣亡
彭望明	教導團	准尉特務長	三十歲籍貫湖南嘉禾縣	二月二十日大場汽車站陣亡
靳國棟	一二一旅一團	一營少尉連附	二十七歲籍貫河南故春縣	二月二十五日後郭家宅陣亡

黃元	一二一旅一團	一營少尉連附	二十一歲籍貫廣東南海縣	二月二十五日南郭家宅陣亡
陳拔雄	一二一旅一團	三營上尉營附	二十四歲籍貫廣東興寧縣	二月二十三日江灣顧家宅陣亡
李勝輝	一二一旅一團	三營少尉連附	四十二歲籍貫湖南甯鄉縣	二月二十三日顧家宅陣亡
陳志鵬	一二一旅三團	一營上尉連長	二十五歲籍貫湖南郴陽縣	二月十三日上海江灣陣亡
王學森	一二一旅三團	二營中尉連附	二十二歲籍貫河南柘城縣	二月十三日朱家橋陣亡
唐祥會	一二一旅三團	少尉連附	二十八歲籍貫湖南岳州縣	二月十三日朱家橋陣亡
王殿祺	一二一旅三團	二營中尉連附	三十五歲籍貫山東管陶縣	二月十三日朱家橋陣亡
胡斌	一二一旅三團	三營少尉連附	二十五歲籍貫廣東順德縣	二月十四日三具宅陣亡
張雲	一二一旅二團	一營中尉連附	二十八歲籍貫河南正定縣	二月二十一日江灣鎮陣亡
黃少卿	一二一旅二團	二營少尉排長	二十五歲籍貫湖南長沙縣	二月二十五日楊煥橋陣亡
胡業興			三十三歲籍貫江西峽江縣	二月二十日江灣陣亡
張篤初	一二一旅二團	二營中尉排長	二十八歲籍貫福建蒲城縣	二月二十日江灣陣亡
楊漢臣	一二一旅二團	特務隊中尉排長	二十七歲廣東合浦縣	二月二十一日江灣陣亡
劉肅民	一二一旅四團	步砲連上尉連長	二十七歲籍貫廣東番禺縣	二月二十五日竹園墩陣亡
譚慈恩		少尉連附	二十七歲籍貫廣西平南縣	二月二十五日竹園墩陣亡
陳澂石	一二一旅四團	一營上尉營附	二十八歲籍貫廣東順德縣	二月二十六日竹園墩陣亡
鄧祥陽	一二一旅四團	機關連少尉連附	三十一歲籍貫廣西灌陽縣	二月二十六日竹園墩陣亡
許國華		准尉	三十歲籍貫湖南寶慶縣	二月二十六日竹園墩陣亡
李玉材	一二一旅四團	二營中尉連附	二十五歲籍貫湖南臨湘縣	二月二十五日竹園墩陣亡

曾鐵民	一二一旅四團	二營少尉連附	二十五歲籍貫湖南寶慶縣	二月二十五日竹園墩陣亡
羅永	一二一旅四團	二營中尉連附	二十七歲籍貫廣西桂平縣	二月二十五日竹園墩陣亡
石炎華	一二一旅四團	三營中尉連附	二十六歲籍貫廣東增城縣	二月二十五日竹園墩陣亡
王堅民	一二二旅五團	中校團附	四十一歲籍貫廣東文昌縣	二月廿日傷至三月四日大場附近傷保隆院斃亡
楊福基	一二二旅五團	一營准尉特務長	二十六歲籍貫廣東吳川縣	二月十三日紀家橋陣亡
林炳光	一二二旅五團	二營上尉連長	三十一歲籍貫廣東鶴山縣	二月廿五日廟行鎮陣亡
楊煥民	一二二旅五團	三營上尉連長	三十六歲籍貫湖北	廟行鎮陣亡
伍發初	一二二旅五團	三營中尉連附	二十八歲籍廣貫東吳川縣	二月二十五日廟行鎮陣亡
黃景成	一二二旅六團	一營上尉連長		二月十三日家紀橋陣亡
何章甫	一二二旅六團	一營中尉連附		二月十三日紀家橋陣亡
蘇桂清	一二二旅六團	一營少尉連附		二月十三日紀家橋陣亡
林得	一二二旅六團	二營中尉連附		二月十二日紀家橋陣亡
李榮熙	一二二旅六團	三營少校營長		二月十三日朱家莊陣亡
韋裕昌	一二二旅六團	三營中尉連附		二月十三日紀家橋附近陣亡
王定中	一二二旅六團	三營少尉連附		二月十三日紀家橋附近陣亡
廖可甯	一二二旅六團	三營少尉連附		二月十三日紀家橋附近陣亡
李權芳	一二二旅六團	機關連中尉連附		二月十三日東家莊附近陣亡
汪永頤	一二二旅六團	三營少尉連附		二月十三日東家莊附近陣亡
童勳	一二二旅六團	一營上尉代連長		二月廿五日廟行鎮竹園墩陣亡

第七十八師

雲　勉	一五五旅一團	上尉連長	二十八歲籍貫廣東文昌	三月一日上海江灣西夏家塘陣亡
鍾太初	一五五旅一團	上尉連長	二十八歲籍貫廣東五華	三月一日上海江灣西夏家塘陣亡
刁明春	一五五旅一團	中尉連附	二十四歲籍貫江蘇南通	三月一日上海江灣西夏家塘陣亡
劉　興	一五五旅一團	少尉連附	二十六歲籍貫廣東陽春	三月一日上海江灣西夏家塘陣亡
羅　鋈	一五五旅一團	一營少校營長	三十九歲籍貫廣東羅定	三月一日廣肇山莊陣亡
江　燊	一五五旅一團	一營上尉營附	二十九歲籍貫廣東五華	三月一日廣肇山莊陣亡
周達和	一五五旅一團	少尉連附	三十四歲籍貫廣西豐樂	三月一日廣肇山莊陣亡
邱鎔鈞	一五五旅一團	少尉連附	三十四歲籍貫廣東信宜	三月一日廣肇山莊陣亡
朱　桂	一五五旅一團	機槍第二連少尉連附	二十九歲籍貫廣東廣州	三月一日廣肇山莊陣亡
宋德甫	一五五旅一團	上尉連長	二十八歲籍貫廣西貴縣	三月一日二十三渡陣亡
張輝廷	一五五旅一團	少尉連附	二十二歲籍貫湖南平江	三月一日竹園墩陣亡
唐之章	一五五旅二團	少校團附	二十六歲籍貫廣東防城	三月一日楊家樓下陣亡
朱錫蔭	一五五旅二團	上尉軍醫	二十八歲籍貫廣東台山	三月一日楊家樓下陣亡
葉展球	一五五旅二團	少尉連附	二十五歲籍貫廣東羅定	二月二十八日江灣陣亡
賴忠和	一五五旅二團	中尉代連附	二十五歲籍貫福建上杭	三月一日江灣陣亡
陳希秦	一五五旅二團	少尉連附	三十歲籍貫廣東始興縣	二月二十八江灣陣亡
吳春田	一五五旅二團	中尉連附	二十九歲籍貫廣東恩平	二月二十五竹園墩陣亡
黎青天	一五五旅二團	少尉連附	二十六歲籍貫廣東羅定	二月二十五竹園墩陣亡

馬熾南	一五五旅二團	中尉連附	三十五歲籍貫廣東合浦	三月一日楊家樓下陣亡
偉奇生	一五五旅二團	少尉連附	二十六歲籍貫廣東南海	二月二十七日楊家樓下陣亡
羅雲漢	一五五旅二團	機關槍連上尉連附	二十一歲籍貫東欽州	二月二十九日楊家樓下陣亡
黃振明	一五五旅二團	機關槍連少尉連附	二十八歲籍貫廣東靈山	三月一日楊家樓下陣亡
郭振英	一五五旅三團	中尉軍需	三十二歲籍貫湖南	二月四日閘北陣亡
龎　傑	一五五旅二團	特務隊少尉排長	二十九歲籍貫廣東高州	三月一日小場廟陣亡
羅漢屏	一五五旅三團	中尉連附	三十歲籍貫廣東合浦	三月一日小場廟陣亡
譚秀軒	一五五旅三團	准尉服務員	三十六歲籍貫廣東欽州	三月一日小場廟陣亡
梁世燊	一五五旅三團	中尉連附	二十七歲籍貫廣東欽縣	三月一日上海江灣陣亡
董以淦	一五五旅三團	中尉服務員	二十五歲籍貫廣東羅定	三月一日江灣小場廟陣亡
鄭企瞻	一五五旅三團	機關槍連少尉連附	三十歲籍貫湖南新甯	三月一日江灣小場廟陣亡
梁麗次	一五五旅三團	機關槍連少尉連附	二十九歲籍貫廣東茂名	三月一日江灣小場廟陣亡
林　海	一五五旅三團	機關槍連少尉連附	二十九歲籍貫廣西陸川	三月一日江灣小場廟陣亡
尹　焘	一五五旅三團	機關槍連少尉連附	二十四歲籍貫江蘇上海	三月二日江灣小場廟陣亡
邱艇國	一五五旅三團	機關槍連少尉連附	二十四歲籍貫廣東省	三月二日江灣小場廟陣亡
趙金聲	一五六旅四團	上尉連長	二十八歲籍貫江蘇泰興	二月二十一日吳淞永安紗廠陣亡
劉得標	一五六旅四團	少尉排長	二十八歲籍貫廣西留江	二月二十一日吳淞永安紗廠陣亡
吳英才	一五六旅四團	機槍連准尉排長	二十四歲籍貫湖北監利	二月七日吳淞陣亡
唐勝標	一五六旅五團	中尉排長	二十八歲籍貫廣西平樂	三月二日南翔陣亡

周漢雲	一五六旅五團	機槍連准尉排長	三十歲籍貫湖南湘潭	三月二日錢家宅陣亡
羅彬	一五六旅五團	上尉連長	二十六歲籍貫四川內江安全鄉	二月十四日吳淞礮台灣陣亡
梁保生	一五六旅五團	少尉連附	三十歲籍貫廣西南甯	三月一日大場孟家角陣亡
張福甫	一五六旅五團	上尉連長	四十一歲籍貫廣西崇善	二月六日青雲路陣亡
胡子軒	一五六旅五團	准尉特務長	三十八歲籍貫湖北武昌	三月三日南翔陣亡
陳修明	一五六旅六團	上尉第二營營附	二十六歲籍貫福建福州	三月一日孟家角陣亡
唐明卿	一五六旅六團	中尉連附	二十五歲籍貫廣東澄邁	三月一日孟家角陣亡
彭名貴	一五六旅六團	准尉服務員	二十五歲籍貫湖南常德	三月一日孟家角陣亡
龐春毓	一五六旅六團	中尉連附	二十四歲籍貫廣東化縣	三月一日孟家角陣亡

八 第五軍抗日戰役陣亡官佐簡歷一覽

第八十七師

朱耀章	二五九旅五一七團	第一營少校營長	二十八歲籍貫浙江浦江	三月三日婁塘陣亡
陳陽屏	二五九旅五一七團	第十四連上尉連長	二十三歲籍貫湖南南寶慶	三月三日婁塘陣亡
蔡策元	二五九旅五一七團	第三連上尉連附	二十三歲籍貫廣東	三月三日婁塘陣亡
劉遠凱	二五九旅五一七團	第八連中尉排長	二十四歲籍貫湖南湘陰	三月三日婁塘陣亡
周夢熊	二五九旅五一七團	通信連准尉	籍貫安徽宿縣	三月三日婁塘陣亡
王協民	二五九旅五一七團	第二連准尉服務員	三十二歲籍貫安徽潁州	三月三日廟行蔡家宅陣亡
易育全	一五九旅五一八團	第一營部中尉副官	二十五歲籍貫湖南劉陽	三月一日廟行陣亡
趙健	二五九旅五一八團	第四連中尉排長	二十五歲籍貫湖南衡山	二月二十五日陣亡
裴福龍	二五九旅五一八團		二十三歲籍貫福建閩侯	三月一日陣亡
黃宣武	二五九旅五一八團	第三連上尉連附	二十五歲籍貫廣東嘉應	
陳勁	二五九旅五一八團	第三連中尉排長	二十五歲籍貫湖南耒陽	二月二十三日塘東宅陣亡
陸壽榮	二五九旅五一八團	第六連准尉代排長	二十四歲籍貫廣西平南	二月二十九日廟行鎮陣亡
袁漢臣	二五九旅五一八團	第十連少尉排長	三十歲籍貫湖南甯鄉	二月二十四日塘東宅陣亡
吳興偉	二五九旅五一八團	第三營部少尉副官	二十三歲籍貫浙江浦江	三月一日廟行鎮陣亡
李敏如	二五九旅五一八團	第十三連少尉排長	二十三歲籍貫湖南湘鄉	
朱明悠	二五九旅五一八團	第十一連上尉連長	籍貫江西	
雷光遠	二六一旅五二一團	第一營第一連少尉排長	二十三歲籍貫湖南甯遠	二月二十二日紀家橋陣亡
湯泉	二六一旅五二一團	第一營少校營附	二十九歲	三月一日太倉茜營陣亡
楊德彰	二六一族五二一團	第四連上尉連長	二十九歲籍貫湖南醴泉	三月一日太倉茜營陣亡
李慶豐	二六一旅五二二團	第一營第二連少尉排長		二月二十二日北沈宅陣亡
劉宏揚	二六一旅五二二團	第一營第三連上尉連長	二十六歲籍貫湖南醴陵	二月月十九日蘇州陣亡
李元溥	二六一旅五二二團	第三營第十一連少尉排長	二十三歲籍貫湖南湘鄉	二月廿三日南孫宅陣亡
張超	二六一旅五二二團	三營十二連上尉連長	三十歲籍貫廣東瓊州	二月二十二日蘊藻浜陣亡
伍子憲	二六一旅五二二團	第七連上尉連附	二十五歲籍貫湖南石門	二月二十三日蘊藻浜陣亡

第八十八師

項方強	師司令部	上尉參謀	二十五歲籍貫浙江浦江	三月二日羅店附近陣亡
吳繼譽		准尉諜報員	三十一歲籍貫江蘇嘉定	三月二日劉河陣亡

唐循		工兵營上校營長	三十歲籍貫湖南零陵	三月二十一日唐東橋東北陣亡
施汝德		工兵營第三連上尉連長	二十三歲籍貫貴州甕安	二月二十四日陣傷于上海廣慈醫院亡故
連逸卿	第五二三團	一營一連中尉排長	二十六歲籍貫廣東潮陽	二月二十二日前郭家宅陣亡
俞善爲	第五二三團	一營二連中尉排長	二十八歲籍貫浙江金華	二月二十九日竹園墩陣亡
雷翼龍	第五二三團	一營三連上尉代連長	二十九歲籍貫四川璧山	三月一日水車頭陣亡
金玉高	第五二三團	一營三連准尉代排長	二十七歲籍貫湖北	三月一日竹園墩陣亡
許永賢	第五二三團	二營六連上尉連長	二十六歲籍貫浙江諸暨	二月二十二日小塲廟陣亡
胡鳳翔	第五二三團	二營六連准尉半排長	籍貫江蘇	二月二十二日小塲廟陣亡
駱雁行	第五二三團	二營八連准尉半排長	二十五歲籍貫浙江永康	二月二十二日小塲廟陣亡
鍾筱筠	第五二三團	二營九連中尉排長	二十四歲籍貫江西清江	二月二十二日小塲廟陣亡
劉光鑑	第五二三團	二營十連中尉排長	二十七歲籍貫湖南綏甯	二月二十二日後郭家宅陣亡
陳少秋	第五二三團	二營十連少尉排長	二十七歲籍貫湖南甯鄉	二月一日溺斃
陳紹笙	第五二三團	三營十二連上尉連長	二十九歲籍貫浙江青田	二月二十一日江灣附近陣亡
任秀根	第五二三團	三營十二連上尉連長	二十五歲籍貫河南舞陽	三月一日江灣陣亡
金雲初	第五二三團	准尉代排長	二十二歲籍貫浙江永嘉	二月二十一日嚴家宅陣亡
蔣炳龍	第五二三團	准尉代排長	二十五歲籍貫浙江楓涇	三月一日江灣陣亡
盧志豪	第五二四團	第一營少校營附	二十八歲籍貫浙江永嘉	二月二十二日廟行陣亡
李德富	第五二四團	一營二連上尉連長	二十五歲籍貫四川敍州	二月二十二日廟行陣亡
周傳柄	第五二四團	一營三連上尉連長	二十八歲籍貫湖南瀏陽	三月一日陳家木橋陣亡

章煦東	第五二四團	二營營部中尉副官	二十七歲籍貫安徽東流	二月二十二日廟行陣亡
陳鎮南	第五二四團	二營八連准尉代排長	三十二歲籍貫浙江青田	二月二十二日廟行陣亡
唐鄴	第五二四團	三營十二連上尉連長	二十六歲籍貫湖南常甯	二月二十二日廟行陣亡
譚維禎	第五二四團	三營十二連准尉特務長		二月二十二日廟行陣亡
馬聰	第五二四團	三營十三連上尉連長	二十三歲籍貫湖南湘潭	二月二十二日廟行陣亡
張熙	第五二四團	三營十三連中尉排長	二十一歲籍貫湖北蘄水	二月二十二日廟行陣亡
高鵬翼	第五二四團	三營十四連中尉排長	二十一歲籍貫湖北武昌	二月二十二日廟行陣亡
徐旭	第五二七團	第一營少校營附	三十七歲籍貫浙江永康	二月二十一日朱家宅陣亡
趙公毅	第五二七團	一營一連上尉連附	二十七歲籍貫浙江諸暨	二月二十二日麥家宅前陣亡
李公尙	第五二七團	一營一連中尉排長	三十二歲籍貫浙江永康	二月二十二日麥家宅前陣亡
張展	第五二七團	一營一連中尉排長	二十八歲籍貫浙江青田	二月二十二日麥家宅前陣亡
陳桂鴻	第五二七團	一營一連准尉半排長	二十四歲籍貫湖南宜章	二月二十二日麥家宅前陣亡
朱煥然	第五二七團	一營二連中尉排長	二十六歲籍貫湖北江陵	二月二十二日朱家宅陣亡
張斌	第五二七團	一營二連少尉排長	二十三歲籍貫湖南醴陵	二月二十二日朱家宅陣亡
陳益	第五二七團	一營二連准尉半排長	二十五歲籍貫湖南祁陽	二月二十二日朱家宅陣亡
商支宇	第五二七團	一營三連中尉排長	二十三歲籍貫浙江嵊縣	二月二十二日麥家宅陣亡
胡濟川	第五二七團	一營四連上尉連長	二十四歲籍貫浙江臨海	二月二十二日廟行陣亡
黃茂松	第五二七團	二營六連中尉排長	二十九歲籍貫廣東興甯	二月二十二日廟行陣亡
錢瀛川	第五二七團	二營七連上尉連附	二十九歲籍貫浙江慈溪	二月二十七日金家木橋陣亡

陳鼎勛	第五二七團	二營八連少尉排長	二十四歲籍貫廣東茂名	三月一日沈家溝陣亡
陳振新	第五二七團	三營營部少校營長	二十六歲籍貫湖北應城	二月二十二日竹園墩陣亡
傅允文	第五二七團	三營十一連上尉連長	二十七歲籍貫浙江義烏	二月二十二日竹園墩陣亡
劉伯軒	第五二七團	三營十一連中尉排長	二十五歲籍貫湖南寶慶	二月二十二日竹園墩陣亡
曹榮	第五二七團	三營十一連少尉排長	二十八歲籍貫浙江金華	二月二十二日竹[illegible]陣亡
許培華	第五二七團	三營十二連上尉連附	三十歲籍貫江西宜黃	二月二十一日孟家宅陣亡
鄭在邦	第五二七團	三營十二連中尉連附	二十六歲籍貫浙江甯海	三月一日孟家宅陣亡
何養新	第五二七團	三營十三連准尉特務長	二十四歲籍貫浙江新登	二月二十二日沈家溝陣亡
任益珍	第五二七團	三營十四連中尉排長	二十七歲籍貫浙江永嘉	二月二十二日竹園墩陣亡
張文良	第五二七團	三營十四連中尉排長		三月一日陣亡
駱朝宗	第五二八團	一營二連上尉連長	二十九歲籍貫浙江義烏	二月二十二日塘家宅前陣亡
周桂標	第五二八團	一營二連中尉排長	二十九歲籍貫湖南甯鄉	二月二十二日塘家宅前陣亡
王良	第五二八團	一營三連少尉排長	二十歲籍貫浙江仙居	二月二十五日紅十字總醫院亡故

查英	第五二八團	一營三連准尉半排長	二十二歲籍貫浙江海甯	二月二十二日塘家宅前陣亡
梁修身	第五二八團	一營四連中尉排長	二十五歲籍貫湖南安化	二月二十二日談家宅南端陣亡
盧世鏞	第五二八團	二營六連中尉排長	二十六歲籍貫廣東興甯	二月二十二日廟行陣亡
王倫敦		少尉排長	二十六歲籍貫四川成都	二月二十二日廟行陣亡
呂義灝	第五二八團	三營營部少尉營附	二十六歲籍貫浙江東陽	二月二十二日廟行陣亡
駱健郎	第五二八團	三營十一連上尉連長	二十四歲籍貫四川古藺	二月二十二日楊焕橋前陣亡
李章	第五二八團	三營十一連少尉排長	二十六歲籍貫廣東羅定	二月二十二日楊焕橋前陣亡
萬羽	第五二八團	三營十二連上尉連長	二十八歲籍貫湖南武岡	二月二十二日楊焕橋前陣亡
顧煒	第五二八團	三營十二連中尉排長	二十六歲籍貫浙江諸暨	二月二十二日楊焕橋前陣亡
張夢文	第五二八團	三營十三連中尉排長	二十六歲籍貫湖南東安	二月二十二日楊焕橋前陣亡
胡家驊	第五二八團	三營十三連中尉排長	二十五歲籍貫湖北荆門	二月二十二日楊焕橋前陣亡
朱運芝	第五二八團	三營十三連少尉排長	二十九歲籍貫湖南甯鄉	二月二十二日楊焕橋陣亡
王志英	第五二八團	三營十四連少尉排長	二十四歲籍貫廣東興甯	二月二十二日廟行陣亡

九　財部稅警團及中央教導隊等陣亡官佐一覽

▲財政部稅警總團步兵第二團

李紀常 第一營第一連排長　曾冲漢 第一營第一連排長
楊定華 第一營第一連副排長　鄒冠碓 第一營第二連連長
江爾雄 第一營第二連連附　王熹 第一營第二連副排長
鞏安邦 第一營第二連特務長　龎子廉 第一營第三連連長
譚冠英 第一營第三連連附　劉多犖 第一營第三連連附
徐士良 第一營第三連副排長　古錚 第二營第五連連長
曾志斌 第二營第五連特務長　孟繁琦 第二營第七連連附
楊景衍 第二營第八連連附　葉思如 第二營第八連副排長
劉中柱 連附

▲中央陸軍軍官學校教導總隊

孫敦言　楊得山　趙衍慶　曹會鵬　李培光
田俊傑　顧貴榮　楊自耕　馬福勝　吳得勝
蕭世芳　姬寶珊　李潮晉　鄒福奎　武金鐸
陳顯和

▲電雷大隊

李明山　楊全才　梁玉山　王文卿　張廣昌
唐錫君　張學忠　苗廷有　聶度坤　葛啓曠

▲義勇軍

上海救國義勇軍第三大隊九十一名於二月十四日晚隨十九路軍六十師赴閘北·天通庵路，任掘戰壕，堆砲壘，樹木柱，張電網等工作，因在最前綫爲敵發覺掃射，當即傷亡十六名其姓名如下

張仲漢　王得胖　饒端生　丁廣太　何傳生

趙月椒　張塘　周楚　何阿毛　范有恆
吳謨　徐長攸　王阿根　許金生　鍾秉坤
孫玉禮　（劉光賢陸鎮珠負傷）

十　十九路軍抗日戰役陣亡士兵題名

▲第六十師

宋福　崔有才　李福林　梁安貴　龕永義
凌關英　黃正仁　陳六　張振廷　馬朝柱
劉德明　楊文彬　李家元　黃金龍　王有
羅雲青　周德福　張全　盧輝標　丁雲龍
吳澤　熊永山　葉德明　霍天才　邵廣發
張榮本　鄒有德　唐蔭　楊士家　李清明
侯良科　蔡鳳廷　劉顯色　林華　謝雲卿
楊勝標　崔炎峯　李仁順　鄺貴明　溫雲星
藍以清　徐安　王福林　陳復朝　龍得泉
陳桂標　姚應福　黃得　楊業榮　周德勝
張麥惠　易石松　吳德標　梁達金　李忠
王九傑　朱國才　符正統　孫尙芝　陳洪吉
吳雲清　張松　文詠左　王春海　黃來興
葛仁卿　劉宇成　陳少卿　高凱　李樹標
于魁順　劉高　常正德　王安忠　楊海林
董國華　李菊生　侯長發　錢和　楊善述
梁生　李興邦　黃少雄　楊志有　凌樂平
黃忠　鄧光輝　劉松林　陸量臣　康金山
董心善　聶桂興　聶玉林　蔣玉桂　羅本鑾
張鳳田　黃萬全　劉子春　楊永田　曾金
黃祥　林雲廷　崔貴生　林星　王長大
郭順祥　莫有南　劉德勝　陳聚合　劉同興
孫回宗　謝登科　鍾廣材　曹雄　劉章甫
曾毓盛　廖銀　屈清彥　蔡崇珍　秦留根
孫寶二　梁權　韋泉　包石洸　邢中良

王得勝　李志善　王仲武　劉德　曾乾
林鳳鳴　曹珍如　李漢魂　吳林　陳德勝
宋雲　黃勝標　蔣坤　吳迪惠　李恆德
宋沼濱　陳成福　吳有林　駱國強　張福林
林炳廷　鄧雲春　趙青林　鄧坤　沈金
唐桂林　劉金柱　李順興　劉祖生　李春榮
孫學斌　鄔清山　王玉山　曾娘金　梁部周
葉仲光　詹天佑　張榜　藍金華　張立盛
袁英雄　徐明元　陳金章　徐國基　鄭振湘
徐木林　黃德標　李廷芳　吳煜　巫標
徐漢州　潘克昌　苗榮華　袁寰　孫少康
陳漢　徐維翰　劉雲清　徐明華　吳少平
楊玉亭　葉清盛　葉廷忠　徐南陽　王桂標
徐聲標　徐定遠　劉眞標　張允　王東漢
王德才　譚正才　劉紹光　黃鴻基　梁興
劉國南　李照　黎成武　何家平　文有才
黃金臣　詹景禎　武國義　蔣振標　彭漢文
周雲廷　馬萬卿　鄧振雄　馬浩英　麥德明
張文才　蔡玉秀　田玉志　何華德　楊隆春
陳盛　董樂金　金大富　蔣正標　劉清石
何保旺　范壽表　黃正文　農豹　胡福
張得勝　郭志仁　林其興　彭克元　陳桂標
蔡光明　蔡光榮　崔得勝　林廣科　莫振華
王彪　王文祿　杜福葵　吳炳辛　黨萬聚
吉慶國　歐林標　姚文魁　陳友泉　周生林
張勝初　陳華漢　楊順廷　陳有生　李春秀
陳福生　劉少春　李正安　施洪魁　許慶華
范金標　鄧忠　鄧勛　梁利　何燦
蒙如廷　鄧福如　伍國全　李超　黃雄
甯啓　甄六　楊漢林　周成伯　劉萬全
宋學賢　鄭玉清　侯德潤　田得華　陸志祥
周廷華　張則良　張振裕　鄒順陽　楊善民
李文湘　廖光明　劉福德　鄭寶國　張惠珍
齊得勝　董子明　李旺　吳紀生　陳東榮

李振標　張標　周明泰　錢同科　郭玉田
張得勝　張子元　鄧文高　胡順昌　劉德勝
陳桂標　伍新　黃澤　何富善　胡興堂
伍雲山　王勝林　呂得林　梁洪　張先
王雲貴　楊春生　黃光德　鄭其中　趙國富
梁發　陳才　葉田　王正中　張德榮
張廣芝　廖漢雲　潘名卿　范保生　蔡相廷
楊培生　李才　蔡忠華　張水生　黃金
劉成　李炳才　謝貴金　胡清山　周漢清
趙東璧　劉雅軒　韓德漢　黃紹模　賴成桂
朱寶祥　劉寅文　黃尙武　劉鳳鳴　秦光明

▲第六十一師

王輝　李福春　曾桂生　龐世坤　傅華亭
王銀　羅得標　孟慶雲　彭德勝　沈潤英
廖壽興　蕭得南　梁桂才　呂少雄　黃炳堂
胡榮區　葉蘇　崔漢　彭建和　何思玉
周福生　宋廷貴　邱錫海　尹春霖　麥雲
袁洪發　杜傅倫　鍾龍　程英　李濟卿
李保光　周國林　黃浩　孟憲清　禤少堂
潘李　蘇春生　朱貴仁　覃桂　杜清潤
邵國芳　王福全　宋懷志　胡子玉　毛壽南
章祖全　梁均伯　胡坤芝　秦天祥　高尙富
吳有興　張連生　郭文階　劉福生　劉武忠
閻德榮　孔德標　石建標　朱殿山　李斌
黃福標　薛進　姚炳坤　岑燦　齊慈堂
陳文奉　李顯　公乃生　儲長勝　黃炳福
鄭治海　李明才　瞿文漢　彭澤　羅金生
陳復生　劉清林　岳得勝　李革明　李協和
伍林勝　李松　楊子希　陳欽雲　孫玉和
張標　鄧春林　李玉清　殷元端　宋孝叉
楊雲富　梁衍餘　梁華　歐陽古　鄧雲勝
劉福生　張貴廷　王雅齊　彭雨廷　黃子全
唐有清　玉銘　王玉奎　林福生　何志明

邱家勝 譚其生 黃得標 石國正 孫桂廷 左平順 唐景光 程友勝 鄧標 黃遠林 王金川 周勝初 蔡文 劉順甫 劉立棠 張俊福 楊樹清 高德正 黎連 周志光 周少坤 劉永成 屈海全 陶福生 楊占春 李世發 習長生 楊玉明 王得喜 羅金標 郭鑫 陸漢英 邱英達 段昌友

朱崑 鄧玉林 何桂林 韓梯 梁得才 嚴致芬 楊榮善 白元中 熊賢治 田記興 李勝龍 徐琢武 郭墨秋 羅德英 方甦才 王起發 宋福茂 張東海 段世訓 陳學安 左騰芳 徐華臣 鄒志誠 蔣福棠 姚玉和 邱連 李文標 梁玉 李紀田 周少初 李富貴 潘得才 廖建 江薪

陳廉 胡壽親 周坤福 郝浩 董漢林 甄子 李斌 孫泰方 彭芷庭 周漢清 高玉蘭 張治國 雷正海 劉有 鄧從坤 鄧國璋 高金升 戴成 王忠良 陳勝發 馮朝兩 張永興 徐均峯 蔡春生 游得敏 高元奎 萬興桂 陳得明 張傑 彭林册 唐斌 杜勝 李鴻標 黃忠

周春 曾云親 成利江 魏得林 王漢廷 易東林 田漢生 丁憲深 王小順 張建國 李德明 蘇善朗 張德 陳標德 林廷國 閻鴻勳 王卿貴 葉錦文 楊哲明 趙少安 邵玉如 甯星亭 葉吉坤 羅文祕 龍源清 閻振標 趙錫祥 胡慎仲 劉得勝 曾珠 何志忠 周炳流 謝林芳 李穠

侯鑫 李榮生 蔣國俊 曾价臣 賀金正 黃値 朱振其 黎勝標 王松勳 葉法海 劉正宏 衛如璧 張進周 周元 黃桂中 董運福 劉玉興 曾能煥 蔣鳳清 盧炳光 陳燊榮 劉相山 黃復興 鄧明山 岑鳳成 趙正強 陳得勝 蘇川年 林國華 王漢 葉桂華 邱連陞 廖北川 宋從龍

曹玉金 陳玉廷 徐振法 董仲芳 李福修 鄧功春 龍日生 張桂洞 蘇白 廖祺 徐偉才 李桂華 楊方勝 梁英 高雷得 石立 李殿魁 張鳳彩 卞守經 許金龍 陳有 劉得英 劉漢清 陸廷桂 劉玉廷 劉振州 李勝 陳樹斌 蔣有清 方國良 周乾甫 郁起得 李國治 劉長生

李秀恩 霍雲福 胡明田 汪湖建 宣桂中 夏得甫 曹漢川 任又貴 王阿有 曹桂陽 孔堂 黎華興 林成基 張如生 江南朝 劉光保 程金橋 焦坤 胡金標 李雲卿 張振根 黎雄傑 盧洪 麗永先 閻蘭有 吳漢 趙有來 蔣得勝 譚甫臣 王玉文 王廷有 杜從學 彭福其 顧正克

高玉龍 趙清雲 王崇德 林月勝 李云桂 黃成標 許大 朱世英 曹家強 佐朝生 嚴金生 李德才 廖有 龍步雲 曾壽廷 蔣麗華 郭明有 劉祥 何壽南 胡炳山 陳得下 葉青茂 林進 張光勳 黃玉楷 鄧玉惠 郭有南 楊文忠 洪俊發 荊審華 何國強 劉得才 崔成有 宋陶全

陳福善 趙鑫源 閻孝蔭 楊世成 陳炳南 齊福山 李文山 辛文標 曾開 李繩唐 陳子煐 李日明 許森 吳得勝 潘扶恆 黃玉才 薛又亭 楊標 莫英 歐榮 李水勝 郭文有 石玉清 鍾廷 黃鑑 胡雪清 賴福照 蘇長興 余運祺 孟祖太 陳漢標 韓景臣 王丰才 李振華

胡德明 董力勝 曹建德 關瑞廷 張興其 戴慶言 姚國長 傅海清 姜福生 李劍虹 潘振初 陳福廷 李耀 鄧石 毛俊升 郝昆鴻 朱得標 胡斌 王震堯 李來 焦富臣 王金初 康成隆 黎任先 陳金 陳坤如 吳彩南 蘇彬 韋文桂 蔣玉卿 劉鳳祥 高自勤 張福保 趙海法

黃仁山 江輝 曾倫 胡治軍 劉永開 何發 黎漢 馮錦 田玉林 陳得初 楊貴 唐勝甫 許龍光 江雲 張國貴 郭廷相 章得礽 沈勝 黃少興 王登科 章海山 萬賢才 歐偉州 屈志堂 鄒步初 金福生 曾漢光 周富初 黃仁善 潘得如 盧玉 林祥 陳德 陳明芬

夏漢清 鍾手權 鍾貴標 張海清 蔡菊卿 王金星 石勝 雷魯芳 邱國安 黎廷 陳成 吳根 李德明 閻敬忠 何清 周慶鍾 唐春林 朱益田 顧標 李勝 羅金陵 王有林 林振英 繆萬清 楊志清 熊斌 曾金輝 陳杰 王佑 瞿永彬 郭利標 許春 周洪 戴岳生

陳南 鄧得生 陳志標 溫培勝 黃幷忠 黃家祥 楊志高 王又臣 潘平標 譚卓 陳金才 吳立芝 黃甯 陳孔智 黃國榮 芮福陞 黃子清 吳木 徐介清 容福廷 吳福才 黃明 黃言播 黃泰山 朱子玉 郭德標 莫漢廷 周志遠 陳玉樑 夏泗和 徐達平 田福興 劉式南 葉伍昇

楊五九 孫慶祥 王有清 莫得周 趙堯 唐烈 梁三 黃勝 呂和建 彭桂廷 吳玉南 謝有信 張松林 袁欽柳 張金木 劉學運 譚日良 蔡東明 閻西善 楊德清 王士保 李有廷 陳子明 劉新華 張國彬 俞志球 黎得勝 潘明 林仁東 王自強 李學登 賴得輝 梁炳生 陳子華

劉壽臣 吳德三 葉華海 曹得勝 賀華 黃華清 吳益云 曾東元 宋國良 陳貴卿 劉海煥 吳炳修 鄭心善 李文 簡新 卜日朽 陳煥周 蔡壽生 謝廷宣 孫保華 張純甫 吳玉生 陳熾揚 張得富 侯尙文 胡莊南 吳友 葉清 何桂 鍾有志 梁福 杜羅章 廖漢文 蔣桂林

賴福秀 李忠 張玉明 巢展福 陳福
龍德 魏晶 朱少華 甯振華 林清
周漢清 張正保 陸器 傅金水 張晚景
馬得榮 張清全 張鉄夫 劉振楣 盧志赫
潘炎 戴洪恩 鄭雲生 孫九 曾國樑
胡少逵 劉子清 譚月標 容桂森 蕉桂山
潘福林 李順清 馮桂卿 包均 張添
陳興 王振光 李連清 石壽 李國標
劉日均 黎尚武 陳信實 陳侯敎 張文標
梁朝 孫康元 梁華廷 余華德 江建平
郭其珍 李桂芳 蘇振德 陳鋭明 韓田
羅明 周勝華 許照運 陳俊軒 王同奇
農秀林 崔敬 張子高 黃得勝 王祥
王有祥 彭興隆 蘇衡 金標 陳卿
李方南 吳遊逵 吳桂標 李四 王義
胡戴生 劉受才 馮振華 王全 林得甫
蔣龍 黃昌 譚吉 陳英 陳振三
馮明 莫什 王雄 陳富堂 吳劍雄
周康 劉善祥 劉福珠 李成敬 李明珠
譚彪 劉坤 南玉科 李勝標 駱太志
盧永興 毛勝標 劉玉南 鍾康弟 郭興
韋光山 賓永才 江玉山 張德巧 唐得勝
李振青 劉來廷 王雲 李標 李文清
張振生 黃日光 熊漢生 吳坤山 陳國威
羅廣廷 黃有清 郭勝標 謝榮 植初
曾貴 張隆發 封吾開 阮德清 方名
段少卿 李海清 陳彬 潘新生 林耆
徐香進

又生死不明失蹤士兵王廷祿等一百三十一名

▲第七十八師

王楨普 周萬里 袁得勝 傅學閩 陳枉廷
夏標 孫玉龍 歐陽錕 蔡文德 徐世忠
張金華 陳成獻 吳國華 馮振鑾 齊學禮

劉玉榮 陸慶宗 劉玉山 楊楚傑 崔金文 梁東才 張如勝 王有勝 洗露柱 周慶魁
梁炳 彭秋生 劉金玉 滕福林 劉賢順 曹連貴 侯尚鴻 成朋敬 楊俊峯 廖全
張玉肥 區鑑文 翟玉崑 王志忠 趙考才 張福桃 廖得才 張得初 黃德全 于永昌
朱鼎卿 朱成聯 徐正明 鄧得明 張國華 劉玉成 劉金生 陳見隆 杜少清 李少良
梁福興 張勝元 李彩雲 王金和 莫桂標 梁平 盛定得 張廷振 廖得標 張所保
鄧有才 王玉林 張學運 任安邦 陳得明 何有才 高漢 蒙威 李月標 劉芳
張祖清 首臣甫 周保元 沈期生 羅夢雄 黎金忠 黃有廷 何吉 蔣海波 梁芳
鄺堂林 胡東安 楊學興 劉得勝 黃漢榮 陳福慶 劉青雲 彭桂清 李國泰 楊秀清
周美林 唐桂英 譚菊生 張福 劉瑞雲 韋才 周義清 楊貴榮 謝德勝 吳日芳
韋大成 戴四 盧少臣 譚增云 陳安 秦明甫 王連春 孫雲青 明道松 王貴清
周民和 關四 陸錦 丁玉仁 馬成廣 周鳳多 裴廣實 唐順之 邱有發 黃建祿
于景海 王仲 黃才東 莫錫發 趙雲強 胡益三 李新海 劉亞扎 王廷山 薛洪勝
陳桂年 梁生 梁水秦 歐陽德 袁方照 楊榮森 楊占標 蔣占標 戚連發 王海青
劉雲生 李宗 鄧鴻標 李國修 彭振廷 陳春華 李秀芳 劉良林 梁寄 胡漢光
王廷 林洪標 邱強 蕭健 余明山 段清義 羅四 王福臣 谷金臣 徐得勝
彭占標 王少清 陳東初 李得勝 彭橋生 陳日秋 譚啓 葉禾和 馬文敬 劉之松
王木生 陳昌 袁耀輝 王仁清 張開春 趙末和 秦興實 張榮超 巫國雄 王玉生
郭朋興 楊炳坤 陳四 許心棠 黎日 于得海 棟桂 張得英 胡金林 胡永昌
蕭錦倫 王記田 岑樹 黃明 郝文日 劉耀春 胡桂生 陳來 謝安 楊租安
楊明卿 楊開 劉長春 賴水木 黃龍 張勝 劉得才 武興業 王同勛 韓月明
李延壽 賀桂龍 葉雷 袁鳳標 何亞元 王進才 王云增 楊漢民 王長生 趙臣得
陳新平 李有發 韓漢鼎 馮清池 俞雲根 汪長睦 趙玉臣 李文林 石立本 王覺成
王喜來 胡玉生 袁錫芝 陳英 謝廷仕 謝才 羅振太 蘇定標 羅喜生 鄭亦清
張性吉 李連山 陳光 司鳳起 李廷司 楊世林 陳加其 鄭云清 周俊山 喬金生
賴得標 楊得勝 楊振榮 張炳坤 唐清永 張生 張武欽 廖德明 陳福 林勝才
陸光廷 李洪發 陳祖元 戴桂雲 汪順來 陳鳳山 彭金銘 劉海同 張永源 謝德
王國華 嚴甫生 曹升全 李鳳芝 周實山 莫芬 張文山 李伯良 賀海龍 鄧振武
王林棠 李木清 劉鑫泉 梁福 周興武 陳任利 凌正逵 伍德標 邱承烈 李樹培
陳福 陸錦 曾水清 張君 李東乃 張樸 李忠 傅成功 陳金 林得勝
李永福 譚得高 羅雲 周玉善 利培楷 陳德標 謝春山 孟超全 楊國治 腿清平
任玉懷 黃永輝 秦海銘 陳標 梁祺 李林 陳玉卿 周平喜 段文山 歐世冀
陳得勝 曹忠 楊興隆 伍加林 黃漢 郭振武 王炳辰 劉長生 陳渚三 黃世榮
艮貴水 何志均 鄺漢清 張四元 曾貴清 杜同春 陳家祥 莫和 朱更 劉得貴
李進才 蕭碧金 王貴斌 宋子倫 梁貴 劉義康 甘少興 葉高林 雷雲元 楊得勝

黃志平 文遠忠 鄧炳河 何志確 羅元彬 陳坤 黃潘 何根 陳標 鄧加 馬昌 李庭 黃啓興 陳德法 韋三元
劉得 劉文貴 姜澤甫 李賞初 彭騰 張見 姜榮生 甘濟斌 王德修 許明合 石永昌 孫志 張文 陳秀仁 鄧得標
朱殿青 胡長有 焦占魁 李鴻德 楊明錫 王金芝 鄧少廷 汪金玉 鄧玉祥 劉永生 史漢臣 孫振標 胡金春 牛德元 陳有彬
崔保 徐繼立 譚就成 張永龍 崔子榮 董發 黃標 孫玉桂 陶永生 張義順 何德 謝桂標 陳洪賓 鄭德寬 邱益橋
吳晏明 楊振華 王時賓 李玉清 張雷山 歐陽福 高林 王德明 王振泰 連成山 楊文章 張新年 潘長收 王一賓 葉全勝
韓文生 曾蘇 凌錢 袁光明 班桂方 徐自連 黃金 黎森 崔金才 岳金才 周發興 汪洪生 李占奎 何金 陳旭
郭清海 梁炎 鍾元才 蘇羅 吳孫 李金周 李貴 唐才 何照安 余國勛 王安順 馮林 林標 劉振芳 梁吉甫
王欽章 黃有 胡斌 陳榮 朱林春 楊榮 孫求祥 阮海 沈世忠 嚴榮 陳輝 林明 潘全發 胡立 李林保
季星五 謝坤廷 徐家成 劉金標 陳阿喜 陳初 鐘才 童金忠 李德全 林漢忠 蕭邵清 楊連山 蕭國貢 段東海 李永良
孟榮秦 許明盈 李勝 何芝 皋學宏 易松林 龔惠泉 黃海 陳春發 宋學崑 黃安 劉志榮 孫來成 張明 石國
劉志文 何森苗 程德輝 甄進 廖林 鄧金森 楊提山 梁傑 徐祥培 陳春華 劉開 王召祥 凌建忠 邱洪 李云
韓敬森 黃卓創 梁火 陳行 何章 劉文斌 黃國強 饒忠 黃飛洪 丁秀堂 張石達 黃貴倉 張文遠 胡文洲 鍾友泉
詹三小 陳如俊 陳昌元 楊阿六 顧西田 顏珍廷 黃桂 蘇廣 沈福廷 韋德才 張仁和 周燿宗 潘二 章桂林 高廷福
陳玉龍 李報生 王子成 謝三 紀純 曾日初 鍾岳 張權 何文志 胡熾明 蕭國才 韋應忠 施桂南 譚雄 梁振洪
倪才武 宋萬有 陳心田 盧子祥 楊中源 許金福 尤渾 陳志榮 張和 姜金 卜如生 黃振輝 楊洪標 林仲 黃才
何榮 吳長清 楊文火 李志遠 侯朝泰 黃得明 黃昭 洪威 曾進南 李金 余少明 張啟明 羅生 張國安 陳桂
陳玉田 黃林 許昌宗 超功 馬田玉 張風田 臧富春 黃萃廷 李桂林 梁健 何興 張法賢 馮康 陳德勝 鄭瑞榮
陳富堉 張書申 殷光燦 潘國云 劉之伯 黃常 歐陽富 尹榮卿 盧正 文增榮 謝繼希 曾進 楊斌 劉濤 楊德
丁儀成 潘兆生 甯逢佳 陳吉初 李壽槐 王楚 李桂元 梁章 吳昌 黃貴 許志標 甘雲卿 明洪卿 趙勝華 金得勝
黃朝 劉得勝 盧勝才 黃得興 易何 莫才 朱金才 黃瑞 陳立鴻 陳國興 曾勝 黃祥 劉勝祥 朱正月 陳錫
陳金榮 周桂林 郭煥標 梁新廷 林表德 馬得福 楊震賓 馬振標 陳耀庭 馬如意 李炳坤 林興 謝桂 楊金德 程學義
彭四 阮錫標 覃建光 溫伯成 王新文 趙永貴 趙梅林 趙玉山 黃才 尹得標 黃仁 張福生 馮全 范德 孔祝三
吳志德 梁英 楊金生 郭學海 申負薪 張新 黃得標 葉鳴輝 譚義保 廖廣 張永伍 陳祺 陳森 李少卿 趙松
韓邦玉 李春玉 蔡迎春 文謝培 裴明才 張珩 葉安 游奇 何就 黎民生 王子明 楊全孝 王福初 陳朝生 方標
張會元 郭長行 朱振發 李同心 就雪 陳德 陸子怡 袁義卿 劉本立 徐國良 陳昌 陳華 黎國和 馬鴻飛 戴文彬
梁守善 譚得才 王明初 王光海 鄧旺 馬明德 張滌瀛 徐英 陳勝標 易文武 梁生 黃岡山 黃昌 王安才 古有金
何保桂 林得 唐漢 葛權 游勝標 梁友 王霞 張良 鄧麒 黃順 王文祥 劉鉄生 劉堂 丁得勝 李瑞祥
李富成 吳德輝 馮國芳 梁炳南 程有才 謝芬 劉來 邱火 蕭松山 周其昌 謝來明 薛立綸 杜明義 李尙云 孟清川
梁成生 陳水桂 段松山 陳秀 陳得修 崔南馨 陳廣進 林河濤 楊占禮 張遠杰 周德才 王明山 陳生 陳桂標 杜阿水
莫玉林 黃德 梁炳 黃仲泉 劉祀佑 姜子標 黃球 許祥盛 余七 鄧明 管福林 謝勝 林有才 李昇雄 郭子修
魯心清 徐士高 蔣介鑫 李文明 林孫木 梁漢英 樊松林 王炳魁 方德 黃光 黃相 孫德印 丁長海 譚俊 蔣萬年
姚坤 王寶華 馮洪山 楊寶山 楊玉山 藍金山 劉寶三 王英 刁治有 羅帶 陳華 徐英 路南桂 丁元章 梁保初
龍福山 詹取昌 游俊清 范福林 連旺 李學文 陳治生 李得昌 張景六 李文田 李成番 吳炳南 蘇阿祉 毛順東 熊正才
靜洪 再瑞林 程興云 吳福 區曉初 馬保深 君道明 侯清堂 龔懷仁 張德彪 古占元 余長生 蔡云 仲金祥 鄧有福

蔡瀛洲 莫炳權 李均照 郭傳當 王明思 周華安 廖千權 莫飛云 劉善清 宋金元
畲玉清 金志云 黃發初 郭占勝 朱恆武 鍾　勛 鄭　明 杜永貴 劉富林 尹金山
管文章 何東春 袁正山 卓起祥 且東良 謝廷皆 刑占奎 馬得元 朱文林 李正春
孫廣化 羅少蔚 韓金貴 姚王清 姚占農 丁福祥 魏得能 張貴芳 陳　四 周得標
倪新根 韓希宗 沈洪明 申鴻賓 吳咸貴 趙開憲 楊立平 王子修 黃振廷 許進達
鄧士甲 郭有文 朱雄祥 畢金亭 刁紹林 王之信 李新平 羅棟樑 黃　平 曹湘祖
梁　振 吳　洪 楊懷坤 杜占元 蔣奇標 劉春福 嚴金生 駱石根 何　如 賀桂標
張　華 陳正英 鄧　七 李壽發 王光三 曹　有 潘盛益 張占雲 包正棟 白雲生
何德標 雷光明 樊玉潔 李正清 劉清祥 劉　坤 黃　梁 白明德 魏金西 宋得海
朱國英 郭伯勛 陳　順 張啓瑞 劉振標 唐　坤 洪金勝 陳永廷 陳海林 曹金光
譚　金 常得勝 張子祥 曹桂林 謝元龍 吳仁梁 張　三 何　二 王登元 莫雲步
張勛平 許士志 鄧六標 周　清 楊桂芳 黃少良 張應城 蔣漢斌 馬寶珍 王文勝
趙材標 胡進標 龍　生 楊蔚蘭 劉振標 劉長生 戚志高 徐得福 張桂林 李有成
羅　錫 邱　來 嚴德勝 王得友 唐天明 鄭有明 楊　臣 劉科生 王義德 史愼孔
何強興 蕭得標 羅超芬 鄧成甫 陳　榮 劉貴榮 高清山 陳　和 王定云 楊根全
林國清 黃德眞 王子才 楊　林 陳　林 齊金甫 潘得標 孫子然 翁得甫 楊公亭
趙得勝 郭楷梅 李梅生 尹其生 李秀清 張吉才 姚炳云 楊化云 余裕祥 陳捷三
彭保卿 煽熾洪 劉天喜 王　標 朱星橋 黃志強 祝錫同 沈振標 吳傅五 張玉華
曾照明 廖海波 王良彬 林得標 張萬全 譚　進 于廣德 何海清 何秋權 趙德勝
劉水城 徐景林 楊得勝 王得貴 陳培玉 李明洲 董興甫 朱飛云 劉云正 李中和
陳得勝 鄧有田 高得勝 梁　貴 張　志 王得勝 米致祥 羅福勳 田古京 葛金生
秦學清 劉西和 周銀彬 呂錦綸 趙學禮 王修運 楊其正 陳鳳山 劉正才 李建中
張玉山 何林清 姚洪浦 孔憲周 潘世基 丁起延 時國斌 張文華 宋子彬 張魁林
閻勝海 盧桂廷 洪海祥 彭英傑 龍雨林 劉　標 曹正清 王邦立 孔當俸 王有桂
王振林 黃英人 何　基 謝國權 吳　福 鄭彰才 李先鑫 廉平貴 姜才爲 劉得全
陳　奔 張子才 王　玉 黃　景 萬煥揚 化炳武 胡開山 楊春林
劉　添 程　貴 聶桂才 呂銀夙 苗長清
葉章南 鄭德平 黃貴林 李志遠 張仕興
趙對明 黃廷發 陳福田 李煥然 陳均山
林　生 范樹德 劉家錫 牛福勝 李　法
彭承斌 孫儒林 李石秋 李永和 劉　開
蔡國清 陳得勝 蔡有元 曹小生 曹有其
范金明 曹永龍 馬得勝 劉清松 唐德芳
詹松周 王志成 林金高 卜縣中 李金珍

▲補充第一團

楊又才 張錫海 蔡繼福 朱　發 馮國才
鄭玉田 蔡三子 沈保華 楊國粱 周道陽
傅又富 趙復君 陳光貴 王有德 張長才
楊春友 朱法海 蔡傳富

十一　第五軍抗日戰役陣亡士兵題名

▲第八十七師

蕭春林 王殿臣 江景良 勸功德 楊振軍
繆章和 郭成賓 屈庫書 侯榮貞 孟昭才
楊文清 鄭祥春 任見春 孫壽清 鄭金玉
張雲法 楊鳳祥 蔣雲鵬 沈起龍 周永長
陳發坤 陳兆廷 王洞賓 張復臣 余承昌
程守本 邸金城 宋高升 梁書雲 呂榮祺
曾得明 高楚生 孫文華 閻守林 許鵬程
蔣永勝 劉玉漢 張振德 彭桂林 馬仁祥
徐福祺 劉永福 崔世興 張連清 趙得成
彭萬德 王興隆 傅文四 沈賢省 杜得勝
徐榮勳 張西洪 任傳德 王平安 黃如海
袁桂華 張　振 石眞帝 丁守營 趙中文
方雲安 何得才 顧　斌 武振森 張寶元
陳貴元 李懷亮 尹得美 趙延明 趙戈春
楊金海 吳祝杯 陳建新 李上保 劉紀周
田紹棟 張明清 王鐵柱 陳樹山 邢功得
王得和 周義發 陳一林 梁體康 程庚大
潘保林 朱立華 張開太 王福昌 李金波
胡　彪 陳宗澤 劉　俊 郭勉松 張駿雄
孟昭勝 周家駒 朱法愛 梁幹民 王阿太
劉點清 歐長軍 趙正海 張榮林 孫從芝
李仲科 楊遇芝 王汝成 趙洪生 何炳田
梅重武 耿長根 童相木 范　獻 徐保章
張伯岐 李長軒 張漢民 賈錫元 丁佑軍
郝魁武 田起生 莊提多 許成義 杜書生
王求法 蔣海良 王榮全 許成法 孟慶云
寇柳書 馬良福 周亞伯 錢　冲 李國義
蔣洪亮 韓世德 羅福明 朱廷榮 藍天華
王聖元 舒山根 雷永發 孫邦勝 馮金元

鼎永隆 鳳金聖 張闢興 張明盛 蔣興武 洪紫霞 許鳳山 趙景山 仇正修 黃德福 吳宗才 周廣文 胡漢卿 周禎祥 歐振湘 賀寶山 沙俊富 邵玉則 朱得勝 王繼勝 唐得標 莊守業 王樹標 孫傳發 談文斌 郭希濤 盧振嶺 張貴才 張友春 李本立 詹日明 陳得勝 陳家福 王天顏

唐正法 傅金標 劉棲鳳 費海泉 熊鳳起 劉華廷 洪方玉 熊繼善 孫學良 梅龍鳳 陳樑松 謝文炎 李得勝 田永生 張松林 馮國安 何憲章 周炳梅 方秀開 徐林坤 錢雲飛 袁春連 申長友 張希齡 徐維湘 李漢章 張育英 陳振新 周林軒 楊大海 蔣壽生 馬榮坤 陳光全 張少清

周奎 李玉章 許宗和 李定才 李金榮 任伯富 徐財生 郭俊修 徐鳳岡 葉桂紅 袁少卿 許傳明 童世有 張春榮 姚蔭樓 張廣勝 蔣小根 楊德功 王小連 王維勝 唐儀 顧小根 吳志高 王得才 鄧飛 徐少卿 韓得全 王友武 周貴昌 朱家桃 李春芳 韓書華 郭得山 夏惠梟

胡正坤 高有明 蕭福喜 紀學易 羅泰昌 胡利民 孫誠雪 唐報悅 蘇日新 倪伯麟 侯永清 黃邦達 袁知 朱信官 張文斌 華漢泉 孫得勝 王洪恩 吳維森 徐才興 薛富山 張家生 王正修 王福河 趙汝金 陳濟 唐金山 朱雲祺 高得勝 李金宣 朱得勝 向桂全 何士福 喬四切

鄭元法 宿仁慶 張席 曾毫 姜朝鈞 李白順 林財隆 冒必昌 李智足 劉丙英 丁玉成 張志堂 馬玉佩 馬成修 張景芳 卿雲高 周兆才 王作臣 陳得勝 楊得標 吳子祥 張銀奎 蔣忠賢 吳克忠 花有興 高長先 凌春和 劉新成 陶鳳山 嚴得勝 諸思勝 孫健 梁永康 段心影

吳秀卿 吳炳山 劉恢若 羅清 朱戴山 李孝存 李平衡 徐孝斌 高勝太

陳德勝 鄭春年 宋玉振 諶道亮 童樹祥 侯公成 何伯樂 李思敬 劉心恆

周化宣 楊家路 李德和 郭井勝 趙一緒 馮振中 張德勝 胡兆才 李子月

胡通生 陳光明 劉鰲 何子元 史傳倫 吳樹泰 陸進生 邱金山

張金齋 黃煥章 白由義 張得勝 陸大森 曹昆岱 江冠新 邢得勝

▲第八十八師

陳德芳 沈恨塵 徐得榮 章寶光 張仁興 羅炳華 雷正發 方金貴 第右寶 朱逢春 王世友 王桂林 張開明 黃日升 樓宗元 姜步庭 袁清玉 周鴻鈞 王氣開 梁繼書 沈芝春 劉傳家 凌鍵興

陳榮興 韋桂生 徐鏡明 劉惠頤 胡紹祥 蔡桅意 鄭秀成 張德三 蔣金寶 浦國基 王春粱 曹阿城 余銀如 石玉富 徐明福 羅金生 姜仲五 葉永高 顧漢林 王標玉 劉明樹 周金海 錢襄才

陳善勝 李如發 毛金山 王自明 徐祥光 魏熊 盧文 陳紹田 葛阿才 汪紹榮 田玉林 黃科 吳斌 王眞 周根 陳道橋 項義傑 唐文部 甘玉臣 江坤生 沈祖棠 詹成發 王雲

胡還中 喻志高 過長濂 李文斌 周東海 陳國樑 黃舜 金必榮 鮑棹隆 戴登球 朱福生 王芝華 李醒民 吳樹棠 滕顯文 俞葉華 張仁興 張勝新 董連生 金鏞 葉文明 潘長興 張維顯

劉繼發 陳福壽 曹軍標 王正武 張定凱 應寶根 管棹順 姜貴清 王志林 楊棋 陳鵬貴 李金明 徐志光 馮亦山 王德龍 仇文德 陳品三 鎖文憲 孟傳興 周得昌 陳振卿 李信元 楊星階

王定照 俞學本 趙才金 葉志安 余志明 徐福堂 郭福生 呂寶廷 吳華斌 劉維清 駱邦信 張得棟 江恢壽 沈寶生 周阿玉 劉絡高 王寶 吳心海 阮其玉 楊柏榮 丁學成 樓仙桃 鄭德裕 李大甲 張永禎 姜克定 方春梅 童文正 劉金宏 李全聲 蔡子清 梁漢臣 江梅忠 徐明發

汪懷根 毛祥根 錢雙保 邵培金 陳玉丙 嚴金福 張琪 黃聖麟 李標 徐鳳山 劉雲俊 汪炳興 楊子龍 干發奎 李眞弟 潘雲生 顧奇達 黃華 喬俊卿 楊洪禮 陳亭清 瞻興春 羅財 陳忠 劉玉清 包慶郎 吳友生 王永生 王如金 駱桂生 甯定國 姚子餘 應永全 滕啓才

童仁義 查木林 呂永恩 朱成福 周增直 焦發長 汪順清 張文財 李彪 蔣國斌 王志昌 張寶榮 張志成 金九坡 胡子清 王學文 談麒麟 王景文 魏熙 謝光法 紀廷龍 徐中文 陳文良 謝恭先 李嵩本 陳山玉 董維雄 高得勝 孟高飛 何幹 項裕詳 李紹標 蔣汝明 張啓發

潘炳妙 張洪 王海成 馮得勝 陳式洋 王祥志 楊益林 李澤深 張學英 錢興發 吳錫祥 王俊起 王光才 趙金得 章樹風 隋萬勝 馮柏榮 潘鳳山 葉彩標 蔣雲標 吳章龍 王光春 呂炎 丁鴻麟 陳舜 吳章得 劉長周 孫得喜 劉子良 徐寶新 邊永祥 夏國隆 范金榮 張明愼

郭鈞 劉正發 胡子英 祝金泉 張振武 張玉坤 王春生 陳岩活 張炳華 黃漢清 李炎盛 劉興華 劉金瑋 張祿金 莊宗富 王宗昌 張國政 王寶定 王建三 張柏林 洪月樓 王弟 張月亮 陳學化 蔣文奎 蔣志亭 計榮生 趙仿義 紀孟秋 李高升 吳懷才 吳家才 卓大奶 彭正洪

曹幼君 朱雲 莫得標 馬福寶 洪光顯 趙文彬 陳得魁 徐光田 戴斌 王先春 邱澤甫 章萬銀 陶逸民 陳芝慶 楊春枝 鄧升成 卿炳煌 嚴云清 吳長德 劉步清 劉廣德 王宗岐 何桂林 章崑 張福堂 余廷卿 陶志根 雷心海 胡國斌 楊清傑 楊樹田 杜永山 張保桂 張義喜

張榮興 孫得海 李馬兵 蔣東利 李仲得 高智平 楊福庭 曾林華 張繼海 馬啓祥 王道明 吳玉林 陸鶴雲 嚴勇南 邵德金 陳好清 符孟獲 徐步雲 楊於其 賴玉成 陳洪善 黃美 張培恩 宋春祥 陳筱來 李雲 馬光修 徐志占 江玉卿 曾長林 王新安 張玉春 胡兆材 國棟林

邵南 沈永勝 吳雲鵬 張根虎 姜超祥 胡春寶 龔子雲 趙月 周德興 陳尙芝 易錫林 劉明倫 范國棟 郗長順 顧桂卿 張月亮 王建三 李水生 傅廷柏 羅得榮 劉桂筱 楊松林 李復生 卞龍喜 劉福壽 黃學初 雷才義 劉富財 僕華清 徐正 羅克明 屈芳玉 樓青 李澤林

金得榮 舒忠山 陳七英 李月海 李得勝 謝玉卓 羅平 王福來 李友生 朱昌富 陳洪 周貴華 朱正標 鄺炳忠 吳新奎 吳中祥 柏發茂 胡時高 陳鳴鳳 陸炳林 范漢清 劉得勝 王嘉亭 張號 沈相平 陳克仁 倪榮福 馮繼貴 彭玉洪 余必先 喻俊超 劉光富 葉金生 李通湖

吳榮標 劉忠山 王錫雲 徐桂桃 沈佐芳 陳得奎 汪方興 王明周 張北海 謝福林 王進學 紀玉明 熊科珍 唐殿章 汪云桂 曾彪 呂金華 蔣德來 徐得山 邱恆增 李玉成 尹蔚毪 崔效瑩 蕭祖清 金俊 陳吉安 陶正清 湯小根 吳大金 梁燿 張海華 吳維兩 張記昌 葉松生

丁奎勝 葉錦奎 王自強 王長年 方求林 唐爲志 兪竹林 孫兆康 彭順 宋世祿 梁述卿 蔣青山 呂春華 巫仁臯 孔繫惠 徐金雲 宋雲林 杜金山 黃少卿 周春光 錢昌君 曹文斗 梁伯增 林文祥 盧偉 江東發 余東有 屠財發 陳壽升 周紹勝 王惠長 江林源 楊遇春 章萬能

鍾玉山 劉世德 周炳生 吳金勝 魏海清 蔡永才 徐寶生 蕭官光 賀春林 王春田 張同林 錢隆德 郭大生 夏潤 葛子祥 李本堂 涂仁富 馮關山 吳雲臣 朱玉球 趙玉民 包順星 劉金木 呂岳才 陳世寶 伊作餘 詹達 王金福 鄭培坤 蔣志文 陳紀葱 朱有信 樓進山 張裕泰

王兆喜 陳玉廷 張得勝 方榮春 謝玉林 謝桂雲 陸浩然 尋記 張明清 畢有才 李學良 陳英 劉玉清 左廣才 梁長生 王老四 王阿九 張定凱 陳德榮 于得寬 胡正相 蔣伯雲 易麒 侯德來 王國章 唐桂 支風 劉桂才 戴銀生 楊天鍼 張強 王再陸 黃庭選 張浩然

郭伯玉 王福祥 沈桂祥 李得炳 秦立才 葉巨生 李子明 朱世龍 袁炳榮 尹朝林 高光林 陳漢林 何亮春 王貴慶 楊炳生 劉德山 李廷芳 葉巨生 顧寶福 巢根林 周子良 周性貴 王維良 蔡其元 賀水明 方逸民 陳邦將 朱紹勝 王根興 毛宣惠 姜子英 張友國 楊樹清 王壽根

祝東貴 陳二寶 夏本初 龔文雄 胡海山 孫玉峯 范慶田 周長柏 丁繼龍 涂來雲 沈定章 劉雨華 覃在清 朱魁 張通松 周學倉 汪起山 陳明安 江良海 楊在勝 新略 楊啓志 兪相生 梁義 楊如土 徐棲嶺 吳俊傑 呂兆文 王聖海 繆炳公 任紀生 吳自強 王阿龍 劉金山

陳茂福 梁仲明 杜盛昌 王茂生 楊有萬 張子雲 鄭阿順 史產根 劉文彬 胡道華 陳國珍 姜福生 程福南 王阿大 趙玉林 李溪云 滕志雲 李漢清 王夏茂 陳國香 王樹洪 陳加麟 盧金昌 莫新雲 謝用宏 劉發善 黃西全 朱子容 李才源 王標 文玉祥 李洪生 黃國良 張工明

劉三道 汪元攝 周中信 錢毛蕙 呂楨 李顯岱 徐家聲 王子明 劉本林 張得標 胡長春 宋子清 李永清 鍾金林 張芝雲 譚新南 蔡梅新 周小錢 王如慶 吳世許 戴宣利 江忠 葉賓彬 徐文章 周鳳龍 黃子江 傅錦榮 張文德 劉照春 高桂 李仁龍 張華英 張連才 張興倫

崔太山 周經文 李金標 朱金仙 潘應庭 王彪 丁運龍 周兆樑 李玉堂 周雲 王衍慶 張懷勝 章志忠 林九香 周忠良 單龍 張衡清 吳永章 張得清 鄭堅雄 馬保成 孫景和 看得勝 金鑑斌 丁秀標 葛亭貴 沈本然 祝占林 高福才 岳阿亭 陶起瑞 趙世良 李君臣 黃明生

王文德 孫緒成 楊鐸烈 王文元 徐志星 李春發 李芳清 王得彬 張阿新 蔡信駿 譚少和 郭雲才 陳以賓 孫留峯 陳國榮 冷文邦 盧應根 楊春 周德高 譚立標 徐周魯 張志祥 彭得清 黃子良 柏世華 周利生 李國法 厲阿炳 王阿定 張紀元 劉明飛 胡正祥 滕均山 王志毅

唐國興 郭正山 李金寶 王耀庭 駱得標 陳明理 趙懷林 徐增龍 虞孝梯 陳國屏 楊景春 李小山 邵正秋 蔡春槐 錢少鋒 萬得勝 孔坤 王秀福 彭善貴 洪明德 李瑞生 陳明靑 張連俊 謝廷彬 朱金魁 張上逢 施順富 李迪生 闕宰表 江得勝 陳靖美 余偉 胡立新 蔡森法

蔣志文 燕家模 周阿毛 盧梓威 陳金標 王褒龍 左叔良 周理生 王陸錫 楊福青 梁學欽 曹得勝 蔡永青 王曰仁 王雲 劉得勝 傅文卿 廖連生 郭忠善 王賢清 李洪斌 楊華 陳守生 伍文濤 黃洪標 陳五三 馮長法 崔談明 朱延章 何再興 岳忠明 李彥生 秦宏成

史永長 吳興發 管振清 田吉生 王兆民 丁化堯 周景賢 王右生 姜宗立 呂健海 留雲標 邵玉成 朱亨雲 徐成美 朱寶林 周仁和 張寶祥 方玉麟 劉金炳 蔡永奎 項魁 張季標 白宗才 張存聲 黃玉廷 張志和 張玉卿 李鵬 趙家平 陳阿根 唐金保 李生源 李士寬 李斌文

吳祥生 胡德良 潘才水 蕭得標 倪炳生 康成 王秀章 孫廣先 杜青山 趙興泉 石得勝 王德發 高武 朱春林 李昌宗 丁道斌 劉福詳 周長林 符金富 陳邦榮 蔡永奎 潘漢南 高世合 陳義 呂廉初 張阿苟 方榮慶 翟世九 楊明清 李永寬 姜阿利 饒子清 何興平 蔣兆晏

韋支林 李何黃 紀懷清 盧萬根 徐祖福 張阿根 黃世泉 賀鈞 張佐廷 毛延年 薛志清 劉以德 張成祥 劉祥 唐金來 俞耀炳 劉壽忠 劉金堂 呂中林 范宗良 劉清法 吳廣榮 劉崑崙 楊鑄 鍾炳南 潘德 趙仲逵 賀壽南 李兆江 朱金樑 葉道中 張明信 朱雲斌 邊學盛

章繼林 姜省 翟尚賢 黨連發 葉良圖 馬如夫 郭海經 程安春 藍文昭 朱星民 鄭先發 羅毅 馬長春 包時華 莫忠 袁錫章 徐兆謨 劉江聲 陳國瑞 趙生福 馬兆紅 張得勝 薛道義 李唐發 吳祥昌 唐振華 吳英才 李攸蓀 周大山 姬雖海 王善裕 黃中 邱汝存 胡星祥

張國俊 姚名昂 汪金生 楊七金 唐恆 蕭明揚 何亮 王連春 呂坤元 張洪賓 黃石 張新甫 吳承晃 楊玉山 陳文德 潘得田 汪國亮 李友貴

張順然 王二旺 邱長喜 周義順 陳勝初 高得奎 葉巨生 江錫金 周君如 施祥林 來德勝 胡國良 牟棟權 陳阿友 蔡桂生 趙相法 楊書南 李楷

許英華 邵玉堂 劉少卿 朱根深 吳子林 李昌龍 陳士舜 劉維清 王會芝 袁松華 王根興 吳新智 王永順 盛國榮 王開江 蕭遠江 王翌舟 吳冠軍

雷鳳雲 白懷賓 朱金標 王正武 伍文明 成槐州 謝桂雲 許存禮 周成福 李振標 劉敬光 范長友 白仁華 潘宜君 潘福根 舒貴行 盧紹 周誠

胡少卿 胡鳳田 張文斌 吳四海 馬鳳舉 召學新 吳顯華 徐大乾 高學正 張序鍰 史永長 程德禎 厲見友 李瑞松 吳照林 余得龍 關耀宗

十二 淞滬戰事我軍負傷官兵創痕類別統計

受傷一處者—— 百分之四十一
受傷二處者—— 百分之三十
受傷三處者—— 百分之十七
受傷三處以上者—— 百分之十二
傷頭部者—— 百分之二十
傷手部者—— 百分之三十
傷脚部者—— 百分之二十
傷軀部者—— 百分之三十
子彈從正面射入者—— 百分之八十五
子彈從側面射入者—— 百分之十
子彈從後面射入者—— 百分之五
中達姆斯彈死者—— 百分之六十三
中炸彈死者—— 百分之十一
中砲彈死者—— 百分之十七
中普通彈死者—— 百分之九

上列通計，上海管理傷兵委員會製

十三 日本侵華軍事費用統計

「九一八」「一二八」兩大侵略之軍事用費，日本歸納之曰「滿洲事變費」，玆據時事新報所載，數目如下：

第一期 一九三一年九月十八日，至今年一月二十日

四個月：（大都消耗於東北），陸軍，七百十萬圓；海軍，一百七十八萬圓；其他，九十四萬圓，合計九百八十二萬圓。

第二期 一九三二年一月二十日至三月三十一日，

約二個月半：（消耗於東北及東南），陸軍五千二百五十三萬圓；海軍二千零七十八萬圓；其他五百十一萬圓，合計七千八百四十二萬圓。

第三期 一九三二年四月一日至五月三十一日，

兩個月：陸軍，三千零九十七萬圓；海軍，二千七百十一萬圓；其他，一百七十九萬圓，合計五千九百八十七萬圓。

三期共計，一億四千八百十一萬圓。每日金一圓約合吾國銀圓一元五角，故共約合吾國銀圓二億二千二百十六萬五千元。更以東北與東南分別言之，則用於東北方面者：

陸軍 四千零七十四萬圓
海軍 一百四十九萬圓
其他 六百十二萬圓
合計 四千八百三十五萬圓

用於東南方面者

陸軍 四千九百八十六萬圓
海軍 四千八百十八萬圓
其他 一百七十二萬圓
合計 九千七百十六萬圓

案：中日戰爭之軍事費，爲二億一千萬圓，日俄戰爭之軍事費，爲十六億四千五百萬圓，故此番兩大事變之軍事費

，約當中日戰爭時百分之七十強，約當日俄戰爭時百分之九強。

十四　淞滬戰役被佔地域面積統計

此次戰役爲日軍們蹂躪之區域，計上海市之一部份，及江蘇省政府所轄寶山嘉定太倉之縣全部及一部。其面積之廣袤達三千二百九十七方里。茲根據接收委員殷汝耕氏所發表將各地面積分列如下：

甲　現屬上海市之區域

吳淞區　五〇・四八方里

江灣區　一〇〇・四〇方里

殷行區　九一・二三方里

引翔區　八二・三四方里

閘北區　二七・一三方里

彭浦區　三六・九八方里

眞茹區　一〇六・二二方里

乙　江蘇省政府所轄區域

寶山縣全境　一・五八二方里

嘉定縣　一・一九九・三五方里

太倉縣　五一六方里

總計　三・二九七方里

十五　淞滬戰役失地統計及其接管經過一覽

日軍於五月六日起，開始撤退，我接管委員會於五月九日開始，陸續接管，茲根據接管委員殷汝耕氏所發表，將接管日期及其經過分列如下：

劉河鎮（太倉縣屬）五月九日九時接管。日方將日軍駐在期內佔用之房屋器具造册交我方點收。省警察隊隨卽接防。

南翔鎮（嘉定縣）　五月九日十二時接管。

嘉定縣　五月九日午後三時接管　日軍已於接收前一小時，先行退去。

羅店鎮寶山縣屬　五月十日下午一時接管　日軍備就移交文書兩份，內容係關於羅店警衛及交還佔用民房兩事。我方於一時正式接管。

劉行區寶山縣屬　五月十日接管　日軍並未通知我方，先行退去，我方卽入鎮佈崗接管。

劉行區顧家鎮　五月十三日接管　日軍於十三日午後十二時半撤完

閘北（京滬鐵路以南區域）．五月十六晨　十時接管。晨七時我方，先將恆豐橋濱中路各重要崗位接收，隨全接收。

大場鎮寶山縣屬　五月十七日下午二時接收　首都保安隊由南翔開赴大場之龍鱗塔廟暫駐。一時後卽由我方警察維持治安。

廟行　五月十九日下午七時接管　日軍早於四五天前退去，日方並未通知我方及共同委員會，我方隨於是日接管。

江灣區淞滬鐵路以西　五月十九日上午十一時接管　日方備具淸單將所佔公私建築物點交由我方簽印接收。日軍撤退卽由我方接管。

彭浦區上海市政府轄區　五月十九日八時半接管　日軍早於本月初，陸續撤退，日方並未通知我方及共同委員會，日軍退後，地方發生搶刦，我方於十九日八時半接管並辦理地方善後。

眞如市公安局四區三所轄境　五月二十三日上午十一時接管　日軍十一時撤完，我方隨卽佈崗。

閘北京滬鐵路以北市公安局第四五兩區轄境　五月二十三日下午二時接管　日海軍陸戰隊撤退，我方北平保安隊兩隊分別接防佈崗。京滬鐵路局北站一帶日軍亦於二十三日退盡，下午由我方路局接管完竣後，卽行試開通車至眞如云。

獅子林砲台　五月二十四日上午十一時正接管　二十四日十一時正我方接管員施澤日方代表蓮花少佐等在砲台北首九吋大砲之左面空地上舉行會見禮，由譯員翻譯畢，卽將日方備就之移交書取出，雙方簽字蓋章，各執一紙，日軍卽於同時撤退，我方首都保安隊接防。

楊行鎮　五月二十四日上午十一時接管　日方於十二時撤盡。我方由接管人員會同預備接防之首都保安隊佈崗。

吳淞砲台　五月二十五日下午一時二十分接管　砲台灣營房　五月二十五日正午接管　吳淞砲台及砲台灣營房日方均由隊長吉留芳行備文移交。我方則派兵工廠推荐之曹勁柏陳文正分別前往接管，惟當接管之時，周長淸代曹勁柏，陳文正則用陳玉文名刺，均與事前通知不符，吉留隊長幾發生誤會。經接管委員會特派員當場解釋淸楚，始順利進行。

吳淞鎮　五月二十五日上午十二時接管　接管儀式原定十一時舉行，因各國共同委員遲至十二時到淞，延誤至十二時舉行日方備就移交文書兩份簽印交我方簽印接收。

寶山縣城　五月二十五日上午接管　寶山縣孫熙文特派員二十四日先與駐城日軍前原少將商定，二十五日晨十時我方省警察隊及首都保安隊先在西門外大廟等候日軍由南門撤退。

三官塘火藥庫　五月二十五日上午十一時半接管　二十五日接管三官塘火藥庫，日方由蓮花少佐備文移交，我方派兵工廠推荐之宋麗臣接管，乃屆時宋麗臣未到，蓮花少佐急於撤兵，商由寶山縣長孫熙文派縣政府科長高希天簽印接管。

吳淞區一部份殷行區全區市公安局第七區部份第七區第一二兩所全境　五月二十八日接管　協定附件所定甲乙兩地點，卽包含在吳淞區殷行區內。日軍尙未撤退時卽行接管，接管後日方除留海軍陸戰隊一小隊計四十餘人及少數憲兵駐紮吳淞華豐紗廠外，其餘日陸軍陸續撤退，於五月三十一日撤盡。

引翔港鎮沈家行鎮市公安局第五區第四所轄境　五月二十八日接管　協定附件所定內地點卽包含在引翔區內。日方尙未撤退時卽行接管，除日方留海軍陸戰隊一小隊計四十餘人及少數憲兵駐紮公大外，其餘陸軍陸續撤退於五月三十一日撤盡。

江灣鎮淞滬鐵路以東一部份市公安局第五區第五所轄境　五月二十八日接管　日軍尙未撤退時，卽行接管，接管後日陸軍陸續撤退，於五月三十一日撤盡。

虹鎮沙涇港以東部份市公安局第五區第三所轄境　五月二十八日接管　日軍尙未撤退時卽行接管，接管後日陸軍陸續撤退，於五月三十一日撤盡。

吳淞張華浜鐵路工廠　五月三十日接管　接管時日軍尙未撤退，接管後日軍於五月三十一日撤退。

虹口方面越界築路附近區域市公安局第五區及第一二三所轄境淞滬鐵路以東沙涇港以西公共租界以北　六月十七日上午十時接管　十七日我方接管人員率領北平保安隊及一部份市警察九時開抵該處，九時半佈崗。

丁區（卽D區）　七月十七日上午十一時接管　十七日上午十一時日軍撤退，同時我方警察接收佈崗完竣。

十六　淞滬戰役被佔公私機關屋宇統計及其收回日期一覽

戰區中公私機關及私人屋宇，多被日軍佔用，迨我方接管時，方分別交回。玆根據接管委員殷汝耕氏所發表，分列如下。

甲、經日方正式移交者：

羅店鎮	公安局第四分局	五月十日收回
	寶山縣政府留羅辦事處	五月十日收回
閘　北	市公安局第四區	五月十六日收回
	市政府財政局辦事處	五月十六日收回
	救火會	五月十六日收回
	裕通公司	五月十六日收回
	佛教居士林	五月十六日收回
	證券交易所	五月十六日收回
	徐同憲住宅	五月十六日收回
大場鎮	潛溪小學	五月十七日收回
	錢家祠堂	五月十七日收回
	孫景西住宅	五月十七日收回
	蘇姓住宅	五月十七日收回
	普善山莊	五月十七日收回
	寶善禪寺	五月十七日收回
	王家宅	五月十七日收回
江灣區	王應沂住宅	五月十九日收回
	陳　翔住宅	五月十九日收回
	吳文輝住宅	五月十九日收回
	董陳師耀住宅	五月十九日收回
	文化學院	五月十九日收回
	住房一所	五月十九日收回
閘　北	育嬰堂	五月二十二日收回
	安徽會館	五月二十三日收回
	中華公學	五月二十三日收回
楊行鎮	張德正住宅	五月二十四日收回
	倪寅孫住宅	五月二十四日收回
	唐伯琴住宅	五月二十四日收回
	徐阿保住宅	五月二十四日收回
	張靜年住宅二所	五月二十四日收回
	張瑞芳住宅	五月二十四日收回
	龔阿大住宅	五月二十四日收回
	莊祥生住宅二所	五月二十四日收回
	董兆良住宅	五月二十四日收回
	張錦芳住宅	五月二十四日收回
	徐利正住宅	五月二十四日收回
	邵雲章住宅二所	五月二十四日收回
	張彭年住宅	五月二十四日收回
	譚叔馨住宅	五月二十四日收回
	顧順承住宅	五月二十四日收回
	顧鼎鴻住宅	五月二十四日收回
	花海紅住宅	五月二十四日收回
	陳綠之住宅	五月二十四日收回
	陳義郎住宅	五月二十四日收回
	楊廟平住宅	五月二十四日收回
吳淞鎮	水產學校	五月二十五日收回
吳　淞	海軍病院	五月二十七日收回

乙、未經正式移交，在日軍撤退後逕自收回者：

公用局所屬	滬北船務處
	滬北事務處
	滬北路燈管理處
	滬北廣告管理處
	江灣路燈管理處
	吳淞路燈管理處
	吳淞事務處
	吳淞船務處
財政局所屬	市北稽征處
電話局所屬	閘北永興路局
	閘北第一分局
	閘北第二分局
	江灣分局
	吳淞分局
	南翔分局
衛生局所屬	衛生試驗所
	滬北區辦事處
	廣告所
	第一免費診所
	滬北清道用具儲藏處
社會局所屬	第一平民住所
	第三平民住所
交通部滬漢電報幹線工務處所屬	寶山路地線房
	寶山縣水線房

丙、最重要之公家機關被佔用者：

A 鐵路

1 路線	京滬路	南翔北站間
		淞滬路全線
2 車站	京滬路	南翔車站
		黃渡車站
		眞茹車站
		麥根路車站
		北　站

淞滬路 天通庵車站
高境廟車站
江灣車站
蘊藻浜車站
張華浜車站
吳淞鎮車站
炮台灣車站

3 貨棧 北站貨棧
新民路貨棧
張華浜材料廠
其他

4 工廠 張華浜工廠

B 要塞

1. 吳淞砲台 南北二台
2. 砲台灣營舍
3. 獅子林砲台
4. 三官塘火藥庫

十七 淞滬戰役被佔公私大小學校統計及其收回日期一覽

此次戰區各大，中，小，公私學校，橫遭日軍蹂躪者，不下數百所，影響於文化者至深，玆根據接管委員殷汝耕氏所發表，分列如下：

閘北京滬路以西部份，五月十六日接收。

市立詠興　新民二校　私立東方　正華
閘北青夜　華東　新華　新光
鎮安　仁惠　革志　南離
三育　自治　勵青　智和
共和　華旦　醒民　品文
濼濛　務競　北市　兩路
扶輪　交通部職工子弟第二學校
甯波旅滬同鄉會第五中公義所　義務等二十六校

江灣彭浦兩區五月十九日接收。

市立中山　西江　虬江　麥村
燕灣　俞涇　商科　錢蕩
陶灣　彭浦　若園　梅村等十三校
國立勞動大學私立立達學園　文化學院第二院

眞茹區及閘北京滬路以東部份，五月二十三日接收。

市立惠風　培本　建成　育德
彭南等五校　私立建國中學　道中女學　市北中學
中華小學　新命商工子弟　廣東　純德
里仁　甯波旅滬同鄉會　第九倘公　遠東
聖保羅　立達　俊修　購民
大光　廣東　養靈　文藝等十九校

吳淞區五月二十五日接收。

國立同濟　中央醫學院　省立水產　交通部商船
私立中國公學　市立吳淞初中　吳淞小學　淞北譚村
培基　陳巷　濟北　郝核等十三校

閘北江灣吳淞引翔殷行等區未經接管手續部份，五月二十八日收回。

市立其美　蘆濱　德新　譚鎮
育才　關路　培德　引南
虹鎮　引溪　益衆　知行
肇東　周灣　洸行　陸閣
東江　高境　泰興　國立中央商學院
私立復旦大學　東亞女子體育　南洋高商　兩江體育
上海法學院　持志學院　藝術專校
滬北中小學　育青中學　愛國女中小學等二十一學

十八 淞滬戰役我方戰區損失統計

中央統計處調查滬變損失，製有初步估計，因當時嘉定太倉等縣屬各地交通阻隔，無從調查，未曾列入。故其損失估計，僅上海市府轄境以內而已 玆錄其數字如下：

（一）全市損失可以數字形容者，達一五六〇〇四九八七一元。

（二）全市被侵佔之面積，約四七四方里。受直接損害人民，達一八〇八一六戶，八一四〇八四人，佔全市人口之半數（四五%）。其中死亡者六〇八〇人，受傷者二〇〇〇人，失蹤者一〇四〇〇人。

（三）財產 被侵佔區內，住戶財產價值八〇〇，〇〇〇，〇〇〇元，損失十分之七，房屋價值，二四〇〇〇〇〇〇〇元，損失十分之八，五。全市財產，受直接與間接損失之價值，達七八八一七三四九二元，計住戶財產五八四一〇四〇五四元，房屋二〇四〇六九四三八元。

（四）學校 被侵佔區內，停頓之學校，計大學及專門一〇，中學三一，小學一九二，失學之學生三九七三五八，佔全市學生四分之一，計大學及專門六二八六人，中學六二八二八，小學二七一六七八。輟業之教職員三一〇七八，佔全市教職員三分之一，計大學及專門一一六六八，中學七五一人，小學一一九〇八。被焚炸或駐軍之學校，計大學及專門一〇，中學一七，小學四九，被焚炸之資產，達一六八二三九〇元，佔全市學校資產三分之一，計大學及專門一二二九四七三六元，中學九五七二一一元，小學四三一四五三元。本市教育機關團體因滬變而全部停頓，亦受損失尚未計入。

（五）工業 被侵佔區內，有工廠五九七家，佔全市工廠四分之一。其中受損失者，過半數，計六七九九一八七四七元，全市工廠受直接與間接損失之價值，達九七一五一二八七元。此數僅就已有報告者計算，全數必不如此。全市工人，因事變而失業者，達十分之八，僅紗棉廠失業之工人，已達二五〇〇〇〇人。其因失業而損失之工資，每月三七五〇〇〇〇元，如半年後復工，則損失二二五〇〇〇〇〇元。

（六）商業 被侵佔區內，有商店一二九一五家，受損失者達十分之七，全市商店受直接與間接損失之價值，爲五九八一三六〇七四元。

（七）金融 全市銀行與錢莊之營業，因事變而減少十分之八五。

（八）交通　被侵佔區內鐵路損失之價值，達一六八九三三一七元，計佔全路資產十分之四，計路軌與建築，損失一九三五五〇〇元，機車與車輛，損失九八九〇三〇元，器具與設備，損失一〇九七四九一三元，材料損失，一七九一四一八元，營業損失，一二〇二四五六元。被侵區內道路損失，達一二〇〇〇〇〇元。橋樑損失，二〇〇〇〇〇元。全市輪船堆棧與轉運公司之營業損失，達一〇〇〇〇〇〇〇元

（九）公用事業　被侵佔區內公用事業之損失，達一七四二〇二五元，計水電損失一〇二一二〇〇〇元，電氣損失一五〇〇〇〇元，電話損失二五三八〇〇元，長途汽車損失一二六二二五元。被侵佔區域以外，公用事業之營業損失，達六一〇〇〇〇元，計電氣損失四三〇〇〇〇元，自來水損失一八〇〇〇〇元。

（十）治安設備　被侵佔區內公安設備，因事變而損失者，達五四〇〇〇〇元。

（十一）財政　市府收入因事變而減少十分之四強，實減二三一二八六元，計田賦減少二一%，契稅減少二四%，房捐減少八一%，車捐減少五三%（中央統計處製）

又據上海市社會局初步調查報告，損失總數一・四八三・四六一・八五四元，茲一併錄下，藉供參攷：

▲上海戰事損失初步估計表

北區（甲）住戶	財產損失	$四八六、六七一、一六九、五三
	間接損失	$七九、二六〇、八八四、三六
		$五五五、九三三、〇五二、八八
棚戶損失		$六〇三、六〇〇、〇〇
		$五五六、五三五、九五二、八八
（乙）商店	財產損失	$一二八、五九三、九〇九、五六
	間接損失	$一八、九五四、二五八、四四
		$一四七、五四八、一六八、〇〇
（丙）房產	直接損失	$二〇一、一六六、六六一、〇〇
	間接損失	$一、九七二、二二二、〇〇
		$二〇三、一三八、八八三、〇〇
（丁）工廠	直接損失	$四五、三三七、九一六、〇〇
	間接損失	$二三、六六三、九五八、〇〇
		$六七、九九一、八七四、〇〇
合　計		$九八五、二二四、八七七、八八
南區（甲）住戶		$一七、五五八、一〇三、六〇
（乙）商店		$一六一、九三五、一九八、〇〇
（丙）房租		$九三〇、五五五、〇〇
（丁）工廠		$五、六二四、六五七、五〇
		$一八六、〇四八、五三四、一〇
特區（甲）商店損失	公共租界	$一九三、三五六、二〇八、四〇
	法租界	$九五、二六七、四九九、六〇
		$二八八、六二三、七〇八、〇〇
（乙）工廠損失		$三三、五三四、七五五、七五
		$三二二、一九八、四六三、七五
總　計		$二、四四八、四八一、八五四、七三

十九　淞滬戰役日商損失統計

一月二十八日以後，國人憤日橫暴，實行堅厲之抵貨運動，致日商所受損失，至爲可驚。據全滬日僑商工會副會長吉田報告：一九三一年度日商對華貿易額，輸入計十四億四千三百萬兩，輸出額僅八億八千八百兩，銳減二分之一。待滬戰暴發，對華營業，一落千丈，損失之鉅，難以數計。據最近商務官調查，自一月二十八日起，至四月十日止，日商工場，銀行，社會，蒙受營業影響約九千一百萬兩云。

二十　戰期中上海人口統計

日軍當啓釁之初，揚言數小時內解決我方防軍，詎知一經接觸，迭次慘敗，於是一向以租界爲絕對安全地之中西住居，始大起恐慌，紛紛遷避外埠。茲錄上海市公安局戶籍股二月份戶口統計，藉見當時上海全市騷動之一斑：

民國二十一年二月份全市戶口統計，第四，五，七，三區，（閘北，江灣，吳淞）。因戰區無法調查故除外，至租界人口，係根據特區警務處之調查，人口數較之同年一月份，（戰前）少八十一萬餘。

本國人　本市各區，（戰區除外）一〇六六六〇八人，公共租界，九七一三九七人，法租界，四二一八八五人，合計，二四五九八九〇人。上月份（戰前）總數，三二七〇六二三人，比較減少，八一〇七三三人。

外國人　本市外人三三五一人，公共租界外人三六四七一人，法租界外人一二九二二人，合計五二七四四人。上月份（戰前）總數，六一六一四人，比較減少，八八七〇人。

二月份全市人口統計，二五一二六三四人。

二十一　戰鬥後所見敵我優劣比較

據第五軍八十七師二百五十九旅戰鬥後所見之敵我雙方優劣點，大約如下：

▲敵軍優點

一、兵器精良，其飛機及步砲兵協同頗確實，飛機看到目標即擲信號，大砲彈亦隨之而來。

二、敵軍作戰多按戰術原則，正面配置兵力頗少，其大部集結於翼側，企圖迂迴包圍。

三、敵軍聯絡頗確實，步兵攻擊前進，必帶電話機與後方聯絡，動作頗形靈活。（二月二十二日第五一七團出擊恢復廟行鎮陣地時，在戰壕內拾得一電話機證此）敵軍指揮前進停止射擊均用手旗輔助。此舉可補救口令之不足。並易於各方連絡。

四、敵不輕進，如婁塘鎮所到之處，均用舉火爲號。必待各火齊頭後，始行前進，少有一部突進。

五、敵收容迅速。每爲我軍衝散後，其下級幹部能立刻收容抵抗。

六、敵瞄準射擊頗確實，時用優良射手狙擊我官長。（僅限於第九師團）

▲敵軍劣點

一、敵軍步兵攻擊精神全無，二月二十二日攻擊失敗至鉅。

故三月一日總攻以飛機大砲爲主體，避免步兵犧牲，實則其步兵一聞槍聲卽伏地不動。不堪一戰也。三月一日我旅撤至第二陣地時，有敵約四五百人向第五一八團尾追，及至楊煥橋附近被我收容陣地射擊，敵卽全數臥倒不敢前進一步，我軍得安全退出。由此可證明敵無攻擊精神。

二、敵軍最怕死，因敵平時生活優裕，家庭觀念尤深。故當向我攻擊時，祇要打死他一二人，其餘卽不敢前進，甚至紛紛逃去。

三、敵不強韌。無後援部隊。則前線乏持久抗力，易爲我所挫。

四、敵迂迴部隊常密集使用，被擊易於損傷敗挫。

五、無飛機砲火爲之掩護時，其步兵獨立作戰能力薄弱。

六、不慣夜戰。

七、兵力運用多迂滯戰術，不能應戰場狀態之變化而靈活使用。

八、不能耐苦耐勞。

▲我軍優點

一、官兵心理均痛恨倭敵，咸抱必死之決心，故攻擊精神鞏固。朱家橋一役。我第五一七團以久戰之一二營，當敵六倍之衆，而尤能殲敵數百名，安然衝出重圍，此可證明。

二、官兵剛胆強韌，敵屢次攻擊接近我陣地前數十米處仍能沈着瞄準，從容殺敵。三月一日，廟行之役第五一八團第一營每連傷亡達五分之四，而少數守兵，猶死守擊敵，敵始終未敢突入，此可證明。

三、彈藥缺乏之時，毅然與敵軍肉搏，及投擲手榴彈尤爲我軍特長。

四、夜戰能力良好。

▲我軍劣點

一、武器不良，火力均爲敵人所制壓。

二、連絡不確實。各級指揮官均賴電話爲主。電話不通，卽無良好補救方法。前後方接濟運輸不靈活，此次廟行作戰，倘在馬橋宅設一材料彈藥交付所，當較便利多矣。

三、我軍工事構築欠強固，損害不少。尤以掩蔽部一般均不够強度，交通壕多未構築，致損壞頗重。

四、情況不明，諜報太少，爲我軍最大缺點。敵以便入軍作戰，而尙能使用多數漢奸日諜。

五、在撤退時，對於負傷官兵不知設法搬回。對於巳亡之官兵不知收回其符號及重要文件等。

總之。敵之優點在於物質，而我之優點在於精神。敵訓練良好，但多迂滯，故所收效果不大。我軍訓練雖不及敵人，但作戰經驗豐富，動作靈活，如取攻勢，收效必大，敵利於白晝作戰可得飛機砲火之援助，我軍則適應於夜戰。

一二八滬案始末每日大事一覽

一月二十日：上海日本浪人焚燒引翔鄉三友實業社工廠。日本居留民在上海北四川路大暴動。

一月二十一日：日領事村井倉松訪吳鐵城市長，提出四項要求。

一月二十二日：日艦駛進黃浦江，形勢嚴重。

一月二十三日：日政府訓令上海領事向我方要求取消抗日運動。日艦續有到滬。

一月二十四日：中央各委員會商外交問題；外長陳友仁提出辭職，赴上海。

一月二十五日：顏惠慶在國聯行政會發表宣言。孫科辭職。

一月二十六日：上海空氣極緊張。

一月二十七日：上海民國日報被廹停刊。市政府下令取消抗日會。日陸戰隊在浦東登岸。

一月二十八日：滬市府承認日本要求。日海軍陸戰隊啓釁，中日戰事爆發。中政會決議任羅文幹外長。

一月二十九日：日軍轟炸閘北，商務印書館全部被燬。十九路軍通電誓死抗日。外交部發表自衛宣言。國聯公開會議。

一月三十日：國府宣言遷都洛陽。蔣中正通電抗日。

一月三十一日：十九軍通電報告連日大勝。顏惠慶報告國聯今後當採有效自衛手段。

二月一日：南京下關日艦發砲示威。國府通電決自衛。

二月二日：京滬衛戍司令陳銘樞到滬視察防綫。國聯行政會討論中日爭端。

二月三日：吳淞閘北同時劇戰。

二月四日：我軍大破日軍，吳淞閘北兩地敵人，狼狽奔竄，不能成軍。

二月五日：日新任第三艦隊司令野村由佐世保出發來滬指揮。

二月六日：日援軍四五千名開到上海。

二月七日：日水陸空軍總攻吳淞。

二月八日：吳淞日軍潰退，閘北激戰。國聯發表上海領事調查團滬案報告書。

二月九日：日軍偸渡蘊草浜失敗。英公使訪羅文幹討論滬變事。

二月十日：日艦砲轟吳淞要塞敗退；閘北我軍大敗日軍，陣線前進。

二月十一日：戰事比較靜寂，日機到處猛投炸彈。日援軍萬餘抵滬。英法美三國公使由京馳滬調停戰事。

二月十二日：停戰半日，救護難民。下午戰事又起，我軍大勝。國聯發表上海領事調查團第二次滬案報告書。

二月十三日：日軍又圖偸襲蘊藻浜，大戰終日，敵主力在曹家橋慘遭大敗。我軍各路大勝。

二月十四日：英美法意四國公使進行和平運動。外部照會英美公使抗議日軍藉租界作戰爭根據地。日軍新司令植田携大批援軍到滬。

二月十五日：日艦砲攻吳淞無效。

二月十六日：江灣大戰，吳淞續有戰事。

二月十七日：汪精衛蔣介石連名電請中央於三月一日召集二中全會。

二月十八日：日軍司令植田向十九軍提哀的美敦書，滬日領事同時向市府提出同樣要求。

二月十九日：十九軍及市府駁斥日方要求。外部發表拒絕無理要求宣言。國聯定三月三日召集特別會議。

二月二十日：日軍以海陸空全力總攻擊。

二月二十一日：日軍繼續攻擊。

二月二十二日：日軍總攻吳淞閘北無效，變更戰略，重心移至廟行江灣八字橋一帶，結果潰退，遭受巨大損失，狼狽不堪。

二月二十三日：江灣日軍被圍，傷亡無數。

二月二十四日：日軍反攻，又告失敗。

二月二十五日：日軍調集大砲，猛攻江灣廟行全線陣地。

二月二十六日：繼續劇戰，日飛機大活動。

二月二十七日：日援軍到滬。

二月二十八日：日軍繼續砲攻，吳淞江灣戰事劇烈

二月二十九日：日軍新司令白川到滬。又携來大批生力軍。國聯調查團抵東京。

三月一日：日軍以萬餘兵力襲瀏河楊林口。

三月二日：我軍因援軍不繼，陣線搖動，自動撤退至第二防線。

三月三日：吳淞守軍安全撤退。十九路軍通電全國報告撤兵原因。

三月四日：國聯特會通過中日實行停戰案。

三月五日：日援軍續到。

三月六日：我軍接受國聯議案停戰；日方仍進擊。

三月七日：南翔日軍積極佈防。日機轟炸京滬鐵路。

三月八日：日軍竄太倉，被擊退。

三月九日：日對國聯發不撤兵聲明。

三月十日：日軍積極佈置戰事，太倉時有接觸。

三月十一日，國聯通過和平解決遠東爭端決議案。

三月十二日：前線日軍繼續增加。

三月十三日：日繼續增援。

三月十四日：國聯調查團抵滬。

三月十五日：汪精衛赴前線慰勞防軍。國聯調查團訪吳鐵城市長暨顧維鈞。

三月十六日：調查團留滬預備進行和議。

三月十七日：滬人數宴調查團。

三月十八日：日政府訓令日使重光葵提出停戰條件。國聯調查團調査滬案。

三月十九日：中日代表討論停戰撤兵。

三月二十日：日軍增兵前線，無議和誠意。

三月二十一日：調查團視察戰區。

三月二十二日：停戰會議因我方訓令未到暫停。楊林口日軍挑釁。

三月二十三日：日軍在安亭黃渡間縱火屠殺。

三月二十四日：上海舉行停戰會議。

三月二十五日：日軍攻太倉，雙方接觸。停戰會議續開。

三月二十六日：停戰會議續開。前線仍有小接觸。

三月二十七日：停戰會議暫停，調查團到京。

三月二十八日：日增兵瀏河。停戰會議繼續中。

三月二十九日：停戰會議通過停戰。

三月三十日：停戰會議續開。

三月三十一日：停戰會議續開，日對撤兵無誠意。

四月一日：國聯調查團赴漢口。

四月二日：日軍犯太倉，被擊退。

四月三日：前線步哨時有接觸。

四月四日：停戰會議仍無結果，楊林口到日艦十二艘。

四月五日：南翔日軍大增。滬市政府下通緝漢奸令。

四月六日：前線仍有小接觸，停戰會議中日堅持召集圓桌會議。

四月七日：停戰會議續議中。

四月八日：國難會議第一次大會。

四月九日：停戰會議討論日本撤兵問題。日機飛嘉興偵察

四月十日：敵機數十架分飛南翔淞滬示威。

四月十一日：停戰會議停頓。

四月十二日：停戰會議停頓。國難會議閉幕。

四月十三日：郭泰祺正式通告日方，停戰會議暫延。

四月十四日：停戰會議小組會議亦展延。

四月二十八日：上海停戰會議重開。

五月一日：外交部訓令郭泰祺簽停戰協定。

五月三日：郭泰祺因被毆。

五月五日：滬停戰協定簽字。

五月六日：前線日軍開始撤退。

五月七日：中日雙方暨中立國組織共同委員會，辦理日軍撤退善後事宜。

五月九日：我方開始接收瀏河南翔嘉定。

五月十六日：我方接收閘北。停戰協定副本簽字。

五月十九日：我方接收江灣廟行。

五月二十日：監察院公開彈劾行政院長汪精衛違法批准停戰協定案。

五月二十三日：我方接收眞茹暨閘北鐵路北區。

五月二十四日：我方接收楊行獅子林，京滬鐵路恢復通車。

五月二十五日：我方接收吳淞寶山。

五月二十八日：蘇州舉行抗日殉難將士追悼大會。

五月三十日：我方接收吳淞機廠

六月十七日：我方接收淞滬鐵路以東區域。

七月十七日：我方接收日軍最後撤退之D區。

再版增補 上海市社會局滬戰損失統計

一二八事變所受損失之深巨，盡人皆知；惟其確數如何，則尚在研究之中。本書於編中雖已有該項損失之調查，但頗不完備；十一月二十五日上海新聞紙揭載上海市社會局所發表之損失統計表，已比較詳盡，適本書再版，爰爲刊入，藉備查考。

據上海時事新報云：本市自一二八事變發生，工商業住戶等所受之直接間接損失，至爲重大，業經本市社會局會同會計師公會市商會組織調查戰損聯合辦事處，從事登記，茲探悉該處已將收到登記表二萬六千二百五十一份，分類整理，由各會計師審核完竣，送交社會局編製統計。記者昨趨訪該局第二科科長吳相如，查詢一切，據吳氏談，此次滬變，本市被佔面積，約有一百八十五方公里之譜，受損失戶數，當在十萬以上；雖一再登報佈告，並散發傳單，勸令被害商民一體來局登記，然收到表格，僅及六分之一，故此項統計，勢難代表損失總額。目前正在廣羅各方損失材料，擬編第二步估計，以臻完備云云。茲將索得之一二八變損失之統計表披露如下：

△（目次）『一二八事變損失統計表』『一二八事變損失分區統計表』『一二八事變損失分類統計表』

△（說明）本統計表係根據上海市社會局市商會會計師公會調查戰事損失聯合辦事處所收到之登記表二萬六千二百五十一份，分區分類彙編而成。與被燬店戶實數相差尚鉅，勢難代

「一二八」事變損失統計表

（根據登記表二萬六千二百五十一份編製）

區別	類別	登記戶數	人事損害 死亡	人事損害 傷害	人事損害 失蹤	人事損害 其他	直接損失	間接損失	合計	各區損失總計
閘北	住戶	一四・四二四	六三〇	二九二一	三二五	四二二	三五・七六一・四八九・五六	二・〇一六・五三〇・五六	三七・七七八・〇二〇・一二	一三二・四八八・七五一・二六
又	商號	四・二〇四	一九一	一三〇	三一八	九・三三九	二五・八八八・〇一九・〇一	七・五八九・〇二二・六八	三三・四七七・〇四一・八九	
又	工廠	八四一	四二	三八	六三	八・一九八	四六・六二四・一七二・一三	二・三六六・七九七・三〇	五一・九九〇・九六九・三二	
又	房產	二三五	三	二	一	一〇	三・四四五・六七五・二〇	三一四・四二三・二〇	三・七六〇・〇九八・四〇	
又	學校	四七	六	三	一三		一・八一六・八六七・九〇	三五一・六二七・六〇	二・〇六八・四六五・五〇	
又	公團	四〇	四	五		三	一・二六一・〇一四・六二	七・八一二・四〇	一・二六八・八二六・〇二	
又	寺庵	四					一四五・〇〇〇・〇〇	三〇〇・〇〇	一四五・三〇〇・〇〇	
吳淞	住戶	二・二一五	二六三	六三	一〇三	一・七一八	五・六九三・八四六・六三	二六二・六一三・九四	五・九五六・四六〇・八七	一六・七四三・〇九六・四一
又	商號	五四六	二七	一一	三一	九九七	二・九〇四・六五二・二八	一・五六七・六五二・四一	四・四七二・三〇四・六九	
又	工廠	二五	四		六	一三二	四・一九九・三七一・四六	五六八・七二八・九九	四・七六八・一〇〇・四五	
又	房產	一〇五	二五	二五			五六四・八一一・〇〇	一三・四六八・〇〇	五七七・二七九・〇〇	
又	學校	四					八四九・七三五・〇〇	一・〇〇〇・〇〇	八五〇・七三五・〇〇	
又	公團	七	四		二		一〇八・一二七・四〇	六六九・〇〇	一〇八・七九六・四〇	
又	寺庵	一					九・四二〇・〇〇		九・四二〇・〇〇	
江灣	住戶	一・二七一	三〇七	五六	二九	三七	四・二三〇・六三六・三七	一六四・三二五・〇四	四・三九四・九六一・四一	七・七〇二・二七九・七一
又	商號	一二一	一一		一一	一四八	一・一五六・六三一・九〇	二〇八・一〇二・四〇	一・三六六・七八四・三〇	
又	工廠	一二	九	一	三	四一	一・一六一・二八一・〇〇	三〇・〇〇二・〇〇	一・一九一・二八三・〇〇	
又	房產	一八					一三五・六六九・〇〇	一・一一一・〇〇	一三六・七八〇・〇〇	
又	學校	一					五九・一五〇・〇〇		五九・一六〇・〇〇	
又	公團	一二	四				三一〇・五九二・〇〇	四二・七八一・〇〇	五五二・三八一・〇〇	
眞茹	住戶	一〇一	六	五			二六〇・五二四・〇〇	二三・八九三・〇〇	二八四・四一七・〇〇	三七七・九二〇・九五
又	商號	一六	一			三五	五〇・〇八五・五五	三・一〇四・四〇	五三・一八九・九五	
又	工廠	四			一	八〇	四〇・二八〇・〇〇	三四・〇〇	四〇・三一四・〇〇	
滬南	住戶	三四	一	三			一四・三二九・〇〇	一五・三五七・〇〇	二九・三八六・〇〇	一・二九〇・八四四・一四
又	商號	一〇六			二	五七二	九・三二五・〇〇	九八五・六四九・一四	九九四・九七三・一四	
又	工廠	一				一九五		二二二・六六六・〇〇	二二二・六六六・〇〇	
又	學校	二					六五五・〇〇	三五・九六四・〇〇	三六・六一九・〇〇	
又	公團	一						六・九〇〇・〇〇	六・九〇〇・〇〇	
引翔	住戶	一〇八	一三	三	三		三四一・八一〇・一三	一七・五四五・五六	三五九・三五五・六九	六三三・八八六・二九
又	商號	四〇	四	二	一	二六一	一一九・八四〇・六〇	三九・三九二・〇〇	一五九・二三二・六〇	
又	工廠	一三	一		二	一四一	八八・三一八・〇〇	二一・六四四・〇〇	一〇九・九六二・〇〇	
又	房產	二					四・二八五・〇〇	一・〇五一・〇〇	五・三三六・〇〇	
彭浦	住戶	一八	一	一			三三・一一〇・〇〇	二・四六七・〇〇	三五・五七七・〇〇	

（一）表本市損失總額。

（二）直接損失與間接損失依據損害之性質而分，人事損害如喪葬醫藥費等，併入『直接損失』欄內計算。

（三）『人事損害』之『其他』一項，以失業者居大多數。

（四）『人事損害』欄內受傷者，反較死亡者爲少，似不合理，蓋因輕傷者多未具報，且此次登記各戶大都以填報財產損失爲主要目的，而於人事損害部份除死亡外，不甚注意，故傷害人數決不止九百餘人。

（五）公司一類附在『商號』項下。

（六）房產損失其在住戶或商號登記表內『直接損失』欄內，附報者不另檢出核算，據市工務局估計全市被燬房屋約值洋六千一百四十三萬一千九百七十二元。

（七）學校損失據市教育局調查爲一千〇八十九萬〇九百六十一元。

（八）農村直接損失附在『住戶』項內，據上海市戰區復興委員會調查計值洋四百十九萬六千一百四十二元。慈善團體損失據本局四科調查直接損失爲五十八萬三千三百十九元。間接損失爲二十三萬六千七百七十八元六角四分。兩共計洋八十二萬〇〇九十七元六角四分。凡來登記之各慈善團體併入公團類內計算。

「一二八」事變損失分類統計表

類別	登記戶數	人事損害：死亡	人事損害：傷害	人事損害：失蹤	人事損害：其他	直接損失	間接損失	合計	備考
住戶	一九・〇五七	一・三七〇	四八二	五〇〇	二・二二五	四八・三〇一・四四七・一四	二・六八七・八四八・九六	五〇・九八九・二九六・一〇	附農村損失
商號	五・七一九	二六四	一六三	三九二	一二・七四九	三三・五三五・九八四・六〇	一五・九五六・五二三・七二	四九・四九二・五〇八・三二	附公司損失
工廠	九六六	五六	四一	七七	一〇・一一二	五五・五八九・七七七・八二	四・二二四・九四二・五〇	五九・八一四・七二〇・三二	
房屋	三六二	三一	二七	一	一〇	六・一五一・七〇〇・二〇	三三四・六二九・二〇	六・四八六・三二九・四〇	僅及全市房產損失十分之一
學校	五七	六	三	一三		二・八〇四・八八三・九〇	二八九・七四六・六〇	三・〇九四・六三〇・五〇	僅及全市學校損失三分之一
公團	六一	一二	三	二	三	一・八八五・一八四・〇二	六〇・二五六・三〇	一・九四五・四四〇・三二	
寺庵	五					一五四・四二〇・〇〇	三〇〇・〇〇	一五四・七二〇・〇〇	
政府機關	二五					一五・六六六・三〇六・二二	六・九六二・四一一・六三	二二・六二八・七一七・八五	

「一二八」事變損失分區統計表

區別	登記戶數	人事損害：死亡	人事損害：傷害	人事損害：失蹤	人事損害：其他	直接損失	間接損失	合計	備考
閘北	一九・七九五	八七六	四六九	七二〇	一七・九六三	一一九・九四二・二三八・四二	一二・五四六・五一二・八四	一三二・四八八・七五一・二六	市區
吳淞	二・〇三三	三四六	一一九	一四二	二・八四七	一四・三二九・九六四・〇七	二・四一三・一三二・三四	一六・七四三・〇九六・四一	同上
江灣	一・四三五	三三一	五九	四三	二二六	七・二五五・九五八・二七	四四六・三二一・四四	七・七〇二・二七九・七一	同上
眞茹	一二一	七	五	一	一一五	三五〇・八八九・五五	二七・〇三一・四〇	三七七・九二〇・九五	同上
滬南	一五六	一	三	二	七六七	二四・三〇八・〇〇	一・二六六・五三六・一四	一・二九〇・八四四・一四	同上
引翔	一六三	一八	五	五	四〇二	五五四・二五三・七三	七九・六三二・五九	六三三・八八六・三二	同上
彭浦	二三	一	三		二八	四九・三一八・二〇	三・四八一・〇〇	五二・七九九・二〇	同上
蒲淞	一〇				三〇	一九・〇八五・七九	一三・九九四・〇三	三三・〇七九・八二	同上
殷行	一〇五	八	七	三	七二	三七四・〇四七・六〇	一五・五六七・〇〇	三八九・六一四・六〇	同上
洋涇	六		一	一		六二・七四五・〇〇	一一・五五〇・〇〇	七四・二九五・〇〇	同上
特一	八八九	三七	二三	五〇	二・二〇〇	三・六六一・八七六・七一	六・二六五・五七〇・二四	九・九二七・四四六・九五	
特二	三九				一七五	六六・三二九・六八	三一・七二〇・〇〇	三九八・〇四九・六八	
楊行	四二	七	二	五	八九	八〇・〇三八・〇〇	四・一〇八・〇〇	八四・一四六・〇〇	
大場	三〇一	六一	九	六	一八〇	九七九・二八一・五〇	九六・八五三・二七	一・〇七六・一三四・七七	
南翔	一〇九	三四	七			二七七・五三七・〇三	五・九六〇・〇〇	二八三・四九七・〇三	
寶山	五六	九	二	五		二六三・八七四・二六	二二・四二四・九二	二八六・二九九・一八	
安亭	一七		一	一		四・四三一・〇〇	一・五七二・四〇	六・〇〇三・四〇	
嘉定	五六	三	六	二	四	一二七・二二〇・八七	二・二七九・七〇	一二九・五〇〇・五七	
政府機關	二五					一五・六六六・三〇六・二二	六・九六二・四一一・六三	二二・六二八・七一七・八五	
	二六・三五一	一・七三九	七一九	九八五	二五・〇九九	一六四・〇八九・七〇三・九〇	三〇・五一六・六五八・九一	一九四・六〇六・三六二・八一	

區別	類別	登記戶數	死亡	傷害	失蹤	其他	直接損失	間接損失	合計	
又	商號	二				三	一・六六二・〇〇		一・六六二・〇〇	
又	工廠	二				二五	一四・四五六・二〇	一・〇〇〇・〇〇	一五・四五六・二〇	
又	學校	一					一〇〇・〇〇	一四・〇〇	一一四・〇〇	五二・七九九・二〇
蒲淞	住戶	四					四五〇・〇〇	一三八・〇〇	五八八・〇〇	三三・〇七九・八二
又	商號	四				三〇	一八・六三五・七九	一三・八三四・〇〇	三二・四六九・七九	
又	工廠	二						二二・〇三	二二・〇三	
殷行	住戶	九四	八	七	三		三二三・二七二・六〇	九・一二七・〇〇	三三二・三九九・六〇	三八九・六一四・六〇
又	商號	一〇				二	四四・五七五・〇〇	七四〇・〇〇	四五・三一五・〇〇	
又	工廠	一				七〇	六・二〇〇・〇〇	五・七〇〇・〇〇	一一・九〇〇・〇〇	
洋涇	商號	五					六二・七四五・〇〇	九・五五〇・〇〇	七二・二九五・〇〇	七四・二九五・〇〇
又	工廠	一			一			二・〇〇〇・〇〇	二・〇〇〇・〇〇	
特一	住戶	二五九	九	一	一〇		四七三・五二九・八一	一四四・三三〇・五七	六一七・八六〇・三八	九・九二七・四四六・九五
又	商號	五七七	二八	二〇	二九	一・〇〇〇	二・七三九・三八五・八七	五・一一一・七五〇・四六	七・八五一・一三六・三三	
又	工廠	五一			一	一・二〇〇	四四三・五〇九・〇三	一・〇〇一・八七四・三一	一・四四五・三八三・三四	
又	房產	一						五・五二〇・〇〇	五・五二〇・〇〇	
又	公團	一					三・四五二・〇〇	二・〇九四・九〇	五・五四六・九〇	
特二	住戶	六					三・一四九・六八	二一・二五二・〇〇	二四・四〇一・六八	三九八・〇四九・六八
又	商號	三二				一七五	六三・一八〇・〇〇	七・七九四・〇〇	七〇・九七四・〇〇	
又	工廠	一						二・六七四・〇〇	二・六七四・〇〇	
楊行	住戶	三四	七	二	五	五七	六一・〇〇七・〇〇	一・七五八・〇〇	六二・七六五・〇〇	八四・一四六・〇〇
又	商號	八				三二	一九・〇三一・〇〇	二・三五〇・〇〇	二一・三八一・〇〇	
大場	住戶	二六四	五九	九	五		六九九・七一三・五〇	一五・三七五・〇〇	七一五・〇八八・五〇	一・〇七六・一三四・七七
又	商號	三四	二		一	一五〇	二四九・五〇〇・〇〇	七八・五六〇・二七	三二八・〇六〇・二七	
又	工廠	一				三〇	一二・二〇〇・〇〇	一・八〇〇・〇〇	一四・〇〇〇・〇〇	
又	房產	一					一・二六〇・〇〇	五六・〇〇	一・三一六・〇〇	
又	學校	一					一六・六〇八・〇〇	一・〇六五・〇〇	一七・六七三・〇〇	
南翔	住戶	一〇七	三四	七			二三四・三八五・〇三	五・四六〇・〇〇	二三九・八四五・〇三	二八三・四九七・〇三
又	商號	二		一			四三・一五二・〇〇	五〇〇・〇〇	四三・六五二・〇〇	
寶山	住戶	四八	九	二	五		一〇六・四一一・六六	四・五三四・九二	一一〇・九四六・五八	二八六・二九九・一八
又	商號	八					一五七・四六二・六〇	一七・八九〇・〇〇	一七五・三五二・六〇	
嘉定	住戶	五三	三	二	二		五九・三五〇・八七	一・五七一・七〇	六〇・九二二・五七	一二九・五〇〇・五七
又	商號	二				五	六・一〇二・〇〇	六三二・〇〇	六・七三四・〇〇	
又	學校	一					六一・七六八・〇〇	七六・〇〇	六一・八四四・〇〇	
安亭	住戶	一七					四・四三一・〇〇	一・五七二・四〇	六・〇〇三・四〇	六・〇〇三・四〇
政府機關		二五					一五・六六六・三〇六・二二	六・九六二・四一一・六三	二二・六二八・七一七・八五	二二・六二八・七一七・八五

文華美術圖書公司出版新書目錄

一九學生字典

本字典用最新發明之一九檢字法編輯十分便利每字之首筆分類次筆分部計有橫豎點撇彎曲鈎七類更加捺及趯爲九部每類及部均代以號碼首筆爲類次筆爲部字典頁碼與號碼先後相配合只須記明首次兩筆之號碼就書頁一翻即得（印有詳細樣張函索即寄）

甲種一元特價八角　乙種八角特價六角四分

丙種五角特價四角

漢英學生字典

本書係謝頌羔先生將中文字句先譯成英文然後用最適當的方法依次排列所以內容淺顯初學者都可明白檢查便利應用時非常迅速　精裝一册定價八角特價六角四分

平裝一册定價六角特價四角寄費另加

格列姆童話集

本書在英國銷行之廣其數驚人各校學生幾於人手一册國人雖亦洞悉該書內容之佳妙顧以原本價值昂貴往往望洋興歎茲由本公司用精良印刷將原本縮成普通教科書大小以供國人採擇不但爲教授英文者之好工具亦自修諸君之好材料也　原本售價合華幣七八元之巨本公司縮印本只售實價大洋四角

華英汽車名詞

本書所載各國汽車名詞應有盡有英華對照解釋周詳汽車的構造上及機件智識搜羅無遺讀此一書對於汽車之全部知識完全明瞭置備汽車諸君及研究駕駛術者均不可不備

已出二集布面精裝一册實價大洋六角

各科常識答問

本書係由富有教授編輯並經國立大學各專任教授校閱內容豐富問題確當投考初高中學諸君得此一册先行預備保可從容應付不致名落孫山誠爲一學生常識之寶庫初版刊行不數月銷售一空現在再版修正內容愈覺精美

【上册五種】中國國民黨黨義題解　國學常識　中國歷史常識問答　世界史題解　地理常識問答【下册五種】英文題解　算術題解　物理題解　化學題解　博物題解

全書上下兩厚册定價二元四角特價一元二角

世界史要

本書係威爾斯原著謝頌羔先生譯述删去原著中比較不重要者而取其精華每章之後均由譯者附列習題譯名根據「標準漢譯外國人名地名表」前後統一讀者易於明白是中等學校最優良的歷史教本及參考書

精裝一册道林紙定價一元五角特價一元二角

平裝一册報紙定價八角特價六角四分

汽車電學

本書爲李嘉會先生所創著分二十二章詳述電氣實用于汽車之發火，自動電燈各裝置及原理，病症及修理，及最新各車之電系設備，文字淺並插圖四十餘幅讀者易于明瞭最合研究及修理汽車者之參考操作工校教本亦甚適當

全書一册道林紙精印實售大洋一元五角

汽車構造與修理

本書係李嘉會先生所創著共分二十二章插圖八十餘幅詳述汽車各部之組織，原理，構造，保管，駕駛，修理爲研究經營，修理，駕駛，及自備汽車者不可缺讀之書採爲工校教本亦極適當　全書一册道林紙精印實售大洋二元

新嘉坡指南

（現在印刷中）此書爲南洋華僑潘醒儂吳承衛兩君所編共分十二篇曰行政，交通，郵電，公共事業，衣着，食宿，娛樂處，營業，工業，文化，個人事業等莫不有詳盡的紀述附有新加坡中英文街名對照表及其街道全圖本島形勢圖各國領事館地址表華巫要語釋照表美術風景照片多幅舟車時刻表及其價目表均詳列無遺誠爲遊歷家不可不備之書

全書一册定價大洋二元

消失了情緒

本書是張蓬舟先生的詩集情感豐富韻味深長每一字每一句都似乎美妙的音樂

洋裝一册實價三角

兒童玩具製造法

本書是中小學校工藝科補充教材玩具製作家優良的參考書材料豐富有百餘種之多解說詳盡可以實地製作趣味濃厚迎合兒童心理方法簡便無需特殊器械每類之後附參考圖教師便於教授學生便於學習　全書一册定價大洋五角特價四角

民間諺語

本書陳壽彭先生所編爲研究我國民族性的唯一專書內容包含四千五百餘則民間流行的諺語收羅廣博不避粗俗系統排列分類詳明顯筋露骨串串聯珠尤于氣候一目並可作天文遊戲的試驗預測風雨靈效頗多使你讀了興趣橫生絕無枯燥之感注意風俗人情者皆宜人手一編

全書一册實售大洋六角

跳舞的公主

跳舞的公主原作爲英文本名「格列姆童話集」久已風行世界內容故事極饒興味尤適合兒童的心理謝頌羔先生特以輕鬆的筆調譯出以供一般小朋友課外消遣之需卷首並加梁雪清女士精繪插圖七幅全書用道林紙印刷美麗可愛

全書一册價洋三角特價二角四分

家庭簿記

本書係王熙卿先生所編純以家庭日用經濟立場上以節省經濟爲原則對於收入方面有流水總清等表解對於支出方面有流水總清等表解凡吾人家庭鉅細各事之收入支出無不俱載詳盡以便吾人實施之用誠治理家庭經濟之嚮導也

全書一册特價實售大洋二角

從文學到戀愛

本書是王墳羅洪情書集亦是書翰體的文學論用輕鬆美妙的筆調把文學的眞義在一對少男女的往還情書之中討論得詳盡異常而且十分饒有興味毫無普通文學論的枯悶之弊在愛的眞義上亦有透澈發揮眞是青年男女不可不看的好書

全一册定價大洋五角特價四角

第一夜

本集王天恨先生所著中包含六個短篇完全是性愛問題下的產物描寫熱而不火濃而不俗的是佳作爲第一篇「第一夜」是記新婚夫婦的初夜情形確深意值實加得上香而又豔的一句評語其他五篇都含有美妙的得讀者欣賞　全書一册價洋四角特價二角八分

陶醉

本集沈白文先生所著中包含五個短篇都是關於青年男女們的性和愛的問題描寫得清流雅麗其作風和現在一般肉麻小說完全不同每節都有事實做背景熱情眞意充滿在字裏行間確無空虛俗渺不着邊際的弊病是近代戀愛小說中的首選愛閱新文藝者大可一讀

全書一册價洋五角特價三角五分

鷯哥

本書徐綠芙先生所著中七個短篇小說都是新文藝的精品作者在這本書中用幽默的思想輕靈的筆墨來抒寫兒女柔情十分深刻對於愛的意義環境的榨壓人生的空玄等問題都有深切的發揮寫作上如結構描寫等也都很嚴密緊湊極有力量在在更足引起讀者的美感

全書一册價洋五角特價三角五分

王妃

本書是由謝頌羔先生精心搜集其近年以來最有力量的短篇文藝創作而成材料豐富固不待言也是美妙動人爲我們有志欣賞文藝者所不可不讀行文是極其輕盈而美麗在每篇中都含蓄着充分的趣味和深長的意義愛好文藝者快把牠閱讀一過吧

全書一册價洋六角特價四角二分

死倖

本書爲柳葉先生用文言體描寫軍閥之狡謀詭詐及其荒淫逸樂實屬可恨復將一般水性婦女之無恥與可惡很寫得淋漓盡致末了敘出孝女復仇義俠誅奸諸事尤有餘音繞梁之妙俊逸清新令人回味不已

全書一册定價三角實售二角一分

獃鵝

湛爲法先生誰都承認他是寫詩寫散文寫小說的大才作家像本書中的「獃鵝」「一體兩面」「陳大的生活」「酒精中毒」「父子」等幾篇作品對人生苦悶的生活和纏綿的感情予以盡量的描寫深刻有趣比衆不同愛好文藝的人們快來欣賞

全一册定價大洋四角特價三角六分

文華彙刊

第一年精裝一巨册實價大洋四元

第二年精裝一巨册實價大洋五元

電影彙刊

第一年精裝一巨册實價大洋四元

正編

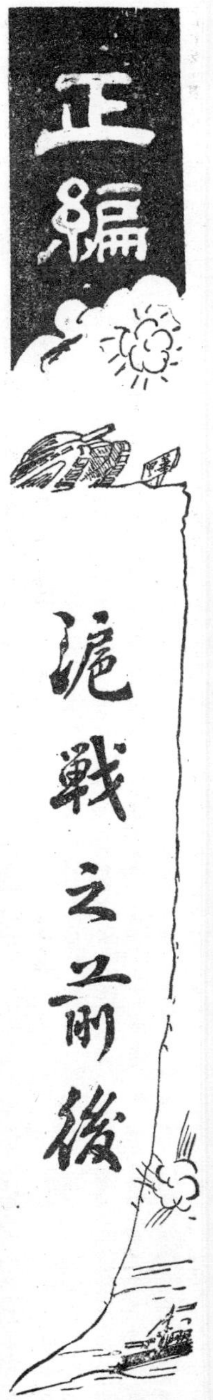

滬戰之前後

第一章 日本侵略中國溯源

第一節 日本國運之隆盛

我中國周惠王時代，神武天皇始建國於日本，迄今凡二千六百餘年。傳至現之昭和，歷一百二十餘代。中間軍閥爭撲，變亂屢起；惟其民族對於皇室，認爲「天子神明，不可侵犯」，故始終未生易姓之事。國域聯合本部三島及若干島嶼而成，面積不能及我四川一省之廣，居民好勇很鬥，其祖先或謂來自滿洲東部及中國本部，或謂係蒙古民族後裔，未有確考。漢代以還，中日時有交通；爾時日本國內，文化極爲幼稚；自與中國接觸，對中國文明推崇備至，遣使朝貢，時見史册；日本文化之進展，所獲於中國者匪淺。

日人治國，其始亦抱鎖國主義，閉關自守。厥後西洋勢力逐伸入東方，美國艦隊以大砲轟開門戶而廹其訂立通商條約，各帝國主義乘機紛至；時日本內感離亂，外受威脅，忍辱簽訂不平等條約，一如今日之中國。明治執政，捨棄舊例，竭力吸收西洋文明，昔之崇奉中國如恐不及者，至是一變而爲崇奉歐西文明惟恐不及矣。

明治之維新，不久而功效大著，內部既漸走入康莊大道，不平等條約亦逐漸取消；於是頓忘其本來面目儼然以東方主人自居，以昔之受於人而呼號悲痛者，轉而施諸於人以稱快。同時感覺聚居海島之不足以適符其主人身份，決定建國大陸，實現其征服世界之迷夢。首當其衝者，厥爲我中國。

第二節 日本對中國野心

日本侵略中國之策略，海軍軍人主張由海道南進，陸軍軍人則主張由陸道北進，同治十年之佔我琉球，及嗣後之割我台灣澎湖列島，均屬南進政策之實現；蓋若輩認定以台灣爲根據地，然後逐步吞滅我諸腹地也。但事實上向南侵佔，於英美諸列強必發生勢力上之衝突，而且時受牽制，尤多不便，自顧羽毛未豐，未敢謬然從事，因而北進政策乃佔優勢；北進政策亦卽大陸政策，爲日本直至現在所奉行不倦者。據田中積極政策中言：以中國之滿蒙爲根據奪取其豐盛富源以資給養無缺，然後吞滅中國全部，中國旣入掌握，不但獨霸東亞，卽征服世界亦操勝算。其心之貪狠，實過虎狼！

日本對華方策，又有強硬侵奪，與優柔哄騙兩種主張。主持強硬者以暴力壓廹中國使不致違抗，大軍閥，田中義一提倡最力；主張柔軟者以「同文同種共存共榮」爲假面具，吸盡中國脂膏使自斃，首相幣原主之。日本內部，軍人勢燄萬丈，因之幣原主張終於爲軍閥唾棄而不能順利進行。近年以來，日本口頭幾無日不呼親善，而事實上槍尖砲火閃耀我人眼前者，幾已成爲家常便飯，——倘武器而果能作爲親善工具，則世界法律，都將判殺人爲無妨公衆，不亦大笑話乎？

第三節 日本歷次出兵中國總計

日軍閥迷信武力萬能，偶有小故可以藉口，無不大舉出兵中國。茲檢閱過去中日歷史，列舉日本出兵中國之經過大概如下：

一五九二年：日本派陸海軍十數萬進攻我藩屬朝鮮。

一六〇九年：日本德川秀忠命將進攻我屬地琉球。

一八七四年：日本海陸軍攻佔我台灣。

一八九四年：中日因朝鮮問題大戰。

一九〇〇年：日本參加八國聯軍，出兵大沽，陷天津北平。

一九〇四年：日俄大戰，日軍佔領東三省蹂躪國土。

一九一四年：日本乘歐洲大戰，出兵山東，佔奪膠州灣青島。

一九二〇年：日本無故佔領琿春和龍延吉各地慘殺華人。

一九二六年：日本祕密出兵滿洲助張作霖消滅郭松齡。

一九二七年：日本兩次出兵山東，阻撓革命。

一九二八年：日本第三次出兵山東，屠殺濟南華人。

一九三一年：日本大舉攻佔東三省全境。

一九三二年：日本大舉進攻淞滬。

以上所述，不過誌其情況重大者，綜計對中國武力進攻之次數，已達十餘次之多，其猙獰面目，揭露無遺，在日本心目中，早已視中國如無物，故敢猖獗至斯。

第四節 日本侵略中國事蹟總計

日本侵略中國，由來已久；自中日一戰後，乃大劇烈；日俄戰後，攫得穩固地位，以此爲根據爲口實，中國從此多事矣！茲再將中日馬關條約後日本重要侵華事蹟，歷述大要如下：

一八九四年：中日戰爭之役，朝鮮獨立，臺灣澎湖列島被割，開蘇州杭州沙市重慶爲商埠，賠款兩萬萬兩贖取遼東半島款三千萬兩。

一九〇四年：日俄戰爭之役；遼東劃爲戰區，大受蹂躪，承受帝俄在華權利，訂立滿洲善後條約，規定日本在東北有鐵路建築權駐兵權開礦權採木權以及劃定租界開闢大批商埠。

一九一〇年：日本正式歸併我屬國朝鮮。樹立日本在南滿之根本勢力。

一九一四年：日本藉口對德宣戰，乘機武力佔奪膠州灣青島。

一九一五年：日本以最後通牒強迫袁世凱簽二十一條亡國條約。

一九二五年：上海日本紗廠槍殺華工釀成五月三十日之大屠殺。

一九二六年：日本兵假扮華軍，助張作霖消滅郭松齡軍隊。

一九二六年：日本砲轟大沽口，釀成北平三一八慘案。

一九二八年：日本出兵山東，激起濟南五月三日大屠殺

一九三一年：日本嗾使韓人大舉屠殺華僑。

一九三一年：日本藉口中村失蹤，武力侵佔東北三省，一手包辦，造成僞國。

一九三二年：日本藉口排日運動，武力攻佔淞滬。

以上所述，均屬形勢之十分嚴重者；至於其餘在漸進方式中之強搶硬奪，均不在內。

第五節　日本大陸政策之急進

「支那民族日漸覺醒」，日本軍閥所認爲莫大憂慮。苟中國人民眞能一致抗拒日本侵略，日本大陸政策之迷夢，即萬難實現。但狠毒如日本軍人，決不肯放棄其侵略野心：然則將奈何？惟有在中國人民尙未能完全奮起之時，趕速完成其侵略工作而已，是以大陸政策，非急進不可。

但事實上中國自清代以來，早已編入次殖民地位，滿佈列強勢力；且大好肥肉，羣思染指，日本眞將於短時期內將中國獨吞，亦不能無所顧慮。因之日本雖躍躍欲試，終不得不守候機會。

歐戰發生，列強紛紛捲入漩渦，無暇東顧，此時實一日本大好機會，於是即對中國猛烈進行，擬乘時將滿蒙山東囊括以去。不幸事猶未完全告成，歐戰即已終止，各國目覩日本猖狂太甚，因有所謂九國條約之訂定，對日本多所限止。日本國內盛唱對美戰爭，即欲一洩此憤者。

此次大規模之侵佔計畫既未能如願，日本因又不得不再等機會。近年以來，世界各國俱陷入不景氣狀態之下，提襟露肘，又有自顧不暇之象；且中間橫梗一赤色蘇俄，料定各國未敢對日本若何翻臉。去年九月十八日瀋陽之變，即日本又開始利用此大好機會之證。果也，列強對日本雖不能無所憤慨，卒不敢有所舉動，甚且滅絕公理，故意向日本表示好感，此日軍閥所當躊躇滿志者矣。

第六節　日本進犯淞滬之眞因

日本之佔領東北，可謂不費吹灰之力。日軍發動，我軍奉長官命不抵抗而退；嚴格而言：與其謂日軍攻佔東北，不如說中國奉送東北爲確切也。

日本佔領東北之如此便利，恐日人亦所不及料？但日人能屈服中國長官，而不能屈伏中國民衆；因向我正式軍隊固已奉送東北而去，熱血民衆都爲奪還國土蜂擁而至。短時期之間，各地義師羣興，衛國男兒雖赤手空拳，亦挺身前線奮搏敵人之魂。此種爲國犧牲，前仆後繼，打不完殺不盡之義勇軍民，使敵人四面應敵，無暇歇息。於是彼躊躇滿志者，亦不能無相當愁悶矣。

再則國際方面。雖未能對日本橫暴加以劇烈之裁制，但公道自在人心，日人在衆目昭彰之下，鬼祟行爲，終不能不略略斂跡，免授人口實，倘東北義軍常此騷擾不息，必將己之弱點暴露無遺，蓋確保滿蒙安甯，亦屬日方對國際狂談之一，今東北雖淪入日人暴力之下，而此暴力竟不足以壓倒一切，並不能粉刷其承平氣景，是實日本之大窘。

再進言之：日本雖已佔領東北，用盡種種恐嚇誘騙之卑劣手段，卒不能達到中國政府簽訂贈送滿洲之條約。凡此種種，均屬日本所焦思極慮，欲求於相當時期內得一解决者。於是决定將事變範圍再行擴大，加厚其暴力於中國，期使就範。又以上海爲中國經濟心中，密邇京都，且爲國際貿易大市場；取斷然手段在上海引起大恐怖，對中國危及經濟基礎，威迫長江流域各地，使政府與民衆同時不暇顧及東北，對國際移轉其視聽，使對東北冷淡，因而得以乘隙訂立城下之盟。

是故上海問題之與東北問題，實爲日本一貫之侵略，不能別爲二事也。

第二章　由醞釀至爆發

第一節　戰事發動之萌芽

1.日僧件事與焚燒三友工廠

日本給予中國之暴力脅迫與巧取豪奪，早經激起中國人極端之悲憤；自「九一八」日軍未經最後通牒，遽而大隊衝殺瀋陽北大營，着着進逼，在中國毫無抵抗之下，不顧一切，實行占據東北三省全境後，同胞之悲慨痛恨，無以復加。因而抵貨運動風起雲湧，形勢十分嚴重。日本在此種赤熱之「精神壓廹」之下，惶然不知所措。上海一埠，爲日貨銷行長江流域一帶之中心地點，日僑所受損失尤大。迷信武力萬能之日僑，便有不能不採用其高壓手段；種種挑撥，百般尋釁，希圖造成自由行動機會而實施其暴力。因即有所謂「日僧事件」之發生。

據日方宣稱：一月十八日，有日本僧侶五人，經過引翔港地方，行至馬玉山路三友棉織工廠附近，忽遭人毆打，當時二人乘間脫逃，其一被毆重傷。三友公司者，日人因營業上競爭，素所啣恨，即臆斷毆打日僧者爲三友工人，思得三友工廠而甘心。廿日晨二時四十分，日浪人四五十人，各帶木棍武器，乘黑夜掩至，攜帶酒精煤油戳士林等烈性爆發物，裝置於日製五六磅大啤酒瓶中，另以硫磺炸藥充作引火，先將廠外所圍竹籬笆用刺刀撬開，然後穿入籬內，再將內裝鉛皮撬開，以火物滿拋屋頂，再持硫磺彈擲炸。全廠員工，均已入睡，突聞西北角。忽然異響，繼見火光熊熊。從織工部所起。該廠平時備有消防器具。即羣起灌救，一方電話報告租界救火會。待救火車趕到，火已息滅。約一小時，暴徒又二次重來，似欲焚炸鍋爐間，因距離甚遠，未被擲中，且知廠中有備，不敢久留，自行退去。日人放火之後，有再來者抵第一號警亭時，有三零二九號華捕陳德勝，偕七五六號華捕田潤生看守，陡見暗中有人一擊轉角，三友工廠又出火

警，正取電話擬報告楊樹浦捕房，行近警亭之日人，恐消息走漏，立卽抽刀將電話線割，斷陳姓華捕被劈去左手兩指，痛極倒地。亭內玻璃及電機聯絡線，均被搗燬，田捕奪門而出，日人緊隨不捨。至臨青路河間路交界處，臨青橋西首，卒被日人包圍。該捕被圍難出，又覩日人各攜兇器，恐有性命危險，取槍向空開放。距槍聲一起，日人更加緊逼迫，該捕不得已，遂對準暴徒開放一排，第二排子彈方欲裝入，已被日人利刃刺斃。此後又有一一一六與三一五二兩華捕路經該處，見警亭首日人成羣，玻璃破碎，一一一六號華捕方欲上前察看，亦被刺傷倒於亭側之三星棉鐵製造廠門首。三一五二號華捕慌忙退避，手臂亦已受傷。

2. 日居留民北四川路大暴動

自引翔港日暴徒縱火時起後，日人一千餘名，於二十日下午一時在公共租界蓬路日本人俱樂部三樓，開上海日本人居留民大會。當場決議，電請政府增派海陸軍，壓止排日運動。三時許散會，各日人分爲兩批，分往日領署及海軍陸戰隊司令部請願。手持木棍，聲勢洶洶。一隊步行至靶子路北四川路口折轉向北，大呼口號，沿途尋釁。後隊遊行之日人，時已過虬江路，向北四川路進行，見中國商店所貼反日標語，卽有三四十日人，往馬路西側各商店，舉起竹桿木槓，毀碎商店門窗大玻璃，計有十餘家之多，均被打碎。往來電車及公共汽車玻璃，亦被日人擊毀，電車司機及乘客西孩，咸受損傷，先後有二西捕，欲加阻止，亦均被毆。

第二節 事態之進展

1. 日陸戰隊威廹民國日報停刊

日浪放火示威之次日，上海各大報均以大字刊登。民國日報標題，有「日浪人藉陸戰隊掩護」字樣；日陸戰隊對民國日報平時素忌惡，至是認爲復仇機會已到，聲稱記載不實，破壞該隊名譽，對該報直接提出嚴酷不能實現之條件，於二十二日下午五時由中尉士山廣端持函至該報，要求如下：

一、主筆來隊提出公文陳謝。

二、揭載半張大地位之謝罪文。

三、保證嗣後不再發生此種事情。

四、罷免直接責任記者職位。

限二十三日上午五時以前答覆，否則卽實行，「若不承認莫怪」之行動。民國日報除更正外，未予照辦。

二十三日下午三時日僑千餘又集會於蓬路俱樂部，門首張貼日本報紙外，攻擊民國日報記載失當，多數主張卽採自由行動，結果爲日領及一部份年長日僑所止。二十七日，民國日報卒以接受公共租界工部局勸告名義停刊。

2. 日僧事件及日人暴動事體之交涉

自日浪人大暴動事件發生，我方卽準備向日領提嚴重抗議，在抗議文件，尙未提出送達以前，上海市長吳鐵城，曾於二十二日下午三時，派市府秘書長俞鴻鈞氏，親往日總領署先提口頭抗議，要求保證以後不發生此類事件，嚴緝兇犯，並保留一切交涉。日本總領事村井蒼松，亦卽承認此項舉動，極端不法，表示無任遺憾，並允嚴緝兇犯。二十一日上午十時，總領村井，復親至市府，謁見市長吳氏，當面表示遺憾，並保證緝兇懲辦。同時對於日本僧人在馬玉山路被毆受傷案，提出書面抗議，要求四項：(一)市長須對總領事表示道歉之意。(二)加害者之搜查逮捕處罰，應迅卽切實施行。(三)對於被害者五名，須予以醫藥費及撫慰金。(四)關於排日侮日之非法越軌行動，一概予以取締，尤其應將上海抗日救國委員會，以及各種抗日團體，卽時解散之。吳市長當卽口頭答覆：關於第二項，中國法律對於傷害罪之處分，本有明文，自當緝兇依法究辦；至一三兩項，亦可考慮，惟第四項事關民衆運動，如在法律範圍以內者，本人無權取締，如有非法運動，自當依法制裁。同日日本海軍司令官以公佈一件交報館，內容謂：上海市長對於日本人若非予以滿意答覆，並將要求各項立卽實行，則海軍司令官決採相當手段，以保護日本帝國之權利利益。

二十二日下午，市政府正式向日領提出焚燒三友廠書面抗議，要求四項：(一)日本總領事向本市長表示歉意，(二)迅速逮捕及嚴懲放火殺人之罪犯，(三)充分賠償被害者，其賠償之金額另定，(四)保證嗣後不發生同樣事件。據二十三日日本新聯電稱，雖有襲擊三友工廠之靑年同志會會長光村芳藏，細谷猶一郎，岡恆太郎，木村勘藏，森正信，北過卓治，原定治，等七名向領事舘正式自首，但對我抗議，迄無明白答覆。

3. 日海軍之增兵備戰

日海軍軍人之欲於上海有所舉動，係必然之事實，早下決心，所以不得不藏頭露尾，僞事外交形式者，不過掩列強耳目而已。故自日僧事件發生後，日軍卽源源增加，摩拳擦掌，其面目之猙獰，使人望而却步。

二十三日午後三時許，由日本海軍港佐世保兩地開來二等驅逐艦「薄」「荻」「藤」「蔦」四艘，停泊楊樹浦江面，統率該四艦之巡洋艦大井號，運載大批軍火暨陸戰隊數百名，泊匯山碼頭，陸戰隊卽登岸分赴日兵營房及公大紗廠。二十四日午，航空母艦「能登呂」號載飛機隊由旅順來滬。二十八日佐世保又開來驅逐艦「皐月」「文月」「水無月」「長月」「菊月」「三日月」「夕月」「望月」「陸月」「如月」「彌先月」「卯月」十二艘，由巡洋艦「夕張」號統率，載來陸戰隊數百名。數日來總計，日本在滬兵力，據報載已有兵艦二十餘艘，飛機二十餘架，陸戰隊一千四百名，各項槍礮彈藥，亦均儲藏豐富。

二十七日下午七時，日本海軍省發表荒謬之聲明書，略謂：「中國各地之排日運動，根底於多年釀成之排外思想，非一朝一夕之故。滿洲事件以來更加激烈，爲世人所週知。而日本海軍穩健自重，努力保護日僑及擁護權益。至於上海事件，國民政府對於日本合理的妥當的要求，毫無誠意，不肯承認。據最近情報，以正式軍隊對於日本爲對敵準備，日本海軍望中國停止此種行爲。萬一國民政府不肯反省，不停止不法行爲，日本於自衞上不得不採適當之行動，以保護日僑及擁護既得權，以期萬無遺憾。」

第三節 戰事之暴發

1. 市政府全部接受日方要求

一月二十七日，日領村井通知吳市長：限於此日下午六時以前，給予其四項要求之滿意答覆，否則日本人卽將採取必要之手段，以斷然態度實現此要求。此時上海形勢嚴重，不可終日，吳市長爲保全上海繁榮市場，決定忍辱負重作最大讓步。召集當地各界領袖，解釋其應付時局之苦衷，要求諒解。是日下令取銷抗日救國會，深夜十一時許由社會局，公安局會同派員前往執行查封。事後發表談話，云：「本市各界抗日救國會成立以來，組織既未遵法定程序，舉動又時逾常軌，扣貨拘人，屢滋物議；宣判處罰，儼如法庭。以致商會各同業會等深感痛苦，呈請本府救濟。……上海為全國金融樞紐，工商命脈所繫，該會行動既有逾越常軌之處，自多影響秩序之虞。為保全地方，安定社會起見，不能不出此斷然處置。二十八日下午一時四十五分，覆日領事表示完全接受四項要求。當時日領表示滿意。滬人聞此，咸謂可以倖免災殃，豈意日人口是心非，卒背約啓釁，可以倖免者終不能倖免。

2.日陸戰隊自由行動

日人之意，以為滬市政府在民情如沸之下未必肯承認四項要求，大可以之為開釁藉口，故於一月廿八日上午七時半，駐滬海軍司令鹽澤即照會各國駐滬軍事領袖，謂中國無滿意答覆日軍於次晨即將有所舉動。不料下午一時三刻，市政府對四要求全部接受，日領事當然不能不表示滿意，因又由日海軍司令鹽澤再用進一步之壓迫，謂閘北方面日僑甚多，日軍為切實保護，應請中國防軍立時撤退，讓日軍接防，於當夜十一時許致書於我十九路軍及市政府。未待我方答覆，同時日軍已依照其預定計劃，企圖實現其佔領閘北陰謀！於是戰機乃爆發不可遏。

上海租界當局於上午得日方照會，在滬各國武官共同組織防守委員會，劃定各國担任警備之區域：

英國軍隊担任膠州路一帶。

美國軍隊担任跑馬廳馬霍路以西至膠州路一帶。

義勇軍担任跑馬廳以北，北江西路以西，公共租界北區邊界一帶。

日本海軍担任蘇州河以北，北江西路以東，東至楊樹浦，沿淞滬鐵路線一帶。

法國軍隊担任法租界全部。

按上述防區之劃分，顯然於日本進攻閘北有極大便利，實際上不啻將虹口楊樹浦劃為日軍作戰根據地，開戰後雖經我方一再向租界當局交涉，但所得效果卻等於零。

第三章 日軍進攻淞滬概述

第一節 鹽澤統率下日軍之進攻

日海軍第一外遣艦隊司令官鹽澤，於一月二十八日下午十一時三十分，開始軍事自由行動，以天通庵車站為根據地分三路進攻閘北：一由天通庵車站，入天通庵路，抄京滬鐵路上海北站之後；一由吟桂路口日本小學校出發，沿該路西進，入橫浜路，與前一路相聯絡；一由虬江路直撲北站。各路均以鐵甲車為前導，由乘機器脚踏車之手機關槍隊夾護前進，冀一鼓下我閘北。我防軍見日軍公然來犯即崛起應戰，以機關槍來復槍手榴彈等抗拒。未幾，天通庵橫浜路寶興路川公路虬江路等處，先後發生劇烈爭鬥。日軍猛衝數次，傷亡累累，我軍大奮神勇，奪獲鐵甲車三輛，戰利品無數，日軍慘敗竄入租界。十二時半，日軍又向江灣我軍進攻。起為步哨接觸，不久即正式交戰，日軍迭次衝鋒，均被我軍擊退。吳淞方面日艦，亦集中三夾水，轟擊我砲台，無效，旋退去。二十九日上午四時許，日飛機在細雨迷濛中飛起，迴翔於閘北天空，開始慘烈之轟炸，用猛性燃燒彈狂擲不已，各處民房，紛紛起火，十時左右，寶山路商務印書館中彈，下午五時許，全部起火。下午二時許，北車站中彈延燒，兩處大火煙燄徹天，光照數十里。當日被我軍：在淞滬鐵路寶山路車站前；及滬太長途汽車公司前。擊落日機一架。日軍乘北站起火，派大隊進攻，我軍苦戰一小時，力竭退卻，北站竟被日軍佔領。五時許，我軍增援反攻，血戰至六時，復將北站奪回。同日，北四川路寶山路間亦繼續有巷戰，我軍均佔優勢，奪回天通庵車站，並佔領日海軍陸戰隊司令部。下午七時許，我軍乘勝追擊，

鹽澤

日軍大隊退至北四川路以東，靶子路以南，閘北無日軍蹤跡。一晝夜大戰，驚醒日人四小時佔領閘北之狂夢。是日下午，雙方接受英美領事調停，停戰三日。但日方在此三日中，仍挑釁不已。

閘北失敗消息傳至東京，日海軍省立即命佐世保二十六隊驅逐艦四艘，由巡洋艦龍田號統率，急開來滬。三十日下午四時，四驅逐艦先抵浦江，四時半，龍田艦亦至。龍田艦並載來號稱精銳之特別陸戰隊三千人，及大宗軍火。抵滬後，即在黃浦碼頭登陸，運往前線補充。二十八日受海軍省待機命令之「加賀」「鳳翔」兩航空母艦，於三十一日晨抵滬，「那珂」「由良」「阿武隈」三巡洋艦，亦於三十一日下午四時許到滬，並有水雷艦四艘同來。該三巡洋艦又載來特別陸戰隊四千名，隨即逐批登陸，運往前線。

日本陸海空軍援軍開到後，即不顧休戰尚未滿期（休戰須於三日下午六時滿期），開始攻擊我軍。三日上午八時許，日陸軍及海軍陸戰隊協同航空隊在閘北方面由橫浜路，寶興路，顧生路，北河南路等處向我軍防線猛攻。晚間十一時後，進攻更猛，砲聲隆隆，直至天明。天通庵南首，北站附近，及青雲路江灣附近一帶民房，被焚毀轟毀不少。同日上午十時許，日海軍集軍艦廿餘艘，協同航空隊，向我吳淞砲台進攻。砲台守兵奮勇抵抗，一面開砲還擊敵艦，一面用高射砲射擊敵機，戰至下午三時，日艦日機均敗退。事後，日領事通知各國領事，謂我砲台守軍先開火，日軍決計攻佔該砲台。四日，日軍繼續總攻。閘北方面，由靶子場用大砲猛轟，自上午七時至下午四時，計五百餘發。砲彈多落在我防線後方，被轟毀民房不少；以致黑烟四起，火光燭天。我軍一面發砲還擊，以日海軍陸戰隊司令部及吟桂路口日本小學內所設分司令部為目的，日軍頗受威脅。北河南路日軍屢次衝鋒，我軍靜待敵人衝至相當地點，始以機關槍掃射，因此日軍非但不能得手且死傷極多。吳淞方面，又集軍艦十餘艘，於上午十一時起，進攻砲台，並派陸戰隊登岸，希圖佔領。我軍設伏以待，至下午五時，登岸日軍悉數被俘。五日，日軍以全力進攻閘北，吳淞僅有日機投彈，無大戰事。上午一時起開始，重砲轟擊，砲聲震撼全市，租界人民多在睡夢

中驚醒。我軍奮勇迎戰，槍砲聲至四時後方漸稀。天明，飛機又來投彈，閘北東區寶山路，香山路，公興路，天通庵路等處民房着彈起火者甚多。日間，天通庵一帶雙方激戰後，日軍被我聚殲五百餘人，我軍奪獲鐵甲車兩輛，機關槍四架；邢家橋路日軍被我義勇軍包圍，全數覆沒。五日。上午九時，我軍飛機第六七兩隊由南京飛滬，適遇日機在眞如，圖炸國際無線電台，當即迎戰，被我擊落二架，墮於南翔附近。無線電台守軍又用高射砲擊落一架，機身着火，炸彈爆裂，墜地粉碎，機師三人皆被焚死。其餘日機即狼狽遁走。三、四、五三日，日軍竭全力猛攻閘北，終不得逞，損失奇重。

第二節　野村統率下日軍之進攻

日本軍事當局因海軍第一外遣艦隊司令鹽澤少將在滬開釁，已達一週，而連戰皆敗，特將駐上海以南中國沿岸之一切日本海軍，組成第三艦隊，調野村吉三郎爲司令長官，代替鹽澤指揮上海軍事。原有在滬之陸戰隊指揮官鮫島大尉亦奉命調回，由海軍少將植松鍊磨繼任。野村中將五日午後六時由佐世保出發，七日抵滬，植松少將則於六日下午先到。同時日內閣又決定加派大隊陸軍到滬，其額數及出兵詳情，嚴守祕密，故無從知其詳。據上海西報記載，約一混成旅，於六七兩日先後開到。此外又續派海軍陸戰隊，於五日先到。

野村作戰方略，趨重吳淞江灣方面，先以海陸空軍會攻吳淞砲台，限二十四小時內攻下。七日上午七時起，用飛機十餘架，自上海沿淞滬鐵路線飛至吳淞沿途偵察我軍陣地，並投擲大批炸彈。九時許，陸軍二千餘名，分兩路出發，一路用鐵甲車卡車等由楊樹浦底沿軍工路開至張華浜；一路用軍艦及鐵殼駁船由浦江載至高橋沙渡，至張華浜糧米棧碼頭登岸：兩路會聚後，進攻蘊藻浜車站。十時許戰事開始，停泊張華浜東面黃浦江中日艦六七艘，亦同時向吳淞方面開砲。新任吳淞要塞司令七十八師副師長譚啓秀卽指揮一五六旅翁照垣部迎頭痛擊，日軍衝鋒部隊幾乎全滅。十二時許，日軍第二次進攻，戰更劇烈，結果仍被我軍擊退，死傷甚衆。

下午三時，日軍自上海增援後，再行進攻，日艦亦開砲協助。入夜，槍砲聲更烈。但因蘊藻浜上大橋被毀，我軍禦戰極爲奮勇，所以日軍始終未能得手。是日閘北方面日軍亦同時由天通庵車站用鐵甲車坦克車掩護步兵向我八字橋陣地進攻，當被我軍擊退，並燬坦克車兩輛。至北站虬江路寶興路方面，則沈寂無戰事。惟日軍重砲由靶子場向閘北轟擊，終日不息。八日拂曉，日軍繼續向吳淞猛攻。除原有兵力，助以七日新到陸軍六千餘名，大舉向蘊藻浜奮力衝鋒，並由軍艦飛機以重量大砲彈及炸彈向吳淞不住轟擊。自拂曉至傍晚，日軍前後衝鋒十餘次。我軍由戰壕中用來復槍機關槍手榴彈應戰。激烈時，雙方肉搏，我軍由大刀隊出戰，日軍犧牲重大，無功而退，並爲我炸燬鐵甲車四輛。五時許日兵七八百名，從小浜迂迴抄至距蘊藻浜西首約三里許之紀家橋，企圖偸渡，截斷我軍後路。正在搭架浮橋，被我軍偵知，亦派隊由小徑抄出突擊。日軍驚惶失措，死逃各半，遺下工兵器械甚多。至十一時，再派隊來攻，仍無法渡過。八時，日軍向江灣屈家橋猛攻，擬由此進佔江灣大場，截斷吳淞閘北兩地聯絡。先用野砲轟擊，並由飛機擲彈。該處駐防我軍佯退，日軍卽以鐵甲車爲前導，開始衝鋒。我軍待其衝入，壕內伏兵左右齊起，正面退軍囘向反攻。日軍當被擊斃數百，餘衆突圍潰逃。閘北方面，正午十二時，日軍千餘由西寶興路進攻，鋼砲機槍手榴彈同時施放。我軍亦用迫擊砲，機槍抵禦。雙方激戰兩小時，我軍見敵火器精良，恐不能力敵，乃佯退。日軍不知是計，長驅而入，我伏兵四起，遂將其包圍，殺傷約七百餘名。此外八字橋方面，日軍亦於上午九時進攻，虬江路又於下午七時來衝，均被我軍擊退。九、十、十一三日迭在閘北吳淞等處有所活動。九日砲擊吳淞鎮及砲台，致民房被燬不少。又圖偸渡蘊藻浜，被我軍用機關槍擊退。閘北江灣一帶無戰事，僅有飛機投彈作威脅。十日下午一時，日艦以重砲轟吳淞砲台，我軍還砲相擊，至四時始息。閘北除受日機擾亂外，日間頗沈寂。入晚寶山路口有激戰，日軍又敗退。十一日日機大活動，威脅及於兩租界，麥根路永安第三紗廠被炸。二月十二日上午八時至十二時，閘北停戰四小時。乃由西教士發起，經英領事等商請雙方軍事當局，於閘北寶山路寶興路虬江路，暫時停止攻擊四小時，以便救護難民出險。雙方軍事當局均表示許可。是日上午六時起，閘北槍砲聲漸息，入於休戰狀態。日軍乘此機會，以士兵化裝難民，暗藏軍器，租用卡車，運至北四川路，三五人爲一隊，分向閘北江灣，衝入我軍陣線。幸閘北我軍早有準備，得免暗算。江灣未劃入停戰區域，故我軍卽開槍迎擊，斃二十餘人，餘衆紛紛逃散。停戰時間一過，日軍飛機卽在閘北天空大活動，亂投炸彈，損害甚重。下午四時起，日軍又開大砲轟擊閘北，平均每五分鐘一炮，入晚尤密。九時後天通庵路虬江路等處卽發生激戰，雙方均用大砲掩護進攻，機關槍不息掃射，鋼砲迫擊砲手榴彈密發，聲震全市。至十二時，槍砲聲始漸稀。吳淞方面日軍是日上午六時起卽開始向我進攻。正面用野砲及飛機掩護，向蘊藻浜衝鋒，一面分兵抄至曹家橋方面偸襲，均被我守軍擊退。同時日艦亦向張華浜吳淞鎮砲台灣獅子林寶山城等處發砲，但多未命中。楊樹浦江面日艦又開砲轟擊江灣一帶，勞動大學社會科學院被燬，但未傷人。十三日上午，日軍三次在蘊藻浜架搭浮橋竹筏，希圖偸渡：第一次於四時半許，在黑橋東偸渡，當被我防軍覺察擊退。第二次於七時許，藉煙幕彈掩護，在南草庵前偸渡，我軍用機關槍於白煙迷漫中向依周塘角掃射，日軍仍被逼退。第三次於十時許，仍藉煙幕彈掩護，以極迅速之進行，竟被在紀家橋偸渡過河，至北岸曹家橋登陸，將我軍防線衝破，施行強烈襲擊。我軍急調六十一師一二二旅應援，將渡河之敵千餘人三面包圍。敵突圍數十次，均不得逞。隔岸日軍用重砲轟擊援助，我軍盡力攻擊，不稍鬆懈。雙方肉搏，喊殺之聲，遠近震動。下午四時後，日軍死亡過半、已力竭聲嘶，但猶作困獸之鬪。血戰至九時四十分，我軍始將渡河敵軍，全部解決，無一生還。戰鬪之猛烈，爲開戰以來所未有。肉搏繼續至十二小時

野　村

，無一分鐘之停息。十四日上午一時外，日軍復派大隊至曹家橋對岸，企圖再行偸渡，我軍渡河應戰，至十時許，日軍潰退。吳淞口外敵艦同時亦不斷向吳淞鎮開砲轟擊，至九時始止，我軍未還擊。又張華浜方面日軍，於十三日曹家橋激戰時，亦向江灣北方之侯家木橋進襲，被我軍擊退。是晨拂曉，再來襲擊，激戰數小時，仍不支而退。閘北方面日軍仍繼續總攻，終日有劇戰；八字橋天通庵路兩處尤為激烈，結果雙方陣線均無變動。

自野村到滬，變更戰略後，兩度攻擊，均未得手。其攻擊主要目標為吳淞。七八兩日之猛攻蘊藻浜既無功而退，十三十四兩日之偸渡，並受重大犧牲。於是野村計劃又全盤失敗矣。

第三節　植田統率下日軍之進攻

當七八兩日日軍猛攻蘊藻浜不能取勝之消息傳至東京，日內閣即決定調派號稱最精銳之第九師團全部，任赫赫有名的中將植田謙吉為司令官，開滬應援。用大批特務艦，在驅逐艦隊護送之下，於十三十四兩日分批進口，先後登陸。該師團抵滬時，英美法各公使方到滬作和平運動，植田一方虛事敷衍，一方積極佈置。並向我方提出荒謬絕倫之哀的美敦書。

二十日晨七時二十分植田下總攻擊令，以海陸空軍全副力量，於七時半開始向我吳淞江灣閘北全線大舉進攻。其攻擊目標在江灣方面。九時許，日軍四千餘人，藉大砲飛機掩護，以坦克車二十餘輛為前導，由張華浜虹口靶子場楊樹浦三路直逼江灣萬國體育會跑馬場。我軍以大砲還擊，機關槍掃射，並轟發地雷，炸毀日坦克車二輛，日軍不支而退。十一時許，日軍大舉來攻，自吳淞起沿淞滬路線迄天通庵車站均有激戰。下午四時，雙方在江灣跑馬場激戰，結果陣線無變動。入晚日軍以猛烈砲火通宵向江灣鎮射擊，並以大隊衝鋒三次，均被我軍血戰擊退。吳淞方面日軍亦幾度猛衝，自晨至午，激戰不止，但日軍終未得手。同時日艦亦向我吳淞砲台轟擊，我軍大砲均安藏戰壕中，沈着應戰；不但對日艦還擊，並向日步兵施威，因此蘊藻浜南日軍不能有所進展。

閘北方面戰事以八字橋一帶為最劇烈。日軍以坦克車來衝，我軍以機關槍廹擊砲手榴彈抵禦，並引發地雷，日軍死傷甚多，其陣線因被我方還砲擊中，亦向後移動。二十一日，日軍自晨至暮，繼續向吳淞江灣閘北總攻，仍趨重於江灣。吳淞方面日軍一再偸渡蘊藻浜，均被我擊退。吳淞鎮因日艦砲擊及飛機投彈，民房被燬甚多，閘北方面八字橋天通庵虬江路新民路等處均有戰事。二十二日，日軍因我江灣正面陣地非常鞏固，乃變更戰略，除以一萬人猛攻江灣六千人猛攻八字橋以為牽制外，調集大軍三萬，於上午三時許，乘霧衝過江灣西北的梅園宅直攻廟行鎮，企圖一舉佔領，直取大場，以斷閘北吳淞之聯絡。戰至下午一時，敵不支而退。我軍乘勝進擊，恢復原防，局勢始安。下午二時至五時，日軍倚仗砲力，又三次猛衝，我軍奮勇抵禦，將其擊退。入晚，我軍出隊由廟行及談家宅水車頭兩路反攻廟行以東日軍，擬將其包圍解決。日軍頑強抵抗，我軍奮力肉搏，血戰至八時半，斃敵三千人，餘衆大部向引翔港方面退去，其一部分則被包圍於廟行東北之金穩宅。是日日軍主力全調赴江灣，吳淞閘北兩處勢較薄弱，均取守勢。閘北方面，上午日軍作示威性質的攻擊，我軍用廹擊砲應戰，至正午，日軍敗退。午後我軍乘勝追擊，由香煙橋南進，向虹口作大包圍，前鋒達岳州路，狄思威路，沈家灣，日軍向楊樹浦退卻。我軍不欲侵入租界，故止於租界邊線。二十三日上午一時，日軍司令部得被圍在金穩宅部隊乞援無線電，即派生力援軍五千餘人，連同昨晚八時半敗退之殘部一萬五千餘人，前往援救。有坦克車三十餘輛，鐵甲車二十餘輛為前驅，天明後，並派飛機六十餘架(或謂一百十餘架)協助，希圖衝破圍線，救出被圍部隊。我軍派隊應戰，待敵軍進至三百米達外，衝出肉搏，並由江灣派兵一團包抄後路，因此敵軍大砲飛機俱失其功能。至下午二時，不支而退。傍晚敵又乘風雨交作時再行來攻，我軍待其逼近壕邊，始以機槍手榴將其擊退。是日吳淞閘北均無甚激戰，廿四日晨，日軍五千人由張華浜登岸，開赴廟行救援被圍部隊，張兩翼向我軍進攻。我軍鏖戰兩晝夜未息，勢弗能敵。日軍遂取得聯絡之勢。圍中之敵，大都乘機竄出。適我援軍開到，協同拒敵，先將被圍殘敵殲滅，再分路攻擊援敵，日軍始全部退過侯家木橋。廿五日拂曉，日軍增援在江灣廟行間，以重砲百餘門，向我陣地猛轟，步兵則以全力進攻江灣西北之小場廟。江灣廟行兩鎮我軍竭力死守，陣線未動。廟行側面我軍陣地因受不住五六十門大砲集中火力射擊，稍退至塘東宅水車頭一帶。小場廟我軍兵力雖甚單薄，但並不畏怯，待衝鋒敵兵近時，用機槍掃射抵禦，相持至十時許仍不示弱。日軍即派飛機偵察，指示砲擊目標，我軍始不能支，退至周吳黃宅。十二時許，日軍既深入，我軍後方援隊亦至，乃分三路反攻，由江灣鎮出談家宅攻敵左翼，由廟行鎮沿塘東宅水車頭攻敵右翼，由周吳黃宅向小場廟攻敵正面，成大包圍形勢。敵衝擊十餘次，終不得逞。圍線漸緊，遂相肉搏，敵之大砲飛機亦不能適用。血戰至晚九時後，斃敵一千七百餘名，餘突圍敗走。我軍遂恢復原陣線，奪獲槍械等戰利品不計其數。是日江灣鎮廟行民房大火，延燒至晚未熄。閘北吳淞無戰事，仍繼續受日軍大砲飛機之轟炸，大場亦受彈起火，焚燒極烈。

植田謙吉

此次日軍自二十日開始總攻以來，激戰六日，又遭慘敗。損失程度，遠過於前數次。其主力軍隊又已失卻其戰鬥力矣。二十八日，我軍在江灣之陣線因戰略關係略有變動，將江灣鎮放棄，移至鎮西防守：北自金穩宅起，南至楊家樓止，成一直線。

第四節　白川統率日軍下之進攻

自二十二日廟行激戰日軍慘敗後，日本軍事當局決定再向上海增兵，以前田中內閣陸相陸軍大將白川義則充任，並以陸軍大將菱刈隆任總指揮。菱刈隆於二十七日上午抵滬，白川於二十八日黃昏時抵滬。所派增援部隊，為十一十四兩師團，於二月二十五日以後，紛紛運到。此時和議呼聲，又因友邦軍事當局之促進而提高，但仍無結果。

二月二十八日夜間，日軍在江灣吳淞閘北各處卽有所活動。二十九日開始對於全線總攻。上午一時許，吳淞口外日艦向我砲台灣陣地發砲，我軍還砲，日艦卽退走。三時，蘊藻浜方面日軍圖在紀家橋偷渡，被我守軍用機槍擊退。五時許，日軍以鐵甲車掩護步兵約千人向江灣西方我軍陣地衝鋒，戰至八時，被我擊退。八時許再增援來攻，戰至十一時，仍不得手。八時許，日軍五六千並向廟行鎮我軍進攻，鏖戰至十一時，不支而退。下午一時又以一千餘人襲擊嚴家宅，戰至三時退去。是日戰事重心在閘北八字橋，日軍以坦克車大砲飛機轟炸，掩護陸戰隊猛攻，衝鋒十餘次，屢次佔領八字橋陣地。但結果仍被我軍奪回。入晚，雙方用大砲對轟，至一日晨五時始停止。三月一日上午六時起，閘北八字橋天通庵一帶又開始激戰，日軍以坦克車掩護步兵屢次衝鋒，均被我軍擊退。江灣方面，日軍四千人於九時開始攻進楊家樓，以飛機大砲護掩步兵猛衝。我軍待其近時短兵接戰。至午刻，日軍不支而退。廟行方面，日軍分數路向金穆宅孟家宅竹園墩等處攻擊。我方調大軍抗戰，日軍死傷頗衆，但前仆後繼，卽以尸爲障，死戰不退。我方士氣雖盛，因彈盡退下里許後，再增援反攻，始奪回原防線，憑河而守。吳淞方面，日機亦於上午九時起在要塞上空投彈，並以機槍掃射。吳淞敵艦又開砲轟擊，形勢亦極嚴重。一日晚，日軍以運輸艦載陸軍一師團二萬餘人，由海軍及空軍掩護，駛抵瀏河。乘夜在楊林口，七丫口登岸。瀏河原有十九軍兩團駐防，已於午間調往廟行作戰，只剩步兵二連。日軍來攻，依然起而抵抗，終因衆寡懸殊，不能固守。我總指揮部得訊，擬派兵往救，奈江灣方面，日軍亦同時總攻，無法抽調。而後方援軍又不能准時到達，如仍死守，則自吳淞廟行江灣閘北以至大場眞如第一道防線，勢必全被包圍，不得已，乃由十九路軍蔡軍長於一日下午四時忍痛下令全軍總退卻。

白川

吳淞方面守軍三千餘人，由要塞司令譚啓秀旅長翁照垣統率，死守不退，據砲台及吳淞鎮與日軍接戰。日軍以海陸空軍三萬餘人四面包圍，飛機在天空偵察投彈。軍艦向砲台環攻，步兵在陸地猛衝。但均未得手。至三日上午，由地方團體派員請翁旅長暫時後退，以便保存精銳，留爲最後之奮鬭。懇說再三，翁旅長始允容納，率隊沿蘊藻浜西退。日軍乘機追擊，被預設之伏兵突擊，大受創傷，遂不敢相逼。

第四章 我軍淞滬抗日每日戰鬥經過

第一節 一月二十八日至二月三日

關於我軍淞滬禦敵經過，十九路軍曾於追悼陣亡將士大會會刊發表抗日戰鬥經過逐日概況，照錄如下，以見我軍戰時確實情形，惟爲讀者醒目計，劃分爲五個時期，以下卽原文。

暴日自田中對華侵略具體決定後，突於九一八開始以武力強佔我東北，寖及熱河；又於天津等地實行暴動，擾我治安。凡屬國人，莫不義憤塡膺，誓復此仇，本軍奉命衛戍京滬後，正擬組織義勇軍北上，以期與敵週旋遼瀋間，乃日敵變本加厲，向我滬濱時加挑釁，雖經政府一再容忍，終難塡其慾壑。本軍守土有責，義無反顧，一聲號角，刁斗風雲，以素稱積弱之邦，鼓其大無畏之精神，於一二八晚開始與雄視東亞威振全球之一等國馳騁於黃浦江畔，轉戰匝月，屢挫敵鋒，雖經優勢之敵，廹我側後，因戰略而退守二線，然敵經此譯驚震盪，已足寒其胆而奪其魄也，誰謂大中華民國軍人不足以抗強敵耶，所望國人同仇敵愾，一致團結，三島實不足平也。

戰鬥前一般情況

倭寇猖獗，自佔我東北後，時於滬濱向我挑釁，通牒我市府，限令取消抗日運動，經我市府忍痛容覆後，敵復於一月廿八日向我市府通牒，限令本軍撤退，以國軍守國土，安有撤退之理？其蠻橫可知，其破壞和平更無可諱言。且未經答覆，突於是晚十一時卅分啓釁，向我防綫猛襲，戰鬥由是開始；誰爲禍階，可無待言。

甲、敵情之調查

敵有陸戰隊約六千餘，在鄉軍人三千餘，飛機五十架，裝甲車十餘架，統歸海軍少將鹽澤指揮。

乙、本軍戰鬥前之部署

七十八師一五五旅警備龍華，南市，北新涇，眞茹一帶，七十八師一五六旅担任吳淞，閘北一帶警戒。

廿八日

戰鬥經過

敵於是晚十一時半，以天通菴車站爲根據點，右自虬江路口沿寶山路寶源路橫濱路左至青雲路等處，同時鐵甲車裝甲車掩護步兵向我七十八師一五六旅第六團防綫猛衝，幷放火焚燒各商店，一面用手溜彈從屋頂擲下，來勢極兇，卒賴我區師長督率官兵沉着應戰，以手溜彈先擊燬其鐵甲車六輛，然後肉搏衝鋒將敵掃數擊退，氣吞東亞之倭奴，當先卽遭此空前之慘敗，此關係於戰爭全局者甚大，卽所謂有名之閘北巷戰是也。

廿九日

戰鬥經過

甲、眞茹以南一帶地區無戰事

乙、敵今晨利用空軍隨處擲彈，毫無人道，始在閘北轟炸重要機關及閘北車站，繼復沿北站眞茹南翔之綫擲彈，被毀貨車兩輛，鐵路一段，民衆死傷極大，至午後二時敵一方順各領停戰之請求，一方集結兵力向我閘北陣地猛襲，勢甚兇惡，無如我官兵奮勇抵抗，卒不得逞退去。

一月卅日至二月二日

卅日起上海各領事出面調停，邀求停戰三日，由各政府以外交手段解決，故至二日各方均無激戰，惟敵特釁蔑理，仍不時以機關槍向我陣地掃射，或以小部向我陣地攻擊，其攜鏟工事等之戰備設施不斷，而陸戰隊則先後登岸者有五千之衆，其有意破壞和平，已無可諱，本軍一面飭部停止射擊，聽候解決外，一面仍嚴陣以待，免被敵乘也。

三日

本日各處戰況仍沉寂，惟據吳淞方面報告稱：敵艦及飛機向我砲台攻擊，經我砲台發砲還擊沉敵艦一艘，傷其二艘，并擊落飛機一架。

第二節　二月四日至二月十三日

戰鬥經過

本日敵方以不滿意提案，和議破裂，敵以海陸空軍向我總攻。

甲、眞茹以南地區無戰事

乙、閘北江灣八字橋一帶，敵以陸空軍向我全綫總攻，并以鐵甲車掩護步兵向我江灣八字橋各要點猛力衝擊，自晨迄晚，并無間斷，經我官兵沉着抵抗，視死如歸，無不奮勇肉搏，斃敵數百，燬敵戰車兩架，敵見勢不佳，退回原防，仍對峙中，我六十師鄧旅是役傷亡甚大。

丙、吳淞方面敵集中猛烈之砲火，多量之轟炸，掩護步兵渡河，企圖佔領吳淞砲台，台上官兵逃避一空，經我翁旅長督率第四團士兵死力抵抗，敵卒不逞，我四團死傷數十人，是日敵發砲三百餘，擲彈百餘枚。

五日

戰鬥經過

甲、眞茹以南一帶地區仍無戰事

乙、閘北八字橋一帶敵自上午八時至下午四時不斷向我防線突擊，敵機尤殘無人道，向各商店村莊轟炸尤烈，居民死亡枕籍，房舍均成焦土，惟其陸戰隊缺乏作戰實地經驗，極怕我軍之肉搏，經我沉着俟其接近，旋以手溜彈向之轟炸，即向後去，眞茹方面擊落敵機一架，機師三員，同時焚斃，其中有海軍大尉一員名炎部讓五郎，中尉兩員，姓名未詳。

丙、吳淞方面本日無激烈戰事，惟有敵艦數艘向我浦東發炮數響。

六日

戰鬥經過

甲、眞茹以南地區無戰事

乙、閘北八字橋江灣方面本日有敵四千，大砲數十門，鐵甲車四十架，機關槍數十挺，向我八字橋江灣一帶猛攻，企圖策動閘北殘餘，經我沈師迎頭痛擊，苦戰數小時，敵始不支遁回，是役斃敵甚多，我亦傷亡百餘。

七日

戰鬥經過

甲、眞茹以南地區無戰事

乙、閘北八字橋江灣一帶，敵本日仍以八字橋江灣爲攻擊目標，於閘北施行佯攻，始以極猛烈之砲火轟炸我陣地，繼復以鐵甲車掩護其步兵衝鋒，來勢極猛，無如我官兵久經戰場，尤憤敵之誇大蔑理，咸存滅此朝食之慨，故無不奮勇應戰，以一當十，專俟敵之肉搏，戰數小時，血肉橫飛，斃敵甚多，我亦傷亡甚大，酣戰之餘，敵卒不支退去。

丙、吳淞方面敵以鐵甲十四架，掩護步兵千餘，由軍工路向吳淞前進，經我第四團第三營迎頭痛擊，後不支退去。

敵情之一般

1 據確息敵有一師團增援，一二日即可到達，將由江灣吳淞之線登陸等語。

2 據英人消息敵有陸軍數千由張華浜登陸，聲稱於本日攻下吳淞等語。

八日

戰鬥經過

甲、眞茹以南地區無戰事

乙、閘北至江灣一帶，敵本日全線向我猛攻，仍本其故智，先以大砲及空軍向我陣地盡量轟炸，後以鐵甲車掩護陸軍數千分向我閘北八字橋江灣之線，終日反覆衝鋒，前仆後繼，來勢極猛，幸我全線官兵奮勇百倍，迎頭痛擊，敵卒不支，損害極大，我亦傷亡甚衆，據沈師長報告自接防後連日作戰，以本日爲最激烈。

丙、東塘家橋一帶發現敵小部，經由沈師毛師各派一小部，游擊驅逐之。

丁、吳淞方面無劇戰

九日至十一日

連日敵屢受重創，疲罷之餘，已成強弩之末，時僅以大砲向我陣地射擊而已。

十二日

戰鬥經過

甲、七十八師（缺翁旅）附王賡旅古團方面無戰事

乙、六十師方面

下午九時左右有敵由青雲路天通菴八字橋三路向我攻擊對戰約一小時敵均退去。

丙、六十一師方面

唐家橋方面發現敵千餘，與我一二二旅激戰約一小時，敵即退去。

丁、翁旅方面戰況沉寂

十三日

戰鬥經過

甲、七十八師（欠翁旅）附王賡旅方面無戰況

乙、六十師方面，敵本日不斷以砲火向我陣地轟擊，八字橋方面有敵數百向我陣地攻擊。

丙、六十一師方面本日敵以一部牽制我江灣，其主力向曹家橋猛力衝擊，企圖突破我六十一師陣線，佔領吳淞，經我一二二旅迎頭痛擊，并以一二一旅一部側擊敵之右側，雙方突擊五六次，短兵相接，敵殊死戰，卒以我官兵一心，振臂一呼，莫不同仇敵愾，視死如歸，搴旗殺敵

．奮勇向前，敵雖頑抗，終歸敗退，是役計當傷斃敵千餘．傷者不計，但見蘊藻河畔倭寇之尸，有如山積，河水爲紅，慘不忍覩！此卽所謂有名之曹家橋之役是也。

丁、翁旅方面無劇戰

第三節　二月十四至二月二十二日

敵自十三日被我擊潰受巨創後，已無力再戰，故連日無若何劇戰，似在候援，一面盡量部署軍事，惟其偵察隊則不時向我陣地作威力之偵察。

敵情之一般

敵自紀家橋蘊藻浜之役後，陸續增援，至十四日其第九師團及十二師團之一混成旅，由植田謙吉指揮之下，全部到達上海，一方盡力部署軍事，同時提出議和之條件，至十八日和議破裂，當於十八晚八時對本軍提出哀的美敦書，限於廿日午後五時以前由租界起各撤二十粁，我卽嚴抗之，其態勢如下。

甲、閘北至八字橋爲敵之海軍陸戰隊約八營，(每營約一千。)

乙、由八字橋至江灣廟行鎭，爲敵之第九師團全部。

丙、由蘊藻浜南岸至張華浜車站，爲敵之久留米混成旅團全部。

二十日

戰鬥經過

右翼軍

甲、六十師方面

1 一二〇旅閘北一帶，自拂曉後，敵卽以大砲向我陣地猛烈射擊，至下午六時，敵千餘，機關槍十餘架，由北河南路分向我新民路寶山路第四團陣地衝鋒，至八時爲我擊退，斃敵五六十，奪獲三八式步槍甚多。

2 一一九旅方面，自拂曉後敵以大砲飛機向我八字橋至楊家樓下一帶陣地轟擊，至正午頃有敵五六百猛擊我六團三營之沈家宅孟家宅陣地，并有敵千餘，續向新持志大學談家宅一帶移動，有繞攻山灣模樣，該營在孟家宅之排哨與敵肉搏，斃敵數十名，排哨長陣亡，孟家宅被敵佔領，該營隨派隊增援逆擊至夜十二時始恢復原陣地，計我三營，亡排長一員，傷二員，士兵傷亡二十餘名。

3 江灣車站係我黃團一營陣地，上午六時敵約二千餘，坦克車數十輛，騎兵百餘，大砲十餘門向我猛攻，并有飛機十餘架，轟炸我江灣車站，我一營奮勇抵抗，并施放地雷炸毀敵坦克車六架，激戰至午後六時敵始退去，入夜後敵以坦克車掩護步兵衝鋒，均經擊退，是役營長李世及連長二員負傷，陣亡排長二員，士兵傷亡數十名。

乙、六十一師方面

第二團佔領江灣，自十九日敵以飛機大砲向我江灣陣地江灣鎭村落猛烈轟炸，四處火起，後以坦克車掩護步兵二千餘向我陣地反覆猛攻，我守兵堅苦爭持，敵卒不得逞，至入夜敵始退去，是役我黃團二營連長負傷。

左翼軍

甲、八十八師方面

自本晨至入夜，敵以重砲及海軍砲集中火力向我江灣及廟行鎭一帶陣地射擊，以掩護其步兵接近我陣地，工事被破壞極多，至正午敵二三千向我陣地前進，本晨敵借砲兵掩護，企圖強渡蘊藻浜，攻擊極烈，約二小時始將其敵擊退。

乙、八十七師孫旅方面

吳淞寶山方面，六時三十分，卽有敵機三架來偵察，九時增至六架，到處投彈轟炸，同時敵艦十餘艘開砲向我沿河陣地射擊，計發砲千餘發，陣地破壞極多，碼頭附近房屋中彈起火，我翁旅各部，沉着應戰，死傷約三十餘名。

被飛機在我劉家行眞茹南翔崑山一帶到處投彈，人民死亡極多，南翔車站站長受重傷。

二十一日

戰鬥經過

右翼軍

甲、六十師方面

午前二時，敵以大砲向我寶山路天通庵八字橋及江灣車站一帶，猛烈轟擊，并用多量燒夷彈向我陣地後方房屋射擊，火烟四起，至天明後以烟幕彈掩護其坦克車及步兵，接近我江灣車站陣地，猛攻，激戰終日，敵軍不得逞，入夜後因江灣車站附近房屋燃燒，且受敵三方面交戰火力，當卽放棄。

乙、六十一師方面

六十師左翼方面，兵力太單薄，及由六十一師增加一團於楊家樓下，江灣鎭附近自昨日起，到處燃燒，今晨七時後以坦克車六七輛掩護敵第九師團之主力，向我二團陣地猛攻，激戰終日，至晚敵死傷千餘，我二團亦傷亡殆盡，乃由三團增加一營，敵始潰退，至晚十時，乃由第一團接防江灣，而江灣一帶陣地及地雷均被飛機破壞失效用。

左翼軍

甲、八十八師方面

於上午五時起，敵步兵數千向我嚴家宅廟行鎭之線猛攻，大批飛機亦轟炸助戰，敵我相距約百餘米達，遂行肉搏，敵死傷數百，我亦傷亡二百餘。

乙、八十七師方面

敵砲兵繼續向我陣地一帶射擊，至午後一時始息。

丙、本晨五時以來，敵機三五成羣到處擲彈，炸毀眞茹站劉家行汽車路一段，下午一時卅分，在董家宅附近被我五一七團一營小砲擊落敵機846號甲種四型戰鬥一架，落地後機身全毀，駕駛員名田中中隊長斃焉。

丁、八十七師之五一七團推進紫塘濮家橋歸俞師長指揮

戊、吳淞方面

自本日午前二時，敵機數架轟炸吳淞一帶，并拋放火球甚多，敵砲澈夜轟擊不絕，江邊一帶陣地隨築隨毀，至下午二時有敵艦五艘，飛機三架，轟炸獅子林砲台，我砲台還擊，因敵烟幕遮蔽，目標不明，收效甚少。

己、瀏河方面

有我六十一師之第六團，及軍校教導隊之一營警戒，昨今兩日敵十二師(久留米混成旅團)向廟行正面佯攻，以

第九師團之主力向我江灣猛烈攻擊，希圖突破江灣，斜攻閘北，故敵兩日來集合其數十架之飛機，百餘架坦克車，三四十架鐵甲車，掩護其步兵主力，反覆衝鋒，我陣地守禦之工事，被敵之大砲炸彈毀壞殆盡，士兵傷亡過半，血肉橫飛，戰況之悲慘壯烈，誠爲罕見，在陣地失所憑藉之官兵，站在大砲炸彈坦克車威力震撼之下，均能兀然不動，拚命爭持，卒將敵擊退，使不得逞，而敵數日來刻苦經營，欲突破江灣之計劃，又成畫餅，遂有翌日移其主力於江灣以北地區，以開廟行鎮之劇戰。

二十二日

本晨閘北至江灣南端，戰事稍和緩，同時江灣以北至廟行鎮之間，敵人集中砲火射擊終夜，至午前五時第九師團之主力約萬餘向廟行鎮正面猛攻，我五二七團三營陣地被敵突破。兪師長將全部預備隊增加，仍不支，錢旅長及陳副旅長負傷，工兵營長唐循陣亡，後以傷亡全部過半，全線不支，總指揮部據報後，九時立下決心，即由江灣至蘊藻浜及正面．全線同時出擊，而作如下之部署。

1 閘北至江灣南端，施行猛烈之佯攻。

2 六十一師副師長張炎率四五兩團由江灣西北端向敵側擊．

3 區師長以一團接六十一師楊家樓下防務，以一團控置於夏家宅策應八字橋及江橋。

4 八十七師孫旅加入廟行鎮正面與八十八師同時出擊。

5 八十七師宋旅以一大部渡蘊藻浜向敵翼側威脅，至下午三時左右各部已到達準備出擊位置，向敵出擊，至夜十一時將敵大部包圍，各部之戰鬥經過如左：

戰鬥經過

右翼軍

甲、六十師方面

1 閘北方面上午八時，敵以鐵甲車四輛，掩護步兵向天通庵突擊，同時靑雲路中山路亦有敵向我進攻，激戰二小時敵即退去，下午一時我全線奉命即向敵佯攻，牽制當面之敵，俾江灣方面我軍作戰容易，時我野砲兵二連在彭浦鎮附近陣地向虹口公園持志大學萬國體育場一帶之敵約千餘轟散，中山路及天通庵之敵被我猛烈佯攻，全線搖動，認爲主攻，紛增援軍，戰鬥更劇，而敵死傷極大，壕內呻吟之聲至爲慘酷，我軍借砲火掩護，於夜十時退回原陣地。

我左翼軍配備一覽圖

二月二十二日

2 八字橋方面下午七時敵約數百向我突擊，當即擊退。

3 江灣車站附近，我軍已退出仍在沈家宅一帶與敵對峙中．

乙、六十一師方面

拂曉後敵以猛烈砲火集中射擊我江灣鎮至廟行鎮一帶陣地，飛機數十架同時爆擊，至九時左右，敵以坦克車掩護向我江灣陣地衝鋒，激戰數小時，當被我梁團擊退。廟行鎮方面我八十八師右翼，於上午八時左右被敵突破，但仍奮勇抵抗，我六十一師遂向朱家橋小場廟北端攻擊前進，官兵之勇敢，實爲開戰以來所罕見，至下午五時卅分進佔趙店宅前端，至七時，趙店宅前端附近村落及孟家宅一帶，敵人大肆燃燒，有退却模樣，我張副師長乃派出一部追擊，至十一時佔領孟家宅，將敵包圍於金穆宅。

左翼軍

甲、八十八師方面

十九、廿、廿一、二三日以來我陣地破壞不堪，官兵傷亡甚衆，本日上午五時許敵以主力七八千人將我五二七團陣地突破，當由李副師長延年率錢旅長倫體陳副旅長普民工兵營長唐循及預備隊全部增加反攻，未幾錢陳兩旅長負傷，唐營長陣亡，至八時被敵突入大小麥家宅，全線危急萬分，至正午正面得孫旅長之增加，左得宋旅長應援，右得張副師長之側擊，乃三面對敵反攻，至夜十二時突破陣地之敵，大部擊退，敵死傷在二千以上，金穆宅方面包圍敵人甚衆，由孫旅長負責解決之，是役敵以數萬之主力向本軍猛攻，意欲突破廟行，分攻閘北，乃我軍全綫出擊，鏖戰至一晝夜之久，卒殲敵至數千之衆，當時敵以全線動搖，虹口一帶日僑極端恐慌，苟我有援軍增加，則不難直搗其巢穴，惜兵力用盡，無法增援，以致坐失時機，可痛孰甚，此即所謂有名之廟行鎮之役也。

乙、八十七師方面

宋旅於正午以四營開始渡江，至下午二時半在北沈宅附近向敵側背前進，至七時與北沈宅之敵接觸，將其擊退後佔領之，至九時進佔南沈宅，將廟行鎮之敵取包圍，是役我宋旅傷亡官兵二百餘人。孫旅加入八十八師正面攻擊前進，甚困難，因敵集中火力向廟行鎮射擊。

丙、吳淞方面

下午四時由長江開來敵艦四艘，南洋開來敵艦五艘，齊向獅子林砲台射擊，歷三小時，獅子林砲台完全破壞，本日反攻得敵戰利品極多，六十一師俘獲敵八師團督長一員，軍旗數面，及機關槍步槍甚多。

第四節 二月二十三日至二月二十六日

敵三日來施行總攻之計劃完全失敗，又向其本國請援，聞有續派第十第十四及第一師團來援之消息，敵自遭昨日之挫敗，似有待援重來之企圖，自今日起，各陣地祇有局部之戰事，本日敵對我閘北一帶六十師正面來攻擊，僅以砲射，不時向我陣地射擊，江灣鎮至廟行鎮之間，敵仍猛攻，然終不逮，至夜八十八師因傷殘太甚，乃調至廟行鎮西方地區整理，其所遺廟行鎮以南至江灣陣地由六十一師副師長張炎率部(三團)附八八師獨立旅古團接替，由廟行鎮至胡家莊之綫，由八十七師孫旅接替，二日各部戰鬥經過如左。

右翼軍

甲、六十師方面

廿三日敵斷續以大砲向閘北八字橋射擊，廿四日並有飛機多架時向我陣地一帶偵察及投彈數十枚。

廿四日無劇烈戰鬥，不過敵砲不時向我軍陣地射擊，靑雲路寶山路天通庵一帶，落二百餘彈，人員略有損失，八字橋至江灣附近，則以飛機十餘架擲彈，並擊傷人民不少。

乙、六十一師方面

廿三上午敵攻我小場廟，六十一師張副師長率部向其出擊，俘獲敵步兵少尉西尾其六一名，及俘獲敵第九師團第二營長百海實男一名，我營長一員負傷。

廿四日晨敵又以大部攻擊我小場廟，劇戰甚久，始將敵擊退。

左翼軍

甲、八十八師方面

廿三日金穆宅之敵尙在包圍中，敵以大部猛攻小場廟，經我六十一師出擊後潰回。

入夜後本師撤至廟行鎮西方地區整理，正面交六十一師及八十七師孫旅，

乙、八十七師方面。

宋旅退回蘊藻浜北岸

孫旅方面不時小有接觸

二十五日至二十六日

敵探知我軍之弱點在小場廟與廟行鎮間，故今日後試行其大部份兵力之攻擊，我軍初受敵砲之火力，殺傷過大，曾有動搖，我步兵沉伏於壕內不動，步兵接近，起而肉搏，故屢次予敵以重創，使不得逞。

我軍廟行陣地佔領要圖

二月二十四日

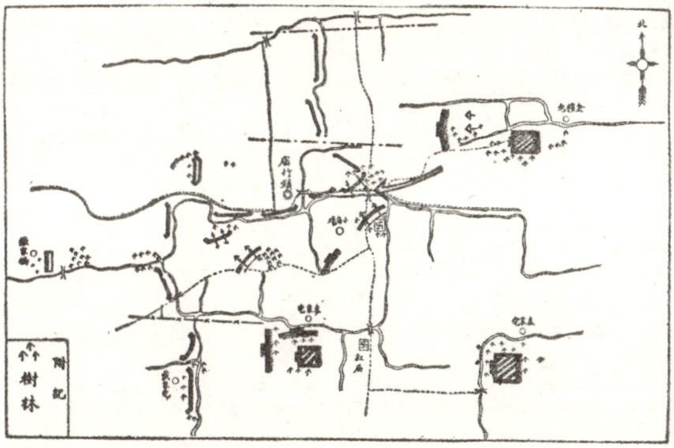

戰鬥經過

右翼軍

甲、六十師方面

廿五日晚十一時許敵二百餘人攻我八字橋，戰約半小時，敵即退去，閘北及天通庵一帶，不時有敵向我射擊。

廿六日上午二時江灣車站附近有敵二百餘向我進攻，當經我第六連擊退，上午十一時天通庵附近佯攻，協助左翼六十一師之逆襲，斃敵甚多。

乙、六十一師方面

廿五晨八時，敵陸空軍協同助作，猛攻我廟行鎮以南至小場廟之線，至九時後敵集中重砲野砲之火力，猛攻我金家木橋之陣地，一小時內發砲二百餘發，我古團陣地稍有動搖，經派六團增援反攻，始告穩固，至下午四時，敵復由空軍指示目標，向我小場廟陣地猛攻，隨以步兵數千衝鋒，我古團因敵之砲火猛烈，傷亡極大，陣地動搖，當由七十八師黃旅謝團增加，并由一二一旅第二團由嚴家宅協力出擊，敵受大創，六時卅分我軍進展至小場廟附近，因敵陣地已設電網，遂停止前進，江灣鎮廿五日無甚激戰，然自廿日以來，房屋被焚殆盡，且因敵突入小場廟，江灣不能立足，廿六日上午十時乃放棄，退扼金家園夏家蕩亙竹園之線，沿河配備，廿五至廿六敵死傷在三千人以上，我六十一師亦死傷二千餘，乃令竹園墩以北至廟行鎮南端之線，由一二一旅担任。張副師長率一二二旅至驕前宅附近整理。

左翼軍。

甲、八十八師於廿六接六十一師之防務，

乙、廿五六兩日八十七師正面甚沉寂，惟敵機三五架常來偵察。

丙、吳淞方面廿五日敵無動靜廿六晨七時有敵機三架來偵察，至八時後來六架并擲彈數枚，張華浜方面敵砲亦向我射擊，敵艦多艘在江面游弋，向我獅子林砲台及寶山城射擊極烈。

第五節 二月二十七日至三月一日

敵情之一般

自廿日敵全線向我總攻，至廿三血戰四天，敵死傷且萬人，乃一方由國內輸送補充兵力，并增加第十一、十四、第一、十六等四師團，同時派軍事參議官白川大將爲主將，計自一月廿八開戰以來，敵已四易司令矣，其十一師團於廿七到達上海，廿七日全線沉寂，敵飛機常向我後方崑山蘇州一帶偵察，并企圖爆炸鐵道，敵正在部署軍事中。

廿八日全線仍極沉寂，正午後九時張華浜附近發現敵

木板，黃浦江中敵艦十餘艘，拖帶民船十隻，企圖向我瀏河附近登陸。

二十九日

戰鬥經過

右翼軍

甲、六十師方面

我軍於江灣北端至蘊藻浜南岸戰鬥經過要圖

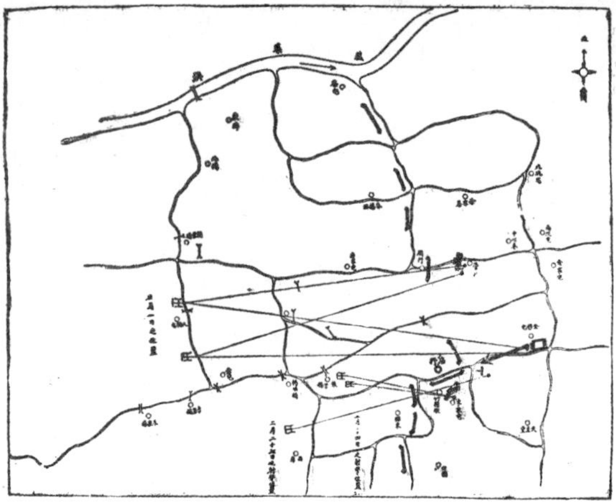

今日無戰况

乙、六十一師方面

本日上午十時敵用砲轟擊我閘北一帶陣地，繼以坦克車掩護步兵向我北站一帶陣地衝鋒，我軍沉着應戰，斃敵卅餘，寶山路天通庵路沿綫則無激戰，其餘一部則仍集合大場附近整理。

丙、七十八師(缺第四團)方面

自拂曉後，即以大砲向我三團陣地發砲數十枚，飛機十二架投彈十餘枚，即行猛衝，旋被我擊退，是日傷士兵十餘陣亡三名。

左翼軍

甲、八十七師方面

二五九旅本日午後三時許，見金穆宅附近敵約二百餘向北移動，午後五時許又見敵部隊向蘊藻浜方面移動，但終無與我接觸。

乙、八十八師方面

自下午九時許敵用大砲向我全線陣地轟炸，約三四百響，後有敵步兵三百餘以步機槍向我射擊，一時火力極爲濃密，經我沉着抵抗一小時許，敵始退去，是役我方負傷官兵卅餘人。

丙、一五六旅(缺五六團)吳淞方面

是日午後六時敵在蘊藻浜對岸時以機槍向我射擊，并有渡河模樣，但我方嚴密抵抗，敵遂不得逞退去。

三月一日一般戰况

敵將植田謙吉所指揮之第九師團及十二師團之一混成旅自廟行鎮小場廟各役迭被我軍擊退後，敵增加大卅援兵，於二月廿九日先後到達有十一，十四兩師師團，由敵將白川統率。

我四十七師有槍四千餘，奉命參加滬戰，其一小部已到達崑山，其餘已到達鎮江附近。

本日午前八時，敵以海陸空軍向我全綫總攻并以密集強大砲火及空軍之炸彈向我七十八師及左翼軍全綫陣地各要點施行極猛烈之轟擊，以掩護其步兵之進展，我全綫官兵奮勇迎擊，肉搏數小時，並以大砲相還擊，惟敵亦前仆後繼，源源增加，尤以楊家樓下及竹園墩之陣地血戰最烈，迨至十二

廟行附近砲兵射擊位置圖

三月一日

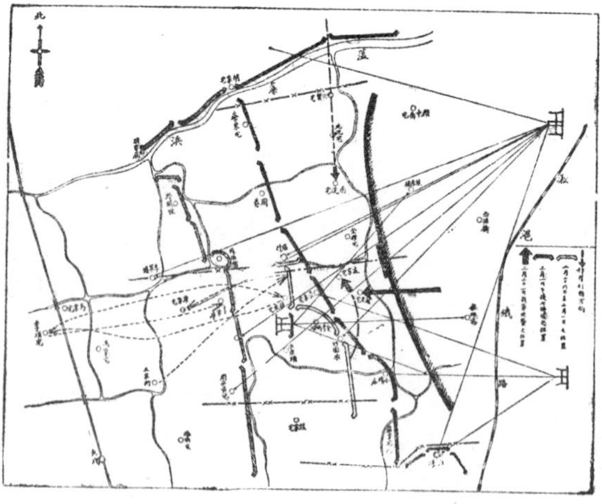

時左右，我七十八師正面一部傷亡殆盡，敵遂得乘隙而入，隨後調所有預備隊增援，始得將敵擊退，恢復原有陣地，而敵仍滯留我陣地前端，正擬全線出擊，與敵決戰，乃據急飛報告，瀏河以西楊林口七丫口一帶有敵十一師團之一部約萬人利用煙幕及海軍與飛機之掩護，強行登陸，乃不得不將正面作戰之部隊，並抽調左翼軍之孫旅趕赴瀏河，企圖將登陸立足未穩之敵，一舉而殲之。時午後二時矣。惟敵同時復加派生力軍增加乘我正面薄弱，死力突擊，血戰數小時，我八十八師及七十八師正面又有一部被突破，然尚死力支持待援。此時第二綫戰鬥羣衆已使用完畢，加以全綫肉搏竟日，死亡枕藉，同時我瀏河方面又受優勢之敵極力壓迫，支持至晚，以四十七師，尚未到達，增援又苦無兵，爲避免全線被敵包圍，乃決心下令撤至第二防綫，以圖待時反攻，此當日之實在情形也。

三月二日至三日

敵自楊林口七丫口，乘我防衛空虛，強行登陸之後，即猛攻瀏河，撫我之背，我軍爲避免被圍，乃下令將淞滬全線，於三月一日夜，全師退至第二線。至本日晨已部署完竣，並緊急警戒婁塘鎮附近，以阻敵人之西進。在閘北至吳淞之敵，絕未覺察我軍之撤退，本日上午，猶用大砲不斷轟擊，因歷次之慘敗，對於我方之寂然不應，狐疑莫決，迨下午乃組織敢死隊，衝進閘北，詎不知我軍已退去十小時矣。

苗涇劉河附近截擊敵人要圖

三月一日

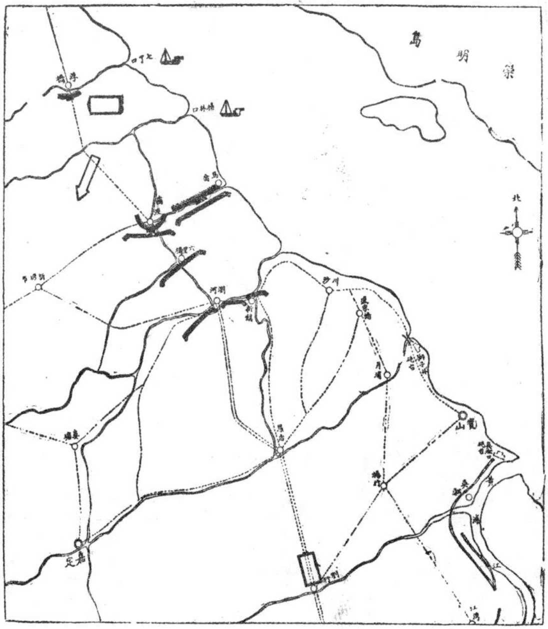

三日，我第二線防禦工作，已佈置妥善，各師連絡完成，乃將婁塘朱家橋附近之警戒部隊，絡續撤退。以太倉安亭等處爲最前線，而自福山口至青陽港，築堅固之防禦工程，俾進可以攻，退可以守。正調集援軍，擬乘機反攻，而上海和議告成，協定簽字，敵軍於各國監視之下，退出我國境地，戰事於以告終。

第五章　我軍神勇戰績

第一節　敵軍戰略之概述

方日軍之開始軍事行動，司令鹽澤氣燄薰天，不可一世，以爲我國軍隊，始終對外不敢抵抗，揚言四小時佔領閘北，解決中國防軍。當時不但友邦人士代中國寒心，即我國同胞，亦大部份認十九路軍，恐未能必操勝算。蓋就雙方比較，日軍所有者新銳武器，我則窳敗不堪；日軍依租界作根據地，進可以攻，退可以守，佔得絕對優勢，我則防區廣闊，祇能死守，不便前衝。不論兵器上，地理上，在在相去甚遠。孰知一經接觸，日軍連遭慘敗，屢次潰不成軍；是則我物質上雖遠不如人，惟戰士懷必死之心，臨陣無餒却之色，重砲甲車非不威烈，埋頭苦鬥尤足使敵人戰慄耳。

我軍於婁塘鎮附近警戒配備圖

三月二日

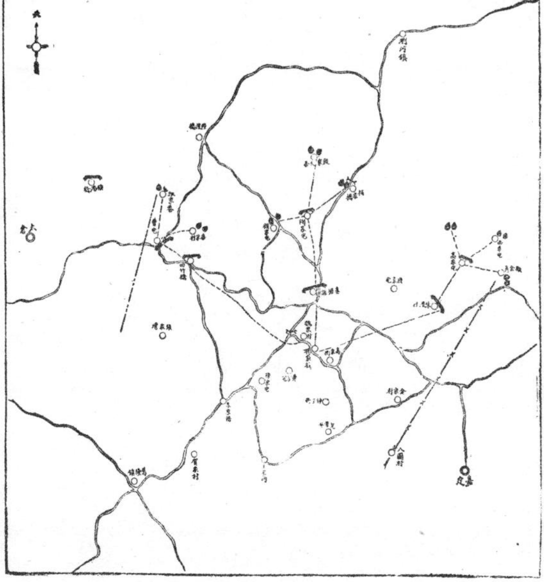

鹽澤之敗，將其「皇軍」威嚴，喪失無餘，經此重創，實已不能再戰；於是原來佔領閘北，切斷上海至吳淞，上海至南京，上海至杭州各段我軍聯絡，威迫開闢閘北租界之迷夢，一旦付之汪洋大海！日方爲維持其東亞霸王地位起見，除打落門牙望肚裏嚥，僞稱不善巷戰外，又大事增援，調派所謂野村司令者來滬，代替此一蹶不振之鹽澤。

野村主戰，已認識我軍之不可侮，決計避免巷戰犧牲，撤退老靶子路一帶殘餘敗卒，集中於虹口公園一帶，並分配其援軍於香煙橋虹鎮方面，用海陸軍同時猛攻我江灣吳淞。結果仍傷亡纍纍，再爲其「帝國武士」增加不少恥辱，其深感戰事之棘手，不下於鹽澤所受教訓。一不做，二不休，只能將戰區擴大，同時進攻自天通庵沿淞滬鐵路至吳淞全線，而以吳淞要塞爲主要目標，另以勁旅襲突破江灣，抄襲閘北之背，結果又是一場大夢，不能不再添援軍，藉以維持屢敗之局。

植田謙吉者，日方名將，曾在濟南「五三」屠殺華人，東北「九一八」之罪魁禍首也。至是，率領其精銳軍隊第九師團，代野村指揮戰事。時我軍戰鬥力之堅強，已充分表現，為世界各國所同聲驚嘆，植田自顧其皇軍之並不威武，因而不敢與我軍沙場相見，作血肉之狠撲，自恃軍備之充足，武器之新穎，不顧一切，儘其能力所及，狂開大砲，亂擲炸

廟行鎮朱家橋附近戰鬥經過要圖

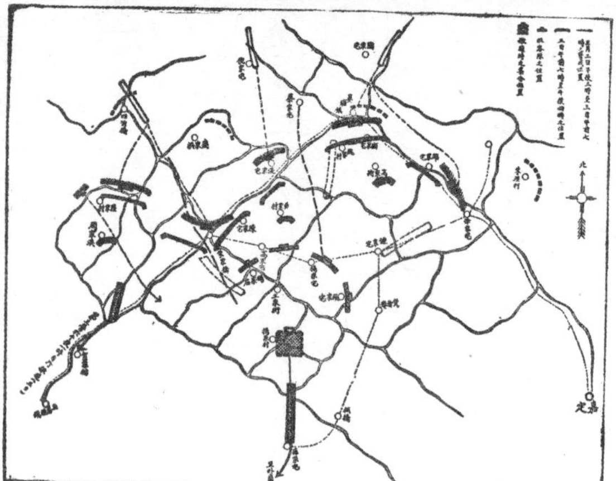

彈，一以壯敵軍之膽，一則使我軍受其砲火威脅，無立足之點，因而搖動堅固之陣地。安知我軍之抗戰，基於數十年以來之積憤，生命置之度外，砲火非其所畏，前撲後繼，障蔽物被燬，則躍起衝鋒，坦克車逞威，則饗之以手溜彈，飛機低飛擲彈，則以步槍迎擊，甯願葬身炸彈之下，不肯却步後退。在血肉橫飛之中，此植田司令者，又如野村鹽澤之一籌莫展，不得不恭候第四個新司令白川及其援軍矣。

白川抵滬，又將戰略更變，探悉我後方空虛，——其實也不用探得，因為日方節節添兵我方却儘是十九路軍第五軍應戰，加以每次經敵人猛烈砲彈轟炸，誓死不退，死傷自多，後方當然要空虛。——捨棄正面直擊而趨重於側擊，以猛烈炮火自正面射擊，以大部軍隊偷襲瀏河我軍後陣。時瀏河守軍，數極有限，我軍為避免全綫被圍，自動撤退。日軍至此，因而大事宣傳，揚言擊退華軍，軍事勝利。實則此所謂勝利者，完全因我方兵力不敷分配，自動放棄陣地，與日軍歷次焦頭爛額，驚惶失措者，固大不相同者也。

綜觀此項戰事，鹽澤時代，敵方無所謂戰略、其意視我軍為無物，完全一種表面之威嚇，威嚇不能見效，鹽澤之技已窮，最屬可笑。野村來滬，欲求突破我方聯絡，而分別解決我軍。植田之戰，則用盡全副氣力，有期在必勝之意，窮態業已畢露，徒見其可憐而已。白川主戰，以十萬之衆，對我四萬久戰之士，雖將我軍迫退，實非戰事之勝利，否則敵方儘可前後夾擊，以十萬之衆壓迫四萬華兵，豈有再任我軍全師從容撤退之便？所以不能如此者，敵方僅恃其人數之衆，器械之精，非臨陣威武，足使我軍敗退也。

至於我軍方面，完全處被動地位，始終防守，殊少進攻，因礙於租界，——實則日本憑藉租界作戰，租界早已失去中立地性質——。致不能充分發揮其戰鬥力量也。戰鬥沉靜堅毅，非佚相當距離，不肯耗費子彈，衝鋒肉搏，將敵人狂誇不可一世之「大和魂」，擊成片片碎。是故此次戰事，中國雖因後援不繼而終於撤退，但其禦侮精神之偉大，民族意識之堅強，已足使野心侵略國迎頭受一猛擊，而糾正其一向極端謬誤之觀念。他方面，中國一向誤認日本軍隊為世界無敵之軍隊，中國軍隊萬難與之接戰，畏之如虎，至此亦可大白矣！

以下再將我軍此次値得紀念之神勇戰績，分別記述於下，一見我中華健兒好身手焉！

第二道防線陣勢圖

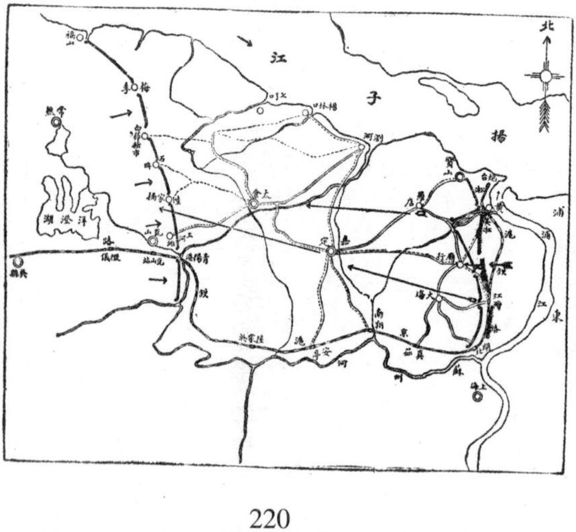

第二節　閘北巷戰

閘北巷戰之勝利，為我軍此番禦暴作戰之第一功，關係於全盤戰局，實至重大，蓋經此一擊，敵方真實力量之不過如此，乃得盡露吾人眼前也。

當戰事發動之前，我方實未嘗有十分嚴密與充足之預備，前線兵力，極形單薄，所賴以取勝者，戰士誓死抵抗之一顆赤心耳。爾時我十九路軍兵力之支配，均散處南京鎮江常州無錫蘇州丹陽崑山吳淞上海一帶，如下：

第六十師：

一百二十一旅及一百二十二旅共六團，另一教導團，駐鎮江。

一百二十七旅二三兩團，駐常州。

日軍開始暴行區域圖

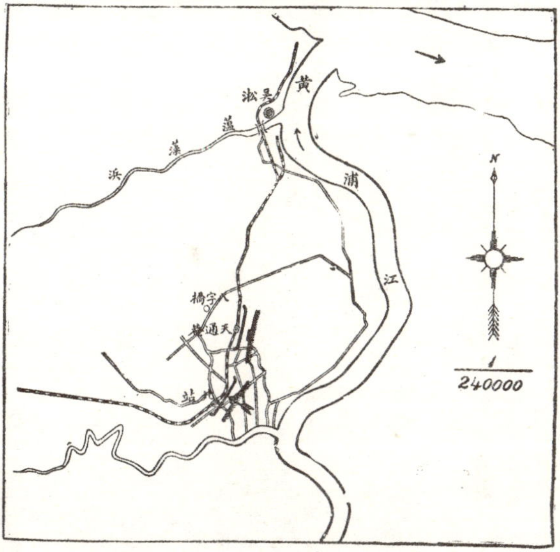

一百二十七旅一團，駐丹陽。

一百二十旅五六兩團，駐蘇　。

一百二十旅四團，駐無錫。

第六十一師：

一百二十二旅，駐南京。

第七十八師：

一百五十六旅三四兩團，駐眞茹。

一百五十六旅五團，駐崑山

一百五十七旅四團，駐吳淞。

一百五十六旅六團，駐閘北。

一百五十六旅一團，駐龍華至南京。

戰事發動，日軍以數千人衝我閘北，我留守該地之一團兵力，分防各地，力量當然不能雄厚，苟非戰士抱必死之心，決計難操勝算也。

日軍之進攻，先後由虬江路廣東街寶山路橫浜路天通庵路靑雲路等處以鐵甲車掩護衝鋒。

我方防軍除第六團外尙有上海市公安局警察大隊第六第七兩中隊，五區總署及五區區所全體長警，均由第六團團長張君蕙指揮。

當日軍首先進犯天通庵時，我方在最前線警戒者，祇公安局警察六人，當因衆寡不敵，卽退却，公安局第二中隊聞訊，卽馳來援應，惟亦祇六十餘人，在日軍猛烈掃射之下，仍不得不後退。因而日軍卽佔領天通庵車站。復向西北猛衝，期會合吟桂路日軍。時虬江路日軍亦已進至廣東街東首，，揚揚得意，以爲閘北穩在掌握之中。

豈意我方士卒，異常沉着，在日軍喊殺震天之中，形若無事，因之日軍益放膽前進。迨日軍旣深入天通庵虬江路我軍陣地，方一聲喊殺，起而將其包圍，奮勇衝殺，日軍經此迎頭痛擊，驚慌失措，前進軍隊，立卽奔走潰敗。

是役我方純取守勢，且事前並無攻擊敵方之準備，故對敗退敵軍未予窮追。翌日晨日軍又思再度嘗試，於是我方不能耐，易守爲攻，日軍之厄運於此開始矣。

我軍開始衝鋒，士卒奮勇直前，視帝國皇軍如無物，而此帝國皇軍者，紛紛棄械奔竄，往往急不擇路，因而自投羅網送死者不少，上午十一時許，吟桂路方面被圍之敵，全部解決，虬江路廣東街一帶敵人，死傷枕籍，天通庵車站仍入我軍掌握。至是各路敵兵之殘兵敗卒　，咸回身向租界奔竄。我軍乘勝進逼，前鋒直達北四川路、租界日僑驚惶奔避，形勢緊張達於極點。江灣路日陸戰隊司令部，早經爲我佔領，天通庵橫浜路虬江路寶山路各路日兵，完全潰退北四川路，我軍各路進兵會合，又在北四川路作大規模之進擊，敵人只得又向南退却。下午五時許，佔領北四川路日本小學日兵司令部，十九路軍長蔡廷鍇親臨前敵指揮，我軍無不以一當百，六時許，進展至老靶子路，時北四川路老靶子路以北，敵蹤絕跡，完全爲我軍佔領，敵人聞風喪膽。

是役我軍以一團兵力，抵抗數千日陸戰隊暨其大批便衣隊，十餘輛坦克車及五六架飛機，均不能施展其威力於我軍，卒於十九小時之內，卽將其主力擊退，並俘獲其甲車五輛，軍械無算，總計敵人死傷當在千數以上。

一月廿八日敵軍進攻時我軍之防禦圖

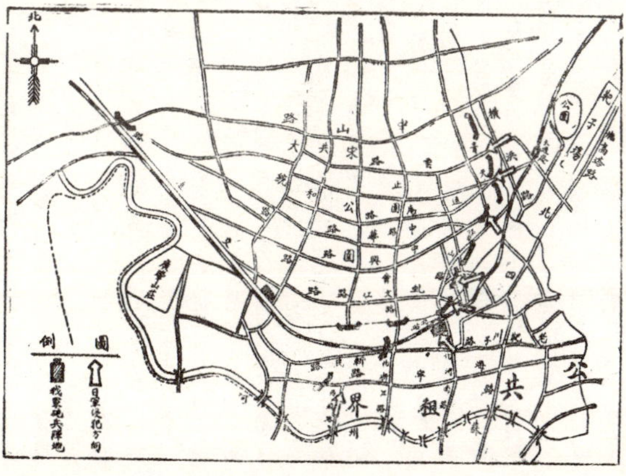

十九路軍七十八師一百五十六旅旅長翁照垣氏，著有淞滬血戰回顧錄，揭載於申報月刊，述閘北巷戰甚詳，茲摘示大要如下

戰爭約莫開始了半個鐘頭，突然的激亂漸歸於鎮定，槍聲一陣一陣的加密。這時大部的日軍用鐵甲車數架掩護，由虬江路，寶興路，廣東路等，向我們正面的陣地進攻；橫浜路，天通路，青雲路等處的敵軍，約莫六七百人，亦用幾架鐵甲車掩護，向我們陣地衝鋒；來勢俱非常之猛。我們的士兵是初次看見這種威風凜凜，式樣整齊的敵人，他們眼裏放着光彩，好像獵人發見美麗的鳥。碰！碰！碰！撲撲撲撲撲撲……一陣機關槍聲，眼看着舉措張皇的敵人，一個一個倒下去，倒下去，……鐵甲車在突停了一下之後，又衝進來，我方手榴彈像雨一般的飛出去，在一陣巨響震耳和灰塵飛騰之後，鐵甲車回轉了頭了！驚慌無措的敵人，用各式各樣的方法逃走，我方又用機關槍，從左邊掃到右，又從右邊掃到左。一剎那，除了錯錯落落地橫着許多敵人的屍骸外，什麼都沒有了！是役斃敵人三百餘人，傷數百人，毀鐵甲車兩三架。

這是我們和日軍初次的「嘗試戰！」我們最大的發見是：自己的士兵的不可思議的勇敢，和敵人的出乎意料之外的懦怯！在這初次的戰役中，我們便產生了好些勇猛驚人的戰士！第五團第一營第二連的下士班長潘德章，當敵人在廣東街口，鐵甲車來衝鋒時，他沉着用機關槍掃射，擊斃了好幾十個日軍，後來一顆敵彈打中了他的左臂，他仍舊不走，咬住牙根，繼續射擊，終使敵人狼狽而退。同連的上等兵伍培伍全兄弟二人，在閘北寶山路和敵人肉搏。他們奮不顧身，左衝右突，見一個刺一個，刺斃了約莫十幾個之後，終於為敵人所害，因為敵人比他們多十培！第三連的中尉連附譚紹平和上士班長張桂標在閘北寶山路寶源路口，當敵人衝過來時他們酣戰如狂，在擊倒十幾個敵人之後，他們亦着了傷。同伴請他們退去，他們卻反而走上前，終於在一陣敵方的砲火之下以身殉國。其他像第二營第五連的連長鍾國華，第三營第八連少尉連附，都在截擊敵人的鐵甲車上，顯出特殊的勇敢和造成可讚的紀錄。此外奮勇殺敵，慷慨犧牲的不能指數。他們臨陣的勇敢，是他們自己所沒有預想到的。

午前一點四十分時，敵人又由虬江路口，廣東路，寶興路口等處，向我正面第一營的陣地衝鋒，人數約在一千五百人左右，仍舊用鐵甲車掩護。同時並佔領附近扼要的洋房，架住機關槍，向我們的陣地射擊，復在洋房上拋擲手榴彈，炸燬我們的防禦工事。在這樣猛烈的衝鋒之下，我們的士兵仍然一步不退，用手榴彈和他們對擲，用刺刀和他們相格，有時則轟然一聲，敵人和自己都碎身於手榴彈的爆炸之下。

他們的鐵甲車直衝過來，突破了我們的陣地，把我們的士兵分成兩截！但誓死不退的士兵，反而跑上前去，用手榴彈向車上拋擲他們為想炸燬敵人的鐵甲車，每肯讓自己炸得粉碎這種犧牲的精神，眞足以驚天地而泣鬼神。有時鐵甲車衝過來了，他們一點不慌張，只是一顆顆的手榴彈，向眼着車後前進的敵人拋去。等待他們走得近了時，便橫着刺刀衝上前去肉搏。所以到後來就是有鐵甲車掩護着的敵人，亦張皇畏縮不敢前進了！他們的鐵甲車一連衝了五六次的鋒，都沒有把我們的陣線衝退，因我們的陣線給衝破了之後，接着是一場白兵戰，白兵戰之後，陣地又給我們奪回來！一次，二次，三次：……我們死亡的人數雖然多，但他們陪着死的更多，到後來，我們一共炸燬了他們五架鐵甲車他們的衝鋒還才停止。

擒獲敵軍之便衣隊

同時天通路；青雲路，橫浜路等路口我們左翼的陣線，亦遭受敵人猛烈的攻擊；他們的人數約在五六百左右，同樣地用鐵甲車掩護衝鋒。經過了幾次的肉搏之後，青雲路和橫浜路兩處路口的防禦工事都給他們的鐵甲車衝毀！這是敵人付了很大的代價才做到的。但我們的士兵並沒有卻走，他們蹻捷地攀登了兩旁的屋頂。繼續用手榴彈和猛烈的射擊阻止敵人前進。橫浜路的醫院和光明玻璃廠都是最扼要的據地。在他們的意思，一定是以為中了我們的伏兵，所以才不敢戀戰。我們把陣地恢復後，把防禦工事又重做起來，依舊據險而守。許多士兵奪獲了日軍的盔帽，高興地把來戴在頭上。

這時除了正面的陣線，仍有多少敵人在作無效可期的攻擊外，其他方面都轉歸沉靜。我們在正面的力量是可保無虞的。

敵人飛機的出動，是在二十九日早四時四十分左右，敵機一出動時，我立刻令駐在大場的高射砲連李連長率領所部高射砲兩門，開來閘北前線，擔任防空，同時並通知各團，就所在陣地附近，指定輕機關槍，專門擔任射擊飛機，以補高射砲之所不及！在空戰一方面，我們祗能採取消極的微弱的抗抵！我常常想到：這回松滬之戰，倘如我們有了和敵人力量相等的空軍，我相信我們的戰績一定超出一般人的意料！不必講到炸燬他們的戰鬪艦和航空母艦，就是阻住他們的飛機，使他們不敢在空中自由偵察自由擲彈，亦就夠使我們佔優勢了！

敵人的飛機在我們頭上盤旋？約莫半個多點頭，擲下了好幾顆炸彈之後，我們知道他們的步兵一定又來衝鋒了！果然，在五點三十分左右時，他們又用鐵甲車掩護步兵，向我們正面的陣地攻擊；我們在應戰了十幾分鐘之後，決定轉取攻勢。在猛烈的砲火中，我們的隊伍直衝至松滬鐵路東邊。企圖截截敵人的後方而將他們全部殲滅。這樣一來，敵人完全慌亂失措一部分流水一般的向北四川路潰走，還有一部分走不及的，便給我們團住。他們伏在廣東路洋房內，負隅頑抗，同時並在廣東路口鐵道附近一帶，縱火焚燬民房。火勢之烈，使我們後來沒法撲滅，我們亦因為恐怕太深進了讓他們截住後路；所以在追擊了一陣之後，仍舊退駐原防。

在這幾次戰役中，我們的陣地有失而復得者，特別是天通庵車站為爭奪之要點；在戰爭初起時，該站嘗一度給日軍佔領，但當我們第五團的兵士趕到時便奪回來了！此外廣東路口等處的陣地，亦嘗爲敵人的鐵甲車所突破，但我們終用苦戰而使敵人退卻，並且使他們遭受嚴重的損失。

在上午十點左右時，又開始一場劇戰。敵人知道急切地不能衝破我們的陣地所以先用極強烈的砲火向我們壓迫；同時敵機亦在空中到處擲彈，許多民房和商店都陸續起火，烟霧漫天，商務印書館總廠和東方圖書館就是在這個時候着火的。我們仍舊用高射砲，步槍和機關槍向空中射擊，但這種射擊反而向敵人表示我們對於防空方面力量幾等於零！敵機繼續擲彈，我們的陣地亦有幾處炸壞；一會兒，北火車站的鐘樓和大廳亦起了火，停留在站內的中央鐵甲砲車，亦給炸壞兩節，同時防守北站的憲兵一連，因爲受不住砲火機彈的壓迫，便紛紛崩潰下去。商務印書館總廠和東方圖書館的火焰漫天，已成無可救滅之勢。我國文化的寶藏無端遭受了這樣的浩劫；我們對於日本軍閥的殘暴無理，是永難有忘記的一天的！

在這樣強烈的砲火兇猛的轟炸之後，敵人又仍然藉着鐵甲車的掩護，用千餘人的兵力，向我們寶山路虬江路各路口猛烈地衝鋒，目的是在佔領北站。在憲兵退去之後，北站已是空虛得很，所以當時張團長急調該團第三營營長吳履遜率師部（缺一連）預備隊，增加在虬江路口和寶山路口等處，同時兼顧北站方面。我們正面的陣地，本來是極爲堅固的，外加士兵對於屢次次抵抗的勝利，產生了極大的自信心，由這種自信心產生了勇敢和鎮定。所以雖則在這樣強烈的砲火和衝鋒之下，仍能沉着應戰，毫不示弱，一直維持到敵人的氣盡力竭時，才又轉守爲攻用槍口瞄準敵人的背後！並且，自戰事發作以來，他們對敵人的憎惡更加深切起來，因爲他們之間，有許多在陣地上犧牲了，有許多負了傷給抬了回去；他們因爲日常相處非常親密的伴侶，受了敵人的殘害，激起了極端強烈的復仇的願望，所以在陣地上，沒有一個肯先退走，有許多當長官下命令教他們退卻時，他們甯願違背命令繼續在原地作戰，一直到他們擊退敵人，或則是爲敵人所殘害在衝鋒時，他們更爭先恐後，發狂一般的大喊。每至肉搏的時候便是他們所最快意的報復的機會！

戰鬬正到激烈的當兒，憲兵的第六團第一營恰好從眞茹趕到。我便令他們歸張團長指揮，並令該營營長李上珍率領所部前往北站，確實將該站佔領，另以一部分佔據該站附近的洋房據險死守。這樣我們幾瀕危急的右翼據點便恢復了！

這時正面陣線上的砲火仍舊猛烈，日軍一次衝鋒失敗之後，又重新的來過一遍；照例是先來一陣強烈的砲火和轟炸接着是用鐵甲車掩護着的步兵。這樣的反復演了六七次，一直戰到下午一時左右才靜了下去。這次敵人死傷三百餘，我們一百餘，無辜的平民給炸死的沒有確數。我們還犧牲了一個勇敢的上尉，第六團第三營第九連的連長林玉。他讓敵人射中了頭部，卽時身死。他中彈後，他的所部卽刻反守爲攻，使當面的敵人終於不支而退！

第六團第一營第三連有一個二等兵宋德洪，在虬江路和強敵頑抗，他的瞄準非常正確，一連擊斃了十幾個敵人，敵軍紛紛散走後，他趕出來拿敵軍的槍械，爲一個受傷未死的敵人所襲擊，他於負傷之餘，仍將該敵人擊斃；拿回了好幾根槍，都在談着。

另有一個連長，他在戰得酣興淋漓時，他除去了衣服，只管向前衝去，但他並沒有碰到敵彈。

下午七點三十分時，有一百左右敵人，向八字橋附近的日本玻璃廠進攻，那裏我們有兵一排，便用機關槍向敵人掃射。戰爭只延長到十幾分鐘，敵人便從天通庵路方面退去。此外在別的陣地上亦有小衝突，敵人的隊伍中者有幾個中彈而死，其餘的便潰散了！

八點左右時，我接到軍長的電話說：敵人托英美各國領事出任調停要求停戰。我們尊重各國的領事的請求，已經答應了，前線的兵士；着卽停止放槍……我卽轉令各團如下：

一，奉軍長蔡電話，着卽停止戰爭。

二，如敵不向我攻擊時，除嚴密監視外，應卽遵令停止放槍；倘敵來攻，務就地撲滅之爲要。

第六團團長張君嵩氏，關於此役亦曾發表談話如下

「敝團成立未滿二月，多係新兵，故由江西開駐崑山太倉等處後，正加緊訓練中。上海閘北原係財政部稅警第二團駐防，後該團奉命改編，敝團始於一月六日由太倉移來接防！第三營駐閘北，等一二營駐大場鎮。兄弟二十日奉淞滬警備司令戴委兼上海軍警團聯合辦事處主任，指揮閘北憲兵一連，鐵道砲隊一排及警察第三六兩隊，與各保衛團等兵力，負閘北治安完全責任。自一月二十日日浪人縱火焚燒三友廠後。兄弟爲維持閘北治安起見，乃調駐大場的兩營增防，並在華租交界處，沿淞滬鐵路一帶之寶山路，虬江路，橫濱路口，廣東路口等處，裝置防禦工事，嚴密戒備，以防日浪人暴動。至念八晚十一時三十分，忽據日海軍陸戰隊陰謀侵佔閘北，乃一面急調第一二兩營由北站至青雲路一帶，預備在防禦抵抗線增防，合共兵力不滿千人。一面稟承我蔡軍長，區師長，及翁旅長等各高級長官指揮，至十二時我軍佈防尚未完畢，日陸戰隊已傾全力來攻，並以鐵甲車十餘輛，炸彈隊，機關槍隊等，分向我防線猛力衝犯，共有五六次壓迫，情勢殊爲危急，幸我官兵人死力抵抗，卒將日軍擊退」。

又申報曾譯載泰晤士報所記日軍攻我閘北事前準備情狀大要如下：

二十八日夜十一時左右，北四川路底日海軍陸戰隊司令部有多數卡車，滿載全副戰裝大批陸戰隊，飛馳而至。頃刻閘司令部庭中充滿準備出發之戰士，燈光照耀如白晝。機關槍兵攜帶武器，列隊於庭之中央。來復槍兵及手榴彈兵魚貫而入。庭中有高臺，上立海軍參謀官兩員，監視集合。下級軍官在行列間踱步，狀甚閒適。其時祇見鋼盔簸動，絕不聞語聲。約十五分鐘，各組列隊，皆立正候令。於是號聲起自暗處，臺上一軍官諭告將士。語調急迫，聲音壯厲。諭告畢，全場寂然，開始鎂光攝影。繼由另一軍官對衆致勉勵辭。而號角聲又起，第二批部隊疾趨入場。列隊既定，有上刺刀之兵四人擁一持旭日旗之兵入場。於是各軍官皆拔刀出鞘尖銳之號令聲及有力之革履聲，同時並作。臺上二軍官則注目於其手腕之時計。庭園一隅所置橘黃色之鐵甲車，亦開始活動，戰士紛紛躍登卡車。轉瞬間卡車及鐵甲車之軋軋機聲，皆沈沒於門外羣衆歡呼聲中。

時司令部外，已有日僑數百人聚集，每見卡車或鐵甲車經過，必揚臂歡呼。步行之隊伍經過，必鼓掌狂號。附近日僑

家屋，皆有婦女臨窗高呼「蘇牙那拉」(卽再會之意)表示歡送。出發之戰士，則皆揮手大笑爲答。五分鐘後，卡車均駛指定地點，戰士紛紛由車上躍下，埋伏於毗連我國軍隊防線各地點，準備進攻。其行動如黑夜之貓，異常謹愼。凡人數較多之隊伍駐在處，必派哨兵深入閘北邊境。機關槍兵則在各隊前列，以槍口向前，預備施放。鐵甲車分駐各重要地點，候令前發。衞生隊則攜帶擔架藥箱，追隨左右。其時北四川路之景象，於寂靜中充滿殺氣。

第三節 空軍戰鬥

日軍旣遭慘敗，其步兵衝鋒之能力，幾已等於零。於是極盡其殘暴手段，連日派遣大批飛機，向我陣地及後方狂投炸彈，閘北精華，被燬無餘，但對于我防守士兵，並無若何重大成效，所苦者，我居留戰地之非戰鬥員之民衆耳。

二月五日上午六時，我飛機隊兩隊，飛抵上海。該項飛機到滬後，卽飛前方偵察，我軍士氣，爲之大振。十一時許，敵方探悉，卽派出飛機七架，飛抵滬西，預備將我機炸燬，我機當卽與之接戰，用機關槍在空中互相射擊，當場將敵機兩架，擊落在地，餘五架不能抵禦，慌忙向曹家渡方面逸去。我飛機戰鬥力，本極優勝，且極有戰鬥經驗，但以與日機空中作戰，深恐危及租界中繁密之人口與外國僑民，故不能不有所顧忌，坐令日機橫行，殊堪痛恨也。

又是日眞茹小沙渡北站均有日機擊落，併誌於下：

上午十一時許有十九路軍兵士一營，由後方趁車到眞如，停於車站，將運送前方。此時日機十餘架，自東飛來，本擬炸無線電台，忽見我方援軍，卽擲彈進攻。共擲彈七枚，三彈落站東空地，深均丈餘，二彈落月台上，二彈落車上。當日機紛紛擲彈時，我軍用高射砲機關槍等迎擊，當卽擊落日機一架，落於車站南首空地，該機卽着火焚燒，日機師三人，皆焚死，機師所帶之手鎗三支，機關槍二架，均焚壞，機身甚大，祇存骨骼，機頭有三稜航空機株式會社修理，昭和六年七月十八日字樣，羣衆圍觀者甚衆，均各手攜零件謂以作抗日之紀念，復有日機二架，被擊受傷，飛墜於南翔，日機飛來擲彈時，該站職員，均先走避，故未受傷。月台之左右二角，均着一彈，屋面被炸，木板鐵皮，亦均飛至數丈之外。售票室職員室候車室等，四面玻璃窗亦皆震碎。日機圖炸該站時，兵士大多避走脫險，故雖着彈二枚炸毀二車廂，祇傷數人幷傷馬數匹。某報記者目擊當時情形云：當記者由滬出發，過梵皇渡至中山路時，已聞追擊槍聲甚爲緊密，至離眞茹站約三里許之處，已見日機九架，盤旋於記者車頂之上，知日寇已有加害之企圖，卽命司機開足速率。但日機亦緊追不捨，旋見機身略側，擲下一彈，落於記者所乘之車旁約丈許之田內。且日機愈飛愈低，緊緊追隨，記者卽行跳下汽車，向田內奔去，伏於溝中。日機至此，卽捨車他去。記者驚魂稍定，卽乘原車直抵眞茹。時日機九架，正在大施淫威，擲彈十餘次。經我軍高射砲瞄準射擊，當場擊落一架，有二架中彈後，負傷而逃，但卒在無線電台後面落下。餘機見狀不佳，卽向東方逃去，當日機擲彈時，有兵車一輛，停於眞茹站月台旁，致被炸燬第三四兩節，及車站旁民房十餘間。記者趨至車站旁視察，見被我軍擊落之日機一架，機翼作銀色，下塗日旗標識，機內二日機師之屍身，頭部均已炸去，各屍身焦小如嬰孩，其中一屍，猶手持機關槍作射擊之狀，餘則橫尸機中，落下時，機身火猶未熄。

小沙渡路造幣廠樓上，有我國隊伍駐防。上午十時半許，突有日飛機一架，迴旋天空擬炸該廠。不意霎時間，該機卽行墜落，內有日人三名。又九時許有日飛機六架，由東北飛至滬西曹家渡周家橋一帶，分投炸彈，當被中山路中山橋附近之防守華軍，用高射砲打落一架。又周家橋萬生塘之西北角，十時左右，突來日機三架，於天空盤旋數匝。內有一機在砲聲一響後，卽倒頭栽下，未見飛起。餘二架增足速率，向東北逃去。

十一時二十分左右，河南路靶子路口，日機一架，被吾軍擊落於鈐隆烟公司對面某里口，並將該里過街樓擂損一角。

我軍於蘊藻浜出擊之役經過要圖

二月二十二日

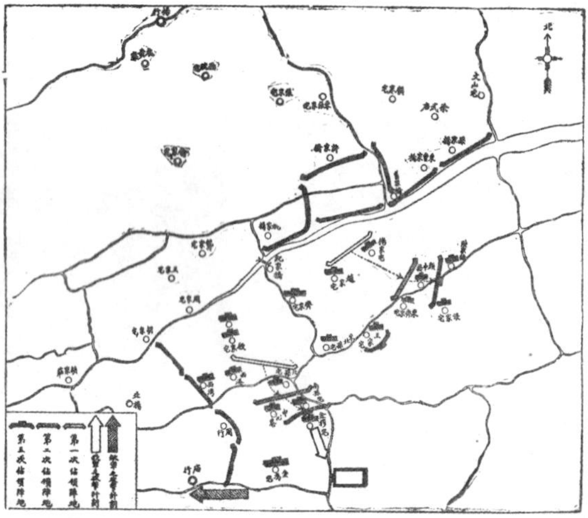

第四節 蘊藻浜之役

日軍旣經閘北巷戰受一重大教訓後，士卒已無鬥志：因揚言佝中立國要求，停戰三日。我方始終未有攻擊日軍之意，日軍旣肯停戰，我方决不乘其衰疲向之進攻，故三日中勉強相安無事。然而驕橫已極之日軍，狡黠性成，僞言停戰，實則積極補充實力，思恢復其「世界一等強國」之榮譽。

二月三日，日軍又下總攻命令，同時猛撲吳淞閘北，實行擴大戰區；其意以爲我方兵力單薄，勢難兼顧兩地，必墮其狡術。豈知一經接觸，我軍勇猛如虎，吳淞炮台雖處日艦環攻，日機籠罩之下，卒將敵艦大予創傷，並擊落其飛機一架於寶山城外，江灣路方面雖敵人以重量火力威廹，我非特不退，反呼號躍出戰壕衝鋒，敵人驚弓之鳥，遺棄野砲七門，機槍十七架，其他軍實無數而遁。

經此二度重大打擊，鹽澤黔驢之技已盡，野村旣任總司令，又於七日晨，挾其大批援軍與新式軍器，調集陸海空三方面實力，計兵十一萬餘人，飛機二十餘架，兵艦二十餘艘，坦克車鉄甲車無數，限二十四小時佔領吳淞要塞。另以精兵撲江灣八字橋，牽制我方應援。此役蘊藻浜方面，戰事最爲劇烈；野村司令不克保持其大日本皇旗而潰退，想見我軍當時神勇之一斑也。

七日上午九時許，日方即將停泊浦東川沙白龍港一帶軍艦十餘艘，及浦江中楊樹浦一帶之驅逐艦六七艘，先後調往吳淞，預備與飛機及陸戰隊等，同時會攻 日艦集中吳淞後，因見我砲臺前停有外艦兩艘，故未敢向我開炮，恐誤中外艦引起國際干涉，因此海陸空三面會攻吳淞之計劃，在海軍方面，未發生若何重大戰事。

陸路方面，敵軍以新到之大批陸戰隊內，抽調一部份，約三千人，分兩路運至吳淞附近蘊藻浜，一路由江灣乘軍用汽車幷攜鐵甲車十四輛，往張華浜，運抵蘊藻浜，當於十時許，向我進攻。我軍翁旅竭力抵抗，戰至十一時半不支而退。另一路則由虹口匯山碼頭，以日本郵船公司及日淸輪船公司之小火輪，裝載一部份軍隊，由浦江繞至蘊藻浜登岸，當與原有日軍會合，於十二時許，再以鐵甲汽車六七輛，會合殘敵六七百人，再度猛烈進攻。我軍以機關槍及來福槍等，掃射甚利，同時再以溜彈轟炸鐵甲汽車，故日方始終未能得手。

空軍方面，日以飛機十餘架，由白龍港飛赴吳淞，冒雨在天空猛襲。其目的地在毀我獅子林要塞砲台。投下炸彈甚多，然多未命中，僅傷台兵數人。我方以大砲還擊，致敵機不敢降低，同時敵機以暴風雨及稀霧，感受空中氣壓之不便，更因我方砲火猛烈，乃不支而退。午後一時許有日方飛機三架，自西南方面駛來，向吳淞張華浜糧米碼頭拋擲炸彈，未幾西南方面，續來日飛機六架，駛至張華浜東首之京滬鐵路局機工務廠附近迴旋，一轉瞬間又有日飛機十二架，分列六對，接續而來，向蘊藻浜及吳淞鎮曁砲台灣一帶駛去，（均由西南方面駛來）在各該處拋擲炸彈。斯時自張華浜沿至砲台灣一段，天空滿佈飛機擲彈不絕。下午三時許，敵海空兩軍，卒爲我軍完全擊退。方上午十一時左右，有日飛機二十餘架，炮車五輛，從引翔港向軍工路一帶而去，蓋欲圖攻吳淞之用。中途被我十九路軍突出包圍，奪得五砲車，日軍二百人，進退失據，均被繳械。

八字橋方面於正午十二時許，敵以飛機大砲，向我軍防地，猛烈轟擊，同時並以機關槍小鋼砲，連續射擊。於此砲聲機關槍密射之下，日軍即拚命向我軍衝襲。我軍當亦奮起抗敵，迎頭痛擊，一部份且抄其後方，截擊敵方後路，敵不支，向後潰退。是役戰約一時許，斃敵甚衆。至午後二時，日軍喘息甫定，復得援軍，又以一千餘衆向八字橋進攻。大砲猛轟，飛機仍在空中助戰，我軍以逸待勞，迨日軍進至公興路中[illegible]營路上，即出奇兵，勇猛應敵，又將敵軍擊潰。敵軍兩次進攻，均遭失利，惟作戰者，多數係新來之正式陸軍，故終未肯能手，復于五時左右，三次進攻我軍，其勢尤較十二時二時兩役爲烈，不過士氣已餒，當進衝之時，一經我軍還擊，發槍稍多，即現慌急狀態，故終爲我軍逐回敗去。綜計敵機向我軍陣地擲彈，有百餘次之多，惟爆發甚少，且多落於空地之上，無甚大損失。敵軍死傷約千餘名。

日軍自七日開始由海陸空三路，會攻吳淞失敗後，八日自拂曉起，又傾全力，再攻吳淞。除原有之海陸軍兵力，共約萬餘人外，又將續到之陸軍九千餘人，悉數分三路開往吳淞應戰。合計其兵力共達兩萬之多。陸路方面，以鐵甲車大砲掩護衝鋒，肉搏數小時，結果各路均慘敗。

八日之戰，敵軍分三路，向張華浜，蘊藻浜，吳淞鎮三處會攻據日海軍司令部發言人於上午十時向美駐滬記者表示：日軍決限令于午前，佔據吳淞。其進攻計劃，除軍艦飛機以重量大炸彈及砲火，向吳淞池塘吳淞要塞砲台及寶山縣城三處爲目標，不住轟擊外，幷以兩萬海陸軍隊，向前街中街後防及正面與左右兩翼，向我進攻。係利用拂曉戰進犯，其正面軍隊在蘊藻浜，左翼置配於陸家宅，右翼配置于軍工路，另外並組游擊數隊，以爲策應，衝鋒時多以陸軍導以鐵甲車及坦克車等利器，其來勢洶湧，可以想象矣。上午，日軍即進攻蘊藻浜，以騎兵四百，並步兵大隊衝鋒，同時日艦開砲掩護，一砲中我陣線，續發一砲亦中，我軍急起抵抗此勢如驟雨之日騎兵，利用水門汀桶，堆積地上向敵滾去，敵馬皆驚而騰躍，不能制止，日軍大亂。我軍乘機由戰壕地窖中用機槍射擊，敵騎兵步兵共死七百餘人，遂敗退。是役日艦共開六十餘砲，我軍損失甚微。

午後一時十分許又有日軍三百餘名，向我方進攻，再有一部份日軍，約一百餘名，尙有便衣軍四五十人，往吳淞鎮圖襲。我方早經嚴陣戒備，奮勇抵抗，頃刻間，槍聲大作，彈如雨下。斯時停靠淞口對江（龍王廟附近）之日方兵艦兩艘，亦向張華浜，與蘊藻浜，曁吳淞鎮等處，同時攻擊。激戰歷一小時許，敵始退去。午後二時許張華浜東首之糧米棧碼頭，又來日軍二百餘名，圍攻蘊藻浜。我方隊伍，隔岸應戰，時適大雨，烟霧瀰漫，雙方互相攻至傍晚時，日軍不支潰退，死傷頗多。此時日方在軍工路方面，又到日軍百餘名，續向我方進攻，我軍發砲還擊，日軍除步槍外，並開機關槍，間擲炸彈，積極圖襲。我方沉着應戰，嚴陣抵抗，日軍終不得逞，絕無進展。

午後四時半，日軍又用鐵甲車數十輛，由軍工路一帶，向吳淞方面衝鋒。迨至紀家橋附近，被我軍伏兵包圍襲擊，奪獲日鐵甲車二三十輛，殺敵百數十人。

是日日攻我守，衝鋒後繼以肉搏，情形至爲激烈。日軍於拂曉起，截至下午三時前衝鋒達十數次之多。據日軍司令部發表日軍曾於午前，佔據朱家浜西面，及陸家宅北面之吳淞池塘，但未幾復爲華軍奪回。我軍司令部則稱，我閘北援軍開到後，曾向日軍左翼，（按即池塘前）左右夾攻，結果日軍死傷約千餘人之多。又日軍右翼軍隊及正面軍隊，因我方已將軍工路蘊藻浜聯絡截斷，故均未能得手。又據市府確報日陸軍參加吳淞戰事者，共約九千餘人，以蘊藻浜戰區爲最激烈。至晨九時止，日方已死傷達千餘人。我方因取守勢，故死傷不及百人。日軍於陸地方面雖三路進攻，終歸失敗。至晚八時許各路日軍均總退却。一路退引翔港，殘部約百餘人，一路退楊樹浦，又一路則由軍工路一帶退達狄思威路。九日晨三時許，犯淞日軍，大部份陸續潰退楊樹浦，聚集殘卒，在滬江大學一帶掘壕佈網因固守待援，並備我軍進襲。

第五節　曹家橋之役

曹家橋地據吳淞之蘊藻浜北岸，日軍自開戰以來，屢次闖越蘊藻浜襲吳淞，均未成事實。二月十三日晨，天氣陰沉，敵軍利用時機，施放烟幕彈，偷渡蘊藻浜，方及曹家橋我軍陣地，即起激戰。我軍奮勇衝鋒，肉搏殺敵，同時他方面援軍，奉令將敵三面包圍，敵畏死不敢前進，後退阻於蘊藻浜河道，不能飛越。紛紛擠落浜內，死傷無數，我軍乘勝進逼，生還敵人，實屬無幾。戰事之劇烈與我軍之勇敢，自開戰以來未之前有，爲我軍殲敵第一次最足紀念之偉蹟。淞滬警備司令部捷電云：「今晨此，敵約二三千人，在曹家橋紀家橋一帶偷渡，經我毛師長部迎頭痛擊，激戰終日迄晚間九時四十分，卒爲我擊退，敵傷亡千餘人，謹此捷報。」茲將當日情形記述如下：

當十二日晨六時日軍已於黃浦江西岸及張華浜方面陣地派遣敵兵八百餘，在野砲飛機掩護之下進攻蘊藻浜，爲我軍殺敗逃遁。下午一時，日軍又自張華浜方面出動，擬以渡船偷渡蘊藻浜，砲彈，狂發如雨，卒仍後敗。

十三日清晨，天陰雨雪，日軍即復以烟幕彈由蘊藻浜左翼，向對岸轟炸，一時濃烟密佈，如起大霧，日陸軍千餘人，即在蘊藻浜上搭蓋浮橋，實行偷渡。時烟霧瀰漫，對面不見敵人，因此千餘日軍竟得安然而渡。即在永安紗廠門前，堆積障蔽物，準備劇烈攻擊。

時我曹家橋哨兵已發覺日軍偷渡，即報告軍部，立時派遣重兵，向後包抄將敵軍包圍。時季家橋方面，尚有大隊敵軍，係與偷渡之敵，作聯絡進攻之策應，亦被我軍得悉，急派一支隊前往截斷，即與交鋒，在曹家橋偷渡之敵，被圍之後，左右衝突，急圖猛力反攻，冀破重圍。此時我軍，知巨虜已入陷阱，遂聯絡一致迎頭痛擊，以懲創此等罪惡之魔。

自上午七時起，在雨雪交加中，槍彈橫飛，日軍狼狽四竄，我軍敵愾同仇，逢敵即殲，敵戰鬥力全失，但仍作臨終之掙扎，至下午八時許，敵軍力盡，只知竄匿，或躓仆途中或自溺於水中，死者已數百人。因我軍包圍嚴密，無隙可逃，至九時四十分，遂將千餘日軍，全部殲滅。是役也，我軍大獲全勝，爲開戰以來第一次大血戰，將士之猛勇，精神之勃發，實爲十九路軍戰績上最光榮之一頁也。

至季家橋之敵，自晨八時許激戰起，雙方相持約一小時許，經我軍痛擊，不支而退。至十時許，又以五百餘人用手提機關槍等猛衝，我軍以機關槍及排槍等應戰。敵軍因雨雪，不能用鐵甲車爲前導，死傷頗多。至十時十五分即退。繼敵軍以少數步隊，攻侯家木橋，我軍沉着應戰，敵軍以爲有機可乘，遂增厚兵力前進，我軍乃以機關槍掃射，敵知中計，倉皇退却。

曹家橋地勢圖

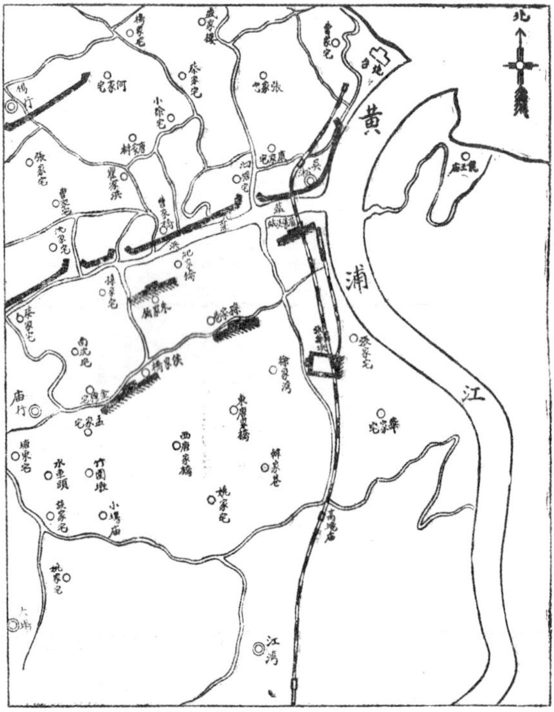

據官報：敵軍於前十三日侵晨，天陰雨雪之際，利用烟幕彈掩護，以二千餘人，在曹家橋架浮橋偷渡，圖竄我吳淞陣地，乃爲我軍包圍，由上午七時至下午九時，雙方激戰至烈。據十四日晨由吳淞來滬之十九路軍軍官述稱：敵軍初以四五百人，藉烟幕彈蔽護，在浜南紀家橋偷渡過河，即佔曹家橋，其後陸續偷渡者，復有千餘人，將我軍防線衝破，施行強烈襲擊。是時我軍張旅，已由後方趕到，率隊反攻，將敵三面包圍，肉搏數十次，敵抵死掙扎，屢欲衝圍不遂，血戰至入夜十時許，始將渡河之敵，全數殲殁，無一生還。戰鬥之猛烈，爲開戰以來所未有，蓋其間十二小時中，未停息一分鐘也。是役我軍陣亡，亦達百餘，敵屍千餘具，現仍狼籍於曹家橋浜中。

又據是役作戰之傷兵，口述當時經過情形，謂十三日侵晨，敵軍藉烟幕彈，向季家橋偷渡時，我軍駐守之兵力計有一營，即奮起圍攻，三面進擊，愈圍愈緊，敵軍亦死力猛衝，故激戰甚烈。是役敵軍既不能突圍而出，又不及渡橋而退，所架浮橋，亦失其效用，而我軍逐步逼進，不稍鬆懈，是時但見日軍進退失據，狼狽已極，於退無可退之時，落水紛紛，淹斃者前後相繼，約五百餘人。嗣有敵方飛機，見彼之軍隊被圍待斃，即來天空擲彈助戰，孰意敵機所擲之彈，反落於敵軍叢聚之中，將敵軍炸斃甚衆，當時我軍不啻又多得一助力，故是役敵衆一千六百餘人，幾無生還。至於我軍作戰之勇猛，實由於全體兵士，自動用命之功云云。

關于是役經過，上海時事新報記者又根據傷兵所述，描寫當時情形摘錄如下：

在十二日的晚上，蘊藻浜的浜南岸距離不遠的地方，（

大約是朱家橋）有許多黃色敵人，在砲火下蠕動，企圖渡過浜的北岸。但是大中華民國的勇士，早就將槍杆對準了這些敵人，所以一陣子狂風暴雨似的鉛丸，將那些利用砲火掩護的敵人擊退了，劇烈的火焰一點點的歸復了平靜。黑色的夜幕在這個當兒完全展開，我軍的勇士懷了一段準備的心，在戰壕裏潛伏着，驀然敵人的大砲，又開始轟擊，彷彿用砲彈構成了一個鐵的牆壁，我軍一分一秒鐘的時光，都在這砲火裏過去，每個人都睜大了眼睛，在黑空裏窺視。一段臘腸式的敵人，在這個時候開始了渡浜的準備，一條條的小木船和一塊塊的厚木板，都連繫在繩索的中間，寂靜的浜水，都震蕩沸騰起來。在暝色朦朧的時候，敵人的砲彈掉換了彈頭的原質，一種烟幕彈，都在黑烏烏的炮口裏吐出來，爆落在我軍陣地的前方，每一顆砲彈的爆炸，泥土裏佈滿了白烟。一剎那的工夫，鋼的牆壁，換了一座烟霧的迷城，妨害了我軍的視線，於是三四百的敵步兵，就將我軍的前哨連連壓迫後退，同時成百成千的敵人，彷彿入無人的境界裏。在曹家橋一帶的我軍的陣線，只好向後退了一千多米達，但是這一來兩聯隊的敵人，（約合我國兩團，共三千人），是孤軍深入了，我軍的司令官，在這樣情況之下，抱定了最大的決心，同時派遣了三個支隊，（共約四五千人），一支隊由吳淞鎮出擊，諜佔先制之利，一支隊由楊行前進，堵住敵人之前衛，一支隊由劉行直截敵人之歸路和連絡線。在這雨雪的壓迫下泥濘的地面上，深深刻上了大中華民國不怕死健兒的足印。細小的雪花和鉛丸在黑空裏跳躍，砲火的凶光，顯出了戰神的鐵面，這時敵人佔領了曹家橋，在匆忙裏，整頓隊伍，打算向左右我軍的陣地壓迫，好完成牠們攻擊的任務。那知道灰燼殘餘的小村莊外面，重重圍上了一層灰色的鐵索，連珠密雨般的機關槍彈，在泥雨裏或是血肉裏去找宿，孤軍深入的敵人，在我軍的包圍下，好像得到死神的洗禮一樣。三八式機關槍三生的平射砲七生的五生的野戰砲，在灰色的鐵索裏，拼命掙扎，打算延長牠們的將要沒落的命運。但我們的武士願意，將一腔熱血灑在牠們的鋒鏑上，所以頭頂着鐵屑，腳踏着泥濘前進了，前進了。勇健的肉體屍身，裹着黃色的呢制服，都雜亂的躺在了聖潔的戰場，牠們忠於皇室，忠於軍閥的靈魂，只有在蘊藻浜的兩岸原野上遺留着，他們親愛的媽媽爸爸，在扶桑三島的國土裏，流着慈愛的眼淚，盼望着歸去。

一夜火與鐵的表演，犧牲了若干的男兒，但終結的勝利，飄揚了青天白日滿地紅的國徽，戰神的巨爪，又由浜北移到了浜南。大中華民國的軍隊，只有節節向前！

我軍廟行周行巷蔡家宅之陣線圖

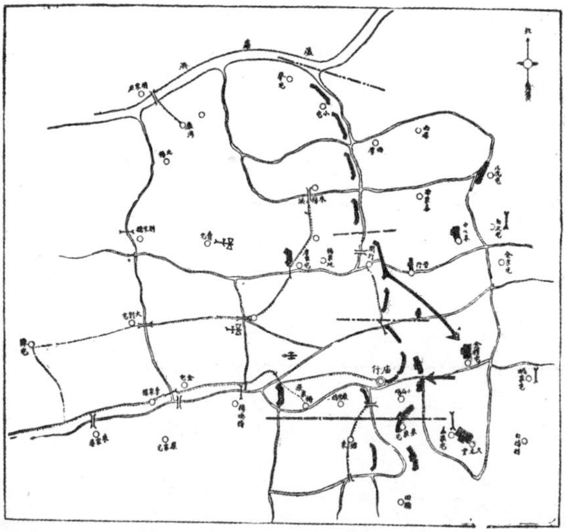

第六節　廟行鎮之役

在敵軍節節慘敗聲中，植田謙吉又挾其新銳援兵奔來上海。爾時皇軍威風，掃地無餘，植田既憤橫絕一世之大日本帝國大和魂民族紙老虎之戳穿，又惴惴於恐失隨個人歷來出兵山東倫陷瀋陽之盛譽，滿擬兵不血刃，以威嚇手段迫我自動撤退，藉以維持日本軍人面目，因提出荒謬絕倫之哀的美敦書與我方，當經我嚴詞拒絕。植田惱羞成怒，不能不借城背一，以全力猛撲我閘北江灣吳淞陣綫，作孤注之一擲。

二月二十日起，閘北方面之八字橋天通庵青雲路寶興路寶山路江灣方面之廟行鎮小場廟體育場高境廟金穆宅，宅何家木橋郝家宅竹園墩牛郎廟，吳淞方面之蘊藻浜張華浜，紀家橋要塞砲台等處，莫不有空前猛惡之戰鬥。日方火力之緊烈，爲從來所未有，各地烈燄飛騰，火光燭天，隆然砲聲，有如聯珠之不稍間斷。在敵軍如此緊壓之下，我軍深知危急存亡之時，不容略忽，各地戰士，無不咬緊牙關，沉着應戰。陣地全燬，不稍爲動，距離可及，則一聲呼殺，肉搏血拼，置生命於度外，視敵人如無物，日方不斷砲轟，幾如歡迎我軍之爆竹，愈急則我愈前，卒至不得不棄槍丟械，四處亂竄，設非租界爲其庇護，則敵軍縱不盡成俘虜，亦必殘餘無幾矣。

此番戰事，以江灣方面爲最劇烈，而江灣方面，尤以廟行方面爲最緊張，既壯既慘，可泣可歌；吾我民族近代對外戰爭空前未有之光榮；凡我國人，均不能不永誌此一幕偉大戰績於心田腦海之間，繼續此種精神，與世界上侵略我國之野蠻國家作最後之肉搏，以致其死命而登我民族於榮盛之境界。又閘北方面之八字橋，亦殲敵無數。茲請先述廟行之激戰。

廟行在江灣之西北，日軍改以吳淞江灣爲攻擊目標，廟行適處兩者之間，佔極重要地位。時擔任廟行正面防務者，係第五軍八十八師，蓋爾時我第五軍已調抵前方，與十九路軍分任左右兩翼防務矣。

二月二十日晨，敵下總攻命令，集中主力於江灣方面，於八時發動，分三路進擊：一由張華浜進發，一由陶家灣附近出發，一自東趨廟方面進衝，以圖圍攻我江灣跑馬廳駐軍。我軍故示懦怯，詐退引其深入，待其三路併成一線，乃一聲令下，與之血肉相搏，是晚，該路敵軍敗竄狄思威路。

同日江灣路西體育會路我軍陣線，於上午九時許，亦來大隊敵人，以二十餘輛坦克車，對我猛攻。當經我軍迎頭痛擊，敵卽返奔，我乘勢追擊，敵死亡枕籍。

敵攻江灣失敗，於是移其主力於廟行，思突破該地陣綫，威脅我江灣吳淞駐軍。廟行血戰之幃幕，因以開展。

二十二日晨，敵集中兵力二萬，分三路向我進攻。第一路由江灣分一部份兵力向西北開進，第二路調駐蘊藻浜全部敵軍向西南開進，第三路由張華浜向南開進，預備隊亦全部開發前線，僅留數百人防守蘊藻浜張華浜方面陣地。

敵軍二萬集中於廟行鎭方面後，卽用鐵甲車坦克車三十餘輛，在猛烈砲火下，掩護衝鋒，企圖一舉佔領，故其來勢之猛烈，爲開戰以來所僅見。幸經我軍步哨，覺察甚早，當卽奔回報告，全體準備。俟其來近，卽由當前之軍隊，奮力還擊，同時並由左右突出，向敵軍側面夾擊，幷包抄其後，加以圍攻。惟敵軍來意，頗存奢望，故亦極力掙扎，作困獸之鬥。戰至最後，短刃相接，完全肉搏，其後敵漸不支，二次又調集後方部隊，加入作戰，亡命猛攻。雙方混戰肉搏，激戰之猛烈，較諸曹家橋一役尤甚。同時敵機數架，亦飛翔空際，頻向我軍陣地拋擲炸彈，並以機關槍助戰。我軍以司空見慣，兀不爲動。但敵衆我寡，實力相去懸殊，至十時後，頗現危急之象。幸將士抱必死之心，無不以一當十，勇猛抵禦。至十二時，我援軍大至，出奇兵包抄敵軍後路，於是始轉險爲安。敵軍驟出不意，死傷無算，敵陣線遂大搖動。此時日飛機增至十餘架，向我陣地投彈如雨。我軍以敵勢已衰，遂改守爲攻，左右衝擊。至下午五時，斃敵至三千餘人。敵遂全部潰退。是役我軍大獲全勝，燬滅敵坦克車二輛，俘野砲二十餘門，槍械無算。同時，敵又以萬餘兵力進攻江灣鎭正面我軍陣地，經我附近駐軍聞訊夾擊，搏戰甚凶；不久敵方由小觀園方面調來援軍，我方卽化成散兵線應擊。後六三花園日駐軍亦加入戰線；適我閘北方面援軍開到，激戰甚烈，下午四時，敵傷亡千名左右，潰退。我軍乘戰勝餘威，同時進擊廟行江灣敗兵。晚八時敵萬餘人被我圍困於江灣鎭北廟行鎭東之金穆宅。殘餘漏網之卒，毫無鬥志。由引翔鄉方面退走狄思威路，更奔入平涼路公共租界東區，而集合於滙山碼頭。時虹口區域，日僑驚慌不堪，我軍不願侵入租界，退回原防。第五軍張治中軍長捷電云：「本軍自二十日起，與敵開始激戰，敵以重砲飛機向我廟行鎭正面攻擊，火力極烈，而我軍官兵，均異常沉着，日寇毫未得逞。二十一日下午，擊落水陸戰鬥機一架，機師中彈殞命。二十二日晨，敵復傾巢來犯我廟行之線，經我軍迎頭痛擊，激戰終日遂將敵完全擊潰。是役也，敵軍死傷在二千以上。」是役方正面陣地危急萬分之際，得六十一師及八十八師之馳援，奮勇側擊，三方夾攻，敵人卒至大敗；六十一師方面指揮援軍出擊者係張炎及李延年兩氏，八十七師方面指揮援軍窮擊者，係宋希濂氏，均有極大戰功。

二十三日晨七時許，我軍廟行之陣地，在大小麥家宅兩點，被敵突破。不久卽被我軍奮勇收回，突進至孟家宅趙家宅金穆宅南沈宅之線，敵人死傷約三千餘，大敗而退。在金穆宅前之一點，敵軍置有強固之支撑點，以待援軍，我方突擊數次，未易將敵消滅，雙方相繼砲轟。八時十分敵復派大隊飛機二十三架凌空掩護前進，我軍陣線鞏固，準備迎敵，堅守應敵。至午後二時，日軍下令猛力進攻，吾軍以手溜彈及手提機關鎗射擊抵抗，敵軍未能動我陣線。及三百畝地方我軍開到，我軍開始劇烈攻戰，日軍見勢，遂令坦克車出動衝陣，同時敵人砲車隨之開砲掩護，我軍彈不虛發，沉着應戰，以手溜彈炸燬敵軍坦克車一輛，砲車一架。一場惡戰，直至夕陽西斜，六紀鐘時，敵援軍左右兩翼已覺疲乏，不能再持，漸次退却。廟行鎭之敵既失援軍之輔助，陣線紛亂，我軍卽以機關槍掃射，敵人士卒，至是各自逃命退却，我軍亦乘勢追擊，敵人死傷幾逾千餘，我軍獲軍用品無數。

日軍自廿二日潰退後，我方不予窮追，仍固守原防，預料敵方必收拾殘部，捲土重來，故我方早已謹愼防範，靜窺敵之行動。二十四日晚敵在暮色蒼茫中，乘風雨交作之時，率兵掩進，其舉動異常奸詐。先以數十草人作士卒打扮，矗立於西南田野間，誘我軍認錯目標，彼卽從容從東北角潛入。詎知敵軍是項做作，早被我目光銳利之前線哨卒窺破，聽其佈置。另遣大軍增厚左翼。爲時未久，日軍四人爲一組，（共數十組）匍匐前進，我方則佯作不知，聲息全無，任其深入腹地，待至逼近散兵壕溝前，日軍正在裝架機關槍預備掃射時，但聞一聲砲響，我軍司令官下令攻擊，一時機關槍與步槍並作，手溜彈與砲彈齊飛，敵軍猝不及防，棄械而遁，敵後方部隊，亦實行潰退。當時敵軍防線，竟距我有六里之遙。當敵軍敗退時，至一小村，日兵一小隊二十餘人，乃避入竹林中，架起機關槍，以謀截擊我軍。俄頃我軍追蹤而至，敵乃以機關槍掃射，彈如雨下，而我軍不動聲色，插上刺刀，衝入肉搏，敵死亡過半，不支而退。日軍服裝在最近數日內，頗爲怪異，或着全身白色，或着黑色，或着黃色，光怪陸離。其服裝之不一，爲世界各國所罕見。是日晚四時許，敵重復進攻廟行，人數在一萬以上，分三路並進，戰至九時許，敵露不支狀，我軍見其力竭軍疲，遂出壕反攻，雙方最近時不足百碼。當我見敵欲退之前，另由支隊抄擊敵後，敵至此愈難應付，遂匆匆敗逃。經我用機關槍由側面掃擊，死敵約百餘人。旋經我軍在周家宅發現有敵軍第九師團第二聯隊長屍身一具，察視符號，始悉名百海實男。

二十五日晨敵人得新到後援加入，會集殘敵約三千餘人，再度猛力反攻，藉其重砲之掩護，圖衝破我江灣鎭之東北吳家宅左沂陣線。當經我軍奮勇抵禦，肉搏激戰，形勢猛烈。當激戰時，有九架敵機飛出助戰，向下紛擲炸彈，惟敵軍迭遭敗績，日失鬥志，而我軍則前仆後繼，愈戰愈勇，且得援軍由捷徑直抄其後，準備斷其歸路，於是敵軍愈覺不支，紛向後退。我軍從後追擊，敵多自相殘踏，是役傷亡過半，極爲狼狽。約至十時許，始得稍事喘息。但敵方仍未甘心，故又在中午十一時後，再集合其部隊向我軍陣線進衝，其時敵兵已多畏縮不前，經我軍與之交戰一小時左右，卽行敗回。午後敵仍時有進攻，但已不若前此之激烈。

敵軍是役進攻，分陸軍步兵爲左中三大部隊，左隊配于陶家灣方面，右隊在侯家木橋與金穆宅之間，向金穆宅推進，中隊則在陶家灣與右中兩隊之間，直向孟家宅進攻。我軍則以大部隊配於金穆宅與孟家宅前面迎戰，幷以大炮等向敵猛轟，雙方炮火交加，極爲猛烈，兩軍卽于炮丸之間從事作戰，雙方肉搏數小時之久。我方傷亡，未及敵之半數。至午刻，敵右方部隊略向兩斜，擬與中路隊聯絡，被我軍以猛烈炮火所隔，卒將其主力擊潰。

二十五日，戰鬥之最足紀念者，當推小場廟之役，以少勝多，戰士之英風，與二十二日廟行大勝同爲江灣線戰鬥之不朽榮耀，是不可以不特加伸述者也。

二十四日下午四時許，在江灣東首跑馬場之敵軍二千餘人，開始向廟行江灣間之金家木橋泗塘涇等處移動，初僅砲擊，繼見我無動靜，即派步兵衝鋒。我乃出其不意，以手溜彈還擊，斃敵甚衆。敵知我有備，遂即退去，至晚十時半，又以砲轟擊，但均未能命中，我軍不之理。敵軍以此時兵力尙少，不敢衝鋒，不時以砲亂轟，迨二十五日晨一時半，敵之生力軍開到，即向金家木橋一帶猛攻，頻頻以重砲向我陣地轟擊，敵步兵在大砲掩護之下，向我陣地衝鋒。我軍聞之，以爲無情之槍彈，又得斃敵之機會，乃奮起精神，與敵相周旋。敵以鐵甲車機關槍來復槍衝來，我軍以手溜彈手提機關槍應戰，激戰三小時，敵死傷過半。知難得手，乃即退却，我軍爲免鉅大犧牲起見，亦不窮追。四時以後，敵不時以砲轟擊，但不如前之劇烈，我方並不還擊。七時半以後，敵以該處難以攻破，乃將殘部整理，並調新開到之生力軍共約一萬人，向江灣西北之小場廟進攻，並自江灣起至廟行間之竹園墩趙家宅孟家宅全線，以重砲轟擊，而尤以小場廟一處進攻更爲劇烈。我軍駐守該處僅一營兵力，但並不以人少而膽怯，仍竭力抵抗，敵以大砲掩護，猛力衝鋒，我軍待敵距離較近，則以機關槍掃射，彈如雨下，激戰甚烈。相持至十一時許，敵以不得手，亟派飛機十餘架飛至我陣地，偵察我軍所在之處，即在空中盤旋，暗示此我軍步隊所在，以重砲對準飛機盤旋之處，瞄準開放，於是砲彈落處，即爲我軍據陣抵抗之地，故間有被敵之砲彈所傷。且我軍在該處抵抗者，僅一營步兵，與敵兵一萬人相較，衆寡懸殊，爲免鉅大犧牲，不得不暫退至周吳黃宅，駐守江灣之我軍得訊，亟派勁旅一團，由談家宅敵之左翼襲擊，駐廟行之我軍，亦派精銳一千，沿塘東宅水車頭，向敵之右翼包抄，而在周吳黃宅待援之部隊，亦已得到增援，於是士氣大振，軍心激昂，三路並進，將敵重重包圍。敵以該處爲其最注重之出路，故頑強抗拒；而我軍勇不可當，以一抵十，並以機關槍掃射，敵以大砲機關砲抗戰，並以飛機在空中助戰。此時祇聞隆隆之砲聲，軋軋之機聲以及劈拍之槍聲，烟霧彌漫，彈如聯珠。雙方初以槍彈接戰，繼以肉搏，戰爭之劇烈，與二十二日廟行一役無分軒輊，而尤以下午一時最爲激烈，我軍奮勇殺敵，毫不畏縮。旋經我左翼之勁旅以手溜彈向敵進襲，敵之被彈死傷者甚衆，於是敵軍之軍心搖動。其先頭部隊，見聯絡線將被我軍截斷，無心戀戰，紛紛向後潰退。復經我右翼之精銳痛擊，死傷達七百餘人之多。激戰至下午二時，始將敵擊退，敵狼狽遁去，我軍亦不窮追。至三時許，敵又集烏合之衆，復向我軍小場廟衝來，我軍沉着應戰，彈不虛發，至下午五時半，猶聞隆隆之砲聲，兩軍尙在劇戰也。我軍一路由江灣談家宅，向小場廟進擊，一路由廟行鎭之塘東宅竹園墩向敵之右翼抄襲，而上午暫退周吳黃宅待援之一營，亦得援軍反攻，以三路之襲擊，卒將敵包圍於垓心。敵見四面包圍，軍心大起恐慌，而又見我方增援之部隊，銳不可當，知已陷於絕境，乃猶頑強抗戰，繼以肉搏。我軍奮勇殺敵，一以當十，並以機關槍掃射，將敵完全殲滅。是役敵死傷至一千七百餘人之多，我軍奪獲敵之步槍一千餘桿，機關槍數架，子彈無數。此小場廟大戰之概況也。

二十六日晨零時我軍發出捷報云：「日軍以大批新到援軍，昨晨又向廟行江灣作大規模進攻，我軍沉着應戰，至下午十時許，誘敵深入，至小場廟場地，被我軍圍擊，斃敵一千七百人得戰利品甚多」。

上海時事新報記者，描寫廟行及小場廟戰役之經過，曰「廟行之攻守」，茲轉錄於下：

自從敵人在江灣失利以後，就將戰鬥的重心推移在廟行的正面，同時我軍的指揮官，也知道牠們的策略在廟行而不在江灣，但是狡猾的敵人，牠偏要在江灣的正面上，來一次大規模的陸空聯合攻擊，使用了數十輛輕重的坦克車，發射了幾千發的重砲彈，他們企圖，我軍受這樣的攻擊，或變更原定的計劃，將重兵置在江灣的線上，或是鬆懈了廟行的防禦。但結果我軍鋼鐵般的江灣陣地，不過塗上了許多三島人的血，不但敵人沒有達到初衷，反到將新軍的銳氣挫了一下。在這時敵人只得將假面具揭去，施行廟行之眞攻擊。所以無情的戰神，又在砲烟彈雨裏的廟行底空間和時間裏顯現。我們誓死抗敵的十九路軍的勇士，也就毫不躊躇，並不遲疑地，在血泊裏躍進，和敵人拼命。

敵人所謂之皇軍第九師團，在植田的迅捷調動下，將萬餘名步兵都輸送至相當地點，向廟行之正面展開分進。在困難的地面上，小河流交叉着，泥田迂迴着，鋼鐵的坦克車，只得擱置在後方休息，于是灰色紅點的飛機數十架，掩護着步兵前進。工兵冒着彈雨，在先頭引導，用黃色藥來爆破我軍的鐵絲網。三生的七的平射和曲射砲，牠們加緊的放射，來壓廹我軍強烈的機關槍火。在這些鐵鞭似的摧殘下，我忠勇的守兵，蹲伏在潮濕的戰壕裏，懷着一顆堅決死守的心，來應付他們暴力的鐵鞭。

在某一個時期裏，正面的大小麥家宅，被敵人的步兵突破，一時風雲變色，戰場上空氣緊張到二萬分。我軍後方的援隊，用最速的跑步，到前線增加，同時在兩翼又派出重兵，作包圍的企圖。敵人奮勇前進，表現了念八日以來所未曾有的攻擊精神，但太陽在砲火下隱藏的特別快，仗恃利器的敵人，又陷入進退爲難的境地，天然夜幕掩護着我軍的躍進，團圓的手炸彈，和鋒利的刺刀尖，贈給敵人不少。一陣子犧牲，敵人的陣線搖動了，在黑空裏砲火下，他們開始背進，數百名收容隊，在一個臨時的防禦戰壕裏，向我追擊部隊，作最後犧牲的表演。

這好像慘敗在開始，那天夜裏，住在電光閃耀的上海市裏的老百姓們，也似乎知道倭兵有點異樣。北四川路上一陣子緊張，變而爲弛緩我軍的砲彈，都在準備敗退敵人的頭上纏繞。許多的人在歡喜，總以爲第二天早上，就可在北四川路上，看見青天白日滿地紅的國徽飛揚。那知道一夜的良機，在我軍的眼前白白的失掉，敵人的收容隊，勇敢的堅守，天明時太陽式的軍旗下，引導着七八千的健兒，又重新作第二次的攻擊。

敵人渡過了難關，殘餘的第九師團，又混合上新到的生力軍，（十一師團）從正面得來的教訓，產生了迂迴的側擊手段。於是廟行的南面，江灣鎭的左後方，在塘東宅的地方，敵人的砲彈和炸彈開始演奏了。我軍的鎗口永久是隨着敵人轉移的，排山倒海似的砲彈，遏止不了我軍的愛國心，敵人躍進的勇氣，在雨點般的槍彈下，盡量的發揮．同時我軍的勇氣，也就發露了，呼喊突擊，一時大地上都蒙上一層慘淡的烟塵，彷彿是告訴人們說：神聖的戰場，只有熱血的人纔能來享受的。

不久，在夜幕的網裏，攻擊塘東宅的敵人，又告一死的段落。美麗的大場，在他們的靈魂裏消逝。但植田有經驗的腦海裏，仍然認爲攻這一點有利。的權，江灣和廟行的當中，如果被敵人突破，我軍很容易陷入絕境裏，所以植田不惜兵力，再作第三次的總攻擊。

兩萬精壯的敵步兵，分成三個縱隊，同時向竹園墩，小場廟，江灣，三處攻擊。主力是在小場廟約一萬人，又同樣的使用重砲飛機，企圖填埋我軍陣地。並配備大部隊的騎兵，在兩翼活動，於是牆壁般的砲彈，引導着一排排的步兵前進。在上午十點鐘的時候，我軍的陣線似乎有點搖動，在敵人般紅色的血花裏，向後退了幾十米達，只等到暮色沉沉時，我軍的陣線一變而強烈，兩翼的陣地，給敵人一種側面擊的槍火損害。這時死的途徑裏，又現出了光明，肉搏衝鋒，都在許多的灰色健兒手裏躍出，結果肉搏不敵軍魂，他們又後退了。

在兩個師團的兵力，兩百架的飛機之下的我軍淞滬陣地，在記者發稿時，(夜十一時)敢自信的講一句，安然無恙。所以敵之皇軍無可奈何裏，又得等大批的援軍，再作大舉，或大犧牲，我軍沉毅的抵抗，使敵人想不出好的辦法，牠打算將小場廟的攻擊部隊撤下，都不可能。因爲我軍出擊的心情甚爲熱烈，如果一撤，我軍卽追蹤而進，不得已，只好雙方挖壕而守。但我軍更進一步的相逼，前哨陣地和敵人的前哨陣地，相距不過二百米達。這麼一來，在這一線的守兵，減少了許多的重砲和飛機的損失，雙方嚴陣而待，只有後方多吻幾枚重砲彈。

又第五軍參謀處長張鐸，所述該軍廟行之役戰鬥經過情形云：

本軍所轄八十八八十七兩師及軍校教導總隊獨立砲兵第一團山砲營， 於二月十六日奉 令接替十九路軍防務，担任由江灣北端經廟行鎭蔡家宅胡家宅曹家橋至吳淞西端之綫；並以一部在獅子林砲台南北閘洞，頁川沙口瀏河口楊林口七丫口担任沿江警戒。當令八十八師担任由江灣北端經廟行鎭周巷至蘊藻浜南岸之綫。八十七師二百六十一旅（宋旅）担任胡家莊沿蘊藻浜北岸經曹家橋至吳淞西端之綫，（該旅係先於二月十四日接防）教導總隊（缺一營）担任獅子林南北閘洞川沙口瀏河口楊林口七丫口沿江一帶警戒，於十八日先後接替完畢。同日奉令爲左翼軍指揮官。（蔡軍長廷鍇爲右翼軍指揮官）吳淞寶山獅子林要塞地區譚啓秀翁照垣（一百五十六旅）正副司令，亦歸本軍之指揮。軍部設在劉家行

二十日，上海和議破裂，敵自本日拂曉起，開始向我進攻。敵飛機結隊成羣，在我陣地附近及陣地後方，到處投擲重量炸彈；海軍砲及重砲，亦集中向我吳淞廟行鎭一帶陣地猛烈射擊。敵步兵則藉飛機砲火掩護，向我攻擊前進，激戰甚烈。我官兵默處戰壕內，沉着不動，俟敵步兵接近，則以手榴彈步機槍迎頭痛擊；繼以衝鋒肉搏，血戰兩日夜。敵死傷枕籍，不支而退。至二十二日，敵復傾其全力繼續攻我廟行鎭以南陣地，意在突破我陣地一點。是月上午九時，我廟行以南八十八師五二七團第三營（營長陳振新當場陣亡）大小麥家宅陣地，因受敵砲火及飛機轟炸，工事被毀無遺，遂被敵突破一段，軍長得報後，當卽親率教導總隊，（缺一營）赴馮家宅八十八師師部指揮策應；並令八十七師二五九旅（孫旅）向廟行鎭增援，令守蘊藻浜北岸，宋旅長率兵四營，由紀家橋渡河抄襲敵之側背，令俞師長率部對被敵突破地區施行反攻。我六十一師張副師長亦率兵兩團，由竹園墩出擊。敵被我三面夾擊，倉皇潰退，僅一小部殘留於金馮宅（按卽金穆宅）大小麥家宅一帶，頑強抵抗，入夜不退。經派隊包圍解決。敵數日來企圖突破我陣地計劃，至此遂告完全失敗。 是役敵意在猛勝，其主力專攻我廟行鎭以南陣地，爲數約在一萬五千以上。雙方激戰之烈，爲開戰以來所未有，敵更以飛機大砲，轟炸我吳淞獅子林砲台，我大小砲位，多被毀壞，陣地工事，亦隨築隨被毀壞。卒因我官兵沉着應付。敵未得逞，而廟行江灣間我陣地前方，敵尸山積，其損失之大，可以想見。我八十八師傷亡亦鉅，錢旅長倫體，陳副師長普民均重傷，營長傷亡六員，連排長傷亡九十餘員，士兵一千餘名，我八十七師亦傷亡官兵六百餘人。

又第五軍第八十八師廟行之役戰鬥經過報告云、

本師陣地自接防以來，卽由各級官長嚴督率，晝夜構築工事。但因材料缺乏，故仍未臻鞏固。敵於二十日上午九時起，先向我右翼小場廟麥家宅間之警戒陣地猛力搜索，並用砲擊；同時敵機三五成羣，在空中用機槍掃射，拋擲重量炸彈，及施放信號，作爲其砲兵射擊目標。繼有步兵千餘人，在其砲火掩護之下，向我警戒陣地前進，斯時乃以猛烈砲火，向我本陣地全線攻擊；尤以廟行鎭及大小麥家宅爲其集中火力地區。經我警戒陣地守兵沉着應戰，頑強抵抗，至下午二時，逐漸退回。本陣地見敵之主力，約二千餘人已行展開，進入攻擊準備，位置向我右地區第五二三團小場廟陣地前進。我陣地守兵，早有準備，沉着應戰，敵雖衝鋒數次，均被擊退，死傷甚多。後經我陣地守兵出擊，乃狼狽退去，至夜間十二時前後，將警戒陣地完全恢復。同日我右翼六十一師守備江灣鎭之部隊，與敵戰鬥亦甚激烈；我左翼八十七師宋旅沿蘊藻浜北岸陣地較爲沉寂。據報本日向我陣地進攻之敵，爲「金澤第九師團」所部，希圖中央突破。計不得逞，受創甚巨，我亦傷亡官兵五十餘員名。

二十一日據由蘊藻浜逃回難民報稱：敵人大部隊於本日夜向我陣地正前方廟行鎭江灣之間集結，甚爲忙碌，同時接得右翼友軍之通告，在江灣鎭之瞭望哨，亦見有敵之密集部隊約千餘人，向我陣地方面移動。當飭陣地官兵加緊修築工事，增構交通壕，妥爲戒備，嚴密搜索，以便迎頭痛擊。敵果於拂曉五時，先以砲火向我陣地猛烈射擊，毀我工事，斯時日敵機亦早出偵察轟炸，意欲使我後方部隊不能活動，繼又用步兵向我警戒陣地逼進，我守兵堅忍抵抗，始將其先頭部隊擊退。待至上午七時，敵在其優勢砲火掩護之下，以密集部隊，縱深重疊配備，意欲一舉攻我本陣地，前仆後繼，節節向我逼進。我警戒陣地守兵，不得已退回本陣地，沉着應戰。斯時我右地區陣地與敵相距百餘米，激戰甚烈；繼見其另以一部向我五二七團第三營麥家宅陣地猛烈攻擊，並在浦西方面：有敵之密集隊約一團以上之兵力，預料必爲敵之總預備隊，常以我右地區預備隊使用將盡，乃飭師預備隊第

五二八團(欠第二營)向前推進，相機策應，準備出擊。同時獨立砲兵第一團第一營(欠第三連)開至前方，歸本師指揮。飭抽派山砲一連，至李家橋歸左地區指揮官指揮，向敵行有效之射擊。其餘暫在童江宅待命。及至上午九時，戰鬭漸趨激烈，敵以砲火延伸距離，射擊我陣地後方要點，以步兵全力向我陣地衝鋒十餘次。陣地工事，雖多毀壞，但我守兵奮勇抵抗，斃敵甚多。繼乃令我廟行鎮守兵由左側出擊，敵漸不支。相持至下午十時，敵乃用暗夜退去。仍將我警戒陣地恢復前進搜索保持與敵接觸。斯役我官兵均能堅忍力戰，敵慣用其砲火及飛機之威力，至其步兵，僅恃自動火器之射擊，衝擊力甚爲弱薄。戰鬥結果，計傷亡官兵三百餘員名，彈藥消耗亦不少。

二十二日據各方面報告，及迭日觀察敵軍行動，敵擬於日內以全力向江灣廟行之間實行總攻，希圖中央突破，再抄襲我閘北吳淞之友軍，我方洞燭其隱，故特充分準備，以便迎頭痛擊。本師爲整頓部署準備摧破敵人起見，特重行區處如左：

一　左地區守備兵力及位置仍舊。

二　右地區守備兵力以五二三團與五二七團分任之第一線，守兵務求節約，最多不得超過三營；由錢旅長倫體適宜區處，重行部署。山砲兵一連，仍歸該旅長指揮。

三　第五二八團（欠第二營）位於水車頭顏家宅附近，幹部教育總隊工兵營仍在現位置，作爲師第一預備總隊。第五二八團：位於李家樓王家街附近，作爲師第二總預備隊。並搆築由李家樓至胡家莊沿河一帶之工事。

部署既定，敵果於上午一時起，以「第九師團」及「久留米混成旅團」主力，乘夜間向我陣地開始攻擊。先向我五二七團第三營大小麥家宅陣地襲擊，爲我前進部隊擊退。至上午三時敵乃集中砲火，向我陣地猛烈射擊，總計發射五六千發以上，均命中我第一線工事附近。是以陣地工事全毀，而官兵死傷尤重，然士氣甚佳，終能沉着應付，適逢拂曉大霧，敵乃以全部兵力縱深重疊配備，向我陣地逼進。以五二七團第三營麥家宅陣地爲其攻擊目標。經我守兵沉着瞄準，猛烈射擊，戰鬥漸趨激烈，敵我傷亡均多。彼仍前仆後繼，節節向我衝擊，反復肉搏，混戰至上午八時，卒以該營營長陳振新陣亡，各級幹部亦傷亡殆盡，兵力薄弱，不能維持，遂被敵將麥家宅陣地衝破一點。來勢甚猛，頗爲危急。團預備隊增援無效。方聞緊急報告時，師長一方面嚴令廟行鎮守兵及趙店宅守兵死守要點，以待恢復，一方面令錢旅長施團長乘勢反攻，奪回陣地。於是錢旅長親率黃團第一營準備與敵肉搏，揮白刃衝鋒；該旅長躬自前趨，勇敢逾恆，甫達陣地，重傷胸部，猶復留在陣地督戰殺敵。此時我李副師長延年率領工兵營一部，又五一八團第三營趕到，隨即佔領塘東宅亘廟行鎮之線，包圍突入之敵，戰鬭至爲激烈。工兵營營長唐循陣亡，陳副旅長普民受傷。師長親率少數幕僚及五一八團之一營，到顏家宅督戰，士氣激發，精神百倍，以數倍於我之強寇，乘其方張之勢燄，終未能擴張此陣地之突破口。當時我將士酣戰苦鬥，奮勇抵抗之情形，可以想見。斯時張軍長亦親至馮家宅師司令部指揮一切。敵見攻擊頓挫，乃將所有駐滬倭寇悉數增加來援。但我官兵一面奮勇抵抗，一面即在現地搆築簡單工事，精神愈奮，守禦益堅，敵人衝擊十數次，均被擊退。迄於日暮，敵終無如我何。旋奉總指揮電諭：頃據上海消息，敵之預備隊全數用盡甚形恐慌有準備總退却模樣，我爲一網打盡聚而殲之之目的，利用黃昏避敵機之視察轟炸，從左右兩翼包圍抄襲之。左翼八十七師宋旅長希濂率兵四營，強渡蘊藻浜河橫擊敵之側背，右翼我六十一師張副師長炎率兵兩團，由右翼趙店宅出擊，迂迴敵人側背；同時我正面部隊奮勇反攻，則合圍之勢既成，乃前後夾擊。於夜十一時，將敵擊潰，死傷甚多，軍需品遺棄滿途，分頭狼狽逃竄，僅留一小部在麥家宅陣地，期圖負嵎頑強抵抗，使我出擊部隊，不便窮追。但斯役敵之「第九師團」及久留米混成旅團」精銳，傷亡殆盡。據確報：倭寇傷亡，計有三四千名之多，無力反攻。急電求援，全線漸趨沉寂。乃飭孫旅長元良負責解決大小麥家宅殘敵，各部隊趕速整頓部署，修補工事，補充彈藥，掃清戰場，保持與敵接觸。總計斯役敵以全力繼續攻擊三晝夜，尤以二十二日戰鬥自上午三時起迄至夜十一時止，反復肉搏歷二十小時之久，雙方激戰之烈，爲自開戰以來所未有；幸我官兵均明大義，奮勇爭先，努力殺賊，始終不懈，得以摧破頑敵，使其無可再舉之能力。是役本師官兵傷亡二千餘員名，戰鬥之慘烈，爲開始以來所未有。茲將各旅團長重要報告，及是役所奉恢復陣地之命令，及師長所下恢復陣地命令，摘錄於後，以資參考。

一，據右地區第五二三團馮團長聖法本(廿二日)先後報告，節述如左；

一　本團因昨(廿一日)戰鬥經過，第一，二，營傷亡頗大，已於昨(廿一)日夜七時許令五二七團第二營派兵兩連，接替第二營金家塘至竹園墩一段陣地，其餘兵力部署如左。

第一營担任嚴家橋前郭家宅（不含）之線陣地，

第三營担任前郭家宅（含）後郭家宅之線陣地，

第二營担任後郭家宅（不含）經小場廟至金家塘之線陣地，

山砲連榴砲連移至蘇家園附近佔領陣地，團部仍在竹園墩右側。

二　本(廿二日)拂曉戰鬥至現在迄未停止，戰況之激烈，爲從來未見，當戰至午後三時，敵衝鋒愈烈，飛機炮火，猛烈轟擊，第二，三，營陣地多被炮毀，官兵傷亡四百餘人，但士氣甚壯，陣線極爲鞏固。同時第一營陣地，亦發生激烈戰鬥，經我奮勇抵抗，斃敵甚多，不得稍退。我亦傷亡官兵百餘人，乃令附屬之工兵第一連增加第一營陣線，以厚實力，結局陣線均無變動，本(廿二日)戰鬥損壞重火器甚多，全團祇有可用機槍兩三架。

二，又據右地區第五二七團施團長覺民報告摘錄如下。

本團第三營陣地前方，敵於二十二日上午一時，乘夜偷剪鐵絲網，被我察覺即以機關鎗擊退。復於上午三時，使用強烈砲火，向我陣地猛攻。拂曉之際，天霧瀰漫，攻擊益烈，激戰至上午八時，卒以工事被毀，幹部傷亡殆盡，曾被突破一點，當親率第一營增援，並報告旅長。斯時敵火非常猛烈，以致增援部隊，亦復傷亡過半，同時第二營正面，敵亦向我猛撲，經該營沉着射敵，敵終不得逞，斃斃甚衆，而我營長傷二員，營附陣亡一員，負傷一員，其餘共傷官兵八百餘人。

三、又據左地區指揮官楊旅長步飛報告摘錄如下：

由江灣至軍工路一帶來攻之敵，於昨（廿一日）上午經五二三團擊潰後，仍圖死恢復燃，有在江灣廟行間突破一點，以達其迂迴之企圖。遂於今(廿二日)午前三時許，利用黑夜，約三四百人，由孟家宅一帶，接近我麥家宅至廟行鎮之線之陣地，經我警戒兵察覺後，當即極力驅逐。但因敵之兵力，數倍於我，復藉重砲掩護，逐漸逼進我陣地。當經五二四團之二三兩營，奮勇抵抗，敵乃傷亡枕籍，卒不得逞。同時敵機十餘架，翱翔助戰。至上午八時，我五二七團第三營麥家宅陣地因守兵傷亡過多，正面不能維持，被敵突破一點，遂使我廟行陣地五二四團之六八兩連受敵側擊，損害甚大。值此時機，形勢異常危急，乃嚴令何團長凌霄，決心死守廟行鎮，以待反攻。恢復陣地之機會。雖守兵陣亡殆盡，仍始終固守。當調楊煥橋五二八團第三營，由黃團長率領，跑步前進，截擊佔據麥家宅陣地之敵人外，即親赴廟行督戰。上午十時，復調張家橋五一八團，第三營加入正面，迎頭痛擊，予敵以重大打擊，敵見突破點既不大擴張，乃於下午零時二十分，遂又增加部隊約千餘人，向我左翼廟行鎮周巷之線猛攻，希圖奪我廟行鎮要點，我復令野貓墩之五二八團第二營增援周巷之線，戰鬥至為激烈，敵我損傷甚多，酣戰既久，軍心益固，抗戰至下午三時，據報我蘊藻浜方面宋旅之出擊部隊，已進展至北沈家宅之線，急令正面反攻。敵以側背受敵，遂漸形撤退。計斯役斃敵千餘人，而我五二四團傷亡官兵亦達四百餘人。

四、張軍長是日下午五時所下恢復陣地命令要旨如左。

一　被敵突破之陣地，限本(廿二)晚黃昏左右恢復，

二　陣地恢復後，江灣鎮北端至廟行鎮（不含）南端之線之陣地，由八十八師担任，廟行鎮（含）至蔡家宅之線之陣地，由我二五九旅担任，並受俞師長指揮。

五、師長基右命令要旨，即決心先解決當面麥家宅之殘敵，然後再整理陣綫，當即下達命令如左：

一　頃奉蔣總指揮電諭本，(廿二日)為敵總攻日期，經我軍極力抵抗，斃敵甚多，而預備隊已用盡，潰亂不堪，似有總退却之模樣，刻已令飭各師相機出擊，壓迫於黃浦江畔而殲滅之；我第六十一師一二二旅第四團之一營，已出擊至孟家宅附近，對於盤據大小麥家宅之殘敵，已在包圍中；

二　本師擬俟陣地恢復後，整理陣線，並相機出擊，完全解決該敵，再回原陣地固守之；

三　着第五一八團及五二八團由孫旅長指揮，限今（廿二）晚解決大小麥家宅之敵人，再向孟家宅方向出擊；

四　陣地恢復及出擊奏效後，其兵力部署如左。

一　江灣鎮北端至廟行鎮(不含)南端之線，為右地區，楊旅長步飛為指揮官，以五二三團與第五二七團担任之；

二　廟行鎮（含）至蔡家宅之線為左地區，孫旅長元良為指揮官，以第五二九旅全部擔任之；

三　五二八團及教育總隊工兵營為師預備隊，調回塘東宅顏家宅待命。

又第五軍第八十七師第二百五十九旅廟行之役之任務暨接敵開始戰鬥經過報告云：

一、本旅於二月十七日午後六時，奉　軍長命令移駐火燒場董陸宅附近為師預備隊。全部於當晚十一時到達目的地完畢，計第五一七團駐火燒場，南潘涇，小朱宅一帶。第五一八團駐董陸宅楊木橋一帶。旅部位置于小朱宅。第五一七團第一營於本(十七)晚十一時赴廟行鎮歸第二六一旅宋旅長指揮。

二、江灣廟行間敵時向我陣地襲擊，我第八十八師預備兵力已完全增加至第一綫。午後十時。接石團長報告該團全部已達中興宅，孟灣附近。並向在馬橋宅之俞師長確取連絡。

二月十九日本旅各團仍各在原位置待命。惟敵飛機大砲甚活動，後方各村落均遭敵不時轟擊。午後十時，本旅奉命派兵一連，赴獅子林警戒南閘洞，北閘洞，並就近歸譚司令啓秀指揮。當命第五一七團派兵一連（第三營第十三連）前往。

二十日敵機更形活動，機聲轟轟如雷。我官兵均望即時參加前綫殺賊，以鮮血洗滌國恥。旅長以日來敵機橫行，小砲防空因分割使用未顯效力。二月二十日下午，乃命各團各派小砲一連，由旅組織統一防空，並指定第五一七團第一營營附蔡譽祺指揮。位置于火燒場附近之金家灣一帶。構築陣地，部置已定。即于二十一日拂曉進入陣地，待機射擊。下午一時許，有灰身紅尾敵機一架，自西低空飛來向我後方轟炸。我第一二砲即向該機射擊。僅發三彈，即將其擊落。該機係 846 號四型戰鬥機，昭和四年製，上裝機槍二挺，炸彈四枚。機師田中中隊長當場斃命，其身上帶護身銅牌一塊，即此一端，可見日人怕死心理。無怪其攻擊精神薄弱也。自後敵機飛來者咸有戒心，概在高空飛行，擲彈雖多均不命中，徒耗彈藥而已。

自二十日以來，敵猛攻我江灣廟行間陣地，企圖突破。我第八十八師正面，仍在嚴家橋廟行鎮之間與敵激戰中。本旅第五一八團奉軍長二月二十一日午後三時命令，推進至馮家宅東北方之紫塘濮家宅附近，歸俞師長指揮。

二十二日拂曉，敵以極猛烈之砲火及飛機數十架，掩護「久留米混成旅」約五千餘人向我廟行附近陣地猛攻，午前八時，我第八十八師在麥家宅陣地被敵突破一段。本旅原附屬俞師長指揮之第五一八團，於午前九時推進至楊煥橋，塘東宅附近。午前九時卅分，敵密集向廟行鎮突擊，第八十八師在廟行鎮之第五二四團陣地甚為猛烈。本旅第五一八團第三營營長羅析東，率部協同八十八師五二八團第三營向廟行鎮增加，肉搏五六次。斃敵數百名。卒將該敵擊潰，該團其餘步兵兩營。歸李副師長延年指揮，在塘東宅與麥家宅之敵激戰。

本旅除五一八團原附屬俞師長指揮者已參加戰綫外，旅

司令部及第五一七團二十二日午前七時尙在火燒場，小朱宅附近，午前八時三十分，奉 軍長電話諭令本旅全部移駐李家樓集結，策應第八十八師。午前九時，命第五一七團全部卽速向李家樓移動，時天帶薄霧，敵飛機不甚活動，我軍在運動中損傷極微。午前十時，旅長先乘馬馳至李家樓楊煥橋視察戰況，十一時第五一七團先頭之第二營已到達楊煥橋，其餘於午后一時全部到達李家樓。當令第五一八團羅營（此時第五一八團之他兩個營仍屬八十八師指揮分割使用）負責守備廟行。並恢復廟行前線原陣地。

廟行鎮左右之第八十八師第五二八團，第五二四團因傷亡過多，廟行鎮之紅廟及麥家宅均爲敵所佔據，於是廟行陣地成最大突出，守備極感困難。午后四時，旅長同張團長等到廟行火線視察，規劃一切。此地敵我均遺屍甚多我旅官兵士氣極盛，午后七時，敵由麥家宅向廟行襲擊，第五一八團羅營有被圍之虞。當着第五一七團先頭蔣公敏營向廟行鎮增加，極力將敵擊退，午后十一時廟行正面已由第五一七團第二營接替，羅營調回張家橋待命，當調換陣地時，該營半排長林光會，中士班長熊桂生，列兵胡德湘，張玉勝，陳阿志誓死殺敵，雖負重傷而猶不退，壯烈可嘉。

敵攻擊未遂，主力於本晚撤退。其先頭部隊，在麥家宅，金穆宅一帶。右翼我第六十一師張副師長，率兵兩團於午后十一時向孟家宅攻擊前進中。左翼我宋旅步兵四營，午后十一時攻佔北沈宅，劉正向南沈宅攻擊前進中。

當決定令第五一七團（附第五一八團羅營）對廟行當面之敵本晚協同各友軍相機出擊，收復廟行前線原陣地。第五一八團派部收復麥家宅陣地。

午後九時三十分，五一七團（附羅營）開始攻擊前進，一時廟行最前綫我軍陣地內，尙有敵三百餘名佔領。激戰一時，斃敵數十名，我軍奮勇肉搏，於午後十時敵狼狽向金穆宅竄去。我軍遂佔領廟行原陣地，是役第五一七團第五連少尉排長王建方，第二營少校營附甘霖，第八連服務員龔先覺，第五一八團第四連少尉排長涂南薰，第二營少校營附陳武軍，第十一連連長朱明悠，少尉排長江錫良，第三營副官聶理堂等負傷，士兵亦傷亡五六十名，敵因已入我鐵絲網內，退去忽忙，爲鐵絲所障礙，被我擊斃百餘名。敵傷兵大多數均掩護救下，亡者一部抬去，一部傷亡者仍放棄於我陣地前。內中因傷未及逃之倭敵，呻吟呼叫不已，叱叩之則支吾強應爲「老百姓」，再四詢問，則不能答。俟我士兵接近，則早已盡出其所有之武器，納諸頭頂以待我軍之收繳，其畏死如是。

第七連士兵在斃敵小隊長身畔卸下圖囊一只，內裝上海市詳圖，上海巷戰要圖，上海附近詳圖，江蘇省詳圖，山東省詳圖，敵軍（指我軍）兵力配備略圖，上海日軍聯隊編制官長姓名一覽表等件，於此可知日軍平日準備之充裕。此役我軍傷亡十餘名，斃敵約七八十名，獲步槍三十餘支，日旗兩面，其餘圖囊等零星軍用品甚多。

午後十二時，第五一八團組織奮勇隊，以七連長吳紹文爲隊長，自塘東宅向麥家宅敵陣地正面攻擊。一部由塘東宅右前方沿河通過橋樑襲擊敵前哨陣地之側背。因敵陣地前之小橋爲射擊目標，我奮勇隊傷亡甚多。有十餘名衝過小橋，直趨敵前哨陣地，獲敵太陽旗一面，因正面部隊被小浜所阻不能前進，抑留於敵陣地前爲敵發覺，機槍猛烈射擊，致奮勇隊傷亡七八十人。隊長吳紹文負傷，攻擊未能得手退回塘東宅原陣地。

二十三日午前七時至九時，敵第九團師（二十二晚接防久留米混成旅）約千餘人，並以飛機及猛烈砲火掩獲之下，向我廟行陣地衝擊。我第五一七團第二營守兵沉着應付，俟敵接近我陣地前，機槍自動步槍猛力掃射，敵不支向我右翼潰退。此役敵傷亡百餘名，敵向我廟行正面攻擊未得逞。

午前十一時二十分，敵約七百餘人，復在飛機砲火掩護之下由麥家宅向我廟行陣地側擊。第五一七團第二營幾成包圍，旋得張家橋之羅營迅速馳援協力擊退。午后六時三十分，敵砲擊廟行鎮陣地甚烈，傷十餘人。

又第五軍第八十七師第二百六十一旅廟行之役蘊藻浜守備及出擊經過之報告云：

植田謙吉向我蔡軍長提出最後通牒，要求我軍退出租界北二十啓羅米達以作中止戰鬥行爲之條件，經我方嚴詞拒絕後，敵于二十日晨卽開始以陸海空軍向我軍全綫總攻，計斯日射落於我軍陣地上之砲彈，不下一二千發。飛機投擲下之炸彈，亦不下百餘枚。幸我陣地已搆築強固，故所蒙之損害可云極微。敵步兵於其砲火之掩護下，曾一度企圖渡河向我攻擊，均被我壕內散兵奮勇擊退。二十一日在我五二一團陣地飛上翔投彈之敵戰鬥機一架，被我小加農砲擊傷，落於火燒場附近，機師受傷殞命，機身毀爲數節。上書有大正四年字樣機上且裝有機關槍及未爆炸之炸彈數枚。

二十二日午前十時我左翼八十八師正面廟行附近陣地被敵突破，本旅奉令以火力向敵側射援助我八十八師之反攻。第以隔河射擊効力甚微，旅長乃向軍參謀長建議，願以本旅主力渡河出擊，攻襲敵之右側背，時我蔣總指揮已令六十一師之一旅由江灣方面向敵左側繞攻，我方如能從左右兩側向敵行強大之威脅，敵萬難久支。旋此項意見，蒙軍長採納，隨卽從事出擊部署。除以五二一團第三營仍留河北岸担任由紀家橋至吳淞附近之沿河警戒，五二二團第一營推進至紀家橋附近爲旅預備隊外，其餘四營悉數渡河，編爲出擊部隊，以五二二團全部爲出擊主力，以五二一團第二營爲左側翼掩護部隊。時在河南岸之敵，分散據守于齊家宅殷家宅楊家宅趙家宅東北孫宅南北孫宅西港西灣中心巷者爲數不下三四千人，且於各村落外緣均構有強固之工事，配置多量之輕重機關槍扼守。旅長部署畢，卽令各出擊部隊於正午十二時，分由紀家橋周家宅兩處，用民船強行渡河。時敵機十餘架，集中該兩渡口，竭力轟炸，而我官兵踴躍爭先，無稍畏縮，一時許。擔任側翼掩護之五二一團第二營，已將趙家宅楊家宅之敵驅逐佔領，并向顏中橋東齊家宅之敵威力壓廹，同時五二二團一二兩營，亦先後將齊家宅唐家宅殷家宅西港西灣東北孫宅各處之敵驅逐佔領，并續向中心巷北孫宅之線攻擊前進。三時許，戰鬥轉劇，蓋顏中橋中心巷南孫宅金毋宅各村落，均有敵大部兵力扼守，且憑藉工事及障礙物，利用優勢之火力，頑強抵抗，不肯退後一步。我官兵一衝再衝，前仆後繼，卒於血肉横飛白刃縱橫中五二一團第二營將顏中橋王家宅東齊家宅之線佔領。同時五二二團亦攻克中心巷，并向金穩宅南孫宅之敵繼續猛攻。四時敵之二十四聯隊一大隊，向我左側翼反攻，被我擊退。六時，已漸黃昏，敵空軍已失去活動能力，我五二二團一鼓作氣，旋又將南孫宅之敵攻破。敵狼狽逃竄斬獲甚多，且奪獲敵朝日新聞社隨軍記者旗幟一面日本旗一面，背囊數十個，步槍十餘枝，平射砲彈數箱，通訊鴿數隻，及輜重甚多。隨即跟蹤追擊又將金穩宅之敵重重包圍。斯時敵軍之在該村內者，已成困獸之鬬，我官兵與倭寇白刃撕殺，奮勇倍加，且以節節勝利之後，士氣益旺，故戰鬬之烈，罕有倫比。加以又接軍部電話，謂敵全線動搖，有於本晚總退却消息，我官兵聆悉之餘，歡忭若狂，大有一鼓卽可直搗黃浦江畔之氣勢。惟此際敵軍雖危險萬狀，然猶負隅頑抗，同時我友軍八十八師被突破之陣地、業已因左右翼之猛烈側擊，及五二九旅之援助而恢復，且有進展。十時，奉令以本旅策應友軍，任務業已達到，命留少數兵力，與敵保持接觸，以主力仍退回蘊藻浜北岸原陣地扼守。十二時左右，遵令以主力撤回北岸，以一營固守既得之地區。斯夜撤退時，士兵中有血性戇直或未明瞭任務者，多喧嚷我們爲何不繼續進攻。我們甯死不退等語，士氣之壯直，令人可泣可歌也。計斯役陣亡陣傷官兵五百餘員名，殺斃敵人亦約相等。

關於廟行之役事前我軍陣地之配備，據蔣總指揮光鼐二月十六日午後十二時在南翔總指揮部所發之命令，有如下述：

命令二月十六日午後十二時於南翔總指揮部

一・據確報：敵「金澤第九師團」及「九留米第十二師團」之一混成旅團，由敵第九師團長植田謙吉指揮，於十四日全部到滬，總數約三萬人，連合敵海軍陸戰隊之殘部，企圖進佔我吳淞及上海南北市。

二・本軍以保護國土自衛之目的，擬佔領南市龍華北新涇眞茹閘北江灣吳淞寶山月浦鎮之綫，保持主力于鐵道以北之地區，迎擊由閘北江灣吳淞方面來犯之敵。待機出擊，壓迫於黃浦江畔而殲之。

三・右翼軍應佔領由南市龍華北新涇眞茹亘閘北江灣之線，保持主力於眞茹大場鎮之間，迎擊當面之敵，待機出擊，壓迫之於引翔港方面而殲滅之；須以一部有力部隊，死守南市龍華作全軍右翼之拠點，其詳細之兵力部署，應如下所示方針規定之：

一 八十八師獨立旅担任警戒南市龍華虹橋亘北新涇河以南之線；（河屬之）須以有力部隊死守南市龍華爲右翼之據點。

二 七十八師（缺翁旅之四五兩團）担任警戒北新涇河以北亘曹家渡沿中山路眞茹鎮之車站亘眞茹鎮車站北端之線，主力控置於眞茹鎮西方附近，相機迎擊當面之敵，及策應六十師。

三 六十師佔領北站閘北亘八字橋江灣南端之線，主力控置於中央，迎擊江灣當面之敵，乘機向虹鎮引翔港方面出擊。

四 六十一師爲右翼軍預備隊，集結於大場鎮西南一帶應以一部死守江灣鎮。

五 作戰地境，暫不規定，惟各師之左右翼，應與隣接師切取連絡爲要！

四・左翼軍應佔領江灣北端亘廟行鎮東端蔡家宅胡家宅曹家橋之線，主力控置於大場鎮北楊行鎮南及劉家行之間，迎擊由江灣北方地區來犯之敵乘機出擊，向殷行鎮附近壓迫敵人於黃浦江畔而殲滅之；以一部在羅店瀏河小川沙方面担任江面之警戒，相機策應吳淞。

五・要塞地區，須以有力部隊乘機進佔張華浜車站，萬不得已，則死守吳淞寶山之要塞，以爲全軍左翼之據點，歸張軍長指揮。

六・作戰地境；

左右翼軍——以沈家行鎮——江灣鎮——大場鎮之線爲作戰地境。（線上屬右翼軍）

七・航空隊須努力妨害敵機之活動，而掩護本路軍之作戰，如能做到，則努力爆擊引翔港附近之敵飛行場，及其砲兵陣地。

八・上述各部，須於明（十八）日午前三時以前完畢一切之戰鬥準備。

九・通信及連絡：

一 交接防務時，須將已成之線移交，電話機則自行裝卸。

二 以電話爲主，各師應遵照前令及作戰計劃辦理。

十・補給。

一 糧秣仍遵照前令，每師自行準備半個月量。

二 彈藥總庫在南翔。

十一・衞生事項。

一 各師應在前線開設野戰病院。

二 南翔由軍政部設傷兵收容所。

三 總病院分設蘇州常州南京杭州。

十二・余在南翔。（後略）

第七節 八字橋血戰

植田之下令總攻，江灣注重廟行，閘北則以八字橋最劇烈。自二月二十日起，至三月一日，前後進攻凡六七次；我軍浴血應戰，屢予倭敵重創，八字橋頭，血飛肉舞，極盡人間慘象。既述廟行之役如前節，再將八字橋戰蹟一述。

二月二十日晨八時許，敵以坦克車鐵甲車等各十餘輛，分兩隊向天通庵路及八字橋方面進攻，並有步兵兩隊，每隊約兩千餘人，尾於車後，向前推進。我軍在八字橋方面者，以手機關槍迎擊，並以手溜彈毀其鐵甲車，使不能前進，然後以手機關槍向敵軍衝鋒，敵死傷頗多。雙方正混戰時，敵飛機數架，在上空投擲炸彈；然所投者，多中敵軍自己步隊，飛機在該處助戰者，完全不收效果。

是日戰事極爲猛烈，終日未停，敵軍千餘人，雖以坦克車念四輛掩護，向我軍防地衝鋒，經我軍以機關槍掃射，手溜彈擲擊，兼有地雷爲助，相持片刻，終不得逞，當爲我軍炸燬坦克車四輛，斃敵五百餘人，敵軍大敗。上午十一時，激戰最爲猛烈，砲聲每刻鐘敵方必發十餘響，我軍亦相機以迫擊砲還擊。午後二時前，雙方接觸稍緩。三時後互趨猛烈。敵方因晨間衝鋒受挫，故仍據原防挑戰，槍砲聲緊密，與晨頗相伯仲。我軍毫不動色，沈着應戰，損失極少。不久，八字橋西寶興路狄思威路等以南之各處日軍，被吾軍以極猛烈之砲火攻擊後，遣派大隊士卒，向前衝鋒，但日軍早無鬥志，全線動搖，至六時許，最前線受我軍壓廹，直退至平涼路。虹口之日軍司令部，被吾軍砲火射中，頓時焚燒，烈燄冲天。是日敵軍向八字橋方面全力進攻，卒歸失敗，且狼狽不堪。

二十二日晨拂曉，日軍於攻廟行江灣後，又分重兵向我八字橋進攻。計有陸軍五千餘名，利用鐵甲車迫擊砲機關槍在前衝鋒，手溜彈機關槍同時並發，當卽斃先鋒數十名。嗣敵軍又繼起猛衝，前仆後繼，終以我軍砲火猛烈，未爲所逞。我軍卽於斯時反攻，與之肉搏。雙方機關槍迫擊砲，全失效用，我軍出沒敵陣間，銳不可當。但見我軍到處，敵兵東倒西傾，血花四濺，我軍愈戰愈勇，敵軍已無抵禦能力，乃漸漸向虹口花園方面潰退。我軍乘勝追擊，沿途在靶子場，施高塔路，又起激戰。但敵氣已餒，稍抗卽潰。至下午三時許，我軍已達狄思威路。我後方部隊，亦呼應而進，至四時許，我軍最前線，達岳州路，至六時許，已趨虹鎭，於是該路日軍陣線，全部被我軍擊潰。同時寶樂安路突起大火，虹口一帶，日軍秩序頓時大亂，狼狽逃竄。在八時許，日軍沿吳淞路，閔行路，向浦江方面敗退。

日軍攻八字橋兩次慘敗，不敢以步兵前進，故二十三日起，雙方不過零星小戰。二十五日，敵又向閘北施劇烈攻擊，以重砲轟炸八字橋陣地，我軍異常沉着，間亦以大砲還答。二十七日淸晨，八字橋方面敵軍，突開放十五生的以上口徑之大砲，向我軍正面轟擊，砲彈落地，卽爆發燃燒，破壞我軍陣地後方房屋。我軍鎭定萬分，絕不慌張，潛伏壕溝，不予還擊。敵軍共發數十砲，多毫無標的，彈落荒地。繼卽以機關槍小隊，向前挺進射擊，我守兵俟其前進至相當距離時立刻施行密集射擊，彈如雨點，敵倉惶退去，最後又行斷續之發砲，不過虛張聲勢而已，同時敵人飛機兩架，在我陣地上空盤旋視察，但終不得逞。我軍是役亦調集重砲，向敵轟擊，敵軍傷亡約二百餘人，共載八卡車，由白俄駕駛，開往匯山碼頭，並命碼頭苦力搬運下車。大多數傷兵，均被我大刀隊所死，血肉模糊，不忍一覩。

二十九日，日軍已不能耐，竭其全力，作困獸之鬥。是日閘北方面戰事，除八字橋外，靑雲路一帶，亦頗猛烈。八字橋敵軍，自晨至夕以大砲爲掩護，進衝凡四次，均經我軍擊退，綜計敵死傷在五六百以上。晨八時至十時，敵方鋼砲迫擊炮過山炮等，約近百門，全力攻擊，每小時向我軍防地發射三百四十響，且多係硫磺彈。飛時以飛機盤旋我軍陣地，偵察發砲。惟敵砲發射，多落於我軍之後方，故八字橋附近民屋，經敵砲射擊硫磺彈，着火甚多。當上午九時，敵以鐵甲車六輛敵軍千餘人隨車進攻，時我軍士氣奮發，人人抱必死之心，堅守原防，與敵搏戰，一待於短兵相搏之際，手溜彈，機槍，步槍聲，密貫不絕，甚至以刺刀殺敵。敵鐵甲車經擊壞一輛，同時我軍迫擊炮鋼砲，向敵射擊，燬敵砲多門。敵軍於死傷重疊之際，繼續搏戰，卒不能不退原防。十二時敵軍復攻，用鐵甲車八輛衝來，飛機十二架，在我軍陣地飛繞。我軍初沉着決戰，繼又起與肉搏，相持半點鐘，敵鐵甲車以不能過我軍戰壕，經我軍擊燬兩輛，不支後退，敵軍亦慌忙退去，離我軍約百碼。午後二時左右，日軍千餘名，又用坦克車三輛，向我軍猛攻，意圖衝入我軍陣綫。我軍沈着應戰。日飛機翺翔空中，開機槍助戰。我軍士氣甚壯奮勇抵禦，敵不支，旋卽潰退。斯時我軍見敵向後退却，卽乘勢追擊，敵死亡三百餘人。至五時左右，我軍已向前進展，衝破日軍八字橋第一防線，然後始退還原防。迨至當晚七時許日軍又在八字橋向我反攻，雙方均用重砲及機槍射擊，至十一時左右，日軍不支而退。

敵經二十九日八字橋大敗後，本已筋疲力盡，不堪再戰。三月一日，敵軍援兵又到，於是又集中三四千人，於晨九時許，利用其集團砲兵及三四十門之各式重砲，及大批飛機爲掩護，作猛烈之進擊。砲彈到處，房屋立時起火，蓋敵軍所用完全爲硫磺彈及燃燒彈也。飛機所擲炸彈，無一彈在百磅以內者，鐵甲車威脅更甚。敵步兵得此最大助力，更乘勢作猛烈之衝鋒。當時我軍見敵來勢過猛，爲避免犧牲計，僅以機關槍稍加抵抗。至正午十二時許，我軍卽向後撤退約一百米突。一方立卽調動大批生力軍，向該處增援。至下午一時許，我軍債極反攻，良以此處關係全線至重，師長親赴該處指揮，士氣百倍，人人均抱犧牲決心同時動作，以多數之手提機關槍爲前導，猛向敵軍陣地衝擊。喊殺之聲，震聞遠近，同時大刀隊滾進敵陣，刀光四射，血肉橫飛，歷一時四十分之久，敵陣全潰，紛紛竄退，於是遂仍佔原有陣地，並檢獲敵軍機槍數挺，步槍三百餘枝，鋼帽子彈無數。

上海時事新報特派記者，記八字橋血戰云：

記者今天起身特別的早，在陽光照着的中山路上向火線區裏去。春天的景物雖然在砲火威嚴的空間裏，但是也掩蓋不了牠地活潑而天眞的生機。記者在顚頓的車廂裏，壞着恐怖心弦，不住在車窗向外窺視，上空的鐵鳥，惟恐牠在上邊放蛋。這是到前線去過的人們都領略過這種滋味的。兩個鐵鳥將記者送到一個與鬼爲鄰的掩蔽部裏，沉毅果敢的毛師長坐在電話機旁邊和記者談話，在他的嘴裏又彷彿是演了一幕悲壯的慘劇：

敵人的砲火，集中在八字橋我軍的戰壕裏，從昨天早上就開始轟擊，並且有十餘架飛機向下投重量的炸彈，砲火稍一停，三五百步兵就躍進。我們守兵在戰壕裏，將機關槍瞄準，等待敵人到在很近的距離時，一陣子掃射，牠們就後退。然後砲兵又開砲，差不多這是他們戰鬥的固定方式，一分一秒的時間，都在砲火裏過去。一直延長到下午三點多鐘的時候，砲彈飛過來的數量，也增加了，不久在砲聲烟影裏十二部裝甲汽車衝過來，後邊掩護有千餘名步兵。裝甲車排成一個橫隊，每車的間隔，大約有三十多米達，鐵的輪盤，在他們勇士的屍體上爬過來，用最速的機關槍火來衝鋒。我們守兵，用手炸彈向裝甲車投去，打算炸燬，但離的遠一點，沒有發生效力，使敵人突進了不少。在這個當兒，雙方的激戰情形，的確都有相當的價值。敵人後方的生力軍，突然又增加四五百名，我們爲保全實力起見，一時下命令退出。敵人以爲我們不支潰敗，不加詳察，前隊已衝進我們放棄的陣地裏。那知道預伏的地雷，轟然一聲，在最先頭的三部裝甲汽車，都被炸燬，很可憐地栽倒在戰壕裏。他們前頭部隊，正在驚惶的一剎那間，我們一聲喊叫，作猛勇的逆襲，於是機關槍聲，手炸彈聲，轟然雜作。敵人見勢不佳，趕快將推進的部隊停止。佔據了一個鐘點，前頭的部隊，約二三百名，就算替牠們的天皇軍閥們犧牲了我們勇烈的十九路軍的健兒，用朝紅的熱血，換來尺土寸地的代價。這樣一停，馬上敵人的砲火又演奏了。

殘缺的戰壕，臥着戰士的屍體，殷紅的血蹟，在日光裏閃耀，敵人整理了受挫的部隊，又添上了幾許的援隊，在砲聲稀薄中，又作第二次的攻擊前進。受過嚴重教訓的敵人，裝甲車牠不敢再冒然從事了，彷彿有些躊躇。我們指揮官知道敵人的銳氣已沮，得到相當時間，所以在牠們一前進的時候，我們就故意後退了？這回似乎形勢很危險，長大的木橋上面，敵人的足跡，都踏上了雨點般的鉛丸，在河的兩岸飄搖着。我們勇士的槍火，形成了一個交叉十字形，槍火的威力，將許多敵人趕到河水裏在十五分鐘後，我們一鼓作氣的躍進了刺刀的光芒，塗上血光，烟塵蕩着殺氣，十九路軍的勇士，踏着敵人的血跡，奪回了原有的陣地。六七百名的敵人，總算犧牲在這個戰役裏。

就這樣兩次的突擊，八字橋上的血，給大中華民國十九路軍的戰史上多添了一頁光榮的記載。」

等八節　吳淞要塞血戰

一月二十八日夜鹽澤攻閘北大敗後，即曾一度猛攻吳淞；其後野村來滬，更特別注意吳淞，於二月七八兩日，以陸海空軍兩萬餘人，聲言於三小時內攻下吳淞，兵艦砲擊，飛機擲彈，步兵以坦克車野砲掩護，衝鋒至十餘次，吳淞戰線，滿塗日兵血跡，惟敵血雖橫流戰地，結果毫無代價，要塞毫無動搖。蘊藻浜朱家浜等處，斃敵數在千外。厥後日軍屢次調集兵艦射擊吳淞，終未得手。

二月二十日植田謙吉提出滑稽可笑之哀的美敦書經我方拒絕後，拼其全力，向我全線猛攻；江灣線之廟行，閘北線之八字橋，均發生空前大戰，殺得敵軍屍橫遍地，已如前述。茲再將吳淞血戰敍述如下

此次日軍復攻吳淞仍以海陸空三方面同時施行重大壓迫，吳淞要塞暨獅子林兩處砲台以及蘊藻浜紀家橋等地，均爲雙方兵士死戰之所，日軍爲我方擊斃砍殺固無算，我軍之犧牲於日軍連接大砲狂吼之中亦不在少數，敵徒藉新式戰器，我軍則爲民族生存爭鬥，爲抗拒強暴爭鬥，爲正義人道爭鬥，甘以血肉之軀，衝破「大砲炸彈之火牆」而肉搏致敵死命，雖犧牲相同，但勇怯之較及犧牲之代價，固絕然不同者也。

二月二十日晨，敵在吳淞方面，海陸空三軍幷用，張華浜外黃浦畔，停泊兵艦有三十艘之多，遠射大砲，以資掩護，空中飛機二十架，上下翱翔，不時擲彈助威，陸軍數千人，偷渡襲擊。進攻之劇烈，爲此次戰爭所罕見。但如此努力，終未得尺寸進展，而死傷枕籍，景象至慘。我軍則禦敵裕如，極少損失。破曉八時餘蘊藻浜日軍二百餘人，向張家浜襲擊，希圖偷渡西首之浜，我軍早作準備，奮勇迎敵，遠射近擊，未至半小時，敵已不能招架。江邊日艦，掩護以大砲，空中日機，擲彈以助戰，我軍陣線堅定，對付裕如，日艦砲轟多未能命中。我軍則以機關槍手溜彈掃射迎敵，一部份並以高射砲向空高射。結果我獅子林砲台瞄準敵艦，連發數砲，毀其一艘，損其兩艘。下午六時後，我陸軍衝破敵軍右翼陣線，將其包圍解決；蘊藻浜正面日軍亦中計深入絕地，擊殺幾盡。

二月二十一日。晨十時許，敵又開始攻擊，日艦三十餘艘，飛機數架，轟炸吳淞砲台灣，獅子林砲台。全日大砲隆隆，空中大擲燃燒延彈，我軍雖無重大損傷，民房到處起火，烟火瀰漫。午後三時起，敵艦之大砲與飛機之炸彈，集中轟擊獅子林砲臺，我軍早知其藉軍火充足，專事轟炸，皆置之不理，偶有中者，損傷極微。午後四時，我軍突然渡蘊藻浜直向日軍陣地，猛進攻擊，日軍驚慌無狀，自知無力抵禦，紛紛向後滑退，陣線大亂。日艦得訊，大砲亂轟，無一命中。我軍以總攻命令未下，復歸原防。各方對華軍之勇敢，咸表驚愕，以在日軍之海空軍激烈攻擊之下，而華軍竟能越過蘊藻浜，咸認爲罕見之神勇。

二十三日晨八時許，吳淞口外日飛機母艦飛去飛機十三架，迴旋空際，偵察我陣地；其後由五架在淞北楊行擲彈三枚，未傷人，即出口去。餘八架旋亦向西南駛去。

二十六日，敵又進攻。下午三時半，停泊吳淞口三夾水外洋面之日砲艦五艘，向我吳淞砲台開砲轟擊。我軍初置之不理，旋即發砲還擊，雙方互攻約一小時許，共約百餘砲，日艦不敵，遂向靠揚子江附近外洋面逸去。有日艦三艘，被我砲台擊中，燬其烟筒，又寶山縣城北門外海心，於晨五時許，由吳淞口三夾水方面開來日本軍艦三艘開砲十五發，移時駛往獅子林砲台攻擊，即經我方砲台還擊退遁去。

吳淞張華浜方面，敵於下午一時許即發動，以步兵四百餘名繞至紀家橋，內一百餘名往侯家橋欲圖偷渡，我軍以日軍屢次偷渡圖襲，戒備森嚴，無隙可乘。敵乃向我軍隔岸用步槍射擊，並開大砲轟擊。我軍沈着應戰，至四時許，我軍用手提機關槍掃擊，將敵擊退。侯家橋之敵亦經我軍以手溜彈擲擊，炸斃七十餘名而潰。晚十二時後，敵人停泊浦江之三十餘艘，協同蘊藻浜南之砲兵，同時開砲，向我吳淞鎮及砲台灣實行總轟擊。我軍靜伏壕中，鎮靜不動聲色，當即將機關槍瞄準對付，一俟敵步兵登陸，即行猛擊。敵前後數百發砲彈，並未發生若何效力，步兵卒不敢登陸。

二十七日上午七時，日飛機八架，盤旋於吳淞蘊藻浜及砲台灣，向砲台擲彈五枚，因懼我軍射擊，不敢低飛，故彈均不中，落海濱未爆發。午後四時，日機十一架又來吳淞鎮擲彈十一枚，時吳淞民房，大半被焚，落下之彈，在瓦爍焦土之中，完全浪費，有數枚則落蘊藻浜河內。傍晚，蘊藻浜附近衣周塘地方，有日軍一百七十餘人乘舢舨四艘，由西駛東，希圖渡河進襲。經我防軍發現，即以機槍掃射，用手溜彈擲去，燬其三艘，所載日軍均翻落水內，餘一艘負傷逃去。

三十日零時三十分，敵軍乘夜色蒼茫之際，由吳淞口外洋面之三砲艦，瞄準我陣線開發大砲十餘響。因距離甚遠，均落水中；我方砲台守兵，立即還擊，方及五發，敵艦已避揚子江附近洋面。十時半，敵艦二艘又轟擊十餘砲，砲落寶山城南門，經我彈台還擊，又即退去。

三月二日，我閘北江灣駐軍，已奉令撤退，吳淞守將譚啓秀翁照垣雖奉有退却命令，因軍事並未失敗，決以一旅之衆，誓死抵抗，其後經地方各公團代表請勿作無謂犧牲，始安全撤退。

事後，新聞記者訪吳淞要塞司令譚氏於其寓，由蕭繼旟氏代表答覆吳淞要塞血戰始末情形云：

吳淞守將，原爲鄧振銓，二月四日，鄧忽攜同留守砲兵，去職赴嘉定，擬轉往崑山。時十九路軍駐淞，僅步兵一團，初未接鄧氏之通告。而鄧臨行之頃，有私函兩通，一致吳淞砲台台長，一致原有之守備隊。函爲駐淞之十九路軍所得，事始發現。十九路以敵人大軍壓境，要塞關係匪輕，倉卒之間，遂委譚啓秀氏繼任司令，率部應戰，譚奉命之後，星夜馳往，交替無人，幾至無從措手，即各砲台之地位形勢，亦均茫然無知。原有砲兵及守備隊士卒，於鄧去之後，泰半星散，機槍步槍亦遺失甚多。總計所留僅一百二十餘名，譚氏補充佈置，煞費經營。

查淞口要塞，共有南北二砲台，及獅子林三處，台成於遜清之季，距今已八十餘年，當時尙無水泥，台礎悉用灰沙，殊不堅強，砲身又經多年之風侵雨蝕，幾已不可復用。且吳淞要塞，當揚子吳淞兩江入海之交，爲一三角線，數面受敵，以兵法言，本爲難守之地。

譚氏於受命之日，正敵軍以海空兩軍大舉進攻之時，原我南北兩砲台，共有十二生的以上之大砲二十四門，射遠僅達萬三千碼，但以火藥均係三十餘年前舊存，藥力早已過性，射擊力大遜，祇及九千碼。而日艦大砲，則可達一萬五千米突，相去已不止倍徒。且敵機大集，炸彈均屬五百磅者，多如雨下，一彈着地，轟然爆發，輒成深二丈圍五丈之巨穴，越宿則淸水滿潭，要塞之區，頓添池塘數處。

吳淞戰事起於二月五日，而六八兩日爲最烈。敵又增調步卒，以海陸空三軍會攻。陸軍由張華浜鐵橋處登岸，向砲台進逼，攻擊甚烈，相持又久，卒爲我軍所擊退。但當時操勝殊無把握，爲勢甚險，此卽吳淞一度失守傳說之所由來也。海軍方面，同時魚貫而來，在二月六日以前，敵軍不知我砲火優劣，怯不敢近。至是乃駛近離砲台祇七千碼，我遂下令開砲，砲彈驟發，敵不及備，目睹敵艦受傷者達六艘之多。其一尤重，幾至下沉，由其他二艦駛救，在兩旁挾持而逸。

但敵卒藉空軍之力，將我大砲二十四門，完全燬壞，雖非悉被命中，但彈落附近地帶，砲身受震，均向下灣曲，不堪再用。七日以後，苦戰全恃步槍，犧牲之鉅，自不待言，

獅子林方面，本有三十生的半大砲二門，二十四生的者四門，十二生的者四門，五、七生的者五門，共十三門。戰至二月二十五日，已祇四門可用。至二十六日則僅兩門，至二十七日乃完全損壞。否則二十九日日軍欲至楊林口登陸，獅子林爲敵艦必經之地，萬不能如是易易也。

至當時瀏河方面，言之痛心，因自閘北至吳淞一帶，敵兵以十萬之衆，全線總攻，我十九路軍，全部不過三萬餘人，傷亡休養者，合計幾達半數，前有強敵，後無援兵，留守瀏河口者，惟步兵一連及少數馮庸之義勇軍耳。我獅子林砲台既燬，敵乃得長驅直入，無所顧慮。是日適四十七師上官雲相部一團，開抵嘉定，卽奉十九路軍之命，馳往增援，該團迨到瀏河，則敵已上陸，衆寡之數，相差懸殊，乃未發一彈，向崑山全師後退。至是十九路軍後方，將被敵全部截斷，乃不得不變更戰略，改守二道防線。

譚司令與翁旅長，本有死守之決心，卒以民衆固請，含淚後退，但仍血戰至三月三日。當時係分兩路撤兵，一路取道西北，向月浦羅店以至嘉定，一路趨西南自楊行瀏河以至南翔，此爲我方苦守吳淞之經過情形也。此次援絕後退，雖承見諒於民衆，終覺有負乎初衷，負罪滋深，抱愧靡已。

第六章 我軍撤退經過

第一章 江灣防線之縮短

敵方自植田指揮戰事後，卽以全力進攻江灣鎭，我軍亦以全力抵抗；而每次抵抗，均占勝利，廟行小場廟竹園墩金穆宅侯家橋等處之劇戰，莫不予敵大創，使其喪胆。惟日方仗其空軍之優勢，於大敗之餘，亂擲燃燒彈，形如瘋狂。自二十三日起，飛機四五十架，連續抛擲炸彈，至三十六小時之久，血戰三晝夜，我軍沉着應戰，從未退讓，惟環視江灣鎭，民房破毀，滿目凄涼，軍民屍身，遍地皆是，血肉糢糊，溝渠皆赤。且以爲日之久，腐爛污穢，臭氣觸鼻，該地之水，不能復飲。我軍因戰略關係，於念六夜。決暫行離鎭，候機反攻。豈知敵軍心悸胆寒，始終未敢進窺，直至念七日，始遣探偵查，於念八日方敢進兵，故敵兵到鎭，未經劇戰。苟非戰略如此，敵軍何能輕易佔領？該鎭已被轟炸一空，一片瓦礫。等於廢墟，不能再作爲戰事根據地矣。

江灣鎭自我軍廿六夜將防線縮短。廿八日晨十時止，未見敵軍蹤跡。敵人之佔江灣鎭，全係我方戰略放棄，並非得以武力攻下也。

第二節 日軍大舉攻襲瀏河

自植田總攻不逞，白川又率領其大批援軍到滬後，鑒於正面戰事迭遭巨創，因決定從側面襲擊，期逼退我軍，三月一日，敵又大舉總攻；以充分兵力攻瀏河，同時以猛烈砲火向我軍前線轟擊，藉以牽制前方我軍分兵援應。

時我因連日前方激戰，戰線沿長，分處配備，已有不敷之感，故瀏河方面留守軍隊，爲數極微。於是敵人遂得踏隙而入，利用烟幕彈，於楊林口七丫口登陸，予我軍以重大之威脅。

第五軍戰鬥報告云：三月一日，敵復以全力向我全線進攻，勢甚猛烈。敵砲自拂曉前向我陣地附近猛射；敵機尤爲活動，結隊成羣，到處擲彈；敵艦在獅子林楊林口七丫口等處以砲火向我猛烈射擊，幷攜帶民船，企圖強行登岸，多次均被我擊退。詎上午七時許，敵艦二十餘艘隨帶木船百十隻，忽在我七丫口及未設警戒之六浜口登岸，其兵力約一師團之衆，連佔浮橋茜涇營各要點，威脅我軍側背。我在七丫口楊林口方面警戒隊部兵力。僅有教導總隊第一營一連，已受包圍，抵死相抗，官兵傷亡殆盡，殘部退歸本營，固守瀏河鎭待援。軍長得報，當令八十七師二百六十一旅用汽車輸送，卽開瀏河增援，幷令乘敵之足未穩之前，迎頭痛擊，將其殲滅。卒因汽車僅得十一輛，輸運不及，自晨至申，僅輸送一團到瀏河，且敵來勢甚猛，已據茜涇營要點。幸我二百六十一旅之五百二十一團之二營先到，協同教導總隊之一營，堅強拒止敵人，激戰至日沒，敵終未得寸進，遂相持於瀏河茜涇營間。

上海時事新報特派記者瀏河視察記載瀏河保衛團團長黃君談話云：

左翼的軍隊，只有教導總第一營丘營長，一連在瀏河口

，一連在新塘口，一連在楊林口和七丫口，一連爲預備隊在劉河鎮上。當二十五號那天，因爲情况緊張預備隊就在劉河口增防。我的保衞團八十人，奉丘營長的命令，守道塘廟一帶，警戒正面，約四里路。二十七和二十八的兩天，敵人的飛機，總是七八架來偵察我們，地方上覺得形勢有點緊急了，於是打電話，請嘉太兩縣長，帶所有民團，到劉河佈防，以免敵人登陸，二十九日晚十一時，嘉定縣長潘忠甲，帶七十人到劉河鎮駐住學校裏。這時前方越發緊張，民衆又請丘營長去電請援兵。丘營長馬上打電話，給第五軍軍長。但救兵沒有到。三月一日拂曉五點鐘的辰光，江裏發現了敵人的兵艦，游勳的二十幾條，不動的十七條，汽油小艇一百餘隻，上面滿載穿黃制服的兵。起先江裏敵人，用煙幕彈掩護，弄的咫尺莫辨，所以天色剛亮，兵艦上的砲開始了。由獅子林起，至鹿浜口止，拼命的轟炸；八十幾架飛機，遮天蔽江而來，嗡嗡的聲音，胆小的人也就嚇壞了。這時砲彈放了有千餘發，但不炸的多，並且砲彈落的地方，都在我們戰線大後方。趕快六點鐘的時候，敵人的小艇靠岸將近，岸上的機關槍，嚮的連成一片，不久敵人的小艇被射沉了四五隻。這時劉河口新塘口的正面抵抗很得利，敵人沒法，就將上陸的重心點，推移至七丫口鹿浜口之間了。那個地方，只有幾十個人防守着，到八點鐘，敵人已經登陸。八點半守楊林口之連長受傷，七丫口死的死，退的退，同時楊林口也抵不住退了，眼看着敵人越上越多，騎兵砲兵都有。在這危緊的當兒，第五軍來電話，叫支持兩個鐘頭，派一旅人來增援。我和丘營長商議結果，帶了七十名保衞團，和丘營之特務隊二十人，自動步槍十幾枝，用跑步向楊林口河上儀橋去堵擊。丘營長勇敢的不得了，自己在前頭衝上去。這時敵人已經到了浮橋，向左邊迂迴。九點到達儀橋，我們抵抗到下午一時許，敵人受了些打擊。可是丘營長帶的人也傷亡的三分之一，戰鬥的很是劇烈。敵人用機關槍和步兵砲，用猛烈的火力，壓迫到一點半的時候，第五軍的八十七師二百六十一旅宋旅長帶兵來了，我就幫同宋旅長，分配各部隊的作戰地點。剛完成，偵探報告，丘營長已經退到茜涇北門城上抵抗。不久敵人前進至西門，丘又退却。宋旅長本來打算用一縱隊至沙頓，包圍敵人。那知道敵人由蔡五橋過來，將儀橋的丘營側擊退了。這時宋旅長只好守六里橋那條線。三點半敵人大部隊完全展開，和宋旅作了遭遇戰；此時宋旅長在劉河鎮上，我和他商量。去一電話，叫四十七師趕快到沙頭，攻擊敵人的右側背，如此還能有希望。

我們守到七點，也不見援軍來到，太倉城裏派人四處找四十七師，也找不到。天一黑，敵人的飛機，到處投彈，江面的兵艦上的探照燈，放出了幾十道強烈的光線，一時恐佈極了。不久第五軍來命令，宋旅即向太倉退却。

第三節　我軍退守第二道防綫

自劉河大隊敵軍登陸後，我軍腹背受敵，軍隊不敷分配，有全線被圍之虞；蓋敵方自一再失敗後，陸續增援達五師之衆，我方則仍不過第十九路第五兩軍，總指揮蔣光鼐以徒事犧牲，於事實無補，因決全線退守第二道防線，待機反攻，當於三月一日下午九時，在南翔總部發出撤退命令如下：

一．敵援軍十一十四兩師團已到達上海，由敵將白川統率。企圖與我軍決戰；其一部既在劉河附近登陸，威脅我軍側背。

二．本路軍爲避免與敵決戰，擬本日午後十一時，將主力向黃渡方泰鎮嘉定太倉之線撤退，待機轉移攻勢。

三．右翼軍主力於本日午後十一時開始向黃渡方泰鎮之線撤退，以一部先佔領茹大場，逐次向江橋鎮南翔廣福南端進入陣地，作主陣地之警戒；其兵力配備，及各師之戰鬥地境如左：

(甲)八十八師獨立旅及憲兵團向顓橋鎮莘莊七寶鎮之線撤退，左與十九軍江橋鎮附近連絡

(乙)六十師主力於本日午後十一時由鐵道南方向黃渡方向撤退。(右團及鄭團暫歸沈師指揮，到達目的地後，歸回建制。)

(丙)七十八師主力于本日午後十一時由大場附近經南翔向陸家巷方向撤退。

(丁)六十一師主力，于本日下午十一時，由大場鎮北方經陸家行向方泰鎮方向撤退。

(戊)新作戰地境：(退却路綫同)

一　吳淞江以南屬八十八師獨立旅。

二　六十師七十八師以京滬鐵路相連之線爲作戰地境。(線上屬六十師) 六十一師以大場北端小南翔陸家巷方泰鎮之線爲作戰地境。(線上屬七十八師)

(巳)各師撤退時正面留一團作收容隊，極力佯攻掩護主力脫離戰場；至主力進入新陣地後，逐次撤退之。

四．左翼軍須派一部在胡家莊楊家行佔領，收容陣地，主力於本日午後十一時向嘉定太倉之線撤退，利用嘉定城太倉城爲據點，派出一部於羅店及劉河方向警戒。

五．作戰地境：以胡家莊唐橋廣福馬陸鎮外岡鎮蓬閬鎮之線，爲兩軍作戰地境。(線上及左翼軍)

六．報告收集所在黃渡交通處。

七、余現在南翔，明日午前八時在崑山。

命令下達，各處主力軍隊即陸續遵照計劃開始撤退，據大美晚報所記：十九路軍由上海撤退，係戰略上關係，且仍將在南翔佈置新防線，繼續抗拒日軍。查十九路軍在上海堅決抗日，亘三十四日之久；至昨日下午四時，在日軍佔據劉河之後，始令前線各軍撤退，各路華軍今午雖仍在撤退之中，據中國當局報告，主力軍今晨四時已完全退盡。因劉河爲軍事要點，既爲日軍佔據，即可向吳淞關北江灣之處包圍，故有撤退之必要。據十九軍宣傳處主任王志遠語人：十九軍仍將繼續作戰；當下令各軍總退却時，後方軍隊先退，前線兵士繼之，退時秩序井然，毫無潰亂之象，故直至將近完畢，始爲日軍所覺。中國砲兵，在總退却之際，仍不時發砲以亂日軍。陸軍之在天通庵者，與日軍作最後之抵抗，及至稍稍得手後，始遵照命令，作總退却云。

又據時事新報所載：劉河方面，有日軍兩萬餘人，於黑夜中偸渡登陸，向我陣地攻擊，步步逼迫，着着進展，我軍爲防衞起見，即予抵抗。一時砲火猛烈，泥灰四濺，雙方相持，歷時甚久。繼而敵軍陸續增援，愈到愈多，相形之下，有寡衆不敵之勢，而尤以左翼之被壓爲尤甚。徒作犧牲，於

事無補，乃即向後退却，以保實力，而待後命。劉河之我軍，既先撤退，於是大場、江灣、廟行等處之部隊，已感呼應不靈，失其聯絡，而有孤掌難鳴之感，倘作困獸之鬥，則勢必腹背受敵，而受重創。就事實與形勢兩端而言，實不應作勉強之撐持，至受不需要之損失也。故各該地陣線之我軍部隊，亦即相繼後退。敵軍初則進據楊家宅，繼至金家碼頭，而向大場鎮等處進發。寶山縣屬之大場地方，於三月二日上午十一時許，有日軍步兵約二千名左右，（由江灣附近開來）向我陣線進攻，先由騎兵隊衝鋒，繼以步兵排槍，與機關槍，猛力衝進。我軍嚴陣應戰，相持至下午三時許，我軍用手溜彈，與迫擊砲，及大刀隊等，衝出陣線，迎頭痛擊，至下午四時許，猶聞槍聲。此次退却，並非因戰敗而始出此，故退却時，極有組織，極有秩序，軍實方面，絕無絲毫損失。日軍雖乘我退兵之時，間亦加以追擊，然我方因並非戰敗而退之關係，軍心不亂，態度鎮定，故仍精神振作，毫無受縮狼狽之象。是以整個隊伍，皆得於安全中退走。

三月二日，十九路軍之撤退通電云：中央黨部國民政府鈞鑒，各報館，全國民衆均鑒：我軍抵抗暴日，苦戰月餘，以敵軍械之犀利運輸之敏疾，賴我民衆援助，士兵忠勇，肉搏奮鬥，傷亡枕籍，猶能屢挫敵鋒。日人猝增援兵兩師，而我以運輸艱難，後援不繼，自二十一日起，我軍日有重大死傷，以致傾全力於正面戰線。而日人以一師之衆，自瀏河方面登陸，我無兵抽調，側面後方，均受危險，不得已於三月一日夜，將全軍退至第二防線，從事抵禦。本軍決本彈盡卒盡之旨，不與暴日共戴一天。浴血陳詞，當祈鑒察。蔣光鼐、蔡廷楷、戴戟、暨全體將士叩冬。

十九路軍宣傳主任王志遠，亦於三月二日下午二時發表退兵聲明云：

此次在上海四週作戰之我軍，業已全師撤至第二道防線。此舉乃基於以前之決定，而此次決定之執行，不過一時間問題而已，此種戰略上之撤退，實由於第一道線之作戰，其便利盡屬日方故也。蓋我軍之原有防線，閘北至吳淞，並非一軍事防線，其所以採取之者，僅因政治地位之重要耳。請言其故：（一）原來防線無攻勢之可能，此則因我軍不願攻擊公共租界，雖公共租界已為日軍作軍事根據地，而我軍仍不願攻擊；（二）原來防線與滿佈日艦之黃浦江成平行線，故該線常為日方重砲火力所威脅；（三）在上海四週之我軍數字上雖與日軍約略相等，但因運輸之缺乏，實際上僅能用兵半數於戰場，此因我國之抗日，既係舉國一致之行動，而日海軍復完全控制黃浦江及揚子江，故我軍勢必分佈兵力，於受日軍威脅之各地，因此我軍之集中於第一道防線者，決不能如日軍所能遣來上海者之衆；（四）所有公共租界之馬路及與淞上海間之汽車路，均在日艦來復線之內，且為日方所佔有，日軍利用此項道路，易於使用坦克車鐵甲車及重砲，而我軍則須往來於泥濘滑途之中，以取得後方之接濟，且因日海軍控制揚子黃浦兩江，我前線乃易為其登陸軍隊任意襲擊。至日軍不惜鉅大犧牲，從事於徒勞無益之正面攻擊，適足見其缺乏戰略上之知識，蓋彼若在黃浦江揚子江沿線任何一處上岸；則我軍為避免後防之切斷，勢必早已撤退矣。現日軍卒遣一師團在瀏河登陸，於是我軍乃不得不自動退守第二道防線，我軍茲已到達第二道防線，日方以前之利益，乃因之盡得其反，蓋日軍此後之動作，既須遠離軍艦之保護，而坦克車重砲，又無大道可資輸送，且其兵士之一切行動，自必遠距其根據地，因而失其掩護。至於我軍，則後防既得保護，此後每一行動，將較近根據地，因而軍實援軍，易於到達，且可盡得地理上之一切利益。目下全世界所屬目者，厥為第二步將如何之一問題，我政府決不與日本簽定任何損害國家主權之協定，此已充分明瞭，毋庸贅述。今後日軍如進而攻擊我之第二道防線，則我必起而抵抗，設因其人數軍備之優越，致我被迫再退，則我亦必向之再度作戰。總之，現在距戰爭之終點尚遠，戰爭實在開始進行中；月餘以來，我國軍隊對抗日軍武力毫無畏懼，日軍擁有坦克車飛機野砲新式之重砲，凡人類知識所造之器械，無不應有盡有，而我國軍隊祇有步槍及機關槍以抵抗日本之激烈砲火。據某外國武官言，戰場之上，缺乏戰爭之嚴厲實情，有如假戰，蓋所有砲火，俱由日方發出，中國大砲，均被日機炸彈轟燬，中國軍隊祇有靜居壕內接受日砲砲彈，及日機炸彈，必待砲火已停，日軍出而衝鋒時，始能以步槍機關槍應戰。上海附近戰事，業已證明兩重之事實：（一）證明日本陸軍可畏之作戰能力，不過一種紙老虎，業經揭破；（二）證明日本優於盡量宣傳，每日世界均飽受日軍個人之英勇，及日軍之英勇，因其有多數之飛機坦克車海軍砲火之協助之種種優勢，在如斯軍隊之中，倘有個人英勇可言，當以之於比較高尚之主義。至我軍之英勇，皆由外人眼見所傳述，毫無偏袒於其間，蓋中國軍隊並不僅以個人英勇見長，全軍均英勇奮發，無一例外，數萬健兒，誓保國家之榮譽，不惜以血肉之身，抵抗新式戰器，誰謂如此英勇之民族，能終於失敗耶？

又十九路軍後方辦事處主任范其務答新聞記者之談話云

自一月念八夜，日軍向我閘北開釁以來，其海軍司令鹽澤所率之陸戰隊六千人，立即被我軍擊破。旋野村中將，帶來之陸軍一混成旅，約萬餘人，特別陸戰隊三千餘人，亦不旋踵，被我軍擊破。終乃派植田中將，統率陸軍第九師團，約二萬餘人，前來增援，並運來大批坦克車五十輛，野戰砲兵一旅，飛機一百三十餘架，戰船四十餘艘，於前月念號，向我軍下總攻擊。在江灣廟行鎮一帶陣地，作猛烈的攻擊凡五次。我軍與之血戰數日，日夜不息，結果植田所帶來之第九師團，亦潰不成軍。而我方由閘北以至吳淞之陣地，依然鞏固，絕不因日軍之猛烈攻擊，而稍有搖動。最近日方雖更派白川大將，帶領第十一第十四兩師團約三萬餘人，加入前線，向我八字橋廟行鎮等陣線，急劇進攻，惟連日仍被我軍擊退，不能前進我陣線一步。此種經過事實，均為君所悉者。故我軍作戰之能力；勝算之把握，固不待予之費詞也。惟吾人此次在迭勝當中，忽然撤退，此中當有緣故，予請分別為君略言之：

（一）我軍自一月念八日在閘北與敵折戰以來，第一天在前線者，祇數百人，其後我十九路軍共三師，先後調到，繼後第八十八師及八十七兩師及稅警團等參加。自一月念八日起，一直與敵人激戰至於今，我方軍隊，僅有五師而已。而戰線則由閘北拖長至吳淞，約二十里，且要兼顧南市及瀏河等處，軍隊不敷分配，可想而知。我前線之士兵，有與敵激戰數日夜而不得休息者，而敵方則援軍源源而來。最初鹽澤指揮陸戰隊六千餘人，商人義勇隊三千餘人；第二次野村帶來陸軍萬餘人，特別陸戰隊三千餘人、第三次植田帶來陸軍第九師團約二萬餘人；第四次白川大將帶來第十一第十四兩個師團，約有三萬餘人。每次均附有大砲、坦克車、飛機、戰艦、野戰砲等無算。統計目下敵方之戰鬥力，陸軍及陸戰隊、商人義勇隊。不下八萬。雖迭次被我殲滅者不少，尚源源而來，且尚有戰艦數十艘，飛機百三十餘架，坦克車五十架，大砲數百門。與我軍比較，不但器械優劣之差異，卽我軍人數，亦不及敵人之半。敵之添援無窮，而我軍人數有限，此在作戰上，我軍應暫時撤退，準備第二次之進展計劃。

（二）因為雙方軍隊人數之懸殊，故敵得乘虛以萬餘人向我瀏河方面襲擊。我軍人數，既比敵少，支配前方，當感不敷，對瀏河方面，自不容易兼顧，故此方曾被敵人乘虛攻入。惟瀏河地位處我軍左後方，我前方軍隊，如不先事撤回，恐有前後受敵之虞，且敵人既深入，戰線已延長，我如縮短防線，與之作戰，則必操勝利，此無待軍事家亦可推測而知。此亦為我軍撤退之一理由。抑予更以下列事實語君，以證明我軍之退，純有計劃的退：

一我軍退却時，極有秩序，軍實方面，絕無損失，軍心極為鎮定，精神仍極振作。

（二）我軍退後，敵人還以我軍另有計劃，對於我軍防地，仍不敢輕進。

第四節　吳淞孤軍血戰及瀏河夾擊破敵

我軍撤換陣地，至三月二日晨，均已就緒。惟吳淞要塞守將譚啟秀翁照垣，雖奉有撤退命令，仍堅守不退，實踐其以最後一點血，洒在吳淞，人存炮台在，炮台有失與同盡之宣言。爾時我方吳淞兵力，僅一五六旅三千餘人，暨鐵血軍四百餘人，上海市民義勇軍一百餘人，總計不足四千。

二日晨七時，日本飛機四架，盤旋要塞上空，視察我防軍情形：守兵卽以高射砲向之射擊，旋卽逃去，計飛繞共一小時左右。下午二時半，日軍艦向吳淞猛轟重量砲彈，雙方激戰甚久。下午四時，日步兵千餘者，又擬在蘊藻浜西首紀家橋附近偷渡我軍迎頭痛擊，敵不支潰退。是時吳淞孤軍扼守，國人莫不加以極大注意，除表示極端之欽敬外，復深以孤掌難鳴，恐終陷不幸為守軍危。是日正午十二時，上海各團體咸以孤軍堅抗，不但衆寡之數懸殊，且彈藥接濟，亦生問題，與其徒事犧牲，不如再圖進擊，因派代表張某，親至吳淞請譚翁二氏暫時後退，保留精銳以待後用。二氏初猶堅持，後經一再苦勸，方允撤退。三月三日上午九時，吳淞守軍一面在前線繼行抗拒之戰爭，藉以迷惑日軍，一面又預先配置伏兵數百人於同濟大學之東，靜伏壕內，掩護大隊撤退。其餘部隊，卽向月浦瀏河方面撤退；於下午五時許，完全到達瀏河。日軍屢次攻吳淞不逞，於我撤退，又進擊，預伏之我軍，突起衝擊，日軍不知虛實，大敗遁去。待我軍退盡，日軍又以飛機詳細偵察，方敢開入吳淞砲台佔領之。時三月三日上午十時左右。

是日天方破曉，日本在瀏河方面，又以兵艦二十餘艘，大帆船三十艘，裝運日軍萬除名，於瀏河海面之浮橋地方七丫口洋面登陸分兩路夾擊我駐軍。我方隊伍，早有戒備，一聞槍聲，奮勇應戰，相持至十一時許，敵絲毫未得進展。日軍卽改用小鋼砲轟擊，不意誤認方向，所發砲彈，均落於敵方正在衝鋒之騎兵隊地帶，傷亡極多。我軍乘機躍出戰壕，以手溜彈迫擊砲迎頭痛擊；日軍不支，以坦克車衝前，掩護陣線，我軍放棄左側陣線，以三角形向後方包抄，將日軍圍困。時我翁照垣旅適由吳淞開到，立卽加入射擊，以機關槍兩面夾射，復由溧陽大刀隊揮白刃前進，砍敵有如切菜，日軍陣勢大亂，左右奔突，死傷無數。殘部遁回兵艦，向楊林口外洋面逃去。是役我方傷亡極少，奪獲戰利品無數。

上海新聲通訊社記者訪問翁照垣旅長，翁氏談瀏河之役云：

余於一日晚，卽得蔡軍長之退却命令，余以有誓在前，願將最後一滴血，灑在吳淞砲台上，不但余個人如此，卽下至士兵，亦莫不同抱此旨，願與砲台共存亡。故當時雖有蔡軍長命令，但仍不願退。此時我方軍隊，僅有一五六旅三千餘人，鐵血軍四百餘人，市民義勇軍百餘人，綜計不滿四千人。而日軍以十倍之衆，分海陸空三面，向我包圍猛攻，我士兵雖明知無法抵抗，但仍能以一當百，奮勇抵抗。劇戰二時，敵終未得逞，相持至二日晨，又接蔡軍長來電，敦勸退兵。同時上海方面，亦派有代表，來此請求按照原策略，退出吳淞，保存實力，再徐圖反攻。余不得已，乃下退兵命令。事前並於同濟大學之東南，埋伏重兵，以防日軍乘機追襲。布置妥當，乃於三日上午九時，開始向瀏河月浦兩處撤退。一面並令前線軍士，仍與日軍作戰，待撤退至相當程度時，方令前線軍士向後移動。但此時日軍恐係我方用計，不敢踏入吳淞砲台者有二小時之久。至下午一時許，日軍始陸續登陸，並分兵一部份，向我軍追擊。迨追至同濟大學時，我方伏兵齊出截擊，敵軍大驚，紛紛潰退，我軍乃從容而退。至五時許，大部份已退達瀏河附近，其時敵軍萬餘人，正與我軍發生激戰，余乃下令全軍分左右兩翼，向敵軍包抄，出其不意，敵軍大驚，不支潰退。我軍追殺甚力，是役共計斃敵確在七千人以上。總之，我軍此次退守第二防線，並非戰敗而退，實因後援不繼，不得不縮短陣線，集中兵力，再徐圖反攻。現在前線全體武裝同志，上至司令，下至士卒，莫不抱有『敵在我亡，我在敵亡。』之決心。

又新聲社記者述瀏河之役云：瀏河方面，當堅守吳淞砲台之翁照垣旅于三日下午五時，撤退至月浦瀏河時，正日軍萬餘人與我駐守該處之部隊激戰，砲火之猛烈，得未曾有，同時有日機十餘架，在我陣地，亂擲炸彈，時翁旅大部，已到達該處，不待稍息，卽分向日軍左右兩翼包圍夾擊，出其不意，如飛將軍之從天而降。日軍大驚，倉惶分頭應戰，我軍乃下令衝鋒。肉搏一時許，敵軍不支，紛紛潰退，逃登軍艦。時適潮退沙高，以致日方有軍艦一艘，不克開出，被我軍隊轟燬。其餘均向茜涇退却。是役共計斃敵六千人，奪獲大砲八門，機關槍二十餘挺，步槍千餘枝。另一消息，三日晨，離瀏河東南十餘里之浮橋鎮及七丫口洋面，有日方軍艦二十餘艘（內多被擄鹽船）載日軍萬餘人，在大砲掩護之下，全數在該處登陸，集中兵力，向我陣地猛攻。我軍亦以大砲還擊。至十一時許，日旗艦一艘，被我砲中，燬烟囪一。斃尚未登陸之敵百餘名。我軍乃乘機衝出戰壕，敵亦以坦克車掩護步兵，作猛烈之抵抗，雙方愈趨愈近，砲火已失其效力，我軍乃一面下令溧陽義勇軍大刀隊衝入敵陣，當者披靡，步兵亦相繼續插上刺刀殺上前去，肉搏混戰至下午五時，日軍之死于我軍大刀隊之刀下者，已達五千餘人。死骸遍野，血流成渠。時我方翁照垣旅，亦由吳淞退抵此處，立即加入夾擊，敵軍遂愈覺不支，紛紛潰退云。

第五節　日軍之背信進攻

自國聯三月四日決議中日雙方停戰，我方即下令停止攻擊：日將白川於三月八日發出聲明書，謂日軍已於三月三日自動下令停止進攻，日代表松本在國聯議席，亦宣稱日軍業已停止攻擊，希圖緩和國際形勢。實則日軍自三月三日以後，仍繼續向我進攻不已，絲毫無停戰之誠意。茲將三月四日起日軍逐日行動分說如下：

【三月四日】（一）下午三時，敵由南翔向我砲擊，約三千餘發，繼以步兵衝鋒，飛機助戰，至深夜不得逞退却，死傷極衆。（二）午後四時起至深夜，敵向嘉定太倉之線猛攻。（三）浮橋鎮楊林渡之敵被擊敗，向瀏河方面退去。

【三月五日】（一）晨一時許，敵騎兵千餘，猛襲黃渡未逞。（二）上午十時半許，日軍千餘名，向我嘉定進攻，并用大砲轟擊，被我擊退，（三）下午三時，敵以大砲向我黃渡方面猛轟，繼以步兵衝鋒，經我軍沉着抵抗，敵卒潰退。（四）岳王市敵萬餘，被我軍三路包圍。

【三月六日】（一）下午一時敵軍進佔嘉定。（二）瀏河楊林口一帶，日軍於午後又增三千餘。（三）敵飛機母艦由吳淞開至白茆口，遣飛機至蘇常擲彈。（四）敵第九師團約二千餘，偸襲我安亭附近之白鶴江，經我七十八師包圍痛擊，迄不得逞。（五）日機偵察青浦朱家角，擲彈三枚。

【三月七日】（一）全線雖可聞槍砲聲繼續而發，但無大戰。（二）鹿河鎮附近，雙方有接觸敵不支退却，無大損失。

【三月八日】（一）日騎兵襲我太倉東面陸渡橋附近，被我擊退。（二）敵一團昨進攻朱家橋，今晨敗退。（三）日機六架與我機一架，在蘇州空戰，我機被廹降落。（四）日機四出飛南翔崑山一帶擲彈，毀民房無數。

【三月九日】（一）南翔方面有敵騎兵三百餘，向黃渡正面推進。（二）敵十六師團之另一部，已向江陰方面運輸，企圖登陸，包抄我軍後方。

【三月十日】（一）昨夜今晨敵兵偸襲太倉數次，經我軍抵抗擊退，斃敵數十。（二）下午五時及五時三十分，日商輪二艘，載大批軍火及軍用品抵滬，運往前方。（三）敵壓廹當地人民拆毀瀏河汽車站，改築機場。（四）敵第八師團來滬，已開到數千名。（五）敵在蘇州河西段，測量水道。（六）敵以重兵廹我黃渡。（七）午後敵在嘉定城內縱火，焚燒極慘。

【三月十一日】（一）敵圖窺太倉及青陽港，分三路會攻：中路在嘉定之西，右翼由瀏河至婁塘，左翼由黃渡起經南翔至梵王渡，連綿數十里。（二）敵機二架未刻到蘇州偵察，在車站繞五匝。（三）敵在南翔眞茹一帶，建築太規模砲台。

【三月十二日】（一）晨安亭附近發現敵騎兵數十名，攜有機槍數架被我擊退。（二）午刻騎兵數千餘，在楊林口登陸。開羅店浮橋。（三）岳王市東五里之江濟橋，日兵四處拉夫，廹充搬運，違則槍斃。（四）日運輸艦七艘，滿載手溜彈煙幕彈等，到吳淞起卸；并載有日兵六千餘登陸。（五）夜十時，敵在婁塘橋與我衝突：十二時許有劇戰。

【三月十三日】（一）陸渡橋口敵防線，本日晨又增千餘。前哨時開槍向我尋釁。（二）敵仍繼續增兵來滬，江灣方面敵軍紛開前線，備戰益亟。

【三月十四日】（一）黃渡附近敵騎兵往來襲擊。南翔一帶敵利用漢奸，四出騷擾。（二）下午三時，日機四架飛崑山蘇州一帶偵察，施放機關槍。

【三月十五日】（一）上午九時四十分，敵機一架飛蘇偵察，下午三時，敵機二架飛常熟。（二）敵因國聯調查團到滬，將視察前線，對外廣播撤兵空氣，大部日艦均開赴長江上游。（三）晨黃渡敵軍全向南翔撤退，係調防。

【三月十六日】（一）敵秘密運大砲卅餘尊，及新兵，往黃渡佈置。（二）飛機數架到崑山蘇州偵察。

【三月十七日】（一）日援兵續有開到，上午十時海軍第廿二隊魚雷艦四隻，開進吳淞。下午二時零五分又到第二隊日艦一艘均有日兵裝到（二）運輸船嘉安丸山城丸二輪，各載日軍一部千餘名，及軍火一批到滬。（三）敵在嘉定四面城堞上紛紛佈置砲陣，工作甚忙。

【三月十八日】（一）敵由福朗特丸運到二千餘名，有念六隊軍艦一艘送來，在吳淞上陸。（二）嘉定又開到敵第九師團一萬餘人，重砲百餘門，強拉夫役。（三）蘇杭均到有日機偵察。

【三月十九日】（一）駐瀏河敵百餘，晨二時向陸渡橋進襲，與我哨兵稍有接觸。（二）大批敵軍開抵瀏河鎮。

【三月二十日】（一）茜涇敵野砲十餘門，新塘市五六門，砲口均對太倉。並在茜涇一帶紮柴人誘我。（二）蘇常天空日機不斷。（三）敵軍集中南翔嘉定。九師團大部駐紮黃渡。敵機坦克車紛開前線。

【三月二十【】（一）雙方最前線在距嘉定十二里之陳家行地方，相距約二千米突。黃渡前線有敵兵數十窺探，被我擊退。（二）常熟七丫口，到日艦十一艘，居民大恐。（三）晨十時半，敵機第九次飛杭偵察，在城北筧橋，用機槍擊傷農婦李葉氏一名。（四）瀏河敵軍秘密增加三千。黃渡敵除第九師團外，續有增加。敵正忙於築防修路工程。

【三月二十二日】（一）楊林口敵艦十五，日兵千餘登陸。（二）敵工兵在新塘市一帶趕築散兵戰壕，積極備戰，茜涇以南，敵建砲壘甚固。（三）南翔日軍得密令，節節西進。

【三月二十三日】（一）今晨日軍在安亭黃渡間縱火屠戮，該處因起濃烟。（二）眞茹等處。敵每晚戒嚴後，大舉佈置戰地工作。（三）黃渡敵軍二千餘，於二十一日退出後，當晚即另調到援軍四千餘名，即挖壕佈陣，架設大砲（四）敵軍一小部，在紀王廟附近與我步哨衝突，激戰半小時，敵不支退去。

【三月二十四日】（一）晨敵一小隊侵入我西竹村以南朱家橋防線，我起抵抗，接觸約一小時，敵不支向嘉定退却。（二）敵窺視太倉甚急，連日在瀏河登陸五千餘。

【三月二十五日】（日）敵三十餘今晨襲攻太倉虹廟，有小接觸，結果敵傷兩名。（二）嚴家橋西三里地方，敵步哨侵入我防線，我起抵抗，相持十餘分鐘，回原防。（三）日運軍火，晝夜不絕。

【三月二十六日】（一）嘉定太倉間之婁塘北竹橋附近，日前哨與我發生接觸，形勢嚴重。（二）吳淞口外新到日艦六艘。

【三月二十七日】(一)滬西華漕，敵軍隔岸向我射擊，我還擊，相持約半小時，日軍始退。(二)晨及下午三時，太倉前線雙方哨兵均有接觸。上午八時許，敵機三架飛太倉擲彈。(三)黃渡附近敵襲擊我哨兵。

【三月二十八日】(一)瀏河敵共增至三萬餘，直塘東毛家橋之敵，距我陣地僅三四里。(二)南翔大批敵軍及砲械開嘉定。

【三月二十九日】(一)午敵來攻我太倉陣地，被我擊退。(二)上午八時紀王廟附近敵軍向我開槍，我還擊，至下午四時四十三分始止。

【三月三十日】(一)牌樓市一帶砲聲甚烈，二十八晚起至今晨未息。(二)敵向我太倉東門外之虹廟大舉進攻，激戰甚烈。(三)黃渡，婁塘，橫瀝橋，新木橋各線，均有接觸。

【三月三十一日】(一)揚林口敵艦開砲。周吉橋，橫瀝橋及虹廟一帶，敵我步哨時有接觸。(二)敵機分飛太倉，長安開槍。又敵機一架飛繞滬南北市。

【四月一日】(一)敵軍進犯太倉，新塘市，朱家橋，雙方開始激戰兩小時，敵并放小鋼砲掩護，不得逞，死三名。(二)飛常熟偵我陣線之敵機一，後向白茆飛去，至西乾里地方，開射機槍，彈傷懷孕農婦邢李氏一名，傷勢甚重。

【四月二日】(一)晚，敵分五路向嘉太邊境草庵廟集合，爲我襲家橋方面守軍包圍斃敵五六人，傷十餘人，餘向西竹村退却。

【四月三日】(一)黃渡車站敵開來砲兵一聯隊，大砲六尊。(二)新木橋竹橋等處，雙方步哨時有接觸，敵軍在前線各村，騷擾不堪。

【四月四日】(一)午楊林口到日艦十二艘。(二)紅十字分會由沙溪救難民返經白茆，被敵機追蹤約二里，開機槍六次，幸未傷人。(三)太倉安亭附近，全日有步哨戰。

【四月五日】(一)上午紀王廟敵我哨兵有接觸。(二)敵機三架偵察崑山，婁塘鎮，大批敵軍增防。(三)敵在朱家橋築砲臺二座。

【四月六日】·(一)橫瀝橋敵前哨向我陣地進犯，并用機槍射擊，我與戰半小時，敵不支敗退。(二)浮橋敵便衣隊數十名，圖襲未逞，

【四月七日】(一)晚，敵向我葛隆某處陣線攻擊，我出兩翼包擊，敵不支，向嘉定退却。(二)敵軍進窺岳王市，被我擊退，斃敵三十餘，奪機關槍四架。

【四月八日】(一)浮橋爲我太倉義勇軍克復。

【四月九日】(一)下午二時許，敵又抄襲我太倉城外防地，我卽痛擊，約一時餘，敵始退却。(二)嘉定城內各機關所有財物，均被敵搬運一空。(三)敵機在浦東一帶開槍示威，并飛嘉興偵察。

【四月十日】(一)敵數十人進窺張家涇，被我圍擊，斃二人。(二)敵二次偷襲岳王市，均被我擊退。(三)上午十時半，楊林口敵艦向太倉開砲彈落三里村田中。(四)大隊敵機數十架，竟日盤繞淞滬及南翔嘉定等處，向我示威。(五)晚，敵乘黑夜風雨之際，向我襲擊未逞。

【四月十一日】(一)日兵在岳王市勒令居民供給伙食，改懸太陽旗，居民多遷避。(二)我軍前線抵安亭。

【四月十二日】方泰外岡一帶敵兵千餘名，忽向嘉定撤回，臨行縱火焚燒民房，火甚烈。(二)前線沉寂。

【四月十三日】(一)敵表示取嚴重監視我軍態度，意存威脅。(二)前線敵機活動，偵我陣地。

【四月十四日】(一)太倉東門外約十里餘之張家橋，敵軍突於上午七時撤退。(二)敵步兵千名由瀏河開抵陸渡橋，帶機槍三十餘挺，輕便坦克車六架。

【四月十五日】(一)滬西華漕鄉間蔡家橋浜北，發現日軍安置野砲四十九門，排列整齊，有作戰模樣。

【四月十六日】(一)嘉定之敵又增步兵千五百餘名，小砲數十門，分開前方。(二)眞茹鎮東楊家橋之西一帶，敵埋有地雷五六十個，引翔東北首亦有地雷埋置。(三)太倉一帶之敵，撤集瀏河，浮橋，新塘市等處。

【四月十七日】(一)晨滬西北新涇，敵哨兵射擊我陣地，互射約歷半小時。敵藉口在該處增兵。(二)南翔一帶敵軍第八師團調防，由第九第十一兩師團接防。(三)新塘敵窺太倉。各處佈防，備戰益亟。

【四月十八日】(一)上午十時許，敵軍卡車五輛，裝兵士二百餘名，開往滬西，增防北新涇一帶。(二)敵在新塘市裝設電網，並掘深壕，內置砲六。(三)敵劃定瀏河至嘉定爲第一防線；嘉定至南翔爲第二防線，南翔至閘北爲第三防線；各防線佈置緊張，積極備戰。

第七章 被佔區域之慘象

第一節 虹口戰區慘狀一斑

戰事爆發，上海公共租界當局劃分防區，以虹口一帶劃歸日本防守，因而事實上虹口一帶，已屬日軍根據地，謂之戰區，亦無不可。自軍事發動後，日軍連遭慘敗，深感我軍威脅，於是疑神疑鬼，驚惶失措，凡我虹口一帶住民，在日人眼中，幾乎完全成爲便衣隊，任意搜捕，任意殘殺，住民日夕數驚，坐不安席，除眞正貧無立錐，不能不忍驚受嚇，置生命於敵人槍尖白刃之下苟延殘喘外，其餘莫不紛紛遷避外埠或公共租界中區，尤以北四川路一帶爲甚，幾乎十室十空，向日繁榮之市街，一旦論爲魔窟，可慨孰甚！茲將戰後報章所載，隨便錄示數則，聊見一斑。至於數十日來之實際慘狀，決不僅此而止，是讀者所當明瞭者也。

上海時事新報記者戰區調查記載云：虹口區自前日開放後，凡持工部局之綠色通行證者，均得出入老靶子路，至狄思威路爲止。僅由日捕或日軍詢查而已。倘自施高塔路向北至天通庵同濟路，江灣路等處，仍爲日軍警備區域，故中外人等，一律不許通過。記者得日軍海軍陸戰隊某軍官之許可，邀同赴戰區視察，一觀戰後情形。

余雇車自老靶子路向北至虬江路，直達邢家橋一段，已被焚燬殆盡，奧迪安戲院僅有門樓，至橫浜橋附近，兩旁房屋，均遭槍擊砲轟，牆壁屋頂，槍洞密如蜂窠，而中有天樂館，已爲日軍藏彈之所，丁興里爲日軍住所，過橋至阿瑞里日本小學，四壁已七穿八洞，日軍絡繹甚忙，隔壁之水電公司，直至狄思威路口高屋止，均亦焚燬，僅餘四壁巍立，北拿里永安里等，均有砲穴，勢將倒坍。後至北四川路底日軍司令部時，駐軍不許通過，由日軍官前往說明。但見昔日高

壁壘響之瞭望台，已被轟燬無存。經日軍簽字後方允通過。但稱汽車不可前行，蓋閘北遍處地雷，恐觸危險。將車停駐督隊長徒步至天通庵鐵路已入戰區，經三十餘日軍嚴密搜查方得通過。該處日軍所掘地穴甚多，上壘土包樹枝，並有米包，白米狼藉滿地。入江灣路，見四週房屋，不論高樓巨廈均已焚盡，僅存斷壁，前戰時烈焰冲天數日不熄者，即此也。入天通庵路，僅有華僑自立社巍然僅存，餘皆一片焦土。途中槍殼砲彈，遍地皆是，死豬死貓，橫臥瓦礫。轉同濟路入江灣路，經地雷炸成地穴凡三，南洋商業，藝術學校，均已焚去。六三花園，亦遭一炬，途旁樹木，均成燼。至林肯坊，亦均燒燬。但念三號至三十五號獨存，僅遭砲轟耳。週圍數里，無一完屋。日軍十一中隊，仍駐該處。沿途前進駐軍堅不放行，稱前面地雷密佈，危險特甚，速速回去。乃相偕而返。至天通庵，見西人三十餘，均被攔阻，不許通過云。

大陸報云，北四川路廣東大戲院內，連日迭演慘劇，主演者為日本高級軍官，其招引觀客之方法，則遣派兵士及大批浪人，四出羅致，故廣東大戲院內，日日客滿。其中大多數為粵人之穿西服者，以及童子軍，工人，婦女童等，共計六百人之衆。此六百人，即日軍所認為槍擊日人之便衣隊。拘至院內後，每人均予一記號，令其坐於正廳，婦女則坐中排。每日下午演劇結果，約有十數人犧牲，刑場即在北四川路日本小學內。惟為免除延緩起見，由日兵先將受刑人擊昏。再院內並有嚴厲規則，各人每日僅吃飯二次，如欲飲茶，則高舉右手，即可上台喝茶。有海甯路某印刷所職員吳君，亦被捕去，拘禁於戲院之內，迭被日軍毆打，身受重傷，眼鏡亦為擊破，幸吳君為四川人，後由高麗醫生，為之證明，始行轉送日領署，並由日領送至工部局，然後釋放云。

有左某君，於二月十日下午三時許，在虹口嘉興路橋附近，被日兵捕去，送至附近之東洋御花會館，(即司令部)嚴刑拷打，令供我軍情形。左某以商人應之，旋捆綁送至北四川路橫浜橋東洋影戲館看押。於本月二十三日脫險，其經過情形，追述於后，該處被押有五百餘人，每日兩餐，每次只給小飯糰一枚，濕茶一杯。上午九時為第一餐，下午三時為第二餐。被看押華人，每日須學習東洋操，跳舞，比武，但比武時，先以八個字令答：——「中國青年，輕氣無力」。並問上海是英國人美國人，還是日本人最好？比武時，先華人與華人角力，後華人與日人角力。對於廣東及北方人，最為虐待，江浙人較好。通日語者即帶往司令部，不知予何處置。對於婦女稍有姿色者，即被官長帶去。多數婦女每晚帶出，早晨仍送原處看押，每令婦女將衣服脫去，使着紅綠色運動衣，迫令在地上旋滾，或遭姦汚，婦女怕羞恥者，即被割乳剜眼，或用刺刀刺其下身。看押所祇有日兵四人，被擄者夜間就地睡覺，不予被氈，無論日夜，概不許說話。審訊時有一日問官，自兼書記；一熟習華語為通譯外，尚有一傳達兵，和值班六人而已。日兵語人云：彼等被迫來滬，參加作戰，在日本出發時，祇云到滬防守，並未云及作戰，因為多數臨時徵集，無戰鬥力，以致怨言不絕，兵氣沮喪。

二月六日，有人目擊日軍甲第一四七號鐵甲車，載有所捕貧苦同胞，送往楊樹浦黃浦灘碼頭棧房內，禁不許出。有時亦用卡車裝運，每日有五六次，每次約三四十人，均被反縛手臂。惟見送入該棧，而不見釋出一人，不知其作用何在。或謂日軍於被縛貧民，飲以茶色藥水，衣以和服，然後用殘酷手段，致其死命，再行拍照，意在誣蔑我國殘害日僑之行為，以作欺騙列國之偽證。一說日軍欲逼我貧苦同胞，代做苦工，但又何苦反縛手臂，如捕罪犯，以致該處居民，紛紛逃避，惟中途若遇日軍，仍無生路。以是該處商民，惟有束手待斃。

二月四日下午四時三刻，有日便衣隊八名，皆係在上海橫浜橋及吳淞路之日本雜貨店為夥。在西武昌路拘護華人六名，至武昌路中仁智里口，有四名忽轉身將日便衣隊拖倒，其餘二人則轉身逃走。當時日便衣隊即開槍擊斃一人，其餘五名仍被拘住，拉至本願寺巷中一屋內。其中有日人二十餘名，當即用皮靴將該六人鞭打十餘下，然後開始詰問。六人中四人係粵人，一名伍仕文，廣東嶺南人，在同發五金號為夥友；一名周順發，廣東新會人，在虹口廣恆水菓廠為店主；一名李俠文，廣東香山人，被擊死者土業棠，亦粵籍人。當時又在周順發身伴搜出手槍一支，(無子彈)及大洋十一元，其餘二人，一名丁富生，一名邱法文，均海門籍。至下午五時五十分，日人又詢粵籍之三人云：你們廣東人，有什麼利害？其一答：我們粵人，誓死不辱，並高呼中華民國萬歲，國民政府萬歲不已。至晚間七時；日人將三粵人，用刀在背上劃寫『支那廣東』字樣，流血遍地，然後用刀向其腹刺入殺死。其餘兩名，海門人，則用刀亂殺而死。殺死後日人即裝入蔴袋至浦江中擲下，此事有人目擊甚詳。

二月五日旁晚五時許，有避難婦人三口，一約四十，兩皆二十餘歲，行經楊樹浦路平涼路，河間路口，被日軍所見，立用刺刀，將該三婦逐一刺死，並將尸體貯入蔴袋，擲之而去。

虹口中虹橋立大煤號，店中工友，多數回鄉，祇服五六人管理店事。二月十二日，有日人強買柴炭，如不依從，以手槍對付，無可理喻，無法制止。曾經報告虹口捕房，及煤業公會。該號夥友，屢被日人騷擾，別無良策，走避一空，前後門牌，盡行關閉，十三日下午七時，日人又率日本小工數十人，駕車前往，小工四人由後門爬牆而入，從前門而出，將柴炭私行搶去。十四日上午十一時，該日人又來車貨。曾在搬運之際，由虹口捕房西探，及華捕包探，前去制止，仍無結果，任其車去。

北四川路橫浜橋以北一帶之商店，自戰事發生後，男女倉皇逃命，不及攜帶一物，大半於臨行時，反扃其門。其後乘停戰四小時，居民俱回家，預備搬運貨物。詎各商店大門，十九洞開，貨物亦杳如黃鶴，且有許多浪人，橫臥櫃面，狂吸雪茄，不准華人入內，違即以刺刀相變，致商民等均含淚復回租界云。

二月十二日晨三時許，日本便衣隊六人，各持火油油紙等引火物，潛至靶子路赫司克路十七號張姓民房，縱火焚燒。先以火油潑於大門上，繼即縱火，各日便衣隊，並將油紙燃着，向該屋四週容易着火之處，施以焚燒。一時烈焰飛騰，火光燭天。該屋居民，早已遷避一空，故未傷人。救火會聞訊，立即開出救火車，駛往撲救，經該日本便衣隊開槍阻止，故該處火勢，延燒至十時許，尚未熄。

舊歷十二月念八日，有夫婦兩人，年在卅歲以外，手持包裹，在滬西勃生路經過。適有二日兵，自西而東，喝令止步，待其檢查。詎該日兵，不問情由，竟將槍口刺刀，從胸前猛刺一下，其人大喊一聲，鮮血直流，頓時斃命。其婦見之，急欲上前，被又一日兵用槍柄當頭痛擊，幸未命中，婦人即大哭而去。

蔣俊廉氏，服務於上海各日報，擔任採訪滬西新聞，歷有年數。日前為便於往來調查起見，曾於上月三十一日，特商請該處駐軍，給予通行證一紙。至本月三日上午十一時許，因有事至百老滙路，行經外虹橋畔，突被日便衣隊攔阻搜查，當在袋內搜出上項通行證，遂指為軍事密探，即將雙手反縛，押送裏虹橋某馬車行內日兵小隊部。未幾即解至蓬路三元宮日司令部內。進門後，立將雙目朦蔽，經數日人略訊年歲籍貫住址後，將身上所佩訪員公會第十七號證章一枚，及銀洋雜物，一概沒收。至當晚七時許，押登運動汽車，解送黃浦碼頭，約共有十餘人，均擯在鐵駁船上。斯時偷覷彼難同胞，已有百數十人，雙手反縛，蜷伏艙中，均血染全身，勢將垂斃，臭氣四溢，令人欲嘔。船上派有武裝陸戰隊四名，日夜看守，嚴密毆視，並向同胞用刺刀鐵棍，任意兇毆。至四日，被日兵押上碼頭斬決或槍斃者，約四五十人。天昏地黑，悽慘萬狀。蔣至此欲哭無淚，欲訴無門。惟不忍受倭奴之慘殺，決計投河自盡。至五日午，將其頭上所紮之布解去，提往岸上行刑，自念死期已至，遂跟上碼頭，以小便爲由，蹤身河中。詎覓死不得，仍被撈起，上岸訊問，簽以四十五號表記，押回船中。是時飢寒疼痛，集於一身，萬分難受，惟有任其擺佈而已。檢點艙中被難同胞，祇剩八十五人，至六日下午，又將此中二十人，提出慘殺。至晚七時許，始得工部局派員，將被難同胞六十五人，悉數救出，車送齊物浦路捕房內。經西探長裴白（譯音）及華總巡殷勤招待，給以飲食，一面請紅十字會到隊醫治，（惟中數人已受傷甚重，一人因傷斃命），始得保全生命。但兩手反縛四晝夜，手腕潰爛，全身靑腫，入醫院醫治。

滬上某善堂堂夫祝姓弟兄兩人，其家宅在引翔鄉北首，適當戰事衝要區域。家屬早已遷避滬上，祇留胆壯之兩男子，在家照料財產牲畜，但彼等在滬，時刻懷念家宅之安否，故於日前冒險回家，察看一週，卽行返滬。有一鄰人同行，走至引翔鄉跑馬場傍，目見五六日本兵，拘捕三鄉民，兩中年，一老者，雙手反縛，押令至跑馬場北面，使之跪地。該日兵等步槍刺刀齊發，三鄉人卽應聲倒地，旋卽拋棄於近處小浜中。祝氏弟兄等三人，覩狀不敢正視，拼命向租界直奔，至安全地點，驚魂始定。

二月二十四日，傍晚六時許，塘山路士林小學教員二人，爲日兵槍殺，一死一傷。先是男教員某，歸校叩門，日兵五名，卽上前盤詰。某答此校係我所開，我係校長，日兵卽令解衣檢查，乃外衣方解，日兵卽用刺刀，向胸前猛戳數刀，立時倒斃。繼卽奪門入內，見女教員某，問此校係何人所開？女答係法人所開。該日兵謂，男女言語，顯然予盾，迫令解除衣服。至裸體時，意欲強姦，女見狀駭極大呼。日兵於惱怒之餘，隨用刺刀，先將乳頭割下，又在肩頭腋下，猛刺數刀。幸經西捕聞聲趕至，日兵始去。當將該女教員車送紅會醫院醫治。

二月二十六日上午十一時許，有一住居楊樹浦提籃橋之江北女子名陳小毛，（年十四）逃至法租界菜市街某姓親戚家。據云，彼（該女自稱）於前晚九時許，正在砲聲震耳，心中戰慄之際，（該女寄居是處係同鄉人家，向在紗廠作工，鄉人逃往，彼因無處可走，故仍居此。）忽有日兵兩名，見屋內尙有火光，當卽破門而入。遂將彼撳於地上，剝去衣服，輪流奸汚。旋卽奪門而去。以致彼女下部受傷，滿袴血漬，勉強行走來滬云云。見者莫不爲之悽慘，後經某姓車送醫院救治。

住居北四川路底之廣東女子吳佩英，係大家閨女，於戰禍初起時，偕母逃出，暫寓法租界蒲石路漁陽里七十號。聞北四川路日兵已退，由工部局派捕上差，佩英因家內貴重物件，均未攜出，故於二月二十六日午後，返家探視。詎未到家門，卽被日兵四五人，攔住搜檢，強欲脫除內衣。佩英稍加抗拒，致觸日人之怒，竟痛毆佩英，至遍體鱗傷。幸由印捕趕來排解，未遭毆斃，但已神志昏迷。當由途人沈某，伴至鑑球場收容所，旋卽車送回家。

日軍因連日進攻失敗，憤無可洩，乃將戰區內華人，任意毆打殺戮。又因運輸軍用品之故，對於楊樹浦一帶碼頭華工，尤爲虐待。據調查公大紗廠內，被監禁我方工人，約百餘名，中有因愛國而拒絕日軍之使命，致被毆傷者，約二十餘人。此項受傷工人，大都被棄於該廠後面貨棧內，既不予醫治，又不按時給飲食，任其慘痛呼號而斃。殘忍情狀，非筆墨可形容。二月二十六日上午十時二十分，日方商輪麼洋丸，駛進吳淞，停泊於黃浦碼頭，隨輪裝來有槍砲子彈等，軍火四百六十餘箱。日方軍事當局，卽於十一時許，派武裝日海軍陸戰隊，一小隊，至公大紗廠，押令監禁於該廠內一部份華工，約五六十人，前赴黃浦碼頭，搬運軍火。時有百餘工人，不顧前往，奮起抵抗，當被日陸戰隊將爲首之二人，用麻繩捆綁，以槍柄猛擊其頭部，頓成一穴，血流如注，復攔腰脚踢，立時斃命。附從之五人，亦被痛擊，有二人腿骨被擊折斷，倒臥地上。其餘工人，攝於淫威，敢怒而不敢言，祇得任其驅策。至下午三時半，始將麼洋丸輪上軍火搬運竣事。但該項工人，仍被押解回廠，祇有一王姓小工，託言小便，乘間逸出，繞道渡浦來滬，據其言如此云。

二月十九日下午一時許，百老匯路天潼路口，有日便衣隊與日兵各一，攔住黃包車一輛。車中乘客爲妙齡女郎兩人，一衣靑呢大衣，一衣紅呢大衣。初爲二人任意調戲侮辱，旋則令其下車，又令上車，約半點鐘餘，卽使車夫強拉女郎向天潼路西段而去，生死未卜。

據二月十九日字林西報館，二月十九日虹口日水兵又擅自捕禁華人，工部局巡捕曾目擊其事。西華德路上，有一中國行人先爲日水兵以來福槍柄兇毆，繼卽拳足交加，又上午十一時，密勒路上，有中國居戶三四宅，爲日水兵擅自搜查。該日兵揚言有便衣隊匿於屋內，但巡捕搜查良久，毫無所獲，卽軍器亦無所得。日水兵隨又押居民四人，至日司令部，下午釋出兩人，又下午二時，工部局警務處人員目擊日水兵在四川路橋上擅捕一中國平民。昨晨日水兵擅行檢查中國行人，包探亦被干涉。日水兵自稱有權可以如此行爲，實則該行人確爲工部局之便衣包探，而又無法可以使之相信也。

虹口自被日軍作戰事根據後，其最熱鬧之漢璧禮路橋（卽裏虹橋）及東熙華德路橋（卽中虹橋）兩處，現均爲日人戒備區中。據二月十九日該處來人談，該段一至晚間，卽寂寞無聲，而日軍及便衣隊，持械分往各民房內，任意搜查。見有食糧等物，均取之而去，倘同胞出而阻止，均遭鎗殺。故住該處人民，每於深晚聞槍聲，甚至一夕數驚云。

北四川路底中華學藝社，爲國內著名學術團體之一，該社社員，大半爲留日歸國之士，自九一八事件發生後，該社社員等對於救國工作，進行甚力，日人恨之刺骨。此次日旣犯滬，其海軍第一司令部係設於該社對面，聞於一月二十九日，日海軍司令部曾遣海軍及浪人多人，破門入內，搜索搗毀，旋加貼日本海軍司令部封條於大門而去。二月二日，我軍進攻北四川路底，日軍大敗，於退却時縱火將該社焚燬。查該社所藏專門圖書甚多，約値二十餘萬元，社員寄存專門圖書，約値十萬元，此外所存社員交來付印之著作稿件數十種。又該社秘書社會教育專家馬宗榮氏，十數年來所搜集之社會教育專門書籍千餘册，均成灰燼。誠我國文化上之又一大損失矣。

住居虹口塘山路陸仁甫君報告：虹口一帶日人，暴行無所不至，渠曾目擊在匯山碼頭附近有華婦三人，經過該處，被日哨兵瞥見，喝令停止，以檢查爲名，遍身摸索，幷命自動褪去小衣。三人中其先行二人，加以拒絕，均遭槍斃。其後至一人，只得從命，卽被曳至僻處，輪流姦斃，爲狀至慘。又虹口一帶，各里放哨日兵，挨戶搜索，見有燈光，卽破戶而入，搜括一空。男子鎗斃，女子強姦，無一倖免。故虹口一帶，已成人間地獄云。

一月二十七日午，有江蘇人王某，在外白渡橋禮查飯店門前，突被日便衣隊拘捕。當爲巡捕瞥見，卽將王及便衣隊，帶至虹口捕房，隨將王某嚴密搜查，並無違禁物品。但該日便衣隊仍用強橫手段，將王曳往日領事館而去。

廣東大戲院逃出之伙食夫云。

二月二十五日上午十時，日兵由黃浦碼頭，封來粵籍少婦二人，至院中輪流姦淫。後卽以皮條擊其足脛，雙雙倒吊於牆上，並點洋燭，插於少婦雙股間，不准稍動。如違卽以刺刀刺其股肉。據日兵云，二婦人之丈夫，係在十九路軍中作官長，故吾輩待之較優於他人云。

二月二十六日有江灣路居民某姓婦人，年約二十五歲，以戰事猝發，未及逃出，連日遭日兵無理威嚇，致神經錯亂。經戰區難民臨時救濟會，將其營救出險，車送亞爾培路亞爾培坊該會第一醫院醫治。至其病狀，則完全爲受驚過度所致，見人輒掩面狂呼。「東洋人殺人」，致無法詢其姓氏住址。

東嘉興路一帶，戰事起後，連日被一般形似小工者，搶刦一空。若輩成羣結夥，當敲門搶刦時，極有組織，毫不紊亂。每十八內卽有日便衣隊一人，爲之指揮。西光里至小菜場一帶之商店，搶刦一空。耀華百貨商店少店主余任俠，昨由松江回滬，下午四時許，偕店夥一人，冒險至東嘉興路探視，正遇漢奸十餘，將其店門撬開，搬運貨物。余卽上前阻止，立被漢奸等用鐵尺斧頭擊斃。店夥乘紛亂之際，逃至法租界西門路。據云：東嘉興路上屍體縱橫觸目皆是，大半係商民服裝，至被刦後之商店，十九門戶洞開，雖至微之物，亦被搜去云。

二月二十七日上午十一時，楊樹浦江面，有頭號駁船三隻，滿裝麵粉，計四千餘包，行至大阪碼頭附近，突由日艦搖來日哨船八艘，迫令該駁船停靠艦邊，將所有麵粉，搬卸一空，並將駁船扣留。船主周永貴脫險逃出。

二月二十七日上午十一時許，虹口培開爾路有日便衣隊七八人，偕陸軍十餘人沿途捉拉小車二十餘輛；復往匯山捕房對面鴻升里，捉拉小車十餘輛。其中有一小車夫，卽求救於捕房某華捕，請爲勸阻，該華捕答以『無能爲力』，小車夫聞言大哭，並向華捕云：『我去雖死不過犧牲一人，其事猶小，若爲日人工作，害我同胞，關係甚大，』言畢又放聲痛哭。該日便衣隊見狀，旋卽趕來向該車夫拳足交加，並用利刀猛刺。其餘各小車夫，見狀知難倖免，遂被迫俯首隨便衣隊向茂海路而去。

甬人蒯增福，年三十二歲，住居虹口廣東街，自閘北方面發生戰事後，未及逃出，祇得蜷伏屋內。至二月二日下午四時許，突被日兵破門而入，押至小學校內。直至六日，始得工部局派員。前往救出，眞所謂虎口餘生。據云，余（蒯自稱）自被日兵拘至日小學校時，同胞之被押在內者；約有三四十人，迨至旁晚時，陸續被拘至者，共有一百餘人。先由日兵，逐一將余等手足捆縛，並用白布（約長三寸）條，上書號碼，扣於各人胸前，余第四十一號，被押一宵。至翌晨押登卡車，解送至匯山碼頭，將各人拋擲於預停之大鐵駁船上。斯時被難同胞，均倒臥疊積船中，監視之日兵，時用槍柄刺刀亂擊亂戳任意兇害，於是血流淋漓者有之，遍體鱗傷奄奄垂斃者有之，並有年約八九小孩啼哭大呼父母者，悽慘之狀匪筆所能形容。至四日上午，又被日兵押同登岸，日兵聲言概須槍斃。當時被難同胞，均知死在眉睫，有十數人卽乘間投入黃浦。詎余被日兵拖上岸時，胸前所扣之號碼布條，忽然遺失，並不押上汽車。余已魂不附體，呆立岸畔，見各日兵紛將胸有白布條者，押上汽車，運去槍決。（地址未知）惟余因無白條，並不押去，約逾半小時許，（時被難同胞均已裝去）忽然另有二日兵，仍押回船中，後又陸續被拘至船中者，約有六七十人。其時余已知覺全失，痛苦饑餓，毫無所覺。直至六日下午，始由工部局派員到船救起，運送捕房。七日上午，始得釋回，至法租界親戚家，得以家屬重聚。略進稀粥，睡臥三日，惟神經已受劇傷，一時不易回復，然亦可謂不幸中之大幸矣。

第二節　閘北慘狀一斑

日軍發動最初之目的，本在閘北；自經我軍奮勇抗拒，一再敗斂後，日軍憤無所洩，連日以重量大砲，對準閘北全部施行轟射，所受損失之重大，非言可喻。僅就商務印書館一家而論，已達一千六百餘萬之巨，居民不但房屋財產歸於烏有，受流彈轟中因而斃命者更難勝數。玆就報章雜誌所載閘北慘況，摘錄若干則於下，以見一斑，非所謂閘北慘狀已盡於此也。

自我軍撤退第二防線，日軍尙未敢昧然開入，經漢奸偵察，始以大隊侵佔。時事新報記者次日視察報告云：記者於今日清晨，繞道赴閘北，先在鐵道一帶瞭望。但見紅光四起，觸目皆是，烟火之氣，充塞胸膈，略點計着火之處，當在三十以上。繼以鼓勇前進，轉經共和新路大統路向北前進，祇見虬江路已燒去一半，東王家宅西王家宅已完全成一片焦土。無一木一柱剩留。中興路一帶，延燒猶熾者，有四五處之多。香山路育嬰路宋公園路，幾如炊烟四起，無一完土，居民，已逃避一空。僅見少數江北人，用紗包之蔴袋，滿裝物件，肩負手攜而過。敵軍在各路之交叉路處，卽站有步哨，比鄰租界之里口，亦有二名駐守。共和新路鄰近兩路爲車站之處，已有日本旗幟。間有災區同胞，於昨日逃出後，復於今晨前往探視者。在永興路之西南，雖爲敵軍所見，尙無大礙。惟一至永興路相近，卽被扣留。記者其時恐蹈覆轍，卽匿於僻處審視：見扣留者男女站立一處，約十五人左右，被扣後卽有一形似排長者，前來盤詰搜查，或仍扣留，或被派領路，放行者祇有三人。記者覩狀，當卽潛回，在十一時許，適遇由寶山路口逃出之被難同胞。據謂寶山路一帶，完好房屋，日人正於此時澆火油縱火，故記者復轉至租界河南路探視。果見黑氣上冲，勢已燎原矣。是日下午起，閘北共和新路北，柳營橋南堍，又起大火，該處西面有市住房約數十間，焚毀殆盡。其間有公安局第四區，談家橋分駐所，亦完全焚毀。卽較南坐西朝東之市房十餘間、亦延燒無餘。其他如中興路，永興路，虬江路，會文路等，因無救火車往救，均未熄滅。

又云：閘北一帶，自經兩軍月餘之對壘，與敵機之轟炸後，繁盛市街，已成瓦礫，電木與水管，亦均斷裂，閘北水電廠雖幸保全，但職工均以兵燹星散，分處各地，一時召集爲難。加以戰事前途，尙難樂觀，故置不修復，以致入晚竟成黑暗世界，惟因積屍遍地，歷時過久，已白骨成堆，故燐火閃礫，於漫漫長夜中，忽隱忽現，直同鬼域。閘北之無智識江北人民，甘心爲敵利用，趁風打刦，現在閘北方面之華人，惟此輩最爲活動。臂纏白布，上以紅色塗成形似日旗之標識，或則以紅紙剪成圓塊，貼於布上，或並紅紙而無之，則以大英牌粉紅色紙包，剪成圓塊，醜態百出。然在日人卵翼之下，氣燄極高，無惡不作。閘北方面情形紊亂，達於極點，避難租界之閘北居民，雖有時冒險返寓探視，然倖得安然而返，莫不談虎色變也。據閘北來人談，江北漢奸，近在閘北，活動較前愈烈，且已在某處，組織司令部，且有大隊長，分隊長之名目，其職務一爲維持閘北治安，一爲遣派大批漢奸，偵探吾軍動靜。惟發縱指使者，均爲日人，現下閘北之勢，除日人外，蓋已盡被此輩漢奸所佔據。

又云：閘北寶山路，爲我華界精銳之區，年來居民日多，地價日高。自一二八戰事發生，經三十二天砲火之轟炸，閘北已變一片焦土。記者在我軍退走以後，已三度往閘北，而兩次被阻，至昨日始得至戰區以內。舉目所見，悽慘萬狀。玆將滬北戰區之眞象，分述如下：

昨日北四川路，凡持有工部局之通行證者，可以至閘北。記者偕家人等，驅車前往，至河南路北，人力車對於有通行證之人，盡願免費拖往，蓋空車不能過靶子路口也。抵靶子路北，見靠西之房屋，都爲火燒，門面全毀，內無一物。向北之搬物車輛，在早晨八九時，卽已擠塞於途，我等至東寶興路，而入華界。由寶山路而至永興路，幾如身涉亂礫叢中，極目四望，但見一片殘垣斷壁，周圍數里，一月前鱗次櫛比之市房，至今已無一完整之屋宇矣。而且各處馬路，均坍屋倒地，將道途塞斷，我人已無行道可通，而且並路途亦不識矣。我等至閘北，途中殊無人行，悽涼景況，如入地獄。記者住居滬北，已多年矣。昨至寶山路，兩邊之廈廈巨屋，盡若羅馬廢墟。迨折至虬江路寶山路口，見戰壕猶在，電綫已毀，我等爬亂石磚瓦中，蹣扑難行，不得不手足並用。及到所居之處，前後左右數千幢房屋，均成爲火燒餘燼之瓦堆，已辨不出孰爲我家。歷一小時，僅略認識。記者家內，盡數燒光，祇留一灶於亂磚中，扒翻到底，僅得小碗二只，取作紀念耳。記者十年心血，付諸一旦，乃廢然而返。經寶通路，滿地鎗彈，而又遺有日軍之砲彈箱無數。乃抵源通里口，又見有被火燒死之人民尸體四五十具，周身焦黑，頭顱雪白，而肚破腸流，血溢於地，臭氣四布，觸目驚心，痛慘萬極，此外零星尸體，在各里弄口橫臥於地者，更不勝枚舉也。下午二時，離此地獄，而返租界，在此火燼荒墟之間，日軍猶乘車四出巡遊，荒墟亂馳。記者在戰地帶二只酒盅歸來，足備紀念。閘北全區數萬幢房屋，在昨日記者所經之處，完好者，可稱幾不到一所，其有未經全燒者，亦門戶闢洞，物件刼掠一空矣。

以下將日軍暴行事件酌錄數則。

虬江路五七二號滬北中學，住居北四川路鐵路之間，爲火線之衝。戰事爆發後，即爲日軍佔據，將事務主任馮鶴年及校丁永康，拘押司令部多日，乘隙逃回，狼狽不堪。又校工庭采，當日兵搗入，匿入夾弄，穴洞相窺，目覩日軍出入甚忙，將圖書儀器等，陸續搗燬。飢寒交迫，歷三晝夜之久，迨移延燒，拚命爬出躲入鄰屋，轉輾避匿，無從逃出。幸得鄰屋內遺有年糕等食物，得以不死。我軍衝入廣東街時，得間奔出，爲我軍所獲，得以生還。方知校舍早經焚燬。

公安局五區三分所警長陳漢卿，於二日下午，被日兵拘去，工作運屍。後以工部局之交涉釋出，已形消骨瘦矣。據陳氏云予服務於閘北五區三所，自念八晚，暴日進攻閘北，以職責所在，致日兵迫令繳械，擄於虹口日海軍司令部，幾被槍殺，九死一生，旋幸得離險境。不意復於二月二日，因公於下午七時餘，經過外白渡橋百老匯路口時，突被日軍便衣隊四人攔阻，任意檢查，以袋內藏有中山日記本一冊，致復被拘，押於附近商店空屋。時屋內已有三人，門外則有日兵把守。約至深夜十一時許，復被便衣兵用布帶紮緊兩目押登一運貨汽車。行約念分鐘，至一地，即迫登三層樓。樓上已先有吾國同胞念餘名，即令坐於一處，至此不見天日，遂致不分晝夜矣。翌晚，有日兵七八名上樓，又將各人雙目朦紮，廹下樓入一汽車內。駛行約十餘分鐘，至一碼頭，下車入船底，方將紮目之布放去，即令搬運白布袋。袋重百餘斤，外多血跡，揑之決爲屍尸，袋上且有號碼。工作六七小時後，即復以布紮目，驅上汽車，稍有抗拒，即予槍殺，或以刀刺死，間多跳入浦江中求死者。每於工作完畢，回至樓上，輒有三五人不見。如此六七日，所恃以果腹者，則每日僅發給黑色麵包三塊，生鹹魚一小方耳。至電燈明後，約四五小時，則迫令下樓上汽車，至碼頭下船工作。往來紮蔽雙目，至今尚未知所登之樓爲何處。中間曾以鉛筆破紙作書，附以紙幣，上車時擲於途中，俾拾得者代爲馳報家人及長官。至十日。工作畢後，汽車忽駛往捕房，同車者共念九人。下車後，捕房人員，於訊問姓名以後，方得飲熱水一盃。迨天明六時，遂復由捕房中人促上汽車，自楊樹浦駛至南京路口，令各人自由投家，當運屍時，曾留意於其布袋之號碼，計已至二千三百七十餘號。日兵對吾等時施毆擊，或則槍殺，一若兒戲，初無絲毫人道心

據由閘北姚家宅川公路逃出難民姚崔氏語云，其夫姚根生，本地人，業水門汀工。二月三日下午三時，日軍用大砲轟擊，頃刻房屋即火延燒。姚崔氏隻身攜兩男孩向北逃，適被日兵瞥見，開槍中婦右足，彈自前膝下打進，由足灣穿出，頓時血流如注，痛不能動。其七歲男孩，隨此衝散，祇忍痛手懷嬰孩再逃至寶山路火燒場旁，露宿五晝夜，粒米未進，八日下午三時始由中國紅十字會救護車送西藏路時疫醫院療治。又據逃出之某婦人談彼在樓上，曾親見弄口之日兵五人，將年約二十七八歲之婦人，用刀戳斃。一日兵先用槍柄，將婦人猛擊數下，該婦人即失聲倒地，另外兩日兵，即用利刀，將婦人頭部胸部，連戳十餘刀，婦人立時斃命。見之一日未能進食。

虹口日兵，於二月二日在閘北胡家木橋一帶，被我軍迎頭痛擊後，即分路竄入楊樹浦方面及老靶子路各地。至中午十二時許，忽有日籍敗兵十餘名，由老靶子路向南，竄入柏頓路與北河南路間之鐵馬路小菜場，手中槍械，已不齊全，形狀亦十分狼狽。旣而走入柏頓路鴻興里，見有兩華人，正從弄內走出，日敗兵如瘋狂一般，擧槍向華人亂戳。爲首一人，名小木匠，即於該里七百六十四號門前，被日兵槍刀刺殺，其後一人，急向駐防該處之英兵身旁奔避。結果，仍被日兵刺死，并將兩華人之死體，由日敗兵共同抬向武昌路方面而去，不知作何處置。又有某理髮店一陳姓學徒，因飢餓，燒湯年糕吃。日敗兵六人聞聲即打門入內，即先將已燒熟之湯年糕，飽餐盡淨，並將該學徒曳之而去，生死未卜。

有難民數人住居閘北青雲路據其向人談話云：當日寇進攻時，男子盡被日便衣隊用刺刀截傷，女子則多凌辱。事後又用刀刺死者。又靜安寺路底，有幼孩一人爲日浪人用槍擊中腦部身死。我國同胞數十人，見之憤極，不顧生死，直追擒之。當時被民衆將該浪人頭面等處猛毆，卒被印捕趕散，將該浪人帶去。又有黃尊義者，粵人，住橫浜橋東寶興路橋塊某里內，念九日晚，偕妻女及同居鄰舍數人，冒險逃出，皆被日人拘捕。帶至武昌路三元宮內拘囚。不久被捕男子，盡遭日兵毆後，用槍亂擊斃命，本人亦遭槍傷肩部，應聲而倒，但並未畢命。其後屋外槍聲猛烈，日兵多出外應戰，本人得乘機走出。當時目擊許多同鄉婦女，被日人剝去衣服，綁在柱上，用刺刀剖胸腹割乳頭而死，情形慘極。

浜北一帶，無辜同胞，遭日軍慘殺者，日有所聞。工部局警務人員，有時出而勸阻，亦無效驗。某日下午四時許，海寧路三〇一四號仁濟療養院，（華人所設）突來受傷華人一名，左足槍傷，血流如注。未幾日軍四名隨至。駐該路北江西路之中西巡捕，莫名眞相，留仁德療養院之受傷者，則被日人尋獲，約五分鐘後，日軍派卡車將受傷者車送北四川路日軍司令部。後虹口捕房派八號西探長，前往偵察，據其告人，受傷係一小本商人，向在老靶子路天福里口，開設大餅攤。不知如何，忽遭槍擊。但日軍向西警聲稱，受傷者係奸細之一，當時共計四人，曾向日軍開放手槍。但該處附近之居民，則均證明實係小本商人也。

南京時事月報記者。爲之記淞滬戰地慘狀，轉錄其關於閘北方面者如下：

長途的辛苦，使我不能鼓着餘勇前進了，在北站一家小小的旅舍裏下了榻，蚊子臭蟲叮了一夜，第二天睡眼朦朧裏被叮得痛醒來紅日滿窗，不容再高臥了。這天是準備先到閘北之行的，好在近在咫尺。可以緩步當車。胡亂吃了些早點，便沿着界路轉向寶山路而行，美輪美奐的北站候車房和管理局，通通付之一炬，那裏什麼也沒有，祇剩了些瓦礫沙土，但有幾個工匠模樣的人正在測量地勢，似乎預備興築，賠償兩字是休提，燒了只有自己挖腰包再築，日本人應該拍手獻笑了！寶山路的轉角，有許多女童子軍在集隊談話，不知是否爲參觀戰區而來，如果上海附近的中小學生人人都有機會可以到這裏走走，看看些頹垣斷瓦，與奮他們的神經，使感覺亡國之痛楚逼於眉睫，也許比坐着念教科書有點意思吧！我這樣想着，不覺已進了寶山路。出乎意外的，寶山路竟是很熱鬧，遠遠望將去，竟和往日不相上下。再走向前一看，兩旁小販如鯽，也有山東佬在喊着決看西洋鏡，一個銅板一位的，也有賣熱食的，賣水果和酸梅湯的，夾雜不少的難民，喧嘩一片，令人絲毫不會感覺着荒涼。再往前走，許多房屋，似乎都巍然尙存，其實都祇剩一座空架子，裏面早化爲灰燼。漸漸地人跡也稀少了！祗有穿黃色制服的警察在站

着崗，很整齊，很有精神，還是故都開來的模範警士了。偶而走到路旁瓦礫裏去，什麼也都沒有，稍値幾個錢的，想來早被窮人撿走了。觸目的是許多爛壞了的沙袋和些鐵絲網，馬路倒很潔淨，這是接收後的整理工作。再走上前去，巍峨大廈的商務印書館在望了，鐵門緊閉，只能從門罅裏張進去，也祇剩了個殼子了，對面的東方圖書館，更是糜爛不堪；聽說燒燬之時，遠在法租界，都拾到風吹來的燒焦了的辭源，常有汪洋浩瀚的感想，如今楚人一炬，可憐焦土，其刼數也就不下於秦始皇焚書時代。那窗檻裏面，也滿佈着沙袋，這也許是我軍所設，踞高臨下以作戰的。從門外草場中又拾到一張燒燬過半的梁任公飲冰室全集殘頁，我把來什襲保存，以留紀念。於是再往前走，路旁已寂無行人，商肆小販更是絕跡，只有一家破店，陳設一張長方桌，上面放着一大壺茶，外寫「歡迎吃杯熱茶去，茶資聽給，不敢强索」，我想這倒是一件公德事，走進去一喝兩大碗，給了四個銅子的茶錢，扔在桌上，但是並沒一人出來招待，可算是很新鮮的一種營業了。這時候寶興路來了幾個短衣同胞，都像喝醉了酒，七顚八倒竄前走，過了橫浜橋，土阜堆的很高，爬上去一看，阜下流水潺潺，上面祇淺鋪些沙土，數十步外，兩個日本海軍陸戰隊兵士，抗着槍，矗立一所屋口，路上不用說更闃無人跡了。所謂恢復一二八以前狀態，照這樣知何時辦到？再看那幾位喝醉酒的，已大搖大擺往下走，我便也跟下去，想看個究竟，誰知走不到幾步，一個日本兵早走過來搖着手，睜着眼，看他樣子，似乎不懷好意，我只好暫退兩步，可是那幾個人早已毫無留難地走過去了。屋子裏這時突然又鑽出兩位短衣同胞，像是江北口音的和那個日本兵鬧着頑，大家笑彎了腰，嘻嘻哈哈鬧做一團。我呆着望了半天，想這兩位朋友如果死後能彀把來解剖屍體，一定要看看他們的心肝什麼做的。可是事勢不能容我再留了，重回到土阜上，遠遠望去，盡是廢墟碎瓦，到這裏纔是一幅悽愴的戰後景象，時報上紀載說，連一片完好的磚瓦都沒有，的確是眞的了。這天親眼看到所謂江北漢奸的活劇，更是嘔足了氣，人窮了而至爲盜爲匪，任何的罪惡，都還有其可恕之道，祇有作漢奸的，其肉眞不可食，這難道是中國的特產品嗎？何以歐戰數年不聞有甘於賣國的呢？四顧茫然，無可留戀，循着歸途回來，出了華界，步行到老靶子路，趁一路電車到公園靶子場。北四川路一帶所謂神祕之街，大致已復原狀，不過奧迪安戲院已燒燬了，許多日本人開的市肆，有的也已閉歇多時，這都是拜其顯武天皇之賜。靶子場一帶，還是很冷靜，仍到處看得見日本的海軍。越過黃陸路，到天通庵站，什麼都燒光了，一間間像鴿架似的破屋，已不堪再住人，祇可留作憑弔資料而已。一切的一切，都似乎身入死城，蕭瑟萬狀。這時遇見了一位形似農人的，搖着葵扇，坐在階沿樹下納涼，爲了酷熱難忍，便同他席地坐談，他說在這裏築有一所小小的茅屋，恰未被燒去，前天囘來，喜出望外，什物也毫無損失，也許因爲屋子太殘破，東洋人眼孔大，沒有光顧吧，據他說這裏一帶，從前藏汚納垢，許多盜匪和路刼賊都恃爲淵藪，一二八戰後，房子燒光，般富破產，連盜匪都無可立足了，現在閭閻安靖，鷄犬無驚，倒是一件不幸中之大幸，我因此記起日海軍大隊長森可久在接見中國接收委員時，翹起了一隻腿，傲然的說道：『此間盜賊最多，自帝國軍隊進駐鎮攝，現在已經絕跡了。本軍現雖奉命撤退，但中國人民紛來挽留，希望此後中國警察能保護日僑，否則帝國軍隊仍須取斷然處置』。日本人把中國地方蹂躪到這種地位，還在說這種鬼話，豈不可氣？那位農人又談他的逃險情形，可惜他一口的甯波土話，我沒有聽明白。夕照已經啣山了，那種冷僻得異常的荒區，實在懍乎其不可留，於是踏着斜陽衰草，回至北四川路底，一大隊的日兵正在操練，翹着尖角鬚的一位軍官，見了中國人走過，用兇險的眼光射着，那一種氣概，儼然以亡國奴視我們了！

神祕的上海啊！重重的國難，祇有使牠的繁榮，愈益地滋長了。那天晚上在繁盛中心的南京路兜了一個圈子，女人們仍舊那麼花枝招展似的往來，洋行小鬼，其多如蟻，他們在帝國主義的卵翼之下，正盡量的享受他們玫瑰色的春夢，兩旁的茶食肆，電燈如炬。擁擠不堪，原來明天就是過節了！在這裏徘徊片刻，眞使人哭笑不得！

匆匆地過了一宵，在晨光熹微中，重又向北站走去，祇有神聖的勞工，揮着汗工作，黎明在上海確是最冷靜之時間了，我今天是決意到眞茹去，趕火車不及，就趁華商公共汽車，每位只消三十九枚銅元，路線却不短。界路西偏，惡臭刺鼻，不知是否戰後的遺留，也許可爲疫病之媒介，市政府却沒有注意到。小販仍是充斥於途，許多露天食物攤，預備貧民光顧的，觸目皆是，原來共和路以上商肆已一律成爲焦土，這些小商人無計爲生，便只好在原址改營攤業，大概有數十年汗血的產業盡化灰燼的。閘北小商業的整個破產，直接將給予上海社會如何的影響和恐怖，這也是市政府應該慮及的。在汽車裏懸掛着市政府「貧民借本處」的廣告，不知是舊有的還是新釘的，但聽說限制很嚴資本也很微，因此我想如果要復興閘北，唯一方法必須積極救濟小規模的工商業。上海的財富是資本階級和帝國主義合作撐起來的場面，沒落在低層社會中的小商業，却刻刻有遭受破產可能。如今閘北若干方里的小商業基礎已全部燬滅了。這個將給予大資本家以吸收併呑的機會，而此種企圖的結果必然地將製造爲失業充斥和麵包恐慌的慘狀，而共產黨，盜賊更可蠭起一時了。救濟閘北必須撫輯流亡，這個決不是市政府一紙通告：「遷徙民衆，其各來歸，安爾故居，槃爾田畝，掃蕩氛燼，還我舊觀，毋存觀望之心，庶覩復興之盛，本市長有厚望焉」。一篇官樣文章，所可生效，必須先設計復興商業，因此我想一個辦法，將借本處大加擴充，同時經募戰區公債二百萬元，純供商民借本之用，每人可按其實際情形，以相當的担保酌最借以五十元至數百元之資本，期限自一年至二年，利息最多不能超五厘。更在種種方面，予以業務上的便利，助其復興舊有的規模，到期再派員調查各肆情形如果實無贏餘，未能還本，不妨再延長其期限，若故意推宕，當然也可以依法追索。這樣在市政府是並無所損，而小商民已拜賜不淺了。在這種創巨痛深之時如果希望一般小商人赤手空拳，重安舊業，豈是事實所能做到，政府若沒有辦法，眼見得閘北的興復將悠悠無期了。

汽車由中山路折向太陽廟顧家宅而前進，沿途除大統路一帶商業尙能如常屋宇亦尙保全外。其餘則差不多盡是一片瓦礫場了；日本人經過這裏，應該自讚其砲火政策的威猛吧！車子到了眞茹車站，戛然而止，暨南大學已在望了。門前貼着鄭洪年的佈告「在校務整理期間，敬謝來賓」。一位警士倚槍而立，我向其說明參觀來意，他指着佈告表示拒絕。經過許多唇舌，才把我領到門口一間警察派出所內商洽，那裏邊的警官倒很客氣？馬上應允，於是他先在前引道，龐大的校園，盡已蛻爲茂草，一切荒廢蒼涼，瘡痍滿目，暨大的校舍，是分散着建築的，大約有十多幢的房屋，所以一幢被燬，尙不至於蔓延他處，還算大幸。先到東首的大教室，門窗玻璃，已被炸彈炸去一角，但尙無大損。三層樓牆上有四個洞，下置小梯，據說是日軍鑿穿，用爲瞭望之用的。再前進是一所堆放標本的教室，已蕩然一空。粉板上寫着許多：「弱小支那兵」，「佐籐正雄第七支隊隊長」，「皇軍萬歲」，等等的標語，還有「驅逐濱口氏」的字樣，不知什麼意思，更奇的「打倒國民黨」，及罵蔣介石的標語也有，是中國共產黨所寫的，還是日本兵士寫的，已不可考了。逾此前進，各校舍除一二處被全部炸燬外：大概還好，祇可惜一切標本儀器，校具什物，都已無復遺留了。暨大留校辦事員某君出來接見，很慇懃地領我再到各處參觀，據他說目前本處復課已不能，祇好候至下學期了，暨大自趙正平長校迄今，慘淡經營，有此成績，此次慘遭无妄，與商務印書館被燬，同爲文化上最大損失，但還能保存大部份的精華，尙是如天之福，比較持志學院，已僥倖多了！校中一空地，被日兵改作飛機場，滿堆廢鐵破紙，尙未加以清除，兜了一個大圈子，日已近午了，乃辭謝而別。

越過軌道，到了車站旁邊，幾家商店已照常營業了，買了些麵包，站在餛飩担前，胡亂吃一個飽，爲了熱，便在一家糖菓店中小憩，閑着和店裏一位白鬍子先生攀談，他是眞茹人，年紀七十多了，不住的搖頭歎氣，他說生平經過長毛，庚子，和辛亥三大變亂，沒有像此次所受激刺之甚。老人家的話匣子一開，便滔滔地不竭。他指罵眞茹的一位漢奸沈頌閣，專替日本人做走狗，利用所謂「地方維持會」名義，召集四十餘團員，橫征暴歛，變賣軍隊遺留的用品和居民未及搬去的物件以自肥，聽說沈是從前會審公廨的譯員，在河南當過團長的，這幾天上海正鬧着他被綁的一案，大約其行爲不端已有確證了。老先生說眞茹全鎭只有百餘方里，住戶不過五千餘家，而此次遭受損失，幾於全部波及，不一定是日本人所直接蹂躪，那些漢奸也有功勞，士豪劣紳不去，本鎭永無澄清之日子。於是老先生又繼續發揮他的「暴政猛於虎」的政治哲學，從咸同的生活情形搬演到今日不勝感慨繫之，記者覺得今日親炙地方父老的甘苦談話，很感有味，如果黨部諸公，肯紆尊到民間去視察戰後農村景況，我想比空喊幾句三民主義好些吧？

本要到南翔去的，細雨濛濛，天容如墨，走不得了。汽車久等不到，祇好僱一輛人力車回上海，車夫的路徑不熟，從東寶興路繞到寶山路，沿途店鋪還有日本人書寫着「許可出入禁」的，最傷心的，瓦礫之中，常有木牌斜矗，仔細辨認，似乎寫「民國二十一年孟春，中國陣歿將士靈位，施主田中信隆」等字，這是日本慈善家的功德了！感謝他們的好意，殺了我們還裝慈悲，可是你沉埋終古的忠魂啊！你們死的代價在那裏？上海協定簽字那一天兩方歡飲的香檳酒，也許就是喝的你們的血吧！

第三節　江灣一帶慘狀一斑

江灣一帶，爲此次戰爭砲火最劇烈之點，兩軍生死相搏，砲彈橫飛，疾如流星，密如飛蝗，民居之被毀者，不可勝數，著名大學，被燬無餘，實是空前未有之浩劫。茲摘錄報章所載江灣一帶慘狀如下，藉見一斑：

時事新報云：據由江灣輾轉逃來者云，該鎭已成一片焦土，瓦礫成堆，屍橫遍野，掩埋乏人，氣息僅屬之鋒鏑餘生，亦蜷伏床下，仍偈促不敢稍動，蓋恐膏利刀。而枵腹索居，雖幸免於兵燹，亦難免爲餓殍。該鎭跑馬廳中，有已死之戰馬甚多，日本旗幟，則觸目可見，總之悽涼景象，有非言語所可形容。記者前往視察，適奎照橋南首之萬安坊方面之房屋，正在延燒，茲將該處被燒之地段，見聞所及，詳紀於下：（一）奎照橋南首萬安坊，（二）奎照橋東首之油車方面，至香花橋，均被燒去。（三）橋西之晡雞坊燒去。後至街市，東至柵口，西市至尼姑庵止，均已燒去，（四）大寺刹門等房屋，均被燒去。（五）東首之談頌文住宅，被砲彈轟毀，（六）沿西之鄉公所，與市公安局第五區之第五所，及保衛團等，均已燒去。（七）江灣時疫醫院，全部燬盡，聞該項房屋，係於去年新建，造價約四五萬元，此次發生戰事後，中國紅十字會在該處設立第十五傷兵醫院。（八）嚴家祠堂，被砲轟毀，（及）北弄燒至小弄止。（九）東嶽廟被炸。（十）江灣火車站，被燬已盡。（十一）國立勞動大學鐘樓，被砲毀去，校舍，燒去一部份。（十二）丁家宅一帶，全部被燒。（十三）新市路房屋，均被燒去。經燒去之房屋，牆壁上槍彈之痕，觸目皆是，或砲彈洞穿，或屋面被燬，其不在火線而較僻靜者，損傷較少，而業已被燬之房屋，尙有數處，餘燼未熄，騰出烟火，臭氣四溢。日軍哨兵，在途梭巡者，一二人，四五人，不等。

又時事新報所載廟行慘狀，如下：廟行鄉左右之金穩宅，三百畝頭，東塘街，西塘街等處，均爲此次作戰最劇烈地帶，新聲社記者，因悉日軍業於十八日撤退，而我保安隊亦已進駐，特於昨日午後，驅車赴該處一觀實況，刼後滄桑，無限淒涼，茲將詳情，記之如下：（沿途一瞥）午後一時，由閘北鐵路北轉，循中山路前進。在鐵道交界處，先經日軍崗位，檢查一次，後卽無甚攔阻。中山道上，行人往來尙多，繼卽由滬太路直向前進，日軍步哨已絕跡，惟兩旁電桿橫臥道上者，有二十餘起，似爲人用鋸鋸斷者。車抵寶華寺，卽不能行駛，蓋前面道路狹小，祇能步行。鄉人領導，約去半里許，見東首有一公司，房屋約二十餘間，規模頗大，今已盡燬於彈火，巍然獨存者，祇後首一小屋而已。稍偏向西北，爲侯家宅，全部房舍，盡成瓦礫。據鄉人言，侯家宅之遭燬，係事後日人縱火所致，沿途見隴頭戰壕，綿長約四五里，大部已被農人剷種鋤平，然殘痕累累，尙復依稀可尋。復前行約四里許，抵詹家宅，我第五軍某旅曾設司令部於此，房屋損壞尙不多。鄰東首一室，後門起有一交通壕，直通廟行，長約三里許，今亦已多半塡平。再走半小時之久，始達廟行。（鵝溪小學）廟行村住戶計五六十家，房屋俱沿鵝溪。靠西首有十餘間矮屋雞舍。小溪之南岸，有小學校曰鵝溪小學，向有學童五十人，課室兩間，教員兩人，在一小村之中，校務尙稱發達。自經兵燹，室內一空，四逛危壁，存一輪廓，而彈痕密接，幾如蜂窠。（王姓婦人）離該校十餘步，有周姓大宅，已付一炬。比鄰爲王家宅，全部房屋三十四間，直至泗瀆廟後。今則但見瓦礫凌亂，已成一片焦土。其時遇一被難之王姓婦人，據其口述，彼同姓中共有五家，有屋二十餘間，向業油車業，（卽替軋油）前此急難中，忽忽奔出。先至羅店，繼又東西奔逃，中間經過二十餘處，備嘗顚沛流離之苦，始輾轉抵滬。今則家人星散，孑然一身，方於一星期前轉返家園看視，但屋舍被燬已盡，無片瓦可以蔽身，家用雜物，損失無遺，倉卒中，設法僱人築一小樓，僅足容身，飲食起居，皆席地坐臥，且嘗遭火之際，家人死於難者有三人，一則年已七十歲矣。言時淚欲奪眶而出，一種身世淒凉之狀，誠使吾人不卒聞也。（泗瀆廟）王家宅東南岸泗瀆廟，（廟行之名由是稱）爲雙方激戰爭奪之所。廟計三間三進，本爲該村人民所虔奉，香火極盛。自戰事發生後，該廟卽爲我前線據守之地。前後左右，均築極大戰壕。廟內沿東牆脚處，亦有戰壕遺跡。而所謂大老爺三老爺等偶像，咸已斷手折足，橫臥滿地。我軍退守時，被日軍佔領，廟內卽駐紮，金澤工兵第九隊第一中隊，當日軍駐在之時，曾於屋頂破一洞，以三竹桿紮住，懸一日本旗於頂上。其旁有空地一塊，據云我軍退守時，遺去屍首不少，被日人焚毀滅跡。今則祇存黑色之痕跡，留待我人憑吊而已（三勇士墓）此行約三十步，有日人盛稱之三勇士墓。所謂廟行三勇士者，在三月中旬鄉人不復記其確期，僅知守廟行者是八十七八十八兩師，方任廟行守禦，日大舉來犯，我略後退，於某姓古墓中，伏十餘人，置有機關槍三架。敵數百人衝鋒而前，我槍彈齊發，敵全軍盡覆，將士無一生還。所謂三勇士之埋首所，卽在泗瀆廟之北，今則蔓草已靑，而日軍駐在之時，猶每日必至該處禱祝一次，風雨無阻。不知國人見之，對於我大場滬太車站前之國殤，作何感想？（金穩宅等）距廟東約四里許爲金穩宅，亦爲當時最激烈之戰場。稍偏向北，爲東塘街與西塘街，金穩宅房屋，存者不及十之一。東西兩塘街，盡燬於火。今居民雖絡續遷回，然祇臨時搭蓋，暫住而已。在廟行之南三里，爲三百畝頭，向係田隴，後經滬上某資本家，出資購買三百畝方圓，築屋四十餘所，預定在該處設一村莊，開闢馬路，可以通滬，此次戰事後，新築房屋，全都被燬。據鄉人云，廟行一帶之戰，以該地爲最烈，在當時血滿溝渠，屍橫遍地，遠望幾如秋收橫臥之稻草，觸目皆是。據鄉人告記者云：當敵軍來佔時，鄉民走避一空，間有貧老不及逃者，都被殺害。停戰以後，鄉人亟於農事，冒險歸來，日軍未退，婦女乃大遭蹂躪。鄉人談及日人在鎮時情形，猶有餘恨焉。

又報載大場浩刦云：沿滬太路距江灣十二里之大場鎮，二十一日晨六時念五分，卽由東來敵機十餘架，環繞大場汽車站空間。遠望他處，尚有三架一隊者，可二三隊。總計飛出日機在三十架以上。七時許，敵卽開始投彈，並開機槍向下掃射。結果沿站滬太路中一彈，路基成一大窟，停靠路傍九五四號公共汽車前部汽缸，亦被炸損。廿王橋(卽平江橋)北亦中一彈，住屋十餘間已毀。大場站前空地中彈，泥土均飛起，龍王橋東市廛繁盛區中三彈，共六彈。投畢南去。至午刻十二時，又來二架，往還投彈四五枚，均落大場附近鄉村。記者於午後一時四十分抵大場，見站旁滬太路上，死三男一嫗，嫗胸臂環布包，似係逃避經過遇難。站前空地，死二民一兵，民似閒佇觀看之鄉民，至于傷人，均已運走醫治。龍王橋東死四人，其中一人被牆泥掩埋，掘出尚未斃命，當由紅十字會救往醫治。聞全鎮被炸慘死者達五十餘人，商店住戶被燬三十餘家。午後三時許，又到日方飛機七架在該處一帶，拋擲炸彈，斯時適由江灣方面逃來之難民頗多，一時驚惶無措，玆將被炸房屋及死傷者，探紀於次，（一）龍王廟被炸彈擊燬，（二）利濟被炸中斷，（三）大場老典當房屋炸燬，（四）紅十字會大場分會，被炸屋面，（五）滬太長途汽車公司，大場車站，被炸彈炸燬房屋，（六）市河橋，被炸橋面，（七）被炸慘斃途中者，共男女七人，（八）民房之被燬者約有三十餘處。

以下再將日軍暴行，略錄數則：

二月念八日午後一時，據江灣後面高境廟鄉人沈阿桃脫險逃滬云，該廟附近之馬家橋，侯家宅等處，日軍經我軍擊敗後，前日下午，卽橫殺鄉人，其母及姊妹三人，卽在屋內被刺而死。其父名三官，當被日兵拘去，廹其引導至各戶搜檢，父因不允，亦被槍殺於門外。於是各戶之同時被殺者，有數十人之多。沈因乘間逃匿於附近竹園內之廁所中，後於夜間匍伏逃出，得免於難。惟附近三十餘村落，均被縱火焚燒，悉成灰燼。沈於逃出時。尙見濃烟蔽天云。

二月二十二日，有一由江灣方面逃出之中年農人，手攜纔二齡之女孩，據云，世居離江灣鎮西廟行鎮，西南半里許村中，此次日方三次總攻江灣，爲激戰重心，故廟行除受彈砲炸焚之厄運外，又遭日軍之蹧蹋。凡未及逃出之村中年少婦女，均遭其強姦，事後且加殺戮，以致裸體女屍，觸目皆是，其殘忍獸行所爲，殊令人髮指。吾妻來歸方三年，見日軍如狠似虎，由村外來時，自知不免，爰急以此孩授余，謂將入內稍携細軟圖逃，詎知竟入房自縊。時日軍步履聲已近，余不得已忍心抱孩由後門逸出，轉輾來滬。家破人亡，留此一塊血，更增我累，否則余亦不願偷生矣！又據逃出之難民云：江灣北鄉南北陶家灣，見科宅，湯朱家橋，東西周老橋，馬橋宅，陸家耡，前武巷宅等處致被日兵用汽油稻草縱火焚燒，未逃出之鄉民，不許出門活活焚死，亦云慘矣！

上海慈善團同仁輔元堂擔任掩埋江灣西北廟行一帶戰區尸體，於十七日由該堂庶務主任葉振權，收尸主任張百忍，率領職員與掩埋隊，携帶棺木，分乘卡車，前往進行收殮。先由三百畝一帶入手，兩隊工作，每隊有一領隊，帶職員四人，掩埋隊夫役二三十名，從事進行。據領隊之葉振權云：廟行週圍，地方遼闊，戰壕與河浜間及竹園坟山邊，尸橫遍地，一望無際，尸體類皆斷手折足，或殘缺不全，有受彈傷，有受火焚身死，尸體間有被野犬咬食，祇剩軀壳。而畜類之牛羊軀壳，棄置地上，亦復不少。有一處鄉人，於屋傍掘一地窟，內避男女約四十餘人，因房屋被彈轟，着火焚燒，倒坍後，窟內之人，不能逃出，被火勢烘逼而死。該處河水盡成紅色，慘不忍覩。又橫浜橋，有似廠屋者，所被火焚坍倒，瓦礫中，露出尸體二三十具，更覺悽慘。又廟行一帶，遍地有遺棄之手溜彈及炸彈，未爆炸者，及彈壳不計其數。經過其傍，危險殊甚。

江灣東體育會路五百六十七號之毛全泰廠，適在戰區，所有工人爲數八百餘人，皆携眷逃避，僅剩十餘人，留守門戶。方十七日下午，有日兵七人，携軍器前往該廠搜查。工人等全被檢查，并強迫啓戶領看，旋卽退出。次日又有日兵一小隊，携機關槍前來作同樣檢查。二十日，下午五時許，該日兵率領大批步兵馬隊及砲隊，共約五百餘人，其中半數，直開向萬國體育場而去，其餘破門而入，裝置軍用電話等，繼用強力威嚇，命該工人等借給烟茶火爐等。約半小時後，前方電話來，令速緊急整裝，向萬國體育場而去。未幾日兵八人，各攜硫磺及其他引火物進來，命工人等歸廠就寢，同時將引火物各處分散放火，「時火焰冲天，全廠盡歸於燼。所有工人，由火中越牆而逃，該日兵仍向該工人等開槍追擊。該廠在滬，已四十餘年，此次損失約七八十萬之巨。

據自江灣葉家花園逃避來滬之鄉民云：日兵在江灣一帶，每抵一村落，必將村人禁閉，盡佔其餘房屋。婦則強令洗飪姦淫。當其全隊遷行時，則必將該房屋焚毀無遺，惟稻草則滿載而去。

第四節 吳淞一帶慘狀一斑

吳淞爲我要塞地區，日軍因其在軍事上所佔位置之重要，自一月二十八日夜攻閘北大敗後，卽時以全力猛撲吳淞，海軍方面，時調集戰艦數十艘圍轟，空軍方面，時以數十架飛機狂投炸彈，陸軍方面，則屢次偸渡蘊藻浜希實行佔領，數十日惡戰，我軍雖奮發神威，將敵一再擊潰，惟無辜小民被敵人砲火炸彈所害暨其步兵之虐殺者，亦不可勝數矣，玆先將時事月報記者所述吳淞慘狀摘錄如下：

在北站的東首，有一家汽車行，專做接送吳淞的營業，每人只須一元，便可作三小時之遨遊。車子出發了，穿過許多的街衢，從六三花園穿出江灣路，日本海軍仍在抖擻威風，舉行步兵操練，經過特志大學，樑折棟崩，淒涼萬狀，何世楨先生毁家興學，竭一生心血資本所經營的，付之流水，可痛極了！從體育會路，而翔殷路而軍工路，沿途人跡絕少，到了曾經劇戰的江灣，是日本人所特別加工破壞的，連道旁墳墓，都被八吋重砲的爆彈，炸得迸裂，昔日裙屐翩躚的跑馬場，祇剩無數戰壕。縱橫排列，聽說我軍有五位忠勇的將士，曾在此殺敵數百，終於彈盡就義，忠墳距此不遠，可是不能憑弔了！和煦的夏風，至此都成冷肅的殺氣，袁子才詩說「男兒欲報君（可改國字）恩重，死到沙場是善終」，五勇士是得了善終了！祇是我們這些將爲亡國奴的，還在擾攘紅塵，偸生視息，今日對此黃沙白骨，與起何等的悲感啊！

吳淞！往日像嬌美的處子，沐浴在海天風日之下，遠望風帆沙鳥，如入仙域，商館櫛比，阡陌交錯。在這裏接毗着繁榮的都市，在這裏却充滿了鄉村的清氣，七鬯無驚，誠樸不爭。于右任先生有兩句詩說「君羨吳淞田二畝，如何遲却又三年」，吳淞的美麗的是可以誘惑人啊！

吳淞！如今像百戰的傷兵了！還未除卸他那血跡斑剝的戰袍！瘡痍滿體，在掙扎着求存，看啊！這裏和那裏，遍印着戰神留存的痕跡，繁盛的市鎮已經焦土，沃野千里，也早成荒涼一片，往日華美的高廈、蜿蜒起伏的森林，如今換來的是壞垣頹壁，斷梗殘枝，瘋狂了的日本人，你們偉大的殘殺破壞工作，可以稱豪於世界歷史了！在此低咏吳梅村的「金川事去家還在，玉樹歌殘恨未休」句，不禁愴然欲涕。

到了吳淞，第一觸目的是一座新建的橋樑，斗大的「白川橋」三字接到觸我們眼簾，聽說吳淞的蘊藻浜大橋，年久失修，市政府花了八萬七千元，重建一橋於其西。行將落成，而戰事起，吳淞失陷之後。日軍爲了運輸便利，先將舊橋修復，改稱爲金澤橋。嗣後又將新橋完工，於協定簽字後，爲了紀念他們此次的大殘殺，擅改橋名。初定河端橋，後因河端資望不毅，又改白川橋。於是這一座徧染血汚的建築物，便橫斜在我們的面前，白川已經在博浪椎一擊之下犧牲了！日本人走過這座橋，不知曾念及黷武窮兵者之結局而感覺寒心否？

雄峙在煙水蒼茫的邊際，那一座雄壯的砲台，正迎着我們而來。啊！這飽閱滄桑的砲台啊！從光緒到今日，你是身經百戰的老將了！可憐你如今已剩殘骸，委棄於沙礫之中，祇資憑弔而已！從一座廢壘中進去，破敗了的一所房屋正在門前，那便是吳淞要塞司令部了。那裏祇剩了些破爛的什物和碎瓦，似乎入了古代的堡壘中一般，接觸的是冷森的鬼氣和慘痛的創痕，踏着刼燼而上，到了前面，大約縱橫有二十多座的砲台，已經全部毀壞了！計南台小砲十一尊，北台大砲九尊，沒有一尊是完好的，戰時日艦的砲程一萬二千米突，砲彈多越台後四五里，炸成窪壑多處，積雨之後，成爲小溝，淺綠色的水，似乎渲染着死士的碧血。我方最大砲的砲程聽說只能達到八千米突，日機又飛翔擲彈，所以受創最巨，還有較完好之砲六尊，都被敵人運去了。越過了壕溝，登到台上細察，那些殘破的舊砲，很頹喪地歪在一旁，砲管裏已充滿了沙土，日本小兵用小刀在砲身上刻了許多字「皇軍正氣二日突破」，「火氣嚴禁」，以及某某支隊某某人名等觸目皆是。砲後刻着「光緒某年造」（似乎是壬申但記不清了）原來這古舊的大砲，有這樣悠長的歷史，人家的是一九卅一年式，一九卅二年式的大砲，而我們在天塹之險上所布的國防，竟還是三十年前的故物，二十年來的民國政府，因內亂的頻仍，近年來共黨的騷擾，實無餘暇建設及此，致爲日寇所乘，識者惜之。

在壕溝裏時時發現破舊的軍衣，上面有染着血跡的，這是殉國將士所遺留的啊！他們死守此處，不知經多少時吃多少苦，成仁取義，死而何憾？『千秋萬世名，寂寞身後事』，有人這樣替他們叫屈，實在沙場戰死，何嘗爲「名」之一字所驅，這些無名英雄，他們的姓氏且不能詳，何來個人的聲譽？然而愛國愛民族一念所驅使，可以視死如歸，這種純潔的動機，絕無利慾臭味的死難，價値是超過萬萬古的，悵望殘破的江山，對着這血汚的軍服，啊！這是我一生永不能忘却的感痛啊！

日本軍的炸彈，威力實在驚人，巖石崩塌，平地迸裂，在那裏幾乎找不出一塊完整的土地來。地下許多汽水的瓶蓋，一個日本兵在地下釘了許多瓶蓋，排成「ストタ」三個大字，不知何意。許多廢棄的大砲彈都堆放在南旁有一行刻着字「吾們來爲爾等解放，打倒軍閥」藥庫營房都已毀損了。沿着砲台下去，刼後河山，眞是滿目淒涼，不忍再事勾留了。尋徑而還，日已亭午。

遠遠的海灘上，悲咽的江潮仍舊拍岸，風景依然，而河山破碎，令人啼笑皆非。同濟大學也淪於刼運，昔時華屋，今日山邱，大江流日夜，閱盡千古興亡，這一次數千戰士壯烈的犧牲，他們的光榮，亦將與長江大海同其不朽吧！

又據報載二月十一日午後三時許，愛文義路大通路，附近來大批難民，均由蘊藻浜轉來滬者，據云，日兵在初犯該處時，尙未有若何殘忍舉動，截至七日後，卽一變其常態，漸露猙獰面目。李子村於七日午夜，忽來日兵十餘人，荷槍入村，實行搶刼，首當其衝者爲一章姓家，除搜括外，另戳傷傭婦一人；八日晨又到大批日兵，全村均遭刼掠一空，並焚去房屋二十七幢，死小孩五，婦人二，擄去男子三十餘。李子村之東焦木頭莊，午后亦被波及。日兵在九日午后，將吳家塘小牛等處，抄刦一空，雖微如雞蛋年糕等物，亦爲若輩所垂靑，搶刦之物，滿裝七貨車，向楊樹浦方面駛去。當搶刦時，稍有阻梗，卽遭慘殺，被殺者，不下百餘人云。又據受害人沈盈生云：鄙人向在本埠浚浦局挖泥科爲工友，原住吳淞紀家宅近段兪江巷鎭卅圖地方，不幸被在張華浜大隊日兵拖往服役，一連數日。當被捉之第一日，上下身衣服均脫光，一線不掛，肉身綁在屋中柱上，一連二日一夜。日兵以爲我已被懲服，令我充敵當地嚮導。差幸口才尙足應付，未吃大苦。然有一般靑年婦女，被捉去燒飯洗衣，稍不如意，卽非打卽拷，或步槍擊斃，或用刀殺死，有時敵軍獸性暴發時，一婦六人姦淫之，另有一老年婦人，年五十有二，不幸亦不能免。至後以槍擊死。所有村中雞鴨豬羊，被搜一空，房屋能住者卽住宿，不能住宿者用火焚燬，衣物能用者取去，不能用者毀壞之。種種不法行爲，非筆墨所能形容，幸在日人前討作做軍事探差，故能脫險出來。又有吳淞鐵路工場西塊開小酒店之無錫人阿林之妻，口述脫險經過情狀，其事甚慘，據云：丈夫在淞鎭鐵路工廠作工友，入款尙足度日，更兼營小酒店，故略有積蓄，此次日兵大隊，在張華浜糧米棧上岸，阿林妻見此光景，卽身帶現款二千元及金飾多件，欲脫離危地。不幸途遇如虎似狼之日兵，將渠身帶現款金飾，搜括一空，並被日兵囚於暗室中，一連數日夜。渠年已四十四歲，然仍被日兵輪流姦淫。其後乘日人不備逃出。下部受傷，步履難移云。

第五節　其他各地慘狀一斑

眞茹自日軍大隊開到後，卽有便衣隊十餘人，在曁南大學足球場召集漢奸流氓三百餘人，分途向近郊各村落出發。當時各村富戶，被刦一空，尤以金利宅及東望巷兩處爲更慘。除被刦外，復被拘去壯丁數十人，臨行時復將該處觀音堂一所焚燬。據眞茹逃難者云，日軍於進佔眞茹後，卽在該處佈置防務，鎭上居民，因被搜獲十九路軍所遺棄之軍服，而被槍殺者，有四十餘人之多，同時卽在麗川浜一帶放火。四鄉村莊，則均迫懸掛日旗，所有日便衣隊及漢奸，則四出活動。婦女之稍具姿色者，無一倖免。遙望四鄉火勢，不下四十餘處，可謂慘矣。

據寶山居民逃口出者述寶山近況，不忍卒聞。謂寶山自被日軍進駐後，肆意殘虐，無所不爲。因紳富遷避，日方遍覓相當人物，爲其傀儡，卒不可得，是以惱羞成怒，益變本加厲，強居民房，搜尋食物餐食，以檯櫈桌椅等木器強充燃料，並四出搜索衣物珍飾。全城婦女，均受其蹂躪。遇及男子，則任意侮辱。逃出者必先經其搜索銀財，尙須跪地叩首求饒，日兵乃揮拳數下，推之使去，苟有反抗，則以刺刀穿其胸背，聽其掙扎呼痛而死。城中幾十室十空。雖貧乏之人家，亦不敢戀居。

羅店地方，爲寶山縣屬之一鎭，大小商鋪，約有三四百家。自滬太長途汽車公司開闢路線，在該鎭設立車站，商旅往來，交通稱便，市廛漸呈熱鬧。自日軍向吳淞與寶山縣城等處，開砲轟擊，飛機擲彈，炸燒房屋，死傷人民。由是吳淞寶山間一帶商鋪居戶，遂紛向羅店方面暫避，而寶山縣城各機關，暨各公團，因寶山巳入戰區之地，故亦俱移往羅店。此時寶山縣縣長孫希文，雖在此火線之境，仍竭力維持，厥後日軍向我陣線進攻益烈，致形勢危急，廹於眉睫，各科職員，均以生命關係，大部份亦巳避散。孫氏至此，巳處於無法維持之際，而經濟方面，亦以供應各項需要，化用告罄。乃結束一切，帶同未散之一部份職員，暫遷羅店第四區公所，爲臨時辦公處。一面向江蘇省政府民政廳呈報。

日軍佔據羅店後，繼續開到隊伍，綜約三千餘名，其重要官長，駐於福音堂，所有日軍，則散居於各處民房，如金巨山氏之住宅，羅店商會，競秀女學，羅陽學校，勸敏學校，觀瀾學校，華成、錦泰和、周德泰、盛義昌、瞿仁和等商鋪，均有日軍，此外尙有陳慕鷗、沈文六、楊仲文、金蔭嶠、末廣吉、金瀨淸、長開田亭主宅，亦有日軍在內，其入數三四百名，一二百名，六七十名，二三十名不等。連日在四鄉開槍打雞，鄉民之被流彈射傷者極多。有一婦人，係由寶山遷來，寓北新街，因略有姿色，為日兵強行闖入姦污，居民不敢作聲。

自劉行逃滬之小學教員顧君，據談自我軍放棄淞滬，退守第二道防線後，日軍即追蹤前進。劉行於二日晨，被日軍佔據。日軍百餘名，即留守劉行，居於區公所及菊泉小學內。區公所菊泉小學之器具盡被搗毀。劉行南之顧家宅，亦駐日軍十餘名，持至（十五日）晨七時許，忽開到日援軍千餘名，分駐於劉行顧家宅一帶，逐戶搜索，見有年輕婦女，即任意侮辱，並迫令居民遷移。因此附近各村莊，相率驚惶，紛紛逃避。

自南翔來滬難民王某聲稱，日軍自到南翔後，即挨戶搜查，銀錢食米，均為其必需之品，隨意開槍殺人之事，日必數起。婦女多被侮辱，年壯男人均被作夫役，種種慘狀，不勝枚舉云。

茜涇、牌樓市、新塘市、沿江一帶被日軍燒燬民房六百餘間，死約百人以上。每至下午六時，日軍即登陸放哨。日間撤回兵艦。楊林口居民，因敵需索食品無應，被擊斃者甚衆。浮橋鎮商店，上午開市，下午閉門。

（嘉定）某報記者於三月十日搭滬杭車往松江，轉乘民船至朱家角。船甫近岸，見河邊停有大小民船二百餘隻，大部為嘉定縣境之難民。當至岸上各收容所調查，據管理人言，共有七千四百餘人。又自行租屋居住者，亦有二百餘人。船上難民五百餘人，自白鶴江至青浦各港灣小村，共有難民六千四百餘人。十一日下午二時抵青浦，見各收容所難民，較朱家角尤夥。據云有八千二百餘人。略有資產者，均自行覓屋居住，亦有四百餘人。以上共計有二萬餘人。至散逃別處必不在少。有王君自嘉定來，語記者云：嘉定近城四鄉尚無戰事，日軍在嘉定總數約有一萬人。城內民房盡被佔居，所有箱籠被服各種物件，均被日軍悉數裝往上海。一面強迫人民供給軍需，並迫商店開市。日兵至商店購物，先以刀槍對準商民之胸，凡語言不慎或稍忽其意，即遭慘殺。購物後有簽一紙條，囑到司令部調換銀錢，而商民則無一敢去者。城中居民已未滿百人，前日日軍拘去商民數人，迫每日須供給米糧。被拘者迫於暴力祇得勉強應允。存仁堂內前因有保衛團駐紮，故日軍遂將其焚燬，并將公順昌醬園內三店夥捕去，生死不明。

嘉定以南之朱家巷、馬陸鎮三月六日被日機擲彈，炸燬民房無數。嘉定縣城，所有商舖、民房，大半被日飛機，拋擲硫磺彈炸燬，居民遷徙一空。嘉定縣政府，暨其他各機關，均移地辦公。七日上午十一時許，有難民六七十名，正在脫逃之際，被日飛機五架，拋擲炸彈爆裂，死傷頗多，脫險者、僅三四人，可謂慘至極矣。

第八章 國際聯盟活動概況

第一節 日內瓦得滬戰消息

自「九一八」東省事變猝發，中國即訴諸日內瓦國際聯盟。國聯受理該案後！迭經會議，迄未能稍戢日本蠢勃之野心。國聯諸公方在深感棘手之際，不料至一月二十八日夜，上海事件又突然暴發；中國又訴諸國聯。吾人殊不欲評論國際聯盟本身實際情況之如何，惟觀其自受理中日交涉問題以來，惶惶終日，曾未有若何有效制裁加之強暴，幾於國聯自國聯，日本自日本，可見國聯諸公應付此次變端之困苦艱難，實非三言兩語所可盡述也。

上海事變發生之翌日，我國政府以前經採用之盟約第十一條，已不足盡其事，因即訓令首席代表顏惠慶，向國聯提請採用盟約第十條與第十五條，期使早日遏止變亂之進展。中國政府致國聯秘書長德魯蒙之申請書，其要點如下：

一　中日間之糾紛，蓋由日本侵略中國領土行政完整及政治獨立之結果，違反盟約規定。

二　此項糾紛，既未依照盟約各條提交仲裁，亦未訴諸法律公斷。

三　此項糾紛，實際已達到中日關係立即破裂之點。

四　依此申請，中國要求採用盟約第十條及第十五條於此種糾紛，中國並正式聲明，行政院對於此問題，應採用上列兩條中規定之所有適宜及必要方法。

五　為此中國請參考自一九三一年九月十八日關於此項糾紛根據盟約第十一條提交行政院而行政院曾舉行詳細考慮之公文證據等，中國在此聲請中關於此問題之公文證據公然有效。

一月三十日，理事會決定受理中國之申請，並通過德魯蒙之提議，委請上海各國領事，組織調查團，就近調查，報告國聯，俾供參考。該項調查團，以意國駐滬領事齊亞諾為主席，祕書長係國聯運輸暨交通股主任哈斯，其餘英法德西挪等各國駐滬領事，均在委員之列。於二月六日，發出第一次報告書。

二月十二日午，我方代表根據盟約第十五條第九款，請求召集國聯特別大會，處理中日糾紛。經國際法學家研究結果，認為合法；雖經日本代表極力反對，理事會卒於二月十九日下午五時三刻公開會議。顏惠慶氏報告在滬日軍，已逾四萬以外，軍艦多至四十艘，並用達姆彈作戰，以及繼續利用租界為作戰根據等。又說明日本現已提出哀的美敦書於我方若不速加阻止，上海不日立將有十萬大兵之交戰。日本代表佐藤亦起立發言，除不承認施用達姆彈外，後公然指斥中國為無法治之國家，肆意侮辱。是日決議如下：

（一）行政會在考慮中國代表援引國聯會章第十五條第九節之規定提出之申請，謂中日事案應移交國聯會議，茲決議依照會章第十五條第九節將該案移交議會。

（二）現因國聯各會員國幾全有代表團聚集日內瓦參與軍備限制與縮減大會，故議會得於短時期內召集，行政會茲決議三月三日為議會開會日期。

（三）行政會於紀錄覓取考慮爭端所必要的情報之已行辦法後，茲請兩當事國竭力將關於本案之各種說明，連同會章第十五條第二節所規定各種有關係之事實文件，送交秘書長，以供議會應用。

（四）行政會依照會章繼續工作，以維持和平之責任，不因本決議而受影響。

方國聯決議三月三日召集大會時，上海勢形非常緊張，國聯對於日本之一意孤行，實已漸趨強硬，不意三月二日，我軍因後援不繼，卒至退守第二道防綫，因而日內瓦空氣，為之一鬆，國聯見最緊張之時期已變換其局勢，心理上之影響實大。倘我軍仍能繼續死守防地，則大會情形，或尚可變更一面目也。

第二節 國聯特別大會開幕

二月三日，中國申請召集考慮中日爭案之國聯議會特會，於十一時後數分鐘，由彭古執行開幕禮。因此會有歷史的與空前的性質，故在開會鐘點之前，議會各界皆滿具興奮希望，會議中有尋常所罕有之發言自由，尤以各小國之代表為最。各大國之代表在國際調解之長久經驗中，常受種種困苦之拘束，而小國代表則無之，彼等常由中國方面供給談話之問題，藉以表露中國在目前爭端中之觀察點。未到開會時間，議室中所有坐席，均為人滿，旁聽席與特留以供外交代表之席，亦均人浮於席。最可注意者，軍縮大會美國代表團全體人員均蒞會旁聽。彭古起立略述遠東時局之情形，微露議會特會所因以召集之慘痛情勢，謂氣地距日內瓦甚遠，又因當地錯綜之情勢，使解決有種種困難。彭古於此對美國友誼的合作，表示感忱，謂全世界今日痛癢相關，太平洋濱所發之一砲將令歐洲爲之震動，正如薩拉奇開一手槍而釀成世界大戰也。彭古繼乃爲國聯辯護，謂國聯行事雖屬遲鈍，然已遏止遠東戰爭性質轉重範圍擴大矣，國聯調査委員團已由英國李頓勛爵導以赴遠東，此爲國聯重要之成績。繼乃述國聯會章第十一條與第十五條與中日爭案之關係，極言國聯行政會之應中國申請，迅速盡其力之所能。行政會亦會援引第十條，且一再以該條文下之義務申告兩當事國，第十條乃解決目前與將來爭端，所必須依據者。繼又略述休戰計畫，莊重言曰：余今晨得悉上海攻勢業已停止，休戰之經接受，已造成較議會召集時更有希望之地位，行政會已維持世界上最重要之一事，卽榮譽是也。彭古之致詞，大爲會衆所歡迎，鼓掌與喝彩之聲，起於四座。繼由被選議會議長希孟致短詞。希孟以一九二〇年渠所主席之第一屆議會，與此次國聯機關，實際的運用相比較，繼切言此次會議所負重大之責任，謂敵對行動之終止，可使議會於和平空氣中進行討論，並發生一種希望，卽議會能將此綿延久長之爭端，作一勞永逸之解決是也。希孟旋提議爲議會內部辦事處成最廣大之代表國起見，擬選舉副議長八人，卽經會衆贊成。乃舉定彭古（四五票）、馬太（四四票）、賴美爾（四三票）、西門（四三票）、格蘭第（四〇票）、沃特迦(三九票)、白魯甯（三七票）、塞巴赫波(三六票)、八人爲副議。午後四時半，重行考慮中日問題，出席者約有五十國。各代表聞上海附近戰事已停之消息，爲之大慰。議長主席者爲比外相希孟。代表顏博士首先發言，其詞由無綫電傳至美國，衆稱其詞爲穩健，不作威脅之語，亦不提及制裁，惟請世界輿論予以道德上力量之援助耳。日代表松平答顏博士之言，說明日本所不滿於中國之處。雙方既陳述案情後，議長希孟乃提議將此爭執交總委會審査，衆贊成之，於是議會休會，至明日午後三時半復開。

是日顏博士之演詞云：余悵然通知諸君者，上海談判業已決裂，而戰爭已復作矣。（衆聞此語爲之震愕。）英艦隊司令凱萊送交中國外交次長郭泰祺之日方和平新條件，與英旗艦坎特上會議所得之了解，完全不同，簡直與投降條件無異，絕對不能接受。中國覺唯一辦法，在繼續抵抗日人攻擊，並覺戰爭繼續爲不可免。因此乃戰勝國加於戰敗國之條件，吾人不接受之，卽議會亦不能承認不規定侵略會員國土地的軍隊撤退之條件也。財政部長宋子文來電，日軍深入，已越過其所聲明停止進行之地點，故戰爭將繼續不已，今亟請議會首先辦理英旗艦上所議定設立中立區域之甚緊要工作，中國人民現處於歷史中最艱險之時期，以其國家之存在，置於國聯議會制裁之下，茲以四萬萬人名義請肆述九月十八日日軍強佔瀋陽以還，中日原有和平，突然從此破壞，而破壞此和平者，現已證明確爲對於中國土地之審愼謀定的侵略。其最顯見者，爲在軍縮大會將開幕時，以野蠻與恐怖的方法轟擊閘北與南京。國聯行政會雖有阻止戰事擴大之工作，其誠意可嘉，但日本之蔑視行政會已顯然可見。上海及蘇州杭州日軍以若干噸之炸彈，轟毀中國繁盛之區，喪失生命在七千人以上，中國不附條件聽候國聯辦理，並擔任願負保護滿州日人生命財產之全責。茲有請於議會者如下：（一）謀取敵對行爲之停止，與侵略軍隊之撤退，（二）在行政會決議案之範圍內，並依據國聯會章之精神，謀取雙方爭執之和平解決。

日代表松平之繼起發言云：華軍不再有敵對行爲，日軍卽行停戰。因日本爲上海形勢所廹，而採行防免日人與公共租界遭受危險之自衞計劃，俟設法銷除危險後，此事卽可自然了結。日本願欣然將事實供世人共鑒，中國宜注其全力以改良其政治與社會狀況，完善其司法制度，並保障外人安全，乃中國不此是務，而嘗欲片面取銷其對外義務，中國軍閥迅速不斷的破壞國民主義之眞理想，其行爲終成抵制外貨與陰險宣傳之結果，日本遂忍無可忍。

並言及上海某華字報一月九日有侮辱日皇之文字，繼謂上海復有毆打日僧事，於是日本空氣乃大緊張。又謂華軍屢次破壞休戰，日軍因誤認攻擊目標之故，致有數次釀成生命與財產之非必要損失，殊可扼腕。旋總述日本對於上海之態度如下：（一）如日僑與公共租界之危險可以銷除，則日軍準備立卽停戰，俟上海形勢鎭定後，陸軍可撤退。(二)日政府準備舉行與有關係國圓桌會議，討論保障各有關係國權利之方法。(三)日政府在上海無政治與土地野心，亦不欲關日人租界，或有其他專爲日人利益之作爲。松平又謂渠雖知國聯議會所討論者，非日政府對於滿洲之意見，但渠願引一月二十一日日外相芳澤在國會所發之言論，以告會衆，芳澤之言曰：滿洲爲遠東和平之鑰，日本負有滿洲和平秩序之責，而此責任現愈增重。日本不抱滿洲土地之野心，並維持門戶開放與機會均等之原則。國聯調査團現已在途，滿洲事卽在調査中，且現無決裂危險，今若重開討論，適釀成糾紛，而妨礙解決耳。目前爭論乃過去若干年不幸事件積壓之結果，吾人深望目前困難可及早和平處理，而東亞陰霾可永遠銷滅云。

第三節　國聯特別大會決議停戰

四日午後四時一刻，國聯議會在委員室開會，會場面積不若昨日會場之大，故甚擁擠，且在衆人入場時，頗呈興奮氣象，室中幾無隙地，屛刻而聽者頗多。議長希孟就席後，首先宣讀中代表顏博士來函，言及上海傳來關於停戰及戰事不停之抵觸消息。希孟宣讀此函後，請日代表松平發表意見。松平乃交出官場文告一通，內稱，雖陣地日軍現仍爲中國常備兵與便衣兵射擊，然主要戰事業已停止，日軍因華兵射擊，故亦還擊，但此種偶爾接觸，並不涉及日軍在停戰狀況下之態度云。顏博士建議，此問題既未明瞭，似宜請駐滬之英美法意艦隊司令，供給戰爭是否停止之切實情報。秘書長德魯蒙稱，渠昨已電請上海委員會儘速供給關於時局之消息，尤注重戰事狀況云。英外相西門代表英政府，允爲議會向上海英代表覓取最近與最準確之報告，渠信他國代表在此事上，必願積極合作，而使議會得悉上海所有之眞相。西門又謂昨日午後四時顏博士聲明雙方業已接受休戰條件，嗣聞中國在上海夜半十二時始接受停戰條件，其時正顏博士在日內瓦發言之時，惟無論如何，現已有若干進步，因雙方今皆有停戰之意也。法意兩代表，皆允囑其上海代表合作，以明白此地位。法代表彭古稱，渠知議會在戰事未停時，將未能有充分之行爲，渠已電致巴黎詢問情報矣云。討論中之特點，爲中代表顏惠慶與日代表佐藤間之舌戰，議會卒通過一議案，請中日政府實行停戰，並聲明議會將認違反此項勸告爲嚴重事件。顏博士與佐藤爭辯時謂日軍仍作戰，目的在支配全部區域，直達南京。佐藤聞此語，起而強辯，上海傳來之矛盾消息，渠未能了解，但渠可切實聲明者，日軍首先停戰，其時爲三月一日，此後日軍未再作戰，蓋戰事確已停止矣，大戰之後，勢不能無小接觸，但渠希望此後戰後餘波，迅將沉情，今日之難題，在雙方軍隊之隔離，渠以爲此事應由對峙的雙方自行決定之，渠歡迎就地徵集確訊，渠稱日本請求關係國之合作，以謀取和平狀況，並願參加在妥協成立後，立卽舉行之圓桌會議，俟局勢已甯靜後，日軍卽可撤回，渠可莊嚴聲明者，日本不欲關租界，依渠意見，圓桌會議，可解決永遠衝突，並助成上海區域內有秩序而和平之時代云。佐藤言至此，顏博士卽起而發言曰，諸君勿爲佐藤君之言所惑，余頃接電報三通，茲宣讀之顏云來電陳述日軍繼續猛進，日軍在吳淞附近登岸，及日軍運兵艦八艘 午後已入長江等事。顏博士續稱，日兵三萬五千人，絡繹登陸，攜帶坦克車，擬包抄崑山附近之華軍陣地，崑山距上海四十哩，是已倍於日人所欲華軍撤退之距離，各中立國駐滬艦隊司令，應立卽調査此地位，並設法佈置停戰辦法云。英法意三國代表悖發暫時鎮定人心之言，謂彼等業已請其軍事代表供給可恃情報矣。佐藤言及顏博士所稱日新兵三萬五千人絡繹登岸一節，謂此軍顯係援軍，卽將撤回云，顏博士仍不以其答詞爲滿意，要求議會立卽設法，促成停戰，謂中國不能滿意於日軍司令之片面宣言，因此種宣言，隨時可反覆也，如各事皆由雙方軍事司令辦理之，則此議會何爲召集乎。佐藤謂派往上海之援軍，係在停戰以前所遣出者，當然須在預定地點登岸，但顯然可撤回，衆聞此語，鬨堂皆大笑。議長希孟亟令會衆維持秩序。顏博士於此，正所置答，乃議長插言曰，吾人所聞顏博士報告令人不甯之消息，使時局愈覺不定，今時機已至，宜對於今日所表示之意思，有一種切實形式。議長旋宣佈休會，俾特別指定之委員會可草擬一種議案。下午六時五十五分繼續開會，議長希孟提出下列決議案。

國聯議會回憶二月二十八日行政院之決議案及其他擬行採取之辦法：（一）請中日兩政府立卽採取必要步驟，保障切實履行雙方軍事當局已發停止敵對行爲之命令。（二）關於第一條所請求者，雙方如何進行，應將實情隨時通知國聯議會。（三）國聯議會建議中日代表，應於上述各國海陸軍當局援助之下，舉行談判，藉謀確實停止敵對行爲，并以佈置日軍撤退事宜。國聯議會并盼中立各國關於談判之進展，隨時向議會報告。

佐藤提議修改該決議案第三條，謂該項所規定談判之範圍，除佈置日軍撤退外，亦宜商議此後華軍之防地，渠謂是項修正案，係因日代表松平認爲國聯議會可應解決者，非僅日軍撤退之細目，關於日軍實行撤退之條件，亦應解決。左藤一再聲明日本準備於和平恢復時立卽撤回其軍隊云。佐藤與英代表西門對於議案文中「布置」一詞之正確意義，稍有討論，雙方意見適相逕庭，議長希孟乃請議會表示其對此議案文字之志願，於是會場討論遂越出以前限定範圍之外。廖太於歡呼聲中起而發誠懇友好之詞曰，我友佐藤，其接受此議案文，廖太謂「布置」一詞改爲「儀式」，則各種疑念卽可消除。捷克代表比納士贊成其議。顏博士稱，如議案文第三條言及停戰，而非言及上海會議，再如議案文不規定日軍從佔據地退走之條件，則渠可接受此案。佐藤終未滿意，但因有保障言論，故允撤回其修正文。西門旋請出席者全體通過此案。此案付表決，一致通過。日代表亦無反對。各代表面有笑容。議長表示其最後之希望，謂議會之全體一致，乃前途之良好朕兆云，衆聞言咸鼓掌答之，旋散會。

五日大會繼續會議，中日代表，均有辯論，各小國態度，至爲激昂，惟討論未畢，卽宣告休會，延至七日再開。

七日繼續會議，英代表有重要演詞，（見後）法意等代表繼之。

八日，大會決定彙集各種提案，交付起草委員會起草決議案。此項決議，於十日下午一時始告完竣。分電中日政府徵詢同意。我國表示接受，日本則設詞至狡軍人尤屬狂妄。

十一日，主席西姆士朗誦決議草案全文，請批評修正。英代表西門提議加入非戰公約以增力量。當卽通過。（決議全文參閱後編）並依據決議，產生「十九人委員會」，下午六時五十七分，以休會形式閉幕。

十九人委員會之組織，除議長及行政院十二理事外，後加選（用不記名投票法）非行政院理事之會員六人；代替議會辦事。當選之會員如下：瑞士（三八票）捷克（三五票）哥倫比亞（三一票）葡萄牙（二六票）匈牙利（二四票）瑞典（二四票）

第四節　十九人委員會之工作

依特別大會三月十一日決議產生之十九人委員會，共經兩次集議：第一次舉行，於十七日下午三時三十八分，召集第二次舉行，於四月十六日上午召集。

十七日下午會議，由希孟主席，請中日代表供給消息：日代表佐藤當謂日軍第十一師團及二十四混成旅已奉撤退命令，將回國將士計有一萬四千人，關於談判，第一次乃於三月十四日舉行，詳情尙無報告，惟可報告者，則進行上之一重要步驟，業已實現。」又謂日政府誠意希望，能併合對華爭端得一解決。繼由顏惠慶起立發言：中國政府已在英公使藍溥生斡旋之下發起談判，並謂協定草案之外，日政府又曾另選照會一件，要求中國當局擔任上海市長一月二十八日答復日本哀的美敦書所承認各節仍完全有效，此種涉及政治條件之要求，與三月四日國聯決議實相違背，故中國不能同意。又日本提出修正協定草案第三款，謂共同委員會應監視並觀察撤退區域之一般情形至將來解決之日爲止，是日本於其軍隊撤退以後，仍可以公用委員會委員資格監視撤退區域，亦非中國政府所能承認。且大會通過決議案已歷十餘日，大局形勢，仍甚危險，應請委員諸君注意。

主席希孟發言，謂日本對於草案第三款修正案，並無重大變更，至所送之照會，則與決議案精神不符。法代表彭古同意此說。

是晚，特委會又舉行非公開會議，討論時涉及中國代表團，所送之覺書，該覺書指明，關於履行議會三月四日之決議案，以及行政會去年九月三十日及十二月十日之兩決議案，議會委員會應負種種之責任。且謂日本似藉口議會三月四日之議案，脅廹中國接受一哀的美敦書，故中國建議，委員會應向兩方政府聲明，三月四日決議案所包括者，究竟爲何。關於行政會所通過之議案，華代表擬請議會委員會，請求兩當事國報告，各已採取何種步驟，履行是項議案，并限定此項報告，應於復活節後，委員會首次開會前送到。此外華代表之覺書，尙請國聯之調查團，從速報告日方履行其依照行政會議案之各義務，究達若何程度。該覺書最後聲明，國聯之嚴密監視，爲制止日方於上海及東省侵略行爲之最良方法。討論時間，歷一時三刻，旋決請中日兩政府，各具聲明書，報告各方關於履行行政會九月三十日及十二月十日兩議案所採取之步驟。並決請國聯查調團，於可能範圍內，從速繕具關於滿洲情形之報告。非公開會議時，委員數人發表意見，謂滿洲撤兵問題，較諸上海撤兵問題，更爲重要，西班牙代表稱，委員會應請國聯調查團，報告滿洲新政府問題，說明其如何創立，以及民衆對之有何表示，但此提案，未獲通過，因多數委員認爲上海問題，應先行解決，且此項調查報告，將使上海問題，更趨複雜。關於華代表覺書內所提出之其他各點，則認爲委員會前所採取之行動，已包括無遺矣。

四月十六日上午，十九人委員會又舉行非公開會議。時上海停戰會議，現象深爲沉悶，主席希孟徇中代表請求，重行召集大會。中日兩國代表，均未列席，惟中代表曾提交大會以備忘錄，謂國聯大會議決案之所以難以見諸事實，厥爲日軍堅持退入公共租界及越界築路區域，同時日政府又堅欲先開圓桌會議然後撤兵，並提有辦法。日代表亦備文送會，陳述上海和議不能接近之原因，並謂現在最困難之點，爲日軍撤入公共租界及越界築路區域之日期問題。是日討論日軍撤退期限問題，歷時甚久，未有決議。

十九日，繼續集議，仍係非公開會議。通過上海中日問題之決議草案，分別徵詢中日雙方之同意，以便召集國聯大會正式通過。中國表示接受，日本則遲遲不覆，不肯贊同。因而國聯大會之舉行，不能不稍事從緩，進行其祕密工作。四月二十五日，主席接得駐滬英使藍博生所提之折衷辦法，中國本無異議，日本亦不再堅持爭執，因將草案第十一條加以修正，於四月三十召集國聯全體大會。

第五節　國聯大會通過上海中日問題決議案

四月三十日，國聯又舉行全體大會，十九人特委會提交國聯大會之報告書，縷述上次會議後之進步，並中日兩軍目下備防之大概。謂今除小接觸外，戰事實已終止；繼言上海談判進行情形。後因中國要求規定日軍完全撤退之日期，遂致停頓。嗣經調解，日本乃允俟常狀回復時，立卽撤軍，並希望六個月內可以回復。中國視新方案欠妥，不允接受決議。報告書繼又舉述休戰協定之條款。時上海日僑，因慶祝日皇「天長節」，在虹口公園舉行盛大慶祝典禮，有韓人尹奉吉，混入會場，抛擲猛烈炸彈，致日方軍政要人，盛受重傷，故主席希孟當衆表示對於上海虹口公園炸彈案之情感，謂此種舉動，殊屬卑劣，並謂渠昨日曾謁見日總代表長岡博士，代表大會表示慽忱，並祝受傷諸人早日復原，想大會全體必贊同此舉。於是長岡起而答謝，嗣希孟宣讀十九人特委會之報告書。讀畢，中國總代表顏惠慶起稱。中國恆願聽從友善之勸告，繼乃詳述國聯調解爭案之努力，謂此種努力，常爲日本所反對，若聽令侵略方面享受逆取之利便，則殊可悲痛也。繼又迴其辭鋒於休戰談判，謂日本每於中國作重要讓步後，輒挺進一步，而梗阻其進行。末謂渠代表國民政府接受整個之決議案，而視案內各節，同一重要，敢請十九人特委會繼續努力，抱定迅速貫澈履行該決議案之主張。顏博士發言畢，長岡博士起稱日政府極切望根據國聯大會決議案在上海進行之休戰談判得告功成，故日本對於上海依照國聯大會決議案擬定之草案，深爲欣慰，日政府準備於五月二日上海全體會議中簽定協定。繼乃申謝英美法意代表居間斡旋，而使協定得以製成，爲功甚巨，第日代表團關於國聯大會之議案，不便有所宣言。長岡博士又重申日本關於實施國聯會章第十五條之保留態度，但謂此種態度決不變動其竭力使上海談判儘速成功之決心。於是希孟乃提出決議案，並謂中日協定可望立卽簽定，但仍希列強代表繼續貢獻其寶貴之合作。決議案卒經一致通過。獨日本棄權不投票。大會會員於是乃相歡賀。希孟起謝十九國特委會慘淡經營之工作。末由英外相西門起立頌揚希孟之忍耐與練達，謂此番愉快之結局，多有賴於此云。於是大會乃宣告散會。

十九人委員會議決之草案內容，大略如下。

（一）因國聯特別大會三月四日及三月十一日兩次通過之決議案，勸命中日兩國代表，由上海租界有特別利益之列強，從中援助，進行談判，俾敵對行爲得以確實停止，並規定日本軍隊之撤退。（二）因三月四日及三月十一日決議案中所言之協定，特別委員會，對其訂立一層，不能代替交涉者，此項協定，祇能就地訂立，但於談判進行時，或於執行前述之協定時，如發生重大困難，則凡屬參預談判之列強，均有權將此種困難，報告於特別委員會，此項特別委員會，以國聯特別大會名義，並在其監督之下行使職權。（三）因談判應遵照國聯大會前所採取之各決議案而進行，任何一方不得強提與前述各種決議案相反之條件。（四）已將交到之停戰條款草案，業經雙方承認者，加以審閱。（五）承認此項條款，與前述各決議案之精神相符。（六）特別承認停戰條款草案之第三條，係日本允許將其軍隊撤至公共租界，及公共租界外虹口地方越界築路之區域以內，而回復一九三二年一月二十八日事變發生以前之原來地點。（七）宣言按照三月四日及三月十一日兩次決議案精神，日軍此種撤退，應於最短期內行之。（八）宣言三月四日之決議案必須日軍完全至前撤定區域以內始能認爲完全執行。（九）上海所定之停戰草案，擬設一種混合委員會，包含中立國委員在內，擔任雙方相互撤兵，並幇同將日軍退出之地方，交還中國警察，日軍一經撤退，則前述地方，立卽由中國警察前往接管，關於此層，准予備案。（十）此項委員會之任務，在以其所認爲最適當之方法，並遵照前項決定，以監視停戰協定第一第二及第三條之施行，其後一條（第三條）規定日本軍隊完全退至一月念八日事變發生以前之原來地位，此層認爲滿意，予以備案。（十一）承認負責監視執行停戰草案第一第二第三條之混合委員會，照按停戰草案第三附件所規定之職權，過上述各款之任何規定，於執行時有所疏懈，得按照第三附件所定之方法，採取各種決定。（十二）特別委員會敦勸雙方當事國，繼續進行談判，以期迅速成立協定，並請在上海租界有特別利益之國家，關於此事繼續予以援助。（十三）特別聲明如三月四日及三月十一日兩次決議案所言之協定，不能成立，則此項問題必須仍交國聯大會處理。（十四）請求在上海租界有特別利益之國家，將有益之消息，爲行將組織之混合委員會，按其權職所應取得者，立由各該國參加混合委員以之代表所供給者，報告於國聯會。

至四月三十日大會通過之決議案全文，請參閱後編。

第六節　各會員國態度之鳥瞰

三月五日之國聯特別大會，辯論至爲激烈。各小國對於日本行爲，大都表示憤慨各大國則因愼重發言之故，比較圓穩。玆先將各小國代表之意見，分列如下，藉見其對此次糾紛之態度一斑

瑞典代表羅夫格蘭 Lofgren 云：予絕對擁護行政院二月十六日致日本之通牒，並盼大會一致加以擁護。派軍隊赴他國之領土有所活動，實違反國聯盟約之規定，不能以特別情形爲理由。盟約之構成非易，現已有傾覆之危險，若國聯不能根據正義恢復世界和平，則盟約將被破壞無餘。

芬蘭代表愛瑞 Erich 云：大會應以直接了當之辦法，實現國聯主持正義及和平之主張。

荷蘭代表勃魯克蘭 Rloxland 云：當大會開幕期中，而中國仍有砲聲，實爲國聯之恥。故國聯應以決心全力赴之。否則國際和平全部組織之破壞及流血慘劇，皆將不旋踵而至矣。

墨西哥代表奧旣加 Ortega云：請大會注意國聯盟約之尊嚴，不能以種族及地理之關係有所分別，須根據主權人道正義等原則處理。

丹麥代表莫姆奇云：在過去數日中，世界各國皆懷疑國聯對中國發生流血慘劇事，何以置諸不聞。彼對行政院根據國聯決定努力談判方法，促進糾紛之解決，表示讚揚。但如一切調停方法皆告失敗時，大會應毫不猶疑對違反國聯停戰意志而繼續侵略國家，採必要行動。

瑞士代表莫達云：當中日糾紛初爆發時卽超過盟約十五條規定之範圍。但盟約第七條註明調停辦法，現實行此種調停辦法，仍有成功可能，或不至用十五條下節之實行。暫時各代表應各大公無私，以俟調停方法之終了。大會一方盡力謀糾紛之解決，但同時應充分準備調停失敗後之二步辦法。莫達並建議大會，應開某委員會討論整個中日糾紛並將結果向大會報告。又繼續演說，謂討論第十五條下節，以爲對違反國聯意志之國家，自須行使嚴重制裁。如小國對於和平組織不獲信任，則彼等必被壓迫採取其他方法，以保其自身之安全。世界諸小國應一致團結，應付危機。

愛多利亞代表蘇魯打云：國聯大會應用盟約全部力量，及本身權利促成中日糾紛之解決。當時建議三項辦法：（一）大會應堅持盟約中規定應先撤兵而後交涉，（二）盟約第十條爲國聯主要精神之所寄，（三）組織不完備之國家發生糾紛時，國聯盟約應更加有力。

捷克代表彭恩 Benes 云：大會應向兩國保證此次大會與解決其他國家糾紛，將並無二致。但國聯無論如何，應履行其義務。日本未能將糾紛提交國聯解決，至爲遺憾。

波斯代表云：東亞民族對國聯均信爲世界合作組織，但此次國聯毫無表示，殊令人失望。故國聯應在世界表示力量。若國聯盟約不能維持，則世界將復趨於野蠻時代。

烏拉圭代表云：予係代表南美洲各國發言，認國聯應向世界表示其有維持盟約之決心。

七日下午續開大會，羅馬尼亞代表及波蘭代表均有演說，如下：

羅馬尼亞代表梯杜內士哥云，予認中日糾紛能根據以下之辦法解決，則對雙方顏面皆無所傷。（一）立時停止戰爭，（二）迅速決定停戰辦法而不附以任何政治條件，（三）國聯實行採用盟約第十條，（四）保護日人之生命財產，（五）進行之談判必須尊重和約及非戰公約，（六）國聯應聲明對於所有各會員國皆一律待遇不能以地理關係而有所差異。並謂僅討論手續及方法等，皆無所用，應有具體之結果。同時應確定將來大會議決案之方針。

波蘭代表沙內斯基云。因地理關係，波蘭極關心遠東之和平，並尊重國聯會員國領土行政之完整。對日代表佐藤稱日本為破壞國聯根本義務之意，表示歡迎。又謂國聯之應付中日糾紛可增加國聯之力量，並盼今日之事，能為將來之一種警告。

七日會議時，英外長西門爵士有極重要而惹人注目之演說。西門仍主張以調和，為解決中日糾紛之方法。彼並請顏惠慶及松平嚴重遵守國聯之根本原則。彼認目前之形勢，關係嚴重，不僅關係遠東之和平，國聯之地位亦已至危險時期。各小國代表之演說，均謂根據聯約第十五條或其他條款，國聯最要責任，即為調停。盟約第十五條第三節稱，國聯對於國際糾紛，應設法解決。同時該約第九條規定，發生爭論之國家，應將糾紛呈報國聯大會辦理。故中國代表有權採取彼已採之行動。至於國聯之首要義務，即為解決此次之中日糾紛。而解決此事，現亦不能謂為絕望，仍應積極設法促成之。現國聯大會中，中日雙方代表皆在場，接洽頗便，而與滬關係密切之國聯會員國，亦皆在促成上海之談判，以觀察形勢變化。同時美國亦願與國聯合作。調解之工作，固甚困難，歷時或將甚久，但國聯必須如此第一步之工作。若國聯不俟調查委員會之報告及中日雙方總報告之提出，而遽發表宣言，與公正之原則容有未合。故國聯必須俟糾紛之真相及何方應負責任之事大白，然後再確定辦法。

法代表彭古之演說，謂法國對國聯大會任何議決案，必加以遵行，以促進戰事之終止，及獲得各國對國聯盟約之尊重。彼稱截至現在為止，彼尚未聽得有人主張國聯行政院提議以外之辦法。且戰事已於大會開幕日即告停止，故目前國聯第一步之工作，應由停戰促進形勢之和緩。至於其他問題，應俟李頓爵士領導下之國聯調查團提出報告時，　再行討論。

義代表羅索之演說，謂。義大利在中國利益固多，但對於此次糾紛必以公正之主張處置。彼深知英外長聲明之重要，國聯現所最重要者，須以全力根據國聯盟約第三節之規定，實行調查工作。彼對彭古所主張之圓桌會議以恢復上海和平，表示贊成，謂此種會議與國聯調查團二者虛行，必可解決此次糾紛云。

巴拿馬代表茄盧之演說，謂國聯應主張維持領土完全及不可侵略之原則。

至美國對於此次糾紛，雖非國聯會員國，亦極注意。且其態度極為全世界所注意。三月十一日國聯大會之決議，美國務卿史汀生，表示滿意。并謂議會視採舉動，所表示之和平目的，即非戰公約及國聯盟約內所具之目的，世界各國對此目的，皆當擁護云。（關於美國態度，請參閱後編史汀生之長函。）

第九章 國聯調查到滬一瞥

第一節 各方招待調查團

國聯調查團之派遣，係根據民國二十年（一九三一年）十二月十日之決議，因人選問題之考慮，至翌年一月九日，組織始告完成。其人物如下：

一 調查委員

一英國李頓伯爵，年五十六歲。係前印度總督第一伯爵李頓之嗣子。久寓印度。曾任海軍部政務次長。一九一八年任駐美英國宣傳會員。一九二〇年任印度省事務次長。一九二二年至一九二七年。任印度孟加拉省省長。一九二五年曾代理印度總督數月。瞭解東方事情。對於東北上海事變，頗為關心。

二法國克勞特將軍。年六十一歲。法國華爾求縣人。陸軍殖民步兵科出身。一九一四年歐洲大戰時，歷任法境與東歐及巴爾幹地方大將。熟悉殖民地情形。當日俄大戰後，曾任中國派遣軍參謀長。在華約三年。洞悉中日兩國狀況。一九一九年世界大戰終息，復任印度支那軍司令官。一九二三年調任西非洲法軍總司令。現任法國殖民地防禦諮詢委員會會長。軍事參議官。殖民部隊兵監等要職。此次參加準備軍縮會議，計畫周詳，前年曾來華視察東北一次。

三美國麥考益將軍　係美國騎兵科出身。曾任菲律濱胡德將軍之參謀長，以智機果斷聞於世。當尼加拉瓜發生騷動時，麥將軍任為選舉監督官。南美智利比魯紛爭時。彼以公正無私手段，出任調停，大博時人贊許。前年晉級少將。其後任菲律濱總督府幕僚長，赴任時曾途次上海。至民國十二年又來華考察。對於吾國情形，尤為熟悉，實為軍事家而兼政治家者。

四德國希尼博士。係著名殖民政策專家。一九零七年任德殖民部司長。一九一二年，曾任德領東部阿非利加總督。現任國民黨議員。德僑同盟委員會委員長。性甚溫和。著作宏富。反對軍國侵略主義。一九一四年大戰勃發後，日人乘機侵奪青島時，博士尚在總督任內，頗為不平。

五意國史高蒂伯爵。史氏為純正外交系統之人才，世界大戰時。在梭尼諾外交部長下任文書主任。巴黎和平會議時，任意代表團總祕書。一九二三年以後，迭任駐劄阿根廷德意志等國大使。擅長外交，為意大利傑出外交家之一，素為墨索里尼信任。生平痛惡武力侵略為國家之工具。在歐洲外交界，聲望隆崇。

二 隨員

一祕書長哈斯。（法人）係國際聯盟秘書廳交通股長，年四十二歲。法國土木部出身。去年被吾國聘為改良交通事業調查之職。

二謝雷爾。（意人）係國際聯盟秘書廳情報股員。

三彼爾特（荷蘭人）國際聯盟祕書廳情報股員。

四恪溪愛。（德人）國際聯盟祕書廳情報股員。

五巴士邱好。（捷克斯拉夫人）國際聯盟祕書廳政治股員。

三 專家

一法律專家　華爾太楊格傳士。（美人）米內沙泰大學教授。「以極東通」聞名，著有東三省專書，噲炙人口，頗悉日人之心理與日本之政策。一九二九年出版第三次太平洋會議。一九三一年又出席第四次太平洋會議。現寓北平。

二鐵路專家　巴阿姆。（加拿大人）本為聯盟祕書廳交通股員。現任加拿大鉄會社社員。對於國際情形與中日關係，亦甚明晰。

三月三日，調查團由巴黎出發，二十七日抵日本，三月十四日下午乘阿丹姆總統號輪抵上海。阿丹姆總統號，於下午六時半開進吳淞口，八時許始抵浦東白蓮涇大來碼頭，當該輪靠岸時，由公安局軍樂隊奏樂歡迎，警察大隊部約百餘人，亦列隊致敬，二時氣象莊嚴樂聲抑揚，國府代表顧維鈞氏市長吳鐵城氏，外次郭泰祺氏，市府祕書長俞鴻鈞，及各界代表數十人，於軍樂聲中，登輪迎接，由顧氏前導，與李頓爵士及英法德意各團員一一握手，表示歡迎，并介紹歡迎代表，與調查團委員相見。仍由顧氏招待登陸。調查團主席李頓爵士，白髮蒼霜，而精神殊佳，衣暗色外套，手挾黃皮包，頻頻與岸上各人員點首含笑。登陸後，環立成半月形，由各報記者，相繼攝影。事畢，乃改乘我國特備飛利號小輪渡江，即由吳市長通知所屬將專輪備就，並傳令該輪專爲代表乘座，同時並分配我方招待人員，已預備汽車十四輛，依次乘座，八時三十分由顧維鈞吳鐵城郭泰祺吳秀峯等，招待各登市府預備專輪，直駛新關碼頭，於九時始達。時岸上民衆團體歡迎者甚衆，均手執白旗，并高呼歡迎口號各調查委員，由吾國代表一一招待上陸，軍政部代表張汶，海軍代表鄭禮慶，張學良代表周天放，均趨前迎接。乃乘吾國代表團，特備汽車赴華懋飯店休息。是日赴碼頭歡迎者，除政府方面，有代表顧維鈞，秘書長王廣圻，外交部次長郭泰祺，上海市長吳鐵城，秘書長俞鴻鈞，張學良代表周天放，軍政部代表張汶，海軍部代表鄭禮慶，國聯華秘書吳秀峯外，各團體代表，商界袁履登，貝淞蓀，銀行界陳蔗青，徐新六，報界董顯光，學界黎照寰，王景岐，太平洋學會陳立庭等，外人方面計該調查團秘書合立爾，顧問楊格博士，美使館秘書恩基特，美行政領事穆曉，張學良顧問端訥，萬國商團總司令強生，日人方面有芳澤代表松岡洋右，日使館秘書崛內，此外尚有各團體代表多人。

三月十五日午十二時三十分，外交部次長郭泰祺，假西摩路何公館，邀該團午餐，計到李頓爵氏等全團委員五人，秘書職員等八人。席間我國方面被邀作陪者，計財長宋子文，市長吳鐵城，市府秘書長俞鴻鈞，中委孔祥熙，國聯調查團中國代表顧維鈞，秘書金問泗，吳秀峯，及劉湛恩虞洽卿等多人，西人方面，有國聯振災委員長辛博森，調查團顧問楊格，及張學良顧問端納等。席間由郭次長向該團代表致歡迎詞，由李頓爵氏代表答詞，直至三時半，始盡歡而散。

李頓爵氏，本定三月十五日上午六時半，在華懋飯店招待中西各報記者，嗣因出席顧代表維鈞下午五時之茶會，延至晚間七時半，始克舉行。中外新聞記者，到者甚多，李氏作一簡單之談話云：此次調查東省，完全出於公正之態度，在滬約有一星期，或旬日之逗留，然後赴南京，再轉道赴東北。希望輿論界能信仰該團及國聯，庶能成功。大約在離滬前，尚須赴吳淞閘北等戰區，作一度之視察。至滬案和平運動，爲雙方邀請，則願努力，但不自動參加云。

於三月十五晚八時，上海市長吳鐵城假外灘華懋飯店，宴請該團。到全體委員及職員等十餘人，并有顧維鈞郭泰祺等中外各要人作陪。席間吳市長向該團致歡迎詞，由李頓爵士作簡單之答謝，至十時許始散。

三月十六日上午十二時三十分，上海各大學代表，假靜安寺路華安公司八樓，宴請國聯調查團全體。各大學計到交大校長黎照寰，勞大校長王景岐，同濟大學胡庶華，滬江大學劉湛恩，東吳法科吳經熊，持志大學何世楨，復旦大學李登輝，大夏大學歐元懷，大同大學曹惠羣，中大醫學院顏福慶等十餘人。席間由黎照寰王景岐三氏先後以英法文致詞，李頓爵士答詞，至二時三十分始散。

三月十六日下午五時至七時，孔祥熙夫人宋藹齡女士，與宋子文夫人張樂怡女士，假西愛咸斯路三八三號孔宅，舉行茶會，招待該團，兩夫人餉客以粵式茶點，至晚七時許盡歡而散。

晚八時，英使藍溥森，美使詹森，法使威禮教，及義代辦齊亞諾，假華懋飯店設宴款待該團委員會，并邀英美各領事及海陸軍武官以及我外交次長郭泰祺，市長吳鐵城與代表顧維鈞等作陪座。席間多隨意談述未有何重要講演，至晚十時許即散。

三月十七日午，上海新聞界宴該團於萬國體育會。意代表何迪，因病未倒；史量才主席，代表新聞界同人致歡迎詞。李頓爵氏答詞。至下午三時許始散。

下午三時，吳鐵城市長偕秘書長俞鴻鈞，赴外灘華懋飯店，答拜國聯調查團。至四時許，始與辭而出。

十七日晚八時，我國參加國聯調查團代表顧維鈞氏，假摩西路一二〇號榮宗敬宅宴請該團。到全體團員及秘書長哈斯，華秘書吳秀峯，及中委孔祥熙宋子文，市長吳鐵城，外交次長郭泰祺，顧問鮑道氏，路施博士及工部局華董，以及各團體代表等。由顧代表向該團致詞，李頓爵士答詞。直至十時許始散。

三月十八日晚八時，上海市市商會假外灘華懋飯店，宴請國聯調查團。陪座者有代表顧維鈞，秘書金問泗，國聯秘書夏秀峯，外交次長郭泰祺，市長吳鐵城，工部局華會辦何德奎，華董虞洽卿，市政府秘書長俞鴻鈞，及市府各局局長麥朝樞，蔡增基，黃伯樵，溫應星，沈君毅，銀行界要人林康候，徐新六，張公權，陳光甫，李馥蓀，新聞界汪伯奇，張作平，史量才，董顯光，潘公弼，學界馬相伯，胡庶華，黎照寰，劉湛恩，慈善家朱子橋，及工部局總裁費信惇，美商會會長佈立騰，英商會會長馬賽爾，德商會會長威波爾等百餘人，由王曉籟主席，袁履登，貝淞蓀，王延松，陳淞源，葉惠荃，鄭澄清等招待。席間由主席致歡迎詞，李頓爵士代表該團答詞，至十時半始散。

第二節　調查團視察戰區

三月二十一日上午九時調查團在華懋飯店齊集，趁車出發，由日軍司令部派員引導。主席委員李頓爵士，與德國希尼博士坐第一車，顧維鈞代表與法國克勞德坐第二車，美國麥考益少將與日本吉田代表坐第三車，中國代表處總務主任張祥麟與日本代表處秘書長鹽崎共坐一車。華方陪往者，尚有參議王景歧；專門委員戈公振張廷榮五人。日方陪往者，爲吉田代表秘書長等五人。國際聯盟中國秘書吳秀峯亦偕行。先後視察眞茹閘北江灣吳淞等處。茲將詳情分誌於后：

最初由華懋飯店出發，經北四川路，寶興路，寶山路，寶通路，中興路而至眞茹。寶山路一帶，滿目瓦礫，了無人烟，凡交通要口，均有日兵駐守，眞茹則防禦工事，處處可見。調查團入暨南大學，下車後即由日軍官每人授以英文日軍作戰地圖，並說明華軍退却後，日軍即來此駐紮，乃入致遠堂及洪年圖書館略觀。繼由暨南大學出發，經大統路，新民路，而至北火車站。日軍預在站內月台欄內作小室，桌上陳一大地圖，由一軍官說明當時作戰情形。李頓爵士詢問頗詳，並以當時向無防禦之平民擲炸彈，有何必要。歷一小時之久，始退出。乃經界路寶山路而至商務印書館，鋼骨水泥之屋，竣垣猶存。調查團乃登東方圖書館各層，多爲太息。由東方圖書出經北四川路底天通庵車站，青雲路，體育會西路，而至江灣跑馬廳。日人引調查團至屋頂說明附近作戰情形。又往觀勞動大學及江灣車站。跑馬場內，現有美國商團四人駐守，時已下午一時有半，乃經黃興路，翔殷路，甯國路，平涼路，而至公大紗廠，日軍司令部在焉。調查團盥洗後，先入客室小憩，旋由白川大將招待至樓下，進冷食。白川問李頓爵士，往往吳淞否，爵士不置可否。顧維鈞張祥麟均謂吳淞地位，甚重要，必須往觀，爵士意乃決。至四時出公大紗廠，即沿軍工路而至吳淞。沿江一帶，純爲防禦遺迹，如鎮內房屋已全被轟燬，有如大地震以後，較閘北爲尤慘。二時五十分，抵砲台，砲基多炸損，砲管多擊斷，舊砲且有移去者。經一小時退出。乃經軍工路，平涼路，百老匯路，而回華懋飯店，已五時有半矣，是日因便於觀覽，除麥考益少將有微恙乘轎車外，餘皆無蓬。適沿途風沙大作，回滬各人對鏡，幾與黑人不辨也。

第三節　調查團離滬北上

三月二十六日晨，國聯調查團分兩批離滬入京。一批由中國代表團秘書王廣圻，總務主任張祥麟，以及朱少屏等陪同法國克勞德將軍，美國麥考益將軍，德國希尼博士等數十人，由南車站特備專車赴杭轉程，一批由我國首席代表顧維鈞氏，行政院副院長宋子文，勞動大學校長王景歧，調查祕書吳秀峯，及趙鐵章等，陪同調查團長李頓爵士，意國馬柯迪伯爵，以及日本總代表吉田大使，祕書長鹽崎等，共計六十餘人，乘怡和公司德和號，於上午十一時開赴南京。尙有其他人員等，則改由招商局江新號輪船，於今晚啓椗離滬。麥考將軍，希尼博士，克勞德將軍，及各祕書隨員，暨中國代表團王廣圻，張祥麟，朱少屛，朱鳳千，魏文彬，蕭繼章，軍政部代表張汝等數十人，於晨八時許，先後集聚於華懋飯店，整裝待發。至八時半，即分乘汽車數十輛，駛往南站，乘滬杭車，赴杭轉京。一時汽車銜接，行人悉皆駐足而觀。車抵老西門，經黃家闕路國貨路，而達車站路，沿途警察密佈，三步一崗，五步一警，每警均負毛瑟槍，氣象莊嚴，保衞周至。各路臨時起暫時宣佈特別戒嚴，一律禁止行人通過，街道亦掃清潔，迨各車抵南站時：已距開車之時間僅十餘分鐘矣，市長吳鉄城，祕書長兪鴻鈞我國首席代表顧維鈞氏，公安局長溫應星氏等十餘人，亦莅臨歡迎。首麥考益將軍，希尼博士，克勞德將軍前導隨後爲中國代表團王廣圻張祥麟等，緩步上階站中由公安局軍樂隊奏樂致敬，各代表團亦頻頻點頭回禮。在樂聲洋洋中，登特掛之花車，與各歡送人員稍事寒喧，旣而軍樂復作，車輪亦軋軋作響，蠕蠕離站，各歡送人揭帽致敬，俟車行遠去，始各分散。

自國聯調查團由南站乘車赴杭之訊傳出後，上海市公安局警察大隊，即行嚴密佈防，自黃家闕路經國貨路而達車站路等處均臨時宣告戒嚴，由警警大隊部第三四五七十十二等中隊佈防，三步一崗，五步一位氣象極爲嚴肅，月台上則由第二中隊長袁國棠率領，該隊全體警士，舉槍致送。另有第一中隊區隊長葛彬，率領一小隊約四十人，隨車護送至杭。更有公安局軍樂隊全體隊士，奏樂歡送，尙有便衣偵緝員數十人，亦在車站月台上護衞。汽笛長鳴時，軍樂亦隨之而起，車亦蠕蠕而動，霎時間，車行已遠。各在站衞護之警察隊，始各返去。

李頓爵士及意委員馬柯迪伯爵，於十一時乘德和輪啓椗赴埠歡送者甚衆。元芳路怡和碼頭一帶，爲警備起見，特派全副武裝之中西探捕，沿途巡查，輪梯上下，派有便衣隊員多人，注意乘客行動，及印捕守衞，閒人一律禁止出入，以免不測。十二句鐘即鳴鑼解纜開船，中外要人，脫帽歡送。同時各報記者均紛紛攝照留影。顧夫人本陪同顧氏赴京，臨時中止，與徐通海夫人潘志衡夫人嚴夫人嚴小姐等下輪[illegible]。同行人員，有我國總代表顧維鈞，劉崇植，王景岐，金問泗顏德慶，徐淑希，嚴恩樵，張歆海，吳秀峯錢泰，趙鐵章，曾叔魯，周天放，劉仲杰，蔣傳倫，尹壽松，司徒鄭彬等，日本方面有總代表吉田大使，祕書長，鹽崎尙有專門委員等。指定趙鐵章爲總招待，由京直達武漢，沿途均預定艙位六十餘個，所有隨行人員，及調查團之行裝，均由招待組負責照料。李頓爵士在大菜間獨座一隅，並不與人閒談，有時披閱往來函件，腦海中若有思索。各方競向攝影。李氏並謂此次同船者，大致均在昔日國聯中邂逅老友，今日舊雨重逢，覺有無限感慨，言時又沉默許久，即散步船頭，閒情逸致，態度蕭灑，蓋爵士此次來滬，酬酢忙碌，精神殊形勞頓。京一切招待程序，早經預備就緒，在京勾留，祇有四天，而赴杭之調查團，係領略湖山風景，純係遊覽性質，除應規定程序之酬酢外，即赴京同行北上。

二十七日國聯調查團李頓爵士等。晨九時半到京。船泊江心，未抵三北碼頭，羅文幹谷正倫陳儀及日領事等乘渡船往迎，十時團員登岸赴勵志社，汽車四十輛連接而行，乘第一輛者，爲李頓爵士與南京招待委員長外部應司長，中山路兩旁觀者甚衆，搭牌樓一座，載歡迎語，沿路有警察與童子軍守衛，秩序甚佳。全城懸旗，以示歡迎，自清晨起，學生與各團體代表赴下關及中山路歡迎者，不絕於途，商店皆貼有英文，歡迎宣傳標語，其最普通者，爲「華人甯願榮譽而死，不願生於日人武力之下。」「中國贊助國聯，以促進和平與公道。」「吾人欲得公道，公平必須遵守」等語。在德和船上所予調查團團員之歡迎，乃屬非正式者，彼此寒暄數言後，各員即先後登岸，日陪員吉田等下船梯，入渡船，數分鐘後，李頓勳爵馬柯迪伯爵羅文幹博士顧維鈞博士暨其夫人均登甲板。羅在船梯之口，固請李頓爵先行，李固辭，李羅謙讓再四，羅卒先下渡船，餘員繼之。渡船在三北碼頭靠岸德和則駛往下遊，泊於怡和碼頭，李頓勳爵士離德和船時，曾竚立數分鐘，以應攝影者多人之請，攝取快影得佳片多幀。是時風力頗勁，江上波浪鼓起，泊於下關外之英驅逐艦某號曾遣汽油船一艘，泊於德和船側，以備不時之需但未用及之。諸員下船時，毫未受有不安適情事，渡船中備有茶點，互談之頃，已安抵三北碼頭，於是中國海軍樂隊之樂聲大作，碼頭出入口之憲兵與警察，皆立正示敬。歡迎組織甚爲週到，一切以兵法部勒之。諸員登岸後，復爲攝影及攝收有聲片新聞片故，竚立數分鐘，於是一行人乘乃驅車赴勵志社，團員即稅駕於斯焉。

其由杭轉京之美法德三委員，亦於念七日晨八時二十五分離杭，一號車麥考益與魏文彬，二號克勞特王廣圻，三號希尼朱鳳千，共十一輛，另行李車兩輛，曾養甫陳布雷趙志遠送行，一時由抵宜興，在溪隱園午餐，三時赴京。園前紮彩坊並遍貼中央法文歡迎標語。七時半抵京，外部派員歡至勵志社，顧維鈞即在勵志社設宴，爲各代表洗塵。羅文幹蔣作賓作陪。

二十八日午前十時，李頓等五委由顧維鈞陪同分坐六車先赴外交官舍訪外羅，十時半至鐵部官舍訪汪院長，十一時至陵園訪蔣委員長雙方互致欽仰之意，每處談十餘分即出。外交部，由羅外長與徐次長接見，正午由汪院長款宴，晚六時二十分，調查團副祕書貝爾德博士。在勵志社，代表該團接見報界代表，八時團員。赴羅外長之宴會。

二十九日，國聯調查團主席李頓爵士，美代表麥考益，法委克勞特，意委馬柯迪，德委希尼 ，於上午十一時半，由顧維鈞羅文幹陪往國府，覲見林主席。入二門時，樂隊奏國樂歡迎，衞隊分排鵠立，鳴號舉槍致敬，典禮局科長劉酒藩，導至二樓主席會客室，由羅文幹依次介紹畢，各委向主席行一鞠躬禮，主席答禮，並向各委一一握手。入座後互道寒暄，各致景慕之意。談話約半小時，由顧維鈞翻譯。旋告畢，仍由典禮局招待員恭送上車，鳴號奏樂如儀，李頓即赴英領署午餐，餘委返勵志社休息。

第十章 停戰協定簽字始末

第一節 停戰會議之前幕

上海中日雙方軍隊實行接觸以後，友邦人士，屢次進行和平運動，卒以日方毫無誠意，迄無結果。自我軍退守第二道防綫，國聯三月四日決議停戰後，日方廹於各方情勢，不得不接受勸告，於是正式停戰會議，始得於三月二十四日在上海英國領事署開始舉行。中國首席代表主任顧維鈞氏，顧氏因任調查團招待事務，無暇兼就，因改任外交次長郭泰祺。軍事代表爲淞滬警備司令戴戟，十九路軍參謀長黃強。譯員郭德華，殷汝耕等。日本首席代表原定重光葵。臨時第九師團長植田謙吉軍事代表日軍參謀長田代皖一郎，海軍參謀長島田繁大郎。譯員林出及岡崎等。關係國方面爲英公使藍溥森，美公使詹森，意代辦齊亞諾，法公使韋理德（參事卜德代表）。會議之先，雙方業經幾度非正式會議，根據議定之三項原則：（一）中國軍隊暫時留駐現在防線，（二）日本軍隊依照一定程序撤退（三）組織共同委員監視撤兵。，成立停戰草約。會議時逐條討論，費時甚久，更以日方臨時提出種種問題，進行至緩。會議中首先討論緒言，繼論第一條中國軍隊暫時留駐現在防線，將所駐地點確定。日方提出取締便衣隊問題，要求載入停戰條約。戴司令當予駁覆，討論甚久，仍無結果。午後會議，繼續討論便衣隊問題，直至五時，仍無結果遂將便衣隊問題擱置，進行討論停戰條約本文。議及停戰草約第二條日軍撤退程序時日方主張退至獅子林線，我方堅決反對，並表示退席，後經友邦公使勸告始罷。二十五日會議，討論至第二條，「日軍因人數衆多，一部分可暫駐公共租界及虹口越界築路之毗連地點」時，日首席代表植田主張以東自獅子林經楊行大場西至眞茹，爲日軍退駐防線。我方代表以其主張實與預備會所議定之日本撤兵原則，及國聯議會決議案相去太遠當即表示退席之意。會場空氣，頓行緊張，又經友邦公使勸解。日代表亦表示重行考慮，因定二十六日再議。二十六日會議之主要議案，因經三日之會議停戰協定中之緒言及第一第二條條文已大部議妥。會議重心，在第三條組織共同委員會一點。經兩小時而決定。時會場空氣，顯爲和緩。共同委員會之組織，除中日代表外，并加入參與此次談判之四友邦，其職權則規定爲證明雙方履行撤兵，並不干涉撤退區域之行政。並商定協定用中日英三國文字，遇有疑義，以英文本爲準。二十七日休會，二十八日重行開會。時英國公使已於休會期間，將各方連日會議中提出之增加條文或刪改字句整理歸納。擬成一停戰協定新草案：將原來之三條分成五條，惟精神則絕無變更內容爲（一）停止雙方軍事敵對行動，（二）中國軍隊仍駐原防，（三）規定日軍撤退時間及地點，（四）共同委員會之組織，（五）協定簽字後生效日期。開會後，英使即將該項新草案提出，雙方意見，相去甚遠，爭點一爲退駐地點，一爲退兵期限。關於日軍退駐地點，由軍事分組委員會研究，在大會所討論者爲退兵期限，此點郭次長前會主張日軍應在一定期限內完全撤退，恢復一月二十八日以前原狀，日方則表示不能完全同意，祇允日軍第一步退至租界毗連地段一節，原則上可以定一期限，惟何時實行第二步退出所謂毗連地段，則不能規定期限，謂須視地方形勢而定。我方當予駁覆。日方更要求日軍飛機可以自由偵察我軍防線，我謂此點侵犯我領空主權，不能承認。日方撤兵時期及地點兩問題，卒不得解決，二十九日繼續開會，出席人物，中國方面增加外交部情報司長張似旭，外交部祕書鄧中鎣，夏奇峯，及十九路軍副官張益中等。會議結果即爲通過協定草案內規定實行停戰之第一條，餘無顯著之發展。三十日繼續舉行，開小組會議專事討論日軍暫行退駐之公共租界「毗連地段」。關於日方要求暫行退駐地點，凡四處：閘北方面爲日本公墓至六三花園一帶，江灣方面爲萬國體育場一帶，引翔方面爲楊樹浦東至遠東運動場一帶，吳淞方面爲吳淞鎭至蘊藻浜張華浜一帶。四處係各個分立，並不連成一氣，自某段至某段，距離若干，駐兵若干，按照地圖，均有詳細規定。日方並要求京滬滬杭兩接軌點之潭子灣，又袋角一帶，由日本駐兵，我方以此點足以控制兩路交通，拒絕之。

第二節　停戰會議之波折

經旬日來會議結果，雖協定草案五條中，已有四條通過，然根本問題，撤兵時間與地點，則尙無頭緒，所謂停戰會議，亦可謂盤旋於此最後關鍵。至四月二日繼續開會，討論日軍完全撤退期限問題，分爲兩步討論：第一步日軍自前線撤至公共租界毗連地段，日方口頭表示六星期內可以完成，我方要求以三星期爲限。雙方後商定折中辦法，規定停戰協定簽字後一星期內，日軍開始撤退，四星期內撤完，惟日方對於此項折中辦法，仍主保留至最後決定。至於第二步，日軍自公共租界毗連地段，撤至一月二十八日以前原防，仍爲會議中討論之焦點，日方初仍以地方秩序恢復爲辭。郭次長當再反覆申稱：現在地方秩序，已經恢復，有可證明者數端：現各商店已完全開市，此其一。公共租界與法租界，完全取消戒嚴，況上海僑民，非僅日本一國，各國僑民之生命財產，即於戰爭狀態中，我國當局，仍處處加以保護，此其二。日軍撤盡之後，則地方秩序，更可恢復，尤爲顯明，日本僑民，如欲在中國經商，則廣告爲推廣貿易之唯一途徑，從未有以槍砲推廣銷路而能成功者。中國人民之所以反日者，自去年九一八起至今年一二八而烈，可以證明此語之不謬，此其三。日方各代表均默無一語。討論至此，英使提議，另組小組委員會討論，日方始允請示政府，再行續商。軍事分組委員會，同時在英領署另一室開會，到我方代表十九路軍參謀長黃強，及祕書郭德華，日方代表陸軍參謀長田代皖一郎，關係國代表英使館軍事參贊桑希爾，美使館軍事參贊特萊斯台爾，法使館軍事參謀贊彭那維泰，及意使館軍學參贊法拉鐵尼。軍事小組委員會前次會議，已商定日軍退駐地點三處，即引翔方面爲引翔港一帶，江灣方面爲萬國體育場一帶，吳淞方面爲吳淞鎭至蘊藻浜張華浜一帶，惟閘北方面，日本公墓至六三花園一帶，以我方不能同意，故未決定。在休會時間，雙方即請示首席代表，此次雙方即根據訓令繼續。日方仍謂：日軍五萬人，馬五千匹，大小砲百五十尊，飛機五十架，上述三處，不足容納，閘北方面，日方公墓至六三花園一帶，仍須暫由日本駐兵，張華浜方面亦須擴充至曹家橋。我方堅不同意。中立方面當提出轉圜辦法，主張日方如堅欲駐兵閘北，則蘊藻浜北岸吳淞鎭一帶，應予放棄，日方對此表示反對。又雙方於重復討論撤兵地點之際，日方忽提出詢問我國軍隊在蘇州河以南與南市浦東等處之防務情形，我方當以此事與停戰會議無關，日方不能藉停戰會議之口，而詢問關於我全國之軍隊。無結果而散。

四月四日停戰會議及小組會議，同時繼續前次會議舉行，首由英公使致詞，略謂中日停戰撤兵會議，自二十四日開會迄今，前後已達十一次，時間經歷，已費卅四小時，其結果雖未等於零，然與零亦相差不遠，蓋本會之主要問題，尙未解決，以前議決各項，亦不能循序進行也；故希望今日會議，對於日兵撤退，求一滿意之解決。英使語畢，日首席代表植田發言，謂日兵撤退，實與撤退之地點問題，至有關係，前者小組委員會，聲明日軍由最前線撤至公共租界及越界築路毗連地，四星期內，當可撤退完竣，關於此語，當時日代表曾聲明尙未完全決定，祇係暫時表示，其具體決定，須觀日後之情形而定。關於地點，尤其是華軍駐防地點，與日軍撤退，至有關係，故當時小組會之日代表，曾要求華方代表說明蘇州河以南華軍駐防之狀況，此項要求，日本當局，認爲與日軍之撤退至有關係，故不得不加以確切之聲明，同時並請與會華代表，加以說明。植田言竟，吾方首席代表郭外次，即據理駁覆，謂：關於日代表在小組會中，要求說明蘇州河南華軍狀況一點，不特當時華方代表表示反對，即列席之各友邦參贊，亦以爲奇，蓋此項討論，不涉本會議之範圍以內，須知本會議唯一使命，爲停戰與撤兵，事前曾確定討論原則，不談任何其他問題，況日代表此項要求，關係中國主權，華軍駐在本國領土，行動完全自由，不受任何限制，日方對之，實無庸詢問。何况南市華軍，此次作戰時，絕對未嘗加入乎。郭氏言竟，日代表植田，復反覆表示，日軍之所以欲明瞭蘇州河南華軍駐防問題，實因在撤兵期間，避免後方及側面之危險，不得不加以明瞭。再三詢問郭氏，究竟該處有無華軍駐防。郭氏聆語，即以簡單之語調查答覆，謂關於此點，事實未預備答覆，因談判原則，早經規定，此項詢問，不合邏輯。至於日軍謂在撤退期間避免危險計，不得不爾，試問南市與閘北，中隔兩租界，日軍撤退，危險何來？日代表聆郭氏語，即謂頃詢問，實非兵對兵的問題，須知南市閘北，雖屬中隔租界，不特大砲可以轟射，即步槍亦可射遂，因此之故，愈有明瞭華軍情狀之必要。日代表語竟，吾方代表郭外交即堅決拒絕，謂此係停戰撤兵會議，而非備戰會議，應根據原則討論。英公使藍溥森亦謂，此項問題，日方無庸顧慮，因停戰撤兵，一旦實行，敵對行動，即已完全停止，如果日軍發生危險，儘有共同委員會中友邦各代表，加以調查。英使語竟，各友邦公使亦相繼附和。日方至此，對於原議，始告打銷，惟反覆辯論已費二小時矣。繼由吾方郭外次長發言，謂日軍撤退，華方因日代表屢次聲明，人數衆多，已作絕大讓步，容許日代表有一規定時間，暫駐公共租界越界築路之毘連地帶，現日方對於時間問題，堅不表示，此實會議前途之唯一焦點。須知日期一日未能決定，卽本會議一日未能終了，若欲華方未得一確定之駐兵時間而立行簽字，此不特違反民意，且政府當局，亦屢次訓令，無期間之規定，無論任何情勢之下，不得簽字解決。故要求日方，從速規定一駐兵時間。至何日便能恢復一月二十八日前情狀？日代表重光聆語，當謂關於日軍撤退，日方刻正計劃一特別方法，自動撤退，但時間問題，則實未能規定，蓋若規定一確切時間，宛似表示日軍之撤退，顯因被逼之故。郭代表當又據理駁覆，謂我人所談者係撤兵，如果不規定一時間，是何異撤兵談判，半途而廢？故日軍何日能恢復一月廿八日前原狀，在會議中務須詳細規定。郭氏談至此，日代表默然不答，時席上，頓形沉寂。英使見狀，以兩方態度顯陷僵局，因謂此次中日停戰會議，中立國代表，煞費苦心，始得舉行，如果雙方堅持，前途實堪焦慮，本人敬以友邦代表資格。希望雙方接近，使會議成功，此時無論如何，萬勿決裂。英使言竟，我郭代表當表示華方對停戰撤兵會議，實具充分誠意，今撤兵而無確切日期，實違本會原意，華方對此，決不讓步。日代表當亦表示，日方對撤兵期限，務期愈速愈妙，但須俟地方情形之安定。我方代表戴戟，當謂現下滬上情形，早經恢復。兩租界解嚴，卽其明證。日代表謂，租界雖已取消宵禁，然戒嚴令依舊存在。戴氏當又加駁覆，謂租界戒嚴令之存在，卽係日兵不撤之故。雙方反覆爭辯，至此又達一小時，迄無結果。英公使謂：時期問題，討論已達四小時，請雙方再將此會情形，各呈報政府請訓。郭氏謂，本人可不必請示，今晨尙得政府之訓令，總之，非使日方說明完全撤退時期，殊難討論。重光謂，本人亦得東京政府之訓令，對限定日期完全撤退，不能辦到。英公使勸雙方不能如此，幷請雙方各設法，一方呈報政府，一方求轉圜辦法。時已六時，於是會議遂散。軍事小組委員會，亦於下午三時開會，討論撤兵地點問題。到我方代表十九路軍參謀長黃強，日方代表田代皖一郎，關係代表英使軍事館參贊桑希爾，美使軍事館參贊特萊斯台爾，法使館軍事參贊那維泰，及意使館軍事參贊法拉鐵尼。撤兵地點關於江灣方面之萬國體育場一帶，引翔港一帶，雙方雖無異議，惟於閘北方面之日本公墓至六三花園一帶，及吳淞鎮一帶，仍無具體決定。於吳淞方面，要求包括吳淞砲台，我方堅決反對，遂決定再向雙方首席代表請示。至於京滬滬杭兩路交叉點之潭子灣至叉袋角一帶，日方正式放棄，已不復提出討論。

四月六日大會休會，祇開小組會議，討論日軍退駐地點。吾方代表黃強聲明：小組會議，迭次討論日軍撤退事宜，雙方意見，迄未接近，日方對恢復一月二十八日前原狀問題，屢次聲明，日軍人馬過多，故於撤退時，必須於租界毘連地帶，劃出相當地點暫時駐紮，以便乘輪歸國，華方爲諒解日軍苦衷起見，當卽表示於租界毘連地帶，規定若干點，暫供日軍駐紮，惟是時間問題，必須有明確之規定，乃以日方堅拒規定時間，致會議迄未成就，茲華方特鄭重聲明日軍在撤退期間，因爲便利計，華方願於毘連地帶，暫時容許日軍留駐，惟苟無規定時間，則不特中國政府與民衆，均抱不安，且將令人疑及日軍有永久佔據之野心，苟時間問題而無確定答覆，則本會議之一切撤兵討論，亦屬全等於零，故希望於今日會議時，對撤兵一點，雙方能以誠意之接近，而明日正式會議中，亦能根據本會之討論，從速規定一撤退時間，庶停戰會議，得一圓滿之解決。黃氏發言竟，中立國代表尋俱表示贊同，乃賡續討論撤兵問題。對前經討論之毘連地帶，是否適宜問題，討論殊久，而中日代表對撤兵地點之廣狹，爭執亦殊激烈。旋經詳細研究：（一）吳淞方面之撤兵區，暫擬定吳淞鎮蘊藻浜張華浜，包括張華浜車站，東面濱黃浦江，成一半圓形之地點，但前次會議日方所要求之擴充範圍，包括吳淞砲台，及曹家橋在內，現已取消。（二）江灣方面，東北自殷行鎮，西南臨萬國體育場，成一長圓形之地點。（三）閘北方面，在橫浜橋東，包括六三花園，日本公墓，及天通菴車站，成三角形之地點。（四）引翔港方面，東臨黃浦江，南接公共租界楊樹浦東端，包括滬江大學及引翔港鎮，成一扇面形之地點。但以上四處，雙方同意，不得妨礙交通，因之吳淞方面之張華浜車站，及閘北方面之天通菴車站，均可通車，不礙及交通。並經我方代表，鄭重聲明，如日軍最後撤退日期未定，則認爲無效。雙方爲詳細討論起見，幷決定日方代表及各國武官分乘汽車四部，於七日下午二時起，自英領署出發，前往以上四處視察，回滬時再定期開會。

四月七日再開停戰會議，對撤退期限問題，雙方仍各堅持，會議不絕如縷。是日上午十時，中日停戰會議代表，暨各友邦公使參贊，均準時出席。當會議前，小組委員會代表首先報告前日議決過，定下午二時，分往前方視察。報告一過，中日雙方代表均無異辭，乃卽開始討論。惟小組代表因下午二時，須往撤兵地點察，故於十一時四十分先行退席。當雙方開始討論時，日首席代表植田首先詢吾方代表，謂關於蘇州河南及浦東一帶之華軍駐防問題，日方實係根據停戰協定第一條，須包括停止兩軍一切敵對行動，故日方不特須明瞭蘇州河南及浦東一帶之駐軍狀況，在原則且須明瞭中國領土內之軍事行動，故無論如何，須要求華方代表，說明蘇州河南及浦東之駐軍情形。吾方首席代表郭外聆言，當卽堅決聲明，當上次會議時，關於此點，中國早明白表示，在事實上以上兩處，雖在交戰時期，中國軍隊，可以利用之而進攻日軍，但當時中國軍隊之抵抗日軍，純屬自衞，該兩處既未受有日軍攻擊，故未曾進攻日軍。比在交戰期間，已可見華軍之不願在蘇州河南及浦東方面，爲進攻日軍之地帶，矧在此停戰撤兵期間乎？況在協定原則上初無討論此項問題之規定，更在中國主權上，絕對不容他人過問中國軍隊在中國境內之行動，日方之此項詢問，實屬超越協定原則之新問題；蓋前所訂之停戰協定，原指加入作戰之軍隊與已成戰區之地帶而言，絕對不牽涉其他區域，在原則上早已顯然，何必多事無謂之討論。何況日方所指地點，中隔公共租界法租界乎？日代表聆語，乃復加以聲辯，謂蘇州河南與浦東方面之駐軍，討論業已多次，究竟中國方面，是否承認以上兩處，在協定第一條包括之內？當日代表發言時，措辭殊爲嚴厲，我方郭代表，乃亦以簡捷之論調作答，謂此項討論，初不在範圍之內，因協定範圍所規定者，爲已參加戰事關係者爲限制，以上兩處，與此次戰事無關者也。此時雙方態度，均極嚴重，日方見我代表堅強答覆默然良久。各友邦代表見狀，誠恐決裂，乃向我方代表婉勸謂蘇州河南與浦東一帶，中國本無駐軍，無妨加以說明，俾祛日方之疑。郭代表對之，因此舉關於我國主權，仍表示堅決拒絕，且重復聲明，在協定原則第一條上，並無此項規定，何況此次討論，係屬停戰撤兵，絕非預備戰爭，假如當日軍撤退時，發生意外，則各友邦代表，儘可加以證明。此時日代表對於此點，仍堅持不稍讓步，謂華方代表如果不說明蘇州河南及浦東之情況，則日軍雖願誠意撤退，仍不能達到完全停戰之目的。郭代表聆言，乃謂日代表及各友邦代表曰：欲達到完全停戰之目的極易，祇須日軍恢復一月念八日前之原狀可耳。中國方面，此次參加會議，完全根據國聯議決案，與中日雙方之停戰協定，須知停戰與撤兵，完全相互而行，停戰既已通過，則最緊要之問題，端在完全撤兵，在協定第三條內，並明確規定，日軍須撤退至一月念八日前之原防。惟當時中國因日方屢次要求，謂實因人數過多之故，暫時准許日軍駐紮於租界毗連地帶，今日方對此，非特毫無誠意，抑且節外生枝，牽涉他項問題，而於撤兵談判，迄無明確規定，是誠令人失望。郭代表言竟，時已正午十二時。各友邦代表，見雙方爭執，迄未稍止，而日方亦覺難以下台，乃自動表示將蘇州河南及浦東駐軍問題，交小組軍事委員會討論，是否於日軍撤退時，有威脅之可能？小組委員會討論而後，如再不決，再交大會討論。當時日代表提出此項表示後，各友邦代表，俱表同意，吾方郭外次，當即聲明，在原則與事實上，不願討論此項問題，然以尊重各友邦公意，此項提議，可予贊同，惟須不越原則範圍爲主。至此，已十二時二十分，會議乃告完竣。

下午三時，中日雙方代表暨各友邦代表，繼續商洽停戰撤兵問題，首先發言者，仍爲日方代表。日代表謂，當前次會議時，日方曾提一聲明書，當時中國方面，因內容空洞，並無確定日期，加以反對，且爭執甚烈，旋由英使調解，雙方將此項問題，請示本國政府，而後再行討論。當時中國方面，仍因此項聲明書，以屬日方提出，不允請示，終以各友邦之婉勸，表示容納。故日方對撤兵談判關於協定第三條附件之第二項須先行詢問中國方面之訓令，已否接到？郭代表見詢，乃謂當上次會議時，中國代表，對於日代表所提之聲明書，已表示，在形式與內容方面，俱屬不滿，當因各友邦婉勸，故即請示政府，今中國政府，回訓業經到達，不但對此不滿之意見，與本代表等相同，且以爲聲明書中所謂「視地方情形僑民安全」兩語，涉及政治問題；今日所討論者爲停戰撤兵會議，並非政治談判，聲明書中所謂安全，係中國之內政問題，當中日雙方簽訂停戰協定之預備會時，中日雙方代表，均謂在所訂三項停戰撤兵之原則外，絕對不談任何政治問題，當時各友邦代表，亦均在場，故今日會議，此項問題，可以不必討論，祇須規定一日軍完全撤退之時期，便可圓滿結束。日代表聆言，復謂此次日方出兵，完全保護僑民，如不達保僑目的僑民仍不安全，則日軍殊難撤退。郭代表乃加以駁覆，謂日方此語，又屬政治問題，既背國聯決議案之原則，復越停戰協定之範圍，故中國方面，決計拒絕討論。雙方至此，業已完全破裂，英使藍浦森氏，目覩此項現象，深覺停戰會議，行將功敗垂成，乃與中立國代表商洽後，向中日雙方代表，提出一建議，謂此停戰會議，實爲全世界所屬目，殊不願陷於僵局，此際惟有三項辦法。(一)在日方聲明書內，規定一完全撤退之日期，(二)華方暫時接受此項聲明，而加以保留，(三)會議即此破裂，即行散會。英使語竟，仍向中日雙方代表，積極斡旋，我方郭代表，因謂此項會議，本人尙有一辦法，蓋此項會議係屬根據國聯決議案而開，今日方不澈底之撤兵，則不妨將此次會議經過，詳細報告國聯大會，一方面各友邦亦可作一詳細報告。郭氏語竟，全室異常沉寂，時已下午四時十分，良久尙無人發言，郭氏乃又復謂，如欲打開僵局，必須有一新方法，中國政府，對會議態度，累次明白表示，根據協定，決不讓步，而此次會議經過，中國代表之一切發言，各友邦亦均明瞭，日兵而撤至中途而廢，無論如何，中國決不讓步者也。郭氏言竟，全室又復默然，達半小時之久，各友邦代表乃謂，觀此情形，勢將決裂。本人等承政府命令，斡旋中日和平，今乃如此，殊屬失望，務請兩方於無辦法中，想一辦法。吾方鑒代表，乃以極堅決之論調，答之曰：欲使本會圓滿解決，此極簡單，祇須日方表示日軍能於何日撤退完竣，僅此一言，便可決定。英使此際，乃復謂此項會議，迄今已達十餘次，世界人士，俱欲知會議之內容，現雖已至決裂之境，本人等仍須積極設法。日使重光聆言，乃謂對此情形，殊覺抱歉，而各友邦代表，亦表示今日散會後，仍請兩方報告政府，以便轉圜，並向中日雙方聲明，全世界現集中視線於本會，如果決裂，不但中日兩國，受其影響，即各國在華之市場，亦將危險，務請兩國對此嚴重注意，知解決停戰撤兵之必要。郭代表聆語，乃作最後之答辭，曰：吾人已明知此病人之病勢，已入膏肓，諸醫均已束手，但不妨再易一醫，爲之設法診治。語竟，出席代表均笑。時適下午六時，乃即散會。是會幾成僵局，英國公使提出折衷辦法三條，(一)日方發一單獨宣言，其字句即爲日軍期限於六個月內，地方情形進展至確保安全之時，完全撤退，(二)中日共同宣言，即於日方上項宣言後，加一我方附帶聲明，其字句即謂非至日軍完全撤退，中國認爲本協定尙未履行，(三)我方發表單獨宣言，其字句即爲非至日軍完全撤退至公共租界及虹口區域越界馬路，中國認爲國聯會決議案之精神及本協定，尙未履行。中日雙方於英使三項調解辦法，待請示政府，再行表示。

第三節　停戰會議之惡化與停頓

四月八日大會休會，將前次大會交下小組會議討論之議案開會討論。開會後，日方初欲討論蘇州河以南及浦東之華軍駐防情形，我方加以拒絕。旋乃討論日兵暫駐地點，對於吳淞之蘊藻浜張華浜等處，滬東之引翔港，江灣之跑馬廳，殷行閘北之六三花園，日本公墓等，均加討論。吳淞方面，因各代表曾於前日午後赴該地視察甚詳，故規定亦較詳，雙方各出紙筆，畫成地圖，爭論多時，始有一小部份之地點，得到同意，惟仍多模稜含糊之處，於是定下十一日再赴吳淞江灣引翔港閘北等處視察後，再定地點。雙方討論之日軍暫駐區域，共有四處：(一)吳淞方面：在蘊藻浜之北，縱橫各二千密達，即二英里左右，南至外馬路附近，西至康家行，及北泗塘河，北及印家宅，孫家樓，東至黃浦江畔，惟該區域內有吳淞鎭及淞滬鐵路，同濟大學，中大醫學院，中國公學等校，均劃出在外，日軍不得駐屯，故原則上雖係一正方形，而實際上則爲一斜長方形，其四圍之界限，則以附近之小河流爲間斷線。(二)江灣方面自淞滬路東之跑馬廳至殷行鄉屬之，各處西積線，亦以小河爲界限。(三)引翔港方面，自引翔鄉西北至軍工路之一部分，該處亦爲日軍駐屯地，惟滬江大學則不在內。(四)閘北方面爲六三花園，至日本公墓一帶，西以橫浜爲界，東至鐵路等處，大致與前相同。以上各處，除吳淞方面較爲詳細外，其餘三處面積均未決定，須視察後始定。

九日停戰會議，原定於是日下午三時舉行，嗣以日軍完全撤退期限問題，已討論至最後五分鐘之程度，英公使爲明悉中日兩政府訓令寬相起見，遂預作會外之接洽，大會則展緩至下午五時始開。先是日使重光葵，於昨午十二時一刻，至英領事館與英美公使等接談，約一小時而去。我外交次長郭泰祺，則於下午三時，與英美公使，在法租界華懋公寓交換意見，至四時後始散。旋於五時，各代表即在英領署正式開會。根據中日兩政府之訓令，繼續討論日軍完全撤退期限問題。日代表謂已得東京復訓，對折衷辦法第一條可以接受，惟須經修改。我方則對三項辦法均難承認，非經修改不可。雙方各不相下，形勢至爲惡化。同時小組會議，日方仍堅持蘇州河南及浦東之華軍不得留駐，故情形愈僵。我方即聲明萬一會議停頓，日方應負其責。十日，會議仍毫無開展希望。十一十二兩日雖仍舉行小組會議，因大會不開，亦無形延宕。至是中日停戰會議，完全步入停頓狀態。

第四節　停戰會議之復蘇與協定簽字

九日晚散會後，我代表團澈夜草就會議經過報告，電政府轉令顏代表，提請國聯行政院，立即召集十九人委員會，請求根據國聯約章及決議案，嚴促日本開誠談判，確定撤兵日期。十六日委員會開會，經三日之非公開會議，於十九日通過決議草案十四條。嗣以日方堅決反對第十一條關於混合委員會職權之規定，謂爲侵及日皇統帥權，違反彼邦憲法，乃經英使藍浦森奔走調解，提出折衷辦法，將國聯決議案之、權力路事減縮，而解釋範圍更形寬泛。於是日本不得已表示棄權投票，予以默認。至於我方，凡有決議，自然照例接受，國聯一再遷就，無非顧全日本體面，日既無詞，遂於上月三十日開國聯公開大會，將十九委員會提交而經藍浦森修改之決議草案，一致通過。（日本棄權除外）於是停戰會議在滬重開之議，又甚囂塵上矣。會日使重光葵因參預該國天長節慶典與白川植田野村等在虹口公園遇刺炸傷，或者疑停戰會議將再遭挫折，顧日外相芳澤訓令重光，停戰會，不以炸彈案而停頓。原定三日重開停戰會議，以關於浦東蘇州河南駐軍問題，日方訓令未到，卒延至五日上午大會重開，停戰協定乃在西捕嚴重戒備之下，宏恩福民兩醫院病榻之間簽字告成，而吾人所酷愛之和平，乃在如是忍辱負重之經過中獲得之矣。

是日各方出席代表，除吾方首席代表郭泰祺，日方首席代表植田，重光等三氏，因傷未出席外，中立國方面爲英，藍浦森，華文參贊包克本，軍事參贊桑海爾，法使韋禮敦，法參贊龐納維大，美使詹森，美參贊德來特，意代辦齊亞諾，意參贊法替尼，我方爲淞滬警備司令戴戟，十九軍參謀長黃強，祕書張益東，日文譯員殷汝耕，外部情報司長張似旭，（代表郭泰祺）祕書鄧中塋，李鐵錚，外部顧問夏奇峯等八人，日方爲陸軍參謀長田代皖一郎，（代表植田）使館一等書記官守屋，（代表重光）海軍參謀長島由繁太郎，陸軍參謀喜多，海軍參謀阿部，陸軍副官水野，日署二等書記官岡崎，軍部繙譯尾原，使館繙譯有野等九人。九時左右均相繼到署，稍事休息，即行宣佈開會。十一時許，日方又派遣軍部參謀長富田到場，惟僅數分鐘即去。正式會議開始時，首由小組會議中立國代表桑海爾，向大會報告事先小組會議情形，謂小組委員會，已將大會交議各點，統行討論完竣，中日雙方代表，對討論完竣各點，均已同情。桑海爾言竟，乃由英使藍浦森起立致詞，首對我方代表郭泰祺，日代表植田重光之因傷不能出席，殊表遺憾，並向中日雙方出席代表，詳詢病狀，末並感謝中日雙方代表之對此嚴重時局，能開誠合作，並予中立國代表以贊助，和平乃得實現，此不特中日兩國暨世人之福，即本人等參加此會，亦覺殊有榮光，藍致詞畢，乃由大會祕書包克本，宣讀協定文字，（英文本）兩方均無異議，乃即舉行簽字手續。依照原定簽字程序，係由我方首席代表郭泰祺氏先簽字，惟日方代表，因日使重光，將下午二時截去右足，故要求於上午由重光首先簽字，俾於下午，施行手術。各方對此，均加諒解，乃由大會中派我方情報司長張似旭，日使館祕書岡崎，大會祕書包克本，同車至福民醫院；當於十一時二十五分，由英領署出發，十一時三十五分至福民醫院，當重光簽字時，院內外戒備森嚴，約十分鐘，始行簽竣，張似旭、岡崎、包克本、乃同車出，於十一時五十五分，返抵英領署。三氏携歸重光業經簽字之協定到場後，舉座歡然，英使即首舉香檳祝中日兩國和平之實現，其他列席代表，亦均起立互致祝辭，全場喜氣洋溢。我方情報司長張似旭，乃在此時，代表郭外次等向各中立國公使致謝，復代表郭泰祺向各中立國武官致謝。日代表田代當亦代表植田向中立國代表，以日語致謝，由岡崎譯成英語，中立國代表當亦答謝如儀。香檳飲罷，乃由日方田代第二人簽字，島田繼之，英美法意四國使辦亦相繼簽字，時已十二時二十分。乃招各報記者攝影。事畢，張似旭、岡崎、包克本三人，至大西路十七號宏恩醫院，請吾方代表郭泰祺簽字。時美使詹森、法使韋禮敦、意代辦齊亞諾，日代表島田等，以大功告成，乃即相率退席。

張似旭等，於十二時四十分抵宏恩醫院，時戴戟司令暨十九軍祕書張一東，亦驅車同往。戴張等抵院後，即至郭氏病房，由郭氏先行簽署，然後戴戟司令亦在該院補簽，約十分鐘，始行完竣。張等乃再返英領署，由吾方十九軍參謀長黃強，補行簽字。日方首席代表植田謙吉，臥病平涼路兵站醫院，創傷已漸起色，一時十分，吾方張似旭，日方岡崎中立國方面包克本，同車往病院，當由植田補行簽字。至二時許，始行歸返。至此，中日停戰協定，乃完全由各方代表簽定矣。大會中，宣讀至協定條文第二條第三條時，我方情報司長張似旭，曾起立代表郭泰祺氏，根據設二項，作下列之聲明，關於第二條『雙方了解本協定內，對於中國軍隊在其領土內之調動，幷不含有任何限制』，該項聲明，曾於前次會議時，業經雙方同意，幷已接受，應無異議，其第三條之聲明書如下，『雙方了解按照第三條日軍暫駐區域內之市行政權，包括警權在內，仍由中國當局行使之，日軍之暫用該項地點，於上海市政府之工作，不得有任何妨害』等語云云。

第五節　汪精衛氏之聲述

自協定簽字後，傳聞另附密約，行政院長汪精衛氏，因於五月九日南京中央黨部辦事處國恥紀念會中加以聲述云：

關於淞滬停戰協定的經過條文，內容已經在中央日報和其他各報披露，而且外交部羅部長發表一篇宣言，說得極其明白，諒各位都已見到。今天兄弟所要說的，只是其中最重要的兩點：（一）此協定是否包含有政治的意味在內，（二）此協定是否與東北問題分開？關於這兩點，兄弟可以說明，此次停戰協定，如果含有政治的意味，即所謂以政治的條件來交換日本撤兵，那必定生出喪權辱國的危險來，政府絕對不肯做的，此點已經避免，協定內容沒有政治意味在內。關於第二點，若我們祇希望解決上海問題，而把東北問題擱置，那是一樣的喪權辱國，政府也絕對不肯做的。我們認爲上海停戰會議，只是解決東北問題的一個步驟。上海有些人說，中國是整個的，爲什麼上海停戰撤兵，而東北却不停戰撤兵呢？須知道中國並沒有和日本宣戰，如果正式宣戰，當然一起停戰，一起撤兵，然這一次政府的政策，是一面抵抗，一面交涉，所以無論在那一處地方，如日本來攻擊，我們抵抗，如日停止攻擊，我們便罷手。只要停戰撤兵協定，不含有政治條件，則淞滬之停戰撤兵，與東北之繼續抵抗，是可以同時並行的。政治意味的會議，必須將中日整個的問題，尤其是根本問題，即東北問題，提出解決。絕對的不是解決了上海問題，便將東北問題擱置之不顧。這兩個要點，已經清楚，則可以知道此次協定成立，固然不是我們滿意的成功，和最後的成功，和最後的目的，但亦不是喪權辱國的契約，至於東北問題，如何纔能解決呢。政府只有秉着一面抵抗，一面交涉的政策去進行。關於這一點，與五九國恥有同樣感想。五九國恥，至今尚未洗雪，九一八以來的東北問題，至今尚未解決，政府決不因此次協定成立而放鬆，並且越加努力，去奮鬪。軍事外交關係固然重要，但據兄弟個人意見，內政更屬重要，因爲外交取決軍事，而軍事取決於經濟文化和各種科學的組織與設備，而經濟文化和各種科學的組織與設備，又取決於內政的修明，故內政不修明，則經濟文化和各種科學的組織與設備，無法進行，軍事外交，亦永無辦法。自一二八以來，兄弟和蔣介石同志商量，關於內政問題，雖有應當改革的地方，但因顧全目前各方面的事實，故採取柔和政策，有些事情，雖要做而做不來。本來兄弟可以舉出很多例子，現在祇概括的說：這幾月所取的政策，是柔和的政策，欲大家團結一致，共赴國難，雖對於各方面有不滿意，但總要柔和的進行。關於這一點對不對，請各位同志批評。柔和政策，與內政修明，有無矛盾，當然有的，但取了堅強政策，雖然可以減少牽掣，而同時可以使團結分散，故想等各種條件齊備後，再來充實我們的力量。這是須請各位留心，並請各位嚴正的批評的。總而言之：現在這個時局，我們決不敢放鬆一步。我在國難會議，曾經講過，政府對於目前難局，確是一個最低限度，在最低限度以上，我們可以忍受，在最底限度以下，我們非抵抗不可。二月二十日，日本所提的哀的美敦書，我們絕對不接受，而簽訂此次停戰撤兵協定，就是爲此。現在我們簽訂淞滬停戰撤兵協定，只解決東北問題的一個步驟，不能說是已走上和平之路，以後還是要我們去犧牲奮鬪。今天紀念週，同時是五九國恥紀念日，十幾年的形勢，依然如此，所以我們犧牲奮鬪的精神，應始終如一，並且要一天天加緊起來，這是今天兄弟報告的大概。

第六節 停戰會議之不幸事件

五月三日晨八時，各團體救國聯合會，派代表四人，往外辦處晉謁和會首席代表郭泰祺，因郭次長不在，改赴勞禮育路二號郭氏私邸求見。時郭氏與戴戟黃強等在宅會齊，正預備出席停戰會議。適因日本訓令未到，不能開會，英使藍浦森用電話通知郭氏，郭乃轉知戴黃。戴黃正擬辭出，而各團體會代表四人，投刺請謁。郭氏以民衆團體平日時往叩問外交上之一切問題，故親自延見。代表等初詢郭氏於蘇州河以南及浦東兩地之華軍問題，是否允許我軍隊不得駐紮上述兩地。郭氏即答並非不駐兵，祇在日軍撤退期間，我軍暫不調動而已。繼又要求宣佈停戰協定，郭亦允之，先是八時三十分，民衆團體聯合會代表四人，各大學生抗日救國聯合會代表等亦到郭宅，要求宣布協定草案內容，及至九時許，又有學生代表二十餘人，踵至。郭次長當將協定中文宣布，衆復要求將英文協定暨附件完全宣佈，亦蒙允許，郭氏即將英文協定草案取出。宣讀至第一條時，突有某代表趨前，將英文協定草案奪下，撕毀擲地，有數人以銅元茶杯向郭氏亂擊，以致郭氏頭部左眼額眉上被擊傷，流血披面。是時會客室，立處於混亂狀態中。鬧者知有事故，一面通知其家人救援，一面報告寶建路捕房，立派大批探捕，前往彈壓，幷將郭氏宅門守住，入內搜捕。惟肇事諸人，多數逸去，探捕僅在郭住所外之小花園內拘獲各團體救國聯合會代表殷芝齡李次山留日學生代表楊鎔緯，各大學學生代表沈祖儒吳公漢教授代表謝不平，新聞記者蔣永達江一之數人等，又在門外拘得范彎芹倪世昌田元豐等數人，共計十一人，解往盧家灣總巡捕房。郭氏受傷後，左額流血不止，郭夫人徐德荃女士即用電話邀德醫米亞利來宅診治，同時黃強亦邀中醫，隨帶女看護一人爲郭氏醫治。當由西醫爲之敷藥，包紮創口，流血乃止。郭氏之創口，適在左眉上，共有兩處，一處深約三四分，一處僅二分。據米亞利醫生稱，須十日乃至二星期，方可完全痊癒。會客室沙發上，及郭氏所着衣服上，均染有血跡，當由郭夫人將該血衣及拾得之銅元等，交盧家灣捕房存案備查。被捕各人，郭氏以事出愛國，不願追究，故李次山殷芝齡二人，當日即行保釋，其餘九人，亦均於次日恢復自由。

又四月二十九日，日本軍政要人，在虹口公園慶祝日皇「天長節」，舉行閱兵典禮時，突有預經混入之韓人尹奉吉，以猛烈炸彈，擲向閱兵台上，轟然一聲全滬震驚。閱兵台上與高彩烈不可一世之日軍政民三方面要人白川植田野村重光葵河端等，均受重傷；河端送入醫院，不治而亡。此事發生後，各方咸以爲或將影響停戰會議之舉行，上海空氣，爲之一變。後日本外相芳澤召集會議討論結果，認爲炸彈案係另一問題，與停戰會議無涉，訓令上海日代表，不得因此停頓會議之進行，和會卒告成功。故協定簽字時，日方代表均在病榻簽字。

第十一章 被佔區域接管情況

第一節 共同委員會及接管委員會之成立

停戰協定第四條云：爲證明雙方之撤退起見，設立共同委員會，列入與會友邦代表爲委員；該委員會並協助佈置撤退之日本軍隊，與接管之中國警察間移交事宜，以便日本軍隊撤退時，中國警察立即接管。該委員會之組織及其辦事節序，在本協定附件第三號內訂明之。附件第三號之內容，如下：

共同委員會以委員十二人組成之，中日兩政府，暨依據國際聯合會大會三月四日決議案協助談判之與會友邦代表，即英，法，美，意，各駐華外交代表，各派文武官吏代表各一人爲委員。該會委員，依照委員會之決定，得隨時任用認爲必要數之助理員，所有關於程序事宜，由委員會斟酌辦理。該委員會之決定，以過半數行之，主席有投票取決權。主席由委員會內與會友邦代表委員中選舉之。

委員會依照其決定，以其認爲最善之方法，監視本協定第一，第二，第三，各條之履行，並對於履行上述各條之規定，有任何疏懈時有促使注意之權。

日本軍隊，向上列地點之撤退，於本協定之生效後一星期內開始，並於開始撤退起，四星期內撤完。

依照第四條所設之共同委員會對於撤退時，不能移去之殘疾病人或受傷牲畜，採取必要辦法，以資照料，並辦理其日後之撤退事宜，此項人畜，連同必需之醫藥人員，得遺留原地，由中國當局，給予保護。(協定全文詳後編)

很據上述條文所組織之共同委員會，於五月六日即告成立。其人員中國方面爲俞鴻鈞溫應星；(初委黃強，黃辭未就)日本方面爲岡崎勝男原田熊吉。英國璧約翰桑海爾；美國克銀漢屈蘭達；法國梅禮靄雁乃維泰；意國羅斯法蘭梯尼。公推克銀漢爲主席，英領署朗格爲秘書。其後五月十三日法委雁乃維泰赴平，白佩羅爲代，五月二十四日英委桑海爾亦離滬，改委白蘭德，六月八日日委原因改鮫島。

同時我方和成立接管委員會，以殷汝耕溫應星(上海市政府方面)郭德華(外交部方面)韓德勤朱錫百(江蘇省政府方面)五人爲委員，以殷汝耕爲主任。於五月六日開始工作。

殷主任述接管經過之大要云：

『自日軍於五月六日開始撤退，接管委員會即於五月九日起陸續接管太倉縣屬瀏河鎮嘉定縣及南翔寶山縣及大場廟行上海市屬閘北吳淞江灣等區域，至五月二十八日所有協定附件第二號所允日軍暫駐之ABC三區在日軍未撤退時，即由接管委員會派警接管恢復警權。三區內之日方陸軍於五月底已悉數返國，惟餘少數之海軍陸戰隊仍留駐於A區內之華豐紗廠與C區內之公大紗廠。而沙涇港以西淞滬鐵路以東公共租界以北一帶所駐之日軍，則依照協定條文，應於四星期內（六月二日爲滿期）退入四暫駐區域。乃日方對於該區及四暫駐區內的D區之海軍陸戰隊故延不撤，原定接管程序，因以停頓。接管會與共同委員會我方委員分別向日方委員及海軍當局迭次據理交涉催促撤兵，直至六月十七日沙涇港以西始得接管。而D區撤兵問題，日方仍多方延宕，幾經磋商，至九月六日始先將吳淞A區內華豐紗廠之陸戰隊撤去。對於D區仍屢遷延，嗣後我方擬提出共同委員會集議解決，日方知已不能再事延宕，乃決於七月十七日將D區駐軍撤退。同時由我方派警接管所有撤兵區域，接管委員之任務，至此方稱已告完竣，當由委員會議議決呈准行政院宣告結束。』

至接管各地之詳細地名日期，均列前編，請讀者參閱，以下將各地接管時之情況，分別加以敘述。

第二節 嘉定羅店瀏河南翔之接管

五月六日，嘉定南翔羅店瀏河四處日軍已陸續撤退。我方派定嘉定縣長潘忠甲接收嘉定縣，嘉定縣公安局長沈子鑾接收南翔，太倉第二區區長（即瀏河區）錢譜磐接收瀏河，寶山縣縣長孫熙文接收羅店。於五月八日，分別出發赴各該地辦理接收事宜。

五月九日上午八時許，所有留駐瀏河方面之日軍步兵一營，已分別撤退。事先接管瀏河區之太倉第二區長錢譜磐，於八日偕同譯員陶孝潔等出發至劉河區域，唔日方警備隊長石川。雙方洽商接防撤退事宜，結果頗爲順利。我方保安警察開往接防，同時日軍分別完全撤退 。前此被日軍非法佔據之民房及器具等，亦經該處日軍造成清册，點交錢區長接管。

五月十日上午八時半許，佔駐羅店之日軍第九師第二大隊司令部，派一中級官佐向該鎮市民維持會聲稱：本軍現奉到上級命令交代，卽須移交接收專員，希望速卽會同寶山縣長來此接收。縣長孫熙文，當偕接收專員到羅，時正午後一點餘鐘。此時駐在滬太長途汽車路沿西巷街之李姓新屋內之日軍步隊，開始撤退，向南首顧家宅而去，綜計人數三百餘名，卡車二十餘輛，滿裝輜重行李食糧等物件。（尙有佔駐煤屑路范家園內之騎兵隊二百餘名，已先一日開拔大場），日軍全部開始離境，我方寶山縣縣長孫熙文與英美法等各接收專員，暨孫氏之隨員高希天，劉桂庭、陳龍等，並由江蘇省會公安局警察第三隊隊長趙志勤，率領警士一百五十名，實行接收。

嘉定縣屬之婁塘、石岡門、馬陸一帶日軍，集中嘉定後，於九日下午三時許，分兩批開拔。一部份開往南翔，一部份開赴羅店，所餘一百餘名，於次晨九時開往南翔嘉定縣長潘忠甲，於五月十日晚十一時率同警察三百名，並攜日使參贊原田永吉公函，赴嘉定與該處日軍官接洽。謂本人代表中國政府前來接收，當由日武官招待，接洽妥善後，潘縣長卽返原防，於夜間三時率領全體警察，趕赴嘉定縣城。當將各警分配佈崗，維持地方治安。十一日晨並發出佈告，仰各避難人民遷回安居樂業。

南翔地方於八九兩日，由前方先後開到日軍步兵，砲兵、騎兵等大批隊伍。至原駐該處之日軍，於十日上午七時許，向眞茹方面退去。接管委員會方面，於十日上午十時，始接到該處接收委員沈子雲報告：稱九日午後，接防南翔，因恐與日方發生誤會，故先將警隊，留紀王廟，獨自前往與日軍警備隊長宮村接洽妥當，方行接管。

第三節　閘北鐵路以南區域之接管

五月十六日上午七時許，天雨濛濛，路滑泥濘，在此朝氣未退之時，恆豐橋方面，早已鐵門洞開，來往行人，肩摩踵接，橋南工部局派有中西探捕數人，特別指揮來往車輛，維持秩序，橋北站有日軍十餘人，均各荷槍站立，來往行人，仍舊施行檢查。至七時四十分許，車輪轆轆，我接收保安隊已次第開抵該處，首由汽車三輛前導，第一輛爲接收委員會人員，次爲公安局，再次爲新聞記者，隨後爲公安局第十一、念一、念二、念三、卅三等號機器脚踏車一隊，共計五輛，最後則爲中國搬場汽車十輛，滿車新近來滬之北平保安隊，向恆豐路疾馳而去。北平保安隊，均衣黑色制服，全身武裝，白布綁腿，步伐整齊，態度雍容，而英武之氣，溢於眉宇。由總隊長盧鐸率領，共計一大隊。其編制爲二二制，約計三百餘人。由恆豐路朝東折入共和路，至日軍分支所前停下。（卽前我警察教練所）列隊路中，靜候調遣。時適下雨，乃加披靑灰色雨衣，以禦雨水。當保安隊列隊時，公安局督察長龔璽揆，祕書殷體新，大隊長黃明，二所所長韓鐵仙等四人，卽驅車至新民路日軍憲兵第五大隊部，入內通知我保安隊業已到，請卽準備撤退手續。約十分鐘卽返。僅留龔璽揆、殷體新二人，餘均返抵原處，卽行分配崗位，施行職守，至八時許，二所所長韓鐵仙率警十九名，警長一人，往四區二分所，分置崗位，特務中隊長陳貞石，亦率警十一名，警長一人，往區一分所分配。四區區長吳紹鱗，則率警廿二名，警長二人接管四區。共計分置崗位廿五處，又另遣一小隊，約計三十三名，赴新民路日憲兵第五大隊前備接管完竣後，雙方施行軍警禮。在分置崗位時，公安局長溫應星，及美參贊德來特等，同車而至。稍停卽駛赴新民路日憲兵司令部，約十餘分鐘始出。溫局長同美國二武官驅車由新閘路朝東至車站路，在車與二武官遙指小語，旋卽返歸原路，沿新民路朝南，入烏鎮路向西沿蘇州河以北繞行一週，經恆豐路過光復路，朝北直至廣肇路，向南轉入恆通路，轉西過金陵路、康吉路，而至麥根路車站附近，稍稍停留，復返入金陵路，經大統路朝南達共和路，至日軍憲兵司令部前爲止。當溫局長繞行視察時，各新聞記者汽車尾隨於後有四輛之多，由恆豐路至廣肇路一段，已有我保安隊站立佈崗，每崗人數視各處形勢而定，沿蘇州河經光復路附近時，有源順木行首先將靑天白日旗懸掛門首，微風飄蕩，旗亦隨之上下。車中人員，無不注目凝視，有無窮之感觸。方移交時，日憲兵部大天井內，設一方桌，上置移交淸册及鉛槧印章等件，溫局長返部，卽行擧行交。日指揮官松植，衣灰色西裝蒞臨。繼而日參贊原田雄吉亦至，首由日本海軍陸戰隊勝野氏簽字蓋章，我方警察大隊長亦負責繼簽。一時各攝影記者爭相爭攝。事畢，由山板大佐致詞，殷體新翻譯，其大意云：日本海軍陸戰隊爲保護日本僑民起見，不得已而佔據，今將所佔區域交還，尙望今後中日二方，從此敦睦，閘北商業之繁興，將遠勝於今日云云。詞畢，乃互相握手退出，隨同日軍撤退。

第四節　大場之接管

五月十六日方將駐軍。於下午一時完全撤退。吾接管委員會方面，爲事前接洽妥善起見，特於上午，派特派員陶孝潔、寶山縣第二區長陸鳳溥等，前往大場，商洽接收手續。陶等於上午十一時許，乘車至大場寶華寺，攜帶日方原田武官通知函，與佔駐該寺之日軍杏賢一隊長面洽，商定關於日兵撤退與我方接收之手續。當晚陶等並往羅店，通知吾方警隊，務須於十七日上午十時前，完全開抵大場，俾於日軍撤退後，立卽前往接防。陶等住宿羅店一宵十七日晨九時許，卽率同負責接防之首都保安隊向大場出發此次負責接防大場者，爲首都警察廳保安第一總隊，第四中隊，共計一百五十名，由中隊長朱煌（秦化）率領，於十十七晨六時許，由南翔出發，八時許抵顧家宅，由接收委員陸鳳溥，偕上海撤兵區域接管委員會特派員陶孝潔，陪同率領前進。至十時許，抵大場鎭北市河汽車路橋暫行屯駐。先由接管委員陶陸兩君，往日司令部接洽通知吾方警隊、業已開到，磋商接防手續。當由日守備隊長杏賢一決定於下午一時前，將日本軍隊完全撤退，一時後，由吾方警隊負維持治安之責，並決定將大場鎭之龍鱗塔廟，爲吾方警隊駐屯地點。磋商完竣後，日守備隊長，杏賢一親自率領憲兵兩名，繙譯員一人，在該鎭之市河橋畔站立迎接，並行敬禮。我方接收委員及警察等，當卽入鎭，暫駐預定之龍鱗塔寺內。大場日軍，人數殊衆，十七日晨黎明時，卽將四周各交通處所，臨時加派武裝哨兵梭巡。遇有車輛行人，概須嚴厲盤査。同時將行李槍械防禦物材料等，分別收拾，用卡車分批向閘北方面運去。至七時半許，所有步哨，完全撤去。至九時起卽分批撤退 。所有馬砲各隊，均於十一時前，開拔完竣，步兵大隊 ，亦分批撤退。

當吾方警隊接防時，日守備隊長杏賢一，曾一度發生誤會，緣杏賢一偕同吾方接收員前往迎接首都保安隊來場接防時，忽向來場接收陶朱兩委員表示。首都保安隊與協定條文似屬不符，因協定規定由特別警察接管撤退區域，所謂特別警察係指平警而言，今接防者乃屬首都保安隊，殊覺違背協定。當時日守備隊長聲勢洶洶，旋經吾方陶特派員，解釋謂特別警察之意義，初無規定北平字樣經再三申說，又經共同委員會英國委員竭力斡旋，杏賢一始無異言。旋卽引導吾方警隊，進駐大場鎭之龍鱗塔寺。於是大場鎭上，始得飄揚吾方保安隊所攜之國旗。

吾方委員溫應星氏，於十二時半，到達大場。先在該鎭四周，詳加視察，繼乃赴寶華寺大殿左側樓房，與日武官暨各國武官接洽，執行交代手續。當由日守備隊長杏賢一招待，將日方預擬之接管文書三份，由吾方接管大塲委員陸鳳溥，與日本守備隊隊長杏賢一雙方調印，手續完後，共飲香檳酒，攝影紀念。時已下午一時半。

第五節　江灣彭浦之接管

五月十九日上午九時前，接管委員會派出接管江灣彭浦之人員，先後赴西愛咸斯路聯社集合。計有市公安局第五區第五所所長戴鴻恩，接管會特派員梁扶初，李盛鈞，教育局馬崇淦，周尙，韋史南，張仰高，鍾士傑，黎海洪，張懋言，汪棨鈞，等多人。及至九時一刻，乃分乘汽車出發，經北四川路江灣路，抵江灣勞動大學門首。時正上午九時五十分。抵江灣後，我方人員，卽分兩批出發，一批係教育局人員張仰高，鍾士傑，周尙，等乘小車赴江灣鎭，查勘見科，陶灣，中山，虬江，麥村，等數小學，馬崇淦則查勘各處大學中學，一方則由戴鴻恩率梁扶初，李盛鈞，等赴文化路文化學院第二院日軍守備隊司令部，與日司令赤澤少佐接洽，赤澤並將引繼書（卽移交書）取出，交與我方戴氏觀看，雙方均表同意。至十時餘，共同委員會我方委員溫應星氏，偕同英代表桑海爾，美代表特來達，法代表龐納維夫之代表巴勃司達，意代表法拉梯尼，及德來達之隨員蘇樂中尉等，亦乘汽車繼至，與日方代表會晤，於是卽舉行交替儀式。在文化學院校址外之庭院內，置一桌，上置引繼書三份。一交我方，一交日方，一交中立國代表。雙方略加商議後，卽行簽字。日方守備司令赤澤少佐致辭云，停戰協定已簽訂，日軍遵約退兵，希望以後仍維持東亞鄰邦之親善云云。十一時二十分，飲香檳而散。

江灣日軍撤退後之引繼書，原係日文，譯錄如下，『江灣鎭日本軍守備隊長，於昭和七年五月十九日午前十一時零五分江灣鎭（鐵道西方地區）日本軍使用之土地建造物及警備一切，中華民國特別警察引繼，承爾後人民之保護並警備，於日本軍莫負其責，此後卽請中華民國特別警察，於民國二十年五月十九日午前十一時零五分，確認在江灣鎭（鐵路西方地區）日本軍使用之土地建造物，爲日本軍守備隊完全保護並警備，確認其一切引繼，江灣鎭守備隊長受了一切後，關以上之保護並警備，莫關其責任，昭和七年五月十九日，江灣日本軍守備隊長赤澤六三，中華民國二十一年五月十九日，市公安局第五區第五所長戴鴻恩。引繼書簽訂後。我方溫局長及中立國代表，乘車返滬。日軍亦卽先後退去。

彭浦鎭位爲大場之南，平時駐有日兵，至多不過百人，故此次日軍於本月初撤退時，未向共同委員會報告，轉知我方接收，十八日下午二時，接管委員會派該區市政委員凌志斌，會同江灣接收員五區五所長戴鴻恩，手持首都保安隊第一總隊卞總隊長之手諭，往大場接洽派警事宜。接防後，十一時，彭浦區保衛團團長尉步濂，王朝棟，市政辦事處趙文修張仲祥等，集商聯防辦法五項：（一）下午八時，禁止交通，以防匪類混雜，（二）警隊巡邏由保衛團協助，以資引路而厚警力，（三）閘北一部未接管前，市公安局口令無從領取，擬自編應用，（四）警區原屬四區，現以南部尙未接管，交通阻隔，故公安事宜，暫由五區五所兼領，幷由保衛團協助，（五）協助市公安局清查戶口。

第六節　眞茹之接管

五月二十三日，往眞茹接收之人員，計委員會陶孝潔，梁扶初，查南強，公安局甦電撰，石鈞章，殷體新，吳清，市府委員洪蘭祥，教育局馬崇淦，鍾士傑，公用局孫開禮，諸葛恂；工務局周贊邦，衛生局江世澄，眞茹站長喩瑞麟；此外法醫研究所暨南大學京漢電總幹線局電話局華商電汽公司等，均派員會同接收。上午八時，齊集於接管委員會，會同出發，抵眞茹。抵眞茹時，八時三十分。先至新木橋日軍大隊部，晤隊長井上三一。晤見後，共同委員會，各國代表，及接管委員會特派員陶孝潔等，留隊部接洽，各機關接管人員，卽馳赴鎭上市政委員會暫憇，並支配崗位，接收先後步驟。繼由日方派隊副官山川吉春通知我方接收人員，可先赴各處預事佈置，於是撥派警二十名，於九時四十分，先行進駐新木橋附近，待日軍撤去，卽從事於鎭上分別佈置崗位。其餘各機關人員，亦各紛紛前往佈置。十時許，開始辦理交收手續。其時除我方接收人員及各國代表外，日方爲隊長井上三一，隊副官山川吉春，翻譯小島靑一。先由英武官白蘭德出示地圖，溫應星局長與日武官原田檢查一過，旋卽出引繼書，由雙方交收人簽字，我方爲四區三分所所長石錦章，日方爲隊長井上三一。中日雙方換文原文錄下，日方原文云：（一）日本軍隊駐過房屋以及用過傢具，一切確已全部交還無餘，（二）於昭和七年五月二十三日午前十一時，眞茹並眞茹鎭眞茹車站一帶之警備，確爲引渡貴方矣，（三）對於日本軍撤後所發生之一切事故，吾方概不負其責。昭和七年五月二十三日，眞茹區守備隊長陸軍步兵少佐井上三一。吾方原文云（一）日本軍駐過之眞茹鎭眞茹火車站附近房屋並其房內傢具，一切確已接收不誤：（二）於昭和七年五月二十三日午前十一時，確由日本軍隊接收眞茹鎭，並眞茹火車站一帶之警備矣。（三）從自以後，此地之治安，該由吾方維持，對於日本軍隊撤收後所發生之一切事故，其責任不在本軍隊者，不待言矣。中華民國二十一年五月二十三日，眞茹接收委員上海市公安局四區三所長石錦章、（記者按：以上換文，係由日方事先擬定者。）

眞鎭茹當作戰時，因在後方，故房屋燬壞，尙不甚鉅。惟日軍入駐而後，居民物質損失，則殊爲鉅大。祇日軍第一大隊所佔據之陳德培君寓廬，古物古畫，盡被擄去，損失達九千餘金，其他槪可想見。又暨南大學校具什物，被日軍擄去殊夥，有一部份則爲傀儡組織之維持會所攫奪。

第七節　閘北鐵路以北區域接管

五月二十三日下午二時半，吾方接管人員，正式接管閘北鐵路道以北地帶。其交替儀式，係在中興路安徽中學日軍第三大隊部舉行。接收閘北人員，接管委員會於事前指派特員查南強，陶孝潔，李盛鈞，四人負責接洽。查特別員等，於上午十一時半眞茹方面接收完竣後，卽由眞茹直接前往閘北，與日方接洽接管事宜。至公安局方面接管人員黃明，甦電撰，殷體新，何以鳴，牛精鑑，公用局顧憲白：教育局鍾士傑，商務印書館何炳松，兩路局曾志洪等，則於下午一時半，分別集合於育嬰堂路江平育嬰堂，至一時四十分，乃聯翩出發，至日海軍第二大隊本部，舉行接管手續。下午一時四十五分，共同委員會中日英美意各國委員，相繼蒞止安徽中學日海軍第三大隊部，監視日軍撤退。共同委員會各委員到場後，卽相繼研究地圖，詳核日軍撤退地點。時日方軍隊均集合於安徽中學院內。至二時十分，乃卽舉行交替儀式。日海軍第一大隊長森可允，吾方警察大隊長黃明，互相就位。首由日隊長森可允致詞略謂：中日兩國，不幸而互成敵國，迄至今日，乃得實現停戰撤兵，圓滿解決，本人對之，頗覺愉快，此次戰爭，中日兩國，均犧牲不少寶貴之生命，本人實覺非常痛心，回溯前情，尤深感慨也。查日海軍自進駐閘北而後，閘北方面，日僑殊少而華人衆，惟日軍防範治安，不分彼此，一視同仁，使人民均得安居樂業，月餘以來，差幸無事，現則地方治安，交由華方接管，希望華方警察，照常維持治安，恢復秩序，對於日僑，亦能竭力保護，務使日軍曾經進駐之閘北，他日成爲上海之模範區域，則本人實所欣望。日隊長語竟，當由吾方黃明大隊長致詞，略謂：此次中日大戰，兩國失歡，現則業經停戰撤兵，本人對於地方，當視能力所及，不分階級，不分國籍，一體保護，力爲維持。言竟，日大隊長與黃大隊長互相握手，乃定履行換文手續。引繼書之原文云：（一）治安維持警備區域無異狀，（二）（地區）虹口以西、滬寧鐵路道以北，柳營路以南，（三）（占有建造物）占有當時狀況保存，中學公學（即安徽中學）靜路寺院，（四）（占有動產）別線通，（即另本附載之意）（五）（犯罪人）無。

駐防閘北之日海軍，計共一二兩大隊，第一大隊長爲森可允，第三大隊長爲大沿，換文手續履行完畢後時下午二時半。全體日軍，即開始撤退。是日負責接管閘北者，爲平警兩大隊，計共二百餘，於下午一時四十分，由共和新路開駐育嬰堂路江平育嬰堂。當日軍開拔後，該項警隊，即分駐接管各區。

共同委員會桑海爾．白蘭恩．法拉梯尼．溫應星．原田熊吉等，於接管完畢後，即分乘汽車，至橫濱河日軍撤退後暫駐之地點交界處視察，蓋恐日後日軍與我方警士隔河發生誤會，並視察該處戰後狀況。一行六人，出安徽中學校後，由中興路，入共和新路滬太路．中山路．至三陽路．顧家灣．橫濱河而止。相隔百餘武，即爲八字橋，爲兩軍相持月餘，戰爭紀錄上最激烈之處。周圍數十里之內，幾無一完整房屋，沿途斷垣殘磚焦土燼物，堆積如阜，其有未經轟燬或焚盡之廠屋烟囪等，亦大都砲彈洞穿，如闗門戶，槍彈之孔，則更密如蜂窠。各委員視察後，復至附近日人火葬場及公墓巡視，方各乘車轉道，由新民路同濟路江灣路越淞滬鐵道，至北四川路入租界而散。

第八節　吳淞區域之接管

五月二十四日接收獅子林。十一時正，我方代表施澤，日方代表蓮花佐及兩方隨員二十餘人，在獅子林砲台北首九吋大砲之左面空地上，舉行會見禮。由林某翻譯畢，即將日方備就之引繼書二份取出，在草地上舉行簽字。引繼書原文譯錄於下：

獅子林砲台，茲經雙方會同移交接管完竣。昭和七年五月念四日，移交人日本寶山警備隊長蓮花少佐，接管人上海戰區接管委員會接管員施澤。兩方蓋印畢，各執一紙。最後在簽字處攝影畢，即行散會。同時日軍亦撤退。獅子林砲台在吳淞砲台之左側，由南至北，延長有十分之二里。台自北起，裝七生的五口徑四座，向南九吋徑四座，更南十二吋口徑二座，最南六吋口徑二座，共計十二座。各砲有十二吋及六吋二座，被日彈擊損少許外，餘均在我軍撤退後，被日軍用藥水將各砲口損毀，故全部已成廢鐵。其中七生的五較小之四座，已被日方速砲拆去，僅剩一砲底。營房百餘間，完全倒坍，已無一可用。全台樹木，亦斬伐殆盡，致活潑可愛之青獅，已變爲一有皮無毛之死獅，哀我國防，不知何日方能恢復也。日軍撤退後約半小時，由楊行方面開到警察第一大隊第二中隊分隊長方子鑫率領之警察四十名，即實行接管該砲台。

五月二十五日，接收吳淞。屬於警備區域者，爲市公安第七區區長李警，吳淞區市政委員唐承宗，接管會特派員殷體新、李盛鈞、查南強：屬於接收要塞者爲吳淞砲台台長趙勁柏、陳文正、接管會特派員梁扶初、陶孝潔：負責接收淞區各校者，爲市教局代表鍾士傑、馬崇淦，以及各有關係局所人員。均於上午九時前，齊集於西愛咸斯路接管會，於九時一刻，開始出發。一行接收人員，於十時二十五分，抵蘊浜藻橋。乃分兩批前進屬於接收要塞者，即向水產學校方面而去，屬於接收警備事宜者，則即折入西首華豐紗廠內與日方所謂吳淞守備隊長之第七聯大隊長時澤直義接洽。時因共同委員會中日暨各國武官，尚未蒞臨，雙方乃在樓上，共同審核地圖。至十一時五十分，共同委員會仍未到達，日方乃開始簽立引繼書。至十二時正，始行簽訂完畢。共同委員會吾方委員溫應星，日方委員原田，日方小組委員會委員阿部，以及共同委員會英委威爾遜（代桑海爾）美委蘇樂（代德萊達）意委法替尼等相繼至，遂即與中日雙方，一度洽商後，即相繼返滬。日方交替時之換文手續，尚覺簡捷，引繼書之原文云：『吳淞鎮日本守備隊長於昭和七年五月二十五日正午〇時〇分，將吳淞鎮鐵道以東地區（停戰協定內規定之日本軍不用地區）之關於警備一切事項，移交與中華民國接收委員區渡，該地之治安及警備一切事宜，概不負責。中華民國接收委員於民國二十一年五月二十五日正午〇時〇分，確認吳淞鎮鐵路以東地區。（停戰協定內規定之日本軍不用地區）經日本守備隊完全保護及守備，茲由吳淞鎮日本守備隊長將關於警備一切事宜，移交前來，嗣渡即負該地治安及警備之責。以上雙方同意簽字爲證。昭和七年五月二十五日，於吳淞日華紡織株式會社。吳淞日本軍守備隊長時澤直義，民國二十十一年五月二十五日。中華民國接收委員上海市公安局七區區長李警』

接管要塞人員，於上午十時二十五分抵蘊藻浜橋後，即向砲台灣水產學校方面進發。乃東行至時化路口時，該處逼近砲台，突有日兵四名，阻止前進。當由吾方接管委員陶孝潔下車，申明來意。日班長小沿，乃登陶氏之車，偕往水產學校方面前進。車至水產學校門前、先由小沿下車，與該處日少佐吉留芳行，申明來意，旋由陶特派員孝潔，梁特派員扶初，下車與吉留晤面。詎相見未數語，即起誤會，吉留少佐大聲謂接收要塞之趙勁柏，陳文正，非原定之人，竟堅決不允交還。陶梁兩人雖多方申說、毫不見效，不得已重返日華紗廠與日軍第七隊長時澤直義商洽後，陳趙兩人，始正式與吉留晤面當雙方晤談時，吉留嘗再三詢問吾方所派之一百五十名警士，是否平警，聲色俱厲。陳趙唯唯稱是。日留始色霽。乃偕衛兵二十名，繙譯一名，與吾方陶梁陳趙四員，共同乘車至砲台灣南部之壘，棄車步行，魚貫由砲台土圩上向北而行，時爲十一時四十分，各人相繼至砲台灣最北之盡頭處而止。零點四十分，抵砲台灣西吾方營房，先由日留偕陳趙兩接收員，入營視察一週，內駐之陸兵一隊六十名，已整裝待發。一時，至商船學校，視察校內所駐日軍，該處日軍，已於上午九時，開拔赴虹口駐紮，故校舍內闃無人跡。一時十五分，復入水產學校內視察，始全部竣事。吉留當於視察後，下令所部，預備開拔，並囑陳趙兩接收委員於二時率警來此接管。

我方警察既復崗，日軍亦將撤盡時，海軍指揮處，交通部無線電台，商船學校，及大小商店均懸青白旗。該處爲日旗占據者，達七八星期，直至今日方復見青白之旗。

至吳淞兩路局機廠，五月三十日接收。又張華浜車廠，於五月二十九日接收。

第九節　寶山之接管

寶山縣城、與三官堂火藥庫，佔駐之日軍、於五月二十五日下午十一時四十分，同時撤退。我方接管委員，寶山縣縣長孫熙文氏云：日軍撤退，與我方接收時間，定於本日上午十一時半。上海撤兵區域委員會特派員霍實、亦蒞止。九時二十五分，孫縣長，一切摒擋就緒，偕秘書殷由莘，財政科長周銘琛，公安科長高希天、暨其他職員，攜帶行裝，與霍特派員，由羅店分乘汽車出發：首都保安隊一中隊，亦由第一大隊隊長李義師率同隨往，協同辦理接管事宜。至十時十五分，始抵三官堂。斯時我方之江蘇省會公安局警察第三隊隊長趙志勤，率領警士，與首都保安隊，均已由羅開到，集中該處之西首。日方之步哨、在該處之東首。孫縣長與霍特派員，下車，步至日哨兵站立地點，有一日憲兵官佐經霍特派員，操日語向之接洽。述其來意後，即派一日兵，乘我方汽車同行，駛至南門入城，經往寶山縣政府，將行裝等物，一併卸下。孫縣長旋偕特派員霍實。至南門大街口，馮立民住宅內之日軍步兵第六旅團團本部，與團長蓮花豐吉，接洽撤退，及我方接收手續。至十一時十分，共同委員會委員我方溫應星，日方原田熊吉，美方德萊達代表蘇樂、英方桑海原代表威爾遜、及意方法替尼代表等四人，相偕到場；當由日方第六旅團長蓮花，取出引繼書兩份，經各委員閱後，由孫縣長察覽一過，先由日方第六旅團長蓮花少佐，塡其年月日時間，簽字蓋章，繼由我方接管委員孫縣長簽字蓋章。日方步兵第六旅團長蓮花豐吉，操日語謂尙有三官堂火藥庫一所，亦係本日交接，該處屬於寶山縣境，故歸孫縣長接管。並謂該火藥庫係空屋一所等語。孫縣長即派公安科科長高希天代表，爲接管委員。日方蓮花，當將引繼書取出，各由委員，孫縣長與高科長，分別閱畢；日方蓮花，與我方代表高科長，先後簽字調印。至此，蓮花，引導各委員等，至隔室共飲香檳、鮮菓、茶點等，乃攝影，握手告別。蓮花下令撤退，所有佔住南門一帶房屋之日兵，均聚集於寶山縣貧兒教養院門前，排列開拔，出南門，經縣道，過砲台灣，轉往吳淞。所有砲車、小鋼砲、步槍、子彈、行裝、蔴袋、松板、鐵絲、木樁、竹桿、等分裝大卡車四十餘輛，車牌自二百十六號起，依次排行，一時南門外縣道，途爲之塞。至十一時五十分。寶山縣城廟之日軍，及步哨，完全撤盡。共同委員亦返吳淞，轉瞬間，孫縣長，將縣政府大門口，高懸國旗，臨風招展，氣象爲之一新。

三官堂火藥庫，接收後孫縣長，偕公安高科長，前往察勘。至則日軍甫退，周圍牆垣，炸彈，砲彈，槍彈，彈痕纍纍，燬壞不堪，地上有大空穴，五六處，積水盈盈，不能度其深淺，庫房十間，損壞尙少，室中空無一物，其辦公室，與衛兵等房屋，均被炸燬，宛似墟墓。火藥庫之門前，有橋樑一座，亦被炸燬。身臨其境，觸目四矚，草色菁菁，創痕斑斑，一種悽涼狀態，令人一時難以言喻。

兩繼引書全文如下：（一）寶山縣城，引繼書：寶山縣城警備二關六几事項，寶山縣城，日本使用宿舍二關六几事項，右兩者，立會，上引繼者了六昭和七年五月二十五日，上午十一時二十分，引繼者，寶山縣城日本警備隊隊長蓮花豐吉印，受引者，寶山縣縣長孫希文印。中華民國二十一年，五月二十五日，上午十一時二十分。（二）三官堂火藥庫，引繼書，三官堂火藥庫，一切二關六几事項，右兩者立會，上引繼者了六。昭和七年五月二十五日上午十一時三十分。引繼者，寶山縣城日本營備隊隊長蓮花吉豐印。受引者寶山縣政府公安科科長高希天代表印。中華民國二十一、五月二十五、上午十一時半。

第十節　淞滬路以東沙涇港以西之接管

接管人員計公安局滬北辦事處主任黃明、公安局督察長何以鳴、五區一所長居敬、五區二所長牛精鑒、五區三所長吳廷勛、譯員殷體新，會同接管委員會查南強李盛鈞梁扶初靳鞏等，及北平警察大隊長馬鴻賓率領平警三百餘人。

定六月十七日上午九時齊集西愛咸斯路聯社出發，但本爲便利起見，改爲分途出發。黃明與闞鐸捘殷體新靳鞏等於上午九時三十分由聯社直赴江灣路日本海軍司令部；各區所長等則於昨晨九時三十分，由五區署各率平警分赴各區所接管，故接管時異常順利迅速。黃明與闞鐸捘殷體新靳鞏査南強等於，上午十時抵江灣路日本海軍陸戰隊司令部，當由日本海軍特別陸戰隊第三大隊長大沼富男大尉招待，即在樓下禮堂交接，并將撤退地圖查閱。時共同委員會各友邦代表英國勃米恩（代桑海爾）美國薄恩（代表特萊斯台爾）法國勃海白勞脫（代彭納維德）意國考狄羅（代法拉鐵氏）亦相繼到場監視。雙方交接，旋即查閱引繼書（即交替書）。全文共分三條。我方以第三條所開損失之賠償問題，係屬政治問題，要求修改。（按該條原文內開『關於右列各地點內之損失賠償，當事國不得提出交涉。』）經接管會特派員靳鞏查南強及公安局秘書殷體新三人向日方力爭，大沼乃往至別室，將該條文字全部以紅筆勾銷，并加蓋圖章，復持回示我方代表。我方認爲滿意。於是我方代表黃明與日方代表大沼相向敬禮。日方代表致辭，略謂今天將日本海軍陸戰隊曾經駐紮各地交還中國，非常欣慰，今後希望雙方增加親善，且望格外保護地方治安。我方由黃明致答詞云：今天由日方交還各地，並亦希望雙方親善日加，及地方安甯，使地方上種種日有進步云云。繼即由日方大沼富男大尉及我方黃明主任簽字蓋章於引繼書，攝影而散。

日引繼書內容：（一）日軍撤退區爲公共租界以北淞滬鐵路及北河南路以東沙涇港以西之日軍守備區域，但越界築路區域除外。（二）以上區域內並無應由日方移交華方之占有建築物財產及人犯右列各項，認爲無誤。此致中國接收委員黃明閣下。（蓋）印，昭和七年六月十七日。日本移交委員日本海軍特別陸戰隊第三大隊長海軍大尉大沼富男。（蓋印。）

五區一分所上午九時三十分，由該分所所長居敬，率領巡官高鴻賓王寶樹李廷章黃鉞及所員郭成菼譯員鮑瑶等，及平警一百五十八人，到所接管。

五區二分所上午九時四十分，由該所所長牛精鑒譯員李盛鈞職員陳繼武等及平警二分隊共八十名，開抵廣東街「趙岐峯公義學」，與駐在該處之日軍海軍陸戰隊隊長安田特務少尉晤見。安田少尉以撤退時間定十時正，請我方接管人員少待，故我方先行分佈崗位。駐在該處之日海軍陸戰隊四十餘名，則於上午十時向江灣路方面撤退；吾方接管人員，於十時零五分進駐「趙岐峯公義學」。

五區三分所於上午九時三十分由該分所所長吳廷勛巡官周傑王序贊會同接管委員會特派員劉綸保安隊長馬鴻賓及平警八十名，公安局警察四十名，抵該所接管佈崗。

我警入駐後，一面組織巡邏隊；在區內各處巡查。計每三小時一次；每次分兩班；每班警士三名。故各處秩序甚佳，治安無虞。當我警開到時，街旁國旗飄揚，居民並燃放爆竹熱烈歡迎。

第十一節　最後區域之接管

接洽視察情形七月十七日晨十時，接管委員會，派定闞鐸捘、殷體新、何以鳴、靳鞏、劉漁門、等，在聯社出發。於十時一刻，抵北四川路日海軍陸戰隊司令部。當即入內，與松板、鮫島、晤見，分賓主坐定，即展圖互視；檢查D區日軍駐守地點，及日本產業，僑民住所，等等。嗣又談及十七日撤退，與我方接管佈崗等事項，直談至十一時許，始由松板第三大隊長，大沼參謀樋口，二人爲前導，往D區範圍內視察。先由黃陸路穿淞滬鐵道，沿花園街而疾馳，鐵道口有日軍崗位二人，距此半里許、有一三九號洋房一幢，駐有陸戰隊第六中隊第二小隊一小隊，人數約有二百人，該屋據樋口云：房主係一華人，發生戰事前，係租與一日本商人，故退出，後仍歸還該商人。復行數十步。路狹不能駛車，遂相率舍車步行。該處有破殘房屋兩幢，係日人經營之寶山玻璃廠，廠之北首，有地方圓約五十餘畝，四週樹立木樁，繞以鐵絲，該地爲日本興業株式會社產，叢草滿目，一荒地也，平時曾作日士兵運動場所。循園繞視一週，樋口即聲言，該地所圍鐵絲網，請保存勿拆。由此後迂迴至六三花園，李樹依舊，濃陰蔽日，誠一清涼境地，惟出入者皆係日人，華人絕未見。據悉爲日軍休息運動之用。在園內勾留二十分鐘，在樋口語特派員云。該園西首，有鹽通里者，爲日僑居住最多處，請於日軍退出後，特別加以保護。言畢，遙指鱗次櫛比之紅屋曰。即該處也。特派員當答以保護僑民，公安局自當盡其職守。可勿顧慮。旋復登車，改由橫浜路北駛，經青雲橋日本公墓而至八字橋。該路沿橫浜路河西已爲我公安局警士崗位。河東日軍崗位，尙有十餘處之多，而尤以八字橋境，駐守日軍爲最多。當視察時，曾入日本公墓詳審一過，內有日軍於是役戰死之大佐中尉等新墓二十餘處，標誌猶新，此處已亦要求多予保護。至十二時十分，八字橋視察完竣，卽分道而返。

接收之前一日下午四時我方會在聯社舉行聯席會議。出席人員，計接管會殷汝耕．梁扶初．劉漁門．瞿實．靳鞏．李盛鈞．查南強．陶孝潔．謝志道，公安局計騰蛟．殷體新．何以鳴，保安隊闞鞏．杜成，公用局顧翟白，衛生局江世澄，財政局梁思成，教育局馬崇淦，工務局周贊邦。會議結果：(一)決定翌日上午十時前，各接人員，齊集寶山路天吉里五區署所，十時正，由五區署出發，前往接收；(二)保安隊三百名，於明日上午九時，齊集五區所，九時四十五分，開始佈崗，預定十時四十五分畢；(三)公用局派員赴D區修理破毀路燈；(四)甲．衛生局加派清道夫十人，分赴D區清理街道，乙．橫浜河水汚濁不堪，派員前往消毒，丙．派消醫士分赴D區各路口，勸告居民打防疫針；(五)上海法學院．愛國女校，天通庵小學校．南洋高等商業學校，上海藝術專門學校、市立德新小學．蘆濱小學．及各私立學校，因受戰事損失，一時不能開課，須加整理；惟愛國女校秋季可望遷至原址開學。接管D區人員，經聯席會議派定者，計：(接管會)殷汝耕．梁扶初．劉漁門．瞿實．靳鞏．李盛鈞．查南強．陶孝潔．謝志道．(市公安局)計騰蛟．殷體新．何以鳴．(保安隊)闞鞏．杜成．(公用局)鄭葆成．(衛生局)江世澄．(財政局)梁思成．(教育局)馬崇淦．(工務局)周贊邦，接管之D區區域，計東自沙涇起，沿淞滬鐵路至橫浜橋止；北自沙涇港起，沿新市路至溪家橋止；西自溪家橋起，沿水電路至八字橋止南自八字橋起，沿日本墳墓循橫浜橋止上午十一時中日雙方代表，在虹口日軍司令部，舉行交接儀式，共同委員會英法美意各國共同委員，均到場監視。以示鄭重，至D區內現駐日軍約二百餘人。

第十二章 可泣可歌

第一節 義士蕭特

義士蕭特，原名 Bod Sdort 美國華盛頓州泰科瑪人，年二十七。中日滬戰爆發時，蕭義士來華不過年餘。初供職於上海蠶爾飛機公司，充表演員，常往返京滬間；旋受聘爲航空學校教官。二十一年二月二十二日下午三時，義士駕新購價值二萬五千兩之寶靈式驅逐機，由滬飛京，其機價方於隔日由中央銀行付訖。將至蘇州，日機二架，正在擲彈肆虐，無辜民居，橫遭轟炸；義士憤甚，駕機迎頭趕上，開機關槍掃射期驅逐之。日轟炸機轉動欠殊靈活，勢不支，時遠處另有日本驅逐機四架，卽認義士爲敵人，四集援應，義士以一敵六，猶擊落日機一架，駕駛員小谷大尉死焉。義士爲人誠慤直率，在飛機公司及航空學校，以技術精嫻，頗受人信仰，而其品行之公正果敢，尤得人崇拜。義士旣以身殉正義。其太夫人曾兩次來電，囑將遺骸運回美國安葬：我國政府與民衆迭請留葬中國，以資紀念；情意殷勤，太夫人未能固拒。因偕義士之弟愛德門來華，料理喪事，卜葬於虹橋公墓。在義士爲仗義成仁，我方則深慶正義之尙在人間，固不特感激悲悼已也。

太夫人在華，各方待爲上賓，政府軍部民衆，均表沉摯之謝意當義士公葬，典禮備極隆重、蕭太夫人雖哭不成聲，仍對人表示其子見義勇爲，殊酬平生夙願，爲大義當慶其死得其所，惟母子永訣就私情而言，終不能無所悲耳。申報劉君挽義士詩云：「中美邦交密，同仇敵愾深；一機示實助，三島起虛驚。壯志齎霄漢，英靈曜日星，應留辞脫塔，高矗蘇州城」。（按：國人在蘇州爲義士籌建紀念塔）

第二節 烈士胡阿毛

烈士胡阿毛，駕汽車爲業，上海人，年四十一。向在前副郵務長秦雲笙處爲開車。解雇後在南市救火會任職。二十一年二月二十六日午後，烈士至虹口百老匯路探望親友，行至中虹橋附近，被日守兵攔住，搜獲開車執照一紙。知烈士諳駕駛術，遂將其拖至匯山碼頭司令部拘禁。翌晨，日兵四人押解烈士至附近預停之卡車上，迫令駕駛至公大紗廠。該車滿裝子彈軍火；烈士無奈，佯爲允許，在日兵四人監押下，開足速率，疾駛向目的地進發，將至，忽橫轉車頭，直駛浦江，時車行極速，一瞬間，敵人與烈士並其所駕卡車同時墮江。一時浪花四濺，人車均無影蹤，烈士家尙有年邁老母，家境至爲蕭條，此事傳出後，聞者莫不感奮悼惜，古人謂，「慷慨赴死易，從容就義難」。烈士有焉，申報所載時人詠胡烈士詩云：「車轔轔，行何之？敵兵刼我沙場馳。哀車中纍纍物！千辟萬灌毒所鬱。一彈可制一人命，毀之勝殺百梟獍。時乎一去不可更，今日之事我爲政，死我一人生百人，一死乃不負厥身。飆輪疾轉身入水，大呼阿母我歸矣！報國事重身區區，人彈同盡無一餘。浪花拍天車影沒，十丈江心葬白骨，今日江心添白骨，明日沙場少白骨。此骨入海隨江濤，咬龍見之遠遁逃；上化雷霆下山嶽，浩氣長薄星晨高」。又國風雜誌載劉君胡烈士誄云：

『嗟彼東鄰。胡然猾夏。赫赫尸位。游魂氣假。閱牆曷勇。禦侮曷寡。曾是一毛。能利天下。風起懦夫。川咽逝者。逝者伊何。執御曰胡。憤彼凶殘。侵遼凟吳。肆毒南朔。虐我師徒。雲崩霹靂。星霣彤珠。誰謂微賤。騰躍淵塗。君非戎僕。義無死綏。亦既輿臺。謀在銖錙。千金一壺。敵之所資。云何造父。曾不羈縻。載鬼一車。噬我族類。載器滿箱。隳我堅利。忻然慼爽。湛然敵愾。計無措手。義無反轡。見危致命。何勇且智。咫步無却。四輪風邁。蒼波在前。時乎不再。好謀難成。臨難彌泰。暴虎馮河。死又何悔。以溺救焚。以生易死。惘然從井。豈徒濡趾。磅礡淞滌。蕭蕭易水。精貫白日。魂歸箕尾。陵彼三勇。(江灣一役日人得利有所謂三勇士)懿茲一士。誠欲塡海。烈比陷陣。夫豈求名。亦非茹恨。人孰不死。紛羅仇刃。泰岱鴻毛。所爭一瞬。摧彼鯨牙。同殉魚腹。震驚潛龍。齊聲闞虎。成仁一朝。炳靈千古。允矣國殤。豈惟俠武。誰鑄高標。紀之黃浦。滔滔黃浦。海塵盈汜。君靈長在。神州不死。汨羅蘭沉。胥江濤起。從此濁流。永汎馨綺。聞君有母。年窮遇極。陟屺孔哀。忘身非惑。以顯後世。式是南國。養生送死。邦人之責。母以子貴。君其勿戚。知君毅魄。迴流魚躍。呵彼江皋。碧血盈壑。粲粲沙蟲。紛紛遼鶴。君德不孤。君魂勿索。終古無絕。惟菊與蘭。臨川覬復。揮涕狂瀾。人間何世。來日大難。誄君鴻烈。擄我煩冤。百爾君子。視此執鞭。」

第三節 十九路軍六十一師一二二旅五烈士

嬌柔半圓的月亮，微笑茫光的稀星，好似彼殘酷的戰雲欺凌着；嬌柔的不嬌柔！微笑的也不微笑！

遙遙的火光冲天，大概屬於閘北區罷。這都是大光燈陣對乒乓波劉說的話，地點在竹園墩陣地戰壕裏，時間是二月二十四日午後八時三十分的光景。

牛津眾插嘴：你們這些名士派的戰友，該明瞭時間性的潮流啊！敵人埋頭埋腦的怕死而一點目標也沒有的射擊，眞替他可惜了子彈；這樣密的槍聲格格，繼續地——三十分鐘放下去，怕他們的子彈不告缺乏的危險？他們的危險，就是我們的安全，連長（乒乓波劉）——我們砲彈不是也放完了嗎？補充嗎，須在六小時以後才可能，那末！趁這個開空的當兒，赴敵人的歡迎會，順帶借幾桿六五槍及一兩挺輕機關槍來，做紀念也好；祇要你派上等兵胡炳生一等兵歐桀兩個幇我的忙就夠了，可以不？

乒乓波劉；大光燈呀！我們歸你指揮，單連附雖然牛津，這個提議，可以成立，你以爲何如？

大光燈陳：事實告訴我們，自己彈藥盡了，牛津覃判斷敵彈缺乏，牠們就危險，但我們自己也是一樣，何嘗不危險；贊成牛津覃的提議成立，並且我附請我你都參加，乒乓波！實行於即刻吧？

劉覃：既蒙允許，又得協助，那末，決定：每人一枝駁壳，備一百子彈，六個手溜彈，一把大刀，就够了，即刻實行啊（覃一面招呼胡歐倆）！

陳：我主張推牛津覃爲指揮官。

劉：好呵！贊成贊成。

覃：你們推我爲指揮官，我也就不客氣，不再辭讓；但你們不要以爲都是上尉，不聽指揮呵，老實說，軍法無情留的呢？

陳劉：那個自然。

覃：各人趕快裝束好，限本午九時在左翼的出擊線口集合。

大光燈陳乒乓波劉和胡炳生歐榮與牛津覃握手，互相握別，各歸各的掩蔽部去了，牛津覃也回掩蔽部去裝身，但他沉沉靜地在交通壕裏彳亍着，一面在想定計畫：如何襲擊，……在他的腦海中旋轉，最後決定了：左翼出擊線口右前方，其陣地區的敵，約一小隊，配了兩挺輕機關槍，牠備配兵力這樣單薄，因地形處於我們的交叉射擊線之下，爲減少犧牲計，爲陣地支撑點的完全計，此乃敵胆小的不得已的苦衷。（敵陣地的兵力通常備配得很雄厚）我擇其弱點，尤利夜戰，使敵的空軍失其效用，甚至等於零，以快刀斬亂麻的手段，以先發制人的機緣，實行死裏求生的缺乏彈藥的救濟法：向敵襲擊。

前進的姿式，用散開的葡匐形，以免打草驚蛇，而求一網打盡之巨效。

武器使用法，駁壳槍上子彈一排彙上筒，關保險機，懸於腰右稍前傾間，口㗎駁壳彈一排，準備繼續槍筒掃射完了的承繼者，手溜彈除左右手各持一枚外，頸項懸四枚，背項負大刀，（並順右反手的抽出）一面敏捷地裝好了身，隨即出掩蔽部，在交通壕裏的向目的地前進，忽一會，到達了自己指定的地點——右翼的出擊線口，但胡炳生和歐榮倆已先在等待，爲肅靜避敵耳目故，各人見着祇點點頭，隨後大光燈乒乓波都到了，也僅互相點點頭，牛津覃檢閱手錶，還差十分鐘方夠九鐘，即以手招四人進了附近的掩蔽部，將幾想定的計畫，向大家宣佈，又要大光燈和乒乓波各寫幾張通報，交鄰近的哨兵即刻傳遞，並請鄰近的指揮官候我們的手溜彈擲到第二個，則指揮所屬以猛烈的火力向敵射擊，又規定了幾個代名詞的記號，必要時即變更葡匐爲躍進，復議妥了，時光正九點，牛津覃率領了幾個同志魚貫的出掩蔽部，再出了擊線口，散開葡匐前進着！卜津覃的愛國，忠勇殺敵的大志，使他的熱血騰沸到最高率：忍不住葡匐的慢慢前進，把規定躍進的符號表示於左右的大光燈乒乓波胡炳生歐榮睇，他們都領會了，個個服從，爭先恐後的一鼓作氣，衝到敵人的戰壕前，敵人發覺了，就射擊，胡炳生他們也不客氣，就把右手的饅頭——北門式的手溜彈，答禮！也不失國際外交的禮貌了。

轟轟的響了五聲！又轟轟的響了五聲！啊，這個響聲尉是牛津覃大光燈乒乓波胡炳生歐榮各人右手左手北門式饅頭共十枚，饋贈了我們同文同種的東洋友饗受着；但敵人除當時一命嗚呼的外，其餘的仍在掙扎中！五個忠勇的同志，先伸右手把懸在腰間的駁壳槍拿起啓了保險機，瞄準的放，一排子彈放完了，將口㗎的駁壳槍彈順勢又上了藏，牛津覃以跳檻的姿式一躍而越過敵人的鐵絲網了！胡炳生歐榮大光燈乒乓波也依一樣式也越過了敵人的鐵絲網，胡炳生是精於國技的，他把第二排駁壳彈最先瞄準的又放了，他則不再裝駁壳，把駁壳槍去着掛在右脚邊，一反右手就抽出他那光亮亮的大板刀！飛舞着對敵人砍，有一個我們同文同種的東洋友，被他的大板刀一砍，由腦壳頂劈到肚臍，眞怪可憐的呢。

刹那間！五虎齊飛了大板刀，把敵人砍的七零八落，最後只剩了歐榮還同一個敵人在以大板刀與他的刺刀鬥劈，因爲歐榮在五人中，要算他的年紀最小，遍遍過着勁敵，幸喜胡炳生把他的範圍區的敵人收拾了，又發現歐榮尚在肉搏，且有不支之勢，精於國技的胡炳生即橫馳到，在與小小年紀的歐榮的對手敵人腰間，把大板刀一畫，即時，所謂歐榮的勁敵覺成了兩段！這個時節，鄰近的敵，何以不來援救呢？因爲在未出發以前，已通報我們在主要的陣地的戰友，一聽到擲了第二個手溜彈，就以猛烈火力的威力向敵壓迫！敵定驚恐以爲我們全線出擊，鄰近的敵不敢出救，就是這個緣故。

至於戰利品呢，除受了我們北門式的饅頭的洗禮燬了的輕機關槍一挺，六五步槍六桿外，哼！成績不好，僅奪得六五步槍八桿，輕機關槍一挺，而已矣。

時候到了十一點一個刮，燬了敵人的鐵絲網，胡炳生托一挺輕機關槍，歐榮大光燈乒乓波牛津覃每人托了兩桿六五步槍，而塡補消耗了二十顆駁壳彈兩枚北門式手榴彈的數了，向自己的主要陣地歸來，一路敵人又不追，他們就樂得從從容容慢慢地囘來。

二十五日上午十一時的時候，大光燈對我說：昨夜歐仔（即歐榮）左手負了傷，據他自己說是和他的勁敵的刺刀接吻呢，他怕人家知道了，難爲情，所以祕而不宣，僅自以衛生包裹了，免得去後方。

在晨光微熹中，歐仔，乒乓波，胡炳生，牛津覃，四個，見敵方拂曉攻擊，有幾個同文同種的東洋友，將近我們的突出部，他們不約而同，一齊躍出戰壕，一心想生擒那幾個敵人，不幸之至！敵一砲擊，正落在該處，他們四個也就同幾個同文同種的東洋友，同歸於盡了這樣的，不能說沒有錯誤，苟我們不伎一莽之勇，留着有用的身體，多殺幾個獸兵，尤其是，倘他們這時光不躍出戰壕，聽敵的砲彈自己爆炸自己，你話多麼爽利呢。

二十六日上午五時許，又逢着敵人以犀利武器向我們轟擊的示威，大光燈在戰壕裏上下一帶巡邏，不料被流彈貫穿了腦袋，也就赴烈士的藐去了！

這一幕壯烈與悲痛的事實，永遠印在我腦海裏，使人欽慕的五個神勇的烈士，他們以前都立了不少的戰績，這一次的戰績，我們最拜服其神勇，他們雖脫了形骸，然而精神並不死，我馨香祈禱着，將來還有大多數的神勇的同志踐着烈士的血跡，拾起烈士骷髏，繼續的向帝國主義者進攻，纔不滅了五個烈士的神勇。

附註：大光燈乒乓波牛津都是粵語中叫人渾名的名詞

五個神勇的烈士的姓名如下

十九路軍六十一師第四團第一營
上尉營附陳漱石二十八歲廣東順德

十九路軍六十一師第四團步兵砲連
上尉連長劉驌民二十七歲廣東番禺

十九路軍六十一師第四團步兵砲連
少尉連附覃慈恩二十七歲廣東平南

十九路軍六十一師第四團步兵砲連
上等兵胡炳生三十歲湖北宜城

十九路軍六十一師第四團步兵砲連
一等兵歐榮二十二歲廣東番禺

編者按：淞滬一戰我軍慷慨就義，視死如歸者，不一而足；以上所述，不過聊示一斑而已。又本篇轉錄蘇州追悼抗日陣亡將士會刊所載原文。

附錄

一　國際聯合會盟約

締約各國今爲增進國際協同行事並保持萬國之和平及安寗起見特允擔承消弭戰事之義務

規定各國間公開公允榮譽之邦交

確立國際公法之意旨爲各國政府間行動之正軌並

維持公道及民族團體間彼此待遇之際恪遵條約之義務議定國際聯合會盟約如下

第一條　國際聯合會之創始會員應以本盟約附款內所列之各簽押國及附款內所列願意無保留加入本盟約之各國爲度此項加入應在本盟約實行後兩個月內備宣言書交存秘書處並應通知聯合會中之其他會員

凡完全自治國或屬地或殖民地爲附款中所未列者如有議會三分二之同意得加入國際聯合會會員惟須確切保證其有篤守國際義務之誠意並須承認聯合會爲其規定關於海陸及空中實力暨軍備之章程

凡聯合會會員經兩年之豫先通告後得退出聯合會但須於退出之時將所有國際義務及本盟約所定之一切義務完全履行

第二條　聯合會按照本約所定之舉動應經由一議會及一董事部執行之並以一經常秘書處佐理其事

第三條　議會由聯合會會員之代表組織之

議會應按照所定時期或遇事機所需並可隨時在聯合會所在地或其他擇定之地點開會

議會開會時得處理屬於聯合會舉動範圍以內或關係世界和平之任何問題

議會開會時聯合會之每一會員祇有一投票權且不得派三人以上之代表

第四條　董事部由協商及參戰領袖各國之代表與聯合會之其他四會員代表組織之此聯合會之四會員由議會隨時斟酌選定在該議會第一次選定之四會員代表以前比利時巴西日斯巴尼亞希臘之代表應爲董事部部員

董事部得議會多數同意得指定聯合會之其他會員其代表應爲董事部常駐部員董事部得同樣之同意得增加聯合會會員之數此項會員由議會選定列席於董事部

董事部應隨時按事機所需並至少每年一次在聯合會所在地或其他擇定之地點開會

董事部開會時得處理屬於聯合會舉動範圍以內或關係世界和平之任何問題

凡聯合會會員未列席於董事部者當考量問題特別與之有關係時應請其遣派一代表以部員名義列席

董事部開會時聯合會之每一會員列席於董事部者祇有一投票權并祇派代表一人

第五條　除本盟約或本條約另有明白規定者外凡議會或董事部開會時之決議應得聯合會列席於會議之會員全體同意

議會或董事部開會時之手續各問題其中包含指派審查特別事件之委員會應當議會或董事部規定之並由聯合會列席於會議之會員多數決定

議會第一次會議及董事部第一次會議均應由美國大總統召集之

第六條　經常秘書處設於聯合會所在地秘書處設秘書長一員暨應需之秘書及職員

第一任秘書長以附款所載之員充之嗣後秘書長應由董事部得議會多數之同意委任之

秘書處之秘書及職員由秘書長得董事之同意委任之

聯合會之秘書長當然爲議會及董事部之秘書長

秘書處經費應照國際郵政聯合會國際事務局經費分配之比例由聯合會會員擔任之

第七條　聯合會所在地點定於日來弗

董事部無論何時得決定將聯合會地點改移他處

凡屬於聯合會或與該會有關係之位置其中包含秘書處男女均得充任

聯合會會員之代表及其辦事人員當服務國聯會時應享外交上之特權及免除

聯合會或其人員或派會代表所佔之房屋及地所均不得侵犯

第八條　聯合會會員承認爲維持和平必須減縮軍備至最低之點以適足以保衛國家之安寗及共同實行國際義務爲度

董事部審度每一國之地勢及其特別狀況應預定此項減縮軍備之計劃以便各國政府之考慮及決定

此項計劃至少每屆十年應重行攷量及修正

此項計畫經各政府採用後所定軍備之限制非得董事部同意不得超過

因私人製造軍火及戰事材料引起重大之異議聯合會會員責成董事部籌適當辦法以免流弊惟應顧聯合會會員有未能製造軍火及戰事材料以應保持安寗之需求者

聯合會會員擔任完全坦白互相交換關於軍備之程度陸海空中之進行程序以及可供戰爭作用之實業情形一切消息

第九條　關於第一條及第八條各規定之履行及大概陸海空中各問題應設一經常委員會俾向董事部陳述意見

第十條　聯合會會員擔任尊重並保持所有各聯合會會員之領土完全及現有之政治上獨立以防禦外國之侵犯如遇此種侵犯或此種侵犯之任何威嚇或危險時董事部籌擬履行此項義務之辦法

第十一條　凡任何戰爭或戰爭之威嚇不論與任何聯合會會員有無直接影響茲特宣言此事係有關聯合會全體而聯合會應採用適當辦法以保持各國間之和平如遇此等意外之事發生秘書長應依聯合會任何會員之請求立即召集董事部並宣言凡有關於國際往來之任何情勢足以擾亂國際和平所恃之良好諒解者聯合會任何會員有權以友誼名義提請議會或董事部注意

第十二條　聯合會會員約定倘聯合會會員間發生爭議勢將決裂當將此案公斷或歸董事部審查並約定無論如何非俟公斷員判決或董事部報告後三個月屆滿以前不得遂行開戰

在本條內無論何案公斷員之判決應於相當時間發表而董事部之報告應自爭端移付之日起六個月內成立

條十三條　聯合會會員約定倘聯合會會員間發生爭議認爲適於公斷而爲外交方面所不能圓滿解決者該問題應完全提交公斷

茲宣言凡關於一條約之解釋或國際法中之任何問題又或因某項事實之實際如其成立足以破壞任何國際義務並有由此種破壞應議補償之範圍及性質者均應大概認爲在適於提交公斷之列

受理此類爭議之公斷法庭應爲訴爭國所同意或爲兩訴爭國間現行條約所規定之法庭

聯合會會員擔任彼此以完全誠意實行所發表之判決並對於遵行判決之聯合會任何會員不得遂行開戰設有未能遵行此項判決者董事部應擬辦法使生效力

第十四條　董事部應籌備設立經常國際裁判法庭之計畫交聯合會各會員採用凡各造提出屬於國際性質之爭議該法庭有權審理並判決之董事部或議會不論任何爭議或任何問題有所諮詢該法庭對之亦可發表意見

第十五條　聯合會會員彼此約定如聯合會會員間發生足以決裂之爭議而未照第十三條辦法提交公斷者應將所爭事件提交董事部爲此起見相爭國之任何一造可將爭議通知秘書長秘書長即辦理所有必要之籌備以便詳細調查及考慮

相爭各造應將該案原委連同有關係之事實及文件儘速送交秘書長董事部可立命發表此項案卷

董事部應盡力使此爭議得有解決如其有效應酌定公布明文詳敘事實說明爭點及解決辦法

倘爭議不能解決則董事部經全體或多數之表決應繕發報告書詳列所爭事實之說明及董事部所認爲公允適當之建議

任何聯合會會員列席於董事部者亦得將爭議事實及其決議揭布之

如董事部報告書除相爭之一造或不止一造之代表外該部人員一致贊成則聯合會會員彼此約定不得向遵行該報告書建議之任何一造遂行開戰

如董事部除相爭之一造或不止一造之代表不能繕具該部人員一致贊成之報告書聯合會會員保留權利採行視爲維持正義與公道所必要之行爲

如各造之爭議爲一造所堅明並爲董事部所查悉按諸國際公法實係純屬該造本國法權範圍內問題則董事部應報告其事之真相而不必提出建議案

按照本條在任何案件內董事部得將爭議移送議會如經相爭之一造請求亦應接受爭議惟此項請求應於爭議送遞董事部經過十四日後提出

凡移付議會之任何案件所有本條及十二條之規定關於董事部之行爲及職權議會亦適用之議會之報告書除相爭國之代表外如經聯合會會員列席於董事部之代表並聯合會其他會員多數同意應與董事部之報告書除相爭之一造或不止一造外而爲該部人員全體同意者同其効力

第十六條　聯合會會員如有不顧本約第十二條第十三條或第十五條所定之義務而遂行開戰者則據此事實應當然視爲對於所有聯合會其他會員有戰爭行爲其他各會員即擔任立刻與之斷絕各種商業上或財政上之關係禁止人民與破壞盟約國人民間之各種往來並阻止其他任何一國爲聯合會會員或非聯合會會員之人民與該國之人民財政上商業上或個人之往來

遇此情形董事部有向有關係各政府提出勸告之義務使聯合會會員各出陸海空中之實力組成軍隊以維護聯合會盟約之目的

又聯合會會員約定當按照本條適用財政上及經濟上應採之辦法時彼此互相扶助使各本國因此所受之損失與困難減至極少之點如破壞盟約國對於聯合會中之一會員施行任何特殊辦法亦應互相維護以期抵制對於協同保護聯合會盟約之聯合會任何會員之軍隊應取必要方法予以假道之便利

聯合會任何會員違犯聯合會盟約內之任何義務者可經列席於董事部所有聯合會其他會員之代表投票表決宣告斥出聯合會

第十七條　若一聯合會會員與一非聯合會會員之國或兩國均非聯合會會員遇有爭議時應邀請非聯合會會員之一國或數國承受聯合會會員之義務照董事部認爲正當之條件以解決爭議此項邀請如經領受則本約第十二條至第十六條之規定除董事部認爲有必要之修正外得適用之

前項邀請發表後董事部應即調查其爭議之情形並提出其所認爲最適當最有力之辦法

如被請之一國拒絕承受聯合會會員之義務以解決爭議而向聯合會一會員遂行開戰則適用本約第十六條之規定以抵制取此行動之一國

如相爭之兩國於被請後均拒絕承受聯合會會員之義務以解決爭議則董事部可採用辦法並提出建議使免生戰事結束紛爭

第十八條　嗣後任何聯合會會員締結各項條約或國際契約應立向祕書處備案並儘速由祕書處發表此項條約或國際契約未經備案以前不生效力

第十九條　議會可隨時請聯合會會員重行考慮業已不適用之條約以及國際情勢繼續不已或致危及世界之和平者

第二十條　聯合會會員互相承認凡彼此間所有與本盟約條文抵觸之義務或諒解均因本盟約而廢止並莊嚴擔任此後不得訂立與本盟約條文抵觸之任何契約

如有聯合會任何一會員於未經加入聯合會以前負有與本盟約條文抵觸之義務則應採用辦法立即解除此項義務

第二十一條　國際契約如公斷條約或區域諒解如孟祿主義此皆爲和平之維持者不得視爲與本盟約內任何規定有所抵觸

第二十二條　因此次戰爭之結果前屬於數國統治權下之殖民地及領土既不能復仍其舊而其地之人民又尙未克自立於近時鬥智競強之世界則現應適用下列主義即以此等人民之福利及發展成爲文明之神聖信用該項信用之保持勿繼應入本盟約

實踐此項主義之最善方法在以此種人民之保育權委託於一種先進國其資力經驗或地理上位置均足以擔此責任者而亦樂於接受者此項保育之受託國即以代理聯合會名義施行之

委託之性質應以該地人民發展之程度領域之形勢經濟之情形及其他類似之狀況而區別之

前屬土耳其帝國之某數團體其發展之程度已至暫時可以認作獨立國之程度惟仍須由受託國予以行政之指導及扶助至其能完全自立之時爲止該受託國之選擇應考量此數團體之志願爲主

其他民族尤以在中非洲者爲甚其發展之程度不得不由受託國擔負其地方行政之責惟其條件應担保其思想與信仰之自由並禁止奴隸之販賣軍械之貿易烈酒之賣買以杜流弊並不得建築礮臺或設立陸海軍根據地除警察及國防目的外不得以軍事教練施諸土人總之以維持公安及道德爲限且亦應以工商業上之均等機會予聯合會其他會員

此外土地如非洲之西南部及南太平洋之數島因居民稀少或因幅員不廣或因距文明中心遼遠或因地理上接近受託國之領土或因其他情形最宜受治於受託國法律之下作爲其領土之完全部分但爲土人利益計受託國應遵以上所載之保障

無論何種委託受託國應將受託地方各事每年報告董事部

倘受託國應實施權力監督或行政之程度在聯合會會員間並未訂有成約者當由董事部特別逐一決定

應組織一經常委員會其職務爲接收並審查各受託國之每年報告並將各受託國關於遵行委託條件所有之各項事宜向董事部陳述意見

第二十三條　除依照現行及將來訂立之國際公約各規定外聯合會會員應

（甲）勉力爲男女及幼童在其本國及其工商業所關及之各國確保公正人道之勞動狀況而維持之並爲此項目的設立及保守必需之國際機關而維持之

（乙）担任對於其監督土地內之土人確保公允之待遇

（丙）委託聯合會普通監督販賣婦孺販賣鴉片及危害藥物等各種條約之實行

（丁）委託聯合會普通監督一種國家軍械軍火之貿易在該國家之此項貿易爲公共利益計有監督之必要者

（戊）採用必要辦法爲聯合會所有會員確保並維持交通及通過之自由暨商務上之公道待遇關於此節應注意一九一四年至一九一八年戰事期內受毀區域之特別需要

（己）勉力採用辦法以防治際國有關係之疾病

第二十四條　凡公共條約所規定業已成立之國際事務局如經締結此項條約之各方面認可應歸入國際聯合會管轄下之自今以後創設此項國際事務局及規定國際利益事件之各項委員會應概歸聯合會管轄

凡國際利益事件爲普通公約所規定但未置於國際事務局或委員會監督之下者聯合會之祕書處如經董事部許可並有關係方面之請求應爲徵集各種有用之消息而分布之並應予以他種必要或可需之助力

歸入聯合會管轄權下之任何國際事務局或委員會其經費可由董事部決定列入祕書處經費之內

第二十五條　聯合會會員對於設立及協助正當組織之國民志願紅十字機關以改良世界衛生防治疾病減輕痛苦爲職志者担任鼓勵並提倡之

第二十六條　本盟約之修正應由組成董事部之聯合會會員代表及組成議會之聯合會會員代表多數批准始生效力

聯合會任何會員如有不承認盟約之修正案者原不強受拘束遇此情形應停止其爲聯合會之一會員

二　華盛頓九國公約

第一條　除中國外締約各國協定

一　尊重中國之主權與獨立領土與行政之完整

二　給予中國完全無礙之機會以發表並維持一有力鞏固之政府

三　施用各國之權勢以期切實設立並維持各國在中國全境之商務實業機會均等之原則

四　不得因中國狀況乘機營謀特別權利而減少友邦人民之權利並不得獎許有害友邦安全之舉動

第二條　締約各國協定不得彼此間及單獨或聯合與任何一國或多國訂條約或協定成協議或諒解足以侵犯或妨害第一條所稱之各項原則者

第三條　爲適用在中國之門戶開放或各國商務實業機會均等之原則更爲有效起見締約各國除中國外協定不得謀取或贊助其本國人民謀取

一　任何辦法爲自己利益起見欲在中國任何指定區域內獲取有關於商務或經濟發展之一般優越權利

二　任何專利或優越權可剝奪他國人民在華從事正當商務實業之權利或他國人民與中國政府或任何地方官共同從事於任何公共企業之權利抑或因其範圍之擴張期限之久長地域之廣闊致有破壞機會均等原則之實行者

本條上列之規定並不解釋爲禁止獲取爲辦理某種工商或財政企業或爲獎勵技術上之發明國研究所必要之財產及權利

中國政府担任對於外國政府及人民之請求經濟上權利及特權無論其是否屬於締結本約各國悉秉本條上列規定之原則辦理

第四條　締約各國協定對於各該國彼此人民間之任何協定意在中國指定區域內設立勢力範圍或設有互相獨享之機會者均不予以贊助

第五條　中國政府約定中國全國鐵路不施行或許可何種待遇不公之區別例如運費及各種便利概無直接間接之區別不論搭客隸何國籍自何國來向何國去不論貨物出自何國屬諸何人自何國來向何國去不論船舶或他種載運搭客及貨物之方法在未上中國鐵路之先或已上中國鐵路之後隸何國籍屬諸何人

締約各國除中國外對於上稱之中國鐵路基於任何讓與或特別協約或他項手續各該國或各該國人民得行其任何管理權者負有同樣之義務

第六條　締約各國除中國外協定於發生戰事時中國如不加入戰團應完全尊重中國中立之權利中國聲明中國於中立時願遵守各項中立之義務

第七條　締約各國協定無論何時遇有某種情形發生締約國中之任何一國認爲牽涉本條約規定之適用問題而該項適用宜付諸討論者有關係之締約各國應完全坦白互相通知

第八條　本條約未簽字之各國和其政府經締約簽字各國承認且與中國有條約關係者應請其加入本約

因此美利堅合衆國政府對於未簽字各國應爲必要之通告並將所接答復知照締約各國任何國家之加入自美政府接到該國通知時起發生效力

第九條　本條約經各締約國依各該國憲法上之手續批准後從速將批准文件交存華盛頓並自全部交到華盛頓之日起發生效力該項批准文件筆錄由美國政府將正式證明之謄本送交其他締約各國

本條約英文法文一律作準其正本保存於美利堅合衆國政府之檔庫由該政府將正式之證明之謄本送交其他締約各國

三　凱洛格非戰公約

第一條

各締約國以代表其國人民名義鄭切宣言各國深覺用戰爭以解決國際爭端以爲互相間國際政策之工具應予以廢止

第二條

各締約國同意解決各國間發生之任何性質之爭端糾紛除用和平方法外不得用其他方法

第三條

本條約應由上列各締約國各依其憲法上之手續予以批准自批准機關存記之後即應生效

本條約如上述發生效力時將保留公開以待世界各國加入每加入國家證明加入時應存記在華盛頓本條約在各國間應即發生效力各國政府應以上記各國政府及本條約一份抄送批准機關

本條約係由各國全權用英法文繕寫兩種文字原文效力相等

西歷一九二八年八月二十七日　在巴黎簽訂

後編　淞滬戰事文電彙錄

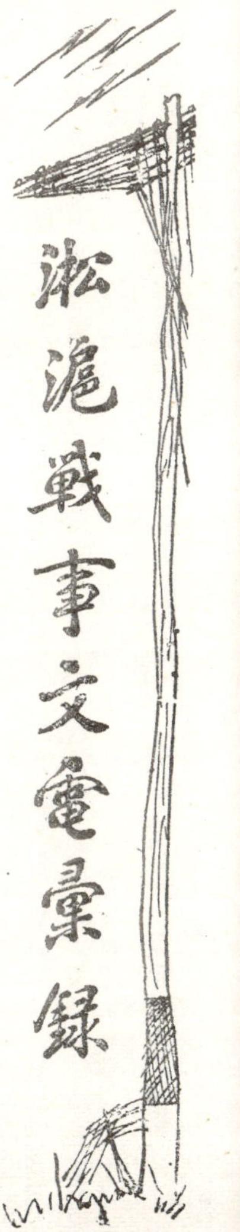

一　上海市政府爲日浪人焚燒三友社工廠向日領提出之抗議書

逕啓者，案據市公安局呈報，本市引翔港馬玉山路三友棉織廠，於本月廿日上午二時二十分，有日本青年數十名，潛伏該廠外縱火，共燃火頭四處，當時因深夜，工人已熟睡，未及覺察，厥後該廠職工等經細密探查，並據附近鄉人目睹係該日人以火酒汽油硝磺等物引導放火。是時該處附近報警亭有華捕三人值崗，聞警卽電救火會求救，日人等乃將該亭施以包圍，用刀將三〇二九號華捕砍傷，一一一六號華捕身被刺傷倒地，並將電話機割斷，抛擲附近浜中，另有七六五號華捕，被該日人等追至臨靑路，亦爲利刃殺死，該日人等逃逸無踪，計該廠被焚損失極大等情，據此，查該日人等竟敢於淸晨結隊縱火，焚毀本國工廠，殺死在職華捕，不獨於法所不容，而際此多事之秋，其影響所及，尤爲嚴重，據報前情，除當卽派員面提抗議外，用特提出下列條件，(一)日本總領事向本市長表示歉意，(二)迅速逮捕及嚴懲縱火殺人之罪犯，(三)充分賠償被害者，其賠償之金額另協定之，(四)切實保證嗣後不得有同樣事件發生。本市長深盼貴領事對於上述各條，能誠意履行，俾本案可於迅速解決，以息糾紛而睦邦交……此致日本駐劄上海總領事村井倉松，市長吳鐵城。

二　上海市政府爲日僑在北四川路暴動向日領提出之抗議書

逕啓者，案據市公安局呈報，本月二十日下午一時，本市日本僑民，在公共租界蓬路日僑俱樂部，開居留民大會，到會人數，約千餘人。會議完畢後，卽羣赴駐滬日本領事館，及日本海軍陸戰隊請願，行經北四川路時，沿途滋擾，打毀店鋪多家，並將第一二五號一路電車，及租界公共汽車玻璃打壞，折至虬江路口，將華商店鋪之玻璃窗亂行搗毀，直至午後六時餘，在狄思威路始行四散，當時本市民衆，憤不可遏，幸由各該管區所長，率同警隊長警，極力彈壓勸導，尙無事故發生。計此次華商各店鋪損失極大等情。據此，查關於日僑此項非法舉動，本市政府業經函請貴總領事注意，切實取締在案。乃此次該日僑等，復又故意尋釁。當此時局嚴重，民氣激昂之際，如果發生誤會，責任自有攸歸，用特提出抗議，卽希貴總領事，迅予查明肇事人等依法懲辦，並嚴切制止，以後不得再有上項事情發生。至各商店所受損失數目，俟詳細調查後，再行要求賠償，相應函達，卽煩查照辦理，見復爲荷。此致日本駐劄上海總領事村井倉松，市長吳鐵城。

三　日本第一外遣艦隊司令鹽澤威迫市政府承認四項要求之警告書

本職切望上海市長容納帝國總領事所提出之抗日會員加暴行於日本僧侶事件之要求，速爲滿意答覆，並履行之；萬一與之相反，爲擁護帝國之權益計，已具有認爲適當手段之決心。

(按)四項要求內容：一、上海市長須向日本總領事表示道歉之意；二、加害者之搜查逮捕處罰，應迅卽切實履行；三、對於被害者五名，須予以醫藥費及撫慰金；四、關於排日侮日之非法越軌行動一概予以取締，尤其應將上海各界抗日救國委員會以及各種抗日團體卽時解散之。該項要求，由日領事在鹽澤警告書之前向市政府提出。

四　上海市政府忍辱接受四項要求覆日領事書

逕復者，案准子哿大函，略開日僧侶天寶水上信徒後籐黑岩籐村等五名，於本月巧(十八日)下午在馬玉山路附近被毆傷，提出條件四項，請求接受等因，准此，查本案發生殊屬不幸，本市長深表歉仄。當日據報後，以案關傷害，法有明文，當卽嚴令公安局限期緝兇歸案法辦。所有被害人等之醫藥及撫慰金，本市長亦可酌爲給予，以示體恤。至來函所提關於取締抗日運動一項，現查本市各界抗日救國委員會，有越軌違法行爲，業經令行主管局將該會取銷，以維法紀，嗣於類此之越軌違法行爲，本市長仍當本法治精神，令行取締。至其他各抗日團體，並已令局予以取銷，相應函達，請煩查照爲荷。

五　上海市政府爲日軍開始自由軍事行動向日領事提出之抗議書

逕啓者，查關於本市最近中日交涉，本市長爲求和平解決計，對於貴總領事所提條件四項，業經接受，並於今日(念八日)下午一時四十五分函復送達在案，當時貴總領事並經表示滿意。詎料今晚十一時念五分，市公安局接到貴總領事館信封一件，內附日本第一遣外艦隊司令官致本市長及市公安局長公告各一件，略稱，帝國海軍，鑒於多數邦人住居閘北一帶，爲維持治安計，欲以兵力配備該處，以負保安之責，本司令希望中國方面應將閘北方面所有中國軍隊及其敵對設施，從速撤退等語。即晚十二時，市公安局接到閘北報告，日本海軍陸戰隊，在該處開始自由軍事行動，向華界進攻。查貴總領事對於本市長之答復，既經認爲滿意，而貴國海軍，突然出此軍事行動，殊堪詫異，所有破壞和平及本市安甯所發生之一切責任，應由貴方負之。本市長相應提出嚴重抗議，即煩查照，轉致貴國海軍方面，迅予停止軍事行動，以免事態再行擴大，並希見復爲荷。此致日本國駐劄上海總領事村井倉松。

六　上海市政府爲日軍自由行動告駐滬英法美意德各國領事書

逕啓者，查關於最近中日交涉事件，本市長爲求和平解決，以保本市安甯計，業經完全接受日本總領事所提條件四項，並於今日下午一時四十五分函復，日本總領事並已表示滿意。詎料今日（二十八日）晚十一時念五分、市公安局接到日本總領事信封一件，因附日本第一遣外艦隊司令官致本市長及公安局長公告各一件，略稱帝國海軍鑒於多數邦人，住居閘北一帶，爲維持治安計，欲以兵力配備該處，以負保安之責。本司令希望中國方面，應將閘北方面所有中國軍隊及其敵對設施，從速撤退等語。旋於即晚十二時市公安局接到閘北報告：日本海軍陸戰隊，在該處開始自由軍事行動，向華界進攻。查日本總領事既經對本市政府答復表示滿意，而日本海軍方面，突有此種軍事行動，殊堪詫異。所有破壞和平，妨礙本市安寧之一切責任，當由日方負之。除向日本總領事，提出嚴重抗議外，相應函達，即煩查照。主持公道，實紉公誼。

七　日軍敗後日司令植田謙吉再致蔡廷楷將軍之哀的美敦書

本職茲於欲以和平友好之手段，達到任務之熱烈希望，茲對於貴軍通告左開各件，（一）貴軍應即從速中止戰鬥行爲，於二月二十日午前七時以前，將現據之第一線撤退完了，於二月二十日午後五時以前，從黃浦江西岸，由租界西北端連結曹家渡鎮，周家橋鎮及蒲淞鎮之線起算，黃浦江東岸，由連結爛泥渡及張家樓之線起算，各從租界境界線向北，二十基羅米突之地域，包括獅子林砲台在內，撤退完了，且在該地域內，撤去砲台及其他之軍事設施，並不新設；（二）日本軍於貴軍開始撤去後，不行射擊轟炸及追擊動作，但用飛機之偵察，不在此限。又貴軍撤退後，日本軍僅祇保持虹口附近之工部局道路地域，包含虹口公園之周圍；（三）貴軍第一線撤退完了後，日本軍爲確認其實行起見，派遣有護衛兵之調查員，於撤退地域，該項調查員，攜帶日本國旗，以資識別；（四）貴國對於在撤退地域外上海附近之日本人生命財產，應完全保護之，此項保護如不完全，日方當採適當之手段，又對於便衣隊，應一概有效禁止，（五）關于在上海附近包含撤退區域外國人之保護，容另商議，（六）關于禁止排日運動，一月十八日吳市長對於村井總領事之約諾，應嚴重實行，關於此項，當另由帝國之外務官憲對貴國上海行政長官有所交涉，如以上各項不能實行時，日本將對貴軍不得已採自由行動，其結果所生一切責任，應由貴軍負之昭和七年二月十八日午後九時，大日本帝國司令官植田謙吉，第十九路軍司令蔡廷楷閣下。

八　蔡廷楷將軍覆植田謙吉書

逕啓者，頃接貴司令二月十八日午後九時來函，備悉一切，本軍爲中華民國國民政府所統轄之軍隊，所有一切行動，悉遵國民政府之命令。來函所開各節，業經呈報國民政府核辦理，由外交部逕行答復貴國公使，本軍長未便答復。此致大日本軍司令植田謙吉，大中華民國第十九路軍長蔡廷楷，二十一年二月十九日午後九時。

九　日軍敗後日領事再向市政府重提要求書

逕啓者：自一月二十八日晚，貴國第十九路軍及便衣隊，向日本陸戰隊攻擊以來，閘北方面，中日兩軍成對抗之形勢。二十九日晚雙方雖有停止戰鬥行爲之成約，但貴國軍隊仍背約向我方射擊，或加轟擊，使我方不得不予以應戰。且以貴國軍隊實行其有計畫的挑戰，於是吳淞及江灣方面，亦發生軍事行動。在此時間，貴方一方面，散布關於第十九路軍對於防衛租界保護居留民，而絕無他意之我軍，加以新的攻擊，便衣隊出沒於各處，依然不停止；其惡劣兇暴之行動，在留日本人固無論矣，即上海租界亦受到非常之威脅。本總領事認爲在此之時，從速解決，由兩國軍隊衝突而起之事態，乃極爲必要，故希望依照左列條件，從速終止戰鬥行爲。切望貴國軍隊，接受該項條件，同時予以切實之履行；貴國軍隊不接受該項條件，日本軍隊將有自由行動之事實。（一）中國軍隊須於二月二十日午前七時以前，將第一線撤退完了；於二月念日午後五時以前從黃浦江左岸，由公共租界西北端，連結曹家渡鎮周家鎮，及蒲淞鎮之線起算之，租界北部境界線以北，及接連黃浦江右岸爛泥渡及張家樓鎮之線以北，完全撤退至距租界線二十基羅米突以外之地域，包括（獅子林砲台）即將該地域內之砲台，及其他軍事設施撤去，並不得重行建築在上海附近。而不屬於上述撤退地域內一帶之日本人生命財產，須由中國方面，完全保護。如上項保護有未完全之情形，日本方面，得執行適當之手段。便衣隊中國方面，應一概有效禁止之。（二）日本軍在確認中國軍隊業已撤退之後僅祇保持虹口附近之工部局道路地域。（包括虹口公園之周圍）日本自中國開始撤退以後，停止射擊轟擊及追擊之行動，但飛機之偵察不在此限。（三）中國軍第一線撤退完了後，日本軍爲確認其實行起見，得派遣有護衛兵之調查員於撤退地域。（四）關於保護上海附近（包括撤兵地城）之外人另行商議之，再關於第十九路軍，此次採取此種行動之經過，業於二月十五日本總領事致貴市長函中，言及認爲畢竟由於貴市長對於一月二十八日答復一月二十日本領事要求所稱即時解散抗日會，及禁止其他排日運動之諾言，未有切實實行之誠意與能力而發生，是以本領事應重新向貴市長要求，從速而且完全實行上述貴市長之諾言。本總領事以極大之關心，監視貴市長對於本案之實行，如貴市長不能實行，我方不得不採取適當手段時，由此所發生一切責任，應由貴方負擔，合併聲明。相應函達，即煩查照

十　吳鐵城市長覆日本領事書

逕啓者，昨晚九時，接准貴總領事來函，所開各節，業經

閱悉，查來函所述上海方面嚴重之形勢，均係貴國軍隊違反公約公法，任意進攻吾國領土，慘殺吾國人民所造成，其一切責任，應由貴國方面負担一節，迭經函達在案，此次貴總領事，所謂轉達本國軍隊要求實行之各項條款，本市長未便轉達。查來函所指各節，均爲足以影響中日兩國一般關係之問題，應由兩國外交代表處理。故本市長業巳呈報本國政府核奪，由外交部逕行答復貴國駐華公使矣。惟應聲明者，貴國軍隊，現仍實行挑釁，攻擊轟炸，無所不爲，以致本國國民之憤慨日見增加，在此情形之下，所謂抗日運動，自難減消，因此而發生之一切責任，貴國自應完全負担。相應函復，即煩查照。

十一　羅文幹外長對外宣言

日本在滬軍隊，利用各種戰爭利器，繼續向閘北吳淞地帶轟擊，歷時兩旬之久，致中國無辜人民之生命財產，蒙受鉅大之損失。猶以爲未足，復於前日（十八日）下午八時四十五分，由其司令植田，致送最後通牒于我國第十九路軍軍長蔡廷楷，要求中國軍隊，應於本月二十日下午五時前，自其現在防線，向公共租界東西兩方面，各完全撤退至二十啓羅米突以外。並要求將撤退區域以內，所有之一切砲台，及其他軍事設施，均一律永久卸除，同時並由日本駐滬總領事村井，以同樣通牒，送致我國上海市長吳鐵城氏。

查日本政府，屢宣言維持中日和平，而在國聯盟約第十條之下，又曾擔允尊重並保存國際各會員國之領土完整，政治獨立。最近國際行政院，且曾致請求書於日本，忠告其對於中國採取和緩之行動，乃竟提出如此出人意外之過當要求。不但對於中國國民，予以重大之威脅，且實係對於國聯之權威，及非戰公約，及九國協約等，國聯協定之尊嚴，予以直接之挑戰。此種要求，實危及中國主權及國格，中國地方當局，無論其具有何種避免流血之誠意，要絕對不能接受日本軍隊，憑藉其多數之援兵，及最新之武器，殆將重新從事大規模與更橫暴之攻擊。彼對於一切和平之呼籲，均充耳不聞，唯一決心，即在作戰；中國在滬駐軍，爲保衛中國土地計，迫不獲巳，亦惟有從事自衛，奮鬥到底而已。

十二　外交部爲日司令無理要求向日公使提出嚴重抗議書

據上海蔡軍長廷楷電稱：十八日下午八時四十五分，接到日軍司令植田謙吉來電：請中國軍隊從速終止戰鬥行爲，於二十日午前七時以前將現據之第一線撤退完了；並於是日午後五時以前，從黃浦江東西岸，指定地面各離租界線二十啓羅米突之地域內撤退完了；又在撤退區域內之砲台，及其他軍事設施，予以撤去，並不新設；並開列其他條款，要求實行，否則將採自由行動等語。又據吳市長鐵城電稱：駐滬日本總領事村井倉松，亦有同樣公函致該市長。查自上年九月十八日，日本軍隊，在瀋陽無端開釁以來，節節以武力進逼，侵占東北各地。迨本年一月二十八日，日本軍隊，又突然向上海閘北地方進攻。二旬之間，日本大隊，陸海空軍在閘北吳淞各地肆意攻擊。中國駐軍，爲自衛計，不得不加以抵抗。乃在滬之貴國軍司令及總領事，竟復分向蔡軍長及吳市長提出種種不可能之要求，實屬無理巳極；倘日本軍隊再行進攻，中國軍隊仍必竭力抵抗，所有因此發生之一切結果，應由貴國政府負其全責。相應提出嚴重抗議，照會貴公使，即希查照爲荷。

十三　十九路軍事長官爲日軍犯境通電

特急，中央黨部，國民政府，各院部會，京滬衛戍司令長官，各級黨部，政府，各軍師旅團長，各報館，全國國民公鑒：暴日佔我東三省，版圖變色，國族垂亡；最近更在上海殺人放火，浪人四出，極世界卑劣兇暴之舉動，無所不至。而砲艦紛來，陸戰隊全數登岸，竟於二十八夜十二時，在上海閘北公然侵我防線，向我開釁。光鼐等分屬軍人，惟知正當防衛，捍禦守土，是其天職，尺地寸草，不能放棄。爲救國保種抵抗，雖犧牲至一卒一彈，絕不退縮，以喪失中華民國軍人之人格，此心此志，質天日而昭世界，炎黃祖宗，在天之靈，實式憑之！十九路總指揮蔣光鼐，十九軍軍長蔡廷楷淞滬警備司令戴戟，叩。豔子印。

十四　十九路軍爲日直田提出哀的美敦書通電

國民政府各省軍民長官全國民衆公鑒：暴日蔑視我國家政府，以挑撥造謠之卑劣技倆，違反通例，單獨致本軍以蠻橫之最後通牒，本軍惟有以鐵血答復之。軍人報國，粉身碎骨，是分內事，大戰開始之日，即本軍授命之時，使一卒一彈猶存，則暴日決不得逞！惟願全國朝野上下，人人懷必死之志，引偷生苟免爲無上恥辱，團結一致，前仆後繼，則本軍之犧牲爲不虛，伏屍流血之戰士，必含笑於九泉矣。第十九路軍總指揮蔣光鼐、軍長蔡廷楷、淞滬警備司令戴戟、師長沈光漢毛維壽區壽年、副師長李盛宗、張炎、譚啓秀、旅長劉占雄鄧志才、張勵、翁輝騰、黃固、暨全體官兵同叩號。

十五　外交部爲日軍利用租界作戰致英美法意四國駐華公使照會

爲照會事：頃據報告，關於傳稱中國軍隊炮擊公共租界內各地點一事，貴國駐滬總領事聯同其他各國領館長官，向本國地方當局提出抗議。查中國政府對於公共租界居民之安全，因此所受之危險，雖誠爲惋惜，但無論所稱之炮擊係自日方，抑或來自本國方面，本部長有不能不鄭重聲明者：即此種狀態，本國殊難負責，本國政府，業經迭次指明日本軍隊，完全不顧公共租界特殊之地位，而以該租界爲根據地點，俾軍隊得以登陸，向本國管轄地帶內之本國無辜市民及軍隊肆行不當之攻擊。本國政府對於此種侵略行爲，既不得不予抵抗以維護國家之榮譽與生命，則因此種抵抗對於公共租界所發生之一切損害，其責任應由大半賴公共租界爲其侵略行爲發動地點之方面負之。此節業經本國當局向有關係國通告在案。中國政府現據報告：近數日來又有日本軍隊開抵上海，並再有多數援軍，正自日本開拔。本部長玆特請貴公使（代辦）立即採取必要步驟，防止日軍在公共租界登陸，並利用該租界爲軍事行動之根據地點；本部長並請貴公使（代辦）用最有效之方法，使公共租界爭鬥之狀態，不致仍然存在，誠以公共租界附近流血之爭鬥，該項狀態使之然也。所熱切希望者，即公共租界當局，勿再使日軍繼續利用該租界以犯違反國際公法及人道之罪惡也。相應照會貴公使（代辦）查照辦理為荷。須至照會者。（二月二十五日晚）

十六　上海市商會為日軍利用租界作戰致公共租界工部局書

逕啟者：此次日軍在閘北挑起戰釁，以公共租界為作戰根據地，貴局不加阻止，致釀上海自通商以來未有之慘劇，實堪浩歎！查公共租界既非一國所得專轄，故其責任為連帶的，日本固有侵犯中立之責任，而各國亦有決視其侵犯而不予制止之責任。前見貴局復吳市長函，諉為應由日本獨負其責任，此種論點，在法理上絕對未能予以同意者也。敝會茲所欲論列者，即為貴局在界外所築之馬路，如江灣路等，竟任日軍大隊聚集，設立司令部，其中如該路之靶子場，地勢高聳，尤可利用為砲兵陣地，以圖延長戰禍，其貽害於中外商業者，決非淺鮮。敝會以為國際軍隊現已陸續到齊，實力雄厚，貴局維持其向來之尊嚴與地位，以恢復為日軍蹂躪之權力。此其時矣。應請將凡係貴局界外築路地方，如江灣路狄思威路地方，一律由貴國商請新近開到滬上之國際軍隊，暫為分別接防，以資保障和平，此即各友邦所以派遣軍隊來滬之本旨也。

十七　上海租界納稅華人會為日軍利用租界作戰致工部局書

逕啟者，准上海市民聯合會第十七區分會函開，日本憑藉公共租界為軍事根據地，劃蘇州河以北為日軍作戰行動之範圍，蹂躪商場，焚燒民房，殘殺華人，窮凶極惡，無所不至，為文明世界所罕有。觀其種種暴行，已駕於共產黨之上，敝會會員，地屬北四川路，首當其衝，損失之大，毋待筆述，惟工部局係負有地方治安之責者，不能預防于事先，事實上難辭其咎。前謂實力單薄，不能不忍痛待援，尚情有可原，邇來英美各國，已有相當軍隊，陸續到滬，則租界上既已有充分之準備，即宜力謀救濟方法，實施中立，以維我東亞第一商場。倘長此遷延，我國商民，雖受重大損失，各國亦必因此發生經濟上之恐慌，當亦為各國所不取也。然治標必先治本，日人所以能如此猖狂蠻橫，皆以軍艦可以任意到埠，軍隊可以任意登陸，最近如匯山碼頭日軍，肆無忌憚，自由登岸，工部局即宜阻止，使其接應間斷，軍事不至擴大，租界得保持原有地位，否則日軍源源而來，戰事延長，萬一租界發生危險，工部局是否能負完全之責。相應函達請貴會緊急致函工部局，嚴加防範，立刻執行中立辦法，恢復商業等因。准此：查貴局二月五日第五九七七號惠覆，業已奉悉，又讀貴局覆上海市長函，足見貴局對於日本軍隊之蠻橫，已漸了解，惟在此數日之間，日本大批軍隊，源源繼續在匯山碼頭上陸，是其存心擴大戰爭侵略之範圍，已可概見，而對於貴局之地位，與其關係國領事及政府之抗議，完全蔑視；本會以為如再任日軍橫行而不即予制止，八十八年中外人士所慘淡經營，而欲維持於不敝之上海繁榮，直接間接，均將為日本暴軍所破壞。歐美與中國之商務，必將臻於萬劫不復之境。准函前由，相應函請貴局，並轉告有關係各國，放大眼光，迅採有效辦法，制止日本破壞東亞和平，以維世界經濟，勿謂蘇州河以南彈丸之地保全，即所以保全各有關係國與中國之商務也。至希查照辦理為荷，此致上海公共租界工部局總辦。（二月七日）

十八　上海各團體為日軍利用租界作戰致工部局書

敬啟者：上海工部局，為世界各國僑民共同組織之團體。如會員國中，有一國國民有破壞工部局安甯秩序之行動時，則工部局當行使其職權，或以道德之方法或以勢力的方法，矯正此種不守秩序破壞社會之行為，絕不能推諉，更不能袖手旁觀。今次暴日利用公共租界為其軍隊之根據地，連日進攻華方，均由租界出發，敗後仍遁入租界，使中國軍隊，不能自由掃蕩其暴力。市內秩序，亦無法恢復，中外居民之損失，固無論矣，而工部局團體之組織秩序，亦根本破壞無遺。我滬上三百萬居民直接間接所受之損害尤大。茲由本會八十餘團體代表上海市民三百萬人特向貴處提云最後之抗議如下：（一）公共租界所駐軍隊應限於中立國，其態度祇能防禦界內治安，不能向界外施行攻擊，所為軍事行動之日軍，應即日掃數驅出。（二）以後日兵來華，絕不能容許其再在楊樹浦方面之租界內登陸，敗退後亦不能退避於租界。以上兩項務望即日實行，幷盼迅覆為荷。此致貴工部局貴領事團公鑒。上海各團體救國聯合會代表上海市商會銀行公會，總工會，各大學教育聯合會，納稅華人會，律師公會，國民救國會，上海地方維持會，學生聯合會，憲政促成會，民治協會，婦女大同盟等八十餘團體暨三百萬居民同啓。二月十日。

十九　國府遷都洛陽宣言

自日本以武力侵佔東北以來，政府一面遵重華盛頓九國條約國聯盟約凱洛格非戰公約之精神，雖釁自彼啓，仍堅持忍耐，以候簽約各國之主持公理；一面嚴飭軍警，應以全力捍衛地方，保障人民生命自由財產之安全。苦心維護，於茲數月；而日本進逼不已，最近竟以大批戰艦駛至上海，並輸送陸空各軍，藉口市民抗日舉動，以使用暴力，橫加恫嚇。夫人民組織團體，以急國難而禦外侮，本出於愛國之熱誠，苟無越軌行動，政府無從加以干涉，惟政府為避免戰禍計，已不恤一再遷就日本之要求，始則對於民衆抗日之言論各種民衆團體，自動取消抗日名義，以杜強鄰之藉口；本月二十八午後一時四十五分，上海市政府對於日本駐滬領事之要求，已予以日領自身亦認滿意之答復，而同晚十一時二十分，日本第一外遣艦隊司令官忽來通告，迫我上海駐軍讓出防地，俾其佔領。軍隊有守土之責，詎能應其所求？日本軍隊遂即向我軍進攻，竟使上海繁盛市面，罹於兵燹，且使用無限制之飛機轟炸政策，平民生命財產，慘受荼毒，數量之巨，無可估計。同時首都及長江上下游各重要市鎮，亦有日本軍艦到處挑釁，夫日本所以繼續使用此等暴力政策，且進而愈厲，其用心不過欲威脅我政府，使屈服於喪權辱國條件之下，政府受國民付託之重，惟知保持國家人格，尊重國際信義，決非威武所能屈，惟有堅持原定方針，一面督勵軍警從事自衛，決不以尺土寸地授人；一面仍運用外交方法，要求各國履行其條約上之責任。日本此次濫啓兵端，破壞和平，不但中國領土主權遭其損害，舉凡華盛頓九國條約國聯盟約凱洛非戰公約亦爲之毀棄無餘。政府深信中國對於此等暴行有正當防衛之權利與義務，同時深信各國爲維持世界和平及國際信義，亦必不能坐視。茲者政府爲完全自由行使職權不受暴力脅迫起見，已決定移駐洛陽辦公，望我各省區行政長官及軍官，同心協力，各盡所職，以靖地方，而安人民。尤望我全國民衆，以勇毅沈着之精神，共赴國難，勿囂張，勿畏葸，務使暴力無所施，正義得以申，國家安危，悉繫於此，願共勉之，國民政府主席林森。行政院長汪兆銘。（一月三十日）。

二十　蔣中正通電

限即刻到。各總指揮各軍官學校師生諸同志均鑒：東北事變，肇始迄今，中央爲避免戰禍，保全國脈起見，故不惜忍辱負重，保持和平，期以公理與正義，促倭寇之覺悟。不意我愈忍讓，彼愈蠻橫，滬案發生，對渠要求，且已茹痛接受，而倭寇仍悍然相逼，一再向我上海防軍突擊。轟炸民房，擲彈衢市，同胞慘遭蹂躪，國亡即在目前。凡有血氣，寧能再忍，我十九路軍將士，既起而爲忠勇之自衛，我全軍革命將士，處此國亡種滅患迫燃眉之時，皆應爲國家爭人格，爲民族求生存，爲革命盡責任，抱寧爲玉碎毋爲瓦全之決心，與此破壞和平蔑棄信義之暴日相周旋。中正與諸同志，久共患難，今身雖在野，猶願與諸將士誓同生死，盡我天職。特本血誠，先行電告，務各淬厲奮發，敵愾同仇，勿作虛浮之豪氣，保持犧牲之精神，枕戈待命，以救危亡。黨國幸甚。蔣中正印。（一月三十日）

二十一　外長羅文幹宣言

當茲中華民國歷史上國難最嚴重之時期，鄙人爲責任心所驅使，遂不得不勉應國家之急，以服務於外部。查自去歲九月日軍侵佔瀋陽及東省之其他各地後，形勢日難忍耐。現在日本軍隊復又攻擊上海，情形尤更緊張。蓋不惟國際間之利益發生危險，即我首都之安全，亦頓受威脅。日本方面現雖連續實施其種種暴行與侵略，中國方面則對於反對侵略及以戰爭爲國家政策之國聯規約非戰公約及九國公約，仍行繼續遵守。中國政府現已決定：此後日本軍隊對於中國領土，如復更有攻擊，則必盡其能力之所及，從事正當防衛，須知自衛自保，乃各國應享之權利，無論在何情勢下，固不能希望其放棄者也。中國人民極願與一切以平等相互原則待我之各國人民，維持並增進其友誼。今若中日兩國人民間之友誼維持發生障礙，則實以日本之連續的侵略爲之厲階，蓋此連續的侵略，自不能不於中國人民之感情上發生其必然之結果也。現如欲使中日兩國人民恢復友誼關係，則必須日本政府採用武力壓迫以外之手段，蓋武力壓迫，不惟不能醫此創痕，且反使其日益增劇故也。現在鄙人業已就外長之職，自當遵照國民政府決定之政策，竭其能力，勉效棉薄，凡我國按照國際法律國際條約所應享有之主權獨立領土及行政完整，均應使其毫無損害。尤願舉國上下，予鄙人以充分之贊助，俾鄙人之努力得底於成。（一月三十日）

二十二　國府通電全國將士

特急，各省各總指揮各軍師旅長幷轉各將士公鑒：自國民革命軍成立以來，我武裝同志奮其忠勇，以完成中華民國之統一，不幸國內建設尚未就緒，而外侮漸至；現在國家存亡，間不容髮。舍屈服於強鄰暴力之下喪失主權自辱國體外，則惟有出於積極抵抗之一途。遙望我全體武裝同志，念先烈之締造艱難，哀民生之罹於塗炭，以大無畏之精神作長期之奮鬥，以紬暴力而伸正義，保國家之人格，爲民族爭生存，在此一舉矣。數年以來，我武裝同志，因意見參差所起糾紛，已爲誠意共赴國難之一念消滌無餘。自此以後，生者相與戮力於疆場，則死者定爲歡笑於九泉，以觀吾國最後之成功也。謹布腹心，其共勉之！國民政府主席林森，行政院院長汪兆銘，軍事委員會委員蔣中正，馮玉祥，張學良，閻錫山，李宗仁，李濟琛，何應欽，朱培德，陳紹寬，陳銘樞，唐生智東印。

二十三　留滬中委通電

全國各報館轉各省市政府各軍事機關及全國同胞公鑒：自暴日侵害我國以來，歷經四閱月，此四閱月內，我全國含垢蒙恥，忍辱圖存，卒不邀彼國覺悟，得寸進尺，復有侵我上海之舉，旬日來，幸我十九路軍及各軍之忠勇不屈，誓死抵抗，屢戰皆捷，幷得海內外同胞之後援，全國人心，爲之一振，各國視聽，爲之一轉。加以日軍殘虐，戕我國徒手人民婦孺，不可勝計，交通文化教育各機關，輒付一炬，且破壞聯防之規約，擾租界之安全，種種暴行，不勝枚舉，致激同胞之公憤，失世界之同情，有英美法意四國之通牒警告，我外交部已表示接受。聞日方尚欲以陸軍增援，爲最後之決戰，其意蓋以上海一失，則各國必認爲我國不能扶助，一切援應，將因之中止，而我國以十九路軍及各軍皆不能撐柱之故，以後亦決無何項軍隊，敢於抗日，我國遂陷於萬刦不復之地，彼因得遂其囊括東亞之謀。故今日上海之一隅，實爲我國存亡之所繫，上海之抗日並非爲上海而抗日，實爲全國而抗日。溯自上海發生警耗，政府因謀抵抗遷往洛陽，旅滬同人，目擊彼虜之凶殘，我軍之苦戰，人民之萬衆一心，實令同人忘其棉力，而參加奮鬬。當我軍屢戰屢捷以後，各國人士，始憬然我國之尚有人在，而生其重視，載在記錄，可考而知。暴日銳氣，因之稍挫。同人不敏，竊謂此實我國起死回生之機會，若不急圖奮起，必不能展開新局，力爭生存。當此千鈞一髮之時，深願我全國同胞，一心一德，迅爲援應，共拯危亡。現哈爾濱尚在固守，吉林省垣業經收復，東北民衆，並已奮起；昨日上海各銀行開市，提存兌現者極稀，此實我國人心萬分團結之表徵，亦即爲國家決可生存之劵據，尙冀我全國同胞，羣策羣力，渡此難關。尤望我軍界同胞鑒於上海情況，知無抵抗之萬難立足，而抵抗之轉可圖存，毋再因循坐誤，致失事機，庶正義人道，必有伸于世界之日。迫切陳詞，敬希明教。孫科，孔祥熙，吳鐵城，程潛，李宗仁，顧孟餘，薛篤弼，劉蘆隱，方振武，何世楨，馬超俊，鄧家彥，褚民誼，李文範，傅汝霖，甘乃光，梁寒操，陳慶雲，陳友仁，張發奎，張知本，楊虎，王正廷，賀耀組，范予遂，孫鏡亞，熊克武，唐生智，楊庶堪，陳嘉佑，張靜江，黃季陸，桂崇基，張羣，經亨頤，等叩

二十四　十九路軍通電

洛陽中央黨部，國民政府林主席，汪院長，蔣委員，各院部長，各省市，各級黨部，各級政府，各軍師旅，各民衆團體，各報館均鑒：暴日貫徹其武力侵略之政策，傾其國力，意圖吞併我疆土，消滅我民族，東三省既被佔領，乃肆其兵威於長江流域。我不得已，乃有自衞之抵抗。中央政府，因首都地位危險，時時在敵人砲火脅迫之下，應急制變，斷然不疑，遷移洛陽，與法都之遷波爾多，土都之遷安哥拉，同爲禦敵圖存之必要政策。武裝同志，全國國民，方幸有安全行使職權之政府，以領導民族鬥爭，不容懷疑，無可非難。方今寇益深入，國瀕於亡，血氣之倫，祇有發揮一致效死之精神，滌除詆排傾軋之惡習，舉凡私見之異同，權利之夢幻，一洗而空。我十九路軍奉命守土，本捍患之天職，自衞之正義，洞胸斷首，萬衆一心，犧牲最後之一彈一卒，對於中樞之遼遠，應援之困難，絕無顧慮。全國武裝同志，激發於愛國自衞之良心，人自爲戰，在其守土之下，敵來則與之死戰，成敗利鈍，不容計及，吾人深信能奮戰者不滅亡，服正義者得勝利，世界苟有公道，暴日斷不得逞。吾人尤切望於散處各方之中央委員政治領袖，發揮其拯救危亡之抱負，致力應付存亡一髮之危局，古人有言；覆巢之下，無完卵，不自救者，其結果爲自殺，我十九路軍將士以純潔之心，純潔之血，貢於黨國，貢於全民，邦人君子，聽此最後之哀鳴，其亦鑒其至誠，宥其戇直！蔣光鼐，蔡廷楷，戴戟，暨十九路師旅團長全體官兵同叩冬。

二十五　十九路軍告全國民衆書

十九路總指揮參謀處告全國民衆書云：滬案發生，及今匝月矣。我軍以血肉之軀，與敵重兵利器相激盪，卒能迭挫兇鋒，屹然不動，國人創痛之餘，莫不躍然而興，色然而喜，以爲我國從此可抗強敵，躋高位，與列強分庭抗禮矣。而一部分人士之心理，則適與相反，皇皇焉恐戰禍之延長，貽國家萬劫不復之境。夫逆來順受，委靡不振，固爲國人之通病；誇大之心理，僥倖之希望，亦非吾人所應有。拯民族國家於危亡，伸公理正義於世界，此種艱鉅之工作，非一蹴可致，尤非可以畏難而退者也。同人受國家豢養，以身殉國，義所應爾，及今以未死之身，願貢一言，爲國人告：

吾人欲知滬案之發因，懸揣將來之結果，必須明了日本之國情，及世界之大勢。日本自山縣有朋。而田中義一。遞及現在之犬養毅，其所謂大陸政策，始終一貫，而不少變。甲午之役，奪取朝鮮，實爲北進之發端。日俄之戰，樹立大陸政策之基礎。加以二十一條件之保障，郭松齡張作霖之被殺，日本東北之勢，遂益形鞏固；其第一步之侵略，乃告成功。於是伺機佔領東北，浸及中國內部之志，益不能忘懷。

歐戰以還，各國經濟衰落，工商凋敝，關稅戰爭之劇烈，賠款問題之僵化，世界經濟恐慌之現象，益趨嚴重：加以蘇俄崛起，赤化大防，時虞潰決。而國際之間，復不減少其嫌猜，無論對內對外，各有其難言之痛苦。至於中國之混亂衰殘，則更無以況之，虎視鷹瞵之日本，豈肯放過此良好機會？於是去年九一八，一聲霹靂，遂攫陷瀋陽，囊括三省而去矣。

瀋案發生，我國政府，隱忍退讓，信賴國聯，以謀和平正當之解決。惟是國聯之於各國，非能如臂使指；蓋國聯爲腦，列強乃爲腦細胞也。細包不健全，而欲腦之有能力也，難矣。是以瀋案發生之初，國聯固不乏人仗義執言，但不久即由曖昧而軟化，由軟化而袒日矣。

反觀我國社會，則爭奪者如故，依賴者如故：加以民衆憤激，越出常軌，輿論龐雜，莫衷一是，使執政者忙於應付，無所適從，既不能戰，復不能和。日帝國主義者，看透事實，更毫無疑義，而伸其鐵腕於中國內部，一二八之滬變，遂以爆發。

敝軍衞戍京滬，首當其衝，守土禦侮，爲軍人天職。且上海爲吾國經濟中心，南京爲中央政府所在：京滬不保，國脈即斷。是以毅然決然，以自衞之目的，與暴日相週旋。一月以來，敵之兇暴行爲，日益加緊，吾國同胞，死於鐵蹄之下者，奚啻萬數，物質之被毀滅者，其價值且不可估計。然而吾國同胞，毫不因損失鉅大，而減少其勃鬱情緒，且增加無限之希望。世界輿論，亦因日寇之兇殘，及不惜擴大戰禍，而提出抗議。英美等國，積極干涉之態，且漸趨於具體而明顯。然後知惟有奮鬥，乃足以發揚民族精神，延展民族生命：惟有自助，以求自力之生存，乃能博得世界之同情；暴力雖強，終不能壓倒正義也。

雖然，中國之前途，即可告樂觀乎？英美各國，果爲正義出而裁制暴日乎？暴日即能翻然而變更其一貫之「國策」乎？吾人皆不能無疑者也。吾國物質利器之不及人，自無庸諱言，欲一戰而屈強敵，在理在勢，均有所未能。英則素以穩健外交著稱於世界，美國則鞭長莫及，望洋興嘆。且皆因國家經濟恐慌，不能自拔，而於對日問題，破壞其反俄陣線，亦不無顧慮。謂能出而積極制日，豈可遽信。至於日本軍閥之黷武主義，正如旭日之升，吾人遙聆出淵在美，謂美日兩軍，當在滬作球戲；及日軍閥謂十九路軍未知日帝國之威武，故敢與之拒抗之語，其氣焰之高，不可一世，即其國民大多數亦未滅其信賴武力之心理。此次總選，政友會仍佔勝利，即可以覘之。欲其將所謂關係日本存亡之大陸政策，一舉而更張之，尤絕無希望者也。

顧於另一方面以觀察之，則英美正以挽救其經濟恐慌，需賴中國巨大之市場，而不願中日戰禍之延長，尤不願坐視其東方商業根據地上海之陷於危險，更不願日本稱霸東方，破壞門戶開放機會均等之局勢。故雖有種種困難，終必有爲解決自身利害而奮起干涉之一日。再以日本未來之難關言之，日本自滬案發生後，海外貿易，一落千丈，國家財政，已陷於極困難之境，加以侵滬軍費總選舉會之臨時支出，美國名流更倡言對日經濟絕交，蓋足令社會恐慌，金融混亂。且嫉視者衆，外交孤立，國內輿情，漸趨非戰，勞師費財，持久作戰，不戢自焚，豈可倖免。

吾人從此可知對日應取之方針矣：日方利在速戰，挾其利器重兵，欲一舉而屈服我國作城下之盟，操宰割之柄，我國則應謀長期之抵抗，以待國際之變化，及敵國自身之崩潰；毋以目前軍事之勝利，期僥倖之成功，毋懼戰禍之延長，生苟安之妄念，斂其氣而不肆，持其志而不懈。日本一日不罷兵，外交一日不勝利，則我國一日不停止武力抵抗。至暴力屈服於公理之日，即吾國民族復興之時。夫法謀獨立，奮鬪百年，勾踐復仇，臥薪廿載。我國四萬萬同胞，儻能立下決心，誓死抗日，則或可不俟諸百年也。

二十六　上海三百萬市民擁護十九路軍作戰到底宣言

自暴日憑其武力，侵略我東北三省後，猙獰面目，日益暴露。上月二十八日，駐滬日軍，於其國領事對我市府答覆，認爲滿意後，違背信義，引起戰禍。我十九路軍爲防衞國土計，誓死抵抗，血戰兼旬，屢摧強敵。我民衆敵愾同仇，故抱寗爲玉碎，勿爲瓦全之心，爲我國家民族爭一線生機，各竭其力，爲我忠勇衞國之十九路軍後援。不圖在此浴血抗敵，千鈞一髮之秋，執政諸公，忽有依違和戰之間，舉棋不定之勢，日人亦竟敢不顧廉恥，提出種種無理條件，以冀我人屈服。遂使杯弓蛇影，伯有相驚。夫物必先腐而後蟲生，空穴來風，非爲無故，吾人苟抱定犧牲之決心，則公理終有戰勝強權之一日，物質損失，猶是小焉者也。敝會敢代表滬市三百萬市民，堅決作下列之表示：(一)非日軍先行退出中國領土，絕對無調和之餘地。(二)反對設立中立區域。(三)擁護十九路軍武力抗日到底。(四)全國總動員，實行正當自衞，拒絕日方任何要求。以上四點，爲今日最低之要求，如果不能達到，而竟致軟化，則此次上海千萬生命財產之犧牲，無異付諸流水，國家興亡，在此一舉，尙希我全國同胞各秉匹夫有責之義，督促當軸，一致奮起，勿令秦檜張邦昌輩復見於今日。國家幸甚！民衆幸甚！謹此宣言。

二十七　我軍退守第二防線通電

暴日縱兵逞瀋，轉窺東南：我十九路軍奉命守土，作緊急之自衞，與之相搏於滬濱者一月有餘矣。最初與敵之海軍陸戰隊及其初到陸軍，鏖戰二十餘日，殺傷過當，敵不得逞。而其第二批陸軍運到，我駐在蘇浙之中央直轄第五軍兩師，亦加入作戰，相持者復一旬，殲敵者又六七次，彼虜仍不得逞。最後又以其白川大將，率領兩師團來，而我始終在戰場者僅五師。爲數不滿四萬；敵則加倍於我。至是彼虜一面以講和形色，詭商停戰，欺騙國聯，一面以一師加入正面，一師由瀏河附近登岸，襲我後路，使我腹背受敵。而我運輸困難，援師不及，不得已乃東夕奉命，將前線陣地放棄，爲戰略的撤退，再圖反攻。此我十九路軍第五軍一月以來與敵苦戰之經過情形也。夫暴日挾其既定整個計劃亡我，我非全國動員，以極大之決心，作普遍之奮鬥，不能得最後勝利，我十九路軍與第五軍抗敵，非求一隅之勝負，與彼虜爭一日之短長，乃欲以我僅存血肉，供救國犧牲，作同胞馬前之導卒耳，自政府遷洛，已決定長期抵抗政策，此全國軍民，正當秉承此旨，一致奮起，電聲響應，此仆彼繼，勿以滬濱之偏隅進退爲念，勿爲敵人分化之詭謀所中。尤望我東北同胞，喞爲虜之痛，急起遣兵，收復失地，使敵備多力分，我十九路軍第五軍當竭此未盡餘勇，與強虜作最後週旋，藉收夾擊之效。土耳其苦戰三年，卒大破希臘十五萬軍，轉敗爲勝。杜蘭斯窪一小部落耳，亦能血戰三年，不稍屈服。況我以三萬萬方里之地，四百兆人民之衆，果能全國一德一心，不能殲此跳樑小醜，吾不信也。朝鮮之亡也，猶有陸軍數萬，卒被日人解散以盡，今我國現額之兵，統計不下百餘萬，與其待國亡後供彼宰割，何如及此未亡之時，作一光榮之犧牲。此次暴日蹂躪上海多時，炸彈所至，廬舍坵墟，死亡枕藉，孑遺黎民，莫不同仇敵愾，不聞怨聲，此等悲壯之劇，可泣可歌，國土猶是也，人民猶是也，苟一旦主權既失，寄生命於仇人之手，其慘狀又當何若也！惟願我全國父老兄弟，毋忘閘北江灣，毋忘朝鮮及今日之東省。暴日向國際公開宣傳，詆我謂非有組織之國家，卽謂我國人不知鴒原急難，擊首而尾不動。可以各個擊破也。而我全國軍民，猶以巢幕游釜爲安，罔識鬩牆禦侮之義，忘同屋之纓冠，作鄉鄰之閉戶，是誠爲見仇者所快，而爲見愛者所痛矣。我十九路軍第五軍，亦惟有收拾餘燼，背城借一，事之不濟，則拚命於沙場，以謝我炎黃祖宗在天之靈，不顧爲亡國之民也。敢曰乾時之戰，雖敗猶榮，倘幸卽墨不亡，侵地終反。擐甲哀鳴，淚盡以血，惟我同胞，實昭鑒之。總指揮蔣光鼎，十九路軍長蔡廷楷，司令戴戟，第五軍長張治中，暨各師旅團長同叩。

二十八　二中全會慰十九路軍及第五軍電

分送蔣總指揮憬然同志，蔡軍長賢初同志，張軍長文伯同志，戴司令孝愐同志，暨第十九路軍第五軍各師旅團長同志及全體武裝同志均鑒；本日下午三時全體會議開會之際，接誦江午來電，聆悉之下，感痛實深。此次我武裝同志在淞滬一帶抵禦強暴，保衛疆土，於國家民族實有極深之影響。去歲九月十八日東北邊防軍，以不抵抗之故，二十四小時之內，喪失兩省之土地，則以抵抗之故，以淞滬一隅，支持至三十餘日之久，使全國之內處處如此，人人如此，日本暴力安所得逞？且也第十九路軍先登於前，第五軍踵至於後，無日不在槍林彈雨之中，悉力苦鬥，兩軍將士所流之血，凝結爲一，使強鄰挑撥離間之技無所施，僉人操縱捭闔之謀無所用，此種精誠團結之最高表現，尤足爲袍澤之模型，而保國保種之基礎，亦於是乎奠。日本此次藉不平等條約爲護符，兵艦馳突於長江上下，更以公共租界爲陸軍之登陸地點，與作戰根據，於是大批軍隊，源源運至，絕無阻閡；而我方則以交通不備，運輸不便，當第十九路軍苦戰之際，第五軍駐在蘇浙，猶及趕緊赴援外，其餘各處部隊，尚在長途跋涉中。坐是之故，衆寡懸殊，我忠勇之將士，遂不能不爲戰略上之退却，此誠中央同人之所歉然於懷，而深願循省弱點，亟圖補救者也。今日之事，豈但一時進退，與戰局無關，吾人既以最大之決心爲長期之奮鬥，則勝亦不足喜，敗亦不足悲。惟知以犧牲爲民族復興之代價而已。願以此自勗，並以慰我忠勇之將士。中央執行委員會第二次全體會議麻。

二十九　外交部爲我軍撤退後日軍復行總攻宣言

茲據於日本援軍續到二師團，並在瀏河及吳淞復行總攻，特將重要之事實聲明如左：

查中日代表，因英海軍提督克萊爵士之斡旋，曾在廿特軍艦會商，立卽停止敵對之基本條件，當經獲得諒解如下：(一)雙方同時撤退，(二)不得提議永久卸除吳淞或獅子林砲台問題，(三)雙方之撤退，由中日委員會會同中立國視察員監視之，(四)撤退區域，照舊由中國官吏治理，幷由中國警察維持治安(五)中國軍隊退至眞茹，日本軍隊退至公共租界及越界築路地段，俟雙方上述撤完退竣後，中國軍隊退至南翔，日本軍隊退回艦上，（此最後一點，交由將來續開之會議討論之）。又議定，如中日政府贊同此項假定之諒解，則雙方正式外交及軍事代表，當舉行一正式會議，以完成此項辦法。

二月二十九日，中國代表通知克萊提督，中國政府業經贊同，並請其轉達日本當局，倘日本政府亦同樣贊同，則正式代表，可以立卽正式會議。但關於東京政府之決定，日方迄今尚無答復，而在此期間，日本海陸空軍，復向中國軍隊全綫總攻；且日本總領事，並經通告中國市長，日軍決意炸燬京滬滬杭兩路。此項和平之努力，在中國方面，至爲懇切，倘使仍歸失敗，則其責任當由日本再度負之。

三十 國聯理事會致日本申請書

國聯理事會主席於一月二十九日所致兩當事國請求書中，會指明唯協調與互相尊重，乃能保障國際關係之維持；行使經濟力或武力，不能得永久的解決。現在形勢若再繼續，兩國間爭執將益擴大。此不特中日兩國，卽全世界亦將受不利之影響。日本爲國聯之一員，又爲常任理事國，故理事會十二國會議切望日本政府因此關係，對於此次紛爭特取協和態度。遠東現狀，應由兩當事國所承認之調查委員會充分考慮。惟現又發生上海事件，輿論受極強之衝動。該事件危及許多生命財產，且目前世界經濟不振，更遭遇一重困難，卽國際軍縮會議，亦恐受阻礙。十二國理事充分諒解日本所不滿各點，且對過去數個月間日本恆忠實於國際關係上之義務，甚表信賴。乃日本不能信賴國際盟約所規定之平和的解決方法，深爲遺憾。理事會因此想起規定一切紛爭應依平和的解決之非戰公約。此次事件發生以來，中國自始卽訴諸國聯，聲明希望由此可得和平的解決，按照國聯盟約第十條規定，國聯應保全聯盟國之領土，尊重及保持現在之政治的獨立。理事會茲特喚起日本政府對於該約之注意。凡有侵犯聯盟各國之領土完整及政治的獨立者，聯盟各國不能認爲有效。日本政府與中國之關係，對於世界輿論，不可不求正當與穩建。關於此點，一九二二年九國公約誓約尊重中國主權及領土的完整甚爲明瞭。基於崇高之名譽觀念，理事會十二國會議不能不表明其期望日本政府表現其能履行特殊地位之義務，及保持世界各國對日本之信賴。

三十一 日本答覆國聯申請書

一、二月十六日十二理事國對日本政府所提出之申請書，理應向中國提出，乃獨對日本政府提出，殊難諒解。此種請求，對中國誠有必要，日本政府認爲無接受此項請求之要素存在。

二、十二理事國似感中國雖切望和平解決，而日本卻開始積極行動。惟日本政府認日本軍事行動，乃行使不得已之自衞權。無論任何種類之平和條約，不能否認行使關係國家生存之自衞權。

三、中國表面雖希望平和解決，但現實極端暴戾，繼續侵害帝國權益之行爲。在現時情勢之下，要求日本軍撤退，等於要求將帝國在華旣得權益，委諸中國不法之蹂躪，是爲不可能之事。

四、十二理事國引用國聯盟約第十條，以日本派兵，乃侵犯該條保全中國領土的完整及政治的獨立之規定。若因派兵赴華，卽當忍受侵犯該條之責難，則在華駐兵之各關係國家，不亦當受同一之非難。但各關係國決無以侵犯第十條規定爲目的，而派兵赴華，固待不言。

五、因此，所謂因日本派遣軍隊，如有侵犯中國領土的完整及政治的獨立時，不能認爲有效，意味何在，殊難諒解。

六、十二理事國又警告違反一九二二年九國公約的誓約，但一九二二年九國公約與國聯締約國全部無關係。以國聯理事國名義，喚起關於九國公約之注意，未免失當。

七、各國認中國爲完全國際團體之一員，陷於根本的錯誤。認中國爲完全國家，不過一種擬制。對於繼續無政府狀態，未備國家形體之擬制的存在，欲照文字規定，適用國聯盟約，此爲日本政府所懷抱之疑義。

三十二 三月四日國聯大會停戰決議案

大會根據二月二十八日理事會決議案及其他擬行辦法，決定下列各項：（一）請中日兩國政府立卽採取必要步驟，保障切實履行雙方軍事當局已發的停止敵對行爲的命令；（二）各關係國及中日政府應將如何實行前條事項的情形，隨時通知大會；（三）中日雙方代表應於各關係國軍事當局協助之下，談判停止敵對行爲及日軍撤退辦法，並盼各關係國將談判情形，隨時報告大會。

國聯大會關于中日糾紛決議案全文

【一】大會鑒於盟約所載各項規定，對於此次爭端完全適用，尤以關於

一 嚴格尊重條約的原則。

二 聯合會會員擔任尊重並保持所有聯合會各會員領土之完整，及現在政治上之獨立，以防禦外來侵犯之約言。

三 將彼此間所有一切爭執以和平手續解決之義務，採用一九三一年十月二十日理事會主席宣言中所定原則。回溯理事會十二理事於一九三二年二月十六日致日本政府聲請書中曾重申此項原則，宣言凡侵犯盟約第十條之規定，蹂躪聯合會會員領土之完整及變更其政治之獨立之舉動，聯合會各會員均不能認爲有效。鑒於上述規定，聯合會會員國際關係及和平解決一切爭執之原則，與巴黎公約完全相符，而該公約實爲世界和平機關之砥柱。其第二條規定：「締約各國互允各國設有爭端，不問性質如何，因何發端，只可用和平方法解決之」。在本會尚未採取最後步驟以解決受理之爭執時，特宣告上述之原則及規定，負有一種必須遵守之性質，並聲明凡用違反聯合會盟約及巴黎公約之方法所取得之地位條約或協定，聯合會會員均不能承認之。

【二】大會鄭重聲述，如有任何一方用武力壓廹以覓取中日爭執之解決，實與盟約之精神違背。回溯一九三一年九月三十日及十二月十日，經當事雙方同意之理事會所通過之決議，並回溯一九三二年三月四日經當事雙方同意之關於切實停戰及日軍撤退事項大會本身所通過之決議，知悉聯合會會員

在上海租界有特殊利益之國家，對此項努力準備予以協助。並請求各該國於必要時通力合作，以維持撤退區域之治安。

【三】因一月二十九日中國政府之請求將聯合會盟約第十五條之手續適用於此次之爭執因二月十二日中國政府之請求，將此次之爭執依照盟約第十五條第九款之規定提交大會；並因二月十九日理事會決定，鑒於本會接受處理中國政府請求中所指示爭執之全部應負有適用盟約第十五條第三款所規定「調解」手續之義務，並於必要時應負有適用同條第四款所規定「說明建議」手續之義務，爰決定組織一十九會員之委員會，以大會主席爲該委員會之主席，連同除當事國外之理事會理事，及用秘密投票選出之其他會員國代表組織之。該委員會代表大會並受大會之監督，執行下列職務：

一　應從速報告關於依照一九三二年三月四日大會之決議，停止戰爭及締結協定，使上述戰事切實停止，並規定日軍撤退各事項。

二　注意一九三一年九月三十日及十二月十日理事會決議案之履行。

三　經當事雙方之同意，並依照盟約第十五條第三款之規定，從事預備解決爭執之辦法，並擬具聲明提交大會。

四　於必要時得向大會提議，向國際審判法院提出請其發抒意見之聲請。

五　於必要時從事預備第十五條第四款所規定之報告書草案。

六　建議一切似屬必要之緊急辦法。

七　於最短時期內，向大會提出第一次報告書，最遲不得過一九三二年五月一日。

大會請求理事會將一切視爲應行轉送大會之文件或附帶意見轉致委員會，大會並不閉會，主席視爲必要時，得召集之

三十三　四月三十日國聯大會決議案

(一)查國聯會議三月四日及十一日之決議案，建議中日代表從事談判，由上海租界享有特殊利益之各國文武海陸當局協助，以期議定確實停戰及規定日軍撤退之辦法。

(二)查三月四日及十一日議會決議案，所涉及之停戰撤兵辦法，雖僅能於當地議定之，因而特別委員會不能取談判者而自代。但出席停戰談判之各參加國，在進行談判時，或實行上述停戰撤兵辦法時，如遇有重大困難，應通知特別委員會，由特別委員會代表議會，幷受議會之監督解決之。

(三)查停戰撤兵談判，應依據上述之議會決議而進行。當事國之任何一方，不得堅持與上述決議相抵觸之條件。

(四)又查悉送交本委員會之停戰協定草案之條款，已業經雙方接收。

(五)認爲此項條款，均與上述決議之精神相符。

(六)特別查悉依照第三條日政府担任履行，將其軍隊撤回公共租界及虹口越界築路地帶，一如一九三二年一月二十八日事件以前之原狀。

(七)聲言國聯議會三月四日及十一日決議案之精神，係日軍之撤退，應於近在將來履行。

(八)聲言三月四日之決議案，須俟日軍完全撤退後，始爲遂行。

(九)察悉協定草案規定設立共同委員會，由中立國會員參加，以查明雙方軍隊之撤退，並對於日軍撤退之區域，協助辦理其組織及移交與中國警察，俾日軍一經撤退，中國警察即行負責。

(十)察悉該委員會依照其決定，用其認爲最善之方法，監視第一第二第三各條之實行，而第三條規定日軍完全撤回，一如一月二十八日事件以前之原狀，甚爲滿意，

(十一)察悉協定草案附件第三號所規定該委員會之權限，爲監視該協定第一第二第三條之實行，並包括對於實行上述各條規定之任何疏懈，有依照上述附件規定之行爲，決議促使注意之權。

(十二)懇切建議於當事者雙方，恢復現在停頓中之談判，俾得早日結束，並謂在上海租界有特殊利益之各國政府，爲達此目的，繼續斡旋。

(十三)明白指明，倘不能按照三月四日及十一日決議案獲得結束，則本問題必須再提出於議會。

(十四)請求在上海租界有特殊利益之各國政府，將其由參加共同委員會代表所得之報告，轉報國聯。

三十四　中日停戰協定

第一條，中國及日本當局，既經下令停戰，茲雙方協定，自中華民國二十一年五月五日起，確定停戰，雙方軍隊，盡其力之所及，在上海週圍，停止一切及各種戰鬥行爲，關於停戰情形，遇有疑問發生時，由與會友邦代表查明之。

第二條，中國軍隊，在本協定所涉及區域內之常態恢復未經決定辦法以前，留駐其現在地位，此項地位，在本協定附件第一號內列明之。

第三條，日本軍隊，應撤退至公共租界暨虹口方面之越界築路，一如中華民國二十一年一月二十八日事變以前之原狀，但鑒於須待容納之日本軍隊人數，有若干部隊，可暫時駐紮於上述區域之毗連地點，此項地點，在本協定附件第二號內列明之。

第四條，爲證明雙方撤退起見，設立共同委員會，列入與會友邦代表爲委員，該委員會，並協助佈置撤退之日本軍隊，與接管之中國警察間，移交事宜，以便日本軍隊撤退時，中國警察，立即接管，該委員會之組織，及其辦事程序，在本協定附件第三號內訂明之。

第五條，本協定自簽字之日起，發生效力，本協定用中、日、英、三國文字繕成，如意義上發生疑義時，或中、日、英、三文間發生有不同意義時，應以英文本爲準。

中華民國二十一年五月五日，訂於上海，中代表簽署，日代表簽署，見證人（依據國際聯合會大會中華民國二十一年三月四日決議案協助談判之友邦代表）簽署。

▲協定附件

附件第一號，本協定第二條所規定之中國軍隊地位如下，查照附連上海區郵政地圖(比例尺十五萬分之一)由安亭鎮正南蘇州河北岸之一點起，向北沿安亭鎮東最近小浜之西岸，至望仙橋，由此北過小浜至沙頭東四基羅米突之一點，再由此西北上，至揚子江邊之滸浦口，幷包括滸浦口在內，關於此項地位，遇有疑問發生時，經共同委員會之請求，由該會委員之與會友邦代表查明之。

附件第二號，本協定第三條所規定之地點如下；此項地點，在附黏四地圖，各別標誌A，B，C，D，（即附圖中甲，乙，丙，丁，四個區域）幷稱為一，二，三，四，各地點，地點（一）見A圖，雙方訂明，（甲）與淞鎮不在此地點內，（乙）日方不干涉淞滬鐵路暨該路工廠之運用。地點（二）見B圖，雙方訂明，萬國體育塲東北約一英里許之上海公墓，不在日軍暫用地點之內。地點（三）見C圖，雙方訂明，曹家𡒄及三友織布廠，不在此地點之內，地點（四）見D圖，雙方訂明，暫用地點，包括日人公墓及墓東入口之路在內，關於此項地點，遇有疑問發生時，經共同委員會之請求，由該會委員之與會友邦代表查明之。日本軍隊，向上列地點之撤退，於本協定生效後，一星期內開始，並於開始撤退起，四星期內撤完。依照第四條所設之共同委員會，對於撤退時，不能移去之殘疾病人，或受傷牲畜，採取必要辦法，以資照料，並辦理其日後之撤退事宜。此項人畜，連同必需之醫藥人員，得遺留原地，由中國當局，給予保護。

附件第三號，共同委員會，以委員十二人組成之，中日兩政府依據國際聯合會大會三月四日決議案協助談判之與會友邦代表，即英，美，法，義，各駐華外交代表，各派文武官吏代表各一人為委員，該會委員，依照委員會之決定，得隨時任用認為必要數之助理員，所有關於程序事宜，由委員會斟酌辦理，該委員會之決定，以過半數行之，主席有投票取決權，主席由委員會內與會友邦代表委員會中選舉之，委員會依照其決定，以其認為最善之方法，監視本協定第一，第二，第三，各條之履行，並對於履行上述各條之規定，有任何疎懈時，有促使注意之權。

三十五　上海國際調查團報告書

撤兵區域地圖

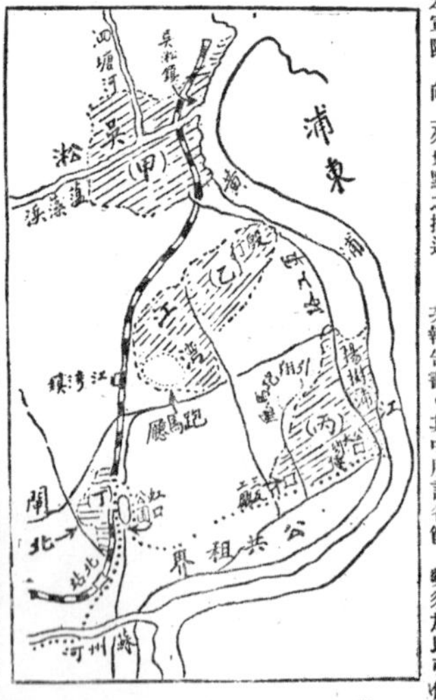

上海調查團，係由英，法，德，西班牙，挪威各國總領事組織而成，以意大利代辦齊亞諾為主席，國聯會運輸暨交通股主任哈斯為秘書長，美國總領事克銀漢，曾參加調查團最後一次會議，並閱悉調查團第一次報告書。此項報告書，係二月六日用電報遞送國聯會。第二次報告，於二月十二日送日內瓦。第三次報告於二月二十發出第四次報告於三月四日發出。

▲第一次報告

本團受國聯會秘書長之委任，對於上海及其附近所發生之事變，提出報告書。茲以自行搜集之消息為根據，作成第一次報告書。其中所言各節，勢須加以引伸，或就細目加以修正，即此後所生事變，亦須另行報告。美國總領事克銀漢對於本團工作，曾加以襄助。本團任務，係將上海及其附近所生事變之原因事實及進展情形，提出報告書。

抵制日本貨物之事，始於一千九百三十一年七月，係由朝鮮事件而起。厥後滿洲被佔，而抵制日貨之事因之加甚，並嚴切執行，日本商務因而感受極大損害。抵貨運動，係由抗日抵貨會予以鼓厲，而中國各種商業團體參加，其組織分為糾察商店，扣留日貨，罰款，拘禁（此層對於購用或販賣日物之華人而設）及其他非法行為，受之者雖欲求直於法院而不可得，此日本人敵視華人之苦腦思想所由生。厥後中國學生舉行示威，並要求向日宣戰，致使中國人心對於日本愈益不滿，而若干暴烈行為，即在此極度緊張之情狀下，而時有發生。此外中國人對於日本天皇，亦有失敬之處，日本人大為憤怒，乃愈益要求該國政府採取直接行動，俾彼等所處不堪容忍之地位，得以平息。

一月十八日

有日本人五名，中有僧人在內，在三友實業社製造廠經過，為中國人所狙擊。中國人中有數人，大約係最近組織之抗日義勇隊隊員。中國警察到時甚晚，行凶者未及逮捕。被狙擊之日本人有兩名受重傷，僧人一名旋卽因傷殞命。

一月二十日

有日本人約五十名，均為「青年保護團」團員。手持匕首及棍棒，前往三友實業社製造廠縱火焚燒廠舍。伊等臨，曾與公共租界工部局警察發生衝突，中國警察三人受傷，其中一人因傷致死。日本人三名為中國警察之槍彈所傷，其中一人旋卽殞命。同日日本人在日本倶樂部開居留民大會，對於日本僧人被狙擊，以及報紙對日皇失敬事提出抗議，當卽通過決議案，要求日本政府派遣軍艦及軍隊，以便完全消滅抗日運動。日本人示威者半數往見日本總領事，隨至日本海軍司令部呈遞前項決議案，日本總領事請示威者將此事交由渠辦理。此時示威者羣赴日海軍司令部，中途與租界警察發生衝突，巡長受傷一人，日本官吏曾向租界當局道歉。有日本人七名自行向日本當局投到，經押送長崎審訊，以便按照日本法律懲治。同日下午日本總領事因一月十九日事件，向上海市政府秘書長提出下列各項要求；

（一）市長正式道歉。

（二）立卽逮捕兇犯。

（三）損害賠償及醫藥費。

（四）抗日運動應以適當手段取締之。

（五）所有鼓勵敵視日本，鼓勵暴動，及鼓勵排日各項團體，應予解散。

一月廿一日

上午，上海市長答覆日本總領事，謂前三項要求，準備加以考慮，至其他各項因有困難，未能予以滿意。日本海軍司令官旋卽以公佈一件交報館發表。謂上海市長對於日本人若非予以滿意答覆，並將要求各項立卽實行，則海軍司令官決採相當手段，以保護日本帝國之權利利益，此項送公共租界當局及上海市公安局。

一月廿四日

日本海軍援兵，開抵吳淞口外，同時風傳閘北中國軍隊亦巳增援。是日日本總領事通知上海市長，謂渠若不於相當時期之內接答復，或答復不能滿意，則日本政府保留依照情形採取必要行動之權。爾時上海市長業向中立各國代表聲明，準備作最大讓步，藉以避免衝突。並努力勸告當地各界領袖，俾其取消抗日抵貨會，又以「抵日」二字被日人認爲侮辱日本國家，卽對於其他團體名稱，有用「抗日」字樣者，亦擬予以删去。結果抗日抵貨會被封，其辦事處皆於一月二十七至二十八日夜間由中國警察一一封鎖。

一月廿五日

日本總領事知會上海市長，謂彼雖不限定時間，但欲於二十八日接獲答覆案之概要。

一月廿七日

日本總領事通知上海市長，謂次日下午六時，彼之要求當得一滿意之答覆，否則日本人將採取其所認爲必要之手段，以實現其要求。

一月廿八日

上午七點半，日本海軍司令部照會他國防守司令，謂中國方面如無滿意答復，伊欲於次晨有所舉動。工部局隨於上午開會議，決定從下午四時起，宣佈租界入於緊急狀態。此舉保工部局所自爲，不嘗知照各國將領，欲使預備各自防守其地段。同日下午尙早之時，上海市長答復日總領事，完全承認其要求。下午四時，日總領事告領事團，謂已接到復文，並稱該復文完全滿意。又稱，須看上海市長能否實行其所承認之事，但又謂所要求之事，大都巳實行，暫時不再取何舉動。乃外交局面雖有此變動，衆人之心，則以爲日本海軍當局決定無論如何，欲有所舉動。日本報界聯合會所發煽動人心之新聞，謂中國無意實行其約言，並謂中國人士，預備攻擊日本人，又逆料中國方面因反對市長之承認要求，或起叛亂 爲以上種種之故，在各國防軍委員會之心目中，以爲緊急布告，宜實行爲善，因此於下午四時實行戒嚴。有當指出者，公共租界之防軍委員會，乃各國防守將領所組成，外加工部局之總董，巡捕房之總巡，商團之司令，以防守司令中最尊者爲主席，此人於各國防軍各防地段，應如何詳細辦理，並無以爲有指示之權，僅分派地段，聯絡辦理佈置防守之大計而已。英美兩軍於宣布戒嚴之後，卽各開往所駐地點。意大利軍隊於二十九日開到防地。日軍之段，爲租界東北全境，西以北河南路爲界，從防守委員會之眼光觀之，亦包括租界以外一段地方，西以北江西路及吳淞鐵路爲界，其東則連成一綫，大部分爲虹口公園之東北角，連至哈爾濱巡捕房。日人住在虹口公園一帶者不少，該園與北四川路狄思威路雖在租界之外，却是租界之產業，平時由工部局派捕巡守。中國當局於夜間十一點發生事件以前，似乎於界外日軍一段之事，未接關照。初行戒嚴之時，日軍亦未駐防至界外之一段，然須知日本水兵往時常在工部局路上以上地段駐兵防守，以保護其僑民，而其海軍司令部，亦設於該段之盡端。是晚十一時，日本海軍司令發布兩道，並將副本送至上海市長，市長謂於十一點二十五分方接得之布告之，一，提及戒嚴，並謂日本海軍對於閘北情形，極覺憂慮，該處日僑衆多，已決定派兵到該段，以行其法律與秩序。因此望中國當局從速將駐在閘北之兵，退往鐵路以西，撤除該地之布防。其別一布告，謂派與日兵保護租界秩序之一段，凡須實行戒嚴上之事務者，將皆履行之等語。日本水兵以及武裝平民，先巳在海軍陸戰隊司令部召集者，沿北四川路而進，西趨靶子路，直到河南路，沿途在弄口分派隊伍。至中夜，信號一發，所派隊伍，卽向西北趨進。鐵路方面，最後一隊，約有水兵一百，開一裝甲汽車，欲在北河南路交界處，爲上海商團所阻，因門在該團所守之處，此門可通鐵道。中國軍隊初未從日海軍司令退兵之要求，且卽令決定自退，亦不能於其短期內撤退，以前數日所釀成之時局，亦須顧及，蓋將使中國當局，同日本海軍當局所行之辦法，爲其較大之軍事舉動一部份。日本水兵，漏遇中國正式軍隊之抵抗。日本軍隊開至鐵路線南之寶山路，但未能更至該處之南。其路線在鐵路之東，迤北河南路北四川路之邊界，日軍爲中國裝貨火車所創，該火車乃以車站出發，巡行於吳淞鐵路上，後避於東棧內，該路爲中國軍隊防守堅固。因此日軍於

一月二十九日

在車站放炸彈，用飛機毀壞火車路，寶山路其他房屋，亦被放火，用發火之炸彈燒之，大概信爲故意爲之，以滅去竊得日軍陣線之要地，死傷雖不可知，但生命損失當頗不少。上海市長因日軍之舉動，向領事團提抗議，日本則謂此次舉動，與所提要求之事無關，要求先已承諾，所以如此，乃爲保護所欲佔據之地之一段內之日人。日本當局又稱，所取舉動，卽遇中國武力抵抗。且爲日本當局自負完全責任者，乃在其所派界限之內，如屬必要之時，爲租界防務計劃之所許行。二十九日下午，因上海市長之請，英美兩總領事設法致成暫和局面，以夜間九時爲始，此暫和之策，僅彼此同意，勿再發放槍砲而已。

一月三十日

日總領事，日本海軍司令官，上海市長，中國當地司令官，在英美兩總領事房間，會晤一次，商定應由日總領事向其本國政府提出辦法，使日軍退出該處陣線，倘日府答復不應，則中國方面亦當呈報中國政府。在未接最後答復之前，雙方商允非對方先開火，則不得自行開火云。

▲第二次報告

一月二十九日午後八時許，卽休戰業巳開始之後，槍砲之聲，爲之靜寂。翌日日本海軍司令向英美兩國總領事提出抗議，謂停在北站之鐵甲車，重行開火，此層經華人否認，並謂日人有射擊情事。

一月三十一日

晨間，日本飛機十七架在上海並在華軍防地飛行，但未轟擊。日本海軍當局謂因華人近頃破壞休戰條件，及此項示威行動出之，但破壞休戰條件一層，經華人鄭重否認，是日各方會商設立中立區域，並決定繼續休戰，以待雙方答復，此種談判本團業巳於第一次報告書末段提及之。

二月一日

休戰之戰，始巳實行，但若干槍聲，時作時輟。

二月二日

日軍司令又謂；華人昨日重行破壞休戰條件，並謂華人顯然集合軍隊，預備包圍日軍，渠當派遣飛機前往偵査。是日正午十二點鐘左右，有日本飛機數架，飛翔上海及中國軍防地，中國人對之射擊，日本飛機在閘北擲彈數枚，頃刻之間，雙方戰線上槍聲大作，至下午三時卽戰事重開，以後日本

總領事通報各國領事，謂前此提議之中立區域，日本政府，已經拒絕。同日上海市長照會各國領事，提及一月三十一日開會時所訂之休戰協定，謂日本人屢次破壞此項協定，並攻擊中國軍隊，又復以飛機轟擊，其情形卽如上節所述。此項照會，各國領事係於二月三日收到。

二月三日

日本海軍當局宣稱：中國當局對於履行諾言，繼續表示緘默，故中國軍隊，應分其退出閘北以外至相當距離地點，日本方面因欲執行此項計劃，其飛機或有轟炸中國陣線之事。厥後日本總領事通知各國領事，謂有驅逐艦三艘，因受吳淞砲台之砲擊，故日本人決定占領該砲台。但吳淞砲台發砲之事，又爲中國方面所否認。自二月三日以後，戰爭狀態，公然存在。卽與休戰相似之情況，亦完全消滅。閘北及吳淞方面繼續開砲，時作時輟。而日本方面，又以飛機轟炸，日本人自認其目的奪取吳淞砲台，並驅逐中國軍隊，於距離上海甚遠之處，故採攻勢，完全係日本人所爲。關於破壞休戰條件一層，所應注意者，卽實際上完全休戰態度，迄未成立，而火線上並無外國觀察員在場，究竟破壞之責，應由何方負担，實無法加以判斷。或者雙方孤立隊伍，或滋事份子，均應負責，亦未可知。除戰線上正式軍隊重行開火之問題以外，在此時期以內，公共租界日本所管地段，曾發生若干事件，有關公共租界之制度，而在國際上有重要關係，必須簡單加以敍述。自一月二十八日夜間日本人採取行動之始，卽有多着便衣之中國士兵，侵入日本地段，或藏匿民房，或攀登屋頂，而以手槍向街上日本步哨射擊。是時日本人無充分正式軍隊，以防守其所佔地段，乃召集所謂在鄉軍人，畀以槍械，此項軍人亦着便衣，但帶有臂章，日本水兵及在鄉軍人，以機關槍抵抗中國便衣隊，並挨戶搜查，搜查之時發生極大損害，蓋以此輩因欲驅逐便衣隊，不惜縱火焚燒民房故也。是時虹口地段，完全在日本海軍當局管轄之下，該處若干街道，旣已設置障礙物，而巡捕武裝亦被解除。公共租界市政職務，併消防事務在內，爲之停頓。虹口各處巡捕房，與總巡捕房之間，交通亦完全斷絕。工部局乃不得不轉學校病院遷出，日本水兵及在鄉軍人暨其他暴虐之徒，多有過分之舉，甚至以簡單手續，執行槍決。日本暴虐之徒，並無正式職務，其行動大約因中國人前此作有反日活動，乃以報復手段出之，結果發生恐怖現像，凡日本人以外之居民，幾皆逃避一空，有極多中國人，查無下落，疑爲日本人所捕殺。

二月五日

公共租界工部局請領事團轉商日本當局，對於此事，加以調查，經日本總領事承認，在混亂之際，日本人感情熱烈，誠有過分舉動，但情形業已大加改善，應允將公共租界以內凡因嫌疑而被日本海軍當局逮捕之人，移至工部局巡捕房，此層業已實行。然失蹤華人，爲數仍甚多。據工部局巡捕房詳細調查，失蹤之案尙有三百起之譜，便衣隊之行動，頃已大爲減少，而日本之監察，則仍森嚴。工部局巡捕房及其他市政職務，僅能徐徐恢復。日本當局因日人過分行爲，甚爲感動，已將若干不良份子遣送回國，本團暫時不擬多提報告書，但有覓得新消息，須將上次報告書加以改正或將第一第二次報告書所較特殊之點，加以伸引，或加以補充，則當別論。

▲第三次報告

中日雙方經中立國外交代表居中調停，故允召集軍事長官開會，而以雙方退兵爲基礎，從事討論。此項會議係於二月十八日後舉行，中日雙方司令官各派參謀長代表出席。當由日本代表提出條件，中國代表認爲不能接受，討論亘兩小時之久，毫無結果。日本代表謂日方所提條件，將於下午九時左右，日方將所提條件分別送達上海市長及十九路軍軍長，此項條件，其詞語各有不合，其內容如下：

（一） 中國軍隊應停止敵對行動，並於二月二十二日午前七時完全退去第一道防線，並於是日午後五時完全退出第二道防線至北面二十公里地點二十基羅米突，包括獅子林砲台在內。（卽歸公共租界暨蘇州河北端至吳淞鎭又自黃浦江東岸爛泥渡至張家橋）卽自蘇州河向東延長之線所有撤退區域內之砲台及軍事設施均須撤除之，並不得從新設立。

（二） 日本軍隊對於中國軍隊不加攻擊，並不追逐，但得遣派飛機從事偵查。中國軍隊撤退之後，日本軍隊僅保持虹口工部局築有道地之地域，併虹口公園包含在內。

（三）中國軍隊由第一道防線撤退之後，日本軍隊得派調查員攜帶衛兵及旗幟前往撤退區域。

（四） 撤退區域以外，凡日僑生命財產，應由中國負責保其安全，遇有必要時，日本當自行採取必要手段，所有便衣隊均應切實撤銷。

（五） 上海附近撤退區域內，外人保護問題，將來再議。

（六） 關於抗日運動，一月十八日上海市長所應允各節，應嚴切實行，此事當由日本外務省與上海中國行政官以交互談判處理之。以上各款，若不接受，則日本軍隊不得不自由行動。次日（卽二月十九日）中國方面復文，方由上海市長送達，上海市長於其復文中聲明上海嚴重時局全由日軍違反一切條約及國際法侵略中國領土並慘殺中國人民所致。日本總領事要求各節直接與中日外交有關係，應由兩國外交當局處置，業將日本總領事之函轉呈中國政府，請其考慮，並經由中國外交部答復日本公使。上海市長文謂；日本軍隊挑撥行爲，繼續不已，致使中國人心日益憤激，所爲抗日運動，未能停止，乃係自然之理。中國軍隊司令官之復文謂：所屬軍隊係國家軍隊之一部，係受國民政府之指揮，因此日本軍隊司令官來函業已轉呈國民政府，至於中國政府如何答復，現尙不知。（並不知會否答復）二月十九日至二十日之夜，日本軍隊卽自公共租界根據地向前線增加援兵，並遣派飛機預行偵察，知中國軍隊未按照日本要求退出防線，當於二月二十日午前七時在江灣吳淞兩處開始攻擊，竟日不停。

▲第四次報告

自二月二十日開始之中日敵對行動直至三月一日，未嘗間斷，由閘北至吳淞全部戰線上，戰鬥甚爲嚴重，許多房屋，均被焚毀。

二月二十三日，日本飛機炸毀虹橋飛機場，二十六日，又炸毀杭州飛機場，

二月廿九，日本總領事照會上海市長，謂：中國如繼續調集援軍，則日本飛機自三月二日起，勢必將嘉興至上海及蘇州至上海之兩條鐵路，及兩路上之軍用列車，予以炸毀。以上所開日期，所以使居民便於遷避者。市長答稱：自一月二十八日晚間以來，日軍侵略中國領土，並殘殺中國人民，

繼續不已，違背國際公法及條約而施行殘忍行爲，並違反人道，中國軍隊，僅防禦日本之侵入，所有一切責任，應由日本担負等語。

二月二十八日及二十九兩日，日本第十一師團開到中國領水，其一部份在吳淞，尤其在揚子江邊之瀏河附近登岸，於登岸之前，先向獅子林砲台及其附近發砲轟擊。二十九日及以前數日，有若干隊伍，在公共租界上岸，但日本人堅稱此項軍隊係爲代替第九師團及二十四混成旅之用者。

三月一日，黃浦江中距日本提督旗艦及另一巡洋艦不遠之處，有兩處爆發，日本人謂係中國敷設海底水雷所致。三月二日午前，日本飛機依照其二月二十九之通告，在崑山附近炸毀滬甯路一段。

三月一日下午，閘北大火，損失奇重，不知責任之誰屬。第十一師團在瀏河上陸，使中國左翼受威脅，而同時日軍在江灣方面又大舉攻擊，三月一日下午四時，中國軍事當局遂卜令上海區域舉行總退却，南頭龍華一帶之軍隊，亦包括在內。日本軍隊追蹤於中國退却軍隊之後，至三月三日午間，遂將上海以西嘉定至南翔一帶占領，吳淞駐軍，先未撤退，直三月三日晨間仍受日軍之攻擊，旋被占領。

三月三日午後，日軍總師令宣稱：中國軍隊已撤退至二月十八日本要求中所指定之區域以外，中國對於日僑及公共租界之威脅業已除去，故令日軍暫時停在達到之地點，並停止戰鬥，但以中國無敵對行動爲條件。日本海軍司令，亦發同一宣言，至晚間，中國軍隊司令宣稱業已命令軍隊，如日本不施攻擊，卽停止敵對行動：報告稱：應鄭重聲明者。卽希圖停戰之一切交涉，截至現在止，均歸失敗，日本現已停止前進，但夜間在距離上海遙遠之區域內，仍有地方的戰鬥。

日本干涉警察及工部局其他行政事務，前於第二電中，業已陳明，此種干涉，在以上所述時期以內，迄未停止，經迭向日本當局提出抗議。

三十六　上海市商會致國聯調查團聲述中日糾紛眞相全文

吾人在此種局而之下，與日本斤斤論是非，誠何補於事！然日人一面繼續其殘暴兇惡之舉，一面猶滿口仁義道德，吾人豈能默無一言。世不乏輕信之人，每易爲日人之僞宣傳所朦敝，而自命爲中國通之外人，久居中國，對於一切橫行無忌之事，久已司空見慣，比年以來，其傲慢態度，亦稍受抑制，憤無所洩，乃藉此機會，推波助瀾，向各界作毀謗中國之語。故事實之眞相，乃無由大白於天下。夫日本施諸中國之暴行，與日本所指爲中國之挑釁行爲，孰多孰寡？孰輕孰重？但中國不能若日本之動輒砲轟城市，屠殺人民，以爲要挾之具，故歷來所受於日本者，不能引起世人之注意，甚至公共無私之人，嚴斥日本在滿洲之行動者，亦不免誤會，以爲中國政府必有貽人口舌之處也。日本所宣傳滿洲事變之歷史背景，皆屬顚倒是非；玆所述，爲逐點糾正，敬祈諸君加以注意！另附一文，題爲『駁復日本宣傳之中日糾紛原因』文中較詳盡；幷附有眞憑實據，可作本函所論各節之佐證。所引用材料，根據日人自述，或西人之報告，雖寥寥數頁，不足概括一切，然讀者苟對於中日關係之材料，加以研究，必可瞭然於本函中所述，一字一句，皆有來歷。至於去年九一八滿洲事變，及今年一二八滬變以來之事實，則有目共知，有耳共聞，玆不復贅。滿洲與列強關係較淺，每不爲世人所注意；日本檢查新聞，又極嚴厲，是以由滿洲傳來之消息，除日本之宣傳外，絕少記載。但果一留意上海之浩刼，則滿洲人民所身受者，便可推想而知。上海西文報紙深恐開罪日本，不敢多加評論，然苟一披閱其新聞欄，則西人所目覩日人荼毒華人虐殺婦孺之記載。觸目皆是也。

（一）挑釁問題　今有人於此，侵入人室，主人不能揮諸門外，忍氣吞聲，與之周旋。但對於侵入者之命令，苟不踴躍奉行，便拳足交加，甚至變本加厲，將主人屏諸戶外，公然對衆宣言，謂主人屢有挑釁之行爲，爲自衛計，不得不加以驅逐；旁觀者慴其淫威，又見主人之不能報復，因亦氣餒，對於強徒，不特不加聲斥，甚且隨聲附和，謂主人對於橫逆之來，只應順受，何得稍有違拗；此次之禍，咎由自取。嗚呼！此卽滬變以前中日問題之現象也。日本以爲西方人士，不習中日關係之歷史背景，致不明此次事變之眞相；夫五十年來中日間之歷史，無他，日本明吞暗侵之紀載而已！雖不諳東方歷史者，當亦能憶及日本如何奪我台灣，吞我琉球，背約滅朝鮮，如何乘歐戰方殷之日，廹我接受廿一條要求，當日俄戰爭及圍攻青島之際，如何侵犯我中立，如何以鉅金軍械，資助叛離中央之地方軍隊，如何侵佔山東，阻我國民軍之北伐，砲轟濟南，慘殺我交涉員蔡公時，如何炸殺張作霖，如何縱容朝鮮慘殺華僑。（死者一四三人、傷者三四五人、失縱者七二人、暴亂經十日始止。）至於滿洲方面，日本違法侵犯我國權利之舉，更不可勝數，持此以與日本所謂中國之違法行爲相比，直不可同日而語。如俄國撤退護路軍後，日本違約不撤，滿洲內地各處，遍設警察，越出鐵路區域，捕殺華人，凡此種種，至今依然存在，是果根據何項殘酷無理之條約耶？日人每謂中國違反條約，侵犯日本權利，此種權利，此類藉暴力壓迫之條約，與刼奪而得之物何異？卽使刼奪而得之權利，不必歸還原主，仍屬神聖不可侵犯，然日人亦已自越其自定之範圍。今試退百步言，中國縱如日人所云，偶有足以令日本指摘之處，亦惟對於被廹而承認之條約，不能踴躍奉行而已，豈得與日本之積極的侵略相比？日本侵犯中國權利之事，任舉一端，卽可得日本所稱之中國挑釁行爲，完全抵消，日本每藉口細故，派遣軍艦來華，據我土地，轟我城邑，結果仍須中國道歉賠償。至於中國受盡種種橫暴，只能提出抗議，日本均置不理，事件終至無形消滅。請以去年朝鮮慘案爲證，日軍防範鮮民之嚴密，世所共知，慘案發生時，中國領事卽聲請保護，然慘酷之事，演至十日之久，未聞日警加以切實制裁。中國要求賠償道歉，而日本之答復，謂此乃民衆舉動，政府不能負責，此案至今仍懸不解決。今以鮮案與上海事件相比，上海華租交界處，日僧五人爲華人所毆擊，一僧因傷致死，日浪人大舉報復，縱火焚三友實業社。殺害華捕一人，事後日領事竟向上海市政府提出哀的美敦書，要求道歉，幷禁止民衆反日活動；對日浪人殺人放火之事，則絕口不提。通牒中有之，『苟無滿意答復，則日軍取自由行動』；市政府當時又何嘗不可做日本對於鮮案之口吻，答以此乃人民行動，中國政府不能負責耶？日領對中國之答覆，有『目前可認爲滿意』之言，衆料此事件已結束或暫告一段落矣。孰知是晚日軍卽進攻閘北。

厥後發生之事，越時未久，不勞吾人之重述也。夫中村大尉，與張作霖之遇害，孰輕孰重，奚待煩言。日本對於張氏之被炸，絕不謀解決，卽調查報告，亦迄未公布；東京警察署，禁止報章登載日本與炸張案有關之消息及評論，其政府並請求議會，放棄對於此案之質問權。中村事件，胡大異於是耶？中國當局，深信中村之往蒙古也，乃作軍事上之偵察，然仍拘捕嫌疑犯，謀公正之解決。去年十月十七日，密勒報有Harry Parker Howard事，一二人云，中村大尉之護照，自稱爲一學者，往蒙古研究地理學上之問題，而瀋陽日領事Morishina則稱中村仍在軍隊服役，並非在假。日本陸軍省，小題大做，利用此事件，竭力煽動軍隊及民衆對華之惡感，以爲侵略之張本。嗣見中國委曲求全，將嫌疑犯，加以逮捕，深恐此事和平了結，乃先發制人，自毀南滿路軌二米突，而已布置之軍事侵略，遂於九月十八夜發軔矣。日本往往藉口此類事件，道歉賠償之不足，侵我城市，殺我人民。中國受諸日本之橫暴，較此類事件嚴重百倍，而我方之抗議，均未能邀日本之一顧。日人持蠻逞強，干涉中國在本國領土內自建鐵路，謂爲侵犯權利，違反條約，（日本稱打通路與南滿路之平行路線，違反所謂一九〇五之密約、然華盛頓會議中，所謂密約者，日本並未照章提出，）苟中國自建鐵道，而可目爲日本侵佔全滿之口實，則日本之不斷的侵我權利，如在南滿鐵路駐兵，滿洲內地設警，侵奪中國礦權等又將如何？依事件之輕重多寡爲比例，中國如以日本所施於我之積極的侵犯加諸日本，則易地以處，彼方報復之酷，雖佔領我全國，掃滅我全部人民，恐亦不足以平其忿矣！

（二）保僑問題　日本以保護僑民爲詞，派遣海陸軍，挾種種殺人利器，長驅直入：其結果則除中國人之生命財產受損失者外，和平與秩序悉遭破壞，商業完全停頓，各國僑民均處危境，卽日僑亦不能獨免；上海滿洲濟南，皆其例也。日本每稱僑民將受危險，而可侵我土地，殺我人民，則已遭荼毒者，又將如何？朝鮮慘案發生時，日本曾否許中國遣兵保護，承我僑民於已發生之危害（非將發生之危險）否？日本政府不肯負責，卽賠償道歉，亦完全拒絕也。滿案以來，日僑生命財產，事實上本無若何危險，日本之派遣軍隊來華，不過欲造成此項危險耳！九月十八日以來，日人對於百端挑釁，實爲任何國民所不能忍；但在中國管轄下遇害者，除上述之日僧一人外，僅滿洲日僑夫婦二人；且其死因，亦尙未徹實，殆係自殺，而我省政府已爲此接受極屈辱之條件。凡此種種，皆爲我國政府保護外僑能力之證。試問此事如在他國發生，日僑能否如是安全？中國人民之自制力，與日人之橫暴皆屬舉世無匹。上海日僑自事變後，一月以內，由二萬五千降至一萬四千，日政府所謂保僑之結果如是！

（三）剿匪問題　剿除土匪，亦爲日人出師之口實。凡不受日人指揮軍隊，日人可隨意以盜匪目之。日本侵略之結果，造成滿洲亙古未有之大混亂。日本軍隊破壞中國行政，解散中國軍隊，盜匪焉得而不增？日本後滕新平伯所著之『日本在滿之軍事行動』，及日本一九三〇年舉行之擁護滿蒙權利會議之紀錄，均足證明日本之政策，爲養成盜匪，資助盜匪，使之造成侵略之機會。

（四）抵制日貨問題　抵貨，乃人民自由意志之表現，爲弱國對外侮一種極温和之表示憤慨之具。其舉動縱有不盡合法之處，亦與罷工時之行爲相等，純爲本國內之法律問題。中國人民因抵制日貨，偶有逾越軌範之舉措，亦完全施於本國人之身，一國人民憤他國人之奪其土地，殺其人民，以抵貨爲消極的自衞，此豈得謂爲挑釁行爲？豈得爲武力干涉之口實？今有一家庭受商肆之欺凌，相約不購此肆之貨以示憤慨，卽使人家之不遑勸者，臨之以威，亦無與外人之事，而謂肆主人可破扉而入，以暴力相淩乎？日本之對中國也，何以異是。且以經濟抵制對待侵略者，乃國聯盟約第十六條所規定，中國人民不過實施各國所早應執行之義務而已。

（五）中國不統一問題　日本動謂中國不能統一。卽使退百步言，此說果確，亦爲中國之內部問題。中國所經之過渡時代，需若干年，不勞日本過問。各友邦所能盡力者，祇有協助中國趨於統一耳！日本又安得利用中國人之不能聯合一致，而乘機掠奪，恣意破壞？九國公約，早見及此，是以明白規定，訂約各國不得利用中國之現狀，取得特別利權。世界各國，謀商業之發展，故渴望中國統一得早日實現；惟日本別具肺腸，深恐中國一旦統一，不得施其狡計逞其陰謀，是以中國每有統一之機會，日本必設法破壞之。如轟擊濟南城，截斷津浦線阻國民軍北進，謀斃張作霖，期引起東三省內部之分裂，脅迫張學良阻其歸附中央，皆其例也。

（六）民族自決問題　日人宣傳滿洲獨立政府，乃滿洲民族之自決，與日本無涉；且謂日政府不許日人參與其事。事實上滿洲之獨立，皆日人一手所經營者。日本駐滿軍隊，以武力鏟除遼寧、吉林、黑龍江原有之省政府，對叛逆之徒，公然加以援助。日本軍隊與叛逆軍隊，聯合向中國軍隊進攻，日有所聞。近更益無忌憚。事實具在，不容詭辯。所謂滿洲政府之人員，不過一般甘作傀儡之無賴，清廢帝溥儀之至滿洲，乃爲日人所強挾以去，于冲漢、熙洽、袁金凱、臧式毅之流，或爲日人所利誘，或爲日人所威脅。大美報云：『臧式毅被日軍禁錮三個月』，然後『出諸囹圄，而置諸省長之座，』自決云乎哉？滿族也者，歷史上名稱而已，東三省大部份人民，均爲中國本部移居之民其後裔，其少數土人，久已爲漢族所同化，無從辨別。在今日之滿洲，欲求眞正之滿人，殊非易事。故滿洲問題，而援用民族自決之詞，徒見其謬，所謂民族自決，日人之遁辭耳，果何嘗有見信于人之價值。日人從前背約棄信，吞併朝鮮，亦曾經過獨立，保護，併吞之階級，以彼例此，其誰欺乎？且日軍在滿，明目張膽，驅逐中國地方政府，攻擊中國軍隊，奪取鹽稅銀行存款實業及軍備材料，侵略中國鐵路電報電話，及郵政之管理權，封閉中美合辦之無線電台，凡此種種，皆爲日本軍隊之直接行動，未嘗假手於其所主持之傀儡政府，其違反九國公約所擔保之中國行政獨立及領土完整，尙復何疑！

（七）日本人口過剩問題　日本每以人口過剩，恃滿洲爲尾閭，爲其侵略之藉口　聽者不察，每爲所惑。田中首相手定之移民政策，乃先驅鮮民於滿洲，然後移日人於朝鮮，一而嗾使在滿之鮮人，與華人衝突，又可借題以肆其侵略。夫日本之殖民地，除朝鮮外，均屬人口稀少。卽其本土之北海道，亦多未墾殖。如日本果人口過剩，則應先充分利用其領土及殖民地，然後再作他圖也。據一九二九年時事年鑑，日本每年每人米消費量如下：（一八九六至一九〇〇）〇九三〇日石、（一九〇六至一九一〇）一、〇二二日石、一一九二三至一九二七）一、一二三日石、米爲日本最主要之食品，卽此可見日本人民生計之充裕。又據日人千叶豐治之著作，南滿中國農家生活費，每人爲六二、四五元，而日本本土農家，每人生活費爲一五四、五一元，二者相較，豐嗇懸殊，乃必欲以生計較優之日人與滿洲農民爭啖飯地耶？日本之糧食出產，幾可完全自給，一九二三至一九二七年，日本本部每年來消費量，爲六六、七四五，〇〇〇日石，其中從外國輸入者，不及百分之五，（一九二九年時事年鑑）比在工業化已深之國，（日本一九一〇年之農民減至全國人，百分之四十八）可謂甚微。試以英國麥之淨輸額入佔消費總數百分之八十，德國之佔百分之四十四，意大利佔百分之三十，法國之佔百分之二十二，持與日本相較，値不可同日而語矣。日本本部人口密度，爲每方里三九六人，朝鮮二三〇人，據一九二六年中國之郵政總計，江蘇每方英里八九六人，滿洲中國移民，大部份來自山東河北，山東人口，每方英里爲六一四人，河北爲三三五人，日本在滿之移民，僅百分之十五來自日本本部，其餘均爲朝鮮人，朝鮮之面積，等於山東河北之廣，而其人口祇及山東一省之半也。夫滿洲之利源，中國至少應有對於一切機會，儘先享受之權利，中國如肯以其利餘，分惠他國僑民，俾卜居於茲土，亦祇能在中國法律上中國管理之下行之也。日本因近年華人移居滿洲之盛，每自誇爲南滿鐵道之功，實則中國移民，大部份趨赴完全中國管理之下之北滿。據美國人華爾托楊氏之估計：一九二七年上半年中國移民往南滿者，爲二〇〇、〇〇〇人，佔彼處人口百分之三十二，往北滿者四三二、〇〇〇人，佔全數百分之六十八。卽在南滿移民區域，亦在中國管理之下。蓋日本勢力所及之鐵路區域，不過一狹地帶，斷不能容如許人也。且卽令南滿，我國移民實邊之衆，果係鐵路有以致之，亦當知南滿鐵路非日人所築，不過以武力奪諸俄人之手耳。日人在滿多方生事，對中國自建鐵路，開發滿洲，又橫加干涉，阻礙滿洲發達則有之，更有何功足以自矜哉！總之滿洲爲中國整個領土之一部份，中國爲滿洲合法之主人翁，中國如何利用滿洲，於他無與焉。國於大地苟得以人口過剩爲詞，侵佔他國土地，則人口稀少之美國，人口更稀之澳洲，將有一日被迫開放，以容納他國之人民矣。自滿洲事變以至上海戰事，日本軍隊瘋狂行動，迄未稍變遏止。中國既不採取不抵抗主義，日政府慴於軍人之淫威，唯軍人之馬首是瞻，而於事後，皇皇然爲之掩飾，爲之辯解。國聯因日本不受勸告；一意孤行，不敢貿然加以伸斥；世界各國則深恐牽入漩渦，且不欲失歡於強國，竟不顧國聯盟約之義務，袖手旁觀，保持其沉默態度。且世界一部份輿論，崇拜權力，又中日本宣傳之毒，竟有爲日本聲援者，謂中國屢對日本挑釁，致激成此變，一若日人蓄意侵略，非中國予以機會，竟無可藉口者。迨至日本擴展其軍事行動，侵及上海，危害各國利益，乃始瞿然而覺，對日人之兇燄，謀稍稍加以抑制。租界之危機一過，便依然不過問矣。設在事變爆發之初，國聯盡其職務，對日本之行動，明白聲斥，不稍假借，日本雖未必完全服從國聯之命，亦將因道德上之裁制，稍稍斂跡。斷不至如今日之得步進步，無所顧忌也。若國聯恐實力不足以執行其決議，亦應以無畏之精神，以法官之身分，對滿案下一黑白分明之判語，如是則國聯可云已努力盡其職責，維持其尊嚴，告無罪於天下也。今引日本近對國聯之答復書之語曰：「事實較空言更爲響亮」，夫事勢至此，猶斤斤置辯於戰爭與不宜而戰之分別，無乃太遷就日人行動之違反國聯盟約，尙有幾微之疑問耶？日人侵佔滿洲，已六閱月矣，此種情勢，豈容一刻容忍，日軍應遵守日本已同意之決議，立卽撤退。滿洲土地，當時奪自何人之手，卽應歸還何人。滿洲恢復原狀，然後將中日間之爭執，交國聯法庭公斷。中國歡迎有此機會，將中日關係之眞相，公諸世界，俾得正當之解決。

三十七　美國務卿史汀生致波拉伸述對華政策書

參議員波拉君鑒：承詢現在中國種種情形，是否使九國公約不適用或不生效力或竟須修正事。查九國公約實爲對華門戶開放主義之法律根據，此項主義，經海約翰氏（John Hay）於一八九九年宣述後，卽使彼時將致中國崩解之列強的利益範圍之爭奪，得以中止。爲使此項政策成功，海氏曾援用下列兩主義：卽（一）各國對華商業上之機會均等；（二）爲得此項機會均等，則必保持中國領土及行政之完整。實則此兩主義在美國外交史上，並非新穎，蓋美國向以此爲處置對任何外國事務之主義也。美國適用此主義於中國，非僅保障中國之將來的發展及主權之完整，並免除世界各國對華常久爭衡之危險局面。彼時中日曾宣戰，戰後曾有三國對日本之奪取某項戰利品，加以干涉阻止，但其他數國仍乘機亟謀並獲得其在華之利益範圍。嗣後中國卽發生變亂，危及各國駐北京之使館，其原因卽半由各國在華之爭奪。當各國駐北京使館正在被攻時，海氏卽實示此項主義應爲列強所採取，以處置彼時之變亂事件。渠云『美國政府之政策，係爲求一解決辦法，俾中國能有永久安全及和平，並保全中國領土及行政之完整，保障各友邦依據條約及國際公法對中國所得之權利，且爲世界維持一對華均等公允貿易之原則』。海氏之政策，曾得各國同意，尤得英國政府之懇切贊助。彼時英首相沙立斯堡萊爵士對海氏上述之宣示，曾表示『切實同意于美國之政策』。

在此後二十年中，門戶開放主義，均僅存在于各國非正式的承諾之下。但於一九二一年至一九二二年之冬在太平洋有關係之各主要國家一致參加之會議中，曾將此項主義，歸納于所謂九國公約內。此公約使門戶開放主義之原則，得有正確之解釋及定義。其第一條爲『除中國外，締約各國協定：

（一）尊重中國之主權與獨立暨領土與行政之完整；

（二）給予中國完全無礙之機會以發展並維持一有力鞏固之政府；

（三）施用各國之權勢，以期切實設立並維持各國在中國全境之商務實業機會均等之原則；

（四）不得因中國狀況乘機營謀特別權利而減少友邦人民之權利，並不得獎許有害友邦安全之舉動』。

此項條約，係代表一再審慎發展並成熟之國際政策一方面可以貫徹保證各締約國在華之權利及利益，一方面可以使中國人民依照世界各民族近代文明之準則獲有完全無礙之機會，以發展及鞏固其主權與獨立。

當是約簽訂時，世人皆知中國承推翻專制政體之後，正欲努力發展一自由共和的政治，並知欲發展此種政治，則經濟政治諸方面，要必須多年之經營，且進步必甚遲緩，是以此公約，不啻締約各國之一克已的約束，放棄一切侵略政策，以期不妨礙中國之發展。吾人深信卽按諸門戶開放主義之近代史，亦能證明只有藉此種公約保障之方法，始可使中國及與中國有關係各國之利益，得有充分之發展。

美國代表團（其首席代表爲國務卿休斯 CharlesE. Hughes）關於九國公約呈報美大總統曾云：「深信此約已使門戶開放主義成爲事實」。在討論商訂此約時，英國代表團首席代表包爾福爵士，（Lord Balfour）亦曾宣稱：『英帝國代表團，深信在座各列強代表中，無一人仍信從前利益範圍之辦法尙爲各國政府所贊成，或能爲本會議所忍受。就英國政府而論，則英政府已正式宣示，認此項辦法爲絕對不合於現在情形』。

同時日本代表幣原男爵，亦宣布日本政府之態度如下：「無人能否認中國神聖不可侵犯之自由統治權，亦無人阻遏中國努力其國事」。此公約之原簽字國，爲美，比，英，中國，法，義，日本，荷蘭，葡萄牙，其後挪威，波里維亞，瑞典，丹麥，墨西哥，亦相繼加入，德國亦曾簽字，但德議院尙未予批准。

於此又有須予記憶者，卽此約爲華盛頓會議關係各國所訂諸條約與協定之一，而此各條約與協定則均有彼此牽聯之關係，如忽視其中之任何條約，鮮有不擾亂之諒解與均衡者。良以此種諒解與均衡，原係欲以此同時訂定之各約促成之也。華盛頓會議，本爲一軍縮會議，欲以停止海軍武備之競爭，及解決其餘危害世界（尤其在遠東方面）之各種糾紛關係，以促進世界之和平。凡此各種問題，均有連帶關係，美國政府之自願放棄其當時戰鬥艦建造之領袖地位，不再在甘姆島(Guam Islands)暨斐利濱建築砲台，皆係以九國條約中自制之規，定爲根據，蓋該規定固係保證世界各國在東方商業上之均等機會，并反對運用國家之武力侵略以損害中國，吾人決難討論修改或廢止九國條約中之條款，而能同時不考慮該條約等實際所依據之其他前題。

後此六年，九國條約之反對強國侵略弱國之根本政策，於世界全體國家所簽字之巴黎公約，卽所謂凱洛白里安公約之中，又得一有力的後援。此兩種公約，係兩個獨立而協調之步驟，其目的在聯合世界之良心輿論，以贊助一種根據公法，依序發展之制度；而所謂舍棄武力專以公正和平之手段，解決一切糾紛，亦卽包括於此。須知保護中國使不受外界侵略，原爲此種發展進程中之一緊要部分，九國條約之簽字國與加入國固深覺中國四萬萬人民之有秩序與和平之發展，爲全世界和平幸福之關鍵，以爲無論何種爲世界求幸福之計劃，決不能忽視中國之幸福與保護。

近來在中國發生之事件，尤其自滿洲蔓延至上海之戰事，不惟不足指明該約有修改之必要，且適足令彼與遠東有關係之各國，應特別注意，忠實遵守該約。今且不必追究此次糾紛之起因或指責其罪咎，蓋兩國已捲入漩渦，固無暇論及所謂起因與責任。現下已發生一種情勢，此種情勢，在任何情形之下，均與該兩公約所規定之責任，不能適合蓋甚彰彰。而假如各該條約果經忠實遵守，則此種情勢，亦決不至發生，亦屬明確無疑。凡現在兩衝突國以外之國家，而曾爲九國條約與凱洛白里安公約之簽字各國，要均不能有何理由，可主張修改該條約之規定。忠實履行該條約之實際價值，殆已可於各該國人民在上海所遭之危險與損失中，證明之矣。

以上均政府之見解。吾人對於廢棄該條約所運用之高尙原則，認爲並無理由；並深信如能遵守該條約，則此種情勢或能避免；且並未獲得何種證據，以證明遵守該條約將使各該簽字國與其人民在華合法權利之保護，將受何種之干涉。

本年一月七日，奉大總統令，本國政府曾正式照會中日兩國，謂凡一切造成之形勢，或中日間所締結之條約，違背上云之條約而損害美政府及其人民在華之權利者，美政府一律不予承認。如果其他各國與本國爲同一之決定，取同一之步驟，則卽可警告並箝制日本，使一切憑恃強權違背條約所攫取之權利，不能得合法之承認，且歷史昭垂，將必使中國橫被剝奪之權利，終克復歸原主。本國政府以太平洋列強之一之資格，向持以下見解爲其政策之根據：卽相信中國人民自有其光明之前途，並相信以公正忍耐及相互好感諸原則與中國人民相周旋，必能得最後之成功。吾人深悉彼國政治家發展其國家與政府所負責任之重大，彼國進步之遲滯，與其締造負責政府之困難，早爲海約翰氏及休士氏暨其他當代人物所料及，而亦爲門戶開放主義所應遭遇之阻礙。在華盛頓會議代表各國之政治家，均曾謂應假中國以時日，俾成就其發展。吾人實表示贊同，且將準備卽以此爲吾國將來之政策

一九三二年二月二十四日史汀生啓

蘇州追悼大會蔣中正祭文

維中華民國二十一年五月二十八日，國民政府軍事委員會委員長蔣中正，謹以鮮花清酒之儀，致祭於十九路軍抗日陣亡諸將士之靈曰：嗚呼，國家不幸，外侮頻仍。蠢茲醜虜，掠地攻城。遼火未息，嗚滬變又生，敵騎所至，觸目傷心。維吾將士，服膺三民，團結互助，親愛精誠，以國禦侮，奮不顧身，雪夜入蔡，碧血千春。維吾將士，忠勇奇男，攀嶠涉海，遠戍征驂，發曙不寐，立壘悽殘，目極千里，哀逼江南。維吾將士，爲民前鋒，前仆後繼，劍氣雲衝，先軫喪命，彭卿洞胸，精魂赫濯，永鎮淞滬。維吾將士，豹皮留芳，爲黨爲國，悼惜國殤，吳江劫火，歇浦靈光，策馬東望，故壘夕陽。揮戈撼日，誓掃夔魖，爲位而哭，顧望欷歔，傾觴布奠，佇候雲車，靈旗幸降，歆吾潔蔬，哀哉尙饗。

上海追悼大會祭文

維中華民國二十一年六月十二日，上海市各界追悼淞滬抗日陣亡將士及被難同胞大會，謹備香花致祭諸同志靈曰，嗚呼，強鄰肇釁，殃及滬濱，將士衞國，堅貞絕倫，孤軍苦守，將屆四旬，赴戰之烈，死傷之頻，光搖河岳，義泣鬼神。敵兵肆虐，有逾暴秦，鋒鏑所指，遍於平民，沙蟲猿鶴，同此沉淪，時逾三月，血赤猶新，當事之殷，命若微塵，大義所在，粉骨碎身，炎黃民族，正氣稍伸，敵情中備，款局幸成，歛師而退，載戢軍兵。吾儕後死，百感交縈，爰奠生芻，爰薦兕觥，非云崇報，聊慰精英。嗚呼白山黑水，敵騎縱橫，殺人盈野，骨折心驚，委骨荒郊，誰薦豆籩。以彼例此，同是編氓，天乎何酷，熱淚充盈。嗚呼，來日大難，宗社將傾，芸芸民衆，猶中宿醒，建節之吏，猶事內爭，忠魂壁血，詎慰九京。願吾有衆，努力前程。明年今日，再奉粢盛。尙饗。

南京追悼大會祭文

維中華民國二十一年六月二十二日，首都各界謹以香花清酌，致祭於淞滬抗日陣亡將士暨殉難同胞之靈曰：嗚呼，天禍我華，強鄰伺釁，機巧變詐，渝盟背信，甘爲戎首，無端犯順，侵我遼瀋，坐失重鎭，東北三省，相繼淪亡，拱手讓人，騰笑八荒，藉寇齎盜，維兵與糧，奇恥大辱，如何可忘。詎意倭奴，野心未已，得隴望蜀，滬變繼起，荐食上國，長蛇封豕，憑恃強權，蔑棄公理，緊我將士，義憤塡膺，蛛於古訓，不競於陵，履及劍及，投袂奮興，大張撻伐，島夷是懲，勇於公戰，誓殲醜虜，時日曷喪，偕亡及汝，入死出生，硝烟彈雨，肉薄捐軀，禦侮抵寇，我軍勇烈，亘古所難，名震韓范，敵胆爲寒，視死如歸，中外驚歎，功在國家，青史永刊。亦有同胞，遭慘世亂，室家拋棄，妻子離散，奔避不遑，往往遘難，何辜於天。生靈塗炭，嗚呼哀哉，凡茲鬼雄，胥爲國殤。長江浩浩，鍾山蕩蕩，招魂而祭，萬衆心傷。靈兮有知，歆此一觴。嗚呼哀哉。尙饗。

上海河南路泗涇路口文華美術圖書公司最新出版之刊物

馬相伯國難言論集

徐景賢編輯　一冊定價　精裝一元六角　平裝一元　寄費　國內五分　國外二角五分　掛號照章另加

九四老人馬相伯先生爲現代學界之泰斗自九一八事變後先生憤慨發爲言論

有指導國人抵抗者

有指導國人建設者

有以正義而宣言者

有以眞理而斥敵者

公表于上海天津香港各大報章不啻大聲疾呼喚醒民衆興起國家觀感一致奮勇共赴國難

國難日益嚴重

國民如何自救

先生有一段極精警的言論節錄于此

我希望能造成一個民治法治的國家，能有眞正的憲法出現！這種憲法，是由人民立法人民通過的，才能合于國情，才能以人民的利益爲依歸。那種不是人民通過的憲法，不算憲法！——幾十年來內亂外患，互相侵逼，人民痛苦已極，國家應絕對行使權力來限制非法的軍事行動，對內不許亂放一鎗彈，對外不應吝惜一鎗彈，因爲對內多放了一鎗彈，就多犧牲了一個國民，這是有傷國家元氣的，對外何以不得吝惜一鎗彈呢？爲的是自衞！

本書紀錄洋洋十餘萬言均曾公表于報章者以馬老先生九十四歲的高齡喚醒四萬萬之民衆誠所謂「仁心無敵救國是圖」復有名流如：段祺瑞許世英朱慶瀾林騤王曉籟諸先生之題詞更見偉大愿我同胞對於本書應竭誠擁護之

淞滬衞日血戰大畫史

▲全一冊實價大洋六元▼

中華民國二十一年八月二十日印行

中華民國二十一年十月二十日出版

中華民國二十二年五月十五日四版

Pictorial Review of the Sino-Japanese Conflict in Shanghai

Mex. $ 6.00 per Copy

Published by

Wen Hwa Fine Arts Press, Ltd.

148 HONAN ROAD, SHANGHAI

圖書編輯　梁雪清

文字編輯　徐伯雄

主幹　陸步洲

發行者　文華美術圖書公司

印刷者　文華美術圖書公司（上海周家嘴路保定路口）

總發行所　文華美術圖書公司（上海河南路泗涇路口）

分發行所　文華美術圖書公司（南京太平街　汕頭永平街　廣州永漢南路　北平京畿道　漢口法租界公德里口）

經理處　重慶大東書局　雲南康益書報社　成都現代文化社　新加坡上海書店

經售處　各省大書局

張冰　謝曼　周逸休　陸寶忠　施瑛　陸翔　編輯

新國音一九學生字典

檢字法空前未有之新發明有無窮利便

出版以來不脛而走試用諸君一致獎讚

、本書用筆畫號碼代替部首，爲「一・丨・丶・丿・㇕・乚・亅・㇏・㇀」九種。定名爲橫豎點撇灣曲鈎捺趯如右圖：

名稱	橫	豎	點	撇	灣	曲	鈎	捺	趯
筆畫	一	丨	丶	丿	㇕	乚	亅	㇏	㇀

一　本書所分之筆畫，用華文數目字號碼代之。如一(橫)以一代之，丨(豎)以二代之，丶(點)以三代之。其歌訣如左：

歌訣表

橫(一)一	豎(丨)二	點(丶)三	撇(丿)四	灣(㇕)五
曲(乚)六	鈎(亅)七	捺(㇏)八	趯(㇀)九	

一　檢字之法，凡每字取首筆(第一筆)與次筆(第二筆)。如中華民國之「中」字，「首筆爲丨」「次筆爲㇕」。(丨之號碼爲二，㇕之號碼爲五。)則在二五部，然後再數全字筆畫，中字四筆，則於本書二五頁四畫內檢之卽得。

一　本書筆畫，均取楷書，以便易於檢查。凡楷書與宋體或俗體有別者，皆從楷書，或互見。

一　本書用國音符號標準音，歸納四百八十餘音，擇普通習見之字，用爲標準字，以註八千餘字，使歸統一，俾檢字者易于識別。其爲註音之標準字，除註明反切外，幷附註四聲，以便參致。

一　本書凡上聲之字，則以上聲之標準字註之，去聲之字，則以去聲之標準字註之。至陰平陽平，則尤爲分別塡註，俾閱者一目瞭然。

一　凡註音之標準字，若爲不常見者，則註上聲或去聲代之。

一　本書每字之下，幷附註國音符號，羅馬字母，以爲標準。

定價

甲種精裝一元特價八角
乙種精裝八角特價六角四分
丙種平裝五角特價四角
函購寄費國內每冊五分
國外每冊二角掛號另加

四大特點

【易于學習】部首檢字，非讀過六七年的書不能應用；本書只取首次兩筆，其法淺顯簡易，凡在學校讀過二三年書的小學生，一經指導，沒有不會的。學者苟一經試用，便可知不是侈言欺世。

【檢查便利】部首檢字往往有許多字一時不易檢出，往例如「能」字，不知在肉部的往往到厶部，或月部，或七部去找，費時頗久，本書只需看「能」字之首筆爲(ㄥ)，次筆爲(丶)，ㄥ之號碼屬六，丶之號碼屬三，祇則要在六三部中檢之卽得。

【注音統一】字典注音，或用反切・或用字，往往同一音字，每用甲註乙，乙註甲，或用乙註丙・丙又註乙，使閱者如墮五里霧中，莫名所以。本書採用國音符號標準字，歸納四百八十餘字，擇其習見者定爲標準字，用以註八千餘字。凡上聲者以上聲註之，去聲者，去聲註之，陰平陽平亦皆分斷註明，一一洗混淆雜亂之弊，檢者一覽便知，不用再調聲韻。

【節省時間】本書檢字不用閱覽部首索引，只要記明極簡單之號碼，于本書頁中翻閱而得。因本書頁數概以號碼編刻先後，故檢查時可以直接一次查到，較部首之法每字需時六七十秒者，平均每字卽在廿秒之內查得，相去三倍之多，以吾人一生計之讀書時間至少可以節省三年。

文華美術圖書公司三大雜誌

本公司係國內最精良之印刷機關久蒙各界贊許自文華月刊及電影月刊出版以來尤得各界信仰本公司亦精益求精不敢自滿最近成績請閱「淞滬禦日血戰大畫史」即知一斑如蒙委託印刷事項不勝歡迎之至除出貨特別留意務使滿意外對于定價亦極克己藉酬盛意接洽處上海棋盤街五馬路口文華美術圖書印刷公司發行所

文華藝術月刊

大本圖畫雜誌中的鐵軍，着着猛進，比衆不同。

風行海內外爲中國近代唯一優美豐富的圖畫雜誌

材料豐富——圖文雙絕——早經有目共賞

版本闊大——裝璜考究——代價非常低廉

有衛國健兒的沸騰熱血　有國際形勢的縱橫捭闔

有玉潔冰淸的攝影傑作　有儀態萬方的現代女性

有突梯滑稽的連續漫畫　文藝畫藝攝影美不勝收

壯烈處足使閱者拔劍起舞靜美處卻又使人意遠神馳如游仙境是美的刊物之結晶要欣賞古代藝術現代藝術國粹藝術對晤世界名人洞悉時事眞像找尋兩性典型請購閱本刊

每期四角　全年四元

郵費　(國內)每期四分掛號另加八分全年四角掛號另加九角六分

(國外)每期二角六分掛號另加二角五分全年二元六角掛號另加三元

電影月刊

電影藝術的美點……表現無遺

電影藝術的祕密……完全揭穿

電影藝術的批評……嚴整警闢

電影藝術的種種……應有盡有

本刊在國內電影刊物中向居首席地位不偏不私亦美亦豔爲最有權威之電影定期刊物封面全頁用三色版精印銅版紙十二頁之多每期銅圖合計百數十件哀感頑豔使讀者欲醉欲狂凡電影藝術之美點均充分流露良以本公司印刷素負盛名而刷後對於本刊更全力注意得精良印刷爲之襯托眞可謂妙到毫顛較之因陋就簡者不可同日而語文字方面更特約世界各大影片公司供給新消息電影界人物執筆供給稿件對於男女著名明星之日常生活戀愛生活攝影生活游閒生活暨個人性態環境轉變等均有詳細記載又與憑空揑造一無查究者絕然不同故本刊內容實可謂電影藝術靈魂之所寄托愛電影藝術者所必閱

價目——每册三角預定全年仍祇取大洋三元

代寄國內郵費三角國外二元六角

兒童雜誌

低級兒童雜誌　圖畫多於文字——完全彩色精印

中級兒童雜誌　畫圖文字並重　大號鉛字排印

高級兒童雜誌　文字插圖平勻　印刷異常精美

上列三種每月各出二册每册八分每種每年一元二角

寄費國內奉送國外每種加一元二角

文華美術圖書公司藝術新書目錄

圖畫類

鼎銘的畫

梁鼎銘先生旣饒美術天才更能苦心研究惟創作雖多素不肯輕以示人經本公司再三請求始允擇尤付印以公同好用重磅銅版紙三色版及一色版精印與原作不爽毫厘內容精美得未曾有　已出二集每集定價一元特價七角

法蘭西畫史

本書爲板桓鷹穗著許幸之先生譯敍述法蘭西之畫史頭頭是道簡潔明淨非常透澈坊間關於法蘭西畫史之書尙難見到有內容精警譯筆流暢如本書者尤屬難得卷首並附有重要參考圖二十六幅每圖均有說明旣便習圖者之研究又合於賞鑑全書共計九大章將法蘭西畫史加以精密的整理列爲一貫的系統一直敍述至最近爲止凡美術之興盛及其演進和發達均可窺其大概　全書一册定價六角特價四角八分

時賢書畫集

本書係杭州王鯤徙先生所選輯國內著名書畫家畢生精品之大搜集是國粹至寶　已出二集每集定價一元五角特價一元

藝苑

本書係全國大畫家作品之精華確爲中國的藝術之花研究藝術者必備鑒賞書藝者必備　已出兩册每册定價一元二角實售大洋八角

書畫眞蹟大全

本書係當代唯一收藏家席錫藩先生供給原稿自唐代起至最近名家如吳昌碩王一亭等爲止之傑作用印刷界中最名貴之珂羅版精印與原作精神絲毫不爽　已出廿二集每集定價一元五角實售大洋一元

王濟遠畫集

本書係名畫家王濟遠先生旅歐洲時之傑作用三色版，寫眞版，精印裝製新穎對於吾國新藝壇有絕大貢獻凡研究藝術者當以先覩爲快　已出二集每集定價一元四角特價一元二角

焦山風景

本書係陸鐵夫先生退隱焦山時與之所至輒揮毫作畫以焦山風景之佳妙因而一一留入先生之筆底先生素以山水著稱而實地寫生之作品則僅本書所刊神韻氣魄更與平時嚮壁虛擬者完全不同使人歡迎不已　精裝一巨册定價大洋二元特價一元

畫蘭集

本書係高歷農先生之傑作先生之寫蘭也遠師鄭許匠心獨運八法相參四體具備其揮葉則取法乎篆點心則取法乎隸花如篆字根似草書用墨用水俱臻妙境是集海上名人均有題詞名貴異常確係藝術珍品不可不備　全書精訂一册價洋一元特價六角

攝影藝術書

文華影展第一屆專集

本書係好友藝術社選輯凡中國各著名攝影社中之中堅人物都有其最近最精心之得意傑作列入觀此一册專集卽可知中國攝影藝術界已進步到若何程度　精印一册定價一元五角特售一元二角

好友佳作集

本書爲好友藝術社員第一年藝術作品之精華其中名藝術家七八十人作品之大匯集國粹字畫西洋各派新書各項美術攝影應有盡有美不勝收　全一册精裝特價一元二角平裝八角

世界電影明星小史

本書係電影大家周世勳先生所編全世界著名明星均在本書中顯露眞面目均有極有趣的紀載芳圖百幅美麗無比香豔絕倫　全書一册精裝定價二元平裝一元五角

復中影集

本書係復旦中學攝影學會的成績結晶品計美術攝影一百餘幀印刷清晰雅麗異常愛好攝影的人們快把來研究一下　全書一册定價一元特價大洋八角

克立攝影集

陳克立先生之攝影藝術久爲社會推重本書所採共五十餘幅用乳黃色銅版紙精印每張攝影均附有說明取材精良極盡大觀　全書一册定價二元實售大洋一元六角

哲隱攝影集

本書係屠哲隱先生之傑作由本公司用細網銅版精印裝訂更極美觀洵東方攝影美之代表作品爲愛好攝影藝術者所歡迎也　全書一册定價一元特價大洋五角

影畫集

本書爲徐綠芙先生與周練霞女士珠聯璧合的藝術作品共有四十餘幀之多無不精妙絕倫足供欣賞並將攝影上之祕密完全暴露初學攝影者苟能以此練習如獲良師益友可得事半功倍之效尤屬難能可貴　全書一册定價三角特價二角一分

歌劇用書

戲攷大全

全書六册定價一元五角實價大洋一元二角另贈錦匣一只

歌場春色

主要歌曲　靑春之樂　黎錦暉作

定價大洋二角特價大洋一角六分

五線譜易通表

本表係張亦菴先生發明用科學方法製作靈活便利雖絕不認識五線譜者依法查閱卽可運用自如毫不困難確是學習音樂的捷徑　每副實價精裝二角五分平裝一角五分

音鍵調號移動表

本表係孫玉白先生創製初學奏琴的只知道一個C的白鍵可以作主音(一)再進一步的或者會得使用F的黑鍵作主音其實在風琴或洋琴上不論那一個白鍵或黑鍵都可以當作主音(一)用所以每一組琴鍵就可以轉成十二個不同的調子要知道怎樣轉法只要看一看這個音鍵調號移動表便明白並且連五線譜號也可以淸楚了　每副實價精製二角五分平製一角五分

現代學生唱歌集

陳彭壽編張亦菴校訂本集陳先生搜集全國學校有名歌譜及自己生平得意作品合編而成最合中學校教本之用卽個人自修亦極好之良師全書歌譜五十有四完全用鋅版印刷特別精良　全書一册定價大洋一元特價大洋八角

抗日圖書

揮戈錄

本書所載係中日淞滬戰役中兩方自政府迄民間以及國際間所發生之種種事蹟大多數係編者耳聞目擊隨筆記錄計起自一月十八日之日僧肇禍直至日軍全撤爲止中間各種傷心慘目離奇怪異事蹟足使讀者在想像中窺見當時之實地情狀賽如目覩坊間關于此次戰事之出版物因急於刊行之故內容不免多所草率難以使讀者滿意本書爲求詳盡美備起見不求早日發行祇顧內容完備現在坊間關于戰事紀載書籍之能自始至終全部介紹者實祇本書一部而已　全書一册定價五角特價四角

血痕

此書係十九路軍參謀龔賓光先生所編先生爲戰役中滬上傷兵管理委員會之主任目睹傷兵之慘狀因而慨國殤將士所流之血于該會結束時節從事編輯此書關于此次禦日之負傷官兵陣亡將士無不有詳細之表册凡我同胞都應該珍藏一册爲永久的紀念　全書一册定價大洋五角特價大洋四角

抵抗畫報

本書報確係健兒熱血和民衆熱淚而結成的其中各種照片異常名貴卽印刷和紙張經幾度考究尤爲悅目眞非凡品以可比擬　共出三集每集大洋三角

抗日救國袖珍日記

本公司客歲發行之抵抗救國日歷大受社會歡迎旬日之間銷行二十餘萬之多玆特再版製抗日救國袖珍日記兩種以供愛國同胞隨身攜帶旣便紀載更可隨時自勵編入抗日名言外更附列日常應用　圖表以便檢査

甲種布面燙金　每册洋四角　特價三角二分

丙種硬面平裝　每册洋三角　特價大洋二角

蔣光鼐總指揮近像

每張定價二角　特價大洋一角

蔡廷楷將軍近像

每張定價二角　特價大洋一角

抵抗戰績明信片

每張大洋三分　每打大洋三角

毀我文化

吳淞中國公學之被毀

Shell-torn buildings of the China University, Woosung.

被毀之吳淞
商船學校

The Mercantile Marine College, Woosung, after the war.

江灣勞働大學前之總理像亦遭破壞

Abuse of a Great Leader. Dr. Sun Yat-sen's statue at the Labor University, Kiangwan, being wantonly destroyed by Japanese.

日方砲火下之吳淞中央大學藝術院

Central University, Woosung.

眞茹暨南大學
科學館被日機
投彈炸燬

Chinan University, Chenju.

虬江路成仁女校被日機炸燬

The skeleton of the Catholic girls' school in Chapei after the fire.

吳淞同濟大學受敵方大砲轟擊
左爲該校工廠被轟擊後之慘狀

Tungchi University, Woosung.

敵機大砲蹂躪後之吳淞鎮

A Part of Ruined Woosung

暴日焚燬商務印書館後橫留家具于寶山路以礙我軍反攻

The Commercial Press Factory destroyed by Japanese to a loss of over $20,000,000

被炸毀之鐵路為日軍作惡之鐵證

A View of the Demolished North Station

正在焚燒之北四川路鴻慶坊口

Burning Buildings in the Vicinity of Odean Theatre

馮庸大學女子義勇軍龍文彬

Volunteers one of the girl participated in the battle of self-defense

孤軍堅守吳淞之翁旅長及丘參謀長

General Ong Chao-huan and Chief-of-staff Chiu inspecting the position of troops

十九路軍休息時間留聲机消遣

Amusement of Chinese soldiers on the front

我軍戰壕中傳遞消息

Chinese soldiers telephone in the trench

我軍在蘊藻浜車站等候敵軍

Watchfully waiting for the enemies at the Wentsopang Station

我軍作戰之沈着

Watchfully waiting for the invaders

我軍預備手溜彈以欵迎敵兵

Our soldiers ready to throw hand grenades

臨陣之十九路軍

Our soldiers bravely repulsed the advancing Japanese

十九軍在江灣之戰

Watchfully waiting for the enemies

Our soldiers firing with machine guns

我軍機關槍掃射之姿勢

我軍在壕中以步鎗射擊日機

Our soldiers in the trench shooting the Japanese airplanes

Chinese Gallant Soldier

嚴陣以待之我忠勇士兵

不屈不辱之我軍

爲國効死我軍之敢死隊出發前受訓話情形

Members of the Dare-to-Die Corps

二月廿三晨廟行鎮大戰後之我軍

Chinese soldiers retiring in favor of fresh troops after a severe battle at Miaohong

在吳淞鎮之我軍傷兵救護情形

One of the wounded Chinese soldiers being carried to the rear

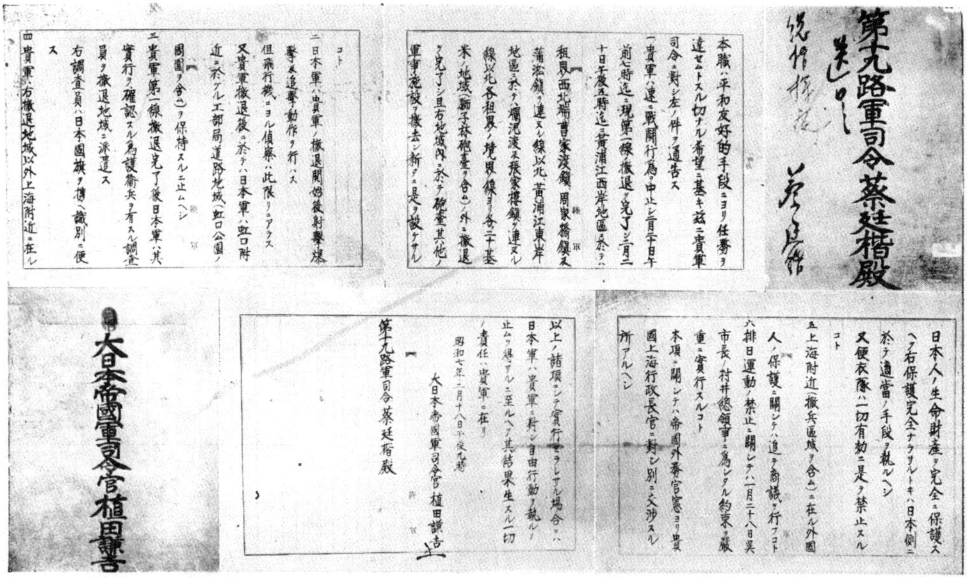

第十九路軍司令蔡廷楷殿

本職ハ平和友好的手段ニヨリ任務ヲ
達セムトスル切ナル希望ニ基キ茲ニ貴軍
司令ニ對シ左ノ件ヲ通告ス
一 貴軍ハ速ニ戰鬪行爲ヲ中止シ二月二十日午
前七時迄ニ現第一線ノ撤退ヲ完了シ二月二
十日午後五時迄ニ黃浦江西岸地區ニ於テハ
租界西北端曹家渡鎮、周家橋鎮及
蒲淞鎮ヲ連ヌル線以北、黃浦江東岸
地區ニ於テハ爛泥渡及張家樓鎮ヲ連ヌル
線以北各租界ノ境界線ヨリ各二十基
米ノ地域（獅子林砲臺ヲ含ム）ノ外ニ撤退
ヲ完了シ且右地域内ニ於テ砲臺其他ノ
軍事施設ヲ撤去シ新タニ是ヲ設ケサル
コト
二 日本軍ハ貴軍ノ撤退開始後射擊爆
擊及追擊動作ヲ行ハス
但飛行機ニヨル偵察ハ此限リニアラス
又貴軍撤退後ニ於テハ日本軍ハ虹口附
近ニ於ケル工部局道路地域（虹口公園ノ
周圍ヲ含ム）ヲ保持スルニ止ムヘシ
三 貴軍第一線撤退完了後日本軍ハ其
實行ヲ確認スル爲護衛兵ヲ有スル調查
員ヲ撤退地域ニ派遣ス
右調查員ハ日本國旗ヲ携ヘ識別ニ便
ス
四 貴軍ハ右撤退地域以外上海附近ニ在ル
日本人ノ生命財産ヲ完全ニ保護ス
ヘク右保護完全ナラサルトキハ日本側ニ
於テ適當ノ手段ヲ執ルヘシ
又便衣隊ハ一切有効ニ是ヲ禁止スル
コト
五 上海附近（撤兵區域ヲ含ム）ニ在ル外國
人ノ保護ニ關シテハ追テ商議ヲ行フコト
六 排日運動ノ禁止ニ關シテハ一月二十八日吳
市長ノ村井總領事ニ爲シタル約束ヲ嚴
重ニ實行スルコト
本項ニ關シテハ帝國外務官憲ヨリ貴
國上海行政長官ニ對シ別ニ交涉スル
所アルヘシ

以上ノ諸項ニシテ實行セラレサル場合ニハ
日本軍ハ貴軍ニ對シ自由行動ヲ執ルノ
止ムヲ得サルニ至ルヘク其結果生スル一切
ノ責任ハ貴軍ニ在リ

昭和七年二月十八日午後九時
大日本帝國軍司令官 植田謙吉

第十九路軍司令 蔡廷楷殿

大日本帝國軍司令官植田謙吉

敵人致我蔡軍長之哀的美敦書

Facsimile of General Uyeda's ultimatum addressed to General Tsai Ting-kai, February 20, 1932.

敵軍飛機散下之僞造傳單

A forged propaganda leaflet dropped on the Chinese troops by Japanese airplanes. They were supposed to be signed by the Central Party Headquarters of the Kuomintang denouncing the 19th Route Army for provocating a war with the Japanese without authorization.

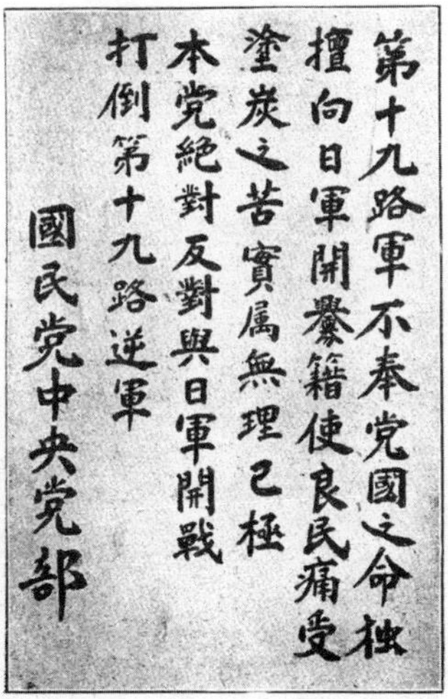

第十九路軍不奉党國之命独
擅向日軍開釁籍使良民痛受
塗炭之苦實属無理已極
本党絶對反對與日軍開戰
打倒第十九路逆軍
國民党中央党部

日軍佔領吳淞後將蘊藻浜橋修築易名爲白川橋
並且舉行儼然的通橋禮

Opening ceremonies for the bridge across Wentsaopang creek which was destroyed and rebuilt by the Japanese. It was renamed "Shirabushi" in honor of General Shirakawa!

在劉行司合部掩蔽部之張治中軍長及參謀長祝紹周參謀處長張鐸以電話指揮作戰

General Chang Chih-chung (left) and his staff officers directing operations from the trenches at Liuhong.

斜陽影裏郊野中之二五九旅最高幹部李杲孫元良鍾彬方在研究地圖

Officers of the 259th Brigade studying a map.

大場第五軍防守陣地之機關槍

A machine-gun nest.

中央軍校之山砲連以密發彈向敵陣轟擊

Chinese field battery.

前哨信號兵用軍號向指揮部報告敵情

Reporting to the rear by bugle.

戰壕內憩息之第五軍

Chinese soldiers of the 5th Army resting in the trenches.

庙行战役

俞濟時師長在廟行指揮佈置陣地

General Yu Chi-shih, Commander of the 88th Division (standing foreground), personally directing troop dispositions at Miaohong.

麥家宅鏖戰時之燦爛情況

The battle of Maikiachai, near Miaohong, in progress.

廟行战役
我軍之傷亡

廟行之役八十八師傷亡甚重

此爲當時戰場情形

Some of the wounded soldiers of the 88th Division who defended Miaohong. The terrific bombardment of the Japanese artillery and air force inflicted many casualties among Chinese soldiers who tenaciously clung to their posts.

在陣地救護之軍醫處

足脛中彈者爲副旅長馮聖法受傷後絕無痛楚之色我軍之視死如歸精神一致如此

廟行一役八十八師傷亡極大二五九旅繼起犧牲此爲衛生隊護之情形

Colonel Feng Sheng-fa, Commander of the 523rd Regiment of the 262nd Brigade, being dressed for wounds suffered while defending Miaohong.

我軍在薀藻浜大戰

在陣地指揮之二六一旅旅長宋希濂及該旅參謀部劉漫天主任

Major-General Sung Hsi-lien, Commander of the 261st Brigade (second from right), and his staff officers.

薀藻浜之戰我軍與敵軍礮隊陣地相持時敵軍燃放烟幕彈

Japanese laying a smoke screen to cover their crossing of Wentsaopang creek.

在薀藻浜防守之二六一旅

Soldiers of the 261st Brigade defending the northern bank of Wentsaopang creek.

戰地工作

十九路軍在大場附近掘戰壕以固防守

Digging trenches at Taziang.

我軍在真茹築鐵絲網情形

Barbed wire barricades being erected at Chenju.

救傷隊運送傷兵

Wounded soldiers being carried to the rear.

馮庸女義勇軍戰地工作及進餐情形

Some of the girl volunteers.

之武器

勇敢殺敵之大刀隊將赴前線時留影

Chinese Big Sword Company en-route to the front.

Automatic and light machine guns

我軍之自動步機關槍和盒子砲

敵機最忌我軍高射砲

Our Anti-aircraft Gun

吳淞要塞我軍之重砲

One of our cannons at Woosung fort

我軍之武器(三)

機關槍正面

A Chinese machine-gun nest.

大刀隊

Part of the "Big Sword Corps"

高射砲瞄準

An anti-aircraft gun ready for action.

第五軍地雷隊在陣地旋放地雷

Discharging a mine

吳淞要塞之一部

Chinese field pieces.

後方努力

在後方做慰勞工作的陳銘樞夫人聽說
十九路軍勝利時歡喜異常

Madam Chen Ming-chu who worked tirelessly for the wounded soldiers and refugees.

吉隆坡我國僑商旺記公司籌賑祖國
傷兵難民圖爲籌募員全體攝影

People who assisted the Wang Kee Company, a Chinese firm in Kuala Lumpur, in collecting funds for war relief.

瓊州海口市救國籌款慰勞抗日十九路軍男女劇團同人攝影

Hoihow (Kwangtung) residents who staged a play to raise fund for the 19th Route Army.

孫夫人宋慶齡女士手捧拾獲敵
軍之炮彈在殘毀之牆壁下留影

Madam Sun Yat-sen. Note the hole on the wall made by Japanese artillery and the shell in Madam Sun's arms.

廣東人士對於救濟這同滬戰難民極爲踴躍興奮，這是
方便醫院發出的募捐桶，凡廣州市的茶樓酒肆，以及
各種娛樂場所，進出要道都有這麼一個，捐輪的人也
很不少，桶是利用洋鐵的火油罐，外面白漆紅字，「
每位捐助一仙，救濟上海難民。方便醫院啓」「一仙」
就是一個鎳元，實際上捐助的往往不止一個銅元。

Collection boxes were posted at all public places in Canton, such as restaurants and theatres. Into these the people may drop their contributions toward the fund for war relief. Picture shows a woman making her contribution.

陳友仁夫人張荔英(中)偕四名
媛親到前方慰勞將士

Madam Eugene Chen (center) and other society ladies visiting wounded soldiers.

流離失所

登舟回里之難民

Numerous refugees were given free transportation to their home villages. Photo shows a group embarking.

給收容在大陸商場內的難民有經營着小買賣以謀自活活人的

One of the refugees peddling her wares in the refugee camp.

收容所之一瞥

Scenes at refugee camps.

二圖難民爭先後乘卡車逃出安全地點

Refugees fighting for accommodation on trucks that went into the war zones during the four-hour truce to evacuate non-combatants.

流離失所 （四）

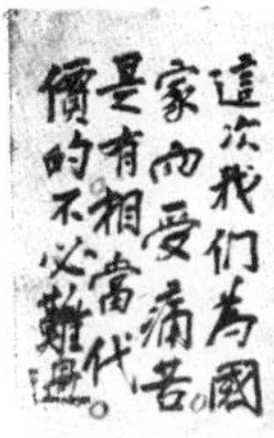

上海大陸商場難民收容所滿處黏貼之國難教育標語

Another poster of encouragement.

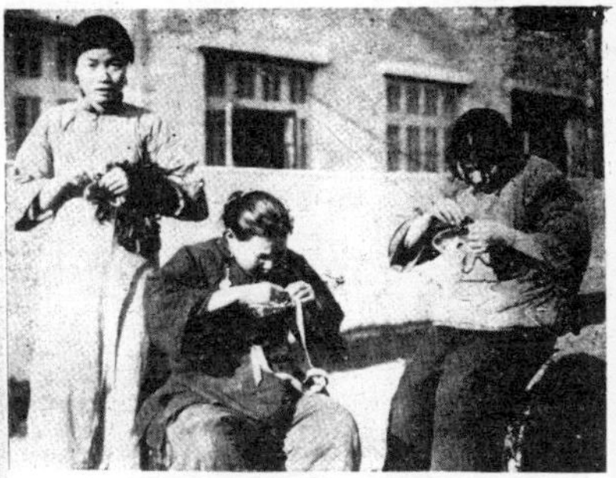

難民婦女趕製避毒罩以供前線將士之用

Refugees making gas masks for the soldiers.

大陸商場收容所職業指導委員會開會討論難民之出路×
為職業教育專家劉湛恩博士〇為該所教育主任張以藩君

Officials of the largest refugee camp at the Continental Emporium discussing the future of their charges. Among the officials were Dr. Herman C. E. Liu (x), President of the University of Shanghai, and Mr. Chang Yi-fan (o), who directed educational affairs of the refugees.

大陸商場收容所之教育
工作小學三年級上圖畫課教
員為鍾韻琴女士

A volunteer teaching refugee children.

奉化同鄉救護隊

Refugees being rescued during the four-hour truce.

上海戰區難民臨時救
濟會免費發送難民回籍

A steamer specially chartered to give free transportation for refugees to their home villages in the interior.

這個難民十日未進粒
米被天主教士扶救出險

A woman being rescued by a Catholic sister. She had not had a thing to eat for ten days when she could not escape from the war zone.

二月二十日停
戰四小時難民紛
紛逃出

The crowd that evacuated during the four-hour truce.

被敵軍摧毀後之吳淞礮台 ↑

The Woosung fortress was a whole wreckage after a mouth's shelling and bombing by the enemy.

各大無線電台為敵機轟炸之目的物
吳淞無線電台亦不免此厄 ↑

Woosung wireless station destroyed by enemy's aerial raid.

劫後慘狀

虹橋飛機場被炸毀之飛機 ↓

The Hungjo aerodrome after visit from enemy's bombing planes.

虹橋飛機場之航空工廠敵機來臨後之大門 ↓

The aviation machine shop at the Hungjo aerodrome. after enemy's hombing.

廣肇山莊之建築為日軍炮火
轟毀損失約值五萬元 ←

Buildings of the Kwangtung guild damaged by enemy's aerial bombs.

→ 江灣有某和尚藏屍之塔為
敵軍轟碎後骸體暴露

The tope preserving the dead body of a monk destroyed by enemy's bomb and the corpse left exposed in the air.

閘北南海會館為敵←
機炸毀祇剩危垣壁立

What was left of the Nanhai guild after destruction by bombs.

→閘北湖州會館之厝舍
為敵機炸彈轟毀棺柩暴
露屍骨亦為之不安

Ever the dead were not over looked: coffins with corpses stopped in the Huchow guild when bombed by enemy flyers.

上海抗战与世界反法西斯战争系列丛书

淞沪

淞沪抗战史料丛书续编 Ⅳ

第十辑

轰炸下的南中国 | 曹聚仁等 著

沦陷后的上海 | 史天行 编

劫后的上海 | 王芸生等 著

上海科学技术文献出版社
Shanghai Scientific and Technological Literature Press

上海抗战与世界反法西斯战争系列丛书

淞沪

淞沪抗战史料丛书续编 Ⅳ

第十三辑

上海第十四伤兵医院纪念册 | 上海第十四伤兵医院 编

浦东武装团体失败经过及其教训 | 鼙鼓出版社 著

“八一四”空军节纪念特刊 | 空军第十三总站区党站部 编印

张发奎将军 | 朱 朴 编著

上海科学技术文献出版社
Shanghai Scientific and Technological Literature Press

目　录

上海第十四傷兵醫院

紀冊

朱慶瀾署

總理遺像

總理遺囑

余致力國民革命凡四十年其目的在求中國之自由平等積四十年之經驗深知欲達到此目的必須喚起民衆及聯合世界上以平等待我之民族共同奮鬥

現在革命尚未成功凡我同志務須依照余所著建國方略建國大綱三民主義及第一次全國代表大會宣言繼續努力以求貫徹最近主張開國民會議及廢除不平等條約尤須於最短期間促其實現是所至囑

院長　　　　　　楊田淑君

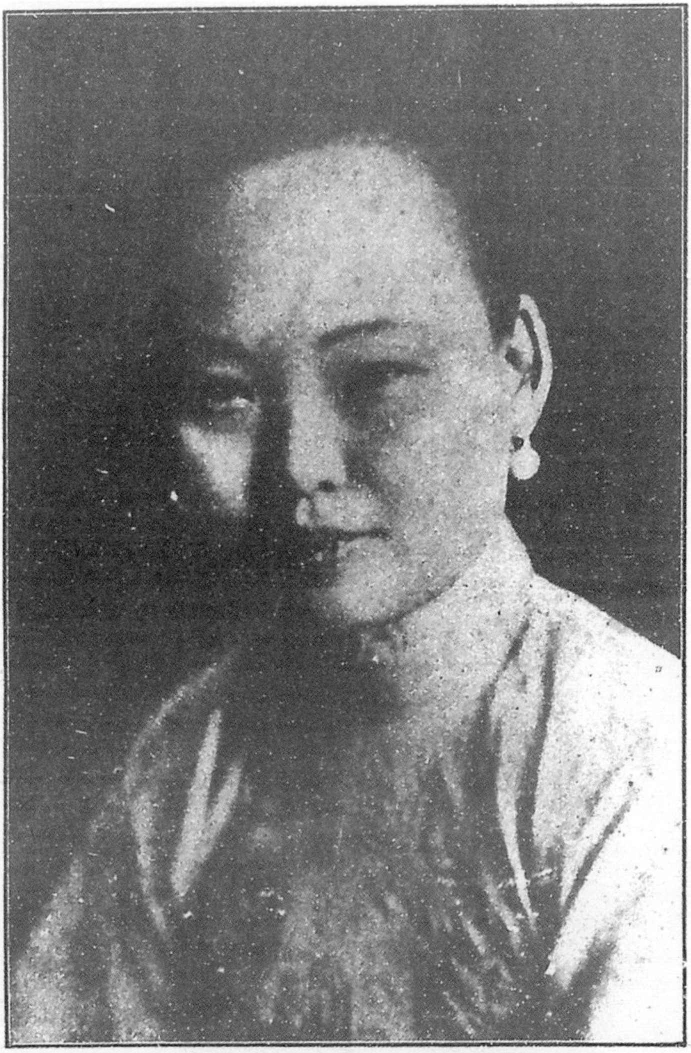

副院長　張郁鏡清

醫務顧問 中德醫院院長 俞松筠

醫務顧問 吳宗慶

總務處主任　程　遠

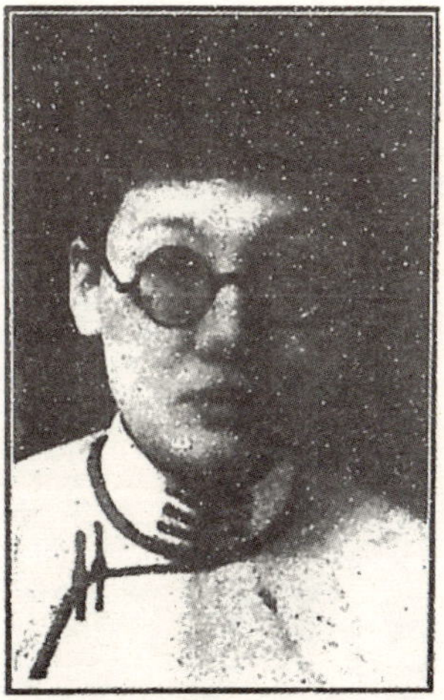

總務處副主任　鄧曰廉

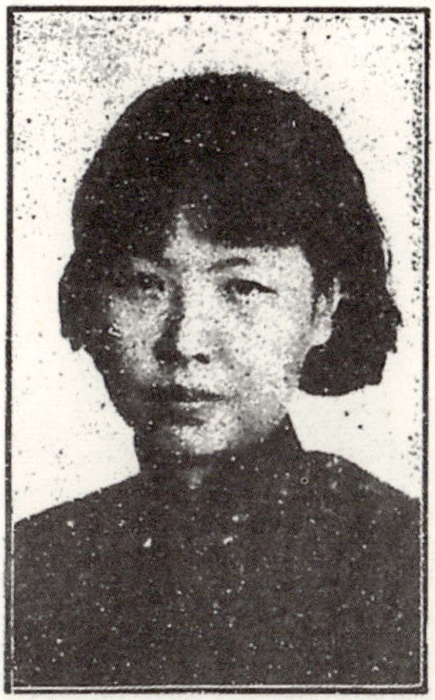

庶務處　尉遲纓

文書股　唐敦瑩

保管股長　饒慧英

衛生股長　王慧瑾

會計股長　甯美玉

登記股長　譚譯耀

訓導股 夏國瓊

護士長 羅士彬

中華婦女節制會主辦

中國紅十字會第十四救護醫院報告書目錄

目錄

序

許崇智

二十六年秋，日寇侵滬，楊君嘯天衛戍是邦，其夫人田淑君女士，組織病院，轄於紅十字總會，次在十四，收容傷兵，先後數千人，所耗數萬金，冬十一月，國軍西退，淞滬淪為異域，傷兵內移，病院結束，女士懼事之不彰，而傷同情者之心，乃序次院務，綜其始末，具為報告，匪僅告慰於同人，亦冀垂信于當世也，嗟夫。魯為禮邦，急難豈惟男子，有婦人焉，傳所稱公父文伯之母，豈非巾幗而丈夫哉，國族興廢，繫於一戰，蓋人懷必死之心，而後國立，士抱偕亡之志，而後族存，觀女士之所為，雖本於慈憫，趨于消極，而救傷扶孱，亦使士兵忘戰陣之苦，奮於攻鬥，而樂於效命也，敵雖處强，恃吾有以抗之，亦無懼焉。

二十七年仲春謹序

序

甯武

拿自家積蓄，創立後方傷兵醫院，備置物品慰勞前方抗敵將士，捐衣錢同情難者，勸公債爲平寇軍費，考此種種精神，完全由其個性自强的良知，不高調，不自私，恥于享樂，赴國難共甘苦與嘯天司令分任服勞，把握着不息的勇氣，踏上了遼遠的前途，家庭裏一位主婦，而成社會中堅，欽佩之下，望楊夫人淑君女士，在不久的將來全面勝利軍中占一席，尤爲余所企祝也。

序

俞松筠

兵家之言，在古已繁，軍事之學，於今益邃。非專習而妄談之，豈能動中肯綮，然舉其簡而刈其詳[redacted]約其博以扼其要，則亦惟前方後方之布置充分適當而已[redacted]。前方之事，莫要於兵精械利，後方之事，則莫急於救死扶傷，自應兼等而並重，不須顧此而忽彼，若精神偏注於戰鬥，而計畫或疏於救護，則必非制勝之師也。是以知兵者莫不以救護爲用兵之急務，於平日則有精深之研究，而於戰時則有完善之設施，而罔敢稍懈焉。若吾國對于此未嘗無熱心志士，而其缺失，而亦未可諱言矣。回憶一二八之役，淞滬抗戰，敵愾[redacted]同仇，後方之救護隊，踴躍而起，松忝列醫界，亦嘗奮發，集合同志，組織第五傷兵醫[redacted]院，暨第六救護隊，同時兼主第二十四傷兵醫院院務，每日並顧各方，馳驅前線，兢兢焉惟恐疏懈，而不克盡天職于萬一，及事後追思，未嘗不以吾國之對于救護工作尙缺周密之準備爲遺憾焉。蓋吾國當戰事發生，僅有少數醫藥之志士，疲於奔命，其他能出全力辦救護事業者，竟不多見，若夫女界中之本至誠，具毅力，不避艱險，能爲人所不敢爲，任人所不敢任，而慨然擬辦救護事業爲各界範者，則更如鳳毛麟角，絕無僅有矣。迨此次八一三全面抗戰，則有田淑君女士崛起於斯時，以救護工作爲己任，女士爲前淞滬警備楊司令之夫人，於抗戰之初，卽聯合中華婦女互助會，主辦第十四救護醫院，受中國紅十字會上海市救護委員會之輔導，而身任院長，並請張郁鏡清女士爲之副，嗣以院址問題，而松得嚴子興夫人之介紹，[redacted]始識田女士，當是時，女士欲商借中德醫院中一部份之屋，爲辦理救護醫院之場所。夫救護醫院之初辦，本爲我醫界中分內之事，松雖有組設之心，而未償實現之願，得聞女士之剏辦，已早完成，不禁深佩其熱誠，而並慕其能力，而欣然允借之，而女士之救護醫院，於是正式成立，而實行辦理院務，自此院之成也，受傷之將士，瀕死得生者不知凡幾，轉危爲安者不知凡幾，醫治療養，得回復健全而重蒞戰場者，亦未嘗無人，同發贊歎而慶得所，感愛護者，亦時有所聞，是詢非虛譽焉，蓋女士之愛國也切，任事也勤，論理也透，待人也慈，而爲之佐者，亦贊襄得力，各盡厥職，相得益彰，是以成績優良，惜乎其以滬市之環境關係而中輟也，嗚呼是非女士之力所能挽救也。松不禁重有感也，夫吾國巾幗之中，未嘗無俊邁超卓之人才，而能繼女士以起者，何其少焉，鬚眉之中，則應更多慷慨壯烈志士也，而能効女士所爲者，何渺後聞也，竟使田女士獨現其空前之事業，而絕無媲美者，是非吾人之恥乎，凡我國人，豈不知救護事業之未能普徧，救護人才之不敷應用，爲戰鬥時莫大之弱點乎，豈不知後方之救護工作，爲充實戰鬥力之唯一要素乎，豈不知先進諸邦之醫藥衛生學之突飛孟晉，實有出軍事學之上者乎，吾敢斷言，凡有戰鬥力之國，莫不有完備之醫藥設備也，蓋醫藥實足爲軍事之後盾，是以知兵者莫不以救死扶傷爲戰時之急務，而以後方之事，應與前方並重也，急起直追，以圖補救，凡我國人，自應共勉，吾深願有勝於田女士之人才，繼續奮鬥，雀起雲騰，不若晨星之寥落，卿雲之杳渺也。

自序

楊田淑君

蘆溝橋警報傳來的前夕，國人無不感覺敵寇槍口一天逼近一天。軍政當局，地方各法團均在敬待中央最後命令之頒下，淑君當時認定國存而後有家之義，應集合諸姑姊妹商待羣策羣力供獻于大難之來擾。盡我匹婦之微能。亦即佐夫報國之時至矣，本耆諸先進及各法團之指導，于廿六年八月一日，在上海成立婦女互助會，維持不久，八一三的敵火已燒到上海四週矣，我忠勇將士，浴血抗寇，傷亡日必數起入市，軍政當局並各熱心團體，均忙于醫救。其安置之場所，苦于不足，常由本會同仁商議補救之道，共推淑君負責，在中國紅十字總會指示之下，成立第十四傷兵醫院，其得中德醫院俞院長力者尤多，九月七日附設於該院。關於經費及醫藥一切費用，除由熱心者樂捐三千餘元外，完全來自淑君十餘年來家中所有什物變價，及自家撙節開支。自國軍西退，滬上景物日非，軍總會指令在萬分痛心之下，十一月廿日結束，其中各種經過有必須公諸社會者，文外短紙，所能報告，此紀念册之所以付刊也。

在人類互助的立場上盡一些應盡的救國責任

鄧周日濂

八一三的炮聲，侵略國爆裂了遠東的火藥庫，掀動了東亞的巨大波浪，驚醒了中國人民沉沉酣睡的好夢，驅使中國人民變更了過去含垢忍辱的故態；發動着全國民衆的長期抗戰；在世界歷史上，將塗染成値得大書特書的鮮紅的一頁光明奮鬪史！

這一次使我們清切認識侵略國家猙獰的面目和野蠻殘暴的行爲；同時，使我們有一個堅決自信，中華民族，不僅人心未死，並且大有作爲，這一次暴風雨的襲擊，正是中華民族解放，脫離侵略國家覊絆自力更生達到光明坦途的初步。

自從中國揭開了鮮明的抗戰旗幟，確定了奮鬪途徑以後；我們忠勇的健兒，不少殺身成仁捨生取義的壯舉，像這樣慷慨悲歌衆志成城的偉績，直可驚天地而泣鬼神。

中華婦女互助會主辦之中國紅十字會第十四救護醫院，就在這中國抗戰的場合裏，就在這忠勇將士從前綫爲國家爲民族爭生存而負傷歸來的環境需要之下，於廿六年九月六日成立起來了，那時戰爭的地點，在淞滬一帶，我那忠勇抗戰的受傷將士，絡絡續續的由前綫運回；關於傷口的治療，精神的安慰，當然是十分需要的。古語有云：「天下興亡，匹夫有責！」在此男女平權全民抗戰的今日：中國民衆，正應該不分男女老幼，全體動員，以博得最後的勝利；中華婦女互助會同人，有鑒於此，才有這救護醫院的組織，我們的目的，無非是在人類互助的立場上，聊盡我們應盡而能盡的一些救國責任罷了！

從九月六日成立，到國軍退出上海，戰區離滬較遠的十一月廿日結束，所有幾個月來工作的經過情形，已略見這一本薄薄的紀念册裏的一切記載，院長楊田淑君女士，副院長張郁鏡清女士，主持院務，任勞任怨，艱辛備嘗，不佞本一家庭婦女，平時爲子女所累，家務蝟集，很少爲社會服務的機會；此次事關全民抗戰，救國責任，不敢後人，不得不放棄了一切家務，担任總務職責，可是自問對於院務，很少貢獻；不過處處竭盡棉薄，追隨院長副院長之後努力工作者，求其心之所安，亦聊盡國民一份子之義務而已！

救護的工作，現在雖已結束，可是，在這非常時期，需要我們婦女界盡力的地方正多，個人自當一本初衷，繼續努力；同時更希望全國婦女界，在人類互助的立場上，盡國民應盡的責任，對此垂亡的國家，勢如纍卵的民族，多多貢獻，完成復興的使命；這是所馨香禱祝的。

来賓致辞

院長致辞

院長留影

本院工作情形之一般

三　本院院務概況

甲　本院組織經過

淞滬自抗戰以來，各界抗敵後援團體，紛紛成立。本市楊司令夫人田淑君女士主辦之婦女互助會，亦召集全體會員，參加救亡工作。先後舉辦救護訓練班，難民收容所及組織慰勞隊等，頗見成績。茲鑑于前綫抗戰將士，爲國効命，深感對於負傷將士，有設立傷兵醫院之必要。乃向中德醫院商借該院院址，籌辦第十四傷兵醫院。經得該院俞院長慨允，撥借房屋，並義務供給水電等。其他費用概由田淑君女士暨婦女互助會負責籌募，所有藥品及器械，除中德醫院已備有者外，皆不惜以重價購備，醫務則由中德醫院醫師，日夜輪流診治。一切管理，咸以軍事化，科學化及現代化。每一病室，設有收音機一座，每日有簡短之時事報告，及敦請滬上領袖名流，作救國之演說，藉以鼓勵士氣，作精神之訓練。並由婦女互助會，組織歌詠團，唱抗戰歌，使疾病之生活，得以調劑，俾於傷愈後，仍赴前綫作戰，當更爲振奮。本院自廿六年九月六日開始籌備，於十九日下午二時舉行開幕典禮，至十一月廿日結束，雖爲時僅兩月有餘，然對於先後入院之三百餘受傷戰士，無不悉心愛護，茲將經過大概，臚列如左：

（一）本院開幕經過情形

本院自廿六年九月六日開始籌備，於十九日下午二時舉行開幕典禮，由院長田淑君致開會詞，報告籌備經過。政府及各界，均派代表參加，先後致詞，對本院設備之完善，服務之努力，均一致讚許，勉勵有加，旋由院長致答辭。領導各界來賓參觀各病房。至五時許始散會。

◉附：主席開會致詞

今天請諸位來談話，承蒙各位踴躍參加，十分榮幸，足見各位對於救國工作之熱心，使淑君非常的敬佩，而且非常感激！今天邀請諸位駕臨，有幾點要奉告於諸位之前，和有幾點要商量的：

第一點意思：是楊司令官在前線爲國盡力，對於爲國犧牲的受傷兵士，十二萬分的關心，因爲他們都是保衛國家的戰士，復興民族的先鋒隊。楊司令官對他們很表同情，常常詢問傷兵的情況。淑君是國家的一份子，當然在後方也應負起救國的責任，所以我們主辦的中華婦女互助會，自蘆溝橋事變以至淞滬戰事發生，每天都在做救國的工作，如慰勞二十九軍抗戰將士，組織難民收容所，以及慰勞傷兵與前線作戰將士、現在淑君放下最大的決心，來組織第十四傷兵醫院，這就是我要報告諸位發起組織本院的本意。

第二點意思：淑君個人的力量有限，倘使沒有大家的帮助，我想到今天還不會實現。尤其是院址承蒙俞院長特別協助，讓出七八間空房，給我們做院址。這種犧牲救國的精神，實在值得我們敬佩的。並且還替本院找了許多醫師及護士，都是義務的担任。這如果沒有俞醫師的帮忙，我想無論如何是做不到的，在此，我應該向俞院長丁主任及各位大醫師護士[illegible]致謝。

第三點：我對於醫務完全是門外漢，一切全要賴俞院長的指示及計劃，各位主任及大醫師的協助幫忙，才能使本院盡善盡美。因爲本院至少要有幾種特點，對於社會才有交代，才算對於國家盡了一點責任。這種希望全在諸位熱心的人士肩上，尤其要依賴俞院長的不斷指導和推進。

第四點：明天就要開幕了，希望諸位就開始做這救國的工作，所以我總以爲我們的國家是有希望的，我們的民族是能得到最後的勝利，因爲後方種種的義務工作，有多少熱心的兄弟姊妹在努力高興的工作；諸位就是最努力最熱心的代表。至於本院的一切實施和今後的方針，希望俞院長及諸位大醫師多多發表高見，這是我今天請諸位商討的最大的一種希望。

◉附：中國婦女抗敵慰勞會上海分會

何香凝代表羅淑章女士致詞

鄙人今天是代表中國婦女抗敵慰勞會上海分會來參加中華婦女互助會主辦的傷兵第十四醫院的成立典禮，同時也是特來慰勞前方忠勇受傷同胞及貴會主席田淑君先生及衆位參加愛國工作的同胞們。覺得感到很多沉痛和高興。因這次我國與日本的全面抗戰的戰幕揭開後，這是中國歷史上打破紀錄的對外戰爭，前綫忠勇的將士，不畏一切敵人的利器，奮勇殺敵，同時婦女在後方做愛國工作，也是打破了的，但是還有一些養尊處優的，整日地在這民族戰爭中只求享樂，我們必須盡力喚醒他們起來愛國和做後援工作。因這次的戰爭，是我國存亡的關頭，不能不努力工作，以求勝利，要把後方努力救國工作的精神，與前綫忠勇將士殺敵的精神聯繫起來，以求大勝的光榮和民族的解放。就如田淑君先生的這次發起中華婦女互助會，做了不少的愛國工作，確是婦女界應該效法她踴躍起來工作，因她是素來深居家庭的婦女，而且也是有地位的婦女，同時何香凝先生，以衰老的病軀，尚且很努力的出來工作，所以不能不使我們婦女界受良心的感動，也拏起努力勇敢的工作吧！

中華婦女促進會代表陸禮華[redacted]女士致詞

今天個人代表婦女促進會，參加中華婦女互助會主辦的第十四傷兵醫院成立典禮，並未預備說話，但承諸位同志的不棄，個人有幾句話來貢獻。在個人參加十四醫院的結果，是設備完美的，由淑君先生及諸位執事會員的努力工作，醫護雙方的周到，都很足使這次流血受傷的忠勇同胞，得到充分的保衛同安慰，可是更希望我們婦女界再把後方工作擴大，為要擴大工作，個人不得不再有一些意見貢獻給諸位，第一就是要把參加工作意義明白，非要有摯誠的精神不可，才能達到真正的民族解放，第二就是我們婦女切不能因私人的事，往往不能有常定工作能力。於是久後漸漸卽行間斷或放棄了，這個可就把永久二字的精神失掉了，從滬戰發生以來，各個後援團體有不少的人熱烈參加，繼後也有自行放棄工作者，不過是少數的，也可見我們婦女的進步確是很快的，所以不能不更希望少數的人，不要有始無終的，要抱定熱誠與永久的精神來爭我國的生存並求達到解放我民族的目的吧。

●附：社會局代表張秉輝先生致詞

諸位來賓，諸位同志：今天兄弟是一半私人參加一半代表社會局參加中華婦女互助會的傷兵第十四醫院成立典禮。自滬戰開始以至于今，前方的忠勇將士拚死殺敵，後方救亡工作的踴躍，很有民族的意義，當此國家存亡關頭，爲求生存與解放的光榮，無論男女，都得要把國家興亡有責，這句話作前題。卽使不能持鎗往前線殺敵，也得要秉着無畏耐勞的精神，在後方努力做救護工作。這種工作，是爲前線壯烈將士而作，也是爲我們整個的中華民族生存而作的，前綫的忠勇同胞，爲保衞我們民族流血！這種苦痛，能不令人感到無限的沉痛！非得使他們得到相當安慰與享受，我們在後方的人們才于心無愧。故田淑君先生有鑒于此，努力發起中華婦女互助會，領導諸位愛國同志來組織，努力救護工作，使我國健兒獲到充分安慰與享受，從前西班牙的國際大戰時，全國婦女無一不担任工作者，故不勝希望我國的婦女當此民族存亡關頭的時候，全體出動，努力工作，並力求擴大展開工作吧。

◉附：報界代表大公報編輯王文彬致詞

本人今天代表大公報參加貴會——卽中華婦女互助會——所創辦的傷兵第十四醫院成立典禮，得見諸位熱心救國工作，頗使報界感到慚愧，因滬戰發生以來，報界對於前綫確切戰況的消息，未能盡到完全載出的能事，尤其是抱愧的，報界對於後方的各個救國團體，努力救護傷兵和難民的工作，很多的家庭婦女，亦出而不畏一切情形，參加救亡工作，也未詳載報端，用以刺激一般不知愛國的人們，是以不勝歉仄。不過本人希望貴會的諸位夫人女士們，抱大無畏的精神，努力從事於擴大其工作，以增我民族生存及解放，力求後方工作與前綫作戰有聯繫，這是最爲緊要，因本人在前禮拜得到一個消息，請諸位不要灰心和生氣，是有兩位旅長受傷而未來上海後方醫院就醫原因，據云因後方醫院多在租界保護之下，於是發生出種種障阻，所以前綫多數受傷的同胞不願來的。在此，就顯見前方後方沒有聯繫，才有這種現象，很希望這種消息，不要再傳到前綫去，使一班忠勇愛國的同胞感到不安，還有一點，就是後方醫院管理嚴密，往往有拒絕慰勞的進行工作，管理嚴格固是頂好，然而希望任何處的後方醫院，不要厭煩慰勞隊的安慰前綫受傷同胞工作爲盼。

◎附：上海警備司令部代表王寄一致詞

今天本人代表上海警備司令部，來參加列席，當我們聽到主席報告後，相信各位都明白中華婦女互助會成立的動[redacted]機，和會[redacted]中的工作程度的情形，當然不能不感覺到中國民族精神的偉大，在我看見田淑君主席率領衆位愛國同志，努力爲前綫將士與後方被難同胞們的工作，個人代表警備司令部，也可說代表前綫的忠勇將士及難民，深致感謝。現在中國對於仇國是展開了全面抗戰而且是長期的，這次戰爭是我民族存亡的關頭，我們要力爭生存，並求達到解放的目的，不單是爲婦女的解放，目的是爲整個一切的解放。所以不能不靠前綫將士奮勇殺敵和後方民衆努力工作，更希望各婦女團體把工作擴大，所謂擴大的意思，因爲我們是長期抗戰，後方的工作不單是救護前綫忠勇將士和後方流落困苦的難民，還有擴大到一班失業的人們，希望設法救濟他們，由這種工作還可以減少一些爲衣食所逼竟受日人利用金錢魔力，誘惑作漢奸的產生，並力求喚醒一班醉生夢死的人們起來愛國。有錢的捐錢，無錢者捐力，還有希望是救護醫院担任看護及扶持的同志們，你們須認清這種工作的意義是爲尊重而作的，切不可因受傷者煩燥，竟使看護者發生討厭。當受傷者苦痛發煩的時候，看護者更當忍耐安慰。因爲我們要知道，能使忠勇受傷的將士得一分安慰，即可增加前綫士氣一分，同時也促進我們民族精神的一分勇氣，我對於這項，不勝希望之至。

◉附：本會主席田淑君女士致答來賓詞

各位來賓，各位同志，以可貴工作的時光放棄了，來參加敝會所辦之傷兵第十四醫院成立典禮，當然敝會對各界來賓，極表歡迎，而且不勝榮幸，但是敝會爲節省經濟起見，對於招待的設備，是非常的草率，想來諸位也能多加以原諒，敝會要以有用的金錢，作國家正當的用途，更希望各界對於救護的一切工作，不時加以指導爲幸，敝會所設的傷兵醫院，爲防有意外事情的發生，所以對於出入的管理，採取嚴格清查的方式，對各界慰勞隊的光臨，是極表歡迎的，並不加以拒絕，並且還能和受傷的忠勇將士直接談話，辦理倘有未盡妥善，請各界多多原諒。

（二）本院組織系統

一、定名　本院由中華婦女互助會主辦，定名第十四救護醫院，直屬中國紅十字救護總會。

一、宗旨　本院專在戰時服務，以收容傷兵及戰區傷民爲宗旨。

一、組織　本院最高爲正副院長各一人，以下分總務醫務二處，總務處設主任一人，副主任二人，直屬會計、庶務、文書、收發、保管、登記、衛生、警衛、訓導九股，每股規定股長一人，助理員一人至三人不等，醫務處設主任一人，以下分主治醫師一人，助理醫師藥劑師若干人，護士長一人，護士若干人，人數多寡以病房爲定，大約每號病室，日班醫師二人，護士二人，夜間亦同。

一、職務　正副院長担任對外重要接洽及籌措經費，并指導總務醫務二處進行院務，總務處正副主任担任對內一切行政，統屬以下九股工作，并隨時召集處務會議，討論處務一切事宜，各股工作大致情形分爲：

(一)會計股：管理全院出入經費帳目，及傷兵銀錢支付等任務。

(二)庶務股：採辦各項應用物品，及管理院中一切雜務。

(三)文書股：擬撰對外往來函件，對內各種文件，及代傷兵書寫家信等。

(四)收發股：担任全院收發事項。

(五)保管股：保管本院購備物質，及各界捐助慰勞等物品傷兵衣服等項。

(六)登記股：登記傷兵出入人數，逐日報告總會事項。

(七)警衛股：負全院警衛之責。

(八)訓導股：向傷兵報告時事及訓導事項，醫務處主任指導所屬主治助理醫師護士長護士等工作。

其系統表如下：

- 院長—副院長
  - 總務主任—副主任
    - 訓導股
    - 醫衛股
    - 衛生股
    - 收發股
    - 登記股
    - 保管股
    - 文書股
    - 庶務股
    - 會計股
    - 每股設股長一人助理員一人至三人
  - 醫務主任
    - 主治醫師
    - 助理醫師
    - 醫務管理
      - 病院管理
      - 開刀間管理
    - 藥劑師
    - 護士長
      - 正式護士
      - 助理護士

乙　本院院務進行

本會於民國廿六年九月六日籌備後，七日即開始收容傷兵，至十一月二十日，因時局關係結束，茲將工作情形，撮要如左：

（一）本院組織

本院係由中華婦女互助會主辦，公推田淑君女士任院長，張郁鏡清任副院長，其他醫師方面，完全由中德醫院俞院長介紹。辦事人員，在興中學會及中國婦女互助會會員調用，均義務盡力性質。列單如左：

院長	楊田淑君
副院長	張郁鏡清
總務主任	程遠
副主任	鄧曰濂　丁惠涵
庶務股股長	陳秀珊
助理員	尉遲英　謝幹青
文書股股長	鄭玄
助理員	戴瑛　唐敦縈

會計股股長　甯美玉
助理員　李蓮
登記股股長　潭洸
助理員　黃世仁
保管股股長　周懷眞
助理員　張懿文　楊慎　饒惠英　魏家珍　藍織菱　龔福生　趙夢生
收發股股長　易竟成
訓導股股長　黎德容
助理員　夏國瓊　夏國琇　連隆珍
警衛股股長　李克斌
助理員　錢開明　夏震亞　張懋功　曾錫安　柳小龍　是雨喜　華星照
衛生股股長　王慧瑾
助理員　何紀生　楊克明
醫務主任　丁君達
副主任　錢俠倫
主治醫師：

外　科　趙啓華（主任）　阮尚丞（主任）　江俊孫　顧曾諒　唐仁緝　張仲明　朱霞蔚
　　趙品蓮　瞿希民　李　濤
骨　科　朱克明
內　科　吳憶初（主任）　丁君達
X　光　顧祖仁
住　院　丁君達（主任）　錢俠倫（主任）　瞿希民　趙品蓮　李　濤
助理醫師　陳福恩　周啟惠　唐少雲　周蓬江　殷富春
藥劑師　黃峻岑　吳鳳英
醫務管理　趙品蓮（主任）
病院管理　金曼珍
開刀間管理　范允琴　盧　英
護　士
護士長　趙品蓮
高級護士　譚亞拿　趙瑞珍　吳鍾福　王淑貞　宋望生　陳淑英　趙訓美　朱　仁　俞孟莊
　　劉國荃　徐曙白　褚　敏
助理護士　周克良　游壽勛　王治華　沈惠珍　李愛珍　游蘭勛　王琦金　沈壽翼　任亞梅

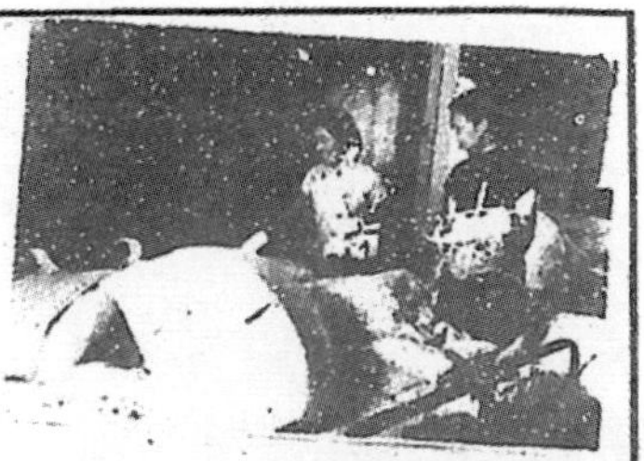

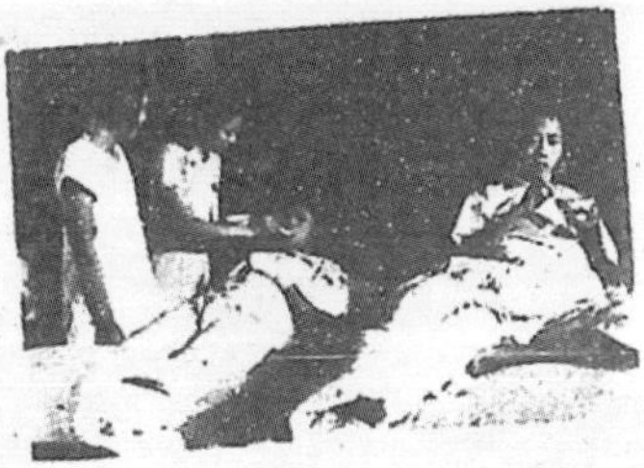

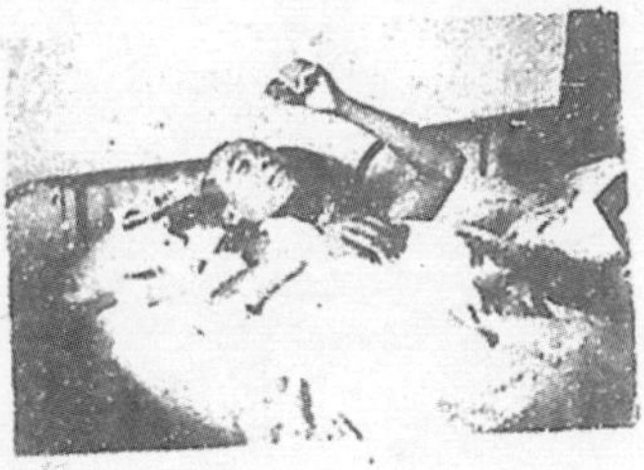

看護負傷將士之情形

將士負傷之慘狀

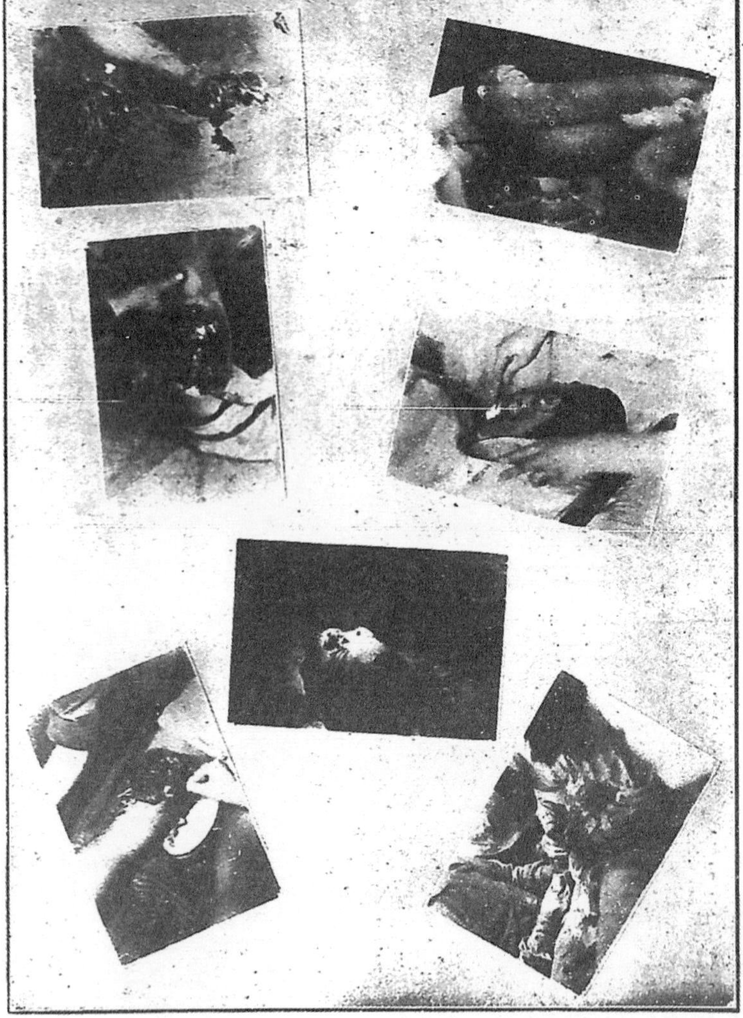

黃韻秋　胡叔巽　唐德英　宋　貞　陳彩珍　徐性文　唐少蘭　趙　珺　關碧芝

（二）本院工作經過情形

本院工作人員，已於上節詳述，茲將其他工作進行，略述如左：

一、本院各辦事人員，均在總辦公所辦公，分日夜二班，均須簽到。日班上午七時至下午七時。夜班七時至第二日上午七時，不得遲到早退，休息，用餐，工作，均應按照起息表。購物取物，須塡表標明。一切務須合於手續。

二、配藥處設有專人管理。

三、工役訓練，每日舉行服務講話半小時，由本院職員輪流担任。

四、病人分類第一號至六號，病房以傷勢輕重爲單位，卽輕者入第一號病房，餘按此房分配之。

五、對病人作簡短之時事報告，卽每一病房，設一收音機（第六號最重傷者則無），每日由發音亭內，發三次至五次之重要時事報告。

六、精神講話。此爲無定時，如地方名流及長官間，作精神訓話，致受傷兵士恢復原狀後，赴前綫作戰時，以期更形振奮，而以爭先恐後之精神，趕往前綫，繼續抗戰。藉此養成民族思想，抗戰情緒。

七、歌詠團及鋼琴彈奏，由中華婦女互助會組成兒童歌詠團及鋼琴彈奏隊，間以柔軟之藝術情調，調劑受傷之疾痛生活。

八、三日戰報，將重要之抗戰消息及講演訓話摘要，以及漫畫抗戰歌訓等，編印三日戰報，以俾批閱，使少費腦筋，有時亦分發日報及抗戰讀物及畫報。

九、寢室佈置，床上加以木板，再加草蓆，重傷者則墊以棉褥，每床有軍用毯一條，單被一條，枕頭一個。衣服二套，痰盂一個，熱水瓶每二人一個，小茶壺每人一個，牙刷牙粉每人一份，洗面由護士洗。

十、餐食分配，每日四次，早、午、晚、夜午。種類分為飯、粥、牛奶、餅乾、饅頭、藕粉、麵等。重傷者，則不得自由指定種類，間亦分水菓及香烟。特別注意清潔，餐後必盥洗刷齒。

十一、傷兵入院程序：(一)抬入病院外室休息。(二)沐浴。(三)換衣(原穿之衣服，洗濯後編號打包，如有銀錢等物，則交會計股保管，出院時將原數交還，並每人出立一摺，如須應用，經本院准許後，始得支用)。(四)登記。(五)醫士檢查。(六)入病房(絕對須服從醫師之指定病房)。(七)用餐。(八)理髮(本院雇有專責之理髮匠)。

十二、傷兵出院程序：(一)登記。(二)點交原存之衣服等及贈品。(三)贈送慰勞品。

十三、代書信件，請有文書數人，專代傷兵將士代書信件，由本院寄遞。

(三)本院傷兵進院出院之人數

本院共設床位一百張，自九月六日籌備後，七日即開始收容傷兵，至十一月二十日止計共收容傷兵三百二十人，其中完全治愈者十四人，轉送後方者一百九十三人，轉送滬地其他醫院者八十四人，傷重不治而死者二十九人。茲將其進院出院日期人數，列表如左：

師旅團營連	姓名	年齡	籍貫	受傷日期	受傷地點	受傷部與種類	何等病房	階級	入院日期	出院日期	治療經過	送往何處	備註
二師二〇一旅六五九團二營二連	李學邦	三一	貴州	九月七日	觀音堂路	右肩足	一	中尉排長	九月七日	九月十六日	傷口每日用 Tonngs a, godoform gaze Rovanol spuly 內服止痛劑	由總會送往後方	
二師二〇一旅六五九團一營二連	寶文成	二四	河南	同上	同上	左大腿	一	上等兵	同上	九月十四日	傷口用消毒滅菌法內服鎮靜劑又止痛劑	中央研究院	
二師二〇一旅六五九團一營二連	劉相成	一九	同上	同上	同上	同上	一	二等兵	同上	同上	傷處用消毒滅菌法每天換藥	中央研究院	
二師二〇一旅六五九團一營一連	高德望	二三	河北	同上	馬寶山路	右臂	一	上等兵	同上	同上	傷處用3% Mencurochrome gaze Verland, Prnseln n, steual	中央研究院	
二師二〇一旅二團一營二連	劉福奎	二〇	河南	同上	觀音堂路	大腿	一	二等兵	同上	十月十五日	施行手術取出彈片　炮彈片自前面射入于左膝蓋骨內未出	由總會送往後方	
二師二〇一旅六五九團一營二連	劉汝珍	二三	同上	同上	同上	左右臂	一	一等兵	同上	十一月十三日	每日用 -losung華光 godo foung arse" 及"Sterilgane 包紮最先曾用 Claiden 及 morpain 等止痛止血	由總會送往後方	痊愈
二師二〇一旅六五九團三營九連	王晉本	二四	同上	同上	同上	左臂	一	二等兵	同上	九月廿四日	揚口每天用 3% Mercurochrome Pinsehu	由總會送往後方	』
二師二〇一旅六五九團一營二連	喬建成	二一	同上	同上	同上	左右臂	一	一等兵	同上	九月十六日	傷口用滅菌法注射强心針嗎啡針及破傷用血清內服强心劑瀉劑等病人死於 Tetanus	普，善山莊	傷員符號包裹已送救護教員會
二師二〇一旅二團一營二連	韓青珍	一九	同上	同上	同上	腹部	一	同上	同上	九月十二日	傷口洗滌滅菌法注射Comperiel Tetanus Vevini 內服止咳劑及鎮靜劑等	南翔	
二師二〇一旅六五九團三營七連	王順清	二六	安徽	同上	同上	右腿	一	二等兵	同上	十一月十三日	每日用 Rivanol-losing 洗創口，並用 Radon Dintment 數用，傷口然見收小，侍出院時已能行走	由總會送往後方	

二師二〇一旅二團一營一連	黃可成	三八	山東	九月七日	觀音堂路	左肩	一	一等兵	九月七日	九月十二日	傷口每天用 Mercurochrome Pinseen 內服 Jodinpin 藥片	南翔	
二師二〇三旅五九三團二營一連	朱明貴	二一	河南	同上	同上	左臂	一	下士	同上	九月十二日	傷口每天用3% Mercurochrome Pinsel治療數天後患處充皮巳生無惡形體現象注射 Compotal Monphinsew 內服止痛劑鎮靜劑等	南翔	
二師二〇八旅六五九團二營七連	侯振江	二一	同上	同上	同上	右臂	一	一等兵	同上	九月十二日	傷口每天用 30% Mercurochrome Pinsel	中央研究院	
七師二六一旅五二二團一營七連	張玠鳳	二一	同上	同上	同上	左中指	一	列兵	同上	九月九日	傷口用30% Mercurochrome 塗皮用硼酸油膏包敷	中央研究院	
二師二〇八旅六五九團二營八連	丁玉明	三〇	同上	同上	同上	右大腿頸部	一	少尉	同上	九月十二日	傷口每天用30% Mercurochrome Pinseln Jodformgaze Jamp 內服瀉劑	轉送廿一醫院	
二師二〇一旅六五九團二營二連	張守義	二五	同上	同上	同上	右臂	一	一等兵	同上	九月廿四日	傷口滅菌法處置注射 Eleklargol U. Omnedin amp.	後方	
二師二〇八旅六五九團二營九連	楊德成	二三	同上	同上	同上	右小腿	一	一等兵	同上	十月廿一日	作 Incusion 取出彈片注射抗菌藥品，創口行無毒療法及殺菌藥品洗滌	後方	
七師二六一旅五二二團二營二連	劉濟厚	一九	江蘇	同上	瀋藻浜	右臂	一	列兵	同上	九月廿四日	傷口開刀後每天用1% Rivand spulgn. Jodformgaze Pamip 注射 porlosil a. celktrargol amp	後方	
二師二〇一旅六五九團二營二連	李長發	二六	河南	同上	同上	左臂	二	一等兵	同上	九月廿四日	Täg verbanduechrol 注射Omnadin & amp.	後方	
二師二〇一旅六五九團二營二連	魏喜高	二四	江蘇	同上	觀音堂路	左手掌	二	一等兵	同上	九月廿四日	Taglich Verbandiveolisel 退熱劑止痛劑開胃劑皂水通劑湯	後方	
八七師二六一旅五二二團一營二連	陳光凱	二五	河南	同上	瀋藻浜	頭部	二	列兵	同上	九月十日	Täglich Verbandivecheelund Antepyretics Anlflamm Iwzechlng	南翔	
八七師二六一旅五二二團一營一連	徐永道	三四	浙江	同上	同上	左手指	二	下士	同上	九月廿四日	Omnodin morpbin 服開胃劑退熱劑痢疾治療 Emetin 4amp, Vestremuid yatren Ewtarf Taglich Verliandwersel	後方	

二師二〇一旅六五九團營二連	王建成	二七	山西	九月七日	觀音堂路	右大腿	二	二等兵	九月七日	九月十二日	Tag Verlandevechsel	南翔	
二師二〇一旅六五九團營二連	周克生	三〇	河南	同上	馬貨山路	右臂	二	一等兵	同上	九月廿四日	Täglich Verbandivechsel	後方	
八七師二五九旅五一八團二營一連	馬進貨	二五	同上	九月六日	丁家橋	右耳根	二	二等兵	同上	同上	Täglich Verbandivechsel 服開胃劑退熱劑安眠劑下瀉劑	中央研究院	
二師二〇一旅六六〇團營二連	黃明倫	一八	安徽	九月七日	馬貨山路	右腿	二	同上	同上	九月廿一日	Täglich Verbandwechsel Tinct Opü and Brow mixt	新龍華	
八七師二六一旅五二二團二營一連	王殿富	二六	江蘇	同上	蘊藻浜	肩部	二	列兵	同上	九月廿四日	Täglich Verbandwechsel 服止痛劑下瀉劑	後方	
十四師四〇旅八〇團二營八連	王正賢	二三	安徽	同上	楊家橋	臀部	二	一等兵	同上	九月十二日	Verhandwechsel	中央研究院	
一四師四〇旅八〇團三營八連	張志遠	二五	浙江	同上	蘊藻浜	頭部	二	同上	同上	同上	Verhandwechsel	同上	
一四師四〇旅七九團三營機連	嚴高龍	二三	福建	九月六日	羅店	同上	二	同上	同上	同上	Verbandwechsel	同上	
砲兵團三連	黃開進	二三	浙江	九月六日	南塘口	同上	二	中士	同上	同上	Taglich Verhandwechsel	同上	
一四師四二旅四八團二營五連	余標	二三	湖南	九月七日	松江	左手指	二	一等兵	同上	同上	Verbandwechsel	同上	
一四師四〇旅八〇團一營一連	吳文榜	三一	河北	九月六日	羅店	右足	二	少尉	同上	同上	Verbandwechsel	同上	
一四師四〇旅八〇團二營六連	劉少堂	四一	貴州	九月七日	羅店	左足掌	二	中士	同上	十月十五日	Tag Verbandwechsel 注射Omnadin 口Electrargal 服止痛劑開胃劑碘劑	後方	

一四師四二旅八四團三營三連	王洞安	三一	湖北	九月七日	南長濤	左臂	二	上尉	九月七日	九月廿四日	Tag. Verbandwechsel 注射 Omnadin 5 Amp. 服退熱劑安眠劑止痛劑	後方	
一四師四〇旅八〇團三營八連	張渼清	三五	河南	九月六日	羅店	左背部	三	一等兵	同上	九月十二日	施行手術 Incezion 並取碎骨痊愈	中央研究院	
一四師四〇旅八〇團三營八連	金世凱	二六	浙江	同上	同上	頭部	三	上士	同上	同上	Toglich Verbandwechsel 內服止痛劑下瀉劑	同上	
一四師四〇旅八〇團一營一連	胡共文	二七	江蘇	同上	陳宅	右大腿	三	一等兵	同上	同上	施行手術取出彈片痊愈	同上	
一四師四〇旅七九團一營一連	張新臣	二四	貴州	同上	同上	左足	三	二等兵	同上	同上	逐日無菌包紮痊愈	同上	
一四師四二旅八四團二營五連	劉　希	二六	江西	同上	南長濤	左手	三	同上	同上	九月廿四日	取出彈片逐日無菌包紮外敷 Pernbalsam及Jnmeval salbe 內服止痛片	後方	
一四師四二旅八四團二營五連	羅景春	二六	福建	九月七日	松江	左肘	三	列兵	同上	同上	用 Eusal 及 Rivanol 瀉液洗滌塗抹 Pernbalsam 逐日無菌包紮助以副水注射 Elektrargol	同上	
一四師四〇旅八四團八營八連	石殿華	二二	安徽	九月六日	南塘口	右臂及腰部	三	上等砲兵	同上	九月十二日	逐日無菌包紮痊愈	中央研究院	
一四師四〇旅八〇團二營二連	夏志清	二八	浙江	同上	羅店	膝蓋	三	一等兵	同上	九月廿一日	施行手術取出彈片痊愈 砲彈片射入於膝處之大腿肌肉	新龍華	
一四師四〇旅八〇團八營八連	李小山	二五	河南	同上	楊家橋	右足	三	同上	同上	九月十二日	逐日無菌包紮痊愈	中央研究院	
一四師四〇旅八〇團二營六連	李璐山	一九	同上	同上	羅店	左足	三	上士	同上	同上	創傷處消毒無菌包紮 內服 Aspirin Hoffein	同上	
一四師四〇旅八〇團二營六連	李海清	二二	河北	同上	同上	背部	三	一等兵	同上	九月廿四日	施行手術取出彈片注射 Proutosil Trauspnemin morphin	後方	

一四師四〇旅八〇團二營六連	孫玉堂	二五	山東	九月六日	羅店	頭部	三	一等兵	九月七日	九月廿一日	取出彈片剃去傷口四周之頭髮塗消毒劑無菌包紮	新龍華	
一四師四〇旅八〇團一營八連	黃想華	二三	江蘇	同上	楊家橋	左手	三	同上	同上	九月十二日	創處用 Rinanl 洗滌並塗消毒劑內服退熱劑 Solueusmil	南翔	
一四師四二旅八三團二營四連	于天嘉	一六	湖北	同上	寶山	左手指	三	同上	同上	九月廿四日	傷指及手掌關節處截去左手無名指骨折由砲彈片炸彈	後方	
二師二〇旅六五九團八營九連	朱桂生	二四	同上	九月七日	觀音堂路	右腿	五	上士	同上	十月四日	Tag Verbandwechsel 注射 Prontosel 內服退熱劑止痛鎮強心劑鎮靜劑	新龍華	
二師二〇旅六五九團三營	廖廣岐	三〇	河南	同上	觀音堂路	左腿	五	一等兵	同上	九月十五日	Tag Verbandwechsel 注射 Prontosil Kachsalgand Lig Joddev infusion unorphin 及止血藥	普善山莊	國幣十元傷單併被包裹送救護委員會
三七旅七一〇團一營一連	劉克海	二七	四川	九月三日	寶山	左肩	五	中尉連長	九月八日	十月四日	Taglich Verbandwechsel 注射強心劑內服止咳劑	新龍華	
保旅二大營二中連	孫遠芳	二八	河北	八月卅一日	砲台灣	左腿	五	下士	同上	九月十四日	Taglich Verbandwechsel 內服下瀉劑 Rivonol	中央研究院	
二七師保旅二大營五中連	陳金山	二九	四川	同上	吳淞	左脚	五	下士	同上	十月五日	Taglich Verbandwechsel 內服下瀉劑鎮靜劑	新龍華	
二七師獨立旅一團	王普金	二〇	浙江	九月三日	寶山	手脚	五	下士	同上	十月四日	Taglich Verbandwechsel Pauadin nabi Cadezlnte 等內服退熱劑	同上	
保旅二大營二中連	魏鳳樑	二五	江蘇	八月卅一日	砲台灣	左手	五	下士	同上	九月十二日	Tag Verbandwechsel 內服退熱劑下瀉劑	南翔	
八師一六旅八四團八營	屈鏡寰	三二	浙江	九月三日	吳淞	左腿右腰	五	班長	同上	同上	左背部子彈取出右腰部傷處皮受傷每日換藥用 Wewatoe salbe，內服止痛劑鎮靜劑	同上	
六一師三六一旅一團一營一連	萬志玉	二七	安徽	九月一日	砲台灣	足部	五	列兵	同上	十月四日	Tag Verbandwechsel 內服強心劑退熱劑	新龍華	

九八師二九四旅五八八團二營五連	戴少清	二二	貴州	九月六日	砲台灣	足	五	列兵	九月八日	十一月十八日	Tag Verinndwechsel 患處用 3% Mercasochron 敷後使用石膏繃帶使骨生牢內服滋補劑	轉第十七醫院	
九八師二九四旅五八八團三營九連	鍾得勝	二三	湖南	九月一日	同上	胸部	五	一等兵	同上	九月十二日	Tag Verbandwechel 內服止痛劑等	南翔	
獨立師五三七旅七一〇團一營一連	郭法	二二	福建	九月三日	錢山	右肩	六	列兵	同上	九月廿九日	傷口洗潔滅菌法內服止痛劑及強心劑等注射樟腦油針及止血針	新龍華	
保安大隊特務大團四中隊	李堅	二六	湖南	九月一日	吳淞	左手傷骨	六	列兵	同上	九月十七日	Ampirtosion 注射 Elektrogol Prontosie 葡萄糖強心劑內服退熱劑	普善山莊	國幣叁拾一元一角包裹一件已送總會
獨立師二〇旅六五九團一營機連	傅阿賢	二八	浙江	九月八日	虬江路	右臂	三	一等兵	九月九日	九月十四日	因出血故用 Druekverlond 並注射 Coagulin 患處用 Rivanole losung 沖洗	中央研究院	
獨立師二〇旅六五九團一營一連	馬崑山	二四	安徽	九月七日	觀音堂路	眼沙傷	三	下士	同上	九月十二日	砲彈屑及泥污射佈於左眼上下瞼及眼球表面洗去彈屑及泥污用硼酸水熱包罨以消腫	南翔	
獨立師二〇旅六五九團一營機連	于得水	二三	河北	九月八日	同上	後背骨	三	中士	同上	九月十四日	砲彈片射入背肌施行手術取出彈片無菌換藥	中央研究院	
獨立師二〇旅六五九團三營九連	高效忠	二二	江蘇	同上	同上	左手	三	下士	同上	九月廿九日	左手食指骨折砲彈貫過無菌包紮助以副木	新龍華	
獨立師二〇旅六五九團一營二連	唐保振	三一	河南	同上	同上	左膊	四	列兵	同上	九月十九日	Rivaual-losung 洗滌患處 umschlage mit Lig alum acéta tie	中央研究院	
獨立師二〇旅六五九團一營二連	張景生	二一	同上	九月九日	同上	左膊	四	列兵	同上	九月十二日	患處用 Rivaual losung 洗滌 Mercuochnome Jodoformgare und 注射	同上	
獨立師二〇旅六五九團一營一連	楊宏軒	二四	江蘇	九月七日	同上	左右大腿	四	中士	同上	九月廿一日	每日以 Rivanal-losung 洗滌及 Jodoformgare	新龍華	
獨立師二〇旅六五九團一營三連	劉淡林	二三	同上	九月八日	虬江路	左胸	四	中士	同上	九月十四日	Comphosöl 10 c.c. 包紮纖維數天及止血抗菌藥品注射	普善山莊	傷單已送總會

獨立師二〇一旅六五九團一營三連	王俊亭	二四	陝西	九月八日	觀音堂路	左臂	四	班長	九月九日	九月十二日	創傷爲 Recbung verletsung 數以 Bossabbe 後消愈	中央研究院	
獨立師二〇一旅六五九團一營三連	王信存	二六	同上	同上	同上	右肩胛	六	下士	同上	十一月十七日	Täg Verberdwechsel 施行手術 Wundver breitet 注射 Prontosil 12 Amp	轉第二十三醫院	
獨立師二〇一旅六五九團一營一連	常文皷	二〇	河北	九月七日	虯江路	內病	四	一等兵	同上	九月十日	受傷過重經各種療法無效而亡	普善山莊	包裹一件已送總會
獨立師二〇一旅六五九團一營一連	李長林	三〇	河南	九月八日	虯江路	右太陽部右臂	六	列兵	同上	九月十四日	外用 1:1000 Rwanol-louing meacrehome Stercegave usw 內服 Pepsin mixt 3 xtyei Epl	中央研究院	
三六師二一一旅二一一團三營七連	張立華	二〇	安徽	同上	秋家浜	左右大腿	四	一等兵	同上	十月廿一日	患處化膿疼痛用血外用 Rivanol-losung-Stercegare Jodoformgare Mersouchrome usw	由總院送往後方	
獨立師二〇一旅六五九團一營二連	趙中長	二四	山西	同上	觀音堂路	右小腿折骨	六	同上	同上	十月一日	Täg Verbandwechsel 注射强心劑鹽水止痛劑開胃劑强心劑	普善山莊	傷單符號包裹已送總會
一師二旅四團三營八連	劉子清	二一	浙江	同上	吳淞	左上膊	一	列兵	同上	九月十二日	傷口每日用 3% Mercurochrome Pinselin 內服 VreuninB	崑山	
一師二旅四團三營九連	吳家明	二五	福建	同上	寶山	左頸肩腕手傷	一	同上	同上	同上	傷口每日用 10% Rivanol-losung u. Jodoformgave Tamp	南翔	
一師二旅四團三營九連	雷秀山	二七	山東	同上	吳淞	右上膊右腹	一	下士	同上	九月廿九日	傷口洗滌滅菌法注射 Prontosil lenmdin Morphin 等內服開胃劑	新龍華	
一師一旅二團二營四連	許連美	二五	江蘇	同上	同上	胸部	一	一等兵	同上	同上	傷處先用滅菌法肺部放冰袋注射 Claden Morphin Camphursl 等內服止痛止咳鎮靜劑	南翔	
一師二旅四團三營九連	劉安民	二三	安徽	同上	寶山	左手	一	二等兵	同上	九月十二日	傷處每日用 Mercurochrome Rivanol 經開刀後每日洗滌用 1% Rivanol-Jodoformgare	同上	
一師一旅一團二營五連	宋德祥	二五	河南	同上	同上	左下腿	二	列兵	同上	九月廿九日	受傷部每日換藥用 Jodoformgaxe Tamp 內服止痛劑注射 Morphind cardinzal and genese 20,10	新龍華	

一師二旅四團三營八連	耿秀才	二九	江蘇	九月八日	寶山	左臂	二	列兵	九月九日	十月廿八日	Verbandwechsel 內服退熱劑强心劑開胃劑	由總會送往後方	
一師二旅四團二營五連	朴 俊	二四	河北	同上	同上	右膝	二	上士班長	同上	九月十二日	Tag Verbandwechsel	南翔	
一師二旅四團三營八連	李清德	二七	山東	同上	吳淞	左大腿	二	一等兵	同上	九月廿一日	Tag Verbandwechsel	新龍華	
一師二旅四團三營八連	徐連貴	二六	河南	同上	寶山	左上膊左手腕	二	二等兵	同上	同上	Tag Verbandwechsel 內服 Brom. mixt 等	同上	
一師二旅四團三營九連	姚錫鉛	二〇	河南	同上	吳淞	左大腿	二	一等兵	同上	十月廿一日	砲彈皮傷無菌包紮 Rivinal 洗滌	由總會送往後方	
一師二旅四團三營九連	齊雲興	二八	同上	同上	同上	左前膊左大腿	二	二等兵	同上	同上	碘酒塗抹 Runnal 洗滌無菌包紮	由總會送往後方	
一師二旅四團三營九連	呂朝中	二〇	同上	同上	寶山	左腰	五	一等兵	同上	同上	Tag Verbandwechsel 注射 Clectrorgnal prontosel Campheral Tetmussetim 300 E	由總會送往後方	
八七師五六一旅五二一團二營三連	胡春來	三四	山東	九月十日	蘊藻浜	臀部	三	列兵	九月十日	九月廿四日	左臂部砲彈片射入未出化膿施行手術放橡皮排膿管逐日用 Rivanol 洗滌包紮	由總會送往後方	
八七師五六一旅五二一團二營二連	鄧士田	二四	同上	同上	大橋	左股	四	一等兵	同上	十月十五日	施行手術取出子彈經換藥包紮即愈	由總會送往後方	
八七師五六一旅五二一團三營三連	梁虎輝	二〇	廣西	同上	江灣	左手	四	同上	同上	九月十二日	創口洗滌止痛稍愈	後方	
八七師五〇一旅五二七團二營五連	張大才	二四	徐州	同上	大場	胞傷	四	列兵	同上	十月十五日	每日用藥水洗滌並投止痛劑 Veramon, Vegain 並安其神	後方	
八七師五〇一旅五二一團二營六連	潘正邦	二三	東海	同上	小橋	左手掌炸傷	四	上士	同上	九月廿四日	每日用藥水洗滌並投止痛劑 Veramon Vegain 並安神	後方	

八七師五〇一旅五二一團二營六連	王青山	二六	安徽	九月十日	吳淞	左腿	四	下士	九月十日	九月十四日	以 Acid alurn acetatus 溫包紮止痛創口洗滌稍愈	中央研究院	
八七師五六一旅五二一團二營六連	武廣明	二二	江蘇	同上	同上	左臉鎗傷	四	同上	同上	同上	經數日洗滌換藥漸愈惟出院時尚未完全痊愈	中央研究院	
八七師五六一旅五二一團二營六連	張貴金	一九	山東	同上	同上	大腿鎗傷	四	二等兵	同上	同上	經數日換藥後腫稍減	中央研究院	
八七師五六一旅五二一團二營六連	蔡鳳山	一七	浙江	同上	藴藻浜	右手鎗傷	四	一等兵	同上	十月廿八日	Tag Verbandwechsel 注射Prontasul Electroigal 內服止痛劑	後方	
七八師二三四旅四六八團一營一連	李世璽	二八	四川	同上	祁家行	左上膊	三	列兵	九月十一日	九月十二日	皮膚傷無菌包紮抹擦消毒劑	同上	
七八師二八四旅四六八團一營二連	李恪正	二〇	河南	同上	同上	左臂	三	同上	同上	同上	皮膚傷創口無菌包紮	同上	
七八師二八四旅四六八團一營三連	王正海	三〇	同上	同上	柳家閘	兩膀肘關節	三	上士	同上	同上	潔淨處置塗抹碘酒無菌包紮皮膚傷	南翔	
一師一旅一團三營七連	田繼南	三三	湖北	同上	吳淞	右腿	三	列兵	同上	十月十五日	彈片射入傷及骨膜化膿施行手術取出彈片逐日無菌包紮	由總會送往後方	
一師二旅三團一營一連	趙保舉	二一	河南	九月八日	楊行	左脚	三	一等兵	同上	十一月十七日	步槍貫穿足踝骨擬行搔爬 Auzkratzung 二次	轉第廿三醫院	
一師二旅四團一營三連	王有明	二六	江西	九月十日	吳淞	胸背部	四	二等兵	同上	十月十五日	因Lungenschup故咳血咳嗽以 Hustew mixture, coslein syrup calciiim campheial 等治療	由總會送往後方	
一師一旅一團二營六連	方象和	二五	山東	九月九日	同上	腰部	四	二等兵	同上	同上	每日換藥外投以 Corauind, E 3x tze 10 gtt, 及各種强心劑	由總會送往後方	
一師一旅二團三營九連	余立順	二九	河北	九月十日	同上	左腰	四	上士班長	同上	同上	為 Sehupverle bung 經每日換藥包外再注射 morphin 以止痛但再注射 blektrangol 以防化膿	由總會送往後方	

一師一旅一團二營五連	李金忠	二四	山東	九月十日	吳淞	左胯	四	二等兵	九月十一日	十一月十七日	每日用 Rivanol 冲洗及 Jodoformegare 嵌入創口因內有膿故曾注射 Septicemin Teypastavin	轉第二十三醫院	
一師一旅一團二營五連	尚青雲	三七	甘肅	同上	同上	右手右腿	四	同上	同上	九月廿九日	用藥種類 Morphin Veronal Pyramilou usw	由救護委員會送新滬華	
一師一旅二團三營八連	羅仁剛	三〇	湖南	同上	蘊藻浜	頭部	四	同上	同上	九月十四日	數日治療即告痊愈	中央研究院	
八八師二〇旅六五八團三營七連	秦滿成	四二	山西	九月十一日	五三公墓	頭部	三	上等兵	九月十二日	同上	皮膚炸傷剃去頭髮塗碘酒	後方	
六一師八二旅三六六團二營四連	王彥章	三〇	湖南	九月十日	殷行	內病	四	二等兵	同上	九月十六日	數日治療即告痊愈	由總會送新滬華	
八八師二八四旅五二八團一營二連	張俊	二二	四川	九月十二日	方家木橋	鼠蹊部	一	同上	同上	九月廿九日	傷口每日洗滌換藥注射樟腦油及嗎啡內服凡拉蒙等	由救護委員會送新滬華	
八八師二八四旅五二八團一營二連	周廣新	四六	安徽	九月五日	江灣	肩部壓傷	五	同上	同上	同上	Tag Verbandwechsel 內服開胃劑止瀉劑	由總會送新滬華車站	
八八師二八四旅五二八團二營六連	蔣恢德	二六	湖南	九月十二日	持志大學	左下腿傷	一	一等兵	同上	十月十五日	傷口洗滌滅菌法注射 glieose, camphorol celebhargol, n, Immadin amp.	由總會送往後方	
八八師二八四旅五二八團二營四連	邱德輝	一九	四川	同上	江灣	內病	四	同上	同上	九月十六日	用 Infleuza Magai usw 用藥 Salueros posxtuon chinnpy-ramidun Aramun.	由總會送新滬華	
七八師二三二旅四六四團三營七連	宗發生	三〇	湖南	同上	楊村	胸部	六	同上	九月十三日	十月十五日	Camphenal w. c. c. 繼續注射創口止血止咳藥品	由總會送往後方	
七八師二三二旅四六四團三營七連	王貴德	二六	江蘇	九月十一日	同上	頭部	六	列兵	同上	九月十三日	未到院死救護車上	普善山莊	兜大衣送總會
十八師三三旅六五團三營機連	楊先知	二六	湖南	八月廿四日	羅店	右膝蓋	一	一等兵	同上	九月十四日	傷口每日用 3% Mercurochrome Pinsel 注射 Tetanus serum morphin amp.	中央研究院	

七八師二三四旅四六八團三營七連	全鳳章	三五	湖南	九月十三日	楊村	臀部	五	列兵	九月十三日	九月廿一日	外用 3% Pratazel (trapfusiselin amp) Rivanol lousung spnly) 內服 Anytal Bromnxtine 3x tye	由總會送往後方	
一五師四五旅八九團二營四連	歐得勝	二五	同上	九月十六日	賓山	傷臂	一	列兵	九月十七日	九月廿四日	傷口每日洗滌灑注射 Prontosee Oruundin	由總會送往後方	
一五師四三旅八六團三營四連	崔遠圖	二四	同上	同上	同上	腿部臂部	一	同上	同上	同上	傷口每日洗滌換藥內服鎮靜劑止瀉劑	由總會送往後方	
一六師四七旅八五團二營四連	張朝相	二六	四川	同上	同上	左臂	一	同上	同上	九月廿九日	傷處每日用 3% Merocurochrome Pinseln	由總會送往後方	
一五師四三旅八五團二營四連	謝紱三	二四	江西	同上	同上	左臂	一	二等兵	同上	九月廿一日	傷口每日用 3% Mercurochrome Rivoinol Jodoformgaze Tamp後漸收口	由總會送往後方	
一五師四三旅八五團三營七連	姚芝楨	二〇	湖南	同上	奠溦	手部炸傷	一	列兵	同上	九月廿四日	傷處用 3% Mercurochrome Pinseln Bosaebe 包敷	由總會送往後方	
一五師四三旅八六團三營九連	喻文臣	三五	江蘇	同上	同上	腿部	一	同上	同上	十一月十三日	傷口每天用 1% Rivanol spintung & Jodoformgaze Tamp	後方	
一五師四三旅八六團一營二連	羅子燈	二〇	湖南	同上	賓山	胸部	五	上等兵	同上	九月廿四日	Tag Verbandwechsel 內服止痛劑利尿劑	由救護會送新龍華	
一六師四六旅九一團三營九連	王光生	一九	江西	同上	蘊藻浜	右肩	一	二等兵	同上	同上	傷口每日用 3% Mercurochrome Pinseln 硼酸油膏抹塗	由總會送後方	
一六師四三旅八五團二營六連	黃友生	二八	湖南	同上	賓山	左脚	一	一等兵	同上	九月廿一日	傷口每日用 3% Mercurochrome Pinseln	送新龍華	
一五師四三旅八五團二營四連	周青	三五	同上	同上	同上	脚部炸傷	五	上士班長	同上	十一月十八日	Tag Verbandwechsel 患處用 3% Mercurochrome 塗後用消毒紗布覆蓋內服補藥	轉廿三傷院	
一六師四六旅九一團三營八連	朱彥	三四	同上	同上	蘊藻浜	左上腿炸傷	一	一等兵	同上	九月廿九日	傷處用 3% Mercurochrome Pinseln, gaze Unorrchlay	新龍華站	

一六師四八旅九五團二營四連	竹善文	三五	湖南	九月十六日	寶山	左眼	三	二等兵	九月十七日	十月十八日	左眼四周及額骨全被砲彈片炸去施行 Exen teratis bettbi 手術逐日用 Rivavol 洗滌	後方	
一五師四三旅八六團三營四連	王金生	三六	同上	同上	同上	腿部炸傷	三	中士副班長	同上	十月十日	槍彈射入左下腿關節處未取出創口塗抹碘酒無菌包紮	送國際霍亂病醫院	
一五師四三旅八六團一營	段錫興	二二	同上	同上	同上	右腿	一	傳達兵	同上	九月廿一日	傷口先用 3% Mercurwchrome Rianol 經開刀後每天用 3% H_2O_2. Jodoformgauze	新龍華車站	
一六師四八旅九五團二營四連	彭學將	二三	同上	同上	江灣	手部炸傷	二	上士班長	同上	十月十五日	Tag verbandwechsel 內服下瀉劑安眠劑止痛劑	後方	
一五師四三旅八六團二營四連	丁龍文	二五	同上	同上	吳淞	手部炸傷	三	上等兵	同上	十月廿七日	左上膊連肩關節骨折施行石膏包紮二次內服熱劑	後方	
一五師四三旅八一團二營四連	俞明	二八	同上	同上	同上	腿部炸傷	三	上士班長	同上	九月十七日	生理食鹽水灌注射强心劑	普善山莊	包裹已送總會
一五師四三旅八三團一營一連	蔡福遠	三〇	同上	同上	同上	頸部炸傷	二	輕機槍兵	同上	十月十五日	Tag Verbandwechsel 注射 Immuradin. 14 Amq. Electraigel Prontosil glukose.	後方	
警衛隊司令部特務隊	黃錫新	二三	江蘇			脚氣病	一	上等兵	九月廿四日	十月一日	注射 Vitiman B. 及强心劑	後方	
警衛隊司令部特務隊	何少卿	二六	同上			脚氣病	三	一等兵	同上	九月廿九日	Vitiman B.	後方	
二師補充旅一團機三連	李萃葵	二七	江西	八月廿三日	虹口	左眼胸部	六	上尉連長	九月廿六日	十一月九日	作 Incicion 手術殺菌藥品洗滌無菌包紮	後方	
二師補充旅一團二營六連	楊德修	二八	湖北	同上	同上	下腿貫穿	六	同上	同上	同上	作 Incicion 用 Tampan 殺菌藥品洗滌及無菌包紮	後方	
三六師一〇八旅二一五團二營四連	簡政南	三三	同上	九月十二日	江灣	左脚	六	少尉排長	同上	十月二十日	Hongkong Tup 無外傷用 Hongkong Tupsalbe	歸隊	

二六

五七師一六九旅三三七團三營九連	李崑山	二三	河南	十月二日	八字橋	腿部	二	一等兵	十月四日	十月廿八日	每日換藥注射 Prontosil 內服 Karsbadeisaly	由總會送後方	
八八師二六二旅五二三團一營三連	楊樹華	二八	湖北	十月三日	中山路	頭部	二	上士	同上	十月十五日	Tag Verbandwechsel 內服止痛劑	由總會送後方	
八八師二六二旅五二四團一營三連	徐士華	二五	山東	十月二日	寶興路	左手	三	一等兵	同上	同上	無包菌紮內服止痛片及退熱劑	由總會送後方	
八八師二六二旅五二四團一營一連	孫國民	二四	安徽	同上	同上	背部	二	同上	同上	同上	Tag Verbandwechsel 下瀉劑	由總會送後方	
五七師一九九旅三三九團三營九連	史光勝	二二	安徽	同上	八字橋	胸部	四	上等兵	同上	十月廿六日	每日換藥痊愈	由總會送後方	
六一師一八一旅二六二團二營七連	袁金和	二四	江蘇	十月三日	塘橋	胸部左臂	二	二等兵	同上	十月廿八日	Tetaus Seriu 內服安眠劑止咳劑注射 Electrorgol Tag Verbandwecksel	後方	
六一師一八一旅二六二團一營二連	吳鎮廷	三〇	湖南	同上	橫浜橋	右胸	六	上尉連長	同上	十月廿七日	Comphoiol 10.c.c. 繼續注射十天並注射止血藥品創口用無菌療法	同上	
八師二四旅四八團一營機連	王丕	二〇	同上	同上	唐家橋	左腿	二	下士	同上	十月十五日	Tag Verbandwechsel	同上	
六七師一八一旅二六二團三營七連	劉金榮	二八	山東	同上	橫浜橋	右胸	二	一等兵	同上	十一月十八日	Tag Verbandwechsel Mobclesieren & Abduktion	轉第廿三醫院	
六七師一八一旅二六二團二營四連	焦潤德	三八	陝西	同上	同上	右臂	三	下士	同上	同上	傷口洗滌滅菌法內服止痛劑注射補血針	同上	
五〇師工兵	陳國權	三二	湖北	同上	同上	面部	三	工兵	同上	十一月十三日	炸片彈自左而右橫貫鼻根並穿入右眼瞼打穿眼球施用手術	後方	
八八師二九二旅五二四團一營一連	林生淮	二三	廣東	同上	北四川路	臂部炸傷	二	一等兵	同上	十一月十七日	Tag Verbandwechsel Inwadin, Coagulen, Prontosil, Trypaflaune, Septicemne	轉廿三醫院	

六七師二連二團二營六營	李盛才	三〇	陝西	十月三十日	橫浜橋	左臂	三	二等兵	十月四日	十月廿七日	彈片射入軟部未出施行手術取出彈片	後方	
八八師二六二旅五二四團一營二連	楊文益	二六	雲南	同上	晏摩氏女校	頭部手部炸傷	三	少尉排長	同上	十月十五日	Tag Verbandwechsel	同上	
六一師一八一旅三六二團三營七連	李義祥	二三	江西	同上	塘橋	額部槍傷	二	中士	同上	十月廿七日	Tag Verbandwechsel 內服止痛劑退熱劑安福皮府脊消炎	同上	
六一師七一旅三六二團一營五連	張敬勝	二二	河南	同上	同上	右肩背槍傷	四	上士	同上	十一月廿七日	患處用 Rivanol losung 沖洗 Jodoformgaze 包紮	轉廿三醫院	
六一師一八一旅三六二團二營六連	鄭嘉順	二五	山西	同上	同上	左背炸傷	四	上等兵	同上	同上	先止血劑 Clanden 並注射 Iunndin, Morphin 內服 Syr Codeinale lectis	後方	
六一師一八一旅三六二團三營七連	彭永發	二〇	河南	同上	同上	左臂炮傷	二	一等兵	同上	十一月十七日	Tag Verbandwechsel 施行手術 Wandverlreitet und Splitter heiausuehmen	轉廿三醫院	
六一師一八一旅三六二團二營五連	閻宏君	三六	同上	同上	同上	左臂背部	二	下士	同上	十月廿七日	Tag Verbandwechsel 注射止血劑及止咳劑	後方	
六一師一八一旅三六二團三營七連	王錫榮	三五	同上	同上	同上	肩胛槍傷	五	一等兵	同上	十月十五日	Tag Verbandwechsel 內服下瀉劑	同上	
六一師一八一旅三六團三營九連	王世宣	二三	安徽	同上	同上	內部毀傷	三	上等兵	同上	十月廿一日	注射樟腦油鈣劑強心劑內服 Codein syup Calcam lact	同上	
八八師二六二旅五二四團一營二連	吳快子	二八	浙江	十月二十日	寶山橋	左膝左腿槍傷	三	二等兵	同上	十一月十八日	Tag Verbandwechsel 注射 Prontosil 及強心劑內服滋養劑安眠劑	轉十七醫院	
八師二、〇旅五八團機連	王玉崑	二九	河北	十月三十日	塘橋	背左肩炸傷	二	一等兵	同上	十月廿七日	Tag Verbandwechsel 注射 Prontosil 及强心劑	後方	
八師二二旅四四團機連	孟若超	二〇	湖南	同上	塘北	下顎炸傷	六	二等兵	同上	十一月十三日	傷口每天用 1% Riveinol Opuly & Jodoformgaxe Tamp	同上	

六一師一八一旅三六二團三營九連	陳蘭亭	二七	河南	十月三日	塘橋	面部槍傷	六	一等兵	十月四日	十月十五日	作切開術取出彈片行無菌療法及殺菌藥品	後方	
六一師一八一旅三六二團二營四連	劉振海	四二	同上	同上	同上	頭部炸傷	四	上等兵	同上	十一月十三日	每日用 Rivauol-losung 洗傷口及 Jodoformgauze 嵌入	同上	
八師二二旅四四團三營八連	黃月池	二六	湖南	同上	大場	右上膊片傷	四	下士	同上	十月廿六日	注射 Morphin 及 Coraum 等劑	同上	
一六師四六旅九二團三營九連	劉治芷	二三	同上	十月二日	顧家宅	大腿	四	列兵	同上	十月十五日	每日用 Rivanol-losung 洗創口 Jodoformgauze 敷創口	同上	
八師二二旅四四團一營二連	諶漢卿	二八	同上	十月三日	塘北	左腿炸傷	四	二等兵	同上	十月廿六日	每日洗滌換藥投止痛劑	同上	
八師二二旅四四團一營二連	邱前	三一	同上	同上	大場	右前膊炸傷	六	一等兵	同上	十月廿一日	切除壞死部皮肉及無菌療法	同上	
八八師二六二旅五二四團二營一連	田發金	二五	河南	十月五日	四川路	左手槍傷	一	上等兵	十月六日	十一月十七日	灌注生理食鹽水注射强心劑止血劑葡萄糖液	轉廿三醫院	
八八師二六二旅五二四團二營九連	傅朝渠	三一	同上	同上	寶山路	左手槍傷	三	一等兵	同上	十一月十三日	灌注生理食鹽水注射强心劑止血劑內服退熱劑	後方	
八八師二六二旅五二四團三營九連	張飛鵬	二〇	同上	同上	同上	臂部炸傷	一	同上	同上	十一月十七日	傷處先用 3% Mercmochrome Pinseln 內服止痛劑	轉廿三醫院	
八八師二六二旅五二四團三營九連	劉創才	二七	山西	同上	同上	左腿炸傷	六	上尉連長	同上	十月廿八日	殺菌藥品洗滌口無菌療法	後方	
一六師四六旅九二團一營二連	蘇亮村	二五	河南	十月二日	顧家宅	左手炸傷	一	少尉排長	十月七日	十月十五日	傷口每日用 3% Mercurochrome Puselnu, Jodofoungauze Tamp	同上	
八八師二六二旅五二四團二營二連	李穉臣	二四	湖北	十月八日	廣東街	右手兩腿炮傷	一	上等兵	十月九日	同上	傷口每日用 1% Rivanol spily W. Jodoformgaiye Tamp	同上	

八八師二六二旅五二四團三營八連	李玉初	三六	河北	十月八日	寶山路	腿炸傷	一	上等兵	十月九日	十一月十五日	傷口用 1% Rivnnol Spinly u. Jodoformgauze Tamp	後方	
八八師二六二旅五二四團一營二連	孫振邦	二二	河南	同上	廣東街	左手槍傷	三	一等兵	同上	十一月十三日	創口無膿拖蓋並用 Lig alumin acetin 按包消腫	同上	
稅警五團一營一連	蔣濟雄	二七	同上	十月七日	丁家橋	頭部	三	同上	同上	同上	眼球爲施行 Exentewtion bulbi 手術子彈無從取出內服止痛劑	同上	
稅警五團二營五連	范德全	二三	安徽	十月八日	同上	右手指	五	同上	同上	十月廿七日	Tag Verbandwechsel 內服止咳劑止痛劑	同上	
稅警一團二營四連	李德卿	三〇	湖南	十月六日	同上	右腿	三	同上	同上	十一月十七日	第一次手術將創口處沉潔淨取出碎骨再包石膏	轉廿三醫院	
稅警五團一營一連	劉文斌	二八	安徽	十月八日	同上	左膝蓋	三	同上	同上	十月十五日	傷口每天用 3% Mercurochrome Pinseln	後方	
稅警五團二營四連	伍登科	三一	湖南	十月六日	同上	左大腿	三	同上	同上	十一月十三日	內服退熱劑注射 Prontosil	同上	
稅警五團二營四連	梁東臣	二六	同上	同上	同上	頭部腰部	一	同上	同上	十月廿六日	創處出血腐臭用 Danpin Solution 冲洗 Stulgaze 包紮 Clanden 止血	同上	
六一師炮兵團一營一連	郝長春	二七	山東	十月八日	蘊藻浜	左手炸傷	四	二等兵	同上	十月廿六日	受傷處用 3% Mercurochrome Pinseln u. Borwalb	同上	
稅警五團一營三連	劉心化	二七	湖南	十月五日	丁家橋	左腿	一	一等兵	同上	十月廿七日	受傷處用 3% Mercurochrome Pinseln	同上	
稅警五團一營七連	胡今雍	二八	同上	十月八日	同上	左大腿	五	同上	同上	同上	每日用藥冲洗患處外用 Rivanol losung Mercurochrome	同上	
稅警五團一營二連	宋正	三〇	安徽	同上	同上	下腿貫通	五	同上	同上	同上	受傷處用 3%雙氧水洗滌內服鎮靜止痛劑	同上	

九師二六旅五一團	齊永田	二八	河南	十月五日	李家衙	左肩部貫通	五	一等兵	十月九日	十一月廿七日	Tag Verbandwechsel 內服止咳劑退熱劑	後方	
稅警五團二營六連	歐陽林	二五	湖南	十月六日	丁家橋	頭部	一	同上	同上	十一月十三日	傷口每日用 1% Rivanol Sywly u. Jodoformgaze	同上	
一六師四八旅九五團一營三連	周枯卿	二三	同上	十月八日	陳家橋	左下腿	五	二等兵	同上	十一月十五日	Tag Verbandwechsel 內服退熱劑	同上	
稅警五團三營七連	陳雲祥	二八	同上	同上	丁家橋	同上	一	一等兵	同上	十一月廿七日	傷口用 3% H_2O_2 Spuly u. Jodoformgaze Tamp	同上	
稅警五團三營七連	李春發	二六	浙江	同上	同上	右手指	一	同上	同上	十一月十三日	右手指截去左大腿貫通傷行開切術 Incicon	同上	
八師六八團一營三連	辛其良	二八	廣東	十月五日	寶山路	右脚	一	二等兵	同上	同上	受傷處用 3% Msrcurochrome Pinseln 1% Rivanol spuly u. Jodoformgaze Tamp	同上	
警備司令部	沈徙吾	二三	河南	十月十五日	陶宅	手部	五	尉連長	同上	十一月一日	Tag Verbandwechsel Tetnnus Serumin 預防注射	自回司令部	
四六師四六旅九二團三營機連	游長生	二八	同上	同上	同上	頭部碰傷	一	槍手	同上	十月廿八日	傷處用 3% Mercurochrome Pinseln 內服鎮靜止痛劑	由總會送後方	
一師工兵營一二連	李子忠	二一	同上	同上	同上	右臂擦傷	四	一等兵	同上	十一月十三日	傷口開刀後用1% Rivanol Spuly u. Jodoformgaze Tamp 內服止痛劑	後方	
一師二旅四團三營十連	周俊才	二一	湖南	十月十四日	光復鎮	手部胸部	一	同上	十月十五日	十月廿九日	傷口洗滌滅菌法注射止血針强心針內服止咳劑	普善山莊	符號傷單包裹已送總會
一三師三七旅七四團三營九連	黃如璋	二六	同上	同上	同上	左腿	一	上等兵	同上	十一月十八日	注射 Novargol Trypaflauixe Lunadin等	轉廿三醫院	
一三師三七旅七四團一營二連	傅登順	二三	湖北	十月十二日	同上	右腿	二	二等兵	同上	同上	注射 Novargol Trypaflauixe Lunadin等瀉下劑退熱劑	轉廿三醫院	

三師八旅一五團二營四連	吳中茶	三〇	河南	十月十四日	光復鎮	腰部	二	二等兵	十月十五日	十一月十三日	傷口開刀後用 1% Rivanol Spuly u. Jodoformgaze Tamp	後方	
三師八旅一五團一營一連	王照運	二二	山東	十月十二日	同上	腿部	一	一等兵	同上	十一月十七日	傷口每日用 3% H_2O_2 Spruty Jodoformgauze Tamp 內服止痛劑	轉廿三醫院	
三師九旅一八團二營	周貴生	二三	河北	十月十五日	廟行	面部	四	同上	同上		注射強心劑創口無菌包紮	普善山莊	傷單符號已送總會
五七師一二一旅三四〇團二營	胡德明	二三	湖南	同上	陳家行	面頰	二	二等兵	同上		水袋注射 Glukose Egsigs aure Touerde Umschlag	由總會送後方	
三六師一〇六旅二一一團二營	田得榮	一八	山東	同上	江灣	腰部	五	同上	同上	十月廿七日	Tag Verbandwechsel 內服退熱劑	由總會送後方	
三六師一〇六旅二一二團一營二連	常秀棨	二四	江蘇	同上	同上	頭部兩手	三	上等兵	同上		Tag Verbandwechsel 及 Splliter geransuehuen	後方	
三六師一〇六旅二一二團二營	趙國旅	二八	河南	同上	同上	頭部炸傷	二	同上	同上	十一月十三日	Tag Verbandwechsel Splitter beransuehuen	同上	
三六師一〇六旅二一二團一營炮連	程華山	二一	湖北	同上	同上	肩部	二	同上	同上	同上	Tag Verbandwechsel 施行助膜穿刺服強心劑	同上	
三六師一〇六旅二一二團二營一連	甦濤富	三〇	江蘇	十月十四日	大場	腿部	三	下士班長	同上	同上	砲彈片由腰脊柱射入因創膿施行 Incicion	同上	
八七師二六一旅五二一團一營一連	歐依梅	三四	福建	同上	廟行	手部	四	上等兵	同上	十一月十七日	用 4% Mercurochrome 塗消毒紗布覆蓋投 Codin sywp 並治咳嗽	同上	
九七師二六一旅二五一團一營二連	梁古元	二四	河南	十月十五日	同上	面部	四	一等兵	同上	十月廿八日	每日用 Rivanol-losung 洗創口並止痛	同上	
八七師二六一旅二五一團一營二連	黃方田	二九	同上	同上	同上	頭部	四	同上	同上	十月廿七日	患處用 H_2O_2 冲洗 Sterilgose 包紮	同上	

八七師二六一旅二五一團一營二連	李志鈞	一九	河南	十月十五日	廟行	頭部	四	一等兵	十月十五日	十月十五日	頭部彈穿腦漿流出並用冰袋強心劑無效	普善山莊	符號送總會
三師九旅一七團二營一連	陳維孝	三一	山東	同上	利中橋	臂部炸傷	二	同上	同上	十一月十七日	Tag Verbandwechsel 注射止血劑鹽水	轉廿三醫院	
三師九旅一八團二營一連	蔡高元	二二	浙江	同上	同上	左腿折斷	三	二等兵	同上	十月廿九日	創處從緊淨內服退熱療劑注射強心劑	普善山莊	
八七師二六一旅五二一團機關槍連	段建高	二九	河南	同上	周行	左大腿	五	上尉連長	同上	十一月十八日	Tag Verbandwechsel 施行手術取出槍彈內服止咳劑安眠劑	轉體仁醫院	
八七師二五九旅五一七團一營四連	鄒生貴	二五	同上	同上	廟行	頭部	四	一等兵	同上	十月廿四日	頭部放水袋鼻腔滴 Protorgol 注射強心劑	普善山莊	傷單符號送總會
九師二六旅五一團三營	蔣治英	三一	湖南	同上	廣福北	左大腿貫通	六	少校營長	十月十六日	十一月九日	Tamp 及殺菌藥品洗滌無菌療法	後方	
五七師一二一旅三四〇團二營	劉殿士	三九	奉天	十月十六日	陳家巷	腿部貫通槍傷		少校營長	同上	十月十六日	施行手術灌注生理食鹽水及強心劑	普善山莊	傷單符號已送總會
三師八旅一五團二營四連	李長銀	二五	河南	十月十五日	同上	右手臂腰部		步兵	同上	同上	頭部放冰袋注射強心劑	普善山莊	符號肩章已送總會
三師六旅一八團三營九連	趙國賢	二六	同上	十月十四日	廟行	左腿	一	一等兵	同上	十一月十三日	傷口每日用 3% H_2O_2 Spulung Jodoformgaze, Tamp	後方	
保安第一團六〇中隊	嚴之龍	二八	浙江	八月卅一日	吳淞	右臂炮傷	二	少尉分隊長	同上	十月廿八日	創口用 Dukin Solution 洗滌注射 Omnadinusn	歸隊	
一七三師一〇八旅三營一團一連	潘　強	二三	廣西	十月十七日	朱家宅	左右小腿	六	少校代理營長	同上	同上	Tag Verbandwechsel 注射破傷及血清內服開胃劑	後方	
八七師二六一旅五二一團一營一連	張李弓	二一	河南	同上	徐家巷	槍傷左手掌貫通左肩貫通	六	二等兵	同上	十一月十七日	左手中指左手掌關節處取去左肩槍彈取出內服退熱劑	轉廿三醫院	

一七三師五一七旅一〇三三團三營	周勝中	二四	河南	十月十七日	朱家宅	手部	四	號兵	十月十六日	十一月十七日	創口腐臭化膿注射 Sephcemin tryrafturin Novaigol	轉廿三醫院	
一三五師八一〇旅八團三營一連	袁明全	二三	湖南	同上	同上	後腦	三	列兵	同上	十月廿一日	創傷處放冰袋注射强心劑	普善山莊	傷單符號已送總會
三師九旅一七團二營機關槍連	趙紀相	二五	山東	十月十四日	利中橋	左大腿骨槍傷折	三	下士班長	同上	十一月十七日	施行手術取出碎骨灌注生理食鹽水內服退熱劑	轉廿三醫院	
一九師五七連一七四團二營四連	劉世嵩	二四	湖南	十月十九日	湖里宅	頭部炸傷	一	一等兵	十月廿日	十月廿日	頭部放冰袋注射强心劑	普善山莊	傷單符號已送總會
一九師五七旅一一四團一營三連	劉焯明	三四	河南	同上	同上	左下腿及腿部	二	上尉營附	同上	十月廿四日	Tag Verbandwechsel 注射强心劑	由救護委員會掩埋	傷單符號圖章已送總會
一九師五七旅一一四團二營四連	劉振成	三二	湖南	同上	同上	腰部炸傷	二	少尉排長	同上	十一月十三日	Tag Verbandwechsel 內服止咳劑强心劑安眠劑	後方	
一九師五七旅一一四團三營九連	譚成文	三七	同上	同上	同上	左大腿炸傷	一	上等兵	同上	同上	傷口每日用1% Rivanol Spuly Jodoformgauze 內服止咳劑	後方	
一九師五七旅一一四團一營一連	陳發雲	二〇	同上	同上	同上	左小腿炮傷	一	傳達兵	同上	十月廿九日	傷口洗滌滅菌法內服强心劑	普善山莊	符號包裹已送總會
一九師五七旅一三四連一營一連	羅殘非	二七	同上	同上	同上	右小腿炸傷	六	列兵	同上	十月廿七日	灌注生理食鹽水注射强心劑葡萄糖內服退熱劑	普善山莊	符號自來水筆包裹送總會
一九師五七旅一一四團一營一連	楊東勝	三四	同上	同上	同上	頭部背部炸傷	五	少尉特務長	同上	同上	創口發臭不潔用 Tetans Serum 3000 單位注射並用 Rivanol-losung	後方	
三師九旅一八團二營四連	司文勝	一七	安徽	同上	曹宅	腰部下腿炸傷	四	通信兵	同上	十月廿日	當日由醫師驗明虎列拉症	送國際臨時霍亂醫院	
一三師三七旅七三團一營	丁國興	三四	浙江	同上	廣福鎮	左下腿槍傷	六	少校營長	十月廿二日	十月廿八日	殺菌藥品洗傷口並無菌療法	後方	

一七四師五二〇旅一〇一六團一營	王玉祥	三三	湖南	十月十二日	沈家宅	左腿槍傷	二	上尉營附	十月廿二日	十一月九日	作切開術及殺菌藥品洗傷口並無菌療法	後方	
一七四師五二〇旅一〇四〇團一營二連	尋家賓	三一	廣西	十月廿一日	朱宅	左下腿槍傷	二	上尉連長	同上	同上	殺菌藥品劑創口無菌療法	同上	
一七四師五二〇旅一〇四〇團	王振朝	四三	同上	同上	同上	左下腿槍傷	六	上校團長	同上	同上	Tampon 無菌療法	由總會送後方	
三師九旅一八團三營	陳希堯	三二	安徽	同上	沈家潤	右肩胛部貫通左頭部炸傷	六	少校連長	同上	十月廿八日	殺菌藥品洗滌傷口及無菌療法	同上	
二六師七六旅一五二團一營二連	康成玉	三五	四川	同上	大場	胸部貫通彈傷	六	上尉連長	同上	十月廿四日	注射10%樟腦油葡萄糖內服退熱劑	救護會埋葬	傷單包裹已送總會
三師九旅一七團二營	李正才	三一	綏遠	十月廿二日	陳家行	右大腿槍傷	六	少校營長	十月廿四日	十月廿八日	稍有化膿用 Tampon 術及殺菌藥品洗滌	由救護總會送後方	
二六師七六旅一五二團三連	黃永興	二八	綏遠	十月廿三日	季項宅	右腿兩腿炸傷	六	同上	同上	同上	Tampon 及無菌療法	同上	
三三師九七旅一九三團	王逸厚	三三	山東	十月廿五日	大場	左上胸	六	上校團長	十月廿五日	十月廿九日	肺部稍內出用 Congulen 及 Clavden 傷口緊貼	自動轉中德醫院	
三三師九七旅一九三團三營	王仲三	三〇	寧夏	十月廿四日	大場	內部震傷	四	少尉排長	十月廿六日	十月廿六日	患處用 Ol Terbuitbinoe 注射用 Omnadin Digalin	由總會送後方	
三三師九七旅一九三團三營九連	陳作雲	三〇	河南	同上	同上	左胸側貫通	四	上尉連長	同上	同上	用冰袋止痛劑及安神劑	由救護總會送後方	
三三師九七旅一九三團	沈益興	三三	甘肅	同上	同上	小腿炸傷	四	上尉軍需	同上	十一月十日	每日用 Rivanol-losung 冲洗無化膿現象	由總會送後方	
三三師九九旅一九八團三營	李向離	二八	山西	同上	同上	右臂	四	少校營長	同上	十月廿八日	每日以 Rivanol-losung 洗患處並插入 Jodoformgauze	由救護總會送後方	

三三師九九旅一九八團三營	馬振坤	三一	河南	十月廿四日	大場	左手	四	中尉排長	十月廿六日	十一月廿八日	每日換藥包紮一切情形佳良	由總會送後方	
三三師九七旅一九三團三營	張愼儉	三三	同上	同上	同上	左手指炸斷	四	上尉營附	同上	十一月十六日	以 Rivanol-losung 洗滌創口並止痛切去碎骨片	後方	
三三師九九旅一九八團一營	王濟亞	四二	安徽	十月廿五日	大場小東橋	左腿	四	少校營長	同上	十一月廿八日	外用 Rivanol-losung Mercurochrome Jodoformgaze Tamp	由總會送後方	
三三師九九旅一九八團二營	郭存山	三六	山東	同上	同上	頭部炸脊	一	同上	同上	同上	傷處用 3% Mercurochrome Pinseln us % Protargol 滴耳	同上	
上海市保安一團	張友曾	二五	河北	十月廿八日	華漕鎮	頭部		少校參謀	十月廿八日	十一月十八日	殺菌藥品洗滌及無菌療治	轉廿三醫院	
別動隊	畢連亭	三〇	山東	十月廿九日	中山路	左腰部	一	一等兵	十月卅日	十一月十八日	傷口每日用 3% Mercurochrome Pinseln 內服止咳劑	後方	
稅警五團炮兵連	周孝禎	二〇	江蘇	十月廿八日	大場	腰部槍傷	三	同上	同上	十一月十三日	右下臂槍彈貫穿傷肌肉痿縮手指不能伸直運動	由總會送後方	
稅警五團一營機連	王世銀	三〇	湖北	同上	北新涇	左下腿槍傷	五	上士排附	同上	十一月十八日	Tag Verbandwechsel 內服下瀉劑退熱劑	轉廿三醫院	
一五師四五旅九〇團二營四連	何勝明	二八	湖南	十月廿九日	上行	左腿炸傷	二	二等兵	同上	同上	破傷風血清預防注射利尿劑及鉛醋酸水包退腫止痛	轉廿三醫院	
稅警六團炮兵連	龔文亮	二六	安徽	十月廿六日	周行	手部	五	上等兵	同上	十一月十三日	Tag Verbandwechsel 內服止咳劑	由總會送後方	
保安一團三營七連	李安民	二〇	河南	十月廿七日	閘北	右足背	三	一等兵	同上	同上	右足背內踝皮膚被硫磺燃燒彈灼彈安臥足部平放高放	由總會送後方	
保安二團三大隊一排中隊	李成根	二四	江蘇	十月廿六日	眞茹	左腿炸傷	一	同上	同上	十一月十八日	傷口每日用 1% Rivanol Spuly. Jodoformgaze Tamp	轉廿三醫院	

保安第一中隊	馬福祥	二六	上海市	十月卅日	馬家港	左臂炸傷	五	二等兵	十月卅日	十一月十四日	Tag Vorbandwechsel 內服鎮靜劑下瀉劑	後方
別動隊	朱子良	二〇	浙江	十月廿八日	華漕鎮	右臂炸傷	一	上等兵	同上	十一月八日	傷口每日用 3% Mercurochrome Pinseln 內服止痛鎮靜劑	歸隊
別動隊	郝炳裕	二六	江蘇	同上	同上	頭部腰部炸傷	四	一等兵	同上	十一月十八日	傷口每日用 3% Mercurochrome Pinseln	轉廿三醫院
別動隊	張金生	三〇	河北	十月廿七日	北新涇	頭部腰部炸傷	一	上等兵	同上	十一月十七日	傷處以Wnndbe handlung 化膿甚劇以 Pronlosil 注射飲食爲滋補品	轉廿三醫院
別動隊	周鑅生	三〇	江蘇	十月廿八日	華漕鎮	右臂壓傷	一	上士隊長	同上	十一月三日	傷處用 3% Mercurochrome Pinseln 右耳每日滴 Cal-Bolucen	送別動總隊
別動隊	徐阿福	二七	同上	同上	同上	頭部脚炸傷	三	一等兵	同上	十一月八日	炮彈片炸右頭側及右外足踝皮膚逐日無菌包紮	歸隊
別動隊	李妙順	二二	浙江	同上	同上	頭部炸傷	五	二等兵	同上	同上	Tag Verbandwechsel 破傷風血清注射	同上
別動隊	周伊白	二二	同上	同上	同上	面部手炸傷	五	正隊長士	同上	同上	Tag Verbandwechsel 3% Carbaglycerin 滴耳	同上
別動隊	程統山	二九	江蘇	同上	金家宅	右臂炸傷	四	一等兵	同上	十一月十七日	注射 Tetanus Serum 3000 Einheit	轉廿三醫隊
別動隊	陳武	三三	同上	十月廿七日	北新涇	左臂	五	二等兵	同上	十一月十八日	Tag Verbandwechsel 內服止咳劑退熱劑	轉廿三醫隊
別動隊	孟高	一九	同上	十月廿八日	華漕鎮	頭右臂	二	副隊長士	同上	十一月八日	Tag Verbandwechsel	後方
別動隊	楊富蘭	二八	山東	八月廿四日	南市	左臂炸傷	五	二等兵	同上	十一月九日	Tetanus Serum Tag Verbandwechsel	由總會送後方

別動隊	韓國卿	三一	湖北	十月廿八日	北新涇	頭部	一	下士	十月卅日	十一月九日	傷處用3% Mercurochrome Pinseln及用松節油擦四肢	由總會送後方	
別動隊	周榮生	二七	上海市	同上	華濟鎮	內部壓傷	一	二等兵	同上	同上	患處每天用松節油擦內服止痛片	由總會送後方	
三三師九七旅一九三團一營二連	田川林	二〇	湖南	十月廿六日	大場	右腿部	二	同上	同上	十一月十三日	Tag Verbandwechsel Tetanus Semun 止痛劑	後方	
三三師九九旅一九八團二營五連	劉文俊	二九	河北	同上	老人橋	左頰右膝	四	下士	同上	十一月十八日	因傷內化膿故用切開術拔去瘀血並以Trypaflavin注射	轉廿三醫院	
二六師七八旅一五五團	吳海雲	二五	河南	同上		頭部	四	一等兵	同上	十一月十三日	每日用Borwasser沖洗用Vegain, Tab止痛	由總會送後方	
三師九旅一七團二營五連	苗慶祥	二五	江蘇	十月廿七日	虹橋鎮	頭部	四	二等兵	同上	十一月十七日	用藥如下 1:1000 Rivanol-losung Sterilgaze Verumn	轉廿三醫院	
軍裝師旱旅一團一營	許文亮	二〇	同上	十月廿九日	虹橋鎮	面部炮傷	二	下士	同上	同上	破傷風血清預防注射施行手術取出二大彈片	同上	
一四師四〇旅九九團三營九連	史占奎	二七	河南	十月廿六日	大場	右手槍傷	二	二等兵	同上	同上	Tag Verbandwechsel 施行手術服强心劑止咳劑	同上	
三六師一〇六旅二一二團一營二連	孫振權	二七	湖南	十月卅一日	北新涇	左下腿槍傷	六	上尉連長	十一月一日	同上	殺菌藥品洗滌Tampen並無菌包紮	由總會送後方	
	耿旭東	三一	安徽	同上	虹橋鎮	腿壓傷	三	老百姓	同上	十一月十三日	左膝關節扭傷安眠外敷Alumun Acetice	由總會送後方	
稅警五團	曹宗龍	三〇	湖南	同上	北新涇	顯頂骨折	七	中尉	同上	十一月四日	腦部傷剃髮消毒無菌紗包及冰袋	普善山莊	傷單符號包裹已送總會
稅警一團	廘少卿	三八	廣東	同上	同上	左大腿	三	傳達兵	同上	十一月十七日	左大腿近膝關節處骨折手術治療因創口化膿施行Incion	轉廿三醫院	

二師一旅二團三營九連	蔡永成	二六	四川	同上	同上	左下腿炸傷	四	一等兵	十一月一日	十一月十三日	每日用 Rivanol-losung 及Jodoformgaze 洗滌與包紮	由總會送後方	
八八師	夏國祥	二一	江蘇	同上	同上	背部槍彈穿入	二	傷民	同上	十一月十七日	Tag Verbandwechsel 甘油灌腸通便退熱劑	轉廿三醫院	
一師一旅二團機一連	杜芳勛	二二	河南	同上	同上	半身撲傷	二	上等兵	同上	十一月十三日	Tag Verbandwechsel 下瀉劑	後方	
稅警五團一營	葉成濤	一八	安徽	同上	北新涇	右腿槍傷	四	二等兵	同上	十一月十七日	用藥如下 Darkin Solution sterilgaxe, Mercurochrome	轉廿三醫院	
四八師	張得勝	四〇	江蘇	同上	南市	胸部	三	上等兵	同上	同上	施行穿刺吸出肋膜裏中液手術 (Pleura-punktion)	轉廿三醫院	
六七師二〇一旅四〇一團一營三連	賀裕生	二二	湖南	十一月四日	小南翔	頭部盲管傷	一	同上	十一月五日	十一月十三日	傷口每日用 3% Mercurochrome Pinseln 內服止咳劑	由總會送後方	
六七師一九九旅三九八團一營三連	陳海秋	三七	同上	同上	八字橋	左手右大腿	六	上尉連長	同上	十一月十一日	Tampen 及無菌療法		
六七師二〇一旅四團一〇一營三連	周傑	二〇	同上	同上	華漕鎮	左手槍傷	六	上等兵	同上	十一月十八日	作 Incision 取出碎骨及固定術無菌包紮	轉廿三醫院	
六七師二〇一旅四〇一團一營一連	李雲生	二七	同上	同上	八字橋	右面炸傷	五	一等兵	同上	十一月十三日	Tag Verbandwechsel Tetanus Serum 注射	由總會送後方	
六七師二〇一旅四〇二團一營二連	張新基	二三	河南	同上	同上	右手腕炸傷	四	列兵	同上	十一月十七日	經數日洗滌換藥而出院	轉廿三醫院	
六七師二〇一旅四〇一團二營六連	吳志興	二一	江西	同上	同上	右背右臂炸傷	二	一等兵	同上		Septiceviwe 服止痛劑 Tag Verbandwechsel	轉廿三醫院	
八七師二六一旅五二一團一營一連	周鑑	三〇	湖南	十一月五日	華家宅	左脚小傷	六	少校營長	十一月七日		殺菌藥品洗滌無菌療法	轉體仁醫院	

八七師二六一旅五二二團三營八連	彭德仁	二九	湖北	十一月十六日	蘇州河	左手指炸傷	七	一等兵	十一月十七日		骨折部施行截肢術每日換藥一次再服鎮靜劑	由總會送後方	
教導三團三營九連	趙偈進	二四	河南	同上	同上	胸部貫通	七	班長	同上	十一月十八日	Tag Verbandwechsel 注射强心劑內服止咳劑	轉廿三醫院	
教導一團二營八連	徐凌台	二八	山東	同上	同上	右肩部	七	一等兵	同上	同上	患處用 3% Mercurochrome Pinseln und Steriel gazeverband,	同上	
八八師二六二旅五二八團一營	陳元龍	一八	江蘇	同上	同上	右臂炮傷	七	二等兵	同上	十一月十七日	作 Artetlor untnbindy 術及殺菌藥品並無菌包紮	同上	
稅警四團	汪配三	二五	安徽	十一月十八日	北新涇	右手貫通	七	上等兵	十一月十八日	同上	先以止血劑 Clanden 及 Druck verband 等止血並創口消毒止痛將腐爛處割去	同上	
八八師二六二旅五二八團一營二連	張開君	二六	山東	同上	北尤家宅	左腿部	七	列兵	同上	十一月十一日	禁飲食灌生理食鹽水注射强心劑葡萄糖	普善山莊	國幣九元五角符號已送總會
八八師二六二旅五二八團一營二連	宋超然	三三	四川	同上	同上	左大腿槍傷	七	中尉排長	同上	十一月十七日	傷口先用 3% Mercurochrome Pinseln 經開刀後用 1% Rivanol-syrup u. Jodoformgaxe Tamp	轉廿三醫院	
八八師二六二旅五二八團二營六連	陸伏生	二六	湖南	同上	同上	右腿左脚炸斷	一	列兵	同上	十一月十日	Tag Verbandwechsel 注射生理食鹽水强心劑	普善山莊	符號包裹已送總會
八八師二六二旅五二八團二營機連	唐清	三四	湖南	同上	同上	右臂炸斷	一	中尉排長	同上	十一月十八日	灌注生理食鹽水注射强心劑無菌包紮不能施行手術	普善山莊	國幣十五元一角符號包裹已送總會
一〇二師三〇六旅六一二團一營二連	陳雲卿	三三	四川	同上	蔡家巷	胸部炸傷	二	下士	同上	十一月十日	Tag Verbandwechsel 注射强心劑內服止咳劑	轉廿三醫院	
八八師二六二旅五二八團二營六連	薛輝	三二	山西	同上	林肯路	背部炸傷	二	中尉代連長	同上	同上	傷口清潔消毒肺部放冰袋注射止血針强心針葡萄糖	普善山莊	傷單證單包裹已送總會
八八師二六二旅五二八團三營七連	汪益柯	二六	江西	同上	周家橋	左右手下腹炸傷	三	一等兵	同上	十一月十九日	施行手術注射强心劑	同上	傷單肩章包裹已送總會

八八師二六四旅五二八團二營機連	楊舟候	三〇	湖北	十一月八日	周家橋	左手下腰部	三	上等兵	十一月八日	十一月十七日	傷口每日用1% Rivanol spüly u. Jodoformgaze Tamp	轉廿三醫院	
教導總團三團二營	支劍光	三〇	山東	同上	八字橋	頭部手炸傷	一	少校營長	同上	同上	眼部每日用 Borwoperurnschlag 耳部用 1% Rivanol-Umschlag	後方	
稅警總團步兵第四營	楊玉才	二三	安徽	同上	陳家橋	左下腿槍傷	四	上等兵	十一月九日	十一月十八日	殺菌藥品洗滌及無菌包紮	轉廿三醫院	
一〇二師三〇六旅六一二團一營三連	曾良俊	二七	貴州	十一月七日	小金埂	左膝部炸傷	四	少尉排長	同上	同上	殺菌藥品及洗滌	同上	
警備司令部	鄧傑三	二三	安徽	十一月九日	楓林橋	左腿被鐵絲網鈎傷	四	上等兵	同上	同上	行無菌療法	後方	
三六師一〇八旅二一六團一營一連	洪學和	三〇	湖南	十一月六日	蘇州河	左手虎炸傷	四	列兵	十一月十日	同上	Rivanol 殺菌藥品洗滌及無菌包紮	轉廿三醫院	
七八師衛生隊三排九班	張藴之	二四	河南	十一月二日	同上	左足	七	担架兵	同上	同上	患 Scabis 用 Seawefel Salbe	同上	
三六師一〇八旅二一五團一營三連	張守本	二五	同上	十一月六日	同上	左下腿炸傷	七	上士代理排長	同上	同上	殺菌藥品洗滌口及無菌療法並注射抗菌藥品	同上	
教導總隊一營四連	劉富臣	二二	陝西	同上	同上	左腿炸傷	七	司號	同上	同上	殺菌藥品洗滌創口作 Tampen 並無菌療法	同上	
上海市警察一大隊二中隊	鄒襄候	二五	山東	十一月十日	南市	左手	七	警士	同上	同上	傷口每日用 3% Mercurochrone Pinseln 注射退熱劑	同上	

(一) 入院後洗滌包紮敷藥工作

(二) 換藥工作

(三) X光后之檢驗

(四) 包藥完畢後

(五) 開刀間工作

(六) 腿部醫治用石膏裝治

(七) 檢驗後再行拍X光

(一)

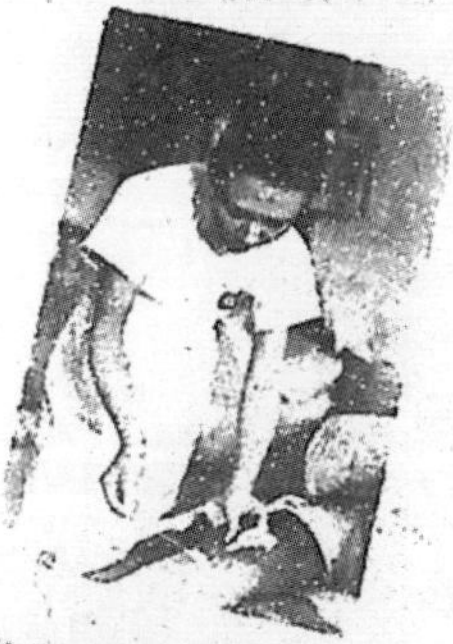

(二)

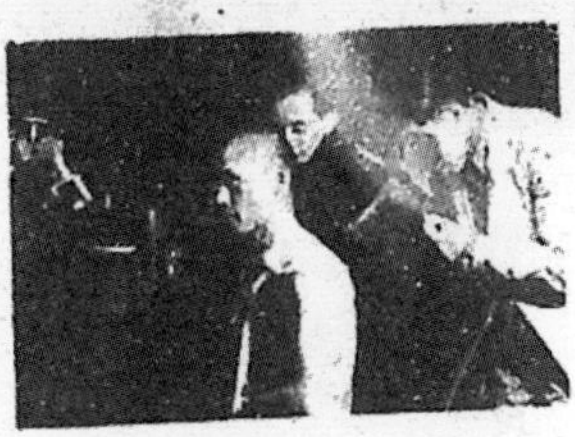

(三)

(四)

(五)

(六)

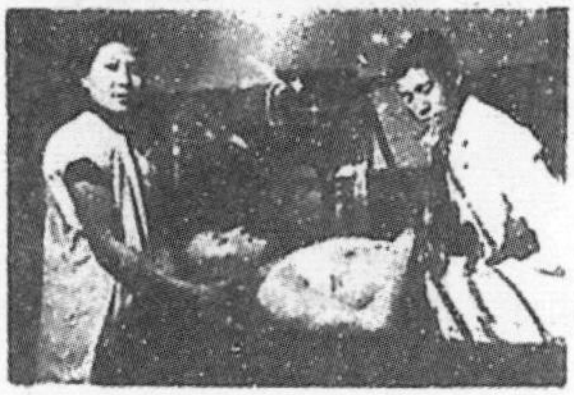

(七)

傷愈後之將士

各界来院慰劳

滬陷落送往後方醫治

護士休息室之一隅

整潔美觀病房之一

情借郵局郵車供給救護隊採購之用

四　本會收支實況

前編已詳述本會工作情形，本會分列兩章，敍述本會收支之實況，溯自八一三戰起，我忠勇將士，浴血抗戰，展開爲正義民族自由解放的戰，各界愛國志士，紛紛捐款或慰勞物品與受傷的將士，茲將本會所有收支賬目，分列兩章，詳述如次：

甲　收入

本會收入，除各界所捐之捐款及物品外，皆悉由院長個自捐出，茲將捐款及物品，分別詳列於左：

◉各界捐款一覽表

名稱	捐款金額	備註
院長楊田淑君	九一四六元·八六	
副院長張郁鏡清	一八七·〇〇	
蛋業公會	一五〇〇·〇〇	
上海市人造絲同業公會	五〇〇·〇〇	
朱恒興先生	五〇〇·〇〇	

馬鴻根先生	一〇〇.〇〇
莫高明先生	一〇〇.〇〇
無名氏	一〇〇.〇〇
海員黨部	一〇〇.〇〇
海員工會	一〇〇.〇〇
祥生汽車行	一〇〇.〇〇
上海郵務職工同人	五〇.〇〇
黃先生	四〇.〇〇
盛昌國先生	二三.〇〇
王政劭先生	二〇.〇〇
李崇焜先生	二〇.〇〇
李棟臣先生	二〇.〇〇
楊文壽先生	二〇.〇〇
周榕齋先生	二〇.〇〇
曹芳庭先生	二〇.〇〇
周祥生先生	二〇.〇〇

陳貴立先生	二〇・〇〇
章心恕先生	二〇・〇〇
恆大祥五金號	二〇・〇〇
張吳似蘭先生	二〇・〇〇
周先生	二〇・〇〇
福建抗敵後援會	一七・四〇
王老太太	一五・〇〇
張志千先生	一二・〇〇
吳公館	一〇・〇〇
羅公館	一〇・〇〇
翁公館	一〇・〇〇
張溥舫先生	一〇・〇〇
亞美公司	一〇・〇〇
許成謀先生	五・〇〇
洪公館	五・〇〇
張立勳先生	五・〇〇

陳定安先生	五.〇〇
席倍常太太	五.〇〇
虞亞夫先生	三.〇〇
虞士昌先生	二.〇〇
吳志芬先生	二.〇〇
俞公館	二.〇〇
陳芳滙先生	一.〇〇
王錫熊先生	一.〇〇
馮忠熙先生	一.〇〇
蘇萃鑫先生	一.〇〇
王士祥先生	一.〇〇
陳冕英先生	一.〇〇
徐世維先生	一.〇〇
張菱舫先生	一.〇〇
吳金漢先生	一.〇〇
余登初先生	一.〇〇

孫鳴和先生	一·〇〇
朱迪生先生	一·〇〇
陳明生先生	一·〇〇
王瑞浩先生	一·〇〇
夏信振先生	一·〇〇
李志定先生	一·〇〇
倪光熊先生	一·〇〇
謝延齡先生	一·〇〇
徐雲舫先生	一·〇〇
姚芳宇先生	一·〇〇
楊志宏先生	一·〇〇
張義孚先生	一·〇〇
余振祿先生	一·〇〇
周桂芳先生	一·〇〇
楊正康先生	一·〇〇
陳靈生先生	一·〇〇

聞端斌先生	一・〇〇
杜培章先生	一・〇〇
李再春先生	一・〇〇
桂德榮先生	一・〇〇
洪耐仁先生	一・〇〇
陸德安先生	一・〇〇
鄭爾勒先生	一・〇〇
馬志達先生	一・〇〇
林綏定先生	一・〇〇
趙振元先生	一・〇〇
徐新善先生	一・〇〇
姚有令先生	一・〇〇
合計	一二九九三・二六

◉各界捐助棉胎一覽表

名稱	數量
郭永康夫人	二〇條

婦女互助會　二條

合　計　二二條

⑨各界捐助棉衣一覽表

名稱	物品	數量
慈善團體聯合救災會	(捐棉襖褲)	二〇〇件
久記木行	(捐棉襖褲)	二六〇件
張承禧先生	(捐棉毛衫)	六一件
范太太	(捐棉背心)	五〇件
徐震生先生	(捐棉襖褲)	一〇〇件
邵大寶先生	(捐棉背心)	四〇件
余中南先生	(捐棉紗衣)	四四件
婦女互助會	(捐棉背心)	二〇件
沈熙如先生	(捐棉背心)	一二件
洪先生	(捐棉背心)	一二件
忻佐庭先生	(捐棉背心)	二〇件
王道濟先生	(捐棉背心)	一〇件

◉各界捐助棉被一覽表

名稱	數量
貝二少奶奶	九〇條
慈善聯合救災會	五〇條
范太太	四〇條
陳星帆先生	一七條
余中南先生	一七條
上海市地方協會	一五條
余中南夫人	一四條
連福英先生	五條
費公館	一條
陳榮拾先生	二條
婦女互助會	一條
合計	二五二條

◉各界捐助衣服一覽表

名稱	數量
余中南先生	七七件
勤興公司	四八件
地方協會	一三八件
葉太太	八〇件
救護總會	五一件
陸太太	五〇件
合計	四四四件

◉各界捐助雜物一覽表

名稱	物品	數量
益泰搪瓷廠	中腰盆	一打
益泰搪瓷廠	便盆	二〇個
益豐搪瓷廠	藥盆大小	五只
益豐搪瓷廠	小面盆	二打
中國婦女運動促進會	餅干	八桶
一棠昌號	跑鞋	五打

慶棠愼號	網球鞋	二打
新泰昌號	跑鞋	一打半
新泰昌號	蓋口杯	七打半
亘成昶號	跑鞋	五打
亘成昶號	磁盆	八打半
合昌祥號	磁飯碗	二〇打
錦記號	跑鞋	二打
錦記號	毛巾	六打
恆興昌號	毛巾	二〇打
永泰昌號	牙粉	二〇〇〇包
顧太太	香煙	五條
貝先生	枕頭	七五只
冠生園商店	陳皮梅	五磅
一角商店	牙粉	二〇〇包
海關俱樂部	蘋果	一簍
海關俱樂部	橘子	一八四只

婦女慰勞自衛將士會	餅干	七十包
婦女慰勞自衛將士會	橄欖	六一只
婦女慰勞自衛將士會	香煙	三大盒
天吉堂順記藥號	麵包	三五〇件
朱文同小姐	襪子	七三雙
鄭蘋如小姐	香煙	三條
須臾先生	便鞋	四〇雙
張太太	麵包	一四四只
救護總會	毛巾	五一條
救護總會	毛巾手帕	五一條
光華大學	餅干	一包
光華大學	香煙	五包
立興熱水瓶廠	熱水瓶	五打
柯達總公司	愛克氏光片	二打
海員黨部	毛巾	一〇打
海員黨部	牙刷	二〇〇把

俞鴻鈞先生		
周雍能先生	鳳尾魚毛巾牙刷牙膏	共六七份
李廷安先生		
胡先生	軍用毯	一條
中法藥房許曉初先生	藥品	一批
中國婦女慰勞會	枕頭	二三個、
余中南夫人	枕頭	二〇只
地方協會、	香煙	六九〇枝
地方協會	洋襪	六九雙
地方協會	毛巾	六九條
地方協會	洋襪	六九雙
地方協會	香煙	六七盒
地方協會	毛巾	六九條
余中南先生	牛肉	八八聽
余中南先生	香煙	八八聽
張承禧先生	毛巾	六一條

張承禧先生	白糖	一包
中國婦女慰勞分會	麵包	一二二只
中國婦女慰勞分會	香煙	六一盒
中國婦女慰勞分會	陳皮梅	六一盒
中國婦女慰勞分會	雙十特刊	八份
中華婦女會	毛巾	八八份
中華婦女會	陳皮梅	八八盒
中華婦女會	糖菓	八八份
中華婦女會	光餅	八八份
上海教育戰時服務團	紀念章	八八枚
青年救國服務團	慰勞袋	七二件
青年婦女戰時服務團	肥皂	六〇塊
青年婦女戰時服務團	毛巾	六八條
青年婦女戰時服務團	罐頭食品	六八罐
鎮丹金溧揚五縣	慰勞品	九〇份
救濟醫院	香煙	九匣

徐楊黃吳諸先生	水菓	八八只
佘中南夫人	枕頭	二〇個
上海職業青年服務團	慰勞袋	九二件
拜耳藥廠	痢疾血清	一二枚
佘中南夫人	香蕉	二〇〇只
婦女互助會	布鞋	五〇雙
周先生	蘋果	一二〇只
上海久記木材公司	阿必東木材	三〇塊
羅小姐	水菓	二簍
羅小姐	麵條	二〇盒
源大祥烟紙店	毛巾	二打
中國婦女運動促進會	救亡日報	五份
中國婦女運動促進會	慰勞信	一〇封
冠生園	餅干	一〇包
被寶琴先生	蔴袋	三只
陳榮樹禧生	布鞋	一〇雙

陸美雲小姐	餅干	一〇聽
陸祥雲小姐	香煙	八條
陸朵雲小姐	橘子	一簍
陸祥雲小姐	絨毯	一五條
余中南先生	玻璃杯	四打
余中南先生	毛巾	六打半
余中南先生	梨子	八〇只
余中南先生	刀	一把
余中南先生	榨橘缸	一只
貝在新先生	枕頭	四一只
陳太太	蜜橘	一簍
余中南先生	水菓	八八只
上海久記木材公司	柳安三夾木板	一〇塊
陳先生	蘋果	九三只
上海市慰勞委員會	藕粉	四盒
益豐搪瓷廠	面盆	一二只

益豐搪瓷廠	漱口杯	五二只
益豐搪瓷廠	飯桶	四只
益豐搪瓷廠	痰盂	一二只
益泰搪瓷廠	小痰罐	一二只
陸子階先生	毛襪	一〇〇雙
慰勞委員會	叉燒包子	二三〇個
大位小學戚校長	蘋果	一一〇只
淞滬警備司令部	紗布	一五〇疋
慰勞委員會	麵包	五五只
慰勞委員會	生梨	九一只
慰勞委員會	餅干	三聽
中國醫藥界救亡協會	慰勞袋	九一只
淞滬警備司令部	綳帶布	二〇疋
久記木材公司	洋松鋪板	二一塊
駐本院童子軍	醬菜	一二聽
鴻達廠	熱水瓶	二打

余中南夫人	水菓	九四份
余中南夫人	糖菓	九四份
胡太太	水菓	九四份
胡太太	糖菓	九四份
盛泰煤號	烟煤	半噸
教育界戰時服務團	八一三紀念章	六九只
海關戰時服務團	香蕉生梨	二五二只
海關戰時服務團	刊物	九五份

乙 支出

第十四救護醫院全部期間收支對照表

收入		摘要	支出	
12993	26	收入各項總額		
		醫藥設備	856	86
		醫藥消耗	9231	41
		伙食總費用	3333	85
		雜支津貼	1168	68
		雜支消耗	2940	59
		雜支設備	375	86
		總結存	86	01
12993	26		12993	26

附錄

(一)本院文件摘錄

本院自開辦以來，凡所需用之物品，醫衛及其他一切銷耗雜物，一部份由本院自備，另則求助於各界，或為捐助之慰勞品，或為致函捐募，茲將本院致各界函件，分述如左：

●致大夏大學借床收據

茲借到大夏大學單人鐵床一百五十張，以俾敝會主辦之紅十字會第十四救護醫院之用（地址中德醫院），俟日後醫院結束，當為如數奉還，特給此據為證，此致

大夏大學 台鑒

中華婦女互助會

主幹 楊田淑君 二十六年九月三日

●致電話局公司函

逕啓者敝院業已正式成立，地址設於中德醫院內，現擬裝置電話一座，事關救國工作，需要迫切，務祈

貴公司即日派人前來裝置，千祈勿延不勝企盼之至，此致

上海電話公司 台照

中華婦女互助會

主幹 楊田淑君 二十六年九月五日

●致亞美公司函 江西路三二三號

逕啓者敝院現已正式成立，一切設備管理，均以科學化現代化，故對於傷兵設有訓話及講演一項，作精神上之訓練，現缺擴大器二隻及話筒一隻，素仰

貴公司熱心救國故特函

貴公司暫爲借用敝院有專人管理，當不致損壞，一俟醫院結束，當將原件奉還不誤如蒙

俯允，希即交原人帶下爲荷，此致

亞美無線電公司

蘇祖圭先生

第十四救護醫院啓 九月五日

●致丁羅隊長函

逕啓者，前中德醫院服務之

貴團同志請自九月七日起，移至敝院工作，務祈

見准爲感，此致

童子軍隊長丁　羅

第十四救護醫院　九月六日

●致童子軍戰時服務團函

逕啓者敝院開幕在卽，關於警衞救護等工作，擬請貴團派同志來院担任，刻爲便利計，已商妥

貴團派在中德醫院服務之同志十一人移至敝院工作，務希

准如所請，至深之感，此致

徐團長國治

院長楊田淑君謹啓　九月六日

●聘請醫師函

先生大鑒，自滬戰爆發生以來　先生熱心救護傷兵工作，至爲感佩，茲敦請　先生義務担任本院，尚希

俯允爲感，此頌

日祺

院長楊田淑君謹啓　九月七日

丁君達（醫務主任）汪俊孫（醫師）賀達吉（醫師）俞松筠（醫師）錢伙倫（副主任）朱克閒（骨科主

任）馮立明（醫師）趙品蓮（醫師兼院監）趙啓華（外科主任）阮尚照（外科主任）張仲明（醫師）瞿希民（醫師）李壽（醫師）金曼修（醫務管理員）方智敏（護士長）范久琴盧英（開刀間管理）潘德孚孫淑文（助理醫師）吳憶初（內科）唐仁綸孔藥間王森林謝同華汪一鶴顧曾諒（外科醫師）顧福仁（愛克司光檢驗醫師）

逕啓者 敝院 茲接 俞先生轉來 貴院大函敬稔 貴院擬將傷兵百餘人移送 敝院 收容，然 敝院 尚未正式開幕，昨晚已由各方送來百餘人，已超過預定之舖額，幾無插足之餘地，此種情形，諒能

鑒詧，故 貴院之傷兵，祇得請轉送他處收容，乃非得已，諸希，原諒爲荷，此致

第十三救護醫院

第十四救護醫院上 九月八日

●復慰勞品書

逕復者，茲承

貴會經募一豐昌號跑鞋五打，慶豐愼號網球鞋二打，新泰昌號跑鞋一打半，蓋口杯七打半，耳成和號跑鞋，五合昌祥號磁飯碗二十打，錦記號跑鞋二打手巾六打，恆興號毛巾二十打，永泰昌號袋粉二千包，慰勞 敝院 受傷同志，已如數收到，謹代諸受傷同志，鞠躬以謝專復並頌

興中學會

諸先生道安

院長楊田淑君上 九月八日

●聘顧問函

茲敦聘

趙志芳
吳序新 先生為本院顧問此請

道安

院長楊田淑君上 九月八日

●致神州日報函

逕啓者 敝院 所收容之傷兵，對於戰事頗為關懷，素仰

貴報為國內大報之一，刊登抗戰消息尤多詳盡翔實，至所敬佩 敝院 收留之傷兵約百人，敬向

貴報早午刊各索若干份，以俾散發各傷兵瀏覽，如蒙 俞允，務希於即日起，准時賜下不勝感盼之至，此致

蔣光堂先生

院長楊田淑君啓 九月八日

自由農場執事先生大鑒，前承

貴場每日捐助中德醫院牛奶廿磅，受傷同志至深感激，現 敝院 已借中德後面房屋，為院址能容傷兵百人，自即日起，請增加廿磅，每日四十磅，捐送 敝院 俾受傷者，得此滋補，早復健康，

不勝感激，此頌

台安

第十四救護醫院謹上　九月八日

◉發巡捕房曹炳生先生書

炳生先生大鑒　敝院成立伊始，一切用具均須添備，茲有日常器具多件，擬從南市方面運至敝院，當此戒嚴期間，運出殊屬匪易，敬祈

俞允，不勝感激之至，耑此卽頌

台安

第十四救護醫院　九月九日

◉致自由農場再函

逕啓者，敝院所收容之傷兵，均屬重傷者，每日需要牛奶四十磅，敬祈

貴場特別破例，每日賜送此種重傷兵士，均爲國家民族抱決大犧牲者，素仰

貴場熱心愛國維護捍衛國士之戰士，諒荷

俞允也，仍派陳秀珊小姐前來接洽務希每日按時送下爲感，此致

自由農場

經理先生台鑒

●致上海市救護委員會函

逕啓者，敬向

貴會索傷兵出院衣服二百套，臭藥水五十加倫，傷兵進出院日報表各一百張，需用孔急，務祈

卽交來人帶下爲荷，此致

上海市救護委員會

第十四救護醫院謹上 九月九日

第十四救護醫院謹啓 二十六年九月九日

●致冠生園泰康食品公司書

逕啓者 敝院 所收傷兵約百人左右，籍貫均屬於北方者居多，而飲食方面多喜食麵包餅乾，素

仰

貴公司熱心愛國，對於受傷將士尤爲愛護，特不揣冒昧，敬請

貴公司捐贈餅乾若干箱，受傷兵士尤所期望如蒙

俞允，不僅 敝院 感謝已也，耑此候復，卽致

泰康食品公司台照

第十四救護醫院 九月十日

逕啓者，前出興中學會轉來 敝部 後方辦事處毛巾跑鞋等物品多件，誠爲

貴會熱心愛國維護抗戰將士之赤忱表現，此種救亡精神，至深欽佩，此項物件，已轉送中華婦女互助會主辦之第十四救護醫院，慰勞勇敢作戰之受創戰士，莫不欣慰，特此代爲致謝，嗣後尙希源源惠贈爲荷，此致

上海市華洋雜貨業同業公會

諸執事先生　台照

楊田淑君啓　九月十日

逕啓者，中華婦女互助會主辦之第十四救護醫院，經吳蔭椿胡壽祺二同志介紹承蒙

貴會捐助國幣五百元正，並見

貴會愛國熱忱，至深欽佩，政府爲持久之戰，後方救護醫院，誠屬重要，尙希

貴會源源賜斯，不僅受創戰士感謝已也，除中華婦女互助會另給正式收據外，特此布函，代爲申謝，此致

上海市人造絲同業公會

諸執事先生　台鑒

楊田淑君啓　九月十日

●致張太太函

逕啓者，自倭賊犯滬，武裝同志捨命抗敵，迄今爲時一月戰線亘長，致傷者纍纍，設不力爲救

護，不特有損國力抑於天良上深感不安淑君爰集同志多人，假福煦路中德醫院辦理傷兵院，素稔

台端當仁不讓，敬請

慨任副院長之職，共肩救護傷兵，重光國威之重任，至祈　勿却，並希尅日蒞院主持一切為荷，此頌

台綏

第十四救護醫院楊田淑君敬啓　九月十一日

逕啓者本日上午四時屬院所收容之傷兵常文歧，因病重不治死亡，來院時，已神志不清，故無番號，該屍體已由救護委員會，送往晉善山莊埋葬，尚存包裹一件，理應送呈總會註銷，茲特送上，敬希　檢收為荷，此上

紅十字會總會

第十四救護醫院院長楊田淑君謹上　二六年九月十日

◉復函稿

逕復者，接准

貴會九月八日公函備悉，茲將現住敝院之負傷官兵養傷費名單，共六十二人，先行造册二份，隨函檢附，餘俟另函奉達，即希

查照辦理爲荷，此致

上海市救護委員會

附名單二份

第十四救護醫院院長楊川淑君謹上　二六年九月十日

逕啓者，玆奉上傷兵致前方長官函四封，敬希卽行代爲轉送爲荷，此上

上海市救護委員會

邵士田致八十七師二六一旅五二一團二營機二連趙貴益

劉希致十四師八十四團二營五連朱勝文

武廣明致八十七師二六一旅五二一團許連長

劉克涵致獨立卅七旅謹呈陳旅長

逕啓者，玆奉上傷兵致前方長官函二封，敬希卽行代爲轉送爲荷，此上

上海市救護委員會

屈鏡雲致第六師十八旅三四團三營八連方連長

屈鏡雲致第六師十八旅三四團吳團長

逕啓者，玆送上輕傷將愈兵士三人，敬希

點收爲荷，此致

上海市救護委員會

第十四救護醫院院長楊田淑君上 九月十二日

逕啓者，屬院傷兵丁玉明一名，請總會轉送中央研究院爲荷，此上

紅十字會總會

第十四救護醫院院長楊田淑君謹啓 九月十四日

逕啓者，茲送上輕傷將愈兵士十三人，敬希點收爲荷，此上

中央研究院

第十四救護醫院謹啓 九月十四日

敬啓者，自八一三滬戰爆發以來，前線抗戰將士效命疆場，歷時月餘，予敵以重大打擊，嗟我將士爲民族存亡而戰，以血肉之軀，抵禦精銳之炮火，致傷者累累，倘不予救護，不特有損國力，抑於吾人良心，亦深感不安淑君爰集同志多人，借福煦路中德醫院院址，組織第十四救護醫院，素仰

先生熱心社會事業，際此國難期間，對於受傷同胞之救護，理應當仁不讓，懇乞

台端，慷慨捐輸，無任感荷此致

先生台鑒

第十四救護醫院院長楊田淑君啓 九月十四日

逕啓者昨晚屬院所收容之傷兵喬建成 病重不治死亡，該屍體已送往普善山莊埋葬，倘存傷票一紙，番號一紙，及包裹一件，理應送呈
總會註銷茲特送上，敬希
檢收爲荷，此上
紅十字會總會

第十四救護醫院院長楊田淑君謹上 九月十七日

逕啓者，本日下午半時屬院所收容之傷兵李堅俞明二人因傷重致死，該屍體均已送往普善山莊埋葬，李堅尙存包裹一件，賚傷費五元，及其私蓄洋八元一角，理應送呈
總會註銷，茲特送上，敬希
檢收爲荷，此上
紅十字會總會

第十四救護醫院院長楊田淑君謹上 九月十七日

逕啓者，茲有屬院所收容之傷兵廖廣岐劉漢林二人 因傷重死亡，該屍體已送往普善山莊埋葬，劉漢林存有傷單一張，廖廣岐存有傷單一紙，包裹一件，及鈔洋十元正，理應送呈
總會註銷，茲特送上，敬希
檢收爲荷，此上

紅十字總會

第十四救護醫院院長楊田淑君謹啓 九月十七日

◉復陸公館慰勞品書 九月十七日

◉復貝二少奶慰勞品書 九月十七日

逕啓者

貴校借用之長凳三十條，已如數收到，不勝感荷，此上，

正始中學台鑒

第十四救護醫院謹上 九月十九日

◉致英工部局照會間

逕啓者 敝院 向上海郵政管理局借得郵件卡車一輛，該車租界號碼爲 16359 號，另該局修理機匠裴寶根一名，來 敝院 服務，查裴寶根曾領得司機照會一紙，號碼爲9829號，因改變職務，遂將該照會繳還，今因 敝院 擬囑裴寶根任司機工作，請將老照會9829號發給裴寶根，以便執行司機職務，照會一切費用，當由 敝院 照付，今特着裴寶根前來領取，務祈照准，實爲公便。此致

英工部局照會間

第十四救護醫院院長楊田淑君上 九月二十日

◉開幕典禮致請書

逕啓者，自八一三滬戰爆發以後，前線抗敵將士前仆後繼，保衛國土，以致傷者累累，淑君爲保存國力及維護人道計。爰集同志多人假中德醫院一部份院址，組織紅十字會第十四救護醫院，辦理傷兵診治事宜，准九月十九日下午二時，開成立大會，敬希

撥冗賁臨，并請

賜予指導，是爲至盼，此致

先生

第十四救護醫院院長楊田淑君謹上 九月十七日

逕啓者，茲承

潘有聲先生經手由

貴會捐助敝院國幣一千五百元，至深感謝，此致

蛋業公會

第十四救護醫院謹啓 九月二十一日

◉致市商會童軍理事會

敬啓者，敝院業於本月十九日開幕，擬懇

貴會將原駐中德醫院服務之童軍移來敝院服務。如蒙允許，希卽賜覆爲感，此致

市商會童軍理事會

第十四救護醫院謹啓 九月二十一日

敬啓者，本月二日晨在 敝院 服務童軍四八九號，張德之鋼盔被
貴警務處政治部人員取去，希即賜交來人帶回爲感，此致
法工部局警務處政治部執事鈞鑒

第十四救護醫院啓 九月二十一日

◉致新聞報館、申報館、時報館、救亡日報館、民報館、中華日報館、立報館、大美晚報館、大公報館、大晚報館、時事新報館，函十一件。

◉復益豐廠、益泰廠、富豐紙號、永安公司、德盛祥布莊慰勞品書五件。 九月二十二日

◉致郭順、吳太太、林楚楚、慰勞品書三封 九月二十二日

逕啓者 敝院 交通汽車汽油已告罄，茲擬請
貴部發給汽油十加崙，無任感荷，此致
淞滬警備司令部
鄒處長

第十四救護醫院 九月二十三日

◉覆慰勞品書

逕啓者，茲蒙

先生捐送便鞋四十雙，慰勞敝院受傷同志，已如數收到，謹代諸受傷同志，鞠躬以謝，此致

須臾先生台鑒

第十四救護醫院謹啓 九月二十三日

王偑同志：前值十四醫院籌備期間，事務繁重，特請郵務工會同仁來院幫忙一切，已漸上軌道，傷兵在院者已無多，又因租界當局之掣肘，不知何日乃更有傷兵來院，爲節省開支，對於郵務工會同仁擬祇留司機二人，在此幫忙，特此通知，並致謝意，專此敬請

公安

楊田淑君啓 九月二十三日

逕啓者，前日敝院開成立大會，所召各機關團體及各界人士均有請柬，屆時祈蒞臨，參加指導，

先生亦來賓之一，而發柬之事，因辦事人事務冗忙，以致將

先生之函遺漏，抱歉之至，想

先生亦能所諒，今特補發一函，證章一枚，至希檢收爲荷

第十四救護醫院啓 九月二十一日

敬啓者前在敝院服務之四位童軍，有二人已赴前綫，請再派二人來院爲荷，此致

童軍戰地服務團指揮處

第十四救護醫院謹啓　九月二十四日

逕復者，玆蒙

貴廠捐贈衫襪四十八份慰勞 敝院 受傷同志，已如數收到，謹代諸受傷同志鞠躬以謝，專復，

此致

勤興衫襪廠台鑒

第十四救護醫院謹啓　九月二十五日

劉隊長大鑒，敬啓者，前値 敝院 創辦伊始，事情繁重，秩序紛然，特請警衛同志，來院幫忙，玆一切已漸入常軌，且傷兵在院者日少，緣於租界當局之牽制，何日乃更有傷兵來院，殊不可知，人多事少，徒增人事上之糾紛，値 敝院 此時裁減各部分辦事員人數之時，卽亦擬請 貴隊長將諸同志撤回特此通知，並致謝意，專此敬候

公安

第十四救護醫院啓　九月二十六日

◉復范太太慰勞品書（棉被四十條，棉背心五十件）　九月二十七日

敬啓者，頃接電話相告囑赴

貴會領取慰勞品，玆遣童子軍前來相取，請卽賜交爲感，此上

紅十字總會

第十四救護醫院啓 九月二十八日

●致柯達總公司書

敬啓者，承蒙

貴公司捐助X光片二打，足見

熱忱加惠傷兵，無任感佩，除登冊並附收據外，謹代表敝院諸受傷同志鞠躬致謝，此致

柯達總公司

附收據一紙

第十四救護醫院啓 十月四日

●復報館函

逕復者，昨下午蒙貴館發給領報證一紙報紙五十份如數查收，但蒙

貴館熱忱贊助，至深感佩，謹代表全體受傷將士，鞠躬以謝，此致

報館

第十四救護醫院啓 十月六日

●致馬詩坰醫師函

詩坰先生大鑒 敝院自滬戰爆發以來，先後收容傷兵多人，素仰

先生神技奇術，拯救受傷同志無算，今承
唐仁綸醫師介紹蒙
先生俯允爲敝院服務
先生熱心國事，加惠傷兵，無任感佩，敬代敝院全體受傷戰士致謝
先生能於何時惠臨敝院敬請賜示，以便備車趨前恭迎，肅此敬請
台綏

第十四救護醫院啓　十月十五日

●致龍子育團長

團長鈞鑒，昨日由救護委員會送來
貴團二營劉殿士營長來院時，脈膊已無，經檢查後，查得腰子已破，腸亦碎斷，救法無效，已於十七日晨三時身亡，遺體由救護委員會，依官長儀式入殮，所遺國幣一百三十五元，現存本院圖章一枚及自來水筆一支，已交勤務兵，特此奉告，謹請
鈞安

第十四救護醫院啓　十月十七日

●致龍子育團長

團長鈞鑒，敬啓者

貴團二營劉殿士營長遺體，經救護委員會成殮後，靈柩暫厝上海新閘路大通路六百三十五號平江公所，靈柩號目爲暫字三百八十號，特此奉告，即請

鈞安

第十四救護醫院啓 十月十九日

●致自由農場函

逕啓者，昨奉來函，敬悉

貴處因牛奶分配困難，賜送敝院牛奶，不再繼續，惟敝院所收容之傷兵甚多，重傷者，對于牛奶，殊感需要，故倘祈

貴號仍繼續賜送，素仰

貴處熱心國事，對于衛國戰士，愛護盡至，敬乞

俞允爲荷，前所賜大量牛奶，加惠傷兵殊巨，順此致謝即請

自由農場台鑒

第十四救護醫院啓 十月十九日

●致救護委員會

逕啓者，茲有負傷營附劉輝明連長康成玉，列兵鄧生貴三人因傷重已死，今將該三人之傷單、符號、零件等送上，至祈

檢收爲荷，此致

救護委員會

營附劉輝明　圖章一枚、傷單一張、符號二張、日記二冊、眼鏡一付、相片九張、洋一元一毛、包裹三個

連長康成玉　符號一張、傷單一張、包裹三個、

列兵鄒生貴　傷單一張、家信五封、包裹一個

第十四救護醫院啓　十月十五日

●致李繼太先生函（出院傷兵魏鳳樑之家族）（地址：江蘇沛縣城北十二里大張莊）

繼太先生大鑒，敬啓者，茲由中德醫院轉來　先生致傷兵魏鳳樑雙掛號信函一封，查該魏鳳樑係由中德醫院轉來本院，經治療多日，傷已愈，於九月十二日離院轉至後方休養，惟轉送事由救護委員會辦理，故本院無從知悉其所在地，致　尊函亦無從轉達，不得已，將函拆看，見信內附有匯票十元，今特奉寄此票，祈檢收爲荷，不能轉達情由，尚請原諒，卽問

大安

第十四救護醫院啓　十月十五日

●致上海慈善團體聯合救災會

敬啓者，此次暴日侵滬，舉國同仇，凡有血氣之輩，莫不貢獻所能，以盡國民之天職，敝會有

鑒及此，迺籌設救護醫院於福煦路中德醫院內，藉以救治受傷將士，惟茲事務龐大，需用浩繁，心餘力拙，時慮隕越，本院需棉被五十條，棉衣一百件，枕頭五十個，夙仰貴會為滬上最有聲譽之慈善團領導機關，廣施博濟，拯黎庶於苦海，一視同仁，救難民復救傷兵，爲特專函，奉達敬希共襄善舉，予以輔助，則將來貴會僧侶救護隊如有傷兵送來，敝會醫院亦當儘量接受也，餘請趙院長代陳，此致

上海慈善團體聯合救災會

婦女互助會啓　十月二十六日

●致趙志芳醫師

志芳先生大鑒，茲承

先生允爲敝會向上海慈善團體聯合救災會、徵募各項傷兵醫院應用物品，今特將致該會信函及所需物品，列單奉上，一切均祈

先生代爲轉達敝會醫院向蒙

先生熱心照護加惠傷兵，今又多多費神，敝會敬此致謝，專此卽請

台綏

婦女互助會啓　十月二十六日

●致救護委員會

逕啓者，茲有負傷士兵，周俊才，羅熾非，陳發云，三人因傷重身死，今將該三人之符號，零件等送上，至祈檢收爲荷，此致

救護委員會

周俊才　符號二張、傷單一張、包裹一件、

羅熾非　符號三張、自來水筆一支、日記本一本、國幣七角、包裹一件、

陳發云　符號二張、包裹一件

第十四救護醫院啓　十月廿九日

●致救護委員會

逕啓者，本院曾於十月十四日送交

貴會傷兵二十四人，又十月二十日傷兵七人，十月廿八日傷兵十三人，前後凡三次，均未得

貴會收據，倘請

貴會即日將該項收據，補交本院爲荷此致

救護委員會

第十四救護醫院啓　十月三十日

●致救護委員會

逕啓者，茲有財政部稅警總團第一團一營一連排長曹宗龍，於今晨死亡，今將該死者傷單符號等物等送上，至祈檢收，爲荷，此致

救護委員會

附　傷單一紙、自來水筆二枝，符號二張，鉛筆一枝、徽章一枚、圖章二個、洋刀一把，小册一本、紙條數張、衣包一個、

第十四救護醫院啓 十一月四日

●復傷兵管理委員會

逕復者，接准

貴會來函，備悉，茲將現住本院負傷官兵名單一份，寄上，至祈檢收，又

貴會所要本院逐日進出病人報告單，當按日塡就，請派員來取爲荷，此致

傷兵管理委員會 地址：（蒲石路五三六號中西療養院內）

第十四救護醫院啓 十一月四日

◉致救護委員會

茲有傷兵吳中榮，現已身死，今將該兵之傷單等送上

吳中榮（第三師） 傷單一張、符號一張、皮夾一只、包裹一個、國幣二毛七分、

●致救護委員會

逕啓者，茲有八十八師唐清，汪益柯，張開君，薛輝，四名已死，今將刻四名之符號，國幣零物等送此，至祈

檢收爲荷

唐　清　獎章一只、臂章一個、自來水筆一支、日記一本、符號一張、包裹一個、國幣十五元一角、

汪益柯　臂章一枚、未刻圖章三個、國幣五元一角、傷單一張、包裹一個

張開君　符號臂章各一只、包裹一個、國幣九元七角證章二個、掛表一只、紀念册一本、

薛　輝　鋼筆一枝、傷單一張、圖章一個、小册四本、包裹一個、國幣一元、

第十四救護醫院啓　十一月十四日

◉致世界無線電公司

逕啓者、前由黎德容女士經借

貴公司播音喇叭二只，業已應用多日，深爲感謝，茲特原璧奉趙，卽祈

查收，並乞將原收條擲下爲荷

◉致救護委員會

逕啓者，茲以本院現因種種關係，行將結束，各情已由俞松筠醫師向

貴會報告，特請

貴會於本月二十日前將本院全部傷兵移送除輕傷者轉送後方外，傷重不能行動者，亦請轉送其他醫院爲要，此致

救護委員會

第十四救護醫院啓　十一月廿五日

●致張太太　呂班路崇德里十號張公館

逕啓者，前由黎德容女士經借

貴公館冰箱一具，業已應用多日，至深感謝，茲特將原物奉還，至祈檢收並乞給收條一紙，交來人帶下爲荷，即請

張太太台鑒

第十四救護醫院啓　十一月十六日

●致救護委員會

逕復者，接准

貴會十一月十七日公函備悉本院現雖辦理結束，惟仍擬日後至漢口後方，另設醫院，故所有留剩藥品器械，將來仍所需用，至於軍毯，被單及襯衣，等除給出院傷兵穿用外，餘當另列淸册，一併奉上

貴會前日轉送二十三醫院傷兵隨帶送去棉被五十三條，棉胎及被單各五十三條，特此奉告，

此致
救護委員會

第十四救護醫院楊田淑君啓 十一月廿日

◉致各報館

逕啓者，自敝院開辦以來，承
貴館逐日贈閱報紙，無任感謝，茲以敝院現已辦理結束，請於本月廿一日起，停止送閱，惟
貴館所發領取證，現已遺失，無法歸還，尚祈原有爲荷
申報、新聞報、時報、民報、大美晚報、
下列三處無領取證，中華日報、時事新報、大晚報、

◉致童子軍指揮處

逕啓者，承
貴處指派童軍一小隊，來敝院服務，爲期兩月有餘，各童軍服務努力一切事務，均能盡職，現
敝院已告結束，請即日將該隊撤回爲荷，此致
中國童子軍戰時服務第一團指揮處

第十四救護醫院啓 十一月廿日

◉致興中學會

逕啓者，前敝院開辦時，曾向
貴會借用傢具文具多件，至深感謝，茲特將該傢具等奉還，至祈
檢收，並乞將原收條擲下，惟文具中有零星物件三數件，已遺失，尚乞
原有爲荷，此致
興中學會

第十四救護醫院啓 十一月二十日

●致湯公館函 赫德路如陞里三號

逕啓者，前敝院開辦時，曾向
貴公館借用冰箱一具，茲特奉還祈
檢收，並乞賜一收條爲荷，此致
湯公館

第十四救護醫院啓 十一月廿一日

(二)本院受傷官兵出院後之來函

●李正才陳希堯致院長函

院長楊夫人青鑒，正才等在蘊藻浜負傷得入

貴院就醫，既　蒙院內諸人員熱心看護與治療。復蒙
夫人殷勤慰問與厚贈，此種盛意實使身受者五內銘感，沒齒難忘，尤以臨別之慰囑，非但令人感動，誠令人增加無限之抗敵精神和勇氣。

上月廿九日到杭州入梅東高橋第八輔助醫院，本當即日奉候與致謝，祗以此間醫院，設備簡陋，秩序紊亂，數日來傷者身心未得稍安，於是遲至今日，始能握管，殊爲抱罪之至，諒
夫人當能以正才等受傷之身，而勿責也。

傷勢已漸痊可，刻仍安心調治中，一俟痊癒，即當仍赴前方，整頓部隊，抱定焦土的抗戰之決心；與犧牲到底之精神，繼續殺敵以報國家與
夫人之期望。

杭城市面大非昔比，每日警報頻傳，人心慌慌，繁榮之區，頗顯蕭條之象，日昨敵又在杭州灣登陸，人心尤感不安，此種情形，多爲愚民自擾，蓋杭州灣方面，永久的國防工事早已做好，如乍湖乍浦早有妥善之準備，即敵來亦決無慮，知關錦注故此奉告

第三師第九旅第十七團第二營營長李正才
第十八團第三營營長陳希堯　同敬上　十一月十六日

◉郭存山致院長函

淑君女士台鑒：存在　貴院承　女士特別看顧，心中不勝感激，故特以函，以表寸衷。

存現住江西南昌醫院，此院係基督教所設，設備週到，令人慚愧，不日傷愈，當重赴前線，勇往殺敵，方不辜負各位重視，此請

教安

郭存山敬上 十一月十日

◎丁國輿致院長及副院長函

張楊太太惠鑒：輿負傷就診，辱承施救，並時賜珍物與慰勉教益，感佩良深！並樹立爲國努力之規範，尤爲可敬！此恩此德，沒齒難忘，撫心自問，無可爲報，茲維 福體康泰，公私如意爲頌，輿于卅日托庇抵杭垣，入浙江地方補助第三醫院，俟傷稍愈，即當赴前方殺敵以報諸先生之熱忱，和爲國家民族爭生存，如蒙不棄，時賜南針，肅此敬請 二位太太

福安

丁國輿敬叩 十一月一日

◎周松青致夏國瓊女士函

國瓊女士台鑒：茲者自別後甚爲想念弟現已安抵江西清江樟樹第四十八後方醫院，該處甚爲安靜，院內亦清潔，每日換藥一次，但不知上海戰事如何，將來傷口痊癒，即赴上海報國出力爭光，望勿遙念。承 女士看護，決不敢忘恩，特此祝

救國

周松青上 十月廿二日

◉蔡鳳山致夏國瓊女士函

國瓊小姐：昨日離院，路上平安，現在已抵浙江蕭山，浙江地方第十一臨時輔助醫院休養，此地看護尚稱周到，且我的傷勢不重，想不日即能恢復原狀，到恢復健康了，我定要上前綫殺敵，不使倭奴肝破心碎誓不回，我們的主權不能喪失，我們的領土要完整，敬祝

快樂

蔡鳳山上 十月廿八日

◉潘正邦致夏國琼女士函

國琼小姐：別後數日，甚爲惦念，弟自廿四日登車，二十五日經杭州至念六日晨，始抵衢州樟譚，已入此地軍醫院，在途一切，堪稱順適，惆憶弟住貴院時承 小姐招待殷勤，感激無盡，誠屬佩服，眞不愧爲巾幗英雄，我輩身屬軍人，爲國犧牲流血，分所應爾，而各 小姐不辭勞苦，自動出而服務救護大衆。吾輩將來爲國以死亦甘心，倘不棄，倘請賜示，就此。敬祝

健康

潘正邦敬上 十月二十六日

◉黃月池致夏國臻女士函

國臻小姐：我已於十月廿七日到浙省蕭山第十一輔助醫院，在路上一切平安，請放心。

我的傷勢因路上沒有好藥，所以化了點膿，不過到這裏經相當調治和醫藥不久卽可復原。順祝

平安

黃月池上 十月廿八日

◉何少卿致黎德容女士函

德容小姐：海上抗敵受傷在十四醫院治療，承蒙每天親勞慰問，感激莫名，自滬來玉，一路平安，足堪告慰，抵玉後，本當卽行函告，因事忙，疏慢甚歉，現在玉山醫院療養，傷口日見痊可，上海消息請多多告知，不勝仝感。此頌

佳勝

何少卿敬禮 十月四日

(三)本院各種統計

◉本院官兵省籍統計表

省名	人數
河南	七二人
湖南	六〇人
江蘇	三六人
安徽	二四人
山東	二四人
浙江	一八人
湖北	一五人
河北	一四人
四川	一〇人
江西	八人
山西	七人

省名	人數
福建	五人
陝西	五人
貴州	五人
廣西	四人
廣東	四人
甘肅	三人
綏遠	二人
遼寧	二人
寧夏	一人
雲南	一人
合計	三二〇人

●本院官兵年齡統計表

年齡	人數
十六……二〇	三七人
二一……三〇	二二〇人
三一……四〇	五七人
四一……四六	六人
共計	三二〇人

(四)楊司令嘯天致本院受傷官兵詞

親愛的弟兄們！我代表全國同胞向你們致敬，你們爲了保衛我們的國土，保衛我們的同胞，不惜犧牲你們寶貴的軀體，參加了神聖的民族抗戰，受了光榮的創傷，你們的傷痕是我們民族抗戰的徽號，牠代表了無上光榮，親愛的弟兄們，你們是何等可敬啊！但是你們的傷不是白受的，這傷痕將更加重了加深了我四萬萬同胞抗戰的決心，因此我更應當早慰勞看望你們，但爲了事務羈身，總是不能達到我的心願，直到今日才來和諸位談談！

自民國廿年九一八事變起，敵人不費一兵一卒很輕易的佔據了我們出產豐富的東三省，這次又再起慣技來在本年七月七日，假造事由在盧溝橋挑釁，七年來我們受到多少精神上物質上的痛苦，我們含悲忍淚的挨了多少苦痛的日子，東北的同胞們，在敵人的鐵蹄下受盡了蹂躪，七年了，該是到了和敵人算總帳的日子，於是我們神聖的民族抗戰終於在我們最高領袖之下開始了，敵人想不到我們的抗戰竟會到了，敵人盡量延長戰線，八一三又在上海登了陸，敵人的兇燄愈漲，我們的熱血也愈加沸騰，敵人的成羣重轟炸機在未設防的城市瘋狂的炸我們的父老兄弟姊妹們，兄弟妻子離散，死傷了無數平民，炸燬了多少血汗犧牲代價的房屋，遍地已成焦土，婦女的被迫强姦，這一切慘無人道的行爲，就是我們突起神聖的民族抗戰的理由，你們在長官指揮下，在槍林彈雨中，你們抱定了殺身成仁的意志，奮勇的前往殺敵，這種精神是使我們非常欽佩，紛紛來捐款贈物給你們，使你們精神得到安慰，同情我們的同志們，他們慚愧不能和你們一樣赴前綫殺敵，祇好以他們的意志和對你們的敬意，聊表愛國之心，我希望諸位弟兄治愈後，再奮往前綫去殺敵人，因爲敵人對我們的野心，祇有決心的團結一致抗戰，才可獲得最後的勝利，親愛的弟兄們，努力吧，努力吧！

轉載

楊司令夫人主辦的傷兵醫院一瞥

——服務人員除醫師外均屬女子——

本報特寫　楊司令夫人田淑君女士，最近主辦了一個傷兵醫院，服務人員全是女子，大部份是中華婦女互助會會員，其餘是中德助產學校的學生。

院址在××醫院內，地點很適中，一切設備相當的好。

病院共有六間，每間有十八只床舖，掛彩的弟兄們很安靜的睡在床上，也有坐着的，也有閒談的。

每間病院內裝着一只麥克爾風，在這小小的方方的匣子中，放出宏亮的激發士氣的勉勵話和訓詞，這是由長官，前綫歸來的，或社會上有名望的人士輪流着擔任講師，用極簡短的言語，把抗敵的意義和軍人衛國是天職等話，從播音機發出來，傳入每個受傷將士的耳中，此外每天有時事報告，也是極簡短而扼要的報告一下，還有中華婦女互助會中的歌詠隊，每日播送救亡歌曲，和激昂的音樂，使將士身心得到快慰，同時使將士更增加抗敵的決心和勇氣，據說她們還要請小弟弟小妹妹們去慰勞將士，演短劇給將士們看，不過這是計劃，還沒有實現。

病院的牆壁上掛着新生活標語和含有抗戰意義的標語，這也是激勵士氣的。

記者去參觀時，受傷的將士們正在吃晚飯，有乾飯、有稀飯、有麵、有饅頭、按照每個傷兵的病勢，習慣，而給他們吃那一種食物的，吃飯的有一碟子菜，一碗湯，吃稀飯的有大頭菜，醬豆等助餐，麵是湯麵，將士們都很香甜的吃着，有幾個重傷的，看護小姐很細心的用湯匙喂給他們吃，據說這伙食是由××川菜館承包的，也是個女子所經營的菜館。

對於看護小姐的熱心，將士們時常是贊不絕口的，當記者去參觀的時候，將士們爭着告訴×主任說，看護小姐多麼辛苦，多麼和氣。衛國是軍人的天職。去受老百姓這樣優待，真覺得過意不去，在這裏，軍民的隔閡的鴻溝完全打破了，所有的是眞誠，熱忱、坦白、融洽、將士們和院中辦事人員互相道着辛苦，大家客客氣氣的。

在病房外面，記者又看到了辦事人員辛勤的工作着，桌子上高高堆着紗布，幾位小姐細心的摺疊着，文書股的小姐忙着替將士寫信，有幾位忙着照料將士的飲食，和醫治傷口……，誰都是那麼辛苦而又快樂的替國家做着事，不拿一些酬報。

據領導記者參觀的女士說：「這個傷兵醫院是中華婦女互助會主辦的，院長是楊司令夫人田淑君女士，副院長是張郁鏡淸女士，內部組織分總務，庶務股由程左卿、尉遲緩等負責，會計股，由甯美玉、李蓮等負責，文書由鄭玄、戴瑛、唐敦蟄負責，保管股由張蕙文等負責，收發股由易竟成負責，警衛由警備司令部及興中學會李克斌、張懋功等負責，交際股由丁惠瑤、夏國瓊等負責，統計股由譚洗、黃世仁負責，訓導股（未定），衛生管理股由王慧瑾、夏國琇等負責，醫藥保管股由王惠琪負責。」

「關於醫務方面也有人專司該責，醫師由中德醫院醫師義務擔任，高等看護，由中德醫院畢業生和中華婦女互助會看護訓練班畢業生擔任，共有四十餘人，輪流值班。」

「醫務主任是丁君達、錢俠倫二位醫師，外科主任是趙啓華、阮尙丞二位醫師，骨科主任是朱克聞醫師，外科醫師有江俊、俞松筠、唐仁綸等八位，內科有丁君達，吳憶初二位，助理醫師有潘德學等九位，院監是趙品蓮女士，醫務管理員范允琴、盧英二位，護士長方智敏、羅世彬二位，住院醫師丁君達、錢俠倫、瞿希民、趙品蓮、李蓮、五位，藥劑師是李振玉、王森林、謝月華、江一鵜四位、愛克司光檢驗醫師顧祖仁、護士朱仁、袁季敏、趙端珍、吳慧卿、周麗沙、譚亞拿等四十餘位。」

「將士們也許有家屬，和朋友須要寫信回去，所以我們特地請戴瑛、鄭玄二位小姐，專替將士們寫。」

「將士們是歡喜剃頭的，所以本院僱用了一個理髮匠，專替將士們剃頭修面，將士們入院後，就把軍衣脫下來，換上院中預備的乾淨衣服，換下來的軍衣，本院把他包起來，包上註明姓名籍貫，年齡××師等，交保管股保留着，出院後仍還給將士們。」

「將士們的衣服，以及被單枕頭套等，都是難民收容所中的難婦洗的，因爲中華婦女互助會還設立了二個收容所，一個在通惠小學，一個在民治中學。」

『本院因時間匆促，所以一切都不能十分完美，這是很覺慚愧的，本院有件事聊以自慰的，就是各股負責人全是婦女，男子不過站在輔導地位。』

婦女互助會主辦之傷兵醫院昨日開幕

（新聞報）上海婦女互助會主辦之第十四傷兵醫院，業於昨日下午二時舉行開幕典禮，由楊司令夫人田淑君院長主席，報告籌備經過，并由社會局代表張秉輝，淞滬司令部代表王寄一，新聞界代表王文彬等，先後致詞，旋由田院長領導各來賓參觀各病房，至五時許始散會。

（大公報）上海婦女互助會主辦之第十四傷兵醫院，業於昨日下午二時舉行開幕典禮，由楊司令夫人田淑君院長主席，報告籌備經過，并由社會局代表張秉輝，淞滬司令代表王寄一，新聞界代表王文彬等，先後致詞，旋由田院長領導各來賓，參觀各病房，至五時許，始散會。

（申報）上海婦女互助會主辦之第十四傷兵醫院，業於昨日下午二時，舉行開幕典禮，由楊司令夫人田淑君院長主席，報告籌備經過，并由社會局代表張秉輝，淞滬司令部代表王寄一，新聞界代表王文彬等，先後致詞，旋由田院長領導各來賓，參觀各病房，至五時許，始散會。

Charming Mrs. Yang Hu, who has established an emergency hospital in Shanghai under the auspices of the Red Cross Hospitals.
[Bann's.]

浦東武裝團體

失敗經過及其教訓

鼙鼓出版社

目錄

前言

京滬杭失陷後留在敵人後方的武裝團體活動情形，曾經有一時期，特別是今年春季，不斷地轟動傳播。報紙上的新聞記載，不但成爲困居上海孤島的抗日民衆之興奮劑，而且吸引了內地軍民各界的注意，尤其是關心淪陷區域武裝抗日鬬爭的愛國同胞；這在鼓勵抗日情緒的宣傳意義上說是沒有什麼問題的，但如果因此掩飾事實眞相，使愛國同胞們誤認爲可以把游擊戰爭的任務完全寄托在這些武裝團體的身上，則其結果不只是失望，而且適足以減低或放棄對於武裝抗日工作應盡的責任和應有的努力。

特別是浦東，這在敵人華中根據地——大上海的肘腋，主要交通線之一——黃浦江近旁的奉南川三縣的武裝團體，他們的活動情形，是更加令人關心的；假使眞的像內地報紙上的新聞電訊所宣傳的那麼有聲有色，對於敵人當然會發生很大的牽制作用，然而事實總是事實，就在上海報紙上看起來：有時盛傳「游擊隊」一行將易幟，改懸太極旗（「大道市府」之「市」旗）；有時敵人封鎖浦江交通，派遣大量軍隊前往浦東「討伐」，形勢似甚嚴重；有時武裝團體內部發生火拼，打個幾天幾夜，使敵人暗中稱快；這種變幻莫測的局勢，不要說遠在後方的民衆不可能知道詳情，卽以一江之隔的上海市民，亦都莫明其妙；半年來的浦東情形，成爲一個不可捉摸的「謎」。雖是後來他們內部的眞相有些零星暴露，而且用最後的事實——投降和潰敗——揭穿了他們自身的命運和前途；然而個中詳情——特別是他們內部的腐敗生活，與民衆的惡劣關係，以及編組系統，人數槍枝，互相火併和動搖叛變的種種事實，則外間甚少知道。本書係根據參加實際活動者及民衆方面之實地見聞材料所編，敢說相當眞實詳盡，這不僅當作史料來寫，而更重要的是檢討過去失敗的教訓和以後爭取勝利的途徑。

「諱疾忌醫」「虛驕誇大」是在新聞政策和宣傳政策的傳統觀念上所常常犯的通病；除非我們不想爭取最後勝利，儘可自欺欺人；否則，我們就必須無情的揭發事實，暴露自己弱點，實行自我批判而研究出爲什麼失敗及怎樣才可以成功的道理來，這就是編輯本書的用意，並以至誠的期待就正於抗日軍政領袖與軍民各界愛國同胞之前。

民國二十七年抗戰一週年紀念日

淪陷前浦東三縣剪影

假如我們站在上海租界外灘，向東面看去，就見到對岸的許多碼頭，烟囪。太陽還沒有出來的時候，有成千成萬的男女工人携了飯籃，乘坐特備的小火輪或舢板船去上工，晚上又帶着飢餓和疲憊回到浦西來。夏天，漂亮的市渡輪，停在外灘公園的江邊，每一個鐘頭送出許許多多的摩登人物到高橋去享受海水浴底樂趣，（不過這只是過去的事了）。「八一三」後，時常有「浦江敵艦受我礮擊」的捷報，這礮彈的來源都是租界的對岸——浦東發來的。浦東，在上海的人固然沒有一個人不知道。就是在內地的人也應該不會是怎樣生疏的地名。不過，由於浦東不僅與上海接近，而且在種種方面都成了上海的附庸，很自然的，把浦東當作上海的一部份了。

浦東在黃浦江的東面，包括川沙南匯奉賢三縣，三邊接近東海，是一個南寬北狹的狹長的三角地帶。因爲接近上海關係，在江蘇省裏要算是相當富庶的地方。

川沙縣面積六百九十餘方里，人口十四萬餘，在三縣中離上海最近，渡浦江到慶寧寺，就有小火車直達川沙城外。川沙農民因爲海灘漲，地甚少，又近上海，所以對於農事是不甚注意的。大批的青年男女都在上海做工，男的以水木業、成衣匠爲居多，女的大都到紗廠做工，即使留居鄉間的，也有手工業如花邊、毛巾、織襪可做，每日工資自二角至一元以上，種田（大都種棉花，三縣都如此。）的反而是中年以上的農民。一般的說，浦東三縣，以川沙爲最富裕；教育也比較發達，平均三方里就有小學一所。可是「八一三」後，浦東工人失業的達二、三萬人，手工業亦停了十之八九，棉花價格低落到五、六元一擔，所以目前留在鄉間的人民，大都很窮苦，天天在打聽上海的工廠，什麼時候可以開工。

他們因着生活長在都市裏，常識比較豐富，所以川沙的人民抗日情緒要比其他二縣來得高些。

南匯縣在川沙之南，面積三千二百方里，人口達六十餘萬。人民以務農居多，但農民的生活比川沙的來得苦，因爲第一，川沙的地主十分之八是上海的買辦階級和水木作頭（卽營造業廠主），因爲他們另有生財之道，對農民的剝削比較馬虎，但南匯奉賢大都是半封建的地主，故剝削得利害，第二，南匯田地分團田和圍田兩種，團田在東半縣（卽欽公塘之東），圍田在欽公塘之西直到黃浦灘。團田的農民，佃農要佔十分之八，且多客籍，大多來自崇明海門一帶，他們是開墾沙灘移殖過來的。許多地主只知收佃租，不知整頓水利，天雨多日卽成澤國，一月不雨，則土地龜裂，因之團田最易受災，三年中難得一熟年，沿海農民可謂經常的家無隔宿之糧，吃白米算是一件奢侈的事。至於種圍田的，雖然比較好，而且大都是自耕農，可是每家田地普通只在十畝左右，經濟亦很困難，所以男子以進商店做學徒，當夥計，幹小販爲主要出路，女子間有做襪廠的，但不及川沙之盛。南匯大地主最多，千畝以上者據說全縣有一百餘家，他們現在大都在上海租界裏當寓公，留在鄉間的小地主和富農自耕農等，因沒有很充裕的經濟，無力長期寓滬；不走又受雙方（日寇和武裝團體）的迫害，因此大都流露着對敵人妥協的態度，但其中大多數仍然是不願意當漢奸。

奉賢縣還在南匯之南，面積一千三百餘方里，人口二十四萬，人民生活大體與南匯相仿，也有東鄉西鄉之分，但一般民衆還要窮苦，地主數量及政治力量不及南匯之大，文化程度要低，沿海有廣大之鹽民漁民羣衆，他們的生活受戰爭影響，鹽民因鹽的銷路差，漁民因不能出海捕魚，所以極爲痛苦。

整個浦東三縣，以南匯、周浦、新堤、大團、祝家橋五個城鎮爲最富庶。

「八一三」前，浦東三縣和江南各處一樣，固然談不到民衆運動；卽抗戰期間，除了強迫拉夫，幫做工事，以及強派公債以外，別的亦未見動靜。如有人要對民衆宣傳，要組織民衆，地方黨政當局不是說別有企圖，就直指為漢奸搗亂；在張發奎將軍駐節時，雖派有數十名政治工作人員在後方活動，但一以時間太短促，二以職權有限，亦只能做些宣傳工作。迨浦東失守後，黨政人員，多數逃走，甚至捲走公款和救國公債逃入租界。今日留在浦東的都是不可能逃走的苦難同胞；到現在再談宣傳、組織，已比從前加倍困難了。不過，如有眞正能保護人民利益的，堅決抗日的武裝部隊以及愛國志士去努力工作，浦東的民衆將與華北民衆一樣地能怒吼起來。

第一章　浦東武裝團體演變經過

一　失守前後之浦東別動隊

蘇州河沿岸正在敵火連天的時候，敵人得到漢奸引導，竟在金山衞登陸；由於當地駐軍剛剛調防，以及地方當局的顢頇，致敵軍非常順利的在一夜之間，進迫米市渡。我軍爲顧慮退路被截，不能不作戰略的撤退；雖有短促的南市保衞戰爭，但爲時極短；在慘風苦雨的十二月十三日，大上海就宣告陷落了。

原駐浦東，由張發奎將軍率領的二十八軍，六十二師以及四十五獨立旅的全體官佐士兵，正面雖然沒有打過敗仗；但爲了避免敵人的兩面夾攻，亦不能不揮淚退出浦東。

當時在軍委會某特種委員會領導下的別動隊，駐在浦東協同作戰的計有三個大隊：

第四大隊　駐南匯新場　大隊長陸蔭初　隊附陳　默

第五大隊　駐奉賢泰日橋　大隊長王　剛（王係上海社會局之科員，毫無軍事經驗學識）　隊附王家樹

第六大隊　駐川沙　大隊長劉匡世　隊附張　昇（敵人在金山衛登陸後，張昇逃滬，隊附由李百全昇任。又張與陸蔭初已同時在滬爲日寇逮捕）

三個大隊的實力共有一千四百人左右，擔任支隊長兼指揮的是上海市黨部委員陸京士（郵務工會常務委員）。敵人在金山衛登陸後，陸京士及各大隊長均紛紛逃入租界；別動隊亦隨正規軍同時西退；至松江西北天馬山附近，遇敵軍攔阻；在飛機大礮之猛烈轟擊下，屢圖突圍，而終未如願；除衝出的少數人外，餘

均折回，化裝潛入內地，服裝彈藥槍枝等件散失不可勝計。此輩退回軍人在浦東各縣卽自謀集合，但情形非常混亂，第六大隊在川沙開始搶刦，第四大隊宣告解散；最後在奉賢青村港集合第五、六大隊殘部，得二百餘人。此時某特種委員會派謝羣舉爲指揮（謝原爲副指揮，升任正指揮），劉匡世爲奉賢縣長，至青村港負責維持，不久卽招集得一千餘人。

同時有別動隊第一大隊長雷忠，原駐浦西；金山衞敵人登陸後，奉某特種委員會之命，率部下三四百人移駐於奉賢之橋頭。在浦東將游兵散勇集合成二千之衆，改名「游擊隊」，成立「指揮部」；由雷忠自任指揮，不聽謝羣舉之節制。十一月底雷率部六百人自新場到三灶，入海灘，駐老港，於十二月二日進駐南匯縣城；委把弟羅澤民爲縣長；將南匯「慈善會」漢奸多人扣留，「會長」陶采章及壯丁隊長陸醒民，徐仲祺等均潛逃；原別動隊區隊長沈渡亦以幫同盜賣積穀倉米嫌疑被扣。此時以劉匡世及雷忠之實力最爲強大。

二 保安隊成立經過

二十六年十二月初，劉匡世以浦東環境惡劣，離鄉避入租界，臨行將部隊交給李百全（第六大隊隊附，安徽人，三十歲），李乃繼劉任奉賢縣長，並竭力擴充隊伍。當時南橋方面劉有楨（四十五旅工兵營連長）已集合散兵達一千五百餘人，李百全乃邀劉合作，劉卽應允。此時適南京陷落，中央與浦東消息隔閡，給養已成問題，但人數愈集愈多，當時李劉方面有武裝部隊二千八百餘名，各式器械全備，有高射機關槍及重機關槍多挺，內中除一部份爲別動隊外，大都爲四十五旅及五十五師之殘部。

李劉合作之第一步工作就是在十二月二十三日晚上，突然槍殺謝犖舉指揮。第二步工作是在十二月二十四日派兵二隊，一隊襲新場，一隊攻大團，將該二處壯丁隊及雷忠部隊繳械，激戰結果，雷以勢弱退出南匯縣城，李卽委周岐鳳爲南匯縣長。同時李部另一隊李志明直下川沙，由李志明任川沙縣長。是時李劉二人已完全控制三縣，乃謀擴大組織，於是改編所部爲保安隊，分六總隊，十八大隊；設「保安總司令部」於奉賢南橋鎮，李任總司令，劉副之（但實力大部在劉手），下設祕書、參謀、政訓、軍需、軍法、軍醫、副官八大處，工作人員達二百餘人，出版刊物一種，定名道報。

至今年一月四日，日寇將李百全及其保安司令部工作人員八十餘人逮捕戮殺（詳情見第五章），李之部隊乃由劉有楨代爲統率。

三 保安隊分裂情形

李百全爲日寇處死後，李之嫡系部隊一大隊，以李既死亡，甚爲惶恐，遂亦脫離劉有楨之領導，度其流浪之土匪生活；改編之保安隊，已漸趨混亂狀態。一月十六日，日軍由閔行渡浦，假道浦東，作有計劃之退兵。保安隊即隱藏四鄉，待日軍通過後二三日，乃出而分佈各地；其分佈情形如下：

劉有楨部　駐奉賢南橋　約五百人　（二月後改駐新場）

文乃彬部　駐六灶灣　約二百五十人（按：文乃彬係雷忠部下，任特務大隊長）

于道生部　駐南匯　約三百人

徐承德部　駐祝家橋　約二百五十人

李志明部　駐川沙　約三百人

保安隊自日軍撤退後，即集合南匯，重組縣府。川沙李志明亦率隊至川。軍隊的編制，仍稱保安縱隊，下設大隊，中隊和區隊。設指揮部於祝家橋，川南指揮本爲趙澄宇（亦係李百全之舊部），後則改由李志明爲正指揮，徐承德副之，劉有楨在奉賢亦稱「指揮」，與李徐對立。以川南二縣保安隊而論，表面上雖算是統一，但實際上內部仍分三派：一是李百全派，以李志明（海門人，原任別動隊第六大隊中尉督察員）爲領袖；一是雷忠派，以于道生爲領袖；一是散兵派，以徐承德（前東北軍連長）爲領袖；參謀長姓何，是中央别動隊中人，黃埔第四期畢業生，在保安隊中毫無實權；整個保安隊都是各自爲政，各人只能指揮各人的部隊；當時分裂情形已甚嚴重。此時，南匯縣長周岐鳳私自携款五萬元逃走；原屬雷忠部下之于道生乃接替縣長；于部實力雖號稱六大隊，但實際只有四五百人；其中駐祝橋第一大隊長徐承德，因升任副指揮，已不願受于指揮；第四大隊長王國珍駐新場，也不受于之指揮；故于道生能直接指揮者，至多不過三百餘人。對於行政方面，組織極爲鬆懈，亦無多大表現。不過南匯爲浦東富庶之區，故素爲各部隊所垂涎。

劉有楨本駐奉賢南橋，此次日軍過境，奉賢各地被焚掠殆盡，加以南橋青村港等鎮，戰時俱被轟炸，故無法再事搜括，因之給養有斷絕之虞，不得不另謀出路，乃於二月七八日將隊伍開駐新場，初到新場，卽向商界籌款六萬元。同時李志明在川沙亦無辦法；又加一部份南匯土著之失意份子從中煽惑，劉李兩部乃會同進攻南匯，接戰歷一晝夜，于部不敵，只得退出南匯，與原駐祝橋之徐承德部共同駐於祝家橋；于道生本人則來上海，住於四馬路振華旅館；南匯縣府無人負責，陷於無政府狀態。

四　劉有楨部併歸國軍

劉有楨部佔領南匯後，因駐浙江餘姚之四十五旅派人前來浦東命劉部歸併原隊，劉部乃於二月二十二日左右在大團大施搶刧後，即携款雇大漁船五隻，將全部官兵千餘人，從奉賢高橋口登船，駛赴浙江餘姚，併歸於四十五旅。

此外，文乃彬部亦赴餘姚歸隊，文現任某團團附。

五　四月間之浦東武裝團體分佈概況

四月間，日寇因任鵬飛被殺，乃於四月十日派兵數千進攻浦東三縣，首攻洪沙，李志明部退孫家橋，再退坦直橋，于道生部亦退出南匯，散於四鄉；故日寇進攻并未遭遇抵抗，亦未有何結果，不久即大部退出浦東。

浦東武裝團體在日寇進攻後之分佈情形如下：

李志明部	四百人	槍齊全	駐奉賢泰日橋
李文元部（于道生部）	三百人	槍齊全	駐南匯李家橋
谷守信部（于道生部）	二百人	槍占半數	駐奉賢南四團
嚴　正部（于道生部）	二百人	槍一百五十枝	駐南匯大團鎮
徐承德部	一百五十人	槍九十餘枝	駐南匯老港
丁錫山部	五百人	槍約三百枝	駐奉賢南橋鄉間（原係袁英傑部下，後招集小股武裝部隊，不復聽袁指揮）

以上都是大部隊，至於另星小股及地方保衛團等，百人數十人不等的，尚有

二三十隊散佈各鄉。此外，王八妹、龔阿六、張連連（已爲龔擊斃）、楊茂生、朱仲生等土匪部隊（他們對外均稱別動隊），人數槍枝亦甚衆多。

但大部份的武裝部隊依舊處於苟安狀態下，少數土匪式的部隊（如王八妹等）則已爲日寇所收買，李志明、于道生等部雖已與中央取得進一步的連繫，某特種委員會且正式加以委任（如「忠義救國軍」等），但迄今仍未見有任何抗日活動。

第二章　浦東武裝團體之內容一般

我們要知道浦東武裝團體的戰鬬力，就必須從他們日常生活情形中去觀察，因為一個軍隊的日常生活情形如何（紀律、訓練、官兵關係，以及士兵精神物質生活的一般狀況）是決定其本身戰鬬力的主要因素，這個問題對於被壓迫大衆所組成的軍隊，尤為重要。

誰都知道，眞正能抵抗並戰勝日寇的抗日武裝力量，其最重要的條件必須是本身健全，而達到這個條件的最具體辦法，就是在部隊中普遍的施以政治教育和軍事訓練。

在敵人後方作游擊戰的武裝部隊，尤其要做到本身的健全；必須每個戰鬬員都徹底了解抗戰的意義及游擊隊的艱鉅任務，都能嚴守紀律及負擔起宣傳、組織民衆的任務，都不計及個人的得失安樂而將身命貢獻於民族解放戰爭，官兵的生活必須同樣刻苦，必須摒棄打駡制度而代以說服和批判，只有這樣的武裝部隊，才能有把握的戰勝日寇。

但是在浦東武裝團體中，對於士兵非但沒有絲毫的抗日政治教育，甚至連軍事訓練也加以怠忽或者取消了；它的長官們天天思量着如何擴充自己的實力，以奪取別人的地盤，搜刮民衆的錢財，而從未想及對部隊的抗日政治教育及游擊戰術等的軍事訓練，原因是他們不預備堅決抗日；對待手無寸鐵的民衆，是用不着這一套的。

在這種前提下，士兵們當然不會表現出自動性和積極性，因此他們參加的意義僅剩下了「吃飯問題」，長官們在擴充自己實力，廣事招募之時，往往以高餉相誘（如别動隊隊員每月發餉十六元，保衛團團員每月自八元至十二元），這種由收買雇傭而來的軍隊，其士氣的衰落是必然的。

浦東武裝團體既不堅決抗日，當然就不會爲民衆謀利益，既不爲民衆謀利益，當然就會注重到個人的安逸與享樂；於是，從民衆身上刮來的血汗，便成了他們腐化生活的源泉；他們的長官差不多都有一個漂亮的太太，差不多天天陪着太太們作樂，打牌、抽鴉片、吃酒成爲他們的功課。至於下層士兵，雖然生活較苦，但在長官們的縱容下，不是成天的睡覺、打牌，便四出搶刼、敲詐、找女人，有了錢則大吃大喝，大嫖大賭。

官兵的關係既不是建立在團結抗日的基礎上，則上下相互之間，當然也不會有親密的同志關係，於是他們以「義氣」相號召，以虛僞的形式相連繫；如李百全所組之保安隊，在各大隊長間都用「換帖」聯絡感情，中隊長區隊長以至士兵都以「換帖弟兄」相維繫，連公文出入，也每多大哥二弟之稱呼；但是這樣幷不能眞正的保持團結，卽使在表面上，他們之間也顯露出了很大的衝突和分岐。同時，長官們不能以身作則，而卻以空洞的「義氣」來叫隊員服從紀律，其結果當然是無效的。

這種沒有健全的指揮系統，不懂軍事技術，不懂戰術，沒有政治覺悟的武裝部隊；其戰鬬力的日趨薄弱，是必然的。它是不能勝任與日寇作戰的。

第三章　浦東武裝團體與民衆關係及其政治經濟政策

在淪陷區內原有行政機關已經殘缺不全，不能行使政權或行政人員已經逃走，形成無政府狀態的地方；游擊隊到達後最迫切的任務是：

（1）改造原有行政機構或建立新的臨時政權，恢復地方秩序。

（2）籌劃經濟糧食，保證部隊給養之供給，救濟貧民生活。

（3）進行抗日宣傳，建立民衆組織，以「保護民衆」的模範紀律和對民衆的實際幫助（如收容救濟貧民等）爭取民衆對游擊隊的擁護。

（4）嚴防漢奸活動，警備敵人進攻，通過民衆的力量佈置間牒和反間牒的工作。

執行上述迫切任務的目的就是爲了動員民衆組織民衆，使軍民團結合作，鞏固和擴大游擊隊的戰鬪力量，使日寇漢奸無隙可乘，造成游擊隊能够獨立生存，能够隨時應付敵人，予打擊者以打擊以及日後進行襲擊敵人和發動大小規模的游擊戰之必要前提。

但這種新舊政權的建立或改造決不是簡單的抄襲老文章，用舊的統治方式來維持治安，恢復秩序。它的內容和形式必須是羣衆性的和民主性的，必須儘可能包括當地積極抗日的份子，儘可能採用民衆大會方式與會議方式來產生政府和決定施政方針；這是在游擊隊控制區域中應該遵守與採取的政治政策的一般原則。

關於經濟政策的問題必須根據「有錢出錢」的方針規定幷且實行「合理負擔」的辦法；這就是說沒有錢的人不能強迫他出錢，只能發動他出力；能够出錢的，多的多出少的少出，而在規定出錢數目的標準問題上要儘可能由民衆大會決定；決不能實行過去政府所用過的攤派制度，仍然假手於土豪劣紳之手隨意分派。而在方法方面尤其應該以抗日政治宣傳配合着勸募的辦法，不能實行強迫硬借，必須嚴厲檢舉貪污；負擔只要公平合理，大多數的人民不會不肯擔任，就是有少數的有錢人拒不繳納，事前既然得到大多數民衆的同意，而必須加以制裁時，仍然有民衆的力量作後盾，就不怕他不屈服於正義之前。

當然，我們對於各地自發形成或上海失守前純爲軍事目的而編成的別動隊等不能根據上述的嚴格標準去衡量他們；然而無論如何，既以抗日或保護地方爲名，至低限度也應該相當趨向於上述標準而努力改革，至少對於與上述標準背道而馳的辦法和現象應該極力避免和糾正；那麼浦東武裝團體的政治經濟政策是怎樣的呢？

不錯，他們也有自己的政權，但他們幷不以此爲發動民衆、組織民衆的機構，而卻以此爲壓制搜刮民衆的工具。他們以縣政府的名義濫徵捐稅，他們以警察作爲追索田賦的工具，他們利用法庭來收民衆的訴訟費。他們的行政人員，非但不是民主的選舉出來，而且不是眞正的抗日份子；他們視這種地位爲過官癮、發大財的肥缺，因此各武裝部隊領袖爭做縣長，濫委行政人員，（如雷忠委羅澤民爲南匯縣長，周歧鳳的捲公款五萬元逃跑，于道生自任南匯縣長，李志明自任川沙縣長，丁錫山自任奉賢縣長，以及各領袖的委派私人爲警局長、縣政府科長等）。他們非但絲毫沒有做過有利民衆的事，而且是不顧民衆的困苦；強行攤派籌餉，甚至威迫勒索，敲詐搶刼。實際上他們並沒有什麼政治經濟政策；有的，就是以一己利益爲前提的，繼承了過去軍閥摧殘民衆的，不負責任的剝削壓迫政策。

再就游擊隊與民衆的關係來說，僅僅紀律嚴明還是消極的，不够的；它還應該進一步保護民衆幫助民衆從日寇漢奸和魚肉鄉民的土豪劣紳之下解放出來。

但浦東武裝團體大多數連最低限度的「不擾民」「紀律嚴明」都沒有做到，當然更談不到動員民衆。以一月十六日日軍假道浦東事件來說；武裝團體對敵人的行踪，就莫明其妙；如南匯縣長周歧鳳率隊退出縣城，在欽公塘與日軍相遇，還以爲是自己部隊，想去打招呼；等到看清楚了黃制服，待敵軍作包圍形勢時，方知是敵人而趕快逃走。又如李志明纔接到敵軍來攻的消息時，敵軍已到川沙。這除了說明這許多領袖們的顢頇外，還不够說明民衆們對他們的冷淡與不滿嗎？浦東民衆普遍的稱武裝團體爲「別老爺」（別是別動隊）、「西洋人」（卽與東洋人同樣可惡之意），從以上兩個名詞中，我們可以看到民衆對於他們的憤恨與譏誚。

浦東民衆的怨恨不是偶然的，他們既要無理由無條件的來負擔武裝團體的給養（他們抽收田賦，房捐，鹽捐，進出口貨物捐，鴉片槍等捐），更要不時的受到重重的攤派勒索與敲詐：民衆在戰禍之後，倘要把自己餓了肚子節省下來的錢白送給「別老爺」們去大魚大肉的享受，當然是萬分的不平；更何況「別老爺」們動不動就施行搶刼，綁架；看見了中意的姑娘就硬拉成親呢！我們在下面再來舉些例子：

(1)雷忠部　雷忠在佔領南匯縣城後，除向有產者勒捐及遇事敲詐外，并開始照上年糧額徵收田賦：其方法是勒令各區長負責，如有不照糧串繳納，即遭拘禁；并嚴加追索；當時田賦總額有二十餘萬元，這數目不能算不大；但是好景不常，李百全派兵攻佔南匯縣城；田賦自然沒有收到全數，不過雷忠離開浦東時的皮箱裏，已塞滿鈔票了。

(2)李百全部　去年年底李百全分兵進攻新場大團，結果新場壯丁隊槍械被繳去一半；李部後在該鎮南市施行搶刦，全鎮按戶搜查，壯丁隊長謝某逃滬，鎮上秩序大亂；大團壯丁隊亦被繳槍八枝，雷忠部被繳槍五十餘枝；李部死二人傷四人，因此強迫大團商界助餉一萬元，結果籌得七千元。

(3)劉有楨部　一月上旬日軍假道浦東時，劉部在退出南橋前，勒令各商店籌款一萬元，否則即放火燒鎮，結果弄到三千元。二月上旬，劉部自青村港移駐新場；對一般商家亦盡量勒索，以致各商店大都關門，寧願任其摧毀，不願繳出鉅款。同時運到張江柵一帶的米船，載米共六百餘擔，亦爲劉部所扣；一般米商均不敢販運，因此米價飛漲，人民怨聲載道。二月間劉部在進攻南匯時，沿途更是姦淫擄掠，無所不爲。最後劉有楨率部往餘姚歸隊之前，尙未放棄最後的機會，在大團搶刦得一萬二千餘元。

（4）李志明部　李志明在剛接任川沙縣長後，卽委當地人士，擔任各區長；在召開會議時；李提出籌款三萬元，由各區長負責；一面派隊至各鄉鎭任意索詐搶刦，致民怨騰沸，稍有資財者相繼逃滬。

李在恢復川沙縣政後；就遍貼佈告，接受民刑訴訟；惟值此混亂之際，鄉民自顧不暇，那有閑錢聚訟！故案子極少，僅有盜案而已。至於田賦，本宜佈依平時之原賦減半收取；但後來又下令自二月十四日起未繳者，一律依平時原賦十足收取，倘不繳付則派警押追，故農民莫不叫苦連天。此外縣府因只恃田賦收入不敷開支，故不惜以種種方法收斂，乃舉辦烟民登記及烟土公賣；登記證分甲乙二等；甲等每季三元，乙等每季一元六角，但烟民須領照之佈告雖遍貼各鎮，卻因保甲失據，烟民均避不登記；但各鎮之烟土售吸所，則均已委託流氓相繼開始售吸。

凡商民由鄉間或上海運輸貨物經川沙境者，概須納稅，其稅額如下：糧食品徵稅百分之一，日用品徵稅百分之二，消耗品徵稅百分之五，雞每隻一角，鴨每隻七分，雞蛋每擔一元。徵收地點一在西鄉之陳水關橋鎮，一在上川路之小營房站，一在上川路之曹路鎮站。

此外，李志明領導下之龔鎮流氓張川百在龔鎮自組「人民自衛團」，專事勒索鄉民，敲詐富戶。

（5）徐承德部　徐部的紀律最壞，每到一處均要搶刦；駐四團倉時，勒令商界供給膳食每日約二十元；徐部且時常冒充散兵土匪，出外搶刦，附近民衆莫不怨聲載道。

（6）于道生部　于部紀律與以上各部大致相同，最近日軍進攻奉賢，于預備逃走時，曾在大團新場強借三千六百元。

（7）此外一般武裝部隊分配等級、標價待贖的對民衆施行綁票勒索之事，亦很普遍；至於黑夜中少數士兵在途旁河邊喝令來往行人船隻「檢查」，順便留下些錢財，那是日有所聞的事。

他們對付漢奸的原則是「大漢奸釋放（因爲可以受賄），小漢奸槍斃」。

以上種種使浦東民衆在飽嘗敵人的殘酷蹂躪，僞組織的苛索濫捐後；對自己的武裝團體亦不能不感到萬分失望，甚至其切齒痛恨之程度，更甚於對付敵人；民衆的反應是這樣，「軍民合作」從何處談起？至於組織民衆，進行抗日宣傳，實行合理負擔，救濟貧民，保護民衆利益、爭取民衆擁護；防止漢奸和警備敵人隨時進攻的間諜及反間諜工作是更談不到了。

第四章　日寇對浦東武裝團體的策略及行動經過

一　日寇策略方針

日寇在佔領上海以及京滬杭沿線後，由於(一)東戰場日軍實力空虛，對於後方我國的散軍和地方武裝不得不採取守勢；(二)浦東武裝團體幷無實際的抗日行動，尙不足爲心腹之患；(三)進勦必須犧牲，想用其他方法，不戰而勝。因此他們當時採取的策略是「勦」「撫」幷進。其實際步驟則爲：

(1)令「大道市府」及其他漢奸前往招撫收編爲僞軍，(實際上以招撫爲名，達到淸勦之目的)。

(2)利用漢奸在武裝團體內挑撥離間，使其內部火併，達到不攻自破之目的。

（3）不能招撫之部隊準備用實力解決。

二　李百全投降喪命

日寇因兵力不敷分配，在十一月底，十二月初始終未敢深入浦東腹地；只是在沿黃浦江一帶（即爛泥渡等處）有百餘名陸戰隊保護交通線；此外尚在周浦鎮駐百餘名，與南匯之別動隊採取監視而互不侵犯態度。但暗中仍通過「大道市府」之關係，與李百全有默契；李亦以此有恃無恐，毫無戒備；結果在一月四日發生南橋事變，保安司令總部爲日寇包圍，李百全等八十三名工作人員爲日軍槍殺（詳見第五章）。

日寇的詭計非常毒辣；他們一方面以漢奸的接洽來緩和李百全的戒備，一方面認爲「與其留着總不如消滅來得妥當」；乃攻其不備，解決了李百全「保安總司令部」的重要幹部。

三 第一次的武裝示威——「清鄉」

一月中旬，日寇一方面應「親善同盟會」王丕顯等漢奸之請，同時幷爲了試探浦東武裝團體的實力；乃於十六日派三千餘日軍從閔行渡浦，至南橋進攻靑村港，但幷未遇我武裝團體之抵抗；繼攻新場大團而至南匯，亦未遇抵抗；再從南匯經祝家橋，川沙，張江柵而渡浦至楊樹浦上岸。該隊日軍服裝軍械零落不堪，極像前方退下之敗兵；此次示威名義雖算「清鄉」，實際僅在浦東沿公路走了一遍。所經之地，任意燒刦，到處找尋婦女強姦，農民之牛羊雞鴨蛋豆，以及商店之各式食品俱被搶一空。

當時浦東所有武裝隊伍均散於鄉間，未出抵抗，僅在三灶，泓鎮，老港之間，與敵發生一次遭遇戰，結果各有死傷，但幷無大損失。此次「清鄉」後，日軍僅在川沙城外駐有一百二十餘人，此外并無蹤跡；奉南二縣縣政，後仍由武裝團體控制，川沙之僞組織，因未得日寇之切實保護，亦未成立，在上海之漢奸雖已準備妥當，但以鄉間武裝團體并未消滅，故仍無法下鄉建立僞組織。

四　日寇與武裝團體談判經過

日寇「清鄉」之舉，并未得到什麼結果，不過是警告了浦東武裝團體：「你不屈服，我就用實力解決你」，但屈服與否必須談判，二月下旬到四月初，雙方接洽結果如下：

(1)川沙縣長李志明於二月廿三日左右來滬，與日寇接洽，表示投降之意。

(2)二月二十三日，日寇宣撫隊五十一人全副武裝到川沙小灣，隨帶宣傳品及「大道市府」太極旗數百面，進城沿路散發，李志明乃下令懸掛；旋又至祝家橋「宣撫」，于道生亦下令懸掛太極旗，當日該宣撫隊仍乘火車返滬。

（3）「大道市府」派代表與武裝團體接洽，每月願津貼一萬元；請他們懸掛太極旗，同時由「大道」派員參加浦東三縣縣政；三月二日，李志明與于道生等開會討論「大道」之「要求」，結果決議：「只答應懸掛太極旗及「大道」派員視察，不允許派員參加縣政」。雙方條件已相當接近，「大道」當時即擬委漢奸任鵬飛（前東北軍一〇八師營長）爲浦東名義上的「保安司令」。

（4）于道生於三月十六日偕任鵬飛來滬，出席十七日「大道市府」會議，當日李志明雖同時被邀，但李未來。

（5）日寇計劃企圖改編武裝隊伍爲「大道軍」，正指揮由日人擔任，副指揮爲任鵬飛，幷須容納「大道」派員到各縣任「區長」。

這個計劃非常苛毒，不但要武裝團體交出實力由日人任指揮，幷且還要他們交出生命線的行政權，這就無怪乎于道生李志明的難於接受了，何況還有李百全的前車之鑑呢！

五　日寇挑撥離間的伎倆

陰謀是多方面的；外部的談判還不如內部引起火拼來得有效；因此日寇在于道生，李志明，丁錫山之間，極力挑撥離間，企圖使于李與丁自相殘殺；日寇利用漢奸對于李說：「你們能將丁部消滅，浦東的治安就完全交給你們管轄」，同時又對丁說：「你能將于李部消滅，浦東的治安就完全交給你管轄」，這是多麼毒辣的「以華制華」方法呀！

後來日寇浦東警備司令部派顧問張尙義（後被殺死）負責收編浦東武裝團體；張乃派孫上傑（曾任浦東楊思橋保衞團教練，滬戰後尙任楊思鄉警務局長）到南橋將丁錫山部編爲「保安隊」；以李天明（丁錫山之老頭子）任維持會長，宋立志任指揮，丁錫山任縱隊長；共分六大隊，每月經費四萬元。同時幷擬改編川南二縣之部隊，將于道生李志明驅逐，由孫上傑負總責，當時決定的辦法係由地方人士出而向日軍司令部控告，然後由日軍司令部下令要于李讓出政權，只任隊長，指揮權歸日寇直接派人負責，如于李不就範，則派兵會同丁錫山部進攻南川。

三月卅日橫沙朱仲生張連連兩部進攻川沙，李志明捉到橫沙方面班長一人，審悉朱張進攻川沙係奉漢奸任鵬飛之命令；此時李志明始知任鵬飛負的是什麽任務，自身的利害決定了反攻的策略，——四月一日淸晨三時，李志明將部隊裝成土匪進襲任鵬飛的祝家橋「司令部」，任因事出意外，猝不及防，急於跳窗躍河，結果跌斃。

六　日寇第二次的武裝進攻

漢奸任鵬飛的死，日寇當然不會怎樣痛心；因爲反正狗死了一隻還有一隻；但也不能說他們漠不關心，顯然的，不僅「以華制華」消滅李志明的計劃未能實現，反而死了一條忠實的狗，終於圖窮而七首見，最後的手段——實力解決又發動了。四月十日晨，日寇派兵數千名進攻浦東三縣；首攻川沙，李志明部先退孫小橋，復退坦直橋，于道生部亦退出南匯，散於四鄉，日寇乃順利佔據縣城，對居民大肆屠殺，幷在川沙成立「維持會」。

但日寇旣無力以數千軍隊長駐浦東三縣；故該部日軍不久卽調往蕪湖增防，而浦東形勢亦稍爲緩和。

自這次武裝進攻後，日寇策略已變爲：

(1)派少數部隊駐在浦東三縣縣城及重要市鎭上，幫助僞維持會的建立。

(2)仍派人向武裝團體之領袖們接洽，設法與僞維持會合流。

最近的浦東三縣；僞組織雖仍存在，但因日軍的相繼撤退，已毫無實權；浦東三縣之行政仍在武裝團體控制下，而日寇的對策亦仍只能限於消極的收買而已！

第五章　浦東武裝團體領袖們的苟安動搖情形

浦東武裝團體既然不能堅決抗日，當然就有與日寇妥協或被日寇收買的可能，實際上這不僅是可能，而已是鐵一樣的事實了。

早在去年，李百全領導下的保安隊，就通過漢奸任鵬飛的關係，而與「大道市府」暗中接洽；故在十二月下旬，李部即廢除青天白日的符號，而代以紅白二色及藍白二色之臂章；保安隊出版之道報，稿件幷須經李過目，不准載抗日言論；但至今年一月三日，亭林日軍司令部得悉南橋有「保安司令部」之設立，乃派一小隊日軍至南橋，將保安隊約五十餘人繳械，李百全當時竟率領所部歡迎，幷聲明誤會；當時有衞兵二人開槍拒敵，反遭打軍棍示儆；日兵乃入司令部搜查一遍後，無事而退；次日（一月四日）日兵又來檢查，將道報取去。李亦召八大處人員訓話，囑大家勿必驚惶，照常工作；幷對日兵來時未離開辦公室之人員各獎洋二十元，以資鼓勵；幷謂本人早已與「大道市府」接洽就緒，決無問題。但該日下午日兵約二百餘人又來，將司令部包圍，點名集合全部工作人員，帶至離南橋約三里之地；搜集農民的牛羊猪雞，大喫一頓，司令部人員亦參與此「筵」；喫後又排隊點名，隨點隨殺，將八十餘工作人員均用刺刀戳殺，僅留李百全由日兵帶去，結果亦遭槍殺；据說日寇在第三期道報上發現有抗日文字，認李爲不忠實，故有此舉；但實際上當然沒有這樣簡單。二月八日上海華美晚報上載有「游擊隊生活的一頁」一文，內稱李百全爲「殉國的烈士」，這是不符事實的；李百全不僅沒有抗日，而且他的死，就是爲了他夢想妥協投降的結果；這在以上所述的經過中，可以很明顯的看出來。

二月間，「大道市府」與李志明，于道生等接洽結果頗好（詳情見第四章），只是爲了條件的不合纔沒有成立妥協；四月初因漢奸任鵬飛的陰謀暴露，李志明等與日寇關係始暫告斷絕。

半年來的浦東大部份武裝團體；不僅對於日寇不敢予以絲毫的損害和攻擊；即對於浦東各地之漢奸及其僞組織，亦從未施以公然的討伐；因此僞警能與武裝部隊并存於一地而互不侵犯，僞縣署亦能與武裝團體控制下的縣府共爭短長了；非但如此，有些地方的僞維持會尙替武裝團體籌餉；而武裝團體的領袖們，對於僞組織中大漢奸的殷勤招待，竟還覺得受之無愧；這種種事實難道還不够說明那些領袖們的苟安嗎？

實在說，浦東武裝團體的大部份領袖們，壓根兒就沒有「抗日」二字存在腦際，他們只是想如何可以多弄幾個錢，以便逃亡，他們視部隊爲發財的資本，一切「別動隊」「游擊隊」「保安隊」等的名義，嚴格的說，不過是他們在亂世中生存和發財的幌子吧了；所以只要日寇不妨害他們佔地盤和搜括民衆，或甚至送給他們一官半職；他們就隨時隨地有可能投降和被收買。

第六章　浦東武裝團體相互間的衝突

一般的說，在敵人佔領區中的武裝團體，最多和最使人興奮的，應該是光榮的戰績；反之，最使人洩氣的事，也無過於捨敵人不打，而演出「同室操戈」的把戲。可是，幾個月來的事實告訴我們：浦東武裝團體的抗日戰績是少得可憐，可悲的內部火拼倒多得可以，現在讓我們來淸算一下：

(一)雷忠部在未佔領南匯前，因朱翔鳳(雷之換帖弟兄，奉賢橋頭之土根)吞沒雷之鹽款及陰謀繳雷部槍械，事洩，卽爲雷槍殺。

(二)去年十二月二十三日晚李百全率部將謝羣舉之指揮部包圍，將謝殺害。此種舉動聞係受日寇及「大道市府」之授意；當然李不願聽謝之指揮，亦不失爲原因之一；但事變之導火線，據說是李部將南橋某當鋪搶刦後，怕謝有所責難，所以先行下手。

（三）殺謝羣舉之後一日，李百全與劉有楨合作進攻雷忠部，結果佔到南匯地盤。

（四）李百全因袁英傑不肯合作；欲繳袁部槍械，並將袁本人扣留，結果袁仍乘機脫逃。

（五）李志明在佔領川沙後，曾派部隊進攻川沙新港之朱仲生張連連（土匪首領）等部；在一月某日激戰一夜，朱張不敵，均相繼逃滬，所部被繳長槍三支，手溜彈六枚。

（六）劉有楨爲爭南匯地盤，於二月初率部進攻南匯，結果于道生部被迫退出南匯。

（七）二月初，李志明因顧鎮二區公所與公安分局，忽被橫沙之土棍前來繳械；李疑心係新港殘部（駐在季家廳）所爲，乃於當晚率部包圍季家廳，大事搜查，結果未有所獲，乃將顧鎮大流氓周祥林周金林兄弟二人捉去，指與橫沙有關係，後周金林以九千元贖出，周祥林則標價二萬，在二月中旬，尚未釋出。

（八）浦東南四團地方原由于道生部駐紮，不料三月十三日丁錫山部開南四團，有爭奪南四團企圖；雙方開火，結果丁部大敗而退。

（九）李志明委張慶鴻爲川沙縣橫沙區長，橫沙土棍朱仲生張連連不答應，且於三月三十日率部進攻川沙，結果被李志明擊敗。此次衝突之遠因爲朱張請李收編爲一大隊，但李只答應二中隊，而且過去雙方曾武裝衝突數次，新仇舊恨集於一起，乃有此次火拼發生；但主要原因，則爲漢奸任鵬飛之唆使。

（十）丁錫山部於三月下旬曾與奉賢縣長徐承德之隊伍武裝衝突。

（十一）潘滿庭部（本係太湖湖匪）因聞奉賢南四團附近之小梅花點有槍二十七支，乃於三月二十七八日左右率部向該處進攻，捉到該地之馬祖援；迫馬交出槍支，馬推說不知，並乘機脫逃。潘乃將當地小學校長之兒子捉去，揚言須拿二十七支槍去交換。

（十二）五月十八日馬伯蓀部自下沙開至新場，與于道生部谷守信之隊伍發生戰爭，結果馬部仍敗退下沙。

（十三）六月三日張連連爲其部下龔阿六擊斃。

本來，一個團體或許多團體的相互糾紛是免不了的；就有，也並不是可怕的事；有時正是因爲內部敗類（如漢奸隱藏在內）未能檢舉和解決掉，反而影響到本身的生存和工作進行；假如因爲在工作上發生不同的意見，也儘可採取和平合法的商討方式，開誠懇談解決方法，求得統一合作。但是我們把以上的情形觀察：浦東武裝團體間的內部衝突，那一次是爲的工作問題上的爭執呢？那一次是爲的檢舉內部漢奸呢？

請看他們長官在命令奪取地盤和相互火拼時的口號：「誰打進某城，誰做縣長」，「誰打進某鎮，誰做區長，警局長」；這就够說明了他們的一切糾紛衝突，還不是爲了爭權奪利？

日寇看準了他們這許多的弱點，於是利用漢奸來大使其威脅利誘，挑撥離間的手段，使他們互相衝突，火拼，消滅，而坐收漁人之利。

第七章　袁英傑部抗戰及陶雪生買空賣空

一　袁英傑部的概況

袁英傑部雖也算是浦東武裝團體之一，但因其英勇抗戰及紀律較嚴的關係，在實質上是比較與浦東一般武裝部隊不同的。所以袁部在各方面都不能與浦東一般武裝部隊同論。

袁英傑係中央軍校畢業生，曾任中央教導師連長，「八一三」後亦在浦東參加戰爭，國軍退出浦東時，袁未能隨同退出；在今年一月初，已招集散兵約三百人駐於奉賢之蕭塘。袁訓練士兵尙嚴，禁止搶刼，兵士符號用「盡忠報國」四字，因紀律較佳，平日尙能得當地人士之同情；此爲浦東武裝團體中惟一差強人意之部隊。當時李百全曾邀袁合作，袁見李部匪化，不願同流合汚，李百全乃欲繳袁部槍械，袁不得已至南橋見李，旋被李扣留；後袁乘機脫逃，李部逃至葉榭，漸圖擴充實力，當時集有人槍四百餘，勢力相當強大。迨四月初，聞國軍數千人由衛塘開至浦南之張堰亭林一帶，袁部乃與該軍匯合，現駐於葉榭亭林與莊家行一帶，在最近曾與日寇數度激戰，是比較能執行游擊任務的部隊。

但是由於袁部僅止於「紀律嚴明」「不擾民」之類，而沒有更進一步的發動民衆，實行普遍的宣傳組織工作，和內部的政治工作；所以至今袁部並沒有多大的發展，當然，還不能實現更大的襲擊日寇的任務了。

二　陶雪生的買空賣空

一月中旬，上海各報登載浦東游擊隊之領袖爲陶雪生，這是陶自己放出的空氣，實際陶在浦東毫無實力，他所以爲自己鼓吹，是故弄虛玄買空賣空的舉動，他想一舉三得，以此頭銜向日寇接洽收買，向政府及上海浦東人士要求接濟。也許沒有什麼成就吧！後來就沒有聽到陶的消息。直到四月十八日報載陶雪生恢復自由的消息；我們才知道陶曾爲日寇逮捕，現已釋放。這樣我們就不難反證出陶雪生並未參加武裝團體的活動，否則不是被殺害，就是已經叛變了。

陶雪生雖不屬於浦東武裝團體，但他與浦東武裝團體是有相當關係的；拿了游擊隊的名義向政府要求官銜，要槍要餉；再拿了民族英雄的幌子對民衆撒謊宣傳，要求援助。這種事實我們已經屢見不鮮；陶雪生不過是其中玩得花頭最大，失敗得也最快的一個吧了。一切同情並願意幫助抗日游擊隊的愛國同胞，對於這類應時而生的騙子，是應該予以嚴格注意的。

第八章　浦東武裝抗日失敗的嚴重教訓

（一）「正名定分」，這些武裝團體當然不能稱爲眞正的抗日游擊隊（江南江北民間武裝團體的大多數一般情形相同），只不過是些土匪式的冒牌游擊隊；其中成分，少數上層自然不是沒有眞正抗日的份子，但大部分是「揭竿而起」的「草莽英雄」；另一部分是下層的農民、鹽民、漁民、潰散兵警和流氓無產者及少數知識份子，內中當然不少具有抗日覺悟的份子，但大部分還保留着中國封建社會所遺留下來的流氓無產階級的意識；因此，他們的活動正如某些人所說的「游而不擊，互相游擊」，也正如某要人（甲）所說：「以土匪擔任游擊隊，必致游而不擊……其結果且將更進一步，所避的是敵人，所攻擊的是民衆」了。

（二）造成這種武裝集團的客觀條件，和他們所以致敗的主觀原因：第一是我國政府和軍隊的統治勢力已經退出，當時當地形成無政府狀態。大批難民、散兵、散警、失業者無人收容救濟，同時他們要求生活，但沒有抗日中心領導力量來組織他們團結他們，因此被土劣所利用。第二，在敵人急於進行正規戰爭，後方兵力空虛，未能建立直接間接之統治時，他們得以苟安一時。至于失敗的原因：切近點說，由於這些武裝團體之領導人物本身的流氓無產階級自私自利主義的特性，沒有抗日決心，以致在敵人的包圍下希圖苟安倖存，並且爭權奪利，互相火併，甚至接洽投降動搖叛變；隊伍內部的軍事政治教育幾乎完全沒有，卻盡量排斥眞正的抗日份子；不但談不到「聯合民衆」，而且對於民衆的剝削壓迫姦淫擄掠比之敵軍有過之無不及；這種完全與民衆對立的結果，這種毫無內部的政治團結，連單純的軍事組織性也沒有的烏合之衆，終於在敵人「剿撫兼施」的政策下一部分被收買，大部分被擊潰了。

(三)但是僅僅在當地客觀環境和他們本身條件上找出形成這種武裝集團和他

們失敗的原因是不够的，而且是不公允的；因爲他們的本身條件本已帶來失敗的必然性，就是現時殘存的部隊如果再不覺悟，也必然要走到同樣的前途，這是不待將來事實就可以判斷的。我們不能單單痛責他們，因爲他們的本身並不負多麽重大的罪惡責任，他們所以走到這樣的結局，主要的是由於政治原因造成的；少數上層領導份子，有希望的自然很少，即一般隊員們，也沒有普遍的抗日自覺；但其中大多數無家可歸的難民、兵警和知識份子等，在身受敵人侵略痛苦的刺激下，在生活的要求下，從爭取個人生活出路，保衞家鄉一直到保衞國家民族的不同出發點上，是可能走到抗日的路上的。所以，這裏的主要原因不是他們不願意抗日，也不是無法收容救濟，而是因爲沒有有組織的廣大抗日羣衆基礎及抗日武裝的中心領導力量把他們團結起來，組織眞正的抗日游擊隊，發動眞正的抗日游擊戰爭；以致受了野心家的欺騙利用走到失敗的路上去。

（四）但是浦東爲什麽沒有廣大的抗日羣衆基礎和抗日的中心領導力量呢？這

就是一個政治原因的問題：

第一、在「八一三」抗戰以前，沒有從澈底開放民衆運動和抗日運動入手，實行眞正的民衆動員，發動民衆起來參加抗日鬬爭；甚至在蘆溝橋事變以後，「八一三」抗戰以前，全國民衆的抗日怒潮已經普遍高漲起來的時候；江南以及浦東民衆仍然在多年來被統制的麻痺狀態下不能得到抗日的自由活動；甚至在「八一三」抗戰以後，仍然是在包而不辦的情形下限制抗日團體和抗日份子的自由活動。在浦東一般民衆的政治文化水準和過去革命經驗的條件上說，本來很容易組成一支偉大的抗日力量的；浦東民衆雖然有這些優越條件，卻因此種限制，就無法造成今天支持戰局一環的廣大羣衆基礎，也就不能有抗日的中心領導力量倫產生。三個月的時間過去了，包辦民衆運動的先生們也跑了，結果是把無組織的民衆留給敵人漢奸蹂躪，留給土劣流氓欺騙利用。及今回想，何等慘痛！

第二、「武裝民衆」的口號在「八一三」抗戰爆發以後，已經不僅是抗戰的正確方針，而成爲當時急待實現的具體行動了。浦東民間私槍本來很少；爲了支持上海戰局，爲了鞏固後方安全，爲了大軍退卻後組織游擊隊牽制敵人後方的必要；本來應該立卽由政府軍隊撥發槍枝，把浦東農民武裝起來；然而遲之又久，直到抗戰發生一個多月以後；才成立了一個某特種委員會，招募隊伍，發槍給餉，其中成份除極小一部份失業工農店員，知識份子外，多數係流氓羣衆，而領導人物中大多數也是流氓領袖；這些隊伍大都派遣到浦東活動，而浦東的大多數眞正工人農民羣衆反而得不到武裝。我們知道一個眞正的抗日游擊隊是必須從政治上發動工人農民的保衞民族和家鄉的覺悟，自願參加；絕不能採用正規軍隊的招募發餉辦法，而且領導人物一定是堅決的抗日份子；這樣的游擊隊，才能眞正執行游擊戰爭的任務，才能有發展的前途。然而某特種委員會的辦法恰恰相反，完全採取的招募政策和離開勞動羣衆的流氓路線。浦東這種隊伍在上海失守後，由最初領袖的逃跑，變成害民的土匪隊伍，以至後來的變節投降，到今天的潰敗；正是這種路線的必然結果，也只有在這種路線底下組成的「游擊隊」，才會「游而不擊互相游擊」。把這個原因與前者連繫起來，就更加明白爲什麼浦東三縣沒有能够奠定下有組織的抗日羣衆基礎和抗日的中心領導力量了。如果這些武裝是交給眞正的工人農民和堅決抗日的領導份子的手裏，那麼今天的浦東形勢在牽制敵軍後方的游擊戰爭中一定可以大大發揮作用的；至少對於敵人從上海進兵浙江的交通線——滬杭甬鐵路和黃浦江——可給以嚴重的威脅破壞。

（五）從上面分析所得到的慘痛教訓來看：沒有實行眞正的動員民衆和武裝民衆的政策，是浦東（或江南）造成現在局勢的基本原因；但這樣說仍然是不够的，我們還必須更進一步研究爲什麼不能實行眞正的動員和武裝民衆的政策呢？這就是多年來政府中某些分子害怕民衆的傳統觀念使然；例如某要人（乙）答覆德國海通社記者關於「中國人民是否將武裝起來的」問題說：「中國政府深知此種計劃實現之危險，卽使實行『武裝民衆』，亦必出於嚴格限制辦法」，從他的談話中，我們可以看出他充滿對於武裝民衆的恐佈觀念。此外尚有關於取締游擊隊的問題：如果是假冒名義，像土劣流氓所組織的土匪式的游擊隊，當然有取締的必要。但是，問題的中心不是消極的害怕武裝民衆發生危險，也不能因爲害怕壞人起來而不分皂白的連眞正的抗日民衆也放在一般的機械的限制範圍內，而是應該如何積極的發動眞正抗日民衆自由組織起來武裝起來，使冒牌的游擊隊（如浦東武裝團體之類）無從產生，且無法存在的問題。只有澈底實行動員民衆和武裝抗日民衆辦法，才能保證這種取締限制政策的實現；因爲消極的取締限制政策只能在政府軍隊權力所及的區域發生一點效力，但即使在尚能統治的地方，如果仍是這樣消極的爲了防範壞人而使眞正抗日民衆也不能自由組織游擊隊，則不但效果很微，甚至連後方漢奸的活動就無法防範；這又是上海戰役以及其他戰場所發生過的慘痛教訓。況且抗戰期間壞人漢奸固然要起來趁火打刼乘機搗亂，而眞正抗日民衆也不會坐觀成敗，一定要自動起來參加各種抗日工作幫助軍隊爭取抗戰勝利。總之，抗日民衆起不來，壞人就起來，反之，則壞人就不容易起來，這是非常淺顯明白的利害對比，很容易加以權衡取捨的。假如今天還在政府軍隊權力所能及的區域，再不認眞加緊實行動員民衆武裝民衆的工作，那麼這個區域一旦失陷，卽使壞人漢奸無論如何「假抗日之名行土匪之實」，政府取締的命令，無論如何嚴厲，也是不能生效的。浦東（或江南江北）的實際情形不是一個很嚴重的教訓嗎？

還有某要人（丙）曾說游擊戰爭必須「極有紀律，隨時取以化整爲零之隊伍方可擔任。並須人人訓練有素，具有精誠愛國之心。其連排長與下級幹部尤爲重要。並須有人自爲戰之兵士，始能處處得人民之自動擁護與協助」。某要人（甲）也說「游擊戰必須具備以下兩個條件，其一是精銳軍隊，因爲擔任游擊戰的軍隊，其戰鬪力不可不強，其紀律不可不嚴明……其二是有生產能力的良好民衆，只有良好的民衆才能與良好的軍隊結合。我們必須知道在展開游擊戰的地方，欲使軍隊能活潑自如必須是民衆健全有力」。在以上兩位先生的談話中只承認實行游擊戰爭的必要和具備何種條件的軍隊才能擔任游擊戰，兩先生一方面拿出了很苛的條件，認爲只有這種「軍隊」才可以擔任游擊戰爭，原則上當然沒有問題，但對於「民衆」是否可以編組游擊隊就沒有加以說明，只承認民衆必須「良好」和「健全有力」才能幫助軍隊的游擊戰，原則上這也是不錯的，可是兩先生並沒有說出如何才可以使民衆「健全有力」。兩先生雖然沒有提出應該使「良民」武裝起來組織游擊隊，但卻也沒有明白反對；不管只叫民衆幫助軍隊打游擊戰，或是允許民衆自編游擊隊打游擊戰也好，總之必須有一個先決條件，這就是民衆運動的澈底開放，只有使「良好民衆」得以自由組織起來，民衆自身才能「健全有力」。

(六)上述這些都是從目前浦東(和江南江北)人民所受的慘酷教訓當中檢查出來的基本原因，也就是在我國大軍退卻後爲什麽沒有能够很快的發展眞正的抗日游擊隊和發動眞正抗日的游擊戰爭之眞正原因。可是我們檢討這些原因與教訓的任務決不是僅僅因爲我們浦東人民受了這種隊伍的蹂躪以及他們中一部份的變節投降，爲害地方而發；爲了全國整個抗戰區域的民衆動員和民衆武裝政策的正確執行，爲了抗戰的最後勝利，應該把這些教訓擴大到全國範圍的前方、後方，從實際行動上糾正過來，以東戰場，特別是浦東今日的情形爲「前車之鑑」，以免再蹈浦東的覆轍。

但是爲了保證動員和武裝民衆參加戰爭的順利進行，必須澈底的實現民權主義，給與人民廣泛的民主自由權利，認眞實行改善人民生活的民生主義，實行「有錢出錢」「剷除貪汚」「優待抗日軍人家屬」等。關於這些綱領的具體實施辦法，不但有第八路軍最豐富最寶貴最成功的經驗辦法可資學習。而且還有國民黨頒佈的「抗戰建國綱領」可資遵循，澈底的執行這些辦法與最大限度的實現這些綱領，不但是政府的最重責任，而且是一切愛國同胞抗日民衆應該自動的積極的負擔起來的任務。

第九章　如何爭取浦東武裝抗日的勝利前途

由於過去錯誤政策的阻礙，浦東武裝抗日鬬爭是受到暫時的挫折而失敗了。

今天的敵人已經不像佔領初期之毫無辦法控制浦東，而是經過了大小僞組織（如奉，南，川三縣均已有僞縣署，與武裝團體之縣府並立，各市鎮亦多有僞維持會出現），僞軍，僞保安隊（如川沙，祝家橋等地的僞警察隊等）和憲兵隊，警備隊，軍特務班等種種工具建立了初步的統治基礎了；這種情形向我們說明過去的有利時機和有利條件已經在過去錯誤的政策下，沒有適當的加以運用，使得浦東武裝抗日的事業受到不必要的阻礙和打擊，因而沒有能夠完成牠第一個階段的初步任務。然而這種情形並不能使我們悲觀失望，要知道在長期戰爭狀態下，敵人是沒有餘力鞏固後方統治的，就是現在這點脆弱的基礎，也是建築在廣大民衆的抗日情緒和抗日鬬爭的「炸彈」之上。而偏促於中心城鎮和交通要點之一隅的敵軍和傀儡政權，對於廣大農村並沒有力量建立統治，我們的零散的武裝隊伍和武裝農民，仍然有很多散佈在鄉間。同時，財政日益恐慌的敵人已經而且正在加緊地實行對於佔領區域的慘酷的壓迫（如在周浦，祝家橋，川沙各地硬抽壯丁，到處隨意屠殺焚掠等）和剝削（如徵收田賦，房捐，進出口貨物捐，並在南匯，周浦一帶以最低價格收買棉花等），這種壓迫和剝削的結果勢必逼使我們尚未有高度抗日覺悟的廣大貧苦同胞很快地覺悟起來，武裝走上抗日鬬爭的道路。

在今天，已經被敵人統治的浦東固然不容易得到更新以後的動員和武裝民衆政策以及政府的種種實力援助的便利了，但是我們還有廣大的不願當亡國奴的勞苦同胞大衆，無數的願意爲抗日救國而鬬爭的民衆和很多堅決領導抗日的優秀份子，這就是我們所要依靠的抗日力量的基礎。我們不能而且不應依靠或等待外力援助而坐失時機，我們必須自動的堅決的發揮我們獨立的戰鬬精神，在必勝的信念和團結一致的基礎上吸收並且研究冀晉察邊區昭示給我們的勝利的模範的經驗教訓，而且把這些東西具體的運用在對於浦東廣大抗日民衆的宣傳訓練和組織工作上，以艱苦的精神從事於持久的鬪爭，在不斷學習，不斷實踐的過程中就不怕找不出組織游擊隊和發動游擊戰爭的勝利的途徑來。

有些熱情很高的救亡青年，一經踏入實際工作，看見各地方武裝部隊的不好現象和民衆的沒有覺悟，不是唉聲嘆氣認爲沒有希望而表示怠工態度，就是「怨憤填膺」，掉頭而去；這完全是要不得的「怕麻煩」「想吃現成飯」的小資產階級老毛病。要知道「天下無難事，就怕心不專」，只要你有「鍥而不捨」的精神，就沒有不能克服的困難，能力與經驗也會一天一天增長起來的。只要它今天還不是漢奸隊伍，只要民衆不願當亡國奴，只要還有可能作祕密的和公開的活動，就不怕不能改變現狀而造成順利發展的主客觀條件。須知道如果一切都能令你滿意的話，還需要你去幹什麼呢？容易做而沒有什麼麻煩的工作誰不會做呢？

所謂「盤根錯結乃見利器」，惟有把艱難困苦的任務毅然決然的負擔起來，才表現出眞正鬪爭精神和眞正本事，否則不免成爲「空談家」或「空跑家」；除非把別人訓練好了的游擊隊和民衆團體交給你去做一個現成的「領導者」，恐怕永遠尋不到你所認爲滿意的對象；諺云「種瓜得瓜，種豆得豆」，只有腳踏實地艱苦深入地向着你的目標前進，才能達到你的期望，否則幻想僥倖成功，而不虛心學習並從工作經驗和方法上多加檢討改善，是不能有所成就也不易得到進步的。

至於浦東整個武裝抗日運動的具體方針和辦法，以及在各別的地點如何做起，採用什麽組織方式和方法，自然不是幾句話可以說得淸楚，也不能够預先決定一套機械的成法，因爲一切情形是不斷變化的，主要原則是要依據當時當地的具體環境和主觀力量，同時必須配合實際工作的經驗教訓和某個時期主觀客觀條件的具體變化來決定的。

爲了保證浦東武裝抗日鬪爭前途的順利發展，爲了不能再蹈過去的覆轍，我們必須展開反對一切不正確的理論和投機活動的鬬爭。譬如專拿什麼機關，什麼背景的招牌，以發委任狀，發餉發槍的號召而招募游擊隊的路線；以及「沒有名義就沒法爭取羣衆」的錯誤觀念；一切放棄或忽略組織眞正勞苦工農羣衆而專以搜羅槍械，拉攏武裝流氓土匪的軍事投機主義；以及不把抗日的政治宣傳鼓動當作組織羣衆的主要方法，專以「沒有槍就沒有辦法」，引導羣衆走入盲目的唯武器論的說法；一切不從軍事的政治的基本教育工作入手，訓練或改造原有武裝隊伍；不從發動小規模的武裝鬬爭入手以鍛練自己戰鬬力量而專以「保存實力」來掩飾領袖的「猶預苟安」；甚至「我們現在不要亂動，準備將來國軍進攻上海時起來響應」的等待主義的謬論；還有與此恰恰相反的風頭主義的不自量力的軍事冒險政策；一切不根據「有錢出錢」「合理負擔」的原則用勸募說服辦法及會議表決方式規定徵發給養捐款數目，仍舊採用過去假手土豪劣紳剝削貧民的攤派辦法；甚至仿效軍閥軍隊的強派硬借威逼勒索，綁票勒贖，巧取豪奪的籌餉政策；

在已經淪陷而敵人無力統治區域中，一切不從號召民衆保衛地方入手組織臨時民主性的政權，仍然襲用過去統治方式委派（或自任）縣長、局長，勾結土豪劣紳甚至假借政府或軍事機關名義，冒充官吏；更甚的則是假借進步團體或進步軍隊的名義，而實際行爲卻正是汚衊與破壞這些抗日軍政機關和進步團體軍隊與敵人後方民衆聯合的種種招搖撞騙的活動（前者如浦東及其他地方用奉軍事委員會命令委派的名義出佈告之「保安司令」或什麼「軍」什麼「隊」什麼「司令」等等土匪隊伍，後者如報載蘇州地痞流氓冒充第八路軍名義來濫招募游擊隊員的事實）；總之所有這些足以妨礙甚至葬送武裝抗日鬭爭前途順利發展的有意無意的觀念意識，理論辦法和實際行動；我們必須反對，必須注意防止和糾正。

然而我們並不是反對在必要時應用或接受一種軍事的或政治的組織名義以資號召，但必須不是假借招牌，「竊號自娛」，爲個人謀利邀功；我們不但不反對而且歡迎外來的經濟援助，但必須不是空頭支票，必須不是「報銷主義」者從中揩油，我們不反對按照經濟狀況和實際需要分配各級隊長隊員以最低限度的日常補助費用，但必須不是僱傭和收買性質的發餉制度；形成有錢就幹，無錢就散的惡劣現象，而且必須官兵一律平等待遇，表現同甘共苦的精神；我們不反對用盡一切可能方法獲取武裝，但必須不是唯武器論；我們不反對聯絡武裝土匪流氓，並引導他們參加抗日，但必須不是專門依靠他們，而放棄武裝眞正工農羣衆的流氓路線；我們不反對「伺機而動」「培養實力」的軍事行動方針，但必須不是苟安等待；我們不反對在有利條件下（自己的戰鬬力和敵情的對比）予敵人以集中打擊，但反對不顧實力如何一經收編卽令其進攻城市和軍事要點的冒險主義和邀功主義；我們不反對在必要時對於眞正視財如命一毛不拔的土豪劣紳採取強迫辦法，使其捐助給養，但對於一般商民，必須不是不經勸誘，就冒然執行，可能時應當用民衆大會的表決方式，以羣衆力量促其執行；我們不反對在必要時由政府委派官員，協助民衆組織臨時行政機關，以便發動民衆抗日，但這種臨時政權必須是新式的十分民主的，而不是勾結士劣，包辦統制的舊式辦法；同時這種官員必須是有爲有守，堅苦卓絕，尊重民意的堅決抗日份子；我們要反對那種利用或冒充軍政機關名義，想做官發財不做實事甚至別有野心的投機份子；總之，鑒別一切言論主張，名義招牌，和行動方法是否眞正抗日，是否眞正堅決，完全要看它的事實表現是否在某種程度上符合上述標準或走向上述目標爲依歸。

過去的慘痛事實明白的告訴了我們，凡是「借抗日之名，行土匪之實」的野心家和妥協動搖不堅決抗日的領袖們，必然會把抗日引導到失敗的路上去，只有擁護堅決抗日份子的領導：對內實行澈底的軍事政治改造，淘汰腐化份子，吸收工農成份；對外保護民衆利益（特別是貧苦民衆的利益），組織民衆，實行軍民密切合作，共同保衞地方；才有可能走向勝利的前途。如果發現某些領袖不照這樣的方式領導我們，甚至苟安動搖陰謀投降，我們就應該聯合起來加以驅逐消滅，重新推舉眞正堅決抗日的份子起來領導。最後，還應該嚴重指出需要浦東和其他各地的抗日民衆和武裝隊員們時刻提高最大的警覺性，來預防上當的一個問題：就是一切漢奸尤其是敵人的忠實鷹犬托派匪徒，用盡一切方式方法挑撥抗日武裝隊伍，使之互相火併，藉以削減我們民間武裝抗日力量，以達其破壞抗日民族統一戰線的目的，我們對於這種陰險毒辣的搗亂份子，是更應給以無情的打擊和消滅的。（據確實調查，有些托派匪徒爲日寇僱用專做這種工作，每月可得五萬元之報酬，因爲工作成績不錯，最近還有增加之望）。

不但如此；所有一切武裝部隊，不論是國防軍、省防軍、或軍政機關所組織的游擊隊伍、或民衆自動成立的游擊隊，應該不分「招牌」、不分黨派、不分地域，只要是不願當漢奸，無論其性質是自衛或抗日；應該從政治上團結一致，從軍事上連絡合作；絕不能互相排斥，或用統一之名，行強迫吞併之實；這種行爲很容易引起火併衝突，實際上則是有意無意的幫助了日寇和漢奸。應該知道抗日事業是黨政軍民四位一體的共同任務，不是誰能包辦得了的；統一合作是必要的，但不能用「招牌」或命令強制執行；必須有政治上的互相信賴，必須有一切工作上的模範表率，才能爭取別人的信任合作。

一切不願意當亡國奴的同胞們！一切覺悟的愛國同胞們！一切執有武器準備自衛的同胞們！一切參加武裝團體的戰士們！一切不願意當漢奸的紳士富翁名流們！一切握有武裝實力的領袖們！一切因爲苟安動搖與敵人妥協，而後悔上當的有志之士們！請想一想自己前途的危機吧！請放大眼光看看國家民族的將來命運吧！慘酷血腥的教訓，遠在台灣高麗東北四省，近在華北江南浦東；個人的生死榮辱與國家民族存亡的關係是不能分開的，沒有全民族的解放不能幻想一時一地個人家庭財產生命的安全保障了，沒有全面的全民的一致堅決到底的支持抗戰是不能得到最後勝利的！沒有敵人後方的頑強廣大的游擊戰爭，是不能爭取每一時期每一戰區不斷的軍事勝利的！沒有這些勝利就不能奠定最後總的軍事勝利的基礎；那麽，勝利和失敗的關鍵是什麽呢？保衞家鄉，擔負整個抗戰任務的一環的敵人後方武裝抗日的勝利前途應該如何爭取呢？請再把這本小册子所指出來的慘痛教訓和勝利的道路研究一下吧！這就是我們所要告訴大家的。「前事不忘後事之師」！擺在面前的只有一條路——願意勝利或者失敗？願意當民族英雄還是傀儡奴隸？一誤不容再誤！時迫事急，必須加以最後的選擇了。

最後，應該着重指出本書出版正當我國第三期抗戰開始，保衛抗戰中心——大武漢的前夜；這是一個關係抗戰前途的重大關鍵。「在敵人後方造成前線」，是我們淪陷區域同胞的重大任務；對於爭取第三期抗戰勝利與保衛大武漢有決定作用的；但是這個任務是艱鉅的，如何來完成它，如何來澈底的發揮它的作用呢？這就是本書所要貢獻的經驗教訓，希望大家加以澈底研究的。

出版預告

本社爲供獻爭取抗戰最後勝利之意見起見，以後尚擬繼續出版此種叢書，現正搜集材料，加以整理研究，內容之豐，規模之大，較此册尤有過之，一俟彙集成書，即當陸續出版，特此預告，希讀者諸君注意爲幸。

鞞鼓叢書第一輯·第一種

浦東武裝團體失敗經過及其教訓

▼定價大洋二角▲

著者　鞞鼓出版社

發行者　鞞鼓出版社

特約經售　全國各大書店

民國二十七年七月初版

八一四空軍節紀念特刊

8/14

空軍第十三總站區黨部編印

中華民國二十九年八月十四日

八一四空軍節紀念特刊

陳文貽題

目錄

八一四空军纪念特刊

扬武天台

王敬久题

克敵制勝
以一當十
偉業豐功
奠我國族

八一四空軍節　魯忠修

建立空軍

殲滅倭寇

史克勤

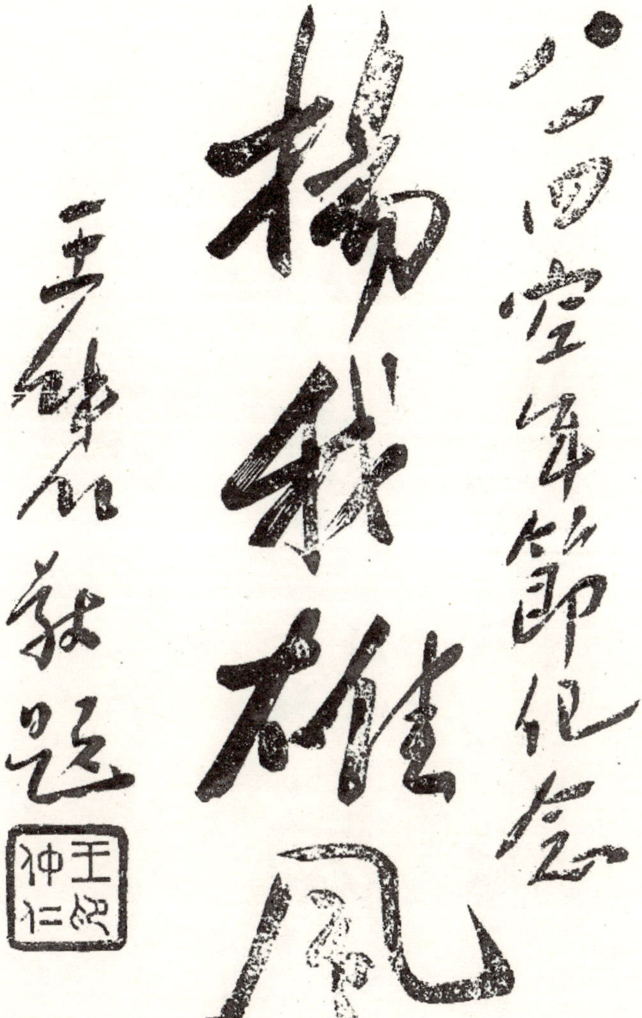
八一四空軍節紀念
揚我雄風
王叔銘敬題

八一四空軍節

航空救國

崔履璋題

空軍訓條

第一　至高無上爲空軍救國獨一無二的責任
第二　爲國捐軀爲空軍救國殺身成仁的精神
第三　有我無敵爲空軍救國至大無畏的膽量
第四　服從命令爲空軍救國共同一致的要素
第五　再接再厲爲空軍救國盡忠黨國的氣節
第六　冒險敢死爲空軍救國死中求生的出路
第七　精密周到爲空軍救國持顛扶危的基準
第八　親愛精誠爲空軍救國共同生死的德性
第九　質素樸實爲空軍救國光明磊落的本色
第十　自強不息爲空軍救國雪恥復仇的志氣
第十一　克服天然爲空軍救國戰勝一切的本能
第十二　堅忍不拔爲空軍救國最後勝利的要素

恭錄廿九年六月十七日中央黨部
總理紀念週

總裁訓詞

（關於空軍的一段）

講到最近敵機轟炸重慶的情形，可以說敵人已經使盡他最大最後的暴力來向我們進攻。在敵人的企圖，以爲我們重慶受到他這樣暴力的威脅，即令我們政府不會動搖，人民必感受威脅，社會秩序亦將被他擾亂，從而促使我們抗戰心理動搖，乃至於向他屈服。其目的就是在此。所以他每天盡其所有派來重慶轟炸的飛機，少則一百十架；多則一百六十架；每一架飛機平均至少有五個至七個人，就是他每天傾其空軍全力來侵犯重慶的人數，多到一千餘人，至少亦有七八百人。這眞是已經用到他最大而最後的力量了。而我們用來抵抗敵人的空軍是如何？老

二

實說，我們每天只要用空軍中極少數的飛機，就沒有一次不是將敵機大批擊落或受傷，決不使他有一次能全隊而回的時候，僅就這幾天擊落的敵機來說，每天少則兩架，多則五架；而據敵人自己的廣播稱，除被擊落的以外，每次被我空軍擊傷的飛機，至少亦有十餘架，照空軍普通作戰學理來說，一架轟炸機至少要用三架驅逐機方能與之作戰，而現在我們只能用一架驅逐機就要與敵軍五架以上轟炸機鬥爭，而且我們每架驅逐機，每日要與敵軍五倍以上兵力繼續到三個至六個小時，始終苦鬥到底，這就是我們空軍每次昇空以後，要與敵軍作五倍以上的激烈戰爭，而且每次作戰以後，每一隊飛機至少有三分之二以上的飛機，皆被敵機槍砲彈擊中的，甚至有一次周至開同志所駕駛的飛機有被擊中至九十九顆槍彈，又加上一個砲彈的。此外一架飛機，被中到四十顆以上敵彈，就不計其數了，而且每架飛機皆中了敵機槍彈的日子亦很多，然而我們空軍損傷程度是如何呢？說起來眞是誰也不能相信這樣奇蹟，我今日可負責報告，我們空軍這兩個月作戰以來，除掉上一個月我們空軍稍有幾架損失以外，自從本月以來，最近這兩禮拜，我們的空軍戰士，沒有一個人受到有致命的重傷，也沒有一架飛機不是於忠勇的達成任務之後，安然飛返的，即如昨天敵人又以一百二十餘架飛機來犯我們陪都，我們僅以極小的部隊，就打下他六架，這還是就截至現刻爲止，經已查覺發現的來講，其他被我擊傷在遠處還沒有查明的和受傷的數目，尚不計算在內。所以就這幾天的戰況看起來，我們只要用很少數的空軍，就可以抵抗連日大批進犯的敵機，而且每次都能夠獲得很大的戰果，我想世界上除了我們中國以外，再沒有部隊以一當十，以少勝多最神勇的空軍了。

若再就這幾次的空襲，敵我死亡的人數來計算，則過去一週中間平均每天敵機約被我擊落四架，他們費時費力所訓練出來寶貴難得的空軍人員，每天就至少要戰死廿至三十人。而我們陪都市因爲防空設備的一天一天安全強固，空襲時一般防護搶救服務人員的努力盡職，無辜同胞之慘被炸死的，據最近一週的統計，每

四

天自六人至四十八人，平均每天亦不過二十人。以我們普通軍民的生命，與敵人空軍人員之死傷來兩相比較，我們所受生命與損失比敵人還少得多。而物資的耗，就敵人飛機汽油炸彈的耗損與我們市區房屋器具等之被炸毀而言，敵人的損失或比我們更多了。總合計之，這幾次空襲以來，我們所受的損失，絕對可以與敵人的損失相抵消，而且敵人空軍所受的損害死傷，實在超過我們三十倍以上。所以敵人以空軍進犯，不但不能撼動我們的毫末，而且是得不償失，徒然自速敗亡。即此一端，就可以使敵人知道要用他空軍的暴力，想來脅服我們的政府和人民，是無異於舉挺擊空，徒成夢想而已。而我們一般同志和全國軍民，如果都能拿這幾天我們中國空軍以少勝多一樣的精神，來抗戰，來建國——來辦理政治，發展經濟，從事各種社會事業，人人都能如我們空軍戰士一樣，能用一個人的力量來對抗三十個乃至一百個以上的敵人，那末無論敵人如何用盡他最後所有的暴力，窮極思逞，也沒有不被我們消滅的，我們決沒有不能獲得最後勝利的。

紀念「八一四」空軍節

陳又超

「……二十六年八月十四日十三點二十分，杭州轉來溫州一帶海岸防空監視哨的報告，說是敵機十三架，重轟型，方向四至十，十五點十分，筧橋上空的殲滅戰開始，電話，電話，電話，截至二十點三十分止，綜合浙省各哨所的報告（後來都一一加以證實），是來襲的敵機十三架，回去的五架，逼不回去的八架，他們的下落是：在筧橋—中國空軍的搖籃，那裏有中央航校乳虎樣的好青年，在半山——中國空軍的聖地，那裏有航空先烈們的忠骸與浩氣，就在筧橋半山之間，二架九六重轟型的敵機，像二頭給拍子打爛了的蒼蠅，亂堆在田野，侵略者的鋼鐵，與侵略者的血肉，糊塗打成一片，太陽徽插陷在糞土之中，因爲他們意外的碰到了更堅强的鋼鐵，與更堅强的血肉之故。在蕭山錢江彼岸，皇軍的天空勇士松浦久去閣下，最不幸的離開了他破爛的飛機，更離開了他同命相依的長眠着四位同僚，想得些冷水解渴，這是中國的土地，現在他明白了，像隻受傷的緜羊，被我們牽住，小鬍子怪憔悴的一撮，可憐得已不成個樣兒，當我們答允將來戰事平靜，可以送他回家，他感激涕零的退了下去。在浦江在諸暨在浙東西的原野與山地，又是同樣的六架陸續為我們所發現。零比八木更津的覆沒，對照出中國空軍的全勝……以上是空軍指揮官周至柔將軍在「八一四」二週年紀念時回憶的一段，這是空軍參加全面作戰的第一次，他們到底不辜負了國內外人士的期望而予打擊者以更猛烈的打擊。

六

從這次空戰以後，奠定了堅強的自信心，開啓了三年來不斷勝利的基礎，而有今日舉世矚目的成就。中國是偉大的黃帝子孫，是天才的空中英雄，地大物博，更是天然的大空軍國的優越條件。現在全世界正充滿了火藥的氣味，且有決定勝負的空軍，尤為競相擴充的鵠的，抗戰邁入了第四個年頭，我們雖然具備了許多更有利的條件；但是在運用上和發揮上，還是顯示着不夠，現代的戰事，是全體性的戰事，浴血疆場，與後方生產、是同樣的重要，提高教育水準，與努力軍事建設，才能使新生的力量，作更進步的補充；我們輕重工業的社會基礎，是遠比不上敵人的，空軍又為最機械化之部隊，一引擎之需要、一螺釘之微末，均須仰給於外邦，現在新式飛機，都從靈敏與輕快着想，雖因此而犧牲其堅牢耐用率亦所不惜、故壽命是特別的短，空軍物質的消耗之大，非空軍人員，幾難臆想，在如斯的條件下我們還能屢建殊勛，在空軍的本身言，真不愧為偉大中國的國民了！

空軍的補給除了油彈外，最重要的就是飛機場，越是新式的飛機，越是需要平坦堅實面積寬大的飛機場，而且在數量上還需要多，理由是我們沒有大量驅逐機，和高射炮，消滅敵人於我根據地——機場——之外，假如來襲的敵機被我們驅逐機殲滅半數，還有半數在機場上投彈後回去，雖然敵人的投彈技術不好，但機場的面積太大，到底容易命中，如果我們僅有一個機場，那末我們的驅逐機，

七

八

勢非在此降落不可，卽使安然返防，但在落地時、亦必因彈坑而遭傾覆，有錢尙且買不到的無上武器，如果是這樣的犧牲了，豈不是太可惜麼？軍事第一，勝利第一，工業與人才，固然不能一蹴卽就，但具有地大條件的我們，對多造機場，該是最可能的建設了！以浙東來說罷：國軍西移後，我機很少來過，每一個同胞都流露熱烈與渴望的情緒，這種情緒，象徵着空軍建設的光明，同志們！耐心些—新興的空軍，決不會辜負大家所期望的！過去沒有在東南一帶活動，一面是：「量」既不能與敵人競爭，則制勝之道，端在以「質」勝「量」，并在軍事上應保持絕對機動性。一面也正因為原有機場，尙不足以供應新式飛機的需要，地是我們的血，工作是我們的汗，把我們的血汗交織在這偉大的國防建設上，是多麼的有價值呀！戰爭是糜費的，現時一架轟炸機的代價至少須一百多萬，如果拿半架飛機的錢，來建造一個機場，已經是相當的好了，這又是多麼便宜而容易的一件事！如果依東南一帶人口來比例，那麼派在每個人身上的負担，尤其微乎其微了！至於暫時飛機的來與不來，本是全面戰的戰略問題，有英明的最高統帥替我們主持，用不着我們多心，所以現在最迫切的工作，還該是儘力之所及，以作一切最可能的建設。

講到空軍建設，除了物質建設之外，還需要更有效的精神建設。因爲空軍的建軍，不僅僅在乎物質；反之，健全的幹部，與夫供給幹部的社會力量，才是眞正建軍的柱力，飛機是有錢還可以買得到的，幹部則必須由社會的力量慢慢去培養，體力，智能，德性，爲構成空軍幹部之重要因素，體力知能的重要，一般人類能知之，而德性的重要尤屬不可忽視，舉個簡單的例來說罷。空中作戰，常常是單機活動、戰鬥用的驅逐機、裏面只坐一個駕駛員，而作戰的地區又常常在指揮者的視線之外，不像陸軍海軍至少有千百人以上的行動，如果這個駕駛員先來個臨陣脫逃，再來個虛報軍情，事實上長官是極難察覺的，你想這該是多麼的危險呢？德性爲本，乃筧搖精神之所寄，「八一四」戰績以後，單機出動的次數很

九

多，都得到光榮的戰果，即使寡不敵衆，爲敵機羣所包圍，亦必奮不顧身，與之週旋，非至最後一瞬，決不離開武器，勇士閻海文之壯烈犧牲，倭寇亦爲之咋舌，我們願把筧橋精神，推廣到全國的每一個角落去，百年樹人，空軍是絕對需要社會的大衆力量來培養的，否則就等於建鐵屋在沙灘之上，絕不會持久的。

此外，還有一般國民所應該知道的，關於航空的一切常識，如偵察機轟炸機驅逐機的個別性能，及在戰術的運用上，有着怎樣的關係，降落傘部隊的功効，及其撲滅的方法，防空該注意的事件，……這些問題在社會上，眞能了解的人，好像還不夠多，我們還常常可以聽見，禁止小孩子在防空壕內啼哭，理由不是吵擾了公共的秩序與安寧，而是怕給敵聽到了，會賞給你一顆炸彈！還有當敵機飛得極低，甚至在我們頭上掠過的時候，有槍拿在手裏的同志，也不敢向他射擊，爲的是，「敵人看見了不更動火了麼？還是不要觸犯牠或許可以好一點吧」的怯懦心理，當高射槍炮的陣地，要設在某一點的時候，在這裏附近的人們，還有作

：「給敵殺知道了不是要連累我嗎？」的想頭，……這種種都顯示着常識的太不夠！戰爭是殘酷的，唯其是殘酷，所以必須努力求知。三年來，血肉換來的許多寶貴的經驗，當然不僅限於軍人和公務人員、不過羣衆到底是比較散漫的，他所得到的零星概念，還是需要後知後覺的公務人員，予以正確的指導。今天是中國空軍參加全面抗戰的三週年紀念日，先烈們已盡了他們最大的職責，發揚和光大、要落在全體的空軍同志以及全國的同胞肩上，起來吧！擔負這艱巨的工作！

紀念「八一四」與建設大空軍

陳誠

一、中國抗戰與歐戰一瞥

我們的史書裏：充滿了戰爭的紀實，我們覺得世界從來沒有眞正的和平的日子。

一九四〇年的危機，是一個人類歷史決定了的大屠殺、全世界的政治家，都在這樣的大聲疾呼。

一二

一九三六年的夏季，在遠東的一角燃起了侵略者與反抗者的烽火，這個事態正在激烈演進中，不料去年秋天，德國納粹的魔手又伸展到波蘭爆發了二次歐戰，而且不上半個月的工夫，偌大的波蘭，就滅亡在納粹「閃電戰術」之下，整個東線全被德國佔領。而希特勒的手法，一面是毅然決然的進攻，另一面又在好整以暇的倡導和平，在波蘭被佔後他知道必須有個長期間的消化，於是隨着「閃電」而來的是「和平攻勢。」可是英法不能在這個有利時機採用主動的攻勢，還是遲疑不決，這樣總算西線沉寂四閱月，納粹黨人又展開他的魔手，在很短時間從丹麥，挪威，轉向比利時、盧森堡，荷蘭，向着法國的左翼突進，比、荷，盧三國，像秋風掃落葉般的不崇朝而歸滅亡了。就是那號稱五大強國之一的法國，終於也被擊潰而訂城下之盟，弄得整個西歐，幾全入德國的掌握。

可是，在遠東所表現的，却完全不同，在復興途上掙扎的中國，和侵略者的日本軍閥自「七七」以至今日，實足維持了三十七月另七天的戰爭，不但中國沒有屈膝，却把自稱東亞盟主的日本，拖得精疲力竭，舉止失措，在歐洲以英法之強，尚且抗不了一個第一次大戰的失敗者——德國，在遠東却祇用一個落後的中國和一個強盛一世的日本打上三四個年頭，還是不肯罷休。

我們的軍備落後，我們的生產落後，我們的工業落後，我們的文化也落後，而我們的抗戰能力，却遠勝敵人，也超越了英法之上，這到底是什麼緣故呢？我可以說，就是我們的精神力量，勝過了敵人的物質力量，也就是證明了中國已經從抗戰中復興起來，由抗戰成爲世界的强國了。

二，歐戰的教訓

天下的事情，決不是那樣簡單，一個國家的成功和失敗，一定有他必然的因果。如最近德國「閃擊戰」的成功，英法的失利，其中成敗利鈍，也決不是偶然的。本年五月八日邱吉爾在英下院就這樣在那邊懇切地說：

一四

「在此歐戰役中，一般人士時時以英何不採取主動爲問，實則其中有極大之困難，未能於短期內消滅者。蓋五年以前，英在空軍方面未能與德保持均勢，此爲英之失敗，而此項均勢爲英之安全所絕對必需。英之飛行人才及飛機材料在質的方面佔優量，但在量的方面則不及德國。吾深信此種困難終可克服，但在此項均勢未達成以前，吾人仍將遭遇若干困難及危機。此次戰爭與上次大戰不同，吾人屢以之相提並論，實屬無益。今日空軍之力量，已非昔比，在某種情況之下，空軍之活躍能影響艦隊及軍隊之行動。吾人固不可對此點過事誇張，但亦不應輕視之。頃聞有人質問：以今日英海軍之優勢兵力，應能截斷斯喀基爾拉克灣之海上交通，阻止德國與奧斯陸海上之運輸，何以在戰事開始時英海軍不作截斷德軍海上交通之企圖？實則德空軍之力量過於龐大，若吾人欲實行切斷海上交通，則德空軍可以極大之威力加諸英方，其結果必致得不償失；蓋欲謀切斷交通，非以巨大的海軍力量集中該地不可，德軍若施以猛烈之襲擊，則英海軍之損失必將不堪設想。……當德軍大都有到達英倫以南之可能時，德空軍又大舉轟炸沙斯及安達爾斯納斯兩海港，令大批英援軍無法登陸，即以軍需及大炮兵供給已登陸之英軍，亦屬不可能，在此情況之下，已登岸之英軍若不即行撤退，即有被敵消滅之虞。」又倫敦五月三十一日路透電：暨周至柔將軍申論：

「由法境返國之英遠征軍數千人抵達×郎港口，彼等在火車中情況至爲疲乏，鬚髮極長，倚車窗而睡，聞此部隊在極端困難之環境中撤退。據彼等言，前線亟須更多之空軍，彼等已有數日未得食者，但果腹後，精神恢復，即向人高談火線之實況，前線亟需更多之空軍。狼狽歸來，語不及他，但言前線亟需更多之空軍，想見倚車窗而睡着的時候，夢見的無非是：前進時前上方的敵機，後退時後上方的敵機，運動時頭上的敵機，渡海時桅端上的敵機，——一切都是吃了飛機的苦，我想不但前線需要空軍，倫敦人士必有一天大聲疾呼，後方亟需更多的空軍。」

一六

這兩段話充分說明了第二次大戰，在戰爭本質上已起了極大的變化，從戰爭需要上已經註定了空軍是一天一天底在抬頭，前線需要更多的空軍，後方更需要更多的空軍，英國有這樣需要，在危難中的中國，更其需要，講到空軍在戰爭所起的作用，我們更可以把周至柔將軍的一段話拿來做證明：

「大空軍可以消滅小空軍，——如德波之役——獲取制空。大空軍可以打擊配有劣勢空軍的大海軍，——如英德挪威之爭——奪取制海。大空軍可以擊敗兵力相仿的大陸軍，——如西線之戰——協取制陸。今日之事，要制勝，靠空軍。」

我們不能否認空軍在現代的戰爭中是可以勝任制空，制海，制陸的三大任務。

當我們的空軍能夠完成了上述的三大任務時，任憑敵人怎樣堅強，也無可奈何我們了，德國既具有超越的強大空軍，自然可以取勝，再加上飛機和機械化部隊配合的「閃電戰術」運用得法，自然又可用閃電戰戰勝敵人了。

在這裏我們不禁寒慄！假使我們也遭遇到英法同樣的命運，將怎樣呢？不會，絕對不會！事實告訴我們，日本空軍決沒有德國空軍的强大，何況我們三年來的抗戰已經把日本的國力消滅了百分之五十以上的今天，再也不會有那麼一天。但是我們要懂得我們的任務，決不是僅僅限於抵抗，對侵略者抵抗，祇是被侵略者的初步手段，最後還是須要進攻、進攻才是抵抗者的目的、進攻却是千眞萬確的需要大量的空軍！

這是抗戰三年來我們領略到的教訓；

還是二次歐洲大戰給予我們的啓示。

三、光榮的「八一四」

「一二八」慘痛的教訓，誰能忍受不戰的苦痛和恥辱？然而，終於「淞滬協定」「非武裝區域」，我們爲什麼要這樣？第一我們對天空沒有辦法，沒有整體的力量，我們進不能戰，退不能守，因此，深深地覺醒了我們非建設强大的空軍，不足以言救亡圖存，督促我們不迎頭趕上去建設空軍，不足以捍衛國家；經過短短的幾年工夫，我們的空軍雖然趕不上敵人和列强，然而終於克服了「九一八」「一二八」時代的空虛。

緊接着「八一三」開始後一天，年青的中國空軍，在「八一四」的淸晨，從北國××機場奉令出發，參戰於東海之濱的晴空，黃浦江中的轟炸，筧橋上空的格鬪，發出了中華民族力的怒吼！造成繼續不斷的中國空軍三年來的勝利與光榮的戰績！

今天是「八一四」，是中國空軍勝利的開始日，我們懷念着英勇的空軍先烈，慶祝着過去的偉大勝利，我們要踏着先烈的血跡前進，使少年的中國空軍，益見强大，愈加精銳；更卓然自立於世界，而爲舉世所重視。

四，與空軍同志勉

由於「八一四」的偉大勝利，由於三年來中國空軍不斷勝利給予我的興奮，由於我服務空軍兩年餘的體念，由於歐戰給予我們的教訓，在這嚴肅悲壯的今日，願以滿腔熱忱，進一言與我空軍同志共勉：

第一、我們要深信中國復興，必基於空軍的成就，中國的衰弱，亦必由於空軍的失敗。在今日中國的成敗利鈍之間，祇有一個空軍的因素，時代巨輪把整個中華民族存亡絕續的責任推到我們全體空軍同志的肩上。瞻望當前的敵人雖已消弱，但還沒有達到完全崩潰的一天，敵人的末日距離雖近，畢竟還沒有把它推進坟墓，這最後擊潰敵人葬送敵人的責任，唯一需要我們空軍同志英勇地來担負！

第二、我們應該時時自動的鞭策和督責，「國土未復，軍人之恥」，我們要堅定着必勝的信念，在最惡劣的環境中發揮我們空中兵種的偉大力量。要知道近代戰爭是科學的戰爭，而我空軍就是科學化的軍隊，空軍和科學結有不解之緣，一刻也不容易分離或孤立。要增强我空中作戰力量，唯一就在我們空軍同志不斷的研究和學習，要有不斷的研究和學習，才有不斷的進步和創造第三、我們知道敵人積數十年的空軍歷史，以資本主義的生產工具，在他重工業的基礎上建設了較强於亞洲其他各國的空軍，用來對付一個僅六七年歷史而毫無航空工業基礎的我國空軍，而終于被我擊敗，這是充分證明了劣勢的中國空軍，已戰勝了優勢的敵國空軍，這是「以少勝多」「以一當百」「以質勝量」，說明了精神戰勝物質，全是中國空軍革命精神的表現。我們爲保證革命精神的繼續與發揚光大，唯有切實地遵循國民精神總動員的原則，極端的刻苦自勵，不稍有絲毫苟且浪漫的舉動，以貽外界的指謫；蓋精神的弛懈與緊張和個人生活極有關係，古今來許多志士名人，其能成功立業成仁取義者，無不經過一番刻苦自勵的奮鬥，我們要有新的德性來擔負時代巨輪所賦予對國家民族的使命，我們應以高度的理智去克服醉生夢死的生活，自私自利的企圖，苟且偷生的習慣、紛歧錯雜的思想，來養成奮發蓬勃的朝氣！

五、對同胞幾個期望

任今天，空軍的成敗，可以決定抗戰的勝負，抗戰的勝負，可以決定中華民族的興亡。我們為了國家生存，民族繁衍，不得不爭取抗戰最後勝利，我們要爭取最後勝利，唯一的辦法，就在趕緊建設強大的空軍！

建設強大的空軍，除了我們空軍同志應負的責任外，尚有賴於我們全國同胞的共同努力，謹舉數端，藉供研討：

第一、建設強大的空軍，必須有衆多精實的空軍人才，人才的培育，原非每一部份或者是某一担負造就人才的機關所能完成的。因為優秀的空軍人才，固然有待於完善的空軍教育，但是一個空軍人員所必須的健康，必賴先天的充足與後天的調養，自母胎以至成人，以人的發育來講：最由胎兒、嬰兒，幼年，少年，青年等的階段；從環境的變遷上來說：有家庭，學校，社會等的不同；就所受教育的階段來說：有家庭教育，學校教育，社會教育，特種教育的分別，經過如許複雜的養育與教育環境的變遷，才成為如許複雜典型的人物，所以我們要培育健全的空軍人才，必須勳員全國父母，教師，以至每個同胞共同來實施。

第二、强大的空軍，必須要有作戰的武器—飛機，槍彈，這些我們在目前都是倚仗國外的供給；自己製造的還很少，我們深深地感到從外國買得這些東西，所費甚巨，很不合算，何况在今日就有錢也買不到貨呢？至於人家那些超等的優越飛機、也决不會輕易賣給我們，在這種情況下，我們惟有積極發展國內的航空工業，從事大量飛機及一切航空器材的生產，我們要發展鋼鐵，紡織，木材，橡皮，鋁漆，電氣等工業，這些條件，都全仗集合全國各界的財力，物力，人力，才可以做得到的。

第三、有了優秀的空軍人才，有了健全的航空工業，還須要有完善的地面設備和組織。一個機場設備的優良，可以增强空軍作戰的活動和發揮作戰的效力。於是大量的良好田園，應毫不吝惜地拿來建築機場，在空戰萬分危急，敵人還在投炸彈掃機槍的時候，我們更要不怕犧牲的集合大量人工來搶修。我們要知道這礎自前的犧牲與遠大的建設，更需要我們全國同胞都能做得「有錢出錢」「有力出力」才行。

末了，我們來高呼：全國的同胞快起來！光大「八一四」的精神，建設我們强大的空軍！

「八一四」空戰勝利先聲與抗戰中空軍的重要

齊平安

「八一三」淞滬戰爭爆發的第二天，敵寇認爲了不起的木更津航空隊傲慢地從台灣松山機場起飛向我杭邊，我空軍保衛領空光榮之戰因而發動，筧橋健兒初顯身手大敗敵軍，建立了空戰勝利的先聲，在中國空戰史上記載着永遠不可磨滅的最燦爛之一頁！

回憶彼日靜寂太空，浮顯幾朵烏雲，飛將軍與高采烈，即以神勇的姿態待命獵場，等候獵擊之到來，果然當日下午情報傳到敵空軍主力木更津航空隊之一中隊已飛渡台灣海峽，跨越仙霞山嶺向我空軍搖籃地——筧橋航進，我高大隊長周劉隊長等，相繼率機昇空，未幾，敵機大胆成羣竄入，我戰鬥員以冒險敢死有我無敵以一當百的精神與敵作遭遇戰，只見我鐵鳥鼓舞雙翅追逐翻騰，衝破敵機隊形，大隊長首開記錄擊落敵機一架，各個相繼爭先，造成了零對八之新記錄！所謂掛了武士道色彩的天日之徽，竟將殘骸焚燬于浙西原野，這個第一次空戰偉大使命算是光榮完成了。

自「八一四」以還，輾轉至今，爲時三載，就敵我機數相較，我寡敵衆，物質相較，我弱敵強，但我空軍戰鬥能力及作戰精神，敵則遠不如我。如以後迭串勝利之：「八一五」杭市上空再建奇功，「二一八」「四二九」「五卅一」三次武漢空中保衞戰，「二二三」轟炸台北，「五一九」遠征三島，「六一六」粵北長空之戰，「八一八」衡陽上空之戰，「九二八」昆明首次激戰，「一一八」梁山成都之空戰，『二一三』蘭州上空之戰等，以迄于本年渝蓉上空等戰役，接連每次都獲光榮的防禦勝利！但在抗日當中，爭取最後勝利，不僅防禦一角，如德國在目前使用閃電戰術的初步成功，是得力於它的優勢大量空軍。

現在我們就對於空軍應用何種姿態與方式來協同機械化兵團作戰而取得勝利的這一課題再作進一步的研究，先說空軍對於機械化兵團攻擊前進的一種協同工作，不過在實施此項任務之前，空軍對於己方機械化兵團本身的運用各事項：如（一）前進道路或接近地區（二）攻擊開始和假定攻擊經過的時間（三）在什麼地方或什麼時候開始空中援助最爲有效（四）所需飛機種類與數量（五）報告傳達與聯絡的方式和（六）戰鬥開始及任務完畢之集合場地的確定等，都須有一個充分的了解。

假使空軍事先已經很清楚的知道了上面這六個動作項目，那末它開始要展開搜索和偵察方面的工作，因爲地形特別機械化兵團有着絕大意義，如不能夠熟悉在它活動區域與戰鬥區域內的地形情況，機械化兵團就很難顯出它的機動性和突擊性的長處來；同時機械化兵團還須明瞭敵方工事防禦計劃的種類範圍以及敵方機械化兵團的前進方向或移動位置，而備乘虛突破或攻其最弱的一點，可是這兩種任務的達到完成，則就一定要靠空軍的協助，因爲飛機是攻擊前最能達成偵察搜索任務的担負者。如己方有飛機協助搜索偵察，敵方同時也有空軍協助它做同樣的工作，如支援己方機械化兵團的攻擊，有效的協助是由偵察監視攻擊，並指示步砲兵攻擊目標，攻擊機在在攻擊敵方機械化兵團於其行動間，使蝟集於路上渡河點等處而遲滯其前進，驅逐機則防止敵方空軍對己方機械化兵團攻擊行動的阻擋，完成驅逐護衞的使命、轟炸機復進行對於敵方機械化兵團的密集縱隊以低空的轟炸和掃射，或判明了敵方機械化兵團的前進方向或移動位置時，即破壞它的前方渡河點及隘路等，斷絕它的汽油彈藥給養供給，除此前方任務及破壞它機場工廠外，尙有所謂「空中步兵」，即是「降落傘」，降落傘的發明，最初原想救諸在空中和自然艱苦地搏鬥者的生命，可是在今天也給它武裝起來了，成爲最新型的戰鬥工具——「空中步兵」。

這個新兵種之主要部門，是：巨型飛機降落傘和突擊隊，先藉巨型機的輸運到達敵軍後方的上空，再用降落傘着陸，實行突擊攻勢，就可能完成如下的特殊任務：1、徹底毁壞道路橋樑鐵路電報等2、殲殺防禦力薄弱的糧秣彈藥運送隊3、破壞敵人後方根據地，如水源地帶，無線電台，軍需工業地帶以及各種工廠等甚或佔領敵人飛機場。從它的任務上看，這種戰法可稱爲後方攪亂戰；其主要作用，在打擊敵人精神，故亦叫做精神攻擊。

這種新戰術，發源於蘇聯，而德意已相繼全部採用。參加這一攻擊的戰士，應該具有敢死隊的性質，才能完成任務。意大利有一次在里比亞演習中，先用飛機運輸二個工兵大隊，藉降落傘着陸，迅速的建築大規模飛機場，待機場築成後，立刻運送二團多數帶有機關槍和輕野炮戰鬥的突擊隊在那裏降落，終於擊潰了防禦軍。今天在蘇聯正在訓練著下一團機械化部隊到敵後方的戰法，雖說其中還有不少的困難問題，諒在這次戰爭過程中無疑地能獲得圓滿的解決。

如上所述空軍的重要、關係國家民族存亡至大。我們既知道空軍的重要，假如我們認為在民族革命的抗日戰爭當中，航空事業——或者就說是空軍部隊是佔着某種重要的地位，那麼為了強調這個重要性，就應該長足加速邁進建設空軍。至言建設空軍，範圍索涉甚廣，非僅空軍本身人員所能辦到，實有賴於朝野上下共同協力，茲舉要點數端　願我國人共勵焉！（一）節約獻金購機救國，盡力捐輸財力開發天然富源，興辦各種工業；以達到航空器材燃料自給自足之目的。（二）應普及航空教育；為兒童寫作航空文學，必須在下一代的國民中多多注入航空建設熱忱，但不能因為飛機飛在天空，便把兒童帶給了神仙，讓真實的科學和虛幻的迷信糾結在一起，對於兒童一切我們都必須以科學去解釋、要把「科學萬能」這一正確的思想輸入兒童們的幼稚腦海，並鼓勵一般青年對航空事業發生研究興趣，使能在飛行及機械各方都放異彩。（三）爲國民體魄之鍛鍊，使我民衆均有學習航空的機會，而補過去一般青年欲學不能的弊病。如上諸端，惟望我政府之倡導與民衆之熱忱贊助，一致協力，則我空軍在抗戰建國聲中不難完成建設也！

茲值首次空戰勝利三週年紀念之時，雖覺往者可慶，而距離理想強大空軍之境相差尚遠，勝利之途雖近，尚希我全國袍澤本「我不怕敵敵必怕我」，「有我無敵有敵無我」的決心，盡其所有竭其智能，繼續「八一四」的勝利，光大「八一四」的精神建設抗日重要性的空軍，完成抗戰建國之大業，勝利已在目前，願大衆一齊來爭取！

中國空軍戰績

韋北海

今日何日？非中華民族神聖抗戰已閱三年一月又七日乎？非中華民國二十九

年光榮燦爛之空軍節乎？檢討過去把握現在，創造將來此其時矣。回憶我國空軍」，雖建立不及十年，而三年來所造成之光榮戰績，已可炫耀於世人。茲擇其犖犖大者，紀之於左：

1、二十六年份戰績——轟炸長江口外及杭州灣敵之航空母艦「加賀」「龍驤」及第三艦隊，消滅敵之空軍精銳木更津及鹿屋兩隊，僅於三星期之內，擊燬敵機一百餘架。更於「九一八」上海之役予敵以七百萬之損失。此外出勤晉北，轟炸粵南，均有相當之收獲。

2、二十七年份戰績——渡海襲擊台灣，遠征三島九州，武漢四次空戰，擊落敵機五十架。武漢會戰伊始，長江敵艦被我擊沉者凡三十三艘，受傷者百有九艘。即台兒莊之大捷，我空軍亦與有力也。

3、二十八年份戰績——三次轟炸北戰場據點，兩次轟炸長江敵機場據點，共燬敵機八十餘架，汽車五十餘輛，汽油五萬加侖。蘭州之役，又擊落其最精銳重轟炸機十五架，損失值千萬美元。他如重慶成都之戰，又復擊落其重轟炸機七架，並斃其空軍司令奧田大佐等。迄乎南寧會戰，更助成陸軍崑崙關之大捷。

4、二十九年份戰績——本年元旦擊落不易捕獲之「神風」偵察機。二月間在臺自擊落敵之轟炸機三架。四五兩月在豫南鄂北協同陸軍作戰，完成豫鄂大捷。近則數次重慶空戰，又復擊落敵機廿餘架。

總計抗戰三十八個月中，敵機被擊落者八百七十架，空軍人員被斃者二千七百餘名，敵艦被擊毀者五十艘，傷者一百五十四艘，損失總值約有二十五萬萬日元之鉅。數字確實，文電可稽。懿歟壯哉！吾空軍亦聊以自慰而慰國人矣。

夫敵人經營空軍，不遺餘力，處心積慮，已匪朝夕，而我空軍在「七七」以前，正在搖籃時代，羽毛未豐，雛形未脫。孰料戰事爆發竟能一鳴驚人！威震敵國，名播全球，其中蓋有因也，決非倖而致之。諺云：「精誠所至，金石為開」。金石者，至堅之物質也。精誠者，專一之精神。精神所至，物質不足以禦之。

孟子曰：「城非不高也，池非不深也，兵甲非不堅利也，委而去之是天時不如地利，地利不如人和也」。人和者，萬衆一心精神團結之謂也。倘精神散漫，士無鬪志，則雖有堅甲利兵高城深池，亦不足以制勝。觀察此次歐戰，馬奇諾防線不爲不堅，而法人竟不能守，是法國僅有物質的馬奇諾，而無精神的馬奇諾也。德人只知有希特勒，而不知其他，勇往直前，所向無敵。精神克服物質，於茲益爲明證。吾少年空軍，秉承 總裁精神之感召，咸抱成功成仁之決心。飛機重於生命，任務重於一切。以一當十，以十當百。正氣激昂壯懷凜冽，怒吼則山川震駭，叱咤則風雲變色，武士道遇之而喪胆，大和魂見之而落魄。瓦解冰消，木更津之狼奔豕突，全軍覆歿，鹿屋隊之如秋風掃葉，片甲無存，一似驟雨之摧花。故雖敵我飛機衆寡懸殊，而會戰結果，無不以少勝多。蓋敵所恃者千人縫與護身符耳。我則以大無畏之革命精神，頭當炸彈，血即汽油，熱血和汽油並濺，頭顱與炸彈齊飛，以此抗戰，何戰不勝？以此制敵，何敵不摧耶？

噫！國恥未雪，風雨飄搖，舊恨新仇，與日俱積，痛沈崇誨之不起，感陳懷民之已亡，或與敵機相搏，或與敵艦同拚，犧牲精神，亦悲亦壯！光榮事績，可泣可歌－一輪皓月，憑弔英烈忠魂，萬里長空，留得光榮戰績。嗟乎！逝者已矣，來者方艱，不有強大健全之空軍，莫雪不要喪權失土之恥辱。尚望全國同胞一致奮發，毋忘 總理遺訓，努力航空救國；務期未來之同月同日，能有飛機八一四架，翱翔於神州領空，散五彩之傳單，祝抗戰之勝利。更遣飛機八一四架，縱橫於三島之上，表大國之雄風，斥倭奴之狂妄，如是紀念「空軍節」，方足以慰全國同胞熱烈之期望！而吾革命先烈亦含笑于九泉矣！

回顧與前瞻

畢騰青

今天是空軍節，是我中國空軍對倭寇空軍展開處女戰的第四個年頭，我們有無限的興奮，謹述個人所見，以期與全國同胞共勉。

（一）

我首先說的，是中國空軍的簡史——中國航空事業之濫觴，說起來，實是民國紀元前四年（一九〇八年）湖北陸軍第八鎮直隸第四鎮江蘇第九鎮成立氣球隊僅有一具——僅僅是日本山田式的氣球。這距一七八三年法國蒙哥爾弗（MontgoLFIER）氏兄弟發明輕於空氣的航空器征服天空，是相差着一百二十五年。至於設機關訓練航空人才，是民國二年九月北京政府創辦的南苑航空學校，這時歐西談空軍早已登峯造極，而中國尙視爲神奇，盡其量給予這訓練特殊人才的機關是僅僅乎向法購得的高德隆式四十，五十，八十四馬力機十八架。

民國二年以後，這十幾年，南苑、東北，雲南、保定，山東、廣西等學校，雖由各省的最高長官在謀利便軍事，刺探軍情原則之下，設置扶植前後畢業了八百多名學生，然因系統不一設備簡陋，同時又各急於見功，類皆羽毛未豐，鮮能使之獨樹隊陣，直至民國十九年政治漸趨清朗，內 領袖的大聲疾呼，才經中央核准撥發開辦費四十萬元，於二十年六月將正式空軍教育機關——軍政部航空學校（旋改名爲中央航空學校）不要成立起來，也就是今日與敵拼命的一批乳虎成長之所。

由民國二十一年開始訓練起，到蘆溝橋事變發生是短短的六年，較歐美是成爲一個六年與卅六年以上之比，較日本是成爲一個六年與二十五年之比。故中國空軍非只少年，實在是一個立足未穩的稚童！

（二）

第二說的，是日本以三十五歲身強力壯而來打立足不穩的六歲稚童，打了三四年不僅在各主要戰場毫無進展，反使這六歲的稚童，獲致了大大小小的勝利。

茲分年敍述空軍抗戰以來的戰績如左：

1、二十六年的今日，敵人倚仗自己飛機性能的優越，數量的衆多，首次侵進了我空軍搖籃地筧橋上空，而我第一日予打擊考以打擊的是「零比八」當頭的一棒。接着轟擊吳江口外及杭州灣的敵航空母艦『加賀』『龍驤』及第三艦隊，並協助淞滬作戰，且將舉世著稱的敵空軍精銳『木更津』『鹿島』兩隊一百餘架，在三週內予以全數的消滅。至『九一八』我轟炸上海，竟一擊而中：予敵以七百萬元的重大損失。使敵空軍的士氣，從此沮喪不振，而我則出動晉北助戰，出動粵南轟炸敵艦，立戰史上不少的空前的美談。

2、二十七年二月二十三日我渡海襲擊台灣北部松山敵空軍根據地，炸燬新竹附近大電力廠、我軍用無線電台，五月二十日遠征敵國九州的上空，穿過熊本市，久留米、福岡，佐世保，長崎港等地，散發十萬張正義的傳單。茲後我更紛襲敵後各機場，艦船、陣地、交通線暨第一線的敵兵，助台兒莊大捷的完成。此外，『二一八』『三八』『四二九』『五三一』四次武漢大空戰，擊落敵機五十架之多，其餘南昌，歸德，洛陽，長沙等空戰，亦均有廣大的斬獲。在武漢會戰開始時，我轟炸長沙敵艦，擊沉其三十三艘，傷其一百零九艘，並助陸軍作戰，使陸軍同收獲得極大的戰果。

3.二十八年中，我三次炸北戰場敵據點，兩次炸長江敵機場據點，共毀敵機八十餘架，汽車七十餘輛，汽油五萬餘加侖。蘭州空戰，擊落其最精銳之重轟炸機十五架，虜敵空軍大尉兩人，使敵損失達千萬美元之鉅，「五三」重慶空戰，擊落其重轟炸機七架，十月三日與十月四日我兩次武漢空襲，毀敵機一百餘架，傷亡敵飛行與機械人員二百餘人。十一月四日成都空戰，擊斃敵海軍航空隊司令官奧田喜久大佐及另兩大尉，而鄂境並擊斃敵航兵大佐及造成倭國耐航時間世界紀錄之藤田少佐等六人，使倭朝野泣有餘惜。到後來南寧會戰，我空軍助陸軍又獲得崑崙關的大捷。

4.本年元旦，擊落不易捕獲的敵「神風」偵察機，二月間蒙自擊落了敵爲炸機三架，四五兩月在豫南鄂北協同陸軍收獲了豫鄂大捷，而七月七中全會期間，敵輒傾巢聚結，動以百架分批合羣襲我行都，但它們無一次不是煊赫生而來，但又

三七

無一次不是鎩羽而去，始終不能突破我空軍築成的空中長城！

以上言給敵損害的總和，是擊落敵機八百餘架，擊斃敵空軍人員二千七百餘名，擊毀寇艦五十艘，傷一百五十餘艘。

以上言技術的高超，有劉粹剛的一次擊落敵機七架有吳汝鎏的殲敵機全隊於，南雄上空，而犧牲壯烈的，有閻海文之在寇陣內以最後一顆子彈而自戕，沈崇誨陳懷民之與敵機寇艦相撞而同歸於盡，而「五二〇」的東征，投我以炸彈，報之以傳單，尤充分顯示出我民族性的偉大，給人類史上展開了最光榮的一頁。

以上充分示出我稚弱空軍對成年強大的日本空軍，不僅是能夠以鐵還鐵，以力還力，而且還佔住一個很大的勝利比數，這比數是震撼世界使全世界人士輕視中國的目光為之丕變，是使面目猙獰的日本軍閥慄慄發顫。

（三）

第三說的，中國抗戰之有今日的勝利，是戰鬥精神克服了敵人的物質，是堂堂正義戰勝了敵人的暴力，證之我空軍作戰，就是很明顯的例子。然日本的國力，在今日雖已達到拋物綫上的頂點、而我雖已勝券在握，但使之迅速下降，尚有待我們加倍的奮發和努力。而奮發努力的中心，恍於抗戰以來敵機到處蹂躪我無辜人民和不設防城市之暴行，我們應該毫不遲疑的趕緊來從事我空軍之建設。而建設空軍筆者認爲在現時大家應該注意和努力的有四點：

1、時至今日，中國尚有不少人對飛行尚抱着神秘與恐懼的觀念。現在科學進步、一切擺明，飛機在天空飛行，眞是躡空御風，較地上之行河山溝渠的橫阻、其安全性與火車、汽車、輪船實有過之無不及，所以我們今後對孩子們的志願學習航空，不但不應加以阻撓、而且還得應該儘量的鼓勵。而孩子進了學校，學校教師不僅要負責使中國以後，絕對不會教出浪漫頹唐幼稚淺薄的學生，同時還應該儘量教學生，使學生犧牲小我，來從事於先榮偉大的工作，——也就是說，人人要將孩子獻給國家並能爲國家所用。

三九

2、國民是國家的細胞，國民之强弱，關係整個國家盛衰，做父母的以及做學校教師的，可以說是決定國家强弱的主宰。所以在家庭內，父母對孩子的身體，要特別注意保養，在懷胎時，以至生產後與成立的睡覺，坐立，行走一切的一切，都要使之合乎體格的正常，不可使之受先天後天的影響而孱弱下去。學校對學生進校時的體格，要嚴密的檢查，學校關於公共衞生的設備要時常加以改良和整頓。——也就是說，大家要保重自己健康，生產健全兒女，注意衞生，重視體育以利自己的兒女，利國家。今後如再發現有志航空而體格不及格者，應由父母與教師負損害國力的責任；換言之，就是今後飛行體檢，很希望沒有一個不及格的人。

3、抗戰是我們雪百年積恥，爭萬代生存的大事，當初決定抗戰時我們未徵求任何人的同意；現在打了三年來，仍當由我們自己負其責，也就是我們要決心求自力的戰勝。然在自力更生邁進的途上，際此抗戰艱難期間，尚很鮮見全國同胞，尤其是科學家工業家積極地來從事於飛機問題解決，航空工業固是近代物質文明的大結晶，是千頭萬緒集合各種輕重工業技術而成的，非一蹴可就，但我們可以分別的局部的全體動員分途研究，努力製造，各用其頭腦智力解決所能解決的某一部份問題，如果大家都把能力貢獻出來，湊合起來，就是最難問題，也可以解決其大半。——也就是說，我國雖資源豐富，但工業落後，同時暴敵又正實施將中國的海岸全部加以封鎖，我們既是長期抗戰，對物資便應有長期的打算，必須全國工業先進，實業領袖，協力把航空工業有關的各種工業，創辦起來，振興起來，開發出來，來從事於飛機的自造。

4、在三年多的抗戰中，空軍最感困難的，始終是飛機的缺乏。假使中國空軍的總數，能有敵人三分之一，可斷言必能支持整個戰局於不敗而早將各處的敵人予以整個的消滅　然今日最使我們爲難的問題，還是飛機太少的問題，飛機之太少，重要的原因，就是國庫的財力不足，此確有待於海內外同胞，務念覆巢之下必無完卵，力戒奢靡之習，而把所有的資金獻國購機，用以克服日本，戰勝敵人。——也就是說，亡羊補牢，時猶未晚，尚有待於國人的激發良知，抒其資力！

（四）

空戰是第一個科學的新式的戰爭，日新月異，如何求其與時代並進，此有待空軍同人的日新又新，而救國是大家的責任，天下興亡，匹夫有責，也就是本文希望全國同胞注意而再三致其悃誠的「尾語」。現中國空軍是幼年的，正因是幼年，所以亟待培育與發展，而前途也極有希望。最後望全國同志同胞一致致其襄助，使中國的空軍在抗戰中告成，早日強大，以完成其救國建國的任務，以保障東亞與世界的公道與和平！

力的象徵

陳圓

一、力是什麼？

「只有鐵，只有血，只有鐵血可以救中國：」

原來可以救中國的，就只有鐵和血兩樣東西。

「鐵」是什麼呢？鐵是屬於金屬類的一種礦產。

「血」是什麼呢？血是一切動物身體組成必須的液體成份。

試一檢討，自有人類以來就有鐵和血兩個東西的存在。不過在上古時代，石器時代，銅器時代，鐵只是埋藏在地下，未爲人類所發覺，血是隨着動物的產生而產生，據說有個時期，人類曾經把「血」當作飲料，所謂「茹毛飲血」大約是指的那個時期。

在人類謀生工具中，假如除去了「鐵」的成份，簡直就沒有工具了。在人類文化發展上，自銅器時代以後的文明，可以說完全是給鐵所佔有；一直到文明發達的現代，所有交通用具，工廠機器，殺人利器，統統都還是離不了「鐵」的因素，在今日人類物質生活中鐵的用途，幾乎比從前增加了幾千萬倍。

生活的領域裏，並不是單純的物質條件可以滿足，有時物質之技窮的時候，也就只得另求解決，唯一的辦法就在開發那人們獨有的無窮智囊，而增強其駕馭謀生工具的智能，智能不斷的增進，謀生工具也就不斷的發達。

「血」是智能的最好肥料，一個貧血症者，絕對不會成爲一個多智的人物。因此血的效用成爲身體中主要的支柱，在人類精神生活中是無價之寶。總結起來；能夠抵抗困難和壓力的是「鐵」，能夠克服困難和壓力的是「血」。

所以說力是什麼？

我們的回答力是「鐵」和「血」

二、力的「八一四」

「九一八」慘痛的教訓！

「一二八」苦痛的恥辱！

我們何以不戰？我們何以忍受？

乾脆的說：因爲我們沒有辦法！第一對天空沒有辦法，第二對海洋沒有辦法，第三對陸地沒有辦法。總之：我們缺乏天空、地面、海底的立體力量，尤其主要的最高層的天空力量！

敵人的空軍在我們頭上盤旋、掃射、轟炸，使我們戰士不能抬頭，我們要前進；遭遇到敵人的攻擊機。我們要死守，陣地給敵人轟炸而平。進不能戰，退不能守，就祇得含辱負重，忍氣吞聲。

自此以後，我們深刻地領略到「無空防卽無國防」「無有空軍卽無能作戰」的教訓，督促着我們埋頭於近代武力——空軍的建設。

時間是那麼短促，敵人一刻也不肯放鬆；連那『十年生聚，十年教訓』的時間也不讓你獲得，相去『一二八』六年半的時候，敵人的侵略變本加厲，在蘆溝橋畔縱火，燃起了『七七』的烽烟，我們再也不能忍受，縱然我們的力量不夠，準備不足，也祗得毅然決然的發動「八一三」的全面抗戰。

「八一三」開始後一天，以五千個空中勤務人員，二萬個地面勤務人員組成的中國空軍集團，英勇的爲保衛祖國的領空，爲伸張正義的鐵拳，爲充實「一二八」時代的空虛而參戰，首先放出一個「八一四」的光輝，造成「零對八」的空戰勝利記錄，而作了一個力的還擊，予日本杜黑主義的空戰理想，碰到了第一天的打擊。

這一打擊，震撼了世界人士，驚碎了敵寇賊胆，更奠定了三年來抗戰勝利的基礎。

從此我們開始和敵人清算六十年來的血債，收復喪失的領土，索回被佔的財物，擔負起中華民族五千年文化歷史接續的責任，這一任務的完成，便靠着鐵血凝成的空軍集團。

力的「八一四」，就是這一歷史任務的起點。

三、力的世界

『强權卽公理』『戰爭卽和平』。

在今日的世界；維以鐵還鐵、力還力，才能伸張公理，保障和平，其餘都是假的，一個國力不如人的國家祇以聽受人家的宰割。所謂國力者則以武力爲最要，而武力又以空軍爲最要。

試以最近表現於歐戰者爲何如？整個戰場上空的飛機都是德國的空軍，有這樣强大的空軍操在手裏，當然會使希特拉的戰術和戰略，超脫了古老平凡的窠臼。而新闢蹊徑，於是閃電戰式的戰爭應運而生。波蘭的倉皇潰滅，英法的相顧失色，證明了一個有相當新式軍隊的强國，也不能抗拒閃電式的進攻。這是空軍帮助閃擊的成功！

可見戰爭的本質註定了空軍一天一天的抬頭。固然，空軍本身還有其困難和缺點，但是正在不斷發展的今日空軍，其爲現代戰爭之主力則無疑義。

中國空軍，在劣勢的裝配條件下，經過三年的英勇抗戰，繼續並光大了『八一四』的精神，充分發揚了三民主義者的革命力量，它所給予敵人的打擊，乃是些鐵的事實，血的教訓，六月十七日中央紀念週　總裁訓辭：『世界上除了我們以外，再沒有這樣以一當十，以少勝多，最神勇的空軍了。』

這是說明了，我們的空軍已克盡厥職，達成其最大的『力』的角鬪，除了把鐵的能力發揮盡致外，並且以血肉換取了敵人的頭顱和飛機。

今後的問題，就在如何建設我們的强大空軍以適應此『力的世界』之需要！

筧橋上空

洪兆銘

從此次法國向德國屈服的因素中來檢討，發覺了法國第一線空軍的失敗，影響到整個戰局，乃至演出屈服的悲劇！因此不由我不回想到三年前的今天，我勇敢果決技術高超的大隊長高志航將軍，在筧橋上空給予敵人那種嚴重的教訓，奠立了我少年空軍的作戰根基，添增了整個長期抗戰的偉大功勳。

「八一四」那天的下午，敵人感覺到我空軍在上海戰場上的活躍，以牠空軍最精銳的「木更津」隊由台北出發，想把我們空軍根據地筧橋毀滅，那天江浙一帶天氣的惡劣，非健忘的同袍，都能回憶得到吧？據說「木更津」航空隊傾巢來犯時，沿途因天氣惡劣，碰山的碰山、迷途的迷途，到達目的地「筧橋」已只剩×架。又為杭州附近天氣更壞，不得不飛低空而來、在發現我們驅逐機時牠想飛高可是已來不及了，而我們的第×大隊于×××防地接奉保衛筧橋根據地的使命，恰好由高大隊長率領比牠們早一點鐘趕到、降下地面加足汽油，起飛待命空中的時候，牠們正好已來送死了！在那細雨紛紛暮色蒼茫的天空裏，我高大隊長奮勇向前、機槍響處，敵機一架已被擊落，其餘參戰人員又合力擊落敵機七架，事後據各方面消息證實：逃回之殘機，均於途中次第墜海沉沒而全軍覆沒了！又以「木更津」航空隊隊長剖腹自殺的消息驚動敵國、而博得世界人士異口同聲的讚譽——中國空軍的神勇。

　　那天以後敵機雖仍不斷來襲，每次都給我打得落花流水，同時我們的戰鬥員、莫不以「日本空軍不經一擊」之口吻互相告慰着，各人的臉上，不時露出得意的微笑，勝利的信念，激發着殲敵致果的情緒，記得有一次在緊急警報的當兒，我正在幫助一位戰鬥員開動發動機時，他對我作這樣一段懇切的要求：「你看敵機將進機場啦！請你快些想法把機器開好，好讓我上去把牠打下一架來，你看！你看牠慢得像老牛一般，是不是來送死的「日本空軍低能到這樣，眞是自不量力、來這裏送死」」。那發動機好像對他的要求已經懂得了、表示接受他的誠意一樣，當他把話說完時，牠也就開動了，牠把牠飛起來、由低而高，馬上就把敵機控制住了一架，機槍響處，卽見敵機隨之而墜。還有一次我和我的同伴們正在那裏日以繼夜的搶修傷殘的我機，有一位學籍華僑的戰鬥員，買了許多點心跑得滿頭大汗的來探聽這架飛機的完工日期，並且說他已奉到校長的允許，這架飛機修好了交給他駕駛，他還說他已經有了擊落二架敵機的紀錄，再打下一架就可得到政府規定的一種獎章，而這幾天買賣特別多，而且好做，要請求我們加意趕緊的把牠給修完善 好給他去找買賣，完成他獲得獎章的榮譽！把帶來的點心送給我們說「來！吃點再幹罷」！他這番話好比給我們打了一針強心針一樣，什麼熱、，睡眠，都忘記了，繼續不斷的工作到他試飛滿意直至飛走後才休息，我們不但不覺到怎樣受累，反而異乎尋常的興奮。

三年了。偉大的「八一四」，光芒萬丈的「八一四」，又燦爛地重映在我們的面前，先烈的血跡未乾，喪失的土地未復，在此最後勝利就在明天的今日，我們空軍同仁的仔肩更隨着時代的變遷而加重了，我們應遵 照總裁七中全會中指示我們的：『最後勝利愈接近艱難困苦愈要增加』。隨時準備最後的努力，把日本軍閥於最短期內，完全趕出國境直撲三島，最後勝利到來的那時我們在各處工作的同志們，相聚一處，把各人從抗戰中身臨其境的偉大悲壯的事跡，一幕一幕的相互傳告着，這是多麼快慰的事啊！

「八一四」的回憶

吳崐山

蘆溝橋的炮火燃起了中華民族為求生存獨立自由神聖抗戰的火焰、倭寇蠻牛蠢奔，遇到了正義鐵拳、一個多月也不能獲得暢意的戰果，於是『八一三』那天，在中國第一大商埠的上海、又揭開一重戰幕，倭寇理想上『欲短期間取得侵略勝利，非首先一舉殲滅中國幼稚空軍奪取制空權不可』，所以緊接着拉開了『八一四』中國空軍勝利的序幕、博得全世界的歡呼和驚嘆。

憶得『八一四』那天早晨、是烏雲疊疊，細雨濛濛的天色，筧橋航校的機場上，排列着不少的雄姿鐵鳥，都在那兒怒吼着，裝滿了雪恥復仇打擊敵人的武器，快速地聯着一隊一隊的升空，朝着那倭寇羣集的黃浦江上飛去，載回來的戰果是擊傷敵艦數艘，與擊斃敵兵無數，時已響午，雲層裏時露出幾塊青天，映出美麗的陽光來，突然間發出第一聲警報，場上無數的熱血青年，莫不摩拳擦掌如生龍活虎般的，各人均奔向自己業務的崗位上去；笨牛樣的敵機，航進速度很慢，時鐘的指針自十三點至十四點，直至十四點三十分，尚未航進既定陷阱圈內，人人焦慮着，『爲何此時尚未至呢？送上門來的禮物應該給予全部收留，不可讓它僥倖的兔脫』，來了，十五點十分，終於發出第二聲緊急警報，我機立即升空萬尺以上，佔領制勝地位，嚴陣以待，不久敵機已竄進火網圈內，我們見時機已至，就毫不放鬆地在雲堆中，以餓虎撲兔之勢穿梭似的搏鬥起來；機槍軋軋軋的彈花四射，高射炮大發威力隆隆隆雷鳴的交響着，斯時我在一個桑林中工作緊要業務，偷眼向一視空戰究竟？在半山原野上，看到從雲層裏翻下混身燃着火雙尾桅獸機一架，將至地面時候還聽得砰然一聲怪響，大概敵人帶來的飛機炸彈和肉體，俱已化爲灰燼，它的武士道靈魂飄回富士山高唱死亡的凱旋曲了，瞧！南面的錢塘江畔，東面的喬司上空，俱撒下幾朵白花，幾圈紅光，在我的面前飄下一片發我機所粉碎敵機翅翼碎片，我即將他收拾，當作鹵獲，斯時雲也漸漸散去，半空中祗見我機揚着勝利的雄姿，盤旋比翼歸來，地面上普照着黄金色的陽光，每個人都發出懽樂的歌聲。這場空戰結果，在筧橋上空擊燬了敵人號稱精銳的木更津航空隊一九六式轟炸機六架，又在錢塘江南岸與浦江縣境，跌落經擊傷而不能逃歸賊巢的敵機二架，我方全無損失。這一戰打破了敵人的迷夢妄想，奠定了空軍抗戰最後勝利的基礎，我方飛將軍鼓勵着大勝餘威，復翱翔騰空直往上海炸燬了虹口敵司令部，驚破了敵人的心胆，轉移了全世界藐視中國空軍的視線。

這三年以來，中國空軍勝利之踪隨時日而增，打破了以物質精銳作戰優勢的定律，倡造了精神戰勝物質弱勢擊破强敵的光榮紀錄，這種事實全是最高 領袖平日訓導有方，戰時長官指揮適當，與幾千員空中將士，和數萬個地面工作人員，用血汗寫成的。現在雖然倭寇未驅出於國門之外，但我空軍將士咸抱着成功成仁的決心，保持着已往的英勇戰績，更求發揮光大，務使達到驅除倭寇，收復河山，建設新中國的目的，而偉大勝利的『八一四』，光芒萬丈的「八一四」，將深刻蘊藏我的腦海中永遠地不會消滅！

「八一四」之戰

畢延疇

「八一四」那山岳般壯偉的日子，帶着使土地震顫的音響，又沉重地面對着我們飄來了！

四年前的今天，正是木更津隊羣挾着踞傲狂妄的心情，張牙舞爪地跨過台灣之海峽，向我們空軍搖籃地筧橋上空進襲的一天，它對我軍的估計是：（一）那兒雖有百多個人操着駕駛桿，但是尚未脫巢的雛兒，此去正如鷲鷹捕雀，手到擒拿。（二）那兒是中國惟一活命的根源，斲喪了活命的根源，很快的就可完結了中國的生命。

這木更津之羣一路翻霧撥雲，心裏是笑，面孔上是難以形容的得意。

五六

初作哀鳴的警報器，屏息了一切嘈雜的聲音，爲盡地主之誼，我們的一批乳虎早已聞聲音而立在雲頭上歡迎這萬里來訪的客人。

眞到了，時間是十五點十分。

滚騰嘶號在二十點卅分，將一場惡鬥結束。

惡鬥結果，是稀有的勝利比數零比八！這一天，市民們的步履特別輕捷，販報童叫賣聲特別激越！

四年前的今日，並不是緣敵的情報失却了準確，乃是敵悉我的軍力，而未徹悉我「要與敵人及飛機炸彈同歸於盡」的明訓深鐫在我四萬萬同胞每一個人的心坎！

四年了，六載經營的筧橋，泣淪敵手，今天紀念「八一四」，吾人東望錢塘固不禁憤火洋溢，但六年血汗灌溉的種子，早隨風散落在中國每一個角落，處處給予敵寇的是食不甘味，寢不安枕。

四年並不算長，我們不僅四年四十年四百年永遠牢記着這個日子；而且爲着索還被砲火吞滅的血淚和生命，我們還不惜四年四十年四百年永遠接續着奮鬥！

空軍信條

一、風雲際會壯士飛，誓死報國不生還。

二、業精於勤荒於嬉。

三、空軍的決心，要與目的物同歸於盡。

四、空軍的技術，必要以一當十，以一當百。

五、空軍的學業，是要人一己百，人十己千。

六、空軍犧牲的精神，是要有不再生還的血性。

七、生而辱不如死而榮。

八、空軍的地位，是至高無上的。空軍的氣節，亦要直凌霄霄。

九、空軍的範圍，是海闊天空廣大無邊的。空軍的膽量亦要廣大無畏。
十、空軍的地位，是至高無上的。空軍的人格，亦要至高無上。
十一、空軍的義氣是共同生死，重公輕私的。
十二、親愛精誠是空軍的革命精神。
十三、共同一致是空軍團結的精神。
十四、我決心犧牲個人，盡忠黨國，而來學習空軍
十五、我決心犧牲個人，實現三民主義，而來學習空軍。
十六、我決心犧牲個人，報仇雪恥，而來學習空軍。
十七、空軍要完成其盡忠黨國的任務，必先要絕對嚴守紀律。
十八、空軍要達到報仇雪恥的目的，必先要絕對服從命令。

編後

流光如駛，『八一四』首次空戰勝利，轉瞬已三週年矣。緬懷 先烈勳績，慶祝不斷勝利，我駐衢空軍同仁，特編行本刊，用伸紀念。

本刊專輯有關『八一四』文稿，並摘錄總裁訓詞：旨在激勵革命青年，踴躍投效空軍；鼓舞全國同胞，奮起『獻子』『獻金』『獻地』，以求『建設大空軍』之完成，爭取最後勝利。

本刊蒙駐衢軍政長官寵錫題詞，至深銘感！至倉卒付梓，錯誤必多；還希讀者原諒，尚有少數稿件，因印刷困難，未及編入，應向作者道歉。

全刊印刷工作 承平民工廠印刷所高主任暨全所工作同志。于酷暑警報聲中，漏夜趕成，併此誌謝。

編者 二九、八、一四 于衢州

張發奎將軍

朱樸編著

漢口羣力書店出版

張發奎將軍

朱樸編著

民國二十七年四月初版

漢口羣力書店出版

卷首語

自從「八一三」全面抗戰爆發後，東戰場上三個多月的大激戰，無疑的是最精采而又最悲壯的一幕。鐵軍領袖張發奎將軍是這次東戰場上主要統帥之一。這本小册子就是綜集幾個月來國內所發表的關于張將軍的戰蹟軼聞、以貢獻于關心民族抗戰的人們。

編者 一九三八，四，一。

目次

一　贈張向華將軍

把酒持螯咤戰雲，
一時飲者盡輸君，
浦江兩月波濤壯，
始信人間有鐵軍！

偕沫若夏衍兩兄訪向華將軍於××軍中，承以肥蟹香酒相餉，並縱談抗戰局勢，寫此壯之，時浦東已守兩月。

醉後猶能草戰詩，
大風吹起定邊旗。
飛機大砲吾無懼，

斗酒軍中豈足辭！

第二次訪向華將軍，同往觀戰，時服務隊召集××軍民聯歡大會，壯快熱烈，得未曾有，雖時有敵機來去，曾無所動。歸後又煮蟹相餉，並問尚敢飲否？予謂「死且不懼」，因又盡醉，歸途以車頗顚簸，又大吐。幸夏衍能爲我守秘密也。

（田漢）

—— 2

二 鐵軍的創造者——張向華將軍

中國之有鐵軍，始於一九二五到一九二七年怒濤澎湃的大革命時代。當時由這一支鐵軍，推强禦，克名城，衝鋒陷陣，曾著有空前無比的光榮勝利的戰蹟。國民革命軍在北伐的戰役中，迅速奏捷，節節進取，下岳州，越平江，打汀泗橋，攻馬廻嶺，破武昌，克九江，鐵軍在這些戰役中都作了中堅的部隊與英勇的先鋒。汀泗橋一役，鐵軍僅以一旅的單位，摧毁了敵人三師之衆，而吳子玉將軍親身訓練的第三師——被稱爲當時北洋的勁旅，卽在這次鏖戰中瓦解了。當武昌爬城時，鐵軍的獨立團第一營率衆先登，營長曹淵以下全營士兵都做了縋城的烈士，然而城破了，守將劉玉春陳嘉謨終做了帳前的俘虜。馬廻嶺一役，更將號稱五省聯帥的孫傳芳擊破了。

鐵軍在前一階段反帝反封建的偉大鬥爭中，著有戰無不勝的奇蹟，克踐了掃蕩封建軍閥的任務，使半殖民地的民族革命奠下了初步的始基。鐵軍由創立而鍛鍊而成長，實反映這一時期民族鬥爭與民主革命交織的激流，因此可以說，鐵軍在民族解放運動的階段上，應運而生，實具有劃時代的意義。

當我們回憶到鐵軍在國民革命鬥爭中那一頁光輝的史蹟，便使人聯想到鐵軍的創造者與領導者——張向華將軍。這一軍事集團由艱難苦鬥而發育而至龐大的過程，正如張將軍一生經過無數鍛鍊而屹然不拔的歷程一樣。

張將軍是粵之始興人，始興有美麗的山川，良好的氣候，勤苦耐勞的民族、文獻千秋的歷史，但是他的封翁竹溪公平時因仗義疏財的緣故，家裏很窮，幸得他的母親善持家政，所以未曾廢學，而且受了嚴格的教育。放學歸來，竹溪公更以勵節操，知廉恥等教條施之於將軍。他在孩童時代，好作竹馬柳弓之戲，天性活潑而富有一種尚武的精神。當他與鄰童搏鬥，如遇打了敗仗，幼小的心靈受到了創傷，噙着兩顆淚珠回來時，必受到嚴父的斥責，致他最好是和平，不許打架，若非打不可時，則必須打勝，打敗了，不許哭；哭了，不許吃飯。於是他只得反身而出，再向鄉童報復。

賦有這種堅強不屈再接再厲的性格，實由家庭教育所養成的嚴格。

始與縣僻處在粵北一隅，山巒起伏，與外界很少接觸，自然風氣不免閉塞。當清末的時候，顛覆清室光復漢族的運動，已在各地普遍的醞釀，而廣州是時更成爲革命支流的總滙，他接受了革命思想的洗禮，在十四歲的時候、悄悄地離開了家庭，跑到遼遠的省城。他到了廣州，因爲人地生疏，找不到革命組織的關係，轉而服膺當時另一派人實業救國的主張，遂投入了廣州工藝廠充藝徒，學習織染，差不多一年，鑒於國事日非，覺得非推倒滿清政府腐敗的統治，不足挽救危亡，所謂「實業救國」簡直是一種空談，他帶着失望與憤激的情緒遄返了故里。

是年秋，清政雖然鼎革了，但是華北反革命的勢力，仍然很龐大，非經澈底掃蕩，不足以奠定民國的基礎，所以他決心要投軍，立志參加北伐的鬥爭。當時聽說廣東陸軍模範團快要出發了，他激勵着他一位總角至交的朋友華岳高同去投效，於是他們很光榮地當了模範團的列兵。然而模範團出發北伐的消息，跟着南北共和而打消了，他們非常懊喪，知道革命的事業，尚非常遙遠，當趁此時機，速卽充實了自己的本領，期待事業的來臨。民國元年，適黃埔陸軍小學第六期招生，他得到了這樣一個喜訊，馬上離開了那列兵的生活，考進了陸小，同時並正式加入了國民黨，得償獻身黨國的志願。這時結識同班生薛岳先生，相與切磋琢磨，得到不少的助益；又得着朱執信鄧仲元兩先生的薰陶，對於孫中山先生的學說與革命思想，都有十分透澈的了解，儼然成爲頭腦豐富而勇敢堅決的青年革命軍人。

民國二年，廣東的政權落在封建軍閥龍濟光的掌握，政局頓然改觀了，龍濟光摧殘革命背叛民國的陰謀，日益暴露。薛岳生先接着黨的命令密謀刺殺老龍，將軍很高興要去參加，但結果未得黨的允許，而薛岳先生也因事機不密竟告被捕了，他雖然受了老龍絕大的猜疑，然而因爲鎮靜的應付，依然能在校中暗地繼續革命的工作，而至於卒業。

他在十八歲的時候，陞入武昌陸軍第二預備學校，在那兒安靜地讀了兩年書，又因密謀刺殺湖北督軍王占元，失敗後，被學校除了名。雖然沒有好久，學校恢復了他的學籍，並且准他陞學到保定軍校，但他以爲專讀死書，無濟於事，於是決心犧牲了他的學業，悄悄地從武漢奔回廣州，跟着朱執信先生往返於港澳間，參加了許多革命秘密危險而且艱苦的下層工作。

民國八年，將軍初任粵軍第一師的獨立排長，本其所學，游刃有餘，深得長官的賞識，士兵的愛戴，民國九年，擢升大元帥府警衛團第三營營長，護衛孫大元帥，平定了陸莫，收復了兩廣，師次桂林，大元帥很激賞他，是時與第一營營長薛岳，第二營營長葉挺，有革命軍中的三俠士之稱。民國十年春，正準備着由桂林出師北伐，但是陳炯明叛變的陰謀發現了，鄧仲元先生被刺，北伐大計受了打擊，大元帥乃回師廣東，苦勸陳逆贊助北伐，一面出兵江西以示無他。張率隊翚衞行營，甫至韶關，而陳炯明竟在廣州公然圍攻總統府，砲擊觀音山了。那時警衞團留駐廣州的薛葉二營苦戰了三天三晚，卒被陳逆解決了，張因勢孤力薄，乃率蘇德燊連百餘人開赴南雄，期待北伐軍來援，不料逆軍窮追不捨，援兵未至，餉彈均無，不得已實行入山，在始興清化都亨一帶，採取游擊戰術，時出時沒，雖經逆軍迭次的圍剿，重大的利誘，將軍發揮神武，抵抗到底，身經百戰，並未能稍挫他的銳氣，這是張將軍畢生事業中最艱險而最光榮最義俠的一段歷程。

東江之役，他又隨師出征，擢升了獨立團的團長，平定東江後，回師削平劉楊，他又陞了旅長。其後，南征鄧本殷，收復瓊崖，他陞至十二師師長，其時軍長爲李任潮氏，其他各師師長爲陳銘樞，陳濟棠，徐景唐。

一九二六年國民革命軍出師北伐，張任十二師師長，副師長為朱暉日，團長為繆培南，黃琪翔，許志銳，另轄一獨立團，團長為葉挺，因為他的部下，無論是下級幹部或者是士兵，可以說都是深明主義勇敢而堅決的鬥士，因而在北伐戰役中，戰勝攻取，常居於英勇的先鋒地位，他在馬廻嶺破了孫傳芳回到武漢的時候，便擢升了第四軍軍長。武漢民衆鑄贈了一塊鐵牌，上刻「鐵軍」兩個大字，於是鐵軍之名，遂由此而產生。

二次北伐，師次駐馬店，南方的鐵軍碰巧遇到了北方的鐵軍——富雙英師，於是兩個鐵軍碰擊了一下，結果假鐵軍在眞鐵軍面前整個地粉碎了，當時人們稱譽張將軍的鐵軍為鋼軍，因為鐵軍在戰術上已鍛鍊得成鋼了。鐵軍在這次偉大的勝利中，聲威大震，戰區內鬧鐵將軍之名的，眞有使小兒不敢夜啼之慨！在會師開封，奏捷凱旋的時候，將軍便榮任了第二方面軍總指揮。

一九二七年之秋，將軍率師回廣東，平定粵局後，遂離職去國，作了櫻島的寓客。將近一年，復返國入京，因軍隊縮編，改任了第四師的師長。

「九一八」事變，淪陷了東北幾省土地，將軍義憤塡胸，請纓馳師援黑，但未得到當局的許可。一個熱血的愛國軍人，當國家風雨飄搖的時候，不能上馬殺敵，而且請纓無路，這自然不免有髀肉復生之感了！他不甘作不抵抗的軍人，他不忍留居國內，坐視祖國的危亡，於是辭去了軍職，出國考察軍事工業，悄然踏上了遼遠的征程。因爲他帶着羞憤離去了故國，他不肯露出軍人的面目，在海船中坐着三等艙，在歐陸旅行的時候，還是坐着三等車，住着廉價的旅館，在樸素的餐室裏進餐，一切的儀表都未曾顯出那種可尊貴的紳士態度，雖然他是中國國民大衆所敬仰的軍事領袖。他以平民的資格與外邦人士接觸，很少有人知道他就是中國有名的鐵將軍。然而正因爲如此，他在交際場中常遭到尊貴的紳士們的卑視；即在上層社會亦遭到諷刺與奚落，當他某次旅行到德國的一個村鎮，在車站附近一家咖啡店門口候車，注目欣賞着陳設在櫥窗裏的各色美酒，咖啡店主是一個龍鍾的老叟，很和靄地問他：『閣下是不是日本人？』

他毅然地回答：『否！我是中國人！』

『甚麼？中國人？日本人强佔了你們的國土，殺戮了你們的同胞，你是中國人，爲甚麼不抵抗！我的酒不賣給不抵抗的人，如果你能抗戰，把日本人打回去，我把這些酒送給你吃，不要你一個小錢！』

老人醬紫色的額角上暴出青筋，顯然是在發怒了。

他臨到了這樣的侮辱，激起了憤懣，很想同老人决鬥一下，但在一秒鐘之後，冷靜地一想，老人的責問，决不是惡意的侮辱，而是一種同情的鼓勵呀！他感謝了老人的勗勉，匆匆跑出咖啡店。像這樣的刺激，他在歐洲旅行時，實在遇到太多了，恥辱時時嚙着他赤熱的心，立誓要提早回國，請纓殺敵，洗滌民族一切的汚痕；否則再在歐洲逗留，勢非喬裝阿拉伯的婦女，戴上一層面罩不可。

然而他在另一角落裏，却受到人們極大的歡迎。當他出現在華僑或留學生的歡迎會上，他是以民族英雄的聲望，博得全場一致熱烈的掌聲與最高的敬意。

廿四年春，他由美歸國，鼓着滿胸孤憤誓爲祖國復仇的情緒。這時長城各口繼熱河之後淪陷了，而冀東、察北的形勢又岌岌可危。他鑒於邊防問題的嚴重，乃作考察西北邊防之遊，除邊疆軍事佈置防禦工程外，並留心觀察各地工商實業及農村經濟狀況。廿五年，被任閩浙皖贛四省邊區清剿總指揮。同年十二月，因西安事變，統一告成，全國武裝同志鎗頭一致對外，將軍乃被任蘇浙邊區主任現職，警備國境，儼然是一把「北門的鎖鑰」。

以上是張將軍戎馬半生一個簡短的歷程。他的軍事天才在將來還有無限的發展，他今年才四十一歲，比日本少壯派領袖荒木貞夫至少要小十歲以上，比在淞滬對壘的敵軍統帥松井大將，怕要小到半個花甲了。

現在當全國軍人奮起抵禦強寇的時候，將軍獨肩保衛浦東的重任，兩月餘的抗戰，敵人被限制在黃浦江岸，未敢越雷池一步，至今楔形的浦東還能金甌無缺，不能不歸功於將軍指揮若定的戰蹟。

他具有軍事的天才，政治的頭腦，堅靱不屈的性格，活潑而天眞，有一種青年人的情熱，從他底嚴肅的儀表中靄然透露出一種和善可親的正誼。他的體格雖不是頎碩壯偉，但他那種精悍十足的氣質，具現了近代軍人的風度。

他有一種儉約樸素的節操，平生除偶進「杯中物」外，絕無其他嗜好。他現時每月僅費八元的膳費，沒有任何物質的享受，「誰謂茶苦，其甘如飴」，他精神的勝利遠超任何物質之上。他的家庭每月開支連房租在內，不過數十元，張夫人且親自操作。他俸金的節儲，完全用在興辦教育及購買救國公債上面。

我同張將軍的關係，可以說是他的舊屬了，十年前，我在武漢第二方面軍總指揮部供職時，覺得他是堅勇沉着的復興民族的少壯軍人，很使我肅然起敬。十年後的今日，我又重來軍中，人事紛更，滄桑幾變了，然而映入我眼中的張將軍，還是那副英氣勃勃，不減當年的氣概。

最後我願效基督教徒的口吻，祈禱上帝爲他祝福，賜他以更大的力量，好使他担起掃蕩寇氛復興民族的巨任，奔赴他不盡的光榮的旅程。（范文）

——民族呼聲——

14

三　到浦東去來

（一）

汽車在公路上跑着，沿途多有軍事的設備，沙袋的堆積，代替鐵蒺藜的樹枝縱橫，那樹枝是臨時從路旁的雜樹斫伐下來的，但樹葉早已枯了，那提醒我們，戰事自發動以來已經過了十天。

沿途隔不多遠便有站崗的兵，但汽車頭是張貼着有「滬警車輛通行證」，絲毫也沒有阻碍。汽車以一小時五十邁爾以上的速力奔馳着。

路旁綠色的田地在烈日光中雖然有點倦容，然而依然是帶着和平的風貌的農人担着農具在路上走，水牛拉着水車在草棚裏轉，清風不斷地從車窗孔襲來，那是上海市上所不能有的風。

同車的某君說：敵人的飛機該不會投落炸彈下來吧？

另一某君說：那可保不定。

然而天上是沒有飛機的，地上也不見落過炸彈的痕跡。

跑到了黃浦江邊了，上海各界抗敵後援會有一批人要往前綫去慰勞，須得等着他們一同渡江。

渡口是一個小市，（地名我在這兒却不便寫出），臨江的街邊多飼着一些白毛猪，被圈在竹棚裏，有些豬四蹄被綁安靜地在石面地上，沒有竹欄，臭氣在和風作頑强的抵抗，更有蒼蠅作後援。等了有二三十分鐘的光景，慰勞隊的人分乘着兩部汽車來了。另一某君告我裏面有杜月笙，錢新之，宋子良，吳開先諸人。渡船尾上揷着一枝小白旗，寫着「擺渡第十一號，船主王柏亭」。

江水呈着沉悶的灰黃面孔。

渡江又分乘三部汽車，有一部渾身塗了泥，和黃浦旁的肥猪色相彷彿，自然是避免敵人的烟幕了。

又是一趟一小時五十邁爾以上的兜風，沿途的人家多塗成了灰色。有一家前面豎立着一個怪物，那是一根一人高的圓柱，全身汚黑：頭上插着些枯了的樹枝，我疑是避邪的有關民俗的東西，然而同車的某君畢竟比我聰明。

那個「汽油邦浦」，你看！他這樣對我說。

原來那紅色的汽油吸筒爲避免敵人的視線也變成了那樣的一種奇怪的「它怖」了。

終竟到了向華所劄駐的地方。

（二）

向華是張發奎的號，他是我們北伐時代的老朋友。他現在是在浦東指揮着滬浙區的前綫的軍事的。

我從日本回國不久的時候，他曾由嘉興來看過我一次，並約我去遊南湖，憑眺過那兒的煙雨樓，因爲他的「蘇浙邊區主任公署」是設在南湖邊上的。

十二號的淸晨，是虹橋事件發生後的第三天，我也曾如約去訪問過他一次，和他兩人坐着摩託小船在南湖裡遊了半天，在煙雨樓頭也喝了一會茶，據說嘉興頗有點像意大利的維尼司，只是骯髒一點。

就在那一天，日本有十三隻兵艦開往杭州，又折回上海，有兩隻飛機飛到嘉興上空偵察，這是我們在吃中飯時所得到的報告。向華曾對我說：南方的戰事早遲是會發動的，發動了便立刻打發汽車來迎接。

我在嘉興只住了半天，當晚乘夜車到杭州去看了我妹子，第二天一早便赶回了上海，但誰也沒有想到火車到開西站便已不能前進了，北站已經戒嚴，往北站去迎接我的人，都撲了一個空，在飛機炸彈下的生活居然過了十天。今天二十四號，向華打發來接我的汽車果然也就來了。

（三）

十日不見，多少有點髀肉之嘆的向華似乎更加煥發了。他很慷慨地和慰勞隊諸人握手言歡，我也側聞了他的美論。

據他說：日本兵眞是怕死，祇在蘇浙區內所打下的日本飛機便有十五架，飛機師凡是遭了生擒的，見了我們卽便叩頭請饒命，說願意投降做中國人，飛機師身上都穿得有所謂「千人針」的衣裳。

這「千人針」的縫紉是我所曾目睹過的，日本每遇有戰事，便有好些婦女拿着布匹和針線巡行街頭請求過路人每人縫上一針，這密密地縫就了的布便送到軍部去，作爲前敵將士的避彈的衣裳。那東西眞正能够避彈嗎？我恐怕是有點出於迷信的。

向華又說：日本兵眞是怕死，凡是在浦東上岸的兵，一遇着我們追擊，便四處逃跑，你東打，他西逃，你西打，他東逃，結果是逃得快一點的都逃回軍艦去了。現在浦東岸上已經沒有一個敵兵。

慰問隊的人有的問向華，究竟需要什麼東西，凡是有什麼需要都請告訴他們，他們便立即備來。向華說：我需要日本兵拿來給我打，請你們多多給我備來！

這說辭眞是機敏，說得大家都發出大笑。向華最得意的是他所指揮的砲隊，炮火眞是準確，凡是浦東沿岸的日本人的碼頭堆棧全部打得精光，我現在由東至西的把那重要的名稱揭在下邊吧：

三井煤炭下碼頭
日郵船碼頭
川崎船渠
岩崎用地
上海製紙公司
日華紗廠
大倉碼頭

20

日清碼頭

三菱公司碼頭

這些都是日本人的重要產業地，據說單是三井煤炭碼頭的煤炭已經就有萬萬元以上的價值，日本海軍多是從那兒取煤用的，前幾晚上我們由外灘遙望浦東，見四處都起着猛烈的大火，大有「火燒連營八百里」的形勢的，便是這些地方的堆棧火葬了。三四十年的經營，一旦化爲灰燼，日本的資本家中據聞有因此而自殺的，但這怪得誰呢？縱容軍人，使他們跋扈飛揚橫暴無恥的，不正是日本資本家嗎？自己養了猛犬發了狂，回頭被它咬了一口，這正是作孽自受。

向華很得意，他說，雖然敵人不够他殺，但有敵人的產業够他們的砲轟，他是死而無憾的。

好個可愛的向華！

（四）

慰勞隊的人先走了一步，有幾位是回上海，有幾位是往杭州，我們走得稍微遲一點，向華有意思留我在他那兒多住一下。他說，有一所很宏大的西式房子可以供我住，設備一切都完全，洗澡間不用說是有的：向華知道我喜歡洗澡，他特別提到洗澡間上來，是的，假如有人要處我以死刑，在行刑之前更允許我說出我最後的希望時，我一定要這樣請求說：「請爲我打一盆清潔的水，讓我入浴一次，然後把我處死」。聞着別人的汗臭實在比聞着綠氣還要難受。

浦東，據說：敵人是沒有胆量上岸的，揚子江南口自徐家路鎮至白龍港的一帶，水深船易靠岸，敵人屢次在炮火的掩護之下，企圖登陸，但都被我們擊退了。

想到上海還有許多事情該做，還有許多朋友不好別離，浦東雖然值得留戀，向華待我雖然有特別的厚意，但我依然登上了歸路。

在臨別時向華懇切地對我說，你隨時來，我都是歡迎的，這兒可惜沒有仗可打，只是消息要比較靈通一點。

他這句親切的話，却給與了我樂於成爲炮灰的勇氣。

路上依然有修閒的農人，水車棚裏依然有水牛拉着車，滿孕着清風的汽車又把我拉回了飛機與槍砲在空中奏着音樂的上海。（郭沫若）

——八月二十五日晨——

——救亡日報——

四　張發奎將軍會見記

北伐戰爭中咤叱風雲的虎將，「中國鐵軍」第四軍的創立者，指揮官，××總司令，陸軍上將，——從這些聲威，經歷，和職位，我很奇妙地聯想到一位張桓侯式的豹頷虬髯的將軍，可是，當他出現在我們的面前，殷勤而熱烈地握着手的時候，他却是一個身材和我們相彷，具有一雙善良而常常湛着笑的眼睛的智識階級。這意外的印象，正和我第一次遇見葉挺先生的時候一樣。十年前，當他的名字和賀龍先生聯在一起而轉戰贛粵的當時，說起他的名字也可以嚇止一個啼哭的嬰兒，可是，一個月之前遇見了他，我覺得，他還是一個好像剛從大學畢業，天眞好動，而又多少的帶着些羞態的青年。

我這樣寫，並不想將張發奎先生描寫成一個溫文的「儒將」，恰恰相反，我明白地看出，在他那結實的身體裏面，包藏着無限的精力，在他那緊張的眉宇中間，洋溢着異樣的慓悍！

和兵士們完全一樣的草綠色的布質軍服，平頂頭，大約有個把禮拜不曾修剃過的口髭，假使要找出一點和士兵們不同的記號，那恐怕祇有刻在藍珐瑯質徽章中間的一個亞拉伯式的1字。

他辦公的地方很像一間整潔而簡單的書房，兩尺濶的木行軍床，寫字桌，書架・窗明几淨，這都不像一個總司令部。祇是四週的牆上，却貼滿了壁畫一般大小的輿圖。紅的藍的鉛筆這兒那兒的畫着許多我們看不懂的標記，對着這些樹葉紋絡一般細微的地圖，看着在我們談話中間間斷地進來請示的軍佐，我總意識到這間我們對坐着的房間，正就是指揮着×多萬健兒在和我們的民族敵人作戰的中樞！

在這房間裏，除出主人之外，是郭沫若先生，壽昌兄，和我。

壽昌代表我們對於他的為國宣勞表示了敬意，而希望他發表一點對於抗戰的感想的時候，他笑着說：

「不，不，我不會講話，我不能發表談話，打仗才開始，打完了再說，打完了再說！」

最後的一句，除出謙虛之外，我感覺到一種虹一般的氣焰，鐵一般的決心！

「我知道我的長處和缺點，」他說：「提一師之衆，衝鋒陷陣，我可以做，可是對於戰局全般的估斷，和政治的問題，正是我的弱點！軍人，不懂政治就是時代落伍」！在他多細紋的眼，稍堆着溫文的笑。

「他不是落伍，是超過時代！」沫若說。

可是間不容髮地他接着說：

「過猶不及，超時代和落伍一樣」。這對話犀利而又幽默，大家笑了。

對於華北戰事，他一點也不悲觀，從他偶爾流露出來的一些簡單而辛辣的對話，使我認識了張發奎不像他自謙一樣地單是一個祗能衝鋒陷陣的將軍。

是天高氣朗的秋天，透過窗，可以看見蔚藍色的天，黃褐色的野，農婦悠閑地在阡陌間走，小羊在遠遠的地平線上顯出了很鮮明的幾顆白點，沒有飛機，沒有砲響，也看不出戰時的情景，但是望着這「和平」的圖畫，一個鉛一般重的意念壓住了我的心頭。

「這兒有漢奸活動嗎」？我問：

「豈止有，很多！」他回答，「殺不完，殺也不是好辦法」！據說，當漢奸的沒有一個年壯力強的男子，不是跛脚，駝背，啞吧，六十幾歲的殘廢，就是十五六歲的兒童，他們沒有智識，當然也不知道這種行爲客觀地會有什麽作用。

「殘廢老朽，祇要證據確鑿，就處决了這些人，對于國家民族不會再有好處，可是十四五歲的孩子……」他斂了笑容，「可以殺嗎？我祇能將他們關了起來，……」

一抹憐憫的表情從他臉上掠過，我們這位咤叱三軍，威懾敵膽的將軍，在這兒竟是一位藹然的仁者！

留了飯，領略了他不辭斗酒的豪情，到上海的連絡車快要開了，我們一起走出了司令部，沿途的老百姓、兵士、壯丁，都帶着微笑望着他，不像對一個指揮十萬人的將軍，而像對一個親愛的家長，保護者。

「這樣平靜，敵人會放棄他攻浦東的企圖嗎？」我們問。他搖了搖頭，「不會，不過來攻，他們會有什麼好處？第一他們怕死，不敢登岸，退一萬步說，登了岸，依舊像江左一樣的持久的陣地戰，試問他準備犧牲多少人，才突破我們的封鎖線？」

是斬釘，是截鐵，我們謹將這鐵一般的自信，轉告給後方的朋友。

汽車在敵機轟炸過的彈穴間馳着，已經近上海了。（夏衍）

——救亡日報——

28

五　固守三月的浦東

浦東是最不容易守的地方，東濱大海，西北濱黃浦江，三面受到敵艦的威脅，自「八一三」滬戰開始以來，三個月中，敵軍不絕的企圖登陸，敵機不絕的偵察轟炸，然而我們的浦東無恙，不易守的浦東始終固守着。

浦東是淞滬戰區的右路，守浦東的軍隊是三湘健兒，右路的總司令是張發奎將軍，在國民革命軍北伐時代，張將軍的部隊有鐵軍之稱。三個月來，浦東宛如金城湯池，「始信人間有鐵軍」，不約而同的在各個人的口中喊出。

記者涸跡火綫，兩月又半，浦東陣地曾巡禮多次，此次從上海雇民船回杭，又從浦東經過，特地停船半天，上岸視察一過，當此敵軍在杭州灣登陸。進窺我浦東後方之際，每一個讀者對浦東異常關心，謹就耳目所及，作較詳的報導。

浦東在黃浦江之東，屬於揚子江三角洲冲積土的一角，三面環水，形勢宛如一個半島，境內一片平原，地質肥沃，農產物非常富庶，又因地隣上海，售貨容易，工商業相當發達，所以人民的生計，在江蘇所屬各縣中，是比較寬裕的。而最足使這半島地成爲世外桃源的原因，是四百年來未遭兵燹。四百年前，倭寇擾我東南，浦東曾被蹂躪，自此以後，國內的大小內戰，從未蔓及浦東。直到現在，又是倭寇來犯，浦東的人民才又嘗到四百年來沒有嘗到的顛沛流離之苦，倭寇是整個中國的敵人，也可以說是浦東人的魔鬼。

「八一三」敵軍首先挑釁，淞滬戰幕遂啟，其時浦東的北端沿黃浦江一帶，還有敵軍盤踞，因爲這一帶是敵方的貨棧及許多碼頭的所在地，向有敵陸戰隊駐守，而停泊在黃浦江中的許多敵艦，所用的煤，也全都堆積在浦東新三井碼頭。滬戰爆發，我軍佔一着之先，在一二天內，把盤鋸在浦東的敵軍全部解決，同時，把新三井碼頭堆積的數萬噸煙煤加以封鎖，敵艦燃料也感到恐慌。更使敵人痛心疾首的，是浦東許多如三菱三井等大堆棧及碼頭，全犧牲在炮火之中，價値數萬萬元，這些雖然是敵人經濟侵畧我國所積聚，但究是旅滬日商三十年心血的結晶，一旦化爲烏有，眞可謂予打擊者以打擊。

前邊說過，淞滬戰區的右路負責者是張將軍，張將軍探知敵人此次寇我淞滬，勢必襲四百年前的故技，首須進擾我浦東，所以膺命之初，就在沿海沿江一帶嚴密佈置，防止敵人登陸，並於上海對岸自高橋至陸家嘴春江碼頭一綫上，配備了砲兵陣地，停泊在黃浦江中的敵艦，以及對岸虬江碼頭楊樹浦北四川路滙山碼頭等處的敵兵陣地，以及兵營砲位，都是我軍砲擊的目標。自九月三日開始砲戰以來，我砲軍屢逞神威，百發百中，使敵軍感受到莫大的威脅，牠們企圖破壞我砲兵陣地，天天用飛機來偵察轟炸，但永沒有找到我們的砲位，也炸不掉我們的一尊大砲，我砲軍掩蔽的巧妙，以及射擊的準確，連外國許多觀戰的軍事專家也歎爲觀止。

然而敵人爲要減少拊背的威脅：爲要奪回浦東大量的烟煤，登陸企圖便一刻不懈。其初，沿浦的碼頭尙完整，牠們在大砲及飛機掩護之下，冒險登陸，然我軍沉着以待，等牠們踏在碼頭，立刻以機關槍掃射，多來多死，少來少死，牠們終不能上岸一步。後來，我軍索與把所有的碼頭全都擊沉炸燬，以後敵人要登陸就更加困難了，必須先用軍艦拖一個木製的臨時碼頭靠岸，然後派遣部隊上來，我軍當其拖碼頭靠岸時是付之不睬，等牠們部隊上岸，走了一程，便一聲令下，發砲先把碼頭擊沉，同時四面包圍，把上岸的敵兵全部解決。——兩三月來，似這樣令人痛快的事件已有一二十次，使敵人焦頭爛額，毫無辦法，而所受我砲火的損失，數目也很可觀。

每夜皓月初上，我空軍便飛來夜襲，黃浦江中的敵艦發現我機時，手忙脚亂，照海燈，高射砲，高射機關槍，加了其他各國軍艦所放的信號，劈劈拍拍，紅紅綠綠，如元宵流星花爆，煞是好聽好看！當這時候，我浦東砲軍，就借敵艦照海燈的光，對準敵艦或敵陣地發砲，砲無虛發，每夜使他們遭受很大的損失，所以後來敵艦上滿堆鋼板沙砲，我機來時，也不敢以照海燈偵察，顫抖與恐慌的情形眞够人發笑。

以上是沿江的堅守情形，至於沿海各地，因爲有數十里軟沙，就是潮水漲時也無法登岸，有一次，白龍港口發現潛行登岸的敵軍，立刻被我們殲滅，以後牠們就不敢再來。

浦東，三個月來就是這樣的固守着。

但三個月來敵機不絕的轟炸，浦東的人民所受的損失確很可觀。許多熱鬧的市鎭，因敵機天天光臨，都已成爲死市，上南上川等輕便鐵道也已停駛，交通工具僅靠人力車及羊角小車，中學小學以及其他社教機關，全已停頓，工廠十九停工，農產物如蔬菜棉花等也無法脫售，今年棉花豐收，這是農民一年生計所繫，所以金融界集資收買，價格雖比往年跌去一倍，總算使浦東人稍延殘喘。

不過，浦東的人民雖飽受敵機的蹂躝和戰時的痛苦，但他們和她們非但能忍受着，而且還帮助政府和軍隊做了不少的抗敵工作，尤其足稱的，是肅清漢奸。在浦東各地，如有發現一個面目生疏行跡可疑的人，他們或她們便密切注意，監視行動，發現疑點，立刻通知軍隊加以逮捕，所以萬惡的無孔不入的漢奸，在浦東是無法活動的。浦東能夠固守，這也是一種大力量。而健全的組織民衆是獲取抗戰勝利的重要工作，於此更得了一個有力的證據。

記者上次視察浦東時，碰到一位在浦東中學教書的張君，他指點許多荒塚給我看，說：「這些是倭子墳，四百年前，倭寇侵擾浦東，我們的祖先舉起了燎亮的烽火，各村各鎮聯合起來，殲滅倭寇，後來倭寇不敢正視浦東，這——倭子墳便是當年倭寇的壯烈成績。」接着，他又說，「現在又是我們殺倭子的時候了！我們浦東人決不做亡國奴！」

34

時隔一月已到了不甘做亡國奴的浦東人起來奮鬥的時候了，因爲敵人在杭州灣偷渡上岸後，浦東已遭受到空前的威脅，然而全面抗戰在獲得最後的勝利，一時一地的得失本不關全局，在有利的戰畧上，我軍爲更迅速地殲滅盤踞杭州灣登陸的敵軍計，或將抽調浦東精銳部隊囘師作戰也說不定，不過萬一眞個要達到這個局面，我這短文將成爲白頭宮女話天寶遺事矣。（易膺十一月九日）

——東南日報——

35

六 從東戰場歸來

——火線上的會見——

東戰場我軍退守第二道防綫之後，一切動搖人心的謠言、像暴風雨般襲來到上海。

比京會議，像惡夢一樣壓住每個上海人的心。而意德日三國防共協定的簽字，意大利擁護德國爭取殖民地的宣言，更野風似地展開了日本帝國主義侵華軍隊的勢焰。意大利的飛機開始到我們國土亂擲「文明」的炸彈，意大利的軍隊，開始領着日本軍隊強渡蘇州河，向我衞護祖國自由世界和平的戰士，放射出最兇惡的槍彈。

情勢到了最危險的關頭。

蘇浙邊區主任張發奎將軍，實際上已是左翼兼中路的抗戰總司令，苦守浦東三個月而不使敵兵上陸一步的張將軍，現在正當特別危難之際，又加上新的負担，同時國內外政局又沒有開展，我們(記者和張將軍的幾個老朋友們)想到他當前責任的重大，與軍事忙繁，雖然蒙他專電召見賜談，到了這個時候，也不想去多費他的時間了。

然而，八日下午四時，駐滬辦事處楊先生有電話來說，總司令有電來，已派定專車，囑我往總部談話，我們就草草檢點隨身衣物，晚上七點鐘，辦事處的車已經來接。因爲準備天明趕回，連「揚子」的房間也沒有回掉。

租界上的夜，依舊繁華熱鬧，看不出戰時的景色，只是車經過英法租界交界處，經過一度檢視，便曲曲折折地由林蔭下的柏油道，到某公館(辦事處)。

「這樣名貴的汽車，怎麽也送上火綫去。」

「是的，這是最新式也最珍貴的汽車，是×××最新買的，因爲沒有別的次等的車，也可說是都在火綫上送了命，所以只好把這些車，也送上前線去！」

「其實，我以爲這些好車到火線上去才算合理，較上火山（跳舞場）好得多了」

談着，受命押車護送我們的曹副官已經到來，我們分別上來，一行共有三輛小車二輛大車。高×××與我，和曹副官同車，領隊出發。一會兒快出租界，森立着的中西探捕，很客氣地讓我們過去。

出了租界，汽車的燈必須完全熄滅，便一路上摸索前進。那時在一片漆黑的大地上，遠遠地冒出衝霄的火焰，零落的星光和灣灣的月牙，都變成奇奇怪怪的枯紅色，而隆隆的砲聲，嗶嗶朴朴的槍聲，是一步近一步的，把我們的神經緊張起來。

車的兩旁，彷彿有人羣在忙忙的往來着。我們用力注視好一會，才見到右側是肩着鶴嘴鋤和鐵鏟的民伕，幫助軍隊做工事回來的樣子；左側是與我們同一方向的奉命『換防』的部隊。他們成單行縱隊前進，一點聲息也沒有的前進，秩序的良好，使我們起了莫大的感激。

晚上九點鐘，到達目的地，曹副官以寒顫着低聲，恭恭敬敬地請我們下來，『小心着意』地引我們曲曲折折的到一家茅屋裏。屋內搖曳着憔悴的燭光，幾個負有溝通前綫與總司令部間意旨之責的軍官，忍着氣，打着一次二次三次十次百次都打不通的電話。好一會兒，才驚喜若狂地慶幸電話修復了。但是×參謀長和總司令都在趕着和委員長及什麼人談話。再等了好一會，替副官報告我們已到招待處請示接見以後，就上小汽船送我們到另一茅屋——總司令部。

總司令部人員一樣在燭光下緊張地工作着，許多電話機邊，不斷的迸發着廣東話和『廣東官話。』另有一位秘書長(?)詢問我們，並送交了我們的名片進去，對我們說：『諸位請坐一下子。今天敵機來這裏擾了一整日，投下百多枚重炸彈，剛到此刻才算靜了一些。因爲敵機的猖獗，把我們的電話綫交通網都破壞了，此刻乘天空的敵機略為少些，有幾處重要線路已趕修成功，總司令正忙着和前方師團長說話，只好請等待一會。」

我們覺得萬不能在這時多費張將軍的時間；便將一般戰況詢問那位秘書長（？）他說：因為電話交通網的痛遭破壞，無線電又不敢輕於使用，所以前方的確情，我們無從知道。總司令在幾分鐘前還急得跳脚呢！

『漢奸的狠惡，我們簡直領受得太多了！我們總部搬到一處，那怕怎樣的宷慎，常常不上一天便有漢奸通報，敵人的飛機大砲就瘋狂的出現了！

『由於政治上的……戰事局勢似乎尚不是樂觀。不過這幾天敵人猛烈進犯，我們死傷的着實不少，敵人有的是新銳的武器，再加上意大利的，我們却都用血肉之軀去拚！我們總算對得起國家，對得起人民，……何況，敵人的消耗數量，更為嚴重，因此萬一不免再退，也不能說是軍事方面的失敗啊！

「關於……（畧）……」

說着話，敵機不斷地在頭上隆隆地盤旋，燭光也每次都應聲而熄。在黑暗中，屋子外面射進青白色的光芒，久久不熄，在這陰氣森森的照明彈光裏，遠近傳透出敵機投下的爆彈聲，屋宇也相應着格格的響。正在這緊張的時候，張將軍那雄偉的問話，已在我們旁邊發出。我們在黑暗中握手互致敬語以後，便簡單的談談軍事政治民運各問題，張將軍當時即曾說：

「關於戰事，這幾天我們死傷的雖太重，民間所遭敵火雖太慘，但是我們仍決盡最後一分力，支持得一寸土地即是一寸，譬如××，雖已臨於絕境，我們還要死守下去的。

「死守下去的結果如何，是否將遭逢一次勝利或挫敗，這完全要看軍隊的政治工作和軍隊與民衆的親密聯繫如何而定，我們對此，固已盡力幹去，但最後的決定的力量，却不在我們。

「妥協和平的賣國論調，雖然已經四面傳播，但我們決遵從委員長抗戰到底的明訓，誓流最後一滴血！本人相信全國軍人莫不同具此決心，他否則自己必先覆亡，因此深信帝國主義漢奸的陰謀，終必紛碎在我們面前！』

張將軍因爲軍情已經非常緊張，不一會就和我們握手，約期再會，並囑咐曹副官趕快把我們送回上海，說『一刻也不能延』。我們便在緊張異常的情緒中分別了。（高歌）

——珠江日報——

七　記張發奎將軍

當八月底我離開上海的時候，在報紙上看見郭沫若先生的「到浦東去來」一篇關於張發奎將軍的文字；到了香港以來，又常常看見這裡的英文報紙上載着，「著名鐵軍領袖張發奎將軍統率三軍，堅守浦東，屢施砲威，予敵重創！」這一類的消息，使我精神上感到非常的興奮。

我與張將軍從前是朋友，過去的一年多，又曾當過他的幕下，所以對於他的一切，雖不敢自詡比較深知道他的一般人為多，但至少也可以說決不比深知道他的一般人為少。尤其是在最近的這幾年中，在歐洲的時候，我曾短時間與他同寓，返國以來，我又曾隨他四處奔跑。

關於張將軍過去為黨為國轟轟烈烈的歷史，不特婦孺皆知，簡直可說是名聞國際的。所以，在這裡我並不想來介紹，實際上也用不着我來介紹，我現在祇將他的最近幾件零零碎碎的軼事隨意寫出來，以供國人茶餘酒後談笑之資，——或者說作爲處世立身取法之助，亦無不可。

張將軍的綽號名「張飛」，這凡是他的朋友都知道的。去年夏天我隨他到漳州，到的那晚，福建綏靖主任蔣鼎文設宴歡迎，陪宴的高級軍官很多，席間偶然談起北伐故事，蔣主任卽以「張飛」嘲之。張將軍聽了哈哈大笑，同座的的諸人也隨之哈哈大笑。這個綽號他並不否認，因爲實際上太與他相合了！

在漳州住了兩個多星期，張將軍接到蔣委員長的電報命飛往廬山。我們到了牯嶺後由軍事委員會副官處招待，住在仙巖飯店，這是一所外國人開的可稱爲牯嶺最上等的旅館。閑居無事，我們時常在旅館門口的一片網球場上打網球以消遣。旅館裏住的中外客人很多，一片球場，大有供不應求之勢。最可惡的有四個外國人，他們一天到晚，輪流打球，絕不讓給別人公用。有一天早晨，我們拿了球拍在場旁坐等了一點多鐘，他們居然旁若無人，視若無覩，這種態

44

度，如果在外國，自屬失禮之至，可是拿在中國的一般外國人來說，簡直可稱毫不足異的。但是遇到我們的鐵將軍就不成了。當時張將軍向我說道：『好：我們不要氣，只要記』，立起身來就走。到了下午，大約三四點鐘的時候，球塲居然空了，我們四個人——張將軍，張夫人，陳芝馨先生（第四軍副軍長）和我——趕快前往佔據，也採取輪流打球的遊擊戰術。不到一刻鐘，那四個外國人來了，他們也坐在塲旁的長櫈上觀望。張將軍看見報復的機會到了，哈哈大笑，我們對那些人當然也持旁若無人相應不理的態度。他們等了大約半點多鐘，不耐煩了，裏面有一個人忽然站起來用英語向我要求，可否大家拍拍。張將軍大聲喊過：『中國人不懂外國語，不要理他』！那個人不得要領，大失面子，就立刻回到旅館裏去叫了一個外國老板來向我們交涉，張將軍亦以『中國人不懂外國語』斥之。那個老板不得已叫了一個中國翻譯來，我們就以過去的情形告之，命他轉告老板少管閒事。那個老板左右爲難，窘到萬分，而我們則興高

45

采烈，愈打愈有精神！這樣又堅持了半點多鐘，他們坐等又不好：離開又不便，動武又不敢，我們精神上面子上完全勝利了，可是實際上體力也覺得有點不支了！正在彼此無法下台之際，恰巧另外來了兩個外國女人，她們用極客氣的言辭向我們請求，可否讓她們參加。張將軍立即用英語答以可以的，並說中國人素尚禮貌。我們之所以不肯讓給那四個外國人是因爲他們太不懂禮貌的緣故，當時她們笑了，我們也笑了，可是那四個外國人卻一言不語怒形於色的氣得要命了！

張將軍生平對於日本人尤其痛恨。一二八時因在上海未能參加抗戰，遂憤而出國，前年返國後飛往四川謁見蔣委員長報告在國外研究和考察的經過時，即力陳今後中國的出路，唯有抗戰之一途。聽說他後來之所以允就閩贛浙皖邊區清剿總指揮之任，即因當時蔣委員長曾面允其「日後抗戰充當前鋒」之要求云。

這次盧溝橋事件已經發生上海戰事尙未引起之時，他從廬山參加訓練返防過滬，某晨我前往拜謁，適值前淞滬警備司令戴戟亦在座，詢以時局前途，他堅決的說這一次蔣委員長必能領導全國抗戰，毫無疑問。最後他憤慨地說道：「如果這一次再不能對日抗戰，那麼我決定入山爲僧，今後永遠不問世事」！

他說完這句話戴先生笑了。

滬戰發生後兩個多星期，我在他的寓所裏遇見舊同事官師亮先生，他剛從前方來滬公幹，因知張將軍自滬戰以來，每天親赴前線，指揮作戰，精神甚旺。同時張夫人也告訴我說，她當天尙接到張將軍從前線寄來的信，說多少的胃病，竟因連日興奮的緣故反而好了。

張夫人再告訴我張將軍的信中，說這一次的抗戰決非一年半載所能了結，今後家中用費，務必力事節省，所以張夫人決定翌日搬家，她說已在某處找到每月三十元租金的一所小屋。

我於八月三十日離滬後到今還沒有接到張將軍直接的音訊，可是從報紙上看到滬戰以來日機還始終找不到浦東砲位究在何處的新聞，再看見上海字林西報上鼎鼎大名 Sapajou 君描寫浦東砲兵神妙戰術的漫畫，心中感到不可言喻的欣慰。

半生壯志，一旦得酬，張將軍此時精神上的快樂，是可想而知的了。記者謹於此遙祝張將軍身體的健康及最後之勝利！（朱樸）

——宇宙風——

八　張發奎將軍瑣記

九一八事件後，有一位張醒春先生，他懷着滿胸的悲憤，悄然的離開祖國而到歐洲去。在短短的一兩年中，他孜孜不已的攻讀英文文學，專心一志的研究政治經濟，沉默精細的考察軍事建設；他足跡走遍了歐洲各國，——除了特種的原因不曾到蘇聯去。他那種平凡的生活，平凡的舉動，甚至平凡的儀表，沒有受到任何人的特別注意。

直到一九三四年夏天，他坐了德國郵船"Bremen"號到美國去，當船將靠近紐約的港口時，忽然發生兩個華僑駕了一隻飛機來歡迎這位張先生而致失事的慘劇，于是大家才知道這位沒人注意的張醒春先生，原來就是名聞中外的鐵軍領袖張發奎將軍！

由于這件事的發生，于是一傳二纏的全世界各報紙上竟載着張將軍遇難的電訊。一時歐洲的僑胞大爲震動，聽說有一位鄭震宇先生，在日內瓦痛哭了一個黃昏！

我那時正在丹麥的京城，雖然也看看晚報上登載着這個消息，可是我根本不信。我之所以不信是有原因的：第一，當張將軍離歐赴美的時候，他曾明明白白的寫信告訴我說坐德輪去的，那麼電傳他乘機失事，想起來于事實上決不可能。第二，就算他登岸後卽坐飛機，按他素有「福將」之稱，生平身經百戰，從來沒有損傷過半根汗毛，豈有舒舒服服的坐坐飛機而竟會那麼巧的就出了毛病？

果然，第二天早晨的報紙，證明了所謂遇難之說，完全是一種張冠李戴的無稽之談。

★ ★ ★ ★ ★ ★

在旅居歐美的三年中，張將軍在學識上修養得到驚人的進步，尤其是在思想方面，他所受到的影響大極了。雖然他過去享受『鐵軍領袖』的榮譽，他所統領的鐵軍素以紀律嚴明爲民愛戴名於世，可是他覺得軍人對于國家始終是一種消費，他認爲今後要救中國，必須從生產入手。所以，一九三五年回國後，他在上海曾公開的向報界發表談話，透露他此後願意從事實業救國的意旨。後來他飛往四川謁見蔣委員長，也曾懇切地面陳這個願望，聽說當時蔣委員長對于他這個志願雖曾予以嘉許，可是最後的回答却是：

「我看你還是帶兵的好！」

★ ★ ★ ★ ★ ★

一九三六年初，他接到蔣委員長的任命，並經軍政部長何應欽氏的敦勸，在『準備抗日』的預約之下，就了閩贛浙皖四省邊區清剿總指揮的職務。這在當時表面上似乎沒有什麼多大的意義，可是事實上却奠定了他一生第二段光榮事業的基礎。

在這個時期中，他除了終日奔忙于視察各地民情及規劃防務之外，每天仍于百忙中抽出一兩小時的時間來攻讀硏究。據我所知道的，他所最愛讀的有兩本書，一是歐戰時聯軍統帥法國福煦大將所著的「戰爭之原理」，一是目前德國元首希脫勒所著的『我的奮鬥』。（註）

以筆者所知，張將軍實在可算得是一個十全的典型軍人。他的勇敢廉潔和大公無私，純粹是出于天然而並不是故意做作的。即以筆者與他的關係而講，過去彼此爲朋友時，嘻嘻哈哈，十分隨便，後來正式做他的部下時，公私分明，絕不馬虎。他對于部下上自參謀長下至勤務兵一律看待，甚至自奉亦與士兵無殊。

他的身材並不高大，可是體格却非常堅固，除了喜歡豪飲外，其他的嗜好如游泳，滑冰，騎馬，打球諸類，都是對于身體有益的，據他自己說，他從前在廣州有一個時期也曾度過非常奢侈而荒唐的生活，幾乎墮落。後來之所以能够及早回頭，完全是受了朱執信鄧仲元二位先生的感化。

他的家庭也眞可稱是一個模範的家庭。夫人劉景容女士曾兩度出國，精于英文，幷且性情十分謙和，生活異常儉樸，絲毫絕無像其他一般所謂要人太太之驕奢時髦的姿態。他的二弟貴斌，在討伐陳炯明之役陣亡于東江；三弟嘉斌，曾在法國學習航空，現服務于某地的防空司令部；四弟勇斌，曾在德學國醫，現服務於某地的總部軍醫處。

★ ★ ★ ★ ★ ★

三年前在倫敦的時候，有一次我偶然問他，對于中國的軍事人才，他所最欽佩的是那一個。他說當然是蔣委員長。此外他對于李宗仁將軍也很有好感，譽謂頗有大將風度，對于自己很謙虛，說自問別無所長，祇能率領一師之衆，衝鋒陷陣而已！

自抗戰以來，張將軍膺第八集團軍總司令的重任，晝夜奔馳於東戰場的任何角落；他的舊部如薛岳，朱暉日，吳奇偉，鄧龍光，繆培南，李漢魂，黃琪翔，葉挺，歐震，李江諸將領，也沒有一個不赫然大露其頭角而為國人所頌敬。關於他們過去及今後光榮的戰蹟，將來自有人為之作詳細的紀錄，本篇所述，不過偶就個人一時記憶所及，聊作零零碎碎之隨筆而已。（朱樸）

註：據最近二月二十四日報載巴黎電訊；該書於二月十一日一天之內，在巴黎共售出八千冊之多云。

——大風旬刊——

目 录

轟炸下的南中國

曹聚仁等著

目次

上卷

下卷

上卷

劫後的虹口

柯靈

民族抗戰的必死的決心，永遠是世界上最犀利的武器。上海戰事發生以後，我軍的節節勝利，便是這種眞理的最好說明。

最近浦東和楊樹浦方面，都展開了激烈的戰鬥，我軍一直挺進，並且已經佔領了匯山碼頭。浦東和虹口各地燃起了猛烈的烽火，一到晚上，在全市的任何一角，我們引頸東望，就看得見天際一抹慘紅的火光。

在虹口，本來還有着不少來不及逃避，或者無力逃避的中國的民衆，蟄伏在槍林彈雨之中；在這兩天裏面，却都倉皇雜亂，紛紛從那邊冒險逃了出來。從這裏我們也可以想像那邊的情形是如何的緊張了。據從虹口逃出來的難民說：目前的虹口，已經成了恐怖的地獄。

在最初的幾天，那邊已經成了一個死寂的境地，日軍帶着驚怖的神色，在馬路上佈防，放哨，有的坐着軍用汽車沉默而匆忙地開向前線，但區內的居民，却全都躲在屋子裏面苟延殘喘，因爲他們不能到街上去，一出門就要遭遇着危險。

戰地的民衆，是可以在日兵隨便的一舉手之間失去了生命的。

二

最近兩天來，情形却突然變了。死一般的滯重變成了極度的緊張；恐怖的空氣中間，夾雜了慌亂和窒息。

因爲我軍已經逐漸逼近敵方猛烈的炮彈的襲擊，有許多地方開始起了火，漸漸地，延燒的區域擴大起來；咋天，從提籃橋到公平路一帶的住房就整日被火吞噬着，簡直成了可怕的火窟。

被火燒去了住處的，就冒險向安全地帶逃，還未延燒着的，仍然在屋子裏死守着。

從前三天起，日軍通知未逃的住戶，晚上一律要滅絕燈火，以避免我空軍的夜襲，但有沒有燈火全無關係，反正四面漫天的紅光，已經照得到處通明。

槍聲，炮聲，本來祇能斷續地聽到，在遠處爆裂出來的，這時候就漸漸向耳朵旁邊移近，而且密如聯珠，澈夜不絕，危險越來越多，看看死守在屋子裏面也不可能了；但驚恐中却有着一點安慰，因爲這槍聲帶來的是可喜的消息，我們的軍隊更加接近敵軍了。

到前天早晨，虹口還有未逃出的民衆，敵軍用斧頭砍開民房，將難民驅逐，立刻進來堆砂包作工事，但是他們工事未完，我軍的前哨已經到了。

失了家的民衆大批經過裏虹橋向外白渡橋以南逃避。

馬路上滿佈着殺氣，日軍往來更忙了，有些慌張，在絕望以前的最後的掙扎。在街角，在巷口，倒臥着許多失去了生命的我們的同胞，有些是中流彈傷的，有些都是被兇殘暴虐的日軍刺殺的，狼籍的

尸體，斑剝的血痕，洗刷不清的民族的仇恨！

逃難的人們使帶着一些箱籠什物，都要受日軍嚴厲的檢查，有人親眼看見，一個老頭子，因爲襪統裏塞着一捲鈔票，查出以後，槍刺進了他的胸口，誰也不知道他是犯了什麼忌諱。

莊源大日新里的一個住戶，一家三口，母親、兒子、媳婦。母親正病着，兒子先帶走了妻子，再回去要背他母親出來，都沒有得到允許，就被強迫送了出來，他們在路上哭着，到處告訴路人，問有沒有辦法再到虹口去把那年老的病人救出來。

總之，那邊正不知串演着多少慘絕人寰的悲劇。

可是虹口日軍的滅亡的悲劇，恐怕不久也要接着開幕了吧！

（早報）

虹口餘生記

梅生

上海自戰事爆發之後，虹口及楊樹浦一帶，遂與外界消息，完全隔絕。所以要得該禁區中的消息，比了要得別一個星球中的消息，有着同樣的困難。但是咋天記者却得了一個意外的收穫。

八一三的前一日，記者自東熙華德路，挈眷避居滬西，至翌日上午，同居的陳君，也突然挈眷來就。陳君本在一家日本船公司中供職的，已有十一年的歷史。說得一口純熟的日本話，所以於八月的下旬，謀得了敵軍海陸二方簽證的二面頭照會，許與在兆豐路以東的地區之內，逗留三日。當時，陳

君便邀着二個熟識的日本浪人，陪同着往東熙華德路寓所去，相機的搬取存在戰區中的傢具雜物。

在一個十分炎熱的清晨，那時是八月快將過完了，陳君懷着一紙常人所不易覓得的通行證，與匆匆的由二個浪人陪着繞道而往虹口，約定着第三天下午準回來。可是很快地過了三天，音信杳然。一星期過去了，還沒有回來。而前線的戰事，每天是那麼的緊張。從虹口中所傳出的消息，總是居民被敵寇的大量屠殺。於是他的眷屬，以及和他相識的，無不意識着他必已慘遭不幸了。

至本月初旬，經多方探詢，尚是一些沒有好消息。而他的夫人，又憂急成病。把屋子退租了，回了浙東原籍去。可是在本月二十五日的深晚，陳君却突然地回來了。雖然面目黎黑，本來是不肥不瘦的身材，現已變成骨瘦如柴，可是他的生命，經了這麼五十餘天的磨折，總算還是無恙。無論識與不識，無不爲之慶幸不已。

敵對便衣隊之恐慌

據陳君稱：於八月末進入戰區之後的翌日，便失去自由。雖有海陸空軍所簽證之護身符，亦不足以作護身之用。隨身所攜法幣六十餘元，和那紙護身符，在被解往大連灣路某特務機關時，便被沒收。經略詢幾句口供之後，便被指爲便衣隊。嗣經一相識之浪人，代爲說項，始未被判處死刑，而被拘禁在一批待決的難民之中。過了二天，經原來陪同前往的二個浪人，代爲設法，始得出獄，但以給日方服務爲交換條件的。

自被釋出之後，因為陳君精諳日語，於是便被任為舌人。最初，服務於若干浪人機關中。後輾轉遷調海軍陸戰隊及陸軍的各機關，覓頗得各方的優待。在海軍陸戰隊中服務時，日得日幣一元的酬報。在陸軍中，竟日得一元半。但所給者，均為日幣，所以在事實上也不啻是一宗廢紙。

據陳君稱，在虹口區中，殺戮之慘，眞令人有些不忍卒睹。而日軍的屠戮我國平民，其動機，實也是懼怕我們的便衣隊。在虹口區中的便衣隊，却是神出鬼沒。往往當三五敵軍，行經一地時，突然的槍彈自天外飛來，就應聲倒地一二人。事變既發，於是便在附近各里弄中，大舉搜捕，可是十次之中便是十次的毫無所獲。於是便一半由於恐懼，一半由於憤恨，而把若干搜得而毫無佐證的難民，屠戮一陣。他們以為發槍的便衣隊，必在其中。實則在此大羣的難民之中，是否雜有便衣隊，還是一個疑問。

隨軍僧侶超度亡魂

敵人迷信之深，殊為可笑。敵艦駛滬時，常有隨軍帶來的幾個僧侶，為陣亡軍士，唪經超度的。日人的唪經，最少以六人為一組。據說在戰前，上海共有僧侶四十餘人，戰事發生後，這原來的僧侶四十餘人，不敷支配，所以除不絕索討救兵之外，索討僧侶，也是軍隊中的急務之一。

每六人一組的唪經，並超度亡魂，須三日始能畢事。所以現在全滬雖有日本僧侶近百人，還是顯着十分忙碌。因此輩僧侶，除超度亡魂之外，同時，還得給軍士們念護身經之類。此類護身經，在軍隊中，極為寶貴，非尉官及其以上的將士，是沒有懸帶權利的。此類護身經，並非有何特別的東西的，普通都

是念在普通佛符上的。不過在普通佛符左上角，印上二顆紅印，便是有護身經五十遍，或一百遍，念在上面，而爲將士們的護身至寶的。據說有意想不到之效力。

鬼，這東西也是敵軍所十分懼怕的。他們在虹口區中，雖然是殺人不怕血腥氣，但是他們却很憂慮這些被屠的無辜平民的陰魂不散，而向之作祟。所以日本僧侶們，於唪經超度陣亡將士之餘，也常設醮而爲死難的中國平民超度。某次日侵滬陸軍中，曾有士兵們於深夜巡邏時，發現着倒臥道旁口吐白沫的日人，此後此類怪事，曾屢次發生，而蘇醒過來的，都說是遇見了中國鬼。於是日軍中對於中國鬼的恐懼，更不亞於中國便衣隊。

四百個隨營妓女

敵軍中的營妓，是世界聞名的。在一二八時，在滬，也曾一度的膾炙人口。據說，這次也有些不敷分配之苦。敵軍的營妓也是分着「徵」「募」二項的。「徵」的，是在平時，也隨軍而供士兵蹂躪的。其比例，爲五百至八百士兵，對一妓。但在戰時的比率，是四百士兵，對一妓，所以在軍隊出發之後，募集「志願妓」也是十分忙碌。不過在事實上，往往是不能招募足額。在上海現在共計有陸軍十萬至十四萬之間，（連死傷的包含在內）可是營妓的總數却尚不足四百人。（據說在華北的營妓更少。）所以日本軍每至一地，便不免於蹂躪當地的婦女，而顧不得所謂皇軍的體面了。

在日本營妓的年齡，普通都在三十至四十之間，很少有在三十歲以下的。因爲妓女之隨營的，普

通都是市間年老色衰，無人領教的妓女，才去應徵。或被鴇母送給軍隊中而榨取其最後的一滴血肉代價的。在營妓之中，雖然都是些半老的徐娘，但是據說，還是分着二個等級。日妓，是算第一等，待遇較優，每天接客以十次爲限。一等兵以上的，才許問鼎。鮮妓及東北籍的營妓爲第二等，供普通士兵及鮮籍士兵洩慾之用。東北籍軍，不許嫖妓的，但蹂躪當地婦女，却也不加禁止。

第一流營妓，每星期經醫師檢查二次。第二流的，每星期檢查一次。若是發現着相當程度的花柳病毒，得有相當的休息。在駐滬的營妓之中，在休息期當中的，平均常在百分之二十左右。

敵軍最愛我國法幣

現在的虹口區中，雖已成爲敵軍的世界，但是有一個現象，却是十分耐人尋味的，那是一切買賣，均用我國的法幣。雖然是日人與日人交易，也都拒收着日幣。在虹口區中，規定日幣一元，合華幣六角半，但若任何人，強要以日幣一元，購取七角半的貨物，店主却可招憲兵來干涉的。其理何在，陳君也不能道其究竟。有些日本奸商，以我國法幣，私行收購日幣的。其比率，爲日幣一元，購中國法幣四角，但已有二人，因事發而一被槍斃，一被押解回國。不過在事實上，我虹口區中法幣之缺乏，可說已到了極點了。

當戰事初發生時，虹口區中，尚有不少華人開設的店鋪，半開門而營業着，尤以烟兌店的營業爲最佳。香烟火柴等售價，高至七八倍，酒類，也營業鼎盛。其他一切，無不顯着特殊的發達。但後因存貨售

空，無法應市，於是只得閉門歇業，而待機逃亡。但這却引起了敵軍的憤怒，指為搗亂市面，捕獲無算。結果，用貨物換得的法幣，遂盡入了皇軍的囊橐。

敵軍在戰事初爆發時，猶多以錢易物的。嗣因有了錢，無處可得所需之物，於是在楊樹浦及虹口一帶，各貨棧間，姿意刼掠。首遭其殃的，爲各香烟公司，及糖果餅乾廠，汽水廠，釀造廠，不論華籍或外籍的，一視同仁的加以刼掠，但近則存貨已被刼掠盡淨，所以在虹口區中，頗有以日幣一元換取香烟二十支，而無從獲得之苦。

焚屍塲和虎列拉

虹口區中的死人，隨路皆是，正如平時的垃圾相仿。所以現在留居在虹口區中的難民，惟一的工作，便是被日人壓迫着移尸，及淸除街道。在提籃橋以迄楊樹浦一帶，現在共有日軍臨時所建的焚尸塲十一所。最大的，每日可焚尸二百具，最小的，每日焚尸五十具。所需燃料，均爲被毁的房屋中所檢出的木材。焚燒時臭氣四溢，眞的中人欲嘔。而此十一所的焚尸塲中，所焚的尸體，有時尙不及焚除虹口區中，及前綫運回的尸體。

這些焚尸塲的建築，還是一個半月以來之事。所以在戰事初爆發時，虹口區中，尸體之多，更十倍於今日之所見。據說在楊樹浦某地的一片曠塲上，曾堆疊尸體三千立方米突之多。這雖未經陳君之所目睹，但據說，這是並非不可能的。因爲尸體隨處皆是，所以虹口區中的蒼蠅，肥大而衆多，眞使人有

些不敢致信。就是到了晚間，也是未有靜止的。

疫癘之盛行，在虹口區中也使人談虎色變。據說，在傷兵醫院中，有一個時期，患虎疫的，竟居傷兵的一倍半。現已情形略見進步，但患者仍多。痢疾，傷寒，天花，喉痧，腥紅熱，瘧疾各種疾病，無不極度的猖獗。常有在街口駐守的士兵，突然的倒地身死了。留居在該區中的浪人，及中國居民，也頗多不及救治而死亡的。所以敵軍當局，認爲戰事的難於發展，一部分的原因，是受着時疫的影響。

厭戰氣氛和宣傳物

據陳君說敵軍中的陸軍士兵，較之海軍陸戰隊，厭戰的心理，較爲濃厚。在海軍中，絕少有非戰傳單發現的。但在陸軍中，却常在鬧着反戰陰謀的破獲。據有些厭戰的陸軍士兵，私告陳君說，在陸軍中，第一天若有了鼓勵士卒的小册子的散發，第二天在軍中便會有不少外觀相同的反戰小册子發現着。從日本國內運來的讀物之中，也常有反戰的宣傳品夾寄着。這些宣傳品，怎麼會夾入經過檢查的印刷品中，而運來上海，那是任誰都不能知道的。

行李中以及紙包的食物中，也是常會發現反戰宣傳品的。有時三五同伴，上街去散步一次，或是到某處去公幹一下回來時，在各人的衣袋之間，也會發現着反戰的傳單。在虹口區中，陳君也曾目睹着不少反戰或鼓動叛背的標語，發現於牆壁或電桿木上。有的，是用粉筆寫的。有的，用白紙寫的。也有是用紅字或黑字，印在彩色紙上的。

雖然那些陸軍士卒，在表面上，都表示着爲國家戰爭的精神，但偶與談及背井離鄉的說話，便無不有些兒垂頭喪氣。而更其是自前線調防回來的士兵，說起了中國軍，都在說話之間表示着三分驚懼的神色。雖然一般的不肯表示怯懦，但是希望戰事的早日結束，得以生還，却是一致的意向。某一十分坦白的日軍，曾私對陳君說，陸軍中的反戰空氣的確是十分濃厚，但是所苦的，是缺乏着非戰的健全組織。否則上海的陸軍，是早已全部叛背而革命的了。

浪人的悲哀和惡運

在一二八時，上海的日本浪人，曾有偉大的演出。但是，據說這一次的戰爭，浪人們却是走着了一部惡運。虹口區中的浪人，本來有不少是安分的僑民，在上海營着正當的營業。戰事發生之後，不拘良賤，概被領事館所徵發，而去充任着浪人。在最初幾天中，浪人們作威作福，和一二八時，並無二致。但是戰事延長到了一個月之後，在虹口區中，中國苦力的招募捕捉，日見困難，而戰事的緊張日甚。區內工事的建築，與運輸等等艱苦的工作，便光臨到了此輩浪人們的頭上來了。此輩浪人，平日大都是養尊處優慣的，一旦被壓迫着去幹這些工作，無不叫苦連天。但是在陸軍的憲兵們的鐵鞭之下，誰敢哼一個不字。

雖說浪人們的工作，都在後方，但是構築防禦工事，頗多是迫近着前線的。所以爲流彈所擊死，或擊傷的，也日有所聞。而在八月末，陪同陳君往虹口的二個浪人之一，於某一晚在虹口某碼頭起卸軍

火時，適遇浦東飛來一砲彈，炸去了一條腿，終因流血過多，不治而死。死後，便也投入焚尸場中焚化掉了。據說他身死之日恰恰是他的妻子回日之後的一個月。而他在生前，也是該船公司中的職員之一，每月的薪給是一百七十日元，遺有子女六人，長子已入伍，而在華北作戰，身後頗爲蕭條。

到了最近，在虹口的浪人羣中，更起着一個重大的恐慌，那是謠傳着上海日僑之年在四十五歲以上，五十五歲以下的，（四十五歲以下的，已大半被徵入伍，）最遲在十一月間，也將有一半被徵往台灣或朝鮮編入軍隊，開往前線去作戰。所以日來在虹口區中，已有故意折斷手部或足部，使成殘廢，而逃避兵役的浪人若干起。由此，亦足覘日人對於戰爭之恐懼的一斑。

此次陳君的所以能脫險，據說，還是那二個陪他進去而未死的一個浪人，給他設法的。因爲這個浪人，也是於十一月間，將被徵入伍者之一，所以他對於他的未來的前途，也充滿着恐怖與悲哀。因此而發生着一點惻隱之心，徇着陳君之請，託故而把陳君送出了危險區域。（辛報）

脫走於虹口之絕境

胡維九

起初，我已很清楚的看出全滬到處無樂土，也很憤怒的仇視一羣無組織的「搬場」之羣的無謂的自擾，我確曾綳起一副不爲騷動所擾亂而惟求沉着應付的臉譜。

十二日那天，鄰近的居民，都紛向蘇州河以南的「安全」區逃命，我還是不爲所動。

翌晨九時十五分，果然，敵人在閘北先揭開了戰爭的序幕。那滬東的局勢，頓成了一個大混亂。但是我還是留居於虹口，一是出於不及，二是無力逃避，三是難捨我這臥病的良妻，不得已，遂終於做了饅首兒的餡子。

從十四至十八，繁華的虹口，已成了「修羅」之場，街頭除了日兵帶着驚怖的神色，放哨，佈防，和坐着馬達卡沉默而匆忙地開赴前線外，已成了死寂的境地。可憐我們無辜的同胞，整日夜躲在屋子裏苟延殘喘。我們絕不能自由的啓門張望，否則即遭殺身之禍。（虹口的民衆在日兵的鐵蹄下，隨便有消失生命的可能！）

十九日，情形却突然變了，幾日來死一般的滯重，變成了頂度的緊張。有幾處已經着火，甚至逐漸地由茂海路，公平路，鄧脫路，兆豐路，而延燒到新記浜路來了。

傍晚，獸性的日兵曾一度緊急地來敲開了我們的門，我祇會張大了眼睛，護着病妻在床邊怔了一陣。結果得悉日兵的來意，是通知未逃的居民，晚上一律要滅絕燈火，以避我空軍的夜襲。

一羣被毒燄焚去了住處的難民，都慌亂地，悲慘地，扶老攜幼的冒險逃命，而我們還未曾延燒着的「幸運兒」，則仍然在屋子里死守，雖然已失掉了睡眠和飲食。

隔天，密如聯珠的槍砲聲，從遠方漸向耳邊移近，牠帶來了足以告慰的喜訊——我軍大勝。可是，我們在這裏的危險的境遇，也跟着迫切起來，我終於感覺着「死守」也不是好辦法，還是「走爲上

着」吧！

我們正打算「走」的剎那，前門突發生了斧頭砍門的巨聲。於是我妻失望地，悲泣地，不自主地喊出這樣的話：「逃也無益，還是讓我們死在家裏吧！」一團黑光頓時浮在我乏力的眼底，心頭陣陣的酸楚，幾乎失掉了我全部的知覺。「等死嗎？不値得，我們還是快從後門逃逃看；即使死，也得死在青天白日能照臨的大地上！」我彷彿在牢門口打定了死的決心，我們必得往刑場去「驗明」是大中華民國的國民的「正身」似的；說完了一把拖着妻子沉重的脚步從後門出走。

僥倖的，溜出了弄口，但是熊熊的火正冒在距離咫尺間鄰里上空，那催淚的烟霧，蒸薰的毒火，煎熬着我倆的餘身，甚至路面也成了火山的表皮，燙得使我們不易插足在濃烟中，隱約看見賴士德學校往昔的雄姿也被敵人摧毀無餘了。

沿着賴士德的後門圍牆，摸到元芳路西安路的拐角，那一向掛着英商牌子的師善里，也在着火了。火！這敵人的毒火，可要把我們葬身火窟？！唉！這時的情景，比之「死守」時更悽慘了！走吧！「走」依然是我們不變的主意。

至西安路的上段，更緊張了，我們頓時把火看做了第二個問題。那密密的槍炮聲，能震聾了人們的耳鼓；敵人的鐵鳥，不斷地產下一顆顆流磺蛋。轟轟！那一聲聲巨響，一簇簇灰烟，好久佔據了裏虹橋兩境的上空。東邊已成了一片冒着餘燼的廢墟，即使倘有矗立其間的，也不過是市廛和廠房的斷垣

殘壁了，

再過去那邊顯然是死路，我們便折回西安路，改向東熙華德路前進。

靠着上海銀行的牆壁向東探望，祇見數十敵軍跟一羣無恥的漢奸，在趕築工事，堆砂包，但是賊

們未覺穿便衣的我軍的前哨已經衝來了，他們便像無頭蒼蠅似的，向莊源大弄一帶狼狽竄去。

沿着華德大戲院馬寶山公司向南走去，滿以爲將脫離了火山。那知在中虹橋的橋墩上去，遇見

了這樣的慘事：

三四個日本浪人，在搜查逃難的行人當時我們目覩一個中年的婦人，在驚恐之下，俯着身子在

手慌脚亂地解開包袱的帶結。不料因爲遲滯難解，竟惱怒了日本浪人，一刀就刺入少婦的腿部，加以

狠命的一脚，把他踢入虹橋河。

中虹橋也「行不得也，」沒奈何又退回西安路，這時已是半夜，是月半天火的新秋之夜了。——

多悽涼的夜呵！

我們在進退維谷之夜，依着一被遺棄於路邊之破卡車下，跟着一隻也在逃難的死老鼠，一塊兒

蜷伏了一宵。有一次這缺少的車胎的鐵輪，還做了我們死的替身。（那流彈祇射到牠的軀幹，而不會

抓去我們難民的「難命」）

東方被火燄照得到處通明，幾乎不辨這已是黎明的曙光。華德路上的日軍來往頻繁，而路畔則

到處是已經失去了生命的同胞。

六點鐘辰光，我們蜷伏在火山中的難民竟得脫離了黑暗與恐怖。我們突然看見了一輛救護車，把我們這一羣奄奄待斃的難民掃數救出了。

過蓬路，閔行路天潼路的當兒，我們眼見到許多同胞正被敵人串演着多少慘絕人寰的悲劇，甚至我們飄着「紅十字旗」的救護車，也中了幾顆槍彈，敵人誠蠻無人道的了。

在這次砲火下，我們雖失去了多年心血所造成的家，但留餘的還有我們寶貴的生命。我們相信，有生命就可以回原處去建築我們新的家，新的市廛，新的廠房，新的虹口，新的上海；這炮火眞是給我中華民族一個新生的洗禮——於是，我忘記了我的痛苦。

（辛報）

屠場巡視

惠羣

筆者服務於×商××洋行，八月卅一日，聞行中西人欲往視察其大連灣路棧房，已領得德日兩國領事署所簽發之通行證，遂請同車前往一探究竟。西人初不肯，謂其地危險殊甚，華人絕不能前往。余乃答稱：「所有一切責任，願由個人担負，與行中無涉。」復因另一西人代余說項，始得允可。

循北京路外灘而過外白渡橋，卽見日領館堆有高逾一人之沙袋，面積甚廣，內有十餘陸戰隊駐守其中，外架鐵絲網，并有電綫數根在其左右，似能通電流者，車行甚速，已至東百老滙路。是時，忽有五

六日軍舉槍攔阻，槍上有刺刀。走近車前，看過玻璃上之通行證畢，操極生硬之英語相告，意謂不能東進。車上西人詰之曰「我等旣持有貴領事署所發之通行證，何以不能通過？」彼似不懂，僅謂「請少待；」乃由其褲袋中撈出小笛一吹，卽有身穿黑色制服短褲者二人奔來，臂上束有紅布，其中一人卽操較純熟之英語向兩人解釋，謂「此地前面一帶因華人不顧公德，遺尿屎滿地，且有被殺華兵尙未收殮，極易染疫，頃已通知工部局速派淸道夫來掃除，一二日後始可通過」云云。余等不得已，乃撥車向東熙華德路行，達華記路，途中伏屍甚多，臭氣極烈，其中有二屍乃穿童軍服裝者。時有日軍五六人行過，手中僅持木棍及刺刀，彼等之後，則有我國同胞三人，裸體赤足，雙手反縛，被押前行，日軍見吾等車過，有意速走，揣其意殆不欲將暴行爲外人所見也。

過雷氏德學院後，腥臭氣更利害，如立鹹魚肆前。路中伏屍遍地，以婦女較多，均壯大異常，且多肢體不完全者。至此，余心痛欲裂，已不忍再睹。但見彼萬惡之日人，方戴上長統之橡皮手套，在路中陸續收拾，將此種遺屍放入路旁之卡車，此種卡車共有十二輛，可見同胞慘遭屠殺者之多。更可恨者，沿途漢奸往來如梭，有幫同搬運屍體者，有手中亦持棍刀等物作爲虎倀者。余親見其中有一平時專作汽車掮客之蔡某亦在其中。

旣而車至華德路大連灣路，又爲日軍舉手禁止，旣發見余，卽詢西人何以有華人在車中。經西人答稱「並非華人，」余亦操英語相答，自言爲菲人，乃得未受阻難。時我等已達目的地，日軍僅許一人

下車探視，則廠中棧房，已被火燬矣。時車側一日軍官發言曰：「離此三百碼，卽有華軍蹤跡，華德路以東，爲日軍第一道防綫，危險甚大，爲君等途中安全計，特派人前導，幷隨車保護，君等歸去。」言已，卽命一日軍登吾等之車，幷命另一日軍坐機脚車在前引路，循匯山路行，（該區附近，確有吾軍所築防禦工事，可爲已佔領過之鐵證。）沿途房屋，除近黃浦江邊完好如初外，餘均一片焦土，卽未蒙火神蒞臨，亦均有纍纍之槍砲痕（破壞詳情，已見各報，茲不贅述。）旋抵外白渡橋，該隨車之日軍卽與西人等握手道別，而余則殊自幸其未被察破也。

（辛報）

南市視察記

陳天賜

關於南市最近時有驚人的謠傳，致使一班居民，驚慌不定，記者昨特抽暇往南市巡視一週，將沿途所見所聞，詳錄於後：

記者於下午四時，先由新北門出發，該處曾有人散佈謠言，謂警察局命令居民，限於三小時內全部遷出，因日軍飛機日來時往轟炸之故。但記者見福民路，福佑路一帶，非但無人搬家，且居民多三三兩兩的在門口納涼，閒散非常，較之租界，反覺得清靜可愛。這無稽的謠言，當然不攻自破。

走進邑廟，曾聽人傳說已被飛機炸燬的小世界，仍安然存在。惟廟內兩旁的店鋪，則緊閉店門，很顯出淒慘的樣子，但其中時有骨牌聲由門內傳出，點綴了這沉寂的空氣。

在租界上，很多人在談論着「邑廟被日機連擲三彈，幸被廟內城隍老爺顯聖，以所穿袍來抵擋，致賴以保全，而袍上却留有彈炸的痕跡」云。記者既有機會到此，當然要瞻仰這位城隍老爺，藉以證明這節離奇的故事。可是城隍老爺袍上，一如平日，毫無奇特的地方，更無炸彈的痕跡。此事或係女巫故造謠言而已。

出邑廟，踏上方浜路。朝南折入三牌樓路，這裏情形更見安謐，有多數店家開着門做生意，沿路且擺有很多湯山芋攤，惟路上來往行人稀少而已。

再南經福民路，望雲路，凝和路，情境和三牌樓路相彷彿，然崗位森嚴，如被警察發現有行跡可疑的人，立卽詳加盤問。據附近居民說，該一帶時有漢奸捉到。

進入尙文路，更見熱鬧，行人亦較多，沿途三步一崗，五步一警，保衛固如金湯。不過，兩旁的住戶均將大門關起，氣象不免冷寂。

越過中華路，入大興街，頓時觸入記者眼簾的，有一種新行業，便是街上有好多攤頭，擺着一籮，出買平米，每升三百五十文，買的人都係貧民，生意倒尙不錯，但米極粗暴，且攙有麩皮，聽說擺設這種米攤的，均經當局准許，嘉惠貧民不少。

在陸家浜路車站路口的利涉菜場，尙有許多菜販擺設菜攤，街上還有做小買賣的糖粥攤，冷飲攤，山芋攤，故情境頗爲熱鬧。再南向南車站走去，則情形漸不同，充滿着恐怖的氣氛，大同大學門前行

八巳絕跡，僅記者單獨行走。致引起崗警注目，詢問甚嚴，幸記者提出相當證件，始未留難。

南車站後門巳關，禁止行人通行，裏面空無一人，門前街道上的房屋店舖，所有玻璃窗，盡被炸彈暴力震碎，滿地都是。記者擬至南車站正門因未能直接通過，乃由車站後路兜一大圈子，該處更見陰慘，被炸彈所燬的殘蹟宛然，眞令人不忍目睹，然而華商電燈電車公司的能獲保全，亦不幸中之大幸。

轉入半淞園路，靠北面一帶的住房，有好多人在乘涼，或一家圍桌晚餐，談笑自若，似乎不知日機的滋擾；這種鎮靜功夫，殊屬難能。過高昌廟郵局，抵達廣東街，但見三位黑衣人物，當前而立，在檢查行人，記者當時也遭受他們的檢查。在被炸燬的所在，正有穿短衣的小工，在搬運磚瓦，而未毀的屋簷下，尙有人設立麵攤做買賣。據一位警察語記者，廣東街雖遭日機的轟炸，燬去房屋數千間，但居民向外遷移的極少。

折向北走，出高昌廟西柵，經製造局路，轉灣入康衢路，此處俱係農民居多，他們席地而坐，三三兩兩地在談論着戰爭的勝負。再朝北走，上新橋路，因此路係進出租界的要口，故來往行人擁擠，這裏非但未見有人向租界內搬，反見有人搬進，由此可知他人的傳說，全不能信了。（辛報）

閘北大火記

佚名

「保衛大上海」現在不是空喊的時候了！要緊急執行着「保衛大上海」的有效工作！

「焦土抗戰，」我們還未作到驚人的程度，敵人的「焦士侵略，」可說澈底的施予我們了！不信，睜眼看看！登高一點看看！走到蘇州河邊看看！

我們英勇的將士在滬與暴敵苦撐了兩個半月，因爲大場一點被敵突破，閘北顯然陷於三面包圍的狀態中，若不及時撤退，勢必中敵奸計。

敵機瘋狂了

我們有計劃地撤退，早在前天夜間實行了。敵人昨天整整搜索了一天，晨五時許，就派出大批飛機，約達四五十架之多，在滬西梵王渡，大西路，中山路，虹橋路一帶盤旋偵炸，並用機槍不斷掃射，一直到午後五時半光景，才紛紛飛去。

敵機在滬西轟炸時，除在租界區域內炸傷居民百餘人外，最慘的是白利南路上的申新紗廠，雖在砲火中渡過了兩月多，勞資雙方仍努力維持着工作，想不到在我軍撤出整個閘北的時候，還遭受了敵機這樣慘酷的轟炸。

因爲敵機的整日威脅，救護人員不便工作，所以申新職工死傷的確數，到晚間還沒有人知道。據逃出的工友說，至少有一百多人。

記者昨晚七時前往調查時，有許多女工還逗留在梵王渡鐵柵門附近的馬路上，向探捕們訴苦：「先生們，做做好事吧！讓我們幾個人過去。我們的爺爺因爲年老沒有逃過來，一天沒有吃，晚上還沒

地方住，我們接他過來好不好？」

「那有什麽辦法，這里過了六點鐘，誰也過不去，就是讓你們過去，也過不來了。」幾個華捕很同情而沒辦法地回答。幾位女工們雖然絕望了，仍彳亍不肯走開。

瀰天的大火

公共租界工部局的救火車與救護車也馳去了好幾輛，但是停留了好久，眼看着瀰天的大火延燒，而沒有辦法去撲滅；分明有好多工人在申新紗廠裏呻吟，也不能越鐵柵而去營救，到底還是空車開回了！

無量數的旅客們，多在旅行社買好了車票，有的來趕六時整的京滬車，有的想搭七時半的滬杭車，都在這裏（梵王渡）折回了。

虹口，楊樹浦，閘北，江灣……淪爲戰區以後，有錢的人家可以逃到租界，或者散往各地，惟有許多貧苦市民，逃既無錢，租界居亦不易，於是迫不得已，只有暫住在靠近租界的滬西近郊。

不料，我們軍隊撤退第二道防線後，敵機竟施瘋狂的轟炸，尤是是瞥見了平民草棚，好像這羣野獸的眼中釘，轟炸還覺得不夠，竟用機槍低飛掃射，迫得成千累萬的貧民，扶老攜幼地逃向租界。

逃不出死亡線

在敵機凌空肆虐的時候，租界方面還可以冒險地自由來去，據說逃入租界的有五千多人。等至

敵機散去，鐘敲六點的時候，租界各處鐵柵封鎖了，迫得約莫一萬五千多難民走頭無路，只有蹲在地上等天亮。飢寒交加敵機來襲機槍如雨點般的掃射下來，誰也無法避免！

敵人轟炸難民還不夠，凡在蘇州河北岸的民房都成了敵人洩憤的對像，在所謂「威力搜索」的情勢下，我們商民不知幾千萬間的房屋，都被敵人縱火焚燒了！

悲壯的鬥士們

記者於昨午後五時許在新垃圾橋前北望時，敵人引起的火焰高數丈，整個北區都在紅光的圍繞中。在煙霧瀰漫中仍不斷有機槍與手榴彈的射擊聲。據說，我們的掩護退却的部隊，仍有數百人堅守蘇州河北岸的幾個據點內，敵人雖用火力威逼，但是我們的英勇將士早把生死置之度外，不會屈服的；並且在敵人冷不防的時候還殲滅了好多個。昨晚聽說他們只請求軍部補充他們一週食糧一切不必顧慮了。這樣的壯烈精神，將予敵人以巨創！

沿蘇州河西行，在烏鎮路橋的北面，福源福康錢莊聯合倉庫，江蘇銀行第一倉庫，交通銀行倉庫幾所大房的後邊，都在少數往來梭巡的敵兵監視下，起着無邊無緣的大火！

一座火山口

在新閘路橋的南岸，記者正在視察時，忽然蘇州河里飄來了一隻難民船，滿滿地載了約莫有二十多個人，由一個「道士」裝的男子與幾個帶輕傷的婦人駁動着。

「喂！你們從那裏來？」記者驚駭地問

「先生，救救我們呀！我們房子燒光了！」一位老年婦人大聲地哀呼，沒有顧得切實回答我。

「你們到那里去？」一位同行友人又問。

「到那邊去？」這句話剛剛答出，船就匆匆開去了。記者又繼續前往麥根路，蘇州河北岸的「同德洋棧」的房子，正像一座整齊地的火山在爆發着，三五個敵兵很得意地看這蔚藍天色陪襯的金黃色火花，不知愉快到何等地步！

宜昌路橋北的中央造幣廠建築，敵機敵兵均未毀滅，可是近旁的「大隆鐵廠」早經炸毀了！附近的平房，也於昨晨十時燒完了。

記者驅車歸來時，半個大上海還在敵火包圍延燒中。

（大公報）

上海西站巡禮

方之中

我可發誓

不是想逃避責任，

我可發誓

我有一顆真摯的心。

你怨我嗎！
你眼睛裏是火，抑是冰？
請記住：天下胎兒的母親，
都應該把恨眼投刺敵人！

爲了共同不能生活，終于送我共同生活一週年的漱寒走上歸途了。

對着她聳然的肚皮，慘白的面孔，依戀的憨態，我默默地，彷彿連安慰話都沒有資格說。兩月後行將和苦難的中國見面的孩子，你的父親早就逃避你了，然而終有碰面的一日，我將怎樣向你贖解我的罪咎呢！

汽車在淒清的黃昏夾道上飛馳着，街樹依然疊起深深的綠蔭，拂掃着寥落的車輛和行人，我們像一隊啣枚疾走的夜襲的兵士，向着唯一的走廊——西站進發。

車過兆豐公園，靠東疊着累累的沙袋，園門的西面層層的電網中留下一條彎曲的狹道，當我們的車子徐徐通過時，還受了兩個英兵的一次檢查。

這是租界的防禦線啊！

公園門，往常是情侶珊珊地出入着，而現在則變成寂寞的冷宮了，只有一個司閽捕還在踱着無意識的方步。對面的冷飲室，酒吧間，全閉着門，間或開了一扇，一個傭役出出進進像在料理他的後事。

公共汽車雖然以這里爲終點，而車站上，只站着三三兩兩攜着包裹襯着苦臉的難民，衣冠楚楚的仕女，永遠消失了。「這是敵人侵略的賜予啊！」我慨嘆。

車子以最大的速率馳向鐵道的途中，迎面來一輛滿載着英兵的卡車，他們各各舉起一瓶啤酒，像在宴會上那末賭飮着，一面格格的笑聲，混在戱司令的臭氣里揮發着。

「只有外國兵才愜意，還有啤酒吃。這些時中國兵……」我還沒說完，漱寒便截了去。

「這不是酒，而是殖民地民衆的血啊！」

高巍的站房前，擁擠着無數人頭，蜿蜒地沿着繩圍，石級，而下至入口處，就成分列，一樣是一些難民，有的胸襟上還佩着白底藍瓷的徽章，顯然是某商店或工廠的職員。藉着路旁樹蔭的蔽護，這里滿佈着餛飩担，燒餅攤，以及汽水，冰淇淋之類，野外市場，竟有這麽繁榮！「大晚報，號外時報」的叫聲，沿着樹蔭嘹過去，不過聲音低沉得近于憂鬱。買好了票的便在嚼大餅，有的蹲在地上看報，但他們不時用嚴肅的臉仰眺天空，警戒天空會有什麽突然落下來似的。

我們的車子，遵照巡捕的指揮停下來，早在那里等我們的友人一面和我搬行李，一面驚詫地道：

「要是早來一刻，尊夫人可嚇壞了。三點鐘光景，四架敵機在這里低飛着，把人們趕得破田破地跑，還好，沒有下蛋，四五分鐘後，才離開這里。」

「你這樣小視我嗎？……只有我就怕嗎？」

漱寒彷彿覺得侮辱了她，倔強地說。她曾說過，願給敵機炸碎不願走，而現在爲了生活和胎兒才離開危城，更加重我對於她的慚愧。

這時我才知道正在賣滬杭票，京滬車須在滬杭車開行之後再開，但滬杭車還沒有到站，京滬車何時可到，更沒有把握了；並且據說就二點鐘來的電報，松江附近又有敵機在轟炸。漱寒笑了笑說：

「如果再演一幕慘劇，那我就有機會做了主角呢！」

朋友說早爲我們找好一個休息的安全地帶，我笑着說：

「中國哪裏有安全地帶，哪裏是乾淨土！」

然而終于隨着他跨過一塊木板橫在小渠上的短橋，轉到籬墻深深的曲徑中了。在拐灣處，在高粱田裏，零食的攤担更多了，油香酒味，浸透了每一片高粱葉，每一簇濃厚的綠蔭。這兒蹲坐憩待的人像貫串的珠子，稻田裏給踐踏得一片白植物垂頭喪氣地倒在地上，一堆堆新舊雜陳的汚糞隨着晚風散發着一股不可耐的臭氣……而我們就在這臭氣雜着油香酒味的包圍中坐下來，

漱寒又對我談起產後回滬的問題，我的生活問題，惜別的淚在她眼眶裏泛濫着，然而她像挪在衆人監視線下的小偷，儘量抑制着，我也壓住悲酸——也許是憤怒的心境說：

「英雄點至多不過兩個月。」其實我們應當用持久戰——三年五載方能戰勝敵人啊！

朋友又在旁邊搭訕了：「兒女情長。」

「我本是平凡的人啊！希望你們不平凡就得。」

滬杭車到站，不到一刻鐘又開了，接着有人說京滬車快到。我們就開始搬行李，因爲我們的車票，勞兩個朋友昨夜睡在車站上買到的，所以我們可直向月台上走。右面票房前擁擠的人叢中，忽然爆發出一個浪花，原來有兩個人突破範圍的繩圈想早買好票子，給路警抓了出來，於是包裹帽子，全從台階上掉下地來。

月台上，貼着「頭等車站，」「二等車站，」「三等車站」紙條，可是頭二等地位上都沒有一個搭車，只有三等地位上非常擁擠，斑駁破舊的箱籠和包裹密密排排地像路燈。我們剛擱下行李在喘息，嗡嗡聲突破雲層發出了。

人們像受了迅雷的震襲，有的呆然地瞪住天空，有的在咀罵，小孩嘩喇地哭起來，可是逃跑的却佔少數。

「不要嚷！全到樹蔭里去，飛機瞧不見人便會走。」

由於路警的命令大家才像給一陣狂風吹到路旁那排木椿下去。不久，那個惡魔迴旋了幾個圈子，才飛到閘北去，立刻那兒發出了一個猛烈的響聲。

京滬車究竟什麼時候到，不像往常路警或鐘點可答復我們。暮色沒有給砲彈轟壞，依然向四週伸展它的蒼茫，漱寒担心的說：

「早點走罷，遲了沒車子，反正是要分開的。」

但我覺得早走是一種殘忍，我焦慮她又會遭到昨天那些人同樣的命運，我的脚彷彿在地上生了根沒有移動的可能。

「別担憂我罷，就是給敵機炸死了，也不希罕；炸死的人不是很多嗎？不過這樣死有點不合算。」說着，她伸出告別的手來。

「好罷，你珍重，到了南京就寫信來，」我握着她的手時，感到抖顫了。（國聞週報）

炸彈下的浦東

黃彦昇

上海市社會局因戰區各校暫時不能開學，遂委派若干保管員分負保管各校的責任，我也是其中之一。爲了遵奉上方的命令和盡自己的責任，就於九月廿日上午，渡過浦江去了。現在把我在浦東各地所見到的種種，寫在後面：

白蓮涇附近有一所酒精廠，敵機曾往投彈十餘枚，雖然多數落在田野中，但該廠仍有一部份被燬；據熟悉內中情形者說，此次損失達三百萬元之巨。附近其他工廠也很多，而且均爲外僑財產，而日機竟不惜轟炸，未知其居心何在？

塘橋鎮扼浦東浦西交通要道，是一個很熱鬧的市鎮。附近居民業菜販的最多，自晨至晚，街上一

向擁擠着來來往往的行人，可是現在呢？只剩幾個車夫和幾個維持秩序的警察。各商店半開着門，生意非常清淡。那裏有很多公益團體，像救護隊，紅十字會裹傷處等等，每天忙着做救護平民的工作。

爛泥渡也是浦東熱鬧的市鎮，敵人當然不肯放過牠的，所以那裏的民房有三分之二變成一堆堆的灰燼。大道兩旁有七八個大小不一的泥潭，深約丈餘，其形如坑，這都是敵機轟炸的戰績。

春江碼頭是敵人預備登陸的地方，所以每天有大批敵機在那裏偵察投彈，並以機槍掃射路上行人。在我行約一華里的過程中，躲伏在豆田中竟有八次之多，這大概敵機因我走得疲倦，要我休息休息吧！至於碼頭方面，因屬於警戒區域，禁止行人通行，所以未能前去一看。

其昌棧那邊幾乎路無行人，只有三兩個小車夫倚在車旁，期待着逃難者，想拚着自己的汗血，獲得些微維持生活的代價。附近有法國的天主堂一座，敵人也一視同仁，和四週民房受了同樣的炸燬。

洋涇鎮是洋涇區最大最熱鬧的市鎮，自滬戰發生以後，敵人的飛機和大砲，就不斷的前去轟炸，全鎮市房半成瓦礫。時附近有名「十八間」者，是漢奸匿跡的地方，每於深夜或敵機來時，就施放信號，所以那裏的損失，比其他市鎮來得慘重。

西渡敵人也屢圖在這兒上陸，終未得逞。附近民房，被毀了很多。那兒有三井煤棧，是敵人堆煤的大場所，存煤有十餘萬噸，敵人曾於秋雨濛濛的夜色中，派軍艦一艘，日本水兵數十人，偷進棧內，運煤上艦，同時有飛機六十餘架低飛保護。現在該棧碼頭已被我軍炸燬，不過前天晚上，敵艦又來偷運，幸

被吾軍發覺擊退。

高廟是上川交通要道，市面的熱鬧，不亞於上海，可是經過數度轟炸以後，商店閉市，路無行人。高廟對過就是敵人新築的臨時飛機場，所以那兒敵人的飛機時常像成羣的烏鴉在天空上下飛舞。

楊家弄是離高廟不過一里多的小市鎮，九月十八日敵機曾去投彈三枚，市房有一半被燬，頹垣拼壁，不忍細覩。

中沈家宅是一個只有十餘間房屋的鄉村，九月二十一日早晨，敵機在秋雨霏霏之中，投彈三枚，頃刻之間，遂變成悽慘恐怖的鄉坵了！

東溝鎮也是浦東熱鬧的市鎮，那兒有汽車可通內地，有市輪渡可通上海，有園林場，可供人玩賞，有商店酒肆，可供人買賣流連。但自八一三戰事發生後，敵機數次前往投彈，致學校市房，相繼被毀，流覽一週，悽愴滿目。

高家行這兒雖離浦江較遠，但敵機也時去偵察投彈，所以也有十餘間民房犧牲在敵機的炸彈之下，中等人家已經遷往他處，各商店勉強應市，生意至爲清淡。

其他如新陸，金家橋，陸家行，敵機也曾光臨投彈，但無重大損失。而新陸師範學校有竹林一園，完全被炸，校舍除却了玻璃窗外毫無受損，至於高橋海塘等地因相距較遠，不便前往一窺戰後情景，實在是一件不愉快的事情。

費了兩天的光陰，走了四十餘里的路程，所看到的，是民房被燬，數近千間，外人財產損失亦重，（如法之天主堂，美之美孚油棧，英之酒精廠等。）當地居民，逃避者甚多，棉花稻穀有三分之一，因無人採割，落委田間。漢奸經當地軍警嚴捕正法後，已稍斂形，但未絕跡。沿浦一帶，防禦工程萬分堅固，全體將士，均抱有我無敵的決心，所以敵人冀圖登陸，萬難得逞。

三百年來太平無事的浦東，現在竟爲敵機炸成瓦礫場了。（辛報）

炸彈下的浦東中學

寧堅

帶上了一顆恐懼不安的心靈，坐了浮在江邊的小舟，向着我們別矣三月的母校——浦東中學——作一度別後的拜望。

江水撞在船弦，「殺殺殺」的吆喝，好像特地爲我們吹奏一支雄壯的「前進曲」。

展在我們眼前的，也只是靜，只是「闃無人烟」的靜，無聲無息的象徵着「戰神」「死魔」的來臨，船隻都沉默的躺在岸的脚下，一切都是死沉沉的，那魚鱗似的起伏的黃波上，僅有我們這隻小舟，「唯我獨尊」的傲然向前漂流。

對岸「南碼頭」上，零落的幾輛人力車四散着，車夫們蜷伏在車旁的屋隅下，當我們掠過他們的身邊時，他們蒼白的臉上，很快的浮上了一層笑痕。

「先生三林堂？」

「啊！周家橋？」

「六里橋」

為的我和戌君二人，想從「戰爭」氣氛瀰佈的浦東，得到一些新鮮的刺激，抹去了他們面上的笑痕，澆滅了他們心中燃燒着「希望」的火焰，搖了幾下頭，逕自往路旁的小徑歪了進去。

天氣是相當的清朗，幾根早落葉的頹樹枯枝撐着天空遊去的白雲，又是靑又是黃的野草受不住我們兩雙皮鞋脚的蹂躪，在底下左右不停的掙扎，一陣子秋風，和煦的輕輕吹着，撫摸我們這兩位「久別重逢」的故客。天上盤旋的鷹鳥，地上啾鳴的秋虫，又好像在織成合韻的交響曲，迓迎舊人。

三兩的農人，掮了鋤頭「談笑自若」的耕罷歸去，幾許紅綠褲的小囡天眞活潑的在田疇間追逐嬉戲。偶爾從樹陰深處的茅舍中送出幾片農村的歌謠。

路上沿途所有的，所見的，不是「恐怖」是「暇逸」，不是「驚惶」是「優遊」。

我眞不敢信，這樣一個所在，就是逼近戰區受着敵人威脅的浦東。

在我的幻想，這是一個「世外桃源」的美麗的仙境，遠處的砲聲正是農夫們的「引吭高歌，」飛機的呼嘯正是流水與羣鶯合鳴的「天籟。」

走着又走着，不知不覺的——幾座宏巍的校舍，聳立在我們的眼前，推開鐵銹的邊門，我們悄然

的溜了進去。

第一個碰到的，就是那個替母校服務卅餘年的老校役「阿李，」他用着驚訝的眼光掃着我倆，接着他又講了些神奇的事情給我們聽，說什麼漢奸伏法啊，飛機肆虐啊，……

在大禮堂附近的操場上，有許多大大小小的窟窿，靠近牆根近處有一個長約一尺許的裂罅。除此以外，我沒有曾見別的。阿李告訴我們說敵機一共光臨了三次，投了幾十彈，沒有一彈擊中校舍。我眞不懂，敵人的技術何以這樣幼稚，同時，我對敵機恣意轟炸文化機關，又獲到一個鐵證。

南面宿舍十一號，是我和戍君二人的寢室，一些用器書籍都紊亂的堆置在桌上。這還是我們走前的老樣子，只不過蒙上了一層厚厚的灰罷了。拉開窗前的布簾，我們可遙望得很遠，青青的田，淙淙的流水，又不禁使我想着昔日同學在課餘之後，在夕陽染天空一片金黃色的光耀下，散着步，談着心的趣事了。

現在一切都被敵人的鞭子抽個粉碎，被侵略者的大砲轟個四散，歸途上，戍君沉重的感慨的問着我。

「老窩何時我們再可同聚一堂，重溫舊日的甜蜜生活？」

「除非趕盡了可恨的鬼子兵啊！」

我恨恨的說着。

（辛報）

救護車被炸

曹聚仁

九月十八日（晴，午後陣雨）

十多天前，持志有一學生張君來看我，我恰巧不在家，他留了一張名片；那張名片在我的書桌邊流浪了好幾天。前天，前天忽見報載，張君往劉行救護傷兵的途中，打斷了手了；而暨南另一學生湯家嵩君，也打斷了脚。他們是勇敢的。今天，禮吾兄曾去看過他們，由於另外一個同遭難的人的口述，關於遭難的經過，知道得頗爲詳盡。當救護車駛近劉行的時候，在一個小林莊的邊上，忽然看見一顆紅色的信號燈浮在空中，一忽兒，砲彈就飛到這邊來了，打中了他們的救護車。彈是空中炸的子母彈，蓬然一聲，他們都有點緊張了，也有點驚惶了。汽車夫回頭一看，一個小工在那兒叫喊，那小工是倒下去了。他自己低頭一看，血那麼直流，知道自己的脚也中了彈了。他想把車子停下來，大家說停不得，趕快開了再說。這時，湯君回頭一看，問張君：「你的手怎麼拉？」張君訝然自驚，才知道手是斷了。湯君低頭自看，不覺大叫，原來他的左脚也斷了；他倒下去了。那汽車又爲路邊的炸彈洞所阻，開不過去，停在路邊，汽車夫忽自覺腰邊有點兒痛，低頭一看，腰邊打穿了一個大洞，血儘是直淌着。再一看，他的右手也已斷了；也不知什麼神力使他竟開了這麼一段路。他暈了，也倒下去了。大家把他抬到救護車上去，由另外一個人開車回上海，他在途中死去了。湯君進醫院以後，因爲救治得太慢，整個脚都發腫了，被截去了。張

君的右手也一樣地截掉了。他們四個人，都成為那個漢奸所放的信號燈的犧牲者。然而那個漢奸，也許不過獲得三角五角的小酬呢！

（大晚報）

中央造幣廠被炸目睹記

江路生

十二日的下午三點五十五分的時候，天空有着太陽，我處在中央造幣廠祗有半里路的一個寫字間中工作：日本飛機已飛近我站在的地位上空，在我頭頂上，我看到很清楚的飛機中拋下了三個很大的炸彈。當時我的情緒緊張到萬狀，未及六秒鐘的時光該三顆炸彈已近了地面，落在中央造幣廠及宜昌路救火會的蘇州河道上。立刻塵土飛上幾十丈高，轟然三聲，我的屋子給震落了牆頭的水門汀，這時我心中稍稍安定，因為我是處身於租界中。

上空飛機又繞行了一個很大的圈子，不久又飛到我們頭頂。這次所拋的乃是三個，目的物當然仍是中央造幣廠，可是拋炸彈的技術並不高明，炸彈已越過「中央造幣廠」，飛到「大隆機器鐵廠」的地面，立刻木頭，雜物飛上了空中。又是轟然三響，立刻一道很黑的烟冒上了雲頭，這時我的耳朵像是木頭做的：旁邊的同事和我談話，我都沒有聽到，這時的風很利害，使我兩個手發冷，然而我的心，那時如賽香檳的馬跑得火熱，再次日本飛機又近了原行之路線，這次是六個炸彈，但是仍舊沒有見牠飛到中央造幣廠的屋頂。我代他計算這三次大圈繞了下來，他所費的汽油，和炸彈，和他的目的物

相差的數日，使我們祇有冷笑。所謂「御駕駛的空軍」與我空軍炸「出雲」敵艦的時候，真是天壤之別。

到第四次飛機到臨我的上空，才見三個炸彈飛到中央造幣廠的尾梢，這時的轟然的巨響，已使我滿身的血奔騰，我咬緊了牙關，我恨不得插了兩根羽翼飛上雲霄抓住日機的尾爪，重重的把這個無有人義的東西摔下來。

飛機又來了，但是這次三個炸彈，距離了他的目的物——中央造幣廠更遠。只見黑煙從大隆鐵廠的水塔旁冒冲出來以後，又是一次炸彈着地，但是他的目的物，外表仍舊是矗立不動。所難者是在這目的物身旁的廠家，和一般的中國還沒有力量和沒有武裝的平民，可憐他們已給炸彈片子飛到了身上了。工部局救命車像殺猪的一樣叫着，飛駛了來，到那裏去救護這些被難的羔羊一般的情形上說來，他每炸一個目的，非有六七次不能了事，但是這六七次中間，不見顆顆轟在他的目的物中間，都是左右前後相差三四百尺六七百尺不等，這種航空技術，他還想拿出來將來與蘇聯，美國相比，哼！這簡直就是「小鬼照太陽，連影子都沒有」的。

同時，就地勢說，中央造幣廠與租界僅隔三四十尺的一條瘦瘦的蘇州河，前幾星期租界各領使送達中日雙方軍事當局的通牒，不知道日本小鬼怎樣讀的，回顧我國數星期以來，中國飛機沒有在租界上空發見一次，這也是奇怪，中國飛機師真真不會出風頭，祇知道黑夜悄悄飛到公大紗廠去炸

軍火，而不知道白天中飛在萬人的頭上威風威風。這次租界是相當受損失的。上海幾位友邦高鼻子洋人領使將又作何感想呢！

再中央造幣廠在八一三以前，早已全部搬空，這時我所深悉的，現在祇不過幾根鋼骨水泥站在那裏，皇軍從大和人民身上取下來的血肉，竟拿來作這個空房屋消遣，未免有點奇怪！老實說：中國的土地多着哪！你們儘管來吧！我們早抱定「焦土抗戰」的主義，就怕你們沒有那多量的民衆血肉塡滿這偌大的土地。

（社會日報）

逃出死亡線的難民

蔣逸霄

上海戰事的發生，謠傳已經不是一天。當然咯，經濟富裕，或過得去的人家，早已出了昂貴的租價，遷居到比較安全的地帶去了。到前晨戰事爆發，靠近火綫，或遭受到敵人的飛機炸彈的威脅的居民，由於生的自然的慾望所推動，也就不得不收拾了一點重要的衣服與用器，扶老攜幼的拚命向距離戰區較遠的地方逃去。

租界受了特種的蔽護，是比較安全的地方。而法租界比公共租界離得戰區更遠一點，因此大家相信，逃避到法租界最沒有危險。於是，一批一批的逃難者，從前天到昨夜，從浦東，從南市，從閘北，楊樹浦，以及江灣等處，像潮水似的都湧向租界來。然而，這些在戰爭發生後才逃出來的人民，大多是工廠

的工人，小販商人，或做手工業的，平時工作一天生活一天，很少有積蓄的金錢。他們一家老少逃出之後，只好就地爲家，如弄堂前的過街樓的底下，商店前的屋檐之下，是他們最好的棲息之所。

昨天晚上，記者到館工作的時候僅僅是八點多鐘，電車已經停止通行，黃包車要價非常昂貴，於是索性從薩坡賽路，經過蒲柏路，吳淞江路，八仙橋法大馬路等處，一直步行到愛多亞路，爲的是想觀察一下沿路難民的情形。

長長的馬路上，行人是非常地稀少；在冷落寂靜之中，街燈的光似乎格外顯得黯淡；秋風驀地吹得十分遒勁，更加上了一種肅殺凄涼的氣氛。我兀自踏着脚步低着頭急忙前走，飛機隆隆然好像就在我頭上的空中盤旋，我心裏不自覺地感到一種恐惶與驚悸。是的，世界上的人類，對於別人加到自己身上的死的威脅，誰也不甘默然忍受，誰也要想掙扎一下，希望能從死亡綫上逃到生的境地！現在，我四萬萬五千萬優秀的中華民族，正在發揮這求生的偉大的力量，這力量畢竟是未可藐視的啊！

走到吳淞江路的盡頭，驀然看見一個中年男子，在用他的右脚踢着拋在磚牆下電桿木旁的一個用破舊藍地白花粗布包着的長形包裹。他或者以爲是那一個逃難者遺落的衣包吧？他踢了之後，還用手去細按了一下。誰知那是一個未滿週歲的已死的孩子，在離亂奔逃之中，愛兒病死在懷中，也只好不顧的丟在路旁了。我目覩了這慘像，我當時疑心我是踏進了鬼魔的世界，而決不信尙在萬物之靈的人羣中活着！

八仙橋菜場是避難者最好棲止之處，因此那裏面已擠滿了人。電燈是息滅的，附近的小販攤，也四圍用藍布遮着，布裏面點一支蠟燭。據說是爲躲避敵機的襲擊，因爲在大世界的旁邊，已經有炸彈擲下，猜測敵人的用意，還在痛恨着這般流亡者的生命殘留！

法大馬路兩旁的邊道之上，齊集着的難民也有不少男的，女的，老的，少的。有的舖着條蓆；一家老少就躺在上面；有的就橫在水門汀上，把堦石當作枕頭，有的就團坐在地上，在吃着燒餅饅頭，有的還在談着逃出時太屬匆忙，忘帶了什麼什麼東西。我淸晰地聽到一個婦人在說：「一雙膠皮鞋忘了拿走，還是新買的呢。」她似乎在不勝惋惜着那雙鞋子。的確，一雙膠皮鞋，在有錢的人看來，只值區區幾毛錢；然而在她們，是或者想望了好久，經過了苦心的積蓄才能買到手裏，如今一旦失落，是怎樣大的一宗損失呀！

昨夜的風，不知爲什麼，吹得特別大。我想像到那澈夜的冷風，侵襲着露宿在街頭的他們的身上的時候，我怨恨上天爲何要這樣虐待他們！但我一想到瘋狂地飛舞在空中的敵機，我又希望上天能立刻來一陣暴風大雨，把那些敵機，吹落迷失在太平洋上！

我懷着滿腔矛盾的思緒，在寂寞黯淡中茫然前進，直到報館樓上，重又見到了電燈的光明，才把心頭的憤懣稍稍舒息了一下。

（大公報）

沒了家的人們

徐志瑞

上海戰事起始後，我曾接連在三個難民收容所担任過訓導工作，每天平均有八小時以上，是和難民們處在一起的。這一大夥子人，都是從江灣，閘北，虹口，寶山，吳淞，羅店等處火綫中逃出來的，他們的家，都給獸性的日本兵毀去了；他們的父母妻子兒女，有些給日本兵及浪人殺去，有些是在逃難的時候衝散了；有的難民在逃出時所帶的衣服銀錢等，也給強盜似的日兵搶奪掉。他們原都是善良的，安分的同胞，過去都有着一個骨肉團聚的溫暖的家，而現在則是家破人亡且一無所有，一切的生活需要都要靠別人來救助了。

只剩下了兩個

「先生，你還認得我嗎？」

我剛到第一〇八收容所的那天，在點名時，一個老頭兒輕輕地這麼對我說。

我朝他臉上端詳了好一會，實在已不能記起他是誰了，我對他搖搖頭。

「侯家宅十七號的……」

他提到了侯家宅，我就猛然想起了。從我們校裏出來一直走，不多遠便是侯家宅，那是個小小的村莊，居民都是務農的和小販之類。去年冬天，我常和幾個朋友在吃過午飯以後休息的時間上那兒

去散步，十七號的門前是一片廣場，每天在那個時候，總有好些人搬了小竹凳和長凳等坐在場上，婦人們總是手裏編結着絨線物，一面隨便的談天；小孩們來去的追逐玩耍；一些工作完畢了的男人，則是一根旱煙一壺茶，幽閒地架起了腿在享受這一刻兒清福。

因爲常在那兒散步，與他們熟了，漸漸講起話來。這個老頭兒，是十七號的主人，他曾跟我談過兩三次話，然而從前人是那麼胖，臉是那麼豐潤，現在則那麼的瘦，那麼的乾癟，完全是兩個樣子了。

他已將近六十歲，有一個兒子，三個孫子，他的妻也康健的活着。他有幾畝田，是自己種的，妻子和媳婦又替別人洗點衣服及結絨線縫衣服等，一家的飽暖差可維持。忙了一年，冬天是比較空閒的時候，所以他有空提着旱煙桿子，到處找人談天，而且談鋒老是那麼的健。

想不到他現在已做了難民了。我點過了名，與他一同到他的舖位去談談。

從前他臉上的那股愉悅達觀的神情現在自然是絲毫無剩了，兩只眼睛疲倦而沒有光彩，聲音是低而且啞的。

他說起初警察叫他逃時，他因捨不得拋棄屋子和傢俱，沒有走。到日本兵衝擊持志大學陣地那天，兒子和大孫子給流彈打死了，近旁的屋子，給日本飛機擲燃燒彈燒了起來，情形是非走不可了，他才捨棄了他賴以活命的一點農具屋子等，繞了大圈子逃出來。

「逃難的人是那麼多，那麼擠，在過蘇州河時，抱着小孩子且還懷了四個月身孕的媳婦，給潮水

樣的人羣一擠，撲通，河裏去了，當時我一驚，驚得怔住了好一會，老妻也不知給人擠到了那裏去，到現在沒知道下落。」

像黃豆樣的大顆的眼淚落到他的青布褲子上，他把瘦得像鷄脚爪樣可怕的手來摸一摸旁邊的他第二個孫子的頭，聲音更低沉地：「一家人就只剩了我們兩個。」

冬天那幅暖和陽光下歡欣的圖畫，立刻在我腦際浮起。如像有塊重重的東西壓到了我的心上，半天半天，連安慰的話也說不出一句來。

坐在陽光下的廣場上，指手劃脚地談着包龍圖出世的那個圓圓臉的興高彩烈的老人，就是他麼？然而現在是像只走了汽的皮球那麼乾癟萎頓地低着頭，成天蜷伏在舖位上一動也不動。

我們要報仇啊

擔任警衛的童子軍向我報告，說那個害病的女人，成天老是哭。

這女人叫嚴張氏，三十多歲年紀，黃瘦的臉上滿是病容，是從楊樹浦逃出來的。

我走近她的舖位去，她正在吃粥。自從來到了我們這收容所，她就從未吃過飯，幾次要送她進醫院，她却不肯去。

將一塊髒得不堪的布頭時時揩着眼睛，那對眼睛是哭得紅腫了。

「為什麼你要常常哭呢？有什麼困難儘管告訴我好了。」我在她的對面坐了下來。

她一面在回答我說沒有哭，可是眼淚却從睫毛上流了下來。

我問她的身世，她告訴我說，丈夫做碼頭上的苦力，是個挺結實的中年，自己在高郎橋中新第五廠做工，每月可以賺十來塊錢。有兩個兒子，大的已經十歲，每天提了籃子出去賣點油條之類，小的還只得七歲，便是現在坐在她的身傍的那個打赤膊的髒孩子。

「到打了仗，左近的人都逃了，要想逃，可是沒有錢逃到那裏去呢？弄到後來，簡直就沒有法子可以逃了。

「炮聲震得耳朵要聾，外面子彈也是到處地飛着，那時候我正害着病，躺在牀上，丈夫早已不到碼頭去了，還有一個叔叔也住到了我們家裏，因爲還剩着一點米，一家子就成天關緊了門一步都不出去。

「一個清早，我與這小的孩子都還沒有醒，兩個穿短衣的漢奸領了四五個東洋兵打破了門進來，說是搜查便衣隊，一見到丈夫和叔叔就用槍柄子亂打，叔叔倒底上了年紀了，給一槍柄子打在腰眼上，便一交跌了下去，我當時便嚇得暈了過去。

「也不知是什麼時候昏昏沉沉地醒來，地上是三個屍首，丈夫死得頂慘，幾乎渾身都給刀劈過，滿地的血已經變成了紫黑顏色。

「立刻我背起了這個孩子衝出門去，我是決定不想活了。走不多遠，一想丈夫的血肉模糊的屍

首，眼前一黑，又暈倒在地上。

「醒過來已經在大卡車裏，以後我們便被送到了這裏。」

吃力地講完了這段經歷，這女人爽性掩住了面孔大哭起來。

那個七歲的孩子的眼眶裏也飽飽地含着淚水，我拿起了他的小手，那小手又立卽縮回去了，偎着他的娘，說：

「媽，不要哭，我們要替爸爸哥哥報仇，殺光東洋人報仇要緊！」

小小的口裏發出的這句話，叫我太感動了。這麽的年紀已經認淸了仇敵所在，已經存了報仇的決心，中國的前途眞是無限的光明，我們的海樣深的仇恨，是總有一天會被我們用血來洗得乾乾淨淨的！

我人是發着抖，竭力地忍住要湧出的眼淚，將這可愛的孩子抱起，對他說：

「小弟弟，永遠記住殺你的爸爸哥哥和想殺死我們個個中國人的仇敵，好好的上進，好好的保養，長大了替國家替父兄報仇，也勸你的娘安息着身子。」

（辛報）

砲火下的包身工

許幸之

「包身工，」這一個名詞大概誰都知道的吧！她們是現社會制度的奴隸，過着十八重地獄的生

活的。她們沒有自由，她們每天在忍受着殘苛的毒打的生活。可是，自從上海的抗戰爆發以來；這些年輕的每天做十二小時以上的工作的，馴服得像一羣「小緜羊」似的「包身工」也都被「皇軍」的砲火轟散了。

她們中間有的已經失蹤，有的被獸行的日本軍隊格殺了。有的被敵人的炸彈炸成碎片，有的正避難在收容所中，有的已經被遣送了回鄉，有的正在她們的父母的懷抱裏哭訴她們的苦衷，而另外有一些前進的，已經被組織成青年婦女抗日軍。

包身工，這些天眞無邪的小姑娘，是最可憐不過的，當帶工老板，在她們的父母跟前大吹牛皮的時候，她們都歡喜得要哭出來，在她們的理想中，上海一定是非常快樂的天堂，而這些可憐的小姑娘們的父母，也被這些帶工老板說得眉笑眼開的，在「包身契」上畫了像蚯蚓一樣粗的十字了。她們的父母和她們自己都這樣想：『一到了上海，就到了天堂。』然而，她們做夢也沒有想到，在天堂裏，有比自己的茅草屋還不如的地獄呢！

包身工一被帶到上海以後，於是帶工老板開始擺起兇惡的面孔來了，在「帶工」頭第一本帳簿上便記着：

「民國十九年九月初一日吉立」的字樣。

同時，在第五本的流水帳簿上又寫着：

「民國二十六年正月立」的字樣。

「包身契」有當票那樣的大小形式不等，有些却是一張白紙，有些却像搨帖那樣，封面上還印些模糊的花紋內容大半如下：

領到××女一名，包身洋十七元正，三年爲期，三年內由帶工×××包管住食介紹入廠。所有工錢，一概歸×××收用，生死疾病，聽天由命，先付包洋七元，人銀兩交，恐後無憑，立此契約爲證。

自此以後，她們就開始過着奴隸般的生活了。

最近在××難民收容所中，我發見了許多包身工，她們的名字是田桂女，李桂兒，郭四英，張蘭英，湯美官，任大女，李蘭英等十幾個小姑娘。

毫無問題的，在難民收容所中，脾氣最好，最守規則的也是這一批包身工了。因爲受了多年的老板和老板娘的打駡，人類所應有反抗性能，都被磨擦光了，她們聲音很小，胆怯如鼠，臉色有如第二期的肺病患者那樣的灰黃而蒼白，有些骨瘦如柴，伸長着頸子，聳着肩，胸部好像一塊平板，是被重量的苦役把發育期的身體摧殘了。例外的有一兩個好身體的姑娘，但面孔上一樣是貧血而慘白，這是多年的工房生活的成績吧。並且，在這羣小姑娘身上發出一種濃烈的汗臭。

這次從戰區裏被救出，或是自己逃出的「包身工」雖沒有確實的統計，但在上海慈善團體聯合救災會所設立的五十個難民收容所裏包身工的人數，至少在三千以上。因爲有些已經遣散回鄉，有些還剛剛逃來和慈善機關開始沒有注意的原故，現在我們已經沒法統計確數了。

難民收容所裏這些年輕的「包身工」的身上，我們曾經檢查過一下，結果找不出一個銅枚來，她們生活的痛苦由此可想而知。經過了相當時期收容以後，這些「包身工」只有設法遣送回籍，在出發的時候，我曾經和這一批可憐的小姑娘作過下列的對白：

問：你們來上海幾年了？

答：有的來了六七年，有的剛剛來。

問：你們老板待你們好吧？

答：（互相看一看然後齊聲說）不好！

問：你們一天做幾個鐘頭工呢？

答：有時候做十二個鐘頭，有時候還要趕夜工哩。

問：每天的工錢自己拿得到嗎？

答：拿得到，不過拿到了統統要交給老板的。

問：老板一個錢也不給你們嗎？

答：不給，只有要買東西的時候，老板給我們買來記在帳上。

問：老板打你們，罵你們嗎？

半響不敢回答，內中有幾個眼淚汪汪，在前的一個把頭埋下去，手拉起衣角，眼淚直淌出來。

問：那麼你們恨不恨你們的老板呢？

仍舊沒有人敢回答。後來，我告訴他們，現在，我們要設法免費遣送回家了。她們聽了這些話大家都在灰黃色的面孔上，露出一線笑容，並且齊聲地說：

謝謝先生！

在點名註册手續辦完之後，這一群馴服的「綿羊」被載上了卡車向輪船碼頭駛去。在烏雲片片的灰色的空中，正聽見軋軋的飛機聲，和猛烈高射砲聲。

（民族呼聲）

嚇瘋了的母親

景江

戰爭開始，店家大都關門，因此獨身漢們的早餐，就不容易解決了，遷到了中區後，首先就感到早餐的恐慌，只能預先買點麵包之類預備着，三四天後，僕人告訴我，弄裏的一個買咖啡和烤麵包的攤子又擺出了，以後大家不至於再鬧早餐荒，果然同住的幾個人都要僕人去買他們所需要的東西了。

攤子上有麵包，咖啡，可可，和麵。人可以隨自己的高興，要價錢自然不便宜，但較之咖啡店之類是

幾乎減低一半。

送東西來的是老闆，黑黑的方臉，一口山東話，怪和氣的。他把東西放在桌子上，就開始道歉。他說「現在送來的麵包比平日薄些了，因爲現在麵包貴了。咖啡可可呢，也貴多，因之每杯不得不漲二分錢。同時他希望大家付現錢，因爲他買東西也非現錢不可。」同住的人雖則覺得不大方便，但是到底都照他的希望做了。

第二天早晨，我也叫僕人去攤子上叫了一杯咖啡來；他送來後就告訴僕人說，今天咖啡可可都恢復從前的價值了，因爲咖啡可可又便宜下來。從此我就天天吃着他這攤子上送來的早餐。——同時更默默的想着這老闆的正直。

前夜徹夜的夜戰，使我們大家不能好好睡覺，天明時覺得有點頭痛，就起牀了。洗面後立刻覺得肚子餓，就叫醒了僕人，要他去叫麵包。但是，僕人回來說那攤子沒有擺出，我想等一回總會擺出來的吧？就開始看書了。僕人知道我肚子餓，不等我招呼，一次一次的去看，但是直到八點半鐘，那個攤子是沒有擺出來，他就向我說：「我看那攤子不會擺了，還是另外買些東西吃罷？」

然而，過了兩天，這黑黑的方臉又出現在我們的面前了。臉更黑，也沒有從前方了。我覺得十分奇怪，就問他爲什麼前兩天不擺攤子。

「不要說起！……我的老娘昨天瘋了！」他悲哀的回答，聲音裏更含着痛苦。「她今年七十三歲

了。」

「爲什麼就瘋了呢？」我隨嘴的問。

「還不是給日本鬼的炸彈嚇瘋的？我們家住在南火車站附近，那裏房租便宜，我們窮人還住得起。開仗那天，火車站旁邊的人都向租界搬走了。我們却沒有搬。搬什麼呢？橫豎窮得什麼也沒有！就是我們老娘，她也不肯搬。她年紀大了，並不怕死，她只想安安穩穩的住下去。」說到這裏，他收拾一下桌子，不經意的用帶着的抹布揩了一揩。

「頭幾天，炮聲響得厲害。南市不時有飛機來，但是都沒擲炸彈，飛機就去了。後來幾天連飛機也沒有。我想南市沒有中國兵，這一次或則也和一二八一樣不會遭刼也說不定，就很安心的又來做生意了。」他又停一停：「那裏知道前天下午，東洋飛機又飛到南火車站來了；不但飛來，并且給車站擲了兩個炸彈。啊喲！南火車站這幾天盡是難民，少說些也有兩三萬。兩個炸彈一齊爆炸，一千多人立刻就都給爆死了。當時，我還在這裏做生意，我老娘聽到轟轟兩響，立刻從枕上直跳起來——她還在睡中覺呢！他給嚇得太厲害，直着眼向火車站直奔。但是一到火車站外邊，她又看到那一千多個死傷的難民，血流得滿地，人像水一樣湧出來。她就愈加害怕，大叫了一聲，又奔回家去。聽我的女人說，天下沒有七十三歲的老婦人奔得她那樣快的。到屋子裏，她就大叫大喊起來。好好的坐在凳子上，忽然直跳起來，像看到什麼可怕的東西一樣。她完全給嚇偏了心啦！」他一口氣說到了這裏，神氣似乎比方才

活潑了些，聲音也響得多。但是我知道，這是他的反常的興奮，內心是十分痛苦的。果然，他又很痛苦的說下去了：

「我啊。七點多鐘才回家，一進門我的老婆就告訴我這一件事。而老娘呢，一看見我，就撲下來一把拉住我；她拉了我拚命的向後邊走，「藏起來啊，藏起來啊，」一面又這樣叫。我知道她怕我出去也給炸彈爆死，我就對她說我不出去，叫她安心的躺着，但是她不肯，非拉着我不可。我硬把她扶到牀上，要她躺下，我呢，也坐在牀邊。這樣到半夜才安穩了些。但是直到天亮，她起馬有七八次從夢中哭醒，她完全給嚇偏心了！」他重複了一句。

「昨天她還是那樣大跳大喊的。」他用衣服揩一下額上的汗，「到了晚上，氣力沒有了。只能躺在牀上喊了。我沒有法子，要活命，今天只能又出來做生意，讓我的老婆守着她「唉！老娘苦了一世，那知到了老年還給日本飛機的炸彈嚇瘋了！」他的聲音更低了，眼中有點潮濕，聽的人都默默不響。在這時，我了解了一個給日本飛機的炸彈嚇瘋了老娘的中國窮人的心，我也看見了一個給日本飛機的炸彈所嚇瘋的老婦人愛護兒子的心。但是，我有什麼辦法呢？我只有更加仇恨着日本的軍閥。至於對於這一個小生意人，我只能多買他一點東西，讓他稍為賺一點錢，算作我對他們的同情，但這也是「騙人騙己」之類的。

（辛報）

一個被炸死的孩子

景江

雷馬克的「西線無戰事」曾經引起全世界讀者的瘋狂的好愛，同時，他是十足的人道主義，無條件的戰爭詛咒者也引起了許多進步的批評家的指摘。

我沒有直接受過戰爭的傷害，所以我不懂得雷馬克所以痛惡戰爭的理由。但是，我知道了下面一個事實，我決不因此而無條件的詛咒戰爭，我反而因此更希望這以戰爭消滅戰爭的戰爭更堅實更擴大的展開。並且，我永遠也不能忘却朋友告訴我的這一個事實。

「就是那天下午，」在夕陽光中他流着汗向我說：「我因爲在收容組做事，所以匆匆的向×××走去，不知道是因爲跑得起勁，還是那轟然的巨聲已經把我震迷糊了，我在已經知道炸彈爆發之後，還是向×××的門首走去。感謝天，我沒有受傷！但，當我看到那許多已倒下的，或正在倒下的許多死傷者時，鮮紅的血却把我的責任心喚醒了：我要援救他們！但是當時實在太忙亂了，人實在太多了，我反而茫然的不知道從何着手。然而這一件事，這使我永遠忘不掉的事，就在這時候發生了。」他說到這裏面色非常的難看，好像誰在他的靈魂上加上了一面除不掉的鐵枷。

「我記得，我清楚的記得他是穿着白短衫褲的。」他痛苦的搖一搖頭，「黑鞋，沒穿襪，年紀大概八九歲吧。他橫臥在地下，而一隻手却被握在一個中年婦人的手裏。這婦女大概已經受傷殞命，眼睛

完全閉上了。而這孩子的胸口，是很大的起伏着，這說明他的呼吸十分困難，我眞不知道，我爲什麽偏偏走近他去。當我走到他身旁時，他突然睁開了眼睛，用着細弱的聲音，向我說：（啊我永不會忘了這幾句甯波話！）

「阿伯，唔救救我！」

「我想無論那一個人聽到這一句話，一定會整個的靈魂都戰慄起來的。我就向他說：

『「我就來救你！」但是，當時那裏什麽車子也沒有，好久我才從很遠的地方弄得一輛汽車來時，這白短衫褲甯波孩子已經死了，——和他母親同睡在一處，一隻手還握在他的母親的手裏。』他說到這裏，差不多像說一件恐怖的鬼怪故事一樣，額上的血管在激烈的跳動。我倒了一杯茶給他，但是他不呷，只是出神的凝視着窗外。我知道那一個白短衫褲的孩子的一句甯波話，在他的耳邊不停的响着。

「現在」他好久才再說下去，「我是反對一切戰爭了！只要是能夠殺人的戰爭，我總反對！」

自然，這時候我是沒法去說服他的，所以匆匆的就把他送走了。但是，那一個朋友顯然是不對的。

雷馬克的「西線無戰事」是歐洲的強盜戰爭的描寫，所以他在這種戰爭中感不到意義，而感到的只是殘酷，只是恐怖，而我們這一次抗戰，是完全和歐戰不同的。這一次戰爭的興起，完全因爲是日本帝國的不斷的侵略，所以不知道有多少中國的士兵和民衆願意參加這一次戰爭，甚至在這一

次戰爭中死去同時，也不知道有多少人，眼看着自己的產業給毀滅而不流一點淚！

要如這一次戰爭不開展，以後的中國民族將更陷入於悲慘的命運！×××門口的甯波孩子現在是給炸彈炸死了，不然，將來他是會被敵人更殘酷的方法給弄死的。

秋晴正好，眞是一個作戰的天氣。這時候，吳淞口附近大概正在血戰中罷！其實只要必要，我倒以爲即使犧牲些人民的財產，什麼也不妨事的。

壯烈的戰爭！爲了子孫的永不做奴隸，我歌誦你——即使我也在你的威力下犧牲！（辛報）

蘇州河中的五日夜

西　民

十月二十日上午十時左右，當黃浦江中混濁的潮水，湧入蘇州河的時候，我們乘坐的帆船，開出了老垃圾橋，向西駛去。

一條蘇州河，劃分了兩個世界。河的北邊是砲聲，炸彈爆裂聲的交響，而河的南部，依然是熙熙攘攘，充滿着和平時期煩囂的市聲。敵機上擲下來的銀色炸彈，很淸晰地搖幌在空中，接着是巨大的爆裂聲，一股濃厚的黑烟冒了起來，接着是泥沙和碎紙片飛舞在江上的空際，又落在我們的身上，我們的船恰好是走在天堂和地獄的分水綫上。

船過曹家渡，我們的心裏都有些緊張。因爲再過去，蘇州河的兩岸，都是我們的領土，敵人的飛機，

已可肆無忌憚地幹屠殺勾當了。為了顧慮到人船的安全，船夫連夜搖出了危險區域虞姬墩，北新涇，一輪深秋明月和連珠似的槍砲聲，送着我們西去，衝破了夜的沉寂。沿途被敵機炸毀的沉船漸多。我站在船頭，凝望着那些半浮在水面的犧牲品，夜風吹來，一些寒冷，心頭起伏着萬丈的思潮。

待等到第二天黎明，船早已駛過北新涇，江水也不似上海附近那樣混濁，微風泛着綠波，朝暾照着兩岸金黃色的稻禾，野鳥不時在唱着，今年是豐年，我站在船上，望着一片待農夫收割的稻田，領受着新鮮的曉風，和那悅耳的鳥語，心中覺着非常愉快。這美麗的大自然景象，是長期住在上海都市中的人們所享受不到的，兩月來在戰爭的空氣中過着緊張刻板的生活的我，突然換了這樣柔和安閑的境地，那得不鬆了一口積鬱着的悶氣。然而江南的秋野，雖然逗引着我們這些過久都市生活者的戀慕，可是空中軋軋的機聲，一清早就翱翔在船上的雲中，衝破了美的情境。昨晚所看見的許多沉船慘狀，不期然而然的湧上腦際，恐懼緊緊地擒住我的胸頭，不安的心情，隨着一隊隊的敵機來去。

說日本的軍人，最喜歡與我們的老百姓作對，這真是千真萬確的事情，帆船搖到黃渡石橋不遠，兩架敵機，正在離我們很近的黃渡鎮上，大施身手。敵機在這非武裝的村鎮，可以很自在地低飛盤旋，機身上發出怪聲，隨着是疾馳而下，飛到簡直可以碰着船上的桅桿，一連擲了二個炸彈，才側身飛起，這時候可憐的我們前面一艘運米的帆船，就在炸彈下犧牲了，在這種情景下，我們不得不將船靠岸，躲入岸上的棉花田中去。

敵機屠殺民衆的工作完畢他飛行工作以後，我們漫步入鎮，鎮上人的餘悸，尚留在每個人的臉上，沒有消除。一個老太婆，左手攜着一個小孫兒，右手遮着額際的陽光，伸着頭在向天際張望，龍鍾的姿態和恐怖的面容，觸起了我無限的傷感。被炸沉的米船，船夥因爲早跳下水去，沒有被炸死，他們通身是水，蹲在江邊，望着那生命綫的船的遺容，臉上是無名的悲痛，「人道」兩個字在敵人的字彙中，顯然已找不到半個影子了。

從黃渡西上，沿途的景色，仍然是美麗動人。但是兩旁沿的船，愈過愈多，中華書局的五船書，被敵機炸得碎紙滿江，小火輪被炸也極多，在敵機炸彈機槍下喪生的船中乘客，屍首隨波飄流，不時浮過我們船的旁邊，老太婆老頭子小孩子都有，一張張灰白的臉，還露在水面，他們的子女，他們的父母，恐怕至今還在惦念着，遙望着他們年老的爺娘，和兒女回到家中吧？誰無父母？誰無子女？人類社會畢竟會產生出這種血腥的野獸，這眞是人類的羞恥。

途中所經小鎮，類多傍水而聚。而鎮中最大的店鋪，必定是碾米廠，想見江南糧食出產之豐富。我在船靠岸時，總喜歡上鎮上去閒蕩一回，默察這一帶鄰近戰區的居民，他們的心裏反應，以及救國工作的動態。然而失望得很，在每一個鎮上，我們從未看見過有關救國的標語和漫畫，鄉民對時事也漠不關心，壁報是看不見的，上海的報紙，在一個大鎮中，有一份已算很了不得，幸而敵人的飛機時時威脅着，和平的村鎮，使他們感受到敵人的殘酷，然而這種活的題材，給予他們的反應，是感傷超過於憤

恨，他們的確還在過着糊塗的生活，「民氣消沉」是最可痛心的，然而這又是誰人之咎？

每日在敵機威脅下，坐着這十五世紀的運輸工具，西行重西行，足足經過了五晝夜，逃避了若干次的危險，終於到達這古蘇州了。蘇州是人世間的天堂，然而在目下恰正是人世間的地獄，敵機是一天數度來襲蘇州的一部份人民，差不多有半天的時間，會消磨在地窖中去，市面是分外的蕭條了，蘇州人民的臉色是貧血的，黃得有些呆板。

蘇州是後方重地，民衆的後援工作，雖然做了些，但總不能使人滿意。有人說後援會的工作精神，是「不求有功，但求無過，」這恐怕不僅是蘇州一地的情形吧？現在正是須要動員全體民衆，參加偉大的民族解放戰爭的時候，我們希望蘇州民衆團體的領袖，和愛國的熱血同胞，加緊地工作起來。在蘇州最欣喜的是碰見了劉良模吳大琨諸好友，他們是青年會軍人服務團的幹部，努力地爲受傷官兵義務服務，成績斐然。他們再三地與我訴說他們的工作範圍擴大，而應用工具（如書報無綫電機）的不足，中國一切都須要從極大困難中埋頭苦幹，以他們努力服務的精神，物質的缺乏，我想是決不會阻礙了他們工作的展開的。

（中報）

南京路慘炸目擊記

潘子農

從八月十三日展開了淞滬區的抗敵戰爭以後，在我極度興奮的情緒中，絕對沒有感覺到半點

恐怖，半點畏懼。然而昨日在南京路上目擊那顆不知來歷的巨彈之爆炸，却使我心頭停留下一個不易磨滅的悽慘印象。我們願意敵人用砲火把全國民衆殲滅於抗戰的前線，但對於這種凶狠的，不道德的轟炸，決不能不提出嚴重的抗議。假如說：公理是在大炮口裏的，那末我們祇有以血腥的戰鬥來回敬這些野蠻的獸類！

正午十二時五十五分，我在新雅餐室門前和兩位朋友分別後，打算走到揚子飯店去拜訪一位纔從南京來的舊友，揚子飯店是在雲南路與漢口路之間的，所以我從人行道上向西走，預備從貴州路那裏彎過去。剛走了二三十步，突然聽到空中很迫促的飛機聲，我就在貴州路口站住了，仰首矚望，看見兩架巨型的轟炸機，好像被對手方面追趕得很驚慌似的，直向黃浦江那一面逃避下去，從機身的顏色和逃遁的方向看來，其爲日軍的飛機是無疑的。漸見兩機向東隱降，我也掉轉身體，彎到貴州路上去了。就在這時候，忽聞砰然一身，身體受到劇烈的震動，而位在貴州路口的一家洋貨舖的櫥窗玻璃，隨卽激碎在我的身旁。

轟炸聲是從東首來的，我的視線自然也移向東邊去了。首先，我看見先施公司門前的玻璃棚坍下一部份來，南京路與浙江路交叉點上的羣衆，慌亂地向四處奔逃，在奔逃的人羣中就有流着殷紅的鮮血的人接二連三地倒下來。接着我又發覺離開我身旁十多步的貴州路轉角上，也撲倒了一位穿灰色佛蘭絨西裝的中年男子，因爲距離很近，我看出他的創傷是在靠近腰際的背部，茶杯大小的

窟窿，紅得發紫的血不斷地從那裏湧出來。當他倒下的時候，他還用左手從上身口袋裏摸出一塊手帕來，反手過去掩護自己的傷口，這個動作祇做到一半，他的呼吸已經停止了。我正預代他發出求救的呼聲，另一個更慘的情狀奪取了我的視線：一個穿白衣黑褲的婦人，右臂雖被炸去，卻還亂哭亂嚷的向西奔跑。等到她聽見路旁的人說她炸斷手臂的時候，僅僅回首一顧，便不聲不響地倒了下來。這「回首一顧」的慘狀，眞使我不自覺的流下眼淚來了。

街道中汽車和人力車都在運送着鮮血滿身的男女，其中有一輛人力車上，一位穿黑拷綢短衫褲的老年人雙手撫着他被炸破的頭顱，瘋狂似的叫喊着。在他的兩膝間，還偃臥着一個不滿十歲的小孩子。

帶着憤怒的心情，我迎着奔逃的羣衆向東走，一路血跡遍地，腥臭撲鼻，先施公司的人行道上橫着兩具殘缺的豔裝少女的屍體，英華街口有一個報販橫倒在一位西人的屍身上。十字路口鐵柱上的崗亭中，那位管理交通燈的印度巡捕的一條粗壯的腿，從隙口裏伸了出來。先施永安兩公司的玻璃櫥窗，沒有一塊是完整的，沈大成點心舖的櫃台也炸成紛碎，據說這顆爆炸物是擦過先施公司三樓的陽台而落在街心爆發的，所以先施公司的職員大半都受了傷，當我越過廣西路的時候，曾經親眼看見一個女職員扶着一位炸傷腿部的男職員向南走去。

捕房的警備車和另一輛裝滿萬國義勇隊的卡車開到了，我就這樣向西折回，從廣西路走到了

揚子飯店。登樓後，在五樓臨街的陽台上，目送十多輛插着紅十字會旗幟的救護車，裝滿了這些不幸的受難者駛到各處醫院中去，南京路上尋妻覓子的哭聲，尚隱約可聞。

肇事後的南京路，西至貴州路，東至福建路均已斷絕交通。我在下午六點十五分光景，曾設法到先施公司門前去巡視了一趟，其時路中血跡已全部冲洗乾淨，兩旁各商店櫥窗裏碎的玻璃屑，也由清道夫掃成一堆一堆的，正在用垃圾車運去。一位高級西捕很沉痛地對我說：「日本的炸彈，至少有一百磅重量。」

八點半我到了寶隆醫院，那裏有九十幾個受傷者，其中重傷者十餘人，據醫生說是很難有救的了。三樓的一個病房中，有姓石的弟兄三人住在一起，當我和朋友在新雅進午餐的時候，他們也坐在一張圓桌上吃飯，現在是一個炸去左耳，一個炸燬右腿，另一個是整個身體都變成紫灰色了。

死，不足懼！死於神聖的民族抗敵戰爭，更不足懼！然而在未死之前，我們至少要替這些無辜的受難同胞，向野蠻的獸類算清這筆血債！

（救亡日報）

下卷

京滬途中

周文

××先生：

我已到首都三天了，因爲一身痛，疲倦，所以直到今天才能寫信。

當我二十日那天下午六點鐘坐上車子之後，才從一個同座者的嘴裏知道大陸報上載着敵軍通告各國使領將於二十一日澈施轟炸首都的消息，這自然是極端殘酷的消息，令人憤恨的消息。對於我國的蔑視和橫暴，可算是無以復加了。而對於我們這班車呢，也是重大的威脅；因爲二十一日車在中途，就會恰恰碰上。日寇之屠殺民衆，特別是南站松江的慘劇，還深印在我們的腦中，我們這次的命運實在就很難說了！同座的人們都自然皺起眉尖；但既已如此，也只好聽之。反正不過是那麽一回事！有人把箱子在架上一塞，口裏說「管他媽的，來了再說！」可見我們中國同胞們在這次抗戰中對於生命的了解是怎樣。

車一離開西站，紅臉的太陽才疲倦的躲下地去，而圓圓的月亮却趕着在藍天上出現了，老睞着我們的車子，一點不放鬆的跟着車子跑，甚至把兩旁的田野都照得非常淸楚！這可是很糟糕的。如果敵機來夜襲，那我們簡直被赤裸裸的暴露在炸彈下面。全車人都開始議論起來了，但結論都向着安

慰自己的方向多：

「不會吧因爲敵機還沒有夜襲過！」

可是十一點半車到嘉興，就聽見「嗚——」的發出一聲長長的警號，接着在別的地方也跟着發出兩聲，鐘聲也響了。全車人都立刻緊張了起來，望着天的遠方，同時也察看站台兩旁，看可有躲避飛機的低坑或靑紗帳，而議論和怨恨的騷音也特別響了起來。站台上的警察和站長喊道：「不要怕，大家鎭靜些，不會就炸住的！」幸好這時天上起了雲，月色昏蒙，大家稍爲安心些。等到兩點鐘的時候，飛機沒有來，但車子還不動，因爲沒有解除警報，於是人們就只好三三五五的走下車到月台上來了。警察向着月台那邊的車站房子一指道：

「嚇！日本人眞是可惡得很！昨天就在那兒丟了一個炸彈，炸死了幾十個難民！」

大家的臉立刻變得非常嚴肅，跟着他的手指緊張而沉默地望望那邊的房子，又互相望望；在這無法可想的時候，人們只有更加痛恨。所謂生命也者，倒也算不了什麼東西了！到了兩點半鐘，車才開，大家都深深噓了一口氣，可是車子剛進到蘇嘉路一個小站——盛澤站，站長馬上吹了一聲叫子，立刻止住車。而敵機就嗡嗡的在頭上出現了，媽的，眞的來了！最討厭的是這時月光又明亮起來了，把那飛得很低的三架飛機照得非常淸楚。轟的一聲，就是一個炸彈，在車旁二十丈遠光景黑越越的田埂裏噴出火來，好像火山爆發似的，恐怖的紅焰遠到一丈多高，接着又是轟的一聲，車子都震抖了，全車

人立刻騷動起來，馬上鑽出車窗，亂紛紛的跳下月台，向田野四散開去。我也不得不跟着跳下去了，先扒伏在車站的小屋背後，但立刻覺得這不對，隨即跟着一個人踏着竹籬跳了出去，可是立刻重重摔我一交，腳筋扭了一下。但這時甚麼也管不得了，馬上爬起，跑到一叢水草邊伏了下去。這時才聽見周圍亂起着叫聲和哭聲，眞是慘悽已極；特別是老太婆、女人、小孩，她們又不曉得扒下去，有人指點她們，她們也不，只在水田邊亂跑着號叫。這可眞覺得她們可憐，同時又急死人！唉！這些人何辜，竟然這麼被逼得走頭無路！我呢，只望着眼前的水草決定自己的命運。「如果眞逃不脫，也就一死拉倒！」幸而敵機只丟了三個炸彈就飛去了，站長立刻催着上車。這裏，我應該對我們的站長和路警表示敬意，他們的確都非常鎮靜，維持着交通，並且招呼人們上車，如果不等大家上齊，決不開車。我們一上車後，就聽說抓住了一個在車上放信號的漢奸。據說是這樣的：當敵機丟第一個炸彈時，那人忽然向他對面坐的人借錶看，問是幾點鐘；別人把手錶伸給他，他說看不見，立刻就擦燃一根洋火，於是被捉住。是否眞是這樣，我不知道。如果眞是這樣，那眞可惡，全車人都險被他一人葬送。但這種漢奸，也實在愚不可及。如果炸彈眞向車子丟來，他個人又何能倖免？這種人的無知識，被利用，正證明着我們的教育工作組織工作的缺憾，實在是值得嚴重注意的問題！

我們車子快到蘇州，在一個小站上，又停下來了。聽說是在十點鐘的時候，蘇州車站被炸，路軌壞了一小段，正在趕修，大概要等到天亮才能開去。於是大家又下車來散步等着，自然每個臉上都顯出

焦慮，可是經過前兩次的驚擾，好像也慣了，所担心的倒是天明後，這二十一日的所謂「總轟炸」的遭遇；因爲敵人旣開始了第一次的夜襲，很像暴風雨前的預兆，天明後的京滬路上就很難說了。又等了三個鐘頭車才開行。到了蘇州，天已大亮，只見兩旁稻田裏許多大而圓的窟窿，顯示着敵機施暴的痕跡，車站炸壞了一角，有兩三個火車頭也炸壞了，有一輛鐵棚車還在出烟！從裂開的縫口，可以看見裏面的鮮血和破碎糢糊的骨肉。站旁的一個空地上則密排着許多各種顏色衣服的尸體，眞是慘不忍覩！這就是敵人在昨天幹的，媽的！

天下起雨來了。漸落漸大，大家都希望雨落大點；果然，我們的車子一直開過常州，雨還不停，快到鎭江，太陽才出來了。車子就一路安然到了下關。下了車，人們都深深的吐了一口氣，有人說：

「眞是，我走了這一次，眞勝過讀一本關於帝國主義的書！這實在叫我們認識得再清楚也沒有了！」

「是的，再清楚沒有了！」我也這麼反覆着。

第二天看報紙，才知道敵機之所以沒有如期而來，就是因爲上海下雨的緣故。在二十二可來了，上午下午各一次，戰鬥共達四個鐘頭光景，我空軍英勇截擊，打落敵機四架，其餘的都逃了回去。據報上說，除少數平民被炸死傷外，損失不大。原來所謂敵人的「總轟炸」也不過如此！也許以後會加倍厲害起來的吧？但只要我們誓死抵抗到底，也沒有甚麼値得怕的！而首都的人們也確是這樣相信着。

我那天跌痛了的身子，今天好了，請勿念。祝你健康！

文 二十四日（烽火）

恐怖列車

林娜

仲虞勸我在鎮江再等幾天，等上海稍爲平靜了再走，因爲沿京滬，蘇嘉滬杭等線，敵機的轟炸幾天來正利害。

「不！」我說。「在這時已談不到個人的安全問題。」

把幾件簡單行李收拾一下，沒等他起床，我走了。

天已經破曉，但是街道還像死一般的靜寂，兩旁的店舖緊閉着，除了零落的幾輛黃包車外，再也見不到人的影子。這城市已經死了足足十四個鐘頭，雖然到了該甦醒的時候，還是沉沉的在睡着。

爲了在火車上免於飢餒，我叫停了車，打進一家食品店去，一個睡眼惺忪的夥計出來替我開門，并從一口木匣內拿出幾片霉蝕的餅乾遞給我，這是應了我底請求，拿來給我當樣看。

「就只有這一種？」我問，微微露出不滿意的神氣。「你聞聞看，它已經發霉了……」

「沒有辦法呢，先生，貨的來源斷了，國難期間，什麼比不上平常，將就點吧。」

「國難期間」這四個字在這兒已成爲最風行的口頭語了：商人拿最低劣的貨色，賣着最高的價錢，也是爲了國難。」

我遞錢給他，把餅乾帶走了。

車站上，老早已有人在等，坐着打瞌睡的，不耐煩的閑踱着的，到處都是。他們差不多都是小商人和工人，有些是想搭車到南京，有的却是要回到蘇州和上海去。一樣是惶急，一樣是倦乏，默默的在走着坐着，沒有互相交過一句話，也懶得去和熟人打招呼，各個人担心着的要想的事情，實在是太多了。

車站上的職員告訴我，第一班特別快是在八點半開的，但是一直等到十點鐘還不見賣票，倒來了兩班列車和一班傷兵列車，兵車是從南京開出的，傷兵列車則是從上海西站開來。士兵們帶着睡容，但是愉快而且亢奮的站立在無縫的車廂中，向各方面擠集着的人羣露着真摯的微笑。死也許就在不遠等着他們，敵人們的砲火會從他們身上任一部分跳躍進去的，但他們仍舊是那樣地堅定，那樣地鎮靜，他們已明白這回的抗戰，是爲了國家和民族！

慰勞隊，是一羣年青的中華兒女，她們遞給這一列戰士以熱烈的歡呼，和雄偉的歌聲，他們也一樣的回答着。這場面的偉大，我痛惜着這枝筆不能表現出來。尤其是那一列傷兵列車，在吹鼓手底音樂的演奏中，在萬歲的歡呼中，他們一個緊接着一個，在他們身上包裹着的是開花的創傷，披着的是血污的衣裳，蹣跚着的，被指着走的，一樣是現出了蓬勃的神氣，一樣是幸福和光輝。他們向慰勞者揚着手，用熱烈的萬歲聲回答。我感動着，幾乎要哭出來，淚珠也同樣的在每個人底眼中盈溢着。

「太偉大了！太偉大了！」

一個學生打扮的青年，嗚咽着低聲的叫着，我不敢再聽下去，也沒有勇氣掉頭去看他，迅疾地避開人，我躲開了。……

車到了十一點，方開出站，通過了隧道，就用平快的速率飛馳着。在這兒，我們已再也聞不着火藥的氣息，沒有受傷的呻吟和苦面，也聽不到從敵機丟下多量彈藥的吼聲。田園依然是那樣青翠，空氣雜着秋天的氣息是爽朗的。農民們正忙着秋收，被採割過的禾田，一畦一畦地在我們面前飛馳着，逝去。

爲了誰都推測不出的理由，我們沿途被擱着，夜隨着也慢慢地落下了。

車廂內沒有燈，據說在夜行車它常是被作轟炸對象的，過蘇州，沿蘇嘉路走時，天已全黑，濛濛的細雨在下着，車廂內與車廂外，好像是立在兩個世界的邊沿，被弄得混沌，模糊起來。

車在走着，按着它不變的速率，鐵軌上發出了慘切的呻吟聲。車廂內是死寂的，黑暗的，原野也是死寂的，沒有一個聲音，也看不到一點火星，人們都厭煩了，黑暗使他們感到悶窒。

忽然，從另一個車廂內傳來了一陣喧叫，倦乏了的人們全被驚醒了。不到半分鐘後，當他們知道這喧叫是爲怎樣而起時，慢慢也傳染到這兒來了，不安在波蕩着，望無邊的黑暗中擴大開去。

「熄滅吧！一切都讓它熄滅吧！」一個青年絕望的叫着他底頭垂倒在一邊。

「這叫文明國人的『膺懲』對付這些手無寸鐵的民衆有什麼用。……」

「就是因爲中國手無寸鐵的人太多了，他們才怕。」

「聽着不要說話！」

「一陣機關槍聲。」

死亡的預兆，死亡的氣息，在全車廂瀰漫着，血腥味，火藥味，一切死亡的回憶，悶窒住每一個人的呼吸。車逃難似的用着特急的速率在飛走着，雨仍在下着，變得更加緊密了，轟然的爆炸聲，沒有如期的爆發，一切騷擾，又漸漸的停止下去，在耳朵旁人們可以聽見低微的，軋軋的機聲。

我沉靜地坐着，沒有說一句，不久以前在南站，松江車站死傷千餘人被轟炸的慘景，又浮現在我底腦中。我默想着那些屍首不全的無名慘死者，我想着那些在地下氾濫着腥臭的血跡，但是，我不想到自己會是他們底同命者，我從不曾想到死，因爲我還年青，還沒有到了該死的時候。

敵機沒有給我們禮物，替中華民族製造更多的孤兒寡婦，它放了一排機關槍後就飛開了。我們安穩地照樣的被裝在車廂中，馳過了密集的雨柱，衝破原野，朝茫茫無際的黑暗奔去。

雨下得出乎意外的大，但是，當我們馳過一個小小的車站，就得下來走過一條被轟炸斷，直到現在還沒有修理好的大鐵橋。在橋的那邊，停着另一列車，我們要換了它才能直達上海。上面是密集而繁重的雨絲，下面是爛滑的汚泥，人們結成一條長長的鏈子，蹣跚着，摸索着，到處都是騷擾，到處都是咒罵，嬰兒用黯啞的聲音，擂動着兩隻小小的臂膀號哭着，母親滿眼溢淚水，大聲的恫嚇他，大家都沒

有預備要帶雨傘，衣衫又都是單薄的，雨淋着，溼了。苦痛，沉重但是仍得走着，咬緊牙關，含着怨恨，從這一邊走到遠遠的那一邊，長長的結成一幅中世紀奴隸掠奪時代的流離圖。

在車廂內，我褪下溼潤的衣服，心里含着悲憤和沮喪的感情，今晚的苦生活，使我想起半個月前在江北道上看見一羣幾天幾夜走不完逃難者顛沛流離的情形；一個在道中被敵機炸死丈夫的年青女人，抱着她已發臭的死孩不放，另一個爲了過度的驚嚇，沿着呼號而且哭泣着，因爲敵人對無辜的慘殺，已使她們失去了人性。

沉悶地胡亂地讓火車頭拖着，衝破了黑暗的原野，衝破了一切死寂。

雨還是照樣的下，但天却慢慢的稀薄起來，遠處傳來了隆隆的砲聲，間以淸晰的機關槍聲。

「到了！」我想。「但是已到了黎明時分！」禁不住頹喪的情感又重新被鼓舞起來。（國聞週報）

從上海到蘇州

王瑩

匆匆地提着行囊，天還不十分亮，經過了冷僻租界的街路，兩三個荷着槍彈的外國巡捕，睜着好奇的眼望着我們，臨出發時，田方沒有來；在一切都是『軍事化』的規約下，我們不能等他，大家都十分地懊喪，走不多遠，田方奔來了，提了個大被包，大家拉着他就走，那時我們的喜悅眞是不可言說地了。

出了租界的鐵網，便看見胸前滿是排着手溜彈的我們的保安隊在檢查着行人，我們把護照拿給他們看他們親切地點了我們的人數就讓我們通過了。

船停在塞滿了汚物的仄仄地小河內載了三四十人駛開了岸邊。一兩聲嘆息從船尾上的一個年老的婦人的唇邊送過來，走不多遠，滿船的人都在談論着這偉大時代最近所發生的事情：

『你們是逃到什麼地方去的？』

『我們的家都給東洋鬼子燒光了！』

『中國兵打勝仗，鬼子老吃敗戰！』

接着就是一個人詳細地敍述鬼子的飛機被我們打落了多少架，中國的飛機是怎樣的神勇，怎樣的『行』這樣地我們好像忘記了『陌生』大家親愛地談論着。在十二點鐘時，忽然地日本飛機在空中響了，母親很急地抱着孩子，客人叫搖船的夥計加快地搖到岸邊，空氣頓時有點緊張。駛近口口時，飛機更多了，高射炮的聲音清晰震耳，一個船客立在桅桿邊喊着說『看，快看，跌落了一架飛機了。』

『不要瞎說，這是中國的飛機，鬼子打不中的！』一個口口的米商很快的申斥着。

『你們爲什麼不幫着中國兵打鬼子，逃到什麼地方才是安全地帶現在是全國抗戰的時候……』我們和在我們近邊的幾個木匠在說話。

『我有一個年老的娘呀！』一個工人憂愁地回答着。

『如果敵人不打完，你的娘也永不會得着太平日子過的。』

『是的，敵人不打出去，我們中國人是永不會得着太平日子過的！』許多人都在點頭附和着：

船在下午五點的時候到了一個小縣城，我們從出發直到現在，除了早晨每人吃了一團滋米飯外，還沒有吃過東西大家都很飢餓，有幾位把箱子托付別人代提去打聽明早去蘇州的船，還有便去找住宿的地方我們每人都曬得紅着一張臉，背着一隻軍用水瓶，提着自己的簡單行李，當地人都關心地望着我們：『是上海逃來的，性命交關！』

『不，』我們回答着。『我們沒有地方可逃，我們是到華北去做事的。』我們回頭望他們，他們對我們那麽善意地笑着。我們也笑了。

這小縣城是一個十分簡潔而素樸的地方，人民都穿著得很整齊，表面上是相當的平靜的，地方上的民衆組織也很好，所有的壯丁都加入了公民訓練，（已經有五期了，每期有一千五百人，現在受訓的公民已達七千五，）他們隨時都可開到上海前線爲祖國而抗戰的！此地雖然聽不見砲聲，可是敵人的飛機却每天不斷地在脅迫而威逼着牠了。

我們經過警察詳細地盤詰後，一個受訓的公民做了我們的可愛的嚮導，便就擱在一家小旅舍裏，吃過晚飯，洗星海拿了寫好給他母親的一封信給看我，內容大致報告平安的行蹤，他的母親已經

是六十開外的人了，知道他的唯一的孩子要有一個不定的頗長時間在遠地去工作的時候，哭得很傷心，他的信上說：『你平時恨東洋人，我們現在是去幫助軍隊打東洋人的工作，你應該歡喜，每個人都不要自己的兒子去打仗，敵人還會殺得完嗎！』我加上一行在後面『幾個月的時間一瞬眼就過去的，我們回到上海，敵人就打得一個也沒有了，那時我們要一塊兒高興地吃一頓飯，喝一盅酒。

打聽船的同伴回來了，我們明早天一亮便要坐民船去蘇州。我們對上海的希望是在最近一星期內把敵人趕出上海，上海的同胞們一星期後便可自由地走在自己的土地上！

船足足搖了一天一夜，二十二的清晨到了蘇州。

王瑩寫，二十六年八月二十二日，

上海話劇界戰時移動第二隊寄自蘇州　（大公報）

兩月來敵機轟炸蘇州記

鶴仍

在揭開了華北的抗戰以後，京滬局勢也就一天緊張一天，等到虹橋飛機場事件發生，謠言紛紛，所以幾乎整個的蘇州也就陷在同上海一般的不安狀態中了。有「怯病」而又有財力的人都開始向上海租界上搬去後來八一三的戰事發動，有些人深悟這「小亂居城，大亂居鄉」的至理，向四鄉（木瀆，東西山等）遷移，但是大部份的人，卻仍舊很鎮定而無恐。

我記得是八月十六日上午六時餘，蘇州城區防空機關，曾經發出一次警報，但是在城裏，却未見到敵機，據說在半路上就給我們打退了。同日下午三時半，聽到在東南方的空中有嗡嗡的飛機聲，接着就發現了四隊飛機——十二架——雖然在平地上瞧着僅一二寸大，但是聲音却很響。機聲由嗡嗡而變成了「貢貢」之聲，警報也隨着聽到。看着有一架向下一側，就有轟轟兩聲，因爲震動不大，所以還以爲是高射砲，但是却有一排機槍聲。等到我由廊下退到屋裏的時候，飛機聲忽變成了「嗚」的怪音，接着就轟轟的四五下，地上宛如被打椿一般被打了幾下，門窗不住的響動，一時自己的精神似乎有些特異，眼看在左右的家人，瞪着眼灰白了嘴唇。在沒有幾分鐘後，就解除警報了，街上比較平時反又多了些人，議論不一，後來傳說閶門和老五圖都經轟炸，並且死傷幾個人。

第二次轟炸就是在第一次炸後的二小時，警報是在轟炸後再發出。一共是九架，有幾架隨在其餘的後面，似乎比較低些，有人說後面的三架，是我國的驅逐機，我在那個時候雖不深信，但是經過方才的小驚嚇，心裏也未嘗不盼望能有幾架飛機來應戰。上一次是注重城外，此次的目標，却都在城裏了，九架紅色肚子的飛機，不停的在頭頂上旋轉着，結果在附近幾處都被擲了彈。屋根不住的被震動而搖擺，電燈更擺着大幅。在每次聽到飛機往下降的聲音，心中雖然想極力謀鎮定，但是眼睛却會不自主的閉起來，等到聽見了「轟」的一聲之後，神經似乎又恢復些。聽到聲音漸小，所以就走到後園裏去瞧看，暮色蒼茫，心裏似乎是舒了口氣，沒有一刻，忽然有一架飛機的聲音，由城東向城南來，接着

見有一架很低的飛機，尖尖的機翼，還垂了兩盞燈。因爲飛得很低，所以我又疑心是我們的飛機來了，可是在將要飛到我頭上的時候，却就向下一斜，我的眼前只看到一片機身的紅色，下面有一個黑色瓜形物往下墮。在那個時候，想躱避是已經來不及了，所以我就望一堆泥上伏下去，聽着似乎一陣風聲，這個時候周身的血，好像都停了一停。後來轟轟的炸了兩下，跟着是些屋子坍塌的聲音。我抬起頭看自己住的屋子，幸未坍壞，心中定了些，自己兩只手却不覺的還堅堅的握着兩把泥土。機關槍聲却尙在屋上，飛機又去遠了，然而警報却未解除。事後知道我住處的附近和後街（瓣蓮巷，西善長巷，高等法院等）也被炸壞了幾處。

就在這夜裏，任何街巷都未停肩挑背負之聲。到早晨，人力車價最低也漲了十倍，街上僅看見小包大箱的移動，店是都關上了門。城裏在這一天，大約就有十分之七八向四鄉搬去，到下午路上行人也少極了。觀前街，北局幾處最繁盛的地方，除了有幾個壯丁，警察以外，好像到了平時夜半的情形一樣。鄉村裏因爲人去得太多，房價和一切也就特別漲高，到後來常常有錢租不到屋子，城裏的房屋，因爲十室九空，故而時常被人開了門，用車子或者船，公然的搬去。警察還當作是屋主呢，所以這也可以說逃難的意外損失之一了。

各種商店都停業，可是吳苑等——茶館——反而坐客常滿，生意興隆。原因是爲了這茶館是上、中、下、三級人物聚集之所，每張桌子上圍着幾個人，談東說西，或以有爲無，或以無爲有。一則可以解悶

消煩，一則又可聽些新聞。雖然所聽到的未必可以證實，好在這一班茶客，素來聽慣弦索叮咚的彈詞，譬如聽着一段公子落難，私訂終身的故事，一般的感覺到興趣。

敵機天天飛來，大家越覺得戰事的嚴重起來，有些平時不大看報的人，居然也會睜着眼，等候賣報的人來，先覩爲快。無奈因爲經過了轟炸，報販也顧全自己的危險，不肯跑到街上來，所以連本地的日報也很難買到。本地日報，以吳縣日報銷數爲最大，此外明報，早報，都還好。就在那幾天，這三家都有臨時號外，大約是中午和晚間都有一次。號外的售價，朝晚不同，初出版的時候，要賣到七八分，以後逐漸遞減到一兩個銅元。聽說成本很輕，所以一塊錢的本錢，有時也會賺三四倍以上。在號外銷數激增的時候，有幾家關門的報館，也投機發行號外，次數是特別加多，在早晨九時到下午六七點鐘，最多的可以刊發八九次。把這相隔幾次的號外來參閱，可以說略爲加減了一兩項無足輕重的消息以外，其餘則完全相同。因爲希求能得到些新消息的人很多，所以銷路却也不壞。

經過這次空前轟炸之後，連着幾天都很安靜，每天雖有一二次警報，可是敵機都係經過蘇州，所以並未來「炸」。本地的行政當局在通衢大道，貼了幾張勒令開業，違令拘辦的告示。商店門首，居然也有「照常營業」的紅紙牌放着。除了各娛樂場外，沒有幾天大半都復業了，但是買賣却清淡得可憐。有些遷移到鄉村裏去的人，很多因爲鄉居的不習慣，又覺悟到這次戰爭的結束，决不是短期的原因。所以有不少漸漸再由鄉間回到城裏來。觀前街又擠滿了行人，但是多數是臂上纏着「××抗敵

後援會，」「民衆服務指導處」等等的布條，武裝的人是多過了穿長袍的。種種式樣的軍用汽車，有些蓋了草或塗了黃泥，不絕的在路上經過。救護隊的人不時也抬了傷兵向城裏來。很多空的担架布是已經染滿了血斑，看見了心裏確有些不舒服，但是又說不出個原因來。從幾條大街上去觀察，可以知道蘇州是已經到達和兩個月前迥然不同的地位。所謂「天堂」到現在已一半要淪爲「地獄」快了。

靜寂了幾天的蘇州空中，在九一八的前一日起，連着兩天，又來轟炸了兩次，每次都是九架。第一天在離開觀前很近的城隍廟，是被投擲兩彈，除泥菩薩稍受損失以外，幸而沒有死傷人。據說是有漢奸做信號，火車站左近被炸了幾個洞。等到九一八，敵機的目的是炸火車站，幾輛難民車被炸剩了車底，傳說死了幾百人，後來因爲已經認不清了屍骸，只可以用火燒後埋葬起來。像轟炸這種無辜的難民，我很懷疑，這些飛行員回去是否在功績簿上也要加上一項大功？如果有功就可以升官的話，我倒可以指示他們這些毫無人道的敵人，這是一條升官發財的捷徑呢。

蘇州火車站，最近又承敵機的垂青，十月三日上午八時四十五分，再被投了二十八枚炸彈，幾個乘客和三輛貨車是被炸死炸燬了。因爲車內有少數彈藥放置在內，所以在敵機去了之後，還可以聽到斷續的爆炸聲。這次炸後，據說捉到了幾個漢奸。蘇州自從戰事發生以後，天天都有漢奸捉到，同時槍斃了的也不少，形形色色實在太多。漢奸的罪惡已無詞可形容了，如若沒有這些利令智昏的人，敵

人砲火飛機的威力，或者就會減到更低。如何根本消滅這些漢奸？這確是在抗戰中第一件最大的工作。

蘇州的人，經歷了幾次的轟炸，恐怖的意念似乎漸次減少。名聞全國的印光法師，他就抱定了自己的主張——生死有定——拒絕人家請他離城。雖然大部份的人並不相信這生死有定這句話，但是却有許多人明瞭，現今全中國已沒有什麼「安全地」了，逃難的結果是勞民傷財，明白的人逐漸加多，所以蘇州的情況，將來一定可以日好一日。

雙十節又在目前了，許多人設想，如果不像這兩天那末大雨，敵機或者不免又要來湊湊熱鬧。我想在這未來的十月十日，日本報紙的死亡表上又要有幾個航空員的名字，當然是亦未可知的。

（宇宙風）

日本飛機和中國小孩

劉良模

八月十六日的上午，日本飛機到蘇州轟炸城外老五團，因為他們以為那裏有中國的飛機場，結果祇炸毀了老五團附近的幾間民房，炸死了很多無辜的平民。那天下午，我正在某醫院服務傷兵，担架夫抬了一個血淋淋的小孩子進來。我們趕快幫着看護把這小孩子槓到手術台上去。我們問担架夫這孩子是從那裏來的？他們說：「我們從老五團的瓦爍堆裏找到這一個小孩子。另外有幾個大人

和小孩都已經炸死了。最悽慘的是一個女人，正抱着一個小孩在那裏餵奶。那女人的胸部已經炸成一個大洞，孩子的小腦袋也炸裂了，然而這女人還抱着那孩子不放，那孩子還含着他母親的奶頭。還有一個小孩的肚子給炸破了，他手裏面還抓緊一隻皮球。一個戴眼鏡的中年男子，撲在地上死了，等我們拉開這男屍，才發見這還活着的一個四五歲的小姑娘。這好像是一個小家庭，現在全家都炸死了，而這個小姑娘是因爲受了父親的保護，才沒有炸死，可是她也被炸得渾身是血了！

我們去端詳這躺在手術台上的小姑娘，她有一頭烏黑的頭髮，有一個可愛的小臉。她已經昏迷了，血和泥包住了她全身，T醫生很快地把她的小衣服剪去了，再叫看護用水洗去了身上的血跡，眞是一個長得頂胖的小孩子。我們發見她身上並沒有傷，這是因爲她父親把她蓋住了的緣故，可是她的左手已經被炸去了大半段，骨頭已經被炸得粉碎，小手變成了血肉模糊的一堆。她靜靜地躺在手術台上，血不住的從左手流出來，看吧！這是一個犧牲在日本飛機轟炸下的小姑娘！

看護們禁不住流出同情的眼淚。T醫生搖着頭說：「在歐戰的時候，我也在前方服務，但是從沒有看見過這樣對於婦孺隨意轟炸的殘暴行爲！日本人已完全失去了人性，變成殘忍的野獸了！」

「這孩子有希望嗎？」我問T醫生。

T醫生撥開她的瞳人，細細的看了一下，再摸一摸她右手的脈息，他說：「這孩子還有希望，現在不過是暫時昏迷過去。可是她的左手已經斷了，我們必須把炸壞的部份完全割去，免得糜爛，使她全

身中毒，同時我們必須止住她的血。」T醫生一面搖着頭，痛罵日本人的殘忍，一面很快地把小姑娘左臂上的腐肉翦去包好她的傷處。

小姑娘的性命是保全了，但是她的左手已經沒有了，她從此就變成一個殘廢的人。我們天天去看她，因爲這小姑娘長得眞可愛。她的身體很好，所以兩星期以後她的創口已經生出新肉。

有一天淸早，我去看她，她還熟睡着，像一個小天使一樣。她聽見了我的聲音，便睜開一對烏黑的大眼睛對我望着。很明顯的她有一個問題要我來答覆。她說：「劉先生！怎麼你天天來，我的爸爸和媽媽不來呢？」我心裏面一陣酸痛，事實上她已經是一個殘廢的孤兒，但是她那顆小小的心怎麼經得這重大的打擊呢？我祇好騙她說：「小妹妹！等你好了以後，你爸爸和媽媽一定要來領你出去。」

她說：「劉先生，我要回家，媽媽爸爸頂愛我，哥哥有皮球，我也有，小弟弟頂好玩，他們一定很惦念我！」我沒有話答覆她。我心裏在說：「小妹妹！你的家呢？」

再過一個星期，她完全好了。她可以起牀，到草地上去玩。全個醫院的人都喜歡她，她眞活潑，我買了一個皮球給她。醫院變成她的家，她變成醫院的孩子。

她常去探望躺在牀上的傷兵，傷兵們也頂愛她。她問傷兵們：「先生！怎麼你們也像我一樣躺在牀上？」

傷兵們說：「因爲我們打了日本鬼子受了傷。」

她問：「爲什麼我不打日本鬼子也受傷呢！」

傷兵說：「小妹妹！因爲日本鬼子不愛小孩子，看見小孩子還要拋炸彈。」

她握緊了小拳頭很堅決地說，「我還有一隻手，可以像你們一樣拿着槍去打日本鬼子！」她的決心，她的樂觀，她的天眞，使傷兵們受了深深的感動。我敢斷定這小孩子將來一定會變成一個很堅強的戰士。

全中國的母親們！如果你們的孩子也像這個小妹妹一樣地被炸掉了一隻小手，你們有什麼感覺呢？日本強盜已經瘋狂了，他們隨便殘殺沒有自衞力的女人和小孩！你和你的孩子有隨時被殘殺的可能！如果不趕走這個野心的強盜，我們孩子們的生命沒有保障。看見日本強盜，我們用不着怕，因爲他們是隻紙糊的老虎，我們應該鼓勵全中國的男子來打死他；對於正在戳破日本紙老虎的前線將士們，我們應該爲他們縫衣，做手套，煮飯，洗衣和一切的事情。爲着我們孩子的安全，我們應該這樣做。

全世界的母親們！對於這一羣屠殺人類母親和孩子的兇手，我們應該給他們一個有力的制裁。我們應該勸丈夫們不要再買日本貨。看他們那裏再有錢來製造屠殺無辜婦孺的炸彈？日本帝國主義的末日到了，因爲他們的暴行已經激動了世界的公憤。

（抵抗）

南京在空襲下

徐志麟

南京的居民，現在是那麼的習慣於日本飛機的空襲了。幾乎是每天，當四周響起了防空驚號時，他們便都滿不在乎地躲入防空壕和地窟去，毫無慌張之象。

上海戰事剛開始的那幾個星期，日本飛機差不多天天光顧這裏，有時一天來上個四五趟，那時候，當他們避入了地下室後，極其驚恐戰慄，走出來時並切切私議着不知有否危險襲來。但是現在一聽警號響起，都那樣談笑自若地走入地窟中，互相估計被擊落的日機的數目。

顯然的，南京的防空設備是非常的好，可算是全國各城市中最鞏固的。在這裏，有着很多架驅逐機，那確實數目當然是無從知道，總之是很多很多架，是專門用以來半路截擊來侵襲的日本轟炸機的。城的周郊和城內各處，都置着高射炮，那數量也非常豐富，那是抵禦未被中國飛機截住的日機。

每當日本飛機剛露出一點影子于雲霄時，警號就急速地響起，居民可以有充分的時間避入公共的或私人的地窟中，公共的地窟滿街皆是，像是別的城市裏的公廁一樣的多和普遍。警號響起以後，担任防空的軍隊和警察立卽驅除路上的行人進入屋內或避入地窟，街上再無人行走。等日本飛機已經離開，解除警報的聲音又響起，極短的時間內一切都恢復了常態。

日機夜間來襲時，警號一響，所有的燈火卽刻完全熄滅，防空部隊在各條街上來去巡邏，查看在

第一次警號與緊急警號之間，是否還有燈火未熄，事實上居民都非常遵守紀律，絕無留有光亮的。巡邏者還有一項責任是仔細的偵察，是否有漢奸在放信號給日機。

在這樣的情形下，日機要達到他們的「炸燬南京」的目的，那眞是談何容易。

當記者在南京時，曾遇到一次空襲，在那三架日機尙未出現前好久，警號就嚮起了，路上卽刻成爲無人行走的死街，路人卽避入了地窟中。沒有中國飛機昇入天空，高射砲正在發揮着效能。

我們聽到的中國高射砲的音聲，和黃浦江裏日本軍艦射中國飛機時，那種漫無標的的不絕的雜亂之聲完全兩樣，中國的砲兵開得那樣的準確，每一發砲都打得離日機那樣的近，有一架日機被打中而受了傷，幾幾乎要傾落到地下來，結果却狼狽遁走了，但是比其他兩架要遲了一個鐘頭才逃脫。據說在中途是降下經修理過了。

在歷次遭空襲時秩序都能這麼的好，居民能這麼的沉着鎭靜，這都是要歸功於從前一次次的防空實習的。

雖然日機是不絕的來轟炸，這裏的一切却平靜一如往昔。政府機關方面，下至警察所，上至五院及各部，都照常辦公，職員絕無棄職離京的，並因「非常時期」工作只有緊張而時間延長。商店也均照常營業，只夫子廟那一帶的茶樓酒館和其他娛樂場所都關了門，因爲這些場合，現在是再無問津者了。

看到這種平靜的狀態，一個剛來南京的遊客，如果他沒有注意及路旁的避彈屈，眞是不會相信，這個城市曾是數星期來以至眼前不知多少回遭日機轟炸過的。炸壞的路都滿夜修復了，中央黨部和下關那一帶被炸區域，滿眼禿牆斷壁，殘跡猶在。

我們還曾去看過好幾個被炸燬的區域，本來都是居民稠密的熱鬧所在，現在只剩得可慘的一堆堆破磚敗瓦了。

南京雖然時時有炸彈襲來，然而南京的居民却鎮定得如同住在上海租界上的人一樣。（譯自英文大美晚報。）

（辛報）

敵機轟炸松江餘生記

陸筱丹

爲着杭州的學校將近開學，而火車因戰事關係，屢屢脫班，所以想趁早幾天動身到校，心想如果途中稍有躭擱，也能夠如期到達學校了。

那天九月八日，早上天氣陰晴，七時半由霞飛路寓所坐車赴西站，預備搭九點半的一班慢車，車到越界築路的地段，連續的有英軍駐守，沙包鐵絲網都是臨時在交界地方堆築起來的。

到達西站時，已是人山人海的搭客和難民，衣箱包袱塞在馬路的兩旁。秩序是由市警察及公共租界巡捕維持的。那時正發賣八時正的京滬綫的車票，買票的排成U字形循序的上站買票，可是買

票的人太多了，從頭至尾一共有好幾百人，而發賣車票的櫃口只有兩個，所以有些人自晨光熹微之際卽到車站候着買票，而屆時尙未買到手者很多。

我在車站後面馬路等着掛發賣滬杭車票的時候，結識了兩位朋友，一位是姓賀的，是在×××學校當技士；一位是姓廖的，上海一間紙盒廠的少東，相談頗投機。當發賣車票時，卽和姓廖的擠入隊伍，預備買票，可是逐步擠去，等了四十多分鐘還未買到票子，而在我們前面等候買票的，尙有一二百人，自思今晨車票無論如何不能買着的了；那知這位姓賀的早等得不耐煩，試憑着他機關的符號，闖入車房，代我們將票子買好，再招呼我們同攜行李入站。

車站外雖然熱鬧得很，車站內却冷清清，二等車內閴無一人，我們卽坐入靠車門最近的一個座位；於是陸陸續續地有人坐入，到十點五分車開時已座無空位了。

現在且將同一車廂內附近幾個特出的人物介紹一下，因爲他們在松江遭了悲慘的結局，而在車廂中的表現却是如此的。

坐在我對面就是姓賀的，個子頗大，杭州人，卅歲左右，是最健談的，說話中十有五六夾着幾句英文在裏面，表示他學貫中西，後來承他告訴我，才知是燕京大學畢業的，逢人都搭上三四句，以示他手段圓滑。

坐在我隔座靠窗姓廖的是個老實年青的小商人，雖然表面裝得甚懂世故的樣子，言語間却十

分天眞。

隔過兩個座位，面孔對着我的，是一個穿着筆挺白嗶嘰西服的中年紳士，上唇留着××××（外國男明星名）的小髭；當一個穿黑長衫的老頭兒帶着他的小女兒要坐在他的隔座時，希望他能夠向內讓一些，使他的小女兒能夠一同坐的時候，那位紳士竟潑口大罵，說這座位只限定兩人坐的，如果要座位，爲什麼不早些來呢？老頭兒被罵得不敢回嘴，只得讓他小女兒坐了，自己却坐在座上的扶手上。

紳士的斜對面，是一位摩登女子，高跟鞋，蓬頭髮，穿着紅黑相間的旗袍，和她的丈夫，指着窗外的難民，不知說些什麼。

車到新龍華的時候，搭不着上一班車而在月台上守候的難民，蜂擁而上，大多數是從車窗口衝入的；隔座的窗開着，就被衝入一家六口；男的是一商業店員，一妻，三孩，和抱着吃奶的小孩。瞬時車廂行人道上，全被擠滿了難民、包裹、衣箱等物，車開時，車輪上的彈簧鋼板被壓得吱吱作響，可見車上載重逾量了。

從那個由窗口衝入的男人口中，知道他們是從董家宅逃出來的難民，目的地是無錫；由西站開出八點正的京滬車不能搭上，所以只能先往嘉興，再轉蘇嘉路走了。

未到松江車站前，天色更爲陰鬱了，雨點已疏疏地散播在空中；我想如果下雨的話，那末，經過石

湖蕩要步行的時候，豈不要被雨淋成落湯雞？幸虧到站時雨點已經止了；拿出錶來一看，正是十二點二十分，肚子餓了，想吃些麵包充飢。同時火車頭已調到後面改拖為推因為在石蕩湖附近是不能調頭的。機車經過窗前，見着附掛在機車之煤水車上，密坐着穿白衣裳的難民，心想如果一不當心豈不跌死？正引手取麵包時，突然車上有人大叫道「飛機來了！」接着不到一秒鐘，全車大亂，個個神經緊張，有些搶着包裹就跳；有些單身跳下飛跑，頭都不回，小孩子大哭，喊爺喊娘，那時窗口似乎太少，個個拚命爭着向車廂外跳下，我和那姓賀的大聲叫着他們不要亂跑，因為他們大都穿白衣裳，被陽光一反射，却是最明顯的目標；叫了幾聲，却毫無反響，飛機螢螢的響聲却越來越近了，坐在我旁邊靠窗側的那姓廖的，提着一只小皮箱，跳下火車狂奔，一轉身就跑得不知去向。這時車上只剩下五六個人，我知道事急了，馬上將兩皮箱取下，一隻放在行人道上，座位之側，將人家遺下的鋪蓋箱子，放在座位上，將窗關閉了，可是那姓賀的却反對完全關閉，所以留着全窗五分之二開着，誰知那一塊空隙却是將他擊中那顆機關鎗彈的道路呢！我立即鑽入座下斜臥着，並移動另外一皮箱在前面擋住，心想此次萬一炸彈投中在我頂上，那是必死無疑；但是如果炸彈投在附近，則我上下左右前後都有障礙物保護，炸彈的鋼碎片，不至於會碰到我分毫。說時遲那時快，飛機的聲響，已迫近頭頂了，突然——索——轟的一聲，接着機關鎗咯咯不絕地響着，車廂裏面的電風扇、燈泡、玻璃窗和着震壞的木板亂飛，窗外受傷的無數難民，呻吟呼救，哀哀悽悽地哭喊着，遠遠地還聞到難民奔走的步聲和飛機上的機關鎗掃

射聲；身旁那位姓賀的慘然對我叫道：「老陸，我腿上受傷了，你必得救救我呀！你有沒有受傷？」—我說：「我沒受傷，我必定救你的，我帶了紗布和棉花在皮箱裏，等一下敵機去後，當替你包紮……」—話還未說完，那一家六口類似店員的也哼着：「先生，求你救救我呀，我的腰部受傷了！」—接着又哼個不停。我忙道：「我救你的，我沒受傷，你放心好了。」—飛機接着又來轟炸了，接着轟轟的兩聲，落在前一個車廂上，難民受傷呼痛之聲不絕，一隻被炸斷血淋的小腿從窗口飛入，木然的落於行人道上，污血四射；接着又是一陣機關槍掃射的聲音。姓賀的叫道：「你看我臀部上一大堆的血，唉！我受傷了。」—我明知道他是中了機關槍，却不便對他說明，因爲明白地對他說出，或者會引起他心中驚慌，神經大受刺激而昏厥。所以祇好對他說：「恐怕是你邊旁受傷那個人的血水流到你身邊的吧，你不要疑心。」—他摸了一下，苦口道：「不！不！那是有一個傷口，必定是機關槍的彈子了；我爲什麼不聽你的話，將窗關密？唉！我的妻子在上海，懷孕已六個月了，母親還在杭州，如果我死了，她們不知怎樣好了？」—我安慰他道：「不要心慌，我想只是被炸彈的小片子打入去不要緊的。」—他道：「老陸，我的頭部太不安全，讓我的頭部伸入你的座下好不好？」—於是他將頭伸入枕在我兩膝之間，我看他冷汗直流滿額，嘴唇毫無血色，口中喃喃不絕。亂呼：「上帝救我出險！」「上帝將日本飛機滾蛋！」「上帝保佑我！」「God bless me」—飛機聲音又近了，我想這次航空獎券會中獎了吧，咬緊牙關，雙目一閉，口中亂罵怎樣此地沒有防空設備，連一架高射機關槍去抵抗一下都沒有，讓人家亂來轟炸屠殺；眞正豈有此理。炸彈響後，聽

見一件高大的建築物倒下了，彷彿是水塔，車子却被牠震起，跳了一跳。我想這次又中了一次末獎了：隔不遠又聽聞一婦人大呼：「阿彌陀佛觀世音救苦救難菩薩！」不止，雜以姓賀的「上帝×××！」覺得宗教之爲物，是在人事絕望之時，給與信徒心靈上最後的安慰，可是事實上也是空心湯圓，無濟於事。在如此險惡情形之下，不信宗教的聽見了此種聲音，徒使人心不安，於是我大聲道：「不許叫，叫什麼？安靜些！否則亂子來了。」果然車上是沒有聲音了，飛機還在低空盤旋，車外受傷人的哭聲更慘。那姓賀的夾在我膝上，額上的冷汗將我的黄斜短袴弄濕了，他也不叫上帝了。低聲地問我：「現在可以出去了麼？」我道：「尙未到時候，你聽，飛機的聲音不是還在車上麼？」果眞，在機關槍聲音不斷裏，又連投了四五個炸彈，幸而都炸在列車後邊的幾輛。那小店員到這時也不哼了，在內衣裏摸出一張名片插在頸領上，靜靜地合上了眼睛，姓賀的觸景生情，從他領上將名片取過來，用鉛筆將他自己的名字賀××寫上去（那小店員叫劉××，江蘇太倉人，由名片上知道）又將名片放在他與小店員之間，我暗道人且不能保，即留名待人收屍亦何可恃。不過也不去說穿他，因爲這樣一來，他們也許可以得到稍許的安慰。我偶一抬頭，見到一張報紙，不知是給什麼東西飛炸到我眼前的，印着「泰山崩於前，其色不變，」心志爲之大振。仔細一看，原來是中央儲蓄會的廣告，我素來是不相信神鬼，此紙偶然飛到眼前，而又與此時此地暗合，迷信者必多方代爲解釋，固無庸我來饒舌，亦不必去解釋牠了。敵機共拋下炸彈十七枚，即以爲達到了他們的任務（轟炸無抵抗之難民）飛去了。我聽見飛機聲音

漸小，即蛇行至窗口，看一下牠們是否飛去，果然，飛機已漸飛離松江了，於是反身叫那姓賀的火速下車；我先由窗口跳下去，先看一下，天空飛機果然遠了，才幫助那姓賀的下車，半挽半扶的和他蛇行入車站附近的草地上伏着，只見車站上的天橋水塔月台等均已炸毀，兩輛客車，正在燃燒中，男女老幼受傷的及斷臂去脚的死屍遍地皆是，血跡血水隨處飛流，腥氣撲鼻。斷磚焦木，破鐵碎屍，混在一起，紅的黑的，赭的灰的，分辨不出是什麼東西。車站後面小塘裏，浮沉着幾個血屍。那個在車廂裏神氣活現的西裝紳士，在塘裏爬起來，混身汚泥血跡，遠看極似一只大爛蝦蟆。據他說是給炸彈炸傷足部，才滾入泥塘中的。我見敵機已去，即趕緊跳上車廂，將自己的兩件行李檢出，剛預備出去看足邊姓劉的小店員時，外邊受傷的大叫：「飛機又來啦！」我一聽見，馬上將兩件行李向窗外一投，遂即跳下，向空中一看，敵機毫無，恐怕是一般難民看見飛鳥經過，疑是敵機。刼後餘生，草木皆兵了。

我提着兩只洸重的皮箱和姓賀的入鎮，沿路有一小工模樣者手抱一小孩，飛向車站奔去，口中狂呼：「唉！唉！我的行李呢？」想來是飛機未轟炸時奔入車站，見飛機去了，再回車站取行李的。路上還有許多人，滿身汚血，倒在路側，沒人救護。

有一穿黃色制服者，竟向我們探問：「火車站上，究竟死傷幾個人？」如此妙問，只能以不答答之。（試問在此時候，還能逐一的去細數嗎？）

有一身穿草綠色中山裝的胖子，頭戴鋼盔，一步三搖，施施而來；後面又跟着幾個帆布床扛工，探

頭探腦，向我們問訊，亦係：「重傷者幾個？」承他告訴我們醫院地點；姓賀的不顧被扛，由我扶着，勉強步行到醫院求醫。

松江的後方醫院是在×××，由學校改成，可容數百人。到醫院時，被運到醫院重傷難民尚少。我設法請了一位醫生爲姓賀的診治，消毒及止血，彈片入臀部甚深，要照過X光後，才能决定彈片地位。

安置好姓賀之後，我即馬上打電報回家，報告平安，並代姓賀的打一電至杭州與其母親。

不到半個鐘點，醫院裏早塞滿了好幾百，輕傷的重傷的難民，血水淋漓，滿口叫醫生救救他們。眞是慘不忍睹，醫生和看護也忙得東跑西跑，棉花紗布又告缺乏，趕緊將用過了的紗布洗淨烘乾了再用。大多數難民的創口是傷在背後腿臂部份的。想來是炸彈爆發及機關槍掃射時，他們正在逃走，不料却中了炸彈的碎片子或槍彈。

一個十一歲左右的小孩子，滿身汚泥血跡，頭部面目被炸得模模糊糊，小口還哇哇的亂叫。據將他救回來的扛工說是從車站軌道傍救回的，他的父母已不知生死。

那位在車廂中的摩登女子，却在此地發現了。她的小腿大腿腰部都受了重傷，手臂給機關槍穿過，足上還穿着一只脫離高跟的皮鞋，昏迷未醒。

一鄉婦躺在草蓆上，左手掌部全被炸去，碎了的筋，骨，肉，混着湧出的鮮血，見者酸鼻，可是她右手

還緊抱着一嬰孩，露着奶子喂他吃。

病室中充滿了悲慘呼號痛哭之聲；耳所聞，目所見，莫非痛極亂呼，死亡悲哀。日人之狠毒橫蠻，實令人髮指。

因爲姓賀的是在××××學校的高級職員，這次回杭州是有相當使命的，我卽代他通知當地政警當局，請求他們設法迅速用汽車送他至上海醫治；惟當地沒有汽車；幸而後來多方商談，他們卽派警察在公路上截下了三輛從西至東途經松江的小包車。當時我本不想返滬的，擬在松江候車赴杭；但姓賀的死命的將我拖住，不放我離開他一步，遂毅然陪同他上車返滬，送他入了××醫院，辦好了手續後，纔雇車回家。

此次日機十一架，係從上海方面飛去，本已飛過松江，但又折回轟炸，共投下炸彈十七個，內中燃燒彈數個，機關槍亂行掃射，死傷約六七百人，多是無辜的難民，車箱燒毀六輛，炸毀四輛。車站，月台，水塔，天橋，路軌均炸壞。生還而毫無受傷者祇五六十人。記得三年前，投考浙江大學的時候，投考的人數與取錄的比較，是十幾人之中纔能夠取錄一人；這次松江車站遭炸，死傷的與安全的比較，也是十幾人中得一人，Probability 差不多，成了一個很有趣味的比較。但能安全而行李沒有損失且能當日返上海的，只有我一人而已。

（宇宙風等聯合旬刊）

松江火車站蒙難記

吳大千

如果在我們人類以外眞有什麽鬼的話，甚至更有什麽鬼門關一類東西存在的話，那我會笑着說：我現在是一個鬼門關裏逃出來的人物。

我第一先得感謝日本帝國主義，而我更要感謝把持日本帝國主義燃起侵略火炬的少數日本少壯軍閥，以及一般低能的日本空軍，因爲他們這樣野蠻的手段，使我看淸了他們的狐狸尾和陰險臉，使我看到了他們無恥的行動和無能的手段。

昨天的現在，我是站在陰陽交界的地方——松江火車站慘劇的恐怖狀態中。而現在，我還是人類中的一員，雖然我的半只耳朵飛去了，我的手臂射傷了；雖然我躺在病榻上，吃着藥忍着痛。

我値得記憶起昨天的經過，那慘無人道的日本空軍轟炸松江火車站的經過。

那是偶然的突發的事情，會方派我到杭州去一趟，接洽某項事務，因爲自己在杭州住過一些時比較熟悉的關係，那種責任是不應該推却的。

到松江是十一點半，恐防火車上沒有東西買，於是先到街上去走一回。當我從上松汽車公司向北直踏大街這段過程中，淵上我的記憶的是一張張肅殺的慘凉的圖畫：兩旁商店的門都豎着，街上沒有一個行人，三四條野狗在亂跑，一陣陣炸藥的殘餘的氣息還時會撞進鼻子，——也許我神經過

敏吧。我鼓着勇氣，從大街上向東跑，呈現在眼前的還是一張張剛才見過的圖畫。不過在形式上是擴大了的，有一二家商店開了一扇門，裏邊有一二個店員在侷促的狀態下徘徊着，街上偶然有三四個黄色制服的人走過，那是童子軍，勇敢的童子軍。除了這些，我再不能可以看到什麼了。

感謝那爿牛肉舖，我總算幸運地買到了兩塊牛肉，我很快的折了回頭，趕到火車站上。火車還沒有到，月台上站滿了乘客；他們大多是從上海逃出來的，現在又要逃到在他們認為比較安全的地方去了，他們臉上顯露着悲哀，憂慮和憤懣。我問一位乘客，才知道再過一刻鐘火車就到了，我就買了車票。等着，等着，一刻鐘的時光很容易飄過的，一輛長蛇樣的列車終於停在人的面前，於是乘客像蜂一樣的向火車的各個口中鑽進去。乘客實在太多了，車廂中擠得大家只能立着，四面又充滿了汗臭和小孩子的哭聲，我忍不住擠到車門口呼些新鮮空氣。我應該特別説明，火車到站是正午十二時二十二分，現在是十二時二十五分，距離火車開行時間只有幾分鐘了，然而這一齣悲劇就在這時演出來了。

「軋軋軋」天空中忽然有一種很有力的聲音在響，況且愈響愈近了，經驗告訴每一個乘客，那是飛機呀！於是車廂里的空氣緊張起來，靠近窗的人爭着探出頭來，好奇心也不能使我例外，我站到上車的那塊踏級上探出了頭，呀！飛機一點兒不錯，都是雙翼，而且翼下塗有紅的太陽，一二三四……

……一共是八架，我記得，我清楚的數過，這時有幾架已在頭上盤旋了，況且是十分的低「日本飛機，日

本飛機」「八架，八架，」「呀打盤頭了，打盤頭了，」車裏的乘客都叫起來，同時臉色上都慢慢的青了。

「不要叫！頭伸回來！頭伸回來！有人這樣一喊，於是探在窗洞外的頭，一下子全縮了回來。大家都屏着氣，注意着上面的聲音，像刑場上被處槍決，囚犯還注意着劊子手的槍聲一樣。

「トトト！トトト！」機關槍開始掃射了，非常的密，飛機的吼聲也更迫近，更宏亮了。車廂里秩序混亂了，哭聲，叫聲，人們跌下車去的聲音。月台上，一羣人都向車站後面跑了。就在這時，我的筆怎能形容出那「轟」的一聲呢！炸彈終於在我坐的車後面爆發了。

我嚇昏了，我只記得當時飄也似的跳下了火車向南跑，其餘一切都沒有看見聽見。我跌了一交，同時又聽到「轟」的聲。彈片在我上面飛過，我就再爬起來向前跑。終於我跌到了河裏，幸虧我機警的攀住了河邊的蒲公英，不然，那我也不會活了。這時我清醒一點了，我看見很多的人避在水裏，同我一樣，還有很多的人覆在浜邊上。我耳朵里聽見的，只是一陣陣的炸彈聲和機槍聲，以及一片悲慘的哭叫聲。

一只飛機又飛到小河的上空，機關槍掃射個不絕，子彈落下水去，咯咯地響。我親眼看見東邊一個覆在浜邊上的，忽然呀的一聲，隨卽滾下水去死了。飛機繞了二三個圈子，終於投了一個炸彈，落在河心，水花濺得一丈多高，但是沒有爆發。然而，我在水裏已不相信我還存在着。

大約過了十分鐘吧，軋軋的聲音沒有了，敵機遠去了，於是人慢慢從各處爬出來，我也從河中溼淋淋的爬到岸上。要不是另外一個受傷的同胞告訴我，這時我不曉得自己也受傷了；我的右耳朵給炸彈片打碎了，我的一只手臂給子彈穿了一個洞，血不停的在流。我咬着牙根忍着痛，踱到車站上，我要看看日本空軍所殘酷地作下的一張永遠滅不了的悽慘的圖畫。

黑烟布滿了這車站四周的天空，車站的一角被炸了，下面躺着一個人，有點像脚夫，已經斷氣了。五節火車被炸了，煙還在直冒。軌道上車廂裏到處是死屍，橫斃着，斜倒着，有的扭在一團；小孩還握着他母親的手；有的頭和手沒有了，有的簡直像燻熟的山芋一樣。血灑滿了地上，呀，鮮紅的血，我不忍再看下去，天呀！我的眼淚是瀉出來了。四周盡是一片嘈雜和哭聲，火藥氣和人肉臭味充滿了鼻子。

救護隊來了，我也結帶了去。經過醫治後，我硬着頭皮仍趕回來。

現在我躺在牀上，已經跳出了鬼門關，傷口的痛楚還常常來襲擊我，但痛一次就增強了我一分抗日的熱情和決心。熱血沸騰了，我要破口的吶喊！

（辛報）

松江的浩刼

夏征農

××：

要算是一種偉大的經驗，我的前後身旁，共落下了十七個炸彈，車身全毀了，後面的五節被燃燒

着起來。但躺在車裏的我們一共十八人，被埋在木片行旅堆中，却絲毫沒有受傷。朋友，你看這是不是奇蹟？

我們是在六點鐘動身的。到了車站，已擠滿了人，但滬杭車却要十點鐘才開，我們只好在車站外馬路上等着。天空很平靜，當時，我心裏想今天是空戰最好的時候，我們等着看吧。車站上的旅客似乎並沒有什麼驚慌，各人提着包袱排成隊伍，向售票處前進。小販也照樣雜在人羣中叫喊。

八點半鐘，京滬車開出了。我們便把行李放到月台上，以免臨時擁擠。妻悄悄地對我說：『這裏很危險呢？』我沒有回答。這時候又那裏顧得到危險？我望望天空，依然沒有動靜，也沒有聽到一點炮火的聲響。

九點時，車到了。我們立即坐上車。起初，不見得怎樣，過後，愈來愈擠，我們只好把自己的位置縮小起來。不等一分鐘就要看一次錶。心裏老是追問着：爲什麼還不開車呢？

開車後，我的心算是比較安定了。一路上，並沒有看到一點戰爭的影子，妻好像感到失望起來，『不見得有什麼危險？』我知道，這個結論是下得太早的。

車上已經擠滿人，但每一站還是不斷地湧進，在新龍華，因爲車門塞滿，大都從窗口搶爬入，在車內的人頭上滾有一個六十餘歲的老太婆，大約有二百磅重，就坐在奶媽的身上。奶媽叫起來了，推她坐開去，她一直不動。我的妻也說這老太婆太豈有此理，這樣要把孩子弄壞了。這自然也有理由，然而

大家要逃命的時候，是沒有理由可說的。我只好叫奶媽坐在椅子橫木上來。十二點鐘的時候，到松江車站了。車剛停下，就隱隱聽到嗡嗡的機聲，一會車站上已經亂起來，『飛機來了呀！』接着就四面八方跑。車內的人早也動搖了。一羣一羣從窗內滾出去！雖然還有人喊，『不要亂跑呀，』但沒有一點効力。第一個炸彈丟下了接着是一片哭聲求菩薩聲。我忙抱過我的大寶寶，命令着大大小小，奶媽娘姨，都躲到車內椅子下，把行旅等堆在身上。我自己都不相信我有這樣的鎮定，如果當時跑下去，不僅受傷，最少我的婆婆十之八九要因跑不動送命了。我們躺在椅子下等待死神的降臨。在炸彈落下前，總有一陣機關槍的射擊，而且炸彈也總是雙管齊下。我的耳朵被震聾了。起初十餘個，都還似乎隔了相當的距離，最後，機聲壓在頂上，我聽到一陣鐵道旁的樹葉的沙沙聲，我正預感到這回可完了時，身旁馬上是一聲巨響，車身全都被毀了，木片玻璃滿飛到我的身上，有一點小鐵沙子，陷入我抱着孩子的手背。停了一回，機聲漸漸聽不到了，我忙叫睡在身旁的李媽先爬出來，再把奶媽拖出。大寶寶交她抱下去了，當拖出妻去拖婆婆時，我發現一個中年農民躺在她的腳下死去了。我只好把那死人的頭搬開去。我們一個都沒有受傷，只不見了韋民。我指定他們先到那一個樹林子裏去，我便獨自在車上清理行旅。箱子都炸破了，有一個箱子的衣服，盡倒在殘破的木片上，我一件一件把那些行旅推下車站。我跳下來，發現後面的車子已被敵人的熊黃彈燃燒起來了。

我向我指定的樹林去找他們。車站的旁邊籬笆下，排列着許多血淋淋的身體。走下去，情形更慘

了。一具一具的屍首躺在地下，大都是跑時炸死的。有好些面朝下躺着，彈片從屁腦後炸入，皮肉稀爛得像醬糊一樣。有的全身炸掉了，只留下一大團肚腸。還有好些撲在田裏浜裏淹死的。有一個右手被炸去半截，但他却還挑着一担行旅在田路上喊着朋友。你想這情形是怎麼的慘酷啊。最慘的，我覺得還是那些生人的哭喊，有一家人，一共十二人，却只剩下了兩個人。日帝國主義屠殺無辜的暴虐，是一定要受到應得的懲罰的。

找了好久，我都沒找到一個家人。我只好再回到車站，等了一回，李媽來了，大的孩子也來了。我才幫同他們把行旅搬到他們的所在地。這時紅十字會的救護隊，已經在活動了。

在我第四次到車站時我才找到韋民，他是在開始跑出去的，但他的兩手因嚇慌了，跌了一交受傷，我們大家都很疲倦，尤其是婆婆幾乎一點都不能走。我們只好叫挑夫把行旅挑到附近一個村莊上暫住下一晚，但當我們到一個住所時就有人警戒在這非常時期，私人是不能留住的。他們叫我們到收容所去，或到城裏的小客棧去。後來兩個十字會的救護來了，經再三交涉，方容許女人孩子留在那裏，我和韋民跟着一直上收容所去。

我們總算是死裏逃生了，但明天呢？

朋友，我們還住在松江，今天能不能走還是問題，有件事，要你們轉告王任叔及各位朋友，我暫時不回來了，我得負責把一家人送到江西。一切，以後再說吧。

昨天死傷據說有四五百人，我想也許還多些吧。所有相知的朋友都請代告我們平安。

（戰線）

在轟炸下遊歷蘇浙皖贛四省

朱鏡冰

這次日本的侵略，促成了中國的統一。各黨各派都在一個大前提下聯合起來。不論貧富老幼，士農工商都站了起來，担負起一部份救亡的責任，遵守有錢出錢有力出力的口號，至少記者所遊歷的四省的民衆是這樣的。在途中，一個農人和我說：『我們只有抗戰到底，因為我們不願意做奴隸，不願意子孫做奴隸。』還有一個知識份子和我說：『我們並不願意開戰，但是日本逼得我們不能不戰。』自然，民衆的損失是非常重大的，日機的肆意轟炸，毀壞了無數生命財產，但結果只是加強了中國人民堅決抗戰的決心。凡和我說過話的人，他們的答案只有一個，『我們不願做奴隸！』日本人的宣傳和散傳單等於冷水澆在硬石上，一點効果也沒有，反而激起新的仇恨。人民對於抵制日貨，從未有過這樣地自動和嚴厲。除掉一兩地方以外，人民並沒有怎樣恐慌騷亂的景象，對於政府也毫無怨言。總之，記者遊歷蘇浙皖贛四省後的經驗至少可以證明一個信念，就是日本的侵略促成了中國的統一。

第一日

我們在早晨八點二十分離開上海，車上滿載了食品與汽油，打算在六七小時內抵達杭州，駛出

法租界不久便來了一個保鏢——原來一架日本水上機正在我們上空偵察，足足跟了一小時。

不久我們的車竟陷入泥中。好容易找到一個鄉下人，我們就和他講交易，結果出了二塊錢，由他找了二十個農民，費了二十五分鐘時間，始把車從泥中拖出。誰知半小時後，軍事人員上來阻止我們前進，說前面日機正在拚命轟炸，不久我們的確聽到軋軋的機聲，這時軍事人員及其他平民都鑽往草堆，我們立即把車停在路旁大樹下，奔向十碼外的小林中，急得把照相機望遠鏡都遺在車上。同時只見四架日機在空中排成人字形盤旋着，一刻鐘後，三架向北飛去，另一架不知下落。再加速前進，吃了中飯，前面警察又來阻止了說：『杭州將有空襲，你們還是等在此地好。』我們告訴他，轟炸的事我們在上海已司空見慣了，於是讓我們繼續前進，減低速率，到了車站，寂靜無聲，街上除路警外，一個行人也沒有。到旅館，才知剛才的四架日機，有一架被迫下降，一機師被俘，餘二在逃，正由警察往四鄉搜索，二天以後也活捉到了。到下午四時十分，始聽到解除警號。四時二十分，第二次警報又來了。可是他們勸我留在旅館中，或者最好避進地室。但是我們因為有公務在身，就走出旅館，路上又被警察阻止，教我們集中在防空壕中，我們為服從命令起見，就攢入壕中，後經向警察說明已約好了訪見的人，他們才讓我們向目的地進行。歸來天已黯，路燈上已加了防光罩，看到杭州的防空設備，眞使我們佩服，尤其人民的精神值得稱讚，大家都說：『我們寧願死，不願受倭寇的統治。』

第二日

一清早，空襲警報又來了，我們只得起身避往依山建築的地室。地室中有椅有桌。並且還有二人在悠閑地下棋，他們說：「我們來了好久了，與其老等着解除警報，毋寧下棋玩玩。」還有一個在吃餅乾的人也這麼說，他的餅乾聽上所有個和平女神的商標，和此情此境構成一個強烈的對照。街上鴉雀無聲，明鏡般的西子湖，眞幽靜極了，一小時後警報解除，我們就帶了上海警備司令部所發的通行證走到市政府，因爲那時附近一輛人力車都沒有。飯後就到省政府，第二次警報又起，跟着省府職員到一道地室，出來到街上購些刀匙等物品，又備了充足的汽油，打算在明晨上徽州去，因爲軍事統制，在內地是無法買到汽油的。

第三日

侍者清早就來叫醒我們。我們收拾了行裝，把汽車開向添油站，以便添些滑油。途中遇到日機來襲的警報。照例在警報響時，添油站就停止工作，但工友們看到我們毫不關心警報的態度，也就趕緊爲我們添油。

汽車剛一駛出站外，第二次緊急警報又響起來。街上闃無行人，我們不管三七廿一向公路開去。此後，一路未停，直到中午我們始在路旁野餐。那兒遇到幾個鄉下人，他們給我們的印象很深，這幾年中國政府所努力的識字運動，提高了農民的智識不少，他們說只要一看見日本飛機從他們頭上經過，向南京飛去，就可知道那是從中國以前的地方台灣飛去的。這話出於一個鄉下小孩的口中，

能不令人驚異！

飯後繼續前進，我們到了浙皖交界的山口昱嶺關，這時對面有輛車開過來，我們不得不等一等。我們乘機和內地的居民說話。他們圍着我們急於想知道上海和華北的最近消息。他們都有絕大的決心，表示惟有打敗東洋人，中國才有出路。

車於下午三時半到徽州，添了汽油，我們決心再往前走，四時三十分，到達屯溪。汽車站旁，有個新建的旅館，我們就在這裏過宿。那天晚上我們成爲全旅館的談論中心。

吃過晚飯，我們在黑暗之中到鎭裏遊歷。忽然有印刷報章的聲音傳入耳鼓，跟着手電筒的照耀，我們尋到一所小房子，裏面有二個人在印徽州日報，手搖機不斷地工作着，印出火熱的新聞供給內地讀者。一個漂亮的青年主筆張某熱烈地招待我們，從談話中和觀察中我們瞭解了皖省偏僻地方人士對於國事的關心。

第四日

據汽車站職員見告，此去南昌須走四四五公里，而汽車路又不好，所以大家早上很早就起來。昨夜我們大部份的時間化在與「斯汀生飛機」——我們爲蚊子所起的綽號——的戰鬥上，幸而坦克車（臭蟲）沒有倒還算運氣。

徽州到南昌的一段公路，消損得很厲害。每天有許多載重汽車經過。我們還渡過三四次河。

我們行近南昌的時候是在下午五時四十五分。「停止！」一個中國兵從樹後高叫着。「日機正在空襲，你們必須等日機過後再進。」天空很明朗，落日尚留有餘暉，我們看見高空有四架飛機。不久聽到了軋軋的機聲。最初只見九架飛機成隊飛行，後來又有三架。這時我們才知道那四架是中國驅逐機，正在與日機搏鬥，地上可聽到明晰的機關鎗聲。日本轟炸機丟下幾個炸彈，落彈處離我們不遠。日機在城中投彈以後，就立刻飛走。七時十五分鑼響解除警報，到達南昌，已經是下午八點鐘了。

第五日

今天全化費在訪南昌要人及視察日機投彈區域。

買了一些汽油以後，我們就去訪問南昌市長，一個日本留學生。他是保安隊總司令，又是全省防空總司令。市長詳細地告訴我們江西的情形。

下午我們組織一個攝影隊。凡經日機轟炸的地方，都一一收入我們的鏡頭。南昌人的確很鎮靜。那些受過空炸洗禮的人，又在他們的斷垣殘瓦中建築新房子。

第六日

昨晚決定今天破曉動身，所以六時就獨車向屯溪進發。路上看到前天日機光顧過的地方，一切照前一樣。炸彈洞已經填滿，飛機師毫未受損。

在停下來吃中飯的時候，一個農民告訴我們，他每天晚上要走五里路到南昌城裏去聽無線電

廣播。

在高低不平的路上，跑四四五公里回頭路，的確不是一件愉快的事。我們到達屯溪，才深深地嘆一口氣。車開進旅館，老板很客氣的招待我們。這時包圍我們的人，比上次更來得多，他們都想打聽消息。我們在這個小鎭中居然成了要人。原來當我們上次離屯時，第二天報紙上就滿載着我們到鎭的消息，特別記載了我們所述關於上海戰事的新聞。

明天我們將往蕪湖而達南京。

第七日

我們應該向日內瓦國際勞工局控訴，因爲我們一天的工作，已經超出了八小時。夜間經過和「斯汀生式飛機」長期抵抗後，今晨五時又開始我們的征塵。

到達甯國，我們發現我們不但在屯溪成了要人，凡在屯溪報紙足跡所到的地方，我們都成了要人。我們用不到呈上國書，就有不相識的人會叫「啊，你原來是某某先生。」

下午很早到了蕪湖。好容易問路到縣政府，縣長剛吃過中飯，他告訴我們蕪湖城日機並未肆虐，只是城外臨時飛機場曾被炸過。談了一些話，我們就離開蕪湖，向南京進發。

行近南京，車輛的往來就頻繁起來了。我們並未經過多次查問便駛進城裏。出人意外的是首都裏面一切照常，商業依然進行：公共汽車僞裝着來往，有些建築物塗成灰黑色，街上多些防空壕，此外

什麼也沒有更動。

汽車駛進了下關的旅館，我們結束了一天的行程。

第八日

一夜舒服過去。經過兩天駕車和一夜與蚊子作戰，我們的下關旅館竟像天堂。我們去訪問了要人。那些高級官吏和工役依舊像平時一樣工作着。

中膳後，仍無警報，我們決定視察一下全城。馬路上的炸彈洞已經填滿。下關電廠依然直立在那裏，雖然有一部份房屋曾有些損壞。

日落以前，警號終於響了。這表示日機已近。十分鐘之內，路上斷絕了行人。防空壕中湧滿着躲避的人。汽車在路上載着來客向家中奔。十五分鐘後，第二次警號又響，這是警告日機已離城不遠。

立刻有二架日本水上飛機從西面飛來，借着爛目的日光作掩護。當他們飛近城牆的時候，中國高射砲就開始活動。我們總以為出雲艦那套把戲又重得見於南京了。却不料，使我們失望，中國人愛惜子彈，不肯濫放。每次爆炸老在日機附近，至少從我們旅館走廊下過去是那樣的。

一架轟炸機好像受傷跌落，但立刻又飛起來。三架留空數分鐘，丟了幾個小炸彈逃去。但有一架中國驅逐機却在空中盤旋了差不多一小時。自第一次警號到解除足足有一小時四十分鐘。

第九日

不管各種阻礙，我們在翌晨一早起身，開始我們四省旅行的最後一段路程上。並未遇到日機。駛進法租界時還不到一點半。

（文摘）

飛機翼下的廣州

穆時英

婦孺列車

接到了朋友鄭君的信，我馬上拎了一隻輕便的旅行箱，擠上十二時五十分開往廣州的中午快車裏邊了。居然能夠找到一個座位，眞是兩年來最幸運的一件事。剛坐下來並不短的一節車廂已經不可思議地裝滿了人。這些乘客裏邊，除了一部份只帶了很少的行李的，像我那樣的單身漢外，差不多全是大包小裹的婦女們和孩子們。婦孺列車！可是開往那裏去呢？開往在飛機翼下的廣州。轟炸並不使人們拋棄家鄉，反而使他們更留戀他們的生長地。剛在半個月前，她們倉皇地逃到香港，而在日本的航空母艦發現在唐家灣的現在，她們又雅興勃勃地趕回不久就會大規模地被轟炸的廣州去了。這樣的轟炸効果，我們的「皇道使者」是沒有法子瞭解的吧！就是我自己在當時的確也有些詫異。

風趣的插話

火車開行了以後，從坐在後面的少婦們的對話裏邊，我發現了一段頗爲風趣的大時代裏邊的

小插話。

她們是經過她們丈夫的敦勸和恫嚇才勉強地離開「甜蜜的家」的，可是精細的太太們就在這樣危急的非常時裏邊，也沒有給與她們的丈夫以過度的信任。她們走的時候曾經在丈夫身邊佈置了週密的情報網，而現在預料的消息眞的傳來了：男子們晚上回來得很遲，時常在可疑的地方出入之類。

「說什麼男子是應當犧牲的，你們女人的責任却是撫養和教育小孩子使他們成爲未來的戰士：這一類好聽的話，原來還是他們熟練的假公濟私手段」坐在我後面的一位有着很婉約的聲音的少婦大聲地說了這句話，使前半截車廂裏的男子們都笑了起來。所以她們預備回去，像男子一樣地，和她們丈夫肩並肩地死在親愛的廣州了。

紳士和侍役

在我斜對面，坐着一個穿得相當華貴的中年紳士。他手上的晶瑩的鑽石和胸前的沉重的金鍊，在這樣艱苦而流離的年代，使他成爲全車廂裏的刺激人物。

車過了深圳，離開了九龍半島租借地，進入珠江冲積平原的時候，他漸漸不安起來。他好像在等待着什麼，又好像想從喧囂的輪聲中聽出什麼來似地，緊張地坐着，不時探看窗外晴空下的白雲。終於，他忍不住了，他拖住了一個冲茶的侍役，開始問了底下那樣的對話：

「如果飛機來了怎麽樣呢？」

「來了再說吧！」

「掉下一個炸彈來怎麽辦呢？」

「你也死，我也死，大家都死。」

「車上一點防空設備也沒有嗎？」

「從香港到「省城」這樣大的天空你防得了嗎？」

「不是死得不值得麽？」

「整千整萬的人在死，有什麽值得不值得。」

碰了一鼻子灰的紳士有點生氣的模樣。那侍役却輕蔑地瞥了他一眼，『丟中國人沒那麽衰的！』那樣地，低低地唾罵着走開去了。「衰」字的意義是起碼沒用懦弱，不要臉等等。倒是一個很可愛的傢伙！

侍役走了以後，他靜默了一回，忽然跟我說起話來：「不用說炸彈了，機關鎗掃一下也不得了呵！躺下去吧；受彈的面積更大，坐在這裏吧，子彈一定打在頭上。」

我只笑了一下，對於這樣的紳士，有什麽話可以說呢？他有財產，有名譽，有地位，他的生命的確太珍貴了。他得保留他的生命來享受生活。

祖國的土地

列車終於到了大沙頭。半月前來過一次，並不像意想中那樣明朗，反而是籠罩着淡淡的悒鬱的氣分的這荔子和木棉的城市又展開在我眼前了。

走出車站，當面就是一顆大得可怕的炸彈模型，旁邊是一架裝着機關鎗的鋼甲車，和一小隊矮小的廣東省軍。正和一切南方的出品一樣，這些士兵都是那樣小巧而精緻得可愛，可是冒險，熱情，死拚，這些南方人的特性也清楚地刻劃在他們臉上。

經過幾次轟炸的廣州和我上次來時情形沒有什麼變動。街上觸目都是匆匆來往的壯丁，不容易看到女人和小孩子。可是在這短促的時期內，廣州的領導者却已經把廣州用宣傳品糊了起來。到處都可以看到日本兵士跪在拿着大刀的中國兵士前面的大幅漫畫和白布標語。在半部論語的封建軍閥統治下僵臥了八年的廣州現在是突然醒來了！早幾天，這裏舉行了一個三十萬人的示威遊行，在飛機的威脅下，集合在中山紀念堂前，向民族的敵人吼出他們的憤怒。

已經不是殖民地上的奴隸了，是踏在自己的國土上的中華民國的堂堂國民了，已經受着自己的軍隊的保護了……思想的斷片迅速地湧上來。雖然也許馬上會有一顆炸彈掉下來把我炸成粉碎，可是在往鄭君負責的某一救亡機關的途上，我依然有着一種古怪的安全感。

一個問題

在一間充滿了緊張的工作空氣的小房間裏，我找到了鄭君。他興奮地告訴我，他們正在組織一個五萬人的歌咏示威，預備用自己的歌聲來唱出這偉大的民族的輝煌的明日，唱出自己的憎恨和喜悅。他又告訴我有很多很多的青年來要求分配工作，同時又有很多很多的工作沒有人去做。問題是在這裏：差不多所有的青年都有着太多的熱情，而沒有實際的工作經驗和能力。他們希望做轟轟烈烈，有速効的事，例如演講，示威，演戲等等。他們缺乏冷靜，堅忍，和組織力，也沒有專門技術。因此，有的方面人力供給太多，有的方面隊伍又太少。

「在這樣緊急的時期，我們却必須把他們重新訓練，重新組織，而不能馬上把他們動員。」最後鄭君稍稍有點悲觀地這樣感慨着。

六年來，我們在許多方面飛躍地衝進，在另外一些方面却依舊是吳下阿蒙。我們的自我估計沒有做到百分之百地正確。我們已經一致站起來了，可是我們却並沒有動員。我們的力量還不能被充分地利用。我們還是沒有經過組織的羣衆。這是一個很嚴重的問題，我們應該在鬥爭過程裏邊儘快解決它。

沒有燈的都市

爲了想瞧瞧這南國都市的晚裝，八點鐘左右，和鄭君一同從明亮的拿坡倫咖啡座，走到黑暗的街頭來了。習慣於電燈和霓虹燈的眼，一跨出咖啡座的台階，馬上像失了明似地什麽都看不見。沒有

燈！完全沒有燈！在無論如何都不應該沒有燈的地方也沒有燈！

街上，這裏那裏時常有一些強烈的光突然射出來，射到人的臉上，馬上又消滅了。那是憲兵用手電筒在查察他認為可疑的人們。為了我的觸目的非廣東型的臉，和我的生硬的廣州話，只走了二三十間門面便受了七次嚴厲的盤詰。廣東人有一種很天眞的認識，他們以為江北人都是漢奸，而江北人和非廣東人中間的區別他們是始終弄不清楚的。如果沒有鄭君，怕又會像上一次一樣，整夜被監視着了。

「加拿大」和私家汽車的前燈明滅着，像田間的螢火一樣。街道和行人的輪廓突然清楚起來，又突然消滅在不知那裏。我們是用觸角在走着路，車輛轟然地鳴叫着從身邊擦過去，遊人們從暗陬裏面對着我們撞來，完全像鬼市一樣，悄然地，一點聲音沒有地，無數的人在身旁憧憧地隱現。眞是很有趣的景象。

十點鐘的時候，我們站在海珠橋上了。珠江的確很俏麗；月色澄清得很，水面上籠罩着柔和的，黃昏樣的薄明。從泊在橋下的珠艇上，睡熟了樣的珠艇上，哀怨的粵謳在夜色中浮動着。

這樣夢幻似的大月亮，可是珠江水面上的閃鑠的反光，在空中看下來，不是非常清楚嗎？也許五百公斤的炸彈會掉下來，消滅了這些精緻的珠艇，可是漢民族却將像這靜默的珠江一樣地，永遠地，永遠地生存下去。我們也許會流血五十年甚至一百年，可是我們的自誇的敵人將一個沒有遺留地

粉碎在我們脚下。

夜襲

鄭君的屋子是一座很漂亮的別墅樣的建築，位置在東部的山坡上。我的臥室的窗外展開一片肥沃的平原，對面就是那永遠繚繞着白雲的白雲山。因爲疲倦和那張華貴的席夢思床褥的誘惑，我一下子就睡熟了。

不知道睡了多少時候，我突然醒來，而且在床上坐了起來。一種微妙的預感突然浮了上來，覺得一定已經發生了什麼事似的。就在這時候，我聽見鄭君正在敲着門，稍微有些怨惶地叫着我的名字。我跳下床，披了睡衣，去開門。

「飛機來了，我們到樓下去吧。」和他的聲音相反地，站在門外的鄭君却意外地有着安詳的臉。

剛走到樓梯那兒，我們聽見緊急警報。本來已經很靜寂的空氣，越加靜寂起來，就像這二百萬人口的喧囂的城市突然變成了化石一樣。窒息了似地呼吸着，我聽到自己的和鄭君的心臟跳動得難堪地響亮。

「生死關頭的確不容易保持浩然之氣！」我解嘲地說，鄭君也會意地微笑了。「如果被炸死了，家族便會陷入更絕望的更悲慘的境地吧。」種種想像銳敏地，迅速地在意識上反復地泛濫開來，一面深深地厭惡自己的懦弱和無恥。

在半樓梯上，我忽然有了一個注意。「到三樓露台上去吧！無論如何，這是個難得的機會。」這樣地向鄭君提議，他馬上同意了。

一大片夜雲正在月亮底下浮過，廣州和它的近郊差不多全給雲影遮蔽着。可是月光却依舊透過了那片秋雲灑落下來。在遼遠的水平線上，龐大的，夢幻似的銀雲堆積着。輕倩的小雲在天空裏浮遊着，那種瀟灑使人聯想起後期印象派的畫。滿天的星星晶瑩得不像是現實的東西。

在我們的脚下，密密層層的萬家脊簷漠然地融合在遠山蒼影裏。這座古舊的中國城市彷彿能容受全世界所有的爆炸彈似地，茫然地躺在那裏，像一個熟睡的巨人並不爲了蚊蚋的侵擾而感到不安一樣。

璀璨的夜空

正在感嘆着我們民族的「深」和「大」，忽而聽到了飛機馬達的轟鬧聲。幾乎是同時，機關槍聲也從很遠的地方燥急地，不耐煩地，在靜謐的夜空裏蠢動起來。

「我們大概是在黃埔附近截擊他們吧。」鄭君像一個老練的空襲城市居民似地告訴我。

飛機的嗡嗡聲和機關鎗的達達聲漸漸近來了。

越來越近……越來越近……幾秒鐘以後，我們四圍的空間全是這壓倒一切的，煩擾的聲音，就像千萬隻夏日的金蠅在我們上下左右營營地纏繞着一樣。機關鎗聲也清切起來，尖銳起來。七十多

顆紅的和綠的星在空中晃搖着，流動着，那是飛機尾上的夜航燈。可是我們却瞧不到一隻飛機，因爲那片大浮雲還遮蔽着月亮，只有機關鎗的鎗火在銀灰的夜空下流星似地竄走着。

空中正在戰鬥着。

一瞬間五十多盞探照的微靑的光射透了夜空，交叉着，縱橫着。一隻單翼機突然在探照燈的光裏，一顆銀色的斑點似地閃鑠起來。馬上另外五條強烈的弧光掃過來，集中在那銀色的斑點上。從六個不同的角度和地點射出來的靑光把一隻耀目的銀飛機捕捉在交叉點上，一眼看來，好像是一顆拖了六條長尾的彗星。這樣的彗星連續出現在夜空裏。

同時，幾乎會把人震倒似的，高射砲和高射機關槍從四面八方吼叫起來。火樹銀花在三千尺的高空開放了。有的是孤單的一朵，有的像三瓣的堇花，有的像五瓣的梅花。

雲彩，探照燈和高射砲在夜空裏織着璀璨的圖案，而成羣的飛機就在這廣漠的，瑰麗的畫卷上衝刺着，迴旋着。

描在夜空的霓虹燈

不知從那裏掉下一顆發白光的，攝影場裏用的二千燭光的炭精燈燈泡樣的東西來，在半空中燃燒着。突然，整個的天空和整個的廣州都被照明了。大約過了三秒至五秒鐘，這奇異的火炬又突然消滅。在這一明滅中間，我們看見了許多許多東西。

西壕口的竣削的Skyscrappers把貼在天邊的雲塊做襯景，浮彫似地映現了出來……在那些浮遊着的一片片小雲中間，百架以上的飛機翻騰着，追逐着……高射砲的烟像是一朵朵透明的銀雲懸掛在半空……機關槍的斷續的火焰吞吐着，劃着不規則的弧線……一隻龐大的單翼機垂直地掉下來，又垂直地衝上去，穿入雲裏……就在我們頭上，三隻雙翼機在圍攻一隻大得可怕的轟炸機，至少有十挺以上機關槍在放射着，那些飛機就像鑽火圈的武士似地，在火網裏邊悠然地翺翔着…

照明彈熄了以後，在東北方，五色的信號彈的霓虹燈便描在夜空了。忽然，一條探照燈的光橫掃起來，直掃在一隻正在向下撲的飛機上面。那隻飛機已經跌得很低，好像裏邊的飛行員的輪廓都看清楚了的模樣。我們沒有看見炸彈掉下，可是就在這時候，轟的一聲，一條巨大的火柱帶着一大堆黑色的什麼東西從那隻飛機下面直衝上來，像是大地咆哮起來，伸出手來想抓住它一樣。飛機惶急地升上去，好幾條青色的弧光跟着掃上去，同時銀色的烟一朵朵花似地散開在飛機的四圍，火光閃射着。飛機抖了一下，古怪地翻了一個身，在空中熊熊地燃燒起來，變成一顆沉重的火球，迅速地跌下去，一面嘶嘶地叫着。

末白

就在這短促的幾分鐘中間，——廣州市彷彿到了它的末日。差不多是同時地，幾十條巨大的火柱在我們的前後左右跳了起來。大地像馬上就要陷下去似地，呻吟着，顫抖着。那洪大的震聲把我的知覺

完全奪去了。我出神地站在那裏，什麼思想也沒有，徹頭徹尾被目前太瑰麗太神奇的景象所震懾。地上是火焰，空中也是火焰地上的房屋燃燒着，空中的飛機也燃燒，連夜雲，連月光都被燒成血色。

火在整個的空間裏邊泛濫着。

有五個用降落傘跳下來的飛行員在半空蕩漾着。一架飛機在他們四圍兜圈子，用機關槍掃射他們。

兩個爆炸起來，燃燒起來。還有三個却依舊那樣逍遙地飄着，彳亍着。

兩架飛機面對面飛來，滑稽地撞了一下，變成一團大火焰和無數小火星。在高空裏盤旋着的一架轟炸機猛地掠下來，忽然另一架正在燃燒着的轟炸機莫明其妙地遮住了它的去路，前者也一點不加思索地竄進火焰裏一同燃燒起來。

一切都是那樣混亂，飛機混亂地飛，探照燈混亂地滿天空橫掃，火焰混亂地到處噴放，高射砲也混亂地號叫。

幾分鐘以後，高射砲突然停了下來。什麼聲音都沒有了，只有飛機馬達的低微的嗡聲，正像它們來到時候一樣。

全廣州的汽笛同時響了起來，空襲已經過去了。

（宇宙風）

敵機首次寇粵記

陳乃英

機聲與怪聲——八月卅一日晨余一夢醒來，在床上運動畢，披衣而起，坐於床前東窗下之椅上；信手推窗，金風颯颯而至，涼氣侵膚，不覺有感秋神之又至，引目瞭望天際，疏星寥落而縣掛於空中，閃閃作光，欲明欲滅，正是「耿耿銀河欲曙天」之時候矣：一會兒「嗞嗞，呟呟」之聲，起於天際，愈聽愈顯而愈嘈雜，這時心靈像止水一樣靜穩的我，不禁掀起一圈一圈的疑思玄想之波瀾；於是念着：「究是什麼聲音呢，」正在疑思玄想的當中。其聲浪更大更顯而更嘈雜了，「常識」告訴我：「這是多量的飛機聲，」舉目四矚，一無所覩，「常識」在找不着物證的當兒，轉而又給疑思玄想戰勝了。這時家人輩亦受怪聲驚醒，亦以其爲機聲也，四望天際，也未之見，因之有疑及隔壁「磨地豆」（即落花生）之聲音。在互相爭論中，怪聲已隱隱而沒，於是各趨工作。一場辯論，各人均以找不到物證，遂不了而了之。

敵機之發現——過了一會兒，大約是五時許，余正從事於生活上固定之工作，——洗面漱口之際，怪聲復穩穩而起，愈聽愈顯而愈嘈雜，循聲瞭望，果見飛機二隊（每隊三架）翱翔天際，均飾作灰白色，由南東而趨於北西方。飛行極高，測其飛行方向，似趨廣州市，余嘗細聲對家人言「有敵機之可疑？」因於時間、數量、方向、及其高飛程度，而內心不能不作如是揆測以決疑也！

喜訊告訴我們——七時許，機聲復起，聲浪與前一樣，時正值「早市」之鬧，羣衆如潮一般湧至街中而看。余在後園中，果又見飛機兩隊，每隊三架，趨東南飛，似敗退而返，有一隊較近，高程比前爲低。時朝陽若豔霞照射大地；飛機若一羣大鳥，飛機身翼各部，受着朝陽之照射，彷似渲塗一層美麗之金色，閃閃作豔光，不禁憶起「猶帶昭陽日影來」之句，緣其時之景頗彷彿相似，不意戰神之萬惡凶器，亦具幾分詩意！

八時左右，機聲又起，審其聲浪，似在西南方之濃雲中。

一會又有機一架向西北而飛。

九時，有機一架向北而飛，極低極速，機尾洩烟一把。

早飯後，擊落一敵機之說，揚溢乎街中；至於擊落地點，議論紛歧，性急者均欲先看爲快。

十一時許，機聲又起，時一輪白日，高懸中天；有一白色機循莞樟公路而來，橫跨圩（大朗新圩）中而過。

晚飯後，街頭巷尾，均盛傳擊落敵機，友人葉某君邀余往大朗圩汽車站，購香港晚報，方至站，適一汽車迎面而來，車甫停，羣衆趨購晚報看。果見大號字登載「敵機襲廣州，我機驅之至虎門，擊落敵機二架於蓮花山附近之大橫村……」這時羣衆的臉孔，均掛着一付欣慰和得意之笑容！

萬人爭看敵殘機——九月一日下午，友人盧君聯輝過訪，手持用報紙包着之物件對我說：「俾

你睇吓，」余拆開報紙一看，不禁喜極而呼：『這是敵機之殘餘碎件嗎？』盧君點一點頭。余細閱之，斷它是機頭坐前之物有關掣者三右者有『上昇』二字正中者有『斜左傾右』四字，及指箭二支左者：有一可撥動之針立於上半週圓之中，其半週圓內復有夜光粉之符號10 20 30 40 50下週圓則有『司空具』及『東京』等字這確是敵機鐵證了。盧君不避辛勞危險跋涉數十里而拾得其殘餘碎件，以博一快萬人之心，亦可嘉也。盧君言：『敵機炸得粉碎，機師四人之屍體，均身首異處，肌肢狼藉塗地，』此亦予侵略者之警惕也。至於來看敵機殘件之人，充塞一室；不論男女老幼均顯着萬二分快慰萬二分得意！而笑容和喜氣皆充滿於每一個人的臉孔上了！

羣衆『同仇敵愾』之心理，由是觀之，誠可以窺其一斑矣！

（宇宙風等聯合旬刊）

敵艦襲陷金門記

佚名

金門縣爲一島，當廈門東，相距約三十里。十月二十六日，突爲敵艦襲陷。二十八日，敵艦復進佔金門西，逼近廈港口之烈嶼島，同日並襲攻泉屬之圍頭港。查敵艦於九月十四日分別襲攻廈門及泉屬之永甯鎭後，卽無甚動作。十月十七日以後，駐廈港口外逼近金門之敵驅逐艦二艘於一週間，均放汽艇在金門沿海岸採測港灣。二十四日，敵汽艇兩艘忽駛入後駐埔港，直向海岸而來。時金星小輪泊同安渡頭，備開廈門。乘客見狀，均卽起岸。敵艇仍向金星疾駛，企圖在安渡站登陸。岸上縣保安警備隊及

義勇壯丁隊，乃伏碼頭橋側，開槍還擊。一敵水兵執篙立艇首，應聲仆艙中。篙墜水，敵艇卽開機槍掃射，互戰十餘分鐘，敵乃退去。我僅壯丁一名，因發彈過多，槍管爆炸，被斷二指。二十五日，敵艦突增來九艘，連原在共十一艘，計巡洋艦二，小型航空母艦一，驅逐艦六，運輸艦二。二十六日晨四時許，敵先以八艦向金門海岸砲擊，歷一小時餘，共發砲四十餘響，同時幷向廈口砲擊。我廈港要塞砲台，爲遙援金門，亦發砲向敵艦射擊。拂曉後，敵驅逐艦三艘，駛入後埔港，開砲向岸上轟擊。同時敵輕轟炸機二架，沿岸低飛，投彈轟炸。掩護敵大型汽艇八艘，載敵陸戰隊約三百餘人，分兩路前進，大部向後埔之同安渡頭，小部向前面（地名）以機槍掃射，強迫登陸。金門原無正規軍駐防，僅有縣府之保安警備隊，不及百人。民間義勇壯丁隊兩中隊約百人，武器僅有步槍，且多舊式，然猶奮勇抵抗，激戰一小時餘。卒以衆寡器械均懸殊，且我方在海空並襲下，乃不支。敵先在前面登陸，保安隊先退却，壯丁仍浴血抗戰，結果，亦不支退却。後埔港之敵亦登陸，陸續共達四百人，在同安渡頭樹日旗。壯丁沿途在後埔鄉、水頭、古坑、金門城等處，節節抵抗。至正午十二時，敵始攻入縣治後埔市。卽縱火焚大樓一座，民房數處，佔踞縣府，設陸戰隊大隊部，開監縱犯，發出荒謬佈告與傳單，金門遂告陷落。是役壯丁抵抗最烈，陣亡二十餘人，縣長鄺漢，率縣府全部人員於敵砲轟擊時，乘預備之金星輪，退離金門，移往大嶝嶼辦公。敵因壯丁強烈抵抗，銜之刺骨。下午，卽在後埔市上搜刦，並及附近後埔、古坑、水頭、三鄉、民間金銀首飾、米、麵粉、煤油，均被刦，獲壯丁卽槍殺。死者五六人。以向在金門業醫師照相師等之台灣人十餘名爲嚮導，故其所至，地理

人事極熱。敵在金門登陸時，爲二十六日晨九時至十時四十分間，輕轟炸機一架，飛廈島北部先後三次，在要塞區共投六彈。以我高射機關仰擊甚烈，不敢低飛，目標不準，均落野地，僅傷一割草婦，斷右股，旋死。市內警報三次，人民異常鎮定，秩序極佳。下午五時，敵機三架在廈島北部五通及對海同安之澳頭偵察，旋去。金門之敵，二十七日開始向四鄉搜刼，仍以台灣人爲導。除刼物外，搜索軍械尤嚴。義勇壯丁凡爲所獲，先遭酷刑，迫供藏槍所在。但無論供出與否，均被槍殺。婦女青年者，多被擄去姦淫。上午，搜刼瓊林鄉，下午盤山鄉，以次挨刼。每至一鄉，先以轟炸機飛翔示威，然後以機槍掃射衝入，故所至輒陷。金島南部各鄉，遂盡被佔。壯丁尙有退至北部西園，沙尾各鄉據守者，人民亦扶老攜幼，隨壯丁北退。二十八日，敵繼續向北推進，壯丁絕少武器，卽有一二，亦盜舊步槍而已，仍所到隨陷。二十六七日，難民泛海逃廈有千人，逃對海同安屬者三四千，廈同距金一水之隔，僅二十餘里。一舟代價，竟達五十元。每人取資達二元。二十八日，帆船亦不易行，逃出者極少。旅廈金門同鄉組救護隊，是日推員赴金，設法援難民出險。迄二十九日，北部各鄉，殆已全入敵手。義勇隊壯丁，及有義勇隊嫌疑者，均遭槍殺。如非義勇隊壯丁，則被拘禁。婦女被擄，爲數尤衆。二十八日晨九時，敵又進佔金門縣屬金門島西介廈金間逼近廈口之烈嶼島，亦以敵艦三艘，砲擊四發，繼以敵機二架，低飛威脅，掩護汽艇八艘，拖舢舨載敵陸戰隊二百人，在羅厝垵登陸，由間諜台灣人法大山兄弟二人及許廷爲嚮導，並以飛機低飛離地數丈爲前鋒，以次入東林西方各鄉，搜刦殺擄，一如金門。當其攻烈嶼時，又以四艦兩次向廈要塞白石砲台砲擊，共

發七砲，均以距遠落水。蓋烈嶼逼近廈口，是舉亦爲掩護攻擊烈嶼計也。是日，烈嶼難民逃廈者三百餘人。

二十八晚五時，敵艦二艘，自金門駛金島北部對海泉屬圍頭港，砲擊圍頭塘東，並以二機低飛掃射，掩護汽艇十餘，載陸戰隊進撲，企圖登陸。我守軍及義勇壯丁隊，即行迎擊激戰一小時餘，敵發砲數十發。至六時許，不逞退去。我僅傷壯丁九名。圍頭爲晉門縣屬，在泉州南門外沿海之一土角，亦稱圍頭角，扼金廈同安之交，當滬港航綫之衝，地極衝要。敵既佔金門烈嶼，即在金門掘井取水，運炊具汽車登陸，並頻以飛機向廈島同安海澄漳泉海岸偵察。二十九日，敵機頻過廈市上空，警報四次。是午十一時，敵機一架，飛彈嵩汽耳路圖炸九龍江上江東橋，因我高射槍砲仰擊甚烈，因投四彈而去。又小輪同安，后川兩號，二十九午，自廈開同安，開廈中途至五通海面，爲敵機追逐低飛逼視，並盤繞同安輪，以機槍掃射，乘客幸無傷者。同午十二時，敵機一架，飛泉屬沿海，向晉江縣安海與南安縣水頭間之五里橋投三彈，僅炸燬石板二塊，傷平民三人，橋仍可通行。安海水頭之間，爲大海水沮茹窪地，橋長五里，即以渡此窪地，惟並非車路所徑，僅可行人，與惠安之洛陽橋同爲泉屬兩大工程，亦爲古蹟。同午十一時，一敵機飛安海東之東石鎮，向輪碼頭投二彈，均落曠地。同時敵復自金門以汽艇時向廈之五通與同安之澳頭間海面窺探，但不敢近。五通澳頭間，即廈門港之北口，泉廈車路，在此渡海。

又據續訊，金門敵艦，二十九日續到八艘，已增至三十一艘，登陸敵兵達千餘人。惟正規陸戰隊僅

四百人，餘均爲廈門閩南撤退之台灣浪民所組織的僞軍，以台灣人吳添壽爲指揮。（吳即原在金門開照相館者）設僞司令部後埔市原義勇壯丁隊部，駐僞軍四五百瓊林及沙尾二鄉，設僞分隊部，各駐百餘人。原在金門業西醫牙醫照相師之台灣人及漢奸許廷芳，陳永康，吳海水，許肚，洪清池，洪大山，等十一人爲重要人物至二十九日，金門全島均陷敵手。二十八九日，敵繼續刦掠姦淫，殺戮益烈。舉例如下：持鄉三婦被強姦致死。水頭兩婦被輪姦數小時後釋放。後埔許崗一養女強姦，不從被殺。又二少女被褫衣輪姦。水頭教員張某之女十八歲，強姦不從，奮拒罵賊，被破腹殺死。又一耳聾之老婦亦被殺死。賊衆以每十餘人爲一隊，沿鄉搜刦，挨戶不免，金銀飾器，槍械手電筒均被刦。婦女莫不遭其蹂躪。青年多被縛押落敵艦。商店住家，夜間均不許閉戶，賊兵隨時闖入，殆已全入悲慘地獄境。二十九日，廈同鄉救濟隊僱船設法沿海撈救出險逃廈門同安之難民極衆。計自二十六日迄二十九日，逃出難民八千餘人，留金者尚有三萬餘人。金門雖一小地，民衆赴南洋居多，約有三萬餘人，僅留其眷屬在籍，故金門人口以婦女爲多數。二十九日，新加坡金門華僑電匯五千元來廈，囑爲救濟，並續撈出險。惟敵在金現禁人民逃出，挨戶搜查，已逃出壯丁，勒限追回。二十八日晨佔烈嶼之敵三百人，即晚復回敵艦，二十九日未再登陸。惟敵艦仍泊烈嶼旁。又金門縣長鄺漢二十八日到漳，當以其於敵未登陸時，即先逃大嶝，扣留查辦。

查金門島孤懸大海，東望台灣，東北隔圍頭灣與晉江南境相望，北與南安之石井汎相望，西北與

同安相望，西蔽廈門，當廈之要塞胡里山，白石，磐石等砲台，爲扼險之地。綰台灣，澎湖，廈門，漳泉，沿海之樞，東海與南海，卽由對岸海澄之鎭海角劃分，與廈門尤唇齒相依。金門既失，廈門當然感極大之威脅。因正當廈門南北兩港口，故自二十七日起，自廈門往內地小輪除港內赴石碼，漳州，白水營及同安外，出港赴興泉漳各屬小輪均停駛，全賴陸上交通往滬福汕港及南洋海輪，均屬外商則仍照常出入。連日敵艦敵機雖對廈門威脅，惟我防務極固，決非敵之陸戰隊所能得逞。一般觀察，金廈從軍事、政治、經濟、交通上均不影響我國全局且並不大影響於閩省。惟金廈距香港僅二百二十海里，戰艦七小時餘可達，飛機僅一小時餘，敵方佔金窺廈顯然爲對香港之示威。英海陸空軍方於二十五日至二十九日在香港舉行大演習，敵卽於二十六日突佔金門，亦可深長思也。

（申報）

抗戰叢書

淪陷後的上海

天行編

華中圖書公司發行

1938

抗戰叢書第二輯

論陷後的上海

史天行編

華中圖書公司發行

民國二十七年三月

抗戰叢書第二輯
淪陷後的上海
實價二角

著作者　史天行
發行者　唐性天
出版者　華中圖書公司　漢口特三區湖北街
總發行所　華中圖書公司　電話二四二八二
分發行所　華中圖書公司分店　武昌漢陽門大街　重慶天主堂街

中華民國二十七年三月二十日初版
一——四〇〇〇冊

目次

大上海的淪陷

緯之

大上海！淪陷了！

這原在我們預料中的。在全面抗戰的立場上說，經過整整三個月的浴血抗戰，僅僅犧牲了區區淞滬一隅，我們不應該悲傷，我們正應該堅毅，沉着這三個月來國軍的抗戰精神！

然而，當我們聽到最後一發的槍聲，世界六大都會之一的大上海淪陷的時候，自然免不了一時的悲痛！上海二三百萬市民，怎忍得與國軍告別！

烈焰在心頭燃燒！熱血在全身沸騰！

1

當我們不得不由大場閘北退守蘇州河南岸一帶的時候，每一個人都發出「保衛

「大上海」的吼聲——大上海，我們是決不輕易放棄的，卽使在萬不得已的時候，我們還得要死守的。那時已決定了保衛大上海的計劃：在萬不得已，不得不再由滬西蘇州河沿岸撤退的時候，我們是預備以四師的兵力「死守南市」。後來野山嘴海岸，意外地被敵人上了陸，直驅而進，連占張堰松隱等鎮，於是浦東受到重大的後背威脅，顯然也站立不住了。這時候，軍事最高當局乃又下令減以兩師的兵力，死守南市。實際上南市範圍雖大，有兩師兵力和保安隊，警察大隊，已儘够「死守」；并決定由八十八師和三十六師駐防南市；但最後忽然又改變方針，僅調駐守浦東的第五十五師的張彬旅部六營兵力，移守南市，而保安隊大部分在新龍華已沒有後路可以開來，於是由五十五師的六營兵，和少數的保安隊，約四千人的警察大隊，和少數的別動隊，合計僅約一萬人的兵力，受命「固守」南市，到這時候，放棄南市，僅僅是遲早問題，而決不是可以「死守」得住的了。然而我們還得作最後的掙扎！

南市已陷於「四面楚歌」！

九日起，孤城的南市，已開始攻守。我軍即在日暉港的東岸防禦，日暉港上的橋樑，自然已被我軍炸燬，以阻敵人的前進。那時，敵人剛從蘇州河沿岸移師過來，陣地器械還沒有佈置完竣，所以那天的砲火，幷不怎樣厲害。

十日全天，砲火繼續不斷，可幷不十分兇猛，但飛機轟炸甚烈，多處起火延燒。曾的確被我軍擊落重轟炸機兩架。

到了十日夜裏，十一日的早晨，敵人便開始總攻，在徐家匯龍華及楓林橋一帶，都有砲位，更在蘇州河附近設置重砲，越租界轟擊南市，同時日暉港西岸敵軍亦開始出擊，砲火通宵未停，到十一日早上，敵人砲火愈烈，我軍隔河應戰，沉着抵抗。在十六舖方面，敵人開來兩艘淺水兵艦，泊於浦江封鎖線附近，另用小汽艇載着士兵越過封鎖線，襲我後方。同時浦東敵軍也開砲轟擊，目的在牽制我沿浦的兵隊。

4

我們自日暉港至黃浦江畔，再沿浦滙東到陸家濱路直到製造局路一帶，歸五十五師防守。自陸家濱路一直到城廂十六鋪一帶，統歸警察大隊負責。旅長張彬的司令部設於徽寧會館，警察局長蔡劲軍則在蓬萊路方面督師。共有輕重機關槍七八十挺。高射砲七八尊，野戰砲二門。

敵人的砲聲密如機關槍，五六架飛機在上空川流不息地轟炸，我們沿日暉港的重要防禦物，盡被破壞，接着敵人便施放濃密的烟幕，歷兩小時而不散。到下午一時半，敵人步隊便由平陰橋方面（裏日暉港）架橋渡河，這時的砲聲機關槍聲和步槍聲，密集得分辨不出，在日暉港沿岸的我軍，漸漸的抵當不住了。電話線立刻都被毀斷，敵人便長驅而進。那時蔡劲軍局長欲再和張彬旅長通電話，已不能接通。張旅長的司令部，却已被敵人占領了。

軍隊抵當不住，南市一帶，全軍已失去指揮能力，一時陷於混戰狀態中。敵人鐵甲車四輛，亦已很迅速地渡過日暉港，直衝斜橋方面而來，敵燄更形囂張，蔡局

長遠飛調沿浦警察大隊一部份，趕往陸家濱路一線，聯合局門路製造局路一帶兵險，固守抵抗。而警察大隊第五中隊長鍾揚，扼守局門路徽寧路方面抗戰，雖實力懸殊，仍奮力抵禦，就在這時，鍾隊長完成他最後的使命，為國捐軀了！

到了下午四時許，陸家濱路的中央據點，已被敵人的鐵甲車衝破。同時陸家濱路沿浦的一角，約軍警三百餘人，立刻被包圍起來，而十六舖方面敵人的小汽艇紛紛越過封鎖線，深入裏黃浦，沿岸我軍警雖用機關槍密集掃射，斃敵無算。究以浦東方面敵人發砲過密，敵人便在濃烈的砲火掩護下企圖登岸，卒被成功，於是我軍陣地愈縮愈小。製造局路方面敵人的鐵甲車勢欲向方斜路繞租界邊區衝來，經我軍集結火力擊退。當時在大吉路林蔭路大林路一帶的難民，約有四五萬之衆，結聚在槍林彈雨之中，進退不得，死傷遍地，慘不忍覩！激戰至夜十一時許，張旅長蔡局長遂奉令率領部下，忍痛作有秩序的退卻。但是還有一部份隊伍，不願退去，誓必與陣地共亡。被圍於陸家濱路沿浦一角的孤軍，因命令不能達到，始終抵抗到底，

6

不屈不撓！十二日全天，沿浦以及城區中各高大建築物中的我忠烈戰士，仍不絕和敵人作最後的厮殺。

這是八一三以來整整第三個月的最後一天！

我們忠毅節烈，殉國戰士的幽魂，和上海三百萬民衆的熱血，永遠凝結着大上海！

上海點描

一

南市我最後一部份英勇的弟兄，也壯烈地犧牲了。

大上海落在敵人的魔手裏！

五百磅重的一個大炸彈，落在南市各街巷，房子被炸掉了，同胞的頭炸開來了！血肉與火焰齊飛。南市變成了裂開來的火山口。

黑雲彌漫了天空，看不見一絲太陽，大上海在哭，三十多萬的難民在哭。

人們的心也彷彿一下子落在敵人的魔手裏了，失去了鎮定，失去了歡笑。

不祥的消息，就像帶在開足了的馬達的輪子上不斷地傳開去。

7

8

「×處，漢奸在散傳單！」

「×××要粉墨登場了！」

「交通斷絕，上海三百五十萬的人口要斷糧了！」

胆怯的人們在嚷着：「大禍臨頭！」懊惱着自己爲什麼不早一點離開上海。

頑强的人們伸直了腰桿子，準備給打擊者以打擊。

二

在米店的門口，擁滿了提着籃子上早市的人，他們握着拳頭，雨一般地敲着那米店裏緊閉着的門，人們的嗓子喊啞了；爲什麼有米不賣給我們！

「媽的，漢奸還不是想趁火打劫，抬高市價嗎！」

「赤那格娘，阿是想把米，留着賣給東洋人？」

裏面的回音，一點也沒有。各大報的新聞欄裏，分明地登着「上海糧食充足，

市民勿憂」的消息。

三

大飯店的住客牌子上面，寫滿了人名字，酒店的老板，耽心明天是否買得着魚肉。

男人一睜開眼睛，就吩咐女人，今天別忘記了割一塊錢的豬肉。

於是，肉價也漲了價。一塊錢要買到兩斤多，現在，現在一塊錢只買着那薄薄的一塊，鬼才相信，那還有一斤足數！

女人吝惜那手中的一塊錢，心中想，吃肉吃不起、就去買一點青菜吧！誰知道青菜也漲價了。問價錢，他却要四百六十文一斤，翻開來一看那菜葉子上面却盡是虫眼。

要買好的嗎？這兒也有，價錢是兩毫錢一斤，少一個子兒你休開口。

9

四

十一月十一日，大美晚報刊出了一條有人要求工部局，取締新聞，工部局現正考慮中等等的消息。

於是大街小巷傳說着××與××兩大報即將停刊了，某某報要搬到內地去出版。某報有變成漢奸報的可能。無數個讀者一致同聲地問「××日報」明天是否出版？

文化人耽心着上海將要變成一座死城了。據說連××局也着了慌，派出人四處去打聽着，各報停刊的消息，是否事實。

第二天，各報依舊刊出了堅決的社論，謠言漸漸地淡了。

五

十一月十三日，南市仍舊混亂，男哭女嚎，一片淒慘的聲音，彷彿刀一般地刺進了人們的心。難民們已經餓了三天三夜，雖則有幾個慈善團體，送去了一點糧食，但是粥少僧多，沒有進一點飲食的，依舊是數不勝數。

這是一幅慘絕人道的情景，不，預料比這更慘絕的事實卽將到來了，這裏抄下一段立報的記載：「十二時二十五分新北門障川街突然由城內穿出敵兵三十多名，將沙包占據插上太陽旗幟。用槍刺將四圍難民驅散，這時整條民國路的難民是受驚了……。

二時二十分，新北門又穿出小型坦克車二輛，西向循民國路巡行了一週，機聲軋軋，輪齒也把我們的路面咬破了：步兵十四名也隨車遊行示威，馬路兩旁我們非武裝的平民都呆住了。

二點半，三個工人模樣的青年在潘家街口被抄，檢查了好久。此後就下落不明……」

現在十多萬的難民，是被圍困在敵人的鐵蹄下了，讀者諸君，請想想他們以後的情景吧？

六

在霞飛路杜美路口，那一塊四面圍着竹籬的空地上，立滿了我們從南市退出的弟兄們，其中有警察，有公民訓練隊，有壯丁。武裝的軍隊圍繞在周圍。

突然有一個青年的小夥子，流着淚。伏在竹籬邊高聲地向裏面嚷着：「我代表全上海的同胞們向你們致敬，你們是爲了租界的安全，爲了南市二十多萬難民的安全才退出來的，你們一點也不慚愧。失敗是成功之母，我們不應該灰心，長期的抗戰，是不在乎一時一地的得失的。」

裏面的人都抬起了腦袋，一個身上還穿着民衆送給他的棉背心的弟兄，在嗚咽啜泣了。他們都一致地點點腦袋。

裏面的人和外面的人，互相地招着手，互相地嚷着各人的名字，被請的人與請的人的嚷聲吻合時，便互相地笑了，他們慶幸着沒有犧牲在敵人的砲火下。

嚷聲得不着回應的也有，他們臉上露出了焦急的表情，那一對滿含着淚水的瞳子呵！彷彿敵艦上面的探海燈似的，向着竹籬圈子裏亂射着。他們的兒子，兄弟，丈夫，也許早已成仁了吧？終於拖着沉重的脚步走開去。

旁觀的人也拖着沉重的脚步走開去。

七

是南市敵我激戰得最激烈的時候，是上海陷落的剎那，在傷兵醫院中，四五個弟兄，正在爲着看護小姐幾天不給報他們讀而吵鬧着。

「爲什麼不給報咱們讀，咱們身上掛了彩，眼睛又沒有掛彩！」

有幾個敏捷的弟兄，已經從砲聲的方向，看護小姐的臉上，意識到不給他們報

紙讀，是怎麼一回事情。便坐在床上嘰哩咕嚕着。

「媽媽的，有什麼了不起，頂多是東洋鬼子將上海拿去了，我們老早的計劃，就要退到國防線上去打呢？」

可是看護小姐為了他們身上未愈的創傷，又怎麼忍心將『大上海陷落』的消息告訴給他們呢。

天堂慘景

街頭雜碎之一

葉　井

大上海陷落了！托庇於鐵門之內的租界，雖然還是一片笙歌之聲，跳舞場門前的霓紅燈正和南市的火光相映爭輝，坐在電影院裏的紳士太太們或許不相信近在咫的鐵門那一面，有一個像地獄一樣暗無天日的難民區；或者，因爲無綫電中熱心的宣傳，曾經在一個歡笑聲中打動了他們的心，他們就隨意地施捨過一筆錢，而博得一個慈善家的頭銜。但是，還有無量數的生命，他們是盲目地搴進租界裏來了，他們沒有帶得在戰區裏的財產。——他們想保障他們的生命而喪失了所有的財產，然

而不知道喪失了財產後的生命也是沒有保障的。房租在二房東的算盤下嚇得他們吐出舌頭來，亭子間要二十塊錢，而且整天奔走的結果，好像租界的範圍突然縮小了，要發現一張召租的紅紙條，幾乎要看花了眼睛。於是，馬路邊的人行道上，弄堂的過街樓下，都做了他們「暫避風雨」之所。

住的問題就算解決了，你能餓着肚子歇下去嗎？民食調節委員會雖然嚴禁米價高漲，但是米的成色，重量，暗中的減少，不就是明明增高了價格嗎？這還在其次，我死守南市的軍警奉命撤退的下一天，租界上的米店突然閉起門來，就是「存米售罄」。我們暫時不管它是事實，或是變相的「屯積居奇」，對於這些塞進租界裏來的難民總是一個重大的致命傷。至於在難民區坐以待斃的，更是使人欲哭無淚呢！

菜蔬問題，自然也同樣嚴重化了。昨天早上，我特地到一個小菜場上去巡視一周。有許多主婦，提着一隻菜籃，徘徊在人叢之間，她不知道如何去支配袋裏僅有的幾個錢，終於提着空籃回去了。在一個蘿卜攤上，有個中年人用顫慄的手指揀出

四個蘿卜，但當那菜販告訴他要一千文的時候，他彷彿是法庭上宣判死刑的囚犯，呆立着半晌還不出價來。他看來是個小學教員，這隻「清苦」的飯碗到現在叫他如何去維持一家的生活呢？誰無父母，誰無妻子，我再不敢想這些生命將來要受到如何的磨折？

但是是誰之賜呢？

從小菜場出來，又去巡視了幾家比較規模大一點的米店，在鄭家木橋，八仙橋，菜市路，辣斐德路上的幾家米店門前，人像潮一樣擁塞着，有的門前攔了鐵絲網，由租界當局內巡警守着兩旁出入口，人潮就無形地排列了隊伍，依次購買，這些人的手裏都提着一個鉛桶，或者一個包袱，摸索着一張折疊的鈔票，慢慢授到米伙計的手裏，而換來的這一點米，他們能够維持幾天呢？

回到家裏，心裏壓着一塊重鉛一樣，自己不是也遭受着同樣的命運嗎？

17

18

蘇州河北岸一瞥

憑弔戰後殘酷的陳迹

春江

大上海的四週，都被敵燄包圍着，東南西三面的天空中，鎮日透露着滿天的火光，濃煙密佈，我不忍永站在可佈的煙霧裏。一幕一幕看着家破人亡的悲劇續演下去，在今天的早晨；獨自地跑到了蘇州河以北的所謂公共租界開放區，可是耳聞目睹，亦無非是殘酷的陳迹，在這號稱東方巴黎的都市，那一處可以找到一塊乾淨土，侵略者的炮火，給予我們的創痕，實在太深刻了。

從蘇州河以北起，北至寶山路口界路上，十四路無軌電車已通行了。西至北西

藏路，東達北江西路，這小小的區域裏，居民並不見多，商店也大都關閉，無法營業，馬路上來往的人；雖然男女老幼都有，可是沒有見到一個衣服完整的行人，本來這裏是公共租界的一角，也就是所謂安全地帶的一隅。可是也滿露着淒涼蕭條的景象，從北江西路海寧路老靶子路等處。英國軍隊防線的沙袋，遙望路的東邊，敵人也在堆置着沙袋，設立了防禦工程，和英軍防線，互相對峙，路的中間，鉛絲網靜靜地橫躺在這沉毅的柏油路上，二三個穿了黃色軍服的敵兵，荷着槍，在他們防地裏行動。

海寧路伯頓路口勤泰煙紙店，同順醬園號，以及對面的張鼎泰醬園，都呈着摧殘的陳迹。據附近一個居民這樣地說：「張鼎泰一度中了流彈，紅色的圍牆上，還留着炮彈的創痕，勤泰煙紙店也被流彈所擊中，且曾遭小偷的光顧，臨走還放了一把火，可謂禍不單行，同順醬園以及左邊的三家民房，被小偸光顧最烈。生財物件；弄了個乾淨，所見得到的；僅是一個房屋的輪廓。……」他不斷地申述着，顯露

着無窮的喟歎。

北站大旅館，是位於界路的南首，接近着火線，我得到了一位英兵的許可，始得一登這刦後的危樓，旅館內部，一片瓦礫，床帳凳椅，狼籍滿地，我從這瓦礫堆裏，走上四層樓，在一個窗口中，看了這抗戰的北戰場。兩路管理局的大厦，雖經創痍滿目，依舊保持着巍然的雄姿，在這大厦的頂上，已懸掛了太陽旗，每一個窗中，猶可以看到我軍抗戰的遺迹。黃色的沙袋，一疊一疊的透露在我的眼中，寶山路口站立的敵軍，有海軍陸戰隊，也有正規軍，同時有二輛軍用卡車，正由寶山路的後面，直駛到路口，車上滿裝着海軍陸戰隊，寶山路東面房屋，似乎還完整一些，再望北看，所見到的，無非一片荒凉，比較一二八要超過好幾倍。

歸來的時候，經過了愛而近路，北浙江路，到達了開封路，這是我軍退守滬西時遭敵人縱火焚毀的。從開封路起直至阿拉白斯脫路止，都是焚毀的陳迹，據說這場大火，一直要燒小沙渡路周家橋爲止。方圓四五里，頹垣殘壁，觸目傷心，在這

火場南邊，巍巍的大樓，就是八百孤軍死守的大陸倉庫及四行堆棧。現在呢？人去樓空；風雲變色，僅供我們的憑弔罷了。歸途中陣陣的風，絲絲約雨，似乎對此浩刦，也表示着無限的同情和哀痛。

21

火焰中的南市

這仇恨將永遠刻在我們的心中

嗣來

自南市我軍撤退後，南市即被敵軍縱火着焚燒，一直到今天還沒有熄滅，而且火勢愈燒愈烈，大東門外的火，在在已經由大碼頭街向南棧燒去。斜橋一帶燒至海潮寺，要算這一段之火，佔地最廣，它的長徑幾達三里之遠。

深夜，站立在較高的大厦中，可以望見南市冲入雲間的火焰，那火焰一望無涯。激蕩中的火勢，就彷彿大海中被暴風雨掀起的波浪，我們望着一棟棟的屋子被火口吞進去，一會兒，數十棟，數百棟的房子，溶化在火口中了——衝出這火口的，只

是一股無質的青煙，無數個同胞多少年來的血汗，變成了青煙，無數個同胞的生命，葬送在火窟中了。

這仇怨，將永遠地刻劃在我們的心中！

記者昨天曾經親眼看見了一羣從火口中逃出的難民，他們眞可以算得是體無完膚，沒有一個人不被火燒傷了的，有的半邊臉被火薰焦了，有的整個的頭髮被燃去，創處就彷彿患了「楊梅」大瘡，又像廣東店內賣的燒蠟，呈現着一種恐怖的紫紅色。

從他們的口中知道他們是從林蔭路，大吉路一帶跑出來的。敵人到達南市後，卽沿街沿巷放火，前天晚上，火勢便由大林路燃燒到了林蔭路，他們躲在一間高大的屋子裏面，已經兩天兩夜未食，其先他們聽見街道上我英勇的弟兄們喊殺聲，後來這聲音便和着機關槍聲去了。不久便聽見敵人的坦克車咬着柏油路軋軋的聲音，等這聲音走過後，他們正預備跑出來時，忽然砲彈像雨一般地落在他們屋子的附近

。於是，他們就只好繼續地躲在裏面，這時，他們都差不多餓倒了。外面大火時，他們全不知道，一直到火焰冲進了屋子，他們才開始跑，那時，他們已管不了路上的敵軍了，敵人就在林蔭路大吉路口架着兩架機關槍，向他們掃，他們其中一部份是犧牲在敵人的機關槍下了，只要是被射中的，沒有一個還跑得出來，他們經過了黃家闕路，桑園街等處才跑出來，這些地方沒有一處不是大火。

據他們其中的一個說，在桑園街附近的某處上，已經有漢奸的機關成立了，插着太陽相彷彿的大旗子，漢奸每個人手上，都握着一根木棍棒，把持在各路口，他們親眼看見在桑園街某段放火，一面放火就搜刧，在路上漢奸們差不多每個人的手上都提着很多的東西，南市已整個地變了焦土，這空前的浩刧！

南市脫險記

陳天賜

筆者有一親戚，昨天方自南市脫險出來，叙述一切甚詳，現特轉錄如下：

他是一個雜貨商人，在城內開設雜貨店，自滬戰發生，即舉家避難租界。後由國際救濟會在南市劃分難民區，他家適在難民區域內，因店中尙有存貨不少，故即獨自返家營業，以便將存貨脫售。如局勢不發生變化，擬再携家住居。

不料難民區實行後，南市的形勢一天緊一天，而各難民的糧食，無法送入，接連兩天未得飲食，他的雜貨店倒叨了光，所有能充饑的食品，全都售空。

在十一日那天，我防軍節節失利，同時難民區受到了敵軍的砲彈，頓時亂了起來。他也封鎖了店門，想逃入租界，但是老北門，南陽橋等處的鐵門，早已關起。

但見沿途由西逃來的難民絡續不絕，俱向難民區奔逃，想藉難民區保護，而他們却不知難民區已受到砲彈，也不是安全的地方了。

說來也傷心，一班剛從斜橋，陸家濱路等戰區逃來的難民，因跑得精疲力盡，全坐在法華民國路上休息，但是路上四處滿佈糞穢，因難民區中所設的厠所，莫不滿坑滿谷，而又無人清除，致各難民不得已便沿路亂溺，故凡走過法華民國路，脚上衣上大多染上糞汁，故那班席地而休息的難民，因之便滿身全是，臭不可聞。

他因無路通入租界，便冒險想到戰線，一探虛實。當由法華民國路朝西，折入南陽橋時，只見我們許多忠勇的戰士，都在解除武裝，這種情形當然不是好現象。於是他不敢從大路走，專抄各處小路，當他已摸索到打浦路時，正是中日兩軍戰得激烈的時候。我軍後防已作有秩序的退走，只留兩機關槍手搖着機關槍，阻住敵軍前進，但是日軍約有一二百人，攻勢甚猛，戰了有一二小時，我方的兩位勇士，似乎沒有了槍彈，便偷偷丟了機槍，爬過圍牆而至法租界了。

那時敵軍尚未發覺，因久不聞機槍聲，便有五個敵兵匍匐前進，探看動情，後來見到只有機沒有槍手，才敢大隊進行。

他這時避在一個很安全的屋子裏，深恐給敵軍搜到，所以不敢出來。直至天黑，他始繼續出發。在打浦橋不到的地方，地上躺着一個公民兵屍首，另外有一個則尚有氣，法兵見義勇爲，叫安南巡捕爬過岸來，把他拖到對岸，以便送入醫院醫治。

此時打浦橋下的萬昌煤號已被敵軍放火在燒，隔壁的那家浴室也被波及，因爲萬昌尚有存煤，所以火勢猛烈，天也被染得通紅，對岸的法租界救火員看得不忍，便爬過鐵絲網，想把皮帶管子拖至岸上施救；然而坐在橋下電線木旁休息的敵兵不允，竟朝救火員開槍，因之嚇得他們連忙退入租界。

27

他原想再向西朝日暉橋去，看該處情形，後因見前面隱約有日兵駐守。便退了出來，朝南循斜土路向難民區去，不料在新橋路被敵方一個兵捉住，他想性命終是

不保了，可是那個兵却說一口北方話，向他討煙吃　他看那個兵很是和氣，並無兇蠻的態度，便覺膽壯起來，要求他放他到安全地帶，他一口答應。並告訴他關於他的一切歷史，很有記的價值。

原來那個兵是我們東三省人，被敵軍逼着來打仗的。在出發前，由日軍發護號兩張，一張由本人佩帶，一張由家中保存，如果他們戰死，家中可憑保存的那張護號領餉，假使他們有反動的嫌疑，或是對日軍有損害的地方，便全家處死。他們作戰的武器，都是舊式的步槍，新式的槍械，機關槍，大砲等，全是日軍親自施用，所以他們即使要反正，亦是很難的，因此他們和我軍作戰時，槍都朝天開，寧願犧牲自己的性命。再者南市各處大火，都是日軍放的，他們並不參加，且對我們百姓，不加殺害，致火線方面逃出的難民，均爲他們指示而達安全地帶。

他經那個兵的指示果然一路再沒碰到駐兵，很平安的抵達老北門，但是鐵門依舊關着。後來有一家可通租界的店家，突然開了門，放入一批人，他見有此機會，

29

便也跟着他們想混進去，可是那店家攔阻不允，說那十個人曾得到應許。他人不準通行。

他既無路可通達租界，便也死心的仍舊在家裏宿了一夜，直到十二日有幾家煙店，互相商議，不忍看那班難民受苦，便決意開啓店門，頓時一班難民便似潮水樣的擁出，自上午八時起至十二時止，足足有二三萬人放出，他便是其中脫險的一個。

30

乍浦到浦東

羅 平

居住在內陸的人，對於海是一種想像，到過海濱觀望一次後，不由不使人起深切的眷憂，尤其是在全面抗戰勃發的時候，海上是更當爲我們所懷念了。

我們的國土一大半是被海水環抱着的，祇有到海濱上去，能看出我們無限大的祖國的邊緣，能深深感到生息在內面的四萬萬生命的親切，在東海之濱，我們向外瞭望，更容易感受到有一種暴力迫切在我們的眉頭。

東海是染有歷史的血汁的，遠在明季便成了敵國殘暴的侵略的戰場。雖然是他們另外一個種族倭奴(Aina)但在他們的血統上是留着傳魔性的柯奢麻允(Koshamai已)的毒素的，他們永遠以蠻橫的海盜行爲，來侵擾他們和善的鄰國。

31

乍浦之夜

那是一個明朗的早晨，使我有個機會附乘了×縣長的專車，向着深廣的村野東南駛去，約二十餘分鐘便到了久爲人所熟聞的乍浦。由於他們的盛意，被邀參加了該地的壯丁檢閱。

我們一行五個人，沿着一條狹窄的小路，到一個廣闊的校場，這時場上已集齊了武裝的壯丁，一排一排地立正着，我們打從他們的身邊經過，是鐵一般的寂靜，看每一個人的表情，都煥發出堅苦的光彩，而且涵蓄着英勇的精神。

近閱以後，我們便登上——檢閱台，在台上，展開我們眼前的，是一表肅穆的氣象，一邊是堅定的行列，一邊是來觀望的千萬市民的歡顏。他們的背影一半是投在高崇的天際，一半是在遠闊的海面。校場的中央筆直地揷着一枝旗杆，頂端是飄揚的國旗，被頑强的海風吹逐着，在和暖的陽光裏，閃耀着鮮明的彩色。檢閱的儀

式的最後一個節目是呼口號，千百萬張嘴吧，同時喊出了一個聲音「打倒日本帝國主義，」這壯烈的一聲聲，我們能想像到它們將永遠環繞在那蒼茫的東海的海空，九峯山崇高的山巔。

不久我們便到旅邸休息，這時出現了一名勇將謝×長，他是駐守在此地的，看到他飽經風霜的面貌，配合他那爽朗的談吐，使人很感興奮。不覺使我想起這邊的歷史：

「你正可以做戚繼光第二，將來戰爭勝利以後，這裏的人也會給你立廟的。」他聽了我的話客氣了一番，接着很堅定的說：「這是我們軍人的本分，在我駐守的地方，如果讓一個敵人踏上岸來，我就不姓謝。」

「要是他們眞的來怎樣？」我打趣着說。

「來，他們敢來？你要知道這裏的工事非常堅固，這種工事是出於敵人意料以外的，不過，他們眞要來試一下我也並不反對，似乎沒有什麼好答謝他們，祇有抖

他們一個個「招魂」回去！」

這邊的海灘斜度很淺，沙質是異乎尋常的，人們都稱之爲「鐵板沙」，潮過之後，人便可以下去走，有時能走二三十里外，也許因此，敵艦在這邊是失了它的活動能力，雖然常有敵艦出沒其間，但都十分忌避的，現在我們祇能在飃渺的煙波中，看它們的淡影。這却使我回憶起一件有趣的事，那是在一個偶然的機會，聽到孩子們一席話，他們一羣三五個人，蹲在剛落潮的灘上，大概在拾蠣貝吧。

「一定是這個了」，一個滿臉麻點的孩子手指着遠方說。

「唔，那就是東洋鬼子？」另外幾個不約而同都放手到眼上擦了擦，想看它個明白。

「那有什麼稀奇。把它刷了去！」一個最幼小的孩子，揚着手裡一枝狗尾草，有的就抓了蠣貝，瞄準海上那顆灰點，像一陣急雨似的撒去。

我們由這些天眞的談話中，也可以看出抗敵情緒的另一面吧。

沒有住慣海濱的，似乎覺得日子特別長，在晚餐後，我們走向海濱去，沿了一條悠長的海岸線，這時候，無邊的月光，照着無邊的海洋。大家都在沉默中，祇有海濤，發出的聲音。

「以前我是參加過許多次的內戰，此刻能把槍口對外，意味就兩樣了。」夾在我們一行人中間，×長說了這樣的話，配着這樣的環境，聽來確是無限感慨的。海濱的地方是多產蒹葭的，它的葉像利劍似的，閃着幽幽的光，一把一把的叢集在黑土上面。

浪潮越起越大，竟向塘邊撲來了，夾在內中是一聲聲悲壯而悠長的號令：「一——二——三——四和浪潮一樣，從遠方傳來，想必這正是千百個壯丁，乘着月光，在校場上操練的時候。

迎面來的，就是九峯山，山影橫在我們眼前，彷彿是無數連抱的巨人，海鷗從它們的身邊側過，那潑剌的飛姿，正可以和站在防崗上的瞭望哨併在一起看。每一

崗的哨兵，神色都是非常沉着，面向着遼闊的海洋，期待着怒潮的翻捲，肩荷了一枝槍，刺刀在他們的背影間，散放出一閃一閃的寒光。要是從遠遠的地方望去，他們好似一根朝天刺去的鋼針，祗是影子，凝在月光和水光交蒙着的銀霧中。

記者跑了不少地方，看到沿海一帶的工事確實是非常堅固的，有幾處還在加强而又加强。當我們路過時，看到軍民正在一塊兒說說笑笑，完成他們所指定的工事。

由於民衆一切積極表現的事實，連同一個異國友人也深深感動了，他是意大利人，留在中國已經十年了，主持橫山上的一個敎堂，當敵艦活躍於海面於時候，有人勸他逃避，但他不接受這好意。他說「我是中國人，所以我要死就在這裏！」因此有人認他是奸細，雖經他絕對否認，似乎不能擺脫這嫌疑，終於後來事實證明，他在山巔常見有信號出現，便下了一番偵察功夫，親自捉了個漢奸解送到軍隊。像這種「中國之友」；確是使我們感激的，還可以說完全由於中國此次壯烈的抗戰激

動了他的。我們相信，祇要我們能堅持着抗戰，世界上對於中國更會發出正義來，以至保證我們最後的勝利。

鹽魚及棉

濱海一帶主要的產物是鹽，此次是魚和棉。從海鹽一直到川沙，是記者足跡所及的地方。那裏的居民全靠這一種作業來維持的，但他們生活大都非常艱苦，常有晨餐而無晚餐，平日每餐的物食不過是些米湯之類。

普通是以鹽爲主業，也有以漁和棉爲他們的副業的，我們不要以爲他們有這三種作業，生活當不成問題，那知他們時刻在飢寒交迫中，辛苦了一年，仍是兩手空空，更甚是鹽民，受鹽商，灘長和稅吏的幾重剝削，他們要從千百粒鹽上得到利益，是更要比農民的一粒穀米艱苦得多。

自從敵艦在海面出現後，他們的生活更不堪想像了，尤其是「海沙場」和「飽

廊場」的鹽民，他們的鹽是設灶煎煮的，目前可不能作了，因爲怕敵機認作之目標，根本不能有火光，於是千百處鹽灶從此熄歇。就是以日光曬鹽的「蘆瀝場」也成問題了，因他們近塘岸的稱爲「中級」的灘地以及「滷漏」有時爲建築工事的關係而停止製造了。

這種影響當然出於不得已，可恨的是他們還要慘被敵人刼掠。本月初，海鹽有三船的鹽打海道運走，不料在中途被敵艦看見，便開槍勒令停船，自然他們不願以自己血汗得來的東西輕易放棄的，他們祇有不加理會，讓船繼續行駛。這可激怒了敵兵，立刻放出一隻汽船來用密集的子彈對準船上射擊，結果是被擊斃一個船夫，把三隻船迫到艦邊，鹽統統搬了進去。在非戰鬥員的鹽民魚民身上，搜索血汗，原是敵人經常的行爲，什麼皇軍，是澈頭澈尾的海盜！

魚民在沿居海民中雖是占次多數，可是他們的生活的艱苦和鹽民沒有不同，戰前他們還可以在海面攏捕，勉强渡他們簡單的生活，現在也不可能了，如果有機會

讓他們下海去，就準會被敵艦連人帶船擄了去。現在他們祇有對着高擱在岸邊的漁船興嘆了，在平湖，是個奸商私運了五百石米接濟敵艦，被民衆告發了，當下就把它扣留，由縣長散發給了漁民，雖然暫時可以安定下他們的生活，然而這終不是根本解決的辦法。

至於棉花，也已成爲急待解決的問題，沿海一帶土地是鹹性，不宜種別的東西，因此，百分之七十都是種植棉花了，這裏的棉花原都由上海的紗廠來收買，現在上海敵國的紗廠，根本不能再來，而中國的紗廠却又遲遲沒有開工。於是把早已收穫的棉花，擱了起來。「今年原已遭受了風災，每畝減收了，却不料往年每担十五六塊，現在跌到六七塊都沒有人要。」一個「棉」民曾對我說過這樣感慨的話。

聽說各上屬機關都擬派人來收買，然而至今還未見實行，地方政府也曾爲他們設法過，即是向銀行借欵接濟，以棉花作抵押。可是銀行不肯接受，說是如果這邊戰事發生，敵兵上了岸，就多受損失。但他們却沒有想到，萬一這邊失掉了，而談

行所在地就要成爲第一道戰線，經過再三情戀，總算答應下來，不過附有個條件，須將抵押品安全運到銀行所在地去，然後交欵。

看了這件事，我們不能不稱讚金融家做事的老到和算盤的精明，在平時以這種方式交易，也許能說得過去，而在這全面抗戰的現在，却似乎不必了，放一些欵去安定和本身有連切關係的鄰地，想也並非過分的要求吧。

現在站在國防第一線上的鹽民，漁民和農民，確已在開始組織了，某縣長還親自對記者說：「在必要時，我將統率他們在縣境與敵人作游擊戰爭。」除了希望這樣的決心和準備能够普遍深入到沿海各縣去之外，爲了確保戰爭的勝利，還請千萬不要忽略了改善他們的生活！

39

浦東一瞥

當我還沒有走進浦東境地以前，對浦東有一種奇特的想像的，以爲已經是頹垣

傾屋．瓦礫滿地，一片極目荒涼的世界了。所謂百聞不如一見，我所看到的浦東，雖是稍稍離江遠一些，可是與往日並沒有兩樣，除偶有幾幢建築物被破壞外，可說是都很完整的，街道上還是熙熙攘攘地來往着行人，商店還是照樣做開着門面，雖常能聽見響亮的砲聲和敵機的盤旋，但居民似已被訓練得漠不在意，一點也不感到戰爭的恐怖了，有個居民告訴我說：飛機我們一點不怕，家家都築了防空壕，砲聲我們也是聽慣了的，如果聽不見了，倒反而感到寂寞和憂懼，憂懼在上海方面的自己軍隊會得退了一些。」在村野，溪水平靜地流着，炊烟照樣繚繞着，農民照樣在田裏工作着，遠處傳來了悠揚的鷄鳴聲，還是一脈平和的景象，這點該可以使關懷浦東的人，感到欣慰的。倒是在鄰近的縣份，給我看到些不同的情形。我和東南日報記者劉君，想要知道當地的民衆組織，便去訪問×××，恐怕到得太早，特地在下午三點鐘去，地位很好，設在幽雅的花園裏面，看了這種使人悠然的景緻，不由得仰慕起來，我便帶着滿腔希望進去，一步一步踏上石級，抬頭一看，有這麼兩個

字：「脫帽！」當然我們不能破例。於是也就恭恭敬敬地脫去帽，似因自然的趨勢鞠了個躬，想必這裏是重視禮節的，我也格外持重，初取探索態度，望了好些時候，旣不見有人出來，又聽不出響動，那只好放膽進一步，仍是如此，再進一步，卻四顧皆空，恕我換個方式：叫喚，由低音叫到高音，還是寂然。當在我想要轉身走的一刻，只見從樓梯上走下一個人，儀態頗爲安詳，也許我判別力差，不知道如何是好，經了他自我介紹後，才明白原來是我久想找他的「傳達」先生。我問他這裏辦公的人，他說都已出去，要是想見他們可在吃晚飯的時候，準可以會到。這樣，在我似乎是不必要了，因爲時間上不允許我，還要別的地方去，這盛意，祇得加以婉謝了。走出園門，回身向內面一看，給我的同樣是一個悠然，禁不住脫口了「門可羅雀」的一句成語。

過了一縣再是一縣，因爲在一個生疏的地方，沒有現成的線索，當然不外乎訪問與民衆接近或統治民衆機關，這回可就兩樣了，給我找到一個負責的人，我們談

起抗敵後援會的情形，正是言簡意賅，他說我們接到命令後已經是兩個月，爲的發下來祇是一個簡單的大綱，我們就根據這個大綱擬出詳細辦法來，大概是詳細的緣故，所以覺得兩個月的時間「差不多」。

看到和聽到這些現象，我懷疑自己走錯了路綫，走進離開戰區千萬里遠的安全地帶來了，然而，在歸途中，我打開地圖一看，這幾個縣份，却是確確實實位於國防第一綫上的呢！（三日）

今日之上海

君尚

所謂繁華隆盛的上海，文化結晶的上海，平時大家都想來觀光一下，都想來染指一下，來了以後，誰不留戀？有親友在上海的多麼神氣，有職業在上海的眞是福氣。許多人不願到外邊賺數百元月俸而甘心住在上海一月拿數十元；天津學着上海，漢口又追隨着上海，內地比較熱鬧的地方，大家稱它是「小上海。」眞的，上海的魔力實在太偉大了，偉大得可怕！

然而今日的上海呢，它好像一顆鮮豔粉紅色的桃花，跟着風吹雨打而花謝葉落了。它又像花枝招展的女人；如今被迫得洗去了脂粉，脫去了花衫。自從十一月十二日，我們民族英雄灑了最後一滴血，上海的四圍立刻變成黑暗、陰險、鬱悶，幾

十百萬的上海人都陷於摸索、徬徨、驚惶、焦急、悲憤，莫不感着傀然不可終日！

× × ×

當八一三抗戰序幕啓揭時，上海人在九死一生的交通線上，歷盡千辛萬苦的逃難，逃出了上海又逃回來，逃回來復逃出去，逃來逃去，不知敵人的飛機炸彈演了多少回逃命送命慘劇。現在呢，連冒死逃亡的機會也斷絕了，水陸空交通最便利的上海，幾至路路不通。搭洋輪到南通而揚州而鎮江的一條路線，早已行不得，在十一月二十二日的一天，敵人還未到常州，有一個青年到達了南通，那裏謠諑四起，竟傳鎮江失守，所有的車輪完全停駛，以高價雇人挑行李，他們以為去揚州是送死，也不願做這好買賣，那個青年被迫得只好回頭，因此上海到內地祇有甯波一條路。中國自己的輪船倒請意大利人來幫忙，掛着三色中躲着一頭鷹的旗幟，渡出了黃浦灘。靠了這頂旗，意大利人是拿到百分之四十的利益。

× × ×

上海本有二百萬人口，而今至少還有一半逗留在租界上。自從有姓周奠的兩位青年第一次走水道晉京，走了不到三天，就來了一個很大的風聲，盛傳他們出吳淞口時被敵人扣留了，累得他們的家屬整天的哭泣，於是大家遂裹足不出滬門，直等到姓周的電信到了，才明白這個傳說是無稽。

一個謠傳未息，又來了第二個，街談巷議紛紛的說，輪舟上的客人，要受敵人打毒針，數小時即斃，爲女子打的針，將來不會生子女的，這樣一傳十，十傳百，弄得大家只有躱在租界裏。房租一天比一天高，平日二十元一間的房屋。至此非七八十元不辦，而且先付三個月租金以外，還要六個月的押租。有錢的人當然是甘之如飴，可憐窮人們就無處歸宿了。

天天鬧着的是：敵人將於某日某時來佔租界了，敵人要求兩租界當局引渡某某某四百八十人了，說得有影有蹤，智識分子的家庭遂忙於毁滅敵人所謂「抗日罪」的證據。實則他們要佔租界，何必須明白規定時日；要謀害一般愛國志士，又何必

46 一定要引渡？

某天，敵人正式向租界提出引渡宋子文和俞鴻鈞，幷驅逐潘公展杜月笙……等。他們抵抗到最後一日，終不得已而出走；於是市政府和各局隨國權的中斷而暫時不能活動，公務人員領到了十一月份薪金後，各自返歸老家，那謠訴復盛起來。

× × ×

雖然，敵人的氣燄騰到家家戶戶的牆角裏，雖然敵人的獸性威脅着每個老百姓的心坎裏，然而國民黨的同志像冷雪中的蘇武，仍在自己抗敵，教人抗敵。浦東的我軍於十一月七日移到他線作戰，此時卽由我工人界同志組織的別動隊支持大局，一直到如今還佈滿在四鄉，不時作遊擊的襲擊，以期搗碎傀儡的形成，前者帶隊的朱君，因爲不能再有容身之處，歷盡萬險，於前日才出虎窟。

抗敵後援會的軀殼縱被壓迫而破碎，但他們仍努力於：（一）毋使難民爲奸人利用；（二）鞏固租界居民愛國熱忱；（三）以鐵血手段剷除漢奸。記得抗戰後援

會辦的政訓班，有一次在某處集會，捕房聞訊趕往彈壓，那知人馬到時，不見集會．但瞧到大家正在大讀其英文，這眞是上等的煙幕彈。

× × ×

現今難民尙有十萬，一小半住在南市的難民區，這裏難民受盡漢奸敵人和安南巡捕的重重陵虐。只要到華租界交界處洋人所設的鐵門那邊，便是鐵石心腸的，一見了也要痛哭流涕。鐵門的南面是地獄，鐵門的北面是天堂。上海人稱這鐵門爲「鬼門關，」人間地獄就可在這裏找到。首先遭飢寒襲擊的，自然是這裏的難民，整天得不到粒米的遍地皆是。他們又忍不住寒風寒雨寒霜的摧殘，都要拚命的出來，無奈鬼門關閉得較死人牙關還緊！跨華界租界的商店，有的偸偸摸摸地放過了一大批難民，法捕房知道了，立刻下令：「放難民入租界者罰洋五十元」！有一家，一天內連罰了三次。

童子軍照樣的日夜在酒肆、飯店、車上、途中、櫛風沐雨的爲難民募捐。可是

出錢的人，已不如往日那樣踴躍了。這大概錢的來源也受限制了。

敵人居然要求救濟會讓他們來收容難民。這是司馬昭之心，路人皆知，救濟會怎肯答應。迨後，敵人又借給救濟會一萬元，表示些貓哭老鼠的慈悲。無知的細民漢奸向租界難民宣傳，往南市開會者送洋一元，可是一般難民均不為其所動，情願勒緊肚帶過活，不願在刀頭上舐血。

× × ×

市立學校全體宣告停辦了，私立的學校也有幾所「打樣」，開設的學校，收費以月計或季計。他們天天在防備追授「不愛中國愛日本」的教材。聽說某個教育協會，事前早有佈置，他們組織了某些教師，實施民族教育，把民族解放的種子一粒一粒的種入兒童心裡，種入兒童父母的心裡，等待將來開放民族復興的奇葩。

南市閘北浦東各處的學校，圖書館，民教館，都被火舌頭吞咽了下去。文化團體設在租界內的不待敵人來摧殘，捕房早已孝子順孫似的一次又一次的熱心地監督

檢查。學校在法租界不去登記是不准開設的。中國特種教育協會等團體，被法租界驅到英租界，英租界又驅到法租界，遷來遷去，已無處可遷，連得主持人的家庭也受幾度的搜索，只有帶了鈐記預備搬到武漢，捕房這樣的孝順賣力，然而還討不着好。

民報中華日報，老實不客氣的被封了，時事新報和立報也沒奈何地停版了。最後只剩下申、新、時、大公四家。這四家報紙，仍充滿着激昂慷慨的篇幅，鼓舞國人抗戰的決心；他們決不肯投降，決不肯受辱，依然拒絕檢查，甘爲玉碎。但筆桿終究抵抗不過槍桿，孤島上的正氣終究敵不過敵人的殺氣，四報的命運，眞是岌岌可危，現在也在陸續停刊中了。

× × ×

本來上海是洋人榨取國人的血汗建築而成的，本來上海是靠人家養活的，如今，上海已如甕中之鼈，蜷伏於孤壘般的租界上，動彈不得了。他們要吃的鷄鴨魚蝦

他們要吃的瓜茄菜蔬，他們靠着過活的米，一切都成問題。十一月初，中山路大橋被炸毀以後，魚肉飯米的來路，即從此中斷；自我軍離開浦東滬西，蔬菜雞蛋也頓告絕跡。直等到敵人軍事佈置就緒之後，寥若晨星的菜販才重發現於租界，那時不滿四兩的一顆青菜值一角，至今還要千文一斤。

菜販不敢來租界，因為途遇敵人，往往沒收其售入的鈔票，嘴裏還囉嗦地說：「中國的法幣沒有用了，不必拿菜去換票子」。渡江時，要備受種種的阻撓與侮辱，有時好多天不准鄉人擺渡，即使得能擺渡，也要在長槍利刃交叉之下穿過。

租界當局曾向西貢定購五萬包米，第一批到了二萬包，即被敵人扣住，交涉的結果還是繼續交涉。米價限定每担念元，可是有錢的也買不到米，米店開了一個監獄式的小窗口，善良的大羣人衆爭先恐後的擁擠着，靠帝國主義吃飯的巡捕用着槍托，木棍、皮鞭、水龍繼續不斷的敎訓中國國民。啊，居然買米也是有罪了！

南貨店賣得幾乎一空，特別抬高價格的店鋪，激動衆怒而被搗毀的也有。食鹽

成了大問題，每斤漲至二角半，聽說國軍退海鹽時，計劃消滅存鹽，估計須費十萬元代價；但是無鹽的地方，化了十萬元可以買得金鋼鑽而買不到鹽呢！煤球賣到四十元一噸，比平時貴了三倍，豆腐一百文起碼價。許多飯店關門大吉，小飯店一客飯至少四五毛。

× × ×

舞場曾一度因愛國而停止，後來國愛過了，又開了門。舞客也曾經一度因同情抗戰，而讓外人去享受摟抱舞女的專利；如今脚癢究竟抵不過同情，於是舞廳又有人滿之患 五光十色的霓紅燈變換着顏色，仙樂奏來飃渺迴旋，關着櫻脣柳腰的舞女，一左一右，忽前忽後，扭來扭去，便是隔壁落一顆炸彈，也與他們沒有什麽關係。

51

眞的，小布爾喬亞的上海人靈魂落掉了，他們把抗戰忘記了。外面已有冬意，外國茶店沙利文裏邊還吃着各式各樣的冰淇淋。大東茶室的茶客滿坑滿谷，呼朋喊

52

友，賣水菓的臯后利市三倍。紳士式的失業青年，終日沒出路，影戲場便成了他們的辦公處。也許爲了怕干涉，曩日播音台曾有一度很熱烈緊張地放送「起來，不願作奴隸的人們，把我的血肉築成新的長城，……」於今又變成「妹妹，我愛你，……」的靡靡之音！

某天，筆者親睹暗無天日的鬼門關南首，有一個漢奸盛氣陵人大踏步高嚷着說：「我是漢奸，從前你們要殺我，今日我來殺你們！」人叢中忽來了一條好漢，直向鬼門關上攀爬，嘴裏喊着：「老子來打死你！」那賊嚇得魂不符體的抱頭亂竄。這是黑夜裡的鐘聲。

× × ×

上海眞的失去了嗎？不！凡是滴過民族血的地方，這地方是永不會失去的。上海人，好好的幹吧！直到最後勝利的來到。

民國二十六年十二月五日寫于上海。

上海淪陷後的新聞界

租　澄

在蘆溝橋事件發生，平津相繼陷落，華北的新聞界在敵人的壓力下瓦解之後，上海的新聞紙便完全負起了全國抗戰輿論中心的責任。以後八一三滬戰繼北方戰爭而爆發，上海新聞界隨着抗戰軍事的展開，而負担了更重大的任務。雖然，在這抗戰的初期中，上海新聞界因受傳統的歷史和環境所限制，未能充分發揮其理想中的力量。不過，很少已在抗戰救亡統一的意志之下，相當强調了它們的宣傳和教育任務，而在文化界抗戰活動中，亦已起了相當重大的作用。

現在，自十一日中旬以後，隨着我軍事力量的政治組織，由上海撤退，整個上海抗戰輿論中心，亦已陷入了平津新聞紙同樣的命運和前途；在敵人恐怖勢力的步

53

步緊逼下，開始了輿論戰線的撤退。

敵軍勢力的完全控制上海，是在十一月十號左右，因爲上海新聞機關大部都在租界區以內，所以在敵軍完全佔侵上海的初期，新聞紙一切活動得未立卽感受限制，最初租界當局的態度，亦相當良好。當時敵方雖已向公共租界提出取締抗日團體的要求，但租界當局表示，新聞紙乃屬經常的文化機關，與抗日團體不同，當無取締的必要。所以直到二十三日以前，上海各報言論態度，一如往日，並未有所改變。二十四日因敵方向公共租界當局提出强硬要求，要求澈底肅清租界內抗日言論活動，並以必要時將取自由行動爲要挾。公共租界當局會議結果，以日方來勢兇兇，態度遂趨軟化，對於日方要求，原則上大體均予接受。

在公共租界態度轉變之下，除二十三日下午巳開始實行搜查書店外，當夜卽非正式通知救亡日報，囑其自動停刊，「以免麻煩」。該報以立場關係，自知已無法爲環境所容，當于次晨卽實行自動停止出版，準備移後方繼續出版。而救亡日報的

停刊，便成了敵人假手租界當局打擊我抗戰輿論的第一炮。

救亡日報停刊的次日（二十四日），公共租界當局卽以同樣方式通知中央通訊社，及民報，立報，時事新報，中華報及神州日報等五家報館，謂「日方已提出某項要求，貴報今後態度如何，請卽酌決定」云云。當時除中央通訊社係屬公開中央機關關係，當決定卽日起停止發稿。此外五報則均係上海日報公會會員，認爲有與其他各報商議後取一致行動之必要。隨于當晚召集全體日報公會會員，舉行臨時緊急會議，討論具體辦法。在會議中，有一部份會員代表認爲：「慷慨就死易；從容赴義難。」在此惡劣現環境之下，與其將來零碎遭人宰割，而成不死不活狀態，不如乘此機會大家一齊停刊，以免將來欲停而不可能。支持這種意見的，以申報代表馬蔭良氏爲最烈。代表中另外有一部份人的意見，則表示相當猶豫態度，亦有主張視環境轉變程度如何，以取隨時應付方策者，以致討論結果，未能獲得痛快一致的結論。最後不得不退向採取「各自爲政的下策」。

56

民報等五家，因既接得通知，原擬當晚草一停刊的共同宣言，準備次日起同時停止出版。但臨時因時事，中華等三報以內部不及結束關係，步調又未能一致。所以二十五日起公告實行停刊的，僅爲立報及民報兩家。立報向來是抗日色彩最積極的一家，而民報是國民黨的機關報，事到如今，毅然自動停刊，當然已是毫無猶豫的餘地。

民報，立報停刊後，時事等三家，初尚擬與環境掙扎一下，但是到二十八日，時事新報內部本身發生了糾紛，于是亦不得不中止刊行。時事新報自光緒三十三年（卽一九〇七年）創刊，到今年停刊，恰滿三十週年，現在竟以「停刊」來紀念這三十年的「壽辰」，在意義上是相當悲痛而深刻的。所以該報在「告別讀者諸君」一文內，曾有如下的沉痛而警惕的語句：「日本軍閥，挾軍事佔領的兇焰，威脅特區的當局，要求遏制抗日的思想，取締抗日的言論，中風狂走，勢在必行。我們爲了保持言論的自由，靈魂的淸白，甯願自動停刊，不甘奴顏事敵……」——

繼時事新報自動停刊之後，敵人又在租界捕房人員伴同之下，前往南京路大陸商場五樓新聞檢查所，强迫該所停止工作。當晚，敵方派日員兩人，佔据該所實行辦公，並在該門前改懸「大日本上海市新聞檢查所」字樣的木牌，聲言將執行檢查中國新聞紙手續。雖然各報均是置之不理，但來勢愈劣，乃屬事實。因之延至十一月三十日，神州，中華兩日刊，亦宣告了自動結束。

當民報等五報被迫自動停刊的前後，日報公會方面曾派員向公共租界當局探詢意見，據工部局發言人表示謂：「租界當局並未有命令各報停刊的正式決議」云云，但實際的每次所謂「非正式」通知時，均係由工部局總巡派中西捕頭會同日探協同進行。所以這方面亦就充分表現了公共租界當局對日態度，軟化和矛盾。

五報先後停刊後，留下的日刊祇有申，新，及大公等三大報。這三大報中，新聞報一貫的以「商業報」的立場和態度，在抗戰輿論中是比較軟弱的一環。自上海陷落後，新聞報的態度亦是比較的灰色。據說該報業以恢復該報創辦者美人福開森

氏關係的方式以謀該報的繼續存在。所以新聞報暫時稍爲變質一下，以純「商業報」的報紙立場繼續出下去，大致不會成什麼問題，該報當局者亦似已有這樣的把握。至于申報，風傳中本來亦準備在十一月底停刊，不過各方面以申報過去的歷史關係，似乎希望該報不致就此結局。同時該報負責者亦以環境逼迫既尚未到最後「關頭」，不妨暫時維持一下，能拖一天就拖一天，到不能拖下去的時候就不惜結束。所以該報的前途，亦尚在未定之天的情形中。大公報，一般人事前猜度它在天津版停刊時的乾脆磊落態度，前途當然是凶多吉少的。不過該報因社址在法租界的關係，較在公共租界的各報比較有些「緩衝」的餘地。同時聽說該報主持人，曾向關係方面有過一度奔走接洽，所以得能繼續維持下去。不過近日來該報的言論和態度，仍然是相當的積極性，外間對該報的一般的傳說，大致不會是種事實。

上述三大報在十二月一日後雖然照常出版，但已接受兩租界當局之勸告，紙面的所有「敵」，「日寇」，「矮軍」等刺目的字眼，已經完全沒有了，而代以清淡

描寫的「日軍」兩字。此外對於有刺激敵方可能的消息，亦已自動盡量的避免，以免授敵以口實而隨時來「無中生有」。在這種情況之下，實際的已入了「苟延殘喘」的局面。特別自近一週來敵人實行控制了上海電報電話交通機構以後，主要消息來源斷絕了。稿件的採取，就發生了極大的困難，卽使編者隨時注意，或並非出于有心，但有時仍難免遭受了敵方反宣傳的利用，替敵人盡量麻醉自己民衆的任務，這種情形是難免的，亦是最慘痛的。可是，敵方顯然對這一種局面仍然還是不會滿足的。

至于上海的晚報方面，除新聞夜報係與日報取一致態度之外，大晚報亦已與大公報申報淪入同樣的局面。大美晚報和華美夜報向來是掛「洋商」牌子的，所以在現階段當然可以以第三者的立場來應付一切，該兩報乘機自十一月下旬起，先後增出晨刊，事實上該兩報對日方亦不得不相當取敷衍的態度。不過如果能運用得宜，主持者不要太在「利」字上做工夫，則值此上海整個輿論戰綫在敵人武裝壓迫下而

開始了動搖和撤退的情況之下，未始不能利用第三者的立場，來起一點有利於國家民族的作用的。

一九三七，十二，三。

污暴的行進

孫鈿

十二月三日在上海

中午時分，太陽悲慘地射着膿水似的光。我底心上，重壓着的是寂寞與緊張，一切都像是失去了力量，手裏拏着的一張早刊，它似乎跟一支來福槍一樣的沈重呢。街上的羣衆，特別使我感到異樣，他們都很零亂，很不安，又很歡喜。我曾聽到一個手腕上掛了菜籃在買菜的中年伙子說。

「東洋兵敗了！今天有一大批敗兵，從小南翔來要經過租界…………」

當時我很詫異，我想租界當局是不會放他們走過的：也許消息不確實吧？……

……從陽的屋子裏出來，想走到霞飛路去時，在同孚路底給木柵欄住了，許多八都站

62

在木柵邊等着 木柵外，巡警一個個直立着，有三兩個人站在紅綠燈的底下；本來很熱鬧的十字街頭，現在却墳墓一樣的死寂，恐怖。

我悄悄地問一個巡警：

「什麼事？」

「有日本軍隊走過！」

「敗兵？」

「那裏！是他們行軍呀。」

「很快嗎？」

「那可不曉得」。他說着，走開了。

於是我只能和其餘的人們那麼厭煩地站着，我底肚子餓極了，我想：「大概很快就可以走完的，管它媽的等着吧。」

約模有十分鐘了，十多輛淡綠色的一九三八年式的汽車扯起了白綢的紅膏藥旗

子，駛過了。有兩輛在轉角口停了下來，從汽車裏走出四五個穿黃呢軍服的日本人，他們抽出照相機來向我們攝照。

中國人和異國人都喊：

「喂，大家回轉頭去！」

「大家回轉了頭，不要給他們照呀！」

「小出老，你不要發呆呀！」

「不要給他們照！」

中國人和異國人都一齊回轉了頭，不給日本人攝照，無恥的幾個日本浪人，手裏拏了許多日本旗子擠在羣衆間亂搖，照相就如此地攝好了。

大家都很小心地回過頭去，一輛裝滿了日本兵的卡車掠過了我們的眼睛；接着，馬蹄聲近來了，那些短身子的兵士也出現了，吹着啼啼達達的行軍號，每個兵士都一點也沒有精神，他們完全像拙劣的工人手中製造出來的木偶，我望着他們每一

張罩滿着憂愁與苦痛的臉孔，我心裏不禁爲他們而難過極了。我似乎瞧見了他們底哭紅了眼珠急壞了心臟的母親，妻女……我似乎瞧見了他們的伙伴在覺悟地喊着「我們死錯在戰線上了」而悲痛地死去的情況……我的血在奔流，我的血在狂沸，我欲痛哭了，我欲爲這些不幸的生命而痛哭了，這些坐在漂亮的汽車裏的士官們，撓起了那短短的一撮鬍髭，在獰笑着，他們一方面在向我們獰笑，一方面也在向那些走酸了腿的可憐的日本兵士們獰笑：我知道這獰笑是用了多少生命多少肉血多少眼淚去暫時換來的。然而，在這種混蛋面前，同情和我們分離了。

有幾個浪人，拏了旗嗚拉嗚拉地喊着，冷清清地喊着。

是砲車了，一匹匹棕黑的馬繃緊了肌肉沈重地拖着它們，轆轆的聲音像昨夜打滬西傳來的機關槍聲。——這幾天每天晚上幾乎都可以聽到機關槍聲和砲聲，「那是我們的游擊隊在突擊呀！」一聽到那聲音，我們很輕鬆地會這樣說的——每一架砲車後有四個兵跟着走，他們瘦弱得可怕，他們的眼睛圓圓地睜得很大地注視着那

對着他們胸口的砲口：他們也許在想着：「坐在汽車裏的軍官還第一次見到這一尊大砲吧」？——當然，要他們的軍官撫摸到大砲，是決沒有像他們撫摸女人的大腿那樣地容易的呵。

日本浪人又舉起旗子嗚拉嗚拉地喊了起來，因爲一輛漂亮的汽車駛過了。

一個青年挾了幾本動物與數學的敎科書，他推推我握着拳頭說：「我們一起唱義勇軍進行曲好嗎？」

我苦笑。

他悄然打我旁邊走開了。這時，我發見在我後面已擠滿了人與車。幾個郵差在談：

「誰願意特地來瞧這種鬼把戲的呢？」

「倒霉，剛剛碰到這種喪禮！」

一個騎脚踏車的勞動人說：「我繞了很多路想不看見這些氣事，操娘的屄：偏

66

偏碰來碰去總是碰到。……」

砲隊之後又來了步兵，騎兵，一排排地走不完，我們都站得腿酸了。太陽給一片烏雲蓋上，一切都陷於陰沉中。可是，每一個不願做奴隸的人們的心，却更光明了，爲着，每一個人都在這陰暗的侵略的行列前，默默地在同一的或不同的時間裏下了誓：「我們死也不做奴隸，死也不與敵人協妥」。有一個婦女掛了淚說：「我的家都給這些小鬼燒光了呀！……」她要大喊了，給一個巡警的手掩住了她底嘴把她推走了。那些異國的碧眼珠的男人和女人都對那行列搖着頭，有一個異國人用兩只手指揑住了鼻子，其餘三只手指便滑稽地撥動着。

一個鐘點過去了，繼着又是一個鐘點過去了，行列也完了，最後是兩卡車的日本人民拏了旗子嗚拉嗚拉地呌着而過。

街口的木柵一拏走，便潮水一樣地湧過了許多人，交通恢復了。

晚上，讀報見到兩段記載：

67

「日軍六千人，遊行至南京路廣西路時突有一青年拋擲手溜彈一枚，傷日兵三人因，警一人……兇手當場爲華捕開槍擊斃」。

「日軍行經大世界附近時，有一青年工人，見日軍武裝經過，氣憤塡膺，精神失常，狂呼『中華民國萬歲』，旋卽自高處墜地，傷重斃命」。

一九三七年十二月四日晚上海

上海敵軍游行示威目擊記

（辛報）

人家說：上海是中國的支加哥，你可以在這裏看到任何一國的花樣景。的確，上海的花樣景是愈出愈奇了。昨天，十二月三日，敵人的軍隊竟在公共租界中游行示威了，當然，這示威是「示」給吾們中國人看的。

富於好奇性的我，明知道看了要流淚的，却不能不爲了我的職務而去作了一次整個的巡禮。現在，不怕你不願讀這封信。我來給你一個詳盡的報道。讓我們記取這深深的恥辱與仇恨吧！

上午十一時正，在英國兵舉槍「行禮」的當兒，擎着太陽旗的倭兵，隨在一個英國巡長，四個印捕（都是騎馬的）之後，就大踏步開進了公共租界的入口處，兆

豐花園旁邊的白利南路口。一隊步兵之後有一隊騎兵，此後則是砲兵隊，有六尊用馬拖着的野戰砲，隨後又是步兵和騎兵。大概在每一個固定地點需化四十分鐘才走完。全部共五六千人的模樣。

在這地方，聚集着看的人大部份是外國籍的新聞記者和攝影記者。此外是幾十個「浪人」，他們是由載重汽車從虹口那邊運到租界上的各段，來搖旗，喊「笨賊」的（日語「萬歲」與國語「笨賊」諧聲）。

到了福煦路上，那條又闊又寬的馬路，倭兵便放開了步伐，行程比較的最迅速，每條橫路上都有四五個巡捕阻止中國民衆的交通，法租界方面也是一樣。可是搖旗吶喊的浪人卻准站在路旁，幫助示威，兩旁均有租界上的巡捕護衛。這一類浪人在海格路福煦路角子上總有一百多個，在愛多亞路虞洽卿路角子上也有一百多個，南京路上更多，他們關在虹口區域中已經有四個月模樣了，這次就出來吊一吊窮嗓子，均拍手，站在橫路上的國人看了只當沒有看見。在沿街的窗縫裏窺出來的目光

怕要給掛在眼眶上的淚水所糢糊了，我有這樣的直覺……

在甯商總會的三樓上，那紅錫包廣告的霓虹鐙的旁邊，一位青年當倭兵過了一半的時候，突然跳了下來，在電線上打了一個觔斗，直摔在地上，他沒有再響過。倭兵倒嚇了一跳，散開隊伍，上了刺刀，居然如臨大敵。後來，查明了事實，始整隊前進。

我的眼淚，終於失了管束，直淌在我的兩頰上……明末遺恨的景象……國人懦弱的愛國心……

一時十五分，倭兵過了白渡橋，當然在那邊有更多「笨賊」的呼聲……

你也許要奇怪我漏述了南京路上的擲彈事，對的，你得原諒我，傷感的我從愛多亞路轉到外灘去看，眼看着討厭的東西開過了橋，但是當我想回到南京路的時候，交通已經斷絕了……

夜裏我碰到了阿孔，他告訴我——他在新雅所目擊的情形：

那是一齣偉大的悲劇，然而我的血却因之重熱了。國人儘有肯犧牲個人而予敵人以打擊的呢，這明明白白是在警告着行進的敵人——中國民衆是不甘做，而且不會做亡國奴的。——事實是，在重重警衛線內，有一個中國人擲了一個手溜彈，打傷了四個日本人，並累及一個英國巡長，一個替洋人服務的中國巡捕和一個印度巡捕。

那位二十來歲的青年，從廣西路上，南京路的南面，跑着緊步，以擲標槍的姿勢，直衝開警衛線，一手就把手擊的手溜彈直向那耀武揚威的倭兵堆中丟去，一聲巨雷，跟着幾聲槍聲，只看見倭兵一齊臥倒在地上，準備起作戰的狀態：而那位青年也隨着身中四槍，躺在地上，含笑瞑目以待死。

可憐的是，那位青年是不死在倭兵的手裏，而竟死在旁邊的一個中國巡捕的槍下！

倭兵傷了三個，一個倭籍的巡捕受傷最重。

一條生命雖然不會換到四條狗命：但是倭兵的興高彩烈，却因之變成豕突狼奔

了。

青年，那位無名英雄，的確有健壯的體格，他雖然身中了四槍，却並沒有立刻氣絕。那樁驚心動魄的悲劇是十二點五十分上演的，他到下午三時才斷了氣，他一直躺在那南京路上，受着億萬人的心底的崇敬。

倭兵的「前進」當然爲之頓挫了，然而方要重行整隊前進的當口，又突然聽到了一個尖銳的槍聲——一個冒失的倭兵的槍走火了；那班失魂的倭兵又疑神疑鬼起來，停了好一會，才拖了他們掃興的「泥脚」向外灘走去……

然而一部份的倭兵却佔住那肇事的地帶，甚至於步哨一直放到馬霍路口，到五時一刻才撤回到四大公司的周圍。七時半，在新新公司前面的馬路上，一個日本軍官（據說是松井的代表），一個工部局的代表，和日本領事，開了個會議，到了八時半才解决，九時以後租界上才算肅清了倭兵的踪跡。

當倭兵揚言：搜索肇事地點的時候，警戒的範圍是很廣的：西至馬霍路，南京

路上從福建路至虞洽卿路，虞洽卿路上從九江路至北京路，福建路上也是從九江路至北京路，這一段地帶交通完全斷絕，關在這裏面的人到了九時以後才准放行。事實上，全上海的交通都幾乎是整天停頓了，電車根本上就不能上街；公共汽車也祇有愛多亞路可通。在下午四時半至六時半的兩個小時內，愛多亞路上幾乎全是由東往西的車輛，每輛車子都是擠滿了人……

除了上述的「大事」以外，當天有不少附帶的點綴，且來待我一節一節地告訴您吧！

梅鐵蘭先生，一位英國籍的律師，在上海有相當的聲譽，他在南京路上立着游行的時候，義憤之心油然而生，他就隨手將旁立日人手中的太陽旗奪了過來，把竹竿在膝踝上一敲為二，將太陽旗撕了下來。一班浪人立卽羣起而攻，於是，梅鐵蘭先生的面頰上喫了一拳，頭上也被竹竿敲了好幾下，幸虧路旁的外國巡捕過來，救他出了重圍。後來，敵人方面居然想提解他，結果被工部局拒絕了；然而他卻在巡

14

捕房裏關了六小時，七點鐘才放回家裏。

在下午四時半的時候，虞洽卿路上，一個叫李特的美國人，跟站崗的倭兵發生了衝突。那倭兵毫無理由的推了他一下，他就回轉身來打了倭兵一下耳光。於是其他的倭兵都赶了上來，他幸而被他的朋友們護衛着馬上逃開。

倭兵的橫行，英美的正當商人自然也看不上眼啊。

當倭兵實行偵查手溜彈案的時候，廣西路角子上那片華華綢緞局就立刻被倭兵强占了去，當作司令部。綢緞局的職員都被趕到三層樓上，不許下樓，一直餓到九時之後才設法到隔壁新雅去商量了一頓夜飯，原有的包飯當然是無從送來了。

隔壁的新雅，同時也遭了無妄之災，那班倭兵在街頭上燈的時候，就轟進門來，約有五十多個人，把二樓都占據了，喫了五大桌廣東菜，酒醉飯飽之後，由領隊的在櫃台上丟下了一張五元錢的鈔票，揚長而去。也不知算是小帳，還算是會鈔。

可是你得要注意，明天的「中國報紙」並沒有「日兵游行」的消息，雖然洋文

報紙上是大字登載的。

還有，你也許會奇怪，同一天的上海却發現了四件持械搶案，兩件在上午，兩件在下午，地點是馬白路，成都路，北河南路，康腦脫路。換一句話可以說：東南西北四處都有盜案，記得一張報子說得好：「昨天南京路上的驚心動魄的刺激，並不予刼犯有何影響，仍和近數星期來一樣，實行了他們的每天必須做的工作……」從這一種短句中，你就可想像上海淪陷後的租界治安。

你也許還記得漢彌爾登大廈內日本發言人的對外國記者談話的節目，目下仍舊有這一種的集會：而發言人還是照樣的信口開河，記者們也還相當保持着原有的幽默態度。昨天的早晨，那位發言人就說：

「今天的日軍經過租界，並不是游行示威Parade而是軍隊的調防 Transfer of Trups，從滬西調到虹口……」

75

當時就有人請敎他：「明天日軍要游行過法租界，是否也是軍隊的調防，從虹

口調到南市去？」

發言人面紅耳赤地回答：「這個，我倒還沒有接到官方的報告。」

另外一個問題却又跟着起來了：「那末今天游行的時候，有日本飛機將在租界上空飛過，是否也是軍隊調防的一部份，請問這一隊飛機是從那裏調防到那裏？」

他回答說：「那是怕中國飛機再來襲擊出雲艦的防禦…………」他的確無話可說了。

昨天，日本飛機的確也在天空游行，而今天的向法租界游行則已經因昨天的「幸」事而中止了。

這是一天中的上海，而這一類的日子，我是不願過的：但是誰的力量才能拯救我，和同我一樣命運的兩百萬上海市民，逃出或擊碎這一種景象呢！

井蛙望天，茫茫無極：此仇此恨，何日得雪？

鈺寄自上海　　二十六年，十二，四。

告別上海

長江

漢口大公報　（十一月廿四廿五日）

本來上海是無永久防禦工事的地帶，在日本海陸空軍主力脅威下面，我們當然無死守的可能，而且從軍事的觀點上說，更無死守上海的必要。照我們以蘇嘉路爲軸心的國防工事說，上海本不在陣線之內，上海的失陷本不值得大驚小怪的事體，然而許多迷戀上海物質享受和缺乏遠見的人們却把上海的退失認爲是意外，認爲是極重要的失敗，而感到悲觀與張皇。

「到內地！」這本來是從上海的地位考慮中日戰爭時起碼應想到的事情，然而過去政府和民衆還未曾澈底的把苟安心理肅淸，未曾切切實實的把上海地位看透，

未曾將應該移往內地的物質和人才早日安排。對上海有切身利害關係的人，對於「九一八」以後的戰事，還懷抱着多少瓦全的幻想。到了上海已成孤島的時候，始感到內地別無他法。然而交通又太不容易了。

十一月九日以後的上海，對任何方面的交通，「中國人」的交通工具，全部不能使用，只有外國輪船才有通過日本海軍封鎖線的特權。無論走南通，寧波，青島或者香港，都成了外商輪船獨佔的航線。

蘇州河的撤退，無論如何苟安的人也覺得不行了，於是乎大家都想走，而怡和太古兩個公司的船又只有那幾隻，每天還不能平均有一趟船走，粥少僧多，於是乎擁擠，船票預買到一個星期以上，輪船公司更乘機抬高船價，上海到南通本來是三元的房艙，現在是實價八元，而八角的統艙票，經過買辦和小賣票所的操縱，有的是出了六元五角的代價。

十一月十日傳來消息，從寧波進上海的英國商輪，在吳淞口被日軍檢查了十三

小時之久。於是我們十一日離滬的人們，就存了戒心，一切名片文件都不敢隨身携帶，並且準備好了避免日軍注意的方法和萬一應付日軍盤問的語句。

太古輪船公司是那樣毫無情面的對待旅客，武穴輪是十一日清晨七時開船，而十日夜間還不允許客人上船，然而誰也知道船少人多，要不早一點打主意就有落後的危險，所以二三千的難民，男男女女老老幼幼在十日夜間已經黑壓壓的擁滿了太古碼頭，露宿待旦，半夜的黃浦江邊，車輛和行人，因爲租界戒嚴關係，稀疏了活動，黃浦江水面，沒有船隻來往的破水聲，在馬路高樓工廠輪船的電燈輝煌中，只聽得敵艦在附近攻浦東和南市的「破破破……」響亮機關槍聲！

天微明了，這三千左右的難民在碼頭上微微蠕動起來，但是碼頭鐵門仍就緊緊的關着，只有外國人才有進去的優先權，白俄「將軍」們耀武揚威的在囤船上踱來踱去，日本轟炸機也面目猙獰地出現我們的上空，大家望眼欲穿的看着船上，覺得他們實在已萬分無再留阻旅客的理由。一夜露宿的熬煎，表示在旅客們蒼白的面上

。好容易鐵門開了，幾位高大的白俄巡捕却首先衝了進來，大家還沒有任何的動作他們劈頭就對我們這般旅客無原無故的亂打，人與人間擁得一絲空隙沒有，他們的鞭子打來，誰也無法躲避，普遍的憤怒熾成了大家目光上的火焰，然而在那樣的環境下，又無法加以報復。他們這種殘暴的行動，或者是對他們的老板表示「維持秩序」的能力，可是這些無情的鞭子却大大的敎訓了中國人民：靠帝國主義吃飯的傢伙，不會有好東西！

好不容易買到一張統艙票，更不好容易擁進了統艙二三千旅客從兩個貨艙門口擠了進來，眞是所謂「前仆後繼」，前面進門還沒有站穩，後面已經闖進來了，不到半點鐘，寬大的貨艙已經擠得水洩不通，而後面尚不斷的「挺進」，演成人叢中掙扎的現象，這時苦力階級的朋友佔了便宜，雙脚幾登，很迅速的找到適當的位置，我看見一對青年摩登夫婦，却困在人叢中一籌莫展，幾度掙扎之後，紳士丈夫的眼睛已經凹入而少婦的面孔變爲慘白了。在這樣的時代裏面，整個的是「力」的時

們，我們要有眞眞實實的力量，才能戰勝強橫的日本，同時每一個人也要有力量，才配參加到抗戰的隊伍中。體力正是我們所需要的重要力量之一。

舟過黃浦江，日本軍艦正猛烈向我們浦東開砲，敵機正趾高氣揚地忽上忽下在投炸彈，沉重的炸彈聲把旅客們的眉毛深鎖起來了，有些年青人走到船邊探看，回頭來只是憤怒的微微嘆息。

黃浦江裏這時正到了很幾艘日本運輸船的敵艦，滿裝着補充的軍火和增援的敵軍，浦西各碼頭上，日本的軍用材料多如山積。特別是我們標榜建設的虬江碼頭，給敵人運輸上以重大的便利。江灣吳淞一帶的建築，沒有不被敵人的炮火打得百孔千瘡。特別是吳淞鎮已成一片瓦礫。敵人的汽車和人馬在我們戰士的血染過的黃浦江邊奔忙往復，頹垣敗壁間或可以看出敵人臨時的兵營。這古墓離車站也不過一箭路遠，車上景物都看得絲毫無遺，敵機就在我們頭上盤旋偵察，一圈，二圈，三圈，終在第四次飛回的時候，高度就降至三百公尺了，同時兩個銀色的小球也旋轉而下

，嗶嗶的風聲，蘊蓄着無限慘酷，震動了大地，震動了我們每個人的心，這時我們便閉緊了兩眼，靜靜的動也不動，直至咚乜乜爆炸的碎片掠過腦際的時候，緊跟着大量的泥土便往我們身上打來，眯了兩眼，眯了近前的難民車，一切都在銀色的烟霧裏糊糊不清了，只聽到飛機的低飛和機槍奏着交響曲，直到半個鐘頭過去，大地才恢復常態．我們也在泥土中爬將出來，完了，這緊張的一幕也結束了●

「孤島」見聞

茅盾

砲聲離開上海更加遠了，上海逐漸淪陷為「孤島」，報紙上的社論早已只好談談「國際形勢」或如何救濟難民了，最近則揮「敵軍」的「敵」字也改為「日」字，（差幸「我軍」二字尚未變「華軍」）——這，想來是松井揚言公共租界當局若不如何如何，彼便要如何如何以後，租界當局「要求」「華人各界」與之合作，「俾減少租界當局處境之困難，」而「華人各界亦深為瞭解」「自動抑折」之一端。倘以「春秋之義」而言則雖一字之微，委實「妥協」不得，可是我見過若干內地半官報紙滿幅「寇」字「賊」字「凶」字，可謂極盡文字討伐之能事，但既拜讀社論，不覺駭然，（只好說是社論作者無意中為漢奸理論所蒙蔽罷？）所以對於現今「孤

島」上報人之委曲求全，我們倒是不願苛責；現在大可不必過分咬文嚼字了。

我覺得大部分的上海市民是「實際主義者。」砲聲雖然遠了，他們對於戰事的消息依然是很關心的。但是報紙上的消息不能使他們滿足 「都靠不住！」——這是大多數人對于報上消息的「感想。」所謂「靠不住，」又各有其所見。一爲「積極派」則謂消息在「日方」控制之下，凡有利於我方的消息自然不能公開。又一爲「消極派，」則謂中國報紙還在「打腫了臉充胖子，」某地早已失守，尚言「在堅守中，」蘇，嘉湖一帶，明明早已淪陷，偏偏說「游擊隊到處活動，」——這消極的一派再進一步就是漢奸。

報紙既失了信仰，于是「謠言」就多起來，滬西郊外深夜的槍砲聲證明了游擊隊的活動不是「神話」了，街頭巷尾——特別是小菜場上，就三三兩兩交談着「又要打過來，」有人用了興奮的語氣在誇張這「消息，」也有人堆著滿臉的憂愁在傾聽，——那是化了不少的路費從「內地」戰區逃到「租界」來，並且幸而在「越界

築路」區域賃屋住下的小有產者，這一類人，神經脆弱得可憐，「八一三」以後他們由了躲避戰事而逃往內地，不料內地既爲戰區，上海倒還有炮火除外的地方，于是他們再逃回上海，他們以爲這次「中國兵」現已敗下去了，決沒有「再來」的本事，然而他們還「以爲」又被游擊隊的傳說所動搖；他們的「戰爭觀」很特別，「既然打，就不要退；既然退了，又何必再來；閘北南市都已經燒光了，再來奪了去，有什麼用？」也有許多很幼稚的謠言。十二月三四日忽然盛傳「松井被活捉」了。据說：這位敵軍總司令帶同五架飛機到南京上空偵察，但事前有「日奸」報告，我方于是就有我們的飛機四十架升空布好天羅，將五架敵機迫使降落，而松井被活捉了。

關於我方空軍，在江陰附近轟炸敵艦的事，「孤島」上也有種種的傳說，或謂飛機二百架去轟炸，或謂空軍編敢死隊十五架，人機俱作壯烈犧牲，而此十五架飛機則爲擊落之敵機修配而得。以敵人之機炸沉敵人之軍艦 不但「天道好還，」而

且非常上算云云。

和活捉「松井」同時又有四大公司發售「勝利預測券」的傳聞。這不知從那里來的謠言，頃刻佈滿了全市，所謂「勝利預測券」者，票面一元，如果在一月之內中國軍隊打回上海就照票面十五倍（或云廿倍）賠償，否則，「拉倒，」愛國而兼發財，本來最合上海一般市民的「理想，」所以，頃刻之間就人人相告語了，但是有人打電話到四大公司去問，回答是並無此事。

我不願意作苛刻的批評。我知道，即使是最幼稚的謠言，發始者和傳述者都激于愛國的熱情。但是，看到許多人對于「活捉松井」一說之起勁，我不能不想到我們高喊「長期抗戰」雖已四月之久，而長期抗戰之意義許多人實在尚未瞭解，新近我在某處住，這裏是自由職業者的公寓（章程上如此說）寓客都是萍水相逢但知識水準都相差得不多，在閱報室里每有多人閒談國事，因爲各種職業各省市籍貫的人都有，所以談話的資料相當豐富，他們是了解「長期抗戰」的意義的，但是各人述說

了各人所見所聞的可嘆可恨可悲的種種事實以後，一層陰影就掩上他們的心頭了。有一位五十左右的加屬人慨然說：「貪官汚吏不辦，土豪劣紳不除！沒有法子再振作士氣，激厲民心！」

這位可敬的先生是明白如何始能長期抗戰的，然而他是悲觀論者，他覺得中國這樣「大，」貪汚土劣又這樣多。而且又是這樣互以封建關係牽連結托，所以要「辦，」要「除，」實在也沒有辦法。

敵軍遊行公共租界那天這位先生從外歸來時就氣憤憤說：「看熱鬧的人還是那麼多！」一個人也不出去看，讓他們走過空街，示威給水門汀看，這才像中國還有救呢！然而那麼多人擠在那裏看，當作看大出喪；如此民族性，中國只好亡國了！宣傳有部，組織訓練有會，到底幹些什麼」

我不能不說這位先生對於有些事情倒底還未免不很了了。他不知宣傳公式化組織訓練具文化，由來已非一朝一夕了。

中華民國廿六年十二月的上海，已經是一個孤島了。一個月以前姓名常見於各報的要人名士都已經走了，從十一月二十日起，報上就不見那些煌煌的名字了，但十二月期，報紙的小△里又見過一二次，則是報道他們已經到了香港，或將赴漢口，或將轉道廣西入滇或入蜀」

但是「孤島」上幷非僅有「謠言，」僅有逃難至上主義的小有產者，僅有憤慨而悲觀的那位先生之流的士紳，亦並非僅有扮演「大道市政府」的羣醜，並非僅有日本人在耀武揚威，「孤島」上的小里小弄街口也還有壁報，藍色鋼筆板印，開頭是緊要時事，次爲短評，又次爲隨筆之類的東西，我覺得一個月以前倒沒有那麽多的壁報，而且也不記得壁報面前總見有人在讀，像現在那樣。這也可說是合于「辨證法」罷，有人委棄了「孤島，」也有人在嚴肅地工作，反倒少了牽掣壁報僅其表現之一端罷？

一點感想

巴金

我在這里看見了我所要看見的一切，現在我應該走下。

一個十六歲的孩子遠迢迢的從北平寫信來說：「先生，你也是陷在同樣的命運裏了。我願意知道你爲安全」短短的兩句話中含着無限的沉痛。我固然感激他的關懷，但是我更慚愧我沒有力量去安慰他那渴望着溫暖的年青的心。我沒有權利叫人爲我的安全耽心。我現在是很安全的，但是這種時候，一個人的安全不過是滄海中的一粟，那里還值來提說！

我是自由的，沒有一種命運能够壓倒我，所以，我要到別的容許自由活動的地方去。在這里空氣太沉悶了。有人把這里稱作孤島，但我說，牠更像一個狹的囚籠

，有時我覺得連氣也緩不過來，在這里眞可以說是有一只魔手扼住我的咽喉。然而在這囚籠中生活着的并不只我一個，這里還有一兩百萬中國的兒女，土地失掉了，但人民還生存着。他們仍還是不折不扣的中國人，他們并沒有在敵人勢力下低頭的心思。但種種的關係使他們不能够離開這個地方。他們自己是沒有過錯的，對于這無數的中國的兒女將有一個什麼樣的命運在前面等着他們呢？還有在馬路上抱着書本往來的成千成萬的男女學生，我常常看見那些天眞的面貌，我常常想念那些純潔的心靈。于是那個十六歲的北平孩子的信函里的話語，就飃進了我的心頭。我倒爲我一個人的安全的離開感到羞慚和苦惱了。我苦痛地想：難道我眞的不能把這身子變做火柴燃燒起來，給那些年青的心靈添一點温暖麽？我自已太沒有力量了。

牽擊繫我的心的便是那無數的年青的心靈，所以讀到北平的來信，我竟然淌了眼淚。但是我絕不是一個失敗主義者，我也不是悲觀派，眞正相信着最後勝利的極少數人中間我應該算是一個。我至今還向朋友們發表我的樂觀的論調。然而那些三

四個月前高呼抗戰，慷慨激昂，以青年領袖民衆領袖自居的人們不是惶惶然逃入安全地帶，就是垂頭喪氣，讓漢奸論調征服了他們。連一些大報也漸漸改變了態度。在「孤島」上的中國人這時候最需要的是對于最後勝利的信念。他們的信念已經動搖了，正需要別人來使牠堅定。目前的暗雲遮住了每個青年的眼睛，使他們對于黎明的將來失却了信仰，年青的心常常是脆弱的經不起暴風雨的打擊。

他們在失望，苦悶的時候需要人來給他們一點安慰，一點鼓舞，而且一點溫暖，因爲現在是寒冷的（冬天了。）最近還有一個青年朋友在給我的信上說：「許多人都離開我們了，我們現在是多麼孤獨彷徨。誰來領導我們呢？」這也是中國的青年的呼聲，還有人願意給他們一個回想嗎？不說領導，就是些微的安慰和鼓舞對於他們也很可寶貴的。

然而生活在患難中的中國的青年是不應該徒然悲觀的。即使那應得的安慰和鼓舞不曾來，即使沒有人來領導他們，他們也必須在苦難中支持下去，用患難把自己

99

脆弱鍛鍊為健強，培養好自己的力量，準備迎接那黎明的將來。

那個北平的孩子說得好：「我記得The Count of Mote-Cristo書里的末一句話：Wait and hope我願意如此。」這Wait自然不是袖手等待的意思。

在上海

靳以

這些天來我的心一直浮沉在憂悶煩惱之中。我幷不是偏狹的悲觀主義者，我也幷不那麽浮淺，由於一地的得失而妄臆將來整個的局面，只是因爲我活在這麽一個死城中，我的口噤住了，甚至于我也不能自由地喘一口氣。這只有黑暗，無邊的黑暗！

我知道和我懷同感的有許多人，卽使我們遇見了，也深深隱藏自己，誰也不想給誰看出來。架在我們的肩上的只是一張麻木的臉，沒有喜怒，沒有動作，卽使要笑了，也不過是由一把鋒利的刀在那張麻木的臉上迅速地劃了幾刀，使它顯出刻板的笑來，于是說：「我在笑呢！」

93

94

爲什麽要笑呢？還有什麽可以表示中心喜悅的事麽？也許爲了不要忘記怎麽樣來笑，等待着一天　那一天……

人們是幷不曾少下來，街上堆積着的防禦物動手拆除了，我眞想提醒了他們「難道你們以爲上海這個地方，就這樣下去了麽？我們的士兵還會來的，還會來的！」我也沒有喊叫出來我原是等待着，等待着。

不愁沒有工作

夏衍

國軍從上海市區撤退，許多救亡運動的工作者也都從上海「撤退」了，當然我們懂得上海今後工作的困難，和內地救亡運動的重要，但是上海就是這樣的可以放置不問了嗎？讓他成爲孤島！讓上海幾百萬人做敵人的順民嗎？不，我們的回答是一千個一萬個「不」字。

今後的工作要從表面到內層，從進步的對象到落後的大衆，工作方式要從「表現的」改換到「潛行的，」從「一時的」改換到「永久的，」「浮燥的」改換到「着實的，」我們要「糾纏如毒蛇，執着如惡鬼，」任何時，任何處，任何人，都不要放過我們工作的機會．眼淚向內流，仇恨從心記，看一看燒了五天還不熄的火，

95

96

看一看滿街滿市的難民，滿病院的傷兵，遍戰場的骸骨。我們的恨，我們的仇，能在片時片刻忘記嗎？

特別是婦女界，在這種場合，工作最要緊，最有效，對敵人的打擊最殘酷，您們千千萬萬的兒女，您們萬萬千千的姊妹，都等待着婦女先覺者的教育，宣傳和組織，你們的工作對象最普遍，您們的工作場所最隱蔽，最安全，您們的陣營敵人最難打擊，您們是一切救亡工作者的殿軍，您們的責任最重大，您們的名字最光榮！

敵人最害怕的是我們的抗日教育，現在，也許他們可以修改我們的教科書，可是他們果眞能夠杜絕我們一切家庭內的母教嗎？我們要將這仇恨深深地印在下一代國民的心版上。

敵人最害怕的是不賣日貨，現在，也許日貨要在這「孤島」裏泛濫了，可是他們即使有法子可以叫商人一定要賣。他們果眞能強迫我們家庭婦女一定去買嗎？我們要惡鬼毒蛇似的宣傳組織，要做到沒有一個女人買一個錢的東洋貨！

國軍撤退了，公開的活動被迫停止了，但是，我們要挺起胸膛來說：「上海是我們的！有二百五十萬的後備軍分佈在每個家庭裏，不讓敵人便宜地占有上海，上海是我們的！永遠是我們的！！

沒有砲聲，沒有槍聲，却使我感到寂寞。有時午夜偶然聽見了些動靜，便急急地披衣下床，推開窗想把自己的呼吸也停止了去諦聽，也許響過了重歸沉寂，也許就是初冬的寒風。仰首望見天上的滿天是就只厭惡地吐一口氣又躺到床上。

爲什麼這些日子都是晴爽的天呢？我們只盼望急風驟雨，我們不願意和我們的敵人活在這清朗的天下。

可是天總是藍得那麼厭人！但是在翠藍的天邊上，時時有濃黑的煙散波着，那是被敵人焚燒的房屋。這麼些天了，火一直沒有停。一些無辜的平民不只暫時流離失所，他們將永遠沒有家了！

沒有家，只得踡伏在街頭巷尾，忍受着飢寒，每晚我走回來都看到一排睡在路

傍，檐下的人們，他們好像睡得很安穩，可是當我的脚步響着，從單薄的衣被下立刻露出兩只无望的眼睛，朝我看了看，便又蒙在那單薄的衣被中去了，他們只是挨着那寒冷的黑夜，等到太陽爬出來，給他們一點溫煖的光 他們也許才能安適地閉上眼睛，可是那時候店鋪該打開門，店主將要學徒們把他們像狗一樣地踢醒，驅逐着他們離開。

那他們將到何處去呢？

不知道，不知道；連自己將到何處去也不知道的。我尙能忍受這窒息，可是我不情願忍受到死的地步。但是敵人們正自得意地炫耀他們的威風，有六千人從這城市中最繁盛的一條街穿過，人馬的脚蹄踏在那條以紅木造成的路上，他們以勝利者自居；可是我們，縱然忍受着若干苦痛，我們决不是眞的敗北了。

但是我也不做些那空妄的誇大者，說出在若干日之內可以把兇暴的敵人從我們的國土上驅逐出去，我知道，我們總要有一大段艱苦的路，在路的彼端，才有我們的勝利。

劫後的上海

王芸生等著

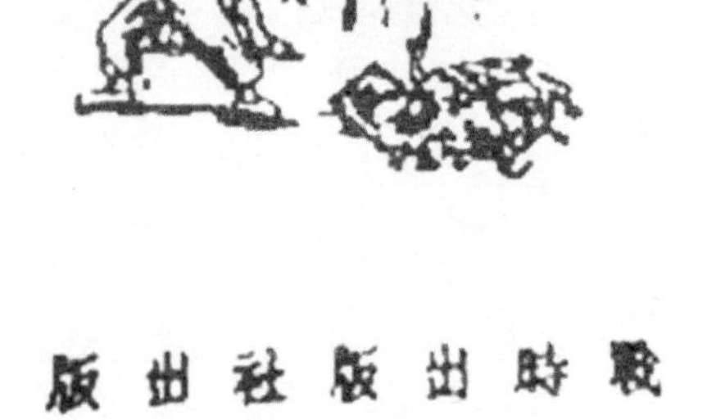

戰時出版社出版

戰時小叢刊之三十六

劫後的上海

戰時出版社刊行

目次

孤島上

王芸生

一個世界有名的大都市，那裏還聚居着約莫三百萬人口。它的四週，一片瓦礫，遍地伏屍。斷瓦殘垣中，日夜不熄的有野火延燒；街頭巷角，不時發現殺人流血之事。在這大都市的中心因爲有些性質較爲複雜的政治組織，所以在不測的威脅中成爲性質較爲複雜的安全區域。這約莫三百萬人口，大部皆聚居在這個中心裏。這地方原是一個水陸交通的要衝，但是水路全被封鎖，陸上的鐵道公路也全隔斷，又因爲一種特殊勢力逐漸澎脹，人們的食衣住行以及生命的安全皆成了問題。這地方整個的被死滅的空氣包圍着。人們要食，儘管有錢買不着米吃。米店一家家皆緊閉着大門，偶爾有一兩家敞開一個小窗口，便有千百人擁擠着去買米，甚至擠了一天所買到的不足一家兩天活命。青菜貴過珍饈，這廉價的維他命已要與這裏的人們絕緣了。雖然大火燒掉千萬人的家，熊熊的火焰仍擁抱着這地方，但人們所需要的燃料，却艱難萬分。「米珠薪桂」是一句老話，在今日的這地方却完全兌現了。這裏的人們，絕大多數已失掉國家的保護。貧窮的雖幸留一條命，過了今天不知道明天；富有的也是憂惶苦悶，感到朝不保夕的威脅。在摩天高樓下輾轉躑躅着面蒙菜色的難民，同時娛樂場所也在喘息着活動，歌台上交響着翠韶喉聲，愁紅慘綠的燈光下還跳躍着擁抱的男女。這些人，或者生命懸於俄頃，或者靈魂飛出軀外，其憂惶苦悶却是一致的。這地方，與外間失了一切聯絡，人們的事業陷於

絕境，人們的生命失掉保障。這是一個孤島，一個被死滅包圍着的孤島。這孤島便是現在的上海。

上海是中國的第一個大都市，這地方儼如中國的一個心房，一切動脈的血液都經過這裏，再流注到全身。在平時，這裏的經濟跳動政治傾向，都會波及全國。現今在戰爭中，與全國失去聯絡，形成一個孤島。人們的苦難，國家的損失，當然都是很大的；但這運命却是不可避免的。我們爲了民族的解放，國家的復興，只有勇敢的接受這苦難的命運。留居在這孤島上的人們！我們應該艱苦度日，硬朗做人，保持靈魂勿失，掙扎國家復興！我們在這時應該懺悔既往，策勵將來。過去的腐霉生活此時都要割掉，今後的艱苦命運此時業已開始。現在我們應該儘力做同胞互助的工作，救濟無告的難民，以贖自己的罪孽。現在我們應該儘力做友朋砥礪的功夫，謹防靈魂的墮落，以保國家的正氣。近來我常發生一種感慨，以爲——國可亡，土可失；但不可無人。國亡了能復興，土缺了能復整；但是人若打了折扣便難說了。中華民族活了五千年，什麼大風波沒經過？什麼大災難沒受過？但仍能屹然存在於大壤之間者，就因爲有堅貞不撓的人格在。南宋亡國時有文天祥的正氣不屈，所以朱元璋能起來打倒蒙古，復興祖業；晚明亡國時有史可法的熱血傾灑，所以孫中山能起來逐走滿清，創造民國。現在我們民族國家又遭逢嚴重命運，我們不怕「日蹙國百里」，却深恐中國人在這時打了折扣。譬如平津的失陷，可說是歷史過程中所不可避免的；但是江朝宗等醜類的跳躍却給中國人洩了氣。最近聽北方來人說，散原老人（陳三立先生）於北平失陷後絕食五十日而死。這位八十老翁是眞正的中國人！我們聽見

了這一件事，又是感泣，又是興奮。感泣他老先生的大節，興奮我們中國還有人！

上海是已淪陷了，它的四週曾灑遍了我們將士的熱血，還暴露着我們將士的忠骸；但要問這孤島上是否還有中國人？存留在這孤島上的中國人們！我們要保持住每個人的聖潔的靈魂貢獻給我們在復興途中的國家！

（大公報）

孤島的靜寂

林憾廬

在一天的清晨，我醒覺起來，發見我已經是在孤島上——我們被遺留在這裏，和大陸隔絕了！

一切都像夢般地過去了！這三個月裏的一切，種種的事實都像大夢地過去了！使人興奮感動，激發，可歌可泣的種種事實，竟然像夢境般消失而成爲過去的了！

可是，一切都是眞而又眞的，比宇宙的物質還要眞實，而且各種的情況還存留在我的心上，到處還遺下那些事實的痕跡。不，不！這決不能是夢境，而且也永不會消失！一切都要永遠存在，在人們的心上，在歷史的記載裏，在民族的永久紀念中，在後世的謳歌嘆咏裏，一切都要保存流傳下去。

在這孤島上，一切的聲響都靜寂下去。三個月來轟轟烈烈的聲音表示着特別意義的，現在開始靜寂下去了！昨夜，我聽不見那些聲響，頓然像嬰兒失掉母親一樣。啊，啊，這三月來震動我的耳鼓心絃，使我歡欣忭躍的，値得戀慕的聲響呀！而現在，這寂靜把我的歡樂奪去了！

是這樣的鎮靜像死般的沈靜枯寂。這使我悲酸而悵悵不已，眼淚幾乎奪眶而出，心痛極了。然而，不，我爲甚麼悲悵呢？一切都在繼續，我們的弟兄還在那邊奮鬥，而且我們又決不至於失敗。我還要歌咏，歡悅地唱着未來的勝利之歌，因爲我們全國的人都起來禦侮了，復仇了。

× × × ×

此後，靜寂將要暫時統治着這孤島，民族的呼聲也許聽不見了。熱鬧，繁華，諠囂，這裏的一切都要和前時一樣——但是，那「轟」！「砰」！「呼隆唧」！和「劈劈拍拍」的聲響沒有了，這在我是等於死一般的枯寂。從此後，我在孤島上，將要感到難堪的寂寞了。

在這孤島上，我要再和誰說話呢？市街上熙熙攘攘地來往的無數的人們，誰是我的知己，可以傾吐衷誠的呢？啊，啊，這孤寂的心情呀！

那些可愛的弟兄們，現在已經被孤島四週的汪洋隔絕了——我說話而他們不復聽見，歌唱而他們不復聞得了——我要忍受這寂寞，自己也靜默着，沈默地等候而又等候着，一直等到我們光榮的勝利來臨。那怕它是兩年三年，總有這一天的！

× × × ×

一天一天的過去，孤島的靜寂一天天的增加。我所愛聽的那些聲響似乎越去越遠了。

孤島上看去很安靜——不，不，這不是安靜，而祇是暫時的靜寂！一切的人們永不會忘却過去種

—
4

種的情景你沒有看見那些火正在熊熊地焚燒還未息滅嗎？我們的憤怒正復如是！誰能平息人們的憤怒的火燄呢？

祇要我們還有人留存着，這民族的怒火永不會息滅，而聲響也永不會停止！那末，這暫時的靜寂由它去吧！我們何必爲這個而懊喪悲哀？

況且，聲響正在大陸的那邊繼續着，或遠或近，它決不會止息的！而且將來，它還要更響亮地來到，像波浪洶湧地衝擊這孤島——從海面，從地上，從天空，它會轟然如怒潮澎湃而至。

誰能夠擋住這怒潮呢？哈，哈！誰能阻止聲響，使之不來呢！

既沒有人能夠止住它，於是，那些現在在快意歡笑的人們悲哀哭泣了。

× × × ×

而現在，孤島的靜寂一天天的增加。

許多咽喉被扼住，許多舌頭被遏止，不能發聲了。文化已經被壓迫，自由已經被干涉，許多人離開這孤島而逃亡了。

這能夠是眞的嗎，我幾乎不敢相信——可是事實終是事實啊！我要爲國際道德痛哭，爲正義唱着輓歌。好罷，如果你們是這樣的看重武力，將來有一天給你們見到我們的——而且我們是講理的，決不像人家的蠻橫——那時你們可不要說甚麼，照樣地答應好啦！

5

甚麼同情比謗誚更難堪！別再說了，靜默好得多呢！我們很淸楚地知道友和敵，這二者由你們選擇其一好了。

—6

現在，就讓這靜寂一天一天的增加，讓這孤島沈寂像死！

× × × ×

兄弟，你爲甚麼哭呢？爲這靜寂難堪嗎？

不要呀，兄弟！我們甚麼都可以忍受，一聲不響！我們有的是堅忍的力量！而且，我們還能夠受得住更大的打擊，還能夠堅持到底！

我們決不呻吟號呼，要咬定牙齦，站立着如大丈夫。我們準備犧牲一切，爭取民族的自由生存——那末，這眼前的甚麼又何足介意？

況乎聲響並不完全靜止，孤島的附近還有——每在夜深時，你常可以聽到——斷續的聲響。那是我們的弟兄尙在孤島的滬西一帶奮鬥；而且更遠的地方，聲響便愈更多，愈更烈的了。

我相信：不久這些斷續的聲響會增加而擴大，不管是那兒，到處轟轟烈烈而起。於是，從大陸一直到這裏，由那些聲響聯接起來，而孤島也不再是孤島了。

（宇宙風）

孤島雜記

林憾廬

一 落日

是一個漫天風雲，陰霾密佈的天空，太陽從早晨就看不見了。也不知經過了多少的努力，太陽的光線於下午三四點鐘時，才衝出雲翳而放射出來。這是多末可憐的，我看見太陽祇是如月亮一般，雖則它也許正想以其強烈的光線焦灼人們的肌膚。

雲霾不曾散開，還是瀰漫着空際。我似乎不曾看見過太陽這樣的可憐相——一會兒照亮些，一會兒又暗了——始終在和層雲苦鬥不休，而不能打破環遶着的陰霾。我一直注視着，要看到究竟。

終於，到了將近五點鐘時，風勢稍爲平靜點兒，而太陽頓然照射出來了。它的光線現出了力量，有光芒向上邊射起，照耀於西邊的空際。雖則不能如平時的明亮光彩，但總算有點斜暉，差強人意地照着。可惜，這時已經快要西沒了！

我在注視着它怎樣沒落，猜想它是多末不願意西沈。然而，這是自然的現象，它能夠違反大自然的定律嗎？

我以前曾看見許多的夕陽西沈，但總沒有這回的注意，因爲那是很平常的現象。這回，我在這孤島上看來，覺得非常的特別——

雖則它在這漫天風雲中苦苦地拚命掙扎着，而終於逐漸向西沈沒，落下去了。

素來我們對於夕陽總有點戀惜，而斜陽的景色尤爲詩人們所嘆詠的，稱某地的風景亦常列「□□落日」爲一景，但是現在我們對此「落日」恐怕沒有誰覺得戀惜吧。而且不會有甚麼詩人要對這西沈的太陽嘆息歌詠的吧，雖則我想得一個詩題「賦得孤島看落日」。

—8

二　搬家

一九三七年的大除夕，我搬了家。

搬家，這原是很平常而又小小的一件事，可是這次却似乎有點不同。你想一想看，宇宙風社於上月半移遷，陶君於廿四日搬家，而我也於三十一日晚上搬家——難道我們在發甚麼「遷移狂」嗎？

不，不僅是我們，住在滬西的所謂越界築路區域的人們，許許多多都在搬。我的一個朋友在教會所立的醫院當醫生的，幾天前已經搬了。許多在洋行或商店任職的人也搬了。可見得這搬家不限於文化方面的人，而是很普遍的。

事實上，幾個月來不是各處都大鬧着「搬」——有的是逃生，有的是流亡——而且，有好多人不是從這里到那里，又從那里到更遠的地方去嗎？從上海逃到內地去的人，怕有百萬以上，而現在上海還收容着三十萬以上的難民！

似乎華北和長江下游所有的人都在搬，整個中國在動了。這是歷史上一個大動亂的時代，我們

當然不能不跟着搬動了。况且，像我們這樣總算是很好的了，許多人父母妻子離散，許多人流離失所，許多人凍餒道側，許多人死亡於轟炸槍彈刺刀之下！這是「誰爲爲之，孰令致之」呀！

搬家，這是多末麻煩而討厭的事情！我是這樣的不想搬，故而一直延到最後的兩天才決定。這當然不是我一人如此，恐怕所有的人都不願意搬的。然而，有一種的勢力，一種的威脅，使你不得不搬的。這威脅似乎太大了，雖則你看不見。一切從這里搬到那里，出走流亡的人們，何嘗不是受了這威脅的呀！誰又不願意好好地安居樂業呢？誰又願意奔波流離呢？

可是，這不是我們所能爲力的，這是戰爭——或許不應當說是戰爭，是一種到處都發生了的「衝突」——使得我們這樣。不要說別的，如轟炸殘殺淫掠等，單就這遷移流亡而說，已經夠我們沒齒不忘大德了。聰明的人想出這法子，要來排除平服我們中國人的反抗情緒，這眞是聰明得太幽默了。

六弟已經全家搬到南洋去了。五弟來信，說不久要到歐陸英國等處去，因爲美國的空氣令人頭痛。二哥已經在這里居住了五六年，房子也很好，十二分的不願意遷移，也決定搬了。我還戀戀於這里幹麼？

搬是決定了，可是還有許多困難的問題。單就找適當的房子而說，已經夠麻煩了——其實還是錢的問題，因爲出不起昂貴的租金，租不起一幢房屋——我花了一天工夫找不到，次天在細雨中遠

着法國公園附近一帶到處尋覓結果到三十一日下午才租定此刻住的房子，晚上開始搬家。

三　年夜

這里，孤島上許多人還在娛樂。

兩租界在這年夜也臨時解除戒嚴了，因為有好多人要娛樂。影戲院換上新的片子，大餐館徹夜開着。而跳舞場當然更熱鬧了。

上海有十幾萬的外僑，他們當然要歡歡樂樂地過這一九三八的新年年夜。憑甚麼叫他們不歡樂呢？危險是過去了，樂園依然是樂園。而許多我國人呢？當然大多數並不這樣，但却也有不少的興致勃然，大娛樂而特娛樂的。

假如說他們是亡省人，但有的人其原籍省分總算還未亡掉。就使亡掉了省，國還不會亡——請你放心，誰都說中國决不會亡的——憑甚麼叫他們不要娛樂呢？

上海的戰事已經結束了，上海人是安全了。雖則上海人不在抗戰，而中國總算還在繼續抵抗，所以上海人娛樂並不覺得慚愧，不會貽笑外人。

有錢，便應當好好地歡樂過活，遊娛難道是壞事嗎？無數的戰士在浴血苦鬥，無數人在傷亡，無數的同胞在輾轉於溝壑，無數的同胞在凍餒——這些我都看不見，關我甚事？就是在上海，還有幾十萬的難民，重勞外國僑民組織的國際救濟會在救援賑恤——這我也看不見，幾十萬被難的同胞何有

10

於我哉！一切都爲霓虹燈的光彩遮沒了，爵士的音樂在響！——於是，宴飲吧，跳舞吧，且盡情娛樂這年夜爲佳耳！

假如外地的朋友不知道究竟是怎樣的熱鬧法，我可以告訴你，那是熱鬧極了。我現在住在一個跳舞場的近鄰，年夜的那一個整夜，來跳舞的人的自用汽車便排列滿了這一條路的兩旁，至少有二百架以上（當然不是來人都有自用汽車，還有許多是沒有的，）而這不過祇是一個跳舞場而已，上海的跳舞場還有許許多多。

南車站被炸參觀記

佚名

中國紅十字會同市政府當局，爲了使各國駐滬記者明瞭中國兵士受傷及日軍前日無理性的轟炸南站及難民情形，特招待各國記者往中山醫院參觀同時並往南站，瞻仰日軍飛機轟炸的「偉績」（？）

下午二時，紅十字會會長顏福慶先招待參觀中山醫院，那兒有百餘位負傷的戰士，他們很安詳的躺在牀上睡覺，看報，低聲唱歌。據顏報告：「上海紅會現共有傷兵醫院十四所，可收容傷兵三千五百人。在紅會醫院服務的各醫師護士都是義務的，只有在野外工作的夫役每月支津貼廿元，本人月薪二千元，現全部移充醫院經費，紅會現有救護車卅輛，現在工作最大的困難是日本飛機對紅會車

輛的任意轟炸，有十三輛救護車已爲敵機炸毀，醫師炸死一人，護士傷三人。因此，救護工作只能在晚間去作。日人以爲我們以紅十字旗幟作其他運輸之用，這點可以說絕無其事。對日軍轟炸紅會人員的事，現已由王正廷報告萬國紅會了。」

全體外國記者廿餘人繼參觀前日被日機炸毀的南站。

走進車站看到的是血，是肉，是蒼蠅，是被炸得七零八落的車站建築；聞到的是血腥氣味，是貨物的燃燒氣味。日機是前日下午一時飛來的，那時車站上正聚集了近千的難民，日機在該處一連投了四個炸彈，結果死了一百多人，傷了好幾百人，昨天在路軌上還留着不少剩下的斷腿，脚和骨頭，打死後的難民留下的後援會遣送組的標帶，遍地都是——難民無罪，爲什麼要受這種殘酷的待遇？

南站的棧房，天橋，辦公室，水塔，機房都全部炸毀，在倒塌下的機房下，還躺着一個壓死的工人，身上滿了蠅子。

南站前日殉職員工共有六人，這裏應當特別提出的是一位叉道夫張金生，當飛機擲彈時，他正拿了紅綠旗站在叉道口執行職務，他眼望着好多人被炸傷和炸死了，可是還不躲避，他知道他責任的沉重，千餘人生命的安全都抓在他手裏，他要永遠忠於他的職務。結果是炸彈落在他身上，他躺下來了，血染了兩面紅綠旗，死了。昨天記者去參觀時，兩面旗子還丟在叉道上。

後又參觀設在維也納舞場的傷兵醫院，那兒正放着「丁香山」歌曲，舞場裏擺的盡是病牀，酒

—12

吧間暫時作了醫藥間。許多自動來的護士正在忙着工作其中有六個是舞女。（立報）

北新涇被炸記

彭啓一

北新涇，敵人曾經數度地在這兒擲炸彈，轟炸我手無寸鐵的老百姓。

以前，這兒是一個平靜的小鎮市，人民以種菜爲業，在平時，似乎還是一個世外的樂園。抗戰爆發後，他們這兒仍舊沒有受到經濟的影響，相反地，他們的收入比以前增加了，由於大批地人民的收入減低，再加上日帝國主義封鎖我海岸，肉類無法入口，即便有錢購得起肉類的人，也不得不改買蔬菜做餐了。

幾度的轟炸後，鎮上的菜販，一個也沒有離開那兒，鎮上差不多被炸去了三分之一的地方，菜地也多數的被燬去了，但是却沒有一個菜販離開那兒，而且他們更加緊了他們的工作。

有許多菜販他們的屋子被炸倒了，父母兄弟或者妻子兒女都炸死了，只剩着光桿兒一個，於是，他們把他們的破屋子撑起來，獨自個兒地住在裏面，好像把一切的悲哀與憤怒都悶在心裏，終有一遭我們要把我們的痛苦加倍地償還給敵人。

敵機轟炸後，接着就來了大批的漢奸的乘火打刦，他們差不多連棵菜都是好的。當被轟炸的那一天，住民都離開了北新涇，第二天歸去後，屋子裏面都一空如洗，據說這一般打刧的，還碰着了更利

害的強盜，那便是當地的流氓，他們守住北新涇的幾條路，於是，一般乘火打刧的擄來的東西，全被他們用恐嚇的手段奪去了。

晚上，那兒却變成了頂安全的區域，不單敵機不會駕臨，就是小偸也絕跡了，甚致於打開門睡，也不會失刧因爲那兒四野都是警戒線，偸了東西的，休想走出北新涇。

經過了幾次的轟炸與搜刧後，鄉民都自動地組織起來了，要是鎮上一發現陌生人，在那兒久留，不等到軍警來盤問你，鄉民就會走上來問你一個淸楚明白，然後再放你通行。孩子們看見了陌生人，會叫他們的爸爸。

最可喜的，是以前鄉民與鄉民們的仇恨現在都冰釋了，有的屋子被炸毀了，幾家人住在一起，而主人却笑顏滿面，絕不提到房租的事情。他們有一個共同親愛的人，那便是軍隊，見着他們來買小菜，廉價不去說他甚至於將小菜送給他們，可是沒有一個軍隊，領受他們這樣的盛情，他們開口多少是多少，決不還他們第二個價，這證明敵人的轟炸，不單沒有使我們「屈膝，」而且加強了我們抗敵的力量。

鎮上每個人家都挖有地洞，誰聽見敵機的聲音或者看見敵機來時，他們會輕悄悄地將這消息傳遍開去，立刻全鎮人躲入地洞。連三歲的孩子也知道怎樣避免炸彈的危險。苦難使他們進步了。

（救亡日報）

—14

淒涼的閔行

莫　思

給法租界守衛兵盤問了一下，車子從堆滿了鉛絲網和沙袋的小橋上擠過，便飛也似的在我們武裝保衛的領土上像脫韁的馬向閔行直馳而去。

我們年青的士兵，精神飽滿地擎着槍，在沙袋旁踱來踱去，態度是那麼安逸的。也有跟老百姓們在一起談笑着，老百姓親熱地給他們倒茶呷。

壕溝有弧形的，鑰匙形的，掘得很深，又很整齊，它的地位全那麼衝要的。

過漕河涇，柏油路一變而爲煤屑路，車子顛動得厲害，叫人心臟都將給搗亂。

遼遠的，廣闊的原野在眼前展開。田里全長得很豐滿，小孩兒站在那里祇露出一個頭。可是那麼遼闊的田園，耕種的農夫稀少得看不見。偶然，有一二個農夫在稻桶上打着稻，也沒有像平常那樣起勁了。

曹行鎮附近，有幾座很漂亮的別墅，給敵人的炸彈毀了它塗脂抹粉的臉孔。

松江，幾次被敵機轟炸的松江，爲了時間的關係，輕輕地擦目而過了。

看見桅桿，又看見了滾着微微浪花的河流，車子到了那裏無能爲力的停了下來。

那兒便是閔行。

15

就在跳下汽車的江邊，兩邊的街房全像給火燒過似的；但是沒有火燒木頭，祇是穿了屋頂，穿了樓板，沒有門面地板上全是碎瓦斷磚，看樣子像要壓到身上似的。

「上月二十，東洋飛機到這兒來丟炸彈，莫明其妙的祇炸了一些老百姓的房子。我們鎮上的人沒有被炸死，却死傷了十多個客地來這里候渡船的人。」

守軍回答我的問話時，老百姓們也都湊上來很高興的聽着，同時又很憤慨地訴說敵機的殘暴行爲。

閔行一共給炸了四次，一次就是閔行碼頭；一次碼頭左首，給炸了很大的一個地洞，一次給炸壞了一輛裝運猪玀的汽車，敵人高價的炸彈，換取了幾隻笨猪的生命；一次給炸了幾艘外國人的游船，外國人要日本賠償幾萬塊錢哩！

那裏也有漢奸在活動着，他們推說是避難人，到得晚上却給敵機放信號。曾經抓住了四個，三個已經槍決啦！

閔行的老百姓，有壯丁隊的組織，他們因爲全是本鎮人，碰到從外面來的人，就注意他的行動，這樣，至少可以使漢奸難以立足。而且，每晚，壯丁隊還幫助守軍担任防務。

跟老百姓們說到了莊稼，他們就縐了眉。他們說今年收成不好，再給日本飛機一炸，胆小的農夫都逃到別的地方去，該收的棉花却沒有人去收拾，一陣陣綿綿的秋雨，摧殘得半爛。每一畝祇能收一

—16

包棉花，價錮賤且不去說它，而且還沒有人來收買，這是夠他們焦急的。

他們希望快些把敵軍趕出去，好讓他們安心地過活。

離開了碼頭，到市鎮上去走了一趟。那是不很小的鎮，縱橫的街道都很長，從舖子的性質上看，這里該是很熱鬧的。可是，現在店舖子十家倒有九家關門，街道行人寥寥，在沒精打彩地走着。要找一家飯舖子，到街角才找到。

据那家飯舖的堂官小伙計說，鎮上市面本來很好的，給日本飛機炸了幾次，有錢的人都落鄉避難，鎮上祇有一個早市，東西全不值錢，鷄子祇賣八百錢一斤。過了中午便紛紛關門哪。

（救亡日報）

浦東一瞥

佚名

在滬戰剛開始的幾天，據說上海浦東間來往的小渡船，每人的渡資每次要收到一元餘。記者久有意至浦東一帶去走走，可是爲了這一筆巨大的船資，終於未能成行，因爲記者究竟不是去逃難的。日昨，記者偶然地走到了外灘，在法大馬路口的碼頭上，一個卅餘歲的船家放着高嗓子嚷：「啊要到浦東去？只收大洋一角！」

只收大洋一角，這數目比以前要便宜得多多的了，而且前兩天敵人的大炮與飛機在浦東一帶

加以轟炸過轟炸後的浦東究竟變成了一副怎樣的面目了，在這種情形下，記者毫不遲疑的踏上了一小渡船。

浦江口除了幾隻列強的軍艦外，映在眼前的便是幾隻來來往往的小渡船了，每隻船上都是裝滿了逃難的人。在浦東的江邊，難民坐成了一長列。向裏走便是塘橋鎮，塘橋鎮的小街上，房屋多數被炸燬了，這裏正是前幾天敵艦的炮轟的目標所在，有幾間坍倒的屋子中，還有幾具死屍堆在那兒，上面蓋着破爛的蘆蓆，據街坊上的人說，這幾間屋子裏面的人都是全家被炸死了，等着他們住在上海的親戚來收屍。未炸燬的店家，都半啓着門，依舊在那兒做生意，街上的菜販很多，而且售價亦甚便宜，有許多上海的菜販，在那邊販小菜到上海來買，他們在鬧忙地爭着價錢。

向西走，便是老白渡鎮，房屋都整齊地立在那兒，雖則未受到炮火的影響，但是人民都離開那兒了，差不多都是十室九空。走在青石板的小路上，彷彿身入荒野古剎中。

老白渡鎮的附近的賴義渡鎮，是平日最熱鬧的一個鎮市，這時街上也顯出了荒涼的景象，幾個無家可歸的難民，就睡在人家的屋簷下，好像是等待着死神降臨似的，兩三個巡警把幾個比較年輕的難民，向着小巷中趕。據一個店裏的夥計告訴記者，在炮轟的那天晚上，有許多流氓在賴義渡的附近，大肆搜刼，難民的包裹全被他們搶去了，甚至連屋子中沉重的桌椅板凳都搬走。平日與這些傢伙稍結有仇恨的，全被他們殘殺了，這些傢伙怕熟識的人認清了他們的面目，多數面孔上都戴了鬼臉，

或塗上了顏料。

到了一個叫做三萬昌的地方的時候，便不能通過了，過去便是春江碼頭，但是走後街却依舊可以通行，然而春江碼頭被炮火毀後的殘跡，却無法入於眼底。

在後街逃難的人，扶老攜幼，挑着大大小小的担子，向着江邊走來，在路邊的荒野中，有許多壯丁，都在努力地挖着地穴，一個較年青的壯丁告訴記者：「敵人的飛機來時，我們叫全鎮的人都躲到這裏面去，讓敵人多費去幾顆炸彈！」

從這裏可以看出我們的同胞，是比以前有組織得多了。

（救亡日報）

淪陷後的閘北

影呆

堅守了兩個半月的閘北，為了大場的失守，恐怕後路被敵軍切斷，終於在十月二十七日那天淪陷了。消息傳來使人非常的沉痛；但仔細一想，長期抗戰的過程中，暫時的得失，與全盤戰事無關緊要，而我們所期望的最後勝利，祇要軍民一致奮鬥，終是會達到目的的。這是慣例，日本的軍隊每是進佔一處地方，總是要請幾個外報記者到戰地去參觀一下，作為誇耀；因此，日軍於二十七日進佔閘北之後，二十八日便招待外報記者到閘北去參觀。現在筆者根據外報所載參觀經過，約略的譯在下面，以告本刊讀者。

昨天，廿八日的早上，閘北已是一所死城了，少數的新聞記者到北站去參觀，街頭里巷，到處充滿了戰跡，所有的房子，多半祇留下一副屋骨。一切的一切，都足證明這一個地段，遭受過一次空前的大戰。近北站的地方，租界上有一個英國兵坐在沙包上面，正在唱着好萊塢影片中新流行的曲子。踏上了北站管理處的新廈的最高一層樓，可以把全個租界來一個鳥瞰，但爲了在清早天不十分光亮，所以不大清晰。中國的軍隊在鎗林彈雨之中，駐守在這大廈之中，有這樣的持久，使人非常的佩服。下面的一層，可以看到若干中國軍隊所留的防禦物。

走進了這所新廈，事實立刻可以告訴我們，中國軍隊的堅守是一件驚人的戰績。大廈的四周，牆壁上滿處是彈洞，一望而知已遭過不少次的空襲。水泥和大理石的表面，受了砲彈在牆外的轟擊，已大部被火炙得灰黃，而最高的一層，更被炸彈轟得滿處是碎片了。西北角橫着在燃燒中的整個的閘北，還在近代的歷史之中，是一次空前未有的大火。這裏面有若干房屋，五年之前被砲火轟掉之後，到最近才造好，可是又遭了同樣的浩刦。有的地方，還留着許多屋骨，偶然更可聽到火燒堆裏牆壁在坍倒的巨響。向下一望，使人會想到幾十萬閘北的居民，經此浩刼，還有勇氣回來再造新房子住嗎？當新聞記者離開北站的新廈之時，遇見一個日本軍官，他在很得意的攝火燒閘北的影片，想是帶回去誇耀於國人的。

參觀團由北站經過滿處堆着瓦礫的里弄，直往虹口，日本的守兵時常關照他們當心，張有鐵絲

網的地方，恐怕中國軍隊埋有地雷。有的地方，彈洞竟達五六尺深，所過的路上，到處踏着玻璃的碎片，發出屑煞的聲響。有的房屋，前面已完全坍了，可是有幾家灶間的裏面灶頭上的灶君還是留着，好像一半微笑一半蔑視，而眼對着這些廢墟看望。歸途碰到一個人，說起一件使人憐憫的故事。說是隔晚他對於閘北的火景要看得淸楚一些，所以走到某一頂蘇州河的橋上；結果看見一個中國警察，在橋的另一面，獨自對着火焰在發狂樣呼喊！

（辛報）

失去了太陽的上海

佚名

一九三七年，十一月十一日！

是歐戰和平的紀念日，外國的紳商軍隊在外灘和平女神面前獻花。但是，但是，隔不到一公里的地方，機關槍大砲的聲音在沸，巨型轟炸機在頭上盤旋，大砲的彈丸在空中掠過。

「咻——咻！咻！」

和平女神沉默着。

鐵絲網，疾馳着的救護車。

緊張的面孔，蹙着的眉頭，咬着的嘴唇。……

難民，走倦了的脚步。

沒有風，上海——這國際都市的南，西像山岳似地聳着奇偉的雲，不，這裏燃燒彈的烟，五百磅炸彈，爆發出的火！

上海，被這黑煙遮蓋了，白雲在深邃處映出暗紅瑰麗慘淡？？

「我永也忘不了，這慘的紅色！」——人在嘆息。這是民族的怒火！仇的餤，恨的火！

下午，槍砲聲疏落了。人們聳着耳朵靜聽着，這聲音毀了瑰麗的大上海，奪去了上海人臉上的歡笑，但是在今天，在今天，他們却對這聲音感到留戀了。

「啊，到明天這聲音不再能聽見了！」聲音很低，很慘！

號外在叫，在跳躍，也像是在哭泣。

夜色漸漸地濃了，依舊是霓虹燈，依舊是歡迎着遊人的歡樂處，但是人們的脚却是那樣的忙迫——

難民，走倦了的脚步。

人品不俗的少婦，不相稱地蹲在屋簷下，偎在身邊的兩個孩子，失了神的那兩對眼睛！

救火車，救護車……的駭人的叫聲，疾馳着，像一陣不吉的風。

卡車，紅十字旗無力地斜插着，一車呻吟的人，尸體露出在外面的一只男人的腿，機關槍彈痕，像縫紉機踏過的針孔！

—— 22

血！反抗的民族的血。

南京路早沒有從前的熱鬧了，大家沉默着，熟人見了面也不招呼，他們的心，心，被鋸一般憂愁，海一般的仇恨壓碎了，——電車在開，汽車在流，走倦了的脚在走。

南方西方，黑烟變紅了，紅的舌頭在天空中飛，機關槍在吼了，我們的勇士還在抵抗。

巡捕挨街地通知店鋪，大家臉上的肉都僵了，沒有表情，他們的手和他們的心失了連繫，「保衞大上海，」「打倒賣國的×××，」斜貼在一切橱窗牆壁上的標語被撕掉了，——剩下的是猥褻藥的廣告！

天蟾樓，散下了多數紅綠傳單，有人無意識地拾起來！

「中國民衆和平促進會！」

人們眼裏發出憎恨的火，撕了，擲了，紅綠傳單在馬路上捲着，被人踐踏着！但是，他們的冒火的眼轉向了高樓。

「媽的，我們過去對這些狗太寬容了！」

夜色濃起來，黑了，路上的人疏落了，上海活躍了三個月的都市，此刻表面上像一個瀕死的人，每分每秒鐘地在減少他的活氣，他的面目變了，但是，他的心，他的脈，……在跳躍，在衝悸。

巨人的臉失了表情，上海沉沒在黑色的夜陰裏面，上海人失去了歡笑，上海，這都市失去了太陽！

遥望大上海的廢墟

周鋼鳴

（救亡日報）

許久沒有到外灘去了，尤其是在敵軍從浦東登陸之後，老早就想到外灘去巡視一番。昨天，終於在秋雨連綿中冒着雨向外灘走去！

在新關碼頭上——這時一隻德士古的小火輪從浦東駛過來，剛剛靠攏碼頭。船里盡裝着從浦東逃過來的難民，和許多担蔬菜的鄉下人。這時浦東同鄉會派了幾個職員持着旗子在碼頭守候，等難民出碼頭的時候，就把他們裝到卡車上去，給他們分配到收容所去，或是分派他們去做工。但有許多難民不知其中情形，當時頗爲慌張，不肯上車，恐怕把他們載到什麽地方去，這也難怪他們，他們好像驚弓之鳥，完全被駭慌了。但經過向他們說明之後，才蹣跚地登上車去。

在外灘的路上，與戰前差不多，各銀行公司里的洋行小職員們，仍照樣匆匆地來去，只有各馬路口還堆置着許多沙袋，各大廈屋頂上飄飛着各國鮮豔的旗幟。

在黃浦江里，從白渡橋以下停着七八艘敵艦，敵人的水上飛機在江空上盤旋馳飛着。我向白渡橋走去，在英國領事館門口遇到一羣從日本銀行里走出來的日本人，小髭子，短腿桿子，滿臉橫肉，神氣活現在馬路上大搖大擺着。這是上海失守以後，我第一次看見日本人的驕矜氣度，而這些日本人，

正是所謂「帝國選民」的在鄉軍人，是瘋狂的侵略者的幫手；在他們的身上，混合着軍部法西斯和武士道浪人的氣質。但我相信在日本的貧苦大衆決不是這一模一樣的驕矜吧？也許他們正在皇軍侵略的光榮戰爭中失掉了丈夫或是兒子，他們正在封建地主的淫威下，在飢餓中飲泣吧？

白渡橋上是租界的巡捕在站崗，橋的北首，百老滙路口是敵軍的步哨，槍刺對準着走過去的人；中國人和外國人都不許走過去，虹口在敵人的封鎖中荒寂冷落了。我竚立在橋上悵望着，橋的那邊有我小小的家，有我幾年來流浪的行李和書籍，也許給敵人燒燬了？我並不可惜，毫無足惜。我只悵望着橋那邊死難的同胞，兄弟，姊妹，父母在敵人的砲彈下，槍刺下，在敵人的縱火中，他們犧牲了，慘死了。有的還在鐵牢里鬥爭着。我沿着蘇州河邊走着，這時看到在吳淞路口上空，飄起敵人宣傳用的金黃色汽球，有方桌般大小，在汽球的下面掛着一條寬闊拖長的布幅，上面用紅藍的顏色寫字，我祇模糊地看到「佔領崐山」的幾個字樣，其他的就看不清了。

渡過江西路自來水路橋，看到四川路郵局工作人員仍在繼續地工作，昨天大美晚報上曾登載敵軍派隊到郵局去偵查，並傳聞敵軍將要實行檢查郵電，非法的干涉郵權，到昨天爲止還未見實行，但這件事，我想侵略者的毒手遲早總是要伸過來的吧？沿着江西路，文監師路，海寧路望過去，昔日神祕繁榮的北四川路，現在已變成死寂的街市了。

我走到河南路口，從鐵柵門望出去，看見幾個敵軍在鐵柵門外，在陰雨中，像魔影一樣在廢墟中

活動。我想看一看北站的情形，但被英兵阻止，不能走到鐵柵門去看個究竟，於是我只好繞回愛而近路，走過北山西路去，走到界路口的時候，前面沙袋堆得很高，把前面的視野都遮住了。這時幸好，北站大旅舍的後門下敞開着，尚有人居住在裏面，我走進去，看到旅舍里的門窗都震碎了，當中隔開每個房間的夾牆，也被震倒了。整個旅舍裏面，都坍塌得一塌糊塗。幸好屋基堅固，不然也被震倒了。我爬上二層樓上去，憑窗望下去，窗下就是界路。在界路的兩旁的房屋都被震倒了，弄得稀爛，顯着一片破瓦頹垣的慘象。在界路上曾被擊中無數五百公斤的炸彈，把馬路都炸燬了，成一個個巨大的坑洞。這些坑洞比大世界門前的還要巨大，現在都被破瓦頹垣掩塞着。至於鐵路管理局大樓，那屋壳仍巍然的峙立着，在牠的牆上，中了無數的炸彈和砲彈，到處顯着壘壘的戰痕。在屋子裏面是被火焚燒着，煙火從每個窗洞里噴出，現在只剩下燒焦的灰燼和殘痕。在七層樓屋頂，豎着一面敵人的海軍旗，在秋雨中垂下的了。火車站和月台，已經被炸成一堆殘缺的磚土，像一個破燬了的大墳墓。在整個閘北一片土地上，就沒有看見一尺完整的地方。

在寶山路口，只有幾個敵軍往來，他們吃的水，都是從虹口轉接過來的，水管躺在頹垣里，像死蛇一樣。在一些頹垣上，敵軍在上面豎着一塊白木牌，上面寫着「戰跡保存」，下面的小字就看不清楚了。

據那位旅舍執事告訴我，他從「八一三」開戰到現在，他始終沒有離開過這火線上。當敵人來

擲炸彈的時候，英兵就叫他們躲到沙堆里去。據他大約的統計，敵在北站附近曾擲下三四千個炸彈和砲彈。炸彈總是五百磅重以上，據說有一次敵機擲下硫磺彈，沒有炸中房子，落在馬路上，炸開來，硫磺飛滿各馬路上，地上，屋子裏，平均積量約有一寸多厚，由此可想見敵人當時轟炸的猛烈了。他說「住在北站的敵兵，多是滿洲人，常常聽到他們說北方話。但是他們現在都裝出東洋人的面孔，說東洋話，來欺負我們同胞了。」我聽了他的話，我望着在頹垣瓦礫裏的敵軍，我想也許在這些敵軍的中間，就有我們的東北同胞吧？我想放大喉嚨高叫起來：「中國人不打中國人啊！」（救亡日報）

十一日南市所見

王水

我浦東之駐軍既撤，南市益爲岌岌，然孤軍困守，戰鬥猶酣，十一日之形勢，最爲緊張。敵人以不獲乘機制勝，心粗氣暴，輒在南市上空，以飛機轟炸，揣其目的，不存威迫孤軍，而欲取快一時，故任意摧殘，於是平民之慘刼至矣。南市難民以敵機之來，羣驚避時華租界交界處之鐵門，已嚴扃，難民自晨至暮，蟻集於鐵門前，欲內竄不得，於是哀號長跽，對門內之巡守者，央求曰：「速開爾戶，使十數萬生靈，勿致盡罹於難！」巡守者以格於禁令，置若罔聞，而門內之觀者，亦環立如堵，第見門外萬頭攢動，而身後機關槍聲不絕，若此聲而近，行見彼萬頭攢動者，將一一仆於地，而成僵倒之屍，於是觀者皆酸鼻。日暮，門外難民，嘶聲漸弱，第指腹中告門外人曰：「苟吾腹而更不得食，則不死於難，亦斃於餓。」門內於是各

市饅首，紛紛遙射於門外，一人旣動，萬衆響應，一時買饅首千萬枚，皆自鐵門抛引而過，難民咸爭攫，一如群魚競餌。然至天黑，彼難民猶伏居於鐵門外，不得歸宿焉。

是日有敵兵迫吾軍急，吾軍三四人避其鋒至鐵門處，租界捕房人員納之入，惟解除戎裝，見其着肉所御之汗衫，垢痕厚積，問之，則三月未易矣，腰間一紙裹，以爲內藏者必錢鈔，解而視之，則裹紙凡六七張，而藏一藥水棉花之防毒口罩，此外別無長物，困至銅元一枚，亦無所蓄，吾將士之貧乏如此，爲之隕涕！

（社會日報）

悽愴的南市

徐遲

整整三個多月的戰爭中，悲壯的事有之，光榮的事有之，洩氣的事有之。而悽愴的事，以大上海淪陷前夜的南市情況爲尤。

事實上悽愴的事，現在不止南市一處。戰區在最近一旬中突然擴大，上海，蘇州，嘉興的三角形的鐵路線上，處處都是悽愴的畫面。又豈止這樣小的一個面積呢！在華北的東西戰場上，悲愴的畫面所佔的面積更廣大。一切和平的村子全都破壞了。而我們能相信的，乃是這一切悽愴，還只是一個開始，牠將日益增強加重，直至我們得到光榮的戰利的一天，那時方是我們拭去悽愴的淚，代以懽顏的時候。

注意，我們民衆在大時代的暴風雨中所忍受的苦痛，是不久將來的勝利的因子。注意，到勝利去的路上，必然要經過的是個個焦土的村鎮城市。

較南市的孤軍前一些時候有震驚世界的閘北孤軍。世人專注意了閘北孤軍，因此那時從戰區逃入周家橋的難民，沒有人留意到。相反的，當南市孤軍英勇誓死時，人們的注意却集中在二十萬進退不能的難民了。

大場突破是二十六日，在二十七日傍晚，近五萬難民滙聚在通到周家橋去的路上。在哭聲砲火聲中國際救濟會有六七輛汽車出入這一帶救濟難民。

美國藝術家約翰格洛茨（John Groth）曾觀察了中日戰爭而素描了若干幅畫。在這個藝術家的眼中，他所見於這次戰爭的，只是日本的兵，中國的難民。他素描了踞伏火線上的日本兵，正作勢要擲出手溜彈的日本兵，和用刺刀殺死了一個中國難民的日本兵。另外一張素描，他畫了兩個逃難的中國婦女一個手裏抱了她的孩子，一個手裏挾了她剩下來的唯一的財產，一個被包。還有一張素描裏，是震亂的線條，從那些張惶的逃亡的中國難民的臉上看得見正在追索他們的日本兵大約已很近了他們了。是的，在中國，只有兩幅畫是明顯刺眼的，日本兵的畫和中國難民的畫。

二十七日晚上，那些逃入周家橋的難民，有近五萬數目。國際救濟會的幹事和工人已不夠用了。這時，悽愴的景象激起了國際同情心，在梵王渡駐防的英美兵佐全數把槍械拋在地上，奔入難民的

洪流中，救援難民。他們一手抱起孩子，一手替難民提拿衣箱。他們拍拍孩子，做作姿態安慰他們，又輕手輕脚的扶住了老人，把自己當做老人的堅直的手杖。

一輛國際救濟會的汽車滿載了難民馳入梵王渡。中途他們給一個西洋紳士攔住。他眼眶裏流着淚。

他說：「你們把難民卸了以後，無論如何要把汽車開回來的，沒有救出的難民還是太多了呢。」

國際救濟會的汽車開到周家橋梵王渡一帶時，立刻有臨時的難民收容所打開了大門。那大多是西洋人的郊外住宅。他們把客廳讓出，於是在厚厚的，軟軟的貴重的地氈上，坐滿着難民。

這不調和的印像是令人辛酸的。西洋主人還趕緊的把水和食物供給這些苦痛的受難者。

那時閘北四行倉庫裏的八百壯士正昇起了青天白日旗，全世界的聽視也全轉向了他們。

但在日軍渡蘇州河，大上海的淪陷的前夜呢？

南市孤軍正在激戰，而大火的核心裏，却有二十萬難民，匯聚在難民區裏，窒塞在南陽橋，老北門的緊閉的鐵門上。這是十一月十一日的晚上，人類的同情心全部集中在二十萬這驚人數目的難民之上了。

國際救濟會這時有兩種工作要做：一，是設法把難民移入租界；二，是趕緊把水和食糧送進難民區去。因爲剛成立不滿二十四小時的南市難民區，既容不下這二十萬人，且四十八小時來，南市的自

30

來水管已斷絕了，食糧也早已告罄了。

我們必須先認識一個偉大的人格。

饒神父（Pere Jacoginot）一個身子修長，白色長髯飄盪的法國神父。他的一條右臂在前次歐戰中失去了。他站在人叢中，高高的出現。在一個日本人的面前，饒神父一口流利的日本話。在一個中國人的面前，他說得好國語和上海白。他對英國人說英文，對法國人說本國話。便是他，果敢的挑起了二十萬難民的安全的重担子。

國際救濟會有十幾輛卡車，載了麵包和燒餅，駛到南陽橋鐵門口。租界上捐集食糧是很容易的。可是這是何等神奇的事，一道鐵門，兩個極端不同的世界。在南市，生命一文錢也不值了；在租界裏，酒店，戲院，和舞場却依然熱鬧。不必說這醜惡的矛盾吧。十一日那天，南陽橋鐵門只開放了一次，立刻大批難民擁進了租界。但不到五分鐘，鐵門依然閉上。那些沒有逃到租界上的難民呢？不必說除去飢餓和口渴之外，還有生命的危險，因爲南市孤軍奉命抵抗，蓬萊路一帶的槍林彈雨和砲聲，不停的傳過來。而難民區的四面，大火在燃燒。

食物和水都設法從鐵門鐵絲網上傳過去。有時則利用拋擲，把包子，饅頭隔鐵門拋過去。可憐的是我們的沒有訓練的民衆，在這種情勢下，他們還不肯守秩序，一個饅頭飛過去，便引起了大波瀾，引起了搶奪的把戲，正像一塊石頭投入靜水一樣。

（宇宙風）

南市大火三週記

佚名

南市不斷發生大火，迄至昨日已完全熄滅，死灰不致復燃，雖城內石皮弄及翁家弄有小股黃烟冒出，但至午後已自行全熄。按南市起火以來，迄今已達二十二天，到處均成瓦礫灰場，殘簷斷壁，一片焦土，荒涼滿目。所有工廠學校公共機關等燒燬殆盡，損失浩大，不勝計數，向以市面繁盛稱之南市，今已變成淒涼場所，僅難民區四週與斜橋肇周路至南陽橋和平路止一帶房屋，尚屬完好。損失情形現經查明者，由斜徐路一直至日暉港老營盤等處，已無一間完整房屋。麗園路方面梨園坊沿街房屋，斜橋民立里房屋五十餘間，僅餘十餘間，麗園路來安坊亦全燬，利涉西坊南角嘴同發米店一帶，及仁壽里，徽寧路懷仁里等處，計燬房屋四十餘間。地方法院西首廳西路一帶房屋全燬，家庭工業社被炸燬。滬閔路（卽西煤屑路）靠北一帶房屋，由剪刀橋延燒至車站路，殘疾院亦燬去，並延燒至地方法院門口角嘴上，集賢茶館亦被燒去。地方法院大門西面房屋略有損失，地方廳路兩邊房屋全燬，院後普益里後埭有十餘間房屋被燬。滬閔長途汽車站東國貨路起至南得勝里止，街面房子及鴻福里住房均燬，（此係被炸者，馬路上尚有一巨彈穴。）大興街利涉菜場被燬，利涉東坊房屋，燒至大順新南貨店，斜對面陸家浜路轉角新興池浴堂及錫昌里房屋亦焚去，並一直向北延燒至江陰街，黃家闕路，安瀾路寧康里一帶房屋，如務本女學，平安邨，恕再里等處，均被焚，惟未全燬。大吉路與林蔭路另有民房

數十間被燬。陸家浜迎勳路，中華職業學校及中華鐵工廠全部被燬。迎勳路至中華路房屋燒去數十間。民立中學校舍有一半被焚，小西門內尚文路由派出所起焚至前縣教育局弄爲止。應公祠路東邊房屋，除龍門邨倖存外，餘均燒燬。何家弄薛家橋，凝河路一帶房屋，及也是園均成焦土，蓬萊市場亦被焚去，市警察局之蓬萊路房屋燒去尚少，而西倉路信誠里房屋沿馬路者，有多間被焚。（立報）

劇變後的蘇州河

佚名

經過劇烈爆炸，與劇烈震動的蘇州河，恐怖的景象，現在慢慢地消散了。

前一時，河面上看不見一隻船，而現在，西邊由新垃圾橋起，東邊到四川路橋，靠着蘇州河的兩岸，大大小小已停滿了各種各式的運貨船，無錫快，小舢板，以及裝有引擎的小汽艇。

這些船由新垃圾橋起到老垃圾橋這一段，大概都是普通小船。牠們都靜靜地停在河面上，沒有生意，也不能移動。

老垃圾橋到天后宮橋，這一段，一向是內河輪的碼頭，平常是蘇州河上的熱鬧地段，那裏有好幾家內河輪船局，招商，通源，環江……等，它們早先總有幾十隻小火輪，幾十隻拖船，駛行杭州，平湖，湖州和其他小碼頭。但現在招商通源的小火輪，大部早已離開上海。過源輪船局少數留在蘇州河上的船隻，已改懸了葡萄牙的旗子，環江的已改懸了意大利旗子。其餘雖有許多無錫快和許多石子船，但

牠們都沒有改掛別國國旗。

據一個船家對記者說前一時日本軍隊。曾經在蘇州河上拉過船隻，但自從火車通了以後，有許多被拉去船也都放回來了。所以現在停在這裏，到又不必担心了。

由天后宮橋自來水橋，直到四川路橋，這一段，停滿了掛着各國旗徽的小遊艇。

據一個掛美國旗的船上人對記者說：這一類汽艇，都是外國人私人購備的，也有公司所有的，以前他們都停在閔行，高橋，楊樹浦，這些船，各國籍都有，英、美、德、法、葡萄牙……………。

平常這些小遊艇，常常停泊在比較冷落的河港上，以便這些主人們，坐在甲板上開到郊外去透透新鮮空氣。

但自從戰事爆發以後，以前那些地方，都陷入戰區了，於是這批掛着各國國旗五色繽紛的「白相船，」現在也只能停泊到蘇州河上來了。

（大美晚報）

開放後的外白渡橋

康君

我們上海人有句俗話：「金窩銀窩，不及家裏的草窩。」草窩雖然不及金窩銀窩，然而總是自家的呵！

自八一三戰爭爆發後，許許多多的人被迫逃出「草窩，」住着的雖不是什麼金窩或是銀窩，甚

至比草窩還不如，然而人們有意識或無意識地，總是想到他們自已的草窩。

中國軍隊退出閘北南市後，全上海被迫逃出「草窩」的同胞們，立刻在腦際浮上一個想頭：「怕總要開放了吧！」是的，「一二八」開放時的情景又悽然呈現到難民們的眼前了。

於是謠傳南市、閘北、虹口開放的消息也起來了，報紙上一發現有哪裏將開放的消息，正像「如獲珍寶」一般爭相傳閱，然而暗影罩上心頭，人們悲哀了！

家呵！自己的草窩！

去年十二月二十七日，除虹口楊樹浦等軍事區域外，蘇州河北岸一帶都開放了。這消息夠使難民們興奮呵！然而仔細把這消息看一下，「唯華人除外僑之傭僕，帶有日領館所發之通行證者外，則均不許入內。」人們太苦戀着他們的「家」了，人們又都搖頭太息起來；當然，也有由於失望轉趨憤怒的。

記者昨日閒來無事，就由愛多亞路向東穿出到了外灘。外灘的情形還是那麼熙熙攘攘的人羣，小販在人羣中做買賣，什麼都沒有變動，不過碼頭上比平時多了幾名中西巡捕，黃浦江中停泊着各國的兵艦，樣樣式式的旗幟，飄揚在浦江上的寒風中，我不敢向浦東望去……。

沿着浦江向北走去，不一會，走到了外白渡橋。橋畔站着許許多多的同胞們，他們的眼光都瞧向橋北，伸長着頭頸，好像這樣可以多看到一些什麼的。從他們的眼光中，可以看出高興而又是絕望的

光彩來。

外國人的汽車，在外白渡橋上毫無阻礙地來往着，我們的同胞們，望着那些汽車發出羨慕的眼光。這時正是近五點鐘的時候，公共租界上的公共汽車從橋北爬過來了，爬過來了啊，記者仔細向車中望去，眞使記者吃驚不少，爲什麼坐在裏面的搭客都是中國人呢？難道中國人也可以進去麼？後來打聽一下，才知道車廂的搭客們，都是英美烟草公司的女工們，她們每天由公共汽車送出送進的。

站在橋畔的難民們互相訊問起來了：「你住在那裏呀？」回答的是悽然的一聲，於是反問過去：「你呢？」大家又望向橋北。人們是太想念到自己的「家」了。

記者站了一會兒，才最後向外白渡橋瞥了一眼，沿着蘇州河向西走去。路上除了幾個外國人走外，就是記者一個人了，走過北四川路橋，雖然也開放了，然而鐵絲網還沒有完全撤去。想起過去每天必得走過這橋四五次之多的時候，不覺黯然。在寒風中，回過頭去再想望一望外白渡橋，然而，我迅速地轉四川路向南京路走去了！

這就是開放後的外白渡橋麼？還是讓外白渡橋只在我的記憶中罷！

（上海人報）

到虹口去

佛納

虹口不是天堂。在這個許多外國人都急想回去的地帶走了一轉，就使得作者迷惑起來，他還不

36

能明白爲什麼在目前這情形下，難道有人還願意住在這「小東京？」因爲如果「上海不是天堂，」那麼，虹口對於平常愛好娛樂的上海人自是絕對不適於居住的了。

首先，下午六點，熄燈鐘就響了。人們要伴同太陽一齊上床。婦人們有着任性的丈夫的，自然對這得到許多好處，也許這可能成爲鼓勵從前虹口居民回到這里來的主要原因。即使是這樣，如果後覺得蘇州河以南十一點半戒嚴的事情是討厭的，那麼在虹口更得不到舒服的機會，何況公共租界的「派司」在蘇州河以北是不通用的。

如果你在傍晚到外邊吃飯，辦公得晚一點或是參加什麼會，那就很難有機會在你虹口自己的床上過夜。這自然使丈夫們對妻子有答辯的藉口，說是給宴會就擱了，當夜不能回來，所有這些，自然，都是靠目下這戒嚴令的。

虹口另一件特出的事情，就是晚上十點，警察署就關門，往後就不辦公。那時候，警察一定不在街上站崗。如遇急事，他們會來訪問你，但對心情激亂的女主人可不會有什麼慰安，因爲他們是在所里瞌睡或打撲克。一直到現在，虹口的警察還未捉過一個人，以致牢門的鐵鎖已塗上灰塵。

印度巡捕指揮着虹口的交通，但並未發生阻礙交通的事情，至少並沒有人被公共租界的法院起訴過，因爲駕駛者實際上都是日本人。汽車停在救火喞筒的前面，或者停在錯誤的方向，但因虹口交通並不緊軋，因此也就沒有什麼危險。

對於回到虹口去的外國人，購物可不成問題，在虹口的市坊里可以買到各種食物，此外別的東西在吳淞路，蓬路，乍浦路一帶的日本店子里，都可以買到。從前是中國人所有的某些店鋪，現在都已開張，只是櫃台上坐着日本人，我們說不出究竟從前的業主曉不曉得這回事，或是究竟他們是否徵收租金。

虹口的烈酒在上海曾經是聞名的，但現在已代以『真正的』蘇格蘭威士忌，白蘭地和波特酒，店里市坊里都有出賣，價錢非常便宜。在虹口，如果叫娘姨或僕人到外面買東西，時常帶回來一些陌生的錢幣。店里接受中國錢，但大多找還日圓或是日本錢幣，交換的比率大概是一百中國錢幣可換日金一百零三圓。

到虹口去的人，走過靠近蘇州河那些荒涼無人居住的馬路之後，便到了虹口生活的中心的蓬路和吳淞路。在這里，他得到的第一個印象便是市民們都很繁忙，士兵們則很閒散。只有幾個士兵或水兵背着來福槍，其餘的不是購物，便是在街上閒蕩。

市民們雖然在操作，但爲數並不多。虹口仍是一個龐大的，便利過往陸海軍人的軍用酒肆。雖有許多的勤勞男女在店里忙着作買賣，和幾個穿着花衣服的遊樂的外國女人在街上踽踽獨行，總不能改變這印像。

虹口的夜生活現在改在白天，但這不是你我過的。走過酒館和茶館的門口，你就可以聽到喧笑

—38

聲和碰杯聲，許多從前線回來的日本兵，正在拋卻憂慮與煩惱。誰也沒有權禁止你走進那些館子里，但一進去，他們就要你向天皇乾盃。那娛樂時常是很粗魯的，士兵們不經意地把弄着他們的刺刀，用它剔牙，用他敲碎玻瓶的頸子，用它切東西。如果你是神經過敏的，這景象準叫你惱亂，至於太太們，這總不是件悅意的事情。

熄燈時間雖是晚上六點，我們可曉得燈一直可亮到十點鐘，要是你的窗帷很厚，足以擋住燈光，你就可以開下去，聽聽無線電的播音，或和同居的人玩玩撲克。不過，假如你是一個獨身漢，而且生活很拘謹，那麽日子是頗爲寂寞的。

我們要勸告那些不能和大日本人和諧地生活在一起的人們，他們寧可住在蘇州河以南。日本人單要外國人敬重穿制服的人。當一個日本僑民走到外白渡橋的北首，他總是脫下帽子，向那邊的士兵鞠躬致敬。也沒有一個日本人過橋時手上拈着香烟。不管這敬禮是不是眞心的，他們只注意形式。

虹口住民爲着要和氣地和他的鄰人們住在一起，他就不願在步道上和日本人互相推擠，過着醉酒的軍人可要遠遠避開，到現在，沒有一個人曾經和日本水兵和士兵惹過麻煩。最好心里記住，不管那一國的兵士，只要吃了酒，他總是大搖大擺的。

每天淸早飛機便在虹口上空兜圈子，同時小坦克車，也在街上轟轟地開行。但整個「小東京」

却是靜穩的。沒有報販沿街高聲呼喊，沒有洋車夫在街上爭吵。實際上沒有人力車倒是個值得注意的問題，不過隨着外僑的返回虹口，汽車是應該開行的。

我們對於要返回虹口的人這樣說：準備在新環境下過個簡單的生活吧。淸早，你不會給汽車的喇叭聲驚醒。吃過早餐，你到白渡橋去走一躺，看看街上的兵士們和日本僑民們，沒有拉車的車夫，商店的學徒，乞丐，和街上的小販。

走過白渡橋時，要在哨兵上面走過，不要打從後邊，這是禁忌。要是換衣服，可要當心把『派司』妥藏在當天穿着的衣服里，這樣，在你工作完畢後回家時就可以省去許多麻煩。

虹口開放的地方還是有限制的。「小東京」並不像它慣有那樣的乾淨，大部份的商店因爲生意繁忙，以至沒工夫從事裝飾，或是淸理散落在步道上的紙盒子。淸道夫雖從事淸掃三區域的街道，但總是趕不過來。

入晚，你就穿上睡衣，準備看看新聞和書籍，因爲你不能到別的地方去。事實上，除非最近幾天環境將有急速的改變（十二月十五日這區域要開放，）不然，你就得回到一個十足舊式的家庭，你得在那里打發夜晚的辰光，家庭已不是一個供你駐足，用以改換準備外出的衣裳的地方，不然，你將沒有地方可以過夜。（譯自英文大美晚報）

（譯報）

—40

淞滬戰區巡禮

E P

小東京沿途所見

蘇州河以北爲日本人開放之次日，即有西報人員前往閘北・江灣・市中心區・楊樹浦・虹口等處查勘情形。自八月十三日至十一月十二日不宣而戰之炸彈炮火之災，到處見之。寶山路商務印書館一帶，頗受日本海陸軍飛機大炮之轟炸。該處沿寶山路之大小房屋，盡化灰塵。然中國軍隊所築防守工程，由八十八師把守者，受轟之烈，不如外間擬想之甚，而日本海軍陸戰隊未能迫中國軍隊在此退出，亦由此可知。外報查看人員是日過白渡橋後，由蓬路而入所謂「小東京」。沿途似經清除，無復滬東閘北發炮轟擊之迹。蓬路與吳淞路間，有日本平民海陸兵卒及少數中國人在彼，各有所事。該處店舖亦在營業，似有恢復舊狀之象。

閘北的頭道防線

過乍浦路靶子路北四川路越淞滬鐵路，則入閘北。此處情形仍與一二八以後無異，沿寶山路可見中國軍隊之第一道防線。經該路而與商務印書館之圖書館工廠連絡。入寶通路，經由寶山路，在一中國防禦工程之前，見一坦克車之伏匿坑，四面遍布中國鉛字。該項工程，雖經重大炮彈炸彈在四旁轟炸，仍若未動。商務印書館工廠在寶山路一面者，爲日軍炮彈炸彈轟炸甚烈，其西北角頂面以至第

一層皆是瓦礫，鋼條水泥尚懸而未墮。低層當日軍陣線之一面有窗處，皆其沙袋堆成之炮位。圖書館受炮火最烈有二處因擊中炮位而下陷。該館自一二八之後，並未重建。自寶山路以至恆豐路，每隔十尺十五尺皆有中國軍隊之防禦工程，其後面雖受炮彈炸彈之災，此項工程，竟無甚損壞。其前面在寶山路之東，有小防禦工程數處，直至淞滬鐵路為止。有一處尚有一所謂碉堡者，四面雖被轟炸，仍立而不壞。該處一帶房屋幾無一不為炮彈炸彈所擊，否則即遭火焚。

八字橋與跑馬場

北火車站一帶，有日軍在彼間裝運物料，從屋內搬出，不知前往何處。郵袋堆積如山。過此出中興路過麥根路鐵路棧房，一片皆是焦土，殆即十月廿七中國軍隊退出後大火所致。自閘北西區乘汽車由瓦礫堆中入至交通路，見一火車從蘇州方面開入上海，共有機頭一個，車身三個，車上皆日本兵，亦有在路旁巡守者。閘北所見惟巡守之日本水兵，見人經過，索觀派司，禮貌無闕。自中山路而東，沿途村莊房屋，雖不全毀，與八月底所見大為不同。出中山路至劉般路，經過八字橋，此處戰事頗烈，房屋毀壞，不可辨別。最著者為閘北水電廠第一分廠，為炸彈所中。江灣跑馬場，為中國軍隊防守最力之處，亦大受炮彈炸彈之厄。若台上之時鐘為炮彈擊去。江灣鎮上情形與一二八以後相似，車站一帶之淞滬鐵路割斷數處，日軍為之修理，不久可用於軍事，當可無疑。

吳淞鎮完全毀滅

42

過翔殷路，向市中心區。上海牛乳棚之穹門尙存，後面房屋全毀。沿途橋樑，經中國軍隊炸毀，日軍今以木橋代之。繞出市中心區，過翔殷路，有中國農家在彼間工作，日軍從守望台中遙望，若監視然。該處殆有收留難民之處。每數分鐘，路上有軍用各種汽車往來疾馳。又有一處裝一大探險燈，當是夜間照窺飛機暗襲所用。軍工路上之水電廠，東北兩處受有炮彈，西面窗戶盡毀，竹棚則未毀。蘊藻浜有日軍運輸艦停泊於碼頭一帶，日人且在該處造木頭棧房，運貨汽車往來甚忙。鐵路工廠內有一機關車緩緩開動，時發嘯聲。淞滬路上有裝甲車三輛，鐵路上及平地上皆可行用，且遮掩其形，使人不辨。蘊藻浜上之橋樑毀去後，日軍造新橋二座，運輸貨物，一東一西。火車開至蘊藻浜車站爲止，浜中一無船隻，橋頭均有日軍看守。吳淞村鎭，完全毀滅，足見轟炸之烈。瓦礫中隱隱可見炮位，餘燄尙未息滅。市政府渡輪房屋完全不見，但存木樁而已。沿浜大街，難民工人甚多，臂上戴有日形符記，日軍與工人尙在該處清除。鎭外黃浦中之舢舨，皆樹日旗。防疫醫院爲日本海軍炮擊數次，西面全毀，該處今爲日兵居住，及儲物料。防疫處相近之燈塔，亦受一彈，不能再用。炮台旅館雖曾受彈被損甚重，今爲日軍修理後，駐兵在內。海軍學校亦曾大遭炮火，其對面有一小店，今有一日本兵在內出售食物。吳淞炮台中尙遺有一二八戰事所毀之大炮，四面爲沙袋所成之防禦工程，爲中國軍隊放機關鎗所用。沿江自吳淞鎭以至炮台，防禦工程，歷歷不斷。

日兵練習放機槍

自砲台返至吳淞，見日兵在蘊藻浜練習施放機關鎗，以浦中所繫一小舟爲標的。由市中心而東，見日本女學生看護婦等在彼察視市中心之戰痕。自黃興路返華德路，所見中國軍隊所遺防禦工程甚多，每處坟坵無不作防禦之用。日軍向江灣市中心進攻不易之故，由此可見。沿華德路一帶，中國工人爲日軍監視掃除路上垃圾。房屋被火毁，牆上惟見彈孔，磚牆多爲兩軍藏匿發鎗之所。沿百老匯路而還白渡橋時，見外人入楊樹浦者攜小包裹，返往租界，亦有俄國人工掃店除家門前之道路。

（上海人週報）

閘北在燃燒

佚名

羅馬燒過……

莫斯科也燒過……

上海的週圍進行着戰爭，我們——上海人——是知道的，

但是七十六天來對於戰爭的習慣迫迫我們的領受！

我們雖然知道但是我們並不認識！

我們把戰爭看做一個什麽在生活中已經是習慣了的一瞬，我們好似已經在日常的生活中和它妥協。

但是這昨天的一天，這一夜，這剛剛過去的一夜，——戰爭表露出了它的眞面目。

它挾着威脅的濃煙，赤紅的映霞昇起在空間——，它染紅了我們住屋的空間，它流出的血反照在戒嚴以後空曠了的上海的街上。

戰爭。

大火。

狂暴的火。

從大砲從步槍裏開出的射擊，並不是徒然的——也是——「火。」

這是可怕的，惡毒的元素，它把地面上所有和平地建造出來的，在上面居住的，爲生存而與自然進行鬥爭的一切都掃蕩了。

昨天戰爭和火拋擲了新的難民到上海街上，帶着他們的孩子在筐裏，帶着他們的可憐的家財在肩上，洋車上，他們畏懼的，不相信自己的眼睛的流盼着這和平市街的寧靜，這和平，因爲他們好久沒有見到這和平了……

他們，蜷曲在蘆蓆蓬裏，估計這文明世界的整個力量，它整個人類的意義。他們認識，什麼叫做戰爭，更充分認識文化城市對於他們的關心是怎樣。

同時在他們的心裏用着很大的力量開始審判戰爭——那半夜火着的可怕的閃亮的火星……

因爲這火會呑噬人手所造的一切。它呑噬住宅，商品，工廠，他呑噬那和平的房子，人們曾在那裏居住勞動快樂哭泣愛戀生養和死亡過的地方……

這火把人們從充裕拋進赤貧，從安樂挪在街上；他在灼熱的烟霧裏把死亡不分皂白的送給大家。

飢餓之骨瘦的手是可怕的。

但是拖縊喉嚨的戰爭之灼熱的爪子更加可怕……

昨天公共租界的所有的街道上，都站着中國人羣，眼望着這種嚇人的迴旋着烟的天際！

他們連話都不說……

他們只是望着……

他們想着什麽——沉默，恐怖，憤激？

無疑的，是在想着如何結束這戰爭的恐怖？

怎樣從這恐怖裏解救出來？

有些人以爲從這個觀看中生出恐懼，這恐懼逼他屈膝，倒下。

並不是這樣的。

我們，俄羅斯人已經曉得火的觀法。

人類的歷史知道兩個大火。

——羅馬的大火。

——莫斯科的大火。

從羅馬的大火生產出嚴正的基督教。

從莫斯科的大火中勝利的產出民族的人民的俄羅斯。這人民的俄羅斯從嚇得軟攤下去的貴族手中奪下槍來，沒有槍時，也隨便拿了斧子去遊擊戰爭……

我們想像得出這莫斯科的大火，在離京城的十二俄里之外，還看得見，那氾濫在黑夜裏的藍色的雪地上的火……

那時它產生了怎樣的火的感覺啊！

這蔓延到三公里多的閘北的大火會產生什麼呢？

現代空軍技術在廣大的中國的全部平原上所拋下的無數的大火會產生什麼呢？

當然，要證明是很困難的……

但是這個奇觀的火不會無代價地消失的。

因爲無論什麼不會毫無痕跡的在自然間，在世界上消逝過去的。

它讓這些人尋取什麼决定，這些望着從他們養身之巢裏射出來的紅光的人們受的什麼教訓？

—
47

這早已說過了：

——播種的清風收割大暴風。（俄諺，意即山雨欲來風滿樓）　（譯自上海俄文日報）

從浦東歸來

喬鳳祥

睽違了兩月餘的故鄉，終於在本月十六日的那天又冒了一次艱苦的行程，重臨故土；可是滿目瘡痍，令人不勝今昔之感！

晨曦湧上了大地，漸漸由黑暗轉到光明，候立在黃浦江邊的數百渡客，在江海關的標準大自鳴鐘，發出了七句鐘的警告下，馬勒公司的渡船便漸漸地離開了海關碼頭，轉向目的地——高橋——駛去。

濃霧迷住了我們的前進，在楊樹浦江面，渡船終於無法開行，拋錨了一小時，纔從強烈的陽光中，僥倖把濃霧驅逐盡了，船得前行，及至到達目的地，已是鐘鳴十下了。

高橋碼頭已失了所在，馬勒公司的渡輪，不得不在高橋浦中停住，數十艘民船，便蜂擁而來，把全船的渡客，載至岸上，每位須索渡資大洋一角，馬勒公司的輪資，是每人五角，加上一角錢渡江，共須化去大洋六角，才得到達浦東。

高橋在八一三滬戰開始以後，也變成必爭之地，居民十室九空，商店也大都閉門；可是自從浦東

開放以來，高橋首先通航，所以行旅往來，倍加熱鬧，一路上由高橋碼頭到高橋鎮，並未見有警察站崗。從高橋鎮南行十五里，便抵高行鎮，已十一時三刻，鎮上商店大都關門，步行至市梢坐小車於下午一時半抵上川鐵路之新陸車站，路程計有九里之遙，自高橋至此，總共二十四里路程，在車站購票至祝橋站，該車資四角四分，經邵家弄，曹家路，龔家路，大灣，小灣，暮紫橋，川沙，小營房，江鎮，等站而止於竹橋站，下車已下午四時，沿途除高行鎮有數處民房被炸燬，及樹有太極圖旗幟之維持會組織外，其餘各鎮則由民衆自行組壯丁隊維持地方秩序，故尙安謐，從竹橋乘民船經四團倉，抵三灶鎮，計船資二角，又步行至高橋宅族人處借宿一宵。次日晨，始達新橋鎮本宅，鎮上有壯丁隊維持地方，故尙安靜。沿七灶港至南匯城一帶，聞尙有遊擊隊，出沒其間，惟聽說並無陶雩生其人，南匯現任縣知事爲盧某，城門關閉甚早，進出亦須嚴密查詢，始得放行，故遷居在外的居民，欲返城的很是麻煩。我在新場住宿一宵，十八日仍由原路回喬家宅，而至金家亭子，親戚處借宿。二十日晨，仍赴竹橋，乘上川火車至末站之金家橋，（註——上川鐵路局現禪臣洋行管理，懸有德國國旗，故照常開行，）聞高橋東溝高廟之綫，今日忽又中斷，故下車後，步行至高廟鎮，折入浦東大道，至美孚公司，請得允許後，乘該公司渡輪回上海。

（社會日報）

隔江遙望浦東

長城

僅僅開放不久的浦東現在忽然又封鎖起來了，並且聽說日軍在浦東堆置沙袋，忙碌非凡。這樣，在人們腦袋里浮着的「和平」印象忽地又被揩掉了。大家奔走相告，有的表示歡喜，有的表示憂慮。這年頭兒，眞是小民遭殃的年頭呵！

聽說日軍這次非但把浦東宣佈爲戒嚴區，就是日軍控制下的上海四郊，都變成了戒嚴區。原因傳說紛紜；有的說日軍正在從事肅清隱伏在內地的游擊隊，這大概是不會錯的吧。

記者今天一大清早，就到公共租界的新關碼頭去。那里是我很熟悉的地方，我還記得很明白：我在做小學生的時候，每一個月總有三四次搭乘渡輪到浦東去玩的。可是現在呢？只能隔江遙望浦東，癡呆地回想着童年時代在浦東玩兒的經過。

因爲今天的天氣是欲雨不雨，陰慘慘的，風兒比昨天的冷峭得多了，浦江上烟濛濛的，泛濫着混濁的江水。我聽到黃浦江的嗚咽，好像一個被姦污了的少女在苦訴。望着浦江，我的鼻子酸了，眼圈兒也陡地潮紅了起來。

靠近新關碼頭，正簇擁着七八隻小划舟。滾滾的江水，推動着小划舟，看來正像一羣活潑的鴨子。舟子們向岸上叫喊：「要趁哦？兩角洋鈿好了！」那浦東的口音，現在聽來似乎是更加覺得親切可愛

了。

可是站在新關碼頭上的男男女女，老老小小，有的手裏提着小包，有的背上掮着大件的，只是相互望望，然後又遲疑地向着舟子們。

舟子們又夾着江風喊叫起來了：「要趁快點呵！」

這羣男男女女，大大小小的，原來都是要到浦東去的居民們，他們都被封鎖在浦西了。我眼見一個老太婆，她的黑黑的臉兒上，刻着受盡人世間痛苦折磨的深深的皺紋，一雙枯瘦的髒手，攀在一個年輕的傢伙的肩頭上，整個的臉兒扮出一副哭相像苦求一樣，用着寒顫一般的聲音，對他說：「你就不要過江去了吧！讓我去，我老了，我不要緊！」江風迎面撲來，年輕的傢伙緊皺着雙眉，他倔強地頭向着浦江，憤恨的嘆息聲發出來了。……

「要趁快點呵！……」又是舟子沙着嗓子的聲音。

人羣中忽然發出有精神的爽朗的大談聲，記者轉過身去，他正在對大家很有勁兒地說：「其昌棧討厭，老三井碼頭就是洋涇東，那就不要緊了！」人們的耳朵好像都快要豎起來了。大家的心頭上，「老三井碼頭」這五個字是打進心坎中去了。「老三井不要緊的！」那爽朗的高聲，是那末堅定地響着。人們的臉上由懷疑到相信了。於是那個傢伙跳到一隻小划舟上，又叫了起來：「來吧！大洋兩角好了！」「原來那傢伙也是舟家，他的爽朗的聲音，果然煽惑了人們，立刻有幾個人跟着他逃進小舟裏

去了

待那小划舟離開新關碼頭時，其中又有一個人說了：「不要去上他的當，趁了過去他把人丟在岸上就算啦！」於是他又講道：「昨天我也被他們丟在其昌棧碼頭……」他的話未說完，就有人問他：「那邊情形怎樣？」他搖着頭兒帶着嘆息的音調說：「鉛絲網攔着。我們中國的警察站在鉛絲網那邊，看見我們要過去的，就把槍對準我們，同時還罵我們：「媽的皮！你們來？」槍口對着我們了！唉！都是中國人啊！……」人們聽得發怒了：「亡國奴！」

小划舟像鴨子一樣在新關碼頭旁邊浮盪着，記者走近碼頭邊，烟濛濛的浦江上，兵艦上的旗幟在江風中飄揚，亞美利加的摩托舟上，水手挺着胸膛向着浦江。

混濁的江水嗚咽着，啊，幾時江水變成清澈？我正這樣癡呆地眺着浦江，舟子的叫聲又起了：「要趁快點啊！」我回過頭來，要渡江去的浦東居民們，望着舟子，又望着隔江的浦東。——家啊！

（上海人報）

歲暮淒涼的况味

美員

民國二十六年的大除夕，那情形眞夠悽慘，恐怕自有上海以來，這種蕭條的大除夕是未曾有過，這也不用多說，當然是受了戰事的影響。

記者前天曾在各馬路遊行過一趟，留心情形，眞有說不出的淒涼，雖然中國人大都注意在舊曆，但是往年的陽歷大除夕究竟有熱鬧的況味，可憐去年的末脚一天，又逢了淅瀝雨聲滴過不停，天色又黯沈得可怕，越發覺得這個大除夕的與往年特殊了。

英租界的市面中心是南京路，法租界的市面中心是霞飛路，往年大除夕，這兩條馬路上，都有一些熱鬧的情景，去年呢，說也悽慘，南京路尤其厲害，空關的店面房屋，佔到要十分之三，幾家大商店大公司，門面上挺大的玻璃橱窗，還釘着很厚的木板，以防意外的侵害，瞧了這種木板，使人恐怖的心情，陡然增加了起來。

每年老例的大減價，挺大的旗幟還飄揚在大公司的門前，可是公司裏邊，却冷清清的絕少有人買東西，往年最大的一筆冬至禮品消耗是非常大的，據說去年也打了一個大折扣，這種大減價的旗幟雖然在引誘買主的進來，可是飄在風雨之中，益見得形狀的狼狽！

霞飛路的情形比較帶一些海外的風光，每年逢到年頭歲尾的時候，一家家大小商店，裏邊總陳列很多聖誕樹，望過去模樣越顯得五光十色，去年這種年底的點綴品，雖然仍舊有着，然而總帶有一些可憐色，默察霞飛路上的生意，慘淡的程度是與南京路相等的。

中國人固然因爲戰事影響而發生生活恐慌，對於過年的景緻，提不起興來，外國僑民應當別論了，然而外國人也覺得不及往年，觀於霞飛路的情形是可見一斑的。

銀錢兩業在廢歷大除夕是總結賬之期，陽歷大除夕，對內也得結束，據金融方面的消息，去年下半年，因爲戰事關係，對於抵押放款及信用放款，數目極爲微細，不及往年的十分之四，至於利益方面，當然也受戰事的影響，業務異常清淡，能夠敷衍已算幸事，其餘放款難以收集，呆賬不能活動，這情形當然是難免了。（社會日報）

歲暮街頭景象

佚名

幾天的寒風冷雨，把民國廿六年送走了，眞所謂「歲暮年年有，今年大不同，」恐怕自上海有史以來，這樣淒涼的除夕是從來沒有見過的，否則在這歲尾的時節，雖是在不景氣的年頭，也像受了偶然的刺激，行人的擠軋，商市的繁榮，隨處可以看出都市中已呈現了新年的氣象，市民預備過一個快樂的新年了。然而今年呢？眞是稀有的例外，在艱苦的環境之中送禮，宴客，娛樂，一切都不在市民的心上，祇是欲哭無淚，不覺着什麼新年的來臨，結果便影響到全個租界的商業，雖是要過年了，但還是和平常一樣的蕭條，這一切的一切，祇要我們在馬路上走過，是到處可以看出的。

先就南京路上說，別的馬路上面，雖是或許因南市閘北一部分商店搬到租界上來營業，門面是多租掉一些，但南京路上空關着的店面，今年顯然又比去年多了一些，冬至大減價，歲暮大減價的旗職，雖是和往年一樣，在冷雨中隨着寒風飄盪，但顧客是稀少得可憐。就是四大公司，在這歲尾年頭，照

例把糖菓玩具，賀年片，以及走馬燈，盆景，熱帶魚等等，放滿在店堂裏面，但看的多，買的少，誰也沒有多餘的錢來買這些不必要的東西。一部分的商店櫥窗直到現在還是用木板釘着，你打行人道上走過，除了乞丐之外，到處還有難民在羞人答答地跟着討錢。

那條四馬路，近望平街的一段，本來全是書店和雜誌公司；而今呢，有幾家早已停業，鐵門是緊閉的拉上了，有幾家雖是勉強的開着，但也掛出了拍賣舊書和賤賣舊雜誌的牌子，好像出賣存貨是主要的營業，新書和新出版的雜誌在這孤島上是絕跡了。河南路這一條文化之街，商務印書館和中華書局的櫥窗裏面，也沒有一些歲暮年終的應時點綴，幾家小書店裏月份牌，日歷，賀年片，雖是照樣陳列着，但買客呢，竟難得有走上去。

共公租界是如此，法租界也是如此，霞飛路上，那些華麗的商店，冬至的點綴，像耶誕樹和減價的旗幟等等，雖然沒有拆去，但購買新年用品的，中國人不必說，就是外國人也要比去年少得多。全個租界上面，除了少數的食物店和出售必需品的商店之外，大多數是虧本的，為的是「八一三」後，已整整的四個半月在半停業的狀態中，這裏面更有好多商店馬上要維持不下而關門了。每一條馬路上面，走過的人雖是不少，但大半是難民和失業羣衆，身上分文無有，就是要過年，也無力去買些耗費的東西，這樣的一個歲暮，情形是不無相當的悽慘吧？

（大美晚報）

淪亡中的上海新聞界

星人

上海向來操持着全國新聞事業的權威。中國第一大都市的上海，是新聞事業的大本營，是國際和國內消息的交易所。銷行最大的第一流報紙都在上海。一個地方的言論新聞影響全國的是上海。有鉅大的廣告收入，可以完全站在營業立場經營報紙的也只有上海。

但是現在這新聞事業中心的上海淪陷了。上海淪陷中受壓迫摧殘最悲慘的也便是新聞事業和新聞界。

上海的新聞事業在最近九年來，是完全在政府統制之下的。通信社事業完全集中於中央通信社，許多小的通信社早已不能立足。連外國通信社除敵人的宣傳機關同盟社之外，也都由中央社代爲發稿。因中央社事業的澎大，上海各報的專電和特約通信，逐漸成爲不足重視。因此中央社一經停頓，上海各報新聞來源幾乎就會完全斷絕。除此以外上海中國報紙向來是經嚴密檢查的新聞要受檢查，言論要受檢查，專電更要通過電局的檢查。

因爲新聞事業受過分嚴密的統制，所以上海淪陷之後，政府機關不能運用權力，中國人經營的報紙，一點自衛的能力都沒有。除掉逐漸變成漢奸報之外，只有關門大吉。

國軍撤退後，敵人第一件事就是壓迫租界當局，封閉中央通信社。中央社上海分社在大陸商場

所設的無線電台，就被捕房強迫撤毀。以後各報有無線電機的只好自行收電，沒有無線電機的，根本得不到中國方面一切軍政消息。上海中國報紙對於戰事沒有正確的記載，這是一個最重要的原因。至於路透社哈瓦斯兩家外國通信社，現在則已脫離中央社而直接向報館發稿。

敵人摧殘中國新聞事業的第二步，就是接收中國政府新聞檢查所。檢查所接收以後，敵人知道一開頭就由日方檢查新聞，各報紙一律停刊，反於他不利。因此敵人取漸進政策。首先要日本檢查處通知各報送報二份。日報公會當時議決置之不理，但後來幾家大報逐漸軟化，暗中託派報人每天送兩份報去。後來日本新聞檢查處特務員金子，大發請帖，請各報經理主筆。大多數中國報紙都沒有人去。可是申報，新聞報，時報這三家報紙都應邀而去。申報經理馬蔭良，新聞報經理汪伯奇竟親自出馬。他們以爲藉此給日本人一個面子，可以敷衍了事。其實日本人決不是如此容易敷衍的。日本人所希望的是中國報界去投順他，這目的已達到一部份了。想不到幾家大報經理，竟這樣不顧國家民族的體面。

上海淪陷以後報紙變動的情形大約如下：

辛報因某種關係，自動最先停刊，立報爲主張抗戰最堅決的報紙，敵人自然第一個開刀。所以於國軍撤退後不上一星期，就被迫停刊。救亡日報則比立報前一天停刊，準備遷移廣州出版。

接着立報之後停刊的，有時事新報，中華日報，神州日報，民報等四家，這在平時都和政府要人有

關係的，所以經工部局「勸告」以後被迫停刊。向來比較取嚴正立場的申報和大公報，於接到日本新聞檢查所通告從十二月十五日開始檢查新聞之日起，也便自動宣告停刊。

現在早報中間，還能苟延殘喘的，只有「新聞報」「時報」。「時報」實際上已降爲小報，沒有大影響。「新聞報」據說已請從前的老板，素來反對國民政府的意國人福開森出面繼續經營。日前該報竟用大字標題登載「蔣委員長下野」的揑造消息，有意爲敵方宣傳。大概該報已準備好投順。

在上海戰時，新出晚報種類甚多，但到最近，已只剩大晚，大美，華美，社會，新聞，五種，大晚態度已大變。大美華美由外人出面，態度比較中立。現大美華美各增出早刊，大美編制摹仿立報，但沒有社論及附刊，是很可惜的。

小報中社會日報照常出版。最近新出的有力報，建報，晨報，國際日報等幾種，各小型報的態度，却不甚明瞭。

英文大陸報本來是中國最大津貼的報紙，但是近來言論，新聞，態度驟變，還不及美人所經營的英文大美晚報來得強硬，這是很可怪異的。

報界情形衰落到這般田地，上海自不免受重大打擊。因爲在報紙上已看不到正確的消息，至於正確的言論，是更加缺乏了。因此最近一般讀者，都不願看中國報，看了也不相信。而各種謠言，却因此得以到處散播。

另一方面，上海到底是中國的上海，至少從文化上說。報界雖然也有極少數敗類，已開始做漢奸活動。但是百分之九十以上，是愛國的，是不願做亡國奴的。日本軍隊佔領上海之後只能壓迫摧殘固有的中國新聞事業，而不能設法麻醉上海市民。連漢奸報「新申報」也始終不敢公開發行。而近來許多祕密的半公開的抗日刊物，却風起雲湧。從這裏可見中國人心不死。希望幾家辦報的當局，顧全國家體面，勿隨便投降出賣。更希望報界從業員，尤其是青年新聞記者，担當起指導輿論的重責，在困苦環境中努力奮鬥，儘最大可能，作反日宣傳。如不能公開，便用祕密方式發行。如不能文字發表，便用口頭宣傳也好。多多出版壁報，多多用油印發表正確言論消息，這是在目前環境中間最值得做的事。

（魔手下的上海）

暴行記

星人

瘋狂的日寇於上海我軍退出後，更施用種種兇暴陰險的手段，一方面更加緊破壞我國各行政交通電訊機關，屠殺我無辜同胞，同時也想藉自己造出來的陰謀事件，而欲佔領公共租界，今將月餘來的暴行事實，略述於下：

十八日下午四時半，敵方派員由工部局警捕隊同前往靜安寺路五九一弄交通部上海電報局麥根路，新聞路，發報台及沙遜房子，斜橋弄廣播電台，張貼布告，謂已接收，嗣後電報須經日方檢查，方

准收發等語，該局被迫，不得已停止工作，故自十八日晚十時起，所有本市與全國各處之公衆電信交通，已完全阻斷，目前祇大北大東水線電報，尚照常收發，內地電報，必須由香港轉達，惟亦頗費周折，此事不但使上海與全國各地失却聯絡，即本市外商方面，亦頗受損失。

二十日。敵兵七八十人，於午後二時半分乘汽艇數艘前往江海關停靠後，即持械躍登各輪，監視全部船員，不准擅離，當時各船員因事出意外，故除少數乘隙逃脫者外，大部被羈留船中，敵兵旋即在各輪扯懸太陽旗，勒令升火開駛，至晚將江海關濬浦局及水巡捕房所屬之大小差輪三十餘艘，集泊於漢口路外灘江海關碼頭之南，全部爲敵軍刼持以去。

十二月三日上午十一時。大隊日軍約六千人，包括步兵騎兵砲兵工兵輜重兵等，由滬西中山路豐田紗廠，列隊遊行至虹口，事前公共租界警務處方面，曾在日軍經過地段，予以充分戒備，禁止車馬通行，並嚴阻閒雜人等在附近里弄間停留，故當時所經各地段內，完全沉寂，巡行日軍係行列式，三人一排，由日軍上級軍官爲導，隨後首爲步兵，而以騎兵殿之，所有日僑咸手持太陽旗，在隊後附隊而進，同時另有日軍飛機五架在低空盤旋，掩護行列。

下午一時四十五分，行至公共租界中心南京路廣西路轉角時，忽有韓人一名擲一手溜彈，傷日兵三名，擲彈者爲巡捕當場開槍擊倒，又外國警官一員亦受傷，一時形勢頓見緊張，日兵皆上刺刀，日騎兵展開入橫街搜查，道旁觀者皆驚亂四散。

60

日軍官數人於出事後，二分鐘內，首先趕到，且有武裝軍車三輛，隨後到達，數分鐘後，即指派步兵七十餘人與若干機械部隊，由軍官數人指揮，留守出事地點，其餘行列仍舊前進，日兵哨線內之房屋，均被挨戶搜查，又中外人亦被檢查，而由工部局巡捕送出哨線之外，當時哨線愈佈愈廣，中外人有不知而越過者，皆爲日軍官與哨兵毆擊，外人中且有德人與美人數名，當時雖英兵一隊，亦被阻於哨線之外，英軍官之乘汽車者，與警務人員之乘機器脚踏車者，亦被阻止，但至垂暮，日兵已乘工部局警務處供給之汽車，陸續退至虹口，因是案已澈查告竣，當日軍遊行隊伍自愛多亞路轉至虞洽卿路時，大世界對面紅錫包香烟廣告牌上，適有工人四名，修理廣告電鐘及霓虹燈，工頭楊劍萍三十二歲，在木架上面見日軍武裝，經過氣憤填膺，精神失常，狂呼「中華民國萬歲」旋即自上面跳下自殺，跳樓之後，當即跌破腦殼及股部，血流如注，唯時日軍正在整隊進行，捕房人員不便前往施救，約隔十餘分鐘，經成都路捕房探捕趕到救護，已傷重斃命。又一華人在愚園路衝入日軍遊行隊中，爲日軍拘捕，拖入汽車，急駛而去，至今不知所聞。

又英國律師米特倫，年五十四歲，寓滬多年，甚有聲譽，今日在南京路觀日軍遊行，有日浪人一名臂挾太陽旗一束，見其國人，即授以一面，旋復取一面強納米特倫之手，希望其加入慶祝，米氏取旗後，即默然在其膝上折斷之，該浪人見而大怒，是時有日軍官一員趨前欲與米氏爲難，米氏雖善於詞令，但不欲多費唇舌，即報以老拳，正在生命可危之際，幸有工部局警官一員馳至，即拘米氏入汽車，載送

巡捕房。

七十三齡美國老者李德氏，今日下午在西藏路與日水兵八名搏鬥，內有軍官三員，李氏曰，余爲守法美人，且有權利與自尊之性，靜然行於道中，忽來日哨兵一隊，其中軍官一員推余之背，口出不遜之言，余平生未受此待遇，故余舉拳擊中其唇，該軍官乃指流血處示其他二軍官，於是復有一人向余奔來，余乃擊中其鼻，至是諸人一擁而上，羣擊余首，余未受傷，但余之眼鏡已深陷矣，惟玻璃未碎，彼等且拔手槍。惡遇途中諸外人，字林報之赫煦氏，亦爲被推者之一。

十二月五日上午十一時，曹家渡五角場五卅書店職員朱林榮，突被日兵拖上日本軍用汽車疾駛而去，押於日憲兵司令部，經盤問一小時始釋放。

本月七日六時半，南京路上突然駛來日本軍用卡車二輛，滿載全副武裝之日本憲兵及身穿便服而攜帶武器之日人，全數共十二名，往英華街永安公司大東旅社，逕登三樓，各出手槍，形勢甚爲嚴重。該日兵等卽往三百零九號及三百十四號房間中搜查，其時兩室中各有寓客兩人，彼等皆爲經營布匹之商人，當日兵進室內時，此四旅客皆在睡夢中，突被捉起，不准加穿外衣。故諸人均瑟縮驚駭，經搜查後，並無所得，卽將四人帶至日本司令部詰詢一番。又在各人身上搜查一次，並攝取照相，約一小時始行釋放。

九日沸曉四時許，有日兵三十餘名乘卡車至滬西極司非而路嚴春堂家抄查，結果一無所得，直

至八時將嚴及家屬男女用人計六人押至司令部經個別詰問後五人當日釋放嚴本人約十餘日才放出。

十一日下午南市難民區，被日兵包圍，挨戶搜查，將服務於天主教堂所設學校之中國教員三名捕去。至今並未聞得有恢復自由之消息。

十三日晨五時許有日兵十餘名，將滬西文光小學校，教務主任，教員，茶房，二房東等四人拘去。房東一時後釋放，三人未放出。是日下午日兵入難民區，挑擇年紀二十至三十歲之壯年難民數百名，用卡車裝運而去。

十五日上午九時，日兵多名，攜帶小鋼炮，機關槍等武器，將難民區全部包圍，分發黃色衣服，令十萬難民穿着，押往日方所設收容所。

十八日晨日軍用卡車四輛，將麥根路中國電報局全部機器運去。該處雖爲美軍防區，經美軍嚴重交涉，但也不能制止。

二十日下午三時，愚園路華華中學，有著中裝中國人一名，求見該校音樂教員田梨在宿舍互談約十分鐘後，田親送來客至校門口，突由路旁躍出便衣日人四名，將田逮捕，押上汽車而去。三刻鐘後又來日兵十餘名，在宿舍內嚴密搜查，但無所獲。

又同日四時在曹家渡，開設竹行之上海人鄭連坤也被日人捕去。當地商店已聯名向日方呈請

保釋，但至今也未聞釋放。

以上不過是作者個人所知道的一個大概，其實類似的而且更卑鄙慘無人道的暴行，而爲一般人耳目所未見聞到的不知還有多少呢！

（魔手下的上海）

女學生們爲八十萬難民請命

佚名

要是你經過南京路，靜安寺路一帶，你可以看見三五成羣的青年姑娘，向行人及商店的顧客募捐，救濟全市八十萬難民。潔白的頭紗和護士服，映着胸前額際紅的十字，特別引人注意。

這次募捐運動，是中國紅十字會上海國際委員會發起的，並商得培成，工部局，清心，中西等五個女子中學同意由各該校學生輪流出動向全市市民，商店勸募。昨天是培成女中的一百十八位女生担任這仁慈的工作；今天是工部局女中出動，依次輪流到八日爲止。

昨天培成有一百多位女生出動，共分廿八組，每組四人，他們的路跡遍及租界中區各馬路和里弄中，南京路各大公司附近，她們尤其活動。她們每一組有鉛鐵筒一隻，上面印着紅十字和「本會救難急待人助」等標語，所有捐款，均放入筒內，捐款的數目並不限定，銅板也可以，收據分五元，一元兩種，一元以下的沒有收據，一元以上的，除收據外另發紅十字的紀念章一枚。

昨天下午，記者遇到幾位參加工作的女生，她們雖然都跑得疲倦了，但精神却很好，興奮地談着

感想：「我們對於這工作，都覺得很有興趣，而且這也是每人所應負的責任，我們願盡我們的力量，請有錢的人，掏出了他們的錢來救濟難民。」

據她們說，募捐的經過，還算滿意，不過有一部份人太自私了，好像是向他討化，竟毫不客氣的拒絕。

下面是另一位女生的談話：

「值得提起的，是許多外籍士女，他們或她們，不但慷慨的捐出錢來，並且還指示我們有效的募捐方法。還有一位踏着脚踏車的工人，把他袋裏所有的銅板很慷慨的交給我們，連數目也不數，這使我們很感動。」

當記者離開她們的時候，已經是晚上六點鐘，她們該休息了，但還有一部份自動的領了捐款收據，到馬路上去，她們說：「這是酒館最熱閙的時候，同時也是一般有閒階級離開影院，或走進舞場的時候，我們應向這些人多捐點！」

昨天下午五時到七時，美國婦女協會爲了此次募捐運動，特地召開了一次演講會，由顏惠慶主席，勞神甫和貝克等，均有演說。

（大美晚報）

上海在炸彈微光裏

張若谷

法國巴黎「誠實報」近載有羅伴兒湯麥松寫的一篇關於上海戰事的通訊，現在節譯如下，以見巴黎人士對於此次中日戰爭的觀察及感想譯者對於原作者並不參加私人意見，以留眞相供國內讀者參考

香港，是到達上海前的最後一個碇泊所。在黃浦江口，我們離開了「菲利斯羅珊」郵船，改乘法國軍艦「沙沃孃德的拉石」號，這一艘殖民地的巡洋艦，是負着接送我們到上海的使命。

我很榮幸地得到一種特殊的許可，得和高級軍官們站在軍艦的船尾上，船是一個絕好的瞭望所在。我們已經駛進黃浦，不一會已經看見了相距只有五十米突的吳淞鎭，這個市鎭在浦江的右岸，三個月以來日軍在附近作爲重要的上陸地點。我們第一次看到戰爭的景象。在吳淞，沒有一座完好的房子了，滿目是斷壁殘垣。一直蜿延到公共租界爲止，都變成了一片廢墟，在租界中區，有幾座建築物上，還留着炮彈和炸彈的痕跡。在浦江的左岸，是浦東的荒野區，這時候還由中國軍隊守衛，至於右岸則已爲日軍所佔領了。

這個時候，浦江的兩岸，寂靜無聲，我們的航行應該向兩方交通者拉放汽笛報告，使雙方注意，希望能在危急時停戰片刻，表示一種無惡意的敬禮，這樣可以避除誤會，以免再發生不幸的事件。因爲

在過去，已發生過幾件不幸的事端了，一個英國的外交官受了傷，有幾個中立國的軍人和無辜的僑民們，也都殞命了，但是事後調查那完全是出於誤會。當局者業已鄭重道歉，而且表示過遺憾了，因爲事前人們沒有預先通知的緣故…………所以不幸的事件便一再發生了。

我們的航行是已先向人家報告了，日軍方面就利用這個時機移動幾輛軍輸車。他們從吳淞向楊樹浦出發，汽車的行駛，緊緊地跟着「沙沃孃德白拉石」的速度，好像是監護我們前進一樣。

突然間，在我們頭上發出一種奇怪的聲浪，一架飛機盤旋在軍艦上面，飛度很低。在軍艦後梢上的幾位貴客們好像有些吃驚的神情，他們臉上故示鎮靜，向一個軍官提出質問：「這個，這個是那一國的；這是什麼用意？」那個軍官向天空射了一個瞥覷，他輕悠悠地回答道：「一架日本飛機，你們不是看見在翼下有一個紅色圓球嗎？他一定是要到浦東去投炸彈的，或者說不定是去拍照相的。」

有一個金髮貴婦人挺身而出，她是從新加坡來的，裝出軟聲嬌氣的口吻，她向那個軍官發表高見：「親愛的長官，我以爲在黃浦江上，可以看到屍身，這豈不是有趣得很？但是我却一無所見呀……」旁邊有人對她說「那不是天天會發見的事，我們覺得很抱歉，眞想不到那樣的事竟會引起你的興趣。」

貴婦人啞口無言地走到艙房裏去了。

旅館中的經理，他說的話眞有道理，我眞是有運氣。從我臥室的窗口，我可以看到放焰火的奇景。

現在是夜深的時分，天空可以看見許多白色的探照燈光，交叉射照，照出藍穹的一角，或顯出一朵彩雲，在搜索先發制人的飛機，那些高射砲發射出來的子彈，在黑夜中劃成紅色及藍色的弧形綫條，像流星般散落在城市中。我對門的一個鄰居警告我道：「在這個機關槍亂鳴時，你切勿探首窗外呀！有一夜有一顆子彈穿過我的窗口，若使我沒有吩咐侍者給我倒一杯威士忌時，我早已飲彈畢命了。」只靠了一杯威士忌居然救活了一條生命，這是多麼有益的忠告哩。

飛機已經完成了任務，因爲在楊樹浦方面發生了一場火警。又接連聽見幾分鐘的炮聲，探照燈徒勞搜索了幾次，結果一無所見。飛機被射擊下落的事件，在這一次戰爭中，不，對不住說差了，在這一次衝突中，是很難得的，不一會，一切都仍歸於寂靜。

當這些襲擊發生前後二十分鐘中間，都會中的一切活動也略受影響。凡是有充裕時間的人們，如果站在安全的地點，便止步袖手旁觀；乖巧的人們，則緊靠在建築物的牆角裏作壁上觀，其他的人們則匆匆忙忙地趕走路程，很鎮靜地照常做他們的工作。

這是一種奇怪的戰爭，這種戰爭是沒有名義的，一種奇怪的戰爭，有時從表面上看來似乎可發一笑的，有時却非常猛烈悲壯。人們可以估計至十月底爲止，上海的戰爭中，中國方面付了約有十七萬五千人的代價，至於日本方面則爲五萬餘人。

在中日兩方主持的新聞記者招待會中，傾聽官方發言人的每日戰況報告，的確是一件純粹詼

譜的新聞來源。日本海軍及陸軍的二個代表，坐在主席地位，有聲有色地向各外報記者報告他們的勝利，已經成了一種公式了。到了下午，又聽到滿臉笑容的中國翻譯員的傳達，是關於中國方面的勝利消息。於是一般新聞界的代表人，弄得不耐煩地想出一個折衷的辦法，他們筆記下來他們所耳聞的報告，把兩方的消息總加起來，再化分爲二，再任各人的意思，隨便揀取一個第三種的見解。

不管事實如何，不論目前的衝突將來會產生出怎樣的結果，好像眞正的損害者並不在中國方面，他們是「精神」勝利者——只消和他們中任何一個士兵接觸，便可以相信他們都是信仰必獲最後勝利的——也並不在日本方面他們是「軍事」勝利者。那末誰是失敗者呢？那是或者要輪到白種人的身上了。

這樣看來，白色人種將採取怎樣的步驟爲妙呢？幫助日本人好呢還是幫助中國人好？那是要看各人的政治見解了，如不做「法西斯黨員」便是變做反法西斯主義者。這兩個名詞，是可以任便選擇一個，但是一定要做出許多愚昧的獃行來的。（湯麥松作）（社會日報）

上海抗战与世界反法西斯战争系列丛书

淞沪

淞沪抗战史料丛书续编 Ⅳ

第七辑

上海抗日血战丛刊 | 霹雳生 编

上海抗日血战丛刊续集 | 霹雳生 编

上海科学技术文献出版社
Shanghai Scientific and Technological Literature Press

目 录

上海抗日血戰叢刊

蔡廷鍇題

劉鐵仙之山水畫

劉鐵仙山水潤例

劉子鐵仙遯居庵堰，不慕榮利，願藝國以執昕夕，因佛工為山水。有時粗枝大葉，崎奇獨絕；有時工鏤細斷，妙到秋毫。是蓋深得荆關倪黄之精意者。顧劉子未嘗以是為沾沾，刻屢進取，筆發靡匠，不常為人作，而得其寸楷片羽者，珍之俞珙璧。劉子復善屬文，工書法，擅譚戲劇文，名斐海內。以善山水者故，劉子之餘技一以掩之，屬文治畫，於是不得盡美。而劉子之多執，遂莘莘人口。同人交劉子有年，驚其才富，詳其高致，輒思有以屬其廣大，遂不辭賤劣而為之言，訂例其直，俾海內高明有將干於劉子者，知所報也。

鄭熏翁

屏條
四尺 六元
五尺 八元
六尺 十元
八尺十四元
中堂 折半
扇面 三元
橫幅 六元
收件處上海法界甘世東路公興坊四號林家
潤資先惠
十日取件

第十九路軍各將領
蔣光鼐
蔡廷楷
戴戟
譚啟秀
區壽年
為國家爭光榮
與民族求生存
No2

粤軍在崑山休息時次間之前方。

復旦大學
日兵擬運軍火至復旦大學內

上海抗日血戰叢刊目錄

時論

戰史

慰勞

視察

慘劇

傳記

機械

雜紀

政策

文苑

小說

時論

教育與長期抵抗

教育者。與一國之政治經濟軍事社會文化。彼此關聯。互相影響者也。以其可以改造政治經濟軍事社會文化。而成爲政治經濟軍事社會文化之工具。故教育之良窳得失。與一國之成敗。適爲正比例。即以佔我東北犯我滬濱之日本爲證明之可也。明治維新以前。其受歐西列强之壓迫與不平。不亞今日之中國。維新以後。努力改革教育制度。設大學於東京。遣派學生留學歐美。吸收西洋文明。中日俄日兩次戰爭後。其政治經濟文化。爲世界諸國所屬目。其軍事上。受歐美之重視。而名列於五大強國中矣。即其他各國。亦無不孜孜於教育之改進與普及。以爲國家强盛之張本也。吾國具數千年之文明。教育有相當之貢獻。中間雖嘗征服於異族。而異族終與我同化。近世崇尚科學。惟吾落伍。十九世紀中葉。局勢大變。外人以機器商品攻破我門戶。於是排山倒海。吾國固有之政治經濟軍事社會文化。崩潰殆盡。而發生絕大紛亂。教育制度。西抄東襲。早改夕變。茫茫無的。幾釀成亡國滅種之慘禍。

時論　二

此次暴日寇滬。雖經十九路軍抵抗三旬餘。終以援絕而退。而揆之國內之政治經濟軍事。在在捉襟見肘。政府於此。不能告無罪於天下。故有長期抵抗之宣言。夫僅有長期抵抗之宣言。而無長期抵抗之準備。則與不抵抗主義。正相等也。然則準備之道維何。曰。惟教育二字而已。如政治之健全也。經濟之開源與節流也。軍事之充實也。在在需才能者經之營之。才能之造就。必經教育之訓練。被言長期抵抗。當以斯爲權輿也。

今日言長期抵抗。以教育爲根本。而又當以適應國家普及民衆爲要件。世界強國。幾無人不受相當教育。而吾國則爲資產階級所獨佔。細民不得其門而入。此次閘北之漢奸。非完全其本身之罪惡。亦國家教養未能普及之過也。至於教育制度。則以抄襲爲能事。不合乎國情。故國情日乖。不合乎國勢。故國勢日弱。而猶不知。宜於彼者。未必宜於此。一味盲從。畫虎類狗。此國家教育未能適應之過也。吾國數十年提倡新教育。而得今日之果。豈無因哉。故抵抗以教育爲根本。而教育又以適應普及爲要圖。

熟讀春秋一部書

春秋這部書，是專講攘夷的。是注重在大一統的，所以在革命政府下當權的大人先生，個個熟讀春秋，行出事來，無一不是以春秋爲法，你看此次暴日在上海轟轟的一陣砲聲，好比周朝的犬戎，縱火驪山，因此南京政府，就依照春秋所載，決議遷都，效法周平王東遷洛陽的故事，這個法古，眞是依樣葫蘆，連地方都不曾弄錯，並且日本現任的內閣，是犬養主持，這個老而不死犬娘養的旣橫行於遼東，又狂噬於閘北，恰與犬戎之侵略西周，一般猖獗，政府看看這一隻中毒的瘋狗，十分厲害，不能不暫避其鋒，所以政府就毅然決然，捨棄了龍蟠虎踞的石頭城，和萬世永安的中山陵，于橐于囊的，撲被出都去了。但是政府這次匆促的搬遷，凡吃過搬家苦頭的小百姓，不要誤會他們是懼怕日本，大家都來一個倒躲倒躲，你要曉得，政府爲一國命脈所關，第一地點須籌安全，與我們住家一樣，一經遷到胡馬不能長驅的地方，就不致爲人要挾，就可以長期抵抗，就可以實行那個抗日到底的整個計劃，有人說，倭奴已打入腹地來了，要抵抗就馬上抵抗，又說什麼長期短期呢，我說，這也是春秋上所說過的，春秋之義，首重復仇，並且還要復九世之仇，勾踐沼吳，所以要在二十年以後，這件臥薪嘗胆的古蹟，想諸君總該曉得，政府遷到洛陽，住的是茅屋，吃的是麥飯，這還不能算是臥薪嘗胆麼，像政府這種苦心，人家還說他不肯將抗日的方略，告訴民衆，殊不知政府的行爲，件件以春秋爲藍本，事事以春秋爲率循，並不是懸空八隻脚，瞎鬧瞎幹的，昔趙普以半部論語治天下，今政府以一部春秋抗日本，孰謂古今人不相及哉。

廣寒宮

國難會議議場，政府已指定洛陽廣寒宮，素負淸望如朱子橋氏輩電請改在京都舉行，政府以信示天下，不以朝令夕更爲然，不之許，政府何以必堅持在洛陽，而洛陽之屋宇彌多，又必抱定廣寒宮者，則以斯會繫國之安危存亡，行都所在，權要所萃，隨時隨事可以交換意見，執政者或隱然以唐明皇自期，思從茲會議之後，決開元郅治。

唐明皇以八月中秋之夜，步行就月，見榜曰，廣寒清虛之府，因以得名。

儻作別解，每字釋以新義，令人啞然失笑，廣者，大也，以國難會議之濟濟多士，應有廣大之所，始足容納，寒者，春寒也，節過春分，重裘猶不獲免，證以諺語春寒加三分之說，即景生情，何能忘此寒天，清者，清談也，往者八百豬仔之叫囂，既非所取，邇者二中委員之鬥毆，又豈足師，娓娓清淡，纍纍議案，救國大道，皆可從此中見之，一言興邦，一言喪邦，惟諸君自擇，虛者，有二義，凡事宜虛心討論也。苟利於國，益於民，即有爲梗者，諸君當正色莊容以拒之，不爲威屈，不爲勢惑，不爲利誘，否則，空言奚補，而徒虛此一行，厥罪與誤國之軍閥維均，諸君身坐廣寒宮中，責任之重要，視已往種種會議匪可同日而語也。

海上有歌場曰小廣寒，此不過商人鬻藝牟利之所，自信非若廣寒宮之莊嚴燦爛，不敢稱宮，復冠以小。而此中歌女，則尚大有人材在。

吾望國難會議諸君堅其志，盡其說，中其議，毋畏難，毋退縮，毋陽爲高論，而陰見好於自私自利之徒，雖僅五日之期限，未嘗不可得相當之成績。

反是，乃自絕於國，而速其國之亡，吾民安能恕之，且不免為小廣寒歌女所訕笑。

華清池

嘗聞燕京湯山温泉。為顯要潔身之所萃，一時膾炙人口，妖姬蕩婦。爭往入浴，裸以际客。客之荒淫者，以水戲為得未曾有，故有池滿之患，而風俗習尚於以覘焉。

南京之湯山温泉，雖顯要日臨其地，則不逮遠甚，李任翁之下棋，胡展老之吟詩，遺留不少盛事於其間，視北之湯山温泉，一汚，一潔，殊有天淵之別，雖然，李胡豈為沐浴而去哉，實基於劉姥姥之勸駕也，自古沐浴之地，莫若華清池，區區南北湯山温泉，烏足比擬，三月十六日天津大公報西安專電。稱某部長等往華清池沐浴，當茲戰亂國危中，躬負國事重任之某部長，乃有此閒情逸興，玉環死後，華清池之水早涸，不意千數百年後，而遇此闊客之光顧，華清池之幸耶，某部長之不幸耶。

考華清池，在陝西省臨潼縣南驪山中，温泉也，特別温泉也，唐太宗於此建湯泉宮，玄宗推而廣之，易名曰華清宮，鑿井灌泉，曰華清池，殿台環列，美輪美奐，玄宗嘗偕玉環游行其間，親視玉環入浴，以為笑樂，玉環所喜之安祿山，且有邸第置山上，祿山叛，終唐之世，圮廢不堪，玉環之遺澤餘香，其時已被狂風一陣所消散，及今而有某部長之遠道一浴，固華清池之幸，明皇與玉環地下有知，或將喜曰，吾道不孤。

然而，某部長一浴之歡，曾得見淞滬之難民圖，瓦礫場，與戰士之尸骸否乎。

英國對遠東時局所抱態度之透視

列國對華關係之深切，首推英國，而雙方貿易之歷史亦最爲悠久，其在長江上下游以及中國各地經營之事業，資產價値遠在各國之上，其數位更大可驚人，故英商業之大部命脈，其實繫於中國，蓋極明顯易知者也，以是遠東時局有發展時，英必先有舉動，然而最近中日糾紛，以及上海事變之突起，英國始終緘默，抱袖手冷觀態度，及至日前美國亦表明對付遠東政策後，英仍無所宣白，於是世人之對英國於遠東時局將抱若何態度，殊多揣測，其實英國所以遲延其動作者，自有彼不得已之苦衷，欲論英國對遠東時勢將取若何態度，必先明瞭英國之立場與環境，按英國之對外一切動作，非英倫內閣於呈准英皇後卽生效力，其所謂大不列顚帝國，實包含英格蘭，蘇格蘭　魏爾斯，（英之本國）愛爾蘭自由邦，（與上述諸地，向爲人稱英倫三島，而愛爾以四十年之奮鬥，在歐洲大戰後立自由邦，而舉元首統治，惟對外仍擁戴英皇，）加拿大，（北美）新西蘭，（奧洲）南非聯邦，印度等各地，而各殖民地與附屬地各有其首腦，各有其議會，僅奉英皇室正朔，按時供給經費，與美國而已，至其對外宣戰或重要特殊舉動，與增加臨時鉅大費用時，則必需取得當地政府之同意，蓋英國若不顧一切，而貿然單獨行動，將失却附屬地及殖民地之同情，剝削應得之扶助金與各種需要之接濟，故英政府之施行對外重要政策，當然須取得各地之同意，亦此次對中日事件遲迴不能速決之眞因也。

然則英其緘默至事件終了乎，亦絕無斯理也，夫英以海上女王之尊位，自美國崛起，已分肥有人，日本之急起直追，當然非英所喜，雖前次英日曾締同盟之約，然此約本係英利用之策，助日所以制俄者耳。今茲日本較俄為暴橫，在遠東復居捷足先得之地位，此益為英忌矣，故慮今日而仍言英日或可同盟者，實不明大勢之輩已，從斯亦可決英必不與日合，惟果否即與美國趨一致之步調，則殊值吾人研究也，查英政府自上海事變發生後，內閣往往徹夜會議，首相麥克唐納且為此事而焦慮至眼病，可見情勢緊張之一斑。而前國聯首席代表薛西爾子爵，亦曾在泰晤士報發表露骨之表白，英倫民間對日之惡感亦甚深，惟英與美之地位有異，且為國聯之一會員，故對遠東事件，勢將在三月三日，國聯特會以後決其態度．屆時其本國與各附屬地之接洽，當亦可完備，現聞加拿大新西蘭南菲洲等對日態度，已與英取一致意見，僅印度則方騷動，然印在英勢力下，且甘地素所嫉視強暴，則制裁暴日，容或贊許也。

綜上以觀，英為維持其海上女王威望及保護在華利益起見，勢必聯美以制日本，惟宣示其態度必將在國聯特會以後，或竟在國聯會中運用其手腕亦未可知也，讀者其拭目以俟云。

日軍閥亡我東北之計劃與滿蒙之將來

人無不知現在偽國之成立，即日軍人亡我東北之先聲，然而僅知所以，而不能得知其所以然也，更難知日之將此過渡之僞國從何而囊括也，以朝鮮爲先例，本不難審度之亡東北。或亦襲用故智，特時勢有轉易，政情多變幻，但今日之滿蒙，在日人眼光中注視，何能必其定循覆韓故轍 以故吾人對此問題之硏討，殊有一論之價值，矧東北與吾人固有切身之利害關繫乎。

查東北之在日人掌握而爲日人垂涎者已久，且經之營之，歷有年數，然而就彼政府之傳統政策視察，及彼國內大多數政治家之意見剖視，似乎不欲即亡我東北，而思逐漸同化與日本而爲自然的合併，現在日人之處置東北，生吞活剝，用武力強佔，則彼日軍閥之所以出此者，自有其理由溯日本之政治組織，極複雜矛盾之致，而政府中巨頭之思想歧異，更各走極端，軍閥且懷有獨裁之野心甚或有異志，然軍閥之施爲，無非假借金錢之作祟，則其不能不倚恃財閥可知，欲以財閥爲靠山，更不能不稍稍遷就則日軍閥之力量實基於此，而所以利用盲目日人甘就驅策不惜送死者，乃憑藉日人迷信皇室之觀念，故日本軍閥之現在局勢，不啻爲財閥與皇家之附生蟲，然野心如彼，豈願長處人下，故其亟欲擺脫而成單獨勢力集團之念，或另一企圖之意思 實一刻不息，於是乘吾國內天災人禍之迭現，與國際不景氣束縛之下，突發事變，強佔東北，以故此次事件，日軍閥實爲主動，所以主動之原因，則基於上述之理由也，至其佔領後之計劃如何，據聞彼等擬將僞國在彼等卵翼下，按彼等預計之手續發展，直至將來完固之後，併滿蒙二韓，而一統成就所謂大陸國家，亦並不直屬於日本，其方式則類似加拿大之於英，甚且欲如美之對英。故東北之被佔日本根本無大利益，並且連韓而亡失，或有疑吾言者，其實此事極爲淺顯，且軍閥之必欲一嘗獨裁之味，就歷來事實印證，灼然可見，而其卵翼下之僞國對人民不問種族，及其絕對禁華人與其他國人之入境，與獎勵日人之移植，其欲將日人充滿滿蒙超過居留民大多數，實甚明瞭。則僞國之亡，不須用顯著之手段可知，蓋將來滿蒙之人民，至日人佔絕對多數時，則實際卽屬之日本，況現在無論行政與任何機關之首要，均爲日人，則日人之視滿蒙，已不啻爲己國矣，然而各人員之悉屬軍部方面，及例以軍閥之野心以觀，則將來滿蒙之不屬於中國日亦極明瞭也。

國際形勢談

美國何以不武裝調停

孫哲生陳友仁先生發表史汀生致波拉函之重要談話，以爲美國應以武力制止暴日對中國之戰爭，此實人人所欲言，而孫陳二先生慨乎言之，可謂快人快語，惟據某外交家所談，則美國殊未能輕易加入戰事漩渦，其一，美非與英聯合，與德默契，不願單獨發生戰爭，而此種外交工作，非旦夕可期也，其二，美與俄表面上似無親交可言，然觀於美之對俄投資，及俄聘用美工程師之多，美俄關繫，既深於日本，美俄情感，尤非若日本之素有宿仇，然而日入哈爾濱，耽耽欲問鼎於中東路，俄則忍耐之外，不聞抗拒何也，俄以爲美與日戰，則俄可伸長臂，而使中東鐵路完璧歸趙，（南滿鐵路原爲中東路，甲辰日俄之役，割讓與日者，）若俄先與日戰，則日有合英美向俄進攻之可能，而揚言於世界曰，我爲爾儕剷除共黨也，故以今日國際形勢觀之，中國頗可樂觀，日本將陷孤立，所惜者中俄未能毅然復交，使日本與美國之外，多一顧忌，是不能不責政府之優柔寡斷也。

請政府公布義勇軍組織法

自暴日實行武力侵略吾國領土以來，民衆鑒於政府之不抵抗，於是爲爭民族之光榮，及圖國家之生存起見，紛起組立義勇軍，迨關外義勇軍卓著功績後，更使國人興奮，此種組織，亦日見擴大，並且名目繁多，其中有經政府批准立案者，有尚未呈請而先自籌備者，於是良莠混雜，令人有目迷五色之概，雖大多數係抱愛國思想，然其中亦不少假名招搖，另有企圖之輩，最近上海公安局已破獲一名稱東南自衞軍之機關，經過數次偵查，已發見不少祕密，且有通敵之嫌，若輩之居心，殊堪髮指，而所以遺害義勇軍之前途者亦至鉅而且大，前者，馮玉祥氏曾有義勇軍，組織之通盤設計，政府雖有具體之籌劃，惟茲事體大，故擬議迄今，終未能有一恰當之辦法，然而不肖份子，則竟有藉此以爲活動之餘地者，其人固可殺，然於無組織之規定下，正恐難免不有人繼其後而作祟也，政府其三致意焉。

戰史

我國抵抗日軍不宣而戰之緣起

此次日本向中國不宣而戰，完全蔑視國聯規約，非戰條約，及九國公約，突然侵佔滿洲，世界輿論，視同無物，猶以為未足，更進而對上海橫施暴行，積極施其侵略，置國聯議決各案於不顧，關於駐滬日領提出四條要求，上海市長，已於一月二十八日下午完全承認，該日領且已表示滿意，乃是晚十一點二十五分，駐滬日海軍司令，忽又通知中國當道，要求撤退閘北駐軍，旋於三十五分鐘以內，即動員進佔華界土地，此中國軍隊所以為自衛計，不得不竭全力，與日海軍陸戰隊及其一切武裝人員相周旋也，日軍計劃既不得逞，乃續調援軍，由公共租界登陸，復利用租界為進攻中國軍隊之根據地，連日用飛機拋擲炸彈，焚燬房屋，並縱使居留日兵，對於中國徒手市民婦孺，橫加殘殺，實行種種慘無人道之舉動，此種飛機襲擊，百詞不足以盡其惡，雪西爾爵士嘗目為最野蠻之戰爭方法　其結果不過將繁盛市區，全部焚燬　市民之生命財產，悉供犧牲，數萬非戰鬬之無辜良民，無家可歸，而上海全市之工商業，因之停頓，八十年來共同建設的經濟組織，遂陷於恐怖之狀態，日本此種舉動，顯欲擴大時局之嚴重，一方面希圖震懾上海方面之華人，與滿洲天津青島福州汕頭等處，受同樣恐慌，使中國易於屈服，一方面則欲在中國之北部及中部，獲得優越之地位，壓倒其他列強各國，最近上海事變，實導源於日本之進佔滿洲，故若視上海爲地方問題，欲其單獨結束，而不謀因侵佔滿洲而起全部之解決，則一切努力，必歸失敗，其結果日本必更肆無忌憚，而在中國其他各處，繼續實施同類之暴行焉，我國有見乎此，所以不得不毅然決然命十九路軍而爲正當之防衞也，玆將一月餘來抗日經過歷史爲文以紀之。

日軍數次總攻閘北吳淞均失敗

日軍前以陸戰隊及在鄉軍人，進犯閘北，數次總攻，均被我軍擊退，損失甚鉅，同時更以軍艦十餘艘，轟擊吳淞砲台，希圖佔據要塞，又遭失敗，旬日以來，日軍雖受重大損傷，而其侵犯之心，仍未稍戢，故自二月六日晚，新從日本調來四千餘名陸軍到滬後，日軍司令野村，卽變更戰略，於翌日早晨，擲其海陸空軍全部之兵力，分水陸空大舉會攻吳淞，並限於二十四小時內，攻陷我方要塞　意欲先行佔領吳淞砲台，冀得自楊樹浦沿黃浦江，至吳淞口外，均爲日軍之根據地，然後加以全力進取閘北，故於二月初卽開始實行此項新戰略，先用飛機十餘架，飛至我軍陣地視察，並投擲大批炸彈，同時又派陸軍二千餘名，由糧米站及軍工路會攻吳淞，停泊張華浜東面黃浦江中之軍艦六七艘，亦同時向我吳淞方面開砲，上午十時許，我方駐防蘊藻浜一帶之翁旅，即在裏揚旗防線內迎頭痛擊，敵軍第一次衝鋒，即被我擊退，死傷甚衆，十二時餘，復有第二次進攻，我軍竭力抵抗，敵軍仍猛力進犯，激戰極爲猛烈，閘北方面，敵軍亦於同時由天通菴路用鐵甲車及坦克車掩護步兵，向我八字橋陣地進攻，當被我軍擊退，並在江灣路方面毀敵軍坦克車兩部，自下午六時後，閘北似入休戰狀態，又敵軍飛機上下午，均在我吳淞，蘊藻浜，閘北，眞茹等處擲彈，但均未命中，我軍防綫，惟民房被炸彈及焚炸者甚多，後又以機槍步槍，進攻我軍陣地，間以大砲轟擊，入晚較烈，均經我軍擊退，又有飛機數架，時向閘北等處擲彈，經我空軍，駕起飛機六架，由閘北追至眞茹，卒將敵機一架擊落，餘均驚遁，吳淞亦被敵機襲擊，爲我軍開高射砲擊退，砲台無恙。

日軍新戰略又失敗

△我軍聲勢一日千里

自日軍變更戰略後，傾海陸空軍之全力，猛攻我吳淞，先日經一晝夜之血戰，總攻旣告失敗，翌晨拂曉，以原有之兵力，復調六千陸軍，繼續下令攻擊我蘊藻浜之正面，同時派隊繞往紀家橋，企圖偷渡，截斷我後路，經我軍奮勇應戰，斃敵千餘名，蘊藻浜正面之敵，衝鋒達十餘次，我軍與之肉搏，敵死傷無算，全部在我軍包圍中，並燬其鐵甲車四輛，至閘北方面八字橋西寶興路一帶，亦激戰至烈，西寶興路昨午血戰時，我軍佯退，敵深入後，伏兵盡起，斃敵七百餘名，敵機十餘架，翌日仍在吳淞閘北等處擲彈，下午三時，閘北太陽廟擊落敵機一架，連日全線戰況，我軍大勝，陣地未動，敵傷亡在二千人以上，當晚七時後，敵軍又向廣東街虬江路進攻，激戰至十二時後，始被我軍擊退，日軍迭受打擊，我軍聲勢，一日千里，大獲中外之榮譽焉。

歐美軍人觀戰

△驚歎我軍神勇

某晚據西人方面傳出一可喜消息，略謂此次日軍向華軍挑戰，日方早出矜驕誇大之詞，曾謂華軍不值一擊，日軍於數小時內即可佔領上海全埠，不料事出意外，日軍連戰皆北，日當局更憤愧欲死，於是惱羞成怒，遂不惜孤注一擲，竟於二月三日竭海陸空全軍之力，向吳淞砲台及閘北方面大舉進攻，但効力更等於零，且全軍大受重創，日艦一沉四傷，此種消息傳出後，不獨華人聞之悲喜交集，即外人方面，亦同時感到愉快，於是留滬歐美各軍事家，乃組織一戰地觀察團，紛往前線陣地觀察，昨午觀抵江灣路，適該處戰事正烈，日軍以大批野砲及機槍向我軍防線猛攻，我軍初僅回砲還擊，既見日軍發砲勢若聯珠，我軍防禦物被燬數處，此時華軍非獨不退，反一聲喊殺，自面迎如雨之砲彈方面衝鋒而出，前仆後繼，勢如潮湧，結果，日軍大亂，紛紛丟槍棄砲而逃，是役華軍共奪得機槍十七挺，野砲七門，步槍子彈無數，然所受犧牲亦鉅 惟當華軍衝鋒時，不獨日軍望風披靡，旁觀者亦且驚心咋舌，悉認爲此種犧牲精神，卽歐洲大戰中亦所罕見也，觀此，則日軍最初數小時佔領全滬之夢想，殆已完全打破矣，

我軍開始血戰所得西報之榮譽

大美晚報記者二人，某日赴我軍前線觀察，歸而撰文，在該報發表，敍述其視察我軍所得之印象，其開首卽盛稱我軍，曰對人客氣，曰紀律嚴明，曰士氣雄壯，曰絕不畏死，繼稱自眞茹而龍華而南市，未遇一兵一卒仇視外人，日軍飛機雖到處擲彈，中國軍心，旣不混亂，又不慌張，祇望絡續擊下日機，地上被炸空穴，士兵圍觀，視若無覩。

上海泰晤士報云，日飛機以炸彈接續轟擊華兵陣線，華兵或無自衞之方，且其地位殊難回答日兵野戰與山砲之砲火，然華兵士氣仍壯，其勇武精神，毫未搖動，此卽日水兵亦承認者，二月六日日陸戰隊某軍官曾曰，華兵之抵抗力，非常強硬，猛烈之炮火，加於彼等，彼等屹然不動，當其陣線爲砲火所毀時，彼等卽以持來福槍兵士伏於闕口，準備抵抗日兵之進攻 故日兵終不能前進云，又據另一方面消息，守衞閘北陣線華兵，士氣極壯，雖屢受砲轟，陣線屢破，然彼等輒由闕口衝出，以抵抗衝鋒之日兵，輔助機

關槍，大呼肉搏，華兵經數日之苦戰後，至是其實力已能在日兵陣線前鋒數地點，作强力之步兵攻勢，日兵爲免犧牲過巨計，已退回淞滬鐵路東而之舊陣線矣。

按此在我軍抗日血戰之前數日，即博得國際輿論無上贊美，洵可爲祖國增光，國際間自不以落伍時代之中國相視，彼倭奴又安敢再事輕敵哉。

江灣血戰記

日軍第二次復有無理要求我軍退出上海若干米突之地自經我政府拒絕後，至二十日晨，植田即令海陸空軍，合力進攻我吳淞江灣閘北等處，而尤注重江灣，傾全力來犯，先用坦克車十四輛，在重砲掩護下，猛力衝鋒，距我軍防線半里許，我軍開放地雷，立燬四輛，餘即倉皇遁走。晚間日軍仍開重砲亂轟，圖燬我散兵濠，一面派二萬人，先令五千之衆，伏地蛇行，潛赴我軍防地，突起衝鋒我第一道防線，爲第八十八師，因刺刀未及上，即以機槍手溜彈，迎頭痛擊，最前之敵，傷亡無算，而敵方後盾，萬五千人，續行加入，勢頗強烈，我軍遂暫放棄江灣跑馬廳「時我軍前線僅一旅人」會第六十一師，適馳至，遂亦屏去槍砲，肉搏衝鋒，血戰數小時，殲敵過半，敵殆潰逃，失未移時之跑馬廳，仍行克復，二月廿二日三時，敵方變更戰略，傾全力攻我廟行鎮，人數約二萬上下，並有坦克鐵甲車數十輛，重炮念餘尊，如潮湧至，我軍初因兵寡懸殊，曾一度放棄塘東宅。敵軍乘勢深入，我軍急由後方派出精兵兩支，抄捷徑包圍，舉行強襲，敵軍大亂，猶仍拼命作困獸戰鬥，惡戰十八小時，我軍下全線衝鋒令與敵血戰，殺敵至三四千，轉眼尸積如丘，河浜之水盡赤，誠空前之大戰也，是役日軍多斃，潰逃無幾，以是全線動搖，我軍乘勝進展，遂獲全勝云。

再記江灣血戰

江灣惡戰五日，迄未稍停，日方仍以全力猛攻廟行，二月廿二，經我軍奮勇趕殺，斃敵三千餘人，當時敵已潰不成軍，詎相隔半句鐘後，敵又將殘部集合，增以大隊生力軍，又來進攻，經我軍迎頭痛擊，敵復不支而退，迨廿三日下午六時許，我得諜報，知右翼前面田野間，敵有鬼祟舉動，急派幹探密偵，則敵以多數草人，身披軍衣以爲疑陣，遠視儼如兵士，排成之散兵線，另有少數眞人，隱伏草人後放槍，我方得報，瞭然於敵之詭計，立調大軍，增厚左翼，不移時，敵趁黃昏風雨，匍匐如龜，蠕蠕向我左翼，我軍屏息伺之，俟其進我防線，一聲信炮，槍炮齊施，手溜彈尤如疾風驟雨向外飛轟，敵軍大駭，最前者應聲而倒，在後者轉背狂奔，一時橫屍棄械，狼狽潰退，一夜未敢來犯，直至翌晨(廿四)五時，更以一師兵力，分三路進攻，激戰四小時，敵漸疲憊陣脚已動，我軍出壕衝鋒，另以奇兵斷其歸路，敵見腹背受擊，無心戀戰，奪路而奔，我軍復自後面用機關槍掃射，斃敵極多，並死彼聯隊長一，下午四時，敵又收拾殘兵，重向江灣廟行兩處，沿金穆宅，孟家宅，陶家灣，郝家宅，高鏡廟一帶進攻，飛機大炮，來勢洶洶，我前線某師，因兵力較單，曾暫退趙宅竹園墩，敵更趁機猛衝，有進窺大場之勢，適張副師長，率劲旅至，立將敵軍擊退　敵雖少却，仍用鐵甲車爲衞，頑強抵抗，我軍與之大戰於金家木橋．短兵相接，斃敵將及千人，敵敗退後、不多時即又來攻，屢進屢敗，忽潰忽集，頗思掙扎．至昨一時許，(廿五)敵東京援兵又到，復分三路，會同殘敵猛攻，以大炮百餘尊，飛機數十架，激烈轟擊．且常用飛機偵察我方陣地，作爲大炮目標，藉易瞄準，致我頭道防線，曾一度被迫後退．後經我方調西北健兒援應，全線軍心大振，復作包抄勢，痛殲日寇，最激烈時，爲下午一時．在江灣西北之小場廟，敵軍約萬人頑強抗拒，兩軍始以槍戰，繼之肉搏，當肉搏時．雙方大炮仍相轟擊，在此緊急之際，我西北健兒，突由左翼衝入，手溜彈疾如風雨，銳不可當，敵軍紛紛倒地，我軍更以大刀斫殺，敵遂望風披靡，我軍因以機槍猛掃　至殘敵尸橫遍野，傷亡近二千人，我軍截獲軍械無數。

蘊藻浜空前大勝

日軍自前次，傾其海陸空軍之全力，猛攻吳淞，血戰達八小時，結果，日軍傷亡過半，創巨痛深，始不支敗退　某晨拂曉　日軍繼續向吳淞猛攻，除原有之兵力外，復將續到之大部份陸軍約六千餘名，悉數調往吳淞作戰，海空兩方，以大炮及重量炸彈，投射如雨，陸路則藉鐵甲車及坦克車等利器，衝鋒十數次，然我軍以逸待勞，極爲鎮靜，先後均將其擊退，在朱家浜西面一戰，我軍因閘北援軍開到，右左夾擊，將敵人全部包圍，斃敵至千餘人之多，爲我軍空前未有之大勝　勇哉我軍。不愧爲中華好男兒也。

再記蘊藻浜之血戰

蘊藻浜昨今又血戰矣，滬戰以來　日軍迭次總攻，輒未得逞，死傷達數千人，不可謂非日人窮兵黷武所受之教訓，諸戰役中，以蘊藻浜血戰爲最劇烈，據前線參與此役之某軍官言，日自野村新司令抵滬之初，即變更戰略，集全力攻取吳淞，而以蘊藻浜天險，不易飛渡，故植田亦集中於此點，日軍於炮火飛機之外，又利用烟幕彈實行偷渡計劃，初次之戰，我軍防守河岸第一道線者，有兵一營，當日軍放烟幕彈際濃烟蔽空，對面不能見人，我軍以爲日軍之放毒瓦斯，向後奔避，日軍得以從容登岸，得我第二道線防軍，見前線不戰自退，下令以機關槍掃射，乃復返身與敵相搏，二線防軍，亦全體躍出戰壕，且以電話請援，雙方混戰肉搏，戰約半小時，一時形勢極險，日人以爲勝利已在掌握，遂虛報各國記者，謂已占領吳淞，且發電至東京報告，不料我六十一師援軍二團赶到，以奇兵襲敵後路，我軍無不以一當十，縱橫奠敵，日軍腹背受敵，軍心漸亂，然猶勉力支持，血戰達十二小時，始全部解決，實爲我國空前之大捷，今後第二次之血戰，防備益密，搏擊益烈，當發稿時，健兒正與日本陸軍第九師團激戰也。

追記廟行役之敢死隊

廟行一役，雙方搏戰之劇烈，已見當時各日報，然此中尚有一軼事，爲外間所未知者。敵軍之襲擊廟行，幾竭其海陸空軍之全力以赴之，而我則守兵無多，情勢頗形危急，蔡廷鍇軍長聞訊，知非有相當犧牲，不足以挫敵燄，乃召集其久共相處之士兵，鄭重謂之曰，敵衆我寡，重以敵械犀利，苟與相持，必遭覆沒，今有一策，行之定可獲勝，惟須得敢死者百人，始克有濟，諸同志有願爲國捐軀者，請舉手以待調用，言已，泣數行下，士兵聞之，無不感動，先後應聲舉手者逾百人，蔡乃仍親錄其人姓氏籍貫，作一揖而語之曰，今日余與諸同志結爲兄弟，諸君死後，余當贍爾家室，撫爾遺孤，必使君等瞑目於泉下也，遂出大宗炸彈，徧裹於百人身上，命向敵軍衝去，既至敵陣、炸被擊爆裂，相繼不絕，敵軍猝被炸死者，不可勝數，餘亦驚駭失色，曳槍而遁，於是我軍又告大捷，獲戰利品無算，惟此百人，則骨肉模糊，並遺骸亦不能辨認矣。

江灣廟行苦戰記

此次十九路軍英勇殺敵，爲我民族爭光，不特使敵人望風披靡，而國際間對我之觀念，亦完全爲之轉移，自日陸軍精銳四萬人抵滬後，新司令植田謙吉以軍閥中堅資格，氣概不可一世，下哀的美敦書，招待西報記者，滿以爲一鼓可下吳淞閘北，挽回失頹之名譽，不料作戰三日，毫無進步，全線總退却，萬數之衆，竄逃奔潰，不可收拾，誠非意料所及，據前線歸來之某軍官言，敵自二十日下總攻擊令後，竭全力圖奪取江灣鎮，江灣正面之敵達三萬人，是日晨十一時，大隊襲江灣跑馬場，我軍奉令退却，敵遂於下午越鐵路，猛攻我防線，以坦克車飛機炮火之利，蠭擁狂衝，我軍一時稍却，退守江灣鎮，敵密集湧進，奔騰如怒潮，我六十一師并力應戰，雙方短兵相接，血肉橫飛，激戰八小時，敵以不習巷戰，而我軍愈戰愈勇，精神奮發，敵以傷亡過甚，下令引退，我軍略爲追擊而已，是役敵確已佔領江灣鎮之一半，卒幸我將士忠勇，殲此強敵，此一險也，第三日（即二十二日）敵鑒於江灣正面，我防守鞏固，無懈可擊，遂改窺廟行鎮，以二萬兵力，將我駐廟行鎮之第八十八師部隊全部包圍，我軍苦戰，由是日晨三時半，戰至上午十時，我軍勢漸不支，然猶勉強支持，至十二時，俞濟時師長親率所部兩團趕到應援，士氣大盛，俞親自督戰，出奇兵抄敵後方，敵倉皇不知所措，死傷枕籍，激戰至下午五時，敵全部潰退，此又一險也，軍官言時，繪聲繪色，謂倘廟行不守，則我軍連絡切斷，吳淞陷於孤立，將三面受敵矣，然終博最後勝利者，則以我軍能一鼓作氣也。

廟行刀光血影記

廟行鎮已爲上海中日戰爭之重心，日軍自總攻擊失敗後，完全採用炮轟政策，步兵伏處戰壕，不復衝鋒，再與我軍短兵相接，二十四日晚九時起，日軍以五十餘門野戰重炮，向我廟行鎮正面及左面陣地轟擊，平均每分鐘放三十餘炮，我軍間亦還擊，至二十五日晨十時，我軍正面第一道陣線，完全爲炮火轟燬，兵士在戰壕中，被炮擊斃者，計一百餘名，餘兵以戰壕已燬，無法藏身，不得不縮短陣線，後退一里許，敵步兵乘虛而入，我軍急調集後方援軍，於卜二時下令向敵衝攻，此時敵方以爲得計，炮火漸稀，我軍疾馳而進，大刀隊與手溜彈，大顯身手，激戰至下午四時，敵不支潰退，廟行一帶，始得轉危爲安，據參加是役戰事之某軍官談，敵最畏大刀隊，見刀光閃閃，輒驚惶不知所之，初猶勉強抵抗，及同伴被斬斃過半，始棄槍飛奔而逸，並有喃喃不知所云者，日本某聯隊長，曾被我軍所俘，當審問時，渠亦承認大刀隊之可畏，謂此種戰法，於肉搏時最顯功效，日軍對刺刀運用，自小學校起，卽熟練有素，但對於大刀隊，實係初見，士兵因大刀而傷死者，實較槍炮尤多云云，聞我軍大刀隊，多西北軍舊部，故其勇敢技術，高人一等，殺敵之功，不可沒也。

廟行與戰局之關係

日軍寇滬，前者三易其將，戰略亦從而三變，始則鹽澤爲主將，專攻閘北，野村繼來，改攻吳淞，植田則全神注定廟行，而不知三戰三北，徒令識者非笑耳，聞植田之攻廟行，初期取道江灣鎭，顧不得逞，乃從跑馬場西北而進，其計劃在取得廟行，欲斷我軍淞滬之聯絡，同時可以南下大場，而包圍閘北，北出吳淞，以窺我要塞炮台，然既傾全力來犯，我軍則伺知其謀，努力殲敵，幸而將敵消滅過半，敵遂不能復振，故觀戰者，謂廟行爲兩方所必爭，實關係戰局者至大也。

記鐵血軍

吳淞防守軍翁照垣旅長部下，有鐵血軍一團，異常驍勇，戴天人任總隊長，金陵軍官學校出身，曾隸孫傳芳部爲營長，龍潭之役，孫軍渡江，戴亦與焉，編入中央大學習政治科，以學十畢業，將戰時，乃組此鐵血軍，軍中多學生，善演講，第一隊出發時，八十八師猶未奉命作戰，有兩兵爲其演詞感動，即密加入，師部索人，殊不承，及出發至下關，師部將二兵扣留，鐵血軍奪之以行，第二隊動員，又有一排加入，此後八十八師亦赴前線血戰，勇往直前，而其初亦未始非受鐵血軍鼓舞也。

義勇軍之驍戰

上海各大學學生所編之義勇軍，係百中選取三五，擇其精銳果敢者成隊，隸翁照垣旅長部下，駐紮某處，吳淞蘊藻浜一帶激戰，義勇軍以手溜彈衝鋒，勇往直前，不畏強敵，曹家橋之役，已奏奇功，其驍趫不下於正式軍隊，大戰在即　人皆懷必死之心也。

市國術館之大刀隊

此次我軍抗日血戰中，最足以使外人驚奇欽佩者，厥爲軍中之大刀隊，在二十世紀科學化之世界，殺人利器均不離科學作用，戈矛刀劍之屬，早成爲時代之落伍者，列強屏棄不用久矣，此次暴日稱兵，尤以軍火進步耀肱戰場，而我軍則純藉士氣之壯，取得勝利，尤以大刀隊之殲敵衆多，足以稱快一時，一新世界耳目。

我國政府近年頗熱心提倡所謂國術，武當太極各種拳派，一時目爲時髦武術，其他刀棍劍矛之類，亦應有盡有，惟提倡之初，自稱思想進步者都非笑之，謂今日槍炮如此進步，刀劍豈尙有用武之地，至今日大刀隊，奮勇殺敵以後，始博得國人一致之信仰，滬市國術館，亦以組織大刀隊，加入戰線者，聞加入大刀隊者已達四百餘人，以三人爲一組，兩人用大刀左右衞，前人持長矛居中，同時前進，遠則用矛刺，近則以刀劈，刀之價在六元以上，足見非凡品，復以三十八爲一隊，每一旅中加入一隊，現已有四隊開赴前敵，第五隊亦將組成，不日卽可出動，行見各隊員奮勇殺賊，一建奇勳於疆場，爲國術前途增光也。

大刀小刀隊

日軍連日以極猛烈之炮火，轟我陣線，迄未得逞，乃以步兵肉搏衝鋒，我軍用機槍掃射之際，俟其至近，亦卽短兵相接，大刀隊伏於陣後，袒身呼噪而進，執刀飛舞，當者披靡，所謂大刀者，卽古之朴刀，長四尺餘，負背間，戰時向上拔出，聞爲某名士所組，至馮庸義勇軍約三中隊，現駐瀏河，皆插大刀而持梭標，尙未臨陣，近有人召集勇士組織小刀隊助戰，所謂小刀者，殆卽尋常之腰刀也。

仙人隊

我軍每當衝鋒肉搏的時候，身手非常趫健，運用劈刺術，更是靈活，日方兵士，早已自嘆勿如，尤其是看見我們大刀隊湧出、不覺魂飛膽裂，鼠竄狼奔，這是甚麼道理呢。因爲日本軍，都說我們大刀隊，不是凡人，是仙人，旣是仙人，那又何能敵對，所以不由分說，拼命的狂逃，至於我們大刀隊，所以得着這種仙人的徽號，也有來歷，原來日軍，每與我軍作戰，總想先用炮火的威力，壓倒我軍，爲此開始攻擊，必放大炮，隆隆之聲，不絕於耳，有一次，日軍炮兵，正把大炮打得烏煙瘴氣的時候，我軍的大刀隊，乘着煙霧迷離，偷進日軍炮位，日炮兵，因作遠戰，並未留神，眼看着前面火焰冲天，樂不可支，往往的列坐兩傍，談笑自若，不提防我軍的大刀隊，驀然從後一刀，一個個頭滾血流，其餘的日軍，不覺大亂、初猶莫名其妙，後見刀光人影，始皆吃驚，以爲這些拿刀的英雄，總是從天而降的仙人，日軍各人身上，多帶上一個「南無阿彌陀佛」的護身符，意以爲有了這件法寶，或者可以避免我方神兵殺戮，結果是依然不免，殊不知我方的大刀隊，都是正當的軍人，雖說手足靈敏，神出鬼沒，但這是大無畏的精神，並沒有什麼仙術，只怪他們日本軍自己太愚蠢，都是些馬鹿．所以就拿我大刀隊當仙人了

周排長斃偷渡敵軍數百

以一當百　忠勇無匹

最後一彈　舉槍自戕

三月一日晨，日軍數千，偸渡七丫口，時吾駐軍之在沿岸者，僅一排，於月色迷朦中，見敵船渡數百，駛沂江，排長周君，令士兵散佈壕內，架槍以待，迨船駛近，槍彈齊發，敵應聲而倒者數十　時全排祇手機關一架，由周自架，撥機掃射，敵渡船四艘，中彈沉覆，敵兵飲彈墜水而死者，計二三百人，然敵來勢更洶，霎時渡江者，己數百人，機槍與手彈齊發，聲震霄漢，向堤岸潮湧而至，兵士力戰，彈藥且罄，而周之手提機槍彈，亦祇賸最後之一排，不得已，向南後退，七丫口遂淪敵手，周排長率士卒退三五里檢所部，祇餘其九，知勢孤難禦，擬赴瀏河告急，行抵茜涇城，則南首日軍大隊已至·蓋同時新塘口，亦有敵偸渡也，正待奪路逃避，敵已四面包抄而至，已入四面楚歌之境，周自知無生理，與其束手被擄，不如以最後之餘彈殺敵，然後自戕，檢所剩餘槍彈尚得其數十顆，遂令伏城頑抗，敵抵城脚，不虞有伏，餘彈齊發，又殲其數十，同時城門已爲敵衝破，距放槍之處甚近，迫不及待，周卽舉槍以最後一彈自戕，現此忠勇之屍軀，猶掩埋於茜涇北門城脚也。嗚呼烈矣。

記一排長之神勇

八字橋最後一役，不亞於廟行累次之激戰，據八十八師某參謀長語人云，有金排長者，惜忘其名，臨陣素勇，時擕一手提機槍，正與敵相持之際，忽左臂中一彈，金面不改色，若爲弗知，俄而又一彈中其左手，痛不能舉，敵方衝鋒，相距僅百步許，金大奮，置機槍右脅間，令一兵在後捩機，一兵爲運子彈，無少怯意，雖敵兵見之，亦訝其驍勇云。又廟行之線，鏖戰數日，我軍奮勇肉搏一夕，連長某，腹被重創，殊弗自覺，督部銳進，自視腸已流出，亟以手按入，解裹腿束之，直衝敵陣，手刃數敵，血濺遍體，不知是己血是敵血也，創傷過甚，面色慘白，爲左右救護後方。神志昏迷，口中猶連呼殺！殺！殺！殺不置。

勇士負傷殺敵（一）

余友自前線探訪新聞歸來，懷中携有『第十九路軍中日報數頁，於戰訊及關於軍事記載外，並有『軍中的故事』一項，記述軍中英勇的軍士，讀之，覺其精忠大義之氣，充沛於宇宙之間，有一個士兵，他當先的衝到敵人的陣前，把敵人的鐵甲車炸燬，但是無情的鐵彈，却把我們忠勇的士兵的左手炸斷。不過。我們這個忠勇的士兵，他却像沒有覺得一般，依然向敵人進攻，我們的張團長看見，勸他回後方療治，但我們這位可敬的忠勇的士兵，却笑著回答說『不，我的左手雖然斷了，但我還有右手可以擲彈殺敵，』他隨手把一個手溜彈擲向敵人的陣地，煙霧起處，便看見幾個敵人呼喊着倒地，他是我們軍中的機關槍手，他在陣前很勇敢的殺敵，那如雨點放的槍彈飛向陣前，敵人的血和肉便在紛飛了，但敵人還是以密集的炮火反攻，我們這個勇敢的軍人也受傷了，同伴們說，『老哥，你暫時休息罷，讓我來殺這些渾蛋，』但這位勇士回答說．『不，我不願意放棄我的責任，我現在殺得很高興，你看敵人的頭顱又在那裏滾下去了，呵，高興呵，』說著，那卜卜子彈的聲音，像聯珠般發出，而我們這位勇敢的軍士，比較沒有受創以前還更勇敢十倍也。

勇士負傷殺敵（二）

方滬戰最劇之數日，余過南京路某傷兵醫院，時卡車滿載血戰被傷之軍士，絡續而來，無慮百人，當時頗涉悲思，以爲昨日一晝夜之血戰，葬身沙場炮火者，固不勝計，而被創之士，則上海紅十字會救護醫院，凡四十餘處，尤有人滿之患，亦可見戰場之慘怖矣，乃一車既抵醫院門，護士扶受創者下車，一英勇之戰士，左肘及右脛皆經被彈，血流如注，而怒髮衝冠，目眦欲裂，堅不允下車，曰余固無妨，擎槍擲彈，力皆足以殺敵，何偃臥病榻爲也，固拒之，旋經醫士婉勸，乃勉爲洗滌創口，束以綳帶，既竟，此戰士卽絕裾出室，一躍登車，若毫不知手足皆已被彈者也，時車卽馳返前線，而此戰士仍復加入作戰，一時路人見者，莫不感動奮發，嘉嘆不已焉，今目覩此，深知十九路軍中，神勇之士，固大有人在也。新燕曰．吾人於十九路軍血戰抗日四旬餘間，凡報章所記，社會所傳，不少與此相類之事實，如斷臂之某排長，斷臂之某士兵，斷左臂之某機關槍連連長，皆願以一臂效命擲彈殺敵，誓滅朝食，嗚呼烈矣，嗚呼偉矣。

鄭營長以倖運兒得名

某獨立旅第一團，第三營營長鄭雲程君，少年英俊，勇而知禮，廟行血戰三十八小時，此君曾親參與是役，當肉搏極烈時，鄭率死士百餘人，由平望浜泅水至對岸，側攻敵人後路，不幸爲敵發覺，以大隊包抄，鄭等奮力抗拒，至二小時之久，斃敵千餘名，而所部亦十九死亡，僅存鄭與三數名而已，鄭始泅水退回原線，迨調至旱橋附近休息時，鄭忽發覺所着之衣帽，彈孔之多，有若蜂房，然絕未損及皮肉，朋儕遂以倖運兒呼之，並將其衣帽懸於壁間，以示鄭之戰績，由是鄭竟以倖運兒得名矣。

第十九路軍之陳查禮

『陳查禮』爲福斯公司出品中國第一大偵探影片中之主人翁，劇述蘇格蘭場一偵探長被殺，由陳查禮之搜索，幸將兇手捉得，陳遇事極鎮靜，此頭緒紛繁之命案，終以其鎮靜工夫，得到圓滿之結果。

當十九路軍在滬與敵軍激戰之日，北站有該軍機關鎗手一名，其人態度極鎮靜，敵來則開鎗，敵去則狂吸捲烟，或則開動話匣，洗耳恭聽，其所處之地位，適對界路口之美商園，每晨該商團等，見此鎮靜之華軍，必舉手與之行相見禮，且呼之爲『陳查禮』，蓋以其態度之鎮靜，不亞於蘇格蘭塲之大偵探也，此事大美晚報，屢經紀載，華文報惟新聞報一度譯述，但未能詳道其命名之來由耳。

任連長殺敵之中將

軍隊編制，連長皆屬尉官階級，以校官而充連長者，已爲絕無僅有之事，況以中將而任連長乎，有之則自十九路軍始，今次戰事猛烈之際，張發奎黃琪翔二中將，皆親臨火線，任臨時連長職務，以故士卒勇氣百倍，人人樂於效死也。

散兵濠之激戰

敵軍利用坦克車攻我散兵壕，我雖炸以手溜彈，轟以迫擊炮，未能損其分毫，敵乃自詡爲無上利器，詎料我軍士兵人懷必死之心，神勇之威，乃於是乎絀者，無上利器之坦克車，卒爲我大無畏精神所摧燬，當日軍大隊坦克車掩護其步兵進攻之時，我軍沉着應戰，一面挑選決死、士數十人，各懷重量炸彈數枚，逕與坦克車相衝撞，一時血肉橫飛，車亦受强烈之震激，爲之傾覆，我軍乘機衝殺，敵盡披靡，自相踐踏，我軍除俘獲坦克車數部外，斬獲無算，黔驢之技已窮，坦克車卒成一種笨伯矣，植田繼野村而作戰，雖一再增援，卒不得逞，忿懣萬狀，乃陳機關槍四十挺於陣後，下令各路進攻，不得稍退，退者即以機關槍痛勦，植田自立於機槍之前方，以示具死之決心，故連日炮火之猛，衝鋒之烈，爲前次所未有，我軍中路幾爲所衝破，月之廿四五，最爲危險，幸我後路援兵趕到，不啻飛將軍從天而降，手溜彈直同狂風驟雨，猛撲敵陣，喊殺之聲，震天動地，大刀揮處，人頭亂滾，殺得天昏地暗，屍橫遍野，血流成渠，三八式槍械拋棄滿地，日寇狼奔豕突，潰不成軍矣。

兄弟助戰殺敵

當敵我兩軍在閘北各地巷戰之時，居民之逃亡租界者，固屬比比皆是，而助我軍力殲頑敵，置其生死於度外者，亦復不乏其人，據言有某氏兄弟三人，集居一危樓上，其家本有步槍一支，每當兩軍接觸時，長者即持槍向下擊賊，並謂其次者曰，我如死，汝即以此槍繼續殺敵，毋自餒也，後長者果中流彈死，次者即遵從兄命，繼兄遺志，而以其兄向所言者，轉囑其幼弟，未幾，次者又死，幼者又繼之，兄弟三人，卒同殉已。

鄉人某氏，自其家中匍匐逃出時，道經我軍防線，見壕中僅一兵士在焉，某即趨前有所詢問，詎敵方哨兵聞談話聲，即發一槍，彈中此兵左臂，此兵即謂某曰，爾我此時，逃則必死，此間有機關炮，爾用手力搖，我實子彈，殲盡敵人，或可活也，時敵方已有五六人發槍前進，某即用力搖其機，未幾，敵軍相繼倒撲，僅一人生還，第二次敵軍來者更多，數達六十餘名，某見彈如飛蝗。不覺心悸，手足亦漸癱軟，此兵笑謂某曰，君毋懼，我以帛爲君束兩目，繼續搖之可也，某從其言，且振作精神以爲之，初時敵方之槍聲與革履聲，雜然並作，充塞耳際，十分鐘外，聲乃漸稀，再數分鐘，咸歸沉寂，此兵乃從容去其障目之物，則見六十餘敵軍縱横地上，鮮血交流，不覺暗自慶幸，此兵亦歡然告以安全出路，相與珍重而別。

我軍奪獲戰利器

淞滬堅守一月之統計，我軍自移往二道防線後，淞滬戰事，以暫告段落，預料我軍引敵深進，一鼓殲之，最後勝利，終在我也，據談我軍在淞滬與敵作戰時，奪獲戰利品，爲量甚多，種類亦繁，計步槍約五千餘桿，來福槍三千餘桿，小鋼炮約三十餘挺，迫擊炮十餘尊，快炮三四門，水機關槍三四十挺，大炮七八十門，其中以十四生的十七生的者居多，亦有二十一生的者，但多毀而不能用。坦克車十六七輛，鐵甲炮車二十四五輛，飛機十餘輛。至於子彈尤多，旗幟約五十餘面，此皆足爲紀念也。

難尋中國炮

△我軍決勝奇謀之一▽

滬戰發生，迄今兩月，我軍百戰百勝，倭寇三攻三北，捷音所播，薄海騰懽，至我軍訓練之精良，搏戰之勇猛，與夫種種防禦工程攻守策略之神奇巧妙，尤足亡頑寇之魂，喪醜倭之膽，即如前此敵軍兩度總攻大敗，百端偵察我軍防地，期亘半月，終不能窺一軍一卒隱伏所在，今則傾海陸空五萬大軍，以及各種猛悍犀利之戰具，作孤注一擲，又復潰敗於三晝夜鏖戰之中，此次敵軍所攜利器，僅以炮類而言，凡各式大炮，過山炮，小鋼炮，迫擊炮，高射炮等，總計不下五千架之多，三晝夜中，所發炮彈，至少亦有數萬發，故無論已爲我軍摧毀不少，俘獲不少，而此數萬之炮彈，幾皆放無的之矢，竟未傷我毫末，至我軍戰具，犀利遠遜其倍蓰，充實不逮其什一，炮類尤瞠乎其後，然而三晝夜大勝之功績，如數墜飛機，三毀巨艦，炮隊猛轟高射之功至巨，又如廟行血戰，殲敵纍千，閘北反攻，窮追百里，炮隊掩護迫擊之功亦不尠，而兩搗賊巢，遙中其司令部於數千米外，彈無虛發，擊無不中，以奪其魁渠之魄，倉皇遁至賊舟，燬其重要文籍，陰謀銷於刦火，尤足令敵軍欽佩我炮軍之神乎其技，而亟謀殲滅之道，然敵雖百出其計，無日無時，不用飛機翱翔偵察，並歷用斥堠間諜，募死士飾華人，誘漢奸作難民，冒險入我陣地，以跡求炮壘所在，而終未覓得我軍之一炮，蓋當此鏖戰劇烈之數日，每至入夕，必飽嘗我軍炮彈之滋味，而晨光旣曙，炮聲始斂，砲影頓杳，敵軍於此，煩惱忿嫉，至於無地，實則我軍之砲，日入而作，日出而息，馳驅千里，隱見瞬息，爲古今中外軍事家未有之奇謀，而亦我軍制勝克敵之一道也。

木排防敵

自南市形勢嚴重後，江海南關內，（俗稱關橋）已列重砲兩尊，而十六舖一帶木商領袖張效良君，思得一舉兩得之計，以各木行木料，悉數編成木排，置於江面，旣可騰出空屋，俾駐軍隊，作防守之策，又於江面能禦日艦衝擊，張君誠智囊哉，至街市治安，仍由保安警察維持也。

被單接機彈

日飛機四出肆擾擲彈，炸毀民房，所受損失固鉅，然近覩彈觸堅始炸，往往以數人持一被單，向天張彈，俟彈落，接於被內，彈旣不炸，遂沒收爲虜獲品，如遇機上發槍，則四散防禦，施諸戰場，則收效無多，我軍士初見彈下，猶猱躍相避，十日大場有日機來襲開槍，則以步槍上射擊退，外人不察，以爲軍士所背戰笠，上書十九路軍四白字者，爲一種籐牌，殊誤。

前方發現軍用猴

日方曾在歐洲購得大批獵犬，運赴東北，作爲作戰時衝鋒之用，俾免士兵受利器之創傷，可謂能善於利用動物矣，茲有友人自前方來．謂我軍近由四川等處，運來猴子數百．訓練甚馴，能担任軍事上之破壞工作及運輸，每人管理猴子十隻，一下命令該項猴子即遵令工作，用以破壞敵方軍用電話，及潛至後方搗亂，頗爲適用，蓋猴子性既活潑，又善跳躍，且其四足狀如人手，能攫物件，能升樹木，較之日軍之利用獵犬，自遠勝百倍矣。

退却聲中之捷報

日本傾全國之精銳，在上海與吾十九路孤軍作戰，月餘之間，絕無進展，最後乃以白川菱刈二大將爲統領，十一十四兩師團爲主力，如潮湧涯，正襲側擊，欲將十九路軍於其大包圍中殲滅，十九路軍爲避免無意識之犧牲計，於是將最前防線，撤後至某某地點，日人佔據上海之慾望，至斯似已得達，而一般野心之日寇，更歡呼欲狂 並遺忘彼前次「華軍如撤退至相當地點，日軍即停止軍事行動」之諾言，於吾軍退後，跟踪追擊不已，絕不思吾軍之退爲戰略，反傲然如戰勝者之狂妄，仍着着進逼，當據外人方面確息

：謂日軍約有二萬之衆，在瀏河附近，欲將集在該處之華軍約千人殲滅，乃取大包圍陣勢向前推進；然而將達到相當地點時，華軍忽完全不見，亦不知其如何隱滅，方欲後退，忽大隊日軍之左右前後，突發現華軍之吶喊聲，日軍立足處之地雷齊發，聲震天地；日軍背後之機槍大炮亦如雨而集，因之此突圍不能漏網之二萬日軍，傷亡者達一萬餘人，爲日軍來滬時之第一次重大死亡云。

夾沙餡糰子

累日廟行江灣間之血戰，亘數晝夜，而尤以金穆宅互圍爲震撼天地，先是日軍進迫我軍陣線，八十八師奮起將其包圍，未幾日援兵至，遂激戰於我軍四周，正濺血飛顱之際，我第十九路軍之六十一師沈光漢師長，親帥所部加入，乃又包圍敵之援兵，成三道陣勢，日軍在核心者益狼狽，事後某君謔謂日軍如夾沙餡糰子，可資我軍一頓飽噉云。

蔡廷鍇之空城計

△我軍放棄江灣鎮陣線經過▽

我軍陣線沿廟行江灣至八字橋，成一弧形線，而江灣鎮適爲中部突出之點，遂成爲敵軍砲火之目標，且時易受敵三面攻擊之危險，在軍事上最犯大病，日本第九師團植田團長，下令總攻擊以來，集主力於廟行江灣等處，連日劇戰，江灣已成一片焦土，日軍旅進旅退，死傷在三千人以上，江灣鎮上敵屍縱橫，無人收埋，臭氣薰天，河流溷濁，我軍將士以飲料問題發生困難，且陣地防線，爲炮火摧燬殆盡，在軍事上言，尤無堅守必要，不如退出免作無謂犧牲，故於二十六日晚九時，蔡軍長下令自動撤退，將廟行江灣八字橋陣地，改爲一平直線，攻守均宜，是晚我軍撤退後，我步哨線仍放至江灣跑馬廳二百米，日軍砲火依舊猛轟，至二十七日晨，日軍遣數十人小隊，進擾江灣鎮，見我軍毫無防範，大疑，以爲又中包圍之計，急迅速退回報告，至午日軍大隊前往，炮火飛機掩護進行，至我軍第一道防線前，又停留不敢進，下令不得深入，直至二十八日晨，方悉我軍確已全部退却，於是日下午二時，遂開始入鎮上，日軍不敢輕舉，可見一斑，而蔡軍長之空城計，確可比擬諸葛亮也。

翁照垣吳淞突圍記

願以最後一滴血洒在吳淞之翁照垣將軍，孤忠耿耿，義薄雲天，此次抱必死之心，欲與吳淞炮台共存亡，舉世人士，靡不同聲讚歎，旋雖全軍引退，據守後方，然伏軍殲敵，瀏河夾擊，迄今倭寇聞之，猶覺色變，一日深夜，第十九路軍以神速戰術 退至第二防線，聞北江灣大場廟行各處均退却，惟防守吳淞翁鷹輝旅長猶死守不去，三月二日翁之家人得訊焦急，其如夫人自靜安寺路宅中，趨至海格路李宗仁家探詢，急派兩健者從間道赴吳淞，勸翁遵命退出，翁拒使不見，謂將在外，君命有所不受，况婦人之言乎，并云昔在德習航空，隊機不死，今願戰死，亦素願耳，遂復與日軍血戰，翌晨，蔡氏驚悉其事，以翁部為全軍勁旅，如令坐以待斃，徒作無謂之犧牲，殊非得計，乃於軍用電話中，與翁作長談，謂與其在吳淞被圍而死，毋寧守後防與賊戰死，與其十九路一部份死，毋寧十九路軍全部死，蔡語至此，竟至泣下，翁將軍感其言，左右亦慷慨陳請，始下令突圍而出，轉戰向新陣線也，說者謂翁驍勇多智，嘗游歷歐美，考察陸軍，去載在粵任保安隊第四團團長，駐黃浦，隸陳銘樞部下，粵政府成立時，陳濟棠派兵一師擊之，翁防戰五日，屹不為動，後奉令退却，遂赴京，任警衛軍旅長，十九路由贛剿共調回，駐紮京滬線，乃以翁旅補充，担任天通菴一帶戰事，勞苦功高，嗣方調回吳淞休養，而日軍復肆攻擊，翁又投袂而起，力却敵人，見者謂翁毫無倦態，國家干城，相需正殷，誠未可輕於一死也，日前方振武中委吳邁律師赴前線訪翁，翁書為民衆犧牲雖死猶榮九字贈吳，足徵翁將軍之肝膽輪囷矣。

兩將軍去淞之又一說

死守吳淞之十九路軍第七十八師副師長譚啓秀，第一百五十六旅旅長翁照垣，迭挫強敵，勳勞卓著，而曹家橋一役，尤震驚全世界，當我軍下令總撤退之日，譚翁兩氏，召集部曲三千人議決進退，一致表示願以最後一滴血灑在吳淞，以為後人師法，遂不遵令退兵，繼續血戰一晝夜，時各公團代表，環請十九路軍速往營救，並電兩氏請以國事為重，保全實力，長期奮鬥，一方由法神父向日方接洽，暫不攻擊，三月三日晨八時，各公團代表，偕十九路軍交通職員，赴淞面請，兩氏堅不允許，力主以身殉淞，陳說再三，均無效果，衆無法，乃由交通處職員數人，分抱兩氏，擁出營門，強引上機器脚踏車，始慶脫險，而兩將軍終以去淞為遺憾也，比抵瀏河，始又得一展好身手也。

十九路軍臨去德政

此次十九路軍以戰略關係，撤退至第二陣線，為一種有計畫有秩序的軍事行動，奮勇作戰，從容退兵，博得全世界一致之好評，一日我軍撤兵之夜，前線仍與敵砲火週旋，且擊死日聯隊長一人，日軍毫不之覺，以百餘門重砲，拼命向我空陣地轟擊，及晨不見一卒，猶不敢深入，急以便衣隊漢奸前導偵察，直至午後，閘北等處，始見日軍蹤跡，亦可想見日軍畏懼十九路軍之一斑，據最後由閘北逃出者，十九路軍士卒，和藹可親，與民衆極為接近，當奉令撤退之夕，駐防北車站之士兵，且於是晚十時，分往南林里天保里等處，一一通知居戶，囑速避難，且有代為整理箱籠什物者，謂我等今夕去矣，不能再任保護之責，請居民儘於此數小時內離境，否則明日即為鐵蹄下之犧牲品矣，居民有為之感極而泣下者，其愛民也如是，而其殺敵之勇也又如彼。

十九路軍紀律嚴明

自交戰以來，我十九路軍守無不固，攻無不克，忠勇奮發，所向無敵，他師亦聞風興起，爭先恐後，以多殺敵人爲快，外人之觀戰者，相與交口稱譽之，謂之歐洲大戰中得未曾有之氣慨，而日之四易大將，屢請援師，尤足爲潰敗不能成軍之明證，論者謂我軍制勝之原因，統將親臨前敵，與士卒同甘苦，士卒亦能深明大義，視國爲家，抱生死俱榮一念，故雖經兼旬以外晝夜血戰之久，而兵氣堅銳，有如新發陣地，愈接愈厲，敵軍僉驚呼歎之賞，比諸岳家軍之屹然難犯，其尤可欽敬者，師行所至，嚴守紀律，不輕動鄉鎮之一草一木，離散之老弱婦女，必爲之輸送後方，置諸安地，簞食壺漿之饋，必婉辭固却，非主帥之命不敢受，以視日軍之毫無紀律，奸淫賊盜，靡所不爲，實有天淵之判，宜其守無不固，攻無不克也，壯哉此十九軍，偉哉此十九軍。

譚啟秀瀝述自衛經過

堅守吳淞炮台之司令譚啓秀，因奉蔣蔡之命，已有南旋之意，俟以摒擋未妥，延於三月十九日，乃由滬乘威爾遜總統輪船首途，二十八午時，安然抵港，香港新聞社記者以譚氏率軍抗敵，功在國族，此次由前線南來，於滬戰情況，當必有所報告，特於輪船抵埠之時，登輪造謁，茲將譚氏之談話錄下。

自一二八日，日襲滬後逐日戰情，余本有日記，因軍次鮮暇，未及彙編發表，謹略述一二，日自侵略東北後，以爲中國任何地方，可以恣意欺凌，在滬於一月二十八日無端提出四項條件，經上海市政府簽允後，日領認爲滿意，但猶復要求我軍退出閘北，我軍至是，忍無可忍，全體將士一致主張抵抗遂於夜午日軍來犯時，與之共作殊死戰，當時敵方有海軍陸戰隊九千餘名，及二四混成旅，先與我七十八師第五團接觸，敵失利，且被我軍攻破防綫，潰不成軍，隨後增援七九兩師團，仍不得逞，再增十一十四兩師團，前後兵力在十萬以上，並開到飛機母艦兩艘，飛機五百架，大小戰艦百餘艘，重砲無數，整日發砲擲彈，其武器猛烈，無可爲諱，迨二月十七日，吳淞及獅子林各砲台盡被日燬，瀏河之三丫口，我軍兵力單薄，敵軍乘機登陸，而我後援不繼，以戰略上之必要，不得已自動退守第二道防線，一月以來，敵我衆寡懸殊，猶能屢挫頑虜，全賴將士用命，各方民衆援助，若精神上團結一致，必獲最後勝利，我軍現在退守崑山以東一帶防線自南至北，由重固鎮起經黃渡而至太倉等處止，日來以國聯調查團蒞滬，雙方均持鎮靜，卽有戰事，亦不過小接觸，譚又云，凡作戰無不危險，余每具必死之決心，結果乃不死，自本月一日奉令撤防退守，所有江灣閘北及右翼各隊，已陸續撤退，余仍堅持死守，嗣經各方交催，於三日始率翁旅一團，退至瀏河嘉定，外傳不測，卽此之由。

滬戰聲中蔣介石之兩電

自日軍抄襲瀏河，十九路軍總退却，而終致吳淞失陷後，一般輿論，無不歸咎於政府之坐視不援，且報載留滬某兩中委之談話中，亦有『十九路軍總退却，實因後方無援，該軍曾急電政府求救，堅固瀏河陣地，當時蔣介石謂一星期可到，不料始終未來』等語，是十九路軍之總退却，實因後方無援彰彰焉，不意近據某方傳出消息，即謂中央對於滬變，確具長期抵抗決心，故戰事起後，即派第五軍來滬增援，其他部隊，因運輸發生困難，不能趕到，蔣介石對此，尤爲關心，曾屢電蔣光鼐張治中俞濟時等，指示防禦戰略，且舉致張俞銑電中語云，『望兄弟努力團結，爲我黨國爭光，滬上地形複雜，敵方或將捨正面之攻擊，而向我側背着眼，我陣地附近，河流縱橫，到處便可扼守，日軍若取攻勢，則其犧牲非有一與十之比，決難奏效，希與十九路軍蔣蔡兩同志，共同一致，團結奮鬥，對於蔣總指揮命令，尤當切實服從』等語，又舉致蔣光鼐電云『第二次決戰之期，約在艶東各日，我軍後方援隊，全已運來戰線，其他非俟日後，不能參加戰鬥，務望於此數日內，盡量積省前線兵力，抽調部隊，厚集各地區，……對於瀏河方面，尤應準備三團兵力爲要』云云，（按斯時蔣委長早注重此點然無重兵）駐守惜哉然就事實觀，迄今軍事方面，中央仍無絲毫舉動，其中原委，殊非吾儕局外人所得而知焉。

鄧振銓失責辭職

鄧氏在任吳淞要塞司令時，烽火連天，忽然去職，緣因其說不一，茲得官方傳出消息，似較確實，特述如次，當日軍以空海兩軍，進攻吳淞時，鄧氏曾親率所部抵抗，旋十九路軍深恐吳淞兵力不足，遂派兵一團前往援助，駐紮於吳淞附近某地，惟該團於到達該地後，僅由蔡軍長去一公文知照，謂特派某團，前來協助抗日，撥歸鄧氏指揮，而該團某團長，並未親往晉見，次日鄧接日軍偷渡蘊藻浜之探報，遂電話致十九路軍派來之團部中，意欲命其抵抗，詎此時適團長外出，由某團副接話，鄧氏並未說明本人係砲台司令，僅詢以『團長何在』，某團副以『外出』對，鄧謂『此係何時，尚可外出，是公事，還是私事』，團副答以『當然公事，團副豈不配接話嗎』，於是電話中雙方發生誤會衝突，鄧怒，即將電話掛斷，亦不告日軍偷渡情事，預備飭兵直接堵截，詎此時該團部亦已接到日軍偷渡之報告，即派兵抵抗，將敵擊退，而該團長於退敵後即呈報蔡軍長，謂敵軍偷渡，砲台司令部並未知照作戰，幸職團偵悉，率部抵抗，將敵擊退云云，蔡氏即在電話中責鄧氏之失責，鄧氏亦百喙莫辯，遂表示本人願辭職，請十九路軍派員接收吳淞，蔡氏諾之，鄧遂辭職而以譚啓秀繼任，是爲官方傳出當時鄧氏辭職之眞相也。

菱刈已作大和魂

我軍退出淞滬時，本埠盛傳日本新任司令白川，業已在瀏河中彈陣亡，但白川明明在世，此項消息，迄未證實，查是日出雲旗艦及日總領事署皆曾下半旗誌哀，則日本重要將官 必有一人死亡可知，惟以日本方面諱莫如深，此項悶葫蘆終難打破，及記者遇日本各路聯合會委員長林雄吉氏，（日人），卽詢眞相，始悉日本重要將官中，確有一人死亡，其人爲誰，則菱刈大將是也，惟菱刈大將之死，並非死於兩軍陣前，實病亡於揚子江輪中，蓋菱刈奉陸軍省命令時，已染病甚沉重，當時因滬上日軍失利，形勢緊急萬分，祇得扶疾登輪，不料啓椗之後，受風浪盪激，病勢愈重，故未及一晝夜，菱刈卽溘然長逝於輪上，日總領事署於該輪抵埠之時，始接噩耗，其所以下半旗者，卽爲哀悼菱刈大將是也。

菱刈年歲尙輕，初次督戰，便爲吾軍所喪，其妻頗有巾幗氣，說「軍人本是祈戰死的，日本民族本是大和魂的，所以私情上替他流數滴悲淚外，一面反以爲國捐軀爲榮幸」，語雖激昂慷慨，只是不識強權侵略，爲軍閥利用而死，死又何足惜哉。

菱刈死後之又一消息

上海事變發生，敵軍迭遭敗亡，旬日無功，連電乞援 倭政府乃命植田總其軍，又敗，再電請兵，倭皇覽疏憂慮，亟召犬養毅入見，密議良久，決令菱刈任大將督師，總司海陸空軍務，以期尅期奏功，犬養出，倭皇又命傳諭陸丁國師，（又云陸鼎）一決休咎，查陸丁早年從政，未幾，遁入空門，身通內典，洞曉玄機，向爲倭皇所器重，陸丁應宣至，倭皇詢以對於支那軍事，前途有無妨礙，陸爲布卦訖，得某卦之上九．乃曰，天道微茫，誠難預測，況係軍事，其變無窮，但就卦象占之，師行久久，必獲勝利，所謂終則吉．惟吉中有凶，所行須喪一大將．倭皇驚曰，有禳解否，陸笑曰，人誰不死，況兵凶戰危，出征者誰能保得安全，祇要死得其所，就是了．（數語不愧國師，）吾有一偈，恭呈御覽，後驗與否，可不必深考也，偈係絕句一首，其詞云，『秋老菱枯零落多，河流九曲莫經過，櫻花三月春如錦，捷報紅旂聽凱歌．』按此偈語，前兩句可以意會，且甚明顯，後兩句，爲彼邦令大口吻．全屬頌揚一派，似無奧旨，姑妄傳之，即不妨姑妄聽之也．惟倭軍此次與我軍作戰，先後五易司令．徵集常備軍大半．廣搜軍費，大募公債，其狼狽之狀，已可想見，及瀏河一役，我軍於死中求生，竟得反敗爲功，一時倭領署，司令部，及各兵艦，突下半旗誌哀，足徵所聞菱刈死亡，非盡子虛，惟昨又遇一曾執事某日方紗廠之鄉友，爲予口述上項消息，予覺其情節詼奇，爲各報所未載，特亟錄之以餉讀者。

又有傳日軍旅團長林大八陣亡者

林大八何如人，日本之軍人，曾在東北任張作相顧問七年，號稱『中國通』，與土肥原賓二齊名，皇姑屯炸車之役，躬與其事者也，此次日軍增調第十一師團來滬，林任旅團長，二十九日血戰爲我軍擊斃，四日旅滬日僑爲開追悼會，並舉行葬儀，領事館及虹口日僑皆下半旗，適三日我軍克復瀏河，遂有白川大將乘坐旗艦在瀏河擱淺被殺之傳聞，實則日本海軍旗艦，至今猶泊浦江，黃浦灘碼頭，舉目可見，是殆國人於悲憤之餘，聊且快意．苟張作霖有知，聞林之耗，亦當含笑九原也。

日軍隊長空閑自殺謝罪

日軍第九師團第七聯隊大隊長空閑少佐，係於二月初旬遣派來滬，當於二十二日率隊在江灣嚴家橋廟行等處藉十五輛鐵甲車之掩護，向我守軍猛攻，但我軍防地，鞏固異常，絲毫難逞，歷二小時全隊幾遭殲滅，即空閑少佐，亦於腦部左脅，中彈重傷，拚力奔返，幾瀕於危，即送至上海兵站病院救治，負傷頗重，呻吟床褥，以爲空閑部下林隊長四週死忌，各將士均往弔奠，而空閑少佐自覺全隊殲滅，慚愧無似，即以手槍向太陽穴自殺，並於自殺前留有遺書一封，表示謝罪之意云。

嵊山日軍焚屍記

嵊山一島嶼耳，屬舟山羣島之一，離沈家門可二百餘海里，面積不滿十里，山中居民，皆屬甬人捕魚者居留處也，在漁汛時，人口幾及萬人，平時亦在三四千人之譜，所住之屋大半爲倭平屋，山中多曠場，用以曬鯗也，四面皆水，十里外不見鄰島，然爲太平洋間航線關係，故凡歐美日本郵船之來滬者，無不沿嵊山而行，滬變發生後，日軍艦之往來於此者，日夕不絕，前月廿三日夜，有日軍艦一艘，忽在離嵊山之一里間停泊，並用探海燈四出射照，一時全山光亮，如同白晝，約一小時間，卽行離去，當時居民，彼此相驚曰，「東洋兵將打嵊山矣」於是嵊山之上，頓時風聲鶴唳，惶惶若不可終日，及廿五日，忽有日艦二艘，由滬東駛而來，在近山二里之遙，突然向嵊山上開空砲約五六響，當時全山居民，奔者逃者，號咷大哭者，紛擾不可名狀，忽見日艦上，放下飛機二隻，卽由水上飛起，環繞於山上者可三匝，軋軋之聲、聞之胆慄，幸未拋擲炸彈，後軍艦駛至山麓，上岸日海軍者，五六十人，荷槍實彈，見人後，作瞄準射擊狀，故居民多匿入屋內不敢出，而日兵二三十人成羣往來巡邏，無時或懈，但人民以地非戰地，民非戰民，而日人之一種突然行動，多爲莫名其妙，驚訝不已，其膽較大者，多從屋縫空隙中窺察之，見日軍之負蔴袋由艦而上山者，往來忙碌已極，數在四五百袋以上，上山後，分置於曠場上，堆積可十餘處　居民不知，皆謂軍火炸彈也，俄間，火光燭天，硫磺氣與臭氣，充滿於山之上，中人欲嘔，方知所焚者，日屍兵也，總計自下午二時起至夜間十一時間，方得竣事云。

日軍衝鋒用兩車

據視察前線之某君談，日軍在江灣衝鋒，計以兩種車爲禦彈之用，一爲黃包車，將其布篷拆卸，留一木圈，堆滿沙袋，一便衣隊倒推之，一日軍提一機關槍架於上，藉以掩護前途，一爲小車，卽俗稱之牛頭車，日軍强取二百餘輛，車前釘一鋼板，旁穿兩孔，兩兵架機關槍於孔內，亦一便衣隊推以向前，但一經接觸，運用不靈，故收效殊鮮也

日領遷艦辦公由來

駐滬日本總領事館，在黃浦路武昌路角上，其隣有蘇俄總領事館，自中俄未恢復邦交前，半在封鎖狀態，無領館人員辦公，僅留中國侍者數輩，在內看守，滬戰起後，日領署特別戒嚴，謂須防禦便衣隊往擾，至廿五日忽派兵赴蘇俄領署空屋內，捕去華人廿三名，日領署方面，謂係我國便衣隊青年決死團，匿於其中，圖毀日領署者，而附近民衆，則堅謂係看守侍者，招留避難親友暫宿，無辜被捕，結果未詳，但日領署認爲事體重大，卽於二十六日將館中各科辦公人員及重要文件，遷往館前之出雲旗艦內辦公，館中幾盡爲日軍駐紮矣。

日本空軍幼稚

此次日本侵犯滬境，運來飛機數十架，論者以爲日本旣稱軍備銳利之國，對於空軍

之設備，常極精美，但據熟悉軍事學識之德人談，日本空軍，此次在淞滬之助戰，已暴露其弱點矣。蓋善作空戰之飛行家，在空中盤旋，不能繞行大圈，其飛行如流星之不可捉摸，每投一彈，彈落地，機身已遠離千百尺矣，若仍盤旋不去，則敵軍之高射砲，可以從容瞄準轟擊，及高射砲之彈發，雖欲急避，亦不可得矣。某役甚且擲一彈於彼之陣地，直無航空學識可言，現在世界空軍最強之國為法國，法京巴黎，防範他國空軍來襲，則極嚴密無比，聞四週均設高射砲，可以同時並發，最後則有一種輕氣散布天空，頓成濃霧，使飛機不能飛翔，迷其方向，法之防範空軍，所以如此嚴密，蓋亦欲獨霸世界空軍耳，其次則德國，據軍事家之觀察，日本現在在滬之飛機，若得德國之強大戰鬥飛機二十架，可以將日飛機如數殲滅，其空軍之幼稚，可以見矣。

敵機認識點

上海戰事初起，日軍時以飛機示威，有一次、二十七架，低飛租界，一般市民，尚有誤認為我國飛機者，蓋於飛機識別未清，茲查得日飛機顏色，機身全灰色，尾端紅色，機身及上下翼，漆有日本國徽，至我飛機顏色　兩翼上下，均藕色，並塗國徽，每端一個，機身自後座至尾，一般紅色，機尾方向舵，升降舵，均藍色。

美教士避日機擲彈之識別

昨據由內地避難來滬者談，蘇常崑錫等地教堂，多美僑傳教之產，近日內地，每多日飛機之投彈，致高樓大廈遭燬損者，不知凡幾，內地美國教堂之神父教主等，深恐其教堂房屋，亦受日機投彈遭池魚之殃，均紛紛請求該國駐華領事，再轉懇日領，予以設法保留，勿加損害，聞日前內地各美國教堂已得該國領事之答覆，謂日領囑在本國教堂屋頂上，書以U・S・A・三大西文字碼，以資識別，則日機在空中，見此字樣，即可免投彈轟擊之虞云云，同時內地各教堂，已於某日起，從事上項準備工作矣。

日人口中彼飛機暴行之經過

大阪朝日新聞，曾揭載海軍大尉小田原俊彥氏，自述關於此次上海事變身歷空中戰爭之顛末，茲節譯如下，藉供注意和平人士之參考，亦以備吾空軍作應戰之方略也。

「一月二十八日，因上海事態急變，在華北方面之我方飛行隊，奉令南下，至翌日（二十九日）即翺翔於閘北天空，斯時我軍有水上機四架，正在抵制敵軍，惟敵軍雖衆，因乏飛機與我相抗，故受我方重大的脅迫，二月一日，我第二驅逐隊所組織的第一航空戰隊，亦懸加籐少將之旗，出現於上海空中，於是上海周圍，全被我海軍機所蹂躪，我攻擊機攜帶五百基羅格蘭姆之炸彈，飛翔於吳淞獅子林高橋等砲台之上，頻被我投彈炸燬，自是以後，連日搭戰鬥機，除轟炸砲台外，同時參加陣地上作戰，至二月五日，突然在戰線上，發現敵軍複座戰鬥機四架，使我軍忽起青天霹靂之感，是日清晨，我策一驅逐艦隊，吳淞口外洋上，約離七十海里之處，亦有偵察機數架，戰鬥機數架陸續進發，參加閘北隊戰，其中用平林大尉所指揮之偵察機，與所大尉所指揮之戰鬥機即開赴眞茹轟炸敵陣，不料與敵之哥爾水加式複座戰鬥機相遇，遂開始空中戰爭，斯役也，雙力均無何勝負，嗣後我方據各種情報，與中國人之傳言，敵方有飛行大隊，將從南京出發，然我軍慣於海戰，始終不易發現敵軍陸上陣地之所在，六日，方欲低飛偵察敵陣，忽有敵機四架，竟逼近我偵察機而來，然空中戰爭，在於奇襲，此時敵機反讓一步，悠悠上昇，冀飛上方射擊，値俯瞰地上敵軍之所大尉指導飛機隊，仰觀上空，有綠翼亦體，翼旁塗以青天白日之敵機，似有攻擊我偵察機之狀，所大尉急向閘北地上投下炸彈，再飛高以應敵機，未幾，加藤二等航空兵曹所指揮之飛機，亦爲敵機所壓迫，而敵機忽見我戰鬥機馳至，乃轉身遠避，高隱北方雲間，時所機加藤均向北方追擊敵機，平林大尉之偵察一號機，與田中大尉之偵察二號機，反復攻擊，彼我兩方，相距僅五十米突，敵機突以機關槍，連續發閃爍之砲，我方亦發砲應之，交戰數合後，平林機突然取反攻之勢，此役我軍竟得優勝，敵反敗退者，係我軍之善於應變也，嗣後我軍之戰鬥機，不復參加於陸上作戰，專備對付敵之飛行機，而敵機亦不再來，我軍爲先發制人計，於二月七日，佔據上海郊外之飛機場，使敵機無安身之地，而我機之使用更爲便利矣，敵機自失依據後，經一星期，未見其影，至十三日，忽接情報，南京方面敵飛行隊，行將來滬，參加作戰，又據各種情報，謂廣東之戰鬥機爆擊機，已抵長沙，（閱者至此，必歎我方軍事行動之不密），大約某日可到南京，而中國報紙與中國人，揚言廣東飛機於某日出發，受粵省官民盛大歡送，因此我方遂於事先，爲相當的準備，二月中旬，探悉南京固有之飛機，亦將南來，吾人預料由南京至上海，直距離約百五十海里，度彼敵機之性能，必不能一氣由南京直到上海作戰，勢必在虹橋或蘇州停船休息，故我方決從事兩地間之空中偵察，偵知敵方連日在兩地準備新設格納庫，我飛機正日夕伺候敵機之來，果於二十日，所大尉所指揮之戰鬥機，在蘇州飛機場附近空中，遙見美國最新式之波英克單座戰鬥機一架，疾馳西來，我軍遂勇躍進迫，敵機見我機追迫，亦飛迴應戰，惟敵機之特殊性能，其上昇力較我爲優，故我方遂處於被動的地位，敵乃利用上昇力，飛至我機之上，窺我之隙，急降直下猛射，我機回身反擊，交戰約二十分，未決雌雄，旋爲利用快速力，飛向北方，我機因困於燃料，亦南飛歸隊，至二十二日，加賀小谷大尉所指揮之戰鬥機，再赴蘇州偵察，適值該飛機離陸，即二十日與所大尉激戰之機是也，有一精巧之飛機見我機飛至，仍如前日之狀，飛高至我機之上，急轉直降，脅迫小谷大尉之後，我方雖有偵察機隊，加入作戰，不幸指揮官小谷大尉，突爲敵彈命中三發，指揮官機之統手一等航空兵佐佐木，亦遭重創，機遂墜落，是役以望遠鏡探照操縱飛機者爲中國人，親飛機過於勇敢作戰，遂被我機射落。

廿三日，我軍繼續使用戰鬥飛行隊，本擬破壞虹橋與蘇州之敵軍飛機場，迴念飛機場並無飛機，縱破壞之亦無所得；俄聞有粤機十八架，已飛集杭州，行將準備出動，於是我方爲先發制人計，急急編成襲空大隊，謀襲杭州敵之航空基地，由予（小田原）統率，連絡佐多大尉，安延大尉，所大尉，渥美大尉，等精銳攻擊機戰鬥機，祕密規定在離吳淞口百二十里之處集合，同時暗由航空母艦某某等進發，約定自翌日午前五時起程，直飛至杭州敵機之根據地，但此事最感困苦者，即我飛機中應裝燃料的最大限度，與離根據地的附近距離地點二點，蓋恐深入敵之腹地，萬一發生障礙，必將陷於不可收拾之境，故當時頗爲焦慮，第已奉命必行，故亦不計成敗，於是由攻擊機隊，掩護戰鬥機出發，隱密溯錢塘江口而上，在晨光微曦中，突飛施於杭州城天空，俯瞰杭州城外筧橋飛機場，已瞭然在目，正欲投彈時，見敵機五架，急昇上空，與我機猛烈交戰，時我方飛機十五架，應付敵戰鬥機五架，綽有餘裕，故得從容炸燬敵之飛機場後．照預定地點，分隊飛集於錢江口外，先返者爲佐多隊，次爲安延隊二號機，惟小由原隊因投下之炸彈不發，復因中途發生阻礙，歸隊最晚，此次被我炸燬者有六機，然吾人迴憶飛機場中，敵機並無十八架，均極懷疑，殊不知敵之低單翼式飛機，早已飛往他處，及聞我機襲擊遂跟蹤而來，先與小田原隊交戰，因敵機巧妙，回旋昇降，亦極輕快，且連合其他六架戰鬪機，節節進逼，時我渥美隊見事勢危急，加入應援，卒被我方擊燬數架，其餘敵機，雖猛力衝突，而我力藉旋回槍之力，奮勇抵禦，敵始終卒不得逞，至是敵機乃向南飛行，我攻擊機亦受損害，繼聞安延隊長，在錢塘江口三十里之地，向驅逐艦告急，並在該艦附近，有二架着水，乃皆歸隊而返，此爲自上海事變爆發以來，空中戰爭之概略。

日方之狗軍隊

日陸軍省以東北義勇軍聞風興起，四出攻擊，日軍難於防禦，决定利用軍用犬，驅奔噬嚙，以期節省兵力，惟此種軍用犬，日本未有出產，已向歐洲各國收買，預備秋天高粱成熟時，開始活動，（按在歐戰時，比國曾用狗拖機關槍車，而歐洲之偵探狗，歐戰時亦曾用偵探軍情，但未聞有狗作戰者，或曰，此係日人憤我義勇軍，有此譏罵，然易言之，不啻日自駡自譏而已，一笑。

日軍慘敗中的神話

法國神父說是聖母

我們太太說是觀音

近日日軍，以迭次慘敗，移怒於我國民衆，恣意殘殺，無所不用其極，尤以對我婦女，奸後加以戕害，甚至割裂其肢體，以取笑樂，這種慘無人道的暴行，眞個是「人神共憤』的，法國最近某神父，救了一個日本傷兵，問起打仗情形，據該傷兵說，『這回的戰事，恐怕我們日本，終久不能勝利，因爲中國軍，不僅是勇敢，並且得有神助，我（日傷兵）是在蘊藻浜方面負傷的，那天我軍正在進攻，忽然前面，發現一個美麗的女人，遮住了我們去路，這女人穿的，彷彿是藍色衣服，她的容貌，極端凝，又極艷媚，因此我們眼花撩亂有口難言，大家都看呆了，不提防中國軍隊，突然衝殺將來，我們驀然聽到了槍響，方纔如夢初醒，最奇怪的，是一霎時間，前面那個女人已不見了，眼前所見，盡是中國軍，這一下，可把我們更嚇慌了一時來不及抵抗，於是死的死，傷的傷，全軍大敗，不可收拾，我個人幸而逃脫得快，要不然，也就沒有命了，』神父聽了這一席話，就詰誡那個日本傷兵道「這就是聖母顯靈」，接着那神父，又遍告我們民衆，後來他碰見了我所認識的一位太太，他又申述一遍，這太太很迷信神權的，當與神父爭辯道，『這不是你們說的是甚麼聖母，乃是救苦救難的觀世音菩薩。』

俘虜身上之佛牌與千人縫

△敵軍迷信之一斑▽

日人之迷信觀念，較我華人，蓋深倍蓰，戰事發生後，日軍囊中多藏有「佛牌」一方，以求菩薩默佑，第九師團抵滬後，軍人家屬，復紛紛將「佛牌」「千人縫」等寄滬，佛牌式樣，已經各報刊載，不贅，我軍中又有獲得其千人縫者，並有一函，所謂千人縫者，以若干小塊布件，綴成大方袱，每小塊布上，必有一小硃圈，一若我國覆置柩上之心經被然，函中則謂，請以此千人縫束諸腰胸，必能邀神默佑，不致死傷云云，其迷信既屬可笑，且於此復可徵日軍畏死之一斑也。

可憐無定河邊骨

△日本死兵所遺之芳影▽

聞當淞滬激戰之際，曾有敵軍二三十名，於砲火掩護之下，向廟行鎮南首塘東宅我軍陣線進攻，當經我軍機關槍之掃射，敵不支而退，飲彈而死者十餘人，據聞有一日屍服裝中藏有女子倩影一紙，日記簿一本，中有一頁，以鉛筆記述軍中生活，擬寄達其愛人，以慰相思之苦者，書祇數行，語猶未終，鉛筆亦即夾於斯頁中，殆於作書之際，忽奉戰令，以致匆卒間未能盡所欲言也，若能稍遲若干時，使其情書付郵之後，飲彈而死，則其最後之一封書，尚得眩入其愛人之眼簾，今則並此寥寥數行，亦不得傳到伊人邊矣，又有一日屍，腕間繫一盒，其背面之蓋內，黏一日本少女之小影，風姿秀美，並有鋼筆所署之芳名，度爲其膩友所持贈，以作此行之紀念者，今則畫裏眞眞，依然呼之欲出，而彼已一瞑不視，無復相見期矣，嗚呼，可憐無定河邊骨，盡是深閨夢裏人，誰爲爲之，孰令致之，無怪日本婦女界乃有索夫團組織也。

日軍俘虜態度强硬

我軍所俘之日本軍官中，有少尉西尾勝男一名，其態度異常強硬，實際與各滬報所載迥異，據某軍事長官言，西尾被審時，供稱此次我軍(即日軍)與貴國作戰，乃係掃除中日間合作之障碍，本人認爲我軍此次戰事乃一極正當之舉動，又詢以倘將君釋放返國，君猶繼續担任軍事工作，對華作戰歟，則昂然答稱曰，如有機會，固所願也，其態度之頑强，與夫日本軍閥之心理，昭然若揭，某長官又言，日軍有一極優之點，即個性極強，故繳械之事，絕對不易 然十九路軍士卒個性，較日軍尤强，衝鋒時决不後退，受傷後亦仍在戰地殺敵，死而後已，同伴救護，必遭拒絕，故日軍死傷累累，此眞可謂釘頭碰鐵頭也。

被俘日軍口中之媽媽虎虎

暴日自明治維新以來，舉國上下，咸以雄武自誇，武士道太和魂之風，幾於不可一世，不料此次與我十九路軍作戰，憑藉陸海空軍三種兵力，鏖戰匝月，死傷逾萬，竟不能越雷池一步，一隻紙老虎，竟爲我勇武將士戳穿，可笑孰甚，昨遇一舊友，現執事紅十字會，爲述日軍被俘狀態，某次晚間，日軍在閘北方面，持其砲堅械利，爲激烈之衝鋒，我軍在砲火猛烈之下，一致奮起，餉以手溜彈與大刀，日軍不支，紛紛後退，其不及曳槍而走者，即環跪於地，高舉槍枝，操其不完全之中國語，口呼『老爺老爺，媽媽虎虎，』其一種哀鳴乞命，貪生怕死之情形，雖以吳道子畫鬼之筆，亦難描摹盡致，我軍對於俘虜，素持人道主義，乃收其武器，呼曰，不必怕死，隨我去，觀此，則彼邦之所謂武士道太和魂者，早已消滅無餘矣，而此被俘日軍，竟能操一二似是而非之中國話，得保一線生命，『可憐閘北街後骨，不是深閨夢裏人，』堪爲此一般俘虜之眷屬詠焉。

彈雨中救護譚

近日救護車之赴後方工作者，皆多冒險，某數日日軍在江灣一帶總攻擊，激戰三晝夜，難民傷兵，一例救護，至二月二十三日車赴江灣，各路幾皆爲沙袋鐵網所塞，四出尋途均不得，退回租界，另由一路駛往，見鎮上一大砲，卽戰事激烈之處，彈雨紛飛，祇得回車，道旁有數兵士附車代步，爲日機所見，機槍叢集，兵下車潛伏，良久機去，始駕車歸，二十七日車赴大場，未至汽車站，難民奔歸，站上陳屍五具，三已棺殮，二以無棺仍置地上，日機忽投一彈，中二屍，血肉橫飛，狀至慘，據言江灣附近，大都焚燬，大場著名之寶華寺，已成斷壁頹垣，其餘民舍，亦損其半，誠浩刼也。

聾佛婆不知有戰

第二次劇戰之前數日，戰區難民救濟會，驅車赴閘北瓦礫中，搜索孑遺，救護員江尙青君，見虬江路兩軍砲火接觸焦點，有一觀音菴，巋然獨存，僅牆壁少留彈痕，入菴一七十八歲之粵老媼在，方默坐誦佛，問之，梁姓，以聾故，未聞砲聲，二十餘日亦未越菴門一步，救之出險，沿途覩縱橫戰蹟，始稍驚詫，抵仁濟堂，爲攝一景，現已送至國恩寺收容所矣。

江灣大場救護譚

二月下旬，戰事之烈，爲開戰以來所未有，戰區救濟難民會及紅十字會，連日出其所有之救護車，開往後方努力救護，惟祇至大場羅店一帶，江灣在火線中，廟行大場砲火極烈，僻徑不能通車，故救護員未能目覩戰塲狀況，而大場一帶民房，已爲日機羣飛擲彈，或被炸燬，或彈痕密若蜂窠，當血戰時，救濟會員余載臣等，驅車經大場，日機見途有我軍，卽開機槍下擊，我軍分伏道側，開槍回擊，彈丸上下，如穿梭然，車過塘橋，未數武，橋被炸斷，余君囑車夫開足速度，從彈雨中直衝而過，始得脫險，戰地附近難民，所餘無幾，二十三日所救護者，皆係傷兵，難民救出時，罔弗愁眉蹙額，而傷兵則仍意氣凌雲，均言傷愈仍往搏戰也。

梨莊救護談

上海梨園公所，在眞茹楊家橋，建有梨園山莊，爲厝置已故伶人棺柩之用，附設有養老院，滬戰之後，內尚有八人未去，以兩役供伺應，迨日軍進佔，食米已空，日軍曾於暨南大學給以若干黑棗米糧，幸未斷炊，伶界聯合會聞之，二十七日乃託難民救濟會救護彼輩出險，昨聞救護員汪培南君言，老伶八人中，甘崇喜一名早由附近趙如泉之花國救去，此外如高玉環目己瞽，袁玉發年逾八十，耳已聾，又有胡金玉呂根奎張長興舒慶發沈桂榮等，皆歲近花甲，病不能演劇，故均在養老院也。

慰勞

汪精衛等崑山勞軍記

三月十五日的拂曉，蔡廷楷軍長，正在營次起電報草稿，忽然接崐山車站無線電報告，行政院長汪精衛夫婦，陳銘樞，李濟琛，朱培德等，都由京乘車前來勞軍，蔡軍長據訊，馬上通知區壽年，翁照垣，張治中，俞濟時諸官長，準備歡迎，及至六時光景，火車開到了，汪精衛等先後下車，一共來的二十餘人，任引導的却是陳銘樞與陳壁君女士，他二位往來軍事前線道路極熟，所以不用叫人代勞，汪院長態度很謙恭，而且笑容可掬，他一見蔡軍長，馬上過去緊緊的握手，歷數分鐘而不放，這可見汪院長對十九路軍爲國宣勞的一種誠摯敬意。

蔡軍長知道大衆在火車上過夜，既未睡眠，尚未進食，當時連忙招待至司令部吩咐備早餐，一時咖啡牛奶麵包蛋糕、陳列滿桌，那時天色尚不十分白亮，寒氣森森，砭人肌骨，但諸人精神充足，談笑自若，一點沒有畏縮怕寒的形態，汪院長一壁飲咖啡，一壁向各軍事長官絮絮問軍事情形不已，而李濟琛氏，在傍靜聆，尤爲出神。

進餐後，卽由蔡軍長，吩咐引導各要人參觀戰區，於是大家一齊活動，朱培德陳銘樞李濟琛王柏齡，都是老軍事家，勘察戰區情形時，都能說出道理，都點頭贊成我軍陣線，深得兵法要訣，汪院長雖不懂軍事，但很留神我軍的布置部位，一路上從青陽港走到安亭，又轉到常熟，到處視察，不肯放鬆，最值得紀錄的一事，便是汪院長每見一防守兵士，輒上前招呼，以示敬意，視察後始向各軍士慰勞。

下午二時，大家由前線歸來，剛到崐山後方，王柏齡氏，忽爲許多義勇軍包圍擁護，原來王氏原任上海各大學義勇軍訓練主任，這些義勇軍，原是王氏高足，見了如何不表示歡迎呢，一時王柏齡氏，乃大出風頭。

當天下午六時，汪院長等各要人，始乘車離崐山返京，一件勞軍工作，同時也告完畢。

記者前線慰勞記

一日下午三時半，記者乘運貨車出發，開赴閘北寶山路一帶戰區，隨車攜有各界慰勞前方十九路軍將士物品，計橡皮套鞋百二十雙，饅首六十袋，車繞道由愚園路經虹橋，直下中山路，抵閘北之天通菴路，疊經我軍防線數道，佈置極爲週密，亦有防禦飛機炸彈之妙法，事關祕密，不便宣布，當記者之車開入防綫時，軍士且將障礙物搬開放行兵士均和藹可親，軍容則甚整肅，初，記者擬將此慰勞物品，交閘北五區區長轉交軍隊，遍覓五區二分所不得，後聞駐在警士云，二分所原址，已遭炸燬，現已遷移他處矣，其時天色昏黑，路燈全滅，樓屋高聳，闃無一人，街道如被冲洗，祇記者一車，隆隆駛於中興路寶興路天通菴路之間，微雨下降，伸手不見五指，處此境地，不禁淒感交集，然因慰勞物品，尚未交前方將士，乃復向前開駛，直抵寶山路我軍七十八師一五六旅六團一營本部，交由呂祥江營長收下，此行使命，始得告卸，回車歸來，駛抵虹橋，鐵網阻住去路，雖經再三交涉，因此地爲意軍隊防守，言語不通，不得已驅車折回半里許，至朱家橋，見申新紗廠附近，有店舖二十餘家，其時飢寒交逼，進退維谷，幸遇紗廠稽查員左樂三君所設，洋貨店正大號投止，店中職員邵君等，殷勤招待，唯以紗廠之側，有日本紗廠一所，恐或因此開火，且朱家橋爲兩軍礮火集中之點，頗勸速避逸，記者因連日奔走，精神疲倦，留宿不去，翌日六時卽起，天色未明，直向虹橋進發，至交界處，依然不准通行，云必須得電話，方可放行，乃坐車中，亘一時半之久始歸也。

陳銘樞夫人被傷兵包圍

自戰禍在淞滬重演後，全國朝野上下，民氣爲之煥發，紛紛奮起，踴躍輸將，而中國紅十字會本救護爲職責，從事救護事宜，不遺餘力，先後創設傷兵醫院總計三十餘處，各方之慰勞，風起雲湧，慰勞品之多，洵開歐戰後之新紀元，最令吾人景欽者厥爲黨國要人之夫人小姐，激於愛國熱忱，努力輸將，以現銀慰勞，而勉將士，但記者於欽佩之餘，尚有一事頗具興趣，頗可告人者，茲記於次。

政府要人陳銘樞之夫人，朱光貞女士，日前赴中國紅十字會第十一傷兵醫院，前往慰勞，並施發現金，表示慰勞，惟朱女士因係黨國要人之黃金夫人，故特出心裁，凡團長，營長，連長，班長，及粵籍之將士，均蒙惠賜，隸他籍者，除高級長官外概不發放，故非粵籍之軍士，皆振作精神，羣起責難，且輕傷之兵，躍起將朱女士包圍，一時空氣漸趨緊張，幾欲動武，內中某傷兵曰，我們當軍人的，以衞國保民爲唯一之天職，此次在滬禦侮，無時不以血肉與敵猛搏，今不幸傷居於此，辱承貴太太前來慰勞，吾人十二分的感激，但貴太太發金，並不普及，竟將非粵籍者置於腦後，我等甚爲不解云云，朱女士聆語，以其心直口快，不覺嫣然，乃允普遍發給，一場包圍，始告解散云云。

視察

新聞記者戰區歷險記

槍林彈雨危機四伏之戰區，除作戰將士，暨救護人員外，蓋鮮有人甘冒危險，涉足其地，新聞記者，因負有採訪新聞之使命，故輒亦身歷險境，在戰區刺探消息，攝取相片，報告讀者，自暴日侵佔淞滬，戰事開始，兩軍相持，已屆一月，如報館暨通訊社記者，在戰區所歷之艱險，亦數見不鮮，茲將記者所知，約略記之，諒亦讀者所樂聞也，

時事新報記者原洗凡，於戰端開始之日，乘該館自備之汽車，赴閘北採訪新聞。當時因形勢緊張，路上通行困難，遂將汽車暫寄五區某警署，飭車夫先歸，本人則步行各地，視察戰區。時值兩軍戒備森嚴互相接觸之際，沿途非常危險，到處發生障礙。直至次晨七時，始繞道小路返館，然已飽受虛驚，而無人色矣，至該汽車則於次日被日飛機投彈，與某警署同時焚燬云。

新聲通訊社記者王迺勛，某日駕機器脚踏車，赴閘北採訪消息，中國軍隊之防線，均一一通過，迨至北四川路一帶之日軍防線，遇見防守日兵卽對之微笑頷首，進行如故，日兵誤識王君爲日人，未加盤問，至第二防線時，亦如之，至第三防線，被駐守日兵阻住，查問，王君不諳日語，以英語答稱爲某日報記者，日兵遂將其全身搜查，因無何種可疑物品，始復被釋，當時王君雖態度鎭靜，然其心頭，固已似小鹿之亂撞矣。

申報攝影記者王小亭，於某日偕某西報記者，赴日軍陣地攝取戰地照片，王君化裝爲西記者之汽車夫，以避日兵耳目，迨至戰地，西記者下車去，王君則留守車中，未幾，見有日兵一羣，抬屍而過，王君急以攝影機攝之，適爲日兵瞥見，將王君捕獲，將解赴司令部去，幸西記者返，力爲辯白，證明王君爲伊之車夫，始獲脫險，苟西記者遲返

數分鐘，則王君之危險，將不堪設想矣。

國聞記者朱永康，前日赴大場方面，採訪新聞，至則有日飛機二架，翺翔天空，偵察我方形勢，未幾，機身降低，投下一彈，離開朱君僅數碼之遙，目睹當場炸斃衣西裝行人一，士兵一，苦力一，不禁爲之毛骨悚然矣，觀於此，則新聞記者於戰區內採訪消息，其危險亦不亞於前綫之作戰將士焉。

滬西一帶六小時視察記

▲憑弔虹橋飛機場：偵窺北新涇日軍動靜

記者爲職務關係，故驅車往滬西徐家匯，虹橋，北新涇一帶視察，有所採訪，茲將半日聞見，錄告本書讀者。

車經徐家匯，折入虹橋路時，見華法交界處，鐵網沙壘雖未除，但已通車馬，不若前「網開一面，」祇通行人不通車矣，越捕法兵荷槍戒備者，亦較減少，虹橋路上兩旁隴山，已春色宜人，不日紅桃與綠柳齊豔，碧草與長天一色，其景當更如畫矣，但沿途由六區公安局長警，分班巡邏，各要道口亦佈鐵網與置沙包，加以上空日機之翺翔，故於怡蕩中不免蕭殺，抵虹橋鎭，見商鋪營業如常，居民亦熙來攘往。據該區公安局人員語記者，本地雖離日軍駐地甚邇，但因戒備嚴密，故除不時有日機過境外，秩序尚安，再進至飛機場，滿望一片荒涼　東南唯一粗具規模之飛行場所，今遭同類（日機）之相殘而燬滅矣，東北隅廠屋，已瓦礫成堆，完整者祗屹立之辦公室一幢耳，西隅倘有被燬吾鐵鳥殘骸一架，廣闊如滬上跑馬廳之平陽沙地，今亦遭日機之投彈炸成丈闊湛深之土壙拾餘，中經天雨，故已積水成潭，憑弔既經，令人唏噓不置。時日機三架，又自東北隅軋軋聯袂如雁陣飛來，於場空繞飛一匝後，向龍華方面而去，記者出場後，本擬直駛北新涇，一窺日軍狀況，中途遇見一鄉人，乃停車叩前途情形，蒙告北新涇現駐有日軍甚多，連日積極備戰，昨更有黃衣軍四百開到，掘壕運輸軍用品甚忙，步哨更不時向四野開槍，意圖挑釁，日機則每晨來此，轉往附近七寶，四涇及莘莊一帶偵察，余（鄉人自稱）因見日軍積極備戰，吾軍亦鄰近××××等地佈防，衝突恐不免，故孑身逃出。由此前進頗危險云云，記者為證實鄉人所言，故至離北新涇鎮二里奇．登一土坟上瞭望日軍動靜，確見非常忙碌。步哨時舉來福槍作瞄準備放，知不克前進，乃驅車循原道歸，抵滬時適日暮滋奄，萬家燈火候矣。

吳淞視察記

記者昨日赴吳淞視察，茲將所得，筆之於左。

▲沿途所見　車經滬太長途汽車道，沿途難民，扶老攜幼，提箱負篋，形色倉皇，聞赴前綫之武裝同志，咸精神奮發，笑容可掬，勇敢精神，誠令人油然欽敬，大場鎮上，被日機轟炸之慘痕，纍纍觸目，而農家夫婦，仍躬耕於田間，坦然不驚，至自願為

我軍任運輸工作者，爲數尤衆，民氣激昂，於此可見，亦我中華民族，前途璀璨之曙光也。

▲頹垣瓦礫　記者以車代行，約一小時而達，往日熱鬧之吳淞鎮，今日已盡成爲瓦礫灰燼矣，鎮外馬路一帶房屋，全部慘遭焚燬，各文化機關，如同濟大學，中國公學，中大商學院等，大半已燬於日軍之砲火，所餘惟傷心慘目之頹垣殘壁而已，鎮上行人，除軍士外，可謂絕影，蓋吳淞自戰事發生以來，已成敵軍飛機及軍艦唯一之目標地，故居民早已逃避一空，惟我視死如歸之武裝同志，仍怡然自得，堅守於是處耳。

▲砲台一瞥　少頃，記者由一要塞司令部某軍官指導，得冒險至砲台視察，見駐守砲台之士兵，無不精神抖擻，人人懷必死之決心，其鎮定愉快之情，使記者竟忘置身於槍林彈雨之砲台上，我方砲台，雖經日軍屢次轟炸，然受損甚微，及登高遠矚，遙望茫茫之洋面，泊有日艦數艘，時適潮落，故未發砲轟擊，俄而，日機三架，盤旋於天空，並發機關槍向我等掃射，記者遂倉皇避入地窟，良久始出。

▲翁旅長譚　記者曾謁吳淞要塞副司令翁照垣氏於軍次，蒙翁氏於軍書旁午中，抽暇與記者作下列之譚話，據謂，吾軍此次奉命堅守吳淞，將士咸抱必死之決心，誓與要塞共存亡，在吾等未死之前，敵軍休想越我雷池一步，邇來日艦對我方砲台，發砲較稀，惟日機數架，每日至此，偵察擲彈而已，蓋日軍近已集中火力，猛攻我江灣，故吳

淞近況，甚爲平靜，即將來日軍大舉來攻吳淞時，我等亦必出死力以抵抗之，望足下轉告滬人，勿以吳淞爲念可也．談至此，翁氏以亟須赴獅子林砲台視察防線，遂即匆匆與記者握別，蒼煙暮靄中，記者始驅車返社。

北新涇視察記

本社記者昨悉滬西北新涇日軍又有異動，爰特驅車前往視察，茲將所得錄紀如下。車經徐家匯折入虹橋路，見華法交界處鐵網沙壘仍未撤，惟已通行人，而越捕戒備者亦少．抵虹橋鎮，沿途均由六區公安局長警分班巡邏，店舖照常營業，居民熙來攘往，治安如常，惟各要道口，堆置沙包，加派雙崗而已，再進至飛機場，已一片荒涼，東南角瓦礫成堆，尚有被燬飛機殘壳留存於左，昔日平陽之地，現遭日機投彈．炸成丈闊湛深之巨窟十數，適經天雨，已積成渠．憑弔既竟，惋嘆不已，車欲更進之北新涇，中途遇一由該處逃出之鄉民．蒙告前進危險，云該處現駐日軍甚多，連日備戰仍甚亟，前日又增黃衣兵四百名，開抵即掘壕築壘，日軍步哨更不時以來福槍向四野亂射，意欲挑釁，並留有飛機多架，每晨必自此間起，飛往附近七寶泗涇莘莊等處偵察，言竟，記者立汽車頂，遙窺日軍動靜，隱約見日步哨往來甚密．持槍作準備狀，知前途確甚危險，乃驅車循原道而歸。

到蘇州去

自倭寇興戎，我軍退守第二道新防線，淞滬鐵道，竟被截截，新聞方面，採訪未得，於是各報館胥移其目光於蘇州一地，以蘇州爲我軍軍事之最後集中處，本社胡君爲本社推銷於京蘇一帶謀接洽，與採訪新聞之佈置，在十日之晨，赴南碼頭乘輪，繞道內河而行。

抵埠的時，時報記者胡憨珠國聞通訊社記者朱永康兩君已先在，顧是日輪船適時未抵埠，徘徊江干，狀頗無聊，相見之下，各詢目的地，同行有伴，其喜無異相遇他鄉，蘇埠多風，襲襟生寒，遂買茗市樓，午後二時，始得下船。

船固有備苦於無引行之小火輪一艘，欲往蘇州，而舟中司機，未明赴蘇之路由，因內河水道紛歧，河汊縱橫，苟非相識，被困中途，且如金鷄湖九里湖黃天蕩諸湖，湖面遼闊，浩漫無垠，惟積水甚淺，稍重之舟，常見擱淺，必須熟識者，方能認識某處可通火輪船也。

經輪船公司與市政府之辦事員，一度商妥，乘客之船，由市政府小火輪拖，迨至閔行附近，公司所有之輪船，迎面駛來，遂於中流，易換引行之小輪，兩輪先後而行，時正傍晚，斜日西墜，晚霞散彩，吾人相率立於碼頭，四顧兩岸，但見三五遠村，炊煙縷縷，飛出林末，厥狀如畫圖中，令人起悠然之思，榜人催客入座，進晚餐，胡雄飛君且向舟主人沽酒一瓶，並餚三簋，鯆魚紅燒，鴨蛋清煎，而味頗適口，諸人執杯憑檻，遙矚水際片帆，林末炊煙，其樂無極，餐後，燈火已上，冥色四幕，孤舟長途，危坐無聊，遂作手談，以遣客況。

舟入淞江口，火輪機器，忽然損壞，屹然不行，遂停修理，鐵鎚鎚鐵，作聲頗巨，行客清楚，被擾不小，子夜而後，始告修竣，顧天又作霧，溟濛一片，咫尺不見，此間河道，淺淤甚多，輪船司機，顧非老於駛行者，遂待天現曉色，霧氣稍收始敢鼓輪焉。輪至蘆墟，煤不敷，遂停泊野岸，向煤棧購買，乘客多上岸，往遊蘆墟市上，此間兩岸，店舖林立，婦女以毛巾裹髻，少白老黑，又爲此間之特殊裝飾，妙齡婦女，明眸桃靨，而襯以黑油油之清絲，白雪雪之毛巾，風姿實嫣然可慕焉，物價極賤，憨珠雄飛都有終老是鄉之思。

汽笛嗚嗚，催客歸舟，憨珠身肥，而衣又多，奔跑阡陌間，喘氣如牛，厥狀頗苦，而泊船處與市上距離，甚爲窎遠，迨上乘船，汗流浹背，遍時覺身軀瘦削之可貴，蘆墟市上購得酒菜，又圍桌共飲，以破寂寞。

船至寶帶橋，數橋洞門，五三五二，各不相同，同舟者甚有言立在岸數，亦數不清，中殆有仙機云云，雄飛曾約於暇日常用粉筆記數，擬折穿仙機，誌之觀後，行過飛機場，見我國飛機，被日機炸燬，『購來未用身先燬，長使飛機臥地埃。』我國飛機有知，其將痛哭而流涕焉，輪泊火油棧，相偕登岸，僱馬車乘坐，到阿黛橋畔之大東旅社，時見岸上待登舟往上海去之人，其數過於戰事初之來蘇州者，熙熙攘攘，爲的甚麽，可嘆可憐。

隨軍記者

自十九路軍退第二道防線後，前線消息遲鈍，上海各大報，遂各派隨軍記者三人，至崐山等處，實地採訪，申報爲朱銘新等，新聞報爲顧執中馮肇樑等。時事新報爲萬國安等，時報爲胡憨珠等。而申時電訊社新聲國聞諸社亦派員往，聚於蘇州，每日由蘇乘淸晨六時或十時半之車，赴正儀崐山靑陽港，一帶工作，晚間八時返蘇，拍電各致本館，互競極烈，常熟則須乘兵船往，不能當日返蘇，僅時報派有專員，常川往返，餘皆不去，新聞報初編一密碼電本，在蘇假國華電器行，無線電話播音，最爲迅速，他家在電報局拍電，軍電官電繁忙，且轉道松江線，須三四小時始達，惜新聞報播音數日，國華以密碼有違無線電信條例，拒絕不借，故亦改有線電報拍發矣。

戰壕中之生活

我十九路軍之戰壕，依採取最新式者，較歐戰式尤爲進步，種種變化，事關軍事祕密，不便披露，惟自中山路至西寶興路之大陣線，係人字式之戰壕，壕內掘有丈餘深溝，溝之半地，可置鍋竈煮飯，勇士不致枵腹，似有時戰事激烈，常終日不飯耳，壕上堆有沙袋，兵士休戰時，偶出壕敲碎石爲消遣，以小石在沙袋堆成字跡，記者曾目覩石堆之『誓死報國』，『殺盡倭奴』等字樣，又兵士編有愛國抗日殺敵之軍歌，一人唱之，衆起和之，音節殊悲壯。

戰壕雋聞

我軍散兵密濠如蜂房，作業異常精巧，異常堅固，每濠距離合度，以交通濠貫串之，縱橫聯絡，接濟尤爲便利，每個濠內至少可容三人，可以交換休息睡覺，故屢戰兩旬，兵無倦容，日軍砲火確猛，卒不能搖動我之陣線，據外國有戰地經驗之武官對人云，中國無須增加援兵，日軍再來生力軍十萬，再費四百星期時間，恐亦難望進展云。

排長某同志　以戰餘無以消遣，爲增進士兵之興趣起見，在壕內作番攤之戲，大勝，銀元，鈔票，金戒指，纍纍然皆是也，金戒指銀元，滿置軍服袋內，意致甚濃，忽焉，日軍進攻，排長一躍而出戰壕，指揮應敵，連被二彈。兩由乳際穿過，一由腹部穿過，均擊中銀元，皮肉毫無損傷，亦云倖矣。

日軍司令部裝置收音聽機，刺探我軍動靜，蔡軍長嘗愚弄之，大聲謂其客曰，『君明日爲我送好看的三個姑娘來，』我軍司令部每日開留音機，打鋼琴，態度從容。

我軍司令部亦有收音聽機，均係大學生『女同志』管理，一日，聽見日司令部演劇，形容中國軍隊之窮困與羸弱，並謂我軍（日軍）強盛且富裕，豈可失敗於窮弱之華軍，二月廿二日九時，忽聞日軍司令部人聲嘈雜，頗現混亂狀況，聞怒罵之聲，毆人之聲，我軍沉着鎮靜，毫無聲息，日方毫無所得云。

是日各國武官，前赴日軍與我軍雙方陣線觀察，一時後，紛紛退回租界，嚴密佈防，咸謂，華軍今夜反攻，日軍必潰，由其軍事布置上，已可概見云。

英美各國女士，赴我前線，戰濠參觀者，絡繹不絕，廣東女子亦夥，興致勃然，若不知身歷危險境域者然，某日，西女正在戰濠參觀，忽遇日軍猛攻，我戰濠軍士沈着不動，西女情急，亂吻我軍士之槍扎，我軍士俟其最近，羣起而殲之，西女抱我軍士狂吻云。

調查團戰區視察記

砲痕彈跡密如蜂窠棺柩櫛比
戰爭慘狀歷歷萬難粉飾太平

國聯調查團，抵滬迄今已逾八日，連日披閱各種文件及酬應，并赴各戰地區域實地參觀，冀以調查所得，作報告書呈報國際聯盟，玆將探悉，該團現擬於三月念八日專僱在小輪直駛南京，惟有建議擬先赴杭州遊覽，而後改乘汽車由京杭長途汽車路抵京，在京稍事逗留，即行轉道直接北上。

國聯調查團及中國代表團等，於前日上午九時由華懋飯店集中出發，赴閘北江灣眞茹吳淞一帶實地參觀戰區，同行人員，共計念四人，分乘篷車及轎車十二輛，每輛計二人，先至眞茹，繼至閘北，而後至江灣，沿途站崗之日軍，皆以鎗桿作瞄準狀，街頭戰壕內之露天死屍，已完全消滅無餘，惟各處頻添無數未經刷漆之棺柩而已，牆坍壁倒，遍地瓦礫砲痕彈跡，密如蜂窠，日軍當局，萬難用盡力量，粉飾太平，戰爭慘狀固猶觸目皆是也，令人見之不寒而慄，至下午一時許，抵平涼路公大紗廠，日本司令部用膳，席設二桌，均成長方形．一爲調查團及中國代表暨日方重要人員，一爲完全日人，菜餚平平，爲龍蝦一杯，及鷄子一盆，香腸數片，山鷄二大片，暨啤酒等，席間吉田曾談及勞動大學事，王景歧博士乃答云余勞動之校長也，吉田聞之，頗形倉惶．蓋吉田與王景歧，爲昔日同駐比國之老友也。

日白川司令詢，李頓爵士吳淞擬去否．李答曰，予疲甚，擬於四時返寓，我首席代表顧川博士．乃出金表視之云．時尚早，張祥麟氏亦繼曰，吳淞爲重要口岸之一，曷往一觀，李頓爵士乃首肯．飯畢，卽乘車赴淞，路旁有無數新墳，墳上圍花圈，據云，係日軍埋尸處，沿途幷有日本紅十字會汽車停留，假作慈善，爲我華人治療，狡猾之心，無孔不入，參觀吳淞後，至五時半乃返，行抵江灣以前，有一日兵無意中開槍一發，頓起半小時之恐慌，附近所有日兵．均伏匿躲避，遂開來福槍五十響左右，日方謂有一中國伏兵來此．並云日兵腿上，曾中一槍．當調查團各代表到場時，空氣頗爲之緊張云。

慘刼

華人被拘之慘象

日寇擄我華人，大都監禁於黃浦碼頭棧房內，捕房得悉後，於三月某日派西捕往該處營救，而日兵尙不允釋放，經西捕數度交涉，始釋放一部份，約一百零三人，當由捕房車送楊樹浦利物浦路捕房預備隊駐所收容，以便家屬認領，但所救出者，皆已遍體鱗傷，形成半死，據被難者云，吾輩監禁已四五日，祇吃過餅乾三片，每日受日兵用鐵棍毆打，內有一人，因不能受此暴虐，於前日乘隙躍浦，圖謀自殺，不意被一日兵所見，卽將其撈起，並謂自欲溺斃，乃卽置於缸內，以水浸之，現已二天，生命甚爲危險，若輩情狀至爲悽慘，又據捕房巡官言，大多數見巡捕後，第一語，卽詢問，『爾等是否來槍斃我輩，果爾，則請立刻賜死，免再淩遲受罪，』其中多數，已三日未食，驚恐萎頓，甚至有給以西牢中取來之稀粥，亦不能食者，平時偃臥於地，聞啓門聲，則驚極突然躍起，捕房接收後，立派醫官診視，有一人病勢極凶險，立卽送往同仁醫院施行手術，又有三人，受子彈傷及刀創，亦分別爲之裹治，據昨夜捕房報告，仍有十一二人，暫留捕房，因受刺刀戳傷甚重，須待今晨加以醫治，其刀創大多數在身旁或臀部，有一小孩，僅三歲，亦受創傷，見醫生爲之敷沃度仿謨，驚極而啼，又匯中西飯店某西崽亦在被釋之中，其人係八日前爲日軍所捕，時猶身着飯店號衣，日軍將其手足綑縛六日，腕際繩傷纍纍，又有一華人，在某洋行司賬，因家中藏有萬國商團制服一身，六日前亦在虬山路被捕，兩人見釋後，莫不喜慶更生，據被捕者所述，若輩大多數最初拘禁於日本人俱樂部內，嗣即分押於兩日本人學校中，距今三日前，乘夜移送一駁船內，擠塞艙中，悶飢欲死，昨夜捕房始將若輩由黃浦碼頭釋出云。

日軍慘殺華人之西論

大美晚報主筆薩格萊君，二月二十二日，自江灣日軍前線觀戰，目擊日軍慘無人道之暴行，茲譯其原文如下，予今日視察江灣跑馬場，歸而不能無動乎中，以前所見賽馬盛況，中外仕女，熙來攘往，在日光明媚下作競馬之戲，今晨所見，一片慘毒而已，予入場處，陳屍纍纍，皆予所目擊，其慘死者，日軍司令部官報，常謂爲伏兵或爲間諜，是耶否耶，予不欲置辯，但其中有婦女焉，有孩童焉，婦女彈從背射入，所着棉衣，亦爲軍刀所洞穿，孩童滿身彈痕，鄉農裝束者，亦積屍於地，地爲血染，若輩服裝，不類軍人，婦女孩童，更無論矣，意者此卽官方所認爲伏兵耶，蓋司令部及日使館中人，常告我方說，日本海陸軍，非對平民作戰，亦非對中國政府，或政府軍隊作戰，僅與廣東之十九路軍作戰而已。是則此輩無辜良民，嘗爲十九路軍所喬裝者，惟死者已矣，今安從起而爲之對證耶．屋宇被焚，比比皆是，更爲予所目覩，日軍縱火，手術精妙，無出其右，看臺下焚燬之殘體在焉．予步上看臺，見步兵一隊，準備向江灣鎮肉搏，亦駐足與予同觀慘劇，其時農舍正在焚燬，火光熊熊，成爲被虜之火裏逃生者之佈景，一軍官牽一農裝者離羣衆向日光下站立，但見軍刀一閃，刺入人體，深及刀柄，而其人倒地矣，如是者，一人復一人，更有身長而可愛之童子，日軍解脫其縛，強按兩屍間，面俯地，日軍官六，手槍齊發，自背而下，彈痕纍纍，槍聲息，子彈罄，轉側地上之人，旋亦不動，另一人繼遭同樣命運，予不忍更觀，遂行，昨日該報著有社評，痛論此事，其言曰，上海之事，日本名爲『防衞』，若然，則爲暴行防衞，爲日本製造之戰爭，若然，則眞正防衞，俱須家破人亡也。

紀站長受禍記

當日兵由水陸兩路大舉進攻吳淞砲台灣時，蘊藻浜車站站長紀有清，售票員葉科慶，因死守車站．竟爲日兵所槍殺，收票員張景殷失踪，迄無着落，日班站長，瞿鶴孫，歷盡千辛萬苦，始得脫離虎口，經一夜之奔走．乃得於昨午抵達本埠，情境甚爲狼狽，爲述當時日兵進攻蘊藻浜，及種種殘酷行爲，至爲詳盡，爰將瞿君所言，記述如次。

自日兵進犯閘北時，余等始終未離車站一步，嗣日兵向我砲台開砲，雖有流彈到達站內，但余等亦不以爲意，詎至七日下午一時許，忽得悉有日兵運至張華浜站，同時車站東之糧米棧，亦有日兵登岸消息，未幾果見大批日兵，由糧米棧及軍工路會合，超越鐵路，向蘊藻浜車站而來，同時日艦即向我砲台開砲轟擊，我砲台亦還砲，蘊藻浜與吳淞鎮間之大橋即炸斷，余等處於砲火威逼之下，乃急向車站低窪處奔避，日兵見橋已斷，乃首將車站佔領，旋向南泗塘河黑橋、我軍陣地進攻，未幾敗退，又竄往徐家匯侯家橋，甯家宅，進攻，又爲我軍擊敗，我軍即行總攻，同時砲台方面亦用砲助戰，於是蘊藻浜站，乃爲雙方砲火焦點，當日兵進佔車站，向黑橋方面偷襲時，沿途一帶村內居民，均爲日兵所逐出，見有衣冠楚楚者，即予槍殺，或以刺刀在其週身亂戳，或拘禁糧米棧內，令作苦工，女者則任意調笑，並令其爲之造飯，稍一猶豫，橫暴頓加，孩童等均爲其刀下犧牲品，哭聲震驚四野，而日兵尙尤以未足，將民房全部縱火焚燒，因此哭聲與槍聲，砲火與火光混爲一團，聲光莫辨，余等不覺爲之揮淚，奚料禍之將及於眉睫，嗣日兵見我軍反攻甚烈，而援軍又無，乃節節敗退，向張華浜方面敗去，但在車站之日軍，尙在搜索，余等伏處，當爲所見，日兵即舉槍轟擊，紀站長腹部被中一彈，鮮血直冒，余等見難再忍，乃即攜眷及紀站長夫人挺身而出，當時紀站長神志尙清，一再催促余等速離危境，並謂本人生死可勿顧慮，但求去後，代爲棺殮，妥將寡妻送至家內，以安我心，余以事機危迫，乃祇得含淚應允，未幾紀站長即氣絕殉難，余及眷屬紀站長夫人等共七八，於出地窖後，卽被日兵綑縛，解往糧米棧，中間售票員葉科慶，乘機向我陣地脫逃，日兵在後追趕不及，乃又以槍殺害，余等在暮色沉沉之下，尙遙見葉君受槍倒地，余等被押至糧米棧後　日兵卽開始向余等身上搜查，雖一表之微，亦被搜去沒收，一身衣服，亦均爲剝去，祇剩單衣單褲，並屢屢拷問，日兵欲置余死地者數次，惟對同拘女眷，則始終未犯，如是者一夜，至八日，余乃與一形似軍官交涉，命其將紀站長夫人釋放，初不允，至下午六時許，始有日兵傳命，將余等七人全行釋放，余等卽倉慌出走，適値天雨，道路泥濘，一步一蹶，又以二日未進滴水，覺遍身無力，舉足重似千斤，女眷扶老攜幼，倍益艱苦，而余又因衣僅單衫，中途戰慄而踣者十餘次，因此滿身汚泥，而女眷自足至踵，以及衣服，亦全被雨雪所透濕，在黑夜間，因不辨方向，而奔走者又一夜，至二月九日，天明，始達滬東。脫離虎口，惟車站已被日兵付之一炬，該站收票員張景般，於奔避時失踪，迄今無下落，而紀站長之屍身，恐將不及棺殮，同被日兵所燬矣，瞿君言述至此，尙唏噓不止，後悉兩路局長陳興漢氏，己爲安頓再謀善後，並設法收殮紀站長屍身云。

南翔站員經歷談

我軍以戰略關係，退至第二道防線後，日軍跟蹤追擊，三日晨九時，其先鋒部隊，己達南翔車站，並將車站某職員捕去，拘禁三日，六日晚始安全返滬，據談，日軍未抵南翔車站前，有華倀十餘輩，爲之先導，此輩服黑色呢服，臂纏白布條，上書十九A字樣，其腕際另套橡皮圈，圈端繫有白圓皮紙一個，中繪一紅圈，蓋十九A係冒充十九路軍。皮紙則日軍記號也，既到站，即分向各處搜索，逕將余（被捕職員自稱）捕去，押解至日軍臨時司令部，初極優待，有御西裝之華倀數名，操滬語極純熟，來相慰勸，謂倘能詳告敵軍（即我軍）行蹤，及輜重彈藥所在，當有重酬，且將來即以站長職務屬君，余堅不允吐實，而鞭笞隨之，略無完膚，歷二小時，知不可強，乃曳余至一暗室，禁錮終日，不得一飽，翌日，經日軍官正式審訊，一華倀充譯員，絮絮詢過去車輛調動情形，余無已，略爲告知，結果判准押一日釋放，是日由一華倀持粗飯來餉，稍得果復，幷詢得此輩工作情形，據云，先遣部隊中，有華倀百餘十名，亦分等級，高級多爲滬人，食高俸，中下級全爲江北籍，每日自二元起至五元不等，最低者充苦力，報酬無定，有時批頰數下，不名一文，余於五日晨，十一時始脫離險境，而囊中所有鈔洋三十餘元及銀表一隻，則均遺失，嗚呼，即此貪利作倀一事，吾華人已漸作無地矣。

一個白粉圈宣布死刑

有個從戰區逃出的人說，當戰事開始的時候，閘北等處，有一部分日軍，捕去華人不少，經過一度審問，認爲應予槍斃的，在他身上畫一個白粉底圓圈，和那班可以釋放的分別拘禁，於是華人們見白粉圈即知爲宣布死刑的符號了，有一位名記者又兼名律師的某君，家住北四川路，他被捕去，經過幾天，幸而脫險，有人說他曾畫過八個粉圈，又有人說只畫過兩個粉圈，他怎樣能從這一個圈到那一圈，怎樣抹去一圈又來一圈，事關祕密，他將來或能自己發表一番，如今只曉得他拘禁幾天以後，忽然鬆綁，他便溜之大吉，才過四川路橋的時候，後面追了上來，大叫他大名，他却安然回到報館了。

婦乳包

浙嫗某氏，日前赴閘北，經大統路，日便衣隊麕集，施以搜查，驅之去。時中有一日人操寧波華語曰，老嫗來前，予汝一擴眼界，嫗不敢違，至其前，日人探囊出一固封巨紙包，令展視，嫗不從，强之，嫗無何，啓閱，則大驚，蓋包內者，均係婦人之乳頭也，血肉模糊，不忍卒覩，嫗爲目眙神駭者久之，乃不敢前，仍退而至租界焉。

日軍輪姦少女事

當國聯調查團在將抵滬兩三日前，暴日爲避免國聯團員目擊其軍事暴行起見，紛紛將大批軍艦駛往長江上游，並撤退前線重兵二萬餘人，匿居艦中，以避耳目，至對於佔據各地，亦紛紛掩埋被害人民屍體，令漢奸等僞爲與日親善之中國良民，分居未遭砲燬彈炸及焚燒之民屋中，如此布置既畢，方謂可以假作惺惺，自己無一絲一毫之暴行露出矣，不意當國聯調查團十四日抵滬之日，而不掙氣之日兵五人，竟在楊樹浦路平涼路邢家宅奚姓家輪流姦傷少女，已有二日兵被當局執獲，此千眞萬確之日兵獸行，竟在國聯調查團抵滬第一夕演出，可謂自暴其醜　固不待該團調查而可悉其日軍獸行矣。

焚化刼

泗涇橋東面吳家宅地方，突來日便衣隊十餘人，並攜有煤油四箱，將吳小文所居之住宅，放火焚燒，該處居民斯時已深入夢，突聞煙火之氣，遂從夢中驚醒，啓關出視，祇見火勢熊熊，不可收拾，遂大驚求救，當時蘊藻浜駐紮之日軍，聞警卽不問情由，開槍向火焚處射擊，該處日便衣隊亦拔槍還擊，一時鎗聲大作，共發三十餘響始止　該項便衣隊於火勢正熾時，沿軍工路向南而去，火後調查，共焚去平房四十一間，牛車二輛，至閘北江灣吳淞等處則更化爲灰燼，大有咸陽一炬成焦土之慨，如此慘狀，可勝言哉

巧婦設陷葬獸兵

昨有避難來滬者，爲述一可泣可歌之事實，緣自三月十日我軍退守第二防線後，嘉定太倉瀏河間之一帶市鎭，卽被日軍非法進佔，時各鎭居民倉卒未及搬遷者甚衆，因此慘遭蹂躪者不計其數，彼所謂可泣可歌之事實，乃發生於太倉城東北之陸渡橋，亦卽彼鄉居之毗鄰也，據謂於日軍進佔陸渡橋之翌日，彼曾助其鄰室寡婦某氏挖掘門次之大陷阱，爲數凡三，其挖掘之因，係聞附近盛傳有日軍入室刼掠及強姦之獸行，已數見不鮮，故設此陷阱以預防獸兵之來擾，果爾，不出該寡婦之逆料，於第二日黃昏，據聞剝啄

一起，愈作愈劇，不移時，似雙扉爲其跌墜者，其事雖居隔室者，聞聲亦心中惴惴，故殊爲婦人危也，豈知伏隅細聽，竟未聞有變，及至天明，急往探視，而二獸兵之屍身，已赫然呈露於吾人眼簾矣，蓋陷阱不僅挖泥成深坑，中實滿盛汚水也，翌日，獸兵大隊尋至，發現已死之獸兵，乃縱火以洩其憤，於是此可憐之婦人，蓋無法逃出而葬身火窟矣。

日軍之色慾狂

我軍以戰略所關，退守第二道防線，閘北吳淞諸地，均落倭奴手，甚而挨次推進，竟入我嘉定黃渡太倉諸腹地，而日軍無論在市鎮在鄉村，其最逐逐者，厥爲發洩獸慾，與擄刼牲口　凡屬婦女，年齡縱老至古稀，幼甫及笄，苟入其目，莫不被其蹂躪，甚至輪姦而死，少而美者更無論矣，昨日有父女二人，在南翔鐵路南之田野間作活，女年僅十歲，被日兵見之招手使前，女知不利，反身而逃，父隨之，日兵扳機關槍，父中彈死，女則傷股，宛轉陌上，日兵含笑自去，據鄉民云，類此事之發生者頗多。

嘉定活埋慘劇

太和民族的好鬪狠殺，早已耳熟能詳了，這次在淞滬大演暴行，姦淫擄掠，更給吾們一層深切的影響，記者昨天無意中遇到一個嘉定逃出的難民，蒙他告訴我一則駭人聽聞『活埋』的慘事，他說的當兒，混身戰慄，記者現在寫的時候，也無任切齒，和腕顫不置。

嘉定眞是一塊不幸的地方。在前已有『屠城三日』之厄，不料這次滬戰又因地居衝要，也劃入戰區，在吾軍沒有變更戰略，撤退第二防線時，日機已偵察投彈，全城恐慌，到了失陷後，便來大隊日軍佔據，倭丘八無論城內城外，四出騷擾，人民稍拂其意，馬上有被拘槍殺的危險，最近遣調十四師團塡防後，軍紀更壞，假名搜查吾軍間諜，挨門逐戶，傾箱倒篋，任意攜取，中間更有漢奸參加，所以傢具也不能倖免，木材上好的用卡車裝載前往日司令部儲存，下次的充作燃料，所以無異盜賊世界，到現在民居十室十空，但赤貧的無力外逃，惟有死守，前日南門內海濤閣附近，平民金阿祥，在天甫黎明時，行經城中佔文橋，爲日哨兵所瞥，加以搜查，在身畔別無所有，祗鑰匙一個，因爲附串古錢數枚，日兵疑是吾軍間諜，所以馬上拘往司令部，問官也不分靑紅皂白，以爲自己雇用漢奸的暗號，爲鑽空的日幣，這有空的古錢，定是十九路軍的間諜無疑了，所以立加捆縛，舁至東門外水仙宮前曠地上，掘了一個深壙，把金活埋，可憐這時呼救無應，金阿祥便做了地下冤魂了。

香煙殼子

閘北自爲日軍佔據後，小漢奸之聲勢，爲之大振，纏布持棍，往來逡巡，綽有租界上之印捕氣概，日昨有人往閘北探望寓所者，由界路抄入華界，既抵，爲二漢奸盤查阻撓，喝令今日不能前往，斯時忽有另一漢奸，形如頭目者經過，直呼張先生何往，某略一注視，始識此漢奸係某同事以前所雇用之包車夫，鄉音無改，情況已非，乃以實告，此漢奸隨即在囊中出一香煙殼子，謂汝可持此前往，惟須一小時內即返，否則即失效用，某從其言，居然通行無阻，歸語人曰『想不到香煙殼子有此妙用』。

半截人

據在虹口經營印刷業之日人告人，在戰爭劇烈時，他常受中國人之託，赴閘北搬運東西，有一次，至北站之司令部，遇野村，野村為着他專替中國人搬物，痛罵一番，後幸植松到來，簽得一派司。

他搬得目的物後，行經寶山路，忽聞背後發巨聲，此人回頭一看，見有四個日本海軍陸戰隊，下半身已入地下，兩手在空中亂舞，瞬目張口，為形極可怕，歇了一回，四人一齊倒地　方知其下半身已被炸去，僅上半身留地面上，倒地後，腸臓流出，血肉糢糊，慘不忍覩，此人歸後，有兩天不吃東西。

律師劫

閘北此次損失，不可計數，據會計師公會市商會等統計戰區損失，共達十四萬萬，而閘北當占八萬萬，其間以商民受害最重，次則居民，尚有保障人權之數律師，至是亦不能保障本身，慘遭浩劫，寶山路義品里之樂俊芬律師，其家已成破瓦頹垣，家人倉惶出走，幸未被難，餘如新民路附近之伍澄宇律師住宅，靶子路口之陸東豪律師住宅，均處戰區，於事變後，避入租界中區，家中什物，被燬殆盡矣。

飛來禍

語云，閉門家裏坐，禍從天上來，此蓋形容禍起不測，無法避免之詞，非眞有禍自天而降者，乃自日機到處擲彈以後，焚燬房屋，炸傷人民，雖閉門家裏坐，亦無法以避免之，禍從天上來之語，於今乃得證實，誠語讖也。

閘北姚家市橋，有一酒店，係湘潭人顏駝子所開，一日正午時分，顏氏一家八口，正在進午膳時，被日機擲一重量炸彈，房屋立時傾倒，八人同被炸斃，并傷及隣近十餘人，顏氏一家生命財產，如此犧牲，誠受日帝國主義暴刦不淺也。

復旦刼

江灣復旦大學自滬戰後，該地爲日軍佔領，校址則爲日軍之司令部，內中一切物件，均被毀損，校員遁避一空，迨吾軍退出淞滬線，該校始爲日軍放棄，校當局命校役二十餘人看守之，以校內尙有學生輩之行李甚多，詎早爲當地暴徒所覬覦，因校中僕役甚多，頗難下手，乃於日前召集同黨二百餘人，持械入內，校役見寡衆懸殊，不敢與較，任之入內，暴徒呼嘯入各室，將行李物件，搶刼一空，揚長而去，事後計其損失，達萬金以上，誠浩刼已。

寶山無恙

昨日於電車中，遇一寶山人，據云，吳淞全市房屋，曾已爲日人放火燒成平地，而寶山則全城完好無恙，僅有幾處砲彈傷耳，蓋劇戰時，寶山城內，並無華軍，故由城中紳士，向日軍請求，可否免予放火，經日方派員查勘後，確知城中無一華兵，似難借端放火，乃急將放火隊收囘，拍手爲號，頃刻間，放火隊人員，俱已歸司令部矣。

又據江灣人云，放火之前，多數須先將屋中器物，搬運一空，然後由便衣隊日人，四周洒以硫磺而焚燒，故近來該處居民，將瓦礫剝開，不見下面有木質灰矣，再，日人入人家，最喜自來水筆與金飾，以其攜帶便利而無國籍關係，衣服則取之無用，惟有剪去一角，或戳破一洞，以示損人不利己也，文明國軍人，固如是乎。

周越然藏書被焚

英文專家周越然先生，在商務印書館供職，居恆儉樸無嗜好，二十餘年辛勤從事於著述。所集酬資悉數採辦中西典籍所得中西名貴古籍尤夥。收藏於閘北天通菴路三省里五號，內有宋元明清精本約二千數百種，西文三千餘册，內有絕版者百餘種，古玩二百餘件，及太平天國文件等，自滬變後，悉付刼灰矣。

王景歧觸景傷情

前駐比代辦、現勞動大學校長王景歧博士，日前參加國聯調查團暨中日雙方代表，往閘北江灣吳淞一帶，且蒞止之校長室，見四壁彈痕如蜂窠，坐椅寫字台已爲日軍充作燃料，觸景傷情，不覺悲從中來，時外部招待主任張祥麟氏在旁，見王出巾拭目，形容黯然，乃詢何事傷悲，答曰，君不見吾國唯一萌芽之勞動學校，今蕩然無存矣，斯處不知費幾多人之心血與金錢，今不幸受滬戰之厄，本人又適任其咎，能不自責而慟耶，張雖勸慰，但亦唏噓。

爲什麽日軍要炸燒房屋

此次日軍作戰　焚燒我民間房屋的工作，要比與我十九路軍攻打的工作，相差好幾倍，起初我不懂，幾乎疑惑日軍不會打仗，只會搗亂。

後來我爲了要打破我的疑團，特地去打聽日本人，據他們說，因爲中國兵都躲在房子裏，所以要燬壞房子，但是這一個理由，也難以使我滿足，前後門鎖着的空屋，也被日軍炸的炸，燒的燒，閘北江灣吳淞，成了平地了，斷不會每間屋子裏都有兵士，

到前天，我看見時報上一則新聞，曉得最近有五六千袋，日本水門汀，裝到上海來，打算做戰後第一批生意，并且說，閘北等處的復興，是很需要水門汀的，我就恍然大

悟。原來日兵的專門破壞房屋，是爲看推銷日貨水門汀，可惜日本人不會做中國棺材，否則更是好生意，並且有多少貨色，可以殺多少人，供求能很容易調和的。

壕上屍

滬戰以後，閘北江灣等處，死亡枕藉，據聞自三月五日以至今日。普善山莊掩埋，約有三千數百餘具，再經兩星期，當可竣事。有見新式小戰壕者，言壕上原蓋有木板覆以泥土，遭砲轟坍陷，勇士喪身其中，掘出時，猶踞伏壕內，握槍作瞄準狀，望之使人感奮欷歔也。

纍纍戰骨入荒邱

江灣廟行間之戰場，收殮戰尸工作，前已大致告竣，戰區難民救濟會掩埋隊，近正引導同仁輔元堂崇啓堂藍十字會諸機關，從事掩埋，江灣埋骨之地，在廣肇山莊，莊地俗稱三百畝，幅圓寥闊，實不止此，乃就義塚地一帶，掘成長壕一道，排置陣亡棺木，上覆以土，纍纍成列，堂中別繪墓圖，載明黃土中者，爲何團何營之武士，其符號遺失者，則無名之英雄矣，同仁輔元堂在廟行掩骼，於民地錯立墳堆無數，墳前各樹竹簽，上書名姓甚少，大半書無名兵三字，偶失其簽，則唯知係國殤身，令人憑弔斜陽而已，吳淞張華浜各處，尚在進行掩埋，更不知戰骨有幾許也。

英雄墓

此次駐滬各軍，努力守土，各界感其忠勇，捐助軍用品及餉項者，絡繹於途，比聞蘇州保墓會以我軍將士，力殲暴寇，深表敬意，因亦發起建一英雄墓於善人橋之陳姓曠地，爲使捐軀沙場者，得所依歸，而健兒埋骨於是，更足與蘇台名勝，爭相輝映，至其間風水幽美，視虎邱別有風趣，苟此議實現，則國人又添一景仰流連之勝地矣。

死屍眞相

一月前，滬上各報，載有日兵運死屍赴營口及定海焚燒，約各數千；而狄思威路，酒家花園中，亦有焚燒死屍之舉，死屍均用蔴布袋，兩端套沒，內容眞相，不易推測，當時報上，均以爲戰死之日兵，其實不然，據在日營服務之小八子（鹽城人）告余云，此等死屍，皆連日被日人殺害之華人，日人爲遮飾計，運往遠處焚燒，以滅蹤跡，江灣逃難之人，亦親見難民之遭殺害者，卽有人套以蔴袋，立刻舁去，此項人數，約有萬人以上，故目下失蹤頗甚，其實早遭殺害，無法調查矣。

日軍糞除閘北

上月中，有因救護難民而詣閘北者，見日軍正糞除戰場，異常忙碌，寶山路之左右，經日軍機彈砲火，擊成廣漠邱墟，斷瓦頹椽，殘毀器具，以及人屍貓犬，雜堆厚數尺，裸屍多變黑色，不辨男女，日軍檢查分積，或焚或運，並設法分成路徑，預料國際調查團抵滬之日，往視戰場，恐已非刧餘原狀矣。

最近戰區掩埋屍數

自一二八後，閘北江灣各地，兵民死亡枕籍，日軍遺屍，悉數運載以去，我國成仁被難者，隨時埋葬。慈善機關，僅同仁輔元堂，稍與其事，迨三月初旬，戰區難民救濟會，得日本領署軍部許可，特編掩埋隊，引導諸慈善機關，偕日軍入戰區從事掩埋，每日工作，皆列表報告至會，據最近調查如左。

普善山莊　（三月七日至二十四日）計一一八〇具
同仁輔元堂　（二月九日至三月二十一日）計八一一具
藍十字會　（三月十六日至二十二日）計二〇八具
崇善堂　（三月十日至二十四日）

其中同仁輔元堂缺二十二至二十四三天，藍十字會缺十九至二十四四天，未送報告掩埋數目不詳，紅十字會報告亦未至，總計已達三千零三十三具之多，內列華軍遺骸一千四百三十五具，日軍未載去者四具，工作今尚在進行中也。

炸彈井

日軍以屢攻屢敗，故輒用大炮轟炸，飛機擲彈，藉爲洩忿，然任意放射。毫無目的，僅足損傷我無防禦之居民房屋，前日，閘北共和新路街道中，亦受一彈，裂地成一巨窟，深達丈餘，地中有泉，遂涓涓而流，儼然井也，按閘北自戰事發生後七日，自來水管即被炸中斷，自此，水源頓涸，居戶即不能獲涓滴之水，無不苦之，迨此炸彈井出，附近居戶，遂亦不顧井水之汚濁、紛赴洗菜淘米、滌衣汲飲，蓋慰情聊勝於無，不得不向此中求供應也。

傷兵生活

盧家灣天主教大禮拜堂，建築宏敞，內有舞台，現由震旦學院學生組織紅會第廿八傷兵醫院，設置完備，內有傷兵若干，皆各教會大學女生看護，每晨食以牛乳一盎，麵包三方，午晚兩餐，各領費大洋二角，下午且各給蜜橘二枚，記者昨與一傷兵語，是兵爲大刀隊，據云該隊上陣時，露着半臂外罩油衣，虎躍猱騰，敵多懼怯，又一兵隸十九路軍，言頻年大小四十餘戰，而無如此次受國人供養者，可知捍衛國守，與內爭不同也

戰地拾零

日軍於戰期中，多置小木偶於懷內，兼有每晨誦經咒者，據謂可禦戰神，不致馬革裹屍，亦足見畏死之心甚矣。

敵械甚犀利，係其全國最精銳者，滬戰之役，敵所御之槍係五六式，而我軍之槍爲七九式，五六式較輕便，七九式則稍笨重，其餘槍械敵亦較佳於我，飛機則不相頡頏，惟彼衆而我寡耳。

敵發炮多小鋼炮，因其價廉而易發也，廟行之役，敵共發炮五千餘響，其間三千餘炮係小鋼炮，餘則爲平射炮野戰炮等，我方之高射炮，發彈甚準，敵機甚懼，旋以日機肆虐愈甚，十九路軍曾數度請中央運高射炮至，均未蒙邀准也。

戰區之內，咸成刼後餘灰，不堪目覩，閘北吳淞大場廟行一帶，屋舍爲墟，且多屍骨，臭氣撲鼻。至崐山方面，雖在吾軍手中，但該地已被擄刦一空，居民之在城內者，十僅一二焉。

有某碼頭小工云，數日前，工人若干名，有被日軍逼任扛抬大砲者，其中數砲，分量甚輕，不啻木製，不知何種之砲。又若干名被逼運搬日軍屍體，每具計洋一角，有每日可得四元以上，最多可獲六元有奇。

戰地難民救濟會，自前日起，開始掩埋工作　十六日赴江灣東北三里許，廣肇山莊附近，見舊戰壕內外，露屍二百多具，或劈腦，或洞胸，或折肢。而軍服齊整，英氣勃勃猶生，固皆當時衞國成仁之士也，日軍導入，猶指點戰狀，偕救護員，十七日晨，運棺往，殮埋至午，僅收二十五具，返會後，莫不悲愴太息，聞將俟悉數殮後埋葬云。

一兵士，右臂因受毒彈已截去，僅餘左臂．此兵士卽出左手示記者，謂伊之長官某連長，知其殘廢曾給以恩養二十元，伊卽以拾五元兌一金戒指，上鐫四字曰毋忘國仇，湖州會館，自彼炸燬後、生者蹤影俱杳，死者狼骸狼籍，前日己由慈善機關派人至館收拾，棺木較全者，另行安置，餘則已集成一堆、擬掘一巨坑掩埋之。

戰地分賣軍用品

一戰地掩埋員云，江灣廟行劇戰以後，當未掃除掩埋前，有窮民多人，冒險於戰地各處，收取戰死者棉大衣，拆開棉胎　浣去血痕，表裏分作兩處，曝於野間，乾後得舊布舊棉分別售之，又於田邱中，見泥土鬆處，掘地取出砲彈，鬻其鉛，拾得未放槍子，暨其信管彈頭及藥筒，折爲鉛銅火藥三種，零星賣出，於是昔日之砲洞槍穴，盡被搜檢無遺，我軍所築戰壕，日軍近依原式而移其方向，紛紛布置，如廣肇山莊之扁額以及電杆門板，均改作防禦工具　電網十數里，所需木樁、暨壕上遮蔽物　皆取材於是，居民見其急急備戰之狀，不敢歸去，故戰事雖停，而慘狀未滅也。

兩軍死傷人數

此次上海中日爭戰之劇烈，實開戰史上未有之新紀元，日本傾其全國海陸空常備軍五分一之力量，與我十九路軍數萬將士相較量，我軍堅忍抵抗，迭創頑敵，苦戰達三十四晝夜，卒以軍用地圖之洩漏，中央援軍之遲到，最後乃不得不全師而退．據某外國軍事家之精密統計，此次作戰結果，日軍死傷約二萬人，我軍十九路軍約死傷八千人，八十八師八十七師約死傷四千人，總計一萬二千人，而民衆受飛機砲彈之賜而犧牲者至少當有六千人，誠空前浩刼也。

日軍馬之損失

滬戰以來，日軍馬之戰死者二十六。傷者七十七。此外有七十匹死於各種病症，尙有一匹失踪云。

上海戰事中我方損失統計

關於此次滬戰，中國方面所受之損失，南京統計局長吳君。正式公表如下，中國全部之損失已達一、五六〇、〇四九、八七一元。日人佔據之面積共爲四百七十四萬華里。直接受戰事之影響者共計十八萬零八百十六戶。及八十一萬四千零八十四人（佔據上海華人人口百分之四十五人。被殺八千零八十人，傷二千人，失踪者一萬零四百人，上海市政府稅收減爲百分之四十五，日人所佔據區域內財產之損失爲八萬萬元，佔全數百分之七十，房屋被毁計達二萬四千萬元，佔全數百分之八十五，工廠被毁，百分之五十·計達六千七百九十九萬一千八百七十四元，失業人數達二十五萬人，工人月薪。減少三百七十五萬元，其他間接損失尙未計入，此應請國聯調查團注意者也。

滬戰中兩路損失

據滬杭及京滬兩路局統計，此次滬戰中，所受之損失，達一千一百萬元，損失內包含上海北站被燬及路產收入等等。並聞京滬路沿線之電報設備，共值一百萬元者，亦已被燬，幸該局長陳興漢君，適値滬變繼任，支持危局，力任艱鉅，倘能於杭滬線上收入暢旺，其賴以補助政費及餉需者，厥功實不少也。

傳　記

蔣總指揮光鼐事略

蔣總指揮光鼐字憬然，粵之東莞人，幼畢業於保定軍官學校，致力革命二十餘年無少間，十五年北伐時，已由師長而兼十一軍副軍長矣，十七年凱旋返粵，首倡裁兵縮編，十九年奉命，率軍由桂經湘抵京，任十九路總指揮，提師北伐，不逾月而克復濟南，平定鄭州，蔣氏乃請辭職，及裁撤總指揮，以節國帑，未許，隨奉命赴贛剿匪，苦戰經年，因患腸熱重病告退，雖仍未邀准，而自動解職下野，以示非擁兵自利者可比，二十年冬，中央特任爲京滬衞戍總司令長官，亦堅辭勿受命，只攜其子定閩，漫遊西泠，莫干山諸名勝，蓋蔣氏素性恬淡，好讀書靜坐，恢樂於山水田野間，則視名利若無覩，凡與之總角交者罔不知之也，自暴日侵我東省，倭兵視吾國人如無物，蔣氏已痛世界暗黑，了無公理，早有請兵援馬之議，至二十一年一月，倭寇更進佔淞滬，得寸進尺，及寇兵初入十九路軍防地，時在月之二十八夜十一時半竟以炮火轟我閘北，屠殺人民，忍無可忍，氏乃奮不顧身，乘夜隻身挾槍入軍，與蔡軍長廷鍇，戴司令戟，及十九路軍全體將士，誓死抵抗，以盡軍人守土衞民天職，吁以飢寒之卒，抗敵精練之師，以陳舊之械，抵敵傾國之衆，亦云偉矣。嗟夫，舉國氣敗，危在旦夕，莫甚於此時，焉得如現在疆場中竭力抗日之蔣總指揮其人，起衰救敝，持危扶傾，轉移我中華之國運也歟。

蔡廷鍇之軍長時代

中國新英雄之蔡廷鍇氏，其名已爲婦孺所周知，此君在軍學上，特別富有一種樸質之氣味，經過無數戰事，而其功業名望，均歸諸他人，微一月二十八日之一戰，誰知蔡廷鍇之爲廣東羅定人，又誰知其號爲「賢初」哉，聞蔡氏任連長時，即有勇，軍事上勝利之發祥，則始於團長時代，時爲民國十三年，粵軍正擁中山，蔡任第四軍第十師第二十九團長，軍長爲李濟琛，師長爲陳銘樞，副師長爲蔣光鼐，越年，黨軍與陳炯明部開戰，蔣介石擊敗陳軍主力，炯明急派鄧本殷部自南路襲廣州，時後方空虛，人心大震，李濟琛默計惟蔡團可以一戰，即呈明國府，檄調江大江固二兵艦，掩護蔡團至開平堵擊，血戰三晝夜，卒以千四百人，攻破鄧部萬二千人之陣線，獲軍實無算，十九路軍抗日之武器，尙有一部分係彼時所得也，蔡名廷鍇，鍇字本足爲鉄軍之象徵，不知何故，世乃誤以爲楷，今則錯誤相沿，雖官書亦有稱蔡廷楷者矣。

蔡廷鍇將軍軼事

蔡賢初將軍廷鍇，此次抵抗日軍，得全國民衆之擁戴，說者謂可與初對日作殊死戰黑省馬占山將軍齊名，粤中某君言，蔡將軍者，初爲虎將林虎部下，亦係虎將，當民五之交，龍濟光禍粤時，兩粤青年，組織義勇軍，蔡爲軍中敢死隊，加入義勇軍作戰，後却退入山谷，林虎適隸陸榮廷部下，救之出，見蔡勇武，乃送之入桂系所辦軍官學校，得速成畢業證書，卽調入軍部，充部下營長，陳銘樞君則爲團長，蔡每戰皆有特殊勛績，升至軍長，今乃爲國難而戰也，

譚啟秀小史

譚啟秀，廣東羅定人，溯自我國甲午敗創，國人咸知鼎新，得君驅幹頎頎，少懷大志，重然諾，凜節操，負笈從戎，入粤軍之陸軍校習炮料，感受革命思潮，淸末，粤東牛王之役，爲其獻身黨國之始，自民國肇建，仍以學力未足，入將校團，造詣軍術，畢業後，追隨革命先進，研究黨義，爲國民黨唯一信徒，概自共產黨人寇，不爲利誘勢屈，幾罹於難，其志氣堅強。有如此者，此次日寇東北，譚氏充十九路軍七十八師副師長，率部警備京滬，聞耗義憤塡膺，立定遺囑，誓死報國，請以所部赴援東北不遂，在滬

首與蔡軍長廷鍇，商議舍棄本職，另組救國義軍，拯救東北同胞，恢復失地，爲中華民國爭人格，爲革命軍人盡天職，計劃未完，一二八暴日復侵滬淞，譚奉命捍衞閘北一帶，日寇屢攻未逞，其時吳淞炮台要塞司令鄧振銓，聞敵氣餒，十九路軍恐危及全線，請中央任譚兼司令職，譚以責無旁貸，卽整台兵嚴陣而待，但以日久失修，不合現時需要之大器，與頹廢炮台，焉能迎敵，乃分調所部，於炮台外週，暗壕設守，故軍艦雖施用重炮猛烈轟擊，經譚氏處以鎮靜抵抗，嗣因軍事爲敵所偵，乃遵命退守第二道防線，按譚氏歷任前潮梅義勇軍司令，粵警備司令第三統領三羅警備司令，桂軍旅長，新編第二師師長，十一軍獨立團長，國民革命軍六十師一百四十團團長，及七十八師副師長兼吳淞要塞司令等職，其所歷戰程，民三四討龍之役，民六援閩之役，民八討莫之役，民十八，赤白坭兩龍墟之役，民十九，桂北流之役，民廿，江西勦共之役，均無不有譚氏參加也。

戴戟訣妻赴敵記

此次日軍犯我閘北，非小戰可決勝負，我軍已存必死之心，戴戟司令，蔣光鼐總指揮，蔡廷鍇軍長，宛如砥柱中流，興亡在此一舉，按戴字孝憫，安徽旌德人，年三十八歲，保定軍官畢業，討陳北伐諸役，屢經受傷，尤以汀泗橋一戰受傷最重，從軍八載，僅餘萬一千元，平居生活，極爲單簡，在法租界一間三樓之屋中，占一樓面，每日火食，均由囊中零星自取，清晨六時起，寫字二張，即赴司令部辦公，二十九日之夕，與蔣蔡二將軍開會決戰之前，先立遺囑，以所貯萬一千元爲遺產，托妻寄子於祕書李立民君，李任廣東合浦縣長時，戴適任二十六師師長，相交素厚故也，並傳戴與夫人訣別時，夫人猶有所問，戴拂袖逕出，毫不流連，同時將總指揮養痾醫院，力疾從戰，蔡軍長別其二妻，誓死赴敵，三將軍爲國忘其身家，誠足以激勵士民也。

戴戟不忘斗笠交

淞滬警備司令戴戟氏，十九路軍之健將也，此次中日一戰，英名益著，戴籍隸吳門，現住護龍街四號，幼時曾在觀前街大有恆綢緞店習業，喜購彩票，顧屢未獲中，積票盈篋，虧負甚巨，以商人之不易發迹，慕宗慤之長風，有懷投筆，同事趙文祥頗嘉其志，慨贈贐儀三十金速其行，戴簡練揣摩，其志竟成，今戴已身膺師長及警備司令之顯職，可謂一鳴驚人，而趙君現亦擢升瑞泰豐綢緞號經理之職矣，日前戴司令衣錦榮歸，親朋故舊，前往探謁者戶幾爲穿，趙君亦其一也，戴回憶前事，深感趙君之仗義贈金，遂得凌雲之志，特延之爲司令部祕書，月給厚俸三百金以報之，戴司令此舉，不惟富貴不忘斗笠交，亦大有韓信報漂母一飯恩之古風也。

英勇威武兩將軍

△李延年升任師長及司令經過

此次日軍犯滬，賴有我十九路軍與第五軍起與抗戰，實爲我民族增榮不少，參戰各師旅長官，勇敢善鬥者，悉爲羣衆所注視，如十九路軍之張炎，八十八師之李延年兩氏，皆爲副師長，善戰能力，不相上下，應戰時，身先士卒，從未有離開戰線安居師部者，記者曾聞參與是役之某軍長官言，李延年部防線，與張炎部甚近，某日李晤張曰，彼此同處抗戰有時，更久欽貴部佈陣嚴密，適得閑暇，可否賜予領導，一觀貴防，以資借鏡，而備連絡，張曰善，遂握李手，且步且觀，將抵最前線時，兩軍方有小接觸，彈丸忽在頭頂亂飛，李氏毫不介意，仍欲前進，張氏躊躇曰，前線將有劇戰，我輩似宜分別返隊指揮，李氏聆其言，悟其意，遂相與一笑而別，觀此李氏之勇，尚較甚也，當濟南五三慘案時，李氏曾以一團勁旅，迭敗日軍福田第六師團萬衆之敵，此次作二次抗日之戰，其忠勇衞國，彌足欽佩，今中央以其戰功迭著，特升任李以第九師師長之職，按該師長，原爲蔣鼎文兼任，現蔣既已專任第二軍軍長，又以李原爲九師舊長官，士兵與之感情多洽，乃力舉以自代，蔣介石氏，亦深知第九師軍容素盛，非延年莫能統率，此事內定已久，以八十八師師長俞濟時氏不允延年離該師而去，（李氏原任八十八師副師長），故遷延至再，現俞部鬧漢，副師長一職，已覓得相當人選，軍委會始於月前正式發表李氏調任第九師長之命，李氏奉命後，即往嘉善防地接任，不數日復被調往蚌埠會同勦匪，本月更兼津浦警備司令，可謂適當其人選矣。

李漢魂之聾與才

▲臨陣不怕炮火

▲主張炸燬日本

古人以才而驚動天下者，初不因其職位之高也，如李漢魂其人者，未嘗任部長總司令之貴顯，然其才已名噪一時，知張發奎之名者，無不兼而知之，李氏為粵之吳川產，畢業於保定軍官學校，既精孫吳之術，且擅曹騎之才，北伐一役，運籌帷幄，衝鋒陷陣，吳子玉一世英名，遂因之挫折。吳氏為其師，眞青出藍而勝於藍也，張發奎與李氏結生死交，李亦曆年與張共患難，其胆量本過人，據其左右稱，李氏周身都是胆，每於大戰時，無不親臨前敵，雖大炮密如雷鳴，槍彈如雨下，彼若無其事，而指揮自如，原李氏患耳聾之疾，即自己陣地開炮，亦不之聞，有問之者曰：李師長衝鋒入敵人陣地，炮火如此之緊張，何以如入無人之境。李氏莞爾笑曰，余未戰之前，計畫其作戰之程序，作戰時即按步做去，只知有計畫實現，不知有敵人之炮火，且余亦不聞炮聲，雖臨大敵，余仍覺前進無所阻礙，其妙論又如此，民國十七年時，李氏不甚得志，即作扶桑之遊，藉窺日本之虛實，蓋李氏好學，每於軍書旁午尙博覽羣書，何況乃遊日本，於是對日本之軍備及國情無不加以研究，以備將來對日作戰時之用，自東北為日軍所侵，羣情激憤，時孫哲生之親信王昆侖主編中央導報，以李氏為今代不可多得之軍事人才，且長於文字，乃指定「中國對日國防之準備」一文，請其担任，並限十八小時內交稿，李氏無難色，洋洋數千言，按時交稿，其大意乃以陸軍百萬與日本周旋爲消極抵抗計畫，另以一萬五千萬元，擴充空軍二千一百架，飛行員九千人，以三分之一控制日海軍，以一千四百架飛機，編爲十四中隊，每隊一百架，飛往東京京都大阪，以重量炸彈及引火之□，將整個日本國家焚燬，而滅此世界之獠，此計畫誠易而可實行之計畫也。

白崇禧最近之風流壯志

△自言有十師團可克日本

白崇禧素有小諸葛之名，日本軍人對之極爲推重，稱之爲中國獨一無二將領，此種恭頌言論，嘗見於日本報紙及雜誌等，亦足見中國並非無人才，不過人才往往不爲時所用耳，白氏在粵，居於頤養園三十四號而實則共賃房七八間，均出其夫人名字，而其夫人並不在粵也，一日有某君訪曰，見其室中有女友數人，某君即擬迴避，白止之，起立爲某君介紹曰，此某小姐，長於網球，現任教職於某校，此乃某秘書及科長，現供職於某部者，均爲體育家，余近體弱，醫生吩咐預從事於網球之運動，故約各位來打球云云，某君惟有唯唯不敢置一詞，白氏對於男女社交，當然有相當經驗，名將風流，當亦知此，粵省當局前因陳友□赴日聯絡，聘用日本顧問七八人，某日日本顧問訪白氏於頤養園，探問白氏之時局意見，(日本顧問問)白副總司令對中日問題，素主孫總理之大亞細亞主義，現對東北問題有何主見，(白答)孫總理之大亞細亞主義，並非割地與日本，日本此次過於欺負中國，中國應以武力奪回失地，(問)副總司令對軍事有何把握，(答)中國之陸軍現在世界之地位，立於何等，刻尚無人敢武斷，若鄙人有十師團與日本作戰，敢決定必可克復東北失地，日軍之戰爭經驗，決非中國之比，日本顧問聞言，面紅耳熱曰．誠如總司令言，中日可以對抗矣，白乃以微笑答之。

壯哉蘇炳文反馬抗日

△爲中國軍人倒戈最有價値者

僞國軍政部長兼黑省主席馬占山，近以受日人蠱惑，已一反其昔日之磅礴勇氣，伈伈俔俔，甘作日人走狗，雖其中亦自有其不得已之苦衷，但其將如何以副國民之殷殷屬望，及源源以捐款勞該軍將士盛意，因此其部下之三個旅長，范崇毅已憤而辭職，蘇炳文，亦相率倒戈，此實爲歷來中國軍界中倒戈之最有價値者，聞蘇旅現駐滿洲里一帶，以前與日軍作戰時，曾一度踏破日軍防綫，自退駐現今防地後，其抗日之心，絕未稍殺，故極端反對馬氏與日軍妥洽，迨聞馬與多門會見，蘇氏氣憤塡膺，曾派其衛兵排長宋某前往行刺馬氏，卒以馬氏防範森嚴，並未得逞，而此宋某排長，則已爲馬之左右發覺，險被拘獲，但當時馬占山被刺之謠傳，已傳遍遐邇，甚至蘇俄及日本報紙，亦都有此項消息記載，後雖經證實不確，一般人仍頗爲馬氏惴惴，蓋此充當刺客之宋某，能以手槍射擊飛鳥，百發百中，使馬占山防範稍鬆，何患不能一擊命中，今馬獨能逃出危險，未遭毒手，意者亦惡貫未滿，彼蒼者尙欲予以自新之機會也，及僞國成立之夕，蘇部因目睹漢奸及日人强迫民間慶祝僞國之種種醜態，忍無可忍，遂一致正式倒馬，上下一心，固不能遽以譁變目之，而同時駐黑河一帶之程志遠旅，亦派代表與蘇接洽一過，准取一致行動，聯絡倒馬，他日收復東北，克建大功於黨國者，舍蘇莫屬矣，蘇爲遼甯新民縣人，字翰章，以旅長兼任呼海路護路軍司令，及呼倫貝爾警備司令，爲人勇智雙絕，曩在對德宣戰，及驅俄諸役，立有殊勳，號爲東北名將云，

編者按此文在四月間刊載，今馬氏已脫去藩籠，毅然作第二次之抗日血戰，不得謂非蘇氏一刺之功，而且不念舊惡，仍以忠誠擁護，其苦心救國，洵足佩矣。

滬某報景仰蘇炳文

北平三月三十一日電，黑省自衛軍總司令蘇炳文二十八日通電，在海拉爾就職，統率調遣黑省全部自衛軍云云。

我們見了這段電報，是何等的欣快，相信東三省中國還有人，願蘇炳文起來挣氣，不要似馬占山一般以假面具騙人，是眞英雄要在不容易環境中打出來。

民衆們，請起來援助蘇炳文，不要顧慮他或者要做馬占山之續，而疑惑他或是支配利權不公允而始別樹一幟，冀圖投機，更或猜他此種舉動，是在誘打日本人去和他接洽

，願大家滅除此項懷疑，須知此時此刻，但有人能出力打日軍，不論其爲挾具私意，或爲別有所圖，總之我們都應援助他，卽使蘇炳文在不久亦將隨馬占山後在太陽旗幟下謀生活，但在目下與日軍作戰時期，我們還是不能袖手。

當茲蘇炳文在北滿就自衞軍總司令之日，我們民衆便應去電賀他，政府便應去電獎掖他，不應使他在牛馬隊中獨賈其勇。

記劉翼飛助東北義勇軍成功

察哈爾主席劉翼飛，遼甯鐵嶺人，器宇軒昂，志行磊落，民七由保定軍官學校畢業，曩與藍秀豪商啓予等同倡革命於長白瀋水間，亡清討袁，厥功甚偉，其人頗具國家思想，最近東北義勇軍之勢燄甚盛，全係得劉之助，按東北義勇軍，最初曾有三四十路，後因加以整理，縮編爲十九路，每路約有三千人左右，故合計亦不下六萬人，此六萬人，其中係張學良之舊部者，約佔二萬人，係關外綠林豪傑所組成者，亦有二萬餘人，其餘之一萬餘人，除一部份係激於義憤，自往投効者外，皆在朝陽熱河一帶挨戶抽徵，聞其辦法，凡每家有男子三人以上者，抽一人，十人以上者，抽二人，其所用之槍械大刀，亦有向各地保衞團警局所借用者，該義勇軍並爲鼓勵軍士殺敵起見，凡能奪得敵人槍械一具者，由幹部賞洋十五元，斬得敵人手足首級者，各賞洋十元，當時頗有人疑該軍出此賞格，其賞洋果何自而來，殊不知此種懸賞，皆係出諸劉翼飛之主張，而一切賞洋，亦皆歸劉氏捐出，最近劉又捐贈該軍步槍四千，子彈數十箱，士氣又爲之大振。瀋陽近郊，槍聲密邇，其中當有不少係來自劉者也，如劉主席者，殆眞富有抗日救國之血性也歟。

崔廷舉代劉翼飛殉難

劉翼飛部下之參謀長崔廷舉，於本月二十日奉命赴塘沽有所公幹，忽爲日軍槍決，日軍之強悍兇暴，視中國軍民如仇讎，於此可見一斑，聞此次崔之被殺，實出日軍誤認其係劉翼飛所致，緣劉翼飛主持察哈爾軍政多年，教養生聚，頗著成效，雖迭經日人之蠱惑，勸其興兵內犯，劉終嚴辭拒絕。且其部衆頗多，受其指揮之民團，亦復不少，並有新式戰具，其實力殊難忽視，故日方亦祇得敢怒而不敢言，此次東三省義勇軍聲勢復盛，大有直搗瀋陽截斷沿鐵路日軍防綫之勢，日軍死亡逾千，即日方之陸軍大臣荒木，亦聞訊大驚，急欲續派三個師團增防東三省，孰令致之，外間咸謂係得察哈爾劉主席之助，而同時日軍在其受傷官兵身上取出之子彈，亦皆係法國某廠之最新出品，爲中國他軍所無者，乃更信義軍背景，定係劉翼飛主席無疑，蓋日軍在多方探悉劉部戰具確頗多購自法國者也，故北方日軍，直接固懷憤東北義勇軍異常，然而間接更恨劉切骨，必欲得劉而甘心，會崔廷舉適奉劉命赴塘沽，爲日軍搜查時，因抄出劉翼飛之名片多張，且見其狀貌威桓，舉止軒昂，雅有主席風範，故誤認其即係劉主席，遂押至一中隊部門首。由一下級軍官槍擊其胸部，崔哀請速死，此軍官乃操日語高聲謂，汝尚欲幫助義勇軍否，華人過者，覩情無不大憤，當即報告保安隊，由保安隊再呈報津市長周龍光，向日領交涉云。

蕭特死後之高不危

美國飛行家蕭特，前以受公司之命，交貨於中國政府，在蘇州途中，爲暴日飛機擊襲，努力抗拒，卒以寡不敵衆而殞，聞者悼之，按蕭特爲外交次長李錦綸之快婿，蓋李氏愛女之未婚夫也，在美訂婚，已兩年餘 李氏除英語粵語外，不能國語，較前外長陳友仁差勝一籌，今蕭特家族，既決從蕭特遺志，殯葬中國，而蕭特之太夫人亦將來華躬與葬儀。聞蕭特此次東來，先蒞粵中，賃廡於廣州新亞酒樓，新亞之侍者高不危，穎敏精幹，頗爲蕭特所激賞，迨離粵來滬，高遂挈其二友，同隨蕭特登程，蕭特既殞，時高與二友，寄寓虹口，聞耗悲憤，爰亦逕赴前敵 從事抗日，乃二友先後捐軀，惟高獨存，近聞高已入慕爾堂童子軍前線服務隊爲隊員 並由蕭特遺囑，承受其所有遺產之大部，資其出洋造就，攻研航空之術，以繼蕭特之遺志，想高不危既爲蕭特激賞於生前，復承受其遺產於死後，當能不負蕭特之志也。

馮庸軍草綠戎裝蘇州生色

馮庸大學義勇軍，前歲中俄一役，頗著令譽，自東北被倭寇侵佔後，馮庸氏即義憤塡膺，屢向當局請纓殺賊，未獲照准，馮氏因壯志難酬，乃息影津門，態度異常消極，自滬變陡起，馮氏熱血欲沸，秉匹夫有責之義，乃毅然率領馮庸義勇軍星夜南來，逕往前方，援助十九路軍抗日，並有大刀隊一隊，衝鋒陷陣，奮勇異常，故蔣光鼐總指揮對於該軍嘉勉有加，自我軍以戰略關係，退至第二道防線後，該軍即奉命開駐蘇州，指揮部即設於城內三元坊蘇州中學內，全軍數百人，女學生約有四分之一，戎裝咸爲草綠色，紀律嚴明，精神無不飽滿異常，故蘇人對之，皆表好感，該軍駐蘇後，除加緊訓練，冀成勁旅外，復担任建築防禦工事，並指揮工人，修築城垣，以資堅守，終日辛勤，努力工作，日前蘇州學生特派代表二人，往該軍特贈綢旗一面，上書「民族之光」四字，以表欽佩，該軍總指揮馮庸氏，並語人曰，對於救國工作，不論方式，祇求目的相同，深願全國青年同赴國難，並謂國可亡，民族精神則不可亡等語，可見該軍志向偉大，殊令人感佩也。

張子廉怒扯遺囑

暴日侵滬，國人無不忿恨，而一般熱血份子，更願效命疆場，爲國殺賊，其中如國貨機器業聞人張子廉氏，平日素以提倡國貨爲己任，及滬變發生，更由消極的抵制，而進一步，作積極的抵制率領全滬義勇軍，赴天通庵助戰，殺敵無算，蔡廷鍇氏嘉其忠勇，即將義軍全隊，撥歸翁旅指揮，旋張以現有軍力單薄，圖謀擴充，於時適溧陽大刀隊揭竿而起，派人來滬接洽投効，張遂收編，與義軍合作，司令一職，仍由張自任，以告翁旅，翁即飭其集中嘉定，待命討賊　張氏此後戎馬倥傯，生死莫定，對滬上公私諸事，自難兼顧，當於出發之前夕，略備肴饌，召親戚朋友共飲之，席間即以慷慨之詞，與之訣別，並當場立一遺囑，其措辭悲壯萬分，讀之令人振奮，諸凡產業之支配，妻室之叮嚀，靡不詳盡，蓋張稔知軍書字典中，有死字而無生字也，當時親友聞訊，爭爲餞送張於席次，致其沈痛決別之辭，恆至淚隨聲下，迨抵前方，軍書旁午，無片刻甯，而生活一切，更與士卒共甘苦，乃千餘健兒，在待殺賊立功之際，忽奉退却之令，張及士卒，無不失聲痛哭，願孤軍抵抗，然軍令如山，未便撓阻，即忍痛率部後退，既返滬，取前立遺囑讀之　覺匈奴未滅，壯士無顏，一時悲忿不禁　即扯之紛碎，片片作蝴蝶舞，見者靡不爲之流淚也。

沈師長執法不阿

十九路軍六十師師長沈光漢　嘗去冬駐節蘇州時，對於部下官兵，紀律甚嚴，秋毫無犯，而於地方痞棍之爲害閭閻，如煙賭等項，查禁亦甚森嚴，有住承天寺前之某甲，乃當地之大流氓，門牆桃李，不下數千，聚賭抽頭，販售鴉片，無惡不作，所入亦夥，高車駟馬，倚紅偎翠，儼然縉紳，里人爲之側目，官廳亦畏忌不敢懲辦，事爲沈師長所聞，即派兵逮捕之，拘押囹圄擬處死刑，某之家屬大懼，奔走營救，日夕不惶，探知有李某者爲沈之業師，特往長跪泣求，乞爲緩頰，李果諾之，躬赴師部請晤沈師長 衆以爲沈必能以師生之情，網開一面也，詎知大謬不然，沈師長接見後，知其來意，即令提甲至前訊問，命痛責軍棍二百、仍行押還拘禁，李爲之侷促不安，慚愧而去，說者謂沈師長執法不阿，未肯以私廢公，實難能也。

蔣鼎文師之威武

當滬戰初開時，蔣鼎文師長因返諸暨故鄉省親，道出杭垣，厥後奉令援滬 初，中央以蔣師等開往江西，填紮十九路軍防地，茲商由陳濟棠派粵軍入贛勦共，俾調回蔣師等開防蘇杭，據聞陳濟棠索餉五百萬元，軍隊迄未開拔，蔣師僅撥全部之半東下，分駐杭嘉各處，所部皆能戰之士也，其間有逸事一則，謂蔣在贛，與共黨對峙於吉水間，將開拔前，有兵士，曉諭共黨，言吾儕將赴國難 汝輩如有愛國心，不應來瑕蹈隙，共黨報曰可，嗣傳共黨果未渡河，共黨亦黃農之裔，值茲國難，固不應塗炭閭閻也，蔣自北伐以還，迭建殊勳，所部皆精武之士，該兵士能以大義相責備，足見蔣氏平日訓練有素，亦吾國不可多得之將才也。

李杜軼事

李杜初無籍名，一度入軍界，工戰略，但性貪婪，上級輕之、不得重用，李氏憤然、放下屠刀，遁入空門、與木魚貝葉相親近者有年矣．去夏有友自東北來，據與李氏遇於松花江畔，李氏御和服，着芒屐，手握唸珠一串，口中喃喃不已，態度安閒，身長不着長物，一望而知爲我佛之忠實信徒矣。詢諸李氏徒人，則云李氏除茹素脩身外不問世事，中心透澈，一改前愆，李氏殆悟昔非今是之微意歟，滿謂面壁十年，鷄犬皆升，詎別後未及半閱，李氏竟大開殺戒，織馬占山起而與日軍抗戰，誠出人意料之外者，聞轉戰於白山黑水間，頗著勇績，嘗謂人曰，國家興亡，匹夫有責，和尚何人，怎敢落後，於此可以見其殺賊之素衷也。

翟文選不就僞省長

翟文選，本亦東北政界中之紅人，自奉天改遼寧，翟卽辭職，由臧式毅繼任，最近僞府議決，將增設興安省，擬卽以翟氏充任，惟翟氏頗具愛國思想，故雖僞府中人極力慫恿，終不就任，並恐發生不測，卽遁至天津租界中暫避，僞府中人，以翟氏態度傲慢，一面改委張海鵬充任，一面並以棄官潛逃罪下令通緝，最滑稽者，有一翟之幕僚宋某，聞翟將任省長，卽在瀋陽一帶，大施活動，一般熱中利祿而喪盡氣節者，卽趨之如鶩，一時與之協助合作者，殊不在十數人之下，近翟既逃津，宋等不及遠避，遂爲當局所執，並抄出自製之僞委任狀多紙，乃指其係翟之爪牙，其實宋等事前固無接得翟之任何任委，但既經被執，雖欲自承係僞設機關，亦不能邀其僞府中人見信，百口莫喙，此之謂也。

陳散原先生

▲不求聞達於遜清之世
▲不欲依附於洪憲之朝
▲不須機謀於復辟之變
▲不肯捐摘於軍閥之秋
▲今高臥於黨治極盛時代

義甯陳伯嚴先生，名三立，別稱散原精舍老人，乃清季維新四公子之一，以詩名天下，詩有唐宋人音，儻舉一二殘章斷句，置工部或山谷集中，讀者不復能辨古今人之作。

戊戌政變，先生之尊人右銘中丞方撫湘，侍親長沙節署，參預新政之謀，迨事敗，中丞被黜，先生亦褫主事職，自是稅宅白門，吟詩娛老，蓋久已不聞理亂矣。

端匋齋開府兩江，雅重其人，屢徵之起，且將薦諸朝，先生示不欲，卒以疾辭，偶與文酒之會而已，孤忠獨行，一時無匹，今年正八十，臥病　山中，雖尺牋之微，罕與人通慇懃焉。

黨政府羅致人才，舉先生爲國難會議會員，上海當局大書其名於報端，招領證書，以素不閱報之八十老人，或終不得見，噫，是蓋未知先生之志者矣，先生之淡泊自甘，不求聞達於遜清之世，不欲依附於洪憲之朝，不預機謀於復辟之變，不肯指摘於軍閥之秋，際茲黨治鼎盛時代，人言龐雜，先生果惠然肯來乎，吾疑之，吾甚疑之。

曹汝霖之涵養工夫

以賣國外交著稱之曹汝霖，年來謝絕政治息隱津門　當滿洲僞國未成立前，外間曾盛傳曹汝霖將任僞外交部長，當時平津報紙，曾於曾大事攻擊　有人詢曹有否其事，曹終力白其無，詢者復以既無此事，何不登報剖白，以釋羣疑，而免危險爲問，曹曰，日前余年事漸長，火氣盡脫，較之昔日少年時，鎭定多多，此事目前雖無人知，將來當能大白天下，余又何必斤斤置辯，反予人多一疑竇之點，當時聞者，僅以爲此或係曹之一種遁辭，欲以自掩其醜者，迨僞國發表台灣人謝介石任外長，於是聞者始信其確有涵養工夫也。

鮑觀澄別有懷抱

鮑觀澄何如人，縱橫捭闔之士也，使其寂處，別生髀肉復生之感，客秋張學良左右與之小有誤會　羈鮑於瀋陽，瀋變猝起　鮑爲土肥原賢一徵爲祕書，强而受命　今土肥原之特務機關，遷設哈爾濱，鮑亦赴哈，由張景惠任爲哈埠市政局局長，鮑嘗語人，傷心人別有懷抱　愚願其好自爲之，留與國人相見之地也。

曇花一現之陳廳長

孫哲生突然辭職瞬息三月，京中政况情形，遠異昔時．某君謂新陳代謝之際，最覺無聊者，爲內政次長兼首都警察廳長陳人鶴（羣），蓋陳以李文範等之拉攏，加入新政府，陳素著幹練，本擬有所作爲，故一奉兼警廳之命，卽四覓記者，發表談話，指斥過去警察行政之腐敗，並一再聲明，反對警察局衙門化，就職之始，卽通令各局所。撤去門崗，陳並衣一破舊中山裝潛赴各處視察，警界同人爲之相驚伯有，詎僅十餘日，便發生孫哲生擺脫行政院長事，陳遂不得不隨李文範同去，臨行欲召集屬員，作一度訓話，應召者乃寥寥，陳去未久，吳思豫持蔣中正氏手諭，重蒞舊地，第一道命令，卽各局所將門崗恢復，蓋於隱默之中表示「今日事我爲政」之意也，陳係閩人，半月前，閩籍人士，紛紛來京乞工作，陳旣去乃皆困於京中，屬祕書李某代爲善後，聞所耗甚鉅云。

蕭之楚鬻對犒軍

民國軍人中，能以書法著名者，南方得一人焉，一爲已故之前行政院長譚組菴氏，（譚氏治軍亦著聲譽）一爲第四十四師長蕭之楚氏，蕭氏爲近剿共中勳績卓著軍人中勇敢善戰之有數人物，近因鑒於十九路軍抗日頗烈，乃盡三星期之力，書就對聯七百餘付，每付祇售一元，交其部下代銷，售得之款，悉數犒賞十九路軍傷兵，聊作物質上之援助，前山東省長屈文六（映光）先生，素贊賞蕭之書法，故一人獨購十餘付，謂將分送酷愛書畫之親友，前軍事委員曾主席馬曉軍，亦購得五付，迨日前有人輾轉購買，已售罄不可復得　亦可見其銷路之暢旺矣。

張宗昌杯酒發牢騷

狗肉將軍張宗昌，自倦遊扶桑三島，回國留津作寓公後，不問政治已久，外間妄加臆測，謂其如何蠢動，如何野心等云，均非事實，日前張忽興趣盎然，邀新聞界十數人，在其私邸作非正式之招待宴會，酒至半酣，張起立致詞，謂『我素不會演說，生怕說得牛頭不對馬嘴，不過大家在此謀一夕之歡，也不得不勉湊幾句，關於本人生平經歷，只要大家肯聽，不妨粗枝大葉的說一說，』當述其幼年生活，赴俄學習陸軍情形，及統轄直魯軍經過，及日俄戰爭，以迄辛亥革命迄今，均痛快淋漓，慷慨激昂，最後述及政治感想，更露其牢騷之氣，溢於言表，其謂『中國之患，在於不實行徵兵制，以致以鉅額軍費，養無數無用軍隊，釀成內戰，使民生愈困，而國勢愈蹙，且國人國家觀念太薄弱，尤存門戶之見，意氣之爭，說到我姓張的，有人說及我部下不好，但我相信，我處處總保存一個眞眞，這就是我的一點好處，並且謂我有做東三省皇帝的資格，立意叫我幹，我寧願做一個一品老百姓，可不幹這玩意兒，大家可要知道，像溥儀幹這媽特羔子的僞國執政，就是我們的公敵，國家的國賊，現在最大的危機，就是內戰，只要咱們十年不內戰，大家抱着萬衆一心的對付日本人，東三省就容易奪回來，咱張宗昌也要拚這條生命，把他奪回來，……』覺張寥寥數語，言詞粗鹵，而其字裏行間，尚不失有忠勇之氣，較之一般人面獸心，假革命信徒爲號召之軍人，超逾萬倍也。

何阿毛軼事

此次日軍侵略淞滬，我上海汽車夫界中得兩義士焉，其一不詳其姓字，外傳某國接濟軍火於暴日，迫令該汽車夫駕車送往，該車夫佯爲允諾，而將汽車及軍火直送我方軍政機關，其一卽最近膾炙人口，羣相讚歎之何阿毛是也，何阿毛以其滿裝日方軍火之卡車，直駛浦江，人車並沒，其壯烈尤不可及。客有識何者，謂何甯波籍，精駕駛術，飄然一身，似無牽掛，爲人慷爽有任俠風，好杯中物，得錢到手輒盡，曾加入共黨，對於赤色工作，頗爲努力；因其交友素廣，又不吝小資，故幾度險遭被捕，而皆逍遙法外，脫離共黨後，卽操是業，居恆靜默寡言笑，有詢其家世者，輒亂他語，似不欲告人者，及暴日侵滬，何滿腔憤慨，每苦無發洩處，今卒身殉祖國，何阿毛三字之名，永垂不朽矣。刻其友人正調查其家屬住址，俾敬愛何氏者，解囊濟助，並彰忠烈云。

愛國烈女龔緈文

△刺死一日本機師而自刎

日軍破壞九國公約，以飛機向吾閘北市房轟炸，致里井爲墟，昔日精華，盡成一片瓦礫，乃有愛國烈女龔緈文，憤其暴行，於十九路軍退出淞滬之日，懷利刃喬裝妓女，隻身赴楊樹浦軍工路刺死一日本飛機師，以洩憤恨，而報國仇，旋爲日軍覺察，持槍喝止，於是龔女士乃亦自刎就義，聞龔女士行年卅一，畢業於東京帝國大學美術科，善日語，當其出門行刺之日，家人均未知悉，迨三日後見其不返，乃派人探訪，始知有此悲壯之事發生，據龔之同學云，龔在帝大肄業時，素憤日人之強佔吾大連等地，每以此與教師爭辯，是誠一熱心愛國之巾幗英雄，今僅刺死一區區日本機師而殉難，記者固猶覺可惜也。

韓仲良女郎斷指從軍

青年女子韓仲良，原籍浙江，遷居上海，曾在青年會附設女中讀書，近以日兵犯境，憤恨皆裂，亟思赴戰場參加殺敵，但又苦無機會，近見童子軍二百七十團，添招團員，派赴前線服務，女郎以機不可失，隨即首先前往報名加入，第爲家人多方勸阻，不任其行，女郎竟大哭失聲，憤慨異常，並歷於父母面前聲訴，表示救國之志不可奪，又以加入童子軍，需制服費八元，向家中索取，詎乃母靳而不與，以冀其囘心，並勸說前線如何危險，生命非可兒戲，詎女郎聆畢，默不作聲，立即起持菜刀，截斷食指一節，以示堅決，家屬見其志行壯烈，亦爲感動，遂如其請，任令前去，玆悉韓女士已於前日正式加入慕爾堂團部服務矣。

按吾國史乘所載女子從軍事，屢不一見，如花木蘭代父從軍，梁紅玉桴鼓助戰，秦良玉坐鎮武昌，費宮人單刀刺虎，此其最著者，其餘如稗官野史，所記女子殺敵效果，其事其人，悉豔傳於婦孺野人之口，故韓女郎之斷指從軍，本非異數，祇以吾國古先王制武之經，均有節度，春蒐夏苗秋獮冬狩，農隙以講武事所以示寓兵於農，言文事者不忘武備之意也，又恐尙武成風，致人民好勇鬥很而忘禮讓，故軍容不使入國，防微杜漸，用意深遠，迨承平日久，後之人安於逸樂，不但女子失其強毅不撓之眞精神，而且以男兒從軍爲苦，又以春秋以後無義戰，驅無辜人民之生命，供個人喜怒榮辱之犧牲，遂益使天下人心，厭於軍役，此吾中華民族文弱之所由來也，男兒如此，女子更可知，故唐人有女子在軍中，兵氣恐不揚之詠，是不但默認女子之不武，凡女子所在之地，其軍亦將不武，是何思想之謬耶，唐宋以來，漸忘古制，武備不修，故有胡元入寇，據我華夏，九十餘年之浩刧，及朱明起於濠上，驅逐胡元，自宜復我舊觀，修我先制，以保我華胄子孫，永世滋大，無如帝制誤人，得而患復失，定軍民分籍之制，封諸王之采邑於各行省，以監制羣黎，使天下人不敢言兵，而遂亦無言兵者，傳統三百年，故又有清人入據二百餘年之事，於是八旗勁旅，遍駐寰區，一面以文術誘漢人，使其心思材力，終身困頓於章句之間，不能自脫，所以有清一代文學之隆，遠邁唐漢，一面又揑造好鐵不打釘，好兒不當兵之諺，以消滅吾人尙武之天性，遂使吾民族強毅不撓之眞精神，無由團結，以至於今 此次我十九路軍奮其神勇，抵抗暴日之侵凌，百戰不懈，聲威所及，遂使吾民族消沉數百年之眞精神，得以感激而奮發。韓宋二女郎殆其發軔者歟，吾願吾全國士女踴躍以從其後。

宋美奇女郎復仇被逮

宋美奇女士，山東人，年卄餘，父早故。遺母在堂，兄妹各二人，住濟南西門內十五號，曾肄業於崇實女校，五三慘案發生，崇實停課，除一兄現任公安局長名馥永者獲免禍變外，餘均爲日軍炸彈斃命矣，美奇孤苦伶仃，獨具鬚眉氣，曾一度入楊虎臣部隊中，度軍伍生活，後以時運頓蹇而脫離，乃漫遊各處，先後爲奸人所暗算，嘗鉄窗風味者屢矣，所志不遂，乃於去年返舍，然而雄心未死，時思乘機遠出，俾遂復仇之願，復不料爲兄所阻，禁錮終日，嗣於去歲十月十八日，乘間逃出，北上謁張學良，呈組女子義勇軍事未獲邀准，憤而投河，幸遇援救，旋由京赴滬轉無錫懇縣黨部李惕平介紹入義勇軍，亦未應允，資送回京，曾幾何時消息傳來，美奇突被瀋陽日警署捕去矣。

骷髏團中女英雄

北方青年志士，近鑒暴日侵滬，義憤塡膺，紛組義勇軍隊，從事訓練，開拔援軍，其間以骷髏團爲最，該團人員係年富力強，饒勇善戰之青年所組，且多久經疆場，含辛茹苦，全團共六十餘人，內有女團員七人，均富具巾幗英雄之精神，至其取名爲骷髏團者，係抱決死疆場，盡成白骨之旨，當其在天津出發之時，各界領袖，當地官長，紛贈盤川衣食者，非常踴躍，並由各界公團募集該團團員出發前之安家費及餉銀各一個月，始決別搭津浦車南下，刻據路局消息，該團已到達蘇州，自投十九路軍編入隊伍，開往崐山轉前線助戰，惟聞內中女團員七人，十九路軍總指揮部，以女流參加戰線，或未盡妥，擬令暫留後方任救護工作，詎該七女團員竟剛毅性成，堅決欲往前方服務，該主管長官，知其愛國心熱，激於天良，未可勸阻，始允令往前線服務，於此可知我國民心之激昂，要亦該團忠勇抗日援滬之熱誠也，誰謂巾幗無英雄耶？

兩女生七人中有郭世華者，就學於三八女子職業學校，九一八變起，曾絕食三日，此次毅然加入骷髏團，師友有勸其讀書求深造，以待異日報國者，郭頓足大哭，哀求至半夜，始得校長院長之允許而南行，與郭同行者有王菱曼、石蕙蘭，朱金英，李慧珍，孟芝芬，則皆爲要求解放之侍婢，侯桂林則爲一孤女，當此國人慷慨赴難時，女性中有此七女子，可以自豪，而此七女子者，又皆受壓迫階級，獨能「愧死鬚眉」，則尤不可及也。

老農憤日投河自殺

北平東直門外三里屯六十餘歲老農王金魁於淞滬激戰時，忽投河自殺，經撈出，衣兜內有紙條，上言我爲日寇欺人太甚，寧願早死不作亡國奴云云，亦可謂爲國犧牲者矣

馬占山子女深明大義

以抗日聞名之馬占山，因立志不堅，受暴日之誘脅，靦顏歸附叛逆，致赫赫英名，喪失殆盡，其部下將領，亦羣起反正，倒戈討逆，故今日馬氏之實力，所存無幾矣，其

子馬子元，少年英俊，頗有新思想，於馬氏抗日之時，參與戎機，頗爲部下所推崇，此次見乃父遽然變節，屈伏日寇，心殊不懌，屢勸乃父勿爲叛逆及日人利用，乃馬氏非但不從，且謂余志旣決，不能再行翻悔，甯作千古之罪人云云，子元見乃父之志不可奪，心實恥之。因萌赴歐遊歷之念，會萬國賓，亦有赴歐之心兩人不謀而合，一經接洽，故遂實踐其出洋遊歷之言矣，子元於臨行之際，對乃父曰，吾今後實愧對祖國，無顏家居矣，今後當亡命海外，至於抗日與侍逆 孰得孰失，尙祈三復思之云云，馬氏聞之，啞然無言。

馬萬二人，此次決在海外同作長時間之游歷，參考各國之風俗工商業等，將來如有心得，將貢獻於國家，馬萬於日前由中東路出發，先至蘇俄，然後再赴法德等國云，占山有女曰淑琴，自日歸國後，組織女子義勇軍，本擬親臨前線殺敵，詎知壯志未酬，而其父已變節降日，雖經淑琴涕泣力諫而不從，擬卽自殺，爲人勸阻未果。惟業已不食數日矣。

陳炯明投降鄭孝胥

△任僞國三要職

北洋軍閥巨魁陳炯明，自曩年大敗後，蟄居港埠已久，及至往歲九一八，戰禍爆發後，卽秘密潛赴天津，與齊燮元等組織國難救國會，有所活動，方冀東山再起，詎好事多磨、因與齊等意見紛歧，遂作鳥獸而散，但陳之活動野心，仍未稍戢，仍糾集黨羽，與津浦路之匪魁洪奎勾結，擬在津有所驚人舉動，後因經濟關係，力不從心，且密窟爲津軍事當道所破獲，並斬黨羽吳達芳，陳幸漏網，狼狽間偕隨從赴大連，投漢奸鄭孝胥，據大連來人談，陳逆在瀋陽與大連間，奔波似頗忙碌，且大連日文報載，陳已參與漢奸中大演其傀儡劇，現在滿洲偽國高等顧問、偽外交協會委員，吉林省總參謀長，一人身兼三職，在偽國中亦嶄新人物，記者另將此消息披露於報端，俾國人明證陳逆近亦爲漢奸之一也。

崑山縣長自殺謝邑人

崑山縣長吳德耀，係一極守舊禮教之人物，先長太倉，後調崑山，政聲頗佳，前於日軍開到時，特以投河而自殺，其自殺原因，外傳不一，此較可信者，因有某師開到，向吳縣長索餉四十萬元，吳無以應付，即日離任，此固一原因也，但使吳最痛心者，尚有一事在，緣吳爲官以來，向以廉潔稱，當十九路軍總退至第二道防線後，崑山遂成險要之區，崑山人士，恐成閘北第二，紛紛遷避，一時人心惶惶，吳縣長雖極力鎮攝，而卒歸無效，不意在此慌亂之中，有未判決之罪犯數人，押於縣署中，竟乘隙逃亡，事發後，吳縣長憤恨莫名，而外界則又疑及吳有得賄放縱之嫌，吳免爲聲譽之累，遂一死以謝邑人，以示清白云。

趙欣伯漢奸名滿天下

東北漢奸集團中，趙欣伯實爲此中巨擘，蓋因彼親日歷史之深長，故最爲日人所信任，一身兼數職，頤指氣使，不可一世，乃最近竟不諒於本莊，除撤本兼各職外，且加扣留，而當下令拘禁之日，本莊怒不可遏，有立即槍決之意，幸其左右土肥原坂垣等，素與趙暱，爲之力保，始全生命，然趙向恃以擅作威福之奉天市長，則已另委閻傳博氏矣，查趙之所以失歡於本莊之故，緣趙在僞國組織中其地位反較前低落，故對之時有怨言，並在市長任內，以搜括所得悉入私囊，不按原約交日，適本莊往長春賀僞國成立，偵知其舞弊行爲，遂於返瀋後用迅疾手腕，將其拘押，至現市長閻某，爲閻錫山之遠族，現年四十六歲，爲日本帝國大學出身，得有法學博士學位，亦親日派中之一健者云，噫，何甘爲漢奸之多耶。

趙性好風流，昨得友人轉告其十年前求偶一事，至堪發噱，按趙於民十，在北平登報求偶，時有某君，僞託女兒身，化名謝毓秀，致函於趙，願結爲終身伴侶，趙接函後，即佯覆一信，除詳道自己出身，年歲，進款及愛情原則外，並關於以前亡妻之經過，細表靡遺，蓋欲顯明自己爲多情種子，以得對方之歡心，趙函發出之日，爲民十三五月三日，說者謂與民十七濟南發生五三慘案，適爲同一日期，可云巧合矣。趙於覆函之中，並附有最近小照一幀，並言明其所以蓄有髭鬚之理由有二。(一)我亡妻愛着洋裝，所

以喜有點鬍鬚，（二）我任各大學教職，所以不得不留點鬍鬚以掩我是青年，其理由亦可謂滑稽之極矣，

張燕卿叔姪各懷旨趣

某某報載所謂滿洲國之閣員，係根據日本通電聯合兩社電訊，中有實業部長趙袁卿，係張燕卿譯音之誤，按張名仁樂，字燕卿，爲張南皮（之洞）之十一公子，南皮有寵妾二人、曰遠山近水，燕卿庶出也，曾留學日本，習法政，人極幹練，儀表甚都，李景林督直時代，任天津縣知事，尋赴吉林，張作相徵爲諮議，瀋變後，熙克氏（洽）任作實業廳長，今筦實部、亦熙推轂也，燕卿有姪曰厚琬，字忠孫，士官畢業，與揚宇霆等同學，亦久在遼吉、官陸軍次長，曾任哈爾濱警務處長，北平電訊、謂忠孫己棄職逃平，何賢叔姪之旨趣，相去乃爾耶。

蔣明極小史

近日因受東南自衛軍嫌疑被逮之蔣明極，人鮮知其歷史，蔣原名彥謇，民三四間，袁世凱收買民黨，有遣赴留學日本者，因在東京設特種學生監，以蔣爲監督，蔣是時易名士立，後兼辦東京籌安分會，鼓吹帝制，爲留學生某所狙擊受傷，袁歿、潛歸國、又改名世傑，字民杰又號溟揖，最近始曰明極，當安福系盛時，人嘗見之於東鐵匠胡同，自謂有五十種救國問題，喜談無極太極，故名明極也。

不肖生所撰之留東外史，書中曾將蔣士立風流佳話形容盡致，蔣在不肖生撰是書前，誠然出色當行，其一切穢行醜事，留東之黨學各界，咸知之而引為茶餘酒後之談資，蔣嘗自詡有功於民國，又嘗在北京辦報，終以為袁世凱鷹犬，赴東京收買國民黨員，以致被刺，其名始彰，聞蔣此次參與東南自衛軍進行，或蓄有抗日之志，但東南自衛軍之組織，分子極雜，且大都為曾掌政事諸大權而今不得志之流，宜其命運亦多舛也。

記誠允生死不明

前吉林賓縣省政府主席誠允，滿洲人，以反對熙洽之歸附日人，壓迫民衆，乃聯絡丁超等軍隊，另組織賓縣省府，其後依蘭鎮守使李杜，亦率部與之合作，力抗熙洽部隊及駐吉日軍，當時誠允曾向人謂，倘熙日二軍猛力圍突賓縣，則渠甘願死於省府，誓不屈從，迨丁李二軍與熙洽軍及日軍開火，人數遠殊，致賓縣慘遭失守，而誠允之音訊，遂亦不復聞知，據東北人云，誠允當日軍逼近賓縣三十里之遙時，尙態度鎮靜，辦事自若，自願實踐前言，與賓縣共存亡，旋日軍即以飛機多架，在賓縣猛擲炸彈，轟毀賓縣省府，目下該省府已被炸不復舊觀，誠氏或已死難，但另據人云，誠氏現下已安抵北平，與張作相同居，蓋張誠感情尙佳，此次誠之就任吉省主席，多半出諸張意，但不知此二說之孰是也。

機械

蔡廷鍇發明蟻穴新戰壕

自浴血鏖戰，爲國增光之十九路軍，因戰略關係，全師退至第二道防線後，前方軍事重要消息，因碍於交通梗阻，一時沉寂無聞．記者昨日在某新聞局採訪外交界消息時，經友人之介紹，適遇十九路軍叅謀長兼運輸主任唐德煌君，記者以採訪新穎眞確新聞之機會，不可多得，乃改變方針，詳詢前方一切情事，據談，自我軍退守第二道防線後，士氣旺盛，絕不因後退而稍緩，且人人本剛毅沉着精神，願爲黨國效命，並謂我軍佈防之嚴密，及防禦之鞏固．如銅牆鐵壁，目下所築防禦之事共六層（一）鐵絲網，（二）地雷，（三）木柵，（四）蟻穴式戰壕，（五）沙包，（六）戰壕，各種以蟻穴式戰壕爲最佳，由蔡軍長廷鍇從作戰經驗而發明者，其方式係在地挖有方橫約四尺之地孔，每度距離約一丈之譜，一穴派有士兵二五看守，此種既難知我軍虛實，且進退極便，敵以砲攻我軍可避免重大犧牲，敵軍雖有犀利之戰鬪品，但窮諸戰術，殊難施其特長，我軍除有堅固之防禦各事外，並酌配野戰炮及重炮口口門，曲射砲直射砲高射砲口口口尊，水旱各式機關槍共口口口挺，另有小鋼炮多尊，軍械非常充裕，兵力異常雄厚，敵苟來犯，則趨入作砲灰之途徑必無疑，談至此謂我將日內赴前線，準備流血，贈君敝像一幀，以留紀念，記者於與辭告別時，該參謀長緊握記者之手歷數分鐘。

蓋唯心發明防空輕砲

△制勝一切戰利品

自暴日侵華以來，我國軍事當局，曾用高射炮及飛雷等，抵禦敵方之飛機，惟如高射炮飛雷等之材料，大都取諸舶來品，且其構造效用種種方面，尙覺呆笨，而不完善，昨聞有從事軍械四十餘年之老發明專家蓋唯心氏，又發明防空輕便炮一種，洵爲當今全國禦侮之無上利器，據聞此項製炮之材料，純取本國之土產，絲毫不採集於舶來品者，其炮身長約一千二百米，口徑寬約四十米．彈重十八兩，高射炮可超二千五百米達以上，平射亦有四千米達，全炮重量約六十二磅，炮身重廿二磅，三足架一具重二十磅，途中作戰由三人分担，各有背俱．輕而且便，如高射飛機時，炮身在三足架上，可任意旋轉，百發百中，如平射騎炮步兵鐵甲車戰壕等，無不命中，且彈一經出炮口．速力甚猛，無大煙火，可免敵人注目，又無巨大聲音，故在高山叢林作戰，並無困難，而此項炮彈，亦分三種，一爲披甲彈，專破溝壘及鐵甲車等之堅硬建築品，二爲着發彈，三爲燃燒彈，惟落下亦無傷人之患：蓋以高射時多在本軍陣地，落下爆發，必傷本軍，故蓋君構造之初，對此前後考慮至再．始臻此完善之利器．不久將貢獻於我國軍事當局，作禦侮殺敵之法寶也。

蔡霖生設計飛雷製造廠

△蔡霖生將爲未來之廠長

△軍政部允撥經費二十萬

發明飛雷專家蔡霖生氏，我人已公認其爲當代軍事戰利器之大發明家。同時軍政當局，亦曾一度令十九路軍，將其發明之成績品，在射擊日機之高射炮外，作一準確之比較，試放既畢，所獲效果，確較高射炮遠勝多多，故經中央軍事諸要人之鑒別，與會商之下，由航空署令該發明專家蔡霖生氏，先行入京，以便在此軍事危急時期火速趕造，撲滅倭焰，蔡氏奉命，卽率領員役十數人，南下抵京，晤見軍事諸要人下，中央擬卽令軍政部撥款二十萬元，在航空署管轄之下，設立飛雷製造廠，以期加工趕造，應付前方需用，至待戰事結束，中央爲撙節支出計，仍須將該廠併入兵工廠內，縮小組織，蔡氏本人，中央欲專其責任起見，除令任技師外，更兼任廠長，內定如此，雖未發表，但事實上，蔡被任未來之廠長無疑矣。

蔡於設計組織飛雷製造廠，曾發表其經過及意見甚詳，略謂本人曾供職於東北兵工廠，對製造炮彈經驗，較有心得，現下鑒於歐西各國發明軍器漸精，且漸側重於科學化之戰爭，我國與較，無異十步之譏百步，故鄙人處心積慮已久，每從事研究，冀有所成，乃自前年中俄戰事發生以還，東北備受蘇俄飛機轟炸之苦。若以空軍與之周旋，在現時我國空軍萌芽時代，勢所不能，故從破壞設想，乃有飛雷之動機，於是籌資本以試造，當一二次之試驗，均未奏效，待第三次之試驗，始告成功，在北方試驗多次，頗蒙張學良氏之稱許，嗣准予分場專造，未幾而東北變起，是以停頓，茲承政府電召，遂毅然來京，勉効黨國，此次抵京後，當將圖案及說明書，並所需材料等，彙呈軍政部察核製造廠組織辦法，已有相當步序，於最短期內，即可成立，他日成功海上，亦中華戰史之光也。

國人發明無線電網

近今國人對於科學之發明，已有甚佳之紀錄，張富天曾有飛機之自造，蓋唯心有軍械之改良，東北兵工廠之工程師蔡麟生，亦有專擊飛機之飛雷發明，對於科學界之供獻，實已有相當之成績，惟於實用方面，則甚少功能，此次滬戰中，吾陸軍之戰鬥力特現巨大之威儀，殺敵效果，有使日軍似摧枯拉朽之狀，然而日飛機則因吾方少對抗之空軍及防禦之利器，故極端肆其淫毒，故自滬戰以後，日方認飛機為利器，吾人亦深認飛機及空防之重要也，近聞有留法科學專家陸君者，對防空之利器，已有重要之發明，其法係混合無線電及交流電而成，將現在普通應用之電網，加以改良，惟電網必須有物質之組合，且需有工事之建築，實極麻煩，陸之發明，則利用無線電之原理，不必有形之線，僅於遠處設一發電所，操縱開關，應用科學無線電之功能，可使電流在需要地段發生效用，並因該電網有交流電作用，故可使任何事物在其範圍之內觸電焚燬，且令人驚詫而不知所以防備應急之法，同時機關之操縱者，能於表計上視察敷網地點之需要，及設網之高低，其功效實極科學之能事，現正在試驗中，故尚須切守祕密，此文蓋僅端倪也。

北平商會製軍用鋼帽

有德國老軍事家某君，曾赴嘉定南翔戰地視察，並在各傷兵醫院參觀一過，遂發表其經驗之談曰，中國軍隊恃其精神的作戰，屢挫日本之銳氣，誠無上光榮，日本雖恃其軍械犀利，而實無由展施其長，惜中國軍士傷者甚多，且傷勢均在頭部，推原其故，則此華軍皆無鋼帽，而僅戴一軟質軍帽也，故華軍每當探首伸出戰壕 或有起立時，其頭部輒被日軍之槍彈命中云云，此項談話發表後，各界皆公認其評論確當，見識深湛，同時亦深覺鋼帽之重要，實與軍事作戰方面，有莫大便利，於是紛紛醵資定製，茲聞北平商會，已聘得軍事技師多人，用好鋼製就鋼帽二千餘頂，業已於近日運送至崑山軍事前線，分發十九路將士戴用，聞鋼帽樣式仿德國式，作深草式，甚爲美觀，厚約二寸，光潔可鑑 每頂重約三斤，戴之異常舒服 並不感覺沉重，預料我軍得此鋼帽後，衝鋒陷陣 必能嚇破賊膽，殺絕倭寇也。記者曰，惜乎太少。

粵省新購軍用利器

威風八面之嶺南唯一將才，第一集團軍總司令陳伯南將軍，鑒於外侮日亟，國防吃緊，所有犀利器械，及強烈軍火，爲軍用重要必需之品，故近正積極擴充軍備，不遺餘力，據寰球社消息，三月二十四日中粤省府派吳某向香港德商某公司起運德國新發明之渡河艇百四十餘架，及挖壕機百餘架，聞該項利器，爲中國從來所無，査艇之形狀，係以樹膠製成，形如布袋，用時須鼓氣使漲，以汽油行駛，速度極快，五分鐘，可渡過五百尺河面，每艇可載二三十人，來往自如，十分便利，用時，拋地如蓆，異常輕便敏捷，至挖壕機，即挖泥機，其力極猛，實土亦可施用，動作如牛之犂田，每小時能挖戰壕達百尺以外，較諸人工速度，殆過二十倍之多，但不知此項利器，果能專爲抗日用歟。

紙鳶可禦敵機

△希望民衆多多製助

昨據十九路軍後方辦事處，傳出消息，我軍撤退至第二防線後，敵仍以飛機施擾，茲經旅長匠心別運，發明以春日郊野，兒童有競放紙鳶之舉，移而利用於軍事上，獲助殊多，蓋設於空中滿佈紙鳶，可增多敵機航程之障礙，與偵察時之盲視，駛飛不克如意，倘爲紙鳶所纏，機首之發動葉與兩翼，必致受損而下墜，故此舉所費有限，而收效甚巨，現聞軍中已在劈竹趕製，並希民衆製助，更爲歡迎云。

張惠長積極擴充空軍

（一）派員出洋　粵空軍總司令張惠長氏，前為擴充空軍起見，除派胡錦雅及其夫人薛錦園女士出洋擴大航空宣傳，指導華僑購機外，後復派劉植炎放洋募款購機，最近又特派翁某代表出洋，當更有良好成績，又據翁氏語人云，我國陸軍軍力量絕不示弱，空軍人材亦多，獨缺乏飛機，今中央既有對日抗戰到底之決心，則空軍之擴充，自屬火急之圖，張司令特派本人出洋，以冀喚起各地僑胞明解此義，同趨於救國之途，吾人對金錢不需要，所需要者祇是飛機，若有飛機，空軍隨時可以為國家效死云云。

（二）添聘名師　國難日促，外侮日亟聲中，我國軍備，似應銳意求新，尤其空軍一項，為現代世界所必須之戰鬥利器，廣東空軍總司令張惠長，有鑒及此，除特派航空處指揮官黃光銳，巡赴歐美各國親購大批戰鬥機，及防空一切之重要物件外，張氏並以中國航空處名義，聘請彼之老友美國飛行名將馬利氏，担任教授新式飛行戰術，據官方消息，馬氏業已抵粵，邇來在廣州瘦狗嶺飛機場駕機指導各隊飛行員，頗為努力，查馬氏曾任美國陸軍航空學校校長，及紐約波特飛機公司總理，且曩年參加歐戰，技術及勳績非常超著，並馳譽歐美各國云。

雜紀

一個日本夫人的廣播

女嫁從夫，古今萬國之通例，我國留東學生，娶日本女子爲妻妾者甚衆，久則同化，不異華籍，滬戰起後，南京某區黨部曾提出一議案，研究中日如至國交斷絕時，對於娶有日婦者，應如何處置，尙未付討論也，中央黨部職員中有方治者，其妻卽日產，戰時囑其夫人歸日，夫人不可，以爲既夫華人，則亦華人耳，且願爲中國工作，乃担任以日語廣播海上戰事，及日軍暴行，吾人有時於無電線中聆柔脆之日語，發悲壯之報告，殆卽方夫人工作時也。

日武官醜態畢露

某報記停戰會議席上，鼾聲一節，尙有未盡，玆特補記如下，當正式會議之第三日，植田等仍率若干武官蒞會，議席作冂形，上爲美法兩使及意代辦，而右席則係英使及中國方面之代表，左席則爲英席之漢文參贊，暨日本代表，除此冂形席外，室隅且置長椅一，備日方武官等之需要，會議時，雙方爭辯雖烈，然武官不諳華英諸語，索然無味，遂致漸入睡鄉，而且鼾聲大作，我方出席之外部祕書郭德華君，因鼾聲擾人聽聞，乃起請各代表所發言論，不知爲何項聲浪所擾，致未能全部聆悉，當時英美兩使，遂回顧鼾聲發處，見日武官之睡態沉沉，不禁覷植田等而微笑，植田重光等，不覺赧然，又日記者至英領署採訪會議消息者，日必二十餘人，且有乘摩托自由車往者，直入該署庭中，機聲軋軋，每衝破沉寂之空氣，且對署中人瞋目相視，一種傲慢態度，恆咄咄逼人云

本莊繁設壇請訓

△戰論「陽陽洋洋」▽

日軍司令本莊繁，自佔領滿洲後，即電奏日皇，目無蔣介石張學良汪精衛胡漢民等，恣睢跋扈，不可一世，不圖對於鬼神之說，反深信之，有自瀋陽來者，談本莊忧於國際對日空氣之不良，又迭聞日本在滬敗潰，因設壇扶乩，有所請訓，初請關公降臨，關公不到，繼請某仙，仙示以「陽陽洋洋」四字，本莊不解，請釋之，乩復書，曰「退出瀋陽」，困守遼寧「進攻南洋，大戰太平洋」，本莊見而悄然，遂撤壇退，推乩語意，大抵謂本莊退出瀋陽之後，仍在遼陽境內被困，進攻南洋者，或指日本攻滬之役，至大戰太平洋，則顯示美海軍，到檀香山集中，而日美之戰不可免也。

上村夫人祭江

三月一日晨，日軍偷渡七丫口，吾駐軍奮力抵禦，擊沉敵渡輪五六，士兵飲彈墜江死者百餘，中有大尉上村志平，中尉濱松重五，亦於此役飲彈畢命，後由掩埋隊將兵屍載去，而此上村濱松二將，則就地分葬於七丫北岸，與長江對峙，墓前各樹一木牌，上書死者列銜姓氏，一抔黃土，爲鬼他方，敵士卒多爲揮淚，數日後，敵軍士一隊，陪一妙齡女郎至，香頰低垂，柳眉緊蹙，若不勝哀，將及上村墓，撲而踣地，對墓作長號，其聲悽惻，口中復呢喃不絕，似訴生離死別之苦，旋忽忍淚返身，對江波作盟誓狀，復以手作勢，意欲求飲，士卒會意，奔向村落而去，及返，則女已失蹤，遙望江心，則浪花翻濺，知已投江而逝，里人以其事極哀豔，競相傳述，而初時余適接眷返里，故得備聞其事，爰誌之。

居士林作日軍司令部

閘北新民路國慶路隅之佛教居士林，四層廣廈，氣象崇閎，設備新穎，（凡水汀衛生厠具咸有，）地點幽靜，是誠滬上酒肉叢中，綺羅隊裏，不可多得之修行養性地也，滬戰起後，主持林務之覺明大師等皆遷居他所，僅留僮僕應門，炮火猛烈之際，日軍投重量炸彈凡七，皆未命中，中亦未炸，不得不歎佛力無邊也，閘北滿地刼灰，斯林巍然無恙，日軍乃入內膜拜，除佛象外，又移諸物於四樓，佔用一至三層作司令總部焉。

演劇術

日本人舞台上的戲劇，據一班戲迷先生說，不敢請教，實在乏味之至，但是日本人政治上的戲劇，可以說他眞有本領，東三省的僞國，便是一齣大提線戲，此次國聯調查團到日本，他們又造了許多僞證，哄騙他們，一面再竭力勸他們投資，又如上海戰爭之時，殺死了中國人，完全用蔴袋裝起來，運到別處去燒，一點不留痕跡、閘北佔據後、要老百姓們，稱東洋地界，又把中山路改爲亡國路，用一塊洋鐵皮掛在路旁，寶山路改新日路，蒙古路改蒙國路，并且要人家懸掛日本旗，這些完全是戲劇材料，近來國聯調查團一到上海，他們到底有些顧忌，閘北趕緊掛起青天白日旗來，把地下炸成深潭的地方，一一塡沒，表面上裝做退兵，暗地裏又把兵陸續運來．幸虧國聯調查團諸君，都是老看戲的，不願看這些東洋戲．他們老早託了本國的公使看清楚了。

崇明島上多寶物

在上海事件未爆發以前，日本政府，本來把上海一埠的戰事，交付給海軍方面的，陸軍對付東三省要緊，不打算開到上海來．自從海軍陸戰隊一敗，政府才把陸軍調來，而東三省方面軍隊，也移去若干，近來東三省一吃緊，日本又非趕派陸軍去應付不可，上海方面，更非少數所能應付，所以日本對於這兩處軍隊．開銷着實不小。

上海的海軍本部，仍在北四川路，陸軍司令部，在楊樹浦公大紗廠，但是這兩處，不過做一個辦事機關罷了．他們因着中國便衣隊，隨處可以出沒，而且戰時炮彈都向這兩處開放，所以他們所有的軍械以及糧草等物，都藏在別處．什麼地方呢，記者打聽了好久，現在才明白，就在離上海不遠一水之隔的崇明島上，請大家留意。

日海軍之消魂地

滬上平日，本有日海軍駐防．該國艦隊司令鹽澤，知此輩櫻島少年．性慾殊甚．不可不謀一適當地點，以供發洩，乃在全滬日妓院中，規定吳淞路之兩妓院，專爲日海軍消魂處，禁接他客焉，兩院共有日妓四十餘，按日必有日醫，爲之檢毒，俾海軍戰士，不致攖有風流病，因此滬戰發生後，日海軍奸淫婦女者，較日陸軍爲尠也。

日學生盜賣重要機密書

日本國內，自鬧不景氣以來，各派各系，鬥爭甚烈，僅就我國報紙所載，已更僕難數，其他未爲外人知曉，而日人認爲有祕而不宣之必要者，更難以計數，友人自東京來，爲述日本海軍學生，盜賣海軍機密書類一事，正與我國之江北漢奸，昧良作倀相同，不過彼爲有識仕官，此爲無智愚氓，事發後日當局諱莫如深，故知者絕少，今略述如下

日本佐賀市佐賀中學，有四年級生古內善郞之次子米藏者，將其兄武次所保存在宅內之日海軍重要機密書類盜出，議售於駐日某國大使館，嗣以付郵局遞寄，致在東京發見，經東京憲兵隊本部等活動之結果，於最近已將其檢舉研究，因違犯軍機保護法，將付公判，日當局以該案關係重大，故嚴守祕密云，

日本小學生組織盜竊團

日文報知新聞社，最近旭川市各處，盜案頻出，經徹查結果，所獲犯人，皆係十二歲以上十四歲以下之小學生，學校當局聞訊，頗爲驚駭，着手調查全市內各校學生之操行，竟發見一校十名以上三十名以下之竊盜團組織，彼輩兒童，見學友之爲竊盜，已亦被其誘惑，受竊盜風之感化，且據逮捕之學生所供，實因家貧而出此下策，甚至大多數竊盜學生之父母，皆喜其所爲，實爲教育上之重大問題，又據高崎分局電話報告云，高

崎市中央小學校高等課二年生新井吾十六歲、木村靜雄十六歲、淸水大太郎十五歲，江口細吉十六歲，小野星三大郎十五歲等五人，自去年年終以來，組織三人一組之竊盜團，出赴該市內書店雜誌店文具店與上信電車車庫，竊取金錢書籍雜物，現已發覺，均被高崎警署檢舉，由此可證日本教育墮落及生計恐慌矣。

日本之新獻地圖

爲外人所售去

據長崎新聞載，鹿兒島警署接密報，奄美大島之祕密地圖，被鹿兒島市內某汽車商售給某外人，極度緊張，開始大活動，上記祕密地圖，似於市內某旅館，售給外人，該車商曾因攝某要塞照片受宮場訊問之事，該案案情頗覺重大，或謂該汽車商外國王賡也，獻地圖必於旅館，王賡開其先例矣，所稱外人，非俄卽美，不難推測而知，物必有偶，信然。

僑滬日人舉行戰影展覽會

殆爲得意之舉

上海日人將於四月九十兩日，在蓬路日僑總會，舉行上海事變戰事照片展覽會，聞主持此會者，爲上海日文報館三家，及日軍司令部，凡非以攝影爲營業者，無論何國人士，均可於六日下午五時，將作品送至主辦之各報館加入展覽，評判員將選出優良照片，編貼成册，此册照片，乃日軍當局，特備爲天皇賞玩及分贈參加滬戰之海陸軍作紀念者，想將來日皇覽閱此照片時，當欣然有喜色曰，「我軍隊破壞力之厲害，實不負多年培養之功也」，

日本的驕態

自三月一日，我們忠勇的將士，因戰略關係退却後，敵人都高興得很，好像得到了極大的勝利一般，你如站在外白渡橋上，常常可以聽見他們勝利之曲，從附近的敵艦上傳出來到虹口去，你到處可以看見他們醜惡的臉對着你獰笑，在日本，更是起勁，看上海戰爭影片咧，戰利品展覽會咧，喝香檳，跳舞咧……鬧得不亦樂乎，並且『上海』，他們已改稱作『長崎縣上海市』，大約是附屬於他們長崎縣的意思，勝利，讓他們儘量的慶祝吧，待不久以後，我們忠勇的將士殺出來的時候，來看他們逃命的狼狽吧。

商務書局遭日嫉視緣因

商務印書館創業卅六年，出版數千種，爲吾國新文化之淵泉，當癸卯甲辰之際，中日感情，幾同昆季，印刷技術　復賴日人，爰有日本金港堂書店加入商務之事，來華任事者，有長尾雨山，（前日本文部省次官）（即如中國之教育次長）池田（大學教授）諸氏，迨五九風潮，商務當局苦心孤詣，始得收回日本股份，解散日本職員，自此已無絲毫關繫，而日人則有鳥盡弓藏之感，不慊於懷，又奚必諱，日人經營之作新社及東亞書藥局

，前此頗思於出版事業中佔一席，究以形格事禁，不特未能發展所長，福州南京兩路之出張所，且緊縮焉，二十九日之硫磺彈雨，使商務工廠蒙重大之損失者，縱曰無心，抑何巧合耶，器小之稱，不能免也。

日兵與冥鈔

生意人有一句俗語，叫，外行不要上，內行不要放，就是叫人各守本業，不要去嘗試人家的職業，人家會發財，我不必羨慕人家，我自己也能發財，如果我一定要走人家的路，那就不但不能發財，說不定還會上當，做賊做強盜，不必有專門學校肄業，偷與搶，非常容易，但是偷與搶，是盜賊的本領，外行去一做，就會鬧笑話，兵，是打仗的專家，要他去偷與搶，本來很不自然，但是在無法律無秩序的地方，順手牽羊，偶一為之，亦無不可，這不能怪兵，要怪環境，無論是野蠻國的兵，文明國的兵，都逃不出這一個關。

某天在吳淞路，見一個日本兵　拏着一張冥國銀行鈔票，硬要買物，見者都笑不可仰，我覺得，這不是兵的不會辨別，乃是軍隊中組織上的缺點，最好每一大隊中，應當要有一個所得物檢查處，那就決不會有冥國銀行鈔票拏到市上來鬧笑話了。

日人怕吃官司入外籍

犯了法，當然要吃官司，要免吃官司，只有逃走，或是入外國籍，使本國的法律，管不倒我。會鬧事的好漢，不怕吃官司；然而日本人就辦不到，日本此番的禍，闖得不能說不大，而且他獨自無理取鬧、沒有人附和他，輿論也很不好，他還是不顧一分，盲目的前進着。國聯方面看不過 要引用第十五條了，日本自然怕吃官司，逃又逃不開，於是只好採用入外國籍辦法，打算不受國聯裁判，只有退出國聯了。

新來日軍都是老兵

日本第九師團，開拔來滬，東報盛載此師團之歷史，謂曾參加日俄戰役，攻陷旅順，又曾參加西伯利亞出兵之役，據某軍官言，旅順之役，距今二十九年前，當時赴前敵者，即作爲二十四五之健兒，今已年逾五十，豈有人人廉頗個個黃忠乎，日之現役軍人，每三年而退伍，輪流瓜代，其有留營者，久之亦洊擢軍曹上士，此輩中或有當年之老兵，非皆身經戰陣之士也。

五萬元賞格

自暴日鐵蹄凌踏滬淞之後，我國人之到閘北江灣吳淞者，必遭日寇檢查，日寇苟檢得香煙，又必奪以踐踏之，而別償以仙女牌香煙，謂仙女牌爲大日本產品，責以多購，因此之故，乃有販香煙之商人，出五萬元賞格，徵求如有人能證明仙女牌爲日本貨者，願舉賞金與之，其實日寇口中所云仙女牌，是否即煙商口中之仙女牌，殊屬疑問，但有親日之流，及從日本歸者，謂日本確有仙女牌香煙云，是仙女云者，不知究竟下凡於倭國，抑下凡於黃浦灘之東，此又一疑問也。

閘北漢奸之神通

當廟行一役，日軍幾乎全軍覆沒，豈知同為生於斯，食於斯，衣於斯，號稱漢奸一羣，祇圖袁頭，不顧奴隸和牛馬之痛苦，孤羣狗黨，人面獸心　漢奸乎，如是，汝輩先人，亦當為亡國鬼也，此次閘北大火，為從來所未聞，幾十方里繁華市場，一眼望去竟成焦土，殊堪浩嘆，記者昨日特至戰區視察，不禁觸目傷心，慘不忍睹，據云，此非炮火，實則日軍賣通漢奸，暗中縱火焚燒，非特耗財產無算，而且居民葬身火坑中者誠不可以千萬計，豈不痛哉。

茲悉在起火之際，漢奸輩多半先將富室中珍貴一部分器具搬出，現統藏在某處特給大日本江北司令部卡片一張，俾出入閘北，以免被日兵檢查，其神通亦云廣大矣，然在購者可持收條備專車進去裝貨，貨品之優劣，任憑選擇，友人告余曰，一百元之價，可抵三百元之數，便宜已極，而是物之失主，眼見彼輩刼掠以去，無可如何，吾尙設身處地着想，當必揮淚若雨，故具仁心者，皆不願得此賤貨，致彼漢奸，多一筆進款也。

漢奸薦頭店

滬戰既起，日人即以金錢收買我大宗江北同胞，以供驅策，如窺探我軍情，破壞我後方，以及擲彈縱火等工作，大都由此輩為之，雖中間為我軍拘獲，因而正法者，不可計數，然卒勿能稍戢彼等利慾之心，依然相繼供日利用，甘爲國人共棄，究其原因，初亦不外貧困所迫，與缺乏教育故耳，自我軍撤退至第二防線後，聞北吳淞一帶，所謂江北漢奸，益麕集而大肆活動，或助日軍搜檢行人，或恃護符公然搶掠，囂張橫暴，到處皆然，蓋已完全陷於無政府之狀態矣，聞此輩江北同胞之爲漢奸也，初則由人餌以金錢，巧言招致，故多數出自被動，且有被迫者，繼見有利可圖，遂羣作毛遂之自薦，而日人亦來者不拒，一視同仁，惟至今日，則錄取漸嚴，凡欲效忠於倭奴者，須由薦頭人爲之薦引，否則，必擯門外，此輩薦頭人，或係漢奸之先進者，或向供職日本中素得日人信任者，一經介紹成功，於工資中例有折扣，或更中飽若干外，即凡搶刧所得，亦須有相當之貢獻，故有介紹入之資格者，無不樂爲之，至今且漸入於競爭之狀態，其情形絕似海上之傭役介紹所，卽俗所謂薦頭店者是也，至其工資，則每日數元至數角不等，但此輩別有目的物，工資豐嗇不計焉。

南翔漢奸鎗殺五十人

△係漢奸領袖方某所指使

南翔自由日軍侵佔後，該地之一般無業遊民，著惡土棍，紛紛充當漢奸，以洋貨商人方大塊頭爲領袖，其勢力之盛，與東三省傀儡政府成立時之趙欣伯，可相輝映，其實此人家道頗豐，在地方上又極有面子，今甘爲日人驅使，殊不値得，方有黨羽約二三百人，此輩逃散者逃散，激於愛國心，不願充當漢奸，而甘願坐吃者坐吃，於是漢奸人材，大感缺乏，而乃不得不容納異幫中人，最初若輩尙能受方指揮，近以毛羽已生，於方已不若昔日之惟命是從，如最近因拍賣以前抗日會查封之日貨，及徵收日軍給養捐二事，在在擅作主張，不與方某分贓，故方仇視異常，且此項異派漢奸，與日軍下級軍官頗多聯絡，方亦不敢若何壓制，會此項漢奸中，其中有一人，刻爲日軍在其家中查出義勇軍軍官制服，及三民主義建國方略，暨上海某通訊社印行之日本田中內閣之侵滿計畫等書多册，而同時又有二漢奸，私將日軍營房儲存之白米，竊出數十袋，擬僞稱運往後方，由內河輪船運滬販售，當亦爲日軍覺察敗露，於是方乃乘機播弄是非，向駐紮鎮上之日軍某團長報告此項漢奸種種不法行爲．並謂若輩之充當漢奸，完全係國民黨所指使，用以阻梗日軍行動，及探刺軍事行動，將來前方緊急時，定有後顧之憂，此團長少不更事，以方係植田中將所倚如手足之人（植田前曾住於方之家中），常信以爲眞，由方某開一名單，將名單上之諸漢奸，一一格殺勿論，一時被殺者有五十八人之多云。

薛傳峰被捕前後

前寇英傑部下軍長薛傳峯（小名士英）．以綠林豪傑，而得進身寇部充任營長，迨寇任督軍時，薛亦已由師長而晉陞軍長，寇失勢後，薛仍由軍長而變爲綠林首領，說者咸謂其生成盜命，故雖貴至軍長，而其下場，仍爲盜首也．去年薛曾率部在山東臨清一帶作亂駐於該處附近之一小部份軍隊，幾爲薛部全部解決，以此大觸韓復渠主席之怒，迭派精銳痛勦，又聞薛曾挽人向韓疏通，願編成一師，歸韓節制，韓以薛部槍械殘缺不全，祗允收編成團，薛充任團長，其餘遣散者遣散，分配各軍補充者補充，薛不允，遂未能就範，詎近薛野心又發，忽利用抗日名義，在魯西一帶組織民團，圖謀不軌，最近又往平津活動，事爲韓復渠所知，遂密電津當局，將薛逮捕解濟，傳已於二十七槍決，亦自取之咎也。

祕書害於倭

某君爲某公之行祕書，染翰吮毫，卜晝卜夜，然其名不彰，知者多嘲以爲小軍機，某公例於年俸之外，另致酬若干，而不許其晉職，某君亦安之，以數萬金在故鄉置產，雖少年而已知養老，最近忽然解職，涕泣陳情，僅得調於某署，名位依然，實力大減，遂憤辭去，某公亦留而弗留焉，聞在某種事變中，某公亦發有通電，行間有句曰倭奴，某名流之手筆，而由某君整理付繕者，既，名流察其未協，乃言於某公，擬易爲強鄰，對衆猶是，辭則蘊藉殊多，某公然之，令某迅竄易，某感覺稍鈍，雖易之而仍以原稿付發表人，致檄電飛傳，倭奴二字仍赫然在，公怒仍讁某。

馬占山降日之拉線者

曾稱名一時之馬占山，竟不自愛，投降於倭，且受僞令而任黑省主席兼軍部總長，此在馬個人，良不足惜，然汚辱民族之光榮，實屬至大，溯馬之降倭，任拉線者，則前黑省政府委員趙仲仁也，趙在張景惠降倭時，即奔走黑龍江哈爾濱間，爲籌畫投降，及馬敗退海倫，趙又來往海倫哈爾濱之間，備極辛勞，卒使馬實行變節，迨馬赴瀋陽諂事新人，即曾約趙同往，冀於其倭主人前，再得要職報趙，不意趙於此時，忽爾得一惡夢，醒後大惡之，認爲不利，遂拒馬同行之約，故在一般『奴才的奴才』中，趙至今猶無龐大之位置也，且以感於惡夢之故，惟有伏處於龍沙耳，如趙者，誠枉作小人者歟。

日記者中之中國裔

滬變發生以後，蘇州河以南，有一時期，絕鮮日人行蹤，至於日記者，則更杳如黃鶴，比至十九軍撤退後防，始稍稍有日記者之足跡，迄至最近英領事館之停戰會議舉行，於是會議場中，乃成爲中日兩國記者之集合地，一度開會，必有中日記者三四十人，鬢絲帽影，濟濟一堂，亦可見此項會議之重要焉，當中日記者每度集合探訪時，雖兩國地位，已成世仇，偶然有消息，輒能合作，故兩方時能傾懷暢談，記者不才，亦恆濫竽其間，交得若干日本朋友，乃近在此若干日本朋友中，忽有一新發現，蓋有一日本記者．其人名岡野八太郎，竟赫然中國人之後裔，且爲此次抗日最力之粵人所產，斯眞令人又羞又憤者，據岡野自云，父係粵人，母則日籍，不知不覺間，乃與日人同化，現服務於大阪每日新聞，並東京日日新聞社　任駐滬記者職，岡野言竟，記者詰之曰，以血統言，君實華族，奈何投入日籍，豈以日本之强，君遂甘爲其奴乎，岡野嘿然不置答，蓋已同化於日人者久矣。

瀋陽之壁報

壁報之盛行，始於各大學，其後各軍隊中亦有效辦者，如以前臧戟任二十六師師長時，軍中出版之壁報，佳構頗多，甚至外間有人特由熟識之人陪往軍中一讀其壁報者，此可謂軍中壁報之巨擘 詎最近瀋陽市中，亦有壁報發現，其文字大都滿紙迂談、有時亦有所謂名家？？之題字，以充篇幅，此種壁報，其論調至爲一致、除大捧溥儀及日軍外，對於漢奸中之趙欣伯，有時亦有影射之攻擊文字發表，故有人疑此種壁報，或係袁金鎧一派中人所辦，壁報中之稿件，大都不用署名，觀其語氣、筆法，每報幾乎篇篇一例，則又似一報純出一人所撰，目下此項壁報，發現者不下十數張 此可見瀋陽之無聊文人正亦不少也。

僞國收買民心之一斑

天心尚未厭亂，故羣魔死灰復燃，遜帝溥儀，重爲傀儡，長春道上，又睹長辮蟒服之怪物出動，當溥就執政之日，全城大舉慶祝，羣奸飛舞，咸忘本來面目，認賊作父矣，但民心終未死，雖處淫威暴力之下，仍竭力發洩，對慶祝設備，任意毀壞，雖死不顧也，溥深感自古立國，必得民心，「所謂順天者昌逆民者亡」，故召集張景惠，鄭孝胥，袁金鎧，熙洽等，舉行御前會議，爲收買民心起見，除宣告大赦罪犯外，又撥僞國幣二十萬元，作賑濟災民之需，以爲如此可得體卹之譽，聞該款由張景惠經手其事，已將十萬元藏之私囊，由此可知貪污滿朝，覆亡立待矣，是亦徒見溥儀之心勞日拙耳。

僞國旗之取義

滿洲僞國，特日力而產生後，而所代表整個國家之國旗，竟亦由日方代爲製發，於此可見所謂滿洲僞國者，完全失去自主自立精神之一傀儡，此日方代製之國旗，現已有三十萬面由大坂自朝鮮而運瀋陽，並由瀋陽運發各地，尤以長春頒發爲多，蓋以其地爲京城也，旗爲五色，全旗黃底，右上角畫一方格，格中爲紅，藍，白，黑四色，其命意以紅代勇敢，藍代公理，白代廉潔，黑代剛毅，至黃底則表示統一，前有人揣測言四色爲代表日，滿，韓，蒙四族者，實非也，蓋三千萬滿洲居民，其中實以漢人佔大多數，如公然擯斥我漢族，必更遭我東省人民之排斥，彼狡猾之日人，必不致爲此露骨之舉也

僞國成立天示異兆

據黑龍江消息，三月九日，晴和無風，天空突現白環圈，環繞日光，夜間亦依然如故，居民咸驚走相告，以爲大亂且至，乃消息傳來，滿洲僞國，適於是日正式成立也，黑省長官降將馬占山，於是日下令全省，籌備慶祝，並張貼日人佈告，厚顏無恥，人民見者，咸忿懣異常，慶祝初定期三日，籌備費達萬餘元，乃諸事方籌備就緒，天忽起大

雨，飛沙走石，撼瓦拔樹，日色無光，致慶祝不能舉行，偽國成立之初，異兆已二次出現，是迨天懲奸徒，特以異兆示警歟。

叛逆賣身券

滿洲國之官吏，俸給令，已見決定，各部長年俸二萬元，高等官二級以上年俸六千五百元，三級以下年俸三千元至六千五百元，普通文官月俸七十元至二百四十元。

興隆票

中央自發表國難聲中，各機關之官員，一例減薪後，一般公勤官員，無不於生計上大受打擊，特任及選任官員，仍得二百四十元，簡任自一百九十元至二百三十，薦任一百元以上，推而至於第十二等委任職，亦得二十五元，茲聞西陲某省，因地處偏瘠，財政更束手無辦法，故自目前起，各機關之人員，一例祇月發生活費二十元，所有欠薪，另發一形似支票者之票據，一俟財政寬裕，可以憑條補支，時人皆稱之興隆票云。

安南人有一習慣，凡負人債務者，如一時實無法抵償，債權人苟得同意，可立一興隆票，一俟負債者興隆，債權人得以持票索償，今不圖此風輾轉傳入官場，亦足徵國窮民困之一斑　此固誰之過歟。

强盜亦知愛國

△願投誠十九路軍

十九路軍在滬抗日苦戰，凡有血氣之人、莫不氣憤塡胸，誓與暴日偕亡，近聞粵中匪衆，憤日人之橫暴，紛紛上書當局，要求收編爲抗日軍隊，惟當局以歷來招安匪衆，多不肯聽命，故對於此次請纓事，尙躊躇未決，日前十九路軍，亦接粵方某著名股匪首領，來函投效，至東北之義勇軍，尤屬綠林豪傑，多至數萬人，以殺人放火之強盜，居然亦知愛國，吾輩民衆，更應宜有以表示矣。

傷兵院中之魚雁隊

專代傷兵寫信……以情書最難着筆

自從我忠勇將士與日周旋以後，傷兵醫院之添設，在海上一隅而論，達卅餘處，各界之慰問者，絡續不絕。近聞傷兵院中，常有魚雁隊之光臨，尤以女隊員爲多，該隊所負使命，專代傷兵寫信，或勸促他們寫信，以慰家屬，是誠慰問團體中之別開生面者。

傷兵院中自有此種魚雁隊以來，傷兵們無不稱便，紛紛委託寫信時很多，至於信件的類別，固以家信最多，長至數千言不絕的很多　魚雁隊員以職責所在，總不厭其煩瑣他們詳細寫下去，惟其中最難着筆的，據一般隊員說，要算寫給妻子的信和愛人的信了，若使下筆過於簡略，卽失本人委託之原意而不能達意，如照情描寫，不免總覺有些肉麻，並且一信寫完之後，總要念給委託者聽一篇，也有些說不出口，這是魚雁隊所感到困難之處。

至於寫信的郵票信箋等等，大部向各界募捐而來，事前將募捐信，分發各處，原信頗有一讀價值，茲照錄如下。

烽火連三月，家書抵萬金，可憐無定河邊骨，猶是春閨夢裏人，所以我們想盡量的幫助我們所敬愛欽佩的抗日負傷將士們，使他們多有通信的機會，這不但能慰勞一般爲國喋血的英雄，就連他們的眷屬和關係人、亦間接的安慰了，這是多麼深遠的意義，尙望各界幫助，踴躍樂輸。●

考此魚雁隊的發起，始於江淮中學的學生，後來漸漸普及各處，尤以女學生紛起組織爲多，實在這種組織，確然是不能缺少的。

華僑迭助軍用利器

▲飛機一中隊……高射炮數十尊▼

華僑聯合會接到菲島中華總商會主席許友超君來電，謂菲島華僑，每月抽捐月薪，現已獲得鉅款，已購一中隊之飛機，捐助與日作戰之我軍，並望國人及各軍與政府堅決抗日，該處華僑必始終援助祖國，按月捐輸云　又一消息，某島各埠華僑，亦已籌備最精强之高射炮數十尊，不日到滬，交付我軍以備作戰，而摧毀到處殺人放火，擾亂我京滬杭兩路之日機云云。

常州女界熱心製征衣

△美人手中線……健兒身上衣▽

抗日軍隊多兩廣健兒，嶺南氣候長年和暖，嚴冬不御棉 此次與倭寇作戰於蘇省諸地，適當冬末春初，春寒料峭，戰衣輕單，上海婦女界，曾發起裁製絲棉背心，賚送前方，俾馳驅彊場，捍衛國土之士兵，於衝鋒陷陣中，無寒風砭骨之懼，用意周至，良堪欽佩，常州婦女界，不甘後人，本愛國之忱，由各女校發起，凡屬女學生、按各手製絲棉衣一襲委當地各救國團體，遞送前方，常邑素稱女權發旺之地，一時玉手紛忙，織指頻揮，電炬光下，綠紗窗前，引線穿針，疊棉剪布，小姐手中線，將軍身上衣，爲國效勞，不辭夜漏更深，殷勤從事，想殺賊沙場諸健兒，必深感伊等美意也。而於戰中檢點製者之中心，定要虎嘯龍騰，攘臂猛進，勇氣百倍也，惟此等殊遇，只限於對日抵抗軍人，若畏縮原有防地，勇於內戰怯於禦侮之部伍，雖求亦不能得，我前敵之健兒，勿辜負美人心也。

大家閨秀捐助絲棉馬甲

各界捐助絲棉馬甲者甚衆，計其代價，每襲僅兩元五角左右，可謂價廉而物美也，其衣以記者所見，則有四種，一係絲織品，紫紅面而妃紅裏，此種數量甚少，價亦稍昂，其他三種，則均屬棉織品，一條子廠布，二爲淺藍愛國布，三則係陰丹士林，此三項中，以陰丹士林爲最多，聞有若干件中，內且繡一紅絲勝字焉，各軍士之御此者固衆，然堆積一隅者，亦未嘗無之，此衣剪裁均出諸平日養尊處優，不事縫紉大家閨秀之纖手，是亦足證今日我國民氣之一斑也。

英美女學生願投效十九路軍

十九路軍總部，近接英美及各國仕女學生來函，均讚佩該軍抗日精神，貢獻意見，多願投効，日必多起，措詞懇摯，昨有倫敦十二歲學生名碧沁曼來函云，余能想得一策，助君（指蔡）驅逐日軍，莫如君乘飛機，往日本擲彈，則日軍不退自潰矣，並在信後，繪一地圖 係日本與我國往來要隘，及日都市。

駐滬辦事處之女職員

十九路軍駐滬辦事處，係滬上事變後臨時增設之機關，該處主持者爲前粵省府委員范其務，內分宣傳運輸各組，頗爲完備，職員以粵籍爲多，且尤多女職員，此輩女職員，又多在青春妙齡，乃係一般局長署長之太太或女公子爲多，恰符金釵之數，皆爲珠江產，貌多映麗秀美，當此國難期間，此輩大家閨秀，均因其所求學校停頓，有失學之虞，乃趁此機會爲國服務，投身十九路軍辦事處，以其所學供諸國家，每日辦事處中，鶯聲瀝瀝，盡是女職員之談話聲，樓上樓下，莫不見其婷婷嬝嬝，有如穿衣之蛺蝶然，幾令人目迷神惘，然而工作甚勤，固非時下一般花瓶鏡架式之女職員所可比也。

近該處已不見此輩之芳蹤，悄然起人面桃花之感，詢諸某君，始悉自十九路軍總撤退後，此輩亦同時撤回，或云，由芝蘭女士率領轉赴前方隨軍服務，果確，則諸位密絲之犧牲精神洵，非尋常婦女所能望其項背矣。

翁照垣與張織雲合演

△劇名擬定戰地血花

苦守吳淞之翁照垣旅長，與以少勝多之蔡廷鍇將軍，同足彪炳日月，當此戎馬倉皇之際，演劇何來？

銀幕明星正式適人之張織雲女士，與其藁砧唐君情愛甚篤，且女士新遭母喪，那有閑情重現色相？

然則愚之揭櫫，爲妄語耶，曰否否，以明星影片公司張石川周劍雲諸君，今次爲十九路軍攝有聲片二本，及無聲片諸本，翁將軍見獵心喜，乃謂苟有女主角，將盡義務演一「戰地血花」影片，策勵民衆，鼓舞士兵，明星公司商諸張織雲女士及唐君，竟獲許可，蓋張女士愛國未嘗後人，翁將軍現身可以說法，斯片若成，洵抗日一役之大好紀念，吾人拭目以促求其實現焉。

俞濟時之年災月晦

八十八師師長俞濟時，短小精悍，蔣中正頗予倚重，此次十九路軍在滬禦敵，俞乃率其部下來滬助戰，功績如何，戰略如何，局外人固不必甘冒「反動者」之罪名，有以評騭，惟其軍容之整齊，槍械之新穎，固在十九路軍以上，但外界則都予俞氏不諒，責其臨陣退却及治軍不嚴，與此次放棄淞滬有關，甚至數日前各大報，更盛傳其已爲軍事委員會撤職，致累俞師長大發牢騷，深悔來滬助戰之多事，此亦上海人所謂之觸霉頭事也，按八十八師當去年上海熊式輝之軍隊開出後，該師曾撥一團調滬防守，來滬後，卽有一軍官捲逃之事發生，外界頗多非議，而不久俞擬來滬檢閱部下，在杭垣車站中，又失足受傷，幾至昏蹶，論命運者，必謂俞濟時之年災月晦，源源來襲也。

傷心皮夾詠王郎

王賡旅長，因受有洩漏軍事祕密嫌疑，十日被逮至公安局，我國留學美國西點陸軍大學者凡六人，王與溫應星局長皆預其列，王在局尙優待，次日乃經嘉興蘇州解京，王見報載其被捕消息，甚不懌，謂此僅傳訊，Inquiry 並非拘捕，Arrest 日言，皮夾子中只有委任狀，然是日可不往美領署而竟貿然以往，殆鬼使神差耳，王之友言王喜攜皮夾子自隨，戰前一日，偕李博士及李夫人唐女士，在某西飯店進茶點，出皮夾子中文件一東示人，比歸，檢點文件，倉皇奔赴飯店，則遺失軍火提單一紙，幸爲侍者拾得收回。

吳邁之忘八訟

吳邁律師，以保釋學生事觸怒公安局，遂至被拘解京，今則已由京滬衞戍司令部釋放，吳被釋後，卽偕律師公會代表沈鈞儒，投地方法院請求驗傷，並呈控公安局第三科長傷害謀害妨害自由三點，按吳邁秉心剛直，善之者稱以硬律師，惡之者稱之瘋律師，是亦可見其爲人，據某方所傳，謂吳有某黨嫌疑，且檢有書面證物，當局本有密令嚴緝云云，是則未能徵信，可以存而不論，惟吳律師素有劉四罵座之癖，好干冒權貴，因以著稱，如前上海張市長之被罵爲賣國、前上海公安局陳局長之被罵爲狗官，皆其平生罵史之著者．而胡漢民之被罵爲狗入的一語．尤盡罵街之能事，識者謂吳實好出風頭，以大庭廣衆中申申而詈，博強項之名者也，然其此次被拘，與公安局第三科吳芝泉之衝突，亦由一罵而起，惟吳律師既罵吳科長爲忘八，吳科長反唇相譏，亦以忘八奉璧，此殆『投我以忘八，報之以忘八，』禮尙往來耳，然不意其因此一罵．乃致掀起軒然大波也。

葉楚傖與魏懷

中央委員葉楚傖，亦爲當今闊人之一，凡稍閱報章者，當無不知有其人者，據葉氏語人，渠之名字，十九錯讀．余此次在火車中，輒聞乘客高談葉楚倉如何，葉楚倉如河，其實余何嘗名楚倉，乃若輩偏欲將傖讀作倉，此足見中國人不識中國字者極多，故余最近對於人之直呼余名，而將傖讀作倉者，必爲其校正字音，此亦可見葉之不稍苟且也，又國府文官長魏懷，其字音與寧波人口中之犯關(猶言尴尬)二字相近，因此有人明明打寧波口音大談其犯關，而魏往往引起誤會，反之．有人明明大談其魏懷，而聽者則往往誤聽爲犯關，連問什麼事犯關者，至於陳濟棠之與仁濟堂焦易堂，似椒鹽糖，纏誤者更大有人在也。

說蔣

距今二十年前在新軍事學派中已露鋒鋩，聲聞全國之浙江兩蔣，一爲已故之伯器，一即解放未久之百里，不知者每謂其有昆仲名分，實則前一蔣籍諸暨，後一蔣居硤石，介石先生，雖同爲浙籍軍人未與焉。

所謂無獨，偏是有偶，民初上海商界有同時崛起之浙江兩蔣，一名抱智，一名孟蘋，雖鄉籍各異，同屬浙人而已，民十以後，廣東軍事聞人亦得兩蔣，一即抗日救國之蔣光鼐，一爲反黨叛逆之蔣光亮，善惡各異，榮辱自分。光鼐籍粵，保定軍校生，現役警備洛陽之陳繼承，即其同學之一也，民八間，蔣氏猶隸閩南夏述唐部參謀職務。吾人常聞其鬱鬱之聲，輾轉而入國民軍，會北伐，討逆諸役，累著勳功，惜乎多才招忌，又鬱鬱數年於茲，多謝老天不欲亡吾民族，挾其有主義之師，來臨淞滬之濱，旗幟鮮明，敢爲國存而戰，以身許國，肩起責任之心，吾民衆眞正的武力將軍克當矣。

劉文島之「話顏」謠

在三個月以前，有兩人爲全國國民所崇拜，而轉眼之間，其偶象即已見崩潰，兩人爲何，施肇基與馬占山也，施謝去國聯代表後，顏惠慶繼之，顏之資望稍優於施，在外人心目中此君向以穩健著稱，中央當局原擬遣之赴日內瓦，使其轉圜國聯中之僵勢，外間遂不免疑爲軟弱矣。日前，某報端曾載，駐德公使劉文島，曾在國聯議場中抨擊顏代表，謂顏氏對日　缺乏强硬態度，顏氏向行政院作公開演說後，劉氏在旁詈顏，他代表阻之，劉復爲演說，乃無人願聽云云，其描寫劉氏　殆如瘋人院中腳色，某君以詢外部負責人員，均斥爲謠言，謂在上月十三日開會以前，日人卽曾散佈此類謠言，一則表暴我國外交上之失態，二則有離間顏劉作用，讀者幸勿信之。

藍溥森之怪癖

此次斡旋停戰最力之英公使藍溥森氏，頗爲各方所注意，他日若和議果爾告成，則藍氏與有力焉，藍氏狀貌魁梧，身甚修，各公使無及之者，昂昂然如雞羣之鶴，知藍者謂，此君尙有一怪癖，卽喜坐黃包車也，藍公使出入，本有摩託車代步，顧車身低，藍首觸於車頂，殊不舒適，於是遂喜趁人力車，公餘之暇，輒出外雇街車駛行爲樂，藍氏乃得昂首而坐，左顧右盼，意甚自得，且賞車力頗鉅，乘車數十分鐘，擲半番或一番去，苦力之遇藍者，當可以幸運兒自居也。

某國外交界之一笑柄

滬戰聲中，有一外交界之笑柄各報以其事輕狂，未予刊載，爰節述之，一二八事後，滬西之某國紗廠數家，日便衣隊匿迹頗多，駐防該地之美兵，乃入內搜查，有獲有不獲，惟某領於此大爲不然，數日後，遞一抗議書與美領署，謂該國商人之某某紗廠內，有該國少婦沐浴，赤身裸體，而美兵時往窺視，資爲笑樂，此種舉動，有失大國之尊嚴，應請注意云云，實則固未嘗有此事也，某國人每使美人計，如五三慘案時，令該國妓女與偉男相假，乘間攝去照片，以之揚言於國際謂彼華人强奸，諸如此類，不勝枚舉，今不圖以此施之於美領署，誠外交界破天荒之笑柄也。

國聯調查團中菜西吃

國聯滿案調查團之五人委員會，一行十五人，既於三月十四日晚在李頓勛爵領導之下，全體來滬，於是滬上之各機關各公團開始歡迎招待，酬宴無虛日，各團體之招待也，第一日爲外次郭泰祺氏，所用筵宴，係屬中菜 每菜五十金，菜餚豐盛，得未曾有，各員素耳中菜之名，至此乃盛讚不絕口，惟以食法不同，終感不便，其後孔祥熙家之茶會，所用茶點，亦悉爲我國固有之食品，隨意叉食，一如西點之簡潔便利，而又適口充腸，於是各委對中國之肴點，竟備致其稱美 某日吳鐵城市長及宋靄齡張樂怡女士，因亦備精美之中肴，擬供調查團一嘗中土異味，乃李頓爵士等雖極口稱譽，然察其詞色，則頗以不諳手術爲苦，顧氏覘之，乃命招待處，以後宴會，概以西菜爲宜，如用中菜，應仿西制，一方並去電京市，報告一切，京中各機關團體，乃均主中菜西吃，即蔣介石氏之勵志社宴會，亦已規定中菜西吃云。

一幅愛國廣告

第十九路軍雖放棄閘北陣線，滬上人心不死，仍希望反攻得勝，三日下午，有胡雪瑤君者，至申報廣告部，持警告上海同胞廣告一紙，云昨日火燒，眉毛急，今朝上海炮聲遠，十九軍依舊爲國正在血戰，本埠同胞就此可高枕苟安麼，一片熱血從此冷了麼，三月三日胡雪瑤等語，雖僅聊聊數語，請登全版四分之一地位，廣告部員核算，一次價須百數十元，因係愛國性質，予以八折優待，實收九十餘元；胡君付價而去，所較即四日申報正張第二版下幅之大廣告也，據聞胡君年四十餘，着直貢呢馬褂，前數月曾爲救援馬占山事，以三百餘元發一長電致蔣介石，措詞甚激烈，蓋一熱心愛國之士也，

上海民衆洩憤之爆竹

三月二日以後，上海租界居民，不復聞十九路軍抵抗之炮聲，一腔悲憤，無從發洩，四日下午，道聽途說，如日軍大將白川之陣亡，劉河日艦之擊沈也，我軍進抵麥根路車站也，言者鑿鑿，聞者喜極欲狂，其時夕刊已出，報館欲更出號外而不果，熱心者乃遍貼壁報，或印小張傳單誌慶，黃昏七時，四馬路麥家圈口，大馬路石路北段，及大世界附近三處，羣起燃放爆竹，全市和之，劈拍轟聲，竟聯續至二小時有半而後止，當時闔市驚慌，婦孺奔避，舢板廠橋北堍及交通路一帶日兵，皆倉皇向其本營探詢，爆竹聲中，有三五成羣敲鑼鼓過市者，有呼共產黨口號者，唯秩序井然，並未發生事變，查粵幫放爆竹最多，紅梅酒家一處，即購八十元，計店東念元，夥友六十八，每人一元，羊城酒家尤多，故克聲聞十里也。

武漢之爆竹聲

武漢人民，既聞上海戰事，我軍退至第二道防線，無不欷歔感嘆，四日之夕，忽得

捷電，又爲之歡欣鼓舞，燃放爆竹，得訊最早者，爲航空公司，無線電台及平漢路局繼之，各處亦有收到南京中央電台新聞者，遂由電話局以捷報通知全市，紛起燃炮誌慶，時已黃昏，不知者咸爲驚訝，爭向電話局詢顚末，武昌電話局，在蛇山之巔，駐三鎮最高處，各職員集爆竹十餘元，在屋頂四周施放，全城聞聲出視，而平漢路局，且組汽車遊行慶祝團 沿途燃炮，並呼口號，武漢夾江喧聲，一時有競奏凱歌之概，時近夜午，粵漢路徐家棚車站，在日租界對江 駐有護路保安大隊，突聞漢市劈拍之聲，密如貫珠，疑係日軍出動 立即布防隊伍，宣布戒嚴，省主席何成濬，聞而大駭，以爲此舉足引起日人誤會，亟令公安各署禁止，羣以爲煞風景，五日熱烈慶祝尤甚於昨，何亦無如之來也。

關聖浩刧預言

故滙豐銀行買辦席鹿笙君，前載在一枝香門首，爲綁匪所害，遺一子，甫六齡，嬉戲未解世事，滬戰起後，此子忽易常態，昂然上坐，作關聖語，謂江南刧運已至，吾神定加默佑，如是者屢，人已訝之，迨二月二十八日，又大言刧運難回，此數日中尤爲重要關頭，吾當率天兵天將助戰，有主張設壇祈禱者，則曰無須，可隨至各處武聖廟焚冥鏹草履 以供軍用，此子話畢，乃跳踉如故，席氏親友聞之，果相約集資詣關廟，焚鏹履如神言，惟 時傳播未廣，舉行無多，及戰士退防，人皆嘆浩刧固有天定云。

政　策

駭人聞聽之日本擴充軍備

▲集全國財力盡購殺人利器

▲合全數男女民衆充當兵士

日本自實行其所謂田中內閣之政策後，好戰之心，油然而生，其計劃之初步先行侵佔中國，以中國地大物博，將來作爲根據地後，雖爲敵國封鎖，亦可永遠支持，其野心之大，較諸歐戰時之德國尤甚，近聞日本方面鑒於國內之殺人利器，尙不敷將來應用，一面將皇庫所藏，提出百分之七十五，專使購買及製造軍艦飛機之用，一面通令全國人民，將所有財產，不得擅自移動，將來悉充購備軍火之用，其第一步辦法，先從商界入手，暫時用勸募式着令自由繳納，將來時勢緊張時，然後再全數由政府收去，盡購殺人利器，目下銀行界方面，已次第認捐，其數目五十萬元(日金)三十萬元二十萬元不等，合計已有二千餘萬，故據人推測，不出二月，即就各商界所認之軍費，或能超過二萬萬日金，以視吾國雖國亡即在目前，各界之眞正熱心輸將者，尙極有限，不過一部份粵民及僑胞，堪能差强人意，不禁甃焉憂之。

日本近來漸趨重武輕文，遍更極力提倡全國皆兵之制，其辦法行將頒佈，據聞不論男女，凡年齡在十六歲至五十歲之間者，概須受軍事訓練，甚至殘廢者爲盲目跛脚之類，亦須練習衝鋒，蓋若輩雖不良於行，但在鐵甲車上向敵人襲擊，及手持兵器滾入敵人陣線內肉搏，尙有效用云。

密佈戰雲之日本三島

無線電話挑撥世界大戰
妓女囚徒納資購備軍械

「欲征服世界，必先征服支那」之日本野心政策，固夫人而知之，惟在常人之意，日本征服支那之計劃，正在出發，其第二步征服世界之計劃，必將稍緩須臾，乃不料日本之征服支那與征服世界，竟爾同時並進，雙管齊下，觀其國中近來備戰之積極，與挑撥世界大戰之努力，其不令人驚心動魄，舌橋不下者幾希，日本自侵華以來，目擊世界空氣，日趨緊張，遂抱一不做二不休之宗旨，冀乘此崛然躍起，奴隸人羣，但其國中人民，自見在滬日軍，被我十九路軍屢予重創，頗有表示厭戰，趨向和平，且有不惜挖目斷臂，以免被徵作戰者，日當局睹此情形，頗以爲慮，乃極力醞釀作戰空氣，鼓吹軍事準備，惟爲避免外間注目起見，不以報紙爲宣傳，而藉無線電話爲煽動利器，目下無線電所播之音，大都爲軍人之黷武演說，以極危險之詞，聳動國人之聽聞，並極力勸令民間購備軍械，甚至平日例有之游藝時機，亦均改爲軍歌等材料，以是戰爭空氣，瀰漫倭奴三島，而國人之爲其激動，附和作戰者，亦屬比比皆是，又據最確之消息，日本軍部，將在最近期間，以一零八十艘之軍艦，開赴太平洋演操，藉此挑釁，以造成世界大戰，而乘此佔奪某某等各地，開戰時，卽行封鎖中國沿海，而在此至少須歷四五年之戰爭期內，日本所需金錢，可由某國接濟，而物質則取之中國，至其陸軍根據地，卽設在上海，故撤兵云云，全屬誑語，再如西園寺之入京，安保大將之來滬，亦俱別有作用，最近其人民紛紛集資購買軍械　甚至如妓女囚犯之貯蓄，亦均以供購飛機之用者，皆爲日本軍人鼓吹煽惑之成績也。

日本不能操世界大戰勝利之緣因

日本近日作戰空氣甚形緊張，既如上所述，惟據當局者云，某國以經濟苦日本，放戰至第二年，日本必甚困苦，蓋錢與物俱告罄矣，然亦不足慮，金錢可由某國供給，而物質則不妨取諸中國，如上文所述，近日西園寺之入京目的不在改組內閣亦爲此事，安保大將之來滬，亦爲醉翁之意，去年日本向美國大購棉花，卽用以造火藥，近年日本所造最大商船，完全爲軍艦格式，一朝有事，卽可拆卸而成一大軍艦，卽日本以前因軍縮而沉沒之多艘軍艦，其機械上均已塗一種油質，他日有用，仍可取出，此不過遮飾外人耳目耳，其所以必向民間竭力鼓吹者，因目下日本之人民，因經濟關係，多數實不願作戰也，卽如此次召集後備兵時，恃傷害身上一部分而設法規避者頗多，甚至有挖去一目者，亦云慘矣，又云，日本擬在上海設一陸軍根據地，以備將來之用 撤兵云云，實爲一面敷衍調查團，一面延長準備之時間也。

日本又擴航空飛機廠

▲橫須賀軍港幾成殺人策源地▼

此次暴日侵滬，所獲戰績之效果，以空軍爲最，而日方卽恃空軍之猛烈，在滬附近各地，實施其殘暴轟炸行爲，致我國無辜人民，及房屋橋樑建築之遭傷害破壞者，不知凡幾，近聞該暴虐獸國當局，並不以其空軍在華違犯人道，動及國際公憤爲懼，反以其空軍作戰有效，益增其奮勉策勵之心，據橫須賀軍港消息，在該港海軍附屬下之航空機廠，已奉令着卽大事擴充 以備他日製造航空機上，有所改良，或加進步，已推枝原少將任委員長，組織附設八部，計總務，飛行機，發動機，兵器，飛行實驗，科學，醫務，會計八部，各部長人選已內定，總務部長爲原五郎大佐，飛行實驗部長爲市川大治郎少將，兵器部長爲中村藤藏大佐等，該廠原直轄於橫須賀鎮守府內，現改獨立組織，定四月一日起，將新舊組織，從事交替改組，預算自昭和七年起，約六年可告完全，每年經常費須四百六十萬元，綜觀橫須賀軍港戰爭利器之製造日增，及海軍軍艦之風雲際會，幾成爲世界唯一殺人策源地無疑矣。

記日本錦旗同盟

△日本軍閥柄政之內幕▽

日本自明治維新，崇尚憲政，運用議會政黨政治，以成今日之霸局；近年政友會與民政黨更迭組閣，惟軍人厭惡政黨，必欲造成一黨專政而后快，默養潛滋，已非一日，聞推日本海陸軍元帥皇室閑院宮載仁親王爲領袖，組織『錦旗同盟』，其藉口一爲銷滅赤化，如意大利之有法西司帝，一爲征營滿蒙，非予軍人全權不足以資便利，此同盟客歲甫經正式成立，不獨民政黨之勢頓衰，濱口雄幸井上準之助先後被刺，幣原喜重郎報載病篤，聞已不在人間，若槻禮次郎最近爲人痛毆負傷而後，不聞懲兇，凡此種種，皆有蛛絲馬跡可尋，至前陸相南次郎，則以軍人資格加入同志，未受懲創，不第此也，即今日組閣之犬養毅，名雖責任內閣，實已退去無權，其權何屬，皆此同盟中人發縱指使，儼如五國之督軍團時代，而組織嚴密，則有過之，且閑院宮爲日本軍人最高領袖，陸軍大將上原勇作子，海軍大將東鄉平八郎伯，皆爲其副，關係重大，此吾朝野人士所應知者也，爰爲之記。

日本組織家財保管會黑幕

暴日佔了閘北之後，竟然倣照處理東北的辦法，目前急要組織閘北市整理會，初傳請出在本埠日本某洋行當買辦的某山人做市長，越日，某山人即登了煌煌廣告，無形聲明，接着便挨到滬北保衛團長王彬彥，此公就發表了一篇談話，一方面承他們好意，組織了一個什麼各區住戶家財保管會，每天收保管費五角，要領取保管的物品，須將保管費一併繳納，而火災及其不可抗力所發生之損害概不負責，（隱含國軍反攻他們敗退時縱火焚燬搶刦，不負責任，）初看起來，多麼好呀，骨子裏却是調查戶口，和聚斂錢財的方法，試想，只是閘北一區已是卅萬人民，住戶不知有多少，他們這麼一來，豈不是可以收進大批的金錢嗎，而各住戶的姓氏職業人口，從此他們也都明瞭了，以後他們便可漸施壓力，爲所欲爲，各區人民也就淪入地獄，做定亡國奴了，如果不去登記，託他們保管，那末，不必說，家裏的東西，好的他們揀去，剩下來推板一些的，賞給江北漢奸拿去，看官們，大家想想，日本人的手段，酷辣不酷辣呢。

井上被刺前對華兩政策

三度爲日本大藏省大臣（即財長）之井上準之助，近已被刺聞，井上與前外相幣原喜重郎，同爲民政黨健將，井上逝方三日，幣原亦病篤，說者爲政敵所乘，未能臆斷，惟井上最近曾發表對於滬上戰事之意見二則，殊甚玩味焉。

井上蓋與幣原同爲溫和派也，渠以爲滬戰亦力求縮小範圍，成爲地方事件，和議速成，一方則退還庚子賠款，普設文化機關，慈善事業，庶幾恢復中日感情，使上海三千萬萬之日本資產，得以安心營業，此策也，萬一不能，則使滬上日僑全體運赴東北，一面無條件交還杭州蘇州等處日租界，而緊握東三省，無論如何，決不釋手，三年有成可以與美與俄決戰，此二策也，嗚呼，有此二策，井上死矣。

日本國內政潮澎湃危機四伏

△上海和會或能因之成功▽

自九一八暴日侵佔遼甯後，日本軍閥，飛揚跋扈，全國人民，其腦海中亦深留武力之影象，故又造成一二八淞滬之變，然日方於武力上雖稍能得勢，其國內則已險象迭生，有岌岌不可終日之概矣，蓋我國自實行抵制日貨以來，日方對華貿易，遂受重大之影響，國內工廠之因感經濟周轉不靈而倒閉者，比比皆是，失業工人，指不勝屈，於是共產黨遂應運而生，大肆活動，反政府之標語，時有發現，日當局鑒於形勢惡劣，乃積極戒備，其國內雖尚未發生大暴動，然共黨及反政府者之勢力，已日益澎湃矣，日本元老西園寺，鑒於國內之危機，特親至東京，與犬養毅首相會談，歷述國內之險象，並進救濟之策，再晉謁日皇，奏不宜再任武力派之跋扈，對華事須謀和平解決，末謂，如華事一日不解決，則國內之險危愈增，倘將來反政府黨之勢力養成，一旦暴發，如決江河，其勢必至於不可收拾，日皇亦極為動容，（按前西園市執政時，對華政策，素主親善，武力派為之屈伏，）然在武力派飛揚跋扈之際，殊無強有力壓制之策略也，惟現在日本對華策略，已稍示讓步矣，故據一般人之觀察，上海之停戰和平會議，或有成功之希望也。

據自日歸國之人談，近日日本國內之共產黨潛勢力異常雄厚，其勢力增加所以能如此之速者，實係失業人民飽受飢寒之逼迫，不得已而出此者，惟共產人數雖多，然缺槍械。現某國已允供給，故將來日當局戒備稍弛，必爲若輩所乘云，由此可窺日本國內之危機四伏，如再不覺悟，任軍閥之橫暴，恐覆沒之期，必不遠矣。

日本國內經濟恐慌之現象

△失業人數增至二百萬

△工商業家反對軍閥武力政策

據日內閣最近統計發表一可驚的報告，日本全國失業人數，由一百三十萬，增至二百萬，本來自政友內閣實行，「金再禁」政策以後，有所謂「新景氣」之發現，嚴重的經濟恐慌，稍有和緩的形勢，但自從滬案發生以來，重要工商機關，相繼停閉，失業工人激增，形勢岌岌可危，同時，在我國各地有巨額投資之工商業家，所組織的實業協會，近在東京開臨時大會，討論對華經濟問題，大多數實業家，鑒於失業人數之有增無減，反對武力解決，該會決代表加藤等三人，遍訪政府當局諸要人力勸設法恢復和平，終止戰爭，因爲日本實業家，和軍閥，本來極不相合，而且此次上海方面軍事行動，完全係軍閥派的運動，一般實業家，尤其是不贊成，近來上海戰事，仍有日趨擴大之勢，一時無終結可能，產業界所受之打擊，更爲嚴重，所以實業家反對戰爭的運動，更加激烈，若日本不從速撤兵回國，恐怕要引起嚴重問題了。

日本新移民策

日人對於東三省，最初遲遲，不敢進行，獨立的計畫，不能實現，實在是怕他國內一班社會主義者，萬一那一班社會主義的人，一趕到東三省去，把原有的日人勢力，完全掃除，眞的獨立起來，也是不得了，所以不敢毅然决然的實行，到上海事情一發生，陸戰隊出軍不利，日本人發起急來，手忙脚亂，只好立刻使僞國成立了。

日本平日對於國內的宣傳，說得東三省滿地都是黄金，只要有人去拾取，所以近來日本人成羣結隊的到東三省去，那知一到那邊，無法謀生，都弄得進退兩難。

因此最近日本政府想得一個好方法，要把朝鮮人一齊移到東三省居住，然後把若干日本人，移入朝鮮，這眞是絕妙的辦法，朝鮮人全體入東三省，可以使他忘掉祖國，日本人入朝鮮，警察較爲完備，社會主義者不容易活動，而且現成之事業極多，不致無法謀生。

歸國僑胞談東京近況

新上海社云，僑日李君，新自東京歸，彼與日本名人，素多往還，對於日本國內情形亦甚熟悉，語記者云，日本自地震後，經濟狀況，已江河日下，元氣至今未復，至去歲以武力奪我東北，受我國抵貨之影響，商務遂一落千丈，民間已嘖有煩言，迨一二八上海事起，日軍屢敗之餘，連續增派大兵來滬，致百孔千瘡之財政，更形竭蹶，同時商民痛苦亦因之愈深，故反動派之崛興，暗殺黨之急進，國粹革命之蔓延，風起雲湧，莫可遏止，現大多數之日人，對於上海和議亟盼其早日告成，俾可恢復對華貿易舊觀，即政府文治派如大藏內務等省，亦未始不反對戰事延長，同情於民衆，然軍閥派則悍然不顧，堅欲償其侵略之願，唯現狀，既如此窘急，則軍費自不易籌措，加以外債又難舉借，日紗復狂跌不已，軍閥雖欲一意孤行，竊恐勢有不能云。

大批日本少女到東北

△負政府命　△組新家庭

日本政府最近下一命令，驅國內少女往滿洲，以便與該處日人結合，組織新家庭，散佈種子，即野合行爲，在所不禁，據稱數星期來，已有大批日少女，欣然出發至滿洲，此輩少女，大都抱其滿足性慾之觀念爲出發點，故啓程時咸滿面笑容，直視東北爲求歡之地也。

日本意欲收買輿論

密勒氏評論云，當中日風雲掀動之後，即有日人收買輿論之風說，盛傳一時，顧毫無佐証，信非事實可知，按上海西文報紙，共有七家，包括英法俄文，其中俄文報有兩家，今忽傳聞．七家之中，已有兩家被買矣，其價按月津貼五千元．但絕對非俄文報，同時又有歐美駐滬記者四人，日人亦欲誘以利，此事雖未證實，顧此四人之中，曾有三人，向其領事報告，足見日本意欲收買輿論之非虛，但西文報中，以日本廣告及其他關係，而不無偏袒日方，是亦在情理之中，而又不能視為受日之利用，亦目為被收買之列，總之，日實欲藉輿論之力，以掩其短，此種計劃，適足自暴其短耳。

文苑

楊庶堪賦十九路軍海上禦侮

倭寇樓船撼十洲。淞江一戰足千秋。袁崧遺壘端孤峙。黃歇明珠有勝游。建國幾曾薪膽厲。和戎縲負幗巾羞。飛機雷砲轟聲息。晨夕殷憂欲白頭。

蔡軍長病中吟詩

十九路軍軍長蔡廷鍇氏作戰以來，親臨陣線，辛勞備至，近因抱病，休養於某醫院，吾人僅知蔡為武人，實亦富於文采，日前接到廣州家書，特賦詩感懷，並錄其原句如下。

戎馬倥傯到此間。身心勞瘁任艱難。家書兩載叮嚀寄，不掃倭奴誓不還。

中華民國萬萬歲

中華民國萬萬歲，十九路軍大勝利，一片呼聲遍街衢，呼來呼去聲更厲，更聞處處爆竹鳴，有如衝鋒密集隊，一時家家國旗飄，亦覺虎虎有生氣，驚破哭夫哭父聲，爭問勝利在何地，無綫電台消息來，瀏河一戰破醜類，白川陣亡植田擒，賊軍二萬成粉碎，我軍乘勝向賊追，閘北業已到前衞，我有援軍十餘萬，可將賊兵全格斃，淞滬指日見太平，如何還不呼萬歲，中華民國萬萬歲，十九路軍大勝利，呼者手舞足跳踉，忘却租界有禁忌，或乘汽車脚踏車，手把國旗示得意，滿地盡是滿地紅，都道紅日已西墜，或鳴金鼓過大街，如桴戰鼓助威勢，金聲堂堂鼓洶洶，不信倭奴不心配，（按心配係日語，即恐懼也，家家室內已無人，人人街頭如狂醉，應是天公開喜筵，一任衆生作游戲，紅顏白髮舞婆娑，笑聲掌聲聲聲銳，醫院傷兵忽唱歌，戰地難民亦收淚，三百萬人齊開顏，此爲人間第一次，舉頭月亦笑迷迷，天上想更樂無既，中華民國萬萬歲，十九路軍大勝利，滿街歡呼到天明，料得我軍拂曉至，歡迎將士入市來，美酒羔羊忙準備，多謝蔣公發援兵，應與蔡公同饗食，植田當衆殺千刀，好將死難軍民祭，歡聲未已報聲來，爭看我軍到也未，看罷新聞淚縱橫，太息賊兵猶未潰，不道國家各電台，竟亦造謠無倫次。

新本千家詩

其一　倭奴一旦到天涯　二月江南誰看花，殘血滿枝疑是橘，地雷驚筍已無芽。怕聞鴻雁添愁思，忍見蝦夷滅大華，遷到洛陽界下住，春申雖失不須嗟。

其二　通電宣言大有情，交交時作投機聲，洛陽花樣繁如錦，多少工夫做得成。

其三　暴日尋仇浦水濱，無邊光景一齊傾，從今識得倭奴性，萬馬千兵總是橫。

馮玉祥的短歌

馮玉祥近來有一天在南京寓所，見桌上請柬盈尺，便寫了一段短歌，歌云。

你請我，我請你，吃燕菜喝銀魚，喜喜笑笑，笑笑喜喜，國亡即在目前，大家閉口不提，那邊是共產黨，這邊來的帝國主義，兩邊來擠，你們大家只剩了吃喝歡喜，老百姓個個剝了身無衣鍋無米，你看焦急不焦急，你請我，我請你。

跛丐行

夜過南京路。跛丐隨我行。一跛一求乞。兩眼淚交縈，我問因何哭。丐言有情陳。我家住江北。有田可自耕。去秋洪水至，田舍一齊傾。敢怪治水吏，祗自暗吞聲。責母離鄉井。賃屋在滬濱。妻兒日號泣，無草可爲烹。我乃拉車去。我妻亦傭身。小兒剛歲半。抱孫賴母親。母爲人漿洗。較我更苦辛。苦辛自苦辛。辛尚樂昇平。那知一二八。謠傳有戰事。我妻被解僱。歸來淚滿巾。據云諸闆老。舉家逃大英。問我逃也未　勸我勿因循。我道我窮鬼。何苦自着驚。依然拉車去。奔走到三更。忽聽槍聲起。倭賊果逞橫。我因歸不得。日惟求殘羹。宕延十餘日。和平終無神。有車無人坐。無計可療貧。倭賊眞可恨。害我成難民。決計投軍去。逐賊回東京。曾見義勇隊。相隨請長纓。訓練僅七日。遂赴廟行征。鏖戰三晝夜。誓將怨氣伸。飛機唐克車。賊勢何猖獰。炮彈更雨密。當者化爲塵。我脛因以裂。就醫蘇州城。我傷尚未愈。我軍忽撤營。我傷既已愈。我隊又解盟。本擬再入伍。與賊決輸贏。奈我足已跛，那能上征程。欲入廢兵院。無處可問津。往懇軍政部。無奈非正兵，狼狽奔回滬。探我家中人，我居成灰燼。但見骨嶙嶙。剩此一廢物。不死亦不生。我恨司令者。其心何不仁。既不守吳淞。底甚苦爭衡。江山本爲重。性命本爲輕。如能長抵抗。誰不願犧牲。抗而終不抗。犧牲爲何因。害我如此甚。何以度殘春。先生施惻隱。賞我幾角銀。少看一次戲。救我活幾旬。我聞跛丐語。哀餘繼以嗔。何不尋司令。一究此中情。

讀南宋史有感

而今那有宋高皇，黨國諸公豈畏強。北渡何嘗是南渡，漫將庸懦說昏王，宋時卿相太糊塗。只把臨安作帝都，若有陪都可逃避，縱亡亦可緩須臾，金牌十二詔班師，屈死岳飛未足悲，主義發明無抵抗，當年秦檜是先知，不抗原須長不抗，如何竟又抗敵人，分明胡主仁慈甚，幾見舉兵殺順民。

滬戰

濕事延長；商業停頓，直接間接受其害者，不止敵我兩國也，詩以曉之。

妻寡兒孤痛，雙方淚不乾，同文同種國，底事自摧殘。

陽明輸學說，製造大和魂，敎訓兼生聚，何曾解報恩。（此其致富致強之緣因）

覘食於吾賴，通商夙善親，金錢輸出夥，養虎反傷身。

奪我朝鮮去，台灣又屬他，鯨吞心未足，一蹴舉遼河。

海上原公共，其如破壞何，得隴還望蜀，昕夕炮聲多。（日人借公共租界作戰，列強不能禁止）。

自衛空言耳，僑民失業冤，流離千萬數，回國苦難言。

蓄意吞歐亞，泱泱大國風，田中遺毒策，夢想主人翁。

東瀛健男子，來作國殤雄，一擲拚孤注，軍人盡化虫。

大政操軍閥，橫行任浪人，不我邦組織，我亦效東嚬。（日人譏我無組織之國家，良然，然彼自問如何）

師行悖仁義，屠殺及平民，文化淵源地，都成一炬塵。

師入由租界，昭昭衆目瞻，可憐工部局，難使職權嚴。

九國簽公約，居然犯不嫌，何心英美德，遏止尚遲淹。（美國尚有詰問，他國不聞繼起）

驕兵無必勝，敗績屢屢聞，不解師傾國，專攻十九軍。(日人宣言專與十九軍爲敵)

俠義吾民性，傾囊捐款多，心同一德，戰勝在人和。

名實多違戾，金錢仗惡魔，方開軍縮會，軍實又輸他。(風聞某某兩大國，曾賣軍火與日，騰載各報)

及今須解悟，讓步莫逡巡，鷸蚌交疲日，漁翁是孰人。

時事小吟

功狗曾聞自漢高，而今夜吠怒江濤，不須誇道烏龍健，久向蔭符讀犬韜(近聞日軍巨獒作衝突之用，吾恐他日有驅虎豹禦敵，若昆陽之戰者。)

矢人唯恐不傷人，新創紅衣若有神，一彈飛愁雲路闊，三千弱水可揚塵，(近傳某國發明一炮，可駁一千公里，紅衣炮見絀[illegible][illegible]。)

倭難

驚鋒一夕照江干，咫尺真成路百盤，虎豹當關魂未定，風波滿地夢難安，羌村同谷攜家在，紫鳳天吳拭淚看，何日市樓重執手，緘詩先與訊加餐。

江南紀事

而今又見漢官儀，恭迓戎臣樹白旗，萬望大王能恕罪，重言少保已班師，英從呂后求爲偶，請把石郎喚作兒，反帝呼聲何處去，但聞流水說噫嘻。

荊蠻那可抗吳師，割地稱臣未足奇，屍撻平王眞過分，人非申氏亦興悲。滿朝齊作秦庭哭，大國應憐楚社危，但請撥兵休發動，說聲公道已相宜。

白髮團

中國養兵三百萬，都留老命不能拚，老而不死原天幸，活起那些弗喜歡。

四川有老翁簡治卿等七十三人，組織一白髮赴難團，要出川抗日，是可謂不要老命者也。

改唐詩

劍嘯吟新千家詩，頗饒逸趣，然古詩可改者，比比皆是，竄易數字，便不啻爲目下時局寫照，興之所及，也來幾首，『國事興亡誰管得，大家相約改唐詩』一鴞丈固先得我心也。

春中無處不開花，（言炮彈落地開花）大炮威風牆壁斜。（牆壁因炮聲轟震而致傾斜）日暮倭營傳將令。彈丸飛入萬民家。（一二八變作。日軍以大炮向我軍陣線攻擊。附近居民。大半爲流彈所燬）。

早起離家黑夜回，鄉音無改滿身灰。兒童相見爭相笑。暗問錢從『臟塊』來。（戰區以內

。江北同胞大肆活動。無主之財。皆一一搜刮以去。鑽穴踰牆。灰塵滿身。皆不顧也）

八字橋邊濺血花。江灣鎮上夕陽斜。可憐葉氏厩中馬。牽入東洋司令家。（我軍以戰略關係退却後。江灣等處。遂被日軍佔領。萬國體育會會員葉某。豢有名馬多頭。未及牽出，亦爲日軍攘去。獻與某司令。）

朝飛閘北與江灣。千里蘇杭一日還。兩地槍聲開不住。日機已通萬重山。（日機至蘇杭等處。拋擲炸彈。並以機關槍掃射。）

蕭德上尉紀念碑歌

雷雨如聞轉戰急。精靈閃爍崇碑立，兀地排雲骨作陵，四萬萬人同雨泣，當時敵機江上來，殺氣所透青天開，鐵彈擲雲不知數，下方人屋皆飛灰，君也慷慨奮臂起，是何醜類乃敢爾，猛虎居然附翼飛，我獨非人忍坐視，立駕飛車逐敵行，敵爲膽落天爲驚，風雲蹴踏來酣戰，嶽動山搖銀海眩，星宮飛將下層霄，閶闔城頭走雷電，敵機上下連環攻，一機應戰何從容，須臾熛火殲賊一，君亦一彈穿當胸，三十三天燭龍墜，忠魂烈魄玻璃碎，嗚呼君死爲誰死，有身但殉正義耳，如君一死關蒼生，華德戈登何足比，浩氣化虹吐千丈，片石嵯峨足瞻仰，至今霹靂響昊天，靈旗甲馬猶來往，我爲君碑贊一詞，三字當刻和平碑。

感時雜詩

莽蒼東陲第一關，鯨鯢憑此剪屠頑，健兒衝破青堆子，克敵先從打虎山，（遼東義勇軍克打虎山。）

無賴春風二月初，五原山色落簪裾，亂離何事堪哂笑，自古長安不易居（定長安爲陪都）

囹圄雜感

律師吳邁，前向公安局保釋學生，引起衝突，被拘四日，解送南京，旋經釋放返滬，自投法院驗傷，茲吳休養於白克路寶隆醫院二百十五號病室，某日記者特往探詢詳情，經吳律師口述如次，並出示囹圄雜感詩一首，自言其時重毆之後，入生出死，腦後昏迷，不知是淚是血，率書胸臆，以示學生肅思之葉若山楊西崐，音韻工拙，皆所不計，詩錄如下。

雅讀聖賢書，所學乃何事，內聖外王業，濟世安民志，欲展茲懷抱，當然多激刺，橫逆曩頻遭，盤錯曾屢遇，但行心所安，挫折付兒戲，鏡以拭愈瑩，劍以磨愈銳，西伯美里囚，成湯夏台縶，適足彰盛德，未爲盛德累，內焉法中山，外焉師甘地，默誦正氣歌，養吾浩然氣，氣壯神益奮，再接更再厲，豈有他謬巧，所恃在正義，正義苟不泯，終當鋤莽細，中心如神龍，騰踔誰能羈，自慰轉相慰，夫何憂何懼。

血泪吟

國聯會通告雙方，於三月三號，午後停止戰事，我方已退至約定地點，敵方仍進攻南翔太倉嘉定黃渡不已，日人藉口和平，以進行其攻擊，以使調停，終於無效，賦血淚吟四首。

通告由彭古。那能禁止東。二三開會日。射擊不停功。
奔走忙京滬。調人入彀中。和平口頭語。信約耳邊風。
東北這麼休。東南禍到頭。吾民無立足。前路奔悠悠。
臥薪嘗胆否。當軸合張眸。如許劍痕在。何年復此仇。

解嚴

金吾不禁樂昇平。徹夜街頭自在行。見說舞場大歡喜。從今可跳到天明。（上海租界從三月卅一日起，宣告解嚴，想一般舞鬼，必謝天謝地也。）

僞都長春

重撥昆明刼後灰，郎當鮑老獨登台，無端鐵騎長春道，寒柳宮槐一例哀。

（十九年二月作）

北陵

昔日龍輿地，今朝跑馬場，衣冠豪草澤，宮苜屬椒房。得免先烹狗，牛軀足並狼，北陵無恙否．門外起阿房。

瀋　陽

（十九年一月作）

瀋陽朝寓景，不樂更如何，夾道胡兒馬，當筵定子歌，腰輕飛燕舞，髮澤麗英拖，回首燔師地，傷心博克多。

溥　儀　歌

溥儀溥儀命眞短，三年皇帝席未煖，一朝遇到古董客，執政請我幹一幹，可憐不滿三十天，東也打來西也亂，長春危急留不得，快打舖蓋向後轉，本莊繁，土肥原，你們眞是騙小囡，只知自己搜與刮，我的性命怎不管，中央銀行辦不成，又去拏了關稅款，孤家幾個警衛軍，手無槍械衹光桿，如此元首成甚樣，不及一個城門官，義勇軍隊殺進來，莫怪我要眼淚汪汪叩頭求拜吽他們譬如買只烏龜拋在放生園。

很　合　式

某師至無錫，兵士至鞋店買鞋　鞋穿上脚，則曰很合式，揚長而去，乃爲之作新樂府也。

很合式，很合式，鞋既上脚不便脫，遺下無底破布鞋，換上新鞋輕且適，追奔逐北既快捷，打了勝仗把錢給，新鞋子，很合式。

古樂辭

孔宋二夫人之宴國際調查團也，享以古樂，宮商合奏，不減霓裳，曲有二折，名曰潯陽夜月，漢宮秋月，蓋異乎凡響也，朱英女士又獨奏琵琶，珠盤錯落，不啻鬱輪袍矣，或問李頓爵士，樂奏如何，曰盡美盡善，惜予不解音耳，謅詩紀盛，則仙歌村笛難爲聽也。

古調多不彈，今乃折衝用，鏗鏘夜月明，節奏非筳弄，當其酣暢時，庭院應舞鳳，紫陽擅琵琶，揮灑清音送，䑳䑳二夫人，周旋世所重，融融樂嘉賓，彷彿歡顏動，縱未解元音，己足當供奉，比諸鼓角聲，尤勝征夫夢。

白老蟲與香煙罐

字林西報云，華軍作戰，有最經濟之軍用品兩種，一爲『白老蟲』一爲『香煙罐』，蓋用以防敵軍之毒氣者也，戲爲之歌曰。

毒氣到。老蟲跳。香煙罐。嘴上套。矮子肚裏圪瘩多，中國老蟲鼻子妙。

(按)美國軍官某往前線觀戰，謂華軍連排長腰際各懸鼠籠一只，蓋鼠之臭覺較人爲靈，遇毒氣鼠則先跳動，此時排長使傳令軍士帶上嘴套，同時將鼠藏壕內，鼠得地氣，毒不得逞，敵之毒氣，其功效乃等於零。

推背圖

淞滬劇戰時，徐州某寺，發現劉伯温推背圖短歌一則一時滬地遍張街衢，蓋其隱寓時局，語語殊堪玩味。特刊出以供研究焉。拆去金陵塔。關門自家殺。日出東。月落西。胡兒故鄉起烽煙。草弓何優柔。目覩山河落夷手。冬盡江南萬古憂。繁華忽變瓦礫坵。回天一二九。引起白日結深仇。眼見日西休。

悲憤

名佛京遊雜詩，其一云，古城日落夜模糊，訪勝驅車入首都，滿面冷風揮不覺，中興門上一星孤，其人詩格雖不正宗，然頗多盛慨，觸而步成。

幾更國政愈含糊，不問南都與北都，獨有傷心人在野，一腔熱血一身孤。

倭軍寇滬開篇

亞洲霸國號東洋，直撞橫衝慣逞強，殺人放火家常飯，擄掠奸淫是本行，去秋攻取東三省，偏遇當道不抵抗，錦繡山河頓變色，四億人民心痛傷，齊心不買東洋貨，矮子雙脚跳斷腸，歐美貨，大銷場，矮子頓時起不良，兵船開進吳淞口，壓迫華軍退上洋，狂言四小時奪取吳淞口，新闢租界屬東洋，蔡廷鍇意氣昂，手下軍士個個強，殺得鹽澤敗，野村傷埴田司令意茫茫，那些東洋兵，不是死，就是傷，軍火雖好無用場，你飛機我只當你穿雲燕，你大炮我只當你放炮仗，問你東洋人，究竟啥收場，站在國際圍有何面龐。

廟行血戰開篇

東洋司令埴田公，第九師團健似龍，耀日軍裝眞氣慨，五萬精兵海陸空，坦克車與馬拖炮　飛機百架舞空中，千雷萬霆聲勢大，踏平閘北與吳淞，一隻鹽澤野村屢敗恥，大和魂究竟是大名功，哀的美敦戰書發，狂言馬到即成功，蔡廷鍇，眞英雄，固守防地不放鬆，衆將士，氣如虹，不怕東洋十分兇，指揮一定聽將令，報國丹心一片忠，廟行鎭血戰三晝夜，十里彊場血染紅，東洋屍首如山積，大和魂到底一場空，埴田着急連呼救，增兵十萬再來攻，烟幕彈放妖雲霧，傾刻間不辨南北與西東，我軍奮勇開大炮，公大廠日司令部被我轟，東洋自稱一等國，公理全無只有兇，殺百姓，燒房子，只在徒手的人前逞英雄，要曉得師直爲壯曲爲老，結果究竟是一場空，但看廟行彈丸地，高懸着那一面旗依然是靑天白日舞空中。（按選歌時，我軍尙未退往二道防綫。）

閘北退兵開篇

日軍十萬臨黃浦　戰艦如雲炮似雷，百架飛機翔空際，炸彈着地即燒燃，兩旬連易三司令，鹽澤野村與埴田，坦克車與野戰炮，精良器械備完全，更有烟幕彈放出烟雲霧，芥末彈鬧着淚漣漣，如此軍容如此器，東洋霸國最威嚴，臨時再添兩大將，菱刈指揮與白川，氣吞閘北彈丸地，立取吳淞頃刻間，偏遇中華蔡軍長，三攻三北不能回，要戰難取勝 求和礙面皮，眞是上台容易下台難，虧得當道諸公們，救兵不發好忍心，蔡公恁是英雄將，俗骨凡胎不是仙，獨木何能支大廈，孤軍能戰幾多回，一夜退兵五十里，究竟是强邦霸國有光輝，耀武揚威槍炮猛，把殘餘民衆殺完全，一片紅光火燭天。

東洋爲甚十分兇，到處燒成一片紅，(爲什麼)大炮連環摧房屋，(爲什麼)飛機炸彈不住轟，(爲什麼)繁盛市場成焦土，(爲什麼)安分良民盡送終，(爲什麼)擄掠奸淫無忌憚，(爲什麼)萬邦公法盡成空，(爲什麼)各種盟言成廢紙，(爲什麼)列强會議不能公，(難道是)和平是句欺人話，(難道是)强權鐵血實堪崇，(難道是)霸道橫行人懼怕，(難道是)殺人如草命如蟲，(難道是)侵畧竟能稱自衞，(難道是)摧殘文化亦平庸，(難道是)暴秦萬世稱皇帝(難道是)顏子修仁祿命終，凡此種種難解釋，上天我要問蒼穹，天顏喜悅回吾話，嗟爾下界華民心太蒙，不識苦不知窮，廿年內戰各西東，一時激起暫團結，愛國熱忱五分鐘，我有起死回生丹一粒，只要人人把國難兩字記胸中，牢記心頭不放鬆。

悲壯的一曲

黃土已染上斑斑的血蹟，
巍峨的建築霎時幻成瓦礫；
炮吼槍吠由緩慢而迅速！

聲聲地——直震着勇士的耳膜。
驕擾的眼前——
地球怎不破滅？

○　○　○　○

我們的國土呵！
能否飄揚着太陽之旗？
雜踏着獸類的鐵蹄；
擺布着敵國的威嚴，
和平的空氣早把黑紗幕上，
世界的火花爆烈了！

小　說

十九路軍查祿之自述

請愛讀小說諸君。注意本文，因其內容是極有價值而有趣味的，至本文來源，譯自密勒評論，原文甚長，一次刊完，特此附誌。

當十九路軍堅守北火車站的時候，報紙上面大登特登『却里張』的戰術，於是却里張的大名，喧傳衆口，至於却里張的眞姓名究竟是誰呢，至今也沒有人知道，至於這什麼要叫他却里張呢，這個來源，恐怕知道的人 也是很少很少，關於這幾點，當於未述正文之前先要報告的。

從前蘇格蘭地方，有一個有名偵探，曾經辦過一樁任何人不能破案的案子，居然被他偵探得詳詳細細，而且他的態度，到處鎭靜，英國人對他佩服得不得了，於是奉以一個雅號，叫做『陳查祿』，當十九路軍堅守北火車站的時候，有一個兵的防線，與一個萬國商團的英兵，相去咫尺，甚至可以相互談話，幾個商團，看見我國這個兵士，自守防到撤退止，有二十多天，始終未離防線一步，每清晨的第一樁工作，即不管其他，先開機關槍兩排，以作『早安』，然後對此商團搖手示歡，已足見其態度的安逸，有時開開留聲機，藉以娛樂，有時緊急的時候，槍彈在他的頭上飛過，他終是這樣鎭靜，那商團看見他這種鎭靜態度，佩服極了，於是也就奉稱是陳查祿，所諭却里張者，實即陳查祿的誤譯。

自述之開頭

許多住在上海的士女，都識認我的姓氏，和我最近在前線的工作，所以我也不必客氣把我在閘北一帶禦侮的經驗，信筆直書，寫給諸位聽，你們都曉得我並不是正式軍人，平時在本埠某公司服務的，自暴日侵犯閘北，雙方敵對行動開始之後，我被僱的商店也就暫時停業了，當此國難臨頭，和平無望，我們商民的損失，誰能償還呢，自去年九一八事件發生，各地紛紛發起組織保衛團，即西人所謂義勇軍，我也本愛國強種之熱誠，簽名加入本地的義勇軍，三四月來，對於軍事上之智識增添不少，練習過好幾十次，甚至機關槍也給他練習過了，說也奇怪，我雖自信於軍事上有當的準備，和幻想的經驗，但是我始終沒有參加實地戰爭，未曾殺死一個人，更沒有看過血肉橫飛之一幕慘劇，雖則如此，我偏要到前綫去殺敵，為國捐軀，死不足惜．於是我下了決心，死要到前線去。

機關槍和手溜彈

事變之初，駐紮閘北之我忠勇的十九路軍，尚不歡迎義勇軍加入抗日，經數度之要求，始得編入防禦之前線。『不宣而戰』後之第四日，我便同其他四位同志到寶山路前線去，與以租界為護符之敵軍相對抗，我們潛伏於沙袋之後，統共有機關槍兩架，來復槍幾把，手溜彈也很充足，於是準備妥切，靜候敵軍之來襲，是時敵方陸戰隊亦潛伏沙袋之後，與我相距不過五十碼左右耳，日間彼並不向我攻擊，而我方因有上峯嚴峻的命令『敵來即逐之使去，但切勿向彼攻擊』，因我無意向彼攻擊，誠恐向彼攻擊，勢必波及租界，引起國際之糾紛，從沙袋之空隙觀察敵方之軍事行動非常清楚，當然的．他們都是在租界內的，有一位同志伸首外望，忽然間『砰然一聲』，一顆槍彈來自敵方．幸未命中，於是我們故意將帽子插在槍桿上，而置之於沙上，以試探敵兵之行動，果然乒乓之聲，不絕於耳，間有一顆子彈，果然穿過我的帽子，其後我看見對方沙壘之上，有許多錫帽，時現時沒，我們便開槍射擊到底是眞個擊中敵兵，抑僅帽子，這是我們也無從曉得的，白晝我們不過是偶然的應酬射擊而已，日兵最喜歡在夜間開始攻擊。

三晨不睡之夜

一到黃昏，我們便特別注意敵方之軍事動作，終夜不睡，嚴陣以待，我們後方的防線已有數段，兵力不弱，故在前線的防守軍已達十五人了，於是我們輪流睡覺，其實是半睡呢，待後方的守軍，前來接防，我等才有數小時休息的機會，敵兵因無慮被我攻擊，故深夜尚可安睡幾時，比較我們眞是苦樂不同呀。

前線除了偶然的接觸，驚擾深沉的黑夜外，却可算很安靖，如是黑夜過去，天已黎明矣，是時在遙遠的地方發見些黑影，徘徊而動，並聞有摩托車在舖路之上疾行，對方的沙壘忽開，我們十五個兵士當即執來復槍，手指按住在槍機，觀察敵方之動靜，並準備於必要時還擊，比見鐵甲車五架，向我防線疾驅而來。

同時機關槍亦開始向我方轟擊，一時槍聲連續不絕，震天動地，形勢甚爲嚴重，吾等亦即開始報復，舉所有以應敵，此時敵事已甚激烈，來復槍殊無用處，因以手溜彈對準拋擲，益以機關槍之掃射，一時火聲甚烈，但見敵兵前仆後伏，相繼倒地，其在最前方之鐵甲車之車輪，亦被炸燬，車後潛伏之兵士遂被阻前進，彼等無賴，爬行而進，覓電柱及郵筒爲匿身之所，繼續向吾等射擊，此時敵方更助以機關槍之射擊，幸我方防線穩固，將所有猛射而來之彈丸盡行吸收，罕有命中者，黑夜如此經過，但我等卒仍在沙壘之後，無時不在瞄準，射擊，防守中。敵方死傷枕藉。鐵甲車四架，從容駛回惟有一車，已被炸燬，獨留爲日本戰敗之紀念品，向後退却之日兵，頻行頻擊，正待救兵，而我方防守之工作，亦甚穩固。雖在此嚴冬深夜，吾等愈戰愈烈。幾若置身熱帶也，吾等唯一之感覺卽飢餓異常，此乃一種奇特的經驗，余返向一視，見人數大增，已不只吾等十五人矣，蓋是役也，槍聲一起，彼等趕速來救，其間仍不免有所死傷，但余等備受刺激，精神格外興奮，故對此種淒慘之一幕怪劇，亦不復以爲意矣。

敵對暫停中

當敵對行動暫行停止之際，雙方均將死傷者運赴後方，防線增固，此時我軍力量較厚，所有器械比前用者更精，機關槍亦比較多架，日間敵軍常向我攻擊，意在挑戰，但均被擊退，我軍常從優勢之地位，如屋頂，店內，隘道，向敵射擊，行動頗難推測，故是時日軍頗費躊躇，雙方小戰多次，惟我軍日夜防守，至爲堅固，不易攻破，不怕侵害。

我常見同伴仆地，受傷，扶走，死亡，此卽戰時之軍人生活也，但余既恨倭奴刺骨，故此時雖傷心恐懼之念，亦均被克服矣。

將死的並不呼叫，受傷的未曾痛哭，成人們，抑成童子們，皆在靜默中忍受死傷之來臨，這種靜默要是能夠忍受，自然是很榮耀的壯舉，（我常說童子們，因爲十九路軍，及其他的中國軍隊，大多數是十幾萬的幼年軍，）我坐下，此刻並沒有炮火了，雙方無意的射擊也已暫時停止了，在彼處的巷道祇見一羣在競走的人類，包括婦孺以至於血氣方盛的男子，他們都在爭先恐後，尋覓安全的地方，以避鎗炮的擊傷，我於是沉思，而回憶到許多事情，對避難的同胞，爲什麼視生命這樣寶貴，愛惜，看他們個個跑向租界去，可是，三十至四十餘歲的男人，殊不應該這樣看重他們的生命呀，我注視同伴的，他們都是這樣年紀很青，値得憐愛，是的，我比他們都老成練達，在我們中國，長成的人是屬於前輩，不久便要離開人間了，在戰壕中的童子都是產生於此一世的，他們將起來而領導全國入於新的時代呀。

在沙壘之後過了許多日子，我們每天的工作，總是射擊掃射及玩留聲機，在不打戰的時候是沒有事做的，其中有一來自廣東的童子，名叫阿良，性喜音樂，此回也帶了一具留聲機同來，我們所有的砲火彈藥，都是從總部送來，至於糧食，糖菓，皆係上海的市民慷慨捐助，隨時運到我們的堡障來，所以，我們在前線的生活是十分愉快的，假使雙方的機會均等，戰爭確是世界最有趣味最興奮的游戲，可是在上海方面不宜而戰的情形，雙方的機會是不平等的，暴日藉租界爲護符，隨時可向我們進攻，但是我們不得越雷池一步，衝入租界，所以我們是始終防守，不事進攻，有時當我們最興奮的時候，還要停止軍行，眼看敵軍之逃入租界而無可如何。

我想雷瑪克先生在其編著「西線無戰事」一書時錯誤了，銀幕上的描寫，比較戰爭的實況未免過於鋪張，你聽見受傷兵士可憐的泣聲，但是在我們戰場上，受傷者竟能忘却他們的痛傷，他們並不慟哭，童年的兵士不曾慟哭，至於財產之毀壞，據我們親眼所見的，大約與在銀幕上所見的相似，不過較爲逼眞，廣大罷了。

鐵甲車衝入的時候

有一次在夜裏日水兵竟衝入我軍之防線，時正黑夜，許多敵兵一擁而衝入我們的沙壘，幸被我方發覺，立以機關鎗及手鎗掃射之，倭奴此時當盡擊斃，惟此際天黑既極，無從證實，兵中有一部分日兵，大約係欲前來搬移沙袋者，故在黑夜中忽發覺沙袋有一大洞，敵方鐵甲車當卽開足馬力，疾馳而來，機鎗肆射，直入我軍防線，是時事勢甚急，我軍極力抵抗，幸後方軍隊聞聲而來，助我應敵以解其圍、我等乃以火把照他，在鎗林彈雨之中，立卽重築堡障，此時日兵已多衝入，於是短兵相接，肉搏多時，我方當擧所有以殺敵，因天甚黑，誠恐彈射吾胞澤耳，幸日水兵係穿白包短褲，辨認較易，向之射擊，無不命中者，余之機關槍係置於安穩堅密之處，但子彈仍能穿過余之衣服，致傷吾膚，但余亦不覺苦痛，

此時我方大刀隊已到，據云總部因聽到前方正在肉搏血戰之際，故特遣其前來援助，今先讓我略述大刀隊之大概，因爲在近代的軍隊中無所謂大刀隊之組織的，大約讀過羅馬歷史的都聽見有用原始時代之刀劍，爲中古時代之軍器的隊伍，裸足露胸，好像是什麽似的，一經遣往前線應戰，便抱着誓死不生還之決心，帶着一把巨刀，手執手鎗，胸束手溜彈，奮勇應戰，所向無敵，他的武裝確是中西合璧，古今混成的，他們的面部

係用黑漆塗成，頭髮凌亂無序的，倘使他戳死了一個敵人，便把被殺者之血塗在全身及面部，望之可畏，則其同黨亦未始不然，當大刀隊來時，因恐鎗火命中，所以個個奮不顧身，捲地而轉，直到敵方的前線去，在黑暗的深夜中，他們藉視覺和觸覺來辨認穿白短褲的日水兵，他們用左手向前直摸，如果觸着錫帽，羊毛的制服，皮革的裝束，他們便不顧一切，揮刀直下，有時他們爬行地上，感着敵人的所在，便向下一揮，把倭腿都戳下了，日本兵士衣履及保障在在都比我軍好得多，幸我軍愛國心切，忠勇應戰，身外物是不需要的，當時，有鐵甲車五架，在我防線之後作亂，既被發覺即用手溜彈向之拋擊，損其最後之一輛、遂將其餘各車之退路割斷，至是余等乃俯伏於地，捲動而進，時天仍黑暗，我等常用手電燈照射，愈走愈近，但其中數人，未達目的地已飲彈而仆地矣，最後幸抵車旁，當卽攀登而上，至是敵車之機關鎗已失其效用，不能向下對我射擊，故我等卒安然無恙，旋將手鎗對車身洞孔射入，砰然數聲，驅車者，掌機關鎗者，均被擊斃，致全車不能轉動，頓失主人於是悉數被擒，而且在我防線之內。

日兵被逐

時天已黎明，日兵均被逐出，退歸原處，吾等相距僅五十碼，遙相對視，每見敵方沙壘之上，人頭或錫帽突起，我等必向之射擊，猶射擊之目標也，我等旋卽起立，向彼揮手作態，彼此時亦必向我射擊，在余前後方死傷者已達五十餘人，尤以日方損失爲大，蓋彼前來襲擊時，必被我擊斃也，余見敵屍多手足不全，頭身分離，知係我方大刀隊所爲，迴想日水兵及浪人在公共租界內之北四川路，逮捕我無辜之居民，任意處置，姦殺淫辱，無所不用其極，雖婦孺不能免，處死後更將屍身焚化，以絕痕跡，於是被害者失蹤者且不計其數，聞之不禁凄然久之，今觀敵兵被我慘殺，亦殊以爲快也。余在前線已得實地練習及訓練之機會，於是余之使用機關鎗頗有獨到之處，已爲儕輩所傳誦矣，有時余被命至高處監視敵方之軍事行動云。吾等之戰策已改，吾等不僅須固守前線，且應隨時隨地裝置多數機關鎗之砲位，而此砲位多在屋頂，或二樓三樓臨近窗口，以便於視敵兵之進攻，我的巢窟是在荒廢的屋宇內，又垢又醜，我在這裏對敵瞄射，幸被此污損的東西遮住着，所以人家也不易覺察，其他的巢窟也是同我一樣，日兵始終不能窺破我們藏身之所，他們如向我方開砲，必直向前線之沙袋，他們不曾看見我，連鎗尖却不曾看見，日兵住在南邊，同我對視，在西邊就是臨近北火車站，以此爲華租交界的界路，從前這條路車水馬龍，熱鬧到不亦樂乎，凡是旅客，來的去的，許多黨國要人們，都要經過此路，如今繁盛之區竟一變爲極蕭條的陌路了。在更西邊有堅固異常的堡障，這裏沒有我國軍隊也沒有敵兵的蹤跡，駐紮的便是嚴守中立保護租界生命財產的外國軍隊，我在那裏看得見防守兵士之更調，他們的鈕扣和銃劍在冬日之下反射得很亮很亮，起初駐紮的是萬國義勇軍，後來便換了蘇格蘭的兵士，他們那種奇巧趣味的服裝眞使我精神異常換發，助我格外起勁的來打仗，末了才輪到美國第三十一團的步兵，一天過一天，他們照這樣輪流替代着。

紅十字會門前

某天上午九時許，九江路中國紅十字會總辦事處門前，停着一輛卡車，卡車上載着九個受傷的我國兵士，他們剛從前綫被救護回來。

他們都是八十八師的戰士，在江灣已經打了一星期之久的仗，廟行鎭一役，他們奮勇殺敵太多了，以致掛彩，但都是輕傷，有的頭皮被槍彈擦破，有的腿部流血，有一位彈穿臂肉的，要算最重的傷勢了。

他們雖然受傷，態度卻極自然怡逸，面上一點沒有痛苦的樣子，他們的皮膚，雖黑而黃，但黃中有光，並且身軀個個魁梧，人人英勇，圍觀者的人們，似潮水一般，無不嘖嘖稱贊。

他們都是識字的，許多人把各種報紙送給他們，他們看了報上的我軍勝利記載，都不住點頭，口裏且說，『該死的小鬼。』

醫生來了，勸他們休養去，他們不肯，有一個傷兵說，『我們很想再上前線，而且傷勢很輕，請你包紮一下就得，何必上醫院呢』，但是結果，醫生不肯答應，再三勸慰他們只得允許暫息一天，明天再上前線殺賊。

喬遷之喜

(一)某甲家住閘北，上月戰事發生後，他就挈領全家男女大小，實行喬遷，當時移住在滬西康腦脫路。

(二)數天後，日本軍隊，忽然進攻勞勃生路曹家渡，佔奪六區公安局，一時滬西情形緊急萬狀，嚇得某甲全家，連夜逃奔滬南大東門暫住。

(三)謠言眞多，安謐的南市，忽然紊亂起來，原來許多人盛傳敵軍炮轟兵工廠，胆小居民紛紛遷避，某甲全家心裏也慌了，當時遷移到法租界天主堂街居住。

(四)住在法租界不到二天，本埠各西文報，忽然刊出一則驚人的消息，說是日本兵隊，將假道法租界，在新開河登岸，攻打南市，如果此說成爲事實，法租界也不可安居，某甲想了半天 決定把全家搬到滬東楊樹浦去。

(五)某天英美兩總領事突發通告，令該國僑民，從速離開虹口楊樹浦區域，因虹口楊樹浦一帶，已成戰事危險境域，某甲聞訊，非常懊喪，但性命不能不設法自保，硬着頭皮重新搬到南市去。

(六)一個月以來，某甲喬遷不已，雖不曾受着戰事痛苦，但是因喬遷而損失，已經宣告破產了。

戰場上所見

(一)一個傷兵，揪着紅十字會救護員，揮拳亂打，旁人慌忙上前解圍，並詢問那傷兵為甚事要動武。

那傷兵說，『他既是紅十字會裏前來救護人的，爲甚麽不帶藥品來臨陣包紮呢，我不過大腿上吃着一彈，傷勢很輕，只要他給我一點藥，馬上就可再上前線殺敵，怎耐這人甚麽也不帶，還要叫我乘甚麽病汽車上租界去，這個時候，殺敵還來不及，豈能到後方去臥醫院享福，這小子分明不是誠心救人，你們諸位想可惡不可惡，該打不該打。

（二）一間破屋簷下擺着一張三隻脚的桌子，桌面上舖着一張劃滿縱橫線的軍事地圖，區壽年師長，現着沉毅的神氣，很專心一志的瞧着。

距離區師長脚跟以東五尺地方，有一顆銀灰色的大炸彈，一半己嵌在草地裏，並未炸裂，據軍士告訴我說，這是日本飛機在十分鐘前擲下的轟炸彈，約有一百二十磅重，區師長親眼看見他下墜的，但未爆發，我因問道，區師長當時有躲避嗎，軍士搖頭道，沒有，他始終在看地圖，連脚跟都不移動一步。

（三）三五成羣的兵士，圍坐在一塊方地上用午餐，鷄猪牛肉都有，都吃得津津有味。同時，在過去幾步的戰地上，一羣野犬，也圍在一塊兒用午餐，但牠們吃的不是鷄猪牛肉，而是無人葬埋的許多戰士屍骸，這一羣野犬，似乎吃得津津有味。

（四）小河上的木橋，己經給日飛機炸斷了，河岸旁邊，躺着一個女屍，那婦女的約有三十餘歲，頭部中彈，血流滿地，張着嘴露出白磁的牙齒，更覺猙獰可怕，婦女的身旁，還有一個約三歲的女孩，啼哭不止，口裏還嚷着，『媽媽，我餓極了啊』！但她的母親，靜默的睡在地上，始終沒有理睬她的女孩。

跳舞女一席話

有一天在南京路上，遇見大東跳舞場舞女王愛義女士，我問她那裏去，她說，到舞場裏去。

我驚奇似的問道，『國難如此，大東舞塲還營業嗎？』

『哼！士女雲集，鬢光錯綜，每天有說不盡的盛况呢！』她似諷譏般的回答，並且在鼻孔裏冷笑一聲，『聽說有數百個廣東同鄉，聯名寫信質問大東舞場，有此事嗎？』

『有的，但是舞場主任置之不理，照常營業！』

『其他舞場生涯如何？』

『都很不錯，尤其是大滬跳舞場營業最盛，月宮舞女，都臨時加入那邊去了，』我不覺長嘆道，『中國民族性如此，國亡無日矣』！

她又大笑道，『書獃子，你又發傻了麼，再會吧！再會吧』！

民國二十一年四月二十日出版

定價每部洋五角
（外埠郵寄費加一）

出版者　軍事政治新聞社

編輯者　霹靂生

承印者　民益印刷所　上海四馬路中四八六號

上海抗日血戰輯刊續集

戴戟拜題

本社社長[illegible]生之畫

Our soldiers bravely repulsed the advancing Japanese.　　臨陣之十九路軍

上海抗日血戰叢刊續編目錄

言論

戰事

目錄

敵情

慘刼

偉績

傳記

艷聞

文苑

追悼

言論

由淞滬抗日戰事所得之軍事上教訓

左氏有言曰，蜂蠆有毒，而況國乎，斯言也，蓋以喻蜂蠆之微，尙能抗敵自衞，況可以號稱爲國家者而無知乎，是以當時以不滿五十里之邾國，而能一戰勝魯，懸冑魚門，國於世界，能自衞者存，不能自衞者亡，無古今中外一也，吾國以四百萬方里之封域，擁有二百萬之大軍，而遼東事起，竟致列城風靡，萬衆解甲，不三日而遼吉兩省要隘，盡爲敵有，除寬城子南關成軍，與日人有一度之劇戰以力盡被陷外，餘則拉朽摧枯，任敵長驅而已矣，此正四千年來外患史中所未有之奇恥大辱，國民不幸，適丁其厄者也，鴉片戰爭之役，專閫死綏者，有虎門之關天培，吳淞之陳化成，定海之葛雲飛王錫朋等三總兵，雖敗而猶足垂諸史册，廉頑立懦，降而至於甲午，淮軍之頑鈍僨事，固爲識者所詬病，然尙有馬玉崑大同江之捷，牡丹台左寶貴之殉國，是以戰事歷八閱月，日人動兵至二十萬之衆，而爲敵所佔踞者，不過九連鳳城析木岫巖金復海蓋十州之地，北不越遼瀋，西不踰甯錦，從未聞以萬餘人之鉄道守備隊，竟奄關東三省而有之，如九一八之已事者也，斯役也，非特駭世界之觀聽，而亦爲好大喜功之日閥所不及料，是以日人狃於蒲騷之役，竟謂三閱月可以征服全中國，四小時可以佔領關北，誠使全國軍人，盡步遼瀋之後塵，則日人之妖夢，固不難於實踐，抑豈特日人有此夢想而已，在一般國民淺薄之心理，亦震於日人兩次戰勝之餘威，以爲大和民族，慓悍好戰，是其天性，而科學及其他設備又足以副之，故中日之不敵，無待蓍蔡，甚至有援甲午中日戰史爲例者、謂當時平壤之役，旅順之役，威海之役，吾軍與彼國主力軍隊，抵拒支撐，其持久力類皆多至三日，卽告陷落，是以不戰尙可仰賴國際之調停，歸還侵地，一戰而敗，則割地賠款之外，兼以喪師，甚至戰區擴大，國本動搖，亦未可知，此種卑怯苟安之心理，蓋自庚子拳禍以後，日甚一日，質言之則無非謂吾國直無守勢國防可言，惟有伺敵喜怒，任敵所爲而已，故吾國在形式上言，雖號稱有國，而自國民立國之精神言，則名存實亡久矣，去歲遼瀋事變將作未作之際，日人曾估計中俄兩國之軍力，謂中俄若與日抗戰，其出兵最大之限度，各不逾一百萬人，日人以二十五萬之軍力，抵拒華軍，以七十五萬之軍力，應付俄軍，綽乎有餘，此言也，蓋以謂日軍一人，足抵華軍三人而有餘也，此次淞滬抗日之役，日軍陸續增援，其實數究有若干，始終未肯宣示，然日人於停戰以後，先調同一混成旅暨若干海軍陸戰隊，而於屢次停戰協定談判中，均表示其留屯部隊，尚有五萬人以上，故一時斷不能全部撤至租界，且租界內亦無如此廣大宿營地方等語，是日軍侵滬人數，縱不如吾國所估計者，有十萬人之多，而至少當在七萬人以上，而吾國則連第五軍合計，人數不滿五萬，且彼有二百餘架之飛機，有數十艘之軍艦，有多數之重砲，而我無之，（飛機之援滬者，僅十餘架，一戰於眞茹，再戰於杭州，即已盡失其効力，海軍則始終並未出動，砲兵則僅有少數之山砲與野砲，）是以就人數言，我不如彼，就戰具言，我不如彼，然能苦戰支持至三十四日之久，中間曹家橋廟行之役，曾有俘獲敵將敵械之事，非僅僅於保持陣地而已，其後雖以瀏河後路被襲，全師而退，然有程序之退却，與戰敗後之潰退，其意義則不相同，蓋據近今戰術之定理，凡一方戰鬥力未經摧破者，則一方不得謂之勝利，故日人於我軍撤退以後，雖以虛言誑語，慰其國民，然當時荒木陸相，曾有謂戰事之眞價值，在於厲行追擊戰，一舉而摧破敵之主力，言外之意，不啻表示此次戰事並不能謂爲眞正之勝利，出諸敵人，信而有徵，故此次淞滬戰役，以不滿五萬人器械窳劣之軍隊，當七萬人陸海空聯合器械犀利之敵軍，始則有相當之勝利，繼亦未蹈敗潰之覆轍，非特打破戰史上與外敵支持，祇有三日持久力之紀錄，並且證明日軍一人能敵華軍三人之虛妄，故此次戰事之眞價值，卽在表明我軍之戰鬥力，至少足可以一抗一，有此戰鬥精神，吾國最低限度之守勢國防，當不難於最短期間，求其完成，一般國民，毋再震於敵之三個月內便可征服我全國之虛言，而委心任運，卑怯苟安，其各以能力所及，輔助政府督促政府，完成守勢國防之計劃，則此次淞滬戰役，卽爲我國復興之良機，其速圖之。

抗日救國宜重小學教材

國難當頭，國亡無日，有志之士，惄焉憂之，念我中華，土地廣，物產豐，人口衆，立國古，而乃被扶桑三島，侵略佔據，凡有血氣之倫，有不臥薪嘗膽，敵愾同仇者乎，誠能十年生聚，十年教訓，沼吳之志不渝，復仇之期可待，是在國人好自爲之耳，回憶日本之戰勝强俄也，乃歸功於小學教師，蓋日本之小學教育，特別注意於自强而仇俄，彼爲小學教師者，無時不以奮勵勇毅刻苦耐勞之精神，爲訓教之目標，種因于前，獲果於後，良有以也，今我中華民族，受倭奴之侵侮，已達極點，長期抗倭，端賴現在之一般小學生耳，蓋今日之小學生，卽將來有爲之主人翁，是故從事於小學教育者，急宜採抗日之教材，爲訓教之標的，使兒童深印腦海中，如教授國語也，應編入愛國救國之語言，教授綴法也，應以關係抗日者爲標題，教授書法也，應寫關於抗日之標語，教授算術也，可令計算救國儲金之數目，以及進出口貨代價之數目，教授常識也，可編入辨別日貨之方法，抵制日貨之計劃，教授黨義也，應參加日本侮我民族，侵我民權，剝我民生之事實，教授矛歌也，應採取關於抗日之歌詞，教授美術也，可繪日人殘殺我人民，焚刦我財產，以及其他種種兇暴之圖，至於訓育方面之應注意者，如每日之舉行朝會也，應由教師報告日本之情事，示學生以戰勝日本之學術，如總理紀念週也，應由教師演講國家大事，昌明禦侮之義務，革命之外交，再如課外活動工作，可組織校外抗日宣傳隊，校內抗日演講會，編排抗日劇本，組織抗日團體，並規定實施方法，一切動作，概從積極方面着想，總以日本爲對象，務使兒童明了日本加于我國之歷次恥辱，俾有抗日之蓄心，則學生由幼稚而至於強壯，根本上既有抗日之觀念，可發揮其抗日之效能，日本雖强暴，亦不足慮也，乞國內負教育之責者，注意及之。

日本帝國之前途

自去歲九一八事件發生以後，日本國內軍人，鑒於東北數千里之地，不費絲毫實力，一舉而得武裝佔領，（？）遂更認武力爲萬能，趾高氣揚，儼然以天之驕子自居，且進而有佔領淞滬，覆滅中國之大計劃，雖滬戰屢受挫折，而終不少餒其氣，對於國內，復取暴虐手段，狙擊非難戰爭之人，如井上，如團琢磨等，重要人物，使民衆箝口結舌，莫敢作正誼之呼聲，壓迫之烈，直不殊於歐戰以前之帝俄，十八世紀之我國，今乃以反對滬戰停止之故，竟於本月十五日午後，在東京市爲大規模之暴動，而日內閣總理，爲帝國之最高行政首領，亦被槍擊而殞其生命，事態之嚴重，舉世界盡爲震驚，此誠日本帝國前途隆替之分晰也。

軍權高於一切，本爲日本憲法上之特殊表現，所謂帷幄上奏機關，所謂統帥權，所謂直接指揮命令，凡在軍事上關係重要者，胥可超越內閣而單獨行動，位列閣員之一之陸海相，其所決定之政策，可不經閣議而立卽施行，甚至海陸軍之舉動，閣揆竟有事前事後，均未聞知者，軍人控制一切，此誠日本之怪異現象，而武人跋扈之層出不窮，遂靡法以制止之矣。

陸海二相，雖同屬閣員，然以維持軍閥系統之故，組織政黨內閣之首揆，不能自由選擇黨中人物，而必取決於軍閥之同意，於是所謂政黨內閣中，乃有超越政黨，不受黨綱牽制之閣員，其舉措亦毋須與首揆政策相吻合，而在另一面，則凡外交，財政，教育，交通，……各部之施政方針，反時受軍人干涉，而有改變之傾向，是此種政黨內閣，不過一種皮相的制度，然而食古不化之日本軍閥，固尚憯茲部份的牽掣，足以妨害武士道充量發展之精神，而時思破壞之以爲快，此次犬養毅之被狙殺，其原因蓋亦兆於此，所謂反對停止上海戰事行動，不過一實行時之機會耳，明治維新而後，事實上組織內閣者，仍屬於睨視一切之武人，或與軍閥有相當關係之人物，迄大正年間，始有政友會首領原敬，出組政黨內閣之事實，雖武人之地位，並未因斯稍有動搖，然彼迷信武士道之糾糾武夫，却已嫉忌彌甚，十餘年間，內閣首揆之被狙擊斃命者，若原敬，若濱口，逮今之犬養氏，蓋已鼎足而三矣，此外若閣員之三井氏，以及被擊而未致命，謀刺而未達到者，更屈指難數，而每一案之發生，殆無一不與軍閥牽連，所謂負責任之日本警察，所謂不徇私之日本司法，亦祇得投鼠忌器，敷衍了事，而軍閥嫉視政黨政治之舉，乃更風湧而波騰，絕難遏止矣。

歐戰以還，復古的獨裁政治，以民衆解除痛苦之迫切，突又風行一時，而一二野心政治家，嚮往中世紀之英雄主義者，更從而鼓動風潮，謀篡政柄，所謂不要議會政治，信仰武力萬能之汎昔斯蒂主義，慕沙里尼倡始於前，而獲顯著之成功，（？）里維拉，希德婁等，摹仿於後，亦各著相當之功效，沉醉於武士道之日本軍閥，雖因囿執成性，不易接受外來新思想者，對於汎昔斯蒂主義，則因與本來觀念適合之故，獨具無限之同情，根於此種主義組成之國本社，國粹大衆黨，血盟團等，祕密結合，在近兩三年間，遂益活躍，而實喪名存之政黨內閣，與議會政治，至此且有不克保持之恐慌焉。

每逢日本對外有一度軍事行動，則其軍閥之勢力，便無形增加一層鞏固，自去歲九一八迄今，八閱月之久，日本國內之政治，顯著的盡操於武人手中，彼文治派，雖屢欲作和平之解決，（日本之文治派，包括政客財閥，其侵略目標，亦以我國爲對象，且較軍閥尤爲險惡，彼蓋主張從經濟上以政治手腕覆亡我國，對外既可假藉和平之僞面目，以博列强之同情，對內又可不耗喪民力，並非對我眞有好感也，特以其主張較爲遲緩，故急進之武人，遂竭力反對耳，）而軍閥絕不允許也，本莊不過一中將階級耳，而在遼寧自由發動，日內閣事前竟毫無聞知，鹽澤一少將階級耳，而可在外交官表示滿意之後，突作背信之挑戰，凡此皆日本武人跋扈之表現，而告朔餼羊之內閣，終緘口而末如之何也。

滬戰之殘暴行動，不過招致世界人士之憤慨，在日軍實未嘗得有若干利益，而東三省之混戰不息，更與日人籌謀佔領時之預測收入，相差千萬里，重以世界之不景氣，與乎我人在抵貨上表示抗拒非法壓迫之事實，日本大部份民衆，感受之痛苦綦深，且因貿易衰頹，整個的社會經濟，亦漸趨於搖動，三井三菱等大財閥，已漸有崩潰之危機，滬戰協定之得以簽字，上列各項，亦爲此中之一因，而野心昌熾之日本軍閥，深恐日內閣對於東北，又將取比較和平之方法，以變相佔有之策略，對我謀取解決，遂爲未雨之綢繆，而演成此次空前之大暴動事件矣。據各通訊社消息，日本軍閥，已有仿法昔斯蒂組織，廢除議會政治，改組軍閥內閣，置一切於軍事勢力之下，推天皇爲迪克推多之極右的主張，並擬對內施行恐怖政策，殺戮財界學界一切主張不同之人，對外則與美俄二國，實行宣戰，其於我國，自更視如俎上之肉，而使我整個覆滅，此種事實如果實現，則匪特世界之風雲立變，即日本國家之前途，亦必因此種偏狹野蠻之行動，引起世界共同敵視，而趨於崩潰一途矣。

立於議會政治之左，與法昔斯蒂極端相反之共產黨，在日本亦極活躍，彼雖堅決反對軍閥，然亦堅決反對政黨，在此軍閥政黨內閣之時期中，其必出而參加作戰，殆無可疑，雖彼等成功之希望甚少，然一事項之演成，亦多有出於徼倖之舉者，矧日本下層階級民衆，因痛苦極深，生活不易之故，對軍閥與政黨之印象，均甚惡劣，或竟向左而趨入極端主張之途，亦未可知也。

總之，此時之日本，已在中左右三派之混戰中，且已至短兵接戰之時期，日本帝國之前途，亦可於此三角鬥爭下，卜其運命，果軍閥而勝利，則在武力控制一切下，日本實有迅趨滅亡之可能，若共產黨得志，則因破壞之劇烈，亦必立時趨於崩潰，若政黨政治，結果尚能維持殘喘，則日本之前途，尚可暫無若何變動，然而左右兩派之根基猶在，仍隨時有爆發之危機也，至於我國，則日人無論作何變化，皆於我為大不利，軍閥得志，固將全國咸被蹂躪，無產階級成功，亦必感受傳染之危機，即暫維現狀於政黨治下，吾人亦不能脫去左手持筆，右手持刀宰割，瞻念日本之前途，愈益驚懼於我國前途之岌岌可危，甚願國人在此痛苦未除，有加無已之時，速起爲生存之奮鬥也。

長期抵抗有書爲證

號稱黨國偉大執政人物，除却進過學，中過舉的革命元勳十數人外，其他皆極少讀過孔孟子書，非但他們始終不願讀古書，並且還要將中國数千餘年相傳之高文典冊，一籮腦兒束之高閣，連大小學校都不准採用，祇差一點，不曾效法秦始皇，一冊一冊的燒個精光，還算是浩蕩天恩，暫時保存國粹，他們深惡痛絕的理由，就說中國這些古書，完全腐化，臭爛不堪，一般自命讀書種子的腐儒，還當他是聖經賢傳，童而習之，壯而誦之，殊不知其中都是些忠君親上的奴隸話，不合民治，不合現代潮流，所以黨國用人，對於四十以上讀死書的老頭子，决棄不用，專用年輕穿西裝，塗司丹康，搽雪花膏的後生小子，或能說幾句外國話的留學生，這樣一來，黨國大人物，對於中國古書似已無緣分的了，誰知到了民國二十一年，東鄰的烽火，由遼東直逼淞滬，他們的老謀深算，以爲首善之區，恐怕有些不穩，不得不擇個較安全的地方，避避風頭，但是好好的政府，忽然搬了家，對於小百姓們，不能不說幾句門面話敷衍，這一下，就要援古證今，用着中國古書，不過中國古書，浩如淵海，一部二十四史，究從何處說起呢，幸喜做官的腦筋，畢究與衆不同，說話尤爲漂亮，他說，國府遷都，全爲國難而起，當日周平王東遷洛陽，也爲的避犬戎之亂，我們依照中國歷史行事，是決不會錯的，況且我們的百年大計，不是到洛陽去避難，是要去整軍經武，秣馬厲兵，作一個有統系的長期抵抗，你看這一篇引經據典的說詞，夠多麼動聽，設使老百姓們詢問這個長期抵抗，有什麼根據，他馬上就舉出許多故事來答覆你，還說這個長期抵抗，非我創始，古之人有行之者，如『春秋復九世之仇，』長期抵抗也，『越王勾踐二十年沼吳，』長期抵抗也，安南阮鼎南之『不勝恥歸趙，有生終報韓，』長期抵抗也，再說淺俗些，尚有『君子報仇三年，小人報仇眼前，』亦長期抵抗也，有人說，黨員們是不讀中國書的，何以國難當頭，又引這許多陳腐舊套，老生常談，來證明事實呢，我說此之謂彼一時，此一時，其實他們說的長期抵抗，還是紙上談兵。「編者曰．觀近日當道舉動，似尚不致無長期抵抗之實現，吾不願撰者果如其言，吾請拭目以察其後。」

戰　事

淞滬敵我作戰始末經過大事記

淞滬敵我作戰的結果，我軍蒙極大損害，被逼撤退至二十基羅以外之地，時至今日，失敗已無可諱言，其所得之教訓，尤其深而且切，究其原因，實由於『戰略』常被『政略』加以掣肘，政府不能以絕對的信仰心依賴軍隊，結予作戰上一切行動之自由，而此『專守防禦』的結果，遂陷入被動之地位，『制先權』永被敵人操縱，慘烈支撑，死傷山積，至最後之五分鐘，被敵軍『絕對制空』與優勢之炮火所搖撼，加以『戰鬥正面』之廣闊，兵力又不敷分配，對於在瀏河楊林口登陸，向我左側背『迂迴』而來的敵人支隊亦無法加以拒止，結果遂致慘敗，可悲孰甚！然此不過我軍失敗緣因之最大者，他如交通，輸送，兵器，飛機，國防上之種種缺陷，有形無形上實予敵以種種便利，而促我軍之敗。

1. 敵我兩軍動員之經過與兵力比較

（甲）我軍

㈠十九路軍之動員經過　一二八閘北『戰鬥開始』，負担京滬沿線『衞戍勤務』之十九路軍，於匆忙之中，交代友軍接替後，卽全部動員，向淞滬附近集中，十二日後，戰鬥漸趨激烈，『戰鬥正面』不時擴大，我軍左翼遂向蘊藻浜河岸延伸，一方面担任瀏河楊林口之『江面警戒』，至二十日，遂全部加入戰鬭。

㈡十九路軍之兵力　十九路軍爲我國南方軍隊戰鬥力最强勁之部隊，全軍以三個師合十九個步兵團編成，此外尙有山炮約一團弱，騎兵與特種兵皆感缺乏，全軍按規定編制足額約四萬左右，實際則僅二萬五千人，山炮十門，重機關鎗約二百三十挺，輕機關鎗（自動步鎗）三四百根。

㈢第五軍之動員經過　第五軍卽前國民政府之警衞軍，向駐京杭一帶，經改編後，區分爲八十七師，八十八師，並一獨立旅，八十七師之二六一旅於十三日由京到達戰地，首先加入蘊藻浜曹家橋方面之戰鬥，十七日，八十八師全部復奉命由杭開拔，至二十日，在廟行江灣之線，開始與敵接觸；二十二日八十七師之二五九旅又

參加廟行塘東宅之防禦，至是第五軍遂全部加入戰鬥

（四）第五軍之兵力，第五軍（警衛軍）號稱爲全國之模範軍，編制訓練，悉採取德國戰後最新形式，計每師以二旅四團編成，復加以野炮兵及野戰重炮兵等，兵力足額實不下一萬五六千人，但因連年內戰，傷亡皆未補充，故全軍（兩師一旅）亦僅二萬五千左右，野炮二十餘門，十生的溜彈炮（野戰重炮）三十餘門，小加農炮（高射炮）七十餘門，重機關鎗二百餘挺，輕機關鎗（自動步鎗）三千餘根。

合計我軍對日作戰之總兵力，連十九路軍第五軍及軍校之教導總隊等，約五萬餘人，戰鬥兵則僅四萬左右；輕重各炮七十餘門，步兵炮（即迫擊炮小加農炮等）一百五六十門，重機關鎗四百餘挺，輕機關鎗（自動步鎗）約四千餘根。

（乙）敵軍

（一）敵軍兵力之陸續增加　當一二八之夜，敵軍開始發動之正式陸戰隊裝甲車野炮等，僅在兩千人左右，當夜因攻擊頓挫。遂由大井，安宅，夕張各艦派隊增加，故在廿九至卅日之敵軍兵力總數約三千餘人，其後日方藉休戰會議之保障，於卅日及

二月一日，陸續運到第四，五兩個大隊並野炮等，二月三日，遂以五千餘人開始總攻擊，二月五日，其第六大隊復由佐世保趕到，改編爲炮兵大隊，至九日，第七大隊亦由吳淞調滬，至是在虹口一帶之敵軍陸戰隊已不下六七千人，再加停泊浦江中各艦之海軍，總計當在萬人左右，野山重炮三十二門，曲射炮平射炮（小鋼炮）等甚衆。

二月七日，號稱精銳之久留米混成旅團（步兵四大隊山炮一大隊爲基幹）約六七千人，復自佐世保運滬，在張華浜附近登陸，担任吳淞要塞之攻略，至十三日該旅團在曹家橋附近，受創於我之六十一師，蒙極大損害，於是其新近運滬之金澤第九師團全部，約兩萬餘人，野山重炮一百門，遂於十四至十六日在楊樹浦登陸，協同久留米混成旅團之主力，於二十日向我江灣廟行之線猛烈攻擊，斯時敵軍之總兵力已在四萬左右，與我軍不相上下，迭經江灣，廟行，小塲廟各戰，損失甚重，至廿八日，久留米混成旅團之補充兵趕到，廿九日，第九師團之補充兵亦趕到，同時十一師之松山聯隊約三千人亦加入前線，遂有三月一日之總攻擊，兵力約五萬，重炮百門，同晨十一師團之主力約六千人，復在楊林口七丫口附近登陸，威脅我軍側背，而敵之十四師團與第八師團之一部，總數約三萬人，亦已駛入黃浦江中，是晚我軍遂棄陣地，向太倉崑山之線退却。

（二）敵軍之兵力

（一）陸戰隊七個大隊並海軍等　一萬人炮三十二門　（重炮四門，海軍飛機一百五十架）

（二）久留米混成旅團　七千人炮三十二門　（重炮八門）

（三）金澤第九師團全部　二萬人炮一百門　（重炮三十餘門，陸軍飛機八十架）

（四）善通寺第十師團之主力　六千人炮二十四門

（五）善通寺等十一師團之松山聯隊　三千人炮十餘門

（六）第九與十二師團之補充兵　數千人未詳　（廿四生的之重炮四門）

以上約五萬餘人，直接參加戰鬥。

（一）善通寺師團之增援部隊　六千人未詳

（二）宇都宮十四師團全部　二萬人未詳

(三)弘前第八師團之一部　　數千人未詳

(四)姫路第十師團之一部　　數千人未詳

以上約三四萬人，補充參加戰鬥。(以上係多方參照所得)

2.戰鬥經過之概況

戰鬥開始閘北之街市戰　當一二八之夜，敵之陸戰隊利用黯夜向我襲擊失敗以後，我軍以政略關係，未便『移轉攻勢』，至三日，敵後援到達，遂復大舉來犯，激戰至六日，敵之銳鋒再挫，而我軍仍固守原防，無一處出擊，於是敵軍遂得從容部署，窺我吳淞要塞，六日以後，戰線北移，遂有

吳淞要塞之攻防　先是當二月三日，日驅逐艦卽向我炮台射擊，雙方炮擊異常猛烈，日方沉沒二十六號驅逐艦一艘，我炮台亦毀炮數門，翌日(四日)敵艦隊十三艘復行總攻擊，並以飛機多架連續爆炸，激戰至晚，我吳淞要塞遂悉被毀壞，炮台守備營之炮手亦逃散一空，至是以後，吳淞要塞之守備，遂由我一五六旅以機關鎗步鎗禦敵，開要塞戰所未有之紀錄，二月七日，日軍之陸戰隊千餘人自軍工路襲來，

企圖佔領我炮台南方之吳淞鎮，遂有

蘊藻浜車站之役　我第八連趙連長以一連之衆，與敵輾轉苦戰，斃敵三百餘人，幸大挫其鋒！但同時敵之久留米混成旅團已於陸戰隊掩護之下登陸，十三日拂曉，遂以步兵兩大隊山炮一中隊之兵力，在煙幕彈掩護之下，雖迫渡過蘊藻浜，企圖一鼓作氣佔領吳淞，經我一二二旅奮勇迎擊於曹家橋桂家橋三瞿宅之線，苦戰至晚，雙方死傷各八九百人，敵軍復被逐回，此乃開戰來敵之最大努力，亦其最大失敗，同時在閘北方面，敵仍不時以小部隊作不規則之襲擊，兩軍進出於數十米之距離，無重要情況可紀，同時敵之第九師團全部到達，我第五軍亦加入戰鬥，至二十日，我方駁覆植田師團長之哀的美敦書後，七時卅分，敵方之總攻開始，遂有

江灣之役　敵以其金澤第七聯隊鼓勇向我孟家宅，江灣車站，江灣鎮之線突擊，並助以飛機重炮戰車等，血戰兩日，雙方各死傷六七百人，江灣依然在我一二一旅第二團手中，敵中央突破之戰術失敗，遂改向北面迂擊，協同久留米混成旅團之主力，於二十三日拂曉三時，藉飛機重炮之掩護，猛烈向我八十八師二六四旅之陣地

突擊，於是遂有

廟行之役　我守備該線之二六四旅，在炮空聯合轟炸之中，死傷約二千餘人，陣地卒被突破，旅長錢倫體亦受重傷，幸我一二三旅自小場廟附近出擊，二五九旅增加廟行正面，二六一旅亦由蘊藻浜南下，側擊敵之右翼，血戰至晚，我軍復死傷二千餘人，敵亦傷亡無算，廟行鎭及其以南一帶陣地，卒被我軍恢復！是為敵開戰以來之最大慘敗，全線幾形不支之勢，是夜我軍遂準備以十二團兵力，毅然移轉攻勢，但因種種關係，卒不克實現，良機一失，永不再來，以後我軍遂陷入悲慘苦鬥之困境，二十五日，敵軍二度總攻開始，因有

小場廟之役　我守備金家木橋之八十八師獨立旅第二團被飛機重炮環擊，死傷約五百餘人，幸由一二三旅之第六團增援，陣地始告無恙，四時後，敵復集中火力，向我小場廟附近轟擊，繼以十八旅團全部兵力，向我突擊，我守備小場廟之一營，浴血死戰，卒全部犧牲，總計是日我軍死傷約兩千人，敵軍亦死傷甚重，至是我江灣翼側之掩護盡失，遂漸變成凸角，屢受敵軍十字火之射擊，無法固守，遂於二十

六日，將江灣鎮及其以南之線放棄，而集結其力於楊家樓下萬昌橋一帶之主陣地，三月一日，敵軍後援雲集，再大舉來犯，其步炮空綿密聯合，向我大場攻擊前進，我萬昌橋楊家樓下之線，遂成其炮擊焦點。午前十時，敵之重炮彈勢如雨注，我一五五旅之雲謝兩團長皆受傷，官兵傷亡總數達二千餘人，陣地復被突破，同時敵之第七聯隊長林大佐亦陣亡，兩軍肉搏，異常激烈，午後一時，敵已突進至談家宅孟家角之線，遂與我軍增援部隊一五六旅之五六團相遇，我第六團不顧一切，毅然施行中央突破，敵果紛亂退回，至午後六時，我第五六兩團鼓勇挺進，復到達萬昌橋楊家樓下之線，敵之攻擊，竟完全失敗，是役我軍傷亡計二五九旅二百人，八十八師五百人，一五五旅二千人，一五六旅四百人，合算實不下三千左右，血戰之烈，可想而知，我軍受此重傷，預備隊已使用淨盡，而敵軍大部集結江灣附近，飛機重炮，隨時仍可發揮其威力，繼續抵抗，事實上已不能應付，故卽無敵軍威脅我軍側背之危險，而中央陣線亦不能守矣！

同時，敵善通寺師團之主力，在十六隻兵艦與二十架飛機擁護之下，以六千人在楊林口七丫口上陸。我軍担任江面警戒之部隊，僅軍校敎導總隊兩連一排（三百人）兵力，血戰結果，不問可知。我二六一旅奉命由蘊藻浜陣地赴援、先頭亦在瀏河附近被敵各個擊破、我四十七師一團由黃渡跑步北上、亦於太倉附近，無法再進，至是我主力軍之聯絡線遂告斷矣。

三月一日十一時，我閘北、天通菴、八字橋、楊家樓、下李家樓、廟行鎮、蘊藻浜至吳淞之部隊、同時開始『背進』，右翼隊（六十師六十一師七十八師之一部）沿鐵路向方泰黃渡，左翼隊（八十七師，八十八師，獨立旅，七十八師之一部）沿滬太路向嘉定太倉，至二日黎明，我軍遂不復存在於淞滬戰線。

神聖之自衛

日人因抗日抵貨，上海實爲中心，於是銜恨甚，欲得甘心者，非一日，鑒於輿論之爲民衆喉舌也，則摧殘其與黨有深切關係之民國日報，藉口登載刺皇事件之不敬，挾勢而封閉，不足更進而要求四條件之訂約，市長吳鐵城氏，以最高市當局之身份，爲顧全三百萬市民之安全，含忍勉允，無或遲避，然而日人仍覺意未盡暢，更有華軍退出滬市以外二十里之無理要求，至是乃觸我十九路軍之怒，在於天人共憤之勇氣下，出而與之周旋，大戰乃起，顛頓三十四日，日人莫能奈之何，且迭傷兵卒，勇矣十九軍，烏可不記之以爲後世信史，且戰中不乏神奇故事，則更有追述之價値，書名滬戰，斯蓋紀實，而此篇以神聖之自衞引首者，旣所以示後生小子以此戰之光榮，亦所以述此戰緣起，實出諸自衞，而其內中採取事實，多係絕密新奇，報紙未登之遺聞軼事，更包含若干不得已之苦衷，大都爲血淚交織之悽慘事蹟，故自衞而尤必冠以神聖焉，讀者閱我後文，當能默許我引證之允稱焉，嘗聞諸當時身經戰陣之將士，晞噓告我謂，日軍依據租界作戰，有不少之便利，反顧吾軍，則處處須注意租界之安全，空軍旣不能對日軍根據地進襲，威力爲之減小不少，同時欲謀反攻，某方面卽以非出萬全爲勸，從此良機之坐失者，不一而足，故吾軍之對於此次之戰，雖曰抵抗，然僅「人擊必返」，初無「卽以其人之道，還治其人之身」也，然而抗戰達三十四日，亦足多已。

親中日人揭穿此次滬戰之禍首

日軍侵華以來，國內以經濟問題，突呈陧阢不安之象，而反對若干商人及軍人之擬以武力征服中國者，亦所在多有，日前且有日人，署名親中日本人者，自東京致函東市某機關，對此次戰事，表示遺憾殊深，且指日清公司董事米里紋吉，三井洋行福島喜三次，三菱銀行吉田政治，上海日日新聞社宮地貫道，上海居留民團長河端貞次，各路聯合會會長林雄吉爲禍首，並附以米里紋吉去歲歲暮在滬上日本商工會議所及各地之演詞錄，內容歷舉往昔征伐三韓事蹟，以爲對華作戰之例，詞長且達數千言，計可一萬字，于此可見米里紋吉諸氏之野心，及其平昔藐視華人之一斑也

瀏河失守之迴憶

▣舊事重提▣——猶多憤慨

此次上海之戰，我軍突然退却，人皆謂瀏河方面，軍備欠周，似覺疎忽，而究不知其中底蘊，記者日昨因事晉京，途中邂逅一舊同學王君，今則赫然爲皮帶同志矣，闊別相逢，不免一番寒暄，談次不覺涉及最近之上海戰事，據王君告余，謂此次守瀏河之軍隊，實爲第八十七師張治中部，當吃緊之時，蔣介石氏，亦先曾連電促其

加重瀏河駐兵，但張氏既多以部屬加入前線，而對於後方則極少顧慮，加之彼衆我寡，勢難兼顧，故對蔣氏之電，亦惟因循處之，卒至禍起倉卒，鑄成大錯良足悲矣，張氏之部隊，即前教導第一二師所改編，當上次北上攻討閻馮時，戰績似亦平庸，兼以指揮部下，未能悉當，故不免于最後之遺憾矣。

日艦入滬係海關引水領導

◉交部發表之驚人消息

據交通部發表之確息，此次暴日寇華，滬戰發生，日本軍艦來滬，共計三十餘艘，均係上海海關引水人由吳淞口外銅沙一帶，領各該艦進泊吳淞，事前曾由該部及軍事當局，商請海關理船所禁止，違者撤消引水執照，詎該關引水人，係外國籍，藉口營業自由(?)，幷謂海關經收官吏，同係外國人，應守中立，不得代我軍事機關執行此項命令，而對日艦則有應盡領導之義務云，至長江本係我國內江，而海關內，任聽外人私充引水手，已屬不合，乃有多數日艦往來長江，又係外人引水手爲之領導，不特此也，且引導日艦入我腹地，殺我同胞，按此事實，若謂海關平時有潑給引水執照權則可，若謂不能干涉引水人執行不當之業務則不可，此係國際向無僅有之事，政府當局，刻已派員澈查，以憑嚴重處置此事云。

吾軍奪獲敵后親製聯隊旗

廟行一役，兩軍激戰，爲遠東歷來未有之大戰，迄今已轟傳全世界，將與凡爾登一戰同垂不朽，是役敵傾三萬大軍來犯，飛機重炮，重重壓迫，幸吾將士有堅厚之肉彈，騰沸之熱血，以與抵抗，方得轉敗爲勝，當敵二次衝鋒時，數十尊重炮，掩護三千前隊，浩浩蕩蕩，衝破趙店小場廟一帶陣線，而到達塘東宅金穆宅附近，離廟行鎮僅二里，情勢岌岌可危，時吾方前線步隊，僅一團人，以之抵禦，自難取勝，俞師長於急變中卽就近頒到駐李家樓之一團，趕赴援救，担任右翼攻擊之敵第二聯隊，從東塘家橋沿浜前進，經侯家木橋金穆宅，乘勢逼近路行東郊，以爲廟行垂手可得，可奪獲敵司令部之十萬賞金，豈知大軍及圖進駐廟行，忽吾李家樓之一團突然趕到，出其不備，分兵三路，將該聯隊四面包圍，機槍與手溜彈齊發，斃其數百，敵屢希圖衝出重圍，終不可得，吾軍遂於此時奪獲敵皇后親製之聯隊旂一面，並俘獲敵聯隊長大隊長中隊長十餘人，士兵數百，餘則爲其拚死衝殺，得以脫逃，是役吾軍以少勝多，又俘獲敵將士戰利品等，其功誠不可沒也。

龍王廟舊炮毀日艦

某日某報載浦東龍王廟所置之大砲兩尊，亦已經此次中日戰爭時被日方飛機炸燬，查是項砲位，尚係昔年內戰之際，爲本埠軍事當局防範艦隊襲擊淞口所設置，歷時已久，砲更窳敗不堪，故早不爲人注意，此番竟遭日機炸燬，則以是兩砲曾有一鳴驚人之舉，使日軍大受損失，致遭粉骨碎身之禍耳，當一二八之變既作，日軍因無法踐其四小時內奪取閘北妄言，乃頻頻增援，擴大戰區，復調集戰艦十餘艘，竭在滬海軍之全力，藉飛機之掩護，猛攻吳淞砲台，結果不惟徒耗子彈，且其艨艟巨艦反被我軍擊沉一艘，損傷數只，當時人第知斯乃砲台官兵所奏之膚功，詎實爲無聲無臭之龍王廟兩炮所表現之戰績，蓋當雙方砲戰方酣之際，有某部士兵數名，經過龍王廟，瞥見兩砲蹲踞於地，而無戍卒，摩挲久之，覺其內尚實彈丸，試瞄準砲口，則正對敵艦，無異天然佈置，不覺技癢，遂卽連開兩砲，竟皆中的，一艦立沉，一艦亦受巨創，初敵軍祇顧前攻，未防側擊，至是全軍敗北，逃出淞口，遂派數機，四出偵探，及被發見該兩砲位，乃命機隊飛往轟炸，聊資洩忿，而此功勞最著之兩尊舊砲，遂同殉國難，今其地僅存殘壘，徒供後人憑弔而已。

東洋空城計

當三月中旬，日軍大部份，咸在嘉定羅店瀏河等諸大鎮，其在各小鎮上者，僅留少數部隊，担任防衛，此時雖不在作戰期間，然日軍胆小如鼷，無日不在顧慮十九路軍之反攻，兼之其防地以內，時有十九路軍暗探之蹤迹，神出鬼沒，不可端倪，日軍檢查雖密，終難捉獲，因是駐守各小鎮之少數部隊，恐吾軍洞察其虛，一旦突加攻擊，將有措手不及之虞，乃學吾國諸葛武侯所用之空城計，惟其辦法則與舞台上之劇情略異，即令各地少數部伍，佯稱開拔，其實暗中係互相調防，如今日甲地之兵開往乙地，乙地之兵開往丙地，丙地之兵開往丁地，而不久此甲地之兵，仍由海道兜繞回至原駐地，其目的在使十九軍暗探無從調查實數，實則吾軍洞察秋毫，所以不欲乘虛進襲者，乃係尊重國際信義，非若日軍之一味蠻橫，今日軍畏首畏尾，適見其庸人自擾而已。

軍士舟中談戰績

這回從上海到蘇州，在輪中遇見一位受傷軍官，我們因爲長途漫漫，請他談些作戰的經過，他便現身說法般的談論起來，他的名字叫陳一軌，係第五軍八十八師，一四旅五二八團三營第十一連的連副，年二十六歲，年少英俊，是一個青年軍官的典型，他是中央陸軍軍官出身，前任國府警衛軍第二師四團八團三營連附，現改編隸第五軍八十八師，江灣一役，二月十七日開拔到前線，八十八師的全體將士，是他的連隊，在竹園墩與廟行間，適當第一道火線，二十日卽和敵軍接觸，八團三營十一連擔任戰線的左翼，右翼是十九軍七十八師的將士，該師組織很完密，據陳連副說，我們的旅部共有二團三營，每營有五連，三個步連，一個機關槍連，一個小砲連，每團除了這十五連外，還有通信連和溜彈連各一連，每一個步兵連有自動步槍十八枝，二月十九日的黑夜，八十八師從南翔開拔到江灣接防，陳連副說，本連一開到前線卽視察十九路軍做的工事，覺得和本師部的工事，完全不同，散兵線都是一條帶形的溝道，有些因爲來不及向地下挖掘，都是堆起泥土築在地面上的，我們因爲覺得不很適用，但在敵軍猛烈砲火線下，也無法改造。

二十日的上午，敵軍集中重砲，至少有一百三十門左右，梯形猛轟我陣地，敵砲射擊的焦點，作縱橫十字形，砲彈飛舞，我軍掩蔽部和陣壕，都陷爲平地，二十一日二十二日兩天，敵軍炮火來勢愈加兇猛，從拂曉起至午後止，炮聲不絕於耳，我軍因爲不能再在戰壕抗戰，都跳出地面應戰，二十二日一天，敵軍發重砲七百餘響，八十八師三千多的無名英雄，都做了無情的火線下的犧牲，

二十三日我軍本營的五個連長，死了二個，傷了二個，只有砲兵連長，因爲沒有在第一道火線，所以沒有受傷，本連的連長也死了，我就担任指揮，本連的三個排長，死了一個，傷了兩個，我那時率領殘餘的幾個士兵，沉着應戰，我們連放着自動步槍，急密得好像放機關槍一樣，我們在地面上作戰，敵人却都伏在戰壕裏，我的腳踝，結果中了一個鎗彈，倒地不省人事，後經人搶救到了後方醫院。

太倉前綫戰事譚

◉牧牛郎撮唇作聲…麥浪中伏兵齊起
◉戰壕內犀水殆滿…落湯鷄啊哎一聲

有友人自太倉來，爲述前方戰事頗詳，亟擇其精采者，走筆記之。

在某處的一個小鎭上，日軍一小隊開到，鎭上居民，紛紛歡迎，出物犒賞，日兵大喜，以爲是一般順民，固不虞其他，不料正在狂呼暢飮間，機槍大作，蓋我軍已自四面圍來，日軍大駭，全數擲槍，伏地乞憐，哀呼「大老爺……馬馬虎虎……」不止，蓋敵軍心目中，認爲一般順民者，不圖易服後，竟是我軍，叱令若輩脫却黃衣服，換以灰色衣服，縱若輩去，若輩遂惶惶若喪家之犬，冀奔回原防，詎日方前哨，見遠方有灰色者，成羣衝來，疑爲我軍，立即用機槍掃射，於是此一隊狠狽之獸軍，當卽魂歸地府。

在某處田野間，有一牧牛郎，逾邇其間，時適敵軍一隊，直衝而來，此牧牛郎不動聲色，仍怡然自得，迨日軍過，忽撮唇作嚮，於是，麥浪中，忽我軍便衣隊驟起，槍聲齊作，此一隊日兵，遂全爲我軍擊斃。

某處敵軍戰壕之士兵，全數出擊我軍，詎我軍大隊開至，日軍不支，倉皇敗退，迨歸匿壕中，不禁啊呀一聲，都爲落湯鷄，蓋壕中已爲我軍戽水殆滿，良以敵方之壕線，早爲我軍探得，於是偸掘小溝，以通敵壕，用牛車戽水其中，以淹其軍，日軍因之大受損失云。

滬戰殲敵各方聞見錄

滬變初起，敵軍卽以虹口公園爲司令部，某日我軍選四十人分十隊進襲，先以四人嘗試之。餘則散伏左右，倭酋遙見四人闖入園門，大笑，命生得之，以遂其慘毒之刑，遂四出圍追，我軍佯急退如飛，不能得，及返，則園中重砲齊鳴，已拔敵幟易我國徽矣，乃大驚四逸，時我大軍已掩至，無一兎焉，是役也，予獲其全勝。有列兵某君餒骨受彈，勢須割治，醫士謂當用迷藥，某君不可曰，某冒萬死且不懼，況區區刀圭乎，從容受刀，無怯色，已而鮮血噴湧，乃切齒大呼曰，殺盡殘賊之日軍。語未終，彈忽自骨際躍出，某公夫人聞之，嘉其忠勇，馳往慰勞，親以錦被覆之，聞者無不感奮。

吾軍學飛機師多神技，敵畏之如虎，某日接戰，敵以大型機擲彈，吾機見而逐北，凌其上，力壓之，敵機竟不能遁，迫於地上，俘得之。

一日，敵機擲彈，初脫手，吾軍飛槍擊之，適與相觸，機竟燬，若有天焉，非人力也。

有何生爲余言，何生居閘北，今歲一月二十八日夜半聞變起，既而槍砲聲漸近，生好奇忘險，匍匐至屋後，鐵門石柱旁竊望，忽見吾軍潰退，棄數兵於途中，狀若嬰重創者，方竊嘆，而賊之坦克車已掩至，將近棄兵旁，而所棄兵忽騰躍起，兩手各持火藥罐狀，猛撲賊車，一時爆炸聲雷起，而賊軍之哀號聲和之，生駭極，遁回，有頃，但聞我軍喊殺聲四震，不復聞坦克車之軋軋聲矣，（案此卽報載虬江路大破賊軍之第一次，而語焉不詳，今得此，足以補史闕矣。）

又趙生爲余言，二月七日之夜，賊犯某路，時我軍守此路者僅二人，二人方入屋小憩，留一人某應守，賊來犯者甚衆，彈下如雨，而某殊不以爲意，急行至前壘，冠其冠於槍，擧而薦於壘，復左右之，使若數十人者然，賊於火光中望見之，遽發槍，某亦斷續發機關槍以應，倭知有備，彈益密，某度賊不敢猝至，遽奔還招憩者，而援者亦至，倭久不聞我軍聲息，以爲潰走，遂進攻，我軍突起圍之，竟覆其全軍焉。

又云生爲予言，粵人陳某，精於射擊，某夜與同伍五六人守北車站某隘，賊軍以三十餘人進犯，勢悍甚，同伍皆自危，陳笑曰，視吾爲君等撲殺此獠，乃命衆鳴數槍，即走伏壘後十餘丈，賊知有備，攻益烈，陳屛息不之應，持機關槍內向伏壘下隱蔽處，居頃，賊以爲潰矣，乃越壘而前，陳俟其至彼與伏之間，突起擊之，伏亦盡起以應，賊暗中倉卒，以爲大軍且至，皆棄槍走，亡十餘人，而五六人者竟無恙，

又予友唐君，嘗隨本市義勇軍參戰數月，日前由錫地歸來，曾爲予述淞滬抗日戰事之經過甚詳，予以其語皆親歷，爰就各報所未載者補記之。

此次淞滬戰事，爲期僅逾匝月，而日軍之司令官已易其四，其間當以植田來滬時之聲氣爲最盛，統兵約六萬餘，水陸兼備，舉凡最新式之科學武器，又無不應有盡有，益以哀的美敦書之驕慢，大有一戰而定之概，維時我軍兵寡械劣，而防線又蜿蜒

致四十餘里，腹背受敵，其不至於全軍覆沒也幾希，猶憶某次廟行之戰，我軍防守陣地者，只五百人左右，而敵來約三倍之衆，乘勢包圍，情頗岌岌，幸賴某連兵士突生妙計，竟各携機槍潛往攀登距陣地不遠之十餘株榆樹之上，伺敵掃射，當者披靡，然皆莫明其彈之所由來，此與閘北某兵士之蜷伏民房屋頂，用步槍射落飛機之神技，大有異曲同工之妙，又某日當日機在閘北陣地投彈時，每彈約重十餘斤，如雪片而下，是時我守兵咸奮不顧身，昂首迫取其彈，彈雖幸未爆裂，然敵機已懼射而遠颺矣，嗚呼，我軍之抗敵，旣神勇如此，而卒未能驅賊於境外，雖云天意，又豈非人事哉。

川猴軍歟苗兵也

盛傳無錫車站，停有貨車數列，滿載川產獮猴，約五六百隻，飼時，警笛一聲，卽魚貫下車，各持一麵包，啖能復上車，據云皆軍用猴，善掘地雷，撤電網，爲川軍楊森撥來，但問諸錫人，如吳觀蠡君等，皆云雖聞有是事，而未嘗目見，正調查間，新聞報已有文否認其事，因有某君忽致書相質，以爲洩漏軍機故也，其實人爲萬物之靈，卽掘地雷挖電網，又何遽猴之不若，用人非祕，而祕於猴，亦江湖玩戲法者所不屑爲也，因成小詩二首云。

獸猶求對陣。人已薄封侯。馬戲看關外。何羊不爛頭。

欲盜本無鈴。還須掩耳聽。報端愁寂寞。牽率到猩猩。

後自有前方來者，報稱人言軍用猴實則爲苗兵之誤，聞此項苗兵，來自蜀中，自成一旅，人數且在三四千以上，靈捷善躍，並勇於作戰，友曾入西北軍旅者，謂亦嘗一度奉命入陝，剿擊此輩，該軍爲西北軍中勁旅，然亦未能得若何之勝利也，此項苗兵之整隊出川，事前係由川軍中人，與苗之接近者，告以日軍之侵略情形，此苗遂輾轉向同類相述，於是羣苗激於義憤，誓必抗日殺敵，與川軍接洽後，立卽整隊東下，故設大戰爆發，此項苗兵將自動請命衝鋒也。『本刊上集曾有前方發現軍用猴一文，可參考之。』

國粹軍用大刀隊

淞滬一月餘之抗日血戰，大刀隊參加殺敵，忠勇莫倫，有口皆碑，茲述大刀隊之類別，爲本書補白。

專用大刀之大刀隊，無其他武器，作戰時居步騎兵之後，迨短兵相接，衝鋒肉搏時，一聲喊殺，躍出前敵，大刀砍處所向披靡，倭人每見刀光閃鑠，不覺膝爲之屈，或舉足向後轉焉，此輩或擇兵士訓練而成，或國術館員及其民衆激於義憤而來此者，蓋皆熱血男兒也。

兼用大刀之大刀隊，實卽軍中之步兵也，彼輩手提長槍，背負大刀，作戰時，遠以槍擊，近則荷槍而用刀，蓋槍端刺刀，不若大刀劈殺之快利也，劉峙之第一師，前月進駐吾常，吾見其軍中步兵，背際各插大刀一柄也。

全身武器之大刀隊，大刀之外，腰懸盒子砲，及手溜彈，兩腿綁布中均藏匕首，作戰時，宜用槍者，則盒子砲發如聯珠，宜用彈者，則手溜彈遙擲必中，苟敵方彈來如雨，無可避讓，則揮舞大刀，寒光閃爍，不見其人，但聞彈爲刀格，錚錚作響，不能及其身也，國術中之善使刀劍者，衣白衣，舞至酣暢時，但覺刀光劍影，寒氣逼人，潑以濃墨，盡爲刀障，迨其舞罷，白衣無半點汚痕也，大刀隊殆亦具此神技歟，與敵人血搏，每以大刀砍劈，當時立斃，若寶刀不幸而折，則棄之而出匕首，短刀狂舞，亦所向辟易，此全身武器之大刀隊，遠射近攻，無往不利焉。

大刀之神威

十九路軍以軍械不及日軍多多，故常用肉搏戰藝克敵致勝，手溜彈之準而遠，手機槍之敏且捷，已在在制日軍於死命，追奔逐北，奮不顧身，各個作戰，人能成軍，尤使日軍望而生畏，大刀隊舞刀如龍蛇遊行，蹤跳衝刺若將軍天降，直令日人疑爲神助，咋舌束手，無法抵禦，因復有種種中傷之語，嘗聞軍中人言，大刀隊員之作戰，每能取人首於不覺，日軍夜間臨陣，槍砲待發，驀喪厥元，蓋吾大刀隊常抱刀仆地，絕塵滾轉，一運氣卽達數十百丈，不數滾，已迅捷至日陣地，跳躍如飛，直取敵首，白刃利鋒，疾若電閃，防固勿能，死且莫名所由也，日人無奈，自日運無數有釘木板來滬，以釘木鋪地，謀損大刀勇士之進行，然亦勿生效力也，或傳隊員能却槍砲，未知確否。

若說無神竟有神

神道設教，在科學化頭腦之學者口中，每斥爲專制時代痲醉政策之一，然而在今茲科學十分昌明之時代下，靈魂與神鬼之說，復囂然而起，其實古人所謂之不可不信，不可全信，斯則確爲折衷之言。

滬戰間，日軍進逼我軍，前鋒止於南翔之某廟，日兵坐臥食溺咸在於斯，且有直上神座披神頰，拔神鬚以爲嬉戲者，此兵驀即倒地，口吐白抹，若醉若癡，不能華語之日兵，竟能作平語，且言且自批其頰無算，日軍知神附其體，即羅拜求恕，久久始甦，體疲若棒擊。

又一次，日兵緣某宅後園之古柏升其巔，瞭望吾軍之行動，俄而俯瞰全鎮，意頗自得，不料此樹夙有神附，鄉民朔望膜拜，香烟極盛，日軍在上，舉勢下溺，不知顧忌，適忽自巔而墜，腦裂漿出，另一兵則將緣樹上登時，即若遇棒擊而倒，鄉民因告以神異，日軍即不敢再犯。

編者曰，若說無神竟有神，亦云異矣。

吳淞的筍醃鮮

日軍進攻吾軍之目標，時時易其方向，蓋所以隱其主力，使吾軍不能推測其活動之集中點也，然而大概觀察，吳淞方面，實最吃緊，激戰最烈時，竟達三日夜之久，

按吳淞一帶頗多竹林，亦爲鄉人出產之一，每年市上出售之竹筍，半由杭來，半即產自吳淞者也，竹之生殖，易繁榮亦修長，頂上細枝嫩葉，密若織毯，遠矚之，林林總總，令人望而生自然之趣，近之則碧翠照眼，胸襟爲曠，所謂茂林修竹，雖無崇山峻嶺，亦不失其雅致，此次戰事，竹林忽興奇用，滬人則少却筍味。

按日人在戰中，以飛機擲彈爲唯一進攻利器，在前線更恃以爲掩護威脅之要具，我軍則每藉叢林爲遮蔽之佳地，蓋竹頂枝軟而有彈性，能承鉅重不覺其乏，復以彈性，能使墜其上者反激而出。

日人濫擲炸彈，吾軍即席地於林下，彈下乃無有能炸者，日人知無可逞，乃低飛而施放機槍，故吾軍乃不死於炸彈而死於機槍，有人檢點，見隨處林中，有不少死屍，屍伴則伏有士卒，謔者乃稱謂筍醃鮮云。

意想不到的陷阱

在戰術中，本有陷阱創敵一法，惟降至近世，此法已不爲人所重，亦經人認爲太笨而不屑引用。

江灣之戰，炮火連天，飛機蔽日，激戰之烈，開戰以來所未有，日更藉時代科學之便利，以坦克車掩護其步兵進攻，吳淞多低窪，積水成潭，鄉人爲之便利灌漑，則鑿深而儲糞，最深者，自地面達底，約有十餘丈之深，戰時，日坦克車蠕蠕前進，其一，不覺墜此糞窖，蓋在夜間昏黑莫能辨路故也，車墜竟沒糞中，車中人悉斃，無一倖免，至今鄉人類能道其事，亦云巧矣。

青幫的清黨

自十九路軍總退却後，閘北爲日軍武力控制，市府一切權力無從管理，於是一般江北籍之漢奸，卽十分活躍，其行爲可以八字概括，卽無惡不作，暗無天日。

查若輩大都自稱爲幫中人，其實僅拜從一青幫中之人物而已，更有不少並不是直接，或僅口頭之言，然亦自稱幫中人，以有老頭子爲豪。

若輩人格全無，性靈汨沒，青幫中何能有此敗類，故幫中最高人物，有清黨之舉，在不久之前，開最尊嚴之香堂，誦幫規，訴家法，將一切叛徒悉數驅逐，不認爲子孫，有人並主張登報公告，後以恐太招搖而罷云。

肉彈

滬戰事，日軍中有三不畏死之强項漢，鑒於吾軍之堅守陣地，彼無法進展，於是請於指揮官，謂願挺身陷陣，以身軀試彈火，若輩同儕三人，各懷黃色爆炸藥物，直趨前線，藥炸，身兒片片飛起，然與我實毫無損失，其愚忠雖近視死如歸之大義，然而蠢甚，又奚能與吾軍之懷彈勇士較。

當日軍利用堅甲利器之坦克車衝鋒時，其勢頗猛，前線不得不稍却，以避其鋒，日軍意得，橫衝直撞，絕無顧忌，吾軍某營之兵士，見而苦索得一法，因稟長官，其法則服絲綿背心，滿注火油飽苦浸水，前胸後背，滿縛烈性炸彈，手持手溜彈，扼要臥地，俟日軍之進，及身，先攻以手溜彈，車輾身過，突然爆發，以其正確而切近，車乃無有不燬者，長官雖勇其行而殊憫其慘，無如請者堅決，洒淚許之，一時景從者復得三人，果傷日軍二車，是誠智勇矣，然而日人之肉彈，全國宣揚，以昭來茲，吾則湮沒無聞，能勿悲夫，吾記此，吾恨不能探記其姓名也。

空中之戰（上）

日人侵華，號稱武力萬能，其實淞滬一戰，醜態畢現，那些太和魂之武士道，頗顯不武之象，其能不爲我軍拉朽摧枯者，僅恃科學之借助，以新式戰具護身耳。啓釁之夜，日軍卽在雨絲風片中，以飛機爲破壞吾防線之利器，摧殘吾國民，晨光曦微時，閘北半成刧灰，全國唯一文化機關之策動地商務印書館，及上海著名之東方圖書館，亦炸燬而成頹垣，燒夷彈工作下之成績，商務存棧書籍，都變片片蝴蝶，燼餘飛滿太虛，全球人士，對日人之猙獰面目，於是而得深刻認識，吾全民爲謀應付之對策，及顧念十九路軍等不受日機之威脅起見，惟有呼號政府派機協援之聲，且致電挾機最多之粵方而告急焉。然而吾人僅能於報章間，窺得幾行關於空軍消息，究竟如何，則莫能懸揣，惟政府於內戰時，吾人熟知固其大隊飛機能指揮也，不寧惟是，政府隸屬之空軍，且亦能凌空擲彈，予敵對者以威脅也，而滬戰中，則民衆奔走呼號之結果，政府之能得慰民之望者，又有幾何，能無令人感慨系之耶。

空中之戰（下）

查日人之侵滬，水陸飛機達二百餘架，另有無聲飛機數架專事偵察，吾國之飛機，政府既未儘量派遣，即有少數，機場亦遠在蘇杭，然而日方咄咄逼人，着着進逼，分遣大隊，赴蘇杭肆虐，在杭，中央飛機隊長石邦藩，於行裝甫卸佈置未就時，即遇日機自乍浦航空母艦出發，蓋彼方得訊，先來破壞也，石時正獨在一座戰鬥機內修理械件，遙聞其聲，急升機應戰，不及招呼，亦不容猶豫，日機則蔽空而至，以體凌下，威脅我方餘機，不使升空，同時炸彈機槍，如雨而降，粵方隊員趙某駕機，未及離地，身中一槍，駕駛無力，機觸地着火，機與人皆成灰燼，石則以一機周旋日機五，進退裕如，終至擊中一機師，己亦中一達姆達姆彈，被逼降地，日機則墜於海，機員死，石則至今無恙，然而一臂已去，亦成獨臂將軍矣，至於蘇州之空戰，則其間殉一美機師蕭特，亦爲以少應衆之戰，可知我方所不如日者以此，而日人得以橫施其兇惡者，亦僅恃空軍耳。

自擾的庸人

國人確認爲世外桃源的上海，自一二八一彈之爆發，卽爲之打破，於是在閘北炮火連天，烽烟矗起之時，通衢間，祇見絡繹來往之逃難人，先則閘北居民潮流而入租界，越鉄門，渡河浜，得孔卽鑽，有路皆入，俄而形勢愈急，則在渡船覓一立足之地，亦須兼金，且亦不能卽得，迨夫範圍擴大，虹口之居民以及蘇州河以北者，咸向蘇州河以南遷徙，租界以內，難民乃如蟻而來，然而日軍之行動，飄忽若流寇，謠諑之興，亦時起草木皆兵之感，飛機無眼，不擇的擲彈，砲子無情，每越界而墜火綫之外，於是而華兵將衝租界也。日軍南市登陸也，時時有流言之紛傳，風聲鶴唳，使人生八公山下之惶急，身家稍具，賴內地多親友者，乃悉遷地爲良，一車載去，分向蘇杭，覓其天堂樂土去矣，曾幾何時，日機復惠臨兩路沿線之大站，追奔逐北，常蹤跡客車而窺察，一若不能倖勝十九路軍者，將取償於難民，蘇杭以空軍所在，更大肆無人道之淫威，於是向之自滬遷避內地者，及在內地之富有人家又轉而逃向上海，豈非庸人自擾，然而誰不惜其身家性命，能有幾人作大解脫思想，置生死於度外者哉，因此遂有數次鉅刼案之發生，亦當記而出之，或亦可爲國人深刻之紀念歟。

炮火影裏之三個奇人（上）

泰山崩於前而聲色不變，如此膽量，吾見亦僅，搜索古史，窮探野乘，能有幾人哉，不圖滬戰中竟達得三人也，吾又烏可不記。

閘北之役，以八字橋香烟橋青雲橋諸役爲最烈，蓋隔河對峙，肉搏而奪，進則可控制全綫也，三十四日中，旅進旅退，正不知斷送若干好男兒，河水下流，亦不知飄去多少熱血矣，在其間切近租界處，有一尼庵，砲聲初起，凡年壯力强之輩，早已逃避一空，然又不捨家具，則囑一年邁聾嫗枯守，予以糧食，囑伊勿離庵一步，嫗年八十，聾已廿年，昏黯庸憒，一物不知，自以爲就木之年，生命早置度外，其地適當炮火集中之處，隆隆劈拍之聲，絕無一秒之少息，然而左右前後之房屋全都轟燬，惟彼乃獨存，雙方兵士亦初未知其間尚有生物，迨吾軍第三次衝過，有卒進庵據守時，始行發見，而此聾嫗方飢餓待斃也，因飭人報紅會救出，或詢其經歷，彼仍茫然，僅言房震不能安眠，大聲則曾未醒其耳聾也，塠至今健在，困於炮火中，十餘日不死且不甚知，是誠奇遇，是誠奇聞，是誠奇人已。

炮火影裏三個奇人（中）

日人攻閘北，爲貫澈其消滅吾軍之初衷起見，故絕對注意北站，自第一彈爆發以至吾軍自動總退爲止，日人不斷以猛烈炮火威脅該地守軍，扼守此地之吾軍中，有一奇人在焉。

租界邊線之萬國商團以及美軍人隔栅而守，每能於縫隙中窺見中日兩軍之行動，若輩每見一十九路之英雄，獨運用一架輕便機關槍，前以洋鉛皮爲蔽，把持要害，日軍無一人能越雷池一步者，此人或著軍服，或便衣，蕭然自得，意態從容，若未曾念戰事爲慘苦生活者，臨事故鎮定異常，一架機槍之得得聲裏，正不知送却日人多少生命，彼則工作餘暇，一枝烟捲，仰首噴雲，雍穆如無事人然，亦不啻高坐電影院中也，淸晨，必探帽遙敬西兵曰，君等早安，談吐文雅，絕勿類粗獷小卒，而其運用手溜彈與木殼槍更百不失一，西兵對之敬而且佩，奇蹟四播，傳爲美談，新大陸之影業巨擘，爭欲羅致其一現廬山於銀幕，輦金物色，其人則又隱去，據言，彼自稱爲却利張，未知確否，或謂係復大生云，記者曰，此在本刊上集有小說登載，吾心儀其人，殊願一見其丰采也。

炮聲影裏之三個奇人（下）

上文吾已紀二奇人矣，則當進而述第三奇人之事，此奇人可謂遐邇咸聞其名，人奇，事奇，遇奇，其戰績更神而奇。

奇人者，翁照垣將軍，十九路軍七十八師一百五十六旅旅長也，莊而仕，年青則遊學於法蘭西也，翁氏喜天空，乃入航軍學校專攻淩雲之學，天馬行空，奇人洵非凡庸比，此或翁將軍之所以爲翁將軍歟。

嘗於獨自駕機時，突然遇險，機如鷹隼之疾降，迅且捷，半空，觸高架電綫，綫斷電流，機墜焚如，及地粉碎，僅存機骨，然翁乃無傷，且靜穆如平時，一若無事人然，法人奇之，報章競載其人，偉其膽，而欽其勇也。

君守吳淞，力戰却敵，日人不能前進一寸，及退，又從容不迫，日人怵其威而勿敢追之，勇哉，翁將軍，躋於古英雄之列，可以無愧，而其退後尚能腰擊廟行之敵，能於退走時取勝，豈非神而奇乎。

匪盜乘機活動的成績

閘北戰事爆發以後，租界四週卽爲鐵柵絲網無形封鎖，界內居民有似籠中之鳥，頗感恐怖與煩悶之苦，差幸杭滬一線生機，網開一面，水上交通未絕，漏網容有活路，於是肩摩背擦，熙攘往來者，絡繹不絕，火車蛇行，日機時作鷹飛之俯瞰，追奔逐北，乘者時有生命危險如懸卵之處，因而紛紛易車爲舟，都改作乘長風而破萬里浪，惟是倖逃殘生，勿爲壯圖耳，尋則內地居民遷滬，內河不通，則轉外海，水銀瀉地，蓋無孔不入也。

其間往來者，當然爲略具身家之人，否則亦決不顧惜生命，若斯其亟亟，然而盜匪覬覦之心，乃由此而興，明火刦仗，毫無顧忌，乘隙而起，暢意欲爲，無錫富豪楊孫錢等多人，合賃一輪，護以武裝，加增速力，擬脫虎穴而登彼岸者，途中竟遇洗刦，匪人先挾主人以臨武士，使若輩有投鼠忌器之感，飽則遠颺，水雲鄉裏，烟波深處，令代人與湖飛冥冥之想，官軍則方以全力與日軍肉搏，無餘暇作一網打盡之舉也，按自閘出發之水道，有通蘇，有通杭，道之所出，大概涉及湖匪之巢穴，以肉就虎，何能有幸，統計損失，蓋不上千萬元也，吁。

空閑昇自殺之祕密

戰中，雙方各有一上級軍官爲敵俘虜，我方爲八十八師獨立旅長王賡，日方則隊長少佐空閑昇也。

空閑之上官聯隊長林大佐，（爲張作霖之顧問，據云卽日本暗殺要人之血盟團首領，）於廟行之役，中彈死亡，空閑則被虜，曾解京，因某西人之說項，以王賡交換，吾方乃釋之返，彼歸隊後，同僚恥與語，均落落避面若浼，空閑大慚，請於長官，至戰地在林大佐陣亡處出槍自殺，頻死，大呼吾負汝不置，或云，林大佐之死，實空閑誤之也，緣是日之戰，本無須林押陣，空閑忽膽怯，頗露畏葸狀，林怒，拔刀自出，不惜以聯隊長身份，（與我軍編制之團長同，）自爲前鋒，竟以身殉，然空閑若能於指揮其直屬當左翼之部下衝上者，林亦可救，其本人亦不致被俘，然而一再坐誤戎機，鑄成大錯，亦無怪其臨死自悟誤人也，編者曰，王賡至今健在，或以人誤彼不爲過問歟。

偶然的一砲

閘北戰起，先前數日，日兵尙未攻擊其他地方將戰區擴大，及屢次失敗後，乃轉而欲在吳淞側擊威脅吾全線，砲台司令鄧振銓亦持苦守主義，惟砲台兵卒，多爲老弱之輩，不堪應戰，據言，炮台之炮，非有專門之技，不能瞄準，吳淞老兵，有膽怯而圖遁者，無論抗戰，守亦殊難，然有十九路軍之首抗，及在旁督促，有不得不抵禦之勢，同時亦有激於義憤而毅然欲戰者，傳有一老兵，年六十餘矣，龍鍾老態，步履蹣跚，於滕參謀久壽慘死後，奮然而起，親發一最大之炮，轟然一聲，果中一敵艦而沉之，連續再發，又擊中二艦，時敵人方環而猛攻，天空復有飛機若干炸彈擲下，老兵之一彈，雖稱偶然，然可謂得力甚鉅，聞此蓋得其技術於父，頗能紹其家學，自言學技而從未發，乃能一擊而中，斯亦奇矣。

王賡的捉放

戰酣時，八十八師獨立旅長王賡忽以訪友而被日人捕去，旋亦安然脫險，然未數日，十九路軍忽總退却，人因有王賡通敵之議論，稱爲新獻地圖，疑點甚多，王雖百喙，亦無法洗清也，王自稱欲訪之友爲美領，人則言其訪一膩友，然而王如迷色，尙有可原，果其非是，則難脫嫌疑也。

王後解京候審，轉解十九路軍總部，惟是遷延復遷延，審問紀錄及一切關係事件，世人迄無有知悉底蘊者，至今成爲疑案。

編者曰，茲者，十九路軍調閩剿共矣，總部已遷往，特王事如何，乃未有公佈，王之何在，頗費索解，昨有人謂王已轉解南京軍部，刻正會同參謀部，訓練總監部，第五軍軍部等審訊，判處兩年徒刑，其罪名爲戰時不請假外出，放棄職守云。

結束的一彈

引起三十四日激烈戰事的，是日本海軍陸戰隊在閘北放的一槍，結束滬戰的末了一彈在於何處乎，恐其任何人都不能引證也。

以我之見，則上海虹口公園中韓人尹逢吉之一彈，最是恰當，中日滬戰，雖非因此而制住，然確有因此而停滯，是閘北一彈，實與虹口一彈後先震動於全世界者，蓋一開其戰端，一結束其戰局，雖事實之截然不同，然上海不戰則白川等無所自來，更何從傷厥其生命，可知無關係中，亦自有絕大之關係，事實固異，質量却同，故特提出以爲結束時之一彈，或無不合也，人類有同情心，惻隱心，互助心，誰不愛護自己之生命，非豺狼性成者，又何不愛護他人之生命，則此一彈之爆烈，因而傷死如許人命之事實，吾人自當憐憫，然而，砲彈刼餘，無辜被戮，吾華人之因此戰而斷送其生命者，正亦不知其多少，若輩運籌帷幄，肆意侵略時，何嘗一念及吾華人之生命財產，天道好還，爲惡者必食其報，則此一彈之炸，孰謂其非報應不爽，用兵黷武者，當有鑒於斯夫。

彈壁之裝飾

靶子場底黃陸路一帶，向來日本人與華人雜居者甚多，此次亦砲火叢集之地，如前西門子電氣廠華經理管趾卿先生，及前中報館總編輯陳景韓，均住居其地，戰事既起，倉猝遷居，及後歸視其居，則見牆壁上有不少砲彈，嵌入壁中，既不炸轟，亦不能出，管宅牆壁上，閙嵌入之砲彈，有八顆之多，冷血之壁，亦有一二枚，人皆以爲奇觀，一似牆壁之妝飾品然，人謂此實危險之品，將如何設法，以取出此物也，此項砲彈，據住居該處者觀測，云是中國軍隊中所發之砲云。

岩井少尉戰事日記

下面所發表的這一些殘斷不全的日記，乃是我的一個在紅十字會當救護員中朋友從火線上的死人堆裏拾來的，在那破舊的日記封面上，很潦草的寫着「將腐蝕於無定河邊的生命記錄」，下署着「岩井一太郎」的名字，又從那日記所夾的第□師團官佐表上面，知道這戰死的不幸者是一個少尉，這些殘缺的日記，雖然是出於我們民族敵人之手，但是却從字行裏反映出來那些「文明的」日本軍隊這次出兵上海，大恣荼毒的眞象，因此，我就花了一天半的時間，照原文譯出，並在這裏發表，不敢掠人之美，故題目直接寫作「岩井少尉日記」

□二月四日　現在整個的東京（不，簡直是全日本），都充滿了如醉如狂之戰爭的鼓動，街上的人像螞蟻似的爭着購買戰訊的號外，頭上載着白色的，高到一尺以上的

「無常」帽，手上搖着鈴，口裏嗥嗥然叫出慘厲之「戰勝」呼聲的賣報人，像消防隊似的在馬路上往來如梭的馳驟着，滿街都是用大字和顏色紙標揭的『上海之佔領』，『我皇軍攻克蘇州』，『支那軍慘敗』，『我皇軍得神靈之助』，『聖戰之光輝』的標語。

然而這些『勝利』，是不足以打動我（好多下級的將士都是和我一樣）的心弦，因爲這種『勝利』，我是從經驗中懂得其究竟的，在十八年前，我曾身先士卒的攻打過青島，並且後來又被遣派去參加歐戰，冒了無數次的槍林彈雨，看到無數的伙伴們之葬身異國，結果我也是『勝利』的一員，然而我所得的只是那有名無實的勳章和紀念章，而得到眞正『勝利』的，却是那因歐戰獲得東亞霸權的『公，侯，伯，子，男』，尤其是那些從歐戰中得以獨佔對支那貿易之三菱，三井等系統的大財閥集團和資本家，從那次以後，我就懂得了在日本帝國之任何戰爭的『勝利』，他的實質都是弱者遭殃，强者遂慾的『勝利』。

□一月五日幾萬多被奪去愛子，丈夫，慈父，弟兄，至親骨肉之被難者的家屬，含着滿腔的熱淚與哀憤，鵠立在輪埠的岸邊，等待那血肉糢糊，不能認識「誰是親骨肉」的蔴布口袋之到來，這就是今朝七百名陣亡將士屍身抵埠的一幕大慘劇，在這種沉鬱淒涼的空氣之下，人們心中所迴旋着的，只是戰爭的殘酷，陸軍省的舉措是一種瘋狂是大家所感觸着的，只是死者的骨斷肢殘和生者的悲哀無盡，一切「神聖的戰爭」，『爲東亞和平而戰』的鼓動和宣傳，在這種情景淒絕，妻怨子啼，招魂弔影的實際週遭之內，都顯然失去了痲醉的效用，而得到「適成其反」的感應，當那含着哀怨的軍艦徐徐的駛近輪埠的時候，一刹那間，這輪埠就變成了哭聲震天，錐心泣血的人間地獄，有此被戰神奪去了獨生子的白髮衰翁和龍鍾老婦，不等那兵輪的靠岸，就踴身一跳，投在那無情的碧水裏，從另一條的冥路上去追尋他們的愛子了，唉，所謂『神聖的戰爭』，我沒有勇氣再寫了………

從昨天七百具陣亡的屍體之運回的事實中，吐露出上海戰爭消息的一角，我們皇軍在支那的作戰，顯然並不是如官報和鼓吹屠殺的東京報紙所說的一樣每戰皆捷，反之，却多半是受到意外的慘敗，果然，在今天清晨，我自己也接到了緊急動員的密令，說是「我皇軍在上海戰爭中失敗，現續調令第口師團前往，」這一來，我少不得又要將性命投擲在那炮火連天，彈雨槍林的賭場裏去孤注一回，說不定從此就……，我懷着滿腔的痛苦回去和我的家庭話別，還沒有開口，喉嚨就不自覺的有些哽咽的成分，那暮景頹唐的白髮慈母，早已從我憂鬱凄惶的面部表情上，看了到不可免的命運而泣不可仰，她和三歲的愛兒也哭做一團。

■二月六日　他們都很匆忙的爲我製「慰勞袋」裏面裝着的是我最愛吃的御果子，慈母和愛兒寫眞，并在手帕上刺繡着「祝告你平安歸來」的賀辭，「慰勞袋」，顯然和我在幼小時家裏的人製着贈送叔父去參加俄戰爭的「慰勞袋」有絕然的不同，那「慰勞袋」裝着的贈品是妻子的頭髮和指甲，祝辭是「祈戰死」，無往而不是表示決絕和鼓勵的意思，而到了現在，我和很多伙伴們從家庭裏所得到的「慰勞袋」，却都是充滿了生離死別，不能割捨的悲愴了。

■二月七日　在進行曲鏗然交響的軍樂聲中，在高級官佐們的監視之下，我咬緊了牙關，止住兩行熱淚，看着岸上的慈母，嬌妻和幼兒牽衣頓足的號跳不已，陡然在萬頭鑽動的送行者之中，落英繽紛的飛下了一些五色的傳單，從人衆中雷鳴般的喊出了一陣「反對戰爭」，「反對進攻支那」的呼聲，接着就是憲兵警察偵探對送行大衆的橫拖直拽和棍棒戰舞，而我那送行的老母和愛妻嬌子，亦由此消逝在這一個嘈雜擾攘的萬人堆裏。

當軍艦在黃海中乘風破浪時，師團司令官對兵士下了不准互相談話，不准自由收發郵件等禁令若干條，接着師團長又召集了全體官兵訓話，他說「阿娃」（譯音。即我們之意。）皇軍這次作戰，是本菩薩心腸，得神靈庇祐的聖戰……爲愛日本，愛支那，愛世界而揮淚出師……懲戒支那暴民和軍隊，保持太和魂普照世界的光輝……」這些鬼話我是聽得很爛熟的，然而我深刻的相信，文明和光輝決不是從機關槍大炮中所能創造出來。

▣二月八日　我們已駛進了支那的黃浦江。在兵輪上可以很淸晰的聽見吳淞方面的轟轟不絕的砲聲。一部分的將佐，都在昨天虐殺支那人，實行聖戰的鼓動之下，磨拳擦掌，躍躍欲試的歡呼着，然而我以及許多被前天家人號哭送別的慘景刺傷了心胸的士兵，都不自覺的顯示意懶心灰的情緒來，何況眞正要拿血肉來搏戰，無情的子彈一碰在身上就要骨拆肉崩的啊。

▣二月九日　這除了我和少數的老行伍曾在歐戰中經歷了一番的而外。十分之八的將士們都是初次參加眞正戰爭，不自覺的從內心發出一種戰慄恐慌的情調來，但是軍令如山，誰也不敢現於詞色的把畏怯的心思表現出來，然而從我們一排一排的兵士上岸時之腿部不自然的動作上加以透視，就會知道那些腿部的呆板，是從內心的戰抖而來的，我們來不及有一刻的休息，就被調到江灣去前線開火了。

▣二月十日　在一次大隊衝鋒的號令之下，我們的將士們都奮不顧身的向着支那軍隊的防線挺進，我們隊部的後面，架着整排的機關槍，監促着我們向前冲殺，又在左右兩面用重砲掩護着進攻，凡屬就國際慣例所視爲不能用之於巷戰街市戰爭中的武器，如野戰重炮，飛機投炸，達姆達姆彈和瓦斯彈之類，何我們皇軍在這次戰爭中都一概使用，據上級師司官們說，對付像中國這樣組織的暴民，是和征剿台灣的土八一樣。毫無人道之可善的，支那軍隊在防禦戰爭中的抵抗力，眞是出乎我們意料之外，無論我們皇軍是怎樣用重炮和機關槍冲殺，敵人始終保持着沉着老練，彈不虛發的鎭靜與安詳，在一百米突以外，無論我們的放射是怎樣的密如驟雨，他們是很少還擊的，然在一達到他們射擊之準確的距離以內，敵人就一聲吶喊，紛紛從戰壕裏跳了出來，機關槍，步槍，手溜彈，甚至斧頭和大刀，都一齊向着我們突進，我皇軍一排一排的將士，紛紛在這種猛烈的火力中斷送了殘生，在屍橫郊野，山岳震動的前線上，日本軍和支那軍的戰死者橫躺直臥的參錯着，熱血迸流，交匯成爲赤色而腥臭刺鼻的小溝渠，分辨不出誰是仇敵，誰是親友來。

▣二月十一日　我們皇軍在前線上的失敗是有加無已，而現在，皇軍內部的軍心，又發生了異動，上午正在炮火連天，兩軍肉搏的時候，忽然從盤旋在天空中的我軍飛機裏面撒下雪片似的傳單，盡是一些「反對進攻支那」，「打倒帝國主義」，「槍頭掉向日本統治者」，「暴動顚覆王室」……等口號，那暴動的飛機師照軍法是要槍斃，然而他早已連人帶機，不知飛向那裏去了，因為這大量的異動宣傳品的發現，登時埋藏在皇軍行伍中間的「危險份子」都活躍起來，「反對向支那弟兄開槍」及一切那些傳單內所有的口號，一剎那間就在戰線上高唱入雲了，我看到幾個上校和少將在面孔上現出了灰白而悽慘的顏色，馬上掏出手槍來彈壓，但是人太多，大家的嘴巴又都是在張着，他們怎能知道誰在反動，今天我們的戰事沒有遭到全軍覆沒的慘敗，眞是意外的僥倖。

▣二月十四日　在血濺肉飛，槍林彈雨中喘息着，連喝水的工夫也不多，這日記也只得中斷了一兩天，昨天我們在曹家橋的衝鋒戰，實在是交戰以來，最猛烈的苦戰，三千多皇軍在烟幕彈的掩護和後面機關槍的督促之中，不顧生死的向支那軍衝殺過去，結果衝破了敵人陣綫之一角，但支那軍的另一部隊趕來，我們反被圍困在中間，受到支那軍火力的嚴重脅迫，最後只是短兵相接，而敵人的戰鬥勇氣有加無已，無數的士兵都在支那軍的刺刀白刃之下，犧牲了性命，

後來大隊的皇軍趕到，又在支那軍的外圍包圍成一個大圈子，兩下裏都是以死相搏，亂殺亂砍，不料我們皇軍內部卻有一部分帶有危險思想的份子，今因支那軍的作

戰銳不可當，所以就在最緊張，兩軍爭最後勝敗時候，突然自行倒退下來，一刹那間全陣就起了動搖，接着慘敗而退，師團長和野村司令官當時下令用機關槍向退後的士兵掃射，結果有六七百弟兄慘死在我們自己的槍彈之下，但是，司令官拍到東京的電報，却把他所慘殺的士兵都寫在「護國之英靈」，「中伏全斃」的那本賬上。連日從火綫上運囘的陣亡士兵的屍身，堆積在紗廠貨棧裏面，成爲高與屋齊，猩臭不堪的屍山，我們從各支那民房，尤其是米店中搶得了大批的蔴布口袋，并在街上抓來了大批的江北苦力，用刺刀手槍逼迫着他們把這些死屍一個個向蔴布口袋裏裝，再用了防腐手術，就是在蔴布口袋中加蓋上一糞箕的鹽和糖，把這些支離殘缺的人肉醃了起來，然後扛上運貨汽車，送到兵輪上載囘東京去，但是這種醃人有些是還沒有死過勁的，在裝口袋之後，還是蠕動呻吟着。

▣二月十九日　我們的士兵從家庭教育社會教育，尤其在入伍後所受的政治教育都是充滿了虐殺華人，向外猛展太和民族的意思，更加上連日慘敗，所以在皇軍的將士間，發生了普遍的虐殺支那人，奸淫焚掠的行爲，在三元宮地方，和皇軍日本浪人前後擄得了四五百個支那男女關在裏面，在每次從前線戰敗，退到後防之後，那些以姦淫和屠殺爲消遣的弟兄們就由一兩個將佐領導着，隨便把這些俘擄們胡亂砍殺着以爲笑樂，時常把三五歲的小支那人拿來斫去四肢，或割去生殖器，這些被虐殺者愈是輾轉哀號，這些皇軍的奇特衝動就更得到滿足，總之，我們除了在火線上，出生入死而外，並且在後防在巡邏出動之中，做了一切文明人所應做的事。

▣二月二十日　因爲連戰不利，皇軍的司令官在三天前已由東京改任第九師團長植田謙吉來担任了，植田在帝國軍事上是有名的「支那手」，他和那三年前在津浦路上以一師團的皇軍把二十多萬支那軍的統帥嚇走，血洗濟南的第六師團長福田，都是秉承田中政策，積極對華的名將，植田對進攻支那軍的一切布置，在兩天前早已辦妥，他限定今早答復，否則總攻的「哀狄美敦書」，不過是一種滑稽意味的手續罷了，皇軍布置在前線的將士，總數已在五萬以上，重砲，坦克軍，投炸飛機的束裝待命，在今天午時以前亦已準備完畢，「聖戰之光輝」，「痛懲支那暴戾」，的鼓動，更不斷的級官佐方面傳來，陶醉在軍國主義，虐殺人類之思想中的弟兄們，都興高采烈，歡躍鼓噪，準備今天的大撕殺，究竟我們是爲了甚麽要把性命送上前線去拚呢，這當然是不爲兵士們所理解的，他們只懂得爲了太陽旗，爲了天皇的御命和司令官的命令，所以就非拚命不可，我們大軍從七點鐘起，就分了閘北江灣和吳淞三路向支那軍的陣線總攻。

■二月二十二日　支那軍戰鬥力的堅强和悍勇，這次眞遠出我們預先的估量之外，從前日總攻擊開始，兩方面的戰士都是前仆後繼，血濺肉飛的衝鋒肉搏，從數量方面來比較，皇軍比敵人要多五分之二，就作戰武器來說，我們皇軍更有最現代，最科學的武器，但是繼續五十小時浴血死戰的結果，除防守廟行的支那第五軍曾受一度到最大的損失外，全陣線的形勢還是皇軍陷於不利的地位，主要的原因，就是十九路軍的確是身經百戰，曾在無數萬支那人的赤血中鍛練出他們卓越的火線上的經驗，

第一，他們是異常的鎭靜，任何密集的火力不能壓迫他們後退，第二是奮勇拚命，竟能踏着自己伙伴的屍身，前仆後繼的衝出戰壕，搶掠皇軍的坦克車衝鋒而上，皇

軍受到這種可驚的短兵戰而局部退却的次數很多，若是沒有楊樹浦這一帶租界的掩護，支那軍受條約的限制，不能深入窮追，那末我們皇軍所受的損害，將更不堪，同時，若是支那軍能得到更多一些的生力軍和更銳利的武器（如高射炮，重砲，飛機等），則皇軍簡直要陷於更不利的慘敗。

▣二月二十四日　在昨天，皇軍的陣線內又發生非常嚴重的異動，新開來增援的第一師團，也有一批受着社會主義宣傳的「危險分子」，他們在戰壕內不斷宣傳鼓動着，把對支那戰爭的無意義，日本軍閥的黷武好殺，用種種交頭接耳的方式傳達給週圍的士兵，又盛誇家庭的樂趣，妻子的愛情，果然把在戰壕內持槍擊敵的許多武士們思鄉的不願戰爭的情緒提得非常緊張，

昨天下午，支那軍的肉搏到了白熱化的頂點，彈火的密集，刺刀的飛舞，竟使皇軍大部分的戰士都感到死神在頭頂上盤旋，忽然有一個非戰份子從口中喊出幾聲「大家退却」，「死是毫無價值」的口號，前線上的士兵就像瀑布似的向後面倒瀉，然而司令官們對於這種異動，是胸有成竹的，先就自己開槍，并由衞士用手機關掃射，

登時就有三百多兵士倒在這自陣綫後面而來的彈雨裏，又有四百人當場被繳去武器，在昨晚被綑綁着，押送囘國而去，更有五十多個因爲在繳械時破口咒駡，就在深夜被加上「顚覆皇室」的罪名，祕密槍斃了，那被押送囘國的是否在中途被投到黃海裏去，是不得而知，因爲前三年福田師團長曾從青島送囘八十名「叛兵」，就在半路上處死，而在報上却寫被支那軍所襲擊，全體陣亡。

▣二月二十五日　從前天由廟行的血戰中敗下來後，我又被調在閘北火線上奔突着，在這兒並非純粹的陸軍戰爭而是有一半的居留民參加其間，這些居留民，有一半在中國有很攸久的歷史，有些簡直是無孔不入，無事不管的「支那通」和「上海通」，他們在平時雖然在表面上開辦一些御料理，食品公司，吳服店等營業，但主要的任務却是深入到支那的軍政工商學和下層社會中，担任廣搜博集那各種的情報材料，大的軍國政事，各黨派的活躍，成爲這些「支那通」經常偵察的對象，自不待言，就是細微到一種小工藝的製造，小販的營業，這些「支那通」也是不厭求詳的不斷對東京的各商業會社報告，在虹口，北四川路各處，差不多每里每弄都有這種表面經商，實際上以東京的津貼爲收入大宗的調査機關，所以這些居留民，差不多十分之七是負有政治任務的便衣偵探，而那些跳舞的和御料理的所在，就有大半是這些偵探匯集情報，找尋線索的場所，所謂日本浪人，更都是深入支那軍社會，誘致支那人與日本人交接的媒介，支那政府的人員眞是一些蠢如鹿豕的飯桶，他們對於這種深入腹心的隱患，絕無絲毫的戒備和防範，這種探窺國情的工作，在東京或任何文明國家，都是絕對禁止，視同叛逆的。

■二月二十六日　昨晚皇軍因爲猛擊大場，受到支那軍最密集火力的壓迫，和大規模的反攻衝鋒，我們的陣線不支而潰裂，右翼竟退敗到平涼路一帶，但是支那軍也顯然有他的弱點，在武器方面，既不及皇軍的犀利，在後的補充上更是非常之少，這樣支持，必然有士卒過勞，由不支而崩解的一天，植田師團長的作戰指揮，已從事實上證明並不比野村強，陸軍省參議院的老將白川，今天已奉命來到這裏，參加戰爭的指揮，在一月作戰之中，四次更換主將，這不但是空前的事件，且是一種失敗的恥辱，明天全陣線將有更激烈的肉搏，我已由閘北陣線被調到廟行方面，參加明天黎明時的敢死衝鋒戰，衝殺去罷，像我們這些下級的，最前線的官們，總有一天要把赤血流出，去染紅那些師團長，和大將們的勳章的，我懂得那並無意義，但是也不懼怕那一死，因爲不懼怕這一死，所以我一點也不作甚麼想像，（完）

戰後餘聞補誌

有自瀏河來者言，新塘市有農人某，不詳其姓氏，少年，孔武有力，遇事不避艱難，常能爲人之所不敢爲，羣以阿戇稱之，當日軍侵入新塘市，鄉人紛紛奔避，阿戇獨守其廬勿去，日軍既至，叫囂隳突，扣阿戇之門，阿戇啓戶迎入，絕無懼色，日軍取得酒肉至，即命阿戇製之進食，奴視之，夜已闌矣，七八日軍據桌狂飲，有二三人已醉倒酣臥，阿戇突自屋後怒吼而出，手握巨斧向日軍狂砍，日軍猝不及防，中傷者三人，一日軍適自外入，舉槍射擊，阿戇左腹中一彈，猶大呼殺賊，砍殺一醉臥者，日軍圍射之，身中十餘槍，始倒斃地上，猶瞋目作殺敵狀，手不釋其斧，可謂勇矣，

記者嘗往返戰地，有時前線甯靜，恆訪友於壕中，促膝暢談其事至趣，緣在八字橋劇戰時，我軍反攻，先遣敢死隊十四人，手懷炸彈，衝入敵陣，時敵有二十人守一機槍，見我軍逼近，不及發槍而倉皇退却，我軍不費一彈，乃奪得機槍，復反槍以掃射，前此守此槍之敵，竟無一倖免，以其人之道，還治其人之身，其斯之謂乎，

敵情

日攻瀏河特用利器之祕聞

彼東海島夷，處心積慮，抱絕大之陰謀，視我國固有領土，不啻爲其囊中之物，而貪心未足，更欲跨海而東，破太平洋之巨浪，揚大和魂於美洲，將來從加利福尼亞省登岸，鐵騎長驅，闢地萬里，縈諸島夷腦幕者，不下二十年，夷固富於軍械者，而於登岸之規畫，嘗造特殊之利器，其結構何如，力量又何如，則守嚴重之祕密，蓋恐合衆之民，即以其器，還治其人也，但此次一二八事變，十九路軍淞滬抗敵，不得進尺寸之地，乃改戰略，由瀏河上陸，爲包抄之計，而瀏河守卒雖不多，然皆勇武敢死之流，夷人亦計不得逞，無已，乃電請東京政府，可否運利器來助一戰，不妨瀏河而加利福尼亞之，彼昏憒之尊者，居然立如其請，輸運利器而來，在將來戰鬥上之一大祕密，人所未洩而由己先洩之，器械猛利，攻瀏河而瀏河竟以失陷聞矣，某為營伍中人，曾目覩吏人之祕密利器，謂利器乃一鋼板之船，人滿載船中，槍砲不能創其毫末，且能疾行淺沙之灘，抵岸則一按機捩，鋼版悉卸，軍人乘勢作猛烈之進攻，對方不及防，未有不遭挫折者，洵可畏已，予聞人談，特揭載之，俾一般軍事學家，得以從事研究也。

扶桑秘記

余經商日本，歷有年所，去歲九一八事件，華僑屢被苛待，既而滬戰又起，僑胞益被仇視，二月前因敝店夥友劉君被害，而店亦被毀，不得已歇業返國，離日前遍歷東京各地，藉資觀察，見聞極多，摭述一二，以告國人。

近來東京滿佈戰雲，日軍部聲稱日美之戰，爲期不遠，飭各軍一律武裝準備，並從事建築防禦工程，海軍密佈各要塞，暗施魚雷，防空設備，亦已置妥，現正積極建造地下鐵道及兵工廠，日政府且擬遷都朝鮮，一部份已秘密移往，其計劃如單獨對美作戰，則先發制人，直取菲列濱，消滅美國遠東艦隊，然後進攻舊金山，如英美聯合，則取守勢，以海軍全力守東京，放棄台灣，勝則取新加坡菲律濱，敗則退出本土而守朝鮮，及中國東北等部。

至此次滬戰，日人損失極重，總共傷亡士兵數約二三萬，尤以一二八二九兩日之海軍陸戰隊傷亡更衆，三千人幾無百人生還，大角海相得息，痛惜異常，曾泣語人曰，帝國練海軍三十年，素爲世界各國所稱道，今竟爲支那軍擊得如此狼狽，將來若遇强有力的敵人，更不堪設想矣。

東京近建一軍神廟，規模宏大，係紀念滬戰陣亡之某大將，一日詢諸某日友曰，貴國之軍神，係指何人，日友曰，卽陸相派赴上海之菱刈隆也，因其勇敢善戰，日俄之役，頗著勞績，故國人（指日本）皆稱之爲軍神，又稱國寶，由此可見菱刈已在滬戰陣亡，憶三日一日我軍撤退時，上海盛傳白川在瀏河陣亡，殆卽菱刈之誤也。

日本內部軍閥專權，時起糾紛，犬養內閣，不啻爲一傀儡，滬戰既予日軍一重創，犬養卽痛斥荒木等之窮兵黷武，某日往見荒木，力勸對華和好，且曰幣原前謂侵華如自吞炸彈，汝今可以知矣，荒木大窘，怒曰，汝何人也，我皇軍屬於天皇，屬於陸相，汝內閣何得過問，因披其頰，並拔槍對之，犬養無法，悻悻而去。

至於我華人之旅日者，自滬戰起後，備受殘害，每行至路中，輒被日浪人毆擊或唾罵，樓窗內亦常擲下泥石果皮或污水，種種侮辱，不一而足，甚至有被殺害者，警察亦不之顧，本年二月間，敝店夥友劉君，因與日浪人口角，次日劉君出外購菜，卽被日浪人扭去，音息杳然，當卽報告警局，亦無所獲，半月後忽在附近浜內發見劉君頭顱，復投報警局，警局卽佯稱兇手已緝獲法辦，不料此訊爲浪人得息，遂於當夜集衆持械破門而入，搗毀器具，毆傷店夥，貨物被刦一空，本人因越牆奔逃，得免於難，及至巡捕到來，若輩已呼嘯而去，嗚呼，吾國未亡而我僑胞已深受亡國切膚之痛矣。

日軍地圖麵包

客有熟悉日本情形者，一昨晤於旅邸，所談頗有記載的價值，在下便把他述寫在左面；

此次戰事發生，日本市上，流行一種地圖麵包，法於軟潔的麵包上，烙印軍用地圖，一爲東三省的，一爲淞滬的，舉凡山脈河流，交通要道，都詳列清楚，一望而知，於此可見他們侵佔野心，無可遮諱的了，一般人士的紛紛購取這種麵包，用以犒勞前敵戰卒，虹口匯山碼頭，曾運到這種地圖麵包，計有數百僉之多，又他們黑夜行軍，常備有一種燐質地圖，性質和夜光錶一樣，黑黯中能發出微綠的光來，指示地勢，及一切要隘，凡屬上級軍官，都備攜其一，據說這種軍用品，曩年歐戰中，爲德人所發明，倭人不過師承其故智罷了。

戰士之骸，大都裝着袋兒，運還日本，茲聞某軍官以尸骸太多，運還很覺累贅，獻議把尸骸煮熬成油，爲烟幕彈的原料，那是何等殘暴的一回事，不知道要不要成爲事實呢。

日人所紀飛機射落事

滬戰以還，國人漸知飛機之要，將集資增購，以充國防，然高射砲亦不可少，往往日機翔於二千密達高度，而以一千密達之步槍射擊，自爾無效，且各國要塞，均置高射砲若干組，每組二十五架，同時仰攻，彈域至廣，敵機鮮敢近窺，滬戰中，我軍擊落日機若干架，泰半因飛低所致，昨閱日本少年世界雜誌，載有二月五日日本海軍大尉矢部護五郎，御一攻擊機，在眞茹爲我軍機槍擊落事，據云矢部所乘機，由藤井大尉司機，隨從芹川一等航空兵，飛至同興紗廠棧房屋上，忽降至三百密達處，矢部抱炸彈欲擲，藤井猝中一槍，司機無人，遂如飄葉旋轉而墜，機落地而焚，三人俱死，其時同興紗廠辦事員日人信貴正一目覩其狀，將詳情報告遺族，殆非訛也，卽此可見飛機在高空來去，非須最精之高射砲不可耳。

日本軍用鴿流落崇明

崇明新開河趙某，務農爲業，家中豢鴿數十頭，前日鴿羣中忽雜一異鴿，狀貌魁梧，不類凡品，趙以食爲餌，設計捕之，檢視其足上繫有輕錫管一，其細如箸，長約二寸許，管端有一螺旋蓋，展面觀之，則赫然一日本文書也，趙本鄉農，中文且不識，何況日文，持問鄰右，亦皆瞠目不知所對，事爲該邑沈縣長所悉，立以電話命該鄉鄉公所以十元代價向趙購買，將此鴿及文書一併送縣府研究，沈固稍解東文者，仔細翻譯，始知爲日軍自瀏河發至上海之軍情報告，內容略謂馬糧缺乏，軍士多病，且不願出戰云云，沈卽星夜呈請省政府，轉致軍事當局核奪，此事距今已多日，因有一記之價值，故特補記如右，讀者幸勿以明日黃花譏之也。

日軍之食

吾國士兵，在平時亦如常人之餐粥飯，在戰時則麵包餅乾大餅不一，惟據在日軍佔據區之災民言，日軍所食，於白米之中和以蘿麥，其形狀與桂格麥片相似，蓋亦經提製而軋扁者也，其食料置一火柴匣之洋松器之中，人各一匣，中分三格，一格置飯，餘二格則置蝦米紫菜等菜肴，其形狀又與其本國火車站上兜售之便當相同，筷爲木製，較中國者短，餐後均將筷匣棄去，以重衞生，又彼輩每至四鄉擄鷄鴨豬羊以食，食時僅取其腿，餘均棄置，附近鄉民，每取所棄者烹食，肚子也，肫肝也，腰腦也，均爲日軍所不屑食者，而鄉民乃大飽口福，聞日軍食法，係取各種畜腿，塗以蔴油，用火烤熟，與北平館之燒鴨相同，味極鮮美，此吃法中國食譜中亦有之，名爲烤肉，鄉民有效其爨法食之，果鮮美絕倫也。

寶山縣政府之待合所

寶山縣政府亦曾一度爲日兵所侵駐，且于府內右側之看守所，設立待合所，待合所者，日妓院也，按屋編號，且標芳子雪子諸名，既經撤退後，尙未完全撕去，以羈押罪犯之處，而作風流藪澤，亦一創聞也，所屋階前，雜陳鉛皮圓筒，長五尺，徑三四寸許，詎日妓以此儲藥水諸物，於待合之前後，以洗滌陰部者，據謂日軍之須調劑性慾者，祇須向軍部納費一元，即可得劵一紙，上列號碼，並賸以如意袋一，對碼入屋，不能事前以定妓之媸妍也，待合所之猶存者，于軍工路傍，曾見一所，大書待合所三字，所屋爲佛教居士林，此則更以清靜佛地，而作肉慾場，尤誠一大罪過矣。

閘北日兵交進桃花運

（一）租界當局幫同送妓

日兵佔據閘北後，自以爲勞苦功高，勛著異國，乃神氣活現，紛紛要求日領事，加派特技女子，慰勞軍人，日領則奉命唯謹，連電日本選擇，趕派來滬，以應需要，在最近數日，所謂日籍特種技能之女子，源源來滬寄住於虹口勝陽館豐田館者，總數已達三百五十人，晚間則終宵達旦，獻技密室，白天則蓬首單衣，彳亍道市，賣俏迎風，肉感因異常動人也，特日兵有數萬之衆，日女僅三百餘名，各軍之間，不冤粥少僧多之嘆，士兵分羹，更不得其萬一，詎租界當局，日來正大捉江湖乞丐，大批牽猢猻之耍客，與吞劍敲鐵之叫化輩，均被外國三道頭拘入囚車，送往閘北，驅之入日兵範圍，前昨二日，更在各馬路一帶，大捉雉妓，亦同江湖乞丐平等待遇，一律用囚車送往閘北，或有身穿紅綠之女子成羣結隊在里中站立者，亦難免逃出被捉之例外，此輩送入日兵範圍之女子，固難免不慘遭日兵之蹂躪，而久感苦旱之日兵，莫不交稱租界工部局之善體人意而洋洋自得，詡爲大交桃花運也。

（二）新增一批俄妓

閘北自從淪入日人手中後，第一件是設施，便是多增一大批妓女，什麼華妓日妓韓妓，各式收羅俱全，他們的主顧，當然完全是一般東洋兵及一般下級軍官，他們的後台老板，除了日本浪人以外，一半是漢奸領袖，據最近又新增了一大批俄妓應市，這般俄妓，大概是從前北四川路一帶的，現在一來因爲該處地點冷落，二來該處雖仍舊是日軍勢力範圍，不過終沒有閘北那般暢所欲爲，加以閘北近來各妓院中時有人滿之患，這般俄妓，正大可去應應市面，不過這一般俄妓，因爲仗她的天賦獨厚，十九終是碩大豐肥，肉色肉香，充滿了肉感，很能夠療療東洋兵的「情飢」因此閘北自從俄妓應時後，一般日韓妓女，營業無不大受影響，至於這般俄妓院的地址，大都在共和路以北的華界中，地形極便，裝璜完全像鹹水妹妓院，一見就認識，在初開幕的時候，也雇了一般中國人去招攬主顧，不過現在因爲營業已住，好玩的日兵大抵已成識途老馬，所以這般中國介紹員，也不用了，但是上海和議已解決，閘北警權瞬將收回，而東洋兵的駐地，亦已定奪，那末這一般新增的俄妓，至少限度，也須遷地爲良，這倒也是一件掃興的事呢。

（三）蘇揚妓兼蓄並收

閘北江灣掩埋隊員某君言，專供日軍尋花問柳之新妓寮，成立已早，曾目覩卡車一輛，滿載粉白黛綠之輩，招搖過中山路，此等華伎，土著蘇揚皆有，而以日軍喜暱蘇產，均以金閶自命，多着高跟皮鞋，御印度綢旗袍，車上彷彿有四五十人之譜，妓寮方向，似在某大學之附近也，又聞遊資每夯一元，每伎接客，日不得過十五人，日收可四百五十元，但寮主自得二百五十元，給伎人各二百元，而兵衆伎寡，有粥薄僧多之慨耳。

（四）待合所之剩粉殘脂

自我軍退守第二道防線，留滬敵軍，高枕無憂，刁斗之暇，輒以狂飲濫嫖以遣興，日妓之多者，爲楊樹浦黎平路平涼路一帶，其地與日司令部相毗隣，入夜待合所中華燈齊舉，絳燭高燒，於是笙管嗷嘈，鐙紅酒綠，彼倭奴流連其間，以刦自我國之財帛，而擲諸若輩之勾欄間，逸興遄飛，欲仙欲死，迺者日軍均先後離滬，所剩者祇閘北區之二千餘特別陸戰軍，而東區之日司令部中，僅留數十人，於是該地之待合所，車馬頓稀，不若曩日之游驄常駐矣，江畔神女，欲皆返三島祖國，至今往者，第見三五徐娘，薄施脂粉，與狎客畧事周旋而已。

（五）大卡車玉笑珠香原物送還

日本獸兵，大批的屯駐淞滬，因爲要排洩獸慾，便不惜姦淫婦女，日本長官，惟恐其士兵獸慾之不滿足，復在各地開設臨時妓院，大率分日本本産，當地土産，上海產，俄產韓產等，無論閘北吳淞寶山各地都有，現在日兵撤退，此大批妓女，便成有現貨無銷路之勢，屯積居奇，復此非其時，有個朋友，從吳淞來，據他說，吳淞與寶山二處，妓院已在半月前解散，用大卡車數架，一齊由軍工路向上海輸送，交還原經手人，此輩妓女，坐在大卡車中，招搖過市，雖然打扮得亭亭玉立，然而玉容憔悴，相率自況爲監牢犯人，其情境實大可憐也。

日軍孤島屯傷兵

將近撤退之駐淞滬及瀏河，眞茹，南翔一帶之日兵，因不服水土疾病者頗多，而前線小衝突之傷兵，亦繼續時有載回，聞此項傷兵病兵，皆送往日軍在吳淞口外一孤島上所設之傷兵醫院中療養，按此島以前歸江蘇四區水上公安局管轄，後亦放棄，已歸由日軍統治，而日軍之糧食問題，以前一般人咸以爲係漢奸在本埠租界中代爲包辦者，亦有疑係由青島運來者，其實皆係在崇明台州一帶運來，辦理此項糧食者，係一華籍商人，現已成爲富家翁矣，

玆悉此島名仁山島，離吳淞約二十華里，島中居民，都以捕魚爲業，本埠市上所售

之本江魚，有不少係來自該島者，現該島已由江蘇水警第四區派督察長陶鳳威充任該島保衞團團長，以資保護，並防止日傷兵在該島擾亂治安，蓋該島自日軍設傷兵醫院後，雖駐有憲兵一排，聊資鎮壓傷兵滋事，但究以人數有限，不便在傷兵遨遊外出時，一一追隨其左右，故與該島人民發生毆鬥者，已有多次，並於前星期有日傷兵三人毆傷一青年婦女，該島民衆，無不大感閭閻不安，但聞陶自接任後，仍擬取和平手段，制止日傷兵暴行，嚴誡部下不得輕自開槍，以免引起重大糾葛云。

新公園日要人被炸遺聞

■辨當飯盒與熱水袋■

此次日本天長節，虹口公園慶祝會戒備甚嚴，而韓人尹奉吉（初誤傳爲奉天）竟飛一彈至演講台上，釀成海上空前之慘禍，聞者異之，昨據人言，園中雖是羅帳幕，供給赤豆湯年糕，生魚冷飯團，火腿麵包，皮酒，荷蘭水諸日人食品，但非盡人可啖，乃照例由參預祝會之僑民，自攜辨當水瓶，辨當者，一種有蓋之飯盒也，韓人尹奉吉及其同伴數人，入場時，嬉笑類狂，日軍警以其太高興，故少注意，而不以巽，後知所攜熱水瓶辨當盒內均藏炸彈，彈分兩種，一須燃火線者，卽尹擲諸台上之物，藏之瓶中，以替瓶膽，一有法條，至時方炸，潛置台下，未及爆裂，殆藏之辨當盒者，又聞尹燃彈時，有烟縷縷，有聲嗤嗤，爲台上一人所見，或謂卽野村司令，正呼有警，彈已轟然而響不克走避矣，在逃之韓人李春山，頗與此案不無嫌疑，安昌浩爲朝鮮富翁，常往來華美間，雖爲韓國獨立黨首領，究與此案有無關係，日當局方在偵查中也。

白川死耗祕不發表之緣因

日上將白川義則，自在虹口公園被炸後，卽入日兵站醫院醫治，當初着手施行療治時，現狀頗佳，迨經數次手術之後，因流血過多，且以年邁血衰，遂致險象環呈，瀕於不救，至二十三日下午七時後，已閉口不語，醫士卽令田代參謀長爲之料理身後事宜，延至次日上午六時二十分，卽一瞑不視，與世長辭，當時日方以未得植田之命令，及日皇封諡，與夫措置白川身後之手續，遂諱莫如深，祕不發表，當時外報某記者，於七時四十分，已得白川之死耗，急驅車往探究竟，詎該院中人謝絕入內，某記者無奈，遂詢問該院之司閽者以眞相，司閽者恍惚其詞，經再三詰問，始得實情，彼時時報因某記者之轉告，於當日號外，首先揭載白川之死耗，他報未知底蘊，則未敢毅然刊登此項消息，縱有關於白川之記載，亦皆模稜兩可之詞，絕未斷然證實白川已死也，迨日方接到日皇封諡後，始於前日發表白川之死耗，實則白川早於四日前已魂歸極樂矣，至所以守此祕密之由，蓋因彼方組閣未成，恐有影響，故至廿六日閣員的名單，發表後，白川死耗始行傳出，所幸天氣不熱，否則以新死人，藏於兵站病院，腥氣四溢，爲患誠不淺矣。

白川既死，惟死之所在地，及其原因日期均不佳，伊爲軍人，且爲一員大將，死於醫院，未免太不值得，且死之原因不在戰場上中彈，乃在和平慶祝會場上，中了暗殺炸彈，如此原因，不足使白川死而瞑目，至於死之時，更不相宜，蓋不死於三月四日盛傳白川名譽戰死之一日，而竟死於停戰協定簽字之後，使白川果於三月四日一天至前方戰地上中彈而死者，則其功勞偉大，日皇決不僅賜一男爵，或給以子爵，伯爵，彼四日黃昏時之鞭炮，復可作一種外交藉口也。

某日白川遺骸運囘祖國，而是日適爲我國當局，在蘇州追悼淞滬作戰陣亡將士之日，全國下半旗誌哀，詎知日人竟謂我國下旗，係爲白川誌哀，觀此，則白川遺骸之故定是日囘國者，良非無故，是白川屍骸返國，則又可謂適得其時矣。

附悼日大將白川文

記得三月四日那一天，忽然一個消息，不知從何山之麓何海之涯傳來，說日兵領兵侵略上海的大將白川義則，陣前戰死，中國的兵，反攻過來，已到麥根路車站，一時街頭巷尾，貼滿一種號外式的報告，大小報紙上亦刊載有此事實，交易所行情因之低落，香港漢口等各大埠，亦接有此種電訊，當天晚上，不知是那一位仁兄發起的，大放其爆竹，劈匕拍匕，滿街滿巷，鬧成一片，車馬行人，宛如潮水一般，上海全市，入了顛狂狀態，比夏季法租界民主紀念日及十年前歐戰勝利慶祝日，還要加倍的瘋狂，同時各埠有電報傳來，都說那面也像上海一樣大放爆行，偶然彼此問起，究竟爲什麼如此模樣，大家不約而同的說，慶祝白川之死，……那時記者就很懷疑的說，爲何白川的死，而要我們中國如此樣的喜歡快活，白川不過是一個領兵的將領而已，白川死了，還有植田野村鹽澤等等存在。死了一個白川，值得什麼喜歡快活。

昨今兩天的消息，據說白川眞個是死了，同時我們中國人，又見個個眉軒氣昂，表示一種喜歡忻快，前幾天犬養被刺，中國人亦復如此驕矜欣喜，其實此種思想，眞是錯誤到極點了，須知白川死了，自有黑川黃川來的，犬養死了，自有狗養貓養來的，黑川黃川狗養貓養，未見得較白川犬養爲馴良、或者竟兇惡殘忍，有過之而無不及，然則聞白川死訊，又復何喜之有，中國人的無意識，就這一點上，已足使外國人特別看輕了，一定要到中國物質文明智識教育軍事國力，事事物物，超過日本以後，那時便是有一百萬個白川，一千個犬養，而我們大家都可以眉軒氣昂，眞眞的舉杯忻喜了。

白川大將死了，無表示喜慰可言，既如上所述，再想到彼死在中國領土的上海，因有一點關係，我又不得不沿用中國外交家一句慣語來表示悲悼，說聲「不勝遺憾之至，」一個人死了，只消自身與他有一點關係，總該對他有一點表示，何況白川大將的在我國，擲彈轟炮，和我淞滬嘉寶等縣人民發生很大的關係，他和我們人民的關係，既如此的至切且深，則吾人對於白川大將之死，怎不要深深地一悼呢，做哀悼之文，在下向乏經驗，而對於白川大將之死，這樣的日本大亨，又非做副輓聯可以了事，想來想去，日本人向來是信服我國王陽明先生的，王陽明的文章我雖然讀得不多，可是他那篇悽惻動人的瘞旅文，在下尙能記憶幾句，現在爲要做哀悼白川大將的文章，這幾句可就成爲救命王菩薩了，因此不免依照瘞旅文中的調調兒，來上這麼幾句，……報販來告曰，白川大將死矣，傷哉，乃爲文以哭之曰，嗚呼，白川，汝胡爲乎來爲上海之鬼乎，吾因知人之必死，然不謂爾若此之速也，夫小兵之戰死沙場，宜也，汝乃大將，可擬居後方，安安全全也，今亦同死於異土，許多日鬼，倘隨爾兮，黃浦江之屍灰飛揚兮，多日本之侵略者兮、爾已年老兮，氣力不足兮，其他雄鬼雖多兮，沒有大將統率兮，爾安爾居兮，毋爲厲於上海兮，………

白川園……白川橋

日本兵每到一處，喜歡留一點痕跡，譬如三友實業社楊樹浦的廠內，駐了二三百日兵，內部的情形，就好玩了，

廠內，本來利用着庭中空隙處，佈成小花園若干處，每處面積不過一方丈，現在這些小花園中，都樹有一塊木牌，上面題了名稱了，什麼白川園，什麼戰捷園，什麼東京園，滿目都是，明知退了兵就要拔去的，何必如此像煞有介事呢，不過這些事情，都是小兵玩的，倒還可以原諒，那藴藻浜的白川橋，竟是一班大人物幹的了，實在他們到了一處地方，總喜歡留些紀念，卽使萬分沒有題目，無所藉口，至少，小便也會滴幾滴的。

這座白川橋，鄉人都指爲奈何橋，有行不得哥哥之歎，可是鄉人雖對着他歎息，都也奈何他不得，這眞是我國領土上的一個汚點恥辱，有人便說候待藴藻浜收回之後，這白川橋的名目，必要塗改，不然於面子上是很難看的，我想却也不必，面子上的難看，還在其次，骨子裏的難看，纔眞正難看，而且塗改了白川橋的名稱，便未

見得能湔除我們這囘屈辱的污點。和恥辱，要湔除污點恥辱，必要從根本着想，決不在白川橋的名稱上呢，何況留着這座白川橋，好教經過的人，知道這是一二八後所留在的污點恥辱，使人觸目驚心，不會忘了這囘的屈辱，大可留作當國諸公所遺下來的一種外交勝利紀念品呢。

編者按白川橋今已改爲照垣橋矣

重光之腿與野村之眼

虹口公園事件，除河端身死外，餘人中以重光公使與野村司令，受傷爲最重，今重氏因足部出膿，不能醫治，故已將右腿刖去，施術時鮮血橫流，截下之腿，皮肉尚在顫動，慘怖之狀，不忍目睹，從此美豐姿之重光氏，已成獨脚，至野村司令因右目眼珠突出，故亦挖去，今雖裝假眼，然祗能騙人而不能應用，亦變爲獨眼司令矣，至重光截下之腿，與野村挖出之眼，身受者痛苦萬分，日政府以其皆屬爲國犧牲，故多保存於藥水瓶中，運囘本國，以勵全國將士云。

兩種永久的紀念品

生在三島地方的人，多會吹牛，近據一位自島國歸來的同胞說，此次由上海回去的倭兵，都自稱是凱旋軍，他們把憑藉飛機大礮所奪得的物件，如我國歷代名人墨蹟，家藏寶物，一籮腦兒陳列在東京某某公園，算是皇軍大勝，迭次俘獲的戰利品，咳唷，這個牛，眞虧他吹，難道他們在淞滬戰場上，就一點沒有損失麼，以我所聞、倭軍所遺下的，有殘槍，斷械，機翼，軍旂，鋼帽，軍服，野礮，重礮。坦克車，水旱機關槍，等等，這個失單，他們就不開了嗎，不過他們尙有兩種最重要最寶貴的東西，雖說新鮮些，容易壞，倘有防腐藥水浸起來，眞可流芳百世，作爲島國永久的紀念品，這是道地的東洋貨，並不是中華國貨，千萬不要忘記攜帶，有人問，究竟是兩種甚麼稀罕物，我就叠着兩個指頭說，一隻『葵腿，』一隻『野眼，』

河端與禍端

▣尹奉吉足以平閘北居民之恨矣

此次一二八事變，其禍端實肇於日人河端，蓋日人河端，僑滬多年，對於滬上民性地勢，詳悉靡遺，故凡日本軍部在上海的一切策劃，此人以老上海資格，無不參加，前以居留民團領袖之職位，迭電該國政府，唆使派兵來滬，陽假護僑之名，陰行侵略之實，當鹽澤在上海要求發封民國日報取消抗日團體後，揚言可於四小時內佔領閘北，顧事出意外，偏遇十九路軍奮勇抵抗，致造成此次一二八之慘案，此禍端非河端一人造成，其誰信之，今河端被炸身死，此咎固由自取，所謂天網恢恢，疏而不漏者矣。

當日尹奉吉擲彈之時，雖當倖炸斃河氏一人，亦足以平閘北居民之恨，河固一醫生，現至炸彈臨身，也無從施其妙手，良堪浩歎。

按河爲大阪北河內郡人，現年五十九歲，業醫，卒業於京都醫學專門學校，初在大阪懸壺，生涯零落，無人顧問，後隻身來華，投福民醫院頓宮寬處爲助手，月僅五十日金，後與頓發生意見，憤而退出，單獨懸壺於天通庵路，初猶鬱鬱不得志，後忽有三井大班病危垂斃，頓宮寬氏爲之棘手，遂倩河往診，竟得起死，於是聲名大著，日僑大加信仰，生涯亦因之日盛，翌年即集資創河端醫院，廣羅日醫，以興福民相抗爭，前年被任爲日居留民委員長，身價益增，一二八事變之前日，爲請政府出兵攻滬，迨戰端開始，河卽捐資十萬，犒賞日軍，並設立傷兵醫院，於公務之暇，自任軍醫，其侵略中國之野心，誠不亞於日諸軍閥，此次突被狙擊，華人無不痛快也。

植田愧見送行親友

一二八之役，日駐滬海軍司令鹽澤，狃於瀋變，以爲華軍必不敢抵抗，縱抗亦不能持久，四小時卽可解決，故貿然發難，豈意十九路軍抵抗之猛烈，竟使日海軍陸戰隊合在鄉軍人六千人潰不成軍，苟非租界爲護符，且將全軍覆沒，日政府乃令野村率援軍來滬，當時日人仍自信非凡，一若野村一至，卽可解決十九路軍者，他國出而調停，則曰野村中將係一和平的政治家，必不使事態擴大，野村對外報記者談話，亦有「再越七日，吾人在滬工作，卽可終止」之語，其驕傲如此，詎數度進攻，依然敗績，日政府始震驚我軍不可輕視，急令勁旅第九師團赴援，卽以師團長植田謙吉爲司令，植田頗自負，臨行時，意氣特豪，對送行者作種種大言，深信渠一到滬，即可逐我軍退出淞滬地域，孰意鏖戰半月，仍遭挫敗，不得尺寸地，迨易以白川義則，人數愈衆，復瞰我瀏河兵薄，密派大軍登陸，拊我軍之背，我軍始不得已令師而退，一夜而至第二道防線，不留一卒，不遺一械，歐美人士咸稱神異，然敵方論功，自歸白川，故於白川彌留之際，日皇行賞，晉封白川爲男爵，而植田不與焉，現植田已歸國，友人函告，謂其人頗愧見昔日送行之親友，有以淞滬戰績爲詢者，輒搖首無語，然則自今而後，日人其敢再驕視我如無人耶。

被暴徒狙擊之犬養毅氏

日本政友會會長，現任首相之犬養毅氏，於十五日被暴徒狙擊，傷重斃命，聞者無不震駭，按犬在青年時代，固一極有思想之人物，當時糾合同志，組國民黨，以爲刷新政治，推翻帝制之企圖，先總理逃亡東瀛時，與犬極友善，彼此抵掌談世界大勢，文明潮流，志同而道合，遂成莫逆交，總理陵寢落成之日，犬嘗專程來華，謁陵祭吊，惟識者謂其晚年氣節大變，受日皇利用，貪心利祿，頓成昏庸老朽，一掃以前革命之精神，觀其先後爲人，誠判若霄壤矣。

犬死後，森書記官長發表了一番談話，說得有聲有色，彷彿一段小說，把他譯載在下面。

犬養的鼻子，近來有點毛病，這一天請了耳鼻科醫生，在內室醫治，忽然一個下女叫做朝姐的，跑進屋來，喘息着大聲喊道『老犬養鼻裏流出血來，却還掙扎着說，』『阿照，點根香烟來，把那個開槍的人叫過來，我好好的有話給他說，』但是兇手都已散去，以後醫生便趕到，施行緊急治療法子，他的公子健君及家裏人們都來看視，有的還不清楚，問『在那裏開的槍，』被犬養聽見，指着道，『在這裏開的，』到了晚上，還吩咐着『拿馬桶來，』一會兒又說，『拿水來，問問醫生看，水可吃得，』還平常一樣，非常細心，然而不久便吐血很多，漸漸的昏睡不醒，離了這個世界去了。

犬養已經八十多歲了，遇到危險時候，態度還那樣強硬，舉動還那樣精細，眞可算是一條好漢了。

犬養被刺與撤兵有關

昨日東京電報日首相犬養毅被刺，本埠各界皆大爲震驚，尤以銀行界爲最甚，惜昨日爲星期，否則交易所中之上落，必能驚人，蓋日本爲內閣制，故犬養毅之死，其影響世界局面，實較法總統杜美爾之死爲甚也，據某日銀行界消息，犬養毅之被刺，與上海撤兵事件有關，蓋上海之撤兵，爲日本軍人所絕端反對，即上海方面之高級日商，亦復如是，聞昨日刺犬養之兇手，向警署自首時，即反對當局撤上海之兵與退還所佔奪之區域也。

日本爲有秩序國家麼

芳澤說，中國是無秩序的國家，臭澤說，日本是有秩序的國家，芳澤說，中國決不是現代式的國家，臭澤說，日本眞是現代式的國家。

試觀此次日本首相犬養毅（即芳澤的泰山）被殺事，被殺者爲首相，已經是驚天動地的大事了，而殺害之者，竟是在職軍官，而且有十幾人之多，殺害的方法，不是暗殺，乃是公然殺害，并且爲開槍者容易瞄準起見，一人且往拉犬養首相的肩頭，使之旋對開槍人，這是何等荒謬的事，不料竟出諸服從心極重的日本國。

這樣重大的慘變，實在古今中外無此例，日本不幸，竟出於現在，竟出於芳澤的岳父身上，臭澤實在沒有第三句話可說了。

日當局嚴捕韓人之殘酷

自虹口公園炸彈案發生，僑滬韓民，莫不人人自危，如法租界馬浪路一隅，適當韓人僑居之區域，近兩日來，不分晝夜，時時有日本便衣偵探，從事搜捕韓人，平居逮捕暴徒，或邏緝盜匪，其非法當局以外之任何機關，均須先行通知捕房，然後始可共同拿獲，今則一成反例，隨時隨地均予日人便利之機會，查韓民以祖國淪亡流落異邦，寄跡外人宇下，其情亦大堪憐惜，茲復加以非法之逮捕，益感亡國亡族之痛苦，據接近韓民者言，彼輩許身革命，不時謀復國之想者，固大有人在，而安分良民，依職業爲生活者，亦復不少，聞滬上各界，均有韓人插足其間，僅少數青年學生輩，激于愛國義憤，常有乘機活動之趨向，聞此次謀刺在滬日本軍政要人，蓄志已久，日方亦早得探報，祇因格于逮捕通例，故未能先發制人，近日計捕韓人在六十名以上，其目標爲一遇韓之青年，即加以逮捕，嫌疑與否，不遑顧及，更不問有無供詞，一律予以拘禁，聞一經被囚，絕少生還之望，或間有釋放者，臨行時必施以迷藥，令吞服之，則此韓人神經系，即紊亂不堪，終老不能治事，爲至死之廢人，與近日吾國駐軍地，日軍利用漢奸，在各地自流井，暗擲毒藥，士兵發現因飲水而中毒者，同爲暴日計用之殘酷，吾人平心而論，韓民炸傷如許日本大員，設施諸其他列强，實亦爲公道所不許，今施諸陰險暴戾無惡不作之日本，則大可稱痛快也。

日人捐助愛國飛機

▲吾國人當知所與奮矣

日軍飛機，在世界統計表上，竟有相當地位，號稱有千五六百架，此次滬戰，其縱橫摧陷之暴，耀武揚威之驕，國人當猶縈諸腦海，然日人近方積貲增置防禦飛機，數日之間，驟添四十架，名之曰愛國機，機身大書愛國二字，繪一太陽徽，後列號數，綴以縣名，（如此圖之機書七號羣馬，羣馬卽縣名也）而猶募購不已，大阪市之學界，在一鉛筆工廠，訂造廉價鉛筆無數，派各小學校學生，每人須買三枝，歷二星期，約得日金二十萬元，卽造飛機二架，當處女飛行之日，小學生羣至航空場，歡呼踴躍，我國從軍健兒，驍勇固不下於人，所缺海空二軍，而陸戰尤缺飛機高射砲之類，國人觀此，想益感興奮矣。

日人一致反對『銀星幸運』影片

◻認爲仇視日人 ◻要求停止公映

去年九一八事件發生後，全國人士，羣情憤慨，各項行動，莫不含有抗日禦侮之意義，冀希喚醒死氣沉沉之民心，而挽救此垂亡之國運也，明星影片公司，亦於斯時拍攝「銀星幸運」一片，該片內容表演，雖爲游藝節目，但其中頗有以愛國爲發點，如最令人醒目之一段，卽係農工商學兵，相互聯絡，羣策羣力，將一日球擊毀撕破，蓋此日球，卽指日本也，其意義係聯合農工商學兵抱大無畏之精神，以打倒日本也，該片自在滬公映後，營業尙稱不惡，惟日人以爲該片完全係仇視日人，且將日球踏毀撕碎，認爲係侮辱其國徽，本埠日本僑民，已請求該國領館，向我當局提出嚴重抗議，要求將該片停止公演，而減少我國人士仇視日本之心理，日總領事館據報後，已在偵查中，將向我當局提出停止該片公映之嚴重抗議，可見日人對於我之愛國運動，無時不在殘摧中也。

兒女情長之日軍官

前在江灣做了我國俘虜後來自殺的，日本空閑昇少佐，最近日本報紙上，發表了他寄給國內同學的兩封信，一封是「內子卽將分娩，在此期內，不能使其過分悲傷，故分娩以前，請萬勿將弟自殺事告知，等至適當時再發表可也，」一封是一首新詩，詞句是「虛幻的人世，唐國的空，弓矢之事，遵親之訓，不實的花，只有飄零，不才的人，只有亡身，」觀此，足見該少佐之英雄氣短兒女情長也。

南翔漢奸盜賣軍米汽車

△並獻媚日軍指示陣地殺戮便衣隊

十九路軍七十八師師長區壽年，近據密報，該師退守第二道防線時，遺存南翔之軍米七百餘石，汽車十八輛，有被治安維持會長方頌台鎮民巴潤之等盜賣情事，區師長據報，遂派員密查屬實，將方等一行八人，解押無錫師部，方等自解部後，卽四出運動，而南翔鎮各商號，則紛紛向師部控告，要求以漢奸罪懲治，日前又有該鎮鎮民十餘人，向師部述方等之罪狀，茲探錄其原文如下。

吾鎮南翔地居衝要，十九路軍退走後，日軍卽於翌日上午佔據，鎮上奸商方頌台，與巴潤之巴凌雲輩，攜帶預備之太陽旗幟，出境歡迎，並組織臨時維持會，承日人意志，供給一切，更將十九路軍及鎮民所備食米，共計一千數百石，悉數派人變賣，盡入私囊，其時尚有未經撤退之十九路軍便衣隊，匿跡鄉間，方巴等爲獻媚起見，派人誘至日軍，悉遭殺戮，因此頗得日人歡心，乃方頌台等復有與日軍官乘坐飛機，指示吾軍陣地之舉，此項消息，傳至旅滬同鄉時，聞者莫不痛恨，認爲非尋常賣國可比，伊兄方劍閣，因是且曾對同鄉會宣言，不認方頌台爲弟，故此案關係賣盜軍米事猶小，關係誘殺便衣隊，及乘飛機指示我軍防地兩節爲重，不但通敵有據，且有共同顚覆民國之行爲云云，聞區師長據報後，以此事情節重大，不勝震怒，以若輩胆敢私售軍米汽車，供應敵人，實屬太無心肝，亟應嚴加懲治，但方等家屬，及其他商民，迭再來部呈請具保釋放，謂除自願賠償軍米款洋三千八百元外並將已售出之汽車十八輛，亦願由方等向受主繳還師部等語，區師長據情，以方等旣願賠償一切，准以和平處置交保釋放，方等聞訊，大喜欲狂，立卽通知在錫人員，連夜趕至南翔，挽托該鎭有力者視某到錫，以商民代表名義，投師部請願，保方等八人賠償盜賣所得之款，區師長據呈後，當卽交保釋放。轟動一時之盜賣鉅案，遂從此告終。方等八人，乃於日前欣然返翔云。

反正漢奸覺悟譚

昨據反正之江北漢奸云，江北僑滬苦力份子，大都充作漢奸，但邇來備受日軍虐待，日軍深知江北人之心理，遂利用時機，效拉夫之手段，一箍腦兒，盡入甕中，於是利誘威脅，硬派若輩爲擲彈放火之工作，倘稍一倔强，卽飲以槍彈，送他們到老家去也，處此淫威之下，認爲去也要死，不去也要死，倒不如輕身嘗試以圖僥倖，此死一也。漢奸旣已允諾放火擲彈，日軍司令遂授以引火物，及硫磺彈等危險品，三五成羣，驅驅在前，後由日兵押隊出發，至指定目的地，遂唆使漢奸實施破壞工作，倘一隊中之漢奸，有敷衍塞責者，則在後之日兵，袖出手槍，一彈畢命，間有硫磺彈等繫在身畔，卽行爆發，死非命者，已有十餘人，僥倖將擲彈放火工作實施完畢，而押隊日兵，亦已先若輩而去，所以我等（漢奸自稱）充作漢奸者，生命雖未全死，亦已半死矣，此死二也，漢奸之放火工作旣畢，當然擬至日司令部領賞，然其所經之地點，必非日軍防綫，當此之時，漢奸之形跡，定係鬼祟態度，所謂賊人心虛是也，因此行人都察若輩之破綻，一經被拘盤詰，遂眞相畢露，設再解送我軍司令部，則伏之以法，無一倖免者，此死三也，當日軍初作戰，利用苦力小工爲漢奸，出發擲彈放火，迨工作完畢，到部領賞，每名可得大洋三十元，及至最近，因迫於生計之同胞，視此發財捷徑，都願奮身投效，以致人多工少，賞錢亦因以降低，竟降落至每名僅三元之數，尙且無現洋可得，祇給以日本鈔票，華市不能通用，倘在我軍防線內檢查出是項日鈔時，又性命休矣，此死四也，我視此危險殊甚，故特乘隙逃出云云。

閨閥在日軍閥中

日本陸軍中，有五大閥，分長閥，學閥，兵閥，政閥，閨閥等，閨閥本是極香豔的一個名詞，而亦伺身於煊煊赫赫之軍閥中，眞令人有些不可思議，按日本的閨閥，在軍閥中是具有很強大的勢力，中國前有名軍人蔣百里，在日所娶的夫人，便是日本閨閥的女兒，以前蔣在日本東京時，凡在留日學生及華僑，觸犯了日本的禁令，經日本警所捕了去，得蔣夫人一言，便立刻可以釋放，比呈報公使館向日本交涉要快上幾倍，於此可見閨閥在日本勢力之大了，而這位蔣夫人，亦彷彿像我國舊戲上的代戰公主，一種威風凜凜，直駕駙馬之上，所以這閨閥名詞雖然香豔極了，但在我中國方面，却未免也坍台極了。

慘劫

何少章嚼石而死

日軍自侵佔瀏河及加太寶諸縣以來，橫暴殘忍之兵士，姦掠燒殺，無所不用其極，新鎭之外科醫士何少章，爲人豪爽擅辭令，生兩子亦皆能紹箕裘，長子何元奇，爲住居劉河著名西醫，次子何元明，爲民黨人物，歷任縣黨部委員，及上海市黨部高級職員，去春該地黨部，有肅淸木偶之舉，將附近廟宇中所有木偶，均行搗毀，元明亦與焉，鄉人素信佛，睹狀大憤，然懾於黨的權威，敢怒而不敢言，會去年大荒，今春又遭暴日侵凌，鄉人以爲偶像復仇肆威，對黨員益形妬恨，鄉民中有爲日軍作嚮導者，日與日軍週旋，以爲復仇之機已至，卽進讒言於日軍，謂何家爲國民黨員，平日宣傳抗日甚力，盍除之以絕禍種，日軍然之，卽蜂擁至何家，時元奇元明昆仲均已逃避他處，僅留其父少章守宅，日軍搜索書室，果查得反日宣傳，及打倒帝國等書籍，卽將少章綁至老鎭司令部，赤其全身，以刺刃割其肉，至千百塊，少章痛極而號，就地亂滾，在痛無可忍之際，竟將堅硬之街石猛噬，成爲碎粉，如是垂一晝夜始卒，而街石之被嚼成碎粉者亦多至十餘處，其慘狀令人不忍睹，而日軍則猶鼓掌以取樂，聞元奇元明驟聞父耗，竟爲暈厥，現决投筆從戎，誓死殺敵，爲父報仇也。

同胞受辱拾零

昨晤曾赴閘北搬運家用雜物之某君，述及沿途所見同胞受辱情形，令人髮指，噫，國未亡而已受亡國奴之痛苦若是，若再因循亡國者，則所受痛苦，恐更不堪設想，爰將某君所述者摘錄如下。以誌哀痛，並冀閘北未收回前，凡我同胞勿輕前往，免受凌辱，(一)在旱橋北百餘武，一年約三十餘之青年，緞袍呢褂，狀甚整潔，詎料敵人見之，令其雙手捧一煤塊，約重數十斤，直立路旁。不准稍動，以致額上汗涔涔下，(二)中興路上見有一人俯伏於地，敵兵三四環立左右，先令其舉首而作犬吠聲，繼迫其匍匐街上，一兵在後追趕，行稍緩，即擊以槍柄，旋以食餘之物投於路旁，逼其匍匐往食，(三)令人雙手均持火燒木頭一、左手向前直伸，右手向上高舉，另以黑煤汚泥滿塗面部，立於瓦礫場中，遠視之，宛似城隍廟所供之黑無常鬼，(四)以紙剪成面具，戴於年約十餘齡之幼童頭上，令其作猴子戲，跳躍不息，并迫其升電杆木，童升而下墜者再，已力竭聲嘶，敵兵則皆鼓掌大笑，(五)有一工人，向市上購鹹菜一束，擬囘家爽食，經過崗位時，畏其勢，趨而避之，被其瞥見，拖之使囘，罰跪一小時，即以渠所持之鹹菜，令其頂於頭上，致菜汁淋漓遍體，哭笑不得，(六)有一肥胖少年，被兵四五輪擊耳光，以賭清脆，彈時非特頭不准偏，并須兩目對其直視，否則拳足交加。

到吳淞去應注意川廣銅幣

替日本人做奸細的江北同胞，每到我們的防地來擾亂，刺探軍事消息，日本人給他們的符號是幾個日本銅幣，以資識別，所以在以前風雲緊急的當兒，內地公安機關，在各要道檢查行人，遇到這人身上有日本銅幣的，馬上槍斃，但這幾天來，因天長節擲炸彈案發生，駐紮吳淞的日獸兵，更橫行不法的檢查行人，遇到被檢查者，身上有廣東四川銅幣的，就拿你綑綁起來，聽說有幾個還給他們鎗殺，到吳淞去的同胞，你們在上海動身的時候，應檢查一下身上所攜的銅幣，免得去受日獸兵的淫威，還有幾個着西裝的，聽說亦被捉去多人，所以西裝朋友亦請勿去爲妙。

郭孝子闔家殉難

瀏河有郭某者，世隸耕，春耘秋穫，舉家賴以給，有老母，耄且病，終歲纏綿床蓐，郭事之唯謹，每有甘旨，輒以進，不敢私也，鄉里咸稱之，尋日軍進襲，郭居處適當火線之衝，其妻謂之曰，寇深矣，盍避去，郭曰，母老，復病瞽，跬步維艱，奉之奔波，是速其死也，若棄之，自求生存，天下甯有是理乎，吾雖愚，亦不至此也，妻曰，然則坐以待斃乎，郭曰，母存與存，母亡與亡，求吾心之所安而已，死生奚畏哉，未幾，戰作，砲火甚烈，彈下如雨，村鄰盡避，獨郭奉母處之恬然，一夕，巨彈中其廬，屋焚垣圮，闔家殉焉，舍親葉君，與郭比鄰，是夕以事逗村中，目覩其舉家就難，死事極慘，彼則刦燼餘生，避難來杭，爲余述其梗概如此，爰表而出之，藉供世之一般梟獍其心者，讀之有所警惕也。

日兵刺刀割耳朶

昨天的上午，有一個在臨平路小菜場做小販的我們中國同胞，跑到大晚報館，對大晚報外勤記者胡曉秋君說，就是昨天的清晨在臨平路小菜場設攤營業的時候，一個同業小崇明被一個日本兵在驅逐，那同業的動作稍爲遲緩一些，就被那野獸一般的日本兵，用犀利刺刀將他左方耳朶割去，自見鮮血滴滴流下，受痛不堪，昏厥倒地，余心有不忍，而無法與日兵相抗，因此懇求貴記者，能將此事普遍的在大小各報館登一下，說得非常懇切悲哀，胡君因此打電話給我，囑我在本書上也寫一段，以宣佈倭奴的暴行。

倭難絕粒死

此次倭寇淞滬，凡深居火線中，倉卒未能逃出而及於難者，不知若干人，弟婦潘宜人，自粵中來，奉侍七旬寡母，已有年矣，平時母女煢煢相對，雖孤苦亦至樂也，不意禍變前二日，其母氏適宿於戚家，留弟婦守屋，以至未能逃避，事後查知已絕粒而死矣，殊可哀也，因爲聯以輓之曰。

幾千里依母離夫，遂使魂招夜夜。

三十日槍林彈雨，竟成寒食朝朝。

南洋印刷工友被捕之原因

二日夜十時，被日獸兵逮捕去的虹口天潼路南洋印刷公司工友二十五人，已于日昨經公共租界工部局，納稅華人會據理交涉，業已釋放，對于逮捕理由，謂因南洋印刷公司後面，日人所開設之一志洋行，該工友等每以鉛字及廢物在樓上擲入該洋行之故，因此該洋行報告日司令部，派軍逮捕，昨日記者遇該司工友某甲云，日軍此次逮捕南洋工友，其中實另有原因，當一二八事變前，國人熱血奔騰，紛紛抵制日貨，實行對日絕交，虹口區域內之日人，畏我國人如虎狼，當時有華人創設之某食品店，因供給日人食料，爲南洋印刷公司工友所探息，一時愛國執忱，工友等乃將該店主拘送抗日會法辦，其餘商店見狀，遂不敢再與日人交易，在該處居住之日人，幾有斷糧之憂，因此對南洋工友十分懷恨，顧初猶莫可如何，現我國外交失勢，軍隊退撤，該處日居民爲雪恨計，以擲廢物鉛字爲理由，逮捕我印刷工友。雖經交涉釋放，然各工友已遍體鱗傷矣，聞鉛印業工會，已向工部局提出嚴重抗議，並向日本領事嚴厲交涉，要求迅速向我國政府道歉，及懲兇賠償損失等項云。

日軍奸漢婦當爐

南翔有故紳戴姓，妻某氏，寡後醮於陳，陳業茶寮，爲南翔最大茶寮之一，所集皆一地士紳，日軍抵翔之夕，陳挈其妻逃，茶博士星散，既抵滬，慶更生，而聞故鄉漢奸組織維持會，日軍壓迫開市，因計曰，茶寮爲鄉閭惟一游樂地，當此各寮輟業，而日軍方集，大可投機復業，旣博日軍懽心，更可利市三倍，遂挈妻招集茶博士，復還南翔，整理旣竣，定茶價每壺二角，視昔數倍，開業之晨，几淨牕明，婦艷妝旣竟，當爐指揮，陳據帳桌，樓上下茶博士絡繹供應，頃之，履聲橐然，第一茶客入門，陳見來者日軍二人，躬起迎之，二人不答，竟自上樓，擇位將坐，茶博士瀹茗，足恭上呈，兩兵瞥睹當爐之婦，雖徐娘四十許，而妝束入時，丰韵猶存，早曠旣久，如見雲霓，不覺興雲雨之思，乃招婦使前，然婦雖身入戰區，一觸卽發，乃猶忸怩作態，兩兵逞其獸性，摟而使來，婦垂首至臆，戰慄無人色，兩兵命之去衣，婦貼然無抗，爾時，陳與茶博士皆識相，相機夏侯惇，而陳猶依戀不忍遠去，穴壁而窺之，樓上蓋祇剩婦與兵三人矣，甲兵探囊中，出兩銅鈴，兵騎兵也，鈴爲馬項所需，茲乃未上馬背之先，分繫兩雞頭，又命去褌，婦躊躇未允，卒強解之，乙兵亦探囊中，出一小刀，兵工兵也，刀爲剎草築塹所需，茲乃未經接觸之先，盡除叢莽，然後命婦膝行，又匍伏而跳，鈴聲錚錚然，如入馬之行聲，兩兵引爲大樂，厥後陳不忍卒睹，懊然潛行，事已，引婦察之，受創至重，陳至此，始悔賠了夫人又折本，漢奸蓋可爲而不可爲，欲爲而竟不得爲也。

劉河女子每日被蹂躪二十名

自我軍因戰略關係，退守第二道防綫後，日軍進窺嘉太，佔領沿江茜涇劉河一帶，居民畏其凶暴，逃避殆盡，自敵入駐劉河後，即飭令漢奸，速行組織僞維持會，以遂日寇之獸慾，因日軍人地生疏，諸多隔膜，故令漢奸設一轉承機關，美其名曰維持會，該會自成立後，日軍即責令該會僞會長每日須送年輕美貌女子二十，至軍中任慰勞之責，可見日軍醜態畢露，淫慾薰天，蹂躪女性，令人髮指，以自稱係大和魂帝國軍人之尊嚴，竟公然令維持會任供應女子之責，毋怪彼公使有在娼家宴請各國公使領事之舉，無獨有偶，可謂以淫立國，誠畜生之不如也，該僞會長陳文鏢，以附近婦孺逃避一空，何得日有二十之美女供應，故頗爲焦急，祇得忍下辣手，四處派人拉婦，卒於第一日羅致十三之數，聊以塞責，而殘酷日軍，將此十三婦女施以奸淫後，因泰半年皆徐娘，貌尚平庸，難以當意，僅留一王姓婦，餘均被戮，慘無人道，聞之傷心，後陳以無法供給女子，被日不滿，下令免職，另委吳三泰者承乏，吳雖竭力張羅，四處設法，供應大批良家婦女，爲日軍取樂之用，然亦以無力久持，又爲日方不滿，聞現由萬茂醬園之小主人接充，未知彼供應女子之手腕如何耳，以同胞婦女，送與異族取樂，彼陳吳等之肉，尙足食耶。

傘佑記

軍工路上，一嫠婦挾衣包雨具，偕媳往閘北，媳年甫及笄，風姿楚楚，方躑躅間，遇日騎巡卒，攬轡叩所往，婦不諳日語，頻搖其首，日卒顧媳大喜，下馬，張臂挾之去，媳號，婦追隨乞免，行不數武，四顧無人，日卒卽按媳於地，圖行非禮，忽憶馬在路旁，亟起牽繮，纏之於腿，乃褫媳衣，間不容髮，婦計已不可免，惟慮光天化日之下，有此穢褻行爲，將干神譴，忽憶雨傘猶在手中，乃急張之，以爲遮蔽，不意馬見傘大驚，振蹄狂奔，日卒爲其所牽，倒拽而行，不里許，斃矣，婦媳睹狀，急振衣而奔，比至閘北，猶面無人色也。

編者曰，一念之惡，以召殺身，一志之善，而全貞操，世人孰謂無天道哉，以今日日兵之猖狂，無惡不作，弱女子過之，必無倖免，乃天之殺惡徒而拯弱女子也，卽假手於其馬，馬也，傘也，孰非天哉。

嘉定日軍中伏記

十九路軍退守蘇崑一帶，而在日軍佔領區域內，仍派有不少暗探，以察日軍行動，此輩均便服，與常人無異，神出鬼沒，無人能知爲暗探者，駐嘉定之一帶日軍，爲十四師團之一部，初來數日，尙能遵守軍規，不肇事故，後忽獸性大發，每於白晝成羣結隊，赴荒村人少之處，挨戶亂闖，見有婦女，不論美醜老小，均加姦汚，稍有抗者，卽以刺刀戳殺，四村居民爲其踐踏者，不知凡幾，鄉人有於晨間赴市，在茶寮中說及此事，忽爲十九路軍探子所聞，卽於無意中詳詢日軍姦淫所到之處，默誌於懷，越數日。日軍數十人又往西門外某村中，思行獸慾，在歸途中，忽田隴隱處，機槍聲如聯珠而出，一時飲彈倒地者不下十人，其餘均狼狽逃遁，蓋十九路軍探子於詢知其事後，卽於暗中架機槍於田中以待日軍之至，不料該獸兵果中其計也

閘北之泥犁現相

邇來赴閘北者，迭遇暴行，愚初疑傳者過甚其說，日前友某之妻，偕戚友及苦力共五人，赴閘北寓所搬物，曾領有搬物證，以為有恃無恐，入境後，經數處盤詰，出示日司令部證，均得通行無阻，及近寓所，有暴軍三名，徜徉道隅，見友妻方少艾，薄具姿色，即直趨而前，告以至家搬物，仍縱於後，抵寓後，忽聲色俱厲，謂應全身施嚴密檢查，並向友妻曰，速自動盡去爾衣，稍一猶豫，即出槍威嚇，不得已含羞應命，最后竟强褫褻衣，全身裸露，撫摸調笑，幸不及於亂，有頃始狂笑而去，同去戚友等掩面木立，至是驚魂甫定，頓足大慟，遂一物未攜，怱怱言返，友妻以驚悸過甚，神經錯亂，即患重症，未三日病故醫院，某抱痛之餘，逢人輒相勸告，閘北地獄，居民幸毋輕入也。

城門口鞠躬

前三天，我有個朋友回到嘉定去，又從嘉定回到上海來，據說嘉定東門是不開的，祇開南門與西門，城門口有日兵把守，設一方桌，有十餘個或五六個不等的日兵巡邏着，凡是出入城門口的，都得向日本兵行敬禮，雖不必並足立正，但上半身必須對之屈成弓形，至少亦須舉手齊額，方得像繳納買路錢一般的准許通過，假使美貌的女性過城門，其方式更不一，大概與孟姜女過關的情形相彷彿。

鐵蹄下之嘉定

十九路軍第五軍退守第二道防線後，上海附近各地，遂陷入敵軍之手，在日軍鐵蹄下不及逃避暨無力逃避之同胞，已成爲俎上之肉，一任日兵之摧殘蹂躪，種種慘狀時見報載，玆有友人自嘉定來，詳述嘉定近狀，謂當日兵初到時，居民已逃避一空，有戚黃君，因適與其兄口角，故負氣不逃，日兵旣到，見黃姓住宅甚新，建築亦佳，遂擬駐作司令部，入室後，卽將黃某拘執，大肆搜索，得反日書籍數册，卽指爲反日領袖，押赴司令部訊問，判決死刑，嗣經所謂維持會會長馮開生，證明黃爲安份良民，始得死裏逃生，然已飽嘗皮肉痛苦矣，現嘉定居民，爲生計所迫，多已紛紛遷回故居，商店亦多數開市，人民行經日兵站崗之地，必須脫帽鞠躬，否則認爲輕視日兵，卽賜以巨靈之掌，及東洋火腿，以示儆戒，今嘉定市上，生意最盛者，爲新增之日本酒吧間，昔日之慈善機關樹德會，亦改爲一大酒吧間，日兵出入其間，日夜無間斷，實則變相之日本妓院耳。

可憐狼籍路邊骨

三月一日，日軍在瀏河楊林七了諸口偸渡登陸，恐吾軍抵抗，即用重砲向陸上轟擊，茜涇瀏河間之交通大道上，災民絡繹，踵趾相接，相與驚奔，哭聲震野，無情砲彈，不住下墜，巨聲起處，屍軀滿地，計是日喪於大砲下者，不下百餘人，均橫屍路側，無人埋葬，數日後，屍體漸生腐爛，臭氣蔽野，中人欲嘔，日軍至其地，僅令士卒掘一地窖，隨意埋掩，豈知數日後，經雨水之沖激，路人之踐踏，乃露屍於外，附近家犬，以主人逃避無蹤，絕食日久，睹此佳點，卽紛紛噬食，於是肢體離散，東一大腿，西一頭顱，狼籍滿地，路人竟難立足，而此種家犬，食人肉後，兩目發赤，性尤猂猛，與瘋犬無異，逢人便噬，當者毒發難治，日軍雖極力設法槍斃，終難絕跡也。

編者曰，前見於水荒，今見於兵燹，率獸食人，果誰之咎耶。

人間地獄之瀏河崑山

日本與我國，同爲黃種，久有共存共榮之口號，最近三十年中，時時想吃獨飯，和我國作難，昨年旣佔東省，今年又犯上海，以十九路軍退防，復進駐瀏河崐山一帶，據自瀏河逃出人言，日軍夏季軍需已運來，有久佔斯土之意，當地人民，已滅亡者十之六七，所留者多爲貧苦之佃戶與小農，在獸軍勢力蹂躪之下，唯命是聽，不敢抵抗，每日由日兵監視，建築防禦工程，自早至夕，不得稍懈，因語言不通誤會被毆，甚至輪殺者甚多，，一天祇得三片麵包，晚上恐其脫逃，監視綦嚴，復蒐索村莊所用之桔槔及木器家具，作爲燃料，糧米亦籽粒無存，已秀穗之麥，爲其馬隊之牧場，每村駐有相當兵力，食吾民之食，居吾民之居，甚至以暴力逼吾民之妻而共有之，人間地獄，匪身臨其境者不知，今日政府，欲戰不能，欲退不願，不知遷延何日，該處地屬產區，蠶已孵化，布種期近，農已失時，生計堪虞，號稱保護農工之國民政府，將何以對國人。

佳期浩刼

當我軍退守二道防線之前數日，日軍利用飛機，偵察擲彈於蘇常崑太之間，吾民罹此浩刼者，數見不鮮，本邑縣黨部新職員徐德林君，自羅店逃出後，爲余述及一慘劇，迄今遍查蘇滬各報，尚無是項紀載，因亟錄之，以證日人殘暴之一斑焉，當日軍猛襲瀏河時，羅店一帶，時有日機往來偵察，鄉人固已司空見慣，故於一切親友酬酢，悉如平時，一日，羅店東北二里許之某村，有鄉人張某家，爲子納媳，依然以舊式婚禮行事，吉時已屆，鞭砲齊鳴，時適日機一架，飛近該處，突聞劈拍之聲，以爲我軍之射擊，急遁，俄而天空軋軋聲大作，飛來大批轟炸機，紛紛投彈，鄉人初不爲意，至此，始羣相駭告，然已彈下如雨，火焰高張，均不及避而葬身火窟矣，未幾，全村被燬，死亡枕籍，日機始翺翔而去，噫，鄉人無辜，罹茲浩刼，亦云慘矣。

立達學園一個𡰱尬炸彈

江灣立達學園，滬上著名中學之一，此次戰事，損失亦甚巨，附屬之養鷄場，完全成爲平地，校舍方面，房屋尚有可用者，惟校中器物，完全搬往拉塊去矣，校庭中留一大炸彈，尚未炸裂，其徑之粗大，較最大之馬桶爲尤甚，下半，已入地中，而上半，尚露出地平綫之上，此炸彈何以不炸，殊令人不解，蓋中彈之處，實非普通泥土，而爲水門汀也，彈入堅硬之水門汀而不炸，固屬奇矣，而該校對此不出不進之炸彈，竟無辦法，設不取矣，將來必有危險，若此巨大之炸彈炸裂，則立達所留之校舍，必盡毀壞無餘，然欲取去，亦無適當方法，設在普通之泥土中，則將四周之泥，輕輕挖鬆，不難取出，水門汀則非擊不碎，一經震動，彈必立炸，該校職員，曾商諸日軍司令部，彼輩亦皺眉搖首，亦無辦法，誠尷尬物也。

撤兵聲中之暴行

淞滬戰役中，日軍之橫行無忌，已人人皆知，不意今停戰協定，業已簽字，地方秩序漸次恢復，而在撤兵聲中，日軍仍不免有暴行，今據友人所告，記錄於左。

有某書局賃貨棧於閘北共和新路，此次亦遭兵燹，日前總務主任某，率工役前往檢點，擬收拾棧物，由舢板廠新橋往北，行至中途，突遭駐崗日兵攔住去路，因某不服檢查，故觸日兵之怒，責令下跪，並移路旁巨石壓於某之頭頂，時路人雖往來者甚多，然恐禍延及己，均相率遠避，後幸隨往者歸報，挽情於諳日語者前往解圍，始得釋歸，然蹺地頂石已一時餘，某年已老邁，故至今尙臥病在牀去。

公平的日本兵

昨天遇見一個虹口方面日本紗廠裏的日本職員，他告訴我，他們廠裏，因着駐了日本兵的關係，損失甚大，大約在本月十九日正午以前，開發票到軍部去，還可以償還若干，過了期，便無效了，兵士的取人財物，在外面，雖有憲兵專管此事，犯者就要治罪，然而憲兵人少，也管不了許多，而且屋內之物，留着的東西，被兵士順手牽羊而去，很多很多，這不獨對中國人如此，他們駐紮在日本紗廠內，也一視同仁，把日本人的東西，不打招呼的拏去，佔爲己有拏囘國去，還要算是戰利品，這一點，我倒覺得是很公平的。

交換俘虜之交涉

停戰協定既簽字，我十九路軍遂告復員，而日軍亦陸續撤退，當我軍于閘北西撤時，大隊既行，止留小部分在後掩護，而大場駐軍，則激于義憤，多不願退，因是猶作困獸之鬥，結果爲日軍擄去者若干人，擄去以後，爲日軍當場殘殺者佔十之五六，十九軍遂于日前電囑共同委員會我方委員，向日方交涉釋放，日方當卽應允，惟須我方亦將俘虜交還，我方委員遂電十九軍軍部，軍部以我方未有俘虜。囑我方委員答覆，日方遂謂已死者亦可，十九軍遂電太倉縣長訪覓，結果覓得兩具，當交日方，而我方被俘士兵，遂得于日昨下午在北站交還我十九路軍矣。

日軍麻雀隊醜態百出

日本自號爲文明國，軍隊確有紀律，迺自調兵來華以還，搶刦姦淫，無日無之，因之吾民慘遭蹂躪，莫不怨聲載道，呼籲無門，最著者，如上海閘北之被焚，吳淞民房之砲燬，江灣鄉村之姦淫，虹口商民之擄掠，戕害民衆，喪盡天良，此與土匪盜賊奚別。

最近瀏河方面，日軍糧食缺乏，雖甘出重價，亦無處收買，卽本國來源亦稀，該軍司令官，以一時迫不及待，迺仿災民搶米之法，組織一種麻雀隊，隊共一百餘人，分頭向四鄉搜索食物，挨戶澈查，無一倖免，凡民家儲有餘糧者，皆被刧奪一空，倘稍加反抗，則不被日軍槍殺，卽遭若輩捕去，因之該地居民，噤若寒蟬，任其取携而去，若此者，亦可謂醜態百出矣。

編者曰，聽說在這半個月內，痳雀隊盡力搜刮以供軍食，司令官趁此鯨吞軍餉不少，眞是大發其財，他們的發財，是把中國人的脂膏去搶劫來的，是誠感受文明國的厚賜不淺了。

回祿有眼

此次閘北兵災，暴日無道，炸彈所至，房屋盡付一炬，各書局之訂書作，因本小利微，不得於租界立足，故大半聚於閘北，城門失火，殃及池魚，被燬者，不下七八十家，惟民義宏大兩善書局之訂書作，因其平日專售善書，薄利代印，雖均在火線迫切之地，但經歷至罷戰之時，入視其室，竟不損分毫，而沿近貼鄰，則片瓦無遺，不可謂非火神之有眼也，誠如某文學家所云，不道德之書商，製造有礙文化風俗之神怪淫汚小說者，亦可以爲前車之鑒矣。

寶華寺被刦

日兵既入大場，廬舍爲墟，其屹然獨立者，爲寶華寺，日軍司令部在焉，所有放牲園內之牛鴨鷄魚，大快日兵朵頤，廟門一角及湖心亭，俱被日機炸燬，由日司令出資修葺，四周圍牆，彈痕纍纍，以工程浩繁，則置不修理，寺爲席雲生丈一人捐募建造，經營數載，煞費苦心，既被佔，縈然懷念，乃遣和尙歸視內部，則吳昌老之畫梅，王一亭之畫觀音，王西神之四體中堂，悉已不翼而飛，甚至昔日記者爲丈所書窗心，亦承嗜痂者剝奪以去，惟紅木傢具，完整如初，未蒙損失耳。

蘇滬間之藏書損失

一二八滬變發生後，日人於武力侵略之外，同時又竭力從事於建築上之破壞，及文化上之摧殘，如閘北商務印書館及東方圖書館之被燬，其最著者也，該館損失達一千六百萬之鉅，所有收藏之古版孤本書籍，盡付一炬，吾國數千年文化精粹，已被摧殘不少，而蘇滬間各邑，夙稱江南富庶之區，藏書之家不少，乃日兵所到之區，所受之損失爲數尤夥，據嘉定避難來滬之某君談，該邑徐廖諸姓，爲邑中縉紳，其先祖曾任淸代顯宦，搜羅宋元版及鈔本書籍，與名貴碑帖甚多，珍藏已久，數代相傳，此次日兵犯境，該邑居民，倉猝逃避，僅以身免，所有日用衣被等物，亦不及攜帶，更何暇顧及書籍，日兵入城挨戶搜索，見藏書之家，遂盡情捆掠而去，聞此項書籍，業已陸續被日兵運載回國，損失之巨，不可勝計，且建築上破壞，猶可力圖恢復，而文化上之摧殘，則已不能挽回，是誠我國最堪痛心之重大損害也。

奧迪安被燬之眞因

奧迪安影戲院，位於北四川路虬江路之北，建築宏偉，極裔皇莊嚴之致，而水汀電扇，冬溫夏涼，舉座尤見舒適，此次日兵犯閘北，該院地非要衝，且風火牆四峙，本可倖存，乃仍燬於礮火者，實緣比鄰一粵雜貨肆，嘗購進大批爆竹，以備廢歷新年應市，及事變之初，流彈飛來，焚如頓肇，一時爆發之聲，宛若機鎗連發，駐防附近之倭兵，聞聲奔避，疑我軍暗襲，即左右散伏，從事轟擊，僉以該院爲目標，爆聲愈密，攻射亦愈烈，而此偌大歌場遂遭殃及矣，庸人自擾，於斯亦可想見當時日寇之喪膽亡魂，草木皆兵矣。

賣糖毒計

暮春天氣，草綠江南，是處餳簫，催人午夢，此鄉邨風味，吾國舊俗也，不意彼慘無人道之倭寇，竟於此寓其陰謀毒計，以殘害我天眞爛漫之小國民焉，當兩星期前，停戰協定未簽字之際，京滬路南一帶鄉間，時有荷擔賣糖者，口吹短笛而來，村童聞聲咸集，其人則釋担而立，先取糖分贈羣兒，人各一塊，及童出錢以買，則所得糖多倍尋常，故到處兒童爭購，生意特盛，一日，宜興金壇間有徐郙者，童子死亡相繼，察知爲食糖故，村人遂糾衆往捕賣糖者，得八人，縛諸樹而拷問之，盡吐其實，蓋亦漢奸之一種也，五人共一船，每船每日得餉銀三十元，糖亦日人所發給，無需資本，日人且命若輩擇各村小學校門前爲市，以兒童集中點，一網打盡，事半功倍也，迫於生活，忍作虎倀，復以日人暗中偵察綦嚴，受命後又不得不實行殺人耳，村人復詰以糖中置何種毒，有無方物解救，答以中毒不卽死可延旬日後，若取豬肝和野韭菜食之可解云，村人既解送八漢奸入官後，急徧覓野韭，並購猪肝，一時屠市供不應求，豬肝價大漲，至每斤二銀元焉，此事瞬傳各地，遐邇聞風，市虎杯蛇，相驚伯有，遂使無毒之糖，亦盡被拒絕，不得入各村喚賣云。

古猗園受倭軍踐踏

金戈鐵馬之下，舉凡市廛之繁庶，城郭之雄峻，均付諸滌盪而無遺，況池榭竹樹之勝哉，槎谿之中市，有古猗園者，名動大江南北，游人接踵而至，極舒嘯徜徉之樂，客有自槎谿來者，謂園於倭軍犯境時，爲騎兵隊所佔駐，敦仁堂與水面亭，悉被蹂躪，即春藻堂前之纍石，大半傾圮委地，無復嶙峋崢嶸之狀，盛衰今昔，其感想也何如，予以先大父錦庭公瘞骨槎谿之張涇角，麥飯紙錢，歲必前往祭掃，猶憶去春偕荆人赴張涇，便趨古猗園一探幽勝，嘗過楠木廳，穿柳帶軒，循繞曲折，得一船室，於室中烹淸泉一甌，襟懷廓然，左顧岸上夭桃，正灼灼作花，且大都爲重瓣，紫文丹蕚，酣闘芳菲，兼有素英而雜以赭點者，尤爲綺艷，雖海上龍華道上，不是過也，愚夫婦爲之流連，不忍遽去，以爲塵世擾攘，即此數弓之地，足以爲桃源而避秦，孰料一年之隔，鼙鼓烽火，斷送名園，濺淚無花，驚心有鳥，不知何日始得回復舊觀，再寄我儕之游踪哉，噫。

胡蝶口中之逃難

日軍犯境，舉市杌揑，閒鷗浪迹，暫返里門，一昨重來，往訪某君於其寓所，方擬告別，忽門環聲響，有美一人，揭幕而入，蓋影后胡蝶也，邂逅相逢，益覺歡然，女士玉貌稍腴，愈見嫵媚，因詢近狀，蝶曰，儂自一二八晚，即未能歸家，因是日適在明星公司拍攝有聲電影『銀星幸運』時已謠諑蠭起，致無心表演，（編者按女士過謙，此片已經試映成績極佳），不久公映矣，迨工作畢，已入戒嚴時間，乃權宿公司，一夕無眠，但聽砲聲隆隆，寸心幾碎，緣儂家居虹口，首當其衝，一家老幼，均在險境，此時但恨身無雙翼，不能展羽飛歸耳，翌晨，亟驅車返，及白渡橋，則滿駐日兵，已不能放行，乃重返公司，旋得家人報告，舉室於黎明脫險，暫住上海銀行五樓，惟舍隨身衣着而外，餘均一無所取，逃得性命，已云幸矣，公司近因趕攝啼笑因緣，所有戲中何麗娜之服裝，悉未取出，倘房屋未付一炬者，則何時得有珠還一日耶。言已唏噓不已。

偉績

儒雅風流之十九路軍

十九路軍既負盛譽，各將領之大名，遂因之膾炙人口，一時糾糾武夫，不期變爲彬彬儒流，蓋悉擅書翰吟詠之雅矣，蔡廷鍇時爲各書籍題眉，沈翁等諸師旅長，其墨跡，亦幾欲與于右任譚延闓競其腕力，紛披琳瑯，眩奪人目，又嘗見某師長在崐山駐紮，吟有長歌桃花行一闋，則又似欲與東北鄭蘇老上海朱彊老競其格調矣，常州友人致函於余，謂第五軍長長張治中，近在常地，時與書畫家相宴集，將馬革歸鄉之意，寄諸短句長吟之中，初不度峨冠佩劍之流，一一高雅如此，嘆爲中國偃武修文之好現象，其語亦至堪玩味也。

十九軍布衣救國

十九路軍，本有鋼軍之名，自此次淞滬一戰，而其名益彰，於是該軍領袖如陳，蔣蔡等，同爲萬民所崇欽，馮玉祥因此，特於泰山關帝廟殿後，建造一六賢祠，供養長生祿位，晨夕頂禮，以示欽仰，從可知岳飛秦檜，天下人自有公論也，現滬戰雖告結束，但全軍將士，仍枕戈以待，蓋來日大難，前途尚未許樂觀，軍人不當解甲也，故移防蘇錫後，蔡軍長以兩地均爲江南名勝之區，且風流韻事，流傳尤多，至足消磨士氣，故於前日特召集軍部會議，嚴飭所部注重紀律，加意訓練，參謀長趙一肩，且提議「布衣救國，」無論官佐士兵，一律穿布製軍服，因十九路軍將士，此次所得慰勞金甚多，囊橐充盈，頗多鮮衣華服者，趙故有此提議也，蔡軍長聞之，立加贊同，並爲首先實行起見，特製灰布軍服一套，並皮裹腿亦除去，儼然與玉祥之氈帽布衣並駕齊驅矣。

十九軍之童子軍

自一二八淞滬發生戰事，上海市童子軍戰地服務團，立下動員令，召集各學校原有童子軍，一律塡就志願書後，卽由徐鏡堂君及馮振威君，到十九路軍後方辦事處，接洽妥當，翌晨出發，就到十九路軍總指揮部交通處服務，不數日，抗日將士們，都互相認識童子軍所担任的是機密傳信，以及機車偵察和交通等工作，所以由眞如到吳淞要塞司令部，龍華警備司令部，北新涇，漕河涇，及南翔總部，莫不時見該隊員之出沒，據交通處處長唐德煌云，該童子軍等，頗能耐勞，且善駕駛汽車和機脚車，及自由車等，且路途方向，無不明瞭，是因童子軍常在淞滬各地旅行露宿之故，因此頗博得各長官之贊善，三月二日，我軍退守第二道防線後，童子軍遂連夜遷移到崐山，回上海之路線，因已被敵人拆斷，故不能來滬，致該員等家屬，均倚閭而望，十分繫念，該童子軍到崐山後，即由軍事郵局，各發家信安慰，各家屬始稍稍放心，聞該團全體將於本月廿九日，由京滬專車返滬，想屆時當有一番熱烈的歡迎也，又十九路軍後方辦事處之童子軍，聞該處梁隊長云，將聽候范其務主任之命，與後方同時結束云。

十九軍一筆公積金

十九路軍於抗日一役，豐功偉烈，足以彪炳史册，民衆對之，甚表同情，咸願踴躍輸將，當該軍未抗暴日前，中央對於軍費之未發者，已達四個月，士卒之苦，無以復加，嗣後暴日侵凌，孤軍力抗，於是外間紛紛資助，不數日收款達百餘萬，軍部方面，即就捐款中發淸四個月之欠餉，士卒得此，勇氣倍增，及後瀏河失守，退守二道陣線，斯時雖處於停戰期間，但外間助款仍未停止，源源而至，直至停戰協定簽字，始截止收款，及十九路軍總計收得之款，達數百萬，本擬從外間之意，分給士卒以獎勵之，惟以中央軍餉時有中斷之虞，故而將該項費用，移作公積金，如中央不發軍餉時，即將此筆公積金以墊之，並另作臨時發生事件之費用云。

十九軍訓練軍用鴿軍用犬

十九路軍自退守蘇崑一帶，積極訓練，盡量補充，實力乃益堅厚，軍長蔡廷鍇氏又鑒於作戰時偵察傳訊之重要，有時非人力所能辦到，必利用畜類以替代之，故決於歷來收到之各地捐款中，撥出三萬元，着參謀部設法購辦多量之軍用犬及軍用鴿，並於短時期中，加以訓練，以備於下次作戰時之應用，參謀部奉命後，即先從事考查犬鴿之種別及產地，然後決定向歐洲購軍犬數十頭，向澳洲購大批軍鴿，按日本鴿種，素著聲譽，現以與吾處敵對地位，故改向澳洲購置，聞軍用犬已於上月運到，而軍用鴿不日亦將到達，該軍已聘有養犬養鴿專家數位，在防地開始訓練，逆料將來作戰，必著一番奇績也。

十九軍影戲及演說片

十九路軍此次在淞滬之戰績，炫耀世界，當作戰最猛烈之時，影片公司，爭攝其影，明星公司，已攝有一片，本刊前曾記之，然爲無聲者，不如帕拉蒙公司所攝者爲美且備也，此片以十九路軍作戰爲緯，而以十九路軍六十一師一百二十二旅六團中之一士兵名李其林者爲經，故前後亦有情節，大體述一士兵作戰之勇，雖受重傷，休養於醫院，猶奮不顧身，其內景乃後來所補入者，則假明星公司攝影場攝之，描寫此士兵之家庭也，李其林者，乃確有其人，爲一勇不可當之士兵，隸於六團一連，惟其人已受傷而廢其腿，片中之飾李其林者，爲一連連長王君，王蓋身經此戰，而目擊此士兵勇敢之戰績者，故演來完全逼眞，此片之導演，爲趙達君，趙君隸廣東，與記者爲舊友，蓋精敏練達之一少年，素擅攝影，任一二二旅攝影隊員，其導演此片，乃得帕拉蒙公司之正式委託與十九路軍之允許者，故結搆極爲縝密，且有聲有色，述明此片爲强生有聲彩色影片公司所監製，片中言語，純操粵音，定名卽爲『十九路軍之一士兵』廿一日，或將在光陸大戲院試演之，惟能否在租界中開映，則須得工部局之允許，恐此點不難辦到耳，現國內外來購此片者，已絡繹不絕，一經映上銀幕，亦爲中國國體上增光不少，而吾友趙達，似亦與有功焉。

再明星公司已攝戰片多種，近聞張石川程步高等，又往崐山太倉一帶，攝取戰地實景，欲與帕拉蒙公司媲美起見，並攝演說片，邀請戴區譚翁等將軍親蒞其塲，一一作以簡要之演說，收諸有聲片中，諸將領多粵籍，乃不少廣東國語，尤饒興趣也，

十九軍訂購軍實

▲將來決不參用內戰

此次十九路軍淞滬抗日之戰，博得美譽，然該軍損失甚大，除將士陣亡三千餘外，槍砲有因作戰次數過多，而燒燬爆烈者甚多，停戰以後，該軍卽調至後方休養，總指揮蔣光鼐，除積極加以整頓外，並謀補充辦法，最近已奉命令將開閩勦共，上月譚啓秀氏奉命赴港，向英商大福公司訂購大批新式軍器，計爲自動步槍五千支，野戰小鋼砲五百挺，連環機關槍一千挺，左輪手槍五百支，高射砲二百門，各種子彈，數百萬發，統計價值約五百餘萬元以上，其第一批計步槍一千五百枝，小鋼砲五十門，高射砲二十門，左輪手槍五十支，子彈百餘箱，已交譚氏點收，據該軍駐京辦事處消息，約計本月中旬可抵京，至此項軍械，將來內戰決不參用一支，蓋其經

費完全係淞滬抗日民衆所捐贈者也，

十九軍新兵之鎗械

去年廣州政府成立時，忽繳十九路軍之械，當時被繳者，有六七千桿之多，爲最新式之槍械，共歸陳濟棠保管，一說至今仍封存於河南十一軍司令部內，惟自十九路軍與日一戰後，威名大震，陳表示與該軍聯絡起見，自動表示願以前繳之槍械如數發還，是一月前之傳說也，最近陳氏果諭副官處，通知十九路軍駐粵辦事處主任沈戴和，派員接收，十九路在粵招募之新兵，已成立一獨立旅，甚苦一時無如許槍械支配，今擬卽以此發還槍械，給新兵應用，業由獨立旅後方主任蘇子舟，照數收錄分發各新兵應用矣。

昨有某會會員，時往崑山一帶視察，據云第十九路軍，新兵多來自嶺南，大都由別項軍隊自動投效者，粵滬間輪船管事，多屬粵籍，聞彼輩係投十九路軍，遂不索船資，幷食以飯，至後導赴前敵，其熱心如此，前敵之防禦工作甚堅固，附近各軍隊均以模範視之，派員考察，前數日上官雲相所部將校，詣十九路軍防地，當時杯酒

相酬，甚樂也，

十九軍新到六尊電氣高射砲

十九路軍分爲三師，戰鬥兵力不過二萬人左右，以二萬人之實力而抗堅甲利兵的敵人五六萬，於火線延長至七八十里，兵力已是單薄至極點，孤軍乏援，乃於極端無辦法中，不得不退守第二道防綫，還有一種原因，就是缺乏防禦鐵鳥的利器，說出來眞淒慘萬分，十九軍所有唯一防禦空中鳥人的高射炮，老實說，共僅有二尊，一尊保護眞茹無線電台，一尊保護司令部，七八十里長度的火線，只有二尊高射炮撐場面，這自然是便宜了日本的鳥人，「民族之英雄」們，手裏擎的是一支步槍，雖然打落了幾只鐵鳥，也是極偶然之事，以上是七十八師師長區壽年告訴我的，高射炮誠爲現代戰爭中重要器械，中國軍隊軍備之不完全，可見一斑，所以恐十九軍沒有高射炮，熱心民衆們，紛紛有捐贈高射炮的提倡，不多天之前，十九軍很感謝的收到六尊電氣高射炮了，電氣高射炮和高射炮完全不同，電氣高射炮是活動的，是一輛炮車式的，牠有蠕動的車輪，撥動了機鈕，牠就能敏捷的行駛，無論崎嶇高突不平之地，都可以行，高射炮就裝在這輛車上，其砲身形式與普通高射炮相同，瘦瘦的，長長的，普通的高射炮是要人瞄準，要人開放的，電氣高射炮的奇特之點不必「要人瞄準」「要人開放」，炮身下面，有一具極度尖銳感覺吸聲器，牠有機能尋訪鐵鳥的蹤跡及指揮炮口的方向，瞄準了，自己會開炮，這裏所放的炮彈是開花彈，二千尺以上，這顆子彈受了化學作用，有很大面積的飛爆，百發百中，萬無一失，聽說這六尊電氣高射炮是向本埠圓明圓路口口意大利廠家定購的，每尊售四萬金圓，惟捐贈民衆們，頗不願以此項軍器，施用內戰，殘殺同胞，所幸蔡軍長亦深惡自相殘殺政策之人，當能深體此意，茲有某君自前線來，詢悉蔡軍長，對粵省事件，深表遺憾，謂外人之所以蔑視我中國，壓迫我民族者，因我國人祇顧私人利益，無整個團結，同室操戈，興兵搆亂所造成，外侮未已，而國內又啓權利之爭，豈不騰笑友邦，對於十九路軍，願繼續負責，惟祇盡禦侮剿共之任務，爲國內戰爭，則誓不參加任何一方面，以副國人養兵衞國之切望云云，蔡軍長誠不愧爲模範軍，值得全國民衆之崇拜也。

義勇軍之成績

此次滬變，有志者憤日兵之橫暴，紛紛組織義勇軍，以圖反抗，多若雨後春筍，不遑詳述，今予所欲述者，爲滬南廣福寺之某義勇軍團是也，查該團本屬上海市抗日救國會第一團第一營第一連，聞當日兵侵略我東北之初，上海市民抗日會，憤而組織抗日救國義勇軍，該連同志，即係首先報名加入者，故頗多熱心志士，旋以軍事委員會內部分裂，致全部解散，遂由該連同志自動組織該團，

當十九路軍與第五路軍，在閘北一帶奮勇作戰時，該團雖未開赴前線，而南市一帶之防禦物，如沙袋鐵網等，大多爲該團中人所築，且曾捕獲日探漢奸多名，因之南市軍警當局以及保衞團等，十分感激稱讚之，而該團之聲譽，亦因之佈滿全市，（南市）嗣被軍部得悉，恐魚龍混雜，或有不良份子加入，遂爾解散，當解散時，戰事尙在接觸中，多數團員，因未達報國目的，故有一部，仍自相集合而加入十九路軍，開赴戰地效力云。

華僑義勇軍

近有一緬甸華僑青年救國義勇軍者，致電十九路軍蔡軍長及義勇軍隊長王屏南，謂該隊於十七日抵港，準搭大馬郵船赴滬，查此次滬戰發生，一般海外華僑，關懷祖國，或毀家抒難，或投筆從戎，熱血忠忱，令人崩角投地，今緬甸青年又有此組織，遠涉重洋，開拔來滬，殊令人欽佩，惟目下滬戰早告結果，即在前線之義勇軍，亦都已陸續遣歸，實無須若輩再來參加，而該義勇軍是否已經行政院核准，又一問題，至於赴東北殺敵，一則關山難越，一則東北氣候，不宜於久處熱帶之人，恐亦難以如願云。

十九路軍與十九委員

日本破壞世界和平，鐵騎縱橫，在東北已竭盡其恣睢矣，不意滬濱一戰，見厄於十九路軍，死傷既衆，且亦盡喪其帝國之威嚴，故日軍之恨十九路軍，乃無以復加，最近國聯召集之特委會，出席委員，又恰爲十九之數，而十九委員竟亦未能媚日，是以有主張日軍撤退之談，致招日軍之忌，日政府則高唱退出國聯，以爲威嚇十九委員中之小國委員，殆亦儼然以十九委員爲敵矣，由是言之，十九云者，殆爲伏魔捉妖的法寶，今後之暴日，宜知所避忌也，聞諸西人每以十三爲不祥，然則日人亦當以「十九」爲不祥矣。

南北兩將軍互荐人材一致抗日

此次十九路軍忠勇抗敵，捍衞國土，譽播全國，功垂青吏，駐平之步兵第七旅旅長王以哲氏，因欽仰該軍戰法精奇，爰派劉建華張鳳仁安南王嘉賓戴福純等七人，組織見習隊，於上月中旬南下，逕投十九軍司令部，請准予留部見習兩星期，藉資觀摩，時該軍以滬案簽約，軍隊已分駐京滬一帶，而軍長蔡廷鍇，以其熱誠而來，當即慨然允諾，遂條諭派往駐錫七十八師一五六旅旅長翁照垣部見習，直至最近，兩星期之見習已期滿。且適値翁特奉令行將開閩，爰於日前由翁照垣氏召集該員於旅部訓話，並特贈以旅費，藉壯行色，各隊員卽同往旅團營部，向各長官辭別，旋卽返平云，王旅長此舉殆蓄有血戰抗日之深意，亦東北有數人才也。

蔡賢初將軍，因停戰協定，未能盡其殺倭之素志，遺恨在抱，已非一日，近以東北風雲，日益緊張，適有學生義勇軍十人，欲往馬占山處投效殺敵，因之當函介紹，該十人者，皆海上大學生，富有愛國思想，禦侮殲敵，志向堅決，蔡爲薦賢計，故不辭鼎力推轂之，論者謂其仇日性成，今雖與倭軍停止戰鬥，然並不滅其抗日救國之初心，殆不失英雄氣慨也歟。

十九軍戰笠之光榮 (一)

十九路軍的箬帽，這次不獨給日人一個永久深刻的認識，同時給世界人士一個認識，日人現近出版一本「十九路軍的寫眞」也畫一頂箬帽做廣告，可見他們受了十九路軍一個大教訓之後，就牢牢的認着這箬帽，也許以後他們覺着箬帽是一件可畏可恨而又可敬的東西了！

許多外國人以爲箬帽是十九路軍的特製軍帽，以爲這也像外國鋼皮軍帽一般的可以避鎗彈，甚至許多中國人也有同樣的見解，其實這種箬帽是廣東農人很通行的一種帽，尤其是中山縣的農人，男的女的，無論晴天雨天，出門就戴着他，他們叫做銅鼓帽，每頂不過二三角錢，可以禦日也可以遮雨，他是用兩層細竹編成，當中夾着葵葉，農人買了一頂之後，多數把自已的名字寫在上面，再化三五分銀加上一層熟桐油，那就更加光亮耐用了，(圩市上有一種人專門挑着熟桐油的擔子，替人家油帽度日的，)在帽的裏沿上加上兩條帶，戴上頭時將帶收緊，風吹不掉，不用時將帶放鬆，掛在背後，一點都不碍工作，價廉耐用兼而有之，可算是廣東農人的一種恩物，十九路軍喜歡用他，大約因爲他們多是廣東人，又因他是一件實用的東西，戴在辛勤的農人的頭上能給他們安適，戴在愛國的兵士的頭上，更能給敵人一個大大的教訓，與提高我們國際的地位，箬帽呀！我們永久敬愛你！

十九軍戰笠之光榮 (二)

何簑何笠，載諸葩經，蓋簑與笠，俱爲山人農氓之雨具也，古遯世者流，輒以一簑一笠，以賦遂初，自忠勇之十九路軍，用戰笠禦敵以還，村野之物，頓時列於戎馬行伍間，凡談淞滬戰績者，莫不知之，戰笠以竹箬爲之，上書四大字，曰，十九路軍，戴則覆諸首，卸則負於背，旣可免雨師之虐，又足避趙盾之威，至便利也，十九路軍，爲正義人道而反抗，歐美報紙，均深嘉之，茲得友人費仲英，自詩家谷來函云，該處博物館中，已陳列戰笠一事，聞輾轉向十九路某軍官索得者，一時華僑紛往瞻覽，卽彼邦女士，亦相率參觀，雖瑰寶希世之皇冕不是過也，洵極國際之光榮已，余涉筆至此，忽青雲路恆裕里同居李自華來，謂日人視十九路軍如虎羆，當二月二十六日晚，我軍自動撤退時，青雲橋畔，故意遺置戰笠若干，日人爲之逡巡不敢輕進，直至二十七日下午始遣便衣隊入境，然猶徧執我民，詢十九路軍尚在否，何戰笠之多耶，戰笠之恫嚇日人有如此，殊堪發噱也。

十九軍兵轉戰東北

當第十九路軍在淞滬抗日血戰時，頗有駐劄京蘇他項軍隊之士兵，加入作戰者，此係激於愛國義憤，不必由長官倡導而使然，近日東報載稱東北興城之役，義勇軍第四路鄭桂林所帥部曲千人，截擊日軍，其中有第十九路軍軍人多名任指揮，曾於陣亡者身畔發見名簿訓令武器子彈，皆十九路軍之物，可爲中央政府協助義勇軍之證，實則人各有志，試援前例衡之，請纓殺敵，屬於個人行動，非必由中央協助耳。

馮庸義勇軍抗日經過

馮庸大學義勇軍一行一百數十餘人，於滬戰初起，由校長馮庸氏率領，南下參戰，茲以滬戰結束，日前由瀏河北返，抵平時東北大學學生軍及各學校學生軍代表多人，在站歡迎，馮大義勇軍下車後，馮庸氏並對歡迎者致謝詞，略謂此後吾等當避免浮泛之表示，一心齊力，準備與强敵搏鬥，湔雪奇恥，事尚有爲云云，詞畢，馮大義勇軍卽整隊出站，步行返西直門該校，記者於三時半赴該校訪問，由義勇軍副指揮接見談話，茲詳記該氏所談參戰經過如次，敝軍同志爲國家爭存亡，爲民族爭生存，故此次毅然南下作戰，二月一日動員離平，原定經津浦路南下，後因須向國府請示，始決定先赴洛陽，在洛事畢，轉道隴海平浦兩路到南京，當分謁蔣委員長，及軍政部何部長，請領槍械，當時在京請願者，有十一萬人之多，何氏只准十一人領械赴前方參戰，敝軍領到槍械，於二月十一日由京抵南翔，當時本人偕馮總指揮(庸)赴眞茹閘北一帶偵視前方戰況，此時十九路軍應戰淞滬，左翼微感薄弱，敝軍遂於二月十五日奉令開往瀏河，十六日開始構築七丫口楊林口，新塘口陣地，並担任警戒，十九二十兩日，敵人飛機，不時來擾，敝軍工作依然進行，不爲所阻，是夜敵艦五艘開砲猛攻，並以漕舟載陸戰隊登陸，敝軍以敢死隊五十名抵抗，擊退之，二十一日至二十六日，由茜涇口沿魯漕河兩岸至瀏河之線陣地完成，據佔陣地。二月二十九日夜半奉第五軍張軍長令，趕築由嘉定至瀏河間之陣地，三月一日拂曉，由六里橋向瀏河開拔，見敵艦十六艘，密佈瀏河口，新塘市，楊林口，七丫口之間，敵機三十餘架在空盤旋，敵步兵一師團亦開到，海陸空軍同時向我猛攻，友軍係教導隊第一營步兵兩連，在楊林口新塘市與敵軍抗，敝軍見敵勢大，遂前往援救，終以敵衆我寡而後退，敝軍在六里橋收容邱營殘部之際，敵軍大砲飛機仍肆其毒威，此役敵軍死傷十一人，本人右手及左臂亦被傷，午間羅店援軍開到，敝軍又奉令後退維持秩序，下午二時，在婁家塘沿婁江構築陣地，黑夜十一時再退太倉，三月二日至三日担任太倉東北防務，三月四日奉蔣光鼐總指揮令開往唯亭鎮，担任戒備事宜，並保護難民，救治傷兵，協助工兵，監興築第二道防線，八日奉命構築楊城湖，金雞湖主要陣地，澈夜冒雨工作，於十三日黃昏完成。十四日晨抵蘇州，遵軍委會令築城防工事，該項工事內部爲歐戰時德國戰壕形式，四月九日全部告成，十日至十三日休假三天，十四日至十七日整頓全軍，並加補充，四月十八日開抵南京，休養半月，每日仍作野外練習，此外並接受中央各機關及各學校慰勞會致送之旗匾等，五月四日由下關渡江北來，昨夜到津，今日到平，以上述鄙軍此次南下作戰經過，至將來工作，一如馮校長今日在站所言，茲不另述，又敝軍南下同志共一百五十人，除中途因華南同志多轉學以及傷亡者外，北返者共一百二十人云云，

蔣光鼐神龍下凡

陸軍上將蔣光鼐氏，當濟南討馮時經蔣總司令中正委任總指揮職，蔣就職與否，一無表示，而該軍駐京留守處主任劉沛泉，竟擅擬蔣氏就職通電，分發各報館披露，蔣氏閱報後，以威信有關，一面宣誓就職，一面將劉氏撤職，迨後南北構和，十九路軍調遣南下，衛戍京滬，陳銘樞就任交長，所遺衛戍司令一職，陳力荐蔣氏充任，蔣氏久未到京視事，又不宣誓就職，此次淞滬事變，蔣氏乃出任指揮，對日作戰之一切計劃，悉由蔣氏調度，不分晝夜，督率指揮，蘇滬各報記者有向蔣氏攝取玉影者，往往未得遇到蔣氏爲悵，迺停戰協定簽字後，十九路軍在蘇追悼淞滬抗日陣亡將士，並出一刊物，登載各長官之像片，惟蔣氏照片，遍覓無着，後在上海寶記

照相館始覓得蔣氏照片，然頗不易易，今中央委任蔣氏爲福建綏靖主任，而蔣竟自廣東一走。就職與否，亦無表示，該軍編纂處科長蕭蔚民一昨語余，蔣氏秉性如此，其部下咸以『神龍下凡，見首不見尾』之雅號喻之，允稱適當云。

抗日名將李延年

革命軍人中，有李延年者，少倜儻有大志，現年未滿而立，當其卒業黃埔軍校後，即參加北伐之役，迭樹奇功，身經百戰，戰必勝，攻必克，參戰以來，繳得敵械不下十萬枝，當濟南五三慘案時，日軍福田第六師團萬軍之衆，李氏親率一團，與倭寇周旋，血戰四五晝夜之久，濟城得以不陷，皆李之功，嗣竟有喪心病狂之濟南商會人物，欲以數十萬鉅金誘李，勸其退出濟城，李氏不爲所動，復慨然曰，軍人守土有責，鉅金與國土孰重，諸君皆地方領袖，想當有以明之，商人赧顏退，故魯人至今尙不忘李將軍延年也，今歲一二八事起，中央爲增援選將計，以李氏爲抗日宿將，遂任以八十八師副師長之職，派往前方，參助十九路軍抗日，廟行江灣諸役，身先士卒，迭挫倭寇，作戰之時，李氏未嘗輕離戰線，其衣冠曾中二十餘彈，但未損及皮膚，誠福將也，邇來停戰協定，政府論功行賞，以李氏忠勇衞國，勞苦功高，遂升任以第九師長之職，由加善防次開入徐蚌一帶剿共，旋兼任徐州警備司令受職以來，如設納言櫃徵求民意，及厲行禁烟，焚燬烟土，槍决烟犯等，殊快一時人心云。

美人士祝賀蔡軍長

十九路軍自與日軍一戰後，蔡廷鍇將軍之英名，不第舉國聞知，卽歐美人士，亦同聲讚美，自十九路軍之戰事影片，運至歐美後，每次開映時，觀衆同聲歡呼，近十九路軍之總部，接得華盛頓海軍俱樂部某氏來函，對於蔡軍長此次偉大奮鬥，祝頌備致，今探錄其原函云，『蔡將軍，請允許余祝賀君於此次滬戰中所表現之英雄氣概，君及君所率領之健兒，已成爲歷史幸運件中之主要演員，此乃一般公正人士所共認者也，此間開演關於君之有聲新聞影片時，曾屢爲重要人士稱頌此事，彼輩皆一致希望由於全中國人民之同聲讚美十九路軍而得到全國統一，息止內戰，共禦外侮，驅逐日人於上海及滿州之外，此間懷此好意之數百萬人士，皆望爲此偉大之目的而奮鬥，無論何時，苟有所需於余，希卽爽直告之，因余多年與在美及南洋之中國人士相往還，極爲融洽也，祝君爲抗日救國而更加努力，中國之統一，將必因君之英雄的努力而成功也，』

蔡廷鍇之義馬

軍長蔡廷鍇氏，頻年轉輾粵贛，奔波忙碌，東征西討，南剿北伐，可謂無日不在運籌帷幄，軍書旁午之中，當前載由粵移師，開魯攻閻馮時，戰衣抵濟南，與石友三激戰，乘勝之下，獲俘虜品無算，其中尙有戰馬數十頭，亦得自石軍，蔡部參謀某君，固伯樂善相之流，於各馬中逐一品評，忽發現一良駒，頭目崢嶸，身軀寬大，羽毛光潔，相貌堂堂，卽謂蔡氏曰，此良馬也，將軍得之，誠相得益彰已，蔡試駕之，果疾行如電，歷久不疲，遂令衞隊善豢之，後蔡又奉令轉贛剿共，此駒亦隨行，輾轉荒村淸野間，輒以之代步，得益匪淺，此次全軍在滬抗戰，蔡又時駕之赴前線視察，雖在鎗林彈雨中，該馬亦能機警趨避，如有神助者然，更奇者，此馬他人駕之，必狂吼亂縱，令人不安於背，獨蔡駕之則馴若緜羊，識者謂此馬有壯繆赤兎之義，信夫。

翁照垣治軍有方

▲炮台中之一名英雄▼

『願以最後一滴血灑在吳淞』，出此豪語，而翁照垣將軍之忠勇，愈爲世人所欽仰，惜乎環境關係，未能實踐其言，翁將軍常以此事引爲大憾，不知代替翁將軍而踐『最後一滴血灑在吳淞』者，則有一無名之英雄，其人爲翁氏部下之一個列兵，當翁部退時，原留一小部份士兵作掩蔽，日軍將傍淞濱，此項兵士一擁而出，日軍疑中伏仍向後逃，損失頗巨，諸兵知日軍不敢再窺，從容而退，中有一兵，堅不肯去，願以身殉，乃懷乾饘，伏炮台中，與敵强抗，後被敵軍圍攻，遂成仁焉，事後，日軍乃舁以出，卽於炮台傍，掘土成龕，埋此忠骨，而駐此間之日軍，每於晨間，咸向其行敬禮，蓋欽其忠也。

强將手下無弱卒，翁將軍有此一個兵，得並傳矣，其實出於平日訓練有方致之，當全師退時，各義勇軍嘗隸屬翁旅，施以訓練，每日淸晨四時，卽上操場，翁氏往往先人而在，對於軍容，非常注意，有衣上一鈕而未入扣者，輒令入之，不稍寬假，義勇軍多大學學生及有職業者，自由習成，經其訓練，頓成勁旅，翁治軍之餘，輒以書自娛，其在唯亭時，旅部設於鄉間竹園傍之小屋，黃坭築牆，白茆蓋屋，而翁氏佈置，精雅絕倫，查翁旅長之年，亦僅三十左右，乃能上馬殺賊，氣雄萬夫，迨其下馬閑游，則又恂恂儒雅，類似文弱書生，錫人因翁氏之和易，輙聯想及從前直魯軍時代之畢庶澄，畢亦年少翩翩，似若有為，然不無軍閥氣息，翁則雖與畢同等級，然絕無官僚惡習，此即二人之異樣處，或亦國民軍人之所以異於軍閥者歟。

翁旅長所攝影戲

翁照垣旅長年少英俊，忠勇有為，堅守吳淞，廟行苦戰，遐邇傳譽，前與張織雲女士同上銀幕，其消息曾載本刊上集，聞該片之名初定戰血情花，繼易為戰地血花，其後因所攝各種片段，難於貫串，雖有戰血，奈無情花，始決定易名為『民衆的軍隊』，其中對十九路軍作戰，確係實地攝來，關於日軍方面之片段，則係與帕米蒙影片公司商借，蓋此片為明星公司所攝，日軍戰綫內，焉容我華商影片公司實地攝影哉，至張織雲部份，則係後來所補入，蓋張胆小，自不敢冒砲火嘗試，翁旅長與張織雲同爲粵人，與張之藁砧，亦係素識，所攝爲四達通有聲片，故談話皆廣東國語，頗聞片已攝成，惟在租界中開演，尙有問題，將來或先在內地開映，上海方面，或在華界戲院中先試映云。

孫元良旅長軼事

此次十九軍抗日，各師將士，罔不踴躍請纓，深以一履戰場殺敵爲榮，結果，僅八十七八十八兩師，着得先鞭，而二五九旅長孫元良在廟行諸役，殺敵尤多，不知孫之殺敵，固有深讎積恨存焉。

孫氏曾留學日本三年，入陸軍士官學校野砲兵科，極爲日人所嫉，十八年暑假，係往朝鮮東三省旅行，此際蘇俄侵略我正亟，孫到滿洲里晤梁忠甲君，由我陣地用測遠器望見距離三千六百米達之俄砲兵陣地與國境營房，及距我三千二百米達往來不絕之俄裝甲汽車，回日本後，在東京時事新報講堂，向僑胞演講，中有日本由海參威接濟俄粮食，及滿洲里日諜甚多等語，遂被日宇垣陸相以作政治活動名義命而退學，此一事也。

孫氏曾在聯隊中有日本『當番』服勤務，但仍自己洗衣擦鞋掃地，其刻苦耐勞，日人極敬重之，五卅濟南慘案發生，孫憤激忘寢食，聯隊長某極力勸慰，幷囑其官兵勿得有輕蔑之話語，其受重視如是，同時，他聯隊之中國學生則飽受日人之冷譏熱嘲，此次抗日，是亦教訓日人莫謂秦無人也。

孫氏在日本西京野兵第二十二聯隊入伍見習時，刻苦勵學，操習甚勤，西京爲日本名都，美女如雲，孫氏星期日外出，多到各名勝寺院閑遊，絕不與摩登仕女往還，日本軍官多驚佩之，蓋日本軍官有無女人不能過日子之慨云。

上海禦日一役，我軍受倭敵飛機脅害頗大，孫氏在火燒場曾作假半截草人十餘個，着以軍帽軍服，旁用繩引之起伏不絕，如掘戰壕狀，四週祕置小加農砲六門以誘出倭機，果於二月二十一日墜下一架，爲甲種四型戰鬭機，第八四六號，昭和四年造，跌斃之田中機師，身懷救命銅牌，迷信可哂，孫氏獲一二十六年式之轉輪手槍，極寶愛之。

何香凝勉勵孫元良

廖仲凱夫人何香凝女士在此次抗日中，奔走四方，呼號乞援，其功實偉，前次抗日陣亡將士在蘇開追悼會，夫人前往參加，在各烈士遺容前，徘徊瞻弔，悽色盎然，區壽年張炎翁照垣，均對夫人操粵語致敬意，而孫元良宋希濂宣鐵吾等對夫人執禮尤恭，蓋諸人係黃埔第一期畢業生，邇時廖仲凱先生主教黨義也，春風時雨，師道凜然，而夫人引其隨諸身後之姪公子及愛女與諸人相見，夫人含笑莞然，相與話舊，而對孫元良尤覺慈藹。

蓋昔年當廖先生在中央黨部被刺逝世後，暫移置於廣州公醫院，時孫氏適腳底受濕氣腐潰，亦養病該院，得訊後親往祭拜，憤激萬分，不待痊癒，立即出院，奉命率所部一連圍攻探花樓，將梁士鋒部完全繳械，所得步槍機槍等物，均用黃包車拖回北校場營部，孫病初癒倦極，圍攻時曾在廁所旁熟睡，亦不覺臭，此爲孫元良旅長之軼事，而亦見其賞識於廖夫人之原因也。

此次孫氏在上海抗日殺敵，廖夫人勉勵備致，贈以廖先生雙清詞草及何氏畫集，并親致緘，略曰，「今日之戰，爲求民族之生存，參加戰事者，轟烈令名，定垂千古，同志如是努力，總理與廖先生九原有知，當爲之安慰也」，又詩詞曰『軍人不怕死，不愧當勇士，慷慨到前方，復仇雪國恥，勇哉好男子，不怕沙場死，忍氣與吞聲，血流憤不已，君流血，我流淚，錦繡河山被人取，增加你勇氣，快到沙場去，恢復我們失地，好男兒，不怕死，死，留名於萬世』。

譚啓秀將軍燈紅酒綠談往事

十九路健將譚啓秀將軍，前因擴大抗日，赴粤磋商問題，粤方一時景仰百戰歸來之民族英雄，故民衆大搭其歡迎牌樓，數萬人舉行盛大之歡迎會，萬流齊仰，盛極一時，各在粤中央執委，及各軍師長等均在碼頭歡迎，譚氏本少將階級，爲十九路軍之副師長，而到碼頭鵠候者多乃黨國元老及上將階級之軍官，由此可知人生之受人尊敬，本不在官之大細，而在其有功國家，爲民族爭人格之偉大也，譚氏嘗於燈紅酒綠，與人敍談，且多慷慨沉痛之詞，下錄卽其所談，十九軍戰爭英勇，實値得吾人深刻記憶者，略謂「十九路軍救國有志，但前門後戶都有阻礙，當滬戰爆發時，在龍華會議議決一致為國犧牲，抗日到底，但有一天，南京政府派何部長應欽來滬，囑本路軍須要避免衝突，隨有憲兵前來接防，那時我們正要打仗，那裏理到接防的事，古時有一句話，將在外君命有所不受，那時眞有這種狀態，當時十九路軍將士之激憤，已經起了神經作用，不是人力可以說得服的了，』又說『我們想不到日倭進攻那樣快，所以廿八晚日本之鐵甲車來犯閘北，我只有一團人在閘北一帶，而敵人數十倍於我，我當時，事到臨頭，只好以性命蠻幹，初料想不到日倭軍隊原是紙老虎，民衆聞我軍戰勝，驚喜欲狂，問我們曰『你們怎樣打勝的』我答道，『並無其他方法，僅彈來頭受，炮來脚受，殺過去就勝了，』等語，譚氏之夫人乃廣州學生，一時夫人之同學，聞夫人與將軍同囘，無不羨慕其嫁得英雄夫壻，羣起恭賀，每日拜訪之者，不可勝數。

譚啓秀新得一馬

譚啓秀氏，自抵羊垣後，備受熱烈之歡迎，有陳少卿者，香港巨賈，知譚善騎術，且曾於滬賽馬，奪得香檳，但譚不願以眞姓名示人，知者絕鮮，故特解囊，以二千金，購良駒一匹，贈與譚，當贈譚氏之時，並有極隆重之儀仗，異常熱鬧，由海軍樂隊爲前導，沿途奏樂不絕，馬背綴以紅綢一方，四邊繡有藍邊，頸間懸金鈴一串，遍身纏青，白，紅三色綵綢，當抵譚邸時，譚親率十九路軍駐粵辦事處重要官員迎接，同時督飭豫備之軍樂隊，奏西樂以示歡迎，兩隊樂聲，響遏行雲，譚且親騎該馬，游行一週，以表謝意，至後遂攝影而散。

區壽年之兩頭小犬

七十八師師長區壽年氏，前在淞滬督戰時，每以軍事上之接洽，時來租界小駐，而於公畢之後，復時偸閒至各知友處閒談，一日，至慕爾鳴路一友人家，忽見其寓中豢養德種警犬一頭，身軀修雄，活潑機警，且擅奪槍拒盜等技，區氏對之不覺頻頻贊歎，時兩犬中之一牡犬，正懷孕待產，其友卽許於產後致贈兩頭，區氏當卽表示謝意，厥後區氏戎馬倥傯，轉輾京滬路一帶，早將贈犬之約遺忘，兩月後，區氏正在軍幕中，忽報有不速之客來，接見之下，則卽前約贈犬之友人也，手捧兩小犬，目光炯炯嬌小可愛，謂奉父命，專程來此，以踐前約，區大喜過望，卽留養司令部中，終日把玩，並親喂牛肉牛奶等物，嘗笑謂其幕僚曰，此小小兩犬苟善加訓練，亦將來國家有用之材也，人謂區氏之愛犬，與羲之愛鵝，同一風趣云。

黃參謀長自述歷史並其治績

十九路軍參謀長黃強氏，於此次抗日戰役及停戰會議，運籌帷幄，折衝樽俎，倍極辛勞，最近以十九路軍行將奉調入閩，特來蘇主持一切，蘇州農校廖校長於日前邀之到校演講，幸蒙首肯，黃氏平日本不苟言笑，是日滔滔陳說達兩小時，而妙語如環，寓莊於諧，結果痛陳內戰之害，聞者動容，茲摘錄之，足當快人快語之稱也。

黃氏云余生平歷史，十六歲畢業於法文學校，十八歲任滇越鐵路局翻譯員，因憤法人之無理，棄而入粵習陸軍，後又北上卒業於保定軍官學校，復回粵任下級軍官，參預討袁之役，嗣後因政變亡命海外，在法國習農業工業，在英國習航空，回國後歷任工業學校校長，並辦養蜂場養鷄場農場等，結果均以受內戰影響而失敗，然百折不撓，從未灰心，其後開發瓊崖，具有遠大計劃，於二十個月中已得不少成績，亦以政變而功虧一簣，故本人從事社會服務垂三十年，治軍亦二十年，若以同業公會之洌，計所經歷，則農工兵，教育各界均可加入，然至今仍不得不穿此一身武裝，未能在工農兩界覓一位置者，皆因受內戰之影響也。

又云內戰之結果，致成今日貧弱之現象，悉索敝賦，以供軍費，而國內除土匪猖獗外，軍行所至，亦多擾民，故匪區及受兵災之處，可以成語數句以形容之，即『雞犬不驚，路不拾遺，夜不閉戶，』何以言之，蓋匪來如梳，兵來如篦，雞犬已盡，當然不驚，廬舍爲墟，無遺可拾，室無長物，不必閉戶矣，且軍需浩緊，則必取之於苛捐雜稅，於是田畝盡種罌粟，幾成花國，又如鄉人擔貨入城求售者，在鄉則有貨物稅，入城則有落地捐，過學校之門而有教育捐，過警局之門而有公安捐，過保衛團之門而有地方保衛捐，層層剝削，終使其人棄貨而逃始已，故今日中國之事，非不可爲，祇須停止內戰，使民富庶，然後施以教化，本人當年在瓊崖時，先以四個月之時期肅清共匪，復進行築路墾荒，最後淸查戶口，實施保甲之法，年餘而瓊人治，每於休沐日單騎出游，任執一途人而問以姓名籍貫住所等等，即以隨帶之該鄉名冊覆按之，如所言不實，即係形跡可疑，來歷不明矣，竟能做到眞實的路不拾遺，夜不閉戶，故爲政不貴多言，能認淸目標，埋頭做去，必有成績可得，在瓊崖二十個月，固始終未貼一紙標語也。

黃氏末復鄭重聲言，因感覺內戰之害，故今後十九路軍對內決不妄發一顆子彈，對外則雖剩一兵一卒，亦必抵抗到底云。

馮玉祥建六賢祠

基督將軍馮老總，生平所行所爲，頗多詼諧可喜，已往的不去說他，便是他這次辭掉內政部長，跑到泰山去養痾以後，汪精衞院長恐他客居異地，費用不給，派人送一筆鉅款給他，那知他非但不受，反把汪院長結實敎訓一頓，這種舉動，是否矯揉造作，不得而知，但是他敎訓汪院長的理由，卻義正詞嚴，博得人民的同情不少，至對於近來國事，頗形消極，有往詢馮氏政見者，馮輒搖首，感嘆，勉答數語，蓋自九一八與一二八事變相繼發生後，政府坐視領土被佔，不思收復，故馮氏對之殊爲憤慨，惟於孤守淞滬，爲國增光之蔡廷鍇陳銘樞蔣光鼐戴戟，及爲小民造福之朱子橋王瑚等六人，非常傾倒，贊美有加，馮爲旌揚彼六人起見，特于泰山游山玩水之餘，在泰山關帝廟後，蓋了一座六賢祠，祠裏供奉的，既不是聖門六哲，也不是遜清時代的六君子，却是一二八滬變發生奮勇抗日的十九路軍將領，陳蔣蔡戴四位將軍，同專辦慈善事業的朱王兩位先生，他說我們中國人，祇有陳蔣蔡戴四位是眞愛國，朱王兩位是眞愛民，値得令人崇拜，故此建祠奉祀，每日淸晨，親自到祠堂裏去，對着六位的長生祿位牌，禮拜一番，表示他的一片眞誠，這比那戴季陶先生，修建白馬祠，覺得有意識的多，自該祠設立後，馮氏每日必率領僚屬，往廟內頂禮跪拜，供奉殊殷，而該地人士聞訊後，上山供奉者亦頗不乏人，說起這六個人，的確是愛國愛民，凡屬四萬萬同胞，誰不是萬分崇拜他的，馮將軍這番舉動，眞可以代表全國人民的心理，不過我想目下執政的黨國要人，誰不是自命愛國愛民，不但可以稱賢，簡直可以稱聖，（黨紀先生有聖人之號）如今馮將軍全不放在眼裏。單祇祀這六位，難道不怕招人家的怪嗎，快人快事，詩以張之。

問誰愛國更憂民，蔣蔡朱王戴與陳，從此泰山關廟後，祠堂長祀六賢人。

馬二先生絕妙才，快人快事見心裁，怪他袞袞羣公裏，更有伊誰入祀來。

張治中軍長之微時

淞滬抗日之役，十九軍外，尚有張治中之第五路焉，其榮譽雖不及十九軍，然其戰績，殊不可埋沒，五軍將校士兵，悉爲燕趙健者，生爲北方之强，其精神勇氣，確有過人處，當中日酣戰血肉橫飛之際，人所共稱，日所最畏之大刀隊，殆全爲五軍之部曲也，時人不察，昧昧然歸功於馮玉祥氏，實則馮氏雖欲再起，奈何由一二八以迄今日，彼實始終未擁有一兵一卒耳，今協約既定，十九軍奉令開拔，而第五軍長張治中忽又以辭職聞，內幕如何，無從探悉，張本士官二屆騎科畢業，生於青江浦，家甚貧，民初時鬱鬱不得志，乃投江都縣警察局第四區，屈爲警士，區長黃白巖，體胖而短視，毫無警察學問，人稱之曰大蘿蔔，其時江都警察竄敗，不堪言狀，張被派爲崗警，初不以士官自傲，頗能盡職，黃輒辱駡之，而書記姚筱齋，巡長易圭，則均加以禮遇之，迨張顯貴，姚爲寧縣公安局長，易供職軍部科長，均張之力也，其間大蘿蔔亦曾奔走張氏之門，終不得見，蓋張每憶江都警局受辱時，誠不能無憾也。

八十八師戰利品參觀記

國府援滬令下後，俞濟時新統率之八十八師軍隊，亦曾數次與日軍作殊死戰，上下軍將，皆捨身奔前，勇擊猛撲，殺敵無算，奪獲戰利品甚多，事後將各戰利品運往後方，以留紀念，亦所以資鼓勵軍心者也，嗣將該項各件已運抵杭州，又有一部份轉運至甯波，日昨在中山公園陳列展覽，記者適以事赴溫州，途過甯波，因往參觀，見有各種槍械十數枝，及小砲三尊，皆破損缺蝕，撫摩細觀，則有日本某年所造字樣，刻于各件之旁。

又有大小砲槍子彈數十粒，其大者亦鐫有日本年號，其中有數顆銳長之子彈，據識者告余，此卽達姆達姆子彈是也，此種子彈，一入皮膚，卽能旋轉，使創口擴大，易致人命，故爲國際所不許，奈日人不顧人道，竟以此殺我同胞，展覽及此，猶不禁憤氣塡膺也。

俞濟時之四不主義

最近自八十八師俞濟時部駐防漢口及長江一帶以來，地方秩序，始漸甯靜，湘鄂共黨，望風斂跡，蓋俞氏所部之師，素以軍紀整嚴著，聞俞氏本人，素抱四不主義，即不嫖不煙不賭不酒，而對於部屬，亦時時以正身之道訓戒之，嘗謂欲治國家，當以個人克正其身做起，譬如一個軍長，自己身行，不能修正，而濫嫖狂賭，或煙酒如命，其欲整飭軍紀，則未之有，蓋師長爲一師兵士之長官，亦即一師兵士之模範，模範糊塗，安能望受模範者之不糊塗也，云云，故當禦日之時，駐防崑山，因局勢緊張，管束部下，不肯稍懈，據俞氏某部員告記者，某日夜深，俞氏微服出偵，於月光下，見一兵士撬一豆腐店之門，俞甚疑之，因躡足其後，門既闢，店內悄無一人，兵士入內，任取腐楂、俞洞悉其狀，立斃該兵士於街市，軍紀之嚴如此。

八十八師被人攻擊之原因

陸軍第八十八師此次由師長俞濟時率領參加滬戰，擔任江灣廟行之線，攻擊該地之日軍，適爲植田所統最精銳之第九師團，及久留米混成旅，又利用飛機重砲，向該地轟炸，以期擊破該師，即可切斷我軍吳淞眞茹之聯絡，八十八師死守該地，始終未離，與敵肉搏者不下數十次，官兵奮勇，視死如歸，卒於二月廿二日，擊破第九師團於廟行麥家宅之間，因此該師之損失亦頗鉅，故戰局之能延長至一個月之久，關鍵實繫於八十八師也，若廟行不能守，雖有十九軍之忠勇，恐亦難持戰一月之久，但外間對於八十八師，頗多攻擊者，初則謂八十八師係奉某方之命，來監視十九軍，繼則眞相大白，無可宣傳，則又謂八十八師在某次打敗仗，實則事實適得其反，查八十八師來滬參戰，確係受命援助十九軍，在廟行作戰，忠勇又勝於其他各師，此有事實證明，非空言所可假借也，該師之所以初不爲外間知道，以及受人無端攻擊之原因，其內幕，極爲複雜，茲特畧爲揭述如下，(一)當初該師來滬參戰時，因外交關係，不能使之出面，故當時即使通訊社有關於該師之消息，亦被警備司令部檢出取消，(二)該師全部係國府警衛軍改編，官長皆係黃埔同學，而俞濟時又與蔣介石是同鄉兼親，因此引起一般反對蔣介石者之妒嫉，遂百計千方，宣傳中傷之也，加以蔣介石氏恐引起外間誤會，在作戰時，曾五次電令俞濟時不得與十九軍爭功，因此忠勇犧牲之八十八官長士兵，遂埋沒無聞，至所謂八十八師獨立旅，卽爲王賡之稅警團番號，雖屬於八十八師，實在作戰時，則由毛維壽統率，餉項亦由財部直發，與俞濟時所部，實無關係也，記者以爲抗日救國，必須全國一致，今乃有許多派別，許多政客，利用機會，汚衊忠勇之將士，其毫無心肝，國人當共棄之也，

第五軍祝參謀長之重要談話

此次淞滬抗日之戰，國人皆知有十九路軍，而尚不知有一第五軍在也，記者昨晤該軍參謀長祝紹周氏于中央軍校，作下列之談話，記者問，貴軍此次抗日爲國犧牲者，現已有確實之統計否，祝答，本軍全體官兵對于暴日異常憤慨，作戰之初，人人均具必死之心，故交鋒後異常劇烈，結果士兵損失約六千餘人，官長犧牲者，亦在五百餘人左右，現正分別調查，優給卹金，以慰忠魂，記者問，先生對于此次抗日之戰，觀察與感想何如，答，以軍器論，彼勝我十倍，若論精神，我則遠非矮寇可及，我軍以血肉之軀，抗彼銳利槍炮，而能迭獲勝利者，精神致之也，余(祝自稱)觀察今後吾國兵器方面，若能稍事整頓，區區日本，何足當我一擊，記者問，貴軍最近駐紮地點將有移動，外間傳說甚多，確否，答，余此來即係向軍事委員會，報告軍隊最近情形，并請示移防地址，本軍與十九路軍現力求親善，外傳本軍將移駐

某地以控制某軍有異動等等，完全爲一般不肖之徒，憑空造謠，以圖挑撥本軍與十九路軍之感情云云。

主戰將士望旌旗而揮淚

當十九路軍退守第二防線的時候，一般將士們，曾經迎接過他們各個人的眷屬，到軍次談話，聊作他們最後訣別，其事壯烈，其情悲痛，看了他們拔刀揚劍，滔言殺敵的情形，當然使人敬佩，但是見了若輩依依難捨，倒又不能不悲從中來，替伊人掬些同情之淚，唉，誰無父母，提攜捧負，畏其不壽，誰無妻子，如賓如友……，但是結果，這般將士的眷屬們，居然寧拾閨房的深情，要求他們戰死沙場，當下便做了一面旗幟，繡着「求戰死」三字，並且還另外做了幾十面小旗，分贈各旅部團部，也繡着什麽「不勝勿歸」「捨身取義」「死而後榮」等語，何等期望之切，這比日本婦女，因爲丈夫身死異域，組一個什麽索夫團，其見解正有霄壤之別，這一件事，發生得還不久，想知道這樁事情的，或者還沒有遺忘，但是現在停戰條約簽定後，試問還有什麽機會，去和日軍決勝負哪。

唉，這一般對外主戰的將士們，如今也只好望着旌旗而流涕了，他們的殺敵壯志，都給「和平之神」和「屈服的當局」所埋沒了。

張向華不受無功之祿

以鐵軍著稱之張發奎部，自東省事變以還，初請援黑未果，迨滬案爆發，乃請轉師援滬，顧因事多掣阻，雖張向華親自奔走京杭，四出活動，終未達此願望，當張在滬之時，本埠粵商郭君，曾以大批現金，贈作犒軍之用，張因伊時該軍前部，祇抵三湘，尚未能趕到前敵，爲國殺賊，故當卽婉謝，謂請俟諸他日，目下不能受無功之祿云云，張以善戰著稱，或有疑其魁梧者，其實張氏溫柔如女子，果斷忠貞，隨汪精衛氏數年，歷經艱苦，終未變節云。

東南醫專熱心抗日

東南醫科專門學院，係郭元琦及湯蠡舟諸名醫師所手創，慘澹經營已歷十餘載，造就不少人才，而就學者年復衆多，致原有南市院址不敷，去年乃在眞茹楊家橋以西，購地七十餘畝，建築新學舍，使高級學員，就業其間也。

當我軍抗日時，滬上人士，紛紛有醫院組織，救護傷兵，廖仲凱陳銘樞兩夫人以醫院縱多，實不能救護全滬抗敵之將士，於是四出呼號，募集巨款，有國難後方醫院之設立，主任無人，正事物色，適郭元琦醫師在漢，聞變趕至，兩夫人即以此事委之，卽日宣告成立焉，郭亟召集敎師湯蠡舟李祖蔚劉國祥等，暨東南醫專全院男女學員，着手辦理，分發前線，成立後方及野戰諸醫院，而湯蠡舟醫師卽任院長一席，分工救護，施惠負傷將士實多，其成績之佳，爲各醫院冠。

當我軍退却時，郭院長接得命令較遲，迨聞此訊，亟與十九軍交通處長唐德煌商撥車輛，先運傷兵，對於眞茹新學院之物，概行遺棄，而諸學員亦以傷兵爲重，故該院所損乃獨多，大概所有醫學標本解剖器具以及圖書校具，均被日軍搬運搗毀，戰後歸去，蕩無所存，最可惜者，日本九洲醫學標本兩百餘件，均遭破壞與踐踏，東南醫專在新學院內，本有大禮堂之建築，鳩工庀材從事經營，在抗日戰時，場中板木，概助我軍作掩蔽架橋之需，個中損失，數亦匪小，當我軍退守第二道防綫，日軍繼入，且有兩木工，遭日軍槍殺於籬角草地上，有一人身中七彈，洞若蜂巢，慘哉，日軍既佔據東南醫專學舍，室內破壞，不堪言狀，牆間鑽穴，屋頂鑿孔，履跡其間，驟覺此身非在高級學府，乃置卑田院裏，而男女學生之衣箱行篋，未曾携走者，均遭日兵與漢奸之洗刼，刼後箱篋，盡棄諸室外埕地瀦水間也。

自停戰協定簽約而後，日軍撤退，在眞如由我方接管之日，郭元琦院長偕李祖蔚醫師等赴新學舍視察，本社記者因隨接收委員同往，與郭氏相遇，曾叩其該院之現在近狀，據云，已在南市學院開課，此間從事整理，大約下學期，可以完全遷來，不過大戰以後，必有瘟疫，此間醫院之設，事不宜遲，當於最短期內成立，施救戰區中之病夫云云。

東南醫專之全院師生，抗日既如上述之力，惟有一部分之畢業學員，深以東北中日戰事，正在劇烈，而此間各義勇軍之武裝同志，其受日寇蹂躪，較淞滬之戰爲烈，受傷者必多，救國抗日，所志未酬，故有東北救國抗日救護之組織，日來製辦藥籠主篋，出關期當不遠云。

轟動全球助中殺倭之安昌浩

安氏為朝鮮大姓，關係國家尤重，族多志士，曩者安重根刺殺伊藤博文，轟轟烈烈之舉，名播全球，今被捕之安昌浩，云卽安重根之族叔，掓新民會，圖恢復國權，其志不在安重根下，聞安昌浩少時，刻苦自勵，讀書之餘，恆練習武事，鍛鍊身體，其初組民會也，同志不過數十人，嘗於雪天，約儕輩，徒跣奔走山谷中，又舉火獵山，槍擊猛獸，卽指山獸為倭奴，名其大者為大倭，小者為小倭，有時擒獲山獸，拔刀刺血，瀝酒共飲，同聲高唱岳鄂王滿江紅詞曰，壯志飢餐胡虜肉，笑談渴飲匈奴血，唱畢，大笑擊掌，掌聲如雷，震巖谷，極悲壯淋漓之概，又或仰天痛哭，橫臥敗葉亂草間，愛國精誠，熱血噴湧，其能吸引一般青年志士，宜哉，此前年同學霍君為余言，謂其舅氏某先生，因考察日本敎育，順道赴韓，得晤彼黨中人，述安君大略如此。

四川將領愛國捐

四川一省，夙多軍人，現稱領袖者當推劉文輝劉湘鄧錫侯田頌堯等四人，至於二十軍軍長楊森，則大勢已去，已不若以前之宣赫一時矣，當上海日軍與十九路軍開戰時，四川諸將領曾迭電請纓，願爲後盾，並募集大批愛國捐，其中劉文輝捐得最多，計有四百萬元左右，劉湘鄧錫侯次之，約有二百萬元左右，即田頌堯亦得八十萬元以上，但其後雖有準備活動，究尙未率部開滬，而目下和議既成，自無勞再作援滬後盾，故此一筆愛國捐款，大約將移作軍餉，此亦足見四川將領之頗具國家思想，除熱心提倡使人民踴躍輸將外，並當自認鉅款，且願以後毀家抒難，以輔助抗日軍餉也，洵可謂敵愾同仇，熱心救國矣，至其禦侮雄心，尤以劉自乾主席首屈一指，讀其請纓電中，辭氣激昂，大義凜然，殊有古名將匈奴未滅何以家爲之勝慨，惜乎和議既成，有志未竟，曾幾何時，康藏告急，劉氏殲倭之雄心，遂轉趨於防邊討逆，奮勇悲壯，不可一世，若劉主席者，誠不愧西陲之屏藩，國家之干城也歟。

一夫當關萬夫莫開之何柱國

自滬上停戰協定後，倭軍紛紛北調，於是平津門戶之山海關，以地當衝要，風雲緊急，遂有一觸即發之勢，此間守將何柱國氏，數月以來，孤軍苦守，心神交瘁，倭奴迭次肇釁，何氏臨機善變，卒不得逞，其智謀才略，實匪常人可及，而其操危慮深，尤具有古名將穩練老當氣概，迥非時下有勇乏謀魯莽獷悍之夫，所克望其項背也，近報載倭兵要求榆關內八十里地方有自由剿匪之權，何旅長告之曰，「中國領土內之土匪，自有中國軍隊剿除，勿勞他人代庖，本人之旅長與人不同，如有危害我轄境內人民者，決以全力與之周旋，本人雖粉身碎骨，亦所不懼，」云云，寥寥數語，辭氣激昂，大義凜然，國人覩此，莫不知何氏早具抗日之堅決心也，當關一卒，不讓胡騎侵凌，大廈獨支，無愧國家柱石，且出塞逐賊，爲收復失地之先聲，聯合義軍，併力驅巨寇於三島，行見忠勇英武，不讓蔣蔡諸公專美於前也，惟是東北空氣，充塞不抵抗主義，而何氏又僅以一旅之衆，死守險地，勢單力薄，苦難撐持，實較淞滬爲尤甚，吾知何將軍素以精忠報國家，早具犧牲一切之想，一旦戰事暴發，定能灑最後一滴血於山海關外，以建此驚天動地之偉業，而況彼疲敝驕橫之卒，不堪當雄軍一擊乎。何爲廣西容縣人，初由湖北特別陸軍學校畢業，後又畢業奉天講武堂，討曹護法諸役，歷建奇勳，爲東北罕有之健將，今年僅三十三歲，少年英銳，貌尤雄武有大將風度云。

傳記

記六十一師一二二旅五個神勇的烈士

嬌柔半圓的月亮，微笑茫光的稀星，好似被殘酷的戰雲欺淩着，嬌柔的不嬌柔，微笑的也不微笑。

遙遙火光沖天，大概屬於閘北區罷，這都是大光燈陳，對乒乓波劉說的話，地點在竹園墩陣地戰壕裏，時間是二月二十四日午後八時三十分的光景。

牛津覃插嘴，你們這些名士派的戰友，該明瞭時間性的潮流啊，敵人埋頭埋腦的怕死，一點目標也沒有的射擊，眞替他可惜了子彈，這樣密的槍聲格格，繼續地一三十分鐘放下去，怕他們的子彈不告缺乏的危險，他們的危險，就是我們的安全，連長（乒乓波劉），我們炮彈不是放完了嗎，補充嗎，須在六小時以後才可能，那末，趁這個閒空的當兒，赴敵人的歡迎會，順帶借幾桿六五槍及一兩挺輕機關槍來，做紀念也好，祇要你派上等兵胡炳生、一等兵歐榮兩個幫我的忙就夠了，可以不。

乒乓波劉，大光燈呀，我們歸你指揮，覃連附呀雖然牛津這個提議，可以成立，你以爲何如。

大光燈陳，委實告訴，我們自己彈藥盡了，牛津覃判斷，彈缺乏，他們就危險，但我們自己也是一樣，何嘗不危險，贊成牛津覃的提議成立，並且我附請我你都參加，乒乓波，實行於即刻吧。

劉覃，既蒙壯許，又得協助，那末，決定，每人一枝駁殼，備一百子彈，一把大刀，六個手溜彈就夠了，即刻實行吧。（覃一面招呼胡歐倆）

陳：；我主張推牛津覃爲指揮官。

劉：；好呵，贊成贊成。

覃：；你們推我爲指揮官，我也就不客氣，不再辭退：但你們不要以爲都是上尉，不聽指揮呵，老實說，軍法無情留的呢。

陳劉：那個自然。

覃：各人趕快裝束好，限本午九時在左翼的出擊線口集合的。

大光燈陳乒乓波劉和胡炳生歐榮與牛津覃握手，互相告別，各歸各的掩蔽部去了，牛津覃也回掩蔽部去藏身，但他沉沉靜默在交通壕裏彳亍着，一面在想定計畫，如何襲擊，………在他的腦海中旋轉，最後決定了，左翼出擊線口右前方，其陣地區的敵，約一小隊，配了兩挺輕機關槍，他備配兵力這樣單薄，因地形處於我們的交叉射擊線之下，爲減少犧牲計，爲陣地支撐點的安全計，此乃敵胆小的不得已的苦衷，（敵陣地的兵力通常備配得很雄厚）我擇其弱點，尤利夜戰，使敵的空軍失其效用，甚至等於零，以快刀斬亂痲的手段，以先發制人的機緣，實行死裏求生的缺乏彈藥的救濟法，向敵襲擊。

前進的姿式，用散關的葡蔔形，以免打草驚蛇，而求一網打盡之巨效。

武器使用法，駁壳槍上子彈一排兼上筒，關保險機，懸於腰右稍前傾間，口啣駁壳彈一排，準備繼續槍筒掃射完了的承繼者，手溜彈除左右手各持一枚外，頸項懸四枚，背項負大刀，（並順右反手的抽出）一面敏捷地裝好了身，隨即出掩蔽部，在交通壕裏的目的地前進，忽一會，到達了自己指定的地點，——右翼出擊線口，但胡炳生和歐榮倆已先在等待，爲肅靜避敵耳目故，各人見着祇點點頭，隨後大光燈乒乓波都到了，也僅互相點點頭，牛津覃檢閱手錶，還差十分鐘方夠九點，即以手招四人進了附近的掩蔽部，將纔想定的計畫，向大家宣佈，又要大光燈和乒乓波各寫幾張通報，交鄰近的哨兵即刻傳遞，並請鄰近的指揮官候我們的手溜彈擲到第二個，則指揮所屬以猛烈的火力向敵射擊，又規定了幾個代名詞的記號，必要時即變更匍匐爲躍進，復議妥了，時光正九點，牛津覃率領了幾個同志魚貫的出掩蔽部，再出了擊線口，散開匍匐前進着，牛津覃的愛國，忠勇殺敵的大志，使他的熱血騰沸到最高率，忍不住匍匐的慢慢前進，把規定躍進的符號表示於左右的大光燈乒乓波胡炳生歐榮睇，他們都領會了，個個服從，爭先恐後的一鼓作氣衝到敵人的戰壕前，敵人發覺了，就射擊，胡炳生他們也不客氣，就把右手的饅頭——北門式的手溜彈，答禮—也不失國際外交的禮貌了。

轟轟的响了五聲，又轟轟的响了五聲，啊，這個响聲就是牛津覃大光燈乒乓波胡炳生歐榮各人右手左手北門式饅頭共十枚，饋贈了我們同文同種的東洋友饗受着，但敵人除當時一命嗚呼的外，其餘的仍在掙扎中，五個忠勇的同志，先伸右手把懸在腰間的駁殼槍拿起啓了保險機，瞄準的放，一排子彈一放完了，將口啣的駁殼槍彈順勢又上了藏，牛津覃以跳檻的姿式一躍而越過敵人的鐵絲網了，胡炳生歐榮大光燈乒乓波也依一樣式也越過了敵人的鐵絲網，胡炳生是精於國技的，他把第二排駁殼彈最先瞄準的又放了，他則不再裝駁殼，把駁殼槍去着掛在右脚邊，一反右手就抽出他那光亮亮的大板刀，飛舞着對敵人砍，有一個我們同文同種的東洋友，被他的大板刀一砍，由腦殼頂劈到肚臍，眞怪可憐的呢。

刹那間，五虎齊飛了大板刀，把敵人砍的七零八落，最後只剩了歐榮還同一個敵人在以大板刀與他的刺刀鬥劈，因爲歐榮在五人中，要算他的年紀最小，遍遍遇着勁敵，幸喜胡炳生把他的範圍區的敵人收拾，又發現歐榮尚在肉搏，且有不支之勢，精於國技的胡炳生即忙馳到，在與小小年紀的歐榮的對手敵人腰間，把大板刀一晝，即時，所謂歐榮的勁敵竟成了兩段，這個時節，鄰近的敵，何以不來援救呢，因爲在未出發以前、已通報我們在主要的陣地的戰友，一聽擲到了第二個手溜彈，就以猛烈火力的威力向敵壓迫，敵人驚恐以爲我們全線出擊，鄰近的敵不敢出救，就是這個緣故。

至於戰利品呢，除受了我們北門式的饅頭的洗禮燬了的輕機關槍一挺，六五步鎗六桿外，哼，成績不好，僅奪得六五步鎗八桿，輕機關槍一挺，而已矣。

時候到了十一點一刻鐘，燬了敵人的鐵絲網，胡炳生托一挺輕機關槍，歐榮大光燈乓乒波牛津覃每人托了兩桿六五步槍，而塡補消耗了的二十顆駁壳彈，兩枚北門式手溜彈的數目了，向自己的主要陣地歸來，一路敵人又不追，他們就樂得從從容容慢慢地回來。

二十五日上午十一時的時候，大光燈對記者說，昨夜歐仔（即歐榮）左手負了傷，據他自己說是和他的勁敵的刺刀接吻呢，他怕人家知道了，難爲情，所以祕而不宣，僅自行衞生用布包裹了，方免得去後方。

在晨光微熹中，歐仔，乓乒波，胡炳生，牛津覃，四個見敵施拂曉攻擊，有幾個女同種的東洋友，將近我們的突出部，他們不約而同，一齊躍出戰壕，一心想生擒那幾個敵人，不幸之至—敵一炮擊，正落在該處，可歎他們四個也就同幾個同文同種的東洋友，就此同歸於盡了，這樣的，不能說沒有錯誤，苟他們不伎一莽之勇，留着有用的身體，多殺幾個獸兵，尤其是倘他們這時光不躍出戰壕，聽敵的炮彈自己爆炸自己，你看夠多麽爽利呢。

二十六日上午五時許，又逢着敵人以犀利武器向我們轟擊的示威，祇剩大光燈獨在戰壕裏上下一帶巡邏，不料忽被流彈貫穿了腦袋，也就追赴那四位烈士的英靈去了！這一幕壯烈與悲痛的事實，永遠印在記者的腦海裏，使人敬慕的五個神勇的烈士，他們以前都立了不少的戰績，這一次的戰績，我們最是拜服其神勇，他們雖脫了形骸，然而精神並不死，我馨香祈禱着，將來還有大多數的神勇的同志踐着烈士的血跡，拾起烈士骷髏，繼續的向帝國主義者進攻，想不斷滅了五個烈士的神勇。

（附註：）大光燈乓乓波牛津都是粵語中叫人渾名的名詞。

五個神勇的烈士的姓名如下

十九路軍六十一師第四團第一營上尉營附陳潄石廿八歲廣東順德
十九路軍六十一師第四團步兵炮連上尉連長劉牖民廿七歲廣東番禺
十九路軍六十一師第四團步兵炮連少尉連附覃慈恩廿七歲廣東平南
十九路軍六十一師第四團步兵炮連上等兵胡炳生三十歲湖北宜城
十九路軍六十一師第四團步兵炮連一等兵歐榮廿二歲廣東番禺

戚機鎗手殺敵成仁記

淞滬鏖兵以來，日軍有數十生的之重砲，有數百磅之炸彈，有數萬噸之鉅艦，有數百架之飛機，一切器械，均勝吾萬倍，而吾方之所恃以取勝者，僅手提機關鎗與手溜彈耳，有此兩者，卽能以之抵禦堅銳之利器，殺敵至三四萬人，支持一月餘戰局，此蓋吾溜彈手及機槍手，均能不避鋒火，深入敵軍陣地，埋伏狙擊所致，非偶然也，當戰幕初啓時，吾軍以手提機鎗隊之重要，特由後方調來手機槍隊一連，分佈各處，其中有一戚姓機槍手，手法敏捷，勇敢善戰，素爲連長所器重，二月中旬，日軍攻張華浜，戚遂擕手提機槍，隻身深入最前線，距日軍陣地僅百餘碼，卽擇一荒墟，架槍於上，已則伏於墓後以避目標，少頃，敵大隊出壕來攻，戚出其不意，撥動機關，瞄準射擊，一時左右掃射，彈如聯珠，敵飲彈而倒者，不下百餘人，然卒以彼衆我寡，仝時戚所攜之槍彈漸罄，大隊日軍從後面包抄而至，乃被其擒獲，解往司令部，敵以同伴爲其擊死無數，恨之刺骨，即百般侮辱，並加痛毆，而戚不動聲色，破口大罵，歷數日方之侵略野心，摧殘公理，且謂本身雖死，尙有後繼之者，特來與爾拼死，日兵聞言益怒，即出刺刀先剖其心，再破其腹，並敲其牙，挖其舌，一時血鮮淋漓，慘酷萬分。而戚終能從容就義，至死不屈，嗚呼，烈矣。

記麻面劉

淞滬之役，十九軍與五軍奮勇抗日，雖以敵人飛機大砲之威脅，海陸空軍之圍困，而猶能血戰逾月，屢敗强敵，宜外人之聞風欽敬也，健兒中如機關槍聖手陳君及砲手老張，外人尤多津津稱道之，至大刀隊中之麻面劉，名雖不著，亦其一也，麻面劉以其面多斑點，故名，善舞大刀，身健碩無倫，當其殺敵於閘北時，與其同儕身先肉搏，衝入狄思威路，刀光飛處，血雨四濺，日海軍陸戰隊之死於其刀下者甚衆，因此勇名頗著，戰後憩息，則喜啖淡芭菇、談笑風生，自言以身許國，爲公理而戰，誓殺倭奴，此身不欲生還矣，後日人以坦克車來衝鋒，麻面劉身懸數炸彈，首先迎戰，陷陣而死，曾以炸彈毀敵人之坦克車一輛，敵因是不得逞其威焉，大塲張君避難來滬，縱談滬戰，爲余言如此，嗟夫，若麻面劉者，雖死猶榮，其勇尤勝於古之孟賁遠矣。

殺身成仁之四童子軍記

爲國服務之機關，而爲當世人所共曉者，若郵政局，若紅十字會，若童子軍團，於任何國家民族，彼此發生戰鬥時，上項機關人員，均得照常行使職權，俾爲國際間盡其應有之義務，獨暴日於此次强佔淞滬後，對前列機關，莫不任情摧殘，恣意破壞，其蔑視國際公法，已臻至無以復加矣，茲請言戰爭緊張時，上海市童子軍四人，被暴日殘殺之事實，據記者調查所得，當時有粵人陳某，攜五百金投三馬路慕爾堂，童子軍戰地服務處，請願助貴團五百元，以充經費，市童子軍理事會，常委汪剛，以陳姓熱心愛國，情殊可感，正擬掣給捐款憑證，而粵人陳某轉其詞鋒曰，唯有一事，須商請貴會贊助，因至戚某氏，寓於文監斯路日人鐵蹄之下，特請派團員救護出險，汪君聆言，頗有難色，乃囑陳某至二馬路紅十字會，請求設法，紅會卽予辦理，係另請第五十團，派團員四人，駕汽車插紅會旗幟往文監師路者，詎料中途卽被日兵擄掠，入司令部，數月未見生還，以五百元而斷送四人生命，實堪悼惜之至，若四志士因成仁而殺身，英烈之氣，亦誠足照耀千古矣。

身中七彈忍痛殲敵之金得海記

金君得海者，山東人也，孔武有力，嘗怒摔人於十丈外，盜賊不敢正視其鄉，以卒伍起爲十九軍班長，每戰必創，創必重，曰非創無以見我之非怯，非重無以見我之勇也，江西剿赭寇，功尤著，倭寇我東北，君氣憤嘔血，涕泣請出關，不聽，後嘔血，若中風狂，日縛草爲賊狀，持博刀，且詈且刄，必殘敗而後已，或規之，則怒曰，我血沸矣，不以殺賊，惟有嘔血死耳，雖然，我自不以有用血灑無用地，已而已而，我終當得處以盡我血耳，今歲上海變起，令守廟行鎭，君喜躍，力請任前矛，疊有功，偶受創，懼爲醫士覺，將泯其殺賊也，私列裳裹之，三月一日，我軍撤淞防，羣起東裝，君獨蹲大壕中，不肯去 槍砲聲且近，趨之，泣曰，予胸腹已受七彈，卽去亦不生，盍若在未死前復殺數賊乎，遂解儕輩大爆彈數枚佩之，並從容實槍，揮手高歌送軍行，軍退里許，猶聞餘聲激楚焉，聞者皆爲之流涕，而君竟不歸，記者曰，此吾門人何生穀生爲予言，生則聞之十九軍朱營長紫朝，君紫朝部也，紫朝言時猶泣數行下，謂失土地尙可復，失一壯士何可復也，悲哉。

以勝殉身之李營長記

君諱榮熙，廣東台山人也，爲人廉棱有厓岸，而接之溫然，少遊學東鄰，有高譽，卒業於陸軍士官學校，冠其曹，在校倭欺我華人，每靳其奧藏，君則百計探索之，倭憚焉，歸國思有所貢獻於當路，多不省，怏怏隸某部，遂謝絕一切，一以所蓄治軍，後改隸第十九軍七十八師，擢長某營，民國二十年秋，檄赴江西勦赤寇，卓有戰功，其冬來滬，敵艦方絡繹海上，知有變，預戒所屬籌戰備，二十一年一月事發，屢大創之，二月十三日平旦，賊作大霧，以數千衆偸渡蘊藻浜，襲我曹家橋陣壘，君首覺之，設伏擢其前鋒，其後賊來益衆，君作殊死戰，大呼曰，此而不守，是無吳淞也，我目不瞑，終不以尺寸土淪賊矣，肉搏至於再四，我援軍始得從容至，卒獲全勝。而君竟以殊傷死，相從死者至三百餘人。

記者曰，吾國在清同治，始遣派練習軍旅於東西海外，迄今六十年間，年糜數十百萬，前後奚祇千百人，而求其能不負於國家者，我得二人焉，曰韓旅長光第，一即君，然光第以敗死，君則以勝死，君似勝光第矣，君治軍嚴，與士卒同飲食生死，有古名將風，而勳烈竟止於此，悲夫。

美飛行家蕭特殉難記

此次作戰，暴日傾全國空軍實力，在吾後方擾亂，擲數百磅之炸彈，吾軍民死傷不少，三月九日之晨，又有敵機多架，飛至吾蘇州後方陣地，投大批炸彈，有吾航空學校飛行教師蕭特氏者，適架一價值二萬五千兩，之飽靈武驅逐機，由滬飛京，道經蘇州，見日機九架，正在空中肆虐，君適飲酒微醺，睹狀不覺憤火中燒，遂駕機迎頭趕上，開機關槍左右射擊，日轟炸機笨重不靈，勢漸不支，不料遠處另有四架日軍驅逐機保護，聞警即趕到包圍，君以一機應敵，擊落敵機一架，傷其機師二名，卒以四面受敵，衆寡懸殊，遂不免爲敵機槍擊中，機身損，爆烈墜地，而本人亦因傷身死，息傳各地，國人無不敬仰惋惜，蓋蕭能主持公道，同情中國，仗義抗日，係爲公理而殞命，不特有功於中國，而其爲正義犧牲之精神，實足以垂久遠也，聞蕭爲美華盛頓人，年僅二十有七，曾卒業於寇蒂施民用航空學校，後兼習軍事航空，技術甚神，前年由美來華，居華僅年餘，初供職於本埠蓋爾飛機公司，充表演員，嘗往來於京滬間，國府新購飛機到滬，即由君駕往南京試飛表演，然後正式成交，君之飛行技術，極純熟，即在美國，雖未登峯造極，亦介乎頭二等之間也，航空署嘉其才，旋即聘爲航空學校教官，循循善誘，識與不識，交相推重，外交部次長李錦綸氏，許以其女妻之，蕭尤賦性坦直，見義奮起，好酒，飲輒醉，醉則任性所爲，飛機機件，嘗爲其醉中所損毀，駕機飛舞空中，横衝直下，更神乎其技，而仰觀者則均爲之咋舌不置矣，淞滬之役，日機到處轟炸，義士見而大憤，曾作豪語云，假我飛機十架，可使日機絕跡，但事不果行，義士悒悒久之，不幸於二月九日殞命，誠可惜也。身殉後，其太夫人應國府電召，來華料理喪事，卜葬於虹橋公墓，政府給以撫恤金十萬元云。

記滬戰中之無名英雄

滬濱抗暴，鏖戰凡三十又二日，以十九第五兩軍之忠勇衞國，卒能喪彼倭寇之胆，揚我華夏之威，而我軍將佐士卒之陣亡者，亦達數千左右，蘇城追悼，舉國同哀，而憲兵第六團爲國捐軀之六七十人，竟不與焉，噫悲矣，當一月二十八日前，暴日正謀挑釁之時，中央素同情于不抵抗主義者，深知十九路軍熱血沸騰，决將採自衞之法，因調憲兵第六團齊學啓部星夜馳滬，與十九軍調防，擬爲緩衝地也，軍抵之日，而日寇適乘夜來襲，該團第一營李上珍部，駐虬江路淞滬站附近，聞變興起，知已禍迫眉睫，憲兵本不善作戰，而士卒又泰半係高小以上學生投効者，日寇來犯，經攘臂一呼，全營盡起，與敵開始作殊死者，驍勇反逾于步卒，其中一排，自横浜路上刺衝鋒，全排覆沒，其事曾遍刊各報，其後相持六日七夜之久，殺敵盈千，氣不稍却，而喪我國士，亦達七十人以上，迨第五軍應援來滬，始調防滬南休息，初全部士卒未盡，人人願效死，後再請始允，可謂壯矣，此次蘇州追悼陣亡將士，搜集十九第五兩軍烈士之名，凡六千零四十八，爲國捐軀，宜其享名千古，場中憲兵李上珍營長亦在焉，不佞深以該團同爲國殤，竟沒沒無聞爲怪，李君愀然曰，敝團抗日，志在衞國，求仁得仁，死且得所，況摧敵陷陣，固十九路軍之功，敝團何敢掠美，陣亡同志，職責已盡，忠魂可安，不求名，不求報，亦不怨當局與國民之健忘，而君何訝焉，不佞雖諱其言，然終覺心痛乃如刀剜也。

朱烈士傳

朱烈士卓亭，錢塘人，肄業於滬上復旦大學，當滬變猝起，適寓北四川路新民宿舍中，致爲暴日所擄，斯時也，日軍以侵略之計不得逞，輒移毒於良民，嚴刑酷待，筆不忍述，而以學子爲尤甚，同舍被俘者十四人，幽於一室，逼供舍中之軍服爲誰有，否則概施極刑，烈士不忍目覩十四人之全歸於盡，乃挺身出應，大罵倭奴，自承爲復旦義勇軍，與衆人無涉，烈士遂就義，而同難諸人得脫險焉，夫烈士平時秉性剛毅，服務該校義勇軍，頗能盡職，蓋愛國之心，蘊結有素也，則此次遇害，要亦償其夙志乎，烈士離杭纔兩日，遂罹此厄，卒年二十有六。

傅連長殉國記

廟行之役，八十八師受挫最劇，有傅連長者，身先士卒，苦戰四晝夜，衝鋒九次，身被四彈，死敵陣中，時二月廿二日晨七時許，年僅二十有七，碧血常凝，白骨未歸，死事之烈，聞之心骨爲悲，傅名允文字斐然，浙之義烏人，五歲失怙，十七從軍入粵，北伐功成，拱衞首都，前後從役討逆，身有創痕七處，其效忠報國，奮不顧身，自昔已然，於今爲烈，妻陶氏，子指揮，甫周歲，老母寡妻，煢煢可念，余識其婦弟陶君應剛，爲余述傅連長死事甚詳，謂其部下告渠云，方中彈將隕時，猶狂呼殺敵焉，陶君痛其殉國，乃命指揮之名曰『難』，蓋冀其長而爲家國效忠，不忘舊仇，能繼父志耳。

滕參謀斷臂抗日記

戰禍既發，當時吳淞砲臺，因未奉明令，堅守不動，致敵艦得自由出入，增兵來援，蔡軍長憂之，乃令鄧振銓司令堅拒敵艦，戰事乃開始互轟，鄉人朱正福青年負大志，隸獅子林炮臺，爲臺主施澤所倚重，昨遇諸途，詢其作戰經過，猶不禁談虎色變也，朱言當時惜無高射砲，否則決不至砲臺全裂，士卒重創，每遇飛機環攻，軍士悉仰臥田中，執步槍以抗敵，敵艦所發之砲，標準毫無，咸超過砲臺數十步，而我砲弁陶某發一砲，彈祇百磅；中敵艦瞭望臺，死敵大尉一，敵艦立沉，是時士氣頓旺；共轟燬敵艦三，而敵艦來援者共十八艘，飛機翔集於天空者三十六架，炸彈砲彈，紛如冰雹，時則有滕參謀長指揮作戰，傷左臂幾折，然猶手持機槍掃敵，瞪目大呼，往來轟擊，未幾左臂爲敵彈轟去，滿身血濺，衞兵挾之乘人力車，擬退往後方醫治，滕隻手持槍遙擊敵機，不肯少息，末後敵機環攻，烟霧漫空，遂不知滕之踪跡，然全臺將士，各自爲戰，餘勇可賈，此蓋由滕參謀長指揮之力，事後得悉滕以傷重殉難，滕名久壽，黔人，身後蕭條，遺下寡妻孤兒，尚未領得鄉恤金，現狀殊爲窘迫云云。言罷，頻揮血淚，爲之欷歔者久之，余亦不禁爲之扼腕也。

巾幗英雄隨夫從軍記

此次作戰，當以七十八師建功最大，蓋其奮勇接戰，一月餘未得休養，亦未退出火線一步，一般下級軍官，均精神百倍，毫無倦容，其中有一曾姓連長，年僅弱冠，英俊不凡，當出發初，其妻陳氏，固一新式女子也，見夫開拔赴滬，即隨夫同行，未幾，閘北事起，曾奉令守寶興路，其妻慷慨言曰，暴日侵凌，民族危急，男兒保國，此其時矣，幸勿錯過機會，曾爲其激勸，精神益振，衝鋒陷陣，勇氣百倍，陳氏雖女流，亦願效木蘭從軍，作上馬殺賊之豪舉，於是薙其髮，軍衣軍帽，儼然一好男兒也，旣抵火線，執步槍，懷手溜彈，隨夫出入敵陣，勇氣誠不減男子，一日，方肩槍巡邏陣地，忽日兵十餘來犯，彼卽伏沙袋側，瞄準射擊，發十餘槍，竟斃敵六七，餘者不敢進，紛紛向後逃避，其夫見狀尋至，則敵已逃去，彼正欣然出壕拖日屍至，搜索身畔，得日記鋼帽信扎等紀念品，以後每遇親友，必出紀念品以觀摩，愛不釋手，其英毅之氣，誠足佩也。

記救亡乏術之富女士

津門最近發生富莊女士仰藥殉國事，女士爲滿洲貴族富文軒之女，其先世爲前清八大家之一，門第清高，家境亦豐，女士現方讀於女校，成績斐然，爲同儕冠，此次因鑒於國難方殷，救亡乏術，欲犧牲其個人生命，以喚醒國人之迷夢，蓄意已久，曾誌各報，茲據津友報告，謂女士聞暴日進攻淞滬之消息後，憂國傷時，感慨萬端，時適馮庸義勇軍將南下助戰，女士亦擬加入，卒因種種掣阻，未果成行，女士仰天歎曰，我恨不能效梁紅玉花木蘭輩之從軍殺敵以了餘生耳，降至今日，東北失地，未能收回，淞滬兩埠，又告失陷，女士悲痛之餘，求死之心益切，卒服安眠藥水，而永遠睡在春的懷抱裏矣，（此爲女士遺書之言）嗚呼，國難不救，侮至不禦，坐視大好河山，任人宰割，致使富女士以弱女子之身，目擊心傷，竟不欲偷生於青天白日下，伊誰之咎哉，伊誰之咎哉。

姚瑞芳空懷抗日心

報章所載，一般參加淞滬作戰而經翁照垣旅長訓練之義勇軍，宣告解散，各自歸里，其中有一部義勇軍以抗日殺敵之志未遂，要求蔡廷鍇軍長介紹與馬占山將軍，効命絕塞，殺敵衞國，蔡已允諾，惟川資須由自籌，中有姚瑞芳其人者，爲滬紳姚紫若之女姪孫公子，自入義勇軍後，乃父蘭生以爲名門閨秀，宜深藏繡閫，不應拋頭露面，效花木蘭之所爲，遂惡之，而喜長女肇根，此次瑞芳自戰地歸來，向乃父索赴東北川資二百元，不之理，曰，吾無錢，有則當傳汝弟也，其子係繼室所生，墮地未久，女士哀懇未許，故日來終日以淚洗面，拒絕飲食，躑躅路上，抑可哀矣。

李營長戴花訪問記

一星期以前，我承朋友的介紹，專誠到寶隆醫院去訪問一位至今仍在臥病的受傷營長，白皙的臉龐，短小精悍的身材，英俊的眉宇，這麼的一個勇敢影子閃入我的眼簾，當我一脚踏入那位精忠的營長的房內，他的眼睛緊閉着，橫飛的血肉，斷殘的身軀，交響着的槍砲聲，我擬想，人們殘了的「上海戰爭」印象，永遠地繚繞在他的靈魂，啃嚙他的丹心。

「李營長，」我的朋友輕輕地叫他，他睜開朦朧的兩眼，看去他是很費力，然而眼還是惺忪。

「哦？誰？你，老麥！」他凝視了好一會，才喊出來，他走近我們，謙和地同我握手，笑，問我的姓名，他熱情地倒開水，要我們坐，談話，不久，我們就成了很熟的朋友。

「受傷多少時候？」我關切地問他。

「啊，二月四日的夜深，我便戴花的，很慚愧，很早，」他沉着的回答我。

「那兒戴花？」

「摩登小姐戴在鬢旁，少爺戴在禮服的硬胸前，我們，自然戴在皮囊上，我是大腿受傷，」他咳嗽了一下，接着說，「本來，我是無須住病院的，無奈我受的是達姆達姆彈，你看，我的眼睛還是像個瞎子！」他似乎有點感慨。

「爲國犧牲，爲民族受傷，你營長戴的是不謝的光榮花，應該是無憾了，」我安慰他，表我最崇尙的同情。

「我十四歲投軍，是行伍出身的，打了十五年的仗，祇有這一次，我的意識才認爲有意義，內戰與國際戰我都反對，但是鋤强却是眞理，最痛快的正義——那不能說是「國家感情，」我戴花，眞要算這朶是最香，顏色最嬌艷！」

「勝利，原不是戰爭的條件，」李營長似乎有了深刻的感觸，他接着說：「這全不能算是純粹的鬥爭，只是日本兵來打我們，我們硬了頭皮和他打，我們的步槍，上四五次就會發熱，戰什麼？他們的飛機一面偵察，一面帮同陸軍戰鬥，還放下凝結不散的烟花，給砲兵作標的，」他開始搖頭，悲壯地在苦笑，停止了他的懸河之口半晌。

那時，寂寞佔據了我們的空間，我怕他傷感起來，連忙問道：「那爲什麼我們可以抵抗了一個多月，而且維持優勢呢？」

「優勢？」他的聲音有點燥，「血肉換來的，交手之初，他們兩人掉我們一弟兄，後來是一換一，最後，我們在他們猛烈的砲火壓迫之下，又變成二對他們一了，一月來，用血性來保持中國的人格！唉，可憐的弟兄們，重砲，炸彈的轟擊中，實在是聽死。」

終與血一樣的紅雲染了那位可敬的英雄的眼眶，汪汪的淚光，暴露了人類的眞性情，他的聲音也沙了，「我們沒有高射砲，東借西借都借不着，後來幸得到第五軍的幫助，借給了我們七架，三架保護眞茹無線電台，前線的團長也沒有一架掩護，在小姐們柔曼的琴音裏，我們是全綫退却了。」

最後，李營長也和我談了不少關於政治的話，一句話做結論，就是大家在搶骨頭，他嚴肅的向我表示，他否認他的戰功，他要尋找他新的生命，我覺得，李營長纔是中國有希望的軍人，功是人家的，罪是我的，那種精神才偉大啊！烏可以不傳。

編者按本文內李營長，與前文以勝殉身之李營長，非係一人，幸勿誤會，

艷聞

自來兒女愛英雄

十九路軍孤軍拒敵，爲國爭光，血戰逾月，博得全國人民熱烈愛戴，而深閨婦女，亦紛紛投効，担任後方工作，若名媛閨秀，則更一掃以前豪闊習氣，玉手纖纖，親製肩背等物，以贈前線忠勇將士，美人好弄，輒繫瑤箋，以貽將卒，藉以鼓勵而寄深情，將卒於無意中得此美人手澤，果爲之精神奮發，爭先殺賊，以報知己，又聞蔡廷鍇軍長於幕次，亦每有多情女子，冒昧呈書，計此項函件，前後所得約達數十封，其中纏綿悱惻者有之，慷慨激昂者亦有之，雋詞麗句，美不勝收，雖屬女兒多事，要亦出於愛國眞誠，自來兒女愛英雄，信矣哉。

七十八師副師長譚啓秀，前因赴粵招兵之便曾一度赴澳，當譚氏抵澳之日，澳門民衆，震於譚氏曾經堅守吳淞，奮勇殺敵之威名，故咸以一瞻豐采爲榮，爭先恐後，羣趨船埠迎迓，一時途爲之塞，是晚某團體，設歡迎宴於中央酒樓，爲譚氏洗塵，席間且有徵花度曲，以助雅興者，澳門花事，素稱繁盛，且多癡情俠骨，熱心愛國者，是故滬變起後，咸紛以纏頭所得，踴躍捐輸，以助軍餉，而其中尤以碧雲霞爲最，碧貌絕麗，且精通翰墨，爲花中翹楚，素有花霸之名，是日適亦應徵在座，某君以譚氏爲一代英雄，雲霞爲澳地美人，遂介碧於譚，譚亦以選色徵歌，賢者不免，況逢場作戲，尤於事無傷，遂亦坦然相見，不謂覿面以後，相見恨晚。喃喃絮語者，約半小時始去，碧既去，譚贊不絕口，嗣譚氏返港，而碧亦因事適在該處，相値於皇后酒店，喜出望外，寒暄後，卽相偕至思豪酒店午餐，見者咸謂美人必得英雄相配，始相得益彰，雲霞何幸，竟得此英雄所垂眷，於是此一段韻事，亦隨之遍傳港澳矣。

衆香國戰士投戈共畫眉

昨遇蘇台歸客云，近日蘇州的旅館酒店，眞是營業興隆，當時取出一張報紙給我瞧，我連標題都不及注目，就隨着他的手指看下去，白紙上印着顯明的黑字，是『蘇州自旬日以來，喜氣洋洋，竟充滿了全城，大小旅舍，家家掛燈懸彩，鼓樂喧闐，鞭炮聲，軍樂聲，車馬聲，祝賀聲，如放連珠炮一般，震耳欲聾，原來盡是些背武裝帶的同志們，實做到千里姻緣一綫牽的一句故話，與他的新夫人，行那個窩心的結婚典禮，洞房春滿，其樂融融』云云，我看完了以後，也替這一般武裝同志們歡喜，因爲在距今兩個月前，尙在那泥滑滑的戰壕內，大演其一槍一刀的武戲，與度冷水冲麵包的生活，如今是苦盡甘來，從槍林彈雨的上海戰場，移到紙醉金迷的三吳勝地，駐紮未及兩月，居然在軟綿綿，香噴噴的錦衾中，度那千金一刻的神仙境界，設在雙雙交頸最適意的辰光，念及戰死沙場的許多同志，應效着晉文公得國的口吻，說『孤始願不及此，今及此，豈非天乎，』念完了，還要接着喊兩句『新婚萬歲，我倆萬歲』的吉祥口號，我再替他們想想，一方是肝腦塗地，長爲黃土英雄，一方是艷福齊天，喜得紅顏少婦，像這種有幸有不幸的事，本來要看各人的額角，誰高誰低，原也比不得許多，不過淞滬的戰事，雖然暫時告終，而東北的版圖，迄今尚落在他人手裏，所謂『河山猶是，旗幟已非，』論起『匈奴未滅，何以家爲，』的大道理，我不能不向諸位新婚的武裝同志，先告個罪，再來一個忠告，就是『抵日尚未成功，諸君還須努力』。

整理戎裝話別離

十九路軍旣獲榮譽於江南，從此國人之對兵士，一易其眼光，向日目之爲灰色動物者，今一一俱目爲捍衞國家之英雄矣，其凡中下級以上之士官，識之者恆以爲榮，甚且以曾與一握手便據爲自詡之資，女性中爲之風魔者，羣求下嫁以爲光榮，此在女學生爲尤甚，故現時十九路之中下級以上之士官，自營團長以至師旅長參謀長等，幾大都挾有豔伴，號角吹罷，多攜赴電影院尋樂，有時値朝曦初上夕照將沉之候，則雙雙並轡，馳騁於綠草碧茵之上，今十九路軍將開拔，軍委會發令調赴閩省，可謂大煞風景，近一月來，諸士官於整理戰馬行裝之餘，更慌於安頓嬌伴，行見明春劓共得勝歸來，大開湯餅之宴，有不少小英雄呢喃席次，想英雄美人，其結晶品定非凡物，又聞有六十一師某軍官，於姑蘇邂逅一女，女父不允，某竟向軍部辭退，與之高飛遠走，置名利於不顧，足見英雄氣短兒女情長也。

征塵豔影

（一）萬里從戎金閨得賦比翼詩　十九路軍淞滬抗暴以至退守蘇常，各地義勇軍與女子救護隊，不遠千里來，有如風起雲湧，如六十師師部數女看護，雖在砲聲隆隆機槍軋軋中，瑤琴一曲不以生死爲慮，誠人所難能也，旋總部移設正儀，粵省亦有女子救護隊來，實地工作，隊員某女士，雖來爲軍隊服務，實則別有慧心，蓋其未婚夫，久傭於該軍任副官，不通音問者數年，此來探其夫蹤也，事傳於參謀長趙一眉，趙以有情人終成眷屬，於是以證婚人自居，稟明軍長，代爲諜合，是日筵設蘇垣花園飯店，除伉儷二人外，僅有同僚，而無親戚，且行軍中同僚皆戎服，雖在紅燭高燒下，不啻一幹部軍事會議焉。

（二）空谷幽香副官荒郁嘆緣慳　某師激戰廟行時有張某農戶，夫婦二人祇生一女，頗具姿色，某師師部，即傍其村，師部人員，當前線和緩，或公餘有暇，輒赴其家，作消遣所也，女性仁柔，且聞暴日猖獗，輒切齒作奮臂狀，會有副官某，籍亦江南，與談，頗投機，女以副官年少未娶，亦有奉箕帚之意，詎知事好多磨，師部忽命調防江灣，副官不憚路遠，俟有暇仍往過從，但未久前方退二道防線之命下，副官不得已，委人於夤夜通知女家，詗後女家遷避何處，竟隔離無從探知，因之師部人員，每與談及，輒嘆緣慳不已，成美談焉。

姻緣美滿說趙陳

近日外間頗傳鄭二小姐，下嫁十九路軍參謀長趙一肩消息，據記者所知，二小姐氏陳而非鄭，卽最近嘗在蘇州虎邱道上飛騎過市之陳誼芳女士也，陳吳門產，喜交遊，居漢上年餘，操國語甚流利，有時亦作楚音，婀娜剛健，無蘇女子弱態，工京劇，有繞梁之致，當十九路軍崑山抗日之際，蘇爲後方重地，一時帽影鞭絲，皆英邁年少之兜鍪，陳因與某科長夫人稔，每自所居正儀，詣蘇作乘馬之樂，記者於橫塘路畔，見其攬轡倥傯，極馳騁之能事，瞬越數里，自嘆弗如，途人爭拍掌歡呼，以爲馬上美人蘇不多覯，未幾，趙陳相識於某科長處，進而戀愛，嘉偶乃成，前數日，有値陳於軍中者，談及婚事，甚欣欣然有喜色也。

軍中救護佳話

十九路軍有軍士胡久安，年二十一，肄業廣州某高級中學，此次上海作戰，殺敵衝鋒，備極忠勇，上官甚獎勉之，一日在前線，由敵方奪下一被捕女生，女生姓鄭，聞爲粵之世家，在滬讀於某大學，遽爲敵軍所捕，將加辱焉，賴胡援得免，心甚感之，遂投身爲戰地救護員，二月十七日，胡任步哨受傷，適爲鄭女士所救護，可謂巧矣，自看護後，漸生情感，胡現傷愈出院，聞將與鄭結婚，誠軍中佳話也。

羸得紅絲一襲衣

當十九路軍與日軍周旋於閘北之時，適朔風凛烈，雨雪載途之際，有若干日，寒暑表溫度竟降交冰點以下，於是各地民衆，言念及此，紛紛捐助寒衣，及至春風和煦，氣候漸溫，此項寒衣，已不適用，且有破敗不堪者，至有多數健兒，仍藏諸箱篋，視若拱璧，謂將作爲此次作戰之紀念，緣有大批寒衣，出諸女學生手，彼輩於縫紉之時，愛國心切，思有最勵將士，故輒以紅絲繡字句於衣裏，如「國家干城」，

「奮勇上前必得勝」，「祝君健康努力衞國」之類，不遑枚擧，且有以芳名繡上者，記者曾親見一兵士衣上，有線繡七言詩一首云，「腰纏十萬劍橫磨，壯士如雲共枕戈，但得捨身同衞國，炮雷彈雨奈吾何，」詩末有阮舜英三字之署名，後悉係廣州省立第一女子中學生也，前敵健兒，旣得此物質上之援助，復有彼精神上之慰藉，宜其珍如珙璧也。

避地鍾情感落花

國難聲中，戰域附近，不僅花事闌珊，有心人亦不遑徵逐，但中國地大物博，如嶺南英豪挺生之地，歌舞仍復不寂，塘西諸伎，若去載水災會選擧之花國皇后遂心蘭，及鳳花寨蘇仔，得心寨英仔等，均依舊珠履盈座，而英仔以善歌著，尤工琴，省港各唱片公司，皆請其灌音，盛傳某某將軍，與之甚暱，將軍從征他往，英旋適人，然不久不容於大婦。重抱琵琶，滬戰起後，粵人歸里者衆，有黃客者，閒遊五羊間，識英，遂盟齧臂，同時有富賈何某，揮金若豪，一日，黃造英處，覘何在，拂袖去，英尾至東亞酒店，黃又避去，英返，忽而吞藥自殺，消息傳出，莫不歎英鍾情之專，並擬編一劇，以滬事穿插其中，亦青樓佳話也。

文　苑

蔣光鼐吟詩言志

十九路軍總指揮蔣光鼐氏，躍馬殺賊，衝鋒陷陣，身經百戰，英名卓著，而其爲人，則輕裘緩帶，文質彬彬，殊不類坐擁貔貅，指揮麾下之當代英雄也，蔣氏於戎馬之暇，雅好吟詩，此次抗日以策略關係，退守第二道防綫後，而中日停戰會議，亦値於斯時開幕，故前綫戰事，已歸沉寂，乃息影吳門，藉資休養，日以讀書吟詩自遣，其金陵懷古云，吳宮花草從英雄：虎踞龍蟠一瞥空：百代繁華如閃電：不堪囘首夕陽中：荆榛埋沒古明宮：半壁山河涕淚中：千秋秦淮嗚咽水：春燈未了悵秋風：寄慨深遠，讀之不禁起銅駝荆棘之悲。

沈師長春遊寄慨

十九軍六十師長沈光漢氏，勇敢善戰，此次率師抗日頗著聲譽，今有人得沈師長近作桃花行一闋，係在崐山時所作，詞雖不工，然軍人中有此人材，殊不易得焉，今錄於左。

桃花行 有序

滬戰停頓，軍次崐山，當桃花盛開時，偶與同事數輩在崐山公園中，駐馬桃花下，手折桃花，令拍一照，歸而賦桃花行一闋，聊以寄慨，工拙所不計也，

公園春駐馬。留影紅桃下。個儂嗔我攀枝折葉頻咨嗟。顰眉蹙黛怨落花。落花遍地堆如錦，摧殘蹴踏心何忍。美人爾自惜落花。志士由來重國家。君不見，暴寇侵凌無時已。長城萬里將誰倚。誓障百川川復東。戰袍洒血桃花紅。桃花麗日意悠悠。征馬多情去復休。我近桃花動憐惜。肯任飄零顛頽逐東流。

公園炸彈歌

四月二十九日島國天長節。海上倭奴慶賀熱。官民結合到公園。海陸兩軍大檢閱。旌旗獵獵影翻風。劍戟森森光耀雪。文官武將盡參加。司令台中鵷序列。爲祝天皇

典禮隆。誰不興高又采烈。維時公使名重光。站立台前恣演說。指天畫地口懸河。誦德歌功蓮燦舌。忽然巨響破空來，宛比山崩與地裂。可憐台上衆名流。一齊翻身元寶跌。是誰炸彈尋開心。致使羣公大流血。白川大將首當衝。遍體深嵌炸彈屑。野村左目已喪明。手術施時眸子抉。植田脚腿創非輕。將來難免成跛鱉。重光公使血流多。脅足須勞醫士截。就中更有河端貞。未到中宵成永訣。如斯巨變異尋常。滿場空氣頓惡劣。軍士齊將兇手擒。不費吹灰如甕鼈。兇手言爲韓國人。當年曾爲倭奴滅。亡國深仇耿在心。此舉聊將孤憤洩。於今被捉更何言。要殺要剖任裁決。吁嗟韓亡已多年。復仇依然心念切。不辭赤手入龍潭。竟敢單身赴虎穴。拚此昂藏七尺軀。勝他犀利千斤鐵。昔日留侯博浪錐。同茲一彈成雙絕。英風豪氣壯山河。信是今世人中傑。我因有感賦長歌。長歌賦罷心淒咽。

馬將軍屢挫敵軍

龍江北望陣雲深，誰向中流擊檝吟，絕塞重敎張漢幟，生降今始見陵心，亦知陽九天難挽，未信虞淵日竟沈，我聞病雞還起舞，期看十萬盾成林。

柬秣陵馬兒

▲時爲中日上海停戰協定簽訂後之十日

極目河山不忍論。空教芳草怨王孫。春光歷亂鵑聲碎。猶有垂楊繞白門。

刼餘猿鶴亦沙蟲。百感茫茫烟雨中。檻外長江君莫問。落花已逐水流東。

荆棘銅駝感百憂。後庭歌舞幾時休。金甌殘缺何須問。天子由來號莫愁。

十丈胡塵柳半斜。東風底事均飛沙。殘紅滿地無人掃。忍見馬路踏落花。

稻粱燕雀豈同謀。舉世衣冠盡沐猴。王粲天涯漂泊慣。丈夫未必定依劉。

寄白下馬兒

一片降幡出石頭。江南風月淡如秋。請君爲問湖中水。底事而今尚莫愁。

東風臨去尚顛狂。亂掃落花付大荒。莫爲殘紅傷薄命。快將管領問春皇。

秦淮猶唱後庭花。只爲宮中有麗華。如到胭脂井邊看。此中是否樂無涯。

明祖邱墟草獨春。可憐民族不精神。從今莫把元璋駡。此子猶知攘外人。

天涯我亦怕登樓。忍見河山屬寇讎。便裏煩君高處望。金陵王氣幾分留。

聞蔣總指揮遊羅浮感賦

一戰威名震九州，生懷報國更何求，孤忠除却岳王後，要數將軍第一流。

飄然遯跡到羅浮，差似蘄王湖上遊，天下未安身欲隱，傷心應別有深憂。

風節百年慨陸沈，誰從陷溺起人心，多公獨把風聲樹，風雨鷄鳴天下欽。

慰勞義勇軍

方一二八禍變之初，復旦義勇軍，義憤塡膺，星夜奔投翁旅長，請纓殺賊，更鼓吹十九路軍主戰，得該軍同心協力，屢挫敵鋒，卒以衆寡懸殊，退守安亭，作背城一戰，忽以和約協定，素志未伸，忍痛而歸，該校師生，舉行歡迎大會慰勞之，感賦四絕。

從戎收拾舊山河，不愧書生本色多，彈雨硝烟親洗禮，師生重遇感蹉跎。

長虹爲氣鐵爲心，肯把東南陷陸沉，一戰威名震遐邇，春風時雨普天欽。

匹馬橫刀不顧身，同賡袍澤有何人，一朝換得沙場骨，武穆傷心志未伸。

不堪解甲復歸來，淞滬精華付刼灰，漫道金甌完破碎，江城猶有越王臺。

讀馬占山反正電

壯繆客曹瞞，子房相漢高，從知忍屈辱，不失爲英豪，好馬復歸主，亡羊快補牢，擁兵若自重，公論永難逃，生命付造化，名譽問良心，此是道中語，堪爲座右箴，武官不怕死，強寇定成擒，豪傑綠林夥，阿那抱愧深。

木木吟

三島起風雲。軍政相角逐。犬養骨已灰。中樞轉機軸。乃有二木者。嘵嘵爭權欲。一乃政友魁。一爲軍部陸。政木欲組閣。前途不能卜。大廈恐難支。躊躇未敢獨。乃與軍木商。意恐言詞曲。軍木喟然嘆。我亦沒把握。莫謂法西狂。政黨財團惡。愛國有眞知。立功有妙覺。全國均一致。超然樹一局。餘舊更佈新。高瞻可遠矚。大權屬軍人。世界莫予毒。君能聽吾言。富貴共榮祿。君若不云然。他時莫怨僕。軍木言峻嚴。政木態局促。合則可成林。離則變獨木。我旣文不勝。彼有武可黷。不如學乖乖。可免前相續。(乖乖江北人語)

感時

聞道東都佳氣濃。過江名士喜相逢。獨憐入洛紛紛者。誰似雲間陸士龍。

靈氣消沉賸古城。六年回首不勝情。龍蟠虎踞終何益。輸與將軍一擲輕。

南國衣冠散似雲。空餘故壘掛斜曛。海棠花謝城隅晚。寂寞鍾山對故墳。

十萬橫磨苦自爭。笑他難弟與難兄。戟門城上眞兒戲。誰是將軍細柳營。

滬戰敵退感賦

城下要盟竟止戈，枉敎熱血染山河，四郊白骨添新塚，百戰丹心委逝波，漸覺烽烟遼海遠，依然花月滬江多，廟堂自詡平戎策，國勢其如日蹙何。

歸馬華山已止戈，何時還我舊山河，刼餘殘壘春將盡，海若安瀾水不波，蘇北雲飛烟樹渺，江南花落夢痕多，仙桃寂寞龍華冷，瘦倚東風喚奈何，

衞國雄心老執戈，志安社稷壯山河，能抒忠憤垂青史，依舊吳淞皺綠波，逆旅馬周知己少，哀時庾信感懷多，鴟鴞毀室詩堪賦，憔悴民生可奈何，

詠白杜鵑諷示海藏樓主

望帝魂消絕塞塵，後庭玉樹慨飄茵，三更枝上禽啼月，半面妝殘鳳嚮晨，躑躅不辭山外路，孤零誰遣甕頭春，素心錯訝含朝旭，血淚斑痕認未眞。

東北四哀詩

停戰協定簽字，滬變告一段落，而東北半壁河山，仍淪敵手，政府既無心收復，滬人士亦漸淡忘，乃摭拾昔聞，爲東北四哀詩，以警國人，儻不貽明日黃花之誚乎。

哀瀋陽

瀋陽城中十萬兵，城南城北皆峙營，夜半賊來兵盡走，四天如墨無戰聲，平明作隊投大戸，穿門爲狼入爲虎，母從兒走妻求夫，我軍已遠空號呼，萬家膏血汚泥塗，爛焦不顧池中魚，天祿之藏四庫書，一一盜載歸蓬壺，兵工雄廠亦敵有，經營十載嗟何如，吾聞東師號勁旅，奈何一朝虎變鼠，將材不生壯士悲，家山入破淚如雨，莫唱邊城白雁謠，大帥河上方逍遙。

哀長春

敵軍所向如偃草，長春以南無完堡，降敵苦多殺敵少，危城獨以孤軍當，二百廿人無一降，城存與存亡與亡，萬騎壓城城欲動，城上健兒氣山湧，浴血應戰無旋踵，一夫奮臂百夫從，上馬砍陣如飛龍，同拚一死爲鬼雄，見賊便刺刀鋒利，左盤右辟恣我意，敵兵來者俱伏地，千聲萬聲呼殺倭，倭殺不盡來益多，我力盡矣將奈何，苦戰終日命同畢，血刃在胡背猶裂，是豈我心乃我節。

哀龍江

蝦夷已破昂昂溪，鐃歌一路行如飛，黑雲過江大於馬，半日已薄龍江下，龍江將軍勇絕倫，賊軍畏之若天神，連日鏖戰幾大捷，力盡援絕於潰奔，孤城無險不可據，吏民盡勸將軍去，民愛將軍如父兄，忍擲全城作孤注，將軍去矣賊入城，馬上但聞呼號聲，嗚呼將軍此退非得已，來春及早收賊壘。

哀錦州

奔車一夜轔轔聲，我軍盡向關內行，錦城高高天尺五，有城不守奈何許，黃昏胡笳城上吹，賊不血刃皆登陴，截城闌殺者爲誰，遼西義民邊城兒，臂奮直入不畏死，矢與名城共終始，創痕入骨蹶復起，畢命猶然切其齒，明日蝦夷屠四門，傳聞戮及雞與豚，吁嗟乎，我民殺賊非不力，爭奈三軍先避賊，北門鎖鑰今大開，賊軍飲馬長城來。

王將軍行（上）

遼寧義勇軍第五路司令王天任氏，日前因公來滬，昨訪記者，暢談該軍抗日經過，可歌可泣，聞之令人感奮，爰作王將軍行以贈。

瀋陽城外烽烟起。瀋陽城中戰旗靡。一朝倭寇入瀋陽。十萬邊軍逃錦水。錦水依然不能守。邊軍復向關內走。旭日紅侵半壁山。戰雲逼近九門口。天縱通遼王將軍。振臂高呼擣虜氛。金牌十二噬秦檜。子弟八千慕項君。眼見倭奴據禹甸。邊軍始終不敢戰。舉杯欲借本莊頭。鳴鼓先攻瀋陽縣。瀋陽雪花大如雨。瀋陽父老皆束手。將軍下令鬼神驚。壯士如飛山谷吼。倭寇聞之駭斷魂。大隊出防新民屯。懸賞令擒王軍黨。增兵密護本莊繁。將軍怒馬新民去。萬騎疾走各在御。誓爲先人保墓盡。豈知前敵多刀鋸。一戰賊逃克新民。再戰賊來數萬人。士皆歃血爭流血。誰不殺身願辱身。屢戰屢敗仍屢勝。與賊相鏖一月半。雖說有民卽有援。其如無械尤無彈。有彈盡爲賊飲去。可憐餉彈竟無處。四野草根漸掘空。三軍糧秣還堪慮。猶幸健兒知大義。人人寧死不願退。分明腹內盡飢腸。不向人前揮熱淚。倭寇不敵我捨死。

黔驢無技鬼有技。拚把賊贓買漢奸。厚誣義士為胡匪。漢奸四出為我害。以漢制漢太狡獪。管敢公然襲李陵。

王將軍行（下）

瀋陽渺渺不可得。將軍恨不能救國。誓向秦庭哭義師。共趨遼省平驍賊。各路義軍知此意。爭託將軍為專使。國門請問六軍心。政府豈拋三省地。將軍行矣重致辭。誥誡五路各健兒。一息如存須奮鬥。萬方多難賴支持。一夜微服過瀋陽。過門不入總心傷。勉上堂前娛白髮。為言閨裏失紅妝。只為謠傳將軍死。那堪月照空閨裏。盧家少婦恨遼陽。虞氏夫人入湘水。將軍聞言三歔欷。匈奴未滅何家為。掩淚出門拋骨肉。愛家忘國豈鬚眉。慷慨南行入白門。平朝騎馬朝至尊。其報民軍爭赴死。但求兵部為增援。能派大兵自為貴。否亦援械援戰費。有軍縱不出都門。對我何妨培士氣。至尊唯唯笑凝目。聲言抵抗有成竹。茲逢白帝有人來。怎教綠林將賊逐。漫語將軍毋牽爾。爾其待命斯可矣。那知冤魄屢團圓。不見鳳泥傳諭旨。將軍憤走春江濱。不求大府求小民。願得人皆張漢幟。好回關去掃胡塵。我與將軍兩相謁。

我願將軍更奮發。君其仗劍對羣魔。我可搖旗爲小卒。將軍行將出關門。我愧無以慰將軍。煩君傳語諸義士。贈曰我族之靈魂。

苑將軍歌

去歲暴日寇黑，興安嶺屯墾軍苑旅長崇穀，率所部砲兵赴援，渡河時，砲彈不能經水，縛頂上以濟，河冰劙骨，士無完膚，余聞而感嘆，爲作歌。

君不見危峯積雪白入天，千古萬古無人烟，下有不測蛟龍淵，錢甲如山砑冰走，將軍此去逐天狗，健兒奮臂相先後，中流人影無尺高，頭如霜葉冰如刀，鐵彈壓頂色不撓，十生九死渡此水，登岸相看幾完體，將軍一呼蹶仍起，明朝殺賊江橋來，萬砲如雷轟天開，紛紛虜騎顚塵埃，捷報傳來震朝野，論功獨說龍江馬，將軍之功豈在下，忠肝義膽皆絕倫，能令鼠輩驚天神，始知東北非無人，將軍更是人中傑，佇看功成播英烈，百鍊千將鑄我筆。

戰上海（下）

（上）稿佚去閱者諒之

白川一到更兇橫，蔣蔡深惡難爲京，及向中央乞援隊，中央却又令撤兵，謂各公使

在調解，不愁公理不能伸，到時不撤退，意恐敵擊潰，衞軍總力薄，勢難言自衛，
蔣蔡揮淚不敢怒，依然督師將敵禦，男兒有血究畏誰，不信此身無死所，噫，死，
不援十九軍，當知其所以，一二八日急難中，猶開視捷週月會，人人說，長抵抗，
中央遣兵大調將，長抵抗，我輩毁家助糧餉，長抵抗，我有弟兄威武尙，長抵抗，
業已捨身到前方，長抵抗，我有姊妹男兒樣，長抵抗，亦已服役在軍帳，長抵抗，
我戰十年可無恙，長抵抗，倭戰一年國必喪，長抵抗，今戰一月倭大創，長抵抗，
再戰一月更不妨，長抵抗，列强驚嘆我悲壯，長抵抗，國聯對我易心臟，長抵抗，
從前爭說我無狀。長抵抗，而今却說倭狂妄，長抵抗，公理原在槍尖上，長抵抗，
與其講理寗打仗，長抵抗，死守淞滬不退讓，長抵抗，收復東北定有望，長抵抗，
關內關外齊抵擋，長抵抗，倭寇死必無處葬，長抵抗，長抵抗兮誰曰不，人皆願死
不願屈，中央豈將民意拂，倭寇知我抗不長，蔣蔡一軍難救亡，一軍那及一國强，
二月廿九雨瀟瀟，大隊猛攻八字橋，奮身不畏槍與刀，兩軍愈逼愈接近，槍聲砲聲
轉沉靜，只見人人盡血刃，我軍大刀如閃電，閃過人頭卽不見，見者無不股爲戰，

只因白川傳大令，大日皇軍只有進，如有退者殺勿論，倭寇進退同是死，勇氣不覺陡然起，向我進逼苦不已。我軍見敵勢猛勇，勇氣更覺心頭湧，殺進殺出毫無恐，一日五進復五出，殺得倭寇亂奔逸，無那倭寇終不屈，閘北江灣形勢惡，四處調兵顧此着，惜乎處處兵力薄，兵力薄，敵乘之，瀏河楊林口，忽然現敵師，我軍欲後顧，閘北江灣難支持，我軍不後顧，閘北江灣又被圍，蔣蔡惟心泣血呼天地，可惜一月戰功一日廢，中央若增一師人，敵人那得乘不備，只爲少此一師人，致令軍民犧牲無意義，犧牲本不求意義，但求殺賊願可遂，無如而今不退兵，只有坐以待敵斃，如此犧牲雖遂願，毋乃于國不經濟，忍痛下令退後方，全軍聞言皆下淚，捨命守土終不守，何如當初早放棄，守土原爲保地方，而今地方已破碎，地方破碎敵人殲，同胞猶可稍安慰，同人望我殲敵人，解衣推食無不至，忽將同胞委敵人，教人如何能棄置，退兮退兮何爲退，他日還要淞滬未，三月一日我退出，何月何日我接替，不信中央有奇計，能叱倭寇出境界。

揚州漫

【過閘北】海上繁華。江南佳麗。東風一夜愁生。看劫灰到處。盡化作蕪城。憶當日春光滿眼。紅酣翠軟。歌舞承平。但而今枯井頹垣。何限傷情。河山大好。又無端棄擲堪驚。嘆血飲匈奴。肉餐胡虜。一簣功成。百萬雄兵何在。君休笑。留待蝸爭。得神京千里。不問畫角悲鳴。

一柱

祇知萁豆苦相煎。不抵抗還更可憐。今日榆關鼙鼓急。可能一柱以撐天。

榆關形勢緊張。戰機有一觸卽發之勢。聞我方仍持鎮靜。榆關爲入關咽喉。倘有一失。則華北動搖。何旅長爲國家柱石。英勇久著。定能本一柱撐天之精神。而與敵相週旋也。

輓東洋三巨頭

銀幕明燈識此君，孫陵禮拜意殷殷，芳名誤被華人解，「狗養」聲聲不雅聞。（犬養毅）總理奉安影片中曾見狗頭一面，

老去將軍不掛冠，凛然威武入寒雲，萬家爆竹曾何益，輸與安郎一彈丸。（白川）

丈夫不惜作流氓，領袖尊稱號浪人，無奈浪人終浪死，植田老是童男身。（河端）

寄郭泰祺

五月信爲多事秋，聞君竟亦被兇毆，示威諒對國民黨，簽字毋貽百姓憂，團體僞眞此妄語，暴徒逃逸莫追求，湖南學生謹防備，五四英雄是老劉。

西線無戰事

西線戰事無，雷馬克著書，非戰雖主義，戰後究何如。

日伎慰勞

鶯燕紛紛作慰勞。士軍勞苦更功高。料知醉飽閒無事。且到韓莊斬一刀。

日人爲慰勞駐滬軍隊起見，特派大批日伎來華，開設伎院，爲官兵宣洩獸慾。

即事

海上新傳戰鼓休。榆關茄吹氣方遒。徒聞鐵鎖橫天塹。坐使樓船掠蔡州。晉國幾時歸碧馬。神州從此缺金甌。男兒裹革平生志。款段何須念少游。

弔吳淞

百里吳淞草不春，可堪黃海倦游身，小東杼柚拚孤注，極北關山盡虜塵，賈傅書成惟有淚，縱朝策在豈無人，亂離那許從頭說，但見滄江戰骨新。

粵變感賦

瀝難殉英骨未寒，那堪南粵啓戎端，龍愁黿憤家山破，庾信哀時涕欲瀾。

杜陵家國感懷多，爭爨銅山喚奈何，螻蟻攀轅無限泣，不堪重讀采薇歌。

池魚

復韓已把國仇鋤。帝國尊嚴恨未舒。不是株連便是殺。亡民又累作池魚。

日要人炸傷後，日方以兇手爲韓人，故連日在法租界大事搜捕，致韓人無幸捕搜甚多，並有生命之憂，國亡家破，又遭池魚，是亦足見日之量狹行惡也。

時事小吟

綺貌華才絕可憐，拚從祖國難中捐，富平侯與清河主，一例嬌憨總角年。

天津富莊女士，憂國茹毒死，年方十六也，

放下屠刀正覺成，如何獨向醉時夢，也酬殺敵沙場志，戰鬼喑嗚定爾迎。

北四川路某屠，乘醉刺敵五六人，嗣爲警槍斃焉。
黃池樽俎近兼旬，最是關心說駐兵，來似揚帆歸似縴，豈眞八月待槎橫。
停戰會議，猶未圓滿解決，而日方撤兵竟有一年內之說，甚至無期。
鑾宮鐘鼓寂寥中，換却箏琶小海工，遙望一灣江水碧，血腥風過又春風。
閘北近設營伎，以供日軍，而淞滬戰士遺骸，猶有未入土者。
建瓴雄勢古長安，銅狄重輝豈等閒，玉勒金盤如舊否，未妨楊僕再移關。
關中自宋後，即失國都地位，政府既移洛，又名陝省曰西京，亦他時地理之一沿革矣。
豹質鸞章萃一堂，觥觥大政儘平章，解紛排難憑前箸，錦幛花飛遍雒陽。
六日國難會議，在洛舉行，諸公將何以籌全計乎。
登台鐵血橫飛彈，隔座金錢借作鏢，一例呻吟旬日內，浦江彌望雨蕭蕭。
虹口公園之狙擊方聞，郭次長宅之打手又見，不圖同種同文之敵，乃有共患共難之事焉，憶。

紀念莫多于五月，一年一度竟如何，無心更作新端午，怕聽檀槽續命歌。

五月以紀念著，而新端午不預焉，不亦寂寞雄黃令節乎，噫。

一條腿

諺云，『睡一條腿』卽『連檔馬子』也，東方有比肩民，倘一條有二，豈不所比，不肩而腿乎哉，雄翁屬我賦詩，並舉名人大隈重光及某某數公爲證，我以爲如老友某某，實二而類一，且有暫類一者，未可與東方之民比腿也，因成一律曰。

雖睡近同床，非連馬子檔，鶴諸談上海，雞僞立遼陽，羊舞可赤緊，夔憐好白相，能撐圓桌小，却也見斤量。

楊花

施某係東北調查團之中國代表祕書，現隨顧維鈞出關，籍係維揚，早歲遊美，曾簡任國務院祕書廳幫辦，顧之應酬筆墨，多出施手，施中英文均擅長，人亦風雅，楊花一律，頗有感慨，其項腹兩聯，正不啻出關情形寫照也。

任有千絲不繫身，滿天飛散綠初勻，浮生未定去來跡，倩影猶欺離別人，到處飄零等遊子，了無情緒送殘春，江南狠藉風流種，半作青萍半作塵。

博浪錐

耀武閱兵靶子場，更逢令節祝天長，博浪一擊羣喪膽，韓人爭說是張良。

四月廿九，爲日人之天長節，日方軍政要人，各蒞靶子場慶祝，兼以閱兵，詎知各要人方在演說之間，不期轟然一聲，炸傷竟達十人之多，聞兇手爲韓人尹吉，以身遭亡國之痛，俟之有日，今得此機會，竟亦作博浪之一擊，然亦慘矣。

上海好

上海好，人口萬千家，却爲通商成巨市，本來領土是中華，一朵自由花。

上海好，詭計夾陰謀，未必盡人皆笨伯，豈能讓爾出風頭，究竟有羞不。

日人慫恿各國，擬闢上海爲自由市，居民不隸任何國籍，果若此，直亡國奴之不若，吾知國際間，必多反對，爰譜江南好小令二闋，以闢之。

白川死

死訊頻頻說白川，未曾登陸已先傳，如今果到黃泉路，爆竹方知不枉然。

滬戰時，白川率兵瀏河登陸，楊林口一役，我方咸傳其死，於是大放爆竹，以誌慶祝，及後炸傷，更頻頻傳其死耗，今果以死聞焉。

哀二老

杜老死焉又犬老，個中消息震人民，黃泉此日憐同病，白髮今朝慘殺身，終是世間憑武力，偏多槍彈對文臣，太平洋上風波惡，軍縮和平話豈眞。

法總統杜美爾方遭人暗殺後，今犬養毅亦遭狙傷逝世，日本武人攘政，以及危害世界和平，已漸開展，吾知太平洋之風雲，正方興未艾也。

平常狀態

平常本無理，無理亦平常，狀態能如昔，時期可改長，撤兵干底事，掠地有何妨，草草糊塗了，聯盟第幾章。

國聯十九國特委會，討論上海日軍撤退問題，議決上海及附近恢復平常狀態時，則日軍開始撤退，而吾國人，猶望國聯能主持正義，用會章十五十六兩條，以裁制暴日，抑何所見之陋耶。

骷髏

也知紅粉變骷髏，都在床頭非陣頭，多少夫人和小姐，猶教男子葬溫柔。

據前線來人談及，骷髏團中有女子七人，日在戰壕中出入，誓死殺賊，不敢自私，特爲一般覓死及樂得死者介紹。

淒清

洛水縈迴草正肥，故宮冠蓋漸看稀，瑤圖舊壞留元座，縱覺淒清意却微。

國府諸公近俱南還首都，獨林主席尙在洛陽，殆亦整個計畫中之一着歟。

佈崗

擾擾無端又設崗，更憑信口說雌黃，盟書議約分明在，可奈陰謀未易防，

日軍昨忽在沙涇港等處佈設崗位，並裝置鐵絲網，斷絕交通，挨戶搜查，又儼然入戰時狀態，滬案協定，墨瀋未乾，日人竟自背盟，是亦足見其狡詐無信也。

D區

D字狀形似一圈，寫來自覺不能圓，三區收後惟餘此，終使金甌也缺邊。

自停戰協定簽字後，日軍規定ＡＢＣＤ四區撤退，今ＡＢＣ三區，我方已次第接收，惟Ｄ區日軍仍延期不撤，Ｄ字本成圓形，特金甌已缺，故終未能圓滿耳。

替身

辱國喪權事豈眞，人民毆郭不無因，洛陽路遠南京穩，且喜諸公有替身。

停戰會議，已經簽字，外間頗多訾議，人民代表曾擁至郭泰祺代表處，提出質問，旋以言語衝突，郭氏遂被毆傷，或謂打郭氏正以打政府，郭氏不過爲其替身耳，是則郭氏寃矣。

圓棹

桌子雖圓理不圓，偏多武力炫人前，不知世界滔滔水，淹到蝦夷始覺憐。

圓桌會議之說，甚囂塵上，以冀造成日人自由市之迷夢，特以近水樓臺，日所獲必特多，滬案其爲世界大戰之第二導火線乎。

擇地

報告還須擇地成，袒華袒日要分明，折衷本是英人技，先在東京後北平。

調查團編報告書地點，初定北平，乃因日人反對，遂定爲東京作開始，而以北平完成之，蓋又一折衷辦法也。

歸來

辛苦調查一月餘，行程已得賦歸歟，欲求完整中華土，下筆難成報告書。

調查團赴東省，費時七星期，現已安抵北平，即以調查所得，編作報告，特尙須日人諒解耳。

自由

但澤自由不可求，祇憑武力自能收，我今却笑羅蘭話，誤解强權作自由。

羅蘭夫人曰，「不自由無甯死」，似自由爲美名也，今國際但澤自由城一案，波德交涉多年，輒未解決，刻波軍已將該城圍住，想不久必歸波蘭掌握，近日人提倡上海自由市之聲，高唱入雲，而一般銀行地產商人，竟亦有贊成者，倘聞但澤風雲，其亦可以已矣乎。

平滬警察

平警終比滬警好，滬警抗日日人惱，不抵抗者張學良，長官吩咐我知道，

滬戰既起，上海警察幫同十九路軍抗戰頗力，日人銜之，今停戰協定簽字後，我方為接收閘北等失地起見，特向北平調用警察一千名，其第一批五百名，已首途南下，此輩警察，受張學良主義之薰陶，定能使日人滿意也。

病牀簽字

日人究竟不荒唐，會已成功豈可僵，雖在病床可簽字，外交先例是重光。

重光被炸後，日人以停戰會議簽字手續，不妨可由重光病床上簽定，是知日人於此會所獲甚大，故其情詞之迫切如此。

築路交涉

越界誰教築路來，我疆應得我收回，外交已有前車鑑，莫再香賓飲一杯。

滬案協定簽字後，英使藍浦森，舉香賓酒慶祝成功，吾方代表，竟亦痛飲，此次築路交涉，既曰越界，則我方自應收回，願吾代表，應據理力爭，莫再喪權辱國，而尚痛飲香賓也。

調閩

滬湄殺敵恨難平，奉檄猶勞賦遠征，不作內爭勦匪共，男兒心地總光明，

十九路軍奉令調閩勦共，其表示有不參加任何內戰之說，雖殺敵未果，而報國有時，願十九路軍好自為之。

六賢祠

舉世滔滔祇六賢，建祠更不讓人先，未必餘子皆碌碌，終怪先生論太偏。

馮玉祥近建六賢祠，指陳銘樞蔣光鼐蔡廷楷戴戟朱慶瀾王瑚為六賢，朝夕往拜，祝其長生，蓋以陳等為愛國，朱王為愛民，所見極是，然篾視黨國諸公甚矣。

彈汪

終是于髯阿木林，祇令塡海賴寃禽，區區簽字尋常事，小小喪權費苦心，前者久聞無下落，外交自昔有縱（平聲）擒，素衣何必爭顏色，却笑開心太為尋，

于右任前曾提彈劾案多件，迄無下落，於是有筆桿不如槍桿之嘆，今又以汪精衞未向立法院通過，擅主簽停戰協定，特提出彈劾懲戒，則彈劾案中，又多一件懸案

矣。

奸商

空言抵制東洋貨，又見東洋續續來，不問良心生黑白，但求銷路賺錢財，興亡於我關何事，賓買如斯不坍臺，祇爲民生能解決，奸商二字莫疑猜。

近日又有大批日貨到滬，聞奸商多人，爲之銷售，而猶恬不知恥，諉之曰民生問題，此輩之肉，其足食乎。

强鄰

抵貨本來是小民，大官不費此精神，莫言獻媚忘仇辱，祇爲初衷在睦鄰。

日商福昌公司，標造靑島碼頭，致引起各界反響，羣責靑島市長沈鴻烈媚日，不知抵貨工作，本在人民，而若輩方期交歡日人之不暇，遑論抵制，反對云云，亦徒見一時鬧熱而已。

僞國

樓閣空濛日漸沉，道旁築室費謀深，笑他傀儡爲天子，矮客觀場自不禁。

日本本擬首先承認僞國，邇因國聯空氣不佳，亦祇得暫存觀望矣。

承認

關外姑娘競豔妝，委身便欲寵專房，翁姑却自難承認，且向檀郎哭一場。

東北自僞國成立後，各國知爲日人傀儡，乃無一承認之，茲僞外長謝介石，擬先乞日人承認，而日人因恐啓國際間之猜忌，故亦未予承認也。

義軍

救國義軍輕死生，將軍關內享昇平，三邊失後休悲憤，家國還存百萬兵。

關外救國義軍，冒死抗日，而關內將軍，日惟以醇酒婦人爲樂，對於義軍，則聽其自生自滅，一若不關吾事者，然則義軍其終遭日軍滅亡乎，吁。

少爺國

靦面事仇作少爺，可憐孝道不容差，倘然問我錢財事，七件開門有老爹。

熙洽就僞國財長後，僞國務總理鄭孝胥，百般向熙設法歛財，熙憤然曰，我們是少爺國，開門七件事，有老子在，與汝何干，具見此輩喪心病狂，直無異認賊作父矣。

太上校長

皇帝昔時有太上，而今校長亦如之，支那衣服支那話，可要當心木屐兒。東北自被暴日佔領後，瀋陽各校校長，咸由日人充任，名之曰太上校長，此次調查團莅瀋，日方爲掩蔽耳目起見，令日校長改着華服，其不能操華語者，悉行離校。

本莊國

國賊甘心媚鬼方，衣冠文武盡登場，綠紅花絮知多少，批發來源是本莊，東北僞國成立後，其間一切大權，悉操日人之手，卽細瑣小事，非奉日人命，亦不能照辦，試以商號相比擬，老板爲日人，諸漢奸爲夥計，其總攬一切之總經理，固赫然爲關東軍司令本莊繁也，今顧執中東北籲天錄中，不名之曰僞國，而曰本莊國，則亦思過半矣。

一等兵

憤日自戕張學文，不甘土地送仇人，學良不學學文樣，愧對中華一等軍，青島海軍一等兵張學文，因見暴日佔東北，犯淞滬，而政府始終抱不抵抗主義，乃憤而自戕，吾不知失土三省之張學良對之，當作何感想也。

雞狗

恨殺偸雞摸狗者，公然雞狗欲昇天，野雞走狗仍如故，枉自鷄飛狗跳焉。

倭寇近選警犬三十頭，到關外任職，又選野雞三十頭，到滬上勞軍，把三島中人，眞鬧得鷄犬不寧也。

追悼

追悼大會之宣言

今天我們開這個淞滬抗日陣亡將士及被難同胞的追悼大會，眞是有說不出的悲憤與沉痛，我堂堂華國，不齒於列強，濟濟衣冠，被輕於異族者久矣，近頃以來，帝國主義者，更變本加厲，尤其是日本帝國主義，破壞我領土之完整，殘殺我無辜之同胞，層出不窮，相繼疊來，遠之如五三濟南之出兵，近之如萬寶山強租農田之事變，不顧人道，不顧公理，恃其炮火之精利，施其野獸之暴行，鐵蹄所至，天日爲之昏暗，今者九一八之火燄未熄，而一二八之浩刼又來，言之令人髮指，哀我中華民族，痛遭百數十年雙重之壓迫，國家之元氣，虛弱達於極點，雖云國民革命已告成功，以黨救國亦達目的，然因內政整理不易，革命建設無從談起，更有無恥武人，沉酣酒色，置禦侮衞國之天職於九霄雲外，無以遮掩其不抵抗之羞恥，乃借「忍辱負重」或「整個抵抗」之美名圖卸其罪責，木朽而後蠹生，吾人自身之精神如此，乃欲虎視鷹瞵，覬覦已久之日本，斂其野心，藏其爪牙，不圖侵略，其可得乎，我民衆救亡有心，効死乏術，雖大聲疾呼，倡言抗日，而環境牽制，只能有怒無言，因之政府當局，百端遷就，冀博舉刀待下之日帝國主義者最後之諒解，抗日救國之團體，於以封閉，抵制仇貨之運動，無形取消，乃箭在弦上不發不快之日帝國主義，心猶未足，在自認滿意之後，卽續以飛機大炮之轟擊，此種蠻舉，其無人道與公理，固不必說，且簡直藐視我中華民國之國格，其態度之褻瀆，有如暴夫之對弱婦，使之笑，使之哭，唯彼喜怒之所欲，幸我十九路軍，不辱軍人天職，不畏日寇蠻强，下犧牲決心，一彈一卒，亦須抵抗到底，持鐵血精神，血海尸山，絕不稍移，義旗一舉，萬衆歡騰，而第五軍亦能愛國不肯後人，繼起抗鬥，共負難艱，將士拚命於前線，民衆協助於後方，卒能却敵攻果，相持三十四日，彼日本帝國主義，炮火雖利，士卒雖多，不特不能佔絲毫之優勢，且死傷壘壘，損失不貲，而我忠勇將士，爲民族爲國家，爲公理爲正義而犧牲者，亦不知凡幾矣，當此之時，暴日以在軍事上之不能倖勝，憤恨之餘，乃大施屠殺，戕戮我良善同胞，焚燒我居民住房，骨肉狼藉，滿眼坵墟，慘痛之甚，無以復加，念我死難同胞，雖不若陣亡將士功績之偉大，然帝國主義之殘惡，因此更形昭著，使後死者，奮起抗日之信念，更得堅定，亦自有其意義在也、現在停戰協定，已在床上簽字，侵滬日兵，已云撤退歸國，而圓桌會議之說，日方正在鑽營活動中，此雖日政府自有其整個之計劃，與日人單方之夢想，我人念及一二八抗爭事件，士氣的激昂悲壯，民衆之熱血奔騰，而其結果，祇有餘尸殘骨，暴露沙場，敗棟殘垣，堆滿淞滬，經濟凋零，失業千萬，社會破碎，無法挽回，未死者怎不痛定思痛，悽楚陣亡倍增，而我將士及被難同胞，如泉下有知，定必髮豎眥裂而痛哭流涕也，吾人空言追念，於事無補，必須速自警覺，肩起已死者未完之重責，督造政府，團結一致，不爲武力所屈服，不爲利慾所引誘，繼續抗日，至死不渝，能如是，方不負今日追悼之意義，站在偉大的陣亡將士及被難同胞靈前而無愧，大會在悲痛之餘，語不盡意，悽惶舉述，謹告我各界同胞，

追悼大會之標語

我們要眞正的紀念陣亡將士及被難同胞，唯繼續抗日，

陣亡將士乃弱小民族自强的表率，

我們要繼續陣亡將士的精神，

我們不要以日本撤兵，忘却陣亡將士及被難同胞犧牲的意義，而疎懈抗日工作陣亡將士的人格，足以感化國內武人，對外不抵抗對內不妥協的惡心理，

陣亡將士未盡的抗日職責，都在我們後死者，

我們打倒日本帝國主義，才能爲被難同胞復仇，同胞的被難是，喚醒中華民族急起抗日的警鐘，惟有繼續陣亡將士的精神，努力抗日，才能挽救國難，淞滬抗日，是中華民族復興的先聲，

追悼大會之韻文

中央執行委員會祭文

當吾黨之革命，慶統一之成功，遵三民以努力，奠世界於大同，奈何而雲捲白山，淚翻黃浦，封豕肆虐，頓起半壁之烟鋒，賴我諸烈揮魯陽戈，作中流柱，成仁赴義，寶民族之光榮，嗚呼諸烈，奇勛偉績，宇宙同欽，看斑斕之碧血，願浩氣之長存，哀哉尙饗，

國民政府祭文

吳苑風悽，蘇台雲慘，追弔英靈，普天哀感，強寇侵陵，國防搖撼，固圉保邦，吾軍勇敢，果毅無前，早寒敵膽，衝軍雷逃，巨砲橫飛，十盪十決，斬將搴旗，忘身

為國，戰死同袍，但知殺賊，不計旋歸，慷慨壯烈，揚我國威，百戰亡疲，十旬未歇，血染川流，野橫戰骨，前仆後繼，雄心不竭，雖痛輿尸氣，猶奮發以成仁，名流身沒，照天耀地，壯矣國殤，功存黨國，光我炎黃，河山氣壯，星日輝揚，非個人譽，民族之光，九原含笑，萬古流芳，國有彝章，人欽忠烈，敬申追悼，粢盛馨潔，剪紙招魂，含哀涕雪，名炳汗青，事鐫碑碣，萬載千秋，英名不滅，嗚呼哀哉，尚饗，

蔣中正祭文

嗚呼，國家不幸，外侮頻臨，蠢茲醜虜，掠地攻城，遼火未息，滬變又生，敵騎所至，觸目傷心，維吾將士，服膺三民，團結互助，親愛精神，為國禦侮，奮不顧身，雪夜入蔡，碧血千春，維吾將士，忠勇奇男，攀嶠涉海，遠戍征驂，發曙不寐，立壘悽淼，目極千里，哀遍江南，維吾將士，為民前鋒，前仆後繼，劍氣雲衝，先軫喪命，彭卿洞胸，精魂赫濯，永鎮滬淞，維吾將士，豹皮留芳，為黨為國，悼惜國殤，吳江劫火，歇浦靈光，策馬東望，故壘夕陽，揮戈撼日，誓掃夔魖，就位而

哭，顧望欷歔，傾觴布奠，佇候雲車，靈旗幸降，歆吾潔蔬，哀哉尚饗，

汪兆銘祭文

嗚呼，國步阽危，强鄰壓境，黷武窮兵，背信渝盟，篾我主權，虐我民命，我忍旣多，彼驕則甚，神人怒憤，奮斯澤袍，矢與偕仇，不葸不囂，振臂一呼，聲薄雲霄，前仆後繼，電擊霆號，當事之殷，殺機孔棘，砲石橫飛，機彈下射，其日爲昏，血肉相藉，百死猶前，不撓不屈，匪艱不權，捷報頻馳，九衢露佈，中外嗟咨，臨難不苟，履險如夷，殉義之烈，載記所稀，嗚呼哀哉，以死勤事，禮有常經，策府論褒，淳史書勛，永昭天壤，渥備哀榮，英魂匪遙，應其來歆，嗚呼尚饗，

軍政部祭文

嗚呼，薈薈者天，羅茲浩刦，猿鶴招魂，玄黃化血，追思疇昔，釁起東鄰，眈眈虎視，逐逐鯨吞，一刹那間，勢同猘犬，屢逞凶燄，涎此一臠，淞江之畔，闢爲戰區，梟獍所至，廬舍爲墟，嗟我同胞，奮臂而起，偷生何爲，有死而已，昂藏七尺，受之自天，甯爲玉碎，毋效瓦全，灝氣英風，彌綸天地，孔曰成仁，孟曰取義，男

兒報國，懾彼醜夷，一朝就義，百日同悲，嗚呼滮滮申江，亂流嗚咽，弔往傷今，悽焉欲絕，人孰不死，死重泰山，鬚眉磊落，肝胆芬芳，已矣同胞，國恥未雪，先事可師，後死有責，鮮花一束，敬獻靈前，九原有知，鑒此精良，尙饗

上海市政府祭文

嗚呼，白骨蔽野，碧血盈窪，廣場瓦礫，枯樹槎枒，讀弔古戰場之文，有不沾襟者乎，嗟民族之不振，歎國勢之阽危，政事不修，災害侵尋，而舉國之泄泄沓沓如故，人必自侮也，而後人侮之，雖强鄰之横暴，而我之爲人輕視者，固已久矣，不然，四小時佔領閘北之言，何敢肆於其口耶，國家之恥，民族之羞，不賴此四十五日之抵抗，將何以湔雪之哉，今日能使强寇震驚，世界注目者，非我孤忠奮鬥之將士，與夫不願犧牲之同胞，曷克臻此乎，嗚呼，死者已矣，生者之責，蓋益爲重大矣，其能保持此榮譽，而發揚光大之乎，抑將喪墜之而爲世所僇笑乎，嗚呼，我神明之冑，其將自卽於淪亡乎，曷不改弦更張一洗萎靡不振之積習，而奮發以圖存，則此戰之意義愈大，犧牲之價値益鉅，死者之目，庶可以瞑，不然，則吾人皆殉難烈

士之罪人，此光榮之歷史亦將墜地而盡，而亡國亡種之禍，亦迫在眉睫矣，可不懼乎，鐵城等負保境安民之責，而不能綏靖地方，爲曲突徙薪之謀，而不能消弭兇禍，目擊戰事之烈，焚殺之慘，哀我軍民，或塡溝壑，或化蟲沙，而拯救無方，援助無力，肝摧腸斷，掩涕興嗟，怛惻不甯者，蓋數月於茲，嗚呼，弓刀自動，知靈爽之未嘗，旌旂猶存，定神明之方托，乃爲辭曰，木屐天驕，暴如狠虎，以我魚肉，供彼刀俎，哀哉蒸黎，飲彈膏斧，偉哉國軍，精忠神武，死重泰山，名垂萬古，悲憤同心，外禦其侮，嗚呼哀哉，尙饗，

上海市黨部祭文

嗚呼，强寇壓境，蠶食鯨吞，既略我東省，復窺我滬濱，戾氣充塞，正義消沉，雖守土之有責，問衛國兮何人，維我將士，壯烈忠貞，誓執干戈，掃蕩彼方張之寇燄，矢將熱血，振奮我未死之國魂，甯粉身碎首以殉國，決不以寸土尺地而讓人，用能威震萬國，感泣三軍，負弩前驅，拔幟先登，十盪十決，百戰百勝，爲求國家之自由，爲爭民族之生存，既履險之似夷，早視死而如生，嗚呼烈士，泰山爲重，鴻

毛爲輕，殺敵禦侮，救國救民，雖成仁者未必成功，然成功者必先成仁，而殺敵致果，繼事述志，尤在我後死之人，誓當臥薪嘗胆，報仇雪恥，以慰我烈士之先靈，神其鑒諸，來格來歆，尙饗，

陳濟棠祭文

嗚呼，中國不幸，變亂頻仍，赤氛尙熾，倭寇侵凌，東北失陷，淞滬戎興，惟我將士，義憤塡胸，奮起抗敵，爲國爭榮，前仆後繼，視死如歸，凶鋒迭挫，中外震驚，呑吳未遂，痛遽犧牲，全國悼仰，三軍淚傾，名留史册，勳炳日星，嗚呼，國難未已，東望神傷，式憑靈爽，恢復國疆，微忱聊表，潔治酒漿，魂兮不昧，來格來嘗，尙饗，

戴戟祭文

惟彼蝦夷，世爲寇讎，乘我荒祲，奇盤橫流，九月十八，瀋陽襲偷，版圖變色，莫完金甌，踰歲侵掠，爲世界憂，一月廿八，閘北蹊蹂，我疆我土，联联五洲，不有一戰，民族彌留，哀我將士，洞胸斷頭，血肉利器，精誠莫儔，强者改視，里巷興

謳，慘慘同胞，橫被虔劉，室廬旣焚，身命復休，孤寡孑遺，流亡莫收，老弱溝壑，少壯同仇，裹傷助戰，挽粟援桴，蒼頭雲起，漢幟風遒，窮塞霜雪，薄海戈矛，成城衆志，義勇旌遊，非僅軍力，實賴民謀，血耶鐵耶，萬歲千秋，嗚呼，哀哉尙饗，

主祭官居正祭文

天禍中國，災祲勿休，倭奴肆虐，舉國同仇，挽此危局，賴多士之貔貅，與敵偕亡，欲解四萬萬同胞之隱憂，屍裹馬革，淚溢神州，英聲遠播，正氣長留，嗚呼，天下滔滔，等奴顏與僕膝，諸公壯烈，令後人景仰於千秋。

某報悼十九路陣亡將士

嗚呼，十九路軍將士之死死得所，一死千鈞名千古，是誰設計不抵抗，助長敵焰猛于虎，倭寇東來幻戰雲，神州淨土汚流氛，吾國擁師號百萬，禦敵僅聞十九軍，十九軍心百不回，兩軍一夜始對壘，報國雪恥好男兒，甯爲岳飛毋秦檜，槍炮勃發火內攻，都在健兒聲應中，衆心洶洶甘一擲，白刃血染陣雲紅，風掃龍腥晝亦昏，機

聲軋軋斷人魂，黑塵塡巷埋忠骨，斷港瀏平露血痕，吁嗟乎，古來戰場幾人還，成敗滄桑轉瞬間，招魂何處誰與祭，收骸不及葬明山，是何慷慨實正命，生吊義士之忠悃，死吊烈士之英靈，寃沉海天何時盡，一哭將士兮抒國難，再哭將士兮報國恩，寇氛不滅恥猶存，剷平外患誅漢奸，君不見伯有相驚爲厲鬼，鬼國見之心胆碎，侵掠東圖付優曇，昔日威風今安在，可憐國難無已時，國事而今一至此，千軍豈皆無肺肝，望速攘臂其奮起。

短歌輓陣亡將士

三邊豚兒淪東北，五羊壯士能殺賊，衝冠氣欲撼蓬瀛，認使版圖易顏色，滬地一丸百重關，霜刃寒澈細柳間，竄陸蛟人多咯血，巨酋惆悵蝦夷山，孤軍自誓室尺土，攜膽陷陣挾風雨，四戰射馬兩創王，八表如沸起歡舞，舐血嚼骸野犬肥，鬼影憧憧鬥兵稀，眞成賀蘭殺南八，誰援睢陽出重圍，酣戰四旬血海漲，屹屹精忠萬國仰，尙知中華有男兒，頓放民族光千丈，青史一頁萬古留，後死何人不淚流，去爲鬼雄重殺賊，英魂來格風颼颼，尙饗。

長歌輓十九軍陣亡將士

軍人本應死，死又何足悲，國家養軍人，不死復何居，詎意我國軍，不知其所司，
對內善爭鬥，對外學呆癡，高唱不抵抗，敵來輒避之，可憐東三省，拱手送島夷，
島夷乘不備，更犯滬之湄，國軍盡束手，一聽賊施爲，賊魁勢猶悪，虬髯而竇眉，
率彼海陸隊，欲逐我健兒，中樞聞歎息，下令速班師，若與賊相抗，三日國必危，
我軍宜鎮靜，抵抗在長期，健兒勃然怒，十九軍畏誰，賊來我卽殺，寸步決不移，
一月念八夜，賊果向我窺，逞其機與砲，如虎如熊羆，健兒眞英勇，舉槍便交綏，
三十三晝夜，與賊死相持，淞滬百餘里，與賊苦馳驅，大小數十戰，與賊爭雄雌，
賊械如雷電，當之成肉糜，賊援如潮水，朝朝無斷時，傾其全島力，以圖將我欺，
國軍如總動，未必不能支，奈何爭坐視，乞援多電催，只有第五軍，相與共節麾，
我軍僅五萬，賊軍兩倍奇，此滅彼復起，賊勢終不衰，苦我諸健兒，拚作一足夔，
以血敵賊鐵，遍地盡賊屍，以胆破賊陣，屢將賊窮追，屈指八十載，對外誰如斯，
中國有此役，雖亡亦不卑，無奈後援絕，楚歌聲凄其，全軍傷亡半，欲戰力已疲，

三月初一夜，掩淚將滬離，原期再決戰，不讓賊毫厘，一伸死者恨，泉下得解頤，
那知兩閱月，後援仍遲遲，請纓與枕戈，文電徒空吹，視我健兒死，恍若理所宜，
迨至五月五，停戰已簽字，借問何所由，都道不得已，任賊據淞滬，與賊相委蛇，
忘却健兒死，已而復已而，健兒所爭者，居然棄如遺，國人相唾罵，彼亦不忸怩，
茲逢念八日，我將健兒思，汝究爲何死，英靈可有知，謂係討夷賊，勢單力亦微，
謂係守淞滬，割地已立碑，謂係保民衆，民亦遭絆羈，衆生汝獨死，此死豈安怡，
生猶權位在，死則徒於戲，死同草木腐，生反大名垂，誰是救國者，都向生者推，
死者默無語，那得爭一辭，汝如爲雄鬼，寧不發怨訾，快揮魯陽戈，快舉張良椎，
反帝除軍閥，生死兩無疑，我來弔健兒，那禁淚如絲，謹將血一斗，權當酒一巵，
待到血流日，始可表寸私，何敢誇忠勇，愧未能追隨，何敢承遺志，無以補瘡痍，
獨立蒼茫下，徒自想英姿，龍華桃灼灼，黃浦水差差，秋雨泣寒蛩，春風啼子規，
河山如不朽，健兒終在茲。

輓陣亡將士詩

獵獵旌旗一望收，狂瀾誰可砥中流，祗悲抗日歸曇影，終見降旛出石頭，百戰空餘軍士骨，千秋長得姓名留，今朝杯酒盈盈奠，地下人間各有愁，

拚將熱血慰忠魂，一慟三軍日色昏．此日滴餘英雄淚，何時能倒帝國尊，議和簽約悲無極．殺敵衞疆事足論，正氣衝霄忠貫日．由來青史可長存。

靈角驚迴歇浦潮，蟲沙小刦一軍驕，早知輕敵攻堅失，定悔行師襲遠勞，壯志竟酬秦博浪，威名終屬漢嫖姚，男兒報國輕生死，歌哭壺漿賦大招，

由來神勇仗精誠，尙聽天陰殺賊聲，賢聖百年皆有死，英雄千古半無名，誰翻世界和平局，應博春秋義戰評，留取精忠好模範．嘉名十九錫初生，（恰後「一二八」一個月得一孫取名十九）

蘇女生合唱哀歌

嗟我將士，國之殤，忠勇世無雙，形雖死而魂不死，民族增榮光，回溯當時，一心抵抗，何等淋漓悲壯，傷哉，陣亡男兒裹革堪悽愴，堪悽愴，揮血淚，奠時珍饈熱心香，薦淸觴，靈兮其來饗．鬼雄會喪敵人胆，戰績長流史册芳。

追悼大會之輓聯

國民政府

沒脰陷胸，矢固我圉，
報功崇德，以弔國殤，

蔣中正

使諸君為民族鬥爭，摩頂捐軀，忍看同胞收俠骨，
願吾黨將國仇記取，臥薪嘗膽，還須雪恥慰忠魂，

軍事參議院

九萬里盡狂瀾，中原早有陸沉患，
二十年無義戰，最後期揮反日戈，

何應欽

悲壯鼓鼙聲，黃浦江邊傷浩劫，
蒼涼袍澤感，石頭城畔弔忠魂，

中央執行委員會

碧血斑斕，精忠足式，
奇勳彪炳，浩氣長存，

蔣中正

抗暴禦侮，
成仁取義，

林森

致果共捐軀，直到重泉有遺恨，
救亡當努力，願同橫草竟前功，

何應欽

淚雨漲江淮，每聽鼓鼙傷往事，
戰定黯邊徼，願偕袍澤竟前勞，

唐生智　李濟深

一戰取威，以固吾圉，手挽狂瀾，作中流砥柱，

千秋不朽，同誄國殤，氣吞外寇，揚大漢天聲，

陳繼承

小醜跳梁，妄恃他豕突狼奔，割瀛翦淞窺黨國，

列星應運，追悼我龍驤虎賁，丹心碧血濺山河，

中央軍校

浩氣壯山河，執干戈，衞社稷，取義成仁，縱暴骨沙塲，贏得勛名耀青史，

精神光日月，保民族，扶神州，捨身救國，痛招魂午夜，空將涕淚慟黃泉，

居正

刦運感滄桑，死作鬼雄，黃浦江潮腥戰血，

精誠薦蘭菊，禮隆祀典，白門風雨吊忠魂，

僑委會

惟奮鬥可爭存，仰瞻殉國英靈，千萬僑胞齊洒淚，

非戰員亦被難，聲討倭奴罪惡，五洲人類盡同仇，

馮玉祥　　　　　　張學良

頭可斷，身可殺，民族鬥爭不可屈，　百戰爲公理，浩氣丹心，贏得譽滿全世界，

將非驕，卒非惰，外交妥協豈非憂，　千里吊英雄，淒風苦雨，忍看血染吳淞江，

張之江

飛機大砲，何足凌人，我有熱血，我有技能，誓報國仇眞壯士，

泰山鴻毛，同於一死，名滿江南，名滿嶺表，更教海外拜英雄，

國民革命軍各部隊聯合辦事處，

君等皆千古奇男，甘從百戰捐軀，爭報國仇垂偉績，

我輩本一腔熱血，願共三軍效命，誓殲倭寇慰忠魂，

十九路軍　　　　　　李烈鈞

君等已爲國捐軀，無畏精神消敵焰，　賴有雄師摧強敵，

我輩應臥薪嘗胆，勿忘恥辱雪仇讎，休將協定告英魂，

張治中

迴憶屍塡蘊藻，血染瀋江，淒惻視戰區，涕淚橫流愧後死，
遙睇叛據白山，敵侵黑水，陵夷悲祖國，戴天不共是斯仇，
數千里大陸將沉，忍看半壁東南，豕突狼橫奔踐踏，
十餘萬强寇莫逞，深賴諸君忠勇，血飛肉薄洗腥羶，

俞濟時

血戰肉搏，但能還我河山，大好頭顱輕一擲，
呑聲飲泣，回想受人蹂躪，那堪賫恨赴重泉，

許世英

東望琉韓，南望臺港，北望旅大，鐵血鞏金甌，九世復讎還國土，
一戰鹽澤，再戰野村，三戰植田，青山埋白骨，萬家墮淚哭忠魂，
策馬弔吳淞，可憐破宇頹垣，數十萬載道流亡，生無以養，歸無以葬，

揮戈摧島寇，不惜洞胸斷脰，三四旬捐軀忠勇，天才之泣，地才之悲

陳茹玄

三十五日抗戰精神，排山倒海，振古鑠今，想當時孤軍獨往，所向無前，桓桓壯士，早已捐軀誓志，萬死何辭，祗求贏得民氣幾分，掃盪海東呑島國，百數十年外交歷史，含垢包羞，跋前疐後，嘆迄今百弊叢生，每況愈下，袞袞諸公，到底革命空談，一籌莫展，忍復退避倭奴三舍，訂盟城下慶偏安，

孫科

妖氣瀰漫，海水橫飛，奇禍發祟朝，觀遼瀋淞滬受創之深，漢賊從知難兩立，公理護持，金甌誓守，羣倫識大義，溯睢陽武穆衛國而後，九原可作切同仇，

戴戟

胥晴未恤，流止莫收，劇哀破印覆巢，一無怨對，仍源源輸財效命，是誠天良救國，可泣可歌，精爽百年保禹跡，

艱險備嘗，安危共濟，終矢啣石塡海，尙託微生，只嘌嘌撫髀聞鼓，敢許健忘退寇

，永朝永暮，怒濤萬里死傷扶，

社會日報同人

在上海苦戰賊人，以血肉敵大砲飛機，以頭顱保國家民族，死者固成仁，祇可惜寇氛未已，失地依然，已簽條約喪權焉，更何堪回憶一月廿八日

到泉下如見總理，對東北驚河山變色，對淞滬悲廬舍爲墟，瞞着切莫講，爲恐他氣憤塡膺，英靈痛哭，若問兵隊革命否，就說有許多第十九路軍。

上海抗日血戰叢刊續編終

中華民國二十一年七月一日出版

上海抗日血戰彙刊續集一册

定價大洋七角

外埠郵寄加一

發行者　軍事政治新聞社

編輯者　霹靂生

印刷者　軍事政治新聞社

十九路總指揮部收到
慰勞物品報告書

于右任

總理遺像

總理遺囑

余致力國民革命凡四十年其目的在求中國之自由平等積四十年之經驗深知欲達到此目的必須喚起民衆及聯合世界上以平等待我之民族共同奮鬬

現在革命尚未成功凡我同志務須依照余所著建國方略建國大綱三民主義及第一次全國代表大會宣言繼續努力以求貫澈最近主張開國民會議及廢除不平等條約尤須於最短期間促其實現是所至囑

例言

一、此次滬戰豪海內外人士愛護本軍贈物慰勞多至數千起爰編書報告以資徵信而誌謝忱

一、本書編輯係以本軍駐滬辦事處所發出之正式收據及駐京辦事處駐粵辦事處總指揮部副官處與各兵站所造送之清册爲依據

一、當戰事初起駐滬辦事處尙未正式成立辦事人員又係臨時集合各界捐送物品均在上海銀行公會接收彼此因人事匆忙贈物者不欲領取收條固有之收物者不及發給收條亦有之迨駐滬辦事處正式成立之初亦僅發有臨時收條在編印本書之前經遍登滬上各報召請贈物諸君到駐滬辦事處換取正式收據惟到換者寥寥而本書又亟於付梓難免遺漏尙希見諒

一、本書原係分類編輯惟因方言各異致物品命名各有不同又復限於時間未能完滿殊深抱歉

中華民國廿一年五月三十一日國民革命軍第十九路總指揮部駐滬辦事處編

團體名義及個人姓名	贈品種類	數量	備考
羿記	卡車	壹輛	
寧波同鄉會	三輪車	壹輛	
小呂宋粵僑商業聯合會	福特牌卡車	壹輛	修理零件十四件備輪一個
小呂宋粵僑職工會	福特牌卡車	壹輛	修理零件十四件備輪一個
聖瑞堂 吳敬堂先生	脚踏車	拾輛	中西藥房轉來
許家信先生	脚踏車	壹輛	中西藥房轉來
金苗泉先生	脚踏車	壹輛	中西藥房轉來
黃靜升先生經募	立記脚踏車	拾貳輛	
廣東同鄉救濟會	卡車	兩輛	
李偉侯先生	黑浦麻皮卡車	壹輛	
史久榮先生	客車	壹輛	
隱名氏	多倍克汽車	壹輛	

團體名義及個人姓名	贈品種類	數量	備考
新藥業公會	彙璧汽車	壹輛	
大華汽車公司	外車胎	肆拾捌個	
大華汽車公司	內胎	貳拾個	
戴成祥先生	舊車胎	貳個	
魯庭建募老正和染廠暨同人	新自由車	拾輛	
上海顏料公會	卡車	壹部	
久大精鹽公司	運輸車	壹部	
英昌車行張志鑑先生	機器脚車	貳部	蒙高美牌 印丁愛司牌
陳則忠先生	運貨卡車	壹部	
李若蘅先生	篷車	壹部	小牛牌
勝德織造廠胡文清先生	卡車	壹部	
郭鎮坤先生	脚踏車	貳拾部	

林章秀娥女士	道奇蓬車	壹部	
Mr. Hongisburg 經手	有蓬卡車	壹部	
特別華捕團	脚踏車	貳拾肆部	
榮記	哈電機器脚車	壹輛	
大興車行	脚踏車	陸輛	
飛星汽車公司	舊汽車	壹輛	機號(4255138)
孫少卿先生	舊自由車	壹輛	
仁社救濟會	雪佛蘭牌貨車	壹輛	機號(Eng·885501)
地方維持會	(Federal)牌卡車	叁輛	連慰勞品(72981)(72983)(72985)
地方維持會	零件	叁副	
市民地方維持會	彙璧汽車	兩輛又兩輛	并零件貳副
市民地方維持會	卡車	壹輛	機號(11352)
市民地方維持會	零件	壹副	

團體名義及個人姓名	贈品種類	數量	備考
上海市商會	蕾司多倍克汽車	壹輛	
上海市商會	汽車	壹輛	
上海市商會	自由車	肆輛	
張渭卿協興永仲梅久才記賀紹眞史久丰福記顧兆榮筆記張祖蔭王家權諸君	卡車	壹部	機器號碼(2710865)
張渭卿協興永仲梅久才記賀紹眞史久丰福記顧兆榮筆記張祖蔭王家權諸君	車胎	壹隻	
張渭卿協興永仲梅久才記賀紹眞史久丰福記顧兆榮筆記張祖蔭王家權諸君	零件	壹箱	
全國海關華員同人	福特貨車	叁輛	
全國海關華員同人	福特零件	全副	
陳公館	舊納克牌汽車	壹輛	機號(761494)
陳公館	車胎	貳個	

中國汽車公司經理費利門	蓬車	壹輛	楊志雄先生經募
葉焯山先生	雪佛蘭汽車	壹輛	
天利洋行同人	羅盤牌噸半六氣缸貨車	壹輛	連鎖匙二條新備胎裏外各一搖手一把
趙引年 趙國屏先生	G.M.C. 新卡車	壹輛	附車件壹箱蓬布罩壹件
陳顯華先生	G.M.C. 新卡車	壹輛	附車件一箱蓬布罩一件
誠社	蓬式車	壹輛	
楊守濂堂	機器脚踏車	貳輛	哈雷牌 小冷脫夫牌
甡昌	脚踏車	壹輛	中西大藥房轉來
東亞銀行邵長春先生	熱水瓶	叁百隻	
元泰恆糖行	軍用熱水瓶	拾隻	
寧波同鄉會	軍用熱水瓶	壹百壹拾叁隻	
民智中小學校	軍用熱水瓶	陸隻	
浙江路回教會	軍用熱水瓶	貳百零伍隻	

團體名義及個人姓名	贈品種類	數量	備考
大生紗廠	軍用熱水瓶	捌拾伍隻	
新聞報館轉來	軍用熱水瓶	壹百隻	
陳文煥先生	軍用熱水瓶	貳百隻	
交通大學	軍用熱水瓶	伍百隻	
潘胡二君	軍用熱水瓶	伍拾隻	
朱公館	軍用熱水瓶	伍拾隻	
大法藥房	水壺	伍百隻	
市商會第一辦事處	水壺	伍拾叁隻	
胡其記	水瓶	貳百隻	
汪吳吳邵各太太	水瓶	貳百隻	
張太太	水瓶	壹百隻	
隱名氏	水壺	肆百隻	

葉恭綽先生	軍用水壺	伍百隻	
奚洪德 邵長青 奚培根 馬裕生 先生	熱水瓶	肆百隻	
寧波同鄉會	高身熱水瓶連帶	叁百隻	
寧波同鄉會	軍用水瓶連帶	貳百隻	
慰勞前敵衞國將士會	熱水瓶	肆百隻	
天主教婦女勤儉社	軍用熱水瓶	壹千隻	
同茂肉莊 汪鶴松清	新式熱水瓶	貳百隻	
葉部長	軍用水瓶	伍百隻	
少年宣講團	軍用水瓶	肆百貳拾隻	
仁社救濟委員會	水壺	陸百叁拾叁隻	
趙黃秀瓊女士陳宋女士	軍用水瓶	叁百隻	
蕭順興先生	軍用水瓶	伍百隻	
陳友昌先生	軍用水瓶	伍百隻	

團體名義及個人姓名	贈品種類	數量	備考
傅渭源先生	軍用水瓶	壹隻	
廣麗昌記號	軍用水瓶	捌百隻	
上交同人	軍用水瓶	壹百隻	
洪西蓉先生	軍用水瓶	壹百隻	
達元號	軍用水瓶	伍百隻	
民智中小學全體師生	熱水瓶	貳隻	
公記	熱水瓶	壹千只	
杭州市政府	水瓶	壹包	
杭州市政府	水瓶	壹千隻	
鼓勵堂	軍用水瓶	捌拾叁隻	
上海市商會	熱水瓶	貳千捌百貳拾隻	
上海市商會	熱水壺	貳笠	

孫夫人	軍用水瓶	貳千隻
陳友昌先生	水瓶	壹千隻
別克汽車公司華員同人	熱水瓶	壹百壹拾隻
中國水泥公司	熱水瓶	陸百隻
楊國魂先生	熱水瓶	肆拾捌隻
兄妹籃球隊	熱水瓶	伍拾隻
救國會同人	熱水瓶	壹千隻
晉記等	熱水瓶	貳百肆拾隻
華安保壽公司	熱水瓶	貳百隻
四川第廿一廿四廿八廿九各軍駐滬辦事處	熱水瓶	肆百壹拾隻
何尚平先生	熱水瓶	壹百拾肆隻
盛昇頤先生	軍用水壺	貳千隻
浦府	軍用水瓶	壹百隻

團體名義及個人姓名	贈品種類	數量	備考
上海無線電總台同人	軍用水瓶	壹百伍拾陸隻	
廣東同鄉救濟慰勞會	軍用水瓶	柒百隻	
青島膠濟鐵路工會	水壺	壹千隻	
上海市社會局	軍用水瓶	叁隻	
廣東同鄉慰勞會	軍用水瓶	壹千陸百隻	
青島鹽務稽核支所同人	水壺	貳百零柒隻	
東岸鹽務稽核支所同人	水壺	壹百玖拾隻	
鹽務稽核總所業務科同人經募	水壺	貳百壹拾壹隻	
靜安別墅	水壺	叁百隻	
李子敬先生	水瓶	貳隻	
潘春華先生	口罩	陸百陸拾隻	
市商會第叁辦事處	橡皮面具	壹千隻	

李棻叔先生	口罩	壹百隻	
公和	口罩	柒百隻	
坤範女子中學	口罩	貳百叁拾陸隻	
楊樹浦東區電話局同人	面具	伍拾隻	
市商會第一辦事處	口套	叁千貳百陸拾隻	
上海市工業試驗所	面罩	柒百肆拾隻	
眼鏡公會	防毒口鼻罩	壹隻	
中西藥房轉來	眼罩	肆百隻	
廈門民國藥房黃丕漢君	防毒面具	壹隻	
宜昌湖北省立第十一小學校	防毒面具	拾壹隻	
鎮江地方國難救濟會	防毒面具	陸拾隻	南京
徐州英美煙公司經募	防毒面具	拾玖隻	南京
天津大公報代募	防毒面具	壹千壹百隻	南京

團體名義及個人姓名	贈品種類	數量	備考
南京洋廣貨同業公會	防毒面具	拾貳隻	
南京軍需學校	防毒面具	貳拾隻	南京
廈門民國藥房黃丕漢君	防毒面具	壹隻	南京
漢口祥泰皂燭廠	防毒面具	壹百隻	南京
北平陳址臣君	防毒面具	肆隻	南京
宜昌湖北省立第十一小學校	防毒面具	拾壹隻	南京
上海市商會	防毒面具	柒千貳百隻	
光夏小學學生救國會	防毒面具	壹百隻	
市商會轉來	防毒面具	壹千壹百隻	
黃恂如先生	口套	叁拾隻	
中西藥房轉來亞美公司經募	口罩	壹百隻	
寶昌號	耳套	伍拾肆隻	

亞美公司	咀套	肆百貳拾隻
甯波同鄉會	咀套	伍拾隻
浙江路回教堂	口罩	貳百隻
公和來顏料行	口罩	叁百隻
大中華橡膠廠	橡膠面具	叁千隻
康元製罐廠	面具鏡片	貳千伍百隻
蕭鏡清先生	避毒面具	肆拾陸隻
穆藕初先生	汽油	伍千加倫
中孚銀行孫仲華先生	汽油	肆百加倫
久豐綢莊	汽油	貳拾聽
法商球場總會	汽油	叁拾叁聽
汪桂生先生等	機油	伍拾聽
施公記	汽油	肆聽

團體名義及個人姓名	贈品種類	數量	備考
勝德織造廠	汽油	叁拾聽	
義源橡皮廠	汽油	肆拾伍聽	
上海市婦女界慰勞會	汽油	肆拾聽	
東亞銀行郭鎮坤先生	汽油	貳拾聽	
吉記	汽油	伍拾加倫	
翔記	汽油	叁百加倫	
中記	汽油	壹百加倫	
翕記	汽油	伍拾加倫	
陸文記	汽油	伍百加倫	
曾廣植先生	汽油	貳拾聽	
德士古公司同人	汽油	肆百加倫	
王輔卿先生	汽油	壹百加倫	

邵輿鴻伯先生	汽油	壹千加倫	
皖岸稽核處同人	美孚汽油	玖拾伍筒	
海丰汽車有限公司全體職員	汽油	柒拾肆聽	
伍公館	汽油	肆拾加倫	
晉泰錢莊	汽油	壹百聽	
上海市運貨汽車同業公會	汽油	壹百聽	
統益紗廠	軋士林	貳百加倫	
上海市鐘錶同業公會	千里鏡	壹具	
鐘錶公會	八倍千里鏡	肆隻	
上海市眼鏡同業公會	八倍千里鏡	壹具	
上海市眼鏡同業公會	十二倍千里鏡	壹具	
眼鏡公會	八倍千里鏡	壹具	
曾煥堂先生	千里鏡	壹具	

團體名義及個人姓名	贈品種類	數量	備考
棨生公司	單筒千里鏡	壹具	
史乃修先生	千里鏡	壹具	
沈積善堂	千里鏡	壹具	
黃靜升先生	千里鏡	貳具	
抗日救國團	千里鏡	壹具	
持志學院留滬同學慰勞隊	望遠鏡	壹具	
新聞報館轉來	望遠鏡	肆具	
市商會第一辦事處	千里鏡	壹具	
商務印書館善後辦事處	十六倍千里鏡	貳具	
隱名氏	十六倍千里鏡	壹具	
葉先生	法製軍用望遠鏡	壹具	
上海區海關華員同人	六倍千里鏡	叁拾隻	

何二厚先生	千里鏡	壹架
陳承鋌先生	舊千里鏡	壹隻
魏達剛先生	八倍千里鏡	伍隻
顏麗江採辦事務所	千里鏡	叁具
無名氏	千里鏡	壹具
王行是先生	舊千里鏡	貳具
鄺國興先生	千里鏡	壹具
持志學院留滬同學慰勞會	千里鏡	壹隻
怡和出口部同人	十六倍望遠鏡	壹具
婦女捐助軍用服裝會	九倍五十光曲線望遠鏡	壹架
和記	千里鏡	貳具
均記	千里鏡	壹隻
嚴黃琼蘭潘張梅君諸女士魏朱玉英	八倍千里鏡	叁個

團體名義及個人姓名	贈品種類	數量	備考
周映霞小姐	望遠鏡	壹隻	
盧耀文先生	望遠鏡	壹具	
竺泉通先生	望遠鏡	壹具	
李祖薰先生	望遠鏡	貳架	
梁譚玉櫻女士	千里鏡	壹架	法國軍用十二倍折光
王耀庭先生	千里鏡	壹架	
美最時洋行華職員代表李道彪先生	千里鏡	壹架	
張菊生先生	千里鏡	壹架	
李君	千里鏡	壹架	
蔡君	千里鏡	壹架	
廣東同鄉救濟會	千里鏡	壹具	
楊衍錕先生	望遠鏡	壹具	

錢恂九 錢培榮先生	千里鏡	貳隻	
新聞報館	千里鏡	貳具	
國際電信局同人	Luty 8X42望遠鏡	肆隻	
老北門無線電台	大望遠鏡	壹具	
老北門無線電台	雙望遠鏡	貳具	計分裝五件
華弓長先生	八倍千里鏡	陸隻	
錢康義先生	千里鏡	壹具	
曹永齡先生	千里鏡	壹具	
米先生	陸倍望遠鏡	壹具	
蘇皖郵務工會懷寧分會	千里鏡	壹具	
新聞報	千里鏡	壹架	
杜先生	千里鏡	壹具	
沈賢麟先生	千里鏡	貳具	

團體名義及個人姓名	贈品種類	數量	備考
杭州市政府	望遠鏡	壹具	
陳子楚先生	新八倍千里鏡	壹隻	
陳子楚先生	舊千里鏡	壹隻	
浙江路回教堂	八倍望遠鏡	貳具	
浙江路回教堂	六倍望遠鏡	貳具	
郭德華先生	八倍千里鏡	壹拾具	
梅英山先生	望遠鏡	壹架	
吳耕蔭先生	望遠鏡	壹具	
孫瑞春先生	望遠鏡	壹具	
金山洙涇丁勉之君	望遠鏡	壹具	
徐家鑫先生	望遠鏡	壹具	
何谷聲先生	千里鏡	壹具	

沈鴻泰先生	8X27千里鏡	肆架	
沈鴻泰先生	16X40千里鏡	壹架	
寧波同鄉會	舊千里鏡	壹具	
王二明先生	望遠鏡	壹具	
金鼎齊 馬尚賢先生	望遠鏡	壹具	
從惠棠先生	千里鏡	壹具	
曹植庭先生	千里鏡	壹具	
蔡蕃琳先生	舊望遠鏡	壹具	
柯爾登洋行沛國民先生	千里鏡	貳具	
亞美公司經募	千里鏡	貳具	
亞美公司經募	望遠鏡	雙筒壹具 單筒壹具	共貳具
怡昌金號	千里鏡	壹隻	
鄭靜潤先生	望遠鏡	壹具	南京

團體名義及個人姓名	贈品種類	數量	備考
吳興民衆國難救援會	眼鏡	貳付	
新聞報經募	軍用眼鏡	叁打	
亞美公司募	眼鏡	壹副	
婦女捐助軍用服裝會	尊形鏡	壹架	
鎮江民衆教育館	眼鏡	柒拾副	南京
鎮江國難救濟會	眼鏡	陸拾副	南京
蚌埠榮興總公司	眼鏡	壹百副	南京
鐘錶公會	風鏡	壹萬壹千陸百伍拾陸副	
鐘錶公會	彈璜風鏡	伍百副	
鐘錶公會	薄皮風鏡	叁百叁拾肆副	
亞美公司經募	風鏡	壹萬貳千貳百捌拾壹副	中西藥房轉來
大中華橡膠廠	風鏡	伍千捌百副	

眼鏡公會	風鏡	柒百叁拾副
中西藥房經募	風鏡	貳千陸百壹拾貳副
大明眼鏡公司	風鏡	壹百伍拾副
抗日救國團	風鏡	貳百伍拾副
周彝律師經募	風鏡	玖百玖拾隻
紹興七縣同鄉會	風鏡	陸百副
潘頌三先生	風鏡	壹百貳拾副
華僑馬君	風鏡	伍百副
黃靜升先生	風鏡	伍百隻
馬太太	風鏡	拾貳打
持志學院留滬同學慰勞會	風鏡	陸百隻
陳守謙太太 魏次鴻先生經募	風鏡	貳百伍拾隻
隱名先生	風鏡	伍百隻

團體名義及個人姓名	贈品種類	數量	備考
程　君	風鏡	貳百貳拾伍副	
上海國民戰時服務社	風鏡	壹千貳百壹拾隻	
林向欣夫人	風鏡	肆打	
方斌先生	風鏡	壹打	
鄭芳儀先生	風鏡	壹打	
邱世忠先生	風鏡	壹打	
高子白先生	風鏡	貳打	
吳麗珍先生	風鏡	壹百副	
鄭孝倫先生	風鏡	壹打	
潘林生先生	風鏡	貳拾隻	中西藥房轉來
無名氏	風鏡	壹百貳拾隻	中西藥房轉來
沈家	風鏡	壹百隻	中西藥房轉來

徐葉常女士	風鏡	拾隻	中西藥房轉來
吳宅	風鏡	伍拾隻	中西藥房轉來
溥益紡織公司	風鏡	壹百隻	中西藥房轉來
271號機司	風鏡	肆百隻	中西藥房轉來
久豐綢莊	風鏡	伍拾隻	
蔣君稼先生	風鏡	伍拾隻	
中西藥房	風鏡	貳百伍拾隻	
鐵道部諸同志	風鏡	拾玖打	
許雲槎先生	風鏡	陸隻	
鄒龍潤先生	風鏡	陸隻	
李福盛號仝人	風鏡	貳打	
馬鴻記先生	風鏡	壹百隻	
陸榮記先生	風鏡	伍拾隻	

團體名義及個人姓名	贈品種類	數量	備考
國民救國團	風鏡	壹百柒拾隻	
上海市童子軍理事會戰地服務團	風鏡	叁百副	
救國同人	風鏡	壹千隻	
中國貿易股份有限公司 [illegible]	風鏡	壹拾副	
廣和永	風鏡	壹百貳拾隻	
青島時報	風鏡	壹大箱	
青島時報	風鏡	貳小包	
塘沽永利工廠	風鏡	壹百伍拾肆副	
上海市臨時救濟會	風鏡	貳百副	
逸明印刷公司同人	風鏡	壹百隻	
陳席艷李女士	風鏡	伍百對	
中國精益眼鏡公司	風鏡	貳打	

寧波祥泰木行諸同志	風鏡	捌拾付	
伍仁寬先生	風鏡	壹隻	
吳顯漢 茅家椿二同志	風鏡	拾貳副	
鄭啓平先生	風鏡	肆副	
司法行政部諸同志	風鏡	拾陸打	
上新河裕大莊同人	風鏡	肆打	
王權之同志	風鏡	壹隻	
寧波同鄉會	風鏡	拾伍打	
福康錢莊	風鏡	貳打	
市商會第一辦事處	風鏡	陸百捌拾貳副	
天津大公報館	風鏡	玖拾陸副	
鐵道部會計長辦公處徐節文同志	風鏡	貳拾貳隻	南京
山東准縣縣黨部	風鏡	壹百只	南京

團體名義及個人姓名	贈品種類	數量	備考
銅山縣商會	風鏡	貳百貳拾壹隻	南京
天津大公報代募平津民衆同志	風鏡	壹百隻	南京
合記寶號	風鏡	肆隻	南京
通和錢莊	風鏡	拾打	南京
寧波祥泰木行諸同志	風鏡	捌拾副	
靳敬箴代募	風鏡	壹百零柒副	南京
江寧律師公會	風鏡	伍拾付	南京
財政部何軼民同志	風鏡	柒副	南京
張子謀同志	風鏡	壹副	南京
崔唯吾先生	風鏡	拾貳隻	
中央統計處張香國同志	風鏡	壹隻	
郭太太	風鏡	拾貳隻	

甯波祥泰木行諸同志第二批	風鏡	貳百貳拾貳隻	
教育部朱參事葆勤同志	風鏡	壹隻	
中央執行委員會祕書處諸同志	風鏡	柒拾叁付	
金陵大學李漢生同志	風鏡	貳付	
育羣中學全體師生同志	風鏡	陸拾付	
鐵道部會計長辦公處諸同志	風鏡	壹百叁拾捌付	
最高法院諸同志	風鏡	壹百貳拾陸隻	
長和錢莊	風鏡	肆打	
美孚行華職員諸同志	風鏡	柒打	
甯波順泰木行同人	風鏡	拾伍打	
古玩業張同志	風鏡	貳打	
陳文白先生	風鏡	陸隻	
亨得利鐘錶行	風鏡	壹百隻	

團體名義及個人姓名	贈品種類	數量	備考
甯波祥泰木行諸同志第三批	風鏡	壹百伍拾隻	
粘子巷楊太太	風鏡	拾隻	
南京市三牌樓小門口等各街民衆慰勞團	風鏡	貳百肆拾隻	
周鈺同志	風鏡	壹打	
安耀光先生	風鏡	貳打	
慶賢旅館	風鏡	拾伍付	
盧鎮茂同志	風鏡	壹隻	
福安商店	風鏡	貳拾捌付	
徐州享得利號	風鏡	貳拾付	
徐寶成銀樓	風鏡	壹百隻	
徐州花園飯店	風鏡	壹百隻	
徐州滄浪池	風鏡	壹百隻	

徐州青帝閣	風鏡	壹百隻	
徐州趙毅齊先生	風鏡	壹百隻	
徐州黃麗卿女士	風鏡	壹百隻	
徐州簡端卿同志	風鏡	壹百隻	
徐州陽春池	風鏡	捌拾付	
天津大公報代募中央日報交來	風鏡	壹千捌百隻	
張錫武同志	風鏡	貳付	
孫鐵生同志	風鏡	壹付	
下關新善池浴室合體職員工友同志	風鏡	陸拾付	
中央日報總編輯賴璉同志	風鏡	貳拾肆付	
內政府衛生署國府水災會防疫組	風鏡	壹千叁百隻	
陳敬書周同志等肆位	風鏡	壹打	
財政部陳慰堂同志	風鏡	肆付	

團體名義及個人姓名	贈品種類	量數	備考
財政部國庫司全體同志	風鏡	伍拾隻	
中央醫院	風鏡	壹百肆拾柒付	
交通部郵政司同人	風鏡	陸拾付	
中央大學俞子夷先生	風鏡	壹百付	
中央大學工學院機器工廠朱纖庵周家商周家樹三位同志	風鏡	壹百付	
青島通訊社趙性初先生	風鏡	柒拾伍付	
內政部衛生署全體工友	風鏡	肆拾肆付	
浦口楊總段長轉來陳秉記	風鏡	貳百貳拾柒付	
中央宣傳部蒙藏旬刊社同人	風鏡	伍拾肆付	
天津大公報社	風鏡	壹千零拾貳隻	
開封中華聖公會婦女學校	風鏡	捌拾付	
津浦鐵路機務處孫逢若先生代募	風鏡	貳百捌拾玖付	

中央大學工學院理學院同人	風鏡	貳百付	
國立中央大學顧楫同志	風鏡	貳拾付	
鐵道部會計長辦公處同人	風鏡	柒拾捌隻	
怡盛祥同人	指南針	貳百零肆隻	
市商會第一辦事處	指南針	陸百伍拾玖隻	
蔡久生先生	指南針	伍拾隻	
商務印書館善後辦事處	指南針	貳拾肆隻	
福新七廠	指南針	叁拾陸隻	
持志學院留滬同學慰勞會	指南針	柒拾貳隻	
百貨公會	指南針	伍拾隻	
針織公會	指南針	伍拾隻	
嚴黃琼蘭 魏朱玉英 潘張梅君女士	指南針	陸拾隻	
張益儀器館	指南針	陸拾隻	

團體名義及個人姓名	贈品種類	數量	備考
吳江縣澤鎮良友社	指南針	拾叁隻	
李文裕先生	指南針	壹隻	中西藥房轉來
無名氏	指南針	貳拾肆隻	中西藥房轉來
徐錦生先生	指南針	陸拾伍隻	中西藥房轉來
竺泉通先生	指南針	叁拾肆隻	中西藥房轉來
陳光輝先生	指南針	貳拾隻	中西藥房轉來
方先生	指南針	壹百捌拾隻	中西藥房轉來
老順興	指南針	壹百隻	中西藥房轉來
鴻祥公司	指南針	壹百隻	中西藥房轉來
范芸卿先生	指南針	壹百隻	中西藥房轉來
吳老太	指南針	壹百隻	中西藥房轉來
邱天一先生	指南針	拾隻	中西藥房轉來

張趙堂等先生	指南針	肆拾隻	中西藥房轉來
胡天宮西街歐陽先生	指南針	貳拾貳隻	南京
協興和寶號	指南針	拾隻	南京
梁典成先生	指南針	肆拾陸隻	南京
京市黨部第五區第五分部執委會	指南針	柒拾貳隻	南京
張宅趙榮壽等三十四同志	指南針	叁百肆拾捌隻	南京
中央大學實驗學校學生張則孫同志	指南針	捌隻	南京
中華女子中學	指南針	貳拾貳隻	南京
財政部收發處	指南針	叁拾陸隻	南京
劉種元先生	指南針	壹百隻	南京
張立本先生	指南針	貳隻	南京
杭州市政府	指南針	柒拾貳隻	
亞美公司經募	指南針	叁拾壹隻	

團體名義及個人姓名	贈品種類	數量	備考
忠社	夜光指南針	捌隻	
亞美公司經募	指南針	伍拾肆隻	
坤範女子中學	指南針	肆百隻	
青島時報	指南針	捌百陸拾叁隻	
吳興電器公司	大小指南針	玖拾陸隻	
許滕八君	指南針	壹百隻	
洛陽司法院	指南針	壹包	
中西藥房轉來亞美公司經募	指南針	叁拾隻	
中西藥房交來亞美公司經募王祖鈞先生	炮兵專用指南針	壹具	
蘇皖郵務工會懷甯分會	大小指南針	壹百隻	
市商會	指南針	壹百壹拾肆隻	
嘉興救國抗日會	指南針	叁拾玖隻	

天津大公報館	指南針	柒拾玖隻	
上海市西服業公會	木指南針	伍百隻	
陳齋先生	指南針	柒拾陸隻	
鹽務稽核總所業務科同人經募	大夜光指南針	捌隻	
鹽務稽核總所業務科同人經募	小夜光指南針	壹拾肆隻	
鹽務稽核總所業務科同人經募	大普通指南針	捌百隻	
鹽務稽核總所業務科同人經募	小普通指南針	壹百貳拾貳隻	
友記	指南針	壹百肆拾隻	
王珍女士	指南針	貳百隻	
市商會第一辦事處轉來上海租界納稅華人會	各色指南針	貳千壹百念貳隻	（附鉗子柒把）
中西藥房轉來趙永德先生	指南針	壹百叁拾貳隻	
敦厚堂同人	指南針	肆打	
中西藥房轉來仁記路二十五號	指南針	貳百肆拾隻	

團體名義及個人姓名	贈品種類	數量	備考
徐裕漢蔡岩諸先生	指南針	貳隻	
忠社	指南針	貳拾隻	
江如林江美芳小妹妹	指南針	壹百隻	
華安合羣保壽公司同人	指南針	柒拾貳隻	
王德鵬先生	小指南針	貳拾肆隻	
陳奎元先生	小指南針	貳拾肆隻	
方冠新先生	小指南針	貳拾肆隻	
林才甫先生	大指南針	貳拾貳隻	
方叔田先生	小指南針	貳拾肆隻	
王芳衍先生	大指南針	柒隻	
甯波同鄉會	舊指南針	壹隻	
甯松記	指南針	貳百隻	

龔順興	指南針	貳百隻	
王恩照先生	指南針	玖隻	
新聞報館轉來	指南針	壹百玖拾玖隻	
新聞報館轉來	木南針	肆百伍拾隻	
竇仲昌先生	指南針	貳拾隻	
周繼芳先生	指南針	拾貳隻	
國民一份子	指南針	肆百隻	
金城銀行	指南針	玖拾玖隻	
徐亞東先生	指南針	壹隻	
吳興民衆救護會	指南針	貳拾貳隻	
亞美公司經募	手錶式指南針	貳拾肆隻	
天津大公報館	指南針	伍拾壹隻	國聞通訊轉來
亞美公司經募	指南針	拾叁隻	中西藥房轉來

團體名義及個人姓名	贈品種類	數量	備考
亞美公司經募	指南針	貳百貳拾陸隻	
上海市臨時救濟會	指南針	叁拾陸隻	
共和昌局	指南針	壹百隻	南京
李漢璋史德源同志	指南針	捌隻	南京
金少煒先生	指南針	壹隻	南京
王漢捷先生	指南針	壹隻	南京
閻家璵先生	指南針	貳隻	南京
中山陵園	指南針	伍隻	南京
國立中央大學工學院	皮盒指南針	貳隻	南京
丁嗣賢同志	指南針	貳隻	南京
吳敬波先生	指南針	壹隻	南京
陳安財先生	指南針	柒拾貳隻	南京

丘心榮先生	指南針	玖拾陸隻	南京
李廣政先生	指南針	壹隻	南京
海容軍艦諸同志	指南針	捌拾肆隻	南京
韋慶復電器行	指南針	拾玖隻	南京
敖文珍先生	指南針	壹隻	南京
張幼誠先生	指南針	陸拾隻	南京
鈕光鐘先生	指南針	貳拾隻	南京
錢光林先生	指南針	伍隻	南京
鄭建銘先生	指南針	肆隻	南京
奇望街郵局諸同志	指南針	壹百貳拾隻	南京
成美中學校	指南針	拾貳隻	南京
白敬宇眼藥庄同人	指南針	貳隻	南京
第一無線電台李潞田同志	指南針	拾貳隻	南京

團體名義及個人姓名	贈品種類	數量	備考
首都各界抗日救國會	指南針	叁百玖拾隻	南京
南京特別市黨部第二區第七分部執行委員會	指南針	貳拾肆隻	南京
劉崇治先生	指南針	壹隻	南京
市立東區實驗學校	指南針	壹百陸拾捌隻	南京
小學生楊早同志	指南針	壹隻	南京
孫藎芝先生	指南針	貳拾肆隻	南京
銅山縣商會	指南針	貳百壹拾隻	
鎮江民衆教育會	指南針	伍拾陸隻	
鎮江國難救濟會	指南針	陸拾叁隻	
蚌埠榮興總公司	指南針	壹百貳拾隻	
鄭啓平先生	指南針	陸拾肆隻	
陸地測量總局	指南針	叁拾隻	南京

京市教育局諸同志	指南針	壹百伍拾陸隻	南京
京市郵務工會	指南針	肆百陸拾隻	南京
杜文讓先生	指南針	壹隻	南京
錦昌祥寶號	指南針	貳拾伍隻	南京
天盛和諸同志	指南針	柒拾貳隻	南京
段管和先生	指南針	壹隻	南京
京自來水工程處諸同志	指南針	捌拾玖隻	南京
中央研究院全體勤務	指南針	伍拾隻	南京
小學生潘傘	指南針	壹隻	南京
黃寶記皮革廠	指南針	貳拾隻	南京
安姚黃周氏等同居	指南針	貳拾肆隻	南京
王同志	指南針	拾隻	南京
張少松先生	指南針	肆隻	南京

團體名義及個人姓名	贈品種類	量數	備考
精谷眼鏡公司	指南針	貳拾肆隻	南京
蔣宗周先生	指南針	壹隻	南京
朱寶鎬先生	指南針	壹隻	南京
金聲先生	指南針	捌隻	南京
中央大學物理學系普通物理學實驗室	指南針	拾隻	南京
南京民衆教育館	指南針	肆拾捌隻	南京
甯波祥泰木廠諸同志	指南針	壹百貳拾隻	南京
甯波林再興張錫山錢德興等同志	指南針	壹隻	南京
南京中英中學抗日救國會	指南針	貳拾肆隻	南京
李府巷同昌莊	指南針	拾隻	南京
南京市工務局同人	指南針	肆百零捌隻	南京
無名氏	指南針	貳拾肆隻	南京

列字電艇艇長盧文祥同志	指南針	壹隻	南京
韓化隆先生	指南針	壹隻	南京
慶記煤油公司	指南針	壹百玖拾貳隻	南京
袁福同志	指南針	壹隻	
南京市私立華南中學師生諸同志	指南針	拾貳隻	
南京市第六區人民自衛指導委員會	指南針	貳百零肆隻	
金聲同志	指南針	貳隻	
三條巷小學藍女士	指南針	壹隻	
徐州亨得利號	指南針	伍拾隻	
蕪湖縣黨部	指南針	肆拾肆隻	
南京三星公司總務處	指南針	壹百伍拾陸隻	
天津大公報社	指南針	壹百零壹隻	
甯波同鄉會	別針	捌籮	

團體名義及個人姓名	贈品種類	量數	備考
市商會第一辦事處	羅盤	壹隻	
市商會第一辦事處	羅針	壹隻	
廣東同鄉救濟會	鉄甲背心	肆件	
盛昇頤先生	鋼背心	貳件	
永發公司	鋼馬甲	貳件	
忠記	鋼馬甲	壹件	
市商會	竹馬甲	壹件	
張巂林先生	鋼甲背心	伍件	
行素堂	鋼甲背心	貳件	榮耀隆交來
李信孚先生	鋼甲背心	壹件	
何乃斌先生	鋼馬甲	壹件	
上海市商會	鋼絲衣	肆套	

陳松元先生	鐵絲網	伍百柒拾卷	
香港新舊銅鐵行	鋼線	玖百零壹綑	
青島市政府	有刺鐵絲	陸百零一件	
青島市政府	鐵絲刺	貳百貳拾伍件	(兩共捌百貳拾陸件)
亞美公司	鉛絲	叁拾柒卷	
亞美公司	鉛絲	貳拾捆	
亞美公司	鐵絲	壹卷	
曾九如夫人	十八號鉛絲	壹百貳拾磅	中西大藥房轉來
陳師母	十六號鉛絲	壹百磅	中西大藥房轉來
杭州市政府	鉛絲	壹包	
上海市民地方維持會	鉛絲	貳卷	
潮州旅滬同鄉會救國委員會	鐵絲網	壹百伍拾捲	
吳興民衆救護會	鐵絲	壹卷	

團體名義及個人姓名	贈品種類	數量	備考
史久麟先生	鐵絲刺	叁捲	
特別華捕團	鉛絲	貳拾綑	
上海地方維持會	軍用皮袋電話	貳拾具	
上海地方維持會	桌機電話	拾具	
YGZ先生	桌機電話	拾叁具	
中國電氣股份有限公司	電話機	伍具	
中國電氣股份有限公司	電話線	拾卷	
中國電氣股份有限公司	電池	貳拾壹隻	
通易信托公司婦女儲蓄會	電池	貳拾打	
譚泮蓄電池公司	蓄電池	陸個	
亞美公司經募	舊電話機	壹具	
抗日救國會	電話袷機	壹副	

無名氏	電話機	壹具	
泰豐成金號	軍用電話機	貳隻	
楊志雄先生	電話袋連帶	陸拾隻	
忠社	電話機	貳拾具	
忠社	蓄電池	貳拾具	
忠社	開關	陸隻	
忠社	膠皮帶	伍拾圈	
忠社	膠皮布	拾圈	
忠社	紮銅絲	壹包	
和記同人	電話機	壹架	
何先生	電話機	壹架	
通易信托公司婦女儲蓄處	電筒	拾打	
趙如泉先生 周炳臣	電報機	壹架	

團體名義及個人姓名	贈品種類	量數	備考
趙如泉 周炳臣 先生	桌機	貳架	
持志學院留滬同學慰勞會	手電筒	陸拾隻	
楊天澤先生	電話機	壹架	
中華無線電研究社	無線電機	貳副	共捌件
中華無線電研究社	電燈泡	貳拾隻	
姜貴春先生	干電池	貳盒	
國防電信局同人	探照燈	貳具	
市商會第一辦事處	干電池	叁百陸拾隻	
勝舶電池廠	電水	陸缸	
天津大公報社募	電話機	壹具	南京
天津大公報社募	電線	壹綑	
鄒靜潤先生	干電	貳筒	

張天鎰同志	干電池	壹百節	
康盛行	干電	壹箱	銀行公會代收
大中華電汽公司交勵志社	電筒	貳打	銀行公會代收
大中華電汽公司交勵志社	電	陸打	
婦女捐助軍用服裝會	電話耳機	壹具	
婦女捐助軍用服裝會	電話枱機	壹具	
特別華捕團	電心	伍打	
沈肄臣張佩紳查劍石方宣周諸先生	電話機	陸架	
沈肄臣張佩紳查劍石方宣周諸先生	電話線	拾卷	
首都工界抗日救國會暨工界國民救國會議促進會	綢旗	壹面	南京
中國國民黨政治講習班革命同學會	綢旗	壹面	南京
南京市私立中學校聯合會	綢旗	壹面	南京
南京市緞業等二十八業公會	綢旗	壹面	南京

團體名義及個人姓名	贈品種類	量數	備考
青年會中學抗日救國會	綢旗	壹面	南京
首都各界抗日救國會	綢旗	壹面	南京
南京市婦女救濟會	綢旗	壹面	南京
鑄魂學社	綢旗	壹面	南京
南京市三牌樓小行口等各街民衆慰勞團	綢旗	壹面	南京
中華學藝社	綢旗	壹面	南京
福州誠正救國會	蔡軍長旗幟	壹面	南京
奉賢縣民衆代表	蔡軍長旗幟	壹面	南京
江甯律師公會	綢旗	壹面	南京
實業部國貨陳列館國貨商場團體	綢旗	壹面	南京
北平女青年會婦女會婦女救國十人團自覺救國會	綢旗	壹面	南京
湖北漢陽縣黨部	綢旗	壹面	南京

實業部國貨陳列館國貨商場	旗	壹面	
北平民衆救國會	旗	壹面	
吳公館	絲棉馬甲	伍拾件	
廣東同鄉救濟會	絲棉馬甲	伍件	
邵壽房先生	絲棉馬甲	玖百捌拾陸件	
徐邵挹芬 徐俞依威女士	絲棉馬甲	壹百件	
金潤庠先生	絲棉馬甲	貳拾捌件	
上海家庭服務團	絲棉馬甲	玖拾件	
廣東俱樂部邵瑞生先生	絲棉馬甲	伍拾件	
廣東俱樂部邵瑞生先生	絲棉馬甲	壹百伍拾件	
忠勇記	絲棉馬甲	伍拾件	
榮生公司經募粵商旅滬同人	絲棉馬甲	捌拾件	
李太太經募楊蔡繡月女士	絲棉馬甲	肆拾壹件	

團體名義及個人姓名	贈品種類	數量	備考
晉記	絲棉馬甲	伍拾件	
周渭臣先生	絲棉馬甲	貳百件	
金龍公司	羊毛背心	貳拾壹件	
周渭石先生	絲棉背心	貳百貳拾件	
于艷秋先生 王沈氏女士	絲棉背心	壹拾伍件	
悔予先生	絲棉背心	陸拾件	
元大錢莊 正大銀行	絲棉背心	壹百件	
元泰恆糖行	絲棉背心	壹百叁拾陸件	
上海市社會局	絲棉背心	拾件	
松江鹽務稽核分所同人	新棉背心	壹千件	
德昌洋服店	絲棉背心	叁拾件	
徐旭記先生	絲棉背心	壹百件	

張公館	絲棉背心	壹百零貳件	
蘭記	絲棉背心	壹百零捌件	
瞿頌言先生	絲棉背心	拾陸件	
隱名氏	絲棉背心	壹百件	
吳江縣震澤商會	絲棉背心	捌拾件	
基督教女青年會	絲棉背心	肆百玖拾貳件	
基督教女青年會	絨線背心	貳拾肆件	
無名氏	絲棉背心	壹百件	
市商會第一辦事處	絲棉背心	伍拾貳件	
譚洪漢先生	絲棉背心	壹百件	
律師公會	絲棉背心	貳百壹拾伍件	
孫禾堂 潘雨香先生	絲棉背心	拾件	
王綏之先生	絲棉背心	伍拾柒件	

團體名義及個人姓名	贈品種類	數量	備考
陳燮生陳太太康氏沈氏耀章惠章	絲棉背心	貳拾陸件	
郭徐德荃先生	絲棉背心	拾捌件	
甯波同鄉會	絲棉背心	玖百貳拾陸件	
華舫運駁公司	絲棉背心	壹百陸拾壹件	
松江鹽運副使全體先生	絲棉背心	貳百件	
陳同偉先生	絲棉背心	貳拾伍件	
慰勞前敵衛國將士會	絲棉背心	伍拾肆件	
慰勞前敵衛國將士會	上棉背心	玖拾件	
馬先生鄒太太	絲棉背心	叁拾件	
上海國民戰時服務社	絲棉背心	貳百貳拾件	
上海家庭服務團	絲棉背心	壹百零伍件	
瑞康銀公司	絲棉背心	壹百件	

仁社	絲棉背心	貳拾柒件
美通汽車公司華職工同人	絲棉背心	貳百零叁件
上海市婦女慰勞將士護國會	絲棉背心	壹百玖拾件
長城社同人	絲棉背心	貳百伍拾伍件
汪守權祝壽山朱馨諸先生	絲棉背心	叁百件
義興莊同人	絲棉背心	柒拾伍件
施煥庭先生	絲棉背心	伍件
周文根先生	絲棉背心	伍件
孫太太	絲棉背心	伍件
忻全記	絲棉背心	伍件
蔣女士　孫女士	絲棉背心	陸拾件
俞安寧女士	絲棉背心	叁拾陸件
民智中小學校	絲棉背心	肆拾貳件

團體名義及個人姓名	贈品種類	數量	備考
崔庶士先生	絲棉背心	柒拾件	
合記	絲棉背心	伍拾貳件	
沈積善堂	絲棉背心	伍件	
林鶴欽先生	絲棉背心	拾伍件	
吳篷洲募志先生	絲棉背心	壹百件	
李定根先生	絲棉背心	叁拾肆件	
高王素英女士	絲棉背心	貳百叁拾件	
王衛鐘 龔顯玉先生	絲棉背心	伍拾件	
新聞報館轉來	絨背心	壹百零捌件	
黃記	絲棉背心	拾陸件	
華通機器廠	絲棉背心	壹百件	
洪渭亭先生	絲棉背心	壹百件	

劉華晞先生	絲棉背心	伍件	
楊志周先生	絲棉背心	拾件	
周志清先生	絲棉背心	伍件	
陳文煥先生	絲棉背心	陸拾件	
上海市呢絨業工會	絲棉背心	壹百貳拾件	
楊根生先生	絲棉背心	拾件	
潮州旅滬同鄉會	絲棉背心	貳百肆拾件	
嘉興抗日救國會	絲棉背心	壹百貳拾件	
李祖勳先生	絲棉背心	拾伍件	
嘉興縣抗日救國會	絲棉背心	壹百伍拾件	
天主教婦女勤儉社	絲棉背心	拾壹件	
新聞報館轉來	絲棉背心	伍拾件	
馬鳳岐 陳芷蘭夫人代募	絲棉背心	貳百件	

團體名義及個人姓名	贈品種類	數量	備考
上海市婦女界慰勞護國將士會	絲棉背心	壹百肆拾伍件	
無名氏	絲棉背心	貳拾捌件	
信豐公司同人	絲棉背心	捌拾件	
靜安別墅	絲棉背心	壹百柒拾件	
餘豐昌	毛絨背心	貳拾肆件	
郵務工會	絲棉背心	陸拾件	
上海捐助軍用服裝會	棉背心	玖百肆拾件	
上海捐助軍用服裝會	絲棉背心	陸拾件	
上海捐助軍用服裝會	棉背心 絲棉背心	共肆百貳拾肆件	
畫錦堂韓	絲棉背心	拾件	
袁隱名君	絲棉背心	壹百零貳件	
石世棟先生	絲棉背心	壹百零貳件	

王耆謀先生	絲棉背心	拾件
楊太太	絲棉背心	壹百伍拾件
余左淡涵先生	絲棉背心	拾柒件
上海國民戰時服務團	絲棉背心	柒拾件
女士愛國勤儉會	絲棉背心	叁百拾肆件
祝壽山先生經募	絲棉背心	陸拾叁件
元盛莊同人	絲棉背心	壹百貳拾件
汪桂生先生等	絲棉背心	伍百件
上海市商會第三辦事處	絲棉背心	叁百件
信平公司漢興水電公司同人	絲棉背心	壹百件
松江樂思堂婦女服務部	絲棉背心	肆拾壹件
上海市呢絨業同業公會	絲棉背心	叁百零壹件
張潤身先生等	絲棉背心	壹百件

團體名義及個人姓名	贈品種類	數量	備考
郭徐德荃先生	絲棉背心	貳拾壹件	
張伯觀 徐永炎先生募	絲棉背心	肆百貳拾件	
許重五周君 周砥青先生	絲棉背心	玖拾陸件	
廣肇公所	絲棉背心	拾柒件	
陳培基先生	絲棉背心	貳拾件	
沈務源徐幼鶴 徐筱鶴徐惠君先生	絲棉背心	壹百件	
楊志雄先生募	絲棉背心	肆拾貳件	
楊志雄先生募	棉背心	壹百拾叁件	
聞記先生	絲棉背心	伍拾件	
曹記先生	絲棉背心	伍拾件	
賁記先生	絲棉背心	貳拾捌件	
胡宗氏女士	絲棉背心	伍拾壹件	

無名氏	棉背心	拾貳件	
曹玲玲女士	絲棉背心	拾件	
社會局	絲棉背心	拾件	
鄭太太 鄭國衡先生	絲棉背心	伍拾伍件	
嚴黃席蘭 魏朱玉英 潘張梅君女士	絲棉背心	壹百拾伍件	
邱季女士	絲棉背心	貳拾伍件	
孫公館	棉背心	拾貳件	
高公館	絲棉背心	肆件	
勝利記	絲棉背心	伍拾肆件	
江海關俱樂部	絲棉背心	叁百拾叁件	
南潯鎮商會	絲棉背心	貳百件	
浦東各界慰勞會	絲棉背心	伍百件	
趙勝山先生及法國郵船公司賬房同人	絲棉背心	壹百伍拾件	

團體名義及個人姓名	贈品種類	數量	備考
蔡老太太	絲棉背心	拾件	
陳蕉青夫人	絲棉背心	肆拾件	
上海國民戰時服務團	絲棉背心	叁拾件	
申報館轉來公記	絲棉背心	柒拾叁件	
申報館轉來覺園公	絲棉背心	拾貳件	
王耆謀先生	絲棉背心	拾件	
申報館轉來俞安亭先生	絲棉背心	拾肆件	
嘉興縣抗日救國會	絲棉背心	壹百貳拾件	
楊太太	絲棉背心	貳百肆拾件	
宋曉峯先生	絲棉馬甲	陸件	
宋文傑先生	絲棉馬甲	拾肆件	
劉女士	絲棉馬甲	陸件	

李先生	絲棉背心	伍拾件	
劉小姐	絲棉背心	拾壹件	
公記	絲棉背心	陸件	
山文元先生	絲棉背心	陸件	
魏杏林先生	絲棉背心	拾壹件	
浙江路回教堂經募	絲棉背心	肆百貳拾件	
無名氏	絲棉背心	伍拾件	
陳季卿太太程秀齡王享齡小姐	絲棉背心	伍拾伍件	
汪企張等	絲棉背心	貳百件	
中國紅十字會	絲棉背心	肆拾肆件	
旅滬成衣救國會	絲棉背心	伍百壹拾件	
上海市婦女慰勞會	絲棉背心	玖拾件	
元興黃再生先生	絲棉背心	伍拾柒件	

團體名義及個人姓名	贈品種類	數量	備考
美娟公記	絲棉背心	叁件	
漁洋里郭姓暨隱名女士	絲棉背心	拾陸件	
宋金如先生	絲棉背心	陸件	
張顯華先生	絲棉背心	叁拾肆件	
八小姐	絲棉背心	陸件	
陳九記	絲棉背心	貳拾肆件	
虞南陽	絲棉背心	肆拾件	
忠勇記	絲棉背心	伍拾件	
吳公館	絲棉背心	陸拾壹件	
國民一份子	絲棉背心	柒拾貳件	
邵壽房先生	絲棉背心	壹百肆拾件	
鄭麒麟先生暨各親友	絲棉背心	壹百件	

甯波同鄉會	絲棉背心	貳百柒拾貳件
張亦發先生	絲棉背心	壹百零叁件
上海市社會局	絲棉背心	叁件
鼓勵堂	絲棉背心	伍拾肆件
國民一份子	絲棉背心	叁百零捌件
鄭太太 鄭國衡先生	絲棉背心	肆拾伍件
上海市商會	絲棉背心	壹百件
上海市商會	毛背心	壹百件
上海市商會	絲棉背心	拾玖件
上海市商會	絲棉背心	壹百叁拾叁件
上海市商會	絲棉背心	貳百柒拾貳件
上海市商會	絲棉背心	捌百貳拾貳件
蘭記	絲棉背心	玖拾貳件

團體名義及個人姓名	贈品種類	數量	備考
瑞和祥行同人	絲棉背心	壹百件	
林慷侯太太	絲棉背心	貳拾件	
嚴徐青畹 潘陳寶娥女士 譚甘金翠	絲棉背心	壹千件	
張十一先生	絲棉背心	伍拾柒件	
夏一方先生	絲棉背心	叁拾件	
眞質之先生	絲棉背心	拾件	
姚南記先生	絲棉背心	貳拾玖件	
王滌樓先生等	絲棉背心	陸拾件	
彙唐號	絲棉背心	壹百零肆件	
解女士	絲棉背心	貳拾件	
桑女士	絲棉背心	貳拾件	
陸佑澤先生	絲棉背心	拾件	

楊慶禮堂	絲棉背心	壹百件	
婦女捐助軍用服裝會	毛絨背心	拾肆件	
婦女捐助軍用服裝會	絲棉背心	陸百件	
陳霈泉先生	絲棉馬甲	陸拾柒件	申報館轉來
連記	絲棉背心	伍拾件	
新聞報館	絲棉馬甲	拾件	
時事新報館轉來	絲棉背心	拾件	
南潯鎮商會	絲棉背心	肆件	
上海市地方維持會	絲棉背心	叁百件	
上海市地方維持會	絲棉背心	拾件	
中華基督教青年會	棉背心	叁拾伍包	
陳人傑 湯秉國先生	絲棉背心	貳拾件	
公記	絲棉背心	柒百拾壹件	

團體名義及個人姓名	贈品種類	數量	備考
民衆慰勞促進會	絲棉背心	肆拾捌件	
新聞報館	絲棉背心	柒拾件	
張慧娥女士	絲棉背心	貳件	申報館轉來
劉晗三先生	絲棉背心	伍件	申報館轉來
廣東同鄉救濟會	絲棉背心	肆拾件	
上海市婦女慰勞護國將士會	絲棉背心	貳拾捌件	
上海市臨時救濟會	絨馬甲	伍拾件	
上海市臨時救濟會	絲棉馬甲	柒件	
天津大公報社募	棉背心	壹百陸拾件	南京
天津大公報社募	汗背心	壹打	南京
滎心濟先生	毛絨背心	陸件	
繁麗商店同人	絲棉背心	壹百件	

市商會第一辦事處轉來	絲棉背心	叁百肆拾肆件	
隱名氏	皮紙絲棉背心	壹百件	
市商會	絲棉背心	肆件	
葉道善	絲棉背心	陸件	
新聞報館	絲棉背心	柒件	
婦女捐助軍用服裝會	絲棉背心	壹百件	
婦女捐助軍用服裝會	棉背心	壹百件	
新聞報館	毛線背心	貳件	
庭餐氏	絲棉背心	貳拾件	
開成造酸公司	絲棉背心	伍拾件	
華康公司	絲棉背心	捌件	
上海市婦女界慰勞護國將士會	絲棉背心	叁件	
新聞報館	絲棉背心	壹件	

團體名義及個人姓名	贈品種類	數量	備考
無名氏	絲棉背心	壹百件	
黃靜升	絲棉背心	壹百件	
知止居	絲棉背心	肆百貳拾件	
莊曾鼎 盛愛頤女士	絨線背心	陸百零貳件	
張彝訓堂諸善女士	絲棉背心	貳拾伍件	
新聞報館轉來	絲棉背心	壹拾捌件	
席蘭記	絲棉馬甲	壹百零捌件	
施公記	馬甲	貳件	
王梓康夫人	絲棉背心	壹百件	
十齡童王菩提	絲棉背心	壹百件	
鄧瑞人夫人	絲棉背心	壹百件	
嘉興縣國難救濟委員會	絲棉背心	伍拾件	

嘉興縣抗日救國會	絲棉背心	壹拾叁件	
亞美公司經募	絨線背心	壹拾件	
浙江省籌募救國義捐會	絲棉背心	壹百件	
廣肇公所	棉背心	貳百件	
杭州市政府	絲棉背心	壹百件	
平湖電器公司	絲棉背心	貳百件	
南潯鎮商會	絲棉背心	壹百叁拾捌件	
家庭服務團	絲棉背心	陸拾件	
吳公館	絲棉背心	叁拾件	
陳孫錦女士	布棉背心	伍百伍拾件	
家庭服務團	絲棉背心	伍拾件	
張文娟女士	絲棉背心	陸件	
葛季華先生	絲棉背心	伍件	

團體名義及個人姓名	贈品種類	數量	備考
周上吉先生	絲棉背心	伍件	
陸文齡先生	絲棉背心	伍件	
大榮柏先生	絲棉背心	伍件	
孫博海先生	絲棉背心	伍件	
孫坤祥先生	絲棉背心	伍件	
上海基督教女青年會	絲棉背心	伍百件	
許太太 聶太太 黃太太 王太太 張太太	絲棉背心	貳百叁拾壹件	
胡宋氏	絲棉背心	伍拾件	
徐仁傑先生	衛生衫褲	陸拾套	
一枝香嗇芬友誼社	衛生衫褲	貳百肆拾件	
交通部無線電台	衛生衫褲	肆套	
交通部無線電台	衛生衫	壹件	

上海市百貨商店業同業公會	衛生褲	壹百貳拾件	
瞿長順鮮果業同人	衛生衫	壹千貳百件	
上海市社會局	衛生衫	拾件	
潘公館	衛生衫	伍百件	
小小慰勞團	衛生衫	壹百拾肆件	
寧波同鄉會	衛生衫	捌拾件	
中南銀行同人	衛生衫褲	壹千件	
陳景範先生	衛生衣	拾伍件	
基督教女青年會	衛生衣	壹百貳拾件	
市商會第一辦事處	衛生衣	拾貳件	
吳邵汪莫胡諸位太太	衛生衫褲	肆拾打	
自助團	衛生褲	肆百貳拾陸條	
靜安別墅	衛生褲	貳拾捌打	

團體名義及個人姓名	贈品種類	數量	備考
張惠記	衛生衣	壹打	
杜畏因先生	舊衛生衫褲	貳打	
新聞報館轉來	衛生衫褲	貳千肆百捌拾件	
新聞報館轉來	衛生衣	貳百捌拾件	
上海市特區市民聯合會	衛生衣	伍拾件	
民衆救國團	衛生衣	壹千叁百件	
李祖虞太太經募	衛生衣	伍拾件	
京滬滬杭甬鐵路局	衛生衣	壹千貳百件	
華洋雜貨聯益會	衛生衣	拾貳件	
榮心濟先生	衛生衫褲	壹拾伍打	
靜安別墅	衛生衣	伍打	
福元麵粉廠	短衫褲	叁百陸拾套	

李子敬先生	衛生衣	貳件	
婦女捐助軍用服裝會	衛生衣	叁拾陸件	
西社	衛生衣	貳拾打	
俞安寧女士	衛生衣	壹拾捌件	
寶星織造廠	衛生衣褲	叁拾陸件	
香港唐先生	羊毛衫	壹百件	
馮培耕先生	衛生衫	壹百件	
馮培珍先生	衛生衫	貳拾件	
大中華電器公司	衛生衫	陸拾伍件	
大中華電器公司	衛生褲	壹百拾肆條	
上海報界工會	衛生衫	肆百貳拾件	
時事新報館轉來	衛生衣	捌拾陸件	
上海市商會	衛生衫	壹千叁百陸拾件	

團體名義及個人姓名	贈品種類	數量	備考
黃佩翠　王福法 恩華諸先生	衛生衫	陸百件	
陳人杰先生	衛生衫褲	叁拾件	
公記	絲棉襖褲	貳百陸拾件	
廣東同鄉救濟會	棉衣	壹百件	
上海市商會	棉衣褲	伍百伍拾件	
商人協助慰勞團	棉衣	叁百叁拾件	
林鶴欽先生	棉衣褲	陸拾陸件	
沈達時先生	袍子	壹件	
上海市社會局	棉衣袴	伍拾伍套	
新聞報館	棉襖	拾玖件	
甯波同鄉會	棉大衣	念件	

閔先生 湯襄蕙女士	絨布衫	貳拾件	
王蔡繡雲 莊謝銘錦 女士經募	絨布衫	伍拾壹件	
金龍公司	羊毛衫	伍件	
金龍公司	羊毛褲	貳條	
周省三先生	絨線衫	壹百貳拾件	
義聚興	絨線衫	陸拾件	
興申泰	絨線衫	拾貳件	
陸祥麟 傅洪初 先生	絨線衫	拾貳件	
浙江回教會	內衣	貳百零壹件	
上海市社會局	絨綫衫	拾貳件	
同和號	線衫	陸件	
朱澎君	絨線衫	貳件	
新聞報館轉來	絨衫褲	壹百陸拾貳件	

團體名義及個人姓名	贈品種類	數量	備考
新聞報館轉來	毛絨衫	柒拾貳件	
蔡老太太	襯褲	玖拾貳條	
吳興民衆國難救援會	舊衫褲	貳拾件	
上海國民戰時服務團	短衫褲	貳拾肆件	
王書謀先生	布衫褲	陸拾貳件	
申報館轉來張慧娥女士	絨線衫	壹件	
陳少眉先生	羊毛絨衫	壹件	
陳少眉先生	衛生絨衫	壹件	
陳少眉先生	襯褲	壹條	
陳少眉先生	西裝	壹件	
陳少眉先生	襯衫	伍件	
潘胡二君	內衣褲	貳拾件	

基督教女青年會	絨線衫	壹件
基督教女青年會	白布褲子	肆拾件
基督教女青年會	線褲	柒拾貳件
市商會第一辦事處	短衫褲	壹千貳百伍拾捌件
慰勞衞國將士會陳蔡卓民 何卓文先生	短衫褲	肆百件
邵康記	工人裝	肆件
陸文記先生	布衫褲	壹百貳拾件
馬先生　鄺太太	布單褲	壹百條
新聞報館經募	短衫褲	貳百貳拾肆件
新聞報館經募	襯衫褲	捌拾件
人和醫院	短褲	陸百件
慰勞前敵衞國將士團	短褲	拾伍條
紗布交易所總務科同人及職工	白斜紋布衫褲	叁百捌拾付

團體名義及個人姓名	贈品種類	量數	備考
福州文山女子中學校	單衫	壹百壹拾件	
智仁勇女校	布衫褲	壹百壹拾肆件	
智仁勇女校	夾衫褲	捌拾件	
廣東各界救國籌款慰勞委員會	中式衫	叁千件	
福新第二麵粉廠	白布短衫褲	壹千貳百件	
梁纖彬曉兄弟姊妹	傷兵衣服	陸百件	
上海基督教女青年會	內衣褲	伍百柒拾肆件	
李文治先生	內衣褲	肆拾件	
王維新先生	內衣褲	肆拾件	
永盛源	內衣褲	肆拾件	
胡春芳先生	內衣褲	貳拾件	
陳梓樵先生	內衣褲	貳拾件	

宋乾生先生	內衣褲	貳拾件	
張鍾發先生	內衣褲	貳拾件	
李松泉先生	內衣褲	貳拾件	
李建章先生	內衣褲	貳拾件	
唐岩曾先生	內衣褲	貳拾件	
沈葆華先生	白衣褲	貳拾件	
郁良心南號同人	白布衫褲	壹百貳拾件	其縫工由邢裕昌成衣店義務助工
吳江縣澤鎮良友社	內衣褲	叁拾捌件	
杜畏因先生	絨布衫	壹件	
何府	藍布衫褲	陸拾陸件	
沈達時先生	襯衣	貳件	
沈達時先生	短衫褲	貳件	
蔣嫣	綢褲	壹件	

團體名義及個人姓名	贈品種類	數量	備考
虞湘如先生	內衣褲	貳拾貳件	
香港聖約翰救傷隊	衣服	拾捌包	
上海紙業同業工會	襯褲	貳百伍拾件	
百貨公會	線衫	叁拾陸件	
郭徐德荃先生	毛布衫褲	拾陸件	
社會局	棉衣褲	捌件	
社會局	棉衣	捌件	
張懷德先生	絨布衫褲	叁拾件	
沈君遂先生經募	衣內褲	貳拾件	
張子泉先生	內衣褲	捌拾件	
羅立欽先生	內衣褲	肆拾件	
王開先生	內衣褲	拾陸件	

陳佩泉君佩貞錦禮兩女士經募	單衣褲	壹百叁拾貳件	
上海市婦女慰勞護國將士會	短衫褲	壹百陸拾肆件	
跑馬總會馬業部	短衫褲	貳千叁百肆拾件	
上海市特區市民聯合會	布衫褲	肆拾件	
首都華僑招待所李揆平等四同志	馬褲	壹條	南京
江甯律師公會	衣服	伍拾件	南京
陳慰堂同志	學生裝	貳件	南京
陳慰堂同志	內掛褲	貳件	南京
烏青鎮反日救國會	內衣褲	貳拾捌套	
智仁勇女校	夾衫褲	叁拾捌套	
上海市呢絨業同業公會	白布短衫褲	壹千零零捌件	
柯合堂	短衫褲	捌拾肆件	
汪楚生先生	內衣褲	壹百貳拾件	

團體名義及個人姓名	贈品種類	數量	備考
市商會轉來	短衫褲	貳百柒拾貳件	
亞美公司經募	短衫褲	肆百件	
姚老太太	襯衫	壹百貳拾件	
南潯鎮商會	短衫褲	貳百肆拾件	
新聞報館	白布衫褲	陸拾件	
振民內衣公司 新生內衣公司 中國鈕扣廠	白布衫褲	貳百肆拾件	
上海銀行虹口分行	內衣褲	貳百件	
上海市社會局	單衫褲	貳拾件	
吳興電器公司經募	短衫褲	貳百件	
上海市商會轉來	白布短衫褲	捌百貳拾捌件	
市商會	布衣	陸百件	
王華照先生	布衫褲	伍拾肆件	

竺泉通先生	白布短衫褲	壹百件	
周王記 怡盛祥號同人	短衫褲	貳百件	
市商會	舊衣服	壹千件	
薛潤春先生	短衫褲	貳百件	
新聞報館	白布褲	肆拾件	
朱澎君	白布衫褲	貳拾貳件	
狄三秀 徐君記 狄青萍 吳瑞記 狄筱平 李詠記	布衫褲	肆百貳拾件	
新聞報館	短衫褲	捌拾貳件	
董藹如女士	短衫褲	柒拾陸件	
上海市婦女界慰勞護國將士會	短衫褲	壹百陸拾肆件	
林鶴欽先生	棉褲	伍拾件	
沈星恆先生	襯衫褲	肆拾件	

團體名義及個人姓名	贈品種類	數量	備考
徐左濬先生	布衣褲	拾貳件	
淩太太 趙少奶	短衫褲	肆百捌拾肆件	
聯華影片公司第一廠同人	毛巾褲	陸百柒拾叁件	
吳興民衆救護會	衫褲	肆件	
光華火油公司同人	白布短衫褲	叁百肆拾件	
上海市婦女界慰勞護國將士會	襯衫褲	貳千柒百玖拾貳件	
嘉興縣抗日救國會	白布襯衫褲	貳百肆拾陸件	
周沈葆德女士	內衣	貳百件	
新聞報館	內衣褲	壹百件	
唐閘婦女抗日會	棉衣褲	捌百伍拾陸件	分裝玖包
南潯鎮商會	短衫褲	壹百貳拾件	
魏久輪先生	內衣	壹百零玖件	

蕪湖景星綢緞局	內衣襪	肆拾肆件	
時事新報館轉來	內衣褲	肆百捌拾件	
杭州市婦女犒軍團	棉衣	拾貳件	
杭州市婦女犒軍團	襯衫	叁百拾伍件	
杭州市婦女犒軍團	襯褲	叁百貳拾肆件	
衆志慰勞團	絨布衫褲	肆百零捌件	
大中華電器公司	短線衫	拾柒件	
杭州市政府	衫褲	壹包	
張錦湖先生	布衫褲	柒百壹拾件	
張錦湖先生	短衫褲	叁百件	
吳興電器公司	短衫褲	肆百件	
昌興公司	棉衣夾褲	肆百件	
市社會局	內衣褲	肆百捌拾件	

團體名義及個人姓名	贈品種類	數量	備考
吳興電器公司	短衫褲	柒拾陸件	中西藥房轉來
姚南記	白絨布褲	貳條	
朱福君先生	短衫褲	叁拾貳件	
新聞報館	絨線衫	貳件	
無名氏	白布內衣	貳拾壹件	申報館轉來
萬盛染廠 公昌和 昌興公司	灰斜棉衣褲	壹千件	
上海跑馬總會俱樂部同人	布襯褲	捌百件	
婦女捐助軍用服裝會	布衫褲	叁拾陸件	
婦女捐助軍用服裝會	短褲	壹件	
亞美公司經募	短衫褲	壹百伍拾叁件	
陳守卿太太 程秀齡 王享齡小姐	短褲	貳拾條	
方沂生先生	短衫褲	肆百叁拾件	

浙江路回教堂	短衫褲	貳百零陸件	
謝令鏘先生	短衫褲	壹千件	
吳蓮洲醫生	短衫褲	壹百貳拾件	申報轉來
陳霈泉先生	布夾褲	叁拾柒件	申報轉來
無名氏	白掛褲	陸拾肆件	申報轉來
連記	短衫褲	貳百件	
汜同會	內衣	捌拾肆套	
杭州市市立岳王路初級小學沈以蘭馬繼良先生等	襯衣	貳百件	
漢陽訓女中學學生	短衫褲	貳百零貳件	
上海市民地方維持會	短衫褲	壹千叁百貳拾壹件	又玖包
上海基督教女青年會	內衣	壹千零肆拾件	
福州誠正救國會	內衣	柒拾陸件	
大生第三廠同人	白布衫褲	壹百件	

團體名義及個人姓名	贈品種類	數量	備考
上海婦女節制協會	內衣褲	壹百玖拾貳件	
金育才先生	毛衫	叁件	
周培生先生	毛衫	壹拾伍件	
鍊石山房	毛衫	壹拾貳件	
鞠相山先生	毛衫	陸件	
同興廠	毛衫	陸件	
陶祝堯先生	毛衫	陸件	
朱如心先生	毛衫	壹拾貳件	
藝新廠	毛衫	陸件	
錢配生先生	毛衫	陸件	
上海市商會轉來	絨布短衫褲	叁拾件	
沈公館	絨布短衫褲	貳拾肆件	

新聞報館	毛線衫	壹件	
新聞報館	白絨布褲	肆拾件	
唐晉昌先生	毛衫	壹拾伍件	
王芹伯先生	毛衫	貳拾肆件	
李頌甫先生	毛衫	壹拾貳件	
鼎森廠	毛衫	壹拾捌件	
毛鴻屏先生	毛衫	叁件	
市商會	線衫	叁百肆拾件	
黃靜升先生	線衫	陸拾件	
上海市商會	棉衣	壹千伍百件	
上海市商會	棉褲	壹千貳百件	
孔祥熙先生	棉衣褲	壹千件	
新泰行 新泰昌 益泰昌 牟學書 朱轂繁 牟榮濤 董附青 尹輔廷	絨衫	貳拾件	

團體名義及個人姓名	贈品種類	量數	備考
陳庭銳太太經募	棉衣衫	伍拾肆件	
老悅生寶號	羊毛衫	壹百伍拾陸件	
華彰號	羊毛衫	壹百伍拾陸件	
華洋雜貨聯益會	毛衫	叁拾壹件	
張椰泉女士	白布衫褲	拾肆件	南京
天津大公報代募平津民衆同志	絀褲	肆拾柒件	南京
安徽合肥三育女子中學校	絀褲	壹百壹拾件	南京
吳幼林　吳幼良　鄭兆佳 鄭兆良　陳宗濂　陳家博 蔡國基　毛康侯　諸先生	油雨衣	叁百件	
民智中小學校	雨衣	壹件	
上海木器公會	雨衣	叁百零捌件	
廣幫綢布聯合會	雨衣	伍百件	

浙江回教會	雨衣	陸拾件	
浙江回教會	雨帽	叁拾件	
潮州旅滬同鄉會	油雨衣	貳千件	
基督教女青年會	雨衣	壹件	
市商會第一辦事處	雨衣	伍件	
市商會第一辦事處	雨帽	貳件	
國民慰勞前敵將士會	油衣連帽	貳百件	
沈俊三先生	雨衣	貳件	
靜安別墅	油衣	貳件	
張讓記先生	雨衣	壹百件	
中華第一針織廠	雨衣	壹百貳拾件	

團體名義及個人姓名	贈品種類	數量	備考
郁宜誠　任慎軒　劉贊成 俞傳傑　覲記　餘慶行 李釗　張晶如　源順棧 源生泰　龍口什貨公會 仇遠亭　張養泉　關雨農 楊欽亮　宋輝漢　振龍號 龍口航業公會　孫銘 益順德　龍口電報局 同慶棧　中美曲錦堂 王夢九　龍口商會	雨衣帽	共壹百貳拾陸件	
張蘭紀先生	油衣帽	拾肆件	
顧夫人	油衣帽	肆拾件	
新順記先生	油衣帽	叁拾肆件	
呂秉執先生	油衣帽	貳拾件	
上海市呢絨業同業公會	橡皮雨衣	伍拾件	
上海市呢絨業同業公會	橡皮披肩	叁拾伍件	
仁社救濟委員會	油衣	貳千件	

國民一份子	雨衣帽	貳件
上海市商會第二辦事處	雨衣	壹百捌拾叁件
廣東同鄉救濟會	舊雨衣	壹件
鹽務稽核所	油衣帽	貳百柒拾捌件
水菓公會	棕衣	叁百件
葉部長	油衣	壹百伍拾玖件
永安第一紗廠職員	油衣	肆拾件
大陸實業公司	西式軍用雨衣	貳百壹拾壹件
大陸實業公司	大油布雨衣	柒拾伍件
大陸實業公司	中油布雨衣	肆拾玖件
大陸實業公司	油布雨衣	陸拾件
蔡鈞先生	雨衣	叁拾伍件
寧波同鄉會	舊雨衣	貳件

團體名義及個人姓名	贈品種類	數量	備考
郵政儲金總局同人	油衣	壹千貳百伍拾件	仁社經手
仁社	油衣	柒百伍拾件	
浙江路回教堂	油衣	貳百件	
豐裕洋行王棣輝先生	油衣	壹百件	
西社	油衣	貳件	
市商會第一辦事處轉來	油雨衣	壹百件	
丘瓘璋先生	雨衣	壹件	
甯波同鄉會	披肩雨衣	壹件	
南潯鎮商會	雨衣	壹件	
中匯銀行	油雨衣	貳百件	
杭州市政府	雨衣	壹百陸拾件	
交通部無線電台	大衣	叁件	

市商會第一辦事處	大衣	貳件	
沈達時先生	大衣	壹件	
首都華僑招待所李揆平等四同志	軍服	肆套	南京
首都華僑招待所李揆平等四同志	軍帽	肆頂	南京
顧楫同志	制帽	拾壹套	南京
實業部國貨陳列館國貨商場	軍服	拾伍套	南京
黃衛民同志	軍服	壹套	南京
上海市商會	軍衣	貳百伍拾件	
上海市臨時救濟會	軍服	壹套	
宋德中經募	棉軍衣	貳百件	
市商會第三辦事處	軍衣	玖拾柒套	
李子敬先生	軍衣	貳套	
寧波同鄉會	軍衣褲	陸件	

團體名義及個人姓名	贈品種類	數量	備考
寗波同鄉會	軍帽	壹頂	
李子敬先生	軍帽	貳頂	
交通部無線電台	絨線帽	拾叁頂	
華洋什貨聯益會員	羅宋帽	肆百叁拾陸件	
市商會	鋼盔	叁千陸百頂	
上海市商會	羅宋帽	壹百頂	
上海市商會	羅宋帽	叁拾陸頂	
宋達人先生	絨織羅宋帽	柒百貳拾頂	
張樂平先生	羅宋帽	壹百伍拾頂	
河南鹽務總收稅局同人	鋼帽	壹百捌拾貳頂	
滙豐銀行同人	鋼帽	壹百頂	
潤豐莊豐同人	鋼帽	貳拾頂	

富豐莊	鋼帽	拾頂	
協和公	鋼帽	拾頂	
鴻盛莊	鋼帽	拾頂	
邱玉如先生	鋼帽	拾頂	
鴻泰莊	鋼帽	伍頂	
元豐莊	鋼帽	伍頂	
永昶莊	鋼帽	伍頂	
義泰莊	鋼帽	伍頂	
沈松亭先生	鋼帽	伍頂	
嚴成耀先生	鋼帽	壹頂	
聞安甫 俞鶴鳴先生	鋼帽	壹頂	
莊世培先生	鋼帽	拾頂	
孫忠德先生	鋼帽	壹頂	

團體名義及個人姓名	贈品種類	量數	備考
協和莊	鋼帽	貳頂	
天津大公報代募讀者諸同志	鐵帽	貳百頂	南京
川南鹽務稽核分所所屬各局處同人	鋼帽	壹百壹拾捌頂	
葉譽虎先生	鐵盔	貳百頂	
汪翊唐殷酬州先生	鐵盔	壹百頂	
董英先生	鐵盔	壹拾頂	
陳人傑先生經募	鐵盔	貳百肆拾頂	
大光明印刷公司	鐵盔	壹拾頂	
宋部長	鋼帽襯	伍百隻	開平公司金芝軒先生轉來
市商會	鋼帽襯	壹千隻	
交通部無線電台	毛巾	叁拾陸條	
元泰恆糖行	毛巾	叁拾陸條	

劉季舞先生	毛巾	貳百柒拾陸條	
同和號	毛巾	貳拾肆條	
浦東旅滬同鄉會	毛巾	陸百條	
薛德基先生	花毛巾	陸條	
新聞報館轉來	毛巾	壹百貳拾條	
市商會第一辦事處	毛巾	柒百捌拾條	
國民慰勞前敵將士會	毛巾	貳百肆拾條	
律師公會	毛巾	伍百條	
華僑馬君	毛巾	壹千貳百條	
華紡運駁公司	毛巾	貳百肆拾條	
吳興民衆國難救濟會	毛巾	壹百捌拾條	
靜安別墅	毛巾	貳拾肆條	
無錫孔雀學術研究社	毛巾	貳百零柒條	

團體名義及個人姓名	贈品種類	數量	備考
元盛莊同人	毛巾	叁百玖拾陸條	
汪桂生先生等	毛巾	壹萬貳千條	
程君	毛巾	貳百肆拾條	
天生布廠	手帕毛巾	柒百貳拾條	
覺園公	毛巾	壹百條	
陳沛泉君及佩貞錦禮兩女士經募	毛巾	貳百肆拾條	
市商會轉來	毛巾	壹百捌拾條	
梁譚玉樓女士	毛巾	壹千貳百條	銀行公會代收
三星棉鐵廠	毛巾	肆百叁拾貳條	銀行公會代收
智仁勇女校	毛巾	叁百陸拾條	銀行公會代收
通和銀行同人	毛巾	貳條	銀行公會代收
陳若薵先生	毛巾	壹百貳拾條	

日昇昌百貨公司	毛巾	陸拾條	
吳興民衆救護會	毛巾	捌百壹拾陸條	
杭州市政府	毛巾	叁百條	
實業部國貨陳列館國貨商場團體	毛巾	玖百陸拾條	南京
硃砂巷小學校諸同志	毛巾	貳百叁拾條	南京
山東省政府	毛巾	叁千陸百條	南京
何尙平先生	毛巾	壹百貳拾打	
大陸實業公司	毛巾	肆拾貳打	
華洋什貨聯益會	毛巾	陸百肆拾捌條	
張上榮先生	毛巾	壹百打	
蚌埠各界民衆	毛巾	貳拾伍打	南京
鄭麒麟先生暨各親友	毛巾	貳百條	
寧波同鄉會	毛巾	貳千叁百伍拾貳條	

團體名義及個人姓名	贈品種類	數量	備考
潤記	毛巾	貳拾打	
楊李氏	毛巾	貳打	
吳興電器公司	毛巾	壹千貳百條	
亞美公司	毛巾	陸百條	中西藥房轉來
唐閘婦女抗日會	毛巾	叁拾肆打	
上海市民地方維持會	毛巾	伍千陸百壹拾陸條	
陸亦民先生	毛巾	肆百捌拾條	南京
青年會中學抗日救國會	毛巾	陸百條	南京
三星公司	毛巾	陸百條	南京
首都各界抗日救國會	毛巾	壹千貳百條	南京
甯波祥泰木行諸同志	毛巾	貳千肆百條	南京
張天淦同志	毛巾	陸拾條	南京

天津大公報社募	毛巾	貳百肆拾條	南京
南非洲反日會代表何鑽先生轉來	毛巾、	陸百打	
同和號	白汗巾	叁百陸拾條	
交通部無線電台	圍巾	拾叁條	
新聞報館轉來	圍巾	貳拾條	
錢海華先生	圍巾	壹條	
上海紙業同業公會	紗巾	叁百條	
廣肇公所	頭巾	肆拾捌條	
上海市商會	圍巾	壹百條	
女子愛國儉勤會	絨線巾套	壹百柒拾柒隻	
徐崇德堂	絨線巾套	捌百肆拾條	
梁文漢先生	毛領圈	肆拾隻	
朱澎君	領圈	拾肆隻	

團體名義及個人姓名	贈品種類	量數	備考
王仲庚先生	絲絨領圈	貳拾玖隻	
新聞報館轉來	絨線領	伍拾陸隻	
申報館轉來張君	領圈	貳隻	
基督教女青年會	絨線領圈	柒百捌拾壹隻	
新聞報館轉來	領圈	捌拾伍隻	
市商會第一辦事處	領圈	陸拾柒隻	
世德堂胡太太	領圈	伍拾貳隻	
無名氏	領圈	叁百零叁隻	
澂芳女士	頸圈	壹百零柒隻	
天主教婦女勤儉社	毛領圈	貳百肆拾隻	
高天錫先生	絨線領圈	拾隻	
周婷娥女士	絨線領圈	拾隻	

朱祿之先生	絨線領圈	叁拾柒隻	
楊女士	絨線領圈	肆拾伍隻	
李先生	絨頸圈	貳拾陸隻	
胡世英等先生	絨線領圈	肆拾伍隻	
傅渭源先生	絨線領圈	貳隻	
蔣氏姊妹	領圈	拾隻	
高君怡女士	領圈	壹拾肆隻	
無名女	領圈	叁拾貳隻	
吳申伯先生	領圈	玖拾隻	
吳申伯先生	領圈	貳百陸拾貳隻	
上海市童子軍理事會戰地服務團	領套	肆隻	
市商會	領圈	陸拾陸隻	
徐君廉先生	絨線頸圈	叁拾陸隻	

團體名義及個人姓名	贈品種類	量數	備考
盧福秀女士	領圈	柒隻	
李英華女士	領圈	貳拾隻	
高炎德先生	領圈	壹拾柒隻	
陳遵元先生	絨線領圈	伍隻	
鄧叔學女士	領圈	壹拾肆隻	
朱福君先生	領圈	肆拾隻	
無名氏	絨線領圈	拾柒隻	
鄧美珊先生	絨線領圈	壹百零陸隻	申報館轉來
張慧娥女士	領圈	拾柒隻	
婦女捐助軍用服裝會	毛線頸圈	壹百隻	
上海市臨時救濟會	絨領圈	壹百壹拾捌隻	
李公館	風領	捌拾隻	

無名氏	領套	壹百玖拾肆隻	
寧波同鄉會	帆布鞋	叁拾陸雙	
寧波同鄉會	鞋子	叁百伍拾玖雙	
浦東旅滬同鄉會	黑皮鞋	肆拾貳雙	
浦東旅滬同鄉會	黃皮鞋	捌雙	
新聞報館轉來	跑鞋	貳百叁拾伍雙	
公安局第三科同人	跑鞋	捌打	
奉化同鄉會	橡皮鞋	肆拾叁雙	
張嘯林先生	草鞋	貳萬雙	
亞美公司經募	得勝鞋	貳包	
基督教女青年會	鞋子	貳拾貳雙	
市商會第一辦事處	鞋子	壹百陸拾捌雙	
律師公會	草鞋	陸拾陸雙	

團體名義及個人姓名	贈品種類	數量	備考
持志學院留滬同學慰勞會	跑鞋	捌拾柒雙	
浙江省籌募救國義捐	麻鞋	陸拾貳雙	
無錫孔雀學術研究社	草鞋	伍百雙	
隱名先生	膠鞋	壹百伍拾雙	
宏大鞋帽莊	跑鞋	伍拾雙	
上海律師公會	草鞋	貳百柒拾捌雙	
同發公司	膠鞋	貳百肆拾雙	
海門反日會	麻鞋	叁萬雙	
上海市商會第二辦事處	膠鞋	伍百伍拾貳雙	
救國會	膠鞋	叁百陸拾雙	
寧波同鄉會	草鞋	壹萬肆千壹百叁拾柒雙	
上海市新藥仝業公會	套鞋	貳百肆拾雙	

華安公司	跑鞋	陸百雙	
義源橡皮廠	跑鞋	壹千雙	
上海市婦女界慰勞會	膠鞋	伍拾雙	
上海市婦女界慰勞會	套鞋	捌雙	
周濟生先生	草鞋	叁百雙	
智仁勇女校	布鞋	貳拾雙	
上海市商會	跑鞋	拾打	
無名氏	跑鞋	貳拾捌雙	
上海市特區市民聯合會第三區分會	跑鞋	拾雙	
大中華電器公司	跑鞋	叁拾柒雙	
陳人杰先生	跑鞋	陸雙	
定海無線電台仝人抗日救國會	跑鞋	拾伍雙	
上海市商會第三辦事處送來	跑鞋	貳千肆百壹拾貳雙	

團體名義及個人姓名	贈品種類	數量	備考
鹽務稽核總所業務科同人經募	布面皮底鞋	伍百雙	
寧波同鄉會	布皮鞋	捌拾雙	
大庸李大立先生 張道孫	草鞋	貳百雙	
嘉興縣國難救濟委員會	布條經鞋	陸百雙	
孫幹臣先生	草鞋	壹百雙	
煤炭業同業公會	草鞋	肆千雙	南京
漢昌號	草鞋	伍百雙	
交通部無線電台	各色線襪	肆拾雙	
金龍公司	線襪	壹千捌百雙	
上海市社會局	棉襪	貳百貳拾捌雙	
悔予先生	布襪	貳百雙	
寧波同鄉會	襪	伍百肆拾肆雙	

鄔順興	棉襪	叁拾叁雙	
同和號	白襪	壹百零捌雙	
同和號	絲襪	陸拾叁雙	
華僑馬君	毛絨襪	壹千雙	
浦東旅滬同鄉會	毛襪	肆拾雙	
奉化同鄉會	黑線襪	貳百捌拾捌雙	
浦東各界慰勞會	黑線襪	壹百貳拾雙	
基督教女青年會	棉襪	壹千貳百叁拾雙	
新聞報館轉來	襪子	陸百肆拾捌雙	
新聞報館轉來	運動襪	壹百捌拾雙	
靜安別墅	毛襪	貳拾肆雙	
無錫孔雀學術研究社	襪	拾叁雙	
百貨公會	襪	貳拾肆雙	

團體名義及個人姓名	贈品種類	數量	備考
先施人壽保險公司同人	線襪	陸百雙	
廣肇公所	絨線襪	貳雙	
許太太	線襪	陸雙	
杜畏因先生	毛襪	貳雙	
老百姓	黑襪	壹百貳拾雙	中西藥房轉來
振藝號	襪	壹千貳百雙	銀行公會代收
江蘇市第二監獄分監	棉襪	伍百零伍雙	
救濟水災委員會汪楚生先生	線襪	壹千雙	
利工襪廠	運動襪	柒拾貳雙	
民智中小學師生	線襪	伍雙	申報館轉來
定海無線電台同人抗日救國會	襪	壹百柒拾捌雙	
上海市民地方維持會	襪子	壹千貳百柒拾貳雙	

上海市商會	毛襪	貳百柒拾玖雙	
上海市商會	毛襪	柒百貳拾雙	
婦女捐助軍用服裝會	毛襪	壹雙	
大中華電器公司轉來	線襪	叁拾陸雙	
沈秀英女士	絨線襪	肆雙	
吳興電器公司	襪子	貳百肆拾雙	
時事新報館轉來	襪子	玖百柒拾貳雙	
時事新報館轉來	襪子	玖拾雙	
大中公司鄒珊保先生	棉襪	貳百雙	
何尙平先生	線襪	貳百肆拾雙	
華洋什貨聯益會	線襪	肆拾捌雙	
華洋什貨聯益會	毛襪	肆拾捌雙	
市商會第一辦事處	毛襪	叁百捌拾肆雙	

團體名義及個人姓名	贈品種類	數量	備考
市商會第一辦事處	線襪	壹百陸拾貳雙	
山東省政府	線襪	叁千陸百雙	
芝記先生	黑洋襪	壹百貳拾雙	
新聞報館	襪子	壹百叁拾貳雙	
衆志慰勞團	線襪	貳百陸拾雙	
吳隆永先生	線襪	肆拾玖雙	
汪協記同人	線襪	肆百玖拾雙	
泰隆木器公司	線襪	貳百肆拾雙	
知止居	襪子	貳千肆百雙	
淩太太　趙少奶	洋襪	貳百肆拾雙	
陳何氏	線襪	肆百捌拾雙	
廣東同鄉救濟會	棉織手套	貳千柒百叁拾陸雙	

交通部無線電台	手套	拾貳雙
楊杏佛先生	長橡皮手套	壹百零伍雙
楊杏佛先生	短橡皮手套	肆拾肆雙
金龍公司	羊毛手套	肆拾肆雙
寧波同鄉會	手套	捌雙
戴增水先生	皮手套	壹雙
同和號	手套	貳百肆拾雙
宋翁等先生	手套	拾貳雙
新聞報館轉來	手套	叁拾雙
吳興民衆國難救援會	手套	貳雙
基督教女青年會	絨線手套	貳拾陸雙
市商會第一辦事處	絨線手套	叁拾叁雙
市商會第一辦事處	皮手套	壹雙

團體名義及個人姓名	贈品種類	數量	備考
靜安別墅	手套	拾貳雙	
女子愛國勤儉會	絨線手套	壹百陸拾雙	
瞿吳氏夫人	絨線手套	捌雙	
廣肇公所	絨線手套	肆拾玖雙	
廣肇公所	布手套	肆拾雙	
許太太	絨線手套	陸雙	
國民一份子	絨線手套	壹雙	
民族救國團	手套	叁千壹百貳拾雙	
華洋什貨聯益會	毛手套	肆拾柒雙	
報本堂張	手套	貳雙	
瑞鵠堂柯	手套	叁雙	
上海市社會局	手套	肆拾雙	

上海市童子軍理事會戰地服務團	手套	壹百零捌雙	
吳興民衆救護會	手套	陸雙	
青島時報	手套	肆拾捌雙	
湖郡女子中學	手套	肆百貳拾肆雙	
亞美公司經募	手套	貳雙	
婦女捐助軍用服裝會	手套	壹雙	
上海市商會	手套	陸百雙	
時事新報館轉來	手套	肆拾雙	
上海市臨時救濟會	布手套	拾雙	
上海市臨時救濟會	絨線手套	捌拾雙	
天津大公報募平津民衆同志	手套	肆拾捌雙	
鼎新太顧志軒先生	白鴿	貳拾肆隻	
泰潤什糧行	麵粉	柒拾柒小包	

團體名義及個人姓名	贈品種類	數量	備考
邵寧家庭慰勞團	麵粉	伍百袋	
久大精鹽公司	精鹽	叁千叁百陸拾斤	
上海市銀行業同業公會代各界	食物用品	壹大幫	
上海市商會	毛巾鞋襪牛肉	壹汽車	
上海市商會	餅干麵包香煙	叁汽車	
上海市商會	藥品套鞋電汽等	叁車	
上海市商會	餅干麵包	壹汽車	
上海市商會	餅干麵包	貳車	
上海市商會	牛肉膠鞋拮子等物	壹本	
美通公司全體華職員	帆布床	叁拾張	
魯庭建募老正和染廠暨同人	行軍床	肆拾壹張	
德泰豐紙號	安息帆布鐵床	貳拾伍張	

寧波同鄉會	軍用床	玖拾張	
趙晉卿先生	行軍床	貳拾張	
葛肇基先生	救國帆布床	伍拾張	
鹽務稽核總所業務科同人經募	帆布單床	捌拾張	
裕昌煤號謝衡聰先生經募	白布	壹百疋	
福州譚慎良先生	符紙布	壹包	南京
杭州市政府	洋釘	拾桶	
穆藕初先生	洋釘	肆拾桶	
盧君	鐵釘	拾桶	
青島市政府	洋釘	叁拾件	
五金協會程蘭亭代表	棉被	肆百壹拾貳張	
林鶴欽先生	棉被	貳張	
郭徐德荃女士	棉胎	陸張	

團體名義及個人姓名	贈品種類	數量	備考
裕昌煤號	棉被	壹百張	
魯庭建募老正和染廠暨同人	棉被	拾玖張	
浙江路回教堂	被頭	壹百貳拾陸張	
正豐當店	棉被	肆拾叁張	
德大當店	被頭	伍張	
申報館轉來張慧娥女士	棉被	伍張	
吳仲熊先生	棉被	陸拾伍張	
四社慰勞社	被單	伍拾伍張	
朱公館	棉被	貳百張	
福州文山女子中學校	被單	伍拾壹張	
上海市針織業同業公會	棉被	陸拾張	
無錫孔雀學術研究社	棉胎	貳張	

晝錦堂韓	被頭	叁張	
胡會忠先生經募	單被	拾玖張	
陸元春先生	棉被	貳張	
國民一份子	棉被	肆張	
祥記	棉被	拾張	送紅十字會
陳沛泉君及佩貞錦禮二女士經募	棉被	伍拾張	
四社	棉被	貳拾伍張	
光裕堂	棉胎	壹百柒拾張	
陳驚人先生	舊棉被棉胎	伍拾張	
國民救國團	棉被	叁張	
市商會	棉被	壹百拾捌張	
葉道善先生	褥	陸張	
葉道善先生	棉被	肆張	

團體名義及個人姓名	贈品種類	數量	備考
葉道善先生	褥子	陸張	
婦女捐助軍用服裝會	棉被	伍拾張	
王則黃君	棉被	壹張	
礦灰廠同業公會	棉被	壹百拾張	
羅吳麗珍女士	軍被	貳拾張	
丘瑾璋先生	棉花胎	壹張	
同胞一份子	棉被	捌張	
薛春生先生	絲棉被	陸張	
市商會第一辦事處	被胎	壹拾陸張	
市商會第一辦事處	棉被	柒拾陸張	
中華製帽廠	棉被	壹拾伍張	
正豐當同人	棉被	陸張	

安福堂	棉被	肆張	
揚州鹽務稽核分所同人	灰布棉被	貳拾叁張	
上海市特區市民聯合會	棉被	貳拾張	
廣信發隆	被單	拾張	
吳興電氣公司	棉被	叁拾陸張	
時事新報館	棉被	肆拾叁張	
新聞報館	人造絲被面	叁條	
沈公館	被單	壹拾捌張	
浙江同敎堂	被單	壹拾叁張	
王德興	白被單	伍拾貳張	
鹽務稽核總所同人經募	被	叁拾張	
市商會第一辦事處	被單	壹拾張	
上海維持會	棉毯	叁千條	

團體名義及個人姓名	贈品種類	數量	備考
五記	棉毯	伍百條	
吳幼林　吳幼良　陳家濂　陳家溥　鄭兆佳　鄭兆良　蔡國基　毛康侯　諸先生	軍毯	貳百條	
李靜涵先生經募	絨毡	叁拾捌條	
盛濤誠先生	棉毡	拾貳條	
廣東同鄉救濟會	棉毡	壹百玖拾柒條	
正豐當店	舊線毡	叁條	
正豐當店	軍用毡	壹條	
申新七廠	軍毯	陸百條	
廣東鹽務稽核分所同人	軍用灰棉毯	壹千條	
同順昌棉布號同人	軍用毯	貳拾條	
匹社	毯子	壹條	

上海市商會	軍用毯	伍百貳拾貳條	
七記自强會	軍用棉毡	伍百條	
二記共濟會	軍用棉毡	伍百條	
朱五福先生	軍用棉毡	壹百條	
黃炳奎先生	軍用棉毡	壹百條	
申記	軍用棉毡	貳千條	
上海地方維持會	軍毡	貳拾包	
滬記	軍毡	陸包	
救國會	棉毡	壹千貳百條	
新聞報館	毯子	貳拾條	
抗日救國會公記	軍毡	壹百伍拾條	
盧炳記	軍毡	原包一包	
綢緞業杭綢組許仲良 潘慎卿 閻慶餘先生	軍毡	伍百條	

團體名義及個人姓名	贈品種類	數量	備考
怡和洋行出口部同人	竹籬蓆	肆拾肆卷	
上海市地方維持會	草蓆	貳包	
吳嘉鏞先生	枕頭	壹百貳拾個	
魯庭建募老正和染廠暨同人	枕頭	陸個	
浙江路回教堂	枕頭	玖拾個	
正豐當店	枕頭	貳拾伍個	
上海市針織業同業公會	枕頭	壹百個	
陳沛泉君及佩貞 錦禮兩女士經募	棉枕	壹百個	
同胞一份子	枕頭	陸個	
項仲川先生	枕頭	貳拾個	
交通部無線電台	牙膏	叁拾陸條	
實業部國貨陳列館國貨商場團體	牙粉	壹百盒	

中國化學工業社方經理	駁壳鎗	壹枝	子彈貳盒
楊志雄先生交謝先生贈	手鎗	貳枝	子彈叁盒
顧伯燕先生	盒子砲	壹枝	子彈陸拾陸顆
劉振武先生	曲尺手鎗	壹枝	子彈貳百顆
市商會第一辦事處	籐牌	壹隻	
上海市商會	馬鞍	叁件	
大中公司鄒珊保先生	槍盒	玖個	
新聞報館	指揮刀	壹把	
上海市商會	刺刀壳	壹千陸百隻	
復豐利號	馬燈	陸盞	
耀明桅燈廠	馬燈	壹百捌拾盞	內銀行公會代收壹百貳拾隻
靜安別墅	桅燈	叁拾陸盞	
米鶴齡 林正人 王三大諸先生	熱水袋	叁百隻	

團體名義及個人姓名	贈品種類	數量	備考
江小鷄先生	水壺袋	伍百隻	
大中公司鄒珊保先生	子彈帶	壹條	
上海市商會	布幫腿	伍千副	
寶昌祥	綁腿	肆百陸拾壹對	
寶昌祥	彈帶	陸拾條	
李子敬先生	綁腿	貳條	
甯波同鄉會	皮帶	叁條	
甯波同鄉會	布綁腿	肆付	
朱彡佐堂	綁腿布	肆拾貳對	
上海市商會	皮腰帶	貳千條	
上海市商會	皮子彈帶	肆拾貳條	
上海市商會	帶子	壹百條	

盛君壽先生	滅火機	拾貳件	
盛君壽先生	藥粉	貳包	
陳顯華先生	滅火機	拾貳件	
陳顯華先生	藥粉	貳拾肆聽	
震旦機器廠	滅火粉	拾伍套	
和記同人	交換機	壹具	
何先生	交換機	壹具	
上海市公用局檢驗處	線路試驗器	壹具	
上海市商會	抽水機	叁拾具	
甯波同鄉會	靈丹	伍百包	
新聞報館轉來	藥品	壹包	
天廚美精廠	面具藥料	叁千聽	
兵工署	面具油膏	貳千伍百陸拾盒	

團體名義及個人姓名	贈品種類	數量	備考
九福製藥公司	生丹	貳萬貳千小包	代分送各師
宏大號	防毒氣砲藥水	貳瓶	
文化藥房	萬應保安散	伍拾打	
文化藥房	珠末百藥膏	拾打	
文化藥房	皮膚痛治油	壹打	
三廉製藥社	萬應止咳清肺露	叁拾貳瓶	
廣東同鄉救濟會	施德之濟衆水	肆箱	
施德之先生	施德之濟衆水	肆千瓶	
施德之先生	施德之濟衆水	伍包	泰和興轉來
吳馬鳳岐女士	施德之濟衆水	貳拾箱	
蔡無忌 何南平先生	防毒藥膏	陸箱	
市商會	藥精	壹百肆拾瓶	

蔡無忌先生	防毒藥膏	貳箱	
中國百用油公司	百用油	壹千聽	
上海市礦灰廠業公會	藥品	伍拾盒	
軍需學校張校長同志	酒精	壹筒	南京
軍需學校張校長同志	絆創膏	伍碼	南京
無名氏	鎗傷藥	拾瓶	銀行公會代收
勸工銀行同人	各種藥品	共陸拾件	
甯波同鄉會	傷藥	伍種	
甯波同鄉會	亞塗方	壹磅	
上海律師公會	加非精	陸針	
上海律師公會	止痛藥水	壹小瓶	
上海律師公會	狄茄令	肆針	
上海律師公會	樟腦針	拾壹針	

團體名義及個人姓名	贈品種類	數量	備考
上海市商會	藥品	貳拾肆件	
中西大藥房	新痧油	肆千支	
何尚平蔡無忌先生	防毒藥膏	貳箱	
兵工署	油膏Aute Piursing	陸百肆拾盒	
葉濟霖氏	藥水	貳打	申報館轉來
裕華公司	衛生藥皂	肆箱	
甯波同鄉會	橡皮膏	貳筒	
敖文珍先生	如意油	陸寸	南京
黄積熙同志	熟地	肆粒	南京
美國三藩市婦女青年會	藥品	陸箱	南京
北平慶頤堂參藥莊	避瘟散	貳百袋	南京
北平慶頤堂參藥莊	養生丹	貳千袋	南京

北平慶頤堂蔘藥庄	救生丹	貳拾袋	南京
北平慶頤堂蔘藥庄	救急丹	貳拾袋	南京
天津大公報代募讀者諸同志	各種藥品拾貳種	壹大箱	
甯波同鄉會	紗帶	貳拾叁包	
民生藥棉紗布廠	紗布	貳拾伍盒	
無錫孔雀學術研究社	藥棉紗布	叁箱	
潘越深先生	藥棉	拾柒包	
軍需學校張校長同志	藥棉	貳拾包	
軍需學校張校長同志	藥水棉紗	拾包	
軍需學校張校長同志	綳帶	二疋	
鐘府	紗布藥棉	玖種	銀行公會代收
寧波同鄉會	綳帶	伍拾件	
上海市商會	藥棉	壹包	

團體名義及個人姓名	贈品種類	數量	備考
信昌隆	藥水布	肆百包	
信昌隆	藥棉	肆百包	
甯波同鄉會	橡皮膠	伍卷	
鍾孫芳先生	紗布	叁拾貳包	
上海市新藥同業公會	海綿紗布	伍百包	
上海市新藥同業公會	藥紗布	伍拾包	
寧波同鄉會	紗布	壹百包又叁拾盒	
鹽務稽核總所業務科同人經募	象皮膠	陸筒	
市商會第一辦事處轉來	棉花	壹拾玖包	
姜貫春先生	包帶	貳捲	
朱仁伯先生	藥水棉花	貳拾包	
甯波同鄉會	藥棉	柒拾伍包	

隱名氏	藥水棉	壹百伍拾包	
鹽務稽核總所業務科同人經募	棉花	伍拾包	
鹽務稽核總所業務科同人經募	三寸綳帶	壹拾伍打	
鹽務稽核總所業務科同人經募	二寸綳帶	壹拾伍包	
天津大公報館	綳帶	貳百零七打	
市商會第一辦事處轉來	紗布	伍拾包	
朱仁伯先生	紗布	壹拾包	
鹽務稽核總所業務科同人經募	紗布	伍拾包	
鹽務稽核總所業務科同人經募	海磁仿紗布	貳磅	
施公記	火油	肆聽	
上海市新藥同業公會	棉花	伍拾包	
寧波同鄉會	棉花	伍拾包	
藎生油墨公司	油墨	拾罐	

團體名義及個人姓名	贈品種類	數量	備考
中孚銀行孫仲棨先生	火酒	壹百加侖	
甯波同鄉會	鋼鏟	肆把	
上海市商會	手搖水邦	貳拾隻	
上海市商會	蓮蓬頭	貳拾隻	
上海市商會	白鐵管	貳拾節	
上海市商會	帆布管子連接頭	貳拾把	
馮雲初先生	竹槓	玖支	
鑫盛行	煤鍬	拾把	中西藥房轉來
新聞報館	鋼鏟	壹把	
徐韋曼先生	大小鋼鉗	拾叁把	
廣東同鄉救濟會	絲棉	壹小包	
嚴太太	絲棉	貳斤	

黃靜升先生	方杉木	壹百壹拾條	
杭州市政府	木頭	叁千條	
張松良先生	木頭	肆條	
抗日救國團	斧頭	肆拾把	
無錫孔雀學術研究社	蔴繩	壹箱	
馮雲初先生	蔴繩	玖條	
華商電氣公司	白料	貳拾隻	
大觀園同人	白鐵福食桶	叁拾隻	
大觀園浴室	勝利福食桶	拾叁隻	
大觀園浴室	白鐵福食桶	柒隻	
市商會第一辦事處	留聲機器	壹架	
市商會第一辦事處	唱片	叁拾叁張	
周綠霞小姐	唱片	貳拾肆張	

團體名義及個人姓名	贈品種類	數量	備考
大華火柴公司	火柴	陸箱	計柒千貳百盒
新聞報館	去污粉	伍拾小袋	
青島市政府	蔴線	貳件	
惠勒公司	火柴	貳百盒	銀行公會代收
杭州市政府	空煙罐	拾貳隻	
吳興縣公安局	空煙罐	叁拾隻	
嘉興縣抗日救國會	空煙罐	貳拾壹袋	
崇德縣抗日救國會	空煙罐	貳千伍百陸拾陸隻	
靜安別墅	空煙罐	肆千隻	
市商會	空煙罐	伍拾貳隻	
市商會	空藥瓶	貳百隻	
青年自動救國團	空鐵罐	陸千隻	

嘉興縣國難救濟委員會	空菸罐	捌百柒拾隻	
嘉興縣抗日救國會	空菸罐	叁蔴袋	
勾容地方治安警備委員會	空菸罐	肆袋	南京
陳敬書等四同志	空菸罐	陸拾陸隻	南京
吳興民衆國難救援會	竹筷	肆拾雙	
吳興民衆國難救援會	碗	壹百肆拾隻	
吳興電氣公司	筷子	捌拾叁捆又壹千雙	
吳興電氣公司	碗	貳千捌百貳拾隻	
民智小學全體	竹筷	肆千雙	
上海市民地方維持會	竹筷	伍笠	
汪學元先生	竹筷	伍百雙	南京
實業部國貨陳列館國貨商場	天竹筷	捌百肆拾把	
民智中小學全體師生	飯碗	壹百貳拾隻	申報館轉來

團體名義及個人姓名	贈品種類	數量	備考
楊忠林楫先生	鐵碗	陸百伍拾隻	
楊忠林楫先生	飯壳	貳隻	
楊忠林楫先生	筷子	柒百柒拾雙	
上海市特區市民聯合會第三區分會	竹筷	伍百雙	
上海市特區市民聯合會第三區分會	磁碗	叁拾隻	
吳興電器公司經募	琺瑯盃	肆百隻	
市商會	飯碗	伍百隻	
市商會	竹筷	捌百雙	
吳興電汽公司	竹筷	貳百雙	
市商會第一辦事處	印色盒	拾貳隻	
新聞報轉來聞恆裕	瓷盅	捌百壹拾叁隻	
同茂肉莊汪鶴松青	茶杯	貳百隻	

同茂肉莊汪鶴松青	漏斗	肆隻	
怡豐商店	飯碗茶杯	柒拾捌隻	南京
張天發同志	磁口盅	壹百伍拾隻	南京
實業部國貨陳列館國貨商場	茶壺	拾肆隻	南京
實業部國貨陳列館國貨商場	茶杯	叁拾隻	南京
南京市第六區人民自衛指委會	磁口盅鐵練子	各壹千捌百隻	
程聯先生	中外地名辭典	壹本	
市商會第一辦事處	舊小說	貳小綑	
陸翰華先生	義俠小說	肆部	
陸翰華先生	象棋	一副	
鑄魂學社	大俠救國論	柒拾本	南京
狄楚卿先生	摩利支天經	玖千伍百捌拾卷	
上海市商會	大地圖	拾張	

團體名義及個人姓名	贈品種類	數量	備考
上海市商會	小木地圖	拾本	
上海地輿學社	地圖	伍拾張	
何尙平先生	地圖	柒張	
徐桂堂先生	地圖	壹份	
徐守彝先生	地圖	貳張	
黃思穎先生	舊打字機	壹架	
上海地方維持會	七隻被覆線	壹百卷	
忠社	橡皮線	伍拾圈	
地方維持會	西門子避大線	貳百卷	
忠社	地雷橡皮線	叁卷	每卷壹百碼
絜記	蔴袋	伍百隻	
寧波同鄉會	蔴袋	叁千零伍拾貳隻	

金城銀行	蔴袋	肆拾隻	
硤石商會	蔴袋	貳千伍百隻	
金鴻舫先生	蔴袋	貳百隻	
震豐北貨行	蔴袋	叁百隻	
許家信先生	蔴袋	壹百零伍隻	
王元道國藥號	蔴袋	叁百捌拾隻	
陸鴻堂 陳逸民先生	蔴袋	壹千隻	
壽佛雲蔭鍾子椿月半余素 情鞠諸先生	蔴包	壹百隻	
溥益第一紗廠	蔴袋布	拾陸捆	
楊公館	蔴袋	叁百隻	
震澤區商會	蔴袋	貳百隻	
鴻康 永大電料行	蔴袋	陸百隻	
董華昇先生	蔴袋	叁拾捌隻	

團體名義及個人姓名	贈品種類	數量	備考
潘陳寶娥女士	蔴袋	壹千隻	
福新麵粉廠	蔴袋	壹萬隻	
嘉興縣抗日救國會	蔴袋	肆千肆百隻	
嘉興縣國難共濟委員會	蔴包	壹千零捌拾伍隻	
新聞報同人	蔴包	壹千肆百陸拾伍隻	
光夏學校	蔴包	壹千隻	
杭州市布業同業公會	蔴袋	壹千隻	
杭州市各界反日救國聯合會	蔴袋	壹千壹百伍拾隻	
王如珍君	蔴袋	叁拾壹隻	
唐福泰先生	蔴袋	壹百隻	
謝先生	蔴袋	捌百隻	
律師公會	蔴袋	捌拾隻	

吳興民衆國難救濟會	蔴包	捌百肆拾貳隻	
蛋業公會	蔴包	壹萬隻	
陳士聖先生	蔴包	壹百隻	
永安第三紗廠	蔴包	壹千伍百隻	
上海市公安局	蔴包	捌百隻	
松江縣執行委員會	蔴包	貳千伍百貳拾隻	
松江縣商會臨時救濟會	蔴包	壹千捌百貳拾隻	
馬鴻記	蔴包	陸拾隻	
源豐昌洋貨店	蔴包	叁百隻	
周張文太太	蔴包	肆百隻	
蔡淡青女士	蔴包	壹百隻	
王先生	蔴包	壹百隻	
靜安寺路延平坊等	蔴包	貳百伍拾柒隻	

團體名義及個人姓名	贈品種類	數量	備考
福新廠	蔴包	肆千隻	
李先生	蔴包	叁隻	
協和同人	蔴包	壹千捌百隻	
陳君	蔴袋	拾隻	
陸龍根先生	蔴袋	貳百伍拾隻	
無名氏先生	蔴袋	壹千壹百叁拾隻	
黃氏 羅氏女士	蔴袋	伍百隻	
羅德濟先生經募 金仲英	蔴袋	貳百隻	
新康祥布莊	蔴袋	貳百陸拾陸隻	
商人協助慰勞團	蔴袋	陸千隻	
上海木器公會	蔴袋	肆百隻	
勝利同人	蔴袋	壹千零叁拾伍隻	

林鶴欽先生	蔴袋	壹百叁拾隻	
溥益第二紗廠	蔴袋布	拾陸捆	
戴記	蔴袋	拾貳隻	
何最樂先生	蔴袋	壹百隻	
中西大藥房	蔴袋	陸拾隻	
玩古齋	蔴袋	貳隻	
怡記	蔴袋	陸隻	
張君良先生	蔴袋	捌拾隻	
陳少良先生	蔴袋	貳拾捌隻	
姚鴻泰	蔴袋	貳百隻	
隆茂碱廠	蔴袋	叁百隻	久大精鹽公司轉來
吳興電氣公司	蔴袋	伍千陸百玖拾隻	
北貨同業	蔴袋	肆拾伍捆	

團體名義及個人姓名	贈品種類	數量	備考
南潯和新號	蔴袋	肆拾隻	
西美公司經募	蔴袋	壹百拾叁隻	
吳江縣震澤商會	蔴袋	玖拾隻	
中西大藥房轉來奉賢縣政府	蔴袋	壹千貳百隻	
振泰紗廠	蔴袋	貳百零柒隻	
市商會第一辦事處	蔴袋	壹百拾肆隻	
南匯縣第五區民衆	蔴包	壹千隻	
南匯縣第四區民衆	蔴包	壹千隻	
新聞報館轉來聞恆裕	蔴包	壹千隻	
石先生	蔴包	貳百貳拾伍隻	
石太太	蔴包	壹百壹拾隻	
汪棨莊先生	蔴包	貳拾伍隻	

怡記先生	蔴袋	伍拾貳隻	
程公館馬阿四沈阿三先生	蔴袋	陸隻	
申報館轉來王君	蔴袋	壹百拾柒隻	
李祖華先生	蔴袋	壹千隻	
無名氏	蔴袋	貳百伍拾柒隻	
民智中學	蔴袋	肆拾隻	
新聞報館轉來	蔴袋	柒百零叁隻	
許家信先生	蔴袋	壹百隻	
滙泰公記	蔴袋	壹百貳拾伍隻	
同昌油廠	蔴袋	叁千隻	
永和號	蔴袋	壹千隻	
張項氏女士	蔴袋	壹千隻	
物品交易所團體	蔴袋	伍百隻	

團體名義及個人姓名	贈品種類	數量	備考
元隆昌匯成號	蔴袋	壹百貳拾伍隻	
安通同人	蔴袋	壹千隻	
無名氏	蔴袋	壹千隻	久大精鹽公司轉來
南潯晉隆莊先生	蔴袋	陸拾伍隻	中西藥房轉來
李條堯先生	蔴袋	貳拾肆隻	中西藥房轉來
福州閩南救火會	蔴袋	伍百隻	
江蘇省黨部特派淮陰縣代表大會	蔴袋	貳千隻	
嘉興國難救濟會	蔴袋	陸千零貳拾陸隻	
浙江省籌募救國義捐會	蔴袋	捌千捌百叁拾肆隻	
杭縣執委會	蔴袋	壹千伍百隻	
嘉興縣救國會	蔴袋	壹千零零伍隻	
莒前鎮民衆	蔴袋	壹千隻	

崇德縣反日救國會	蔴袋	肆拾叁隻	
嘉興縣政府	蔴袋	壹千隻	
鄞縣政府	蔴袋	萬餘隻	
海寧縣商會	蔴袋	壹千陸百捌拾隻	
浙江省保安處	蔴袋	貳萬餘隻	
平湖電料公司	蔴袋	貳拾件	
久大精鹽公司	蔴袋	貳百隻	
中國化學工業社	蔴袋	伍百隻	
陳子雲先生	蔴袋	壹百隻	
馬達伯夫人 顧太太	蔴袋	貳百隻	
明昌泰	蔴袋	拾柒隻	
春記正	蔴袋	貳隻	
惲包紅先生	蔴袋	陸隻	

團體名義及個人姓名	贈品種類	數量	備考
恆裕莊	蔴袋	拾伍隻	
偉特公司	蔴袋	陸隻	
浦東電汽公司	蔴袋	肆拾肆隻	
杭州郵務職工會	蔴袋	伍百隻	
石福記	蔴袋	叁拾隻	中西藥房轉來
魏穀賓先生	蔴袋	捌隻	
太和藥房	蔴袋	貳拾柒隻	
黃學奇先生	蔴袋	拾壹隻	
朱榮生先生	蔴袋	叁百隻	
吳興電氣公司	蔴袋	肆千叁百拾隻	
張財伯先生	蔴袋	貳拾貳隻	
王宅	蔴袋	肆隻	

梅頌先君	蔴袋	拾壹隻	
吳興縣公安局	蔴袋	貳件	
地方維持會	蔴袋	貳拾陸車	
上海市民地方維持會	蔴袋	叁包	
上海郵務工會	蔴袋	叁百零叁隻	
天祿茶食部	蔴袋	壹百捌拾隻	中西藥房轉來
顧公館	蔴袋	壹百隻	中西藥房轉來
管叔平先生	蔴袋	貳拾隻	中西藥房轉來
馬公館	蔴袋	壹百隻	中西藥房轉來
上海市特區市民聯合會第叁區分會	蔴袋	玖百玖拾隻	
亞美公司經募	蔴袋	叁百肆拾隻	中西藥房轉來
吳興電器公司經募	蔴包	伍百隻	
時事新報館轉來	蔴袋	伍扎	

團體名義及個人姓名	贈品種類	量數	備考
山東曲埠縣黨部	蔴袋	貳百隻	南京
張耀欽先生	蔴袋	伍拾隻	南京
山東平原縣黨部	蔴袋	貳百隻	南京
山東省黨部	蔴袋	貳萬玖千玖百陸拾捌隻	南京
山東泰安各界救國會	蔴袋	壹千隻	南京
山東昌邑縣黨部	蔴袋	壹千隻	南京
中央研究院北平歷史言語研究所	蔴袋	玖百隻	南京
天津大公報募	蔴袋	肆拾柒隻	南京
當塗縣黨務整委會	蔴袋	叁百伍拾隻	南京
吳興電器公司經募	蔴袋	壹千隻	
上海市商會徵集救濟慰勞捐款物品辦事處送來上海信大麵粉公司	澳麥袋	肆千隻	

應興記	蔴袋	壹千零陸拾伍隻	
杭州市政府	蔴袋	貳拾貳捆	
吳興電氣公司	蔴袋	玖百隻	
元善堂	蔴袋	壹百捌拾隻	
慈善堂	蔴袋	貳百隻	
葉德裕堂	蔴袋	伍百隻	
奉北旅滬同鄉會	蔴袋	壹百捌拾隻	
吳一峯等	蔴袋	伍拾肆隻	
新埭小學	蔴袋	貳捆	
中西藥房轉來曹蘭記	蔴袋	伍拾隻	
中西藥房轉來石信記	蔴袋	拾隻	
昌盛金舖	蔴袋	貳萬隻	
春記	蔴袋	柒隻	

團體名義及個人姓名	贈品種類	數量	備考
黃靜升先生	蔴袋	壹百拾隻	
水菓灘老班	蔴袋	叁拾伍隻	
吳興民衆救護會	蔴袋	叁百拾叁隻	
湖郡女子中學	蔴袋	拾玖隻	
青島市政府	舊蔴袋	壹百件	
蔡太太袁品棠楊飛熊經募	蔴袋	貳千隻	
包文商紙業公司機器間	蔴袋	伍拾隻	南京
邱玉山陳公館機器匠	蔴袋	伍拾隻	南京
金陵女子文理學院	蔴袋	陸百隻	南京
怡豐商店	蔴袋	叁拾隻	南京
毛松泰先生	蔴袋	壹百隻	南京
南京仁濟大藥房	蔴袋	叁拾隻	南京

南京趙老八先生	蔴袋	伍隻	南京
龍潭商會	蔴袋	壹百隻	南京
龍潭中國水坭廠	蔴袋	壹千隻	南京
淩道楊同志	蔴袋	貳百隻	南京
姚月記營造廠	蔴袋	伍拾隻	南京
趙女士	蔴袋	叁隻	南京
南京煤炭業同業公會	蔴袋	壹萬貳千伍百貳拾隻	南京
錦記轉運公司	蔴袋	伍百隻	南京
寧波旅京同鄉會	蔴袋	捌百隻	南京
察省救國會	蔴袋	壹千隻	南京
蕪湖公安局	蔴袋	貳千壹百貳拾玖隻	南京
駐豫特派綏靖公署	蔴袋	貳千肆百叁拾肆隻	南京
山東泰安轉運公司及商會	蔴袋	壹千隻	南京

團體名義及個人姓名	贈品種類	數量	備考
黃金荃同志	蔴袋	拾隻	南京
吳仲清同志	蔴袋	肆隻	南京
何軼民同志	蔴袋	捌隻	南京
蚌埠民衆	蔴袋	貳萬肆千陸百隻	南京
朱芸生同志	蔴袋	壹千隻	南京
永成營造公司	蔴袋	壹百陸拾隻	南京
南洋汽車五金號	蔴袋	貳百隻	南京
大中商店	蔴袋	叁隻	南京
元發祥炒貨店	蔴袋	肆隻	南京
共和書局	蔴袋	拾隻	南京
亞細亞火油公司華職員	蔴袋	伍百隻	南京
南京市政府社會局	蔴袋	貳萬隻	南京

馥記營造廠	蔴袋	壹千隻	南京
鍾南汽車五金號	蔴袋	肆百隻	南京
公昌機器廠	蔴袋	壹百伍拾隻	南京
寧昌修理汽車行	蔴袋	壹百隻	南京
隆興記汽車蓬廠	蔴袋	壹百隻	南京
南京運輸公司	蔴袋	肆百隻	
大華汽車公司楊君偉同志	蔴袋	伍拾隻	南京
中央執委會廣播無線電台	蔴袋	壹千隻	南京
華商藥房	蔴袋	柒隻	南京
支那內學院	蔴袋	玖拾隻	南京
軍政部交通器材庫	蔴袋	肆百叁拾隻	南京
海容軍艦諸同志	蔴袋	陸拾隻	南京
同濟建築公司	蔴袋	伍百隻	南京

團體名義及個人姓名	贈品種類	數量	備考
中華女子中學校	蔴袋	壹百拾隻	南京
一枝園十七號諸同志	蔴袋	拾陸隻	南京
中央黨部宣傳部方祕書希孔恩同志	蔴袋	捌隻	南京
南京市中區實驗學校學生商秩淳同志	蔴袋	捌隻	南京
首都電廠	蔴袋	伍百隻	南京
黃順祺葉若蓤陳瓊等同志	蔴袋	叁百隻	南京
盈豐商店	蔴袋	拾隻	南京
張紫閑先生	蔴袋	拾隻	南京
上海華中公司	蔴袋	壹千隻	南京
方秉彝先生	蔴袋	貳隻	南京
金陵大學校	蔴袋	肆百隻	南京
首都各界救國救護會	蔴袋	壹千隻	南京

王士善先生	麻袋	伍隻	南京
楚同軍艦	麻袋	肆百伍拾隻	南京
王國孫先生	麻袋	拾捌隻	南京
首都電廠	麻袋	貳百隻	南京
蕭安淑女士	麻袋	貳拾捌隻	南京
裕慶建築公司	麻袋	貳千隻	南京
同濟建築公司	麻袋	貳千貳百柒拾隻	南京
金鑾組同志	麻袋	肆百隻	南京
尤巽照同志	麻袋	叁百隻	南京
方剛同志	麻袋	壹百隻	南京
陳松庭同志	麻袋	壹百隻	南京
蕭人彥同志	麻袋	伍拾隻	南京
沈學同志	麻袋	伍拾隻	南京

團體名義及個人姓名	贈品種類	數量	備考
周國藩同志	蔴袋	伍拾隻	南京
金聲同志	蔴袋	叁拾隻	南京
何書洪同志	蔴袋	叁拾隻	南京
劉宗遠同志	蔴袋	貳拾隻	南京
左明同志	蔴袋	貳拾隻	南京
王樂歡同志	蔴袋	貳拾隻	南京
徐州府各界	蔴袋	壹千隻	南京
青島膠濟鐵路工會	蔴袋	叁千隻	南京
濟南轉運公司	蔴袋	伍千隻	南京
周順記松號營造廠	蔴袋	肆拾隻	南京
南京市商會	蔴袋	伍千隻	南京
陳照韓同志代募明光商會等	蔴袋	玖百隻	南京

程嘉農先生	蔴袋	壹百伍拾隻	南京
南京市第陸區人民自衛指委會	蔴袋	伍百隻	南京
鑫泰祥	蔴袋	拾隻	南京
南京中山國貨電池廠	蔴袋	叁拾叁隻	南京
句容地方治安警備委員會	蔴袋	捌百貳拾貳隻	南京
采石磯抗日救國會	蔴袋	貳百叁拾柒隻	南京
諸先生	蔴袋	拾貳隻	南京
潘胡二君	乾糧袋	伍拾隻	
朱公館	乾糧袋	伍拾隻	
鹽務稽核所業務科同人經募	炒米袋	壹百隻	
市商會第壹辦事處	乾糧袋	壹百零壹隻	內有米
國民慰勞前敵將士會	棗子乾糧袋	肆百隻	內有炒米
青島鹽務稽核支所仝人	炒米袋	壹隻	

團體名義及個人姓名	贈品種類	量數	備考
東岸鹽務稽核支所同人	炒米袋	貳拾隻	
李子敬先生	炒米袋	壹隻	
鹽務稽核總所同人經募	炒米袋	壹千隻	
盛昇頤先生	乾糧袋	貳千隻	
揚州鹽務稽核分所同人	炒米袋	拾隻	
無名氏	乾糧袋	貳拾肆隻	
民智中小學全體師生	乾糧袋	拾隻	
朱勝君先生	白米	壹百磅	
同餘抗日會	炒米	壹蔴包	
久大精鹽公司	炒米	伍袋	
久大精鹽公司同人	炒米	壹袋	
王珍女士	炒米	肆包	

周大源先生	炒米	壹小袋	
吳興民衆國難救援會	炒米	貳拾貳袋 貳石貳升	
浙江路回敎堂	炒米	貳百肆拾袋	
吳興電氣公司	炒米	捌袋	
吳興縣震澤商會	炒米	壹百柒拾叁袋	
持志學院留滬同學慰勞隊	炒糯米	貳百小袋	
市商會第一辦事處	炒米	貳拾玖袋	
邵長春先生	炒米	貳百陸拾袋	內有臘腸
葉陳二先生	炒米	壹百陸拾斤	
中原織造廠	炒米	壹百貳拾小袋	
粵昌公司	炒米	拾箱	
秦潤雜粮行	白米	貳拾伍包	
胡會忠先生經募	炒米	壹百貳拾伍袋	

團體名義及個人姓名	贈品種類	量數	備考
仇敵先生	炒米	壹担	
戴成祥先生	炒米	伍拾袋	內附香煙自來火
王開先生	炒米	壹袋	
浙江省籌募救國義捐會	炒米	叁小袋	
餘姚縣捲菸同業	炒米	貳拾石	
杭州市政府	炒米	壹百陸拾玖袋	
杭州市政府	炒米	壹木箱	
杭州市政府	苞米	拾叁鐵箱	
亞美公司經募	炒米	叁袋壹担	
上海市童子軍理事會戰地服務團	炒米	肆袋	
泰豐公司仝人	炒米	壹百捌拾壹袋	
杜月笙先生	炒米	大肆拾肆砍	

杜月笙先生	炒米	小伍拾砇	
胡筆紅先生	炒米	玖大袋	
邵長春經募	炒米	柒百陸拾袋	小袋內附香腸
持志學院留滬同志慰勞隊	炒米	壹千捌百拾壹袋	
吳興公司	炒米	叁拾叁包	
馬奇記女士	炒米	貳簍	
葉德裕堂	炒米	玖袋	
葉德裕堂	炒米	伍百小袋	
吳一峯等	白米	肆拾石	
英文發行所	炒米	伍斗	
合記	炒米	壹袋	
竇氏姐弟	炒米	壹袋	
嘉興縣國難救濟委員會	炒米	叁拾袋	

團體名義及個人姓名	贈品種類	數量	備考
嘉興縣抗日救國會	白米	貳拾壹石肆斗	
中國國民黨江蘇南匯縣黨務整理委員	炒米	叁拾担	
南匯縣黨部	炒米	肆拾捌包	計叁拾担
邵長青先生	炒米	叁拾伍袋	
許錫續先生	炒米	壹担	
上海市婦女慰勞護國將士會	炒米	拾貳石	
張李記陳	炒米	叁百陸拾小袋	
新聞報館	炒米	壹小袋	
新聞報館	炒米	貳拾箱	
新聞報館	炒米	貳包	
中原織造廠	炒米	壹百伍拾叁袋	
鍾子椿先生	炒米	貳袋	

張姚太太	炒米	貳袋	計壹百陸拾斤
民智中小學全體師生	炒米	貳袋	申報館轉來
吳興雙林米業同業公會	炒米	拾柒箱	
吳興電器公司	炒米	柒袋	
田傅森先生	炒米	壹包	
上海市臨時救濟會	炒米	壹千壹百陸拾袋	
上海市臨時救濟會	炒米	小袋柒籮	
杭州市婦女犒軍團	炒米	貳袋	
太古洋行全體華員	炒米	拾聽	
時事新報館轉來	炒米	貳袋	
大生第一紡織公司	炒米	貳拾壹袋	
吳興縣公安局	炒米	拾袋	
上海市民地方維持會	炒米	壹百零陸包	

團體名義及個人姓名	贈品種類	數量	備考
上海市民地方維持會	袋裝炒米	拾袋	
上海市民地方維持會	桶裝炒米	柒桶	
寧波同鄉會	白米	叁拾肆包	
寧波同鄉會	白米	貳小包	
揚州鹽務稽核公所	白米	壹担	
雲南鹽務稽核公所	白米	壹百零柒担	
山東石島鹽場稅警局同人	白米	叁担半	
川北鹽務稽核分所同人	白米	柒拾捌擔半	
第二剿匪宣傳隊隊長蔣堅忍	麵包	肆百隻	
太平路怡豐商店	炒米	一斗	
大中橋汪學文先生	炒米	壹布袋	
下關連興洗衣公司	炒米	貳布袋	

徐庚同志	炒米	一蔴袋	
唐榮昌銅錫舖	炒米	肆斗	
南京市婦女救濟會	炒米	叁拾叁石陸斗	
中華女子中學校	炒米	二大白布袋	
寧波旅滬同鄉會	炒米	拾貳袋	
潘伞同志	炒米	壹小袋	
仙福化學工業社 孫良友同志	炒米	貳包	
沈鍅	炒米	捌布袋	
寧波林再興張錫山 錢得興等同志	炒米	貳蔴袋	
諸先生	炒米	陸布袋	
南京市民第六區人民自衛指導委員會	炒米	肆拾包	
牙科醫學博士 尹光康同志	炒米	壹百貳拾小包	
句容地方治安警備委員會	炒米	壹百零柒袋	

團體名義及個人姓名	贈品種類	量數	備考
南京市商會	機米	柒拾石	
南京市商會	炒米	伍拾石	
安徽舒城縣國難救濟會	炒米	貳百玖拾伍箱	
安徽舒城縣國難救濟會	炒米	壹百伍拾陸袋	
時事新報館	餅干	貳包捌拾聽	銀行公會代收
李慧姫女士	餅干	伍包	銀行公會代收
久豐寶號	餅干	叁拾肆箱	銀行公會代收
義昌春	餅干	壹千零叁拾包	銀行公會代收
中華製帽公司	餅干	壹百包	銀行公會代收
乾泰祥五金號同人	餅干	壹百叁拾聽	銀行公會代收
華商旅館劉君	餅干	貳拾聽	銀行公會代收
協成興煤號	餅干	叁箱	銀行公會代收

恒裕莊同人	餅干	伍百拾壹磅	銀行公會代收
國民一份子	餅干	叁拾肆打	銀行公會代收
寧波同鄉會	餅干	叁包	
新聞報館轉來	餅干	叁包	
張太太 張宗英先生 張宗祺先生	餅干	貳拾聽	
源豐永	餅干	拾貳箱	
陳守謙太太 魏次鴻先生經募	餅干	貳千叁百另捌磅	
亞美公司經募	餅干	貳拾伍磅	
陶庭耀先生	餅干	壹大包	
陸毅日 陶射日 張克日先生	餅干	柒百磅	
美華利	餅干	貳箱	
天祿茶食號	餅干	叁包 壹袋	銀行公會代收
老文寶銀樓	餅干	伍箱	銀行公會代收

團體名義及個人姓名	贈品種類	數量	備考
望賚保險行	餅干	捌聽	銀行公會代收
康茂盛女洋服店	餅干	拾聽	銀行公會代收
李庚融 方善達 邵雲均 邵雲卿先生	餅干	壹千陸百隻	銀行公會代收
李君	餅干	肆拾柒磅	銀行公會代收
林雙泉君	餅干	壹百磅	銀行公會代收
英明照相館	餅干	貳大包	銀行公會代收
無名氏	餅干	伍拾包	銀行公會代收
劉先生	餅干	貳拾聽 貳包	銀行公會代收
孫公館	餅干	柒聽	銀行公會代收
江蘇銀行同人	餅干	壹千磅	銀行公會代收
江記	餅干	壹千磅	銀行公會代收
同康顏料行同人	餅干	壹大包	銀行公會代收

顧伊士	餅干	壹大箱	銀行公會代收
聯保保險公司	餅干	伍百磅	銀行公會代收
春申食餅公司同人	餅干	伍拾磅	銀行公會代收
八仙橋收報處同人	餅干	叁包	銀行公會代收
成丕烈先生	餅干	貳拾陸包	銀行公會代收
吉子農先生	餅干	拾斤	銀行公會代收
時事新報	餅干	拾捌聽　壹盒	銀行公會代收
王少君　陸安行　李紹祺　王思白　倪昌佑　石金洲　陸晉明　張棣華先生	餅干	貳拾貳聽	銀行公會代收
趙韻逸黃君特先生	餅干	捌聽	銀行公會代收
華盛帽廠同人	餅干	拾伍聽	銀行公會代收
美利公司	餅干	陸百磅	銀行公會代收
美查洋行	餅干	貳拾箱　拾貳包	銀行公會代收

團體名義及個人姓名	贈品種類	量數	備考
大鵬坊全體居戶	餅干	叁百伍拾磅	銀行公會代收
王先生	餅干	肆拾磅	銀行公會代收
周君	餅干	貳聽	銀行公會代收
王生堂先生	餅干	貳百隻	銀行公會代收
元盛綢莊 元盛	餅干	肆拾箱 叁拾叁籃	銀行公會代收
上海市西顏料業公會	餅干	壹千另陸拾磅	銀行公會代收
法界貝當路美國學堂中國工人	餅干	壹百另貳磅	銀行公會代收
戴步雲先生	餅干	陸百聽	銀行公會代收
開明書局	餅干	壹千另柒拾伍磅	銀行公會代收
惠勒公司	餅干	壹百貳拾伍袋	銀行公會代收
吳君	餅干	壹百包	銀行公會代收
同孚路大中里全體婦女同人	餅干	貳拾貳包	銀行公會代收

康長鑫	餅干	貳百拾磅	銀行公會代收
通和銀行同人	餅干	貳百肆拾聽	銀行公會代收
玉公園	餅干	貳百磅	銀行公會代收
上海各大學抗日救國會中華民國國難救濟會	餅干	柒拾聽	銀行公會代收
無名氏	餅干	拾磅	銀行公會代收
承裕莊	餅干	伍拾貳箱	銀行公會代收
大賚莊	餅干	伍百磅	銀行公會代收
王永清先生	餅干	柒包	銀行公會代收
麥加利同人	餅干	叁拾包	銀行公會代收
上海民立中學教職員會	餅干	壹百包	銀行公會代收
中華皮鞋公司	餅干	拾玖聽 小肆拾伍聽	銀行公會代收
針織業工會 人餘襪廠	餅干	拾陸蒲包 拾餘聽	銀行公會代收
光華火油公司	餅干	肆蒲包	銀行公會代收

團體名義及個人姓名	贈品種類	數量	備考
周朱李先生	餅干	拾叁袋	銀行公會代收
裕昌典當	餅干	拾肆大聽	銀行公會代收
首都工界抗日會暨工界國民救國會議促進會	餅干	叁百磅	
青年會抗日救國會	餅干	肆拾叁聽	
首都抗日會	餅干	拾叁簍	
金華南腿號	餅干	貳打	
上海市商會第二辦公處	餅干	陸包	
楊國魏先生	餅干	伍百磅	
泰昌餅干廠	餅干	伍百磅	
雲南旅滬同鄉會	餅干 糖果	肆箱	
山東省政府	餅干	貳百箱	
馮存仁先生	餅干	肆鐵箱	銀行公會代收

申報館轉來仁伯先生	麵包	壹百陸拾個	
汪協記	麵包	壹千肆百貳拾肆個	
上海市商會	麵包	壹車	
朱仁伯先王	長麵包	壹百另伍個	
蔣堅忍同志	麵包	肆百個	
上海市商會第二辦公處	麵包	玖包	
施公記	麵包	伍拾壹包	
漢興公司	麵包	貳百伍拾磅	銀行公會代收
裕發永金號	麵包	叁百隻	銀行公會代收
劉張氏	麵包	貳拾隻	銀行公會代收
衞生飲食公司	麵包	伍百隻	銀行公會代收
祥昌洋行	麵包	貳百伍拾隻	銀行公會代收
上海市西顏料業公會	麵包	肆千捌百貳拾柒隻	

團體名義及個人姓名	贈品種類	數量	備考
鴻豐錢莊	餅干	壹百伍拾隻	銀行公會代收
徐春林先生	餅干	拾貳打	銀行公會代收
寶大裕莊全體同人	餅干	壹百件	銀行公會代收
升元順	餅干	貳百件	銀行公會代收
聚康號	餅干	貳拾伍隻	銀行公會代收
煤業公會同人	餅干	拾貳大包	銀行公會代收
中華製帽公司同人	餅干	陸拾柒打	銀行公會代收
元益糖行同人	餅干	貳簍 壹袋	銀行公會代收
英明照相館	餅干	陸大包	銀行公會代收
裕發永金號同人	餅干	叁拾玖隻	銀行公會代收
同康顏料行同人	餅干	貳小包	銀行公會代收
存德莊同人	餅干	一蒲包	銀行公會代收

張庸 張妙 張祥先生	點心	叁千枚	銀行公會代收
金潤淇先生	饅頭	壹千隻	銀行公會代收
小有天	饅頭	拾貳包	銀行公會代收
精美食品公司	饅頭	伍千隻	銀行公會代收
上海市西顏料業公會	大餅條	壹千壹百貳拾伍隻	銀行公會代收
上海市西顏料業公會	大饅頭	肆百貳拾柒隻	銀行公會代收
上海市西顏料業公會	大餅	肆萬壹千壹百陸拾隻	銀行公會代收
俞君	生煎饅頭	壹籃	銀行公會代收
沈樂君 吳寬容先生	饅頭大餅	捌件	銀行公會代收
泗涇路拾陸號	大餅	壹百貳拾斤	銀行公會代收
泗涇路拾陸號	饅頭	玖百玖拾隻	銀行公會代收
敎餘里全體機司	大餅	捌百隻	銀行公會代收
吳大公司同人	饅頭	貳大羅	銀行公會代收

團體名義及個人姓名	贈品種類	數量	備考
永新公司	年糕	貳百叁拾件	銀行公會代收
浙江省籌募救國義捐會	糕粽	陸袋	
寧波效實中學	食品	貳拾叁簍	
上海地方維持會	饅頭	壹萬隻	
上海地方維持會慰勞組	饅頭	肆萬壹千隻	
上海市商會	饅頭	捌萬捌千隻	
榮成豐號	饅頭	貳百隻	銀行公會代收
李補德堂	饅頭	伍千隻	銀行公會代收
卜內門機房同人	饅頭	壹袋	銀行公會代收
鴻運樓	饅饅	貳大籠	銀行公會代收
無名氏	饅頭	叁百隻	銀行公會代收
潘先生	饅頭	壹籃	銀行公會代收

漢興公司	大餅	壹大包	
殷汝驪先生	光餅	叁千個	
浙江省籌募救國義捐	光餅	拾袋	
寧波時事公報轉來	光餅	壹百陸拾壹包	
寧波同鄉會	光餅	陸拾玖包	
福建婦女慰勞會	光餅	壹萬貳千個	
中華民國國難救濟會	光餅	捌千個	
泰和興陳夢熊先生	炒米餅	叁拾陸箱	
鄧月仙老婦人	炒米餅	貳千壹百個	
浙江路回教堂	炒米餅	壹萬個	
李雲甫先生	炒米餅	伍千個	
香港羅宅	炒米餅	貳罐	
吳興民衆國難救援會	猪油條餅	肆拾陸包	

團體名義及個人姓名	贈品種類	數量	備考
吳興民衆國難救援會	大蔴餅	叁拾貳包	
吳興民衆國難救援會	大蔴餅	叁斗柒升	
無錫孔雀學術研究社	糕餅	貳箱	
洪盛寶號	年糕	肆百塊	
寶昶錢莊	年糕	貳拾玖件	
上海市商會第二辦事處	廣餅	壹包	
錢福卿公壽祥先生 朱氏 林氏	大月餅	壹千壹百隻 伍拾磅	
戴日湧同人	大餅	壹百斤	
上海市商會第二辦公處	柿餅	壹包	
上海市特區市民聯合會第三分會	柿餅	陸拾斤	
光華火油公司	蔴餅	伍百肆拾伍隻	銀行公會代收
新茂和	餅	叁包	

市商會第一辦公處	餅	壹包	
陳蔡卓氏	年糕	壹千伍百斤	銀行公會代收
徐春林先生	年糕	叁百斤	銀行公會代收
通和銀行同人	年糕		銀行公會代收
大達大生同人	年糕		銀行公會代收
匯豐同人	廣式軍食	叁拾壹包	銀行公會代收
上海民立中學敎職員會	年糕	肆百斤	銀行公會代收
上海麵粉交易所同人救國會	肉鬆	拾包	銀行公會代收
中華書局同人	食物	拾肆蒲包	銀行公會代收
吳文輝先生	年糕	叁包	銀行公會代收
吳文輝先生	芝蔴餅	壹包	銀行公會代收
雲南旅滬同鄉會	大餅	陸包	
吳興民衆國難救援會	薄脆餅	壹千貳百隻	

團體名義及個人姓名	贈品種類	數量	備考
吳興縣公安局	蘇餅	貳箱	
新聞報館	杏仁餅	貳千個	
天祿茶食號	糖糕	拾貳包	銀行公會代收
邵長春先生	糕	玖拾袋	
吳興民衆國難救濟會	年糕	拾貳塊	
亞美公司	年糕	拾箱	
上海市特區市民聯合會第三區分會	年糕	貳百斤	
吳興電汽公司	香糕	肆小箱	
吳興民衆國難救濟會	粽子	貳百拾肆隻	
上海市商會	粽子	貳簍	
劉先生	蛋糕	陸拾捌盒	銀行公會代收
智仁勇女校	蛋糕	貳千柒百隻	銀行公會代收

周先生	年糕	貳簍	銀行公會代收
無名氏	年糕	肆百伍拾斤	銀行公會代收
北萬馨	年糕	壹百斤	銀行公會代收
上海電話公司工會新西區同人	糖年糕	陸百叁拾斤	銀行公會代收
寧波同鄉會	黑棗	貳袋	
朱達康先生	黑棗	貳拾肆包	
上海市鐘表業同業公會	黑棗	壹千伍百斤	
北貨同業	黑棗	拾叁包	
市商會第一辦事處	黑棗	壹包	
陳壽之先生	黑棗	叁拾捌斤	
南京市商會	黑棗	壹千斤	
上海市商會	黑棗	肆袋又拾包	
裕大同人	黑棗	拾叁包	

團體名義及個人姓名	贈品種類	量數	備考
揚州八邑旅滬同鄉會	黑棗	貳包	
上海市特區市民聯合會第三分會	黑棗	貳百斤	
張頌椒先生	黑棗	肆包計貳百斤	
新聞報館轉來	黑棗	貳百斤	
張孝陵堂	黑棗	貳包	
澤涇浜天主堂賬房同人	黑棗	壹包	
上海市商會第二辦事處	黑棗	叁包	
協茂水菓行同人上海市水菓地貨同業公會	黑棗	肆拾包	
宋達人先生	南棗	拾肆袋半	
中西藥房王蔣先生	紅棗	貳百斤	
聚昌北貨行	烏棗	肆百玖拾斤	銀行公會代收
吳興民衆護會	酥糖	壹包	

美華利	糖菓	拾貳盒	
吳興電汽公司	糖菓	貳袋	
寧波同鄉會	罐頭四種	貳千貳百伍拾陸罐	
上海市各局聯合辦事處	牛肉	叁百叁拾陸罐	
廣東各界救國籌款委員會	鳳尾魚	叁千罐	
覺園公	鳳尾魚	拾貳罐	
楊國魂先生	牛肉	壹百罐	
雲南旅滬同鄉會	牛肉	叁百肆拾罐	
茂昌公司同人	牛肉	貳百玖拾肆罐	銀行公會代收
招商局職工會	牛肉	捌箱	
大達生同人	牛肉	叁百聽	
永新公司	牛肉	貳百聽	
無名氏	牛肉	陸斤半	

團體名義及個人姓名	贈品種類	量數	備考
潘乃燧先生	鳳尾魚	肆罐	
吳興民衆國難救護會	鳳尾魚	拾罐	
新聞報館	筍	伍拾罐	
羅吳麗珍女士	鳳尾魚	壹百貳拾罐	
上海地方維持會	罐頭	壹千貳百叁拾罐	
無名氏	筍	壹百拾肆罐	
中央食品商店	罐頭	壹百肆拾肆罐	南京
南京市商會	牛肉	壹千罐	南京
天津河北省立水產專科學校	罐頭	壹千貳百罐	南京
山東省政府	罐頭	叁千陸百陸拾罐	南京
上海各大學抗日救國會 中華民國國難救濟會	牛肉	壹百肆拾罐	南京
倪觀極先生	牛奶	壹箱	

寶利洋行	牛奶	壹百罐	
鑫順公司	美星牌香烟	伍箱	
新民香煙公司	香煙	肆箱	
寧波同鄉會	小聯珠香煙	貳拾肆條	
聯美煙葉公司	香煙	壹箱	
上海基督教女青年會	香煙	拾盒	
民衆煙公司黃平吳公幹先生	水仙牌香煙	肆箱	
馬木軒先生	大聯珠香煙	伍百小盒	
吳麗珍女士	香煙	壹百聽	
合衆煙廠	雪茄香煙	肆拾包	
克富煙公司	金豹牌香煙	壹箱	
時事新報	香煙	貳箱	
時事新報	香煙	壹百零肆條	

團體名義及個人姓名	贈品種類	數量	備考
時事新報	香煙	拾貳盒	
覺園公	馬占山香煙	拾貳罐	
周朱李先生	香煙	肆大盒	
鍾太太	香煙	肆拾陸包	
惠勒公司	香煙	伍百貳拾伍盒	
民衆煙公司	大來牌香煙	肆箱	
福昌煙公司	馬占山香煙	捌條 肆拾聽	
寧波同鄉會	香煙	貳箱	
南洋煙草公司	香煙	肆中箱	
周珠鳳女士	香煙	拾壹條	
曾夢飛先生	香煙	伍拾條	
市商會第一辦事處	伍拾支香煙	伍百零捌聽	

市商會第一辦事處	香煙	壹千零伍包	
市商會第一辦事處轉來	香煙	玖條	
市商會第一辦事處轉來	香煙	叁拾陸聽	
市商會第一辦事處轉來	香煙	壹盒	
上海市浦東捲煙公會	香煙	伍箱	
朱南山先生	香煙	肆百聽	
丘念屺先生	美麗煙	叁條	
方叔田先生	美麗煙	肆條	
上海地方維持會	香煙	肆箱	
凌太太 趙少奶奶	香煙	貳拾叁條	
市商會第一辦事處	茶葉	叁箱	
南華貿易公司	紅茶	壹箱 壹百小聽	
南華貿易公司	茶餅	伍拾小聽	

團體名義及個人姓名	贈品種類	量數	備考
森昌茶莊	銀針茶	肆拾小聽	南京
施公記	三星白蘭地酒	玖箱	
瞿誦言先生	三星白蘭地酒	陸瓶	
中國崐崙釀酒公司	三星白蘭地酒	伍箱	
寧波同鄉會	三星白蘭地酒	貳箱	
市商會第一辦事處轉來	酒	拾瓶	
中西藥房 天主堂轉來	白蘭地酒	壹箱	
發記行	高粱酒	貳坛	
天津大公報募	汾酒	貳拾小箱	南京
陳張荔英女士	甜橙	叁拾籃	
宋公館	橘子	貳桶	送紅十字會
宋公館	甘蔗	貳捆	

裕昌典當	橘子	捌桶	銀行公會代收
招商局職工會	橘子	伍箱	銀行公會代收
三山會館	橘子	壹百桶	銀行公會代收
陳九富先生	橘子	叁簍	
謝榮連先生	甘蔗	壹件	
世德堂胡	甘蔗	伍百根	
婁小姐	桔子	貳簍	
杭州市政府	甘蔗	叁捆	
龐小姐	桔子	壹簍	
中華棉業聯合會	甘蔗	陸拾捆	
水菓地貨同業公會	青菓	叁拾捆	
水菓地貨同業公會	甘蔗	貳拾捆	
中西藥房代孫公館	甘蔗	柒簍	

團體名義及個人姓名	贈品種類	數量	備考
中西藥房代時太太	甘蔗	壹簍	
中西藥房代洪公館	桔子	壹簍	
中西藥房代潘如英	甘蔗	貳包	
中西藥房代文華美術公司	甘蔗	貳拾伍綑	
中西藥房代紗布交易所	桔子	壹簍	
中西藥房代紗布交易所	甘蔗	貳簍	
中西藥房代李俊三君	福桔	貳簍	
中西藥房代鄔澤君	桔子	貳簍又壹蒲包	
中西藥房代周長興鮮菓行	青菓	貳桶	
李亞平李子厚傅眞吾馬子良范怡菴何子候先生	甘蔗	拾壹綑	
泰昌公司同人	甘蔗	拾捌包	
敦厚堂全體棧司	馬蹄	肆簍	

教厚堂全體棧司	甘蔗	拾簍	
汪君	甘蔗	肆綑	
中西藥房轉來無名氏	甘蔗	捌綑	
中西藥房轉來無名氏	桔子	叁簍	
中西藥房轉來黃義泰	甘蔗	肆拾肆綑	
中西藥房轉來天主堂	甘蔗	叁拾陸綑	
中西藥房轉來啓成布號	甘蔗	柒綑	
中西藥房轉來曹蘭記	桔子	貳包	
中西藥房轉來石信記	甘蔗	貳綑	
中西藥房轉來潤德豆麥行	甘蔗	陸包 又壹小包	
張竹蓀 陳藝香 尙和尙 凌松清同人	甘蔗	柒包	
新茂和	甘蔗	捌包	
管宅	甘蔗	陸綑	

團體名義及個人姓名	贈品種類	數量	備考
久大酒排間同人	桔子	貳簍	
王關錩 章榮彬先生	桔子	壹百拾肆隻	
王關錩 章榮彬先生	雪梨	壹籃	
王關錩 章榮彬先生	甘蔗	貳拾肆根	
張 胡二公館	甘蔗	陸捆	
張 胡二公館	桔子	肆包	
大庸 張道孫李大立先生	桔子	壹簍	
大庸 張道孫李大立先生	香蕉	貳簍	
同盛米號同人	甘蔗	陸捆	
同盛米號同人	桔子	壹桶	
同盛米號同人	香蕉	貳簍	
薛春生先生	甘蔗	玖簍	

錢廷芳 黃國華先生	甘蔗	壹簍	
袁子林先生	甘蔗	貳簍	
楊玉成先生等	甘蔗	壹件	
汪 朱二先生	橘子	貳簍	
福來電器公司	甘蔗	伍綑	
福來電氣公司	廣桔	壹桶	
項惠卿先生	桔子	壹簍	
唐曾仁先生	桔子	壹桶	
葛永德先生	桔子	貳桶	
天芳電汽公司	甘蔗	叁袋	
天芳電氣公司	桔子	壹簍	
徐宅等	桔子	貳包	
徐宅等	甘蔗	伍扎	

團體名義及個人姓名	贈品種類	數量	備考
恆豐同人	桔子	柒桶	
永豐號同人	桔子	壹簍	
永豐號同人	甘蔗	壹袋	
蔣鴻壽先生	甘蔗	叁袋	
蔣鴻壽先生	桔子	壹箱	
邱考善先生	甘蔗	壹袋	
陸葛氏	甘蔗	肆簍	
周公館	甘蔗	壹捆	
王宅	香蕉	壹担	
王宅	桔子	肆紙袋	
楊志堂女人	甘蔗	壹件	
上海市商會	香蕉	拾玖株	

杭州市政府	甘蔗	叁件	
地方維持會	甘蔗	肆車	
世界書局	甘蔗	陸包	中西藥房轉來
趙韻逸黃君特君	橘子	肆籃	
上海市商會	桔子	貳拾貳桶	
朱伯英先生	桔子	壹簍	中西藥房轉來
中國農工銀行	桔子	肆簍	中西藥房轉來
任嗣達先生	玫瑰大頭菜	伍拾盒	
隆茂鹹廠	大頭菜	壹百斤	久大精鹽公司來
吳江縣震澤商會	鹽菜	貳拾坛	
市商會第一辦事處	炸菜	陸坛	
市商會第一辦事處	大頭菜	壹袋	
浙江省籌募救國義捐	鹽菜	貳拾壹箱	

團體名義及個人姓名	贈品種類	數量	備考
無錫孔雀學術研究社	鹹菜羅卜	肆簍 貳坛	
無錫孔雀學術研究社	腐乳	捌坛肆罐	
朱勝君先生	火腿	壹隻	
同餘抗日會	腊腸	壹百個	
同餘抗日會	鴨腎	肆百伍拾隻	
李公館同人	臘腸	拾斤	
李公館同人	鹹蛋	壹千隻	
南京市商會	什景小菜	伍百聽	南京
南京市商會	鹹菜	伍拾坛	南京
南京市商會	豆瓣醬	伍百聽	
無錫孔雀學術研究社	食品	拾叁箱	運交前方
民衆公司	食品	拾貳罐	

民衆	食品	壹籮	
杭州市政府	食品	拾叁籮	
浙江省國民救國會	物品	捌拾壹件	貳月貳拾陸日來
吉子農先生	食物	貳包	銀行公會代收
石永錫 茂林西菜社 馮文祥 茂林食品公司	牛肉	肆拾伍箱	
施公館	鹹牛肉	陸箱	
雲南旅滬同鄉會	醃肉	貳百斤	
浙江路回教堂	牛肉干	伍拾磅	
四社	牛肉干	玖千小包	
泰昌號	肉品	肆箱	
泰賚號	肉品	伍箱	
暹羅號	肉品	貳箱	
廣東各界救國籌款委員會	陳皮梅	叁千盒	

團體名義及個人姓名	贈品種類	數量	備考
冠生園	筍	貳包	
泰山磚瓦公司	猪肉	貳箱	銀行公會代收
泰山磚瓦公司同人	猪肉	叁箱	銀行公會代收
敦餘里全體機司	牛肉	貳箱	銀行公會代收
麥加利同人	牛肉	拾箱	銀行公會代收
上海民立中學教職員會	牛肉	拾伍斤	銀行公會代收
永裕祥	食物	壹千扎	銀行公會代收
光華火油公司	食品	肆百柒拾壹件	銀行公會代收
呂班路葉宅	食品	拾叁件	銀行公會代收
上海市西顏料業公會	油燜筍	貳千聽	銀行公會代收
周敎民先生	食品	拾陸包	銀行公會代收
上海法政學校抗日救國會	食物	貳簍	銀行公會代收

趙簡石先生	食物	貳件	銀行公會代收
新聞報館	芝蔴醬	玖拾罐	
石永錫茂林西菜社 馮文祥茂林食品公司	菓子醬	貳拾箱	
懷寧郵務工會	荳醬	肆包	
味雅支店同人	南安大臘	壹百隻	
味雅支店同人	廣東臘肉	叁拾斤	
常玉清先生 李遐鴻先生	雞蛋	壹千隻	
上海市商會	鹹蛋	壹簍	
吳興民衆國難救援會	熟蛋	壹百拾柒隻	
吳興民衆救護會	熟蛋	拾貳隻	
揚州八邑旅滬同鄉會	醬菜	貳拾箱	
上海市特區市民聯合會第三區分會	蘿卜干	壹百斤	
衛生食品公司	蘿卜干	伍拾斤	銀行公會代收

團體名義及個人姓名	贈品種類	數量	備考
杭州市婦女犒軍團	小菜	貳包	
中西藥房轉來	鹹肉糕	壹坛	
天祿茶食號	洋錢干	肆包	銀行公會代收
上海市商會	潮州鹹菜	肆拾缸	
上海市商會	鹹菜	壹包	
上海市新藥同業公會	干菜筍	貳箱	計伍百柒拾陸包
雲南旅滬同鄉會	大頭菜	貳包	
雲南旅滬同鄉會	腐乳	貳包	
華洋什貨聯合會	大頭菜	壹箱	
上海市第三辦事處轉來	橡皮手套	貳百伍拾捌雙	總部副官處收
仝上	風鏡	壹百玖拾伍付另貳打	仝上
仝上	鉛絲	陸百玖拾柒卷	仝上

仝上	絲背心	貳千零捌拾陸件	仝上
仝上	蔴袋	壹萬玖千伍百伍拾隻	仝上
仝上	白粽繩	貳拾壹綑另柒百根	仝上
仝上	洋元	壹百零肆枝	仝上
仝上	洋釘	壹拾貳桶	仝上
仝上	衞生衣	伍拾包	仝上
仝上	絲棉襪	玖雙	仝上
仝上	手套	陸拾貳打	仝上
仝上	藥水棉袋	壹包	仝上
仝上	木頭	壹千貳百伍拾根	仝上
仝上	油衣	壹千貳百件	仝上
仝上	子彈帶	伍千零肆拾套	仝上
仝上	馬鞍	貳拾壹件	仝上

團體名義及個人姓名	贈品種類	數量	備考
上海市第三辦事處轉來	皮腰帶	貳千條	總部副官處收
仝上	刺刀殼	壹千陸百隻	仝上
仝上	絲背心	伍百捌拾肆件	仝上
仝上	洋燭	拾箱	仝上
仝上	松板	貳千叁百塊	仝上
仝上	嗎啡錠	壹千	仝上
仝上	碘斤	壹磅	仝上
仝上	千里鏡	壹架	仝上
仝上	指南針	壹千陸百壹拾伍隻另柒打	仝上
仝上	消毒棉花	貳萬包	仝上
仝上	崩帶布	壹拾伍尺	仝上
仝上	衛生包	壹千	仝上

仝上	沃仿紗	伍包	仝上
仝上	重曹	壹百壹拾貳磅	仝上
仝上	硫酸鈉	貳拾伍磅	仝上
仝上	過鹽化鐵液	貳磅	仝上
仝上	樟腦針	拾盒	仝上
仝上	副木	叁拾組	仝上
仝上	紗布	壹百伍拾包	仝上
仝上	膠布	拾筒	仝上
仝上	昇工水紗	拾包	仝上
仝上	硼酸	壹百磅	仝上
仝上	苛性納	拾磅	仝上
仝上	炭精棒	拾貳支	仝上
仝上	棉炭輪	叁個	仝上

團體名義及個人姓名	贈品種類	數量	備考
上海市第三辦事處轉來	打電機	壹個	總部副官處收
仝上	開尾巴	叁個	仝上
仝上	鹹蛋	壹簍	仝上
仝上	毛襪	捌拾叁打 另叁拾雙	仝上
仝上	羅宋帽	壹拾叁打 另壹百頂	仝上
仝上	軍用水壺	壹百貳拾隻	仝上
仝上	麵粉	叁拾叁包	仝上
仝上	鋼板	壹拾伍塊	仝上
仝上	軍衣	叁百叁拾件	仝上
仝上	毛背心	壹百件	仝上
仝上	避毒具	玖百零貳袋	仝上
仝上	熱水瓶	捌百貳拾玖隻	仝上

仝上	毛竹	柒百根	仝上
仝上	鐵鋤	叁拾捌把	仝上
仝上	饅頭	壹拾肆萬隻	仝上
仝上	桶木	貳萬零伍拾根	仝上
仝上	雨衣	叁千貳百件	仝上
仝上	開山鋤	壹百伍拾把	仝上
仝上	嗎啡針	拾盒	仝上
仝上	注射器	陸隻	仝上
仝上	的格林針	拾盒	仝上
仝上	汽油	壹百聽	仝上
仝上	機油	貳拾箱	仝上
仝上	竹梯	拾叁部	仝上
仝上	蔴繩	拾伍綑	仝上

團體名義及個人姓名	贈品種類	數量	備考
上海市第二辦事處轉來	竹頭	貳百根	總部副官處收
仝上	香煙	拾箱	仝上
仝上	空箱	陸拾隻	仝上
仝上	鐵鏟	叁百把	仝上
仝上	元針	叁桶	仝上
仝上	新洛皮	壹卷	仝上
仝上	白磁料	肆百隻	仝上
仝上	德包布	伍拾卷	仝上
仝上	干電池	拾貳打	仝上
仝上	花色線	拾卷	仝上
仝上	聽筒紗	拾陸瓶	仝上
仝上	聽筒片	拾陸瓶	仝上

仝上	電線	叁拾碼	仝上
仝上	煤鏟	貳拾肆把	仝上
仝上	鉛線	肆盒	仝上
仝上	鉛桶	陸拾隻	仝上
仝上	白米	壹百伍拾担	仝上
仝上	干糧袋	壹百隻	仝上
仝上	棉被	肆拾伍條	仝上
仝上	開尾斧	拾把	仝上
仝上	鋼鋸	柒把	仝上
仝上	板鋸	叁把	仝上
仝上	短衣	貳件	仝上
仝上	毛巾	貳拾把	仝上
仝上	電線筒	玖拾柒磅	仝上

團體名義及個人姓名	贈品種類	數量	備考
上海市第三辦事處轉來	被伏線	貳拾柒包	總部副官處收
仝上	軍毡	壹百條	仝上
仝上	粽子	貳甕	仝上
鎮江地方國難救濟會	鷄蛋	叁桶	仝上
仝上	蔴袋	伍件	仝上
仝上	炒米	陸袋	仝上
仝上	香煙罐	伍袋	仝上
仝上	指南針	拾捌個	仝上
仝上	餅干	陸箱	仝上
仝上	麵粉	肆拾袋	仝上
仝上	電池	壹箱 壹百貳拾打	仝上
仝上	棗子食品	伍件	仝上

仝上	香煙罐	叁件	仝上
仝上	手巾	壹件	仝上
仝上	炒米	玖拾陸件	仝上
仝上	雜件	肆件	仝上
仝上	雨遮	陸百捌拾陸把	仝上
仝上	蔴袋	壹千隻	仝上
中國童子軍上海特別市理事會募集	水壺	貳百隻	仝上
仝上	絨線背心	壹百貳拾件	仝上
蘇州後方服務團	毛巾	叁百零貳條	仝上
仝上	襯衣	捌拾件	仝上
仝上	襯褲	捌拾件	仝上
仝上	燻魚	貳拾壹條	仝上
仝上	炒米	貳百袋	仝上

團體名義及個人姓名	贈品種類	數量	備考
蘇州後方服務團	毛巾	伍條	總部副官處收
仝上	自由車	壹架	仝上
仝上	鐵床	壹隻	仝上
仝上	口袋	捌拾陸隻	仝上
仝上	蔴袋	肆綑	仝上
仝上	棉被	拾條	仝上
仝上	馬夾	貳拾叁件	仝上
仝上	炒米	叁袋	仝上
仝上	衞生衣	壹大盒	仝上
仝上	藥包	壹盒	仝上
仝上	漿糊	貳隻	仝上
仝上	香煙	壹袋	仝上

仝上	蔴袋	壹千伍百伍拾陸隻	仝上
仝上	絲棉馬甲	壹百壹拾件	仝上
中國童子軍上海特別市理事會募集	膠鞋	壹百貳拾雙	仝上
仝上	絲棉背心	壹件	仝上
仝上	熱水瓶	壹隻	仝上
仝上	絲棉背心	壹百肆拾貳件	仝上
仝上	手套	貳百陸拾柒件	仝上
仝上	棉馬甲	貳拾件	仝上
仝上	衞生衣	陸拾件	仝上
仝上	絲棉背心	貳百壹拾柒件	仝上
仝上	除垢粉	拾箱	仝上
仝上	手套	貳雙	仝上
仝上	頸圍	肆打	仝上

團體名義及個人姓名	贈品種類	數量	備考
中國童子軍上海特別市理事會募集	千里鏡	壹隻	總部副官處收
仝上	手套	壹千零伍拾捌套	仝上
仝上	絲棉背心	貳百壹拾叁件	仝上
仝上	水壼	壹百壹拾個	仝上
仝上	汽車用具	柒件	仝上
仝上	漆	肆桶	仝上
仝上	鉛桶	貳隻	仝上
仝上	火油	肆枝	仝上
上海市政府聯合辦事處鄭德明先生	洋松木	叁百柒拾貳根	仝上
上海市商會總辦事處	油衣	貳百肆拾件	仝上
上海石灰公會	銅板	拾伍塊	仝上
上海市西城商界聯合會	軍用水壺	壹百隻	仝上

仝上	軍用繩	壹綑	仝上
仝上	雲片	貳百包	仝上
仝上	朋索曲	貳百包	仝上
上海少年宣講團	毛巾	肆拾打	仝上
仝上	鹹菜	肆箱	仝上
上海丁鳴文先生由陳大方莫克明先生轉來	衛生衣	陸百件	仝上
上海湧利鐵號	鉄板	拾陸塊	仝上
上海煤業公會	煤籠	陸拾陸個	仝上
仝上	竹槓	根	仝上
上海銀行公會	機器踏車	壹架	仝上
仝上	脚踏車	壹架	仝上
仝上	絲棉馬甲	叁百玖拾陸件	仝上
上海市滬北區保衛團第一隊隊長	絲棉馬甲	壹百零貳件	仝上

團體名義及個人姓名	贈品種類	數量	備考
上海市南貨同業公會	蜜棗	叁拾桶	總部副官處收
上海青年會抗日救國會	絲棉背心	壹百叁拾件	仝上
上海新順興號	皮帶	伍拾條	仝上
仝上	刺刀売	伍拾隻	仝上
仝上	膠鞋	肆拾雙	仝上
上海婦女捐助軍用服裝會	絲棉背心	肆百貳拾肆件	仝上
上海恆康鉄號行	起釜葫蘆	叁隻	仝上
上海振華油漆公司	汽油	伍拾聽	仝上
上海固本肥皂廠	蔴布袋	壹千隻	仝上
上海大華實業社	絲背棉心	肆拾捌件	仝上
上海張景福先生	絲棉馬甲	壹百件	仝上
上海吳挨誠先生	絲棉背心	拾貳件	仝上

上海胡庶華先生	雨罩	貳拾陸頂	仝上
上海紗布同仁會	炒米	玖拾叁石	仝上
上海西社滬南區保衛團第八隊	大刀	肆拾陸把	仝上
仝上	水壺	伍百隻	仝上
上海徐寰記先生	蔴袋	壹百伍拾隻	仝上
上海米業公會	白米	壹百袋	仝上
上海市育涇區保衛團第一隊	蔴包	壹百貳拾個	仝上
上海馬子雲君	裝油筒	陸個	仝上
上海交易所	避毒口套	貳百隻	仝上
上海申新紡織第一廠	蔴包	壹萬隻	仝上
上海市出版產業工會整理委員會	毛巾	叁拾打	仝上
仝上	電筒	陸打	仝上
仝上	電池	陸打	仝上

團體名義及個人姓名	贈品種類	量數	備考
建築義務供給隊	炒米	陸千叁百玖拾袋	仝上
仝上	貨車	壹輛	仝上
仝上	蔴袋	壹萬伍千零零陸隻	仝上
仝上	金鼠香煙	壹箱	仝上
仝上	鐵皮	壹百塊	仝上
仝上	絨軍毯	叁百條	仝上
仝上	千里鏡	壹架	仝上
仝上	棉襖	壹件	仝上
仝上	絨線衫	壹件	仝上
仝上	生油	貳件	仝上
仝上	生鹽	貳包	仝上
仝上	跑鞋	叁拾打 另壹百貳拾柒雙	仝上

仝上		手套	壹百壹拾玖雙	仝上
仝上		雨衣	叁件	仝上
仝上		大頭菜	壹件	仝上
仝上		毛巾	拾打	仝上
仝上		衛生衫	貳千壹百貳拾捌件	仝上
仝上		鹽蛋	壹千貳百隻	仝上
仝上		絨手套	叁百雙	仝上
仝上		熱水瓶	貳百零壹隻	仝上
仝上		窄菜	伍拾斤	仝上
仝上		萬士林	壹桶	仝上
仝上		白米	肆拾伍包　另拾石	仝上
仝上		機油	肆百貳拾聽　另伍拾伍加倫	仝上
仝上		絲棉背心	貳百玖拾柒件	仝上

團體名義及個人姓名	贈品種類	數量	備考
建築義務供給隊	軍用水壺	壹千隻	總部副官處收
仝上	衞生衣褲	伍拾套	仝上
仝上	洋松木	玖拾壹塊	仝上
仝上	棉背心	壹百伍拾件	仝上
仝上	膠鞋	貳千肆百壹拾柒雙	仝上
仝上	客汽車	貳輛	仝上
仝上	機單車	壹架	仝上
仝上	藥水皂	貳拾肆塊	仝上
仝上	皮手套	壹件	仝上
仝上	絨線馬夾	壹百件	仝上
仝上	電筒	柒打	仝上
仝上	救護床	陸拾付	仝上

仝上	白棕繩	貳綑	仝上
仝上	油衣	叁拾捌件	仝上
仝上	行軍床	叁拾隻	仝上
仝上	棗子	壹百壹拾斤	仝上
仝上	醃蛋	叁拾隻	仝上
仝上	運動衫	貳拾件	仝上
仝上	絨線背心	捌拾件	仝上
仝上	煤鑪	伍拾隻	仝上
仝上	煤繩	伍拾付	仝上
仝上	鉛皮	叁百張	仝上
仝上	醬油	伍罐	仝上
仝上	紅乳付	壹拾伍罐	仝上
仝上	糟乳腐	伍呈	仝上

團體名義及個人姓名	贈品種類	數量	備考
建築義務供給隊	紅醬	一呈	總部副官處收
仝上	連勝帽	叁拾伍打	仝上
仝上	鷄皮手套	壹付	仝上
仝上	風鏡	陸百隻	仝上
仝上	甘布	貳塊	仝上
仝上	電油	壹百貳拾加倫	仝上
仝上	救護床	叁拾隻	仝上
上海市商會辦事處轉來	蘋菓	陸箱	仝上
仝上	草鞋	肆百肆拾雙	仝上
仝上	二五二寸元釘	拾桶	仝上
仝上	十六號鉛絲	伍盒	仝上
仝上	十八號鉛絲	貳盒	仝上

仝上	六寸元釘	拾桶	仝上
仝上	六寸元釘	伍桶	仝上
仝上	四寸元釘	伍桶	仝上
上海市總秘書處	棉馬甲	捌拾貳件	仝上
上海市商會第二辦事處交來	蔴包	叁千叁百隻	仝上
仝上	絲棉背心	貳千壹百玖拾叁件	仝上
仝上	牛肉	叁拾塊	仝上
仝上	鹹魚	壹簍	仝上
仝上	羅卜子	貳簍	仝上
仝上	海魚頭	壹簍	仝上
仝上	膠鞋	叁千叁百伍拾叁雙 另拾雙	仝上
仝上	雨衣	貳千件	仝上
仝上	小鉄鈀	拾打	仝上

團體名義及個人姓名	贈品種類	數量	備考
上海市商會第二辦事處交來	小鉄鉗	拾打	總部副官處收
仝上	風鏡	壹千玖百貳拾隻	仝上
仝上	絲棉馬甲	壹千叁百叁拾捌件	仝上
仝上	軍毯	伍百柒拾張	仝上
仝上	望遠鏡	叁架	仝上
仝上	衛生衣	伍百伍拾件另貳拾打	仝上
仝上	絨線衫	壹拾肆打	仝上
仝上	圍巾	壹百條	仝上
仝上	掘壕	拾件	仝上
仝上	手套	壹百打	仝上
仝上	毛巾	壹百打	仝上
仝上	口盂	貳拾陸打	仝上

仝上	軍用水壺	叁百壹拾肆隻	仝上	
仝上	熱水瓶	貳拾壹隻	仝上	
仝上	西式雨衣	陸拾貳件	仝上	
仝上	羅宋帽	叁拾貳打	仝上	
仝上	熱水壺	柒打　另肆隻	仝上	
仝上	黑棗	拾叁包　另柒袋	仝上	
仝上	行軍床	肆拾玖具	仝上	
仝上	衛生褲	壹百貳拾伍條	仝上	
仝上	香蕉	拾玖株	仝上	
仝上	帶子	壹百條	仝上	
仝上	鉄絲網	伍圈	仝上	
仝上	面具	壹千隻	仝上	
仝上	甘蔗	拾陸包	仝上	

團體名義及個人姓名	贈品種類	數量	備考
上海市商會第二辦事處轉來	糖年糕	柒包	總部副官處收
仝上	餅干	叁包	仝上
仝上	炒米袋	肆包	仝上
仝上	軍帽	伍頂	仝上
仝上	面具	肆拾捌隻	仝上
仝上	磁碗	貳箱	仝上
上海市商會第一辦事處轉來	電筒	拾打	仝上
仝上	電池	肆拾柒打	仝上
仝上	手套	柒拾付	仝上
仝上	軍用水壺	壹百伍拾貳隻	仝上
仝上	黃呢衣帽	陸套	仝上
仝上	棉襪	肆拾雙	仝上

仝上	衛生衣	肆百貳拾件	仝上
仝上	絲棉背心	壹百玖拾柒件	仝上
上海市商會轉來	領套	肆隻	仝上
仝上	口套	叁拾隻	仝上
仝上	線衫	叁百肆拾件	仝上
仝上	手套	壹百伍拾陸雙	仝上
仝上	白布短衫	伍拾套	仝上
仝上	領圍	壹百零陸隻	仝上
仝上	襪子	拾壹打	仝上
仝上	熱水瓶	叁隻	仝上
仝上	絲棉背心	壹百件	仝上
仝上	絨布衣	拾套	仝上
仝上	舊衣服	貳拾件	仝上

團體名義及個人姓名	贈品種類	數量	備考
上海市商會轉來	舊毡	肆條	總部副官處收
仝上	香煙	貳拾玖條叁拾陸聽又壹盒	仝上
仝上	羊毛衣	壹件	仝上
仝上	西裝	壹件	仝上
仝上	短衫	叁拾套	仝上
仝上	衞生衣	伍打	仝上
仝上	皮手套	壹付	仝上
仝上	大衣	叁件	仝上
仝上	木頭	玖百貳拾捌塊	仝上
仝上	防毒具	壹百肆拾隻	仝上
仝上	蔴袋	貳千伍百貳拾隻	仝上
仝上	絲背心	貳百陸拾玖件	仝上

仝上	水壺	壹百隻	仝上
仝上	草鞋	壹百陸拾雙	仝上
仝上	絨線衫	伍件	仝上
仝上	絨線帽	貳頂	仝上
仝上	雨衣	貳件	仝上
仝上	橡皮鞋	壹雙	仝上
仝上	松木	伍百塊	仝上
仝上	棉軍衣	柒拾陸件	仝上
仝上	棉軍褲	貳百柒拾肆件	仝上
仝上	襯衣	叁百陸拾伍件	仝上
仝上	單軍褲	貳百柒拾件	仝上
仝上	單軍衣	貳拾肆件	仝上
仝上	油衣	貳百件	仝上

團體名義及個人姓名	贈品種類	數量	備考
上海市商會轉來	軍毯	壹百零陸件	總部副官處收
仝上	木頭	壹百壹拾捌根	仝上
仝上	八寸洋松	壹百玖拾玖根	仝上
仝上	白米	壹千叁百包	仝上
仝上	洋松	壹百柒拾根	仝上
仝上	絨布短衣	肆拾貳件	仝上
仝上	毛巾	陸拾伍打	仝上
上海礦灰廠同業公會	汽油	貳百聽	仝上
仝上	桂子	拾貳箱	仝上
仝上	軍用水壺	柒百伍拾隻	仝上
仝上	木板	肆塊	仝上
仝上	鐵絲	伍卷	仝上

仝上	美布	拾疋	仝上
仝上	絲背心	貳拾件	仝上
仝上	磁碗	伍百隻	仝上
仝上	元釘	壹桶	仝上
仝上	醫具	壹包	仝上
仝上	毛巾	陸件	仝上
仝上	糖食	叁拾陸包	仝上
仝上	棉背心	叁件	仝上
仝上	衞生衣	伍拾陸件	仝上
仝上	棉衣	陸拾件	仝上
仝上	絨衫	肆件	仝上
仝上	馬夾	陸件	仝上
仝上	脚踏車	壹輛	仝上

團體名義及個人姓名	贈品種類	數量	備考
上海礦灰廠同業公會	自由車	拾肆輛	總部副官處收
仝上	洋元2841磅	壹百條	仝上
仝上	蔴袋	陸百隻	仝上
仝上	乳腐	伍拾埕	仝上
仝上	麵包	壹千隻	仝上
仝上	熱水瓶	貳篋	仝上
仝上	藥品	貳拾肆件	仝上
仝上	螺絲	貳百套	仝上
仝上	鉄條	壹百條	仝上
仝上	木頭	壹千柒百零伍根	仝上
仝上	面具	叁百隻	仝上
仝上	千里鏡	貳具	仝上

仝上	白布褲	壹百零肆條	仝上
仝上	軍衣	貳包	仝上
仝上	餅干	肆籃	仝上
仝上	餅干	貳盒	仝上
仝上	香煙	壹百包	仝上
仝上	絲背心	拾柒件	仝上
仝上	襪子	陸打	仝上
仝上	電筒	柒打	仝上
仝上	成巧水	壹千壹百瓶	仝上
仝上	鹹菜	壹包	仝上
仝上	保濟水	壹千壹百瓶	仝上
仝上	午時茶	伍拾匣	仝上
仝上	甘和茶	伍拾匣	仝上

團體名義及個人姓名	贈品種類	數量	備考
上海礦灰廠同業公會	如意油	叁千零壹拾瓶	總部副官處收
仝上	花生米	貳拾包	仝上
仝上	木椿	壹百貳拾伍根	仝上
仝上	桶木	壹百叁拾根	仝上
仝上	橡皮手套	貳百零肆雙	仝上
仝上	洋釘	拾桶	仝上
仝上	饅頭	叁萬隻	仝上
仝上	汽車	貳輛	仝上
仝上	響鈴	伍百隻	仝上
仝上	被覆線	捌拾伍盤	仝上
仝上	大平斧	拾柒把	仝上
仝上	鉛絲	貳拾桶	仝上

仝上	熟蛋	伍百壹拾肆隻	仝上
仝上	筍肉	伍包	仝上
仝上	筍子	捌打	仝上
仝上	黑棗	貳袋	仝上
仝上	炮白料	肆萬壹千肆百隻	仝上
仝上	炮白料	柒千肆百肆拾隻	仝上
上海市民地方維持會轉來	汽油	貳千陸百肆拾聽 又貳加倫	仝上
仝上	馬捷油	壹百聽　壹加倫	仝上
仝上	機油	壹百壹拾玖聽 另伍加倫	仝上
仝上	水壺	壹萬壹千壹百隻	仝上
仝上	白米	壹千零捌拾伍石	仝上
上海市臨時救濟會	汽油	貳千捌百肆拾聽	仝上
仝上	馬達油	壹百叁拾玖聽	仝上

團體名義及個人姓名	贈品種類	數量	備考
上海市臨時救濟會轉來	熱水壺	壹千叁百壹拾隻	總部副官處收
仝上	炒米袋	肆千零伍拾隻	仝上
仝上	炒米	肆千零伍拾包	仝上
仝上	絲背心	貳千捌百柒拾玖件	仝上
仝上	軍衣	貳套	仝上
仝上	毛巾	壹百肆拾肆條	仝上
仝上	蔴袋	柒千捌百玖拾伍隻	仝上
仝上	熟米	壹車	仝上
仝上	水壺	叁千叁百隻	仝上
仝上	短衫	柒拾套	仝上
仝上	絨背心	壹百壹拾貳件	仝上
仝上	線襪	壹百叁拾捌雙	仝上

仝上	醫用縫線	陸打	仝上
仝上	襯衫	叁百套	仝上
仝上	針紋衫	壹百套	仝上
仝上	會鏡	陸拾隻	仝上
仝上	香煙	肆百支	仝上
仝上	洋松	壹千玖百伍拾塊	仝上
仝上	鋼鏟	貳百肆拾伍把	仝上
仝上	白手套	壹百打	仝上
仝上	白米	肆百伍拾伍包	仝上
仝上	馬燈	叁百盞	仝上
仝上	衞生衣	貳件	仝上
仝上	西裝	叁套	仝上
仝上	西套衣	叁件	仝上

團體名義及個人姓名	贈品種類	數量	備考
上海市臨時救濟會轉來	絨線衫	壹件	總部副官處收
仝上	羊羔	肆包	仝上
仝上	担架床	壹百付	仝上
仝上	套鞋	壹百雙	仝上
仝上	跑鞋	貳拾雙	仝上
仝上	乾電池	陸拾打	仝上
仝上	慰勞袋	肆百隻	仝上
仝上	絨圍巾	壹拾玖條	仝上
仝上	饅頭	貳萬柒千隻	仝上
仝上	洋襪	肆千玖百伍拾雙	仝上
仝上	棉被	肆條	仝上
仝上	絨衫	壹拾壹打	仝上

仝上	罐頭魚	拾叁件	仝上
仝上	牛油	陸拾捌聽	仝上
仝上	黑棗	壹袋	仝上
仝上	鋼馬甲	壹件	仝上
仝上	皮帶	貳百壹拾叁條	仝上
潮州旅滬同鄉會	千里鏡	壹架	仝上
仝上	棉被	壹百捌拾條	仝上
仝上	絨衫	壹千壹百零肆件	仝上
仝上	毛線衫	壹百貳拾件	仝上
仝上	運動襪	貳百肆拾件	仝上
仝上	雨衣	叁千件	仝上
仝上	絨背心	叁百壹拾陸件	仝上
仝上	蔴包	貳千條	仝上

團體名義及個人姓名	贈品種類	數量	備考
潮州旅滬同鄉會	水瓶	貳千叁百捌拾隻	總部副官處收
仝上	襯衫	叁百壹拾陸件	仝上
仝上	衛生衣	貳百肆拾件	仝上
仝上	蘿蔔干	陸拾簍 壹萬斤	仝上
仝上	蔴袋	貳千隻	仝上
交通處轉來	白傷藥	叁拾瓶	仝上
仝上	羊毛衛生衣	拾壹件	仝上
仝上	米粽	叁拾玖袋	仝上
仝上	千門鏡	貳箱	仝上
仝上	天文鏡	貳箱	仝上
仝上	脚架	壹個	仝上
武進縣戚墅堰公所	炒米	壹百陸拾柒袋	仝上

武進縣地方自衛委會	白米	貳拾捌袋	仝上
仝上	蔴袋	貳拾綑	仝上
仝上	麵皮	肆袋	仝上
仝上	指南針	肆拾貳隻	仝上
仝上	只子	貳袋	仝上
仝上	稻	拾袋	仝上
仝上	蘿蔔干	貳箱壹袋	仝上
仝上	炒米	捌袋	仝上
仝上	炒米	陸拾叁袋	仝上
仝上	香煙空罐	叁拾袋	仝上
仝上	毛巾	貳件	仝上
仝上	炒米	柒拾大袋	仝上
仝上	香煙空罐	拾陸大袋	仝上

團體名義及個人姓名	贈品種類	數量	備考
武進縣地方自衛委會	蔴袋	陸袋	總部副官處收
仝上	絲棉背心	拾肆大袋	仝上
無錫申新第三紡織公司	麵包	伍千叁百枚	仝上
仝上	香煙	伍萬支	仝上
仝上	餅干	貳百叁拾袋	仝上
江蘇省立教育學院	避毒口罩	貳千個	仝上
無錫申新第三紡織職工	荸薺	拾肆担	仝上
仝上	毛巾	壹百打	仝上
仝上	鉛絲	柒担	仝上
仝上	空煙罐	陸拾隻	仝上
吳江縣同里各界	香煙餅干	捌箱	仝上
仝上	棉衣	肆綑	仝上

仝上	醬菜	肆甕	仝上
交通部劉行國際電台	橡皮鞋	伍拾伍雙	仝上
江蘇吳縣各界	木炭	陸拾簍	仝上
仝上	雜物	貳拾肆件	仝上
仝上	指南針	貳百伍拾壹隻	仝上
仝上	望遠鏡	貳架	仝上
仝上	自由車	叁輛	仝上
仝上	馬甲	拾壹綑	仝上
仝上	炒米	陸拾叁袋	仝上
仝上	蔴袋	叁拾肆袋	仝上
仝上	白米	柒拾柒袋	仝上
仝上	自由車	拾壹輛	仝上
仝上	白鴿	拾隻	仝上

團體名義及個人姓名	贈品種類	數量	備考
江蘇吳縣各界	衛生衣	貳拾伍匣	總部副官處收
仝上	白米	拾伍袋	仝上
仝上	馬甲	壹綑	仝上
仝上	病床	壹架	仝上
仝上	小鉄床	壹架	仝上
仝上	指南針	貳拾陸件	仝上
仝上	物品	壹百柒拾玖件	仝上
仝上	物品	壹百伍拾件	仝上
仝上	白米	壹百伍拾陸包	仝上
仝上	衛生衣線衫	肆拾件	仝上
仝上	糧食藥品	壹百壹拾玖件	仝上
吳縣後方服務團	衛生衣褲	壹百叁拾伍件	仝上

仝上	自由車	壹輛	仝上
仝上	白米	拾壹石	仝上
仝上	炒米	柒袋	仝上
仝上	指南針	伍百肆拾伍隻	仝上
仝上	口套	貳百隻	仝上
仝上	空煙罐	陸袋	仝上
仝上	假面具	玖百陸拾隻	仝上
仝上	鉛絲	肆綑	仝上
無錫各界抗日會	羊毛背心	貳拾伍件	仝上
仝上	羊毛衫	柒件	仝上
仝上	手套	柒拾貳雙	仝上
仝上	汗衫	伍百伍拾玖件	仝上
仝上	藥棉紗布	伍包	仝上

團體名義及個人姓名	贈品種類	數量	備考
無錫各界抗日會	熱水瓶	壹百壹拾伍隻	總部副官處收
仝上	套鞋	叁箱	仝上
仝上	套鞋	肆百叁拾陸雙	仝上
仝上	衛生衣絨衣	叁拾陸件	仝上
仝上	瓶心	叁拾陸隻	仝上
無錫商會	指南針	肆拾叁隻	仝上
仝上	行軍床	貳張	仝上
仝上	鉛絲	柒担	仝上
仝上	口罩	貳千隻	仝上
仝上	空罐香烟	捌件	仝上
仝上	絨背心手套	伍打	仝上
仝上	草鞋	伍拾雙	仝上

仝上	飯碗	貳千伍百壹拾隻	仝上
仝上	竹筷	貳千玖百雙	仝上
仝上	炒米	貳拾貳袋	仝上
仝上	甘蔗	壹千伍百支	仝上
仝上	荸薺	拾肆担	仝上
仝上	毛巾	壹百打	仝上
江陰抗日救國會	毛巾	貳打	仝上
仝上	蔴餅	柒千隻	仝上
仝上	橘子	柒簍	仝上
仝上	甘蔗	叁百陸拾支	仝上
吳縣地方治安會	白米	玖拾肆包	仝上
仝上	白米	貳拾包	仝上
仝上	炒米	壹桶	仝上

團體名義及個人姓名	贈品種類	量數	備考
吳縣地方治安會	鹹魚	貳簍	總部副官處收
仝上	竹筷	叁萬雙	仝上
仝上	桂花糕	陸千條	仝上
仝上	洋襪	伍打	仝上
仝上	香煙	肆條	仝上
仝上	毛巾	伍打	仝上
仝上	洋磁飯碗	伍拾隻	仝上
吳縣自治會	指南針	壹千隻	仝上
仝上	炒米	拾玖袋	仝上
仝上	白米	陸石	仝上
仝上	蘿蔔干	拾包	仝上
仝上	指南針	壹千貳百零壹隻	仝上

仝上	年糕	陸千條	仝上
仝上	水瓶	拾貳隻	仝上
仝上	毛毯	貳拾肆條	仝上
仝上	鵓鴿	伍拾肆隻	仝上
仝上	口罩	伍拾個	仝上
仝上	草鞋	伍百壹拾伍雙	仝上
仝上	糖糕	捌袋	仝上
仝上	蔴餅	伍千個	仝上
仝上	棉絲馬夾	陸拾件	仝上
仝上	桂花年糕	拾肆件	仝上
仝上	醬肉	貳千貳百甕	仝上
仝上	醬瓜	壹百包	仝上
崑山縣商會	白米	貳百石	仝上

團體名義及個人姓名	贈品種類	數量	備考
崑山縣商會	鮮猪	拾頭	總部副官處收
仝上	鹹菜	肆百斤	仝上
仝上	棉背心	壹千零叁拾伍件	仝上
首都各界抗日會	鉄血救國旗	壹面	仝上
仝上	蔴袋	壹千條	仝上
仝上	毛巾	壹百打	仝上
仝上	餅干	陸百磅	仝上
首都市婦女救濟會	衛國鉄軍旂	壹面	仝上
仝上	炒米	叁拾叁担	仝上
蘇皖郵務工會懷甯分會	指南針	壹百支	仝上
仝上	望遠鏡	壹隻	仝上
烟台張裕酒公司	白蘭地	壹百箱	仝上

江蘇婦女慰勞會	毛巾	陸拾打	仝上
仝上	黑棗	壹千斤	仝上
仝上	綢旗	壹面	仝上
九豐麵粉公司	棉馬甲	壹千叁百陸拾件	仝上
仝上	蔴袋	壹千隻	仝上
鎮江地方救濟會	炒米	貳拾伍件	仝上
仝上	棗子	拾件	仝上
仝上	醬菜	拾捌件	仝上
仝上	香烟罐	拾捌件	仝上
仝上	茶杯	壹隻	仝上
仝上	蔴袋	貳千陸百隻	仝上
仝上	香烟罐	貳拾肆袋	仝上
仝上	炒米	柒袋	仝上

團體名義及個人姓名	贈品種類	數量	備考
鎮江地方救濟會	黑棗	捌袋	仝上
仝上	黑棗	貳袋	仝上
仝上	蜜棗	拾桶	仝上
仝上	衞生衣	伍拾件	仝上
仝上	雜物	貳袋	仝上
仝上	蔴袋	肆百伍拾隻	仝上
仝上	飯碗	陸百隻	仝上
仝上	黑棗	壹千零貳拾伍斤	仝上
仝上	炒米	肆袋	仝上
仝上	雜物	貳袋	仝上
南京轉丹陽沙田官產局	防禦蔴袋	壹千隻	仝上
武進縣商會	炒米	壹千零伍拾陸袋	仝上

仝上	空烟罐	陸袋	仝上
仝上	京江齋	壹包	仝上
仝上	鹽菜	壹包	仝上
仝上	蔴袋	壹萬貳千壹百條	仝上
中華民國國難救濟會	馬燈	貳拾貳打	仝上
仝上	絲背心	貳百柒拾陸件	仝上
仝上	扛捧	貳百條	仝上
中國工程師學會	鉄皮	壹百貳拾塊	仝上
仝上	瓦輪白鉄	捌拾塊	仝上
中國童子軍上海特別市理事會募集	水壺	貳百隻	仝上
仝上	絨背心	壹百貳拾件	仝上
仝上	膠鞋	壹百貳拾雙	仝上
仝上	絲背心	壹百肆拾叁件	仝上

團體名義及個人姓名	贈品種類	量數	備考
中國童子軍上海特別市理事會募集	熱水瓶	壹百隻	總部副官處收
崑山治安會	白米	貳百石	仝上
仝上	鮮猪	拾隻	仝上
仝上	鹽菜	肆百斤	仝上
仝上	棉背心	壹千零叁拾件	仝上
崑山第捌區公所	鮮猪	陸隻	仝上
仝上	鮮鷄	伍拾隻	仝上
仝上	甘蔗	叁拾陸捆	仝上
仝上	青魚	拾條	仝上
仝上	鷄蛋	貳千隻	仝上
仝上	白玫瑰酒	貳百貳拾肆瓶	仝上
中央委員薛篤弼方振武甘乃光	香烟	拾箱	仝上

鼎新大顧志軒先生	白鴿	貳拾肆隻	仝上
濟生會邵達人先生	絲背心	壹百肆拾件	仝上
吳縣地方治安會	慰勞什件	壹百貳拾貳件	仝上
袁珊寶先生	橄欖	叁拾桶	仝上
鄭正元先生	絨背心	貳件	仝上
吳江縣第二區公所	絲背心	壹百壹拾肆件	仝上
仝上	衞生衣	拾伍件	仝上
沈森太建築廠	蔴袋	貳百肆拾隻	仝上
中央銀行同人	蔴袋	貳千隻	仝上
太倉縣商會	棉背心	壹千柒百件	仝上
仝上	白米	貳拾伍石	仝上
仝上	元棗	伍百斤	仝上
仝上	衞生衣	壹百貳拾肆件	仝上

團體名義及個人姓名	贈品種類	量數	備考
太倉縣商會	毛巾	貳百打	總部副官處收
泰縣政府	鷄蛋	陸拾壹簍	仝上
仝上	醬菜	陸簍	仝上
同餘抗日團	牛肉	壹簍	仝上
正儀公和典	全猪	貳隻	仝上
仝上	高粱酒	伍拾瓶	仝上
仝上	麵粉	貳袋	仝上
仝上	香煙	貳盒	仝上
濟生會	風鏡	壹百隻	仝上
仝上	樹膠	壹斤	仝上
吳伯良先生	水壺	貳百隻	仝上
吳震浦夫人	香煙	拾罐	仝上

杭州市政府	望遠鏡	壹架	仝上
仝上	蔴袋	叁拾叁綑	仝上
仝上	水壺	伍百隻	仝上
駐眞紅十字會四隊	餅干	拾包	仝上
補充第一團長 余立奎轉來	口套	壹千貳百玖拾隻	仝上
吳縣虎邱各界慰勞會	熟醃肉	伍百斤	仝上
仝上	毛巾	伍百條	仝上
仝上	綢旗	壹面	仝上
安通輪船公司	蔴包	壹千隻	仝上
無名氏	止血針	叁百枚	仝上
無名氏	絲背心	拾伍件	仝上
沈君	絨背心	貳件	仝上
潘席輪先生	木棉背心	拾件	仝上

團體名義及個人姓名	贈品種類	數量	備考
潘席輪先生	絲棉背心	貳拾件	總部副官處收
石先生	仝上	拾件	仝上
無名氏	仝上	肆件	仝上
張傑人君	仝上	拾件	仝上
張蔭橋君	仝上	拾件	仝上
翟誦言君	仝上	肆件	仝上
史乃修君	仝上	肆件	仝上
張子玉君	仝上	叁件	仝上
張名勳君	仝上	拾伍件	仝上
范沈梅仙女士	仝上	貳拾件	仝上
潘太太	仝上	拾件	仝上
朱順記號	仝上	拾件	仝上

李夢龍太太	木棉背心	柒件	仝上
周仲千太太	仝上	柒件	仝上
錢迺徵太太	仝上	陸件	仝上
楊仲山太太	仝上	貳拾件	仝上
旅港潮州八邑商會慰勞會	菓只羔	陸箱	仝上
仝上	棉花	壹箱	仝上
仝上	餅干	貳拾貳箱	仝上
仝上	波蘿蜜	壹百箱	仝上
仝上	棉冷衫	叁箱	仝上
仝上	紗布膠布碘酒	壹箱	仝上
仝上	牛奶	叁拾捌箱	仝上
鎮江清眞寺	雨傘	貳百把	仝上
鎮江蘇報社	食品	貳拾叁箱	仝上

團體名義及個人姓名	贈品種類	數量	備考
無錫縣商會國難委員會	慰勞品	陸拾捌件	總部副官處收
無錫九豐麵粉公司	蔴袋	壹千隻	仝上
無錫縣商會	蔴包	肆千叁百隻	仝上
仝上	蔴包	壹百叁拾綑	仝上
仝上	蔴皮針	壹綑	仝上
無錫慶豐紗廠工友	蔴袋	壹千隻	仝上
無錫孔雀學術社	鹽菜	貳拾斤	仝上
仝上	乳腐	拾捌罐	仝上
仝上	棉胎	貳條	仝上
仝上	藥棉	貳拾叁磅	仝上
仝上	草鞋	伍百雙	仝上
仝上	毛巾	貳百零肆條	仝上

仝上	襪子	拾叁雙	仝上
仝上	蔴繩	壹百零貳圈	仝上
仝上	糕餅	叁箱	仝上
無錫縣輔仁中學學生抗日救國會	膠鞋	貳拾柒打	仝上
留蘇學生國難服務團	花生米	肆担	仝上
仝上	香煙	肆包	仝上
仝上	蕃薯	肆拾担	仝上
仝上	食品	壹簍	仝上
仝上	軍用電機	壹架	仝上
仝上	線襪	伍拾雙	仝上
仝上	白米	拾担	仝上
江蘇省立蘇州中學	毛巾	捌拾打	仝上
仝上	山薯	肆担	仝上

團體名義及個人姓名	贈品種類	數量	備考
江蘇省立蘇州中學	香煙	捌拾條	總部副官處收
仝上	洋蠟	捌拾打	仝上
仝上	花生米	肆担	仝上
江蘇省黨部	蔴袋	叁百伍拾貳隻	仝上
蘇州青年會	蔴包	壹千捌百伍拾貳隻	仝上
蘇軍警團聯合辦事處	絲棉背心	拾件	仝上
仝上	蔴包	拾陸件	仝上
仝上	猪油	壹千壹百陸拾捌斤	仝上
仝上	絲棉背心	肆百伍拾件	仝上
中國紅十字會第九傷兵醫院	手套	伍雙	仝上
武進縣第一區	絲棉背心	壹百零叁件	仝上
仝上	灰色毡	叁床	仝上

仝上	P生衣	壹件	仝上
仝上	棉褲	貳條	仝上
武進常務委員	蔴袋	壹大綑	仝上
仝上	炒米	貳拾捌包	仝上
仝上	炒米	貳拾玖包	仝上
仝上	碗筷	壹袋	仝上
仝上	鹽菜蘿蔔	拾壹袋	仝上
武進錢業同人	毛巾	壹萬條	仝上
仝上	絲襪	陸千雙	仝上
仝上	衞生衣	叁百件	仝上
仝上	絲棉背心	拾件	仝上
仝上	蔴袋	伍千條	仝上
仝上	大菜	拾捌瓶	仝上

團體名義及個人姓名	贈品種類	量數	備考
武進錢業同人	葡萄干	貳百瓶	總部副官處收
仝上	仝上	肆包	仝上
仝上	鹹菜	壹包	仝上
仝上	豆腐干	叁萬塊	仝上
仝上	干醬	叁百包	仝上
仝上	高粱酒	二瓶	仝上
仝上	白玫瑰	二瓶	仝上
仝上	醬肉	貳缸	仝上
武進江西民衆救國會	蔴包	壹千條	仝上
上海臨時救濟會由蔡廷農先生交來	食米	伍千陸百肆拾捌石	兵站部收 內分十一次送來其餘非直接交到本站者不入此數內
未明	仝上	伍拾貳小包	仝上收 因送物人將物放下遇敵機擲彈即逃避不復見故不明來處

麗新紡織廠	仝上	玖拾小包	仝上收
未明	仝上	伍拾小包	仝上收　仝前註
吳縣治安會	仝上	壹百壹拾肆小包	仝上收
上海市商會	仝上	肆百名	仝上收
鎮江電氣公司	仝上	拾包	仝上收
陸十師教導隊轉交來	仝上	陸百石	此項約係上海臨時救濟會送來的
武進地方治安會	仝上	壹玖伍大包　柒貳小袋 壹叁小包	仝上收
上海辦事處轉來	食米	柒拾捌包	仝上收
曾國成手轉來上海臨時救濟會送來	食米	伍百貳拾柒石	仝上收
蔡甦農先生代上海臨時救濟會送來	仝上	陸百石	仝上收
蘇州樂羣中學	仝上	貳石	仝上收
吳江縣黨部	仝上	柒石　又捌斗捌升	仝上收
鎮江大照電氣公司商團送來	拾景醬菜	肆百叁拾貳罐	兵站部收

團體名義及個人姓名	贈品種類	數量	備考
鎮江大照電氣公司商團送來	毛巾	壹千肆百肆拾條	兵站部收
仝上	白米	拾石	仝上
仝上	荸薺	拾肆石	仝上
仝上	塘磁茶杯	陸百隻	仝上
仝上	各色線襪	肆百捌拾對	仝上
仝上	餅干	叁百磅	仝上
仝上	饅子	伍千伍百隻	仝上
仝上	得勝旗幟	壹面	仝上
綏遠反日會送來	緞面大旗	壹面	仝上
仝上	餅干	拾陸箱	仝上
仝上	桔子	壹箱	仝上
仝上	桔子	壹小箱	仝上

仝上	罐頭水果	伍箱	仝上
仝上	毛巾	捌拾打	仝上
仝上	雜色線襪	壹百伍拾打	仝上
華北婦女反日救護隊	紗背心	肆拾柒打	仝上
仝上	風鏡	壹百捌拾玖付	仝上
蘇州樂羣中學	白衫褲	壹百零玖套	仝上
仝上	白米	貳石	仝上
常州婦女服務團	衫褲	貳百柒拾伍套	仝上
廣東嶺南大學鍾校長	長棉袍	貳拾件	本軍駐粵辦事處收
仝上	棉背心	拾捌件	仝上
廣東時興洋貨店	衞生衣	陸件	仝上
深圳安仁善堂商會	炒米餅	拾伍箱	仝上
廣東李潘劍鍔先生	炒米餅	貳拾伍箱	仝上

團體名義及個人姓名	贈品種類	量數	備考
廣東高漢珍先生	棉背心	貳拾貳件	本軍駐粵辦事處收
廣東黃世基先生	蔴包	伍百陸拾個	仝上
廣東中國國防化學研究會	防毒面具	貳百貳拾個	仝上
廣東私立十約小學校	炒米餅	貳箱	仝上

勘誤表

頁數	行數	字數	誤	正
八四	一〇	八	衣內	內衣
一一二	九	一〇	雙	鞋
一二二	一〇	一五	本	桶
一二四	八	一〇	五	六
一四九	一	五	國	團
二六六	二	六	絲	木

上海商務印書館被燬記

商務印書館善後辦事處編印

目錄

上海商務印書館被燬紀

(一)上海戰事起源

中日交惡起源

我國最近一次抵制日貨始于民國二十年七月以來朝鮮慘殺華僑事件發生之後。自日本于九月十八夜用武力強佔我東三省後，我國抵貨益力。日本商務大受損失。因此對我頗生憎恨之意。其後我國各地學生紛起示威並要求宣戰。我國對日惡感益深。在此局勢緊張之際，衝突隨時可以發生。(各國領事滬案調查報告 新聞報二十一年二月十日)

上海事件發生

民國二十一年一月十八日日本人五名內有僧人數人道經上海虹口三友實業社工廠門外，忽與我國人衝突。日本人受傷者二，一僧則重傷身死。二十日日本少年保護會會員五十八人手執刀棒，往三友廠縱火。歸時與租界巡捕相鬬，互有死傷。同日日本僑民在俱樂部開大會議請日本政府派海陸軍隊來華壓伏我國反日運動。(同上)

日本總領事提出要求

同日下午日本駐滬總領事村井向我上海市長吳鐵城提出五項要求，皆涉及十八日之事(一)市長正式道歉(二)立拘兇犯(三)撫恤及醫藥費用(四)充分取締反日運動(五)解散一切反日機關。二十一日上午上海市長知會日本總領事謂對前三件立可考慮，後二件難以應從。是日向晚日本海軍總司令鹽澤宣言倘上海市長對日本要求之答覆不能滿意，則該總司令將採取相當辦法。二十四日日本總領事亦作同樣表

示。同日日本海軍並增兵到滬。同上

我國表示讓步

二十五日日本總領事復照會上海市長，希望于廿八日作一答覆。二十七日再知會我國市長謂必于次日下午六時前作滿意答覆，否則將取必要方法以力行之。其實我國市長于『二十四日卽已向中立國人士表示極願讓步以免衝突，方在勸說中國本地領袖人士停辦反日會，于他種團體除去反日字樣，以此等字爲日人所目爲得罪其國者也。反日會因此關閉，各機關于一月廿七廿八之夜爲中國警察所封。』同上

局勢危急

二十八日上午七時半，日本海軍總司令照會他國防守司令謂中國方面如無滿意答覆，伊欲於次晨有所舉動。同日下午尚早之時上海市長答覆日本總領事完全承認其要求。下午四時日本總領事通告上海領事團謂已接中國答覆，認爲完全滿意，並謂要求之事多已實行，暫時不再取何舉動。同上

租界戒嚴

『然外交局面雖有此變動，衆人之心則以爲日本海軍當局決定無論如何必有所舉動。日本報界聯合會所發煽動人心之新聞，謂中國無意實行其約言，並謂中國人已預備攻擊日人；又逆料中國人民必因反對市長承認日本要求羣起反抗。爲以上種種之故各國駐滬防軍委員會心目中以爲緊急布告宜實行爲善。因此上海租界當局遂于下午四時宣布戒嚴。』同上

日本海軍司令布告

一月廿八晚十一時日本海軍總司令發表布告二道，並將副本送致我上海市長，市長謂于十一時廿五分方接得之。其一提及租界業已戒嚴，並謂日本海軍對于閘北情形極爲憂慮。該處日僑衆多，決派兵到該區維持法律與秩序。望中國當局速將閘北軍隊退往淞滬鐵路以西，並撤除該地一切防禦。其另一布告則謂在

上海租界派歸日軍維持秩序之區域中，凡戒嚴上必要之事務，日軍皆將執行之等語。上同

日軍啓釁

『日本海軍陸戰隊及武裝平民先已在日本海軍陸戰隊司令部集合者，沿北四川路而進，西趨老靶子路，直抵北河南路口，沿途分派隊伍於各里弄口。中夜號信一發，所派隊伍即向西北趨進。鐵路方面最後一隊約有陸戰隊百人，開一鐵甲汽車，欲越過北河南路底華租分界處大門，爲上海萬國商團所阻。

『中國軍隊初未應日本海軍總司令之要求，且即使決定撤退，亦不能于短時間內將該段中國軍隊實行撤退。且前數日所醞釀之局勢，亦須顧及。蓋足使中國當局目日本海軍當局之舉動，爲日本較大之軍事行動之一部分也』。上同

我國軍隊抵抗

日本陸戰隊嗣遇我軍力抗，祇能沿淞滬鐵路向南至寶興路口爲止，不能再向南進。其防線在鐵路東，貫穿北河南路與北四川路間之租界邊界。嗣日軍爲我國自北車站開至淞滬鐵路上之鐵甲車所創，北車站亦爲我國軍隊堅守，日軍遂不得逞。上同

日軍飛機擲彈

因此日軍于一月廿九日用飛機擲彈炸燬北車站，寶山路上其他建築亦被日軍于同日用發火炸彈燒燬之。

『大概皆信爲故意爲之，以滅去窺伺日軍陣線之要地。』上同

本館總廠及編譯所、東方圖書館、尚公小學等均處寶山路上，因此遂同被日軍炸燬。以上所述，爲日本軍隊在上海向我啓釁及故意炸燬閘北一切重要建築情形。茲於繼續詳述本館總廠等被燬經過之先，略述本

館創業情形及其對於我國文化教育上各種貢獻之大概。

(一)商務印書館小史

創業始末

本館經始於淸光緒二十三年正月，適當甲午中東戰役吾國失敗，列強刼盟，淸政府變法圖強之際。創辦人夏瑞芳，鮑咸恩，鮑咸昌，高鳳池諸人集資四千元，在上海江西路賃屋三楹，購置印機數架經營印刷事業，是爲本館創業之始。吾國新印刷工業之進步實權輿于此。光緒二十四年夏六月遷於北京路，有屋十二楹，添購機器，是爲本館發展初步。越五年始建印刷所于北福建路，設編譯所于唐家街，設發行所于棋盤街。規模至是粗具。

發展經過

光緒三十年本館擇地上海閘北寶山路東建築大規模之總廠，佔地凡八十餘畝，爲總務處，印刷所，編譯所，尙公小學，以及日後另設之東方圖書館等所在地。復于棋盤街新建發行所。基礎至是益固。此後迭圖擴充，資本總額逐漸增至五百萬元。歷任總經理經理夏瑞芳，鮑咸昌，張元濟，王雲五，李宣龔，夏鵬諸人先後赴東西各國研究考察以求公司具體之改進，設備日形充實，營業益有發展。(詳見三十五年來之商務印書館)

本館貢獻 (一)供給教育教材

本館成立迄今已逾三十六年。述其貢獻之犖犖大者計有四端：卽教育教材之供給，中外名著之印行，實際教育文化事業之舉辦，國貨之提倡是。茲先敘述教材之供給。我國新教育在過去三十六年中，自萌芽而至於發展與改進，本館負荷出版界重任，對此重要建設工作，始終爲忠實努力之公僕。試就學校課本而論：淸季興學時則出版最新教科書，民國成立時則出版共和國教科書，國語運動興起時則出版新法教科書，學制改革時則出版新學制教科書，國民革命告成時則出版新時代教科書，最近國民政府頒布課程標準時則又出版基本教科書。無不適應潮流，風行全國。（莊俞同上）其他教育用品之由本館供給者約佔全國總數百分之七十五之多。（大陸報二十一年一月卅日）

（二）印行中外名著

近三十六年來我國文化變動劇烈，思潮混雜，向所未有。本館深知出版事業關係我國文化前途甚鉅，故確定方針，一方發揚固有文化，一方介紹西洋文化，謀溝通中西以促進整個中國文化之光大。本館因此有中外名著之系統印行。我國名著之出版者有涵芬樓祕笈，四部叢刊，續古逸叢書，續藏，道藏，學津討源，學海類編等，近又印行百衲本二十四史，無不譽滿海內。藝術類名著則有宋人畫冊，石渠寶鑑，西清續鑑，宋拓淳化閣帖等，亦無不精美絕倫。關於西方學術之介紹者則有漢譯世界名著，現代教育名著，政法名著，經濟名著，以及其他各科叢書。最近風行全國之萬有文庫尤爲國內唯一之鉅製。此外工具用書如辭源，學生字典，教育大辭書，以及人名地名動物植物礦物醫學等辭書，尤足應付吾國學術界之需要。定期刊物之有裨學術者有東方雜誌，學生雜誌，教育雜誌，學生雜誌，兒童世界，英語週刊等，讀者皆以萬計。（莊俞同上）綜計本館出版物至民國十九年止已達八千餘種，一萬八千餘冊之多。（李澤彰三十五年來中國之出版業）

（三）舉辦實際教育事業

本館于供給教育教材印行中外名著而外，更出其餘力舉辦實際教育事業以謀貢獻于社會。已往者姑不具論，其現存而較著者有由涵芬樓擴充而成之東方圖書館，培植同人子弟及閘北居民子女之尚公小學

及幼稚園，以及分設五科學生普及全國之函授學社。以一出版機關而能勉力于具體教育建設，實不易得。（莊俞同上）

（四）提倡國貨

本館于供給教材，印行名著，及舉辦實際教育事業外，並亦提倡印刷上國貨之使用與製造，例如紙料石版鋼鐵之屬，無不儘先採用國產。至于印刷業上所用之鉛字銅模製版及各種機械油墨膠根等以及教育用品如儀器模型標本文具等，亦無不自能製鑄。除自用外並以廉價供給國人。（莊俞同上）

本館設備

至于本館各種設備向極完善。其印刷機器之應有盡有，在遠東尤無其匹。機器重要者有滾筒機，膠版機，米利機，鋁版機，大號自動裝釘機，自動切書機，世界大號照相機等，總數達一千二百餘架之多，（莊俞同上）世人多稱本館為東方文化之中心機關，詢非過譽。

（三）商務印書館總廠被炸

民國二十一年一月二十八日晚十一時後日本陸戰隊突然侵犯閘北，我十九路軍為自衛計起而力抗。日軍志不得逞，遂于二十九日晨四時二十分開始用飛機多架由黃浦江中航空母艦上起飛，向閘北空際盤旋示威。七時許天大明，乃實施擲彈，湖州會館首先着彈，因炸力不鉅，未被巨創，尚有數彈落荒地上。（申報一月三十日）十時許（申報一月三十日作十一時許大公報同日專電作十時許似較確）日本飛機多架翱翔閘北空際，接連向本館總廠擲下炸彈六枚。第一彈中印刷部，第二彈中棧房。（大陸報號外一月廿九日）當卽爆裂發火。救火車因在戰區無法施救，祗得任其延燒。（申報及大公報一月三十日）火起後日機復繼續擲彈，於是全廠皆火。（大陸報號外一月廿九日）濃烟瀰漫天空。（大美晚報一月廿九日）又因總廠紙類堆積甚多，延燒更易。廠中各種印刷機器全部燒燬。焚餘紙灰飛達十數里外。可見當時火勢猛烈一斑。（申報一月卅日）租界中人多登屋頂遙望本廠之烟山騰湧，幾患人滿。（大陸報一月三十日）是日下午三時許全廠盡燬，唯火勢至五時許猶未全熄。（申報及大公報一月三十日）據日本海軍大尉小田所記，是日日本實有水上飛機四架翱翔于閘北天空，皆攜有五百基羅格蘭姆炸彈多枚云。（申報三月十三日）

三月二日我軍因戰略關係西退守第二道防線，日軍隨于同日傍晚進佔閘北，並高懸國旗于北火車站及本館屋頂焉。（字林西報三月三日）

上海我國軍政要人通報

本館總廠既被日機擲彈炸燬，在上海力抗日軍之第十九路軍軍長蔡廷楷首先于二月二十九日電告國民政府，謂：

『商務印書館印刷所中日飛機之炸彈，完全破壞，此為戰中最大之損失。』（申報一月三十日路透電）

上海市長吳鐵城亦于同日談話中謂：

『本人忍辱求全，得以見諒于中外，乃不意於數小時後日艦隊司令忽深夜發出一般的通告，同時開始軍事行動。攻擊我駐軍，轟擊繁盛之街市，傷害無辜人民之生命財產。例如東方文化所託之商務印書館編輯部古籍孤本盡付一炬。其損失已不可勝計。此種責任應由日方完全負之。』（申報一月三十日）

國民政府委員孫科，李宗仁，陳友仁，馬超俊，張發奎，程潛，薛篤弼，陳慶雲，劉蘆隱，梁寒操，傅汝霖，方振武，李文範，黃季陸，何世楨，孫鏡亞，熊克武，白崇禧，諸人亦于同日在懇請政府與全國民衆軍士同赴國難通電中指責日本縱其僑民放火焚燬本館爲『掠奪侵凌。』（申報一月三十日）國民政府亦于同日發表宣言，稱日本用飛機轟炸上海之中國行政交通文化機關及主要商店爲人道所不容。請世界各國採取有効行動，勿使人道公法條約竟爲日本暴力蹂躪破壞無遺。（時報號外一月三十日）

重要團體通電

同日上海市商會等各團體致電美國大總統胡佛及國務卿史汀生稱日本軍隊猛攻華界，飛機擲彈放火。

『且將中國文化有關之商務印書館焚燬。古版圖書盡付一炬。縱云正式作戰，亦不應野蠻至此。』

請求主持公道，以強力制止日本暴行，藉維東亞和平。（時事新報一月三十日）同月三十一日蔡元培，劉光華，蔣夢麐，鄒魯，謝持，梅貽琦諸人代表中央研究院，中央大學，北京大學，中山大學，武漢大學，清華大學等電致國際聯合會國際文化合作委員會稱：

『日本陸戰隊及飛機二十餘架盤在上海之閘北楼施暴行，故意摧毀文化機關，如中國最大出版事業之商務印書館均被焚殆盡。』

特請該委員會轉請國聯行政院迅採有效方法，制止日軍此類破壞文化事業及人類進步之殘暴行爲。（大陸報二月一日申報二月二日）同日國際聯合會我國代表團在日內瓦公布照會三件其中一件述及日本飛機二十架在上海某一區域內不分皂白拋擲炸彈不已。我國行政交通文化機關及重要商店均遭燬滅，（新聞報二月二日）二月一日北平市學生抗日救國會電致全國將士亦有『暴日燬我文化機關，欲哭無淚』之語。（大公報二月二日）

中外學術界中人慰問

同時國內外學術界中人如李石曾，朱家驊，程時煃，任鴻雋，陳衡哲，邵裴子，鄭宗海，傅斯年，李培恩，蕭友梅，潘文安，樓桐孫等百數十人均函電或親赴本館慰問。岑春煊亦于二月二日因日軍焚燬我商務印書館，摧殘我文化機關，函致日本首相犬養毅懸崖勒馬，戛然止戈。（時事新報號外二月十八日）本館備承各界人士慰問感激萬分，特于二月一日遍登啓事于上海各報表示謝意，並稱：

『敝館三十餘年來致力我國文化事業之基礎盡付一炬。物質上精神上之損失均極重大。』（時事新報申報等二月一日）

外國輿論

同時中外輿論界對于本館被燬亦備致惋惜之意。大陸報既于一月三十日新聞中稱：

『該館創于一八九六年爲中國領袖出版家，並爲遠東最大出版家之一。中國全國學校用品之由該館供給者達百分七十五之多。今被炸燬實中國教育文化上之一大打擊也。』

復于同日社論中謂：

『商務印書館爲中國文化中心機關，竟爲日本飛機擲彈炸燬。此種重大損失實足使中國新文化運動後退十年也。』

本國輿論

申報于一月三十日謂：

『商務印書館爲我國唯一文化機關，總廠佔地八十餘畝。今亦爲國難而犧牲矣，惜哉！』

時事新報于二月二日社評中稱：

『商務印書館既化爲灰燼，而個中消息復以盡毀銀行與報館爲快。蓋全國之文化金融輿論所寄也。此其用心，攘奪東省之不足，欲陷我於至愚至窮之境，萬刦不復之地而後已。』

大公報再三著論，謂：

『日本飛機低徊空際，擲彈放火，累及非戰鬥員之一般民衆。甚至中國民間最大文化出版機關，遠東珍籍薈萃之商務印書館亦受炸彈之厄，損失達千萬元之鉅。此從人道的見地上言之，亦不能不喚起世界注意共同抗議。』（一月三十日）

又謂：

『商務印書館爲純粹文化事業，私人財產。乃日本陸戰隊竟悍然轟擊起火，使損失數百萬。此種慘酷滅絕人道之手段，縱在正式交戰國之間亦極罕見。今乃於其最後通牒獲滿意承認之後而行之。此當然非爲反對排貨也，乃製造排貨也。』（大公報一月三十一日）

最後復致其痛惜之詞曰：

『捐失之重，至可痛心。』（二月十二日）

不意該館總廠及尚公小學被燬後之第四日復有東方圖書館及編譯所被焚之一事，

(四)東方圖書館概況

涵芬樓起源

當本館於前清光緒三十年購地于上海閘北寶山路建築新廠落成之日，本館編譯所所長張元濟卽着手籌設圖書館，搜羅會稽徐氏長洲蔣氏太倉顧氏諸家散出藏書以供編譯參考之用。此卽名著中外之涵芬樓之濫觴。未幾清宗室盛氏，豐順丁氏，江陰繆氏諸家藏書散出，張氏又各購得數十百種。圖書館規模至是略具。此後二十餘年間蒐求未輟。張氏每至北平必捆載而歸。估人持書叩門求售，苟未有者輒留之。卽方志一門已得二千餘種。日本歐美名家撰述，暨歲出新書，積年藏弆，數亦非尠。（民國十八年東方圖書館概況張元濟東方圖書館緣起）

東方圖書館創設

本館鑒于國內文化進步之遲滯，世界潮流之日新，認爲有設立公開圖書館之必要；又以本館舊設涵芬樓經張氏二十年來肆志蒐羅，儲書達數十萬冊，規模已具；乃于民國十三年出其歷年所積之餘利十一萬餘兩在總廠對面寶山路西特建五層鋼骨水泥大廈一座，移涵芬樓舊藏圖書實之，名曰東方圖書館，同時並聘王雲五爲館長總理館務。此爲東方圖書館由涵芬樓蛻化而出之情形也。

創設目的

至於本館設立公開圖書館目的，張氏在緣起中述之甚詳，其言曰：

『今海內學者方倡多設圖書館補助教育之說。滬上爲通商巨邑，天下行旅皆出其塗。黌舍林立，四方學子負笈而至者無慮千萬，其有需於圖書館者甚亟。是雖權輿，未始不可爲土壤細流之助。』

內容設備

東方圖書館屋凡五層，最上層爲雜誌報章保存室及本版圖書保存室。四層爲普通書庫，佔地四千六百方尺，置書架五十六排，共三百七十餘架，統長一萬四千八百餘尺，可容書四十餘萬冊。四層一部分及三層爲善本室，內藏涵芬樓善本書及全國方志。二層爲閱覽室，雜誌陳列室及事務室等。下層爲流通部藏書室及事

務室。館南空場爲花園，其南建西式平房五間爲附設兒童圖書館所在地。（民國十八年興建）

普通圖書

據本館統計，至民國二十年終止，實藏普通中文書二十六萬八千餘冊，外國文書東西文合計八萬餘冊，凡古今中外各科學術上必需參考書籍無不大致粗備。圖表照片五千餘種，內有羅馬教皇凡的康宮所藏明末唐王之太后王后王太子及其司禮監太監皈依天主教上教皇書之影片，係張氏游羅馬時攜歸；又中國古畫十餘軸，亦張氏購入以供編輯考訂古代制度俗尚之用。此外如德英美諸國所出地質地圖，人體解剖圖，西洋歷史地圖以及本館出版各種古畫油畫及照片之原底，尤爲不可勝數。

善本書

本館所藏善本書可分舊四部各書，方志及中外雜誌報章三大類，尤足珍貴。先就舊四部各書言，計有

經部	三五四種	二、九七三冊
史部	一、一一七種	一一、八二〇冊
子部	一、〇〇〇種	九、五五五冊
集部	一、二七四種	一〇、七三五冊

以上各書就版本言有如下表：

宋版	一二九種	二、五一四冊
元版	一七九種	三、一二四冊
明版	一、四四九種	一五、八三三冊

方志

清版	一三八種	三，〇三七册
抄本	一、四六〇種	七、七一二册
批校本	二八八種	二，一二六册
稿本	七一種	三五四册
雜本	三一種	三八三册

以上四部各版本書合計總數約三、七四五種，都三五、〇八三册。其中有五千餘册向寄存金城銀行庫中。

此外本館並購進揚州何氏藏書約共四萬餘册，部別版本正在整理中。

本館善本室中除藏有上述涵芬樓舊四部各書外，並藏有全國各省府廳州縣志整套，較國內任何圖書館所藏爲備。茲爲備學人參考起見，特據本館紀錄詳列如後：

直隸省	二三〇種	一、七九八册
盛京	二七種	一六〇册
吉林省	三種	五八册
黑龍江省	三種	一六册
山東省	一九四種	一、五九七册
江南省	一六〇種	一、二六八册

山西省	一九二種	一、四〇八册
河南省	一七二種	二、〇八四册
安徽省	一一五種	一、四二一册
江西省	二二一種	二、六二二册
福建省	九五種	一、一九八册
浙江省	一八八種	二、四六六册
湖北省	一二二種	一、四六八册
湖南省	一一九種	一、五二四册
陝西省	一三三種	七七六册
甘肅省	七七種	四五一册
新疆省	一種	三〇册
四川省	二二二種	一、七五四册
廣東省	一五九種	一、四八一册
廣西省	六七種	五七六册
雲南省	九一種	一，〇一〇册

以上凡二十二省得方志二、六四一種二五、六八二册;中有元本二種,明本一百三十九種。此中除省志齊全外,全國府廳州縣志應有二、〇八一種,本館已收一、七五三種,實已達全部百分八十四。搜羅賅備,蔚成巨觀,國內殆無倫匹。

西洋古籍

此外本館並藏有公元十五世紀前所印西洋古籍(Incunabala)多卷,爲館長王雲五遊歷歐美時購歸,可稱珍品。

中外雜誌報章

至本館所藏中外雜誌報章亦極完備。例如荷蘭出版之通報(Tung Pao),英國亞洲文會所出版之學報(Journal of the North China Branch of Royal Asiatic Society),德國出版之大亞洲(Asia Major)及中國(Sinica)等雜誌,皆爲研究吾國國故者必讀之書,無不備有全份。此外又有福州及上海出版之教務雜誌(Chinese Recorder)及公元一八三二年至一八五一年間香港出版久已絕版之中國彙報(Chinese Repository),哲學評論(Philosophical Review),愛丁堡評論(Edinburg Review)等雜誌全份,尤爲難得珍本。本館所藏各種科學雜誌甚多,而以出版已達一百餘年之德國李比希化學雜誌(Liebig's Annalen der Chemie Und Pharmacie)初版全套,殆爲遠東唯一孤本,最爲名貴。

至於本國出版之日報,如上海之時報,神州日報,民國日報,天津之大公報,益世報,以及清末光宣之際與京報並行之諭摺彙存,均藏有全份。上海之申報,新聞報,該館所藏亦均各達三十餘年以上。本國雜誌之備有全份者爲著名之外交報新民叢報及國聞週報，以及二十九年來本館自出之東方雜誌及其他雜誌。搜集保存均非易事。

藏書統計

以上普通善本各書除圖表照片外，總數已達四六三、〇八三冊之多。就吾人所知，吾國各公衆圖書館藏書之富，在當時殆以東方圖書館爲首，國人推爲我國東南圖書館巨擘，（新聞報二月三日）實非過譽。

公開閱覽

東方圖書館圖書布置既已就緒，爲便利閱覽人起見，特採該館館長王雲五所定之圖書分類法及其所發明之四角號碼檢字法將所有藏書製成目錄卡片四十餘萬張以便檢查。民國十五年正式公開閱覽。各界人士赴該館閱覽者，據民國十九年統計一年中已達三萬六千餘人。民國十八年該館更添設兒童圖書館，民國二十年復設流通部，以達服務社會初旨。（莊俞三十五年來之商務印書館）

編譯所內容

至于本館之編譯所原設寶山路東總廠中，民國十六年後移設東方圖書館後部餘屋，所中除分設各科編譯小組外，附設雜誌社十處，及函授學社五科。（莊俞同上）

（五）東方圖書館被焚

當本館總廠被燬之日，東方圖書館及編譯所即已有人傳言因火焰沖過馬路，亦遭殃及。（申報一月三十日）故當時上海市長吳鐵城談話中有『古籍孤本盡付一炬』之語。（申報一月三十電）迨二月一日晨八時許東方圖書館及編譯所又復起火。頓時火勢燎原，紙灰飛揚。（時事新報二月二日）烟火冲天，遙望可見，（大美晚報二月二日）直至傍晚，此巍峨璀璨之五層大廈方焚燬一空。新聞報二月三日 當時傳者莫不謂日本浪人以本館被燬猶以爲未足，特再潛入東方圖書館縱火焚燒云，大公報二月二日 新聞報二月三日 東方圖書館三十年來繼續搜羅所得之巨量中外圖書極大部分之舊四部各善本書積累多年之全部中外雜誌報章，全套各省府廳州縣志以及編譯所所藏各項參考書籍及文稿至是盡化爲刼灰。當時人以爲此項損失至少當在百萬金以上，新聞報二月三日 實非臆測之詞。

遺址憑弔

時報記者於二月初旬赴閘北視察時，見壯麗巍峨之商務印書館及東方圖書館已成瓦礫之場『舉目北望，黯然心傷。』二月六日 大美晚報記者亦於同時赴閘北憑弔戰區歸記其印象曰：

『東方圖書館之骷骨依然聳立於一片焦土中，其薰黑危牆抑若爲慘酷破壞行爲留一紀念之標幟然。吾人徘徊其間，無數珍貴圖書頓時縈迴腦際。又誰料其一旦皆成戰神之犧牲乎，惜哉！』二月十二日

大陸報記者於三月初旬赴閘北視察本館及東方圖書館遺址，亦不勝今昔之感。三月十一日 同月下旬國際聯合會調査團李頓爵士等前往閘北視察本館及東方圖書館，登樓憑弔，無不嘆惜不置。申報三月二十二日 字林西報記者於二月七日訪日本海軍司令鹽澤於出雲旗艦中，歸語人曰：

『此短小人物因最近數日來火燒閘北驚動世界之主動人也。然察其神色，竟似全不知有此事云，』二月八日

我國軍政要人通電

東方圖書館既被焚燬，國內外人士益形驚動。中央委員孫科，孔祥熙，吳鐵城，程潛，李宗仁，顧孟餘，薛篤弼，劉蘆隱，方振武，何世楨，馬超俊，鄧家彥，褚民誼，李文範，傅汝霖，甘乃光，梁寒操，陳慶雲，陳友仁，張發奎，張知本，楊

虎，王正廷，賀耀祖，范予遂，孫鏡亞，熊克武，唐生智，楊庶堪，陳嘉祐，張靜江，黃季陸，桂崇基，張羣，經亨頤等於二月四日通電全國謂日本對我國『交通文化教育機關，輒付一炬』既激同胞公憤且失世界同情，應即一致奮起，共救危亡。（時事新報二月五日）第十九路軍軍長蔡廷楷向兵士訓話時亦謂日人焚燬我文化機關，凡我軍人均宜英勇前進，打倒壓迫欺侮我國之敵人。（新聞報二月十三日）

國內文化團體及政治機關通電

同時南京重要文化團體及教育機關如中央研究院，中央大學，中央政治學校，金陵大學，世界學會，中國科學社，中國工程師學會，合作學社，金陵女子文理學院，首都新聞記者聯合會，江甯律師公會等於二月四日以日本焚燬我文化機關慘無人道，特電世界各國民衆宣布日本暴行，並請主持公道予以制止。（大公報二月九日）國民政府行政院院長汪精衛於二月二十日通電全國謂日軍轟燬吾國文化教育機關，殺戮吾國無辜民衆及婦孺，望舉國一致以最大決心爲長期奮鬥。（時事新報號外二月二十二日）上海律師公會於二月二十五日通電國際聯合會，各國國會及律師，稱日人賊虐婦孺，殘殺市民，夷滅實業文化機關，實足賊文明而羞人類。用特大聲疾呼，廣求大地同情。（中報二月二十六日）北平學術界中人胡適，蔣夢麐，丁文江，翁文灝，傅斯年，梅貽琦，袁同禮，陶孟和，陳衡哲，任鴻雋諸人電謝美國哈佛大學校長羅威爾向胡佛總統建議對日經濟制裁時，亦謂日人炸燬中國民居及文化機關，損失極鉅。希望參加各公約簽字國家採取有效行動，以維世界和平。（大公報二月二十七日）

上海英美教士宣言

上海英美籍基督教傳教士一百〇五人於二月十二日發表聯名簽字宣言，認日軍以飛機炸彈大炮之助，進佔中國領土，破壞繁盛市區，爲窮兵黷武之瘋狂。並謂：

『全中國教育界所託命之商務印書館及其藏有多量無價典籍之圖書館均先後被日人炸燬。』應請普世同道及全世界人民羣起敦促政府制止日人暴行。（原文見月二二十一日字林西報與同日新聞報等處所譯文略有不符茲依原文直譯）

上海學術界通電

上海各大學聯合會主席於二月初旬致電國際聯合會及世界各國教育部告以：

『日本人自一月二十八夜以來，繼續用飛機轟炸華界無辜民衆焚燬商務印書館，東方圖書館，粵商醫院，及其他教堂學校；捕禁牧師教士學生。持志學院校役全被殺戮，校舍全被焚燬。特以公平人道名義，請求力制日人暴行。』（字林西報二月八日）

上海中國著作者會於二月下旬致書全世界著作者及文化團體，宣布日本種種暴行，並謂：

『商務印書館爲中國最大出版機關，東方圖書館爲上海華人所設最大圖書館，均遭日人炮燬，僅存瓦礫。』

特要求全世界著作者思想家文學家及一切文化團體一致興起共同奮鬥。（時事新報三月三日）此外如比利時前首相樊迪文對於日人毀壞上海各大學及東方圖書館亦深致痛惜。（時事新報三月九日）

教育部及部長慰問

國民政府教育部自得本館及東方圖書館等被燬消息後，先於二月十一日由次長代理部務段錫朋專電慰問，中有：

『滬上日人暴行，商務印書館暨東方圖書館同罹浩刼。我國文化機關橫遭摧毀，聞訊之下，惋惜彌深。』

之語。（大公報二月十二日）部長朱家驊復於二月二十日就職時再電本館慰問謂：

『日寇侵佔我土地，慘殺我同胞，並摧殘我文化機關，至今該館亦罹兵禍。聞訊之餘，痛憤交並。』（時事新報二月二十二日）

中華基督徒救國會等宣言

三月十四日國際聯合會調查團李頓爵士等抵滬之日，中華基督徒救國會發表宣言，謂：

『日本暴軍所至，無惡不為。頓使文化中心悉被炸毀，商店民居盡成灰燼，無辜民衆慘遭殺戮。同道蒙難，事實俱在。』

尚望海內信徒，國外同道，團結一致，奮勇直前，掃除強暴，促進和平。（時事新報三月十五日）上海圖書館專家五十餘人亦於同時函致該調查團，略謂：中國自受日軍蹂躪以來，東三省及上海附近生命財產損失甚鉅，而尤以商務印書館附設東方圖書館等之破壞為甚。珍籍孤本皆成刼灰。此不僅主有者與中國之損失，蓋亦全世界之損失也。日本人應獨負責任。希望報告國際聯合會採取有效方法，制止日人暴行。（字林西報三月十七日）

上海市長演詞

上海市長吳鐵城對於本館及東方圖書館被毀迭次發表談話與通電表示痛惜，前已述及。迨三月十五日晚宴國際聯合會調查團時，復於歡迎詞中作下述之語：

『日本對我並未宣戰，然閘北江灣一帶千萬間之廈屋皆已夷為平地。文化機關如商務印書館，東方圖書館及多數大學皆被日軍率意視為飛機野炮及縱火之目標。世人所認為文化基礎之原則破壞無餘，而日本自己所簽訂之條約亦撕毀已盡。』（申報三月十六日）

同時中外輿論對於東方圖書館被焚又一再致其惋惜憤慨之意。大陸報既於二月四日稱：

『商務印書館及東方圖書館之被燬蓋一種非金錢所可勝計之文化的損失也。』

復於三月十四日國際聯合會調查團抵滬之日著一中日關係社論謂：

『日軍侵犯閘北，最先即由破壞中國文化中心之商務印書館入手。蠻橫無理，舉世皆知。』

大美晚報既於二月二日稱：

『東方圖書館爲中國最大最備之圖書館。內藏舊籍孤本價值甚鉅，故其損失非金錢可計。論者多謂此館之燬，非金錢上損失，乃文化上損失也。』

復於次日著論以悼之，其言曰：

『東方圖書館被毀損失雖專家亦不能計算之，蓋非金錢數目所能計算也。一言以蔽之，即世界文化上財富從此亡其不可復得之重要部分而已。

『該館被燬有謂原於日本「浪人」之縱火，有謂原於總廠餘燼之延燒。

『無論如何，此種忍心破壞責任應由日本負之，殆無疑義。蓋此種行爲實爲豪奪他人權利財產之全部妄動之一部分也。

『此種寶藏不可復得矣，無辜人民之慘死於野蠻飛機擲彈者不可復生矣。然至少世界人士當可恍然於日本自負爲中國監護人者其實際何若。』

華北明星之評論亦頗憤慨，其言曰：

『吾人試觀日人用最新式武器所成就者究有幾何？

『炸燬商務印書館及其價值千百萬元之圖書館，自以為從此可以永遠斷絕中國學生之愛國行為及中國國民之反日運動。

『不意自詡為世界列強之一，國際聯合會會員之一，世界文明國家之一之日本竟如此作戰也！』（大公報二月二十四日）

大公報於二月二日認焚燬東方圖書館者為『文化之大敵。』申報亦於二月六日認本館及東方圖書館之被燬為摧殘文化之行為。（申報軍事畫刊）新聞報既於二月三日謂：

『我國唯一文化機關商務印書館已不幸焚燬於暴日炸彈之下矣，差幸東方圖書館尚未波及。不料昨日該館又被日浪人縱火焚燬。此誠我東方文化之浩刧矣！』

復於二月二十一日著論駁日本代表在日內瓦之妄言時，謂：

『日軍之保僑者以大炮炸彈轟擊閘北居民，且縱火焚燬商務印書館及東方圖書館等處，使繁盛之區化為焦土。豈此等建築物之毀壞，日本利益即可得保障乎？』

時事新報既於二月二日稱：

『該館收藏宏富，為我國唯一完善之圖書館。今茲遭刧，至足痛惜。』

復於三月十六日著論請國聯調查團鑑賞野蠻之奇蹟，謂：

『上海戰事之壯烈乃任何兩文明國軍隊交戰時當然之現象。而附帶之野蠻殘酷則為我國與諸友邦所不能想像。繁盛市廛付之一炬，姑不置論。當交戰之初，商務印書館先為炮火之目標。其後東方圖書館，國立勞動大學，國立同濟大學，國立暨南大學，國立中央大學商學院，省立水產學校，私立中國公學，私立持志大學，私立法學院以及若干中小學若干醫院，相繼轟毀。察當時軍事情形絕無破壞此種建築之必要。且大都破壞之於戰事不甚緊張之時，日利用偶然之餘閒，不自愛惜其戰時最可珍貴之彈藥，悍然摧毀之唯恐不盡者，其處心積慮，可供調查團諸君暨全世界人士深長思者也。

『調查團諸君其親履其地，試鑑賞此野蠻之奇蹟乎？殘垣斷壁，瓦礫遍地，若者乃我國唯一之出版事業，全國學校之教科書所由取給者也。若者乃我國收藏最富善本最多之私立而公開之圖書館，其圖書五十餘萬册之灰燼也。若者若者乃平時我國萬餘青年學子埋頭苦讀之所，今則為圖書儀器葬身之所也。』

(六)日本人辯護

日本私人辯護(一)

本館總廠及東方圖書館等之被燬，既引起世界人士之注意，日本報紙先於該館總廠被燬後即盛宣本館藏有中國便衣兵士。當經本館負責者加以否認，謂『敝館在戰事發生前並無一兵一卒在內，出事後據敝

館看門人報告，亦無兵士入內。前項日方所傳新聞，顯有卸責作用。』大陸報申報二月一日

日本私人辯護(二)

嗣某外人謂日本人炸燬本館實係報復手段，蓋本館嘗有翻印西書煽動反日之行爲也。密勒氏評論報二月六日本館總經理王雲五復去函聲明，略謂：

『中國尙未加入國際版權同盟，爲貢獻我國新教育計，本享有翻印外籍之條約權利。至本館編譯方針向主眞實，因眞實而開罪他人在所不免。然若認求眞爲「煽動」，則純屬誤會矣。』密勒氏評論報二月十三日

日本私人辯護(三)

嗣日人忽又否認東方圖書館爲日人所燒，至於本館總廠則因藏有便衣兵士武器及反日文件，且爲我國反日運動中心機關，故不得不予炸燬。大美晚報二月十七日 復經本館舊同人去函辯證，認爲強詞奪理。大美晚報二月十九日

日本私人辯護(四)

不久日人忽又謂本館之被燬，並非日本人報復行爲，乃戰爭時不可避免之一種慘事。大美晚報二月念六日

日人正式辯護(一)

最後當日本基督教傳教士八人赴上海視察並詢問上海日僑爲何日軍必燬本館及其他文化機關時，上海日本僑民聯合會會長河端答云：

『商務印書館不但爲排日宣傳之中心，且當衝突時，爲閘北中國軍隊主要防禦地。轟擊日軍而落入公共租界內之炮彈，即大都由此方面發出。故商務印書館之被燬，在文化上固甚覺可惜，而在戰略上觀之，則在當時固絕對必要者也。』大陸報及大美晚報三月十八日

日本正式辯護(二)

而同日日本軍事當局則又謂：

『日本軍隊對於商務印書館，東方圖書館及江灣勞動大學之轟炸，絕不躊躇，因其皆爲軍事上之

要塞佈有沙袋與炮壘故也。』上海泰晤士報三月十九日及申報三月十九日

而不提及本館爲排日宣傳中心之一層。

大美晚報之評論

同日大美晚報卽著一社論題曰自衞之定義評論日人此種辯護之不合論理，其言曰：

『日本基督教傳教士來華，其第一對於留滬日僑問題卽日本軍隊何以必炸燬商務印書館及其他文化機關？

『答謂「商務印書館不但爲排日宣傳之中心，且當衝突之時爲閘北中國軍隊防禦地。轟擊日軍而落入共公租界內之炮彈卽大都由此方面發出。」

『此部分日本軍事行動自始卽以自衞爲理由。

『是則印刷工廠既信爲排日宣傳中心，加以炸燬，爲「自衞」起見，當然有充分理由。

『日本人又謂「中國自國民黨興起以後，所謂教育已失本意而成政治宣傳機關。就中如江灣勞動大學，凡所作爲無非使學生成侵略之軍隊以反抗當局所欲反抗之人。」

『誠如是言，所謂「自衞」不特可爲炸燬認爲含有宣傳性質之工廠之理由，且可爲破壞將來兵士集合之機關之理由。吾人不解日本人何以不再爲自衞起見更進一步並各小學而炸燬之。蓋如此則他日政府所可用爲軍隊之民衆將一掃而空，無復遺患矣，此亦完全自衞之行爲也。』

『其實雙方之任何一方而認復仇或懲罰之非法行爲爲自衛或愛國之行爲，乃一種顛倒黑白之舉動，其爲不名譽，普天下皆同。』

吳德海之評論

同日著名評論家吳德海（H. G. W. Woodhead）亦在大美晚報著一評論，題曰痛苦之宣傳，其言曰：

『日本人誠無愧爲世界上最劣之宣傳家。余不知每日供給本地各報消息之新聞聯合社究爲官場或半官場之機關。然其對于時事之報告或評論實表示其獨有之愚妄。此于余昨日所得第一六六號之報告益足爲有力之證明。

『余所得三紙油印之報告全屬記錄所謂「傳教士與主要日本人之談話。」據云本月十七日下午四時，傳教士八人——三日本人五外國人——往日本俱樂部訪問，由日本僑民聯合會會長及其他日本要人接見。

『來客首問「日軍爲何破壞商務印書館及其他文化機關。」

『其答語——如果報告無誤——着實可驚。據云諸客最先所得之答語爲「商務印書館不但爲排日宣傳之中心，且當衝突時爲閘北中國軍隊主要防禦地。轟擊日軍而落入公共租界內之炮彈，即大都由此方面發出。」

『假使日本人在閘北之軍事行動果有相當理由，假使商務印書館廠屋果爲軍事上所需用（如架設炮隊或機關鎗）則報以炮火或飛機擲彈自有充分理由。然在戰事發生以前此種廠屋之使用，無論如何，決不能作爲日本海軍當局考慮之理由。

『就余個人所知，商務印書館確曾出版一部分學校課本含有排外宣傳。上海日日新聞及其他日本報紙在本年一月廿八日前亦或有多量反對中國之言論。然除非其辦公處確爲軍事上所利用，則余意無論居住上海之任何外人對于中國軍事行動之破壞決不能認爲有充分之理由。

『日本海軍司令鹽澤在商務印書館被燬之次日發表宣言，歸罪該館與湖州會館爲中國軍隊之根據。此種宣言至少爲一種簡單明瞭之聲明。然謂商務印書館在戰前爲排日宣傳中心，則不特徒亂人意，且該館被燬在軍事上是否必要，抑或報復該館之過去活動，亦且大成問題。如果日本人以後者辯護其破壞中國最大之印刷工廠，則無論傳教士或其他團體能表同情必甚少也。

……………………

『余實不信此種給予傳教士之說明反照日本官場之意見。然余確信其足以反照日人團體之智慧。此種說明如果視爲非官場日本人考慮後之意見，則爲害實大。

『此類宣傳如果繼續不已，則負責之日本人必有大呼「從吾人自身宣傳中救出吾人」之一日。日本人在本地種種行爲頗有非徒持軍事理由所可辯護者。如果依日本發言人所承認種種行爲多原于報復而非軍事上所必要，則認爲有相當理由，殆不可能也。』

商務當局辯正

次日本館亦正式聲明略謂：

『本年二月六日密勒氏評論週報亦曾有人于滬變論文中指本館出版各教科書有提倡排日之意味。本館以此種評論易滋誤會，乃致函該報聲明：本館教科書採用外交史材料意在供給事實。中國國際事實有歷史價值者頗多。本館編譯方針向主眞實。有時因眞實之故開罪他人，在所不免。然若認求眞爲「煽動」，則純屬誤會矣云云。此函曾載二月十三日密勒氏評論週報，可見外國輿論界對于此點亦能諒解。

『至謂本館爲中國軍隊用作主要防禦地，亦屬因果倒置。在日軍飛機擲彈轟炸之前，本館總廠及各附屬機關中絕無軍隊或便衣兵士踪跡。戰起翌晨，日機卽繞廠低飛，頻頻擲彈。駐廠看守之人非但無法灌救，且亦不敢逗遛。但在離廠之前，僉謂中國兵士絕未入內。

『至于旣燬之後，中日兩軍屢進屢退，各據以爲壁壘，當亦事屬可能。設非日軍有意摧殘此文化機關，則本館在閘北之各項建築及設備價值千餘萬，又何至毀滅無餘悉成焦土。』（時事新報三月二十日及同日大陸報）

密勒氏評論報之評論

最後密勒氏評論報亦著一長篇評論以駁日人種種辯護之失據。評論中先敘上海日本僑民聯合會會長所舉之各種辯護理由，次敘日本軍事當局所發表之聲明，最後乃加以駁正，略謂：

『商務印書館當局對于日本人之辯護，曾于三月二十日之大陸報上發表聲明加以駁正，否認所出課本有煽動青年排日之嫌，並否認總廠房屋曾被華軍用作要塞。

『就本報所知，當滬變期間，凡沿租界邊疆十餘處以觀察閘北戰事之各中立國軍事觀察者均能出而證明該館廠屋並未被華軍用為堡壘。該館廠屋深處華軍防線之內，且于戰事初起之第一日即被炸燬。後來華軍被迫後退時，確曾用該館頹垣為戰壕，然戰事初起時該館廠屋並未被用，則確係顯然之事實。

『日人之破壞該館實另有其目的，蓋該館在最近三十年來，在中國民族覺醒上實佔一樞紐之地位也。然該館即使因與教育部及其他教育機關接近之故，出版課本以灌輸愛國情感于中國少年之腦中，豈即此一事果足為日人破壞該館之充分理由？吾人于此祇得讓國聯調查團解答此問題。

『總之吾人以為中國及其人民因日本自去歲九月十八日侵略滿洲以來在中國領土中種種非法軍事行動而所受之損失，皆應用國際之行動以強迫日本之賠償也。』三月廿六日

(七)賠償損失要求

本館要求賠償

本館總廠及編譯所東方圖書館尚公小學等既被日機拋彈縱火全部焚燬，損失重大，當即于二月中旬備文分呈中央黨部，國民政府，行政院，實業部，外交部，教育部，上海市黨部，市政府及市社會局，並函致上海市商會及書業同業公會，請求迅向日本提出嚴重抗議，並聲明保留賠償損失要求。申報一月六日

上海市商會呈文

上海市商會亦呈請國民政府行政院向日本交涉負責賠償。呈文略謂：

『查國際戰爭凡敵方學術文化機關按照國際法規有不得任令軍士轟擊破壞之義務。此次日軍

在閘北橫啓釁端，以我盡力抵禦，未得逞志，遂悍然不顧，將我國商務印書館及其他著名學校肆意轟擊，盡付刧灰，冀以洩憤。此種蔑視戰爭法規之蠻行自應嚴與交涉，令其負賠償責任以資警惕。無論將來滬戰是否以調解而結局，而令日方賠償損失一層務必列入將來停戰條件之內。否則甯長期對抗而後已。』（新聞報二月十七日）

書業公會呈文

上海市書業同業公會亦有同樣呈請，略稱：

『該書館爲我國最大文化事業出版圖書不下萬種。東方圖書館尤爲上海唯一偉大之圖書館，收藏古籍，蔚爲大觀。日本有意摧殘，違背公法，不先警告，遽以飛機施放硫磺炸彈付之一炬，有形損失數逾千萬，無形損失難以數計。』（申報二月廿二日）

我國政府表示

上海市社會局接到本館呈報後，即于二月十七日批示謂：

『該公司積年規畫，慘淡經營，關係國家文化至深且鉅。此次慘遭敵機擲彈，總廠全部被燬，財力損失殆盡，國難同遭，殊堪痛惜。一俟時局稍定，仍仰妥籌善後，設法恢復。』（見本館檔案）

教育部亦于二月二十三日批示謂：

『該公司倡導文化，成績優良。經三十餘年之苦心經營，設備亦甚完善。此次日人肆其暴行，竟將該公司總廠及編譯所，東方圖書館，尚公小學等擲彈縱火，焚燬一空，至可憤慨。該公司歷年致力文化之基礎，因此全付一炬，尤堪惋惜。』

認本館呈稱各節係屬正當請求。上同中國國民黨中央執行委員會據呈後並于三月六日由洛陽新都特電本館慰問，並謂：

『此次暴日侵滬利用飛機大肆轟炸，竟使該館三十年來所經營之文化事業悉成灰燼，殊堪痛惜。將來恢復舊業時，本會願予以一切援助以促其成也。』上同

(八)損失情形及數目

本館總廠，編譯所，東方圖書館，尚公小學等既于一月廿九日及二月一日先後被燬，當時因地當火線，無法查勘。直至三月上旬方有經手裝置本館機器之西商前往視察，據其報告所云：本館總廠中第一第二兩印刷所爲兩層樓長屋兩大排，中有機器數百架爲本館主要印刷部分，均與房屋同歸于盡。第三印刷所爲三層大廈，係墨色石印部分，英文排版部亦在其中，均焚燬無餘。第四印刷所爲四層大廈，二三兩層置彩印精印機器數十架。上層爲全公司總務處所在地，下層爲營業部所在地，均付一炬。其他如標本模型製造部，製油墨部，以及三層大廈置有裝切機器數十架之裝切部等亦無不全燬。

又書籍及紙張等棧房之大廈及所存書籍紙張均焚燬一空，紙灰深可沒膝。儀器文具等棧房亦如之。藏版部係三層巨廈，被焚後所藏銅鋅鉛等版均溶成流質，溢出牆外，凝成片塊。他如儲電房，自來水塔，木工部，出版科，寄售股等房屋無不燒成瓦礫之場。其殘留者僅機器修理部，燒版部及療病房數處而已。

至于總廠以外之東方圖書館，編譯所及其附設之各雜誌社函授學社、尙公小學，以及廠外書棧房等，均僅餘斷壁頹垣與紙灰瓦礫云云。（時事新聞報三月九日）

損失數目

嗣經本館當局詳加査勘之後，當卽于三月中旬依據實在情形，將全部損失數目造具淸册呈報政府，茲將本館所報數目列左：

（一）總　廠

（甲）房　屋

（子）總務處　一七〇、二八〇元

（丑）印刷所

（1）印刷部　三七八、〇三一元

（2）棧　房　一三九、二三四元

（3）木匠房等　五、七九六元

（4）儲電室　二一、九五三元

（5）自來水塔　一一、四二九元

（寅）家慶里住宅　七、二〇〇元

（乙）機器工具（包有滾筒機，米利機，膠版機，鋁版機，大號自動裝釘機，自動切書機，

世界大號照相機等）	二、八七三、七一〇元
(丙)圖　版	一、〇一五、二四二元
(丁)存　貨	
(子)書　籍	
(1)本版書	四、九八二、九六五元
(2)原版西書	八一八、一九七元
(丑)儀器文具	七七一、五七九元
(寅)鉛　件	一九、八〇七元
(卯)機　件	六、二〇七元
(戊)紙張原料	
(子)紙　張	七七六、一〇〇元
(丑)原　料	三一一、二〇〇元
(巳)未了品	二七五、〇〇〇元
(庚)生財修裝	
(子)總務處	一二、五二三元

(丑)印刷所		八二、一〇五元
(寅)研究所		五三五元
(辛)寄售書籍		五〇〇、〇〇〇元
(壬)寄存書籍字畫		一〇〇、〇〇〇元

(二)編譯所

(甲)房屋在東方圖書館下層，已列入東方圖書館損失數內，不另計價。

(乙)圖書		
(子)中文	二、五〇〇部	三、五〇〇元
(丑)外國文	五、二五〇冊	五二、五〇〇元
(寅)圖表		一七、五〇〇元
(卯)目錄卡片		四、〇〇〇元
(丙)稿件		
(子)書稿		四一五、七四二元
(丑)字典單頁	一、〇〇〇、〇〇〇張	二〇〇、〇〇〇元
(寅)圖稿		一〇、〇〇〇元

(丁)生財裝修　二四、八五〇元

(三)東方圖書館

(甲)房　屋　九六、〇〇〇元

(乙)書　籍

(子)普通書

(1)中　文	二六八、〇〇〇册	一五四、〇〇〇元
(2)外國文	八〇、〇〇〇册	六四〇、〇〇〇元
(3)圖表照片	五、〇〇〇套	五〇、〇〇〇元

(丑)善本書

(1)經部	二七四種	二、三六四册	一、〇〇〇、〇〇〇元
(2)史部	九九六種	一〇、二〇一册	
(3)子部	八七六種	八、四三八册	
(4)集部	一、〇五七種	八、七一〇册	
(5)購進何氏善本		約四〇、〇〇〇册	
(6)方志	二、六四一部	二五、六八二册	一〇〇、〇〇〇元

(7)中外雜誌報章 四〇、〇〇〇册 二〇〇、〇〇〇元

(寅)目錄卡片 四〇〇、〇〇〇張 八、〇〇〇元

(丙)生財裝修 二八、二一〇元

(四)尚公小學

(甲)校　舍

(子)小學部 一九、一〇九元

(丑)幼雅園部 一〇、〇〇〇元

(乙)圖書儀器及教具 一二、〇〇〇元

(丙)生財裝修 六、〇〇〇元

以上共計一六、三三〇、五〇四元申報二月十三日

附錄

善後紀要

本館之停業

本館總務處印刷所編譯所及東方圖書館尙公小學等既于本年一月二十九日及二月一日先後被日軍用飛機擲彈炸燬，資產損失殆盡，財力既無法維持，職工亦無從工作，本館董事會特于二月四日開緊急會議，經長時間之討論，不得已議決將上海總館全部停業，所有同人全體停職，總經理經理辭職亦經照准，各分館分局暫行維持現狀。

總館停業之後，正當戰事方殷之際，一面對於閘北之殘餘資產急宜妥籌安全之保管，一面對於各項帳目及進貨又急宜妥籌淸理之方法，一面對於數千失業之同人更急宜妥籌適當之處置。頭緒紛繁，筆難盡述。

董事會特別委員會之成立

董事會爲便於辦理善後事宜起見，特於議決總館停業後，復議決設立董事會特別委員會。當推董事張菊生等九人爲委員，並於委員中推定王雲五等四人爲常務委員，於二月八日正式通告成立。

善後辦事處之成立

董事會特別委員會既於二月八日正式成立，當於同日議決組織本公司善後辦事處，委託王雲五等四常務委員主持之，而以王雲五爲主任，並暫留舊同人若干留處辦事，至召集股東會後爲止。所有善後辦事處人員自王雲五以下概行停給薪水，酌給津貼，以節開支。同時董事會並將本館停業及組織善後辦事處情形登報通告本公司股東以資接洽。

善後辦事處之工作

善後辦事處既已成立，當由常務委員等分配職務，督率進行。計應行處理及清理事項有如左列：

（一）人事，（二）帳款，（三）出納，（四）存款，（五）存貨，（六）進貨，（七）分館，（八）稿版，（九）契約，（十）文書，（十一）股務，（十二）保管，（十三）保險，（十四）印件，（十五）總廠清理，（十六）發行所清理，（十七）圖書館清理，（十八）宣傳，（十九）交際，（二十）搬運，（二十一）結彩，（二十二）計劃。

以上各項事務均由常務委員決定方針，後指定人員負責執行之。善後辦事處規定每日工作八小時，有時雖遇星期亦不休沐，尤可見工作緊張之一斑。嗣爲稽核各種帳目款項起見，特添設稽核處，又因閘北殘餘機器紙張等均於槍林彈雨之中，陸續冒險設法搬入安全地帶之棧房中，則又添設棧務處。凡此種種設施，皆足徵本館善後頭緒之紛繁。

善後工作舉要

本館善後工作之頭緒紛繁，在上列各項事務分配中已可見其一斑，而實際辦事情形之複雜及困難，尤非一言可盡。茲特略舉其較爲重要者而稍加敘述焉。（一）爲對外事項，（二）爲對內事項，（三）爲對同人事項。

對外事項

善後辦事處所處理之對外事項，以清理債務、催收客帳及對外宣傳爲最重要。關於清理債務部分，先則登報請各客戶開具細單，提出證據，查明屬實後，由本處向各客戶磋商減折清償。關於催收客帳部分，亦登報催請各商店客戶即日全數付清，有時雙方一再磋商，幾至唇焦舌敝。然大體各客戶均能相諒，故進行頗稱順利。至對外宣傳部分，凡損失情形之呈報，中外報章記載之辯正，各界人士慰問之答謝等事，關公司對外信譽及感情，亦莫不隨時加意辦理。此外如約人編譯及代人印刷之稿件，則登報通告中止進行。承接客戶印件，則登報清查分別報告。寄售圖書預約書籍函授學社定購雜誌等，均因對外關係，一面既須登報通知一面並須函復詢問，手續繁重，可想而知。

對內事項

善後辦事處所處理之對內事項，其實際情形之複雜過于對外。試舉其要，當以緊急搬運與處理分館二事爲最費心力。茲請先述搬運情形。

殘餘資產之搬運

當一月二十八夜戰事開端時，本館總廠中本留有消防隊員二十餘人藉資防護。不意次日清晨日軍即用飛機多架翱翔本館總廠空際，用炸彈多枚紛紛擲下。製墨部首先中彈着火。消防隊當時尚欲分頭盡力救護。無如彈下如雨，全廠皆火，救無可救，祇得于十時許退出總廠。當時本館總廠附近已成戰場。故本館雖逐日派人前往閘北冒險視察，然始終無法到達。祇得任其焚燬一空。所幸閘北天通庵路之第五廠尚未波及，內存機器及紙張等爲數不少，亟應設法遷地保存。當由善後辦事處人員王康生等率領工人逐日冒險搶出機器紙張書籍等。迨我軍退守第二道防線，日軍進佔閘北時，又復多方設法運出保存。有時每日僱車多至十餘輛，小工多至一百餘人。停戰前既有鎗彈之險，停戰後又有留難之事。終因辦事人之盡職，第五廠及總廠之殘餘資產幸獲保存。此于公司重創之餘，實屬不無小補者也。

分支館之處理

至于分支館局處理問題，當總廠被燬之後，董事會即通電令其照常營業。迨善後辦事處成立，因正在春銷期中，接濟貨物最爲重要，乃將虹口西門兩分店與發行所存貨彙集整理以資接濟。同時並令各分館間就近互相劃撥以資調劑。因此各分支館之春銷營業遂得勉力維持。此外並將僻遠區域營業不振之分支館七處陸續裁撤，對於存在之各分館，一面令其裁員減薪力求緊縮，一面並議定營業方針若干條以度難關。各分館同人深知總館處境困難，頗能分頭支持危局焉。

善後辦事處對外對內各方面工作之繁複與困難，已略如上述矣，而對同人事項尤爲繁複，茲請略述其大概。

同人之救濟及停職

當本館總廠被燬之日，公司當局因念同人室家被燬顛沛流離之狀，深爲痛心，當即于戰事緊張金融恐慌之際，設法籌款每人發給生活費洋十元以資維持。嗣董事會鑒于總廠被燬，財力既無法維持，職工亦無從工作，不得已開緊急會議議決將總館停業，所有同人全體停職。前已述及。當時董事會對于停職同人並議定每人于十元外並再另給薪水半個月，俾各同人得以回籍。至于活期存款及特別儲蓄之應領部分亦分別籌款發還。

同人繼續救濟之要求

嗣停職同人於領到上述月薪及維持費後，誤認公司不日可以復業，仍逗留上海，由出版業工會整理委員會率領至善後辦事處要求繼續救濟。公司之意以爲本館此次被災最烈，處境最艱，然對于各同人一再發款救濟致力亦最多，現在實無餘力可以救濟。當于三月中旬備文呈請上海市社會局賜予勸導，以解糾紛。當經社會局召集調解，終無結果。

同人解僱問題

當公司宣布同人全體停職之時，因在戰事初起，原冀總廠燬損不致過甚，得以早謀恢復。迨三月初旬停戰之後，公司當局前往閘北詳細查勘，方知總廠及東方圖書館等全成一片瓦礫之場，除一部分水泥空架外，所有房屋機器存貨存版多成燬燼，所有鉛字鉛版，融成流質，凝聚于地下及墻溝中。損失之數估計達一千六百餘萬元之鉅。公司經此巨創，復業實難預期。而停職同人猶誤認為不久可以復業，或逗留上海，或回籍再來。在公司則財力喪盡，救濟乏術，在同人則空勞往返，徒耗川資。如果長此遷延，勢必兩受其害。且此次公司損失重大，勢難為大規模之恢復，同人數逾三千，將來復業時用人不多，勢必爭先恐後，滋生糾紛，勢資一有糾紛，則公司復業時欲求股東或其他方面財力之援助，必不可能。是則雖小規模之復業亦將無從實現。如實行解僱，則公司之復業計畫或可早日著手進行，即一部分舊同人亦可有重復進用之機會。本館當局再四籌維，認為解僱一途實為兩利之道，乃依據上述理由呈請社會局准予將全體同人解僱，以利進行。

市政府之指令

社會局接到本館呈文後，復于四月初旬再三召集雙方進行調解，終因同人方面無人出席而罷。社會局因迭次調解均無結果，當即據情轉呈市政府核示。市政府指令略謂本館既受損甚巨，非待職工解僱問題解決，不能致力於復業途徑，則解僱職工一層自應照准。唯本館損失重大，若責令按照平時優待辦法發給退俸金，辦法亦欠允當。至職工一旦解僱，情殊可憫，應令本館於原允再發半個月之薪水外，酌加補助，以了懸案。解僱職工於本館復業時並應儘先僱用等語。

社會局指

社會局奉到市政府指令之後，當於五月七日指令本館指示解僱職工辦法。略謂本館在戰事期間曾發

合解僱之辦法

給全體職工每人薪水半個月又維持費十元。現除加發半個月薪水外，應再將總館職工應得之退俸金基金二十二萬八千餘元，按照酬卹章程以比例減成分配發給。如每人兩項所得總數不滿五十元者一律補足五十元，不滿二十五元者照前數補足。職工存款及特別儲蓄亦應設法儘先發還，職工前借薪資概予免還，以示格外體恤。又本館復業時舊職工應儘先僱用。

本館之遵合辦理

本館董事會之意，以為公司對于此次解僱職工之種種支出，前後總計達一百五十餘萬元之鉅。其中除特別儲蓄活期儲蓄兩項計達八十七萬餘元外，其致送于職工者將達六十七萬餘元。本公司處此艱危之際，論經濟能力實不能勝此負擔。唯念各職工大都寓居閘北，室家亦多被燬，而社會局又諄諄面諭勉為其難，當即議決于萬分困難之中，勉遵社會局指令辦法辦理。當即呈復政府，並于五月九日登報通告各職工，定五月十二日起開始發給各項解僱金。

解僱糾紛之解決

自本館通告發給日期後，各同人大都深知公司處境困難，陸續領取。唯本館職工被難善後委員會表示不滿，迭次登報通告否認，並延聘律師準備訴訟。上海商界領袖多人為息事寧人起見出而調解，並勸本館酌給津貼二萬元以救濟路途較遠或流離失所及在勞方所辦之收容所中者，以資結束。本館當局因此次同人多居閘北，家室被燬，情殊可憫，且重違諸調人之意，故對此項條件，亦即勉力應允，于六月十七日由公司與職工被難善後委員會代表訂立正式和解合同。交涉多時之解僱問題至是乃告結束云。

積極之工作

以上所述對外對內以及對同人之三大端，大概皆於消極之中，實寓有積極之意。此外並有純粹屬于積極之一事焉，即如何應付秋銷營業是也。本館當局以爲本館總廠雖慘遭炸燬，而關係吾國國運甚鉅之教育，認爲雖自身處境艱難，亦仍有力謀貢獻之義務。故當本館總廠被燬之後，除辦理種種善後事務外，當時即盡力籌畫就北平香港兩分廠趕印各級教科用書。兩廠規模本不甚大，益以原有圖版多不完全，準備手續，實費心力。當時曾擬定細密之計畫，其原則以由平港兩局分任印刷中小學用書及重要字典詞典爲主，所有兩處機器均全日夜二十四小時繼續工作，並添置必要之機器，使工作繼續不斷。兩局印刷能力因之竟較平日增加多倍。至今小學用書已印出千餘萬册，中學書百餘萬册，字典詞典數十萬册，其他參考用書亦陸續印出數百種。頗足敷本屆秋銷之急需。至于儀器文具等亦均有相當之準備矣。

將來之希望

吾人于結束善後紀要以前，猶有不能已于言者，本館雖係一營業之機關，然因三十六年來對于吾國文化之促進及吾國教育之發展，不無相當之供獻，中外人士遂多視本館爲吾國文化之中心。故此次慘遭炸燬，不特全國人士深表同情，即世界各國亦莫不同聲惋惜。電函紛馳，無慮千百，往往于加意慰問之外，並勗以積極奮鬥之詞，用意甚誠，情彌可感。本館自維既有三十六年之歷史，又承中外人士之熱望，似宜於創鉅痛深之下，勉力繼續其貢獻吾國文化教育之使命，使本館之歷史得以連綿不斷，國人之熱望得以滿副所期，而吾國文化教育事業之進步，本館可有繼續努力供獻之光榮。此則不能不期望本館諸熱心文化教育事業之股東加以慎重考慮者矣。

勘誤表

頁數	行數	缺誤
六	七	「詢」應改「洵」
六	十	缺小標題「總廠被炸」
七	七	小標題「通報」應改「通電」
十三	六	「總數約」應改「總數得」
十六	十二	缺小標題「東方圖書館被焚」
三〇	十一	小註「擋」應改「檔」
三二	二	小註「開」字贅

日本侵畧淞滬暴行之真相

潘文安題

目錄

□痛言

暴日既强佔我東北四省土地。意猶未饜。復以我政府之善爲容忍。我軍事當局之習於不抵抗也。兇燄大張。謀我益亟。肆擾津門未已。更憑假其武力。冀奪我東南要鎮。長江鎖鑰。全國文化經濟命脈所寄託之上海。藉口於其僧侶旅游被毆之事件。提出苛刻條件。迫我承認。我上海市長。鑒於形勢嚴重。不恤忍辱蒙垢。含淚承認其要求。初意緊張危險之最高峯。得以苟且飛渡。詎滿意之復文既達。無情之砲火旋加。當茲存亡一瞬之際。幸賴我十九路軍忠勇將士。本捍患之天職。自衛之正義。毅然起而抗拒。我淞滬民衆亦劍及履及。充分予以接濟。相持三十餘日。敵終不得一逞。全國人心振奮。國際輿論改觀。方謂收復失地。增光民族。肇端於此。不圖後援不繼。敵師三至。我前線將士迫於衆寡之勢。不得不全師引退。遂致月餘血戰挫敵之偉績。盡付東流。嗚呼。事之至可痛心者。寧復逾此。誰實爲之。孰令致之。思之能不慨忿耶。吾人於悲愴哀痛之餘。追念十九路軍 爲民爲國。忠勇抗敵之事蹟。嘗感激至於流涕。然一憶及日軍之橫暴無人道。則不禁血之沸髮之指而眥之裂也。當日軍慘敗之時。氣無所洩。乃發揮其殘忍獸性。焚掠。奸淫。拘捕。屠殺。飛機擲彈。大砲轟擊。無所不用其極。淞滬數十里之精華。悉付諸一炬。全國重要之文化機關。均被毀無遺。昔日安居樂業之人民。而今大半流離失所。死傷淪亡。昔日繁榮昌盛之市廛。而今但見殘垣斷壁。瓦礫焦土。數十萬生靈之荼炭。數十萬萬財產之損失。皆無從算起。如此浩刼。蓋亘古所罕有。披閱茲書。讀其紀載。即可知暴日禍我之深。與我之被創之巨矣。嗚呼國人。國人而果未死。則請記取暴日待我之酷虐。此恨此仇。自身不敢忘。傳之子孫永不能忘。傳之千年萬世永永不能忘。而謀所以懲創此殘忍之暴日。一雪我民族之奇恥大辱也。嗚呼國人。淞滬民衆皆爲我中華同胞。淞滬財產皆爲我國家財產。今我之同胞。被人殺戮。我之財產。被人摧毀。我豈猶復醉生夢死。不圖自衞。一待他人之宰割乎。國人毋以爲被殺戮者乃淞滬之民衆。非我自身。被摧毀者乃淞滬之財產。非我所有。而可漠然不關於心。不知方今淞滬淪陷。鎖鑰已失。强寇深入。門戶洞開。敵人可以加諸淞滬同胞者。蓋無一不可加諸我全國之同胞。故應念殺戮淞滬之同胞。與殺戮我之昆弟姊妹。乃至於我之本身無稍異。摧毀淞滬之財產。與摧毀我鄉里之財產。乃至我之財產無稍異。我今日所應自處者。亦惟有犧牲小已。一致團結。有錢者輸財助餉。無錢者出力殺敵。竭全部之力量。鼓十分之勇氣。以與暴日相周旋耳。民族存亡。在此一舉。我全國同胞

三

。其速興起矣。其速興起矣。
中華民國二十一年三月楊成祺序於同志合作社

四

日本侵略淞滬暴行之真相

第一章　暴日侵滬事前

一月二十日晨二時半左右。日本暴徒五十餘名，潛入引翔港。縱火焚燒三友實業社工廠。被燬織巾部房屋一部份。及織機二十餘具。當時捕房聞警往援。日暴徒竟大胆開鎗轟擊。並用利刃對華捕猛戳。華捕被斫死一人。傷二人。同日下午。該暴徒等又聚衆在北四川路等處，沿途搗毀華人商店及公共汽車電車。捕房西捕亦遭毆傷。

當日市長吳鐵城派秘書長俞鴻鈞往日領署提出口頭嚴重交涉。日總領事表示遺憾。次日日總領事謁見吳市長。根據日人傳出消息。謂十八日有日僧侶天崎水上信徒後籐黑岩籐村等五名。在馬玉山路。被華人毆傷。向吳市長提出四項條件：

(一)市長正式道歉。

(二)立即逮捕兇犯。

(三)對於被害者須予以醫藥費及恤金，

(四)關於抗日侮日之非法越軌行動。一概予以取締，尤其應將抗日團體予以解散。

二

限定廿八日六時前答覆。並諉日人之焚三友實業社工廠，爲報復行爲。吳市長委屈求全。完全接受以上四項條件。於廿八日下午一時四十五分。派俞祕書長將覆牒送往。覆牒全文如下：

逕復者。案准一月二十日大函略開。日本僧侶天崎水上信徒後籐黑岩籐村等五名。於本月十八日下午在馬玉山路附近被毆傷。提出條件四項。請求接受等因。准此。查本案發生。殊屬不幸。本市長深表歉仄。當日據報後。以案關傷害。法有明文，當卽嚴令公安局限期緝凶歸案法辦。所有被害人等之醫藥及撫慰金，本市長亦可酌爲給予。以示體恤。至來函所提關於取締抗日運動一項。現查本市各界抗日救國委員會有越軌違法行爲。業經令行主管局將該會取消。以維持法紀，關於類此之越軌違法行爲。本市長仍當本法治精神，令行取締。至其他各抗日團體。並已令局予以取消。相應函達。請煩查照爲荷。

當時日領表示滿意。不料當晚十一時二十五分。日海軍司令鹽澤少將。忽致函我國駐守閘北之十九路軍。要求我軍退出上海二十英里外。而不待我方之答覆。十五分鐘後。日海軍陸戰隊及便衣隊。卽侵入閘北。向我軍防綫攻擊。我英勇之十九路軍深明守土有責之意義。奮起作自衛之戰。淞滬三十四日悲壯熱烈之血戰。於焉遂起。

第二章　文化機關與實業機關之摧毀

●暴日燬我文化機關●

在此三十四日之血戰中。日軍屢遭挫敗。計不得逞。乃大肆其殘暴行爲。摧毀我文化機關。商務印書館先爲砲火之目標。其後東方圖書館尙公小學以及各大學。相繼被燬。察當時軍事情形。絕無破壞此種建築之必要。且大都破壞之於戰事不甚緊張之時日。利用偶然之餘暇。不自愛惜其戰時最可珍貴之彈藥。悍然摧毀之惟恐不盡者。其處心積慮。蓋欲陷我人於至愚至窮之地。萬劫不復之境。爲其奴隸。供其趨使。而不自覺也。日人計畫之刻毒。手段之兇狠。於此可見一班。玆將各文化機關被燬詳情。分誌如後：

▲商務印書館總廠被燬

編譯所東方圖書館及尙公小學亦遭刼

總廠損失達千萬元

我國出版界巨擘。經三十五年之慘淡經營。全國教科書所取給之最大文化機關商務印書館總廠。及東方圖書館。編譯所。尙公小學等。設在上海閘北寶山路。自一月二十八日晚間。日軍無端向我啓釁。受挫後。即於翌日晨派戰鬥機三架。飛往閘北各區抛擲炸彈。商務印書館爲日軍擲彈主要目標。總廠當卽被炸起火。因在軍事區域。無法施救。致任其延燒。至晚未熄。焚燒時黑煙繚繞。焚燼紙灰飛達數里之外。總計被燬之建築。及一千餘部之機器。巨量之書籍。儀器。紙張等。損失當達千萬元。其附設之尙公小學亦被全部焚燬。誠吾國文化界之大浩刧也。（商務印書館被燬損失之詳細調査見後文其損失數目之統計則在附錄內）不意日人此時意有未足。特於二月一日晨八時又復縱火鼓燄。直至下午。巍峨璀璨之東方圖書館。及毗連之編譯所等又被焚燬一空。東方圖書館收藏宏富。圖書總額在六十萬册以上。其中中國書籍尤爲珍貴難得有中國最古之南北宋版本圖書百餘種。有木刻之重要名著繕本二萬餘册。以藏中國省府縣志之多甲於全國。爲中國最大之史地書庫。至元明淸之精刻書本。更難屈指以數。又西文書籍歷年亦置備甚多。足與著名之爲利遜文庫相匹敵。此珍貴無比之寶藏。今乃無故被燬。此種人類文化之損失。寗有恢復之可能？暴日之橫蠻如此。國人其永矢勿忘。

▲商務印書館被燬損失之詳細調査

（一）製油墨部全燬、（二）裝訂部存紙全燒。大小裝切機器數十架均燬。（三）大紙棧房三所。又審紙大棧房一所。其中儲存各種紙料書籍均被燬無餘。（四）藏版部所存銅鋅鉛版均經焚燒溶化成塊。（五）儀器文具棧房已全燬。（六）第一第二印刷所。爲該館印刷之主要部份。

計二層樓長屋。前後二大排。其中機器大小數百架。每架均値數萬元至十數萬元。與房屋同歸於盡。爲該館損失最巨之一處。（七）書籍總棧房存書及房屋均燬。（八）出版科及寄售股均被燬。（九）裝切分部（卽舊編輯所房屋）機器及三層大廈均被燬無遺。（十）第三印刷所亦三層大廈。其中以墨色石印爲主要工作。而英文排版部在焉。亦均焚燬。（十一）第四印刷所。爲四層大廈。下層爲事務所。營業部。該館主要彩印精印之機器數十架卽置於此處。二樓三樓及最上層則爲全館總務處。均燬焉。此一部份損失亦鉅。偌大一個商務印書館燒得如此七零八落。只剩同人療病院。機器修理部。澆版部似尚完好。

▲中華學藝社被焚

損失額三四十萬元

上海北四川路底中華學藝社。爲國內著名學術團體之一。該社社員大半爲留日歸國之士。自九一八事件發生後。該社社員等對於救國工作進行甚力。日人恨之刺骨。此次日旣犯滬。其海軍第二司令部係設於該社對面。於一月二十九日。日海軍司令部曾遣海軍及浪人多人。破門而入。搜索搗毀。旋加貼日海軍司令部封條於大門而去。二月二十二日。我軍進攻北四川路底。日軍大敗。於退却時縱火將該社焚燬。查該社所藏專門圖書甚多。約値二十餘萬元。社員寄存專門圖書約値十萬元。此外所存社員交來付印之著作稿件數十種。又該社秘書

六

。社會教育專家馬宗榮氏。十數年所搜集之社會教育專門書籍千餘册。均成灰燼。誠我國文化上又一大損失矣。

▲吳淞七大學被燬於日兵砲火之下

四千餘學生大半失蹤

據詳細調查。吳淞方面共有七大學被燬於日兵炮火之下。共有學生四千餘人大半失蹤。查無下落。損失最大者。爲同濟。商船。水產。中國各大學。全部損失之總數。一時尚難統計。惟此後三數年內。恐不能恢復原狀。我國文化機關被日軍蹂躪如此。誠可謂創深痛巨也。玆錄調查所得如次：

〔同濟大學〕在吳淞鎮北二里。共有學生六百二十餘人。電汽間。生理學院。材料試驗室。中學教授室。及全部宿舍。正在建築中之中學教室等。盡被日砲轟燬無遺。學生至白克路同和里該校醫正科報到者僅有二百餘人。尙有四百餘人不知下落。全校六十餘工人。失蹤者亦有三十餘人。此校係德人創辦。經我國收回。以醫科爲主大部。醫藥儀器等由德人捐助。價値不貲。而今已大部被燬。

〔商船學校〕在吳淞砲台灣。共有學生三百五十餘人。係國府交通部創辦。課程注重商船駕駛。河海測量。機器修理等。意在造就我國航海之專門人才。今被日兵用大砲全部轟燬。除斷垣焦壁而外。一無所存。學生之失蹤者亦在半數以上。

〔水產學校〕在吳淞砲台灣。與商船學校接近。共有學生二百餘人。課程係注重捕撈水產。以及水產物之化學製造等。意在培植我國採撈水產之專門人才。日本在三數年來。屢屢向我國沿海偷捕海產。迭經政府嚴重交涉。故對于我國之水產學校異常嫉視。在日兵登陸侵入砲台灣之初。則首先搜捕該校學生。並用大砲轟燬。該校全部。目前已無所存。學生失蹤者甚多。死活存亡。一時亦無從調查。

〔中國公學〕在吳淞砲台灣。共有學生二千餘人。全部校舍已有十分之六被日兵砲燬。寄宿舍之學生逃出一大半。尚有一小半不知下落。損失總數不在同濟大學之下。

〔中大醫院〕在吳淞鎮車站之旁。共有學生四十餘人。為中大醫學之專門研究處。現時該校門窗已被日兵槍彈打成蜂窩一般。內部情形尚難查悉。損失常在半數以上。學生在事前離校。幸未遇難。

〔勞大農院〕勞働大學農學院在寶山路附近。離吳淞十餘里。日飛機前往擲彈數次。校舍被燬一部分。

〔勞大工院〕勞働大學工學院在江灣車站。學校全被燬。學生之失踪者有半數以上。

此外尚有一吳淞中學校。在吳淞鎮上。共有學生二百餘人。被日飛機投彈數次。損失尚小。惟大半學生。不知下落。

▲復旦建築物盡遭摧燬

圖書館書籍化爲灰燼

江灣引翔路復旦大學。自被日軍佔據後。所有器物悉被搗燬。建築物如簡公室。子彬院。女生宿舍。衞生處等。均遭極大摧燬。圖書館所藏大量鉅價書籍。盡成灰燼。損失之大。可想而知。

▲持志新建校舍盡付一炬

大學部中學部損失不下百萬元

二月十日下午五時。日兵機關槍隊衝入水電路持志學院。先用機關槍向門警掃射。繼即縱火焚燒。將新建築可容千餘人之四層樓大宿舍。二層樓教室•大禮堂。圖書館。膳廳。標本儀器室。原動室水塔等。全部焚燬。即圖書館一部分價值已在十四萬元以上。合計大中學部損失不下百萬元。

▲暨南大學被炸

二月五日上午七時起。有日飛機九架往來飛翔於眞茹一帶。到處擲彈。至八時許。暨南大學科學館東南角擲中一彈。立時爆發。被燬一部分損失約數千元。

▲中央商學院大火

江灣路復旦大學附近之中央大學商學院四周於二月二十日晨大火。該學院亦焚燬。損失未詳。

▲滬北中學被搗毀

虬江路五七二號滬北中學。位於北四川路鉄路之間。戰事爆發後。卽爲日軍佔據。事務主任及校工皆被拘押日司令部多日。得間始逃囘。有一校工。當日軍衝入時。匿於夾弄穴洞中窺探。目睹日軍出入甚忙。將儀器圖書陸續搗毀。二月廿二日我軍衝入廣東街時。該中學校舍已全部焚燬。總計損失頗大。

▲市北中學亦被燬

閘北永興路私立市北中學自置校舍。面積六畝。爲閘北市區內唯一完備之中學。自日軍侵入閘北後。全被焚燬。直接損失如校舍。圖書。儀器之類。計有廿一萬三千餘元。間接損失如校員學生在校財物。約計七千六白餘元。

◉暴日燬我實業機關◉

上海爲我國經濟之中心。上海實業機關尤爲我國經濟之命脈。日軍燬我文化機關之不足。更從而破壞我之實業機關。忖其居心。蓋欲毀我國經濟之組織。使我產業落後之國家。更陷於深淵絕境。而東亞市場完全任其操縱。受其壓迫。直接淪我國實業界於萬刼不復之地。間直吮吸我國民之膏脂。以至於窮困。無以爲生。

▲永安紗廠被日機炸燬

工人死傷達三十餘人

電氣馬達一部搖紗機五十二部被燬

公共租界麥根路永安第三紗廠。於二月十二日晨。被日機投擲炸彈。彈落該廠東北角之搖紗間。內有一部分計電氣馬達一部。搖紗機五十二部均被燬。其他玻璃雜物等。亦遭破壞。約計損失在萬兩左右。被炸時適爲工人食飯時間。祇有三十餘人留在搖紗間。遂不幸遇難。設非飯時。則死傷當更不止此數。日機隨又擲一琉磺彈。擊中該搖紗間樓梯之欄杆。當即起火。幸經駐防該處之美水兵設法撲滅。未受損失。查日人擲此種琉磺彈之目的。顯係故意縱火。欲圖於破壞外。將該廠完全焚去也。

▲吳淞兩廠被燬

損失共計二十四萬數千兩

〔吳淞麵粉廠〕在吳淞市河邊。佔地三畝。建築四層樓爲粉間。靠三羊路則造五上五下房屋爲辦事室。每日可出粉一千數百包。該廠近方圖擴充。不料爲日軍艦砲擊。致將廠房機器。

及堆存麥粉與動用物件。盡行焚燬。估計損失。大致如下：廠屋建築費約三萬兩。製粉機器値銀廿萬兩。存麥一萬餘包計銀一萬兩。廠內生財及各職員行李等約値數千兩。

常熟軋花廠 該廠開設在吳淞外馬路。已有七八年之歷史。營業素稱發達。不幸於二月十六日亦爲日軍炮火下之犧牲品。全部損失約計五萬兩。

▲華租界內三紗廠炸燬

二十日上午九時半日軍在閘北天通庵一帶。向西南連開大砲。有開花砲彈五枚落於滬西一帶紗廠。計統益紗廠二枚。溥益紗廠一枚。大豐紗廠二枚。茲將炸燬情形。分記如後：

統益紗廠 滬西莫干山路十號統益紗廠係國人資本。設在租界。廿日上午九時半。廠中正在工作之時。忽有日軍砲彈自東飛來。一彈落該廠南職員宿舍三樓。炸去南方一角。瓦礫紛飛。玻璃牆壁。均皆震壞。幸當時正在工作時間。職員均不在內。得無死傷。

溥益紗廠 勞勃生路十號溥益紗廠第二廠。於同日晨。正在工作之際。由東飛來日方開花彈一枚。將該廠清花間東首牆壁炸燬。炸傷守門及工人五名。

大豐紗廠 東京路浜北北潭子灣大豐紗廠。亦於同時。落下開花彈二枚。以該廠地在華界。停工已久。故無死傷。惟大部房屋已被炸燬。

▲新興國貨工廠多數被燬

我國近年來提倡國貨。不遺餘力。國貨工廠先後成立不下數十家。其著名者如永和實業工廠。南華橡膠廠。大生橡皮套鞋廠等。日人皆視爲仇敵。蓄意破壞。以故凡在戰區內。或戰區附近。或日軍勢力範圍內。悉數被燬。所有損失尚未有切實調查。估計當在百萬元以上。我人對於國貨前途。實抱無限悲感。如此損害。不知何日可以恢復也。

▲日人圖炸電報局

二月十八日晨七時許。公共租界四川路福州路口之交通部上海電報局。突被日人投一炸彈。彈中二樓屋脊上。頓時爆裂。烟屑瓦礫。紛飛滿地。計燬去大玻璃二十二塊。小玻璃約百餘塊。以及一切雜物文件等。毀壞殊多。擲彈者之目的。係在企圖炸毀電報總線間（即測驗室。）幸擲力稍弱。彈炸牆垣下墮。否則投入窗內。則損失更大。時街中行人尚少。故祇有一人受重傷。

▲火燒毛全泰木器廠

東體育會路五七號毛全泰木器廠。因戰事停工。留有工人十餘名看守門戶。二月十七日下午。有日兵七人攜軍器前往該廠搜查。旋卽退出。次日又有日兵一小隊攜機關槍前往作同樣搜查。結果毫無所得。至廿日下午。又來大隊日步兵馬隊。共約五百餘人。其中半數直開向萬國體育場而去。其餘至該廠。破門入內。裝置大砲及軍用電話等。繼用强力威嚇。命該工人等供給煙茶。約半時許。前方電話來。命速卽整裝前去。未幾日兵八人各攜琉磺及其他引火物進來。命工人等歸宿舍就寢。同時將引火物向各處分散放火。一時烈焰冲天。全廠盡燬。在內工人由火中爬牆而逃。日兵瞥見。卽開槍追擊。幸無死傷。該廠損失約七八十萬之鉅。

第三章　暴日違反國際公約之種種行爲

國際公約爲世界各國公共遵循之法律。以人類共信之道德爲標準。無論任何國家不得加以破壞。此次日兵恣意橫行。不顧公法。匪獨蔑視公約之尊嚴。幷舉人類共信之道德而摧毀之。匪獨爲中國之仇人。抑且是國際之公敵。如果世界上尙有公理是非。則暴日應受全人類最嚴重之裁制。此其責在全世界各國而不容推卸者也。

●摧毀文化機關●

按照國際公約。雖至戰時—正式宣戰—亦不得破壞文化機關。今暴日侵滬。尙未正式斷交。亦未對我宣戰。而竟出其殘暴手段。對我文化機關。摧毀不遺餘力。野蠻無理。毫無信義。實爲近世國家所罕見。破壞情形。詳見第三章。

●炸紅十字會救護車槍擊幷拘捕紅會救護員●

擲彈圖炸救護車 戰區難民臨時救濟會。二月六日下午三時許開出救護車十一輛。由狄斯威路裝運難民出險。駛往共和路。不意被日飛機所見。向該車擲彈一枚。幸未遭炸燬。彈落附近墳山中。毀塚數穴。又有紅十字會第二隊救護車。停於寶興路中時。被日飛機瞥見。向該車連擲三彈。二彈未爆炸。一彈落下時距離該車僅數十步。砰然一聲。彈火紛飛。各救護員急避他處。幸未受傷。

日兵槍擊紅會會員 中國紅十字會爲救護北四川路江灣路蓬路等處難民起見。由會員蕭見賓持該會函件赴日本領事館商得村井領事許可。派日員同前往救護。至蓬路時。日步哨加以檢查。正擬前進。日軍竟不理日領事館人員之通知。舉槍射擊。蕭等無奈。只得退回。日軍直視萬國公約於不顧。即彼日本領事館所派之專員亦無能爲力。誠世界空前之異聞也。

紅會人員被拘捕 紅十字會隊員四人於一月卅一日往戰區救護傷民及受傷難民。當救護車行經蓬路日軍第三道防線時。突被日軍拘送日司令部。多日未釋出。生死莫明。

紅會人員被擊受傷 二月三日晨。紅十字會救護隊隊員王敦甫計文蔚及女護士等。在香山路鴻樂里一帶救護傷兵。突被日兵用手溜彈攻擊。王芝芳計文蔚均傷腿部。王敦甫傷頭腦。危及生命。

炸傷美女醫 紅十字會美國女醫LoveBanakin.二月六日晨赴眞茹。距當下午十時。正在醫南大學門前工作時。爲日機所見。擲下一彈。落於距離六尺之地上。當時有一汽車被炸翻倒。地下陷一大洞。女醫士一臂受傷。仆地後爲泥土所掩。後經人救出。送醫院求治。

日機又炸救護車

紅十字會於二月七日下午三時半。派出救護員六人。乘救護車赴閘北一帶。救護傷兵。當車前進時。有日機一架。翱翔空中。緊隨該車。希圖拋彈。未幾車停止於寶山路旁。日機竟又違背世界紅十字會不許稍加傷害之條例。擲下炸彈一枚。救護員等急臥倒躲避。彈落汽車旁約五十碼之處。未曾命中。該機竟再擲彈一枚。落於汽車東十餘碼之處。鉄片紛飛。致炸傷救護員陸柏常之腿部。日機盤旋片刻。方向西飛去。救護員等亟起將陸君救起。駛回醫院求治。

毒彈射死紅會救護員

二月十五日。紅會第七隊隊員劉祁瑞。率同看護念餘人。赴閘北戰區救護傷兵。時閘北築有防禦工作之沙袋。劉見沙袋前面傷兵甚多。亟應前進救護。遂越過第三第二沙袋。而進至第一沙袋線內。並攜有紅會救護旗幟。以示敵方。明瞭係救護人員。不料甫抵線內。敵方陣線忽向我開槍。其槍彈尤集中紅會旗幟之下。當時我紅會同人曾高呼係救護者。詎敵兵竟置而不睬。仍繼續發槍。慘無人道。日兵更瞄準向劉氏連射十餘槍。遂集中劉氏左臂上及肚部腿部等處。氏受槍擊後。乃逃出陣線。而日兵竟敢追擊之。於是又續中兩彈。劉氏頓時昏倒。不能行動。經其他看護抬之上車。赴寶隆醫院診治。醫生施行手術急救。無如傷勢太重。且係中毒彈。卒無法挽救。遂延至十六日下午四時。氣絕身死。亦云慘矣。

敵槍又擊救護員

中國紅十字會煤業特別救護第一隊隊員郁鴻章。於三月一日因該隊汽車先赴閘北。故改乘第一支隊救護車至閘北。施行救護。車至東寶興路底。下車步行。於十時三十分在邢家橋附近。忽爲八字橋方面之日兵從樓上以步槍瞄準。連開二槍。一中前胸。當卽倒地。又被一彈擊中後股。流血頗多。同行者急扶之登車。送寶隆醫院醫治。但以彈中要害。延至下午二時三刻。因傷重逝世。

●日軍冒紅會人員●

遵照萬國紅十字會。對紅會救護員不准稍加傷害條例。我國對救護員自加相當保護。而日軍却利用此點。在吳淞路天主堂內。以五百餘日人着白衣服上下相連。臂纏紅十字。各攜帶武器瓦斯等物。用意險惡。擬冒充紅會員。利用紅十字之護符。衝入我軍陣地後。隨日軍大部同時佔領我陣地。我如抵抗。則彼謂。我國違犯國際公約。我軍如不抵抗。則藉機佔我領土。殺我同胞。其陰險狡詐。實非現代國家所應有。不謂號稱大國之日本。竟無惡不作。

●日使用達姆達姆彈●

達姆彈（DunDun）之槍傷射入口雖小。而射出口每成極大之裂創。且遇堅硬物必旋轉而入。故遇骨骼每被擊粉碎。治愈極難。痛苦非常。所以一八九九年海牙和平會議議決禁止施放。而日人竟悍然違反海牙議決之國際條約。用之我方。於二月七八兩日。在吳淞受傷將士均受有此彈槍創。日軍之野蠻眞可謂達於極點矣。日軍不顧公法用此種達姆達姆彈攻擊我軍。雖經提起嚴重抗議。但日領仍施狡辯。玆悉德國醫藥博士鼓姆君 Dr.G F.Bune。已致函中國紅十字會證明。由渠醫治之傷兵。確係達姆達姆彈所傷。該函提出種種證明。十分確鑿。日人雖狡。終難逃世界之視聽也。

◉日轟擊慈善機關◉

去歲我國大水爲災。一部分難民逃至滬上。託居收容所。已是生計窘迫。困苦萬狀。而殘暴日軍。猶還不肯放過。對此毫無抵抗能力的難民。於軍事上毫無關係的收容所。亦加以轟炸。對其他慈善機關。亦肆意破壞。其行爲之橫暴殘忍。實可說全無心肝。

△砲擊慈幼教養院

炸燬災民收容所

飛機擲彈機鎗掃射死傷無數

中華慈幼協會所設之慈幼教養院與慈幼保健醫病所。在閘北西虬江路長安里。一月廿九日晨。砲火甚烈。該院辦事職教員與該所之醫生。率領孤苦兒女四十餘名。冒險逃生。該員塗等甫經出門。適一大砲彈飛來。將該院醫病所房屋轟塌。幸人口未損。亦云險矣。

上海婦女節制會所設之教養院在江灣地方。經日人圍困。院內之婦孺不能逃出。幾乎餓死。幸被紅卍字會前往救出。

上海市第一災民收容所。設在柳營路。專收被水災民。有災民萬餘人。兒童二千餘人。至二月三日。暴日竟來飛機。向所內拋擲炸彈。擊斃災民一人。傷者頗多。四日。日機又向慈幼組後面擲一炸彈。並落一大砲彈。當時斃命者三人。傷者甚多。該所職教員等即行逃避於美人所辦之明強中學校。甫經出門。該所前門之蓋棚二座即被炸燬。各災民哭聲如雷。乃相率奔逃。日機見男女大小逃難者甚多。乃行慘無人道之殘酷手段。飛機十一架在頭上飛翔。難民逃至何方。日機即飛至何處。屢擲炸彈。並用機關槍向下掃射。難民死傷無數。尤以小孩為最多。該教員幸已出險。而收容所與慈幼組盡成灰燼矣。

二月五日。日機又炸另一收容所。中國水災救濟委員會總幹事辛卜森爵士。因致電國聯抗議。電文曰。余以人道名義。抗議日軍飛機於二月五日轟擊內有難民八千餘人之水災收容所。擊死婦童各一。傷四人。而醫院病人受驚而死者數人。次日即二月六日。該收容所又遭炸彈轟擊。時所中僅有數百災民。大都為患病者。及老弱人民。此次轟擊後。檢查被擊死者有四十八人之多。當即將所中災民移於他處。但翌日日機又來轟擊。日人此種行為。實屬慘無人道。且從軍事立場言。亦屬無益云。

◉日軍破壞停戰信約◉

人類是有信用有道德的動物。雖在戰時。旣經雙方應允互訂信約。當然應該相互遵守。不得破壞。然日軍竟一意蠻行。隨意破壞。出爾反爾。全無信義。實在可說非人類也。

▲相約停戰期中日違約進攻

暴日無端侵略我國領土。進攻閘北。戰事爆發後。經英美領事等調停。雙方以三日爲期。暫行停戰。以謀和平解決。據司令部與市政府宣稱。須至二月三日下午四時方滿三日之期。乃二月二日。日軍不守停戰信約。於下午一時卄分。復以大砲機關槍等由北四川路底一帶向我軍進攻、雙方在狄思威路及天通庵路發生劇烈戰事。同時日飛機二架在閘北及南市一帶偵察。市府於事先得英美領事通知。謂將有日機出發偵察。當時市府曾口頭抗議。但日方不顧信約。仍出而偵察。而閘北又發生激戰。市府遂於二月二日下午二時許向英美日三領事提出正式抗議。但抗議自抗議。違約仍自違約。進攻仍自進攻耳。

▲停戰時間又不顧信義

日便衣隊混入進攻

自經法教士發動由英領事之贊助。商准於二月十二日上午停戰四小時。由各救護團體前往救護災民出險。詎日人又不顧國際信義。於該日晨八時。派便衣隊約二百名。喬裝中國難民。身懷軍火。分乘卡車七輛。混入災民隊中。向我軍防地猛衝。幸我軍雖奉長官命令停止作戰。但亦早有相當準備。即將日兵擊退。致北四川路一帶。又陷入混戰狀態中。此係日軍蔑視人道主義。應由日方負完全責任云。

第四章 濫捕 奸淫 屠殺 擲彈

暴日進攻閘北失利。乃強佔虹口及公共租界東區一帶爲軍事之根據地。該處我國居民一時未追遷出。遂遭日軍荼毒。日兵士及便衣隊三五成羣。分守各路口。檢查往來行人。一經查見身藏字條或卡片雖屬無關緊要。即視作我軍便衣隊。捕去橫加蹂躪。拷打者有之。槍殺者有之，挖目割耳者有之。斬頭斷肢者有之。對於我國婦女。侮辱尤甚。往往於街衢之中。藉口檢查。迫令脫去全身衣服，稍一違拗者即被槍殺。稍有姿色者即被擄去姦污。甚至洩慾之後。割其乳頭。斷其手足。視被害者之宛轉哀號於血泊中。以爲笑樂。其尤殘酷者。對我數齡孩童。亦加仇視，以刀刺其腹。而挑舞空際爲戲。一月以來。日軍暴行迭出。自閘北以暨江灣。我同胞被慘害者奚止數萬。日人之殘忍酷虐。罄竹難書。實爲近世所罕見者也。玆因限於篇幅。略記一二如後：

●非法拘捕我同胞●

虹口浴客遭殃

虹口捕房自被日軍佔據後。站崗巡捕無法行使職權。虹口各區遂成恐怖世界。日軍藉口維持治安。四出活動。某日晚。虹口浴室忽來大批日兵將浴客三十餘人用蔴繩捆縛。驅往虹口日兵司令部。其中有一華捕因落差返家。亦至該浴室洗澡。致同被捕去。據該捕釋出後聲稱。日兵始將伊等用汽車載至司令部門口。見有大批日裝死人裝在蔴袋內。運往日輪。旋有日兵出。令伊等各飲黃色迷混藥酒一杯。幸該捕機警。暗中吐出一半。故尚有知覺。其時適遇西捕頭路經該處。遂大呼求救。西捕頭與日兵交涉。方得釋放。但該捕兩足無力不能行走。當由西捕頭喚路過之汽車載之出險。惟同被捕去之浴客則生死莫卜。

女郎險遭毒手

上海電話公司北分行某女接線員因往同仁醫院省視弟疾。行經東西華德路爲日軍所阻。并施嚴厲之檢查。勒令依次解去衣裳。比及褻衣亦令解去。女嚴詞拒絕。誓死不從。日兵獸性大發。頓猛批其頰。執其髮强曳之行。然女郎不之怯。竟起而抵抗。以致鬓髮衣裂。慘不忍睹。是時適有西人夫婦二人道經該處。目擊慘狀。卽上前代爲解釋。詎日兵竟舉槍相向不許干涉。二西人雖不得要領，然心殊不忍。乃隨之行。比抵中虹橋附近遇一某國商團員。該二西人上前告以始末。該團員遂勒令日兵釋放。始得慶更生。女郎旋返公司報告同事皆爲髮指。夜深寢後。該女郎忽自床上躍起大呼「去！東洋鬼。誓死報仇去。」等語

二一

。咆哮呼號不已。雖經同事多般解慰。亦無效。蓋以受激過深已獲神經病云。

强拉車夫 公共租界匯山捕房對面鴻升里附近有日便衣隊七八人沿途捉拉小車十餘輛。其中有一小車夫求救於捕房某華捕。請爲勸阻。該華捕答以無能爲力。小車夫聞言大哭。幷向華捕云：「我雖死。不過犧牲個人。其事猶小。若爲日人工作。害我同胞。關係甚大。」言畢又放聲痛哭。該便衣隊見狀卽趕來向車夫拳足交加幷用利刃猛刺。其餘小車夫見狀知難倖免，遂被迫俯首隨便衣隊向茂海路而去。

濫捕貧苦同胞 有人目擊日軍用鐵甲車載有所捕貧苦同胞送往楊樹浦畨浦灘碼頭棧內。禁不許出 有時亦用卡車裝運。每日有五六次。每次約三四十人，均被反縛手臂。惟見送入該棧而不見釋出一人。不知作用何在。或謂日軍對於被捕貧民飲以茶色藥水。衣以和服。然後用殘酷手段致其死命。再行拍照。意在誣蔑我國殘害日僑之行爲。以作欺騙之僞證。若果眞確。則日人用心之毒。可以想見。

●活地獄●

三元宮 日兵濫捕我無辜同胞禁錮於武昌路三元宮內施以毒刑。據由該處逃出之黃包車夫王阿發告人云：「該處日兵二十八。押有我國男女同胞約三百餘。對我男同胞備極虐待。勒令跪地。任意用鐵棍毒擊。被擊者輕則血流遍面。重者骨碎目突。更用雪亮犀利形如劊稻用之鐮刀。由頸項拉割衣服。直至小腹以下(蓋解鈕扣遲慢。故用鐮刀宰割也)。因之有胸腹割破。腸流血湧。滿地哀號而死者。爲狀奇慘。對我女同胞百般侮辱。迫令將全身衣裳脫去在地面旋滾。日兵則騎其背。撻其身。以爲笑樂。有時獸慾大發，將婦女兩手反縛櫈上或柱上輪流奸淫。稍一違抗。卽被倒懸樑間。用小刀割去乳頭。遍刺體膚。可憐我婦女求生不得。覓死無從。哀啼慘號。不忍卒睹。」日人殘暴若此。同胞應記在心裏。終身不忘。還須傳給子孫念念不忘。

東洋影戲館 該處被押華人五百餘人，每日兩餐。每餐只給小飯糰一枚。温水一杯。上午九時爲第一餐。下午三時爲第二餐。夜間就地睡覺。不予被氈。無論日夜不許談話否則卽遭槍殺。被押華人每日須學習東洋操。跳舞。比武。比武之前。日兵先以八個字令說—「中國青年輕氣無力」—并問「上海是美國人英國人還是日本人的最好?」比武時。先華人與華人角力。後華人與日人角力。卽力能勝日人者亦必故爲屈伏。否則不免於死。敗者罰跪一小時。禁食一日。該處看押婦女十餘人每晚卽被日軍長官帶出奸宿。無一倖免。

廣東戲院 公共租界海寧路中國攝影公司職員吳剛君曾被日兵拘禁於廣東醫院凡十一日。經救釋出。述其親身經歷如下:「渠於二月十日因赴公司內搬取行李。途中被日兵捕去。押入戲院監禁。斯時院中座位上已坐滿先伊被捕之同胞六百餘人。面現憂容。景況悽慘。伊到院時。經監獄吏詳加查詢。認作我軍便衣隊。連施五次苦刑。迫令招實。眼鏡擊碎。遍體鱗傷。手足都被捆縛，然後押坐座位上。以待判決。被捕者座位背面用數目爲記。每個人皆以號數相稱。日兵有逐日之輪流表報告。該表名爲「黑表」。上書六百餘同胞中十八至二十八之號數。每日下午。演戲一次。凡被叫者。即提在戲台上痛施鞭楚。直至被打者不省人事時爲止。然後帶往日軍司令部處刑。其狀之慘。直使目覩者心驚胆跳。恐怖異常。共計旬日之間。同胞被慘殺者約二百人。伊以獲救，得免於難。」

儉德公寓　北四川路儉德公寓。前數日爲日本浪人子女避難之所。我同胞在附近被執者。多送至公寓中。綑以繩。背壁立。然後授小賊等以利刃。令向我同胞拋去。以爲遊戲。謂爲練習瞄準。并以刀尖在我同胞面部刺以「廣東」二字。我同胞被捕者。多爲刺死。如不死者。則將其頭顱割下。置花盆中。現儉德公寓花盆架上。我同胞之頭顱纍纍。似此慘無人道之獸行。實天理所不容也。上爲逃難歸者所口述。蓋被昔日曾傭於日人家。略懂日語。故能免於難。

●獸行●

姦辱粤籍少婦　虹口某戲院伙食夫乘間逃出。據云二月念五日上午十時。日兵數人由黃浦碼頭刦來粤籍少婦二人至院中輪流奸淫後。即以皮條羈其足脛。雙雙倒吊於牆上。并點洋燭擂於二少婦股間。不准稍動。如違即以刺刀剜其股肉。據日兵謂二婦人之丈夫係在十九路軍中作官長。故吾輩待之較優於他人云。

肆獸慾失去小鋼砲

蠻郎橋北首有草房數十間。聚居該處者大都貧窮苦力。自戰事發生以來。該處以地非緊要。故羣衆多數未曾遷避。日軍亦僅有二三人在路口架有小鋼砲一門。日夜駐守。并無異動。詎於一日下午該日軍見草房內有十四歲之張姓女子一人。一時獸慾衝動。當即破扉而入。强將該女揪住輪姦。時女父適由外歸來。覩狀憤甚。但畏日軍暴獸。詐作不動聲色。未幾乘機反身出外。將路口所設之小鋼砲偷去拋擲附近河內。該日軍洩慾外出。見鋼砲不翼而飛。大爲忿怒。遂將數十間草房悉數縱火焚燬。一時該處居民哭聲震野。而日軍等又復怒氣未息。任意毆打。倘幸身上并無武器，故未釀成人命。

病女姦後戳斃

據由江灣白漾宅戰區逃出之鄉民告稱。日兵對於我國男女。姦淫殺害。無所不用其極。所有鄉民無論老幼。均被日兵迫令挖掘戰壕。撤運軍火。稍一不遂。即用刺刀亂刺。被殺之屍體。觸目皆是。年輕婦女被日兵强姦而致喪生者。頗不乏人。有陸金生之女珍寶。患病在床。不能行動。竟被一穿便衣之日人潛入用强奸污。該女氣息僅屬。該日人竟用刺刀將伊戳斃云。

●鋒鏑下之犧牲者●

殺廠工十三人 滬西曹家渡豐田紗廠工人。因廢歷年底乃向廠方要求發給工資。詎爲駐廠之日陸戰隊所毆擊。發生爭吵。有工房中之江北人。因呼喊而被陸戰隊捕去男女十三人。均被刺死。計男九女四。旋陸戰隊調去。而廠方乃報告我國六區警署。遂命地保王松生報地方法院檢驗。嗣由沈檢察官等蒞場。驗得該屍等皆係槍刺刺斃。情形甚慘。當命地保如無家屬。則由善堂給棺收殮。

慘殺七行人 東嘉興路有形似逃難之華人十餘人。中有婦女三名。行至寶發里對面。被該處日步兵一小隊迎頭截住。施以檢查。內中二人係香港貿華公司職員。當被抄出該公司之徽章二枚。日兵等遂疑爲間諜。初毆打逼招。繼則以該職員咬口不承。遂用刺刀猛戮。適中要害。立卽倒地身死。餘人咸戰慄無人色。日軍戮殺二人後。繼又拖出五人。施以兇暴手段。三婦痛哭。詎亦被日兵用刺刀戮斃。血流滿地。日兵行兇畢。將屍身拖入附近之老虎灶內。餘人在日兵移屍時。得乘間逃脫。

小學教員遇害 二月二十四日傍晚六時許。唐山路士林小學教員二人爲日兵槍殺。一死一傷。先是男教員某歸校叩門。日兵五名。卽上前盤詰。某答此校係我所開。我係校長。日兵卽令解衣檢查。乃外衣方解。日兵卽用刺刀向其胸前猛戮數刀。立時倒斃。繼卽奪門入內見女教員某。問此校係何人所開。女答係法人所開。該日兵謂男女言語。顯然矛盾。迫令解除衣服。乘裸體時。意欲強奸。女見狀駭極大呼。日兵於惱怒之餘。隨用刺刀先將女乳頭割下。又在肩頭腋下猛刺數刀。幸經西捕聞聲趕至。日兵始去。當將該女教員車送紅會醫院醫治。目下尚未脫離危險時間云。

慘殺孤兒寡婦

江灣人沈生林伴送鄰婦朱洪氏到仁濟醫院醫治鎗傷。據朱洪氏向人泣訴云。日前倭寇數十人破門而入。聲勢洶洶。勒令交出銀錢。其夫已早故。祇有婆媳三人。何來錢財。日兵拷打不獲。翻箱倒籠。搜劫良久。仍無所得。遂將老幼禁閉一室。放火燒屋。瞬即烈燄飛騰。一家行將葬身火窟。乃冒險衝倒牆壁。匍匐而出。日兵見之。即開鎗亂擊。朱洪氏之六歲孤兒。五十三歲老姑朱張氏。及其妯娌朱王氏悉被擊斃尸皆投入火中。朱王氏面額亦中一彈。仍忍痛匍匐而逃。屢奔屢踣。踐踏尸身而過。半日後到達一竹園。始遇鄰人伴送來滬。言念家破人亡。肝腸寸斷。聞者亦爲之淚下。

外僑亦遭侮辱

美副領事被毆辱

駐滬美領署副領事林華德君。於二月十日因應其友人楊夫人(美籍)之請。幫同其在虹口區域。尋覓其因中日戰事而失蹤之七齡愛女。林君事前曾備妥手續。一應通行證等。均於事前向日領署領得。當車抵日軍區域時。日軍檢查證書後。當即放行。乃該車進前若干地點後。忽被大批日本便衣浪人攔阻。堅欲搜查。示以證書仍無效。林君當時據理力爭。不謂竟觸日浪人之怒。即將林君施以毆擊。日浪人事後仍放林君前行。林君不與計較。仍與楊夫人前進。詎既抵楊夫人之寓中。發覺寓中所有物件。均已搶劫一空。其愛女亦無踪跡。不得已返報美領署。幷報告日人之暴行。美總領克銀漢據報。遂致嚴重抗議於日領署云。

〔英僑被毆辱〕英人拜克士向在西童書院充當拳教師。星期日午時。在北四川路狄思威路間。被日本預備隊之人五十名所毆辱。拜克士驅車至該處。去狄思威路捕房不遠。被日人阻住。即取出派司兩張。一爲夜間通行憑證。一爲緊急時所用。有日將鹽澤蓋印爲憑。隨時可以出入租界。不意竟被奪而撕碎。拜克士發言詰問。遂被毆打。將其汽車扣留。拜克士知抵抗無益。遂自往日本司令部告愬。由司令部派人陪同前往。將車放還。此事已具報英總領署以憑核辦。

〔德人被侮辱〕據柏林晚報載上海消息。德總領事因虹口日兵侮辱德僑。已向日總領事提出嚴重抗議。蓋有德僑一人住於狄思威路。欲回其寓。雖出示日總領事所發之通行證。日兵仍不許其前進。乃與爭辯。該日兵竟舉槍痛擊。幷大呼曰。外人皆無用。德人皆爲奸細。抗議文中謂該日人顯係未受教育之徒。故德總領事幷不注重此事。惟對日本兵士潛奪警權。不得不提出抗議。文中幷言虹口區域事態。至可令人扼腕云。

西報記者目擊江灣慘狀

〔大美晚報之記載〕大美晚報總編輯於禮拜一往江灣視察情形。一路所見。不能使人無動於中。以前江灣賽馬之盛況。今日祗見一片慘毒而已。眼中所見之跑馬廳。入門處皆死屍。皆目擊其立刻猝斃者。日軍所發官報。嘗謂死者爲暗地放槍之人。或是奸細。其是否戰人不能辨別。然其中有婦女童孺在焉。婦人彈從背後穿入。所著棉衣爲軍刀刺透數重。兒童滿身爲子彈所射穿，鄉農衣服之人。積屍遍地。血染地面之上。此曹皆非穿軍服者。婦孺更非穿軍服之人。日軍司令部與日使署皆以華軍便衣兵目之。且力指其爲便衣兵。孰能辨其是非。日本人又言。日本海陸軍非對中國人民開戰。非對中國政府開戰。且非對中國政府之軍隊開戰。僅對廣東所來之十九路軍開戰。然則此纍纍橫尸於路渠之中國老幼男女。皆十九路軍之兵士？人已死矣。安能起而問之。屋宇被焚者比比。往觀者且目擊其焚。日軍焚燬屋宇之術精極。連一根火柴亦不妄施。跑馬場看台之下有焚餘之屍體在焉。一屍滿身塗油。焦黑而仆於地。其他纍纍者。看台之下皆是也。登台上遠望。鄉間房屋。火勢方熾。紅光熊熊然。幸而火裏逃生者。亦爲日軍所俘獲。日本軍官對一所捕鄉人一揮手。使之面對日光。此軍官驟出雪亮之軍刀刺鄉人。深入其體。而其人倒地矣。一人之後。又復一人。復有一可愛之童子。爲日兵解脫其縛。强按於兩屍之上。面俯地下。當其倒仆之時。日兵六人之手鎗齊發。自背而下。彈痕纍纍。鎗聲停。鎗彈罄。地下之人。初尚轉側。旋即不動。 第二人又來輪値矣。目見如此。手足俱顫。於是遂行。誠不忍更睹云。

〔字林西報之記載〕 日本防兵在江灣一帶者。以保護爲名。仍繼續取華人之性命。今日由江灣方用救護車接出受傷之男子十四人。婦女八人。傷勢甚危。聞皆爲防守該處之日兵用刺刀所傷。今晨九時。記者至該處。見一老翁受刺刀傷甚劇。倒臥路旁草堆中。無人施救。再前數十武。見破屋下有肢體殘缺之壯年男子五人。蜷伏地上。呻吟呼號。爲狀奇慘。皆無人過問。

●日機到處擲彈●

〔炸毀民房〕 日飛機常出沒于我非戰區域之內。亂擲炸彈。致我民房炸毀無數。民衆傷亡甚多。茲摘錄數則。略述於下。某日日機六架。分爲兩隊。飛過北四川路橋時。即擲炸彈一枚。墜落於天潼路淸雲里第三十七號民宅之屋頂。立時黑烟騰起。火焰爆發。延燒間壁第三十六三十八及三十九等號房屋。風勢猛大。延燒有數小時之久。毀屋甚多。日機本圖炸郵局。因擲彈墜下稍偏未中。以致墜落於靑雲里。 日機在大統路交通路附近普愛坊擲彈四五枚。漢興理髮所後面民房五幢。全被炸坍。但未起火。理髮所亦被炸毀。死傷平民七八人。 太陽廟路擲彈三枚。炸毀民房五六幢。壓死壯男一人。傷小孩三人。又鄰近該處貧民屋中。被中一彈。當爆發時。屋瓦騰飛。有一小孩被炸。身手飛起天空。太陽廟一帶房屋幾於全部被毀。損失甚鉅。

日機六架。結合成羣。飛至天通菴橫浜路等處。拋下炸彈達十餘枚。有居民二人被炸斃。傷者有十六人。天通菴房屋數十間被炸焚燒殆盡。

眞茹區大陳家宅落一彈。毀屋四間。死傷平民共十一人。楊家橋東岸沿岸二號到七號舖室全被炸倒。西面毀二十一二十三二十五三家。死翁嫗等三人。翁名孫瑞清湖北人。傷蔡林生警察汽車夫等十餘人。江灣全鎮遭日機亂擲炸彈。延燒房屋甚多。靑天爲之變色。火燒二日方熄

毀屋千間。所有市鎮精華居民財物均成灰燼。所受損失。甚難記數。

大場鎮三里許之張家宅。飛來三架日機。擲下炸彈六枚。毀民房數十間。炸斃男子二人。婦女二人。兒童三名。

浦東高橋塘橋。日機共擲彈十餘枚。有數彈爆裂毀屋數十間，炸死六人。傷男女十餘人。

〔路人被炸〕閘北虹鎮爲日機擲一彈傷行人八名。寶通路落一彈。受傷者二人。一爲江北人陳得興。傷肩部。尙有一人名倘啓興傷背部。中山路水門汀橋日機擲下炸彈十餘枚。其中一彈爆裂炸斃三人。一爲靠近該處鄉民阿桃之子名小桃。年十三歲。一係阜寧人業苦力之張小獅子。一係王老漢之妻李氏。年二十八歲。並懷有七八個月身孕。中興路擲二彈。傷憲兵一人。苦力一人。潭子灣日機飛行極低。以機關槍向下掃射。其時有一朱姓男孩。年十三歲。在莊家巷東河邊挑菜。被彈擊中胸部。立卽倒地身亡。紅十字會戰區救護隊第二班。於二月

十七日道經中興路。忽飛來日機三架擲下一重量炸彈。距車僅五十碼。傷行人五名。彈烟直衝車側。救護人員幸均未受傷。所有受傷五人當由救護員扶持登車一全與戰士送往醫院醫治。蘇州河有民船四艘。共載六十四人。擬赴南翔避難。不料行經潭子灣處。被日機投彈四枚。該船全身被炸毀。船中人均紛紛落水。當被救起四十餘人。

租界竟亦波及

租界完全爲中立性質。並有外兵駐紮。日人不顧公約。每日飛機三五成羣。翺翔天空。一面擲彈。一面示威。以是致上海繁華安定之市場。一變而爲危險不安之區域。茲將日機在租界擲彈傷人之事。記一二則於下。法租界外灘金利源碼頭八號棧房門口。被日機擲下一炸彈。一名張長根。四十九歲。寧波人。一名陳鴻德。二十五歲。南翔人。一名丁仲海。二十七歲。常州人。

法大馬路德善里十七號。落一炸彈。由屋頂穿過。傷二房東一人。玉器商。彈片飛散至同路四四一號及四四三號。傷學徒黃林根一名。十四歲。浦東人。傷左脚骨。新開河七號與泰鹽棧門口落下一炸彈。傷五名。一名王阿根。二十四歲。甯波人。華成烟公司工人。重傷手腿。一名陸一子。二十六歲。江北人。黃包車夫。傷頭部。一名劉明宗。五十一歲。本地人。傷手。一名劉小坤。三十歲。江北人。傷頭。一名夏昌爲。四十四歲。湖北人。傷胸部。又該地丹鳳里口落一彈。當時有徐某坐包車經過。炸傷左脚。天主堂街落下炸彈二枚。炸傷兩人。

北朱家橋一帶投彈炸傷三人。一名陳志松。胸部受傷。施長鶴傷右手。侯鳳祥頭部被炸受傷。 外灘法領事公署對門七層樓洋房。擲落炸彈一枚。適在永安街復新華關行曬台上爆裂。傷該行婦女一人。 貝禘鏖路三十九號協泰成煤炭店門口馬路上。落炸彈數枚。炸傷行人十九名。重傷者姓名如下。潘阿荷年十八歲。漕河涇人。傷腿。夏棠生年三十八歲。傷面部。蔣貴光年二十六歲。傷耳部。李陽氏年三十歲。傷面部。許林祥年三十五歲。傷右太陽穴。其餘四人均輕傷。 巨賴達路菜市場正在上市之際。致炸傷男女八人。計高林祥年三十五歲。傷右腿。許阿福年十八歲。傷兩腿。二人均本地人。業菜販。其餘六個人均受微傷。日機飛繞北四川路一帶。擲彈十餘枚。炸傷華人三十餘名。同時在新閘路亦投炸彈數枚。傷數人。一時秩序紛亂。該處附近商店紛紛閉門。 極司非而路忻康里十二號門口落一彈。炸死一老嫗。 愚園路被日機投彈十餘枚。炸毀房屋數間。死七人。傷十餘人。

附錄(一)

各國對日之輿論

自暴日以海陸空軍轟炸淞滬。世界各國之輿論一致指斥。英美報評擊尤烈。可見世間公道正義。尚未消滅。日雖狡猾奸詐。窮凶極惡。終難掩閉國際人士之耳目。而必有其懲創之一日也。茲擇各國輿論之精警者。迻譯於左。

英報『每日電聞』社論云。日本之友者。現皆迷惑不解。日前詢問日軍炸毀閘北。砲擊南京等之計畫。將造成何種結局歟。日本大國也。素自矜其文明國之良好名譽。而其經濟前途又與中國大市場之發展有密切之關係。上星期五日日本哀的美敦書所要求各點。目的在保障上海日人之安全與權利。皆已由當地當道。即能行使當地任何管轄權之唯一當道承認之矣。此後行動。試問將何以增進其合法利益乎。他國觀國聯會員國間之武裝衝突。驚心動魄。不能作壁上觀。或將從中調解。但必以任何代價以保護歐人之生命與權利云。

英倫『泰晤士報』謂日本現與世界輿論為抗。今非將此節更令顯明。則日本仍將暢所欲為。而不受譴。上星期鹽澤少將之命飛機作野蠻的轟擊。大損外人之感情。外人固自始表同情於日政府也。今絕對必要者。東京政府之文治份子應恢復控制其本國軍隊之權。而轉移國際之觀感云。

英國『經濟學者』雜誌詳論遠東事件。稱目前時局複雜。在政治上關係奇重。日本舉動無異對世界和平加以凌辱。而對吾人挑釁。吾人如不採果決手段以與周旋。則無異承認吾人無能力維持吾人政治經濟生活所繫之法律條約。與國際秩序。而任人蹂躪也。美國與英屬海外自治領地。於目前危機直接有關。或較吾人為尤甚。與英國合作者。法意二國而外。

倘有軍縮會議所在地之日內瓦。此皆爲鼓勵吾人之份子。日本對於中國種種不滿。無論如何有理。終不能掩飾其侵犯態度。其侵略中國。旣與任何法律原則相悖。而在道德方面。尤足使全球加以貶責。忠告日本。使之覺悟。其責任實在全世界各國也。

英倫『泰晤士報』社論。謂外相西門所警告之遠東政策。定爲英國輿論所贊同。全公共所要求者。僅在以必要的毅力。實行此政策耳。美國反對日本過分之輿論。現較英人爲甚。日本現須知其在華海陸軍代表之行爲。已漸使全世界輿情反對其國。日本今已喪失其前所享受之許多聲譽矣。日人在上海之種種不規則行動。已表示其遠不合於文化之高程度。從前世人對於新日本。稱爲有文化高程度。今則對日本漸失同情。此乃與最後解決不能無影響者。上海解決較諸滿洲。尤須爲國際性質之解決。除日本外。各國在上海。咸有絕大的固有利益。斷不肯消極。而聽日本以暴力造成一種特惠局勢也云。

上海『大美晚報』云。今日之事雖未出吾人所料。然已遭遇矣。日本以武力佔據上海。未曾予中國方面之任何知照。即自由行動。此種事實殊令人茫然不知所可。日本鹽澤少將之行動。是令吾人驚惶。以爲係另一世界之事。中國對於日本之要求。答覆雖略遲緩。手續固已完備。日總領事且已保證其所接受者爲滿意。然而「現時」而論。則彼直無異爲一無信之徒。就日本之立場而論。自去年九月十八日以來之武力佔據政策。實係一種最大之謬誤。日本無異直接將本國及列強對中國之維持根本施以打擊。并將日本自身之榮譽及國際間之眞誠。全部毀滅。使中國之激烈份子益奮力於其自救之工作耳。

美國『講壇導報』謂。中國既已承認日本哀的美敦書之要求。而日兵復接以確實占據中國之土地。中國人民之公憤。使提倡抗日。抵制日貨益加激烈者。蓋情理所當然。此種行動。不足爲異。抵制之蔓延。如可爲日本佔據上海之合法藉口。則日兵侵略中國其他任何土地。亦可視爲合理。歐美各國在中國沿海之利益。視日本在滿洲之利益爲大。今已處於危險中。如彼等之商務與投資受重大之危害。則在原則問題上。彼等所不願取之行動。將被迫而有迅速行之之可能矣。

北平『法文日報』社論云。爾等以爲日人在於上海停戰。而不知彼已收獲其滿意之勝利矣。證以世界大勢。強權實戰勝公理。而日本卽強權之實現也。最近上海事件。日人使用其不能理想之野蠻方法。吾人試一觀察。彼日人實居之不疑。——瀋陽之悲慘。蓋極慘酷。然日人於不宣戰之下。以欺騙手段。矇閉全球。尚竊保護法律與正義之名。在巴黎與日內瓦之和平會中，苟有要求於日本者。其代表莫不宣誓簽字願意遵守。卽如昨在日內瓦軍縮會議之日本代表。尚正式宣稱提議設置中立區。乃極合日人之意見。詎同時其在東京之發言人。則拒絕之。於是殘酷的破壞其三日休戰條件。雖經其軍人領袖承認亦不顧也。於是上海遂於同時變成火窟屠場。其艦隊則轟炸中國之吳淞砲台。飛機則拋擲炸彈於民房最繁庶之區域。使之起火。當日內瓦方宣言和平。而日本則遍佈其哀慘與死音。是以雖愚且弱之中國官吏。與散渙錯誤之國民黨政客。及其他之團體。皆一致憤怒。而反對日本。其聲勢日遍佈於全球矣。雖日本宣稱無領土之野心。而實有武力勝利之意也。

德國『中央黨報』及『日耳曼報』皆要求國聯會迅以最有效之方法。制止日本之暴行。以冀挽回和平之最後幸運。又謂遠東事變。明白表現。軍備過强所構成之危險。因如此則强者可以其力量而壓制弱者也。『佛郎克日報』謂日本加以中國之軍事行動。實爲一種嚴密計劃。方今歐洲及美國正爲政治及經濟變動所困。不能以有效方法。加以干涉。日本政府乃乘此時機。以實施其侵略中國之計劃云。

●英美教士滬變宣言●

日本摧殘人類文化基礎

我人應反對此暴戾行爲

英美籍基督教傳教士一百零五人。爲日兵侵滬暴行。特聯合發表宣言云。

近因日軍在滬採取直接軍事行動之結果。人民室家被毀者盈千累萬。所受損失與痛苦。無可名狀。同人等處基督教傳教士之立場。睹此情形。不勝悲憤。溯自事變發生以來。普通民衆。喪失生命者。不知凡幾。此種蠻橫舉動旣屬肆意摧殘自歐戰以還。全世界彈精竭力所建設之新國際道德標準。卽不啻對人類文化之總基礎。加以攻擊。一月廿八日夜。日本武裝兵士。僅予中國上海市長以數分鐘之警告——對於一般民衆。且併此數分鐘之警告而無之——卽以飛機大砲之協助。進佔純係中國之領土。且爲居民輻輳之繁盛市區。在內從事破壞。迄今已十二日。尙不知何時停止。砲火所經。無辜人民之廬舍。悉成荒墟。男婦老幼。轉涉流離。公共處所以及大工廠。多被破壞。以致數十萬民衆。頓失其謀生之路。中國教育界所託命之商務印書館。及所藏多量無價之典籍。亦悉付一炬。日方軍隊濫用其在租界中之優越地位。爲作戰根據。將英美及其他與公共租界有關係之國家。咸置於無可如何之地位。日人管轄之地域。連公共租界之一部在內。均成恐怖世界。無辜人民。無端受其逮捕與虐待者不止千百。稍涉嫌疑。卽可不經審判。立遭殺戮。同人等素識之中。亦有慘遭其害者。查日本與其對方國家。不特未曾宣戰。抑且未絕國交。而竟在對方將全部爭端。提交國際處理之後。出此種種暴行。尤可注意。當此日本仍繼續向衝突地點增派武力之際。同人等謹以此次事件。訴諸普世同道。請本良心主張。對於窮兵黷武者之瘋狂。及暴戾行爲。加以反對。并各聯合本國與全世界愛好和平之人民。連愛護和平之日本人民在內。起而敦促各國政府。鄭重聲明與日本武力政策。從未發生關係。并採必要手段。

制止武力鬬爭。以冀雙方能以正當手段，謀和平解決。一九三二年二月十二日旅滬英美籍基督教傳教士一百零五人簽名宣言。

附錄(二)

◎日攻上海我損失逾十四萬萬◎

(社會局發表之統計)

◆北區

(甲)住戶(一)財產損失	四八六，六七一，一六九．五二
(二)間接損失	七九，二六〇，八八三．三六
(三)棚戶損失	六〇三，九〇〇．〇〇
(乙)商店(一)財產損失	一二八，五九三，九〇九．六〇
(二)間接損失	一八，九五四，二五八．四〇
(丙)房產(一)直接損失	二〇一，一六六，六六一．〇〇
(二)間接損失	一，九七二，二二二．〇〇
(丁)工廠(一)直接損失	四五，三二七，九一六．〇〇

(二)間接損失	二二,六六三,九五八・〇〇
北區總計	九八五,二一四,八七三・八八
△南區	
(甲)住戶	一七,五六八,一〇二・六〇
(乙)商店	一六一,九二五,一九八・〇〇
(丙)房產	九三〇,五五五・〇〇
(丁)工廠	五,六二四,六五七・五〇
南區總計	一八八,〇四八,五一三・一〇
△特區	
(甲)商店(一)公共租界	一九三,三九六,二〇八・四〇
(二)法租界	九五,二六七,四九九・六〇
(乙)工廠	二三,五三四,七五五・七五
特區總計	三一二,一九八,四六三・七五
統共計	一,四八三,四六一,八五四・七三

(附註)(一)本估計表以各區受災之輕重分爲直接受災區與間接受災區直接受災區(北區)爲

閘北引翔殷行吳淞江灣眞茹彭浦等間接受災區（南區及特區）爲滬南漕涇法華蒲淞浦東等市區及公共租界

（二）直接受災區所受損失分直接（或財產）間接兩項估計兩間接受災區僅計其間接損失

（三）本表僅就住戶商店房產工廠四項估計至於交通事業學校公園政府稅收金融疲滯等直接間接損失均未計及

（四）住房商店之家數根據市公安局二十年十二月份戶口統計

（五）特區商店之家數根據社會局商號調查

（六）損失以統一調查處收到報告表平均計算

（七）房產以市財政局房捐推算

（八）工廠之家數及資本根據社會局工廠調査

◎商務印書館損失統計◎

△總廠

（甲）房屋（一）總務處　　一七〇，二八〇．〇〇

（二）印刷所　1. 印刷部　　三七八，〇三一．〇〇

2. 棧房　　一三九，二三四．〇〇

四一

3. 木匠房等	五，七九六．〇〇
4. 儲藏室	二一，九五三．〇〇
5. 自來水塔	一一，四二九．〇〇
(三)宿舍里住宅	七，二〇〇．〇〇
(乙)機器工具 包有滾洞機米利諾膠版機六綵自動鉛版機裝釘機自動切書機世界大號照相機等	二，八七三，七一〇．〇〇
(丙)銅版	一，〇一五，二四二．〇〇
(丁)存貨(一)書籍 1. 本版書	**四，九八二，九六五．〇〇**
2. 原版西書	八一八，一九七．〇〇
(二)儀器文具	七七一，五七九．〇〇
(三)鉛件	一九，八〇七．〇〇
(四)機件	六，二〇七．〇〇
(戊)紙張原料(一)紙張	七七六，一〇〇．〇〇
(二)原料	三一一，二〇〇．〇〇
(己)未了品	二七五，〇〇〇．〇〇
(庚)生財裝修(一)總務處	一二，五二三．〇〇

(二)印刷所	八二·一〇五·〇〇
(三)研究所	五三五·〇〇
(辛)寄售書籍	五〇〇·〇〇〇·〇〇
(壬)寄存書籍字畫	一〇〇·〇〇〇·〇〇

▲編譯所

(甲)房屋在東方圖書館下層列入東方圖書館損失數內不另計價	
(乙)圖書(一)中文三五〇〇〇部	三,五〇〇·〇〇
(二)外國文五二五〇〇冊	五二,五〇〇·〇〇
(三)圖表	一七,五〇〇·〇〇
(四)卡片	四,〇〇〇·〇〇
(丙)稿件(一)書稿	四一五,七四二·〇〇
(二)字典單頁一百萬頁	二〇〇,〇〇〇·〇〇
(三)圖稿一千套	一〇,〇〇〇·〇〇
(丁)生財裝修	二四,八五〇·〇〇

▲東方圖書館

(甲)房屋 九六,〇〇〇.〇〇

(乙)書籍(一)普通書1.中文二六八,〇〇〇冊(平均三四本合訂一冊) 一五四,〇〇〇.〇〇

2.外國文八〇,〇〇〇冊 六四〇,〇〇〇.〇〇

3.圖表照片五〇,〇〇〇套 五〇,〇〇〇.〇〇

(二)善本書計經部二七四種二,五六四冊史部九九六種一〇.二〇一冊子部八七六種八.四三八冊集部一〇五七種八.七一〇冊購進何氏善本約四萬冊 一,〇〇〇,〇〇〇.〇〇

方志二六四一部二五.六八二冊 一〇〇,〇〇〇.〇〇

報章雜誌四〇.〇〇〇冊 二〇〇,〇〇〇.〇〇

(三)目錄卡片四〇〇.〇〇〇張 八,〇〇〇.〇〇

(丙)生財裝修 二八,二一〇.〇〇

△尚公小學校

(甲)校舍(一)小學部 一九,一〇九.〇〇

(二)幼稚園部 一〇,〇〇〇.〇〇

(乙)圖書儀器及教具 一二,〇〇〇.〇〇

(丙)生財裝修　六，○○○．○○

以上共計　一六，三三○，五○四．○○

●日軍攻滬市戰區人民死傷統計●

上海市社會局調查日軍攻擊上海閘北吳淞江灣一帶以來至三月六日爲止戰區市民所受損失及市民失蹤傷亡共計十六萬戶死亡六千○八十人傷二千人失蹤一○四○○人

●戰期工人失業損害調查●

社會局之統計報告

人數二十四萬餘

損失逾一千萬元

(一)原有工人人數及失業工人人數統計

(甲)本國人經營之工廠(以地域分區調查)

地別	原有工人人數	失業工人人數	備考
閘北區	五四九七二	五四九七二	
南市區	二二三九五	二二三九五	
浦東區	五○六六	五○六六	

滬東區	五三七六二	四五五〇九	包括楊樹浦虹口一帶
滬西區	五〇八〇八	三八一〇五	包括曹家渡及越界築路一帶
法租界	一四七八三	二九五七	
合計	二〇一七八六	一六九〇〇四	

(乙)日商經營之工廠(以產業分類調查)

業別	原有工人人數	失業工人人數	備考
紡紗業	一一〇〇〇	四四〇〇	估計數
蛋廠業	二〇〇〇	八〇〇	估計數
印刷業	三〇〇〇	一三〇〇	估計數
製藥業	四〇〇	一六〇	估計數
機械業	一〇〇〇	四〇〇	估計數
其他各業	二六〇〇	一〇四〇	估計數
合計	二〇〇〇〇	八〇〇〇	估計數

(丙)其他外商經營之工廠(以產業分類調查)

業別	原有工人人數	失業工人人數	備考

棉紡業	五四六〇六	五四六〇六
織造業	四一八五	四一八五
機器業	一二〇三	一二〇三
化學工業	八四六	八四六
玻璃業	六八一	六八一
製革業	二六五	二六五
橡膠業	三〇〇	三〇〇
釀造業	八九	八九
製糖業	九六	九六
烟草業	七〇	七〇
印刷業	七七八	七七八
日用品業	四〇	四〇
其他各業	二三三	二三三
合計	六三三九二	六三三九二

總計原有工人二十八萬五千一百七十八人失業工人二十四萬〇三百九十六人

（二）工人失業損害估計

工人之工資損失平均每日每人以一元計算自一月廿九日起至三月十日止共計四十二天其損失當爲一千萬〇九萬六千六百三十二元

（附註）本表調查所及以生產工人爲限至職業工人之損失數目尙不在內

（上圖） 商務印書館總廠焚燬之餘燼

（下圖） 民房被砲火大轟毀後情形

◀中國攝影供應社贈印▶

（上圖） 如何恢復我繁榮之閘北

（下圖） 日軍非法拘捕我同胞

（上圖）五十七歲絕無抵抗能力之老婦爲日軍達姆彈傷中腹部子彈由前入後出之攝影

（下圖）日軍利用達姆彈傷我軍民之又一鐵證

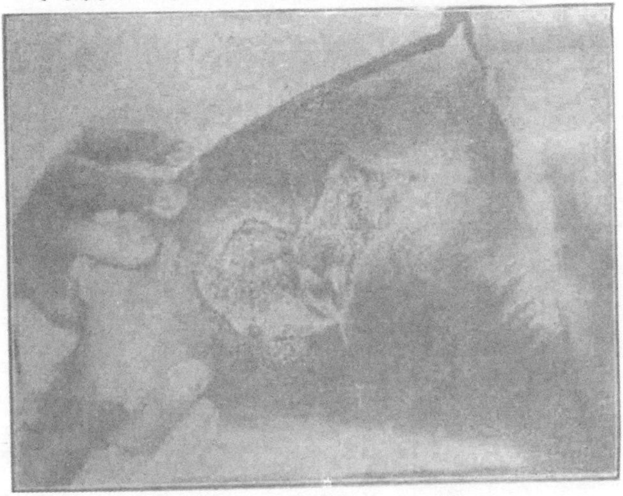

（左圖）弱小不能抵抗之兒童為日兵刺刀所傷

（右圖）無辜同胞為日兵刺刀刺傷頭部

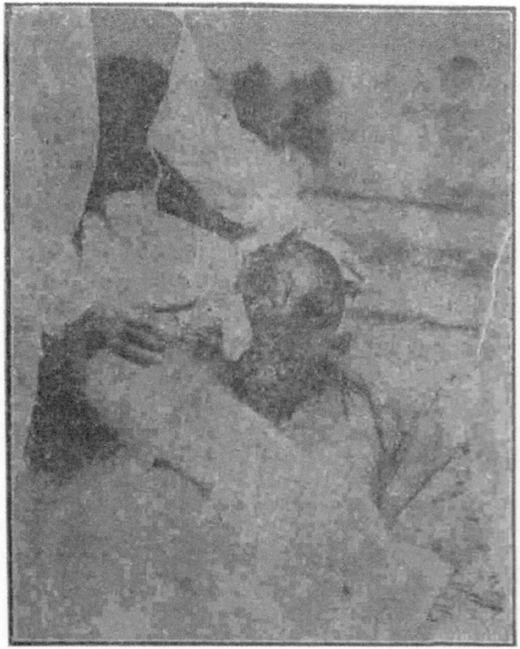

歡迎翻印

此書記載日軍在淞滬之種種暴行。請求愛國同胞閱後翻印。分寄國內外各埠。廣爲傳播 俾國人明瞭暴日待我之殘酷。同仇敵愾。共起救國。

版存上海英租界新閘山海關路瑞霞里二百二十二號 洪興印刷所 電話三萬二千三百三十八號

愛國諸君熱心翻印者祇收成本每百本洋五元正（外埠郵費加一）

同志合作社

編印

申謝（一）

本書中所刊之照片均係「中國攝影供應社」所借印者。聞該社於淞滬血戰時。冒槍林彈雨。攝有戰事照片三百餘種。皆極珍貴不可多得。每張售洋二角。歸上海南京路五十六號華商三和公司經理。特爲介紹。幷誌謝忱。

申謝（二）

本書承洪興公司低價代印。盛情可感。特此申謝。

上海抗战与世界反法西斯战争系列丛书

淞沪

淞沪抗战史料丛书续编 Ⅳ

第十四辑

八一三救济征信录 | 世界红十字会中华东南各会联合总办事处 编

火线下的上海 | 彭启一 著

上海科学技术文献出版社
Shanghai Scientific and Technological Literature Press

目　录

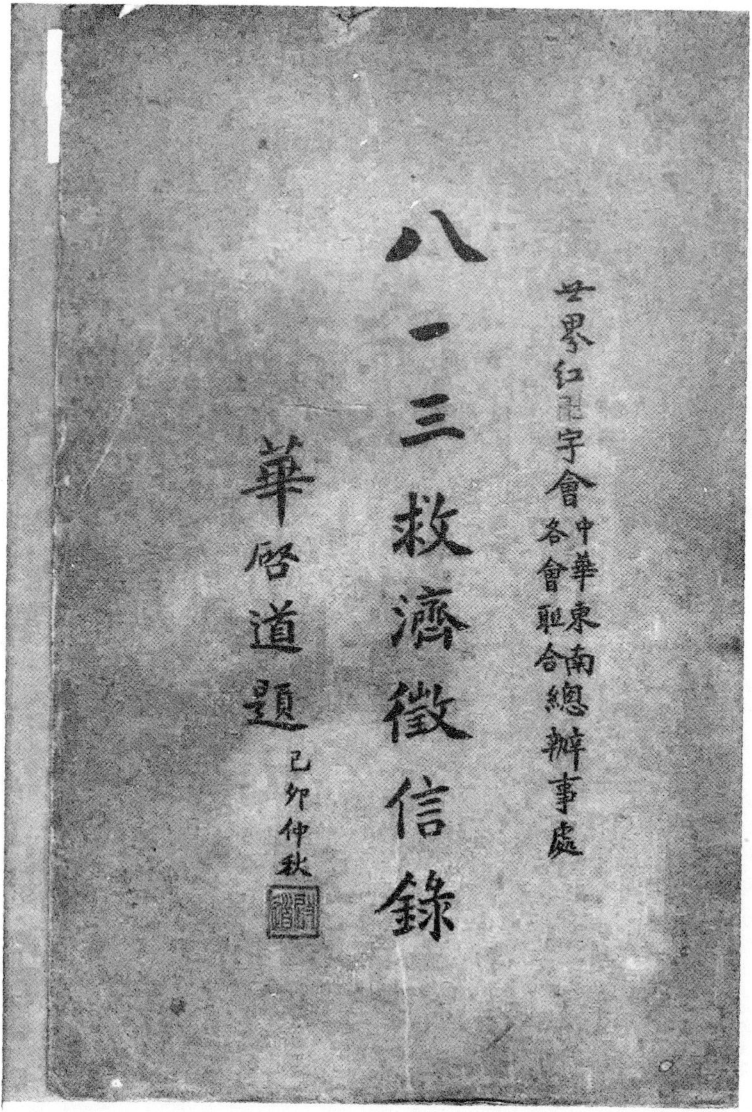
世界紅卍字會中華東南各會聯合總辦事處

八一三救濟徵信錄

華啓道題

己卯仲秋

弁言

本處自民國壬申年孟冬成立以來凡遇國內外水旱兵災靡役弗從乃天不厭亂浩劫頻仍加以封豕長蛇侵陵無已生靈殘害物質銷亡亘古未聞於今為烈本會誓本救濟災患之宏願發揚民族博愛之精神廣續擴張扶傷救死於是專設總監理部握其樞機此外則前方救濟工作收容工作醫藥工作疏散工作運輸工作與夫各善團

聯合工作婦女臨時救濟服務部工作黃河水災救濟華南救濟之策進凡茲種種經本處隨財隨事同心勠力幸免懲尤其救濟隊之熱心耐勞奔馳於飛艇轟炸機鎗掃射之區萬險千危入生出死臨難而智勇兼奮瀕危而精識彌堅及其整隊歸來血濺衣襟大至毛髮均各視為常然此不僅數之所受繼之所立抑且有臨陳毋貳之真實信仰於中而救人即所以救己全人即所以自全因果

感應之原理固如斯已竊維天道循環剝極必復世界糾紛害在失教必賴儒釋道耶回聯合措施庶幾有為昔蒙古憲宗為成吉思汗之孫嘗以各教集於和林有所爭辯笑曰五教如手之五指缺一不可是在七百年前蒙古當局已能見及於此其識不可謂不遠今本會之旨内以修養植其基外以慈行踐其用本五教之聯合救中國即進而救世界懸大道之公正策人類之安

全大同感執可翹足而待也豈曰小補之哉茲
因本處八一三工作報告刊成特贅數言以為
嚆矢告
中華民國二十八年仲秋世界紅卍字會中華東南
各會聯合總辦事處常務監理崇明王清穆謹序

世界紅卍字會中華東南聯合救濟隊第一大隊全體攝影

世界紅卍字會中華總會所全體同人攝影
二十七年新正

CHINA WAREHOUSE

世界紅卍字會上海南市難民區中西醫臨時施診所全體職員醫師合影

世界紅卍字會中華東南聯合救濟總監理部僱用民船遣送難民回籍

世界紅卍字會中華東南各會聯合救濟總監部第一難民收容所 念六年八月三十日

世界紅卍字會中華東南聯合救濟總監理部第一收容所勞作組趕製難民棉衣攝影 念六年拾月拾二日

世界紅卍字會中華東南聯合救濟總監理部第一收容所教育組訓育災童攝影
念六年拾月拾二日

世界紅卍字會中華東南聯合救濟總監理部第二收容所教育組訓育災童攝影
念六年拾月拾二日

世界紅卍字會中華東南各會聯合救濟總監部第二難民收容所
念六年八月三十日

世界紅卍字會中華東南各會聯合救濟總監部第二難民收容所佈種牛痘攝影
念六年八月三十日

世界紅卍字會中華東南聯合救濟總監理部第二收容所勞作組趕製難民棉衣攝影 念六年拾月拾二日

世界紅卍字會中華東南各會聯合救濟總監部第三難民收容所 念六年八月三十日

世界紅卍字會中華東南各會聯合救濟総監部第四難民收容所
念六年八月三十日

世界紅卍字會中華東南各會聯合救濟総監部第五難民收容所
念六年八月三十日

世界紅卍字會中華東南各會聯合總辦事處主辦第六收容所附設災童學校主任與教員及全體學生合影

世界紅卍字會中華東南各會聯合救濟總監部第六難民收容所
念六年八月三十日

世界紅卍字會中華東南各會聯合救濟総監部第七難民收容所
念六年八月三十日

世界紅卍字會中華東南各會聯合救濟総監部第八難民收容所
念六年八月三十日

世界紅卍字會中華東南聯合救濟総監理部第二臨時醫院住院傷兵攝影
念六年九月念九日

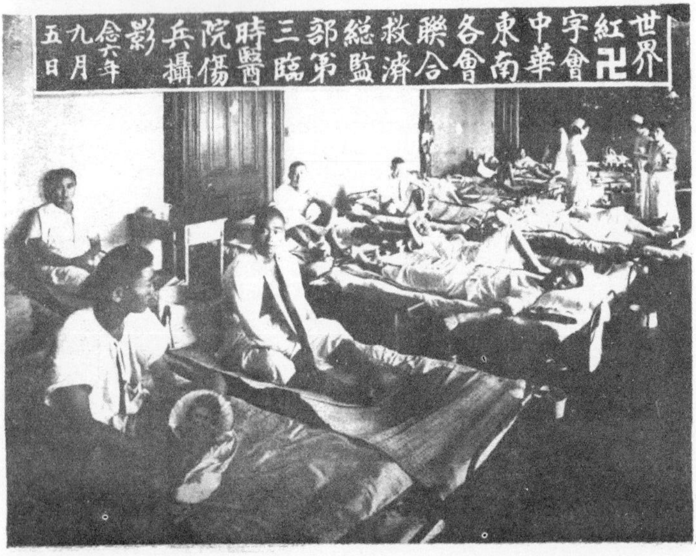
世界紅卍字會中華東南各會聯合救濟総監部第三臨時醫院傷兵攝影
念六年九月五日

世界紅卍字會中華東南各會聯合救濟總監部第一臨時醫院醫師看護職員合影

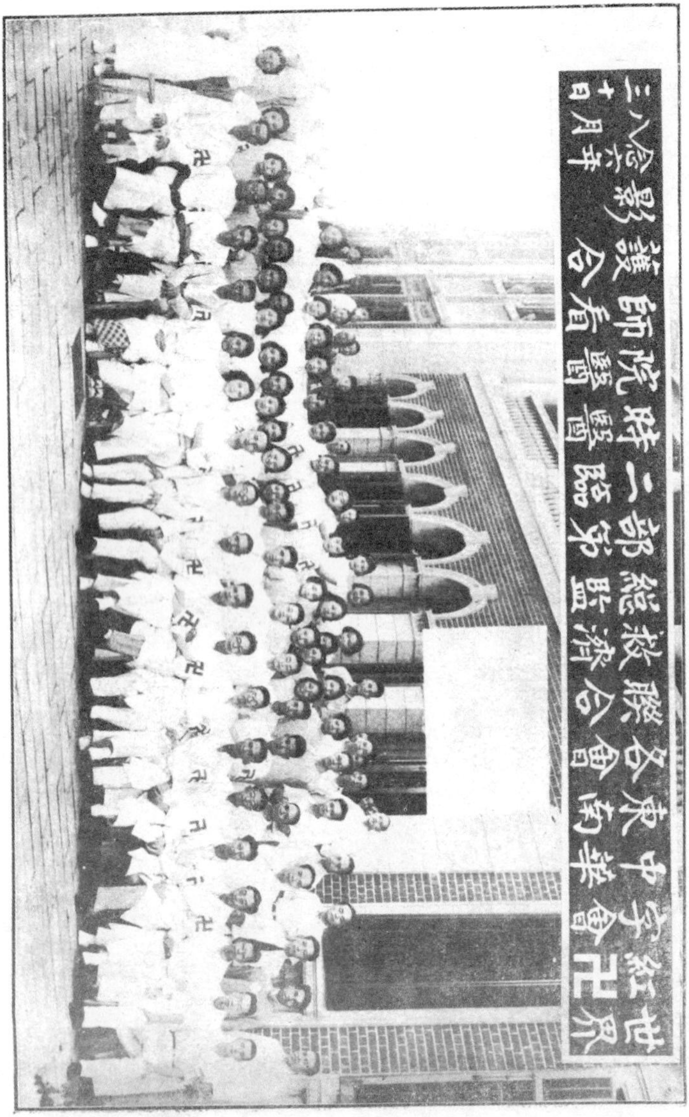
世界紅卍字會中華東南各會聯合救濟總監部第二臨時醫院醫師看護合影
念六年八月三十日

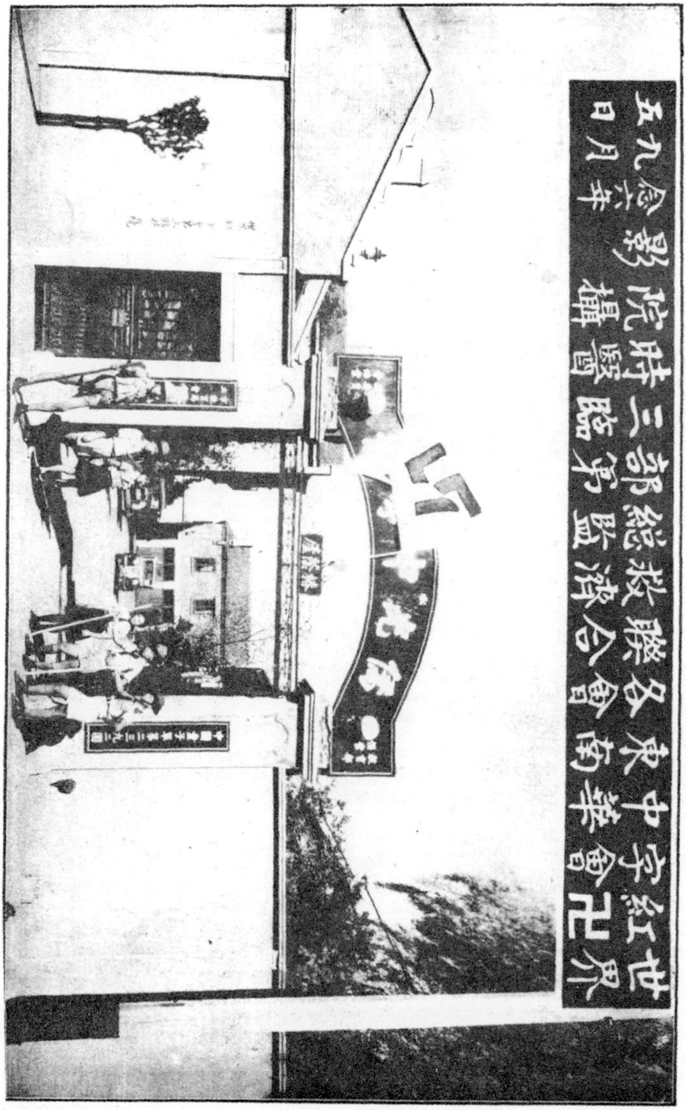
世界紅卍字會中華東南各會聯合救濟総監部第三臨時醫院攝影
念六年九月五日

世界紅卍字會中華東南各會聯合辦事處第二屆醫院全體攝影
民國二十六年仲冬
卍

世界紅卍字會中華東南各會聯合救濟總監理部總報告

甲編

世界紅卍會中華東南各會聯合救濟總監理部工作總報告

浩刼彌天，中原鼎沸，癘瘍遍地，載道流離，飛機所過，則血濺通衢，巨炮所摧，則尸橫原野，壯士遠征，父母有倚閭之望，良人死難，遺嫠動杞婦之悲，毒霧陰霾，欲逃生而乏術，腥風羶雨，痛求死之無門，益以黃河決口於先，江淮合流於後，數千里廬舍，盡付坵墟，百萬衆生靈，悉遭淹沒，此誠世界空前未有之大刼也，本會本上天慈悲救世之旨，負人羣披髮攖冠之責，自東北事變以來，派隊分區救濟扶傷救死，未遑甯居，此次淞滬擴大救濟，其推進之步驟，大要可分爲三大階段，一、爲訓練救濟隊期間，一、爲實施救護期間，一、爲振濟期間。

本會頻年辦理國內外水旱兵災救濟，無役不從，惟以範圍太廣，人才每苦不敷分配，爲貫輸救濟常識，增進救濟人才，非從訓練着手不可，爰於民國二十五年，議定東南各省，籌備分區救濟辦法，劃分淞滬、蘇北、閩粵、皖省、全浙、常太、京鎭丹、徐海、爲八大區，組織救濟訓練總監處於上海，推周重光先生爲訓練總監，吳和光凌元朗黃南潤李開讓諸先生爲訓練副總監，各區分設訓練部，由各區分會負責訓練救濟隊員，分專成普通兩班，考選會員子弟中，具有初中教育，或初中程度相等，或在其他團體曾辦救濟事業，素有成績，年在二十歲以上，三十歲以下者，授以道慈宗旨，及防空、防毒、醫藥常識、英日語言、救護、擔架、等方法，以備長久救濟之需，計區分如後。

淞滬區　淞滬　上海　寶山　蘇州　崇明各會屬之　訓練二隊

常太區　無錫　常州　江陰　太倉各會屬之　訓練二隊

京鎮丹區　南京　下關　鎮江　丹陽　江浦　上新河各會屬之　訓練一隊

徐海區　徐州　新浦　宿遷各會屬之　訓練一隊

蘇北區　黃橋　曲塘　泰興　如皋　興化　泰縣　靖江　東陳　石莊　掘港　拼茶　寶應　江都　邵伯　南通　石港　季家市　口岸　虬湖　東皋　常陰沙等會屬之　訓練二隊

全浙區　杭州　四明　嘉興　上虞　紹興　蕭山　鎮海　百官　餘姚　吳興等會屬之　訓練二隊

皖省區　安慶　蕪湖　合肥　巢縣　宣城　郎溪　無爲　柘皋　運漕　三河　廣德　祁門　蚌埠　潁上　阜陽　太和　六安　霍邱　壽縣　正陽　河口集　潤河集　鳳陽　臨淮　五河　泗縣　盱眙　馬壩　蔣壩　鄭集　渦陽　大通　九華　荻港　太平山　霍山　當塗　開城橋　太平鄉等會屬之　訓練二隊

閩粵區　福州　泉州　漳州　汕頭　南平　香港　屏山　江門　廈門　深圳　元朗　南澳　粉嶺等會屬之　訓練三隊

以上共計十五隊訓練學員九百六十八人，平均每區訓練經費一萬二千元，八大區共用訓練經費將及十萬元，此本會在訓練救濟隊期間之工作也。訓練救濟工作完成後，於二十五年十一月三十日，召集東南各會代表，在上海會議集款救濟西北兵災，一面依據分區籌備救濟計劃，於上海組織東南各會聯合救濟總監理部，附設於東南各會聯合總辦事處，各區同時組設聯合救濟監理部，附設於各區辦事處，並擇重要地點，組設聯合監理支部，各會各組設監理部，各監理部各推舉代表一人，駐聯合監理支部，各監理支部，各推舉代表一人，駐聯合監理部，各聯合監理部，各推舉代表一人，駐總監理部，以資策進，至救濟隊組織，則採用三三制辦法，每組六員、合三組成一中隊、合三中隊爲一大隊、各組設主任一人，各隊設隊長一人，各大隊各設督隊長一人，各大隊有分駐者得設副督隊長兼任隊長，並於督隊長之上，設總副隊監各一人，負監察督促前後方之隊務，茲將各級監理部及各救濟隊組織系統分別列後。

世界紅卍字會中華東南各會聯合救濟各級監理部系統表

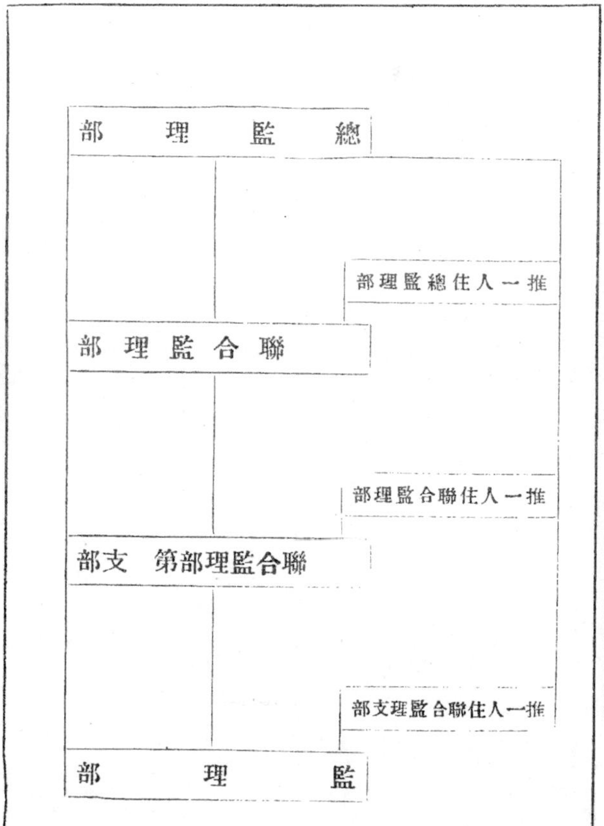

世界紅卍字會中華東南各會聯合救濟總監理部救濟隊組織系統表

- 總隊監、副隊監
  - 督隊長
    - 第一中隊隊長一人
      - 第一組：主任一人、隊員五人
      - 第二組：看護一人、主任一人、隊員五人
      - 第三組：主任一人、隊員五人、會計一人
    - 第二中隊隊長一人
      - 第一組：主任一人、隊員五人
      - 第二組：看護一人、主任一人、隊員五人
      - 第三組：主任一人、隊員五人、會計一人
    - 第三中隊隊長一人
      - 第一組：主任一人、隊員五人
      - 第二組：看護一人、主任一人、隊員五人
      - 第三組：主任一人、隊員五人、會計一人

本部各隊組織系統，旣經規定，所有救濟設備，暨藥品器具之購置，需費浩繁，當經各區代表，先行合認五萬元，以資開辦，計京鎭丹區認七千五百元，淞滬區連蘇州崇明在內，認一萬元，全浙區認六千元，閩粵區認二千五百元，蘇北區認二千元，常太區認五千元，全皖區認五千元，徐海區認二千元，共計四萬元，餘一萬元，分爲十組，由大會各代表分組籌集之，未幾卽値七七事變，本會各監理部，逐實行組織救濟隊，分派各重要區域，以備不虞之需，二十六年八月十三日，滬戰暴發，京滬蘇嘉各路，適當其衝，淞滬杭嘉各監理部，均派救濟隊出發各戰區，實施救濟，京鎭暨全浙全皖徐海蘇北各區，同時亦出發戰區，實施救護傷兵難民，分別安置各收容所及醫院，給以衣食，施以治療，並爲難民籌設簡單之教育，及相當之勞作，其有親可投者，則陸續遣散，滬戰西移後，杭嘉湖先後淪陷，浙東各縣難民麕集，全浙各救濟隊，辦理收容治療資遣各工作，進行不遺餘力，而京滬京蕪兩路暨蘇北各地，形勢亦隨變化，救濟範圍，益形擴大，江南難民之逃往江北者，扶老攜幼，絡繹道途，號哭之聲，晝夜不絕，江北辦事處於沿江各港，設立難民招待所，暨難民引導所，並僱用船隻千餘艘，接護難民過江，先後收容資遣難民三十五萬人以上，蘇浙皖各省救濟工作尚未完畢，華南突告緊張，本會又指調蘇浙閩救濟隊員，編成三大隊，出發香港暨廣東之汕頭新會南澳、廣西之桂林、福建之泉漳等地，辦理救濟工作，並於香港成立辦事處，指揮華南救濟各隊，又於粵之深圳，及香港之元朗屏山粉嶺等處，組設收容所，收容難民，此本部聯合各區實施辦理救濟期間工作之概要也。

蘇浙皖三省事變以來，遍地瘡痍，尤以南京首善之區，殘破尤甚，四郊各處精華悉付秦灰遺屍數萬；市井骨骼纍纍，沿京滬路一帶，及京蕪蘇嘉滬杭各路，積屍尤多，其難民之流離道途，與留居各災區不能存活者，就各地分會報告之統計，何止千萬，更可痛者，蘇皖北兵災未已，忽遭水災，濱水之區，悉被巨浸，淹死男婦老幼無算，而逃難人民，難中遇難，卒皆同歸於盡，至今白浪滔天，房舍圩岸，悉沒水底，本會各區監理部，一面派救濟隊分赴各戰區掩埋遺屍，一面派員辦理急振。並分設粥廠，散放衣被，組設治療所，施濟醫藥，而各地中外教會暨各善團之贊助協濟，與本會各地會員之熱心輸將，於本會救濟工作，裨補實多，此本會辦理振濟時期工作之概要也。

以上所述三個階段，本部皆已次第實行，以言救澈，則力有未逮，亦惟有本良心之所安，以聊盡救人自救之職責而已，惟自事變以來，各會同時工作，經濟力量，已虞竭蹶，戰事西移後，各區各會切斷聯絡，各個獨立工作，糧款醫藥，俱感缺乏，經過困苦，楮墨難宣，而辦理救濟工作人員，雖絕對遵守國際戰時公法之旨，然舉措之間，處於兩難之地，動易得咎，甚至我純潔之隊長員伕，因救濟而戕身者，計江陰分會十二人，無錫分會二人，太倉分會十五人，各地莊嚴之會址，宏大之醫院，亦有被燬於炮火者，實爲憾事，現在各區振救工作，尚未終了，加以交通阻障，整個報告，正由各區設法搜集編纂，茲先將淞滬一區，各項救濟工作，暨本部與各慈善團體聯合在各地協進之救濟事業，以及收支款項物品，分類報告，爲第一册，分甲乙兩編，甲編為工作報告，乙編為收支報告，附本部在蘇浙皖閩粵桂等省推動救濟工作各災區圖列後，其餘各區救濟報告之續印，則以報告先後為序，至各區未完工作，如有繼續編印之需要，或有遺漏不及刋入，尙須添補者，則稱為某區第幾册續編。

第一章　總監理部組織

本部係聯合東南各區各會組織而成，依照二十五年東南各會代表會議議決系統及組織章則辦理，定名爲世界紅卍字會中華東南各會聯合救濟總監理部，按照章則各區各會救濟事務之組織設備，以及指揮調遣，均應由總監理部暨聯合監理部負責督進，其救濟經費，亦應由總監理部統收統支，惟自滬戰西移以後，各區形勢變化，水陸交通斷絕，各區與各會聯絡困難，資源遂亦無法接濟，各區監理部，不得不獨立工作，總監理部所在地，適當戰事之衝，且爲國際觀瞻所繫，對內對外，必須組織健全，一切救濟工作，始克順利進行，當戰事暴發時，上海各慈善團體發起戰區救災會，上海國際救濟會，南京國際救濟會。蘇北國際救濟會，浙江難民救濟會，江蘇難民救濟會，各機關各善團，又組織非常時期救濟會本總監理部守定本會宗旨，力謀分工合作，先後派代表參加組織，增進救濟精神與物質力量，以期達到救災救難之目的而已。

第一節　本部職員

本部組織，爲東南各會聯合推動救濟團體，按照組織通則，由各區聯合監理部，各推舉代表一人，常駐總監理部，爲責任監理，各會董事，均爲本部監理，並經監理會於淞滬方面推定常監八人，負責主持，分六股辦事，按照原定通則，各股設股長一人，副股長二人，旋經監理會公議，以各股事務冗繁，非一二人所能應付，因改股長爲主任監理。於各股之下，又系以各組，以期廣羅人才，加厚救濟力量，又於總務股下增設倉庫管理處，負收發一切救濟物品之責，於救濟股下，增設藥品管理處，負收發各醫院藥品器械之責，同時因鑒於傷兵難民之流離痛苦，由淞滬紅卍字會婦女分會，組設臨時救濟服務部，專爲傷兵難民服務工作，茲將本部組織系統表，曁職員表，分別錄后。

世界紅卍字會中華東南各會聯合救濟總監理部組織系統表

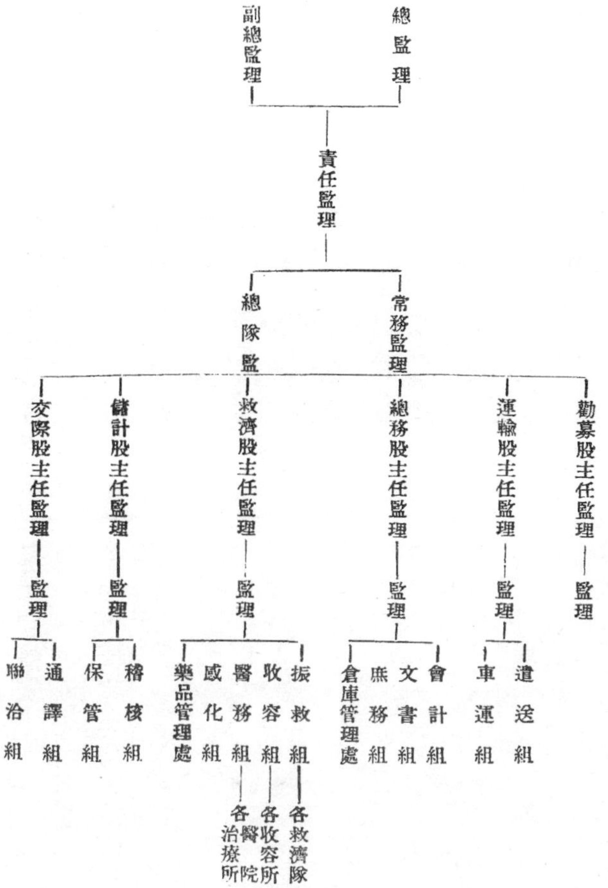

世界紅卍字會中華東南各會聯合救濟總監理部職員表

名譽總監理　熊妙通

責任總監理　周重光

副總監理　張乾妙　吳和光

責任監理　韓福航（淞滬區）
陳復因（全浙區）
林南聖（京鎮丹區）
李慈開（常太區）
馬在成（全皖區）
朱葦淨（蘇北區）
戴鳴良（徐海區）
李天真（閩粵區）

常務監理　趙道慈　田修本　徐知復　胡化易　劉寶吉
戚民臨　趙贊須

總隊監　吳和光　劉惠根

副總隊監　凌元朗

總務股主任監理　羅道悟　趙道慈　馬在成

副主任監理　王道源

文書組　張冠善

幹事　李贊頻　李靈贊　沈廣和　楊聿兌　陳黎庋

庶務組　姚復乾

幹事　朱羣塵

辦事員　馮元峯　賈乾瑞　山慕韓　王世平　俞藏德

會計組　馮黎淨　龔藏空　王元嶠　黃元梧　王滬安

倉庫管理處　張濟澈

辦事員　顧芙元　董天福　朱文治

救濟股主任監理　李慈開

副主任監理　李樂天

振救組　胡中乘

收容組　馬在成　張乾妙　沈道輿

醫務組　江乾六　胡嘉言　李邦政

感化組 李天真
幹事 張涵六 萬奉桓
辦事員 倪景鎮 沈震歐 程滌生 汪蝶生 陸品和
藥品管理處 許懷仁
儲計股主任監理 趙贊須
監理 徐知復 姚復乾 張藏養 楊蘊淨 王化雨
幹事 李靈贊
稽核組 袁善淨
運輸股主任監理 鈕贊上
副主任監理 龍化萃
監理 鄭惠同 鮑惠咸 顧保度
遣送組 龍化萃 桂正秋
車運組 徐嘉炎 熊夢飛
辦事員 秦華淵 趙旭初 汪文彬 葉兆熊 丁寶訓
陳根泉 任培生 丁式訓 莊仲翔 顏琴卿
交際股主任監理 江乾六

副主任監理　黃悟空　蘇保果
聯洽組　范爲碧　陶山威
通譯組　呂桐蓀　楊萬青　游慧遠　潘化上
勸募股主任監理　王定礽
副主任監理　蘇保果　沈贊揚　胡鳴著
監理　沈贊永　鎖乾靖　董乾應　梁贊蓬　張秀靈
勞黎澈　劉理中　王化麟　陳悟化　錢悟同
嚴化宇　汪寶臨　王濟時
幹事　李昭開

世界紅卍字會中華東南各會聯合總辦事處職員表

職別	姓名				
總監理	華啓道				
副總監理	周重光				
常務監理	韓福航	馬雲程	陸志奇	吳和光	羅道悟
	黃南潤	成寶光	陳望邱	袁贊太	李開讓

秦悟修 許肰空 錢民健 汪聖功 徐覺本
張乾妙 陳修明 胡化易 趙道慈 董乾應
王贊引 吳超塵 張錫蘊 戴慧慈 邵妙空

總務組主任 羅道悟
副主任 趙道慈 戴慧慈
佈道員 王道源
文書 張冠善
襄理文書 李靈贊
收發 陳黎度
繕印 沈廣和
會計 馮黎淨
儲計組主任 戚民臨
副主任 趙贊須
道務組主任 李慈開
副主任 王道源
交際組主任 江乾六

副主任　凌元朗　劉惠根　鈕贊上

慈務組主任　韓福航

副主任　劉寶吉　張錫蘊　徐知復　王化麟　田修本

宣導組主任　周根淨

副主任　顧道公　陳恪謹　張冠善

一年以來，幸承各監理苦心籌畫，各股同人努力猛進，並賴各救濟隊長隊員，與在事後方各醫院各收容所各部人員之黽勉從公，夙夜辛勤，在任何困艱環境之下，均能秉其至誠，同心協力，共濟艱難，更承各租界當局暨各善團之協贊，各會員暨各界仁人善士之同情，使擴大救濟事業，在此金融枯竭之際，猶能勉力支撐，毅力熱忱，實足令人欽佩。

第二節　本部工作綱要

本部救濟工作，大要可別爲救護收容遣送掩埋治療服務急振七項，關於救護遣送掩埋急振，由本部振救組督率各救濟隊辦理之，關於收容所各難童之訓育，難民勞作之分配，及難民工藝之舉辦，由本部收容組會同各收容所主任負責辦理之，關於傷兵治療，與難民衛生，難婦生產，由本部醫務組會同各醫院及各中西醫治療所負責辦理，關於難民職業之調查，及介紹工作與小本貸濟，並傷兵之撫卹資助與慰問，與夫殘廢傷兵之善後，孤苦兒童之安甯，統由婦女服務部負責辦理，此外本部與上海國際紅十字會合作辦理各收容所內部之調整，上海各善團所發起組織之南京國際救濟會，辦理南京戰區掩埋與善後振濟工作，並浙江難民救濟會蘇北國際救濟會合力辦理蘇浙各地救濟工作，所有各項詳細報告，當依次分別編列，惟本會棉力有限工作範圍，不能有充分之發展，是則同人所引爲深憾者也。

第三節　經費來源

本會歷年辦理各項慈業，及臨時救濟工作，向無基金，遇有災患發生，除由會員分担振款外，悉賴各地各會之協濟。此次事變，各會均陷於自顧不暇之地，上海金融，因戰事影響，又同告枯竭，加以各善團均同時舉辦救濟，勸募幾等弩末，本部救濟經費，雖經二十五年份各會代表大會認定五萬元，以備不時之需，惟各區已認定之款，尙未繳齊，卽値八一三事變，本部獨承其責，不免困難，幸承淞滬各會員之樂輸，與各界善士之自由捐助，並承膠東暨星洲香港各會之協贊，並各善團之補助，共集救濟經費三十餘萬元，糧食衣被藥品及各項物品之估價，亦有二十餘萬元，合計在此一餘年內，共用救濟經費六十餘萬元，惟本部在淞滬工作，雖已漸次結束，而愚園路治療所及南市施診所二處，尙在繼續工作，其他各區，亦正在努力救濟，華南方面，仍派隊分赴汕頭桂林，救濟一日不結束，本部之責任卽一日不能終止了，所盼本會各會員與各界仁人善士源源輸助，同挽此浩刼也。

第二章　救濟工作

本會救濟隊隊員，恪守國際戰時公法之規定，不問慈善範圍以外之事，各本天賦之良知良能，以救人自救，在戰區工作時，均有制服證章，導以紅卍字旗幟為標識，又有統一編號，加特別密記，組織嚴整，聯繫尤密，無論在任何環境之下，寧舍生而取義，弗茍全於一時，此固社會所公認，亦為世界所共知，淞滬救濟隊，早經組成三隊，公推胡中乘君為督隊長兼第一隊長，史洋性君為第二隊長，第一二兩隊駐上寶各地，擔任救護工作，並應各會之需要，分撥隊員，赴浙省之杭州、吳興、寧波、紹興、暨蘇省之泰興、黃橋、南通、泰縣、寶應、等處。協助各會救濟隊，辦理救濟，第三隊隊長夏來善君駐蘇州，另撥一支隊駐崇明，由蔡允中支隊長指揮之各隊辦理救濟以來，工作至為紛繁，除將各重要工作，擇其犖犖大者，分節報告外，茲將各隊長員姓名列表於後。

世界紅卍字會中華東南各會聯合第一救濟隊長員姓名表

職別	姓名
督隊長兼隊長	胡中乘
隊員	許自新　辛濟思　江惟史　王毓沖　范彝紹

顏鶴航　杜薛冲　王黎澹　唐元淨　朱羣塵

方清源　顧塵潔　胡元理　何元登　宋新灝

劉解發　徐乾闓

醫師　唐瑞源

通譯　潘化上　王順發　楊萬青

世界紅卍字會中華東南各會聯合第二救濟隊長員姓名表

職別	姓名
隊長	史洋性
隊員	陶山威　唐寶和　錢山寧　楊藏妙　嚴山思
	周寶普　舒悟前　周蘊如　唐羣度　張雨霖
	張悟後　邵其成　邱山修

世界紅卍字會中華東南各會聯合第三救濟隊長員姓名表（分駐蘇州崇明）

職別	姓名
隊長兼第 支隊長	夏來善

隊　　員　張錫灝　龔晨妙　戚拱慧　李蘇修　陳民大

黃其大　尙來大

第二支隊長　蔡允中

隊　　員　倪保華　尹道之　黃錫福　張心培　吳元融

張應輝　蔡中豹　黃清遠　樊潤章

第一節　蘇州河北岸及戰區之救護

淞滬戰事，起於滬東八字橋，其時租界秩序紊亂，各路電車及公共汽車，頓時停止，而崗捕亦同時撤退，街市紛紛閉戶，本部聞訊，由救濟主任李慈開先生、副主任李樂天先生，偕同李天真先生，及救濟隊長員，分乘救護車四十輛，出發船板廠新橋大西路等處。以冀直驅市政路、虬江路、太陽廟路、寶山路、寶興路等目的地，實施救濟。不料是時可通華界之衝要地點，悉由英美駐軍及萬國商團所把守；並將各路鐵門關閉。沿蘇州河南一帶，或堆沙袋，以作炮壘，或拉電網，以阻通行，形勢極度緊張。本部救護車到各地時，租界行人歡呼稱慶，而隔河之男女老幼難民，因不能通過租界，麕集於蘇州河以北者，不下三十餘萬人，一見本會旗徽，均情急伏地，疾呼救命，其聲之慘，其情之痛，石人亦爲之淚下，本部救濟隊，雖持有通行證，英美駐軍因未奉命令，不允通行，而炮聲震天，愈逼愈緊，難民呼救之聲愈慘，經本部往商工部局華總辦何德奎先生，暨捕房及英美駐軍司令官一再交涉。始允通行，又以難民衆多，必須聯合各慈善團體，合力收容，經商同各慈善團體聯合救災會屈文六先生，暨何德奎先生，偕往舢板廠新橋，與西捕商妥，允於必要時，准許臨時開放橋門，旋出本救冒險渡河施救，當將隊員分作二隊，以一隊分僱船隻載渡難民，一隊維持秩序，是時河內船隻極少，輾轉運輸，不但費時，且人人爭先恐後，有擠落墮水者，本隊爲救人救澈計，不顧一切困難，將所有僱船，橫排河內，作爲浮橋，大量疏通，少壯者令其自由渡河，老弱者，則由本隊員扶持攙抱，正在運渡之間，忽飛機自東而來，嗡嗡之聲，不絕於耳，船戶驚恐，本部隊員力持鎮靜，制止船戶紛亂，重將各船排攏，一面派隊於蘇州河南岸，幫同英美駐軍，維持秩序，各國駐軍，亦鑒於炮火之密集，難民生命迫於眉睫，同具慈心，亦不忍加以阻止，惻隱之心，人所同具，固無分乎中外也，爾時本部各隊員復鼓餘勇，親往恆豐路一帶，接護難民，地雷電網，雖經滿布，幸得駐軍之協助引導，陸續用小船運渡南岸，英美駐軍亦網開一面，准許入界，工作至夜漏始囘，一日夜未嘗飲食，毫無倦容，是役也，難民先後得渡過租界者，達三十餘萬人，所有租界內之各小菜場，遊藝場，以及街頭巷尾，觸目皆是難民，又於蘇州河救護工作部署定後，由督隊長率領一部份隊員，及擔架隊，出發橫浜橋北、及天通菴路、寶興路、寶通路一帶，救護難民四千餘人、傷兵二十四人、掩埋屍體二十餘具。難民傷兵、分送本會收容所及醫院、分別收容治療。本部鑒於戰區擴大，爰將一二兩隊混合編爲四隊，分路出發。第一路出發閘北寶山路、寶通路一帶，救護難民二千四百五十八人。於蒙古路搶救傷兵三十五名，第二路出發白渡橋及楊樹浦虹口一帶，乘八一五休戰時，救護難民一萬六千八百九十人，其中一部份老弱婦孺三百餘人，除自投親友者外，所餘二百餘人，送由本會收容所，妥爲安置。第三路，出發附近戰區沿馬路一帶，救護無家可歸之婦孺老弱，並無父無母之孤兒六十餘人。第四路，出發恆豐路一帶救護，每日清晨五時，分路出發。以虹口華勝路楊樹浦一帶，救出難民爲多。八月十六日，第二路救護隊，行經中山路，正值兩車交綏之際，彈雨橫飛，炮火劇烈，各隊員伏身河浜，數十炮彈，落於左右，泥水四濺，仍奮不顧身，用繩索拖救傷兵二十四人，運送醫院。此後分路出發，每日於飛機轟炸之下工作，習以爲常，各隊員亦忘其身履危地，生命在呼吸之間矣，最可紀念者。八月二十八日，出發大場一路，共有救護車二輛，正在工作，忽來飛機十餘架，周圍擲彈，繼以機槍掃射，各隊員蜷伏地下待死，瞬息塵土炸飛，厚有數尺，著員均捲入其中，幸免於難。是役共救重傷兵四十五人，難民七十一人，歸途復遇飛機十餘架，追逼擲彈，隊長隊員督促駕駛，急馳而過。整隊歸來，各隊員面目犂黑，手足皆胼，身上血跡殷然，並無一人損傷，冥冥中若有神助者，惟自戰事暴發之日，每小時內，以電話求救於本部及救濟隊辦公處者，不下百餘起。踵門請派隊接護眷屬及親友者，戶限爲穿。本部特派專員隨時登記，每日列單，詳註請救人姓名住址接護人數，按照區域，分交本部各路救濟隊，相機救護，每屆按地前往，明明有人居住，或門已下鍵，或叩戶不應，大聲說明緣由，強而後行，甚至因愛惜物品，死守屋內，不願遠離，而葬身於炮火之下者，不知凡幾，亦云慘矣。

第二節　虹口楊樹浦白渡橋之救護

戰事發生時，虹口楊樹浦等處居民，紛紛遠避，有一部份人民，以爲一二八戰事時，並未波及，多有留戀家宅者，各大工廠，留廠職工，亦不在少數，本部乃派救護車，先赴申新等紗廠，將男女職工救出四千餘人，又恒豐紗廠男女職工，救出二千餘人，內有印度及其他國籍難民五十九人，更番接護出險之難民職工，不下二萬餘人，連同八一五第二路救濟隊，在該處救護之難民，合計不下三萬六千餘人，其各方請求接護，如昆明路、華勝路一帶難民，由救護車按址挨戶呼救，有聞呼卽隨登車者，有强之登車，堅不願去者。昆明路有一秦姓老人，交一遺書，請本隊送與其子，願與房屋共存亡，子得書痛哭暈迷，竟成瘋癇，骨肉分離之慘，有如此者，未幾戰事日益擴大，白渡橋封鎖，本隊無法前往，而滯留該地一帶居民，又迫於限期遷離，人民因此逃難而戕生者，屍横通衢，白渡橋堍之被殺戳傷者，尤爲可慘，本部迭次商請工部局設法援救，卒承萬國商團之贊助，派車前往，將該地難民悉數救至白渡橋，由本部會同上海國際救濟會，紅十字會，各慈善團體聯合救災會，分頭運入租界，當經胡史兩隊長，率領隊員，隨帶救護車十五輛，於八月三十一日，全體出發，竭二日之力，共救出難民約一萬八千餘人、往返運送計三十餘次、合善團所救之人數、不下四萬餘人、當救護車抵白渡橋時、難民扶老攜幼、忍淚呑聲、有父母先登、兒女落後者、有夫尋其妻、母呼其子者、慘痛之狀、見者無不淚下、最末一日、仍繼續派車前往、賡續接護難民二千四百餘人、總計先後在虹口一帶戰區、共救出難民八萬餘人、除隨時自投親友者外、餘均送本部收容所收容、正在努力救護之際、租界當局、忽有禁止難民入界之令、難民阻隔界外者、露宿風餐、饑寒交迫、本部一面派隊運送乾糧、散放急振、一面會同各善團向租界當局請求開放、旋亦弛禁、本部遂陸續將難民運入、此種經過之困難、非筆墨所能宣矣。

第三節　浦東楓林橋等處之救護

自大場戰事變化、滬西形勢同時緊張、浦東難民亦西渡爲難、本部特派救濟隊渡江、在浦東各處、救護難民三千九百四十三人、翌日難民各自紛紛渡江、羣麕集於新關各碼頭、及英租界外灘、暨楓林橋等處鐵絲網外、肩負行李、扶老攜幼、縮瑟呼號、爲狀至慘。本部當卽增加救護車、派隊分路出發、救出難民八千七百餘人、仍每日於滬西周家橋、中山路、北新涇、林肯路等處、於密集炮彈與火窟中、救出難民五百六十七人、大世界先施公司南車站之炸彈發生、凡肇事地點、本部救濟隊、無一次不出發實施救護、其最慘者、大世界及南車站先後炸斃屍身無多完整、本部救濟隊分往施以急救後、轉送醫院療治、嗣後租界當局、因界內各醫院傷兵過多、爲防止霍亂傳染、禁止傷兵入境、比由救護委員會於華法毗連之楓林橋中山醫院內、收容傷兵、凡各善團救護隊所救之傷兵、均送該院查驗、重傷者准許運入、輕傷者留院診治、租界當局對於各醫院之床舖空位、按日列表、依照表列空位數目、發給各救護隊前往救護、准許運入界內醫院治療、以故中山醫院留治傷兵、達一千二百餘人、滬西戰事緊急、國軍已漸向南市撤退、炮彈横飛、甲車軋軋逼近、飛機環空轟炸、住院傷兵、均蹈於萬分危險之境、一時斷臂折足者、或街頭巷臥、匍匐道傍、法國駐軍及法租界崗捕、均激於義憤、紛紛越界赴該院救護、本部全體隊員、亦奔往該院擔負、移入法界、分運各醫院治療、內中重傷者、頗不乏人、其時傷者呼痛聲、與夫觀者悲慟聲、打成一片、至午夜始分送完竣、其時各國士女、咸往參觀、多贊美法軍之義舉、本會之精神云。

第四節　南市一帶之救護

南市變化以後、法華交通處、不但鐵門緊閉、沙袋高壘、且有多量法軍駐守、任何人不准通過其警界線、所幸本部救濟隊得其諒解、尚獲自由通行、是時南市居民、及四鄉避往該地之難民、多至四十餘萬人、其時天空飛機之炸彈、形如流星、而地下之機槍、密似雨點、當此驚心動魄、生死呼吸關頭、一般難民、扶老攜幼、密集於老北門鐵門以外、雖欲奔往法租界逃生、以鐵門中阻、無法飛越、哀號痛呼、慘不忍聞、本部救濟隊、力向法軍交涉、始終不允開放、復由本部派員前往捕房、及領事館、再四磋商、迄至深夜、仍無解決辦法、僅許可放行本部隊員、當即分撥一部份隊員入內、將難民之老弱者、懷孕者、設法抬過鐵綱、護送入界、而法軍亦多存不忍人之心、經由通譯向其婉轉商洽、允即派隊排立鐵絲綱東首、以作屏障、將鐵絲綱稍稍推移、暗中放婦女入內、時已深夜三時、火光燭天、鎗聲愈近、鎗彈從頂上掠過、颼颼之聲、不絕於耳、而難民逃生之心愈急、當時救出難民約一千餘人、又另派隊向華法交界之𨷻戶情商、請其將前門稍闢、令難民由後門逃入租界、卽此約逃出難民一萬五千餘人、事先傳說、捕房對於各舖東私放難民、將重科罰、惟是惻隱之心、人所同具、其情願儲款備罰、施救難民者、不下四十餘家、本部救濟隊長員、鵠立一晝夜、照料難民、未嘗稍息、次日鎗炮聲稍稀、大雨如注、難民棲宿無所、至爲可憫、是役各界好善之士、以及販夫走卒、無不醵貲爭送饅頭大餅麵點油條之類、不下百萬餘斤、交本部隊員分散、而守門法軍、亦激發天良、幫同分散、惟難民人數太多、苦無按口分發良策、老弱婦孺、因爭先而被踐踏受傷斃命者、不知凡幾、旋由本部隊員、深入區內、查有舖樓、無人住守者、卽分導各難民入內休息、以爲疏散之計、努力竟日、始安插竣事。

第五節　難民區工作

南市難民、既經本部安置得所、同時上海國際救濟會、復在該區設立辦事處、與各善團規劃分區救濟及管理辦法、本部爲救濟便利起見、亦於該區設一辦事處、派員駐處、與救濟隊商同進行、茲將本部在該區工作、分別紀述於後。

一、衞生工作　當難民麕集於華法交界時、各馬路中屍身縱橫、尿屎遍地、不可嚮邇、因華界水電斷絕、難以掃除、經胡中乘隊長往商捕房、借用法界水管、派夫百名、用水灌洗、在民國路至城隍廟一帶工作、並於沿途噴灑石炭酸、地方污穢、得以糞除、一面派伕收殮遺屍、而難民之報死亡者、日必二百餘人、其故因區內無水、而法租界所供之水、不敷應用、且連日進食乾粮。爲南人所不慣、又無食鹽菜蔬之調劑、且每屆口渴、不得滴水之飲、多就城隍廟九曲橋污水、飲以解渴、以致病患隱伏、益以驚駭之餘、骨肉離散、心緒苦悶、易感疾病、以致死亡踵接、本部製備棺木收殮、商請普善山莊擔任掩埋、惟死亡過多、所備棺木、供不應求、每日太平間積存棺櫬、多至五百餘具、不特哭父母哀妻子之聲、夜以繼日、而至夕陽西下、一種愁慘之象、充滿全區、誰無父母、誰無兄弟、見之能不痛心、經本部分派醫師詳細檢查，始知難民受疾致死原因、係由於營養缺乏、加以久無鹽質入胃所致、遂仿用古方、煮沸水鹽湯、分送各所難民飲之、疾病爲之銳減、並於該區各街頭、設置公用茶桶、充量供給難民飲料、並購置桅燈一百餘盞、懸挂全區、以便難民於黑暗之地、頓現光明。

一、醫務工作　該區此民患病者多、區內中西藥店、均已關閉。醫藥兩缺、病者苦之、本部有鑒於此、特於該區組設中西醫治療所一處、公推胡中乘督隊長兼任所長、陶山咸君爲事務主任、分中西醫兩部、中醫主任、由章次公先生任之、西醫主任、由胡嘉言先生任之、另聘中西醫師及護士十餘人、擔任工作、因限於地址、僅能支置床鋪七十五張、重病留所醫治、並規定每日自上午九時至十二時爲門診時間、施診施藥、又於本所組織巡迴診療團、分赴各收容所巡迴診察、並於院內附設助產所、派主任一人、看護二人、專司難民生產工作。

一、收容工作　難民區各收容所、經上海國際救濟會商同各善團、劃分四大區、由本會擔任一大區、共管理收容所二十七處、所有經費一切、統歸本會負責管理、惟該區以內散居各處之難民、未曾入所者甚多、飲食斷絕、閉門飲泣者、比比皆是、經本部陸續登記二千餘人、按日分發給養、以資救濟、又難民逃出時、衣服單薄、天氣轉凉、禦寒無具、由本部奔走勸募、得各界源源輸助大量棉衣棉被、分發各所、難民得稍安慰。

一、施粥工作　南市人民逃難歸來、人口逐漸增加、大率無衣無食、中人之家、尤爲痛苦、在前留居之難民、均經上海國際救濟會登記、發給米糧救濟、其陸續歸來者、不免有向隅之歎、本部黃悟空監理、發願捐款、於該區開辦一施粥廠、由陶山咸君主其事、先從調查難民戶口着手、擇其極貧苦者、給以領粥證、到廠食粥、八人一桌、小菜兩樣、秩序甚佳、自二十七年十二月開辦迄今、平均統計、每日領粥計六百人以上。

第六節　掩埋工作

軍興以來、滬市南北、以及沿京滬路線一帶、並太倉嘉定寶山江陰等處、戰事至爲劇烈、烽火所及、死亡枕藉、其陳屍於郊原阡隴者、掩埋尚易、若河渠溝洫之中、則非打撈尋覓、難以發見、牛馬死亡尤多、掩埋更爲困難、本部救濟隊、前於戰事緊急、施行救護時、曾於江灣、大場、及閘北滬西各地、見有遺屍、隨時掩埋、統計一千五百八十一具、戰事西移後、救濟隊卽專致力於上海附近、於南市真如一帶之收殮掩埋工作、凡偏僻之處、港汊之中、靡不搜尋殆遍、或白骨磷磷、或屍體腐爛、或橫被鎗殺、肢體不全、或臟腑暴露、血肉糢糊、或少婦被炸身死、襁褓猶在手中、或已死而屍立河浜、或僅存頭部、沉浮河面、齒目怒張、死而猶有憤恨之意、種種慘狀、令人目覩心傷、自二十七年一月起、本部在上海附近一帶、又掩埋遺骸二千餘具、所有棺木、承震昌正泰兩木行、捐助大量木料製用、復由胡中乘督隊長率領員伕、分赴太倉嘉定崑山蘇州江陰無錫馬蹟山等處、尋屍掩埋、太倉戰事爲烈、死亡尤多、類皆由地方善團及鄉保隨時掩埋、本隊到達時、僅於河浜荒野之區・覓得少數遺屍掩埋、蘇崐兩地、遺骸較多、均經掩埋消毒、共計沿途掩埋一千四百餘具、又由李世原會長・前往南京、協商南京分會救濟隊辦理掩埋工作。

各地掩埋屍體數目表

掩埋地點	掩埋人數	掩埋牲畜數目	備考
滬市四郊	五、一二二	七一	計掩埋馬五十頭牛二十一頭
南市收屍所	二、四六五		計掩埋男一一七八具女三四一具孩九四一具
嘉定	二七六		
太倉	一七		
蘇州	四二五	二八	計掩埋馬二十頭狗八頭
崐山	四五二	一〇二	計掩埋馬七十頭猪狗三十二頭
合計	八、七五七	二〇一	

第七節　救護實習班

本隊救護時間、原定每日清晨分路出發、嗣因夜間戰事較烈、遂改於夜間出發各警戒區域救護、至天明六時爲止、上午爲休息時間、本部遂利用下午空閒時間、組織救濟實習班、規定課程及實習方法、由隊員分班帶同會員伕役、實習防毒防空、並研究戰地之救護、以期救濟學識與事實互相證驗、並請李天眞、王道源、袁善淨、張冠善、胡中乘、史洋性六君、擔任教授、一時參加聽講及實習之會員、多至五十八人、各隊長員、更番演述戰地危險、及傷兵難民困苦情形、聞者靡不動魄驚心、惻隱之念、油然而生、故一時參加後方工作者、極爲踴躍、本部復通函各區監理部、同時舉行普通救濟實習班、由各救濟隊長員、演述各科課程、尤注重防毒防空辦法、及管理收容規則、以備地方救濟之需。

第八節　救護車輛調遣

本部在籌備救濟時期、對於救護車輛之分配、更有充分之準備、以故戰事暴發後、全市車輛、徵集一空、本部以事先接洽妥協、承光華染織廠暨各商店及仁人善士之贊助、將運貨卡車及自備汽車、撥借本部應用、又承上海搬場汽車公司之熱忱、允予在統制數目內、勻撥一部份汽車、供給本部應用、共計大小汽車四十輛、又承嵩山居士經募美孚洋行損助大量馬達油汽油、及工部局捐助汽油、始獲進行順利、本部鑒於救濟隊全體出發前方工作、運輸車輛、必須由後方予以充量之供給、且傷兵難民之醫藥給養、尤須按時運輸、使無缺乏、添組運輸一股、協同救濟隊負責調遣、由救濟隊長員及運輸股、分班集合駕駛人員、訓練在戰區內行駛規則、及進退趨避方法、幸各同具慈濟之懷、在戰區內服從救濟隊之指揮、迭經危險、均無畏縮、有時工作緊迫之際・各駕駛人員幫同搶救、尤具熱忱、又本部對於大小車輛出發工作時、均由運輸組發給憑證、並旗幟標識・又隨時由救濟隊派隊員押車同行、工作完畢、仍將旗幟憑證繳囘、以資考績、茲特將各方車輛列表附後、以誌各商店公司及個人援助之盛德、而為被傷難之四十餘萬兵民代表鳴謝也。

附救護車輛服務表

車主	類別	輛數	服務日期	備攷
光華廠	卡車	二	約五個月	義務
乙豐廠	卡車	二	約半個月	義務
如生廠	卡車	一		義務
中豐廠		一	半個月	義務
興業廠		一		義務
宏泰		一	二個半月	義務
久記木行	卡車	二	五個月	義務

久記營造廠	卡車	一	五個半月	義務
鈕永記	卡車	二	四個半月	義務
公記	卡車	七	五天	義務
程廣記	卡車	四	半個月	減價租用
中國搬場公司	卡車	九	連續不定	
中孚銀行	客車	一	三個半月	熊妙通先生經募捐助
王寶慶	客車	一		義務
鈕永記	客軍	二	四個半月	義務
桂正昌	客車	一	二個半月	義務
江乾六先生	客車	一	一個半月	借用
雲飛汽車行	客車	一	約五個月	盛心義先生經募捐助平時並承該行優待半價

第三章　收容工作

淞滬一區，共設收容所十五處，計上海九所，共收容難民五萬七千七百五十八人，除陸續自動出所及轉所二萬六千五百六十七人外，計常川駐所者，三萬一千一百八十三人，蘇州二所，收容難民四千六百十一人，崇明四所，收容難民一千一百四十五人，當滬戰暴發之際，逃難人衆，租界房屋，供不應求，借用空屋，尤爲困難，幸承燕平會館張耋祺先生，靜安寺住持志汶大和尙，靜安寺小學董事會，長樂茶園房主劉培餘先生，及義生橡膠廠，暨劉敏齋先生之贊助，或撥借房屋，或假用地皮，使數萬難胞，棲身有所，功德實爲無量，本部各所設主任一人，副主任二人，責任幹事一人，男女管理及各組辦事員若干人，分部負責，舉凡難民飲食衣服之需要，衛生訓育工藝之指導，疾病之調護，醫藥之分配，悉由各所主任負責辦理，本部先組設第一收容所於汶林路燕平會館，第二所於靜安寺，第三所於靜安小學校，經洪詠樵，王維瑄，王賡才，張納川，各善士，暨上海紗布交易所田少梅，董再蓀，盛午清，諸先生先後贊助，繼續於四馬路，蒲石路，戈登路暨汶林路空地，先後增設第四五六七八及特一等所，迨蘇州，崇明，次第淪陷後，其所收容之難民，因環境關係，隨卽陸續遣散，而崇明會務，亦隨告停頓，茲將各所職員，暨難民收容及死亡統計表分別錄后。

第一收容所職員表

職別	姓名					
主任	過惠因					
副主任	沈道興					
責任幹事	李樂天					
各組辦事員	湯岳	朱秉剛	王雪珍	毛柏如	陸鳳高	王銀海
	陸仲耀	任明發	張蓮生	陳鹿壽	蔣雪臣	沈晉康
	楊淑貞	張化翮	童雲軒	趙旭初	羅鑫壽	

第二收容所職員表

職別	姓名					
主任	張惠寧					
副主任	汪寶臨					
責任幹事	李誠修					
幹事	張宏境	徐操宜	吳悟塵	田操盦	包竹鑑	張修根
	倪元方	李了因	唐元璃	鄒潤生	吳梅珍	馮桂珍
	周乾法	蔣竹昷	舒慧心	馬蓮貞	張箕景	陳福旭

	徐卓卿　陳競涵
各組辦事員	應政喬　韓惟祝　王菊生　徐葵　王民豪　鮑惠感
	王蘊惠　陶玉泰　胡長春　汪慧潔　徐濬民　龔乾寧
	李仲偉　龔渾泰
醫師	舒雋

第三收容所職員表

職別	姓名
主任	任永原
責任幹事	朱衡甫
各組辦事員	包和清　沈維新　陳耀庭　朱卓甫　周菊生　畢鎬洛
	任蘭庭　趙清養　張洪生　周寅生　劉掌印　張文英
	倪梅　何文堅　李偉鍼

第四收容所職員表

職別	姓名
主任	洪詠樵
幹事	費性甫　韓素禪　韓竹新

各組辦事員　洪鼎範　邵過海　葛幼圃　王修道　趙光宙　唐潤全
余正覺　張雲鵬　劉志祥　丁良玉　劉樂圃　張瑞屏
徐雄飛

第五收容所職員表

職別	姓名
主任	趙贊須
副主任	王賡才
幹事	王志清
各組辦事員	陳蔭香　張永年　周衛生　孫傳鴻　繆維明　張雪微　孫澄觀　孫悅柔　孫泉灌　孫胡心美

第六收容所職員表

職別	姓名
主任	任永原　張文源
副主任	李世原　鈕贊上
責任幹事	舒化元
各組辦事員	汪朗雲　李景和　柯之喬　周天佑　朱卓甫　朱家炘

相福林　包子衡　任松清　黃啓康　包裕民　施錫三
吳海通　相國雄　鄭藏輝　趙榮棠　朱鴻勛　吳煥堂
龍敦盛　任訓發　汪蝶生　張錫灝　仲友三　倪保華
任培生　張鑫泉　趙渭根　陳錦章　陸增祥

第七收容所職員表

職別	姓名
主任	邵文楣
副主任	張伯覲　匡鑑
幹事	柴志襄　俞香蓀　鄭惠民　王元性
各組辦事員	邵惠塘　諸寶銘　陳松鶴　沈燮康　李美麟　邵正之 汪鶴齡　楊長僊　鄭敏之　邵隆五　吳辛叔　陳玉森 陳成範　沈執中　高德明　周錫光　仲友三　方誠一 宗尙正　張榮觀　陸庭華　包開臣　施慶昌　馬壽康 蕭仲青　陳吉才　汪希文　劉景福　王世民　朱灝芬 姚元麟　毛順林　程祖安　葉根生　龔鑾清　柴以義 黃家瑞　李莊麟　朱悟新　龔學棟　楊坤森

醫師	曹少鴻

第八收容所職員表

職別	姓名
主任	戚民臨
副主任	卜乾達 鄭惠同
幹事	舒紹崢 鄭宏觀 羅保璞 華興衡 李元麟
各組辦事員	張福泉 王占林 孫福濤 戴富珍 侯景山 王占文 謝裕永 俞操昷 鄭永唐
醫師	宋國偉

特一收容所職員表

職別	姓名
主任	盛心義 李樂天
幹事	張保超 張山同 盛松琴
各組辦事員	陳秀智 汪九生 陳錦燦 葛幼圃 趙光宙 羅籛壽

各所難民收容統計表

性別 數目 所別	一所	二所	三所	四所	五所	六所	七所	八所	特一所	合計	附註
男	二、八七三	三、五九〇	一、五五三	七〇七	一、三五二	一、九〇六	二、二三九	一、七九八	二、五九七	一八、六一三	
女	二、二三四	二、〇八一	二、九一六	一、六〇四	一、八五四	一、五九七	一、九二三	一、七五四	一、九九五	一七、九五八	
男童	一、六五九	一、一一八	一、六一二	七三五	一、二八四	一、四四五	一、七四九	一、三三八	五〇〇	一二、三三九	
女童	一、二八一	一、五四四	九二九	一、一〇七	一、六三四	九〇七	一、二八四	六九一	三七三	九、八五〇	
合計	八、〇四六	八、三三三	七、〇〇九	四、二四三	六、一二三	五、八五五	七、一九五	五、四八一	五、四六五	五七、七五〇	

各所難民死亡數目表

性別 數目 所別	一所	二所	三所	四所	五所	六所	七所	八所	特一所	合計	附註
男	一五	七	三	三	五	八	四	六	五	五六	
女	三	一〇	三	一	三	七	八	一二	五	五二	
男童	一三	五	三	六	四	九	一八	一五	一二	八五	
女童	一三	九	四	一	六	一一	二三	一八	一四	九九	
合計	四四	三一	一三	一一	一八	三五	五三	五一	三六	二九二	

蘇州各所難民收容統計表

崇明各所難民收容統計表

性別／數目／所別	一所	二所	合計	備攷
男	一、二〇一	一、〇二五	二、二二六	一、本會至結束時期僱用民船十數隻遣派隊員將在所難民完全載運護送無錫鎮江等處分別遣送回籍
女	九八三	六八一	一、六六四	一、此外臨時救濟過境難民人數達六萬〇七百三十二人接護時均經發給食糧及痧藥茶水以備沿途需用
男童	一八五	二六九	四五四	
女童	一四四	一二三	二六七	
合計	二、五一三	二、〇九八	四、六一一	

性別／數目／所別	一所	二所	三所	四所	合計
男	一二三	一五六	七一	五二	四〇二
女	一八一	一二一	一二〇	一六三	五八五
男童	三六	一五	一〇	八	六九
女童	二五	三五	一七	一二	八九
合計	三六五	三二七	二一八	二三五	一、一四五

第一節　管理之分配

各所房屋，除特一所係搭蓋蘆棚外，其餘各所，或借用住宅、商店、廟宇、學校、凡屋內有水泥磚地者，承上海市木材業同業公會，分向久記、新聲記陳永記等木行商借木板、又承永豐、益盛、信昌泰、正泰、衍康、各木行，捐助木板，搭成鋪位，以避潮濕，每隔六尺，安置一鋪，難民分室編號，按名登記，分別男丁婦孺兩部，每室舉一室長，管理一室事務，每日報告主任考察，各所主任，對於管理難民，則有總務，飲食、被服、衛生、勞作、教育、宣導、七組之組織，分別負責，總務組，綜理本所一切事宜，由各所正副主任兼之，飲食組，管理難民食糧飲料菜蔬炊事之分配，被服組，管理難民衣被之收發備製，衛生組、管理難民之衛生，及疾病之檢查，勞作組，管理難民在所勞作及工藝之組織，教育組，管理難童之教育，及識字運動各工作，宣導組，負勸慰難民及感化之責，各難民均由本部按册發給布條，蓋用戳記，懸於左襟以資別識無事不許外出，其必須出所者，須呈明管理員請假，經核准後，取得出入證，方可出所，入所之初，經醫師檢查，有疾病或懷孕者，則另闢靜室而居，其無父母之孤兒女，則於難婦中擇其慈祥懷幼者，加以簡單之訓練，令任褓姆之責，其殘廢年老者，亦另室居住，派强壯之難民，照料起居，飲食衣服之需，悉由本部供給，使無缺乏，其父母兒女兄弟失散者則由本部分函滬上各收容所，暨各會收容所并登報代爲查訪，難民在流離顛沛之中，得此安慰一切生活，雖不能如家居之舒適，然能苟全於一時，較之身居危地，安定多矣。

第二節　給養之籌維

本部對於難民食糧，事先已略有準備，惟限於經濟，未能有充量之存儲，迨戰事暴發後米店糧行，存糧售賣一空；南市米船，又被阻不能運入，以致租界糧食問題，發生極大恐慌，本部原定各所，每日兩飯；嗣因米糧不繼，改爲一飯一粥，佐以饅首二枚，幸承王禹卿先生經募福新麵粉廠大量麵粉，又承阜豐麵粉公司，捐助麵粉一千包，同時本部又添購麵粉數千袋，并於南市方面，設法運入白米數百石，以資接濟，復由兩租界工部局，採購洋米，接濟民食，并承垂念本部租界難民痛苦，按各所難民之多寡，分批捐助食糧，各所給養，賴以挹注，其關於難民飲食，各所均派有專員督廚，所有炊爨烹飪各事，隨時加以檢查，每日上午九時午飯，下午四時晚飯，按時分室領取菜蔬飯食，嬰兒則哺以牛奶、豆漿、牛奶除由各公司各善士捐助外，本部亦逐日購備添補，分別發給，豆漿則由難民兒童營養委員會供給，規定每人每日一磅，上下午兩次給發，七歲至十四歲者，每日每人給予豆餅一只，以資營養，其有臨時來所捐助之小菜食品，均由飲食組，平均分配，至於難民飲料，在法租界各所，由本部按月計度付值，公共租界各所，則由工部局按照難民人數，規定水量，免費供給，如超過限度時，其費由本部担負，當難民入所之初，一切給養，無法統計，經本部規定火食雜費概算表，互相比較，各所給養，遂漸趨一致，惟本部自八一三事變，以至二十七年一月份止，救濟經費，已屆萬分竭蹶，自二十七年二月份起，由國際紅十字會供給各所食米，燃料，及菜蔬油鹽等項，改爲一飯一粥，因規定食米數量事實，每有不足以維持難民健康，仍由本部隨時撥補，以資調劑。

第三節　被服之製備

各所難民，來自戰區，身無長物，炎暑之中，已苦換洗無衣，迨至寒冬，更覺竟身無具本部特購布疋棉花，分交各所主任暨婦女紅卍字會李了因，吳悟塵，徐操宜各女士，挑選各所難民中婦女之能縫紉者六十名，督率星夜工作，更承中國婦孺救濟會之贊助，撥借縫紉機十輛，日夜趕製棉衣棉被，又與黃卍字會合作紡彈棉胎，又承各界善士名媛，捐助新舊大小棉衣棉被一萬六千餘套，難民幸免殭凍，各界所捐棉夾各衣，布衣固居多數，其中亦間有鮮麗者，以不適於難民之用，設法變賣，得款另製布衣分發，有某姓婦女，捐助第五收容所嬰兒棉衣百餘套，一律紅色，且繡卍字於帽上，以示吉祥之意，熱心慈幼，至堪欽佩，所中難女，有某女士為北地名媛，善繪事，能詩文，感本部製衣之德，曾編一短歌，教難童歌唱，每於課餘歌之，如訴如泣，茲錄存於後，以誌難民之悲感云爾。

北風起，衣服單，難民千萬喚饑寒，骨肉傷離別，家園化灰烟，歎國難，恨家殘，道路流離淚暗彈，解衣復推食，卍會心力殫，救災兼卹患，老幼俱奠安，難中幾忘難，破涕轉為歡。

第四節　勞作之分配

難民在所，終日飽食無事，足以養成其懶性，本部挑選其精壯耐勞者，每所平均六十名，編為四組，更番服務，計十五人為一組，每人月貼小菜費五角，每組各推領班一人，負考查勤惰之責，月貼工資一元至二元，所內清潔，由各室室長，會同勞作組，每日掃除一次，其廚司、炊事、淘米、買菜，刷洗碗筷，及調劑飲料等事，概由領班督率工作，難民中有業理髮者，由各所酌給工資，令在所服務理髮工作，并於各所擇難婦中之能縫級者，爲傷兵縫製襯衫，枕頭、被褥、草墊、棉衣、襖褲、每日給工資一二角不等，成績極佳，共計製成被褥草墊三千二百六十一條，襯衫棉衣褲，各三千二百五十套，每所用褓姆二人至五人，亦由難婦中挑選服務，哺育及照料孤兒女之無父母者，噓寒問暖，無異所生，有某褓姆因所育之孤兒病殤，竟至搥胸頓足，痛哭失聲者累日，所有參加服務之難胞，均能遵守所章，其刻苦合作之精神，至堪欣慰，茲將勞作分配列表於后，以誌紀念云爾。

各所勞作分配服務表

所別	男性服務人數	組數	女性服務人數	服務褓姆人數	備
第一	七五	五	六	四	
第二	六〇	四	二〇	六	
第三	四五	三	一五	三	
第四	三〇	二			
第五	四五	三	一二	二	
第六	一二〇	八	三	五	
第七	七五	五		四	
第八	四五	三			

特一	四五	三	二	
合計	五四〇	三六	五八	二四

第五節　衛生工作

難民在戰區飽受驚恐，更兼暑濕交侵，易染疾病，加以多數難民，麕集一室，環境衛生不良，亦爲致病之原，本部爲預防疾病傳染起見，對於入所難民，逐一檢查，注射防疫針，及施種牛痘，并由租界工部局衛生處醫師，輪流到各所補助種痘，玆將各所衛生工作，畧述於后。

一、環境衛生　各所難民舖位下，均滿布石灰，室內逐日由室長督率難民洗掃一次，噴灑石炭酸，並將窗戶隨時打開，流通空氣，復經醫師之指導，每二日由各難民將其本人舖蓋，曝日光一次，每日規定難民自行整潔臥舖，不許有紊亂及污穢之物堆積，並由室長帶領難民，在院內陽光下休息，或作室外運動，對於廁所糞除清潔，派有難民四人管理，另設澣衣處，購置木盆十餘只，以備難民澣洗衣服之用，廚司及食品，每日由衛生組隨時檢查，各室內每隔三舖，設置痰盂一個，不許隨意吐涕，每所各設男女浴室各一大間，分設浴盆五六隻，由各室難民輪流沐浴，冬季則分班運送附近各浴室沐浴，他如飲食之保養，菜蔬之滋補，務使難民在所，能保持其健康。

一、巡迴治療　本部爲難民醫藥便利起見，特於第二所內設西藥室一處，於第五所內設中藥室一處，除二七八三所聘有常駐醫師外，又組織中西醫巡迴治療二組，西醫在每一星期內輪赴各所巡迴診治一次，中醫四人每二日赴各所診治一次，重病者，則送本部臨時醫院及治療所住院治療，鋪位住滿，則分送他院治療，幷承各界善士，捐助各項暑藥，發交各所施送，又承國際紅十字會之合作，指定第一難民醫院，兒童醫院，及特約醫院三處，幷各慈善團體聯合救災會難民醫院，藍十字會醫院，分別治療。

一、產婦安置　本部對於各所特闢產婦室一處，以備產婦居住，幷派醫師巡迴檢查，一面承尙賢堂婦孺醫院贊助，凡難婦生產，均送交該院免費住院，伙食亦由該院供給，又承同德中德，及生生助產醫院之協助，免費接生，惟難婦產生以後，每月感於生活艱難，輒拋棄其嬰孩，逕自出院者，以尙賢堂婦孺醫院一處之報告，此項遺棄嬰孩，已有二十餘名之多，其情亦云慘矣，所有此項遺棄嬰孩，由該院朱昌亞醫師，自行設法哺乳，旋以經費不繼，即送交慈幼協會撫養。

第六節　教育之設施

難民教育問題極關重要，本部因限於經費及環境關係，一切設施，未能盡臻完善，加以各所房屋，不敷分配，管理教授，均感困難，一切教程，則採用流動性教育辦法，分級授課，務使難民於此避難期間，獲有相當之教育，各所分設難童及成人訓育兩班，難童班，計九百四十四人，成人班計一千六百五十五人，難童班課程，規定國語筆算常識唱歌體操勞作，等課，成人班課程，規定識字常識運動等課，所用書籍等品，承商務印書館世界書局之捐助，分發各所應用，教師則於難民中提出有相當之資格者，充任，各所教師三十六人，均能於憂患之中，熱心工作，由本部略予津貼，二十七年七月起，承國際紅十字會教育委員會按月補助，并派員指導，其體操一課，除柔軟外，另派拳師，教授太極拳，以強健難童之體力，此外課餘運動，每日有壁報及通俗演講，按期由各主任督率考試，分班測驗，難童成績極為優良，并於兒童節，在燕平會館組織盛大之遊藝會，各界來觀者，二千餘人，又國際紅十字會，教育委員會，難童成績展覽會，本部各所亦將難童各項成績彙送參加，此教育設施之概略也，附受學難童成人統計表。

世界紅卍字會東南各會聯合救濟總監理部收容所附屬難童成人訓育班受學年齡統計表

所別	難童班		成人班		總數
	六歲至十歲	十一歲至十六歲	十七歲至二十歲	二十一歲至三十歲	
第一所	一二五	四〇	二二五	一〇一	四九一
第二所	三二	五二	四五	二七	一五六
第三所	六三	三二	二九	一六	一四〇
第四所	二〇	五	二二	一四	六一
第五所	五五	六九	二二四	五二	四〇〇
第六所	一一三	七八	一八五	一三五	五一一
第七所	九二	五一	一二四	一四一	四〇八
第八所	三二	二〇	五七	六六	一七五

特一所	四〇	二五	八八	一〇四	二五七
合計	五七二	三七二	九九九	六五六	二、五九九

世界紅卍字會中華東南各會聯合救濟總監理部收容所附屬難童成人訓育班受學級次表

所別＼班別 數目	難童班 第一級	難童班 第二級	難童班 第三級	成人班 第一級	成人班 第二級	成人班 第三級	總計數目	備考
第一所	一〇五	二四	三六	一一三	八五	一二八	四九一	
第二所	五五	二〇	九	二三	三五	一四	一五六	
第三所	四三	二八	二四	三〇		一五	一四〇	
第四所	一二	八	五	二四	一二		六一	
第五所	六六	三二	二六	八二	一二五	六九	四〇〇	
第六所	一一五	四二	三四	一八二	五五	八三	五一一	
第七所	八八	四〇	一五	一二三	六二	八〇	四〇八	
第八所	三二	二〇		六九	四二	一二	一七五	
特一所	二八	一二	二五	八六	五一	五五	二五七	
合計	九四四			一、六五五			二、五九九	
附記	本表自八一三滬戰起，至二十七年十一月十四日止。課程難童班爲國語筆算常識勞作唱歌體操等課，成人班爲識字常識運動等課，分班按期教授，此項教育，係流動性質。每屆考試完畢，成績較優者，分別賞給什物，以資策勵。							

第七節　安慰宣導

難民來自戰區，妻離子散者有之，家業蕩然者有之，各具一種憂憤不平之心，精神上既受一種重大之激刺，其悲喪哀毀之情形，可以想見，爲此劫後餘生，力謀安慰，是爲惟一辦法，然各所難民，良莠亦屬不齊，相當勸導，亦勢所必然，經公推李天真會長，分赴各所各院，演講，根據新生活之規律，演述人生處世應打破一切環境，當以繼續不斷之精神，盡人類之責任，國民之義務，有羣而後有身，有公而後有私：幷卍會講道行慈之宗旨，難民聞之，多數爲之感動，又各教會及國際紅十字會亦不時派男女教友及宣講員，赴各所與難民宣傳教理，用淺近之譬喻，無形默化，各難民於驚恐之餘，心靈上，獲得安慰不少，故各所難民之能恪守秩序，從未有糾紛之發生，視所中如家庭，視職員如家長，視同難如父子兄弟姊妹骨肉之親者，要皆宣導之力也。

第八節　工藝之組織

本部各所難民，經本會婦女臨時救濟服務部，分別查詢，有專門技術者十之三，曾在工廠工作者十之四，本部就調查之結果，加以精密之研究，若舉辦工廠，既苦力有不及，且一時無相當地點，不得已遂就各所另闢一室，或臨時搭蓋蘆棚，由本會婦女服務部毛蒸光，卓聶其純，張宏境、朱曦、吳悟塵、李了因、徐操宜、劉慧性、陳允芷、諸夫人、領導組織各項簡易工業，擇其成本輕而易於銷售者，由難民工作，以增進其生產能力，茲分述各項工業成績如后。

一、編製草鞋　草鞋爲勞力必需之品，銷路普遍，市面所售者，純係草製，本部則參用破布，加入編製，質地較軟，兼爲耐用，所有材料工具，悉由本部購辦，通知各所難民，自由登記工作，除由各商店車行在本所訂製銷售者不計外，每日出品悉由各難民自由出外售賣，所得之價，除繳還些須材料費用外，悉數撥充民工資，一年來，統計各所草鞋出品，有一萬七千五百六十雙。

一、製造篾器　菜籃、飯箕、筷籠、等篾器，爲居家日用之品，本部於難民中，揀選素習篾工者十人，分赴各所，更番教授，製造各種篾器，以供社會之需要，各器訂價，較市面爲廉，難民以三四日辛勞之所獲，可供七日之飲食，因此有營業順利，竟擕眷出所，自謀生活者，九個月期內，共編菜籃四千二百只，飯箕五千四百十一只、其他零星各器二百八十九只。

一、代辦工具　本會婦女服務部，對於有專門技術者，如銅匠、木匠、泥水匠、油漆匠皮匠、籐匠、等類，或前在戰區開店，或爲人僱用，倉卒逃難，不惟店業拋棄，即恃以爲生之工具，亦悉數毀於兵火，本部特籌集專款，爲上項有技術之難民，代購各項工具，以資謀生。

一、製造健康鞋　上海各小學校林立，學生布鞋之需要極多，本部婦女臨時救濟服務部特購備材料，督率各難婦製做布鞋，命名爲健康鞋，每雙定價自三角起，至六角止，送請各小學校代爲銷售，并印製傳單，在各小學校分送，其詞曰『健康鞋兒難民做，質地堅韌價値廉，大家快快來提倡，步履强健福澤緜。』一時銷路極爲暢旺，計先後售出布鞋三千二百七十八雙，又組織搖紗部，購買搖紗車十輛，紡搖成線，加以染色，所售價，除成本外，悉充難民工資，附各所難民小工藝統計表。

各所難民服務簡易工業統計表

所別	編製草鞋人數	製造篾器人數	製做健康鞋人數	搖線人數
第一所	四〇		一三	一五
第二所	五六	四二	四八	二七
第三所	二五	一五	一〇	一六
第四所	六	四		二二
第五所	一八		一八	一〇
第六所	二〇		二〇	二五
第七所	一五			二三
第八所		二三	二六	一二
特一所		一二	一七	七
合計	一八〇	九六	一五二	一五七

第九節　結束情形

本部各所房屋，均係各善士熱心借與，爲時過久，各房主或因營業犧牲過鉅，或因住宅須加修理，或以學校亟待開學，各處索還房屋甚急，不得已特借汝林路燕平會館對面地皮一方，搭蓋蘆棚，成立特一收容所，將第四收容所歸併入內，旋又將第五所歸併一八兩所，及黃卍字會，并祇園法會等收容所內，又第六七所屋主劉敏齋先生，因該屋建築尚未竣工，力商取回，賡續興工，比承捐助一千五百元，於該屋對面，原有蘆棚一座，酌加修理，將難民悉數移入，其他各所，亦以次互相歸併，最後將各所不能遣送回籍之難民，歸併國際紅十字會第二收容所及慈善團體聯合救災會，茲將各收容所開辦及結束日期，與歸併處所，列表於后。

各所開辦日期歸併處所及結束日期表

所別	開辦日期	歸併處所	結束日期	備攷
第一所	二十六年八月十三日	國際紅十字會第二收容所	二十七年九月二十五日	
第二所	二十六年八月十三日	慈聯會	二十七年十一月十四日	
第三所	二十六年八月十六日	第二五兩所	二十七年二月二十三日	
第四所	二十六年八月十六日	特一所	二十六年十一月十二日	
第五所	二十六年八月十六日	黃卍字會及第一八兩所	二十七年四月一日	
第六所	二十六年八月十六日	國際紅十字會第二收容所	二十七年八月十七日	
第七所	二十六年八月十六日	第六所	二十七年五月十日	
第八所	二十六年九月一日	第一二兩所	二十七年九月二十二日	
特一所	二十六年十一月十四日	第一所	二十七年七月二十八日	

第四章　疏散工作

本部救濟隊，在各戰區所救護之難民，共計三十一萬五千零二十七人，除傷殘者隨時送本部醫院治療外，其隨救隨自投親友，及轉送各善團收容之難民，共計二十五萬七千二百七十七人，經本會收容者，共計五萬七千七百五十人，各所房屋擁擠不堪，即走廊屋簷，亦觸目皆是，繼來者仍紛紛絡繹於途，爲普施救濟幷謀難民安全計不得不急謀疏散之策，爰經規定疏散辦法，先從調查登記入手，分別省分路程，由本部資助或護送，幷與各善團聯洽，合力疏散，互相援助，所僱船隻，如有餘額，皆可搭運，幷無彼此之分。

第一節　蘇錫常鎮及安徽等處難民之疏散

籍隸蘇州、無錫、常州、鎮江、江陰、以及安徽等處難胞，先由上海市非常時期救護委員會楊管北龍沛雲二君贊助，撥借小輪，拖帶民船，仍由本部派救濟隊隨船護送，幷裹帶乾糧，以供沿途飲食，難民到蘇後，由蘇州本會遞送各會，轉遣回籍，月餘來每間日一次，共計被遣難胞八千二百十七人，二十六年九月十三日，遣送無錫難民三百零五人，附用民船於救濟會小輪之後，連同各善團所疏散之難民，共有十餘艘，聯繫拖行，下午四時，行經離滬不遠之虞姬墩河面，忽來飛機二架，盤旋空際，連擲四彈，各船難民被炸死亡及淹斃者，計有三百餘人之多，一時喊痛之聲，慘苦萬狀，本部所護送之救濟隊員宋新灝，及伕役等，泅水半小時，幸免於難，其護送之難胞，經該隊員指揮入竹林附近暫避，僅輕微傷五六人，隨卽予以包紮，並電知本部派隊冒雨前往救獲，而紅十字會及上海市救濟會亦聞訊趕至，合力施救，由本會散發麵包充飢，適値是日風雨交加，難民鵠立之下，慘苦萬狀，幸該處榮昌汽車行主何君，惻然憫之，將難民引入行內休息，并煮粥救濟，旋將各船難民安置於申新第一紗廠，一面將受傷難民三十餘人，送本部第一醫院診治，次日另僱船隻遣送，自是以後，本部爲謀難胞沿途安全起見，自僱大號駁船十艘，承震昌畲盛兩木行，借木板舖平船身，上搭油布雨篷，并備食糧，菜蔬、碗盞、鍋爐、便桶、各項用具，由日暉港經過內黃浦，繞道遣送，每船選派醫師一人，救濟隊員二人，伕役二名，以兩船爲一組，黑夜趕程，往返遣送二十餘次，共計疏散七千九百八十一人，未受任何意外危險。

第二節　蘇北各縣難民之疏散

蘇北各縣難民，在上海各工廠工作者甚多，崇啓海五縣同鄉會顧南羣先生等熱心協助，僱用江輪遣送，至南通，由該地卍會遴派隊員伕役照料宿食，一二日，卽行轉送泰縣、泰興、高郵、興化、東台、鹽城、等縣，計共遣送難民四千八百十九人，本會蘇北各會，於沿江一帶，均設有難民招待所，引導所，難民下輪後，食宿均可無虞，其有轉程較遠者，沿途由救濟隊派員遞站護送，并酌給川資，俾獲安全回籍。

第三節　浙省難民之疏散

浙東等處難胞，經本部商得三北公司同意，每名難民，由本會津貼半價船票一元，與甯波同鄉會合作，資遣七百十二名，由本部自行資遣浙東等處者，共計三千八百五十五人，均由本會四明分會派員在輪埠接待，轉送內地，其傷殘者，由該會醫院，派醫師代爲換藥包紮後，照料上車，其滬杭沿鉄路綫等處，初由火車資遣，自滬杭路南車站被炸之後，亦改由自僱之大號駁船，送到嘉湖等處，共計遣送難民一千五百四十六人。

第四節　魯豫湖廣閩廈潮汕等處難民之疏散

本部對於內地各省，及沿海各省難民之資遣，經商得太古輪船公司斯搭林君，及怡和輪船公司凱雪克君，慨允協助，無論南北洋輪船票價，概照半費乘輪，共計遣送一千一百四十七人，又承胡筠秋先生與國際紅十字會遣送委員會，接洽免票遣送，復經本部隨時函請粵漢鉄路管理局免費運送難民，計共三百十七人，坿難民遣送數目地點表，及各所難民遣送歸併數目表。

各所難民遣送歸併數目表

項別＼所別（數目）	一所	二所	三所	四所	五所	六所	七所	八所	特一所	合計	附註
遣送回籍	二、四九三	三、三八一	二、九四五	三、九八七	二、七一四	五、七三三	三、二九三	三、一五八	二、一九六	二八、八九九	
自動出所	四、五八二	四、九六一	一、三二四	一、五六一	一、六二三	四、九三六	二、二八四	三、五三二	八八五	二六、五六七	
歸併外會各所	一八三	一四〇	一〇二	九六	三八	一九三	一八六	一三〇	一三五	一二〇三	
歸併本會各所	一三	一八二	五二	三六	三三	一四二	一六二	六二	一三	七八九	

合計	七、三七九	八、六六三	四、三二三	五、六八〇	四、四一八	一一、〇〇三	五、九二四	六、八六一	三、二二八	五七、四五八

遣送難民人數地點表

遣送區域	人數
蘇錫常鎮安徽	一六、五〇三
蘇北各縣	四、八一九
浙省	六、一一三
魯豫湘廣閩廣潮汕	一、四六四
合計	二八、八九九

第五章　醫院工作

本部醫務，設中西兩部，分任治療，本會平時原設有仁吉醫院，及上海，寶山，兩施診所，辦理施診給藥，救濟貧病，內容組織，雖未能盡臻美善，然十餘年內，歷經一二八兵災，暨出發各省災區，辦理振救，悉賴醫藥界同仁之贊助，一切工作，幸無餗覆，本部在訓練救濟隊時期，關於醫務之籌備，救護之人選，早有預定之聯洽計劃，不幸而滬地戰事暴發，本會基本醫務人員，全體出發戰區救護，先後在租界內，及難民區，成立臨時醫院四處，中西醫治療所二處，分頭救護，日夕不遑，共計救護傷病兵民二萬八千餘人，茲將籌組經過報告如左。

一、人才之組合　本部籌備救濟時期，本會基本醫師，卽經與各方接洽，荷承同濟大學校長翁之龍先生，同德醫院與南市市立醫院，江灣市立醫院，吳淞市立衛生處，國醫學院，及上海市開業之中西醫師之贊助，或團體參加，或個人相助，各醫師均富學識經驗，故能赴事有功，看護部份，亦由各醫師設法徵集，一時熱心到院服務者，計有二百餘人，聖心醫院並派有法國童貞小姐，在院服務，其熱心尤爲可佩，至各醫院事務之組織，有康元製罐廠，德孚洋行，謙信洋行，乙豐布號，鎭東機器廠，振業藥品材料公司，久記營造廠，鈕永記營造廠之熱心贊助，允許撥用一部份職員，爲本部各院幹部人才組織之配合，醫務事務之精神，益臻密切之聯貫，而在事諸君愷惻之懷，尤足令人欽佩也。

一、醫藥之補助　戰事醞釀期間，滬上各藥房，對於藥品，已有充量之準備，祇以各地到滬採辦者過多，致有供不應求之趨勢，戰事發生後，而藥品益感缺乏，本部對於各區救濟藥品，雖已分別籌購，惟以需用數量過多，幸得振業藥品材料公司，拜耳藥廠，先後代為籌謀，並承乙豐布號，仁康號，新益號，暨各善士捐助大量紗布，一切用品，幸無缺乏，而五洲藥房，新亞信誼海普三藥廠，萬國大華及韋廉士各藥房，勝利醫藥儀器公司，先後撥助各項藥品，及藥棉紗布，為數亦不在少，海關華員俱樂部各善士，憫念傷病之痛苦，源源捐助丹金水，洗滌瘡口，立即止痛，功效尤宏，此外中藥部份，則有中國道德會，濟生會，黃卍字會，祇園法會，先後捐助各項中藥甚多，其個人方面，則有龔醒齋先生，捐助大宗福星散，專治瘧痢，惠濟兵民，尤為無量。

一、院址之籌劃　戰事發生後，租界房屋，固不易覓，然求其空氣流通，能適合醫院之用者，尤戛戛乎其難，山東會館齊魯小學，以全部之校址，為首先之贊助，本部遂獲成立第一臨時醫院，滋康錢莊經借戈登路薛宅大洋房一座，復成立第二臨時醫院，小沙渡路僑光中學校，復以全部校址撥借，成立第三臨時醫院，宋君又經借呂班路一百八十二號大洋房一座，成立第四臨時醫院，南市得意樓主人，慨借房屋，成立中西治療所，四馬路長樂茶樓房主撥借該園前部，成立難民治療所，各院所大都種有花草，頗形幽雅，而房屋亦寬敞，以故布置尚稱適宜。

本部各醫院，各治療所之組織，端賴以上各界人力物力之贊助，次第成立，所有醫務事務兩種人才，皆抱有錢出錢，有力出力，各盡其分之主旨，恆星夜從公，毫無倦容，且類係盡純粹義務，努力到底，故所費少而收效宏，又本部第三醫院，係由王賡才先生捐貲五千元開辦，旋因全體醫師看護，調赴內地工作，遂由本部另行改組後第三醫院，租賃威海衛路七三七號爲院址，當時並承黃卍字會捐助醫藥用具各件，以充實內部之組織。

第一節　各院之組織

本部醫院組織，依據本會臨時醫院章程，所有醫務事務行政，則由本部醫務組負責設計，各醫院設正副院長各一人，醫務事務主任各一人，醫務方面，主任以下，設置醫務、護務、藥務、事務、四股、統理醫藥及行政事宜，醫務股內分設手術，治療，診察，防疫，整形，五組，管理治療及預防工作，護務股內分設護病清潔兩組，管理看護病人及司理消毒工作，藥務股內分置調劑、保管、兩組、管理調劑藥品保管器械工作，事務股內分置人事統計兩組，管理人事進退，統計醫務工作，事務方面，主任以下，設置會計、文牘、庶務、保管、人事、各股、統理全院行政事宜，會計專司編製賬目及出納事宜，文牘專司往來函件事宜，庶務專司清潔雜務，佈置病室採辦物品事宜，保管專司典守儲藏事宜，人事股則專司糾察職員，檢查食具，督察廚房，慰問傷病等事宜，各主任商承院長辦理一切醫務事務各項，各組幹事，則商承主任分別執行事務，此本部各醫院組織之概況也，茲將臨時醫院組織系統表列後。

世界紅卍字會中華東南各會聯合救濟總監理部臨時醫院系統表

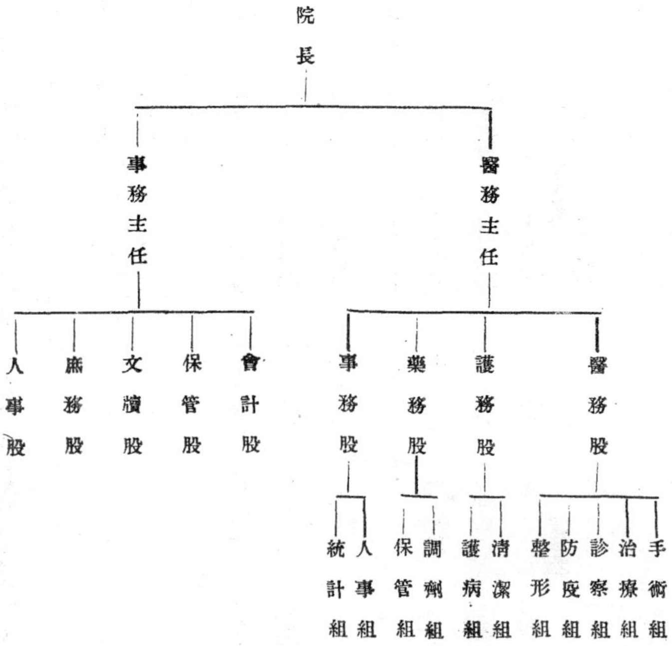

世界紅卍字會中華東南各會聯合救濟總監理部第一臨時醫院醫師職員表

職別	姓名
院長	羅道悟
副院長	周真如
醫務主任	胡嘉言
醫師	朱克聞　張仲明　黃昭學　黃種強　方子勤　衞光旦
	陳任　王暘館　李善畯　龔縱德　胡濟楚　吳文華
	沈敏樹　李世模　殷家玉
藥劑師	烏秀梅　許企傑
護士	宋國瑞　唐瑜箴　龐一亭　殷家瑜　吳自明　邱鴿鳴
	林淑靜　林玲　李犨　孟廣貞　陳和玉　王詩靖
	羅璋琦　沈勇敏　徐蓮寶　謝維之　陸惠芬　嚴擷華
	任玉珍　徐秀英
事務主任	胡中乘
幹事	潘良棟
各組辦事員	劉惟天　程滌生　王季書　胡嘉楨　殷煜明　翟光奎

王鼎發　陳正和　瞿仲麒　周克成

世界紅卍字會中華東南各會聯合救濟總監理部第二臨時醫院醫師職員表

職別	姓名					
名譽院長	翁之龍					
院長	周宗良					
副院長	蔣益生					
醫務主任	呂富華	郭秉寬				
醫師	章元瑾	胡志遠	伍必雄	張立慰	錢家驤	張連琪
	周悉範	江文漢	梁勉程	劉振權	黃麗若	杭承照
	郭奮英	周建平	高仕楷	邵荷貞	裴炳元	唐坤元
	張啓行	李昊盤	馬碧霞	唐　哲	陳德懋	金孚戡
	錢章材	周世進	梁雄萬	陳延萃	魏　方	張慶民
	宋民通	陳炎盤	陳遠岫	謝天民	胡天祿	李　穎
	楊聲鴻	吳軼厚	姚際唐	李家忠	李素秋	鄭錦淇
	汪光榮	朱爾梅	高振福	莫興漢	莫誠沭	王紹昌
	蔣起鵾	鍾敬和	鄭汝英	李惇誼	陶桓東	陳祖蔭

馬晶　陶爍

藥劑師　徐學文

護士　程善芳　黃卿華　戴葆華　沈木蘭　王渠芳　張葆珍
沈立華　朱耕美　朱文芳　吳超蘊　李寶　何慧珍
李鳳寶　邵佩珍　汪少奎　曹玉卿　錢慧鈞　史佔潮
邵如霖　陸璋琦　任玉驤　孔蔓英　朱文仙　黃伯瑛
賈奎芳　劉佩蓉　夏希平　童時秋　羅璋琦　陸摯娥
凌慕菊　鍾國英　杜惠貞　任亞君　王慧芳　潘佩琳
吳錫珍

事務主任　周孝高

幹事　陳世蕃　陳器成

各組辦事員　胡晏　賀純之　羅桂懋　李仁冠　黃璞山　楊秉忠
葉水仙　陳慶發　崔祥雲　崔祥春　徐學文　洪承禔
陳世澤　陳錫璋　陳華廷　尹世柄　朱光璧　孫國楨
程小騏　姜壽椿　李炎坤　葉季元　徐丕烈　劉逸民
陳樹棠

義務服務　王國勳　常復厚　盧永林　沈留福　周槐堂　張運陶

王小海　季家鼎　邵良臣　袁彬生　楊　衡　滕名賚

范具山　李季華　柴剛庭　盧炳華　葉采章　李發善

王永祥　劉金根　王采棠　毛炳初　胡以志　葉國彬

高　翔　鄒國楨　張玉林　徐祜修　辛文蔚　徐宏業

周志甫

世界紅卍字會中華東南各會聯合救濟總監理部第三臨時醫院醫師職員表

職別	姓名
院長	王慶才
副院長	周眞如
醫務主任	李宣果
醫師	項經方　龔炳元　賈彭庚　陳伯修　劉鶴翔　[illegible]
	張連禛　馬龍圖　陳景道　黃　文　趙　霖　陸遠峰
	宋名通　沈葆燮　陳創本　黃孝邁
護士	李浩泉　公孫氏　公孫水如　于的芳　姜靜成　朱清漣
	孫培德　向俊人　萬粹貞　薛卓瑩　費雲英　史倍潮

	林應昇　王渠芬　伍玉驥　姜壽椿　諸琴
事務主任	曹孝惟
幹事	孫泉灌　王亮公　王愷庭
各組辦事員	王虹　劉玉泉　張式廬　李炎坤　姚延寧　汪長春
	金曼輝　孫胡心美　吳炳祥　汪蓬貞　孫志祥　張嘯虎
	陳鼎彝　周丕成　李春景　蘇文平　朱德元　汪鶴雲
	尤華裕　孫全豐

世界紅卍字會中華東南各會聯合救濟總監理部後第二臨時醫院醫師職員表

職別	姓名
院長	韓福航
醫務主任	胡嘉言
醫師	張仲明　黃昭學　李善峻　方子勤　衛光旦　夏清祥
	龔繼德　吳文華　胡濟楚　殷家玉
藥劑師	烏秀梅　許企傑
護士	趙訓美　姜璧人　羅潔　蔣愛瑾　李慧寶　張娴芬
	唐瑜箴　任慧君　沈勇敏　徐蓮寶　宋國瑞　謝維之

孟廣貞　陳和玉

事務主任　龍化莘

各組辦事員　丁元芳　任培生　歐憲之　歐振中　黃仲康　范乾潤

薛浩翔

世界紅卍字會中華東南各會聯合救濟總監理部第四臨時醫院醫師職員表

職別	姓名					
名譽院長	陸伯鴻					
院長	王定礽					
副院長	舒昭䅜					
醫務主任	朱克聞					
醫師	黃種强	劉金泰	陳任	王暘館	陳璧明	傅積仁
	俞爾壽	朱永奎	李情超	田紹堯	趙天彙	
藥劑師	朱文治					
護士	殷家瑜	王詩靖	陸惠芳	祁佩淸	陳靜鉌	王蓮芬
	黃韻秋	李秀環	和琴芸	吳自明	戴夢華	唐仁儀
	葛鳳珍	趙璧城	羅娥軒	劉宜男	夏鋶華	梅繼範

黃韻琴　吳玉英　鍾瑞仙　陳麟波　庚瀛珍　王碧如
陳若賢　孫益中　錢鴻熙　孫益卿　梁元貞　萬益濤
郭正清　郝駒愷　蔣妃嬬　艾德輝　應得良

幹事　潘良楝　黃菊生　舒紹崢　盧賢遜

各組辦事員　宓子雲　王文斌　鮑松年　王慶餘　張鶴塘　殷蓮聲
何承昌　鄭根昌　陶錫章　陳衍波　徐寶書　瞿仲祺
張箕景　蔡協昌

世界紅卍字會中華東南各會聯合救濟總監理部中醫治療所醫師職員表

職別	姓名
所長	劉寶吉
醫務主任	章次公
副主任	沈濟蒼
醫士	張達玉　徐竹岑　施濟　周天佑　曹慕宗　劉文浦
	楊景賢　吳孟仁　何公度　何小爋　陳志雲　沈倬璒
特約醫士	朱少鴻　朱鳳嘉　錢濟平　王百川　沈裁之　趙蓉海
司藥	雍世鰲　董兆鴻

護士	吳澤銘　茹芳　卞敬智　周克成　陳正如　王鼎發　陸福興　鄭永康　蘇鼎猗
事務主任	舒紹崢　陶山威
幹事	陸崇成

世界紅卍字會中華東南各會聯合救濟總監理部南市中西醫治療所醫師職員表

職別	姓名
所長	胡中乘
中醫主任	章次公
副主任	丁翰宗
醫士	劉文浦　張挹山　韓文普　李漢林　翁紹和
西醫主任	胡嘉言
副主任	沈在中　楊勛
醫師	楊振凡　卞敬智　謝維之　倪才根　宋國瑞
護士	王惠娟
司藥	許企傑　張秋泉
事務主任	陶山威

幹　事　李元龢

辦事員　李潤甫　顧子履

第二節　各院之設備

本部各院，均屬巨廈，綠茵鋪地，花木葱蘢，傷病者於驚恐憂悶之餘，得此自然景物之安慰，心曠神怡，無形中減去痛苦不少，各院設傷兵疾室，難民病室，化驗室、手術室、消毒室、保管室、檢驗室、門診室、調劑室、院長辦公室、醫務事務各主任辦公室、醫師看護寢室、辦事人員寢室、並以院之開屋爲太平間，各院病室均設備鐵床，計第一臨時醫院，設二百七十鋪位，第二臨時醫院，設一百六十五鋪位，第三臨時醫院，設一百三十鋪位，後第三臨時醫院設一百鋪位，第四臨時醫院，設二百二十五鋪位，租界中醫治療所，設一百鋪位，南市中西醫治療所，設七十五鋪位，每一鋪位，均置有草墊一床，棉毯被單枕頭各物，夏蓆冬被，隨時供給，特製衛生衣服，入院時，亦逐一照發，第二四兩院，並備有愛克司光，太陽燈，及電療器，凡傷兵子彈深入內部，必經檢驗者，均送二四兩院，經細密之檢查，然後再施行手術，又第二三兩院，醫療器械，均由上海市立醫院撥借，俱屬精良新穎，第四院器械用具，則由已故名譽院長陸伯鴻先生轉向聖心醫院借用，至後第三院用具一部分由黃卍字會捐助，不足則以本會基本醫院器具分配，或購自市上以補充之，所有一切設備，均就本部心力之所能及，以期爲受傷兵民，減少其精神之痛苦，稍舒其胸中之抑鬱而已，當本部各院開辦伊始，承各界善士，或捐助襯衫衣被，枕頭，或捐助鐵床，或捐助醫務用具，踴躍輸將，熱忱救濟，數千兵民得慶更生，此本部所當代爲感謝也。

第三節　醫務之分配

本部各院分內外耳鼻喉眼齒皮膚、產婦、小兒、神經、化驗、愛克司光，等科、第一院及後第三院，由總主任醫師胡嘉言君兼醫務主任，第二院，由郭秉寬呂富華二君担任醫務主任，第三院由李宣果君擔任醫務主任，第四院由朱克聞君擔任醫務主任，所有各科醫務，則由主任分配各醫師負責治療，其出發戰區之醫師看護，則於救護時，急施手術，代爲包紮，塡寫傷狀單，運送各院治療，其最使人感動者，傷兵難民，於午夜運到時，各醫師寧願廢寢，立予施治，不欲使受傷者，多感受片時苦痛，或延緩而增加其危險，至於日常調治，以及整形等等工作，各醫師分班擔任，靡不細心從事，每院醫務主任，早晚均親向視察慰問一週，各看護則日夜輪流照料，毫不疏懈，此種義務服務之精神，實足爲本會救濟史上放大光彩，而永垂紀念，不敢或忘者也。

第四節　隔離室之添設

戰事自開始以來，本部救護隊分路出發，在戰區救護，正在努力工作之際，租界當局，於九月十八日，因查報戰區霍亂流行，爲防止傳染起見，忽有禁運傷兵入界之令，各團體救護隊，所救受傷兵民，均須先送界外楓林橋中山醫院急救流動隊，經一星期之檢驗，如無患傳染病者，始得分送各院治療，此舉實行之後，在租界當局，爲保障界內人民之安全，固爲當務之急而傷兵之痛苦，實有不忍殫述者矣，如是者不過十日，急救流動隊，已有人滿之患，醫師看護，亦苦應接之不暇，彼重傷者，或多不救而死，次重傷者，或因流血過多，以致殞命者，亦不乏人，本部經與租界當局懇切磋商，於二四兩院，設立隔離病室，凡本部救濟隊在戰區所救之兵民，均先送急救流動隊略予檢查，即行運入界內治療，因此二四兩院床位，益不敷分配，於是將傷愈者，設法遣送，輕傷者，移入走廊穿堂調治，每院舖位增加至一百二十張之多，一時各院均極擁擠不堪，而本部因人力財力，及地點種種關係，又苦無法於界內擴充增設院所，比時正值前方戰事日益劇烈，救濟隊每日救護傷殘送院，有加無已，不得已與遣送委員會商洽，將各院輕傷者疏散回籍，一面於後第三醫院，添置臨時舖位，以資救濟，復與紅十字會各醫院，及平民療養院朔麟醫院接洽，互相轉院治療，其中經過之困難，有非楮墨所能盡其萬一者，幸在事同人，抱定救人宏願，雖日在萬分艱苦之中，均能以忍耐態度處之。

第五節　傷病之調護

受傷兵民，環境衛生，至關重要，本部各院清潔組，每日督率伕役洒掃庭房，整潔各病室被具，及澣洗衣服，撲滅蚊蟲，檢查器具，務使適合衛生，更有督廚者，專司調庖食物，監視治膳，住院受傷兵民，日供食三次，米粥麪麥俱備，佐餐之菜，凡一葷一素，有時於經常三餐之外，繼以小食，凡受傷者食品之需要，與禁忌之食物，均由醫師通知看護及辦事員，每日列條交督廚者依照分別調度，如遇有傷病不能進食者，或略能食而尚需滋補者，則備牛乳及美橘水以飲之，牛乳之需，多數由生生牧場之捐助，其有呼呻吟號者，各看護則加以勸慰，以安其心，更有本會婦女服務部慰問組各女士，分班前往慰問，或爲繕寫家書，俾通消息，或爲之演說故事，喚發精神，傷病者，感激之餘，有爲之淚下者。

第六節　各院所治療之經過

本部各醫院，統共治療傷兵二千零九十四人，傷病人民四百八十人，內計第一醫院治療傷兵四百七十二人，傷病人民一百九十八人，第二醫院治療傷兵、五百五十三人，傷病人民一百五十八人，第三醫院，治療傷兵三百九十七人，傷病人民二十八人，後第三醫院治療傷兵一百零四人，傷病人民十五人，第四醫院治療傷兵五百六十八人，傷病人民八十一人受傷部位，以腿部指部、足部、手部、腹部、爲多，有槍傷者，有炸傷者，有刺刀傷者，均經各院醫師分別治療，統計，其關於傷兵方面，施行手術者，有七百九十九人，完全治愈者計有一千六百四十人，殘廢者四十四人，傷重治療無效死亡者，計一百三十人，轉送他院治療者二百八十人，關於傷病人民方面，施行手術者。一百二十五人，完全治愈者三百七十一人，死亡者三十一人，轉送他院治療，七十八人，其各治療所常住病民治療者，九百六十八人，內完全治愈者，七百七十七人，死亡者七十三人，轉送他院治療者一百十八人，另有各醫院各治療所門診治療，計一萬四千零四十二人，茲將治療受傷兵民人數，年齡，籍貫，部屬，受傷部位，施行手術人數治療結果，暨難民病症種類，及其結果，各表列后。

各醫院治療所床位表

院別	病床數
第一醫院	二七〇
第二醫院	一六五
第三醫院	一三〇
後第三醫院	一〇〇
第四醫院	二二五
中醫治療所	一〇〇
南市中西醫治療所	七五
合計	一〇六五

各醫院治療傷兵人數表

院別	人數
第一醫院	四七二
第二醫院	五五三
第三醫院	三九七
後第三醫院	一〇四
第四醫院	五六八
合計	二〇九四

各醫院傷兵年齡表

院別 / 人數 / 年齡	一五—二〇	二一—三〇	三一—四〇	四一—五〇	五一—六〇	未詳年齡者	合計
第一醫院	五五	二五四	一一三	五〇			四七二
第二醫院	二七	四一〇	一一一	四	一		五五三
第三醫院	五二	二二二	九二	二九	二		三九七
後第三醫院	一	三六	五六	一〇	一		一〇四
第四醫院	六四	二九二	一八九	三		二〇	五六八
合計	一九九	一二一四	五六一	九六	四	二〇	二〇九四

各醫院傷兵籍貫表

省別　人數　院別	第一醫院	第二醫院	第三醫院	後第三醫院	第四醫院	合計	備註
河南	四二	一二一	七〇	一四	六七	三一四	
安徽	五六	八一	一二二	二一	二六	三〇六	
江蘇	三八	六〇	八〇	一〇	四二	二三〇	
湖南	一二二	五五	六三	一三	四三	二九六	
山東	五七	五二	一六	三	六五	一九三	
浙江	三一	二二	一二	七	五八	一三〇	
湖北	二五	二六	一三	六	五三	一二三	
四川	二五	三一	六	八	三五	一〇五	
江西	二一	三二	三	四	三五	九五	
河北	一七	二〇	三	三	三四	七七	
陝西	一二	一三	二	四	一三	四四	
廣東	一〇	一三	一	一	一四	三九	
廣西	五	一〇	二	三	一三	三三	
山西	五	七	二		一二	二六	
貴州	一	二	一	三	八	一五	

福建	三	二	一		九	一五	
遼寧		二			一〇	一二	
甘肅	二			二	六	一〇	
雲南		二			四	六	
吉林		二			一	三	
黑龍江					二	二	
不明籍貫				二	一八	二〇	因傷重到院已不及詢問
合計	四七二	五五三	三九七	一〇四	五六八	二〇九四	

各醫院傷兵部屬表

部屬　人數　院別	第一醫院	第二醫院	第三醫院	後第三醫院	第四醫院	合計
第八、十八師	一四一	六七	一八一	三二	七四	四九五
第三十六師	四三	五九	四五	二〇	五三	二二〇
第二師補充旅	一二五	五六	七二		二五	二七八
保安隊	五六	三四	三〇	一〇	二三	一五三
第八十七師	八	七七	一四	七	二二	一二八
稅警團	一〇	三〇		二	三一	七三
第八師	八	四〇			三二	八〇

第六十一師	六	二一		二	三〇	五九
第十九師		四			三四	三八
第三十七師獨立旅	三二				二一	五三
第六十七師		五		一二	一六	四〇
第二師	一四	三	二三		七	四七
第三師		七			二一	二八
第十一師	一三	七			一二	三二
滬警察隊	五	一五	一三		八	四一
第七十八師	二	二三			一三	三八
第六十二師		五		二	二一	二八
教導隊				二	一七	一九
第一〇二師		二		五	一九	二六
第六師		二一				二一
第五十七師	二	七		一	七	一七
傳信隊					九	九
第五十八師				一	六	七
第十四師		一〇			四	一四

第九十八師	二	八	一二			二二
第三十三師		九			三	一二
第十六師		五			四	九
第二十六師					六	六
第一師		五			三	八
第一〇七師				二	三	五
海軍					四	四
第一七〇師		二			二	四
炮兵第二旅		三			一	四
四十五獨立旅				一	二	三
第一六〇師	一	二			一	四
第六十三師					三	三
第五十九師				一	二	三
第五十五炮兵團					三	三
第三十二師		四				四
第二十旅		四				四
民伕		三				三

第七十七師	一				一	二
京滬警隊	一	一				二
第十三師					二	二
獨立師		二				二
特務隊		二				二
憲兵	一					一
警察教練所	一					一
第九十九師				一		一
第一四〇師				一		一
第九十師					一	一
第五十六師					一	一
第十八師					一	一
第四十四師					一	一
第二獨立旅		一				一
保衛團		一				一
安徽保安隊		一				一
第四十五師		一				一

第十五師		一				一
第一五九師		一				一
中央軍校炮兵營		一				一
中央軍官校		一				一
第四路軍教導獨立旅		二				二
重傷無屬者				二	一八	二〇
第四十師					一	一
合計	四七二	五五三	三九七	一〇四	五六八	二〇九四

各醫院傷兵受傷部位表

院別／人數／受傷部位	頭部	面部	目部	耳部	口部	鼻部	腦部
第一醫院	九	五	一	一			一
第二醫院	一五	一〇	三	二	二	二	四
第三醫院	一一	一	一	一	二	三	二
後第三醫院	六	二	一	一	一	一	一
第四醫院	一九	二四	一三	一一	五	七	六
合計	六〇	四二	一九	一六	一〇	一三	一四
備註							

各醫院傷兵施行手術人數表

頸部	一	四	一	二	七	一五	
肩部	三	四	七	二	一三	二九	
背部	三	二一	七	一	二〇	五二	
胸部	九	二〇		一	八	三八	
肺部	一	一一		二	三	一七	
臂部	二〇	三〇	三	八	三七	九八	
腹部		二〇	一五	二	二五	六二	
腰部	五	一〇	二	四	一七	三八	
臀部		一一	一四	三	一六	四四	
手部	七七	五一	三四	一〇	五五	二二七	
足部	六九	七八	八七	一二	四六	二九二	
腿部	一六三	一五三	一四四	三三	一〇四	五九七	
膝部	三二	一五	一三	二	二六	八八	
內傷	四	一六	八	二	二八	五八	
疫病	一〇	五〇	五			六五	
複傷	五八	二一	三六	七	七八	二〇〇	同時有二部以上受傷者列入複傷
合計	四七二	五五三	三九七	一〇四	五六八	二〇九四	

受傷部位＼院別＼人數	第一醫院	第二醫院	第三醫院	後第三醫院	第四醫院	合計
頭部	一	一二	二	二	一三	三〇
耳部		九	三		六	一八
口部	一	五	四	一	三	一四
面部	二	一五			一五	三二
肩部	三	二三			六	三二
胸部	二	一四			二	一八
肺部	一					一
腰部	五	九	三		三	二〇
腹部	二	二三	四		一五	四四
指部	一〇	五八	一三	九	二〇	一一〇
手部	一四	六三	五	五	一九	一〇六
背部	一	九	二	三	二三	三八
臂部		一〇	二		九	二一
腿部	九	五四	二二	一三	一三五	二三三
足部	一	一六			六五	八二
合計	五二	三二〇	六〇	三三	三三四	七九九

各醫院傷兵治療結果表

治療結果＼人數＼院別	第一醫院	第二醫院	第三醫院	後第三醫院	第四醫院	合計
治愈	四六四	五一三	五一	七九	五三三	一六四〇
殘廢	一二	八	一〇	九	五	四四
死亡	八	四〇	二二	二五	三五	一三〇
轉送			二八〇			二八〇
合計	四八四	五六一	三六三	一一三	五七三	二〇九四

各醫院所治療傷民病民總數表

院別	住院治療人數	門診治療人數	合計	備註
第一醫院	一九八		一九八	
第二醫院	一五八	二一〇〇	二二五八	
第三醫院	二八		二八	
後第三醫院	一五		一五	
第四醫院	八一	六四四	七二五	
中醫治療所	七五五	五二〇	一二七五	
南市中西醫治療所中醫部	八九	一七四九	一八三八	

南市中西醫治療所西醫部	一二四	九〇二九	九一五三
計	一四四八	一四〇四二	一五四九〇

各醫院所傷病民籍貫表

省別＼院所別／人數	第一醫院	第二醫院	第三醫院	後第三醫院	第四醫院	中醫治療所	南市中西醫治療所	合計	備註
江蘇	一〇五	一三五三	二一	八	四五二	七二五	八三四九	一一〇一三	上海南京在內
浙江	六四	八五三	六	五	二五三	五二三	二六三五	四三三九	
山東	一	五		一	五	五		一七	
湖北	二	一〇			五	一〇	七	三四	
湖南						一		一	
安徽	二一	三七	一	一	一〇	一一		八一	
河南	一							一	
河北	二							二	北平在內
江西	一							一	
四川	一							一	
合計	一九八	二二五八	二八	一五	七二五	一二七五	一〇九九一	一五四九〇	

各醫院傷病民年齡表

年齡　人數　院別	第一醫院	第二醫院	第三醫院	後第三醫院	第四醫院	中醫治療所	南市中西醫治療所	合計	備註
一—五	一一	五八			六〇	二七五	四三四	八三八	
六—一〇	三五	一三〇			四五	二三五	四七七	九一二	
一一—二〇	四五	二六〇	八	二	一四三	二六〇	一二七五	一九九三	
二一—三〇	七八	九七〇	一一	八	二五六	二七五	二四五六	四〇五四	
三一—四〇	二五	七四〇	六	三	一〇三	二一〇	四二五八	五三四五	
四一—五〇	二	六五	三	一	八五	一〇	一三八六	一五五二	
五一—六〇	二	二五		一	二三	一二	五八五	六四八	
六一—七〇		七			二	八	九五	一一二	
七一—八〇		三			五		二四	三二	
八一—九〇					三		一	四	
合計	一九八	二二五八	二八	一五	七二五	一二七五	一〇九九一	一五四九〇	

中醫部治療病民病症人數表

院別	中醫治療所			南市中西醫治療所			合計
症別　人數　性別	男	女	幼	男	女	幼	
溫病	五三	四五	二四	三二	一九	二八	二〇〇

結胸	一	二		三	五		一一
瘧疾	九	七	三	三八	一七	四	七八
癥瘕				三	五		八
腦瘜						一	一
痲疹	四	三	一〇	一一	八	一五	五一
痧疹			一九			二七	四六
天痘	三	二	九		二	二一	三七
癃閉	四			三	三		一〇
疳積			二三			四〇	六三
痢疾	一一	八	四	二九	三一	一〇	九三
霍亂	一二	一四	七	二七	一三	一一	八四
肺癰	一	一		三	一		六
肺痺	一〇	一三	一五	七	四		四九
乳蛾	三	五	一〇	一四	一七	八	五七
癆瘵	五	七	三	一一	一一	三	四〇
歷節風		八					八
丹毒	四	六	七	九	七	二	三五

膨脹	二	一		三	一		七
痰飲	八	九		一〇	一八		四五
脚氣	二九	一七	一三	五九	三六	一一	一六五
泄瀉	一〇	九	八	三一	二七	二三	一〇八
風痺	一			一	二		四
嘔吐		三	一	七	一二	一二	三五
胃呆	一	八	二	八	五	六	三〇
子癇		二			四		六
虛損	一三	一〇	三	二〇	一七	一四	七七
膈噎	九	八	八	三	五		三三
腸風便血	一四	一一	七	四	二		三八
傷風	一九	一八	一九	四五	四七	二九	一七七
鶴膝風	七	三		三	二		一五
瘰癧	一三	五	八	一八	一〇	七	六一
胸痺	七	七		五	三		二二
衄血	六	五	一〇	六	四	一	三二
怔忡	一〇	九		一九	二六		六四

痙症		三	五				八
齒疾	二一	一〇	一〇	一八	一五	二〇	九四
痿症	七	三		五	四		一九
崩症		一五			一九		三四
胎前		二八			二一		四九
產後		二五			三〇		五五
白帶		四一			五四		九五
便祕	一三	一八	一一	一五	一八	一三	八八
中風	三			八			一一
消渴	四	二		七	八		二一
黃疸	八	四		九	七		二八
疝氣	七	三		一二	五		二七
音瘖	三	三	五	一〇	一二	九	四二
喘症	一七	一五		二三	一六		七一
頭痛	二九	二七	一〇	二四	二九	六	一二五
腰痛	一四	一九		九	五		四七
耳鳴	三	一					四

酒積	一〇			一二			二二
驚風			二八			四〇	六八
目疾	一五	一二	一四	一六	一三	一一	八〇
痲木	二	二	一	五	四	二	一六
五淋	三	二		一五	三		二三
傷食		一	一二	二九	二五	五一	一一七
呃逆	五	三		八	七		二三
顛狂	一	一		三	一		六
類中	一						一
遺精	四			一三			一七
脅痛		三					三
脫肛	一			三			四
髮脫	一						一
癢癬	二	一	三	八	五	二	二一
浸淫瘡	三	二		三	三		一一
脚趾濕瘡	九	七	三	一〇	八	八	四五
月經病		一〇			三一		四一

合計	一二七五	一八三八	三一一三

西醫部治療病民病症人數表

院別	第一醫院			第二醫院			第三醫院			後第三醫院			第四醫院			南市中西醫治療所			合計
症別 人數 性別	男	女	幼	男	女	幼	男	女	幼	男	女	幼	男	女	幼	男	女	幼	
心臟瓣膜障礙	三	一		二	五											二四	三六		七一
肺結核	一〇	四	三	二五	二一	一六							五	六		一〇三	一〇〇	七六	三六九
肺炎	五	六	九	六	三	二一							六	二	一〇	三五	二三	三六	一六二
氣管炎	一三	九	六	五六	三五	五二							二五	二三	九	一五六	八六	九六	五六六
肋膜炎	三	一	二	三	二	九							二			八	三	四	三七
瘧疾	一五	八		二八	二三								九	一〇		四三六	三四〇	三	八七二
傷寒	六	六	一	二四	三六	八							八	三		一五	一二		一一九
副傷寒	一	一		一五	二三								一六	三		一四	六		七九
痢疾	三	二	二	一三三	八六	二五							一六	一三	三	一〇四	九六	三九	五二二
胃炎				九	四											一五	一八	二三	六九
腸胃炎				一九	二三	二六							九	八	二	一五四	九八	六三	四〇二
腸炎	二	二	三	一五	一三	二四							三	八	二	八五	四三	七七	二七七

慢性腸炎	痲疹	百日咳	流行性感冒	火傷	天花	水痘	敗血症	盲腸症	肛門裂創	脫肛	丹毒	蕁麻症	疔	下腿潰瘍	輸卵管炎	妊娠嘔吐
							一									
		三														
二			一三〇	二				二			一五		五	三五		
			一三九	一							五		五	二〇		
九		一二五	一三五		六	一五										
一三			二五													
六			五													
二	三五	四五	三													
一七			四一六	一三	一一		二	三	四	三	四	九	一三			
一三			一六六	五	二〇			二	五		一〇	五	八		四	一六
八	一五六	二〇三	一三五	二八	一〇三	九六										
七〇	一九一	三七六	一一五四	四九	一四〇	一一一	三	七	九	三	三四	一四	三一	五五	四	一六

子宮內膜炎					九												二三		三二
角膜內狀炎				八	一三														二一
眼結膜炎																一五六	二〇三	九	三六八
中耳炎			一															二〇二	二〇三
扁桃腺炎			三	二	三	二一									九	九三	四八	一五六	三三五
白喉																一五	二四	七	四六
牙囊腫																四五	七		五二
鼻出血																三	八	二	一三
眼虹彩炎													八	四		一五六	二三五	九六	四九九
精神病																四	六		一〇
憂鬱病																二四	一八		四二
多發神經炎																九	七		一六
神經麻痺																八	一一		一九
脚氣病症	三	一		二八	一六									五		二三六	一四五	七三	五〇七
僂麻質斯關節炎																一五六	一七九		三三五
關節炎	二															一四	一八		三四
梅毒																三六	四		四〇

淋病	皮膚炎	疥癬瘡	氣管支擴張症	合計
				一四二
				一五三二
				三六一
七五	四三	一〇三六	一五	八六六八
	八	一〇一三	六	
	九	一〇一二		
七五	六〇	二一六一	二一	一〇七〇一

傷民受傷部位人數表

院別	性別	頭部	面部	目部	耳部	口部	鼻部	唇部	頸部
第一醫院	男	一				一			二
	女		一		一				
	幼							一	
第二醫院	男	六	一一	三	二	一	五	四	一四
	女	二	一三	二	四	三	二	三	二
	幼	一	二		一	一		二	三
第三醫院	男								一
	女								
	幼							一	
後第三醫院	男								二
	女					一			
	幼								
第四醫院	男	二		一		二		一	
	女	一	一				一		
	幼	一			二			一	
南市中西治療所	男	九	一	一	一			一	
	女	五	一						三
	幼	三	二			二		一	
合計		三一	三二	七	一一	一一	八	一五	二七

各醫院傷民施行手術人數表

院別／人數／受傷部位	肩部	背部	胸部	肺部	臂部	腹部	腰部	臀部	手部	足部	腿部	膝部	複傷	合計
第一醫院	一	五	二	一	五	一	一	四	八		二			五七
		三			三	一		二	四		三			
		一			二	一								
第二醫院	三五	七	三		一七	五	二	四	六八	四五	一〇三	二	二五	七二七
	二四	七	二		七	三	一	六	五四	五四	七一	四	一五	
	四	三	一		八	一		二	二九	九	六		一三	
第三醫院					一				二	一	八		五	二八
		一					一			二		二	三	
後第三醫院					一				一	二	一			一五
					一					一				
		一							三	一				
第四醫院	一五	三	二		一二	一	三	一	二九	五一	二八		一四	三六四
	三		一	一	六	一	二		四五	三七	一一	三	三	
	五		三		三	一	二		三七	一三	九		五	
	二一	二	一		二	三		五	四五	二九	一〇五	三	三九	四八五
	七	二	一				二		三六	四一	八〇	三	二	
	四	三	一				一		七	二	七		一	
合計	一一九	三八	一七	二	六八	一九	一五	二四	三六八	二八八	四三四	一七	一二五	一六七六

頭部	口部	腹部	耳部	手部	背部	腿部	臂部	臀部	足部	合計
一	一	三	一	一〇	九	五	一〇	一二		五二
四		一		五	九	二			一七	三八
				一	一		一			三
	一			三						四
		一	二	四	三	一一			七	二八
五	二	五	三	二三	二二	一八	一一	一二	二四	一二五

各醫院所住院所治療傷民病民治療結果表

治療結果／人數／院別	第一醫院	第二醫院	第三醫院	後第三醫院	第四醫院	中醫治療所	南市中西醫治療所	合計
治愈	一四六	一一一	二三	一五	七六	六三六	一四一	一一四八
轉送他院治療	三四	三七	五		二	六三	五五	一九六
死亡	一八	一〇			三	五六	一七	一〇四

第七節　巡迴治療報告

本部收容之難民，人數既多，患病者，雖有本部各醫院各治療所，可以隨時送往治療，因舖位有限，不免有向隅之歎，而其他各善團之醫院，亦時有人滿之患，經中西醫分兩組赴各收容所巡迴治療，西醫部份，由李邦政李哲君兩醫師輪流巡迴治療，中醫部份，由張達玉何筱梅各醫師，輪流巡迴治療，結果西醫部份，計共治療五千五百四十六人，中醫部份，計共治療五千二百零九人，茲將治療病民人數表列后。

各收容所中西醫巡迴治療病民人數表

所別	西醫治療人數	中醫治療人數	合計
第一收容所	一〇二三	九九八	二〇二一
特一收容所	七四二	八五四	一五九六
第二收容所	五二五	三四七	八七二
第三收容所	二七二	一二五	三九七
第四收容所	二九九	一四六	四四五
第五收容所	三七六	二五九	六三五
第六收容所	七二八	八四〇	一五六八
第七收容所	七四五	七二五	一四七〇
第八收容所	八三六	九一五	一七五一

合計	五五四六	五二〇九	一〇七五五

各收容所西醫治療病民病症人數表

症別	人數	症別	人數
流行性感冒	一〇九八	疥癬瘡	二一五
痢疾	三〇七	脚氣病	九九七
肺結核	四三	肺炎	二九
瘧疾	七一	傷寒	五九
副傷寒	三一	胃炎	二三
腸炎	一八	腸胃炎	九
慢性腸炎	二	痲疹	一九
百日咳	三七	火傷	三
天花	九	水痘	一一
敗血症	三	盲腸症	三
肛門裂創	八	脫肛	九
丹毒	二三	蕁痲疹	六
下腿潰瘍	二二	氣管炎	一七
肋膜炎	七	心臟瓣膜障炎	九
妊娠嘔吐	一五	子宮內膜炎	一九

角膜內狀炎	二三	眼結膜炎	七八
耳中炎	八九	扁桃腺炎	八一
白喉	二一	眼虹彩炎	一二
精神病	三	多發神經炎	一〇
神經痲痺	一一	僂痲質斯關節炎	八〇
腦髓炎	二〇	梅毒	二三
淋病	二四	皮膚炎	二二
氣管支擴張炎	二七	合計	五五四六

各收容所中醫治療病民病症人數表

症別	人數	症別	人數
溫病	九七一	瘧疾	一七二三
瘴氣	二一	疥瘡	一九
痲疹	二一〇	天痘	一五
疳積	一二七	痢疾	三九二
霍亂	四五	肺癆	三一
乳蛾	二九	關節風	五〇
丹毒	八八	膨脹	二三
腳氣	七二五	瀉	二〇四

嘔吐	五三	胃呆	一
膈喧	一三	傷風	八五
鶴膝風	一三	瘰癧	一五
齒疾	四二	崩漏	一二
胎產	一六	白帶	六五
便祕	五	中風	三
消渴	五	黃胆	七
疝氣	二一	喘症	二一
酒積	三	驚風	七五
目疾	二五	痲木	一八
五淋	六	傷食	一二
類中	一八	遺精	二五
癢癬	八七	月經病	七四
脚趾濕瘡	五五	浸淫瘡	七一
合計	五二〇九		

第八節　傷病之娛樂

本部對各院輕傷兵民，為保持其健康，希望其傷勢早愈起見，絕對不許傳遞各項戰事消息，以免其受意外之激刺，影響及其病體，然其精神受環境之拘束，不免苦寂，爰添闢娛樂室，以備輕傷兵民之消遣，其娛樂部份，計分音樂，小說、象棋、乒乓球、四部、音樂部、置有無綫電、留聲機、及各種絲竹、小說部、置有古今各說部多種、象棋乒乓球外、另置有高而夫枱球、及攝影機、專由事務員一人管理其事，傷病者於娛樂之餘，或散步園中，顯其沉痛不屈之氣度，或偃臥牀榻希望速愈出院，盡其捍衞之天職，其重傷不能行動者，由醫師規定時間，將留聲機，移入病房，以期消滅其愁悶。

第九節　慰問情形

自戰事發生後，兵民在戰區受傷，送院醫治者，或肢體斷缺，或手足傷殘，血肉模糊，慘不忍覩，各界咸具慈憫之懷，紛紛來院慰問，各院無法拒絕，惟爲加意審愼起見，對於各界來院參觀，如無本院許可證，概予謝絕，經規定慰問規則五項。(一)凡來院慰勞之團體，及個人，須事先商得本院事務主任之同意，方可到院慰問。(二)凡來院慰勞者，言語不得過多，以免妨害病人(三)凡慰勞物品，須經本院檢查，有無毒質，再由慰勞者按册親自發給。(四)慰勞者，不得向病人詢問軍事，及刺激病人神經之舉動(五)凡來院籍慰勞之名，而有不正當之宣傳者，得臨時制止之，蒞院慰勞者，團體方面，有上海市地方協會，上海文化救亡協會，上海市銀錢業聯誼會，海員公會上海分會，海關華員聯誼會，女青年會，婦女戰時服務團，婦女運動促進會，天主教進行會；同濟大學師生慰勞隊，婦女紅卍字會等處，公司行號方面，有生生牧場，梅林罐頭食品有限公司，海普造藥廠，拜耳藥品公司，振華廠，振業西藥原料號其住戶及個人來院慰問者，爲數亦不在少，慰問之物品，有法幣，藥物，衣服、毛巾、面盆、茶杯、書籍、以及其他用具仍有食品餅乾、牛奶、牛肉、水菓、以及各項小菜罐頭，又有小學生節省之糖菓費，名目繁多，不及備載；凡經各院收賬轉報本部者，均已隨時登報鳴謝，并已編入徵信錄，以昭大信，其直接發給者，無法統計，更有爲善不願居名，不令本會宣布者，本部爲尊重施與者之苦心，遵不刊登。

第十節　傷兵之遣送

當戰事初起之際，滬地各醫院，均以人滿爲患，本部各院，亦限於鋪位，不能有充量之收容，益以二四兩院內，特闢有隔離室，舖位更不敷應用，經商同紅十字會，採取遣送及轉院兩辦法，凡傷愈士兵，經本部醫務主任之證明，發給出院證，并衣服一套，川資二元至四元，免費乘車船，令其回籍，其輕傷未及全愈者，則分批運送杭州、松江、蘇州、嘉興、吳興、無錫等處各紅卍字會紅十字會及其他醫院，繼續治療，戰事西移以後，改由海道運送甯波温州等處醫院治療，沿途均派有醫師看護，隨同照料換藥，此本部辦理傷兵遣送之經過也。

第十一節　兵民死亡之善後

各院所兵民　因傷病過重，醫治無效而致死亡者，均由各院所隨時攝影存查，一面通知其家屬，並電請普善山莊及同仁輔元堂備棺殮葬。

第十二節　殘廢兵民之處置

本部對殘廢兵民，原擬有具體計劃，臨時殘廢院之組織，幷關於殘廢者種種設計，及生活之技能，經函商紅十字會國際委員會顏駿人會長，酌予補助經費，俾資實施，嗣國際紅十字會以租界內各醫院傷兵殘廢總額，約有六百餘人，因本部之請求，爲兼容並包計，遂於華園地方擴大組織殘廢療養院，所有本部各醫院殘廢兵民，計有四十四人，悉數送交該院，予以收容，此本部處置殘廢兵民之經過也。

第十三節　藥品管理處之報告

本部爲調劑中西藥品之分配起見，於本部醫務組下，特設西藥管理處，各醫院如有需要時，卽開具清單，由醫務組核定，交管理處分發各院，調配各方，亦逐日列表登記，按旬報告管理處一次，又於第二收容所分設配藥所，凡各所難民有疾病，經巡迴各醫師診斷後，所需藥方，由該處配發，其中藥管理處，則附設於第五收容所，凡各所需用藥品，卽由該處配發，玆將中西藥品管理處報告列表如后。

各院所給藥總數表

	住院給藥數		門診給藥數		附註
	中藥	西藥	中藥	西藥	
第一醫院		六三七六			一　西藥以方數計
第二醫院		一四七八二		二一〇〇	二　中藥以帖數計
第三醫院		三一一三			三　內外科合併在內

後第三醫院		四〇九		
第四醫院		七八二		六四四
中醫治療所	二五八九六		五二〇	
南市中西醫治療所	一〇二七九	一四三二二	一七四九	九〇二九
合計	三六一七五	三六九八四	二二六九	一一七七三

各收容所給藥總數表

所別	給藥總數 中藥	給藥總數 西藥
第一收容所	九九八	一〇二三
第二收容所	八五四	七四二
第三收容所	三四七	五二五
第四收容所	一二五	二七二
第五收容所	一四六	二九九
第六收容所	二五九	三七六
第七收容所	八四〇	七二八
第八收容所	七二五	七四五
特一收容所	九一五	八三六
合計	五二〇九	五五四六

第十四節　各醫院所之結束

本部各醫院各治療所，除南市治療所及愚園路治療所，仍在繼續工作外，統計自開辦日起至結束日止，共五百十四日，第一醫院開辦最早，結束亦在各院之先，其餘均次第分別結束各醫師在此結束後，仍隨時分赴華南及內地，賡續工作，茲將各院所開辦及結束日期，院所地址，表列如後。

各院所開辦暨結束日期表

院別	開辦日期	結束日期	地點
第一醫院	二六年八月一四日	二六年九月二八日	呂班路西門路山東會館
第二醫院	二六年九月一三日	二六年一二月二七日	膠州路戈登路薛宅
第三醫院	二六年八月二三日	二六年九月七日	小沙渡路僑光中學
後第三醫院	二六年一一月五日	二六年一二月一三日	威海衛路七三七號
第四醫院	二六年九月二五日	二七年二月二五日	呂班路一八三號
中醫治療所	二六年九月一五日	二七年二月一二日	四馬路　長樂茶園
南市中西醫治療所	二六年一一月一六日	現在尚在辦理	城內邑廟九曲橋隸香齋

第六章　與各善團合作事項

本部爲謀擴大救濟起見、與上海各善團取得密切之聯絡，以期分工合作，多救災黎，惟合作範圍，有屬於淞滬區者，有屬於全浙區者，有屬於京鎭丹區者，有屬於蘇北區者，均在繼續工作之中，除淞滬一區合作事項，可撮舉報告外，其他各區工作概要，祇有約略述及，其詳細情形，另由各區編報。

第一節　與上海國際紅十字會合作經過

本部收容各所，自二十七年二月份起，即由國際紅十字會予以物質上之補助，其他一切開支，仍由本部擔任，按照國際會規定給單之標準，每百人每日米六十五磅，豆十二磅，嗣又減少米十五磅，加豆十磅，麥十磅，菜十四磅，油一磅之三分之一，鹽一磅又三分之一，煤五十三磅，柴十三磅，自補助之日起，至各所結束之日止，計共補助食米一千六百四十三袋，麥一千二百八十四袋，豆四百八十三袋，燃料煤一百四十四噸，柴六萬五千一百六十磅，菜蔬七萬五千四百七十六磅，油鹽九千八百三十三磅，並由該會派員在本部各所，先後發給大小棉衣四千餘套，又指定國際紅十字會難民第一醫院，及特約之伯特利，同仁、仁濟、各醫院，爲難民實施療治，至各所教育經費，自二十七年六月份起，每月補助第一第六特一各所教員津貼四十八元並派教師二人，擔任本部第八所教育工作，關於救濟行政方面，如難民問題委員會之組織，及特別人事組，視察組，本會均推舉代表參加，商討難民之管理，給養之稽核，交換意見之結果，各所一切行政，漸趨同一之步驟，此本部與國際紅十字會合作之經過也。

第二節　與南京國際救濟會合作之概要

戰事暴發之際，各地難民，蜂集南京者甚衆，嗣以空襲轟炸，同告緊張，本部京鎮丹聯合救濟監理部，於鎮江丹陽下關組織收容所多處，並派救濟隊分區救護，爲傷者治療，爲死者掩埋，爲流離者遣送，日夜工作，席不暇暖，迨戰事西移後，蘇錫丹鎮相繼不守，而駐京英美德丹各國僑商，以及各教會牧師等，秉悲天憫人之懷，出而提議，劃南京城北爲難民安全區，專辦收容，與本部南京救濟監理部協力救濟，及至南京陷落，人民畢命於炮火之下者，不知凡幾，江面浮屍纍纍，積血幾及寸許，歷三晝夜，尙不能流淨，而傷殘之兵民，及逃來之難民皆聚集於江岸一帶，飛機跟蹤掃射，炮艦頻頻轟擊。一時慘呼號哭之聲，不忍聞聽，本部南京監理部，會同八卦洲下關兩分會各隊長員，不顧一切危險，甘冒烽火，竭力營救，招致漁船小舟，搶渡江面，盡一日夜之力，救護過江者，達四萬餘人，其未死者，則皆奔入難民區，兩日之間，達三十餘萬人，所有金陵大學，女子中學，金陵女子大學，以及區內之民房，全數開放，作爲收容難民之處，復於區內設置粥廠二處，一在五台山永慶寺，一在金陵大學空場內，每日就食者，不下三萬人，又組設治療所二處，救治難民疾病，每日門診在一千號以上，其不能到廠食粥者，則派員調查，逐日散發米粮，惟難民區以外，街頭巷尾，均有遺屍，下關以迄三台洞等處，積屍尤多，斷肢殘骸，野犬爭食，特組織大規模之掩埋隊，由隊長率領伕役三百名，分區工作，幷於地下室，池塘、江面、山崗、在極感困難之中，挖掘打撈，共計掩埋遺屍四萬一千零二十三具，當南京戰事緊急時，國際紅十字會，上海慈善團體聯合救災會，中國紅十字會，華洋義振會，中國濟生會，及江甯六邑旅滬紳耆，暨本部聯合各教會人士，並南京畢來思者牧師，費吳生先生等，公同集議救濟辦法，並經屈文六趙晉卿諸公之奔走，在滬組織南京國際救濟會，籌集振款，準備救濟，未幾南京陷落，美教士費吳生先生冒險來滬，報告南京刼後慘況，驚心動魄，遂決議將籌募之款，委託南京國際委員會，暨本部分頭辦理，自二十六年八月十二日，起至二十七年十二月份止，所有本部南京救濟監理部，所用救濟經費甚鉅，承南京國際救濟會，先後撥助本部之振款，計共八萬八千七百元，均經陸續分撥南京救濟監理部辦理，茲將工作種類列後。

計開：

掩埋及培土經費一萬元

培土經費三千元

急振經費二萬五千七百元　此項急振與南京國際救濟委員會合辦

冬振粥米三萬三千元

施衣經費一萬七千元

以上各項經費，內掩埋及振米施藥等項，係由費吳生先生攜交南京監理部，急振一項，包括瓦屋貧寒救濟在內，係與南京國際委員會合作，於一九三八年九月，印有專刊報告，現在工作仍在賡續進行之中，其各項詳細情形，以及本部自籌振款，並辦事經費，另由京鎮丹聯合監理部分別編報。

第三節　與浙江難民救濟會合作之經過

滬戰緊急之際，難民紛紛西逃，而上海各善團，又分批將浙省難民，疏散至浙東一帶，因是浙省各卍會監理部救濟工作，頓形緊張，而難民之奔逃嘉興杭州四明紹興上虞鎮海各地者，不下數十萬人，各監理部糧款醫藥，俱感缺乏，於萬分困難之中，設立收容所，組織醫院治療所多處，隨時救濟，并辦理遣送各事，迨杭嘉湖陷落後，桐廬富陽各地，難民又扶老攜幼，渡江向浙東紹興上虞甯波等處奔逃，於是浙東擔負陡增，雖經各會就地籌募，但曠日持允，後繼維艱，而杭州一地，救濟經費，來源既告斷絕，食糧又虞缺乏，恐慌萬狀，特派員間道來滬求救，本部當即召集浙籍會員，公商救濟辦法，一面籌集振款，先行濟急，並承美國振款顧問協會，費佩德先生之協助，一面由浙籍旅滬各同鄉，聯合組織浙江難民救濟會，推舉屈文六何德奎周宗良三君主持其事，所有辦理急振，收容，儲糧等事，均與本部合力推進關於本部直接派員前往施放者，計有浙東之建德，金華、永康、蘭谿、桐廬、五縣急振，共計國幣八千八百元，玆將查放款目表列後。

查放浙東各縣振款統計表

縣別／區別	口數 大口	口數 小口	振款數額	特振金額	振票張數	備考
桐廬	一、四九五	八六〇	二、〇三四、五〇	一三二、五〇	六一四	內有少數富陽人因情形不同每大小口五角
建德	八〇三	三一六	二、八〇四、〇〇	二六三、〇〇	二九三	內有一千五百元爲辦工振由浙江地方銀行出期票又捐助育嬰堂米十石計洋八十元
蘭谿	一九四	一二四	八〇〇、〇〇		七五	內有五百四十四元交韓先生代爲發放難民
金華	三四三	二三四	一、五〇〇、〇〇		一四二	內有五百元交金華商會會長代放又五百四十元交余敏時先生代放
永康			一、五〇〇、〇〇			由上海浙江難民救濟會函指定交中國銀行金行長代放
合計	二、八三五	一、五三四	八、六三八、五〇	三九五、五〇	一一二四	
附記	共收振款洋八千八百元以上五縣實發振款洋三千九百七十四元五角另有捐助建德嬰育堂米十石計洋八十元其餘四千七百四十五元五角係由上海浙江難民救濟會函請永康中國銀行金行長代爲支配實發難民者臨時規定每大口一元小口五角有少數富陽人因情形不同大小口每名五角而特振金額者係鰥寡孤獨另加二三元不等細賬及餘款另有清冊詳報					

浙江難民救濟會，爲未雨綢繆之計，特在滬購辦米糧三千擔，運往寧波之奉化，天童寺、姜山、塔崎嵒、上虞、五處，會同地方公正士紳，及各紅卍字會存儲，以備不虞之需，計儲米振款共四萬零六百五十三元三角二分，其由浙江難民救濟會撥發振款，交由本部轉撥浙省各紅卍字會辦理者，計九萬三千一百十二元三角五分，玆將此項補助款目，及工作種類列表於後。

補助浙省救濟各款及工作種類表

區別	救濟種類	補助款數	備考

上虞	棉衣、收容所、施診所	一一、〇〇〇、〇〇	收容所二處一在曹百，一在上虞，由錢俊人君主辦。
杭州	收容所、醫院、工藝所、棉衣	四九、六四一、五七	內有捐助玉皇山收容所一千元。
紹興	收容所、施診所、棉衣	一一、三〇〇、〇〇	內有撥道德會紹興施診所三千元。
鎮海	急振、收容所、棉衣	四、六六〇、五〇	內有查放麥子急振三千六百六十元零五角。
四明	收容所、醫院	八、五一〇、二八	內有三千元，係交由四明紅卍字會補助醫院及鎮海紹興等會收容之用。
奉化	水災急振	五、〇〇〇、〇〇	急振共二千九百廿九元、其餘撥交奉化縣政府辦理工振
吳興	收容所、急振	三、〇〇〇、〇〇	撥收容經費二千元，善連水災一千元。
合計		九三、一一二、三五	

浙省救濟、仍在繼續工作，對於非常災患救濟之準備、迄未稍懈，所有各會工作情形，另由全浙聯合監理部及浙江難民救濟會分別編報。

第四節　與蘇北國際救濟委員會合作之經過

當蘇省江南戰事激烈時，江北聯合監理部，早經作收容難民之準備，以鎮江地處衝要，爲輸送難民由南而北之樞紐，當時沿滬甯鐵路，向江北移動者，扶老攜幼，絡繹於途，計先後賫送人數，達三十五萬四千六百八十二名口，迨鎮江淪陷後，江北工作，愈趨緊張，爰劃定收容地帶，以南通，季家市，如皋，東陳，等處，爲第一區收容地帶，興化栟茶等處，爲後移區地帶，并與救濟會通力合作，共設收容所數十處，其沿江口岸，交通區域，則設立難民招待所，又組織隊員騎車隊一組，以爲護送通訊工作，并於沿途設立引導所，暨立路牌，繪圖指導各所所在地點，復僱用帆船，奮勇救生，將南京、嘉定、太倉、寶山、松江、上海、鎮江、揚州、江陰、及外省流寓各地之難民，分批運送各收容所，分別收容，計共直接收容難民十五萬三千餘人，而港口船上，亦收容難民有二萬餘人，此外過境難民，經宿即去者，不下十餘萬人，靖江對江，南通、天生港、新生港、十圩港、等處，一般難民過江，船戶乘機需索，每人渡江費有至十餘元者，經聯合監理部，僱用大帆船多隻，免費更番渡送，難民稱便，統計以上各項用款，除食糧及各分會直接募支者，本部因滬地救濟費用較鉅，僅補助救濟費六萬餘元，其後黃河決口，順淮河建瓴而下，洪澤湖水暴漲，重以入秋霪雨兼旬，堤圩潰決，沿湖河一帶，十有六縣，悉成澤國，人民淹死數萬，待振災黎，計一百十一萬名口，而鹽城阜寧一帶，已成焦土，無家可歸者，又在百萬人以上，連同江北災餘遺黎，以及外縣流離難民非振不活者，至少在二百萬人以上，均輾轉呻吟於白骨碧血中，一年以來，雖賴有各慈善家及本會會員儘量樂輸，然支撐年餘，力盡精疲，難以爲繼，幸得國際中西人士，起而相助，組織蘇北國際救濟委員會，與本會江北聯合監理部合力進行，該部副總監理成寶光，首席監理黃南潤兩君，且被推爲華籍正副會長，凡有設施，無不合作，各縣國際分會之組織，并經規定，以本會分會之主幹人員爲委員，實地參加，冬振春撫，次第規畫，目前仍在積極進行中，至於該部救濟隊，辦理救護治療至今猶在努力；通如一帶鄉區，工作繁重，備歷艱難，以上所述，僅撮舉大要，其詳細情形，及收支款數，另由江北聯合監理部專刊報告。

第七章　婦女臨時救濟服務部工作

本部臨時救濟服務部，係由淞滬婦女紅卍字會組立，專爲傷兵難民調查個案，研究善後，以謀苦痛之安慰，而供社會國家之參攷，其簡單之辦法，不過擇其所需所能，介紹於各慈善團體與各機關，其子女嬰幼者，入育嬰所，少壯者入工廠，妻女能作活爲傭工而已，不費而惠，此實善舉中之最積極，最經濟，而又最普及之法，是亦不過就力之所及，心之所安，以爲傷殘流離之同胞服務，以期稍盡救人之職責已耳。

第一節　組織及職務之分配

本部採用幹事制，設總幹事一人，副總幹事一人，并設祕書處及調查研究善後慰問四組，調查組辦理傷兵履歷家屬遺族及受傷殘者特殊情狀，暨難民履歷，家屬，技能之調查，研究組辦理傷兵難民處置之意見，並難民技能教導之研究，善後組辦理傷殘，及難民無告者之安置方法，慰問組。辦理代寫傷兵家信，援助難民衣食，並傷兵難民精神上之安慰，籌募傷兵消遣之書報樂器。旋經議決，改善後組爲介紹組，慰問爲調劑組，各組職員亦略有變更，茲將先後各職員姓名合表列後。

婦女臨左救濟服務部職員表

職別	姓名

總幹事　毛彥文　張宏境

副總幹事　卓聶其純　陳慧　陳允芷

常務幹事　曹用光　劉菊淡　張宏境　葉沈晶　周哲新　朱曦

朱昌亞　郭美德　張覺悟　夏皈覺　韓素禪　韓竹新

田眞覺　王了塵　張修根　羅悟本　趙滌華　吳悟塵

劉慧性　黃操昷　徐操宜　李了因　田操谷　李圓承

趙竹燦　劉操正　游塵因　陳松始　徐鋕咸　陶松誠

朱松泰　陸松秀　徐善初　包竹鑑　李悟純　周志源

單松羅　項操烟　張光善　王操般　陳竹善　王貞淑

董周哲新　卡煦孫

幹事　戴婷婷　胡清芳　舒慧心　馬蓮貞　韓竹英　吳韻

名譽幹事　蔣竹昷　黃松崇　張順導　馬操坊　盛竹源　傅松般

王璞承　邱操祴　朱操丕　姚松葆　姚松承　羅悟根

蔡操惠　詹操祜　黃操葆　陳操瑩　魏松昶　梁松康

顧竹圖　潭操康　陶竹祥　孫操模　彭松瑤　萬松虹

謝操昇　賀操妙　冒登儀　程松咸　張松源　梁竹惠

章竹祜　邵承華

祕書處　武頤容

文　書　王貞淑

會計及庶務　包竹鑑　張筠旭　王悟遷

調查組主任　葉沈晶　周晢新　吳悟塵　徐操宜

幹　事　卞煦孫　戴婷婷　胡清芳　舒慧心　馬蓮貞　韓竹英

吳　韻

研究組主任　曹用光　劉菊淡　李了因　田操益

幹　事　周晢新　卞煦孫　戴婷婷

善後組主任　朱　曦　朱昌亞

慰問組主任　張宏境　郭美德　舒慧心

介紹組主任　羅悟本　張修根

幹　事　周晢新　卞煦孫　胡清芳　羅筠瑩

調劑組主任　陳竹善　劉慧性

幹　事　周　璞　陸蘭芳

第二節　爲傷兵難民服務之報告

本部自二十六年九月開辦，經服務各員六個月之辛勞，已將各組工作，辦理完竣，惟調查工作進行之際，極感困難，院所傷兵，難民，或經宿轉院，或遣送回籍，或院所彼此歸併，人數時有變更，調查個案製成，又不免時有更易，故祇能限於常住院所之兵民，着手辦理，茲將工作分述如後。

一、爲傷兵服務，本部調查傷兵個案，結果共調查本會各醫院及國際紅十字會醫院六百三十八，分爲輕傷，重傷，殘廢，死亡，四種，並由研究組，將各個案分別製成統計簽註意見，共計資助死亡家族，及家貧親老，妻兒零丁者，四十五家，重傷者七十一名，傷愈回籍之川資二十九名，各院傷兵零用二百五十名，共計七百八十九元，傷問組，代傷兵繕寫家信，及匯款事函，共六百二十七件，募集傷兵娛樂消遣品，留聲機，桌上高而夫球，棋子，書籍，畫報等項，三百二十五件，又經募本會及海光小學，女青年會，點心餅乾糖食多件，以上各組，在醫院方面工作，因方言之不同，性習之各別，經過種種困難，各服務員，均能和婉忍耐，使傷兵得到相當之安慰，此爲傷兵服務之概況也。

一、爲難民服務，難民個案調查，較傷兵尤爲困難，因各所難民來去無常，而本部對於疎散工作，又極注意，結果經調查個案二千六百六十五件，內除，因已經他往，無法辦理者，計有一千三百四十五件外，實計一千三百二十件，內統計工廠工人三百三十四人，店員傭工勞役一百三十五人，專門技術者一百二十六人，希望小本貸借七十二人，本此統計，經公同研究，銅匠、木匠、瓦匠，理髮匠、油漆匠等，則逐一代爲設法購辦工具，登報招傭，平均每月在各所訂傭者五十四起，幷擔任工部局社會部交與絨線，令難民工作，計擔任此工作者，二百四十六人，幷擇各所之能縫紉者，製各院所棉衣棉被，又與國際紅十字會合作各項工業，同時由本部在各所添設簡易工藝，均經服務部指導管理，對於希望貸本作小販者，聽其自作生意，按照普通貸濟辦法，五日一繳，分六期償清，有某姓難民，貸款販賣水菓，現已在靜安寺設立水菓攤，資本有數百元之鉅，貸本之效率，於此可見一班，又由本部籌買搖紗車十輛，置於第六收容所，擇各所婦女中之能勞作者，輪流至該所紡花成線，分染各色，由難民出外售賣，得價除歸本外，則分別勤惰，給予工資，業此工者，一百五十七人，其無父母之孤兒，則送慈幼協會撫養，此本部爲難民服務之概況也。以上各組工作，不過根據調查事實之需要，就本部力之所能儘量爲之，以云救人救澈，則尚有待於各界之繼起組織，謀普遍之救濟也。

第八章　黃河水災救濟

上年黃河決口，豫皖蘇沿河一帶，俱遭陸沉，人民牲畜淹斃無算，無家可歸之男女老幼，不下千萬人，兵災水患，同時遭遇，逃生無路，求死無門，可謂慘絕人寰，而江北地處低窪，被災情形，當益較慘重，本部以漢口聯總處，募獲振款兩萬元，內除濟南民生銀行小角票二千元，因郵寄不便，尚存漢口外，餘悉數匯滬，經先後匯轉濟南救濟監理部，指定辦理黃災急賑，惟豫皖兩省，災況調查，就濟會函復，以道途梗阻，荆棘遍地爲慮，而江北及皖之全部，有卍會之縣，又均不通郵，加以各地貨幣情形不同，應付尤感爲難，而豫省河決以後，魯省黃河已將斷流，大船固早經停駛，復因軍事關係，兩岸船隻，亦不得自由過渡，欲運振糧，亦不可能，經迭次往復磋商，遷延至三個月之久，未能舉辦，旋經與開封續上徐州等處本會監理部，商獲救濟辦法，結果由各該會就地籌款，各開辦粥廠一處，於上項振款內，各補助四千元，又魯省於二十六年河決，被災人民，及上游本年豫省之災黎，避難來魯，散居濼口沿河兩岸者，經本會濟南監理部，查放米粮萬元，本部亦加撥賑款五千元，嗣以濼口沿河兩岸，災民麕集甚夥，而各地災民陸續前來者，仍絡繹於途，經決定就地分設粥廠，以資救濟，又於上項賑款內，撥助六千元，以上各地粥廠，均由濟南本會監理部主持辦理，其工作經過，及收支情形，統由濟南本會册報，此本部籌濟黃河水災經過之大略也。

第九章　華南救濟之策進

滬戰西移，本部各項工作，逐步向內地推動，并於漢口成立中華各會聯合總辦事處，以期聯洽各方，增進機構力量，惟閩粵等省，因紅卍字會，多未組織，推進殊多困難，復於香港成立辦事處，以為推進華南救濟樞紐，並與內地各省救濟團體，取得相當之聯繫，以謀擴大救濟，爰組織救濟隊三大隊，在淞滬成立，華南救濟隊總監理部，管理華南各地救濟事務之設備，以及指揮調遣各事宜，其實施工作，則由香港辦事處，就近策進一切，本部救濟隊出發各地時，均組設通訊處，各派隊監一人，會同隊長主持其事，總監理部組織監理會，設總監理一人，副總監理二人，常務監理二十五人，主持救濟事務，並分設總務，救濟，勸募，運輸，交際，獎懲六股，分任辦事，其救濟經費，則由各會籌集之，所有漢港兩處之籌備，以至成立，先後由李天真，成寶光，馬在成，賀良機，馬惟贊，黃載道，陳昭璿，各監理奔走聯洽，復承中外人士之贊助，本會各監理之輸將，使華南救濟事業，得以展布，而內地推進之機能，又得相當之基礎，效率之速，誠為吾人引為深慰者也。

第一節　救濟隊編制暨出發情形

本部救濟隊，自滬戰西移後，即分撥隊員，前往蘇北浙江等處，加入救濟工作，自華南救濟隊開始組織，即電調蘇北浙江等處救濟隊員回滬，將原有救濟隊，重行擴充，擇其精幹穩練者，編組一隊，定名爲世界紅卍字會華南救濟隊第一大隊，（上海組）、派胡中乘爲督隊長兼隊長，廖智情爲隊監，又就本部在福州監理部已訓練之隊員，編爲第二大隊（福州組，）派鄭天樂爲隊長，史洋性爲隊監，李贊頻爲專員，又由本部，電商本會膠東辦事處，暨全浙蘇北各監理部，派遣隊員來滬，編組第三大隊（烟台組，）派聶承臨爲隊長，栁錫純爲隊監，同時幷徵集醫務人才，揀選看護，隨隊前往，幷由香港辦事處，籌備充分藥品，以備救濟之需，茲將各隊出發情形，分別報告於后。

一、第一二隊，第一隊於上年九月二十一日出發香港，其時廣州尙稱安謐；經香港辦事處，推舉李天真，廖智情，兩監理，偕同胡中乘督隊長，暨張涵六先生，前往廣州布置接洽，經覓定沙面對河六二三路雜粮公會俱樂部一樓爲辦事處址，於十月十四日成立，詎意戰事突告緊張，虎門封鎖，航行不通，廣九路轟炸尤烈，水陸交通，頓告斷絕，胡隊長、星夜趕回調隊，繞道澳門赴廣，李廖兩監理，隨亦倉卒取道中山，返澳回港，其時惠陽戰事激烈，需要救濟，至爲緊迫，港處立即與駐港葡領事接洽，請轉知澳督，准許救濟隊通過，遂於十月二十一日清晨，由李天真，廖智情，伍智道三監理，暨胡督隊長，率領全隊，幷攜藥品器具，乘輪赴澳，轉至中山，搭換拖渡赴省垣，行抵順德縣屬之陳村鎮，被阻不能前進，空中飛機多架，迴旋掃射，本隊隊員，雖遇危險，仍奮勇邁進，不意又有飛機復來偵察，船舶之附近十步左右，擲彈二十餘枚，全隊員伕，有避於稻田之內，有藏於蔗壟之間，一時彈片橫飛，烟塵蔽天，隊長員佚，均被飛土埋身，幸未波及，搭客中被掃射傷亡者二十餘人，經本隊會同當地救護隊，爲死者掩埋，傷者包紮，前方既無法通過，不得已祇有折回，行經潭州，槍炮之聲愈急，探悉本隊已陷於兩軍之間，自是或匍匐潛行，或泅水登岸，備歷艱險，廢寢忘餐，始回中山，旋卽調往汕頭工作，並於汕頭組織辦事處，推陳濟安君爲主任，負策進救濟之責，第二隊出發泉州，以泉漳二處，旅港商會，誠意請求救濟，而星洲香島兩地之華僑，以泉漳商人居多，尤希望本部救濟隊前往救護，此一二兩隊出發經過之情形也。

一、第三隊　該隊於上年十一月十日，由香港出發廣西之桂林，聞該處藥品缺乏，當卽於汕港兩處，添購大宗藥品及救濟器具，行至廣州灣之赤坎，因赴桂公路，均告破壞，如繞道海防旅費似嫌過鉅，不得已由坎全隊步行前往，僱民伕一百五十名，担挑藥品各件，經過遂溪，連江、陸川、沿途人烟稀少，山嶺重疊，道路崎嶇，載途荊棘，曉行夜宿，歷時六日，跋涉四百二十餘里，始抵鬱林，改乘汽車抵柱，該處迭遭轟炸，南門文明門等內外已成焦土，中南路，十字路，西成路，文明路一帶，幾變廢墟，街頭難民，觸目皆是，此第三隊出發經過之大略也。

又粵屬之江門北海兩處，皆屬沿海重要區域，當江門附近之九江古茅一帶，戰事激烈路途較北海爲近，經電調第一隊隊員四人，第三隊留港隊員二人，合組一支隊，由廖智情隊監，偕同楊交際員萬青，率領出發，相機救濟。此第一三兩隊一部份合組出發經過之情形也。

第二節　工作概況

第一隊駐紮汕頭新馬路同濟醫院內，經與當局接洽，分配工作，一遇警報，即分隊攜帶担架藥品出發，並與英美各教會各醫院接洽分工合作辦法，亦極爲圓滿，第三隊到桂林後，駐南門內文明路一百零三號民房，亦經與當局接洽，擔任救護工作、遇有警報，分區出發，一三兩隊，除擔任救護工作外，並於汕頭桂林，組織施診所各一處，汕頭施診所，係同濟醫院原址，就該隊二十七年分份報告之統計，內科一千二百五十四號，外科一千七百八十六號，眼科六百七十三號，耳鼻喉科一百八十二號，共計診治三千八百九十五號；第三隊施診所，據最近報告，每日門診計有五十餘號，此一三兩隊辦理施診之概略也。

汕頭於十一月二十二日，第四第五兩區，迭遭火災，災民七百餘人，無家可歸，哭聲震天，第一隊聞訊，立即出發災區救護，跌傷者爲之包紮治療，一面查放急振，計兩次共查放災民七百五十九名口，計振發棉衣四百七十三件，又南澳島面積三百二十方里，全縣分隆澳，深奧，雲奧，青奧四區，總共人口三萬二千人，居民皆以業漁爲生，該島經兩度之淪陷，刼餘遺黎，待振孔急，本隊不避艱險，乘帆船前往，途中詎遇大風破舟，全隊幾遭不測，幸有空船駛過得救，再鼓勇前進，卒於隆奧登陸，調查結果，計被燬房屋三千餘間，漁船竹筏四百餘隻，人民因槍殺餓斃者，三百三十四人，原有商店，三百四十八處，僅存四十六家，總計損失在四百餘萬之鉅，兵燹以後，全縣精華，幾無餘存，尤以隆輿為最慘，全街房屋，盡成坵墟，一般災黎，或就燼餘危屋，羣集而居，或借頹牆之下，架棚而處，以麻袋為衣被，以野草為食糧，更兼瘧痢流行，醫藥缺乏，慘苦情狀，為曠世所未有，各隊員覩此慘狀，無不淒然淚下，當時散給瘧痢藥品五千餘劑，幷定急振辦法，於各區所報災民冊中，一再嚴剔，擇其非振不活者，會同區長及各保長切實查放，計實振災戶一千一百零八戶，大口二千三百九十九口，小口二千零五十三口，合計四千四百五十二名，分一元，二元，三元，四元，四級，合放振款一千九百七十一元，此本隊辦理各項急振之經過也。

前當廣九路深圳(距九龍英租界甚近)失陷時，該處一帶難民，紛紛逃入新界，無慮十數萬人，除經港政府收容外，露宿風餐，隨在皆是，本部香港辦事處，立即購辦乾糧麪包，派隊運往分別發給，一面商同港政府辦理疏散，一面於元朗地方搭蓋蓆棚，排定舖位，計共收容一千四百人，旋於深圳地方，覓定房屋，將難民悉數遷移，幷布置各室，及工藝教育等工作，復於屏山搭蓋蓆棚，幷製造架床，使散處田畝之難民，入內居住，深圳旋被轟炸，傷亡甚衆，本部救濟隊，立即將傷者包紮治療，死亡者代為備棺掩埋，同時在此不得已中，遂將難民安全移至英界粉嶺義坑收容，港政府撥予卡車念四節，暫充收容之用，一面於該處搭蓋糞棚，計分辦公室，飯堂，兼學校，治療所，男女浴室，暨廁所，並組織清潔隊，督導清除垃圾及衛生事宜，而婦女刺繡班，亦即於卡車內開始工作，所有在卡車居住之難民，雖不能如在房屋及蓆棚之安定，然其忍苦耐勞合作之精神，比較在深圳時，尤爲興奮，統計各車收容男丁一九三名，女二一零名，幼童一九零名。嬰孩五四名，合計六四七名，又難民中之幼童，在九龍附近各地者，爲數甚夥，刻已籌設難童訓育所，仍擬募款購地，建築固定房屋，定名爲世界紅卍字會難童訓育所，額數八十名，分初小高小二級，期間一年，畢業後，代爲介紹職業，以維生活，并推收容所主任蔡通一君爲所長，業經正式授課，此關於元朗屏山深圳粉嶺各地收容經過之情形也。

以上各項工作之進行，須與內地有相當之接洽，國際有充分之贊助，始獲逐步推進，其間經過之艱難，已非初料所及，幸各同人均抱定救人志願，故能不因艱阻而頹餒，不爲環境而沮喪，卒能歷險如夷，處危爲安。現在華南救濟工作，正在繼續邁進之中，其前途之責任，極爲重大，而用費之繁鉅，亦未可預計，姑略撮其梗概，俟工作完竣，當另刋公布。

世界紅卍字會中華東南各會聯合救濟總監理部

救濟費收支總對照表

民國26年8月13日起 27年12月31日止

合計		支出金額		科目	收入金額		合計	
				收入類				
				賑助款項	243,973	15		
				助品估價	233,113	39		
				各卍會助	115,107	89		
				利息	1,138	92		
				雜項收入	13,003	56	606,336	91
				支出類				
		68,117	39	本部準備救濟及直接賑濟等費				
		19,207	64	第一救濟隊				
		7,114	62	第二救濟隊				
		34,476	90	南市難民區				
		9,087	30	第一臨時醫院				
		43,391	29	第二臨時醫院				
		6,288	65	第三臨時醫院				
		9,830	55	後第三臨時醫院				
		35,200	69	第四臨時醫院				
		9,969	50	中醫治療所				
		10,188	40	南市中西醫治療所				
		24,682	17	第一收容所				
		23,819	29	第二收容所				
		9,767	92	第三收容所				
		4,159	94	第四收容所				
		12,555	52	第五收容所				
		43,138	33	第六收容所				
		26,076	64	第七收容所				
		19,344	33	第八收容所				
		16,533	38	特一收容所				
593,947	17	160,896	72	撥助各款				
				移轉金				
12,389	74	12,389	74	結存				
606,336	91	606,336	91	合計	606,336	91	606,336	91

總辦事處致江萬平、袁環會計師函

逕啓者敝處辦理八一三戰事救濟及各省區振災承本外埠各善士團體捐助款項物品及本外埠本會各會員之贊助所有救濟事業幸告結束惟支用浩繁責任至重一切帳目亟應公開詳查以昭大信用特聘請

貴會計師代爲審核證明事關慈善素仰

台端熱心公益諒蒙

樂予贊助也用特函達即希

俯允即日蒞會查核爲荷此致

江萬平、袁環會計師

世界紅卍字會中華東南各會聯合總辦事處

廿八年六月十六日

逕復者接奉

大函委託敝會計師審核

貴處八一三救濟部份各種帳册業將各項帳表单

據審核完竣機關科目類別分明會計組織完備

收支數目相符特為出具証明書此致

世界紅卍字會中華東南各會聯合總辦事處

會計師　江萬平（印：江萬平會計師）

袁際唐（印：袁際唐會計師）

中華民國二十八年六月三十日

江袁會計師事務所上海金神父路一五二號　蒲石路中和邨五號

凡例

一、本編收支分爲二類（一）救濟費專用於臨時救濟及辦理臨時醫院收容所救濟隊等各項支出（二）事務經費用於上海總監理部經常開支

一、各善士助款分別種類敬列　台銜凡一人而數次助款時數次列其　台銜但不歸併計算「例如某甲第一次助五元第二次助四元則在五元類四元類分見　台銜幸勿在九元類內尋覓」

一、各善士所助物品亦各從其類列入　台銜倘一人而助數物時則數次見其台銜

一、所助係以物品爲名其實係款項折價者仍請在該物品類尋覓台銜「例如助棉衣十套而實交現款三十元本會開出收條係棉衣十套雖經從實轉帳外但徵信則列入棉衣類內」

一、凡親自攜帶物品及現款當場發給難民及貧病而並未交由本會收帳者本會因無從稽考概不列入徵信

一、各地卍會處經募各款開有助款人台銜本會收到在編製本徵信以前者卽將其台銜按各會處分別附表如未送到者卽由各該會處自行公佈

一、經募諸公另列經募台銜表每一經募者編列一號卽將該號冠於所募助款助品台銜之上如助者台銜上有數號者卽爲數人經募

世界紅卍字會中華東南各會聯合救濟總監理部救濟費收入支出款項總報告

自民國二十六年八月十三日起至民國二十七年十二月三十一日止

一、收入項下　國幣六十萬〇六千三百三十六元九角一分

一、收願助款項　國幣二十四萬三千九百七十三元一角五分

一、收助品估價　國幣二十三萬三千一百十三元三角九分

一、收各卍會助　國幣十一萬五千一百〇七元八角九分

一、收利　息　國幣一千一百三十八元九角二分

一、收雜項收入　國幣一萬三千〇〇三元五角六分

二、支出項下　國幣五十九萬三千九百四十七元一角七分

一、支本部準備救濟及直接賑濟等費　國幣六萬八千一百十七元三角九分

一、支第一救濟隊　國幣一萬九千三百〇七元六角四分

一、支第二救濟隊　國幣七千一百十四元六角二分

一、支南市難民區　國幣三萬四千四百七十六元九角

一、支第一臨時醫院　國幣九千〇八十七元三角

一、支第二臨時醫院　國幣四萬三千三百九十一元二角九分

一、支第三臨時醫院　國幣六千二百八十八元六角五分

一、支後第三臨時醫院　國幣九千八百三十元〇五角五分

一、支第四臨時醫院　國幣三萬五千二百元〇〇六角九分

一、支中醫治療所　國幣九千九百六十九元五角

一、支南市中西醫治療所　國幣一萬〇一百八十八元四角

一、支第一收容所　國幣二萬四千六百八十二元一角七分

一、支第二收容所　國幣二萬三千八百十九元二角九分

一、支第三收容所　國幣九千七百六十七元九角二分

一、支第四收容所　國幣四千一百五十九元九角四分

一、支第五收容所　國幣一萬二千五百五十五元五角二分

一、支第六收容所　國幣四萬三千一百三十八元三角三分

一、支第七收容所　國幣二萬六千〇七十六元六角四分

一、支第八收容所　國幣一萬九千三百四十四元三角三分

一、支特一收容所　國幣一萬六千五百三十三元三角八分

一、支撥助各款　國幣十六萬〇八百九十六元七角二分

共收　國幣六十萬〇六千三百三十六元九角一分

共支　國幣五十九萬三千九百四十七元一角七分

結存　國幣一萬二千三百八十九元七角四分

儲計組報告

本部臨時救濟及各隊院所並難民區各項支出款目

一、本部準備救濟及直接賑濟各項支出款目

支器具	國幣六百七十五元六角七分
支衣服舖蓋	國幣一千一百四十元
支服裝	國幣二百四十六元五角
支運輸川旅及掩埋屍伕等	國幣二萬二千〇七十八元七角七分
支慰勞費	國幣五百八十二元
支施衣	國幣三萬七千八百三十五元四角二分
支施米	國幣七百三十五元一角八分
支施藥	國幣一千六百六十五元八角一分
支施材	國幣三百七十二元
支施現款	國幣二百二十七元八角一分
支一切佈施	國幣二十元〇八角
支雜項支出	國幣二千五百三十七元四角三分

合計國幣六萬八千一百十七元三角九分

二、第一救濟隊各項支出款目

支器具　國幣四百元〇〇八角七分
支運輸川旅　國幣四百九十三元九角四分
支雇伕役費　國幣二千三百十八元四角
支治療藥品　國幣二百〇七元九角三分
支服裝　國幣一千二百五十八元八角
支雜項支出　國幣五十二元
支鋪墊　國幣六十一元
支施衣　國幣三元
支掩埋隊　國幣六百四十七元三角九分
支薪工　國幣九千二百八十七元九角九分
支膳費　國幣二千二百六十三元五角八分
支文具印刷　國幣一百五十元〇七角一分
支修繕費　國幣四十九元七角六分
支郵電費　國幣一百八十三元七角七分
支衛生費　國幣八十七元五角六分

支公告費	國幣三十六元二角四分
支燈燭費	國幣二百二十七元九角八分
支薪炭費	國幣一千一百八十六元一角三分
支交際費	國幣六十六元七角二分
支雜費	國幣三百二十三元八角七分

合計國幣一萬九千三百〇七元六角四分

三、第二救濟隊各項支出款目

支器具	國幣二百五十六元九角八分
支運輸川旅	國幣三十七元五角
支雇伕役費	國幣六元八角
支治療藥品	國幣九百五十九元八角五分
支服裝	國幣八百七十一元五角八分
支舖墊	國幣五十六元七角
支雜項支出	國幣十八元
支薪工	國幣二千四百九十一元八角三分
支膳費	國幣一千四百三十一元二角二分

支文具印刷　國幣四十七元六角七分
支修繕費　國幣三元〇七分
支郵電費　國幣一百十五元一角九分
支衛生費　國幣七元二角一分
支公告費　國幣四十三元九角四分
支燈燭費　國幣一百五十二元三角一分
支薪炭費　國幣五百四十七元六角二分
支交際費　國幣一元四角六分
支雜費　國幣六十五元六角九分

合計國幣七千一百十四元六角二分

四、南市難民區各項支出款目

支器具　國幣一百二十九元九角三分
支運輸川旅　國幣六元四角二分
支雇伕役費　國幣七百七十八元
支服裝　國幣三十五元
支舖墊　國幣二十八元

支施材	國幣三千五百六十九元二角一分
支施藥	國幣三百六十元〇八角八分
支施衣	國幣一萬六千六百八十三元八角
支施饅頭	國幣一萬二千一百七十八元三角一分
支一切佈施	國幣一百〇八元六角
支雜項支出	國幣二十四元
支薪工	國幣二十二元
支膳費	國幣一百十三元三角六分
支文具印刷	國幣四十六元七角四分
支修繕費	國幣二十九元二角
支衛生費	國幣二十三元四角
支公告費	國幣五元四角
支燈燭費	國幣二百元〇〇七角五分
支薪炭費	國幣一百十元
支雜費	國幣二十三元九角

合計國幣三萬四千四百七十六元九角

五、第一臨時醫院各項支出款目

支器具	國幣三百九十五元一角二分
支運輸川旅	國幣七十二元〇一分
支醫生經費	國幣一千二百二十四元四角
支治療物品	國幣二百五十元〇五角
支施西藥費	國幣二千五百元〇〇五角二分
支施材	國幣二十四元
支住院食宿	國幣二千四百八十六元七角八分
支被服	國幣一百九十六元九角
支雜項支出	國幣二百九十八元九角三分
支薪工	國幣四百九十四元三角五分
支文具印刷	國幣一百二十一元八角四分
支修繕費	國幣二百五十七元
支郵電費	國幣九十七元〇一分
支公告費	國幣六元
支燈燭費	國幣一百四十元〇二角六分

支薪炭費　國幣二百九十五元二角

支交際費　國幣二元五角

支雜費　國幣二百二十三元九角八分

合計國幣九千〇八十七元三角

六、第二臨時醫院各項支出款目

支器具　國幣二千五百三十一元九角五分

支運輸川旅　國幣八百三十八元四角五分

支醫生經費　國幣三千一百三十三元四角

支治療物品　國幣一千八百八十二元二角二分

支施西藥費　國幣一萬四千四百三十二元三角四分

支住院食宿　國幣一萬〇三百七十八元四角八分

支舖墊　國幣五百三十九元八角五分

支被服　國幣三千〇七十八元三角六分

支雜項支出　國幣一千三百五十四元三角四分

支薪工　國幣七百八十七元五角三分

支文具印刷　國幣一百九十二元七角九分

支修繕費　國幣七百五十九元〇八分
支郵電費　國幣二百〇八元七角六分
支公告費　國幣一百四十二元五角一分
支燈燭費　國幣九百九十六元七角一分
支薪炭費　國幣一千三百七十五元二角
支交際費　國幣九十六元六角五分
支雜費　國幣六百六十二元六角七分

合計國幣四萬三千三百九十一元二角九分

七、第三臨時醫院各項支出款目

支器具　國幣八百五十八元九角一分
支運輸川旅　國幣一百七十四元八角九分
支醫生經費　國幣一百五十七元
支治療物品　國幣一百四十四元六角
支施西藥費　國幣二千〇〇四元〇八分
支住院食宿　國幣一千三百四十三元三角
支被服　國幣八百七十五元

支雜項支出　國幣一百七十三元三角三分

支薪工　國幣一百〇五元七角

支文具印刷　國幣九十三元六角七分

支修繕費　國幣十六元二角一分

支郵電費　國幣三十六元

支公告費　國幣三元三角

支燈燭費　國幣八十九元八角

支薪炭費　國幣六十五元五角

支交際費　國幣十元〇八角三分

支雜費　國幣一百三十六元五角三分

合計國幣六千二百八十八元六角五分

八、後第三臨時醫院各項支出款目

支器具　國幣五百九十二元九角二分

支運輸川旅　國幣一百九十四元七角一分

支醫生經費　國幣一千〇二十元〇五角

支治療物品　國幣九十五元五角九分

支施西藥費　國幣一千五百九十三元九角八分
支住院食宿　國幣一千四百八十七元五角七分
支鋪墊　國幣五十元〇九角二分
支被服　國幣二千〇三十二元三角一分
支雜項支出　國幣二百五十一元六角七分
支薪工　國幣五百五十四元〇二分
支房地租　國幣六百七十元
支文具印刷　國幣五十五元七角八分
支修繕費　國幣四百十五元六角九分
支郵電費　國幣五十四元五角
支公告費　國幣六十二元
支燈燭費　國幣二百五十四元七角三分
支薪炭費　國幣二百九十一元八角
支交際費　國幣八十一元六角四分
支雜費　國幣七十一元二角二分

合計國幣九千八百三十元〇五角五分

九、第四臨時醫院各項支出款目

支器具	國幣一千二百五十一元七角
支運輸川旅	國幣八百七十四元五角四分
支醫生經費	國幣三千一百十七元六角八分
支治療物品	國幣六千九百〇六元六角五分
支施西藥費	國幣三千二百〇七元二角七分
支住院食宿	國幣七千九百二十五元一角七分
支被服	國幣三千六百五十七元二角四分
支雜項支出	國幣九百十九元〇七分
支薪工	國幣二千六百九十八元八角六分
支房地租	國幣一千二百五十五元〇八分
支文具印刷	國幣二百六十四元六角七分
支修繕費	國幣八百十四元七角九分
支郵電費	國幣二百六十六元六角七分
支公告費	國幣九十五元一角七分
支燈燭費	國幣八百六十九元六角六分

支薪炭費 國幣八百七十八元二角

支交際費 國幣五元七角

支雜費 國幣一百九十二元五角七分

合計國幣三萬五千二百元〇〇六角九分

十、中醫治療所各項支出款目

支器具 國幣三百二十八元二角四分

支運輸川旅 國幣九十五元一角一分

支醫生經費 國幣二千一百九十四元〇六分

支治療物品 國幣四十六元三角一分

支施西藥費 國幣四百十九元六角四分

支施中藥費 國幣一千九百五十四元二角八分

支住院食宿 國幣一千五百四十一元二角九分

支鋪墊 國幣九十八元五角

支被服 國幣一千八百八十五元四角

支二所分診室 國幣二百六十八元二角六分

支雜項支出 國幣八十二元一角七分

支薪工　國幣四百十五元二角九分
支文具印刷　國幣八十九元九角六分
支修繕費　國幣九十三元三角六分
支郵電費　國幣一百八十九元六角九分
支公告費　國幣八元
支燈燭費　國幣十一元〇四分
支薪炭費　國幣一百七十三元
支交際費　國幣七元六角五分
支雜費　國幣六十八元二角五分

合計國幣九千九百六十九元五角

十一、南市中西醫治療所各項支出款目

支器具　國幣二百四十八元七角
支運輸川旅　國幣三十七元〇六分
支雇伕役費　國幣七十二元
支醫生經費　國幣二千〇二十二元
支治療物品　國幣一百二十二元二角七分

支施西藥費	國幣一千八百九十二元五角二分
支施中藥費	國幣一千三百四十元〇五角三分
支住院食宿	國幣一千六百四十八元六角二分
支被服	國幣八百七十五元三角
支項雜支出	國幣四十三元五角七分
支薪工	國幣一千〇〇三元三角三分
支文具印費	國幣一百五十六元八角六分
支修繕費	國幣三十二元九角三分
支郵電費	國幣一角
支公告費	國幣一元七角七分
支燈燭費	國幣一百〇三元一角四分
支薪炭費	國幣四百八十一元一角一分
支交際費	國幣十一元〇一分
支雜費	國幣九十五元五角八分

合計國幣一萬〇二百八十八元四角

十二、第一收容所各項支出款目

支器具	國幣五百四十八元一角八分
支運輸川旅	國幣三百二十一元一角一分
支施材	國幣六元
支鋪墊	國幣一千二百三十四元七角
支施藥	國幣九百〇五元八角四分
支施衣	國幣二千〇九十六元三角五分
支飲食	國幣一萬四千二百四十元〇一角九分
支鹹食	國幣四百〇八元二角
支房地租	國幣三百元
支文具印刷	國幣二百五十三元四角二分
支修繕費	國幣八百五十七元〇六分
支衛生費	國幣一百九十四元五角二分
支燈燭費	國幣二百三十八元八角
支薪炭費	國幣一千八百七十七元八角
支郵電費	國幣一百〇九元八角
支薪工	國幣八百三十七元五角五分

支雜費 國幣二百五十二元六角五分

合計國幣二萬四千六百八十二元一角七分

十三、第二收容所各項支出款目

支器具 國幣三百三十六元〇五分
支運輸川旅 國幣二百八十三元一角八分
支鋪墊 國幣一千〇五十七元二角
支施材 國幣二十五元八角五分
支施藥 國幣三百六十元〇六角七分
支施衣 國幣三千三百七十四元六角一分
支飲食 國幣一萬三千六百五十一元七角五分
支鹹食 國幣七百十六元八角九分
支文具印刷 國幣八十一元七角一分
支修繕費 國幣五百二十五元六角三分
支郵電費 國幣二元六角五分
支衛生費 國幣二百〇二元三角九分
支燈燭費 國幣七十三元九角三分

支薪炭費　國幣一千九百九十二元三角五分

支薪工　國幣九百五十一元二角

支雜費　國幣一百八十三元二角三分

合計國幣二萬三千八百十九元二角九分

十四、第三收容所各項支出款目

支器具　國幣一百六十元〇七角六分

支運輸川旅　國幣一百五十七元〇四分

支鋪墊　國幣一千〇二十一元五角

支施材　國幣九分八角

支施藥　國幣三百二十五元二角六分

支施衣　國幣一千八百八十三元二角九分

支飲食　國幣四千二百九十五元一角

支鹹食　國幣二百八十六元八角七分

支文具印刷　國幣八十二元四角四分

支修繕費　國幣二百十八元三角

支郵電費　國幣七角

支衛生費 國幣五十四元三角九分
支燈燭費 國幣一百七十七元二角九分
支薪炭費 國幣六百八十元〇五角五分
支薪工 國幣三百十五元九角七分
支雜費 國幣九十八元六角六分
合計國幣九千七百六十七元九角二分

十五、第四收容所各項支出款目

支器具 國幣四百四十八元四角二分
支運輸川旅 國幣二十元〇四角
支鋪墊 國幣八元
支施藥 國幣六十七元七角三分
支施衣 國幣五百四十四元三角八分
支飲食 國幣一千六百九十元〇七角二分
支鹹食 國幣七十一元一角三分
支房地租 國幣四百五十元
支文具印刷 國幣三十六元一角三分

支修繕費　國幣八十一元六角四分
支郵電費　國幣二角
支衛生費　國幣二十三元〇三分
支燈燭費　國幣三十五元二角
支薪炭費　國幣二百九十八元五角八分
支薪工　國幣三百二十二元六角五分
支雜費　國幣六十一元七角三分

合計國幣四千一百五十九元九角四分

十六、第五收容所各項支出款目

支器具　國幣三百〇六元一角二分
支運輸川旅　國幣一百八十八元一角九分
支鋪墊　國幣一千一百十二元六角四分
支施藥　國幣三百十九元〇四分
支施衣　國幣七百八十一元九角七分
支飲食　國幣七千〇二十九元五角五分
支鹹食　國幣三百元〇〇七角七分

支文具印刷	國幣九十三元七角三分
支修繕費	國幣二百四十元〇五角五分
支郵電費	國幣五十四元六角九分
支衛生費	國幣一百四十八元八角一分
支燈燭費	國幣一百九十一元八角八分
支薪炭費	國幣一千三百六十八元一角五分
支薪工	國幣二百二十一元
支雜費	國幣一百九十八元四角三分

合計國幣一萬二千五百五十五元五角二分

十七、第六收容所各項支出款目

支器具	國幣七百九十九元二角七分
支運輸川旅	國幣一千〇四十七元九角六分
支鋪墊	國幣一千四百十三元九角二分
支施材	國幣二十九元五角八分
支施藥	國幣一千一百三十四元八角八分
支施衣	國幣三千四百三十五元九角九分

支飲食　國幣二萬三千九百三十一元五角一分
支鹹食　國幣七百五十八元六角八分
支文具印刷　國幣一百九十九元八角六分
支修繕費　國幣四千二百四十元〇二角
支郵電費　國幣一百七十二元四角一分
支衛生費　國幣二百五十八元七角八分
支燈燭費　國幣四百五十一元二角七分
支薪炭費　國幣三千〇六十二元七角二分
支薪工　國幣一千五百五十五元一角二分
支雜費　國幣六百四十六元一角八分

合計國幣四萬三千一百三十八元三角三分

十八、第七收容所各項支出款目

支器具　國幣一千〇三十二元四角八分
支運輸川旅　國幣四百九十五元九角九分
支鋪墊　國幣一千八百四十一元一角一分
支施材　國幣四元八角五分

支施藥　國幣一千○七十九元九角六分
支施衣　國幣一千九百五十一元四角六分
支飲食　國幣一萬三千四百三十一元九角
支鹹食　國幣五百七十五元九角
支文具印刷　國幣一百三十四元六角五分
支修繕費　國幣二千○八十七元一角一角
支郵電費　國幣一百三十二元八角八分
支衛生費　國幣二百三十五元七角
支燈燭費　國幣二百五十五元六角九分
支薪炭費　國幣二千一百五十一元九角九分
支薪工　國幣四百五十三元四角
支雜費　國幣二百十一元五角七分

合計國幣三萬六千○七十六元六角四分

十九、第八收容所各項支出款目

支器具　國幣三百十七元九角三分
支運輸川旅　國幣一百十八元六角三分

支鋪墊　國幣二千〇八十四元七角五分
支施材　國幣八元七角
支施藥　國幣五百十元〇六角九分
支施衣　國幣一千七百五十三元四角五分
支飲食　國幣一萬一千〇〇七元九角六分
支鹹食　國幣四百二十三元一角一分
支文具印刷　國幣五十六元八角三分
支修繕費　國幣一百十元〇一角一分
支郵電費　國幣一百四十一元九角三分
支衛生費　國幣四百十五元八角一分
支燈燭費　國幣二十一元三角二分
支薪炭費　國幣一千三百二十四元七角六分
支薪工費　國幣八百三十二元七角二分
支雜費　國幣二百十五元六角三分

合計國幣一萬九千三百四十四元三角三分

十、特一收容所各項支出款目

支器具 國幣三百〇一元五角
支運輸川旅 國幣二百五十三元六角九分
支鋪墊 國幣一千五百五十二元
支施藥 國幣八百六十三元九角九分
支施衣 國幣一千二百二十一元七角九分
支飲食 國幣八千一百二十一元六角五分
支鹹食 國幣四百十二元五角七分
支文具印刷 國幣六十二元八角六分
支修繕費 國幣一千一百七十四元〇九分
支郵電費 國幣四十七元一角
支衛生費 國幣一百九十九元三角
支燈燭費 國幣二百三十七元六角三分
支薪炭費 國幣一千〇六十一元五角三分
支薪工費 國幣八百四十八元三角
支雜費 國幣一百七十五元三角八分
合計國幣一萬六千五百三十三元三角八分

本部撥助各款分戶報告

支中華總會	國幣二千元
支南昌卍會	國幣二千元
支長沙卍會	國幣二千元
支濟南卍會	國幣七十五元
支冠縣卍會	國幣四十元
支宜昌卍會	國幣二元三角三分
支蚌埠卍會	國幣四百二十四元九角九分
支南平卍會	國幣二百元
支全福辦事處	國幣二千六百七十元〇一角七分
支福州救濟隊	國幣一千六百六十四元七角七分
支廈門卍會	國幣二百七十八元三角
支全皖辦事處	國幣三百二十二元五角
支皖北辦事處	國幣一千〇十元
支蕪湖卍會	國幣四千七百十九元九角五分

支正陽關卍會	國幣三十八元
支臨淮關卍會	國幣三十九元五角
支巢縣卍會	國幣二十元九元九角
支無爲卍會	國幣五元
支全浙辦事處	國幣二萬一千四百八十四元四角九分
支杭州卍會	國幣一萬二千元〇〇三角三分
支鎮海卍會	國幣二千〇三十七元四角
支曹百卍會辦事處	國幣三百元
支上虞卍會	國幣一千一百〇八元
支紹興卍會	國幣一千五百五十二元六角
支嘉興卍會	國幣五百七十二元八角一分
支四明卍會	國幣三千九百七十六元三角八分
支江北辦事處	國幣六萬一千七百六十二元〇五分
支黃橋卍會	國幣三十元〇二角
支黃橋女卍會	國幣四十五元
支如皋卍會	國幣一百四十九元五角

支寶應卍會　國幣十一元
支興化卍會　國幣十八元二角
支東陳卍會　國幣二十一元
支拼茶卍會　國幣四十五元
支邵伯卍會　國幣五元
支盧莊卍會　國幣十五元五角
支拓皋卍會　國幣十四元
支石港卍會收容所　國幣四十六元六角
支掘港卍會收容所　國幣三十一元
支江都卍會　國幣八十九元一角
支常陰沙卍會　國幣四十九元五角
支南通卍會　國幣四十二元三角
支南京卍會　國幣七千二百九十三元七角五分
支鎮江卍會　國幣一百二十二元五角
支蘇州卍會　國幣一千一百八十一元七角五分
支無錫卍會　國幣三十五元

支常州卍會 國幣七百二十一元五角二分
支丹陽卍會 國幣十元〇五角
支江陰卍會 國幣一千五百五十九元〇六分
支崇明卍會 國幣六百七十一元二角
支徐州卍會 國幣一千一百四十四元
支徐海辦事處 國幣一千元
支寶山卍會 國幣三百七拾三元
支淞滬卍會 國幣一千〇拾七元六角
支淞滬女卍會 國幣六百〇一元
支金壇孔教會 國幣三十二元
支南京國際救濟會 國幣五千七百元
支鎮江旅滬同鄉會 國幣二百元
支南通常陰沙義渡經費 國幣三千二百元
支常州旅滬同鄉會 國幣三拾六元
支香山慈幼會 國幣二千元
支國際救災會 國幣一千元

支回教會	國幣一千二百三十元
支浦東同鄉會	國幣一千二百五十元
支婦女服務部	國幣一千七百九十一元五角九分
支工部局婦女收容所	國幣五百三十四元九角八分
支上海市救濟委員會遣送難民費	國幣五百元
支國際救濟會	國幣四元
支國際救濟會第二收容所	國幣六百八十四元二角五分
支國際救濟會第三收容所	國幣一百二十七元
支國際救濟會第五收容所	國幣三十元
支普善山莊	國幣七百九十元
支同仁輔元堂	國幣六百六十元
支福順善堂	國幣三百元
支江寧公所(麪粉)	國幣一百六十元
支真心醫院	國幣一百二十元
支山東會館(材米被)	國幣四百十七元三角
支黃卍字會	國幣一百二十三元五角

支白雲觀（助米）	國幣二百十八元
支祇園法會（衣被）	國幣一百五十元
支桐柏宮（被）	國幣七十二元
支友聲旅行社（醫院毛毯）	國幣二百五十元
支上海市菜販委員會	國幣八十元
支太嘉同鄉會	國幣二十三元五角
支救護委員會	國幣二十四元
支紅十字會難兒醫院	國幣六元
支濟衆難民醫院	國幣二十元
支平民療養院	國幣二十九元八角一分
支大德醫院	國幣四元
支浙江救濟會	國幣五角四分
支上海戰區放賑團	國幣二百元
支補助各團體物品藥費	國幣二百七十元

合計國幣十六萬〇八百九十六元七角二分

附撥助各款分類明細表

機關	現金	代付款項	藥品	衣被	食糧棺材及一切物品	合計
中華總會	二,〇〇〇.〇〇					二,〇〇〇.〇〇
南昌卍會	二,〇〇〇.〇〇					二,〇〇〇.〇〇
長沙卍會	二,〇〇〇.〇〇					二,〇〇〇.〇〇
濟南卍會			七五.〇〇			七五.〇〇
冠縣卍會			四〇.〇〇			四〇.〇〇
宜昌卍會		二.三三				二.三三
蚌埠卍會			四二四.九九			四二四.九九
南平卍會	一〇〇.〇〇					一〇〇.〇〇
全福辦事處	二,四〇〇.〇〇		二七〇.一七			二,六七〇.一七
福州救濟隊	一,六三六.七七		二八.〇〇			一,六六四.七七
廈門卍會			二七八.三〇			二七八.三〇
全皖辦事處			三三.五〇			三三.五〇
皖北辦事處	一,〇〇〇.〇〇				一〇.〇〇	一,〇一〇.〇〇
蕪湖卍會			七九.九五	四,六四〇.〇〇		四,七一九.九五
正陽關卍會			三八.〇〇			三八.〇〇
臨淮關卍會			三九.五〇			三九.五〇

集縣卍會			二九.九〇			二九.九〇
無爲卍會			五.〇〇			五.〇〇
全浙辦事處	一、五〇〇.〇〇	六六九.三〇	一、一三五.一九	一八、一九〇.〇〇		二一、四八四.四九
杭州卍會	一〇、五三五.一六	二.六〇	三三三.五七	一、一四〇.〇〇		一二、〇〇〇.三三
鎭海卍會	六〇〇.〇〇	二.〇〇	二四.二〇	一、四〇一.二〇		二、〇二七.四〇
曹百卍會辦事處	三〇〇.〇〇					三〇〇.〇〇
上虞卍會	三〇〇.〇〇	一.二〇	一〇一.八〇	七〇五.〇〇		一、一〇八.〇〇
紹興卍會	四〇〇.〇〇	一.二〇	一一六.四〇	一、〇三五.〇〇		一、五五二.六〇
嘉興卍會			五二七.八一		四五.〇〇	五七二.八一
四明卍會	三、〇〇〇.〇〇		三三五.五七	六三五.〇〇	五.八一	三、九七六.三八
江北辦事處	三六、〇〇〇.〇〇	四三七.一七	一、二三三.八八	二三、五〇一.〇〇		六一、一七二.〇五
黃橋卍會			三〇.二〇			三〇.二〇
黃橋女卍會			四五.〇〇			四五.〇〇
如皋卍會			一四九.五〇			一四九.五〇
寶應卍會			二.〇〇			二.〇〇
興化卍會			一八.二〇			一八.二〇
東陳卍會			三.〇〇			三.〇〇

本部撥助各款分戶報告

拼搽卍會			四五、〇〇			四五、〇〇
邵伯卍會			五、〇〇			五、〇〇
廬莊卍會			一五、五〇			一五、五〇
栢皋卍會			一四、〇〇			一四、〇〇
石港卍會收容所		一〇、六〇	三六、〇〇			四六、六〇
掘港卍會收容所			三一、〇〇			三一、〇〇
江都卍會			八九、一〇			八九、一〇
常陰沙卍會			四九、五〇			四九、五〇
南通卍會			四二、三〇			四二、三〇
南京卍會	五、四九〇、〇〇		三六三、七五	一、四四〇、〇〇		七、二九三、七五
鎮江卍會			一三三、五〇			一三三、五〇
蘇州卍會	六〇〇、〇〇		八一、七五	五〇〇、〇〇		一、一八一、七五
無錫卍會		五、〇〇			三〇、〇〇	三五、〇〇
常州卍會			七三、五二			七三、五二
丹陽卍會					一〇、五〇	一〇、五〇
江陰卍會	一、〇〇〇、〇〇		五四九、〇六		一〇、〇〇	一、五五九、〇六
崇明卍會	五三六、〇〇		一三五、二〇			六七一、二〇

九

徐州卍會	一,〇〇〇.〇〇		一二四.〇〇			一,一二四.〇〇
徐海辦事處	一,〇〇〇.〇〇					一,〇〇〇.〇〇
寶山卍會	二〇〇.〇〇		五〇		一七二.五〇	三七三.〇〇
淞滬卍會				一,〇〇〇.〇〇	一七.六〇	一,〇一七.六〇
淞滬女卍會				六〇〇.〇〇	一.〇〇	六〇一.〇〇
金壇孔教會			三二.〇〇			三二.〇〇
南京國際救濟會	五,七〇〇.〇〇					五,七〇〇.〇〇
鎮江旅滬同鄉會	二〇〇.〇〇					二〇〇.〇〇
南通常陰沙義渡經費	三,二〇〇.〇〇					三,二〇〇 〇〇
常州旅滬同鄉會			三六.〇〇			三六.〇〇
香山慈幼院	二,〇〇〇.〇〇					二,〇〇〇.〇〇
國際救災會	一,〇〇〇.〇〇					一,〇〇〇.〇〇
回教會				一,二五〇.〇〇		一,二五〇.〇〇
浦東同鄉會				一,二五〇.〇〇		一,二五〇.〇〇
婦女服務部				一,六七六.六〇	一一四.九九	一,七九一.五九
工部局婦女收容所	二五.〇〇			三三九.二〇	一七〇.七八	五三四.九八
上海市救濟委員會遣送難民費	五〇〇.〇〇					五〇〇.〇〇

國際救濟會					四.00	四.00
國際救濟會第二收容所					六八四.二五	六八四.二五
國際救濟會第三收容所				四四.00	八三.00	一二七.00
國際救濟會第五收容所				三0.00		三0.00
普善山莊	二五0.00			九0.00	四五0.00	七九0.00
同仁元輔堂					六六0.00	六六0.00
福順善堂					三00.00	三00.00
江寧公所					一六0.00	一六0.00
眞心醫院	一一0.00					一一0.00
山東會館				六七.00	三五0.三0	四一七.三0
黃卍字會				一一三.00	一0.五0	一二三.五0
白雲觀					二八.00	二八.00
祇園法會				一五0.00		一五0.00
桐柏宮				七二.00		七二.00
友聲旅行社					一五0.00	一五0.00
上海市菜販委員會				八0.00		八0.00
太嘉同鄉會			二三.五0			二三.五0

救護委員會				一四.〇〇		一四.〇〇
紅十字會難兒醫院					六.〇〇	六.〇〇
濟衆難民醫院				二〇.〇〇		二〇.〇〇
平民療養院			二九.八一			二九.八一
大德醫院				四.〇〇		四.〇〇
浙江救濟會					.五四	.五四
上海放賑團	二〇〇.〇〇					二〇〇.〇〇
補助各團體	一六〇.〇〇				一一〇.〇〇	二七〇.〇〇
合計	八七,六七二.九三	一,一四〇.四〇	八,一四一.六三	五九,九六七.〇〇	三,九七四.七七	一六〇,八九六.七三

經募各款台銜表

1 卜乾達募吳禮門令堂奠儀
2 大生公司
3 王化贊
4 王化麟
5 王保乘
6 王賡才
7 王圓恬
8 王維官
9 方善甫
10 中西藥房周邦俊
11 中華救會公報社
12 布春慈壇
13 永年堂禮移
14 田修本
15 田太太
16 包和濟
17 任竹興
18 任竹心
19 任永原
20 江蘇救濟會
21 朱佛恩
22 朱綬萱
23 仲友三
24 李馥蓀
25 李升記
26 李詠裳
27 李天眞 鵬程
28 李樂天
29 李桂有
30 李旭堂
31 沈道興
32 沈載之

33 沈文彬
34 沈贊永
35 吳靜庵
36 吳悟塵
37 何 東
38 汪寶臨
39 宋之瑗
40 周重光 宗 良
41 周孝高
42 周欽華
43 周壽甫
44 周讓三
45 倘誠己
46 花旗銀行華員
47 杭綢組
48 宜興同鄉會
49 亞聲電台
50 恆 豐
51 洪詠樵
52 洪念祖
53 姚復乾
54 姚寶森
55 胡化易 楚 卿
56 胡長春
57 胡德載
58 匡仲謀
59 俞福記
60 玻璃業公會
61 徐先生
62 徐太太
63 徐小姐
64 徐宗俊
65 徐操宜
66 徐知復 慰 南
67 徐乾閬
68 徐嘉炎

69 范長鶴
70 孫澄清
71 許敬甫 陳玉璋
72 張納川
73 張偉卿
74 張冠善
75 張乾妙 闞坪
76 張惠善
77 張文英
78 張雪徽
79 張永年
80 張寶謹
81 陳傑初
82 陳修明
83 陳乾新
84 陳鑾基
85 陶山威
86 屠保初

87 盛午清
88 婁翔青
89 國藥公會
90 費性甫
91 鈕贊上
92 游慧遠
93 舒張叔之
94 普濟善會
95 勞黎澈
96 黃保吉
97 黃悟空 育申
98 馮緒承
99 無錫同鄉會
100 婦女服務部
101 董乾應 再蓀
102 董世銘
103 董和甫
104 裘業公會

105 楊萬青
106 滋康莊
107 萬乾翔
108 嵩山居士
109 榮 康
110 趙贊須 聘 三
111 趙世芳
112 趙孝本
113 蔣竹盅
114 鄭維銘
115 鄭園耋
116 鄭宏觀
117 鄭源興
118 劉寶吉 文 藻
119 劉理中
120 劉聘三
121 靜安別墅
122 龍化革
123 糖海南北什貨聯合市場
124 燕平會館
125 聯義會
126 鎮乾靖
127 鎮丹金溧揚同鄉會
128 羅道悟 步 洲
悟本
129 羅保璜
130 魏松祀
131 顧道公
132 第一救濟隊代收
133 第一臨時醫院代收
134 第二臨時醫院代收
135 第三臨時醫院代收
136 第一收容所代收
137 第二收容所代收
138 第三收容所代收
139 第四收容所代收
140 第五收容所代收

141 第六收容所代收
142 第七收容所代收
143 第八收容所代收
144 特一收容所代收
145 卜乾達
146 王定鈞
147 尹元翔
148 江乾六
149 杜月笙
150 李珪有
151 林筱齡
152 姚化吉
153 裁雲軒
154 沈元潤
155 戚民臨 少齋
156 黃憲虔
157 張青卿 葉綬芝
158 曹乾壽

159 葛傑臣
160 趙道慈 聘侯
161 盧乾思
162 張宏壙
163 吳悟塵 田操益 徐操宜
164 田操益
165 趙濟華
166 張修根
167 陸松秀
168 黃操昷
169 汪烝瑶
170 陳允芷
171 張順導
172 李圖承
173 韓齊藩
174 陳竹義
175 劉慧性

176 陶松誠
177 顏竹圖
178 賁操葆
179 包竹鑑
180 游塵因
181 李了因
182 韓竹新
183 李悟純
184 謝操昇
185 夏皈覺
186 謝竹泰
187 萬操輝
188 沈陳氏
189 施知因
190 單松羅
191 羅悟本
192 方竹垣
193 詹操祜
194 梁松康
195 韓福航 世昌
196 胡鳴書
197 舒昭涯
198 張禎初
199 蘇寶果
200 張保超
201 梁贊蓬
202 姚文敷
203 李慈開 迪先
204 楊蘊淨
205 錢蘊同
206 沈贊揚
207 俞惠輝
208 姚黎思
209 陳惠爽
210 周寶塵
211 方惠虔

212 王方標
213 張藏養
214 徐蘊正
215 張山同
216 金寶澈
217 王寶成
218 胡格生
219 張贊能

---

220 汪寶得
221 李乃昌
222 翁寅生
223 邵其成
224 王愼修
225 戴蘊源
226 周寶普
227 王藏塵

世界紅卍字會各卍會處助救濟費清單

淞滬卍會	國幣四萬四千三百九十九元六角二分	附表（一）
淞滬女卍會	國幣二萬〇〇十五元五角六分	附表（二）
寶山卍會	國幣一萬二千五百九十三元一角五分	附表（三）
膠東總辦事處	國幣一萬元	花名列入當地徵信錄
滬上寶辦事處	國幣九千四百五十元	同　上
上海卍會	國幣八千二百五十一元	附表（四）
西南總辦事處	國幣二千元	附表（五）
星洲卍會	國幣二千元	花名列入當地徵信錄
天津卍會	國幣二千元	同　上
香港道德院	國幣一千一百〇四元五角六分	同　上
江陰卍會	國幣一千〇三十元	附表（六）
全皖辦事處	國幣五百元	花名列入當地徵信錄
南昌卍會	國幣四百元	附表（七）
寶山女卍會	國幣二百九十元	附表（八）

合肥卍會	國幣二百元	花名列入當地徵信錄
東陳卍會	國幣二百元	附表(九)
泰興卍會	國幣一百元	花名列入當地徵信錄
蕪湖卍會	國幣一百元	同　上
新浦卍會	國幣一百元	同　上
太倉女卍會	國幣一百元	同　上
曲塘卍會	國幣八十元	同　上
潁上卍會	國幣七十元	附表(一〇)
崇明卍會	國幣五十元	附表(一一)
馬壩卍會	國幣二十元	花名列入當地徵信錄
如皋卍會	國幣二十元	同　上
黃橋女卍會	國幣二十元	同　上
無爲卍會	國幣十四元	同　上

合計國幣十一萬五千一百〇七元八角九分

附各卍會處助款台銜表

▲一 淞滬卍會

149	沙市紗廠	五千元
145	茂記	二千元
145	蔭記	二千元
110	山東會館	一千五百元
101	永大銀行	一千元
101	慈藏	一千元
101	楊叔鼎	一千元
87	寶豐莊同人	一千元
87	施坤房	一千元
75	吳同文	一千元
	吳聿豫	一千元
	淞滬代主會指助香山慈幼院	一千元
	王化宗	六百九十五元
	吳道寬	六百元
	黃悟空 育申	五百五十元
151	海甯甲戌振餘保委會	五百元
151	凌雲公	五百元
	卜乾達	五百元
145	劉季秩	五百元
145	姜鍾麟	五百元
110	誠信昌	五百元
75	葛鳳池	五百元
160	趙吳琪	五百元
	陳寶輝 戴蘊源	五百元
101	信大花號	五百元
101	成大花號	五百元
145	仁和號	五百元
87	邵長春	五百元
145	劉季秩	五百元
75	永慶公司	三百元
75	瑞康號	三百元
	車潤卿文孫彌月賀儀筵資	三百元
87	朱懋秋	三百元
101	季漢桐	三百元
146	振華油漆公司	二百五十元
97	源祥號	二百四十元
	中國搬場公司同人	三百三十七元一角
97	源椿號	二百元
97	大成號	二百元
126	同仁集	二百元
145	懷德堂	二百元
129	榮壽安堂	二百元
	龔子漁	二百元
145	黃良記	二百元
	大昌新榨油廠同人節約	二百元
	董乾應	二百元
101	尤叔仁	二百元
146	陳楚泉	二百元
146	李麗水	二百元
75	陳康山	二百元
148	瑤達生	二百元
152	劉春暉	二百元
	周永義	二百元
87	陳君	二百元
97	順康號	一百八十元
97	瑞新順	一百五十元
160	王玉書	一百五十元
34	利記紗號	一百五十元
97	源亨號	一百二十元
	卞太太	一百元
	顧中慎	一百元

75	黃陸顯慈	一百元
75	龔隱士	一百元
75	樑記	一百元
148	候國華	一百元
148	李孝甫	一百元
148	陳元福	一百元
	盛心義	一百元
148	莫高明	一百元
148	范少珊	一百元
148	張有福	一百元
148	王宏卿	一百元
148	王和興	一百元
148	梁友舫	一百元
148	鄒珊葆	一百元
148	周永昇	一百元
148	毛釗初	一百元
146	程太太	一百元
146	程潔樵	一百元
146	王程素英	一百元
146	公和來號	一百元
146	王仁心	一百元
146	陳楚藩	一百元
146	陳少奶奶	一百元
146	李能傳	一百元
146	李太太	一百元
146	李少奶奶	一百元
146	陳少奶奶	一百元
146	王少奶奶	一百元
146	董太太	一百元
146	陳少奶奶	一百元
87	鄧長根	一百元
87	邵長霖	一百元
87	王家瑞	一百元
	泯名居士	一百元
	伍周佩誠	一百元
129	體仁堂	一百元
87	費昌年	一百元
87	費昆年	一百元
87	費驊基	一百元
87	樓服來	一百元
87	陳遜初	一百元
87	盛筱珊	一百元
160	趙森章	一百元
160	趙堃章	一百元
160	趙瑞章	一百元
160	趙閏章	一百元
160	趙堯章	一百元
110	李安裕堂	一百元
110	王寶因	一百元
129	安安主人	一百元
129	爾乘主人	一百元
101	嚴慶洪	一百元
	尹元翔	一百元
75	金乾鑒	一百元
34	乾泰祥號	一百元
161	康成酒廠	一百元
152	天遜齋	一百元
159	王厚甫	一百元
	林世永	六十元
146	程師夔	五十元
146	程澤鼎	五十元
146	程澤乾	五十元
146	程澤巽	五十元
146	程澤臨	五十元
146	程麗琳	五十元
129	三畏堂	五十元
129	和記	五十元
129	樂記	五十元
146	程膺驥	五十元
146	汪級秋	五十元
146	彭杏生	五十元
146	鼎和號	五十元

146	吉和號	五十元
146	立恕房間	五十元
146	景德堂劉	五十元
146	袁太太	五十元
146	董太太	五十元
146	無名氏	五十元
110	趙竹燦	五十元
110	趙操堅	五十元
110	趙箕慶	五十元
	周德新	五十元
129	四德堂	五十元
129	四敬堂	五十元
129	二友堂	五十元
110	趙箕崢	五十元
110	趙勤誠	五十元
110	趙普悟	五十元
110	趙筠娫	五十元
110	趙筠壇	五十元
110	孫鏡清	五十元
160	施禮慶	五十元
87	史福寶	五十元
87	賡裕莊同人	五十元
87	陳瓊華	五十元
87	陳永昶	五十元

87	陳永豐	五十元	92	甯遠堂	三十元
87	陳永隆 陳美齡顧	五十元	34	楊星梧	三十元
129	安記	五十元	34	徐老太太	三十元
129	善記	五十元	97	吳舜九	三十元
129	嘉記	五十元	97	張普惠	三十元
34	楊星堃	五十元	146	徐美浩	三十元
148	孟傳恬	五十元	148	周伊伯	三十元
147	蘇鴻生	五十元		趙贊萃	三十元
147	錦章號	五十元		伍儒珍	三十元
75	徐正元	五十元		許伯浚	三十元
145	高子和	五十元	146	益昌木行	二十五元
129	平記	五十元	128	文元莊	二十四元
	陳受之	五十元	110	餘昌寶號	二十元
	壽蘭室	五十元	110	源興湧	二十元
	韓滌華	五十元	110	顧記	二十元
	居易堂鎖	五十元	110	裕泰豐	二十元
	蔡老太太	五十元	110	馬導先	二十元
146	中華勸工銀行同人	四十四元〇三分	110	胡誠齋	二十元
	沈道興	四十元		張虹影	二十元
	中法鐘表行	四十元	147	無名氏	二十元
150	大境仁義社	四十元		謝順樸	二十元
	隱名氏	四十元	147	孫新法	二十元
145	馬月樓	三十元		北平廣虎號車春筠	二十元
87	企覺雲壇禮懺同人	三十元	147	費維記	二十元

朱宏謨　二十元
黃保吉　二十元
戴步瀛　二十元
85 王鈞康　二十元
顧福修　二十元
北平廣成號車春筠　二十元
Mrs lenox conynghom　二十元
97 劉龍章　十八元
益昶號　十八元
張道化　十六元
110 陳秉鈞　十五元
110 汪體常　十五元
97 吳如華　十五元
97 吳崇華　十五元
97 吳瑞華　十五元
錢江會館職員工役　十二元
張笙階　十二元
146 蔡承裕　十元
146 無名氏　十元
146 德記　十元
146 戴太太　十元
146 劉太太　十元
146 和記　十元
146 安定墅　十元

110 鄒經五　十元
110 朱憲章　十元
110 仁昌華行　十元
110 魏陳氏　十元
110 黃齊氏　十元
147 樹德堂　十元
147 李清　十元
147 孫讓之　十元
92 聯瑞堂　十元
92 葉鼎新　十元
大覺乾仁　十元
陳贊金　十元
87 盛葛氏　十元
87 集慶記　十元
85 丁裕泉　十元
85 丁盤泉　十元
北平廣成號車廣明　十元
北平阜源號車鴻濤　十元
96 乾泰祥昌記　十元
陸靜仁　十元
陳贊金　十元
贊秀子　十元
朱燮昌　十元
屠李漢英　十元

張母八旬　十元
薛顧淡宜　十元
吳瑞東　十元
145 唐娛卿　十元
男女僕九人　九元
曹乾壽　六元
158 鄧禹功　五元
148 范鏡蓉　五元
155 王新　五元
156 呂彬儒　五元
157 周澤民　五元
157 周福民　五元
157 瑜貞氏　五元
157 隱名氏　五元
146 徐雨玉　五元
146 無名氏　五元
146 楊先生　五元
146 吳乃悟　五元
147 邵堯卿　五元
147 貝一峰　五元
147 陳媽　五元
147 田阿仙　五元
147 倪能德　五元
147 沈人傑　五元

147 俞鍾華 五元
147 游伯羣 五元
147 張潤身 五元
97 黃裘雲 五元
97 黃裘崢 五元
97 黃秀貞 五元
張道化 五元
145 無名氏 五元
145 卜澤沅 五元
97 黃秀弟 五元
97 黃秀雲 五元
97 黃 協 五元
96 黃書茂 五元
96 黃元村 五元
110 楊肇善 五元
李達羣 五元
翁文淵 五元
陸贊軒 五元
陸雲來 五元
金因定 五元
崔毓蘭 五元
源大當 五元
蔣錫意 五元
128 吳甯泉 三元

徐天錫 三元
157 牛翰如 三元
146 汪先生 三元
147 蓮姑娘 三元
85 朱紹森 三元
顧愼修 三元
96 根泉昌 二元
96 葛文使 二元
96 裘喬齡 二元
96 丁翰英 二元
157 李樹堂 二元
157 無名氏 二元
157 宋斐然 金天一 二元
157 張驥才 二元
157 張雲鵬 二元
157 周幹臣 二元
147 陳小弟 二元
147 朱再岑 二元
146 招 宅 二元
110 王世平 二元
110 張仁甫 二元
110 山慕韓 二元
110 王子賓 二元
110 原廣臣 二元

158 趙水才 二元
158 曹化聲 二元
鄭龍文 二元
安炳然 二元
85 裘庸林 二元
85 應竹布 二元
85 汪 洋 二元
131 汪葛合仁 二元
131 顧樂儉 二元
147 鄔 氏 一元五角
96 葛紹祺 一元
96 周梅庭 一元
96 和寶昌 一元
96 張裕發 一元
157 潘玉笙 一元
157 胡庭芳 一元
范國瑞 一元
157 陳吉甫 一元
157 嚴成鑫 一元
157 觀梅先生 一元
157 邵其祥 一元
157 邵杏坡 一元
157 孫季仁 一元
157 秦祖馨 一元

157 隱名氏 一元
157 吳仁甫 一元
157 沈起民 一元
157 張藻臣 一元
157 沈醒厂 一元
157 楊松華 一元
131 王志遠 一元
131 王志棟 一元
131 明　瑞 一元
157 陳錫生 一元
157 陳德鎔 一元
157 谷斯琛 一元
146 曾先生 一元
146 唐　宅 一元
146 吳先生 一元
146 崔先生 一元
110 趙永奎 一元
110 丁寶泉 一元
110 聿永寶 一元
97 胡金娣 一元
85 黃祖堯 一元
155 王瑞芝 一元
131 顧燮祥 一元
131 修　敬 一元

陳廣福 一元
孔慶雲 一元
顧崇德 一元
周九皋 公債票面 六十元
吳亦同 又 二十元
吳追曾 又 二元
吳豐茂 又 二元
李　和 又 二元

合計國幣四萬四千三百九十九元六角二分

▲二 淞滬女卍會

張宏境 二千元
舒昭程 一千元
舒紹崢 一千元
張箕景 一千元
65 劉森記 一千元
163 劉棫記 一千元
張宏境 一千元
田操益 五百元
65 吳敬勝 五百元
162 禮　記 二百元
36 姚蘊叔 二百元
162 合　記 二百元
莊松昱 二百元
黃操昷 二百元
130 中匯銀行同人 一百九十三元七角
164 怡順昌行同人 一百五十元
趙昌熾 一百元
田操益 一百元
165 趙竹林 一百元
165 趙殿臣 一百元
詹操祜 一百元
162 席韶記 一百元
162 許汝爲 一百元
162 吳偉臣 一百元
166 凌守寬 一百元
166 凌守慈 一百元
166 李方氏 一百元
163 凌守誠 一百元
163 凌守樸 一百元
167 鄭新記 一百元
167 毓　慶 一百元
75 張德明 一百元
黃操昷 一百元
168 謝公館 一百元
汪氣琚 一百元
170 孫太太 一百元
36 毛康甫 一百元

吳悟塵 一百元
王了塵 一百元
36 凌養如 一百元
169 唐安逸 一百元
113 葉斐仙 一百元
韓竹新 一百元
劉慧性 一百元
謝操昇 一百元
魏松昶 一百元
170 無名氏 一百元
陳沈文華 一百元
俞松靈 八十五元
171 巽源號各友 七十二元
172 任薰著 六十元
172 朱葭生 六十元
169 唐蔡慈眞 六十元
蔣顧氏 六十元
韓素禪 五十元
韓竹新 五十元
許澤之 五十元
徐操宜 五十元
吳悟塵 五十元
163 張亞葆 五十元
163 凌養記 五十元

36 胡太太 五十元
凌培德堂 五十元
173 朱法靜 五十元
陸松秀 五十元
170 無名氏 五十元
170 孫辰常 五十元
162 鄧祖謀 五十元
162 施知因 五十元
陳竹義 五十元
174 陳石奇 五十元
174 無名氏 五十元
175 李悟純 五十元
175 田眞覺 五十元
172 張李氏 五十元
172 包竹鑑 五十元
176 陸松秀 五十元
張順導 五十元
171 李周聖定 五十元
171 戚周聖戒 五十元
171 傅李靜修 五十元
171 陳李聖通 五十元
177 柏 生 五十元
177 燿 杰 五十元
177 袁濟安 五十元

榮善堂 四十五元
171 徊德堂 四十元
汪烝琛 四十元
163 朱法靜 四十元
172 朱春年 四十元
65 蔡徐美珍 四十元
178 乾號衆友 四十元
36 周太太 四十元
趙國屏 三十元
吳松勤 三十元
謝竹泰 三十元
173 夏操常 三十元
172 任克年 三十元
169 蔡松如 三十元
169 蔡王涵清 三十元
177 劉樹善 三十元
177 鈕永記 三十元
陳宏廣 三十元
陳允芷 二十七元三角
孫操模 二十五元
163 周曹潤如 二十三元
170 徐 嫣 二十一元
韓筠華 二十元
韓筠承 二十元

趙吳琪　二十元
達　澄　二十元
福慧記　二十元
無名氏　二十元
王品藻　二十元
164 泰生東　二十元
163 周太太　二十元
163 姚蘊叔　二十元
163 金瓊靜　二十元
163 孫鍾英　二十元
163 陳太太　二十元
163 董子華　二十元
蔣竹品　二十元
113 譚仲煇　二十元
113 錢竹娛　二十元
162 張志秋　二十元
162 中國實業銀行　二十元
170 葛太太　二十元
170 陳允儔　二十元
170 陳妙聚　二十元
173 金瓊靜　二十元
172 余月舫　二十元
172 羅乾霞　二十元
179 黃仲明　二十元
166 李國泰　二十元
9 楊孟昂　二十元
184 張緯文　二十元
184 戴陸氏　二十元
193 程嚴雋　二十元
張修根　二十元
174 賴履堅　二十元
175 方戚氏　二十元
171 李吳聖揚　二十元
171 吳童和增　二十元
范錦堂　二十元
陳太太　二十元
167 張　鼎　二十元
162 吳龍記　二十元
177 劉德基　二十元
175 周志源　二十元
顏竹圃　十九元
171 葉雲齡　十六元
周松妙　十五元
陳靄士　十五元
172 任仰高　十五元
166 龔太太　十二元
177 王太太　十二元
130 趙太太　十二
130 夏太太　十二元
130 余太太　十二元
130 余少奶奶　十二元
趙竹良　十二元
陳竹羲　十元
韓筠導　十元
李彥士　十元
趙森章　十元
趙堃章　十元
趙瑞章　十元
趙堯章　十元
胡慶勝　十元
無名氏　十元
趙潤章　十元
吳　黔　十元
羅欣榮　十元
順泰豐　十元
顧文朝　十元
無名氏　十元
管源明　十元
屠載春　十元
吳沈鳳梧　十元
162 朱玉湘　十元
162 施碧頎　十元

162 范慧祜 十元
162 宜 記 十元
162 陳德記 十元
162 李璧記 十元
163 潘李氏 十元
163 毛廉甫 十元
163 周正機 十元
163 莊操敬 十元
163 柳松明 十元
163 傅太太 十元
163 林太太 十元
166 朱炳洋 十元
166 林朱雪貞 十元
165 無名氏 十元
165 無名氏 十元
166 莊仁宏 十元
113 葉裴先 十元
113 吳郁雲貞 十元
113 陳竹昱 十元
113 盛竹源 十元
180 李塵因 十元
180 游慧遠 十元
萬操輝 十元
萬松虹 十元

181 陳 儉 十元
181 嘉蔭堂 十元
181 朱家興 十元
181 闞夏氏 十元
172 任文若 十元
172 任芝英 十元
172 任芝芳 十元
172 吳煥然 十元
179 張維綱邦 十元
170 中 社 十元
170 陳克圓 十元
170 陳克儕 十元
170 陳云屏 十元
170 王賢邦 十元
173 朱慰祖 十元
173 王沈月珍 十元
169 包蔡藹存 十元
169 徐蔡弈存 十元
169 李唐籌霞 十元
169 蔡處默 十元
169 蔡藹記 十元
169 蔡弈記 十元
169 徐乃清 十元
169 徐乃湊 十元

169 包以聰 十元
169 程鼎圻 十元
167 王筠權 十元
168 應莘耕先生夫人 十元
168 謝黃舜琴 十元
175 朱操平 十元
175 王化説 十元
175 周朱氏 十元
65 鄭宏觀 十元
65 范行慧 十元
182 吳蔣氏 十元
182 吳張氏 十元
蔡操惠 十元
169 秦仲寬 十元
183 周李氏 十元
發順導 十元
171 李周聖定 十元
177 協興廠 十元
177 劉畹青 十元
177 俞健甫 十元
177 徐震生 十元
177 王道濟 十元
177 袁明麟 十元
175 張夏氏 十元

184 周太太 十元
查承泰 十元
185 張范先生 十元
黃操輝 十元
65 周宗廉 十元
65 周祿房 十元
191 吳甯助 十元
176 黃陶氏 十元
176 陶先生 十元
169 張嵩生 八元
朱曉青 六元
36 張宗宜 六元
170 李萬崢 六元
170 李萬嶸 六元
179 李壽眉 六元
113 張椒薌 六元
185 夏永貞先生太太 六元
陶松誠 五元
韓筠楞 五元
沈太太 五元
席太太 五元
張少太太 五元
舒錚如 五元
劉德健 五元

彭松瑶 五元
趙四太太 五元
趙企英 五元
趙企菁 五元
趙企華 五元
吳根媛 五元
吳福媛 五元
163 趙式穀 五元
163 馬福金 五元
163 任小亭 五元
163 楊小川 五元
163 趙福卿 五元
165 陸金氏 五元
165 陸健固 五元
165 無名氏 五元
113 顧家麟 五元
113 顧家灝 五元
113 張操昶 五元
113 盛梧曾 五元
113 盛子威 五元
113 曹老太太 五元
113 鄒蔣正粹 五元
113 錢寶貞 五元
113 周體濟 五元

113 陳玉華 五元
113 陳善祥 五元
166 桂順倨 五元
186 顏季芳 五元
186 袁太太 五元
186 吳太太 五元
186 甘伯康 五元
169 章篤臣 五元
169 顧紹衣 五元
176 馮先生 五元
176 王先生 五元
176 徐先生 五元
176 桂先生 五元
176 范先生 五元
汪太太 五元
181 無名氏 五元
181 無名氏 五元
173 朱蘊玉 五元
173 朱康祖 五元
173 夏禹思 五元
173 夏禹聞 五元
173 夏禹龍 五元
173 夏孟英 五元
167 沈秀英 五元

167 周太太 五元
167 伍太太 五元
163 楊太太 五元
163 阎太太 五元
163 朱立志 五元
163 宗鄭馨 五元
113 曹敬三 五元
冒登儀 五元
170 朱澤農 五元
170 陳筠斯 五元
170 景克軒主 五元
170 楊雪琴 五元
170 楊麟傑 五元
162 高有才 五元
162 沈小姐 五元
163 賀太太 五元
163 胡太太 五元
163 蘇小姐 五元
172 無名氏 五元
172 張懸名 五元
172 楊樹梅 五元
172 無名氏 五元
179 鄭鑛昌 五元
179 鄭沈氏 五元

179 包漢生 五元
179 鄭太太 五元
179 徐鮀庸 五元
179 吳漁荃 五元
179 莊百俞 五元
179 韋傳卿 五元
179 徐涿如 五元
179 宋以忠 五元
179 曹冰嚴 五元
179 楊守仁 五元
179 戴孝候 五元
179 李吉門 五元
179 郭梅生 五元
179 穆華生 五元
179 朱項盤 五元
179 蔡公椿 五元
179 王廉生 五元
179 史久雲 五元
179 殷明祿 五元
169 范楚臣 五元
169 李士英 五元
187 許曉東 五元
168 周渭橋 五元
168 王明英 五元

168 集益堂 五元
162 舒昌桐 五元
162 無名氏 五元
162 趙南記 五元
162 無名氏 五元
176 汪先生 五元
176 顧太太 五元
167 誠正先生 五元
167 李賡堯 五元
166 孫梅生 五元
174 陳南如 五元
174 陳南蓀 五元
174 陳南漢 五元
174 李秀元 五元
174 郭天祥 五元
174 趙如意 五元
174 莊履信堂 五元
113 張德方 五元
113 張無提 五元
113 張崧原 五元
175 王錢氏 五元
175 孫信倍 五五
175 錢智善 五元
175 周菊影 五元

一一

175 李蘭影 五元
175 李國宗 五元
175 李國宣 五元
175 劉潤松 五元
175 劉宋氏 五元
175 劉秋生 五元
175 劉秋琪 五元
175 劉奇珍 五元
175 劉潤柏 五元
65 范志驤 五元
65 范志鵬 五元
181 孫夏湛 五元
181 朱連生 五元
181 華宛淑貞 五元
179 陳徐氏 五元
179 郁厚培 五元
179 潘有福 五元
171 李張竹平 五元
171 張筠平 五元
171 曹君 五元
171 宓君 五元
65 周名山 五元
65 周二太太 五元
任嘉慧 五元

65 周福房 五元
9 王振芳 五元
192 方聖照 五元
167 張劼 五元
171 王炳君 五元
169 汪祐成 五元
169 陳小寶寶 五元
169 黃君見 五元
177 劉婉芙 五元
177 顏老太太 五元
177 鈕老太太 五元
177 傅其華 五元
177 章仲文 五元
177 張小姐 五元
韓禪 五元
韓竹新 五元
176 潘太太 五元
188 無名氏 五元
172 無名氏 五元
189 鄧翼 五元
潭操康 五元
梁筠晃 五元
包竹鑑 五元
178 華振祥 五元

張卞筠孫 五元
李悟純 五元
190 項操煙 五元
167 游鶴 五元
165 趙金記 四元
165 趙滌記 四元
165 趙華記 四元
165 趙延生 四元
165 樂善好施 四元
165 樂善好施 四元
165 樂善好施 四元
陳松始 四元
163 鍾禔祿 四元
163 鍾禎祜 四元
163 富定孅 四元
163 寶宛孅 四元
許良懷 四元
鄭麗君 四元
191 潘良棟 三元
113 鄒國統 三元
180 王太太 三元
176 陳先生太太 三元
176 吳先生 三元

167	黃慧英	三元
179	黃經華	三元
179	陳少蓀	三元
179	陳銘勛	三元
179	梁銘銓	三元
168	應昇喬 午 德	三元
168	張太太	三元
167	江太太	三元
	楊太太	三元
	徐昌徽	三元
	徐昌徽	三元
	徐昌徽	三元
	徐昌徽	三元
	徐昌徽	三元
	徐昌徽	三元
	徐昌徽	三元
	徐昌徽	三元
	徐昌徽	三元
	徐昌徽	三元
	徐昌徽	三元
	徐昌徽	三元
65	周實熾太太	三元
179	李聖五	三元

174	陳子康	三元
174	陳南馨	三元
175	王唐氏	三元
	梁松康	三元
185	夏彬如先生夫人	三元
174	陳南英 董集氏	二元五角
174	高蔣氏 賀阿林	二元五角
	葛佩貞	二元
	陳炳經	二元
	趙松繼	二元
	楊懷椿	二元
	楊婉蘭	二元
	潘積士	二元
	潘積妙	二元
	潘積安	二元
163	范洪年	二元
163	孫劍英	二元
163	潘慧珍	二元
163	宋杏素	二元
163	朱增琪	二元
163	鍾琳珍	二元
163	仇念敏	二元
163	董夢生	二元
165	趙壎章	二元

191	羅筠仁	二元
191	張濟澂	二元
166	曹修權	二元
113	鄒國純	二元
113	無名氏	二元
113	無名氏	二元
113	無名氏	二元
113	孫德貞	二元
113	朱蕣芳	二元
180	唐太太	二元
180	賈太太	二元
180	劉太太	二元
166	談振邦	二元
186	顧紹衣	二元
186	秦太太	二元
186	吳承樹	二元
186	吳庚華	二元
186	張文濤	二元
186	張佶閑	二元
186	李獻夫	二元
186	程式菴	二元
186	陸學賚	二元
186	汪褘成	二元
	郭操心	二元

176	徐吉昌	二元
176	林先生	二元
176	潘王先生	二元
181	柳和風	二元
181	黃公淳	二元
181	廖濟人	二元
181	饒張韶	二元
181	陶菊樽	二元
181	呂桂楲	二元
181	陳潭盎卿	二元
181	顧盎民	二元
181	唐少梅	二元
181	黃先生	二元
181	梁 宅	二元
181	張 宅	二元
181	楊 宅	二元
181	王 宅	二元
181	何 宅	二元
181	樂 姓	二元
181	呂 姓	二元
181	褚大先生	二元
181	姜康先生	二元
181	鄒仲恩	二元
181	馬壽中	二元
181	鄭 濬	二元
181	姚孫氏	二元
166	許張來芹	二元
167	宋之發	二元
163	劉氏太太	二元
163	何理霖	二元
163	周家孃	二元
163	沈小姐	二元
163	周林生	二元
163	饒太太	二元
163	孫世蘊	二元
163	鍾壽棣	二元
170	蔣筠先生	二元
170	衍慶先生	二元
160	婉儀女士	二元
162	賀長勳	二元
162	王菊芳	二元
	姚松承	二元
179	黃時濟	二元
179	惲固卿	二元
179	包元焜	二元
179	姚伯南	二元
179	朱景張	二元
179	任心白	二元
179	沈子頎	二元
179	顧炳元	二元
179	王敏康	二元
179	張德一	二元
176	嚴筠靜	二元
179	蕭百鑫	二元
179	俞學敏	二元
179	劉華鑫	二元
179	田德安	二元
179	樓錫廷	二元
179	張川如	二元
179	鮑慶壽	二元
179	趙叔誠	二元
168	邵錦祥	二元
168	顧心逸	二元
168	汪蔚壽	二元
168	李太太	二元
176	潘先生	二元
176	陶竹祥	二元
176	李竹禳	二元
167	董太太	二元
167	蔣太太	二元
167	無名氏	二元
167	鄧福榮	二元

167	韋緝熙	二元
167	屠寶彝	二元
167	陸瞿懷真	二元
167	梁堅伯	二元
167	梁健伯	二元
167	卞文鑑	二元
167	王和中	二元
181	李濟泉	二元
181	顏茂之	二元
162	芮鄭彩娟	二元
166	郭操晶	二元
174	潘香香	二元
174	劉許氏	二元
174	許樓松	二元
174	許文瑞	二元
174	高王氏劉阿秀阮杏林	二元
174	陳南郊	二元
175	王蓮麗	二元
	潘立甫	二元
169	劉先生	二元
169	范家標	二元
169	題先生	二元
169	顧毅近	二元
169	顧曾謙	二元
169	程銘圻	二元
169	顧翔雲	二元
169	張廖蓮芳	二元
169	張季記	二元
169	小六子	二元
179	徐百齋	二元
179	董元芳	二元
179	鄭允恭	二元
179	史國綱	二元
179	鄒尚熊	二元
179	丁穀音	二元
179	胡鳳光	二元
179	徐蓮僧	二元
179	孫紹修	二元
179	周蓮軒	二元
177	華月山	二元
177	華 斌	二元
177	鈕愛寶	二元
177	鈕燿彬	二元
177	鈕普重	二元
177	鈕芸倩	二元
177	鈕芸娟	二元
177	鈕芸霞	二元
177	朱順寶	二元
177	朱太太	二元
177	韋關炯	二元
177	韋炯麟	二元
177	韋金媛	二元
177	姚煜昌	二元
177	徐嘉炎	二元
177	傅吳氏	二元
192	天福號	二元
192	王孝廉	二元
169	傅廣生	二元
199	顯先生	二元
193	詹師曾	二元
193	詹榮曾	二元
193	詹仰曾	二元
193	詹敏生	二元
193	朱慶芳	二元
193	朱勵丞	二元
193	劉瑞貞	二元
193	汪叔川	二元
193	華興琦	二元
193	潘志華	二元
193	強雲門	二元
117	陳洪才	二元
117	任 君	二元

171 莊十七 二元
171 虞 繼 二元
167 瞿懷眞 二元
167 朱良武 二元
167 徐益智 二元
65 周友敬 二元
171 倪德宏 二元
171 何玉璇 二元
171 章 君 二元
171 宓小君 二元
黃操葆 二元
周志源 二元
朱操平 二元
夏皈覺 二元
185 夏化因 二元
錢智善 二元
徐筠咸 二元
174 孫沈氏陳杏林 一元八角
鮑冰南
191 巫恆福 一元四角
季德和
172 金太太 一元四角
174 王運光 一元一角
瞿東海沈阿二
王存氏 一元

劉正文 一元
劉浩文 一元
舒昌格 一元
蕭勉之 一元
朱理之 一元
戴轅凡 一元
165 淩順琪 一元
165 顧潘氏 一元
165 徐徐氏 一元
165 徐黃氏 一元
165 王褚氏 一元
191 羅一經 一元
191 羅筠瑩 一元
191 羅筠義 一元
191 羅筠先 一元
191 羅筠新 一元
191 衞祝山 一元
191 衞聯珍 一元
191 衞泰賚 一元
191 衞錢氏 一元
191 衞梅氏 一元
191 毛森泰 一元
191 王操原 一元
191 吳鼎彝 一元

11 雪 珍 一元
113 鄔國奎 一元
113 丁潤泉 一元
113 蔣啓英 一元
113 徐女士 一元
113 楊女士 一元
113 錢老太太 一元
113 錢錫齡 一元
113 劉孫華 一元
113 陳錢氏 一元
180 方老爺 一元
180 唐小姐 一元
180 王秀媛 一元
180 朱太太 一元
180 李源福 一元
180 吳子雲 一元
186 沈先生 一元
186 王太太 一元
186 劉 嫣 一元
186 王立禧 一元
186 楊 富 一元
186 馬漢笙 一元
186 劉 玉 一元
186 謝彝華 一元

186 潘景海 一元
186 姚玉規 一元
186 陳元瓘 沈如琛 一元
186 王兆福 沈寶書 一元
186 王子美 楊瑜盤 一元
186 程 素 沈蓮溪 一元
176 陳太太 一元
176 何先生 一元
176 王先生 一元
176 何先生 一元
176 陳先生 一元
176 涵性堂邵先生 一元
176 王先生 一元
176 葉先生 一元
176 傅太太 一元
176 孫太太 一元
176 陶驥則 一元
176 顧先生 一元
181 朱文喆 一元
181 何女士 一元
181 洪叔言 一元
181 洪妹言 一元
181 江安之 一元
181 黃鴻騫 一元

181 俞象賢 一元
181 滄洲理髮館 一元
181 春明室主 一元
170 王尹氏 一元
170 王元瑋 一元
170 王老四 一元
170 鐵筱佩 一元
170 錢以春 一元
170 陳海清 一元
170 董先生 一元
170 劉先生 一元
170 孫先生 一元
170 朱太太 一元
170 無名氏 一元
170 晤樹先生 一元
170 陳三弟弟 一元
170 陳四弟弟 一元
170 陳源泉 一元
170 陳清泉 一元
162 趙慶發 一元
162 陳冠卿 一元
162 陳阿妹 一元
162 王銀發 一元
162 陳鵬志 一元

162 劉炳南 一元
162 王寶達 一元
162 張永達 一元
162 張榴珍 一元
162 陸老太太 一元
166 姚太太 一元
166 鍾先生 一元
166 趙女士 一元
166 高荐荇 一元
166 錢小佩 一元
166 錢女士 一元
166 吳希泰 一元
解操祿 一元
163 沈永奎 一元
163 周季記 一元
163 項阿强 一元
163 林 媽 一元
163 金 媽 一元
163 廖 媽 一元
163 乳 媽 一元
163 隨 生 一元
163 穆靜波 一元
65 董竹坡 一元
179 黃時煦 一元

179 黃時鑑 一元
179 許瓊仙 一元
179 惲龍龍 一元
179 惲鏡鏡 一元
179 高樂脈 一元
179 周志立 一元
179 鄭尙忠 一元
179 鄭瑞梅 一元
179 李西庚 一元
179 楊竹樵 一元
179 徐冠軍 一元
179 潭　浚 一元
179 錢念慈 一元
179 周文欽 一元
179 周若萍 一元
179 陳雲卿 一元
179 顧祖蔭 一元
179 錢唐候 一元
179 任文玉 一元
179 朱瑞林 一元
179 路克銘 一元
179 黃家麟 一元
179 程愼初 一元
179 李炳生 一元

179 吳亦民 一元
179 王存康 一元
179 陳竹平 一元
179 唐文光 一元
168 應麗娟 一元
168 應愛娟 一元
168 應雪娟 一元
168 應玲娟 一元
168 應慧娟 一元
168 凌田田 一元
168 蔡榆香 一元
168 楊君立 一元
168 顧良仁 一元
169 高孝涵 一元
169 張燕候 一元
169 周太太 一元
169 不留名記 一元
169 尹良記 一元
169 陳先生 一元
169 汪明記 一元
169 孔先生 一元
169 徐珊娀 一元
169 韋太太 一元
169 張太太 一元

169 趙伯千 一元
169 高先生 一元
169 謝太太 一元
169 榮　記 一元
169 章佘舊午 一元
174 陳南春 一元
174 陳南雲 一元
174 陳南華 一元
174 熊顏氏 一元
174 徐陳氏 一元
174 張薛氏 一元
174 王德林 陳桂金山 一元
174 趙毛氏 一元
174 劉鳳鳴 一元
167 曹德勤 一元
167 曹榮欣 一元
167 王品之 一元
167 王世勛 一元
167 劉錫耕 一元
177 樂瑕霞 一元
177 傅錦川 一元
177 傅唐氏 一元
177 韋金榮 一元
177 李紹審 一元

77 陸佩芝 一元
77 藺蕊 一元
77 春蘭 一元
77 左甘生 一元
177 鄭二星 一元
177 包善傳 一元
177 李鼎魁 一元
177 興發 一元
193 潘老太太 一元
193 汪毓官 汪嘉謙 汪小和 一元
193 詹氏妹妹 一元
176 顧太太 一元
176 張竹瑤 一元
193 蔡萃華 一元
167 王髒明 一元
167 郁韻春 一元
167 朱慧文 一元
176 張錫聚 一元
陶松誠 一元
朱松泰 一元
韓錫承 一元
韓錫華 韓裘慶 一元
馬悟和 一元
185 夏永定 一元

185 夏永耕 一元
185 夏惠蓮 一元
185 蔡、先生 太太 一元
185 王奶媽 一元
185 季奶媽 一元
185 潭媽 一元
167 張劼 一元
167 張錫塘 一元
167 陸清樹 一元
192 陸寶聚 一元
192 趙鑑堂 一元
192 王友堂 一元
192 金賢生 一元
192 袁文貴 一元
192 包子遠 一元
192 夏漢民 一元
192 章德裕 一元
192 顧先生 一元
171 周蔚君 一元
171 芮得先 一元
鍾財根 一元
194 梁漘氏 一元
194 梁嘉英 一元
166 鄒施英 一元

166 湯人英 一元
176 豐裕里四號 八角
191 張竹仁 五角
191 張眞慧 五角
191 張岫雲 張岫青 張岫峰 五角
174 陳杏根 五角
180 方君 五角
180 錢雲寶 五角
180 劉阿水 五角
176 王先生 五角
176 陳先生 五角
193 吳世烈 五角
193 唐君曼 五角
193 詹少文 五角
176 張先生 五角
176 李太太 五角
170 錢麗麗 五角
170 丁順記 五角
170 馬愛生 五角
170 李世生 五角
170 陶紹甫 五角
170 徐先生 五角
170 屈先生 五角
170 周泰奎 五角

170 瑞　記　五角
170 瞿太太　五角
191 任大明　四角
191 朱登福　四角
191 欒長宏　四角
191 季德寶　四角
191 沈金善　四角
191 任青山　四角
191 張聚海　四角
191 包開登　張兆玉　四角
191 任順泰　四角
176 李太太　四角
176 陳太太　四角
176 徐先生　四角
176 潘仲亞　四角
176 林先生　四角
176 張太太　四角
176 王太太　四角
176 王先生　四角
176 張先生　四角
176 高　姓　四角
176 徐太太　四角
176 周先生　四角
181 馬景良　四角

181 楊先生　四角
169 蕭先生　四角
176 高先生　三角三分
176 林太太　三角三分
191 王安國　三角
191 張振英　三角
176 陸先生　三角
張
176 吳先生　三角
193 嚴家威　三角
170 李先生　三角
193 費　騮　三角
191 李永穩　二角
191 唐學高　二角
191 任志江　二角
191 周在山　二角
191 朱柏年　二角
191 朱根林　二角
191 唐健朝　二角
191 姜賓南　二角
191 金協記　二角
191 黃發明　二角
191 李慧娟　二角
191 余菊香　二角
191 沈先正　二角

191 馬羽崑　二角
191 張少庭　二角
191 李　氏　二角
191 唐福泰　二角
180 梁太太　二角
180 李　君　二角
180 王奶媽　二角
180 號奶媽　二角
180 金先生　二角
193 陳家巍　二角
193 徐壽生　二角
193 朱大德　二角
193 王諟祥　二角
193 楊其敏　二角
193 孫錦心　二角
193 陳　樂　二角
176 鄔先生　二角
176 周太太　二角
176 梁太太　二角
176 牛先生　二角
170 王先生　二角
170 王春榮　二角
170 無名氏　二角
170 馬根泉　二角

170 魏老三 二角
170 長先生 二角
170 浦先生 二角
191 王紹弟 一角
191 李楊氏 一角
193 唐寶坤 一角
180 劉奶媽 一角
180 劉白梅 一角
180 趙阿梅 一角
176 張太太 一角
合計國幣二萬〇〇十五元五角六分

▲三 寶山卍會

55 延德堂 五百元
21 五洲藥房 五百元
李蔚青
118 李胡氏太太 五百元
118 務本堂黃 三百五拾元
21 鐘表業公會 三百元
118 毛綸公會 三百元
196 袁先生 三百元
55 汪養志 二百元
76 裕 記 二百元
118 毛綸公會 二百元
118 季子康 二百元
213 萬維孝 二百元

196 張葛氏 二百元
85 顧文朝 二百元
224 王順梅 二百元
213 張元根 一百九十元
196 壽 記 一百五十元
21 包根生 一百四十六元
5 宋秀記 一百三十元
21 新順記 一百二十元
21 瑞昌興 一百二十元
85 計鴻生 一百元
21 老順記 一百元
216 韋友陶 一百元
21 恆泰祥 一百元
55 沈樹寶 一百元
118 劉慧性 一百元
196 胡姜氏 一百元
196 南陽氏 一百元
196 廣先生 一百元
196 某先生 一百元
199 禮 記 一百元
錢蘊同 一百元
38 元成永煤號 一百元
38 徐雅堂 一百元
王贄咸 一百元

217 奮榮軒 一百元
沈贊揚 一百元
218 胡永欽 一百元
21 萬義行 一百元
21 乾泰祥 一百元
21 培昌號 一百元
21 怡順昌 一百元
21 東來永 一百元
21 同義和 一百元
21 無名氏 一百元
21 源亨號 一百元
21 太和藥房 一百元
21 瑞新順 一百元
21 大中華橡膠廠 一百元
21 可熾號 一百元
胡鳴耆 一百元
錢蘊同 一百元
196 廣 記 八十元
55 陳 賡 七十元
204 陳澤蕃 七十元
楊蘊淨 五十元
楊蘊淨 五十元
21 朱愼昌 五十元
118 孫桂生 五十元

196 俞文記 五十元
胡鳴蕃 五十元
216 寗友陶 五十元
張藏馨 五十元
張惠寧 五十元
213 餘泰塑記五金號 五十元
213 鴻興號 五十元
張惠甯 五十元
216 金鄭氏 五十元
216 樹德堂 五十元
216 金俊榆 五十元
216 袁老太太 五十元
216 袁明和 五十元
199 裘昌如 五十元
199 費春壽 五十元
199 德記 五十元
38 大隆興 五十元
劉理中 五十元
19 孫德水 五十元
218 雲記 五十元
211 方中房 五十元
211 方竹垣 五十元
80 袁堯卿 五十元
嚴化宇 五十元

119 范老太太 五十元
216 永記德 四十七元
196 奢夔存 四十元
205 美豐洋行 三十四元
196 餘記 三十元
205 昌泰公司 三十元
屠星北 三十元
225 中興蛋廠 三十元
85 趙伯錦 二十九元
196 何坤元 二十五元
196 岑福元 二十五元
204 蘇良冶 二十五元
204 蘇曾記 二十五元
221 上海市茶葉洋行聯誼會 二十五元
21 徐通記 二十元
21 無名氏 二十元
21 無名氏 二十元
213 王芸芳 二十元
213 吳祿生 二十元
213 益大五金號同人 二十元
205 何錦豐 二十元
205 陳綬昌 二十元
205 志成號 二十元
76 保翰 二十元

118 中央香皂廠 二十元
199 姚桂記 二十元
216 袁欣和 二十元
204 張文華 二十元
204 洪府 二十元
204 虞剛年 二十元
徐蘊正 二十元
85 通明廠 二十元
219 康莊 二十元
220 林厚記 二十元
226 沈氏 二十元
226 顧氏 二十元
213 鴻興新 二十元
227 中央棊社同人 十五元貳角
213 陸生順 十五元
216 王劉慧英 十三元九角四分
213 燕湖輪船三檯服務同人 十二元
213 五金公會 十一元八角六分
謝榆孫 十一元
118 協盛義 十元
118 王斌榮 十元
118 金賢卿 十元
118 亭達利總行 十元
21 無名氏 十元

21	無名氏	十元
196	沈維寶	十元
196	葉錦康	十元
216	大新祥	十元
196	陳守恂	十元
196	陳守情	十元
196	沈本昌	十元
213	茂生號	十元
213	林傳仁	十元
213	蔣才香	十元
213	王步陞	十元
213	任昌隆	十元
213	何茂章	十元
213	余茂良	十元
213	石松林	十元
213	夏玉珍	十元
213	范大烈	十元
213	李菊仙	十元
76	無名仲	十元
216	義華祥	十元
216	張鳳郊	十元
216	林金氏	十元
216	姚老太太	十元
216	賈鑑西	十元
216	袁金氏	十元
216	金廷輔	十元
216	沈老太太	十元
216	沈泗水	十元
205	張在年	十元
205	天豐祥雜貨號	十元
205	韓國甫	十元
204	陳文英	十元
204	江浙煙公司	十元
119	范國定	十元
119	范國平	十元
119	翁輔卿	十元
119	鄭瑞泰	十元
219	葉春樵	十元
219	朱惠冲	十元
219	支含芬	十元
219	廣大典同人	十元
80	中英藥房	十元
80	敦厚生	十元
214	潘研畊	十元
5	葉永年	十元
5	栽本堂	十元
215	陳勁偉	十元
215	華新公司	十元
215	中國電桿材料公司	十元
	高蘊思	十元
216	王趙連城	十元
216	韓陸氏	十元
216	陳錦泰	十元
226	沈元記	十元
226	朱桂記	十元
118	樊仰山	十元
225	顧魯南	十元
225	顧俊卿	十元
225	邱文山	十元
225	戴興甫	十元
	陳祝山	十元
	戴瑞臣	十元
85	鄭光亮	九元
85	謝仲樂	九元
85	金思植	九元
85	計鴻生	九元
85	陸慶華	九元
85	吳椿壽	九元
85	姚連珊	九元
213	蕪湖三樣服務部	八元三角
85	無名氏	八元
119	蘇志誠	八元

5	無名氏	八元
213	陳根生	七元
220	鄭瑞記	七元
213	齊友堂	六元
213	安關金	六元
213	傅萬象	六元
213	五金零件業公會	六元
216	嚴紀奎	六元
216	張錦林	六元
225	仲超治	六元
213	順天輪大菜間同人	六元
118	無名氏	五元
118	李開鑫	五元
213	史賚貴	五元
213	張范竹渺	五元
213	大生號	五元
213	鄭寶茂	五元
213	張彩青	五元
213	傅維慨	五元
213	應興發	五元
213	謝鴻欽	五元
213	林炎榆	五元
213	慶元輪辦事房	五元
196	韓憲恆	五元
196	沈祖壽	五元
196	陳舍芬	五元
196	倪世模	五元
196	B.FR ASER	五元
196	翁國樑	五元
196	高啓良	五元
196	黛　記	五元
196	岑甯康	五元
196	周運法	五元
213	柳先生	五元
213	柳先生	五元
213	周富有	五元
213	施榮隆	五元
213	張弟才	五元
213	王賢章	五元
213	錢仰光	五元
213	滙通南行	五元
216	春和印花廠	五元
216	何裕倫	五元
219	元豐潤	五元
	汪寶待	五元
220	陳錦堂	五元
214	敏慎堂	五元
214	潘彥芬	五元
214	久大號	五元
214	黃延卿	五元
5	祝善寶	五元
5	怡鑫堂	五元
5	義豐行	五元
205	華新公司	五元
204	倪小弟弟	五元
199	張志記	五元
199	張宏記	五元
38	謝季記	五元
219	宏大昌	五元
219	潘紹隆	五元
219	永安襪廠	五元
219	永泰昌	五元
219	胡羣性	五元
216	和懋祥	五元
216	黃顧氏	五元
216	沈喻舫	五元
216	沈曉龍	五元
205	何廣生	五元
205	老九和	五元
205	三特西服號	五元
205	黃家記	五元
205	榮泰棉布號	五元

205	鴻康昵號	五元
5	無名氏	五元
196	美華學校	五元
80	王　銓	五元
216	淩瑞亭	五元
216	鄭敦悌	五元
216	陳寶華	五元
216	傅福田	五元
216	陳松林	五元
216	蔣文藻	五元
213	費匯才	五元
213	張雲麗	五元
220	陳漁湘	五元
226	周振記	五元
213	劉文達	四元一角
	張寶謹	四元
220	無名氏	四元
216	鄔鑑棠	四元
220	無名氏	四元
213	盧承浩	三元七角
213	張祥康	三元二角
213	傅松柏	三元二角
213	中央材料公司	三元
213	黨慶福	三元
213	嚴全生	三元
213	張炳富	三元
213	劉松年	三元
213	于如山	三元
80	中歐陳君	三元
80	萬國藥房	三元
216	金　氏	三元
205	邢鶴亭	三元
200	丁承誥	三元
5	老周德泰	三元
213	王東來	三元
213	張士清	二元六角
213	張功裕	二元二角
118	王沈氏	二元
196	善　記	二元
213	王金寶	二元
213	徐青良	二元
213	周先生	二元
216	永興綢莊	二元
216	永泰福綢莊	二元
216	江潤之	二元
216	李仁甫	二元
216	沈槐卿	二元
216	德大綢莊	二元
216	王志剛	二元
216	元龍鳴記	二元
216	姚鴻生	二元
216	章壽民	二元
216	鄭叔衡	二元
216	袁禮文	二元
216	林慶甫	二元
216	陳慈民	二元
216	卓志紹	二元
213	杜岳生	二元
213	石友根	二元
213	張道芳	二元
213	福茂號	二元
216	李申甫	二元
216	劉咸章	二元
216	王柏椿	二元
216	胡雨薌	二元
216	鄔阿東	二元
205	陳永聲	二元
205	于文元	二元
205	藝術號	二元
205	日新號	二元
205	泰興號	二元
205	新生號	二元

205	華南號	二元
205	華昌祥	二元
205	天成號	二元
205	新亞號	二元
205	蔡先生	二元
205	汪聞鶴	二元
205	金眞聲	二元
205	何善慶	二元
205	陳崇陶	二元
205	皇家號	二元
205	周萬青	二元
219	慶豐餘	二元
219	蔡化調	二元
80	張銀棠	二元
80	劉春江	二元
80	莫其昌	二元
80	頤養堂	二元
220	陳雲琴	二元
220	王福根	二元
220	陳樹堂	二元
220	王章華	二元
220	周獻卿	二元
220	汪宏開	二元
214	無名氏	二元

214	聚泰號	二元
5	無名氏	二元
215	徐太太	二元
	徐湯永	二元
5	無名氏	二元
80	徐炳才	二元
80	胡宗範	二元
213	莊慶良	二元
213	沈慶賢	二元
213	支洽慶	二元
213	袁興華	二元
213	應有德	二元
213	傅繼才	二元
213	林天枝	二元
213	張振甚	二元
213	盧光全	二元
213	張紀新	二元
213	應善生	二元
213	吳榮生	二元
213	曹阿琴	二元
213	盛餘慶	二元
225	瑞康當	二元
213	張慧珍	一元八角
214	黃徵祥	一元七角二分

118	王勤生	一元
118	王鳳霞	一元
118	王范氏	一元
118	朱仇氏	一元
118	朱秀珍	一元
118	朱秀金	一元
118	朱善卿	一元
118	仇蘭寶	一元
213	張文豪	一元
213	邱文卿	一元
213	俞富綏	一元
213	張和慶	一元
213	張阿德	一元
213	范阿才	一元
213	江金火	一元
	顧賢林	
213	方才林	一元
213	李隆富	一元
213	夏　影	一元
213	阮興根	一元
213	王瑞香	一元
213	張斌芳	一元
213	陳德興	一元
213	應集茂	一元
213	朱本振	一元

213 馬順章 一元
213 李光輝 一元
213 章麟祥 一元
213 義茂號 一元
213 毛聚康 一元
213 王芝祥 一元
216 徐忠堯 一元
216 孫雲甫 一元
216 朱翰卿 一元
216 邵子吉 一元
216 鈕植滋 一元
216 王鳴九 一元
216 湯濂孫 一元
216 王枚笙 一元
216 許仁燕 一元
216 程建屏 一元
216 王文冕 一元
216 金志遠 一元
216 朱勵予 一元
216 崔之體 一元
216 恆泰號 一元
216 朱舊年 一元
216 洪夢飛 一元
216 朱興根 一元
216 趙少卿 一元
216 張培榮 一元
216 沈孝欽 一元
216 張叔英 一元
216 王阿水 一元
216 龐玉岷 一元
216 吳振岡 一元
216 吳東海 一元
216 鍾齊英 一元
216 曹定鶴 一元
216 陳維華 一元
216 宣雲民 一元
216 余振興 一元
216 徐阿根 一元
216 余國良 一元
216 王介恩 一元
216 吳福慶 一元
216 潘定甫 一元
216 尙錦記 一元
216 石紀才 一元
216 梁松齡 一元
216 朱祖賡 一元
216 陳吉森 一元
205 無名氏 一元
205 無名氏 一元
205 陳星華 一元
205 美最時號 一元
205 順泰號 一元
205 美麗號 一元
205 大方號 一元
205 現代號 一元
205 同森祥 一元
205 昌興號 一元
204 孫寶記 一元
204 劉寄雲 一元
119 無名氏 一元
80 解蘭舟 一元
220 鮑鶴年 一元
220 祥記 一元
214 劉向齋 一元
131 顧燮祥 一元
131 顧明端 一元
216 朱玉書 一元
216 包欽弟 一元
216 柴子華 一元
5 周睦氏 一元
5 無名氏 一元
張贊能 一元

219 王丹揆 一元
219 嚴味蓮 一元
219 平湖馮羣堪 一元
219 松　祜 一元
219 張黎吉 一元
216 徐德培 一元
216 丁存仁 一元
216 張永清 一元
216 周維傳 一元
216 何阿有 一元
216 王煒炎 一元
216 謝阿華 一元
216 嚴寅章 一元
216 沈菊生 一元
216 胡炳穎 一元
216 無名氏 一元
216 無名氏 一元
216 無名氏 一元
216 朱師母 一元
213 陳元穗 一元
213 張良芳 一元
216 鮑穗餘 一元
216 阿　發 一元
216 周良元 一元
216 盧阿康 一元
216 林志芳 一元
216 陳生棠 一元
216 林大倫 一元
216 周生海 一元
216 吳筱生 一元
216 洪阿毛 一元
216 王潤夫 一元
216 徐士元 一元
216 胡慶餘 一元
216 蘇燮根 一元
216 周阿根 一元
216 吳月來 一元
216 褚桂仙 一元
216 沈建發 一元
216 韓家泰 一元
216 唐瑞榮 一元
216 干洪榮 一元
225 許浩然 一元
225 蔣國恩 一元
216 王阿根 五角
213 王鳳鳴 五角
216 王長發 五角

合計國幣一萬二千五百九十三元一角五分

▲四　上海卍會

上海卍會 六百元
上海卍會 一百元 指助南市診所
上海卍會 一百元 指助重慶賑
上海市紗布交易所經紀人公會 三千元
66 徐黃氏 五百元
信大祥號 五百元
95 鄭鏞漢 四百元
31 王時新 三百元
朱良上 三百元
楊慈育經募 二百元
31 滬南錢業中秋集益會 二百元
31 各大善士 二百元
95 鄭鏞漢 二百元
趙惠黌 一百元
陳有慶 一百元
鷹昌木行 一百元
31 勤業堂 一百元
31 泰　利 一百元
集慶會同人 一百元
裕泰號 一百元

31 劉𦿷竹 七十元

沈其駿經募 一百五十元

129 嫌記 五十元

129 容記 五十元

129 軒記 五十元

129 恤記 五十元

31 二憶精舍主人 五十元

31 張湞初 五十元

31 恆祥泰陳孝勤 五十元

31 裕昌木行 五十元

129 陳太太 四十元

吳愉卿 三十元

95 朱裘雄 三十元

31 李聖量 三十元

31 恆祥泰 三十元

金黎一 二十元

陳安懷 二十元

129 江輔庭 二十元

66 楊鏡滑 十元

129 胡燮候 十元

31 吳省庵 十元

129 徐照候 十元

129 朱耀坤 十元

31 萬盛泰 十元

31 翁效庭 十元

31 朱子香 十元

96 張蓮舫 十元

66 楊郁氏 五元

66 李楊氏 五元

129 項季雨 五元

31 張蓉卿 四元

31 張滬生 二元

合計國幣八千二百五十一元

▲五 西南總辦事處

賀良機 二千元

合計國幣二千元

▲六 江陰卍會

葛鳳池 一千元

葛鳳池 三十元

合計國幣一千〇三十元

▲七 南昌卍會

王悟緣 二百元

漆摹願 一百元

陸惠願 五十元

南昌謙和分號 五十元

合計國幣四百元

▲八 寶山女卍會

王鐘氏 一百元

王操殺 一百元

王璧如 五十元

單松羅 三十元

傅松般 十元

合計國幣二百九十元

▲九 東陳卍會

東陳卍會 一百元

瞿淑誦 一百元

合計國幣二百元

▲一〇 穎上卍會

王煥臨 四十元

程煥超 十元

李文度 十元

李眞全 五元

陳濤然 五元

合計國幣七十元

▲一一 祟明卍會

祟明卍會 三十元

阿南 二十元

合計國幣五十元

願助救濟款項類別表

一	一萬五千元至五千元	一頁
二	四千九百四十四元一角八分至二千元	一頁
三	壹千七百九十九元四角六分至一千元	一頁
四	八百元至五百元	二頁
五	四百七十元至二百元	三頁
六	一百五十二元至一百元	四頁
七	九十元至五十元	七頁
八	四十八元至卅元	九頁
九	二十六元〇六分至十元	一一頁
十	九元至五元	一九頁
十一	四元八角至一元	二六頁
十二	一元以下	三八頁

願助救濟款項台銜表

一萬五千元類
銀行公會救濟團
▲一戶計一萬五千元
一萬元類
李馥蓀經募
▲一戶計一萬元
六千元類
濟記
▲一戶計六千元
五千二百五十元類
徐靜仁
▲一戶計五千二百五十元
五千〇十元類
惠記
濟記
慈記
福記
▲四戶計二萬〇〇四十元
五千元類　何文記助丙債票五千元　見物品表五七頁
王廣才
王化雨
王了塵

▲二戶計一萬元
▲四千九百四十四元一角八分類
二十鑑記
▲一戶計四千九百四十四元一角八
分
▲四千元類
濟記
美國顧問委員會
▲二戶計八千元
▲三千元類
濟記
黃卍字會
收容資遣浙僑委員會
江陰同鄉會
南京國際會
▲五戶計一萬五千元
▲二千八百元類
洪詠樵
▲一戶計二千八百元
▲二千五百元類
上海市紗布交易所經紀人公會

紗布交易所經紀人公會
▲二戶計五千元
▲二千元類
美孚華人施茶會
中國棉業公司
紗布交易所經紀人公會
煙台慈光社
周重光　宗　良
煙台慈光社
煙台慈光社
江陰同鄉會
美國委員會
中國紅十字會總會
▲十戶計二萬元
▲一千七百九十九元四角六分類
布春慈壇慈善股
▲一戶計一千七百九十九元四角六
分
▲一千五百元類
邵志賢
邵志德

煙台慈光社
劉敏齋
▲四戶計六千元
一千二百五十元類
張敬禮
▲一戶計一千二百五十元
一千元類
西顏料業德和公記靛號
貝星樓
貝貞甫
李馥蓀
上海市紙業同業公會
5 盛君壽
李肇記
7 上海市蛋業同業公會
煙台慈光社
潛廬居士
4 張祥年
煙台慈光社
雲　記
煙台慈光社
趙引年
張宏境
0 上海市蛋業同業公會
210 上海市蛋業同業公會
40 李叔記
4 福新七廠股東
126 杭綢組同人集
煙台慈光社
20 常州同鄉會
20 99 58 紗布交易所經紀人公會
210 上海市蛋業同業公會
20 無錫同鄉會
2 陳葆初
黃卍字會
▲二十八戶計二萬八千元
▲八百元類
朱榮爵　懋狄
106 樓服萊
▲二戶計一千六百元
▲七百四十九元六角類
布春慈壇
▲一戶計七百四十九元六角
▲七百四十五元類
公益號
▲一戶計七百四十五元
▲六百八十九元三角五分類
邵公館
▲一戶計六百八十九元三角五分
▲六百元類
張納川
王杏塘先生暨德配席夫人七旬壽費
傅滋記
張納川
122 黃沈壽貞
韓福航　世昌
朱勤甫壽筵移助
▲七戶計四千二百元
▲五百三十五元六角一分類
毛聖淨
▲一戶計五百三十五元六角一分
▲五百念五元類
90 陳章瑛
▲一戶計五百二十五元
▲五百元類
張永說
湯蔣志英
華楊染織廠嚴光第
40 王寶崙
谷祝氏
40 劉星耀
40 盧潤泉

0 上海市蛋業同業公會
丁松記
丁松記
邱淞先同弟
程　記
4 張壽伯
湖州王鑑
紗布交易所經紀人公會
吳蘊齋
陸子冬
127 楊老太太
沈景樑令愛于歸賀儀移賚
貝蕊君太太
0 上海市蛋業同業公會
徐賡起
宜興同鄉會
陸善記
王儉餘
1 鍾可成
李耆卿
李芸侯
通如崇海啓五縣旅滬同鄉會
127 張楊氏太太
吳廷範

▲三十一戶計一萬五千五百元
▲四百七十元類
張納川
▲一戶計四百七十元
▲四百元類
湧愼米號
40 浙江實業銀行同人
40 周畢瑞珍
閔逸溪府君朱太夫人遺命
紗布交易所經紀人公會
210 上海市蛋業同業公會
210 上海市蛋業同業公會
▲七戶計二千八百元
▲三百二十元類
楊長庚
▲一戶計三百二十元
▲三百元類
善　記
106 王時新
106 寶豐莊
106 沈景樑
燕平會館
安徽旅滬同鄉會戰時救濟委員會
110 呂希哲

105 梅煥侯
燕平會館
76 王仲玉
12 丁良玉
81 陳宅節省喜筵費
104 可愛堂
誠信昌
蘇　記
▲十五戶計四千五百元
▲二百七十七元一角六分類
126 鎮江小學校全體師生校工
▲一戶計二百七十七元一角六分
▲二百五十元類
40 葛羅門
友聲叙餐會
72 德士古油公司
72 美孚油公司
122 姚趙湘雲太太
鶴齡壽會
▲六戶計一千五百元
▲二百四十四元類
本會救濟隊各隊長隊員伕役
△一戶計二百四十四元

▲二百〇九元六角七分類
6 孫朱氏
▲一戸計二百〇九元六角七分
▲二百元類
朱邁安
朱步奎
40 孔綏蘅
陳花周
7 同仁堂
106 五豊莊
王孫氏
128 趙邱氏
志誠永
美發昵行
錢德記
114 沈老太太
114 凌倍德堂
胡　敏
6 周文林
85 丁厚卿
凌養記
40 朱博泉
宋之璟
72 禮和洋行M. HECHEL
12 唐松榮
銀錢永安會
日昇昌五金號
張仲明
20 52 蔣彬賢
20 48 潘序倫
20 127 陳詠麟
47 吳南浦
47 閻惠卿
210 上海市蛋業同業公會
馬槩圓
戴儀仲
3 林俊庵
嵩山居士
133 姚老太太
許俊英
建華銀行
洪佐堯
40 光裕堂
重善堂
江乾六
戚民臨　少　齋
沈贊永
盛心義
趙道慈
黃悟空　育　申
董乾應
慈惠女士
姚合康
重善堂
張麗雲
101 紗布交易所經紀人公會
合　康
徐子星
118 百達廠
倪錫芳爲翁賻儀助
支含芬
上海市木材業同業公會
97 昌　記
20 楊佑之
▲六十戸計一萬二千元
▲一百五十二元類
上海難民救濟協會補助二所難民給養
▲一戸計一百五十二元
一百五十一元七角五分類
53 中興志記民
▲一戸計一百五十一元七角五分

▲一百五十元類
杜蓉甫
黃道達德堂
25 寫意會
王聲遠
王堯臣
12 恆記公司
王禹卿
閻惠卿
▲八戶計一千二百元
▲一百四十元類
茂雄染織漂廠
茂雄染織漂廠
▲二戶計二百八十元
▲一百三十八元類
海門大生第三紡織公司
▲一戶計一百三十八元
▲一百三十元類
久記營造廠
▲一戶計一百三十元
▲一百二十元類
交通部電政同人公益會
胡弘濟社長
謝操昇

▲三戶計三百六十元
▲一百十四元類
和升仝人
▲一戶計一百十四元
▲一百十元類
熊菊記
▲一戶計一百十元
▲一百〇五元五角一分類
浙江大戲院
▲一戶計一百〇五元五角一分
▲一百元類
李旭堂
劉昇二房
熊菊九
90 張復記
無名氏
天發協趙魯卿
葛濮氏
陳衡記
陳李根德
陳梁君
106 衛通莊
趙燦昭
安懷堂

徐少太太
聚興號
114 鄭雛會
傅義記
吳性栽
71 袁崧藩
邱省儀
114 中國國貨銀行仝人體育會
曹樞記
6 錢相甫
6 應信森
6 廣仁堂
6 集穀堂
6 培風堂
6 瑞記
6 永豐廠
6 田潤泉
6 李仲華
6 景德堂劉
6 蕭綬記
6 陳松泉
6 盧兆年
33 徐雁秋
嘉新第七麵粉廠仝人

72 德惠洋行
魏炳榮
81 袁左良
94 濟然氏
72 美最時洋行
趙誠卿
72 怡順昌號
72 西門子洋行
72 泰來洋行
72 源棒鐵號
72 順康鐵號
40 馮師古堂
72 蔡仁茂
唐燮源
72 凌蕭蘭谷
72 中華無線電研究社
亮記
「陸宇澄．李桂林」
72 萬泰洋行
72 瑞新順
39 袁左良
72 冠龍照相材料行
116 張葆亞
12 經緯卿

蔡蔭記
122 餘慶堂張
55 清芬堂
55 恆義
張子泉
永泰和記
2048 陸梅僧
2048 錢迺徵
詒記
122 久記
滋豐莊
28 朱紹基
90 布春慈壇慈善股
90 王稼瑞
122 春壽堂
公餘集益社
86 栽雲軒
森昌橡皮五金號
利亞公司
王順亨
95 吳榮珍女士
舒鑾龍
41 陳器成
41 聖蔭居士

53 尤潘氏
周氏
石東來
41 顧中權
41 甯波如生罐頭食物廠
115 安利洋行
王雨蒼太夫人壽筵移賚
105 七十老姥
105 重壽堂
趙道慈
孫蕙祿
姚王妙蓉
周氏
91 朱士川壽辰節筵
20127 席少卿
126 翁佐青
209958 朱承庥堂
209958 求恕齋
47 永成源綢莊
47 顧文朝
47 張子泉
47 徐立民
椿春堂
110 致和堂

莊少卿
錢步瀛
錦新綢莊
21 安記
37 滬昌木行開張筵資移助
陳修明
徐純固　朱女士
85 任彭希
錢蘊同
黃悟空
朱愼安
趙道慈　聘侯
徐知復　憩南
協興木行
卜乾達
27 李曉滄
27 俞叔秋
韓顧航　世昌
周孝高
▲一百二十八戶計一萬二千八百元
▲九十元類
滋義記
陳順昌行
▲二戶計一百八十元

▲八十九元三角六分類
上海難民救濟協會補助二所難民給養
▲一戶計八十九元三角六分
▲八十八元〇二分類
燕平會館
▲一戶計八十八元〇二分
▲八十元類
6 謙祥益號
6 瑞蚨祥號
順倩記
81 嚴惠宇
陸小波
41 太平洋
▲五戶計四百元
▲七十七元〇七分類
久新琺瑯廠同仁
▲一戶計七十七元〇七分
▲七十三元九角類
41 海普製藥廠
▲一戶計七十三元九角
▲七十元類
吳梧塵　徐操宜　田操益
108 陸瑞昆

▲二戶計一百四十元
▲六十五元七角二分類
李華亭　龔家庭　苗俊昇
▲一戶計六十五元七角二分
▲六十五元類
蓋乾應
黃悟空　育申
戚民臨　少齋
沈贊永
唐曼麗太太
劉寶吉
▲六戶計三百九十元
▲六十一元類
成賢記
▲一戶計六十一元
▲六十元類
余葆三
王賡才
潘紀言嫁妹賀金
王寶華
28 吳沛然
82 李蔭庭
▲六戶計三百六十元
▲五十七元類

和豐莊
嵩山居士
▲二戶計一百十四元
▲五十五元六角類
地方協會
▲一戶計五十五元六角
▲五十三元類
108 周德新
▲一戶計五十三元
▲五十二元類
汪寶臨
▲一戶計五十二元
▲五十元類
124 隆順號
40 餞繼華
童倫元
朱少鴻
行仁廬
林玉記
盛　君
8 葉隱名
敦厚記
藝文印務局
董和甫

106 益大莊
高長記
朱蔣量礽
114 趙季言
114 張竹曠
35 胡肇江
35 唐壽民
133 顏寶琮
140 楊宜德堂
35 吳普心
邱丕承
6 隆泰豐記
6 宜德堂楊
6 王瀛生
92 華安公司同人
方子舟
40 陳　梁
恆泰祥號
統原銀行同人秋節移賫
40 翁馥安
王益齋
山東劉子鴻
40 盧富施
134 何國瑞

108 張星玉
徐智導
王太太
林楚雄
余瓊靜
葛伯慈
41 振業號
128 李瑞記
114 敦彝堂
122 積善堂姚
柯模範
黃先生
余性本夫人
怡彩堂陸
93 屠太太
東源號
陳受之
周玄竹
沈子穎　募
隱名氏
120 中華勸工銀行同人
何德奎
永成源
徐伯欽
徽豐衡

69 沈顯伯
信大昌號
2048 許西銘
周　氏
仁善堂
41 振業號
41 東方藥房
41 義裕興
53 吳王氏
大中華橡膠廠發行所
布春慈壇
薛福田
倪品仙
肇　記
仁本氏
華堯輝
重善堂
藏貴龢
華美生
27 呂淡生
周　氏
108 華愼記
31 周　氏
恆泰祥五金號

賑助救濟款項台銜表

126 藏沈氏老太太
126 龐曆齋
126 潘愼卿
126 程惠田
126 王梅芳
126 萬寶綢廠
2099 98 承志堂張
2099 58 林元豐
47 天申福申莊
47 錦成祥綢莊
47 九龍綢莊
47 李文治
71 王子崧
74 張蓮汀
「馬步洲　馮君樑　薛丕顯
馬炳麟　馬喜之　馬仁達」
91 同怡和木行
陳修明
久記木材公司仝人
108 周燮卿
陳仲璋
周　氏
盛松琴
燕平會館
34 徐老太太

詹福綬
趙道慈
成記木行
97 怡昌鐵號
吳和光
陳修明
趙道慈
錢純仁
▲一百十五戶計五千七百五十元
▲四十八元類
李繼三
▲一戶計四十八元
▲四十七元類
60 王榮坤
▲一戶計四十七元
▲四十五元類
28 任萱蔚
天主堂潘姆姆
▲二戶計九十元
▲四十一元類
林兒壓歲錢
▲一戶計四十一元
▲四十元類
朱紹基

6 隆祥號
汪寶臨
81 韓永清
81 大生紡織公司總辦事處
81 劉伯英　王元章
81 吳蘊齋
81 凌少曾
八仙同人
陳守拙
110 李沈府
義泰祥新號
鴻章紗廠仝人中秋節移助
28 無名氏
江乾六
126 曹趾祥
20 99 58 八仁堂仝人
威海衞
41 信餘號
顧高朝夫人筵資移助
王守珍
中華勸工銀行仝人節日移資
65 周太太
142 劉景福
顧天鑑

29 大境仁義社
樹玉堂
▲二十七戶計一千〇八十元
▲三十六元類
張宏境
張宏境
補　記
▲三戶計一百〇八元
▲三十五元類
沈贊永
▲一戶計三十五元
▲三十三元九角四分類
大衆書局樊劍剛
▲一戶計三十三元九角四分
▲三十二元四角類
41 愛禮司部仝人
▲一戶計三十二元四角
▲三十二元三角一分類
新聞報館
▲一戶計三十二元三角一分
▲三十二元類
信義社
▲一戶計三十二元
▲三十一元類

龍化孝
▲一戶計三十一元
▲三十元〇六角類
悲憫子
▲一戶計三十元〇六角
▲三十元類
合記號
張安記
王太太
步達丞
吳稷孫
128 趙公館
于志剛
71 劉訴萬
唐松云
河南路一三八號王太太
張鶴林
40 李德司
72 劉攻芸
81 潘立榮
108 無名氏
108 陸秉甫
貧兒敎養院第一救護傷兵醫院
馬道光

無名氏
唐敬德堂
王炳魁
20 48 宗伯宣
20 99 經訓堂
20 99 王宏業
20 99 58 春元莊
33 陳樂氏
公　記
陸孝杞
朱吟記
41 大康號
41 張珍候
41 陶鈞石
41 光明染織廠
28. 任克嚴
黃陳太壽筵移助
盧朱默嫻
無名氏
142 高志安
142 柴志襄
空空僧
96 乾泰祥號
陳兆祥

孫朱氏
47 葛興航
33 范亞記
1 「李祖超　丁雪農　陶藴軒　楊洪山
楊洪福　王顯猷　蔡燮昌　馮仲博
柯保康　李啓宇　王伯衡　邵樂平
莊錫華　滕運壽」
17 曹志新太太
裕泰綢莊
陳張太太家屬
75 全乾盛
97 史　潤
97 謝守信
江乾六
▲五十三戶計一千五百九十元
▲二十六元〇六分類
根善堂
▲一戶計二十六元〇六分
▲二十六元類
、信裕莊中秋節菜移
53 謝榮泰
▲二戶計五十二元
▲二十五元類
劉安記

蔣壽光
葛伯慈
希　雲
103 胡鏡楣
梁詠梅
葛伯慈
28 薛敏德堂
張輿仁堂
75 吳道寬
119 劉慧性
▲十一戶計二百七十五元
▲二十四元三角類
辦事處全人
▲一戶計二十四元三角
▲二十四元類
錢竹平
▲一戶計二十四元
▲二十三元五角類
108「江象苗　沈樂山　徐潤卿　孫雪帆
袁明香　錢嘉猷　沈逸士　徐官芳
姚雲峰」
▲一戶計二十三元五角
▲二十二元五角類
71 柯爾登藥行

▲一戶計二十二元五角

▲二十二元類

106 無名氏

137 何韓威

袁龍山

▲三戶計六十六元

▲二十元類

124 廣增祥號

124 祥益號

124 隆昌號

124 元隆號

滕鴻雲

陳徐星

吳興記

吳步雲

73 無名氏

密司博士

薛履克

振昌當

伍新六

錦康綢莊

45 李連笙

45 李夫人

王宅

114 陳自康

錢太太

中國救濟婦孺總會

72 項馨吾

72 李叔明

72 楊汝梅

錢老太太

72 駱清華

133 鄭錦朝

6 恕記

6 陶克準

92 江蘇硝磺運銷處

陳錫卿

吳稷蓀

40 吳本立

費德藩

72 倪詩侃

81 張慰慈

81 蔣搬棠

81 張膂

81 沈嗇升

81 顧伯言

永興復行

趙永鈎

森昌泰號

72 西門子洋行司蜜司

72 西門子洋行

64 徐先生

72 徐履盛

81 姚挹芝

103 濮祺庭

房記

黃佩象

夏先生

夏操常

朱竹先

朱嘉敷

葛鳳池太太

41 中和

41 永記

41 泰來號

41 成康潤

41 大康號

28 朱良丞

華純甫

澄衷小學

46 富惠周

戴步瀛

余元祥
徐寶魯
林舉伯
馥蘇記
86 學忍堂
徐　記
舒太太
學友聯誼會龍筱雲
心　記
41 張國威
41 德華行
41 周德孫
無名氏
戴步瀛
唯一理髮仝人
愚　記
徐善記
沈雯英
142 朱灝芬
王　炳
沈雯英
鼎興仁堂
德　記
陳曾讓

1 劉子明
1 杜　鏞
戴步瀛
110 馬導光
110 王寶因
張興仁堂
周　氏
47 蔡大師母
47 洪師母
47 二洪師母
47 葛太太
張興仁堂
瑞康號
張仁興堂
李珍記
永　原
沈百琴
鄭午中
栽云軒仝人
福興祥
馬雲程
賢邦家屬
屠保初
81 徐靜仁

戴懸慈
王公館
20 48 朱蓉莊
20 99 何仁榮
·126 無名氏
126 順　記
126 永昌祥綢莊
126 寥賚綢莊
126 中國國貨公司
126 三一新
126 永安公司
126 先施公司
126 大新公司
20 99 98 沈元來
20 99 98 馮緒承
20 99 58 沈晉鏞
20 127 馬如根
吳崇邵
袁汝鸞
金秉森
97 何張氏
俞徹性
馬雲程
李世原

徐知復
沈純吉
▲一百三十九戶計二千七百八十元
▲十八元類
108 黃金堂
大馬路同福里仝人
▲二戶計三十六元
▲十七元類
114「張祥年、宗汝成、朱宏謨、李弟弟」
▲一戶計十七元
▲十六元九角四分類
順昌木行
▲一戶計十六元九角四分
▲十六元二角九分類
41 無名氏
▲一戶計十六元二角九分
▲十六元類
122 久記營造廠一部分仝人
李世德堂
13 邵杏蓀
▲三戶計四十八元
▲十五元類
盧啓泰
龐贊初

朱衡甫
無名氏
明　記
葛潤秋
華士瀚
黃佩象
公勤鐵廠
恆通紙行
楊成一
138 顧弟弟
劉理中
潘怡生
永成源仝人
胡春芳
126 麗華公司
▲十七戶計二百五十五元
▲十四元類
126 協興綢莊
▲一戶計十四元
▲十二元七角五分類
錡　記
▲一戶計十二元七角五分
▲十二元一角類
張文明

▲一戶計十二元一角
▲十二元類
Miss.A Tainung
39 何千里
森文
108 周堯卿信亞
亦麗
徐補蔭
施志順
商淦嵩
13 石東來
張濟澈
143 俞操壇
▲九戶計一百〇八元
▲十一元類
128 余老太太
126 無名氏
▲二戶計二十二元
▲十元〇六角二分類
140 張祥生
▲一戶計十元〇六角二分
▲十元類
124 孫濱忱
124 德和永號
124 忠義成號

124 震華號
124 國貨售品所
124 敦慶隆號
124 華竹號
124. 源順祥號
124 厚記號
124 萬有號
楊士珍
任思榮
顧靜宜
秦華淵
施永祥
無名氏
陳根泉
45 李老太太
45 李忠傑
張太太
桂正秋
平安坊、顧慶氏
汪奎東
陶鑫生
翁老太太
朱太太
芮得先

周順加
印意成
蘇明華
蘇子華
丁大榮
顧福修
128 胡安卿
128 潘崧貴
128 張玉墀
128 王乾賡
128 張月星
128 張培源
128 張乾三
128 石太太
128 章念椿
128 李趙氏
陸壽南小姐
李金林
Mr. D. T. Ross
114 劉祖傳
114 凌憲楊
114 鄭圓書
114 顧辛堂
114 顧棟臣

71 楊中興
72 溫宗農
72 戎葉侯
72 顧心逸
72 張宗鈺
72 凌台明
72 鍾國華
72 華方增
72 陳鐘聲
72 韋均崇
72 龔收球
72 邵光賽
72 翟克恭
72 相豐祖
72 施同人
72 李家琛
72 鄺象春
72 林 巖
72 管忠忱
張盛堯
114 卓慈惠
114 王幹丞 玥冲
114 戴行肆
114 夏炳生

72 倪松壽
126 大美廠
126 錦康綢莊
126 祥記綢莊
126 聚康祥綢莊
126 德餘仁綢莊
126 慶雲綢莊
126 庚豐綢莊
126 楊志忠
126 陳老太太
126 裕福祥
72 熊菊齡
133 葛撒拉
133 關撒拉
133 顏多加
133 龔女士
72 祝世康
72 羅北辰
李寶煦
童鐘彝
奚太太
來章財
李　輝
陸雨煦

6 王錦昌
6 潘　魁
6 李嘏眉
6 陸師母
6 梁兆坤
6 袁廣雲
6 孫曉春
6 連源根
6 王志卿
6 陳雪生
116 劉祖傳
92 孫曙東
92 秦通禮 朱修菊
92 陳思度
65 陳謙記
65 石君六
振康顏料號同人中秋席費
40 陳徐星
40 陳萱慈
韓素禪
137 蓋太太
72 王　華
72 孔祥勉
72 李孤帆

28 劉太太
步印石
鳳桂棠
126 裕德祥
126 裕元祥
126 明華商店
126 振　源
209998 錢鍾英
209998 吳臣笏
心　田
心　田
汪孝康
潘和懋仝人
中華新記裝釘部仝人
81 徐寄廎
81 沈詠三
81 王文俊
81 倪遜吾
81 孫立三
81 張竹三
81 張文酒
81 吳芳生
81 朱小竹
81 吳在哲明

81 龔伯厚
81 「高觀四 孫友夏」
81 林瑞祥
81 閔斌甫
81 郭關甫
81 戚純一
81 黃延芳
慈谿旅滬同鄉會
協愼紙號中秋節移
凌秀政
陸潤培
洪子蓁
葛保生
魯 爲
137 周亦溪
陳沈記
108 徐秉蓀
108 耿元荷
108 錢緘山
「堅福慶 華冠聲」
潘夢飛
131 萬太興
白陳氏
103 夏康氏

39 楊鋌森
39 「吳蔭康 凌旦復」
39 黃克綠
39 吳沛生
陳紹寰女士
關靜之
69 無名氏
69 紅 蛋
恆 記
葉國甫
朱慰祖
朱蘊玉
朱康祖
朱嘉球
114 徐敏來
114 徐老太太
Lnia. m.
倪悅如
劉鏡記
周翔記
108 郭金顯
朱濂生
41 吳永琪
41 瞿棣華

41 均泰號
戚美錦小姐
江北一份子
心 田
葛霄峰
王秉鈺
季建章
李文治
2099 貽遠堂
2099 勤業堂
2099 愼修堂
41 無名氏
41 陳信大
41 裴元鼎
41 無名氏
41 毛炳璋
41 葉鑫麟
41 賀得哉
41 浦叔鴻
122 務本堂張
108 周慶貞
唐雲芳
121 盧建新
盛則文

28 魯春農
5 恆記皮莊
5 永安祥號
5 杜盛興
5 厚生行
肇　鉄
蔣元龍
朱培生
132 甯松記
132 杜志記
132 太古輝
132 彩　棉
5 協隆行
122 徐三省
張愛月
董老太太
華　光
錢贊卿
新萬豫醬園
136 黃金山
方禾記
無名氏
143 鄭四少奶奶
41 施博祥

137 吳先生
商淦嵩
140 陳瑞堂
20 99 麟慶堂
20 99 衍慶堂
20 48 顧慶吾
2) 127 陸松齡
126 瑞昶綢莊
126 洪星綢廠
126 通和布廠
126 震旦公司
126 孫善昌
126 衡久綢莊
140 陳李氏
徐老太太
卞世忠
童育才
葛鐘美
元禮泰染織廠發行所
繆王氏
華士浩
華士徽
莫洪範
鄒蘅倩

41 顧靜宜
寶慈堂
夏葆記
汪婉枝 汪毓松等六人
汪澤遠 汪巨山
公勸鐵廠黃介輔
鴻章紗廠批發所役工仝人
心　田
9 李雲康
- 明　記
1 卞宗俊
1 陳蘊中
1 卜少如
1 張邦鐸
1 袁佐良
13 洪友搴
13 洪禹聲
13 吳辛叔
13 李英麟
13 姚逸濱
13 符榮昌
13 洪和卿
13 楊家楨

13 盧家穗
13 盧鴻源
13 盧老太太
110 李雲青
李元卿
110 史德愼
126 董瑞生
126 吳繼雲
126 新泰祥仝人
126 方令安
126 湯啓東
126 綸昌源綢莊
126 緯文綢莊
126 永泰順綢莊
126 開泰祥紗號
126 老介福
47 葛興源
孫英如
盧德寶
31 恆祥錦
魏成寅
辛濟思
同議永
137 星星工業社

秦魚慶
李邦政
李樂天
羅道悟
31 祝善寶
31 沈楠生
31 徐壽昌
31 趙文煥
31 齊筱珊
31 呂化昌
31 朱鴻昌
涇長貴
李世原
戴慧慈
李樂天
顧沈氏
顧銀堃
李海林
王源茂
葛文聰
119 鄭瑞泰
舒化元
沈道興
張秀靈

「李家市 張秀靈」
林南聖
汪聖功
錢民健
沈道興
沈黎筠
沈黎贊
沈昌啓
沈微微
126 趙福卿
126 孫仲舒
126 駿昌綢莊
126 郭西林
126 退 補
126 闞振然
李肰開
龔贊閎
▲三百五十四戶計三千五百四十元
▲九元類
128 章念椿
黃錦祺
▲二戶計十八元
▲八元七角類
「高鴻記 王克印 陳四記 王海清
傅廷記」

▲一戶計八元七角
▲八元類
梁徵秀
6 王惠民
81 王象五
81 安頌讀
81 張秉三
王維林
39 高子怡
民和號
王之清
袁繼品棠
張宏境
胡紀林
1 金業交易所經紀人公會
1 「吳少亭　殷煥之」
1 「陳秦生　薛竹蓀　李蘭生」
13 洪元初
永年堂
永年堂
袁兆麟
▲十九戶計一百五十二元
▲七元五角類
私立三東小學全體學生

▲一戶計七元五角
▲七元一角類
桂正昌仝人
▲一戶計七元一角
▲七元類
65 無名氏
劉慰曾
民和仝人
華道桐
▲四戶計二十八元
▲六元五角類
戚美錦小姐
▲一戶計六元五角
▲六元四角類
民和仝人
▲一戶計六元四角
▲六元二角類
王善鶴
▲一戶計六元二角
▲六元類
汪藏璞
羅鴻德林小弟弟
梁潤福
陸正豐

6 陸正龍
聶豐年
81 馮超然
薪　盧
39 胡叔通
39 張炳乾
39 曹文奎
39 姚鳳麟
39 莊耀生
邵少棠
史侶潮小姐
伍玉驥小姐
徐秉蓀
民和號仝人
商塗嵩
143 宗太太
善棟元
選　記
1 「韓國樑　王升和　黃堯衢」
1 「李英年　潘用和　陳伯琴　韓君濤
羅郁銘」
1 李北濤
1 郭幼生
1 馬以鏞

1 馬月樓
1 楊富成
1 袁行元
13 張則民
13 郭仲康
13 施成孫
13 陳老太太
91 「曹乾宗　彭榮發　朱慶堂」
33 路遺人
李淑君
29 郁莊記
▲三十八戶計二百二十八元
▲五元五角類
惠羅公司
▲一戶計五元五角
▲五元二角類
應先生
▲一戶計五元二角
▲五元類
124 耀遠號
124 花旗號
124 榮康棧
124 永康德號
124 餘豐厚號

124 慶德成號
121 鄭榮增
121 周小姐
121 鄧雨農
121 方公館
陳朱氏太太
91 同豫公
91 李葆珊
91 王葆元
胡惠宣
137 星星工業社仝人
109 顧克昌
137 王妹妹
137 焦祝氏
137 焦晴記
唐寶和
上海婦女教育館英文科第四級
詹起柘
德甡祥
嚴桂亭
124 壽豐公司
124 公興存號
124 同益昌號
124 九昌公司

124 德發號
124 永成號
124 永和華記號
124 恆泰昌號
124 福聚成號
124 源豐厚號
124 義生和號
124 慶承裕號
124 瑞德號
124 義生源號
124 成發號
124 惠通祥號
124 大新號
124 寶生號
124 老仲記
趙關生
蘇逸山
趙乾根
張太太
田慈忠
沙鴻奎
戴裔如
「王瑞芝　王文豪　王瑞華　王典文
王瑞芳　王文源」

	陳宜佑	114	吳芳良	72	姚達人
	陳慈佑	114	汪智廣	72	韓曼濤
	邵孟翔	114	吳礪孫	72	邵士傑
	金栽庭		裕生東	72	鄭　正
	許澤之		裕生成	72	吳靜庵
	朱和均		裕生昌	72	梅鶴孫
	姜金榮		同　記	72	李作民
	姚佐頓		福成德	72	朱穀香
	徐志佾		福裕和	72	陳汝衡
	「徐宗西　徐志崧」		協曾昌	72	仲　記
	陳淑云小姐		振昌德	72	程步霄
128	趙太太		裕生源	72	徐濟良
128	李斌甫	72	張錫三	72	潘嘉鑫
128	史予齡	72	程午嘉	72	周君武
128	徐　寶	72	夏行之	72	余國琦
128	張月英		徐筱琦	72	周裕康
128	張培生	72	徐旭瀛	72	卓宜來
128	顧太太	72	顧仲甫	72	沈冠亞
	嚴學文	72	江鶴記	72	謝克聲
	邢春記	72	王慈鵬	72	韓汝桐
	鄭守紅	72	吳道麟	72	畢慶康
114	鄭鏡人	72	鄭楫莊	72	金繼孟
114	鄭界闔	72	伍仲賢	72	朱介芳
114	吳方智	72	李啓耆		潘太太

114 吳麗清
114 許釆芹
114 王界翠
114 邵友溪
72 陳銘純
72 羅承卓
72 吳仲禮
72 顧再丕
72 陳冠球
72 楊德昌
72 鄭元森
72 李淮新
72 李匀之
72 婁宗樓
72 陶祖模
72 董仲璧
133 黃星輝
133 顧哈嗱
133 顧菊麗
133 汪袖仙
133 周瑞雲
133 程 陶
133 張元姑
72 朱經霖

72 張長昌
72 李 君
周善甫
羅震笙
胡佩紳
劉郎齋
杜濟川
沈同孚
徐金魁
邵弈軒
沈阿二
6 陸正慶
6 陸正明
6 陳守成
6 田莘泉
6 樊佩咸
72 陳 鋳
劉文斌
馬嘯山
蔣仁山
72 鄧昌園
72 汪達人
72 邱孝培
殷松暉太太

65 龔孫氏
65 和 興
65 無名氏
65 元生行
65 董堯椿
蘇逸山
128 徐太太
72 陳長作
72 楊 英
72 王朝慶
蘇老太太
步祿勳
步潤鑫申
嘉興協濟典當同人
達太太
汪永記
李季雲
葛敬常
君 記
全 記
食 餘
劉先生
曲紹庭
14 李慶生

14 李智鳳
14 李永禮
60 尹福全
60 莊菊生
60 朱惠生
60 費春壽
60 陳建廷
60 姚秋生
60 鄭伯林
60 金福棠
60 李頌芳
「堅福慶 家聲氏」
周秀璣
任云山
張公館
Ms. Turner
黃玉山
114 涂竺鈞
費旭昇
114 徐逸耕
41 梁漱初
41 賈志淵
48 20 史裕生
王素德

王靜蘭
王梅珍
48 20 陸租恩
48 20 李棣華
126 漢口九華申莊
126 楊石君
126 蔡郇夫
126 倪瑞卿
41 裕興帳房
41 張繼善
41 吳德華
41 滋康號
41 德華行
41 葉春華
41 葉石暮貞
41 洪承禔
124 慶隆號
124 大生號
124 慶成號
124 泰豐號
124 蔭華號
124 馥興祥號
124 協慶長號
124 華昌號

124 永和號
124 裕豐永號
124 源豐永號
124 益生號
126 匡錫榮
126 陳漢定
126 鄭曉峰
126 汪子剛
126 胡養拙軒
126 金亦居
126 裕成昌綢莊
126 程哲青
126 大豐綢廠
126 同豐綢廠
121 方少奶
137 陳太太
53 陸先生
53 沈延慶
53 章東明伯記
順泰當
28 周希如
28 任克年
5 蔣慶標
5 瑞 大

5 戚如璋
5 永 順
5 信康仁
5 鴻元行
5 裘樹德堂
廣先生
博斷記
53 沙林氏
汪公館
46 潘繼租
126 俞竹賢
126 馬幼予
126 鈕式如
126 同發源
126 錦豐綢莊
126 偉成綢莊
126 阜豐綢莊
126 廣中興
126 陳玉笙
126 黃卓山
46 焦上林
46 張祥林
46 張梅林
46 張歆滌

吳仁華
132 江寶記
132 薛甘記
132 大 盛
盛美麗
盛愛娜
盛蜜娜
盛友娜
盛娜娜
5 無名氏
5 豫 大
5 德昌豐
5 大順號
5 信大生
5 祥源號
5 同福和
126 施少初
209899 許建人
209899 馮軍聲
209899 馮陶然
209899 馮其風
209899 馮濂一
209899 馮妹胤
王管氏

王屠氏
王黃氏
5 蛀 記
5 存世記
5 陳璧記
5 源來行
5 曾世雅
122 熊子英
122 吳俊言
122 袁明麟
122 朱鴻璋
122 袁吳太太
張宗記
同孚路潘公館
37 Mr. Reel
孫衍蓉
羅軼臣
無名氏
盛王碧美
夏克清
41 朱岳年
41 胡仲文
137 無名氏
順泰當

136 王朝萬
137 俞太太
137 韓道南
140 劉志崐
137 三寶白衣堂
胡太太
137 達先生
陸周氏
思愼堂
137 王朝美
137 季先生
梁善魔
47 葛興源夫人
朱鶴年
91 包賢訓
142 周太太
75 顧淦文
97 朱錫坤
97 朱星煒
97 徐夏氏
97 謝氏太太
97 周太太
鄭德蔭
28 唐宗燕
姚復乾

江乾六
羅保璞
▲三百六十七戶計一千八百三十五
元
▲四元八角類
張祥年
▲一戶計四元八角
▲四元類
124 興立德號
周楊鮑王李張徐倪
陳士元
施培卿
114 鄭天麟
72 陳季庭
72 楊君立
72 江如松
72 謝夢鯉
田涵濤齊壽軒
72 施弼元
袁公記
81 陳鏞秀
81 曾繼斌
劉貽芳
81 陳戰麐

39 周南陔
39 邱永青
39 高樹基
39 孫立三
39 陳昌勝
39 葉可仁
39 任樹滋
39 繆亮丞
108 鏤吳氏
顧耀鎏
1 薛成章
1 祝墨君
1 商佐成
1 黃子斌
1 蔣蘭生
1 俞佐庭
1 「許文濬　羅培德」
1 陸隱耕
1 王軼陶
1 詹連生
1 張鳳樓
1 「厚豐號　魏少亭　郎永揚」
1 唐如陵
1 沈仲豪

1 「吳蓮汀 黃基君」
1 雜糧交易所經紀人公會
1 邵文楣
1 「李廷琛 孫錫璋 凌强華 張鼎成」
1 梁筱平
1 胡志成
1 劉文鏞
1 棟文鑑
1 朱如山 葉碩臣
1 唐如山
1 陶植之
1 彭鳴盛
1 陸家鼐
1 吳懿棠
1 丁孝丞
1 陳權肅
1 馮祀懷
1 楊慶邦
1 羅鐵臣
1 黃家麒
1 吳靜安
1 奚專衡
1 杜哲庵
1 協順印刷所

13 洪傳曾
13 洪振球
姚云峰
李之革
永年堂
郭振麒
沈樂山
「汪育宜 孫季範」
5 萬春協
5 志成申莊
137 無名氏
108 華鴻奎
137 焦晴峯
137 焦祝氏
「姚守儒 李子培 卞世忠 郁文莊」
「童玉才 孟正泰 王寶華 王文元」
137 中國理髮公司
97 玉 琴
▲八十二戶計三百二十八元
▲三元類
124 頤康號
蔡純甫
72 陸欽頤
72 何維濟

72 吳午樵
72 王崙源
114 周追禧
114 鄭英偉
114 毛信貴
114 楊 暉
114 俞寧淮
114 勝 妙
鄭靈鎏
汪金邵
72 孟仲來
72 朱光川
72 蔡潤德
72 蔡榆春
72 陶湣遜
72 王俊泰
72 游 恂
慈 記
121 黃 氏
5 章席榮
5 裘松記
53 翁慕徐
72 謝兆芬
72 唐寶鈺

72 曾克義
72 李蔭萊
72 楊祖琛
李紹基
137 梁公館
137 黃詩姚
王保祿
39 張致果
武裝同志
41 張啓東
41 邱敬夫
41 諸炳蔚
140 孫明禮
德甡祥
朱秀廷
張紹程
方天培
48 20 史益生
126 成大隆染坊
吳源墤
方天培
46 俞煦卿
5 無名氏
5 順　昌

5 華餘記
136 無名氏
41 無名氏
磊豐年
▲五十六戶計一百六十八元
▲三元五角類
97 張敏龍
▲一戶計三元五角
▲三元四角類
王志雲
瞿根松
▲二戶計四元八角
▲三元類
124 德和祥德記號
124 和　記
124 通源號
124 同泰元號
124 生　記
124 永成公號
124 裕　記
124 敬　記
124 聚興益號
124 大北公司
124 恆豐永號

124 恆順和號
124 義成厚號
朱宅下人
陸馥卿
芮克幾女士
何杏寶女士
瞿超然
吳仲禮
徐德潤
張世芳
128 金慶善
128 朱祀瞻
128 石麗琴
128 嚴振麒
128 張月庭
128 王振威
128 王　氏
128 鄭保之
128 謝崇隋
128 徐志宏
128 姚言行
128 顧靜遠
周淇源
夏燮榮

	張太太
114	王致
	金人衡
114	金達章
114	洪佐廷
	鶴記
	翔記
	華記
	建記
	善記
	甫記
	陳佩琨
	康記
	鉢記
72	陳善林
72	張忠亮
72	江顯之
72	封瑞雲
72	葉祖鴻
72	嚴嘉愷
72	胡汝寧
72	汪南蕃
72	吳鳳韶
72	方城
72	謝志霖
72	潘和仲
114	鄭竹秀
114	劉立岑
114	江濟霖
114	孫寶慶
72	樊川茂
72	韓三省
72	李紀南
72	錢雪庵
72	余達光
72	王景成
72	李善通
72	莊一鶴
72	胡道社
72	盛曉峰
72	王紹濂
72	陳振庭
72	陳元燦
72	李鑫生
72	朱松汀
72	武幼如
72	程世希
72	曹連捷
12	陳家興
72	李少雲
72	孫永思
72	陳祖邦
72	王勉素
72	王家駒
72	陸天麟
72	江榮根
72	周文彬
72	鄧一林
72	楊家駒
72	章蘭棠
72	錢起塵
72	李蔭培
72	吳九棟
72	黃建人
72	顧在德
72	甘洪濤
72	金禮模
72	胡芹生
72	鄧壽椿
72	劉厚霖
72	鄧孟傑
72	周士元

72 胡永鐸
72 施匀青
72 樊兆鼎
72 葉駿發
72 楊培之
72 葉蕙石
72 蔡致通
72 陶忠漢
72 朱家鶴
72 劉任强
72 郭福昌
72 嚴韞石
72 曹元壽
72 俞殿禮
72 孫瑞麟
72 楊大受
72 顧樹勛
72 丁祥明
72 金通謙
72 董善康
72 陶耀祖
72 胡開華
72 沈華山
72 黃金祥

72 夏叔澄
72 曹寶祥
72 張壽麟
72 夏岑永
72 葉恆齋
72 葉祖志
72 李穗豐
72 徐光裕
72 李貴凌
羅申之
姚初生
72 邱孝城
72 李星五
72 許雪邨
72 周文華
盛準
65 汪老太太
72 溫士光
72 費質齋
72 譚奎五
72 王祝三
丁都珍育
72 包振令
崔廷璋

何仁德堂
陳唐氏
81 江棟華
朱小姐
陳凱
費紀元
60 陳隆緣
沈泉秉
黃士良
唐守仁
124 成通號
「聶冬鳳 聶積德」
「聶積善 聶彩鳳」
孔慶鈺
72 胡迺炎
72 鄭達人
72 裕生東
137 譚善士
任士發
段亨壽
段亨福
140 盛鐘秀
72 曹志冲
72 錢仁堂

潘光墉
陳國彰
上海市洋行華員聯誼會
傳南山
魏彥彬
朱阿洪
41 戚斌章
41 陳德坤
41 拜耳帳房
41 張堯臣
41 周寶霖
41 徐冠軍
41 錢菊初
41 吳祈康
41 張輿珊
41 楊 煜
41 隱名氏
41 張錦壽
41 艾叔記
41 信 孚
41 葉佩珍
41 余志襄
124 元 記
124 瑞生德號
124 謙祥號
124 陳西林
124 綸昌號
124 鼺 記
124 怡信號
124 和信號
124 益發銀行
124 裕濃銀行
124 瑞 記
121 黎太太
121 陳源記
121 胡先生
121 蕭先生
121 蔣公館
121 胡先生
53 方長生
53 和美號
5 陳輿慶
5 張子卿
5 張嘉甫
5 竺桂芳
5 李松泉
5 寶豐行
5 生 記
5 劉式英
張志藩
53 趙綺若
53 俞儒珍
江文林
46 范仁才
46 焦竹林
5 業益齋
5 周聯桂
5 陶福元
5 無名氏
5 胡堦民
5 應志甫
5 義昶行
5 董福年
5 協生行
122 袁曹太太
122 袁貞祿
122「沈振聲 沈振遠」
張瑞記
航業電台
倪鴻順
137 蘆鳥氏
41 王 三

41 褚　宅
41 薛先生
41 譚業波
41 無名氏
41 劉公館
41 屠公館
41 邱公館
41 楊聯泰
41 星光印刷廠
41 公濟公司
136 大中華橡膠廠
137 何先生
137 龍殿明
伯德醫院
華美谿
137 無名氏
1 「秦曙聲　秦鏡夫」
1 陳朵如
1 魏龍章
1 彭祖思
1 徐懋棠
1 張竹孫
1 姚振伯
1 孔繁總

1 顧永熙
1 朱增泉
1 江如松
1 蔣繩之
1 興泰電器公司
1 丁志明
1 劉伯森
1 胡自良
鄭叔平
盧碧忱
徐盧史
俞鴻章
1 「黃靜蘭　杜詵一　潘詠楨」
1 「永豐號　周仲華」
1 蔣劍候
1 陳　瀚
1 鬰直甫
1 汪雲程
1 郝仲隨
1 郭福齋
1 許寳亭
13 張老太太
吳四妹
文調孫

53 馮錫永
137 汪太太
無名氏
林根林
豫興記
陳自新
「殷叔明　沈友成」
陸周氏
沈春泉
20 48 余眉生
20 48 楊芸山
王念祖
王善慶
徐　和
徐　和
20 48 史秉寅
王念祖
王善慶
無名氏
梁了來
97 無名氏
▲三百二十戶計六百四十元
▲一元八角類
謝在高

▲一戶計一元八角
▲一元五角類
王永泰號
▲一戶計一元五角
▲一元四角類
葉昌士
72 李山河
▲二戶計二元八角
▲一元三角三分類
137 黃太太
▲一戶計一元三角三分
▲一元二角二分類
72 許熙氏
▲一戶計一元二角二分
▲一元二角類
6 王小弟弟
嵩山居士
唐阿來
許其四
唐鴻順
唐妙發
陶廣林
張德富
韓宗海

願助救濟款項台銜表

徐關根
陳翼祖太太
▲十一戶計十三元二角
▲一元一角類
聚興康
121 蘇公館
▲二戶計二元二角
▲一元類
124 裕源號
124 利順成記鴻號
124 福興立號
124 裕興隆號
124 義昌恆號
124 新藝號
107 朱司務
劉朱國楨
芮器先
錢雪庵
佘達光
王崙源
席受之
沈宗銘
陳金鳳
錢福芝

121 王　英
121 李保良
121 盧玉麟
121 無名氏
137 宗有興
53 張謙德
142 張太太
137 「王建梅　王建奎」
137 「詹先生　趙先生」
趙月珍
無名氏
劉來興
吳松良
俞有根
謝鴻生小弟弟
陳小妹妹弟弟
128 鄔謁榮
128 楊春來
128 陳安邦
128 張培根
128 王志霄
128 吳子剛
128 王同龢
128 沈幹卿

128 王鳳翔
128 徐佩珍
128 孫霖芸
金錫昌
黃榮根
周錦森
劉永祥
114 陶恩鐸
114 洪佐廷太太
114 王之懿女士
114 周飛士
114 胡伯之
114 陳能訓
114 張俊芳
114 顧良仁
114 康源恆
114 李寶靈女士
114 李聲叔
72 倪純賢
133 陳兆榮
140 桑忠海
鄭錦榮
72 武振山
72 王元貞

72 莫炳鏞
72 張祥生
72 周倫海
72 王天才
72 范秋林
72 楊令霄
72 黃益生
72 嚴士元
72 華根榮
72 陳永興
72 王阿華
72 高福棠
72 李雨亭
72 劉寶茂
72 趙連奎
72 王永田
72 黃文藻
72 呂瑞安
72 王松雲
72 凌炳生
72 徐茂先
22 包肖蝶
72 趙參南
72 徐志威

72 王紫峰
72 伍滌齋
72 伍必莊
72 趙三豐
72 施惟德
72 葉文龍
72 王志民
72 周文濤
72 夏元禮
72 張汝樑
72 陸壽福
72 盛秉理
72 徐光華
72 蔡鶴聲
趙壽錮
6 趙水茂
6 俞鵬程
6 姜祖良
72 郭天齋
72 李闓亭
72 顧青棠
72 高峻峯
72 陳起雲
72 任鶴年

袁漁樵 72
過阿梅 72
袁寅生 72
葉福林 72
翁保良 72
顧先欽 72
曹德新 72
鐘人鏡
無名氏
馬尚鳴 72
孫竹書 72
陳子銑 72
高　覺 72
樊林華 72
吳錦祥 72
瞿誠震 72
王孝生 72
馬文良 72
左起炳 72
邵華氏
張信芳
劉麗生
張曼清
無名氏

聶豐年
陸良英 72
席如南 72
謝桂春 72
周慶懷 72
梁安修 72
李永清 72
郭桂生 72
馮小姐 137
任永松
熊道德
高蘆銀
劉伯濤
葛憶豐 72
陳志剛 72
戴云淞 72
錢阿寶
錢阿榮
毛景德
殷雲青
何康炯
吳阿炳
孫立山 41
賈善伯 41

孫東之 41
梁金泉 41
梁文敬 41
陳晉璋 41
王志濤 41
徐樂豐 41
徐承琳 121
朱久櫟 41
陳世澤 41
唐鼎康 41
張濟川 41
凌蔚璋 41
舒照聖 41
翟繼周 41
陳　貴 41
朱公治 41
譚秀勛 41
呂　王 41
紀萬峯 41
鄧季厚 41
劉策余 41
梁少佐 41
鄭永慶 41
竺聯星 41

41 黃楷昌
41 高富龍
41 鮑鴻卿
41 無名氏
41 黃霖生
41 無名氏
121 顧太太
121 張公館
121 精 美
121 徐益德
121 趙恩年
137 焦夢儒
137 焦夢仙
137 趙善士
137 鄭錦榮
方蓓蕾
137 金先生
1 邵雍志
1 周勉秋
1 張伯禾
1 王錫孚
137 傅太太
137 傅太太
137 陳國威

137 李太太
137 陸嘉書
138 林酒中
陳榕儀
江金鳳
潘文道
朱宏仁
錢貴才
方錫祺
周梅占
張品方
余阿高
徐阿吉
欒良甫
顧阿正
邵斌初
江阿寶
121 王敬人
121 許庚立
121 黃延德
121 黎 宅
121 孫 宅
121 五十一號華記
121 吳老四

121 梁公館
121 五十二號
121 岑秀連
121 一號房間
121 陳公館
121 羅公館
121 劉公館
121 金公館
121 陳太太
121 劉欽霖
121 顧娛春
121 戴公館
121 估公館
121 陳公館
121 周公館
吳公館
徐榮甫
陸先生
53 陳順根
53 潘和生
53 魏永清
53 茅瑞棨
53 石明光
53 陳龕才

5 陳富昌
5 陳炳照
5 鄭志成
53 葉伯華
53 李慶章
53 俞昌熾
53 蔣嘐東
53 蘇祖詩
53 李荷英
53 徐錫慶
53 孟雋毅
53 「王蓉生 王云仙」
46 陸幹臣
46 王渭卿
46 陳桂庭
46 朱霞孫
46 陸佑梅
46 邱聯芳
46 張振儒
46 胡立祥
46 徐季翰
46 張鶴林
46 周蓮芳
46 王承敘

46 胡 褒
46 王漢俊
46 王季焯
46 鄭儒夫
46 焦奇峰
紀心田
20 48 陳龍生
20 48 田長根
20 48 朱長生
周 媽
傅直臣
孫連生
紀春根
王子丹
46 何 澄
122 龍云孫
122 袁貞祥
徐寶山
外僑女士
無名氏
41 美麗園參號
41 沈家貽
41 劉公館
41 畢公館

41 許亦鳴
41 周公館
41 毛公館
41 劉公館
41 龔家彬
41 朱志超
41 卓炳尹
41 沈克明
44 邵道生
127 焦夢賜
唐靖臣
周 媽
傅直臣
孫連生
翟學才
馬世敏
紀春根
王小根
王子丹
唐靖臣
無名氏
137 凌先生
137 傅原德
137 陳學蓮

137 鍾太太
雲　記
孟正佳
湯逢葆
曹春生
97 無名氏
97 無名氏
97 有　才
97 桂　香
▲三百三十七戶計三百三十七元
▲八角類
128 錢宏淵
121 范太太
▲二戶計一元六角
▲六角三分類
張國威
▲一戶計六角三分
▲六角類
歸亦鴻
謝在美
徐福根
徐元興
趙元山
唐福山

張小桃
鄒海根
施槐卿
施淮清
吳傳福
方蓓蕾
▲十二戶計七元二角
▲五角五分類
葛祖德
▲一戶計五角五分
▲五角類
史濟訓
金秀娟
128 朱同文
128 貧　民
朱錦祥
候世任
72 陶滙泉
72 周仙榮
72 陸兆根
72 張桂成
72 李長春
72 江連坤
72 蔣壽培

龔志祥
吳蕙英
毛阿梅
汝阿寶
沈　媽
雲其嫂
戴翠雲
王翠如
王鏡心
王沛然
72 黃福堂
72 曹逸秋
72 陳水裕
72 楊桂泉
72 謝裕良
72 俞復燦
72 顧連山
72 趙樂山
72 張誠祥
方克武
殷顧氏
李秀英
41 張晉壽
41 周超勇

41 徐嘉祿
41 鄭智勇
41 王劍風
41 朱培明
41 吳詩銘
41 劉學禮
王壽齡
王金聲
王守璞
王茂萱
王香蘇
王肇天
王履安
王晉康
龔志祥
吳惠英
41 黃肇安
41 無名氏
41 羅通元
41 曹崧孫
41 朱景良
41 陳鶴亭
41 鄭劍光
41 鄭偉民

121 汪紹平
121 四十四號
王金聲
王守璞
王小姐
王履安
王肇天
王晉康
121 阿 各
121 五十二號車間
121 王賢昌
121 俞公館
121 韓治遠
53 孫寶康
53 李錫泉
53 王慧新
53 施慧中
53 程玠清
阿 美
阿 寶
沈 媽
雲其嫂
戴朱氏
王壽齡

王茂萱
王翠如
王鏡心
王沛然
53 季 霎
53 朱文炎
53 唐廷良
53 馬杏林
137 黃國棋
137 葛先生
137 潘成華
137 葉娘鎮
張錦昌
楊清元
▲九十九戶計四十九元五角
▲四角類
72 顧榮芳
72 劉毅遠
72 李鏡元
72 楊賢奎
72 徐長溢
72 張堯坤
41 江永齡
41 鄭日漢

121 福州飯店
121 五十三號
121 徐公館
121 吳士枚
121 蔡公館
121 李　傑
121 王小姐
121 包善傳
121 烟紙店
范秀根
王木金
樊才寶
楊榮海
朱艾海
▲二十二戶計八元八角
▲三角類
41 居志堅
41 何志祥
121 拾二號房間
137 凌阿大 徐阿大顧阿媽

黃秀常
黃秀民
張世堂
黃秀長
趙阿美
張蘇堂
▲十戶計三元
▲二角類
128 李關興
72 高奇峰
41 吳　明
41 蔡德芬
41 章寶明
41 姚昌中
41 黃肇憲
41 葉京齡
41 竇云卿
奶　媽
新　媽
奶　媽
新　媽

41 吳貴庭
41 鄧少鴻
41 張源怡
41 英　贊
41 梁惠之
121 高　君
121 長　君
121 四十八號
121 五十九號
121 周小姐
121 謝公館
▲二十四戶計四元八角
▲一角五分類
53 夏　福
▲一戶計一角五分
▲一角類
王　媽
朱王氏
王　媽
朱王氏
▲四戶計四角

合計國幣二十四萬三千九百七十三元一角五分

▲濟生水

白玫瑰	四十瓶
徐振聲	捌瓶
吳　君	念瓶
王爲堯	捌瓶
王　君	捌瓶
盧安康	念瓶
松春義	念瓶
顧金根	念瓶
寶和館	念瓶
唐信康	念瓶
一新理髮店	念瓶
太和館	念瓶
五彩印局	念瓶
邢　君	念瓶
左文榮	念瓶
華梅守	四拾瓶
裕徵祥	念瓶
永昌發記	四十瓶
世界美髮廳	四十瓶
祥盛號	四拾瓶
三盛鞋室	念瓶
大昌當	念瓶
抱雲小姐	四拾瓶
西園瓜子公司	念瓶
馮　君	念瓶
黃友珍朱冠賢	念瓶
鴻祥號仝人	念瓶
百樂協記	念瓶
利川東	念瓶
楊慧英	四十瓶
周繼宗	四十瓶
美最時仝人	四十瓶
劉佩英	四十瓶
美妙新義記號	念瓶
福和公	四十瓶
福興當	捌拾瓶
福魁齋	念瓶
南華國貨行	四十瓶
史久漢	念瓶
胡　記	念瓶
陸世良	念瓶
同裕協記印刷所	四拾瓶
陳迨卿	四拾瓶
董北平	四拾瓶
戴善德	四拾瓶
徐蔚雲	四拾瓶
楊文藻	念瓶
張惠記	念瓶
何公館	念瓶
王文華	念瓶
章依成	念瓶
洽興號仝人	念瓶
吳瑞珍	念瓶
曹　君	四十瓶
陸臣子	念瓶
夏國樑	捌瓶
黃　宅	捌瓶
陳單氏	四拾瓶
華綸仝人	四拾瓶
李明德	四拾瓶
王文記	念瓶
黃慶和	念瓶
漢記成衣店	四拾瓶
大東理髮店	念瓶
利昌鐘表店	念瓶
勝利無線電行	四拾瓶
〃 汪河清	念瓶
〃 周記綢莊	四拾瓶
〃 邱女士	念瓶
〃 阮宋陳	貳百瓶
〃 姬張氏	貳百瓶

〃	元昌成仝人	四十瓶
〃	華興提莊	四拾瓶
〃	順　康	四拾瓶
〃	協興祥	捌拾瓶
〃	陶祖孟	念瓶
〃	福　新	念瓶
〃	先施襪廠	念瓶
〃	史桂泉	念瓶
〃	天祥公司	念瓶
〃	葛文英	念瓶
〃	洪　泰	念瓶
〃	有　記	四拾瓶
〃	蔣田濟	念瓶
〃	太昌茶莊	念瓶
〃	仝昌鐘表公司	念瓶
〃	萬和酒樓	捌拾瓶
〃	柴鳳德	四拾瓶
〃	仝福公司	念瓶
〃	福　泰	捌拾瓶
〃	源生福	四拾瓶
〃	隆昌祥	念瓶
〃	亨大利仝人	念瓶
〃	李晉章	念瓶
〃	章功源	念瓶

〃	復興泰	四拾瓶
〃	萬　泰	四拾瓶
〃	單文耀	四拾瓶
〃	湯春林	四拾瓶
〃	雲大廠	四拾瓶
〃	新源昌	四拾瓶
〃	協　源	捌拾瓶
〃	中一膠帶廠	四拾瓶
〃	恆泰五金號	四拾瓶
〃	源　生	四拾瓶
〃	森源祥	四拾瓶
〃	楊淇君	四拾瓶
〃	順源木器號	四拾瓶
〃	史奉漳管榮財	四拾瓶
〃	生泰昌	四拾瓶
〃	楊德甫	念瓶
〃	鉅　源	念瓶
〃	順泰祥	念瓶
〃	元　蕃	念瓶
〃	榮昌木器店	念瓶
〃	沈根祥	念瓶
〃	聖　記	念瓶
〃	萬　源	念瓶
〃	徐錦餘	四拾瓶

〃	上海樹行	四拾瓶
〃	姚緒卿	四拾瓶
〃	賈云芳	四拾瓶
〃	宜自信	四拾瓶
〃	梅　誓	貳拾瓶
〃	李吳先生	四拾瓶
〃	老雙成	四拾瓶
〃	陳維秀	念瓶
〃	宏潤花行	四拾瓶
〃	興　記	四拾瓶
〃	義昌行	四拾瓶
〃	新常安公司	四拾瓶
〃	聖興公司	四拾瓶
〃	統一號	四拾瓶
〃	王伯銘	四拾瓶
〃	三達永記	四拾瓶
〃	陸稿荐祥號	四拾瓶
〃	永　豐	四拾瓶
〃	萬　茂	四拾瓶
〃	曹順之	念瓶
〃	三益堂	念瓶
〃	萬長盛	拾貳瓶
〃	華泰木器店	捌拾瓶
〃	公順昌	捌拾瓶

〃陳琳	四拾瓶	〃袁榮泰	念瓶	〃美豐公司	四拾瓶
〃楊榮興	四拾瓶	〃史久芳	四拾瓶	〃胡瀛州	四拾瓶
〃源豐祥	念瓶	〃陳樹釗	念瓶	〃葛鏡光	四拾瓶
〃任民生	念瓶	〃張森林	念瓶	〃張義昌許永貴	四拾瓶
〃森泰	拾六瓶	〃憧源茶棧	念瓶	〃復興隆	念瓶
〃盛興印務局	四拾瓶	〃興泰	四拾瓶	〃張九洲	念瓶
〃項本豪	四拾瓶	〃新紀堂	四拾瓶	〃王靜慶	念瓶
〃朱佩可	四拾瓶	〃興發祥	四拾瓶	〃楊榮立	念瓶
〃朱繼堂	四拾瓶	〃晉昌祥	四拾瓶	〃周金	十六瓶
〃泰來	捌拾瓶	〃瑾昌鐵行	四拾瓶	〃廈門理髮所	貳百瓶
〃公益	四拾瓶	〃復新書局	四拾瓶	〃周文瑞	四拾瓶
〃駿大華行	四拾瓶	〃順興	四拾瓶	〃張望伯	四拾瓶
〃華發公司	四拾瓶	〃錦泰	四拾瓶	〃豐記粉行	四拾瓶
〃德華洋行	捌拾瓶	〃老豫泰	四拾瓶	〃王希昌	捌拾瓶
〃南成興	捌拾瓶	〃嘉記	四拾瓶	〃恆泰祥	四拾瓶
〃李連生	四拾瓶	〃福昌	念瓶	〃朱達信封廠	四拾瓶
〃陸稿薦新號	念瓶	〃恆豐裕仝人	念瓶	〃豐復泰	念瓶
〃重九皋	念瓶	〃興泰	念瓶	〃隆順公	念瓶
〃陸永泉	念瓶	〃同興	拾六瓶	〃順豐廠	念瓶
〃應女士	念瓶	〃楊瑞祥	拾六瓶	〃施鴻茂	念瓶
〃姚仲泉	四拾瓶	〃厚康	拾六瓶	〃劉頤和	念瓶
〃鴻吉	念瓶	〃瑞生和	四拾瓶	〃韓如傳	十六瓶
〃戴春林	念瓶	〃潘孝祥	四拾瓶	〃萬康新	十二瓶
〃同義和李記	念瓶	〃嚴元昌	四拾瓶	〃泰康	捌瓶

〃明記園 四拾瓶
〃萬源祥 十二瓶
〃元興祥 捌瓶
〃褰春齋 捌瓶
〃沈順記 捌瓶
〃葉太太 捌瓶
〃劉德順 念瓶
〃張震源 十六瓶
〃李協興 十六瓶
〃李慧修女士 捌拾瓶
〃王鶴年 四拾瓶
〃順泰 四拾瓶
〃惠茂元 四拾瓶
〃振新 念瓶
〃新五房顧 念瓶
〃大興新 念瓶
〃沈君 念瓶
〃羅根榮 念瓶
〃順裕 念瓶
〃宗云海 捌拾瓶
〃羅林生 捌拾瓶
〃鴻豐工號 四拾瓶
〃富夢良 四拾瓶
〃仁生北號 四拾瓶
〃沈炳元 四拾瓶
〃大勤 念瓶
〃華豐 念瓶
〃陳高劉方四位 四拾瓶
〃卓鑑樵 念瓶
〃大同公司 念瓶
〃倪養齋 念瓶
〃蔣春子 念瓶
〃楊焱廣 捌瓶
〃同泰豐 拾六瓶
〃同昌 捌瓶
〃怡豐鉄號 四拾瓶
〃瑞亭鐵號 四拾瓶
〃怡大鐵號 四拾瓶
〃老順泰五金號 四拾瓶
〃順康鐵號 四拾瓶
〃恆豐鐵號 四拾瓶
〃錢惠君 四拾瓶
〃章太太 念瓶
〃史琴湘 念瓶
〃恆安號 四拾瓶
〃寶昌號 捌拾瓶
〃義泰 四拾瓶
〃義豐 四拾瓶
〃鑫昌恆 捌拾瓶
〃三新 四拾瓶
〃沈信甫 念瓶
〃汪炳炎 念瓶
〃劉景福 四拾瓶
〃王化南 四拾瓶
〃陳啓成 捌拾瓶
〃源大祥 四拾瓶
〃周利人 四拾瓶
〃尙大 四拾瓶
〃三泰公司 念瓶
〃元豐聖 四拾瓶
〃邵友松 四拾瓶
〃邵香英 四拾瓶
〃無名氏 四拾瓶
〃元新 四拾瓶
〃德大成 四拾瓶
〃中華煤號 念瓶
〃廣源祥 念瓶
〃徐麗洲 念瓶
〃同豐泰 念瓶
〃楊雲標 四拾瓶
〃張冠倫 四拾瓶
〃王瑾良 四拾瓶

〃 馬福生 四拾瓶
〃 中美公司 四拾瓶
〃 張祥泉 念瓶
〃 楊伯洪 念瓶
〃 陶根榮 念瓶
〃 孫德富 念瓶
〃 榮善寶 四拾瓶
〃 譚紅梅 四拾瓶
〃 韓壽山 四拾瓶
〃 王寶寶 四拾瓶
〃 李鄭二位 四拾瓶
〃 朱　君 念瓶
〃 賀梅貞 念瓶
〃 陳太太 拾六瓶
〃 林玉華 貳百瓶
〃 大東飲冰室 念瓶
〃 元和醬園 念瓶
〃 裕興公 四拾瓶
〃 陳　宅 四拾瓶
〃 孟煦庭 四拾瓶
〃 黃恆祥 念瓶
〃 恆　泰 念瓶
〃 王行規 四拾瓶
〃 何慶生 念瓶

〃 興　泰 四拾瓶
〃 宏祥行 四拾瓶
〃 大豐號 四拾瓶
〃 丁義昌 四拾瓶
〃 宏濟當 四拾瓶
〃 永　隆 四拾瓶
〃 大有成 四拾瓶
〃 施　君 念瓶
〃 華　興 念瓶
〃 萬興恆 念瓶
〃 稻香村 念瓶
〃 福安當 四拾瓶
〃 新和記 四拾瓶
〃 單源聖 念瓶
〃 倪榮昌 念瓶
〃 永　裕 念瓶
〃 程穀人 四拾瓶
〃 薛芹清 念瓶
〃 金梅奎 拾瓶
〃 郁鑫堯 捌拾瓶
〃 陳慶來 四拾瓶
〃 才善堂 四拾瓶
〃 王觀楫 四拾瓶
〃 謝均如 捌拾瓶

〃 新康洋行 四拾瓶
〃 洪文江 捌拾瓶
〃 楊壽山 四拾瓶
〃 申應試 四拾瓶
〃 怡泰祥 四拾瓶
〃 光明書局 捌瓶
〃 恆泰仁 四拾瓶
〃 大　隆 捌拾瓶
〃 張鳳翔 四拾瓶
〃 蔣晉賢 四拾瓶
〃 祥　仁 四拾瓶
〃 三星公司 四拾瓶
〃 杏花樓 捌拾瓶
〃 永順豐 四拾瓶
〃 美術圖書館 四拾瓶
〃 天聲公司仝人 念瓶
〃 楊敬初 念瓶
〃 集豐昌 捌拾瓶
〃 梁煜臣 四拾瓶
〃 協發昌 念瓶
〃 周　君 捌瓶
〃 王和發 四拾瓶
〃 大昌興五金號 四拾瓶
〃 中華文具社 四拾瓶

〃葆泰茶社	四拾瓶	〃顧德昌	四十瓶	〃茂豐	廿瓶
〃梁新記	四拾瓶	〃老茂源	四十瓶	〃福建商店	廿瓶
〃怡豐號	念瓶	〃同餘甡記	四十瓶	〃仁裕同人	廿瓶
〃老怡生	念瓶	〃周德泰	廿瓶	〃馮寶慶	廿瓶
〃旭東鼎記	念瓶	〃王伯記	廿瓶	〃金學禮	廿瓶
〃信順當	四拾瓶	〃鴻盛布廠	廿瓶	〃大新	廿瓶
〃利順成	四拾瓶	〃錢萬成	四十瓶	〃金立生	廿瓶
〃合豐昌	捌拾瓶	〃瑞源	四十瓶	〃申泰昌	廿瓶
〃新中華	四拾瓶	〃沈吳君	念瓶	〃國泰照相館	四十瓶
〃德大	四拾瓶	〃無名氏	念瓶	〃大中華	四十瓶
〃福興春	捌拾瓶	〃福昌衣莊仝人	八十瓶	〃馬祥記	八十瓶
〃老大同	捌拾瓶	〃利和豆行	八十瓶	〃沈積善	廿瓶
〃北京鞋莊同人	捌拾瓶	〃亞光公司	八十瓶	〃顧子靑	廿瓶
〃正和行	八十瓶	〃老公大	四十瓶	〃茂生和	十六瓶
〃錦章	四十瓶	〃鼎和榮	四十瓶	〃王裕成	念瓶
〃復享怡	廿瓶	〃協興隆	四十瓶	〃無名氏	四十瓶
〃信昌	廿瓶	〃王時	四十瓶	〃順記	十六瓶
〃維生	廿瓶	〃愼新	四十瓶	〃張炳榮	捌瓶
〃莊嘉祥	廿瓶	〃公興皮號	四十瓶	〃大中公司仝人	一百四十瓶
〃潘桐生	十二瓶	〃義泰興	四十瓶	〃大中公司	四十瓶
〃李震元吳文君	四十瓶	〃老祥茂	廿瓶	〃華昌行	四十瓶
〃大源	四十瓶	〃大順公	廿瓶	〃新源祥	四十瓶
〃徐發記仝人	八十瓶	〃許君	四十瓶	〃萬盛昶	四十瓶
〃沙利文理髮店	四十瓶	〃趙玉良	廿瓶	〃鼎興齋	四十瓶

〃 申昌成仝人 一百七十二瓶
〃 徐佩文 四十瓶
〃 北萬有全 十六瓶
〃 王 君 八瓶
〃 振華紗廠 八十瓶
〃 上海銀號 四十瓶
〃 孫滌記 四十瓶
〃 林播楠 四十瓶
〃 王昌泰 八十瓶
〃 冠新公司 八十瓶
〃 老大房新號 四十瓶
〃 華豐行 四十瓶
〃 北洪泰 四十瓶
〃 美興棟記 四十瓶
〃 萬源祥 四十瓶
〃 恆爭銀樓 四十瓶
〃 王 開 四十瓶
〃 高三益 四十瓶
〃 天福參號 四十瓶
〃 曹 記 四十瓶
〃 湯惠氏 四十瓶
〃 陳寶華 四十瓶
〃 泰爭公司 四十瓶
〃 大華廠 念瓶

〃 福建公司 念瓶
〃 喬金富 四十瓶
〃 徐永和 四十瓶
〃 新豐當 四十瓶
〃 永和號 念瓶
〃 瑞興祥 念瓶
〃 徐松盛 念瓶
〃 協太公司 念瓶
〃 李信甫 念瓶
〃 源泰祥 念瓶
〃 美德 念瓶
〃 王義興 念瓶
〃 郭 君 十瓶
▲鼎靈水
〃 連元旅社 念四瓶
▲蘐香精
無名氏 五十瓶
▲正氣丸
至尊善會 叁千瓶
〃 利興烟公司 壹百瓶
▲活命水
〃 利興烟公司 壹百瓶
▲無極丹
至尊善會 壹千瓶
▲清靈丹

至尊善會 壹千瓶
▲大德水
〃 張先生 八十瓶
▲至仁水
〃 正大鐵號 四十瓶
▲同仁水
〃 鼎 泰 四十瓶
▲萬用油
〃 洪 泰 六包
▲科發水
〃 同益泰 十二瓶
〃 雲 大 念四瓶
〃 源昌當 念四瓶
〃 德 昌 一百念瓶
源豐五金號 十二瓶
▲回生水
中國道德會 壹千貳百瓶
136 胡會長 念四瓶
中國道德會 六千九百六十瓶
▲時疫水
姚興昌 念瓶
〃 北新書局 一百念瓶
〃 震興五金號 壹百瓶
〃 無名氏 四十瓶

七

▲保命水

錦泰霞號　壹百五十瓶

▲普益水

協順煤號　八十瓶

11　曾　君　四十瓶

▲正威水

大中華襪廠　四十瓶

▲救急丹

光裕堂　六百瓶

▲八卦丹

洪　泰　六包

▲萬金油

淞滬代主會　五十瓶

▲寒熱丸

淞滬代主會　壹百包

▲無敵水

11　保　康　八十四瓶

▲良附丸

89　徐重道　四斤

89　上壽堂　四兩

89　馮存仁堂　壹斤

89　任益和　壹合

▲梹榔丸

89　徐重道　四斤

89　上壽堂　五兩

89　王大吉　四台

89　馮存仁堂　半斤

89　任益和　壹合

89　蘇存德堂　壹斤

▲道滯丸

89　上壽堂　四兩

89　馮存仁堂　半斤

89　蘇存德堂　壹斤

▲集成水

11　森　大　四十瓶

▲平安水

11　郭伯良　貳百瓶

▲卍應水

11　仁和醬園　四十瓶

11　中　興　四十瓶

11　王清林　四十瓶

▲蚊香

136　興申泰　五大合

▲龍虎丹

祇園法會　壹百服

▲理中丸

89　徐重道　四斤

89　上壽堂　四兩

89　王大吉　四合

89　馮存仁堂　壹斤

▲保和丸

89　上壽堂　五兩

89　王大吉　四合

馮存仁堂　壹斤

任益和　壹合

蘇存德堂　貳斤

▲藥茶

省躬艸堂　貳百包

11　張文安　四拾捌包

▲溫度表

紅十字會第八醫院　捌拾壹只

▲三妙丸

89　徐重道　四斤

89　上壽堂　四兩

89　王大吉　四合

89　任益和　壹合

89　蘇存德堂　貳斤

▲平胃丸

89　上壽堂　四兩

89　任益和　壹合

▲香連丸

89 上壽堂 四兩
▲七寶丹
道德會 壹百九十三包
又 貳百五十包
▲藥水
137 哈同洋行 四百瓶
▲濟衆水
139 高麗卿 壹百瓶
紅十字會第十二醫院 九百瓶
寶山分會 貳百瓶
程祥麟 四拾瓶
久泰五金號 捌拾瓶
11 長 泰 四拾瓶
▲行軍散
寶山分會 貳百瓶
▲篦麻油
寶山分會 壹磅
143 張宏境太太 半介侖
▲克利薩波
寶山分會 壹磅
▲黃凡士林
寶山分會 壹磅
▲瀉鹽

寶山分會 叁磅
138 張宏境太太 二磅
143 又 二大台
▲奎寧片
寶山分會 五拾粒
137 張宏境太太 三瓶
143 又 五百瓶
▲碘酒
寶山分會 半磅
▲紅神丹
寶山分會 壹百包
▲膠布
寶山分會 壹仝
又 捌仝
何鴻生 壹仝
▲天工水
應蘭谷 壹百盒
公利機器廠 念斤
11 益生 四拾瓶
王三位小弟弟 貳百瓶
11 遇逑慶 八十瓶
▲福星散
龔星齋 五百瓶
又 壹千瓶

龔星齋 壹千瓶
又 壹千瓶
又 壹千瓶
龔公館 壹千瓶
▲仁丹
朱廷祺夫人 五百包
寶山分會 壹百包
存濟服務團 壹大瓶
明星商店 五拾包
時興祥鐘表店 念包
金融順記 五十包
11 季順福 念包
▲痢疾散
宋良記 壹千瓶
63 又 叁百包
又 壹千包
淞滬代主會 壹百包
三合堂 五百包
▲藥水棉花
存濟服務團藥棉 七包
李芸候藥棉 九十五磅
集太太藥棉 十二磅
王淑貞藥棉 四包
133 亞聲電台藥棉 拾包

133 女青年會棉球 叁千個
133 無名氏藥棉 四包
134 許公館藥棉 拾包
135 鄭愼淑藥棉 五十包
137 胡公館藥棉 壹包
虞濟涵藥棉 六十包
紅十字會第八醫院藥棉 五十包
又碘藥棉 四合
▲古古油
嵩山居士 壹百五十瓶
▲救命丹
羅筠娛太太 捌盒
▲保安水
寶山分會 貳百瓶
無名氏 四百瓶
11 永豐祥 捌拾瓶
▲濟安水
董汗槎 壹千四百瓶
▲活命水
頤恩製藥廠 三萬瓶
▲寶丹
寶山分會 九十包
▲重鹽酸奎寧注射液

寶山分會 五合
▲兒寶
潘幼博 卅二合
▲綳帶
蘇小姐 四百捲
實山分會 五打
存濟服務團 壹百五十條
133 女青年會 五百捲
133 沈太太 十九捲
134 黃卍字會 壹疋
134 旅滬廣東中華基督教會婦女服務部 貳百八十捲
135 張祥年 朱小弟 李大寶 鄭偉男 張肖虎 八十七捲
中華婦女社 六十條
▲臭藥水
協順昌蔡榮林 二磅
寶山分會 五介侖
又 四十磅
又 六介侖
張藏養 四介侖
十五介侖
133 亞聲電台 壹聽
134 大夏廠 半介侖
十介侖

135 大華 十六聽
138 張藏養 十聽
140 中國臭水廠 二大聽
恆豐昌 半介侖
11 惠泰祥 二聽
11 呂長發 四聽
136 環球衛生組 二介侖
11 鴻興鐵號 壹介
11 大萊同人 壹介
▲十滴水
凌元郎 壹千瓶
哈巴特 五拾打
存濟服務團 壹盒
金毓洪 六百四十瓶
董丞館 四拾瓶
許錦甫 四盒
忻先生 壹千瓶
張興仁堂 八百瓶
恆豐綢布莊仝人 八拾瓶
孫傳根 壹千八百瓶
31 王時新 六千七百念瓶
盛午清 壹千貳百瓶
張先生 壹百六十瓶
陳先生
游先生 五百瓶

陳永芳 貳百八十八瓶
80 東方藥坊 壹千四百瓶
10 姚先生 壹百瓶
無名氏 壹百瓶
136 湯太太 壹百六十瓶
楊在田 九百九拾瓶
集成藥房 貳百瓶
80 振業西藥原料號 壹千壹百五十瓶
沈永福 五十瓶
沈金生 五十瓶
11 萬豐 四十瓶
方公館 叁百五十瓶
孫太太 大五拾瓶
孫太太 大五十瓶
久記木材公司 四百五十瓶
▲長春丹
普提法會 五千包
黃卍字會 五千包
菩提法會 九千服
黃卍字會 六千包
又 紅 四千包
32 又 白 五千七百五十包
菩提法會 壹萬包
長春院 壹萬包

中國道德會 柒千包
華啓道 壹千包
▲舍衛丹
祇園法會 貳百包
又 六百瓶
又 壹千包
張碧臣 貳千瓶
▲時疫水
寶山分會 五百瓶
任竹心太太 壹百瓶
張宏境太太 四白瓶
又 貳百瓶
▲防毒藥水 口具
大同大學許慶潘潼藥水 八百瓶
又 面具 四百只
寶山分會 口罩 拾只
紅十字會十二醫院 面具 拾五只
▲藿香丸
嵩山居士 壹百兩 二斤
32 又 四兩
▲辟瘟丹
嵩山居士 十二塊

嵩山居士 八十瓶
32 又 捌塊
徐合澄 五千合
▲止痛藥布
秦昌 一百小包
▲卍靈丹
凌元朗 一百包
▲通痢散
周讓三 壹千貳百八十瓶
道德會 貳百包
徐宗俊女士募 壹千包
周讓三 四料
▲丹金水
倪懷祖代驗室 二大瓶
又 二大瓶
海關華員服務團 二大瓶
又 二大瓶
▲西西針
余山澈 十西西 壹支
又 五西西 貳支
又 二西西 貳支
▲阿司匹林
萬國藥房 叁百粒
又 叁百粒

138 張宏境 壹千粒
138 又 壹瓶
143 又 壹千粒
▲石膏粉
紅十字會第八醫院 貳聽
▲瘧疾丸
萬國藥房 壹百包
▲快活丹
陳其昌醫師 六百合
▲午時茶
雷允上 壹千五百塊
上海市國藥業公會 七十一塊
89 上壽堂 念塊
11 廣慧中 壹百塊
▲硇砂膏
錢叔平 壹百帖
▲喉症片
萬國藥房 叁百粒
又 叁百粒
▲純陽丹
顧新岐 貳百瓶
中國道德會 壹千五百瓶
▲梅花點舌丹
陸俊記 捌拾瓶

▲痧藥水
吳先生 壹箱
謝克聲 四百瓶
朱庭祺夫人 貳千瓶
王鈞康 五十打
劉北喜 拾九瓶
俞毓紅 壹百瓶
葛茂卿 六百瓶
無名氏 六百瓶
禮記 壹千瓶
劉北喜 拾捌瓶
劉慰曾 壹百瓶
朱女士 六百瓶
133 亞聲電台 四合
138 張宏境 壹千瓶
64 高肇源太太 念瓶
熊菊九 六百瓶
邵太太 貳百瓶
136 盛心義 貳百瓶
朱女士 捌百瓶
136 福壽堂藥號 貳百瓶
張曉明
136 無名氏 壹百六拾瓶
136 浸會堂張師母 七十二瓶
▲紅靈丹
嵩山居士

八十[illegible]

柴志香 值拾元
馮彥卿
32 嵩山居士 廿瓶
▲毛地黃
大華藥房 叁打
海普廠 六十支
又 樟腦液 卅支
莊振家毛地黃樟腦液 貳百支
▲玉樹神油
138 張宏境 壹磅
上海市國藥業公會 卅七瓶
▲功德水
11 華通書局 十二瓶
▲雷擊散
道德會 貳千瓶
又 壹千瓶
又 貳千瓶
又 貳千壹百瓶
又 叁千〇四十瓶
▲九能水
11 吳鶴松 四十瓶
▲紅藥水
倪懷祖 四十瓶
▲八厘丹
偉健藥廠 貳千包

▲維他命針
新亞藥廠 四十瓶
海普廠 五十支
信誼廠 貳百支
▲痢疾丹
上海達社法會 壹百袋
道德會 貳百五十包
又 壹千五百九十包
▲小蘇打
章錫彭 壹合
▲棉花消毒器
勝利醫藥儀器公司 貳只
▲紅色補色
韋廉士藥房徐維恭 壹萬粒
▲玉眞散
李立生 壹瓶
▲天中茶
上海聯義善會 貳百包
136 修德堂 貳斤
140 瀛州染織廠 壹千五百包
89 上壽堂 五包
89 王大吉 貳百包
89 蘇存德堂 壹伯八十包

▲疔瘡膏
136 三陽號 叁百個
▲臥龍丹
140 劉關昌 陸明山 助賓 五元
▲蟬酥丸
毛粵輝 周生 又 五元
▲痢疾藥
136 黃寶吉 貳百包
136 修德堂 八十八包
137 宋子良 叁百包
64 高肇源太太 壹百念包
138 徐宗俊 壹百包
140 瀛州染織廠 六十八瓶
▲偽藥
修德堂 五十一包
▲西藥
133 吳濟華 西藥 念八種
133 亞聲電台 而凡綠 壹瓶
134 賈彭庚 碘酊 十磅
134 萬國藥房 西藥 五十一合
134 許公館 雙養水 二瓶
134 海普造藥廠 西藥 五十合
134 振業 哥羅仿 四磅

134 拜耳公司 西藥 七十四合
134 又 西藥 念四瓶
134 拜耳公司 西藥 四十支
135 賴昌石膏粉 五聽
143 沙達明片 壹磅
140 頤恩氏藥房 西藥大小瓶 卅瓶 壹百瓶
135 黃卍字會 西藥 五十九種
135 又 樟腦丸 壹合
143 張宏境 西藥 五瓶
143 又 西藥 五種
143 又 西藥 七種
143 又 息龍風 壹合
143 張宏境 巴裕塞爾 壹合
143 又 西藥 四種
143 又 西藥 壹種
143 又 西藥 貳種
143 又 西藥 五種
143 又 西藥 壹種
143 紅十字會第八醫院 西藥 壹箱
沈在中 陀氏片 壹千片
又 烏牌托魯平片 壹千片
金呂志明 雨露硼砂膏 念合
沈在中 拍拉米同 三兩半
又 消電阿 四十片

沈在中 他給信 二分
弼宅 清血針大合 四合 小合 九合
又 防毒水 貳瓶
又 小蘇打 十四包
又 漂白粉 叁瓶
新亞藥房 寶青春 十二瓶
又 混合苗 十二瓶
萬國藥房 喉症片 壹千片
11 鼎一泰 啰囉頓 壹瓶
11 李榮懋 平安藥庫 壹套
中英大藥房 白喉血清 叁支
李潤甫 拉殺轟 壹瓶
又 愛非吐司 壹瓶
又 加里拍拍點克液 壹瓶
陶山威 阿納蒙 壹針
又 吐納福司方 叁針
又 太司吐根 壹針
任希彭 腎上綫針 四針
任希彭 嗎啡 貳針
張熾之 可拉明 貳支
又 甲狀腺 壹瓶
又 葡萄糖 叁支
102 藍先生 葡萄糖 壹聽
張熾之 地獅潑林 半瓶

張熾之 痲賦素 叁支
又 礦化丐 四支
又 保心臟 貳拾貳粒

▲器械

135 黃卍字會 九十六件
134 張宏境 九件
134 又 壹種

▲診察台

紅十字會第八醫院 貳只
又 壹只

▲速達粉

133 無名氏 壹包

▲急救包

楊子惠 七麻袋

▲乘車

紅十字會第八醫院 貳部
國際紅十字會助 豆 一〇三三〇磅 四八三袋
又 麥 一二八四袋
又 煤 一四四噸
又 米 二二三八三磅 一六四三袋
又 柴 六五一六五斤
又 油 二二〇二磅

又 鹽 七六三一磅
又 菜 五六〇一九磅
又 青羅貝 一六一一七磅
又 山芋 三三四〇磅

▲米

裕泰 拾包
翟關福 五包
楊鏡澄 五包
汪仲諧 拾包
楊勤學 五包
汪紹民 貳包
朱文貴 貳包
瑞泰 叁石
萬興 貳石
龔家庭 貳袋
66 曹鳳楷 拾担
沈君 叁担
中華國術研究社全體社員 貳石
道德會 四拾包
金智高 拾石
鼎泰德 朱足長 五拾石
吳高明 壹石
136 李公館 柒斗

137	馬太太	五石
	法公部局	叁拾四袋
140	陳玉堂	貳担
139	李堯卿	貳担
	國際救濟會	柒拾壹包
	法工部局	四拾包
	國際救濟會	四拾包
	又	四拾包
	國際救濟會	叁拾柒包
	沈太太	壹小包
	英工部局	叁拾六包
	國際會	叁拾八包
	沈太太	五斤
	福泰祥	壹石九斗四升
	又	貳拾磅
123	糖業桂圓熟貨拆兌 枷腊芝麻北貨海味	五包
	尤公館	拾包
	張太太	拾包
	鴻章紡織公司	四包
	寶山分會	叁袋
130	中匯同人	拾包
	李鶴齡	八包
	鴻章紗廠門市部	貳包
	徐公館	壹包
136	谷公館	壹百六十斤
137	洪善士	壹斗五升
	寶山分會	五袋
130	中匯銀行仝人	五包
	又	五包
80	無名氏	五袋
38	錢公館	壹袋
23	周進益	叁袋
	無名氏	五斗
32	梅公館	五斗
	沈贊永	壹袋
	龔家庭	六袋

▲蠶荳

23	周進益	壹袋

▲黃豆

	瑞興祥		拾斤
	同泰隆	油豆	拾斤
	裕大	油豆	叁斤
	裕昌德	油豆	拾斤
	萬生義	油黃豆 油果豆	念斤
	老元生	油豆	拾聽
	萬利祥	油豆	四斤

▲麵粉

	崇通阜啓海 五縣同鄉會	五拾包
24	阜豐麵粉公司	壹千包
	丁厚卿	貳拾
	汪公館	陸袋
	江乾六經募失事 駁船濕麵粉	五伯五拾袋
	恆興號	肆袋
	無名氏	貳袋
	王禹卿	六百包
	榮棠仁 田夏霖	壹百包
44	嵩山居士	五拾袋
44	張戢聚	貳袋
44	徐秉孫	貳袋
44	李之芳	叁袋
44	勤記	貳袋
44	朱少鴻	叁袋
87	福新七廠	壹百袋
	張納川	壹百袋
136	李公館	六斤
138	譚宗榮	貳包
137	朱善士	貳包
	無名氏	壹包
	王化麟	五拾袋
	淩養仁	壹伯包

張河清　拾包
36 鄭凌愼淑　五拾包
36 凌愼緐　五拾包
36 守　寬　念五包
36 守　慈　念五包
無名氏　貳包
方老太太　壹佰包
136 隆順號田潤泉　四包
陰老太太　貳包
順隆號 田潤泉　四包
雷公館　五包
海門大生第三紡織公司　五十七包
▲饅首
紅十字會第三醫院　貳簍
欒鴻全楊以田 趙樹海王爲孚　四百六十六只
遠香居　叄百個
大昌碗店　壹千四百四十個
張濟民　貳百五十只
王先生　貳百五十只
王先生　四百二十只
黃卍字會　貳千八百四十個
133 韓素禪　壹百個
黃卍字會　叄千八百個

張蓮汀　壹千叄百卌個
新新街同人　六千五百四十一個
姚太太　壹千個
王公館　貳百十個
郁太太　壹千個
黃卍字會　壹千五百六十個
瑞康號仝人　貳千六百念個
黃卍字會　壹千一百五十個
金志靑　壹千個
黃卍字會　貳千八百七十個
俞先生　陸百個
沈公館　饅首大餅　壹千一百念只
無名氏　壹萬叄千個
136 瑞康號同人　貳千捌百只
維爾蒙路
136 馬 公館　壹千六百十二只
136 華茶公司　六千貳百五十只
136 又　四千壹百捌拾只
費石林　壹千只
安康莊　叄千五百只
黃卍字會　四百七十只
陳祝三　壹千叄百個
安康莊　叄千六百個
華茶公司　壹千貳百個
尤公館　五綑

劉公館　六百個
信昌泰木行　貳千只
陸如卿　饅頭大餅　壹千只
陳公館　五百只
華茶公司　貳千只
張 文波陳聯方 夢周陳換傳 潘彝芬　六千壹百九十六只
又　叄千壹百四十五只
韋葆泉　四千五百二十只
葉公館　壹千只
吳良材　叄千只
37 靜安學校　壹百九十只
周佩華　貳百只
137 葛傑臣　七百只
137 馬太太　叄百只
137 又　五百只
137 王先生　壹百只
137 陳　媽　五十只
137 王　媽　五十只
137 無名氏　五十只
沈太太　叄百只
陸公館　壹千只
余公館　壹千只
又　壹千只

張文波 孫聯方 夢周 陳煥傳 彝潘芬	壹萬貳千〇十六只
王克印 海清 傅廷 高鳴記 陳四	壹千九百斤
徐太太	壹百五十只
鈕式如募各友人助	五百只
許公館	五千五百只
張鳳樓 許先生	五百六十只
上海菜販團	壹千五百只
衡通莊同人救濟	貳千壹百捌拾壹只
孫孟鈞	叁千個
同善救濟	貳千六百拾叁只
又	貳千叁百〇四只
又	貳千貳百六十九只
又	貳千貳百叁十壹只
又	貳千叁百〇七只
又	貳千貳百八十五只
又	貳千四百念七只
又	貳千貳百八十五只
又	貳千叁百〇四只
安康莊	貳千六百五十只
又	四千壹百五十只
袁友三	四百個
許公館	七千只
蔣蘭亭	貳千四百只
王玉書	捌百個
同善救濟	貳千叁百八十一只
又	貳千貳百卅七只
安康莊	叁千六百八十只
上海市菜販救濟會	壹千貳百個
同善救濟	貳千叁百卅四個
又	貳千貳百九十二只
又	貳千叁百〇一只
王維林	七千貳百只
安康莊	叁千五百八十只
又	叁千八百五十個
又	四千五百四拾只
又	四千捌百個
又	四千七百卅個
同善救濟	貳千四百〇三個
又	貳千貳百六十一個
又	貳千四百八十二個
又	貳千貳百卅五個
安康莊	四千壹百六十只
王照熊	貳千四百個
陸公館	貳百個
同善救濟	貳千壹百五十九個
又	貳千壹百八十八個
同善救濟	貳千一百五十九個
安康莊	四千叁百四十個
又	叁千八百七十個
又	六千只
上海市菜販救濟會	壹百只
安康莊	六千壹百拾只
同善救濟	貳千貳百二十只
又	貳千貳百〇八只
又	貳千貳百七十七只
又	貳千貳百五十七只
安康莊	六千貳百九十只
又	四千四百五十只
又	四千七百個
又	叁千捌百個
同善救濟	貳千四百四十個
又	貳千三百八十一個
安康莊	四千一百十個
又	四千二百八十個
同善救濟	貳千三百六十九個
又	貳千三百七十七個
安康莊	四千一百五十個
同善救濟	貳千五百〇六個
安康莊	四千三百十四個
又	四千四百個

同善救濟 二千三百六十九個
又 貳千四百十七個
又 貳千二百五十一只
又 貳千五百五十八只
又 貳千四百五十一只
又 貳千四百六十三只
安康莊 叁千七百四十只
又 叁千五百八十只
同善救濟 貳千四百廿五個
沈太太 七百個
安康莊 叁千五百七十只
又 叁千六百廿只
同善救濟 貳千三百〇八個
又 貳千三百九十六個
又 貳千四百六十四個
安康莊 叁千三百四十只
又 叁千三百四十只
同善救濟 貳千三百四十六只
又 貳千三百八十六只
安康莊 叁千貳百五十只
又 貳千五百五十只
同善救濟 貳千三百八十四只
同善救濟 貳千三百六十一只
安康莊 叁千七百個

安康莊 叁千四百九十只
同善救濟 貳千四百四十九只
又 貳千三百六十四只
安康莊 叁千七百只
又 叁千六百四十只
上海棠販救濟難民會 七百只
又 五百只
同善救濟 貳千三百六十六只
同善救濟 貳千三百〇六只
安康莊 叁千八百只
又 叁千六百九十只
同善救濟 貳千三百〇五只
又 貳千二百七十二只
安康莊 四千〇六十只
同善救濟 貳千三百七十七只
又 貳千三百五十四只
又 貳千三百廿一只
又 貳千三百七十一只
同善救濟 貳千三百十七只
又 貳千三百四十二只
又 貳千三百四十二只
又 貳千三百四十二只
又 貳千貳百八十七只
又 貳千貳百六十九只

同善救濟 貳千三百一只
東京里 九千五百只
石公館 壹千六百只
▲大餅
老大房 五百六十四只
大中華橡膠廠 一大簍
橡膠公會 壹千五百只
上海洋行華員聯誼會 九百念只
顧超常 壹千只
承裕莊仝人 貳千五百只
福煦路汪公館 五百只
承顧莊仝人 貳千五百只
商務印書館仝人 貳千三百只
陳公館 四百〇五只
136 王興棠 壹千只
136 王維林 九千只
承裕莊 貳千五百只
黃卍字會 叁百只
138 陸元明 叁百只
138 高其明 叁百只
138 無名氏 五百只
王公館 六百十二只
陸肅傅 七百十只
王維林 壹萬只

	顧鼎甫	一千〇五十只
137	王連芳	五十只
137	王連奎	五十只
137	朱寶慶	五十只
137	王　傑	五十只
	周讓三	壹千叁百只
	又	七百只
	哈同路小菜場同人	五簍
	王善士	壹百只
140	泰來仝人	壹千五百只
140	孫　君	壹千貳百只
137	周大善士	壹千五百五十只
134	又	九百只
	沈太太	捌百只
	王維林	七千八百八十只
	上海菜販難民救濟會	壹千壹百只
	又	五百只
	蔣蘭亭	貳千只
	王維林	壹千五百只
	▲餅	
	上海菜販救濟會	叁百五十只
	又	壹百只
	又	五百只
	又	六百只

	上海菜販救濟會	四十只
	麥蘭捕房	貳千只
	▲餅乾	
133	沈賢林	貳聽
133	諸位女士	十聽
133	亞聲電台	四十五包
133	又	卅五包
133	藍先生	十聽
133	嚴獨鶴	五聽
133	殷震賢	四聽
133	徐槃山	十四聽
134	中華海員公會上海分會	六大聽
134	中華海員公會上海分會	六小包
134	許公館	三聽
134	斜橋路天樂坊	一箱十二聽
134	上海難民產婦醫院	一大綠
134	徐　君	卅六聽
138	沈太太	卅斤
138	榮康客人	一小包
37	靜安小學校	七包
134	劉小姐	六袋
	女道德社	十五聽
	女道德社	七合

	陳博明	六百磅
	王梅良	六百磅
	馮茂良	六百磅
	安康莊	壹包
	上海菜販南市難民救濟會	二包
	上海誠孚信託公司	貳百六十袋
	又	捌拾捌袋
144	國際會	貳聽
	▲麵包	
	泰東公司	貳百只
	鄭　祺	一千只
	瑞綸烟公司王維林	叁千六百只
	王維林	叁千六百只
	又	貳千八百只
	又	叁千只
	又	四千〇二十只
	張刷民	五百只
	中華黃卍字會廿八收容所	貳百五十只
	黃卍字會	六百只
	又	六百只
	又	七百只
	又	四百只
	包章富	拾只

陳老太太	五十只
蔣文武	八十只
山東旅滬同鄉會	壹百十只
133 楊光星等	貳百只
133 諸位女士	貳百只
133 亞聲電台	四拾五只
135 又 長	貳條
133 又	貳十貳只
133 又	三包 一大籮
133 楊光星 高伯駿	壹百包
133 亞聲電台	一大包
133 又	四十七只
133 又	貳籮
133 又	小半蔴袋
133 又	貳百七十五只
113 亞聲電台	貳袋
49 大東公司	貳百四十只
133 亞聲電台	拾六只 壹籮
133 又	五小只
133 上海婦女運動會	壹百五十只
133 韓兆坤	壹百只
張蓮汀	九百包
無名氏	兩蒲包 兩紙包

沈佐堯	壹千五百只
134 戈登路龐公館	貳籃
134 海員公會上海公會	拾磅
134 林先生	五十三只
135 凌甕仁	壹百只
135 王長根	二百五十只
135 王鐘氏	四百十只
黃卍字會	壹百只
37 靜安小學	二百九十七只
黃卍字會轉麥嘉倫助	壹百只
上海菜販南市難民救濟會	肆只
蔣蘭亭	四千八百只
安康莊	四千〇五十只
黎潤生	壹百打
王友生	叁千六百只
又	貳千四百只
曹志卿	一千貳百只
又	一千貳百只
又	叁百打
黎學東	壹百打
上海菜販南市難民救濟會	四拾只
上海誠孚信託公司	壹百十六只
王公館小姐	壹百打
鍾小姐	壹百打

曹志清	貳百五十打
金太太	拾四打
又	拾四打
金劍青	拾四打
周迪先	叁十六打
張君勤	叁十六打
蔡力孫 面	叁十六打
劉正賡	念壹打
徐步州	拾四打
黃松年	拾四打
張季方	拾四打
陳學禮	拾四打
金再飴	叁十六打
余文淑	拾四打
葉友生	七打
邱默君	拾四打
王才豪	五打
張宗權	五打
寥維偉	卅六打
王興棠	壹百打
王鍾氏	貳百打
國際會	四拾只
▲牛奶	
133 生生牧場	五十瓶

133	羅太太		壹箱
133	亞聲電台		拾聽
133	又		拾貳聽
133	曹鴻高無名氏		捌打
133	藍太太		五十四聽
134	生生牧場		七十一瓶
134	又		叁拾磅
134	中華海員公會上海分會		拾聽
134	生生牧場		卅磅
134	又		卅磅
134	又		五十磅
134	又		五十磅
134	又		五十磅
134	又		五十磅
134	又		六十磅
134	又		六十磅
134	又		六十磅
134	又		五十磅
134	又		五十磅
134	又		五十磅
134	又		五十磅
134	又		五十磅
134	又		五十磅
134	又		五十磅

134	生生牧場		五十磅
134	又		四十磅
134	又		四十磅
134	又		四十磅
134	又		四十磅
134	又		四十磅
134	又		四十磅
134	又		貳百四十磅
134	又		四十磅 六十磅
134	又		廿磅
134	又		八十磅
135	生生農場可可牛奶		壹千一百四十瓶
135	又	A字牛奶	貳百念瓶
138	倪太太		十聽
138	倪太太		十聽
138	倪老太太		十聽
	▲乳粉		
138	張太太		壹聽
138	韓太太		二聽
138	汪太太		壹聽
138	田太太		壹聽
	無名氏		二台
	俞小姐		八磅半
	王小姐		二聽

	▲小菜		
138	榮康號楊善士	午菜	壹頓
137	徐王林	小菜	十天
	▲芝蔴		
137	黃太太		壹合
	▲油豆腐		
102	樂太太秀佩吳胡孫胡解朱郭七位太太		九百只
	▲醬菜		
	震康		壹打
	大陸號		壹打
	恆沅中		壹壜
	恆源		拾斤
	恆順		四聽
	翁漁生		九聽
	嘉泰		貳聽
	公愼大		壹聽 拾斤
	裕昌泰大		拾斤
133	裕昌泰		壹壜
133	亞聲電台		拾五聽
135	李芸候		一蒲包
135	徐公館		一百貳十五斤
138	李鶴亭		壹包
138	沈太太		壹包

138 金慶岳　壹包
139 久福　拾斤
141 任仕發　一小包

▲蘿蔔頭

天祿　壹打
陸稿薦　拾斤
湧盛　拾斤
天祿　拾貳聽
恆順　念斤
萬康　拾五斤
上海各區菜販團　叁壜
135 李芸俟　壹蒲包
138 李鶴亭　壹包
134 華藝行　半缸
134 樂師母　念斤
衡通莊同人　五斤
同華救濟　五斤
同善救濟　五斤
又　五斤
又　五斤
又　五斤
又　五斤
又　五斤
同善救濟　五斤

同善救濟　五斤
又　五斤
又　五斤
又　五斤
又　五斤
又　五斤
又　五斤
又　五斤
又　五斤
又　五斤
又　五斤
又　五斤
又　五斤
又　五斤
又　五斤
又　五斤
143 工足襪廠　卅斤
同善救濟　五斤
又　五斤
又　五斤
又　五斤
又　五斤
又　五斤
又　五斤

同善救濟　五斤
又　五斤
又　五斤
又　五斤
又　五斤
又　五斤
又　五斤
又　五斤
上海菜販南市難民會　拾斤
同善救濟　五斤
又　五斤
又　五斤
又　五斤
尤公館　五十斤
上海菜販南市難民會　拾斤
同善救濟　五斤
又　五斤
又　五斤
又　五斤
又　五斤
又　五斤
又　五斤
又　五斤
又　五斤

同善救濟 五斤
又 五斤
又 五斤
又 五斤
李雀令 一百斤
同善救濟 五斤
又 五斤

▲沙丁魚

鄭豐泰 一箱
133 俞鴻 周雍記 李廷 五十三聽
134 中華海員公會上海分會 十三聽

▲油筍

天平 念聽
同福和 拾聽
海一齋 念聽
同順東 六聽
同泰順 六聽
鼎昌 半打
久豐 四聽
萬康 拾聽
葆豐 半打
滋康 六聽

萬和祥 八聽

▲年糕

女社 叁拾貳包

▲月餅

王老太太 九十六只
134 顧鵬程 壹百卅五合

▲印糕

楊張二位先生 七拾斤

▲鹹菜

133 亞聲電台 壹罈
134 張月仙小姐 壹百斤
138 李善士 壹壜
76 如生 三百六十斤
76 邵居士 一千六百七十斤
76 喬太太 卅三斤
同善救濟 五斤
又 五斤
又 五斤
上海菜販救濟南市難民會 六斤
范太太 十三斤

▲牛肉

133 陳太太 一大罐
133 亞聲電台 壹打
133 又 一大罐
133 藍先生 六十聽
133 亞聲電台 卅聽
133 青年會 廿聽
134 中華海員公會上海分會 十五聽
134 伍新六女士 一大桶
134 婦女運動會 壹塊
134 婦女卍會 六十八磅
134 任特公 一大桶
134 徐家俊 顏曹秀英 貳桶
1 4 女卍會 價值 拾七元
134 紐約伙食公司 一大籮
134 浙滬女道德社 七十磅
135 朱小弟 張肖虎 李大寶 張祥年 鄭偉男 壹百聽

▲水菓糖

37 靜安小學校 壹鍋

▲白糖

134 天主堂進行會 四百〇八條
135 羅太太 壹包
青年會 半紙袋

▲花生

102 樂太太 樂秀佩 孫 朱 吳 胡 解 郭 胡 七位太太 貳百包

二四三

▲大頭菜

興泰昌　拾斤
龔家庭　捌斤
源　大　拾貳斤
133 孫子餘　五斤
135 婦女運動會　壹瓶
138 周劍瞻　壹包
138 李鶴亭　壹包
138 舒昭禮　十七斤
137 徐謝康　卅三斤
143 張宏境太太　十七斤半
136 董世銘　七斤半
上海菜販南市難民救濟會　五聽

▲什錦菜

范伏治英　拾聽
海員公會上海分會　四聽

▲五香菜

老公大　念斤
大順公　拾斤
祥　昌　五斤
大　同　拾斤
永　和　五斤
王萬泰　拾斤
湧　和　香皮　拾斤

永　大　拾斤
中　興　五斤
正　大　五斤
鴻懋祥　三斤
大昌協記　香椿頭　五斤
聯　義　五斤
悅　來　叁拾斤
135 李鶴亭　壹包

▲海蟄皮

大順昌　拾斤
萬　昌　拾斤
無名氏　拾六斤
振　義　拾斤
三陽聖　五十斤
悅　來　五拾斤
永豐泰　拾斤
源　豐　拾斤
余生源　念斤
松　茂　拾斤

▲乳腐

萬春新　壹罎
張振康　壹罎
狀元大　壹罎
萬森興　貳罎
同豐裕　一罎

全福和　壹罎
泰　記　壹罎
源　大　貳罎
寶山分會　五罎
盈　康　壹罎
順　源　壹罎
兆　康　貳罎
萬裕元　貳罎
振益協　五罎
131 梅林罐頭食品公司　拾罎
138 金慶岳　壹罎
76 黃老太太　拾罎
57 大東號　拾罎
137 胡德載　六罎
尤公館　五罎

▲醬油

80 張振新　五十斤

▲葷油

張則民　二罎

▲鹽

萬新申　五拾斤
公　茂　壹包
大新祥　拾斤
同　孚　念包

元予新 七斤
乾庠 拾斤
公茂鹽棧 壹伯五十二斤半
王鐘氏 捌拾斤
▲大伏頂
張振新 貳罎
徐松聖 貳罎
萬生 貳罎
萬慎園 壹罎
張崇新 拾罎
壽康元 貳罎
萬升義 壹罎
乾康 五罎
益順隆 壹罎
恆茂和 壹罎
萬通新 壹罎
萬新東 貳瓶
松盛醬油 壹罎
萬餘新 壹罎
萬大 壹罎
予生 拾斤
慶豐 十五斤
義太源 壹罎
萬成元 拾斤

鴻興廠 拾斤
衡康 壹罎
▲川菜
聯義 十斤
均大 十斤
乾大昌 壹罎
▲鴨蛋
無名氏 五百個
133 孫子餘 壹百個
134 石申年小弟弟 木蘭小妹妹 貳百拾只
▲生粉
邵萬生 貳包
▲辣醬
138 無名氏 貳桶
138 包和清 壹桶
▲京冬菜
悅來 壹罎
▲豆腐
138 榮康仝人 三板
▲水菓
久豐 四聽
133 沈賢林 三籃
133 陳太太 兩筐

134 戈登路巖公館 蘋果 一蒲包
134 上海協會 又 一大籃
134 伍新六女士 西瓜 十只
134 潘太太 八聽
134 家庭婦女服務團 文旦 八只
134 劉永偉小姐 桔子 壹百五十只
134 海關俱樂部 香蕉 壹百五十只
134 又 蘋果 壹百五十只
141 任士發 一小包
▲葡萄乾
萬豐泰 五打
▲咖啡茶
萬豐泰 貳打
▲青鹽果玉
恆義昌 五斤
▲糯米
襲家庭 六袋
▲綠荳
襲家庭 壹袋
▲雙醬
慎盛新 十斤
張震餘 十斤
大隆 五斤
李鶴亭 貳罎

▲海帶

信記仝人 五十斤

買貨被查 五小捆

▲荳腐乾

134 徐家俊 顏曹秀英 壹桶

▲食物

恆昌德 食物 五十斤

永豐 鴨 肆聽 牛肉 貳聽

老同裕 油果肉五香 壹包

范伏治英 牛肉 拾聽

又 肉鬆 拾聽 鳳尾魚 拾聽

133 音樂戲劇文藝會 罐頭食物 四拾聽

133 亞聲電台 波羅蜜 拾聽

133 徐謦山 又 五十聽

134 上海協會 糖果餅干 罐頭食物 壹大簍

134 斜橋路天樂坊 紅棗 壹包

家庭婦女服務團 波羅蜜 拾六聽

沈其駿 香蘭 壹包

星星工業社同人 金針茶 飯干 壹袋

萬泰豐 葡萄乾 五打

又 咖啡茶 貳打

恆義昌 青鹽果肉 五斤

龔家庭 綠豆 壹袋

慎盛新、雙醬 拾斤

張震餘 又 拾斤

大隆 又 五斤

138 李鶴亭 又 貳罎

▲藕粉

133 亞聲電台 拾合

133 又 念五包

▲鹹蛋

韓素禪 八十個

曹公館 六十六只

▲燒餅

上海洋行華員聯誼會 貳千〇叁百個

萬操輝太太 六百個

王公館 壹百個

▲茶葉

永泰銅鐵號 六斤

上海商檢驗局 紅茶 十七斤 綠茶 卅四斤

華茶公司 紅茶梗 綠茶梗 六百四十磅

▲糖菓

136 懷恩堂 四百卅包

143 慈幼協會 貳合

143 愛光學校 七十四包

111 國際會 卅九袋

134 潘太太 叁包

▲蛋糕

134 海員公會上海分會 壹包

134 淞滬女道德社 三百只

▲金針菜

136 李公館 叁斤

▲黃豆芽

137 美國紅十字會代表 廿斤

▲雪菜

梅林罐頭食品公司 五百罐

▲猪肉

134 女會諸太太 四十斤

136 樂朱郭解孫吳胡胡八位太太暨樂秀佩 壹百拾斤

136 劉寶吉 値 五元

136 董先生 一百卅六斤

▲大豆

盛藩甫 壹袋

140 恆昌永號 長江豆 叁桶

▲油黃豆

137 馬太太 壹籃

▲黑棗

134 家庭婦女服務團 捌合

▲白菜

137 王蘊惠 鮑惠咸 計阿福 壹千貳百瓶

▲香煙

133 音樂戲劇文藝會 卌八包
133 李 達 七聽
133 徐曉雲 紅妹牌 壹百合
133 無名氏 六十二合
133 青年會 小飛女烟 卅三合
七 所 又 七十五包
134 邵太太 捌條
134 胡雲蓀 陳樹棠 蔡寶潤 張松山 朱岳年 范善厚 四百合
134 朱邵 陳劉 四位先生 十條八合
134 淞滬女卍會 廿條
134 畢德生 十四聽
134 女青年會 壹條
134 高太太 拾條
134 張太太 四條
134 徐家駿 顏曹秀英 五十聽
134 上海文化協會 壹百包
134 戴爾伯 卌聽
134 浙滬女道德社 叁百五十包
海賓君 五百支

包賡笙 貳百包
134 協誼貿易行 叁百五十包
134 林洪慶 貳百合
135 德人奧德門 拾四聽
135 李芸候 五條
135 方愼盦 念聽
135 徐公館 念條
135 包庚生 五百支
134 匡 鑑 貳百五十包
134 上海地方協會 叁百八拾包

▲肉鬆

133 中國婦女運動會 拾包
135 又 拾包
134 張宏境 壹佰四十六罐

▲衣裳

張壽彭 四件 一件
薛禎祥 薛漢斌 薛慶松 四件 一件
中滙大廈協會 拾貳件
馬問我 貳套
陳元陞 三件 二
又 一件 三件
朱鴻禧 二件 三件 一套

陳氏諸親友 壹百件
張蘊如 壹百套
許張 俞邵 徐 公館 壹佰〇七件
綸昌洋 六十二件
劉經方行 四十七條
陳楚潘 五十六件
陳楚泉 一百廿件
陳楚湘 五十件
李麗水 五十二件
徐女士 四十件
謝太太 四件
張太太 十七件 十條
嵩山居士 壹條 四拾件
金蔭吾 四十一件
協順昌蔡榮林 卅二件
楊亞培 五件
楊星梧 五十三件
陳太太 十四件
孫公館 六十九件
王希立 陸件
余月舫 五十一件
中華黃卍字會難民收容所 廿件

潘老太太	卅四件	榮女士	十三件	徐敬五	卅二件
方太太	廿三件	藍叔記	四十九件	陳公館	五十三件
張太太	八十五件	徐先生	十件	鐘　堯	十三件
莊老太太	十八件	毛志西	卅六件	夏公館	五十六件
無名氏	廿件	西摩路陶公館	七十件	姚老太太	一件
周小姐	五十件	鄭公館	廿五件	又	二條
楊誠恕	四十件	陳一民	七十八件	又	卅三件
金女士	廿件	葉元鼎	廿二件	又	一件
阮耀記	廿件	又	一塊	楊鏡清	七十三件
姜蓉記	十五件	杜夫人	拾四件	王福炎	七十五件
王太太	拾件	蘇夫人	壹百件	沈家宏	七件
卜家娘娘	五件	張先生	玖件	寶山分會	卅八件
卜澤沅衍	十五件	巢醫生	七件	王德明	廿六件
顧若蕙女士	四十一套	顧公館	四十八件	張仲傑	四拾件
戈登路張公館	廿二套	谷家棟	廿六件	葛祖德	七件
潘祥華	貳件	鐘　堯	廿二件	張以仲	六十三件
又	壹條	盧太太	八十一件	陳國華	卅六件
鄭宏觀太太	廿三件	無名氏	四十二件	張蔭生	四十七件
李善珍	四十六件	馮公館	廿件	劉德滋	十八件
謝太太	捌件	王公館	廿五件	夏公館	三百七十二件
莊繼欽	一百廿二件	戚公館	十四件	翁亦義	廿八件
吳希時	十八件	陳子俊	四十二件	劉君謌	十件
王太太	廿八件	徐劍英	六十九件	朱振宜	卅三件
鄭宏觀	十四件	丁子駢	四十四件	張太太	七十八件

天漢山人	四套	錢錫成	九件	黃律明	九件
江梓山	卅一件	熊夢飛	十八件	李老太太	捌件
姜爾壽	一百十四件	葛敬常	卅九件	盛公館	五十件
邱漢銘	四十一件	又	壹件	易煥章	一百廿八件
沈公館	一百卅六件	辛貞一	貳件	李孝榮	八十四件
余仰記	四十二件	金志清	一百八十件	又	貳件
程　府	卅八件	盛公館	卅五件	陳愛弟	八件
李承浩林壽甫	卅八件	王公館	廿九件	蔣迪先	廿三件
唐公館	卅六件	田太太	卅四件	張太太	拾件
羅保璞	卅六件	善憶云	十五件	王先生	拾件
田海清	八十四件	陳器成	一百件	金公館	六十件
韓太太	七十一件	田二太太	五十七件	任先生	廿件
馬家璋	八件	崔國清	十八件	孫先生	十件
李老太太	廿七件	劉君謌	十六件	徐老太太	廿套
朱廷祺夫人	一百〇一件	汪趙氏	二件	曹太太	捌件
方公館	八十六件	李霖笙	卅九件	劉太太	四十套
羅保璞	壹件	邱先生	廿五件	胡　敏	十一件
李伯權	八十六件	田太太	五十一件	任公館	七十二件
鄧禹功	十六件	張太太	卅七件	無名氏	七十件
寶山分會	一百十五件	無名氏	五十二件	王粤卿	廿二件
陳根濤	十一件	又	四十八件	董云齋	五十四件
李常演	廿八件	洪子棻	四十九件	林笙服裝皮件廠	一百卅八件
周樂山夫人	二百十件	又	壹條	又	三百九十五件 十四件
唐凌閣	六十六件	又	壹件	王承相	十九件

葛霽峰	十九件
吳先生	捌件
黃惠虔	捌件
孫　宅	十二件
曾公館	一百八十二件
田九餘	十七件
又	壹件
唐慈道	卅件
趙徐氏	十八件
包文煥	一百十件
尤太太	八十二件
康興祥	十一件
崔公館	捌件
又	壹件
賈太太	十六件
甯錫彭	五十六件
劉季秩	壹百件
趙慧昭袁云娥	六百件
向太太	廿三件
董公館	貳件
又	十一件
趙佩記	四十三件
潘家聲	卅六件
張錫和	卅一件
張錫和	壹件
金仰記	十二件
潘江生	六件
無名氏	廿一件
儲昌當	一百廿二件
又	十條
又	廿條
又	五件
凌維祥	六件
邢女士	五十件
葛志耆	十一件
又	一件
洪倬雲	廿件
聶崇德堂老太太	一百〇二套
李旭堂	四十九件
王晉椿	拾件
田太太	七件
項操意	廿五件
臧伯庸	一百套
吳子昉	十六件
任先生	五套
郁先生	十套
丁醫生	十套
孫先生	五套
林先生	五套
林鶴卿	十套
吳先生	五套
侯先生	四套
趙仁房	廿二件
王振民	五件
杜太太	廿二件
顧晉去	十五件
史悠芳	廿九件
殷雲寶	四件
周公館	四十件
楊叔鼎	八十八件
陳慧小姐	廿六拾
楊叔鼎	貳百件
姜佩錦	九件
鄭禹翁	貳百件
李太太	十八件
四　達	四十二套
潘鵬云	廿五件
無名氏	十件
王文德勛	五十二件
慶餘棉布號	七十件
振豐棉織廠仝人	一百廿件
鄭太大	九件

王楚向　壹套
李先生　叁套
金菊生　四十二套
李傳泉　壹百套
王德大　廿八件
張濟民　四件
徐麗生　六十五件
Mes F.n　五十七件　包袱二方
又　帶二條　帆布一方
錢公館　六十件
錢乃駒　卅件
伍少華　九件
陸吉甫　廿四件
葉昌詒　十二件
李太太　十件
王鳳山　二件
徐　君　六件
天主堂　五件
任公館　一件
朱遜安　十一件　一百四十四件
董鳳珍　卅二件
胡銘山　十六件
無名氏　廿三件

王家權　六十九件
施寶記　壹條　壹伯件
邵蔡承華　廿件
88 振務會　四伯五十四件
王聲遠　一百十八套一件
衡盛元　壹件
陳公館　十八件
殷先生　四件
楊太太　廿五件
中央儲蓄會仝人　五百件
133 褚先生　十六件
133 褚先生　廿一件
133 劉芙君　壹件
133 中國婦女運動會　十五件
133 安利內衣公司　十二件
133 亞聲電台　五十套
133 又　廿件
133 周越人　廿套
133 張鴻慶　十五套
133 湯少寬　五套
133 戴福山　五套
133 張益甫　五套
133 徐曉雲　卅四套
133 亞聲電台　五十套

133 亞聲電台　五十五套
133 李太太　十六套半
133 聖心小學　八十四條
133 伍女士　十五件
朱法靜　七十七件
余瓊靜　廿件
朱康慰祖　十二件
34 無名氏　貳件
費旭昇　十七件
楊先生　十九件
趙振芳　貳件
57 楊　府　卅三件
57 裘　府　一百四十五件
藍叔記　十五件
鳳太太　十五件
春及堂沈中人　壹百套
朱培生　三件
134 吳瑞生　壹百套
134 俞志清　十七件
134 又　二件
134 又　捌套
134 朱安甫葛慶祺林宗清　裘良圭袁漢良李廷琛　一百六十四條
134 南京船主商店華員仝人　壹伯廿套
134 上海教育界服務團　廿五件

134	上海教育界服務團	十四件	136	浦蓉生	五十件	137	姚太太	卅四件
134	又	壹件	136	趙公館	卅三件	137	徐公館	廿六件
134	周公館	壹百套	136	劉公館	九條	137	奚先生	十二件
134	斜橋路天樂坊	拾件	136	女道德社	九十六件	137	無名氏	卅三件
134	俞承修	廿套	136	又	壹百件	137	韓先生	捌件
134	錢家驥募	捌件	136	太嘉寶難民救濟會	六十件	15	曹太太	一百六十四件
134	又	七件	136	王公館	廿六件	137	徐公館	十六件
134	女青年會	廿套	136	葉唐筠青	廿八件	137	殷松惠	十六件
134	婦女運動會	卅條	126	李樂天沈道興	捌拾套	137	王太太	卅三件
134	又	四十件	136	董世銘	五十件	137	孫公館	卅六件
134	徐公館	廿五套	136	許寶永 陳叔芷 徐肇雯	卅五件	137	唐公館	十三件
134	郭景春夫人	廿套				137	又	壹件
134	上海銀錢業業餘聯誼會	一百四十件	136	陳宣慈	十三件	137	嚴公館	廿八件
136	無名氏	十件	136	俞志青	十三件	137	上海綢業同業公會杭綢組	卅二件
136	劉公館	七件	136	又	壹個		卜乾運	十八件
136	李公館	廿一件	137	孫大善士	廿四件		陸先生	廿七件
136	時府	卅件	137	俞太太	廿九件	63	符太太	四十件
136	周府	十件	137	姚太太	十一件	138	王叔貞	廿五件
136	薛公館	八十三件	137	馬福瑞	卅八件	138	陳太太	廿八件
136	董府	廿八件	137	洪先生	壹件	138	張太太	廿件
136	黃公館	卅八件	137	王大善士	卅件	138	鄭太太	廿件
136	薛公館	十件	15	石大善士	卅一件	138	陳太太	卅件
136	又	一件	137	田太太	十六件	138	蔣太太	七十件
136	黃公館	拾四件	137	張太太	卅六件	138	王叔貞	廿件

138	婦女運動會	五十件
138	何太太	十八件
64	鄭小舟太太	十三件
137	蔡公館	十五件
137	錢公館	十五件
137	馮公館	五十一件
136	王公館	三件
137	劉公館	四十五件
137	林先生	七件
137	李運通女士	十二件
137	吳錫錦	十九件
56	裘朝生	卅九件
137	楊公館	十六件
137	陶公館	卅件
137	田操益	二件
137	吳公館	廿三件
137	蔣竹盅	卅件
137	殷松惠	卅三件
137	上海教育服務團	五百件
137	耿公館	十三件
36	姜大善士	廿二件
65	陳太太	十六件
137	孫先生	五件
137	楊公館	五十四件

137	蔣公館	十二件
	宓啓氏	五十四件
	蔡公館	七十件
138	范先生	二件
138	王太太	五十一件
138	朱善士	卅四件
64	曾沈季平	四十二件
64	吳興記	廿二件
138	靜安小學校長 暨全校教員	六伯六十五件
138	又	壹伯念三卅
138	李先生	念四件
138	任竹心太大	念件
138	周志源太太	十七件
138	王寶珍女士	十七件
138	靜安小學校長 暨全校教員	壹伯念六件
138	張善士	一件
138	沈太太	卅四件
138	朱先生	廿件
18	鄭培華	壹伯念六件
77	謝先生	拾八件
138	任竹心太太	六十件
138	又	拾件
138	裘先生	十二件
37	靜安小學	六十九件

138	無名氏	九件
64	周仁記	一件
64	又	八件
138	劉鶴年	拾件
	鎮海史堂	拾件
	王公館	四拾件
	張公館	三拾件
	又	壹件
	劉氏	十二件
	馬氏	廿五件
	吳大姐	壹件
	宋君	拾二件
	王君	拾四件
	源昌	卅九件
	無名氏	七件
	黃來吉	廿三件
	吳大姐	廿件
138	胡桂林	六十一件
138	徐宗俊小姐	一件
64	姚琅	一件
19	顏先生	四十二姐
138	金潤德	四十件
138	靜安小學校長 暨全校教員	十八件
104	無名氏	拾件

104	蔣太太	九件	137	王淑貞	廿件	137	劉太太	十七件
104	蔡公館	七件	137	張太太	五十件	137	李公館募	廿件
104	苗先生	二件	137	葉王秀琛	七十一件	137	寶山分會	卅一件
103	武立候	卅八件	63	王淑貞	十三件	137	趙宏祺	廿五件
103	林大中太太	六十件	137	林公館	十七件	137	姚先生	二件
103	周潤如太太	一百六十二件	137	武立候	卅三件	137	方仲書居士	一百十七件
103	陳慈萱佑	六十五件	137	馬太太	卅七件	137	李公館募	五件
103	張太太	十九件	137	唐先生	十九件	137	葉小姐	廿三件
103	陳甘鴻保	廿一件	137	馮先生	六十三件	137	胡公館	九十件
103	王淑貞	卅二件	137	董茂權	四件	137	鍾鹿屏	五件
103	無名氏	五件	137	劉慧性太太	一百十三件	137	朱太太	廿五件
103	又	廿件	137	趙錫初	叁件	137	夏公館	一百〇五件
103	丁大永	五套	137	王公館	卅一件	137	徐先生	五十件
103	某太太	十七件	137	高太太	卅四件	137	趙美齊	四十八件
103	又	八件	137	蔡秉仁太太	十二件	137	沈太太	卅三件
103	王太太	拾件	137	裘吳梅儷	念件		陳記生	一件
103	潘太太	十五件	137	董茂權	陸件		又	十一件
103	楊先生	廿四件	137	邵先生	廿八件		布春慈壎	四十套
103	徐太太	卅九件	137	林先生	六件		華士源	十四件
137	葉具美	卅七件	137	吳潔華夫人	六十件		寶　蓮	十二件
59	何太太	四十三件	76	李居士	廿八件		派克路陳宅	九件
137	會　楷	三件	137	吳大善士	廿六件		邵太太	三件
137	無名氏	二件	137	劉鶴年太太	廿件		楊奇永	七件
65	又	五十件	137	曹太太	卅件	143	殷公館	廿件

143	張太太	十二件
143	又	廿五件
143	戴太太	廿件
143	宗太太	四十四件
143	淞滬女道德社	二百件
143	又	一百十三件
143	張太太	廿八件
113	劉太太	廿五件
143	宗仁德	三件
143	劉宗兒	十五件
137	房先生	八件
137	林先生	十一件
137	顏先生	廿件
137	王先生	十七件
137	姚善士	十七件
137	無名氏	八十件
137	胡太太	廿三件
137	王先生	四十件
137	劉太太	四十二件
137	陶炳堯	一件
137	潘定芬小姐	五十一件
137	汪公館	卅八件
137	王先生	十四件
	陳先生	
137	陳許施陳太太	卅八件
137	淞滬女會	四十件
137	俞大少奶奶	十一件
137	張之浩	十二件
137	吳太太	十二件
137	張太太	廿八件
137	劉先生	九件
137	沈先生	十一件
137	無名氏	十五件
137	馬先生	十一件
137	江太太	十七件
137	楊先生	八件
38	向俠民	一百四十五件
137	無名氏	十二件
137	劉太太	廿件
137	陳公館	十一件
137	顧蘭生	五十件
137	陳公館	廿八件
137	王太太	廿四件
137	陳公館	十八件
137	史善士	二小包
38	無名氏	八件
137	裘先生	六件
137	沈先生	七件
137	無名氏	三件
137	張太太	卅件
137	羅先生	四件
	德昌衣莊屠和生	廿五件
	又	五十六件
	汪公館	十六件
	朱培生	二件
	張麗泉	十二件
	孫太太	八件
	蘇公館	十九件
	張起颺	十八件
	李常演	七件
	趙子方	六十件
	上海婦女分會服務部	一百〇五件
	又	一件
	又	一件
	齊魯小學	十三件
	楊志千	四件
	呂公瑞	廿三件
	羅小姐	七件
78	莊太太	十八件
140	朱太太	卅七件
140	龔太太	廿一件

140	陳太太田小姐	一百六十件	140	華商證券交易所同人	六件	137	陶祖培 培芳	五十件
140	毛太太	七件	140	永裕棉布號	卅件	137	沈先生	十三件
140	永　華	三件	140	王太太	十件	137	葉先生	九件
140	孫曉蓉	十件	140	永裕號	八件	137	施先生	一件
140	陳蔭香	四十五件	140	杜先生	八件	137	王先生	十三件
140	張竹孫	十件	140	張竹孫	十件	137	張公館	四件
140	永安織造廠	卅五件	139	高麗卿	五件	65	周三太太	四十五件
140	濮容伯	廿一件	139	金寶女士	十件	65	劉太太	九件
140	王雨生	廿九件	139	布春壇無名氏	十七件	65	劉張雪英	四件
140	葉裕生	十七件	139	瑾昌鐵號	十三件	65	劉太太	二件
140	陳先生	四十一件	134	上海協會	三百八十件	65	孔太太	七件
140	毛太太	廿三件	136	張海卿	五件	65	沈公館	三條
140	孫曉蓉	六件	136	宋公館	九件	65	羅胡氏	三件
140	沈鼎坤	三件	136	宋公館	二條	137	孫福慶	十二件
140	金黎一	四十六件	141	榮公館	一套	137	李公館	四十七件
140	胡立勤	七件	141	周公館	卅三件	137	陳公館	十八件
111	蔡公館	六十件	141	徐公館	九件		沈太太	三件
70	泰來號	一件	141	李太太	卅二件		鄭公館	五十三件
54	劉昌記	四件	141	張公館	卅四件		方老太太	二十三件
79	張潤森	十一件	141	又	三小塊		潘公館	三件
22	沈太太	廿件	141	范公館	卅二件		裘喬齡	二十一件
140	陳蔭香	八十四件	141	吳公館	十二件		嵩山居士	一百件
140	源泰當	四十二件	137	俞福記	廿八件		居公館	十三件
110	何發記	十五件	137	王先生	十件		秦承志	六件

无名氏 五十件　孫志顯 十八件
又 九十六件　楊長庚 六件
朱公館 十五件　王永昌 八件
34 大康紗號 二百四十件　張步瀛 十四件
90 潘瑞甫 三十件　葉華記 廿套
96 沈伯顯 四件　姚趙湘雲 一百套
劉慶祥 廿一件　尊處 七百十三件
葛敬常 四件　寶山分會 一千〇十件
孫名氏 十三件　沈光宏沈高彩珍 六十件
屠太太 十二件　嵩山居士 九十件
陳存富 一百件　張瑞曾 十件
商逢嵩 四十八件　方液仙 一百套
張河清 五十件　高公館 十套
張公館 一百六十八件　張蓮汀 五十件
寶山分會 一千件　徐子素 五十件
純豐棉衣號 廿九件　華商證券交易所計算科范君 十五件
101 彗記 三百件　信昌泰同人 十件
尊處 三千二百廿七件　又 七十件
紅十字會第十二醫院 一百件　潘公館 廿八件
李余素秋 十套　137 許公館 七件
李雪初 十套　137 俞公館 四件
李倚雲 十套　65 周太太 三十四件
基德堂吳 九件　137 羅先生 五件
無名氏 九件　137 無名氏 廿五件

137 無名氏 一件
137 劉先生 十件
137 孫公館 廿五件
137 顏公館 六件
137 黃太太 八件
137 汪金太太 廿件
137 莊公館 四件
137 潘先生 一件
136 朱公館 七十一件
136 戴公館 五十件
135 黃卍字會 廿套
135 又 二百八十套半
135 又 廿件
135 又 三十件
135 又 四件
135 又 十件
135 又 七十一套
吳良軍 三百套
吳志芬女士 五套
董顯珠 一百套
朱公館 十件
許崇強 念件
又 十四套
證券交易所郭劉二君 七件

張公館	十八件	范阿章	五件	124	凌老太太	念件
孫衡甫太太	一百五十套	卓公館	三件	136	婦女服務部 絨綫	四十五綑
熊如通經募	八千四百七十六件	善記	念件	136	曹公館	九件
又	一萬七千八百五十二件	徐林氏	念件	136	榮公館	七件
又	五百六十八件	江陰同鄉會洪念祖	二百件	143	周老太太	念五件
又	三萬三千八百八十八件	陳受之	六十件	143	又	十件
又	五千六百九十四件	陳受之	四十件	143	朱太太	念八件
郭公館	三十七件	應啓壽偕室鮑 氏	一百套	143	永和堂	念二件
女道德社	一百五十六件			143	李寶生廠長	念八件
又	五百套	黃卍字會田愛霖	一千套	143	姚太太	十五件
廣公館	四件	呂太太	十三件	136	張公館	十六件
證券交易所同人	十二件	倪文宙	十七件		金豐號	十套
劉贊言	廿四件	揚弘	十一件		盧君	七件
莊繼禹	十套	姜韋航	念八件		李叔明太太	八十五件
朱王氏	六十件	金同仁	四十件		沈太太	十四件
又	十件	謝公館	二百套		鄭公館	九十一件
張永說	一百〇一件	王鏞記	十套		時大元	七件
沈太太	七套	王鏞記	三拾套		葛敬常	三件
熊公館	四套	王鏞氏	五拾套		朱人讓	九件
朱王氏	十件	劉優	五拾套		同仁輔元堂	二百套
馮保羣	念套	婦女服務部	一百念八件		江陰同鄉會	三百件
曹公館	九件	又	一百念八件		福泰祥	十件
杜鳳記	五十件	144 王珏女士	三十九件		公記	念件
張曹氏	三十件	136 周公館	十一件		女社	五十七套

	宋公館	三十件		中山氏	二件	142	孫公館	十八件
	又	五件	142	俞香蓀	一百十一件	142	紗布交易所經紀人公會	四件
	陶公館	七件	142	長和號	七十三件	142	龔太太	十三件
	元公館	念套	142	吳文祺	五十一件	142	周慕記	十八件
	又	三件	142	陳王森	念五件	142	陳根元	四件
	上海菜販南市難民救濟會	七件	142	高德明	八件	142	紗布交易所經紀人公會	十六件
	女　社	十九件	142	汪鶴齡	六十三件	142	又	二件
	又	三十二件	142	周永茂	念件	142	恆茂號	念件
123	糖業海味北貨熟貨 拆兌桂圓樞臘芝蔴	一千六百套	142	戴蕙霞	念一件	142	劉公館	二件
	朱公館	念套	142	潘媽媽	卅五件	136	浸會堂	卅四件
	順泰當	五件	142	邵文楣	四十三件	9	寶山分會	二百套
136	王公館	三條	142	戴蕙霞	七件	9	李肇記	二百五十套
101	李吉甫	三百五十件	142	鄭敏之	卅四件	9	又	三百件
136	陳公館	卅八件	142	董乾應	八件		興聖街救濟會	五件
	王公館	五件	142	吳文祺	念七件		李元卿	一件
	又	四十件	142	陳畊原	九件		又	一件
	施公館	念套	142	李太太	十八件		又	一件
	祇園法會 慈善部	念套	142	鄭敏之	念六件		李先生 史	五套
	合格服裝公司同人		142	吳三餘堂	十五件		中國協濟會	
	王莊鏞	三百四十套	142	詹公館	十六件		陳弈參	十套
	朱寶峰	十件	142	紗布交易所經紀人公會	十二件		盧蓉舟	念三件
	寶山分會	三百五十件	142	潘媽媽	念四件		紅十字會八院	念四件
	樊先生	念二件	142	張伯觀	十九件		紅十字會 第八醫院	七十件
	范太太	十一件	142	潘媽媽	十五件		又	七十九件

王公館　十一件
亞細亞公司買辦間　十六件
136 周公館　三件
136 梁公館　九件
劉立三　一百件
137 伍先生　七件
137 梁公館　念八件
137 祝公館　念三件
137 洪善士　六件
137 卓公館　九件
137 又　十件
程君　三十套
洪公館　卅三件
杜公館　十件
梁公館　一件
無名氏　十九件
陳先生　念三件
曹太太　二件
公記　念三件
淞濱女會　九十四件
田公館　四件
144 國際會　三百念三件
144 教學委員會　二百件
144 慈幼協會　一百五十二件

胡先生　十四件
楊祥弟　十三件
黃卍字會　四十七件
陳公館　念一件
陳公館　念件
黃卍字會　念二件
曹公館　念七件
136 國際會　四十件
胡趙毓秀　卅七件
田公館　七件
王三位小弟弟　卅四件
潘先生　二件
福煦路張公館　卅五件
又　二件
福煦路張公館　十六件
無名氏　十六件
李公館　念四件
王公館　八件
林公館　九件
楊邁　五十件
余門傅太太　五十件
周嘉記　十七件
馬助　卅六件
程公館　六十件

吳凌祥梅女士　十二件
裘喬齡　十二件
顧小姐　十件
陳先生　一套
唐先生　一套
林先生　一套
張先生　五十件
許衡　三十套
查玉衍　五十件
俞先生汪小姐　六十件
邵褚慧成太太　二百〇一件
周奉璋　十套
嵩山居士　五十九套
沈心　六十件
天職君　一百套
葉笑山 松幹臣　二百套
朱庭禮太太　四百十七套
吳太太　十二套
郭鎰華　卅二件
滋康莊　一百四十件
唐林師母　十一套
133 劉芙君　廿二套
133 沈太太　十五套

133	亞聲電台	九十件
133	又	一大包
133	又	四十套
135	棉布業同業公會	一百套
135	施太太	八十八套
135	吳太太	十二套
135	國光印染廠	一百套
135	婦女運動會	五十套
135	張祥年 朱小弟 李大寶 鄭偉男 張肖虎	四十七件
135	又	五十條
	紅十字會第八醫院	一百六十六件
	徐先生	六件
	陸周氏	念七件
	趙陳氏	念二件
	徐瑞甫	七十套
	吳凌祥梅女士	四件
	林秦氏太太	三十三件
	劉公館	一百七十四件
	趙慧貽袁雲娥	二百套
	張翊青	四十一件
	徐老太太	十八套
	宋克仁	念一件
	駱公館	念件

	崇德社	廿套
	梁公館	二件
	徐先生	二件
	周太太	一套
	張太太	四套
	周太太	念二件
	無名氏	一件
	振濟會	一千二百九十五套
	唐福綏堂	六十件
	周景記	念件
	淞滬代主會	二百件
	施華悟	一件
	陸鼎傳	十二件
	陳永孚	五十套
	中國道德會	一百套
	楊邁	五十件
	楊志斗	四件
101	周太太	十一件
	怡泰茶棧	一百套
	又	一百套
	顧潤卿	一件
	王紀龍	一件
	中國濟生會	五十件
	又	一百套

	中國濟生會		五十套
99	周壽甫		六十六套
99 43	劉然寶		一百套
	丁大永寶		二百套
	丁大永寶		十一件
	黃卍字會		一百四十套
14	柴志襄		一百套
	淞滬卍會		一百套
	▲鞋帽襪		
	綸昌洋行	鞋	七雙
	劉經方	襪	六雙
	張太太	襪	四雙
	協順昌 蔡榮林	鞋	四雙
	楊星吾	襪 帶	十八雙 二付
	孫公館	鞋 襪	四雙 十一雙
	潘祥華	跑鞋	一雙
	莊纖欽	皮鞋	三雙
	吳希時	鞋帽襪	十件
	榮女士	襪	一雙
	藍叔記	鞋 襪	六雙 六雙
	陳一民	鞋帽襪	十四件
	葉元鼎	帽	三個
	蘇夫人	襪	六雙

谷家楝　襪六雙　鞋二雙
盧太太　帽一個　襪三雙
無名氏　襪十七雙
馮公館　襪十三雙
陳子俊　襪四雙　帽七個
徐劍英　帽一只
丁子騈　襪八雙　鞋四雙
徐敬五　帽一只
陳公館　鞋四雙
姚太太　小帽一個
楊鏡澄　又三個
王福炎　又二個
又　襪念二雙
劉寶吉　鞋五雙
王德明　鞋襪帽九件
陳國華　襪一雙
夏公館　帽六只
又　襪十九雙
朱振宜　鞋七雙　帽一只
江梓山　襪五雙
沈公館　又五十雙
又　帽三頂
羅保璞　鞋十五雙
田海清　襪八雙　手套二付
韓太太　襪十一雙　帽二個　鞋六雙　斗肚二只
朱庭祺夫人　襪二十三雙　帽七個
李伯櫧　帽七個　鞋六雙
鄧禹功　襪十雙　帽三個
寶山分會　鞋十一雙　帽六個
唐凌閣　襪八雙
王公館　鞋九雙　襪二雙
田二太太　鞋十雙　襪十雙
劉君謌　鞋五雙
李霖笙　襪二雙
邱先生　帽一個
田太太　鞋十雙
無名氏　襪一雙
洪子蓀　襪十一雙
又　帽六個
又　鞋十九雙
盛公館　帽十個　鞋廿雙　襪廿二雙
易煥章　帽二只
陳愛弟　鞋十雙　襪十六雙
蔣迪先　鞋三雙　襪四雙
曹太太　帽一只
胡敏　鞋二雙　襪五雙
任公館　襪念七雙
無名氏　鞋一雙
王承相　帽一個
葛霄峰　帽一個
吳先生　帽一個
孫宅　襪子二雙
唐慈道　鞋三雙　襪四雙
趙徐氏　鞋一雙
尤太太　鞋八雙　襪七雙
賈太太　鞋四雙
章錫彭　襪十四雙
董公館　襪五雙
又　窗帘一條
余仰記　襪四雙
徐先生　鞋十雙
李旭堂　襪四雙
田太太　鞋二雙　襪一雙
吳子明　鞋一雙　襪一雙

	趙仁房	襪	十一雙
	杜太太	鞋襪	十 八雙
	史悠芳	帽	三個
	殷雲寶	鞋帽	二雙 一個
	潘鵬雲	帽三個 涎巾 鞋	四雙 三個
	王文德助	帽三個 涎巾 襪	二雙 四雙
	Mo Fin	皮拖鞋	十五 一雙
	又	帽襪	一個 十雙
	徐君	帽	二只
	任公館	帽三個 鞋襪	四 十雙
	黃鳳珍	帽二個 鞋襪	十二 二雙
	王家耀	帽襪	十個 廿五雙
	章錫彭	帽二個 鞋襪	二 廿七雙
	衡盛元	襪	十三雙
	楊太太	帽	四個
33	中國婦女運動會	鞋襪	五 四雙
33	文藝界服務團	襪	十五雙
	藝叔記	鞋襪	九 四雙
	臧太太	帽襪	九雙 一頂
134	上海文化協會	襪	十二雙
134	上海銀錢業業餘聯誼會	又	一百四十雙
136	薛公館	又	十雙
136	黃公館	斗肚二個 鞋帽	四雙 四個
136	薛公館	帽四個 鞋襪	十六雙 廿三雙
136	黃公館	帽	二個
	浦蓉生	鞋襪	廿七雙 七
	女道社	鞋廿二雙 襪廿四雙 圍肩 帽	十五個 四個
136	王公館	鞋	五雙
136	李公館	帽七頂 鞋襪	七雙 四雙
136	時府	鞋	二雙
136	周府	鞋襪	一 六雙
136	董府	襪子五雙 手套五雙 鞋帽	三個 十雙
137	孫大善士	帽	四頂
137	俞太太	鞋	一包
137	馬福瑞	帽襪	四頂 廿五雙
137	石大善士	鞋	六雙
137	田太太	襪	十七雙
137	張太太	鞋襪	七 十一雙
137	徐公館	襪	一雙
137	又	包袱	一個
137	奚先生	帽	一頂
137	無名氏	襪	一雙
137	徐公館	鞋襪	三 四十雙
137	王太太	鞋襪	二 十二雙
137	唐公館	鞋襪	三 七雙
137	嚴公館	鞋襪	一 七雙
	卜乾運	鞋帽	七雙 四頂
138	王淑貞	鞋	廿四雙
138	陳太太	襪	五雙
137	徐公館	鞋襪	十一雙 一
137	馮公館	襪帽	廿五雙 一個
137	劉公館	帽	四頂
137	李運通女士	襪	九雙
56	裘朝生	鞋帽	三雙 五個
137	蔣竹盂	鞋	七雙
137	耿公館	鞋	一雙
36	姜大善士	鞋帽	四雙 二個
	順泰當	鞋	六十雙
	蔡公館	襪等	五十三件
64	曾沈季平	鞋帽	二雙 八個

138 靜安小學校校長 暨全校教員 鞋 六十六雙
138 李先生 襪 念雙
138 任竹心太太 襪帽 十雙 三個
18 鄭培華 鞋襪 念件
138 任竹心太太 又 十件
138 裘先生 襪 二雙
138 任竹心太太 皮鞋 四雙
138 又 襪 三十雙
138 無名氏 襪 一雙
138 劉鶴年 帽 三頂
鎮海史祝堂 鞋 七雙
又 襪 十雙
王公館 襪 一雙
劉氏 帽 三只
馬氏 帽 手套 二只 一付
又 鞋襪 九 二雙
王君 鞋襪 八 五雙
又 帽 二個
源昌 鞋 六雙
又 襪 十三雙
黃來吉 鞋面 二雙
又 襪 三雙

吳大姐 帽二只 鞋襪 十二 七雙
138 胡桂林 帽七只 鞋襪 廿九 卅二雙
138 金潤德 帽二只 鞋襪 二 六雙
138 靜安小學校 及該教員 襪 手套 二雙 一付
138 無名氏 手套 一付
137 武立侯 鞋襪 廿七 廿雙
137 楊先生 鞋襪 四 五雙
137 林公館 鞋 三雙
137 武立侯 鞋 九雙
137 王公館 帽四頂 鞋襪 十二 一雙
137 邵先生 帽 三頂
137 李居士 鞋 十雙
137 劉鶴年 鞋襪 三 廿雙
137 趙宏祺 鞋襪 五 五雙
137 沈太太 襪帽 五雙 三頂
137 胡公館 襪 一包
陳記生 鞋 七雙
華士源 襪 十二雙
派克路陳宅 圍巾 一條
又 帽六只 鞋襪 六 六雙
虞濟涵 棉手套 三百付

143 張太太 襪 十七雙
137 沈先生 鞋 廿八雙
137 林先生 襪 六雙
137 姚善士 鞋 三雙
137 夏太太 鞋 八雙
137 王少山 鞋 七雙
137 陳許 施陳太太陳先生，襪 二雙
137 俞大少奶奶 鞋帽 十一雙 四個
137 耿先生 鞋 一籃
.137 張太太 鞋襪 八雙 六雙
137 無名氏 帽 手套 一頂 一雙
137 劉太太 帽二個 鞋襪 八雙 四雙
137 陳公館 鞋 圍巾 五雙 一條
137 顧蘭生 襪帽 五雙 二個
137 陳公館 襪 三雙
137 王太太 鞋 六雙
137 史善士 鞋襪 一小包
137 無名氏 鞋 一雙
汪公館 帽 三個
孫太太，手套 襪 二 一雙
蘇公館 鞋襪 四 十四雙
上海婦女分會臨時服務部 襪 十二雙

上海婦女分會臨時服務部呂公瑞 帽 八頂 四頂
140 永華 鞋 廿五雙
140 張竹孫 又 十八雙
140 又 鞋 四雙
140 永安織造廠 襪 八打
140 又 鞋 八雙
濮容百 帽二個 襪鞋 一雙 三個
葉裕生 帽襪 一個 八雙
又 包袱 一條
沈鼎坤 襪 九雙
金黎一 鞋襪 十三雙 十七雙
54 劉昌記 帽 一頂
79 張潤蓀 襪 四雙
22 沈太太 帽 三頂
134 上海協會 襪 三百八十雙
136 宋公館 帽襪 五個 六雙
136 榮公館 鞋 四雙
141 張小姐 鞋襪 五十三雙
141 張公館 手套 三付
137 俞福記 鞋帽 三雙 二個
137 王先生 套鞋一雙 帽襪 一個 七雙
137 沈先生 鞋 四雙

137 劉張雪英 帽 三個
方老太太 鞋襪 六十二雙
裘喬齡 鞋 二雙
李旭堂 襪 二雙
李旭堂 鞋 三雙
又 帽 一個
朱公館 帽鞋 四個 七雙
劉燮祥 帽鞋 三個 五雙 襪 三雙
紗布交易所經紀人公會 布草鞋 五十雙
葛敬常 襪 十三雙
無名氏 帽 三只
屠太太 鞋 四雙
商塗嵩 鞋襪 十 十三雙
張公館 鞋 廿七雙
張公館 帽襪 一雙 一頂
純豐號 鞋 一雙
無名氏 鞋 一雙
又 襪 三雙
孫志顯 鞋 一雙
又 帽 三頂
又 涎巾 三條
又 襪 一雙
楊長庚 鞋 三雙

王永昌 鞋 一雙
王永昌 帽 一頂
張步瀛 鞋襪 二十一雙
又 帽 八頂
紅十字會第十二醫院 跑鞋 五雙
沈光宏 襪 廿七雙
沈高彩珍 帽 七個
張瑞曾 帽 四只
華商證券交易所計算科范君 帽 五頂
又 鞋 二雙
65 周太太 鞋襪 一〇〇八雙 五〇〇 手套 帽 七雙 七頂
楊公館 鞋 一包
137 無名氏 鞋 二雙
137 黃太太 鞋 十二雙
137 汪金太太 鞋 十雙
137 莊公館 鞋 二雙
136 朱公館 手套 筒子 二雙 一雙
136 藏公館 鞋 二雙
證券交易所郭劉二君 帽 四頂
張公館 帽 四頂
郭公館 帽一頂 十三雙
證券交易所同人 帽鞋襪 九 六頂
劉贊言 帽 一頂
曹公館 襪 四雙

范阿章　帽　二頂
卓公館　鞋　四雙
又　襪　一雙
又　帽　一頂
呂太太　襪　十二雙
又　手套　三付
倪文宙　帽　一頂　襪　五雙
楊弘　鞋　六雙
134 上海各界救濟會　鞋　六十四雙
136 榮公館　鞋三雙　圍巾　二條　手套　六付
124 凌老太太　襪　四雙
124 周公館　鞋　襪　四雙
143 李寶山廠長　又　二包
李叔明太太　帽　三個
又　鞋　十二雙
公記　鞋　卅雙
又　帽　四十頂
宋公館　襪　二雙
陶公館　鞋　卅四雙
又　襪　卅雙
朱公館　圍巾　三雙　鞋　八雙
又　帽　六雙　襪　十四雙
136 玉公館　鞋　襪　十二雙

136 無名氏　鞋　三雙
136 李太太　包斗　十五雙
樊先生　襪　十雙
范太太　鞋　襪　十一雙
又　手套　二付　圍巾　一條
136 李太太　包斗　卅個　襪　一雙
廬蓉舟　帽　一個
紅十字會第八醫院　鞋　襪　念五雙
王公館　鞋　五雙
周公館　鞋　一雙
梁公館　鞋　三雙
又　手套　二付
又　帽　一頂
又　汽墊　二付
又　鞋　三雙
祝公館　帽　三雙　帽　三個
魏公館　鞋　五雙　鞋　十三雙
杜公館　襪　九　鞋　十雙
曹太太　襪　六雙　帽　三雙
公記　鞋　七雙　襪　三雙
田公館　鞋　各五雙　鞋　二十雙
慈幼協會　襪　鞋面　鞋　五十雙

慈幼協會　一擔
胡先生　帽　一個
又　鞋　一雙
陳公館　襪　四雙　鞋　襪　十雙
又　又　十三雙
黃卍字會　又　又　念七件
田公館　九件
王公館　又　五件
林公館　又　念雙
周慕記　襪　手套　十雙
許衡　鞋　十雙
徐先生　帽　一頂
張翔青　帽　十頂
張翔青　襪　十六雙
又　鞋　廿二雙
宋克仁　帽　三頂
梁公館　鞋　二雙
又　襪　十五雙
周太太　襪　二雙
周景記　襪　五雙
又　帽　五頂
丁大永寶　鞋　六雙
▲手套
馮公館　九雙

	王爾炎		一付
	潘家聲		二付
	沈*宏		三付
	沈高彩珍		
	▲橡皮鞋		
	范伏治英		四十雙
	▲拖鞋		
133	張太太		卅雙
133	亞聲電台		卅雙
133	又		五十雙
	▲尿布		
	楊星梧		十七條
	潘老太太		十六條
	谷家棟		八塊
	程府		廿二塊
	賈太太		一塊
	錢公館	誕巾	三條
	任公館	條尿	卅一條
		圍巾	六條
	黃鳳珍	尿布	七條
	楊先生		一條
136	無名氏		三塊
136	薛公館		六十塊
136	董府		八塊
138	王淑貞		十六塊
	王公館		一塊

	張公館		九塊
	劉氏		四條
137	王淑貞		十九條
	楊先生		六塊
	王永昌		卅七條
	張步灝		二條
	李叔明太太		四條
	洪公館		四十一條
	無名氏	誕巾 尿布	廿 十五塊
	曹太太		二條
	公記	圍誕 手帕	四條 四條
	胡先生		九條
	黃卍字會		卅條
	▲拖裙		
	陳太太		一條
	程府		五條
	王公館		三條
	裘番齡		一條
	▲棉花		
	華商交易所		二百六十五磅
	經紀人公會		
	存濟服務團		四百八十八磅
	紗布交易所		十擔
	邵貴榮		一百九十二磅
	寶山分會	散花	二包

	寶山分會	小棉花	十六合
	盛午濤慕	花衣	一百五十斤
137	洪太太		二百斤
137	上海銀錢業業餘聯誼社		三筒
	齊魯小學		一斤
	民新輪船公司	次花	六十包
	方液仙		一百〇八斤半
	鄔少卿		二千五百五十六斤
11	燮昌棉花號		三百四十斤
	▲布		
	王賡才	一二〇碼布	四十五疋
	李旭堂		二疋
	寶山分會		十疋
	達豐廠	紅布	四疋
	勤豐廠	老布	十疋
	申祥	草綠布	六疋
	同豐印染公司	正布	十疋
	徐女士	藍布	二疋
	又	正條布	一疋
	五豐染織廠	漂白布	十二疋
	申祥	黃布	一疋
	順大祥	白布	五疋
	存濟服務團		十疋
30	可大		念疋

30 永達 念疋
30 豐大 念疋
30 燧泰 念疋
國光印染廠 紅絨 一疋
又 花絨 卅三磅 廿磅半
國光印染廠 九十碼白布 五疋
勤愼堂 條布 十五疋
又 灰國布 十一疋
趙鎮山 滋康代收 八四布 又 五十疋
仁康 又 五十疋
寶山分會 保翰 線呢 二疋
何錦方 九十布 二疋
勤愼堂自強呢 六疋
134 斜橋路天樂坊 何布 卅小捲
134 錢家驥 一疋
137 張月仙小姐 廠布 七十三疋
聖則文 白布 灰布 三疋
138 周劍瞻 青布 二疋
138 又 條布 一疋
137 楊寅驤 花布 五疋
137 顏潔小姐 又 一疋
137 殷松惠 二疋
王公館 布頭 二塊

76 洪太太 條布二所 六十五疋
76 李居士 高布二所 三十疋
137 應裕孫 二十三疋
137 董蔚玲 四疋
137 孫椿如 紅絨布 六丈
137 又 又 一大捆
137 又 花絨 念四塊
65 周三太太 藍 白布 念疋
朱老文鄭君 無名氏金君 藍布 三疋
65 周太太 五十疋
135 黃卍字會 大開刀布 十二塊
135 又 三十一塊
135 黃十字會 藍窗帘布 一條
135 又 白斜文 一八碼 二疋
135 又 花線呢 二疋
134 鄭四少奶奶 花布 一疋
席念椿 自強呢 五疋
誠孚公司同人 灰布 十三疋
申新九廠 碎布 六包
黃十字會 零頭布 六十七塊
大中俞先生 白綾 五疋
國際會 洗浴布 五百六十塊
▲紗布
申新第九廠 十疋

台康紗布號 十疋
星豐紗號 五十疋
顧若惠女士 一包
戈登路張公館 十六打
存濟服務部 念包
邢女士 一疋
朱六龍 一磅
134 邵太太 二合
134 朱邵 陳劉四位先生 五疋
135 鄭愼淑 十包
裕成 一百疋
恆豐廠 一百五十疋
紅十字會 第八醫院 三合
▲氈子
李旭堂 三條
陳太太 二條
楊鏡澄 一條
寶山分會 劉寶吉 念六條
葉元鼎 二條
寶山分會 十六條
李孝榮 二條
曹太太 二條
董公館 一條
又 二條

董公館	二條	134 斜橋路天樂坊	二條	周定慧堂	五條
133 亞聲電台	二條	137 王大善士	一條	寶山分會	三條
134 錢家驥募	一條	138 李天眞	二拾五條	邵長春	三拾條
136 董　府	三條	138 朱遜安	三拾條	邱省儂	二拾四條
137 田操益	十六條	138 施阿三	一條	王公館	拾三條
137 林先生	二條	138 謝太太	拾五條	趙鎮珊	五拾條 壹條
蘇公館	一條	63 諸太太	十三條	滋康莊	五拾條
秦承志	一條	63 史太太	三十條	李孝榮	四條
方液仙	四十九條	143 鄒宏觀太太	八十條	曹太太	二條
楊　邁	一條	143 張宏境太太	一百條	胡　敏	壹條
紅十字會八院	四十四條	紅十字會十二醫院	一百條	顧子槃	五拾條
紅十字會八院	五十條	135 黃卍字會	十九條	金徐氏	壹條
王公館	一條	紅十字會八院	七十六條	王維林	五拾條
長興花號	一百條	中國道德會	五百條	顧子槃	叁拾條
▲蓆子		姜玉晋	一百九十二條	美孚行仝人	四拾條
陳元熙	一條	倍來亭洋行枕心原料	二車	心心廬	陸拾條
陸生記	一百條	▲棉被		張賜和	叁條
曹盛伽	六十條	無名氏	五拾條	孫錫鈴	壹條
張宏境太太	一百條	藍叔記	三條	趙鎮山	叁拾四條
沈靜嫣太太	六十五條	徐劍英	二條	沈寬夫	拾六條
益叔記	六條	百達廠	一百條	盛午清募	六十二條
朱遜安	三十條	葛伯慈	二條	102 亞聲電台	四條
姚老太太	八條	楊太太	九條	朱法靜	四條
存濟服務團	一百條	翁亦義	一條	李兆熙	壹條 叁條

朱培生　叁條
136 無名氏　壹條
137 歸先生　壹條
李　姓　五條
福熙路臧公館　十五條
順泰當　七條
64 劉鶴年太太　四條
138 靜安小學校長
暨全校教員　二條
138 李先生　四條
64 王淑貞醫師　壹條
源　昌　二條
虞先生　壹條
周佩華　壹條
16 徐福　蔣安清　王鴻賓　柒條
137 武立候　二條
16 袁太太　拾五條
137 劉慧性太太　二條
137 袁太太　拾條
137 寶山分會　二條
華士源　壹條
邵太太　叁條
隆茂廠　六條
143 張太太　五條

137 林先生　叁條
80 張振新　叁條
137 永和祥隆記　五條
137 房先生　壹條
蘇公館　叁條
張起鵬　壹條
又　四條
齊魯小學　四條
140 王太太　壹條
張竹孫　拾條
139 章財源　三條
65 沈公館　壹條
鄭公館　拾四條
唐太太　二條
又　壹條
裘喬齡　壹條
又　五條
鈕式如募各友人助　拾條
又　壹條
秦承志　九條
無名氏　念捌條
又　拾九條
李旭堂　三條
鈕式如募各友人助　四條

王公館　三鐘
又　柒條
純豐號　拾五條
敦裕堂　壹百條
陸公館　二條
基德堂吳　壹條
又　壹條
紅十字會十二醫院　捌條
信昌泰全人　二條
137 余公館　二條
137 潘先生　壹條
137 孫公館　壹條
汪金太太　二條
能一妙通募　七千四百六十二條
郭公館　壹條
方液仙　四十六條
國本堂　廿五條
恆豐堂　八十條
敦餘堂　念條
婦女服務部　壹百廿八條
101 潘九興　十四條
中山氏　壹條
紅十字會第八醫院　卅五條
李元卿　壹條

劉立三	卅六條	周太太	拾條	程府	壹條
周忠元	卅條	卜太太	二條	133 亞聲電台	念四條
鄔先生	四條	薛太太	二條	▲單被	
陳何夫人	二條	嵩山居士	五十條	周奉璋	十條
落小姐	壹條	寶山分會	九十條	翁亦義	壹條
王師母	五條	唐福綬堂	三條	田海清	二條
陸周氏	壹條	振濟會	三百條	㪷太太	壹條
李太太	五條	嵩山居士	五拾條	邢女士	五條
李潤德國藥號	五條	王公館	四條	徐麗生	二條
周春衣莊包先生	拾條	101 周太太	六十條	錢公館	四條
符先生	壹條	丁大永寶	二十條	133 沈太太	十一條
陳公館	卅條	黃卍字會	三百條	135 徐公館	四十五條
徐先生	拾條	又	二百條	張星玉	七十八條
曹先生	六條	▲蘆蓆		廣先生	壹條
鄔先生	五條	138 劉先生	念張	137 胡公館	二條
張太太	五條	137 無名氏	念條	140 張竹孫	五條
潘師母	五條	王蘊惠	七十條	秦承志	三條
112 楊先生	五條	計阿福	五十張	無名氏	七條
112 俞先生	五條	▲被套		張公館	三條
112 陳公館	廿條	范桂馥	七十條	紅十字會第八醫院	九十七條
中國道德會	壹百十條	周錫年	七十條	又	二百二拾條
屠太太	拾條	李旭堂 被面	壹條	戈登路張公館	念條
112 周太太	五條	吳大姐	壹條	素友社	八十條
周姑太太	五條	▲夾被		無名氏	十七條

134 錢家驥墓 二條
134 黃卍字會 四十九條
134 徐君 卅三條
134 徐公館 卅五條
134 徐君 卅五條
137 田社長 五條
135 黃卍字會 壹百九十六條
張公館 壹條
余門傅太太 壹條
周慕記 二條
▲棉胎
巢醫生 二條
唐曼麗 壹百條
黃悟空 壹百條
朱遜安 壹百條
無名氏 五十條
盧太太 二條
李公館 二條
馮公館 三條
戚公館 壹條
姚老太太 五條
周定慧堂 壹條
羅保璞 壹條
陳根濤 壹條

中國棉業公司 壹百條
上海市棉花業同業公會 捌拾條
向太太 壹條
孫錫齡 壹條
徐先生 二條
顧天盛 四十二條
顧天盛 捌條
徐麗生 二件
136 黃增馥 拾條
137 歸先生 七塊
楊太太 二條
張太太 壹條
唐公館 壹條
陸先生 壹條
64 高鑅源太太 二條
王太太 叄條
138 周志源太太 二條
138 朱先生 二條
138 任竹心太太幕 二條
吳大姐 壹條
137 張太太 四條
137 田社長 三件
137 劉慧性 五條
137 馬太太 六條

137 王少山 三條
80 張根新 壹條
137 劉先生 壹條
113 唐太太 五條
113 洪太太 五條
113 吳太太 念七條
113 劉太太 五條
139 韋財源 二條
137 陳公館 壹條
寶山分會 四十條
又 拾條
張公館 捌條
紗布交易所經紀人公會 壹百條
紗業同業公會助 壹百條
100 李太太 三拾壹條
申新九廠 二百條
136 大中華橡膠廠 拾條
紅卍字會第八醫院 五十二條
又 五拾條
黃卍字會 五百條
周慕記 二條
▲團巾
盧太太 壹條
韓太太 壹條

李太太 壹條
鄧禹公 二條
董公館 壹條
鄭公館 壹條
亞細亞公司買辦間 壹條
洪公館 六條
張翔青 二條
▲台布
李常演 二條
▲布墊
136 李公館 三塊
136 無名氏 十三件
▲墊枕布
紅十字會第八醫院 六十只
▲床墊
135 黃卍字會 拾二只
▲枕頭
大中銀行朱遜安 壹百〇一只
藍叔記 二只
姚老太太 五只
李孝榮 二只
徐麗生 二只
錢公館 十一只
133 亞聲電台 卅五只

33 亞聲電台 十一只
秦承志 五只
134 潘先生 二只
紅十字會第八醫院 八十九只
洪公館 一只
▲枕頭套
五花香品廠 一百〇八只
田太太 一個
137 林先生 一個
135 黃卍字會 一百五十五只
紅十字會第八醫院 一百四十只
137 梁公館 二只
▲毛巾
王太太 念二條
成 校 三條
雜糧交易所理事江鴻斌 一百打
陳楚潘 念條
無名字 三十打
存濟服務團 拾二打
寧波如生廠發行所 三十打
弓稚芳 拾打
姚老太太 一條
王福炎 二條
衡盛元 八條

133 陳之經 羅今偉條太太 二百四拾條
133 李 達 七拾條
133 亞聲電台 八打
133 文藝界服務團 拾三條
133 殷震賢 六十條
133 聖心小學 八十四條
133 俞鴻周雍記李建 五十三條
133 邵太太 拾五打
133 中華海員公會上海分會 拾打
134 汪公館 四打
134 斜橋路天樂坊 二打
134 伍葛太太 三打八條
134 上海文化協會 三十八條
135 紅十字會第十三醫院 三拾打
137 汪寶臨 一打
鎮海史堂 七條
111 蔡公館 五十捌條
134 余益甫 五打
134 上海協會 三百捌拾條
134 仁立公司 一百條
無名氏 四十二條
商塗嵩 六條
紅十字會第十二醫院 壹百念條

137 汪寶臨 半打
135 黃卍字會 一百八十八條
李叔明太太 二條
137 梁公館 五條
143 慈幼協會 二條
王才寶 拾打
又 一百念條
辛太太 蔡松年朱 一百條
136 胡亞云沈太太 三百卅一條
▲銀器
李芸君 大小銀器 拾件
鄭太太 又 念捌件
董公館 銀鞋拔 一只
朱法靜 銀佛計一堂 四件
又 又 一件
又 銀盾 二只
▲磁器
劉君謌 四十五件
紅十字會第十二醫院 藥匙 八十五只
▲鐵器
135 黃卍字會 火指 三只
135 又 煤鍫 壹把
135 又 煤扦 二支
沈鳳翔 鉄搭 三把

又 小鉄球 一把
公記 鐵合 二只
136 源椿五金號 鉄條 卅三磅
136 又 鉛絲 三磅半
▲馬桶
紅十字會第十二醫院 一只
135 黃卍字會 便斗 五只
紅十字會第八醫院 搪磁 一只
▲尿壺
135 陳林記 念只
140 華商證券交易所仝人 搪磁 拾把
▲草紙
紅十字會第十二醫院 二捆
135 黃卍字會 一捆
▲火柴
無名氏 六十二合
紅十字會第八醫院 一箱
▲稻草
135 生生農場 五十把
▲洋線
137 汪寶臨 一打
▲綫油紗
餘泰張會長 一捲

▲磁茶壺
紅十字會第八醫院 五拾只
▲茶壺
134 斜橋路天樂坊 一把
135 黃卍字會 念只
紅十字會第八醫院 念只
▲噴壺
紅十字會第八醫院 一只
▲鉛壺
135 黃卍字會 二把
135 又 噴水呼 二把
范阿章 水呼 一個
紅十字會第八醫院 二只
▲磁盤
135 黃卍字會 白光盤 一只
▲搪磁杯
134 婦女運動會 二打
▲口杯
婦女運動會 二打
▲痰盂
紅十字會第十二醫院 念四只
▲茶杯

133 亞聲電台 十打
34 朱安甫葛慶祺林宗靖 裘良奎袁漢良李廷琛 一百六十七只
34 斜橋路天樂坊 四只
▲白鐵茶桶
永泰銅鉄號 三只
紅十字會第十二醫院白鐵呼 二只
▲竹管水勺
顧超常 卅只
▲鋼精鍋
133 江可立 二只
▲面盆
133 江可立 一只
134 邵太太 五十八只
137 華豐搪瓷公司 二只
135 黃卍字會 卅七只
135 又 面盆架 四只
▲搪磁桶
紅十字會第八醫院 三只
▲鐵皮桶
136 大中華橡膠廠 十只
紅十字會第十二醫院 白磁桶四只
136 大中華橡膠廠 四只
▲木桶

黃卍字會 一只
▲紙扇
祇園法會婦孺收容所 二百拾二把
133 拜耳藥廠 一百把
134 又 一千把
135 又 五百把
134 戴爾伯 五百把
盛心義募 二百七十把
▲芭蕉扇
無名氏 四拾九把
祇園法會婦孺收容所 六拾把
美記 二千捌百把
▲肥皂
137 上海銀錢業業餘聯誼社 一箱
王才寶 藥皂 一百念塊
又 又 一百念塊
136 孫聞松 一百拾七斤
▲牙粉
133 亞聲電台 卅五袋
133 又 四十合
133 俞鴻 周雍記 李廷 陽春遜 顧永年 蔡寶潤 范善厚 五十三包 二百袋

▲香皂
133 文藝界服務團 二塊
134 唐顯相記 十五塊
▲牙刷
133 亞聲電台 四十支
133 俞鴻 周雍記 李廷 五十三支
134 胡雲蓀蔡寶潤張松山 陳樹棠朱岳年范善厚 乙盒
▲鐵床
薛貞祥薛漢斌 薛慶松 三張
汪月波 張壽彭徐錫章 二張
吳裕鵬 三張
朱鴻禧 一張
徐麗生 二張
▲帆布床
汪月波 張壽彭徐錫章 一張
董公館 一張
▲熱水瓶
王太太 五只
133 亞聲電台 二只
133 又 二打
135 孫曉峯 二打

紅十字會第十二醫院　拾只
孫曉蓉　三只
▲慰勞袋
上海各界　六百四十四只
▲棺材
無名氏　拾六具
道德會　二千一百具
堅福慶家聲氏　四具
榮裕慶堂　八拾具
秦福壽堂　四拾七具
何元發　五具
133 俞太太陳師母　趙師母江可立　四具
王維林　五十具
震昌木行　棺木板　五千尺
125 徐永炎　五十具
黃卍字會　念具
又　捌拾具
至聖善院　一百具
▲木板
紅十字會第十二醫院　五塊
68 益盛木行　二千尺
68 永豐木行　四百尺
68 信昌泰木行　一千尺
正泰木行　杉木　一千四百尺

震昌木行　三千六百尺
裕康木行　念扎
震昌木行　建松　六十一塊
又　杭松　念一塊
▲棉紗
存濟服務團　一捆
又　五扎
申新九廠　一百五十磅
鄭君朱志文　金君無名氏　念五仝
申新九廠　一百磅
又　五百念五斤
又　一百磅
又　二百磅
▲皮箱
葉元鼎　一個
周景記　一個
▲蔴袋
徐得記廠　四十只
張太太　一只
王太太　四十只
鄭宏觀　一只
徐得記　四十只
樂嗣肇　六只
婦女服務部　三捆

楊子惠　七只
▲涼棚
138 陳公館　一座
▲竹篙
136 陸永興　拾四丈九尺
▲指南針
134 申年小弟弟　石木蘭小妹妹　七十八只
▲花盆
134 徐　君　六只
▲花藍
134 徐　君　二只
▲玩具
144 國際會　橡皮鼠　十九只
▲提燈
137 張藏餐　六只
▲手杖
133 亞聲電台　五十根
▲照片
屠保初　十六寸照　二張
一如照相館　八寸證照　十一份
又　印片　五十張
▲剪刀
135 黃卍字會　二把
▲筷

襲家庭 壹把
紅十字會第十二醫院 拾把
黃卍字會 一大束

▲碗
襲家庭 八十五只
紅十字會第十二醫院 飯碗 二百只
又 菜碗 壹百四十三只
黃卍字會 粗飯碗 二百四十只

▲長櫈
135 黃卍字會 壹百〇九只

▲棕棚
135 黃卍字會 七十六只
紅十字會第八醫院 叁拾只
又 七只

▲油布
國光染公司
王聲遠 二塊

▲肥皂缸
135 黃卍字會 四只

▲脚踏車
泰康公司 一部
寶豐錢莊 一部
沈景樑
無名氏 四部

▲汽車
滬淞女會 舊汽車 一輛

無名氏 壹輛
中學 壹輛

▲鉛匙
襲家庭 一只
紅十字會第十二醫院 鉛呼 一只

▲鉛桶
135 黃卍字會 二只
135 又 一只
紅十字會第八醫院 九只
又 一只

▲漱口盃
137 華豐搪瓷公司 壹百只

▲鐵鍋
紅十字會第十二醫院 一只

▲菜廚
紅十字會第十二醫院 一只

▲大櫥
紅十字會第八醫院 一只

▲掃帚
紅十字會第十二醫院 六把

▲垃圾桶
紅十字會第十二醫院 一只

▲蒸籠
紅十字會第十二醫院 壹套

▲檯子
135 黃卍字會 手術台 壹只

▲教科書
商務印書館 混合科本 六百冊
世界書局 國語常識 壹千本
又 國語 壹百八十九本
周公館 又 八十本

▲道林紙
祝念慈 六十磅道林紙 半令
又 江南毛邊 壹令

▲有價證券
40 何文記 丙債票票面 五千元

▲小說
陳慧小姐 捌冊
伍必雄 小說 什誌 十部 十冊

▲毒氣急救淺說
智識講習所 三稀本

▲報紙
134 上海市錢業業餘聯誼會 壹報 壹百四十本
134 又 漫畫 壹百四十張
135 婦女運動會 報紙 五張

134 海關俱樂部 什誌 畫報 壹百五十本
葛敬常 舊報 壹包
▲文具
大衆筆廠 大印泥半打 紅墨水二打 藍墨水三打 墨汁三打
商務印書館 練習簿六打 鉛筆十打 粉筆十合
135 亞聲電台 信紙 信封 各一包
136 世界書局 石板 壹百拾塊 方字 四十八套
又 石筆 二合
湯岳 講義夾 四打 新字帖 壹百本 九宮格 四刀
又 牛皮紙 五十張
62 汪鑑泉 拍紙簿 五打
62 又 抄簿 六打
62 汪鑑泉 鉛筆 六打
137 上海銀錢業業餘聯誼社 又 五打
137 又 拍紙薄 五打
143 張宏境 病單紙 三千張
又 關聖眞經 六十本
136 又 學生小字典 卅本
又 大悲咒 十五本
140 邵阿德 敎育用品 值六元
大同大學 潘 常識 許慶瀛 一冊
趙懿昭 昌道眞言 十本
眞安居士 筆記 六十本
范仲儒 三聖經 五百本
▲電料
福來電氣行 燈頭朴落 四只
又 燈頭 四只
又 花線 拾碼
又 開關燈頭 一只
又 燈泡 壹打
又 三火朴落 壹只
136 大衆電泡廠 燈泡 壹打
福來電氣行 手電池 壹打
汝林電氣行 燈泡 半打 棒 壹支
福來電氣行 電池 十四支 珠 六個
76 劉理中 乾電 六打
137 中央電氣行 燈泡 半打
137 劉理中 乾電 六打
紅十字會第十二醫院 電筒 六只
135 黃卍字會 又 二只
又 燈泡 壹打
▲鐘表
135 黃卍字會 四只
▲汽油
美孚行仝人 馬達油 二鉛聽
美孚行仝人 五百介侖
英工部局 六十介侖
又 三百介侖
又 柒百介侖
又 五百介侖
福順收容所 五十介侖
▲煤球
永昌煤號 煤球 二擔
福順善堂 烟煤 半噸
▲烟煤
任希彭 壹噸
▲木柴
137 華一號 卅綑
▲雜件
136 餘泰 鉛絲 八磅 鑽 三把
136 又 鉛絲沙 一尺 鉛絲 六磅
136 又 洋丁 三磅 鉛絲 一磅半
136 又 木軋 卅只
136 又 洋釘 十二磅
138 張藏養 木衣夾 十二打
奐小姐 木箱 一只 鉛絲 一只
137 張志行 木衣軋 十二打 鉛絲 十磅

136	順康	圓鐵桿	四十六斤
		鉛絲	十三磅
135	黃卍字會	表鏡架	二只
135	黃卍字會	鉛皮板	八十塊
	婦女服務部	草繩一捆	一捆
134	上海各界會	小旗	七十二面
136	鈕永記	洋油聽	四只
	永華洽記五金號	玻璃	一方尺
		又	四塊
	乾泰祥	火坭	一袋
	乾泰祥	鉛絲	八斤
	紅十字會第八醫院	舊棉花什物	五包
	公記	掛歷	二只
	又	破梳	四只
		電玉杯	一只

以上物品共計估價國幣二十三萬三千一百十三元三角九分(已收入「助品估價」科目內)

世界紅卍字會中華東南各會聯合救濟總監理部經常收入支出款項報告

自民國二十六年八月十三日起至二十七年十二月三十一日止

一 收入項下 國幣四萬二千四百八十六元一角二分

一 收願助款項 國幣一千元

一 收戚民臨先生助 國幣一千元

二 收各卍會助 國幣四萬一千四百八十六元一角二分

一 收紅卍字會滬上寶辦事處助 國幣三萬六千三百三十六元九角二分 附表(一)

一 收淞滬卍會助 國幣四千〇六十九元二角 附表(二)

一 收寶山卍會助 國幣五百八十元 附表(三)

一 收淞滬女卍會助 國幣五百元 附表(四)

二 支出項下 國幣三萬一千二百〇一元九角六分

一 支本部各項開支 國幣三萬一千二百〇一元九角六分

一 支薪工 國幣九千九百七十二元八角

一 支膳費 國幣五千五百五十四元三角六分

一 支房地租 國幣一千八百六十七元七角五分

一　支文具印刷　國幣二千六百六十三元八角
一　支修繕費　國幣九百〇四元三角五分
一　支公告費　國幣四千〇五十三元三角
一　支燈燭費　國幣六百五十四元八角九分
一　支薪炭費　國幣一千〇十二元一角七分
一　支交際費　國幣二千〇三十五元九角五分
一　支郵電費　國幣一千四百九十三元七角四分
一　支雜費　國幣九百八十九元八角五分
共收　國幣四萬二千四百八十六元一角二分
共支　國幣三萬一千二百〇一元九角六分
結存　國幣一萬一千二百八十四元一角六分

儲計組報告

世界紅卍字會中華東南各會聯合救濟總監理部

經常收支款目對照表

民國 廿六 年 八 月 十三 日起
　　 廿七 年 十二 月 卅一 日止

支出金額		科目	收入金額	
		收入額	42,486	12
		題助款項	1,000	00
		各卍會助	41,486	12
31,201	96	支出額		
9,971	80	薪工		
5,554	36	膳費		
1,867	75	房地租		
2,663	80	文具印刷		
904	35	修繕		
4,053	30	公告		
654	89	燈燭		
1,012	17	薪炭		
2,035	95	交際		
1,493	74	郵電		
989	85	雜費		
		移轉金		
11,284	16	結存		
42,486	12	合計	42,486	12

附表一 滬上實辦事處

	周重光 宗良	一萬二千元
	熊妙通 希齡	三千元
14	紗布交易所經紀人公會	二千元
195	卞筱卿	二千元
	趙道慈 聘候	一千元
97	晉益昌記	一千元
	朱遜安	一千元
	韓福航 世昌	一千元
	戚民臨 少齋	九百五十元
148	林笙勝	九百元
	李天眞 鵬程	八百元
	嚴化宇	六百元
4	王禹卿	六百元
110	修餘室	六百元
55	善因	五百元
31	王明新	五百元
87	良記	五百元
87	祈記	五百元
	徐知役 慰南	五百元
75	瑞康號	五百元
160	竹良氏	五百元
160	華記	五百元
160	滌記	五百元
146	宏蚨商行	五百元
	戚民臨 少齋	四百九十五元
	戚民臨 少齋	四百元
82	永德堂陳葉太太	四百元
55	敦仁堂	四百元
55	惠昌	四百元
	戚民臨 少齋	三百五十五元
	劉寶吉 文藻	三百元
110	王翁氏太太	三百元
196	朱鴻源	三百元
197	張宏境	二百九十元
	吳道寬	二百五十元
198	李思源堂	二百五十元
	鈕贊上	二百五十元
87	上海市金業同業公會	二百五十元
146	景德堂劉	二百五十元
87	施坤房	二百五十元
118	李乃昌	二百元
118	方坤林	二百元
118	方戚氏太太	二百元
75	瑞泰號	二百元
119	葉僑軒裘	二百元
97	怡昌	二百元
75	奚士倘	二百元
118	隆興昌	二百元
154	利記紗號	二百元
118	義源盛黃增福	二百元
155	龔富星	二百元
75	黃葆華	二百元
200	陳紀林	二百元
87	謝秋記	二百元
201	保險業交誼會	二百元
160	智記	二百元
118	劉慧性	二百元
	沈贊永	二百元
75	永慶公司	二百元
	吳道寬	二百元
	朱遜安	二百元
	田修本	二百元
	陳修明	二百元
	羅道悟 步洲	二百元
	吳道寬	二百元
27	李覺生	二百元
126	杭綢業同人	一百八十元
87	名賢	一百五十元
	陳惠爽	一百二十元
	胡鳴篬	一百十一元
	鐀乾靖	一百十元

129	邑記	一百元
109	汪寶臨	一百元
160	蘇記	一百元
34	沈松康	一百元
34	慈記	一百元
34	達記	一百元
	蘊蘭記	一百元
160	趙仁房	一百元
128	羅悟本	一百元
	饒乾靖	一百元
129	明記	一百元
	沈元潤	一百元
76	丁家英	一百元
76	姚震臣	一百元
199	姚國華	一百元
	張乾妙蘭坪	一百元
199	婁天寶禮記	一百元
160	趙堃章	一百元
128	李何韻	一百元
202	王綬記	一百元
202	顧緯記	一百元
66	汪仲龤	一百元
198	無名氏	一百元
198	無名氏	一百元
200	燕平會館	一百元
203	第四收容所許安卿	一百元
196	南湯氏	一百元
87	邵長根	一百元
87	奚培根	一百元
118	曹趾祥	一百元
66	張蔚雲	一百元
66	楊鏡澄	一百元
204	統益公司	一百元
204	陸潤瑜	一百元
55	無名氏	一百元
201	壽毅臣	一百元
31	陳吟笙	一百元
196	王鐘氏	一百元
129	安健秀堂	一百元
66	丁厚卿	一百元
204	無名氏	一百元
66	印漁村	一百元
197	覺圃主人	一百元
197	無名氏一號	一百元
66	周道澈	一百元
205	和豐	八十五元
200	義生久李潤生	八十元
192	嘉記	八十元
196	爾記	八十元
196	公記	八十元
	陳惠爽	七十六元九角三分
129	中記	七十五元
129	正記	七十元
205	王潤身	七十元
129	餘記	六十元
129	和記	六十元
126	吳子麟	六十元
197	公記	六十元
146	吳仁葆	六十元
129	文記	五十五元
198	李聖量	五十元
198	李鑾揚	五十元
198	李傅氏	五十元
129	禮記	五十元
129	慶記	五十元
205	徐友仁	五十元
205	王太太	五十元
205	費樂甫	五十元
128	翁操乃	五十元
128	黃務生	五十元
129	陳太太	五十元
129	奉記	五十元

202	姚華氏	五十元
202	顧太太	五十元
64	汪少奶奶	五十元
66	楊勤學	五十元
205	春和永	五十元
205	華新	五十元
205	亨特生	五十元
205	王善福	五十元
126	慶成	五十元
199	費春壽	五十元
66	張同興	五十元
118	倪錫芳	五十元
118	孫桂生	五十元
154	乾泰祥	五十元
34	又	五十元
196	鄭小姐	五十元
154	徐懋堂	五十元
200	錦章	五十元
200	吳慕濂	五十元
129	安記	五十元
129	新記	五十元
129	盛記	五十元
154	徐彩英	五十元
201	船險聯合會	五十元

201	華商聯合保險公司	五十元
206	華記	五十元
129	和記	五十元
129	平記	五十元
129	安記	五十元
129	聰記	五十元
129	明記	五十元
129	起記	五十元
200	劉晉良	五十元
66	胡文年	五十元
66	張松春	五十元
55	徐全普	五十元
203	上海婦女工藝救難展賣會劉王立明	五十元
204	無名氏	五十元
197	陳老太太	五十元
197	程金魁	五十元
197	鄭森	五十元
197	許通蓉	五十元
197	無名氏二號	五十元
197	許通蓉	五十元
297	許兆穀	五十元
197	稚涵居士	五十元
146	朔厚堂徐	五十元
96	汪老太太	五十元

66	汪仲諧	五十元
66	又	五十元
154	劇記衆友	五十元
	沈元潤	五十元
31	沈黎贊	五十元
31	沈禾生	五十元
31	趙惠贊	五十元
196	合記	四十九元
129	福記	四十五元
	沈道興	四十五元
204	無名氏	四十二元
129	壽記	四十元
76	胡慶餘堂	四十元
87	陸俊記	四十元
129	德記	四十元
129	靜記	四十元
34	恆泰祥	三十元
101	俞子英	三十元
101	譚敬	三十元
129	浩記	三十元
55	鄭尚德	三十元
	黃惠慶	三十元
129	壽記	三十元
204	詠騮	三十元

204 蔡和卿 三十元
146 王作霖 三十元
200 朱品耕 三十元
126 徐德明 三十元
197 許澤芝 三十元
201 陳元瑋 三十元
197 好記 三十元
87 寶豐莊同人 二十八元
155 王新 二十五元
155 愛倫 二十五元
129 雲記 二十五元
196 生源永 二十五元
206 劉寶定 二十五元
197 陳蓉 二十五元
155 咸海籌 二十二元
76 無名氏 二十元
76 華綸 二十元
76 觀觀 二十元
76 無名氏 二十元
76 沈芝泉 二十元
76 吳居士 二十元
76 通餘 無名氏 二十元
76 義生 二十元
76 朱雯霖 二十元

31 復生木行 二十元
31 正裕木行 二十元
76 何元通 二十元
76 復生 二十元
76 魏炳榮 二十元
76 傅鳳翔 二十元
76 黃先生 二十元
76 大中 二十元
101 邵景甫 二十元
101 安德臣 二十元
101 甘鏡先 二十元
101 魏廷華 二十元
196 恆豐煙行 二十元
205 董燮芳 二十元
205 承大 二十元
205 王興昌 二十元
205 華孚泰 二十元
205 馬學餘 二十元
27 王國眞 二十元
200 蔡福麟 二十元
110 馬導先 二十元
110 王寶因 二十元
205 倪國才 二十元
154 明德軒 二十元

154 敦厚堂 二十元
200 鄭偉安 二十元
200 傅吉星堂 二十元
200 華安保險公司 二十元
204 方亨房 二十元
34 徐老太太 二十元
201 賈純興 二十元
201 永盛公司 二十元
201 王植之 二十元
196 李福林 二十元
199 榮德超 二十元
199 蔣伯熊 二十元
197 陳蓉 二十元
197 陳鐵士太太 二十元
197 天還齋 二十元
197 朱玉湘 二十元
197 田紹堯 二十元
201 江福生 二十元
146 鄭叔平 二十元
31 協泰新 二十元
87 瑞記 二十元
87 韓宮氏 二十元
201 葛傑臣 二十元
201 合豐昌 二十元

155	戚淑眞	十八元
126	袁餐記	十七元〇四分
205	裕昌祥	十五元
206	張元根	十五元
129	公記	十四元
206	陳庚生	十三元一角
87	品記	十元
76	陳銓衡	十元
76	無名氏	十元
76	吳熊消	十元
205	孫錫齡	十元
55	江逸記	十元
31	增泰木行	十元
31	朱悅豫	十元
31	隱名氏	十元
128	汪鳴蓀	十元
76	裘居士	十元
200	張夏房	十元
196	陳益傳	十元
196	趙賢發	十元
196	方肇奎	十元
196	張惠堂	十元
205	羅裕章	十元
205	陳樹楠	十元
205	何積珊	十元
205	徐老太太	十元
205	新昌	十元
205	鴻昌泰	十元
205	新春和	十元
205	吉泰	十元
199	莊菊生	十元
203	俞余恭存	十元
200	雲大號	十元
200	王明禮	十元
196	葉先生	十元
31	瑞豐木行	十元
31	怡豐木行	十元
31	怡大豐	十元
154	無名氏	十元
200	久益復記	十元
204	湯慈房	十元
204	無名氏	十元
201	海上保險公司	十元
201	永寧	十元
201	陶思明	十元
201	盛樹德	十元
201	無名氏	十元
31	萬琛醬園	十元
206	張美松	十元
206	陳紀林	十元
197	劉友廉	十元
197	鄭勉記	十元
197	萬國藥房	十元
197	謝夢蟾	十元
197	楊太太	十元
197	錢國榮	十元
197	何鼎臣	十元
197	黃劍英	十元
197	黃維敏	十元
197	鄂太太	十元
197	朱超然	十元
197	林佐卿	十元
197	林明卿	十元
197	林元卿	十元
197	沈德楓	十元
197	陳詢都	十元
197	朱卓爲	十元
197	鮑奇云	十元
197	朱卓房	十元
197	徐秀蓀	十元
197	王安甫	十元
197	黃蘊泉	十元

197	朱玉湘	十元
197	特務室同人	十元
197	鑄記	十元
197	娟記	十元
201	唐永康	十元
201	張志成	十元
201	華豐花邊公司	十元
201	王興記	十元
201	茂記	十元
201	耀記	十元
201	尤志山	十元
201	勤利	十元
201	三友	十元
201	陳浩彬	十元
200	陳如富	十元
76	祥來	十元
55	胡新三	十元
197	張朱德輝	十元
197	無名氏	六元
200	傅博之	五元另一分
76	朱健行	五元
76	周睦震	五元
205	黃太太	五元
205	太太	五元
205	陳鈞堂	五元
200	邱安星	五元
200	修業堂	五元
200	徐林生	五元
128	凌劍鳴	五元
128	吳壽文	五元
128	黃國華	五元
128	鐘玉亭	五元
128	夏再禹	五元
128	黃有儀	五元
128	洪經五	五元
128	卓仲蒲	五元
205	黃家相	五元
200	福壽堂	五元
200	羅居士	五元
200	三立堂	五元
207	謝文鏞	五元
196	王瑞麟	五元
196	沈翠庭	五元
196	傅子英	五元
200	張國華	五元
196	葉守庭	五元
196	陳明治	五元
196	羅守成	五元
196	陳禮誥	五元
196	葉先生	五元
205	久豐	五元
205	趙文元	五元
205	沈文彬	五元
200	丁伯逸	五元
199	黃恆祥	五元
199	震昌祥	五元
199	瑞盛昶	五元
199	蔣久海	五元
199	陳隆緣	五元
199	李煩芳	五元
199	盧耿臣	五元
199	鄭鴻茂	五元
199	永餘	五元
205	王桂卿	五元
203	張天福	五元
200	協生木行	五元
31	江永康	五元
31	張君	五元
155	陳星璧	五元
200	利興煙公司	五元
34	郭庸卿	五元
204	杜聖康	五元

155	戚珍秀	五元	31	湯秀峰	五元	27	王志云	四元
196	大隆	五元	31	張永根	五元	27	劉彤裕	四元
196	大隆新	五元	31	袁德昌	五元	27	公益廠	四元
206	王綸周	五元	87	宋記	五元	27	德大復	四元
206	齊友堂	五元	204	周華亭	五元	27	王國楨	四元
206	蔣才香	五元	204	應孫舲	五元	27	李景和	四元
206	王信華	五元	199	無名氏	五元	27	鮑志成	四元
206	王陳氏	五元	199	鮑奇云	五元	27	邵蓼壬	四元
205	王訓生	五元	199	馮家祥	五元	27	王乾賡	四元
205	唐泰康	五元	199	金用褖	五元	27	何勝之	四元
205	張維成	五元	199	俞祖仁	五元	27	永和紙號	四元
197	程奉卿	五元	199	朱如寶	五元	27	李嘉森	四元
197	林記	五元	199	秦泉錦	五元	27	劉有臯	四元
197	鄧女士	五元	199	朱宗泉	五元	27	孫安生	四元
197	沁記	五元	199	榮耀先	五元	27	信昌成	四元
197	炎記	五元	27	劉小康	四元	27	祥泰昌	四元
197	懷德堂謝	五元	27	卓念慈	四元	27	姚福周	四元
197	蕴記	五元	27	周子銳	四元	27	汪伯繩	四元
197	孔太太	五元	27	黃滌生	四元	27	孫玉堂	四元
197	陸宅	五元	27	張瑋康	四元	27	張仁容	四元
197	W先生	五元	27	劉鑑堂	四元	27	元大	四元
201	桃記	五元	27	范希齡	四元	27	勝大	四元
205	寶昌	五元	27	卞子秋	四元	27	協盛昌	四元
205	裕成	五元	27	戴梅笙	四元	27	同春號	四元

27	謝文選	四元
27	晉孚	四元
27	陳林才	四元
27	張佩珊	四元
27	永昌祥	四元
27	何省之	四元
27	大淼	四元
27	孫傳雄	四元
27	彩霞室	四元
27	大倫紙號	四元
27	益記紙號	四元
27	久記紙號	四元
27	盛朗亭	四元
27	生源永	四元
27	大豐紙號	四元
27	慎成祥	四元
27	董作樓	四元
196	沈本昌	四元
197	劉賀珍如	四元
200	徐先生	三元三角三分
128	王德大	三元
205	李和庭	三元
200	馬正興	三元
200	丁承諧	三元

208	姚金葉堂	三元
206	劉松年	三元
76	無名氏	二元
200	馬錫祥	二元
200	張漁香	二元
200	復昌號	二元
200	汪寶得	二元
200	婁惠仁	二元
128	奚太太	二元
128	袁太太	二元
128	段敏如	二元
128	袁迪新	二元
128	無名氏	二元
128	黃仲彬	二元
128	高桂山	二元
128	葉景祺	二元
128	陳遠孚清艾	二元
128	婁太太	二元
128	甯皎翔	二元
205	蔡執中	二元
205	李錦源	二元
200	任樹芳	二元
200	張光樞	二元
200	汕汕居	二元

200	陳大哉	二元
200	朱力微	二元
196	葉師母	二元
196	宓裴氏	二元
196	沈裴氏	二元
196	沈慧珠	二元
196	宋杏素	二元
196	無名氏	二元
200	合興	二元
200	徐有廣	二元
199	沈泉秉	二元
199	源昌泰	二元
27	李元良	二元
27	施禮彰	二元
27	林誠甫	二元
27	溫揚生	二元
27	嚴祥興	二元
27	俞觀明	二元
27	劉大康	二元
27	葉兆鴻	二元
27	嚴楚興	二元
27	陳德富	二元
27	朱松山	二元
27	李坤泉	二元

27	盛圯橋	二元
27	費金鏞	二元
27	虞蓮生	二元
27	鮑南喬	二元
200	張太太	二元
200	徐太太	二元
200	何書泰	二元
200	無名氏	二元
206	應興發	二元
206	傅萬象	二元
206	徐阿順	二元
206	李友生	二元
206	謝鴻春	二元
206	于如山	二元
206	任厚發	二元
197	黃太太	二元
197	鄧太太	二元
197	傅錦濤	二元
197	姚江天	二元
197	梅太太	二元
197	雲　記	二元
197	楊兆平	二元
146	錢裕華	二元
199	孔繁昌	二元

200	陳錦棠	一元
200	施惠堂	一元
200	蔡體明	一元
200	包　傑	一元
200	黃清和	一元
128	高弓賡	一元
128	徐富卿	一元
128	曹敬軒	一元
128	王鑫三	一元
128	瞿淑貞	一元
128	梁慧清	一元
128	王少桂	一元
128	王女士	一元
128	陸守初	一元
128	孫順卿	一元
128	丁錫堡	一元
128	無名氏	一元
128	黃澤偉	一元
128	陶振聲	一元
128	虞化引	一元
128	張慶祥	一元
128	謝耀文	一元
128	張家凌	一元
128	彭秉初	一元

128	孫云生	一元
128	黃妙蘭	一元
128	李進益	一元
128	徐振華	一元
128	卓壽基	一元
128	曾彩雲	一元
205	邱仁益	一元
205	蕭祖瑞	一元
205	龔慶福	一元
205	無名氏	一元
205	無名氏	一元
205	傅如蟠	一元
205	周仁卿	一元
205	錢崇禮	一元
205	王品海	一元
205	林先生	一元
205	劉先生	一元
205	陳先生	一元
205	張先生	一元
205	史先生	一元
205	徐先生	一元
205	徐先生	一元
205	王先生	一元
205	王先生	一元

200	倪錢寶	一元
200	張永昌	一元
200	貴惠堂	一元
200	許銀甫	一元
200	張永順	一元
196	馮寧年	一元
196	無名氏	一元
196	鐘女士	一元
196	潘女士	一元
196	趙氏	一元
196	孫氏	一元
196	陳氏	一元
196	陳氏	一元
196	稼軒	一元
196	余均堂	一元
196	慧記	一元
196	昌仁	一元
206	童仁保	一元
206	張炳權	一元
206	張阿毛	一元
206	張雲麗	一元
206	張林德	一元
206	張林昌	一元
206	張彩齊	一元
206	張秀娥	一元
206	張秀菊	一元
206	斐阿香	一元
206	陳雨若	一元
206	唐菊德	一元
206	安關金	一元
206	林寶森	一元
206	仇家芳	一元
206	孫永康	一元
206	陳和卿	一元
206	鄭寶美	一元
206	趙炳來	一元
206	胡世洪	一元
206	陳雲霖	一元
206	傅維開	一元
206	周富餘	一元
206	戴忠漢	一元
206	錢馥承	一元
206	李明華	一元
206	于長法	一元
206	陸禮根	一元
206	金耀根	一元
206	周福生	一元
206	謝小金	一元
197	田太太	一元
197	張太太	一元
197	張小姐	一元
197	趙竹如	一元
197	許太太	一元
197	林紹谷	一元
197	黃有漢小姐	一元
197	周太太	一元
197	無名氏	一元
197	丁大鈞	一元
197	宋家麟	一元
197	孫太太	一元
197	虎記	一元
197	吳太太	一元
197	荷記	一元
197	徐慕時	一元
197	劉兆平	一元
197	莊女士	一元
197	徐太太	一元
197	倪小姐	一元
197	吳先生	一元
154	宋逸才	一元
199	顧興發	一元
199	胡祺	一元

199 棠子浩　一元
208 周佩宜　一元
208 姚鼎鑑　一元
206 沈阿法　五角
206 張小毛　四角
合計國幣五萬六千四百廿五元三角
除撥助東南總辦事處救濟費九千四百五十元經費三萬六千三百三十六元九角二分外餘款由滬上實處支配另行公佈

附表二　淞滬卍會

韓霜航　世昌　一千元
熊妙通　希齡　毛慈光　彥文　一千元
趙道慈　聘候　五百元
沈贊永　五百元
沈松原　五百元
張爾記　三百元
沈元潤　一百五十元
屠保初　一百十九元二角
合計國幣四千〇六十九元二角

附表三　寶山卍會

胡化易　楚卿　三百元
劉寶吉　文藻　二百三十元
王定鈞　五十元
合計國幣五百八十元

附表四　淞滬女卍會

趙淼華　五百元
合計國幣五百元

火線下的上海
彭啓一 著
報告文學集

報告文學集

火線下的上海

彭啓一著

民國廿七年三月初版

晨光出版印

廣州長壽東路二十二號

自序

離開上海已有兩個多月了，得到那兒的消息：是被一般人認爲安全區的租界上不斷地發現了血淋淋的腦袋，血淋淋的胳膊。這是同胞在敵人包圍下度着苦難的日子，恐怖的日子。

我雖則面向着陽光，離開了上海，可是那許多烽火連天的日子，那大江南肥沃的土地，明媚的風光，我忘記不了。在這些上面不知滲下了多少同胞的血，那許多血呵！是一條壯大的洪流，——播下了民族解放的種子。

在南市，在閘北，在滬西，在上海的四週，每天，我們可以聽見：我們英勇的弟兄們熱烈地嚷着殺敵的聲音，那許多悲壯的場面，幾次使我感動得下淚。那時我曾經冒着絕大的險去採訪消息，每天，總要跑上好幾個地方，歸來就將它一一寫出。每篇稿子都是在極短的時間內寫出，因爲報館——的發稿時間限制，不允許我有長時間的思索，報紙的篇幅限制，不允許我充分地描寫，只是一個簡單的新聞報導。至今想來還是認爲遺憾的！

現在，上海已經改變了另一個面目，那兒是給強盜們做了窩，那些滲着我英勇弟兄們血的土地上，不知被多少強盜們的鐵蹄所踐踏。

今天，我把我過去所採訪來的東西讀了一篇，那許多悲壯的場面，立刻出現在我的眼前了。

我眷念着那些土地呵！那些曾經滲下爲着祖國自由解放而犧牲了的弟兄們的血的土地！

於是，我毅然地將這些不成樣的東西付印了。

我想，這在中華民族解放史上不是全然沒有意義的吧？

著者：一九三八，三月十五日于廣州

目次

— 2

Ⅵ

4

大上海在抗戰的烽火中

我軍從滬西撤退了，敵人就很快的從閘北跑過滬西，繞過虹橋，進據龍華，上海四郊就陷在敵人的包圍里了。但在南市這一塊國土上，還有着我們英勇的保安隊警察固守着，他們决計與南市共存亡。所以南市這塊還未被敵騎踐踏的國土，是全上海幾百萬人最關心的，尤其是深陷在敵圍里準備英勇死鬥的戰士們。在早上十點鐘，我們决心到南市去，向我們這塊被包圍的國土走去！

一幅流民圖

從法租界到南市去，現在只剩下老北門這一條道路了，這條路被鐵栅門固鎖着，只開一個七八尺寬的門；門的里面站滿着法國巡捕和安南兵，和許多的想到南市——難民區去難民，鐵門的外面，是無數搬箱運貨的大車，車上堆置着山一樣的雜物，在車與車之間，扶老携幼地擁雜着許多想逃進租界來的難民。因此在這小小鐵門口的裏外，鼓噪呼喊的聲音，一班維持秩序者用鞭子威嚇難民，敲打什物的聲音，構成一幅擾攘紛紜的悽惶情景！人像潮水擁來擁去，小鐵門就像一條堤的決口，被人潮衝激着。我們拚命地衝出鐵門去，沿着民國路一帶，盡被什物擠滿了。每個人越是想急急的走過法租界來，越是互相軋擠着走不通，這僵局不知道什麼時候才能夠恢復常態呢！

難民區

被劃作難民區的地點，是民國路到方濱路爲止，我們在難民區里巡視着，在九畝地萬竹街一帶，甚爲平靜，做小生意仍是平靜地在交易着，在這區裏，負責維持秩序的，仍是我們的警察，但多是不佩帶武裝，到方濱路上，才看見沿着方濱路的市屋上，飄着國際救濟會會旗的紅十字的標幟，這也許是易於敵機的識別吧？但在方濱路的兩面各路口，都圍護着鐵絲網，在鐵絲網的那面，峙立着我們雄偉英勇的保安隊守兵。除此以外，這難民區就沒有什麼特殊的現象。

漢奸的悲劇

在陳英士塔下面，圍着一羣人，像在看熱鬧，當我們走過去，看到六個小癟三一樣的人，手被綁着，躺在血泊中，這是被槍斃的漢奸，在這些屍體的面部上，顯着慘白和暗着白眼，令人看見會起着惡心的難受。看樣子這些都是小漢奸，也許是想趁火打刼，刺探軍情之類吧？這種人是死有餘辜的，但我們除了打死這些小漢奸之外，我們不要忘記着有更多的大漢奸在隱藏着，當上海已經被敵人包圍的時候，也許這些羣醜又想粉墨登塲吧？全上海的民衆啊！我們要團結起來，把這些準備登塲的醜類殲滅掉，殲滅掉！

英勇的戰士們

我們沿中華路走去，路上漸漸地顯着靜寂了，馬路兩旁的商店都緊緊地關閉着，只有稀少的行人，和守衛着這塊被包圍的國土的戰士們！他們每個人都英勇地站在街頭的崗位上，擎着槍，在腰上圍掛滿着像粢飯團一樣大小的手溜彈，這將是作最後殲敵的利器呢。我們跟一位保安隊的士兵談話，他們帶着非常的鎮定和禮貌，昂然地不屈地，堅

3

決爲這塊國土的存亡而流他最後的一滴血！他向我們說：「我們守衞這塊國土，準備最後的一天到來，同時也是我的生命最後的一天的到來。我曾看過報，看到西班牙軍民保衞瑪德里已經一週年了，那麼我們爲什麼不能保衞大上海呢？所以我們要用血肉來保衞大上海，希望全上海的同胞們，學學瑪德里市民們的英勇鬥爭！」當我們聽了他的談話，我當時感動得要流下淚來！「全上海的同胞們啊！學學瑪德里市民們的英勇鬥爭吧！」

——4

等待着決戰的到來

我們從林陰路走向方濱路去，在路上——方濱路口法華交界的地方，許多民衆幫助警察和保安隊在掘戰壕，一個疲倦了又換一個上去，大家都很興奮地挖掘着，把柏油馬路挖斷，掘下去，掘成一條戰壕，一個保安隊的官長用舒暢微笑的態度告訴我們，「這是我們的戰壕，也許就是我們的墳墓吧！我們是不會從這里移動的，除非是敵人死在我們的戰壕前面，或是我們死在戰壕中，我們在等着決戰時候的到來，也許在今天晚上，也許在明天，來吧！我們準備好了。」說過後，他又微笑的走去監督挖戰壕的工作去了。

日暉橋頭的敵車

沿着河濱的徐家匯路，插滿了法國旗子，河濱邊掘有地壕，法兵就藏在裏面，機驚地望着對岸。對岸打浦橋這邊，還是由我英勇的弟兄把守着，機關槍口，伸在沙袋的外面。打浦橋過去點，便是敵軍的防地了。但是沒有一個敵軍，只有一輛坦克車被棄在河濱邊。一條並不寬闊的日暉港將他們隔離了。日暉橋已被我軍放火燒斷，還燃着熊熊火焰，橋邊某印刷公司亦被牽連着而焚去了，殘餘下來的僅是一座洋灰泥骨，圍着這燬去了的建築屋憑悼的，有幾條飢餓的瘦狗，和濱這邊租界上的我們以及幾個外國記者。

空氣是緊張的，日暉港裏面，很清晰地傳來了機槍的聲音接着一陣激烈的機槍聲後，幾個中國巡捕把我們幾個中國記者趕開了，好像我們的生命比幾個西記者的生命還要珍貴似的。我們向他爭辯着：「爲什麼西記者可以登在這兒，而將我們趕開？」

那位中國巡捕就很和藹地告訴我們：「那座燒去的房子後面，就躲着幾個日本兵，他看見中國人就要開槍的」他的臉上露着緊張的表情。

我們看他很談得來，就向他探悉着，希望能從他的口裏滿足我們的聽覺：「那輛坦克車裏向有日本人嗎？」我們其中的一個問。

「沒有，沒有，日本人都躱到牆後面去　，」爲什麼會躱到牆帶面去呢？我們向他繼續地探問着，原來今天淸晨八點鐘的時候，敵我已經衝突過一次　。

敵人五六名架着一輛坦克車，向日暉橋邊衝來，來勢猛烈，好像一下子會衝入　我們陣池似的。

這時日暉橋的這邊我軍遠遠地聽見　機關槍的聲音，立刻都敏捷地躱到沙袋中去，一聲也不響。

「我眞爲咱們軍隊躭心，爲什麼還不開槍」。他把我們拖到　牆脚邊，繼續地告訴我們；「眞是做夢也沒有想到，日本赤佬剛剛走到日暉橋邊的時候，我們的機關槍聲，就像爆竹似的響起來了，打在坦克車上面噹噹地響着，四五個敵人都向牆後面逃去了，有一個倒下來，大約是受了傷，還是後來我們的機槍聲停止了，才慢慢地爬進去的！」

濱那邊是靜寂的，幾條瘦狗用鼻子嗅着那　一「座死」去了的坦克車。我們陣地中的防軍正握緊着機關槍在嚴厲地監視着它。

四個難民被打死了

「四個難民被打死了」！一個穿着長衫的「包打聽」從楓林橋那邊向着我們的身邊跑過來。

這時，我們幾個人站在祈齊路福履理路口。因爲被兩個巡捕攔住了，不能到楓林橋去，我們正爲着不能明瞭那兒的情形心中在納悶着。

突然有一個人替我們帶來了這樣一個驚人的消息，立刻便被我們攔住了，不等到我們去追問他，他就很氣急地告訴我們。

「四個難民，大約是從謹記路那邊跑來的，一走到楓林路頭就被兩個日本人捉住了，其中一個是我認識的，在中山醫院裏做護士，人頂和藹，瘦瘦的臉小小的個子，一下子被那日本人抓住了衣領子，就像抓住了一隻小雞，他不肯走，是被日本人拖進去的，大約是被拖到屋子裏面去了。」

他呆呆地站在那兒，不再繼續下去了，四週是靜靜的，我們彷彿看見了四個被慘殺的中國同胞！

8

在和平的教堂前

往日的徐家匯是寂靜的，法國天主教堂敲着緩慢的沉重的鐘聲，這鐘聲是象徵着和平，無數的天主教徒在這和平的鐘聲中跪下來，爲着人類的幸福而祈禱着。

現在鐘聲仍舊是沉重地敲着，已不是往日那樣的寂靜了，繞飛在屋頂的和平白鴿，已不知飛向那兒去了，難民門擾壤壤的，握着木棍的法國三道頭，已越過了法界的警權，在管理難民，木棍子像雨似的落在他們的頭上。一個難民摸着被打的地方，蹲在牆角落裏哭着。這哭聲大約是激動了那位跟在法國三道頭後面的中國巡捕的同情吧，他輕悄地跑過來，帶着半責備的聲音　道：「你媽的別哭，要不是法國人你老早被炸彈炸死了！」

說時，他還指了一指在天空盤旋的敵機。——周鋼鳴彭啓一

難民行列

（一）徐家滙巡禮

踏過徐家滙的慈雲橋，那邊難民就像螞蟻似的滿佈着，老的吟，小的嚎，那種慘烈的景像，使我不敢相信那是一種眞實的情形，我相信我是走入了一種夢境，在慈雲橋的那邊，矗入雲間巍峨的教堂，正在敲着靜靜的緩慢的象徵着人類幸福鐘聲！

擺在我面前的一點也沒有錯，是兩個世界，難民們無可奈地躺在地上，幾天的大雨，叫地上還留着泥漿，泥水浸濕了他們的身體。苦難叫負着全家生活重担的中年人呼不出聲來，一個個都沉默着，低着腦袋，這沉默充分地表現了他們內心的悲哀與憤怒，敵人的侵略，叫他們流離失所的。

計算起來，他們在徐家滙那兒一帶，已經等了一個多星期，上海的各救濟會雖則盡力的把他們救到法租界來，然而截至昨天止，仍舊有一部人等在那兒，難民們的來源彷彿是無盡期。這其中，有一部份難民是住在中山路一帶的，多數是勞工階級，無知的份子，砲火的吼使他怒們嚇倒了，本來生活的壓廹就要使他們走上流亡的路上去，現在砲火聲更逼近了，流亡原是自然的事。但誰知道租界與中國地界一排防禦的遠絲網將他們擋住了。

這一星期來，幸好有幾個慈善團體裝來了一卡車一卡車的乾粮去接濟他們，否則他們不凍斃亦將餓死。有許多年老的，受不了這種苦難，多數都奄奄一息了。記者親眼見有幾具死屍，躺在難民的身邊，難民是無法憐惜難民的死去的，憐惜的只是幾條徘徊在屍體身邊的貪婪的瘦狗得不到口。

在中山路上，我看見幾個青年的軍人，在勸難民仍舊回到家中去。他們告訴他滬西這條戰綫至少要守四個月。有幾個難民是被說動了，預備挑着担子仍舊回到家中去，但有的仍舊固執不肯。

歸來時，有幾架敵機在腦袋上盤旋，難民們聽見了嗡嗡的聲音，立刻都騷動了，扶老携幼都紛紛地向牆脚邊樹底下躲，年老一點的和年幼一點的都墮入了臭水濱中，一時

10

秩序大亂，彷彿天天的禍降臨了，據住民說，這樣的事一天總要發生好幾次。

（二）嗷嗷待哺的船戶

沿着徐家雁那條臭水濱，有許多船家他們以打草，售糞，販賣菜蔬爲職業，來往於上海松江之間，自滬西我軍撤退後，那條整個的臭水都變成戰場。打浦橋與楓林橋之間的一段臭水濱中的船戶們，都變成　甕中之鼈，那兒一邊是敵軍的防地一邊是法租界的警戒線，要向敵人的防地中跑，自然是不可能，而法租界的警戒線又是那樣地嚴密，鐵絲網滿佈在濱邊。記者日昨曾經沿着這一條濱邊巡視，船戶們老的小的都哭巴巴地面向着租界，望着濱邊的住戶們招手，意思是自然是求援。巡捕們一聲不響地徘徊在岸邊，有時也回過頭來望他們一眼，但也是一個無能爲力的表情。

據說這些船戶們食糧已經斷絕了，有的雖則還可以從南市逃出來，但是眼望着他們那一條生活了數十年祖傳上來的或者自己辛苦得來的船隻遺棄在濱中，又有一點捨不得，於是只好焦急地蹲在船上，希望能在這無可奈何的情形下得到一條生路。

清晨，濱邊的住戶們，曾經送過幾碗殘飯給他們吃，但這只能維持一兩個人一時的饑餓，時間一久，不等得敵人來結果他們的生命，恐怕他們也無法維持下去了。

靠楓林橋附近的敵人昨天已經向他們開槍，但幸喜均未命中。

(三)飢餓綫上

老北門附近的民國路上，擁滿二萬多難民，扶老携幼，站立在街頭，幾乎連坐的地方都沒有，他們在這兒站立已相近兩天兩夜的時間，吃喝的問題自然是不能解決。

人羣中還夾滿搬運傢具的卡車，小板車，人力車，一輛連接着一輛，有許多押車的人都疲倦地倒在上面。連卡車的底下也坐滿人。

前天，敵機成天的在南市的上空盤旋着，嗡嗡的聲音不絕於耳，不時有炸彈的聲音，在他們的四圍炸開來，那敵機擲彈的一剎那呵！那嗚嗚的尖銳的長嘯聲音，簡直要叫胆小的人們嚇昏了過去。

昨天上午，難民們實在餓得忍受不住了，站在老北門附近的難民們就開始向鐵柵內租界上的人們呼籲，立刻老北門附近的住戶們，就發起為難民們募捐，臨時寫了一面大旗子，沿街求募，不到幾十分鐘已募了數十元，於是他們又在老北門附近的大餅油條店內，購買了幾大竹籃的大餅油條。

一直到十時，天下大雨募捐的工作始停止、然而那幾大竹籃的大餅油條，可能維持幾個難民的飢餓。

難民區小景

踏進南市難民區，內心籠罩着一種說不出的惆悵。難民們鵠立在街頭，望着他們那一副浮着沉重愁容的臉子，記者心中深深地感到難民的痛苦。

天正飄着牛毛細雨，一羣烏鴉盤旋在天空，不時地落在屋頂，像搜尋着食物，街頭猛有一聲難童們餓急了的哭嚷聲時，它就呼拉一聲飛去了。

圍繞着難民區的，是漢奸們和鬼子們放火燃燒着民房冲入雲間的火焰，這火焰侵入了難民區，老年人和孩子們　上了眼睛，悚悚地流着眼淚，他們爲着自己的家被敵人燬去了而哭，抑是爲着被煙燻入了眼睛而流着淚哩？

不知從那條街的角落裏傳出了隱隱的啜泣聲，這凄慘的聲音，就如同在深夜小巷中聽婦人們提着一盞紅燈籠，呼魂的聲音相彷彿，記者循着這泣聲走去在一家破爛屋子的瓦簷下，尋着了一個十八九歲的小夥子，他抱着流着鮮血的腦袋在哭泣着，人們打漢奸却打着了他，而把眞正的漢奸放走了。

「放走了漢奸倒不去說他，那位老槍模樣的漢奸却反而說我是漢奸，於是人家都來打我，要不是那位外國先生攔住了，我眞大有被打死的可能，眞的漢奸却站在一邊笑着，有幾個流氓樣的人保護着他，要不是人家都來打我，老子眞要和他拚一拚命」

嗚咽啜泣的聲音，變得嚎啕大哭了，滿腹的悲憤，一下子從心底冒出來：「那位攔住人家打我的外國先生也差一點挨了打。那狗肉的漢奸，老子認識他，瘦瘦的個子，老槍「色氣」，下次老子不看見他則罷，若看見他，非打死那王八不可」！

發麵包的人來了，是國際救濟會發的，大一担，小一担，據說每人每餐兩隻，每天非發廿萬隻不可。

那打破了腦袋的小夥子，一下了跑開去了，用淋濕了的衣服，揩凈了腦袋上的血，一會兒，他從人叢中跑出來了，手中握着兩個饅頭，再一會兒，兩個饅頭不見了，腦袋上冒出了更多的血。

坐在另一個角落裏的一個婦人。嘶着嗓子嚷：「先生，給我一個饅頭」！發饅頭的人將饅頭從簍子裏面拿出來了 她却無法走上前去拿，只在地下挨了兩下。是患了一種輭脚病嗎？不，我仔細的一看，她的袴子被鮮血染紅了，一個紫紅色皮膚的死嬰兒，躺在她的身邊。

嬰兒的母親，沒有爲着她已死去的嬰兒而哭泣，要是在往日，也許會放一點鞭炮，請幾個鄰人來吃紅蛋糖麵吧？

這個難民區中，應該設一個產科醫院呵！我這樣地想着，腿不知不覺地走到了南市流通圖書館的門口，那一面分明地寫着臨時產科醫院的條子。

也許產婦太多了吧？顧不了這些，誰又知道這婦人悄悄地在角落裏產下了孩子呢？

15

踏出難民區時，從民國路那頭，走來了一長串難民們，大約有一千人之多，他們的步閥是那樣地沉重，是一羣怨魂，是一幅活活地流亡圖，據說，這羣難民都是從浦東逃出來的，他們在浦東已經餓了四天四夜，躲在白蓮涇美商大來碼頭上的堆棧中，昨天，才由南市難民區當局，設法將他們救了出來。

然而這一羣，都是奄奄待斃的了。

火焰中的南市

這仇恨將永刻我們的心中

自南市我軍撤退後，南市即被敵軍縱火着焚燒，一直到今天還沒有熄滅，而且火勢愈燒愈烈，大東門外的火，現在已經由大碼頭街向南棧燒去。斜橋一帶燒至海潮寺，要算這一段之火，佔地最廣，它的長徑幾達三里之遠。

深夜，站立在較高的大厦中，可以望見南市冲入雲間的火焰，那火焰一望無涯。激

16

蕩中的火勢，就彷彿大海中被暴風雨掀起的波浪，我們望着一棟棟的屋子被火口吞去進，一會兒，數十棟，數百棟的房子，溶化在火口中了！衝出這火口的，只是一股無質的青煙，無數個同胞多少年來的血汗，變成了青煙，無數個同胞的生命，葬送到火窟中了

這仇怨，將永遠地刻劃在我們的心中！

記者昨天曾親眼看見了一羣從火口中逃出的難民，他們眞可以算得是體無完膚，沒有一個人不被火燒傷了的，有的半邊臉被火薰焦了，有的整個的頭髮被燃去，創處就彷彿患了「楊梅」大瘡，又像廣東店內賣的燒臘，呈現着一種恐怖的紫紅色。

從他們的口中知道他們是從林蔭路，大吉路一帶跑出來的。敵人到達南市後，卽沿街沿巷放火，前天晚上，火勢便由大林路燃燒了林蔭路，他們躲在一間高大的居子裏面，已經兩天兩夜未食，其先他們聽見街道上我英勇的弟兄們喊殺聲，後來這聲音便和機關槍聲去了。不久便聽見敵人的坦克車咬着柏油路軋軋的聲音，等這聲音走過，他們正預備跑出來時，忽然炮彈像雨一般地落在他們的屋子附近。於是，他們就只好繼續地躲在裏面，這時，他們都差不多餓倒了。外面大火時，他們全不知道，一直到火焰冲進了屋

子，他們才開始逃，那時，他們已管不了路上的敵軍了，敵人就在林蔭路大吉路口架着兩架機關槍，向他們掃，他們其中一部份是犧牲在敵人機關槍下了，只要是被射中的，沒有一個還跑得出來。他們經過了黃家闕路，桑園街等處才跑出來，這些地方沒有一處不是大火，據他們其中的一個說，在桑園街附近的某處上，已經有漢奸的機關成立了，插着與太陽相彷彿的大旗子，每個漢奸的手上，都握着一根木捧，把持在各路口，他們親眼見在桑園街某段放火，一面放火一面就搜刼，在路上漢奸們差不多每個人的手上都提着很多的東西。

南市已整個地變了焦土，這空前的浩刼！

上海點描

（一）

南市我最後一部份英勇弟兄，也壯烈地犧牲了。

大上海落在敵人的魔手裡！

五百磅重一個大炸彈，落在南市各街巷，房屋炸開來了，同胞的頭炸開來了！血肉與火焰齊飛，南市變成了裂開來的火山口。

黑雲瀰漫了天空，看不見一絲太陽，大上海在哭，卅多萬的難民在哭。人們的心也彷彿一下子落在敵人的魔手裏了，失去了鎮定，失去了歡笑。

不祥的消息，就像帶在開足了的馬達的輪子上不斷地傳開去。

「×處，漢奸在散傳單！」

「×××要粉墨登場了！」

「交通斷絕，上海三百五十萬的人口要斷糧了！」

胆怯的人們在嚷着：「大禍臨頭」懊惱着自己爲什麼不早一點離開上海。

頑強的人們伸直了腰桿子，準備給打擊者以打擊。

（二）

在米店的門口，擁滿了提着籃子上早市的人，他們握着拳頭，雨一般地敲着那米店緊閉着的門，人們的嗓子喊啞了，爲什麼有米不賣給我們！

「媽的，漢奸還不是想趁火打劫，抬高市價嗎」！

「赤那格娘，阿是想把米，留着賣給東洋人」？

裏面的回音，一點也沒有。各大報的新聞欄裏，分明地登着「上海糧食充足，市民勿憂」的消息。

（三）

大飯店的住客牌子上面，寫滿了人名字，酒店的老板，躭心明天是否買得着魚肉。

於是肉價也漲了價。一塊錢要買到兩斤多，現在，現在一塊錢只買着那薄薄的一塊，鬼才相信，那還有一斤足數！

買肉的人吝惜那手中的一塊錢，心中想，吃肉吃不起，還是去買一點青菜吧！誰知道青菜也漲價了，問價錢，他却要四百六十文一斤，翻開來一看那菜葉子上面却盡是虫眼。

要買好的嗎？這兒也有，價錢是兩毫錢一斤，少一個子兒你休開口。

（四）

十月十一日，大美晚報刊出一條有人要求工部局，取締新聞，工部局現正考慮中等等的消息。

於是大街小巷傳說××與××兩大報即將停刊了，某某報要搬到內地去出版。某報有變成漢奸報的可能。

文化人躭心着上海將來要變成一座死城，據說連××局也着了慌，派出人四處去打聽着，各報停刊的消息，是否事實。

第二天，各報依舊刊出了堅決的社論，謠言漸漸地淡了。

（五）

十一月十三日，南市仍舊混亂，男哭女嚎，一片淒慘的聲音，彷彿刀一般地刺進了人們的心。難民們已經餓了三天三夜，雖則有幾個慈善團體，送去了一點糧食但是粥少僧多，沒有進一點飲食的，依舊是數不勝數。

這是一幅慘絕人道的情景，不，預料比這更慘絕的事實卽將到來了，這裏抄下一段立報的記載：「十二時卄五分新北門障川街突然由城內穿出敵兵卅多名，將沙包佔據揷上太陽旗幟，用槍刺將四圍難民驅散，這時整條民國路的難民是受驚了………

二時卄分，新北門又穿出小型坦克車二輛，西向循民國路巡行了一週，機聲軋軋，輪齒也把我們的路面咬破了：步兵十四名也隨車遊行示威，馬路兩旁我們非武裝的平民都呆住了。

二點半，三個工人模樣的青年在潘家口被抄，檢查了好久，此後，就下落不明：；……

……」

現在十多萬的難民，是被踐踏在敵人的鐵蹄下了。

（六）

在震飛路杜美路口，那一塊四面圍着竹籬的空地上，立滿了我們從南市退出的弟兄們，其中有警察，有公民訓練隊，有壯丁。武裝的軍隊圍繞在周圍。

突然有一個青年的小夥子，流着淚，伏在竹籬邊高聲地向裏面嚷着：「我代表全上海的同胞們向你們致敬，你們是爲了租界的安全，爲了南市廿多萬難民的安全才退出來的，你們一點也不慚愧。失敗是成功之母，我們不應該灰心，長期的抗戰，是不在乎一時一地的得失的。」

裏面的人都抬起了腦袋，一個身上還穿着民衆送給他的棉背心的弟兄，在嗚咽啜泣了。他們都一致地點點腦袋。

裏面的人和外面的人，互相地招着手，互相地嚷着各人的名字，被尋的人與尋的人的嚷聲吻合時，便互相地笑了，他們慶幸着沒有犧牲在敵人的炮火下。

嚷聲得不着囘應的也有，他們臉上露出了焦急的表情，那一對滿含着淚水的瞳子呵！彷彿敵艦上面的探海燈似的，向着竹籬圈子裏亂射着。他們的兒子，兄弟，丈夫，也許早已成仁了吧？終於拖着沉重的腳步走開去。

旁觀的人也拖着沉重的腳步開去

（七）

是南市敵我激戰得最激烈的時候，是上海陷落的刹那，在傷兵醫院中，四五個弟兄，正在爲着看護小姐幾天不給報他們讀而吵鬧着。

「爲什麽不給報咱們讀，咱們身上掛了彩，眼睛也沒有掛彩！」

有幾個敏捷的弟兄，已經從砲聲的方向，看護小姐的臉上，意識到不給他們報紙讀，是怎麽一回事情。便坐在床上嘰哩咕嚕着。

「媽的，有什麽了不起，頂多是東洋鬼子將上海拿去了，我們老早的計劃，就要退到國防線上去打呢。」

可是看護小姐爲了他們身上未愈的創傷，又怎麽忍心將「大上海陷落」的消息告訴給他們呢？

這也是生活

一條靜靜的街道上，停着十幾輛黃包車，幾個年紀較輕的黃包車夫坐在一起玩着賭具，一個年紀較老的黃包車夫垂着腦袋，半在黃包車的脚踏上，看見我從另一條街轉來時，便老遠地迎過來了。我走過去，給了他一根香烟，我們便在行人道上坐下來了，老車夫告訴我，他是在閘北一帶拉車的，滬戰爆發後，他便從閘北戰區跑出來了。現在他還有一個兒子在戰區中，不知道生死存亡。

當前些時，日本人在華德路一帶縱火焚燒時，把他和他的四個兒子，從屋子裏面出來，他的兒子因爲年輕力壯，便被日本人拉去了，說是要給他們做嚮導。

「先生，做嚮導懂嗎？做嚮導就是替日本兵引路。先生，這是要不得的，遲早總要給日本人殺死，卽使不被日本人殺死，也要被我們中國軍隊捉住槍斃掉的，死了還要被人駡漢奸！」

老車夫跑到租界裏來後，便投到難民收容所裏去，在難民收容所裏登了兩天，他關不住了，一方面他還想着他那被日本人綁去了的兒子，自然他是無法再見到他兒子，但是他覺得他應該依舊出來拉黃包車，他覺得他有的是力氣，不應該一天到晚坐在收容所裏吃公家的。於是他便請求收容所裏的負責先生，讓他早晨出去，晚上歸來，允許他每天在收容所裏睡覺，收容所裏的負責先生便允許他了，不過早晚出去要檢查身體。

幸好他還有一張在閘北拉車子的拉車證和一張照片。車行裏的老闆便答應他！每天車子的租費從早晨六時起到晚上十一時止是大洋八角正。前幾天，公共汽車及電車還沒有恢復，他每天居然還可以拉到兩塊錢至三塊錢的模樣，可是這兩天却大大地不對了，每天能夠拉一塊五毛錢便是好事。他因爲年紀老了，精力不夠，有些時每天只拉半天，就息手了，半天是大洋四毛，下午兩點鐘交班，但是每次的收入，要照整天的比例算起來，是差得很遠，有時簡直是爲黃包車公司幫了忙。

從他的口裡，我知道，現在上海兩租界。行走在市上的黃包車，有九千多輛，戰爭未暴發前，僅只八千餘輛，但是黃包車夫却有四萬多人，連華界逃來的車夫，一起算在內。現在便要多下三萬多黃包車夫失業了，有的是囘到家鄉去了，有的是做了難民，有的……不用說，這自然是一個嚴重的問題。聽說。他們在請求黃包車夫工會救濟。記者問他「那麼車行裏爲什麼不多加車輛呢？」

老車夫做出了吃驚的表情，原來租界上的車輛是有限定的。他說：「到工部局去領照會，看你先生有多少錢，一輛車子剛領照會的時候，價錢貴來西呀！」

從他的口裏，我又知道黃包車的照會，是一個月換一次，照會費公共租界每月是兩塊伍，法租界是兩塊，華界是一塊零五分，現在是開始領九月份的照會了。

老車夫口中的一根烟抽完，老眼已經有些紅潤了！記者又遞給他一根，他搖搖手不要，嘆了一口氣。他這時大約是想起了他那被日本人綁去了做漢奸的兒子吧？

離了廠的『包身工』

難民收容所裏收容着大批的難民，街頭巷尾聚集着許多難民。在一條弄堂中，兩個中年男子和一個中年女子領着十幾個女孩子蹲在那兒。

那天，仁濟堂派出來在街頭收容難民的卡車經過了那兒，他們認爲，非常地怪奇，這一大堆人，難道是一家不成嗎？他們走上前去帶着威脅性的盤問，却原來是一堆「包身工」，兩個男子，一個是老板，一個是助手，再一個中年女子却是老板娘。

（「包身工」似乎用不着筆者多加解說，大家都已深知了。）

於是仁濟堂派了兩輛卡車，一輛裝着老板，老板娘，助手，一輛裝着這十幾個肌黃膚瘦的「包身工」，分向着兩個方向開去了。

在××難民收容所裏，這十幾個青年的女「包身工」蹲地在下，一聲不響，彷彿十幾條禿了毛的瘦狗。

有幾個年青年的「包身工」，拉着沙噪子哭起來了，嚷着要「老板」！有人問她們：「爲什麼要老板！」囘答的是，「我們沒有飯吃了！」難民收容所裏的人，告訴她們，收容所可以把飯給她們吃，而且可以將她們送囘家去！

有幾個沒有哭的「包身工」，就將腦裝抬起來了：「先生：老板捉去了頂好，我們都是被騙出來的，有的被拐出來的，我們替他做了四五年工了，一個錢都拿不着，每天只吃一頓飯，一頓粥！這一次，我們差一點把性命都送去了，我們有幾個小姊妹都被老板送給東洋人……」她嗚咽起來了，哭得很傷心，不再說下去。

難民收容所裏的人，一再地追問她，她才說出了下面的一串話：打仗打了好多天，楊樹浦的人都跑光了，老板還不帶我們跑，他怕我們自己偷逃了，就把我們幾個小姊妹，關鎖在兩間房子裏。老板天天到日本紗廠裏去，他對我們講，日本紗廠等兩天仍舊要開工，他說是東洋人親自告訴他的，工錢還沒有領着，即使要逃、也要等工錢領着了才能逃！

「一天晚上，我們親眼看見我們老板帶着幾個日本兵到另一間關閉着我們小姊妹的屋子裏去了，一個日本鬼子用着一柄尖刀，在對着一個小姊妹的胸中刺去，我差不多嚇昏過去了！」她停了一停，說話的聲音與聽的人的心一同地顫慄起來了！

第二天，我們偷偷地跑到另一間我們小姊妹屋子中一看，她們都赤裸裸地倒在地下了，滿身都是血，還有一柄小刀插在一個小姊妹的下身，……

「當天的晚上我們的老板也跑回來了，他說日本人用皮鞭子打了他一頓，工錢仍舊沒有拿着，他說要帶我們跑了，此地住不下去了，那天晚上我們便逃了出來！」有人問她們是情願回家去，還是情願仍舊在上海做工」？多數的回答是情願回家去，其中有兩個一聽到這話，都嚇得哭嚷起來了，據她們中的小姊妹說，她們出來有十多年了，是一個被「包身工」老板拐出來的，她們兩個都是人家的養媳婦，現在都不敢回家了，其先拐出她們的一個「包身工」老板將她們已經轉押過好幾個老板了，他們的老板是從另一個老板手中買過來的，現在這兩個「包身工」已經成爲她們的老板的私有品了，兩個賺錢的工具。

這是我的責任

在一個難民收容所中，看見了一個帶着六個孩子的女人，她手中抱着一個嬰兒，生下地只有拾六天的光景。另外還有兩個一歲多一點的孩子，是一對胞生，靠在她的腿邊躺着，其餘的三個孩子圍坐在他的身邊，年紀都不出十歲以外。

我望着她那副給孩子累得沉重的神情，便問她：『你有這許多孩子可以送一個給別人嗎？』

她只笑了一笑，不響，孤單地坐在一角，我知道她除了六個孩子之外，只有她一人，然面好奇却不得不使我再問下去：『你有沒有男人？』

提起了她的男人，她好像很傷心，引起了她下面的一長串話：我是寶山縣的人，男

—30

人是在小學校裏教書的！日本人打到寶山縣的那一天，他告訴我前線上缺少運輸的人，他要替前方將士去運槍砲子彈，我不許他去，他說：『怕什麽，現在只有以國家爲重，個人死不足惜，我死了，你就替我將孩子養大，將來再去打日本人？』

她去後，兩天兩夜沒有囘家，那天晚上寶山縣的人都走光了，城外的傷兵不斷地向城內抬，我帶着我的幾個孩子，向城外去，預備探聽我的男人，那時這最小的一個孩子，（她指着懷中抱着的一個），還沒有出世，肚子裏面懷着一個不算外，手中還要抱着這一對雙胞生，其餘三個孩子就拉着我的衣服，哭哭啼啼的，大路上全是退下來的傷兵，地下幾乎全被血染紅了。逃難的人亦潮水似的向着城外湧，扶老攜幼，那時，我也想跟着大批的人一道跑，可是，我不能，我要看看我的男人。

『先生，你看見我的男人沒有？』我只要看見一個向城外退來的人，我就問他，不論是認識與不認識的，最後終於給我問着了，是我們隔壁的一個鄰人，他也是同我男人一道上前線去做運輸工作的，他匆匆忙忙地告訴我：『你的男人給流彈打傷了，躺在前面的一個棚子內』，他說着便跑去了，但是另外又有一個人告訴我，我的男人傷只是在腿部，並沒有性命的危險！我聽了他的話，我的心方平靜了下來，我想只要我的男人不死，爲了國家受一點傷，又算什麼呢？」

但誰知等我跑到我男人躺着的地方時，他已經……」一下子，她很傷心地哭起來，她一面揩着眼淚，一面就繼續地說道：『他死了，我並不傷心，我只有憤怒，我只是想，我怎樣將我的幾個孩子養大，使他們能拿起槍桿子，爲他的父親復仇，爲中華民族復仇！這才是我的責任務！』

炮聲一響

天大的本事也沒用了

新世界後面，那鈎心鬥角的巨幅電影牌廣告的側面，一向是堆滿了垃圾，充滿了臭味的荒地，可是現在那裏擺滿了各色各樣的攤子，像菜市一樣的，把橫直的弄堂擠得水洩不通，當你踏進去時就可以聽到一片的廣東語呼聲：

「馬拉糕」！

「咖喱牛肉」！

差不多沒有一個很整潔的攤子，有的擱着幾塊板，有的就用一張紙舖在地上，蒼蠅密集在空間。

雖然很髒，但是依舊不時有典型廣東人進出，像武昌路的三元宮一樣。

昔日鑼鼓喧天的新世界，現在是居留着一千多廣東人的難民收容所。新世界後門的攤子，便是以難民爲主顧的對象。

「白飯五個仙啊」！

一大碗白飯，上面放着幾根鹹菜，因爲是五個子兒一碗，也有男人和女人站着大口的吃。

我在一個牛肉湯攤旁坐下，要了碗牛肉湯。「你本來幹什麽的啊」！在喝了幾口不大有咖喱味道的湯後，我就向那擺攤的問；

「我嗎？做過麵包司務，也當過厨房，我能夠做「鷄批」，我也能做「龍虎大會」。然而，炮聲一響，憑你有天大的本事也沒有用」。說這些話時，他沒有像喊「喱咖牛肉」

時那樣有勁。

「有本事總比沒本事的碰到打仗就措手無策的要好得多，現在，你到底還能自做自吃」。我有意地鼓勵他。

「要是在平時，我要找一碗飯吃決沒有問題的。可是這一回，我到英租界上各個飯館跑了一下，小的已經關門了，大的裁人也來不及，那裏添什麼人………逃出來時慌慌張張，什麼東西沒有帶，祇是一個光桿」。

我看見他這頹喪的樣子，我就拉別的問：「生意好嗎」。

「本來還好，給漢奸們在馬路上到處投毒藥，我的生意就受了影響。丟那媽，要是漢奸到我這兒來投毒藥，我準把他打死」！頹喪變爲憤怒。

「生活還不發生問題吧」？

「誰能想到這些事情，過一天算一天」。他想一想：「想回鄉下去………不過，到了鄉下也沒有辦法啊！獨個兒還好，有妻兒到那裏去都沒有辦法」。他的臉色更黯淡了。

敵艦威脅下的漁民

吳淞口外，有成千成萬的漁戶，靠着白浪翻翻的大海，尋找着生活。在風平浪靜的時候，一網打下去，準會有幾十百把隻鱗兒奪目的魚給捕了起來，捕魚的人笑了！這是他們辛勤勞苦的代價。

自抗戰以來，魚戶們都家破人亡了，目前，在吳淞口外再也尋不着一個捕魚人影子。捕魚人的船都成了碎屑木塊，隨着跳躍着的浪花流去了，捕魚的人也成了魚蝦們唯一的好食物。

僥幸未死去的漁戶們，海浪把他們推到海攤上來，他們便沿着海攤，穿過火線，終於逃到租界上來。但是因爲多數愛傷或衣服襤褸，被捕到巡捕房裡去了。

下面記下一個漁戶在巡捕房裡對記者的報告『我們在吳淞口外的漁戶有兩千多人，我們每年除零碎售出的不算外，供給魚市塲的魚，達五六萬元的數目。抗戰爆發後，敵人的第一個炮彈就毀去了魚市塲。於是，我們一切就完了，眼看着船艙內的魚臭去，終於腐爛了，那時我們又不能將船划到吳淞口內來售出。我們便將船靠在海攤邊，以魚充飢。

「八月廿號，敵人一四十八人乘着幾隻小艇，跑到我們的船，他們要我們帶他們到海攤邊去探視，那兒有中國兵，那兒沒有？

「他們其中有一個會說中國話的，看樣子不像日本兵，他對我們說，要是不允許的話，他們（指日兵）就要用機關槍打死你們。我們其中有一個得了寒熱病，他的船因此稍爲開遲一點，於是一個日本兵用着槍上的刺刀，一下子刺進了他的肚子，鮮血往外面直流，他把他扔到海中去了。我們都不情願對日本兵說眞話，我們把他們望我們中國兵的防地領去，一划到海攤邊，我們就望着攤上跑，一面跑，一面高喊着：「這裏有日本兵呵！」這樣，被中國兵發覺，用機槍掃死的日本兵，眞不知有多少。」

據說，八月廿三號的那一天，日本兵開始到他們的船上來搜索，錢和滿艙的魚都被他們搶去了。他們把漁戶們的船都聚集在一起，又從軍艦上抬來了許多的木板和竹桿，他們叫漁戶們把那許多木板舖在船上，用那許多的竹桿將一隻一隻的船連系起來，成了一個極大的碼頭。然後，將那些漁戶們都叫到這木板上來，排在一起，他們便架起機關槍掃射，有許多乘着機槍末掃到身上的時候，就勇敢地跳到海裏去。但是能僥免的又有幾個呢？

黃浦江邊悲喜劇

立在黃浦江邊，遙望着對江煙火瀰漫的浦東，心中頗想渡江去巡視一番，那邊是我們的一望無涯的大好江山，那邊有我們成千成萬被踏在敵人鐵蹄下的受難的同胞。可是往日那靠在江邊數不勝數的小舢板，現在已寥寥無幾了。

據說多數是被敵人拖到吳淞口外去了，敵人能在金山衛的登陸，就要謝謝這一批純粹中國風味的小舢板。

呆呆地怔在那兒，自己問着自己。卽使有一個船夫，胆敢地能帶我到浦東去，自己是否有渡江的勇氣呢？這麼想着，從碼頭的旁邊，走來了一個五十餘歲的老頭兒。

他猜準了我的想頭。「先生，是不是要渡江去？我可以帶儂過渡！」

這才奇怪，居然有胆敢的船夫能帶我渡江了。

「眞的能渡江去嗎？江那邊不是被日本人佔領了嗎？」

「您先生客氣！」他笑嘻嘻地：「日本人是不會難爲您先生的。」

他把我當作漢奸了。我問他：「日本人爲什麼不會難爲我，我既不是日本人，又不是敵軍的好朋友？」

「嘻嘻！」他又笑了，接着看了我一眼，「您先生難道說和日本人沒有關係嗎？前天我渡過去了幾個像你先生穿着一樣漂亮洋裝的人，其先我不肯渡他們，我說，日本人看見我們中國人就得開槍的，你猜他們怎麼說，他們說日本人見了他們不會開槍，而且會歡迎他們！他們又說將他們渡過去了，可以給我五隻大洋！」

「眞的，我把他們渡過去，在其昌碼頭登岸，日本兵不但沒有開槍，而且走到碼頭上來，將船上的繩子，緊在碼頭上面了，讓他們好上岸，他們都對日本兵點了一點頭，就向共昌棧頭碼裏面去了，爲尾的一個人，很爽快的給了我伍塊錢一張的票子！

「伍隻洋，」他說到這裏時，兩邊的嘴角都笑開了。「想不到我一天就賺了五隻洋，同行的都棄了舢板跑走了，獨有我不跑，我說你們都跑走了，讓我一個人做好生意，我想還能像一個月以前那 ，裝難民撈一筆大錢。」

說到錢，他從「肚袋」裏面，搜了半天，搜出了那一張伍塊的法幣。他拿在手中，臉上露着一種說不出的得意。

他把摺好了的票子打開來，翻來覆去的看着。

一點也沒有錯，是一張中央銀行的伍元的法幣，那上面亞拉伯字的「伍」字，印得很楚清。

忽然，我感到這伍元的法幣，與一般的有點不同了，那上面淡綠色的顏色現得更淡，彷彿是一張粗製濫造的冥票。

我上前去一看，那票子的假面目，完全現在我的眼前了。

我說：「老人，你受騙了，你手中的一張票子是假的！」

「怎麼是假的嗎？」臉上立刻露出了吃驚的表情。

「是假的，」我指着那票子：「眞的顏色沒有這樣淡，紋路也比這清爽！」

他似乎有一點不相信，但握着票的手，已經在顫抖了。

我又補上了一句：「你要是不相信，你可以拿到煙紙店裏去兌換！」

我說得是那樣地懇切和認眞，他不得不有點慌了。

趕忙地囘過身來，向着碼頭上跑，不到幾步路，又跑囘來，幾乎是用着哭泣的聲音對我說：「先生，請你將我的小船照一照，我馬上就來！」

老遠地，我聽見他嘴裡還在嘮叨着「漢奸，漢奸」的罵聲。

從羅店歸來

四號的晚上，正是我軍將敵人趕出羅店附近的一帶，而前鋒廹近孫家橋的時候，記者帶着一批慰勞品，分乘兩卡車與我們團體的代表向前線進行着，車子開至郊外，已是夜深十時了，那天晚上，據軍事方面得來的報告，是大批敵機來轟炸我軍陣地的當兒，因此沿途均有敵機在我們車子的上空盤旋着久留不去，其先記者等，為了避免敵機的轟擊，曾不時地走下車來，伏在路的兩邊，待敵機飛過去了，我們才重新坐上卡車，可是不久，敵機又出現在我們的上空了，彷彿貪婪的蚊蠅似的嗡嗡地鳴着威脅的號子，一個同車的友人，便微笑着用幽默的語調說道，轟炸我們後方的手無寸鐵的人民，這大約就是敵機的任務吧？從這裏便可以看出敵人卑怯的慘無人道的面目來；

後來我們索性不去管敵機在上空的威脅了？繼續地向前開去。車子開過市中心區的時候，在××部駐紮的地方，我們被兩個守在戰壕中的弟兄喝停住了，經過了詳細的盤問，他表示要派人領我們前去，因爲有許多地方都築有防禦的工程，有許多是關於軍事機密的所在，這些全是走不通的而且沿途有時會遇到奸人的襲擊，所以，派弟兄領導我們前去是必要的了，對於弟兄們的好意。我們自然是感激不盡的。

四個弟兄緊握四柄盒子槍坐着一輛汽車在我們前面引導着。因爲我們必須在一小時內趕到目的地，所以汽車開得很快，對於腦袋上敵機嗡嗡的威脅，我們已全然不覺着了。因爲路上遺留着有木塊，沙袋與炸碎了的汽車的零件原故，我們的車子，有一次却衝進了路邊池塘中去了，我們正在設法如何將車子從水中施到路上的時候，有架敵機

嗡嗡地從遠處飛到我們上空來了，它突然地從上空極速冲了下來，彷彿要擲彈似的，我們覺得我們的生命已無可挽救了，耳朵中只聽見強烈的嗡嗡的機聲。

幸好敵機擲下來的是一顆照明彈，它射着強烈的綠色的光芒，高懸在半空中，彷彿一盞汽燈似的，把四野燃得雪亮，路邊戰壕中的弟兄們，都把機槍豎起來了，機扭的聲音發得格格地響，準備作射擊狀，誰知敵機只盤旋了一圈就飛去了。

遠處的槍炮的聲音是越來越近，由嗚嗚的步槍聲而清晰地聽得見格格地機槍聲，抬起腦袋來，望着上空的流彈彷彿火魚似的守行着，施着很長的尾巴，嗚着尖銳的號子，半邊的天空，已被炮彈的火光燃得雪亮，

這時我們的車子，已進行離羅店只有二里處的地方，防守的弟兄已不充許我們前進。他告訴我們，我們□□部的隊伍正乘勝向長南橋與邊石橋集中，擬與羅店東南方面的我軍聯絡，來一個大包圍的形勢，這時正是敵軍被我軍包圍殲滅的當兒，事實上我們已不能再向前了，身邊的子彈密得像飛沙走石似的。我們只好將一批慰勞品交下來，請防守在那兒的弟兄帶到□□部去，轉送給前線的弟兄們。

徐家滙的難民船

上海戰事爆發，租界內特別熱鬧起來了。戰區裏的人民都搬到租界中來，視租界爲安樂土，就是並不危險的南市與徐家滙一帶的住民，也都遷移一空，空氣顯得特別緊張。

昨天我到南市去走了一趟，預備再由南市經過斜橋，楓林橋一帶，而至徐家滙。可是到處碰了壁。從外灘預備走到南市去，在民國路口就給法界的巡捕阻止住了，只好回轉來，打算從天主堂街穿過民國路，然而幾處的鐵栅欄又全都緊緊地閉住。沒有辦法，只好踏上二路電車到徐家滙一帶去視察一番了。

徐家滙與法租界的交界處，全堆滿了沙袋與鐵絲網，巡捕也嚴密地守着，禁止行人通行，僅有海格里一條路可以到達華界，在華界人很擁擠，橋板上全是人坐着或者靠在橋欄上，他們有許多是從龍華一帶打算跑到租界上來的，有許多則是從租界預備搭船或者步行到松江一帶內地去，因此這一條華界與法界交界的橋板，就成了他們唯一的休息地了。

在橋板的那邊，便是到松江，佘山去的一帶小火輪與民船的碼頭，有幾條民船上都已經坐滿了逃難的人，卽將開行了，船夥們都大着聲音嚷：「喂！那一位到松江去，到佘山去！乘啊拉船吧！」

聽那些船夥的聲音，嗓子都破啞了，據說他們每天從松江，佘山到上海要開兩趟之多，從前夜晚可以通行，現在夜晚因戒嚴，不能開行了。他們現在的生意很好，每次來回都是客滿的，有些比較有錢的土老哥兒，也從佘山，松江一帶跑到上海來，他們視上海租界內爲安樂土，只有住在上海的人，才知道上海的法界內也不是安全的地帶了，那些土老哥兒，有的不惜以五六十元包一條小船到上海來。前幾天風聲緊張的時候，民船缺乏，也有個人出十塊錢的到內地去，那些平日登在臭水濱裏賣草的小船上的人，現在都腰中滿滿的了。

前幾天，那些專裝乘客的船家，不許這些賣草的小船裝客，後來因爲乘客實在太擁擠，也只好馬馬虎虎　可是他們依舊不許那些野雞班的小船，靠到他們原有的碼頭上來，他們只是靠在碼頭過去的慈惠橋旁邊，遼遠地就聽見他們高叫着：「先生，搭我們的船去！」

記者奔到碼頭下面，找着了一個乘船的難民，與他談了一番，他告訴記者：他們多半是從楊樹浦一帶逃出的，織業是在日本紗廠裏做工。

他們都是眼淚汪汪的，說是受到了如何如何的損失，工廠裏的薪金沒有領着，一些較重較大的東西都丟了。有一個婦人伏在船頭上，嚎天哅地的哭着，她的男人在楊樹浦被敵機投彈炸死了，她只好帶着她的一個孩子囘到家鄉去。

他們多數都問記者，什麼時候，才能將這些東洋鬼子趕出上海去，他們好重囘到上海來……？

從他們的談話中，才知道到佘山去，到松江去的船價都加了一半，以前到佘山去的，只要四百錢，現在要八百了，到松江去的為兩角，現在也要加到四角了。一個老婆子坐在船尾上嘮嘮叨叨地，她說什麼乘火打刼呀！沒良心呀！人家逃難，他們（指船家）漲空地要漲一倍的船價。

那個站在船頭的船家，就頗氣憤地對老婆子嚷着：「儂弗要搭啊拉船就跑，沒有人請儂來，人家是用性命換來的錢，格兩天，天天有飛機在啊拉頭上丟炸彈，開機關槍，幸好都沒中，中了，你就是出一百塊錢，也沒人替你搖船！」

岸上的人越來越多，小船危急地兩邊掩擺着，好像透不過氣來似的，於是，船上的人都嚷了起來，黑衣服的警察老遠地跑來維持秩序，這樣小船才先後地開了出去。

記者在岸上走，小船在濱裏行，到了慈雲橋那兒，兩個軍人突然將小船吆喝住了。他們要檢查一番才能放過，原因是恐怕漢奸潛伏到內地去。

岸邊放着十幾袋子米與蘿簍鴨蛋，有一個兵在旁邊看守着。那個檢查小船的兵指着這些告訴我：「這許多米和鴨蛋都從這些小船上搜來的，問他們裝到什麼地方去不肯說，後來詳細地盤查一番，才知道是漢奸去資敵的！」

記者從三角街到斜土路中山路都去看了一番，那兒的住民都顯得非常鎮靜，三角街的商店都開着門，依舊做他們的生意，中山路的旁邊有一條小石橋被炸斷了據附近的人說，是前幾天中國飛機與日本飛機激戰，日本飛機負傷擲下的。然而沒有傷人。

從中山路望龍華那一帶走，沿路都要受盤問，不過龍華開車的時候是例外。

南市警戒區巡禮

到過南市去的人，一定會說南市的情形比租界平靜得多了，決不像租界上那樣來得混亂，一切都守秩序，守紀律。

前天，日本人突然宣佈。他要轟炸我們的南市，算是慘敗後的報復，於是，南市就曾經一度小小地騷動起來了。

在以前，租界通到華界去的鐵門，僅有南陽橋與老北門兩處可行，可是日昨天法租界當局突然將這兩處的鐵門不時地關閉起來了。記者去時，正是南陽橋的鐵門緊緊地關閉着的當兒，租界與華界兩處來往的人總有好幾百之多，攜老扶幼，提着箱子挽着行李，都緊擠在鐵柵欄內面前，您望着我，我望着您，睜着一對焦急的眼光，心中想怎樣才能令法當局將緊閉着的鐵門打開。

有幾個青年的小夥子，大約等得不耐煩了便偷偷地從鐵門的縫中鑽過來，這樣一個繼一個，倒有好幾十人給安然地鑽過來了。外國巡捕是把守在另一邊，所以沒有看着，後來，人叢中騷動起來了，有許多望着這邊移，這樣，才給一個巡捕發覺。

大約只等了十幾分鐘的模樣，法當局就將鐵門邊的一個小門打開了，人立刻像潮水一般地擁過去，待租界的通到華界去的人走完了，然後華界的人才可以走到租界上來，可是攜帶着較大的箱子行李的人，都給法當局阻止住了，不許通過，有的經要求後才允放過。

一踏到華界，空氣立刻就平靜下來，街上沒有較多的行人，屋子裏的人都用着一張櫈子，坐在屋簷下乘涼。

我們從方濱路轉入民國路，街市死的一般寂靜，較大的商店關了門，往日風馳電掣一般的車輛都不見了。在陳英士紀念塔的下面，圍滿很多人，望那面前走的人都嚷着看漢奸頭去，可是走到陳英士紀念塔的旁邊，什麼也沒有看見，原來漢奸的頭，在淸晨已經收殮了，爲了避免不衞生的原故。大理石的地上，還可以淸晰地看到漢奸遺留下來的血，上面蓋了一層薄薄的石灰。

這時，有一個人在陳士塔的旁邊站了許久，便遭了保安隊的嚴格的盤問，原來他是×報的記者，站在那兒等友人的，後來果然有一個人向他走過來招呼他一道走，保安隊才允許他離開那兒，記者心中想，像這嚴密的防備，任你漢奸如何的陰謀，也難得逞的了。

到老西門望蓬萊市場那邊去，就要受到嚴格的檢查與盤問，來往的汽車，非得要有通行證才能經過。

在老西門十字街頭那兒，四面都築有防禦的工程，沙袋堆得有兩人之高，上面還蓋上了鋼板，我們的弟兄們，都很鎮靜地伏在那兒，把槍桿子對着前面。

記者正站在街頭呆看時，突然有兩架日本飛機從那邊軋軋地飛了過來，只看他越飛越低，到了老西門時，就好像是掠我們腦袋而過，這時大家都不約而同地將身體閃到牆壁邊去，一點也不慌張，不像租界上的多數住民見着飛機時亂嚷亂跑。

從老西門拐轉來，沿途我方的防禦，都甚堅固，路口均堆置沙袋與鐵絲網，衛國的健兒們嚴密的把守着，那邊法界的當局，雖則將鐵柵門緊緊地閉着，堆着着沙袋，但有些却無巡捕把守。

老北門行人又擠擁起來了，各色的車輛都集在鐵柵旁邊，因爲華界的車輛從這兒才能通過租界，這時正是老北門的鐵門緊閉的當兒。

踏上了東門路，再前去就不允許通過了。

在西站

自從京滬滬杭兩路開車後，據說每天向着這兩條路上逃難的人，達好幾萬人。我爲了要明瞭西車站的情形，曾經到那到兒去巡禮過一番。坐雙層公共汽着車向滬西出發，在愚園路上，不時地可以看見英軍所築的防禦工程，沙袋堆得伸向街心，僅可以通過一輛公共汽車。來往的雲飛與祥生汽車，不斷地穿流着，人行道上攜老扶幼的難民，潮水似的向着西車站湧。

兆豐公園的門口，英軍仍舊在那兒建築防禦工程，黃包車夫拖着沙袋，一輛一輛地

50

從極司非而路的兵營向着那兒拖。有幾個堆置好了的沙袋上還搭了凉棚，就像亭子似的，大太陽灑不着他們的腦袋，英軍坐在裏面乘着凉，樣子很怒閒，口中有的還含着一根雪茄烟。

在聖愛娜夜花園的門口，佈置了鐵絲網，荷槍實彈的英軍把守着。一過了鐵絲網，乘車的人便坐得滿地了，東也堆着行李，西也堆着舖蓋，賣茶的小販，高叫着一個銅板一杯，情形很混亂，汗氣與路邊堆置的垃圾的臭氣，直望臭管裏鑽，可是來往巡行着的英軍，却不管這些，只是鼻子上面，多了一個鼻罩。

這人潮一直從滬西車站馬路湧到那邊的極司非而路的交界處，那邊因爲是戒嚴的區域，等車的人不能過去。所以比較清靜得多了。估計一下這些逃難的人，至少有一萬人左右。那時正是五點半鐘京滬車開車的時刻，這些人不用說是踏上京滬線的了。但不然，待記者走到車站的面前的時候，才知道上午十點半鐘的滬杭車還沒有開出，車站的門口貼出了一張條子，上面寫着，『……上午十點半及下午一點半之滬杭車，頭，二，三等票均已售全……』的字樣，一個車站員站在車站的凉台上向外面高嚷着：『報告，請大家注意，今天的滬杭車還沒有開出，五點半的京滬車大概要延長時間了」！

我在車站邊，找着了一個買香烟抽的職員，和他談了一息話，才知道從杭州開到上海的車子，在半路出了毛病，因此上海的車子就不能開出了，他告訴記者，每天規定的是滬杭車開兩次，京滬開兩次，但是，自開車以來，很少時間是照着規定的，只是什麽時候車子開到，就什麽時候開出了，譬如今天，不單滬杭車錯了時間，恐怕京滬車也要脫班了。

他說每天搭車的人，滬杭車爲最擁擠，滬杭線多半是到杭州的，然後從杭州轉到內地去，京滬車以到鎭江與到南京的多，每天京滬車兩班，乘客大約有一萬人左右，京滬滬杭兩路車合起來大約有三萬人的樣様。

記者這時便向他交涉能否到車站裏或者月台上去走走，但是却給他阻止住了。從車站的旁邊鐵栅欄中望進去，鐵路的兩旁與月台上也擁滿了人，那是上午十點半鐘購着了票，而未開出的滬杭車的乘客。這時大太陽最辣，坐着鐵路兩邊的人都覺着腦袋在那兒「抗日」，但是態度却非常鎭靜，因爲人太多原故，鐵軌上也幾乎站着的是人，我心中想，這時要是有一輛火車從那頭開過來的時候，說不定要發生什麼慘禍了。雖則車站裏的路警，不時地在維持秩序，但也無能爲力。

我正這麼想着時，突然人叢中轟動起來了，原來是兩架日本飛機在天空軋軋地飛着，他越飛越近，軋軋的機聲也來得更響亮這些彷彿像一根針似的刺進了人們的心中，幸好牠只從東站上飛過就飛去了。否則，擲下一個蛋(彈)，那眞是不堪設想。

記者偶然地想起了一個問題，便是乘客等不及時，囘去了，而該班的車子又在夜深開出了上海，乘客因此漏了車，試問乘客所持的該班車票，搭下班車時是否有效，記者問及一個車站職員時，他也無法囘答我這個問題。

沿蘇州河一帶瞭望

這兩天，租界上的防務突然加緊了。沿着蘇州河一帶堆着的沙袋，一天一天地在加高。

我沿着蘇州河一直望着新閘橋走去，泥城橋這邊，一切的防務都照舊，蘇州河那邊，北四川路郵政局的門口，敵人的沙袋也比以前堆得高了，有兩部機器脚踏車停在那兒，四五個穿着便衣的日本浪人，好像很空閒似的，在那兒來往地巡走着，一會兒一輛卡車從那頭開來！把幾個日本浪人帶上了卡車，就沿着蘇州河向外灘去。

泥城橋過去，沿着蘇州河的公共租界的防務，都由英兵在那兒担任着，有幾段行人都不能通過。於是我只好轉身沿着新閘路走。

新閘橋路的中間，不許人通行，只可以在行人道上走，路的兩邊都堆滿了鐵絲網，因此街的中間顯得死一般的寂靜，彷彿是戰區一般，新閘橋頭，英軍在那兒築有休息所，所以在這兒的英軍就比較多了，防禦也比較重要和堅固。

橋那邊，就是我軍防守的區域，從這邊望過去，可以看見我軍英勇鎮靜的姿態，他們戴着鋼帽，服裝都很整齊，站在沙袋邊戒備的我軍，也沒有這邊英軍多，他們的態度倒好像顯得很悠閒的樣子。

那邊的店家多半是開着一扇小門的，但是不做買賣，在門口守門的人與軍人坐在一條長櫈上長談，騎着脚踏車的傳令兵不時地往來着，那邊看不出一點戰爭的模樣。

在炮火中新生

北新涇，敵人曾經數度地在這兒擲炸彈，轟炸我手無寸鉄的老百姓。以前，這兒是一個平靜的小鎮市，人民以種菜爲業，在平時，似乎還是一個世外的樂園。

抗戰爆發後，這兒沒有受到經濟的影響，相反地，他們的收入比以前更增加了，由於大批地人民的收入減低，再加上日帝國主義封鎖我海岸，肉類無法入口，即使有錢購得起肉類的人，也不得不改買蔬菜做餐了。

經過了幾度的轟炸後，鎮上差不多被炸去了三份之一的地方，菜地也多數的被燬去了，但是却沒有一個菜販離開那兒，而且，他們更加緊了他們的工作。

有許多菜販的屋子被炸倒了，父母兄弟或者妻子兒女都被炸死，只剩着光桿兒一個，於是，他們把他們的破屋子撑起來，獨自個兒地住在裏面，好像把一切的悲哀與憤怒都悶在心裏，終有一遭我們要把我們的痛苦加倍地償還給敵人。

敵機轟炸後，接着就來了大批的漢奸的乘火打刧，他們差不多連顆菜都是好的。當被轟炸的那幾天，住民都離開了北新涇，第二天歸去後，屋子裏面都空如一洗，據說這一般打刧的，還碰着了更利害的強盜，那便是當地的流氓，他們守住北新涇的幾條路，於是，一般乘火打刧的擄來的東西，全被他們用着恐嚇的手段奪去了。

晚上，那兒却變成了頂安全的區域，不單敵機不會駕臨，就是小偸也絕跡了，甚致於打開門睡，也不會失刧，因爲那兒四野都是警戒線，偸了東西的，休想走出北新涇。

現在鄉民都自動地組織起來了，要是鎭上一發現陌生人在那兒久留，不等到軍警來盤問你，鄉民就會走上來，問你一個清楚明白，然後再放你通行。孩子們看見了陌生人，會叫他們的爸爸。

最可喜的，是以前鄉民與鄉民們的仇恨現在都冰釋了，有的屋子被炸燬了，幾家人住在一起，而主人却笑顏滿面，絕不提到房租的事情。他們有一個共同親愛的人，那便是軍隊，見着他們來買小菜，廉價不去說他，甚致於將小菜送給他們，可是沒有一個軍隊，領受他們這樣的盛情，他們開口多少是多少，決不還他們第二個價，這證明敵人的轟炸，不單沒有使我們「屈膝」，而且加強了我們抗敵的力量。

鎮上每個人家都挖有地洞，誰聽見敵機的聲音或者看見敵機來時，他們會輕悄悄地將這消息傳遍開去，立刻全鎮人躲入地洞，連三歲孩子也知道怎樣避免炸彈的危險。苦難，使他們進步了。

浦東一瞥

在滬戰剛開始的幾天，據說上海浦東間來往的小渡船，每人的渡資每次要收到一元餘。我久有意至浦東一帶去走，可是爲了這一筆巨大的船資，終於未能成行，因爲我究竟不是一個逃難的。

昨天，偶然地走到了外灘，在法大馬路口的碼頭上，一個卅餘歲的船家放着高嗓子嚷：「啊要到浦東去？只收大洋一角！」

只收大洋一角，這數目比以前便宜得多，而且前兩天敵人的炮與飛機在浦東一帶加以轟炸過，轟炸後的浦東，究竟變成了一副怎樣的面目呢？在這種情形下，我毫不遲疑的踏上了一小渡船。

浦江口除了幾隻列強的軍艦外，映在眼前的便是幾隻來來往往的小渡船，每隻船上都是裝滿了逃難的人。在浦東的江邊，難民坐成了一長列。向裏走，便是塘橋鎮塘橋鎮的小街上，房屋多數被炸燬了，這裏正是前幾天敵艦的炮轟的目標所在，有幾間坍倒的屋子中，還有幾具死屍堆在那兒，上面蓋着破爛的蘆蓆，據街坊上的人說，這幾間屋子裏面的人都是全家被炸死了，等着他們住在上海的親戚來收屍。未炸燬的店家，都半啓着門，依舊做生意，街上的菜販很多，而且售價亦甚便宜，有許多上海的菜販，從那邊販小菜到上海來買，他們正在鬧忙地爭着價錢。

向西走，便是老白渡鎮，房屋都整齊地立在那兒，雖則未受到炮火的影響，但是人民都是十室九空。走在青石板的小路上，彷彿身入荒野古刹中。

老白渡鎮的附近的賴義渡鎮，是平日最熱鬧的一個鎮市，這時街上也顯出了荒涼的景象，幾個無家可歸的難民，就睡在人家的屋簷下，好像是等待着死神的降臨，兩三個巡警把幾個比較年輕的難民，向着小巷中趕，據一個店裏的夥計告訴我，在炮轟的那天晚上，有許多流氓在賴義渡的附近，大肆搜刼，難民的包裹全被他們強去了，甚致連屋子中沉重的桌椅板凳都搬走。平日與這些傢伙稍結有仇恨的，全被他們殘殺了，這些傢伙怕熟識的人認清了他們的面目，多數面孔上都戴了鬼臉，或塗上顏料。

到了一個叫做三萬昌的地方的時候，便不能通過了，過去便是春江碼頭，但是走後街却依舊可以通行，然而春江碼頭被炮火毀後的殘跡，却無法入於眼底。

在後街逃難的人，扶老携幼，挑着大大小小的担子，向着江邊走來，在路邊的荒野中，有許多壯丁，都在努力地挖着地穴，一個較年青的壯丁告訴記者：「敵人的飛機來時，我們叫全鎮的人都躲到這裏面去，讓敵人多費去幾顆炸彈！」

從這裏可以看出我們的同胞，是比以前有組織得多了。

戰勝敵人犀利的武器

昨晨經過××救護隊的門口，正逢該隊的卡車至吳淞鎮方面救護傷兵回來，（共載來了十二個傷兵，）其中有一個×連的排長，他的左面的大腿與胳膊均受了彈傷，而面部亦有一條半寸長的創口，那是被敵人的刺刀所傷。我便踏上了卡車，與他攀談起來了。

卡車在救護隊的門口，將傷兵的性名登過記後，車子便向着××傷兵醫院出發了。那位排長的精神很好，他是在吳淞鎮一戰而受傷的，敵軍從蘊藻濱方面偷襲過來，因此雙方發生了極激烈的肉搏戰。

這位受傷的排長很謹愼，起先不願將前線的情勢告訴我，後來經過了我再三地向他解說，並拿出證明文件來給他看，他才將前線戰事的情形以及其他受傷的經過說出來。

「敵人當時襲我吳淞方面陣地，數並不多。他們以坦克車和軍艦上的大炮，猛烈地向我陣地冲來：這時，我們的弟兄們都伏在戰壕中，不動聲色，待敵人衝到我們的戰壕的前面，我們便齊喝一聲，衝了上去，以手溜彈與刺刀同敵人力搏，這時敵人的大炮都失去効力了，只看見一個個的敵人倒下去，不到幾分鐘，敵人就會像潮水一般地退下去了，但是我們這時全線的弟兄不衝上去，只以少數的部隊追擊，因爲我們早已知道敵人的戰畧了，要是這時我們的隊伍全部衝上面那我們的犧牲便大了，因爲敵人老早就在兩翼埋伏了重兵，待我們的部隊衝過去的時候，便會對我們來一個大包圍，加以殲滅，然而自從洞悉到敵人的策略後，我們在敵人的兩翼的外面也埋伏了重兵。這樣，待敵人發動兩翼的部隊後，我們便立刻對他們來一個大包圍，結果，敵人全數便被我們消滅了，生還者極少，可是我們被犧牲的弟兄更是極少的一部份了！」

我問他：「你是怎樣受傷的？」他說：「是在肉搏的時候受的傷。那天晚上，敵人衝到我戰壕的前面，半天，不敢再上前一步，一個擠擁着一個，既不敢向前，又不敢後退，總是，待我們隊伍衝過去，他們的先頭部隊便混亂了，後面督戰的長官槧了下去，他們才敢棄械而逃，這樣被我們擊死了敵人眞是數不勝數！」

他又說敵人的砲火固然利害，但是軍士的作戰，決無我軍猛勇，這是我們取得最後勝利的一個信心。最後地告訴我，在敵人最初衝吳淞的那一天，他曾經用機槍，一人掃死敵人三四百之多。其先是敵人佔領了一個高坡，憑地利用機槍向我軍掃射，我軍一部份人便繞到敵人的背部，從下向上掃射，那時，敵人防不勝防，只看見一個個的敵人被射亡，而從高坡上滾下來。事後敵人死傷幾達千人。再其次，便是敵人每次的登陸了。

敵機的「戰績」

昨晨七時左右，敵機十多架，在滬西北新涇鎮一帶，投下了數十個炸彈，死傷我人民達四五百之多，當由各救護隊馳赴出事地點救出受傷者二百餘名，送至仁濟等醫院醫治。

今晨我赴該醫院，訪問被炸傷之難民。在待診室裏，正有數十個受有輕傷待診之難民，分坐在兩排長條凳上，呻吟的聲音，彌漫了空間。記者便與一個左邊胳膊受有彈片擊傷的菜販，攀談起來了，他大約只有十八九歲的模樣，昨天的早晨，他與他的五十餘歲的父親，挑着兩担菜，在周家橋順豐石粉廠的門口售賣，這時突然有六架飛機嗡嗡地從遠處飛來，在周家橋的上空盤旋了一週，就向着北新涇鎮方面飛去，沒有一會就聽見轟然一聲，房屋和他們所立的地方都被震動了，他和他的父親便趕緊地伏在菜的上邊，爬起來時，只看見北新涇鎮的上空騰起了黑烟，北新涇鎮那一方面的人像潮水一般地湧過來。因爲他的家住在北新涇鎮的附近，他的母親和他的弟弟都正病在家中，所以他的父親放心不下，便棄下了菜担，向着北新涇鎮方面奔去了。

大約只有一刻鐘的模樣，六架敵機又出現在附近的上空了，三架在北新涇鎮方面盤旋，三架向周家橋區一方面飛來。忽的又聽見轟然一聲，比前次更來得響亮了，灰土與細石都被掀揚了起來，這時，站在周家橋附近的人都向順豐石灰廠裏躲去，敵機在「格格」地搖着機關槍。他沒有辦法只好隨着衆人跑進了順豐灰廠， 在這時，他的耳朵裏只聽見嗚嗚的聲音，許多人從他的背後擁過來，把他推下了一個石灰窟裏，接着敵機的炸彈，就在石灰窟的附近轟炸開來了，他的耳朵裏只聽見「嗡嗡」的聲音，什麼也不知道了………。

醒來時，他已站在石灰窟的旁邊，一個救護員握着他流血的胳膊，他也不感覺得痛苦，石灰窨裏躺滿了廿餘個血淋淋被炸死的屍首，他的附近所看見的全是血淋淋的人。

後來，他便被那個握着胳膊的救護員救到此地來了。他說到這裏突然地想起了他的父母，便嗚咽着問記者：「先生，北新涇鎮該沒有被日本鬼子丟炸彈吧？先生，打聽打聽看，我叫王××，我的爺娘，弟弟該沒有受傷吧？」

接着他又大罵了日本鬼子一頓，一面罵着，一面就用手扶着受傷的地方，說那裏面還有彈片急待取出。我用什麼話安慰他呢？除出和他一樣地罵日本鬼之外！

寶山城內的犧牲者

在中山路遇着了三個難民，是剛從寶山縣逃來的：一對老夫婦帶着一個小孫子，走到中山路與斜土路之間，已經走不動了。小孫子在哭着，兩個老人喘息着。

我問：「你們是從什麼地方逃來的！」

「先生，我們是從寶山縣逃來的，寶山縣不得了，遍地都是死屍，」老婦人似乎比老頭子的精神好一些。

她繼續地告訴我，日本人攻進寶山縣的那一天，城裏我們還有一隊兵留在那兒，他們預備帶領着四五個老百姓冲出城外去，但到城門口的時候，日軍已佔領城門了，他們沒有辦法，只好又向城裏退去，躱在預先挖好了的一個地洞中，將剩下的兩挺機關槍架在洞口密集地對日軍射擊，被射擊而傷亡的達一兩百人之多，我一軍直到彈盡力疲，始全數悲壯殉難！

他們三個人是在前天大雨滂沱中偷偷逃出來的，其餘留在城內的四五百難民多數都被日本人槍殺了，壯丁們都被組織了別動隊，去挖戰壕等。

城內有一位姓王的小學教員死得最慘，他的兩目先被敵人挖去，後來又被日本人用火燒死了。

老夫婦還有一個兒子和一個媳婦，據老婦人說，他的兒子在日本人未佔領寶山之前幾天就跑出了，媳婦是被日本人姦……

談她到這裏，不願再說下去，只嗚咽地泣着。

楊瑞符營長訪問記

在那四面燃着火焰，被敵人層層包圍的四行倉庫中，偏偏有我們的幾百弟兄會那樣強硬抵抗敵人，毫不畏懼而竟苦戰了四晝夜，我想這要是換了畏死的敵人處在這種環境，他們老早就要棄了槍械，而跪在地上求饒吧？

領導着這幾百個弟兄抗戰的，一個是團附謝晉元，一個是我所要在本文中提到的營長楊瑞符，對於這樣的一個果敢英雄，我們該如何地去描寫他呢？他有一個高高的顎骨，黑黑的濃眉，不？應該寫他那一對發光瞳子，比較適合一點，那瞳子十足表現了他的鐵一般的意志。這樣寫似乎還不夠，他還有一個和藹的個性，一看見我走進了他的病室，他就笑嘻嘻的說：『你要問我守在閘北的經過嗎？各報上都登得很多，大體都是不錯的，尤其是昨天大公報的一篇，那上面記的是我的談話？但是你一定要我告訴你，我可談一點守在四行裏的感覺與退出後的感想！

『那時的感覺只有一個，就是怎樣來抵禦敵人，有人說我們把遺囑也寫好了傳遞到外面來，這是不確的，那時我們做夢也沒有想到家屬，我們當了軍人，就是國家的人，我們爲國犧牲了之後，自有國家來替我們安排家屬，還用得我們多來躭心嗎？自抗戰以來，敝軍調到了閘北，我就從來沒有寫過一封信回家去，家裡的人也不知道我在那兒，他們還以爲我駐紮在××吧」？

他說到這裡停了一停，發亮的瞳子，望着窗外，天是陰暗的，枯樹枝在細雨中掙扎着，這位果敢的英雄，大概想起了他遠處的家吧？不，他繼續談下去的是更堅決，更令人興奮的消息：「因爲我們事先沒有準備，一得到上師的命令，叫我們死守閘北時，我們立刻發動全體弟兄築防禦工程，堆置沙袋，一直到天亮才將一部份工程築好，那時，弟兄們都脫去了衣服，累得滿身的大汗。這時，蒙古路前哨的我軍就來報告：「敵人前進了」。他說到這裏非常地振奮，就就握緊了的拳頭一揮。

「我們立刻在門口佈置了兩架輕機關槍，預備給敵人迎頭痛擊，不久，敵人果然來向我們進攻了，一面放火一面猛襲，敵人大約有四五十人模樣，那時我們覺得我們的兩架機關槍還不夠發揮我們的威力。於是叫了幾個弟兄在屋頂上投下了幾個炸彈一下擊斃了二三十名，其餘的敵人就逃去了。」

「到了第二天下午二時，我們的工程大半都築好了，六層樓全堆滿了沙袋，敵人要想用碎彈來擊我們是不可能的「大陸銀行的四面，靠着他堅固的建築，敵人要想用平射砲來射擊更不可能。可是我們却不得不遵令退出了，謝團附與幾個弟兄都流下眼淚，我們懸泣的是成功沒有，成仁未果。在這全面抗戰時，我們希望每個中國人都廣該抱着「置之於死而後生」的觀念，這樣貪生畏死的敵人，管他砲火如何利害，也豈奈我何！」

『我現在仍舊活着！』楊營長光榮的笑了！也是河北省人，家中還有老父老母，一妹一弟，太太，孩子。全家現在都住在無錫，我想他們該要如何地愉快呵！

飛將軍李傳謀之殤

與梁鴻雲在一道在滬殉難的飛行家，還有一個李傳謀，當時在各報上似乎只輕描淡寫的發表了一點關於他受傷的消息，以後就一直未提起了。

偶然在一個地方，碰見了李君的同鄉×君，他剛從湖南到上海來，知道李君的低細甚詳，現在將他所告訴記者的，關於李君的一切記在下面：「兩年以前，李君還在湖南師範讀書，在學校中，他是學生服的股長，研究會的主任，無論什麼事，他都願意幹。不僅如此，而且他還喜歡運動，鐵餅，標槍，賽跑，他都玩得好。

「李君的家裡共有兄弟五人，長紹鄴，服務教育廳，李君居次。餘均幼少，六年即死去父親，現有五十歲的母親，七十歲的祖母，弟弟讀書的費用，以及家庭生活，均賴長兄維持，大家在這種孤單無父情形下，更覺得兄弟手足之間可親了。所以兄弟之間，時多互相勉勵之語，今年春天李君在杭州空校畢業了，曾經回到湖南去了一次，他們一起團聚了一天，李君假期屆滿，就仍舊離開了家鄉。

當時李君曾對其長兄這樣說過：「中日之戰，不久便要爆發，我（李君自稱）已將生命交給國家，如有不幸，望家庭勿引為悲哀，蓋在此國事危急時，個人生命不可足惜也。

李君之兄，也是一個賢明愛國的人，當時李君之兄曾經告訴他，「……假使你一旦發生不幸，家庭一切都由我負責，你可放心作事，爲國努力，」李君亦曾握着他哥哥的手說：「家裡的事既有吾兄負責，弟當盡個人之責殺賊，做一個馬革裹屍的壯士」，說完即握手而別。

誰知道李君一別，竟與他的哥哥從此分手了。李君之殉難，是炸出雲艦那天，他駕着一架重轟炸機，飛過出雲艦的高空，因爲高射炮太密，李君之機，飛得甚低，投彈心切，不幸而受傷了，李君盡其男兒報國之志，但我們這些手無寸鐵的弱者一想起來，還是覺得李君死得過早，令人不勝惋惜！×君言到這裡，已經兩眼帶淚了。

據×君云，李君生前最敬仰岳飛，以「還我河山」自矢，每次聽見日人凌我的消息，都得摩拳擦掌一番，躍躍欲試。李君死前半月，曾有一信致其弟弟，上面寫：「望弟妹等步後塵，作還我河山之最後努力！」

楊連長訪問記

在第十二傷兵醫院裏，見着我們掛彩下來的戰士楊紹麟，他是××師機關槍連的連長，在這次抗戰中，機關槍隊是佔着很重要的地位，這是大家知道的！

他的隊伍於廿號那天到上海，當時便在××駐紮下來了。前線的戰士們正打得很好，對付閘北，虹口一帶的日軍，綽綽有餘。但是弟兄們却等不及了，要求立刻上前線去殺敵。於是在廿四號的那一天，他們一連人便調到×××的防線接防××師陣線。××在××路，××路之間，面對着日軍陸戰隊司令部，當晚便發生了極激烈的衝鋒戰。

楊君親自領着一排人，守着右翼，日軍其先藉着猛烈的炮火，向着我們的陣地猛轟，無奈楊君過於勇敢，待敵人未衝到陣地前，即率領弟兄跳出戰壕，欲與之以肉搏，在這時，忠勇的楊君不幸被流彈擊中腿部而受傷了。

據楊君云……那時我們恨不得立刻衝到前線去，當我們從××開拔的時候，我們都感到非常的光榮，出發號吹起了，××的老百姓都在車站上，歡送我們，被壓迫者的腰桿子伸直了！

廿四號我們開到了最前線，接防××師，當晚日本人便向我們進攻，先以最猛烈的炮火轟炸我們的陣地，繼以坦克車向我們衝鋒，接着便以大批的步兵來搶我們的陣地，那時我們伏在戰壕中的弟兄們都瘋狂了，立刻跳出了戰壕，以手溜彈與敵人的坦克車相拚，前仆後繼，兄弟們都高嚷着，「殺敵的機會到了！」

「敵人的砲火這時都失却了効用，一與我們肉搏，敵人都棄槍而遁了，遺下來的便是敵人被燬壞了的坦克車。

「我們第一次見識了敵人的本領，原來他們都是膿包，」他笑了。

「我的腿部就在這時受傷的，當時一點也不覺得，直至日軍退去後，我的身邊的一個弟兄，發覺我腿部流血，方知道我受了傷，廿六號的淸晨，我方被抬到這醫院裏來！」

我請他替本報題幾個字，他毫不遲疑地寫了「努力殺賊」四字，啊，這四個字，正是我們健兒片刻不忘的事啊！

火線下的上海

著作者　彭啓一
出版者　晨光出版社
廣州長壽東路廿二號
經售處　離騷出版社
漢口江漢路聯保里
新知書店
廣州教育路名賢坊
分售處　全國各大書局

中華民國二十七年三月初版
實價國幣一角五分

在困難中前進	新華日報	二角
周恩來鄧穎超最近言論	周鋼鳴編	一角五分
在轟炸中來去（再版）	郭沫若著	一角五分
中日戰爭預（四版）	汪馥泉編	一角
中日戰爭與國際（再版）	夏衍編	一角
毛澤東會見記	汪馥泉譯	一角五分
軍中隨筆	謝冰瑩著	一角五分
民衆武裝論	李華卿著	一角五分
民衆總動員綱領	汪馥泉編	四分
抗日將領印象記	彭啓一編	一角
東戰場上的日兵手記	夏衍譯	一角
托洛斯基派在中國	離騷社編	一角五分
離騷半月刊	離騷出版社編	一角

包身工

報告文學集

夏衍著

上海抗战与世界反法西斯战争系列丛书

淞沪

淞沪抗战史料丛书续编 Ⅳ

第九辑

战地遇险记 | 陈丽娟 著

血写的故事 | 夏 衍 著

战地随笔 | 王耀辰 编

战地归来 | 田汉等 著

上海科学技术文献出版社
Shanghai Scientific and Technological Literature Press

目　录

麗娟女士主編

戰地遇險記

THE PICTURE OF WAR AT KATING. GIRL STUDENT WAS PASS from THE FRONT

蔡延楷將軍在前線督戰

十九路軍在新戰壕中奮勇擊敵

GOOD LUCK BOOK-STORE 130 Chaotung Road, Shanghai.

上海棋盤街交通路好運道書局

第　一　集

戰　地　攝　影

The picture of the Violency of the Japanese troopes in Shanghai.

（蔡延楷將軍題字）　每冊洋四角　（日軍暴行集）

二　三　集

戰　地　攝　影

The Chinese with Japanese was Fight Woosung, Kiangwan, Chapei, Chenju, Chiating, No. 2 & 3 50 Cts.
with Photo of the Tsai Ding Kai and map of China.

二三集合購洋五角

贈送蔡廷鍇將軍最近小照一張並最近戰地地圖一張

第　四　集

戰　地　攝　影

The Chinese with Japanese was Fight Woosung, Kiangwan, Chapei, Chenju, Chiating, Nansung, No. 4 50 Cts.
with Novel of Japan.

Good Luck Bookstore

130 Chaotung Road, Shanghai.

每冊洋五角

贈送海外浪蹟實事寫真抗日愛國小説東隣春色一冊

上海棋盤街交通路好運道書局出版

第六集 戰地攝影

戰地攝影　活龍活現
日軍暴行　胡天胡地
閘北一役　紅天映地
廟行血戰　驚天動地
我軍殺敵　哼天哼地
陳屍遍野　慘天悽地
敗敵乞饒　血天血地
日將待援　呼天喊地
敵機受創　自天降地
槍炮齊飛　鑽天入地
肉搏激戰　昏天黑地
難民遭刼　悲天哀地
商人損失　怨天恨地
戰地攝影　實在危險

敝局擴充範圍請投資

我軍在後方掘戰壕

Chinese digging trenches behind the front lines.

上海大戰不日出版

日 坦 克 車 經 過 之 灣 橋
ossing a pomttoon on a creek.

日 軍 十 四 師 開 往 前 方
The 14th Division of Japanese army marching to-wards the front line.

日軍之最前線

JAPANESE FORST LINE

日軍坦克車隊在江灣附近

Japanese tanks stationed in the vicinity of kiangwan

閘北之慘屍

日軍開赴前線

Creeping over a mound to fire on Chinese force.

日軍越山偷擊

Japanese advancing to the front

閘北寶山路
Near the Paoshan Road Chapei.

欲看我軍新式戰壕在第五集戰地攝影

吳　淞　大　砲
WOO SUNG FORT.

我軍在崐山作戰

The Chinese defence line near Quinshan.

十九路在後方休息

The Chinese defenders taking an intermission after a stubborn resistance.

上海戰地信箋

每册二角

我軍勇攻日軍

Chinese youthful soldiers active in resisting the Japanese.

我軍在虬江路口攻日軍

Chinese defending forces at the junction of Jukong Road.

上海大戰不日出版

女童子軍在後方服務

Girl Scouts making a record as to serve the war refugees

我軍新式戰壕

A scene of our troops in modern trenches

我軍在嘉定

Shooting at the invaders

我 軍 在 閘 北 進 攻 日 軍

Japanese heavy bombardments clearing out the a welling but the bravery of the Chinese troops remaining the same.

上海戰地攝影

第一二三集已出版

防守乍甫重要地之我軍
Chinese Soldier at Chapoo.

十九路軍在蘇州之留形
Chinese Soldiers at Soochow.

我軍在南翔奮勇殺敵之狀
19 Chinese Soldiers Trench Mortar in Nan-Saing.

我軍獲得日軍戰利品
Chinese was great Japanese Trophy

日 軍 之 來 福 鎗 隊

Japanese riflemen behind a sandbay barricade.

日 屍 運 回 後 方

Japanese corpses loaded from the front.

日軍運屍至後方之留影

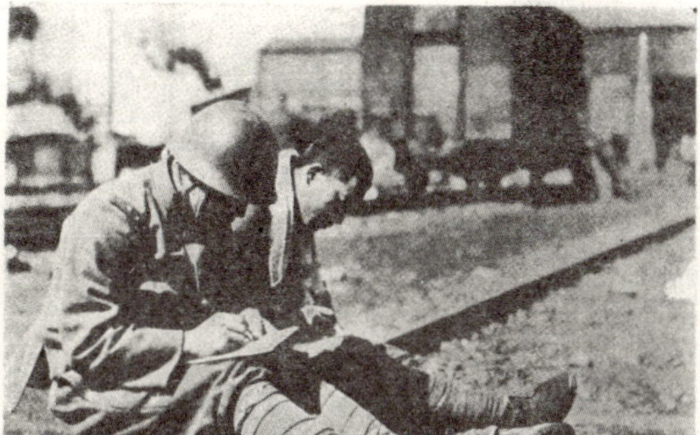

日 軍 修 家 書 至 日 本

Japanese soldiers writing home under the sun.

請看第五集戰地攝影 不日出版

日軍出發前線

The Japanese troops marching to the front.

我軍獲得日軍鉄甲衣

The Japanese trophy was got by Chinese.

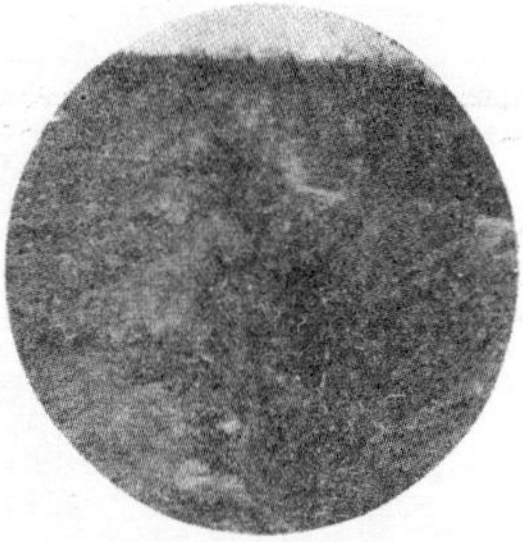

我軍之戰壕

The Trench of Chinese.

日 軍 沿 鉄 路 出 隊
Japanese patrol along the Woosung-Shangnai Railway.

第五集戰地攝影

有戰文二萬餘字
戰地照片一百餘幀

日 卡 車 隊 出 發
Japanese infantrymen ready for the front by a lorry.

北 四 川 路 之 日 軍
Japanese marines on north Szechuen rɔad.

乍浦軍用汽車站
Motor station at Chapoo.

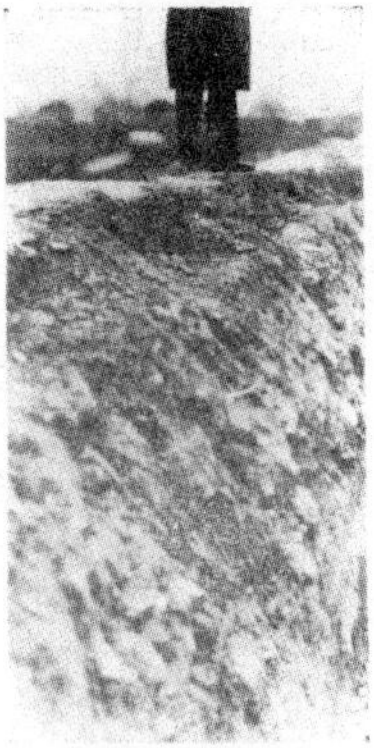

我軍長官在新戰場
附近視察
Chinese chief officials
connoitering the strategie
area.

退守後方之日軍野戰隊
Japanese heavy field guns as they look.

野心勃勃之日軍
The ambitious Japanese Soldiers.

日軍之大砲
Japanese heavy field gun.

被日機炸壞之大場
The desolate view of Taziang after the
Japanese bombardment.

□青年救國的方策

陳麗娟女士

中國和日本的關係已是十二萬分的密切了。看了目前的局面，更使我們覺得嚴重。前十六年日本强迫我們訂立喪權唇唇國的二十一條約，中國人已爲之心驚胆寒。想不到後十六年……現在更是節節進迫，乃至短兵相接了。後前尙承認中國在東三省形式上的主權，現在是整個的略奪去了；從前還帶着假面具活動，現在却露出了猙獰的惡臉大施其伎倆了。再後十六年……啊！誰敢想下去呢？能不令人唯舌？

喪心病狂的東北當局，輕輕地把大好河山拱手送給日本，還口口聲聲喊着不抵抗與鎭靜；我們中國的大部份國民向來對於事又是不聞不問的，充滿了絕頂的個人主義，國家大難臨頭，似乎與他無關痛癢。在這種情形之下，國家不亡，更待何日？眞所謂人必自汚而後人汚，國必自伐而後人伐那麼，我們對於此次的事，只有怪我們自己不掙氣，爲什麼國人對於私鬥高怯於禦侮呢？爲什麼同胞不去嚴絡的監督政府呢？却該行政當局去做出這樣不顧國家體面的事來？袁金鎧，趙欣伯，熙洽……賣國賊，都是我們中國有智識的領袖；天津受日本人利用的所謂便衣隊猖獗又是我們中國人。那麼去怪誰呢？一切的一切；都是我們自己不好。我們惟有大家抱頭痛哭！

自然最關心此事的，要算青年們了，九月十八日以後，青年們的熱血在沸騰，熱派在滾動。情緒在緊張，心頭在跳動，完全陷於不安定的狀態之下，我們認爲是應該的。一片熱烈熾盛的愛國心。恐怕祇有我們青年界了吧！我們深緒現在約青年是來來的立人翁是黨國的太柱石在這樣糟的國事之下。惟有靑年們能來負起責任。那麼我們又要問。現在的執政當局，不是前二十年有爲的青年嗎？到現在又爲什麼要腐化呢？如果我們也是這樣下去，那不是更危險麼？所以我們要從實力上去培養，儘是喊口號與貼標語一輩子也無用，我以爲今後努力的目標有如下數點：

㊀努力學業　革命的基礎，在於高深的學問，那麼我們就應該努力於學業，國事之所以糟，一半由於我們人民智識程度太低。況且在這科學昌明的二十世紀，什麼事都要賴科學的幫助。譬如戰爭用的軍艦，槍砲，子彈，飛機……無不都是科學的出產品。那麼我如果要建設中國，就非從

，學的研究不可要是於日本人打仗，自己沒有强烈的軍火科什麼會操勝利呢？所以我們要談救國，非努力學業不可，否則對於國家絲毫無補！

㊁强健體格　身體是一切事業之母，我們要想做個設的人才，非有强健的身體不可，要想到戰場上去殺賊更非有强健的身體不可！美國人調查，中國人的智慧並不下於其他外國人，所差者，就是身體；而且，日本人這樣的欺侮我們，將來免不了一戰；那麼，我們現在就要把身體鍛鍊好，一面還加緊軍事訓練，做決戰的準備。

我認為我們青年有這兩方面去努力的必要，其他的事情都是副的，如果能把這兩層做到，何患國家會得在國際上活有地位？恐怕不待我們去打日本，日本自己也會怕起我們。

青年們，努力罷！惟有我們才能救國！去努力於學業與鍛鍊體格。最後的勝利，總是屬於我們的。

■戰地險遇記

自從九月十八日，那天暴日佔領東三省後則十九日下午一時起，我校的王孝英校長便開一個緊急會議，全體中學生一同立在操場上，聽校長一句句話講來好似流淚的樣子，

最後記得她：我們青年要切實的救國，目前必要訓練的，是組織義勇軍，軍事訓練要吃苦耐勞，方可做到，要每天四時半起身，訓練二個鐘頭，仍舊八時上課，一點不改變，只要係例做得到，自願請舉乎表示，那時我們經然○成，又發起喊了句句口號，完了！這樣過了幾天，一直到十月裏，因為受到天氣的關係，就改變方式，我們子生治會，舉行一個全體大會提出下午四時至六時，後來成立，又經過一月，暴日佔我黑龍江，北方的馬將軍單獨抵抗，可說沒有說敗，見到政府不出兵去，空怕難移保守，便開了幾天會議，預備到南京去請願，給果成功了，不過全申中等學校一律。派代表出去，人數有各校自定，像我校共有五百餘人，去了五十餘個，過了兩三天就回來，也是□全絕望，所希望的目的，沒有達到啊！許多的青年，學生看到時局緊急。便沒有心看一心念書，大約在十二月十號，就罷課，終日的做抗日工作，這個名令也是學聯會裏發表，我們是學聯會裏的一校，當然聽重照我們辦生做去，我們開中學生全體大會，議決案，每天八時起開全體會，發表依見，請主席去報告學聯，或討論這問題，大約一時許

，散會，後一個鐘頭商中部，一個鐘頭初中部，有先生來講日本種種情形，下午二時到四時許穿了義勇軍衣服，在共公體育場練習，然而不可以缺的，假使缺一天，該出一元，缺開會三角聽日本講三角上軍事操四角，共計一元。又過幾天，發起再南京去請願，那時我們不贊成沒有去，在申舉行威會，經過一天的走從三路圓路一直到市，黨部市教育局市政府等地，當時經過租界旁邊，他們的鐵門已關上，電車也沒有，所以我們走得很快一到眼。逝去二星期餘日，我校的學生，總是覺得天天無聊，生活苦操，沒有意味度日，感到我們的犧牲太大了，要復課的問題，那時學聯會沒有什麼不得應，上課了四天，就放陽歷年假三天，再上課半天，下午正在開全體大開，忽的到了省立上海中學青心中學等義勇軍來保園要求斷續罷課，理由淚來很充足，幷且我們正在討論這問題，後來一齊通過成立。又出去演講的，貼紙的，損慕的，我因爲家中有事，便在十一號請假回家校中再後情形不知道。住在家裏每天看報見閘北的猛功：又天天加重，幸我十九路軍，出力救國，不料到一月十幾號，有八十八師軍到家。住了四十餘個，終日到橫利東去掘豪構，住了八天，回申前線又過五天的旁晚，在鎮上過礮頭，約百餘人，經一夜一早晨的絡繹不絕過去，有的到嘉定西門，有的到方泰。東西等物，統到鄉下男子扛的，轉了一會，我們向西而逃。下午一時光，有日本兵到嘉。當時我國兵已向西逃靜，明天。大隊日本兵到一鎮一縣住着，在房邊也掘豪構，排礮加少到鄉下來幫男女人，這樣我們自然急得要命。忙在早上在西行，走到南翔近鎮住了一夜。明天來一路跑申人數繁多。平安總算逃出危地了！

□嘉定等處實況

嘉定自被日軍佔據後。以僻居內地。消息輾轉傳遞。頗多失實。記者於十一日自青浦隨嘉定之回鄉難民。經白鶴港抄黃渡安亭間之小路。越京滬路至方泰外岡。更北至葛隆鎮等處。爰將探訪所得實情。撮述如次。

▲白鶴港難民衆多　白鶴港在吳淞江之南。離青浦二十四里。安亭十二里。四江口六里。近日嘉定西南鄉之避難人。什九經該地至青浦珠街閣等處。扶老攜幼以及肩挑背負者。水陸兩道。十日以來。幾無斷絕。地方安謐如恒。並

無戰事。

▲黃渡安亭間情形　記者所經之處。名曰塔廟。爲嘉定縣界。離安亭車站約三里。詢鄉人。據說。安亭鎭近日每晨仍有市面。田間亦有農人種豆。形勢似頗安閒。離黃渡車站約五里。據說。黃渡鎭情形與安亭彷彿。京滬路站。離鎭可三里。四日晚。我軍撤退時。曾於其間開火半小時。日軍死二百餘人。我軍死三十餘人。至今尙暴露鐵路旁。嗣後敵卽於老輿俗地方設置大砲。駐兵三十餘人。八日晨七時。以附近孩童拾得手溜彈。珊弄爆裂。發大聲。敵驚恐無措。乃開砲二十餘發示威。外間傳爲開戰。非實情也。

▲方泰外岡均靜寂　方泰外岡。均離嘉定十里。方泰在嘉定西南。外岡在嘉定直西。方泰北市三里橋地方。四日。我軍撤退時。曾　槍十數分鐘。敵軍曾於五日到鎭。未幾卽去。此後並未有敵蹤發現。嘉方兩地中間之六里橋。有小學一所。敵於五日派兵三十餘人。掘壕駐守。旋於八日撤去。方外兩鎭。近日均甚靜寂。敵無駐兵。

▲某君談嘉定情形　在外岡遇方自嘉定城中逃出之某地方報主筆。某君據述。渠被敵强令拉車。繼知我能書。令修正某項文件。其原稿蕪雜不能下目。乃略爲修削繕寫張四城。敵在城約五六百人。初設司令部於縣政府。部中駐兵二百餘人。現已遷設於縣教育局。四城所懸之太陽旗。於十日撤去。公共體育場。停有飛機兩架。各商店之米麥豆油酒南貨等貨物。都被搜去。用卡車自△太路向東運去。被殺人民。有趙杏生周姓老嫗等數十人。在西門外生泰油車及南門外小城門頭。均掘壕放哨。其餘日軍。夜間均宿城中　晝則往附近鄉村捉鷄烹食。日軍初到時。城中鹽公堂保衞團及東門北門外。焚燬房屋三百餘間。報載十一日大火竟日。乃係誤傳。惟聞近日敵將增兵來嘉云云。

▲葛隆陸渡橋近況　葛隆在外岡北十二里。東離婁塘十里。東北離陸渡橋西北離太倉均十二里。我軍撤退時。曾於該鎭東南之南寶蓮地方。激戰一小時。我軍頗有傷亡。居民中流彈斃命者亦不少。葛婁兩鎭間之朱家橋鎭。三四兩日間。焚燬民房過半。被慘殺兩人。其一因見他遁逃被槍殺。其一因他來遲讓。被用刀劈去兩頭角。其他中流彈溺斃與焚斃人民十餘人。該鎭△從未到過。陸渡橋太倉兩地

●近日無戰事。

□從上海到崑山

▲顓橋鎮弦誦未絕
▲青浦縣漢奸縱火
▲白鶴江防務嚴密
▲崑山縣炸痕纍纍

記者爲明瞭前線眞相起見。特於日前由滬出發至顓橋。繞道青浦。白鶴江而至崑山前線。茲將西南鄉及前線情形。分述於下。

▲顓橋鎮　該鎮離滬約四十里。爲滬閔之要道。目下雖各處駐滿軍隊。惟秩序甚佳。近第□十□師業已開拔他處。民心雖見惶惶。然遷移者極少。至該鎮之顓橋小學。目下尙維持上課。惟到校學生。寥寥無幾。

▲青浦縣　者記過顓橋後。步行至辛莊。復雇船而達青浦。該地向係富饒之鄉。自戰事起後。市面則現蕭條之象。日前有江北漢奸數十人。混入該地放火。火勢蔓延甚烈。幸早作準備。未釀大患。然已焚燒五小時之久。該地西大街一段。盡遭燬滅。昔日繁盛之區。今日但見一片灰燼而已。

▲白鶴江　該地爲赴崑山之要道。有崑山逃難來者。絡繹不絕。行人往來。概須檢查。該地尙有小鎮。惟近日則已蕭條。境況殊見悽涼。附近戰壕壘壘。防務嚴密。前傳該地已有戰事。據云不確。現已有我軍第□□□師紮守該處。秩序甚佳。

▲崑山縣　自我軍下總退却令後。該地即爲我軍後方重地。現青陽港大橋已毀。我軍踞險而守。並在河西設駐重兵。二日前日機飛來十餘架。狂擲炸彈。計有三百餘枚。炸毀房屋甚多。他如公和碾米廠後。有一炸彈落下。幸未爆發。崑山花園。擲下炸彈十餘枚。炸毀樹木不少。馬鞍山上。則山石亂飛。幸未傷人。現該地房屋。十之三四。業已炸毀。

□虹口區域恢復

▲北四川路以東一帶
▲今日起無需通行證

頃據確息。虹口區域自滬案發生以來。該區居民莫不失去自由。遂出不便。迨我軍因軍事上策略關係。退至第二道防線後。日軍即行進佔閘北等地。工部局即與日軍當道商妥辦法。由居民向警務處領取通行證。得以通行無阻。近因時局已見緩和。自即日起。所有住居北四川路以東北至施高塔路一帶之居民。無需通行證。惟北四川路以西至淞滬鐵路爲界之一帶。仍需工部局通行證。方得出入。至於淞滬鐵路之西。華界區域。無日軍司令部之通行證者。仍不得出入云。

□羅店被佔經過

▲迭被日機擲彈轟擊

▲熱鬧市廛頓呈慘狀

▲日軍三千佔住民房

羅店地方。爲寶山縣屬之一鎮。大小商舖。約有三四百家。自滬太長途汽車公司開闢路線。在該鎮設立車站。商旅往來。交通稱便。市廛漸呈熱鬧。

▲寶山難民紛集　自日軍向吳淞與寶山縣城等處。開砲轟擊。飛擲彈。炸燒房屋。死傷人民。由是吳淞寶山間一帶商舖居戶遂紛向羅店方面暫避而寶山縣城各機關。暨各公團。因寶山已入戰區之地。故亦俱移往羅店。此時寶山縣縣長孫熙文。雖在此火線之境。仍竭力維持。厥後日軍向我陣線進攻益烈。致形勢危急。迫於眉睫。各科職員。均以生命關係。大部份亦已避散。

▲縣府移羅辦公　孫氏至此已處於無法維持之際。而經濟方面。亦以供應各項需要。化用已罄。乃結束一切。帶同未散之一部份職員。暫遷羅店第四區公所。爲臨時辦公處。一面江蘇省政府民政廳呈報云。

▲設所收容難民　羅店方面。一時到有大批難民後。即經該處地方公團朱冷霏。金蔭蟠。朱亦宜等。組織收容所。一面由孫縣長督同羅店公安第四分局長高希天。對於治安方面。加以防範。故人心極安定。

▲飛機擲彈轟炸　詎未及數日。大批日飛機。迭往住該處。拋擲炸彈。燬屋傷人。霎時疊見。致不特寶山等處之人民。避難者又須他遷。而原在羅店者。亦紛紛移居。一轉瞬間。靖謐之鎮。又入於火線之境。

▲日軍佔居民居　日軍佔據羅店後。陸續開到隊伍。綜約三千餘名。其重要官長。駐於福音堂。所有日軍。則散居

於各處民房。如金巨山氏之住宅。羅店商會。競秀女學。羅陽學校。勤敏學校。觀瀾學校。華成。錦泰和。周德泰。盛義昌。瞿仁和等商舖。均有日軍。此外尚有陳慕鷗。沈文六。楊仲文。金蔭蟠。朱靄吉。金韻清。朱淵如等住宅。亦有軍在內。其人數三四百名。一二百名。六七十名。二三十名不等云。

□前線之現狀

記者爲明瞭前方眞實情形起見。特於日昨乘至前方視察茲將經過情形筆之於左。

▲崑山情形　當記者由蘇乘車時僅清晨五時。殘月曉星。尙斜懸於中天。地上滿舖皚然之白雪。朔風凛冽。裂人指膚。衝寒登車。車中武裝同志甚衆。皆和藹可親。彬彬有禮。記者與之談話。頗覺興趣盎然。精神感奮。車行一小時始抵崑山。下車後即至縣城視察。見街道整潔。秩序。井然。雖爲戰事區域。惟人民仍恬然自安。絕無驚慌混亂之表現。商店大半均已開市。街上行人熙來攘往。頗呈熱鬧之象。記者曾晤該地方當局。據稱自吾軍撤退至第二防線。崑城形勢驟形緊張。本月二日三日。有日機數架飛至縣城。開機關槍掃射。幸民衆未有死傷。自後全城人心皇皇。人民遂相率避難。城內幾十室九空。現因形勢稍緩。而駐軍軍紀嚴明。民間秋毫未犯。故避難在鄉之民衆。頗多遷回者。現由駐軍組織巡查隊。每日在各處巡查。故地方甚安甯云云。

▲太倉情形　九時許。記者由崑山出發步行至太倉。沿途見附近農民仍工作於田間。狀甚鎮定。步行約兩小時始達太倉。入城見日軍炮火殘跡獨存。一部分城角業已毀壞。而日機拋擲炸彈之處。皆已成斷垣殘瓦。景象甚爲凄涼。現我方已有重兵扼守。日軍雖於前數日曾在東渡橋附近向我襲擊。均經我軍奮勇擊退。故邇來已未敢輕窺。現太倉城內秩序甚安定人民均鎮定均常。

▲前線一瞥　記者旋由某軍官引導至前精神甚爲振作。尙有中國青年骷髏團團員數十人。在前線任掘壕工作。據前線某軍官云。邇來日軍時向我軍襲擊。惟以我軍防守鞏固。終未得逞。現我軍士氣興奮。全軍將士咸抱必死之決心。受傷之士兵咸不願赴後方醫治。而在醫院中療痊之士兵。皆已踴躍離院。重返火線。一種愛民族愛國之表現。誠

令人可歌可泣。

太倉歸客談

□瀏河戰後一瞥

▲太倉文昌廟炸燬最劇

太倉離滬淞僅百里許。平時天司往返數次。自滬戰發生。火車汽車咸多斷。交通阻隔。欲由滬至太者。須先至蘇州再由陸路轉入。費時幾及週日。亦如蜀道之難行也。廿一日晨曦初露。即趕至車站。搭火車到崑。車廂中大半爲吾芯勇之十九路軍人。娓娓談其殺敵之經過。費二時許始抵崑山。市面較蘇州爲蕭條。人民多遷避他處。而茶館酒樓。尙在開市。因欲乘郵船至沙溪。故在茶樓小憇。當時日飛機二架。在天空旋轉。候至午刻。始得乘郵政小舟。傍晚到沙溪。

據當一日晨六時。泊楊林口之日艦。開大砲數百次。知吾守防空虛。卽用煙幕彈。於七叉口用鹽船數十艘運護登陸。當時飛機雲集。投彈如雨。該地駐軍。曾一度抵抗。後以衆寡難敵。乃後退。二日午刻。日機來城繞旋。亂投炸彈。被炸者爲衞前灣。文昌廟。北濠。大橋。南碼頭等處。文昌廟炸燬最劇。傷亡兵民二十餘人。大殿完全倒塌。百年古樹亦爲所倒。衞前灣則爲太倉熱鬧地點。損失殊鉅。其他女子中學。省立中學均有彈未炸。當時全城人民。驚惶非常。哭聲震天。凄慘之狀。非筆墨可描寫也。城內居民。大半由北門逃至雙鳳沙溪一帶。

二日之後。地方漸歸平靜。而日軍於楊林口七叉口登陸者。由茜涇至瀏河。僅婁塘曾開戰片刻。其他新塘市岳王市未有戰爭。至今僅有塘市及陸渡橋有少數日兵防守。而太倉完全在我軍手中。未有放棄之事。茜涇農民見日兵全部到瀏後曾將其所存於海塘旁之車火。全部拋入長江中。故日軍於事後曾對人民加以暴刑。儀橋方面。房屋爲砲火所燬不少。

二十三日乘小車至太倉。沿涂拆毀之橋梁。已漸次修復。進城時。祇二五警察守防。並未搜查城內情形尙好。惟凄凉景象。頻現於目。飲食商店。已有少數開市。人民亦有返家。離城東十里餘之紅廟。於二十二有日本便衣隊發現。經吾軍擊退。雖最前線離太倉不過十餘里。但自二日後。至今未聞大砲之聲。故居民不甚驚慌。近同鄉會恐太倉人民再遭苦痛。已設法由崇明救難民來滬矣。

■日暴對于停戰停戰妄想之會

中日停戰撤兵會議。自本月廿四日上午。正式舉行。以迄昨日上午爲止。共計五次。初以日方提出中國便衣隊問題。爲我方駁斥。致會議絕少進展。嗣擱置不談。停戰撤兵原則之第一條「中國軍隊暫守原防」。方始議畢。迨議及第二條原則。「日本軍隊應依一定之程序撤退至一月廿八日以則之原防」。日方藉詞軍隊衆多。不能遽即完全撤至公共租界內及虹口越界築路區域毗連之地點。須暫住於眞茹至獅子林砲台一線爲界之地段。顯違前議原則之規定。及國聯議決案之精神與規定。致使我方代表憤懣異常。當表示欲即退席之意。又經各友邦公使之勸解。始未破裂。乃由大會議決組生一小組委員會。專重研究日軍撤退之事件。以免大會發生爭執。至昨日上午大會。討論第三條原則。「由各友邦代表在內之合組委員證會明第一第二兩項之實行。」居然順利通過。故現在所未決者。僅第二條內之日軍撤退問題。今日星期。大會及小組會議均暫休息。明晨十時。賡續開議。

■國聯會公開會之表示

(日內瓦)國聯議會之十九人委員會今日午後三時三十八分舉行第一次公開會議。主席希孟聲稱。渠聞上海休戰與日軍撤退之談判。現已在進行中。當請日代表佐藤中代表顏博士供給消息云。佐藤起稱。日軍第十一師及久米留混成旅已接撤退命令。故將士之將回國者約一萬四千人。關於談判。第一次會議乃在三月十四日舉行。渠尙未奉命報告詳情。但今可告者。前進的一重要步驟。業已實現。佐藤又謂日政府誠意希望能併合對華之爭端。而得一解決。於是顏博士起稱。中政府已在使英藍溥森斡旋下發起談判。並未約定須守秘密。實無不將詳情公布之理由。顏博士又稱。渠頃接一電。係今日所發者內稱。因日使重光尙未接日政府訓令。故今日未開會議。顏博士於是解釋中國反對關於確認一月二十八日上海市長去函日本之規約。及反對派共同委員團以中立國人員加入。暨察退兵區域一切狀況。以至商定最後解決之理由。所謂市長之函。關涉設法中止抵制。故此乃政治條件。至第二規約。亦屬政治性質。且違反國聯議會之決議案。蓋共同委員團者。即一中日團體之謂。夫以業已撤退之侵略者。復許其返來監視一切狀況。此次不能忍受云。又謂十日已過。未獲解決。故大局仍滿含危險。（十七日路透電）

□青陽港視察記

曉風吹拂。晨曦初上時。記者與武裝同志數人。沿京滬路步行東進。茲將是日視察所得。肇之於左。

▲是日記者直赴青陽港　青陽港距崑山三里許。往年每值春季。中外人士到此作賽船之舉。其盛況固不減於江灣之賽馬。港面甚廣。京滬路最大之鐵橋。即建於是。自日軍在京滬路與我軍作戰後。鐵橋即慘遭日機炸毀。致列車不能通過。而工程頗鉅。故亦非最短期內所能修復。記者至橋畔視察。見鐵橋殘跡猶存。港以東尙有我軍之警戒線。據駐守該地之某軍官云。日軍如來攻。我等決拚死抵抗。

▲軍長訓話　記者歸途。見遠處有我軍數千人。環立於田隴。急步行至該地。見蔡軍長正立於一士坵上。向兵訓話。略謂我等皆爲中華民國之軍人。應爲我中華民族爭人格。爲國家守疆土。現外侮日亟。國難方殷。正吾愛國軍人爲國効命之時。自一二八日軍於黑夜進襲我閘北以還。我軍爲守土衛國。盡軍人天職起見。即與日軍浴血抵抗。激戰三十餘日。後以戰略關係。始撤退至第二道防線今國聯調查團業已到滬。而各方調解和平正在進行。惟我等決抱以不喪國土主權爲和平之原則。設日方仍堅持其侵略政策。則我軍應抵抗到底。盡軍人衛國之天職。勝利不爲榮。戰敗不足恥云云。講畢。由蔡軍長領導全體士兵高呼中華民國萬歲。誓死保衛國土等口號。勢甚雄。

□十九路軍之榮譽

▲英美參贊均佩其犧牲精神

英參贊司徒博。美參贊韋門於本月十二日來我軍前線視察。由六十師李副師長盛宗引導。往我軍防地視察畢。英美二參贊與李副師長作下列之談話。參贊問。貴軍在前次作戰時。擔任何處防線。答。擔任閘北閘北江灣之線。問。貴軍與日軍相持月餘。曾否攻擊。答並未攻擊。其原因有二。㊀我軍係迫於自衛而應戰。人不犯我。我不犯人。㊁上海是萬國薈萃商人之區。日軍依據租界作戰。我若攻擊。恐投鼠忌器。但日軍屢次攻我。均被我擊退。並無一次得逞。問。日軍有優秀兵器。且兵力超過貴軍。在此種比較之下。貴軍何以竟能抵抗至一月之久。答。敝軍因被迫過甚。忍無可忍。明知物質不如人。亦惟有運用熱血與精神與日軍相周旋。人人抱必死决心。所以愈戰而愈精神。敝軍因戰略關係。爲避免不必之犧牲。所以安全撤至第二道防線。明白的說。我軍不撤退。是反中其計。將笑我不知兵法。如日軍再來相犯。敝軍决抱自衛之旨。迎頭痛擊云云。次李副師長問。貴參贊對此次中日滬戰之批評若何。有何感想。參贊答。我們曾聞十九路軍勇敢善戰。但以爲一種轉說。現今目擊。方知實情。此種犧牲精神。在歐戰時殊不多見。尤可貴者。貴軍作戰時。官長與士兵能語一生活。比較其他官長遠離士兵。上下隔何能日閡。同而。希望貴軍發揚薄此精神。永久保持云。

熙洽與丁超

□和平談判失敗

(哈爾濱)十六日日軍相蔻聯隊與救國軍劉振邦部激戰於寧古塔。雙方死傷甚重。該地反日空氣甚濃。東鐵允撥車四列。運四軍村井旅團赴珠河擊丁超。日軍恐與俄發生衝突。調赴哈滿線事未决定。但令馬占山派兵往。馬則無兵可派。又僞國閣員均反對馬。內閣或改組。日軍將派一聯隊去呼蘭擊自衞軍。(十八日專電)

(哈爾濱)探悉熙洽與丁超之和平談判。業已失敗。按丁超軍隊前在洽埠爲日軍擊敗後。沿中東路東段退走。而熙洽軍　與日軍則追躡於後。日前熙洽派代表乘專事往晤丁超。冀與之接洽和議・現自一面坡起至橫道河子止。共約七十哩之各車站。皆爲丁超軍隊所據守。同時中東路線哈爾濱南面。非常備軍隊甚爲活動。石頭河子在哈埠南六十哩。被千餘人攻擊。交戰三小時。攻者卒被擊敗。遺棄死屍七具。傷者十人而去。(十九日路透社電)

張治中表示

□尊重聯盟條約

(南京)第五軍長張治中十九晨專車返防。記者送於車站。談次張謂。日自國聯調查團抵滬後。一方宣傳撤兵。一方暗中從事各項軍事準備。其未肯迅行放棄文力侵略政策。已久在我政府當局意計中。吾國既爲國聯盟約非戰公約及九國公約簽字國之一。對上各公約。原應盡維護責任。如日軍敢列蔑視上各公約及國聯迭次决議向我軍進攻。本軍決遵蔣總指揮命令。及本軍隨同十九路軍各將領迭次宣言。起與周旋。雖至一兵一卒。亦必抵抗到底。以盡軍人應盡責任。政府現對長期抵抗。自信確有把握。不令日野心獲逞。談畢。即開車。（十九日專電）

（南京）張治中調祝紹周任第五軍參謀長。徐培根副官長。（十九日專電）

日艦橫行長江

▲瓜洲小船被激沉數艘

▲鎮江江面日四艦並行

日艦近在長江上下游。總數有三十四艘之多。分段巡行駐泊。夜間輒用探海燈到處亂照。昨（十六）晨七時。由上游開來日艦三艘。前後相距不足二十丈。開足速率。向東直駛。浪花高如小山。沿江小船。被冲翻者無數。該艦等過瓜洲時。有下河船三隻。漁船一隻柴船一隻。立時被浪激沉。共有三四十人下水。由水警派江划救出十數人。餘均無蹤。江北六圩○車輪渡碼頭。亦被衝毀。不能上下。原駐鎮江江面之望月驅逐艦。亦解纜同向東去。（現日艦在鎮者祗熱海一艘）四輪並行。白浪翻天。下游民船。更不知損失若干生命矣。瓜洲溺斃死屍。已由巡官時公澤來鎮。向救生局領取棺木收殮。查日艦在我海面。如此橫行。致我人民生命財產。均受損失。甚望政府迅設法制止之也。（十七日）

瀋陽城內大火

▲綏中義勇軍佔擾

（北平）榆關電。瀋陽城內工業區昨大火。延燒四百餘家。聞為義勇軍所縱。（十九日專電）

（北平）東北十三路義勇軍十四日在綏中西北工戶窖大防身一帶。與日軍激戰五時。日軍死傷三十餘。野田大尉亦死。我方僅受傷一人。（十九日專電）

（北平）東北民衆反日會今通電呼籲。請全國援助義勇軍。（十九日專電）

（哈爾濱）義勇軍趙亞洲部佔瀋東五里之瀋海路車站。設司令部。瀋城內發現打倒滿洲國等標語。（十八日專電）

東北偽議會

將在長春召集

（北平）外電。偽國任閻溥紱為奉天市長。偽新國議會定七

月中旬在長春舉行。僞立法院組織法已脫稿。日內即可公布。（十九日專電）

（北平）瀋訊。十日僞國成立第一日。瀋海路警察保安隊二百餘人被救國軍繳械。公安局十一分局全部亦繳械。溥儀抵春時。有吉林老八旗人自稱前清舊臣。手執黃紙長方旗。上書大淸宣統皇帝陛下。下書吉林八旗舊臣近鑾均等字。見溥即跪地下。叩頭如搗蒜。（十九日專電）

（北平）瀋最高法法院遵僞命遷長春。中國律師在東北者皆無法執行職務。由日本律師代替。（十九日專電）

）哈爾濱）遼自治指導部取消。（十八日專電）

■張部前鋒抵衡

▲長沙　張發奎部前隊十六日抵衡。吳奇偉電何鍵。謝沿途款待。

■調查團今晨參觀戰地

國聯調查團抵滬後。數日前即開始調查滬案。但李頓爵士等爲完成調查報告。今日特赴戰地參觀一切辦法。已由我方參加調查團代表總務主任張祥麟與日代表秘書旭澤商決。惟我被災各區大學代表及新聞記者。均受限制。不能同行。茲將各項消息分誌於後。

■今晨乘車出發

▲參觀程序　調查團參觀戰地。定今晨八時四十五分。由外灘華懋飯店乘我方預備車輛出發。先至閘北。次到眞茹江灣吳淞。惟全日時間。是否足敷遍歷各地。行止須臨時決定。一切旅途安全。中日方負責。飲食亦由日方供給。

▲參觀人員　調查團方面。爲團長英李頓爵士。美麥考益少將。法克勞德將軍。德希尼博士。至意柯迭伯爵。因在病中。如今晨病愈。始能同行。此外爲秘書長哈斯等六人。我方爲代表顧維鈞。總務主任張祥麟。參事王碩孫。其他二人臨時決定。日方爲代表吉田渡大佐。鹽田崎書記官。佐藤大佐。澄田炮兵中佐。至我方在江灣吳淞災區各大學代表。本擬隨往參觀。以日方限制除調查團職員以外。不能同往。祇可作罷。我方新聞者要求參加。亦遭拒絕。

■出發前之日方舉動

▲中野植田視察劉河　昨據某方確訊。前日來滬之日中野中將。昨日上午九時。偕同植田等前赴劉河嘉定各戰區視察防務。並傳命各將士。俟國際調團查抵前方時。務須設

法掩除戰痕。以免藉口云。

▲前晚召集重要會議　據某方確訊。日司令白川。以國際調查團卽將出發視察戰區，爲掩飽耳目起見。特於前晚八時。在日軍司令部設宴爲中野等洗塵。並邀植田重光等作陪。席散後卽舉行會議。縝密討論如何應付國際調查團戰區視察後之計劃。歷時甚久。聞已擬有具體辦法云。

◻昨日之招待消息

昨日關於國聯。調查團之行動及招待消息。彙誌如下。

▲調查團留京四天　國聯調查團現已商定留京四天。△與各方面有充分之接洽。招待程序大約改定如下。(第一日)上午晉謁當局。正午行政院汪院長宴會。下午新聞界茶會。晚間外交部羅部長宴會。(第二日)正午國府林主席宴會。下午中央黨部茶會。晚間南京市馬市長宴會。(第三日)上午旅京外僑談話會。下午民衆團體茶會。晚間軍事委員會蔣委員長宴會。(第四日)上午參觀名勝。正午在中山陵園午餐。下午渡江北上。

▲東三省來電歡迎　遼甯吉林黑龍江三省政府委員彭濟羣李錫恩臧啓芳等。代表該省政府電滬。歡迎國聯調查團前往。該電已由中國代表團轉致。

▲外部爲顧備行館　外交部來電已預備鐵道部六號官舍爲顧維鈞代表行館。其餘中國代表處人員。則住華僑招待所。

▲英提督昨晚歡宴　英國海軍提督甘萊。昨晚八時半。在華懋飯店宴調查團。被邀者共廿七人。我方爲顧維鈞郭泰祺吳鐵城諸氏。席間演說等煩文。概行免法。完全謀一宵歡娛云。

▲重光葵定期宴請　日公使重光葵。定於本月廿三日晚宴請國際調查團。聞假禮查飯店設讌云。

各團體救國聯合會

◻昨開緊急理事會議

▲劉陸民報告謁郭泰祺經過

▲決通電反對喪權辱國條約

上海各團體救國聯合會以近日外交形勢緊張。於昨日上午三時召集緊急理事會議。討論應付上海外交問題。出席者各團體代表五十餘人。由褚輔成主席。開會後。先由劉陸民代表報告昨晨謁晤外次郭泰祺。詢問外交內幕。并陳述利害經過。

▲報告事項　略謂本人與丁錦周學潮王漢良曹毓方沈•儒等六代表。於前日兩度往訪郭泰祺。均未獲遇。至昨晨七時。仍由六代表地赴郭氏寓所。當承接見。三人即叩以停戰撤兵諸問題作問答如下(問)昨日和平會議。與我國顏代表在日內瓦所謂日兵。未撤中國領土前不開始談判之聲明。是否有違背。(答)此項和議。不含政治消質。與△代表之聲明不相違背。因•代表所謂在何談判。係指有政治性質之談判言也。(問)郭先生迭次代表國民政府宣示中外。堅決主張無條件撤兵。既主張無條件。何用會議。(答)條件係指有政治性質的。日昨會議。係解決撤兵問題。(問)本日報載停戰撤兵辦法。是否眞實。(答)是。(問)停戰撤兵辦法。第一點謂華兵駐在現有地位以待日後之解決。所謂日後解決。是否由中日會議解決之。(答)是。(問)然則日軍撤兵區域之政治　。現在如何維持(答)由中國警察。(問)中國警察之指揮監督權。是否由中國行使。(答)是由中國行使。中國原要求用保安隊。日本非常害怕(問)外間有謂中立區。區內由中國警察維持治安。實際警權操之外人。確否。(答)要信謠傳。就信謠傳罷。(作惱怒狀)(問)△戰撤兵。二點。謂日兵退入公共租界及虹口與虹口區域中租界外馬路。惟日軍數衆。有一部分可暫駐上述地點毗連之地段。究竟毗連地點有無一定範圍。駐紮毗連地點之軍隊。有無一定時間。(答)毗連地點之範圍與時間。候下△軍隊代表參加時確定。(問)日軍從毗連地點撤退之時間。是否依日本運輸撤退軍隊之時間確定。(答)希望如是。(問)△戰撤兵辦法第三點。謂組織有中立國人之中日共同委員會。監視雙方撤兵。作何解釋。(答)一方面表示中國以先之撤兵。非戰敗撤退。一方面在現在日本之撤兵。受中立國之監視。此點於中國有大利益。因有中立國人監視。日本軍隊之來去。始受限制故也。(問)辛丑條約。中國天津市區二十里內。不得駐紮中國軍隊。由中國保安隊維持秩序。請教郭先生這種條約。當然是政治性質的條約罷。(不敢明白承認惟點首承認)(問)現在日軍撤退區域。在未由中日舉行所謂有性質之會議時。不得進駐。是顯無是中國主權受有限制。與辛丑條約所謂天津二十里以內不得駐兵之點。毫無改異。郭先生何以說昨日撤兵會議沒有性

質呢。(答)這是暫時的。(問)縱會是暫時的。然亦有暫時有政治性質麼。郭氏未有答復。終於不得要領。最後聲明本會主張請△次長注意二點。㈠日軍在未由中國領土內撤退後。不舉行任何談判。㈡上海與東北係一個問題。不能局部解决云云。

▲議決事項　報告畢。卽由各代表討論應付外交問題。議決要案如下。㈠登廣告反對喪權辱國條件。㈡通電全國一致主强反對日兵未撤以前。開始任何談判。(原電錄後)㈢通電國聯美國及調查團。絕對不承認喪權△國條約之簽成。㈣警告外交當局。㈤請各團體罷工罷市遊行。以示反對。㈥請與論界一致主張。

▲通電全國　本會對於所謂和平談判已由三月十九日。由代表大會規定三種原則宣言在案。此次商定停戰撤兵辦法。其至低限度。應依國聯迭次决議之精神。與我政府迭次宣示日本不撤兵不談判之態度。乃近日我外交次長郭泰祺。於强·包圍之中。竟已與日方開始談判。內容如限制我駐軍防地點。日軍仍得駐在租界外之毗連地段。及中日合組委員會。會同中立國代表監視撤兵。並維持撤兵區域內之治安等條件。是日兵撤退之區域。已無形喪失其主權。日本不能得之於國聯者。今竟得之於上海之撤兵會議。此種喪權△國之外交。本會誓不承認。如政府甘心簽定條件。本會令團體必採確實有效之辦法。以示民衆之决心。願我全國同胞共起圖之。

●蔡廷楷之表示

▲崑山　記者十二日晨謁蔡軍長。談一小時。蔡以戎馬事煩。且以在滬退軍時憤而吐血。故較前稍瘦。但精神十。健壯。茲記談話概要如次。本月八日以後。前線毫無戰旁。日方因國聯調查團即將到滬。昨將前線軍隊向後撤退分以圖掩飾事實。實則日方仍積極備戰。日來且由國內增派大批援軍開滬增援。據聞日方擬將大江以南。盡行侵佔。但我已有充分準備。决繼續長期抵抗。决不屈服。上海之圓桌會議。今日恐尙不能舉行。此次會議係國聯所决議者。我爲尊重國聯起見。當然應派員參加。國聯决議。係由雙方各派最高軍事長官出席。並由第三者派員參加。蔣總指揮已於昨夜赴京。是否赴京。現尙未定。蓋我方抱定不喪權不失地不辱國體之宗旨。如日方提出苛刻條件。我絕

對不能承認。亦絕對不能屈服。蔣總指揮赴京後。當靜候各國公使之通知。如日方不提條件。自可赴滬出席。總之日方此次無理由的侵略我國。應受公理之制裁。此次和平運動之關鍵。不在我方。而在日方之是否覺悟。能否放棄其侵略政策耳。萬一和議破裂。日方必然向我進攻。我亦決繼續抵抗。但存一兵一卒。亦必奮鬥到底。勝敗乃兵家常事。固非所計也。我軍前次由滬撤退。實因不得已。如不變更戰略。將被人笑我不知兵法。現軍事已布置就緒。決不後退一步矣。日來各方對援軍問題。常有責難中央者。此實不知眞象之故。國難方殷。各方應使力量集中於中央不應挑撥離間。再事內鬨云云。(中央社)

和平前途荊棘

和平談判中國當局對信重光照會。態度頗爲堅決。但自一月二十八日中日開戰以來。和平量象。當以今日爲最光明。和平前途固多荊棘。但依此種步驟進行。則使中日雙方同意之工作。將較爲簡易。自中國復日照會發出後。調解者今晨鵠候日當局之行動。而日當局尙須候東京外務省之訓令。茲悉日公使館今日或明晨將送第二次照會於中國當局。又據中國當局表示。日方敵對行動。尙未停止。日軍仍自黃渡瀏河等處前線日軍。仍有攻擊。且更令向安亭白鶴港進發。意欲包圍駐紮安亭車站。陸家浜。等處之華軍。日軍目的。在進佔崑山。而嘉定一帶日軍復向西南方之未家橋前進。聯合瀏河日軍襲取太倉。故昨日太倉城爲日軍飛機及砲彈之目標。但日方則完全否認云。

日拒絕國聯特會決議

▲日政府將訓令佐藤勿投票

(路透十一日東京電)路透社今日探悉日內瓦日代表團已向日政府請示。對於國聯議會議案所應採之態度。據負責方面稱。日政府現將發訓令。囑日代表勿投票。因日政府認此議案間接涉及滿洲時局也。同時並囑日代表說明日本之立場。而否認會章第十五條在滿案上之適用。其所持之理由。爲十二月十日國聯行政會所通過之議案。已規定此理題業已結束。須待接到調查團報告書後。始再開議也。

(路透十一日日內瓦電)美國代表團對於西門爵士將國聯行動與史汀生爲相互鞏固遠東行動起見。所致日本之牒文。及波拉參議員之公函相融和之努力。表示深切之滿意。關日本代表團已接東京訓令。囑對議會之決議案勿投票。是該案可保一致通過。蓋料中國不致提出異議也。於是可選舉特別委員會。而國聯議會關於中日爭案第一步工作可告結束。

▲羅外長之提議　(十一日南京電)羅外長已向行政院提議。中國對於國聯議會新決議案所應採之態度。羅外長稱。此項提議。已得外交委員會。及軍事當局之贊同云。但其提議。內容尚未宣佈。

▲英代表修正案　(路透十一日內瓦電)今日國聯議會開會。由議長希孟宣讀草定之決議案後。開始討論。並請會員發表意見。加以修正。英代表西門。即提議在國聯不承認用違背國聯會章之方法强施之條約種種一條內。援引凱洛格非戰公約。藉以增固並擴大該決議案。此修正文經衆採納。決議案與其文字上之修正。已經會衆贊同。但尚未付表決。因據議長希孟宣稱。日代表團尚未接到東京訓令故也。希孟懇請中日代表團。以其本國政府之意見。於今日下午通告議會。俾會議可於今日結束。議會大會旋延會至今日下午五時。

▲國聯通告美國　(路透十一日倫敦電)國聯已將議會之決議案通告美國代表團。並請於必要時協助維持上海所將退兵區域內之秩序。

▲決議草案全文　(哈瓦斯十日日內瓦電)經中國請求召集以便解決中日衝突之國聯會特別大會。於一再討論之後。由其主席團草定一種決議草案。以爲辯論之結束。其草案全文如下。大會認爲國聯會盟約之條文。完全適用於本案。其中特別可適用者。尤爲㊀嚴格尊重條約。㊁國聯會各會員國。均承諾尊重並維持其他國家之領土完整。防止外來侵犯。並承諾對於其相互間之一切爭端。須遵用和平解決之程序。大會以一九三一年十二月十日行政院宣言中。白里安所設定之原則。作爲大會原則。大會追述此項原則。行政院十二委員。在其二月十六致日本之要求書中。曾重行援用。大會宣言對於盟約第十條之任何侵犯。國聯會各會員不能予以承認。大會以爲此項約束國際邦交之原則。以及和平解決糾紛原則。均與巴黎非戰公約。完全適合。尤以該公約之第二條爲重。因該條規定締約各國。絕不得所和平途徑以外之方法。解決爭端。大會於預備採取決

定。以解決其所受理之爭端以前。特聲明上開各項原則及規定。均有强制性質。並宣言國聯會各會員。對於違反國聯盟約之任何局勢。均有不予承認之義務大會確認遠東衝突。如在當事國一方兵力壓之下。以求解決。則爲違反國聯盟約之精神。並重述一九三一年九月三十日。及十二月十日。行政院採取之決議案。以及三月四日經大會通過。並經雙方當事國贊同。使敵對行動。立即停止。並撤退日本軍隊之決議案。大會鑒於上海有關係各列强。表示準備。合作以達停戰及撤兵之目的。而於必要時。準備維持撤退區域之秩序。又鑒於一月二十九日。中國請求對於中日衝突。適用盟約第十五條。二月十二日。中國根據盟約第十五條第九項之請求。以及二月十九行政院之決議。因此種種。大會自認爲係受理中國請求書中所開衝突之全部。大會實有適用盟約第十五條所定和解程序之義務。因此大會決定設立一種十九人委員會。以大會主席及行政防雙方當事國以外之會員。以及用祕密投票法選出代表六人組織之。該委員會以大會名義。並受監督。而行使職權。其任務如下。㈠對於停止○對行動。及遵照三月四日決議案。訂立協定。以停止敵對行動。並規定日本軍隊撤退等事應從速作一報告。㈡對於九月三十日及十二月十日決議案之履行。加以視察。㈢爲大會準備一種確定解決爭端之草案。於必要時。徵求海牙國際法庭意見。如有認爲緊急及必要之辦法。應向大會提議之。並須從速向大會提出第一次報告。其期限至遲不得在五月一日以後。大會仍繼續其會期。遇必要時。主席得召集開會

▲亞洲司長談話　(本報十一日南京電)十一晨。亞洲司長沈覲鼎接見記者談國聯會決請與上海有關係之列國。派員視察中日兩方停戰狀態。列國所派武官視察團現已到日軍前線。實地視察。我軍前線陣地。因距離較遠。故尙未到。我國對國際決議。始終尊重。對列國視察員。亦極表歡迎。已令前方將領予以便利。關於外交方面。中國政府。除遵守二月念八日在康特鑑上決定原則。及彭古提議外。絕不接受其他主張。最近重光亦向表示願遵守國聯決議。誠意商議。目前在外交上。認爲開始商議。倘有途徑可尋。將來開始商議時。祇能討論日本無條件的撤兵的直接問題。不能將政治事件牽連在內。至日方迭提確定租界安全

。實則日軍未擾滬前。租界向極安謐。我國從未以武力無理威脅租界。此次日軍在租界登岸。及藉租界軍事根據。攻擊我軍。我軍爲自衛主權而抵抗。以致租界安全。稍受影響。此應由日政府擔負完全責任。與租界安全本身。實無問題。東三省事件。外部始終認爲中日事件之根本問題。不能因滬案而疏忽。遼案外部迭電顏代表。在國聯努力進行。惜國聯爲保持本身存在。對日當有嚴厲處置。國聯大會會員全體出席。各小國得充分發揮意見。而所發言論。多能主持公道。現國聯起草決議案。內容尚包含各小國之意見。預料將比前者更爲進步而公平。

□南翔戰後慘情

▲美女敎師報告沿途見聞

上禮拜六有美國男敎士兩人陪一女敎師華德斯女士前往南翔。意將收取家具物件。據報是日從上海出發。經寶山路閘北等處炮火所燬各地方。沿路所見。多沙袋疊成之陣線或機關鎗之崗位。眞茹一帶。惟見炸彈轟成之大穴。以前皆人民聚居之處。眞茹至南翔。有新築之路一條。聞爲地方人民感十九軍之忠勇。於二日間築成。路上到翔各種〇

車廿四輛。可見夜間運輸軍火之不易。沿路日本旗到處飛揚。遠望每見日兵之前哨。新路今有日兵二百在彼修理。而臂上則纏紅十字帶。即其旁保護之兵亦復如此。路上見日兵向南翔前進。其小隊稍後者。挑鴨二頭雞一頭。據聞鄉人多亡其雞鴨。汽車從上海開二小時。方達南翔郊外之東南境。入鎮之時。街上見日本騎兵及軍用〇車往來不絕。路人雜沓。無異平日。然路上皆持鎗握械之日兵。或推車。或騎馬。輸送軍用材物馬匹甚多。似有數千百頭。南翔居民聞有三萬。今已不知去向。皆於日兵進犯時逃避一空。因日兵在上海虐待平民。到處皆知也。間有一二年老男婦從門口竊出。一見女敎師。無不驚喜。以爲那得來此。此輩年老之人以及僕役與無力逃難者。身上懸一日本小旗。白地紅日。街上各處屋宇。其門外懸此種小旗。據云。乃日兵到時嚴囑懸帶。即以日兵舉動。雖云未加傷害。而異口同聲。均謂南翔逐家逐戶。爲日兵搶刼殆盡。且焚燬人家物具。甚至燒及地板。供炊食。故南翔雖未經劇織。而人家財物。則亦不能免於亡失。所到之處。有數處房屋。爲日軍飛機放炸彈所毀。安老院爲恤養鰥嫠之所。三

月二日爲日機放炸彈。當場炸死老人四口。傷三口。其一延至禮拜六方死。當日院中一老婦爲炸彈所中。身體拋出牆外。墮於外庭。肢體不完。行於街上。但見日兵日騎日車之屬。不見一中國人。屋宇稍整好者。全爲日兵所據。下者則作馬廐。屋內日兵成羣。飲食高談。有一處有日兵一羣。圍爐而坐。女教師停足省視。則火爐乃其客廳內之物。不知何由至此。有一鄉人告語云。親見日兵從女士家中取至。其後查得女教士家中。其所辦女學堂幼稚園及一牧師居宅。均嘗爲日兵打開搶刼。其不取之物。狼藉地上。舊識鄉人目睹其事。女教堂等至今爲日兵所踞。今已將女學堂等爲日兵搶刼情形。呈報美國總領事云。

日軍之運輸忙

▲回國者　盛傳已久之日軍第十一師團。遣回本國休息。茲悉前日曾由生駒丸廣通丸海洋丸瑞光丸等。於黃浦虹口吳淞等碼頭。載去厚東普通等團之司令部隊及炮工隊等全營。昨日復由吳淞丸神隆丸等七輪。於吳淞黃浦兩碼頭載去該師團之步兵隊本部及騎兵隊山炮隊輜重隊等各一營。於卽晨開駛離滬云。

▲到滬者　日輪上海丸筑波丸一進丸等。於前昨兩日抵滬時。又運到日憲兵一中隊。協同前次來滬之警察等。分別防守閘北吳淞江灣各處。又陸軍一千餘名。則補充第九師團。預爲和平會議決裂後正式作戰之用。其他過山炮炸彈手溜彈等若干箱。及高台（係爲望遠之用）鉛絲運輸器具等。一一分卸於匯山黃浦兩碼頭云。

前方情報彙聞

崑山二十四日專電云。二十四晨。嘉定朱家橋方面。兩方前哨忽起衝突。接觸約一小時。十時許不支。向原路退去。確息。嘉定現有日軍二萬餘人。司令部卽駐城內。蘇州二十四日專電些。太倉二十四到日機一。散發荒謬傳單。楊林口日軍五六千。二十四赴七鴉口。探視二陣亡日軍官墓。宋美齡二十四日派代表由崑赴東滬市慰軍。夜返京。陸浜口到日艦十餘。圖登陸。我戒備嚴。英參軍司徒博二十四晨赴崑。午後返蘇。常熟廿四日下午七時專電云。日軍內爭原因。劉河海陸軍爲爭機場問題。現已解決。一部開浮橋。免再衝突。西涇日兵五六百名。二十四日祭陣亡者。前綫無戰南京二十四專電云。本京某軍事機關。二十四據前方情報。楊林口一帶日軍。向我挑戰。梗晨。有日艦五艘開到。並有日軍數千。在該處登陸。形勢頗嚴重。新塘市一帶。日軍亦築壕。積極備戰。

□日欲侵佔長江

▲日艦在長江活動
▲似有西上形勢

日方雖在停戰會議期間。而日軍之運輸補充。依然積極進行。前方之掘壕布置。更爲忙碌。海軍方面。更將艦隊陸續調入揚子江。頗有西進模樣。友人陳君。昨日漢口返滬。承將目覩揚子江內日海軍行動。面告記者。此事頗關重要。敬爲分記如下。

▲漢口日艦紛集　漢口日僑頗多。平時有日海軍第一外遣隊。派艦四艘駐防。自滬戰發生後。日艦增至七艘。此次鹽澤司令乘安宅旗艦赴漢。表面以視察長江海軍爲名。及到漢後。即召集各軍艦開會。討論防艦註守問題友人於二十三日離滬時。漢口已到日艦十三艘。及至昨日。本埠某江輪又接漢口無綫電報告。謂又有兩日艦趕到漢口。參加鹽澤會議云云

▲下游日艦現狀　自九江以下至南京爲止。此一段內。日本軍艦。以往來行駛者爲多。固守拋泊者較少。據友人目覩。沿江日艦。計九江三艘。安慶一艘。蕪湖附近三隻。至南京之下關浦口等處。均有日砲艦驅逐艦三隻裝甲砲船一艘。而往來於南京漢潯間。巡行日艦。亦見有三四艘云。

▲運輸船擱淺　日海軍於長江內。運輸滿械兵士。往來頻繁。而由日本直接開往者。亦有多艘。近有日軍運送船神雨號。將其船身易色。滿載軍實。開赴漢口。駛至九江下游。忽遭擱淺。經日本海軍得訊。立派兩艦往拖。至昨日下午。聞已拖出。帶往漢口起卸。聞該輪船底。業遭擱損。

▲江輪仍供軍用　長江日輪。於二月一日起。即全供軍用。將烟囪商標漆去。撤除船名。全易黑色。日清公司上下游江輪七艘。同樣辦理。裝運糧食軍械。往返滬漢。迄已兩月有餘。因恐途中發生障碍。船中備有中日英三國國旗。隨時更懸。以亂人耳目。船上生火水手人等多數已易白

擬充任。

▲淞滬日艦行動　劉河方面。二十四日有日艦一隊開到。停泊約二十小時。聞有陸軍在各艦內敺登劉河。昨日午刻。該四日艦。已經他去。吳淞口外鴨子沙海鎮。尚拋日艦兩隊。共計九艘。吳淞內前日祇有六艘。昨日又增至九艘。昨有友人自淞口到滬。見有日艦約四艘。在浦江內往來巡游。此外尚有日艦六七艘。則分泊在揚子江各港口外。

◻日方之狡猾態度

此次停戰撤兵會議。係根據本月四日國際大會之決議案而召集。自本月廿四日開始談判迄今。已歷三日。共經過五次會議。迄未能得有進步。推其遲緩原因。實由於日方狡猾。而不依據已決定之三項原則進行所致。溯自廿四日上午下午二次大會情形。日方提出討論者。爲要求禁止便衣隊之行動。當經我方聲明。便衣隊不在軍事範圍之內。此爲民氣激昂之動作。軍事當局。無從禁阻。且在原則上亦不應有何討論。經拒絕接。日方已不再提及。廿五日上下午之大會。日方又聲明日軍衆多一時不易撤退、故以獅子林劉河大場眞茹爲駐兵區域。我方以日人太無誠意。此種主張。乃非撤兵問題。彼竟欲以該地帶爲駐防之區。嚴詞拒絕。一時會場情勢嚴重。幾致破裂。旋由出席之各國公使斡旋。主將此項問題交由軍事小組會議從長計議。但小組會之結果日方雖略變更前說。仍主以吳淞區江灣區引翔區閘北區爲屯兵之所。昨日上午之會。日方復提議最前線之傷兵傷馬。應留待最後撤退。在未撤退前。當駐兵以保護之。此項提議。更覺滑稽。致三日間五次會議。毫無結果可言矣。聞我方曾聲明。日人如再無誠意。則會議勢必破裂。此項責任。應由日方負之。

◻日擬退出國聯

▲日政府已決定方針

▲路透社二十六日東京電　據今日報紙消息。日政府擬正式通知國聯。如國聯對於東三省問題堅欲施用會章第十五條。則日本意欲退出國聯。此說尚未經官方證實。但可信非無根據。蓋從可恃方面探悉。國聯秘書長德魯蒙數日前曾知照日代表佐藤。謂國聯對於東三省問題。擬用第十五條。而不顧日本之不表同意云。

▲日聯社二十六日東京電　日本脫離國聯說。政友會曾在

野時代已經決議。迫來外務省及軍部之脫退國聯意見。漸次有力。其理由為國聯對於滬滿兩案之智識不充足云。

▲東京電　雖未經官場證實。然今日東京各大報。皆載日本擬第二次退出國際聯盟會。其退出辦法。擬由日政府照會理事會。或撤回日本代表。其原因係因聯盟秘書長總魯蒙告日代表佐藤。對湖洲問題。擬用會章第十五條。不顧日本屢次之出國聯。擬待國聯調查團到滿各地調查作完全報告後。再實現退出之舉動。因屆時國聯對日之地位上。或有曲諒轉圜之地步也。

■李頓招待記者

國聯調查團主席李頓爵士。昨晚。在華懋飯店。招待中外新聞記者。發表談話如下。吾人抵滬後。今日接到倫敦寄來之第一封書函。該函迄今。仍留在書桌。尚未啓封。其忙可知。吾人重賴報紙造成輿論。使人民一致信賴國聯。扶助國聯。處理難題。解決中日糾紛。吾人此行任務。在調查事實。消弭戰禍。吾人目前所急切關心者。為上海之停戰。今幸一切危險。業已除去。和議亦已開始。前途頗有希望。如列強同意。吾人固準備參加和議也。如有機會。吾人當與日軍當局晤談。東三省雖有新國成立。吾人調查計劃。並不因此有何變更。今晨。吾人拜訪財政部宋部長。外交部郭次長。吳市長。及顧代表。以便與中國官員聯絡。不日入京。拜訪政府當局。再取道北平。赴東三省調查。離滬之前。當赴閘北吳淞江灣等戰區視察。

■戰區實地視察

今次國聯調查團來滬。正值日軍鐵蹄蹂躪上海之後。吳淞江灣閘北等戰區。斷垣敗壁。觸目驚心。砲灰浩劫。空前慘劇。各方於希望調查團。能甲日往戰區實地視察。以為日本施暴之實證。聞調查團方面已決定前往戰區視察。而日本方面對此。曾電東京請示。經覆電允可。故實現當不在遠。本報記者昨晤及調查團主席委員李頓爵士。詢以此事。據談。調查團極願早日前往戰區視察。但近日抵滬伊始。酬應頻繁。時間上殊無法支配。但在離滬之前一二日。必當前往視察也云云。

■接受大會議案

顏惠慶通知國聯

▲聲明日軍撤盡始開談判

▲滬滿案應視爲整個問題

（日內瓦）中國總代表顏惠慶今日致函希孟。正式通知中國政府接受國聯大會組織十九人委員團與制定解決中日爭執手續之決議案。並於函內明白聲明。中國仍堅主上海日軍完全撤回。中國政府必使日兵撤回後始行談判。又重申上海與滿洲兩案不能分離。聲明中政府決意視爲一整個問題。此外又明白解釋中國要求之撤兵。其意義乃係日本軍隊退出中國境土云。（十四日國民電）

□西門稱贊國聯議長

▲倫敦　英外相西門。今日午後在下院稱贊國聯議會議長希孟處理得宜。西門謂議會在憲法上。現仍在集會之中。或將在五月一日以前重行集議。議會一致通過最後議案。此案不僅言及國聯會章下之義務。並且言及巴黎公約下之義務云。（十四日路透電）

□美對決議案表滿意

（日內瓦）三月十一日國聯會秘書長以國聯會特別大會關於中日衝突之決議案全文。送交美國駐瑞士公使威爾遜。請其轉達該國政府。美國對於國聯會行動。頗爲滿意。乃囑威氏代答國聯會。威氏復德魯蒙函略稱。世界各國一致主張對於蔑視條約而取得之結果。不予承認。敝國政府聞之不勝欣幸。此種態度。與國際公約互相爲用。實爲建設和平之基礎。決議案從新提及國聯會迭次通過之決議案。而特別注重三月四日所通過者。此層尤使美國注意上海公共租界內有特殊利益之國家。美居其一。故已允許其駐上海代表與列强代表合作。以冀實現國聯會之和平目的云。

□上海停戰會議

▲聞已商妥談判基礎

▲正待中日政府訓令

上海停戰問題。中日代表。及關係國代表。前晚在英總領事官舍。舉行談話會等情。業誌昨報。茲據外交界消息。前晚談話會結果。中日雙方意見已較接近。外交部次長郭泰祺。及日使重光葵。已分向雙方政府請示。據另一方面消息。中日雙方。於前晚談話會中。已商妥談判基礎。一俟中日政府批准後。即可以舉行正式會議。

□中日和議代表

顧維鈞呈辭

▲擔任招待調查團職務

▲須全神貫注無法兼顧

滬案中日會議。國府曾特任顧維鈞爲我方首席代表。惟顧氏並未承諾。行政院長汪精衞。外長羅文幹。昨又電顧懇切勸駕。請顧勉力擔任。本報記者。昨日晤及顧維鈞博士。據顧表示。謂本人擔任招待國際聯盟調查團職務。關係重要。須以全神貫注。不克分身。對滬案中日會議首席代表一職。實無法兼顧。今日(十五日)已電政府。堅決辭謝。仍請另委賢能云云。

□僞國成立之前

▲僞國旗由日人預先製備

▲東北各報一律改印年號

瀋陽通訊。滿洲僞國之實現。因溥儀提出條件之拒絕。及日政府感於國際空氣惡化。曾一度擱淺。日方且自動聲稱緩期至四月初。本莊繁及其左右。對僞國向主激進。因其政府之命令。飭暫觀望情勢。一時不得已將瀋地所設施之一切僞宣傳裝置。次第撤除。蓋亦恐屆期不能實現。有失面子也。不意上海國軍之撤退。又衝動本莊繁及其左右之

日本少壯派軍人。以爲僞國實現。已減去若干阻力。乃於日來又形活躍。是以僞行政委員會又發出通[illegible]。定於三月九日在長春舉行僞新國建設禮。瀋陽城內外以及日站。均裝置日本之慶賀牌坊。日站尤爲講究。僞新國旗已在日本商店備有大批存貨。但私人購買者。尚不允出售。其意何居。耐人尋味。又溥儀有允担任執政一年說。則係日方宣傳。澄實與否。尚不敢定。但日方決定在長春完成其建設僞國計畫。以爲進一步試探列國間之態度。瀋陽方面。除電車上交叉僞國及日本旗外。少數之日本軍事機關設在城內者。間爲懸掛僞國旗。至其他中國方面。尚無懸掛僞旗者。東北報紙。均受日方專管機關監督。一律自三月一日起。次第在報頭印大同元年字樣。但大連日人之泰東日報。獨未改大同年號。是以該報頗被日方視爲不滿。連日該報間有登載日軍失利訊。多被扣留。或剪去後再後行。東北人民。因看不見國報。不明前線眞相。一遇泰東報被扣或被剪。則就之而默期國軍勝利。此亦一耐人玩味之事也。大連又有日機關報漢文滿洲報。二日登載僞新國宣言。文中有「新國家」句。其上竟赫然冠一「僞」字。一時讀者皆

。謂爲自作孽。次日該報乃啓事更正。將宣言另行刊載一遍了事。據日方訊。

■十六萬戶損害

▲死六千零八十人…傷二千

▲失蹤一萬零四百人

上海市示會局自日本出兵攻擊我國閘北吳淞領土以來。至本月六日爲止。戰區市民所受損失及市民失蹤傷亡。共計十六萬戶。昨經發表。死亡六千零八十人。傷二千人。失踪一萬零四百人。

■蘇崑一帶之日飛機

▲一機在朱家角墮損

崑山十五日專電云。十五上午八時。日機由滬飛蘇崑一帶。來往偵察三次。午向滬飛回。十五下午日偵機一。自動墮落於朱家角附近。聞係機件損壞之故。

我軍在後方休息
Chinese soldiers having a pouse behind the front.

我軍在戰壕內工作
Feeding their Rifles after a long fuiring

我軍在德國新式戰壕中抵抗日軍
The 19th Route Soldiers in modern Trenches of German type making their effort to Repriese Japanese invoders.

我軍在○○處進攻日軍

An excellent view of our troops in resisting the invaders.

我軍防守後方

Chinese outpost guarding
a barricade.

我軍在戰壕中之形勢形

Defending their country Chinese troops against
the invaders in trenches.

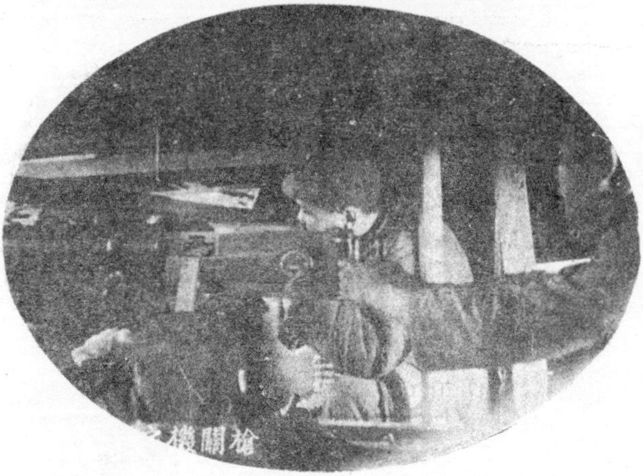

我軍機關鎗殺日軍之情

Chinese machine gunners in action to repulse the Japanese gans.

血寫的故事

夏衍 著

目次

第三部

我們要善用一切的工具

——代序——

我相信，一個時代的藝術，一定具備着一種和主導的時代精神相一致的「性格」，在轉換期，那麼具有和將要到來的時代精神相一致的性格的文藝，一定會在各種文藝樣式裏面起主導的作用。這樣的例子，古今中外的文藝史上多不勝舉。

現在，是一個革命和戰爭的時代，一切都在激變，都在跳躍，都在轉化，人們失却了低徊嚮往，悠長吟味的心情，他們需要的祇是急速的報導，和明快的結論，所以，這時代有主導力的文藝，我想一定是立脚於進步的寫實主義的許多新的形態：報告，通信，速寫，報告劇，電播，記錄影片，無線電，傳影(Television)……等等。

國內年來銷數最好的書，據我所知道的是長江先生的「中國的西北角」，「塞上行」，和韜奮先生的「萍跡寄語」，抗戰開始以來，郭沫若先生的「轟炸中來去」，斯諾的「毛澤東自傳」，「紅軍長征記」，受到了最廣泛的讀者的歡迎，這種作品的讀者，從數黃上我想一定超過小說的百十千倍。其他，上海西班牙戰事新聞片的轟動世界，上海英國海軍司令在我軍退出滬西之日去訪問松井石根的一張「電傳相片」使倫敦 Daily Telegraph ，在一小時之內全數銷完……這都使我相信，我的看法近於眞實。

在這時期的大衆，需要是快，快，第三還是快，眞實，眞實，第三還是眞實。

也許有人要說，這些都不是藝術，但是我却以爲在成長中而未曾完成的藝術，常常會被人輕視的，可是，祗要它能感動千百萬人的心靈，滿足千百萬人的需要，這不是最大衆的藝術還是什麽？

我們要確信，新的大衆藝術一定要從這一切未完成的形式裏面成長起來，我們一定要加緊的學習和爭取這一切最犀利的武器。

但是，問題並不如此簡單，我們還得看看此時此地的中國。中國是個半殖民地國家，八汽缸流線型的汽車和獨輪車並行地在馬路上走並不覺得稀奇，帝國主義時代的，封建社會的，乃至原始社會的生產方式手段，思想形態，也還雜然地並存在我們所處的社會裏面。我們現在，要動員整個民族來參加神聖的抗戰，要不讓一絲一毫的力量棄置不用，那麼我們必然的要運用一切的工具來動員大衆，必然的要讓大衆自由地使用他所能用的一切武器。

第一，我們可以強調飛機大炮在現代戰爭上的功效，我們要有飛機大炮，我們要勸人學習用飛機大炮的方法，但是我們絕不必因爲飛機大炮是現代戰爭中主導的武器，而勸人立刻拋棄他們用慣了的刀槍，問題是在：最初，要使現在藏着不用的刀槍劍戟，犂鋤斧頭都拿出來，都在抗敵戰爭中使用，其次，縱能在抗敵戰爭的實踐中，告訴他們新式武器的犀利，和爭取新式武器的必要。要舊詩人寫「報告」，這事情沒有可能，那麼祇要他的舊詩能「服務」於抗戰，能激厲那些祇看舊詩而不看「報告文學」的讀者，那麼他的這種工具也就在抗戰中起了他的作用。

第二，祇因爲現在是轉形期，各樣的武器工具雜陳在我們的前面，一人一藝，祇能用一種武器的固多，十八般武器樣樣皆能的也一定不少，譬如說，一個機關槍手同時能使大刀，那麼我們希望他用機關槍殺敵，不成問題，不過，假使他對大刀不能割愛，要佩在身邊，有機會來這麼一手，那麼我想也不必一定要他丢掉，問題，是在：第一，祇要他不拋棄了犀利的機關槍，而去「專」用大刀，第二，祇要他不對別人强調大刀，而輕視機關槍的功效。沒有以上二點，那麼兩種武器兼用，同時動員兩種對象，我以爲只是力量的增强，而不是效率的減少。

第三，話說回來，我們還得承認新時代的戰爭要有新的武器，假使新的武器一時急切不及備置，不及學會，那麽我們在此緊急時期，爲着提高能率，我們一方面要牢牢地將爭取更新更犀利的武器這事情放在心理，他方面不妨先用新的方法，來使用舊的武器，再進一步，使舊的武器逐漸地在使用中改良，而適合於新時代的戰鬥。（使用中這三個字，我以爲特別重要，不在使用中改良，而想改良了之後再用，那也許你以爲改良了的工具別人覺得完全不適用的。）今番皮簧劇新式演出的「梁紅玉」獲得了大的成功，這是最近不能忘却的一件大事，我希望新文化運動者不要將對象限定在能够接受新形式的觀衆，我們要雙管三管併下，一方面用新工具爭取新對象，他方面用不斷地改革的舊工具使舊對象新起來。我們的工作要有彈性，要從實踐裏面去開拓和創造。

爲奴爲主，或死或生的民族革命戰爭，展開在我們的前面，我們要動員一切工具，我們要使一切工具有效地服務於爭自由解放的戰鬥！

戰鬥日誌表的一頁

下面所記的是一位在××師部服務的朋友寄給我的私信和資料，除出軍隊番記和有關秘密的事項删節了一些之外，全是原文，未曾潤改。

「××兄：託××女士帶來的信收到了，她們已經在這兒附近的村鎭開始工作；您要我供給您可泣可歌的材料，可是，朋友，這樣的材料，實在太難以取捨了。因爲這次抗戰的本身，就是一個最偉大的可泣可歌的故事，從軍長到伙夫，他們沈默而着實地幹着的一切，沒有一件不使我們感動到流了不能抑止的眼淚，他們眞的是太沈默了，沈默地準備，沈默地戰鬥，有些沈默地建了功勳，有些沈默地死去！朋友，您要我供給材料，這樣的材料實在是供給不盡，也可以說是太多而不勝供給了！譬如我此刻繕寫了的一頁「戰鬥日誌表，」這裏面的事實，不就是一首絢爛壯烈的詩嗎？這樣的詩，沈默地一頁頁一本本地積在×部的桌上，您歡喜？那麽就將這底稿寄給您吧。一切都很安適，祗是鎮日地在頭上盤旋的敵機聲音太討厭了。……

× × × × ×

「陸軍第×××師戰鬥日誌表

（時間）二十六年十月二十一日，下午七時三十分至二十二日上午六時三十分。

（地點）曹王廟，楊家村，蘇村附近。

（敵兵力隊號）兵力約二千名，小野砲八門以上，屬第六師團十三聯隊（卽上海派遣軍山室部隊）

（敵兵種類）步砲兵（惟重砲較多）。

（我參戰部隊號）各團及砲兵營砲××團，第×連。

（兵力）各團之一部及×××團之兩營，砲兵營（欠一連）砲××團第×連全體。

（戰鬥經過）師以攻佔東李家村，新（老）丹宅，新徐宅，李家牌樓之敵人陣地爲目的，於本月二十一日晚，抽三營兵力，組成四個突擊隊，先向李家村，趙宅，新（老）丹宅，猛將堂，沈家村等地，向敵兩翼席捲猛攻，是夜月明如晝，濃霧彌漫，五十米外，不辨對象，情景殊有利於我之攻擊運動，故得以迅雷不及掩耳之手段，向敵襲擊；七時起，我砲兵開始活躍，以砲×連壓制梅丹宅，楊家宅各附近之敵砲兵，而以砲兵營（欠一連）向新（老）丹宅，周村，秦宅等處之敵陣射擊，掩護我步兵之迅速前進，及我步兵到達新（老）丹宅村境，我砲兵乃延伸射程，向新徐宅，李家牌樓，周村等處之敵，行散佈射擊，及至我步兵攻入敵陣，再以猛烈砲火對梅丹宅李家牌樓等處向我反攻之敵，行阻止射擊，是以敵雖頑强抵抗，我步兵終能達到任務，此役戰鬥經過有如下述：

××兩連先向東李宅潛進，在敵前強迫渡河，敵初佯作不理，及我大隊實行登陸，始以猛烈火力，向我掃射，然我絕不餒萎，勇猛進擊，先以手榴彈擊燬敵輕機槍三架，再以白刃進迫，突破敵沿河警戒線前進；同時×連向東李宅南端攻擊，但因受王宅方面敵兵側擊，及李家村後方敵兵反攻，故進展不易。此時連長周金三身先士卒，率隊猛撲不已，敵彈貫穿該連長肩胛，仍忍痛指揮，不肯後退，因之士氣更振，淬厲無前。周金三於抵達李家村白某民家時，又中敵彈，左足齊膝炸斷，然猶命令士兵攙扶，呼號殺敵，及至將李家村佔領，敵兵完全殲滅，始不支殉國。此役陣亡連長一員，排長傷亡各一，敵兵死亡枕籍，尸體因我進行神速，都不及拖回。我佔領李家村後，喘息未定，敵即以二倍於我之兵力，自梅丹宅王宅方面來援，但被我預置之重機槍火掃射，死傷慘重，餘潛伏溝濱，不敢再動。時已十二時三十五分，敵死小隊長二名，遺尸五十八具，俘獲步槍二十五支，敵旗三旒，並從敵尸體搜獲羅店方面詳細作戰地圖一幅。敵工事中發現以野火煨熟玉蜀黍山芋甚多，具見敵軍糧食供給，極感困難。

「與第××連同時並進，我×××團第×連向趙宅南端追進，敵在該處利用河岸，築有強固工事，我第×連上等兵潘文良等三名，手持手榴彈，首先泅水突入敵陣，該潘文良雖被連刺兩刀，但仍能奪取敵槍，將敵刺死，於白刃相交，喊聲震地之時，我後續部隊乘機一擁而上，乃得佔領該處陣地，該潘文良奮不顧身，勇猛奮發，當由職獎洋二十元，以資矜式○趙宅為敵新（老）丹宅陣地屏障，與李家村，王宅，猛將堂等處敵陣為聯絡重要據點，故於我軍到達村境後，即調動上記各處兵力，猛烈向我壓迫，敵砲兵亦集中目標，彈下如雨，得砲兵之助，據守趙宅之敵步兵亦即劇烈反攻，火力甚猛，我第×連長呂剛見情況緊迫，乃本大無畏精神，身先士兵，戰入敵陣，敵頗强悍，與我反覆混戰，呂連長奪獲敵之白刃，還刺其人，全連官兵，振臂大呼，前仆後繼，越過敵之鐵絲網障礙，肉搏前進，時正午夜，明月高懸，刀聲劍影，壯烈萬分，我軍士氣盛旺，卒將頑敵擊退，進至趙宅東隅隔河對峙，我於午前零時三十分，將趙宅完全佔領，事後查知我呂連長於混戰中殉國○當時我有一手執大鍬之兵一名，用鍬將刺傷呂連長之敵擊斃，並奪敵槍反刺，連刺死七人，該兵亦被敵刺傷額腕肩三處，幸均未中要害得慶生還，當由職賞洋二十元，以資鼓勵。

「奪取趙宅後，該團團長乃將新得陣地交第×連固守，構築工事。一方不任殘敵喘息，即命第×營（附第×連）向新（老）丹宅之敵繼續進剿。該地河川縱橫，前進不易，敵構成强烈火網，據險頑抗，兵力亦漸增加，激戰至午夜二時，敵集中多數輕重機關槍火，向我猛烈射擊，有乘機向我反攻模樣，我軍利用河岸，士兵下體全濕，又以宵寒，勞苦可想！激戰半小時，得我×××方面砲火制壓，及趙宅新構陣地機槍火之援助，又尋獲敵之交通壕，隨得拼力前進，將老丹宅佔領，本擬抽調第×連後繼部隊交代進攻，但我忠勇士兵不顧飢寒濡濕，愈戰愈勇，續向新丹宅進攻；（新丹宅在老丹宅東北，與圖載不符，）敵因在新丹宅後緣，隔河築有半久性之堅固工事，故雖三次衝擊，未能攻下，適時已拂曉，敵機大舉出動，乃令固守既得陣地，與李家村，趙宅方面取得密切連絡，並整理陣地。此役我連長呂剛殉國，以下陣亡官兵四十餘員名、因多係白刃衝擊，故彈藥消耗極少；敵軍傷亡慘重，數倍於我，臨退時遺下尸體八具，輕機槍一架，已毀重機關槍三架，手槍一支，步槍十一支，準備渡河之橡皮製浮船四艘，其他另星軍用品甚夥，（另製目錄呈報。）又從敵尸檢出日記多本，知敵在滬部隊有第九，第三，第六，第七，第八，第十一，第一百〇一等師團，台灣守備軍一個旅團，熊本後備大隊一大隊，大分後備大隊一大隊，久留米戰車隊一隊等衆。」

血寫的故事

(一)勇士劉石棠的陳述

劉石棠是廣東人，什麼縣就不知道了，他是一六〇師四八〇旅九五八團，第三營第七連的一等兵，十月十七日下午一時，在廣福附近前線和敵人劇戰的時候失了踪，直到十九日下午纔回到團部來報告他自敵陣歸來的經過，左足大腿部，右足趾，右腕，負了三處傷，幾天不吃飯，餓得眼睛也窪進了，可是充了血的眼珠還發出閃閃的光，講話的時候，也很有勁，還常常舉起未受傷的左臂來，草綠色的軍服，被血和泥染成綜褐色了；他用平常習慣了的對官長報告的口吻，一句一句地講：

「十七號下午一點鐘，敵人的飛機十五架，在我們第一綫丟了七八十枚炸彈，大砲也挨排的打過來，被打着的地方，工事連人帶槍都炸光了，在這時候，敵人的步兵就强行渡浜，向我們猛衝，當我們從灰煙裏面望見敵人的時候，相距只有幾十公尺遠了，連長下令衝鋒，我們從戰壕裏跳出來，用刺刀和他們格鬥，這一天天氣很冷，我們爲着守浜，在浸水的戰壕裏面已經浸了兩晝夜之久，兩足浸腫，手指殭痛，所以衝鋒結果，敵人雖則傷亡很重，我們因爲刺刀不利，和手脚腫脹運動不便，被砍死者也很不少。我們這一連因爲前天七十四團陣地失守，參加恢復陣地之役，已經傷亡過半，再經此番衝殺，全連祇剩了十六七個，兵（劉石棠自稱）兩足受傷，當時不知疼痛，衝入敵陣，及後醒覺，敵人大隊步兵，已經突破我們陣地，向南追擊，兵因傷痛難忍，無法退回，祇能躲在田禾裏面，偶見敵人遺棄鐵盔一頂，內有急救藥棉一方，紗布一卷，乃急取出，自行裹傷，並將鐵盔戴上，入夜尙未被敵發現，但距兵隱藏處二三十公尺之路上，時有敵兵三四十人成羣，由後方搬運鋼板材木，到附近構築工事，並搜索我傷兵，被發見者卽一一用刀刺死，一次有敵三人用手電搜索，離兵不及一丈之遠，但終以夜黑難辨，未被發覺，兵感受危險，乃乘機潛出在死屍身上搜集手榴彈七枚，以備應用。夜深砲聲漸遠，敵大隊騎步兵陸續前進，自思決無生望，更以飢餓難忍，乃又潛出，匍匐至尸堆中尋覓食品，本連弟兄已一晝夜未進飲食，故尸體上絕無乾糧，乃專向敵尸搜覓，亦無所得，此時驟聞人聲，見有敵兵五人，正在附近墳墓上構築哨所，乃用手榴彈向敵猛擲，連擲三枚，敵五人完全擊斃，兵以爲此等敵兵身上定有食品，乃蛇行至尸旁尋覓，結果亦無所得，惟獲得完好之手槍一支，乃即佩上，時天已漸曉，風雨甚厲，手足彊痛，頭暈不能再動，乃伏處樹下休息，次日上午，又有敵兵一隊，約十五人，由一黑衣士兵帶領，携帶鍬鏟，來作掩埋工作，兵以勢孤，祇能伏處不動，敵兵在被炸燬之我軍塹壕中稍事鏟掘，即將散布附近一帶之敵我尸體，一并拋入，用土掩蓋，兵親見我軍傷兵一人，被埋時猶大聲呻吟。此種掩埋工作，繼續至二小時之久，且漸向兵所處之方向前進，幸兵頭戴敵人鐵盔，軍服顏色又與敵人相似，故雖近在咫尺，亦未發覺，兵屏息窺伺，至敵兵多數麕聚一處工作之時，突出手榴彈連續投擲，敵人因事出意外，驚惶潰散，當時斃敵七八名之多，時我軍炮兵向敵陣轟擊，因此得知我軍所在，乃乘雨向我方奔回，途中數遇敵兵，均裝死或掩藏得免，惟有最後一次，爲敵兵四人發見，持步槍上刺刀向兵尾追，兵復擲手榴彈一枚，始得脫險，但右臂又中敵彈，行動更增困難，此後因接近火線，恐爲我軍誤會，乃將敵盔拋去，且行且止，繼續前進，經過我軍第一綫陣地前面，敵我雙方死尸數百具，塡滿溝中，且半爲泥漿淹沒，途中棄械亦多，且有敵輕機關兩挺，惜因傷痛，無法帶回，此次經過兩日兩夜，始輾轉尋到團部，連日以自己小便解渴，故現在雖感疲倦，但並不飢餓。」

師長以劉石棠忠勇衛國，扶創殺敵，當即賞洋念元，並晉升一級，以資激勵。現在劉石棠傷已醫癒，仍在廣福前線和敵人作戰。

（二）奪回華營長的尸體

這也是六十六軍的幾個「廣東兵」的故事；九月十七日；一百五十九師的某團爲着進攻金家灣，受了很大的損失，營長華偉棠，不幸陣亡，他是這一師裏最年輕的營長，只有二十三歲，他勇敢，懇切，和士兵同甘苦，沒有官長架子，所以一般弟兄們都敬愛他，他有一個六十歲的老父，年輕的妻子和一個方才離乳的嬰孩，這是士兵們都知道的，他陣亡了之後，尸體怱忙中不及拖回，遺棄在敵人機關槍火力控制的陣地之內，天黑了，他的士兵們在戰壕裏商量，說：華營長替國家出力，殉了國，在他自己已經沒有遺憾了，可是我們是他的部下，受過他的庇護，我們不能讓他的忠骸剩在敵人陣地，我們應該搶回來，最少可以使他的家族能夠迎回去安葬，這樣一說，幾個勇敢的弟兄不等決定誰去，就爬出戰壕去搶尸了；那陣地的地形對于這工作很不方便，我們工事之前二三十公尺，就有一道浜，有這麼頭二丈濶，華營長的忠骸，是在浜的那一邊，離浜十公尺左右，但是正對面就是一座村屋，敵人機關槍隊占領了這屋子，在前面安了三架機關槍，我們去搶尸的兵士沒有爬到浜邊，敵人的機關槍就發火了，在這種情形之下，渡浜沒有可能，敵我對打了一陣之後，去搶尸的祇能退回來了，但是，我們陣營裏勇士多得很，第一次失敗，第二次去的人更多了，七個人分作兩隊，預備從兩旁抄過去，敵人注意左方的時候，右方的搶過去背尸首，可是這計劃也沒有成功，兩路都被敵人發現，沒有渡過浜就在敵人的機火下面犧牲了兩個勇士，另有三個掛了彩，被逼着又祇能退回來了○兩次失敗，許多人都認爲沒有奪回的希望了，有人在暗中禱告說：「華營長！你陰靈不散，保佑我們明天反攻勝利，我們殺完對岸的敵人，替你報仇雪恨，」但是話未完，班長賴家佑跳起來了：

「等不到明天！天亮了敵機一來，華營長就完了！我去！」他說完話，拿了五六個手榴彈，和兩瓶裝在啤酒瓶裏的汽油，便從左側的交通壕裏走了；啤酒瓶裝的汽油，是我們的「新發明」，專門預備燒敵人的坦克車的，看見他走，一等兵葉仲明一句話也不講，同樣地拿了幾個手榴彈，也就跟着走了。他們兩個沿浜走了許多路，抄到敵機關據點右方一百公尺的對岸，悄悄的渡過浜，匍匐地爬過去，直到敵人占據的村屋側近，兩人方才分開，一個從左，一個從右，一個拿汽油瓶，一個拿手榴彈，對準了屋子的窗口擲進去，賴家佑是投手榴彈的名手，所以一下就把汽油瓶投進去了，可是葉仲明的手榴彈恰在屋子的牆脚下炸了，敵人吃了一驚，機關槍胡亂地發火，賴家佑對葉仲明喊！「投進屋子裏去！」接着手溜彈接二連三地從窗口擲進去了。

「哄隆，哄隆！」

屋子裏爆發了，遇着汽油，很快地敵人的根據地着火了，賴葉兩個好像發了瘋，將手榴彈東一個西一個地擲，敵人不知道他們在那里，也不知道我們有多少人，便倉皇地逃了，對岸的我軍看見敵陣起火，也便猛烈地開起槍來，賴班長看見目的達到，便對葉仲明說：「背營長回去！」葉仲明背了營長的忠骸，正要渡河，敵人大約已經探知道我們人少，又打回來了，賴家佑回轉身來，

「你去，把手榴彈交給我！」

他把僅剩的三個手榴彈放在身邊，伏在浜邊，絲毫也不動，等敵人接近了，才把手裏的彈丟出去，一個，兩個，三個，敵人死了，他的彈也完了，望一望對面，葉仲明的黑影子已經上岸了，他正要下水，，一顆敵彈打在他的胸口，倒在水裏，手足掙了一下，便在濁流裏沈下去了。

葉仲明背了華偉棠的忠骸，安全地回到了我們的陣地，而賴家佑却永遠不回來了，第二天我軍反攻，奪回金家灣，戰利品裏面，有三架燒燬了的輕機關鎗，這是我們的勇士賴家佑班長用生命去換來的！

「七二八」的那一天（電播劇）

「××××，這兒是××廣播電台，下一個節目，是××劇社播送的無線電播音劇本「七二八的那一天。」「七二八」，就是七月二十八日，這一天，我們當局斷然的拒絕了日本帝國主義向我們提出的無理要求；這一天，勇敢的二十九軍，開始和日本帝國主義的軍隊抗戰；這一天，我們忠勇的將士用他們的血肉，和日本帝國主義的飛機，坦克車，大砲，毒氣拚命，在開戰五小時之內，奪還了他們經營了快一年的豐台，諸位要記住，九一八，一二八，這兩個日子，給我們中華民族的是無上的恥辱，那麼我們可以說，七二八這一天給我們的卻是無上的光榮。我們要保持，繼續發揚這種光榮，我們要發動全民族的抗戰，把日本帝國主義侵入中國領土的海陸空軍趕出去！

現在，播音就要開始，請諸位記住，這幕戲，不，實在可以說，這件實在的事實，可以發生在上海任何一條街上的街堂裏面。你們諸位住的弄堂口，不是總有這麼一家烟紙店嗎？好，那麼就假定是烟紙店吧。店堂裏，老闆在做生意，老闆娘抱着小孩兒在吃西瓜，一個十四五歲的徒弟，在打瞌睡，熱天的下半天，這本來是很難免的。時候，是下午一點半，街上很鬧熱，電車汽車的聲音，常常從店門口經過。好啦，現在戲開始了，聽烟紙店的老板在做買賣。

老板　不不，十七個半也不能賣，十八個銅板一塊，不論那一家，全是一樣。我們做這生意，一點兒也沒有好處的，賣一箱，祇能賺一只木箱子。

女人　我前天才買過的，明明是十六個一塊……

老板　那是外國貨，我這兒也有，我不要十六個，賣你一毛大洋兩塊，可是貨色有高低……

女人　中國貨比外國貨強嗎，你說？

老板　那當然，這是老牌！

女人　我到別家去買給你看。

老板　你能十七個買得到，我兩塊掉你一塊，哈……哈……

男子　（性急地）快，鞭砲，鞭炮！

老板　（對徒弟）阿根，媽的，又睡了，做生意！

男子　快，鞭炮！兩毛錢！

徒弟　什麼牌？

男子　嗳，（大聲地）你聾的嗎？我要鞭炮！快！

小孩　炮仗，大的五個，……

徒弟　等一等。

老板娘　（高聲地）你到那兒去尋啊！在這邊！上面！（遠遠的爆竹聲……）

老板　什麼，今天放爆竹……（對他妻子）今天是幾時啊？

老板娘　六月廿　，陽曆七月廿八日。喂，電燈費快要去付啦！

一女人　快，百子炮，一毛大洋。

老板　什麽的，大家買炮仗？又是新總司令……

女人　快快怎麽一毛大洋祇有這麽一串？

老板　哩，這幾年火藥貴啦。

小孩數人　（七張八嘴）快！大爆仗！頂大的……小的也要，兩毛，我一毛，這個頂大的多少錢？（等等）

徒弟　師父，爆仗快賣完了，……

老板　還有多少？

徒弟　炮仗都在這兒哩！

老板　快，到萬昌祥去拿一點，快！喂，媽的，死東西，騎了脚踏車去！

老板娘　快漲價啦！漲價……

老板　喂，喂，究竟是什麽事啊？

行人　（興奮的聲音）打勝仗，打勝仗，東洋人打敗啦！

老板　什麼，東洋人打敗啦？

賣號外者　號外，大晚報號外，三個銅板…（過去）

老板　喂，號外，號外，……媽的，生意好啦，連耳朵也聾啦！喂，你去買一張！快！

老板娘　你自己不會去買嗎？

老板　我要管店呀！

老板娘　管店，我不是人嗎？

老板　（大聲）喂！號外，號外，……

號外　（沙嗓子）時報號外，一大張三個銅板，咍——三個銅板，今朝特別消息……

老板　快快……

小孩　爆竹……頂大的！噢，中國兵打勝仗嘍！

老板　（讀報）我軍克復豐台——廊坊亦已收回，豐台日軍向西南潰走，我軍奪獲坦克車三輛。

老板娘　嘍！你說什麼？

老板　哈哈，哈哈……哈哈……

老板娘　你說呀，什麼事啊？

老板　中國兵打勝了，克服豐台，收回廊坊！（想起似的）喂，快把炮仗收起來，不賣了！不賣了！

老板娘　爲什麼？

老板　我們自己放！自己放！

（爆竹聲……）（號外聲）

老板娘　你發瘋啦？什麼……

老板　哈哈，中國也有這一天！也有這一天！喂，再來一張，號外。

行人甲　別買啦，我已經買了一張○……

老板　不，我要自己買○喂，號外，一張，還有別的嗎？好，大美，民報，立報，還有嗎？

行人甲　噯消息都是一樣的！買這麽多……

老板娘　你瘋了嗎？

老板　不（分給人家）你們大家分着看，有什麽新消息嗎？好！好！了得，瞧！「我軍俘獲敵機七架！」媽的，東洋鬼子也有這一天！我的氣也出了！媽的，一二八的時候，你炸我們把我的屋子，我的店，都炸光○我的小平，小平的奶娘，都炸死○媽的！你現在，你現在……

行人乙（女）　喂，廊坊東洋人死傷兩千！

老板　好兩千！今天兩千明天兩萬！

行人丙　可是，我看有點靠不住……這消息……

老板　什麼？

行人丙　那兒有這樣容易呢！豐台是日本的大本營，他們有兩萬多……

乙　大本營，小本營都要奪過來！

丙　不要太高興，我看有點靠不住，……一二八的當時，說白川大將死啦，不是也放過一陣炮竹嗎？

甲　那時候祇是人家嘴裏說，……沒有號外，瞧！這不是中央社的電報？

老板　（怒聲）這樣的好消息，你說靠不住，難道一定要中國打敗仗才靠得住嗎？放屁，亡……亡國奴。……

丙　什麼，你罵人，……

老板　亡國奴，我罵你，罵你。

丙　誰是亡國奴？出來，混蛋，我揍你！

老板　揍我？（走出來）

老板娘　喂，你瘋了，不准打！……

丙　出來，出來，媽的！

甲　（大聲地）大家不准打。咱們都是中國人，爲什麽要打呢？

乙　（從旁）有本事打東洋人去！

衆人　對，有本事打東洋人去！

甲　中國人不打中國人！咱們要大家聯合起來，像一個人一樣！

老板　你講得對，可是我說，一定說，這消息是眞的！你以爲中國人打不過外國人嗎？我的這雙眼睛親自看見過，一二八的時候，兩個光身的十九路軍，憑着兩個手溜彈，奪了一座東洋的鐵甲車！

丙　（有點不服氣）我祗是說，不要太高興，我的話沒有錯，……

丁（女）　喂，讓一讓，香烟，兩包金鼠牌！喂，喂，生意不做了嗎？

老板　噢噢，什麽牌？小金鼠？好！

丁　找頭！快！

老板　（把錢退回她）沒工夫找，拿去吧！白送，白送，……哈哈……

老板娘　什麼，白送……

老板　今天我請客，小意思，哈哈……（大聲地）眞高興！也有這一天，中國翻身了！把那些鬼東西打出去！統統打出去！

甲　打出山海關！

乙　趕出奉天！

丙　不够不够趕出整個兒的東四省！（拍手聲）

徒弟　（回來）師父，萬昌祥說爆竹全批完啦，大的，小的，統統賣完啦！

老板　什麼，你手里的是什麼？

徒弟　這是我自己買的，我要放，嘻嘻……

老板娘　你買了這許多，錢那兒來的？

徒弟　師父給我去剃頭的！（擦洋火，爆竹聲大作）

老板　好，連拖鼻涕的阿根也高興，咱們中國眞要翻身——（正要講下去）

丁　（附近的店員，拿了一張號外瘋了似的奔過來）打啊，打啊！第二次號外，我軍克服通州，中央機大隊北上，轟炸日軍！

老板　什麼？

甲　中央機？我們的飛機？

丁　對，中央機大隊，大隊，就不止一架！哈，你瞧！「轟炸日軍」這樣的字，我看了幾年報，從來還不會看見過！

老板　我們的飛機！好透啦，我們的飛機也動啦，炸，炸，把鬼子都炸光！

丙　（感激）啊，總有這一天，我們自己的飛機也去跟敵人作戰啦！老板，來一瓶啤酒！

老板　好，白送，白送，我請客。阿根，什麼，阿根那兒去啦？喂阿毛娘拿啤酒。

老板娘　（把啤酒重重的放在櫃上）三角半！

老板　別管，別管！來，拿杯子，（開瓶聲）來，來，大家喝一點，（人聲：吃酒哪，老板請客，等等）慢慢，別搶，來，喝乾！中華民國萬歲！萬歲！（衆人和着）

丙　受了東洋人幾年的氣，今天一天就……

甲　那止幾年！咱們中國受東洋人的氣，受他們的欺侮，已經四十……四十三年啦！四十三年之前，東洋人奪了我們的高麗，割了我們的台灣；二十年之前，東洋人向我們提出二十一條；十二，十三年之前，東洋紗廠打死顧正紅，闖出南京路大慘案；七年前，攻打我們的東三省；跟着，我們上海人子子孫孫也不會忘記的一二八，東洋人打閘北，殺死了千千萬萬中國人，轟炸燒毀了全閘北江灣吳淞……的房屋和財產；前年，東洋人又在冀東收買漢奸，造出一個傀儡國，……

小孩聲　印度阿三來啦，……

甲　現在，又要把整個華北，……

阿三　去去！勿要嘩啦嘩啦！

丙　阿三，去！加得里，馬得里！

甲　（演說口吻）我們中國人受東洋人的欺侮，已經受到盡頭啦，我們不能再忍耐，我們要抵抗。我們要使東洋人知道中國的厲害，要他們知道我們中國人不是隨便可以壓迫，欺負的奴隸！

衆人　（拍手）講得好！

小孩　哈，阿三也在拍手了！看看！

衆人　（起哄）阿三，阿三！

（脚踏車鈴聲，一個人騎着脚踏車經過，嘴裏喊着）：

人　同胞注意，請大家遵守秩序，勿要在馬路上障礙交通……（去）

甲　媽的，打仗還管什麽交通……

老板　（大聲地，學着甲的演説口吻）今天，我們住在上海的人才能抬起頭，挺起胸，大搖大擺的在街上走。中國人打敗了東洋人，中國人不是亡國奴！中國……（突然的）阿根，阿根！……

徒弟　什麽事？

老板　騎脚踏車，到虹口去看一看，今天東洋人是個什麽樣子，還能像平時一樣的看不起中國人嗎？

衆人　（拍手）好，快快！

阿根　得——介！（脚踏車鈴聲）

衆人　（拍手聲）

（無綫電聲，雜音，一會兒變成蘇灘）

老板（忿忿的）媽的，今天還聽蘇灘，（一旋——無線電發出微微的聲音）

，這是中央電台報告消息，聽！

報告者（女聲）我們今天得到的勝利，一半是由于兵士的勇敢，一半是由于敵人的小看了我們的力量。他們將我們中國的四萬萬人，看做一盤散沙，永也團結不起來；他們以爲我們中國人可以隨便的由他們離間利用。可是，諸位同胞，敵人的看法，完全錯了，中華民國二十六年，不是前清光緒二十一年，東方的睡獅，已經醒啦；我們已經團結起來組織起來，我們已經準備用我們的血肉，來保障我們的國土，敵人從那裏來，就從那里將他打出去！

衆人（叫好）打出去！打出去！

老板 不要吵，聽！

報告者 但是，諸位同胞，你們一定要知道，今天旂開得勝，我們當然高興，可是離開馬到成功，前途還很遼遠：敵人還有幾十萬的兵，幾百架的飛機，幾十艘的兵艦，盤據在中國的領土之內！我們還有三千萬的同胞，千萬里的土地，抓住在敵人的血手裏面。我們的解放戰爭方才開始！聽！我們民族的解放戰爭，方才開始，聽！我們今天打了一個勝仗，不要過分的驕傲；萬一明天打了一次敗仗，也用不着過分的悲觀！我們已經打定主意，和我們的敵人拚個你死我活，不到中國完全解放，這戰爭永也不會罷休！諸位，戰爭方才開始，我們要完全勝利，還得經過很艱苦的鬥爭！我們要盡我們一切的力量，使我們的勝利很快地實現。我們要趕快組織起來，準備全國規模的抗戰。同胞們，血鐘已經響了！四十年的憤怒，已經是爆發的時候了！起來，勝利是我們的，勝利一定是我們的！現在讓我們喊，中華民國萬歲！

衆人　（合聲歡呼）萬歲！（爆竹聲）

甲　（站起來）諸位，方才無線電報告裏的話，我們應該緊緊地記在心頭：勝不要驕，敗不要怕；我們萬衆一心，冒着敵人的炮火前進！

衆人　好！

甲　但是，兄弟在這兒還要請諸位注意：抗戰已經開始了，今天報上說盧溝橋抗戰死傷的將士，現在還沒有很好的醫治和救護。他們爲保護國土，很光榮地盡了他們的責任，可是我們在後方的民衆，能讓死了、傷了的勇士們沒人理會地躺在戰場上嗎？

老板
衆人　不能！不能！

甲　對，不能，絕對的不能！我們要有錢的出錢，有力的出力，把救護傷病、撫恤遺族的責任放在自己身上。不要浪費一個錢，不要浪費一分力，後方民衆組織起來，參加各界抗敵後援會的工作！

衆人　對，對，大家去！大家去！

老板　好，你講得對，這是小店今天一天收入的錢，現在完全捐出來，（銅板角子聲）去救護盡忠報國的兵士！來來來，大家捐，大家捐！這麼熱的天氣，在戰場上打仗，已經夠辛苦啦，受了傷，不是更苦嗎！我們不能旁觀！

甲　對，這是我們自己的事，受傷的全是我們自己的兄弟！

衆人　大家捐，（擲錢聲）大家捐！

甲　不要讓戰士們有後顧之憂。

老板　對，全中國四萬萬人站在他們背後！

衆人　（擲錢）把錢收起來！

甲　把錢收起來！送到前方去！

衆人　送到前方去！把錢送到前方去！

拍掌聲，擲錢聲。……

× × × ×

「七二八的那一天」這個播音劇，已經完啦。諸位聽了，一定會有很深的感慨。平津一帶天氣很熱，中午的太陽簡直像火燒一樣。我們忠勇的士兵，冒着這樣的酷暑，在灼熱的沙場裏，用他們血肉之軀，在跟敵人最殘忍的新式武器拚命，他們的那種辛苦，請你們閉着眼睛想一想！他們，等待着後方民衆的慰勞，激勵和救護，我們趕快湊起錢來，從一個銅子兒起，集腋成裘，積土成丘。好，老太太，從您開始，小少爺，奶奶，小姐，來來，把錢都集起來。對啦還有王媽，李媽，阿二，一個也人不要漏掉，把錢集起來，交到你們看的不論那一種報紙的報館裏去，他們就會給你收條，把你們的大名在報上發表；同時就會很可靠的把你們的錢送到前線去。

三七，七，二八。

失去了太陽的都市——上海

一九三七年，十一月十一日！

是歐戰和平的紀念日，外國的紳商，軍隊在外灘和平女神面前獻花。但是，但是，隔不到一公里的地方，機關槍大砲的聲音在沸，巨型轟炸機在頭上盤旋，大砲的彈丸在空中掠過，

「咻——咻！」

和平神女沉默着。

鐵絲網，疾馳着的救護車。

緊張的面孔，蹙着的眉頭，咬着的嘴唇。……

難民，走倦了的脚步。

沒有風；上海——這國際都市的南，西，像山岳似地聳着奇偉的雲，不，

這是燒燃彈的烟，五百磅炸彈爆發出來的火！

上海，被這黑煙遮蓋了，白雲在深邃處映出暗紅，瑰麗？慘淡？

「我永也忘不了，這慘的紅色！」——人在嘆息。這是民族的怒火！仇的燄，恨的火！

下午，槍砲聲疏落了。人們聳着耳朵，靜聽着，這聲音轟毀了瑰麗的大上海，奪去了上海人臉上的笑，但是，在今天，在今天，他們却對這聲音感到留戀了！

「啊，到明天，這聲音不再能聽見了！」聲音很低，很慘！

號外在叫，在跳躍，也像是在哭泣。

夜色漸漸地濃了，依舊是霓虹燈，依舊是歡迎着遊人的歡樂處，但是人們的脚却是那樣的忙迫——

難民，走倦了的脚步……

人品不俗的少婦，不相稱地蹲在屋簷下，偎在身邊的兩個孩子，失了神的那兩對眼睛！

救火車，救護車……駭人的叫聲，疾馳着，像一陣不吉的風。

卡車，紅十字旗無力地斜插着，一車呻吟的人，尸體，露出在外面的一只男人的腿，機關槍彈痕，像縫紉機踏過的針孔！

血！反抗的民族的血。

南京路！早沒有從前的熱鬧了，大家沉默着，熟人見了面也不招呼，他們的心，心，被鉛一般憂愁，海一般的仇恨壓碎了，——電車在開，汽車在流，走倦了的脚在走。

南方，西方，黑烟變紅了，紅的舌頭是在天空中飛，機關槍在吼了，我們的勇士還在抵抗！

巡捕挨街地通知店舖，大家臉上的肉都僵了，沒有表情，他們的手和他們的心失了連繫，「保衞大上海」，「打倒賣國賊李思浩」，斜貼在一切櫥窗墻壁上的標語被撕掉了，——剩下的，是猥褻藥的廣告！

天韻樓，散下了多數紅綠傳單，有人無意識地拾起來：

「中國民衆和平促進會」！

人們眼裏發出憎恨的火，撕了，擲了，紅綠傳單在馬路上捲着，被人踐踏着！但是，他們冒火的眼轉向了高樓。

「媽的，我們過去對這些狗太寬容了」！

夜色濃起來，黑了，路上的人疏落了，上海，緊張了三個月的都市，此刻表面上像一個瀕死的人，每分每秒鐘地在減少他的活氣，他的面目變了，但是，他的心，他的脈，……在跳躍，在衝悸。

巨人的臉失了表情，上海沉沒在黑色的夜陰裏面，上海人失去了歡笑，上海，這都市失去了太陽！

三七，十一，十二〇

悲劇中的悲劇

一二八的那一年，在我寫的一篇「東京通信」裏，我曾經說，日本的文化人，智識階級，對於他們民族裏面少數支配者的侵畧中國的行動，都懷抱着一種懺悔的心情，他們對於歷來受過恩惠的中國民族，表示了深切的慚歉和同情，對於中國的新的文化和改革，寄與了最大級的希望，這種心情，使我聯想到涉皇時代俄羅斯的「懺悔貴族」，「懺悔貴族」爲着要替自身的階級「贖罪」，勇敢地發出了「爲着除去良心上的負担」而替被虐使的平民服務的呼號，當時我雖則不甘將自己民族的運命和囑望於他國民族的憐憫和「解放」，但是多少總還對於這懺悔者寄託了若干的希望；今年華北戰爭爆發，我在一封寄給日本友人的信裏還曾說：「我知道，日本有多數人還在鬥爭，在那不愉快的沉默裏面，還有更多的人，尤其是智識階級，正在爲着你們民族裏面的少數人的行爲而懺悔和苦悶，但是，親愛的朋友，人類文化到了千鈞一髮的危機，你們還能滿足於沉默和苦悶？」很明白，對於無氣力的日本智識階級，我已經嘗味了幻滅的悲哀。

自己幸也許不幸地出身於智識階級，所以對於我的同階級者總不能捨棄過多的興味和希望。十年以來，中國智識階級爲着民族的自由獨立解放，流了千萬斛的熱血，拋了千萬顆的頭顱，但是我們可驕傲的是中國智識階級在那長長的黑夜裏面，不論夜色如何濃重，他們沒有一刻放棄過愛國的眞誠，沒有一刻拋棄過鬥爭的勇氣，在黎明重新到來的時候，即在那因爲一時的蹉折而失却了戰意的人，也就很快很踴躍地重回到原有的陣地；田壽昌兄被逮入獄的時候，曾經有過兩句傳誦一時的詩句，那就是「生平一掬憂時淚，此日從容作楚囚。」眼望着日本的那些已經喪失了戰意的智識階級，我眞要問一問：「眞眞愛國家，愛民族的人所該有的那種憂時之淚；眞眞愛眞理，愛正義的人所該有的那種從容入獄的精神；到那裏去了？那裏去了？」

中日戰事開始之後，在雜誌上寫着「戰吧，戰吧，戰到最後的一個人爲止，害怕戰爭的是反逆，是敵人的間諜，是利己主義者，是高利貸；這樣的日本人我們民族裏面一個也沒有」的室伏高信，那倒大可不必驚奇，因爲他根本就是一個爲日本智識階級所不齒的文販；參加屠殺者的隊伍而在中國國土上發揚了「威武」的藝術家棺一雄・小津安二郎，和已經戰死了的友田恭助，我們也可理解，他們並不出於自願，可是「踴躍」地從軍的「前無產階級鬥士」，現「日本主義者」林房雄，宇野千代……在指揮刀指揮之下，譜製了無數殘厲虐殺的軍歌的北原白秋，小田耕作，和在這人類文化和理性存亡續繼之交，寒蟬似的不發一言，不着一筆的大多數的作家，藝術家，評論者，究竟是表示了日本智識階級文化人的光榮，還是羞恥？

你們的軍閥一意孤行，從已經不堪經濟重壓的農村和工場裏面奪去了千萬個戶主和壯丁，在你們國內平添了千萬個殘廢和孤寡，你們的軍閥在你們的貧苦的同胞肩上加上了二十萬萬的軍費，你們的軍閥強迫你們的同胞去做瘋狂的屠夫，你們講過話嗎？你們的飛機轟炸和燬滅了中國的無防禦的城市，鄉村，文化機關，難民收容所，和傷兵醫院，用你們血汗造我的炮彈，炸死了中國千萬個無辜的婦女和嬰孩，你們講過話嗎？你們沉默，你們不表示反抗，這，我祇能說，你們放棄了文化人的責任，你們爲着自己的安全而縱容乃至助長了你們的軍閥！

我不會忘記，一九二六年的冬天，在東京的一次中日兩國革命團體的聯席會上，當時日本勞働運動的領導者H先生（他是一個大地主的兒子，有名的律師，爲着勞働運動而拋棄了家庭和職業的鬥士）曾經握着我的手，用帶着眼淚的聲調說：『中國的同志不加緊反對日本帝國主義，使日本帝國能夠從容地吸取中國的膏脂，來維持對日本勞苦大衆的統治，這是中國同志的責任；日本的同志不加緊反對日本帝國主義、使日本帝國主義能够無所顧忌地侵略中國，這是日本同志的羞恥！」這種兩國苦難大衆的連繫的責任，我到今日也未曾忘懷，可是我敬愛的H先生，經過了幾年的牢獄之後，今年初我問一個日本朋友，說他已經埋名隱姓，悄悄地做和尙去了！

我熱愛我自己的民族和國家，所以我絕不反對任何別人的愛國觀念，但是，受了軍國主義者煽動，盲目地對別的國家發生反感，失掉了應有的冷靜，夢游似地喊叫着「膺懲中國」，這算是愛國？將自己所愛的國家民族的運命，隨便地交付給瘋狂了的渴血的軍閥，讓他們將日本領導到世界輿論的被告席，讓他們在日本的歷史上塗上不能洗刷的汚泥，讓他們將日本的大衆推入窮困和死亡的深淵，讓他們製造中日兩民族間的海一般的仇恨，而將這血債移交給你們的子孫，這是愛國家愛民族的人們所應有的態度？

我也明白地知道日本的環境，所以在那種情形之下，沉默也許還有一點積極的意義，但是，眼望着當前的環境，和國家民族的危機，已經不是用沉默的不合作和無言的反對所能轉移，而依舊還是保守沉默的態度，那很明白，我祇能說：這沉默並不表示『孤高』，而祇表示了『怠惰』；這沉默，表面上算是『反對』，而實質上却早等於幫兇！

日本的知識階級完全地被武力『去勢』，失却了冷靜地思考的意力，喪失了用自己的力量來突破黑暗的勇氣，——日本的知識階級沒有變時的熱淚，沒有愛國的眞情，沒有氣節，沒有一種不忍見祖國安危一任軍閥支配，而憤起發言的懍烈的骨氣，——我以爲這是日本悲劇中的最慘痛的一點！

我又想起了我那已經做了和尚的朋友！我們，現在已經在用血和肉，反對日本帝國主義的侵略了，這在對我們自己，是爲着民族的獨立和生存，但是同時在對日本苦難大衆，却是在替你們打毀那牢牢地鎖鑄着你們的鎖鍊；中國的大衆，已經盡了對自己和對你們的責任了。那麼日本的同志呢？你們繼續地沉獸，讓支配你們的那些野獸來屠殺你們異國的弟兄，你們盡了責任嗎？對於中國，對於你們自己！

我要喊：『日本！別讓人說你沒有眞眞的愛國者，你要負起用民族革命戰爭來代替帝國主義侵略戰爭的責任！』

（閘北淪陷之夜）

士無鬥志的日本

十月二十五日深夜，我和壽昌從砲火連天的前綫歸來，那天大場告急，所以××路上蕩漾着一種異樣緊張的空氣，在疏星和敵機照明彈交輝的夜陰裏面，我們的車子緩緩地從我們英勇的戰士隊伍中間擦過，道左，我們短小精悍的南國健兒背着龐大沉重得和他們身體不很相稱的武器和行囊，跑步地望着火線挺進，他們啣枚疾走，淬厲無前，那種大無畏的精神，莊嚴的情景，使我不自禁地流了好多感激的眼淚，道右，大約是經過了長期的塹壕生活，而退下來休息的隊伍，他們雖則軍服上沾滿了泥濘，行列中間或夾雜着一兩個裹了傷的勇士，但是他們依舊是英氣渙發，步調整齊，眉宇間絕沒有絲毫的張皇和倦意，當晚的情景，在我生活中留了一個不能磨滅的印象，我覺得這種沈默的真實，比百十篇宣言千萬遍演講更有實際的使人振奮的力量。我們的軍隊從最高的將帥，到萬萬千千的士兵，都一樣地燃燒着火一般的敵愾，他們熾烈而堅定的「戰意」，從每個人的沈默的行動裏面表示出來，抗戰以來，省籍不同，體系不同的千萬兵士在前線用血肉和強敵作戰，我們雖則有了全連全營全團乃至全師殉國的悲壯的史實，可是值得驕傲的是到今日爲止，我們還沒有一個（單單一個！）脫逃和降敵的兵士！敵人的兵員被俘的時候沒有一個不是叩首請降；而我們空軍閻海文烈士用他戰鬥到最後的一顆子彈自盡的那種烈烈的氣魄，就是敵人的將卒也不能不發出了欽佩和驚奇的感嘆！近衞文麿說要使我們屈膝，使我們喪失「戰意」，現在我們可以傲然地說：「四萬五千萬人的戰意，在日本的侵略行爲停止之前，是永也不會喪失的！」

回到上海之後，在百忙中整理了四五十種從戰綫蒐集來的敵兵的信扎和日記，這些材料大都是從敵人的屍體上搜來，有的染着血跡，有的被我們的子彈穿過，這些慘淡的遺物使我黯然，使我悲憫，有幾次我終于不忍讀完那些悲楚的文件而不能不暫時地停止了我的工作。他們在信扎日記上雖則也有「誓當一死報國」，「盡力奮鬥」的套語，但是「厭戰」「懼戰」的心情，却是百分之百的普遍，他們親友給他們的信中也常提到要「膺懲暴戾的支那」，但是在戰線兵士所寫的東西裏面，却完全找不出一毫的對中國的敵愾，有的，祇是目擊和身受着中國士兵的勇敢的攻擊，而感到的恐怖，下列的例子，隨處都可以讀到：

「九月二十一日，三中隊幾乎全滅，想起來，雖說是『支那』，却也有不可蔑視的戰鬥的力量！」（谷口，部隊不明）

「十月二日，戰死者中隊長千田大尉等八人，負傷者准尉西原次雄等十七人，本日失敗主要原因，在將敵人的力量估計得太小。」（山室部隊小隊長山口少尉日記）

「午前十一時登陸，聽見『八百個中之一個』的球磨郡青年講，善通寺師

團登陸時二大隊八百人中，祇剩七人，爲之驚倒」。（重藤部隊，猪坂稔日記）

一九月二十二日，午前一時，將多數戰友的屍體埋在土窟裏面，繼續前進，中隊集合在土民家中，過了一夜，此夜敵機來襲三次。吹着喇叭衝鋒，想不到「支那」兵竟有這樣的勇敢！」（重藤部隊高橋部隊後藤熊次郎日記）

又如重藤部隊高橋部隊監物隊坂本稔的兩封寫成而不及寄出信裏：

「支那兵的狙擊，非常準確，不能隨便走路，此次支那兵所用武器，大概爲英美德等國出品，非常優秀，二三日前襲擊我陣地，洶湧而來，我等拚死防禦，始將其擊退。——致友人境武一」

「我皇軍之苦戰，有非言語所可形容，今日之支那，已非昔日之「淸國奴」可比！——致女友信子」

因爲對中國沒有敵愾，不懂得爲什麼要「出征」的原因，所以對於殘殺中國婦孺的行爲，他們都表示了對殘忍的反對！

松尾部隊兵士谷本一致他母親的信上寫着：

「將逃勝的士民衆從屋中拖出來槍斃，使我想到了自己，覺得委實可憐，假使敵人到日本來，那時候我們如何？」

署名中島的一本日記上：

「在十月三日安達部隊佔領的陶家宅村落內（離羅店南約三公里）有婦女尸體二百五十具，據隊長說，這是支那軍爲着充分地安慰强拉來的兵士而掠奪來的婦女，但是看情形……」他不寫下去，不，他不能寫下去了，可是，單單這樣，他們對於官長的欺騙不再相信，已經很顯然了。

因爲我們抗戰的勇敢，和他們死亡的慘重，給養的困難，在敵軍士兵中普遍地存在着一種畏怯的感情，上面引用過的坂本稔致他女友信子的信中：

「在急雨一般的砲彈中前進，真感到已經不是人世的事了，掩藏在恐怖心後面，我常常耽溺於落寞的悲哀！」

後藤熊次郎日記中：

「說起來好像畏怯，可是（對於眼看着多數戰友變了尸骨囘去）感慨無量，我以淚洗頰，不能自已，沒有飯吃，沒有水飲，在戰地的勞苦，在內地的人果眞能知道嗎？」

再在山室部隊松尾部隊倉間友市的扎記本中，有下面的一節：

「坐在家裏的哥哥寫信來，說「要勇敢，要不負皇國男兒的本懷，即使打壞一只手一條腿，也不希罕」，不希罕，將來他能養我嗎」？這種對於將來和現在的「生活」的憂慮，更減少了他們作戰的勇氣，在一個署名吉永忠一的寫信給山室部隊的兵士吉橋廣貴，內中講到：「靜枝（當係吉橋的妻子）努力地照顧着買寶，和養育着孩子，你託我問的事情，關於孩子唸書的事，也曾講過，據說學校不致於使他退學，你可以安心，……」

看這信就可以知道，從一個和平的家裏奪去生產者，贍養者，現在他們的家業無人管理，妻子無人扶養，連兒子的學業，也有被中止的危險，這樣有了後顧之憂的兵士，能使他有戰意嗎？

對於這一類的悲劇，我還可以舉出最慘痛的一個，松尾部隊村山隊的戰死了的兵士鶴岡力夫，身上懷着幾封故鄉妻子給他的信，從各方面考察，他們這一家非常貧困，他的妻子沒有受過什麼教育，所以連他丈夫名字的鶴字，也寫了一個奇怪的「鸖」字，可是他有五個孩子，和一個年老的母親，妻子給他的信上，雖則想作安慰，但是那五個孩子給他的信，却使我代這個無辜地戰死了「敵人」淌了眼淚，這封信由他大女兒「富江」寫了兩頁，次子「勵」寫了頁半，三男「喜八郎」寫了一頁，最小的「豔子」和「美和子」聯名寫了頁半，前面的還有幾個漢字，到後面大概還是初上學的孩子，所以祇寫一些不很易認的假名，這五個共同一致的希望，就是請他們爸爸早日將「支那人」「殺光」，「打平」，「投降」，早一點回來，那麼過新年的時候可以快活地同在一起！鶴岡寫了一封回信，這信箋上的鉛筆字跡已經模糊，但還隱約地可以看出叫他妻子好好地照管孩子「生活總得想法子維持下去」，最後的一句，是「我很健壯，你可以安心，家裏門戶火燭當心」，却不料這封信不及寄出，他已經做了異域的鬼了！信紙的斑點，我不知道是汗，是血，是淚？誰使他們如此？使他們如此的是什麼？

近衞文磨要我們喪失「戰意」，可是我們的「戰意」強固如鐵，而你們自己的兵士，早已經沒有「戰意」了，在這種鐵一般的事實前面，一切的矯飾，宣傳，謊騙，都是沒有用的！

日本的士兵們！你們，和我們一樣的都是被壓迫者，你們受着欺騙和強制，你們沒有「戰意」，這是很應該的，可是，消極的沒有「戰意」，是不能解除你的鎖栲的。你們要把「戰意」振作起來，向另一個方向，用你們階級覺醒的「戰意」，來「膺懲」你們「暴戾」的財閥和軍閥！

不愁沒有工作

——致上海女同胞們

國軍從上海市區撤退，許多救亡運動的工作者也都從上海「撤退」了，當然我們懂得上海今後工作的困難，和內地救亡運動的重要，但是上海就是這樣的可以放置不問了嗎？讓他成爲孤島！讓上海幾百萬人做敵人的順民嗎？不，我們的回答是一千個一萬個「不」字。

今後的工作要從表面到內層，從進步的對象到落後的大衆，工作方式要從「表現的」改換到「潛行的」，從「一時的」改換到「永久的」，「浮燥的」改換到「着實的」，我們要「糾纏如毒蛇，執着如惡鬼」，任何時，任何處，任何人，都不要放過我們工作的機會，眼淚向內流，仇恨從心記，看一看燒了十五天還不熄的火，看一看滿街滿市的難民，滿病院的傷兵，遍戰場的骸骨，我們的恨，我們的仇，能在片時片刻忘記嗎？

特別是婦女界，在這種場合，工作最要緊，最有効，對敵人的打擊最殘酷，你們千千萬萬的兒女，你們萬萬千千的姊妹，都等待着婦女先覺者的教育，宣傳和組織，你們的工作對象最普遍，你們的工作場所最隱蔽，最安全，你們的陣營敵人最難打擊，你們是一切救亡工作者的殿軍，你們的責任最重大，你們的名字最光榮！

敵人最害怕的是我們的抗日教育，現在，也許他們可以修改我們的教科書，可是他們果眞能夠杜絕我們一切家庭內的傳教嗎？我們要將這仇恨深深地印在下一代國民的心版上。

敵人最害怕的是不賣日貨，現在，也許日貨要在這「孤島」裏泛濫了，可是他們即使有法子可以叫商人一定要賣。他們果眞能强迫我們家庭婦女一定去買嗎？我們要惡鬼毒蛇似的宣傳組織，要做到沒有一個女人買一個錢的東洋貨！

國軍撤退了，公開的活動被迫停止了，但是，我們要挺起胸膛來說：「上海是我們的！有二百五十萬的後備軍分佈在每個家庭裡；不讓敵人便宜地占有上海，上海是我們的！永遠是我們的！！

上海還在戰鬭

在風雲中離開上海，到廣州却還可以看到油綠的芭蕉，和朝氣蓬勃的「革命策源地」——比較起來，上海的確是冷寂的孤島了。

到香港，到廣東，相見的朋友第一件事就問「上海來的消息」，因爲交通阻滯，許多人眞的將還有三百萬同胞居住着的上海看做「孤島」了。有人將上海想像做恐怖世界，有人將上海描寫做死城，可是，上海眞的死了嗎？不，我說一千個不字，上海依舊活着，依舊在和敵人爭鬭，不論敵人如何兇殘，上海市民的戰鬥並不曾有一刻中止過。

當然，作爲一個抗敵文化政治中心地的上海，表面上確是改換容貌了，救亡團體被「解散」了，政府機關被「接收」了，著名的報紙停刋了，報攤和書店裏找不到一本救亡書報，新聞紙上看不到一個敵字，敵人的兵車在馬路上馳驅，浪人漢奸在人叢中濶步，上海市民無時無刻沒有被搜查，被逮捕乃至被請去談話的危險，但是華南的同胞可以安心，上海還不曾被敵人征服，上海四郊日日可以聽到我們游擊戰士的槍聲，上海大空常常會飄下最高當局勗勉市民以文告，特區的街頭依舊飄揚祖國的國徽，三百萬人都確信着上海不久一定可以光復。

文化界表面上是窒息了，「中報」，「大公報」都爲着拒敵人以檢查而休刊了，在上海，現在甘受敵人檢查的大報祇有「新聞報」，「時報」，「大晚報」一三家，但是正因爲受檢查的原故，不論過去有過多少讀者，現在的銷數都銳減了，在這時期，唯一不受檢查的報紙，美商「大美晚報晨刊」獲得了十萬左右之銷數。受檢查的大小報紙爲着要增加銷路，每天總得杜撰出一些迎合市民心理的消息，譬如「蒙軍三十萬進攻瀋陽」，「蘇聯飛機二千架運到中國」之類，照理，在日本人「新聞檢查」之下，這一類消息似乎不可能發表了，可是恰恰相反，日本人歡迎他們登載這一類不正確的消息，理由很明白：第一，對英美帝國主義乃至中國某一種人將蔣介石先生領導下的國民政府渲染成十足的「赤化」，來分散某一部人團結抗戰的決心，第二，當這種消息被証明不確的時候，可以使認識不深刻的市民感到幻滅，而遷怒到蒙古和蘇聯！日本新聞檢查所不准發表的消息，我親眼看到的油印在「半紙」上的禁令却是「×月×日漢口大公報社論」，「羅斯福要求日皇直接道歉，」乃至「南京路投彈人驗明確係韓人」一類的消息。

報紙失去了機能，街頭巷尾的「壁報」却反而活躍了，除出消息沉悶之外，我所見的壁報都比以前切實，沉痛代替了興奮，實際的辦法代替了空泛的呼號，他們勇敢，他們强靭，對了，「靭」這是上海抗敵救亡工作者的新的作風，有彈性，靭着幹，譬如壁報，巡捕房每天下午派人撕，我們每天清晨貼，他們清晨撕，我們下午貼！

的確，工作的作風是改變了，這兒再沒有傾軋，早沒有猜忌，在風雨同舟的時候，人們纔認識了眞眞的敵人，眞眞的朋友，從浮燥到沉潛，從虛空到實際，在戰鬥中鍛鍊，在戰鬥中成長，淪陷後的上海市民，才眞眞的感到了他們是中國人，他們是外敵壓迫下的中國人，他們是需要精誠團結，需要艱苦奮鬥的中國人了。

正像一條強韌的彈簧，經得起壓力，有反撥的力量，中國文化人在過去長時期的苦鬥裏面，已經學會了在一切不利條件下工作的習慣，他們像三春的草，即使被壓在巨大的巖石底下，也會曲折地生長出芽來，摧殘儘管摧殘，生長還是生長，進步的報紙雜誌「譯報」，「集納」被迫停刊了，在新舊戲劇界捲起了巨浪的改良平劇「梁紅玉」，因爲工部局的「諷示」而不能上演了，可是，祇要這樣的雜誌戲劇爲大衆所歡迎，所需要，祇要從事這種工作的文化人的血還在沸，我相信更多的進步的書報，作品，是會不斷地生產的。

平常，對國旂不感到特別的親愛，掛國旂也是極平凡的事情，可是上海淪陷之後，保存國旂和懸掛國旗就變了表示對敵人不屈服，對漢奸不合作的標徵了，十二月廿五這一天，是蔣先生西安脫險的紀念日，也可以說是近代中國歷史上一個永也不會忘記的日子，在上海今年已經沒有了中國官廳嚴重的通令，也已經沒有了中國警察挨戶的通知，在事前，悲觀的估計者以為再不能在街頭看到國旂了，可是，事實恰恰相反，那一天整個上海被淹沒在青天白日滿地紅的波濤裏面，從銀行大廈到衖口的理髮舖，從南京路的大街到和敵人咫尺可望的十六舖，都被一色的國旗遮掩住了；和彈痕累累的四行倉庫隔着一葦河水，這一帶雖敵兵在望，可見依舊是滿目的旌旗，這事實使我感動極了，前兩年政府官辦的國旗專賣處挨戶攤賣國旗，我曾反生過強烈的反感，可是，在今天，這強制倒覺得是一件德政了。

這幾天，上海的大街小巷滿貼了工部局懸賞搜抄民間的軍火的佈告，手溜彈藥子砲之類的軍火，也許可以用懸賞的方法搜淨吧，可是，看了十二月二十五的國旗，我敢大聲地說，埋藏在三百萬中國市民心底的火藥，是永也搜抄不盡的了！

一，五，在廣州

悼戰友古久列

「保爾・伐揚・古久列死了！」

我不敢相信，我不能相信，我不願相信，但是千萬個鉛字，無容赦地印在千萬張紙上，報告給全世界千萬個苦難的大衆，說：我們的朋友保爾・伐揚・古久列死了！

馬克思列寧主義失去了一個忠實的信徒，法國共產黨失去了一個堅貞的黨員，全世界勤勞者文化人失去了一個勇敢的戰士，中國民族失去了一個眞摯的友人；冷寂的秋風在吹，民族解放的巨砲在響，而我們不渝的友人保爾、伐揚・古久列在他長時期戰鬥着的崗位上死了！

在他熱愛着的中國，他祇逗留了一個很暫的時期，他殷切地期待着的中國的大衆，他也祇接觸了很少的一部，但是這並不妨礙他成爲一個中國民族解放運動的最眞摯的朋友，到他呼吸終止之前的一瞬，他還遙遠地在對我們的聖戰發出衷心的激勵和歡呼，他還在熱烈地號召「全世界的勤勞者，用一致的行動」，來支撐我們的抗戰！

他像一團熾烈的火；我雖則祇和他接觸過一個很短的時期，但是他却在我記憶上留下了一個永也不能消除的烙印！

在羣衆前面演說的時候激昂到像一座迸裂的火山，可是和朋友們談論到運動、人生、和藝術的時候，却天眞到像一個軀體巨大的孩子，我們曾在一所戲院子的雜亂的後台談論到更深，通過不完全的繙譯，你還像貪饞的孩子遇見了心愛的菓餌，不讓漏掉一個字，不讓漏掉一句話，對於我們這古老民族的運命、悲慘、殉教者的壯烈、犧牲、你憤怒，你嘆息，你也歡呼，一個靑年的姑娘和你講述農民運動的時候，在你眼裏滿着不能抑止的熱淚，你仔細地記錄起來，說：

——這是一部偉大的史詩，可惜工作不讓我常住在中國！

我永也不能忘記，在反戰大會開會的前夕，我陪馬萊先生到那祕密地租定了的場所，當我們悄悄地走上樓梯的時候，在那幽暗的臘燭光下面，你蹲在一羣襤褸的工人男女中間，你熱心地在問，你熱心地在聽，你熱心地在講，在馬萊先生爲着表示這冒險的潛行獲得了成功而向你發出歡呼之前，你完全不感知到他已經出現在你的前面；我想起了聖經上的一幅圖畫，那被圍在受難者羣中間的傳道者的姿態！

你，以中國苦難當作自己的苦難，你，以中國大衆解放的責任當作自己的責任，可是，當中國遭遇到更大的苦難，遭遇到更大的試鍊的時候，你竟在長時期鬥爭着的崗位上死了！

你應該沒有遺憾：因爲你已經盡了你戰鬥的責任，同時，你也可以安慰，因爲中國已經團結一致，走上了光榮的民族革命的征程！

我們「呼號着的民族精神，統一精神，已經像一新的長城，突然地在迷妄的侵略者前面出現」了！

同志！你含笑，你安息吧！

一九三七，十，十二，深夜

訪張向華先生

北伐戰爭中叱吒風雲的虎將，「中國鐵軍」第四軍的創立者，指揮官，××總司令，陸軍上將，——從這些聲威，經歷，和職位，我很奇妙地聯想到一位張桓侯式的豹額虬髯的將軍，可是，當他出現在我們的前面，殷勤而熱烈地握着手的時候，他却是一個身材和我們差彷，具有一雙善良而常常滿着笑的眼睛的智識階級。這意外的印象，正和我第一次遇見葉挺先生的時候一樣，十年前，當他的名字和賀龍先生聯在一起而轉戰贛粵的當時，說起他的名字也可以嚇止一個啼哭的嬰兒，可是，一個月之前遇見了他，我覺得，他還是一個好像剛從大學畢業，天眞好動，而又多少的帶着些羞態的青年。

我這樣寫，並不想將張向華先生描寫成一個溫文的「儒將」，恰恰相反，我明白地看出，在他那結實的身體裏面，包藏着無限的精力，在他那緊張的眉宇中間，洋溢着異樣的慓悍！

和兵士們完全一樣的草綠色的布質軍服，平頂頭，大約有個把禮拜不曾修剃過的口髭，假使要找出一點和士兵們不同的記號，那恐怕祇有刻在藍琺瑯質徽章中間的一個亞拉伯式的1字。

他辦公的地方倒像一間整潔而簡單的書房，兩尺闊的小行軍床，寫字桌，書架，窗明几淨，這都不像一個總司令部。祇是四周的墻上，却貼滿了壁畫一般大小的輿圖。紅的藍的鉛筆這兒那兒的畫着許多我們看不懂的標記，對着這些樹葉紋絡一般細微的地圖，看着在我們談話中間間斷地進來請示的軍佐，我意識纔到這間我們對坐着的房間，正就是指揮着十多萬健兒在和我們的民族敵人作戰的中樞！

在這房間裏，除出主人之外，是郭沫若先生，壽昌兄，和我。

壽昌代表我們對於他的爲國宣勞表示了敬意，而希望他發表一點對於抗戰的感想的時候，他笑着說：

「不，不，我不會講話，我不能發表談話，打仗纔開始，打完了再說，打完了再說！」

最後的一句，除出謙虛之外，我感覺到一種虹一般的氣焰，鐵一般的決心！

「我知道我的長處和缺點，」他說：「提一師之衆，衝鋒陷陣，我可以做，可是對於戰局全般的估斷，和政治上的問題，正是我的弱點！軍人，不懂政治就是時代落伍」！在他多細紋的眼稍，堆着溫文的笑。

「你不是落伍，是超過時代！」沫若說：

可是間不容髮地他接着說：

「過猶不及，超時代和落伍一樣」，這對話犀利而又幽默，大家笑了。

對于華北戰事，他一點也不悲觀，從他偶爾流露出來的一些簡單而辛辣的對話，使我們認識了張向華不像他自說一樣地單是一個祇能衝鋒陷陣的將軍。是天高氣朗的秋天。，透過窗，可以看見蔚藍色的天，黃褐色的野，農婦悠閒地在阡陌間走，小羊在遠遠的地平線上顯出了很鮮明的幾點白點，沒有飛機，沒有砲響，也看不出戰時的情景。但是望着這「和平」的圖畫，一個鉛一般重的意念壓住了我的心頭。

「這兒有漢奸活動嗎」？我問：

「豈止有，很多！」他回答，「殺不完，殺也不是好辦法」！據說，當漢奸的沒有一個年壯力強的男子，不是跛脚，駝背，啞吧，六十幾歲的殘廢，就是十五六歲的兒童，他們沒有智識，當然也不知道這種行為客觀地會有什麼作用。

「殘廢老朽，祇要證據確鑿，就處決了，這些人， 對于國家民族不會再有好處，可是十四五歲的孩子，……」他斂了笑容，「可以殺嗎？我祇能將他們關了起來，……」

一抹憐憫的表情從他臉上掠過，我們這位叱咤三軍，威懾敵胆的將軍，在這兒竟是一位藹然的仁者！

留了飯，領略了他不辭斗酒的豪情，到上海的連絡車快要開了，我們一起走出了司令部，沿途的老百姓，兵士，壯丁，都帶着微笑望着他，不像對一個指揮千萬人的將軍，而像對一個親愛的家長，保護者。

「這樣平靜，敵人會放棄他攻浦東的企圖嗎？」我們問：他搖了搖頭，「不會，不過來攻，他們會有什麼好處？第一他們怕死，不敢登岸，退一萬步說，登了岸，依舊像江左一樣的持久的陣地戰，試問他準備犧牲多少人，終能突破我們的封鎖線？」

是斬釘，是截鐵，我們讓將這鐵一般的自信，轉告給後方的朋友。

汽車在敵機轟炸過的彈穴間縫着，已經近上海了。

一九三七，十。

血寫的故事

二十七年三月初版

實價每册弍角

著者 夏衍

出版者 發行所 黎明書局

漢口發行所·江漢路聯保里

廣州發行所·惠福東路惠新西街

重慶發行所·售珠市中

經售處

生活書局

上海雜誌公司

新民圖書雜誌社

華中圖書公司

北新書局

全國名大書局

戰地隨筆

王耀辰　編

目次

序

抗日戰爭發生以來，在所謂作家者流的筆下，常常有『文人無用』的感慨。但文人並不都是無用的。許多勇敢的早已決然投身到前線去，在實際的戎馬生活中，盡了對於民族應盡的義務。並且他們在『從戎』時也並未『投筆』。他們還用了他們的筆，把前線的一切告訴了後方。於是前方的許多可歌可泣的英勇故事，以及可悲可痛的慘酷現象，都活現在我們的眼前了。於是這些美麗的文字又在我們後方起了振衰起懦的作用。『文人無用』嗎？事實表示，這只是遇到試驗時候懦者的遁辭而已！

這裏共收集了抗戰文字二十篇，都是美麗的描畫，生動的記載。凡是純潔熱情的人，讀著這些文字時，當無有不被生動事實所吸引的吧！眞的，其中不僅有叫人鼓舞興起的事實，還有引人伏首啜泣的東西呢！但是編者却並不希望這些文字單成爲讀者眼中的好文章，而切盼牠們能給我們以教訓。假如從這本集子的示例，我們能改善救護傷兵的設備，減少無量難民的痛苦，並運用出他們的力量，並且許多人民都成爲『典型的戰士』，那這就既不負各位作者的辛勞，又副於編者所望了。

一九三八年二月十四日，編者。

一個典型的戰士

徐盈

同蒲車裏，我遇到一個歸隊的抗日戰士。他有兩個傷疤，一個在左太陽窩上，敵人的刺刀只刺劃去了他的瓜子大的一點骨頭；一處是在小腿肚上，已結了一個菊花大的傷疤。他病好了，正在各處找尋他的十三軍部：歸隊。

遼遠的長途，遲緩的行車，輪聲轆轆中，他向我詳述他的半生經過。

他是定縣人，這裏的人也是抱定『好人不當兵，好鐵不打釘』的。雖然有人也曾去東北開拓，可是當兵的很少。他有一個弟弟，就在東北做事，九一八後，回來了，他說：『中國人不能再活，要不打日本，我們只有做奴隸。』所以弟弟不久就去當兵了。他的父親着了急，叫做二哥的他，帶了三十元錢去找尋，他沒有去找弟弟，『為了打日本』，他也在信陽入了伍。

他便成為十三軍的一個戰鬥員，師長是湯恩伯。

三年了，好容易盼到開到南口打日本，他們一連爬在一個山頭上，支持了二十多天。他們乘着黑天，『摸』了他們兩次，都得勝了。誰知後來只准守不准攻，日本的大砲太利害，終被敵人衝上來，他們連長立刻被敵人殺了，他也受了傷，就勢一滾，向山下去，這裏草有五尺厚，幸而也沒有受傷。『老百姓待我們太好，山太高，不能用桶，打仗時候就一壺一壺的給我們送水，弟兄們受了傷，又儘一天一夜把我們抬到下花園。』

我們的戰士到最後一刹那，總是手拿着一兩個手溜彈，當敵人們要來割他們頭時，他們先裝死，等到走近時，便把手溜彈炸了，自己死了，還可以賺一個敵人。

他被輾轉運到了鄭州××醫院，在那裏住了一個多月。那個院長很不好，被子，衣服，鞋襪，什麼都不肯發。傷兵問他，他說：沒有，不信你們就到重傷病院去看看。於是羣衆都一擁進了重傷兵室，把院長打倒在地，不能行動。有個××營長說話，你打死了他不是更達不到要求，可是羣衆更怒了，大罵漢奸，漢奸。把那營長也打得不能再說話。第二天，他們就有了被子，衣褲，鞋襪。

『我傷好了』，他說，『請求出院，院裏說，大出五元，小出三元，要是隨時出院呢，一天只有兩毛錢的飯錢，發五天，我等不及了，就拿了一塊洋錢，出了醫院。』

他連走了平漢，隴海，同蒲，在尋他的部隊。

最後談到了家鄉。他憤然地告訴我，定縣的人一個也不准走，縣長是大漢奸，他領頭投了降。當大羣難民過沙河時候，縣警不許人們過去，上面飛機炸，下面巡警打，男女老幼不知道死了多少。

定州終於燃起了抗日的火燄，沙河線上，人民團結起來用土槍和土砲對日本打了三天。末了，他又告我：『我要找不到部隊，就去加入第八路軍，他們用遊擊戰術，他們打得好。我們要打敵人，我們不能等着再挨打了。』

十月十九日，太原。（十月三十日大公報）

在前方——不朽的一夜

徐遲

他開始告訴我那一夜的經過時，隨手在桌上拿起了白色的皮帶，火柴匣，紙烟罐，剪子，眼藥水，墨水瓶和一杯茶，又隨手的把滬戰的前方擺設起來。這是揚子江（白皮帶），這是獅子林（火柴匣），寶山（烟罐），楊行（剪子），劉行（眼藥水），羅店（墨水瓶），月浦（一杯茶）。於是他又從衣袋裏掏出幾個銅幣來，放在桌子的一邊，說，這是大場。

『這一帶戰區裏（手指了指桌子上的雜物），有許多是軍事上的祕密，我答應過守口如瓶，所以不怕掃你的興，我不能不隱去許多我知道的事實，不告訴你了。

『現在這一帶戰區（手又指了指桌上的雜物），已經沒有新聞記者能趨前視察的了。所以現在這一帶戰區裏的情形，差不多沒有人知道；我能夠去一次，完全是我的幸運。經過了兩個要人的連環保證，經過我自己的指天誓日，他們為了某種關係，不能不讓我去。這「某種關係」，是前方因需要防禦工程中最要緊的蔴袋，敝公司裏捐了十萬隻，而公司的棧房，是在戰區中，所以我能夠去了。本來也只是到了公司的棧房就不能再深入的，因為到了那兒已經是夜深，他們為了我的生命的安全，才叫我跟着他們一起跑。於是我在夜的前方遊歷了五個小時。

「把十萬隻蔴袋分裝了十輛運貨汽車，這些汽車的外表是破舊不堪的，有的地方甚至是故意弄得牠骯髒非凡，看看眞以為是些一九二七的老爺車，其實牠們都配着一九三七的最新的機件。

「每一輛車四個士兵，我坐在第一輛，汽車夫的旁邊。在我的旁邊，立着的，是一個姓×的團附。×團附保證我一路上生命的安全，我也自信還有一些膽量，便奮勇的跟他們沿滬太路如飛的前去。我們將經過大場，經過劉行到楊行，把蔴袋卸在楊行之後，再打原路回來。

「我不描寫夜是如何如何的美麗了。因為晚上沒有月亮，我看不見四繞的景色；汽車自然不開亮燈，因為怕飛機。可是耳朵很享受一些清福，這些秋蟲，蟋蟀，紡織娘，金鈴子叫得很起勁。

「過了大場，便聽見槍砲聲，接近地平線的遠處，每隔一分鐘便閃電一樣的亮一下，亮一下。經過一小時的默默的旅程，忽然我和這位×團附之間，起了同情手足的幻異的感情，我們開始了談話：

「——×長看見做生意人肯捐出十萬隻蔴袋來，一定很歡喜，停一會，我給你介紹×長好不好？

「車子顛簸得很厲害，×團附接着讚美我們公司的蔴袋的細而堅固，又嘲笑我穿的一套白嗶嘰西裝，這套西裝，我在大場時已借了一套藍衣大褂換去了。秋蟲的聲音繼續的鳴叫，草裏彷彿還有響尾蛇的「嘶——嘶——」的悠長的聲音。

「——口令！

「突然在黑暗中爆炸出震人的聲音來，團附也大聲的叫回去——「×」。經過哨崗時，有手電燈亮了一亮，照見幾個士兵，荷着槍，那種印象，是我永遠不會遺忘的。

「我好奇地問×團附——這就是前方了嗎？團附哈哈的笑了，說這自然是前方，不過還沒有過劉行。過了劉行，可以聽機關槍的密集的掃射聲；迫近楊行時，可以看見大砲。過了楊行，便是今天夜裏的兩軍爭持的「無人區」了。

「——口令！

「——「×！」於是汽車又駛過去。可是，路前面彷彿有着一堆黑影子，這便是疊着沙包的一個戰巷。汽車夫都是受過訓練的，他冷靜的飛駛，現在却慢了。他在第一輛車，要指揮後面九輛車的，他們有暗號。沙包的戰巷是疊得彎彎曲曲的，車前的燈亮了，依着彎彎曲曲的路前進。

「——「媽的！」有一個沙包旁邊的兵罵了，「開什麼燈，不怕死嗎？」事實上他們不怕死，倒怕飛機！

「團附和汽車夫立刻解釋，不開燈，這彎彎曲曲的路怎末能走。「那末！」那個兵叫，「快走！快走！」片刻後，車出了沙包巷，又飛駛了，不過現在的速率已比較減少了不少。

「過劉行後，果然機關槍聲大起。而蟋蟀，紡織娘，金鈴子却依舊這末鳴叫，還有響尾蛇。

「我告訴團附口渴了。

「團附突然特別的不豪爽，他忸怩了半天，才從他自己的熱水瓶裏倒出一杯茶來，他說：「你別小視這一杯茶。在前線，這一杯子茶比什麼還值錢。你們不知道在前線一杯水是多末寶貝。兵士肚子餓了，不怕沒有乾糧吃，可是沒有水，那就是沒有水，而且等於是沒有了一切。譬如肚子餓了，而你沒有水，那末只好有乾糧也不吃，乾着挨餓。一等到有一杯子水，那時，才能吃乾糧。」我把這半杯子茶一口吞下，覺得不能熄滅我的口渴，可是我不好意思，也不敢再要。

『「蓬！」這是排砲，從月浦一帶射出。拋物線地，一個火球，震動了大地，震動了我們的汽車，從我們頭頂，嗖嗖地作聲，過去了。我的心直沉下去。×團附泰然自若的笑了。

『「團附，」我說，「我不上前了，我要回去。」

『「別怕！啊——你瞧！有好玩兒東西可看了。」我順着他的手指望去，天空中不知何時已懸掛了兩盞小燈，一紅一黃。團附解釋這是砲兵的信號彈，你看了不懂什麼意思，可是砲兵一看，就知道他該怎末樣放射了。蓬！蓬！火球，震動了大地，連我們的車都跳了一跳（這不是修辭學或文章病，這是事實），從我們頭頂嗖嗖地作聲，飛快地過去。機關槍聲密極了。蟋蟀，紡織娘，金鈴子却還是這樣鳴叫，還有響尾蛇。

『我又安下心來，團附高興的說，「你膽子大，有種，一忽兒，我給你介紹×長，×長見做生意人肯捐十萬隻上好蔴袋，又膽子這末大，一定喜歡。」片刻，他忽然高興地說：「你要看看中國軍隊的行軍嗎？」

『我自然要，「可是，」我說，「在那裏可以看到呢？」

「回答說，「就在我們車的兩旁！」

「我嚇了一跳，這末神秘的事情！眞在我車的兩旁嗎？我望了一望，望不見。×團附說，「可以讓你看看，不過會挨駡的。好！這是難得的機會，也讓你見識見識。車夫，開燈。」車夫奉命開了燈。

「燦爛的燈光裏，兩旁都是兵，默默的，堅忍的負槍荷彈，一些聲音也沒有地在前進。

「我想起了古人所謂「啣枚疾走」的景象。約摸兩分鐘的樣子，有一個營長駡了，「操的，什麼時候！開燈！」果然，挨駡了，燈立刻滅了，車又在黑暗中緩緩的移動。

「慚愧，我又口渴得忍不下了。挨了半天，我告訴了團附。團附乾脆的回答，「忍着，到楊行再給你水渴。」我已默然忍下來了，可是團附拍拍我的肩膀笑了，「後方給×長送了兩大箱金山桔子，比我拳頭還大的鮮桔子，我去偷一隻給你。」

「吃了桔子，團附又來讚美我了，「好傢伙，你膽子大。」

「我說，「沒有什麼啊，大砲在頭頂飛，機關槍老遠的，沒有流彈，怕什麼？」

「「誰說沒有流彈？你聽那些嘶嘶的步槍，就在我們車前車後。」

「啊，這就是我錯認的響尾蛇的聲音！立刻，我膽子寒了。嘴裏流出滴水來了，我告訴團附，我不上前了。可是楊行到了。

「×長在午夜二時半，正伏几安息；想一想這幅畫！「×長因爲勞了大半夜，現在正在桌上靠一靠。」他們說。

「如果是冬天，那些將軍「靠一靠」醒來，挺一挺胸，甲上的冰柱迸落，鏘然有聲——像古代的行軍紀上描寫的——這些抗戰的英雄啊！一幅何等英勇的畫！

「團附進去的時候，我和一個士兵談天，有一句話，聽得我懍然。他說：「鬼子（他們稱日本兵爲鬼子）的槍打二千米，我們的槍打一千五百米，那怕什麼，我們跑上五百米再打啊！」這就是我從前方走了一趟，帶回來的關於士氣的一句話。

「我沒有和×長見面，就回來了。歸途上，團附答應送我兩枚日本霤撒彈，我答應他用紅木或紫檀做成木架，將來戰後可供作不朽的紀念品。

「過了大場，快天亮了。最精采的事在這裏，我沒有想到我們的軍隊裏，連幾個汽車夫都訓練得這末好。

「遠處的灌木叢中，突然一條紅線，冲天而起。這好像過舊歷年時，小孩子放的蘭花條。

「團附告訴我，這是漢奸的信號。車立刻徐緩起來。

「差不多立刻的，在車的正前面的高空中，撲撲兩個照明彈，大地倏然亮了起來。

『車夫做了一個暗號，傳到後面，於是迅疾的，車急轉四十五度，斜刺裏往路旁的一排大樹中插過去，停了。我們立刻下車。啊，如果有福氣看到十輛汽車，整麗地，用同樣的急轉四十五度，而且同時的，往樹的行列中插入，同時停住。那末迅速！那末敏捷！眞像電影一樣！便是那時我望到這十輛車，停得這樣整齊，距離這樣精確，而且剛好把十輛車都蔽掩在樹葉底下，已經使我驚叫了。

『每輛車點過人數，便各人在田野中分散，稻已經結了穗，團附牽着我的手，奔入田裏，撲下，立刻泥土的熟悉的氣息浮人鼻孔。

『遠處有炸彈的爆裂聲，飛機在天頂盤旋。

『車再駛動時，天已昧爽了。我們用了七十哩的速度，開回上海。

『這就是我遊歷這一帶戰區（手指了指桌上的雜物）的一夜經過。這是不朽的一夜。團附也一付笑臉說：「這種風景，出了錢也買不到；你眞有膽子。」我回想這一夜，也覺得我是過了一生中最有意義的幾小時。我很抱歉，有許多事牽涉軍事秘密，只好不告訴你了。』

（宇宙風四八期）

前線歸來

郭沫若

這裏的前綫，當然是淞滬前綫，郭沫若先生得坐汽車，往裝有熱冷水管浴室的寓所，這和前綫士兵比起生活來，是天上地下了。但他還能『不知不覺的慚愧起來』，畢竟與別人不同。　編者

一

從楊行囘來的晚上，因爲已經十一點多鐘，寓裏的熱水管已經停了，便打開冷水管子來洗了一次澡。因爲疲倦，又感覺燥熱，便照例開着南窗便睡了。

睡得很舒服，深熟，醒來已經是第二天八點鐘。像這樣深熟的睡眠，囘到上海以來，是不曾有過的。然而我的素來不甚健全的腸胃卻囉唣了起來。自己是學過醫的，便給它個飢餓治療，整整餓了兩天，到第三天上，在附近友人家裏，才開始吃了兩餐稀飯，身體相當委頓了下來。

楊行囘後的第四天是九月初七了。清早一位洪君走來。他說，××有信給杜君，要請我到××去商量點子事情，不知道我願不願意去。如願意去便把杜君引來，叫他設法備汽車。

『××』是現任江防總司令××的號，和他自武漢一別以來，已經十幾年不見了。我是很願意去和他見一見，但又不免顧慮了一下自己的身體，餓了幾天的身體，再來長途奔馳，不知可否吃得下。但這樣的顧慮卻只是一瞬間的事。可以說我的大腦皮質上的某一部分細胞正在這樣躊躇的時候，而另一部分的細胞已經命令我的喉舌發出了聲來。

——好的，我去。你把杜君引來好了。

回頭杜君也就來了，約好晚間出發，他打汽車來接我。

二

晚上五點鐘由寓裏出發，轉輾地換了好幾次汽車，到了九點半鐘，才同杜君兩人認眞地由小南門向前途出發。

敵機不斷地來襲，沿途的市街都是熄了燈的，儼如一座死城。步哨是銜接地布設着的，口令森嚴，眞有些戰地的風味。

原野中秋蟲清冽地叫着。天上有繁星羅列，正是銀河汎瀾的時候，然而夜景却很朦朧。隊伍的調換，卡車的來往是很頻繁的，有些地段，公路的兩旁為一上一下的士兵騾馬蟻接着，使汽車向前開駛，十分費力。所謂『偉大的時代』，『神聖的戰爭』，那些語彙的意義，到這時候，才眞切地感覺着。武裝着的同胞們是以自己的血，自己的肉，來寫着我們民族解放的歷史的。坐在汽車裏不知不覺的便慚愧起來：自己有什麼德業，公然敢坐汽車？而且，這汽車還得聲明，是商團向私人借來的，並有四位戴鉄盔的商團護衛着我們。『精誠團結』的話，在口頭是講說過，在文字上是看見過，如今是身受了。自己所熱着的身體，爲興奮，慚愧，感激，種種精神上的活動所鼓勵，鞭撻，鼓舞，卻反轉振作起來了。病不知躲向了何處去，飢餓也隨着它脫離了我的身體。

汽車跑了多少時間，經過什麼地方，在這兒我都不好寫。在這兒我深切地感覺着文藝的功利性了。所謂『有什麼話寫什麼話』的那種話，所謂『爲藝術而藝術』的那種藝術，在平時聽起來倒很像是自由而高尙，然而到了戰時呢，唉，自己把尊容露出了，只是——漢奸。

三

到了目的地點了。探問起來，××卻是上了前線。因爲是在夜間，不願意使人麻煩，不願意擾亂戰友們的寶貴的清睡，我便提議着就在汽車裏過夜，大家也贊成了。

在汽車裏過夜，雖然逼窄得一點，實在十分舒服。因爲我們的士兵多是在街頭巷口，公道兩旁的地面上過夜的。坐在上海租界裏過着樂園生活的人，如要想像士兵所過的生活，只消把前幾天滬戰發動時的一幅難民流離圖復活在眼前就夠了。

在清涼的朝氣中醒來，看明了所睡的地方是街道上的一片隙地，有株槐樹罩着，下有一潭的綠水。正對着的另一街側是一家做豆腐的人家，已經早早開門在做工作了。

杜君叫我去吃點豆漿和油條，我走進店裏去時，店中的主幹是一位穿件鉄布衫的六十歲以上的老媽媽，細長的身裁，細長的面孔，精神十分活潑，動作異常靈敏，在年青時一定是美好過來的。她的助手是一位四十來往的媳婦，那人卻矮而向横的空間發展，面孔忠厚，是一幅隨處可見的村婦典型。還有一位十六七歲的小姑娘，大約是老媽媽的孫女吧，面貌和身裁是第一代和第二代的折半。這位姑娘穿的一件黑色人絹的短上衣，白色的褲子，是十五年前的上海已曾流行過的裝束了。現行的長裾短袖，和西洋夜服相差不遠，而中國女子的體格卻還沒有建設得起來，已經看得有點令人生厭，看見十五年前的古服倒也覺得也還本色而脫俗。姑娘面上有點雀斑，敷着一層薄薄的粉，快要脫掉『無嫌猜』的境域而尚未脫掉的一切的表情和動作，不錯，是很可愛的。

這兒的人情，就和這兒的空氣一樣，大和上海不同。上海市上的人是失掉了清晨的，也可以說上海市上壓根兒便沒有清晨，儘管你就在四五點鐘的時候起床，都隱隱有一股炎熱氣襲擊你。人情呢！也相差不遠。然而，這兒的人，卻和這兒的清晨是一樣。

老媽媽叫小姑娘替我打水洗臉，磁盆，温水，面巾，都相當乾淨。我自己是有點潔癖的人，但絲毫的忌避意也沒有生出。

一大清花碗的豆漿，兩根油條。問要白糖，白糖沒有。

我的經過了一番飢餓治療的不健全的腸胃，跑到鄉下來，又算是經過了一番轉地治療，覺得一點也不囉唣了。純粹的豆漿勝過上海市的所謂『牛奶』。

我吃完了。杜君替我付了錢，但老媽媽說不要，媽媽說不要，小姑娘也說不要。不過，我們沒有讓她們不要。我們走出了店門。應着杜君的提議，便從一條側巷揷向原野裏走去。

四

禾稻已經是達到成熟的時候了。

看見玉蜀黍，動了食思。玉蜀黍是我最喜吃的東西，鮮嫩的玉蜀黍無論燒食或煮食，但千萬不要塗醬油或白達，那滋味實在是夠人領略。今年一直還沒有得到吃這玉蜀黍的機會。

荒野上開着一片野生的牽牛花，都是一律的藍色。這花是只知道有清晨，不知道有炎晝和黑夜的，一萬個清淨的小小的喇叭，齊向着天空吹奏着朝頌。

一道小河，水是活的。一羣細長的小魚，長可一二三寸，在離水面不遠作集團跳舞。那活潑！那歡喜！

我看見了荷花，看見了開着各種花樣的美人蕉，看見了開着白花，紫花，紅花的紫薇，看見了我所喜歡的大山林，但花是開過了的。

不期然地遇着了司令長官×××。

文章在這兒寫得很突兀，但事實在實際上更要突兀，恕我待日後再自行加註吧。

十年不見的老將軍，磅礴的氣概依然不減當年。被他留着又吃了一頓早餐。大餅，油條，白飯，米湯，炒鷄蛋，煮鷄蛋，蛋花絲瓜湯，小青菜，此外還有三四種素食，我老實不客氣地向我的囉唣了幾天的肚子裏儘塞，讓我成爲一顆爆擊彈吧！轟的一聲把我自己轟成灰。

坐了一會，打算再去看××。問到×將軍近來有詩作沒有，他答應說有三首。我說，可讓我拿回上海去發表？他說，好的，看了××後請再來。我們也就辭別了。

眞眞是有點出其不意，凡是武裝的同志，認得我的人，不知道何以那樣的多。在街頭迷失了去向，向過路的兩位武裝同志問路，原來又是認識我的人。由他們把我們引到××那里，剛剛走到門口，轟隆隆地飛機來了，是敵人的。引路的把我們引到葡萄架下伏着。

轟隆……轟隆……轟隆……

連炸了二十幾聲。

五

××不在，但他的去向連他的左右都是不十分清楚的。

遇着了個那兒的一位副處長，是從前北伐時在總政治部裏做過事情的人。他聽說我病了幾天，又聽說我昨夜是在汽車裏過了一夜，便很關切我，說：怕身體吃不下，請在他的帳子裏休息一下。

那是一家逃難走了的人家，據說逃走得似乎十分忽忙，連床上的蚊帳都沒有下去。

我感謝着朋友的厚意，實際上也有些疲倦，便把帳子放下，拉長了起來。

睡得怕有兩刻鐘的光景，醒來之後，意趣倍覺閑適。看見房中有一部『唐詩合解』，順手拿來翻了一下。

長條的花格門窗外有一個小小的天井，地面是用磚頭豎砌成的，但從那磚縫之間卻迸出了一些鳳仙花，鷄冠花來。又有一個小花壇，栽有些不知名的草花。幾盆秋菊尚未蓓蕾，有些憔悴的意思。有微風吹得花草搖動，有淡淡的一抹秋陽，花紅得有點寂寞，草綠得分外謙虛。自己便走到書案旁去，就案頭的紙筆寫出了一首五律。

雷霆轟炸後，睡起意謙冲。庭草搖風綠，墀花映日紅。江山無限好，戎馬萬夫雄。
國運昇恆際，清明在此躬。

把詩寫好了，又在後邊寫了一段小跋：

在××遇敵機轟炸，於明遠帳中午睡片時，醒來見庭前花草淡泊宜人，即興賦此。

剛寫到這兒，明遠在外室看見我已經起床，便走了進來。

——哦，在做詩，就給我吧。他這樣說。

——好的。

我於是在小跋後又添了幾個字：『用贈明遠同志。九月八日。』

明遠，不用說就是那位副處長的名字了。

明遠是看過我的『從日本來了』的，他問我：夫人有信來嗎？

我回答他說：前月廿一號有信來，以後便沒有了。

——生活沒有問題嗎？

——暫時還可以敷衍得過去，不過日久便沒有把握。

說到這個問題，自己實在是有點渺茫。

六

不一會，××遣人來請我們，看見他的時候，才知道他到×××那兒去來，我們剛好錯過了。

在一張鋪着軍用地圖的方桌上圍坐着，細密的地圖用紅綠各色的鉛筆畫了許多的直線曲線。

××案着地圖對我們把前線上的情形詳細地說了一番。據他說，我們不如敵人就只是飛機大砲，假如全靠步兵衝鋒，那敵人是毫不足畏的。

但這所缺乏的飛機大砲應該如何補充，我是略略想了一下，不過我沒有說出口來。因爲××是軍事專家，而且是在軍事上負責的人，我想就不待我說，在軍事上的當局一定是已經有了籌畫的。

最使我感動的是××說出他的主張是『屢敗屢戰』，我見×××的口吻完全相同我前月在××見着××時，他也這樣對我說過。這，我覺得是每個軍人所應該抱的決心，也是我們每個人民應該抱的決心。要有『屢敗屢戰』的精神，我們才能夠抗戰到底。

××問到我有什麼意見，我略略把自己見到的告訴了幾點。

第一，我覺得我們的後方工作應該化整爲零，應該多設醫藥站，伙食站等，並隨時移動，以免敵人轟炸。

第二，我覺得軍中的政治工作應該趕快復興起來，民衆運動應該從速開放而加以組織如此才可以鞏固我們的後方，剷除漢奸的根蒂。

第三，我覺得全軍應該速施防禦霍亂的注射，因爲霍亂在上海已經有流行的傾向。

第四，我覺得軍中應該多備日文宣傳品，由我們前線的兵士及飛機師投散於敵人的陣地，以勸告敵人的士兵，覺醒他們的迷夢。

第五，我覺得軍中應有一種統籌全局的『戰報』，以聯絡各軍彼此的消息，以傳達正確的戰訊於人民，並以保存這次神聖抗戰的紀錄。

此外也說到難民移殖的問題，產業遷徙的問題，發動國民外交的問題，××都一一命人紀錄了下來，據他說，他要把我所說的要點打電到南京去。

他交了×將軍的三首詩給我，說×將軍向我致意，他已經回南京去了。

他又說，前線戰事很順利，為指揮之便，當晚已決定全部往前移動。移動的地點，他雖然向我說明了，不用說，在這兒是不好寫出的。

××陪着我們吃了中飯，我們，至少我自己，感受着滿腔的快意，乘着來時的汽車，又回到上海。

九月十三日。（九月十四日救亡日報）

四川軍隊上了火綫

胡蘭畦

這裏所謂火線，是淞滬火線。胡蘭畦女士是勞動婦女戰地服務團的領袖，她同

十幾個女同志在前線作了勇敢的服務。　編者

『全面抗戰』這一個『全』字，至少在軍事方面完全做到了。記者在前線參加勞動婦女戰地服務團的工作，半月以來，遇到的武裝同志，包含全國各地的部隊。但不論是那兒來的軍隊，再沒有一點地方的分別。在戰場上，我們再沒有聽見說中央軍，桂軍，粵軍，川軍等分別。我們的隊伍只有一個，就是中華民國的國軍。

記者是四川人，四川是有名產生軍閥的地方，在民國二十六年的歷史中間，單是四川一省就有過三百次的內戰，但是現在，四川的大部分軍隊，居然作萬里長征，担任抗日戰爭的最前線，那種英勇壯烈的犧牲精神，並不亞於國軍的其他部隊，這是我最初所意想不到的。

記者很幸運，前日在前線遇見了××軍副軍長夏斗樞將軍。將軍精神奮發，談吐豪爽，不愧為英雄本色。同鄉人在這偉大的抗敵戰場上見面，自然更是親切。他把他所率領的四川軍隊，這次參加抗戰的經過，詳細見告。這是數天以前的事。現在前線局勢已大見改善，夏將軍這一番談話，已到了發表的時候，所以除了有關軍事秘密的一部份以外，把我們四川同鄉抗日英雄的一席話，全寫在這下面。

劈頭夏將軍就說：『朋友，你是四川人，你知道四川的情形。常言道，「好事不出門，惡事傳千里」。四川軍人在外面的名譽，向來不很好，一般人說起四川軍隊，總以為是只知

從事內戰而沒有一點民族意識的。我們老早就想找一個機會，洗刷一下這個惡名聲，幸喜現在機會來了。抗戰開始以來，我們這一個部隊奉到中央命令之後，就像逃婚一樣地悄悄地跑了出來。我們從××到××預計要有五十九天路程。我們為的要趕忙上火線，和東洋鬼子比個高下，所以日夜趕程，過了二十四天，就到了××。我們的弟兄們常說：「汽車四隻脚，到了一站還要上油休息，檢查機器，我們只有兩隻脚，却一天走到晚，休息的時候，還要自織草鞋，要是在四川打仗，老子早就回家了！」

『到了××以後，有了火車運輸，交通要快的多，不久我們就到達了前線，我們忘却了家，忘却了自己，更忘却了敵人飛機大砲的恐怖。我們沒有忘記的只是我們為國為民應盡的責任，但是使我們自慚形穢的是我們的武器和裝具，比較其他的同志眞是小巫見大巫。我們的軍長×告訴我們：「咱們在這抗日的戰線上，甚麼都沒有，有的只是血和肉，用好武器打敵人，不足以表現我們的戰鬪精神，以舊老的武器克制了敵人的精銳，才見到川耗子的眞實功夫。」我們本着軍長的敎訓，防守着××。我們前線某部，因為苦鬪已久的疲乏，和工事的被毀，不得不從×××調回休息，我們王銘春營長所率全營的弟兄增援上去。以血肉守職的精神，在敵人飛機大砲不斷的轟炸下，不但把原線恢復過來，而且乘勝追擊，把敵人迫過××××××，但是王營長和全營的士兵，也在此全體殉國了。

『我們四川的軍隊，遇見這樣重砲火和海陸空軍聯合威逼，還是第一次。但是在作戰的時候，一點不畏縮，不慌張，從沒一次退却過。因此所受犧牲，也是極其壯烈的。加入戰局以後，師旅團長因為身先士卒，有好幾位受傷。並且有一位團長陣亡，營長傷亡的更多。我們的損失雖然不小，但是敵人的損失至少要比我們多一倍。所以我們不但毫不氣餒，而且我們用了落後的武器，擊潰了暴日的最精銳部隊，更加增加我們對於抗戰勝利的自信。』

最後夏將軍說：『就我們四川軍說，常備軍已有四五十萬，加上民團及壯丁，抽調一百萬人到前綫是不成問題的。雖然物質設備比較欠缺，但就我們這次抗戰的經驗，實是不可忽視的抗敵力量。現在××軍和×××將軍領導下的數萬健兒，已負起抗敵救亡的天職，希望其餘的四川軍隊，也一律開拔到前方，使從此以後，再沒有人敢說，四川軍人是只知內戰而不知衛國的。』

夏將軍說完了以後，精神異常地興奮。記者就和他握手，向他說：『多謝××軍全體將士，你們不但洗刷四川軍人的壞名聲，而且給我們四川人增加了萬丈威光，抗戰造成了四川的新生，也造成了中華民國的新生！』

（十月二十四日大公報）

大戰東林寺

排長胡玉政開到東林寺

胡蘭畦

排長胡玉政揹着他的槍，帶好了手溜彈，領着他的一排弟兄，隨着連長開到東林寺去担任守備職務。那正是九月二十六的夜裏。天上沒有月亮，四野也沒有人聲，黑越越地，他們就摸索着走，夜風帶着潮濕的寒氣，吹在他們每個人的臉上，但是他們沒有覺得，因爲他們的心思完全注意在長官命令他們去守備的東林寺去了。

東林寺本是一個廟宇，地勢很高，是我們全陣的凸出地方，那兒可以觀察敵人的陣容，也可以射擊敵人的要點，所以敵人也要爭奪這個地方。東林寺不但是地勢好，而且風景也很美麗。好像水滸傳上說的『寨子』一樣，三面都是小河圍繞着，只有前面是一片稻田，微風時時把清香的氣息吹送到人們的當前，使得在這裏人們都覺到有一種特別的清爽。

胡排長到了那兒的時候，天也快要亮了，他們也沒有吃飯，好在一頓把飯對於他們也算不了什麼，就是幾天不吃，也滿不在乎。

寺內空空地，沒有人，也沒有東西，剩下的只有一些稻草，胡排長奉到連長的命令，把衞兵哨兵統統都佈置好，然後才把稻草鋪在地上，把槍彈當作枕頭，隨便地躺着休息，他是睜開眼睛等待着天光。

東洋兵有什麼可怕呀

天已經亮了，太陽從遠處的雲裏射出光芒，原野顯得格外幽靜。忽然槍聲響了，劈劈劈，劈劈劈地響了，紅色的火花在蔚藍的天空中直向東林寺射。有一隊東洋兵在密密機槍掩護之下開過來了，他們在搜索，他們在找要點。他們的眼睛，像老鼠一樣四面偷看。

很快地，連長下着命令：

『對準開槍！我未說放，就不要打！』

大家都握着槍，散開了，靜靜地等着，東洋兵好像勝利了一樣，越來越近，連長說了一聲：『放射！』第一顆子彈已經嘶地一聲飛出去了，接連就是咻咻咻的聲音。

『退了，退了！』胡排長很神氣地叫了。

『哈哈！東洋兵真經不得打。』上等兵劉岔山帶着非常驕傲的口氣，恥笑着那一隊聽着槍響就向後轉的東洋兵。胡排長也帶着譏笑的口氣，他說：『皇軍就是這樣，哈哈！』

『不要這樣，東洋兵的鬼計還在後頭。』連長這樣說，『現在休息一下，急速準備。』

『東洋兵有什麼可怕呀？一點胆子也沒有！』上等兵劉益山又說一句，『咱們吼一聲，他也要跑退八里路。』說着，他嘩地一聲，把他的槍搭到肩頭上，很安閑地走出廟門去了。

原來是救兵來了

眞的，二十九日的清早，天還沒有十分明亮，大隊的東洋兵又開過來。連長指揮着弟兄們拚命地抵禦，但是來勢太凶，遍田遍野只看見密密連連的東洋兵直衝着前進。胡排長看着這樣的情形，急忙回頭一看，他後面躺着的都是帶了傷的弟兄，而且直挺挺橫在地下的都是被槍打得咽了氣的屍體。他想：『難道今天還要敗在東洋兵的手下嗎？』這一下他着急了，然而有啥辦法呢？他只得不惜子彈，密密地射擊。

東洋兵逼得更近了，連長也帶了傷，胡排長這時更感到自己的孤單。然而東林寺這一所美麗的地方，這一個戰爭的重要地，怎能隨便給東洋兵佔去？他一面不停手地放槍，一面叫班長徐愛山回去求救。他想：『去了一個人，就少了一桿硬火，更減少壓迫東洋兵的一個威力。』然而為了要增加援兵來保守這一個重要的東林寺，胡班長就願意減少一桿硬火。

重機關槍的聲音響得像連珠砲一樣，胡排長的心急得快燃燒起來，他想：『這一下完了，再加一排重機關槍，這一個陣地實在無法保守！』但是他的心一橫，拚死地扳着他手上的槍。可是他的槍因爲打得太多的緣故，這時打不響了。他再回頭一看，能打仗的弟兄，只有四個人。『好吧！』他帶着憤怒的聲音說，『上好刺刀！』他們很快地上好了刺刀。

『嘎！怎麼樣？東洋人沒有衝來？』胡排長很奇怪，他想想難道還是做夢嗎？他睜大眼睛一看，稻子站在田土裏被太陽晒得閃出金色的光輝，很多東洋兵帶着傷倒下去了。而且在那稻田上面翻騰。他仔細一聽，原來重機槍的子彈是從他的陣地側面放射出來，他臉上緊板的神經，一下裏鬆弛下來，好像卸了一個千斤的重担。他笑嘻嘻地對他的四個伙伴說：『啊！原來是援兵到了！』

這個最大的仇恨

趙營副帶了兩連人，還有一排重機關槍到東林寺來援救胡排長他們。一陣機關槍的掃射，就把『皇軍』的隊伍打退回去，保衛了危急存亡的東林寺。胡排長接着他的時候，歡喜得流出了眼淚。趁黃昏的時候，胡排長拿了鐵鍬到廟宇傍邊挖了一個大塔，把這些殉國的英雄埋在土裏。兩連的官兵，都默默地站在塔前向他們致最誠意的敬禮。有的在爲烈士們祝福，有的在對他們宣誓，他們說：『弟兄們：你們安心去吧！這個最大的仇恨，我們是要替你們報復的，我們的祖國——中華民國——是不能讓倭兒老是這樣蹂躪的呵。弟兄們！你們在天堂裏安心吧，這個大仇，我們是要報復的！只要我們有一支槍，一粒彈，一個人，我們都是要和東洋兵相拚到底！……』在衆人宣誓的時候，胡排長的眼淚像豆子一樣，一顆一顆地落在臉上，他的內心裏有一種說不出的痛苦。才三天的辰光，他的一百幾十個同伴，就犧牲得只剩他們四個人了，要不是這兩連的援兵到來，今天這個陣地就一定會被東洋兵佔去了。他的心裏，一面在痛惜他舊的同伴，一面又在感謝他新的朋友。他痛心地，愛惜地要再看看他所保衛的東林寺，然而在東林寺此時已被黑暗的帳幕把它包圍了。月亮躲避着，已經很久不出來，此刻能夠瞭解胡排長的心事的，除了他的伙伴和他死去的朋友以外，還有天空中的幾顆繁星。他最大的心願，是要趕盡東洋兵。

東洋兵忙忙地掘戰壕

東洋兵兩次都吃了敗仗，他們自己覺得離了飛機大砲『皇軍』也是不行的啊。這時他們的軍官悲觀起來了，連忙推出他們的輕砲和重砲，對着東林寺轟擊，他想：『佔不到，我就轟滅它！』砲聲像打大雷一樣，砲彈一個個都打中在廟宇的牆頭，東洋兵也跟在大砲彈下面衝起過來。

我們的輕機槍射得太多，忽然打不響了，東洋兵却凶猛地衝到了牆下。趙營副一點也不着急。他好像看慣了，滿不在乎地說：『弟兄們，上去，請他們吃手溜彈！』

這時已經到了短兵相接的時候，手溜彈猛烈地爆炸了，趙營副好像打野狗似地，自己拿起手溜彈連連向着東洋兵拋擲，一連打了十幾個，中彈的東洋兵有五十幾人倒在地下，一動也動不得。將要衝過來的，反身就逃，遠處的稻田裏，東洋兵又忙忙地在築戰壕。他們要認眞地和我們對壘，戰壕築得相當的堅固，砲口就對着東林寺轟擊，天天他們都想衝殺過來，但是總沒有一次遂了他們的心願！每次都被中國兵打退回去。

一把掩埋死難伙伴的鐵鍬

十月二號的早晨，天剛剛亮了，靜靜的蔚藍天空，邊際上現着一條條的金色雲彩。空氣新鮮極了，它使得過餘疲勞的戰士們，都能在沉睡中恢復他們的精神。這是大自然賜給勞苦的好人們的唯一的安慰。可是野獸般的日本兵，他們却正要在這個時候來殘殺。

東林寺對面的砲火又響了；開花彈一碰在牆壁上就要吃人們的血肉。可是那沉重的，不通人性的開花彈，它就偏要撞到牆壁上來，而且還要往我們弟兄們的身上鑽去。

班長潘玉林，他忙忙地扳開機關槍對準東洋兵衝過來的敢死隊掃射。二十幾個東洋兵都吃着子彈像得了軟脚病的一樣，身子一偏就倒在稻田裏面。

東洋兵的敢死隊多得像戳破了的蜂巢一樣，成羣地踏着稻子擁起過來。班長潘玉林乘着他們不當心的時候，趕緊衝到廟外對準他們拋擲手溜彈。東洋兵的敢死隊像得了急痧症一樣，一排一排地倒在田裏。

東洋兵的敢死隊衝到廟邊來的時候，已經死得只剩四個人了，這四個人被他們的中尉帶着，還是拚死地往廟內衝來。

廟宇內面，廟宇外面，滿地橫陳着的都是屍骸，我們的戰士的屍骸。我們的戰士還生存着的也只有五個人員，而且胡排長已經受輕傷。

東洋軍的中尉富田義信帶領着他的四個敢死隊員，衝進廟宇來，毫無人性地就踏在屍骸上走。殺人的凶燄，已經把他們的眼睛燃燒起野獸般的光芒。胡排長這時急忙扳動手上的連槽，對準着那個東洋軍的中尉打去。可是槍機失了效能，連扳不響。一霎眼，中尉富田義信持着他的戰刀對準胡排長刺來，像閃電一樣，胡排長的手上抓着那一把鐵鍬，那一把掩埋他死難伙伴們屍體的鐵鍬，再也沒有那樣快，再也沒有那樣乾脆，嘿地一聲，就把那位『皇軍』中尉送到天堂去了！

班長徐愛山在中尉的身上解下他的戰刀來，毫不容情地，砍死了兩個敵人所謂的敢死隊員。這時上等兵劉益山已經身上吃了兩刀，雖然他的鮮血和着他的熱淚沿着他的臉上直流，可是他沒有放鬆他手上的刺刀，是爭活命，是報大仇，是保守祖國的土地，他無情地殺盡了衝進廟來的東洋兵！

我們身上沒有『神』

胡排長，徐愛山和劉益山三個人把敵人殺光了，他們坐在地上緩了一口氣，也顧不得自己的傷痕，先去把稻田內敵人的機關槍和步槍拖過來埋藏着，然後回頭來在幾位『皇軍』的敢死隊身上一搜，中尉的身上，不但有軍用地圖，不但有陣地上的重要文件，而且還有一個特別的東西——一張護身符咒，上畫一尊神像——上面寫着：『保平安』。

『皇軍』，不但有飛機大砲，而且還有神。只可惜那些神，並不能保衛得着殺人魔鬼的活命！我們的胡排長，他既沒有飛機和大砲，身上也沒有帶着神，他只有一顆保衛國土，服從長官的決心，他帶着傷口上的血，殺死了敵人！他忍着痛心的淚，守着了他的陣地，奪獲了寶貴的戰利品！

十月十六日。（十月二十一日大公報）

在火線上

這是冰瑩女士在淞滬火線上的隨筆。 編者

中國人不打中國人（陣地巡禮之一）

冰瑩

九月二十號下午一點鐘底時候，×參議帶領了我們一行四個人來到了××師的師部，×軍的×軍長正坐在電話機面前，見到我們就微笑着說：『你們到底來了！』經過軍長的介紹後，我和佩蘭坐到用兩張方桌拚成的長桌上方去，儼然像當主席似的那麽端端正正地坐在那裏，起初談了些關於前方戰事的消息，後來大家談話的方向轉到我自己身上了。

『你們眞勇敢，居然也跑到最前線來了！』×師長說着，他們都笑了，我正想說話，却被軍長先搶去了機會。

『她是到火線上來尋找文章材料的。』

『好極了，好極了，這裏有一段好材料，讓我告訴你，希望你宣傳一下。』

×師長一手抓住了那個擺在桌上還沒有被我發現的砲彈給我看，並且首先告訴我這是砲彈的『信管』，還沒有爆炸的。

『這是從日本軍隊裏，我們的東北人打過來的砲彈。』他開始敘述『信管』的故事，『他們因爲不願轟炸自己本國的弟兄，所以把砲彈帽的螺絲沒有扭緊，因此打過來的一百多枚砲彈，沒有一個是炸的。』

『呵，有這樣的事，是眞的嗎？』

我聽了一面高興，一面還帶着幾分懷疑。

『當然是眞的，這個「信管」就在我們師部的門口拾的，如果炸了，我們不都完了嗎？』

正在大家聽了哈哈大笑時，×師長又接下去說：

『唉！東北四省的同胞眞可憐，他們因爲被日本帝國主義者壓迫來當砲灰打中國，其實他們是和我們一樣熱心愛國的，因爲不忍屠殺自己的同胞，所以費盡苦心想出打砲彈而使牠不炸的方法來敷衍日本人。誰知這秘密立刻被發覺了，這兩天槍斃了大批的東北人。此後每三四個東北人，就有一個日本兵監視他打砲彈，所以今天打過來的都爆炸了。

「還有一次是在夜間放步哨的時候，兩方面的哨兵開始談話了，「喂，弟兄，中國人不打中國人，我們的槍朝天放，你們爲什麼眞的向我們打來。」東北人這樣說。『我們怎麼知道敵人裏面還有自己的弟兄，你們爲什麼不反過來，掉轉槍頭向日本鬼放？』我們的士兵剛說到這裏，東北人忙說：『快不要說了，弟兄！班長來了，班長來了！』那種慌張恐懼的聲調，眞正可憐到極點了。等到班長一走，他們又繼續着談，東北人說：『我們何嘗不願意掉轉槍頭打日本人呢？只是被他們監視，被他們強迫，沒有辦法，我們如果不開槍，他們就在後頭打我們。』『唉！弟兄，你們未免太不行了！』我們的士兵回答他，『幾個人難到還打不死他一個嗎？你們有很多人，早就應該打死他們，反正過來，要知道日本鬼最怕死，老是躲在後面驅使你們來打先鋒。你們横直是死，與其被我們當做敵人打死，不如因愛國而被日本人槍斃的來得光榮，偉大！』剛說到這裏，東北兵又匆忙說：『呵！快不要說了，巡查又來了！』由這些事實證明，可知東北人最大多數都是愛國的，只有少數漢奸甘願被他利用，他們現在都知道日本帝國主義者是世界最凶暴最殘忍的強盜，人類中的劊子手，所以都願意投誠，而我們對於日本的俘虜都這樣優待，對於東北人，自然更要歡迎他全體反過來和我們共同抗日！』

×師長一口氣說到這裏，大家都覺得特別興奮起來，誰說東北人不愛國？他們在敵人的監視，敵人的高壓之下，居然敢違抗命令，不轟炸我們，居然敢反正；他們是愛國的，勇敢的！我們不但要同情他，敬愛他，欽佩他，而且更希望他們全體反過來，和我們英勇抗日的弟兄站在一條戰線上和敵人拚命，打回老家去，收回中國所有的失地！

我又拿起『信管』來，細細地看了一番，這是一顆能夠打三千六百米達的砲彈，上面刻有『東』『昭』『加修』等字，很重，我想至少有一磅多。

『感謝我們的東北同胞，否則這一百多顆砲彈，不知要炸毀我們多少房屋，炸死我們多少戰士？』我說着，高興得幾乎要大叫起來。

在斜風細雨，砲聲隆隆中，我們辭別了主人，披上僞裝，向××地××師進發。

一九三七，十，一，上午三時於××陣地。

往那裏逃？（陣地巡禮之二）

天還沒有亮，女房主人慌慌張張地扯着我的衣裳問：

『先生，大砲響得厲害了，我們往那裏逃？』

『不要緊的，這是我們開大砲打日本鬼，等一會他們就打敗了，有什麼可逃的？』

我用生硬的上海話安慰她。

『呵，那是儂的大砲，交關好，交關好，有先生在這帶，阿拉弗怕哉。』

雖然她假裝鎮靜，但臉上的驚惶表情隨着砲聲的次數，一分鐘比一分鐘地緊張起來。

「先生，我們眞苦，現在米也買不到，鹽也買不到，如果逃到外邊去，我們都會餓死的！」

「是的，在這裏我們給你飯吃，替你打日本鬼，不要害怕，安靜地住着吧。」

也許她沒有聽懂我的話，只點了點頭又退出房裏了。

我把她的睡房仔細地打量了一番。除了兩張床，一張破桌子，兩隻馬桶而外，連一條小凳都尋不出，但亂七八糟的東西卻堆積得不能舉步，破碗破罐爛衣裳到處都是。我想她的最大家當，也不過是兩床破絮，補了無數疤疖的棉衣。然而這究竟是她的家，她的歸宿地。誰願意做喪家之犬呢？誰願意跑到外面去吃飢寒交迫顛沛流離的苦呢？

「先生，不得了，不得了，砲聲就在我們的屋子後面響，這所房子不會炸毀吧？」

女主人帶着她最小的女孩又跑來嚕嗦了。後面追着進來的是她的丈夫王進德。到底是男人，他似乎懂事一點。

「先生，你們在這裏，我們很放心的，先生，我們要請你們保護。」

×長微笑着點了點頭：

「你們好福氣，我們住在這裏，日本人不敢來的，不要害怕，我們把日本人打倒，你們就可安居樂業了。」

男的完全聽懂了，從心坎裏發出了放心的微笑。

* * *

跑去竹林裏散步，四周靜寂寂地只聽得斷續的蟬鳴，激戰了一夜的砲聲暫時停止了，我想這時忠勇的弟兄們也許正在扛抬受傷的戰士，或者裝子彈，或者吃飯休息，我恨不得立刻跑去看看他們，安慰他們。

「砲片飛到這裏來了！」

一位衛兵拾了許多大砲的破片在那裏看，我趕快跑來拿了一塊，女房東駭得不住地戰慄：

「先生，大砲打來屋裏哉，眞個危險，眞個危險！」

我把昨天一位受傷的營附告訴我前天在姚家宅看到一個婦人被大砲聲音駭死，一歲半的孩子在床上哭個不住的慘事告訴她，要她不要這麼着急，否則也會嚇死的。

「你知道嗎？日本鬼的飛機大砲到處轟炸，無論你走到什麼地方，都有死的可能；光只逃難，決不是辦法，你應該好好地和我們軍隊合作，大家一同去打日本。最重要的，這一帶的漢奸很多，你們可以幫助我們捉漢奸……」

話太多了，我又說得快，她自然莫明其妙，於是找了上海戰地服務團的周同志來用本地話翻譯給她聽。

唉！可憐的中國老百姓，他們只知道逃難，只知道着急自己的生命和自己的家，他們似乎並不了解沒有國根本就沒有家，沒有民族，根本就沒有個人的生命。現在整個的中國，到處都是日本強盜們的炸彈大砲轟炸的目標了，可憐的老百姓呵，你逃到那裏去呢？

一九三七，九，三十於×××陣地。（十月三日大公報）

前線兩晝夜

吳大琨

一

淞滬的抗戰一爆發，我就有着到前方去視察一下的希望，可是老沒有機會。後來，聽說，是為了防漢奸，戰區裏竟連新聞記者都不准去了，我更覺得到前方去，恐怕是完全沒有了希望。十月十二日的早晨，我正在××傷兵醫院裏工作的時候，忽然有一位××團××營的李營副，特地跑來看我。

『吳同志，我明天就要上前線去了。』

他用一雙告別的眼看着我。

『您不是左手的傷還沒有完全好麼？』我禁不住這樣問。

『是的，可是昨天我們師部裏已經有人來過，他說前方缺乏中級幹部，同時戰事又非常激烈，所以我想，我還是應當趕快上去。反正，我的傷也已經好了差不多有七八分了。』

聽了他的話，以及看了他的那種為國家効命，雖死不惜的精神，我不禁對他肅然起敬。

我跟這位李營副，雖然相識不久，可是因為他近兩星期來常到我們傷兵俱樂部裏來玩，所以已經大家非常熟識。

『那麼，我們又要分別了——我恨我自己不能跟隨了您們一起上前線去。咱們軍人服務的工作倘能與前方也取得了聯繫，那今後幹起事情來，就方便了。』我說。

『您要去？那容易得很！』他忽然看着我，很快地這樣說，『您要去？』他用驚異的眼光看着我。

『當然要去！』

『那您明天跟我一起走好了！』他很乾脆地說，『我跟您介紹我們的師長。我們的師長一定會很歡喜看見您這樣的青年去的。』

於是我們就談下去了。

我很興奮。我從醫院回來後，就去與我們全國青年會軍人服務部的負責人劉良模君商議，他也很贊同我去。

『好吧，您要去，您就爽性代我們軍人服務部向前方的將士致敬一下，並且實地去作一下考察，到底前方需要什麼東西，我們可以想法。』

『好！』我一面答應着，一面心裏眞是快活得想笑出來。

於是我就去開始準備我的行裝了。

二

第二天，天一晚，我們就出發到車站去。我帶了很多新出版的抗戰畫報，以及抵抗等等的刊物。因爲聽說在前方完全看不到報紙和雜誌，所有的兵士們，他們差不多都是很迫切地需要知道一點戰事的消息。

可是，當天我們並沒有走成，因爲日本飛機在當天曾把離蘇州不遠的鐵軌炸毀了，因此沒有車。

於是我們就只能停着。一直到第三天的午夜，營副到××處去交涉了，才來了一輛汽車，把我們從××帶上了前線。

在這輛汽車裏，除了我一人是穿了西裝的普通人之外，餘都是開向前線作戰的勇士，因此，當汽車不斷地在公路上顚簸震盪飛跑着的時候，我忍不住偷偷地去看那一個個挨近着我的弟兄的臉。

『這些都是偉大的民族解放的戰士，——現在是在一步近一步地向前線去了啊！』我心裏在想。

可是這些弟兄們自己卻好像都滿不在乎的樣子。

車經過××，××，××，然後到達了××。

人一下車，車外的夜氣，向人身直撲上來，我禁不住打了一個寒噤。

整個的一個××車站，現在已經差不多被炸成一片瓦礫堆了。月光照在那些破瓦斷墻上，更顯得四週景色的淒厲。

那時，已經是深夜，車站的兩旁有人搭了些草棚，在出售零碎東西，也有許多弟兄們在草棚裏團坐了烤火。四週黑影憧憧地，有好多的人不斷地在公路上來往着。

我先用目光默默地把我們的同車者送走了，然後再跟了李營副也默默地在月光下踏着瓦礫堆，沿公路向前走去。

『隆！隆！』砲聲這時突然響亮起來了。

李營副回過頭來，對我看看，我不作聲。

我們在向着砲火的最響亮處走去。

三

在前方黑夜間的公路，是頂熱鬧的。有陸續開向前方去的軍隊，騾馬，軍火。也有正從前方開下來的汽車，人馬；更多的是在前方已經掛了彩，這時要乘黑夜走向後方傷兵醫院去的弟兄們。

我這時才發現，我好像是完全置身在另一世界裏了，前面是不斷的槍聲，砲聲，四週是來往不斷緊張地走着的士兵，軍隊。

『唉，同志們，做做好事啊！』

一聲悽愴的呼聲，提起了我的注意。看時，原來是一個已經被打斷了腿的弟兄正在地上用手爬着，要走向後方去。泥，血塗滿了他的一身。他顯然是在向四週過往的人乞憐。

『怎麼？』我不禁驚呆住了。

『在這裏前方，就是太缺少了担架夫，弟兄們受了傷，有些師部裏自己有担架連的，還好，倘沒有的話，那就簡直只好自己走向後方去。打壞了手的還可以，倘是打壞了腿的，像這樣，那就太慘了。』李營副跟我解釋着，我的心裏感到一陣痛。

四

走了二十多里崎嶇不平的泥路荒地，又不知問了多少次訊，這樣，我們才到達了××師的師部。

哨兵進去傳訊，過了好久才出來。

「師長到最前線督戰去了，恐怕要明天才回來。請您們先到參謀處去坐一會吧！」

於是我們就被領到了參謀處去。

黑黑的房子，顯然裏面的人已經都睡了。可是進去一看時，才知道並不然。參謀長，人是已經躺在床上，可正忙着打電話。

「怎麼？敵人又用毒瓦斯了麼？……是嘔吐性的？好。」

我憑藉着參謀長床前的一枝燭光，可以隱約地看見參謀長當時緊張的臉。電話打完，參謀長的目光才放到我們兩人的身上來，李營副上去致了敬禮，又跟我介紹了。

「啊，難得，難得！您們後方的民衆竟這樣熱心，勇敢，請坐。」參謀長這樣對我說着，又把目光放到了李營副的身上去。

「怎麼？您的傷已經完全好了麼？」

「還沒有。不過，我在醫院裏聽得師部的人來說，前方缺少中級幹部，所以我就上來了。」

『好！』參謀長正想說下去，電話又來了，就打斷了話頭。

我利用這機會，就向四週看了一看，這是一間很破爛的舊房子，仔細嗅時，還可以嗅到地上霉爛的氣息。

『前方，這幾天正緊張，敵人的中央突破計劃，因爲不成功，又在用毒瓦斯了，我們傷亡了很不少，您們那一團——』參謀長說到這裏時對李營副看了看，『已經差不多完了，不過敵人的犧牲恐怕比我們還重。』

『差不多完了』這五個字在我的腦海裏震了一震。看李營副時，他還是那麼很恭敬地站着。不過，我從他的目光中，我知道他這時心理的狀態。

又過了一會。李營副就向參謀長說明他還得回團部去。

『這位先生也跟去麼？』參謀長問。

『是的。』我說。

於是我們就向他告別了出來。

五

從師部參謀處出來，表上的時針正指着午夜四時。我的心比先前更緊張了起來，因爲我知道，我現在眞在走向最前線了！

經過一條小河浜。

我們所走的道路的四週，都是稻田與棉花田。稻田裏的稻而且已經都熟了，結着滿滿的穗子。

在月光下照着這許多景色，倘不是頭頂上有呼呼的砲彈聲，與四週『閣閣閣』的機關槍聲，是決計不會想到我們是在前方的。

後來，我們就到了團部。哨兵進去傳訊，手續跟在師部裏時一樣。

見了團長，我因為剛才在師部已經聽到敵人用毒瓦斯以及該團傷亡頗重的消息，所以就急着問團長的詳細戰況。

『啊！說起來眞令人又傷心又興奮！』那團長說，『我們一團人是大前天來接防的。當時共有弟兄一千三百餘名。打了四晝夜，因為敵人不斷的用飛機，大砲猛攻，傷亡得就很厲害，已經只剩八九十人。而且武器也都不行了，昨天一天，弟兄們在壕溝裏就已經差不多完全只靠擲手溜彈將衝過來的敵人擊斃。八九十人一天共用了兩千多手溜彈。敵人因為攻不過，所以最後就終於改用毒瓦斯，我們不及防備，這僅存的八九十人也就因此犧牲了。可是——』團長換了一口氣說，『我們的陣地始終沒有動。而且最令人興奮的，就是當敵人又衝過來的時候，我們有四位僅存的弟兄還依舊不退，用手溜彈將過來的敵人炸倒，自己又衝出壕溝去將敵人的輕機關槍四架奪了過來。再就將這四架槍倒過頭來打敵人。——』

『啊！』我這聽的人不覺爲這壯烈而又英勇的故事所震動了。

『我們這一次的弟兄可眞是太好了！他們每一個人都勇往直前的，和敵人死拼。想想這許多好弟兄都已經犧牲去，眞有些傷心。』那團長說到這裏時，臉上表現出很痛苦的樣子。

他已經四晝夜沒有睡。因爲親到壕溝裏去指揮，那時敵人所散放的毒瓦斯還沒有完全散，中了一些極輕微的毒，有些在感到頭痛。

因爲時間的過遲，那天我就與李營副一起在團部的稻草堆上過了一夜。

六

第二天一早，團長因爲知道我歡喜到陣地上去看看，就命一位團副陪了我一起上陣地去。

我們先走進了交通壕，然後就逐步地走近火線了。

在壕溝裏伏着的弟兄們，都禁不住用驚異的眼光向我看着，他們想不到有這樣一個後方來的人眞會跑進火線。

我將帶去的抗戰畫報等散發給他們。他們就站在自己的崗位上，看將起來。顯然地，他們對這些畫報都感到了很大的興趣。

『您看，您看，這是我們將他們打下來的飛機。』一個士兵指了一張圖給另外一個士兵看。那個士兵感到了滿足。

是的，在前方，差不多大家頂恨的就是敵人的飛機。它們晚上不出來，只要天一亮，就嗡嗡地到我們的陣地頂上來亂飛亂轟，要飛一整天。

『您看，這是敵人的繫留氣球。』

團副用了一架望遠鏡，讓我看。我向敵人陣地看去時，果然看到一個氣球在敵人的陣地上浮着。

『在這氣球上面，有着敵人的瞭望臺。他們的望遠鏡很好，差不多我們陣地上的一動一靜，他們白天都可以看出來。看出來後，他們就指揮大砲飛機來轟炸。』

『我們沒有辦法將他們的氣球打下來嗎？』我說。

『有，當然有。就可惜我們的空軍倒底還是太少了。』

這時突然有一顆大砲彈自敵人方面打將過來，震得整個的戰壕都動盪起來。沙包裏的沙掉下來了，人也禁不住向四週搖擺。

『好利害！』我說。

『作戰激烈時，前方的戰壕一天到晚都是這樣的，所以睡在戰壕裏，就像睡在鋼絲床上一樣。』

『睡在鋼絲床上！』我不禁爲這個好譬喻笑了。

我仔細觀察我們陣地裏的壕溝。工事可說是都做得非常好的。就是有的地方已經都積了水，弟兄們簡直有的就站在泥淤裏，水浸到他的半腿。

『如果下雨，怎樣？』我問團副。

『下雨還不是直淋？我們弟兄們都沒有雨衣，倘後方能給我們捐些雨布來，那倒是非常好的。因爲我們旣可以包東西，又可以遮身。』

『是。』我答應着。

這時，離我們不遠的壕溝裏，槍聲忽然緊張起來了。我們可以嗅到很濃烈的火藥氣。

『我們回去吧！』團副說着，就半強迫地將我又帶回了團部。

七

整整的一天，我都是在團部裏過的。

我跟那些弟兄們，亂七搭八地講着。到晚上飛機不時的來轟炸，耳邊的砲聲與炸彈爆發聲，就不曾停過。團長因爲我是遠客，就特地叫勤務兵燒了幾樣菜，請我喝酒。

「這裏，白天就簡直不能煮飯。敵人一看見那裏有炊烟起，飛機就又來炸了。」團長對我解釋着，我那時已有一天多沒有吃過東西了。所以雖然勤務兵拿上來的饅頭與餅，是那麼又黑又粗，我吃的時候，還是只覺得它的甜美。

「這是前線的生活！」我心裏想着。

那天晚上，吃過飯，我覺得我應當走了，就告別了團長，團長還是命團副將我一直送到了師部。

到師部時，這次師長已經回來了，所以就很容易地見到了師長。

「昨天，我到前線去督戰去了，沒有見到吳先生，抱歉得很。吳先生這一次眞是辛苦了。」

×師長說着。

於是我們就開始了談話。

我將我這次的來意向×師長說明後，×師長又接着說：「啊，慰問是不敢當的。抗戰是我們軍人的天職，這算不得什麼。我們前方現在也不需要什麼，倒是您先生帶來的那種畫報，弟兄們確是很歡迎。以後有便，請不時帶些來。東西只要交到我們師部在後方的留守處就行了。」

×師長講話時的態度是很和藹的，而且兩目炯炯有神，堅決地表示了他這次作戰一定勝利的信心。

『至於這裏的作戰清形，有許多地方，現在還不便說。可以告訴先生的，就是敵人所依仗的就只有砲火利害一些。可是我們並不怕他。最近這幾天，我們正打算反攻它。看上去，敵人是支持不住的。至於我們這裏的弟兄，作戰的勇敢，那更是不用說的了，先生想來一定已經聽到我們有一團裏四位弟兄犧牲到最後，還守住自己的陣線，將敵人的機關槍奪過來的事情吧？』

我點了點頭。

『敵人的士兵就不行了，差不多沒有一個人眞是願意作戰的。不過，看上去，好像敵人的督戰也頗嚴厲。所以有時候，敵人衝上來，給我們打退了，也總不敢十二分退遠。恐怕退下去也得打死的。』

爲了怕担誤×師長的功夫，所以不久，我也就向×師長告別。×師長很熱誠地將我送出師部，然後他又回前線去督戰去了。

在歸途上，有兩個勤務兵送我。時候又已經是深夜，我一邊踏着自己的影子向來時的路上走去，一邊心裏不禁發生了很大的感慨。

這次淞滬作戰，士兵，將士們是確是已經盡了他們的最大的責任了，雖然他們的物質生活是那麼地困苦，防毒面具不全，雨衣沒有，火器又不夠。可是我們民衆方面呢？前線担架夫的這樣缺少，要使受了重傷的傷兵們還不得不忍着痛在地上爬回去，那未免太講不過去了。

我在打算着回去後，怎麼使得我們的後方工作格外加緊起來。

二六，十，二十二，前線歸來之第三日。（十月廿六日大公報）

戰場小語

曹聚仁

曹聚仁先生這戰場小語十則，是他在淞滬前線的隨筆，都新穎可喜。但曹先生畢竟是『書生』，所以他這些『小語』中有許多門外漢語，爲別的『書生』所不贊同。　編者

（一）陣地戰

惲逸羣先生說：『武力與民衆結合乃是抗戰勝利的必要條件。』這話很有意義。不過他

說『我們抵抗暴敵的戰略，必然要採取運動戰，戰術必須以遊擊戰爲主要，纔能長期消耗。』這話很有商量的餘地。我們要抵抗暴敵，必須用現代化的陣地對付他，使主力軍隊支持在紫壕邊上，纔能談得到持久消耗。現代作戰，運動戰已經不適用，必須決勝負於陣地戰中。遊擊戰只能當作輔助的戰術，不能當作主要戰術了。

舉一小例子來說，敵人於六三花園及日本坟山方面築有永久工事，自從開戰到如今，八字橋邊的進出，至少在二十次以上，直到現在，八字橋還是彼此的警戒線，誰也不曾佔有。敵人築了永久工事，我們不能進，我們現在也築了永久工事，他也無法衝過來，這才談得到長期消耗。

上海有許多外人，一天到晚，只傳播閘北我軍要退却的消息。殊不知以現在我們所築的永久陣地來說，無論左翼陣地移動或敵人中央突破，這一方面依然要固守下去；換言之，我們所築成的現代化陣地，支持一年二年是不成問題的。中國軍人答復造謠的人一句話：閘北方面永不退却。

（二）　大刀

敵軍說我軍作戰，還脫不了三國演義的意味，又說我軍對於新式武器非常驚慌，又說我軍歡喜依附城市，而且戀戀於城市，不肯在曠野作戰。這話用以批評華北各軍，不能不說有點眞實，如二十九軍對於壕溝的不能利用，對於大刀的超本質誇耀，皆是糟塌兵士血肉的落伍辦法。我曾經被許多人探問大刀隊在前線的威力，我只能用某將領的話來答復：『前線我軍並無大刀，也用不着大刀。我們的武器是輕重機關槍，自動步槍，迫擊砲，高射砲，飛機，坦克車，決不是大刀。』這話眞說得的當。

有人說，『衝鋒肉搏的時候，難道用不着大刀嗎？』自作戰以來，已經五十天了，五十天中，敵我可以對面相見，至多不過十來次。戰了五十天，連人影都難得相見，試問大刀有什麼效用？在北方，義和團的觀念還不會完全死去，所以靑龍偃月刀還是神奇的東西，要知道燕子李三爲北平膾炙人口的好漢，若向紐約乘飛機的賊團去誇耀，就要鬧笑話了！

現在我們得把三國演義的韜略送入博物院去，認識新式武器的使用與抵禦，比單爲大刀長威風有用得多。大公報的記者小方的大同通信，說我守南口的軍隊，奮勇打毀了幾輛坦克車，因爲不會駕駛，只好讓它丟在那兒，後來仍被敵人拖了回去，這眞是我們技術上的缺憾。

（三） 預備隊

九月十一日，潘家宅之役，我軍某師的潘營長濂，率領了全營剩餘的官兵數十人，固守那潘家宅的防地，敵軍來攻，數在五百人以上，砲彈槍彈密於雨點。潘營長率領士兵，肉搏衝鋒，進退十餘次，直到人盡彈絕，才和潘家宅的陣地一同終了責任，這故事眞悲壯極了。不過我執筆記述這個故事的時候，忽發生這樣的疑問：陣地上的兵力既這樣薄弱，爲什麼不即刻增援呢？今日晚餐時就便向師長們去請教。師長說：『這是因爲無法增援的原故。』我得了這句簡單的解釋，還是不甚了然，恰巧張參謀在這兒閒談，我又向他去嘮叨，他說：『作戰時候，無法增援的事是常有的。因爲敵軍的砲火正在對這作戰的部隊下猛烈的殲滅射擊，同時又必在作戰部隊的後方下遮斷射擊；這時候，我們的預備隊雖眼見自己的部隊將被消滅而無法去援救的。潘家宅之役，便是這一種情形。』他這麼一說，我才有些了然了。

他又說：『照一般人的看法，作戰時輪到做預備隊的總該幸運一點了，事實上恰正是相反，那些在壕溝中作戰的士兵，有堅固的壕溝作保障，比較平安得多。作戰一不順利，得由預備隊去補充時，前線一定非常緊急了。從預備隊伏處的地點爬到壕溝中的途中，一百人能有五十人到達目的地，已經很不錯了。』給他這們一說，我更有進一步的了解了。

十多年前，有一位歐洲的軍事學家預言：『今後的戰陣，愈迫近前線愈平安，在後方的倒有意外的危險。』他的預言，現在却成爲事實了！

（四） 大砲彈

勤務兵時常擡不會爆炸的敵人的大小砲彈到司令部來，那些砲彈上所刻的時日，最初常是大正年的（以大正十年爲最早），近來已經完全是昭和年的，前天所見的那一顆是昭和六年的，由這可確證敵軍所消耗的軍火的速度。敵人的大砲彈炸彈，很多是不爆炸的，據軍事專家說：『或由於年代過久，火藥失了性子，或由於海外運來，搬移振動，走了樣子。可是要當心，敵人若佔據了我們的兵工廠，在我們境內造砲彈炸彈，那就顆顆要爆炸了。』這是『唯有抗戰才是出路』的最好註解。

我坐在大砲彈面前鑑賞一番，×師長來勸阻我了，他說我這樣等於小孩子玩火。因爲砲彈有種種樣子，有的爆炸引火在砲的尖端，因落下時彈身橫斜，不會觸了尖端，所以不會爆炸，若用力碰一碰那尖端，就有爆炸的危險。有的爆炸引火在彈的腹中，經了適當的振動或觸了某度以上的熱度，又會爆炸的，他所以勸我不要鑑賞。我呢，以爲學習駕馭的法子是第一步，實際使用是第二步，由於×師長的指導，我已經懂得許多關於砲彈的常識，但我若有機會去和砲手接近，他一定會告訴我怎樣駕馭那些砲彈使用砲彈的法門，也許讓我去試試發砲看，那時，我在大砲彈面前，就幻想起能自己發砲眞是多麼有趣，但我知道能發砲並不難，能發砲發得準確，才是眞正艱難的技術！

在戰場上學習重於鑒賞，而純熟使用又重於學習。我呢，還只能鑒賞鑒賞完事呢。

（五）游擊戰

平型關大捷的消息傳來，敵死傷及俘虜五千餘人，此間軍人大爲興奮。談次說到死傷數及俘虜數之折扣，某軍長說：『這消息只要是眞的，一定有這樣的成績。因爲第八路軍和十三軍合作，可謂「雙美具，二難並」。』

第八路軍以游擊戰見長，但這種作風，亦非一般軍隊所能做到。漢代有兩個名將，一爲李廣，一爲程不識，李治軍嚴格，營中刁斗相聞，程治軍寬和，不拘拘於形式的訓練。現代世界上練陸軍的方法，德日兩國和李廣相近，主張絕對嚴格，蘇俄練軍有點近於程不識，士兵信仰堅定，不拘拘於嚴格的紀律束縛，而組織依然堅固得很。現代中國的陸軍，和德日陸軍有密切關係，在嚴格管理之下，上戰場可以發揮威力；近年來陶冶訓練，不僅得勝時可以一鼓作氣，即退却時亦能秩序井然，已經達到世界陸軍的水準了。蘇俄陸軍的風格，我們從紅軍身上約略可以找到。軍中人言紅軍在江西作戰時，遠遠看去，滿山都是他們的軍隊，一拐一拐地也闌散得很，一到作戰，這些闌散的軍隊就很迅速組織起來，非常有紀律了。戰事一不利，他們又各自解散開去，所謂『化整為零』。他們的本領，却在『化整為零』以後依然可以『聚零為整』，這是別的軍隊所決做不到的。——別的軍隊可以前進，可以退却，只經了不得了，但無論如何不可以解散。

游擊戰在軍隊本身要能『化整為零』，此非一朝一夕所能做到，也不能期之於每一軍隊的。治軍如學詩，學李的畫虎不成反類狗，學杜的學得一點是一點，此程不識之所以千古無偉人也。

(六) 母性的

張譯魯登道夫的全民族戰爭論，前有蔣百里先生的序文，中述參謀總長是父性的，陸軍部長是母性的，白俄戰爭所以失敗，就因為主持大戰的枯魯巴金大將是母性人才。軍中人對此譬喻，流傳很廣。張主任說，因為陸軍部長是母親，所以我們家中有多少家私，他最清楚。他知道某處工程還要什麼時候完成，那些軍械什麼時候可以齊備，他知道準備已到了某種程度，能延期到什麼時候再決戰最好。所以軍中人對於陸軍部長的『準備主張』，非常了解，大家都當他是自己的母親。

指揮作戰和構築陣地，也可以分為父性的與母性的。疆場決策的要『指揮若定』，就是要有堅決的意志，大刀闊斧幹一幹，而構築陣地的要精密周到，什麼物質條件都要顧到，不可給敵人以可乘之隙。此間許多母性的軍人，在閘北建築一條國防陣地，我是眼見他們一步一步實現起來的，眞不能不佩服他的魄力和精細。

我相信中華民族必然要復興的了，每個新的軍人都有新的氣分，——發揮父性的或母性的特長！

（七）主將

魯登道夫全民族戰爭論中，有一章專論主將事權之統一與否，與作戰勝負有密切關係，極爲透澈。此次日本與我戰場對壘，他們以爲有『必勝』『速決』的把握，就認定中國的主將指揮權必不能統一，可以各個擊破，初不料我軍主將指揮權完全統一，並無漏洞可乘，淞滬一隅戰事，已遷延兩個月之久，而敵軍用盡現代化工具，仍無辦法，尤出其意料之外。

近日看到一本敵軍發給上中級軍官指導作戰方略的小册子，開場一大段就把在北方作戰的經驗寫在那兒。他說：『中國的主將就是那軍隊所有人；他個人若和那軍隊的連繫稀淡，指揮時就陷於錯亂。』他還以爲中國的軍人，仍保留着封建割據頭腦，不能遂行遣兵命將的辦法。而淞滬抗戰的事實，在這一點，已證明他們的判斷錯誤，——非其軍隊之所有人，指揮權依然統一。

敵人又說：『中國軍作戰時，多由主將或各部將本着自己的直覺去決行，所以情況判斷常多錯誤。而兩個部將所担任的任務，常欠缺協同性。』因此敵人連日所全力進行的中央突破計劃，專找兩個部將所担任防地的交界線，以為一舉可以成功。可是事實也證明了他們的判斷錯誤，我軍部將既不妄行直覺決行，兩部將相為犄角，更不使敵人有可乘之機。

淞滬抗戰對於敵人的教訓太大了，敵少壯軍人中的中國通還得從頭學習過，中國對於敵人，還是一個不可解之謎，敵人當中，並無一個理解中國的人物，其病也許由於一向的自大。

（八）書生用兵

我的胆子雖不和老鼠那麼小，也並不比貓大一點；在閘北住了一個多月，恰巧碰上飛機大砲坦克車三部曲，有幾天，飛機下彈百一二三十枚，大砲飛彈七八百枚，再加上黃昏拂曉兩度坦克車衝攻，好像熱鬧極了，可是熱鬧得連我都厭煩起來了。我這個戰時大學的臨時生，都對於飛機下彈目若無睹，前線士兵更不理『他媽的』了。此之謂『書生用兵』。

大概松井大將有一本戰術教程作底子，一二三四，照課本教下去，彷彿我們這些大學教授在教書一樣，而所謂『支那通』的人物，則如那本指揮對華作戰的小册子所說，認定中國兵士最怕新式武器，命運永不改變，三部曲一上完，就可以開正步走到我軍陣地來了。松井大將的教本上，也許有『衝入閘北』一課，可是我們這些學生太頑皮，永遠讀不下去，他老先生也只好搔頭問天了！

敵人說我們的軍人勇敢有餘，精密不足，每一度搜索前進，都苟且了事。淞滬抗戰以來，敵人自以爲最得意的利用漢奸技倆，可曾奏了更大的效果沒有？作戰之初，漢奸所放的信號彈，我們時常看見，現在幾乎絕跡了。此方戰士，豈獨勇敢，而且精密，克服困難的本領，在松井大將的想像之外。

語云：『知己知彼，百戰百勝。』敵人的國民性，堅韌有餘，靈敏不足，其外交，其軍事，其藝文思想，皆有此缺點，其國運可想。所以連我這個紙上談兵的書生都看不起的大將，我看大可以回老家去休息休息了！

（九）　公路

淞滬戰場上，我軍得港汊之助不少，而受公路之害亦不少。（我的小文，只是一時的感觸，本無深意。公路便於此次作戰甚多，戰場上則敵利用公路之時多，我利用之時少，因受其害，請勿列我入公路抹煞派！）虬江碼頭的建築，正利於敵艦的停泊，敵軍的登陸，已使我們非常痛心；而市中心區馬路四通八達，更便於敵軍戰車之縱橫如意，更使我們哭笑不得。虹口楊樹浦方面敵重砲，近已移往市中心區，苟非公路廣闊，那些笨傢伙還不能那麼作怪。所幸此方天然港汊，敵重兵器還不能自由運用，有助我軍不少。

蘊藻浜南岸殘敵，其依附滬太公路東西二部，遷延旬日，尚未擊退，此卽滬太公路之賜。敵人以多輛坦克車在此公路上布成火綫，上有飛機保護，白晝可以公然建築工事；苟非我軍晚間幾度突擊，時常破壞其工事，恐葑村塘北將醖爲左翼戰局之大疽，不可解消的大疽呢！

這些小小的事故，使我這個短視的人懂得國防的眞正意義。敵人旣處心積慮要窺伺淞滬，則淞滬四周，處處當從抗戰着墨，不獨建築物必須成爲堡壘，其他或興或廢，皆當與自己的力量相適應。從現在來檢討過去，空談建設的人走錯了的路，眞不知有多少呢？

（十）第Ｘ師的增援

離開現在已經一個多月了，那時蘊藻浜車站方面情勢非常緊急，我軍第×師奉命增援，接到這命令時，天已微明，一切準備就緒，已經上午八時了；可是事實上非增援不可；而敵機沿途轟炸，艦砲施行密集隔離射擊，近萬的增援部隊，如何能白晝到達目的地呢？對於軍事負責人成為一個躊躇不決的難題。

不久，這個難題得到答案了，軍事負責人下令全師隊伍解散，某旅某團某營在某時以前在某地集合，某營某連在某時到達某地，主要人員也限定某時在某地集合。到了下午五時，已經經過了一段很長的距離到達蘊藻浜車站前線了，部隊行伍絲毫不曾散亂，沿途的損失也很少，這實在是抗戰史上一段奇蹟。無疑地，這是從某路軍學習而來的新課文。

這段事蹟，顯示兩個重要的意義：第一，犧牲有了目的，就不計較什麼危險，解散了隊伍的士兵，也還是連繫在一個抗戰的總發動機上，決沒有人逃責任。這是士兵愛國熱情的試金石。第二，可以隨時解散隨時集合的隊伍，一定是組織很嚴密，精神訓練很普遍的隊伍，這故事顯示了近十年中國新軍人的頭腦健全和周密。

一二八戰役結束時，蔡廷鍇軍長曾發表過一段談話，說敵軍作戰有一優點，當一個部隊被擊潰時，殘餘的部隊集合起來，一經組織，又立刻可以作戰。現在我們軍隊也發揮由健全組織而來的優點了，種瓜得瓜，國民革命軍的革命精神正在開出奇葩來了！

（立報）

平漢線見聞記

老向

前線上的兵，許多不只會拿槍桿，也會拿筆桿，可惜他們撈不着紙筆。在一顆大樹下面躲避敵機的時候，三十二軍的一個兵士看見我帶着自來水筆，立刻問我有沒有信封信紙借給他，他要給各報館寫一封信。我問他寫信幹什麼，他說請各報館注意前方作戰實況，不要以勝敗論軍隊好壞。……剛說到這兒，敵機正到了頭上，我們各自默然。其實再接續談下去，飛機上的駕駛員也決不會聽到。不過那時候心裏緊張得不能再說話。等到警報解除，我再看那位文武全才的健兒，早已不見蹤影。很後悔沒有同他多談幾句。沒有借給他紙筆，更覺有些歉然。

在傷兵醫院裏，最令人喜悅的是，許多破腹傷背的弟兄，居然拿着各樣的小唱本看。如同梁山泊下山啦，羅成大破孟州啦，有韻的小册子，不下十幾種。據他們說，這能哼着唱的他們最喜歡，散文小說不容易看懂。因此我決定偷閒給他們寫一點新的鼓詞，暫擬題目有這幾種：

一，馮玉祥高揭抗日纛　同盟軍一戰復多倫

二，鹿鍾麟包抄倭寇　　泊頭鎮國軍大捷
三，閻海文神技建奇功　姚子青殉節寶山縣
四，吉星文死守蘆溝橋　劉汝珍大戰廣安門
五，阿胡毛汽車殲巨寇　張小三火車取軍火
六，…………

爲喚起民衆，軍士，傷兵，完成抗日工作，應有通俗的抗日文藝。昨天試寫了一篇『劉汝珍大戰廣安門』，再完成幾篇，打算請馮先生派人去印，大量的印，因前後方民衆都需要這些讀物。

在前方，除了看見兵，什麼消息都不知道。因爲所有報館對於如何送報紙到前線上，似乎都沒有注意到。我們的軍備不能不求經濟，所以很少設無線電收音機。那麼，前方對於後方及旁方消息便均告隔絕。今天我自鄉下到新鄉城裏去買報，沒有買到，去扶輪小學把前四五天的報借了兩份，因爲天已晚了，打算帶回去看，誰知走到路上，許多兵士跑過來要借看一下。太陽沒落了，看不見字了，有中央憲兵團中一位弟兄，苦苦要我借給他一份，帶去給衆弟兄看。我因這報是我借自他人，略加遲疑。他更進一步要求說：『我借兩小時再給您送去。』其熱烈之情，使我大受感動，立刻把手中的兩份報都給了他。他們想知道的是什麼？

我在歸路上不住的思索。

敵機肆虐範圍逐漸推廣，新鄉連日皆有警報，來者均係敵方偵察機，尚未投彈。前幾天，我們的高射砲曾經打了一次，所以牠不敢低飛。我們一聞警報，多半是往野外棉花地裏跑。許多老百姓最初都是照常工作，看見我們急走慌忙，反而莫明其妙，經詳細說解之後，他們也知道這不是好玩兒的，也知道扔下工具，躲在樹下去不敢動。但是他們的躲避只是坐着，你教他爬在地上他可不幹。最敏捷最有門道的是兵。警報一來，他們飛快的躲起來，我們還沒想定到那一方去，他們早已沒有影兒了。

「漢奸」在豫北頗不少。聞在長春曾設漢奸訓練班，施以嚴格的訓練一年，派赴河南工作者百餘人。在鄭州聽說破獲一個漢奸機關，刻下正按圖索驥，繼續捕獲。但其發電台究設何處，尚待查出。碧沙岡，前在鄭州時我們的住處，也曾捉住一位，身帶一小玻璃瓶，瓶盛香烟灰。另有書一本，每隔五頁有日寇洋火一根。又在焦作捕一日本乞丐，聞曾在焦作徘徊月餘，因買購電料而敗露。民衆對於捕捉漢奸，逐漸明瞭其意義，對於生人答話十分小心。但漢奸一詞，愚民仍有不明白為何物者。一鄉愚路過車站，警察問他作什麽的，他剛聽了講演，說漢奸一天只掙三角錢，便替日寇效死，他正琢磨漢奸的工錢同他一樣大，卒然被問，不覺答曰：「我是漢奸。」警察大驚駭，詢以同黨多少人，他說二三十。再問每天多少錢，他說三角。警察立刻隨他去調查，原來他是從河北逃來的一夥難民之一，這些難民正應徵作某種工作，數目恰有二三十，工錢也正是三角。年來河北省的民衆組織與訓練工作一點也沒有，一般農民愚到說：『我是漢奸。』這怨誰？

前幾天，翁照垣這位抗日勇將，在石家莊督戰受傷，路過某站。馮副委員長煥章先生前去慰問。途中思買些禮物，而鄉下又無物可買，忽然看見一個賣山楂（又各山裏紅）的，於是便買了十斤。無器可盛，馮公便用大衣襟兜着。到了車上，翁將軍睡着，舉頭招呼。馮公說：『你爲國受傷，爲民族受傷，最難得，最光榮，我們都欽敬你，感謝你。你流的血是紅的，現在我贈你十斤紅果，略表敬意。不過你的血是鹹的，這是酸的。』說罷大笑。翁將軍大爲感奮，於致謝之餘，立刻催馮公下車，恐車站上有敵機轟炸也。馮公謂：『不怕，飛機來了，咱有砲打。』翁將軍又說：『本來去打日寇，反而被日寇打了。打死了倒也好，這不死不活的怎麼好？』

十月十六那一天，馮先生一早起來工作，突然走到某一地點，覺得肚子餓得受不了，現作飯又來不及。他自己找來剩饅頭，親自動手在火上烘烤，去其皮，衛兵尋來鹹蘿蔔一塊，伴食兩個，尚未果腹，睹兵士剩粥半筒，在火上熱了一碗，邊喝邊贊曰：『飢者易爲食。』

在前線上，無人不是同志，無人不是朋友，除了漢奸和敵人。若是遇見一位心想的朋友，其喜悅之情不知是何程度。慢說看見朋友，就是接到友人的一封信，也覺得無限欣慰。今天居然接到兩封信，一封居然是北平來的萬金家書。立擬覆一信曰：告我北平親友，國軍北上，不日克復平津。請俟我於西車站上。

（宇宙風五二期）

空戰前奏

記者

這裏所記是八月十四日我軍空襲上海敵軍旗艦『出雲』時的情形，這是我空軍參戰的第一幕。當時因滬東戰事將展開，幾十萬居民都倉皇向蘇州河以南逃生，於是便形成了如山的難民參看空襲的奇境。　編者

我們一共四個人，在下午一時乘汽車向楊樹浦方面出發。

天空佈滿着黑雲，斜風夾雜陣陣的細雨。陰沈沈的天氣，正好是人類大屠戮的象徵。而在楊樹浦一帶，兩軍都在嚴陣以待着。

但，很奇怪，這逼近戰場的地方依然擁擠，而且比平時還擁擠幾倍。這其中五分之三當然是難民，只其餘的則是抱着好奇心看熱鬧的羣衆。黃浦江中陳列着外艦，黃浦江濱便立着

層層的人。人排成屏風模樣，自法大馬路一直排到北京路；江面的風光被遮住了，浦東的房屋被遮住了，露在人頭上面的，有那軍艦上的桅檣與圓形的烟筒。

順利地過去南京路，順利地過去北京路碼頭，然後穿過外白渡橋，右轉進入百老匯路。百老匯口迤北冷靜得使人害怕，而百老匯入口經提籃橋過來，馬路中間是汽車，洋車，電車，脚踏車，老虎車，馬路兩旁則是排滿着這社會活動的主體，茫茫然一片，立在中間驟然覺出自己的渺小。汽車停着，電車停着，脚踏車人力車慢慢地向前蠕動着。向東去的人多半空着手，向西來的人則手提布包，皮箱，行李之類；還有的女人抱着孩子，拉着姊妹。人走的很慢，行路的阻礙很多，於是馬路上有的是報紙，有的是箱板，有的是擠破了的搪瓷洋盆……散亂地舖着，垃圾式的擺着，俯首一看，很容易想到遷居時的室內情景。

從汽車裏下來，步行依然困難。武昌路和南潯路臨百老滙路路口，站立着把守弄口的日本『武士』，他們穿着便衣，穿着破西服，或竟是黑色學生制服，配着方頂帽子。年紀像是自十五歲至五十歲，手裏各都拿着一根纏着布條的木棍，對着每一個過往的行人在兇狠狠地注視着。弄口以內是空寂的，從北面開過來的汽車都要受到他們的檢查。巡捕幾乎看不到，有的在指揮無法指揮的交通，有的在滿頭是汗地東奔西跑。

過去公和祥碼頭，還看不到武裝的同胞；而海浪般湧來的依然是工廠區的居民。西人逃難的也有，日本人也有，我們曾經看到一個滿載日人的搬場汽車，向西開去；又看到一隊狼狽不堪像是由前線逃下來的浪人，由南面衝向北去。

『行路難，歸去來！』從利查路繞道日本領事館的後面，在利查飯店轉角路中心發現了一個砲彈丟落的深洞，我們光榮地品評它的來源，惋惜地衡量它和出雲艦的距離。說時遲，那時快，天空又在響動，接着日領館前面的高射砲震耳地轟炸。大家都慌了，橋下的向橋上跑，橋上的又向橋下躲，因爲響聲太驟，我們由蘇州河塊逼囘靜寂無人的利查飯店內。飯店門敞開着，侍役向大廳裏跑，紳士型的外人向樓上跑，臃腫的老婦人向柱後藏。這種暴風雨來臨的情形，在這房子騷動了約三分鐘。事後想來也覺得好笑，這片偉大的建築物能同炸彈相敵抗嗎？越向裏面躲不是危險性也越大些吧？因之我想到本乃特（Arnold Bennett）的許多描寫歐戰的作品（如 The Pretty Lady 等等），但他描寫巴黎倫敦在德國飛機前來危脅的情狀，遠不及我們所見的壯烈親切。在他的書裏我們沒聽見高射砲響，而仰望天空的人更沒這一次多。追懷昔賢，倒覺比他幸福多了。

外灘擁立着人，中國飛機一架仍在浦東一帶盤旋，日本的高射砲止而復響，響而復止。接着兩隻日本飛機也由出雲艦邊騰空了，他們也在翺翔，也在迴旋；但低多了，低得步槍可以射到。於是觀衆在私語着：『爲什末不趕快開砲給它射下來呢？』這種因愛國而激發出來的惆悵，像在統制着各人的心，籠罩住各人的面孔。

回報館，大家在申述其所見，在寫出自己所見到的消息。四點鐘近了，窗外又傳來轟轟然的砲聲。於是大家又全放下工作，一齊向屋頂奔跑。

來遲了一步，三隻飛機剛被高射砲逼到虹口方面去了，砲還在射，而那最後的一隻躲到黑雲下面。我們都担心它的命運，但一刹那又看到它那徐徐上昇的影子，於是掌聲響動，大家都得到安慰了。

一會又來了三隻，砲又連珠價響。一會又來了四隻，砲仍然響。在機身的前後圍聚着一簇簇的黑烟，烟影機影有時會連成一片，前前後後，分不出那是飛機，那是砲彈。這後來的四隻是從南向北，排成一個人字形。它們衝着風冒着砲彈直向出雲進發。砲響成爆竹一般，彈霧染黑了天色，終於它們走到了目的地，一，二，三，四地各自丢下一個炸彈。地下灰烟騰起，但目標仍然錯誤了，當然誰都替它們可惜。

這一幕幕的壯烈空中戰爭，如電影般地在眼前映過。大家都慘痛地想起了『一二八』，大家都熱烈地期待着給人一個慘痛的報復。

（八月十五日大公報）

第一次空襲經驗

英

到達××縣的前進飛行場天快黑了，一天長途的疲倦，雖然這時我們睡在破廟裏面，但我睡得也很舒服。睡得正濃的時候，突然被粟分隊長把我喊醒：

「明天早晨和谷薙兩架機子出任務。」

「目標在那裏？」我朦朧中問他。

「轟炸嶂縣北的集中敵人，你當時還可以斟酌情形另尋輔助目標。」

「你可別叫驅逐捉住啊！給你買棺材都不好買。」田柱旁邊說。

「那可不一定，回來帶一顆蛋（彈）給你吃啊！」我笑着答他，我裝着滿不在乎的神氣；可是心房跳動太利害了，腦子裏盤旋着一些未來的景象，敵人的驅逐機，高射砲，目標的尋找……都一湧的浮上來，精神興奮得很，無論如何也不能再安睡了。

我想，四點鐘時天還黑得很，起機太成問題，別要撞在場邊的堤上，或者掛了樹上那就糟糕！

兩點鐘時我才睡着。

* * *

還沒有到四點鐘就起來了，天陰着，暗得看不見一點東西，沒有一顆星，心裏有些更沒有把握。

量好了地圖，決定了航路，把時間計算得很準確，又和谷雍討論了一會，就套上笨重的飛行衣，走進機場，叫機械士裝上炸彈，開了車，我便跳上座艙。

發動機噴出的藍色的火燄有些晃眼睛，外面更看不清了。隊長有些不放心，告訴我起機怎樣注意，進入敵人陣地時怎樣……我耐心的聽着。

『我們僅僅就這麼幾架機子，千萬要小心，要損失了怎樣辦呢！』隊長很懇切的告訴我，這句話是他最後說出來的，我記得最深刻。

本來像我這樣一個剛剛畢業的學生，戰鬥機僅僅飛了幾個鐘點，就在夜間出任務，那眞是一種冒險的舉動，稍一顧及不到那就完結，同時載着炸彈，那更是令人不放心的東西，而且在山西全是高山，在這樣的黑夜裏，撞上一點，那就會完結。

以前在學校時的夜間飛行，有龐大的照明燈，全場照耀得和白晝差不多，高的建築物都有紅燈，機場的邊界燈像提燈會似的排得很有規律，全機場的輪廓都很清楚。所以那種夜飛行太妙了，可是在這裏一片都是黑的，一點標示也沒有，高樹房屋都像在等待我的飛機去撞牠，在看不見的場邊矗立着！——何況又是陰天。

但是有什麼辦法呢？整個國家都是在貧困艱難中掙扎，什麼不是冒險硬幹呢！敵人的驅逐機有很好的速度和性能，無法脫離牠的攻擊；而我們的驅逐機因爲油量的關係，不能掩護我們去作任務，所以白天有些深入敵人陣內的任務是作不來的。祇有夜間，假如夜間再不冒着危險出去，那就乾脆倒在棺材裏好啦！

更不應當說什麼『危險』，中國那一個人不是處在生死的關頭嗎！處處都在危險中包圍着！並且在我們身後有千萬可憐的同胞在期望着我們，迫切的渴望着我們能打退敵人！自己一點的血便可換取很大的代價，同時，祖國的生存和個人生命比較起來那一個大呢！所以用這種理智能把每個人的良心喚醒過來，那麼自然有勇氣了，而這種勇氣是長久的。

最後田柱還親切的叮囑我，這是令我怎樣的感動啊！

我不顧及一切，我把油門開大，飛機向前拚命的跑，不久就離地了。起來後我並不太高與；祇是稍有些放心。

谷雍那架機也起來了，他開着航行燈，他是領隊，我便跟他走；但不能靠近。

我在黑漆漆的空中飛着，小心的校正航路，地上一點也看不清，偶然可以看見一兩個村中微弱燈火。我盡力的爬昇高度，以超越大山。發動機聲音很清快響亮，吐出蔚藍的火苗，我心裏好像很安慰似的。啊！這一匹忠實好馬，你把我帶到戰場上去吧！

遠遠的看見一大堆的燈火，慢慢的便看出是一個城，我一算時間恰是太原，航路一點也沒有錯，很正確通過太原的上空。

那時在城外突然有一隻信號彈打起來，接着那附近有許多的信號彈連續的打起來，還有手電筒一明一滅的照射着，我很疑惑，為什麼打信號槍呢？這無疑的是漢奸打來作目標，以為我們是敵機。

* * *

進入敵人陣地之後，谷雍就把航行燈關閉了，從那時開始就看不見他飛機的蹤跡，我依然按着航路飛。

地上的情況一點也看不出，敵人的集中部隊和運輸狀態那裏能夠看得出呢！祇能看見糢糊的河流。忽然有一個很大的東西由我右邊過去，我曉得是一個山峯，差一點撞上。

進入陣地已經有三十多分鐘了，天漸漸稍有些亮，忽然看見我的前面地上，向我射出一條光線，幾秒鐘就熄了，接着又是一個射來，這樣繼續不斷，並且不止一個，每個都在我的底下爆炸，我斷定這一定是高射砲正在向我射擊，朋友，你打我吧，我將下幾個蛋送你吃。

我飛着曲線的航路進行，以躲避高射砲的射擊，牠愈打愈兇起來，我的四周不斷的在爆炸。我的飛機也有些不穩，每逢牠爆炸便影響得跳動。我走到高射砲的上空時，我就看出一塊很大的長方場子，場子的西邊好像一個小村莊，前面一條河流，再西邊是一個山。這是楊明堡敵人機場！

這不是一個很好的目標嗎！我想那裏的汽油炸彈和材料一定放在村子裏，並且飛機也一定擺在靠近村子的地方。于是我決心下彈，放開炸彈保險鉤，把機頭推下，作峻峭的俯衝。那時發動機瘋狂的怒吼着，好像牠也在向敵人示威。我把瞄準具對正之後，便連續的把十個炸彈投下，接着就作個上昇轉灣。我回頭看，那一個地方爆炸的火燄衝得很高，我的飛機不覺的一動，接着那裏就起火了。

高射砲也不再射擊了。

我得意的向自己陣地飛回。走了很久之後，還可以看那裏的火光，心裏說不出的痛快！我不斷的搜索敵機，後面的射手也緊握着槍柄，在等待敵人驅逐機的到來。

到了自己陣地之後，天已經亮了，可以看見我們陣地上弟兄們。他們很狂熱的向我招手，我也向他們作一個蜻蜓點水的玩意。

到機場時，谷雍已先我而到了，我跳下座艙之後，他們跑來向我握手，把我包圍了，就是連場外的人都很歡喜。

我叫人立刻掩藏飛機，恐怕敵人會來轟炸的。

果然停不久，有幾架轟炸機在大批高速的驅逐機掩護之下，飛到我們這裏來；可是我們早把飛機藏好了——空城計成功。

添寫完任務報告之後，田柱拿一杯咖啡給我。他對我說：

「當谷雍一個人回來的時候，大家都以為你完結了。不是被驅逐機打落，就是中了高射砲；再不然就是撞山了。大家都在担心，並都要去找你的紀念物呢！」

「你沒有去給我買棺材吧？」我笑了笑回答他。

停了停之後，隊長叫立刻裝炸彈，繼續派人出發。

（宇宙風五四期）

飛炸塘沽記

老向

十月十二日上午，飛將軍——孫桐崗率機六架轟炸塘沽，燬寇軍械糧秣無算。任務圓滿完成，機五架安然返，獨飛將軍機因故障落後，衆以其此次眞有翅難逃矣。閱四日，寇機肆虐於津浦路兩下店車站時，飛將軍突現身指導乘客躲避轟擊掃射，始有多人知其吉人天相，絕處逢生。爰述其前後如次：

初，飛將軍與劉隊員見乘機不堪駕駛，知難倖免，頗形焦急。非懼死，寇未盡殲，尚非死時也。俯身下視，見白茫茫盡是水。劉君意共機投海，同歸於盡可也。飛將軍勉以多支持一分鐘，作最後努力。一瞬間，忽見陸地如線，匆遽降落，乃一沙洲，長可二百公尺，闊百餘公尺。四圍烟波浩渺，碧水無垠，無居人，無鳥獸，僅海蚌廢殼，迎日發閃閃光。較之魯濱孫所至孤島，更覺荒涼。

機既着地，飛將軍等立將地圖文件及名片符號等付之焚如。餘炸彈兩枚，急拋之海中。潑汽油於機翼，擬焚燒間，突有小船一艘，款乃而來，兩人握槍在手，準備殺敵或自殺。小船近岸，船夫高呼：

「你們是中國人哪還是日本人？」

「中國人。」

「靠不住。」船夫搖首示疑，「中國人怎麼會跑到這裏來？」

「你瞧瞧我們的身體這麼高，中國話說的這麼好，還能是日本人嗎？我告訴你，我們駕着飛機去轟炸塘沽的日本人，因為飛機壞了，才落在這兒。你是中國人哪還是日本人？」

「我是中國人。」船夫徐徐而答，面有喜色，「你們去轟炸日本人？——好吧，看你們倆的樣兒像是中國人，我渡你們到岸上去吧。這兒，你們瞧，是個荒洲，沒吃沒住，潮水一來就會淹沒，萬不能久待。你們上船吧！』語罷，收拾櫓槳。

『這小子怕靠不住吧？』劉君首先表示懷疑。

『怕他什麽？咱們有槍。他打死咱們一個，咱們誰不能打死他。先隨他去再說。反正在這兒是無法可想。』於是飛將軍乃挽劉君同跨小舟。

舟行約半里，飛將軍自忖：『飛機未毀，機件尚好，如為倭寇所得，未免太失計算。』乃決定催船夫撥船回，舉火焚機。屢奏奇功與敵人胆之轟炸機一部，於熊熊火光中，殺身成仁矣，飛將軍等為之俯首黯然者久之。船夫亦頻嘖嘖作聲曰：『可惜了的！』焚畢，將軍等各取機上零件一，作為紀念，祝曰：『等平津克復，再來收拾你的屍骸，告別了，好朋友！』於是乃再搖舟行。

船繫岸後，劉君問船夫曰：『你是不是漢奸，要向日本人去報告？』

船夫怒形於色，半晌未語，憤然曰：『我看你們是中國的兩條好漢，我才肯渡你們到岸。想不到血口噴人，開口就罵人漢奸。漢奸二字算是你們給我的過河錢吧？』

劉君急謝過，并問其姓名，船夫曰：『既不相信我，何必還問我的姓名？我告訴你：我是中國人，咱們這兒住的都是中國人，中國人永遠幫中國人的忙。二位繼續努力，你我後會有期。』語罷遥去，飛將軍等目送之，至於不見。

將軍等鵠立水畔，不知來何所，亦不知何所之。長空秋雁成行，鳴聲嘹亮，若驕飛將軍者。身畔紅蓼數莖，迎風搖曳。遠處漁村點點，可見炊烟。以望遠鏡窺之，突見七八里處有膠皮帳幕，倭寇物也。倭寇來，義不受辱，飛將軍等緊握手槍，準備先殺敵後自殺。正相視無言，則見戰士一隊可三百人，向飛機落處，搜索而來。二人急擇一蔽身高坡，靜待之。戰士迫近，劉君欲開槍者屢，飛將軍屢止之。旋有一隊長模樣者前來問：

「你們是中國人哪還是日本人？」

「中國人。」

「中國人怎麼會跑到這兒來？」

「今天上午我們去轟炸塘沽。飛機壞了，落在此地。」

「不錯！適才塘沽有電話來，說是被炸了，炸的還不輕。——你們都來吧，他們倆是中國人。」隊長以手招其戰士。

「你們是中國人不是？」劉君又舉槍厲聲問，飛將軍又止之，曰：「看他的意思幷不惡。」

「我們都是中國人。」隊長未注意劉君之槍，急向其戰士曰，「喂，原來炸塘沽的不是俄國人，是中國人，就是他們兩位。」

『中國也有飛機了！』三百健兒同聲贊嘆。劉君平射姿勢，於焉解除。飛將軍問：

『你們是那兒來的？』

『我們是塘沽公安局的水上警察。』隊長答時，欣然而笑。

『你們局長可是中國人？』

『不，是日本人。』

『咱們中國人爲什麽替日本人服務？』飛將軍於是乘機下說辭，謂倭寇侵略我土地，轟炸我全國，屠殺我同胞，姦淫我婦女，傷天害理，禽獸不如，現在全國抗戰，倭寇不久必被殲滅。理直氣壯，眞誠動人，彼三百健兒莫不涕泗滂沱，義憤塡膺，咬牙切齒，欲得倭寇而甘心。劉君亦爲之大感動，緊握之手槍收入鞘中矣。飛將軍復殿以結語曰：『咱們中國人爲什麽替日本人作走狗？』

『誰願意這樣？不過沒法子！』

『我有法子，諸位同志！你們若是願意，請跟着我走，一到咱們中國陣地，立刻有辦法。你們願意不？』飛將軍慷慨而言。

『願意！』三百健兒同一應聲。

時日已薄暮，赤霞半天，飛將軍將三百健兒列爲半圓，共畫策，如何警戒，如何夜行，蓋是地距塘沽寇營不過八十里，遲恐走漏消息，乃決定即夜行，遵海而南，避津浦路沿線倭寇也。稍加收拾，於三小時後，大隊南移。警察中有眷屬者十餘人，亦攜同去。隊長率一警犬，體偉性馴，爲倭公安局長畜，見飛將軍俯首帖耳，依依不去，飛將軍併攜之行。

一行凡三百餘人，而盡一夜一日之力，行二百八十里，抵山東境。飛將軍電中央報告，中央立派員運餉項接濟。三百健兒允編爲一營，開赴前線作戰。警察眷屬均護送後方安置。飛將軍因急於殺敵，不及候機來，攜其愛犬乘津浦客車赴京，爲十月十六日事。車至兩下店，遇寇機時，飛將軍爲實報社長管翼賢述遇險經過。管於新鄉舉以告我。并述其感想曰：『中國人到底是中國人。船夫的話大可玩味。這樣看來，我們收復平津并不難，收復四省亦甚易。因爲那邊有的是中國人。中國人是能幫中國人的！』

刻下，想飛將軍又凌空高舉，再建奇功矣。

二十六年，十月二十六日於漢口。（宇宙風五三期）

未死了的英雄

溪映

南口方面武裝同志，關於他們受傷以後怎樣退下來的，有很好的敘述。當我們軍隊佔住了重要山頭，敵人的大砲密集如機關槍一樣的射來之後，頂頂激烈的戰鬬中，他們悲壯犧牲是可以想像得到的。但在戰場上爭奪陣地比搶護傷亡還要緊，負了傷能否還退得下來，全憑着自己最後體力的支持和勇氣。這樣，高山脚下才不斷的滾下來了未死了的英雄們！他們如再不因摔撞而致命，或可來到後方！重傷的和殘廢了的，大部已經留英魂忠骨於戰場之上了！

（一）下了戰場

懷來車站關閉了燈火，一堆房子低低的埋在雄山下，濃雲一片片掃過，月光從柳枝的隙間下來，射到站台的幾個角落，照見我們的負傷的勇士都睡着了。他們當然是預備候車到後方去，但是車還在康莊，因為那裏也在裝運傷兵，何時來到都不能一定。我在他們中間輕輕的踱着，大家睡的甜甜的，露着安詳的臉送給月亮來瞧。這種安詳的情態，我在由商都一戰下來的傷兵方面就有了不能遺忘的影子，這裏我更熟悉的溫習起來了。他們的動作不似任何人的慌張，他們的語氣比任何人也高亢。記得傷兵說：『不是，打日本這東西，你不能不賣點力氣，其實這次又算不了什麼！』於是我的目光又自然的落在睡夢中的臉上。

暗處長凳邊，停着一面担架牀，旁邊一個大概也有傷的弟兄在守護着。確實的，牀上的人已經死去了。大片的紫蔭模糊了他的面目。由於這樣一種死亡是神聖而清潔的事，旁邊的人並不表露畏懼或者痛傷，只是靜靜的等着別人來對死者作最後的安排。

從南口山上滾下來，不重亦重的傷兵們，由康莊到懷來車站了。爲了後方醫院的轉送手續問題，他們必須在懷來下車。救護兵很少，担架牀只有兩張，重傷的下車就從車皮滾到牀上，經過兩人抬着，一忽又丟到站台上。上車的也從站台滾上担架牀，再滾上火車。這樣手續中大家只感到寂靜。

車開在早晨五點鐘，去張家口正是走在一個白晝裏，近來因爲敵機在前方到處轟炸，實在很值得顧忌。傷兵們却在路上儘量給我解說敵機的無能，後來幾次遇敵機停車，我欲待躲向高粱地去，都被他們拉住。他們講解行動目標，靜止目標，被彈面與被彈關係，飛行投彈與射擊不能準確等等，眞把我五體投地的說服了。

但是車到宣化車站揚旗處，果眞遇到一次襲擊。一個大約二百磅的炸彈落在軌道旁邊，正好把兩輛鐵悶子車廂震脫了軌道。傷兵們不得已，從沒有站台的地方跳車，着實受了些痛苦，罵道：

『日你娘，老子到這裏不受你的嘍！奶奶的！……』

樹底下，受傷的有的腕貫通，有的大腿貫通，有的眞傷了大骨。

「傷骨頭不知好治不？」我看着一位剪去了衣袖的一隻膀子。

「這怎麼會好治！……看樣子我不能歸隊了。」

「你貴姓？」

「姓李。」他從胸間口袋拿出一張卡片，叫作『傷票』的，上寫：李長德上等兵左腕貫通，及受傷地點時日等等。我詳細翻轉看過，交給他，他向我笑一笑，給我講他們在火線上對付密集砲火的有效方法，以至自己知道掛了彩，班長要他退下，他才含糊了日本鬼子的一切情形。他面部和全身肌肉一致為戰場回憶而緊張，我跟着他的談話，慢慢被引入陰森的戰場，毛髮似乎都直了起來，渾身起了肌點。

太陽壓山時，當地又有人預備飯水茶湯，派小孩子送到樹下，接着有許多仿行的。後來那些小孩子有心想當兵，傷兵多嘴的便說：

「你還小呢，你不用去，這些仗還是讓我們這一代的來打，小東西！」

這都是八月二十三那天的事。

（二）　傷兵之淚

八月二十五日，張家口被放棄，晉軍也快，希拉胡塗的退下山來，大勢驟轉，戰線即刻就擺在了晉察界上，雁北之勢岌岌可危。但是大同的傷兵有從南口懷來方面來的，有從涿鹿渾源徒步繞道來的，有從孔家莊漢諾壩來的，越聚越多，附近四個傷兵醫院人滿了，多少壯士都已經由火般的戰場流浪到冷落的街上，他們的血衣還破爛的披在身上，綳帶捲曲着成了一根髒繩，本來安詳愉快的容顏蒼白了，小老虎樣的身段傴僂了，無精打采的目光，到處接觸的是不合理的遭遇，絕望的暴怒和悽愴！

敵人的飛機每天到大同來幾趟，戰爭的火線，漸漸移近古老的大同，幾千的傷兵走的走，爬的爬，嘆氣的嘆氣，絕望的絕望！大同雲崗勝蹟附近却遺留下成千的尚未絕命的衛國英雄！

可歌可泣的，還是在這樣慘痛環境下他們所表現的主張。幾位重傷的下級幹部，仍然沉痛的說：『到今天我們仍然不怕敵人的軍隊，敵人有的是一種機械的力量，他們絕對的缺少了靈魂，我們能夠避開敵人的砲火而作戰，隨時都有勝利的把握。』他們又說：『我們吃虧的一個重要點是漢奸，漢奸活動最厲害的地方就是我們吃虧最大的地方。消滅漢奸的方法，一切都是次要，唯有積極發動後方民衆的組織力量，才是根本辦法。』他們說：『對於救護問題我們感到了萬分的遺憾，我們所親受救護方面的痛苦，本不願意多說話，然而為了國家民族的勝利前途，我們對於救護問題，不能捨要點亦不談，那麼，我們感覺後方救護的措置不當，第一個受影響的是傷兵本身，他們都經過了國家的長期培植與最寶貴的戰鬥經驗，將來再上戰場可以以一當十。我們不能丟棄或者忽略了這一事實而損失了自己戰鬬的力量。第二，傷兵的痛苦這樣延長下去，以後同志們對於受傷，無疑的會加增了考慮。第三，後方傷兵救護組織不佳，使傷兵們更哀痛了他們爲國犧牲的勤勞，而遷怒於後方民衆。」

二十六年，九月四日，大同。（十月一日大公報）

傷兵列車

天黑上車天亮下車

徐盈

太原第××醫院的傷兵三百五十名運到後方去療養，大部都是由忻口陣地移下的，傷勢輕重不等。担架頻頻來往，夜十二點，六個冷冰冰的車皮都裝滿了，可是依然有許多不能自動的傷兵不能上車。加掛了一個露天的車皮，一嘗時，又滿了。

空氣冷到使皮膚戰慄的程度了。可是傷兵們能夠得到伏在那冰冷冷的鐵板上佔一席地，還算很是幸福的。傷病人火氣大，爲了爭論地盤，每個車都起了紛爭，那護士便索與離得還遠地，由着他們的意思吵鬧，來麼過這秋宵。

有人去問副官，說：『連一點鋪的草都沒有嗎？』押車副官老爺回答說：『你們去找院長要吧。』

夜深了，人都上了車，候車開，車頭在遙遠處喘氣，總也不肯過來。後來，過來了，吼了一聲先把一列傢具車拖走了，裏面有不少眷屬。又等了一個多鐘頭，車頭又過來了，又是把一列雜物車曳走了。天冷，傷痛，每個車箱裏都在罵，車隱在黑暗裏，電燈發着黯黃的光，夜深沉，大家罵得沒有力氣，有些人便睡着了。

不知道過了多少時候，有人醒覺了，看看四周，本來有若干車輛停駛的，沒聽見在什麼時候已經走了。天微明，大家便驚惶起來，喊道：『開車，開車——敵人的飛機就要來了。』

壓車的副官和醫官似乎也起了急，連忙到站上去催，好容易盼到了一列從前線開來的傷兵車，兩列合為一列，才向站外開出，這二十五節車皮浩浩蕩蕩走出時，時鐘已指七點，天色大亮了。——這列傷兵車停在站上過了一整夜。

為什麼天黑上車，天亮開車，這原因沒人能知道。

天亮了，臘黃的臉，染血的衣，都看得清清楚楚。大家便開始談着話，交換着各個部隊的血的經驗。這裏面的戰士，沒有一個是在後方掉換過衣裳，他們的血液已把纖維固結在他們的創口上。『這種戰事』，他們會心的說，『大家早晚——』他們憤怒醫生，『到現在，中國人還不愛惜中國人，死，死活該，他們會叫人抬出去，算！』

各醫院，自然也有他們的實際的困難，傷兵多得直到現在還沒有能發放棉衣，不是沒有，而是不夠分配。如可容一千人的病院，目下至少住着兩千，山西各縣動員作棉衣，縣政府出棉花，老百姓預備裏和面。各醫院都在希望傷兵『轉院』，出了醫院的大門，回頭再也不招待。傷兵吃得多，一天兩毛錢的飯錢，無論如何是不夠。

到了中午，飯是沒有消息。傷兵出院時候，每人發了一塊錢，可是『看見什麼東西都喜歡吃』，不久，便用完了，只有餓着。

車子走得慢，走走停停，每個負傷者的身上都懷着一兩顆沒有取出的槍彈，每個人的腔子裏都裝着一顆憤怒的心。重傷者伏在鋼板上呻吟，輕傷者是在四處謾罵。

『還不換藥嗎？』到了臨汾時大家問。

車子走了兩天，錢花完，肚子空，創口痛，身上冷。於是有人提議請換藥，一呼百諾的大喊起來。醫官穿着清潔的綠衣服在徘徊，理也不理。看護有好心的告訴人們說：『重紮一下可以，沒有藥！』

「你個老奶奶，到處都是沒有藥，沒有藥！……」

也有藥只是黃色的——凡士林硼砂膏。

一個傷兵下來解手，脫不下褲子來，費了好大力氣脫下來。

好難走的長路，傷兵到一站問一站：「離潼關還有多遠？」

「並不多，死了十三個！」

晉南救護情形的確有進步，早日，傷兵車到了車站沒有人理，而現在竟能在各大站上都能找出燒開水慰勞的茶棚來。在寒夜裏，傷兵有點熱水暖暖胃也是好的。

更值得提出來的是××車站，每天總有一隊學生去作慰勞的工作。但是，這種神聖的慰勞工作者是僅作爲一個敷衍的事情去作，反而引起了不少的誤會與反感。

一列女學生在喉嚨裏唱着令人聽不懂的歌，則不如根本不唱；一些隔夜的米湯，也不聞一下那腐氣便來送給傷兵，只有增大了憎恨的事，反不如不作。

自然，傷兵們頭腦簡單，而作慰勞工作的人不應當忽視受訓練，既然是來盡一點國民的天職，便不必老用一塊口帕在蓋着鼻孔，遞個碗，也不要隔得遠遠的——

總之，在目下，所缺乏的是親切感情的流露！

除了慰勞者以外，醫院的主事者大半也是對於傷兵不動感情，自然，也有多少是例外。可是在這列車上，我們眞難找出主事者那點同情是保存在什麼地方。

每逢車到了站，這節車上喊完那節車上喊：

『副官，副官，又死了一個，管不管。』

大家已然把生死看成兒戲。同行的負傷者知道那個人的確是不會復生時，便把他拋在鐵路一邊。

要到達的路上又灑起了小雨來。天冷了，創口三天沒有換藥，一片呻吟聲在四面很動人的響起來。

這一列傷兵沿路拋下去的死亡者很不少，但他們說，『並不多，只有十三個。』

十月三十日。（十一月七日大公報）

歡迎

林娜

在隧道的那邊，我們已遠遠地看見了早上九點半列車的烟突，瘦長的車站開始忙碌起來，人們在匆促的奔走着，叫喊着，爭從月台伸出頭去，朝地洞的那邊。

「來了，這是第×號的傷兵列車！」

吹鼓手，穿着嶄新的制服，用調整的步伐，導着一羣藍衣黑裙的女學生和市民代表前進，朝月台的最前面。

列車通過地洞，放緩了速率，汽笛哀慘的鳴叫着，吹鼓手們鼓起菜黃色的嘴巴，突出兩隻眼睛，演奏着。寫着『歡迎爲國犧牲的忠勇將士』的三角旗子，拳頭，悲憤的歡呼的聲浪，一致地在空中飛揚着。

「歡迎忠勇的受傷將士！」成千的口號聲。

「把我們底血肉，

築成我們新的長城！」音樂演奏聲。

「打倒日本帝國主義！」

「每個人們被迫着發出最後的吼聲！」

列車停了，音樂聲，歡呼聲仍舊在繼續着，一陣悲憤，一陣壯烈的情緒，在車站上瀰漫着，佈滿每一個角落，每一個人的胸坎。

傷兵們，從他們底牀位上，成羣的擠到窗子邊來，在他們底蒼黃的面上，在他們血污的唇上，沒有痛苦，也沒有悲傷，有的只是興奮，有的只是感動。

『弟兄們，最親愛的弟兄們……』在甲的面上這樣寫着，他想說出來，但是他說不出，他流淚了，用血汚的袖口拭着。

『我受傷了，但是弟兄們，稍爲好點，我還要上前線去！』在乙的面上也同樣的寫着。

『你們覺得我是痛苦嗎？爲民族，爲國家，這是光榮的！』丙也不落人後的寫着。吹鼓手們在走着，用他們調整的，堅定的步伐，導着慰勞隊，從月台頭走到月台尾。他們丟給戰士無數的歡呼，也同樣接受無數的抗敵誓約和感動的微笑。而後，傷兵們走了，向他們揚着手。

『爲了國家，爲了民族，光榮的受傷和戰死！』

在他們底拐杖，在他們底血汚的袖口，在他們踩過的地面的足印，這樣的寫着，炫耀着，在所有人們的眼睛。

（九月二十五日立報）

歸隊

林娜

身材最少要比平常人多出半個頭，粗悍，高大，一身只顯出過分短小的草綠色軍服，一雙小包袱，和一頂已掉了漆色的鋼盔。

他看來是粗野，豪放的，但却很温和，有禮，對每個陌生人微笑着，用他銀樣的聲調，充滿了這月台的走廊。

『東洋舅子，除了飛機大砲，其他的比得上我們個鳥。』他高聲的說着，嘴角一團白沫，白沫星子時時隨着他底呼氣在空中飛着。『他們個個怕死的，因為他們根本就反對這種戰爭，你看那久留米師團，算是他們最利害的軍隊，不上半個月，也不得不給我們打得精光。……』

聽的，非常的留神，興奮，每一個音節，每一個字都留心着，咀嚼着，不讓它漏過。

晚上的夜寒尚未退盡，天氣非常陰沉，鉛塊似的雲彩，在低空散佈着。人們時常為了寒冷而打着呵欠，但面色并不現出倦怠。

『飛機，坦克車，大砲都打不過我們，』那士兵用不變的音節叫着，『他們就用毒氣。……』

『毒氣？』這兩個字，很疾速的馳過聽衆的腦子。他們對它感到了非常強烈的興趣，但是為了過分恐怖，却不禁悄然的打着冷噤。

『我就是被毒氣打傷中的一個，』他接着說，『他可以打傷我們的人，但却打不掉我們底勇氣。你們看，病剛剛好，我們又要歸隊了。』說着，他用手遠遠的指着。在那兒，一條櫈上坐着六七個士兵，同樣的裝束，同樣有個興奮的面孔。他們眞摯地對我們微笑着，點着頭，我們也報以熱烈的，感動的一笑。

『火車等會就要把我們帶到××，明後天，我們又要在戰場上和東洋男子相會了。』說着，他笑了笑，揚着手，朝他弟兄們那兒走過去。

遠處有汽笛的鳴聲，月台上起着小小的騷動，歸隊的士兵們，從他們底坐位上站立着，慢慢的移動着步，嘴裏粗亢的唱着從病院中學來的歌——

『你們正爲着我們老百姓，爲着千百萬婦女兒童，受了極名譽的傷……』

羣衆們兀然的站立着，騷動止息了，大部份都低聲的附和着：

『躺在這病院的床上。……』

『各位先生，各位勇士！』那高大的士兵莊嚴的白道：

『日本強盜爲着要滅亡我們全中國，……』

粗壯的大合唱又起了，在每個發紅的面上，靜靜的掛着兩泡温熱的淸淚，那高大的士兵感動着，哭了。他底聲音變成嗚咽的，他底拳頭在空中高舉着。

（十月二十一日立報）

白楊林中集會

徐盈

這是晉北火線後方組織民衆的一幕。我們希望着這種情形在各省各縣都普遍看到！ 編者

前線上的一個大白楊樹林頂上來了一架敵機，盤旋了一匝，毫無察覺的向前飛去。這個樹林裏面，在樹蔭交織中，正是晉北××縣的村長在開聯合大會，解決『優待游擊隊家屬問題』。

沿着兩列大樹的間隙，用各種式樣的小桌子併集起來，成爲一條蜈蚣似的會議桌，上面擺着洋鐵水壺和粗瓷大碗，兩列的板凳上密集着人羣。這都是二十餘年來在模範省制下最優良的人民。出席人除了村長是當然的委員外，另外還有公道團和犧牲同盟的主持人，和×××軍組織游擊隊的軍人（這些軍人，都是屬於新成立的戰地動員委員會組織下的）。

狂濤似的變化使我們的古老農村裏有着巨大的變化，任何一個農村的集會上，我們便可看到各種型式的農民。在這裏，我們便可以看到有各種農民，小商人，退伍的兵。公道團過去的目的爲『防共』，主持人多是紳縉之流；犧牲同盟是新興的組織，便有小學教員之類人

來參加。×××軍的組織者一律是灰軍服，帶着青白的帽徽，雜坐在羣衆裏。

近年來，記者雖然是不斷的在我們的古老農村裏作着旅行，可是像這樣民主的集會却還從未見到過。在這裏，每一個出席者都發言，都參加討論，盡量地把一個問題想得周到而又仔細。自然一個瑣碎的小問題爭辯得很久，乃是一種時間的浪費，可是，我們不能忽視的，是羣衆對於『自己的問題』的探討是有着最大的熱情和耐心，這是『本身的利益』。

優待游擊隊的家屬問題是這樣：男人出征了，沒有了男人在家的人家，水的問題，炭的問題，都得要由別人來幫忙，使游擊隊員可以放下心地去長征。這兩個問題便討論了將近兩個鐘頭，因為誰都要說話，便使個簡單問題扯長了時間。最後決定的辦法是：各村調查各村的家屬情況，由戰地動員委員會按有錢出錢，有力出力的辦法，『公平分配，合理負担』，主席頻頻說：『千萬不要再加到窮人身去上！』

看到羣衆的熱情，立刻便會想到羣衆為什麼有這樣的熱情？這便是由於戰區裏的農民的負担已然減輕，免租免稅，改良租佃制度，廢止高利貸，而戰爭的烟火，尤其刺激得他們需要組織。羣衆知道在目下要做的事情，不是為了別人，而是為了他們自己。

當大會正在討論游擊隊的紀律問題時，『托托托』的跑步聲自樹林的一端透過來，大家都抬起頭來看，原來是綠裹腿的游擊隊員們不放心，他們更關心自己的事，所以自動集合成隊來參加。主席便忙着跑過去向他們說：『你們有代表在這裏，請你們放心。』一個枯瘦如石碑似的漢子，動着兩條綠裹腿從羣衆中擠出來，告他們說，『大會一定有好的決議，不過現在不需要大家都參加。』

於是，隊伍退去了，在尾巴上，記者看到了一個八歲的小綠裹腿，也在精神勃勃地走着，忙趕過去，問他爲什麼加入游擊隊，他翻翻大眼睛說，『我要打日本！』

這點小小的騷動過去了以後，紀律問題依然續談，對於開小差，和請假不來都有所決定。以下，又是『有人破壞，怎麼辦』的問題。大家決議：如果實在，處罰家產十分之一，輕的，開大會叫他們自省。

會將結束時，主席又加重地講闡主任的合理負担的意義，『大家要注意，不論抽一筆錢，一担糧，不應當再派窮的，不要再搗鬼，不要不公平，要實現有錢出錢，有力出力！』因爲這次集會，老朽的村長依然是有的，這話就是說給他們聽聽的。

最後有人提議，要慰勞游擊隊隊員，『大家歡迎他，慰勞他，好話問他。』全體大大鼓掌表示贊成，尤其同意：『設法使其一天天的加多！』

散會時，主席鄭重地又在說：『我們要講民主，開了會就要作，游擊隊員如果再跑回家，就抓他回來。家裏已有了優待，再戀家，不應該。不然，××軍的人都要回家了，誰去打仗？』

散會了，村公所請大家去吃飯，一架敵人的偵察機又緩緩地從密林上空飛過去。

十月二十九日。（十一月十一日大公報）

火線上的農民露天大會

胡蘭畦

這農民大會地點，大概是在蘇州一帶吧？　編者

『中國的老百姓呀，大家一條心！』鄭蕙珍，李慧英和任秀棠三個人唱得半生不熟地在那兒練習着『保衛大上海』歌，亞芬和定寶兩個小妹妹在另一個角落裏，咭咭咕咕地編劇本，瑞英和敏玉兩個人也在自己編戲，一面在做表情，一面在想，她們兩個人要互相導演一幕『活捉東洋兵』，琦偉，秀娟也忙着在清理宣傳品。歌聲和人聲，把一間農民的小屋弄得像辦喜事的一樣，眞是熱鬧極了。放牛的小孩子，刈草的女娃娃，都擁起來看熱鬧，門口擠了一大堆赤着脚板，雨水淋淋的鄉窩人。

在百忙中，我忽然發現了煙橋給我畫的宣傳圖畫上，一張都找不出一個女人來。

『糟糕，糟糕！』我說，『勞動婦女戰地服務團印發的抗日圖畫內面，連一個婦女的影

子都沒有，怪難為情啊！』

『怎麼好呢？』亞芬比旁人都着急。於是我打個電話到市鎮上去問烟橋，在電話上，他說：『呵，呵，呵！』我說：『呵，呵，呵，怎麼可以呀，現在罰你再畫一張大的，而且要多畫女人，而且要在十一點鐘派人送來！』

『好，好好！』烟橋笑着答應我了。

果然，十一點鐘時，他派人把圖畫送來了。一張大圖，上面畫的盡是女人，好像是女兒國一樣，種田的是女人，織布的是女人，賣菜的是女人，修路的是女人，搖船的是女人，捉漢奸的是女人，連那一個被捉的漢奸也是女人，一個男人都沒有。我的小妹妹們說：『陳先生的圖畫眞是男女有別呵！』

在十二點鐘時，秦隊長已把大會的程序寫好，但是屋簷上的水，沿着芳草滴滴達達不斷地流，而從天空中就像漏了籮篩的粉子一樣，密密痲痲地直洒下來。

『這樣大的雨，還有人來開會嗎？』一定有人在這樣想。或者就是我們的小妹妹中間，也有人揑着一把汗，然而也有幾個小妹妹，並不因這連綿的雨水而減低她們高興的程度，因為她們在頭一天已經把農民們邀約好了，並且給他們說了：『風雨不改！』所以她們很有把握地以為農民們一定要來，而且糾察隊員胡瑞英，任秀棠，柳秀娟三人已經把宣傳圖畫挾在手腕下面，穿起草鞋，戴上斗笠預先出發了。爲的是要先去佈置會場。

中國的人民，尤其是農民，他們生成就有一種必信必忠的個性。你說風雨不改，他就風雨不改，在約定的時間中，他們就像隊伍一樣開起出來了。在遠處的田邊，在近處的屋角，有許多的農民披着簑衣，戴着斗笠，有的還打着雨傘，成羣結隊，像牽成的線子一樣都向着開會的場所前去。

『快呀，老百姓都去了，我們還在家裏！』我急急地催促她們，同時我也把褲管捲得很高，穿上草鞋，跳出屋子去了。李亞芬比我更快，她已經嘰嘰泊泊地踏着水塘跑得很遠了。秦隊長的胆子似乎小一些，她還有點顧惜的樣子。她的一雙雪白的脚板套在草鞋中間一步一步地在泥垢中走，把泥漿踏得吱—吱—吱地響。我看着她笑了，但是她不曉得我笑什麼。

我們到了會場，大家就忙着把宣傳圖畫在壁頭上張貼起來，陸陸續續來的農民，都圍着來看圖畫了，我們請的×部的楊秘書也從鎮上趕來了。

在平常天下雨的時候，一定會將大會移到室內去開，而現在却是恰恰相反，天晴時，我們才要到室內開會，正因爲天落大雨，我們的農民大會倒要在露天之下舉行。這豈不是很奇怪的事嗎？如果我們用心一想，就會曉得什麼緣故。如果還不明白的話，你們就想一想，現在的事情是反的，比如中國是素愛和平的，從沒有要損人利己地去侵害別的國家，但是硬有人要說它是落後，天天用飛機大砲來轟呀，炸呀，轟塌無數的房屋，炸死無數的人命，這叫做『親善』！反過來，像日本那樣的國家，天天用飛機轟炸中國，無論是手無寸鐵的老百姓，無論是帶了重傷的士兵，無論是鄉村裏的婦女兒童，日本人像野獸一樣，硬要害死他們。像這樣殘酷的行爲，像這樣殘酷的國家，可是硬還有人說他是進步，是文明！

會開了。到會的農民竟有百數十人，連小孩已過二百數十人的光景。全體肅立在大雨之下，秦隊長任司儀，因爲在鄉下，我們沒有國旗黨旗，也沒有總理遺像，所以秦隊長宣佈唱黨歌。雖然鄉民們沒有這種修養，而我們的隊員和楊秘書等十幾個人合唱的聲音也就很夠雄壯了。歌聲很嚴肅地傳播到空中，也很嚴肅地打在每個農民的心上。在向死難的將士和先烈們以及在抗戰中死難的民衆們靜默致敬的時候，我們聽不出一絲的聲息，雖然有幾十個小孩們在這一羣當中。

主席金敏玉，她一向是很莊重的，雖然她的年紀很輕，然而担當起工作來，確是一把能手。她簡單地致了開會詞，報告了今年雙十節的意義之後，秦隊長就請×部代表楊秘書講演。楊秘書擺開八字脚站在水泥堦當中，因爲他的身材很大，鄉民們很多都以爲他是個大軍官，所以他說話的時候，大家都現出那種洗耳恭聽的樣子。

雨越下越大，風越吹越凶，幾百人站在風雨之中，打着傘，戴着斗笠，靜靜地聽。楊秘書講演到我們將士悲壯犧牲的時候，有的人流下淚來了。當他講到什麽人的飛機天天在轟炸我們的時候，羣衆中就答應說：

「東洋赤佬！」

這時，羣衆中高喊着！

「打倒日本帝國主義！」

「趕走東洋赤佬！」

雨打在每個人的臉上，淋在每個人的身上，漸漸地濕透了每個人的衣服。秦隊長在給楊秘書當翻譯，把他的土話翻成蘇州話，雨點滴在她的臉上好像珍珠一樣，一顆一顆地。

大衆並不因爲狂風大雨，就減低了熱情。却正因爲一大羣人站在這裏開會，正因爲這班人的歌聲，演說聲，引起更多的遠方的農民來了。他們從溪邊踏水過來，從會場的四面不斷地冒着雨過來，到的羣衆已經將近三百人了。到演說完了的時候，大家高喊打倒日本帝國主義，趕走東洋赤佬，中華民國萬歲！中華民國萬歲！因爲在雨地裏太久，我怕他們受病。所以游藝會就移到室內去開。

居民自動地把他們的門板抬下來搭了一個小臺子。我們的隊員一齊上去全體合唱了一首

『打倒東洋』，其次唱『軍民聯合歌』。唱過後，羣衆喊：『再唱！』她們又唱了一首『保衛大上海』。唱畢時羣衆的情緒高漲極了。

在熱烈的掌聲中。定實扮着難民走到臺上來，她張慌的表情和凄楚的叫聲，使得羣衆都緊張地望着臺上，好像那臺上立刻要發生一件什麼事情一樣。

『啊喲，怎麼了啊！一家人都給炸彈轟散了，啊喲，怎麼了啊！……』

這時，亞芬也扮着難民出來，她揹着包袱直往前奔，忽然聽着這婦人的哭聲，她就來慰問她。在她們的對話中，詞句和表情都非常動人，羣衆中很多人都哭起來了。我一面緊張地看她們的表演，一面驚嘆她們的努力和天才，眞是高興極了！

散會的時候大家又再唱歌，羣衆也跟唱，而且繼續不斷地連唱幾次『打倒東洋』歌，因爲這個歌譜很簡單，不一會羣衆都學會了。在大衆的『打倒東洋』的歌聲中，我們舉行了大會閉幕式。回家的時候，小孩子們都可以沿途唱起走。歌聲和雨聲，演奏出另一副的音樂。這時秦隊長在泥漿中，已經比來時走得起勁多，羣衆的熱情，鼓勵着她忘記了泥淋道路的困難。秦隊長又有了新的進步！

（十一月二十日大公報）

十萬難民流浪在上海街頭

羅克生

閘北燃起了抗戰的烽火。

從前天上午起，從閘北方面不斷的擁來了成千成萬的難民，這些難民，大都是赤貧的民衆，他們肩上挑着破蓆敗絮，背上揹着鍋釜碗盞，有的女人手上抱着自己的兒女，後面跟着男女兒童，匆匆忙忙的在馬路上飛跑，從兆豐路，從公平路，從其美路等處向上海的租界裏面流。

還有許多民衆，被阻在蘇州河的北岸，有的乘着小船，向着上海進發，這難民的行列，潮水一樣的難民啊！

難民到上海以後，大部份住在大世界，各同鄉會，各空房，各弄堂口和空地上。在大世界裏，總共陸續到了一萬二千多人，分住在大世界內。在大世界內，情形是異常混亂的，難民便雜亂的睡在地上，扶兒攜女，老的，少的，男的，女的，橫亂的睡在地板上，人擠人，腿挨着腿；這一幅離亂的圖畫，實在是悽慘透頂的。大世界內有難民收容所，是上海市救濟委員會主辦的。是前日下午一時開放，預期本來只收容六千人的，可是，難民却像潮湧一般的擠來，到昨日上午，已經超過一萬多了，因此，大世界內，不但是坐無隙地，而且是站無隙地了。進來以後，就不准出去，可是，因爲收容所剛才成立，組織尚未完善，管理上尚有許多欠缺，在裏面，是混亂異常的。難民進入大世界以後，伙食由收容所供給，可是，因爲鍋少人多，煮的飯不夠分配，有的難民尚有一日餘未吃過飯，因此，有許多小孩因爲飢餓的原故而啼哭不止的。

我曾經問過難民救濟會的辦事人，問難民的管理方法，據說：現在所困難的就是管理問題，人太多，管理眞是一個大的問題。現在預備將每一家庭合爲一組，單身的就預備分開住，以免發生問題。至於裏面的生活，是絕對的嚴格的。

在大世界門口，集聚了許多難民，他們不但是無家可歸，而且還是無收容可住。上海廣東同鄉會難民收容所派得有人在那兒，手執白旗，上面寫着收容廣東難民領導，凡是廣東的難民，都被領導至廣東同鄉會收容去。這一種辦法，到是値得稱許的。

在前天晚上，當戰事初發動的時候，滬東閘北的人從戰區裏逃出來，無路可走，只得在蘇州河畔的『中國花園』內露宿。在那兒，露宿的有一千餘人，都在沿蘇州河的草地上露宿着，那種情形，實在悽慘極了，可是，他們並沒有失望頹喪的表示，因爲他們都知道，在這國家嚴重關頭的最後的一刻，個人的痛苦是値不得什麽的。

上海的戰爭爆發了，而上海也就成了難民的世界。在這國家嚴重的最後關頭，爲了國家民族的利益，個人受難本沒有什麼。可是，在上海，未受難的民衆仍很多，希望對於難民應該有一個救濟，免致他們流離失所。（八月十五日大公報）

悽愴的南市

徐遲

整整三個多月的戰爭中，悲壯的事有之，光榮的事有之，洩氣的事有之。而悽愴的事，以大上海淪陷前夜的南市情況爲尤。

事實上悽愴的事，現在不止南市一處。戰區在最近一旬中突然擴大，上海，蘇州，嘉興的三角形的鐵路線上，處處都是悽愴的畫面。又豈止這樣小的一個面積呢！在華北的東西戰場上，悲愴的畫面所佔的面積更廣大。一切和平的村子全都破壞了。而我們能相信的，乃是這一切悽愴，還只是一個開始，牠將日益增強加重，直至我們得到光榮的勝利的一天，那時方是我們拭去悽愴的淚，代以懽顏的時候。

注意，我們民衆在大時代的暴風雨中所忍受的苦痛，是不久將來的勝利的因子。注意，到勝利去的路上，必然要經過的是個個焦土的村鎮城市。

較南市的孤軍前一些時候，有震驚世界的閘北孤軍。世人專注意了閘北孤軍，因此那時從戰區逃入周家橋的難民，沒有人留意到。相反的，當南市孤軍英勇誓死時，人們的注意却集中在二十萬進退不能的難民了。

大場突破是二十六日，在二十七日傍晚，近五萬難民匯聚在[illegible]周家橋去的路上。在哭聲，砲火聲中，國際救濟會有六七輛汽車，出入這一帶救濟難民。

美國藝術家約翰・格洛茨（John Groth）曾觀察了中日戰爭而素描了若干幅畫。在這個藝術家的眼中，他所見於這次戰爭的，只是日本的兵，中國的難民。他素描了踞伏火線上的日本兵，正作勢要擲出手溜彈的日本兵，和用刺刀殺死了一個中國難民的日本兵。另外一張素描，他畫了兩個逃難的中國婦女，一個手裏抱了她的孩子，一個手裏挾了她剩下來的唯一的財產，一個被包。還有一張素描裏，是震亂的線條，從那些張惶的逃亡的中國難民的臉上，看得見正在追索他們的日本兵，大約已很近了他們了。是的，在中國，只有兩幅畫是明顯刺眼的，日本兵的畫和中國難民的畫。

二十七日晚上，那些逃入周家橋的難民，有近五萬數目。國際救濟會的幹事和工人已不夠用了。這時，悽愴的景象激起了國際同情心，在梵王渡駐防的英美兵佐全數把槍械拋在地上，奔入難民的洪流中，救援難民。他們一手抱起孩子，一手替難民提拿衣箱。他們拍着孩子，做作姿態安慰他們，又輕手輕脚的扶住了老人，把自己當做老人的堅直的手杖。

一輛國際救濟會的汽車滿載了難民駛入梵王渡。中途他們給一個西洋紳士攔住。他眼眶裏流着淚。

他說：『你們把難民卸了以後，無論如何要把汽車開回來的，沒有救出的難民還是太多了呢。』

國際救濟會的汽車開到周家橋梵王渡一帶時，立刻有臨時的難民收容所打開了大門。那大多是西洋人的郊外住宅。他們把客廳讓出，於是在厚厚的，軟軟的貴重的地毯上，坐滿着難民。

這不調和的印像是令人辛酸的。西洋人還趕緊的把水和食物供給這些苦痛的受難者。

那時閘北四行庫倉裏的八百壯士正昇起了青天白日旗，全世界的聽視也全轉向了他們。

但在日軍渡蘇州河，大上海淪陷的前夜呢？

南市孤軍正在激戰，而大火的核心裏，卻有二十萬難民，匯聚在難民區裏，窒塞在南陽橋，老北門的緊閉的鐵門上。這是十一月十一日的晚上，人類的同情心全部集中在二十萬這驚人數目的難民之上了。

國際救濟會這時有兩種工作要做：一，是設法把難民移入租界；二，是趕緊把水和食糧送進難民區去。因爲剛成立不滿二十四小時的南市難民區，旣容不下這二十萬人；且四十八小時來，南市的自來水管已斷絶了，食糧也早已告罄了。

我們必須先認識一個偉大的人格。

饒神父（Père Jacoginct），一個身子修長，白色長鬚飄盪的法國神父。他的一條右臂在前次歐戰中失去了。他站在人叢中，高高的出現。在一個日本人的面前，饒神父一口流利的日本話。在一個中國人的面前，他說得好國語和上海白。他對英國人說英文，對法國人說本國話。便是他，果敢的挑起了二十萬難民的安全的重担子。

國際救濟會有十幾輛卡車，載了麵包和燒餅，駛到南陽橋鐵門口。租界上捐集食糧是很容易的。可是這是何等神奇的事，一道鐵門，兩個極端不同的世界。在南市，生命一文錢也不值了；在租界裏，酒店，戲院和舞場却依然熱鬧。不必說這醜惡的矛盾吧。十一日那天，南陽橋鐵門只開放一次，立刻大批難民擁進了租界。但不到五分鐘，鐵門依然閉上。那些沒有逃到租界上的難民呢？不必說，除去飢餓和口渴之外，還有生命的危險，因爲南市孤軍奉命抗抵，蓬萊路一帶的槍林彈雨和砲聲，不停的傳過來。而難民區的四面，大火在燃燒。

食物和水都設法從鐵門，鐵絲網上傳過去。有時則利用拋擲，把包子，饅頭隔鐵門甩過去。可憐的是我們的沒有訓練的民衆，在這種情勢下，他們還不肯守秩序，一個饅頭飛過去，便引起了大波瀾，引起了搶奪的把戲，正像一塊石頭投入靜水一樣。

據說，站在這羣飢餓的難民中的，有一個蒼白的穿了整齊的洋服的青年，他臂上挽了一個少女，他們像新婚不久的樣子。當幾個饅頭飛過來的時候，他用帽子一接，就接到了一個。他正打算把饅頭取給他的年輕的妻，一時撲上來幾個餓虎樣的漢子，又搶走了這個饅頭。他們在火光中，顏色分外悽慘了。

國際救濟會的汽車到了鐵門上，幾個安南兵禁止他們通過。

幾經交涉後，安南兵還是冷然不允許。除了安南兵之外，大概還有幾個白俄的兵士，他們身在一幅悽愴的畫中，却能漠然無動。一直到救濟會的幹事把捐下來的最精美的奶油麵包塞滿了他們的嘴，他們才答允四個救濟會幹事可以進南市去自由行動。

這四個人進了鐵門，從鐵絲網上爬了過去。虧得立刻的，他們發現上午救濟會派進南市去的幾輛汽車，因爲回不出來，有幾個工人也雜在難民羣中，於是工人從鐵絲網的那邊接過來幾叉袋幾叉袋的糧食。四個幹事約定分四路發散糧食去。他們約定一小時後，再在這裏會集。

到城隍廟一帶去的是錢君靜涵，本文的材料大多是他供給的。他幽默地說：以前爲了女人，曾經吞服過 Lysol 自殺過幾次；現在爲的是國家，什麽湯火不可赴蹈，什麽危險可以嚇退他呢。

在城隍廟附近，槍聲既如煎豆，子彈還在頭頂亂飛。那裏的難民，差不多一兩天沒有吃過一些東西的很多。整個是混亂局面。哭是正常的，不哭是反常的。瘋狂更是傳染到了每一個男人女人的身上。他看見的唯一的闊人家，在桌上放了一碗粥。這可說是南市的僅存的糧食。

老北門，新北門，新開河，小東門，這樣巡視過去，最慘的是某條小巷口，有一條克羅咪的長長的行列。屋子裏，自然沒有人敢住，怕的是雨的砲彈，有一顆會落在房屋上。大家都在露天裏。富貴人家，在難民區裏就是難民。分散食糧的一小時過去後，他們四人又在南陽橋鐵門上會集。這時最要緊的是把人放進租界去。但是幾經交涉，安南兵和白俄不能答應。

在這時候，錢君告訴我，他得到了理智的一瞬。

於難民區內，於砲火中，這理智一瞬救出了許多女人和孩子。

他們又一次和安南兵和白俄談判了一番，但是失敗之後，他們回來，幾個人儼然站在難民的前面，大聲的嚷：

『大家注意！這裏的鐵門，只能放出女人和小孩子。男人現在已經說好，可以從老北門的鐵門走進租界。』

這其實只是一番詭計。但是在說話時，突然的靜寂統治了一切。等靜寂一過去，低微的聲音傳佈開來。顯然，民衆信他們的話，現在他們在商量，等走進了租界，他們要在什麼地方再碰頭。於是五分鐘後，男人都到老北門去。南陽橋鐵門外剩下的只是小孩子，女人。

現在他們再和安南兵和白俄商量懇求。小孩子和女人進了租界是不會擾亂治安的。對於小孩子和女人，誰能不給他們同情呢？

於是鐵門開了。

錢君會抱了一個四五歲的小孩，走進了鐵門，這孩子彷彿沒有注意到這個悽愴的時候，呼呼的睡了。他過了鐵門，把孩子叫醒，給他麵包和水，那時，這孩子張開惺忪的睡眼，笑起來了。

在老北門的男人直到第二天才進租界。（宇宙風五四期）

發行所	亞東圖書館 廣州漢民北路二六一號
分售處	各埠大書店
實價	國幣三角

民國二十七年三月出版

戰地歸來

田漢等　著

目次

前線歸來

郭沫若

回楊行後的第四天是九月初七了。清早一位洪君走來，他說，××有信給杜君，要請我到××去商量點子事情，不知道我願不願意去。如願意去便把杜君引來，叫他設法備汽車。

「××」是現任江防總司令××的號，和他自武漢一別以來已經十幾年不見了。我是很願意去和他見一見的，便說：

——好的，我去。你把杜君引來好了。

回頭杜君也就來了，約好晚間出發，他打汽車來接我。

晚上五點鐘由寓裏出發，輾轉地換了好幾次汽車，到了九點半鐘，才同杜君兩人認眞地由小南門向前途出發。

敵機不斷地來襲，沿途的市街都是熄了燈的，儼如一座死城。步哨是密接地布設着的，口令森嚴，眞有些戰地的風味。

原野中秋蟲清列地叫着。天上有繁星羅列，正是銀河汎瀾的時候，然而夜景却很朦朧。隊伍的調換，卡車的來往是很頻繁的，有些地段，公路的兩旁爲一上一下的士兵騾馬蟻接着，使汽車向前開駛，十分費力。所謂「偉大的時代」「神聖的戰爭」那些語彙的意義，到這時候才眞切地感覺着武裝着的同胞們是以自己的血，自己的肉，來寫着我們民族解放的歷史的。坐在汽車裏不知不覺的便慚愧起來：自己有什麼德業，公然敢坐汽車？

而且這汽車還得聲明是商團向私人借來的，並有四位戴鉄盔的商團護衛着我們。

「精誠團結」的話，在口頭是講說過，在文字上是看見過，如今是身受了。

到了目的地點了。探問起來××卻是上了前線。因為是在夜間，不願意使人麻煩，不願意擾亂戰友們的寶貴的清睡，我便提議着就在汽車裏過夜，大家也贊成了。

在汽車裏過夜，雖然逼窄得一點，實在十分舒服。因為我們的士兵多是在街頭巷口，公道兩旁的地面上過夜的。坐在上海租界裏過着樂園生活的人，如要想像士兵所過的生活，只消把前幾天混戰發動時的一幅難民流離圖復活在眼前就夠了。

在清涼的朝氣中醒來，看明了所睡的地方是街道上的一片隙地，有株槐樹罩着，下有一潭的綠水。正對着的另一街側是一家做豆腐的人家，已經早早開門在做工作了。

我們在豆腐店裏吃了豆漿和油條，便從一條側巷插向原野裏走了。

禾稻已經是達到成熟的時候了。

看見玉蜀黍，動了食思。玉蜀黍是我最喜歡吃的東西，鮮嫩的玉蜀黍無論燒食或煮食，但千切不要塗醬油或白達，那滋味實在是夠人領略。今年一直還沒有得到吃這玉蜀黍的機會。

荒野上開着一片野生的牽牛花，都是一律的藍色。這花是只知道有淸晨，不知道有炎晝和黑夜的，一萬個淸淨的小小的喇叭，齊向着天空吹奏着朝頌」

一道小河，水是活的。一羣細長的小魚，長可二三寸，在離水面不遠作集團跳舞。那活潑！那歡喜！我看見了荷花，看見了開着各種花樣的美人蕉，看見了開着白花、紫花、紅花的紫薇，看見了我所喜歡的大山林，但花是開過了的。

不期然地遇着了司令長官×××。

十年不見的老將軍，磅礴的氣概依然不減當年。被他留着又吃了一頓早餐。大餅，油條，白飯，米湯，炒鷄蛋，煮鷄蛋，蛋花絲瓜湯，小靑菜，此外還有三四種素食。

坐了一會，打算再去看××。問到×將軍近來有詩作沒有，他答應說有三首。我說，可讓我拿回上海去發表？他說好的，看了××後請再來。我們也就辭別了。

眞眞是有點出其不意，凡是武裝的同志，認得我的人，不知道何以那樣的多。在街頭迷失了去向，向過路的兩位武裝同志問路，原來又是認識我的人。由他們把我們引到××那里，剛剛走到門口，轟隆隆地飛機來了，是敵人的。引路的把我們引到葡萄架下伏着。

轟隆……轟隆……轟隆……

連炸了二十幾聲。

××不在，但他的去向連他的左右都是不十分清楚的。

遇着了個那兒的一位副處長，是從前北伐時在總政治部裏做過事情的人。他聽說我昨夜是在汽車裏過了一夜，便很關切我，說怕身體吃不下，請在他的帳子裏休息一下。

那是一家逃難走了的人家，據說逃走得似乎十分匆忙，連床上的蚊帳都沒有下去。

我感謝着朋友的厚意，實際上也有些疲倦，便把帳子放下，拉長了起來。

睡得怕有兩刻鐘的光景，醒來之後，意趣倍覺閑適。看見房中有一部「唐詩合解」，順手拿來繙了一下。

長條的花格門窗外有一個小小的天井，地面是用磚頭砌成的，但從那磚縫之間卻迸出了一些鳳仙花，鷄冠花來，又有一個小花壇，栽有些不知名的草花。幾盆秋菊尚未蓓蕾，有些憔悴的意思。有微風吹得花草搖動，有淡淡的一抹秋陽，花紅得有點寂寞，草綠得分外謙虛，自己便走到書案旁去。就案頭的紙筆寫出了一首五律：

「雷霆轟炸後，睡起意謙冲。庭草搖風綠，壜花映日紅。江山無限好，戎馬萬夫雄。國運昇恆際，
清明在此躬。」

把詩寫好了，又在後邊寫了一段小跋：

「在××遇敵機轟炸，於明遠帳中午睡片時，醒來見庭前花草淡泊宜人，即興賦此。」

剛寫到這兒，明遠在外室看見我已經起床，便走了進來。
——哦，在做詩，就給我吧。他這樣說。
——好的。
我於是在小跋後又添了幾個字：「用贈明遠同志。九月八日。」
明遠，不用說就是那位副處長的名字了。
明遠是看過我的「從日本來了」的，他問我：夫人有信來嗎?
我回答他說前月廿一號有信來，以後便沒有了。
——生活沒有問題嗎?
——暫時還可以敷衍得過去，不過日久便沒有把握。
說到這個問題，自己實在是有點渺茫。
不一會，××遣人來請我們，看見他的時候，才知道他到×××那兒去來，我們剛好錯過了。
在一張鋪着軍用地圖的方桌上圍坐着，細密的地圖用紅綠各色的鉛筆畫了許多的直線曲線。××案着地圖對我們把前線上的情形詳細地說了一番。據他說，我們不如敵人就只是飛機大砲，假如全靠步兵衝鋒，那敵人是毫不足畏的。
但這所缺乏的飛機大砲應該如何補充，我是略略想了一下，不過我沒有說出口來。因爲××是軍事專家而且是在軍事上負責的人，我想就不待我說，在軍事上的當局一定是已經有了籌畫的。

最使我感動的是××說出他的主張是「屢敗屢戰」，我見×××的口吻完全相同。我前月在××見着××時他也這樣對我說過。這我覺得是每個軍人所應該抱的決心，也是我們每個人民所應該抱的決心。要有「屢敗屢戰」的精神，我們才能夠抗戰到底。

××問到我有什麼意見，我略略把自己見到的告訴了幾點。

第一我覺得我們的後方工作應該化整爲零，應該多設醫藥站，伙食站等，並隨時移動，以免敵人轟炸。

第二我覺得軍中的政治工作應該趕快復興起來，民衆運動應該從速開放而加以組織，如此才可以鞏固我們的後方，剷除漢奸的根蒂。

第三我覺得全軍應該速施防禦霍亂的注射，因爲霍亂在上海已經有流行的傾向。

第四我覺得軍中應該多備日文宣傳品，由我們前線的兵士及飛機師投散於敵人的陣地，以勸告敵人的士兵，覺醒他們的迷夢。

第五我覺得軍中應有一種統籌全局的「戰報」，以聯絡各軍彼此的消息，以傳達正確的戰訊於人民，並以保存這次神聖抗戰的紀錄。

此外也說到難民移殖的問題，產業遷徙的問題，發動國民外交的問題，××都一一命人紀錄了下來，據他說，他要把我所說的要點打電到南京去。

他交了×將軍的三首詩給我，說×將軍向我致意，他已經回南京去了。

他又說，前線戰事很順利，為指揮之便，當晚已決定全部往前移動。

××陪着我們吃了中飯，我們，至少我自己，感受着滿腔的快意，乘着來時的汽車，又回到上海。

（救亡日報）

新戰線巡歷

田漢

一

以非常嚴肅緊張的心情和友人們坐上了到××的車。看見沫若兄帶了一條絨氈，我深悔沒有帶圍巾，因為我祇穿了一件薄薄的秋大衣，幸虧那晚還不甚冷，也就算了。

雖則繁星滿天，但月亮出得很遲，再加敵機投下的照明彈在右面的天空游動，車子不敢開燈，大部份的路是暗中摸索。車夫的技術似乎也不夠好，前面的車終於停下了。原來撞壞了一位××隊的弟兄，前面的車子不能不把他送到他的總部，這樣我們因此也不能不下車坐在路旁草地上等待他們。砲聲是那樣激烈地震動着周遭的空氣，敵機老在近邊盤旋，機關槍聲很緊密地各各入耳。大場前線想來展開着非常的激戰，同行吳君與一××隊傳令兵談話，才知這近邊也會發見少數漢奸，從事破壞交通的工作，那天給他們捕了十四人，還有不少的漏網」我們深深的歎了一聲氣，覺得民衆的動員實在應急起直追了。

等了將近一個鐘頭，我們的「友車」才來，原來預備同行的某夫人嚇着回去了，並且換了一位車夫。爲着一路上安全，所以我們取了××的線。到達某一夾着樹林的道路時，覺得滿面的光照耀得如同白晝，疑心仍是敵機的照明彈，回頭一望，才放了心，原來是「月亮上升」了。

二

雖說不十分冷，然而高秋八九月的夜風仍使我們身上起栗。我和夏衍兄不知不覺的靠得近了。我們目送着那半圓的明月，和被威脅着和平的鄉村，談起數年戰鬥生活中的前塵影事，對於許多男女青年朋友和我們自己也做了一回自我批評。我們在對於中國革命前途的樂觀，對於朋友和民衆的熱愛抱着非常一致的見解。——我覺得我們的許多朋友可愛極了。特別是抗戰以來我在蘇錫各地所看見的他們那種忍受飢餓痛苦從事民衆運動的姿態，眞使人流淚。就是過去比較落後的，也沒有例外。——是的，我覺得中國的智識份子比日本的好得多。日本的智識份子那些「頹落」了的不用談，就是比較革命的在今日也噤若寒蟬不敢主張眞理。因此我想寫一篇文章說日本人不愛日本。——寫吧！爲着光明和自由，我們不應愛惜一分氣力！

我們這樣熱烈地談着，習慣上我們夾雜了一些日本語。和車夫同座的吳君忽然回過頭來笑着說他一定要這樣寫同他同車的有兩個「敵人，」我們也笑了。我想這是不用聲明的，說日本話不一定是我們的敵人，正和說中國話的不一定是朋友一樣。假使你的收音機夠得着，在晚上九點三十分你可以聽到東京電台某「中國人」的戰事播音。他用他的漂亮的母國語言在告訴我們「支那人」怎樣非「咱們皇軍」之敵！

三

因爲繞了路，到達預定地點時已經晚上一點多鐘了。雖然裹着軍氈，但江南的夜寒仍把我凍醒了一兩次。翌晨八時起床，敵機已經來過五次了。但全×部的工作者全沒有減低他們的工作効率。他們都習慣了。會見尤青先生是午前十一時，他招待我們早餐，我們也趁着這機會提出了許多問題，他所給的解答都是說明他的決心的堅定和頭腦的明晰。他說：「我們因爲要守，所以能守，」他批評許多軍事理論家，祇知一般的說現代戰爭應該如何打而不甚注意到中國民族應該如何打。因此他們的戰術多是直譯的，而不是創造的，注意了人家而忘了自己，他說祇有蘇聯的兵學眞是把政治同軍事打成了一片。他批評到華北戰爭的失敗不是「士氣不振」而是「將氣不振，」殺了一個李服膺而紀綱稍立，戰死了一個郝夢麟而人人奮勇。他很正確地估計到敵人的力量，既不輕敵，也絲毫不懼敵。他說因爲淞滬協定關係我們在江灣閘北一帶沒有做永久的工事，直到開戰以後才在砲火底下趕築起來，因此我們是以野戰的方式做陣地戰，犧牲自然相當大。但他相信敵人要侵略我們一寸土必耗更大的犧牲。他以為戰爭是一種「淘汰，」祇要我們能毅然改正用戰爭所暴露的缺點，若干地區的喪失殆無關大局。他說到過去十年的內戰，他以為那雖然是一種悲劇，却因此鍛鍊出鐵的國防軍。他說三天的強行軍必有許多落伍者，這不是憂。我們去了那些落伍者，却剩了精兵。但他雖是精兵主義者，却不反對運用大衆軍。他和許多指揮官一樣，希望廣大民衆起來參加抗戰，因為長期抗戰需要大量戰鬥員的補充，因此他也以為迅速而廣大的政治動員是軍事勝利的最大的保證。聽了他的話使我們是這樣的安心。夏衍說：——松井石根也好，眞崎甚三郎也好，都是六十來歲的人了。而我們的許多將領都是四十歲前後的人。蔣先生也纔五十一。對於新事物的理解，中國將領比日本年輕二十年。是中國的無上的強點。

我很同意夏衍的說法。

四

尤靑先生不僅是一位優秀的軍事家，而且是一位雅好吟詠的詩人，這在車上已由沫若兄介紹過了。當然我們對於一位軍人主要的還是要求他會打仗。假使祇會吟風弄月而不會打仗就要變成甲午戰爭的吳（大澂）大帥了。中國若是多有幾位那樣的寶貝大帥眞非亡國不可。但尤靑先生不是的。讀他羅店爭奪記可知他雖軍中「不廢吟詠，」却更是一位有天才和決心的指揮官。就是他的吟詠吧，也就是他的天才與決心的流露。他有過這樣的幾首絕句：

海東鷹逐陣雲飛，好向江南獵一圍，捉到侏儒三百個，歸來草綠馬還肥。（初入戰場）

戰火漫天戰馬騰，呼江吸海浪層層，健兒爭飲倭兒血，手挽酋頭傲月明。（中秋）

鯨濤駭浪打危城，全仗吾曹正氣撑，五百健兒同殉國，中原何止一田橫。（弔寶山姚營官兵）

我最歡喜最後一首，因爲他談到在最近幾次戰役中官兵作戰的勇敢壯烈使人奮興，曾寫一首絕句送他：他和沫若兄也興復不淺，結果在百忙中成功了這樣的唱和。

敵機鎮日繞城飛，虎帳新成破陣詩。十萬健兒齊肉搏，東南此戰決安危！

嘉定軍次贈尤青先生　田漢

報國精忠古岳飛，滿江紅浪泛新詩，一心運用君誠妙，狂寇已如累卵危！

廿六年十月廿五日訪尤青將軍於嘉定軍次，壽昌即席吟贈，余亦效顰，工拙在所不計也。

郭沫若

民族高潮已怒飛，蘸將熱血寫征詩，管他倭寇來多少，殺個光兒國不危！

戰地暢敍田漢先生寫詩，沫若先生和作，余亦爲此。

羅卓英　廿六，十，廿五。

（救亡日報）

從閘北歸來

田漢

從閘北歸來 二

（一）

和彭秉離先生初次相見是在長崎丸的三等艙。那時適當北伐戰爭中期，我在日本作了一次短期的可是頗爲愉快的旅行之後，將仍歸南京。彭先生却以反日不嫌於日本士官學校未畢業卽憤然歸國。我們在船上談得甚爲投機。我覺得彭先生將是一位很有骨氣的軍人。但沒有想到相隔九年他已經是屹立鉄火中指揮忠勇將士與敵人殊死抗爭的民族戰士了。在雷先生家宴敍之夜，彭先生告訴了我許多戰況。使我興奮非常而以未能親赴前敵爲恨。當他通知我們，他已和孫××先生說過歡迎我們去時，我們的高興可想。

（二）

時間是約好早上八時。我和壽康弟至胡萍女士家時，高伯綏弟已先在。因冒微雨步行至彭先生處。當吾等車出法界時，西北天空忽有晴意，頗引起吾人憂慮。但登船之際，陰雲如墨，雨已較大。忽敵機一隊掠過吾人頭上。旋聞機鎗聲如雨點下。伯綏等相顧失色，視彭先生則泰然若無事。可知對於戰鬥經驗豐富之人，敵機之威嚇作用，亦至有限。

（三）

由彭先生的介紹我們熱烈地和孫××先生握了手。他是那樣頎長清瘦的人，可是一種精悍之氣溢於眉宇。當我表示了我們慰問敬仰的意思之後，他說：「我在張文英家裏見過你的夫人。」說起來，當然我們也不很生疎。我們首先談到的是巷戰問題。日軍在一二八戰爭時在巷戰上吃了一點虧，因此他們的陸戰隊曾經努力學習過去的經驗，年年演習巷戰，我不知道在這次戰爭中敵人巷戰戰術究竟進步到什麼程度。但我們的青年孫先生微笑着說：「我看也沒有什麼進步。他們主要的靠飛機大砲來威脅我們。他們的鬥志是不夠的。當然，哪我們每個人都說得出理由。我們是抵抗侵略，爭取民族生存，而敵人却算什麼呢？」接着他說到最近俘獲的日本兵，那是一個小商人，他的家裏望着他撑持，而他不能不在軍閥驅策下做無謂的犧牲。他的伸訴不要說非常可憫。但孫先生說最可悲憫的却是東北的一部無知的同胞，他們甚至被驅迫着做進攻中國的砲灰。似乎近來所傳上海前線發現東北軍都是事實。敵人「以華制華」的手段之毒辣可想！

閘北的漢奸問題似乎已不甚嚴重。有的民衆多搬走了。幸虧與後方補給機關接近，尚無十分不便。不過戰爭是會延長到三五年的。我們不能不有更好的民衆動員，并準備更大的犧牲。現在抗戰纔兩月不到，有的人已經覺得犧牲太大，孫先生以爲是不應該的。

（四）

在盧溝橋公演後，我計劃着「全面抗戰」的寫作。此劇擬分五幕，計上海，南京，平漢線，津浦線，平綏線，我要求孫先生供給些關於閘北前線的値得描寫的材料。他很謙遜的說，抗戰是軍人的天職，原無可說。但以閘北之綫從八一三開始與敵人「硬拚」直至今日，其間當不乏可歌可泣的故事。至少士兵們堅忍不拔的精神是斷然值得稱歎的。在那樣猛烈的轟炸下堅守五十餘日毫不退縮，不是容易的事！我們由陣地戰談到曹聚仁先生。曹先生有點把陣地戰與運動戰機械地對立了。因此有些人說他是「書生談兵」。孫先生以爲陣地戰與運動戰是隨着客觀情勢而自由自在運用的。但正在這時候我們這位談兵的「書生」以半武裝的陸軍記者的姿態出現了。他是那樣熱情的握着我們的手，又是那樣高興地帶我們到他的地方，指點前方的形勢。雨是那樣的不止，砲聲是那樣悶雷似的酬答着那遠方冒着白煙的許是剛像敵人轟炸的結果吧。……

（五）

回到租界時是午後一點鐘了。雖則頭上仍有敵機盤旋，而緊張的感覺却大有不同。宜乎居租界的人會另有一種想法。由於今天所得的印象，我們深覺得一種安心，那是我們上海各條戰綫都是這樣的有把握。指揮官的有決心和天才，士兵的忠勇活潑，與民衆的熱烈的支持，便是我們勝利的保證。我們希望的是華北戰綫也能像上海戰線這樣的鞏固！

車子在雨中直駛着。我們大家在××商場下來。上電梯的時候胡萍女士拍着我肩上的灰，那恐怕是在戰地帶回來的吧。

戰地歸來

曹聚仁

一

出了老北門，走入南市；一行鉄柵門分開兩個場面，一面是囂雜而恐怖，一面是沈寂而蕭索。每條街巷都是沙袋土堆，每個士兵都擎槍在放；斜雨打在他們的頭面上，但是他們昂然看着天空。他們在準備作戰。近來談論和戰的，常談到作戰的把握問題；我此刻現在懂得了，擎槍在手預備放，這就是我們的把握。我們的車子，這樣彎來彎去出了法租界，又進了法租界，又出了法租界，由南轉西北，乃向戰地駛去。雨却一陣緊似一陣，直向車窗撲過來，郊外風物，樹綠草青，帶雨朦朧，一片寧靜和平模樣。路邊有幾處農家，還是老樣子住着，小店門口還掛着鮮肉，堆着青菜，幾乎使我忘記了緊張萬分的戰情。到了光華大學左右，又有點都市氣象，東一處洋樓，西一處洋樓，頂上都飄着各國的旗幟，有似戲台上的連營旗信。上海西站那一邊，已經堆了很高的沙袋，也不知那一國的海軍在把守；西站上寂無一人，連軍用運輸也沒有。近大夏大學那一邊，豐田紗廠是我們所喘喘有戒心的，看見廠頂上飄着英國旗，廠前也由英兵在駐守，他們阻止我們車子的前進；可是那一段中山路，以我軍與豐田對壘，防禦工程甚多，路途既狹又泥濘難行，只好轉車由北新涇往北。北新涇也還有許多住戶，市面也很安靜，我們看了這安靜的市面。知道前線作戰，保有絕對的勝利。再曲曲折折走了許多路，到了某司令部。途中發見敵機，我軍正發砲轟擊，我們曾在路邊矮茅舖中躲避一些時；其時雨大屋漏，茅草滴水，着帽作暗黃色，對之發一苦笑。茅屋中的老翁老媼，自啓自炊飯生火，煙冒茅舖而上，在那兒躲避的人都有點着急了；

我們說了，那老嫗還是不懂，她只唯唯連聲。我忽然想起防空知識問題，以南京路上市民的混亂情形而論，則老嫗不知炊烟危險亦自難怪；我們日日高談空論，對這些切實事項，倒眞宣傳得太小呢，避雨那一羣中有運砲彈的兵士，有守禦的保安隊，還有我們同行這三個人，可以說是一條聯合戰線，我們一致的論調，「要打倒東洋！」

二

在非常閒靜的場面中，我們會見了某師的某師長某副師長某參謀長，他們圍在一張方桌上，攤了地圖商量作戰的計劃，彷彿下棋，由此圍攻，由此打劫，以沉着的態度在討論，我和某師長已經有好幾月沒見面了，軍事辛勞，這回比先前瘦了一點。我知道他的明朗談吐中今日給了我們滿意的答案。他斬釘斷鉄地說，「一句話，我們只是幹！」外面槍聲接着砲聲，前線一定很緊張，他就匆匆地出去了。我們就向某副師長某參謀長探問切實的作戰消息，我們先說上海市民對於昨日作戰情形的興奮，又說上海街頭，有十萬以上的流離人，淋着雨焦急地在等待勝利的消息，還有三百萬市民，皇皇不可終日要從勝利消息找出路。某師長把手掩在地圖上，用深湛的眼光看着我們，用沉着的話說：『作戰本不是一件合得痛快脾胃的事，古語云：成固欣然，敗亦可喜「我們只是這樣幹」現在我們的抗戰爭取民族的命運，我們抵抗到底，我們爭取最後的勝利，持久當然要耐心去等待。』我們從他的語氣中知道他對於作戰的勝利把握，但他希望國人要沉着，不要興奮，某參謀以宏亮的聲音緩緩地說，

『假使今日佔了這個地方，明日又放棄了，在戰事眞是常有的事，和全局得失無關係，所以過分的興奮和過分的失望，在我們作戰的人都不該有的。』他們都希望我們把這重要的意見轉告國人，使國人知道他們切切實實在幹抗戰的工作，耐性等一等！

目前戰局，已經把敵人包圍在一個小小的圈子中，目的在全部消滅牠，不久自有分曉。至於如何進攻，如何固守，事關軍事祕密，記者既不便問，也不想問。其他記者乘便也曾問過幾件小事：第一問這回作戰和一二八那回作戰的同異？說起一二八那回我們全陣併守，等待敵人來攻，這回我們完全取攻勢，在某一方面多一點犧牲，也可說少一點犧牲。第二：我軍作戰的能力和敵軍作戰能力的比較。說是敵軍不僅作戰經驗缺乏，卽作戰的意志也不堅決，我軍則人人抱必死之心，士氣強盛，勝敵百倍。以爭持志大學一戰而論，在戰略上，敵軍勢不可退，而一經襲擊，傷亡既多，卽行退去，其無鬥志可知。第三問：前線作戰需要後方民衆物質上協助的是那一些？說是上海方面的救護隊組織得很好，服務的也很勤苦，其他關於運輸上的材料，戰地的工作材料，民衆能供應得愈多愈好。於在彼此談話中，我們常說，民衆的熱望怎樣怎樣？而他們的結語，常用反問的語氣：你看民衆的感想如何？戰神的鹵薄是浪漫的，戰神的本相是嚴肅的；作戰的人只做切實的工作，只想實際的問題。

陰雨天天暗得快，租界每晚戒嚴，只能提早回上海來，我們相約隔一天到前線去觀戰，某參謀問我們不怕吃彈子嗎？我們點點頭。

車又彎彎曲曲地出來，從別一條路駛過一段很長的死的街市；途中紅十字會救護車和我們結伴而行，我向那車中看一看，抬架上都是空空的，這又是另一種慰安！遠遠地砲聲正隆隆不絕呢。

記者空言報國，心熱筆拙，希望大家相信我們帶來的是眞實的勝利保證，前線將士堅決抗敵的意志和切實作戰計劃。歐洲大戰，千百萬戰卒在凡爾登戰線上進退四五年，方決勝負之局；我們對於持久戰，第一要韌，第二要韌，第三要韌！

三

逃避戰禍到租界中來的許多市民，幾乎不敢想像蘇州河以北的情形；夢中幻影，一定以爲那是一個砲彈橫飛槍子直穿的危險地方。記者因爲前天經過那個死的街市，另有一種感想，今天特地再去巡遊一番。以新垃圾橋爲界，西邊到麥根路爲止，可以說是死的街市，除了幾處簡單的防禦土堆，幾個守禦的保安隊以外，什麼都沒有，彷彿一所極大而沒有什麼像眞的大客廳，空洞洞地。從新垃圾橋以東，到北河南路爲止，可以說是中和地帶；寂寞之中有時也來幾陣緊張的惡風。從北四川路以東那才是戰禍橫行的世界，有屠殺，有轟擊，也有生與死的搏爭。

我從舢舨新橋北行，橋那邊的保安隊就拉住我探問戰場上的消息，我說，槍聲離此地這麼遠，連砲聲也難得振動過來，這就可見我軍橫掃無前了，他們說偏他們沒有殺敵的機會，冷清清地守這些土堆。他們說：「你看見嗎，橋那邊那些擠着看的國人，一見掛彩的兵士載了過去，就歡呼拍手，我們連掛彩的機會都沒有。」他們的感慨，可見他們的勇往精神！

沿恆豐路轉恆通路東行，到新疆路一帶，已入警戒地帶，我軍持槍往回巡邏。遠望北站及路局辦公處，我們的戰士滿布在那兒，等待敵人的到來，我知道敵軍慘敗，決無能力西襲，就和壕溝邊的兵士閒談幾句，他告訴我大戰序幕的種種，我頗感興趣。他說：十二日上午九時左右，敵兵有一隊想在虬江路警戒線內做工事，我們這邊阻止他，不許他做，他們就開槍，我們也老實不客氣地回敬幾槍；這樣大戰就開始了！彷彿燒爐子一樣，一點就旺了。他又說，我們的師長，那才有興子，我們剛開到前線，他已經到口口，等待司令部的搬來，他不怕死，他時常到前線來！他指點那路局的高房子給我看，說那兒中了好幾個砲彈炸彈。

他說，一二八那回，他在廟行作戰，差一點打死了！敵人的大砲轟呀，轟呀，整個陣地差不多轟平了，他們那一連人死得差不多了，還是守在那兒。他這回守北站這一邊也嫌太冷靜，殺不到東洋鬼子。我仰頭望天，深深覺得中華民族魂覺醒後的偉大；上自軍事長官，下至士卒，無不以壯烈的犧牲為快舉。某學者曾見到中國人抗戰意識的強韌，說日兵砲擊宛平縣城，未嘗不準確猛烈，而該城的中國軍卻一些也不搖動；中間還夾雜着許多學生，拿着武器頑強抵抗。這個乃是意志的堅強，明白惟抗戰才是最好辦法的抗戰。我們的衛國戰士，上下一致熱烈的抗戰情緒，堅強的抗戰意志，早已結成永不可毀的長城？軍事上的勝利，自可操左劵了。

由光復路東入北蘇州路中間曾經一度交涉保安隊讓我挨過鐵絲網，那邊的商團却不許；後來再三說只看看北浙江路一帶的情形，決不走到北四川路去，他們以好意勸阻我，叫我看看就走。北浙江路南段在十二日那天，許多店家作半開門式，有所期待似的；現在那些店家，還是作半開門式，可是已經沒有期待什麼的人了。

遠遠砲聲響起來了，商團們趕快催我回蘇州河以南來，我就離開了那個冷落的世界。

四

在另外一次會見中，某君以虔敬的態度說：『孫總理在天之靈，保佑我們大包圍的完成；還有黃旅長在天之靈也保佑我們！』我看了他的虔敬態度，忽想起那天鄉人們點燭焚香的虔敬祈禱，眞所謂人同此心，心同此理！B副師長因爲提起了黃旅長，觸起了他的感喟，他說：『昨日還是最親密的戰友，他已經成仁了！他的死完成了他的志願，一二八之役他已存必死之心，現在果然爲抗日的工作而死，在他眞是求仁得仁了；不過就在昨日還是我們最親密的戰友，叫我怎能不懷念着他。』G君一半安慰B師長，一半向我敘說道：『黃旅長眞是我們陣壘中一員虎將！剛巧完成一段軍事上的勝利，他受了重傷了！那時候他以非常高興的口吻正向師長報告勝利的軍情。他的光榮的死，和他的勇往的精神，留在每個人的記憶上。』我相信每個戰士的死，都是一段使人感動興起的傳奇，不過那傳奇是用鮮紅的血來寫的。

B師長G君和我向某種曠場走去，B師長用他那強毅有決斷的話告訴我：『在晚間，我們就開始極度緊張的工作。我們在這曠場上踱方步交換交換意見，看看敵人的飛機的姿態，也看看明月皎星。』我聽他的話，彷彿聽了曹孟德橫槊時候所賦的詩，眞實的詩，也是用白熱的火和鮮紅的血來寫的，我從他的眼光中讀到許多可寶貴的詩句；遠遠看見許多墓碑，那是「死」的圈子，眼前這圈子，却是一脚踏在「死」的船頭，一足跨在「生」的艙邊，有勇氣倒在「死」的艙底去，才把「生」的船（民族生命之舟）撐了開去，這意思要我們細細去體會。

於是，大家就談到愛國女學以及八字橋的搏奪，愛國女學，前後進出了七次，八字橋也進出了五次，有過戰場經驗的人，這才懂得這樣一進一出是怎麽一幅圖畫。由相隔二百碼的步槍射擊，躍出壕溝，向前衝鋒，衝過機關槍的掃射線，到面對面用剌刀來肉搏，這樣佔領了敵人的陣地，在那陣地上，又挨了敵人的飛機大砲的轟炸，敵人的隊伍又在掩護下衝鋒過來。這樣在五十丈或百丈的距離之間，得了陣地，又失了陣地，又得了陣地，你看，要寫成「勝利」二字，雖是極小極小的，該用多少鮮紅的血。敵人在北四川路底那個營壘，眞不知費了多少心機和財力才經營起來，我們的戰士幾次衝到她的面前，只好對之嘆氣而回；但是她怕變成一座既無接濟也無退路的死堡，她不久會變成我們的戰利品，當然得用更多的鮮血來爭那更大的「勝利」紅字。

正談論間，B師長猛然想到戰場上的事，很急促地叫我們回上海來。他們連日連夜計劃着搏爭的工程，勞苦極了；而千萬民衆在街頭期待，我們又不能不以多量的熱望麻煩他們，又是感激，又是歉然。我們約略把勝利品及小俘虜等等攝完了照便又告辭了。

（大晚報）

前線回來記

沈起予

爲着想證實前綫的傷兵救護和兵士給養是否如一般所說的那樣壞，也爲着想親自嘗一嘗火綫下的洗禮，久就有到前方一次的願望，而這願望居然在昨天得！實現使我實現這願望的是「四川同鄉會抗敵後援會戰時服務團」。當我在午後三點接到毛錐先生的電話前去時，彼面第二救護隊的隊員們正在準備出發，大家穿着深綠色的童子軍服裝，鬧哄哄的，滿屋嚮着道地的家鄉話。

在未出發前，第一隊田隊長同我談了些前方的情形。他很富於軍事經驗，而這次又親自到戰壕中與前方軍事長官談過。據他的意思，以爲現在軍事上一面感着車輛的缺乏，一面却又把車輛使用得太不經濟，這不經濟的原因是對車輛的使用沒有一個全盤計劃和連絡。比如現在××司令部運食糧去的車空着回來，而本團運傷兵回來的車却空着前去！要是兩方有統制地聯合起來，則可以事半功倍了。從汽油已由一元餘一加崙漲到二元餘，從我們去的救護車一日需二十元的租金，從司機人運轉得疲乏不堪等看來，都不能不說這是在浪費人力和財力，而田隊長的看法確是一個卓見。其次他說前線的給養也是漫無計劃。前線既有炊事被敵人破壞，致士兵們整天不能進一餐，而他復見過有火夫挑着担子到上海來購米，竟有空着担子回去的。

不一會，一個婦女團體的慰勞品——幾隻麵包——和一大綑當天的報紙上了車，我也換好了衣服跟着出發。時間是下午五點二十分。車廂上綁的竹枝颯颯地響動，股股涼風撲面而過去。站在車廂頭上，我感覺着從不曾接受過街頭的人們的那種敬佩和羨慕的眼睛。在途中又接了幾位女護士到戰地醫院去而車一出租界，過楓林橋，大家的嘹亮歌聲便對沿途的稀疏的民衆和保護國士的戰士們吼響起來。不參加羣衆團體，眞不知救亡歌曲有這樣普遍的發展。

幸好沒有遇到敵人的飛機。天色愈黃昏，我們愈放胆前進。到××，把幾位女護士送下，一位輕傷兵却要搭我們的車到他的司令部去領錢用。問談起來，知道他的老家在砲火激烈的南口，昨天才在丁家嘴受傷。此後天上的星子一顆顆地增多，螢火蟲也不斷地在空中劃出一道道的弧光。路傍邊幾乎是五丈一哨兵十丈一障礙。在烏暗中大家都在車板上坐了下來，心裏不覺也有些緊張，待車走上一段比較靜僻的路程時，忽然左邊田野的遠處一聲砲吼，跟着在十幾米突處便是幾發猛烈的步槍射來，火口的光也看得一清二楚。從情勢看來，都足證明這是漢奸的射擊，於是我們的車便開足馬力，一直跑過大場，將這消息報告給了路傍的長官。到嚴家鎮我們下車將麵包分一部分給當地駐軍，一時兵士們皆蜂湧上來紛取，經長官一陣斥責才平靜下來等候分配。再一程路，忽然車被幾個兵士攔住。據說××那面傷兵甚多，無人救護，及至隊長說我們的目的地是楊行時，彼面還強邀甚烈，終於待我們說出有慰勞品要送楊行時，才讓我們走了。

在羅店與楊行的分岔路上，有一個極大的炸彈洞阻礙着交通，致車費了許多力才通過了。假如民衆有組織，這種地方是不待工兵之力便可馬上塡平的。

離楊行還相當遠的地方，車終於停下來了，路傍一輛大車停着，田塍邊一大堆傷兵在呻吟，一個在此照料傷兵的人一過來就開始對我們訴苦，據說他們是那有名的第×軍第×師的人，傷兵們在飢餓與疼痛中，在此等候已久了，若不是遇着我們的車來，今晚又得在此過一夜。他說傷兵們的情緒非常不佳，若後方的救護長此下去，那情形是非常危險的。於是我對他說在這全面抗戰下，需救護的人很多，勸他好好地對傷兵們多作安慰，他也卽刻接受了這意見。在隊員們正在分配麵包時，前面又運到一位重傷的，待担架一落地，便大聲呼喊上藥，但可惜隊員們無藥，祗好用繃帶將上腿緊緊綁住，以阻止血液的迸流。

在黑暗中，忽然遠方有一個信號彈騰空，似乎還有飛機聲響來。隊員們卽刻散開了一下，但一望着平靜無事，又回來摸索着將傷兵們運上車去。這時遠方響着殷殷的炮聲，天陸相聯處，現出一帶慘紅的灰光，這兒大約是一個傷兵的轉運處吧，不斷地有傷兵運來，其中有輕傷的不願上我們的車，嚷着要到師部的醫院去，以便好領點錢用。

滿滿地裝好了一車，我們便打回頭。爲着避免來時的漢奸的射擊，决心繞眞茹的路線回來。可是事有出人意外車未到大場時路旁邊又是火光一冒淸脆地一槍射來，我們的車燈卽刻熄滅，慢慢地往前爬行。然而火光却不斷地冒在響了五六槍時，我也有點着急，便向站在車外的陳隊長建議，打開車燈，衝過這一段路程，但陳隊長叫我鎭靜車依然在黑暗中進行。幸好，畢竟是漢奸，種槍聲再響了幾次後，便也啞下了，我們沒有一人受傷。

車換了路道之後兵車和路傍成線的兵士增多了。大家都在黑暗中進行，到兩車快相接觸，才各將車燈一閃，於是祇見士繞着土灰捲着灰，各自發出一陣更大的隆隆聲響相擦過去了。在路上曾幾處被兵士攔住問到××的路，最後還有兩個騎自行車的長官來問，待司機下車去詳細指點了後，他們還再三返問，說這不是一二人的事，是有大隊人馬要到××去，這足證前線的地圖缺乏，和無政治工作人員而來的不便。

車繞過眞茹再回到××路，我們便把傷兵送到××的醫院去。這時因車不能直達，輕傷者祇好自走，重傷者便是抬或揹。我和一位隊員交換地揹着一位，可是自己一走不到二三十丈遠便祇感覺脚幹不斷地打抖，祇好又讓給那位隊員，痛恨着自己的書生無用。醫院很簡陋，但來時帶來的幾個女護士已經在那兒服務了。

光明）

陣地巡禮

冰瑩

天還沒有亮，女房主人慌慌張張地扯着我的衣裳問：

「先生，大砲響得厲害了，我們往那裏逃？」

「不要緊的，這是我們開大砲打日本鬼，等一會他們就打敗了，有什麼可逃的？」

我用生硬的上海話安慰她。

「呵，那是儂的大砲，交關好，交關好，有先生在這帶，阿拉弗怕哉。」

雖然她假裝鎮靜，但臉上的驚惶表情隨着砲聲的次數，一分鐘比一分鐘地緊張起來。

「先生，我們眞苦，現在米也買不到，鹽也買不到，如果逃到外邊去，我們都會餓死的！」

「是的，在這裏我們給你飯吃，替你打日本鬼，不要害怕，安靜地住着吧。」

也許她沒有聽懂我的話，只點了點頭又退出房去了。

我把她的睡房仔細地打量了一番。除了兩張床，一張破桌子，兩隻馬桶而外，連一條小凳都尋不出，但亂七八糟的東西却堆積得不能舉步，破碗破罐，爛衣裳到處都是。我想她的最大家當，也不過是兩床破絮，補了無數疤疔的棉衣。然而這究竟是她的家，她的歸宿地，誰願意做喪家之犬呢？誰願意跑到外而去吃飢寒交迫顛沛流離的苦呢？

『先生，不得了，不得了，砲聲就在我們的屋子後面響，這所房子不會炸毀吧？』

女主人帶着她最小的女孩又跑來嚕囌了。後面追着進來的是她的丈夫王進德。到底是男人，他似乎懂事一點。

『先生，你們在這裏，我們很放心的，先生，我們要請你們保護。』

×長微笑着點了點頭：

『你們好福氣，我們住在這裏，日本人不敢來的，不要害怕，我們把日本人打倒，你們就可安居樂業了。』

男的完全聽懂了，從心坎裏發出了放心的微笑。

× × ×

跑去竹林裏散步，四周靜寂地只聽得斷續的蟬鳴，激戰了一夜的砲聲暫時停止了，我想這時忠勇的弟兄們此時也許正在扛抬受傷的戰士，或者裝子彈，或者吃飯休息，我恨不得立刻跑去看看他們，安慰他們。

『砲片飛到這裏來了！』

一位衛兵拾了許多大砲的破片在那裏看，我趕快跑去拿了一塊，女房東駭得不住地戰慄：

『先生，大砲打來屋裏哉，眞個危險，眞個危險！』

我把昨天一位受傷的營附告訴我前天在姚家宅看到一個婦人被大砲聲音駭死一歲半的孩子在床上哭個不住的慘事告訴她，要她不要這麼着急否則也會嚇死的。

『你知道嗎？日本鬼的飛機大砲到處轟炸，無論你走到什麼地方都有死的可能；光只逃難，決不是辦法，你應該好好地和我們軍隊合作，大家一同去打日本。最重要的，這一帶的漢奸很多，你們可以幫助我們捉漢奸……』

話太多了，我又說得快，她自然莫明其妙，於是找了上海戰地服務團的周同志來用本地話翻譯給她聽。

唉！可憐的中國老百姓，我們只知道逃難，只知道着急自己的生命和自己的家，他們似乎並不了解沒有國根本就沒有家，沒有民族，根本就沒有個人的生命。現在整個的中國，到處都是日本強盜們的炸彈大砲轟炸的目標了，可憐的老百姓呵，你逃到那裏去呢？

一九三七，九，三十於×××陣地。

前方的一夜

徐遲

他開始告訴我那一夜的經過時，隨手在桌上拿起了白色的皮帶，火柴匣，紙烟罐，剪子，眼藥水墨水瓶，和一杯茶，又隨手把滬戰的前方擺設起來。這是揚子江（白皮帶），這是獅子林（火柴匣）實山（紙烟罐；）楊行（剪子）劉行（眼藥水，）羅店（墨水瓶，）月浦（一杯茶。）於是他又從衣袋裏掏出幾個鎳幣來放在桌子的一邊，說這是大場。

『這一帶戰區裏（手指了指桌子上的雜物）有許多是軍事上的祕密，我答應過守口如瓶，所以不怕掃你的興，我不能不隱去許多我知道的事實，不告訴你了。

『現在這一帶戰區（手又指了指桌上的雜物，）已經沒有新聞記者能趨前視察的了。所以現在這一帶戰區裏的情形，差不多沒有人知道；我能夠去一次，完全是我的幸運。經過了兩個要人的連環保證，經過我自己的指天誓日，他們爲了某種關係，不能不讓我去。這「某種關係」是前方因需要防禦工程中最要緊的蔴袋，敝公司裏捐了十萬隻，而公司的棧房是在戰區中，所以我能夠去了。本來也只是到了公司的棧房就不能再深入的，因爲到了那兒已經是夜深，他們爲了我的生命的安全，才叫我跟着他們一起跑。於是我在夜的前方游歷了五個小時。

十萬隻蔴袋

『把十萬隻蔴袋分裝了十輛運貨汽車。

『每一輛車四個士兵，我坐在第一輛，汽車夫的旁邊。在我的旁邊，立着的是一個姓×的團附。×團附保證我一路上生命的安全。我們將經過大場，經過劉行到楊行，把蔴袋卸在楊行之後，再打原路回來。

「我不描寫夜是如何如何的美麗了，因爲晚上沒有月亮，我看不見四圍的景色；汽車自然不開亮燈，因爲怕飛機。可是耳朵很享受一些清福，這些秋蟲蟋蟀紡織娘金鈴子叫得很起勁。

「過了大場，便聽見鎗砲聲，接近地平線的遠處每隔一分鐘便閃電一樣的亮一下，亮一下。經過一小時的默默的旅程，忽然我和這位×團附之間，起了同情手足的幻異的感情，我們開始了談話：

「——×長看見做生意人肯捐十萬隻蔴袋來，一定很歡喜，停一會我給你介紹×長好不好？

「車子顛簸得很厲害，×團附接着讚美我們公司的蔴袋的細而堅固，又嘲笑我穿的一套白嗶嘰西裝，這套西裝我在大場時已借了一套藍衣大掛換去了。秋蟲的聲音繼續的鳴叫，草裏彷彿還有響尾蛇的「嘶——嘶——」的悠長的聲音。

這就是前方

「——口令！

「突然在黑暗中爆炸出震人的聲音來，團附也大聲的叫囘去——「×。」經過哨崗時，有手電燈亮了一亮，照見幾個士兵荷着槍，那種印象是我永遠不會遺忘的。

「我好奇地問×團附——這就是前方了嗎？團附哈哈的笑了，說這自然是前方，不過還沒有過劉行。過了劉行，可以聽機關槍的密集的射擊聲，迫近楊行時，可以看見大砲。過了楊行，便是今天夜裏的兩軍爭持的「無人區」了。×團附告訴我，白天寶山縣失了。

『失了！我驚叫。』×團附說：不過天亮以前也許可以收回來。×長親自在楊行指揮，你知道這是一枝精銳的兵，一切現代戰爭的器械都完備，他又肯定的說，一定，一定寶山是天亮就會收回的。

『——口令！

『——！×於是汽車又駛過去。可是，路前面彷彿有着一堆黑影子，這便是疊着沙包的一個戰巷。汽車夫都是受過訓練的，他冷靜的飛駛，現在却慢了。他在第一輛車，要指揮後面九輛車的。他們有暗號。沙包的戰巷是疊得彎彎曲曲的，車前的燈亮了，依着彎彎曲曲的路前進。

『——媽的，有一個沙包旁邊的兵罵了「開什麼燈，不怕死嗎？」事實上他們不怕死，倒怕飛機！

『團附和汽車夫立刻解釋，不開燈，這彎彎曲曲的路怎末能走，「那末！」那個兵叫，「快走快走！」片刻後，車出了沙包巷，又飛駛了，不過現在的速率已比較減少了不少。

過了劉行以後

『過劉行後，果然機關槍聲大起，而蟋蟀，紡織娘，金鈴子却依舊這末鳴叫，還有響尾蛇。

『我告訴團附口渴了。

『團附突然特別的不豪爽，他怔忪了半天，才從他自己的熱水瓶裏倒出了一杯茶來，他說：「你別小視這一杯茶，在前線，這一杯茶比什麼還值錢。你們不知道在前線一杯水是多末寶貝，兵士肚子餓了，不怕沒有乾糧吃，可是沒有水，那就是沒有水，而且等於是沒有了一切。譬如肚子餓了，而你沒有水，那末只好有乾糧也不吃，乾着挨餓，一等到有一杯子水，那時，才能吃乾糧。我把這半杯子茶一口呑下，覺得不能熄滅我的口渴，可是我不好意思也不敢再要。

『「蓬，」這是排砲，從月浦一帶射出拋物線地一個火珠，震動了大地，震動了我們的汽車，從我們頭頂嗖嗖地作聲過去了。我的心直沉下去。×團附泰然自若的笑了。

『團附，我說，我不上前了，我要回去。

『別怕啊——你瞧！有好玩兒東西可看了。我順着他的手指望去，天空中不知何時已懸掛了兩盞小燈，一紅一黃。團附解釋這是砲兵的信號彈，你看了不懂什麼意思，可是砲兵一看就知道他該怎末樣放射了。蓬！蓬！蓬火球，震動了大地，連我們的車都跳了一跳（這不是修辭學或文章病，這是事實，）從我們頭頂嗖嗖的作聲，飛快地過去。機關槍聲密極了。蟋蟀紡織娘金鈴子却還是這樣鳴叫，還有響尾蛇。

神祕的夜行軍

『我又安下心來，團附高興的說，「你膽子大，有種，一忽兒我給你介紹×長，×長兒做生意人肯捐十萬雙上好麻袋，又膽子這末大，一定喜歡。」片刻他忽然高興地說：「你要看看中國軍隊的行軍嗎？」

「我自然要，「可是，」我說，「在那裏可以看到呢？」

『回答說，「就在我們車的兩旁！」

『我嚇了一跳，這末神祕的事情眞在我車的兩旁嗎？我望了一望，望不見。×團附說，「可以讓你看看，不過會挨罵的。好！這是難得的機會，也讓你見識見識。車夫開燈。」車夫奉命開了燈。

『燦爛的燈光裏，兩旁都是兵。默默的，堅忍的負槍荷彈，一些聲音也沒有的在前進。

『我想起了古人所謂「啣枚疾走」的景像。約摸兩分種的樣子，有一個營長罵了，「操的，什麼時候！開燈！」果然，挨罵了，燈立刻滅了，車又在黑暗中緩緩的移動。

『慚愧，我又口渴得忍不下了。挨了半天，我告訴了團附。團附脆乾的回答，「忍着到楊行再給你水喝。」我已默默忍下來了。可是團附拍拍我的肩膀笑了：「後方給×長送兩大箱金山桔子，比我拳頭還大的鮮桔子，我去偷一隻給你。」

『吃了桔子，團附又來讚美我了，「好像伙，你膽子大。」

『我說，「沒有什麼，啊，大炮在頭頂，飛機關槍老遠的，沒有流彈，怕什麼？」

『「誰說沒有流彈？你聽那些嘶嘶的步槍，就在我們車前車後。」

『啊，這就是我錯認的響尾蛇的聲音！立刻我膽子寒了，嘴裏流出清水來了，我告訴團附，我不上前了。可是楊行到了。

一幅英勇的畫

「×長在午夜三時半正伏几安息想一想這幅畫！「×長因爲勞了大半夜，現在正在桌上靠一靠。」他們說：

「如果是冬天，那些將軍「靠一靠」醒來，挺一挺胸，甲上的冰柱迸落，鏘然有聲，——像古代的行軍紀上描寫的——這些抗戰的英雄啊！一幅何等英勇的畫！

「團附進去的時候，我和一個士兵談天，有一句話，聽得我懍然。他說：「鬼子（他們稱日本兵鬼子）的槍打二千米，我們的槍打一千五百米，那怕什麼，我們跑上五百米再打啊！」這就是我從前方走了一趟帶回來的關於士氣的一句話。

「我沒有和×長見面，就回來了。歸途上，團附答應送我兩枚日本霤撒彈，我答應他用紅木或紫檀做成木架，將來戰後可供作不朽的紀念品。

「過了大場，快天亮了。最精彩的事在這裏，我沒有想到我們軍隊裏，連幾個汽車夫都訓練得這末好。

「遠處的灌木叢中，突然一條紅線，冲天而起。這好像過舊曆年時，小孩子放的蘭花條。

「團附告訴我，這是漢奸的信號。車立刻徐緩起來。

「差不多立刻的，在車的正前面的高空中，撲撲兩個照明彈，大地倏然亮了起來。

「遠處有炸彈的爆裂聲，飛機在天頂盤旋。

『車再駛動時天已昧爽了。我們用了七十哩的速度開回上海。『這就是我遊歷這一帶戰區（手指了指桌上的雜物）的一夜經過。這是不朽的一夜，團附也一付笑臉說：「這種風景出了錢也買不到你眞有膽子。」我囘想這一夜，也覺得我是過了一生中最有意義的幾小時。我很抱歉，有許多事牽涉軍事祕密，只好不告訴你了。』

（宇宙風）

憶夜戰場

長江

一

在制空權喪失了的戰場，西半球對着太陽的時候，才是我們將士飛躍活動的時間。我們戰地新聞記者的活動，也不能不是主要的在夜間。飛機啊！最初發明你的萊特弟兄是打算拿來屠殺人類的呢？還是被不合理的社會錯用了呢？日本飛機每天幾十架在上海附近戰區投炸彈，打機關槍，然而飛機是日本民衆的血汗之積纍，炸彈是日本國民應有的生活享受被剷削創痕，日本國民果何曾有對中國人民有不可解的寃仇，而忍將其辛苦經營之成果不用之於自己生活之享受，而用以無情的屠殺中國呢？

屢屢在夜間出入戰場，租界中繁華奢靡的市面和租界外悽涼慘暗的情形，使人發生兩個國度的印象，在一個強有力的國家勢力所及的土地上，那怕是只有一面國旗在那裏，而且不管對于那塊土地的統治權是否來得正當，然而侵略者對於那面國旗後面所代表的力量一加考慮，就不能如對付弱勢國家的爲所欲爲了！

僅僅有少數外國兵崗位的裏外，就是平和與戰場的分野，我們數十萬的將士在這幾個外國兵崗位外面日夜和敵人的飛機大砲鏖戰，我們千千萬萬的人民每天在日本兇殘的轟炸政策下過活。全國戰場上經過每二十四小時的戰爭，不知道有多少壯烈的傷亡，我們非武裝的城市和鄉村，也不知道有多少被破壞，我們的經濟文化的中心，不能在我們自己力量保護之下建立在我們的後方，相反的我們的若干重要的活動，都是寄託於租界。

謝謝「一二八」的恩賜，我們能建造成功一條閘北和南市聯繫的中山公路，這是我們繞過租界通於上海南北的軍事交通要道。「八一三」以後的軍事運輸中山路仍然作成功不少的供獻，可惜我們沒有在「一二八」之後，眞眞實實的把上海附近非外觀的武裝起來這樣堅固的虬江碼頭，而今作了日軍登陸的便利交通點，市中心區裏面富麗堂皇的大禮堂和圖書館博物館等輝煌的建築，在百孔千瘡之餘，還作成了方便敵人防禦的據點，就是這條中山路也沒澈底改造使之配合於大量軍事運輸的需要，上海僅僅兩個多月的戰爭，中山路已經當不起繁重的運輸而凸凹不平了！

話又說遠了，當熱河戰爭之後，塘沽協定已經把河北平原的國防完全撤銷之後，平津實際已經進入敵人的虎口，民國二十二年以後，北平若干高級文化和教育機關，還在那裏大吹大擂的從事於高大洋樓的建造，數萬和數十萬之代價一座的新式建築接二連三的出現於古老的文化城中，其意若曰「加強國防第一線上的教育設備」，則今天已道道地地的作成了日本軍隊的兵營！

國家在經濟文化各方面，需要不斷的建設，這是一點不錯的，但是建設的目的當然是爲了我們自己國家的利益，當我們處在強鄰環伺，國家生存根本感到威脅的時候，我們最切要的工作，是如何保護我們的生存，就是國防應該是第一，明明知道我們沒有保護力的地方而復談物質建設，結果不但浪費了艱難的國家財力，麻木了民衆意識，而且在客觀上給予了敵人以便利！

夜間的前方，無論村莊和城鎭都很少見有普通居民的活動，眞如南翔，閘北，北新涇一帶的一般民房，破敗得零亂不堪，有的是沒有了牆，有的是塌了屋頂，有一天晚上我們看過一所被炸的療養院，這是一所鋼骨水泥建築的近代醫院，日本飛機把他炸得亂七八糟，只剩了片段的牆壁，悽涼兀立在月色濛籠之中。

白晝完全不能活動的戰場，這數十萬英勇將士的攻擊，築工，飲食，運輸，補充等，都全靠着夜間來活動，我們的交通工具太簡單了，很難在一個短短的夜間能滿足我們戰場上一切的需要，特別是將士們的私生活方面，太沒有照顧的餘裕了。需要刺激了供給，於是在好幾處破爛的村鎭上，發現了軍人或者勇敢的商人在夜間開市的雜貨店，罐頭，香烟，火柴，糖果，肉類，燒餅，花生，……凡是足以增加生活興趣的東西，幾無不應有盡有。在壁穿頂漏的破屋中，一枝魚油燭的光輝烘映着這樣雜貨商攤，人

影幢幢的都是些衣服汚濁面目辛勞的士兵和夫役，如果在傷兵轉運站的附近，輕傷的將士，常常是這些商攤的照顧者

在夜間本是敵人防禦的時間，然而他們的砲兵仍然不完全停止活動，他們估計着我們增援部隊必經的要路，不斷用空炸砲彈射擊過來，希望殺傷我們的人馬，阻滯我們的援軍，所以要路口的上空，總是「轟！……嗶！……」地經常遭受敵人的砲擊，然而據經驗所得這樣砲擊的效力太小了，「轟嗶」了半天，只讓日本民衆的血汗，毫無代價的抛擲在中國領土上！

中國人對於「死」的觀念，似因民族革命戰爭之爆發而與昔不同，洛陽橋是我們前線一個夜間運輸聯絡站，在一天晚上因爲汽車擁塞，電光過巨，被日本打中了好幾砲，炸壞了十幾個人，其餘的人仍然很鎮定的安置了傷亡，繼續做轉運，賣買，救濟，分配糧食彈藥等活動。

二

中國古時用兵，形容夜襲軍隊，往往用『銜枚疾走』這一句話，意思是人不叫馬不嘶的兼程前進，以襲敵人。這次上海戰場上我們軍隊的運動，全在夜間，後方到前方的生力軍，和前方回後方休息的辛勞隊伍，沒有不是魚貫而行，了無聲息的。

有一晚，我們去看×××先生，他那時的指揮所是在大場南面的孟家木橋，那裏是陶行知張宗麟諸先生所辦工學團的校址，戰爭以前，我在這鄉村裏和幾十個艱苦讀書的少年見過一次面，他們

是那樣的天真活潑和健壯，其中有幾位小弟弟，對於較深的政治分析，也能集精會神往下聽，聽到樂觀處，他們是那樣的興奮，聽到困難處，他們是那樣的憂心。然而我第二次到那裏，已經是庭園冷落，人物全非，村口有雄威的哨兵問口令，屋內已掘成高厚的防禦工事，舊日課堂，已成參謀業務室，舊日少年們歌唱之地，而今是赳赳武夫踱步之場！敵人的大砲不斷的在天空中轟轟炸響，機關槍在村外又是咯咯的作聲。

當大場戰局正緊，滬太公路上退下來一些士兵，他們一時脫散了隊伍，然而他們異常安靜的休息在公路旁邊，靜待他們長官的安排，老實平和壯健，情緒上他們是已經進入了近代軍隊的水準，震天的砲火，似乎對他們已經沒有什麼刺激。在沉默中隱然表示着不可侵犯的力量！

中國軍隊的編制裝備訓練還沒有完全統一，這次在上海作戰的軍隊之復雜，爲中國過去戰爭史上所未曾有，幾乎全國軍隊都混合使用到上海來，然而大家相互間的「同志之愛」，是異乎尋常的感動人的。經驗較少，器械較差的部隊，如果調到激烈的戰場上，原來已經撐持正猛烈戰鬭的隊伍，一定告訴後來者以種種實戰經驗，請他們注意。有次一某師接防大場西北前面，已經犧牲很大的部隊，恐怕他們新來的同伴經不起敵人砲空的恐怖，先請他們在第一線後方見習兩天，自己仍然苦撐下去，至到已經有點把握，才把防務交代過去。

傷兵的情緒，仍然很好，每一個傷兵轉運站都聚集若干輕重不等的傷兵，靜候着救護的車輛，救護隊的人員在他中間照料着他們受傷以後行動還是有秩序。在前線最勇敢的救護隊，要算僧侶救護隊，其次要算四川旅滬同鄉會救護隊他們無聲無息的在前方埋頭工作，能深入第一線救護傷兵，得着前線將士深切的愛戴。只是在十月二十一和二十二兩夜的總攻，我們於崩潰日軍之後，自己的傷亡亦大，眞如車站以西至南翔崐山之公路上，幾於每幾岔路口，每一村店每一橋頭皆集衆多之傷兵！我們救護組織太無力了。實際工作的人沒有多少，車輛也太不夠，於是這大批突然增加的傷兵，擁塞途中而無人救護。三十二十傷兵一堆，十個八個一團，輕傷的帶着鮮紅的血跡，彳亍步行。打傷腿的只剩了一隻脚，有不少是扶着手杖，一跳一蹶的前進。完全不能行動的傷兵只有躺在大道旁邊，無可奈何的呻吟！慘烈的戰鬥受傷之後，又遭受到這樣悽冷的待遇，傷兵們自然不能忍耐了。我們的車在廿二日夜間過南翔赴崐山，沿路皆爲傷兵所阻，他們爭欲登車，然而車上所能容納的人數太過有限，他們於是想爬在車的旁邊和車的前面，然而這輛小車在那樣破爛的路上，如果過份的負擔，只能大家不走了。因爲我們事實上不能不婉謝很多勞苦功高的受傷將士，他們於是乎動怒了。幾乎沿途都有傷兵用木棍打我們的汽車，打得我們無限慚愧！無限悽愴！因爲他們這樣英勇的爲國家和敵人拚命，受傷之後，我們不能有完善的救護組織、迅速的把他們救到安全的後方，減輕他們的痛苦。這是我們政府和人民對不起忠勇的將士。在他自己立場上看來，我們爲國家這樣的犧牲，現在弄得生不生死不死的流浪到檯風涼夜的公路上，你們這般坐汽車的人，平日已經夠養尊處優的了，到這樣一個悲涼的場合，你們的汽車還不讓我們坐坐，救救我們的痛苦，似乎也太該打了！誠然他們不明白我的車是什麽任務，不原諒我車的容量，然而他們這種棍擊的行為是表示抗戰軍人對於後方有救護責任的人們的抗議！

這回眞眞實實算「打死仗，」敵人的砲兵把我們的村莊當銅墻鐵壁來攻擊，一個村莊動輒打幾百砲，他們的「區間射擊」使我們沒有一塊地方能幸逃敵砲的摧殘，我們前線土木材料簡單作成的工事，被他們打得天翻地覆，然而我們的將士仍本堅定如山之抗敵意志，繼續前進，無窮盡的未死者，很快的補上了已死同志崗位，永遠有新的力量抗戰衝鋒！當敵人猛攻蘊藻浜西南的塘北宅和陳家巷一帶之夜，在洛陽橋附近的×××先生的指揮所裏有幾位年輕活潑而篤實的參謀，異常安詳的和各方用電話連絡，洛陽橋以北的機關槍聲「咯咯咯……」的組成一極廣大範圍的音樂隊！單拿他直轄的軍隊來說，那時已經一聲不響的補充了三次了。塘北宅本是一連人的陣地，我們在塘北宅却犧牲了九連人！一連打完了，再上去一連，直到一團人都完全犧牲在這一小小村莊上，日本的砲彈和炸彈不知在那裏放了多少，我在崐山聽到朋友說，守塘北宅那團的團長原來是舊友許良玉先生，他只剩了一個光棍到蘇州去接收補充兵去了。

打死仗的壯丁現象，幾乎全部戰場以及各部隊都是如此，我們很可以驕傲，很可以自信，但是回到××看看後方對於傷兵的待遇，不禁有幾分愴然！傷兵們千辛萬苦的回到××而在××的醫院只有兩個，一個是救濟委員會的第一醫院，由上海東南醫學院師生主持，他們人少傷兵多，整天忙不過來，裏面住滿了傷兵，有些夜間還沒有禦寒的被褥，送給他們的飯菜上面全佈滿了蒼蠅，手術室內斷脚殘手的慘象，讓人憤怒到帝國主義侵略戰爭的殘忍！我們去那一次，醫院門口還有沒被收容進院的傷兵，有一個是打傷了腹部，衣服褲腰被血水泥土的混合物，膠成了不忍久視的一團，他的全部下身，鞋襪綁腿和灰布褲上，整個的是剛從有水的戰壕和河溝裏面拔出來的模樣，泥水還濕潤糊在下半身，他已經毫無血色和毫無力量的靠臥在牆邊，秋風捲夾着塵土無情地在他臉上吹過，似乎只有慈祥的日光，這時才慰勞式地給予他相當的溫煖！很難令人滿意的，是這裏那所官辦醫院的荒唐，他們的規模遠比這裏爲大，而他們的工作是「韜光隱晦」，唯恐傷兵找着了它！一所醫院的後門外，那時正停放着死傷兵的担架，一個死屍從蒙蓋他的破軍氈下面，橫伸着一隻緊握拳頭的蒼手，大概對於殺敵未完身先死，表示不甘心，而對於後方救濟機構的腐敗，似亦有無限的憤慨！（大公報）

月夜戰地散記

林林

塗滿了泥土的我們的汽車，由××橋走進了××地，在一條臭水溝的旁邊，是暫時停下了。我隨着郭沫若先生下車，向那民房的小道裏走去，謝冰瑩黎明健二女士和其他幾位同伴也隨着走來，到了裏面，我才曉得這是×××將軍的××部。

同行的有個攝影記者，他提議要照相，×××將軍就說：

——大家在一起照好啦。

於是大家都由小房間走到庭院的白石階上。階前有許多綠綠的樹和紅的花，頗爲雅緻。攝影記者在那花樹旁的小灰路照了相，照了兩張。

只是一會兒，我們就告退了，×××將軍送到車旁來，我們又擠上了汽車。我們的目的地是××，我們就按着×將軍所指定的路巡走，那是比較安全而敵人砲火達不到的路巡。汽車再出發了，是將近黃昏的時候了，剛才車中所見的夕陽的霞光已經消逝，薄暮的氣氛，環繞着我們的周遭來。

路景，已是模糊難辨的了。汽車不能不開燈車順着光明的前路前進。路有些被炸彈炸壞了，剛鋪修好，不大平坦，車身有時簸動起來，郭先生吩咐明健要小心，別碰着車頂，因爲先生從南京回來時頭部曾碰腫了的。汽車由簸動而跳舞了。先生很有趣的說：

——跳舞的汽車！

大家都笑了。這時我忽然想到先生曾有篇文章標題是桌子的跳舞，我說了出來，接着冰瑩就向先生說：

——郭先生寫過桌子的跳舞，再來汽車的跳舞吧。

在途間，車夫間或停車去探聽有沒有敵機來，因爲車開了燈，有目標是要小心的。先生說「有我在，飛機不敢來。」「眞怪，在前線，敵人的飛機，像烏雅般地飛，我跑到哪兒，飛機就炸到哪兒，……」在冰瑩這話還沒有說完，先生就插着說：「你是漢奸了！」這話逗得車裏滿是笑聲了。

大家在融融的快意中，忘記了車中局促的悶苦。車走到哪兒也不知道了。後來不知怎樣提起唱歌的話來，「明健你唱隻歌吧！」先生說。明健不願唱，「提起唱歌我就頭痛。」可是想不到冰瑩却自薦要唱了，她唱棠棣之花裏面的歌曲，嗓子雖然不好，但還有韻味，先生間或和唱一兩句。曲唱完之後，又背起詩來了，先生的詩集瓶，我已讀過好幾遍，但一時却背不來，冰瑩要背也背不完整，結果還是先生的記憶力強，竟背了二首給我們聽。

我們眞愉快極了。沿途車中，有談有笑，既唱歌，又唸詩，不知不覺之間，說是已經到了目的地了。先生和我，先下了車，冰瑩他們還要轉到××去的。於是我們就分了手。

到了目的地了。天很黑，繁星在深藍的天上灼耀着，村莊的平房，隱約在附近的朦朧中。探問起來，來接先生的人，並沒有在這裏，這怕是時間地點弄錯了，因爲車夫初次來此。

這裏，先生雖然來過，但那是白天。今夜如沒有人引路，是很不便的，因此就僱了當地的一個青年，他在前頭走。我提着電筒在照路，是狹隘的，鋪着小石子的路，路旁的民衆，有的半掩着門，點着淡黃的油燈。拐灣抹角，漸漸走出村外了。漆黑一片的田野，看不見什麼，只有聽見遙遙的炮聲，和周遭唧唧的蛩聲。

走了許多路，遇見途中一個小路牌之後，再沿着河邊走去，一會兒就到了。我們進了第一重門，在第二重門那邊詢問守衞兵，回答的是這裏不是×××部。我們曉得引路的引錯了，先生叫我拿一塊錢給他，我憶起北伐中先生對待民衆的態度。

先生讓守衞兵傳達一下，裏面有人來引我們進去了。那裏房子很多，路過時，看見人們在臘燭光下，作抄寫和印刷的工作，很肅靜很緊張似的。

這是××××的×部。那房間裏面本有×軍長和×團長在談話。他們出來接先生，那×團長，指着擺在電話機、地圖旁邊的文件上面的抗戰與覺悟說：

——哦，就是郭先生！我們正在讀您的書呢。

——你們辛苦了吧。先生說。

——不，我們很快慰的，四十多年來，六年來所希望的，不過就是今天了。…………

×軍長和×團長都是××省人，他們用××省的國語，我怕先生聽不大來，他們很沈實地爽直地告訴了我們許多事情。他說從××來時，覺得很沒有把握，現在越打越有把握了。前些時候，劉行的戰事，非常激烈，那是一個遭遇戰，敵人無意間受着猛然的攻擊，飛機大炮完全失却作用，被我們殺死很多。日本報也都登載出來，認爲是開戰以來，是最苦戰的一回，比『日俄戰爭』時旅順之役還要厲害數倍的。

×軍長又說日本兵很怕死很迷信，在他們屍體上常有護身符之類的東西，那裏面寫着這樣的字：

「劍難炮彈除。」

先生就解釋「除」是避免，日本動詞放在後面，這是避免刀槍炮彈的災難的意思。

我們問了問題，他總很周詳的回答。先生本是想看××司令官，當晚卽回上海的，怕時間太晚，就請他打電話疏通，派人領我們去。在未離開此地之前，先生請他們題幾個字留念。×軍長就謙遜地寫：「最後關頭，死中求生」×團長也寫了岳飛的句子：「還我河山。」

我們向×軍長辭別了，但×團長他是外來的，他可順路陪我們一齊去。

大約是九點多鐘的時候了。

我們走出庭院，明月在天，剛才滿空繁星好像不見了。×團長和三兩位武裝弟兄陪着我們在阡陌間走。先生交帶了引路的和一位弟兄，到原先停車的地方，等汽車回來，讓他到××橋來接我們。

清涼的夜，寒月的銀輝，映照稻田來，景色是很綺麗的。禾稻已到成熟的時候了，有的已經割掉，有的還沒有割，月光在那輕柔的禾稻上，浮泛着可愛的微波。

約莫有半點鐘的光景，走到了前面有個竹林的地方就停步了。竹林畔欹着一輛鋪滿竹枝的汽車，我們在車旁佇立着候着車。月光皎潔的田野中，在竹籬茅舍之間，三三兩兩的武裝弟兄，匆匆的搬運東西，……唐代邊塞詩的情景，我是身感受着了。

夜是我們前方戰士們最活躍最興奮的時分。

我們坐上汽車了，經過一段短短的路程就下來，×團長在這裏就分途歸去。另有傳令弟兄來接我們，我們踏過××橋，走進了深藏在村莊民家裏的××司令官的軍營。

時近中夜，月已斜西，我們走出門外的時候，汽車夫已在等待我們好久了。於是大家一齊下了船，駛向××了。在船中我從玻璃窗外看看白白的霧氣，白白的月色，互相融和的肅穆的兩岸夜景，我是深深的感着另有一番滋味了。

捨了船，又坐上汽車，我緊抱着兩包珍貴的戰利品，在清冷的銀灰色的歸途中，一直走了二個鐘頭，才回到上海。

（烽火）

到戰地去

秦秋谷

在朋友們熱烈的握別中，恭祝似的鼓勵聲裏，一輛漆黑的客車載着十餘個人向前軋軋地開動了。車窗內十餘隻手和車窗外幾十隻手遙遙相對的不住的揮動着，直至看不見人影車影爲止。

除車夫和×參謀外，胡先生和我們十個人都抱了同樣興奮愉快的心情相互間會心地笑着，我們是負荷着神聖的重大使命走上這條征路的啊！

車箱中暗洞洞的車外却特別耀亮，這漫長的異國風味的霞飛路上，霓紅燈光並沒因戰爭時期而稍受打擊，電影院也開着，國泰大戲院門口正擁着趕九時夜場的享樂的人們

車漸漸地朝冷靜的區域進發了，由×××而進至戰區。××交界處，稽查很是嚴厲，車夫幾乎跟巡警和哨兵衝突起來，看過護照後才給通行過去，可見守衛的士兵與巡警都是萬分盡責的。車過其他的崗位及防禦工事處也都同樣的受查問。經過了幾處較熱鬧的有燈光的市鎮後，其他都是只見樹林和大路不見房屋的不知名的地帶。半路上車夫走錯了路，我們本來是到××去的，車夫却駛上了到××去的路。等發覺走錯了時，已經多走半個鐘頭寃枉路了。趕快設法掉轉頭去才好，可是在這狹窄的公路上，左有小路，右有戰壕，怎能掉得過去呢？只好左看右盼，前顧後瞻，提心吊胆的仗着手電筒的光幫助車夫，好容易把車頭掉轉過來。

天上沒有星光，黑暗籠罩了大地，一輛輛載滿了掛了彩的弟兄們的救護車，大堆物品的運輸車和大量棉背心，罐頭食品的慰勞車風馳電掣似的迎着我們的車頭燈光開駛過去，特別顯現出戰區的景象來。忽然間一長行列的士兵，背着行李整隊而來，整齊的，無聲息的，趁着黑夜向前線開發，急行的趕着路程。這長列的隊伍最少有五六百之多。我們的燈光，炫耀了他們的眼睛，把他們的行列向左右兩旁分了開來，我這時心裏感到十二萬分的歉仄，等我回過頭向後看時，他們已經很迅速的聯結起來了。

車忽地停止了，錶上正指着十一點鐘。我們立刻下來，背上包袱提着小皮箱，像軍隊似的排了隊向目的地前去。×參謀在前領路，兩個手電筒一個照前一個照後，比較剛才的軍隊完全沒有燈光是好得多了。可是我們還常常絆脚，大概是鄉間的路走得不熟練之故吧！拐了灣，走進××鎭，三天前這兒已經給敵人賞賜過炸彈。屋瓦凌亂，道路崎嶇，街道已經分辨不清了，我們親眼看到了戰爭的殘酷。忽忽地走完這段瓦礫堆，走上了田間小道，沿着河邊在黑暗中摸索着，十幾個人不辭勞苦地趕路，走了一個鐘頭路越走越艱難了，脚時常伸到凹進的缺口裏去；前面沒有村莊，只見旁邊的小河，茫茫的田野和稀疏的樹木。×參謀叫我們休息一會，他去找路線。一刻鐘後他回來領我們走另外一條路，我們自然遵命。又走了一個多鐘頭，還是沒有頭緒，心裏懷疑，一定是迷了路了。×參謀自己也怪着急，只得叫我們在路旁休息，我們把行李放下來當櫈子坐在路邊等消息。時間過得很慢，四野的寒氣逼攏來，衣服也潮濕了，這時已經快兩點鐘了，身子疲倦得了不得，伏在行李上打起瞌睡來了。不嫌煩燥和焦急，約模又等了一個多鐘頭。

前面遠遠地有一道燈光射過來了，我們好像遇到了救星一樣，精神立刻抖擻起來。×參謀還帶了一個壯丁來，他路徑比我們當然要熟悉些，壯起胆來跟着他們兩人努力地向前走。走完了許多原路，一小時後走上了一條大路，沿煤屑路跑了多時，才走到了一個村莊。狗子見有人來，吠得特別厲害，這個壯丁便進村去問路，一會兒帶出來一位老太太，滿口和藹的鄉音，慈善的面龐，她老人家聽了我們的來由、更誠懇的走在前面領導我們前進，她認淸楚方向，揀了小小的近路走。經過×××村子時，一個手電燈的電已用完了，老太太急忙到村子中去敲門借燈籠。雖然是黯淡的一顆豆大的光，路上已便利了不少，安全地把我們帶領到×××目的地。

東方微微發白，我們送出這位慈祥的老太太，在晨光微曦中向着光明而去。（戰時婦女）

赴前線勞軍歸來

陳玉白

一　出發之前

一天的傍晚，夕陽正墜落了最後紅輝的時候，×××的王副官來看我，給我帶來了可喜的消息。他說：「李主任帶去的信，我們的××收着了，對於朋友們肯到戰地去看他的盛情，非常的感激，所以他派我來帶你們同去。晚間七時動身，九時才可到達防地，夜裏也許不能就回。」這時我的內心裏充滿了興奮和愉快，憧憬着這不平凡的一夜。

因爲婦女慰勞分會何香凝先生有棉背心帶到前線去慰勞，所以我又陪着王副官去見何先生，拿了東西和信，又到中華婦女社去取慰勞袋和個人的一些慰勞品，裝上了大卡車，在黑暗籠罩着大地的時候，我們才開始向前線出發。

二　途中

車子在秋夜的原野裏奔馳，天空中繁星正閃爍着美麗的光輝。大地在森嚴的警戒下無聲的休息着。密茂的農作物堅固的軍事防禦，到處都可看到，使我確信在這樣堅強的防護之下，我們的國土是絕不會輕易淪喪的，沿路上檢查很嚴，雖然是他們自己軍部的車子也不能避免「口令」不斷的跟着前進而增加。愈接近前線，砲聲機關槍聲甚致步槍聲也愈清晰。可是許多的村民們，却依然很鎮靜的在燈光下做他們日常的工作。送飯送茶的弟兄們這時也正從火線上下來，飯籮，火油箱桶空空的擔在肩上，愉快的談笑着，一點也不疲憊不膽怯

車子開到不能再前進的地方停了，我和李主任王副官下來，拿了些零星的東西，其餘的棉背心和慰勞袋，交給了副官處的弟兄們拿到副官處去了，以後我們又步行了二里多路才到師部，路上眞泥濘很深，鞋子都滿濺了泥水，幾次幾乎要摔跤，都未跌倒。對於這生平第一次的夜行，我感到無邊的興味。

三　師部裏

師部裏。秋燈如豆，王敬久將軍的英姿，仍和從前一樣的豪勇，雖然瘧疾新愈，但精神卻十分的飽滿，我們進去時，他正在電話機傍，看着軍用地圖，桌子上還攤開着一本歐洲大戰史。

我們向他致敬後，他就和我們暢談過去作戰的經過，並且指着作戰地圖告訴我們最近敵和我的戰況。幾次他曾親身到火線上去指揮，最危險的一次，是他的車子被炸毀了，車夫炸死了，他却僥倖

的沒有受傷，這兩天來此路戰事比較沉寂，僅前哨有小接觸，預料一二日內敵人新增援軍到後，必有大戰發生。今天上午他剛和×總司令在前線視察陣地，我方工事極鞏固，壕溝都是最新式的配置，敵人縱然來攻亦決不得逞，凡他所指揮的部隊，如不奉命令，雖全部犧牲亦不許後退一步，軍人守土有責，犧牲乃屬本分。希望轉告後方同胞，皆各能盡本分，集中人力財力，鞏固後方，供應前方，那麼最後勝利必歸於我。現在前方對於棉被並不需要，最需要的是棉背心和急救包，望各界能多多的從速捐助。

後來王將軍又談起一件痛快的事，就是我軍曾用步槍擊落敵機，在前幾天，有敵機一架來我陣地，低飛偵察，飛的高度幾與樹梢頭相接觸，我軍在壕溝內乃發步槍射擊，敵機師中彈後，急圖逃逸，可是還沒有飛到他們的陣地，就力盡降落了。

夜半王將軍又和我們到野外去做一回火線的巡禮，這時天空中高懸着淡月，涼意襲人，遙望羅店方面的我軍砲隊，正和敵人作猛烈的砲戰。這時忽有機聲軋軋，由遠而近，怕是敵機夜襲，我們乃回師部避入地下室，室的建築極堅固，據說就是有重量炸彈在上面爆發，也無妨害，這樣設備，我軍各處都有，所以敵人雖連日轟炸，我們都沒有什麼損失，他們徒自消耗能了，并且在地下室中聽砲發之遠近及爆發之聲，就能知道敵人的所在而指揮部隊進攻，這種技術，是要純靠作戰的經驗而來的。

一小時後，敵機已去，在月光中，我們告別王將軍，踏上了歸途。

四　在前線活躍的姊妹們

歸途中，從護送我們弟兄的口中，聽到了些在前線工作姊妹的情況，心中非常的高興。他說：「有一隊受過軍訓的女學生，在前線服務，她們大部分是擔任救護工作，有些也擔任前線的後方防守。一次，兩個女學生救護一個受傷的兵士，因爲沒有東西抬，她們兩人便互相替換的把他背到了戰地軍醫處，這種克苦的勇敢精神，眞堪佩服，上海的女學生比男學生還有用呢！」

聽完了這一段的敍述，心沉默在愉快與愧疚中，因爲在黎明拂曉攻擊的砲聲裏，我却又安然回到了租界的邊緣。

（婦女生活）

戰地散記

蔣先啓

正是敵機大炸大場的那一天，我在一個蔭茂的竹林裏展讀夥伴們從曹家渡買來的「救亡日報」上，看到謝冰瑩女士率湖南婦女戰地服務團過蘇赴前線服務的消息，這一條新聞顯明的映入我的眼簾，使我的精神更加興奮起來，再望下看：這條新聞告訴我：冰瑩還是依舊穿着軍服，她對記者滔滔的發表這次參戰的雄心，她對記者估計戰爭的持久，必然會獲得最後的勝利！

我得悉她到前線來的消息以後，內心的興奮是數年來所未有，我眼前所浮着的是十年前冰瑩戎裝的英姿，我幾乎要跳起來，我忘記了敵人的飛機正在我們的四週圍轟炸！

她是我十年前一位較好的朋友，也是中學時代參加社會運動的「同路人」，她曾經同我及程少恆兄舉辦熱潮火花文藝刊物，她的文藝天才及勇敢的氣魄，在她還是「小姑娘」的時代便顯露出來了！以後我參加第一次北伐隨軍到武漢，她也從湖南學校裏跑出來參加革命實際鬥爭了，她開始過她有意義的「女兵」生活，在星期天常到漢口十五軍政治部來討論革命理論問題，我們常放縱的談辯，我們毫無拘謹的吃喝，武昌的蛇山和漢陽的龜山，常有我與冰瑩及徐銘鴻兄暢遊的足跡，而今十年多了，我與冰瑩還有機會來共同參加這次神聖的抗日戰爭，而往日與我們攜手偕遊的徐銘鴻兄，早已可憐的犧牲了！……

政治的變遷和人事的更替，我與冰瑩的友誼從此打斷了，我雖然在莫斯科一位同學的手裏借讀了她的「從軍日記」，可是我從無法打聽她的消息，更無法探悉所在，我們是一直十年沒有通信了！我回國後曾一度在報紙上看見她在福建龍岩的消息，但是等到我于事變平定後到了龍岩的她却又離閩北上了，只是在龍岩的紳士們口中常常聽到「冰瑩是十分勇敢深帶男性的一個奇女子」。

這次她居然率領一羣「女兵」來了，而且又是與我們同一條陣線，不僅我們一別十年馬上就可見面，而且我們以前很純潔的友誼在抗日的陣線可以復活！我是多麼興奮喲，我馬上就寫了一封信從××××師轉交，因爲我知道×師是新從××開到××一線來抗戰的，冰瑩也許是跟着他們由湘出發。

眞出乎我意料之外，那封信居然轉到我一別十年的朋友了，在一天下午同樣還是在敵機轟炸之下我得着冰瑩的回信，信內是寫着：

「啓弟：

眞想不到會在戰地得着你的信，我興奮得快要流淚了！正在給特寫完信，傳令兵送來你的信，我快活極了，不過十分鐘後的我，就要去醫傷兵，這信只好簡單的寫下去吧，明天清早便有人到××去投郵。

「我住在×××附近的小鄉村，你如能來××，就去×××師軍醫處去找李主任，要他派個勤務兵帶你來這裏，在×××軍師醫處有我們「戰地服團」的團員八人在那裏工作，你去找副團長劉慶雲，她也會帶你來的，總之，只要你能來××，我們一定可以暢談一天的！

啓弟：我昨天剛從火線上歸來，在路上，我幾乎被炸死，今天我們的房子週圍又丟了六個炸彈，炸死了六個挑夫和八個傷兵，但是我們一點也不怕，我們仍然是執行我們的任務。

「我還沒有拜讀你寄來的大作，我想一定是很悲壯的，我這些時來也集了不少的文章材料，但沒有工夫寫，卽是寫好也無法寄出去，因爲一來怕失掉，二來付郵太不方便了！

「幾時我很想來貴師工作，你歡迎嗎？要不要我們參加戰地服務？啓弟，多來信吧！我們的生命誰也不知道會活到那一天，在未死時多通幾封信，互相報告一些我軍抗敵的情形，該是多麼寶貴！

「是的，啓弟，我還是和十年前一樣有精神，而且更勇敢，不過身體太弱，成了病夫了！

想方法和我見一次面吧！

我讀罷了這封信內心充滿了無限的喜悅十餘年不見的冰瑩，依然無恙，祇不過「身體瘦弱」一點而已！自戰爭爆發以來，許多小姐太太們都躲到「安全地帶」去了，即是有些認識不淸胆小如鼠的「少爺公子們」又何嘗不被「戰事威脅」而逃至「安樂之窩」，而獨有我們曾經嚴格訓練深具胆識的「女兵」——冰瑩女士偏不避艱險離別她摯愛的特，從大家認爲比較安全的湖南跑到砲火猛烈的最前線來執行她所能執行的救護工作，這種大無畏的雄心，實夠愧死一些苟且偸安的青年男女！從她給我的信上看來，她確實是不把個人的生命看得比她的任務還重，她在飛機炸彈下仍然「滿不在乎」的跑到火線上去救護傷兵，她不會因「幾被炸死」而表示畏懼，這種「正氣」正是從她平日「正確的認識」所孕育出來的，我以至誠祝賀她的成功，同時我更以至誠希望有血性的「現代婦女」都和冰瑩一樣！

「現代的女性」不是以脂粉來討得人們的歡心，而是以熱血來引起大衆的敬佩！暴風雨的大時代到了，誰是把握住時代的中心勇往邁進，誰便是受人尊重的民族英雄！（救亡日報）

星夜上前線

陸詒

我們該如何欣歡慶幸。生長在這一個偉大的時代裏，親睹我們民族抗戰的砲火，在眼前閃耀！尤其值得慶幸的，是自己當一名外勤記者，時常要深入抗戰的火線，履行採訪戰訊的職責。

敵機在低空迴旋，拍拍拍……斷續的機關鎗聲，響個不停，前線上颼颼的砲彈掠耳際而過。危險縱然有恐怖，縱然也有，可是次數多了，時間久了，也就無所謂！一塊不成器的爛鐵，在融融的火燄中，也可鍛鍊成堅強不屈的純鋼。敵人的砲火炸彈，才是叫每個中國人都不怕死的最最實際的軍訓！而且，在敵人瘋狂的進攻與屠殺下，連我們羣體的生存，（卽民族生存）都已遭逢了最大的威脅，個人的生命，實在渺小得可以，還有什麽依戀？

昨晚上，我們又利用繁星閃耀的黑夜，出動上抗戰的火線。周遭是無際無涯的黑暗，祇有星星的靜視，發出微弱的光輝。汽車爲了防空，不能開燈，黑夜裏摸索前進，路上又是被敵機炸得七高八低，眞是顛簸得像颶風裏航行的孤舟。深溝裏躍出的武裝同志，擎着上刺的鎗桿大聲喝問『口令！』他們冒着秋露寒風，站立在哨崗上，精神奮發的執行職務，絕不鬆懈疲憊。在前線，每個中國人都熱烈愛護中國人，士兵愛護老百姓，老百姓更愛護衛國殺敵的戰士。每一次碰到哨兵，他們總親切的指示，前面有橋樑，後面有敵機炸過的炸彈穴等等，這些戰士給予我們偉大的愛，太使人感動了！

過了××汽車沿××路向前奔馳，時間才剛滿九點，敵機已飛來夜襲了，像小月亮一樣明亮的照明彈，照得地面上的東西，全清清楚楚。那個有戰地經驗的司機，早已把汽車煞住，大家俯伏身子，躲避到路旁的河灘上。叢草做了我們臨時的長城，靜聆敵機的機關鎗聲，由遠而近的打來。照明彈的光芒，祇能延長到五六分鐘，一過這個時間，我們又可照常辦事，——開車前進。經××時，該處的民房早已炸得東倒西歪。據記者的經驗，每一次經過這些地方時，總可以看到白天敵機洩憤的亂炸總有日新月異的進步。從××到××的途中，碰到我軍向前推進的砲隊，摩托化的砲車，汽車，人力車，小車，驢子，馬匹，所有各式各樣的新舊交通工具，應有儘有，帶上巨砲子彈，趕赴前線。那幾個洋車夫，小車夫，都是自願替軍隊效勞的，只吃飯，不拿錢，他們眞是切切實實爲國家流了光榮的汗滴，比較一般安處後方的大人先生，着實要偉大得好幾倍！

我們原先的目的地，是想過××直奔××，可是因爲××和××一帶，正展開猛烈的戰鬥。敵艦一面以強烈的探海燈光照耀着×××一帶，如同白晝，一面又毫不吝惜的發砲亂轟，砲彈落在我們的周圍，密似雨點。前面的哨兵，婉言勸阻他們說：『汽車目標太大，恰恰成了敵艦砲轟的目標，你們果然不怕犧牲，可是敵艦的砲擊，還要連帶了我們受損啊。』我們就在距××三里的某村，由兩位武裝同志的帶領，進謁某軍事長官。他已經匆促的要趕上前線督戰，所以臨時又介紹×××的人員，跟我談戰況。

『寶山城自前天下午一度危急後，我們大批生力軍星夜趕往增援，合力反攻。月浦鎮一線的我軍，也遭受極重大的壓迫，我們決不能讓吳淞登陸的敵軍與羅店的殘敵取得聯繫，所以猛攻寶山，截斷敵軍的聯絡，是目前最緊迫的任務！我們先頭部隊，現距寶山城牆只有三里多路，殲滅該處敵軍，即在目前。羅店方面的敵軍，已被我們重重包圍。在沿江一帶的作戰，我們當然吃虧不少，可是每個士兵，未開到上海以前早已下了必死的決心，所以壯烈的犧牲，不辭！砲彈炸彈的猛烈，不怕！』

後方的民衆，每天要在報紙上找勝利的刺激，他們的關懷戰事，熱誠愛國，固然可敬可愛。可是把戰爭的意義，看得模糊，忽畧了沿江一帶作戰的特殊艱苦性！這實在有改正的必要！在戰爭中間，一個地方的進退，並不是貿然決定勝負的要素，而且敵人的力量也不應該把牠估計得過分的低劣。我軍這次在吳淞羅店一線英勇的戰績，在中華民族解放戰史上，將永遠大書而特書，値得我們永遠謳歌，紀念！我們對前線戰士打仗的神勇犧牲的壯烈，只有欽敬，其他已無話可說了！我們只有如何拚命的在後方，加緊各式各樣的戰鬥工作，趕上遠出意料之外的軍事進展，保障前方將士鮮血換來的軍事勝利！

與軍官談完話，他勸我速離此地，趕緊踏上歸程。歸途中，又逢敵機的照明彈，以及機鎗掃射。這已成爲日常功課，每一次總得下車避一下，好在河浜，草叢，田野，到處都是天然的防禦工事，危險並沒有十分的嚴重性！

黑暗儘管籠罩在四週，但抗戰的前線上，正閃耀着民族自救的烽火！我們要堅靭的踏完這一段艱苦的歷程，從黑暗走到光明！

（抵抗）

戰地剪影

黎明健

（一）

整個瀏河的民房已經被敵人的炸彈轟炸光了，只見到一堆堆灰色的瓦片，一堆堆的爛木頭平日最熱鬧的一角，現在竟連一個壯年人都沒有，只有幾個走不動的小脚老太太，有一位年紀將近八十歲，她的子孫都做了敵人炸彈的犧牲品，現只剩她一個人在那死守着斷垣殘壁。

××小學校更被敵人燬壞得一塌糊塗，使人悲憤的是敵人將總理的遺像撕毀得不成個樣，我和朋友借到一盒火柴，走到總理遺像前，用火把它燒了，我以爲這樣做却比被敵人糟塌的好。

（二）

從××回到××，辰光已近黑夜，路上的士兵漸漸地多起，一隊隊往戰地開去。我們也預備出發到前線，突然敵機又來了。整個的隊伍便分散開來。我躲到草堆裏，仰望飛機的動靜，不久它就飛走了。我由草堆裏鑽出，忽看到身旁有兩位武裝的兒童，身上帶有不少東西，我好奇的去問：「你們幾歲啦？」「我十四。」「我十五。」他倆活潑的答着。說是四川人。我又問「你們是到前線去作戰嗎？」「是的。」他的答覆叫我吃一驚，我本以爲他倆是勤務兵，倒沒想到——是火線上的鬥士。我不自主地和他們說；「你們眞是好男兒。已打過仗嗎？」「打過，我並且用手溜彈將衝到我陣地來的敵人炸死過好幾個」他們得意的說着。時間不許我們仔細再談，便拍了一張照留個紀念。這倆位武裝小同志，我將永遠記着他倆的偉大。

（三）

到嘉定的第二天黃昏後，由×處長帶我們到師部去，一路沿着小河，走着那崎嶇的道路。師長們都熱誠的迎接我們，師長興奮地說：「難得你們能勇敢的來到前方，很足以表現後方民衆對抗戰的關心。」

的確，前方的將士得到後方民衆的慰問是使他們極興奮的事，特別是婦女，婦女能到前方去慰勞，很能給他們增勇氣，同時也能讓將士們知道——在這神聖的抗戰中全國同胞已不分男女老少都一致起來走上這偉大的爲民族解放的戰線了。使他們感到——他們並不孤獨，他們永遠是被後方同胞們擁護着。

參謀長說：「這裏很需要看護員，最好是婦女，因爲她們心細，有耐心，同時傷兵們得到婦女的看護也感着更大的安慰，一面還可以做政治工作。過去婦女所謂——賢妻良母實際跟奴隸一樣，現在要表現男女一樣的有用，大家一定要實地幹去，才能表現她的能力。」我接着他的話說：「我一定把參謀長的指導帶給我們女同胞，希望有一天婦女也能武裝起來殺敵人。」參謀長說：「不用這樣，只要精神武裝就好，我們並不希望全國人民都武裝殺敵，有其他比殺敵更重要的工作還等後方民衆去做呢，」接着師長說：「在全面抗戰中我們只希望後方多多組織民衆，訓練民衆，長期抗戰下去是需要大量的補充戰鬥員的，在敵人侵略的砲聲下，每個中國人都應抱定決心，抗戰到底，剩下最後一支槍，一個人，都得與敵拚個死活，在兩個多月的血肉抗戰，從軍長到士兵沒有一人說過一聲苦，可說我們的精神已勝利了。」最後師長，參謀長都給我題了字。

師長題的是：

我們大家共同奮鬥，
最後五分鐘不達到，
最後勝利不放手。

陳沛 十月廿六日

參謀長題的是：

「拚將最大的犧牲，
爭取最後的勝利。」

×××二六，一〇，二六于××××

（四）

第三天又到師部請求師長允許我們到火線上去慰問士兵，師長看到我們熱心的要求，他在猶豫，好在那時前線正是休戰的時候，他終於答應了。但再三的叮嚀我們——當心吃流彈。我們雖然都是沒有戰場的經驗，可是我們並不膽怯，就到火綫去了。

路的兩旁都是稻田，棉花田，稻子已成熟結着豐滿的穗子。棉花枝綻上着一球球的白花，配着綠的葉子。

從陸地走進交通溝，一路灣灣曲曲，要是沒有人領路，定會轉糊塗。到第一道防線，遠望去對方就是敵人陣地，一刹那間，敵機又來了，機關槍「達達」的響着，我們並不怕，更胆大的站在陸上窺測敵人陣地，眞是威武的樣子。

（五）

入晚戰事突變緊張，軍部來電話要我們離開前方，怕以後走起不便。

一點鐘我們搭上運貨的卡車回上海，到××停了四個鐘頭卸貨。

今晚飛機大砲聲比往日特別激烈，路上的傷兵陸續的增加，可少見救護車去救。受傷的戰士，他們血淋淋地掙扎着，月光照在他們身上，很明顯地可以看到——斷脚的，斷手的，掉鼻子的，一個個由田地裏，爛草堆裏，經過小河浜，爬到公路旁，等待救護車子去救，他們向路過的汽車悲壯悽然的喚着——「同志們，快來救我，我還要打敵人呢。」他們異口同聲地喊着，眞是慘極啦。當我們車上的貨物運完時，我提議救幾個傷兵到上海，朋友們都下車去抬傷兵，僅僅能救五位，朋友們又到田裏拿了許多稻草給他們舖好。

五位中有一個是排長，帶着重傷，腦子却很淸醒，他說了許多火線上的事情給我聽。他參加過瀏河的血戰，羅店的衝鋒，這次在大場才受重傷。他告訴我——「今晚戰事非常激烈，一排只剩兩三個了，我受了重傷，不然一定與敵拚死。日本強盜燬了咱們家，炸死咱們同胞，我們不打他，早晚也被他打。」「日本的士兵里，有咱們東北滿洲同胞，他們受傷後，重傷卽槍斃，輕傷醫好再上戰場。」「東北人不能二人同在一起談話，如有，立刻槍決。」「敵人發傳單到我們陣地來，上面說——要士兵投降，每人賞洋五元。眞是可笑，他就拿五萬元來，我也不會去，我們打仗是爲國，而後爲家，一人拿他的錢有何用場？結果還得送命給他，倒不如爲國犧牲好。」「敵人怕我大刀隊，每人脛上帶鐵圈，可是我們照樣用刀將敵刺殺。可歎的敵人，他們士兵身穿章絨的軍衣，脚着黑黑的皮鞋，跑起路來常摔跟頭，碰到泥濘道路，怕弄汚濁衣和鞋，他們愛漂亮，不能吃苦。」

排長興奮地講，他聽不見砲聲，聽不見空中敵機的盤旋，看不見天空探險燈。他繼續說——「可憐東北同胞，他們做了日本的奴隸，又被徵去當兵，說來痛心。可是，日前有個東北兵，來到我隊，向我說——你們不要打仗，還是跟我的好，我們每月有卅元薪水，拿他一面說，一面從袋中拏出大卷新的鈔票來誘人，又說——做了亡國奴有何關，只要有錢那就好。唉！我聽他的話，只是憐憫他，好笑他，我和他說——你在火線上再多拏點錢也是沒有用，這是日本人對你們的詭計，日本人拏幾張紙頭買你的命，這些鈔票都是假的，現在我就要你死在我手裏。他跪下求饒，叫我放他，他雖是我們同胞，但是他已中毒太深，存心不良，我只得痛心含淚將他槍斃。」黎明將近，敵機大隊出發，又不斷投炸彈，不知何處又要被炸。

在××路看到往前線去的大隊將士，身前帶着手溜彈，身後背着大刀，長槍，肩上抗着大砲，軍火。手中牽着騾和馬。快步雄壯地跑着，趕去接防殺敵。

（六）

天已大亮，上海是近了。我們先把所帶來的受傷弟兄們送到某醫院，才轉回寓來。雖則一夜沒有睡，了無倦意。換了衣服，望一望朋友們去，怕他們急壞了。見着郭沫若先生，開頭第一句話我就說：「我沒有成了砲灰！」大家都笑了。原來出發的時候，郭先生也同去的，到了某地，他轉到某軍去了。我便跟着冰瑩姊去看看她們隨從的軍中情形，郭先生打趣地說：「小心點成砲灰呀！」所以我一見他面才那樣說起。

三天戰地生活，所遇見的，不論是將領或士兵，談到殺敵，總是眉飛色舞的。因爲有了這樣的士氣，雖則得到退出大場的消息，也並不見得怎樣難過。

（救亡日報）

前線兩晝夜

吳大琨

一

淞滬的抗戰一爆發，我就有着到前方去視察一下的希望，可是老沒有機會。後來，聽說是爲了防漢奸，戰區裏竟連新聞記者都不准去了，我更覺得到前方去恐怕是完全沒有了希望。十月十二日的早晨，我正在××傷兵醫院裏工作的時候，忽然有一位××團××營的李營副特地跑來看我。

『吳同志，我明天就要上前線去了。』

他用一雙告別的眼看着我。

『您不是左手的傷，還沒有完全好麼？』我禁不住這樣問。

『是的，可是昨天我們師部裏已經有人來過，他說前方缺乏中級幹部，同時戰事又非常激烈，所以我想，我還是應當趕快上去。反正，我的傷也已經好了差不多有七八分了。』

聽了他的話，以及看了他的那種爲國家效命，雖死不惜的精神，我不禁對他肅然起敬。

我跟這位李營副，雖然相識不久，可是因爲他近兩星期來常到我們傷兵俱樂部裏來玩，所以已經大家非常熟識。

『那麼，我們又要分別了——我恨我自己不能跟隨了您們一起上前線去，咱們軍人服務的工作倘能與前方也取得了聯繫，那今後幹起事情來，就要方便了。』我說。

『您要去？那容易得很！』他忽然看着我，很快地這樣說，『您要去？』他用驚異的眼光看着我。

『當然要去！』

『那您明天跟我一起走好了！』他很乾脆地說『我跟您介紹我們的師長。我們的師長一定會很歡喜看見您這樣的青年去的。』

於是我們就談下去了。

我很興奮我從醫院回來後，就去與我們全國青年會軍人服務部的負責人劉良模君商議，他也很贊同我去。

『好吧，您要去，您就爽性代我們軍人服務部向前方的將士致敬一下，並且實地去作一下考察，到底前方需要什麼東西，我們可以想法。』

『好！』我一面答應着，一面心裏眞是快活得想笑出來。

於是我就去開始準備我的行裝了。

二

第二天天一晚，我們，就出發到車站去。我帶了很多新出版的抗日畫報，以及抵抗等等的刊物。因爲聽說在前方完全看不到報紙和雜誌，所有的兵士們，他們差不多都是很迫切地需要知道一點戰事的消息。

可是當天，我們並沒有走成，因爲日本飛機，在當天曾把離蘇州不遠的鐵軌炸毀了，因此沒有車。

於是我們，就只能停着。一直到第三天的午夜，營副到××處去交涉了，才來了一輛汽車，把我們從××，帶上了前線。

在這輛汽車裏除了我一人是穿了西裝的普通人之外，餘都是開向前線作戰的勇士，因此，當汽車不斷地在公路上顚簸震盪飛跑着時候，我忍不住偷偷地去看那一個個挨近着我的弟兄的臉。「這些都是偉大的民族解放的戰士，——現在是在一步近一步地向前線去了啊！」我心裏在想。

可是這些弟兄們自己卻好像都滿不在乎的樣子

車經過×××，×××××，然後到達了××。

人一下車，車外的夜氣向人身直撲上來，我禁不住打了一個寒噤。

整個的一個××車站現在已經差不多被炸成一片瓦礫堆了。月光照在那些破瓦斷牆上，更顯得四週景色的凄厲。

那時，已經是深夜，車站的兩旁有人搭了些草棚，在出售零碎東西，也有許多弟兄們在草棚裏圍坐了烤火。四週黑影憧憧地，有好多的人不斷地在公路上來往着。

我先用目光默默地把我們的同車者送走了，然後再跟了李營副也默默地在目光下踏着瓦礫堆，沿公路向前走去。

「隆隆！」一砲聲這時突然響亮起來了。

李營副回過頭來，對我看看，我不作聲。

我們在向着砲火的最響亮處走去。

三

在前方黑夜間的公路，是頂熱鬧的。有陸續開向前方去的軍隊，騾馬，軍伙，也有正從前方開下來的汽車，人馬；更多的是在前方已經掛了彩，這時要乘黑夜走向後方傷兵醫院去的弟兄們。

我這時才發現，我好像是完全置身在另一世界裏了，前面是不斷的槍聲砲聲，四週是來往不斷緊張地走着的士兵軍隊。

「唉，同志們，做做好事啊！」

一聲凄愴的呼聲，提起了我的注意。看時，原來是一個已經被打斷了腿的弟兄正在地上用手爬着，要走向後方去。泥血塗滿了他的一身。他顯然是在向四週過往的人乞憐。

『怎麽？』我不禁驚呆住了。

『在這裏前方，就是太缺少了擔架夫，弟兄們受了傷，有些師部裏自己有担架連的，還好，倘沒有的話，那就簡直只好自己走向後方去。打壞了手的還可以，倘是打壞了腿的，像這樣那就太慘了。』李營副跟我解釋着，我的心裏感到一陣痛。

四

走了二十多里崎嶇不平的泥路荒地，又不知問了多少次訊，這樣，我們才到達了××師的師部。

哨兵進去傳訊，過了好久才出來。

「師長到最前線督戰去了，恐怕要明天才回來，請您們先到參謀處去坐一會吧！」

於是我們就被領到了參謀處去。

黑黑的房子，顯然裏面的人已經都睡了。可是進去一看時，才知道並不然。

參謀長人是已經躺在床上，可正忙着打電話。

「怎麼？敵人又用毒瓦斯了麼……是嘔吐性的？好。」

我憑藉着參謀長床前的一枝燭光，可以隱約地看見參謀長當時緊張的臉。

電話打完，參謀長的目光才放到我們兩人的身上來，李營副上去致了敬禮，又跟我介紹了。

「啊，難得，難得！您們後方的民衆竟這樣熱心勇敢，請坐。」參謀長這樣對我說着，又把目光放到了李營副的身上去。

「怎麼？您的傷已經完全好了麼？」

「還沒有，不過，我在醫院裏聽得師部的人來說，前方缺少中級幹部，所以我就上來了。」

「好！」參謀長正想說下去，電話又來了，就打斷了話頭。

我利用這機會，就向四週看了一看，這是一間很破爛的舊房子。仔細嗅時，還可以嗅到地上霉爛的氣息。

「前方，這幾天正緊張，敵人的中央突破計劃，因爲不成功，又在用毒瓦斯了，我們傷亡了很不少，您們那一團——」參謀長說到這裏時對李營副看了看「已經差不多完了，不過路人的犧牲，恐怕比我們還重。」

「差不多完了，」這五個字在我的腦海裏震了一震。看李營副時，他還是那麼很恭敬地站着。不過，我從他的目光中，我知道他這時心理的狀態。

又過了一會，李營副就向參謀長說明他還得回團部去。

「這位先生也跟去麼？」

參謀長問。

「是的，」我說。

於是我們就向他告別了出來。

五

從師部參謀處出來，表上的時針正指着午夜四時。我的心比先前更緊張了起來，因爲我知道，我現在眞在走向最前線了！

經過一條小河浜。

我們道路的四週都是稻田與棉花田。稻田裏的稻而且已經都熟了，結着滿滿的穗子。在月光下照着這許多景色，倘不是頭頂上有呼呼的砲彈聲與四週『閣閣閣』的機關槍聲，是決計不會想到我們是在前方的。

後來我們就到了團部。哨兵進去傳訊，手續跟在師部裏時一樣。

見了團長我因爲剛才在師部已經聽到敵人用毒瓦斯以及該團傷亡頗重的消息，所以就急着問團長的詳細戰況。

『啊！說起來眞令人又傷心又興奮！』那團長說，『我們一團人是大前天來接防的。當時共有弟兄一千三百餘名。打了四晝夜因爲敵人不斷的用飛機大砲猛攻，傷亡得就很厲害，已經只剩八九十人。而且武器也都不行了，昨天一天，弟兄們在壕溝裏就已經差不多完全只靠擲手溜彈將衝過來的敵人擊斃。八九十人一天共用了兩千多手溜彈。敵人因爲攻不過，所以最後就終於改用毒瓦斯，我們不及防備，這僅存的八九十人也就因此犧牲了。可是！』團長換了一口氣說：「我們的陣地始終沒有動。而且最令人興奮的就是當敵人又衝過來的時候，我們有四位僅存的弟兄還依舊不退，用手溜彈將衝過來的敵人炸倒，自己又衝出壕溝去將敵人的輕機關槍四架奪了過來。再就將這四架槍倒過頭來打敵人。——』

「啊!」我這聽的人不覺爲這壯烈而又英勇的故事所震動了。

「我們這一次的弟兄可眞是太好了!他們每一個人都勇往直前的,和敵人死拚。想想這許多好弟兄都已經犧牲去,眞有些傷心。」那團長說到這裏時,臉上表現出很痛苦的樣子。

他已經四晝夜沒有睡,因爲親到壕溝裏去指揮,那時敵人所散放的毒瓦斯還沒有完全散,中了一些極輕微的毒,有些在感到頭痛。

因爲時間的過遲,那天我就與李營副一起在團部的稻草堆上過了一夜。

六

第二天一早,團長因爲知道我歡喜到陣地上去看看,就命一位團副陪了我一起上陣地去。

我們先走進了交通壕,然後就逐步地走近火線了。

在壕溝裏伏着的弟兄們,都禁不住用驚異的眼光向我看着,他們想不到有這樣一個後方來的人眞會跑進火線。

我將帶去的抗戰書報等散發給他們。他們就站在自己的崗位上,看將起來。顯然地,他們對這些書報都感到了很大的興趣。

「您看,您看這是我們將他們打下來的飛機,一個士兵指了一張圖給另外一個士兵看、那個士兵感到了滿足。

是的，在前方差不多大家頂恨的就是敵人的飛機。它們晚上不出來，只要天一亮就嗡嗡地到我們的陣地頂上來亂飛亂轟，要飛一整天。

「您看，這是敵人的繫留氣球。」

團副用了一架望遠鏡，讓我看。我向敵人陣地看去時，果然看到一個氣球在敵人的陣地上浮着。

『在這氣球上面有着敵人的瞭望臺。他們的望遠鏡很好，差不多我們陣地上的一動一靜，他們白天都可以看出來。看出來後，他們就指揮大砲飛機來轟炸。

「我們沒有辦法將他們的氣球打下來嗎？」我說。

「有，當然有。就可惜我們的空軍倒底還是太少了。」

這時突然有一顆大砲彈自敵人方面打將過來，震得整個的戰壕都動盪起來。沙包裏的沙掉下來了，人也禁不住向四週搖擺。

「好利害！」我說。

「作戰激烈時，前方的戰壕一天到晚都是這樣的，所以睡在戰壕裏，就像睡在鋼絲床上一樣。」

「睡在鋼絲床上！」我不禁為這個好譬喻笑了。

我仔細觀察我們陣地裏的壕溝。工事可說是都做得非常好的。就是有的地方已經都積了水，弟兄們簡直有的就站在泥淤裏，水浸到他的半腿。

「如果下雨，怎樣？」我問團副。

「下雨還不是直淋？我們兄們都沒有雨衣，倘後方能給我們捐些雨布來，那倒是非常好的。因爲我們既可以包東西，又可以遮身。」

「是，」我答應着。

這時，離我們不遠的壕溝裏，槍聲忽然緊張起來了。我們可以嗅到很濃烈的火藥氣。

「我們囘去吧！」團副說着，就半強迫地將我又帶囘了團部。

七

整整的一天，我都是在團部裏過的。

我跟那些弟兄們亂七搭七地講着，到晚上飛機不時的來轟炸，耳邊的嗡嗡聲與炸彈爆發聲，就不曾停過。團長因爲我是遠客，就特地叫勤務兵燒了幾樣菜，請我喝酒。

「這裏白天就簡直不能養飯，敵人一看見那裏有炊烟起，飛機就又來炸了。」

團長對我解釋着，我那時已有一天多沒有吃過東西了。所以雖然勤務兵拿上來的饅頭與餅，是那麼又黑又粗，我吃的時候，還是只覺得它的甜美。

「這是前線的生活！」我心裏想着。

那天晚上吃過飯，我覺得我應當走了，就告別了團長，團長還是命團副將我一直送到了師部。

到師部時這次師長已經回來了。所以就很容易地見到了師長。

「昨天，我到前線去督戰去了，沒有見到吳先生，抱歉得很吳先生這一次眞是辛苦了。」

×師長說着。

於是我們就開始了談話。

我將我這次的來意向×長說明後，×師長又接着說：「啊，慰問是不敢當的，抗戰是我們軍人的天職，這算不得什麼。我們前方現在也不需要什麼，倒是您先生帶來的那種畫報，弟兄們確是很歡迎。以後，有便請不時帶些來。東西只要交到我們師部在後方的留守處就行了。

×師長講話時的態度是很和藹的，而且兩目炯炯有神，堅决地表示了他這次作戰一定勝利的信心。

「至於這裏的作戰情形，有許多地方，現在還不便說。可以告訴先生的，就是敵人所依仗的就只有砲火利害一些。可是我們並不怕他。最近這幾天我們正打算反攻它。看上去敵人是支持不住的。至於我們這裏的弟兄作戰的勇敢，那更是不用說的了，先生想來一定已經聽到我們有一團裏四位弟兄犧牲到最後，還守住自己的陣線，將敵人的機關槍奪過來的事情吧?」

我點了點頭。

「敵人的士兵就不行了，差不多沒有一個人眞是願意作戰的。不過，看上去，好像敵人的督戰也頗嚴厲。所以有時候，敵人衝上來，給我們打退了，也總不敢十二分退遠。恐怕退下去也得打死的。」

爲了怕担誤×師長的功夫，所以不久，我也就向×師長告別。×師長很熱誠地將我送出師部，然後他又囘前線去督戰去了。

在歸途上有兩個勤務兵送我。時候又已經是深夜，我一邊踏着自己的影子向來時的路上走去，一邊心裏不禁發生了很大的感慨。

這次淞滬作戰，士兵將士們是確是已經盡了他們的最大的責任了。雖然他們的物質生活是那麼地困苦。防毒面具不全，雨衣沒有，火器又不夠，可是我們民衆方面呢？前線担架夫的這樣缺少，要使受了重傷的傷兵們還不得不忍着痛在地上爬囘去，那未免太講不過去了。

我在打算着囘去後，怎麼使得我們的後方工作格外加緊起來。

二六，十，二十二，前線歸來之第三日 （大晚報）

穿過火線

斐丹

爲了避免飛機的襲擊，本來是應該於晚上出發的；可是因爲數天的大雨，聽說把公路都冲壞了，夜行非常危險，所以不得不提前於下午三時出發。

租界內的情調、和華界的景况，是大不相同的。在租界內，雖然也有沙包壘和鐵絲網等防禦工事，并且也有很多乘汽車坐脚踏車及步行的巡邏隊，晝夜無休的四出巡視；但是在租界內行走的人個個的心中都是很閒散的，在戰時閒散一字或者是形容得不妥當，至少可說是不緊張的。在商業上，繁榮當然是說不上，但在霞飛路一帶，熱鬧决不減於戰時發生之前。華界的景象，就完全不同。店鋪差不多都關門了，雖有幾個小攤頭，也掩飾不了他的冷落。可是我們看了沿途的防禦工事，勇敢雄壯的軍士，和莊重沉着的巡邏隊，使我們感到說不出的欣慰。

近年來的公路建設，雖然發展得極快，但是在建築工程上，我們總覺得欠堅固。江蘇的公路，素稱優良，但是經過此次戰爭的試練，我們就發覺了他不足之點甚多。淞滬蘇嘉一帶，在國防上是極重要的地區，所以路面的堅度和闊度都應該注意到軍事運輸的便利。可是此次我們的車子，自口口口的柏油路轉灣之後，就是一段極泥濘公路，對面有一輛汽車，車輪陷在泥漿裏，無論如何也走不動，後來等到由另一輛車把他曳出之後，我們的車才能過去，而且兩條車輪行跡，深深的陷下，差不多有一尺深，車行極感困難。像這種泥濘的路，雖然並不很多，可是有二三段也就夠受了。經過三四天的大雨，平坦的路面已經不多，一路車子震動極烈，跳動得利害的時候，我們的身子也跳起來，我們的頭殼會撞到車頂。重要的公路幹線，依理想他的闊度應該可以並行四輛車，可是現在有幾段，也可說是大部分，是一來一往兩輛車子也很不容易行走。這是我認為今後在公路建設上應該注意的一點，有許多重要的公路，現在就應該設法來補救的。

這條路在幾天前，雖然曾走過，因爲時在深夜，除在遠處可以看見砲火的閃光之外，砲聲是被汽車馬達的聲音所壓，一點也聽不見，一路也未曾遇到飛機，旅途非常平凡。可是這次在出發之初，情形就比較緊張，因爲我們出發，是在四點多鐘，正是敵人飛機活躍的時候，所以我們在走進火線不遠的地方，就在遠處看見敵機在盤旋。我們的司機，是出入火線多次了，所以這時是看到敵機並不驚慌，因爲敵機並不向我們飛來，汽車依然向前疾馳。汽車一方面加足馬力向前疾馳，一方面由口口口的勤務兵，注意着敵機的飛行方向。這時是雨後初晴，黑白相間的雲塊，好像列車一樣的在行走，敵機有時飛入雲塊，有時現於雲隙，在天空時隱時露的飛翔，汽車走近口口鎮，這裏有很多的兵士在路上來往走動，忽然敵機飛出雲塊，出現於大家的眼前，幷且跟着是機關槍聲，勤務兵就叫司機停車。司機因爲飛機並不向我們對面飛來，而是在我們的前面橫飛而過，仍不停車，這時勤務兵異常驚慌，用力打着車壁，要司機停車，於是車子停了，全體都逃下車去。這地方剛是一個十字路口，旁邊有幾座房子，已經吃過幾個炸彈，大家因爲隣近沒有障蔽物，都逃進這附近破爛的房子暫躱。一霎飛機過去，大家又重上汽車，繼續向前進行，因爲勤務兵過分驚慌，大家怪了他一陣。我們正在談論着的時，突然聽到一聲砲聲，異常接近，大家都吃了一驚，呆了一下，正想開始來談論砲聲來源的時候，又砰砰……一連迎面來了五六砲，同時自遠處微微的可以聽到機關槍聲，這時司機就更加加速馬力，拚命向前開去。一霎時我們就衝過了火線，到了火線的稍後方了。原來我們的軍隊，已經開始攻擊，與敵實行夜戰了，剛才的砲是經過我們的車頂，射到敵人陣地去的。當時大家吃驚的，是不明這砲究竟是什麼地方來的緣故。

在這個地方，我們離敵軍陣地並不很遠。在幾里路外，我們看見有一個大布袋樣的東西，毫不動彈的高掛在空中，既不像飛機，也不像氣球，既不方，也不圓，這就是敵人的空中偵察台。此種偵察台。就是由氣球做的，不過形式特別一點罷！聽說敵人空中偵察台已經用過數次，都被我們破壞掉！

在××附近，有一村落起火，一片融融的火光，看去極爲凄慘。

經過了××之後，路上就很平安了，因爲敵人砲火的威力已不能及到此地，而這時已經過了六點鐘，天已昏黑，敵機也已停止活動！

在戰地中我們常時遇到想中途上車的兵士和傷兵。傷兵有許多兵是想附在車旁，隨車走一段後，到另一目的地去，有的傷兵是想我們把他帶到後方去。有一次有二個兵士，看見我們車子開上去就站在路中央，把我們的車子攔住，要跨上兩旁踏脚板，兩手抱住車窗，前往××鎮。司機在他們立脚未穩的時候，又很快的把車開動，有一兵士跌下去了；於是我們的車子不得不停下，這兵士又很快的跳上來，司機就舉起拳頭打了他兩下，幷且怒駡了數聲。我很感覺到這個司機有點過分了。可是沿途要想中途附上車來的人，實在太多了，如果把他們都帶上來，不但是不可能的事，而且有時具會妨碍軍事行動的。

車子漸漸的駛近目的地了。這個地方自滬戰爆發，敵機數來投彈，電燈廠早已被炸；一般居民，也大部分移到鄉下去了。所以一到夜間整個城市就好像是一座沒有人跡的死城。（申報）

從戰地歸來

寄洪

「到戰地去！」

這願望在我的心頭熱烈地懷念了許久了。當朋友們說起有到前線去的機會時，我總懇求他們帶着我同去；當我見到人們搭着滿插樹葉竹枝的卡車往前線出發，我總懷着無限羨慕的心情遙望着：我要到戰地去，慰勞前線抗戰將士的，更要親近那前線將士以血肉抵守住的前線的國土。

這願望終於實現了，我像過去我所羨慕着的人們一般地搭上了插滿樹枝的卡車，在滿園着人們的熱望中，開發到戰地去。

車出法租界，景象全然不同了：沿途密佈的防禦工事，都有我們的兵士在嚴守着，遙望兩旁碧綠的田野間，農民們還是照常在工作，他們愛他的田地甚於他的生命，雖在這隨時有炮彈轟炸的危險區域，還這樣勇敢工作。見到他們，使我連想起住在上海一般人認為較安全的租界，倘怕戰事害及他的生命而逃到香港去，逃到國外去的有錢的人們，不禁對這些樸實的農民肅然起敬。我相信，從戰事發生以來上海租界上的菜蔬，還是靠他們供給的，更相信在這抗戰的過程中，只有他們才會盡最大的力量。

已經好久沒有下雨了，路上的沙泥積得厚厚地，車行過，塵灰飛揚，正像一陣天然的烟幕，掩蔽了敵機的視線。當我們的車在某個地方停頓下來的時候，當地站崗的兄弟們走上車來，我們又送他報紙雜誌看，我們和他講述着這幾天戰爭的情勢，他堅决的說：『殺敵是他們的責任！』言語對於我們的慰勞表示非常的謝意，但是我們覺得慰勞前線殺敵的將士也是我們的責任，無形地，我們（軍民）的心是熔在一起的。

晚霞全沒了，換上滿天的星星，我們的車又停了下來，大家分別地背負了慰勞品，正集了隊伍，從農村阡陌的小道上藉着微弱的星光的照耀，去謁見××師長宋希濂先生。

是位壯健文雅的書生樣兒的長官，善於沉思的眼睛，和藹地注視着我們，當我們問起這幾天戰事的情況時，他用堅強有力的語調答復我們：

『我們的抗戰是長期的全面的抗戰，尺寸的進退是無關大局的！這點希望後方的同胞們大家要了解的。』

談起這幾天戰爭中的感想，他覺得這次戰爭士氣的旺盛是歷來所沒有的，不過民衆組織的不夠，對於軍隊的影響很大，例如最近漢奸的活動，無形地受着牽制，他們雖不怕當前的大敵，但後方老百姓的被敵利用，却無法識別的，希望上海當局快派點有力的幹部來組織和訓練前線的民衆，澈底的剷除漢奸。還有戰地衞生方面，也希望後方民衆嚴加注意，例如路旁被炸死的牛，臭氣飛揚，恐將成疫癘之源，爲前方士兵的安全計，請卽設法掩埋。其他如交通工具的缺乏，也希望後方捐助。

接着又談起這幾天上海的民衆抗敵工作的活躍，大家都非常興奮，去者已矣，來者可追，我們相信在全國上下軍民一致的抗敵力量下，任何困難都可以克服的。

再談起這次敵軍的情形，兵士的不願戰爭，國內民衆的反對，大批死傷的兵士不敢運回國內去，連國內派來的一百多個慰勞人員，尙待在吳淞口的船上，不敢給他們上船來見到他們軍隊三星期來戰敗的情況。軍閥的黷武，欺騙了國民，暫時支持了這戰爭，但是這局面是決難維持得長久的。在我們全國上下一致的長期抗戰下，最後的勝利終於是我們的！

我們大家都默默地微笑着，似乎在囑咐着自己：加緊的努力吧！

走出師部，我們又見到不少士兵，他們都很關切後方的情形，談起他們這幾天戰時的情況，他們都勇敢地堅強的表示着：在這國家危難的今日，殺敵是他們應盡的責任。有位剛從前線歸來的士兵說，他在前線抗戰中，在他旁邊的一位兄弟被炮火犧牲了，這是非常光榮的，他不但不怕，還要上前線去殺敵呢！

秋夜露重，涼意襲人，大家緊緊地圍坐在無蓬的卡車裏，仰望天空的星星，遙見遠近的烽火，汽車的軋軋聲，掩沒了砲火和敵機的聲音，只有樹梢頭掛着的照明彈，常作了我們車子前進的引路燈。

我們的車向歸途上邁進着，體味着這次夜行的滋味，眞是有生以來難得的經歷呵。

（國民週刊等聯合旬刊）

在戰地醫院裏

劉良模

和傷兵們在一起生活，替他們服務，眞是一件挺愉快的事情。從傷兵們口裏可以聽到很多很多夠悲壯勇敢的戰鬥故事。這一次打鬼子的仗誰都勇敢極了，他們上了戰場，是只進不退的，有的雖然掛了一點小彩，也絕對不肯退，到不能支持了，才給担架夫擡回來。

在羅店前線就有位受傷的連長，他的肚子被敵人打破，腸流在外面，還繼續不斷衝鋒，後來給兩個弟兄拉了回來，不幸在一天以後，就死在醫院裏。全院的弟兄，看護，和青年會的服務員，都爲他流淚。眞的，這一次抗戰中，犧牲了很多民族英雄。

弟兄們都說鬼子是不中用的，一到肉搏衝鋒的時候，他們都會驚惶失措，像失了魂似的。我們的一個長官曾經在鬼子兵身上搜出一封未覆的家信，信裏說的全是怨恨的話，他們也知道這一次到中國來打仗，完全是受軍閥的壓迫，實在太沒有意思了。

可是在我國軍隊方面，下級幹部的教育程度都非常的高，他們都已知道爲什麽拚命，我認識了一位班長他是在東北大學畢業的。一般士兵對于我們服務的人都非常和氣，我們代他們寫信的時候，他們總抱歉似地說：『你們太辛苦了！』其實我們的工作和他們這種奮勇殺敵的苦鬥比較起來，那算得什麼呢！

在醫院裏除了替傷兵寫家信，我們還開留聲機給他們聽，借畫報雜誌小說給他們看，借棋子乓乓給他們玩和他們談話，弟兄們非常歡迎我們就在一起，他們說：『自從你們來了以後，實在減少我們不少的痛苦！』

弟兄們最喜歡聽救亡歌曲的唱片，他們聽到義勇軍進行曲，便隨着高唱：『起來，不願做奴隸的人們！』但是我們最缺少的便是這種唱片，在這裏有了錢也買不到。弟兄們最關心前線抗戰進展的情形，所以喜歡我們把最新的刊物畫報書籍給他們看，但是我們這次捐來的大半是舊畫報舊書，較新的刊物書報因爲交通阻滯，沒有法子買到。（我們覺得抱歉，很希望旁人能幫我們補足了這個缺陷。）但是他們還是口口聲聲說：「民衆們待我們太好了！」這又叫我們慚愧的落眼淚『眞的嗎？我們已優待了英勇的抗戰受傷將士？』

（立報）

在戰地醫院

楊芬君

到達了前方以後，我們全體團員，首先到那兒的戰地傷兵醫院去慰勞，住在裏面的大多數是輕傷，我們表明了來意以後，他們都非常的愉快，和我們談了許多當我們問起火線上作戰的情形的時候他們都恨恨的說：

「我們那里是和日本人對打，他們派來作戰的全是東三省的人民。只有長官是日本人，在後面殘酷的壓迫着他們和我們拚命日本鬼的心眞毒辣呵。」

隨後他們又說起戰地漢奸的種種搗亂行爲，又把留存在身邊的戰利品拿給我們看，中間有敵人的帳幕，洋鐵盒子，以及日本鬼的靴子等等，並且說奪得的武器也很不少，都已繳上去了。

這些可敬的勇士，他們的創傷。不是沒有代價的！

爲了表示我們對於這些勇敢的戰士的敬意，和他們臨別的時候，我們特別爲他們唱了三個救亡歌，在他們歡呼鼓掌中，我們離開了那兒。

我們在開始服務以前，把全體團員分成了四組，我被編在第一組。在到達前線的第三天下午，我們第一二組，接到了派赴××師作救護工作的命令。××師是在我們之前開到這兒來的，他們正與羅店方面的敵人作猛烈的戰鬥，他們的戰地臨時醫院離開我們約有十多里的路程，大家一聽到工作來了，都很高興，立刻冒雨出發，到達了目的地，便開始作慰問及救護工作。

這里最爲驚心動魄的，是週遭都充滿着血腥，腐臭和火藥的氣味，加以因爲經過敵機劇烈的轟炸，民房多所被炸毀壞了，老百姓幾乎逃走一空，街道與田園顯得無限的慘淡荒涼。這里的臨時醫院中，重傷的很多，我們爲了救護工作不致間斷，便決定分班服務。當晚我一直工作到十一時，才回宿舍去休息。

我們的這一所宿舍倒是一家闊人的住宅，屋內不僅桌椅床舖齊全，衣物遍地，書架上還整齊的陳列着大批的洋裝書籍，主人是早就走光了，連僕人也沒有一個。從他們所遺留的照片、信札和日記上看來，這家的兄弟姊妹們都是上海某些學府里的高材生，並且還有在外洋鍍過金的，國家自然是待他們不薄。可是當這國家生死存亡的關頭，他們却都已遠走了。甚至小姐不曾有時間攜走她所收藏的情書，少爺未能拿出他的日記，那些不知何許人也的男士們刻意書成的佳作，而今散滿一地，我們隨手拾讀，做了笑話的資料。日記倒還記得認眞，有人拿來墊襯東西，我覺得未免可惜，代爲收藏在一邊，後來這家主人回來探望的時候，果然問起了這本日記，我便還給了他。不過所存的棉衣，因傷兵夜間缺少被蓋，我們便不客氣的代爲捐贈了一些。主人倒還好，非但不曾責備我們，第二次來探望的時候，還特地帶了些食品來慰勞我們。

到那兒的第二天，傷兵在轟炸聲中源源不斷的從火線上運了來，臨時醫院里的幾所空房裏和走廊上，都橫直的躺滿了。臥墊來不及準備，有的便躺在骯髒的稻草上，後來連稻草也沒有了，只得躺在潮溼的地上。他們有的被鎗彈洞穿了胸膛，有的被刺刀刺傷了腹部，有的被砲彈的彈片打壞了眼睛和頭部，有的被炸斷了腿和手，更慘的是有的被開花彈打爛了屁股，撕碎了臂膊，以及削去了全部的嘴唇，牙齒和舌頭他們還活着，但全身浸在血污裏，一顆顆未死的熱烈的心，正被最大的痛苦撕咬着，我們給他們洗傷口敷藥包紮的時候，他們簡直是痛不可當！

因爲這一師正守着衛要地帶，和敵人作猛烈的血戰，接連三日，這臨時戰地醫院里，全躺滿了傷兵，後方未及派車來裝運。我們手頭的藥品、紗布均感缺乏，有的竟沒有辦法給他們按時換藥，火伕們也忙個不了，喝的開水，吃的食品，均來不及供應，甚至有的傷兵作戰過幾天，沒有吃過一點東西，這臨時醫院里也沒法供給。人手太少了，躺着的傷兵又是這麼多，軍醫處也束手無策，只有切盼着後方派車來裝運。

最使我感動的是作救護工作的第三天。那天的晚飯後，我們去爲重傷的兵士們換藥，爲了開水的缺乏，未能充分的給他們洗傷口，藥品是更不敷用，便連碘酒也逼得摻水使用。那時傷兵們，到我們一出現，都悲哀的喊着請求着：『醫官，快給我上藥啊，我打傷以後還沒有上過藥哩！』

『醫官啊，我痛得太厲害了，又發燒，又怕冷，請給我一點藥吃吧！』

『醫官，他們爲什麼還不把我們送到後方醫院去？我們已經來了三天了！難道就這樣讓我們死了嗎？』

這些呼聲，從四週傳了來，撕裂着我們的心，而我們人手是這樣的少，我們所剩餘的一點藥品是更少，眼望着這大批爲保衛祖國而戰鬥流血以致重傷的戰士們，我們恨不能用我們的眼淚來洗滌他們的創傷！

當我們爲一個個傷兵洗滌傷口的時候，我們首先得用剪刀剪去那被血膠粘着的衣服，有許多傷兵的創口已經在開始腐爛，那陣陣腐臭的氣味冲進了我們的鼻孔，我們幾乎要嘔吐；但當一念及他們全都是保衛祖國的戰士，是以全生命在火線上和日本帝國主義拚過的，我們便不禁肅然起敬，忍受住了那股氣味，很耐心很溫和的爲他們洗傷敷藥，並且輕輕的給他們包紮，期望能減少他們幾分痛苦。

第四天，一起來就聽說有七八個傷兵死掉了，我心裏不禁埋怨起後方工作的人們來。也許這幾個可敬的戰士能早點被接到後方醫院去治療，還不會死吧！

幸而還好，活着的，今天全數被運送到後方醫院去了。

據師部的人告訴我們：『這一批戰士的受傷是由於敵人以重砲及飛機攻擊，敵方所發砲彈密如連珠，在某二小時內竟達一千餘發。我方士兵刻仍固守陣地，未曾後退一步。』這消息使我對於剛運走的傷兵和他們的同伴，更增加了敬意！而隨後的兩件事實，也有力的給我說明了我們的戰士是何等驚人的勇敢：一個腿部和手都受了傷的小兵被送來了，我給他上藥的時候，他說當他在一百米的距離看見了敵人的時候，非常的生氣，立刻扔過兩個手溜彈去，第一個沒有聲響，第二個響得很，對方立刻集中火力向他射擊，他中了槍，本不願回來的，長官卻逼着他回來。他要求我告訴他，要幾天可以再回前線去。還有一個年紀已經四五十歲的兵士，他的腿部剛受了傷，我給他止痛藥吃，他不吃，要我給他包紮住傷口，放他趕快回到火線上去。

（救亡日報）

閘北救火英雄

士平

在閘北的中國軍隊和佔極大優勢的敵人堅強抵抗了七十六天，因此全世界都知道了它。最近，四行倉庫的英勇的「决死隊，」是成了全世界最多談起的一枝軍隊，可是有羣人他們是同樣地英勇，同樣地值得宣揚，却被輕輕抹殺了。他們便是閘北救火會的救火員。

這些閘北的「吃烟子的人，」悶聲不響地在整個戰局中做着拯危救急的工作，一直到中國軍隊從那裏撤退爲止。他們的未明言的事績和行動也許會永遠被推入遺忘的淵中，但是從關於他們的活動的不充分的報道裏，却已透露出他們實是鐵一般的人，同時他們的事績乃是表現救火會的最好的傳統的。

閘北的救火員，受着缺少良好的救火機器和器具的妨礙，却和每一個火災的爆發戰鬥，在猛烈的彈雨和日本飛機的狂亂的轟炸之下，他們不僅在物質上受着阻礙，在人手之缺少上也處於難境。

閘北的火災，自八一三以來，日有七八起；當中國軍隊撤退時，則有十三處大火同時在這區域發生。（這數目是單獨的觀察家計算得的。）閘北的救火員用有限的人手和設備和火災整日整夜地戰鬥，精神始終如一？這種地方，是爲全世界所有救火團體增光的。

這一次戰爭中的火災，爲數是遠超出一二八時的火災之上。許多觀察家都以爲，這次戰事中閘北火災的損失，不下數千萬元。許多人都說中國軍隊全線撤退時閘北發生的火災，乃是中國歷史上最大的火災。而所有這些火災除去最後幾天外，都是由閘北救火會照管的。

當他們在閘北活動時，那些救火會員想來一定受過許多災難，雖然他們沒有發表出來。是的，他們在不尋常的情狀之下所受的艱辛和災難，是從來沒有公佈過這些火災戰鬥員是默默地沉鬱地幹着他們的工作。

自從浜北的中國軍隊全線撤退以後，閘北救火會據說被迫放棄了他們的職位，但是他們的事績和行動將被人很久地記憶着。據我們知道，那團體的一些團員，現在已被解散了；并且他們中間有一部分人，經歷了一番艱辛，或者正在享受着極端需要的休息。（譯自英文「大美晚報」）

上海抗战与世界反法西斯战争系列丛书

淞沪

淞沪抗战史料丛书续编 Ⅳ

第一辑

陆军第八十八师淞沪抗日战斗经过 | 佚名 编

淞沪抗日见闻录 | 陆军第十八、五军偕行社 编

蔡廷楷中日战史 | 海上热血男儿 编

上海科学技术文献出版社
Shanghai Scientific and Technological Literature Press

“上海抗战与世界反法西斯战争”系列丛书总序

伟大的中国抗日战争，是近代中国人民反对帝国主义侵略并且取得第一次完全胜利的民族解放战争，是开展时间最早、持续时间最长的世界反法西斯战争东方主战场。在这场历经十四年之久的抗日战争中，中国各族各界人民同仇敌忾、共赴国难，经过艰苦卓绝的浴血奋战，以巨大的民族牺牲，打败了穷凶极恶的日本法西斯侵略者，取得了辉煌的胜利。正如习近平总书记所指出的，中国抗日战争“为拯救民族危亡、实现民族独立和人民解放，为争取世界和平的伟大事业，作出了彪炳史册的贡献”。中国抗日战争是在中国共产党倡导的以国共合作为基础的抗日民族统一战线旗帜下进行和取得胜利的。以爱国主义为核心的伟大民族精神是中国抗日战争胜利的决定因素，中国共产党的中流砥柱作用是中国抗日战争胜利的根本保证，全民族抗战是中国抗日战争胜利的重要法宝。

上海抗战是中国抗日战争的重要组成部分。在中国抗日战争与世界反法西斯战争中，作为中国共产党的诞生地，上海这座具有反帝反封建光荣革命传统的英雄城市，发挥了独特的重要作用，作出了重大的历史性贡献。

20世纪三四十年代，上海这座国际性的大都市，已经成为中国与世界各国通商贸易的主要港口，成为中国经济、文化中心和政治、外交副中心。同时，上海又是当时中国最大的军港和守卫长江的大门，具有重要的军事战略地位，因而始终成为日本法西斯军国主义觊觎的一个战略要地。1931年“九一八”事变后，日本法西斯军国主义进而在上海挑起了“一·二八”事变，发动了对淞沪地区的武装侵略。驻守上海的十九路军和前来增援的第五军与上海人民一起奋起抵抗，给予日本侵略者以沉重一击，成为中国局部抗战历史进程中承前启后的关键性一役。“九一八”和“一·二八”时期的抗日武装斗争和民众抗日救亡运动，在世界上率先举起了反法西斯的旗帜，揭开了中国抗日战争和世界反法西斯战争的序幕。1937年七七事变后仅一个月余，日本法西斯军国主义又把侵略魔爪伸向上海，遭到中国爱国军民的顽强抵抗，形成了以上海为中心的一场气壮山河、震惊中外的“八一三”淞沪抗战。七七卢沟桥事变和“八一三”淞沪会战，标志着日本法西斯军国主义全面侵华战争的开始。在中国共产党的积极倡导和推动下，抗日民族统一战线正式形成，揭开了中国全民族全面抗战的序幕，也标志着世界反法西斯的第二次世界大战在亚洲的东方战场正式形成。在“八一三”淞沪抗战历时一百多天的日日夜夜，中国军队和上海人民以其鲜血和生命，筑成了一座民族自卫的血肉长城，谱写了一曲民族团结、共御外敌的壮丽史诗。上海沦陷后，上海民众在全国人民和全世界爱好和平的各国人民的声援、支持下，面对极其艰辛险恶的环境，仍然以大无畏的英雄气概，坚定不移地继续投身于全民族抗战的洪流，对日伪的法西斯统治进行不屈不挠的斗争。中国共产党始终高举抗日民族统一战线的伟大旗帜，发动民众，团结上海各界人士，从人力、物力、财力等各方面支持抗日民主根据地和抗战大后方的斗争，冒着腥风血雨，迎接抗日战争的最后胜利。

两次淞沪抗战及上海民众在十四年不间断的抗日救亡运动中，构成了一幅幅上海抗战英勇悲壮的画卷，也铸就了上海在中国抗日战争和世界反法西斯战争中的重要历史地位：上海不仅是中国对日作战的一个坚强的军事战略重镇，也是中国抗日救亡运动前期的中心和中国抗战文化的发源地；不仅是支援抗战大后方和抗日民主根据地的重要基地，也是世界反战反法西斯人士和中外难民的庇护所；是世界反法西斯舆论战、情报战的东方主要阵地，又是中国联系国际反法西斯阵营的纽带和桥梁。更为重要的是，上海抗日战争凸显了其重要的历史意义：它在外敌入侵、民族危亡的关键时刻，全面地、全方位地弘扬了以爱国主义为核心的民族精神，折射了中华民族有同侵略者血战到底的气概，有在自力更生的基础上光复旧物的决心，有自立于世界民族之林的能力。上海抗日战争在中国抗日战争和世界反法西斯战争历史上树立了一座永不磨灭的丰碑。

今年是中国抗日战争暨世界反法西斯战争胜利七十周年。在中共上海市委的领导和支持下，上海学术界和理论界经过多年的努力，联合推出了“上海抗战与世界反法西斯战争”系列丛书。这套系列丛书分为三个子系列，**一是“上海抗日战争史”丛书，**其中包括上海抗战史通论、“一·二八”淞沪抗战、“八一三”淞沪抗战、日军在上海的罪行与统治、上海人民抗日救亡运动、上海郊县抗日武装斗争、上海人民支援新四军与抗日根据地、抗战时期的上海经济、抗战时期的上海文化、上海抗战与国际援助等。**二是“淞沪抗战史料”丛书，**选辑和汇集民国时期有关上海抗战的具有代表性的通讯、纪实、回忆录及报告文学等鲜为人知的孤本、藏本影印重版。**三是“上海抗战与世界反法西斯战争研究”丛书，**其中包括资料性著作：记忆中的淞沪抗战、淞沪抗战中文报刊资料选编、淞沪抗战档案史料选编、上海抗战历史文献选编等；专题性著作：中国共产党与上海抗战、当代学者论淞沪抗战、国外学者论淞沪抗战、“一·二八”淞沪抗战画史、“八一三”淞沪抗战画史等；工具性著作：上海抗战与世界反法西斯战争大事年表、上海抗战与世界反法西斯战争事件人物录等；通论性著作：在上述论著的基础上完成一部通论性著作，即上海抗战与世界反法西斯战争全史。这三个子系列丛书各有千秋、各具特色，在集结出版后，更能起到互相参照、取长补短的作用。可以说，这套系列丛书是上海学术界和理论界研究上海抗日战争和世界反法西斯战争的一项重大的学术成果，是对上海抗日战争史研究的一个重要总结和一次集中展示，也是向中国抗日战争暨世界反法西斯战争胜利七十周年献上的一份厚礼！

“疑今者，察之古；不知来者，视之往”。历史是最好的教科书。“上海抗战与世界反法西斯战争”系列丛书的出版发行，更是为了向社会提供一部能够弘扬时代正能量、培育与践行社会主义核心价值观的好教材。让我们站在新的历史起点上，进一步铭记历史、缅怀先烈、珍视和平、警示未来，为实现中华民族伟大复兴而奋斗，为促进世界的和平和发展作出我们应有的贡献。

徐　麟

2015年

出版说明

“淞沪抗战史料”丛书续编Ⅳ主要收集日本早稻田大学图书馆、浙江省图书馆等处所藏资源，将已见或未见的关于淞沪抗战史料以影印的形式出版，内容涵盖两次淞沪抗战，即“一·二八”淞沪抗战和“八一三”淞沪抗战，力求比较全面、翔实和生动地反映淞沪抗战的全貌。

两次淞沪抗战，是中国人民伟大的抗日民族解放战争的重要组成部分，特别是“八一三”淞沪抗战是在中国共产党抗日民族统一战线政策的指引下，以国共两党合作为中心，全国各爱国党派、团体、中央和地方各系抗日军队、各界爱国民众以及海内外侨胞，在抗日御侮、共赴国难的基础上发动和进行的，堪称民族自卫战争史上的伟业。它体现了中国人民血洒战场、拼死抗战的决心和民族团结精神。阅读这些史料，重温那段中华民族优秀儿女面对强敌、誓死抗争的精神，就是最好的爱国主义教材。两次淞沪抗战展示了中华民族奋起改变自己国家命运的伟大信念，爱国主义激发出全体中国人民的巨大力量，这种信念和力量，在今天仍然弥足珍贵，令人心怀激荡。两次淞沪抗战中那些大气磅礴、气壮山河的史诗故事，均在本套丛书资料中有翔实的记录和质朴的史料作为佐证。

由于各种原因，原书中存在着印刷错误，而且有些细节也与史料不符，对书中的一些观点我们也不完全赞同，为了给读者提供最原始的抗战史料，对上述问题未做任何处理，希望读者能够给予理解。

编　者

2019年11月

目　录

機密

陸軍第八十八師淞滬抗日戰鬭經過

陸軍第八十八師淞滬抗日戰鬪經過

甲，廟行鎮之役

自一二八上海事變以來倭軍始以海軍鹽澤司令驅其來滬之艦隊及陸戰隊並加以居留上海之僑民與我十九路軍戰於閘北八字橋吳淞蘊藻濱之間失敗後乃易以野村司令並增派其素稱精銳之特別陸戰隊來援同時其金澤第九師團及久留米第十二混成旅團亦行將到滬我政府鑑於日人橫暴無禮知戰禍不免擴大自事變日起即令本師駐杭部隊隨時準備出動與淞滬戴警備司令連絡相機增援而本師將士敵愾同仇請纓除暴乃於一月三十一日奉到參軍兩部長一月二十九日電令即時出動始開首都繼改鎮江後乃決定開至蘇州歸蔣總指揮光鼐指揮於二月二日由杭州丘夫分途出發於四，五，兩日先後集結蘇州但第二六四旅(缺五二八團)留駐鎮江担任警備旋於六日接奉蔣總指揮電令推進至黃渡附近集結爲總預備隊遵即星夜開拔至南翔附近除報告總指揮外

並呈

委員長虞巳電如左

「銜略」職師錢旅施團警備鎮江茲奉將總指揮光鼐電令因日軍一師團即將到滬增援着本師推進黃渡職即率楊旅全部及黃團星夜開拔又八七師宋希濂旅日內亦到崑山歸職指揮敵果來犯誓與周旋以報黨國職兪濟時叩虞巳

二月十七日到奉　委員長銑(十六)戌電如左

「銜略」前在豫徐致濟時各電未知有否接到何以來電不叙明今日幹部决定在淞滬原陣地抵抗到底望兄等努力團結爲黨國爭光至淞滬地形複雜河流縱橫無論前後皆便於固守倭寇如取攻勢則其犧牲非一比十决不能奪我陣地望與十九路軍共同一致並與蔣蔡二同志團結奮鬥對於命令務須切實服從萬不可稍生隔膜吾人若不於此表現革命精神决心犧牲尙待何時請將此意轉告全體將士克保我軍光榮是爲至要中正銑(十六)戌

同日奉令編入左翼軍歸張軍長治中指揮上午五時李副師長奉令率旅團營長隨軍部視參謀長赴前線偵察地形因軍部甫到情況甚急由視謀長偵察結果决定部署卽令職師開始動作李副師長回部轉達後卽于是日上午十一時四十分下達如左之命令

命令 二月十七日上午十一時四十分於南翔師司令部

一，敵情如通報所載

我第五軍八十七師全部已於昨（十六）晚陸續到達進駐劉家行其二百六十一旅已接防曹家橋至胡家宅之線

二，本師本（十七）日晚擬推進至馬橋宅附近接替六十一師江灣鎮（不含）經廟行鎮至周巷（含）一帶之防線

三，第二六二旅應於本（十七）日午後五時開始移動分途前進第五二三團由現住地經馬路灣—新涇橋—朱家梅園向大場鎮前進第五二四團由現住地經小南翔—候行—朱宅—西塘橋向馬橋宅前進但各團之榴彈砲連及小砲連應於本日午後五時由南翔乘火車至眞如下車再行轉進該旅到達地點後務於本（十七）日夜十二時前接替六十一師江灣鎮（不含）經廟行鎮至周巷（含）一帶之防線妥愼配備（縱深配備）具報爲要

四，第五二八團應於本（十七）日晚準第五二三團之行進路向王家街劉家橋李家樓之線跟進作爲本師之總預備隊並任由大場至胡家宅大道上之警戒但各營之小砲連須於本（十七）日午後五時前由南翔登車至眞如下車後再行轉進

五，幹部敎育總隊（欠一二兩隊）及各團之榴彈砲連小砲連統歸陳兼總隊長普民指揮

於本日午後五時由南翔登車至眞如下車轉到大場後各歸還本隊該總隊應進至馬橋宅附近集結待命並任馬橋宅之附近警戒及對空防禦

六，幹部教育總隊第一二兩隊由徐總隊附帶領及特務營（留一排任南翔留守處之警備）師衛生隊担架連均於本（十七）日晚在第五二四團後尾跟進至馬橋宅附近集結待命但師衛生隊應即準備開設綳帶所

七，砲專校山砲連應集結於季項宅附近待命並須即偵察本陣地之進路及砲兵陣地之位置搆築掩體將預定射擊諸元妥愼計劃具報爲要

八，工兵營應於明（十八）日午後五時由現地出發準第五二四團之行進路向季項宅附近前進待命

九，通信連應即開始架設通信網務於部隊達到後即行通信爲要無線電台應隨師部由南翔乘車至眞如下車後跟進至馬橋宅即時架設通信爲要

十，野戰醫院應隨同師司令部由南翔乘車至眞如附近準備開設並與地方救護團體接洽與師衛生隊連絡

十一，各部大小行李應派專員指揮不得雜亂無序（但炊事具須隨部隊行進）至相當地點即行停止其餘馬騾等易爲敵察覺之目標亦準此要領行之

十二，師彈藥隊及輸送隊暫在南翔待命但彈藥隊應準備於眞如開設分配所

十三，關於交通事項着由副官處妥行接洽對於火車汽車小船充分準備爲要

十四，師司令部除留南翔者（軍械處軍需處軍醫處各一部又衛兵一排軍需處長駱企青爲主任）外其餘均於本日午後六時由南翔乘車至眞如下車後重要職員改乘汽車先向馬橋宅前進其餘陸續跟進

十五，予暫在南翔師司令部於本（十七）夜十二時到達馬橋宅

師　長　俞濟時

副師長　李延年

注意事項

一，夜間行動應嚴守靜肅對點火等絕對禁止

二，到達後應即偵察地形及行進路改築工事

三，南翔駐地所借用之物品應一律清還不得攜帶

四，參照軍用五萬分一地圖

各部隊均遵命分途推進因道路不良重火器改由火車輸送至眞茹轉沿汽車路前進到達指定地點後卽令各接防部隊分途向本防區友軍接洽惟以前此陣地工事簡單港汊分岐地形複雜敵人易於接近預料成爲戰事焦點而廟行鎭小場廟等處位置突出爲敵之有利攻擊點當令構築堅固據點以資死守并配屬山砲兵一連於該地區藉厚實力爲避免敵人砲

火起見特令縱深配備以減損害又爲防範敵機視察爆炸特規定防空部隊從事積極抵制各部隊於十八日上午一時先後接防完畢當作如左之報告

報告 二月十八日上午一時
於馮家宅師司令部

一，本師（欠施團）已遵令於昨（十七）日午後五時由南翔附近開始移動均於當晚十二時前到達指定地點經於十八日上午一時將江灣鎮北端經廟行鎮至周巷一帶我六十一師之防務接替完畢

二，該陣地我六十一師僅第一線築有簡單工事因河流交錯地形複雜祇構築簡單據點中間空隙甚大已飭將第一線工事加倍强固多築交通壕後再繼築第二線陣地

三，玆送上陣地配備要圖一份

右報告分呈

是夜奉到軍長張補發筆記命令節抄如左

一，總指揮將命令節開

1，據確報金澤第九師團久留米第十二師團之一混成旅團由敵第九師團長植田謙吉指揮於十四全部到滬總數約三萬人連合敵海軍陸戰隊之殘部企圖進佔我吳淞及上海南北市

2、本軍以保護國土自衞之目的擬佔領南市龍華北新涇眞如閘北江灣吳淞寶山月浦鎮之線保持主力於鐵道以北之地區迎擊由閘北江灣吳淞方面來犯之敵待機出擊壓迫於黃浦江而殲滅之

二、本左翼軍應佔領江灣北端至廟行鎮東端蔡家宅胡家宅曹家橋之線主力控置於大場鎮北楊行鎮南及劉家行之間迎擊由江灣北地區來犯之敵乘機出擊向殷行鎮附近壓迫敵人於黃浦江畔而殲滅之以一部在羅店瀏河小川沙方面担任江面之警戒相機策應吳淞

三、第八十八師（缺一團）應佔領由江灣鎮北端至周巷無名河南岸之線右與十九路軍左與本軍第八十七師確取連繫惟主力須控置大場鎮以北地區

四、第八十八師獨立旅（屬右翼軍）但任警戒南市龍華虹橋亘北新涇河以南之線須以有力部隊死守南市龍華爲右翼之據點

接防後一方面增固工事一方面廣行搜索幷佔領警戒陣地驅逐敵之小部隊實行威力偵察斯時敵甫登陸部署未定故尙無劇烈戰鬥二月十八日午前十時接得張軍長治中命令本左翼軍兵力部署重行規定如左

1、第八十八師（缺一團）應佔領由江灣鎮北端經廟行周巷蔡家宅至蘊藻浜南岸之線右與十九路軍左與八十七師確取連絡惟主力須控置於大場鎮以北地區

2、第八十七師二五九旅以一部位置於中興宅孟灣附近必要時受俞師長之指揮策應該師

本師接得上項命令後當卽轉令第一線之二六二旅左翼延伸配備至蘊藻濱南岸於是日下午重新配備完畢

二十日戰況

第二六四旅五二一團由鎮江歸還建制本（二十）日上午四時完全到達馬橋宅附近爲指揮便利起見擬重行部署乃敵卽大部來犯當卽就現陣地之配備下達如左之命令

命令　二，二〇，上午九時三十分　於馮家宅師司令部

軍隊區分	
右地區 指揮官 錢旅長倫體 第五二三團 第五二七團	一，據報約有敵步兵二三千名附唐克車四輛由江灣鎮前方向我陣地前進中 二，本師決在原陣地固守拒止敵人相機出擊而殲滅之 三，自江灣鎮北端至麥家宅（含）之綫爲右翼地區以錢旅長倫體爲指揮官以五二三團任該地區之守備以五二七團爲該地

砲校山砲連

左地區

指揮官楊旅長步飛

第五二四團

第五二八團第二營

師預備隊

指揮官陳副旅長普民

第五二八團（欠第二營）

工兵營

教育總隊

區之預備隊位置於周吳王宅與王家街之間自麥家宅至蔡家宅之線爲左翼地區以楊旅長步飛爲指揮官以五二四團任該地區之守備以五二八團第三營爲該地區之預備隊

四，兩地區之戰鬪境界爲孟家宅—麥家宅—李家橋之線線上屬右地區應左右確取連絡

五，第五二八團（欠第二營）應位於姚家宅附近及步兵教育總隊工兵營仍在原地作爲師總預備隊並對空施行防禦

六，山炮連應在現陣地受右地區指揮官之指揮速即完成射擊準備

七，余在馮家宅師司令部

傳達法先用電話通知油印送達

右令

師長俞濟時

副師長李延年

注　意

一，小砲防空出預備隊任之餘應對有利目標射擊

二，要十分沉着應避敵砲火及飛機爆炸

本師陣地自接防以來即由各級官長嚴厲督率晝夜構築工事但因築城材料缺乏故仍未臻鞏固敵於本日上午九時起先向我右翼小場廟麥家宅間之警戒陣地威力搜索並用砲擊同時敵機三五成羣在空中用機槍掃射拋擲重炸量彈及施放信號作爲其砲兵射擊目標繼有步兵千餘人在其砲火掩護之下向我警戒陣地前進斯時乃以猛烈砲火向我本陣地全線攻擊尤以廟行鎮及大小麥家宅爲其集中火力地區經我警戒陣地守兵沉着應職頑強抵抗至下午二時逐漸退回本陣地見敵之主力約二千餘人已行展開進入攻擊準備位置向我右地區第五二三團小場廟陣地前進我陣地守兵早有準備沉着應戰敵雖衝鋒數次均被擊退死傷甚多後經我陣地守兵出擊乃狼狽退去至夜間十二時前後將警戒陣地完全恢復同日我右翼六十一師守備江灣鎮之部隊與敵戰鬭亦甚激烈我左翼八十七師宋旅沿蘊藻濱北岸陣地較爲沉寂據報本日向我陣地進

攻之敵為金澤第九師團所部希圖中央突破計不得逞受創甚巨我亦傷亡官兵五十餘員名

是日呈　委員長號未號亥兩電如左

「銜略」密巧酉電敬悉已飭屬遵照本日上午九時敵步兵二千餘人唐克車四輛向我陣地前進經我前哨射擊旋向江灣方面移去敵之飛機在我陣地擲彈甚多前線受砲火壓迫亦烈但無甚損害恐入晚或明晨將有全線激烈戰爭謹聞職俞濟時叩號未

「銜略」密（前半與號未電略同從略）至下午一時廟行麥家宅一帶敵炮轟擊更烈敵兵壕及鐵絲網亦被毀壞數段旋經派得力部隊出擊敵乃潰退是役全線傷亡官兵五十餘人謹聞職俞濟時叩號亥

二十一日戰況

據由薀藻濱逃回難民報稱敵人大部隊於本日夜向我陣地正前方廟行鎮江灣之間集結甚為忙碌同時接得右翼友軍之通告在江灣鎮之瞭望哨亦見有敵之密集部隊約千餘人向我陣地方面移動當飭陣地官兵加緊修築工事增構交通壕妥為戒備嚴密搜索以便迎頭痛擊敵果於拂曉五時先以砲火向我陣地猛烈射擊毀我工事斯日敵機亦早出偵察轟炸

意欲使我後方部隊不能活動繼又用步兵向我警戒陣地逼進我守兵堅忍抵抗始將其先頭部隊擊退待至上午七時敵在其優勢砲火掩護之下以密集隊形縱深重疊配備意欲一舉攻我本陣地前仆後繼節節向我逼進我警戒陣地守兵不得已退回本陣地沉着應戰斯時我右地區陣地與敵相距百餘米激戰甚烈繼見其另以一部向我五二七團第三營麥家宅陣地猛烈攻擊並在浦西方面有敵之密集隊約一團以上之兵力預料必爲敵之總預備隊當以我右地區預備隊使用將盡乃飭師預備隊第五二八團（欠第一營）向前推進相機策應準備出擊同時獨立砲兵第一團第一營（欠第三連）開至前方歸本師指揮當飭抽派山砲一連至李家橋歸左地區指揮官指揮向敵行有效之射擊其餘暫在童江宅待命及至上午九時戰鬭漸趨激烈敵以砲火延伸距離射擊我陣地後方要點以步兵全力向我陣地衝鋒十餘次陣地工事雖多毀壞但我守兵奮勇抵抗斃敵甚衆繼乃令我廟行鎮守兵由左側出擊敵漸不支相持爲下午十時敵乃利用暗夜退去仍將我警戒陣地恢復前進搜索保持與敵接觸斯役我官兵

均能堅忍力戰知敵慣用其砲火及飛機之威力至其步兵僅恃自動火器之射擊衝擊力甚爲薄弱戰鬪結果計傷亡官兵三百餘員名彈葯消耗亦不少（均詳另表）

是日呈　委員長馬未一馬未二馬戌三電如左

「銜略」密自號晨與倭寇接觸以來敵希圖中央突破向我江灣鎮陣地猛攻本日仍繼續攻擊並分向江灣鎮兩側突擊故我右翼馮團陣地戰鬥甚烈傷亡亦多現仍在激戰中職俞濟時叩馬未一

「銜略」密敵以攻江灣不逞即向兩翼進攻我右翼地區攻擊尤烈自拂曉至中午愈戰愈劇我官兵在猛烈敵火之下仍沉着應戰陣線非常鞏固五二三團與五二七團傷亡官兵計三百餘人敵方損失更重我八十七師擊下敵機一架機師斃命機身全毀謹聞職俞濟時叩馬未二

「銜略」密本師官兵一週以來晝夜構築工事行軍作戰無稍休息頗覺疲勞昨日上午九時戰事開始敵以飛機重炮猛烈轟炸彈如雨下聲震山嶽（中略）今日下午迄發電時戰鬪愈趨激烈得報靶子路與蘊藻濱之敵均向江灣廟行方向移動預測敵之企圖將以重兵突破我右翼而取江灣今晚或明晨當有一場惡戰也敬聞職俞濟時叩馬戌

二十二日戰況

據各方面報告及迭日觀察敵軍行動敵擬於日內以全力向江灣廟行之間實行總攻希圖中央突破再抄襲我閘北吳淞之友軍我方洞燭其隱故特充分準備以便迎頭痛擊於二十一日下午六時奉到軍部同日午后三時三十分命令要旨如左

一，敵人自昨日以來猛攻我江灣鎮至廟行鎮之線似有希圖突破我陣地之企圖

二，茲為策應該師作戰起見着二五九旅派遣第五一八團利用黃昏推進至馮家宅東北之柴塘濮家橋附近歸俞師長濟時指揮

命令　二月二十一日下午六時十五分
於馮家宅師司令部

本師為整頓部署準備摧破敵人起見特重行區處如左

一，同軍部命令要旨所載

二，本師為避免無益損害整頓部署準備相機摧破敵人起見特重行區處如左

1，左地區守備兵力及位置仍舊

2，右地區守備兵力應以五二三團與五二七團分任之第一線守兵務求節約最多不得超過三營由錢旅長倫體適宜區處重行部署為要山砲兵一連仍歸該旅長指揮

三，第五二八團（欠第二營）應位於水車頭顏家宅附近幹部教育總隊工兵營仍在現位置作爲師第一總預備隊第五一八團應位於李家樓王家衖附近作爲師第二總預備隊並應構築由李家樓至胡家庄沿河一帶之工事

四，余在馮家宅師司令部

傳達法油印送達

師長俞濟時

副師長李延年

部署既定敵果於上午一時起以第九師團及久留米混成旅團主力乘夜間向我陣地開始攻擊先向我五二七團第三營大小麥家宅陣地襲擊爲我前進部隊擊退至上午三時敵乃集中砲火向我陣地猛烈射擊總計發射五六千發以上均命中我第一線工事附近是以陣地工事全毀而官兵死傷尤重然士氣甚作終能沉着應付適逢拂曉大霧敵乃以全部兵力繼深重礮配備向我陣地逼進以五二七團第三營麥家宅陣地爲其攻擊目標經我守兵沉着瞄準猛烈射擊戰鬭漸趨激烈敵我傷亡均多彼仍前仆後繼節節向我衝擊反復肉搏混戰至上午八時卒以該營營長陳振新陣

亡各級幹部亦傷亡殆盡兵力薄弱不能維持遂被敵將麥家宅陣地突破一點來勢甚猛頗爲危急團預備隊增援無效方聞緊急報告時師長一方面嚴令廟行鎭守兵及趙店宅守兵死守要點以待恢復一方面令錢旅長施團長乘勢反攻奪回陣地於是錢旅長親率黃團第一營準備與敵肉搏揮白刃衝鋒該旅長躬自前趨勇敢逾恒甫達陣地即重傷胸部猶復留在陣地督戰殺敵此時我李副師長延年率領工兵營一部又五一八團第三營趕到隨即佔領唐東宅亘廟行鎭之線包圍突入之敵戰鬥至爲激烈工兵營營長唐循陣亡陳副旅長普民受傷師長親率少數幕僚及五一八團之一營到顏家宅督戰士氣激發精神百倍以數倍於我之强寇乘其方張之勢餘終未能擴張此陣地之突破口當時我將士酣戰苦鬬奮勇抵抗之情形可以想見斯時張軍長亦親至馮家宅師司令部指揮一切敵見攻擊頓挫乃將所有駐滬倭寇悉數增加來援但我官兵一面奮勇抵抗一面卽在現地構築簡單工事精神愈奮守禦益堅敵人衝擊十數次均被擊退迄於日暮敵終無如我何旋奉總指揮電諭頃接上海消息敵之預備隊全數

盡甚形恐慌有準備總退却模樣我爲一網打盡聚而殲之之目的利用黃昏避敵機之視察轟炸從左右兩翼包圍抄襲之左翼八十七師朱旅長希濂率兵四營强渡蘊藻濱河橫擊敵之側背右翼我六十一師張副師長炎率兵兩團由右翼趙店宅出擊迂廻敵人側背同時我正面部隊奮勇反攻則合圍之勢既成乃前後夾擊於夜十一時將敵擊潰死傷甚多軍需品遺棄滿途分頭狼狽逃竄僅留一小部在麥家宅陣地期圖負嵎頑强抵抗使我出擊部隊不便窮追但斯役敵之第九師團及久留米混成旅團精銳傷亡殆盡據確報倭寇傷亡計有三四千名之多無力反攻急電求援全戰線漸趨沉寂乃飭孫旅長元良負責解決大小麥家宅殘敵各部隊趕速整頓部署修補工事補充彈葯掃清戰場保持與敵接觸總計斯役敵以全力繼續攻擊三晝夜尤以二十二日戰鬪自上午三時起迄自夜十一時止反復肉搏歷二十小時之久雙方激戰之烈爲自開戰以來所未有幸我官兵均明大義奮勇爭先努力殺賊始終不懈得以摧破頑敵使其無再舉之能力是役本師官兵傷亡二千餘員名（詳另表）戰鬪之慘烈爲開始以來所未

有茲將各旅團長重要報告及是役所奉恢復陣地之命令及師長所下恢復陣地命令摘錄於後以資參考

一，據右地區第五二三團馮團長聖法本（廿二）日先後報告節述如左

1、本團因昨（廿一）日戰鬥經過第一，二，營傷亡頗大已於昨（廿一）日夜七時許令五二七團第二營派兵兩連接替第二營金家塘至竹園墩一段陣地其餘兵力部署如左

第一營担任嚴家橋前郭家宅（不含）之線陣地

第二營担任前郭家宅（含）後郭家宅之線陣地

第三營担任後郭家宅（不含）經小場廟至金家塘之線陣地

山砲連榴砲連移至蘇家園附近佔領陣地團部仍在竹園墩右側

2、本（廿二）日拂曉戰鬥至現在迄未停止戰況之激烈為從來未見當戰至午后三時敵衝鋒愈烈飛機砲火猛烈轟擊第二，三，營陣地多被砲燬官兵傷亡四百餘人但士氣甚壯陣線極為鞏固同時第一營陣地亦發生激烈戰鬥經我奮勇抵抗斃敵甚多不得稍逞我亦傷亡官兵百餘人乃令附屬之工兵第一連增加第一營陣線以厚實力結局陣線均無變動本（廿二）日戰鬥損壞重火器甚多全團祗有可用機槍兩三架

二，又據右地區第五二七團施團長覺民報告摘錄如下

本團第三營陣地前方敵於二十二日上午一時乘夜偷剪鐵絲網被我察覺即以機關擊鎗

退復於上午三時使用强烈炮火向我陣地猛攻拂曉之際天霧彌漫攻擊益烈激戰至上午八時卒以工事被毀幹部傷亡殆盡曾被突破一點當親率第一營增援並報告旅長斯時敵火非常猛烈以致增援部隊亦復傷亡過半同時第二營正面敵亦向我猛撲經該營沉着射擊敵終不得逞斃敵甚衆而我營長傷二員營附陣亡一員負傷一員其餘共傷官兵八百餘人

三，又據左地區指揮官楊旅長步飛報告摘錄如下

由江灣進軍工路一帶來攻之敵於昨（二十一）日上午經五二三團擊潰後仍圖死灰復燃有在江灣廟行間突破一點以達其迂迴之企圖遂於今（二十二）日午前三時許利用黑夜約三四百人由孟家宅一帶接近我麥家宅至廟行鎮之線之陣地經我警戒兵察覺後當即極力驅逐但因敵之兵力數倍於我復藉重砲掩護逐漸逼進我陣地當經五二四團之二三兩營奮勇抵抗敵乃傷亡枕籍卒不得逞同時敵機十餘架翱翔助戰至上午八時我五二七團第三營麥家宅陣地因守兵傷亡過多正面不能維持被敵突破一點遂使我廟行鎮陣地五二四團之六八兩連受敵側擊損害甚大值此時機形勢異常危急乃嚴令何團長凌霄決心死守廟行鎮以待反攻恢復陣地之機會雖守兵傷亡殆盡仍始終固守當調楊煥橋五二八團第三營由黃團長率領跑步前進截擊佔據麥家宅陣地之敵人外即親赴廟巷督戰上午十時復調張家橋五一八團第三營加入正面迎頭痛擊予敵以重大打擊敵見突破點既不能擴張戰果乃於下午零時二十分遂又增加部隊約千餘人向我左翼廟行鎮周巷

之線猛攻希圖奪我廟行鎮要點我復令野貓墩之五二八團第二營增援周巷之線戰鬥至爲激烈敵我損傷甚衆酣戰既久軍心益固抗戰至下午三時據報我蘊藻浜方面宋旅之出擊部隊已進展至北沈家宅之線急令正面反攻敵以側背受敵遂漸形撤退計斯役斃敵千餘人而我五二四團傷亡官兵亦達四百餘人

四，張軍長是日下午五時所下恢復陣地命令要旨如左

1，被敵突破之陣地限本（二十二）晚黃昏左右恢復

2，陣地恢復後江灣鎮北端至廟行鎮（不含）南端之線之陣地由八十八師担任廟行鎮（含）至蔡家宅之線之陣地由我二五九旅担任並受俞師長指揮

五，師長基右命令要旨即決心先解決當面麥家宅之殘敵然後再整理陣線當即下達命令如左

命令　二月二十二日下午十一時五十分
於顏家宅師司令部

一，頃奉

蔣總指揮電諭本（二十二）日爲敵總攻日期經我軍極力抵抗斃敵甚多而預備隊已用盡潰亂不堪似有總退却之模樣刻已令飭各師相機出擊壓迫於黃浦江畔而殲滅之

我第六十一師一二二旅第四團之一營已出擊至孟家宅附近對於盤踞大小麥家宅之殘敵已包圍中

二，本師擬俟陣地恢復後整理陣線並相機出擊完全解決該敵再回原陣地固守之

三，着第五一八團及第五二八團由孫旅長指揮限今(二十二)晚解決大小麥家宅之敵人再向孟家宅方向出擊

四，陣地恢復及出擊奏效後其兵力部署如左

1，江灣鎮北端至廟行鎮（不含）南端之線爲右地區楊旅長步飛爲指揮官以五二三團與五二七團担任之

2，廟行鎮（含）至蔡家宅之線爲左地區孫旅長元良爲指揮官以第二五九旅全部担任之

3，五二八團及教育總隊工兵營爲師預備隊調回塘東宅顏家宅待命

五，余在顏家宅指揮

師長　俞濟時

副師長　李延年

二十三日呈　委員長報告昨日戰鬥經過情形漾辰電如左

「銜略」密馬日夜亥刻敵以全力利用陰霧向我施團陳營麥家宅陣地猛攻始被擊退復於夜三時大舉來犯先以砲火燬我工事繼以步兵重疊攻擊我陣地守兵損失殆盡陳營長陣亡增援部隊亦多傷於砲火以致上午八時該陣地被敵擊破一點當即與李副師長親率

幹部教育總隊工兵營及五一八團第三營前往恢復同時六十一師張副師長及八十七師朱旅長抄襲激戰至養日下午十一時始將大部敵人擊退反復衝擊敵約傷亡三千餘名我方亦傷亡甚衆錢旅長倫體陳副旅長普民均受重傷校官傷亡十餘員尉官八九十員士兵傷亡約二千餘名但士氣甚壯仍佔領原陣地與敵激戰中職與李副師長本日上午二時回到師部惟以劇戰之後急待補充整理餘容詳查具報職俞濟時叩漾辰

同(廿三)日奉軍長張二月二十三日午后四時命令

着獨立砲兵第一團第一營(欠第三連)即開赴李家樓附近歸二五九旅孫旅長元良指揮當即轉飭遵照

同(廿三)日下午九時又奉如左之命令

第八十八師將防務移交與六十一師後務於明(二十四)日拂曉前撤至葛家神婁宅西塘橋附近地區集結整理並相機策應六十一師及八十七師

我六十一師於二十四日上午五時許派隊接替完畢本師各部隊因日間運動困難於是(廿四)晚始向指定地區集結從事整理

二十四日呈　委員長敬未電如左

「銜略」密養日廟行之戰敵以主力來犯經我官兵奮勇抵抗死傷枕籍幸友軍策應迅速將敵擊潰我李副師長延年於緊急時數往前綫督戰深爲得力堪稱難能團長馮聖法指揮

尤稱得當致右翼方面始終未爲敵軍所逞此次大戰我八十七師孫旅及毛師張旅增援部隊僅各使用二營兵力然奏效頗大本師各團現正從事整理每團約可編足一營或二營昨晚今晨迄發電時止無戰爭謹聞職俞濟時叩敬未

乙，竹園墩之役

本師遵令於二十四日晨將陣地移交六十一師接替二十四日夜由陣地撤回圳石橋蘇家宅陳家宅附近集結整理二月五日下午正積極整理小而六十一師陣地正面之敵猛烈攻擊又告吃緊乃急飭本師第五二七團向王家衖周巷黃宅附近推進應援六十一師同時爲謀整個策應友軍並相機出擊起見當令第二六二旅向康家宅李家庫推進遂下達如左之命令

命令　二月二十五日下午四時
　　　于馮家宅師司令部

着該旅全部於本（二十五）晚推進至康家宅李家庫附近策應前線友軍俾收協助之效仰即遵照辦理隨時具報爲要

右令

師　長　俞濟時

副師長　李延年

右命令下達後該旅於當晚十一時完全到達指定地點師部及其餘部隊仍在原地待命並卽呈　委員長有酉有亥兩電如左

「銜略」敬酉電奉悉密職師爲指揮便利計本日已編併每團兩營每營四連步兵三連機槍一連團直屬部隊及工兵營特務營教育總隊仍舊此外尚有小砲十連已有五連分撥十九路指揮奉令擬本日午后八時推進至廟行江灣間爲毛師應援職俞濟時叩有酉

『銜略』密梗未電敬悉職師刻已整理完畢本晚仍推進至廟行鎮李家庫周巷王宅附近作爲六十一師及八十七師之應援本日小場廟竹園墩友軍陣地被敵突破與全綫無關我六十一師傷亡千餘員名職俞濟時叩有亥

至二十六日接奉　軍長張命令如左

命令 二月二十六日午後三時四十分
于劉家行軍司令部

頃奉
總指揮蔣命令開查右翼軍之六十一師連日作戰傷亡極大亟得整理其小場廟以西竹園墩中間之地區起（詳細地界由張副師長與俞師長自行商定之）至竹園墩以北亘廟行鎮南端之防務由左翼軍派八十八師担任之限本（二十六）晚十一時以前接替完畢等因奉此除呈復外合行令仰該師長切實遵照並將接防配備情形具報為要

右 令

軍長張治中

本師奉令後當即遵飭按時接替并下如左之命令

命令 二月二十六日下午四時五十分
于馮家宅師司令部

一，同軍部二月二十六下午三時四十分命令（從略）

二，第二六二旅應於本（二十六）晚十一時前接替六十一師由小場廟與竹園墩中間地區起（詳細境界由楊旅長與張副師長商定之）至廟行鎮南端之防地左與我八十七師二五九旅右與我六十一師確取連絡不得稍有空隙並將接防配備情形具報為要（接防手續須十分妥慎）

三，第二六四旅應以五二八團推進至康家宅附近五二七團（周吳黃宅王家街）及教育總隊工兵營（馬橋宅）仍各在原位置爲本師之預備隊由李副師長統一指揮之

四，各部隊應先推進至適宜地點對於工事加緊趕築第一線守兵應一面監視一面加固工事各預備隊應在本位置構築強固據點及交通壕其第二線應按本日李副師長之指示由第五二八團及第五二七團之一部構築之至王家街附近之工事應由五二七團在王家街部隊構成堅固據點以上各節務於本日夜完成具報不得稍忽致誤戎機爲要

五，砲校山砲連應於本（二十六）日下午七時開赴康家宅歸楊旅長指揮迅即選定陣地完成射擊諸準備

六，通信連應即溝成通信網

七，師司令部及其餘直屬部隊位置仍舊

八，予在馮家宅師司令部

右令

傳達法先用電話通知油印分送

師長　俞濟時

副師長　李延年

二月二十七日戰況

小場廟方面約有敵四五百人麥家宅亦有敵約三四百人各在活動企圖

妨害我軍修補工事以為將來向我攻擊之進路我陣地各守備部隊均嚴加監視仍與保持接觸惟敵方疲敝之餘不復敢作大舉侵犯故本日戰況甚為沉寂旋據確報敵之援隊已陸續到齊正在準備似有日內向我總攻模樣本師為作戰策應容易起見重行部署下達如左之命令

命令　二月二十七日下午四時
於馮家宅師司令部

一，本師部署重行規定如左

1，第二六二旅應佔領竹園墩（含）右翼起至金家木橋（含）以北之河岸止右與六十一師左與我二六四旅確取連絡

2，第二六四旅應於本（二十七）日下午八時前接替金家木橋（不含）北端河岸起至廟行鎮（不含）南端河岸止右與我第二六二旅左與二五九旅確取連絡

3，砲校山砲連仍歸楊旅長指揮

4，教育總隊工兵營為師預備隊仍在原地（馬橋宅）待命

二，第二綫工事由兩旅預備隊担任以李家庫為界界上屬左翼旅務須確取連緊並加築鞏固限本日夜完成

三，余在馮家宅師部

右令

師長俞濟時
副師長李延年

二月二十八日戰況

是日聞敵之大將白川業已抵滬所增援之兩師團約四萬人亦已到達由此判斷大戰即將開始當飭加固工事嚴陣以待但盤據小場廟之敵仍在負嵎發見我軍目標即加射擊並於夜間以少數部隊向本師陣地襲擊企圖擾亂均被擊退

是日呈　委員長蔣宥戌電如左

「銜略」一密職師本日奉令接廟行鎮至小場廟防務惟查此線陣地連日苦戰原陣地相繼棄失現陣地既形灣曲因而多費兵力復無良好地形及鞏固工事成爲敵之必攻重點前友軍原以五團兵力担任屢次增援猶爲敵人突入職部僅有編併者八營兵力若驟行接替深恐難勝其任再經劇戰用深焦慮如何之處祈電示遵職俞濟時叩宥戌

是日呈　委員長儉酉電如左

「銜略」一密職師宥夜接替竹園墩至廟行鎮陣地以來均有小戰及爲敵砲擊我施團廖營

長齡奇受傷其餘官兵傷亡百餘員名再江灣鎮業由友軍放棄預料明後日當有劇烈戰事已令飭所部充分準備矣職俞濟時叩儉酉

二十九日戰況

敵之砲兵集中火力於本（廿九）日下午九時向本師陣地全線猛擊約千餘發同時復有敵步兵約千餘人以步機槍向我陣地射擊一時火力甚爲濃密我官兵抵抗如故約三小時許敵始退去

三月一日戰況

敵於本（一）日黎明起向我閘北八字橋蘊藻濱一帶佯攻以主力向我楊家樓下竹園墩之陣地主攻企圖中央突破另以一部在楊林口七了口登陸威脅我軍之左側背同時以大砲向本師陣地猛擊密如聯珠陣地工事大部被毁後方村落均遭破壞敵步兵密集隊伍在其砲火飛機掩護之下向我陣地衝鋒十餘次經我官兵固守陣地沉着射擊斃敵甚多均不得逞乃我右翼七十八師因傷亡過多守廣肇公所陣地之七十八師第一團于正午十二時半巳被敵突入本師竹園墩陣地突出因而被敵包圍側射激戰頗烈但仍堅守待該師反攻以期恢復原陣地同時爲策應容易起見再

在第二線陣地部署警戒當下左之命令

命令　三月一日下午三時三十分
　　　於馮家宅師司令部

一，我第一線守兵仍在原陣地與敵激戰相持中

二，工兵營應即在顏家宅（含）至李家庫（不含）之線佈署警戒並修築工事右與十九路軍左與我第二六四旅連絡

三，第五二八團第二營應在李家庫（含）至楊煥橋（不含）之線佈置警戒右與我工兵營左與第二五九旅連絡

四，過有前線散兵應即收容不准後退

五，余在馮家宅師司令部

右令

師長俞濟時
副師長李延年

我右翼軍七十八師雖調援隊數度反攻卒因傷亡過多於下午三時許全線撤退我六十一師張旅即由大場推進佔領第二線陣地掩護七十八師收容斯時戰況愈趨惡化本師陣地遭敵重圍于午后四時奉　軍長電諭

可撤至第二防線

命令　三月一日下午五時四十分
于　馮家宅師司令部

一，敵情如貴官所知
二，本師於不得已擬固守顏家宅李家庫亘楊煥橋之線
三，第二六二旅附工兵營應担任右翼至顏家宅（含）起左翼至李家庫（不含）止而死守之右與六十一師左與我二六四旅連絡
四，第二六四旅附敎育總隊應担任右翼自李家庫起（含）至左翼楊煥橋河川之線而死守之右與我二六二旅左與二五九旅連絡
五，余在馮家宅師部

右　令

師長　兪濟時
副師長　李延年

各部隊接令後於本（一）日下午六時四十分撤至顏家宅李家庫楊煥橋第二線陣地死守旋於十時三十分接奉　軍長張命令節抄如左

左翼軍命令　三月一日午后九時三十分
於劉家行軍司令部

一，奉　總指揮電令本軍於今晚變換陣地以備與倭寇作長期抵抗

二，本左翼軍應撤至馬陸鎮－嘉定－太倉之線佔領陣地

三，八十八師經由馬橋宅－陳家行－廣福南部－馬陸鎮－嘉定－之道集結於嘉定到達後應警戒馬陸鎮－嘉定城－朱涇橋之線左翼須與右翼軍連絡

四，五，六，七，略，

八，七十八師翁旅經由楊行鎮－羅店－嘉定在嘉定集結歸俞師長指揮

九，各部隊撤退時務派有力後衛作逐次抵抗其抵抗線如左

第一抵抗線　馬橋宅－唐橋－劉行

第二抵抗線　廣　福－羅店

十，各部隊應於本日午后十一時開始撤退不得擅自提早

十一余現在劉行　爾後經嘉定移駐錢門塘鎮

右　令

軍長張治中

右項命令奉到時距撤退時間僅三十分鐘乃用電話令飭各部隊遵照軍令規定部署轉進至嘉定附近集結待命當時部隊衆多路線有限至二號晨始抵目的地各部隊達到後當卽佈置警戒於馬陸鎮嘉定城朱涇橋之

線三日我左翼孫旅正面婁塘陣地與敵人接觸戰況不利下午三時奉
總指揮電令本師應撤退至外岡鎮附近警戒待命
方遵令向外崗鎮附近集結又於下午八時奉　軍長下午七時命令節開

八十八師應經外崗鎮巴城鎮向常熟城集結待命

遵即照規定時間下午十時開始運動四日宿崑山五日午後始達常熟到
達後即呈　委員長微亥電如左

「銜略」密職師三日下午奉令由嘉定撤至外岡晚間續令開至常熟昨四日在崑山宿營本日下午十一時到達目的地即佈置防務明日起積極整理部隊(下略)職俞濟時叩微亥

八日閱報見有謠稱此次撤退係因瀏河八十八師先行撤退云云之記載
與事實不符當即呈　委員長庚酉電如左

「銜略」密頃閱上海三日新聞報載據大美晚報消息據十九路軍駐滬人員聲稱此次全線撤退係因瀏河八十八師部隊先行撤退云云職師向未奉令分防瀏河與事實不符深恐淆亂清聽僅以稟聞職俞濟時叩庚酉

關於陣地配備及作戰時敵我態勢均詳附圖至於參戰部隊傷亡人數及
械彈器材損耗數量等均載附表

戰後之所見

一，日軍瞄準精確尤以砲兵爲不可及其殺傷威力之强大非我軍所可同日而語我軍原無火砲可言其少數之山砲榴彈砲瞄準均不精確且射程甚小在敵人集團砲火之下幾成廢物

二，日軍發現我重火器位置甚爲迅速而我鮮能發現其重火器之位置此一方面固係於觀測器具之缺乏及無飛機之補助一方面亦官兵訓練之程度有差等也

三，日軍向我匍匐前進雖在我火力監視之下亦竭力搆築工事動作敏捷此等訓練我軍遠不如人

四，日軍善於利用地形其攻擊前進時大不似我軍之一氣直衝且所築之臨時簡單工事亦均得地形地物之補助

五，日軍工事除善於利用地形地物外多成據點講求側防對於班排並均成段落不似我軍之多成一線式也又其工事尚有築於村落後面者有時彼由村落前面向後撤退退入村落後面之陣地我軍不知而

向村落後面衝擊卽大受損失此足爲我軍參考一端也

六，日軍担架甚多其救護傷亡之工作甚屬認真不惟戰場上少積屍且並血迹而亦以土掩覆之視我軍之以戰鬥兵抬担架減少戰鬬力及遺棄傷亡士兵於戰場者較勝多矣

七，日軍每見我軍以白刃手榴彈衝鋒則卽後退是日軍之攻擊精神不如我軍遠甚惟其一般官兵之技術訓練及武器之精良遠非我軍所可及也

八，日軍每於大戰之先用少數部隊行威力偵察並用飛機及砲火造成恐佈世界使不能安心迨將我工事戰壕毀壞後卽用步兵逼近突擊

九，日軍作戰計劃甚爲穩妥周密每次攻擊頓挫後均有相當時間之準備方再進攻

十，日軍作戰在遠距離純用重火器中距離多用輕機槍迨近距離始用步槍手榴彈等

戰鬬序列

師長俞濟時

副師長李延年　參謀長宣鐵吾

第二六二旅 旅長 楊步飛	第二六四旅 旅長 錢倫體
第五二三團 團長馮聖法	第五二七團 團長施覺民
第五二四團 團長何凌霄	第五二八團 團長黃梅興

特務營營長樓月

幹部教育總隊隊長陳普民

工兵營營長唐循

砲專校山砲連連長張砥中

通信連連長周良

衛生隊隊長吳梅

無線電隊隊長張一鄂

陸軍第八十八師抗日戰役人員傷亡失踪數目調查統計表自二月十四日至三月三日

部隊 \ 區分	官佐 受傷數	官佐 陣亡數	官佐 失蹤數	士兵 受傷數	士兵 陣亡數	士兵 失蹤數	合計	備考
司令部		二		一		二	五	
特務營						四	四	
工兵營	二	二		四三	四	二	五三	
幹部教育總隊	三			二八	一六	二	四九	
第二六二旅 旅司令部								
第二六二旅 第五二三團	四六	一五	一	四五九	三五七	三一	九〇九	
第二六二旅 第五二四團	一七	一〇	一	三一五	一九七	三五	五七五	
第二六四旅 旅司令部	一				一		二	
第二六四旅 第五二七團	四二	二一	七	四六九	三七一	四〇	九五〇	
第二六四旅 第五二八團	三八	一五	一	三二四	一七九	三七	五九四	
通信連						四	四	
衛生隊				五	一	五	一一	
輸送隊	一			五		二	八	
山砲連						一七	一七	
統計	一五〇	六五	一〇	一六四九	一一二六	一八一	三一八一	

附記

一、此表係依據各部隊所報名册而彙成

二、生死不明之士兵亦含于失踪數內

陸軍第十八五軍偕行社叢刊第一種

淞滬抗日見聞錄

陳誠

淞滬抗日見聞錄目錄

第二編　滬戰經過

第三編　我軍對滬戰所得之教訓

第四編　敵我最後陣地之編成及部署

第一編　中日糾紛之由來

第一章　日本侵略中國之背景

第一節　明治維新與日本國勢之轉變

日本在明治維新以前，爲一純粹閉關自守之國家。政權操諸藩閥，天皇等於贅疣。羣雄割據，人民痛痡。經濟則滯于手工業時代，兵器仍襲用弓矢刀槍。其時日本國勢之衰微，固不亞于今日之中國；在國際政治上，殊無地位。一八五二年，美國以艦隊強迫日本訂立商約，予以極猛烈之刺激。酣沈長夢中之日本人民，始漸覺醒。一八六八年，英明有爲之明治卽位。目擊時艱，發憤圖強。運用其國民固有之模倣性，銳意革新。在政治方面：掃除藩閥之割據，建立強固中央政府。在經濟方面：推翻農業社會之封建制度，奠定近代資本主義的基本規模。在軍事方面：舍弓矢而用槍礮，棄木舟而造軍艦。由是莽榛離析之三島，遂一變而爲近代化之國家。一八七一年，封建制度正式廢止。一八八八年，下詔預備立憲。一八八九年，公布新憲法。一八九〇年，召集第一次國會於東京。此後國勢浸益強盛，漸圖向外發展。一八九四年中日之戰，與一九〇四年日俄之戰，日本竟獲全勝。寖假而起併吞東亞大陸之野心，惟日以經營太平洋沿岸爲事。

第二節　日本大陸政策之解剖

日本國勢既振，旋卽以帝國主義爲國是。其維新後向外發展之方針，有所謂南進與北進兩大政策。南進云者，卽侵略南洋與澳洲；其目標距離較遠，着手亦且不易。北進云者，卽就近侵略滿洲蒙古以及中國全境，而朝鮮半島爲其實行北進政策侵略滿蒙之前哨。自豐臣秀吉以來，日本當局，莫不繼承此傳統一貫的國策，而積極求其實現。然吾人首當認識者，日本之所以堅持此種對外侵略之國策，數十年如一日，亦有其特殊之原因。日本土地，面積狹小。人口密度，依其內地計算，平均一平方粁佔百六十三人，居世界各國人口密度之第一位。益以地質磽薄，地震頻仍。全國食糧，異常缺乏。欲解決此種天然困難，勢不得不向外發展。此外日本自維新以來，已逐漸加入資本主義國家之陣營。而資本主義國家所感受之生產過剩原料缺乏種種痛苦，在日本爲尤甚。故日本積極獲取一廣大富饒之殖民地，以移殖其過剩人口，消納其過剩商品，從而取得豐富之食料與原料，勢非得已。此純就經濟的觀點而言。若更以政治的軍事的計畫，爲解剖之根據。則所謂北進大陸政策，在日本尤有特殊之意義。日本人民，素富於武士道精神，卽「英雄的支配主義」。維新前之分崩離析，羣藩割據，蓋多受此種支配主義之影響。明治深識其人民之特性，乃於統一之後，極力提倡軍國主義；樹立北進大陸政策，移國民視線以對外。使舉國上下，一致努力於向外發展，以滿足其支配慾望，並藉以消弭內亂。蓋自明治視之，安內攘外之策，更無善於是者。不僅如此。日本欲完成其軍國主義，獨霸遠東，則與太平洋沿岸諸大國（尤其是美國）之軍事衝突，終所難免。自一八五三年美艦迫日本訂立商約以後，日本朝野，卽認美國爲其死敵。一九〇四年日俄之戰，又以美總統羅斯福之强迫調停，日本之野心，未能完全達到。朝野上下，更深惡美國爲其霸業之惟一障礙。預測日美太平洋上之戰，必有爆發之日。爲事前之準備起見，勢須於食糧煤鐵等來源，有充分之籌畫。蓋彼時日本運命，全視其能否取得此種來源也。中國北部，膏沃豐饒，煤鐵之藏量尤富。日本茍能及早得手，則平戰兩時之需要，可以取之不盡。其次，日本若不能控制中國北部，則戰時有側面攻擊之危險。青島形勢，天然爲一極好之海軍根據地。若日本能將青島完全佔領，進而控制山東，則戰時日本可以封鎖黃海渤海，使成爲日本之內湖。此在戰略上，增加無限之優勢。此外日本若霸佔南滿，將吉會線完成，在軍事上之利益尤大。日本若由大阪經由安奉路及南滿路進兵至長春，須費九十二小時。若經吉會，則由大阪出發之軍隊，五十一小時內，卽可到達長春。卽使將來中國海軍發達，至有封鎖對馬海峽之能力，日本可借吉會路以補救南滿路轉運機能之喪失。

日本在軍國主義原則之下，對外侵略，必然日趨激烈。所謂北進大陸政策，不過爲發動太平洋戰爭之準備計畫而已。戰爭之時期愈迫，則日本企圖實行其傳統政策亦愈急。故日人侵佔東三省，及引起滬戰之舉動，實根據彼國數十年來之一貫計畫，而爲太平洋大戰之先聲。吾人若吏囘溯數十年來日本侵略中國之事實，則可深切明悉日人此次之強盜行爲，決非偶然；履霜之漸，有由來也。

第二章　滿淸以前日本侵略中國之經過

第一節　中日交涉之開端

中日交通，始於秦漢，盛於隋唐。元世祖統一中原，遣使責日本修臣貢，旋起大軍伐之，遇颶風不勝。元衰，日本海賊來掠沿海，是爲倭寇。至明季，猶爲患。中國自淸代以異族主治，西力亦隨東漸。道咸以後，政教日窳，遂屢致失地喪師；而日本亦遭歐美之蹂躏。至明治維新以後，始漸脫西洋束縛，進而侵略中國。而琉球事件，卽其初幕。

琉球在福州正東千七百里，明初卽爲中國藩屬。明亡，復朝於淸。徒以隣接日本，爲日本侵略之最先目的物。明治以後，日本急於吞併琉球。適一八七一年琉民六十六人遭颶風飄至台灣，五十四人爲生番所殺，餘由地方官護送歸國。日本聞之，妄稱琉球爲彼國藩屬，卽以保護屬民名義出兵台灣。一八七四年大舉侵台，降服各番，並築室建屋，爲永久佔領之計。淸廷數與交涉，久不協。後經英使調停，於一八七四年締結中日條約三條。其大致於下：

一　日本此次出兵台灣，係保民義舉，中國不得認爲不是。

二　中國給撫卹難民銀十萬兩，賠償日本在台灣之修造費四十萬兩。

三　約束生番，以後不再加害航民。

此約締後，台灣地方雖獲保存；然第一條中所謂「保民義舉」之文句，實已默認琉球爲日本版圖。依附我國五百餘年之琉球羣島，從此爲暴日攫奪以去矣！

第二節　甲午之役與馬關條約

日本既得琉球，野心益不可遏。一八七五年，以兵船駛入朝鮮之江華灣，迫朝鮮訂約通商，并認之爲自主國。一八八二年七月，朝鮮發生內亂，中日均派兵往朝鮮平之。一八八五年，中日締結天津條約，相約雙方撤去朝鮮駐軍，且以後出兵必須互相照會。不啻明認日本有干涉朝鮮之權。一八九四年，朝鮮東學黨爲亂。中國依約照會日本，同時派兵平亂。事平，中國依約請其撤兵。日本不應，並突以陸軍攻我軍于牙山；海軍發礮，擊我營地。於是有甲午之戰。結果，我國水陸俱敗。清廷無法，忍辱含垢，與日訂馬關條約。其要點如左：

一　中國確認朝鮮爲完全之獨立自主國。

二　中國將遼東半島及台灣全島、澎湖羣島割讓於日本。

三　賠償日本軍費二萬萬兩。

四　以現時中國與歐洲各國條約爲基礎，締結中日新約。

五　中國允爲日本臣民增開沙市、重慶、蘇州、杭州等處爲通商口岸。又自宜昌至重慶，及入吳淞經運河至蘇州、杭州航路，准許日本自由航行。

六　准許日本臣民在各通商口岸自由從事各種製造。

上述馬關條約，中國損失甚大。除割讓廣大土地、增開通商口岸、賠償鉅額款項外，且喪失一最重要最長久之藩屬。日本北進之前哨任務，至是完成其大半。

第三節　日俄之戰對於中國之影響

馬關締約後，因日本獲得遼東半島，侵入俄國勢力範圍。俄帝國之遠東經營，頓感莫大之威脅，不得不出而干涉。乃連合法德兩國，強迫日本退還遼東半島。日本于衆威合迫之下，交還遼東半島於中國。自後日俄遂互相敵視，交惡日烈。至一九〇〇年(光緒二十六年)義和團事件發生，各國聯軍，相繼入駐北京。同時俄國出兵十八萬，佔據東三省。後辛丑條約成立，各國相率退兵，俄獨不撤。日本爲報復宿仇，藉口俄國破壞條約，於一九〇四年（光緒三十年）實行對俄宣戰。結果，俄國敗績。次年（一九〇五年），以美總統羅斯福之強迫調停，日俄兩國，在卜資茅斯成立和約。結果，俄國將南滿所有之權利，概行讓渡于日本。茲將該約有關於我國者，擇錄於次：

一　俄國以中國政府之承認，將旅順、大連及附近領土領水之租借權與關聯租借權，又租借權效力所及區域內一切公共房屋財產，均讓與日本。但在該區域內，俄國臣民之財產權，受安全之尊重。

二　俄國以中國政府之承認，將長春、旅順間之鐵路，及其一切支線，幷同地方附屬之一切權利特權及財產，與其經營之一切炭坑，無條件讓與日本。

三　日俄兩國相約，於滿洲各自成之鐵路，限於工商業之目的經營，決不爲戰略上之目的經營。但遼東半島租借地域內之鐵道，不在此限。

上項和約成立，日俄戰爭告終。而中國之旅順、大連及南滿鐵道，卽因此而由俄輕易轉入日本之手。日人以該約所生中日間滿洲新關係不能不從速協定，乃乘戰勝餘威，與我訂立中日滿洲善後條約。中國將日俄和約中關於滿洲權利讓與諸條，概行承認。此外幷締結附約十款，其重要者如左：

一　中國政府於日俄軍隊撤退，開鳳凰城、遼陽、新民屯、鐵嶺、通江子、法庫門、長春、吉林、哈爾濱、甯古塔、琿春、三姓及齊齊哈爾、海拉爾、愛琿、滿洲里等處爲商埠。

二　中國允將安奉鐵道（日俄戰時日本爲便利軍用所築）仍由日本繼續經管，改爲專運各國商工貨物鐵道。自本路改良竣工之日起，滿十五年，中國可備價收回。

三　中國允豁免南滿鐵道所用各項材料稅捐釐金。

四　中日兩國，准南滿鐵路與中國各鐵路聯接。

五　營口、安東、奉天各商埠，由中日兩國派員劃定日本租界。

以上正附二約，名義爲日本戰勝俄國之結果；其所獲得者，限於代俄國享有在南滿之一切權益而止。其實依據附約，日本實大大擴張權利於代有俄國利益之外。一方面既强迫東三省開關商埠十餘處以爲日後日本大移民之張本，同時又得繼續經營安奉鐵路，更貽滿洲以無窮之患。自是以後，日本乃放膽實行合併朝鮮。且於一九〇六年設立南滿鐵路株式會社，與英國東印度公司同其性質。蓋日本用以經營滿洲，進而完成其北進政策之名爲經濟實爲政治的機關也。該社成立後二月，日本政府復設立所謂「關東都督府」。「關東」二字，有包含山海關以東地帶之意。故其權力，不僅管轄遼東租借地，而實及於南滿洲全體。自此兩機關先後成立，日本侵略滿蒙有穩固之基礎，乃得寸進尺，着着進逼。而中日間之糾紛，遂層出不窮。其最著者，爲採伐鴨綠江森林問題，與滿洲五大懸案：卽(一)撫順煤礦問題，(二)間島問題，(三)新法鐵路問題，(四)營口支線問題，(五)安奉鐵路問題。上項諸問題，皆久懸不能解決。及至最後之安奉鐵路問題發生，日本乃採急進手段，於一九〇九年向中國發最後通牒，決自由行動。清廷不得已，於是年八月與日締結安奉協約如次：（一）安奉鐵路軌道與京奉鐵道同樣。（二）曩日委員勘定之路線，兩國大體承認。（三）此約調印之翌日，隨卽進行工事。（四）鐵路沿線之中國地方官，關於施行工事，給予諸般便宜。至此安奉鐵路問題，遂全依日本之意旨而解決矣。安奉鐵路協約成立後，日本復利用時機，解決滿洲諸懸案，使悉如日本之願望。結果，清廷完全承受，繼續與日本締結間島協約，與所謂滿洲五案協約。其內容皆依日本之要求；舉我國南滿洲之全境，盡包括於日本鐵軌之中。所有礦山，攫取殆盡。其心計之巧，手段之辣，舉世無出其右者！

日本侵略南滿之企圖，旣已完全實現其優越權益，又獲條約上之根據。乃本其北進政策之精神，復思染指於我內蒙古之東部。及至辛亥革命發生，西藏蒙古，相繼獨立。日本乘我多事之秋，與俄國訂立密約。彼此以長春爲界，北歸俄國，南歸日本。且更指定東蒙與南滿相連，日本得獨擅自由經營之權。自茲以後，「滿蒙」兩字，遂相連而成一名詞。而日人直視滿蒙爲其領土，經之營之，旁若無人。蓋自日俄戰爭以後，俄國已不復爲日本北進政策之障礙。而日本益爲所欲爲，無復顧忌矣。

第三章　民國以來日本侵略中國之概況

第一節　袁世凱時代日本之陰謀

滿清遜位以前，日本對我之侵略，除已獲取琉球、台灣及朝鮮外，其經營目的，尚祇限於東三省一隅，初未延及於內蒙。民元，中山先生辭總統職後，國會將選袁世凱繼任。日本以有機可乘，遂要求袁世凱承認其在滿蒙建築五鐵路之權，以爲承認中華民國共和政府之條件。五路名稱如左：

一　開海路——開原至海龍(二二三里)。
二　四洮路——四平街至洮南府(三二〇里)。
三　洮熱路——洮南至熱河(四七〇里)。
四　長洮路——長春至洮南(一八〇里)。
五　吉海路——吉林至海龍(一一二里)。

上述五路，除開海、吉海兩路外，其餘皆在東內蒙地方。袁氏賣國求榮，竟一一承認。是爲以後日人提出亡華廿一條之張本。

日本對華之侵略，既着着勝利。故其狂妄日增，野心益大。迨歐戰爆發，歐洲列强均轉入漩渦，無暇東顧。日本欲乘機奪取德國在我國山東之權利，向德發出通牒，請德國政府將膠洲灣租借地全部無條件交付日本。德國不理。日本卽於民國三年襲佔青島，復自青島增兵膠濟路，進逼濟南。袁氏屢請撤兵不應。後袁世凱以取消交戰區域之理由，照會英日兩公使，要求撤退。遂觸暴日之怒，向袁氏提出空前無理而爲我國人最痛心疾首之廿一條。茲摘要於左：

所謂廿一條全文，共分五項：

第一項　日本要求在山東之特殊權利。

第二項　日本要求關於南滿、東蒙之特殊權利。

第三項　日本要求承認管理漢冶萍公司之特權。

第四項　日本限制中國不得以沿海各地割讓他國。

第五項　日本規定中國軍事政治上日人之勢力。

五項中，以第二第五兩項尤爲毒辣。茲更錄其細目於次：

第二項

一　兩締約國互相協定，將旅順、大連租借期限，並南滿、安奉兩鐵路期限，均展至九十九年。

二　日本臣民在南滿洲及東部內蒙古蓋造商工業應用之房屋或爲耕作，可得其需要土地之租借權與所有權。

三　日本臣民得在南滿洲又東部內蒙古任便居住來往，並經營商工業等項生意。

四　中國政府允將南滿路、東部內蒙古各礦開採權許與日本臣民。至擬開各礦，另行商訂。

五　中國政府應允左開各項，先經日本政府同意，然後辦理。

甲　在南滿、東蒙，允准他國人建造鐵路；向他國借款之時。

乙　將南滿、東蒙各項課稅作抵；向他國借款時。

六　中國政府在南滿、東蒙聘用軍事政治各顧問教練時，必先向日本政府商議。

七　中國政府允將吉長鐵路經營管理事宜委任日本政府。其年限自本約畫押之日起，以九十九年為期。

第五項

一　中國政府須聘用有力之日本人，充為政治財政軍事等項顧問。

二　所有中國內地所設日本病院學校等，概允其所有權。

三　（上略）中國必要地方之警察，作為中日合辦。或在此等地方之警察官，聘用多數日本人（下略）。

四五六七條（略）

此項亡華條約提出後，我國民氣激昂，致帝夢薰心之袁世凱，亦不敢貿然承認。當時日本日置益代表，亦知此項越軌無理之要索，必為中國國民及世界各國政府所不容，因力責袁氏嚴守祕密。故各省電袁氏宣布時，袁以外交祕密搪塞。民國四年五月七日，日本向我國動員。同時送出最後通牒，限我於五月九日午前六時完滿答復。否則，執行必要手段。袁氏因慮祿位不保，而日本通牒中又聲明廿一條內第五項使中國變為保護國諸條脫而不議，遂承認日本最後通牒。此大錯之鑄成，卽今日東北淪陷之先聲也。厥後日本更賄賂曹汝霖，添註第五項，完其初願。袁世凱於發現後，聲明約中第五項，日後再行協商，以掩國民之耳目。

袁氏承認廿一條之無理要求後，日本對於中國，更肆無忌憚，橫暴不堪。民國五年，又發生鄭家屯事件。鄭家屯原為東內蒙古哲里木盟地，民二改為遼源縣，屬奉天省。按照條約規定，外人不能進居。但日本志在吞併滿蒙，便悍然作進一步之侵略，而將南滿日軍一支隊移駐於鄭家屯，復擅設日本巡警署。雖經奉天當局交涉，悉置之不理。民國五年八月，鄭家屯市內一小孩與日商人口角。日本駐鄭家屯軍隊，藉口向廿八師團部攻擊。同時復調來八面城、公主嶺等處日軍，并宣布鄭家屯至四平街三十里內，不准華人入境，以示全行佔領之意。嗣後由我賠償撫卹道歉，日本增派至鄭家屯之軍隊，始行撤退。但原有軍隊，實際上可獲得駐紮之權。其險惡如此！

第二節　段祺瑞執政後日本之野心

日人侵吞滿蒙之陰謀，既如上述。但日人之野心未饜，復於民國六七年我國南北戰爭之際，頻向北京段祺瑞內閣慫恿借款，助長內亂。且以參戰借款爲名，向我國大肆投資，以台灣朝鮮興業及特設之中華滙業銀行經理其事，意以箝制北京政府之經濟命脈。北京政府不得不仰承其鼻息，而後可以予取予求。計先後兩年之間，日本直接間接借與政府之款，達五萬萬元之鉅。其野心之大，令人咋舌！

民國七年，日本復藉口防俄，與我訂立中日軍事協約。復伸張其勢力于北滿外蒙，而黑龍江之航權，亦代俄而佔有。同年美國發起四國（英美法日）銀行團，對華投資，日本聲稱滿蒙除外。蓋自廿一條提出後，日本早已視滿洲蒙古爲其囊中物，不許他人染指。民國十二年（日本大正十二年）秋，日本大地震。人民生計，頓感加倍之困難。十三年夏，美國實施移民法案。日本向東殖民之計劃，勢不可能。故爲補救震災後之貧困，及消納其過剩之人口，更不得不積極從事於滿蒙之經營。於是「滿蒙積極政策」之口號，遂甚囂於日本國內。因而有所謂「日蒙佛教聯合會」及「蒙古視察團」之組織。前者爲日人藉以聯絡蒙古王公之機關；後者即爲日人調查蒙地風土人情之團體。自是以後，日本漸由積極經營滿蒙，進而企圖實際佔領滿蒙矣。

第三節　本黨北伐成功與田中積極政策

民國十六年春，我國國民革命軍勢力達於長江南北以後，日本軍閥內閣田中義一氏，深懼其數十年掠奪我國之一切權利，根本推翻。乃利用金錢武力，助長反動勢力，阻撓中國革命，以聾其在華不當權利，得以延續。一面則唆使其臣民，高唱「滿蒙非中國領土」之怪論，而亟謀避免與我南京中央政府交涉。同時威迫利誘，無所不用其極，以企圖實施其所謂「滿蒙積極政策」。

田中積極進行之結果，乃於民國十六年（日本昭和二年）七月初，舉行「東方會議」於東京，決定破壞中國革命之策略如次：

1用挑撥收買政策以分裂中國南方之革命勢力。

2盡力援助禍魯之張宗昌以阻撓革命勢力之北進。

3用積極政策對滿蒙侵略而兼併之。

同年八月中旬，續有大連會議之召集，討論對於「滿蒙積極政策」實施之方案。會前幷提出三項原則，卽：

一　不許中國建造東三省內有危害日本利益之鐵路，併要求擴張日本對京奉鐵路之某種權利。

二　日本應醵集巨額資本辦一大規模之鐵工廠，包攬東三省應需之路軌及工業用鋼鐵材料。

三　日本應將朝鮮等三銀行合併爲一，厚集資本，代爲整理奉票。

大連會議後，決定三大對策如下：

一　日本雖對滿蒙抱門戶開放主義；但如認爲己國之地理的歷史的優越地位被侵犯時，不論何國，斷然排除之。

二　日本不問滿蒙統治者爲何人，均不干涉內政(?)，且力予援助治安之維持。

三　以張作霖爲交涉主體，而開始「商租權」及其他一切懸案之談判。

田中內閣於確定上述方針後，卽訓令北京芳澤公使提出如下之要求：

一　承認日本有築吉會、洮齊、洮索、大賚、賓黑、新林六鐵路權。

二　日僑在滿蒙有畜牧權、內地雜居自由權、買賣土地權，且於附屬地位以外有採伐權。

三　日本警察有使職權於內地權。

四　滿蒙有事業企圖時，須先向日本大倉組接洽。

五　中國軍隊須聘日本軍官爲教練。

六　日本可在內地設立學校及寺院。

七　爲實現滿蒙爲一特別和平都市，對於外省外國軍隊及有礙治安之共產黨，須竭立排除之。

此項要求提出後，日本外務、陸軍兩省，即積極準備，希圖挾持北京政府；同時以實力阻止革命勢力之北進。十七年，蔣總司令復率師由津浦路北伐。日本以護僑爲名，出兵再至山東，佔領濟南，釀成所謂「五三」慘案。嗣後我國要求日本撤兵，日本反提出下列四項條件：

一　根據太平洋會議附帶條件，以青島爲特別市政自由市。

二　濟南商埠地施行特別市政。

三　膠濟路須任日人爲運輸主任及會計主任。

四　賠償日本軍費四千一百萬元。

日本撤兵後，以阻撓革命軍有功，即向張作霖要挾解決滿蒙懸案。其重要者爲：

一　承認日本「商租權」。

二　承認日本修築敦會、吉會、延海、長大、洮索五鐵路權。

懸案提出後，遭張作霖否認。後張氏自平津敗退，於乘車返遼途中，日本復派員迫其答復。張毅然拒絕。日本乃出最後預備之毒計，炸死張氏於皇姑屯。以爲張死後，東三省必起內亂，日本可以趁火打刦。詎事實大爲不然。及平津底定，東三省易幟歸附中央。日本威嚇破壞，終屬無效。乃老羞成怒，希冀乘機挑釁，而後藉口以武力實際佔領滿蒙。去年萬寶山案件與中村事件以及九一八之瀋陽事變，大抵皆種因於此耳。

第四章　瀋陽事變前後日軍之策動

第一節　滿鮮一元論與日軍計劃

日本阻撓東三省易幟之陰謀，雖告失敗；但其實際佔領滿蒙之企圖，則未嘗一日忘懷。去年六月，日本以前陸相宇垣繼任朝鮮總督，內田康哉繼任滿鐵總裁。宇垣出身軍閥，素主以武力侵併滿蒙。當其就任之始，卽高唱「滿鮮統一」之論。所謂「滿鮮統一」者，其意卽將我國東北與其殖民地朝鮮打成一片，俾日本統治上成爲整個的統一地域。此種主張，當然非若槻內閣時代之新發明；伊藤博文時代之「大陸發展策」，其中卽有滿鮮合一之主張。滿鐵之敷設，已實現「滿鮮交通上之統一」。宇垣與內田繼任朝鮮滿洲兩地要職後，擬積極實現其國策，直欲將我東北變爲朝鮮第二。當時宇垣曾發表治韓政策，有三項可注意者，摘述於左：

一　完成北滿朝鮮交通網　此項計畫，乃「滿鮮統一」之具體手段。沿圖們江及鴨綠江一帶，擬築環狀鐵路以與我沿邊各地聯絡。

二　保護東北韓僑　關於韓僑，日人先時嚴禁韓人歸化中國，後則允許之。利用歸化韓人，在東北各地收買土地，經營各種企業，且受日人保護。

三　增加駐鮮軍隊　日人每藉口保護僑民安全，增兵滿洲。宇垣就任後，因滿洲日人團體各自主同盟等之請求，遂決移駐兩師團於朝鮮，以爲滿洲駐軍之後備。

此三項政策，以侵佔我東北爲目標。當時路透社傳出可靠消息（八月廿四日），謂日本南陸相訪井上藏相商定陸軍改組計畫，包括將國內師團調駐滿洲之規定。……又對於內地師團移駐朝鮮之計畫，極爲周密。據此，可知日人之侵佔瀋陽，早爲詳密計畫中決定之步驟。所謂萬寶山案件中村事件不期然接踵而至，皆其預伏之引線也。

第二節　瀋陽事變前日本軍民之策動

朝鮮總督及滿鐵總裁之更調，其理由爲原任者「不適任於前途多難的滿鐵首腦者」及「不能有新的意味的期待」。故宇垣內田之就職，可示日人執行滿鮮一元化之決心與準備。吾人固早知東北局面，已瀕臨極端之危險。迨至七月三日，朝鮮排華暴動之萬寶山案件發生。華僑被殺者，約在一百卅七人以上，受傷者達三百九十三人之多。至財產之損失，尤不可計算。我國政府正提出抗議，而日本軍民反痛斥其本國政府外交之軟弱，力主以强硬手腕對付中國。當時在東北各地，日人空氣緊張，如臨大敵。同時召集在鄉軍人，在車站附近忠魂牌前，臂纏黑紗，狂呼「為保障滿蒙既得權利而灑軍人之熱血！」「打倒侵害日本在滿權利之張學良！」等極端刺激之口號。於此可見日本政府對其臣民之精神動員，已極盡鼓惑煽動之能事。瀋陽事變，早如箭在絃上，必有及時而發之一日。

其次在軍事方面，尤可證明日人事前之積極佈置。關東司令部在安奉沿線增設砲台，新築旅大子藥庫，同時增設周水子飛行場之爆炸機、飛行聯隊等。箭拔弩張，不可終日。及中村事件發生，日本堅稱中村確為中國兵士所殺，且謂此種行動，為對於日本陸軍及日本國家之大不敬。至於中村有無其人？是否為中國兵士所殺？及以何原因而被殺？日本概不考慮，即於九月十六日由日本陸軍部電令關東軍司令部遵照預定計畫施行。該司令部得此訓令後，立即下令動員，同時委關東要塞司令官為留守司令。所有運輸軍隊計畫及軍需計畫，則委任上村鐵道部長負責辦理。部署既妥，即於十八日午後十時三十分，令獨立守備第二大隊第廿二聯隊向我瀋陽進攻。而旅大之日軍，即於事前二小時向北運輸。同時駐滿各要地之軍隊，羣起策動。營口、海城、安東、鳳凰城、蓋平、連山關、長春、鐵嶺、撫順等重要城市，相繼被日軍佔領。而我國軍民，格於長官「不抵抗」之命令，束手待斃。數小時之內，被繳械因殺者，不可數計。國難史上最可悲痛之第一頁，卽由此開始！

第三節　日人作戰方針與淞滬戰役

「日美戰爭」之說，盡人皆知。及後雖因凱洛格非戰公約之成立而一度消沈，然國際信約，向來只能維持暫時之靜態。故通常判斷日本之假想敵國，厥爲美利堅。而不知晚近日本參謀本部所決定之「預想敵國」，已偏重中國。觀其昭和五年之全國總動員演習，一面固以太平洋東岸爲對象，一面則以我滿蒙及中國本部沿海及長江流域爲假想敵。凡此均足以證明日本甘爲戎首，破壞遠東和平之早具決心也。茲將日軍作戰方針判斷如左：

一　日本軍擬先以陸軍一部，奇襲佔領滿蒙各要地，消滅當地中國之駐軍，以期獲得在滿權益之擴大。如情況許可，則確實佔領兼併之。

二　以海空軍之各一部出動中國沿海及長江各要埠（尤其逼近中國首都而爲中國經濟中心之上海），砲擊擾亂，威脅中國政府及人民，幷轉移一般注目東北之視線，而牽制中國內地軍隊向關外之增援，使日軍在滿得從容佈置，以鞏固其佔領地位。

基於上述之判斷，吾人知日人在淞滬之挑釁，勢必難免。惟我十九路軍在淞滬之抗戰，則出日人意料之外。日軍閥政府，絕未判斷能發生如此經月之真面目作戰。故當初擾滬之日軍，不過海軍陸戰隊數千人而已。及後始增調數師團之衆，乃勢成騎虎，不得不出此也。

第五章　淞滬戰爭之爆發

日軍既强佔遼吉後，見中國軍隊之毫不抵抗，氣燄之雄，不可嚮邇。乃遵照預定計畫，分遣海空軍出動我沿海及長江各要埠，造端啓釁，亟圖事件之擴大。玆將其犖犖數者書之於後：

第一節　日本浪人之暴動

一月十九日下午二時，在滬日僑數千，假北四川路東洋學堂召開居留民大會，討論對付中國排貨運動案。散會後，日僑皆誤聽日軍閥政府指使主動者之荒謬絕倫宣傳，一時怒髮衝冠，到處尋釁。沿街見有華文排貨標語，卽撕扯示衆。如遇商店貼有牽及排貨標語，則恣肆搗毀。無論行街入店，見有不如己意華人，則加毆打。崗捕勸阻，亦起格鬥。一時店舖紛紛閉門，行人雜亂奔逃；街市秩序爲之大亂。暴行醜態，畢露無遺；但結果猶誣我傷害日人。及至市府向日領提出抗議，日方猶延宕推諉，不肯承認。嗣見駐滬各國人士輿論不佳，始令肇事浪人，自首押解回國。一場暴行，卽算了事。

第二節　日人干涉報紙之藉口

上月日皇被朝鮮義士狙擊未中之消息傳出。一時各外報皆有登載，我國報紙自當登列新聞。乃日方挑衅之計無所出，遂先唆使日本浪人在青島搗毀民國日報及市黨部，繼對福州日報館，强迫停版。而駐滬日領亦復借上海民國日報對日皇遇刺新聞之標題，有「不幸擊中副車」字樣，跡近侮辱，要求道歉更正。未幾而日方有所謂之僧侶天崎、水上信徒、後藤黑岩、藤村等五名，於一月十八日在馬玉山路附近被三友社工人毆傷之訊；從而日浪人圖燒三友工廠。中外各報及民國日報，均有記載。乃日方深知民國日報爲國民黨黨報，復藉口該報載有「日海軍便衣隊在內，未知確否？」之詞，認爲捏造謠詠，堅要更正，并加恫嚇。該報無可如何，只得聽之。及至廿六日，遂接工部局通知勸暫停版。是爲日方造端挑釁之一也。

第三節　日籍紗廠要求停工之恐嚇

一月廿日，上海日本紗廠聯合會曾持函赴市政府，要求制止反日運動；否則紗廠全體停工。我市政府答以須待考慮。日人恐無甚結果，遂另集議出以「强硬政策」。且鑒於引翔港三友實業社被日浪人焚燒案發生後，中國反日空氣，益形緊張，排貨宣傳，愈爲努力，加以在滬日籍紗廠有被檢出冒牌中國出品，或被華工要求增薪罷工者。種種事件，致使日人惱羞成怒。當卽擬定辦法若干種，電大阪總會，請求指定一項。嗣接復電，大意可錄之於下：

1 停廠後足以引起支那人民之失業恐慌。

2 上海支那市府決不致坐視數萬因停廠而失業之工人於焦甕狀態中。

3因停廠而失業之工人既有如是之多，則上海支那市府必設法維持；否則必大影響於上海治安。而日本卽可借此增兵保僑，以武力制止支那之反日運動。

第四節　藉口日僧被傷之挑釁

一月廿日，駐滬日領村井向我市長吳鐵城提出照會，謂日僧被三友工人毆傷，要求以下四款：

1懲兇。

2卹傷。

3道歉。

4取締抗日運動。

我方當以口頭答復，謂前三項可商，第四項礙難同意。一方仍努力交涉，冀其覺悟，自動撤回。詎知事越五日，日方催促，復發出『日海軍限四十八小時答復，否則自由行動。』之最後通牒。於是情勢陡趨緊張。我方爲顧全和平局面及體恤地方起見，含酸茹痛，曲予接受。茲錄上海市府對日總領之復文如左：

『逕啓者，案准一月廿日大函略開：「日本僧侶天崎、水上信徒、後藤黑岩、藤村等五名，於本月十八日下午，在馬玉山路附近被毆傷。提出條件四項，請求接受！」等由，准此。查本案發生，殊屬不幸；本市長深表歉仄。當時據報後，以案歸傷害，法有明文，當即嚴令公安局限期緝兇歸案法辦。所有被害人等醫藥及撫慰金，本市長亦可酌爲給予，以示體恤。至來函所提關於取締抗日運動一項：現查本市各界抗日救國委員會有越軌違法行爲，業經令行主管局將該會取消，以維法紀。關於類此之越軌違法行爲，本市長仍當本法治精神，令行取締。至其他各抗日團體，併已令局予以取銷。相應函達，請煩查照爲荷！』

按此復文，係於廿八日下午一時四十五分送出。乃日方一面積極作軍事部署，令陸戰隊紛紛上岸啓衅；一面復認爲上項之要求尚爲未足。遂於是日下午十一時廿五分，日領突以公文送致我公安局，竟要求我撤退閘北駐軍。更不待答復，不及半小時，即令海陸軍連合向我閘北駐軍襲擊。幸我十九路軍忠勇奮發，感受自身及整個黨國民族前途之危殆，遂起而與之抗戰。日軍閥政府對華侵略計畫預定步驟中，從未料及之淞滬抗日戰爭，於茲開始焉！

第二編　滬戰經過

第一章　敵我戰前之一般狀態

第一節　衛戍京滬兵力之部署

一　第六十師　主力駐蘇州，一部駐無錫、常州一帶。

二　第六十一師　主力駐南京，一部駐鎮江。

三　第七十八師　主力位於南翔、嘉定，以一部控制浦東、南市、龍華、真茹、吳淞之綫。

第二節　準備對日作戰計畫

其一　方針

本軍以保衛國土之目的，對防區內任何處上陸之敵人，均取迅速積極之攻勢。乘敵上陸根據點未佔穩時，一舉殲滅，而收各個擊破之效。

其二　指導要領摘要

一　敵人如以主力由淞滬登陸時，軍擬酌留一部控制南京，以主力直接增援淞滬，以期迅速殲滅敵人。如受優勢之敵壓迫至萬不得已時，則退至崑山、常熟之綫，利用湖沼地之障礙，死守待南北各軍之來援。

二　敵人如以主力由南京登陸時，軍擬以一部控制淞滬，主力則向上陸之敵取攻勢，以期迅速殲滅敵人。如至萬不得已時，則死守紫金山及南京城市，以待各方之增援。

第三節　滬戰前敵我一般之態勢（一月廿日——廿七日）

其一　敵軍方面之情狀

甲　敵軍兵力如左：

第三艦隊	一隊
陸戰隊	六千餘人
在鄉軍人	三千餘人
海軍飛機	五十餘架
裝甲汽車	約廿架
指揮官	海軍少將鹽澤

乙　敵軍企圖

敵軍擬先以在滬之便衣隊藉故挑釁，武力暴動，以造成上海市面之恐怖，而嚇退我武裝守備部隊，一舉佔領工商業文化中心之上海，俾有利于武力侵略東北之進展。

如我守備部隊抵抗時，則一面以武力行真面目之攻擊，一面焚刦繁盛重要區域，利用國人之一時畏禍苟安心理(?),以期屈服我軍於最短時間。

其二　我軍在滬之情狀

甲　我軍兵力

第七十八師 ｛第一五五旅、第一五六旅｝

指揮官　區壽年

乙　我軍部署

1 第一五五旅擔任龍華、南市、北新涇(周家橋)、真茹一帶之警戒。

2 第一五六旅擔任吳淞、閘北一帶之警戒。

第二章　各期戰鬥經過及我方之處置

第一節　閘北之役(一月廿八日——二月三日)

一月廿八日

一　戰鬥經過

敵人連日無端尋釁之計既不得售,復通諜我市府取消抗日運動,繼復於廿八日通諜我市府，限令十九路軍在滬守備部隊卽日撤退。未經答復，遂於廿八晚十一時卅分以天通菴車站爲根據點，右自虬江路口沿寶山路、寶源路、橫濱路，左至靑雲路等處，用鐵甲車裝甲車掩護步兵向我一五六旅第六團防綫猛衝，並到處放火焚燒各商店。一面用手榴彈從屋頂擲下，來勢極爲兇猛。卒賴我官兵沉着應戰，奮不顧身，以手榴彈投擊敵之裝甲車，遂將敵完全擊退。結果，毀敵戰車四輛；我方死傷亦大。

二　一般之處置

我十九路總部見戰端已開，真面目之戰爭勢難避免，卽下達如左之命令（要旨）：

1第六十師着卽集中南翔，先以一一九旅第一團兼程開赴真茹相機策應。

2第六十一師一二二旅開至黃渡南翔間集結候命。

3憲兵第六團着由真茹開赴前方，歸區師長指揮，參加閘北方面作戰。

4高射砲隊以二門位於閘北，以二門位於真茹無綫電台附近（按此四門高射砲，新由警備司令部撥來）。

5本部位於真茹。

廿九日

一　戰鬥經過

1真茹以南一帶地區無戰事。

2敵於今晨復向我閘北陣地猛裂襲擊，幸我官兵一致奮勇抵抗，卒將敵人擊退。此外敵更利用空軍，隨處爆擊。始在閘北轟擊重要機關及建築物，繼復沿北站、真茹、南翔之線，實施爆擊。我貨車多輛被毀，淞滬路之一段，亦被截斷；民衆死傷極大。直至午後二時，敵雖一方順從各國駐滬領事停戰之請求，然其增兵遣將，仍作積極之一切攻擊準備云。

二　一般之處置

1軍以顧慮左翼並容易策應之目的，調第六十師之一一九旅（欠第一團）進駐大場。

2令六十師（欠一一九旅）推進至江橋鎮。

3令六十一師一二二旅推進至南翔。

各部均於卅日先後到達指定地點。

一月卅日——二月二日。

一　戰鬥經過

敵於廿八廿九兩日猛烈向我襲擊，均被我軍奮勇擊潰以來，一時全線暫歸沉靜。及至卅一日，英美司令官邀請中日軍事當局協商同意；停戰三日，俾日領請訓後再行討論其他一切。詎知日軍不守信約（停戰期限，須至三日下午屆滿。）於下午一時，派遣飛機，沿閘北、真茹一帶，實施爆擊。並於一時卅分，日軍陸戰隊由天通菴車站方面，用大砲機關槍，向我閘北防綫進攻。我方鑒於日方如此之蠻橫無信，除由市府分向英美日三領事提出正式抗議外，所有全綫官兵，均各沉着應戰；敵軍終不得逞。

二 一般之處置

閘北方面來攻之敵，迭經我痛擊後，相繼退回租界及江灣以東一帶。據各方報告：敵已動員兩師團，有由淞滬上陸大舉來攻之企圖。我十九路軍以待機出擊殲滅敵人之目的，其部署如左：

甲 下達一般命令之要旨

其一

1 第七十八師附屬小砲一連（欠二、四兩團）佔領虹橋鎮、北新涇鎮、真茹車站之綫，保持主力於鐵道線以南地區。

a 一五六旅第四團佔領吳淞鎮為左翼據點而死守之。

b 一五五旅第一團佔領南市、龍華各要點而死守之，掩護軍之右側安全。

c 一五六旅（欠第四團）附小砲連憲兵團（欠一營）佔領閘北為前進陣地。

撤回時機，候令行之。

2第六十師佔領真茹車站、北站亘大場鎮、胡家莊及其北方之綫，保持主力于中央。該師另酌派一部至瀏河擔任警戒，監視敵艦之行動。

3第六十一師之一二二旅全部爲總預備隊，集中南翔候命。

4第七十八師翁旅長照垣着率第五團增防吳淞，務期能死守該要塞地區爲要。

5作戰境界綫如左：

第七十八師
第六十師 }閘北沿鐵道之綫（綫上屬60D）。

6以上各節，統限三日午後十一時以前移動部署完畢。

其二

1着六十師派一二〇旅（鄧旅）率兵兩團並黃茂權團至閘北、北站一帶，接替七十八師翁旅防務。

2憲兵第六團（欠一營）着至中山路口一帶，接替黃茂權團防務，對西南日本紗廠嚴密警戒，歸本部直接指揮。

3鄧旅及憲兵團于黃昏前派員偵察地形，及商定接防手續，于黃昏後卽開始接防，務於午後十一時以前接替完畢爲要。

4翁旅將防務交代後，卽開囘金家角六十師附近休息，歸沈師長指揮。

乙　二月二日敵我一般之態勢，如附圖第一。

三日

敵軍連日向我閘北防線攻擊，均被擊退，頗受鉅創。昨（二）日復有大批陸軍登陸，故決心實施全線真面目之攻擊。對吳淞方面，則以海陸空軍協同進攻；對閘北方面，仍以步砲兵猛烈火力向我射擊，企圖以火力壓倒當面我軍之陣地，而掩護步兵前進，藉此復可牽制增援吳淞方面之援軍。故自今晨八時卅分以來，橫濱路、寶興路、靶子路、福生路、北河南路及沿淞滬路方面，激戰頗烈；但均先後被我擊退。而據吳淞方面報告：當敵艦及飛機向我砲台攻擊時，我砲台守備隊亦發砲還擊。結果，敵艦一艘擊沉，二艘受傷，並有敵機一架被我擊落云云。

第二節　吳淞之役（二月四日——七日）

四日

一　戰鬥經過

是日敵軍以不滿意我方提案，和議遂告破裂。因而敵復以到滬之海陸空軍全力向我總攻，可分三方面述之如左：

甲　真茹以南地區，平靜無戰事。

乙　閘北方面

本日黎明，敵軍將天通菴、同濟路附近之主力向西北移動，對八字橋、江灣各要點猛力衝擊。其陸空軍之連絡，頗爲確實。步兵之前進，均以鐵甲車爲掩護。自晨迄晚，攻擊並未間斷。經我官兵沉着應戰，視死如歸，肉搏至再，敵人終不得逞。計是日斃敵數百名，燬敵戰車兩輛。敵見攻擊鈍挫，遂狼狽退回原陣地，保持對峙局面。

按此日我六十師一二〇旅(鄧旅)傷亡頗大。因該旅接防閘北，無巷戰經驗，致第一線兵力配備過多，易受敵砲兵損害；而重機關槍之位置多設於街口，中央易被敵眼發現，致遭爆擊。此爲十九路軍滬戰開始以來在戰術上第一次所得較大之教訓，故編者提前插入，以示閱者注意！

丙　吳淞方面

敵人於本日以猛攻必下之目的，集中兵艦及陸上之砲火，空中之爆彈，實施殲滅破壞等射擊。同時以陸戰隊在其掩護之下，強渡蘊藻浜河，企圖佔領吳淞要塞。其發射之砲彈，不下三百餘發；擲彈約百餘枚。我吳淞要塞幾全部覆滅，原有吳淞砲台之守備部隊，傷亡逃避殆盡。後經我第四團（鍾團）派兵死守，奮勇抵抗，敵卒不得逞。此役我第四團死傷約有數十人云云。

二　一般之處置

本日命令要旨如左：

1 第六十師着第五團推進至余家栅、盧家莊一帶。所遺防務，由七十八師第六團接替。

2 第六十一師一二二旅全部着推進至嘉定、羅店、瀏河間，拒止由瀏河、小沙川之綫企圖登岸之敵。該師師部及一二一旅於本日到達南翔、江橋鎮一帶候命。

3 憲兵第六團着至高昌廟、南市一帶接替七十八師第一團防務。該團所遺中山路一帶防務，着由七十八師派教導隊接替。

第七十八師第一團着開回北新涇、真茹附近歸還建制。

五日

一　戰鬥經過

甲　真茹以南一帶地區仍無戰事。

乙　閘北方面

八字橋南北之綫敵軍，自上午八時至下午四時，不斷向我防綫突擊。同時敵機更大施展其慘暴手段，向各商店村莊爆擊；居民死亡枕籍，房舍盡成焦土。而我軍士氣，更因此種慘狀刺激，而增加其奮勇之精神。故其陸戰隊接近我守兵時，恆飽受肉搏及手榴彈之損害而狼狽潰退，而給敵軍以莫大之深刻影響。我軍此次能與敵軍相持至月餘之久者，全恃近戰之奏效耳。計是役眞茹方面擊落敵機一架；機師三員，同時遭焚斃命。該機師其一係海軍大尉矢部讓五郎，中尉兩員，姓名不詳。

丙　吳淞方面，本日無激烈戰事；惟有敵艦數艘向我浦東連射數砲云云。

二　一般之處置

本日處置無大變更；惟八十八師俞濟時部（四團）奉命增援滬戰，今（五）日到達蘇州附近，歸十九路總部指揮（按八十八師係於一月卅一日奉參軍兩部長一月廿九日電令，即時移動開赴首都集結待命，繼改鎮江，後乃決定開至蘇州歸蔣總指揮光鼐指揮。於二月二日由杭州分途出發，於四五兩日，先後到達蘇州集結完畢。其第二六四旅（欠五二八團）則留駐鎮江，擔任警備。於此足見政府首腦部，對此次滬戰，並非全不置顧，在可能調動之軍隊，蓋早均有部署。一般民衆，知此當可瞭然。豈盡如反對政府者之造謠聳聽，一筆抹殺！故編者特將俞師奉命日期經過就便插入，希閱者注意及之！）。

六日

一 敵情之一般

昨(五)日敵軍有四千餘人續到。本(六)日敵之遣外第三隊司令野村抵滬，即代鹽澤指揮駐滬各軍。其計畫擬以新到陸軍由香煙橋、虹鎭方面，繞道襲擊江灣，實施中央突破，以斷我吳淞、閘北之聯絡。

二 戰鬥經過

甲 真茹以南地區無戰事。

乙 閘北方面

敵軍自三日以來，每日均有劇戰。昨(五)晚十一時起，日軍又向寶通路、青雲路等處攻擊。今晨以來，敵約以四千之衆、大砲數十門、鐵甲車四十餘架、重機關槍數十挺，向我八字橋及江灣一帶，猛烈攻擊，以圖一舉衝破我陣綫而恢復閘北殘餘之士氣。經我沈師沉着迎擊，苦戰數小時，敵紛紛遁回。是役敵傷亡甚多，我亦傷亡百餘人。

丙 吳淞方面，戰訊沉寂。

三 一般之處置

本日八十八師奉蔣總指揮電令，推進至南翔附近集結爲總預備隊。旋八十七師之宋旅，亦奉命歸十九路總部指揮，參加作戰。

餘部署無大變更。

七日

一　敵情之一般

1據確報：敵有一師團增援，一二日卽可到達，將由江灣、吳淞之綫登陸云云。

2據英人消息：敵有陸軍數千，由張華浜登陸，企圖於本日攻下吳淞等語。

二　戰鬪經過

甲　真茹以南地區仍無戰事。

乙　閘北方面

敵本日仍以八字橋江灣爲攻擊目標；而於閘北方面，則施行陽攻。首以集中之猛烈砲兵火力破壞我陣地，繼則以鐵甲車掩護其步兵衝鋒，來勢極兇。但我全綫官兵，均痛恨日軍之橫暴，無不視死如歸，奮勇肉搏。激戰數小時，敵死傷累累，卒不得逞；而我方傷亡亦頗不小云云。

丙、吳淞方面

敵以鐵甲車十四輛，掩護步兵千餘，由軍工路向吳淞要塞前進。經我一五六旅迎頭痛擊，紛紛相繼潰退，計敵死傷過七八百名。今後敵步兵遂不敢再來攻擊矣。

三　一般之處置

本日十九路總部下達命令要旨如下：

1據各方確報：敵陸軍約一團將由江灣、吳淞、瀏河之綫登陸，壓迫我軍左翼，企圖策應租界內敗潰之殘餘陸戰隊，有佔領吳淞及閘北地區之模樣。

2本軍以保衞國土自衞之目的，展開於上海附近京滬鐵路南北之綫，保持主力於鐵道以北之地區，對來犯之敵迎頭痛擊，壓迫於黃浦江畔而殲滅之。

3第六十師擔任北站、閘北亘江灣之綫防禦，以一部固守北站、閘北；主力則集結於大場東南一帶地區，相機迎擊由黃浦江進犯之敵。對其左側翼，務與翁旅確保聯絡。

4第七十八師除翁旅(欠一團)死守吳淞外，其餘沿北新涇、真茹之綫，對中山路、曹家渡方向嚴密警戒。

5第六十一師以一團控置於羅店，派出一部至瀏河、小川沙沿岸一帶，對江面警戒；主力則應於八日拂曉前集結於劉家行至大場一帶地區。如瀏河、小川沙方面無敵情時，須相機策應六十師之作戰。

6第八八師(三團)及八七師宋旅(二團)爲總預備隊，位於南翔、江橋鎮附近。

7憲兵第六團着擔任南市、高昌廟、龍華一帶警戒，歸戴司令戟指揮。

8八八師獨立旅（王賡旅）之古閘着擔任虹橋、北新涇之綫警戒，歸區師長指揮，務於八日拂曉前接防完畢。

四　本日十九路軍對敵情之判斷及決心，處置如附圖第二。

五　一五六旅自擔任吳淞防禦以來，其部署大要如左：

插圖第一——二十一年二月三日以前。

插圖第二——二十一年二月四日以後至廿五日止。

插圖第三——二十一年二月廿六日以後。

第三節　曹家橋之役（二月八日——十五日）

八日

一　戰鬥經過

甲　真茹以南地區仍無戰事。

乙　閘北至江灣一帶，敵自今晨起，全綫即向我猛攻。其攻擊方式，仍不外先以砲兵及飛機對我陣地連續轟擊，最後乃以裝甲車掩護步兵數千，分向我閘北、八字橋、江灣之綫，反覆衝擊。前仆後繼，勢極兇猛。幸我官兵沉着奮勇，愈戰愈烈。敵因傷亡過大，卒不支敗退。而我方傷亡，亦屬不小。據六十師沈師長報告：爲該師接防以來作戰最激烈之一日云云。

丙　東塘家橋一帶發現敵之小部，經由沈師毛師各派一小部前往驅逐，旋卽退去。

丁　吳淞方面無劇戰。

九日——十一日

敵軍連日迭受鉅創，勞頓已達極點，無力再作真面目之攻擊。故只以大砲飛機施行爆擊，企圖擾亂破壞。九日晨，僅有小部日兵來犯，似爲威力搜索之模樣。十日下午，亦有少數日軍來攻，旋經擊潰。直至十一日，雙方陣綫均較平靜，無若何之大規模變動。

十二日

一　戰鬥經過

甲　第七十八師（缺翁旅）附王賡旅古圍之陣綫無戰事。

乙　第六十師方面

本日下午九時左右，有敵由靑雲路、天通菴、八字橋三路向我攻擊。對戰約一小時，旋經擊退。

丙　六十一師方面

曹家橋方面，發現敵軍千餘與我一二二旅激戰。約一小時，敵卽退去。

丁　翁旅方面（吳淞要塞），戰况沉寂。

十三日

本日蘊藻浜之曹家橋、紀家橋一帶之戰鬥，爲作戰以來値得吾人硏究上之重要關鍵。通常按戰略、戰術、戰鬥各方面：如在防禦時，無論取積極或消極之方式，均以不失時機而能斷行其應取之手段，爲最上之策略。本役之結果，爲全綫轉取攻勢之絕好機會，影響於全戰役者至重且大。編者於此，不避冗繁，作較詳盡之敍述，以資吾人硏究上之注意。足見高級統帥之決心與指揮，其應用非素有修養者，不堪負擔。閱者諸君，幸留意焉！

一　作戰場地形之紀要

蘊藻浜河爲黃浦江之枝流，自西徂東，橫貫吳淞要塞地區之南。經沈家宅向北之枝源爲泗塘河；其西源則經曹家宅、紀家橋、胡家宅以達劉行、羅店。河水頗深，不能徒涉。散流環繞吳淞，形成天然障礙。沿河橋梁，自作戰開始以來，均已破壞；惟通吳淞汽車路在焉。河之北有大鎭曰楊行，爲該路必經之點。同時爲吳淞要塞地區與後方連絡之樞紐，其得失足以影響吳淞也。

二　戰鬥經過

甲　我軍之部署，如七日命令要旨。

乙　第七十八師（欠翁旅）附王賡旅方面，平靜無戰事。

丙　第六十師方面，敵不斷以砲兵火力向我陣地轟擊。八字橋方面，有敵數百向我陣地攻擊，似為敵軍預定對蘊藻浜方面之陽攻，以牽制我將來兵力之轉移。

丁　第六十一師方面，敵以主力向曹家橋、紀家橋方面猛烈突擊，擬突破我六十一師陣綫佔領吳淞。經我一二二旅迎頭痛擊，并以一二一旅一部，側擊敵之左側背。雙方突擊五六次，短兵相接，肉搏喊殺聲，喧噪震天地。我官兵如此奮勇抵抗，敵遂狼狽潰退。此役結果，但見蘊藻浜河畔，敵屍累累，實為空前之死傷云云。

茲將其細部經過及處置述之於左：

其一　第一二二旅方面

軍部十二日午後八時命令要旨如下：

1第一二二旅應以一團由蘊藻浜北岸胡家莊沿河至吳淞附近構築堅固工事，擔任該地區守備，并須左與七十八師固守吳淞之一五六旅，右與該師之一二一旅切取連絡。

2該旅派在羅店、瀏河、川沙擔任警戒之一團，俟將防務移交八十七師之一團接防後，應卽開至胡家莊附近集結待命。

3配屬該旅之砲兵一連着在蘊藻浜北岸選擇陣地。

該旅接奉軍部命令後，下達如左之命令：

1綜合各方情報：敵軍約一師團及一混成旅均已到滬；其大部已在張華浜車站上陸。現黑橋、朱家橋、蘊家浜及東西唐橋一帶，均有敵警戒部隊，似有分別攻佔吳淞、江灣之模樣。

我師以佔領江灣、廟行鎮、蔡家宅至蘊藻浜河邊沿該河北岸胡家宅至吳淞附近之綫，構築强固工事，嚴密守備，以拒止敵人前進相機殲滅之目的，我一二一旅之兩團，位置於江灣、廟行一帶，擔任由江灣鎮起（江灣鎮在內），左至廟行鎮、蔡家宅迄蘊藻浜河邊之地區守備。教導團則擔任大場之警戒。砲兵營（欠一連）在江灣、廟行一帶佔領陣地。

2旅以迎擊之目的，在胡家莊沿蘊藻浜北岸至吳淞附近之綫佔領陣地，相機殲滅。

其部署如左：

a第四團俟警戒任務交代八十七師接替後，開至胡家莊附近集結待命。其在羅店部隊，應卽夜開始移動。

b第五團仍在原陣地待命。

c第六團守備胡家莊沿蘊藻浜北岸吳淞之綫，增築工事，嚴密警戒；右與蔡家宅第一二一旅部隊，左與泗塘第一五六旅部隊確取連絡。

d砲兵營在姚家灣附近佔領陣地。

3陣地工事限本(十二)晚構築完畢。

4粮秣由各部隊準備半月份。

5余在瀏行旅部。

十三日晨四時許，紀家橋南岸發見敵兵四五百名及砲兵若干，向我紀家橋北岸陣地攻擊。最先仍以砲兵集中火力實施預備射擊，繼則放射煙霧彈，掩護敵之架橋渡河。是晨適值大霧瀰漫空際，雨雪交加。我守兵死亡過大，遂被突破；姚家灣、鍾家宅一帶，遂被敵佔領。而敵之陸續渡河者竟達千餘人；我增援部隊亦相繼增加，再四逆襲，反覆衝擊，卒因敵之火力過濃，前進頻受阻止。直至午後三時，該旅官兵奮勇進迫，敵卒不支，退守姚家灣小河南岸及紀家橋附近。計是役第三營營長李榮熙陣亡，團長鄭爲楫受傷，其餘官兵傷亡均頗衆大。該旅遂決守原綫，重行區分部署，整理待命。直至午後七時，遂令右翼部隊向姚家宅攻擊，左翼部隊向姚家宅東側及紀家橋攻擊。八時，全綫轉取攻勢，我軍在敵之濃密火網中，奮不顧身，肉搏至再。敵遂不支，全綫崩潰，紛紛徒涉蘊藻浜河，向張華浜方面狼狽竄去。我以猛烈機關槍火行追擊射擊，敵死傷及溺斃河中者，不可勝計。

按此次進犯蘊藻浜之敵，爲日久留米混成旅團之一部，約共二千餘人；幸免逃回者無幾云云。

其二　第一二一旅方面

該旅防綫自今（十三）晨八時以來，侯家木橋、高境廟、小場廟、顧家宅附近，均有小部敵人來攻；但均被擊退。同時接奉師長電話，謂敵在蘊藻浜之曹家橋，紀家橋兩處强行渡河，藉煙霧之掩護，已於八時餘成功。着該旅廟行之部隊，卽向紀家橋以南地區，對敵背側擊。該旅旋遵令派廟行西北之第三團（欠第一營）經周巷、蔡家宅向三瞿宅出擊，以威脅紀家橋以南之敵。至十時到達三瞿宅以西地區，該團卽令第二營展開於唐沈宅，向三瞿宅之敵攻擊前進；令第三營（欠第九連）於應宅警戒右側翼。詎知敵在三瞿宅構有極强固之工事，電網重疊，河深不能徒涉。雖疊次衝擊，卒以死傷過大不能成功。直至傍晚，仍只能維持原綫；而敵亦未得逞云。

三　一般之處置（如附圖第三）

本（十三）晚我軍見敵攻擊失敗，受此重創後，士氣大衰，故決于本晚轉取攻勢，企圖將敵一舉而殲滅于黃浦江畔。其部署大要如左：

1王賡旅及憲兵團擔任龍華、南市、真茹之綫警戒。

2第七十八師以一部警戒曹家渡、中山路之線（真茹前方之馬路），主力集結於大場附近，緊接第一二〇旅左翼，向虹鎮北方地區攻擊前進。

3第六十師之一二〇旅向閘北地區，主力經江灣向引翔鎮北方地區攻擊前進。

4第六十一師主力，俟曹家橋出擊得手後，立即協同翁旅主力，向沈家行北方地區、殷行鎮、張華浜攻擊前進。

5第八十八師集結南翔為總預備隊。

上項命令于十三日下午五時下達各部隊，十一時開始攻擊。而日軍於此時，其第九師團、十四師團尚未到滬，深恐我方轉取攻勢，乃提出和議，以為緩兵之計。同時我南京首腦部，亦因政略之關係，訓令十九路總部勿取攻勢。蔣總指揮同時亦有電令蔡軍長，謂須聽候電話再為施行。日軍於此時更假裝提出較為接近之和議內容，致原擬之攻勢計畫，遂因而中止施行矣。

十四日——十五日

一　敵自蘊藻浜攻擊失敗後，在滬日軍主力，喪失殆盡，已無反攻之能力。而運滬之後續部隊雖已達到，但均部署未完。故全戰線均無若何之劇戰；惟其偵察機逐日則向我行陣地之偵察。

二　敵情之一般

敵受鉅創以來，迭電東京乞援。故後續部隊，日來均在增援中。十四日其第九師團及十二師團之一混成旅，由植田謙吉指揮之下，全部到達上海。此後所有在滬日軍概歸其指揮。抵滬後，因部署未妥，恐中國軍之反攻，故亟提出議和之條件，以便得餘裕之準備。

三　一般之處置

我方在此和議聲中，仍令全線嚴陣以待，敵來則攻，務使敵志不得逞云。

第四節　江灣廟行鎮之役（十六日——廿七日）

十六日

一　戰鬬經過，本日全線無劇戰；惟時有小部之接觸。

二　一般之處置（如附圖第四）

甲　第五軍張治中部八十八師八十七師全部奉命來滬增援，業於十六日以前先後令其到達南翔、江橋一帶集結完畢。

是晚張治中軍長到南翔，即由總部召開軍事會議，對敵情作如下之判斷：

敵擬以主力實施中央突破，截斷閘北吳淞兩翼之連絡，企圖包圍我之一翼而攻擊之。

據云：十二月以前敵自張華浜登陸失敗以後，其第九師團運輸艦曾一度到川沙縣東白龍港附近停泊。時會議中仍有判斷敵擬繞南市而取攻勢者；但結果因此種攻擊路線未免過于迂迴，故結果仍以判斷中央突破案佔勝云。

根據上述之決心，而決定之軍隊區分如左：

右翼軍　司令官　蔡廷鍇

第十九路軍

第六十師

第六十一師

第七十八師

第八十八師獨立旅

左翼軍　司令官　張治中

第五軍

第八十七師

第八十八師

翁旅兩團

要塞部隊（按要塞司令自五日後換譚啓秀歸翁旅長指揮）

乙 本(十六)晚下達一般之命令，其要旨如下：

1 據報敵第九師團及十二師團之一混成旅團由植田謙吉第九師團長之指揮，已全部到滬，約有三萬餘人，擬聯合海軍陸戰隊之殘餘，企圖進佔我吳淞及上海南北市。

2 我軍以保衞國土自衞之目的，擬佔領南市、龍華、北新涇、真茹、閘北、江灣、吳淞、寶山、月浦之線，保持主力于鐵道以北之地區，對向閘北、江灣、吳淞方面來犯之敵，相機出擊，乘勝轉取全線攻勢，壓迫于黃浦江畔而殲滅之。

3 右翼軍指揮官十九軍軍長蔡廷鍇率所部六十師、六十一師、七十八師及八十八師獨立旅王賡部憲兵團，佔領南市、龍華、北新涇、真茹、閘北、江灣之線，保持主力於真茹大場鎮之間，迎擊當面之敵，乘機出擊，壓迫於引翔港方面而殲滅之。

a 王賡旅警戒南市、龍華、北新涇，務能死守南市、龍華，為右翼之據點。

b 第七十八師（欠翁旅兩團）警戒真茹、中山路方面，主力則位置於真茹附近。迎擊當面之敵，相機策應六十師。

c第六十師佔領閘北、八字橋、江灣之線，迎擊當面之敵，主力位於中央。

d第六十一師以一部死守江灣，主力爲預備隊，集結於大場鎮西南端。

4左翼軍指揮官第五軍軍長張治中率所部八十七、八十八兩師、要塞守備隊及翁旅兩團，佔領江灣北端廟行鎮、蔡家宅、蘊藻浜北岸迄吳淞之線，主力位於楊家行、劉家行之間，迎擊向江灣以北地區來犯之敵，乘機出擊，向殷行鎮方面壓迫之。

a八十八師佔領江灣北端廟行鎮至蘊藻浜南岸，主力位於中央。

b八十七師佔領蘊藻浜北岸由胡家宅至泗塘宅之線，主力位於劉家行附近。

c七十八師翁旅(欠一團)死守吳淞，爲左翼之據點。

5作戰地境如左：

右翼軍
左翼軍 } 沈家行鎮——江灣——大場相連之線（線上屬右翼軍）。

6各部隊務於十八日上午三時完了一切戰鬥準備。

十七日

本日無若何激戰。

十八日

敵軍日來一面積極準備軍事；一面則提出利議，以緩我轉攻之企圖。及至本（十八）日敵軍部署準備完畢，利議遂宣告破裂。於本晚八時，對我軍提出哀的美敦書，限於廿日午後五時以前由租界起撤退完畢。其通牒節錄如左：

『中國軍應卽從速中止戰鬥行爲，於二月廿日午前七時以前，將現據之第一線撤退完了。於二十日午後五時以前，從黃浦江西岸，由租界西北端，連結曹家渡鎭及吳淞鎭之線起算；黃浦江東岸，由連結爛泥渡及張家橋鎭之線起算。各從租界境界線，向北二十基羅米達之地域（包含獅子林砲台）內撤退完了。且在該地域內撤去砲台及其他之軍事設施，並不新設之。』等語。

我國除由市府及外交當局正式提出抗議外，當時蔡軍長駁覆植田之原函如下：

『逕復者，頃接貴司令二月十八日午後九時來函，備悉一切。本軍爲中華民國國民政府所統轄之軍隊，所有一切行動，悉遵國民政府之命令。來函所開各節，業經呈報國民政府核奪辦理，由外交部逕行答復貴國公使；本軍長未便答覆。』等語。

上項交涉於本晚遂告破裂。當時敵軍之態勢如下：

1閘北至八字橋，爲敵之海軍陸戰隊，約八營（每營約一千）。

2由八字橋至江灣、廟行鎮，爲敵之第九師團全部。

3由蘊藻浜南岸至張華浜車站，爲敵之久留米混成旅團全部。

4飛機場在滬江大學及引翔港北方地區。

5海軍飛機仍在吳淞口外母艦上。

十九日

本日無劇戰，惟至午後十一時，敵對我行擾亂砲擊。

廿日

戰鬭經過（如附圖第五）

一　右翼軍

甲　六十師方面

1一二〇旅在閘北一帶

自拂曉後，敵即以大砲向我陣地猛烈射擊。至上午六時，敵約千餘，機關槍十餘挺，由北河南路分向我新民路、寶山路第四團陣地衝擊。至八時爲我擊退，斃敵五六十，奪獲三八式步槍一桿，子彈五十發。

2一一九旅方面

自拂曉，敵卽以大砲飛機向我八字橋至楊家樓下一帶陣地轟擊。至正午頃，有敵五六百向我六團三營之沈家宅、孟家宅陣地攻擊，並有敵千餘續向新持志大學、談家宅一帶移動，有繞攻江灣模樣。該營在孟家宅之排哨與敵肉搏，擊斃敵數十名。排哨長陣亡，孟家宅被敵佔領。該營隨派隊增援逆襲，至夜十二時始恢復原陣地。我第三營陣亡排長一員，傷二員，士兵傷亡廿餘名。

3 江灣黃團一營陣地，上午六時，敵約二千餘、唐克數十輛、騎兵百餘，大砲十餘門，同時向我猛攻，並有飛機十餘架轟炸江灣車站。我第一營奮勇抵抗，並安放地雷毀敵唐克六輛，激戰至午後六時，敵遂退去。入夜後，敵以唐克掩護步兵衝鋒，均被擊退。是役營長李畏及連長二員負傷，陣亡排長一員，傷亡士兵數十。

乙 六十一師方面

第二團佔領江灣，自十九日敵以飛機大砲向我陣地猛烈轟炸，並有燒夷彈到處投擲，繼以唐克掩護步兵二千餘向我陣地反覆攻擊。我守兵沉着應戰，敵終不得逞，入夜敵始退去。是役我黃團二營連長負傷四員，士兵傷亡過半。

二 左翼軍

甲 八十八師方面

一　敵自本晨起，不分晝夜，以多數重砲及海軍砲集中火力，向我江灣、廟行一帶陣地射擊，以掩護其步兵之攻擊前進；所有工事被破壞者極多。至正午，敵約二三千向我陣地前進；但本晨敵對蘊藻浜方面，用極烈之砲兵火力集中射擊，掩護其步兵强行渡河，一時戰鬥頗烈。歷二小時，已將敵擊退。此種企圖，似爲對廟行方面戰鬥之佯攻，以轉移我軍之注意力，俾中央突破之計劃易於成功也。

此次向我廟行一帶陣地進犯之敵，爲敵金澤第九師團。其攻擊方式，仍先以砲兵行準備射擊，同時以飛機在空中對我陣地爆擊，並施放信號，指示砲兵射擊目標，然後再以步兵在其誘導射擊掩護之下逐步前進云。

乙　八十七師孫旅方面

吳淞、寶山方面，自今晨六時卅分，卽有敵機三架飛空偵察。九時增至六架，隨處施行猛烈爆擊。同時敵艦十餘艘開砲向我沿河陣地射擊，計發砲千餘。我陣地破壞極多；碼頭房屋，中彈起火，其勢頗爲兇猛。但我守兵均能沉着應戰，擊退頑敵。

又敵飛機於本日到劉家行、真茹、南翔、崑山一帶行擾亂爆擊，人民死傷極衆，南翔車站站長受傷頗重云云。

廿一日

戰鬥經過

一　右翼軍

甲　六十師方面

午前二時，敵以大砲向我寶山路、天通菴、八字橋及江灣車站一帶猛烈轟擊，并用多量燒夷彈向我後方各地建築物投擲。火烟四起，爲狀極慘。至天明後，以煙霧彈之放射，掩護唐克步兵向我江灣車站陣地猛烈攻擊。激戰終日，敵卒不得逞。入夜後，因江灣車站附近房屋燃燒，且受敵三方面交叉，火力損失過大，當即放棄。

乙　六十一師方面

六十師左翼方面兵力太單薄，乃由六十一師增派一團於楊家樓下。江灣鎮附近自昨日起，火光四起，燃燒極烈。今晨七時後，敵以唐克六七輛掩護第九師團之主力，向我二團陣地猛攻。激戰終日，至晚，敵死傷千餘，我二團亦傷亡殆盡。乃由三團增加一營，敵始潰退。至晚十時，乃由第一團接防江灣，而江灣一帶陣地及地雷，均被飛機破壞，已全失效用。

二　左翼軍

甲　八十八師方面

本（廿一）日拂曉五時，敵仍先行猛烈之準備射擊，破壞我工事；敵機亦四出爆擊，企圖阻止我後方部隊之移動；繼乃以步兵向我警戒陣地逼進。我守兵堅忍抵抗，始將其先頭部隊擊退。及至上午七時，敵乃在其優勢砲火掩護之下，以密集隊形縱深部署，意欲一舉攻我本陣地。前仆後繼，節節向我逼進。我警戒陣地守兵，不得已退回本陣地沉着應戰。斯時我右地區陣地與敵相距百餘米達，激戰甚烈。繼敵另以一部約千餘人，向五二七團第三營麥家宅陣地行猛烈攻擊，並在浦西方面有敵兵約二團以上之兵力集結。預料係敵總預備隊，乃飭師預備隊第五二八團（欠第二營）向前推進，相機策應準備出擊。同時砲兵第一營（欠第三連）開至前綫，歸本師指揮。至上午九時，戰鬥漸趨激烈。敵對我後方各要點，施行延伸射擊。其步兵乃向我陣地衝鋒十餘次，勢極兇猛。但我守兵奮勇抵抗，斃敵甚多。敵卒不支，至下午十時，乃利用暗夜潰退。我仍督飭將警戒陣地恢復，前進搜索，保持與敵接觸。

乙　八十七師方面

敵砲兵不斷向我陣地射擊，至午後一時始息。

丙　本晨五時以來，敵機三五成羣，到處擲彈，炸毀真茹站、劉家行汽車路一段。下午一時卅分，在董家宅附近，被我五一七團一營小砲擊落敵機846號甲種四型戰鬥機一架。落地後機身全毀，駕駛員名田中中隊長斃命。

八十七師之五一七團推進紫塘、濮家橋，歸俞師長指揮。

丁　吳淞方面

本日午前二時，敵機數架轟炸吳淞一帶，並拋放火球甚多；敵砲徹夜轟擊不絕。江邊一帶陣地，隨築隨毀。至下午二時，有敵艦五艘，飛機三架，轟炸獅子林砲台。我砲台還擊，因敵煙幕遮蔽，目標不明，收效甚少。

戊　瀏河方面

該方面原係我六十一師之第六團及軍校教導隊之一營警戒。昨今兩日，敵十二師久留米混成旅團向廟行正面佯攻，以第九師團之主力向我江灣猛烈攻擊，企圖突破江灣，斜攻閘北。故敵兩日來集合其數十架之飛機，向我陣地爆擊；唐克廿餘架、鐵甲車三四十輛，掩護其步兵主力，反覆衝鋒。我陣地工事被敵毀壞殆盡，士兵傷亡過半，血肉橫飛，戰況極烈。但我官兵均能視死如歸，奮勇支持，將敵擊退。而敵數日來苦心經營中央突破江灣之計劃，至此又成畫餅，遂有翌日移其主力於江灣以北地區而發生廟行之劇戰。

廿二日

本晨閘北至江灣南端，戰事稍和緩。而江灣以北到廟行鎮之間，敵人集中砲火，昨夜以來，不斷射擊。至午前五時，第九師團之主力約萬餘，向廟行正面猛攻。我五二七團三營陣地，被敵突破。俞師長將全部預備隊增加，仍不支。錢旅長及陳副旅長負傷，工兵營長唐循陣亡，而士兵傷亡過半，全綫陷於苦戰狀態。故十九路總部於九時决心即由江灣至蘊藻浜及正面，三時同時出擊。其部署如下：

1 閘北至江灣南端施行猛烈之佯攻。

2 六十一師副師長張炎率四五兩團由江灣西北端向敵側擊。

3 區師長以一團接六十一師楊家樓下防務，以一團控置於夏家宅，策應八字橋及江橋一帶之攻擊。

4 八十七師孫旅加入廟行鎮正面，與八十八師同時出擊。

5 八十七師宋旅以主力渡蘊藻浜，向敵側翼威脅。

下午三時，各部均已到達出擊準備位置，向敵出擊。至夜十一時，敵大部被我包圍。其戰鬥經過如左：

戰鬥經過

一　右翼軍

甲　六十師方面

1閘北方面，上午八時，敵以鐵甲車四輛掩護步兵向天通菴突擊，同時靑雲路、中山路亦有敵向我進攻。激戰二小時，敵卽退去。下午五時，全綫奉命向敵佯攻，牽制當面之敵，俾江灣方面我軍作戰容易。時我野砲兵二連在彭浦鎭附近陣地向虹口公園、持志大學、萬國體育場一帶之敵約千餘射擊；中山路及天通菴之敵被我猛烈佯攻，全線動搖，認爲主攻。援軍漸至，戰況更激。而敵死傷極大，壕內呻吟之聲，至爲淒慘。我軍借砲火之掩護，於夜十時退回原陣地。

2八字橋方面，下午七時，敵約數百向我突擊，當卽擊退。

3江灣車站附近，我軍已退出，仍在沈家宅一帶與敵對峙中。

乙　六十一師方面

拂曉後，敵對我江灣、廟行一帶陣地用猛烈砲火集中射擊，同時並有飛機數十架飛空爆擊。至九時左右，敵以唐克掩護步兵向我江灣陣地突擊。激戰數小時，當被我梁團擊退。

廟行方面，我八十八師右翼，於上午八時左右，被敵突破，進展至大小麥家宅之間，向湯朱家橋、小場廟北端攻擊前進。至下午五時卅分，進佔趙店宅前端。至七時，趙店宅前端附近村落及孟家宅一帶，火焰四起，似有退却模樣。我張副師長乃派出一部追擊，至十一時佔領孟家宅，將敵包圍於金穆宅。是役我五團傷亡過半，敵死傷達千餘人。

二　左翼軍

甲　八十八師方面

敵於上午一時起，以第九師團及久留米混成旅團主力，乘夜間向我陣地開始攻擊，先向我五二七團第三營大小麥家宅陣地襲擊，爲我前進警戒部隊擊退。至上午三時，敵集中向我陣地射擊約五六千發，陣地全部毀滅。適逢拂曉大霧，敵乃迫近對我五二七團第三營大小麥家宅陣地攻擊，戰鬥至爲激烈。至上午七時，該營幹部傷亡殆盡，乃被敵將大小麥家宅陣地突破。遂令錢旅長施團長乘勢反攻，奪回陣地。乃因敵火過猛，錢旅長甫達陣地，即重傷胸部。此時適李副師長延年率領教育總隊趕到，指揮各部反攻，而工兵營及二五九旅石祖德團之一營續到，隨令佔領塘東宅亘廟行鎮之綫，包圍突入之敵，戰鬥至爲激烈。錢旅長倫體、陳兼總隊長晉良即於此時負傷，唐營長亦隨以陣亡。至八時，被敵突入大小麥家宅，全綫危急萬分。至正午，正面得孫旅之增加，左得宋旅之支援，右得張副師長之側擊，乃三面對敵反攻。至夜十二時，突入陣地之敵，大部被擊退；，敵死傷在二千以上。金穆宅方面，包圍敵約二連，由孫旅負責解決。計是役營長傷亡六員，連排長傷亡九十餘員，士兵傷亡二千餘名。

乙　八十七師方面

宋旅以正午頃以四營開始渡河，至下午二時半，在北沈宅附近向敵側背前進。至七時，與北沈宅之敵接觸，旋將其擊退後而佔領之。至九時，進佔南沈宅，將廟行鎮之敵取包圍。是役我宋旅傷亡官兵二百餘人。

孫旅加入八十八師正面攻擊前進時，因受敵對廟行之集中火力射擊，故頗感困難。

丙　吳淞方面

敵於下午四時由長江開來敵艦四艘，南洋開來敵艦五艘，齊向獅子林砲台射擊，歷三小時。獅子林炮台，完全破壞。

本日反攻，得敵戰利品極多。六十一師俘獲敵第九師團營長一員，名空閑昇；軍旗三面，鐵帽十餘頂，六五步槍數百枝，機關槍數挺云。

廿三日——廿四日

敵三日來施行總攻之計劃，至此可謂完全失敗，因而迭向其東京首腦部一再請援，據報有續派第十、第十四及第一師團來援之消息。故自今日起，各陣地祇有局部之戰爭。本日，敵對閘北一帶六十師正面未加攻擊，僅不時以砲兵向我射擊。至江灣、廟行之間，敵仍來猛攻，然終不得逞。至夜，八十八師因傷殘太甚，乃調至廟行西方地區整理。其所遺廟行以南至江灣之陣地，由六十一師副師長張炎率部（三團）附八十八師獨立旅古團接替。再廟行、胡家莊之線，則由八十七師孫旅接替。其各部之細部戰鬥經過如左：

一　右翼軍

甲　六十師方面

廿三日　敵對閘北、八字橋不時仍用砲兵射擊，並有飛機多架，時向我陣地一帶偵察及投彈爆擊。

廿四日　本日無若何劇戰，僅敵砲時對靑雲路、寶山路、天通菴一帶擲彈二百餘發，人員略有損失。八字橋至江灣一帶，則有飛機十餘架施行爆擊，損傷較大。

乙　六十一師方面

廿三日　敵上午對我小場廟攻擊，張副師長當飭派部向其出擊，俘獲步兵少尉西尾其六一名，又俘獲敵第九師團第二營營長百海實男一名。我營長一員，亦同時負傷。

廿四日　敵以大部向我小場廟攻擊，劇戰甚久，始將敵擊退。

二　左翼軍

甲　八十八師方面

廿三日　金穆宅之敵，尚在包圍中。敵以大部猛攻小場廟，經我六十一師出擊後潰回。

廿四日　原在二月二十三日下午九時奉令將防務交與六十一師後，於本(廿四)日拂曉前撤至葛家衶、婁西塘橋附近地區集結整理，並相機策應六十一師及八十七師。嗣以六十一師於二十四日上午五時許派隊接替完畢，而天已黎明，運動困難，直至入夜，始向指定地點集結，從事整理。

按是役該師整理結果，每團改步兵兩營，每營兵力較原數減三分之一。

乙　八十七師方面

宋旅退回蘊藻浜北岸原防。

孫旅方面不時有小部接觸。

廿五日——廿六日

我軍小場廟與廟行鎮間之弱點，被敵偵知，故自今日起，即試行其大部分兵力之突破攻擊。我軍初受敵砲兵之猛烈火力，一時曾有動搖；但因官兵之奮勇沉着，俟敵步兵接近，即起而與之肉搏，卒予敵重創，使不得逞。其各部之戰鬥經過如左：

一　右翼軍

甲　六十師方面

廿五日　晚十一時許，敵約二百餘人來攻八字橋，戰約半小時，敵卽退去。閘北、天通菴一帶，不時有敵向我射擊。

廿六日　上午二時，江灣車站附近有敵二百餘向我進攻，當經我第六連擊退。上午十一時，天通菴附近開始佯攻，協助左翼六十一師之逆襲，斃敵甚多。

乙　六十一師方面

廿五日　是早八時，敵陸空軍協同向我廟行以南至小場廟之陣地猛攻。至九時後，敵集中重砲野砲之火力，向我金家木橋之陣地猛烈射擊，一小時內發彈二百餘發。我古團陣地稍有動搖，經派第六團增援反攻，始告穩固。至下午四時，敵復由空軍指示目標，向我小場廟陣地猛攻，隨以步兵數千衝鋒。我古團因受敵猛烈之砲兵火力射擊，傷亡極大，陣地頓呈動搖現象。當由七十八師黃旅謝團增加，並令一二一旅第二團由嚴家宅協力出擊，敵受大創。六時卅分，我軍進展至小場廟附近，因敵陣地已設電網，遂停止前進。

江灣鎭方面，是日無甚激戰。

廿六日　江灣鎮方面，自廿日以來，房屋被焚罄盡，而小場廟已被敵突破。故江灣已陷於突出之地位，遂不能不於是日上午十時放棄而退據金家園、夏家蕩亘竹園之線，沿河配備。

按廿五、廿六兩日，敵死傷在三千以上；我六十一師亦死傷二千餘。因之局部之部署，變更如左：

1竹園墩以北至廟行鎮南端之線，由一二一旅擔任。

2張副師長率一二二旅至牆前宅附近整理。

二　左翼軍

甲　八十八師

廿六日　該師奉蔣總指揮命令：因六十一師連日作戰，傷亡極大，亟待整理。所有小場廟以西與竹園墩中間之地區起至廟行鎮南端之防務，由八十八師擔任，限本(廿六)日下午十一時以前接替完畢。該師奉令後，當即遵照按時接替。

乙　八十七師

廿五、廿六兩日，該師正面頗沉寂；惟敵機三五架常來偵察。

丙　吳淞方面

廿五日　敵無動靜。

廿六日　是晨有敵機三架飛要塞上空偵察。至八時後，復來六架，幷擲彈數枚而去。張華浜方面，敵砲向我射擊；敵艦多艘在江面遊弋，向我獅子林炮台及寶山城射擊極烈。

第五節　瀏河之役

廿七日——廿八日

敵情之一般

自廿日迄廿三日，敵全線向我總攻，血戰四晝夜，敵死傷且萬人。乃一方由國內積極增加輸送，補充新兵，幷增派第十一、十四、十六等三師團來滬；同時派軍事參議官白川大將爲在滬日軍之統帥。計自一月廿八日開戰以來，敵已四易司令。滬戰相持如是之久，殊出日人預想之外也。

廿七日　敵十一師團到達上海。是日全線沉寂；惟敵飛機仍常向我後方崑山、蘇州一帶實施偵察，並企圖爆破鐵道；正急於部署軍事中。

廿八日　全線仍極沉寂。午後九時，張華浜附近發現極多木板；黃浦江中敵艦十餘艘，拖帶民船數十隻，有向我瀏河附近登陸之企圖。

廿九日

一 戰鬥經過

甲 右翼軍

1 六十師方面

今日無戰況。

2 六十一師方面

本日上午十時，敵用猛火向我閘北一帶陣地轟擊，繼以唐克車掩護步兵，向我北站方面衝鋒。我軍均能沉着應戰，斃敵卅餘名。寶山路、天通菴路沿綫，則無激戰。該師一部，則仍集結大場附近整理。

3 七十八師（缺第四團）方面

自拂曉後，敵即以大砲向我第三團陣地發射數十；飛機十二架，則投彈十餘枚。即行猛衝，旋被我擊退。是日傷士兵十餘，陣亡三名。

乙 左翼軍

1 八十七師方面

第二五九旅本日午後三時許，見金穆宅附近，敵約二百餘向北移動。午後五時許，又見敵部隊向蘊藻浜方面移動。但終未與我接觸。

2 八十八師方面

自下午九時許，敵用大砲向我全線陣地轟炸約三四百發後，有敵步兵三百餘向我前進，並以步機槍向我射擊，一時火力頗爲濃密。經我沉着抵抗，一小時許，敵即退去。是役我方負傷官兵卅餘人。

3 一五六旅（缺五六兩團）在吳淞方面

是日午後六時，敵在蘊藻浜對岸。不時用機槍向我射擊，並有渡河模樣。但我警戒嚴密，敵遂不得逞。

二 一般之處置

甲 令六十師將閘北防務移交六十一師一二二旅接替。

乙 令六十師一一九旅（附第六團）以一部據守勞働大學至沈家宅爲前進陣地，以一部守備八字橋至楊家樓下之南端。一二〇旅（附第一團全部）位置於劉家宅車站、曹家巷、俞家宅、蘆花莊、尹家角一帶。

三月一日

一 敵我增援狀況

敵將植田謙吉所指揮之第九師團及十二師團之一混成旅，自廟行鎮、小場廟各役迭被我軍擊退後，敵遂增加大批援兵，於二月廿九日先後到達有十一、十四兩師團。所有在滬日軍，改由敵將白川統率。

我四十七師（有槍四千餘枝）奉命參加滬戰，其一小部已到達崑山，其餘已到達鎮江附近。

二 戰鬥經過

本日午前八時，敵以生力之海陸空軍向我全綫總攻，並以密集强大之砲火及空軍炸彈，向我七十八師及左翼軍全線陣地各要點施行極猛烈之轟擊，使步兵在其掩護下得以進展。我全線官兵，無不奮勇迎擊，肉搏達數小時之久。惟敵亦前仆後繼，不斷增加；尤以楊家樓下及竹園墩之陣地血戰最烈。迨至十二時左右，我七十八師正面一部傷亡殆盡，敵遂得乘隙而入。隨卽調所有預備隊增援，始得將敵擊退，恢復原陣地。而敵仍滯留我陣地前端，正擬全線出擊，與敵決戰。忽據急確報告：瀏河以西楊林口、七了口一帶，有敵十一師團之一部約三千餘，利用烟幕海軍及飛機等之掩護，强行登陸。乃不得不將正面作戰之部隊，儘可能抽調，以應付該方面之敵人。遂令左翼軍之孫旅趕赴瀏河，企圖乘敵登陸後立足未穩之際，一舉而殲滅之；時已午後二時矣。敵同時復加派生力軍增加，乘我正面薄弱，死力突擊，血戰數小時，我八十八師及七十八師正面，又有一部被突破；然尚死力支持待援。此時第二綫戰鬥羣業已使用罄盡，而全綫肉搏竟日，死亡枕籍；同時我瀏河方面又受優勢之敵極力壓迫。支持苦戰至晚，以四十七師本晚決難到達增援，爲避免與敵決戰計，乃決心將全綫撤至黃渡、方泰鎮至嘉定、太倉之綫，待機轉移攻勢。

左翼軍吳淞方面自今晨起，敵以大砲及機槍竟日斷續開放，均不中要害。午後四時卅分，寶山方面，敵軍艦附有小民船及小電船共約卅餘艘，向我寶山東門外猛衝，企圖登陸。當被我軍及義勇軍協力擊退。

三　一般之處置

本日午後十一時下達命令要旨如左：

甲　右翼軍所部六十師、六十一師、七十八師及八十八師獨立旅附憲兵團，以一部先佔領眞茹、大場，逐次向江橋鎮、南翔、廣福南端進入陣地警戒，節節施行頑固之抵抗；其主力則向黃渡、方泰鎮之線撤退。

1莫雄旅附憲兵團向顓橋鎮、莘莊、七寶鎮之線撤退，左與六十師切實連絡。

2六十師以主力由鐵道南方黃渡撤退（古團及鄭團暫歸沈師長指揮，俟到達目的地後歸還建制。）。

3七十八師主力，由大場附近經南翔、白陸家巷方向撤退。

4六十一師主力，由大場鎮北方經陳家行、方泰鎮方向撤退。

5各師撤退時，正面留一團作收容隊，極力佯攻，掩護主力脫離戰場，至主力退入新陣地後，逐次撤退之。

乙 左翼軍所部八十七師、八十八師及要塞砲兵翁旅一團又一營，須派出一部在胡家莊、楊家行佔領收容陣地。主力則向嘉定、太倉之線撤退，利用嘉定城、太倉城為據點，派出一部於羅店及瀏河附近，對瀏河方面警戒。

丙 各部隊須於二日拂曉完了一切撤退入於抵抗之準備。

二日

各部隊撤退後一般之情況

一 右翼軍

甲 六十師方面

1一一九旅（欠第一團）附第六團移至江橋鎮亘鐵道以北之線佈防。

2一二○旅（欠第六團）附第一團佔領北新涇亘錢家宅至真茹以北之線。

乙　六十一師方面

1　一二一旅今晚由大場、牆前宅節節抵抗撤退，安全到達目的地；幷派第一團至陳家宅、嚴家宅一帶向大場、劉家行方面，第二團在張家浜對大場、胡家莊方面，第三團在十八家對南方，嚴密警戒。

2　一二二旅本晚相機撤回方泰鎮集結整理。

丙　七十八師方面

1　昨（一日）晚撤退時，除留第一第二兩團佔領夏家庫亘大場之線擔任警戒外，一五五旅及第一第六兩團卽於午前五時抵西首角附近，又於黃昏後全部撤回西家庫、吳塘、橋村、徐行涇一帶。遂令第五、第六團佔領葉家橋亘方泰鎮之線，沿河西岸佈置警戒。

2　一五六旅（缺第五第六團）撤回嘉定，卽於本晚開至方泰鎮歸回建制。

二　左翼軍

昨晚按所示陣地安全撤退；惟敵今午以大部隊向我孫旅之婁塘鎮攻擊，幷由我左翼向我朱家橋頭包圍。激戰數小時，旋奮勇衝出，集結葛隆鎮。是役傷亡甚大。

三日——五日

三日，敵仍以大部向我陣線壓迫。八十七師孫旅有一部在婁塘附近受敵包圍，經奮勇衝出，退集葛隆鎭。嘉定亦被優勢之敵壓迫，正後撤中 四十七師今日已陸續到達崑山附近；令該師在崑山東端由周巷至十三河灘之線構築工事佈防。四日，我方因援軍未至，決令各部相機撤至崑山附近之綫待援。於五日下達命令如左：

一 敵於三日午後二時，對國聯宣佈停止戰爭；但昨今兩日，南翔方面之敵，砲兵仍不斷向我射擊，便衣隊時向我前進，異常活動，企圖不明。

二 本路軍擬佔領淸陽港、崑山城、陸家橋、白茆、新市、梅李鎭、福山鎭之線，其前端更派出警戒部隊，節節拒止敵人。如敵人以主力作真面目之攻擊，萬不得已，則佔領右翼，依據九里湖、鳳里村、東灣港、唯亭、楊城(澄)湖至崑城湖北端亘常熟至福山鎭、江岸之線之預設陣地，死守待援。

三 第十九路軍以主力佔領崑山城南北之線，於安亭、太倉之間派出警戒部隊。如敵以主力作真面目來攻，至萬不得已時，卽佔領右翼，依據楊城(澄)湖預設之陣線，死守待援。其詳細配備，應如左述之要旨：

甲 第七十八師之鍾團歸沈師長指揮，爲前進部隊。主力控置於陸家浜車站，對安亭作縱深之配備；約各一連，在安亭及蓬閬鎭嚴密搜索敵情。

乙　余立奎補充團爲獨立支隊，固守太倉城，對嘉定、瀏河方面搜索敵情。至萬不得已時，則退守巴城鎮，掩護軍之左側。

丙　第六十師佔領周巷沿淸陽港西岸經鐵道至十三河灘(屬之)之線，構築强固工事，拒止當面之敵，並負責維持崑山城治安。鄧旅則俟鍾團接替防務後，歸囘建制。

丁　第六十一師附古團佔領十三河灘至陸家橋(屬之)之線，構築强固工事，拒止當面之敵，與太倉余立奎團取連絡。張炎旅今(五)日晚歸囘建制。

戊　第七十八師主力爲預備隊，集結於唯亭西端地區待命。

四　第五軍佔領石牌南端至白茆、新市之線，右翼派出一小部位置於石牌，與陸家橋附近之六十一師取連絡；左翼派出一部至陸家尖鎮，與梅李鎮四十七師連絡；主力控置於東塘墅、常熟之間。如受優勢之敵壓迫，萬不獲已時，則佔領右翼，依據後塘湖經崑城湖、常熟之線，死守待援。

五　四十七師担任常熟東北梅李鎮、謝家橋鎮東北沿江一帶佈防，對江面警戒，與常熟之八十八師取連絡；其主力集結於常熟西北大義橋附近。如梅李鎮受優勢之敵壓迫時，則固守小王橋、謝家橋鎮至福山鎮之線，並應注意沿江方面。

六　作戰地境如左

第十九路軍　太倉、陸家橋、巴城鎮之線（線上屬十九軍）。
第五軍　周涇口鎮至小王橋、虞山西北端之線（線上屬第五軍）。
四十七師
敵我對峙之現狀如附圖第六。
六日——十日
六日，各部隊已撤至指定地點。構築工事整理佈防以後，雖時有偵察隊與我前進警戒部隊接觸，其大部尚未敢輕進。我軍得藉此整理，並遵政府命令，聽國際之調解也。

第三編　我軍對滬戰所得之教訓

第一章　政府與最高統帥

自九一八事變，舉國一致憤起抗日，無論老弱婦孺，其神經之興奮，脈搏之緊張，皆臻極點。故此時政府有在滬召集和平會議之方案，以期對內先求團結，然後再事攘外。詎知會議拖延至再，始克舉行。政府改組，孫哲生之責任內閣希望，於茲以告實現。一時排舊納新，更迭頻繁，舉國切盼應付擔當國難之軍政首腦部，頓呈混亂局面。吾人於此時判斷中日之正式戰爭，決無由爆發；然亦每以日本萬一起而作局部之侵略，而我國決無法禦侮，更無倖勝之理。蓋由於政府當局覥緩，未嘗以黨國之前途爲目標。至如國防之如何急圖補救，外交之如何決定方針，戰爭之如何準備部署，……似皆已成國人之夢想，遑問及戰爭之結果乎？

通常國與國間發生任何軍事行動時，國內平時之一切在野政黨，皆當犧牲本身素持之政見，而加入現政府共同工作，以期打破目前之困難環境，爲當前之急務。斷未聞兵臨城下，而猶從容互爲意氣之爭，並藉此而作爭權奪利之機也。編者以國民之資格，軍人之立場，評論此次滬戰失敗之原因，實因政府與最高統帥，早已失却重心。無怪滬戰一起，政府、國民、軍隊三者，同陷於手忙足亂不知所措之境地。政府則藉口「靜待國聯解決」，民衆則紛起「

自動禦侮抗日」，軍隊則主張「剿匪抗日並重」；無一貫之方針，無整個之行動，烏往而不敗績也，噫！

第一節　政府之決心及處置

根據上述，政府既無決心，故其企圖，殊不難揣測。直至一月廿八日（距九一八凡一百卅二日），日軍復在滬開釁。我十九路軍迫於自衛生存之要求，遂起而與之抗戰。政府於此時感覺唯一之海口，尋將被人侵佔；工商文化之策源地，被人破壞掠奪；政府自身所受威脅，已至無可藉口推宕之餘地；此時始宣言作長期之抵抗。吾人就軍事眼光衡之，實已深惜其過晚。詎知政府雖有長期抵抗之電文與表示，而並無長期抵抗之決心與處置。此在戰爭立場而言，爲一般兵學界所不許。蓋無決心與處置，斷未能操勝利者，明甚！

雖然，中國頻年內亂，久已無國防可言；政府原早已陷於「巧婦無米」之境地，安得以此苛責？惟吾人處此，不暇推究，亦無庸推究其因果與責任。就事實評之，則不能謂爲毫無辦法也。其他之戰史不必引證，卽就滬戰爆發後奮勇不顧一切之我軍將士，及各地民衆之慰勞輸捐、戰地服務，其熱心毅力，誠不亞於歐戰各交戰國國民。此種民族意識之表現，政府不但不能領導之於救國之途，初則因一二腐儒欲見好於學生而多方羈縻敷衍之，復因反動分子混跡學生羣衆中從事搗亂，而不分皂白，以暴力摧殘之，更有欲藉向爲民衆不齒之士大夫及已打倒之軍閥官僚等等一切假革命反革命之國難會議，以解決所謂之整個國是問題，應付目前之疑難，是不啻緣木求魚也，吾人殊難示其同意。

其次，政府對國防方針不確立，故對軍隊之一切準備及部署，致失準則。國府雖於一月陷日決心遷洛，掩蔽天下耳目；然據吾人所知者，只軍參兩部於一月廿九日命杭州之八十八師集中首都（後改鎮江，再改蘇州），對其餘之部隊，則不過一紙空口號叫準備之電文，於實際上之軍隊集中運動，則未之聞。猶憶九一八事變後之數日，某德國高級將校，曾作中國軍隊何以尚未聞調動之驚駭疑問。在他人視之，數日之沉默態度，已開歷史上交戰國態度之先例；而不知至數月後，亦尚未聞有若何堅決之態度。是蓋由於政府向無一定之國防方針，故事變倉卒，誠不知若何而適可，無怪負責當局之遲疑不決也。當滬戰爆發之後，倘政府早具有整個之作戰決心，則所調動之軍隊，以戰略之眼光觀之，首先將不止於第五軍，如四七第一兩師，亦可望提早到達戰場，而為戰略之預備隊；則瀏河側背之陷落，或不致在國聯大會特別會議通過停戰決議之三月四日以前。戰略上既能保持對峙之局面，則以後之外交進行，當能感受許多之順利。是為政府對政略戰略兩者之不能互為利用，致外交軍事均不能得最後之勝利，此又失策中之最大者也。

第二節　最高統帥之不確定

政府經一度之改組，新任既感於分潤之不易，舊任復因不安於位而存消極。參謀本部雖爲軍令機關，然原爲因人設位，事實上決不能負全國軍隊最高統帥之責，況中國軍隊之歷史，又頗偏重於「人的問題」（其實各國亦然），主將之得人與否，大可影響於作戰之勝敗。故政府亦曾顧慮及此，而有軍事委員會之設立，是爲全國之最高統帥機關。然吾人試就大軍統帥之原則衡之，委員制之性質，最不適宜於軍事之行動，遇事既感責任不專，部署亦必多所掣肘，因而每有良好之戰機，亦嘗以會議未畢，展緩放過，致遺千古無窮之恨。如歐戰初期之法軍最高統帥，即嘗因受政略之牽制，國內意見之紛紜，而有指揮遲鈍之痛苦；而聯合軍之全般作戰，最後亦爲事實所迫，不能不公推福煦將軍爲最高統帥；結果，始能解決歐洲之戰局。是皆足以證明軍隊之指揮，非若政治會議之從容雅步，詳究得失。蓋戰機一失，有致影響於全軍之覆沒，而及於國家民族之存亡。所謂「死生之地，存亡之道」，不可不察也！

此次滬戰，最高統帥之無人負其專責，聞當局軍事領袖諸公，亦有感及此；然以職責地位關係，均只能出諸建議口吻。編者亦曾與十九路軍某高級將校晤談，據云：『本路軍自開始作戰以來，深苦最高級統帥乏人主持。』及至最後，軍政部不得已一變而爲似是而非之軍令機關，然結果亦不過傳達機關，此種不統一之局部作戰，其結果當不難判知。吾人對政府最初之不指定最高統帥，及指定而又不得其道，殊令人抱無窮之遺憾。要之聚合各方面之軍事領袖或代表，處理關於國防綏靖之統率事宜，或關於章制軍事教育方針之最高決定，所謂全國最高軍事機關之理論的根據，亦非全無意義。然吾人若就軍事行動在學理上之研究及經驗所得言之，則不能不有以下應行考慮之點：

一 最高軍事委員會，不但對各實力派領袖網羅困難；利害不同者而欲求一貫之精神而現諸實行，亦斷不可能。

二 因既爲委員制，則一時委員之構成分子如何，固不待言；而中國素來會而不議，議而不決，決而不行之習慣，以之決定國防方針，其結果如何，不卜可知。

三 軍事首重機祕；昔路易喬治戒法政府之不可干涉統帥權，有曰：『關於作戰指導之筆記及印刷物，一旦移於大臣之手，則知其內容者，決不止受理之大臣一人，此不可不顧慮者也。』軍事委員會之構成及分子既如上述，欲保持國防之機密，恐屬不易。

第三節 政府與最高統帥之連繫

政府爲決定國策之最高機關；統帥部乃根據國策之方針，而統率軍事行動，以繼續貫徹其國是爲目的。故其關係之緊密，步驟之宜協調，盡人皆知。故吾人應先攷究者，卽「爲律戰爭指導之政治與高等戰略，乃至實現政治與統帥之關係，對於國家組織應當如何？」之問題。於此又不能不令人憶及日軍已侵入領土，而政府猶作一度之改組，其間新舊更迭，利害得失，已如前述，而實際之不可諱言者，乃為新政府標榜之施政方針，不無與舊政府所號召於吾人者，有所出入。政府之章制系統，亦於是大行改變。最高統帥機關，無形已失其效力（因最高統帥無人）。此時戰爭指導之政治與高等戰略之連繫，事實上不能不被破壞矣。故吾人評判中日戰爭之勝敗，其原因早種於此，豈為過論？

抑又有進言者；中國現處地位，外受帝國主義武力之壓迫，內又遭赤匪暴亂之滋擾，直可謂尚在軍事時期。政治之施行，實有賴於軍事之維護推進。其統治最高權，確有側重入於軍事範圍之必要，然後能以快刀斬亂麻之手段，同時喚起民族之自覺。否則，既不能安內，亦無法攘外，遑言其他之政治施設乎？拿破崙有言：『戰爭者，君主政體之特權也。』足見法之運用，大有存乎其人之感，而又可知戰爭之政治戰略之指導，非由一人獨負全責不可。於此甚盼望政府當局切勿再標榜政治之新穎名詞，以博一般好亂者之歡心，而速定目前救國之適時適地之實際政治要諦。則庶幾國仇不難報復，國運可望挽回也。

第二章　最高統帥決心及其指揮

此次中日戰爭，表面雖有一軍事委員會以負最高統帥之責，然法制之不適宜，效能亦因之減低。故此次最高統帥術之發生錯誤，已屬當然之事。卽毛奇興登堡在焉，亦必無由發揚其天才。本乎此，吾人對最高統帥機關，與其謂爲指揮之不良，毋寧謂爲指導之無人。然「最高統帥機關，究應如何處置？」之問題，是又吾人不能不研究者。茲謹申論之如左：

瀋陽被日軍暴力佔領後，遂吉黑三省，相繼陷落。中國行政及領土之完整，事實上已被破壞。及至滬戰一起，政府感受之威脅，已達眉睫。此時不欲恢復失地，屈受條件則已。否則，除以武力抗拒而外，實別無他道可尋，事理至明。故最高統帥機關，除一面向政府建議軍事之步驟外，一面則須本平日作戰計畫之研究，下令動員集中(儘可能調動之部隊)，決不致滬戰開始兼旬，而各方部隊猶如是姍姍來遲也。所幸滬甯沿綫，早有十九路衞戍兵力三師，第五軍亦在咫尺，不一星期而亦能分別到達戰場。故在二月十三日以前，我軍兵力佔絕對之優勢。然自始至終，我軍均處於被動地位，未曾轉取攻勢一次。此在大軍統帥之原則而言，是爲「不能主宰戰場」，未有不失敗者。而十三日晚，敵軍偷渡蘊藻浜成功，嗣經我奮勇逆襲，敵卒敗潰。按敵是役受創頗大，確爲一轉取攻勢之良好機會。此時日軍兵力只有久留米一混成旅，陸戰隊八營。故十九路總部，決心轉取攻勢，命令經已下達至各師司令部，旋以最高統帥部之不同意，遂爾中止實施。及至次日起，敵之植田謙吉所部第九師團，逐日到達，雙方兵力浸成相等，敵且有增無已，我則日漸消耗。全戰役亙之良好戰機竟致放過，反而構成戰敗之局勢，是皆由於最高統帥之無作戰決心，致不能收戰爭勝利之成果也。基於上述之無作戰決心，則產生之一切作戰方案，自不澈底，而難期最後勝利。蓋兩國間之戰端已開，惟有先求得戰爭之勝利，則所有一切之問題，自不難迎刃而解。歐戰之德軍，卽本此以侵入比境，而首得國境會戰之勝利。此種純然適合戰爭目的之作戰指導，不能不令人欽佩其雄奇偉大。終歐戰全役，德國寸土未被敵軍蹂躪，是豈無故歟？然滬戰起後之中國最高統帥部，始終依賴政府之「靜待國聯解決」政策，而不積極部署，以求戰爭之勝利，是受政略牽制之點。故至三月一日所有之戰略預備隊，皆已用盡，而只有撤退之一途，是乃指揮不能放胆故也。戰鬥綱領有云：『不爲與遲疑，爲指揮官所切戒。』決心旣誤，指揮隨之，良有以夫！

第一節　對敵情之一般判斷

敵國從來一貫之國策，爲「大陸政策」。由滿鮮滿蒙而至於華北，是爲其侵略之步驟。故其主力軍之使用，當以先在滿蒙求得決戰，以遂其侵略之目的，然後再進入華北，以威脅中國之腹心。至長江東南沿海之作戰，無非擾亂牽制之性質。其目的在：

1 轉移中國國民之視線，而忽視或竟忘却東北之淪陷，俾日軍得在東北穩固其基礎，而減少日本勢力第一次正式侵略之障礙。

2 淞滬被敵佔領，則一切外來資源斷絕，內外經濟均被封鎖，使中央政府感受莫大之威脅，而不能不屈服承認其主要之滿蒙政治條件。

敵方根據上述之企圖，判斷中國軍隊，不致有若何抵抗，而可於瞬時佔領淞滬。故對上海方面派遣之作戰軍，初只及於陸戰隊，數日後始有久留米混成旅之增加。植田謙吉之第九師團，直至十四日先頭部隊始到達上海。足見敵之對滬戰，並無整個作戰計畫。此時之中國軍，宜以先有之優勢兵力，立於主動地位，逐次對敵各個擊破，以挽回國際之視聽，而開外交勝利之途。且可以制止其他口岸重鎮之日軍暴動妄想，一方面則仍積極籌畫收復東北軍事進行。然最高統帥部之敵情判斷，殊不如此。故以開戰初期佔絕對優勢之兵力，而不敢立於攻勢地位，實可惜也！

第二節　作戰計畫之策定

最高統帥，通常在作戰發起之先，即須策定作戰計畫，以律戰爭中各時期之行動，同時並與各機關業務之準據。如是則戰爭之勝利，始有可能。九一八以後，滬戰以前，中國軍隊之行動方面，並無有計畫之路綫可尋。及至滬戰爆發，一時始傳聞黃河以北、黃河長江間及長江以南，三大區域之軍隊，有劃分指揮之說。此又似若有計畫者；然而事實上軍隊之調動部署，各機關之業務準備，則未見其有若何之步驟或目的。無論從何方面觀之，皆不出「頭痛醫頭，腳痛醫腳」之法門。如欲求在一整個計畫之下，作有秩序之活動，似不可能。然則吾人對此次之最高統帥，謂爲有計畫而不能貫澈也可。

第三節　動員及集中

歐戰以後，動員之意義，已由國軍之動員，一變而爲國力之動員，蓋其範圍已不止於軍事行動也。至如歐戰開始，德法兩國之動員，亦僅國軍動員之單純意義，皆以鐵道完全動員及戰時運轉爲基礎。其於最短時間得以完結動員之日數，大約如左：

騎兵　二日(其一部於總動員前經已出發)。

步兵　四日。

砲兵　五日。

其他諸兵，五日乃至六日。

預備師之諸隊，七日乃至十日。

吾國頻年內亂不已，軍隊之編制，已無所謂平時戰時之分。故至中日戰端已開，動員如是，不動員亦如是。欲對動員加以何種批評，實無從說起。故不能衡以歐戰動員之例，而討論其得失也。

茲擬研究切於實際者，爲「集中遲速」及「集中配備」之問題。通常動員完結之諸軍隊，須向國境附近集中於所望之地域，此卽原則上所謂「於最短時間，使其國軍完成戰略之集中」是也。其遲速與否，影響於第一會戰之成果極大。歐戰時德法兩軍之動員集中，在德軍爲十五日，在法軍爲十八日。故德軍占先制之利，而開國境會戰勝利之途徑。此次滬戰我軍之集中，十九路軍指揮下約三師之兵力，卽於開戰之次日，能集中於所望之地域，而第五軍之八八師，復於二月五日到達蘇州，集結完畢。較之敵人數日來仍以數千陸戰隊爲主體之作戰，不能不謂爲已佔先制之利。國軍此時如能利用先敵集中完了之優勢，對敵取積極之攻勢，則必能達殲滅大部敵人之目的，而閉塞其上陸點，使敵縱能保持一部之上陸，而究不能行其如期望之展開。惜乎有優先之態勢，而不能以果敢勇猛之指揮以繼其後，是誠遺憾之大者也。

集中配備，爲交戰國軍第一次之戰略預備行動。其配備之方法，根據戰略上之着眼，務以能集中優勢之兵力於前方，出敵意表，對敵取積極之攻勢而收第一會戰之勝利，切不可以其他之政略問題，而牽制作戰之要求，歐戰德軍能不顧一切而毅然集中其主力軍於北方，遂收第一次姆茲河會戰之勝利。法軍因欲博國民之歡心，以爲第一須收復「亞」「羅」兩州，故將其主力集中於中部，致判斷德軍主力由北方來時，然後轉移兵力以圖拒止，而事已遲矣，終釀成大部國土被敵侵佔之失着。此可見集中配備關係之重要也。

此次滬戰之我方集中配備，竊意擬集中主力於鐵道以北地區，利用吳淞要塞爲據點，江灣爲旋迴之樞軸，江灣以南爲守勢地區，向東南取積極之攻勢，對已上陸之敵人壓迫於黃浦江畔而殲滅之，不應膠着於閘北局部之戰場，從事消耗之戰鬥。如此則敵在黃浦江岸之上陸，不致毫無限制，卽令將來有一部之繼續上陸，亦不難各個擊破也。

及至戰爭開始以後，我方主力亦漸延伸至北翼作戰。敵方亦認江灣廟行一帶，爲我軍之旋回樞軸。故集中其步砲兵之主力，作十餘日之連續攻擊，以冀先打破此樞軸點，則其餘之陣地可以瓦解。然我方之延伸北翼，並非有任何戰略主動之目的，仍係一種臨時應付之部署，故不能開戰勝之基。此又可見集中配備之重要也。

第三章　關於戰略方面之所見

第一節　兵力及統帥之一般

歐戰結果，足以證明戰爭範圍愈大，而所用之兵力亦愈多，而最重要之統帥術，亦日見困難。當歐戰初期，總計兵力已達一千萬之多，及至最後竟增至兩千萬。因之交戰各國對於統師人選之煞費苦心，實有必要也。編者猶憶昔日中國某高級將校曾有一次談話云：『當余指揮軍隊在十萬以內時，覺措置甚易。及至指揮兵力達廿萬以上，則頗感部署無準則，不知如何是好？……』是誠經驗之談，而不可以等閒視之也。茲分別述之如左：

第一款　交戰兵力

滬戰不過局部之戰鬥，而又為無武備之弱小國軍隊與科學機械化之先進國軍隊作戰。其主力之交戰地帶，自閘北起至吳淞止不過十五啓羅米達之正面，攻防已逾一月之久。然雙方交戰兵力已各增至十萬之衆，而敵更有數十隻之兵艦，百餘架之飛機，協同作戰。此種兵力之增大，殆與歐戰相埒矣。試舉敵我交戰兵力如左表：

其一　敵軍參加滬戰兵力調查表

區別	部隊號	主官姓名	人數	備攷
陸軍	金澤第九師團	植田謙吉	一六一四五	
	久留米混成旅團	下元熊彌	三五九〇	按即十二師團之一部。
	善通寺第十一師團	厚東篤太郎	一二七四五	原係松井石根，後調厚東篤太郎為師團長。
	宇都宮第十四師團	未詳	一三〇六〇	
	弘前第八師團	未詳	八八五〇	據報該師係由黑龍江調來，主力多為步砲兵，其餘未來。
	第一師團之一部	未詳	二〇〇〇	日軍最精銳者。
	第二六師團	未詳	未詳	此為二月廿八日以前之報告，該師團已奉動員來滬命令，以後如何，未詳。
	第十師團	未詳	三〇〇	

海軍	陸戰隊	植松	六〇〇〇	
	艦隊	野村	未詳	按有戰艦卅餘艘、航空母艦三艘。
統計			六二六九〇	此爲可統計者，餘尚未列入。

其二　中國軍隊參加滬戰兵力調查表

區別	部隊號	主官姓名	人數	備攷
第十九路軍	六十師	沈光漢		
	六一師	毛維壽		
	七八師	區壽年		
第五軍	八七師	張治中		
	八八師	俞濟時		
	八八師獨立旅	王賡		
	憲兵第六團	齊學啓		

觀以上之統計數字，將來兩國正式宣佈戰爭之後，到達戰場之兵力，吾人不難想像推知。因而人員之補充，實爲一重大之問題。歐戰時各交戰國增加兵員之數字，可謂空前之大舉。至十六年，法俄爲現役之三倍，德爲五倍，英則增至十五倍，殊令人欽佩不置。惟其新規

編制增加過甚，則現役之實力有被分散薄弱之虞。此次滬戰，我方因人員傷亡過大，致補充即發生困難，縱有一部能即刻補充，而訓練毫無，戰鬥力亦因以減少；此實一時無可避免之途徑。凡是弊病，皆基於兵役制度之不善，及國民教育之幼稚，吾人不能不注意者也。

第二款　戰略單位及統帥單位

甲　戰略單位：　所謂戰略單位者，具備統御經理衛生各機關，連合各兵種，能於數日間獨立作戰之建制部隊之最大單位也。此次滬戰，我軍之戰略單位，缺乏砲兵工兵之健全兵種，致師之作戰，完全無砲兵之協同，處處陷於被動地位，而無轉取攻勢之能力。故云「我軍失却作戰自由」者，過半由於無砲兵之協同。在方今戰爭趨勢觀之，每一戰略單位內至少須有砲兵一團，實屬最低之要求，無庸遲疑者也。其次則為工兵之能力過低，而不能作十分有效之戰術補助。原因由於訓練淺薄，器材缺乏。故吾國之工兵，其作業效率，只能與敵之步兵相等；而步兵則更無所謂作業率矣。

乙　統帥單位：　歐戰初起，各國仍仿前例，數軍團之上設軍為最高統帥單位。我國向以師之上設軍，故此次滬戰之最高統帥單位當為總指揮。其所指揮之單位，尚能在原則數字以內，故吾人尚未發見有若何困難之點。然在將來之正式大規模戰爭，兵力之增加，戰場之擴大，恐較歐戰只有過而無不及。是總指揮以上之統帥機關，實有增設之必要，是又應注意之一也。

第三款　統帥術

中國軍隊，因頻年之內亂，從未加以稍長時間之訓練，致戰術之應用能力極低：戰鬥實力亦遠不若敵軍。故有謂敵軍之戰鬥力較劣於我者，實誤惑於新聞家之宣傳，而非吾軍人眼光之正當批評。蓋敵軍之每一士兵，均有相當之戰術基礎：如在某一情況之下能犧牲於戰術有補益者，則勇於爲之：如爲徒耗戰鬥力者，則非所樂爲也。反之，我方軍隊，如最初閘北之第一綫兵力配備過多，及江灣廟行一帶之縱深分散程度不大，致受過度之損害，因而統帥術常感受不能如所期之靈活。例如陣地之一部被敵突破時，各未被突破之小支撑點，恆不能獨立作戰，遂發生動搖，亦統帥上發生困難之一也。其次如新兵之增加，戰場之恐佈且難忍受，況欲使之出以獨斷之戰鬥乎？凡此種種，皆足以影響於統帥上之巧拙。簡言之，戰術之過失，戰鬥無以挽回，而間接卽影響於戰略之應用是也。

第二節　作戰方式之研究

第一款　正面攻擊困難

晚近之科學戰爭，新兵器逐日出現，戰場之火網日愈熾盛，築城之技術日益進步。防者之勢，因以大增其强度。故攻者欲行正面之攻擊，非藉天候或地形之隱蔽，其接近殆爲不可能，此歐戰以來一般兵學家所一致承認者也。日軍自作戰開始以來，迭次向我正面攻擊，雖用其優越之兵器，掩護步兵之猛衝，然終不能收突破正面之功效。況以武備相等之作戰軍，欲悍然行正面之攻擊，將徒見其銷耗戰鬥力而已。故此次滬戰之結果，益足以證明正面攻擊之方式，在現代戰爭已不適用矣。

第二款　包圍突破並用

從來兵學家對包圍及突破兩作戰方式，咸各相持有利之說。主張包圍者，則曰：『不但可集中優勢之兵力，威脅敵人之後路，且使攻者如求心力之方向，防者一受壓迫而自趨潰退』。主張突破者，則曰：『在現代戰爭中，動輒惹起陣地戰，惟有突破一法可望瓦解敵人陣地；況如能擇其要點或要綫而突破之，尤於全般之戰局最為有利』。兩說均可成立，惟吾人就戰史上觀之，仍以包圍突破並用為最有效。日俄戰爭之奉天會戰，日軍之成功，包圍突破並用也。歐戰德軍之不能保持國境會戰勝利，包圍突破不能並用也。此次敵軍在滬作戰，植田謙吉主張突破最力。然以第九師團之精銳，對我薄弱之江灣廟行，實施約十日之突破而猶不能稍奏膚功者，此迷信惟一之突破能成功也。及至白川抵滬，見正面突破之無效，遂決心併行瀏河之包翼作戰，果爾至三月一日，我正面楊家樓下．竹園墩之陣地血戰最劇烈之時，瀏河方面亦同時告警，適我戰略預備隊業已用盡，至此遂不能不告撤退。此可見包圍突破並用之大效也。

第三款　側面攻擊有效

側面攻擊之方式，至菲特利大王時代而其效大顯，而拿破崙亦常應用以馳騁於歐洲戰場。及至近世，兵學界咸認爲奇襲戰法之一種。尤以在現代戰爭之敵眼下，隱蔽運動更屬困難，變換補給路綫，頗屬不易，是皆不適合於大軍之作戰要求也。然在小部隊之側面攻擊，則甚有效。

例如滬戰至廿二日，敵以新到之精銳第九師團向我廟行正面攻擊，血戰至烈；當時全綫遂陷於苦戰狀態。故我軍決心於下午九時出擊，結果終告成功。然此次部署之勝利，實歸功於以下兩部之側面攻擊：

1六十一師副師長張炎率四五兩團由江灣西北端向敵之側擊。

2八十七師宋旅主力渡過蘊藻浜之側擊。

故吾人對此次滬戰之教訓，仍認定側面攻擊之有效。惟在大軍之指揮，仍有考慮之必要也。

第四款　攻勢防禦之當否

此次滬戰中日軍之比較，我方砲兵飛機等及其他新兵器與海軍，直等於無。故我軍欲取絕對之攻勢作戰，殆屬不可能；應本：『利用地形，施設工事，及戰鬥準備周密等物質的利

益，補其兵力之劣勢，且火力與逆襲併用，而摧破敵之攻擊威力以使爾後之轉取攻勢
」為旨趣。

歐戰以來，且有在如此新式戰爭之熾盛火力下，以此為當然之作戰方式者。況以
全之中國軍隊，對付敵軍不更應如此乎？亘滬戰全役，我軍皆以攻勢防禦之目的，待敵
地前，先以濃密之步兵火網壓倒敵人後再行反攻，敵終以攻擊力鈍挫而不得不敗退。
我軍未曾作一次之戰略攻勢，故結果無非坐收局部之勝利，並不能達戰爭之目的，是
憾者也。

第五款　作戰自由之重要

上述各式，完全基於戰爭之目的，而為適合現代戰鬥特性之必需手段。然究取何者
，則全視當時戰況。戰場情形。兵力大小。士氣盛衰……等而決定，務宜求極端之自由，
不受牽制。尤以大軍之指揮，如不能得自由，無異置若干萬人於死地，以國家民族作犧
不智不仁。莫此為甚。是作戰自由之所以重要也。

第三節　作戰能力

第一款　統帥部作戰能力

此次滬戰統帥部之作戰能力，關於最高統帥者，已於前章言之。至於高級統帥部方

此页有部分缺失！

雖不表示若何之低能，然亦未見其臻乎指揮之如何巧妙也。蓋當數次看明轉移攻勢之良機，均藉口於最高統帥部之不同意而停止施行，是爲指揮之缺乏勇毅力。蓋最高統帥部之判斷敵情，不過依間諜之傳告，戰場之報告；其窺破戰機之親切，遠不及戰場統帥。故決定之方案，當不能謂爲有若何之奇特，而戰場統帥部之不肯負責實施其計畫者，蓋統帥之不負責也。嘗憶歐戰與登堡將軍當實施其赫赫偉大之坦年堡內綫作戰時，亦曾與路登道夫同受數日夜之恐懼與不安，然終至實行成功者，統帥負責也。故統帥負責與否，即可代表其能力之若何，是非過論也。

第二款　軍隊作戰能力

軍隊作戰能力之大小，關乎各國兵役制度及國民教育，此殆不可移易之定律。然滬戰之我軍等於赤手奮鬥，而能支持至月餘之久者，其忍苦耐勞之能力，較敵爲優耳。此種特出之精神，每能戰勝其他之一切。試觀一九一五年五月一日果爾里斯附近，德軍馬克增將軍指揮下之第十一軍之中央突破大成功後，遂節節進展，時逾兩月，前進距離達二百八十吉米。在此兩月中僅休止戰鬬二次，其第一·第三回之戰鬥連續至十九日之久。此可見如是之大成功，全由於作戰能力之强大也。滬戰之我軍，士氣之旺盛，殆超敵軍而上，惜素質過劣，致不能發生極大之效果，是又不可不注意者也。

第四節　陣地戰攻擊之要素

陣地戰之惹起，爲戰爭經過不得已之舉。蓋戰爭期限延長，徒耗實力，而其解決戰局之方，惟有使敵放棄陣地一變而爲運動戰。基於此之目的，惟有中央突破之方式。關於是種攻擊之要素，在歐戰已證明下列各要素爲必然之定律，而至此次之滬戰，尤足以堅確吾人之信仰也。茲逐一申論如左：

第一款　攻擊正面須適當

關於此次滬戰之結果，中日雙方均未正式宣佈，故對日軍在滬戰之陣地攻擊，其攻擊正面，究爲若干，殊無數字可以表示。然就敵軍每次之攻擊而言，其正面皆不出二啓米左右。故每次突破口，一經我預備隊之逆襲，旋即恢復，此即由於攻擊正面過小，準備兵力不充分，雖已突破，而反被敵之包圍迫退也。反之，防者之於部署方面，爲欲阻止敵人大突破之成功，非有深厚之縱長配備，則易被敵之兩翼席捲，而逐步攻略我陣地。其詳細之部署法，容於戰術討論之。至如通常攻者所取之攻擊正面究爲若干，不能預爲定言，須視當時之狀況及彼我之兵力，戰場之地形等而異其大小。在歐戰初期之陣地戰，平均爲十五吉米——廿吉米，最後增至三十吉米．四十吉米。是只能見有增大之趨勢，而不可謂爲準則也。

第二款　攻者砲兵及彈藥須充分

滬戰我方陣地之結構堅强，兵器之配屬優勢，遠不如歐戰之任何交戰國。然敵人卽攻此劣勢守兵佔領之陣地亦費時逾月，觀其每次所行之攻擊準備，至少亦在一禮拜以上，而尤於砲兵之數量，發射之速度，殆與歐戰相差無幾。吾人於此，可知砲兵在將來戰場之地位爲何如也。兹將敵軍參加滬戰之砲兵數列舉如左：

砲種	數量（門）
重砲（15cm）	一三三
野砲	一三八
山砲	一九二
曲射砲	一四二〇
平射步砲	一五二〇

根據滬戰初期之戰報，敵人之攻擊準備射擊，僅二三小時，最後竟延長至十二小時之久。由此可以推知敵之銷耗彈藥，當有可驚人之數目也（按敵銷耗彈藥，截至現在止，尙未見公佈。我國印刷物所載，全係估計，故不列舉）。

第五節　有形物及於戰略上之影響

第一款　要塞

過去歐戰之要塞價値，常予戰略上以莫大影響。雖如德軍之雄偉運動戰，然亦終不能突破依托於威爾丹・巴黎兩要塞之法軍陣綫。滬戰之吳淞要塞，固屬陳舊，而在死守之下，卒藉其掩護以出擊日軍數次攻擊欲突破之主力側背，使我軍陣地得以保持至月餘之久者，不可謂非要塞之功也。然使用要塞如能與陣地相連作有效之據點，則要塞之效果，可望顯著。否則，如歐戰初期之「列日」「那穆爾」要塞，欲以孤立之防守，在現代之新式兵器下求生存，已屬不可能之事。吳淞要塞之不陷即此，吾人不可不注意者也。

第二款　鐵道船舶

自滬戰開始，舉國翹盼各地軍隊之增援，然終全戰役直接得參與作戰者，只第五軍及一部分之憲兵。是中原因，雖有統帥遲鈍，及赤匪未滅⋯諸大端，然吾國交通不便，鐵道敷設稀少，亦為主因之一也。因而中國軍隊雖有百餘萬之衆，亦苦無以為轉運，致不能供戰略上之使用，而有三月一日之撤退。反之，敵軍海運敏活，國內動員之部隊，隔日即至，期間愈延長，到達戰場兵力，愈佔優勢，故敵軍有恃而無恐者此也。況將來戰場之擴大，動輒至數百啓米；轉移兵力、保持補給等，皆為鐵道船舶是賴。其於大軍指揮之巧拙，影響至鉅也。

第三款　航空

晚近兵學家對騎兵之用途，仍不外為搜索掩護或追擊。然如只就戰略上搜索而言，騎兵究難如飛行機之勝任快愉。且可利用飛行機爆擊敵境重要都市及工商業中心區域，尤為戰略上收效最大者。此次敵機在作戰開始以來，迭次向我滬甯滬杭兩鐵路線，行戰略之偵察及爆擊，致我方之鐵道轉運，只敢於暗夜行之。而三月一日由戰場抽調增援瀏河之部隊，亦爲敵機之爆擊所阻。全綫因不堪左側背之威脅，遂行撤退。是皆受飛機之影響，而發生戰略之變化。故談國防者，首言建設空軍，於此戰役而更足以證明其必要矣。

第四章　滬戰敵人採用之戰術

第一節　步兵

第一款　攻擊準備

一　敵人就開進配置時，毫無顧慮。

通常師之就開進配置時，爲使將來之攻擊準備容易，儘可能務集結於所望之地域，且確保此後動作之自由。惟須注意者，敵火之損害，及空中之偵察。但此次滬戰，敵軍因我飛機砲兵全無，故其處置，毫無顧忌。是爲敵軍作戰容易之點。

二　敵部隊偵察我陣地，頗爲活躍。

每次敵之攻擊前數日，均類以小部隊向我陣地襲擊，以行偵察。又或利用金錢收買江北難民，扮作便衣偵探，或竟作便衣隊之擾亂偵察。

按戰鬥綱要第百十四：『敵陣地之狀態，尤以其強度於攻擊計畫有莫大之影響，故於敵陣地並其前後地形之偵察，應儘狀況所許，根據師長之統一計畫，各部隊務須互相協力，迅速收其成果為要。

搜索須儘狀況所許，亘企圖攻略之敵陣地全縱深細密行之；而主陣地帶之位置，常須確知。如能做到，更須力求偵知其狀態兵力配備，尤須努力偵知其砲兵之配置，至為緊要。』

三　敵每次對我警戒陣地及主陣地，均為一舉攻略。

我軍因缺乏砲兵及航空部隊，故對敵之攻擊以前，毫不能為任何之摧破計畫，或透澈之偵察。因而敵認為如將我警戒陣地奪取後，儘有餘力繼續攻略主陣地也。

按戰鬥綱要第百十五：『在不攻略敵之警戒陣地而準備攻擊時，通常將警戒陣地攻略後，更整理所要之準備，對於主陣地帶，實行攻擊。然若為狀況所許，則於警戒陣地之攻略，即繼續攻擊主陣地帶，較為有利。』

四　敵第一綫部隊到達攻擊準備綫後，常用小部隊前進攻擊，佔領局部之陣地，為今後攻擊進展之基礎。

按戰鬥綱要第百二十：『第一綫部隊，須以適合於狀況之態勢，搜索敵情地形，與應直接協同之砲兵遂行必要之協定等，儘力為此後之攻擊諸準備。此時步兵營須展開與否，則按狀況而定。在全般之展開進行以前，雖宜避免惹起過早之戰鬥，而在攻擊準備位置之前方，於觀測及以後攻擊進展上所必須之地點，以用一部佔領之為有利。

此次敵對我處處輕視，故常不顧前方認為有利之地點，是否顯然包藏危險，毅然每以一部佔領前方之地點。故敵在攻擊開始前，恆遭我局部之小損害者即此。

五. 敵人雖以我方無飛機大砲，然其每次之進入攻擊準備，仍係利用夜間以行接近。

按敵在此無顧慮之情況下，猶不敢冒然於晝間以行接近，豈僅在避免損害祕密企圖而已，蓋有大理由存焉。通常如一師之大部隊，雖於某朝，以其先頭到達敵之陣地前，然自開進完畢起，中經搜索敵情，策定攻擊計畫，令就攻擊準備位置止至早亦須正午方可完畢或竟至午後亦屬可能。如是則縱令即刻移於攻擊前進，而仍難期乘夜間之便，以行決戰。此種戰術，可謂於攻者大為不利。此敵之所以不能不利用夜間以行接近也。

第二款 攻擊實施

六 敵步兵攻擊前進，雖到達我火網前，仍與後方砲兵能保持密接之連繫。其電話連絡，頗能與步兵同時並進。

按戰鬥綱要第百廿七：『敵之側防機能等之詳細配置，及障礙物之狀態等，多在我步兵已入於敵步兵之火網內後始得確認之，故步兵須乘機以此通報於砲兵。又砲兵須臨機應步兵之要求，同時對於所望之地域，發揚其火力為要。……』

此項步兵之通告砲兵，其利有二：

1能使砲兵對自己所欲之目標，行有為有效之射擊。

2免却空費彈藥之弊。

七 敵輕機關槍射擊瞄準法頗精確；步兵攻擊時，先以機關槍射擊壓迫我軍不能抬頭，彼即逐次躍進築成掩體或工事據點，再行射擊以掩護其他敵兵之躍進。

按戰鬥綱要第百〇二：『步兵戰鬥一經開始，步兵須不以敵之猛火為意，恃步砲兵火力與運動之調和，一面將敵壓倒，一面陸續近迫。而地形及敵火之關係，戰綫之各部分，各不相同。有此一部隊比之他部隊能容前進者，在如此時期，須努力以獲得其機會與利益。一旦佔有之土地，雖尺寸亦不可委之於敵。』

八 敵人善於利用地形地物，其攻擊前進，非常慎重（不似我軍不顧一切之一氣直衝）。

日軍國民教育進步，其由徵兵制而成立之軍隊，素質當然良好。故雖至閑兵散卒，在戰場之行動，亦頗能了解戰術原則之應用，不妄前進，不妄犧牲，敵人確較我為強。國人猶謂敵軍係畏縮前進者，當可恍然悟解也。

九　敵步兵向我攻擊時，其先頭常用一排或一班，帶有電話機以便與其後續部隊連絡，此外並有旗號連絡。

按戰鬥綱要第百二十六：『惟第一綫部隊愈近接敵人，愈當詳細偵知敵陣地，尤須偵知其障礙物及側防機能等之狀態，同時補足步砲兩兵之協定，使其協同益加緊密為要。』

通常在攻擊前進之先，已有飛行機．騎兵．或小部隊搜索之結果。但入夜後敵之陣地狀態及兵力配備等，難免不無變更。故一面攻擊前進，一面仍須努力搜索，將所得結果，通知後續部隊，以便修正預定之攻擊部署。

一〇　敵軍攻擊失敗後，整理轉攻迅速，故被擊退後，不久仍行前進，常連續十數次之多。

按戰鬥綱要第百三十九：『在突擊中途雖形頓挫時，第一線部隊，須盡百方手段速排除其原因以反復突擊。此時縱無後方部隊，亦須賴幹部與兵卒之勇氣，確保既經佔有之地點，為猛烈之射擊，恢復氣勢，更復行突擊，努力達其最終之目的。』

一一　敵在夜間，常以少數兵力向我軍偷襲。我不沉着之士兵，常因此浪費子彈。

此種攻擊目的，在擾亂守者陣線，或欲奪取要點等，而不沉着之士兵之浪費子彈，誠為大弊。然亦實際難免之事，不過務求其減少耳。

按戰鬥綱要第百四十三：『期攻擊之奏效，其在大部隊爲完足晝間所得之成果而續行攻擊，或以其一部奪取敵陣地若干之要點，使翌日之攻擊容易，則施行夜間攻擊；在小部隊則屢有乘夜暗而奇襲敵軍者。』

一二 敵利用陸海空軍協同作戰，集中各種火力，常行一點突破。

按戰鬥綱要第二：『戰捷之要訣，在綜合有形無形上各種戰鬥要素，將優於敵方之威力，集中於要點而發揮之。』

一三 敵軍最畏夜襲及側擊。

夜間戰鬥，如防禦方面，須特別警戒，周密搜索，且照明前地等，盡諸種手段防敵接近。蓋一遭夜襲，守兵多難沉着，縱不被敵奪取陣地，而擾亂動搖，亦確爲防者之大不利也。至如側擊，在戰術上通常爲戰鬥方式中之最良者。無論敵我遭遇，均屬大不利。

一四 敵攻擊精神不良，官兵欠勇敢犧牲之精神，所以攻擊時，稍有傷亡卽必退去。

按此種評語，恐非日軍全部如此。吾人於前條知敵善於利用地形地物，前進頗爲愼重，不肯亂犧牲也。

第二節 砲兵

第一款 攻擊準備

一五　敵砲兵陣地之位置，其最初之選擇，較一般爲接近第一線，因我無良好之砲兵，可以制壓故也。

按戰鬥綱要第百十九：『砲兵陣地，須能亘於攻擊敵陣地之全縱深，發揚砲火之威力，且爲避戰鬥間陣地變換之不利，須儘狀況所許近敵配置。而其最初之配置，雖由按火砲特性所授與之任務，彈藥補充之難易而定，然在運動性小者，則務配置於前方，使在該陣地能長久動作，且顧及應陣地變換時，亦須使其易於實施。』

一六　敵多利用白晝完成之射擊準備，向我射擊以擾亂我軍。

按戰鬥綱要第百二十三：『砲兵務於晝間將翌日拂曉以後之戰鬥上必要之諸準備整備之，且有時利用暗夜變換陣地於前方，俾拂曉以後與步兵協同。』

第二款　攻擊實施

一七　敵攻擊開始前，必施行數小時極激烈之砲擊，或竟達十二小時之久，以破壞我軍陣地，而開設突擊路，由一翼逐段轟擊，藉壓倒我軍之火力。然後步兵逐漸躍進。

按戰鬥綱要第百二十五：『於攻擊實施之初期，師砲兵通常先與軍直轄砲兵互相協力射擊敵砲兵，使步兵容易前進。此時間中，有時任破壞障礙物及側防機能並其他之陣地設備，更有時任指揮組織之破壞敵後方交通之遮斷或擾亂，按狀況尤按敵陣地之强度，且準備彈藥數如能許可時，有施行攻擊準備射擊者，此射擊係在步兵之攻擊前進之先，以我砲兵破壞障礙物及側防機能制壓敵砲兵，如能做到，則實施破壞之。

攻擊準備射擊，須儘可能出其不意猛烈開始，一面將敵砲兵制壓，一面實施所要之破壞，而其射擊之繼續時間，雖按期待效果之程度而不同，然務求縮短為要。』

編者按歐戰末期，戰術競尚奇襲，敵砲兵之攻擊準備射擊時間，務求能縮短。而日軍之延長如是之久者，蓋輕視我方一切處於劣勢，縱有準備，亦不足畏，與其顧慮不能奇襲，曷若多給與我之多大損害，使步兵將來之前進容易。是為與歐戰後砲兵戰術相異之點。

一八　敵砲兵利用飛機之觀測以行射擊，故被敵機盤旋之陣地，多受砲火之射擊，有時敵並放煙幕妨害我軍之展視。

按戰鬥綱要第二十九：『師長為使砲兵適時發揮其有效威力於可能範圍，與以準備之必要時間，或極力收集砲兵戰鬥上必要之情報，及為射擊之觀測，配屬航空機等所要之機關，或使此項機關與砲兵協力。……』

又戰鬥綱要第三十六：『與砲兵協力或配屬於砲兵之飛行機，除任射擊效果之觀察，及射彈觀測並目標之搜索外，並使射擊準備臻於有利。』

一九　敵對我後方，在敵方預想為我司令部者，亦施同樣之砲擊。同時破壞我陣地後方之交通壕，使我增援困難。

按戰鬥綱要第百二十五：「見前一七項」

二〇　敵發現我之砲兵，即集中砲火向我還擊，以壓倒我之火力。

按戰鬥綱要第三十：『師砲兵當戰鬥時，任步兵直接協同對砲兵戰，及其他之遠戰，並陣地設備之破壞等。』

二一　攻擊開始之前，日敵砲兵必極力試射，每二三十分鐘即終止，約十分鐘又復射擊。

按試射者，係對於目標先行試探，以便修正各種偏差之射擊。歐戰末期，因射擊術之進步，及戰術之趨尙，奇襲試射，已不為採用。此次日軍對我無空軍及砲兵之顧慮，故敢於從容試射。如對兵器優越之敵軍作戰，是不可懵然採用也。

二二　敵軍集中火力向一點攻擊，將我陣地之工事破壞後，其步兵方行出擊，而其砲火亦移向我陣地後方射擊，以阻止我援軍之行動。其飛機亦同時在我後方轟炸，阻擾我援軍之前進。

按戰鬥綱要第四十：『諸兵種尤以步砲兵之協同，於達成戰鬥之目的，特為緊要。故應取協同部隊之指揮官，須由戰鬥之初，即常保持緊密之連絡，隨戰鬭之進展，愈使密接爲要。』

二一三　敵砲火移轉方向及漸稀之時，或發現其戰車及砲兵用煙幕彈射擊時，多爲其步兵活動之時機。

按戰鬥綱要第百零一：『砲兵在攻擊前進之初期，則以射擊敵砲兵及射擊由遠距離向我射擊之敵軍機關槍等爲主，使我步兵容易前進。其次則專以主要火力集中於敵之步兵，直接支援我步兵之前進。……』

又戰鬥綱要第三十三：『戰車隊在攻擊則須撲滅突擊時，最能與我步兵以危害之敵，或制壓之，或於障礙物開設通路。』

此次滬戰，敵唐克車因受地形之限制，效果頗小。

第三節　飛行機

二一四　敵軍攻擊開始前二三日中，其飛機極度活動，在我陣地上空盤旋偵察。

按我軍失却制空權，故敵空軍之行動，極爲自由。如在空軍伯仲之國際戰爭，攻擊開始前，飛行機過事活動，有暴露企圖之虞。

二一五　敵軍利用飛機空中照像，悉將我陣地攝去。

二一六　敵軍攻擊時，其飛機集中向我威脅，並放煙幕信號，向其本軍聯絡，及投放炸彈，阻擾我軍之行動。

按戰鬥綱要第三十六：『師長直轄之偵察飛行機，須與搜索敵情，同時明悉友軍之狀態，俾有利於師長之戰鬥部署及指導。有時任地上部隊之連絡。與步兵協力之飛行機，須常明悉步兵之戰鬥經過，協助步兵之連繫，使有利於步兵之戰鬥指導，應機參加地上戰鬥，以直接援助步兵之行動。』

第四節　其他

二七　敵在近距離，多用擲彈筒射擊。因其彈道彎曲，可以置於壕內，不易發現，且較手榴彈射程遠而威力亦大。

二八　敵之担架隊甚多，動作敏捷，而尤勇於任事。故戰場上遺屍少見。

二九　敵人多收買江北人民為便衣隊及偵探等。

第五章　滬戰我軍戰術戰鬥之一般

三〇　我軍士氣甚盛，皆富於勇敢犧牲之精神。

三一　我官兵常數晝夜不得睡眠，傷亡又重；然皆能堅忍抵抗，無有怨言。

此次滬戰逾月，雖以我軍在在處於劣勢，然終能以精神而勝物質。戰鬥綱領中有云

：『蓋勝敗之數，非必由於兵力之多寡，精練而富於攻擊精神之軍隊，實能以寡克衆。』又曰：『訓練精到，具有必勝之堅確信念，軍紀至嚴，攻擊精神充溢之軍隊，實能凌駕物質威力，完全獲勝。』吾人於此次之滬戰，實使對戰鬥諸基本原則中而確信「攻擊精神——犧牲精神」爲戰勝之第一要素，而不能不以周到之訓練培養之也。

三二　我第一線兵力，往往配備過大，至受極大無益之損害。

此因狃於中國歷來一線式之防禦配備，以爲第一線如受敵擊潰，則士氣將爲之頹廢而不能抵抗。詎知現代戰爭之陣地，如無縱深之韌強性，斷未能作持久之抵抗者。歐戰教訓：凡敵軍欲奪取一部陣地，或行突破時，第一線之主抵抗陣地，幾至殲滅破壞無一完土。日軍此次在滬對我軍陣地之攻擊，其炮兵準備射擊之猛烈，及飛機海軍協同之威脅，不亞於歐戰之戰鬥。如欲以一線式之配備，而抵抗此種優勢之攻擊，實爲不可能。故今後我軍之防禦配備，務求適合其任務・敵情・兵力大小・地形等，以延伸其縱深之程度。

三三　我軍之預備隊，常用於填塞火線，而不用於出擊。使用之時機，亦每陷於過早。

日本新戰鬥綱要對防禦之重要記述，則曰：『防禦爲準備爾後攻擊應採用之一時的戰鬥法。』故固守一地之防禦，實爲防禦中特種之時機。我軍之常用預備隊填塞火線，不曾隨時均取固守一地之防禦態勢，殊不適合現代防禦戰術之精神。試觀戰綱對防者總預備隊位置之記載，其使用之旨趣，及防者之精神，概可明瞭過半矣。

按戰鬥綱要第百六十九：『總預備隊之位置，固須審慮我之企圖，及其兵力與戰況，並地形等而選定之。然通常宜在陣地之翼側後覓之，以便包圍攻者之外翼或側面。』

基於上述主旨，吾人如能利用預備隊，常取機動之出擊，或夜間之襲擊，實較有利。例如：二月十二日夜蘊藻浜之出擊，廿二日夜廟行鎮之出擊，廿五日夜江灣附近之夜襲是也。

三四　巷戰時，第一綫亦須使用極少兵力。機關槍則須位置於側傍，如在街心，極易爲敵飛機及砲兵爆擊。

關於兵力配備，第一綫兵力宜少之理由，已如前述。至機關槍之位置，則全爲避免敵人地上及空中之偵察。蓋此種位置之選定，亦如陣地中之側防機能，除發揚火力外，尤須顧慮對空之隱蔽也。

三五　利用掩蔽部及兵力之疏散，而減少敵砲兵及飛機之威力。俟敵步兵前進，一舉而與之肉搏，極爲有利。

此條爲國軍與新式陸軍之敵人戰鬥惟一之決勝要訣。蓋最初先力求減少損害，然後待敵步兵前進，乘機出而與敵決戰。

按戰鬥綱要第百九十：「……步兵縱受敵砲兵之猛射，不能十分發揚火力時，若至敵步兵與我近迫，則須應機毅然奮起擊滅敵軍。此際以着意敵砲兵之延伸射程之時機爲最緊要。……」

三六　各部隊指揮官，對於高級指揮官之企圖，完全未能遂行以決定整個之退却計畫。故行進交叉，部隊混亂，而釀成退却時之失敗。此可證明我國軍隊毫無訓練，戰勝則軍紀猶可維持，戰敗則潰亂不可收拾，是不可不注意者也。

按戰鬥綱要第百十三：「退却戰鬥指導之主眼，在速與敵隔離。因此師長一經決定退却，則將後方之整理，迅速完竣，務定能成數縱隊併進之部署，指示各縱隊之行進目標，退却地域或道路，退却開始之時機，退却次序，收容隊及收容陣地等。使之退却，以圖先行與敵脫離。至確認已實行退却，然後先至適當之地點，以掌握退來之部隊，更施行此後之處置。各部隊指揮官，亦準右述，指導戰鬥。」

三七　當敵機來時，我官長未能認真禁止部屬之活動。

按此全係官兵受教育未深，士兵固不能如官長之意圖行動，然官長之戰鬥指導之不適當，實亦無庸諱言者。方今我國官長，對於空中顧慮，猶覺缺乏。此因其所有之空軍知識，得自本身之戰場經驗甚少，故無若何之深刻影響。然經此戰役以後，凡我官兵，當知戰術上之一切記載，信不誣矣。

三八　士兵還擊時間過早，其射擊技術，亦頗欠精確，致常浪費子彈；尤以機關槍及自動步槍爲甚。

吾人與敵決戰之時機，只有利用敵砲兵延伸射程之時，已於「三五」條述之。故我第一綫士兵之射擊，應照戰鬥綱要之旨趣而實施之。

按戰鬥綱要第百九十：『……敵步兵近接我步兵火網時，則步兵與我砲兵射擊互相輔助，亦應當時需要，以機關槍等對於預行準備之火制地域射擊。其次敵兵一經侵入我步兵火網內，則步砲兵之協同，更須緊密發揮各種火器之特性，壓倒敵軍。敵軍漸次接近，則步兵更須沉着，將射擊威力，發揚至最高度。砲兵須以其主力向此敵集中猛火，在我陣地前，將敵摧破。……』

三九　各部隊在戰鬥間或警戒時，左右翼連絡多不注意。

連絡爲戰鬥指導臻於良好不可缺少之要件。敵人對我無論爲攻爲防，皆不外欲乘我之隙。若我能到處連絡確實，即到處均有準備，敵將無機可乘也。

四〇　除以上戰術問題而外，尙有若干細部之條件：或關技術，或關訓練，皆値得吾人注意之缺點。茲簡述如左：
1埋設地雷，多數均不爆發。
2我方惟一之連絡，只有電話通信，然均係單線，故易被敵飛機或砲兵之爆擊，而發生阻斷。
3通信兵訓練太差，動作異常緩慢，故電話線一被敵火轟斷，常有至數小時不能恢復者。
4手榴彈携帶不便，故常發見委棄於陣地者。
5衛生業務不圓活。
6負傷官兵，常用戰鬥兵抬護退下火線，致減少戰鬥力不少。
7無固定之彈藥輸送組織，故對彈藥之補給，頗爲困難。
8自動武器之使用，頗欠嫻熟；不知掉換槍筒，故多損害。

第六章　根據上述教訓我軍對敵將來作戰亟應注意事項

四一　敵軍挾有優勢之飛機及砲兵，如在晝間行軍，損害必大。至不得已時，亦須利用地形，成疏散隊形行進。

按戰鬥綱要第七十一：『師長根據軍命令，對於彼我一般之狀況，尤以預想戰場附近之地形並道路網等之關係，加以判斷，決定師之目標部署，對此前進。

因欲對敵祕匿我之企圖，或特爲避敵火起見，往往有以利用夜暗而前進爲宜者；而尤以在敵人空中勢力優越，或有多數長射程砲時爲最。但在平坦廣濶對空遮蔽困難之作戰地，縱於夜間行軍，至天明後，經時稍久猶不能開始攻擊時，則有不能到達之目的者，須注意及之。』

四二　如敵機驟至，一時不及掩蔽，可就地利用地形地物蹲伏不動，此條意旨與前條同，不過此僅專對敵空中偵察一項而言，均不外減少損害及祕匿企圖兩者而已。

四三　敵機在我有效射擊距離外（機槍八百米以外，小砲一千五百米以外）飛行時，我射擊部隊不可輕易發射，浪費彈藥，且易暴露我自己之位置。

按射擊教範第百四十六：『步槍之對飛機有效射擊，概限於三百米以內之距離。如能明瞭識別飛機機體之各部車輪支柱時，卽爲在三百米以內之距離。超過此距離以上，則命中之公算過小，而效力甚微，徒使敵人飛機認識我軍隊之位置，非計之得者也。』

又百第五十：『若以機關槍射擊時，更用飛機瞄準用具以瞄準，則效力可期達于一千米達。』

於此足以證明機槍在無飛機瞄準用具時，其對飛機之效力，當不出一千米也。

四四　凡對防禦之部署，無論如何，須取分散縱深之部署。因其利不但減少損害，且萬一被敵突破時，可節節抵抗，使敵有飽受我側射之不利。

關於此條，在築城編中，已有較詳之說明。惟再就進一步而研究之，可得概略之準據如左：

1縱深約可分爲三線：

A　第一線　$\frac{1}{6}$ 兵力。

B　第二線　$\frac{2}{6}$ 兵力。

C　第三線　$\frac{3}{6}$ 兵力。

2各疏散支撐點間之間隔距離，約爲七十米至一百米。此時須注意者，爲各點間之射擊方向，須絕對不同。

四五　當敵砲擊時，第一線守兵，宜派極少數之監視哨，並配屬相當之自動步槍；其一部則配置于後方陣地，大部則隱藏于掩蔽部內，或較安全之所，待敵砲射擊沉寂之瞬間或延伸射程時，我守兵卽進入陣地，按照預定之濃密火網，將敵殲滅於陣地前。如敵步兵前進至距陣地前五十米以內時，則以手榴彈投擲之。

四六　我軍將來與敵步兵直接交戰時機有二：

1利用敵砲兵延伸射程時，即出而與敵交戰。

2利用敵砲兵正在效力射時，即行出擊，專求與敵步兵肉搏。

此種時機之使用，目的即專在避免敵機之爆擊，敵火之損害，是爲陸軍弱小國家與强大陸軍之國家作戰時惟一之戰術也。

四七　我陣地若被敵軍突破時，須乘敵立脚未定，即行逆襲；否則，愈遲愈感困難。

按戰鬥綱要第百九十五：「敵之攻擊，在我陣地前頓挫時，第一線部隊指揮官須斟酌全般狀況，決然逆襲，擊滅敵軍。此際有以一部守兵留置陣地者，其擔任逆襲之部隊，須即突進，在敵氣勢未恢復之先，將其壓倒。又比隣部隊，應按當面狀況，以射擊或逆襲與之協力。砲兵則應乘機協助步兵逆襲。師長須利用第一線部隊逆襲之成果，以爲轉移攻勢之動機，最爲緊要。」

又第百九十七：『敵兵如侵入我陣地內，該地區指揮官，則乘其混亂，不失時機，以預備隊猛烈果敢逆襲；砲兵則將敵之第一線與後方部隊遮斷，而擊滅之。此逆襲須出敵不意，且務向其側背實施急襲的動作，方爲有利。此際有待於後方部隊之獨斷者不少。』

四八　在八字形陣地帶（如蘊藻浜及廟行一帶），敵如突破一翼時，則他一翼毫不遲疑而對來攻之敵出擊其側背爲最有利。

在通常一般之攻勢移轉，雖係根據軍司令官之決心而實施，然各地區指揮官，如在此種情況之下，其乘機獨斷專行，亦頗屬至要也。玆摘錄戰鬥綱要中述及者如左：

按戰鬥綱要第百九十三：『……攻勢移轉時，若能將敵軍主力拘束於我陣地之正面，而以總預備隊向其翼側或向其側背施行包圍，最爲有利。然於陣地前，利用火力與敵損害之時機，自正面轉於攻勢，亦往往有利。至應採何法，須審慮狀況，尤須審慮地形及側方依托之關係而定。不論在何時機，對於可爲攻勢支撐之地域，須確保之，俾主力攻勢容易，且使之隨攻勢進展，適時轉於攻擊爲要。』

四九　各級指揮官，須勉力保持獨立作戰之精神，切勿使用過早，或輕易請援，以搖動戰場之心理。

按戰鬥綱要第十三：『使用預備隊，須於戰鬥之進展，能與以重大之影響，或應付不時之事變，卽擴張其獲得之戰果，於所望之地點以求決戰。有時促戰線之前進，或於必要之地點與以援助，或防其動搖等是也。總之，無論何時，務須儘力爲主動的使用，以增大其效果。而當使用之時，須注意損害，尤以注入於多大之戰線，則有再陷於同一之結果者。」

五〇　指揮官之位置，爲欲避免敵之損害起見，通常出乎敵軍一般戰術眼光之判斷而選擇之爲宜。且有時毋太過於拘泥，而適當移動之。

此條爲出乎一般原則之記載，因我軍毫無飛機大砲等新式之武器，致戰場之指揮，亦有時不能不出於原則之範圍者；然此不過僅能在某種時期情況之下爲可採用。吾人對於戰術上認爲適當之位置選擇，仍不可忽也。茲舉戰綱如左：

按戰鬥綱要第十六：『指揮官之位置，於軍隊之指揮，實有重大之關係，而尤於狀況不利時，於軍隊之志氣，與以最大之影響者也。

戰鬥間指揮官之位置，以便於指揮部下軍隊，務能觀察彼我之狀況。上下左右之連絡容易爲主；須本此定之，更須顧慮關於對航空機之搜索及射擊，而其位置毋妄爲移動。然當隨戰鬥之進展而移動時，則須特別顧慮其連絡施設之關係，至爲緊要。』

五一　主陣地帶之利用，務避免家屋及森林爲敵砲火之集中目標，故以利用河川較爲相宜。

本條卽戰鬥綱要中所謂「主陣地帶，須適合地形。」日軍對此，雖以其新式陸軍之地位，然猶諄諄不斷闡述其重要。誠以日軍向來選定主陣地帶，仍多偏重於高地。此在高地不甚暴露之時，原無不可；然如不顧一切，漫然以主陣地帶設於高地上，是則於戰術活用之旨趣，多有未明也。況我中國陸軍，裝備訓練，均爲劣勢，對於此條，尤有切實注意之必要也。茲舉德國連合兵種之指揮及戰鬥中之一節，述之如左：

『主戰鬥線，須令適合地形，往往選定高地稜綫之後方，或橫斷住民地森林，極力以避敵之認識，決不可使敵人察知其爲主戰鬥線。』

又按戰鬥綱要第百六十一：『主陣地帶，須適合地形。步兵之抵抗地帶與砲兵陣地之關係須良好，能將我步砲兵火力，於該地帶之前方協力發揮，極爲有效。且使敵之火力，發揚困難，尤以我主要部分若能選於不受敵地上觀測之處，則甚有利。有時因顧慮敵戰車，將抵抗地帶一部沿地障等設之。』

五二　敵軍攻擊我正面時，此時之逆襲，無論爲步兵或機關槍，總以突出敵之側方射擊爲有利。

此條之原理，仍爲戰鬥綱要第百九十三所推演者，已引證於四八條之中。蓋側擊之戰術，向爲作戰最有利之方式。如認爲可能，無妨努力實行之也。

五三　砲兵以在晝間準備完了一切，利用夜間射擊，較爲有效。本條亦爲處於劣勢砲兵之作戰軍不得已之辦法。蓋我國之砲兵，不僅數量不及敵人，卽編制、裝備、教育、訓練及戰鬥準備等，亦在在遠不如敵，此所謂真正之劣勢也。故我砲兵之戰鬥，與其首先講求宜如何對敵損害，毋寧預為防止敵人對我損害。故有夜間射擊之倡議，在綱要亦曾述及如次：

按戰鬥綱要第百八十七：『……然在敵砲兵甚優勢時，則有使砲兵，尤使師砲兵之主力，於戰鬥初期，避去對砲兵戰鬥者。』

於此足見我國砲兵，直等於無。長此不事擴充改進，殊難望其參加將來之戰爭也。

五四　如發現敵有以戰車來攻之徵候時，則可以手榴彈代替爆藥，預為放置於陣地前，俟敵戰車接近時，即引之爆發，頗為有效。惟此時我之步砲兵，須沉着勇猛，將敵隨戰車前進之步兵擊滅於陣地前，是為至要。

按戰鬥綱要第百九十二：『對於敵之戰車，師長當敵之攻擊準備時間中及攻擊前進時，須依空中搜索、地上搜索等，速偵知集合或運動之狀態，就中為出發之位置，而使砲兵妨害其行動。若能破壞，則使之破壞。

敵戰車開始攻擊前進時，師砲兵指揮官，則須使必要之砲兵射擊之，令其餘砲兵阻止與戰車協同前進之敵步兵。

敵之戰車近迫至我陣地直前時，為射擊戰車配置於第一線之野山砲，則專任破壞。

此戰車主力砲兵，則應手必要壓制射擊。我對戰車砲之敵砲兵步兵，則沉着猛射與戰車協同之敵步兵。工兵及一部之步兵，則以爆藥等挺身破壞戰車爲要。敵之戰車，若已侵入我陣地時，在前線之野山砲，更須沉着，以正確射擊破壞之。又工兵及步兵之一部，則以爆藥等破壞之。其餘之步兵，須毅然將與戰車協同之敵步兵擊滅之。』

五五 無論行軍、宿營、戰鬥間，均須指定對空射擊部隊及對空監視哨等，專任防空。

本條尤爲空軍弱小之國軍，對空警戒之惟一辦法。此在現今各國軍隊之作戰，已成極普通之戰術。惟我國軍向來猶未參與國際間正式之實際戰爭，故對空軍之戰術，未能具有深刻之影響。於此特爲提出，深盼我官兵同志，均有以注意及之也！

按戰鬥綱要第五十三：『對於上空之警戒，雖由高級指揮官使飛行隊及地上防空部隊等擔任之，或利用夜暗天候等，講求所要之處置。但各部隊亦須自行對於敵之航空機利用地形，或適當選擇隊形，或施以僞裝等，講求各種處置，然僅周於顧慮對敵之航空機，致逸失戰機者，須嚴戒之；在廣漠之戰場尤然。

戰鬥間各級指揮官，按狀況，尤按敵飛行機之行動，除爲對空警戒，適宜講求監視之方法外，概於每營指定所要之對空射擊部隊。』

五六 對敵軍施行攻擊時，務能利用夜間，以小部隊行奇襲擾亂，使敵陣線動搖，而我之攻擊，得以容易。

夜間戰鬥，幾成爲國軍將來與敵軍作戰之惟一手段。故吾人對夜戰之講求，實不容緩。其理由可述之如左：

1火器效力之增加。

2飛行機之發達。

3戰鬥經過時間，逐漸長大。

4卽在大軍之作戰，如戰線一部發生不利戰況，或遭遇不利之地形時，得以使用夜間攻擊。

惟現今兵學界猶抱缺憾者，夜間戰鬥，只適於小部隊之成功。如在大軍之夜間作戰，幾認爲不可能也。

按戰鬥綱要第百四十三：『……在於大部隊爲完足晝間所得之成果而續行攻擊，或以其一部奪取敵陣地若干之要點，使翌日之攻擊容易，則施行夜間攻擊。在小部隊，則屬有乘夜暗而奇襲敵軍者。

按狀況如有需要，則以大部隊決行夜間攻擊，又有時爲欺騙敵軍，或爲秘匿我行動等，則有施行一部之夜間攻擊者。』

五七　凡攻擊時，對敵陣地構築之情形，及前方之地形，均須偵察清楚，以免攻擊中途發生停頓，致遭損害。

按戰鬥綱要第百十四：『敵陣地之狀態，尤以其強度，於攻擊計畫，有莫大之影響。故於敵陣地並其前後地形之偵察，應儘狀況所許，根據師長之統一計畫，各部隊務須互相協力，迅速收其成果為要。』

五八　小砲之任務，除擔任防空外，須儘可能向敵之側防機能及唐克車等以行射擊。

五九　對敵攻擊開始時，應注意背囊及工作器具等，不可離開，以免用時反感缺乏。

六〇　電話務用複線，信號槍之記號須劃一，並須逐日更換，以防洩漏。連絡法則務勉用旗號。

第七章　關于築城上之所見

導言

淞滬自日僧被害案件發生後，日領遂據為口實，向我上海市政府提出四項之無理要求。吳市長當為顧全上海治安計，本已忍痛接受，並于一月廿八日送出覆牒；日領亦認為滿意。乃日寇野心不死，貪求無厭。其海軍司令鹽澤，竟不顧公理，率其海軍陸戰隊八營，及便衣隊數百名，於一月廿八日晚十一時，襲擊我閘北防地，希圖遂其四小時內佔領閘北之狂語。我防軍第七十八師第六團，爲彰明公理及完整疆土計，始不得已起爲正當防禦，加以迎頭痛擊。戰端發生倉卒，關于淞滬防禦事宜，陣地之構成及其必需之資料，本無具體計畫與準備。俟戰端爆發，閘北方面，始再强固原有之簡易工事。繼以戰果擴張，而陣地遂隨向翼側開拓延展。在陣地全般上言之，除吳淞要塞以永久材料而不合時代之原有要塞築城外，餘自閘北亘至吳淞江岸、寶山縣城附近以及南市方面陣地，無一非利用現地之徵發材料，現有之人員，單簡之器具，于臨戰時構成之。且築城係隨兵器之進步，與戰術之變遷爲對象。此次日寇用其歐戰後之研精戰術與犀利之兵器，與我相周旋。我抗日軍抗拒匝月，關于築城上之運用及改革，洵足引起研究之興趣，與參考之價值。茲將見聞所得，述其較重要者于下，以備長期抗日之指針焉！

第一節　淞滬敵我陣地變遷之概要

淞滬戰役，戰鬥端緒開于閘北。俟敵援軍之陸續到達，我軍亦適應情況之要求，次第增援。陣地遂以閘北爲基點，隨戰果之擴張，向八字橋、江灣鎭、廟行鎭、曹家渡、吳淞而開拓。其開拓順序，計分如下數期(參照第一第二兩圖)：

第一期

第一圖

一月廿九日至二月十三日敵我陣地變遷要圖

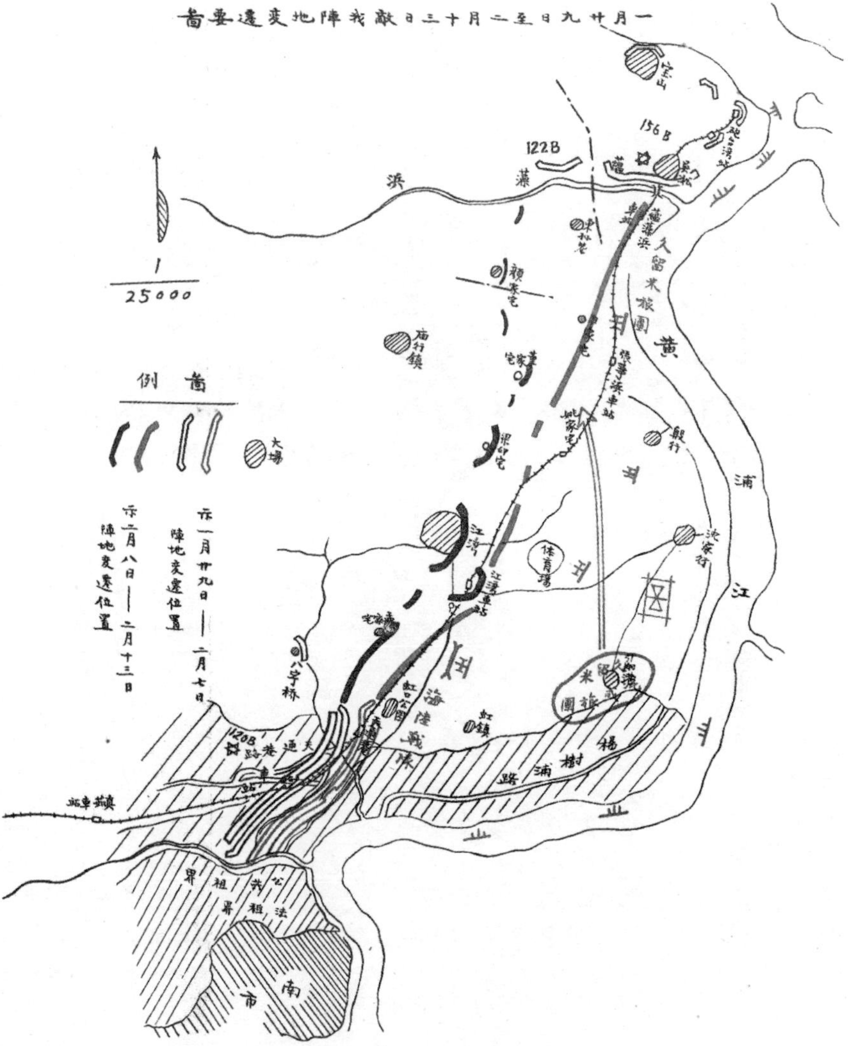

第二圖

二月十四日至廿二日敵我陣地變遷要圖

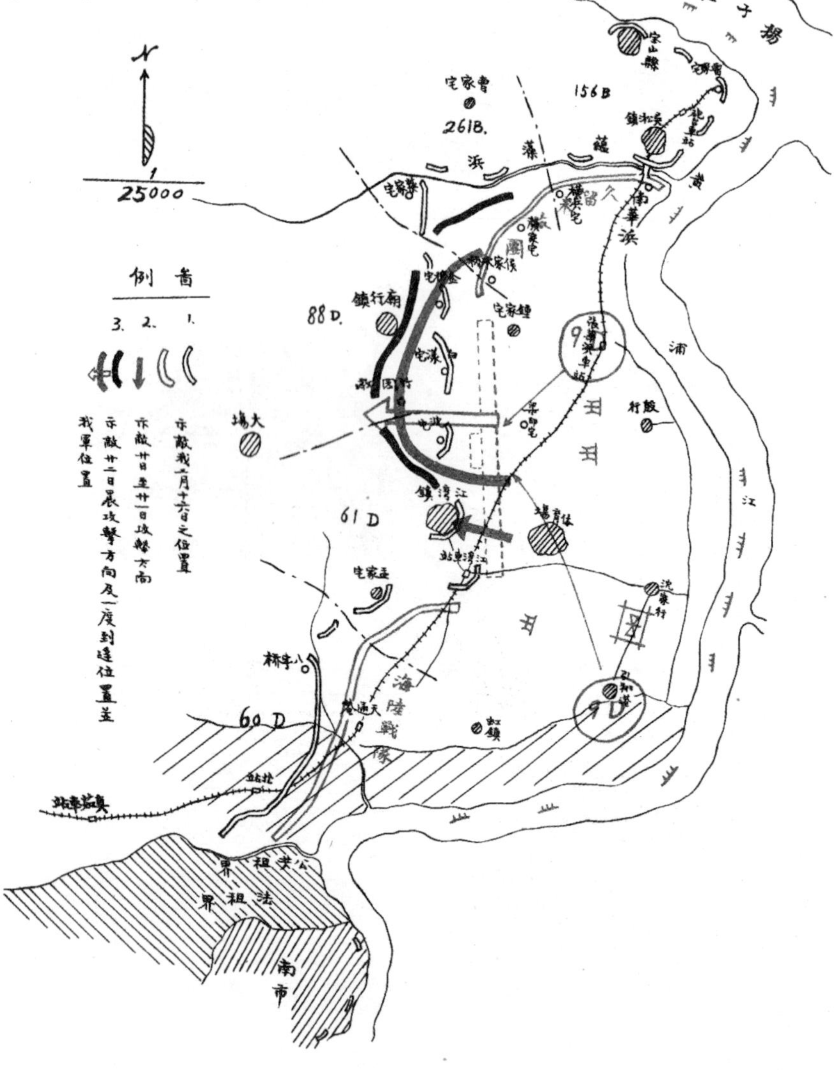

第三圖

我軍閘北市街防禦陣地編成之一例

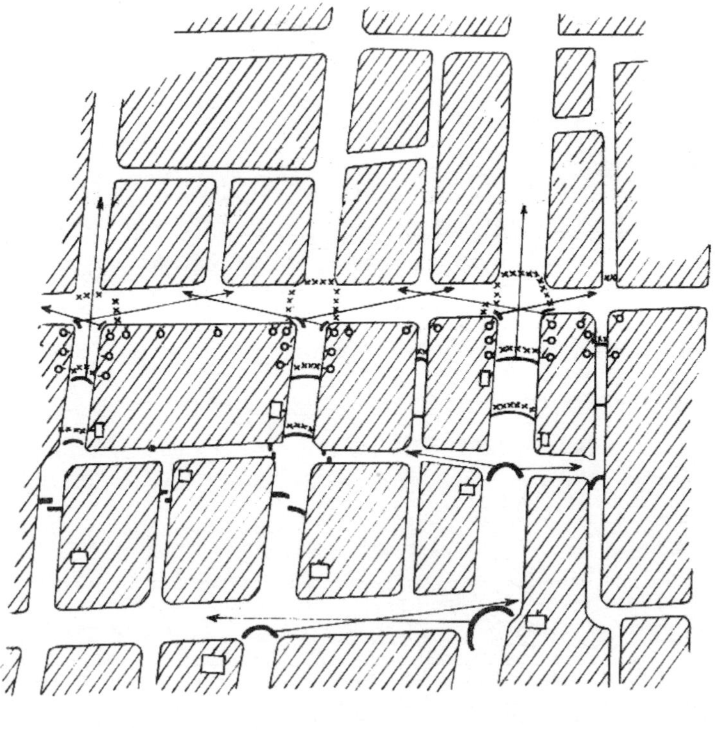

期間　一月二十八日——二月三日。
地帶　閘北寶山路——天通菴——劉家橋——八字橋。
第二期
期間　二月四日——七日。
地帶　江灣——董家宅——顧家宅——蘊藻浜南北岸——吳淞——寶山。
第三期
期間　二月八日——十五日。
地帶　强固蘊藻浜北岸陣地，及曹家宅附近。
第四期
期間　二月十六日——二十七日。
地帶　强固江灣、廟行陣地。
敵軍陣地與我略成平行對峙之形式。
第二節　陣地編成方式及設備
淞滬陣地變遷概要，既如上述。陣地各部構成時機經過，附近地形上之不同，當面敵人所用兵器之差別，守備部隊教育之良窳等，關係其陣地編成之方式及設備，迥異其旨趣也。

第一款　閘北方面陣地

閘北方面純屬街市區域，在戰術上爲巷戰形式，頗妨礙敵野砲兵及大型中型唐克車之使用。故于陣地之編成，工事之構築，專以敵之機關槍、步兵砲及敵飛機之轟炸力、延燒力爲對象。在戰術上，市內街衢櫛比，頗礙部隊之進展，並以展望困難，敵每得集結兵力于我不預期地點，與我求決戰，而定戰鬥之局。故敵我除戰鬥當時所構成之工事外，大都繼續構成自二線至五線之縱深配備，並施行障礙物及交通連絡諸設備，以期獲得艱强獨立之抗禦也。

其一　陣地之編成

第三圖爲我閘北陣地編成之一例。

其二　細部之構成

一　街衢火線構成之一般範式及前後變遷如下：

1初期

如下圖工事，以我忠勇守兵之沈着應戰，並利用兩側家屋，以手榴彈對敵裝甲汽車轟炸，固可阻遏其前進，甚可加以殲滅；但對于中小型唐車克（重十四噸一百馬力以下衝力）之衝突，守兵火力每爲壓倒，工事隨其前進時爲其突破，並以兩側家屋之延燒，守兵每不能繼續抵抗而至撤退之不利。

2 中期

第四圖

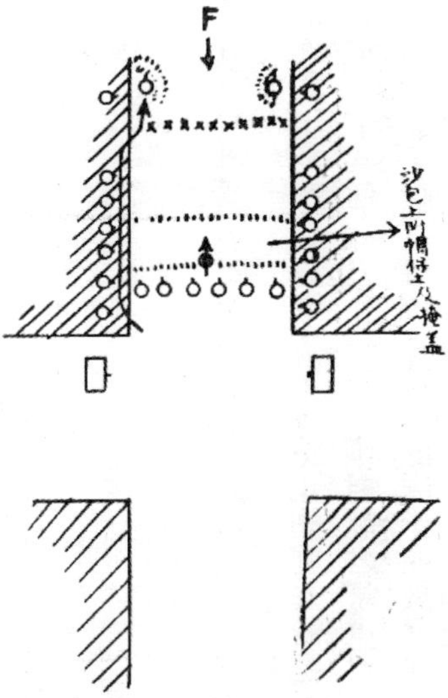

第五圖

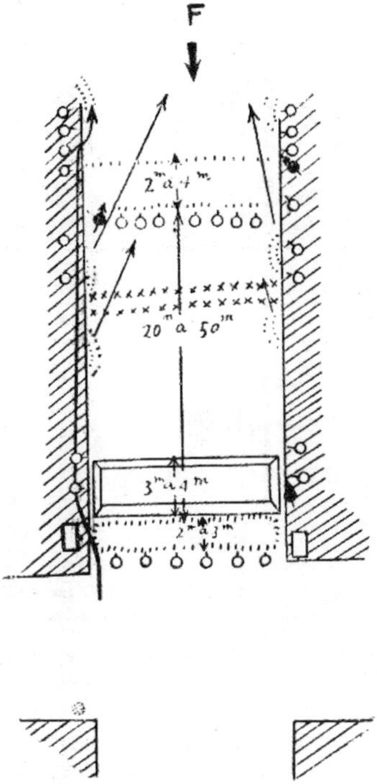

如上圖構成之工事，可補初期工事之不足，並可于延燒第一段工事兩側家屋時，則退據第二段工事；卽不幸延燒及第二段工事，而第二段兩側延燒略過，亦可恢復第一段工事也。

3 末期

第六圖

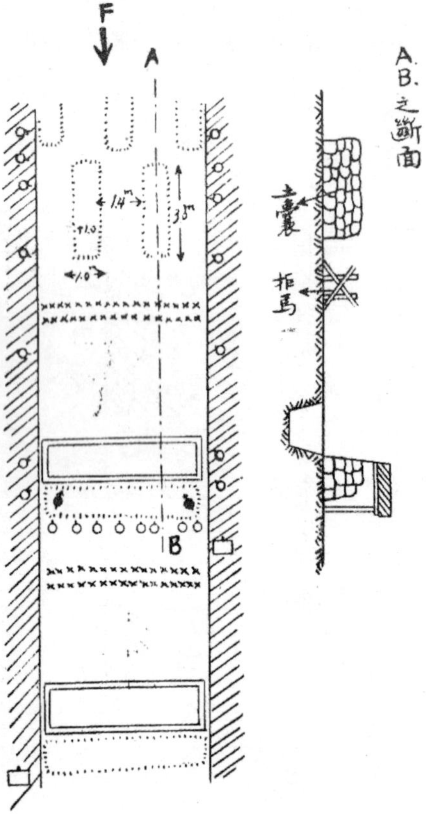

如上圖構成之工事，對于中型唐克車，足可防止妨害其衝突及旋回，並使逗留于近迫距離內時，我軍得突然集中各種火力襲擊之。惟對敵之燒夷彈，土囊外表包布，每爲敵引起延燒，而疏散內部積土，時有坍覆之虞。**此應于向敵之前端及外表面，附以深厚**

之濕土層以補足之，爲有利也。

二　延燒家屋之利用　閘北人煙稠密，房舍鱗比。我軍扼要固守，敵進展殊爲困難，必利用飛機轟炸，並投擲燒夷彈延燒家屋；附近守兵因不能固守。但延燒後，再經轟炸，亦不致重罹火災。利用其殘餘牆壁，爲火線配置側防火設掩蓋，尙得爲陣地良好之支撐。下圖爲我抗日軍利用之一例。

第七圖

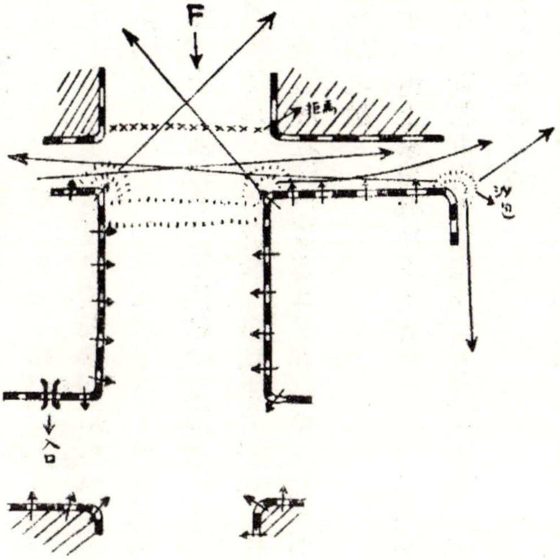

第八圖

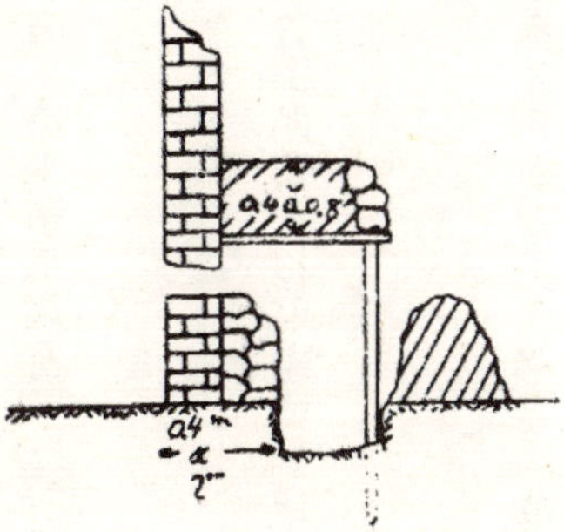

按滬上家屋牆壁材料，以磚石三和土構成爲多；而三和土構成者，其厚爲〇・三〇米至〇・七〇米，對步槍火及機關槍火侵澈力，足能抵抗而有餘。如于內斜面再增附土囊，使胸牆厚達二・〇〇米以上時，更得抵抗步兵砲之侵澈力；掩蓋積土達〇・三〇米・即頗安全，並得利用堅固牆壁爲障礙物也。

三　獨立高大家屋　其位置合于戰術上之要求時，每利用爲複廓，但爲飛機轟炸之目標，須設置上下數層之深厚掩蓋耳，其高頂及樓窗則堆設土囊，配置機關槍，以射擊瞰制或瞭望遠距離之敵。

四　地下室　滬上家屋有地下室者頗多，可利用爲良好之掩蔽部。

五　障礙物　閘北市街不易植樁，且係狹正面，有時並依情況之推移，有移動之必要。故其使用以左列各種爲多。

1拒馬——外附以不規則帶刺鐵絲，連成二列或三列，堵塞街衢，使用極多，或用以堵塞出入口之用。

2鐵絲網——以帶刺鐵絲所製成，攜帶式者使用于出入口爲常。網形鐵絲網亦間有用之者。

3外壕——專設置于有唐克車裝甲汽車通過可能之地點。

4地雷——我軍使用時頗少，每以有柄手榴彈代之，甚爲簡便，並可炸敵唐克車之無限軌道之用。

5陷阱——專以阻止唐克車之用。

六　掩蔽部　依經驗設置于工事兩側後方，或利用家屋內設置之，較爲安全，並須有堅固之隔牆及背牆掩蓋，尤須顧慮附近建築物傾坍時之安全。

七　機關槍座　初期往往設置街心，蒙敵砲火・飛機炸彈之損害極大。後改位置於兩側，或于家屋樓上，較得安全而收側射之效。

八　消防設備　令人民將家屋易於引火物品搬移他處，並利用消火栓、自來水管等。

九　防禦工事所用之物料如下：

1土囊——用爲構成火線，設置槍眼掩蔽部等，需量極多，且就地取扱極便，惟裝土于附近破屋內掘取，再以汽車輸送於工作區內。

2破壞家具——用爲堵塞交通，構成火線或障礙物之材料。

3破壞磚料木料——仝上，並改製爲槍眼匡及掩蔽部之匡。

第二款　江灣廟行鎮嚴家宅方面陣地

江灣、廟行鎮亘至蘊藻浜沿岸間，爲此次攻戰之焦點。且在地形上・已爲曠野地區，而于戰鬥上，亦屬為野戰方式。是與閘北方面關于陣地之編成立案，迥異其趣旨。茲於守備部隊之更迭及陣地之編成，分述其概要。

其一　陣地守備部隊之更迭

二月十七日以前　第六十一師第百二十一旅。

二月十八日——廿三日　第八十八師。

二月廿三日——廿七日　第六十一師附古團。

二月廿七日——廿八日　第六十一師(江灣——竹園墩)。

二月廿七日以後　第八十七師第一百五十五旅(江灣——竹園墩)。

二月廿七日以後　第八十八師(竹園墩——廟行鎮)。

其二　陣地編成之概見

江灣鎮位置于閘北、吳淞之間，為全線中心。敵左翼既未可越國際租借地而遂其威脅之企圖，右翼更以我吳淞要塞之依託，限制其兵力之使用。故其必先略取我陣地要點江灣、廟行鎮以切斷我吳淞、閘北間之連絡，希進達其佔領我閘北之目的，固毫無疑義也。我第十九路軍本籌之已熟，當第一百二十一旅担任守備之初，即銳意於陣地之構成。右翼以江灣為起點，亘郭宅——小場廟——大小麥宅——廟行鎮東端——周家——顏宅，左翼固着於蘊藻浜北岸，成爲單一主要抵抗線。更于陣地前四〇〇米乃至六〇〇米、孟宅亘孟家宅——大金馬宅——管行——徐家行各地，構成集團工事，爲警戒陣地。並于陣地後各地區預備隊位置，復構成簡易之集團工事。在方式上具有縱深的配備，然精神仍爲注力於主要抵抗線之一線式陣地也（參照第九第十圖）。

一線式陣地之利，在能發揚士氣，掌握指揮，不致分割戰鬥要素，免如數線陣地之前方據點，每爲敵各個擊破而得遂行猛烈的決戰動作。但近世以砲兵射擊距離之長大，砲數之增加，威力之强烈，更以航空機之補助，已足佔勝築城之要素。此次敵軍自第九師團到滬後，計配屬十五生榴彈砲三十餘門，山野砲各約百餘門。其砲數與步兵配屬，幾近于歐戰末期時，步兵千名與火砲十二門之比率。敵並感覺二月廿一日以前，對于閘北、八字橋、江灣、蘊藻浜、吳淞各役之數點，同時施行攻擊，發生兵力分散與攻擊準備不完全之弊，乃變其從前之方針。卽對一目標，集結多量兵力，施行長時間之砲擊方針。是我廟行鎭、小場廟各陣地，在未與敵步兵決戰前，散兵壕大部已被顚覆，人員一部埋沒于敵砲彈漏斗孔內，障礙物及附近建築物，亦悉被破壞。俟決戰時期迫切時，陣地既已失去大部分之效用，更以我自動火器數量之缺乏，不能殲敵于近距離，故陣地有岌岌不保之慮。然尙得保持原陣地，苟安于一時者，僅恃我步兵之犧牲精神已耳。

在强烈之砲擊下，一線配備尙不致被敵突破者，于一九一四年德軍在香檳冬季作戰時，對法之作戰，已有成例。但其不爲突破者，其原因爲法軍攻擊法尙未得良好之經驗，而防者（德軍）防禦砲兵，未經破壞，得行阻塞射擊；洞窟內掩蔽部之德軍，能執機關槍適合時機行頑强之抗抵，使法軍步兵攻擊頓挫有以致之。後法軍砲兵破壞射擊成功，急襲攻擊的色彩漸形濃厚，而德軍遂不得不變更陣地編成之方式。此歐戰所示之教訓也。然淞滬抗日戰役中，敵軍配屬以歐戰末期等對之兵器裝具，並採取以砲兵唐克車爲基礎之戰術；我軍仍取一線配備之陣地。其對象是否適當，固未敢斷言；但敵之配備兵器，我砲兵之劣勢，已如前述。在消極方面言之，陣地須具有廣面積，同時得使守兵之分散，俾有吸收多量之敵砲彈，及減少我損害之特性爲必要。在戰術方面，敵漸次增大破壞射擊，繼以兵力縱深配備，直進攻擊，而防者之對策，厥爲將陣地編成數線。第一線配備足以擊退敵小部應有之兵力，再控於第二線第三線以相當之兵力，俟敵攻擊時，得依第一線之抗拒保持，再利用第二線之增援逆襲以恢復之。使戰鬥不行于一線而行于數線上，免陣地一點之陷落，不波及于全部或後方，而使陣地富于强性及獨立性爲要也。再就地形上之判斷，淞滬中間地區，村落稠密，射界不寬廣，且無高地佔領之利，似不適一線之配備。但尙適于遮蔽敵火敵眼，頗合數線陣地之主旨。此吾人之判斷，竊以爲然也。

第九圖

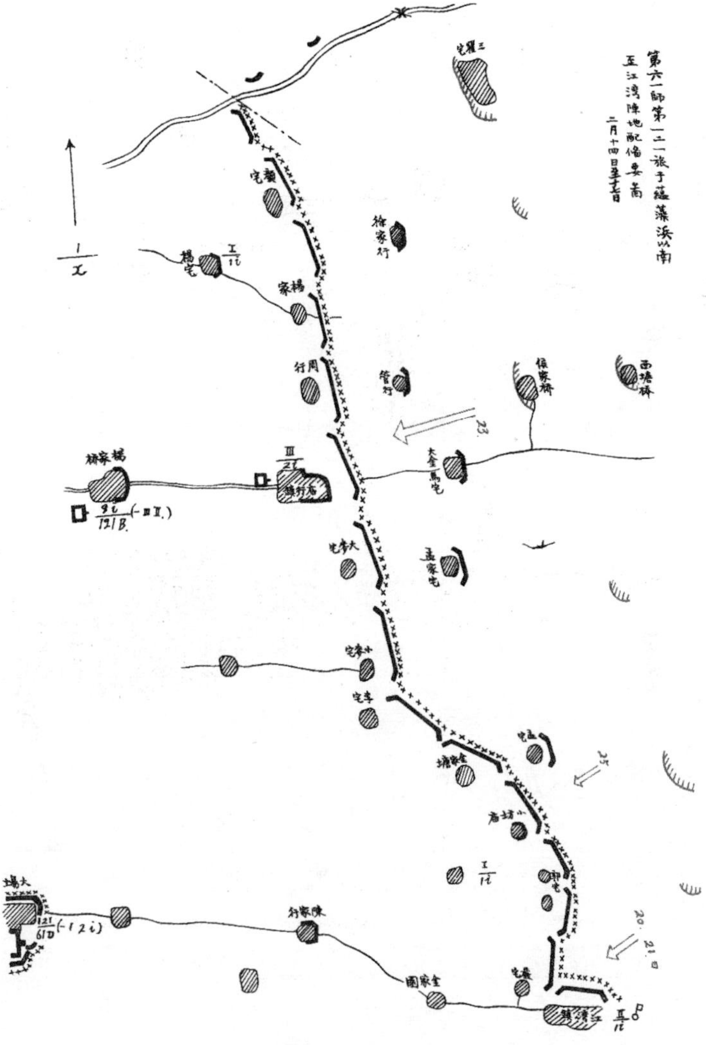

第十圖

第六十一師第一二一旅第一團及第二團第三營
江湾郭家宅陣地配備要圖

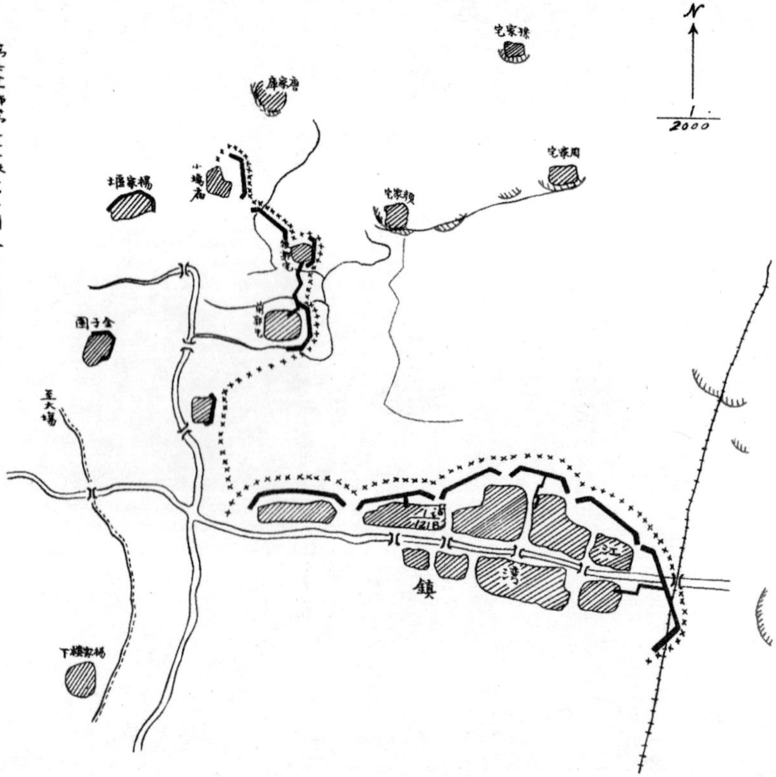

第三款　八字橋及蘊藻浜北岸方面陣地

其一　陣地守備部隊之更迭

二月九日以前　第六十一師第一團(八字橋方面)。

二月九日以後　第六十師第一百十九旅(八字橋方面)。

二月十五日以後　第八十七師第二百六十一旅(蘊藻浜北岸)。

其二　陣地編成之概見

陣地之編成方式，與江灣・廟行鎮間之一線式陣地略同，但于戰役經過中，發見幾許之缺憾。各防禦陣地不能節約守兵，俾控置多量兵力而遂行機動防禦之用。且苦第一線之集結徒受無謂之損害，且陣地既易爲敵在平面垂直面上偵知，則一線陣地在敵强烈砲擊下，亦易于顛覆。我八字橋方面守備隊第一百十九旅有鑑于此，遂又分散陣地之配備，並增加陣地之縱深，結果損害銳減。又我二百六十一旅担任蘊藻浜北岸陣地，及一百五十六旅所守備吳淞陣地，均略成縱深配備，並取分散主義，亦遂使敵火分散于廣正面，浪費敵之彈藥與時間，而減少其損害，陣地遂增持久抵抗力焉。第十一圖及第十二圖，爲八字橋・江灣間陣地編成及其構成之一例。第十三圖爲八十七師第二百六十一旅，于蘊藻浜北岸由胡家宅至吳淞附近，陣地配備狀況。

第四款 陣地各部之設備

第十一圖

八字橋江灣間陣地方式變換所編成陣地之一例

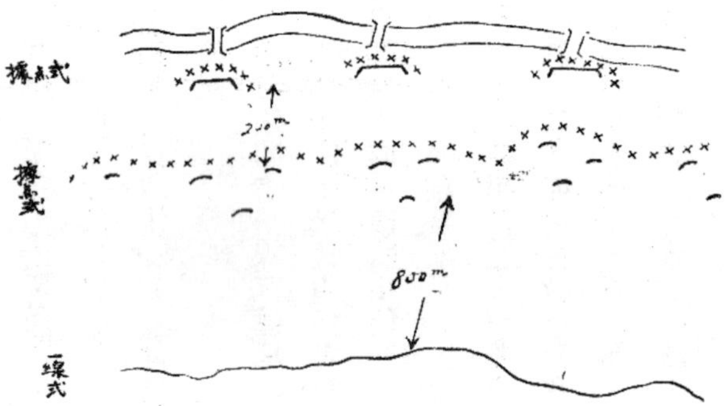

第十二圖

江湾八字橋間陣地配置要圖

二月六日

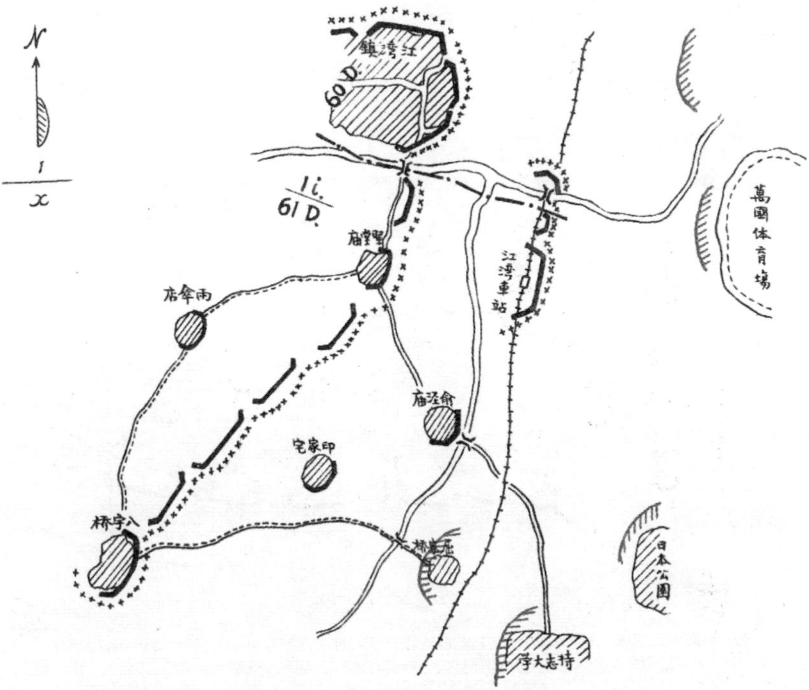

第十三圖

第二百六十一旅于蘊藻浜北岸陣地配備要圖

二月十五日

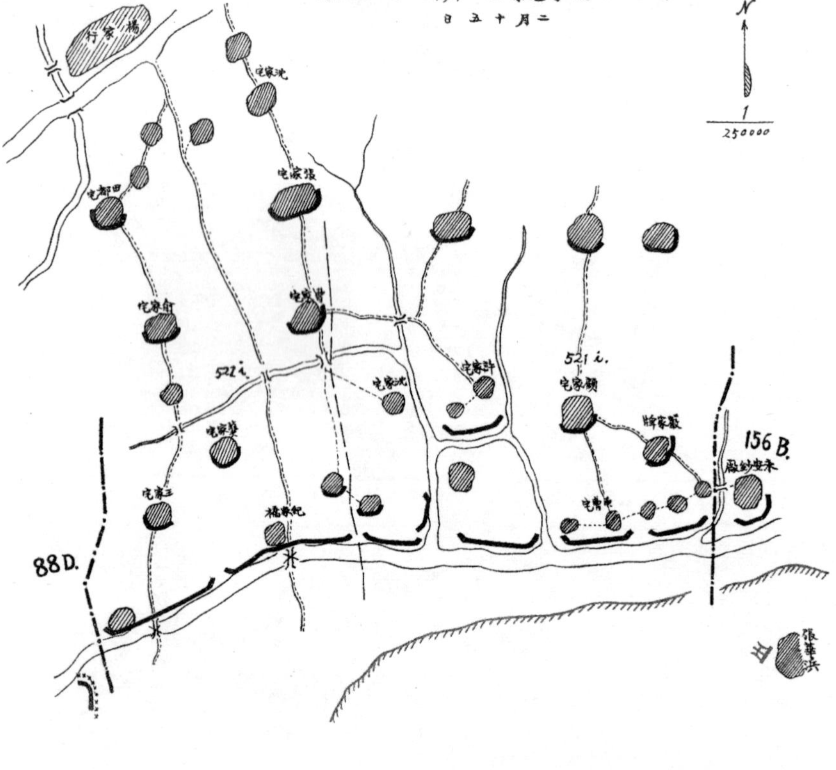

其一　各部工事範式

甲　散兵壕

通常以掘擴散兵壕之範式構築之，交通頻煩處，爲以强固散兵壕構築者。但淞滬一帶，地形低下，每削發現水源，不容下掘。散兵壕前崖，概附設散兵集，容守兵射擊之用。戰鬥

散兵壕構築之一例

第十四圖

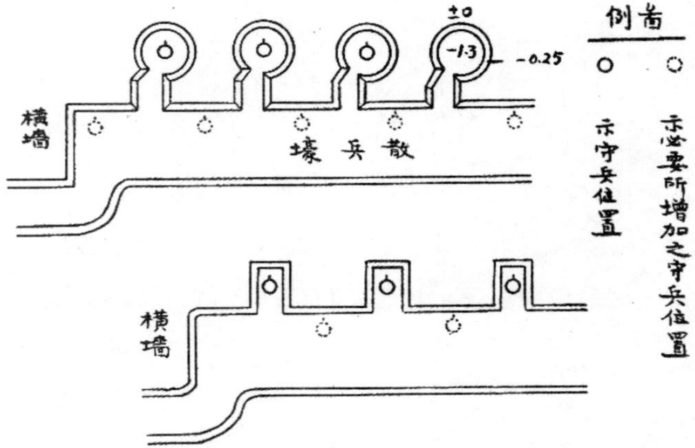

經過間，對于掩護守兵，頗爲良好。但多無被覆，每因附近敵砲彈飛機炸彈炸發之震蕩而傾覆，似于土製掩體之價值，已漸低下。

乙　交通壕

交通壕，以供一列通過爲多，成電光形蛇行形式。內間設待避所，以利用地形計，頗不規整。而交通壕內射擊設備無見，且交通條數亦少。在此經驗，對于增加火線之部隊，因此

第十五圖

交通壕

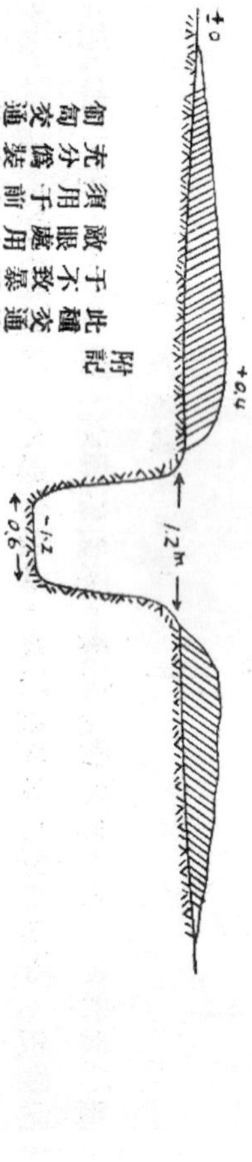

附記　此種交通壕限于不致暴露于敵眼處用之但須用于前方須充分僞裝或用匍匐交通壕

損害頗大，且對空頗暴露，無縱方向橫方向交通壕之分。其一部構築要領主張如右圖。

丙　掩蔽部

淞滬戰役中，敵之攻擊，純以砲火飛機轟炸爲要素。我軍傷亡，亦以受敵飛機炸彈及砲火之威力爲多。作戰之初，本注意于掩蔽部之構築。茲以淞滬作戰，地形低濕，不容下掘，未能構成洞窟式，或較强固之掩蔽部。其構成者爲如左之各種。均用以抵抗敵砲火之破片者爲主。

第十六圖

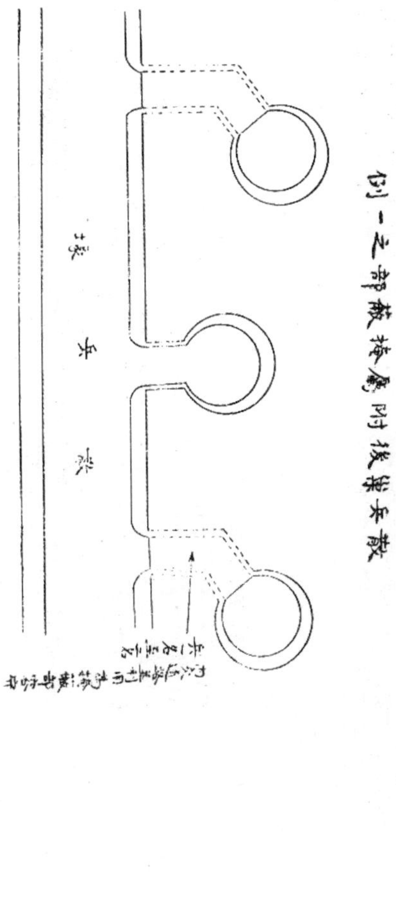

第十七圖

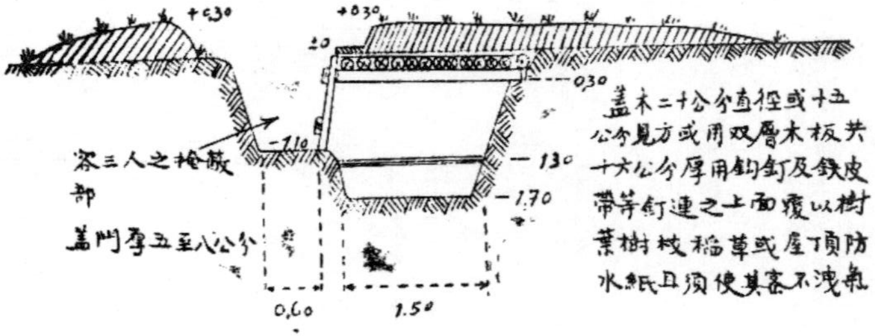

第十八圖

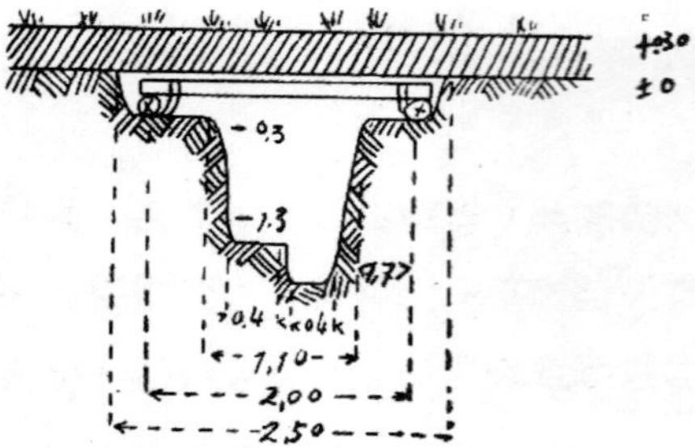

側面圖

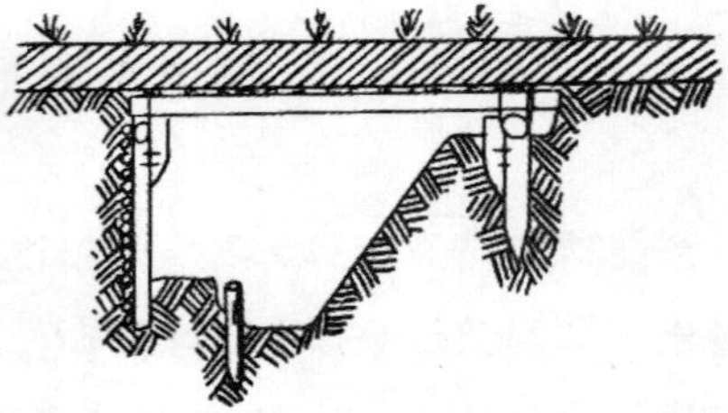

此係左列側面圖之土質疏鬆處

左為利用築堤之內側所構成之掩蔽部

第十九圖

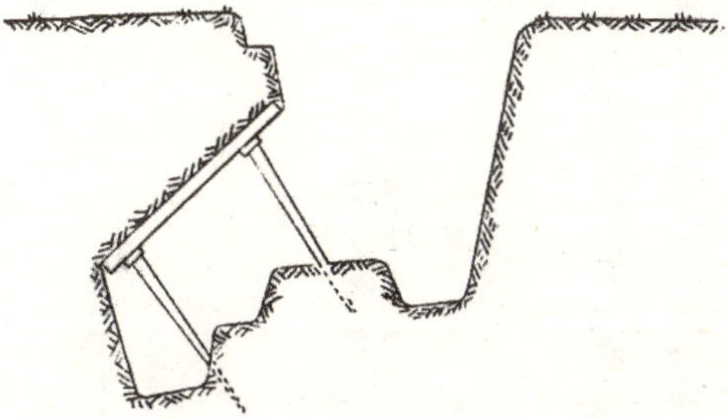

第二十圖

我軍利用內斜面壁構成掩蔽部之一例

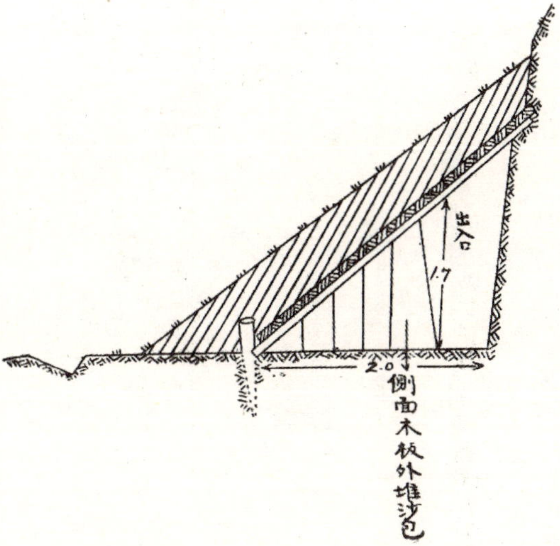

利用家屋所構成掩蔽部時，即將內部構設數層之掩蓋，附以深厚之積土，以為小部隊棲息之用。

左爲指揮官用掩蔽部。

我軍指揮官用掩蔽部之一例

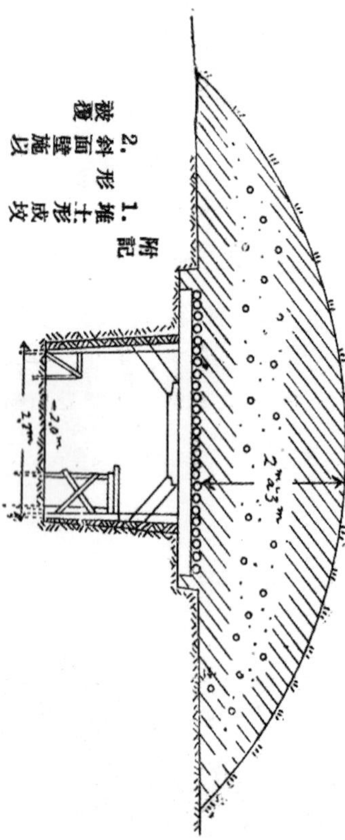

第二十一圖

其他利用散兵壕交通壕之內斜面橫牆之後崖，掘成單簡洞窟式之各個掩蔽部，頗簡易疏散，反收減少敵火損害之效。

以上各種掩蔽部，雖僅足抵抗敵砲兵之彈丸及破片之用，但其位置分散于交通壕內，及散兵壕直後適宜處，尚足供消極之掩蔽也。

丁 障礙物

以構成網形鐵絲網爲主，與散兵壕平行設置之。然向縱方向設置，以區劃陣地之小區域者甚少。但關于障礙敵唐克車者，有以下數種：

第二十二圖

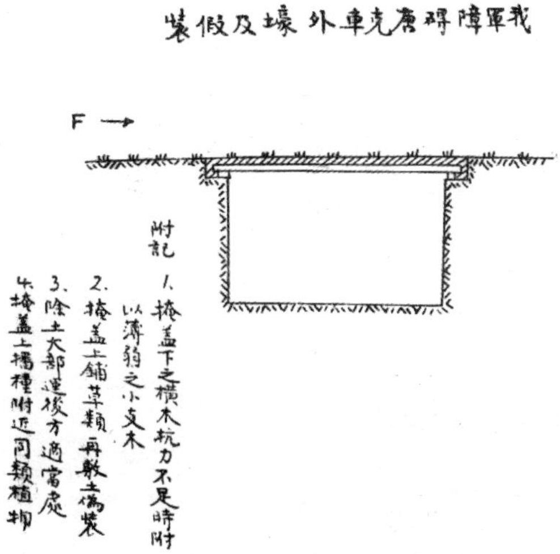

第二十三圖

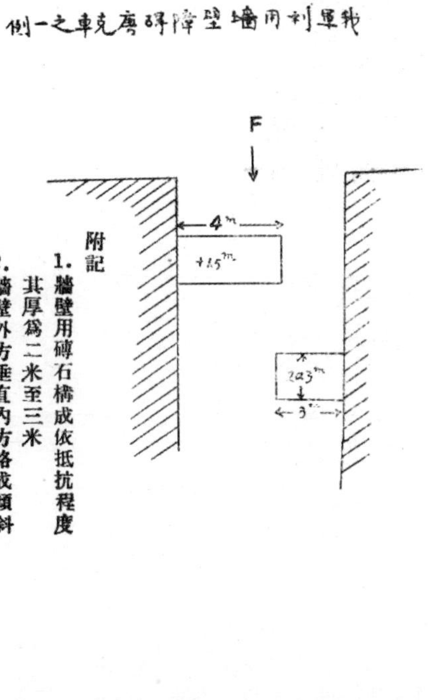

附記
1. 牆壁用磚石構成依抵抗程度其厚爲二米至三米
2. 牆壁外方垂直內方略成傾斜
3. 牆壁酌設僞裝物

我軍障碍唐克車地雷群之配置

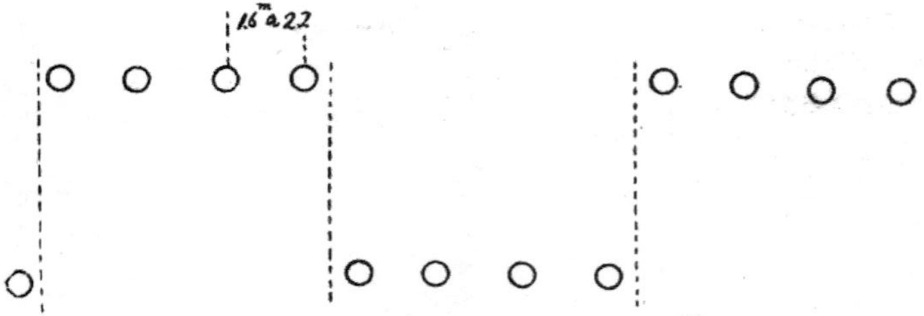

第二十四圖

附記
1. 地雷羣用電氣自發或伺發裝置
2. 地雷羣個數及間隔以使唐克車無隙潛進爲度
3. 設置須適合地形故不必求行列之整齊並僞裝之
4. 地雷裝藥量爲一·五〇吉格乃至三·〇〇吉格卽足
5. 空隙以僞地雷補塞之以眩敵眼

戊　僞裝

近世兵器之長足進步，航空機之顯著發達，築城之價值低下，其彌縫處置，已見于工事之遮蔽（迷彩）現象。此次淞滬抗戰，頗注意于僞裝之工事。下爲實施之例：

第二十五圖

我軍散兵渠之假裝

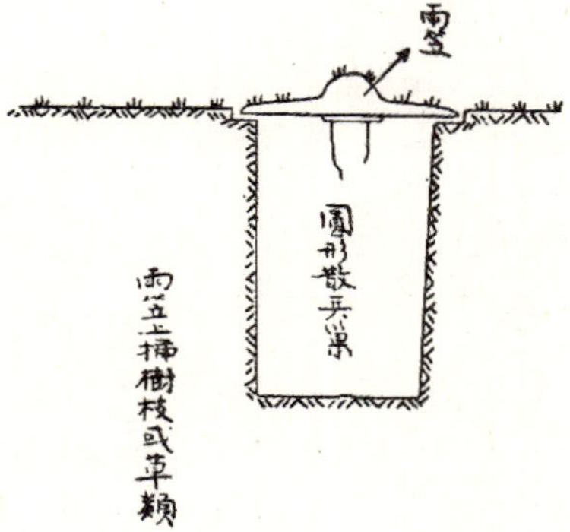

第二十六圖

我軍散兵壕偽裝之一例

（其一）

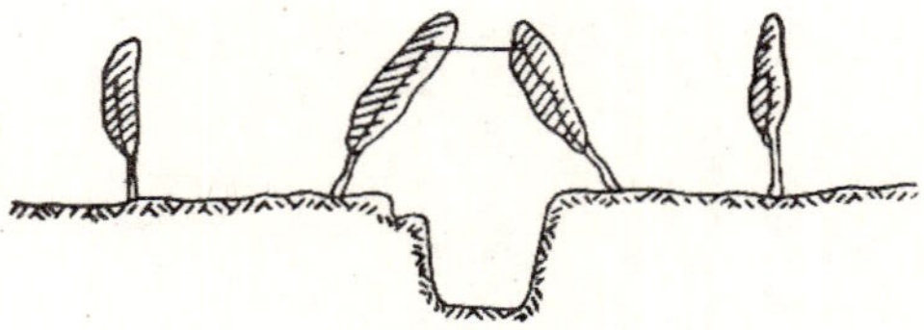

第二十七圖

（其二）

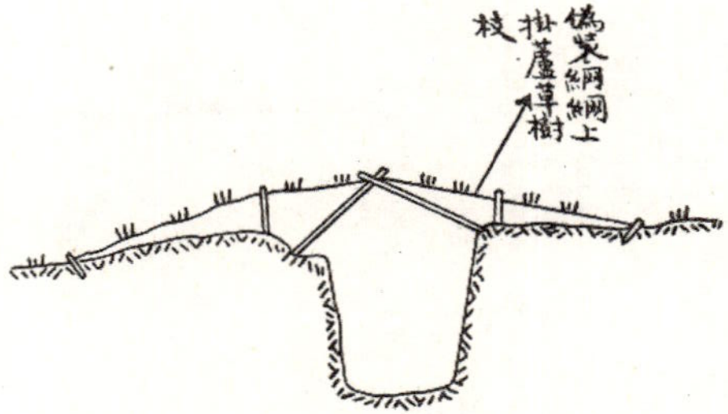

（其三）

第二十八圖

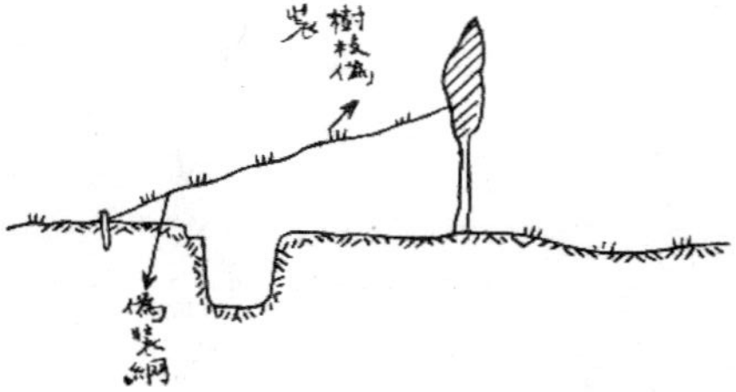

第二十九圖

（其四）

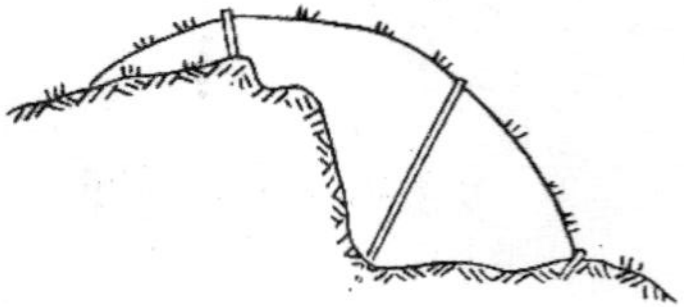

我軍机關槍座偽裝傘之利用

第三十圖

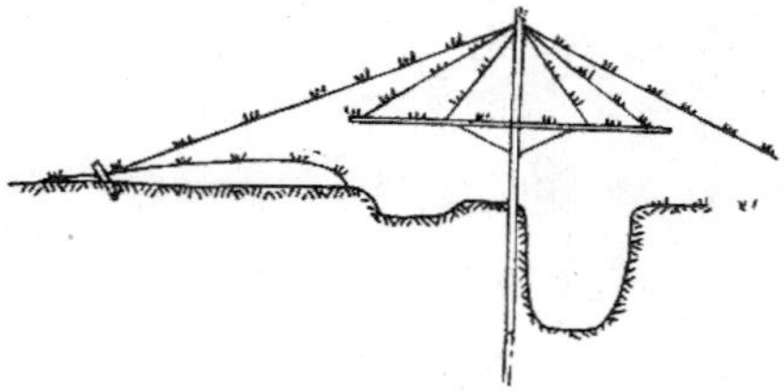

我軍砲兵機體上之偽裝

第三十一圖

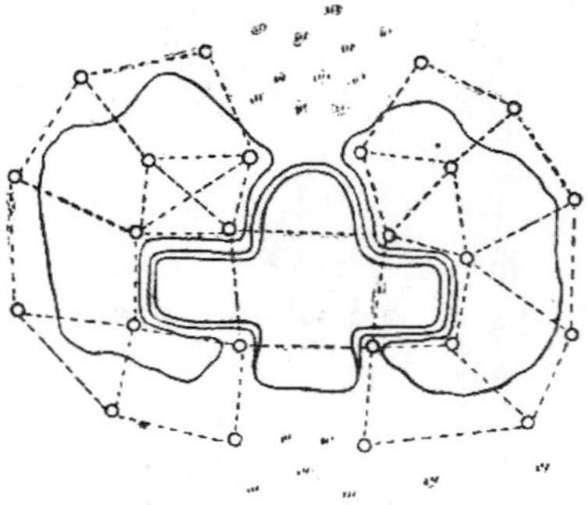

其二　其他所見

一　我軍陣地內，側防火之配備，尚有未臻完善者。

二　外壕積土，有不特不能增加胸墻之厚，而且反生死角者。

三　掩蔽部大部過薄弱。

四　交通壕過少。

五　陣地所埋設地雷，多不能炸發。

六　陣地前射界，均格於情況，未加清掃，距離亦未測量。

七　築城用材料頗缺乏。

第五款　敵軍陣地之編成及一般構成之見聞

滬戰發生，我軍以守土有責，始起爲正當防禦。敵之海軍陸戰隊·久留米旅團·第九師團先後犯我陣地時，我軍爲尊重和平，冀其野心之覺悟，始終均僅予以戰場內之痛擊，未進加圍攻以收聚殲之效。乃敵更恣行無忌，恃其優勢砲兵及犀利唐克車，一意遂行其攻擊之行爲。故其防禦陣地，係爲兵力集中及爲攻勢轉移發起地之目的構成之。其陣地構成之概況，如第三十二圖。

其一　閘北方面陣地

陣地構成之方式，其一般與我軍陣地略同，其多少差異者如下：

一　掩體及掩蔽部一般構成較薄弱，對空及唐克車防禦設備，頗無所見。蓋以我砲兵數量過少，並無飛機及唐克車等兵器為對策也。

二　陣地內家屋牆壁如意毀壞，以開設交通路。

三　陣地前妨害射擊或展望時，均焚毀之。

四　家屋內格扉及店櫃，均利用為槍眼或掩蔽部之內匡。

五　街市火線有構成臥姿、跪姿、立射三層射擊設備者。

六　障礙物之構成，以用拒馬及移動式鐵絲網為主，並構成至四列之多，且間有用具釘板者。

七　陣地前易於遮蔽處，往往埋設地雷。

八　陣地兩側窗櫺欄干，均置土囊，構設槍眼。

九　適宜之家屋頂，亦構成工事。

一〇　敵之攻擊時，均分沿街市兩側成單行，各攜土囊向我前進。停止時，即將攜帶土囊，用遞送法堆積掩體。

一一　敵之裝甲汽車，每附置多量土囊，于攻擊前進時，用以掩護隨伴步兵；停止時，即用爲兩側構成攻擊據點。

一二　利用唐克車，爲衝破我障礙物之唯一利器。

一三　敵攻擊前進時，每一面以石灰桶，或其他樽類（圓桶）等之輪轉前進，一面利用以掩護匍匐前進。

一四　敵每毀兩側家屋牆壁，或焚燒兩側家屋，向我軍攻擊前進。

其二　江灣車站體育場張華浜車站方面陣地

一　陣地一般編成，參照第三十二圖。

二　營陣地內所配屬術工物數量及構成要領如下：

1 輕掩蔽部（六人用）約三十六個。

2 中掩蔽部（十六人用）約十二個。

3 監視所十個。

4 通信所二個。

5 繃帶所一個。

6 掩蓋機關槍座二個。

7 高鐵絲網全長約九〇〇米，縱深八米。

8低鐵絲網全長約五〇〇米，縱深三米，

9營正面約五〇〇米乃至六〇〇米，其縱深爲三〇〇米乃至四〇〇米。

10散兵壕用小據點工事，連以匍匐交通壕，全線成波狀式，外觀似爲一連續不斷之連式陣地。

11交通壕橫方向者，爲各據點橫方向連絡之用；縱方向者，爲連絡前後兩平行壕之用。交通頻煩處，得供二列兵之通過；班與班間之連絡，概以匍匐交通壕連絡之。

12掩蔽部構成一般均薄弱者，不敷用時，利用民房代之。

13鐵絲網在陣地前者爲網形式，成電光形配置，並開出入口兩列，間隔約距八米乃至十米，後緣距陣地前端約三〇米乃至四〇米。低鐵絲網係移動式者，設陣地內部，以劃分陣地內各區域，作獨立抵抗之用。

14監視所設第一線之排及預備隊各二個，營預備隊二個。

15通信所設第一線之連及預備隊各一個，營預備隊置於指揮官掩蔽部內。

16繃帶所利用民房構成之。

三　敵陣地內一般之所見

1敵軍所構成陣地，各成小據點式，尤注意火力交叉配備，相互側防；對于班排陣地，

第三十二圖

張華浜馬橋宅萬國體育場間敵軍陣地編成之一例

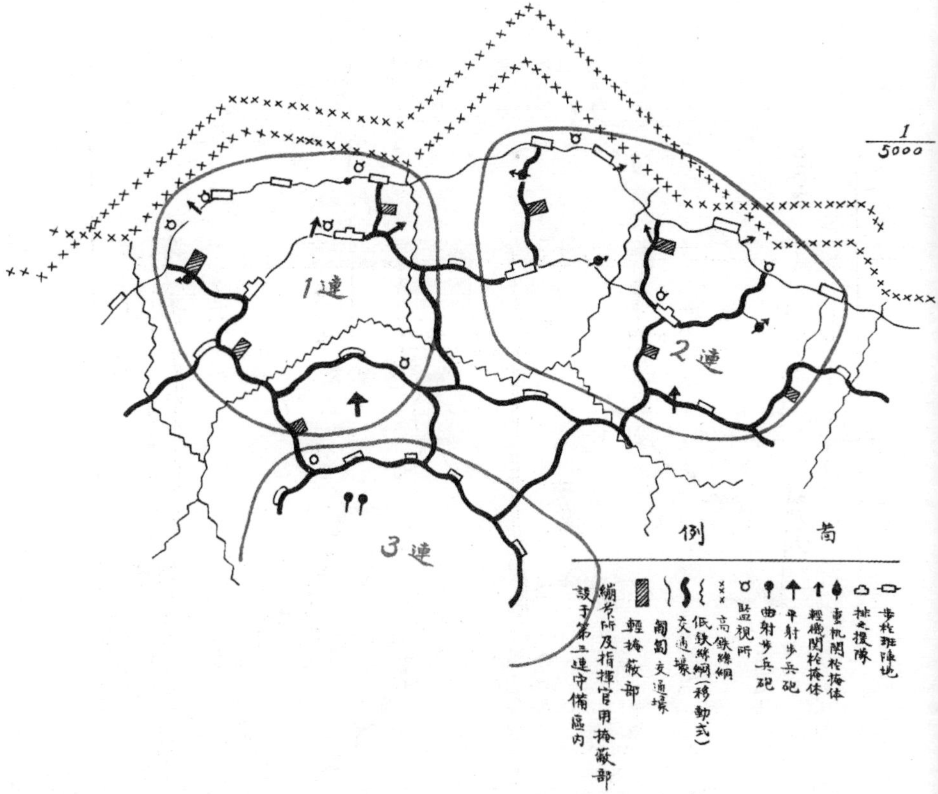

第三十三圖

敵軍連攻擊陣地編成之一例

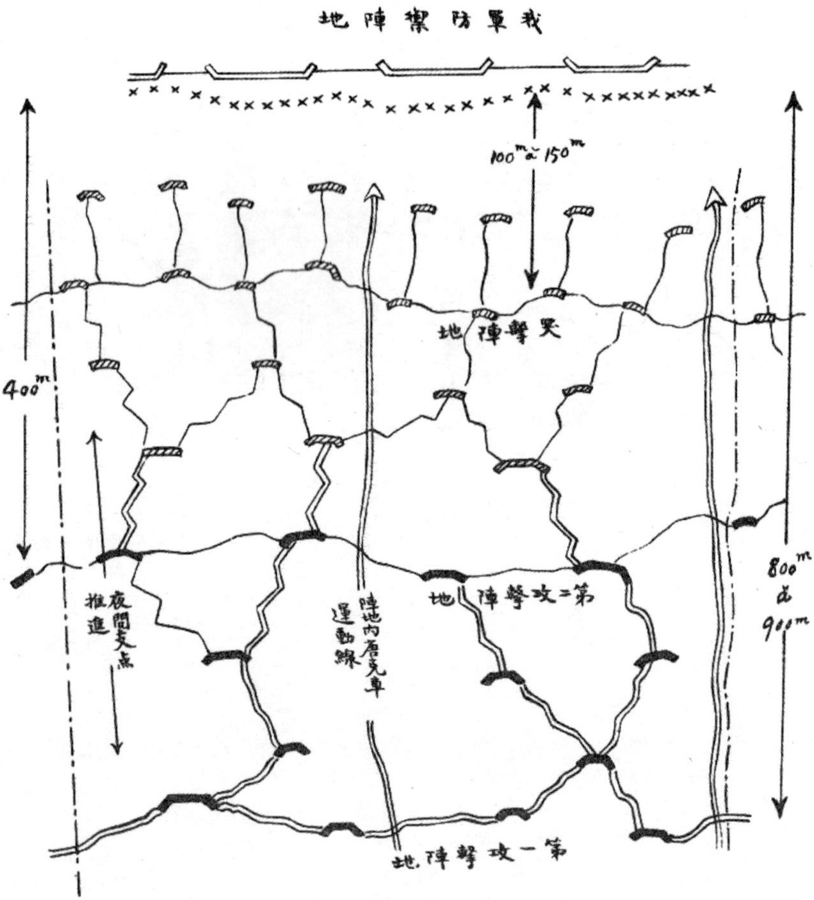

均自成小段落，而各據點均連絡交通壕。

2敵所構外壕，係向內積土，其胸牆頗高厚。

3敵僞裝頗不注意。

4築城用材料極爲豐富。

四　連攻擊陣地一般編成，參照第三十三圖。

五　敵攻擊陣地構成一般之經過：

1敵攻擊陣地構成一般，仍用防禦陣地之方式，連綴各據點，形成波浪式。

2在近迫作業未開始前，敵每派遣小部隊步兵，分向陣地行威力偵察，企圖發現我陣地之位置，以確定其攻擊計畫及部署。

3敵攻擊計畫部署妥定後，通常在前一日黃昏前，即佔領第一攻擊陣地，並精密偵察第一攻擊陣地前之地形，其距離約在我步槍有效射擊距離外。

4第一攻擊陣地佔領完畢後，即于突擊之前晚間，遂行其逐次推進支點之作業，以達至第二攻擊陣地(距我陣地約四〇〇米)。我軍如出加逆襲，則由其後方戰鬥機關(輕機槍爲主)及其前方掩護部隊，極力向抗拒。參照第三十四圖：

第三十四圖

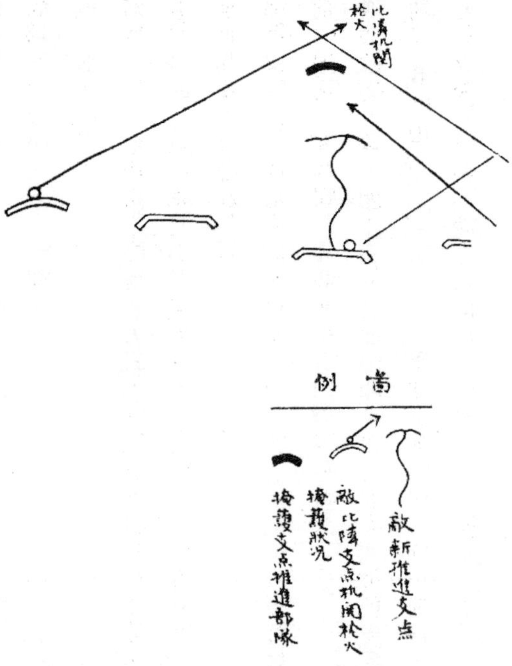

5拂曉前，敵乘機會將第二攻擊陣地，及後方交通路構築完成，卽作推進突擊防禦陣地之準備。其事項如下：

a以極强大砲火，向我防禦陣地行大規模破壞射擊。

b 唐克車開始前進，同時以機關槍火壓迫我守兵。

c 依烟幕彈掩護其步兵之攻擊前進。

6 右之準備事項實施間，第一線步兵，利用機會及地形地物，交番推進其本地區內之支點。其預備隊則任後方材料之搬運，及交通壕之構築；但均以匍匐式交通壕爲多。

7 敵之支點逐次推進至我步槍最有效射界內時，敵更用其猛烈砲火向我行阻塞射擊，及依烟幕彈蔽遮其突擊部隊，區分突擊班隨伴唐克車極力向我陣地接近，利用彈痕或我之遺棄工事，以構成前進支點。更依此推進支點，以構成突擊陣地。

8 敵之支點及突擊陣地之構成，其足爲敵步兵良好之協助者，厥唯唐克車。在前進時，則賴其掩護隨伴其後端而行進；在停止時，則賴其機關槍火之持續射擊掩護步兵，一面得將唐克車內之土囊，構成支點或突擊陣地。其後方交通設備，概由預備隊利用其烟幕遮蔽之瞬時，完成其簡易者，故其近迫作業，經過頗爲迅速。此與前之採取對壕攻擊前進之方式要領，大異其趣旨。此爲吾人深可注意者也。下爲敵簡易交通路之構成，參照第二十五圖：

9 敵到達突擊陣地位置後，即以端末作業法擴張工事範圍，並以煙幕之遮蔽，集結突擊兵力及器材。

第三十五圖

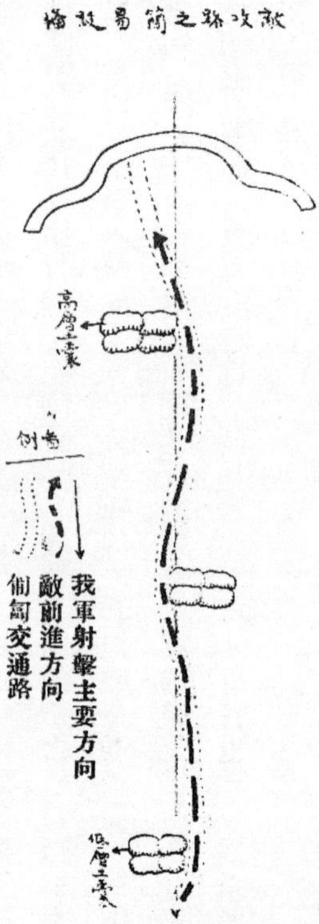

10在敵之突擊實行前，敵砲兵以猛烈持續火力，向我工事行破壞射擊；突擊部隊亦以極大火力，制壓我側防機關，同時繼續配佈烟幕唐克車續行前進。

11敵之唐克車進距防禦陣地約六〇米時，敵砲兵停止射擊，仍持續其烟幕之配置；步工兵隨行突進，協同唐克車破壞障礙物。下圖爲其一般狀況：

12敵此次凡向攻擊，必先期集結其優勢兵力，及準備充分之資料。攻擊間，發揮其兵器之最威力，使我防禦陣地破壞無餘。繼以戰術之運用，向我突擊。幸我守兵激發忠勇愛國之精誠，砥礪奮鬥，百折不撓，誓爲公理與暴力死抗，並以敵攻擊精神之不振（

第三十六圖

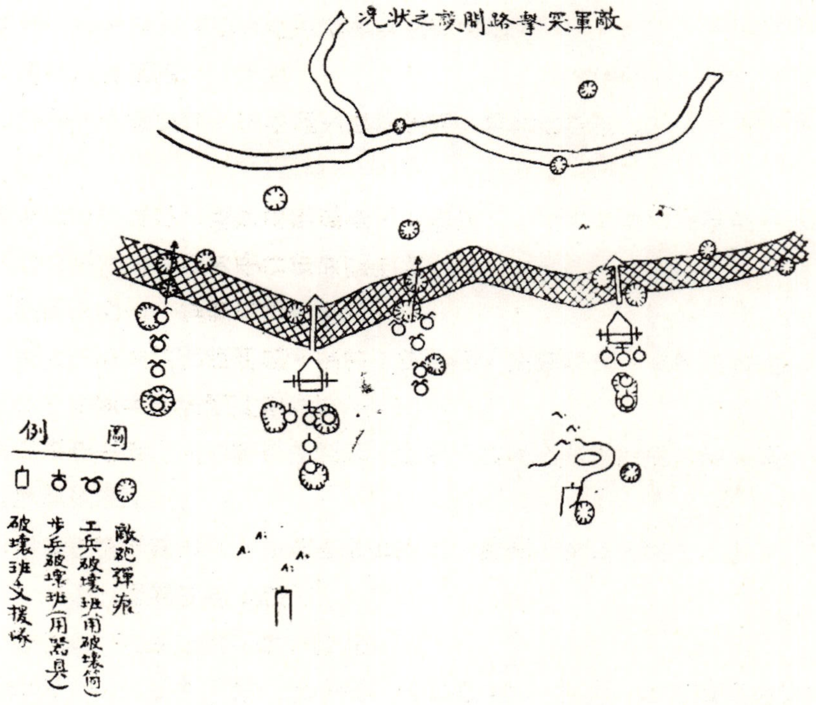

敵隨伴唐克車之步兵，每爲我擊斃，卽行退却），卒每與敵以最後之挫敗也。

第六款　關于築城所得之教訓

其一　陣地編成方面

一　陣地宜採取數線陣地方式，每陣地帶宜構成二線至三線之縱深形或面式之廣面積，並深感一線配備之錯誤。

二　散兵壕以採取小據點式之鱗次形配置，勿成一線式之連續不斷工事。每一戰鬥區域被突破時，以不波及其他戰鬥區域爲要。

戰例　我八字橋至江灣間陣地，先作一線配備，死傷頗大。後改用據點式，以少數兵力配置于前方，曾獲良好之效果。

三　增設交通壕之數量，並與平行散兵壕成斜交。

四　主陣地前設前進陣地，既可爲陣地前之支撐點，且藉得遮蔽我本陣地，並得出擊時之掩護。

五　陣地之配備，勿過規整，以稍偏之規整配備，較符合地形

六　陣地之編成須無間隙。

七　陣地內各守備地區前，應各藉得各種火力之掩護。

八　陣地及宿營地，兵力均須分散。

戰例　閘北八字橋、江灣一帶，敵時以重砲飛機投擲，四處起火。

九　陣地之間隙及無工事處，須設僞工事。有工事地點，須充分僞裝，俾全陣地外觀形成一致，使敵苦於我陣地重點之判斷，使分散敵火力。

一〇　陣地須有相當寬之戰鬥正面及縱深。

戰例　廟行鎭之役，我正面兵力過于集結，在決戰前，徒受敵長時間集中射擊之損害。

一一　第一線陣地不用增大步兵密度，而能發揚所希望之火力，寧將主力控置于第二線，乘敵紛亂而逆襲之。

一二　陣地之作用，在先使敵消耗戰力，再轉爲積極的殲滅敵人之行爲。

一三　敵軍工事，通常除構築於村落前緣外，尙有構築於村後者。我軍不察，常向直進而受損害。

一四　敵人每佔據一地，隨得構架鐵絲網，有時並設電網，頗爲迅速。我恢復陣地，須用迅雷之手段。

戰例　小場廟爲敵佔領，俟二小時後，我反攻即遇電網。

其二　細部設備及注意事項

一　散兵壕內附設散兵巢及各個散兵掩體，或增大間隔，頗爲有利。

二　胸牆以設於自然地上爲宜，卽不得已在地面上設置時，亦須低下，須增加其厚至二米以上，且與自然地自然連接，勿現棱角。

三　街市中之胸墻，厚須在三·〇〇米至四·〇〇米，方足抵抗敵砲彈之連續命中。

戰例　閘北巷戰各役經驗。

四　槍眼之射擊方向及角度不宜過小，且勿暴露，應其必要施以僞裝。

五　交通壕須多附射擊之設備，以限制敵突進後之自由，並側方多設掩蔽部。

六　機關槍須多構成預備陣地，且勿高出自然地，免爲敵偵知，受敵砲火飛機之損害。射擊時，勿行連續不斷之射擊，須作五六十發之斷續射擊。

戰例　在閘北、江灣，初因機關槍陣地暴露，損害極大。

七　在巷戰時，機關槍座以配置於堵塞工事兩側，或家屋樓窗上爲宜，切勿置於街心，受無謂之損害。

戰例　閘北巷戰各役經驗。

八　掩蔽部如不能充分強固，則寧將個數增加，分散配置，且講求遮蔽之手段爲宜。

戰例　敵集海陸空軍砲火攻我吳淞，砲彈及飛機炸彈之轟擊，不下二萬發。以我陣地配置分散及有多數掩蔽部，結果，我僅死傷官兵二百餘員名。

九　掩蔽部以能深入地中，以坑道式方法構築為良。總之土製掩體，欲使其抵抗愈大，不能延展於水平方向，卽須擴大於垂直方向也。

一〇　障礙物以使用帶刺鐵絲網及防唐克車之陷穽為主。

一一　鐵絲網如以深厚之一列，寧如淺薄之多列為良。

一二　鐵絲網須分橫方向用、縱方向用二種。縱方向者，用以隔斷陣地之內部，限制敵之衝突。

一三　陣地前方之道路橋梁，須完全破壞，在可能範圍構成氾濫，其利極大。

戰例　蘊藻浜及吳淞之橋梁，初未破壞，敵利用衝鋒。後經破壞後，敵無法進攻。三月一日之撤退時，敵因交通困難，不能向我追擊。

一四　陣地前方埋設地雷，及利用溝渠為外壕，對敵唐克車防禦，極為有利（或敷置稻草燃料，亦可燒唐克車之無限軌道之部）。

戰例　二月廿日——廿一日，江灣、閘北陣地前地雷爆發，毀敵唐克車十餘輛。

一五　對敵唐克車有通過可能之地點，應預築陷穽，施以偽裝，足可防止敵之衝突。如偽裝與附近地表面顏色不一致時，可于附近多設同樣之僞裝以欺騙之。

一六 陣地前可設置手榴彈代用之地雷。

一七 河川對岸附近地區，在陣地上爲射擊之死角，且爲敵佔據，則成隔河對持之勢，與我極爲不利。故須特别注意，或以側防火消滅死角爲要。

一八 工事須力求改善堅固，以減少損害。此外對于交通連絡，尤須十分周密，方能作機動之出擊，以收瞬息制敵之效。

一九 陣地前方村落及其他顯著目標，則須行精密之距離測量，必要時，並設標識。

二〇 須設夜間設置射擊及固定設置射擊設備。戰例 敵往往利用暗夜濃霧及烟幕以接近我陣地。

二一 陣地後方橋梁過少且過高，部隊通過時，易爲敵集中砲火之目標，須設法增設或修改之。

二二 僞裝之遮蔽，已成爲陣地構築主要之趨勢。

第八章 關於兵器方面之所見

此次滬戰抗日戰役，我國軍乃係迫於生存之自衛，倉卒起而應戰。故所有一切戰備，皆識不到；尤以兵器一項，向皆購自外國，概係人棄我取者。處玆科學進步一日千里時代，相形之下，不啻矛盾與槍砲對持也。即第五軍方面，雖年來購有一二新式兵器，然臨戰之際，亦因訓練未到，運用欠佳，致亦不能發生若何之效能，殊爲可惜。至若敵軍方面，因滬戰並非國與國間之主決戰，其所用兵器，在歐戰初期，皆已出現，世所盡知。故吾人以爲對此次滬戰兵器上之研究，與其斤斤於技術方面之講求，毋寧多注意於兵器在戰術上之研討也。具中意見，幸閱者鑒及之！

第一節　日軍對滬戰所用之兵器

我國軍人，對於技術方面之問題，向少研究。其原因乃由於歷年內亂未已，政府無暇從容講求徹底之軍事教育，致一般有志青年將校，雖有志亦苦無門徑也。故在敵方未公布其使用於戰場之兵器以前，我參戰之將士，頗難得對敵兵器有詳到之評解者。因而吾人欲對其作如何見解，更苦探詢之無由。玆將日方此次參加滬戰兵器之種別列左：

重機關槍

輕機關槍

步兵砲

15cm重砲

野砲
山砲
高射砲
唐克車
爆炸機
偵察機
裝甲自働車
烟霧彈
毒瓦斯彈
照明彈
燒夷彈
信號彈
探照燈

其一 重機關槍

日本所用重機關槍，其口徑多爲六·五米庫，最大射程約三千五百米達，發射速度每分間約五百發內外，連續發射彈數鮮有知者；槍架仍多三脚架式。其瞄準具裝置頗完全，能間接射擊。其射手之技能，亦較我國者爲優良。

其二　輕機關槍

晚近對輕機關槍之趨勢，多主張減口徑以增加攜帶彈藥之數量。故日本輕機關槍之口徑，多如其步槍爲六・五米厘；發射速度每分鐘約五〇〇—六〇〇發。至如日本年來宣傳配有高射脚對空用之輕機關槍，尚未之見。此或由於我國之無航空部隊，日人有以放胆而不用之歟？

其三　步兵砲

按步兵砲分平射曲射兩種。平射步兵砲，亦稱爲狙擊砲，專以撲滅敵之機關槍巢爲主。而曲射步兵砲，即輕迫擊砲之一種。日軍此次在戰場使用者，平射曲射，兩種均有。其口徑則言之者各異：有三・五生的者，有四・七生的者，姑誌之以待參考。至如以一砲架併列，或重疊平射曲射兩種砲身，而能完全步兵砲及對戰車砲兩種任務者，亦尚未見。

其四　十五生的野戰重砲

歐戰中，德軍最感十五生的之重榴彈砲爲有用。尤於英士達旦海峽一役，英法軍雖以十萬海陸之衆，猛攻經年而未奏功者，皆由於海峽兩岸，移動射擊之十五生的榴彈砲爲有力也。遊動要塞之說，由是益盛。日軍此次淞滬戰役，對我幾以十五生的榴彈砲為主。其破壞力之偉大，不亞於歐戰當年之情狀。其最大射程，約為一二〇〇〇米；射向為四十五度。日軍使用，多為集中破壞射擊，分屬於各師者，則為數不多。

其五　野砲

野砲為師屬砲兵之主體，協同其他各兵種，從事各種戰鬥；而尤以射擊移動性之軍隊目標為有利。故對其要求：運動須求輕捷，發射須求迅速，射程須求遠大，彈道須求低伸，方向須求易變。凡戰場能見之目標，均以能射擊為要也。日軍此次所用野砲，多為一九〇五年式者，口徑七．五生的，初速約為五〇〇米，最大射角為一九度，砲身重約三五〇瓩云。日軍不但用射擊活動目標之軍隊，且以之破壞及行地域射擊，頗能呈極度之活躍。然此皆由於我軍毫無砲兵，故敵人射擊無往而不自由也。

其六　山砲

山砲以協同步兵在山地作戰為主要任務，故其主要之性能，以運動性大為第一要素。通常砲身重量，約在百啓羅格蘭姆左右，其長不得過口徑十四倍。日本所用山砲即屬此種，口徑為七．五生的，與野砲同；最大射程為八〇〇〇米。淞滬戰場，河川溝渠錯綜，一如山地之運動不便。日軍使用之山砲，其數量較其他砲種為多，收效亦頗偉大云。

其七　高射砲

高射砲爲防空惟一之良好兵器。日本此次參加滬戰者，其口徑爲七·五生的，最大射高，據云可達一萬米，爲自動砲門；砲架爲某塔式，多用汽車牽引。然因我國空軍力弱，從未到敵空一試身手，致敵軍雖有良好高射兵器，亦無所用。故其效力如何，尚未知也。

其八　唐克車

唐克車通常分爲三種：

1大型戰車——二〇噸以上。

2中型戰車——一〇—二〇噸。

3小型戰軍——一〇噸以下。

自戰車發明活躍於戰場以來，各國軍學家對戰車之戰術，因國情、歷史、地理等關係，其使用之方法及主體，亦各異其趣旨。一如對海軍之建設，有主張大艦少數主義、小艦多數主義者。然以吾人見地觀之，頗贊同英國以小型戰車爲主體之主張。蓋在戰術上與其圖能大用，不如活用也。日軍使用淞滬戰場之戰車，多爲中小型者，時速最大爲三〇—四〇啓羅米達，超越力爲二—三米左右（然在戰場實際狀況，很少能如此者）；其武裝以機關槍爲主體。中型者則附有小口徑砲。此次日軍對戰車之使用，因我軍忠勇異常，致發生效力頗小。現在我國談兵器者，多以飛機之威力超逾戰車殊甚。是亦可見戰爭結果之影響矣。

其九　飛行機

中國近年鑒於各國積極建設空軍，亦籌大批款項，向德美諸國，購買飛機。除交通行飛機外，在軍用者多爲偵察機及輕爆擊機，故在內戰時，尚能一顯其威力。及至淞滬抗日戰起，我空軍因物質及技術兩相缺乏，遂皆掩旗息鼓，靜待戰局之結束。故日軍此次參加滬戰之飛機，僅派出偵察機及爆擊機兩種，而戰鬥機則未參加。是乃由於我已早先放棄制空權，用不着如何掩護，如何戰鬥。然卽此兩者，對我京滬、滬杭沿線之破壞威脅，已足使我國人民飽受其恐怖及傷害。茲將敵軍投擲之爆彈效力列如左表：

爆彈　區分	深度（米）	漏斗孔（米）	貫通家屋
二〇〇磅爆彈	二・五〇	徑八・〇〇 積一〇〇・〇〇立米	三—五層
五〇〇磅爆彈	三—四・〇〇	徑一〇・〇〇 積一五〇—二〇〇立米	五—七層

觀上表，卽可知我蘇滬杭一帶遭其爆擊之傷慘。而我國對空軍之建設，實不能不急起直追也。至日機之速度，約爲二五〇吉米左右；航續時間，約爲四—六小時云。

其一〇　裝甲汽車

裝甲汽車，乃用普通汽車而加以裝甲及武裝者，亦爲戰鬥兵器之一種。然據吾人論之，其主要任務，仍在通信、運輸彈藥、裝載高射砲、探照燈等。蓋此次日軍之裝甲汽車，多被我勇敢之官兵投擲手榴彈而破壞之，其效用並不見若何偉大。此由於汽車速度及裝甲兩者之要求，乃站在反對之地位，各國學者對此尙無若何之決定也。

其一一　特種砲彈

日軍在滬使用之特種子彈，尙未發現其用毒瓦斯彈。常用者，僅烟霧彈・燒夷彈・信號彈・照明彈數者而已。其中尤以烟霧彈・燒夷彈兩者使用最多。烟霧彈多係黃燐・無水硫酸等發煙劑製成之白色煙霧；而燒夷彈則多爲碰炸之裝置也。

第二節　我軍對滬戰所用之兵器

我國軍隊使用之兵器，大部皆爲時代之廢物。在外人視之，幾已視若陳列館之玩弄品。故吾人對兵器方面可得述及者，只有第五軍方面所用之一二兵器。茲分述如左：

其一　自動步槍

此種步槍係購自德國，口徑爲七・九米厘，射程二千米達，槍長爲一・二〇米，重約八廷。其優點如左：

1 彈道低伸，速度頗大，侵徹力極强。

2 有自動裝置，發射容易；殺傷力頗大。

3 瞄準射擊，均頗便利精確。

4 槍重不大，運用攜帶便利。

是槍爲步兵連在火戰中最重要之武器，非有精深之訓練，徹底之了解，則不能達到此兵器之圓滿要求。我軍此次雖有如斯之進步兵器，然不能充分運用收其效果者，實平素訓練之欠周到也。茲將學習自動槍應習練之事項述之如左：

1 使用自動步槍，須能運用於各種地形、地物、地面、彈痕地帶、家屋內部、墻籬後背、屋頂、樹上等。

其次則爲講求改良地形，或利用補助方法，以增進自動步槍之效能。

2 練習單簡掩護物或僞裝之裝置，及敵火下之匍匐潛行。

3 身負槍重時，須能行數啓米之距離，及在困難地形或夜暗之裝着防毒面具時，行動須敏捷確實。

4 練習各種障礙物之超越，及進入陣地之隱蔽

5 自動步槍射擊時，多行迅速的奇襲射擊；同時須臨事不發生準備有遺憾。

6練習敵火下情況緊急時，能將槍上發生障礙消除裕如。

其二　二生的口徑小加農砲

小加農砲爲德國最近製造最精便犀利之兵器，爲步兵重火器之一種，與機關槍協同爲步兵連實行任何戰鬥時之主要兵器，能爲吾人解決以下之諸問題：

1各國軍學家常感覺戰車利用遮蔽地形或煙幕迅速施行攻擊時，步兵須有攜帶永屬自身之一種兵器以行抵禦。

2通常軍師內均有砲兵爲陣地戰時步兵之掩護，然如在運動戰或分散宿營之部隊，則非有步兵自備之武器，則防禦絕難奏功。又如敵人飛行機專向我機關槍、衝鋒散兵、傳令所及預備隊等投擲小炸彈時，或與敵機關槍協同低空飛行向我攻擊，及協同敵砲兵向我爆擊時，均感覺步兵自身有獨立防禦兵器之必要。

3對敵人之機關槍巢，不及待我砲兵破壞時，如無相當制壓破壞之兵器，勢必先蒙損害，因此有於步兵最前步隊配屬理想兵器之必要。

以上諸難問題，此二生的小口徑砲經若干之研究、探討和實驗，確能答覆圓滿之要求。

茲述二生的小口徑砲性能如左：

1初速每秒鐘約爲八三五——八七〇米達。

2精度與機關槍相等，其破甲榴彈在五百米之距離時，能穿透三米厘厚之鋼板。

3射程約在四〇〇〇米以上。

4射擊速度每分鐘二八〇發。如將更換彈匣時間計算在內，則每分鐘約一百發。

5砲管及門之重量約爲六〇瓩，砲架八三瓩，兩車輪二瓩。

觀上述之性能，知此砲無論在何時何地，均能隨步兵前進，挽曳馱載，均極便利。尤特色者，其砲架可能於數分鐘內改成射擊飛機用之砲架，其仰角幾可垂直。惟因射擊速度甚大，彈藥補充困難，故當未發現有利之目標時，切勿任便發射。對所在之陣地更應祕密，勿令敵發見，是爲應注意之事！

第四篇　敵我最後陣地之編成及部署

第一章　我軍一般之部署

我軍自三月一日受瀏河口七丫口方面敵之上陸部隊之戰略上脅制之確報後，爲暫行待機轉移攻勢之目的，即于一日午後十一時起，分由真茹、大場、黃渡、方泰鎮、南翔及嘉定、太倉各地，逐次向崑山城、陸渡橋、白茆、梅李、福山鎮之線撤退。其一般之部署如下：

甲　第十九路之主力佔領崑山城南北之線，於安亭太倉之間，派出警戒部隊。如敵以主力作真面目攻擊，至萬不得已時，即佔領右翼，依據楊城湖預備陣地待援。各部隊之部署如下：

第七十八師之鍾團，歸沈師長指揮；主力控置于陸家浜車站，對于安亭作縱深配備。約各用一連，位置于安亭及蓬閬鎮，嚴密搜索敵情。

余立奎補充團爲獨立支隊，固守太倉城，對嘉定瀏河方向搜索敵情。萬不得已時，退守巴城鎮，掩護軍之左側。

第六十師佔領周巷，沿靑陽港西岸經鐵道至十三河灘(圖之)之線，構築强固工事，拒止當面之敵，並負責維持崑山城之治安。

第六十一師附古團佔領十三河灘、陸家橋(屬之)之線，構築强固工事，拒止當面之敵。

乙　第七十八師主力爲預備隊，集結于唯亭西端地區。

第五軍佔領石牌南端至白茆、新市之線，右翼派出一部至陸家頭鎮，與梅李四十七師連絡；主力控置于東塘墅、常熟之間。如萬不得已時，則撤據後塘胡至崑城湖、常熟之線。其部署如下：

第八十七師佔領石牌——白茆——新市之線，構築强固工事，右翼並派出一部，與梅李四十七師確取連絡。

第八十八師主力應集結常熟城附近，並派出一部至滸口方向警戒。

丙　第四十七師擔任常熟東北梅李鎮、謝家橋東北沿江一帶佈防，對江面警戒，與常熟八十八師確取連絡；其主力集結于常熟西北大叉橋附近。如梅李受優勢敵之壓迫，則固守小王橋、謝家橋至福山鎮之線，並應注意沿江方面。

第二章　我軍陣地編成之一般

高唱一線陣地配備之德軍，于一九一四年之歐洲大戰初期中，不能受法軍大規模之準備

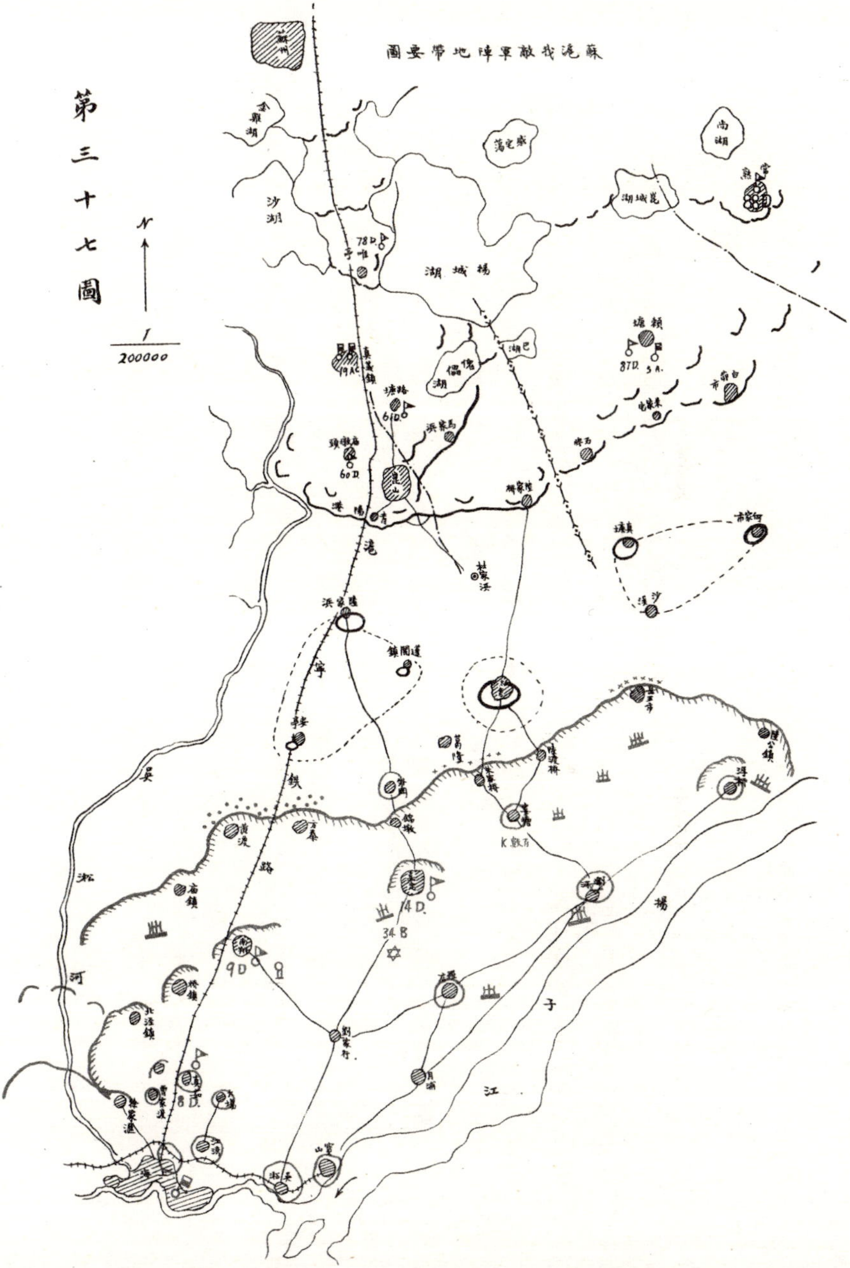

蘇滬我敵軍陣地帶要圖
N
1/200000
蘇州
沙湖
陽城湖
78 D.
19 AC
61 D.
60 D
87 D.
5 A.
滬
寧
鐵
路
吳
淞
河
14 D.
34 B
9 D
8 D.
K 敵方
揚
子
江

第三十七圖

砲擊，本已成爲過去戰史之紀載。蓋近世砲兵數量之增多，威力之强大，補助砲兵諸機關之備，在有準備突擊企圖之敵之持續集中砲火下，足可使一線散兵壕全部顚覆，人員飛翔空中，預備隊不能適應增加于火線，致難達陣地之保有，乃爲必然之事實。我淞滬抗日軍于八字橋、江灣之線，及江灣與小場廟、廟行鎭、蘊藻浜河畔之線或陣地，頻受以重砲二三門、野砲七二門、山砲六十餘門爲編組，且純以砲兵爲基礎之戰術之敵攻擊，陣地屢呈不安而岌岌不可終日之情狀。然尙足賴以維持者，實徒以我抗日軍之忠勇煥發，以肉彈與鐵彈交換所得之結果也。但爭搏果長此持續，人力果得以抵抗機械力否，自屬疑義之問題。是我抗日軍遂得最深刻之教訓，而感陣地之堅强分散，及獨立性之需求程度，愈形迫切。並以無論于巷戰或野戰地區，第一線配備多數兵力，已認爲絕大錯誤。是于値我軍撤至第二防線之當時，關于陣地編成計劃之立案，乃成大變化焉。茲分別述之於下：

第一節　陣地帶編成及其位置

我抗日軍旣感過去教訓之痛切，毅然將第二防線陣地編成方式，加以改頭換面之變更，當于三月二日撤退。部隊到達目的地之當初，即從事努力于陣地編成計畫及構築之實施。其一部並得德國顧問之贊畫，及軍官學校工兵科工兵學校教導隊之協助構築，于三月初旬，遂構成如下之陣地帶焉。

第三十八圖

抗日軍崑山常熟間陣地帶位置一覽

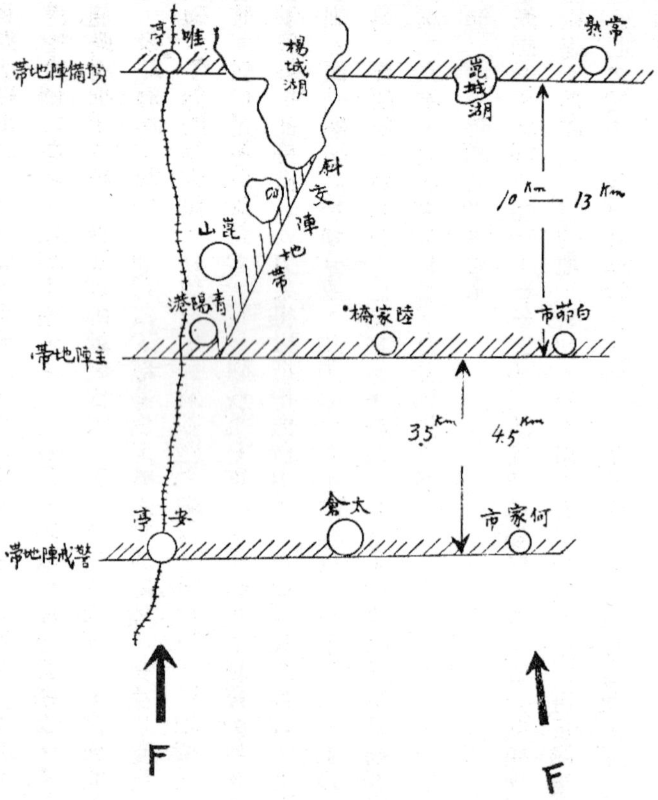

警戒陣地帶　以據點方式編成、並以簡易散兵壕輕掩蔽部及若干鐵絲網，或利用溝渠為障礙物構成之。其陣地間之空隙，則以游動警戒部隊閉塞之，並以少數兵力守備之。

主陣地帶　以據點式所構成之二線成之；右翼依托吳淞江沿青陽港西岸，以亘至石牌、白茆、梅李之線，並以崑山城為軸心，亘傀儡湖北端以至楊城湖東側，亦構成二線之斜交陣地帶。

預備陣地帶　以據點式構成之三線構成；右翼依托沙湖，扼唯亭附近鐵道線，及亘楊城湖、崑城湖中間地區，以至常熟城、揚子江右岸，遂形成大縱深之防勢陣地矣。

第二節　陣地帶編成之觀察

基于猛烈之火器，而由一線陣地趨于數線陣地，以敵之于狹小正面配備强大預備隊于縱前直進之攻擊法，陣地之需要强大彈性防禦力，無待言也。我抗日軍本過去之經驗，尊重世界大戰教訓之紀載，編成以上之陣地，以達一防禦會戰之目的，在于消耗敵之戰力，以期節約我固有之戰力。」之防勢會戰根本基礎要領，自屬吾人正當之觀察。但于另一方面，我抗日軍砲兵數量之極端減少，而制空權之被敵剝奪，益限制我砲兵之發揮，而更增進敵優勢砲兵之威力。其他步兵自動火器之不完備．及訓練教育之缺欠，果能達到陣地所具備之期望否，尚須研究也。

第一陣地帶，工事僅以簡易方法構成，而帶內之戰鬥要素，又未可許分割以相當數量（全線僅步兵一團）配置，今期以掩護後方第二陣地帶（主陣地帶）形爲緩衝地區，以吸收攻擊之激動，儘力打破敵之攻擊配備，實不可得。更以我防禦砲兵之劣勢，不能限敵砲兵在距我第一陣地帶前四吉米以外展開，則其延伸之彈幕，足可由第一陣地帶而同時達于第二陣地帶；而使敵若不奪取我第二陣地帶前之地區後，不能準備真攻擊，因此使敵浪費時間與志氣，或使敵僅爲攻略前方陣地帶，即費強大之力，其後爲續行大攻擊，可使于事前必費之力量等，亦難以期望也。但于此情況下，而此項第一陣地帶之抗拒，亦大足使敵之眼目，距我第二陣地帶較遠，及第二陣地帶內守備部隊，得有準備戰時之餘裕也。

第二陣地帶（主陣地帶），在于第一陣地帶及第三陣地帶編列其前後。就我抗日軍主力之配備上觀察，及地區之適當利用，已成全防禦編成之骨幹，自爲主戰鬥陣地帶無疑義矣。但於第一陣地帶之構成狀況，已如上述。我砲兵既不行阻塞射擊阻止其前進，而對于攻擊準備完全之敵軍，頗有將第一陣地帶于一擊之下而超越之虞。是于此陣地帶須具極充分之防禦力，方足以拒敵攻擊于最後也。

第三陣地帶（預備陣地帶），自屬爲第二陣地帶所構成之預備陣地帶，以其地區之適當利用構成之趨于縱深配備，頗足爲主陣地帶（第二陣地帶）萬一被突破時，以此陣地限制敵波濤之堤防。但與主陣地帶之距離，一般在十二吉米以上，其至少限亦在八吉米以上。更以其間河渠縱橫交錯，交通設備，未臻完善。假定敵以最大威力强襲我主陣地帶，而我預備陣地帶之預備隊，果能適當毅然遂行逆襲，而挽回主陣地帶爭搏之戰勝否，此吾人未敢言也。然作爲喪失地區所行之攻勢移動之發起線，並阻止敵之最後侵入可耳。

以上所言，在學理上，固似如此。然於事實上尙有出入者，厥唯戰鬥正面問題也。查我第十九路所担任者，不下一八吉米；然一師之戰鬥正面，雖按情況變化而定，而決戰方面之一師戰鬥，正以三四吉米爲標準。今以第六十師六十一師七十八師區分担任其原有之警戒陣地帶及主陣地帶，尙虞不足，而更担任預備陣地帶之守備，實爲事實之不容許也。故各陣地帶固屬縱深配備，而非逐次抵抗爲原則。然今以兵力不敷分配，不得不犧牲預備陣地帶之縱深配備之原則，而暫作逐次抵抗之準備，亦見我抗日軍最高指揮官關于防禦統帥之苦心矣。

崑山城亘馬家浜、巴湖間，斜交陣地帶係沿天然地區構成，俾防正面被突破時，不致波及于全陣地帶，且得利用于逆襲，以恢復被突破之陣地，此足爲吾人所取法也。

更有進者，上述預備陣地帶之位置，係左右各依託吳淞口、揚子江兩河，並其中間珠聯楊城湖、崑山湖而成。不惟我戰鬥正面可得減小，且能限制敵之攻擊部隊之機動。今或改爲主陣地帶，以狹正面而大縱深配備之。更于蘇州亘尙湖之線，構成預備陣地帶，而爲强大部逆襲發起線。俟敵之突擊隊困苦難艱，將達于我主陣地帶之後端，及敵之戰鬥要素消耗殆盡時，我預備陣地帶乃毅然遂行逆襲，以達戰勝之途徑，此尚待識者之觀察也。參照第三十九圖：

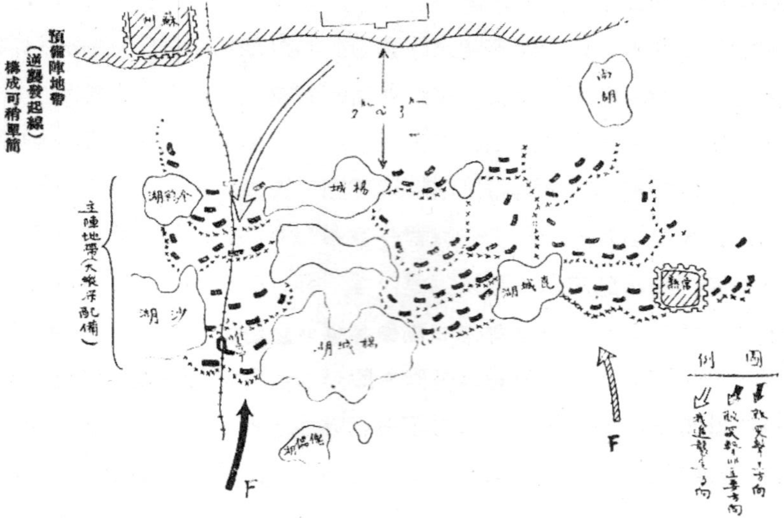

第三十九圖

第三章　第十九路軍方面陣地構成之所見

一　青陽港附近主陣地帶工事構成之一例，如第四十圖。

第一線散兵壕循青陽港之右岸，以據點式形成連續之陣地，一以閉塞散兵線之空隙，再得使對峙之敵苦於我守兵位置之判斷也。各據點間步槍火，略得相互側防，似屬爲主要

青陽港附近主陣地帶構成之概況

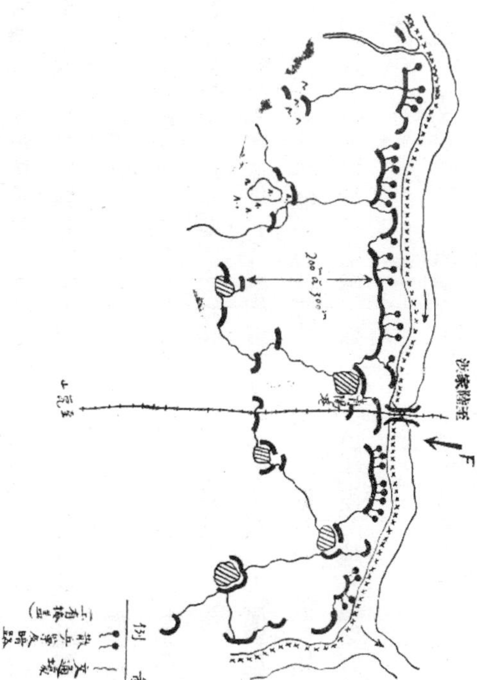

第四十圖

散兵壕成爲陣地之主抵抗線。

第二線散兵壕在第一線散兵壕後一五〇米乃至二〇〇米，以據點式之略成鱗次配備構成之，似屬爲支援散兵壕。在距離上，我第一線散兵壕(主散兵壕)被敵砲擊時，其砲彈飛散界，尚不致波及第二線散兵壕(支援散兵壕)。即第一線散兵一時陷于敵手，亦可適時爲逆襲之據點也；但于地形上感蔭蔽程度之不足耳。

在近世之防禦戰鬥原則，各國均以攻者突擊力之强大，概更於第二線散兵壕後五〇〇米乃至一二〇〇米之距離，再設複廓平行壕，以期我第一散兵壕第二散兵壕被敵突破後，趁敵棱巡疲乏之時，以我預備隊果斷逆襲，以恢復陣地。但以資料人員之不足，未遂我抗日軍之期望。

第一線散兵壕及第二線散兵壕之火線，乃爲普遍的設備，絕少見其一部專供橫方向交通之用；其每據點亦非聯合若干戰鬥羣而成。此與採用戰鬥羣陣地設火線于平行壕之要部，其他各部則專供交通之用之精神逈異也。

二 第一線散兵壕及第二線散兵壕可爲吾人所注意者，厥惟散兵巢之構成。我十九路軍應用散兵巢于江灣陣地時，已見成效。于青陽港附近之構築，更事改進其方式，均更得良好效果之期望也。其構成如左圖：

第四十一圖

附記
1. 暗路深一‧七〇米，底寬〇‧四〇米至〇‧六〇米，上設掩蓋。
2. 在散兵壕射擊限在必要時用之。

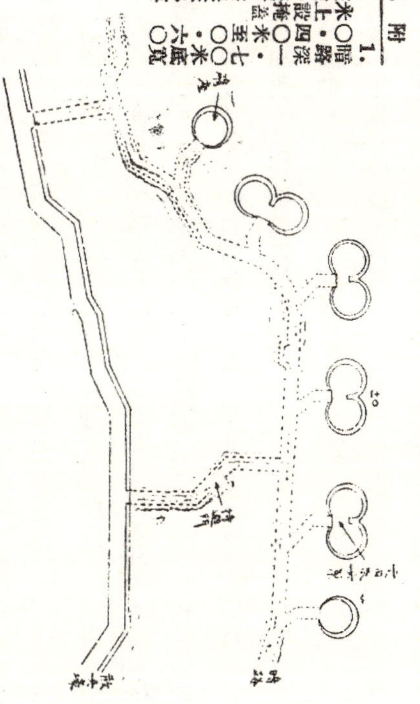

此項散兵巢，頗類似歐戰中小窖室之構築以構成，係縮小之形態，口部酌加遮蔽手段，卽免空中照相。但歐戰中之小窖室，係三和土構成，得不因小窖室附近破裂彈之震蕩威力而崩潰。且暗路及窖室，均可容機關槍，且遠出於散兵壕之前方。由窖室之射擊，使攻者戰線呈凸凹紛亂情狀，而爲我施行逆襲機會之捕獲。

散兵壕之斷面，一般均採取掘擴散兵壕範式。蓋蘇滬地形低濕，並値春雨綿綿，不容再加强固也。胸牆除妨害前地射擊之處外，均設置於自然地上，此爲抗日軍受深切經驗之所得云。

三　交通壕每營正面內計二條至三條，大都與第一散兵壕及第二散兵壕成直交形，專供第一線與後方之交通聯絡，鮮見有設置射擊設備，俾第一線一部被突破，即依交通壕上火綫之縱射，構成包圍形之火囊，同時後方部隊行逆襲而閉塞破口，以供區劃或防禦之用。

四　掩蔽部之構築，以供人員器材之掩蔽用爲多。以地形低濕，不容深設于地下，或依坑道式構築之。且依經驗，非如特別構築(三和土鉄筋者)之掩蔽部對于曲射砲之命中全彈，其掩護守兵，極爲困難。我抗日軍基於上項困難情形，並爲減少曲射砲之命中，限制彈子破片之危害，將輕掩蔽部之數量而分散設置之。其方法有下述數種：

1 設于散兵壕之後崖上，施以掩蓋之掩蔽部。

2 以暗路替代之掩蔽部。

3 散兵壕及交通壕內之掘開式掩蔽部。

4 切取反斜面而背坐之。

5 掘開坟堆之側面，利用爲掩蔽部。

以上純取增加掩蔽部個數，以分散配置主義，以達消極抵抗敵砲火之目的也。至關于強固掩蔽部，則限在後方適宜處構成。查歐戰中，德軍亦曾禁止於最前綫構設深掩蔽部，以免毒瓦斯侵害，及免被俘虜數之增大。下爲其附設於交通壕一側掩蔽部構成之一例：

第四十二圖

散兵壕上施以掩蓋之掩蔽部

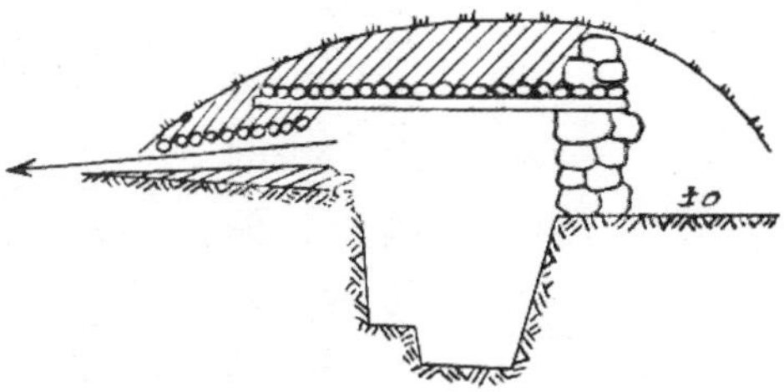

第四十三圖

附設交通壕一側構成掩蔽部之一例

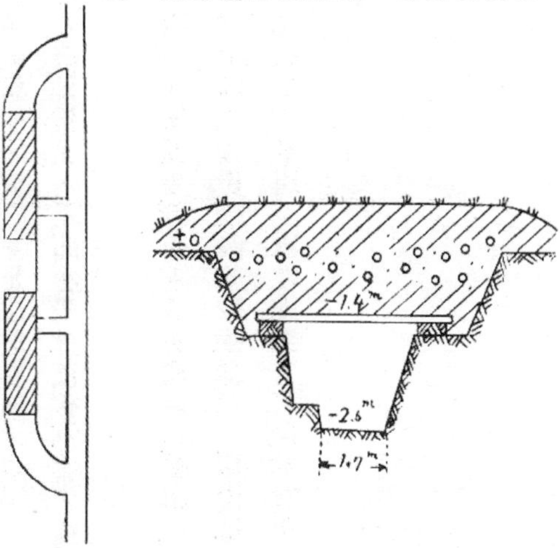

五　機關槍在日俄戰時，已認爲近戰極恐怖之物。故機關槍座之安全，足以制壓敵之步兵。青陽港附近陣地機關槍預備槍座無多，且無良好之僞裝槍座，正面有受敵直接危害之處；但掩蓋尙足供敵砲彈破片之抵抗。

六　障礙物者，非真得爲障礙也，乃障礙物後火網之掩護而增其障礙也。我青陽港河渠縱橫，除將原有橋梁悉數破壞外，第一散兵巢大部，均沿河之後岸構設網形鐵絲網，以機關槍火及步槍火適切側防之，頗足限制敵之運動；尤得抗拒敵唐克車之衝突，可認爲有力

第四十四圖

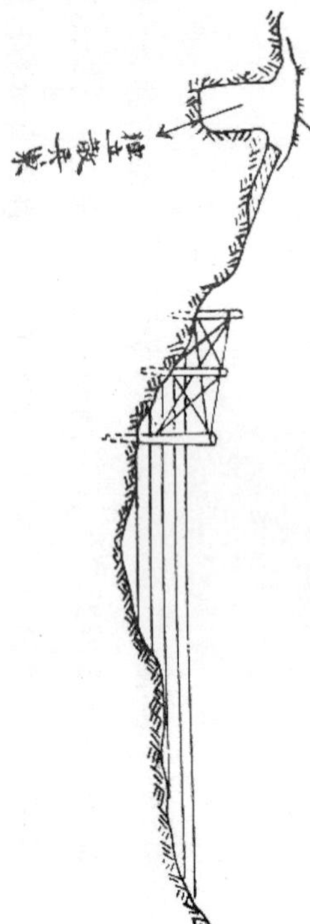

利用河後岸構設鐵絲網之一例

之障礙。其設置要領如第四十四圖：

第四十五圖，爲火線與鐵絲網相互關係所構成之一例。而其主要原則，爲防禦正面，與鐵絲網成斜交，將步兵火(或機關槍火)之十字火網結，着於鐵絲網之尖端，或確實以火力掩護鐵絲網之外側，俾於瞬息間予敵以最大損失也。

第四十五圖

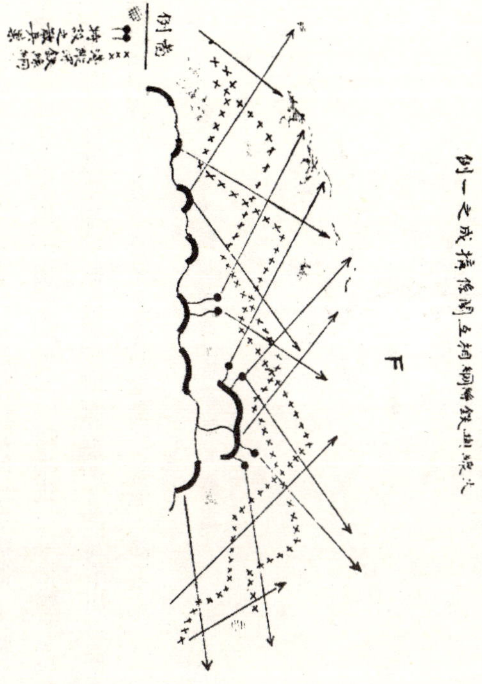

縱方向鐵絲網（與正面直交者）以材料僅足供橫方向鐵絲網（與正面平行者），有未能將陣地劃成多數之小區域，以增進陣地之獨立性與彈性也。果得賦予吾人期望之材料，將陣地編爲如細胞網形，則敵步砲兵固未可一舉而破壞。卽爲敵唐克車突破我鐵絲網之一部，正其繼續橫衝直撞時，其隨伴步兵亦將奄奄一息矣。如：

縱鐵絲網構成防禦小區域之一例

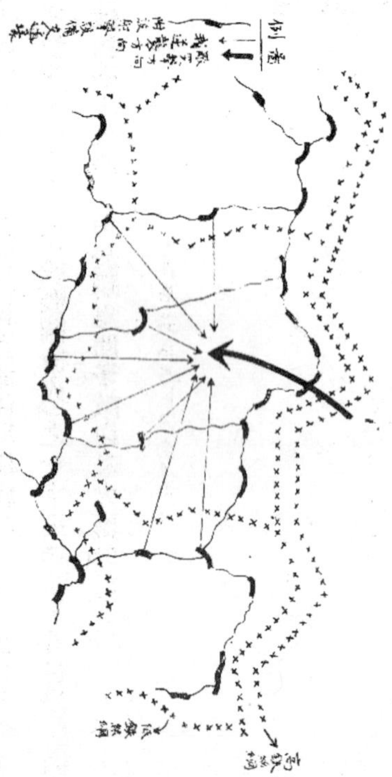

第四十六圖

七　僞裝僞工事所見頗少，散兵壕散兵巢及掩蔽部之掩蓋上，均有良好之假裝物；惟交通壕假裝物材料不易徵集，多付闕如耳。

第四章　第五軍方面陣地構成之所見

在猛烈之敵砲火下，足可使局部陣地化爲彈痕帶。對於攻擊準備宏大及大縱深配備力求直進而突破攻擊之敵陣地，有岌岌不可確保之信念。故法軍於一九一五年冬，根據香檳秋季戰之教訓，所發布其教令曰：『陣地必須前後重叠二個陣地帶而成；陣地帶由據點配置於數綫而成；據點更由多數小據點配置於縱横兩方面而成，更以若干障礙物交錯設置以補足之云。』一九一七年，德軍亦發布其陣地戰防勢會戰統帥要領之根本基礎云：『防禦會戰之目的，在於消耗敵之戰力，以期節約我固有戰力。』又云：『防勢統帥不可用多數多人，特別利用機械力以代之。』此爲世界大戰紀載之教訓。此次淞滬抗戰戰役中，一線陣地感受不安，結集第一線兵力，更感受無謂之損害（如蘊行鎭之役，我八八師担任三吉米正面第一線，兵力過集結，徒受敵砲兵長時間之殲滅射擊，結果反徒受莫大之損失）。我第五軍已飽受過去經驗，尤以贊助之德顧問，本諸世界大戰之深刻教訓，更以我第五軍關於自動火器尙有相當數量之配屬，是於陣地編成原則上，與第十九路軍方面，殊無多迴異，而關於細部方式上，有若干不同也。

第四十七圖

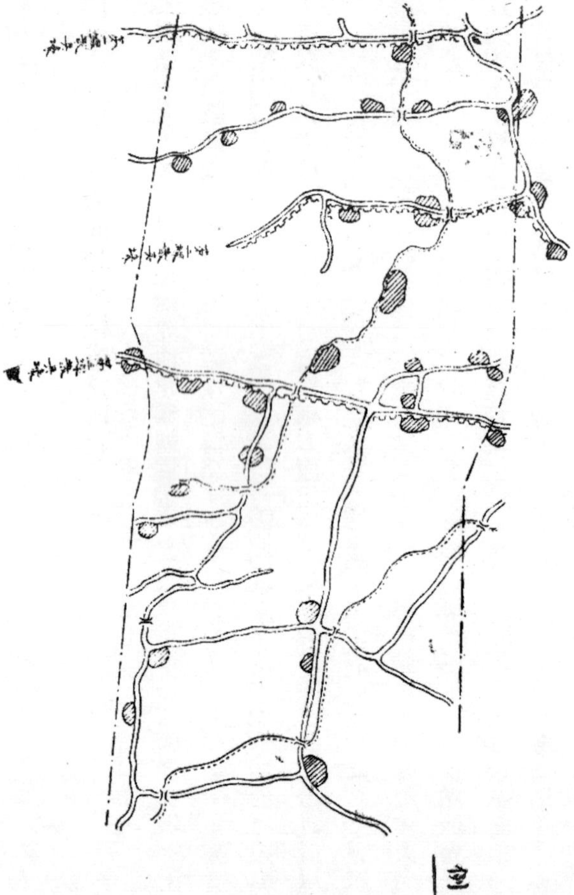

線式陣地錯綜配備之一例

圖例

散兵壕

連續式工事（參照第四十七圖）第五軍根本上之不贊同，尤以德顧問主張爲最極端。茲舉其理由原文如下：

一 舊式一連不斷而有規則之塹壕綫，對於現代火器，已失其效力。因易爲敵方空中及地上之搜索部隊所辨識，故敵人得預先從事于攻擊的戰術準備。

二 便於集中砲火以破壞各處之塹壕。

三 防者守兵處於壕中，不免較爲密集，幾全在敵方砲火下，故易發極大損害。雖配置多數兵力，而對於優勢砲兵之攻者，仍難維持其陣地，徒受無益之損害也。

四 對於連續不斷之工事，攻者最易向一處突擊衝破，且全線若有一點爲敵衝破，全線卽行瓦解。

第二節　採取面式陣地之主張（參照第四十八圖）

採取面式陣地之構成，其主張理由原文如下：

一 面式防禦工事之最大目的，在使敵人不能明瞭我之陣地位置；對於敵砲兵不與以有利之目標。

二 於陣地之前方，設推進之戰鬥前哨陣地，拒止敵之偵探，藉以遮蔽我之陣地。

三 面式防禦陣地，係多數小據點（一人乃至八人爲一小據點）組合配置之，於一平面內（每

第四十八圖

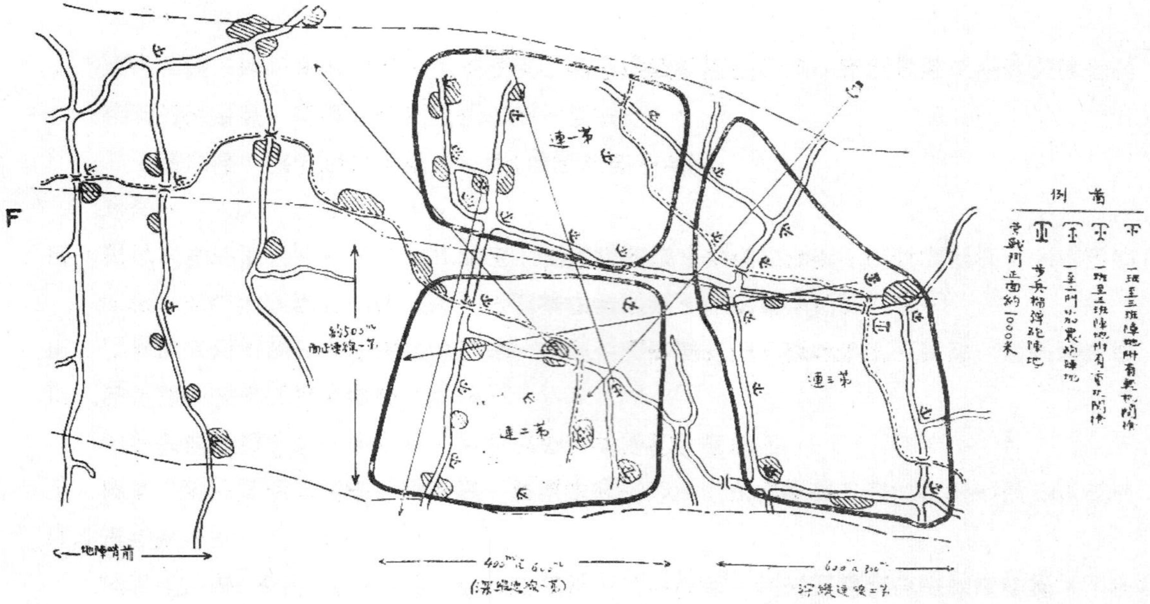

營正面約五〇〇米乃至一〇〇〇米，縱深約一二〇〇米）鱗次配備，相互發揚側防火及支援力。

四　攻者之砲火，對於面式陣地不免受限制，且得吸收其多量之彈着。

五　守者以工事之分散，損害自屬減少；且向陣地中一點突擊之攻者，因遭遇新工事（即小據點），故不能於一次突擊中如意將深厚陣突破也。

第三節　陣地構成在戰術上之顧慮

關於陣地方式上採取之主張，旣如上述；而於構築上，另有若干顧慮事項也。玆分述其概要如下：

一　對於裝備完善之攻擊軍，欲期有效之持續防禦，非將陣地盡量縱深配，但須顧慮我支援之便否，及敵砲彈飛散之效力，且將我人員武器配置於廣平面積上，同時即可收容敵砲彈於廣正面內，以減少我守兵之損害。

二　工事旣如於廣正面之分散配置矣，而尤須注意者，爲與地形混溶一致。故須充分利用地區地物及有精巧之僞裝與僞工事之設置，免爲敵空間視察所及，以避敵砲彈有效之射擊，並減殺敵空間之直接危害。

三　主防禦地帶內，其前端須設戰鬥前哨陣地，其目的：一爲掩護我主抵抗線，免爲敵不預期之襲擊；二為促使敵先期展開或散開，以遮蔽我主抵抗線之位置。

四　各據點工事，以鱗次形前後交錯（後之據點直對前方二據之空隙）配置，須以顧慮兵器配置效力而定其位置，敵步兵或隨伴其唐克車突入我陣地帶前緣之後，始終即反覆被我各種火力由縱深及側面所行射擊之控制。

五　為遮蔽戰鬥前哨陣地守兵配備起見，務須設多數之預備工事，以眩敵眼。

第四節　陣地構築關於技術上之顧慮

一　作業之順序：

1構築兵器陣地，務於最短時間內構成，足供有效之射擊。
2先設主抵抗線前之障礙物，再及前哨陣地預備陣地。
3清掃中距離之射界。
4構築掩蔽部。
5構築交通壕。
6繼續構築各據點工事及强固障礙物。
7構築預備陣地及偽工事假裝。
8施行排水設備。

9開始戰鬥時，努力修補爲敵火毀壞之工事。

二 假裝及僞工事爲構築最重要之事項，務隨構築時間延長不斷施行之。

三 工事各部避免構成銳角或呈稜線形，務適合附近自然地，以免敵空間之視察。

四 積土部不得踏固過於堅實，蓋敵彈並不因積土堅實而減其侵澈力也。

五 指揮官之戰鬥位置，應如一個散兵巢之形式構成。如人員較多，則構成數個以收容之，以交通壕連絡之。

六 砲兵觀測所，以進出於前方，其位置以能保持步砲兵之協同爲度。

七 高級指揮官應令各級呈報陣地構成要圖，以爲修正陣地交代任務之用。

八 構築陣地中，各級指揮官均須由敵方檢查工事之適當與否，或令參謀於空中偵查一次，以判定陣地構成之適否。

第五節 陣地細部構成之所見

一 臥姿跪姿散兵壕，設於各據點之近側，必要時連以匍匐散兵集，如左圖：

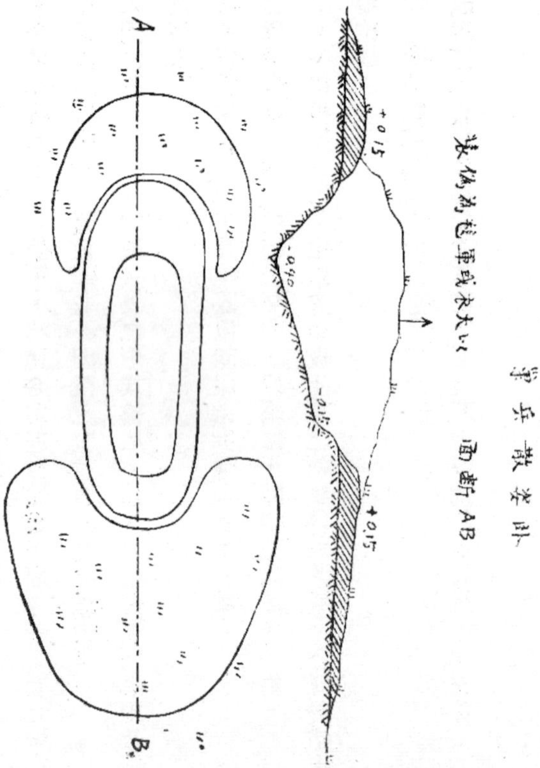

第四十九圖

第五十圖

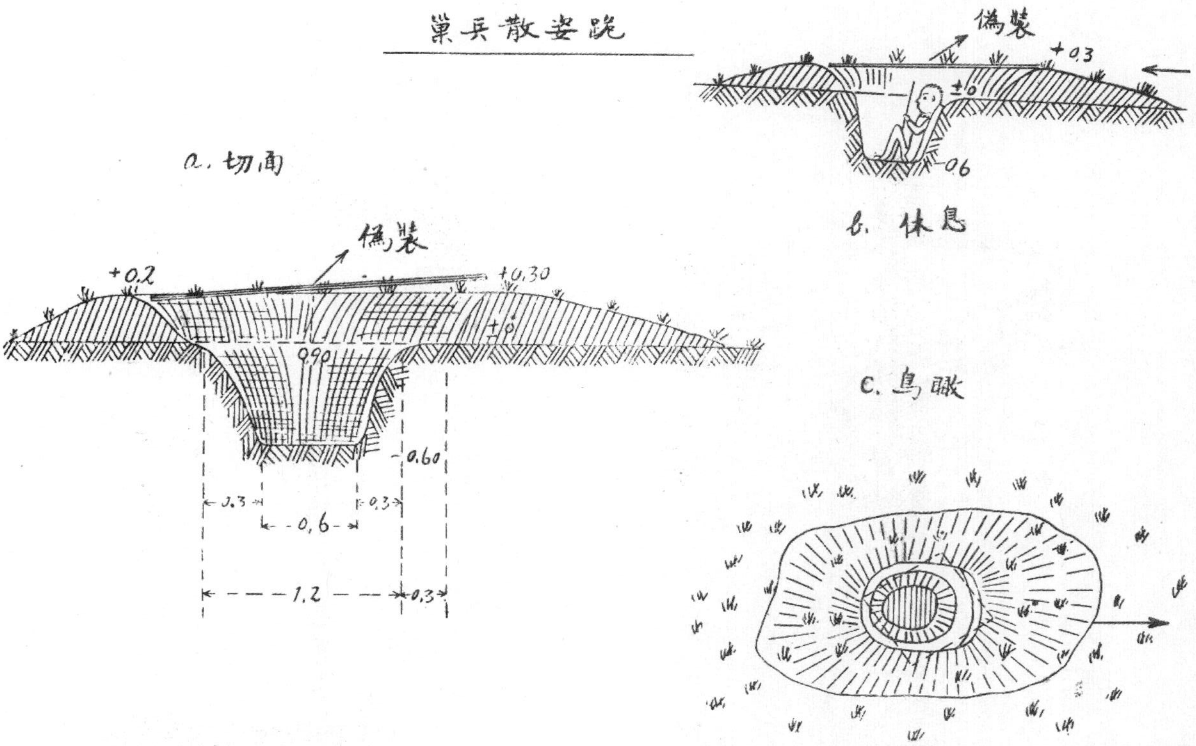

三 立姿散兵壕掘擴散兵巢

第五十一圖

立姿散兵巢

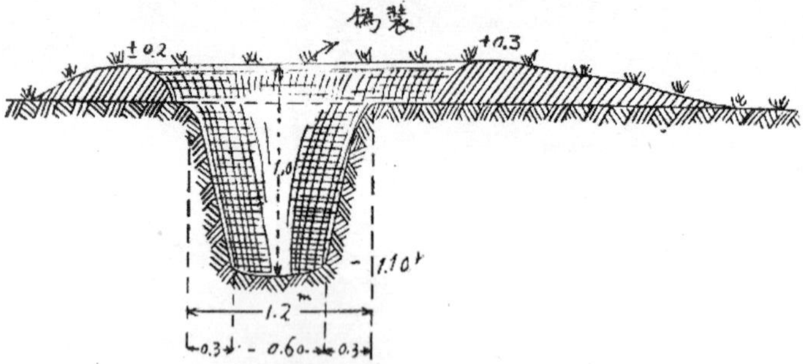

第五十二圖

掘擴散兵巢
（休息時）

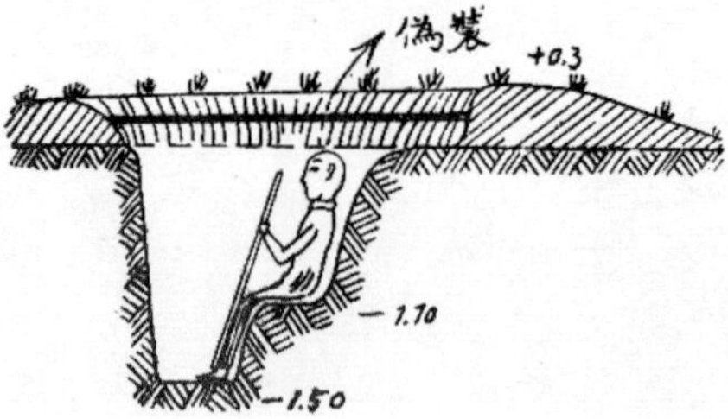

四　散兵壁孔之利用

第五十三圖

臥堤後方跪姿散兵壁孔

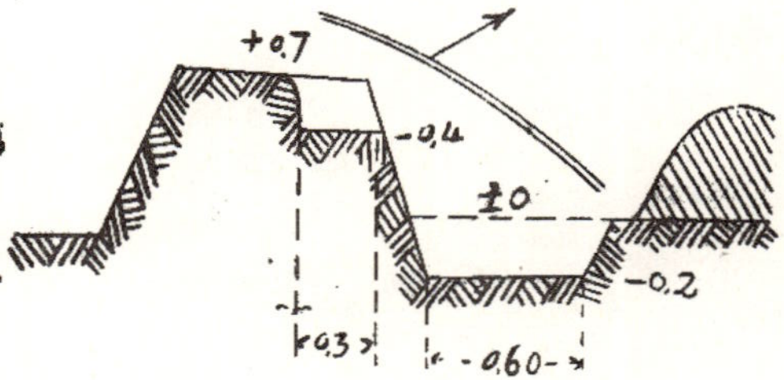

在堤後或傾斜面中之各個散兵壁孔

壁孔0.5公尺　臂座寬0.65公尺

高堤後方

立姿散兵壁孔

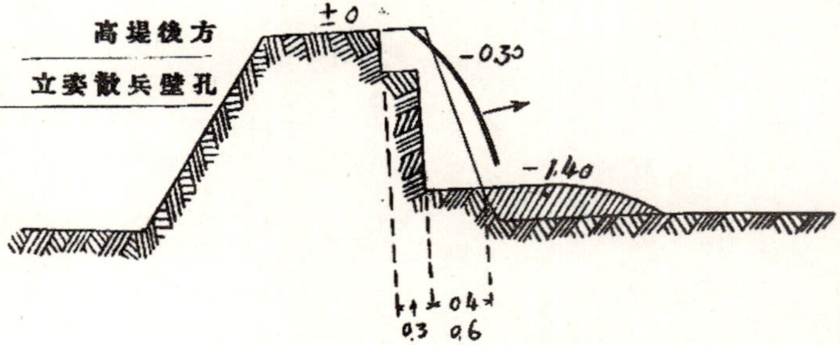

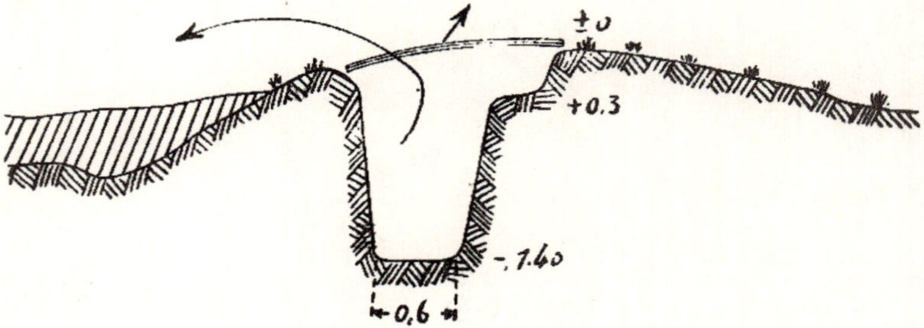

五．匍匐交通壕　左爲構成堆土法及連絡各散兵巢間之一例。

第五十四圖

匍匐壕，用以聯絡一班之各散兵巢及後方

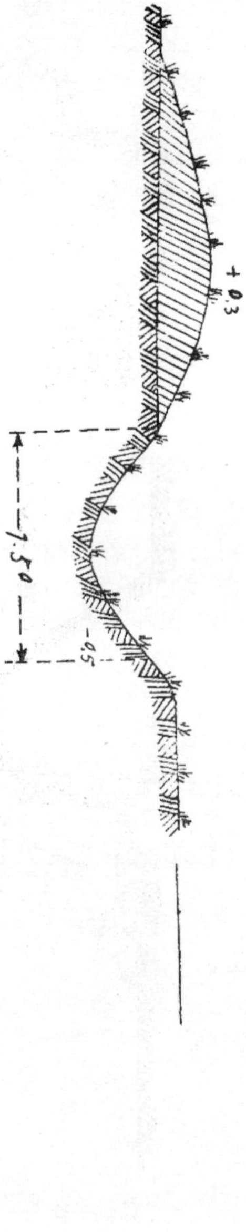

第五十五圖

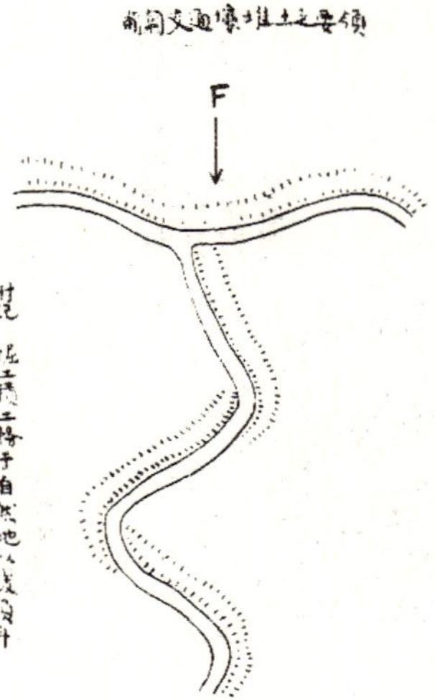

第五十六圖

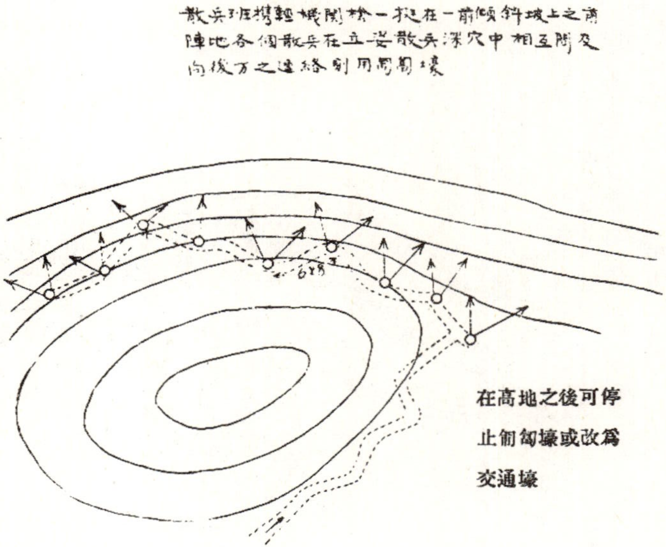

六　迫擊砲掩體

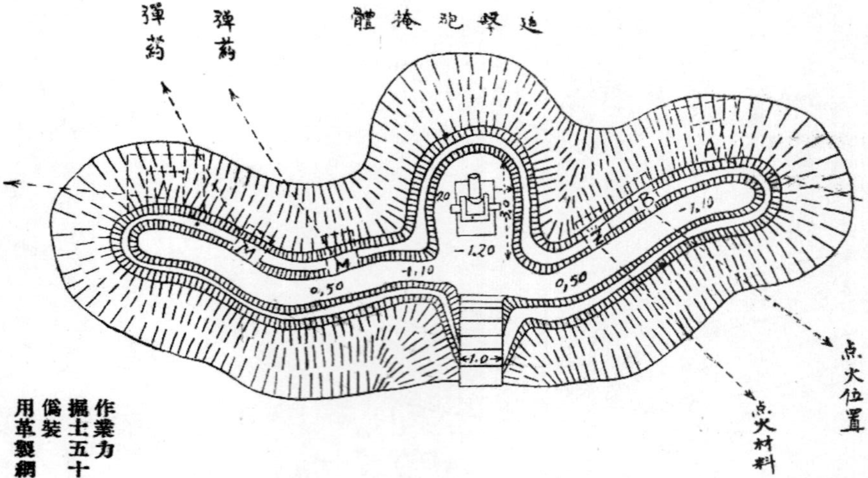

第五十七圖

作業力
掘土五十立方生的約十一小時
偽裝
用革製網九十六平方米

七 重機關槍掩體

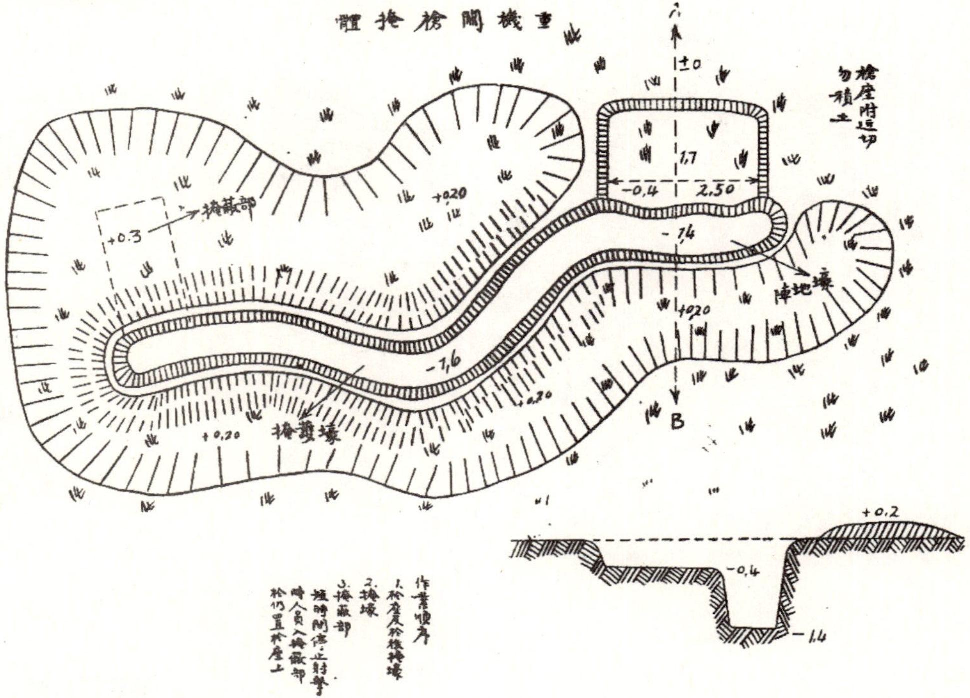

第五十八圖

八　小加農砲掩體

第五十九圖

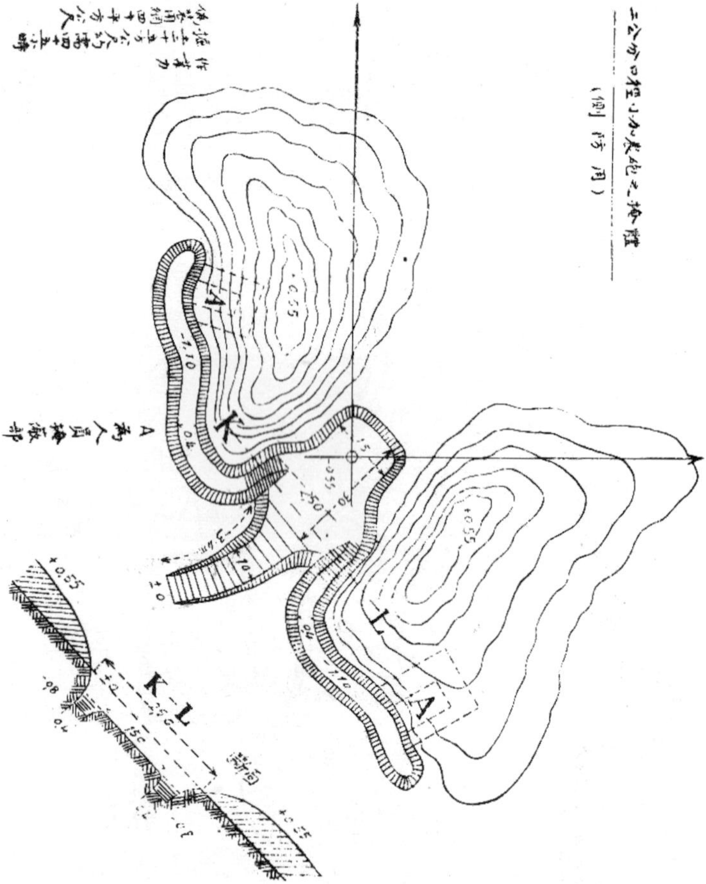

第六十圖

九　鐵絲網

帶刺鉄絲網

百米所需之構築材料：35長木樁，70短木樁，600米帶刺鐵綫重七五公斤
800米光滑鉄絲對徑三米種，300坐釘

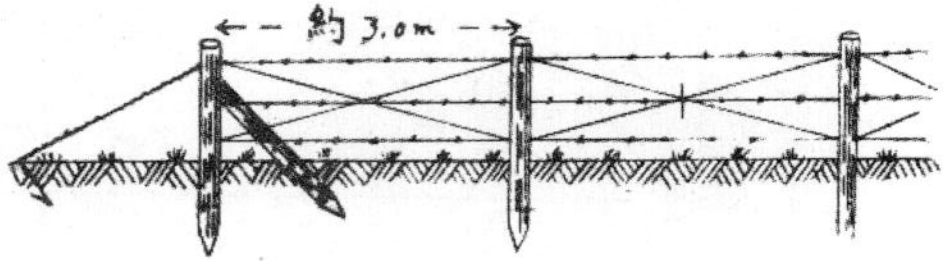

a：鉄絲網中間側視圖

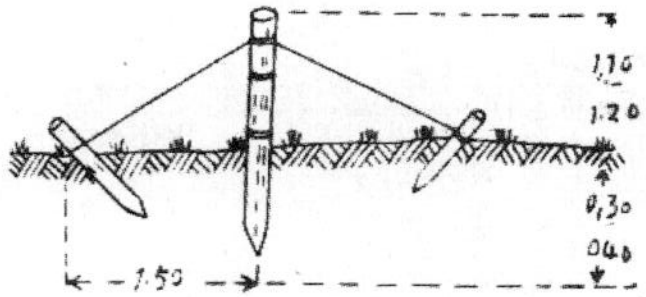

c：切面（側面打樁

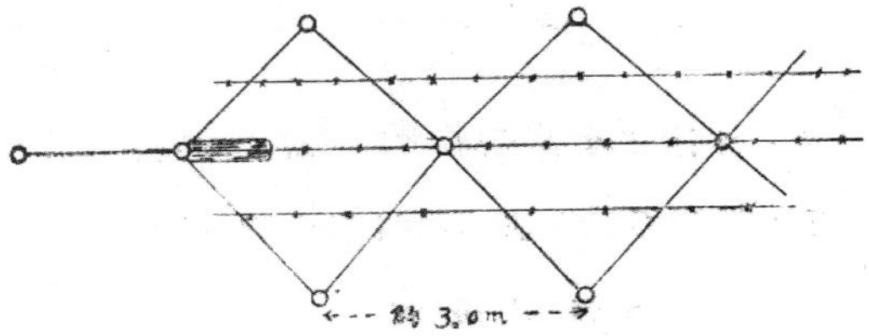

b：鳥瞰

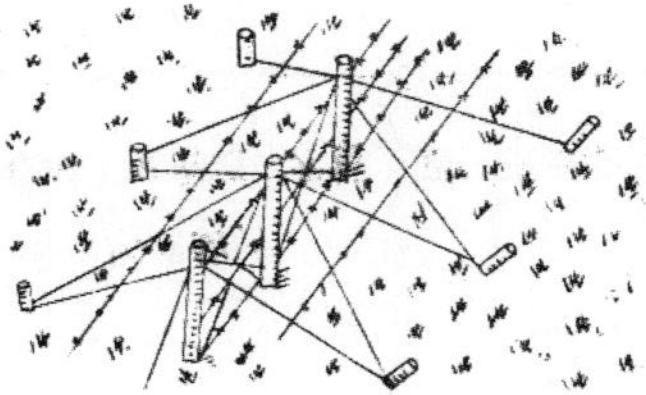

d：側視圖

第六十一圖

絆倒鐵絲網

鐵絲繞木樁繫緊，或用坐鈎紮緊。長百米，寬七米。所需之構築材料，為{210矮木樁，60坐鈎。1400米鐵絲，其對徑二米粳，重卅五公斤。

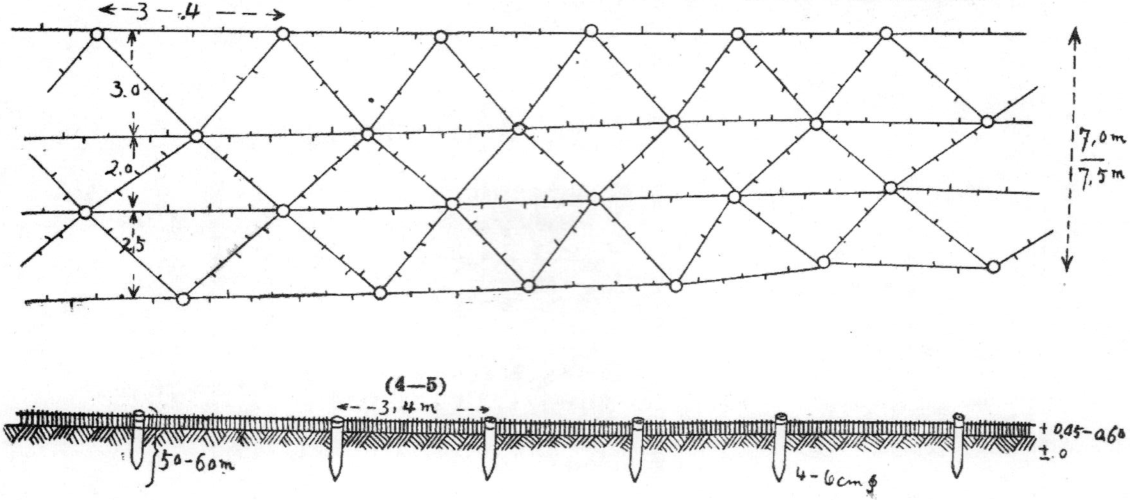

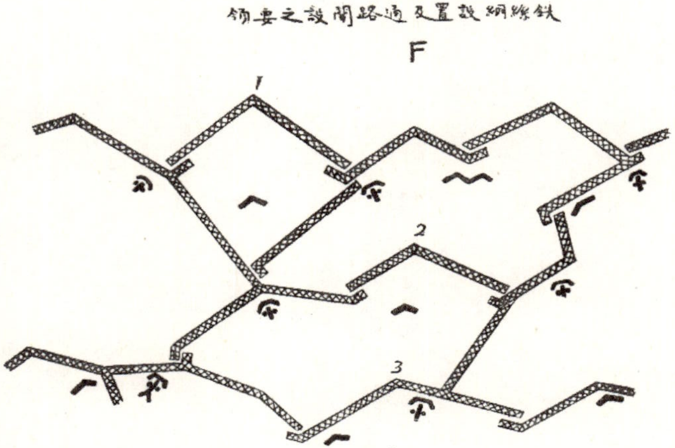

第六十二圖

附記

1. 設置順序以1列先行着手次第二列及第三列
2. 鐵絲網之外側面須在我有效之火力掩護下
3. 經始不求規整
4. 通路在正方面須不能通視為要

一〇 偽裝

第五章　敵軍於黃渡嘉定陸渡橋岳王市間陣地編成之概況

敵軍自我軍於二月一日行戰略上總退却後，敵之佔領吳淞及上海之一部。其在作戰上之目標已達，且藉可作政治上之要挾。並於軍事上，左翼顧慮我滬杭線上軍團之威脅；正面地形，河川交錯，限制部隊之進展；更受我淞滬抗戰頑强之教訓，亦未敢再作望外之企圖。因此卽于廟鎮、黃渡、陸渡橋、岳王市之線，構成防禦陣地，與我保持對峙之形勢焉。

第一節　敵軍陣地帶位置

一　主陣地帶　吳淞江左岸——廟鎮——黃渡——方泰——錦墩——朱家橋——陸渡橋——岳王市——陸公鎮之線。

二　預備陣地帶　沿吳淞江左岸——北涇鎮——南翔——嘉定——婁塘——浮橋之線，如下圖：

第六十三圖

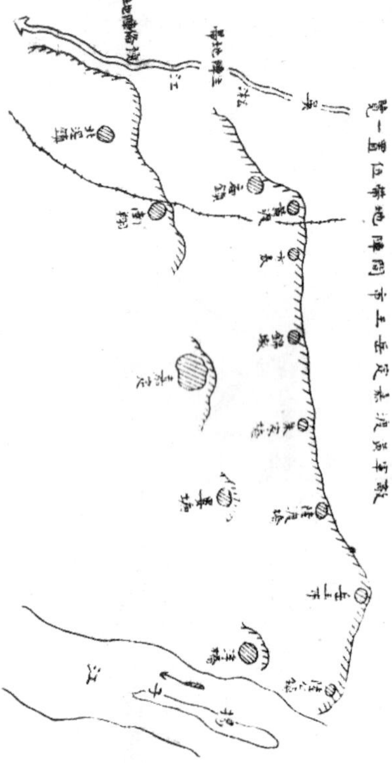

第二節　敵軍陣地一般構成之狀況

一　主陣地帶

1由前後二線之平行壕組織，其距離約爲二〇〇米。

2陣地編成方式及細部工事配置，概與淞滬張華浜馬家宅附近之敵陣地同。

3散兵壕分置於平行壕及直交壕內，其間隔較一般之防禦工事爲小，而各散兵壕配置守兵亦小。並以自動火器之配置，得以相當之兵力，担任較廣大之戰鬥正面。

4每散兵壕火力之構成，均能側防其前地及比隣散兵壕之正面或側面，使全般陣地遍成火網，毫無安全地帶。

5主要側防機關，概用機關槍。其位置多配置於縱方向交通壕內及對我軍遮蔽之處，鮮有配置于第一線者；蓋恐爲我軍破壞也。

6砲兵陣地概在第一陣地帶及預備陣地帶中間，且多佔領暴露陣地。

7敵陣地內支撐點，以利用村落編成爲多，且附設各種掩蔽部（如通訊所繃帶所）及倉庫等。

8障礙物以利用天然之河川爲主。不然，則用鐵絲網構成，間於陣地要點前。除鐵絲網外，更敷設地雷罣及具釘板等，如左圖：

第六十四圖

敵軍黃渡岳王市間主陣地帶前障碍物配置概況

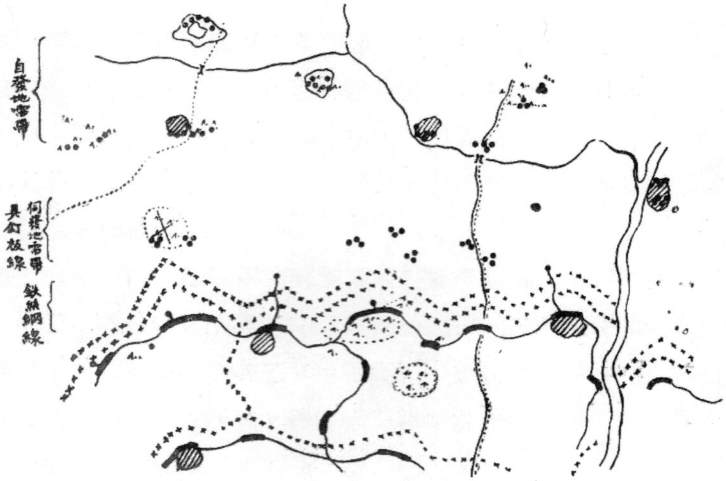

9敵構設鐵絲網，有時参用電流鐵絲網。其要領以十二號以上之粗線，架設網形鐵絲網之內側，或獨立設置於障礙物之內方若干米達，如下圖：

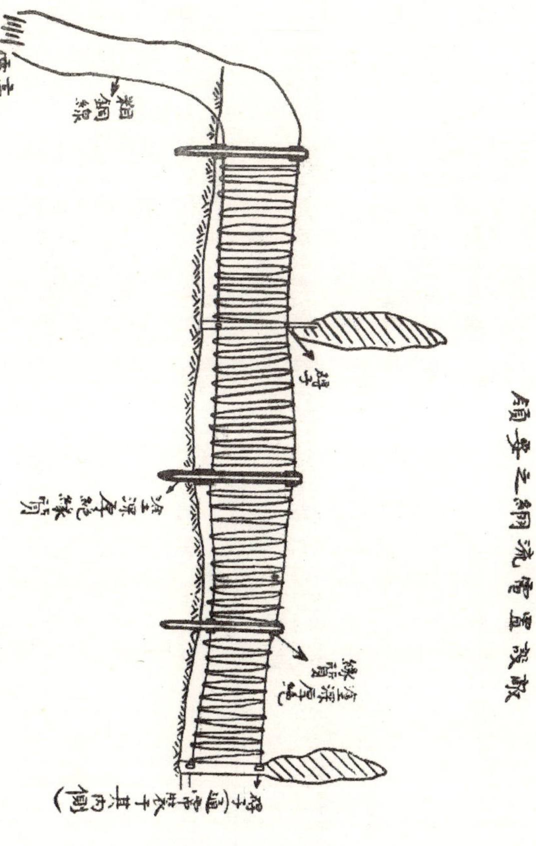

第六十五圖

10 敵對偽裝，頗不注意；對空遮蔽尤甚。

二 預備陣地帶

預備陣地帶一般之構成，頗為簡略。

附表第一

滬戰敵軍部隊人數調查表

區別部隊	主官姓名	所轄部隊	人數	備攷
陸第九師	師團長植田	步兵第七聯隊	三〇〇〇	戰時編組
		步兵第六九聯隊	三〇〇〇	
		敦和步兵聯隊	三〇〇〇	戰時混戰編組
		熊本步兵聯隊	三〇〇〇	
		金澤野砲兵聯隊	八〇〇	
		熊本重砲聯隊	二六〇	
		工兵第九大隊	五八〇	
		輜重第九大隊	四五〇	
		立川飛行聯隊一部	二三〇	

團	謙吉		
騎兵第九聯隊		一四〇〇	戰時混成編組
衛生隊		三八〇	
經理部		四五	
合計		一六一四五	據報三月五日長崎丸載來補充兵一〇〇〇名補充該師
久留米混成旅團	旅團長下元熊彌		
久留米步兵旅團		一八〇〇	
久留米騎兵聯隊一部		二四〇	均係各聯隊之一部配屬之
廣島野砲兵聯隊一部		二五〇	
千葉鐵道聯隊		三〇〇	
松濱飛行聯隊		一二〇	
各務原飛行聯隊		八〇	
久留米輜重大隊		六〇〇	
久留米衛生隊		二〇〇	
合計		三五九〇	
第	未		
步兵第廿七旅團		四八〇〇	轄第二 五十九聯隊
步兵第廿八旅團		四八〇〇	轄第十五 五十聯隊

十四師團		
詳		
騎兵第十八聯隊	八五〇	
騎兵機槍隊	一六五	
野砲兵第廿聯隊	八〇〇	
工兵第十四大隊	六〇〇	
輜重第十四大隊	七五〇	
衛生隊	二五〇	
經理部	四五	
合計	一三〇六〇	

第十一師		
師團長松井石根		
步兵第十旅團	四八〇〇	轄第十二廿二聯隊
步兵第廿二旅團	四八〇〇	轄第四三四四聯隊
騎兵第十一聯隊	八五〇	
山砲兵第十一聯隊	七五〇	
工兵第十一大隊	六五〇	
輜重第十一大隊	六〇〇	
經理部	二五〇	
衛生部	四五	

陸軍	團		合計	一二七四五	
陸軍	第八師團	未詳	步兵二聯隊	八〇〇〇	主力多爲步砲兵係黑龍江調來
陸軍			砲兵第八聯隊	八五〇	
陸軍	第一師團之一部	未詳	未詳	二〇〇〇	傳爲敵軍精銳
陸軍	第十一師團之一部	未詳	未詳	三〇〇	
陸軍	總計			五六六九〇	
海軍	海軍陸戰隊	司令植松	八大隊	六〇〇〇	
海軍	艦隊	司令野村	戰艦		
海軍			巡洋艦		
海軍			驅逐艦		
海軍			航空母艦	三	
海軍			合計		
附記	一、本表統計係根據三月廿日以前之情報				

附表第二

滬戰敵陸軍主要兵器調查表

兵器品名	單位	配屬部隊數量：第九師團	久留米旅團	第十一師團	第十四師團	陸戰隊	其他各師	合計	備考
步槍	枝								
重機關槍	挺	一六〇	一二〇	一九二	一九二	八四			
輕機關槍	挺	一六五〇	五八〇	七六八	七六八	一三二			
曲射砲	門	八五〇	一五〇	一九二	一九二	三六			
步兵砲	門	三二〇	七八〇	一九二	一九二	三六			
十五生重砲	門	二三							
野砲	門		三八		一〇〇				
山砲	門		六〇	一二〇		一二			
高射砲	門	二三				六			
唐克車	輛	一八				一二			
爆炸機	架	五六	四五						
偵察機	架	一八							

裝甲自動車	輛	一四	
通信鴿	只	八〇	
催淚彈	發	二〇〇〇	
烟幕彈藥	加倫	二五〇〇	
毒瓦斯	發	五〇〇〇	不能傷全身
照明彈	發	七四〇	
夷燒彈	發		
信號彈	發		
探照燈	個	五	

附表第三

留滬敵軍部隊兵力調查表

區別部隊		兵力統計	備攷
軍直	第八師團步兵二聯隊		
	第八砲兵聯隊		
	飛行隊	飛機一五六架 飛艇四架	

部隊	番號	數量	備考
屬部隊	戰車隊	六十輛	
	鐵道隊	半聯隊	
	氣球隊		暫歸十四師團指揮
	重砲兵二聯隊	七十門	
	高射砲隊		
	合計	約一八〇〇〇人	
第十四師團	步兵第廿七旅團	轄第二五十九聯隊	
	步兵第廿八旅團	轄第十五五十聯隊	
	步兵第十八聯隊		
	野砲兵第廿聯隊		
	工兵第十四大隊		
	輜重第十四大隊		
	衛生隊		
	通信隊		
	經理隊		
	合計	二〇〇〇〇餘人	

第九師團	步兵第六旅團	轄第七、卅五聯隊
	步兵第十八旅團	轄第十九、卅六聯隊
	騎兵第九聯隊	
	山砲兵第九聯隊	
	工兵第九大隊	
	輜重第九大隊	
	衛生隊	
	通信隊	
	經理隊	
	合計	一八〇〇〇人
陸戰隊		七〇〇〇人
總計		六三〇〇〇人
附記		

附表第四

滬戰我軍官兵傷亡概計表

隊別		人員分計		合計	備考
19 CA.	60D.	官長	士兵	一六六一員名	
	61D.	官長	士兵	三八八九員名	
	78D.	官長	士兵	三二四二員名	
	S.A.2i.	官長	士兵	五五九員名	該團在戰役中屬六十一師指揮
	統計			九三五一員名	
5.A.	87D.	官長	士兵	一九六四員名	
	88D.	官長	士兵	二七八九員名	

統計	四七五三員名
總計	一四一〇四員名
附記	

附表第五

滬戰敵軍人馬傷亡概計表

隊別	人員	馬匹	備攷
海軍陸戰隊	二八七〇		
第九師團	四二三二		
久留米旅團	二〇四〇		
第十一師團	未詳		
第十四師團	四二〇		
第八師團之二聯隊	未詳		該聯隊係歸第十四師團指揮
航空隊	一二		
海軍艦隊	八五		
合計	九六五九		
附記	一、以上合計第十一師團及第八師團之一部尚未列入總數約在一萬一千餘員名 二、據報第十師團到滬僅三百餘人其傷亡數量未詳故未列入		

二月二日敵我一般態勢要圖

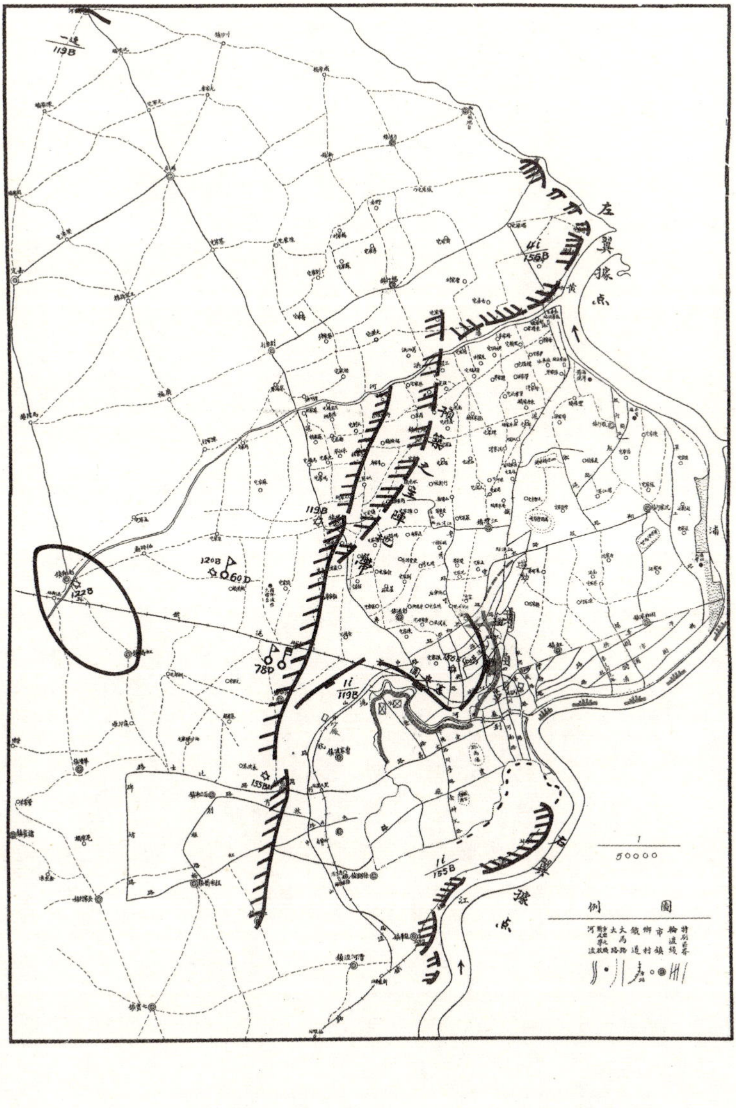

蔡廷楷中日戰史

（海上熱血男兒編）

十九軍訓話

十九軍奮勇殺敵

目次

蔡廷楷中日戰史

（海上熱血男兒編）

第一回 忍辱求全封閉反日會 無禮要求撤退十九軍

立國於大地之上、古往今時、那一國沒有外患、可是外患之來、皆由內亂去發了個請帖、特地請他光臨的。千百年前的外患史、大家不會親眼瞧見、不必翻出史鑑來多講、單說我大漢民族、自從國體變更革民成功以來、連年內戰、你打我、我打你、無非爲了自己地盤問題、可憐多少好男兒、替軍閥們做了犧牲品、多少槍砲子彈、打死的都是自己同胞、元氣受傷、國力損減、於是向來抱有野心的三島、矮邦、老實不客氣、向我東北方面、殺將進來、第一個計劃、乃是奪佔遼甯、該地軍隊、奉有上峯命令、敵來卽退、拱手讓人、大好河山、不到數天、却到了矮國手掌中去、自古以來、失地之速、要算這一次東三省了、馬占山跳出來、與矮軍打了數仗、終感孤軍彈乏、只好退守（海倫）我國民氣、便卽沸騰起來、羣起請願、要求政府出兵、收復失地、那知政府、一心想靠國聯會、可以仗義解决、公平處斷、始終不允出兵、張學良更將關外軍隊、盡行撤退、連得錦州都不肯死守、竟把整個東三省、歸讓矮國，奇恥大辱、孰過於此、小百姓們有拳無槍、只好舉起抵制矮貨、因矮國經濟恐慌了、或可稍減其凶暴、稍殺其威武、數月以來、轟轟烈烈、大聲疾呼、抵制仇貨、各市各縣、皆組織了反日會、預備從經濟方面、制彼死命、日兵不退、仇貨不買、矮國別的不怕、就是最怕抵制二字、因爲他們的出品、大半銷到我國來、現在不相交往、他們國內的工廠、也只好停頓起來、在我國做買賣的日商、一致叫苦、皆向他政府呼訴、上海的日本領事、欲替他本國工商界、恢復原狀、就提出取消反日會的要求、他說限在二十四小時內、你們中國須自行解散這反日會、要是過了限期、日本軍隊、便要自由行動了、這種語氣、你瞧何等强横、何等猙獰、可是上海市府、終算逆來忍受、耐氣求安、果把出於愛國運動的反日會、加以封閉起來、宛曲求全、一致於此、百姓愛國、也受壓制、我國未亡、而民衆已嘗亡國痛苦無異例、啊呀、愈想息事免爭、愈會變生不測、歷來矮奴、乃抱得寸進尺之心、見歎便欺的手段、反日會封閉以後、我國只道滿了暴日的慾望、再也沒有戲法可變了、啊呀、矮子肚裏佗搭多、接受了市府答書後．日領（井村）、他表面上聲稱、對於答書、甚爲滿意、不料暗地裏又與海軍司令議成鬼對、由日海軍部、連夜致函市府、要求閘北華軍、連夜退出三十里外、否則、爲保護日僑生命財產計、也必出於相當手段云、市府自從送達允書到日領後、親眼瞧見日領、表示滿意、那可認爲決無意外發生的了、誰知日海軍在萬家燈火當兒、又送到這封氣求退兵書來、這眞好比、青天裏打下一個霹靂來、上海市長、未免大吃一驚，幸虧他乃係經驗宏富、幹事老練的人材、受驚之下、連忙定住心頭、當下急請十九路軍長（蔡廷楷）總指揮（蔣光鼐）淞滬警備司令（戴戟），以及在滬要人、在市府卽開緊急會議、討論日海軍部要求的條件、當由（蔡軍長）首先發表意見道、日本凶暴、欺我太甚、强佔東省、殺我軍民無算、這一筆賬、尙未與他算過、却又轉其凶鋒、意圖擾亂全國商務中心的上海了、今番日海軍要求我軍撤退、便是從封閉反日會而來、實因我方、太爲軟弱、矮國便得隴望蜀、一步一步的進逼過來、假使我軍今夜撤退、只怕明日閘北已入矮軍掌握矣、暴日處心積慮、久思在上海得一租界、大約就在這一次上、希望試驗一下呢、警備司令也跳起來憤怒道、中國的土地、駐軍不駐軍、何能由他國來干涉、橫暴凶很、莫此爲甚、閘北駐軍、決不可後退的、市長嘆道、總之國勢積弱、處處吃那矮子虧、實在不少、兄弟也知閘北是中國土地、中國軍隊、怎麼不能駐紮、眞是絕大的笑話了、不過不幸的要求、今已送來、倘若果眞鬧出開戰事情、閘北精華、定遭不概設想、而全國商務、亦遭停頓、我國所受之損失、定屬驚人、政府所以不肯與暴日宣戰者、就怕一支動、百支搖、日本是出名喜歡搗亂者、一經開戰、我國沿海各地、定必先遭敵機的蹂躪、在百姓方面、但怪政府不肯宣戰、其實乃是政府思慮周到、顧全百姓的意思、如今答覆的限時、行將滿屆、到底怎樣去答覆日海軍呢、當下蔡蔣二氏又商議番一話、乃對市長道、不如如此如此、且看明天有沒有變化發生、市長依計、立即預備書信、送往日本海軍部去、一面（蔡軍長）與（蔣總指揮）、也立回閘北司令部、急召部下師旅團長、開會議事、把日海軍要求十九路軍撤退一事、宣告一遍、諸將聞聽、莫不氣憤塡胸、齊聲痛罵暴日、將與矮奴拚命、從前日軍、尚在關外、我軍欲思殺賊、却感道途遙遠、如今矮軍、到上海來動手、正是給我軍、一個殺賊的好機會了、末將等不願後退、但願殺賊、蔣蔡二氏、稱嘉諸將道、衆位有此血氣、將來定可為國增光、預料殺賊的機會、就在今晚開始呢、當下對各師旅團長、面授機宜、在各路口佈防的哨兵、不妨後退一二里、但日人本為鬼計多端者、難免今夜便來偷攻、以達那佔奪閘北的夢想、我軍正可多殺幾個敵人了、又用長途電話、咨照吳淞要塞司令、以及各地駐軍、一致鎮靜預備、以防日兵襲擊、且說上海的日軍司令、名喚（鹽澤）、乃是一個少將、這幾天、早在司令部中、與部下或日僑等、商議進佔閘北、將來藉此開闢為日本租界、一有租界、商人便有穩固立足之地、日後商務、益當發達、但進攻閘北、諸位料來、要攻幾天纔能成功、日僑等七張八嘴、各說各見、有的說、只稍打三天、一定可以攻進、有的說五天、包可成功、也有說、須打十天、也有說須打十五天、（鹽澤）聽罷、忽然大笑道、諸位所料、與本司令不仝、本司令敢大胆說一句誇口話、此次不打閘北則已、若打閘北、不過四小時足矣、何必要數天纔能成功、那却太把中國軍隊眞[illegible]了、你想多門師團、二天之內、能佔奪數千里地土、照此比例、區區的閘北、不是四小時夠了麼、衆部下衆日僑聽了、個個拍手致賀、但願謹如司令之言、將來的福利、是可有無窮之望也、（鹽澤）早已定下進佔閘北的癡望、在發出要求撤退華軍的數日前、已經在暗中預備動手的手續了、那天（鹽澤）司令、開到市府果然封閉反日會、這一來、沒有岔兒可找、於是又想出要求十九軍撤退三十里的紊亂條件、知道如此條件、中國方面、勢難答允下來、只要不答允、便可藉口進兵了、（鹽澤）在司令部中、十分得意、桌上放着太陽皮酒、排列着滿台、他心腹將官、也一仝坐在旁邊暢飲、（鹽澤）忽而唱歌、忽而大笑、酒興上提、大有顧盼稱雄、不可一世之概、此情此景、大如當年（曹孟德）在赤壁之下、飲酒賦詩一般、那知正在快樂的時候、（鹽澤）忽然頓改歡容、連喊不好、更把桌子擊了數下、旁邊陪飲的將官、不免突然吃驚、不知司令想及什麼事、以致改喜爲愁、忙卽詢問原因、不知（鹽澤）、果爲何事、忽變歡容、本回上不及交代、且聽下回分講罷、

第二回　日司令誇口狂言　寶山路首先接觸

却說日軍司令（鹽澤）、誇下大口、稱爲四小時內、可以進佔閘北、他目光中、看待我國軍隊、都像東北一樣、只會打自家人、決不敢與外國兵對敵的、從虹口分路進佔閘北、預料華軍、決不敢抵抗、那不是三四小時、可以解決了吧、單把日本的飛機軍艦大炮、早可把華兵嚇跑、想到得意之處、當然酒興更濃、忽笑忽歌、表示出欣快的狀態來、可是（鹽澤）、他在海軍中、已有好多年、在欣快的當兒、仔仔細細、加以一想、不由大吃一驚、列位、你道（鹽澤）、想到了什麼一會事麼、原來便是想及十九軍、向有鋼軍的美譽、不比從前（孫傳芳）的軍隊、大半都抽大烟、在戰壕裏也可躺下去過癮可比、倘若接觸、鋼軍不比別路軍隊、容易對付哩、如此看來、四小時進佔閘北、只怕靠不住呢、手下軍官、詢問司令、緣何忽變歡容、究爲爲誰、（鹽澤）暗思、這還不能說明的好、一經說明、兵卒反生畏怕不前之心、因對軍官道、本司令一飲過量之酒、神經必感不安、故而有種種可笑的行動、但好在一刻兒、即能清醒過來、手下軍官、那裏知道司令的心事、當一月二十八夜、虹口的司令部中、十分忙亂、上海日僑、婦女小孩，皆上日兵輪、男子皆到司令部聽令、命他們二小時內、立去改換華人裝束、日僑千餘、頓時到虹口一帶、購買衣服鞋子、竟把好幾家鞋店內的積貨、頃刻之間、銷了個精光、幾家衣莊店、也是如此、但該處商民、瞧見這種景象、認爲不是好預兆、日人購去大批衣鞋、一定大有作用、上海戰禍、似不遠哩、當下也有幾家、帶了些細軟東西、逃避到橋南、以作防患於未然之舉、二十八夜九點鐘光景、日司令部內、來來往往、忙碌非常、日僑部編爲便衣隊、各人發好手槍子彈、或是炸彈、（鹽澤）司令、親自向他們演說道、衆位同胞、你們在上海經商、皆有好多年了、對於進攻閘北的路線、大概一定很熟息的、今晚進攻閘北、須靠衆位做一做引導員、將來成功論賞、日皇一定不會虧待的、中國的軍隊、他們決不敢與大日本抵抗哩、况有萬餘海軍陸戰隊、有精良的軍械、更有許多飛機、便足以寒中國軍隊之胆了、衆日僑一致歡呼道、但願旗開得勝、今夜成功、爲帝國建新基業、造成上海以後的新局面、皆我司令指揮大功、又大呼了帝國萬歲、靜聽司令分派、（鹽澤）司令、表面裝出得意氣揚揚、好似閘北十分之九、已到手掌中一般、當下拿出幾張上海最詳細的地圖來、却並不是印刷品、由日人親自去繪成的、進攻閘北的路線、在地圖上、已經用紅色表出、當下先向便衣隊發令、一路由寶山路進攻、一路從虬江路襲擊、一路從川公路進窺、一路從把子路前進、一路去奪天通菴車站、每路派便衣隊二百名爲嚮導、海軍陸戰隊、卽跟在便衣隊背後、帶有小鋼炮、機關槍鉄甲車、偷偷摸摸的行軍前進、蓋想趁黑夜無光機會、較爲容易進兵也、每隊派有兩個指揮、一個是陸戰隊的指揮、一個是便衣隊的指揮、各路分派出發後、當有航空隊隊長、詢問（鹽澤）司令、今夜進攻閘北、何以用不及咱們航空隊麽、（鹽澤）連忙對隊長握手道、並非並非、因爲本司令、預料中國軍隊、不敢抵抗外國兵、今夜若能佔奪得到、將來的閘北、就是歸於大日本的了、那又何必從事破壞、豈非破壞到自己頭上不成、假使不幸、今夜不能成功、明天就當有請航空隊爲帝國出力了、航空隊隊長唯唯稱是、此時日領事、以及日方要人、皆有司令部中、等候接到勝利的佳音、（鹽澤）司令、與領事秘書等、又把地圖指看、一面派出許多軍事探子、有甚動靜、速回報告、且說日便衣隊、到底向來經商的、他們幼時、雖曾練過操法、學過開槍、可是胆氣、終感欠缺、在黑暗中進行、一個心、已經嚇得不能在心房裏安定得住、怕的是中國軍隊、也有槍炮的、我們當在頭排、槍彈飛來、便是我們首先中的、大家一怕死、勇氣使會嚇跑掉、一般便衣隊慢慢而前最好慢一刻兒、達到目的地上、無奈虹口日司令部、相離閘北、並無多遠、內中一隊早到虬江路寶山路相近、他們便有便衣隊指揮、命分爲數小隊、前前後後、爬行前進、指揮的當下率領一小隊約摸十多人、對華界佈防處、仍然慢步而進、便衣隊一看路口佈防、果然不見一個軍隊、只有七八個警察、守在彼處、便衣隊莫不暗暗稱快、幾個警察、難道攻不進去嗎、且說守在防線的警察、瞧見一隊便衣隊近來、早已看破、乃係日人裝扮的華人、當下高聲喝問口令．一面却把槍彈預備着、那當便衣隊指揮的、可算得日僑中的老上海了、廣東話甯波話、上海白、他一張口、都會說得像、此時却對警察、打着甯波話道『阿拉家住閘北、今天在紗廠裏做了夜工返家、不知沙事體、忽然戒嚴、使小百姓們、有家也歸不能呢」、他口中嘰咕脚步却在慢慢兒移動前去、警察早已識破、但已經相去祇有二十多步遠近了、對面黑影幢幢、形殊可疑、警察急忙喝道、不能再前、否則、莫怪開槍損命罷、便衣隊指揮又高聲道、警察先生、你且莫如此凶、可否特別通容、放我們回家麽、一邊說、他一手伸進褲袋、拉出手槍、即向警察開放、背後便衣隊、一聽得槍聲、大家一聲高喊、取出兵器、對華界防守處、乒乒乓乓的開放、此時八個警察、靠着沙袋做屏身、敵人子彈、都打不中他們、可是八桿步槍、開放出去、却把彈打中到便衣隊身上、日僑中頓時跌倒不少、於是胆氣立寒、有的渾身發抖、有的躲避一旁、手中的槍、也不瞄準、只惟向前亂放而已、不過話要說回來了、便衣隊中胆小怕死的果多、不怕死的、未嘗沒有幾個、到底人多勢衆、背後還有陸戰隊到、華界上、光有八個警察、難道打不退麽、胆大的便衝上去、抛了幾個炸彈、轟然巨聲、渭乎把地上也震得動搖起來、此時烟霧迷天、炸彈雖然不曾炸及抵抗的警察、但所炸之地、却離沙袋不遠、形勢也稱很危險哩、交戰十分鐘後、日海陸戰隊、開着三部鉄甲車、浩浩蕩蕩的衝殺過來、彈如雨珠、五六百人的勢力、你想八個警察、如何可以抵擋呢、到了那時、警察不能不向後退了、後方的警署、一聽得槍聲、急忙派出一大隊警察、趕往路口救援、半路上却碰見退下的八個警士、急忙將方才抵抗情形、告訴一番、警察約有五六十名、當有隊長下令、我們且在這裏躲着、敵人若來、我等在黑暗之中、到可便宜不少、衆警察依命、就在一道十字路口、東也躲着幾個、西也埋伏數人、小弄口、屋頂上四面埋伏停當、那便衣隊已經將進華界、到底黑夜之間、不敢向前亂衝、深怕地上、或有地雷等埋伏、所以仍然慢步而進、一路只是把槍亂放、果然前進到一里多路程時、忽聽有人一聲號令、砰呼槍彈、三面都有射來、最前的數十便衣隊、立即飲彈而倒、後面陸戰隊、一見前邊又有阻擋、他們扛着幾架機關槍、懷着許多手溜彈、衝殺上來、不知警察能否抵抗得住、且聽下回分講

第三回　分兵五路黑夜襲閘北　奮勇殺敵炸毀鐵甲車

却說日海陸戰隊、用機關槍手溜彈、前進衝鋒、好在警察四面散開、躲得使敵人瞧

不出來、日陸戰隊、拚命把機關鎗亂搖、想把華警逼退那知機鎗、雖然利害、此時却打不中一個警察、日軍拚命開鎗當兒、華警大家不還手、日軍打了十多分鐘、不聽到華方還手、只道盡行退去了、於是打算開步前進、先行佔奪到公安局，不料正然開步發動、一陣槍聲、左方右方對面、皆有飛來、把陸戰隊打中不少、便衣隊也死傷很多、當下日陸戰隊、那裏再敢前進．於是架起機關槍、又向前開放起來、華警只有六十名、此時好像有數百名勢力、竟把七八百日軍、阻住前進、日軍用電筒向對方照看時、却被烟霧所遮、再也望不清楚、華兵竟有多少、足有抵敵過一小時後、究竟警察、人數過少、漸漸的勢有不支起來、正在危急當兒、十九路軍隊、即有一營趕到、知道日軍、已經踏進華界、衆兵卒莫不個個奮勇、立誓殺賊當下即與日軍開戰、十九路軍士、他們對於打仗的經驗、非常充足、聽出前邊的槍聲、知道彼此相隔有多少路程、指揮官傳令先取守勢、架好機關槍、向敵掃射、警察皆爬上屋頂、對敵瞄放、雙方皆用機關爭戰、打過半小時後、日陸戰隊與便衣隊、死傷甚多、輕傷的日軍自己背歸後方、氣絕的、只好置之不顧了、十九路軍忽即改變戰略、改守爲攻、用手溜彈爲先鋒、猛攻前進、日軍一連打過數小時、精力已經疲軟、一經十九軍衝來、只得向後退逃、逃至華界路口、他們就跳上鉄甲車、大開機關槍擋住追軍、十九軍氣壯勢威、早有兵卒一排、冒着彈雨、滾將出去、把手溜彈、對準鉄甲車、亂拋亂擲、當把輪盤炸毀了、日軍要想開車而逃、那裏再能開得動、嚇得都從車上跳下、拚命奔逃、五百名陸戰隊、祇少要死傷一半、二百名便衣隊、却死傷三分之二、一路直敗下去、書中按下慢表、且說其餘數路、進攻閘北的矮軍、別路皆被華軍擊退、損失不少、惟進攻天通菴的一路、到被他將車站佔了去、因爲天通菴車站、乃是一個小車站、那夜料不到日軍開釁、所以兵力殊薄、祇有幾名警察而已、日軍六七百人數衝來、你想數名警察、怎能抵擋得住、故而只得退避下去、且說(鹽澤)在司令部中、起初得到探報、那一路攻進閘北了、那一路正與華軍交鋒、司令好不得意、第二次又得戰報、某路進佔一二里、某路正在激戰、某路已佔到天通菴車站、司令立做報告、用無線電拍發東京、報告勝利、後來的探報、却是得到不幸消息來了、某路敗退至某地、某路傷亡過半、時到天明、除掉得佔一個天通菴小車站外、此外每路皆遭失敗、(鹽澤)司令、急得雙足亂跳、連忙對航空隊長這、『這一次非得靠你不興、請你分派飛機、第一要點、先當把那北火車站、炸毀了、使中國的交通機關、不能完整、第二要點、那商務書館、也當立卽去炸毀了、因爲該館的工人、不是很利害的反對我日本麼、況且更有什麼義勇軍、明目張胆、宣傳反日、所以急當炸毀爲要、閘北各地、也當抛彈、以擾亂他的後方』、航空隊長接令、便去分派各隊、飛行出發、按下慢提、且說各路退下的陸戰隊與便衣隊、由(鹽澤)傳令、一部集合在吟桂路日本小學內、一部聚集於日本海軍司令部、(鹽澤)忙去整理殘敵、傷亡約近千人、(鹽澤)一面吩咐、受傷者、速送日本醫院、一面又調齊陸戰隊三千名、預備作第二次進攻、總目標、在奪得北火車站、正在發令時、探報佔領天通菴站的日軍、已經退下來、傷亡過半、天通站便得而復失、所派的正副指揮、皆已陣亡、(鹽澤)司令聞報、越發心驚、此次戰端已開、勢不能爲難而中止、勢不能不向政府增兵、不過有了十餘兵艦、一萬多陸戰隊、數萬海軍、不能進佔區區閘北地方、比之(多門)師團、他有多少兵、能夠一夜之間、奪得瀋陽名城、兩相比較、豈不有愧多多、當下又即點將發兵、派了五百名生力軍、攻打北火車站、此時日方飛機、一共派出二十餘隻、已經飛向閘北各處、從事拋擲炸彈的工作、可憐閘北寶山路一帶居民、一聞槍炮之聲、大衆在半夜裏驚醒、離開戰地路遠的、雖受驚慌、還沒臨到、住在戰線以內者、却被槍彈飛入屋內、遭了無辜慘死、明天之後、成羣結隊、扶老攜幼、皆想逃命、可奈租界的鐵鉄門、早已關閉、逃難百姓、眞如驚弓之鳥、無路可逃、只得兜到後方、覓路逃至、在旱橋以西的居民、也大半逃難、但各路皆已被阻、惟有從蘇州河中、尚有一條出路、可以渡至老拉圾橋等處上岸、可是日本飛機、已在閘北天空中亂飛、東也拋下幾個炸彈、西也拋下幾個炸彈、轟炸的、乃是逃難百姓、與民房而已、按戰爭條約、便算二國已經宣戰、只好對軍隊、有對敵行爲、不能對百姓有慘殺的舉動、現在日飛機、他不管是軍隊、是平民、一概亂擲炸彈、總而言之、把閘北地方、多破壞一處、引以爲樂、將閘北百姓、多炸死幾個、便認爲快、北火車站、在八時光景、即有日機飛來、連擲三彈、第一個炸彈、落在車務處辦公室外、第二彈亦在該地、可落於地上、未會炸裂開來、第三彈落在車場道內、也幸而未炸、此時日本陸戰隊、正在攻打、槍彈甚密、我軍據壕抵抗、對於轟炸車站的飛機、當然無暇去對付了、到了下午一時、攻擊東站的日軍爲數益增、飛機十四架、帶了巨大炸彈、分頭工作、北火車棧的堆貨棧、首先中彈爆發、頓時延燒乾淨、據云該棧存貨頗多、約値百萬元以上、到了二點三十分、車站管理局的四層屋頂上、落下炸彈、爆烈開來、大火便向下延燒、車站樓屋、皆因受震不支而倒塌、烟火直冒天空、在租界上望之、令人誰不嘆惜、同時商務書館、亦被拋中開花彈、在最上一層着火先燒、館內原本有自備的救火器具、可是留館人員甚少、頂上的飛機、仍在把無情炸彈拋擲下來、該處救火會、也因被飛機所逼、以致不能上前救火、救火無人、火勢愈燒愈盛、那時正値東北風、把商務書館的書片、直吹至法租界上、不多時更漫延到對面東方圖書館上、也中火大燒起來、烟霧迷天、差不多將閘北奮在黑烟之內、市民損失、頃刻之間、即在數百萬之上、言之可嘆、實我上海市民、空前未有之浩刼也、我方十九軍軍事長官、却發出通電云、中央黨部國民政府、各院部會、京滬衛戍司令長官、各級黨部、政府、各軍師旅團長、各報館、全國國民公鑒、暴日佔我東三省版圖變色、國族垂亡、最近更在上海殺人放火、浪人四出、極世界卑劣凶暴之舉動、無所不至、而砲艦紛來、陸戰隊全數登岸、竟於二十八夜十二時、在上海閘北、公然侵我防線、向我開釁、光鼐等分屬軍人、惟知正當防衛、捍患守土、是其天職、尺地寸草。不能放棄、爲救國保種抵抗、雖犧牲至一卒一彈、絕不退縮、以喪失中華民國軍人之人格、此心此志、質天日而昭世界、炎黃祖宗、在天之靈、實式憑之、

十九路軍總指揮蔣光鼐十九路軍軍長蔡廷楷淞滬警備司令戴戟印、

自從十九路軍發出決死抵抗暴日通電後、上海市民、於悲憤之中、略得一種可慰、深望十九軍保守國土、勿被暴日踏進、當下便有熱心市民、發起捐助軍餉、以及應用物品、送往前敵、使苦戰的兵卒、略可得到市民的敬意、上海市長吳鐵城氏、也發表談話云、余初以爲犧牲一已、可救上海、自昨晚日軍、無故襲擊閘北中國防軍、事件發生、日總領事與日艦司令、不可思議背馳之行動、實足令余之迷爲之一掃

、日領對於市府答覆、表示滿足、且以宣之於領事團、余方以爲禍在眉睫之威脅、一旦冰消雪化．本人忍辱求全、得以見諒於中外、乃不意於數小時後、日艦隊司令、忽深夜發出一般通告、同時開始軍事行動、攻擊我駐軍、轟炸我繁盛之街市、傷害無辜人民之生命財產、例如東方文化所託之商務書館、古籍孤本、盡付一炬、其損失已不可勝計、此種責任、應由日方完全負之、今已提出嚴重抗議、並通告各國駐滬領事、主持公道、事已至此、夫復何言、幸國人有以匡救之、此時孫科陳友仁張發奎等、亦在上海、目睹暴日侵犯、也發通電、一電致政府、請兵增援、兼撥餉項、一電致各團體及全國軍民、語甚深切、欲知孫科等通電原文、且聽下回分講、

第四回　滬中委通電救國　各華董致函總領

却說孫科陳友仁張發奎等、發出二個通電、一電致南京汪精衛蔣介石、請政府迅速派兵、以厚閘北兵力、一電致各團體的、茲覓得原文、錄之如下、

此次日人在滬暴動、焚燒三友工廠肆行挑釁、復致最後通牒於上海市府、以解

我民衆抗日救國團體、爲要脅條件、其強橫無禮、凡我國民、已忍無可忍、乃政府向持消極抵抗政策、竟猶低首下心、完全承認其要求、以爲如此柔順、卽可免禍、豈知日人野人、得寸進尺、久成慣技、我愈示弱、彼愈強硬、無抵抗之結果、必召亡國之痛、同人等早有慮及、屢有宣言、想荷鑒察、昨夜日本軍隊、果於接到上海市府完全屈服之覆牒以後、竟進而要求我地方長官、撤退閘北駐軍、隨卽襲擊閘北、且縱其居留民、放火焚毀商務書館、種種掠奪侮凌之事實、不一而足、幸我十九路軍士、衞戍淞滬、誓盡守土之責、决死抵抗、自昨至今、我軍以哀憤逾恆、士氣百倍、擊落敵機四架、奪獲鐵甲車三輛、現猶在劇戰中、滬上民衆、全體罷市、亦咸憤不欲生、誓死禦侮、當此國家、危急存亡之秋、惟賴我國全體國民、抱甯爲玉碎、毋爲瓦全之决心、與敵周旋、庶能爲國家爭人格、爲民族謀生存、否則坐而待亡、國家民族、必將陷於萬刧不復之境、同人等心所謂危、義難緘默、除電政府、及京滬附近軍隊、火速應援外、并懇我全國民衆軍士、一致猛醒、準備抵抗、同赴國難、是所企禱、臨電痛憤、諸希諒察、孫科、李宗仁、陳右仁、馬超俊、張發奎、程潛、薛篤弼、陳慶雲、劉蘆隱、梁寒操、傅汝霖、方振武、李文範、黃季德、何世楨、孫鏡亞、熊克武、白崇禧、

孫科等發出這個通電、希望全國軍民、一致猛醒、與暴日堅持到底、這電發表後、果有各省軍隊、請願開滬殺賊、可是中央政府、此時還沒方針打定、宣告於民衆、上海市商會、却發出通告、令各商店一律罷市、並印就大批「日軍犯境、罷市禦侮」、的通告、分發各商店、貼在門上、法租界也一律罷市、民氣激昂、達於極點、西報上有關於暴日侵犯的論調、如大陸報說、日兵昨夜無端攻擊閘北、已除去其假面具、暴露其眞心意志、中國當局接受日本要求公文之墨水未乾、日總領事（井村）、已保證中國覆文之滿意、而復出此暴舉、實出乎人類理解之外、日本決意不顧國際公論、以圖征服中國全部、已無可疑、大美晚報云、中國當局、已完全無條件接受日本之要求、日總領事、已表示滿意、論理當靜待以觀將來、如吳市長證明其無誠意、或不能踐行約定、則須考慮而造成新局面、今強迫完全承認之後、復憑藉武

力以行事、實爲加於華人重大之打擊、吳市長之行動、具有絕大道德勇敢、乃未出數小時、日人卽作軍事行動、此實使以和平談判而圖和解之中國當局、受創痛之打擊、就日本自己之見解而論、佔據閘北、實爲自九月十八日以來、日本所鑄大錯之最慘烈者、此舉旣直接損害日本、與其他各國在華所允擁護之一類人物、復使日本光榮之名譽、與國際之信用、爲之掃地、間接不啻贊成極端派之態度、日人方面、無論有何解釋、而昨日下午、與昨夜事變、可證明日本文員之權力、已爲軍閥所蹂躪云云、你想是非公理、外報上也都不直暴日的舉動、將來世界重現光明、武力決被公理所滅、日人之如此强橫、終有一天惡運末日、且放開眼兒瞧罷、但日軍進攻閘北、卽用虹口租界爲根據地、租界爲中立性質、何得放任日軍、如此行動、所以公共租界的各位華董、就是(虞洽卿)(徐新六)(劉鴻生)(胡孟嘉)(袁履登)等、至函工部局總董、並函總領事、克銀漢、急予制止、租界日軍破壞中立行爲、其致工部局總董函云、

逕啓者、據報、日本海軍陸戰隊、已於一月二十八夜半、自租界內出發、對於

我國駐軍、實施戰爭之行爲、其危險範圍之如何擴大、不可預必、查本局爲維持界內安全、嚴保中立態度起見、經於昨日議決、宣告緊急狀態、而以虹口一帶、所有維持安全之責、委之日本軍隊、茲日本進行上述戰爭行爲、竟以其所担任維持安全之區域、爲用爲戰爭行爲之發動、實屬破壞上海公共租界之中立、應由本局急予制止、並令其負破壞中立之責任、爲特提出嚴重抗議、此致總董麥克諾登、又致領袖函云、逕啓者、據報海軍陸戰隊、已於一月二十八日夜半、自公共租界出發、對於我國駐軍、實施戰爭之行爲。其危險範圍之如何擴大、不可預必、查上海公共租界工部局、爲維持界內安全、嚴守中立狀態起見、經於昨日議決、宣告緊急狀態、而以虹口一帶、所有維持安全之責任、委之日本軍隊、茲日本進行上述戰爭行爲、竟以其所担任維持安全之區域、用爲戰爭行爲之發動、如此舉動、實屬破壞上海公共租界工部局之中立、自應立予制止、除函達外、爲特函請迅採有效辦法、急予制止、並令其負破壞中立之責任、至紉公誼、此致大美國駐滬總領袖領事克銀漢先生、此時日軍司令、對於租界中立問題、那裏還放在心目中、工部局總董、及總領事克銀漢氏、因爲接到華董函件、與日領事去交涉、誰知日領語氣、一味强詞奪理、硬指閘北駐有華軍、上海的日僑、生命財產、終然不安、華軍須退出離開閘北二十里外、日軍也當撤退原處、十九路軍一天不退、日軍即一天不能停止其攻擊、英美各國、曾經屢次向日司令提出和平條件、無奈日方、自持其國富兵强、軍備充實、不會佔到便宜、那裏郎肯放手、我方理直氣壯、在自己土地上駐紮軍隊、怎能受他國的干涉、到底不是朝鮮呢、唉、我們中國人、不認爲朝鮮、可是日本矮奴心目中望出來、把中華民國、瞧得差不多類近朝鮮一般了、所以强佔了東三省後、又敢進攻閘北、視我國軍隊竟像不足當他一擊者、整日的大攻北火車站、再在青雲路江灣路上、作不斷的進窺、住在虹口橫浜橋一帶居民、楊樹浦附近商店、眼見惡禍旣迫、莫不慌慌搬家、把公共租界、法租界、一日之間、增加了一百萬多人口、馬路上來來往往、無非搬家避難之人、此時有錢的、尚可到租界上另租房屋、或住旅館、可是貧窮人家、最爲受苦、若要不逃、住在炮火之中、生命豈不危險、要是逃了出來、旅館住不起、房屋租不成、若向親戚朋友們去商借、到了這種時期、錢莊銀行、皆已不通、雖有存款、亦無法可提、有好多居民、只得躲在道旁露宿、幸而滬上慈善家出來、發起難民救濟會、出場捐募、預備大房屋、容留許多無處安身的難民、此種善舉、最爲功德、記者當代衆難民合十致謝也、且說日本飛機隊、自從炸燒了北火車站、以及商務書館後、自慶得到成功的工作、趁着欣緻、飛往我軍後地、眞如車站、大抛其炸彈、一共有十七架飛機、五隻一排、或六隻一排、在空中好不發威、眞如的駐軍、早已防到日機飛來、故而已把數門高射炮、朝天架起、下面更掘地壕、預備躲藏身體、避去炸彈、但料不到飛到十七架來、當下急忙開炮、瞄準日機打去、且有步槍、也向日機射擊、上下交戰、究竟飛機臨空拋下、比下面打上面、當然佔得不少便宜、眞如軍站、弄得煙霧迷天、炸彈聲、高射炮聲並起、虧得我軍炮手、本領出衆、在混戰之際、一炮射上、竟把一隻飛機、中彈跌下、他在未墮地時、因爲機上有火藥、在空中卽暴發開來、及至吊落地時、駕駛的飛機員、已經燒死、機身亦四分五裂了、日機見一機失利、他們想代同伴報仇、大大小小的炸彈、猛拋下來、無奈我軍散在四面、炸彈下來、大半落在空地上、有的暴發、有的竟然不炸開來、一場大戰、眞所謂烟霧迷漫、愁雲滾滾、不知如何結局、且聽下回分講、

第五回　眞如站打落敵機　八字橋黑夜大戰

却說眞如車站、有十七架日本飛機、齊來擾亂我軍後方、駐在火車站的十九路軍、早把高射炮預備、卽與日機交戰、一邊以高臨下何等得勢、我軍以下射上、當然較難、可是我軍、有的是勇氣、不怕猛烈的炸彈、不顧自己性命、所以在四面炸彈圍中、仍把高射開放、果然又中到一隻日機身上、機身一壞、頓時翻跌下來、一經着地、那機身又暴發、轟然的炸掉、該機上、共有三個日人、一個個炸得手斷足折、身首分離、這是日機上滿裝有炸彈、此時跌到地上、炸彈當然要暴發開來、二日機失敗之後、其餘的日機、漸漸也有畏怕之心、况且所帶的炸彈、已經拋得乾淨、於是十五隻飛機、一齊向東飛去、眞如居民、見日機去後、方始胆敢出來、到車站觀

看、我軍也把受傷的兵卒、加以檢點、却也傷了第六團一連兵士、向志才、張嗬、機關槍連一連兵士、王新法、陳健平、又傷六團一營一連李飛廷、張起義、三連周吉朋、四連吳少康、黃佐三、二營一連李仁芳、謝昌、鄉民趙志俊、警士趙德成等、此時幸有紅十字會救護車到來、遂將受傷人立時裝運至上海紅十字會醫院醫治、當場炸死者、有鄉民二人、由家屬領去不表、且說公共租界與法租界當局、鑒於形勢嚴重、對於界內防務、非常注意、四周鉄門鉄網、完全佈置嚴密、又頒戒嚴令、凡在晚間十點後、一概斷絕交通、所以一到十時以後、馬路上電燈熄滅、絕無一人、惟有捕房人員、四出逡巡而已、再說閘北、連戰三天、日軍死亡甚衆、(鹽澤)氣得神志發呆、檢點陸戰隊、已經死去三分之二、於是不得不向本國去請救兵、不過(鹽澤)、發出請援電文時、心中也覺十分悲痛、他原想靠了六七千名陸戰隊、加以數千便衣隊、滿望可以進佔閘北、那知事與願違、損失軍隊槍炮無算、而且更失去臉子、不但被本國人嘲笑、而且被天下人笑我日軍無能、有損帝國盛譽、我罪大矣、於是一方面挽出日領、向中國提出停戰三天、以作援兵之計、一俟本國軍隊到滬、隨後大舉進攻、中國方面、本抱自衞主義、敵來則抗、敵去則停、對於停戰、當然允應、不料在停戰期內、日軍仍然偷行襲擊、向我軍開槍挑釁、我軍在戰壕內、當然不能讓人家打、一槍不還的、可是我軍一還槍、日軍便强指我軍、首先開釁、在下曾到閘北、冒險探看、恰遇七十八師第六團長（張君嵩）、蒙他告訴許多話語、茲述於下、張團長說、敝團成立、未滿三月、多屬新兵、故由江西開返崑山太倉等處駐防後、正擬加以訓練、上海閘北、前原係財政部稅警第二團駐防、該團奉命改編、敝團於一月六日、移來此處駐防、第一二兩營駐太陽廟、第三營駐閘北、兄弟並奉淞滬警備司令（戴戟）令、委兼上海軍警團聯合辦事處主任、指揮北站憲兵一連、鉄道炮隊一排、及警察第三六兩隊、與各保衞團等兵力、負閘北治安完全責任、自一月二十日、日浪人縱火焚燒我三友廠後、兄弟爲維持閘北治安起見、乃調駐大場兩營增防、並在華租交界處、淞滬鉄路一帶之寶山路虬江路口、橫浜路口、廣東路口等處、裝置防禦工作、嚴密戒備、以防浪人暴動、至二十八晚十一時三十分、忽據報日海軍陸戰隊、陰謀侵佔閘北、乃一面急調一二兩營、由北站至青雲路一帶、預定防禦抵線增防、合共兵力、不滿千人、一面稟承我蔡軍長、區師長翁旅長等各高級長官指揮、至十二時、我軍佈防、尚未完畢、日陸戰隊、已傾全力來攻、並以鉄甲車十餘輛、電單車五十餘架、炸彈隊、機關槍隊等、分向我防線猛力侵犯五六次、聲勢浩大、壓力殊為凶危、幾次三番、被敵兵衝近壕溝、幸我官兵、人人決心、死力抵抗、卒將日軍擊退、最危險的一次、便是在八字橋方面、血戰一夜、擊被敵人不少、而我軍傷亡、亦達三百餘人、各官長皆身先士卒、故第一營營附(陸彬)、機關槍連連長(張金山)、第三連連長林玉等三員、並連附譚紹年等三員、均遭陣亡、此次能以少數兵力、擊敗日軍三千人者、實奉我蔡軍長區師長翁旅長等各高級官指揮得宜并得我第五團之第一營、憲兵第六團之第一連、鉄道砲隊等、加入作戰、暨警察三六兩隊、及各營團之協助、與我士兵奮勇所致、當時第一營、有班長(潘得彰)已被敵彈、擊中頭部、即退下、自解綁腿布纏裹、復上前線、射槍殺敵、英勇異常、並無些兒、表現痛苦之狀、第二三兩營、被微傷手部腿部者十餘人、張團長均命救護回營敷藥、而彼等皆言不願、須再每人擊斃敵軍十名後、始返醫傷、士氣之奮勇憤激、得未曾有、現在後方傷兵、每日仍頻催醫官、趕快撩愈傷口、俾能復至前線殺敵、至二十九日拂曉、我翁旅長親率第五團之兩營、六十師之一營、暨憲兵第六團之兩營、復旦大學義勇軍等指揮、增加作戰、我軍陣地、便愈形鞏固、劇戰終日、雖敵用飛機、在我後方、亂擲琉璜炸彈百餘枚、將我閘北各地、轟炸焚毀、我軍不但無絲毫懼色、因此反作了士兵的激憤品、增加殺敵勇氣、並擊下敵機三架、故是晚十時、又得民衆敢死隊、在敵後方搗亂、我軍卒將敵軍打退、且佔領天通菴及日本小學日海軍司令部兩處、傷斃敵兵甚衆、繳獲敵械無算、敵兵皆向公共租界後退、三十日、我蔡軍長命令、尊重各國友邦要求、完全停戰、而敵軍竟頻向我陣地射擊不已、三十一日上午、我蔡軍長承各領事要求、乃派我區師長出席會議談判、並提出數條、其中最重要者、爲日軍須限日退出吳淞口、及賠償我損失、並向我國道歉等、正談判間、日飛機十餘架、又飛來我陣地、欲施種種陰謀、我區師長即起立發言抗議、各領亦質問日司令(鹽澤)、下令始停飛、然昨今二日以來、日方猶未停止攻擊、總之、自廿八晚抵抗以來、敵團雖傷亡過半、我前線官兵、並不退縮半步、只有後方陸續開到、最前線去、我們祗知有民族、有國土、有天職、卽至最後一兵一卒、我們依然要死守閘北、現在談判雖未終結、但各國領事合理之要求、我們是尊重的、此次各友邦警團、義憤塡膺、奮勇殺敵、誠堪告慰、並蒙各界民衆多方餽慰、更深感激、又希望全國民衆、一致準備抗日、那末最後勝利必歸於我方也、這位張團長、名嵩、字岳宗二字、爲廣東合浦人、今祗三十四歲、他當過要職、說來很多、出身是黃埔陸軍第一期畢業生、曾充粵軍第一師連營附、國民革命第四軍十一師三十二團第三營營長、廣東守備軍第五團中校團附、廣州衞戍團長、廣東編遣區第一獨立旅、第一團長、現充十九路軍七十八師、第一百五十六旅、第六團團長、爲人英明勇敢、體格强健、且富於作戰經驗、這一段談話、乃係從日軍一月二十八夜、突然侵犯閘北後、五天的眞實戰況、日軍恃其槍炮精利、雖天天不能得志、却是天天不肯放鬆、停戰三天、實在乃係緩兵之計、等候本國派援兵來、東京到上海、最多不過三天、便可達到、一俟救兵到滬、卽反對停戰、再行總攻、對於吳淞砲台、敵人窺覷已久、此次進攻閘北後、淞口炮台、我方早已料到、必然要來侵犯、因此把防務佈置得非常堅固、果然於二月四日、天猶未明、乘那黑暗的迷霧中、敵人即調海軍陸戰隊、分頭在寶山城北、及炮台灣車站前洋碼頭、由海軍炮火掩護登岸、希圖截擊我炮台正面、同時張華浜對江老鼠沙光華火油棧、也被敵兵登岸縱火、實行擾亂我後方、天空中飛到十三架飛機、更有十餘艘兵艦、在淞口向我炮台開炮、此時炮台上、形勢緊張、炮火連天、皆對東西兩炮台射擊、頓時狀甚危險、不知炮台上如何抵禦、且聽下回分講、

第六回　野村中將變更戰略　英國工黨憤慨發言

却說日軍、以空軍海軍、並陸戰隊、大舉侵犯淞口炮台、兵艦十餘艘、均用大炮、向炮台開放、陸戰隊登陸後、猛向炮台正面衝鋒、飛機又對炮台上亂擲巨大炸彈、海陸空軍、三面進攻、炮火異常猛烈、幸而炮台上防務早已有預、更有十九路七十八師一旅、譚副師長與翁照垣旅長、前往炮台指揮一切、一面與敵艦還炮、一面固守防線、敵方陸戰隊、雖稱猛烈衝鋒、馳至防線相近、我軍即從戰壕內、跳出來抵

禦、機槍掃動、敵兵紛紛跌倒、而炮台上發炮、也很能準確、一炮打去、終離敵艦不遠、在敵軍三方面壓迫當兒、忽然轟然一聲、一炮正中敵艦腰部、頓時欲逃不及、艦身便漸漸沉了下去、尚有一敵艦、被炮台上打中了船尾、還算他逃得快、不曾沉沒、同時敵飛機、亦在大投炸彈之際、被炮台上的高射炮、打中一機、立時跌落下來、却跌倒了大海中去，打到天明、陸戰隊傷亡甚多、敵方方始下令後退、各兵艦也退至吳淞口外、敵方傷亡頗多、我軍以堅守不攻、損失似較爲少、可是日軍一吃虧、豈肯便爾甘休、甲方不能得志、再從乙方入手、駐在江灣路一帶的日軍、因爲屢次進攻、不能得意、那天突然侵入該處持志學院中學部、當衝入當兒、先將該院門警、用刺刀殺死、同時並侵入該院內部、將男女傭役十餘人、驅逐一隅、立時用槍轟斃、無一倖免、又復侵入三樓大宿舍、二樓教室內、縱火焚燒、專以破壞我方有價值的地方、且在閘北方面、破壞尤力、天天用飛機投下炸彈，以致繁華的閘北、大半變爲瓦礫之場、我方前線兵士、自從開戰的那天起、皆由七十八師担任、晝夜抵抗、早夕作戰、已歷七晝夜、人人勇敢、個個決心抗敵、所以一些兒不怕勞苦、不過勇氣雖增、到底是血肉之軀、非仙非妖、安能久戰不疲、因此上級軍官、商之軍長、下令調六十師上前、担任最前線抵禦工作、將久戰七日七夜之七十八師、暫調後方休息、第一團守北火車站、第四團任中鋒、駐天通庵寶山路一帶、第六團任左翼、駐守青雲路西寶興路北四川路一帶、日軍亦分數路進攻、每路皆有鐵甲車爲先鋒、後面用大炮猛攻、幸而十九路軍、不畏炮火、不怕飛機、每次敵來、必奮勇抵抗、但不等到敵軍衝近防綫、機關槍步槍、能夠射擊敵人時、又並不虛費槍彈、實因寶貴子彈、故而不肯虛發也、日司令(鹽澤)、原想不待援兵到滬、希望得佔淞滬、故在二月五六七等幾天、竭力猛攻、希望得達目的、那知天不從他願、進攻一次每遭失敗、閘北路不進、吳淞炮台、又攻不上、於是只得等候援兵來了、他們國內、早有回電、給與(鹽澤)、立有援兵開滬、派的是海軍中將(野村)、組織第三艦隊、帶有陸軍三萬、大炮數百尊、子彈數百箱、野村爲總指揮官、仍命鹽澤副指揮官、協助一切軍事行動、日司令接到本國密令、立派大批陸軍來滬消息、當然十分欣喜、把招待援軍的佈置、吩咐預備起來、某處可駐多少軍、某處可以登陸、一一策劃周詳、預待大軍光臨、此時日海相（大角）、又發表一篇談話、謂日政府之決心派遣援軍赴滬、其目的、只在接防在滬殘餘之日海軍、以及將華軍逐出上海之境界外、日政府絕對無侵佔土地之野心、或作任何行動危及英國在揚子江區域之利益、海相表示謂憂慮日方派遣軍隊往滬、或會引起誤解、但深望華軍、不戰而退、又言雖在戰敗失利之時、英國方面、可相信日本軍事行動區域、將仍舊嚴格限制、至於軍事行動區域、大概能擴大至二三十英里、但決不再擴大、英國如能認明日政府將滿洲與上海之事變、看為完全不相關之問題、則不必再質問日政府、將採取何種行動云云、又謂滿洲事日本帝國生死關繫之問題、而上海無非一小意外、日政府極望可早日解決、速將軍隊調回、至於新任遣東海軍司令（野村）中將乃一和善之政治家、此後行動、定能獲得列強之了解與同意云云、這一篇談話、說得何等堂皇、處處以和平為要旨、明明侵佔人家土地、偏說絕無侵佔土地野心、日方宣傳本領、殊屬出人頭地、同時在日內瓦、倫敦、巴黎、三處、日方均發表彼解釋派遣援軍往滬之聲明書、共有數要點、（甲）日水兵抵抗數十倍之華軍、力量不足、故需換防、(乙)此舉之目的、與列强增加駐滬軍隊、完全相同、(丙)此舉限於保護上海三萬日僑之利益及安全、並實行日方對於租界防務之責任、(丁)華軍如不阻撓日軍盡職之行動、則日軍決不攻擊華軍、又言滬案滿案、完全不同云、可是日方的宣傳、雖然說得圓轉周到、但是非曲直、世界各國、不乏明眼人、完全會被日方所遮掩、即如英國工黨領袖(藍斯堡氏)、他向報界發表言論云、英國工黨、對於日人在華之暴行、十分憤慨、藍氏切求各國政府聯合起來、一同解決中國方面、所難堪及違法之事變、日本已侮辱國際聯盟、視其契約如廢紙、故世界各國、應如此行動、而置需犧牲多少商業金錢於不顧、藍氏以爲此種行動、並非戰爭、蓋日或不敢以全部將來之商業、作孤注一擲也、現代文明之世界、必須阻止日人、此種違法之行爲繼續下去、看藍氏的宣言、蓋亦深知日方之破壞國聯和平盟約、而有憤慨之意也、公理不滅、於此可見一斑、且說野村奉命到滬後、日軍增援三四萬大軍、與鹽澤司令、商議進攻、且詢問自從開戰以來的情形、鹽澤當然詳詳細細的報告一番、陣亡若干、受傷若干、損失多少槍械、犧牲多少飛機、擊沉幾隻兵艦、又把破壞閘北的功績、也報告明白、野村得報、卽將地圖仔細瞧看一會、乃對鹽澤道、欲得閘北、還當從江灣瀏河入手、次則更當注意吳淞炮台、江灣是閘北的腹、瀏河爲閘北的背、現在華軍、兵力集中閘北、對於腹背兩地、兵力必然較弱、我軍卽當變更計劃、陽攻閘北、暗襲江灣瀏河兩地、不論腹背、只要得到一處、華軍便感到難以固守、或者退出閘北哩、鹽澤連稱妙計、深贊野村見識高超、日軍司令、便由鹽澤交替給野村、發號施令、皆由新司令任職、日領等一般有名日人、都來向野村道賀、大家恭祝吉語、希望由司令指揮之下、得能達到目的、野村中將、便命帶來的生力軍、開赴前綫、並把戰餘的便衣隊陸戰隊檢點一番、吩咐退後休息、一連調動了二天、隨然開始進攻、可是戰略已經改變、命海軍一面襲擊瀏河、一面派大隊陸軍、猛攻江灣、一面又派飛機、焚燒吳淞、更派重兵、注意蘊藻浜、對於閘北、惟開大炮示威假意進攻、使我軍無暇抽調、不知江灣瀏河方面、我軍能否抵禦、且聽下回分講、

第七回　攻炮台三路並進　斷手臂心尙殺敵

却說日方變更戰略、注重江灣瀏河兩地、瀏河原本是海口、日方派了七艘兵艦、預備在黑夜裏上岸、猛攻華軍、瀏河得手、可以腹背夾攻閘北、無論十九路軍如何勇敢、一經腹背受敵、休想再能堅守閘北了、可是瀏何方面、我軍早有防備、深恐敵軍、攻我背部、所以掘有戰壕、設備防禦工作、正在等待敵兵來犯、敵艦在黑夜間、突然開到發炮進攻、炮火異常猛烈、無奈我軍防守鞏固、打了一夜天、敵艦仍然不能得勝、上岸的日兵、大半葬身於炮火之中、華軍因有戰壕可躲、傷亡尚不至重大、而吳淞江灣方面、先有飛機十餘架、飛至吳淞鎮上、投下炸彈多枚、繼又派有鐵甲車二輛、以及機器脚踏車十餘輛、並卡車十餘輛、裝載日兵六七百名、經楊樹浦軍工路、沿黃浦江駛至張華浜、圖攻蘊藻浜車站、同時又有日艦兩艘、駛至高橋沙光華火油棧前面浦江中、用鐵殼船二艘、渡至糧米碼頭登岸、會同鐵甲車、作猛烈的進攻、我軍陣線在蘊藻浜的裏揚旗、日軍在車站外揚旗甘家橋軍工路糧米站一帶、用大炮機關槍、向我陣地猛攻、自從上午九時開戰起、直至下午五時、炮火未嘗間斷、幸賴我軍兵士、堅守陣地、不畏炮火、絕不後退、大戰八九小時、烟霧迷空、炮聲隆隆、卒能在猛烈炮火下、保守住陣地、非有決死之心、安能堅守得成、野村第一次試驗、即告失敗、方知鹽澤之不能佔奪閘北、非自己軍隊不力、實因華軍[illegible]戰拚死抵抗所致、但十九路軍、總計不過二萬多人、加以第五軍兩師、亦只三萬左右人數、又深知國民政府、不願與日宣戰、以後增兵救援、必然困難、只要連接不斷的攻打、不怕十九軍、不致精力疲勞的一天、况且十九軍祗有陸軍應戰、日方卻有海陸空軍、同時可以協力、中國的虛實、早被野村中將看破、所以一次攻打不進、繼以二次、二次不成、便三次四次的繼攻下去、好在軍火充足、將來打勝以後、仍可向中國要求賠款、那何必顧惜所費的軍火呢、那時有一甬興輪、由甯波開滬、當進口時候、經過數次危險、幾被日飛機炸去、後雖脫險抵埠、但乘客已飽受虛驚了、玆得該輪乘客所述、記之如下、該輪將抵吳淞口時、還在深夜、望見上海方面、起有劇烈之火光、方知中日變方、必在開戰、七時半抵吳淞口時國即見口外海面、泊有日艦十四艘、排成一字形、輪上炮口、均對準淞口炮台、見甬興輪經過、日艦十分注意、開進淞口後、又見日艦七艘、停在浦中、放槍示威、同時天空中、有軋軋之聲、十分乍響、有日飛機十三架，或成人字形、或成一字形、或成梅花式、盤旋在吳淞炮頂上、離地不高、日機上的記號、與駕駛員等、歷歷入目、未幾、十三架飛機同時向下面轟炸、炸彈的大小不一、望去如足球大小的最多、約在十分鐘內、拋下三十多枚、但皆落於浦江及江岸、不能擲中炮台、每一炸彈落地後、砰然一聲、濃烟直冒、落在浦江者、則江水冒至二丈餘高、會有一彈、落於甬與相離一丈之江內、同時江水上飛、輪上船員與搭客等、見之莫不咋舌、領港人但仍鎮靜、胆大者亦仍立在船頭上遙望、我方炮台、正在放高射炮射擊、日機每一炸彈拋出後、四散高飛、片刻又去擲彈、吳淞鎮上十分之七八房屋、均在火燒、嗣後甬與輪漸漸開進、忽有飛機三架、追隨於輪上天空中、在此生死關頭船員與搭客、紛紛逃入艙中、惟有聽天有命罷了、旋見飛機、追過輪前、向閘北方面飛去、八時半經過提籃橋匯山碼頭、見有二日艦、靠在岸旁．日兵五六百人、正在上陸、午時始安抵碼頭、幸告無恙、數千人性命在虎口中逃了出來、乘客個個稱險叫幸、不在話下、且說南京沿靠長江、國都恐遭險險、日兵竟向岸上開炮、轟擊城關、國民政府委員、便議定遷都洛陽、因爲一國的國都、譬如人之首級、手足有險、尙不致有性命之憂、若首級受危、人便性命不保、所以國都之安危、關係全國、於是決定遷往洛陽、可以不受敵人壓迫、且表示作永久的長期抵抗、蔣介石亦通電全國、一致抵抗暴日、我國民氣、十分熱烈、助餉助物、送至十九軍中、希望健兒們、爲國守土、爲民族爭光、十九路軍、得到民衆的仰望、接受了許多物品、自然益發奮勇殺敵、士氣激昂、人人以死報國、而前敵兵士、往往能急中生智、當八字橋一場大戰、敵兵向我軍開炮五百餘發、並用機關槍掃射我沙袋中的伏兵、我方兵士、立刻四散開來、伏於地上、不發一槍、至天將拂曉、敵軍以爲我軍後退、竟以五百之衆、前來衝鋒、此時我方軍隊、一個號令、便又聚沙成塔、同時槍炮並進、當場把衝鋒的敵兵、盡數擊退、八字橋一帶、敵屍滿地、而我軍傷亡、因忽散忽聚之故、損失尙少、惟傷排長一名、死兵士數名、受傷者三十餘人、敵軍在每晨七時、便同飛機一齊進攻、一到午後五六時、則用大炮猛攻、要到天明爲止、但十九軍卻採取正面射擊與肉搏之計、因有大刀隊加入、手舞大刀、向敵冲鋒、即可以一當十、以十當百、再有一位忠勇的排長、當八字橋大戰之時、見敵兵衝來、他率了一排弟兄、拚命抵抗、出入於槍林彈雨之中、不幸一彈飛來、適中右頰、他並不呼一聲痛、仍然執了盒子炮、向敵人開放、頰上鮮血、點點淋下、灰色的軍衣、盡變爲紫色、後經醫官、給他包好勸他回到後方去休養、不料該排長、不允後去、仍在沙袋旁、伏地開槍、不多時、敵軍又射來大炮、又將這受傷排長、左臂轟斷、始由醫官、送入後方醫院、但他始終不曾喊出一個痛字來、且對同伴說道、你們努力抵抗、我尚存一臂、醫好之後、再幫忙你們來開機關槍的、請等我罷、你想這一位排長、左臂已經轟去了、依然如此勇敢、心在殺敵、開戰十餘日、卒能保守住閘北、陣線未搖、屢次擊退敵人者、皆由十九軍之勇敢所致、觀此排長、可見十九軍之英雄善戰、果有由也、不過一戰十餘天、不但閘北毀於炮火、那江灣吳淞、亦皆變爲瓦礫之場、數萬難民、無家可歸、無米充飢、幸有各處救濟會、將戰地難民、救至租界、設法收容、各業各團體各個人捐資濟助者、十分踴躍、卽外國商人、亦都慷慨解囊者、玆將所知者、表而出之，如西門子洋行總理（薛克）君、捐洋一千元、華比銀行副理萊豐登君捐洋五百元、德國商會四百元、司得門君一百元、漢特君四十一元、無名氏西人三十元、沙遜大班白米一百担、鹹魚五十擔、此外慷慨樂助者、更有不少、一言表過、仍歸正傳、且說日軍自從改變戰略後、一方面進攻瀏河、却不能得有發展、知道瀏河防務鞏固、非一時容易攻破的、於是又放棄瀏河、專致力於江灣吳淞兩方、攻吳淞者、以海軍空軍爲主力、攻江灣者、以陸軍爲主力、開到大批生力軍、希圖佔奪蘊藻浜、用了九牛二虎之力、果被佔據了糧米站、以作轟擊我軍之根據地、又因正面進攻不易、却從鄉間小路迂迴兜抄至距離蘊藻浜三里許之紀家橋、希圖在該處搭架浮橋、偷渡蘊藻浜及四塘河、預備截斷我軍後路、幸而我軍、預早防到、在蘊藻浜一帶、佈有伏兵、等待敵兵搭架浮橋、正在偷渡當兒、伏兵齊起、放槍截擊、敵軍不知虛實、倉皇後退、好幾次不能成功、反遭損失而退、野村中將、一連攻打幾天、計算傷亡、也屬不少、只得又向本國請援、日本的軍閥、原本有揚威國外的思想、如今滬戰愈形擴大、正好藉此機會、大派軍隊到滬、以增威武、當由軍事當局、又派（植田）中將爲司令、帶精兵四萬趕速開滬、在援兵未到滬時、東京嚴守祕密、並不發表出來、且禁止報紙登載、惟（野村）司令、與上海日領、接到本國密令、知道就有大兵續來、野村中將、用了不少精力、定好奇謀、希圖成功、那知閘北仍未得佔領、到反損失好幾千陸軍、依舊要待援兵到來、於是在植田將到未到的前一天、下令總攻、各路衝鋒、抵楮不待援至而成功、這一場大戰、更較前數次爲烈、不知如何大戰、雙方孰勝孰負、且聽下回分講、

第八回　誘敵深入三面包圍　援救難民兩領出力

却說野村中將、在援兵將到之先、又下令總攻擊一次、希望一仗成功、灌注全力於蘊藻浜、對於吳淞炮台、閘北青雲路八字橋、虬江路寶山路、同時大舉進攻、用坦克車爲先鋒、向我軍陣地猛衝、果把蘊藻浜的我軍第一道防線衝破、我軍下令後退、日軍得寸進尺、好不欣快、佔了第一道防線、當然想繼續前進、一仗成功、不料我軍後退、原係誘敵之計、並非眞敗後退、故退下之時、分開左右兩路後退、其實便係埋伏兩旁、以待敵軍之深入、一小部分、却從正面退去、敵軍在黑夜之間、佔

了我軍防線、欣喜欲狂、招呼後隊、一同深入、以期奪據江灣、長驅直達閘北、可與進攻閘北的日軍會合、一夜之間、卽可成功、不料前進到三四里光景時、退下的華軍、突然回身返攻起來、頓時槍彈如雨、難以再進、只得開槍互戰、猛力衝殺、豈知左右雙方、我軍盡出、槍彈橫飛、三面夾攻、敵軍方知中計、連呼不好、指揮官急慌下令後退、深恐受了包圍、勢必全軍覆沒、時當黑夜、又不知我軍人數多少、逃至蘊藻浜時、不免心慌意亂、我軍反退爲攻、追隨於後、敵軍溺斃於浜內者、約有半數、半數卽被我軍炮火擊斃、得能生還者、不過十分之一二而已、這一次不但進攻蘊藻浜失敗、便是進攻閘北的軍隊、亦不能得到勝利、日司令得報、異常不悅、打定主意、惟有等待援兵罷、此時閘北江灣一帶的居民、尙有數萬、未能逃出、身臨火炮之中、性命當然十分危險、上海英總領事白利南氏、他到是一位很慈心的人、遂與美總領事（克銀漢）氏、鑒於戰區災民、備受痛苦、在雙方方劇烈炮火之下、無從逃生、於是商准中日雙方、准於二月十二日、上午八時起、至正午十二時止、雙方停戰四小時、俾戰區災民、得有逃生的機會、在這四小時中、由各慈善機關及紅十字會等、開出救護車輛、裝出數千災民、自行逃出者、爲數亦有數千之衆、可是戰區地界的居民、餓死者有之、被炮火中傷者有之、被炸彈炸死者有之、種種慘象、誠非筆墨可以形容、總之實爲海上空前未有之慘狀而已、作者曾同新聞記者、前往閘北、詢問戰狀、以期增進閱歷、經過好幾次危險、方能得抵閘北、適遇十九軍參謀長李擴氏、據談、今日前方陣線、甚爲沉寂、自上午十一時起、吳淞張華浜方面、日軍以重炮、向炮台方面、大舉進攻、發炮約百餘響、我軍亦以重炮還擊、至今雙方、仍在劇戰中、連日閘北一帶、皆有日機飛來擲彈、傷我軍兵殊少、傷我民衆却甚多、此次我軍在滬抵抗日軍、純爲衞國保土、爲民族求生存、故血戰經旬、迭破强敵、敵軍雖恃其精銳之兵器、更用種種殘酷之戰法、以進攻我軍、然終不得逞、此皆因我軍全體將士、人人懷必死之心、拋捨身爲國之志、而滬上民衆，能爲我軍强有力之助也、値茲國家風雨飄搖之際、深望我舉國同胞、能一致奮起、本大無畏之精神、以共赴國難、而尤望負有守土重責之軍人、能深知大義、消滅內爭、一致對外、以拯救此垂望之祖國、是則余之所期望也、談至此、李參謀長、因有公務、遂與記者等道別、繼由湯營長（毅生）、伴赴閘北火線視察、行經中興路時、見路人絕無行人、惟警察數人、負槍實彈、往來巡查、以防匪徒乘機行刼、再進至大通庵路、見兩旁房屋、均被日軍炮火所毀、已成一片焦土、觸入眼簾者、皆爲頹垣敗壁、瓦礫碎片、據湯營長說、該處曾與敵軍、有猛烈之劇戰、故破壞甚大、那時、日軍所發的槍聲、好似甚近、震耳的炮聲、亦漸漸而起、記者仍放胆前進、並不因炮聲而阻止向前、抵我軍防線、見我方兵士、執槍伏於沙包旁守望、精神甚爲奮興、雖血戰數日、而絲毫無疲憊之態、旋與湯營長及新聞記者等、登一被炮火所轟毀的殘餘高樓、用望遠鏡、向日軍陣地瞭望、見靶子路日司令部瞭望台上、也有日軍數人、架小鋼炮一尊、似準備對我陣地開放之狀、日陣線內之日軍、爲數甚衆、時發機關槍及步槍、向我軍射擊、然我軍富於作戰經驗、故必至槍彈有效時期後、方始發槍斃敵、看了一會、忽聽敵軍的機關槍聲、以及炮聲大作、湯營長即催新聞記者與予、速離火線、一面也傳令炮兵、向敵陣發炮還擊、作者便與新聞記者、驅車而返、沿途但聞槍聲甚密、大約雙方開戰、必很劇烈了、經此一番戰地閱歷、心中更深敬我十九軍作戰有方、佈置周密、而兵士處在炮火之下、絕不慌亂、尤屬難得、途中經過一傷兵醫院、因卽入內慰問、見所收之傷兵甚衆、不下二三百人、就中有一輕傷的、便與作者等談話、他說、當全體兵士、接到上峯命令、開赴前線抗日消息後、弟兄們莫不欣歡鼓舞、蓋我等日夜欣望之報國機會到了、因此我等身臨火線時、靡不奮勇殺敵、前仆後繼、我是八字橋一役受傷者、當時我還不願退到後方去醫治、因面部雖傷、而手猶能開槍、奈排長堅命救護隊、將我抬往後方、因彼見我出血甚多、今我雖身居醫院、然余之精神、無時無刻、不在火線上也、作者等聽了用言安慰、且表示敬佩之意、握手而別、壯哉傷兵之語、他係一個小兵、却有報國殺敵的決心、彼身居高位、手握大權、反坐視大好國土、被人割宰、不肯發一兵相救者、誠一兵士不若矣、可不悲嘆、日軍因連戰不利、卽起仇恨華民之心、虹口一帶的居民、頗多失踪、且無辜將居民拘去、强指爲我方便衣隊、任意毆打、任意慘殺者、日有所聞、市商會因爲日軍亂拘華民、致函工部局、請各國主張公道、其函云、逕啓者、頃據敝會監察委員聞蘭亭君來函報告、據逃出之難民報稱、滬山碼頭一帶、日兵仍在繼續大批殺戮華人、請再致函工部局、切實施法阻止等情、查日軍對於非戰鬥員之平民、肆行殺戮、實爲國際戰爭法所不許、而此種殺戮慘劇、又多發現於貴局治理區域以內、貴局對於住居界內之市民、凡有足以妨礙其生命財產之安全者、應不問其是何國籍、以最大之努力、爲切實之保護、此實貴局無可避之職責、此次日軍在上海、向中國挑戰以後、界內華人、被日軍所拘捕虐殺、或生死不明者、迄今已不計其數、而日軍此種暴行、尙續演不已、貴局除組織委員會、將被日軍凌虐垂斃之華人百數十人、予以救止外、對於日軍續演之暴行、迄今尙未得切實防止之方法、此殊足令界內市民、憂憤不能自已者也、貴局應知界內市民、以華人爲最多、此次所受慘禍、亦以華人爲最鉅、而我國軍隊、又因避免與日軍衝突、以致糜爛地方之故、並未開入租界、以執行自衛、則界內華人之如何不被日兵肆行殺戮、貴局實不能不負惟一之責任也、相應函請貴局、務須立卽採取嚴峻而有效之行動、俾日軍得中止其虐殺行動、實爲至企云云、工部局接到是項函件、便去向日領責問、慘殺行動、果然比往時減低、日方第二次撥兵、由植田任爲司令、他到滬之後、拜會各國領事、殊形忙碌、他對大美報記者談話謂此來與中國人無爭、洋洋一大篇、說出許多驕語來、欲知日司令之談話情形、且聽下回分講、

第九回　曹家橋血戰敗敵　江灣鎮陣線移動

却說植田司令、對大美報記者、發表一篇談話、第一句便謂、此來與中國人無爭、倘中國反日運動停止後、日軍卽無須爲此種種預備、以防護其國人、中國素來好用遠交近攻之策、今亦如此、目下對於中國軍隊、倘未進攻、並望無須爲此、倘用政治會議、能商得正當方法、則無須多耗生命財產、且更增惡感、惟政治方法不成、卽不得不取活動方法、以保護此間之僑民、訪員詢以何以目吳淞爲重要、植田云國際航務耳、倘日本及其他船隻出入其間、可被人放炮、則航務商務、皆不安全、必須使其無此情事、不受危險、訪員云、和平條件、是否將中國軍隊撤退、亦包括在內、如果如此、則到如何地點爲止、植田答云、滿意之距離、當使最新式之炮火、不能達到爲止、大約爲二十至三十英里、爲我人所欲、訪員問曰、大炮能射至一[illegible]

英里以外者、中國將來、或亦有此種大炮、豈將謂中國軍隊、須退一百英里之外乎、植田一笑、以爲識彈、答云、我意二三十英里足矣、又說上海之事、與滿洲問題無涉、此來爲保護日人生命財產之安全、並保外人之安全、不致無端被攻、俟被攻之險一去、日軍之事卽畢、訪員又詢炸毀永安二紗廠、是否爲報復抵貨起見、植田於上海永安廠被炸事、詭爲不知、吳淞永安廠、則謂內有中國兵士、故發彈以逐之、不知爲何人放火、訪員又問、中國軍隊退出淞滬卅里外、須幾許時候、植田答稱須看政治商議如何、倘商議無效、則時之長短、可以推知、在商量之時、則不取總攻擊云、又對泰晤士報訪員云、此次之事、不是開戰、此來非爲打仗、惟萬一之際、則亦預備開戰、在吳淞登陸之目的、乃欲以壓力、加以南京政府、使必要之外交談判、大有關日人及其他外人之利益者、得以滿意完成了、此爲主要目的、非爲對河幾處泥壕也、（此時植田駐軍吳淞）又云、日軍力量、此時已足摧毀對方之防禦、所望不須爲此、望中國方面、不致使日軍不免於一攻、現今日軍、已是成事、且尙有援軍前來、其數不能相告、此時苟發一令、卽是長驅渡河、但望中國軍隊、勿隨意放槍、則不發渡河之令云云、此時上海空氣、忽傳英美法意等四國公使來滬調和、於是各報記者、請見警備司令戴氏、戴氏謂調和之說、已早聞之矣、亦非今日始、和而利則可、和而不利、不如一戰、此次日本武力侵略、實逼人過甚、其所恃者精械之精耳、然我民衆之憤慨、軍心之激昂、以大無畏之精神、即可勝過一切、余替謂長官、凡有侵佔我國土者、誓必抵抗、自一二八事變以後、我方之損失、不可勝計、即就閘北之建築物而論、被日軍炮火所毀者、奚止數千萬金、人民之無辜被殺者、又不知若干、言之實堪痛心、此而可忍、孰不可忍、戴司令與十九路軍、觀此已抱殺敵决心、故能十餘天中、守住陣線、未曾搖動、二月十三日的清晨、天氣陰雨、且有霧雪之時、敵方便利用烟幕彈掩護、以二千餘人、在曹家橋架浮橋侵渡、希圖窺我吳淞陣地、却爲我軍所包圍、大敗而退、十四早晨、敵軍初以四五百人、藉烟幕彈掩護、在浜南紀家橋、偷渡過河、即佔了曹家橋、其後陸續偷渡者、足有千餘人、施行强烈之襲擊、是時我軍張旅、已由後方趕到、率隊反攻、遂將敵三面包圍、肉搏數十次、敵抵死掙扎、屢欲衝圍不遂、血戰至入夜十時、始將滅河之敵、全數殲滅、無一生還、戰鬥之猛烈、爲開戰以來所未有、蓋其間十二小時中、未停息一分鐘也、是役我軍陣亡、亦達百餘人、敵屍纍纍、狼藉於曹家橋浜中、現曹家橋方面之敵、已經完全肅清、敵受此重創後已不敢向我正視矣、又在傷兵口中、得到他作戰時眞實情形的口述、他說此次曹家橋大戰、爲敵方最利害的攻擊、當敵軍藉烟幕彈偷渡、我軍卽奮起還攻、三面進擊、愈圍愈緊、愈戰愈烈、敵人被圍後、大家想抵死逃生、故比別次作戰、更加利害、我軍心恨敵軍、欺侮過甚、所以此時、一步不肯放鬆、人人心中、以殺敵爲快、故敵軍休想突圍而出、一時又不及渡河而退、所架浮橋、亦失效用、而我方壓力、逐步逼緊、不稍放鬆、敵軍於退無可退之時、紛紛落水、溺斃者前後相繼、大約足有五百多人、後有敵方飛機到來、彼之軍隊被圍難出、卽在天空中助戰、大抛其巨量之炸彈、孰知慌亂之際、所投之彈大半不準、反多落於敵軍叢聚之中、反將敵軍炸死不少、當時我軍、不啻又多得一助力、故是役敵兵一千六百餘人、得能生還者甚少、實爲開戰以來、敵方傷亡最衆的一次、敵軍自從在曹家橋失敗後、立思報復、好在援軍陸續開來、植田司令、也贊同野村先攻江灣劉河爲最重要、只要一得江灣、或是劉河、解決閘北、便較容易、於是挑選精兵、專向江灣進窺、又深知江灣無險要可守、但多犧牲軍隊槍砲、料可得達目的也、於是一面選派海軍、進窺劉河、一面添加生力軍、猛襲江灣、一方面更攻擊淞口砲台、其實主要目的、只在江灣、此次中日戰爭的形勢、據歐美軍事家言、日軍所佔爲優、後方運輸、日軍有黃浦爲利、且有租界爲立足地、勝利可以前進、敗亦不致受逼、蓋華軍不能追至租界者也、中國後方、道路並不平坦、運輸未及日軍之便、自吳淞至閘北、戰線綿長三十里、非有充實兵力、首尾決然難顧、若日軍注力於江灣、卽攔腰截擊之計、江灣倘有危險、乃使中國軍隊、截爲兩段、我方軍隊、早料及此、所以江灣方面、佈置鞏固、且有增援的第五軍八十八師、在彼固守、早有堅固之陣線、日方用出全力、進攻江灣、備有大砲一百三十尊、坦克車及鐵甲車四十餘輛、飛機三十餘架、陸軍兵力一萬餘人、大舉侵犯、分正面與左右兩翼、三路進攻、其正面配置於江灣鎭東北方、右翼在廟行鎭與孟家宅一帶、左翼在車站東面、近復旦大學、由引翔路前進、三路同時猛撲、我軍以堅守爲宗旨、但兵力不及日軍、祗有一旅也不到、當孟家宅敵軍、因連攻不能得逞、將該地房屋、盡行放火焚燒、飛機更到處投彈、慘殺農民、二十晚、更以坦克車十數輛、排成一字形、向前推進、行至相距我陣線一千米突地方、忽有三數輛、陷入陷阱、以致其除各坦車、不敢前進、我軍當由戰壕中衝出、以手溜彈向鐵甲車轟炸、又以步槍機關槍、等待敵人衝至二三百米突時、我軍便殺上前去、一入混戰狀態、雙方肉搏、血戰數小時、敵兵終然衝不進我陣地、不支而退、在正面的敵軍、屢由東北向梅園宅及天樂寺、以及萬國體育場進逼、敵軍司令、本有限於二十一晨、佔據江灣鎮的命令、所以敵軍槍砲、異常猛烈、初本猛撲萬國體育場、繼因屢次損失、知難而退、繞道向北進發、由張華浜拚命進攻、戰至二十一深夜、卒被我軍擊退、總之攻江灣的中路及左右兩路、三路進攻、皆遭失敗、可是江灣雖能保住、一時不致失守、鎮上的房屋、却被飛機炸彈所毀、變爲瓦礫之場了、但殺人一千自傷八百、古人早言、此次江灣大戰、足有二晝二夜、槍砲未停、我方軍隊、當然也有不少傷亡、且又不免疲乏之狀、前線軍官、急向蔡軍長告急、調派救兵增援、蔡軍長也深知江灣廟行、此次大戰、異常猛烈、只得將瀏河的守軍、分調兩營、調至江灣赴援、那時瀏河方面、敵艦雖時來進攻、開砲射擊、但並無劇烈的戰事、所以暫時可以抽調開來、不料卽因抽調了這路軍隊、將來瀏河危險、無法抵禦、以致十九軍全行後退、言之可嘆、欲知以後戰情、且聽下回分講、

第十回 廟行鎮晝夜大戰 十九軍移防崑山

却說瀏河方面的防軍、調到江灣廟行一帶增援、當當頭痛救頭、乃係一時權宜之計、蔡軍長調開瀏河軍隊後、感到部下軍隊、不能充分分配、急忙又向南京洛陽告急、請派援軍來滬、不料政府諸公、反把淞滬大戰、好似並不重視、中國並非沒有軍隊、可是軍隊、終沒開到淞滬來救援、可是請纓的軍隊、到時有通電發出、第一位便是鐵軍張發奎、總司令李宗仁、副司令白崇禧、更急電該軍開拔、以赴國難、繼起者有川中各將領、決心抽調勁旅、願援淞滬、更有孫連仲、派出代表、蔣介石何應欽請纓、拍電於十九路軍蔣光鼐蔡廷楷、謂貴部秉大無畏之精神、作殊死之

奮鬥、屢功迭奏、莫銘奮感、値此危急存亡之秋、益切同仇敵愾之志、除派關師長樹人、晉謁蔣何諸公、請調敵路赴滬應援外、先電佈聞、孫連仲高樹勳等同叩、更有黔主席十八路總指揮毛光翔氏、拍出通電、謂已抽調勁旅、另行編制、待命援滬、且以職責綦繁、特任王家烈代理軍長、孫國方代理副副軍長、以專責成、各有軍事領袖、大有共赴國難之熱誠、而中央政府、亦有大規模抵抗之建議、向抱不抵抗主義的張學良、也派萬福麟赴北甯祕防、全國氣象、爲之一震、可是不幸的消息、全時也有傳到、卽太倉楊林口、有大批敵艦、向岸上開炮、蘇州地方、有日機飛到、大擲炸彈、南翔車站、投下炸彈十餘枚、死站長一、路警一、旅客六人、上海民衆、天天希望中國的飛機、到滬助戰、無奈政府、終不發令、非但航空隊不發、便是救援軍隊、也未見開到、於是民衆們、不得不疑政府、何以置十九軍於前敵、不予以援助呢、或謂政府諸公、主和不主戰、很不欲擴大戰事、故此不派救兵、不知戰爭既開、你要不擴大、可奈敵人、不肯不擴大、他攻打江灣、第一次失敗後、便收拾殘部、添加生力軍、前次共計一萬人、這一次、又加上一萬、共計二萬多陸軍、坦克車三十餘輛、向廟行進攻、我方守此方者、爲第五軍張治中部兩營之衆、餘外有大刀隊數百人、那天是二月二十二的淸晨、敵軍卽下令總攻、來勢凶猛、由坦克車爲先鋒隊、結成一字形前進、復有敵機在空中、大開其機關槍、亂擲下巨大炸彈、後面炮隊、發出開花炮、向我軍陣地猛攻、兩營兵士、竭力抵禦、激戰半日、敵軍旣近陣地、此時大刀隊、舞刀殺出、殺地上滾在敵陣、對准日軍腿部亂砍、當有不少敵兵、正在放槍、不料大刀砍來、腿部已斷、紛紛跌倒、頓時嚇得大亂、急忙後退下去、更不知大刀隊、從那裏而來、更不知大刀隊有多少、還有敵方炮兵、正在開炮當兒、被大刀隊從烟霧中滾近、或有腿兒被砍、或有首級被斬、弄得一般炮兵、驚奇叫怕、也有棄砲而逃、也有不及遁走、死於大刀之下、自晨戰到下午三四時、敵方又到援兵千餘、且有馬隊、向前衝鋒、此時廟行陣線、十分危險、兵士打了十小時左右、一些兒東西未得下喉、幸而後方援兵調到、連忙加入作戰、分路包抄、將敵包圍、拚力衝殺、直到黑夜十時、敵軍傷亡過多、只得下令後退、一經二次大戰、敵軍損失、當然不小、可是我軍陣線太長、救兵又一時不能馳到、江灣廟行的兵卒、日夜苦戰、精力不免疲勞、天天盼望救兵、只是盼望不到、無奈敵軍、爲數約有十萬、一批戰敗、又復調集一批生力軍來、天天進攻、使我軍不能得暇休息、蓋敵方深知我軍兵力、並不雄厚、久戰不歇、必能獲到勝利、所以江灣廟行的守軍、有血戰數晝夜者、有終日無暇進食者、一連數日、攻打不停、又復運兵、暗襲瀏河、黑夜間偷登岸上、猛攻我軍、此時瀏河軍隊、大部分調往江灣廟行應戰、祇留少數步隊、拚力抵敵、決死殺敵、不料敵軍砲火、異常凶猛、卽由長官、立向蔡軍長、速派援兵、無奈各處陣線、皆有敵軍攻打、這時如何抽調得出、於是蔡軍長、與蔣總指揮及一般高級軍官、會議軍情、如此情勢、看來閘北難守、我軍血戰一月有餘、深得民衆敬仰、如今瀏河既危、救援難抽、所盼望的救兵、至今未至、不知政府是何居心、瀏河一失、閘北腹背受敵、我軍勢必難守、不如暫且後退、以待援救尙可保全我軍實力、否則全軍覆沒、卽在目前、但吳淞的翁旅、也必全時後退、方可保全、若吳淞不退、勢成孤立、必遭覆沒咧、當下會商停當、先命江灣廟行的軍隊、向後稍稍移動、又用電話、與翁旅長譚副師長說明後退情形、不料翁旅長一聽後退二字、回稱不表全意、甯願死守砲台、打至一兵一卒、也必抗拒、後經蔡軍長慰勸、宣佈後退、並非屈服、不過一時戰略上關係在電話中聲淚俱下、遂在二月二日午後、下令撤退、向西移動、當移動當兒、又派砲兵、向敵方連開大砲、使敵兵不知虛實、所以十九軍後退、敵兵尙未知曉、否則、追擊過來、我軍損失不少矣、苦守一月之閘北、至此因無救援、仍不免落於敵手、豈不哀哉、豈不痛哉但、進退乃戰略上關係、萬望全國民衆、勿以進退爲悲喜、必須一心一德、幫忙政府爲後盾、有恆心、有毅力、以望最後之勝利欲知此後情形、且看續集分講、